# रीतिकालीन साहित्य कोश

# रीतिकालीन साहित्य कोश

डॉ. विजयपाल सिंह

राधाकृष्ण प्रकाशन

ISBN : 978-81-7119-335-6

**रीतिकालीन साहित्य कोश**



**पहला संस्करण :** 1997
**दूसरा संस्करण :** 2010
This book is printed on **Print on Demand** Technology : 2024
मूल्य : ₹1995

**प्रकाशक**

राधाकृष्ण प्रकाशन प्राइवेट लिमिटेड
जी-17, जगतपुरी, दिल्ली-110 051
**शाखाएँ :** अशोक राजपथ, साइंस कॉलेज के सामने, पटना-800 006
पहली मंज़िल, दरबारी बिल्डिंग, महात्मा गांधी मार्ग, प्रयागराज-211 001
1, अनमोल सोराबजी सन्तुक लेन, धोबी तलाव, मरीन लाइंस, मुम्बई-400 002
वेबसाइट : www.radhakrishnaprakashan.com
ई-मेल : info@radhakrishnaprakashan.com

**मुद्रक**

बी.के. ऑफसेट
नवीन शाहदरा, दिल्ली-110 032

REETIKALEEN SAHITYA KOSH

by Dr. Vijaypal Singh

रीतिकाव्य के मर्मज्ञ
डॉ. नगेन्द्र जी को
सादर समर्पित

**—विजयपाल सिंह**

# संकेताक्षरों का विवरण और संदर्भ ग्रंथ

अ. दो. : अक्षरादि दोहे, वृंद ग्रंथावली, सं. डॉ. जनार्दन चेलेर, विनोद पुस्तक मंदिर, आगरा, 1971 ई.।

अ. प्र. : अनुभव प्रकाश, जसवंत सिंह ग्रंथावली, सं. पं. विश्वनाथप्रसाद मिश्र, ना. प्र. सभा, वाराणसी, सं. 2029।

अ. सि. : अपरोक्ष सिद्धांत, जसवंत सिंह ग्रंथावली, सं. 2029।

आ. बि. : आनंद विलास, जसवंत सिंह ग्रंथावली, सं. 2029।

इति. शुक्ल : हिंदी साहित्य का इतिहास, पं. रामचंद्र शुक्ल, ना. प्र. सभा, वाराणसी, सं. 2025।

इ. ना. : इश्कनामा, बोधा ग्रंथावली, सं.पं. विश्वनाथप्रसाद मिश्र, ना. प्र. सभा, वाराणसी, सं. 2031।

उ. : उदाहरण।

उप. : उपस्थित।

ऋ. : ऋग्वेद।

क. प. : कलिपचीसी, पद्माकर ग्रंथावली, सं. पं. विश्वनाथ प्रसाद मिश्र, ना. प्र. सभा, वाराणसी, सं. 2016।

क. प्रि. : कविप्रिया, केशव ग्रंथावली, खण्ड 1, सं. पं. विश्वनाथ प्रसाद मिश्र, हिंदुस्तानी एकेडेमी, इलाहाबाद, 1977 ई.।

का. नि. : काव्यनिर्णय, भिखारीदास ग्रंथावली, भाग 2, सं. पं. विश्वनाथ प्रसाद मिश्र, ना. प्र. सभा, वाराणसी, सं. 2014।

कृ. ग्रं. : कृपाराम ग्रंथावली, सं. सुधाकर पाण्डेय, ना. प्र. सभा, वाराणसी, सं. 2026।

के. ग्रं. : केशव ग्रंथावली, तीन खण्ड, सं. पं. विश्वनाथ प्रसाद मिश्र, हिंदुस्तानी एकेडेमी, इलाहाबाद।

गं. ल. : गंगा लहरी, पद्माकर ग्रंथावली, सं. 2016।

गोरक्षपद्धति : सं. महीधर शर्मा, प्रका. खेमराज श्रीकृष्णदास, वेंकटेश्वर प्रेस, बंबई, सं. 2011।

घ. क. : घनानंद कवित्त, सं. पं. विश्वनाथ प्रसाद मिश्र, सरस्वती मंदिर, जतनबर, वाराणसी–1, सं. 2040।

घे. सं. : घेरण्ड संहिता, घेरण्ड विरचिता (योगशास्त्र), गंगा विष्णु श्री कृष्णदास, बंबई, सं. 2013।

चिंता. : कवि चिंतामणि।

छं. : छंद।

छं. मा. : छंदमाला, केशवग्रंथावली, सं. पं. विश्वनाथ प्रसाद मिश्र, हिंदुस्तानी एकेडेमी, इलाहाबाद, 1978 ई.।

छंदा. : छंदार्णव, भिखारीदास ग्रंथावली, भाग 1, सं. पं. विश्वनाथ प्रसाद मिश्र, ना. प्र. सभा, वाराणसी, सं. 2013।

छू. दो. : छूटक दोहा, जसवंत सिंह ग्रंथावली, सं. 2029।

जग. : जगद्विनोद, पद्माकर ग्रंथावली, सं. 2016।

ज.ग्रं.,जस.ग्रं. : जसवंत सिंह ग्रंथावली, सं. पं. विश्वनाथ प्रसाद मिश्र, सं. 2029।

जहाँ. : जहाँगीर जसचंद्रिका, केशव ग्रंथावली, खण्ड 3, 1959 ई.।

ठाकुर : सं. चंद्रशेखर मिश्र, अनु.सं. पं. विश्वनाथ प्रसाद मिश्र, ना.प्र. सभा, वाराणसी, सं. 2030।

ति. : तिलक।

दे. : देखिए।

दो. दोहावली, रहिमन विलास, सं. तथा संकलनकर्ता ब्रजरत्नदास, प्रका. रामनारायण लाल, इलाहाबाद, 1960 ई.।

दोवा : जसवंत सिंह ग्रंथावली, सं. 2029।

नी. सत. : नीति सतसई, वृंद ग्रंथावली, 1971 ई.।

नै. ब. : नैन बतीसी, वृंद ग्रंथावली, 1971 ई.।

प. ग्रं. : पद्माकर ग्रंथावली, सं. पं. विश्वनाथ प्रसाद मिश्र, ना. प्र. सभा, वाराणसी, सं. 2016।

पद्मा. : पद्माभरण, पद्माकर ग्रंथावली, सं. 2016।

प. प. : पवनपचीसी, वृंद ग्रंथावली, सन् 1971।

परि. : परिशिष्ट।

पुष्क. : पुष्कराष्टक, वृंद ग्रंथावली, सन् 1971।

पौ. को. : पौराणिक कोश, सं. राणाप्रसाद शर्मा, ज्ञानमण्डल लिमिटेड, वाराणसी, सं. 2028।

प्रकी. : प्रकीर्णक।

प्र. प. : प्रबोध पचासा, पद्माकर ग्रंथावली. सं. 2016।

प्र. बि. : प्रतापसिंह बिरुदावली, पद्माकर ग्रंथावली, सं. 2016।

प्रियाप्रकाश (कवि प्रिया) : सं. एवं टीकाकार लाला भगवानदीन, प्रका. संजय बुक सेंटर, 1981 ई.।

फू. मं. : फूल मंजरी, मतिराम ग्रंथावली, सं. स्व. पं. कृष्णबिहारी मिश्र, सं. पं. ब्रजकिशोर मिश्र, ना. प्र. सभा, काशी, सं. 2021।

ब. ना. भे. : बरवैनायिकाभेद, रहिमन विलास, सं. ब्रजरत्नदास, प्रका. रामनारायण लाल, इलाहाबाद, सन् 1960।

बि. र. : बिहारी रत्नाकर, सं. जगन्नाथदास 'रत्नाकर', तारा पब्लिकेशंस, वाराणसी, सन् 1979 ई.।

बृ. इति. : हिंदी साहित्य का बृहत् इतिहास, ना. प्र. सभा., वाराणसी, खण्ड 6, सं. डॉ. नागेन्द्र, सं. 2017. खण्ड 7, सं. डॉ. भगीरथ मिश्र, सं. 2029।

बो. ग्रं. : बोधा ग्रंथावली, सं.पं. विश्वनाथ प्रसाद मिश्र, ना. प्र. सभा, वाराणसी, सं. 2031।

भा. क. : भारतकथा, वृंद ग्रंथावली, 1971 ई.।

भा. पं. : भाव पंचायिका, वृंद ग्रंथावली, 1971 ई.।

भा. भू. : भाषाभूषण, जसवंत सिंह ग्रंथावली, सं. 2029।

भि. ग्रं. : भिखारीदास ग्रंथावली, सं.पं. विश्वनाथ प्रसाद मिश्र, ना. प्र. सभा, वाराणसी, खण्ड 1-सं. 2013; खण्ड 2 - सं. 2014।

भू. : भूमिका।

भू. ग्रं. : भूषण ग्रंथावली, सं. पं. विश्वनाथ प्रसाद मिश्र, वाणीवितान प्रकाशन, वाराणसी, सं. 2026।

म. अनु. : महाभारत अनुक्रमणिका, सं. वासुदेवशरण अग्रवाल, गीताप्रेस, गोरखपुर, सं. 2015।

म. ग्रं. : मतिराम ग्रंथावली, सं. 2021।

मति. : मतिराम ग्रंथावली, सं. 2021।

म. सत. : मतिराम सतसई, मतिराम ग्रंथावली, सं. 2021।

य. स. : यमक सतसई, वृंद ग्रंथावली, 1971 ई.।

रच. : रचनाएँ, रचयिता।

रतन. : रतन हजारा, सं. हरिमोहन मालवीय, हिंदी साहित्य सम्मेलन, प्रयाग, शक 1890।

र. पी. नि. : रसपीयूषनिधि, सोमनाथ ग्रंथावली, भाग 1, सं. सुधाकर पाण्डेय, ना. प्र. सभा, वाराणसी, सं. 2029।

र. प्रि. : रसिकप्रिया, केशव ग्रंथावली, खण्ड 1, सं. पं. विश्वनाथ प्रसाद मिश्र, 1977 ई.

र. बा. : रतन बावनी, केशव ग्रंथावली, खण्ड 3।

र. रा. : रसराज, मतिराम ग्रंथावली, सं. 2021।

र. वि. : रहिमन विलास, सं. ब्रजरत्नदास, प्रका. रामनारायण लाल, इलाहाबाद, 1960 ई.।

रस. : महाराज पृथ्वी सिंह 'रसनिधि'।

र. सा. : रस सारांश, भिखारीदास ग्रंथावली, भाग 1, सं. पं. विश्वनाथ प्रसाद मिश्र, ना. प्र. सभा, काशी, सं. 2013।

रा. : रामचंद्रचंद्रिका, केशव ग्रंथावली, खण्ड 2, सं. पं. विश्वनाथ प्रसाद मिश्र, हिंदुस्तानी एकेडेमी, इलाहाबाद, 1978 ई.।

ल. : लक्षण।

ल. ल. : ललित ललाम, मतिराम ग्रंथावली, सं. 2021।

वि. गी. : विज्ञानगीता, केशव ग्रंथावली, खण्ड 3, सं. श्री विश्वनाथ प्रसाद मिश्र, हिंदुस्तानी एकेडेमी, इलाहाबाद, 1959 ई.।

विव. : विवरण।

वि. वा. : विरह वारीश, (माधवानल कामकंदला), बोधा ग्रंथावली, सं. पं. विश्वनाथ प्रसाद मिश्र, ना. प्र. सभा, वाराणसी, सं. 2031।

वी. च. : वीरचरित, केशव ग्रंथावली, खण्ड 3, हिंदुस्तानी एकेडेमी, इलाहाबाद, 1959 ई.।

वृं. ग्रं. : वृंद ग्रंथावली, सं. डॉ. जनार्दन चेलेर, विनोद पुस्तक मंदिर, आगरा, 1971 ई.।

शि. भू. : शिवराजभूषण, भूषण ग्रंथावली, सं. पं. विश्वनाथ प्रसाद मिश्र, वाणीवितान प्रकाशन, वाराणसी, सं. 2026।

शृं. नि. : शृंगार निर्णय, भिखारीदास ग्रंथावली, भाग 1, सं. पं. विश्वनाथ प्रसाद मिश्र, ना. प्र. सभा, वाराणसी, सं. 2013।

शृं. मं. : शृंगार मंजरी, अकबरसाह कृत, ब्रजभाषा रूपान्तरकार कवि चिंतामणि, सं. डॉ. भगीरथ मिश्र, प्रका. लखनऊ विश्वविद्यालय, लखनऊ, 1956 ई.।

शृं. शि. : शृंगार शिक्षा, वृंद ग्रंथावली, 1971 ई.।

सत. : सतसई।

स. शि. छं. : सम्मेत शिखर छंद, वृंद ग्रंथावली. 1971 ई.।

स.स./स.सर्वे. : सरोज सर्वेक्षण, डॉ. किशोरीलाल गुप्त, हिंदुस्तानी एकेडेमी, इलाहाबाद, 1967 ई.।

स. स. रू. : सत्य स्वरूप रूपक, वृंद ग्रंथावली, 1971 ई.।

सा. को. : हिंदी साहित्य कोश, भाग 2, सं. डॉ. धीरेन्द्र वर्मा तथा अन्य, प्रका. ज्ञानमण्डल लिमिटेड, वाराणसी, सं. 2043।

सि. बो. : सिद्धांत बोध, जसवंत सिंह ग्रंथावली, सं. पं. विश्वनाथ प्रसाद मिश्र, ना. प्र. सभा, वाराणसी, सं. 2029।

सि. सा. : सिद्धांतसार, जसवंत सिंह ग्रंथावली, सं. 2029।

सो. ग्रं. : सोमनाथ ग्रंथावली, भाग 1, सं. सुधाकर पाण्डेय, ना. प्र. सभा, वाराणसी, सं. 2029।

स्फु. : स्फुट।

स्फुट छंद : स्फुट छंद, वृंद ग्रंथावली, 1971 ई.।

ह. यो. प्र. : हठ योगप्रदीपिका, स्वात्माराम योगीन्द्र विरचित, प्रका. क्षेमराज श्रीकृष्णदास, बंबई, सं. 2029।

हिं. ध. को. : हिंदू धर्म कोश, सं. डॉ. राजबली पाण्डेय, उत्तर प्रदेश हिंदी संस्थान, लखनऊ, 1978 ई.।

हिं.विश्व.वसु : हिंदी विश्वकोश, सं. नगेन्द्रनाथ वसु, प्रथम संस्करण।

हिं.विश्व.सभा : हिंदी विश्वकोश, प्रका. ना. प्र. सभा, वाराणसी, प्रथम संस्करण।

हिं. श. सा. : हिंदी शब्दसार, नवीन संस्करण, ना. प्र. सभा, वाराणसी।

हिं. सा. को. : हिंदी साहित्य कोश, सं. डॉ. धीरेन्द्र वर्मा तथा अन्य, प्रका. ज्ञानमण्डल लि., वाराणसी, सं. 2043।

नि. : 46-47/201।

# भूमिका

## रीतिकालीन साहित्य की प्रवृत्तियाँ

विश्वविद्यालय अनुदान आयोग की एक बृहत् शोध योजना के अन्तर्गत रीतिकालीन साहित्यकोश के स्वरूप की रूपरेखा निश्चित करते समय समग्र रीतिकालीन साहित्य और उसका विविध रूपात्मक परिवेश सामने था। हिन्दी साहित्य के मध्यकाल के उत्तरार्द्ध की साहित्यिक प्रवृत्तियाँ भी ऐतिहासिक मध्ययुगीन प्रवृत्तियों से बहुत भिन्न नहीं हैं। इन प्रवृत्तियों में बँधकर काव्य की बँधी-बँधाई रीति से काव्यरचना करने की व्यापक प्रवृत्ति तो थी ही, साथ ही उससे मुक्ति की छटपटाहट भी स्पष्टतः व्यक्त हुई है। इस कालखण्ड विशेष के संदर्भ में जब हम शृंगार और रीति की चर्चा करते हैं तो पूर्वागत भक्ति-प्रवृत्ति का प्रवाह भी हमें इस साहित्य में दिखाई पड़ता है। इसी प्रसंग में रीतिमुक्त, विशुद्ध प्रेमप्रधान साहित्य का उल्लेख भी अवश्य किया जाना चाहिए जिसमें भारतीय प्रेम और रहस्यात्मक सूफी प्रेम के यत्किंचित् प्रभाव की विद्वानों ने चर्चा की है। इसके अतिरिक्त वीरभाव का उद्घोष भी इसी काल में सुनायी पड़ता है जो कहीं-कहीं शृंगार का पोषक होकर तथा कहीं-कहीं देशभक्ति और जातीय गौरव का प्रतिपादक या उद्‌बोधक होकर व्यक्त हुआ है। कलापक्ष की दृष्टि से अलंकृति (एक अर्थ में काव्य-शृंगार) का प्रावल्य भी इस काव्य को, पूर्वकाल की तुलना में वैशिष्ट्य प्रदान करता है। शास्त्रचिन्तन में काव्यशास्त्रीय शिक्षा ग्रंथों (सर्वांगनिरूपक ग्रंथ, शृंगार एवं नायक-नायिका भेद ग्रंथ, अलंकार निरूपक ग्रंथ, पिंगल ग्रंथ) की प्रभूत राशि से भी इस काल का वैशिष्ट्य निरूपित होता है। मुक्तक और प्रबंध में से मुक्तक के प्रभूत वैविध्य और प्रबंध की अल्पना से इस काल की सामाजिक, सांस्कृतिक और राजनीतिक प्रकृति का अच्छा संकेत मिलता है, किन्तु यह भी सत्य है कि संतकाव्य की परम्परा में भी कुछ प्रबंध लिखे गये और सूफी काव्य परम्परा में भी। साथ ही राज्याश्रित कवियों ने अपने आश्रयदाताओं की गाथा के गायन में भी प्रबंधकाव्य लिखे : किन्तु सबसे बड़ा अंतर यह है कि भक्तिकालीन प्रबंधकाव्यों जैसा जीवनगत वैविध्य और विस्तृत जीवनफलक का दर्शन नहीं होता और न कोई जीवन के प्रति गम्भीर चिंतन का ही कोई संकेत मिलता है। इसीलिए इस काल के किसी भी प्रबंध काव्य को महाकाव्योचित गरिमा नहीं मिल सकी। इस तरह इस काल में साहित्य की काव्यशास्त्रीय, भक्तिपरक, प्रेमपरक, राजस्तुतिपरक, देश-जाति-भक्तिपरक प्रवृत्तियों का साहित्य लिखा गया। प्रेम लौकिक और आध्यात्मिक दोनों रूपों में व्यक्त हुआ—मुक्तक में भी और प्रबंध में भी।

## मुख्य प्रवृत्ति सौंदर्य, माधुर्य एवं शृंगार

सूफी एवं सूफीतर प्रेमाख्यान साहित्य, रीतिनद्ध साहित्य (रीतिनद्ध और रीतिसिद्ध), रीतिमुक्त साहित्य (प्रेमोन्मुख एवं रहस्योन्मुख), निराकार प्रधान संत साहित्य, साकार प्रधान सगुण भक्ति साहित्य, राज्याश्रित

साहित्य आदि का यदि प्रवृत्तियों की दृष्टि से विचार किया जाय तो यह काल निश्चय ही माधुर्य एवं सौंदर्य की उपासना का काल सिद्ध होता है। यदि ''सौंदर्यमलङ्कारः'' परिभाषा स्वीकार करें तो भी यह प्रवृत्ति अधिक व्यापक, सटीक एवं अधिकांशतः सर्वातिशायिनी सिद्ध होती है। अधिकांश साहित्य इस प्रवृत्ति का ही प्रकाशन है। शृंगार का रसराजत्व इसी की ओर संकेत करता है। विद्वानों का विचार है कि यह रसराजत्व रीतिकालीन कवि-आचार्यों अथवा आचार्य-कवियों की देन नहीं है। अग्निपुराण, शृंगारतिलक, शृंगारप्रकाश में ही इसका प्रतिपादन हो गया था।[1] लगभग 12वीं शती में ही राजशेखर ने जब रसाधिकार के लिए नन्दिकेश्वर का स्मरण किया था, उस समय भी कामशास्त्राधारित शृंगार और उसके रसराजत्व की प्रतिष्ठापना हो चुकी थी अन्यथा वे इस रूप में नन्दिकेश्वर का स्मरण न करते।[2] इससे स्पष्ट है कि संस्कृत साहित्य एवं साहित्यशास्त्र में इस रसराजत्व की अवधारणा का विकास 12वीं शती तक हो चुका था। साहित्यिक दृष्टि से सूफी धारा, कृष्णभक्तिधारा, संतकाव्य, संस्कृत साहित्य एवं साहित्यशास्त्र, तत्कालीन राजनीतिक-सामाजिक जीवन एवं परिस्थितियों--सबने मिलकर इस सौंदर्य, माधुर्य एवं शृंगार की वृत्ति को प्रवल, पुष्ट और व्यापक बनाया। जब तक इस प्रवृत्ति के मूल में धर्म एवं सामाजिक मर्यादा का नियंत्रण वना रहा, तव तक इसमें गतानुगतिकता, जड़ता, जीवनहीनता का प्रवेश नहीं हुआ। कामशास्त्र मुक्त भोग एवं मात्र भोग को स्वीकृति नहीं देता। धर्म के प्रेयोमार्ग के माध्यम से लोकयात्रा का निर्वाह करते हुए श्रेय के प्रादयर्थ कामशास्त्र का प्रणयन किया गया और इसी दृष्टि से उसका अनुगमन अथवा आचरण स्वीकृत है, किंतु यवन संस्कृति में नारी की स्थिति एवं प्रतिष्ठा सम्वन्धी अवधारणा में इसका विरोध था। शासकीय आदर्श का अनुसरण व्यापक हो गया। मुगल शासन के केंद्र में प्राबल्य तक उसका अनुसरण चलता रहा, किंतु उसके दुर्वल एवं विखंडित होने पर ये सौंदर्य एवं माधुर्य के अभिव्यंजक और उपासक, कविगण एवं कलाकार छोटे-छोटे सामंतों, जागीरदारों एवं जमींदारों के आश्रित हो गये। मठों, मंदिरों, गद्दियों पर भी वैभव, सौंदर्य एवं माधुर्य की धारा का प्रभाव पड़ा। इस लौकिक उपासना के लिए जिस वैभव की अनिवार्य आवश्यकता थी, उसका संग्रह भी वहाँ भक्तगण की कृपा से हो गया, साथ ही विवेक स्थगित हो गया। परिणामतः भक्तगण मठों, मंदिरों, गद्दियों में एकत्रित हो गये, उसकी व्यवस्था के एक अंग वन गये। उपास्य के मधुर रूप का ध्यान और साधन सुलभ हो गया। केंद्रीय शक्ति के विघटन से, छोटे-छोटे राज्यों में पारस्परिक राग-द्वेष, संघर्ष एवं राज्यविस्तार, विरोध-विद्रोह के कारण कविगण स्तुति एवं निन्दा से भरे अतिशयोक्तिपूर्ण वर्णन के माध्यम से जीविका एवं सम्मान की खोज में दत्तचित्त हो गए। औरंगजेब एवं परवर्ती काल में हिंदू विरोध के विरोध में उठी भूषण, लाल जैसे कवियों की ओजपूर्ण वाणी भी इसी काल में सुनायी पड़ती है। इस प्रकार रस की दृष्टि से इस काल में शृंगार और वीर तथा उनके सहयोगी रसों का वैविध्य भी इस वात में स्पष्टतः दिखायी पड़ता है, फिर भी प्रधानता सौंदर्य एवं माधुर्य की, शृंगार की ही रही।

इस प्रसंग में चैतन्य सम्प्रदाय की मधुरोपासना को भी भुलाया नहीं जा सकता, जिसका विपुल प्रचार-प्रसार वृंदावन तथा आसपास के क्षेत्र में हो चुका था। इसका प्रभाव वल्लभ सम्प्रदाय पर युगलोपासना के रूप में पड़ चुका था। इसकी गद्दी भी वृंदावन में स्थापित हो चुकी थी और श्रीकृष्ण तथा राधा को उज्ज्वल रस के नायक-नायिका के रूप में प्रतिष्ठापित किया जा चुका था। इतना ही नहीं 'उज्ज्वल नीलमणि', 'हरिभक्ति रसामृत सिंधु' जैसे ग्रंथों में इस उपासना को शास्त्रीय रूप भी प्रदान किया जा चुका था। यह केवल धार्मिक या उपासनात्मक स्थापना नहीं थी, साहित्यशास्त्रीय साधना भी थी। इन सवका प्रभाव रीतिकालीन शृंगारिक एवं काव्यशास्त्रीय ग्रंथरचना पर स्पष्ट दिखायी पड़ता है।

---

1. रीतिकाव्य की भूमिका, डॉ. नगेन्द्र, पृ. 158 तथा आगे।
2. त्रिपथगा, लखनऊ, अभिनयाचार्य नन्दिकेश्वर, डॉ. नागेन्द्रनाथ उपाध्याय, जून 1957।

## साहित्यिक परम्परा में संस्कृति एवं सभ्यता

उपर्युक्त आधारों पर यह भी प्रतिपादित किया जा सकता है कि रीतिकाल सम्पन्न साहित्यिक परम्पराओं का भी काल है। इसकी संपुष्टि पूर्ववर्ती हिन्दीतर साहित्यिक परम्पराओं से की जा सकती है। संस्कृत का समृद्ध साहित्यशास्त्र प्रधान रूप से इस काल के साहित्य का उपजीव्य रहा। कामशास्त्र के साथ विविध ललित कलाएँ भी इसे प्रेरणा देती रहीं। संस्कृत, प्राकृत और अपभ्रंश के शृंगारपरक शती साहित्य ने भी इस काल के कवियों को भाव, कल्पना और अभिव्यक्ति की विविध दिशाएँ दी हैं। अपभ्रंश के मूल में आभीर संस्कृति को भुलाया नहीं जा सकता। उसी तरह वह गोपालक संस्कृति भक्तिकालीन कृष्णभक्ति साहित्य और तदुपरांत मधुरोपासिका रामभक्तिधारा से होती हुई रीतिकालीन दरबारी संस्कृति और नागर संस्कृति को आच्छादित कर गई। शाहजहाँ, औरंगजेब तथा परवर्ती मुगल बादशाहों के समय में इसका प्रचार-प्रसार विविध रूपों में अबाध गति से होता रहा जबकि औरंगजेब का शासन इसके सर्वथा विरुद्ध रहा। राजपूत राजाओं की सभाओं में भी इसे पोषण मिलता रहा।

कालावधि की दृष्टि से यद्यपि यह साहित्य केवल दो सौ वर्षों (वि. सं. 1700 से 1900 अथवा लगभग सन् 1650 से 1850 ई. अथवा जहाँगीर के अन्त्यकाल से लेकर ब्रिटिश शासन की स्थापना तक या 1857 ई. की जनक्रांति तक) का है; किंतु विविधता, रचनाबाहुल्य, कविबाहुल्य, काव्यत्व एवं परिमाण की दृष्टि से यह साहित्य पूर्ववर्ती लगभग 600 वर्षों के साहित्य के बराबर है। काव्यत्व की दृष्टि से यह सम्पूर्ण आधुनिकेतर साहित्य में बेजोड़ है। भारतीय संस्कृति और विशेषकर मुगलकालीन संस्कृति का जितना सुंदर, कलात्मक और व्यापक प्रकाशन इस काल के साहित्य में हुआ है, उतना अन्यत्र नहीं हुआ। मुगल दरबार के अनुकरण और समर्थन में सजायी गयी, राजपूत राजाओं की सभाओं में पुरस्कार पाने वाले तथा उनके आश्रय में स्थायी रूप से रहने वाले कवियों के काव्य में तत्कालीन राजपूत संस्कृति का भी प्रकाशन हुआ है। तत्कालीन सभ्यता के विविध अंगोपांगों का यदि संग्रह करना हो तो रीतिकालीन साहित्य से बढ़कर कोई दूसरा स्रोत सुलभ न होगा। तत्कालीन राजनीतिक, सामाजिक, साम्प्रदायिक परिस्थितियों का परिज्ञान भी हमें इस साहित्य से होता है। तत्कालीन क्षेत्रीय राजनीतिक परिवर्तनों की जो सूचना हमें इतिहास ग्रंथों से नहीं मिल सकती, उसकी उपलब्धि हमें छोटे-छोटे राजाओं या सामंतों या जागीरदारों के आश्रय में रहने वाले कवियों के प्रबंधग्रंथों से हो सकती है। इसकी परीक्षा आवश्यक है।

## शब्द सम्पत्ति

शास्त्रीय शब्द सम्पत्ति की दृष्टि से भी इस काल का साहित्य महत्त्वपूर्ण है। कहा जा चुका है कि रीतिबद्ध साहित्य की शास्त्रीय पृष्ठभूमि अत्यन्त समृद्ध है। इस साहित्य का संस्कृत साहित्यशास्त्र से घनिष्ठ सम्बन्ध है। प्रायः पिछले खेवे (लगभग छठी-सातवीं शती से लेकर 12वीं शती तक के भामह, दण्डी, वामन, विश्वनाथ, मम्मट, भोज, जयदेव, भानुदत्त, पंडितराज जगन्नाथ आदि) के आचार्यों के महनीय ग्रंथों और उनकी सरणियों अथवा पद्धतियों का अनुसरण कर रीतिकालीन कवि-आचार्यों या आचार्य-कवियों ने वृहत् परिमाण में लक्षण ग्रंथों, जो वस्तुतः कविशिक्षा के ग्रंथ थे, की रचना की। संस्कृत के साहित्यशास्त्रीय पारिभाषिक शब्दों की प्रभूत राशि हमें रीतिकालीन रचनाओं के माध्यम से मिली। काव्यांगों का शास्त्रीय परिचय और विवेचन प्रस्तुत करने वाले बहुत से कवियों और आचार्यों की रचनाएँ अभी भी मात्र हस्तलेखों में सुरक्षित हैं। अनेक कवियों, आचार्यों तथा उनकी रचनाओं के उल्लेख केवल हस्तलिखित पोथियों के विवरण ग्रंथों में प्राप्त हैं। अज्ञात लेखकों वाली रचनाओं की भी संख्या कम नहीं है। कवियों और

रचनाओं के सम्बन्ध में अज्ञान, अल्पज्ञान जितना अधिक रीतिकालीन कवियों के सम्बन्ध में है, उतना किसी अन्य काल के कवियों अथवा रचनाओं के विषय में नहीं। अतः यदि भलीभाँति परीक्षा कर हस्तलेखों, उनके विवरण ग्रंथों से सूचनाएँ एकत्र की जायें, शास्त्रीय ग्रंथों से विधिवत् शब्द संग्रह किया जाय तो रीतिकालीन साहित्य का परिमाण तो बढ़ेगा ही, शब्दसंग्रह भी बढ़ेगा। तब इस रीतिकालीन साहित्य का शब्दभण्डार सम्पूर्ण हिंदी साहित्य के शब्द भण्डार से भी अधिक रूप में प्रकाशित हो सकेगा। साहित्यशास्त्र के अतिरिक्त पिंगलशास्त्र या छंदशास्त्र के भी बहुत से सांकेतिक या पारिभाषिक शब्दों का कोश यदि रीतिकालीन ग्रंथों के आधार पर तैयार किया जाय तो निश्चय ही वह हिंदी का अपना निजी वैशिष्ट्य का कोश होगा, जिसके शब्दों से हिन्दी का व्यक्तित्व सम्पन्न होगा। बहुत से ऐसे शब्द (जैसे एकमत्त, करन(SS गग (SS),गन (गुरु+नगण), गनागन (गण और अगण), गाहि (गुरु ही), गोन (गुरु+नगण), गोसभसोगो (गुरु+सगण+भगण+सगण+गुरु), जाति (मात्रिक), तन (तगण+नगण), तिन्ना (चार गुरु-SSSS), तिरग (तीन रगण-SIS-और गुरु), दुज या द्विज (चार लघु-IIII), धुज (IS), नंद (गुरु+लघु-SI) आदि) मिलेंगे जिनका अर्थ सामान्यतया अत्यन्त बृहत कोश भी नहीं देते।

प्रस्तुत शब्दकोश के शब्द वैविध्य को प्रदर्शित करने के लिए रीतिकालीन ग्रंथों से चुने गये कुछ शब्दों के उदाहरण यहाँ दिये जा रहे हैं, जिससे शब्दकोश की उपयोगिता पर प्रकाश पड़ेगा–

–**अस्त्र-शस्त्र-युद्ध-सेना**–अँगरेजैं, सिलाह, पखरैत, पंचकल्यानी, जुनेद-हु-खानी आदि।

–**पौराणिक व्यक्ति, देवी-देवता**–अंगिरा, अंधक, अकंपन, होलिका, विदुमाधौ, वेदव्यास, यज्ञबराह, नरकासुर आदि।

–**ग्रंथ**–अंगदर्पन, अद्‌भुत रामायण, अध्यात्म रामायण, अक्षर बत्तीसी, अक्षरमाला, वेद आदि।

–**शृंगारोपकरण**–अगर, तगर, मुरासा आदि।

–**वस्त्र**–अँगिया आदि।

–**नदी-पर्वत-लोक**–अंगुली, विंध्य, रामगिरि, लांगली आदि।

–**शृंगार के विविध भेद**–अंजन सिंगार, अंतराग सिंगार आदि।

–**छंद एवं छंदशास्त्र**–अंतमत्त, अमिल, अगन, अचलधृति छंद, लमकारो, शेष छंद, त्रिकल आदि।

–**अलंकारशास्त्र**–चित्रालंकार, अन्तर्लापिका आदि।

–**समाजव्यवस्था**–अंत्यज आदि।

–**गुण-दोष**–अंध (दोष), अधिकपद, मृतक, अश्लील आदि।

–**क्षेत्र-पीठ-उपपीठ**–असंतीर्थ, अठ सठ तीरथ, बिंदरावन आदि।

–**ऐतिहासिक पुरुष**–अकबर, छत्रसाल, मुराद, बाजीराव घोरपरे, जलालदीं, जहाँगीर, चंदराव आदि।

–**मंत्र और साधना**–अकरपन मंत्र, अष्ट सिद्धि, बस्ति, गुटिका आदि।

–**वृक्ष विशेष**–अक्षयवट आदि।

–**भक्त, संत, धार्मिक पुरुष**–अक्षर अनन्य, पीर साहब, श्री समर्थ रामदास, हठी जी आदि।

–**पर्व त्योहार, ऋतु**–अखती, बसंत, हिमंत आदि।

–**संगीत (तीनो अंग)**–अखरोटी, गारि, मारु, धुनि, मालकौस्तुभ, रामकली, लहाछेह, भैरवी, गुड़गुड़ी, लय आदि।

–**जाति-कुल**–अगनिहोत्री, सेख, सेंसर, सनाढ्य, चंदावत आदि।

–**शब्दशक्ति**–अगूढ़ व्यंग्य आदि।

–**नायक-नायिका भेद**–अज्ञातयौवना, वर्तिष्यमान, सुरतगोपना, सखी, गुरु मान, उत्का,

नखरद्दानु, आदि।

—**कवि**—अजवेश महापात्र, गिरिधरदास, देव, देवकर्ण आदि।

—**धर्म एवं दर्शन**—अदिष्ट आदि।

—**रस आदि काव्यशास्त्रीय शब्द**—अद्‌भुत रस, स्वेद, लय, आरभटी आदि।

—**ग्रह आदि**—मंगलु आदि।

—**धार्मिक कार्य, संस्कार**—मंगलाचार, हथलेवा आदि।

—**भोज्यपदार्थ एवं पेयपदार्थ**—माखन, रस, जलेबी आदि।

—**आश्रयदाता**—श्री सवाई बसंत सिंह, बीरसिंह देव आदि।

—**ज्योतिष**—शनि आदि।

शब्दों की इन विविध कोटियों को यहाँ प्रस्तुत करने का उद्देश्य है—परीक्षा कोश के शब्द वैविध्य का अनुमान कराना। इस शब्दराशि की यदि भलीभाँति परीक्षा की जाय तो रीतिकालीन साहित्य की सांस्कृतिक विरासत का सहज ही अनुमान हो सकेगा।

## क्षेत्र विस्तार और भाषा—एक विश्लेषण

क्षेत्र विस्तार की दृष्टि से रीतिकालीन साहित्य की रचना सम्पूर्ण उत्तरी भारत में ही नहीं मध्यदेश के बाहर बहुत दूर-दूर तक के क्षेत्रों में हुई, जिसके अन्तर्गत महाराष्ट्र, गुजरात, जम्मू-कश्मीर, आंध्र, आदि तक की गणना की जा सकती है। लगभग 15वीं शती ई. से 19वीं ई. शती तक, पूर्ववर्तिनी व्यापक परिनिष्ठित भाषा शौरसेनी अपभ्रंश की परम्परा में विकसित ब्रजभाषा काव्य की व्यापक भाषा रही है, जिसमें इस प्रकार की रीतिप्रवृत्ति तथा उससे मुक्त काव्य की रचना खड़ी बोली के काव्यभाषा के रूप में प्रतिष्ठित होने तक होती रही है और उसमें स्थानीय एवं क्षेत्रीय लौकिक प्रयोगों की भी अभिवृद्धि होती रही। इस प्रकार की काव्यरचना की सर्वाधिक सघनता राजस्थान, बुंदेलखण्ड एवं मध्य प्रदेश के राज्यों में दिखायी पड़ती है। इतना ही नहीं, कवियों ने, भाषा नैपुण्य के प्रदर्शन की दृष्टि से गुजराती, मराठी आदि में भी रचनाएँ प्रस्तुत कीं। वस्तुतः केंद्रीय मुगल शक्ति के क्षीण हो जाने के बाद जागीरदारों, जमींदारों और छोटे-छोटे राजाओं के आश्रय में इस प्रकार की भाषा के काव्य की प्रभूत रचना हुई जिसमें क्षेत्रीय प्रयोगों का बाहुल्य स्पष्टतः देखा जा सकता है। इसी प्रकार इस काल में साम्प्रदायिक एवं पंथीय गद्दियों का विस्तार भी हुआ और साथ ही सम्बन्धित मठों से साधुओं और भक्तों की संख्या भी बढ़ी। इसमें भक्तों द्वारा प्रदत्त सम्पत्ति और वैभव ने आकर्षण शक्ति का काम किया। इनकी भ्रमणशीलता में भी वृद्धि हुई। इससे भाषा वैविध्य के साथ-साथ क्षेत्र विस्तार भी हुआ। इस प्रसंग में इस काल की रचनाओं के क्षेत्र विस्तार का यदि अध्ययन किया जाय तो निम्न रूप में विश्लेषण को प्रस्तुत किया जा सकता है—

यह तो सर्वविदित और सर्वसिद्ध है कि रीतिकाल तक ब्रजभाषा सम्पूर्ण उत्तरी भारत में एक सर्वमान्य काव्यभाषा के रूप में स्वीकृत थी, यद्यपि प्रादेशिक भाषाओं में भी प्रभूत मात्रा में रचनाएँ हो रही थीं। लगभग 6ठी-7वीं शती से शौरसेनी अपभ्रंश का परिनिष्ठित रूप में, राजपूत संस्कृति की वाहिका के रूप में प्रसार हो गया था, उसी प्रकार उसी की परम्परा में शूरसेन प्रदेश में स्थित केंद्रीय मुगल शासन, कृष्णाश्रयी भक्ति धारा एवं राजपूत संस्कृति के समन्वित सहयोग से ब्रजभाषा को यह व्यापक प्रसार प्राप्त हो गया। आगे चलकर इसी की परम्परा में खड़ी बोली का एक रूप मुगल शासन के प्रसार के साथ, उसके विखंडित हो जाने के बाद भी, दक्षिण में दक्खिनी के रूप में प्रचलित हो गया। इसके

परिणामस्वरूप मध्यदेशगत काव्यभाषा आज के गुजरात-काठियावाड़, महाराष्ट्र, मध्यप्रदेश, आंध्रप्रदेश, विहार, उत्तर प्रदेश, पंजाब, हरियाणा, हिमाचल प्रदेश, जम्मू-कश्मीर, राजस्थान तक व्यापक रूप में प्रसारित हो गई। इनमें से भी राजस्थान, मध्य प्रदेश, उत्तर प्रदेश, और पंजाब में सर्वाधिक रचनाएँ हुईं। ये क्षेत्र केंदीय भाषा के चारों ओर स्थित थे। राजस्थान में मुगल शासन के समर्थक या विरोधी होकर छोटे-बड़े राजपूत राजाओं, सामंतों अथवा जागीरदारों की राजसभाओं में इन रीतिकालीन कवियों को आश्रय मिला। औरंगजेब के ईपत्-पूर्व से ही यह पलायन आरम्भ हो चुका था। लगभग यही स्थिति उत्तर प्रदेश की भी रही। इन दोनों प्रदेशों में कृष्णाश्रयी, रामाश्रयी एवं निराकाराश्रयी संतों के सम्प्रदायों एवं पंथों का भी खूब प्रसार रहा जिनसे प्रेरणा ग्रहण कर अनेक कवियों, भक्तों एवं संतों ने रचनाएँ लिखीं अथवा लक्षण ग्रंथों का प्रणयन किया। लक्षण ग्रंथों की रचना में ये दोनों प्रदेश ही अग्रणी रहे। उत्तर प्रदेश में काशिराज की राजसभा में, प्रतापगढ़ या इसी प्रकार के अन्य छोटे-मोटे जागीरदारों या जमींदारों या राजाओं के यहाँ ये कवि आश्रय ग्रहण करते रहे। बुंदेलखण्ड के राजघराने में भी इन्हें आश्रय मिला। ऐसे बहुत से नाम गिनाये जा सकते हैं। राजस्थान में जयपुर, जोधपुर, बीकानेर, बूँदी, आमेर, भरतपुर आदि इसके केंद्र रहे। इसी प्रकार पंजाब में गुरु गोविंद सिंह और राजा रणजीत सिंह के राजदरबारों में भी इन कवियों का पोषण होता रहा। मध्य प्रदेश में दतिया, ग्वालियर, रीवाँ आदि राज्यों में, महाराष्ट्र में शिवाजी महाराज की राजसभा में, मुगल सम्राटों में जहाँगीर, शाहजहाँ तथा औरंगजेब परवर्ती सम्राटों के दरबारों में इन कवियों को सम्मान मिलता रहा। अधिकांश प्रतिष्ठित कवि एक दरबार के होकर नहीं रहे। विहारी का सम्वन्ध ग्वालियर (म.प्र.), मथुरा (उ.प्र.), जयपुर-ओरछा (राजस्थान), बुंदेलखण्डे आदि से रहा। पद्माकर नागपुर के महाराज रघुनाथ राव अप्पा साहब, पन्ना के महाराज हिंदूपति, जयपुर नरेश महाराज प्रताप सिंह, सुगरा के नोने अर्जुन सिंह, गोसाईं अनूपसिंह (हिम्मत वहादुर), उदयपुर के महाराज भीमसिंह, ग्वालियर के महाराज दौलतराव सिंधिया, बूँदी राजबंश, सितारे के महाराज आदि के यहाँ घूमते रहे। भूषण के विषय में प्रसिद्ध ही है कि ''शिवा को सराहौं कि सराहौं छत्रसाल को''। इनका मूल बासस्थान तो उत्तर प्रदेश के कानपुर के पास का तिकवाँपुर था। कुछ तो आश्रय और वृत्ति के कारण, और कुछ भ्रमणशील वृत्ति के कारण, यह अस्थिरता दिखाई पड़ती है। महाराष्ट्र का भोंसला दरबार भी हिंदी-कवियों का गढ़ रहा। इसी प्रकार हैदराबाद, बीजापुर, गोलकुंडा तक दक्खिनी हिंदी में सूफी प्रेमाख्यानों की रचना होती रही। इसी प्रकार केवल उत्तरी-भारत ही नहीं, दक्षिणी भारत भी रीतिकालीन हिंदी का क्षेत्र बना रहा और एक अत्यन्त व्यापक भाषा तथा उसके किंचित् भिन्न रूपों को काव्य के माध्यम के रूप में स्वीकार किया गया।

परम्परा के अनुसार महाराष्ट्र के संतों ने भी हिंदी में, इस काल में, प्रभूत रचनाएँ कीं। यह रीतिकालीन साहित्य की अत्यन्त व्यापकता का प्रमाण है। इस कोश में इस व्यापक परिवेश को ध्यान में रखा गया है। इस काल में जितना भी साहित्य लिखा गया, उसमें सर्वाधिक व्यापक क्षेत्र को समेटने वाला काव्य निराकारवादी संत काव्य ही रहा, जिसके अंतर्गत पंजाब, उत्तर-प्रदेश, हरियाणा, राजस्थान, बिहार, गुजरात, महाराष्ट्र, मध्य प्रदेश आदि को सम्मिलित किया जा सकता है। क्षेत्रीय उपभाषाओं (यथा-पंजाबी, मारवाड़ी, मराठी, गुजराती, अवधी, व्रज आदि) का सर्वाधिक प्रयोग इसी वर्ग के संत कवियों ने किया। सव मिलाकर रीतिकालीन साहित्य भक्तिकालीन हिंदी साहित्य की अपेक्षा अधिक विस्तृत क्षेत्र के कवियों के योगदान द्वारा निर्मित हुआ। इसके प्रमाण में विभिन्न मध्यदेशेतर क्षेत्रों के कुछ कवियों के नाम उल्लिखित किये जा सकते हैं—

—दक्षिण : सैय्यद अहमद जुनैदी, मुल्ला नुसरती, इब्न निशरती, हाशमी, सैय्यद इशरती, काजी महमूद वहरी, शेख वहीदुद्दीन वज्दी, कृपानिवास आदि।

—महाराष्ट्र : तुकाराम, कान्होबा, समर्थ रामदास, वामन पंडित, मध्वमुनीश्वर, शिवदिन केशरी, मानपुरी, गुंडा केशव आदि।

—विदर्भ : देवनाथ, दयालनाथ आदि।

—आंध्र : गोरेलाल उर्फ 'लाल कवि'।

—गुजरात : प्राणनाथ, अखा, अनुभवानंद, दीन दरवेश, खीम साहब, हाशिम अली, भाण साहब, प्रियादास, दयाराम, मुक्तानंद, त्रीकमदास, जनकराज किशोरीदास 'रसिक अली', दलपति राय आदि।

—पंजाब : किशोरीदास, रामदास, संतसिंह, गुरु गोविंद सिंह, रत्नहरि, सेनापति, आलम, शिवदयाल, दित्तेराय, टहल सिंह आदि।

—जम्मू : रामदास 'तपसी'।

—बंगाल : भारतचंद्र राय 'गुणाकर', रत्नकुँवर बीबी आदि।

## योजना का प्रस्ताव

इस प्रकार इस कोश की योजना बनाते समय उपर्युक्त व्यापक दृष्टि प्रधान रही। सोचा गया था कि इसके अन्तर्गत रीतिकालीन कवि या लेखक परिचय (जन्मकाल, जन्मस्थान, मृत्यु, माता-पिता, कुल, गुरु, सम्प्रदाय, निवासस्थान, आश्रयदाता, कृतियाँ, कृति या रचना-परिचय (लेखक एवं रचना का वैशिष्ट्य), पारिभाषिक शब्द (काव्यशास्त्रीय, धर्म सम्बन्धी, नीति सम्बन्धी, वित्तीय या आर्थिक, साम्प्रदायिक, साधनात्मक), सम्प्रदाय अथवा पंथ, सामाजिक (जाति, वंश आदि) पर्व-त्योहार (व्रत, उपवास), सामाजिक संस्कार आदि से सम्बन्धित, सांस्कृतिक, सभ्यता आदि से सम्बन्धित शब्दों का इसमें संग्रह किया जाय और यथालभ्य विवरण भी प्रस्तुत किया जाय। इसके लिए रीतिकालीन साहित्य के ग्रंथों को तो आधार बनाया ही जाय साथ ही विवरण के लिए ऐतिहासिक, पौराणिक एवं धार्मिक, साहित्यशास्त्रीय ग्रंथों की भी सहायता ली जाय। हिंदी में ही नहीं, अंग्रेजी, संस्कृत,पालि, प्राकृत, अपभ्रंश आदि के संदर्भ ग्रंथों एवं कोशों के साथ ही उपर्युक्त प्रकार के शब्दों से सम्बन्धित कोशों (यथा पौराणिक कोश, वैदिक कोश, हिंदू धर्म कोश, विश्व कोश आदि) से भी पर्याप्त सहायता ली जाय। यथाशक्ति विवरण संक्षिप्त रखे जायँ और वे अधिकांशतः सांकेतिक ही हों।

## रीतिकालीन साहित्य की साहित्यशास्त्रीय भूमिका

उपर्युक्त प्रकार के शब्दों के चयन के लिए समग्र रीतिकालीन साहित्य का विश्लेषण कर यह निश्चय किया गया था कि इसके लिए प्रकाशित रीतिकालीन ग्रंथों को ही आधार रूप में स्वीकार किया जाय। यदि समग्र रीतिकालीन साहित्य का विश्लेषण किया जाय तो यह स्पष्ट होता है कि इसके लिए इस काल के पूर्व के तत्कोटीय साहित्य का उल्लेख आवश्यक है। ईसा की प्रथम शती के पूर्व सर्वप्रथम वेदवेदांग की चर्चा करते हुए उनमें नृत्य-गीत, छंद रचना आदि के संकेतों का दर्शन कर 'उपमा' के प्रयोग की बात स्वीकार की गई है, किंतु यह भी स्पष्ट है कि इस साहित्य में साहित्यशास्त्रीय विवेचना का समारंभ नहीं हो पाया था। इसवी सन के पूर्व के व्याकरण और दर्शन के विकास ने इस चिंतन में अवश्य योगदान किया। यास्क ने वैदिक उपमा के भेदों का उल्लेख किया। पाणिनिकाल तक उपमा का रूप निर्धारित हो गया था। पतंजलि ने महाभाष्य में उक्त रूपों की व्याख्या की। परवर्ती आचार्य भामह, वामन, आनंदवर्धन आदि ने व्याकरणिक विचारणा का स्थान-स्थान पर उपयोग किया। परवर्ती

ध्वनि सम्प्रदाय का ध्वनि सिद्धांत, व्याकरण के स्फोट सिद्धांत से प्रेरित हुआ। प्रथम शती के पूर्व के दार्शनिक क्षेत्र के न्यायचिंतन से परवर्ती अभिधादि शब्दशक्तियों को प्रेरणा मिली, विकास हुआ। विद्वान् मानते हैं कि इस न्याय दर्शन ने ही अपनी पद्धति से व्याख्यात्मक आलोचना को शक्ति प्रदान की। सांख्य दर्शन के परिणामवाद से अभिनवगुप्त प्रेरित हुए, जिसके आधार पर उन्होंने सृष्टि का उत्पादन या उत्पत्ति न मानकर उसकी अभिव्यक्ति स्वीकार की। उनके रस सिद्धांत पर इसका स्पष्ट प्रभाव है।

प्रथम ईस्वी शताब्दी के बाद साहित्यशास्त्रीय विवेचन के विकास का क्रमबद्ध इतिहास मिलता है। माना जाता है कि प्रथम पाँच शताब्दियों में ही काव्यशास्त्र या साहित्यशास्त्र का प्रारम्भिक रूप सामने आया। भरत का नाट्यशास्त्र प्रथम शताब्दी का ग्रंथ माना गया है जो नाट्यशास्त्र का ग्रंथ होते हुए भी अनेक काव्यांगों का भी विस्तृत विवेचन करता है। यद्यपि प्रमाण रूप में कृशाश्व और शिलालिन् के ग्रंथ उपलब्ध नहीं तथापि भरत द्वारा इनका उल्लेख होने से यह प्रमाणित होता है कि भरत के पूर्व भी साहित्यशास्त्र के आचार्य विद्यमान थे। भरत के बाद ही पाँचों साहित्यशास्त्रीय सम्प्रदायों (रस, अलंकार, रीति, वक्रोक्ति और दर्शन) का रूप क्रमशः प्रकाशित हुआ। इन सम्प्रदायों में से रस सम्प्रदाय के प्रमुख आचार्य थे—भरत, भट्ट लोल्लट, भट्ट शंकुक, भट्ट नायक और अभिनवगुप्त। अलंकार सम्प्रदाय में भामह, दण्डी और उद्भट, ध्वनि सम्प्रदाय में आनन्दवर्धन, मम्मट और जगन्नाथ, रीति में वामन और वक्रोक्ति में कुंतक का नाम विशेष उल्लेखनीय है। इनमें से रस, अलंकार, ध्वनि और रीति सम्प्रदायों का विकास विशेष रूप से हुआ। इनमें भी रस, अलंकार और ध्वनि को विशेष प्रतिष्ठा मिली। रीतिकालीन साहित्य की दृष्टि से ये ही तीन सम्प्रदाय विशेष महत्त्वपूर्ण हैं।

## संस्कृत साहित्यशास्त्र के आचार्य

रीतिकाल के साहित्य में सर्वाधिक महत्त्वपूर्ण, व्यापक और प्रिय विषय नायक-नायिका-भेद है। पुराणों में नायक-नायिका-भेद श्रीकृष्ण-गोपी कथा अथवा कृष्ण-राधा से सम्बद्ध नहीं हुआ। यहाँ तक कि भरत तक भी यह सम्बन्ध नहीं दिखाई पड़ता। 'उज्ज्वल नीलमणि' में इसका स्पष्ट सम्बन्ध सघन रूप में शास्त्रीय विधि से प्रतिपादित हुआ। इस प्रकरण में सर्वाधिक सहयोग एवं प्रेरणा देने वाले तीन शास्त्र दिखाई पड़ते हैं—नाट्यशास्त्र, काव्यशास्त्र और कामशास्त्र। नाट्यशास्त्र में भरत का नाट्यशास्त्र, धनंजय का दशरूपक, सागरनंदी का नाटक-लक्षण-रत्नकोश, रामचन्द्र-गुणचन्द्र का नाट्यदर्पण ग्रंथ विशेष रूप से उल्लेखनीय हैं। कामशास्त्र में वात्स्यायन के कामसूत्र, रतिरहस्य और अनंगरंग ग्रंथ महत्त्वपूर्ण हैं। शृंगार-रस के अन्तर्गत नायक-नायिका-भेद के प्रथम निरूपण के लिए अग्निपुराण की ओर संकेत किया जाता है। इसके अतिरिक्त भामह का काव्यालंकार, भोजकृत सरस्वती-कंठाभरण और शृंगारप्रकाश, विश्वनाथ कृत साहित्यदर्पण विशेष योग देते हैं। इस परम्परा में रुद्रभट्ट, श्रीकृष्णकवि, वाग्भट प्रथम एवं द्वितीय, शारदातनय, विश्वनाथ, शिंगभूपाल, केशवमिश्र आदि के भी नाम उल्लेखनीय हैं। केवल नायक-नायिका-भेद के निरूपकों में भानुमिश्र (रसमंजरी), रूपगोस्वामी (उज्ज्वल नीलमणि) और अकबरशाह (शृंगार मंजरी) के नाम विशेष उल्लेखनीय हैं।

यह अत्यन्त सांकेतिक संक्षिप्त उल्लेख केवल रीतिकालीन साहित्य की शास्त्रीय भूमिका प्रस्तुत करने के लिए ही किया गया है। विस्तृत विवेचन की यहाँ आवश्यकता नहीं है। इस रीतिकालीन काव्य के कवि-आचार्यों अथवा आचार्य-कवियों के लक्षण ग्रंथों के आधार स्रोत थे—भरत, रुद्रट, भोज, मम्मट, विश्वनाथ, केशवमिश्र, भानु, दण्डी, रुय्यक, जयदेव, जगन्नाथ आदि किंतु इन लोगों ने इनका उल्था या अनुवाद नहीं किया। प्रसंग-परिवर्तन, नाम-परिवर्तन, भेद-वृद्धि, नाम-वृद्धि आदि के द्वारा अपना आचार्यत्व सिद्ध करने का प्रयास किया। उदाहरण के लिए केशव ने यद्यपि बहुत व्यापक अध्ययन किया था और उनके ग्रंथों से संकेत भी मिलते हैं कि उन्होंने रुद्रट के काव्यालंकार, भोजप्रणीत शृंगारप्रकाश,

अकवरप्रणीत शृंगारमंजरी, विश्वनाथकृत साहित्यदर्पण, (बृ.इति. 7, स.सर्व.)। अमर कविकृत काव्यकल्पवृत्ति, केशवमिश्रकृत अलंकार शेखर, दण्डी के काव्यादर्श, रुय्यक के अलंकारसर्वस्व आदि ग्रंथों की तथा कामशास्त्रीय ग्रंथों में से रतिरहस्य, अनंगरंग जैसे ग्रंथों की सहायता ली थी। उसी प्रकार कृपाराम ने हिततरंगिणी में भरत के ग्रंथ का उल्लेख किया है। अन्य रीतिकालीन आचार्यों में देव ने भानुदत्तकृत रसमंजरी को, भिखारीदास ने मम्मट के काव्यप्रकाश और विश्वनाथ के साहित्यदर्पण को आधार के रूप में ग्रहण किया था। फिर भी इन या अन्य रीतिकालीन आचार्यों के काव्यशास्त्रीय अवदान पर बहुत विचार किया गया है और उनकी अनुकरण एवं मौलिकता दोनों की सूक्ष्मता के साथ परीक्षा की गई है।

## अपभ्रंश और रीति काव्य

हिंदी में इस रीति प्रवृत्ति का संधान तो आदि काल से ही किया जा सकता है, किंतु यहाँ हम केवल काव्यशास्त्रीय (रीति) ग्रंथों के प्रणयन की चर्चा करना चाहते हैं। वि.सं. 1700 के पूर्व हिंदी में पर्याप्त रीति ग्रंथ लिखे जा चुके थे और विविध अंगोपांगों की कविशिक्षा के प्रयास में अंग विशेष या सर्वांग के निरूपण के ग्रंथ लिखे जाने लगे थे। हिंदी के सर्वाधिक निकट की पूर्ववर्ती भाषा अपभ्रंश थी और उस भाषा तथा साहित्य के ही नहीं, प्राकृत और संस्कृत के भी निकटतम 12वीं शती के आचार्य हेमचंद्र थे। यह बात पंडितराज जगन्नाथ में नहीं थी। हिंदी की निकटतम रीति प्रवृत्ति के कवि विद्यापति थे जो केवल अपभ्रंश और मैथिली के ही नहीं संस्कृत के भी प्रकाण्ड पण्डित थे। विद्यापति की पदावली की रीति प्रवृत्ति पर बहुत कुछ लिखा जा चुका है, जिसे यहाँ दुहराने की आवश्यकता नहीं है। रीतिकाल में नायक-नायिका-भेद का जो विस्तार हुआ, भेद-प्रभेद बढ़े, उनका यदि उदाहरण भक्तिकाल के प्रारम्भ में ही प्राप्त करने हों तो विद्यापति की पदावली का ही अध्ययन करना होगा। दूसरे, इस प्रकार की काव्यरचना में शृंगारी प्रवृत्ति में राधाकृष्ण की निगडबद्धता भी सबसे पहले विद्यापति के काव्य में ही दिखाई पड़ती है। जयदेव की रचना तो संस्कृत में थी। इसके बाद का विकास तो अनवरत क्रम में स्पष्टतः देखा जा सकता है, जिसमें सर्वप्रथम नाम कृपाराम की हिततरंगिणी (रचनाकाल वि.सं. 1598) का आता है। बाद में साहित्यलहरी (सं. 1607-सूरदास), शृंगारसागर (सं. 1616-मोहनलाल), करणाभरण श्रुतिभूषण-भूपभूषण (लगभग सं. 1637-करनेश), नखशिख (सं. 1640-बलभद्र मिश्र), बरवैनायिकाभेद (सं. 1640-रहीम), रसिकप्रिया (सं. 1648-केशवदास), छंदरत्नावली (सं. 1651-हरिराम), नखशिख- शिखनख-कविप्रिया (सं. 1658-केशवदास), अलंकारचन्द्रिका (सं. 1670-गोप), रामचन्द्रप्रिया (पिंगल) (सं. 1675-बालकृष्ण), नखशिख (सं. 1676-लीलाधर), रंगभाव-माधुरी (सं. 1680-व्रजपति भट्ट), फतेहप्रकाश (सं. 1685-छेमराज), सुंदरशृंगार (सं. 1688-सुंदर), सुधानिधि (सं. 1691-तोप), रसमंजरी (सं. 1698-नंददास), छंदमाला (रचनाकाल अज्ञात-वि.सं. 1674 के पूर्व-केशवदास)।

इनमें से छंदविपयक सर्वप्रथम रीतिग्रंथ कौन है—छंदरत्नावली या छंदमाला, इसका निर्णय छंदमाला का रचनाकाल ज्ञात होने पर ही किया जा सकेगा। इन आचार्यों में कृपारामकृत हिततरंगिणी, रहीमकृत बरवैनायिकाभेद और केशवकृत रीतिग्रंथ अत्यन्त महत्त्वपूर्ण हैं और परवर्ती रीतिग्रंथों की रचना में प्रेरक रहे हैं।

## रीतिकालीन साहित्यशास्त्रीय ग्रंथ

इन ग्रंथों की परम्परा में रीतिकाल में प्रभूत काव्यशास्त्रीय ग्रंथों की रचना हुई। इन्हें चार वर्गों में विभाजित

किया जा सकता है। इन वर्गों में रचित सभी प्रमुख ग्रंथों की संख्या लगभग 52 है। इन वर्गों के कुछ प्रमुख ग्रंथों का उल्लेख नीचे किया जा रहा है–

## रसविषयक ग्रंथ

इन ग्रंथों में शृंगार रस का ही प्राधान्य है, अन्य रसों का उल्लेख मात्र किया गया है--रसराज (रचनाकाल वि.सं. 1688-मतिराम), रसविलास तथा सुखसागरतरंग (रचनाकाल वि.सं. 1760 के आसपास-देव), रससारांश (वि सं. 1791-भिखारीदास), शृंगारनिर्णय (वि. स. 1807-भिखारीदास), रसप्रबोध (वि.स. 1798-रसलीन), जगद्विनोद (वि.सं. 1867-पद्माकर), नवरसतरग (वि.सं. 1874-बेनीप्रवीन), व्यंग्यार्थकौमुदी (वि.स. 1884-प्रतापसाहि)। इनमें से मतिराम, देव, रसलीन, बेनीप्रवीन प्रमुख रसवादी आचार्य कहे जा सकते हैं। इनमें भी प्रमुख हैं--देव।

## अलंकार ग्रंथ

भाषाभूषण (वि.सं. 1701-जसवंत सिंह), ललित ललाम (वि.सं. 1730 के पूर्व-मतिराम), अलंकार पंचाशिका (वि.सं. 1707-मतिराम), शिवराजभूषण (वि.सं. 1730-भूषण), पद्माभरण (वि.सं. 1868-पद्माकरण)। अन्य रचनाओं में श्रीधर कवि कृत भाषा भूषण, रसिकसुमतिकृत अलंकार चंद्रोदय, रघुनाथकृत रसिक मोहन, गोविन्दकविकृत कर्णाभरण, दूलहकृत कविकुलकंठाभरण, ऋषिनाथकृत मणिमंजरी, रामसिंहकृत अलंकारदर्पण, गिरिधरदासकृत भारतभूषण का नाम लिया जा सकता है। अलंकारवादी रीतिकालीन आचार्यों में प्रमुख हैं–केशव और जसवंत सिंह।

## विविध काव्यांगनिरूपक ग्रंथ

कविकुल कल्पतरू (वि.सं. 1707-चिंतामणि), रसरहस्य (वि.सं. 1727-कुलपति मिश्र), काव्यरसायन या शब्द रसायन (वि.सं. 1800 के लगभग-देव), काव्य सिद्धांत (सूरति मिश्र), रसिकरसाल (वि.सं.1776-कुमारमणि भट्ट), काव्यसरोज (वि.सं. 1777-श्रीपति), रसपीयूषनिधि (वि.सं. 1794-सोमनाथ), काव्यनिर्णय (वि.सं. 1803-भिखारीदास), रूपविलास (वि.सं. 1813-रूपसाहि), कवितारसविनोद (वि.सं. 1833-जनराज), साहित्यसुधानिधि (वि.सं. 1858/1892-जगत सिंह), काव्यरत्नाकर (वि.सं. 1897-रणधीर सिंह), काव्यविलास (वि.सं. 1887-प्रतापसाहि), दलेलप्रकाश (वि.सं. 1848-थान कवि), फतह प्रकाश (रतन कवि)। इनमें प्रमुख हैं–कुलपति, श्रीपति, दास और प्रतापसाहि। इन्हें सम्प्रदाय की दृष्टि से रसध्वनिवादी कहा जा सकता है।

## पिंगलनिरूपक ग्रंथ

पिंगल (चिंतामणि), छंदसार (वि.सं. 1718-मतिराम), वृत्तविचार (सं. 1732-सुखदेव मिश्र), श्रीनागपिंगल छंदविलास (वि.सं. 1759-माखन), पिंगलरूपदीपभाषा (वि.सं. 1776-जयकृष्ण भुजंग), छंदोर्णव (वि. सं. 1800-भिखारीदास), छंदसार (वि.सं. 1829-नारायणदास), वृत्तविचार (वि.सं. 1856-दशरथ), पिंगलप्रकाश (वि.सं. 1858-नंदकिशोर), लघुपिंगल (वि.सं. 1877-चेतन), वृत्ततरंगिणी (वि.सं. 1873-रामसहायदास), छंदपयोनिधि (वि.सं. 1892-हरिदेव), छंदानंदपिंगल (वि.सं. 1900-अयोध्याप्रसाद वाजपेयी)।

इन वर्गीय ग्रंथों में से रसनिरूपण के लिए आधार ग्रंथ के रूप में भानुमिश्र प्रणीत रसमंजरी,

अलंकार निरूपण के लिए जयदेव प्रणीत चंद्रालोक और अप्पयदीक्षितकृत कुवलयानंद, विविध काव्यांगनिरूपण के लिए मम्मट कृत काव्यप्रकाश एवं विश्वनाथ कृत साहित्यदर्पण को प्रमुख रूप से स्वीकार किया गया। पिंगल ग्रंथों के आधार ग्रंथों की एक लंबी सूची दी जा सकती है जिसमें संस्कृत और प्राकृत दोनों के ग्रंथ आते हैं। मात्रिक वृत्त अपभ्रंश की अपनी खास विशेषता है। इसलिए हेमचन्द्र का विशेष महत्त्व स्वीकार किया जाना चाहिए। ये आधार ग्रंथ हैं--भट्ट केदारकृत वृत्तरत्नाकर, हेमचंद्र रचित छंदानुशासन, पिंगल या सुमति या लक्ष्मीधर या हरिहर बंदी रचित प्राकृत पैंगलम्।[3] इनमे छंद विभाजन, लक्षणनिरूपण और विवेचन की दृष्टि से भिखारीदास रचित छंदोर्णव और रामसहायदासकृत वृत्ततरंगिणी नामक दो ग्रंथ सर्वोत्तम स्वीकार किये गये हैं। इनमें से प्रथम अपने पूर्ण रूप में तथा द्वितीय अपूर्ण रूप में प्राप्त है।

इन काव्यशास्त्रीय साहित्य के लक्षण-लक्ष्य ग्रंथों की, लक्षण ग्रंथों की कुछ सामान्य विशेषताओं की ओर संकेत किया जा सकता है। यह परम्परा चिंतामणि से चलकर प्रतापसाहि तक लगातार विकसित होती रही। संस्कृत काव्यशास्त्र में काव्य, नाटक और कविशिक्षा, तीनों का विवेचन होता रहा। काव्य का सर्वांगनिरूपण तो रीतिकाल में चलता ही रहा, जिसका उल्लेख ऊपर किया जा चुका है; किंतु नाटक निरूपण का केवल एक ग्रंथ (नारायणकृत नारायणदीपिका) उपलब्ध है। कविशिक्षा के ग्रंथों के विषय में कुछ लोगों की यह मान्यता है कि इस वर्ग में केवल केशव की कविप्रिया ही सर्वोत्तम है, जबकि नायक-नायिका-भेद, छंद, अलंकार आदि की प्रभूत रचनाओं को शुद्ध शास्त्र निरूपक रचनाओं के रूप में स्वीकार करने में विद्वान् हिचकते हैं; यद्यपि कुछ ग्रंथ अवश्य ही महत्त्वपूर्ण हैं, जिनमें विवेचन और विमर्श की भी पद्धति अपनायी गई है और कहीं-कहीं खण्डन-मण्डन की भी प्रवृत्ति के दर्शन हो जाते हैं।

## सम्प्रदाय

इन आचार्यों के साहित्यशास्त्रीय सम्प्रदायों से सम्बद्ध होने के विषय में कहा जा सकता है कि जिन-जिन आचार्यों ने जिन-जिन विषयों (रस या शृंगार या नायक-नायिका-भेद, अलंकार और सर्वांगनिरूपण) पर ग्रंथ लिखे हैं, सामान्य तौर पर यह अनुमान किया जा सकता है कि वह सम्बद्ध सम्प्रदायों के अनुयायी या समर्थक होंगे। जैसे नायक-नायिका-भेद का विषय शृंगार रस में अन्तर्भूत है, अतः इस विषय के ग्रंथ रचनाकारों को सामान्यतया सीमित अर्थ में रसवादी कहा जा सकता है। इसी प्रकार अलंकार ग्रंथ के रचयिताओं को अलंकारवादी और सर्वांगनिरूपकों को रसध्वनिवादी कहा जा सकता है, यद्यपि यह कथन सर्वथा वैज्ञानिक और तर्कसिद्ध नहीं हो सकता, अतः सर्वमान्य भी नहीं। प्रायः सभी लोग केशव को अलंकारवादी घोषित करते हैं। अतः यदि उपर्युक्त पद्धति से निर्णय किया जाय तो निश्चय ही केशव को अलंकारवादी कहने में कठिनाई होगी, क्योंकि कविप्रिया और रसिकप्रिया नामक ग्रंथों में रस, नायक-नायिका-भेद और अलंकार तीनों का निरूपण है।

## उद्देश्य

इस सम्बन्ध में तीसरी बात रीतिकालीन आचार्यों के उद्देश्य के सम्बन्ध में है। निश्चय ही ये कवि हिंदी काव्यशास्त्र या साहित्यशास्त्र का स्वरूप निर्माण नहीं करना चाहते थे। तो क्या वे संस्कृत के काव्यशास्त्रीय विवेचन का हिंदी में उल्था करना चाहते थे? इसका समर्थन विद्वानों ने किया है और यह माना है कि

---

3. 14वीं शती, दे. प्राकृत पैंगलम्, डॉ. भोलाशंकर व्यास, भाग 2, भूमिका, पृ. 20-25।

इसी कारण से इन ग्रंथों में न तो खण्डन-मण्डन की व्यापक प्रवृत्ति मिलती है और न सिद्धांत निरूपण की। उनमें सिद्धांतों का परीक्षण, पोषण, समालोचन, विवेचन, परिवर्धन अथवा खण्डन-मण्डन नहीं मिलता। यह उल्था भी क्यों आवश्यक था ? वातावरण के आग्रह और दबाव से अब संस्कृत के गंभीर ग्रंथों का अध्ययन कर काव्यरचना में अग्रसर होने का समय नहीं रह गया था। पंडितराज जगन्नाथ के साथ संस्कृत की साहित्यशास्त्रीय आचार्य परम्परा स्थगित सी हो गई थी। शाहजहाँ के समय से ही हिंदी कवियों ने हिंदू राजाओं के दरबार में आश्रय लेना आरम्भ कर दिया था। औरंगजेब काल में हिंदी का पूरी तरह बहिष्कार हो गया। सामंत, जागीरदार, छोटे-छोटे राजा भी युद्ध एवं शौर्य से पराङ्मुख होकर शृंगार और विलास में लीन हो गये थे। अतः कवियों के सम्मुख वृत्ति, पुरस्कार और राजसभा में स्थान प्राप्ति का लक्ष्य रह गया। राजकुमारों एवं राजाओं के लिए अधिकांशतः कविता विलास एवं मनोरंजन का साधन रह गयी। अनेक लक्षण ग्रंथों की रचना का आदेश आश्रयदाताओं ने ही दिया था। वे लोग काव्यशिक्षा ग्रहण कर अपनी सहृदयता और नागरत्व को प्रतिष्ठित करने के साथ ही मनोरंजन का एक साधन प्राप्त करना चाहते थे। इसलिए उल्था आवश्यक हो गया।

## शैली

चौथी बात है शैली की। रीतिकवियों की शैली पद्यात्मक थी। प्रयत्न करके थोड़े में लक्षण देना और उसको उदाहरणों से अलंकृत करना, स्पष्ट करना—यही उनकी शैली थी। और भी लाघव दिखाया गया—एक ही छंद में, अधिकतर दोहा या सोरठा में, लक्षण और उदाहरण दोनों देकर। स्मरण के लिए यह एक सुकर उपाय था। कुलपति की बात अलग है, फिर भी गद्य का प्रयोग अत्यल्प है।

## विषय चयन

पाँचवीं बात विषय चयन की है, जिसमें रीतिकालीन लक्षण ग्रंथकारों ने केवल अलंकार, नायक-नायिका-भेद और छंद निरूपण जैसे विषयों को ही चुना क्योंकि ये कवि शिक्षा के उपर्युक्त प्रयोजन की सिद्धि के अधिक उपयुक्त थे। रस के गम्भीर विवेचन को इन लोगों ने स्वीकार नहीं किया और न शब्दशक्ति विवेचन को। गुण-दोष-प्रकरण में इन लोगों ने विवादास्पद प्रसंगों को छुआ तक नहीं। जटिल दोषों का भी स्वरूप निरूपण नहीं किया। उल्था में भी ये काव्यप्रकाश, साहित्यदर्पण जैसे ग्रंथों का पूर्ण, शुद्ध एवं व्यवस्थित रूप प्रस्तुत नहीं कर सके। इसमें संदेह नहीं कि उदाहरणों की प्रस्तुति में ये अत्यन्त सफल रहे। इसमें भी कोई संदेह नहीं कि यदि इन लोगों ने लक्षणों को भलीभाँति हृदयंगम न किया होता, उपर्युक्त मूल ग्रंथों को भलीभाँति ग्रहण न किया होता तो ये अधिकांशतः सटीक उदाहरणों की प्रस्तुति में भी सफल न होते; किंतु यह भी सत्य है कि उदाहरणों के आधिक्य से लक्षण प्रायः प्रभावहीन हो गये हैं। इसलिए कुछ लोग इन ग्रंथों को लक्ष्य ग्रंथ कहना अधिक उचित समझते हैं।

## लक्ष्य ग्रंथ तथा रीतिमुक्त साहित्य की भूमिका

ऊपर रीतिकालीन काव्यशास्त्रीय साहित्य का भूमिका के साथ संक्षिप्त परिचय दिया गया है। इसके अतिरिक्त इस काल के साहित्य का एक विभाग पूर्ववर्ती शुद्ध साहित्यिक परम्परा में विकसित हुआ। इससे हमारा तात्पर्य संस्कृत, प्राकृत और अपभ्रंश की उस शुद्ध साहित्यिक परम्परा से है, जिसका विकास रीतिकाल के पूर्व तक आदिकालीन और भक्तिकालीन साहित्य के रूप में हुआ। रीतिकालीन शुद्ध साहित्यिक रचनाओं का साहित्य अधिकांशतः मुक्तक साहित्य है, जिसकी परम्परा संस्कृत, प्राकृत और अपभ्रंश के मुक्तकों

से भलीभाँति जोड़ी जा सकती है। संस्कृत का मुक्तक साहित्य तीन कोटियों में दिखाई पड़ता है—नीति मुक्तक, स्तोत्र मुक्तक और शृंगारी मुक्तक।

उपदेश प्रधान नीति मुक्तकों के अन्तर्गत भल्लट के भल्लट शतक में हाथी, भौंरा, चातक आदि को प्रतीक के रूप में ग्रहण कर मानवजीवन के अनेक चित्र अंकित मिलते हैं। भर्तृहरि का नीतिशतक अभिधाप्रधान काव्य है, जिसमें शांतरस एवं वैराग्य के कवित्वमय उपदेश मिलते हैं। अन्योक्तिप्रधान नीति मुक्तकों में काव्यत्त्व अधिक प्रस्फुटित होता है जिसका सर्वोत्तम उदाहरण पंडितराज जगन्नाथ की अन्योक्तियों में मिलते हैं। नीतिप्रधान मुक्तकों की संख्या कम नहीं है। स्तोत्रात्मक मुक्तकों की मुख्य ध्वनि साधना-उपासना की होती है। ध्यान, स्तुति और प्रार्थना में इनका विनियोजन है। यद्यपि वेदों में इसके सूत्र खोजे जा सकते हैं किंतु इसका वास्तविक विकास छठी-सातवीं शती से देखा जा सकता है। वाणकृत चंडीशतक, मयूरकृत मयूरशतक अथवा सूर्यशतक यद्यपि स्तोत्र हैं तथापि इनमें अलंकृति और कृत्रिमता स्पष्ट दिखाई पड़ती है, अपितु चमत्कृति पर विशेष आग्रह है। शंकराचार्य रचित सौंदर्यलहरी सभी दृष्टियों से इसका सर्वोत्तम उदाहरण है, जिसमें भाव और कला का सुंदर मणिकांचन योग है और सबसे बड़ी विशेषता है—भक्ति और शृंगार का अपूर्व सामंजस्य। त्रिपुरसुंदरी का भव्य दर्शन इसमें होता है। नख-शिख अत्यन्त आकर्षक है और ध्यान के लिए अत्यन्त उपयुक्त। जयदेवकृत गीतगोविंद और पंडितराज जगन्नाथ रचित गंगालहरी का भी इसी परम्परा में विचार होना चाहिए। विद्यापति की पदावली की पूर्व परम्परा के रूप में कुछ विद्वान, इन रचनाओं का उल्लेख करते हैं। इस स्तोत्र साहित्य को वस्तुतः साधन सम्प्रदायों के अनुसार विभाजित किया जा सकता है। शिवमहिम्नस्तोत्र, सूर्यशतक, शंकराचार्य रचित विष्णु, शिव आदि की स्तुतियाँ विभिन्न देवताओं से सम्बन्धित हैं। वैष्णव स्तोत्रों में कुलशेखरकृत मुकुन्दमाला, लीलाशुककृत कृष्णकर्णामृत, वेदांतदेशिककृत अनेक स्तोत्र, वेंकटाध्वरिकृत लक्ष्मीसहस्र, सोमेश्वरकृत रामशतक आदि का नाम लिया जा सकता है। इसी प्रकार शैव, शाक्त, जैन, बौद्ध स्तोत्र भी हैं।[4]

## शृंगार मुक्तक

प्रस्तुत विषय की दृष्टि से शृंगार मुक्तक विशेष महत्त्वपूर्ण है, जिसका उदय पतंजलि के भी पूर्व देखा जा सकता है। यह क्रम सुत्तपिटक के खुद्दक निकाय के थेर गाथा एवं थेरी गाथा, एक अज्ञात कवि के शृंगारतिलक, घटखर्पर के 22 यमक प्रधान शृंगारी पद्य, भर्तृहरि के शृंगारशतक आदि में देखा जा सकता है। अन्तिम रचना में नारी हृदय की परख, प्रेम प्रभावित का भी पुरुष के चित्त का सूक्ष्म चित्रण मिलता है। अमरूक के शतक में साहित्यिक सुषमा के साथ रसमग्नता, भावसघनता, शृंगार के चटकीले चित्र, कामी-कामिनियों की मनोदशाओं की भावविह्वलता के उत्तेजक एवं सुंदर चित्र मिलते हैं। रीतिकाल के विहारी, देव, पद्माकर आदि पर इसका विशेष प्रभाव विद्वानों ने देखा है। 12वीं शती के गोवर्द्धनाचार्य की आर्यासप्तशती की आदर्श गाथा सप्तशती है। शृंगार एवं काम की नाना दशाओं, संयोग-वियोग, नागरिकाओं की शृंगार चेष्टाओं, ग्रामीण महिलाओं की शृंगारिक उक्तियों के सहज स्वाभाविक एवं मनोहर रूप का दर्शन आर्यासप्तशती में होता है। जयदेव के गीतगोविंद की चर्चा ऊपर हो चुकी है, जिसमें भक्ति एवं शृंगार का प्रगाढ़ समन्वय दर्शनीय है। सौंदर्य और माधुर्य के साथ काव्यलालित्य, कोमलकांतपदावली का चामत्कारिक आनंद, शब्दमाधुर्य अन्यत्र दुर्लभ है। इस रचना का प्रभाव अत्यन्त व्यापक रूप में परवर्ती साहित्य पर पड़ा। इसी परम्परा में रूपगोस्वामी ने स्तवमाला में राधाकृष्ण की ललित केलि का रसमय वर्णन किया, जिसे शृंगार के साथ-साथ स्तोत्रपरम्परा में भी महत्त्वपूर्ण

---

4. विस्तार के लिए देखिए संस्कृत साहित्य के इतिहास ग्रंथ, बलदेव उपाध्याय कृत संस्कृत साहित्य का इतिहास, पृ. 359-375।

स्थान मिला।

इसी प्रसंग में हाल की गाथा सप्तशती की भी चर्चा आवश्यक है; क्योंकि इस रचना ने केवल संस्कृत मुक्तक शृंगारी काव्य को ही नहीं, रीतिकालीन हिंदी काव्य को भी प्रभूत मात्रा में प्रभावित किया। यह काव्य नागरिक और सामन्तीय जीवन से मुक्त है। राजकीय वैभव, भोग-विलास के वर्णन का सर्वथा अभाव है। ग्रामीण तरुण-तरुणी की प्रेमलीला की भावभंगी है, सरल सहज स्वाभाविक मुक्त प्रेम का विकास है; चित्रात्मकता, सहज स्वाभाविक प्रेम के भोले-भाले चित्र, उत्प्रेक्षा की ऊँची उड़ान देखने को मिलती है। हेमचंद्र के काव्यानुशासन में, उनके प्राकृत व्याकरण के अपभ्रंश प्रकरण में मुंज से सम्बन्धित दोहों में तथा अन्य उदाहरणों में भी कहीं-कहीं उत्तान शृंगार के भी उदाहरण मिल जाते हैं।

## अपभ्रंश साहित्य

अपभ्रंश साहित्य, हिंदी के आदिकालीन एवं मध्यकालीन साहित्य, विशेषकर रीतिकालीन साहित्य की प्रवृत्तियों के लिए, संस्कृत, पालि और प्राकृत साहित्य से महत्त्वपूर्ण एवं उपयोगी है। विक्रमोर्वशीयम् की अपभ्रंश रचनाओं में व्यक्त शृंगार प्रवृत्ति रीतिकालीन मुक्तकों से भिन्न नहीं है। कुवलयमाला के ग्रामनटी के गीत में विद्वानों में शृंगार वृत्ति का दर्शन किया है। जयदेव के गीतगोविंद के विषय में कुछ विद्वानों का अनुमान है कि इसकी रचना जयदेव ने पहले अपभ्रंश में ही की थी। अलंकृत वर्णन की प्रवृत्ति स्वयंभू में कम नहीं है। पुष्पदंत की अलंकारप्रियता प्रसिद्ध है। प्रेम, संयोग और वियोग की मार्मिक दशाओं, उक्तियों, अनुभवों तथा इनसे सम्पन्न चित्रों के लिए हेमचंद्र के प्राकृत व्याकरण के मुक्तक सर्वथा उचित हैं। इसके उदाहरणों में वीरों और क्षत्राणियों की दर्पोक्तियाँ महत्त्वपूर्ण हैं। बाद में ढोला मारू रा दूहा के दोहों में इसका विकास देखा जा सकता है। इन सबके मूल में लोक जीवन की प्रेरणा सबने स्वीकार की है। प्रबंध चिंतामणि के मुंज से सम्बन्धित दोहों की ओर संकेत किया जा चुका है। अद्दहमाण का संदेशरासक शृंगारी गीतिकाव्य है। इन सबका प्रभाव रीतिकालीन शृंगारी मुक्तकों पर, किसी न किसी रूप में अवश्य देखा जा सकता है।

## देशीभाषा साहित्य

आदिकालीन देशीभाषा काव्य में वीर और शृंगार की रचनाएँ कम नहीं हैं। चंदवरदायी को विद्वानों ने काव्यरीति का मर्मज्ञ बताया है। बीसलदेवरासो पूर्णतया शृंगारी रासोकाव्य है। पृथ्वीराजरासो में विविध विवाहों के प्रसंग में पहले और बाद के प्रसंगों में शृंगार का नखशिख का रससम्य में अलंकृत वर्णन हृदयग्राही है। बारहमासा, षड्ऋतु आदि के वर्णन अत्यन्त उद्दीपक हैं। विद्यापति की कीर्तिलता में जौनपुर की वेश्याओं के बाजार-वर्णन में शृंगार एवं नखशिख का वर्णन सर्वथा परम्परामुक्त है। उनकी पदावली में शृंगार का पुष्ट उत्तेजक परिपाक मिलता है। आंगिक सौंदर्य एवं माधुर्य के साथ नखशिख का जो उद्दीपक रूप सामने आता है, उसे भी रीतिबद्ध और परम्परामुक्त ही मानना चाहिए। वैशिष्ट्य यह है कि इस काव्य में श्रीकृष्ण एक उपपति के रूप में तथा राधा एक परकीया नायिका के रूप में चित्रित हैं। शृंगार की विविध दशाओं का परम्परामुक्त वर्णन विद्यापति की रीतिबद्धता का पुष्ट प्रमाण है। इस प्रकार पदावली में भी, कीर्तिलता की तरह ही विद्यापति एक क्लासिकल कवि के रूप में ही प्रकाशित हुए हैं। इनका प्रकृति वर्णन भी संस्कृत काव्यों की रूढ़ प्रणाली का ही अनुसरण करता है। प्राकृत पैंगलम् की रचनाएँ आदिकालीन एवं भक्तिकालीन साहित्य की संधिकालीन रचनाएँ हैं। गाथा सप्तशती, अमरूक शतक आदि की चर्चा ऊपर की जा चुकी है। उनमें जिस प्रकार संकेतस्थली की ओर गमनोत्सुक परकीयाओं,

गुप्तसंकेतप्रवीणा स्वयंदूती आदि के वर्णन उपलब्ध हैं, उसी प्रकार के शृंगारी छंद प्राकृत पैंगलम् में भी हैं। ऋतुवर्णन, नायिका का सौंदर्य वर्णन, नखशिख, अभिसार, उपनायक, विट, प्रोषितपतिका, कुलटा स्वयंदूती आदि के प्रसंग अत्यन्त व्यंजक और उत्तेजक हैं।

## भक्तिकालीन साहित्य

भक्तिकालीन साहित्य में काव्यशास्त्रीय रचनाओं के अतिरिक्त भी बहुत कुछ लिखा गया, जिसने रीतिकालीन साहित्य की भूमिका तैयार की। इस साहित्य को कई वर्गों में बाँटा जा सकता है– 1. संत साहित्य, 2. सूफी साहित्य, 3. जैन साहित्य, 4. नाथपंथी साहित्य, 5. वारकरी साहित्य, 6. वैष्णव साहित्य, 7. अन्य पंथी साहित्य, 8. कृष्णाश्रयी काव्य (वल्लभ, निम्बार्क, चैतन्य, राधावल्लभ, हरिदास, वंशी अलि से सम्बन्धित सम्प्रदायों का काव्य), 9. राज्याश्रयी काव्य, 10. रामभक्ति काव्य (ऐश्वर्योपासक, माधुर्योपासक तथा अन्य), 11. अन्य देवतापरक काव्य (शक्ति, शिव, हनुमान, गणेश, सूर्य, गंगा आदि), 12. जैनभक्ति काव्य, 13. नीतिकाव्य, 14. रीतिशृंगार काव्य, 15. वीरचरित और प्रशस्तिकाव्य, 16. दक्खिनी काव्य। इस वर्ग सूची से ही स्पष्ट है कि भक्तिकाल में सम्प्रदाय पंथ-वैविध्य के साथ-साथ दैववैविध्य भी दिखाई पड़ता है। दूसरे, इसी काल में भक्ति और शृंगार का जो विमिश्रित सूत्रपात विद्यापति के काव्य में हो गया था, उसका विकास इस काल में दिखाई पड़ता है। तीसरे, विविध वर्गों में भक्ति का प्रचार-प्रसार समान रूप से हुआ (यथा नाथों के साहित्य में भक्ति) और उपास्य अथवा उपास्य की पत्नी या शक्ति के साथ विविध प्रकार के सम्बन्धों की कल्पना हुई। इस प्रकार उपास्य के पास पहुँचने का उपाय सुकर बनाया गया। चौथे, इतना साहित्यिक वैविध्य, आदिकालीन साहित्य में नहीं दिखाई पड़ता। पाँचवें, भक्ति ने अपने विविध रूपों में क्षेत्रीय वैशिष्ट्य के साथ विविध सम्प्रदायों की सहायता पाकर लगभग संपूर्ण भारत को आच्छादित एवं प्रेरित किया, जैसे उत्तर-भारतीय वृंदावन एवं अयोध्या में केंद्रित भक्ति और महाराष्ट्र में पंढरपुर में केंद्रित भक्ति। उपर्युक्त वर्गों के साहित्य का विस्तृत विवेचन करने या संक्षिप्त विवरण भी प्रस्तुत करने का यहाँ अवसर नहीं है; किंतु इतना तो अवश्य कहा जा सकता है कि उपर्युक्त में से संत साहित्य, सूफी साहित्य, करकरी साहित्य, कृष्णाश्रयी साहित्य, राज्याश्रयी काव्य, रामभक्ति काव्य, रीतिशृंगार काव्य, वीरचरित और प्रशस्तिकाव्य एवं दक्खिनी काव्य रीतिकालीन काव्य की प्रशस्त भूमिका प्रस्तुत करने में समर्थ हुए और इनकी परम्परा का विकास भी रीतिकालीन साहित्य में स्पष्टतः देखा जा सकता है। इस काल में भी कृष्णोपासना की तरह ही रामोपासना में भी मधुर भाव का प्रसार हो गया। कुछ विद्वानों ने तो तुलसी-साहित्य में ही इसके मूल तत्त्वों का संधान कर लिया है। औरंगजेब के काल के पूर्व से ही राजपूत राजे विद्रोह करने लगे थे और उसकी मृत्यु होते ही उन लोगों ने अपना स्वतंत्र राज्य स्थापित कर लिया। मुगल सम्राट् की अधीनता स्वीकार करने वाले राजपूत राजे भी अकबर की तरह कवियों को आश्रय देते थे। कुछ मुसलमान नवाब, जागीरदार भी स्वतंत्र हो गए। छत्रसाल, शिवाजी जैसे राजपूत एवं मराठा राजाओं के समान ही उनके यहाँ भी कवियों को आश्रय मिलने लगा था। अतः इन सबकी प्रशस्ति में इस भक्तिकाल में ही प्रशस्तिकाव्य लिखे जाने लगे थे।

यहाँ केवल दो वर्गों के साहित्य की चर्चा करनी उचित होगी। भक्तिकालीन रीतिशृंगार काव्य के प्रमुख प्रसिद्ध कवियों में कृपाराम, बीरबल, गंग, नंददास, आलम, रहीम, केशवदास, मुबारक, सेनापति, पुहकर, कवि सुंदर, तोष और जसवंत सिंह के नाम विशेष रूप से उल्लेख्य हैं। इनमें से कृपाराम, नंददास, रहीम, केशवदास, तोष और जसवंत सिंह रीति ग्रंथकार हैं, लक्षण ग्रंथकार हैं, जिनकी चर्चा पहले की जा चुकी है। शेष कवियों में से बीरबल अकबर के राज्याश्रित कवि थे और इन्होंने शृंगार काव्य की यथेष्ट रचना करते हुए भी मुरली-माधुरी, राधाकृष्ण केलि आदि का भी बहुशः वर्णन किया।

तानसेन के काव्य में प्रशस्ति, भक्ति एवं शृंगार तीनों का दर्शन होता है। गंग का काव्य संयोग-वियोग दोनों (काम चेष्टाओं, हावभाव, नायिका-सौंदर्य, प्रेमदशा आदि) के विभिन्न प्रसंगों से सम्पन्न है, जिसमें राधा की छवि पर रसिकशिरोमणि श्रीकृष्ण की विमुग्धता और उन दोनों की विमुग्धता को भी दिखाया गया है। इनकी पदावली, पच्चीसी और रत्नावली में आलंकारिक चमत्कृति, उक्ति वैचित्र्य से सम्पन्न शैली के कारण विशिष्ट है। शृंगार से सम्बन्धित अनेक विषयों एवं प्रसंगों में सूक्ष्म कल्पनाशक्ति दर्शनीय है। नंददास ने रसमंजरी में शृंगार रस का विशद निरूपण करते हुए भगवान् कृष्ण को उसका नायक मानकर चित्रित किया है। आलम की माधवानल कामकंदला, श्यामसनेही और आलम के कवित्त नाम की तीन कृतियाँ बतायी जाती हैं। प्रथम सूफी प्रेमतत्त्व व्यक्त से प्रभावित हैं। श्यामसनेही में रुक्मिणी विवाह और तृतीय कृति में शृंगार के दोहे हैं। रहीम मुख्य रूप से शृंगारी कवि ही हैं। अत्यंत सूझ-बूझ वाले एवं सहृदय रामभक्त कवि सेनापति ने ऋतु के साथ शृंगार रस की सुंदर व्यंजना कर अपनी भाषा शैली और आलंकारिक चमत्कृति के साथ उक्तिवैचित्र्य का अच्छा प्रदर्शन किया है। सोमनाथवासी पुहकर कृत 'रसरतन' भारतीय असूफी प्रेमाख्यान परम्परा का मणि है जिसमें शृंगार के संयोग-वियोग के साथ पूर्वराग, सखी, मंडन, नखशिख आदि का सरस वर्णन दर्शनीय है। यसवंत सिंह रीति ग्रंथकार हैं। इसके अतिरिक्त आध्यात्मिक ग्रंथकार के रूप में भी इनकी प्रतिष्ठा स्वीकृत होनी चाहिए। उदाहरण के रूप में इनकी अपरोक्ष सिद्धांत, अनुभवप्रकाश, आनंदविलास आदि रचनाओं की परीक्षा की जानी चाहिए।

भक्तिकालीन वीर काव्य, चरित काव्य और प्रशस्ति काव्यों की परम्परा में नंददास की रूपमंजरी, लालचंददास रचित हरिचरित्र, नरहरि बंदीजन रचित रुक्मिणी मंगल, सूफी कवि आलम रचित माधवानल कामकंदला, बीरबल रचित सुदामा चरित, तानसेन के राम की वीरता आदि से सम्बन्धित छंद, गंग-रहीम-बीरबल आदि के प्रशस्तिमूलम छंद, कुशललाभ कृत ढोला मारू, पृथ्वीराज राठौर रचित बेलि किशन रुकमिणी री, केशवदास रचित वीरसिंहदेवचरित, जहाँगीरजसचंद्रिका, रतन बावनी, मलूकदास रचित धूवचरित, नियामत खाँ 'जान' की प्रेमकथाएँ, पुहकरकृत रसरतन, लालचंद्र या लक्षोदयरचित पदमिनी चरित्र आदि रचनाओं की गणना की जा सकती है। यदि इन रचनाओं का विश्लेषण किया जाय तो इनकी तीन परम्पराएँ स्पष्ट की जा सकती हैं—1. राजाओं की प्रशस्ति से सम्बन्धित काव्य, जैसे वीरसिंह देव चरित (केशव), 2. सूफी प्रेमाख्यानक परम्परा, और 3. असूफी प्रेमाख्यान परम्परा। इन तीनों परम्पराओं का स्पष्ट विकास रीतिकालीन साहित्य में देखा जा सकता है।

## रीतिकालीन लक्ष्येतर साहित्य

रीतिकाल में प्राप्त लक्षणग्रंथेतर साहित्य का अध्ययन निम्नलिखित वर्गों में विभाजित कर किया जा सकता है। इस कोटि के रचनाकार कवियों की दो श्रेणियाँ स्पष्ट हैं—1. रीति परम्परा के मुक्तक काव्यकार कवि, 2. रीतिमुक्त परम्परा के कवि। इनमें से प्रथम श्रेणी के कवियों में बिहारी शीर्ष पर हैं। इनके अतिरिक्त वेनी, कृष्णकवि, रसनिधि, नृपशंभु, नेवाज, हठी जी, रामसहायदास, पजनेस, राज मानसिंह (द्विजदेव) प्रमुख हैं। दूसरे शब्दों में ये रीतिसिद्ध कवि कहे जाते हैं, जिनकी दृष्टि में लक्षण तो अवश्य थे, किंतु उन्होंने बिना उनका उल्लेख किये ही काव्य रचना की, जिन्हें परोक्ष रूप में लक्षणानुयायी मात्र कहा जा सकता है। इनके विषय थे—नायिकाभेद, ऋतुवर्णन, बारहमासा, नखशिख, शृंगार के विविध अंगोपांग, दशाएँ, चेष्टाएँ आदि। इनमें इन कवियों ने स्वच्छंद विचरण किया। इसका यह अर्थ नहीं कि इनके अतिरिक्त लक्षणग्रंथकार कवियों ने इस प्रकार की रचनाएँ नहीं कीं। ये आचार्य के साथ कवि भी थे। इनमें से कुलपति मिश्र के ग्रंथों (दोणपन, मुक्तितरंगिनी, संग्राम सार), देवरचित ग्रंथों (प्रेमचंद्रिका, संगीतरत्नाकर, देवशतक, देवचरित), श्रीपति के कुछ छंद, सोमनाथ की रचनाओं (कृष्णलीलावती,

पंचाध्यायी, सुजानविलास और माधवविनोद), रसिक गोविंद की अष्ट देशभाषा, समय प्रबंध, युगलरसमाधुरी आदि रचनाओं, सेवादास की गीतामाहात्म्य, अलबेलेलालजू की नखशिख, अलबेलेलालजू की छप्पय आदि रचनाओं, पद्‌माकर के ग्रंथों (हिम्मतबहादुर बिरुदावली, प्रबोधपचासा, गंगालहरी, रामरसायन, भाषा हितोपदेश, प्रतापसिंह बिरुदावली आदि), चंद्रशेखर वाजपेयीकृत हरिभक्तिविलास, वृंदावनशतक, गुरुपंचाशिका, हम्मीरहठ आदि ग्रंथों, मंडन की जानकीपचीसा, पुरंदरमाया, जानकी जू को व्याह, बारामासी, नयनपचासा आदि रचनाओं, मतिराम की फूलमंजरी और सतसई, देव की अष्टयाम, सुखसागरतरंग, सुजानविनोद, प्रेमचंद्रिका, देवशतक, प्रेमदर्शनपचीसी, देवचरित्र आदि रचनाओं, भूषणकृत शिवाबावनी, छत्रशालदशक तथा स्फुट छंद जैसी रचनाओं की एक बहुत बड़ी सूची प्रस्तुत की जा सकती है। इस विवरण से स्पष्ट है कि रीतिग्रंथकार कवियों ने भी शुद्ध साहित्यिक मुक्तक अथवा प्रवन्ध रचनाएँ कम नहीं लिखी हैं। इन कवियों की बहुत सी इस प्रकार की रचनाएँ तो मात्र हस्तलेखों में ही सुरक्षित रह गई हैं, प्रकाशित नहीं हो पाई हैं। इन रचनाओं में रामभक्ति और कृष्णभक्ति का भी दर्शन होता है और इनमें से अनेक किसी न किसी धार्मिक सम्प्रदाय से सम्बद्ध भी रहे हैं।

रीतिकाल की रीतिमुक्त काव्यधारा की प्रकृति बहुलांश में रीतिबद्ध काव्य से भिन्न है। इसकी अनेक धाराएँ स्पष्टतया देखी जा सकती हैं--1. रीतिमुक्त शृंगार काव्य, 2. भक्तिकाव्य धारा, 3. वीर काव्यधारा, 4. नीति काव्यधारा, 5. विनोद काव्यधारा आदि। इनमें से प्रथम तीन धाराएँ ही विशेष महत्त्वपूर्ण हैं। यहाँ केवल इन्हीं की चर्चा की जा रही है।

रीतिमुक्तकाव्यधारा की शृंगारपरक काव्यधारा के प्रमुख कवियों में आलम का नाम विशेष उल्लेखनीय है, जिनकी चार रचनाएँ सर्वस्वीकृत हैं--माधवानल कामकंदला, सुदामाचरित्र, स्यामसनेही और आलमकेलि। इनमें से प्रथम तीन प्रबंध हैं और चतुर्थ मुक्तक। शृंगार रस ही इनमें प्रधान है, जबकि स्यामसनेही में आलम ने इसका विषय प्रेम और भक्ति दोनों माना है। इनकी रीतिस्वच्छंदता सर्वस्वीकृत है। दूसरे, प्रमुख कवि घनानंद को इस धारा का सर्वश्रेष्ठ कवि कहा जाता है। इनके स्फुटकवित्त और सवैये ही उपलब्ध हैं। अन्य कवियों में ठाकुर (बुंदेलखंडी) की कवित्त फुटकर, कूट कवित्त, ठाकुरठसक नामकी रचनाएँ, बोधा या बुद्धिसेन की विरहवारीश, माधवानल कामकंदला चरित्र और इश्कनामा (या विरही सुजान दंपत्ति विलास) रचनाएँ, द्विजदेव की शृंगारलतिका और शृंगारबत्तीसी नाम की रचनाएँ श्रेष्ठ मानी जाती हैं।

भक्तिकाव्यधारा के अन्तर्गत संतकाव्य (उत्तर भारतीय, महाराष्ट्रीय और गुजराती संतकाव्य जिसे शुक्ल जी निर्गुणधारा की ज्ञानाश्रयी शाखा कहते हैं), सूफी प्रेमाख्यान काव्य, कृष्णभक्ति काव्य, रामभक्ति काव्य आदि की गणना की जा सकती है। संतकाव्य में, इस काल में अनेक पंथों (कबीर पंथ, सिक्ख पंथ, दादू पंथ, निरंजनी सम्प्रदाय, रामस्नेही सम्प्रदाय, प्रणामी या धामी सम्प्रदाय, बावरी पंथ, सतनामी सम्प्रदाय, धरनीश्वरी सम्प्रदाय, दरियादासी आदि) में धर्मदास, गुरु नानक, गुरु गोविंद सिंह, दादू दयाल, हरिदास, प्राणनाथ आदि अनेक महत्त्वपूर्ण संत हुए। महाराष्ट्रीय संतों में तुकाराम और समर्थ रामदास, शिवदिन केशरी, मानपुरी आदि का नाम सर्वाधिक महत्त्वपूर्ण है। गुजराती संत कवियों में प्राणनाथ अखा, अनुभवानंद, दीन दरवेश की रचनाएँ सर्वाधिक प्रभावशाली हैं। ये सभी मुक्तक रचनाकार थे। इसी काल में संतों में से धरनीदास ने प्रेमपगास नामक प्रेमाख्यान की तथा दुखहरनदास ने पुहुपावती की रचना की थी। सूफी प्रेमाख्यानक काव्यधारा में कासिमशाहकृत हंस जवाहिर, नूरमुहम्मदकृत इंद्रावती और अनुराग बाँसुरी, हुसैन अली कृत पुहुपावती, शेख निसार कृत यूसुफ जुलेखा नाम की रचनाएँ तो उत्तरी भारत में रचित हुईं किंतु दक्खिनी की इस काव्यधारा में भी इस प्रकार की अनेक रचनाएँ लिखी गईं जिनका कथास्रोत अधिकांशतः फारसी है। भारतीय परम्परा के प्रेमाख्यानकों की असूफी परम्परा

के कवियों में केस कवि, हंस कवि और जनकुंज के नाम उल्लेख्य हैं। कृष्णकाव्यधारा में विभिन्न वैष्णव संप्रदायों के कवि आते हैं जिनमें निम्बार्क सम्प्रदायानुयायी घनानंद, हरिदासी सम्प्रदायानुयायी कवियों में ललित किशोरी, ललितमोहिनी, सहचरिशरण, हंसराज बख्शी, गौड़ीय सम्प्रदाय में भगवतमुदित, किशोरदास गोस्वामी, वल्लभरसिक, प्रियादास आदि, राधावल्लभी सम्प्रदाय में चंद्रसखी, हितरूपलाल, श्री अनन्यअली. रसिकदास, श्री हठी जी, चाचा हितवृंदावनदास. वल्लभ सम्प्रदायानुयायी व्रजवासीदास. नागरीदास. दयाराम. स्वामी नारायण सम्प्रदाय के स्वामी ब्रह्मानंद आदि की रचनाओं को विशेष महत्त्व प्राप्त है। सम्प्रदायेतर कवियों में देवनाथ, व्रजनिधि आदि के नामों की चर्चा की जाती है।

रामभक्ति धारा में तुलसीदास के समय से ही मधुरोपासना के संकेत मिलने लगे थे, जिसका विकास रीतिकाल में हुआ। रसिक रामभक्तों में बालकृष्ण 'बालाजी', बालानंद, छत्रसाल, रामप्रियाशरण, रामप्रपन्न (मधुराचार्य) 'मधुर प्रिया', रामसखे, प्रेमसखी, रामचरणदास, रामगुलाम द्विवेदी, महाराज विश्वनाथ सिंह 'रसिक अली'. नवलसिंह कायस्थ, काष्ठजिह्वा स्वामी आदि बहुत से भक्तों ने पर्याप्त मधुर काव्य की रचना की। लाल कवि, बारहट नरहरिदास, सहजराम, भगवंतराय खीची जैसे कुछ कवि इस सम्प्रदाय से मुक्त होकर रामकाव्य की रचना करते रहे। रामसाहित्य की रचना में गुरु गोविंद सिंह का नाम विशेष रूप से उल्लेख्य है।

हिंदी साहित्य का रीतिकाल शृंगार काव्य के लिए जितना प्रसिद्ध एवं महत्त्वपूर्ण है, उतना ही वह वीरकाव्य के लिए भी है। देश में इसका क्षेत्र भी शृंगार की तरह अत्यन्त व्यापक रहा। ऐसे कवियों की संख्या भी कम नहीं है। जटमल की गोराबादल की कथा, दुरसा आढ़ा रचित आठ रचनाएँ, न्यामत खाँ जान की कायमरासो, जयराम पिंडे की मुक्तक रचनाएँ, मतिराम के छंद, भूषण के छत्रसालदशक और शिवाबावनी, सबलसिंह चौहान कृत महाभारत चक्रव्यूह, मान कवि रचित राजविलास, सेनापति कृत गुरुशोभा, अणीराय कृत जगनामा, वृंद कवि कृत अनेक वीरभाव प्रधान रचनाएँ, लाल कवि छत्रसाल से सम्बन्धित रचनाएँ, करणीदान रचित सूरजप्रकाश, सूदन रचित सुजान चरित्र, पद्माकर रचित हिम्मत बहादुर बिरुदावली, प्रतापसिंह बिरुदावली आदि आदि रचनाएँ रीतिकालीन वीरकाव्य की सम्पन्नता की ओर संकेत करती हैं।

## कवि चर्चा

इस कोश की योजना बनाते समय ही निश्चय कर लिया गया था कि रीतिकाल के प्राप्त ग्रंथों के आधार पर ही इस कोश की रचना की जाय। ऊपर रीतिकालीन साहित्य की भूमिका सहित इस काल के साहित्य का रूपरेखात्मक परिचय देने में उद्देश्य यह रहा है कि इस काल का पूरा साहित्य प्रस्तुत कर उसमें से ऐसी रचनाओं का चयन किया जाय जो प्रकाशित हों और साथ ही प्रतिनिधि रचनाएँ भी हों। इतना ही नहीं, ये ग्रंथ ऐसे शब्द चयन की दृष्टि से भी महत्त्वपूर्ण हों जिनकी कोटियों का उल्लेख प्रारंभ में किया जा चुका है। चुने ग्रंथों की पूरी सूची तो संकेताक्षरों के विवरण और संदर्भ ग्रंथ सूची में मिल जायेंगे; किंतु सुविधा के लिए यह बताया जा सकता है कि इस कोश के शब्दों का चयन वृंद, जसवंत सिंह, बोधा, पद्माकर, केशवदास, भिखारीदास (दास), कृपाराम, घनानंद, चिंतामणि, ठाकुर, रहीम, मतिराम, बिहारी, भूषण, ब्रजनिधि, सोमनाथ और रसनिधि की प्रकाशित रचनाओं को आधार ग्रंथों के रूप में स्वीकार कर किया गया है और इनसे केवल पूर्वकथित प्रकार के ही शब्दों का चयन किया गया है। इस सूची से स्पष्ट है कि उपर्युक्त कवि रीतिकाल के प्रतिनिधि कवि हैं। इनकी रचनाएँ प्रकाशित हैं तथा साथ ही अनेक दृष्टियों से महत्त्वपूर्ण भी हैं। इन कवियों की महत्ता सर्वस्वीकृत है तथा ये अनेक

काव्यधाराओं का भी प्रतिनिधित्व करते हैं। इनमें से जसवंत सिंह, पद्माकर, केशवदास, रहीम, मतिराम, भूषण, सामनाथ आदि ऐसे कवि हैं जिन्होंने लक्षणग्रंथ तो लिखे ही, साथ ही शुद्ध काव्य के ग्रंथ या रचनाएँ (या लक्ष्य ग्रंथ) भी लिखे और अपना कवित्व सिद्ध किया। कवि के रूप में ये सभी पूर्ण सफल हैं और प्रतिष्ठित भी। घनानंद और बोधा जैसे कवि भी हैं, जिन्होंने लक्षणग्रंथ नहीं लिखे और रीतिमुक्त काव्यधारा का प्रतिनिधित्व करते रहे। बिहारी जैसे कवियों का चयन प्रतिनिधि रीतिसिद्ध कवि के रूप में किया गया है।

## कृपाराम

प्रश्न यह उठता है कि कृपाराम और केशवदास के चयन का औचित्य क्या है? यह सर्वविदित है कि कृपाराम की हिततरंगिणी हिंदी में लिखित काव्यशास्त्र की प्रथम उपलब्ध रचना है। अतः इसके ऐतिहासिक महत्त्व को अस्वीकार नहीं किया जा सकता। विभिन्न काव्यशास्त्रीय पारिभाषिक शब्दों के जो लक्षणादि इस कोश में सम्पादित किये गये हैं, उनमें, उनके लक्षणों में देव एवं भिखारीदास तक किस प्रकार विकास हुआ, इसके विकासात्मक अध्ययन के लिए, यह हिततरंगिणी ग्रंथ अत्यन्त महत्त्वपूर्ण है। यह ग्रंथ शब्दों के लक्षण की प्रारम्भिक अवस्था को सूचित करता है। इसी ग्रंथ के आधार पर, कृपाराम को हिंदी का प्रथम लक्षणग्रंथकार कवि माना जाता है। आचार्यत्व की दृष्टि से यह ग्रंथ नायक-नायिका-भेद विषयक महत्त्वपूर्ण ग्रंथ है, जिसके दोहे अत्यन्त सरस, भावपूर्ण हैं और परिमार्जित भाषा में रचे गये हैं।

## केशव

कोश की दृष्टि से दूसरे विवादास्पद कवि केशवदास हो सकते हैं जो जीवनकाल के अनुसार भक्तिकाल के अन्तिम खेवे के कवि हैं; किंतु रचनाओं की प्रकृति के अनुसार काव्यशास्त्रीय लक्षणग्रंथकार रीतिबद्ध कवि हैं। रीतिकाव्य की दृष्टि से ये प्रथम सर्वतोन्मुखी, विविध काव्यरूपात्मक प्रतिभा के धनी प्रथम आचार्य कवि के रूप में प्रतिष्ठित हैं। इस कोश के लिए अनेक दृष्टियों से इनकी रचनाएँ उपयोगी हैं–1. आचार्य साहित्य, 2. महाकवि साहित्य, 3. इतिहासपरक साहित्य, 4. शुद्ध काव्य साहित्य। आचार्यत्व की दृष्टि से इनका अनुसरण भी रीतिकाल में हुआ, अनेक लक्षणग्रंथकार इनसे प्रभावित हुए। लक्षण ग्रंथों में इन्होंने ही हिंदी में संस्कृत ग्रंथों की परम्परा को व्यवस्थित किया, जिसमें स्वयं इन्होंने व्यवस्थित सर्वांगपूर्ण कवि शिक्षा के ग्रंथ प्रस्तुत किये। इनकी उक्तियों से भी बाद के कवि प्रभावित हुए। ओरछा राज्य और राजवंश के विषय में इन्होंने अपनी रचनाओं के माध्यम से पर्याप्त ऐतिहासिक साभग्री प्रस्तुत की। कविप्रिया के काव्यशास्त्रीय महत्त्व का प्रमाण उस पर लिखी गई टीकाओं से ही मिल जाता है। ऐसी स्थिति में रीतिकालीन साहित्य कोश में इनके ग्रंथों को शब्दचयन के लिए स्वीकार करना आवश्यक प्रतीत हुआ। किंवहुना, हिंदी के ऐतिहासिक काव्यशास्त्रीय अध्ययन के लिए भी इनके ग्रंथों की उपयोगिता असंदिग्ध है।

## कोशरचना की प्रक्रिया

उपर्युक्त चुने गये कवियों के ग्रंथों से शोधसहायकों ने लगभग 18 हजार शब्दों के कार्ड बनाये थे। प्रारम्भ में ही निश्चय कर लिया गया था कि यह कोश साहित्यकोश है, अतः व्याकरणिक आधार पर शब्दों

का चयन नहीं किया गया। ब्रजभाषा में एक ही शब्द के अनेक रूप स्थानीय प्रभाव से, छंदानुरोध से, कविप्रकृति से और एक अत्यन्त व्यापक काव्यभाषा होने के कारण बने। यह स्वाभाविक था। यदि शब्दरूप वैविध्य को ध्यान में रखकर शब्दचयन किया गया होता और तदनुसार कोश का सम्पादन किया गया होता तो निश्चय ही इस कोश का आकार, अन्य ब्रजभाषा कोशों की तुलना में चार गुना बड़ा होता। अतः साहित्यकोश की प्रकृति को ध्यान में रखकर इसमें अधिकांशतः एक शब्द के केवल एक रूप को ही स्थान दिया गया है। कहीं-कहीं, जहाँ एक शब्द के रूप वैविध्य के कारण लक्षण वैविध्य की सम्भावना मालूम पड़ी, वहाँ दूसरे रूप को भी स्वीकार कर सम्मिलित कर लिया गया है। लक्षण ग्रंथकारों ने या उनके सम्पादकों ने अलंकार या छंद या नायिका या नायक के शीर्षक तो तत्सम रूप में दिये हैं और लक्षण देते समय उनके ब्रजभाषा के तद्‌भव रूपों का प्रयोग किया है, वहाँ भ्रम निवारण के लिए तत्सम रूप भी दे दिये गये हैं। वस्तुतः रीतिकालीन लक्षण ग्रंथों या लक्ष्य ग्रंथों के सम्पादन में जिस वैज्ञानिक सम्पादन पद्धति की आवश्यकता थी, उसका पूर्ण परिपालन सर्वत्र नहीं मिलता। अनेक स्थलों पर छंदों की मात्राओं के उल्लेख या गणोल्लेख में भी असावधानी दिखाई पड़ती है। मुद्राराक्षसों की कृपा भी है। पादटिप्पणियाँ देकर स्पष्टीकरण की प्रवृत्ति भी बहुत कम दिखाई पड़ती है।

उपर्युक्त वातों को कोश से ही उदाहरण देकर स्पष्ट करना अधिक उचित होगा। सोमनाथ ग्रंथावली में सम्पादित रसपीयूषनिधि में चर्चरी का लक्षण देने में भगण के स्थान पर 'मगण' के आ जाने से लक्षणों की सिद्धि नहीं हो पाती। सम्पादन में 'बवयोरभेदः' का पूर्ण परिपालन दिखाई पड़ता है। ऐसी स्थिति में कोश में शब्द के स्थान-क्रम-निर्णय में कठिनाई हुई है। पाठ निर्णय भी ठीक से नहीं किये गये। उदाहरण के लिए 'मचावही/मचाबही' (वृं.ग्रं.) को प्रस्तुत किया जा सकता है। छंदों के लक्षणों में भी सर्वत्र सावधानी नहीं मिलती। उदाहरणार्थ 'चित्रा छंद' का लक्षण एक कोश में इस प्रकार किया गया है—पहले तीन नगण (।।।) और फिर दो यगण (।SS)। भि.ग्रं. में है—'आठो हारा (S) गो यकारो यकारो। आठै सातै दै विश्रामै छंद चित्रा विचारो।' स्पष्ट ही दोनों वर्णवृत्त के लक्षण हैं। दोनों में यह 15 वर्णों का छंद बताया गया है जबकि दोनों में गणक्रम भिन्नता है। चित्रा का एक रूप 16 मात्रिक भी है, जिसकी 5, 7, 9वीं मात्राएँ लघु होती हैं। इसे चौथाई का एक भेद भी कहा गया है। भिखारीदास ने 16 मात्रिक एक चित्र छंद का भी उल्लेख किया है, जिसे उन्होंने मात्रामुक्तक छंद के अन्तर्गत स्थान दिया है। उपर्युक्त में से प्रथम लक्षण न तो केशव ने, न सोमनाथ ने और न भिखारीदास ने ही दिया है और न सम्पादक ने कोई टिप्पणी ही दी। अतः वाध्य होकर केवल भिखारीदास का लक्षण-उदाहरण देना पड़ा।

कहीं-कहीं पौराणिक व्यक्तियों के विवरण में भी भिन्नता मिलती है, जैसे 'जह्नु' में; किंतु यह भी माना जा सकता है कि भिन्न-भिन्न पुराणों में व्यक्ति विशेष के कुछ भिन्न-भिन्न विवरण भी मिलते हैं। अलंकारों के भेद देते समय मूल लक्षण ग्रंथकारों ने अथवा सम्पादकों ने तीजो, तीजी, तृतिय, तृतीय जैसे सभी संख्यात्मक शब्दरूपों का प्रयोग किया है। ऐसी स्थिति में मूल ग्रंथ के इन सभी रूपों को स्वीकार कर उन्हें उसी रूप में दे दिया गया है। कोशकारों, सम्पादकों और टीकाकारों ने अनेक स्थलों पर अर्थलेखन में असावधानी दिखाई है। उदाहरण के लिए 'भेरी' शब्द को लिया जा सकता है। छंद है—

"अनेक भेरी बहु दुंदुभी वजैं। गयंद क्रोधांध जहाँ तहाँ भजैं।।" (रा.चं. 17.30)।

अर्थभेद के लिए यह आवश्यक था कि 'भेरी' और 'दुंदुभी' दोनों शब्दों के एक ही स्थान पर प्रयोग वाले छंद को चुना जाय। 'दीन' जी ने भेरी का अर्थ ढोल और दुंदुभी का अर्थ नगारा किया है, जबकि हिं.श.सा. (ना.प्र.स.) में भेरी का अर्थ दुंदुभी दिया गया है। आप्टे ने 'भेरिः' शब्द का अर्थ

धौसा, ताशा (बड़ा ढोल) दिया है और दुंदुभी का भी लगभग यही अर्थ दिया है। स्पष्ट है कि केशवदास को दोनों शब्दों का अर्थभेद ज्ञात था। 'दुंदुभी' शब्द 'दुम्-दुम्' ध्वनि उत्पन्न करने से ही बना है, जबकि 'भेरी' में भयानकता की ओर संकेत है। इस प्रकार भगवानदीन जी अधिक सजग टीकाकार हैं और निश्चय ही केशव की प्रतिभा और शब्द नैपुण्य के पारखी हैं।

उपर्युक्त विवेचन से स्पष्ट है कि इस कोश के शब्द चयन और अर्थ लेखन में अनेक कठिनाइयाँ आईं। अधिक विश्वसनीय बात यह प्रतीत होती है कि साहित्य की रचनाओं के आधार पर रचित भाषा एवं साहित्य के शब्दकोशों के लिए यह आवश्यक है कि रचनाओं के अत्यंत वैज्ञानिक पद्धति से व्यवस्थित रूप से सम्पादित संस्करण उपलब्ध हों। न होने पर यथालब्ध सम्पादित ग्रंथों में प्राप्य शब्दरूपों के आधार पर बाध्यतः कोश की रचना करनी पड़ती है, जिससे कोश की भी वैज्ञानिकता प्रभावित होती है। 'ब' और 'व' के समान ही संयुक्ताक्षरों के सम्पादन में भी असावधानी मिलती है। अनुस्वार और आधे 'न' के प्रयोग में एक नियम का पालन नहीं मिलता। ऐसी ही स्थिति प्रायः अनुस्वार और अर्द्धचंद्र के प्रयोग में भी है। अतः बाध्यतः उपलब्ध सम्पादित ग्रंथों के यथालब्ध रूपों को यथावत् रूप में स्वीकार करना पड़ा।

ऊपर बताया जा चुका है कि स्वीकृत कवियों के ग्रंथों से लगभग 18 हजार कार्ड बनाये गये थे। लक्षण, उदाहरण और शब्दरूपवैविध्य के कारण इतने अधिक कार्ड बने। इस कोश में 7618 शब्द सम्पादित हैं। 18 हजार शब्दों के विवरण को इस उपर्युक्त शब्दसंख्या में समायोजित करने का उत्कट प्रयास करना पड़ा। लक्षण ग्रंथकारों ने लक्षण देने में उतना अधिक उत्साह नहीं दिखाया, जितना कि उदाहरण प्रस्तुत करने में और वह भी भिन्न-भिन्न छंदों में, दोहों में और कवित्त-सवैयों में या अन्य छंदों में। अतः उदाहरणों के चयन में भी यह देखना आवश्यक था कि किस उदाहरण से लक्षण या व्यक्ति या स्थान या वस्तु का अधिकाधिक स्पष्टीकरण हो पाता है। इसके साथ ही छोटे से छोटे उदाहरण को अधिकाधिक समायोजित करने का प्रयास किया गया है। प्रत्येक लक्षण के साथ उसी के उदाहरण देने में उद्देश्य था कवि के उदाहरण सामर्थ्य को प्रमाणित करना। रीतिकाल के लक्षण ग्रंथकार कवि संस्कृत के आचार्यों की तुलना में रमणीय उदाहरण देने में अधिक सफल हुए हैं। अतः रमणीयता पर ध्यान न देकर केवल लक्षणों की सिद्धि पर अधिक ध्यान दिया गया है। छोटे छंदों के उदाहरण न मिलने की स्थिति में ही बड़े छंदों के उदाहरण दिये गये हैं।

शब्दकोश रचना को कला के अन्तर्गत स्वीकार किया गया है, किंतु वस्तुतः जिस वैज्ञानिक पद्धति के अनुसरण एवं मूलग्रंथगत शब्दों के ताटस्थ्यपूर्ण अर्थशोध का प्रयास विशेषकर पारिभाषिक शब्दों के अर्थ में किया जाता है, उससे इसे कला क्षेत्र में रखने का तर्क असंगत हो जाता है। शब्द संग्रह से लेकर सम्पादन और मूल ग्रंथगत अर्थ लेखन तक में यथातथ्य पद्धति का प्रयोग करने के कारण ही कोशरचना का कार्य विज्ञान और उसकी पद्धति के अधिक निकट है। इसलिए इस साहित्यकोश में जो अर्थ दिये गये हैं और प्रकाशित एवं प्रमाणित करने के लिए सम्बद्ध उदाहरण दिये गये हैं, वे कहीं भी आरोपित नहीं हैं और सर्वत्र अर्थ, लक्षण और विवरण को प्रमाणित करने के लिए मूल ग्रंथों के पर्याप्त उद्धरण दिये गये हैं। इसलिए अर्थों की प्रामाणिकता में किसी विवाद की सम्भावना कम है। सभी लक्षण-उदाहरण-उद्धरण प्रायः ब्रजभाषा के ही हैं, अतः उन्हें ग्रहण करने के लिए भी ब्रजभाषा में गति का होना आवश्यक है। अनेक आचार्यों द्वारा प्रस्तुत किये गये लक्षणों के साथ उन्हीं के द्वारा दिये गये उदाहरणों को इस प्रकार प्रस्तुत किया गया है कि जिससे लक्षणों के भेदक तत्त्वों का परिज्ञान सरलता से हो सके। अन्ततः हम यह कहना चाहते हैं कि इस कोश की रचना पद्धति यथातथ्यात्मक और स्वयं प्रमाणभूत प्रकृति की है। सम्पादक ने स्वयं अपनी ओर से कोई अर्थ या विवरण थोपने

की कोशिश नहीं की है। विवेक सम्पन्न सहृदय पाठकों की प्रतिभा को उपलब्ध प्रमाण एवं सामग्री के आधार पर अपना अर्थ एवं निष्कर्ष निकालने के लिए पूरा अवसर प्रदान किया है। कोशों, विश्वकोशों, साहित्यकोशों, पुराणों, इतिहासग्रंथों में जो विवरण मिले हैं उन्हें व्यवस्थित एवं संक्षिप्त करके प्रस्तुत कर दिया गया है और साथ ही स्रोत ग्रंथों के संकेत कर दिये गये हैं। तात्पर्य यह कि यह कोश प्रायोगिक साक्ष्यों के आधार पर निर्मित हुआ है और संदर्भ देने में विशेष सावधानी बरती गई है।

इस शब्दकोश के उपयोग और उसकी पद्धति के विषय में मुख्य बातें इस प्रकार हैं–

1. इसमें शब्द हिंदी वर्णानुक्रम से दिए गए हैं।
2. सामान्यतया शब्द देने के बाद उसकी सामान्य विवृत्ति प्रस्तुत कर उदाहरण दिए गए हैं।
3. जहाँ उदाहरणों की संख्या बहुत ज्यादा प्रतीत हुई, वहाँ शब्दों के प्रयोगगत उदाहरणों के संदर्भ मात्र दे दिए गए हैं, जैसे 'अंगद' शब्द में।
4. सामान्यतया शब्दों में दी गई संख्याएँ ग्रंथों के संकेताक्षर के बाद दी गई हैं, जिसमें प्रथम संख्या छंदों की संख्या की ओर, दूसरी संख्या पृष्ठांक की ओर संकेत करती है। इसे उदाहरणों से स्पष्ट करना उचित होगा–1. अंगद–वृं.ग्रं., 336/86-वृंद ग्रंथावली की छंद संख्या 366, पृष्ठ 86 पर उदाहरण प्राप्त। 2. अंगद–र.सा., 473/68-रस सारांश ग्रंथ में छंद संख्या 473, पृष्ठ 68 पर उदाहरण प्राप्त। किंतु केशव ग्रंथावली अथवा केशव के ग्रंथों के संदर्भों में क्रम भिन्न है। यथा–1. अंगिरा–रा.23/4-रामचंद्रिका, प्रकाश 23, छंद 4। 2. अंकुस–र.प्रि. 6/19-रसिक प्रिया, प्रभाव 6, छंद संख्या 19। 3. अंकुस–क.प्रि. 15/90-कविप्रिया, प्रभाव 15, छंद 90। केशव के जिन ग्रंथों में अध्याय या प्रकाश आदि नहीं है, वहाँ केवल ग्रंथोल्लेख कर छंद संख्या दे दी गई है। जैसे 3. रतनसेन–र.वा., 04-रतन बावनी, छंद संख्या 4। 4. जहाँगीर–जहाँ.ज.चं., 34-जहाँगीर जस चंद्रिका, छं.सं. 34। अर्थात् केशव के ग्रंथों के संदर्भ में छंद संख्या अन्त में दी गई है।
5. पारिभाषिक शब्दों या शास्त्रीय शब्दों में शब्द देकर उसकी सामान्य विवृत्ति देने के बाद एक ग्रंथ से लक्षण देकर फिर उसी से उदाहरण दे दिए गए हैं। उसके अंत में उस ग्रंथ के संदर्भ उल्लिखित हैं। यही क्रम है। इसी क्रम से दूसरे ग्रंथों से भी लक्षण-उदाहरण दिए गए हैं।
6. ऐतिहासिक या पौराणिक ग्रंथों के पात्रों के नाम में सबसे पहले शब्द देकर उनका विवरण दे दिया गया है और जिन ग्रंथों के आधार पर ये विवरण प्रस्तुत किये गये हैं उनके सांकेतिक नाम भी अन्त में दे दिए गए हैं। तदुपरांत उन शब्दों से सम्बद्ध, विभिन्न ग्रंथों में प्राप्त प्रयोगों को भी उद्धरणों में दे दिया गया है जिनसे पात्रों के जीवन या व्यक्तित्व सम्बन्धी उन विशेषताओं पर प्रकाश पड़ सके जिन्हें कवि ने अपनी विशेष दृष्टि से ग्रहण किया है। उनके गुण-धर्म-दोष आदि को प्रकाशित करना चाहा है। उदाहरण के लिए 'बालि' शब्द।
7. छंदशास्त्र सम्बन्धी शब्दों में सर्वप्रथम छंद की वर्णसंख्या आदि का उल्लेख कर गणों या मात्राओं के क्रम को कोष्ठक में प्रदर्शित किया गया है। इसके बाद लक्षणग्रंथ में प्राप्त लक्षण देकर उसी से उदाहरण भी दिया गया है। अन्त में उसका संदर्भ दिया गया है। उदाहरण के लिए 'बिंब छंद' शब्द।
8. कवियों, आचार्यों, लेखकों से सम्बन्धित शब्दों में क्रम इस प्रकार है–जन्मकाल, जन्मस्थान, पिता, माता, मृत्युकाल, आश्रयदाता और उसका संक्षिप्त परिचय, रचनाएँ। उदा भिखारीदास।
9. रचना सम्बन्धी शब्दों में केवल कवि और रचनाकाल के उल्लेख के साथ यदि रचना का कोई वैशिष्ट्य हो तो उसका उल्लेख किया गया है। उद.–रस सारांश।

10. संगीत, पर्वत्यौहार, अस्त्र-शस्त्र, साधनात्मक शब्दों का यथोचित अत्यावश्यकं किंतु संक्षिप्त विवरण आधार ग्रंथों से एकत्रित कर दिया गया है।
11. एक ही शब्द के जहाँ अनेक अर्थ हैं, वहाँ उसी शब्द में अर्थानुसार संख्या देकर अर्थों की पुष्टि के लिए उदाहरण भी प्रस्तुत कर दिए गए हैं। उदा.–'रस', 'राम' आदि शब्द।

रीतिकालीन साहित्य कोश का जो स्वरूप और आकार इस समय इस रूप में प्रस्तुत है, उसमें अभी भी बहुत परिवर्द्धन किया जा सकता है। पहले बताया जा चुका है कि रीतिकाल का बहुत सा साहित्य अभी भी अप्रकाशित पड़ा हुआ है। इस कोश की रचना में हस्तलिखित ग्रंथों का उपयोग नहीं किया गया है। जैसे-जैसे ये ग्रंथ प्रकाशित होते जाएँगे वैसे-वैसे इस कोश या इस प्रकार के अन्य कोशों की समृद्धि, परिवर्द्धन और संस्कार का कार्य भी बढ़ता जाएगा। भारतवर्ष में, विशेषकर हिंदी के कोशों के सम्पादन की प्रक्रिया, एक बार प्रकाशित हो जाने के बाद, स्थगित हो जाती है, जबकि वस्तुतः यह प्रक्रिया सतत चलती रहनी चाहिए। यही बात इस कोश के विषय में भी कही जा सकती है, विशेषकर कवियों, आचार्यों, ऐतिहासिक-पौराणिक व्यक्तियों, रचनाओं के विवरण को आगे और भी बढ़ाया जा सकता है। इस कोश के साहित्य की कालसीमा निश्चित है, फिर भी अलंकार, छंद तथा साहित्यशास्त्रीय शब्दों का जितना चयन और विवरण इस कोश में किया गया है, उतना अन्य साहित्यिक कोशों में उपलब्ध नहीं, फिर भी और परिवर्द्धन की सम्भावना से इनकार नहीं किया जा सकता।

प्रस्तुत **रीतिकालीन साहित्य कोश** की पूर्णता के अवसर पर सर्वप्रथम मैं विश्वविद्यालय अनुदान आयोग के अधिकारियों के प्रति आभार व्यक्त करता हूँ, जिन्होंने मुझे इस कोश के निमित्त आर्थिक सहायता प्रदान की। इस कोश के सम्पादन में मैंने अनेक ग्रंथों से प्रत्यक्ष एवं अप्रत्यक्ष रूप से सहायता ली है, अतः मैं उन सभी सुधी विद्वानों एवं प्रकाशकों के प्रति अपनी हार्दिक कृतज्ञता ज्ञापित करता हूँ। श्री अशोक महेश्वरी, राधाकृष्ण प्रकाशन, नई दिल्ली, ने इसे सहर्ष एवं शीघ्र प्रकाशित किया है, अतः वे भी साधुवाद के पात्र हैं

54, गुरुधाम कालोनी
वाराणसी

**विजयपाल**
पीएच.डी., डी.लिट्.
पूर्व प्रोफेसर एवं अध्यक्ष, हिन्दी विभाग
काशी हिंदू विश्वविद्यालय
वाराणसी-5

# रीतिकालीन साहित्य-कोश

## अ

**अंकुस**—लोहे का काँटा या एक तरह का भाला जिसे महावत हाथी के सिर पर चुभोकर उसे चलाता है।—र.प्रि. 6/19; क.प्रि. 15/90.

**अंगद**—किष्किन्धा के राजा बालि का पुत्र जो श्रीराम की सेना में था। इसका विवाह मैंद की बड़ी पुत्री से हुआ था। उससे उसका ध्रुव नाम का महाबली पुत्र उत्पन्न हुआ।—वृं.ग्र. 366/86, 101/272, 611/016; भू.ग्रं. 378/ 200. उ. 2–'भूमि तमकि अंगद हनैं डरे निसाचर वृंद। तन कंपित पीरे बदन भयो बोलिबो बंद।।' –र.सा. 473/68. उ. 3–'भूपति प्रताप अंगद अडोल। भूपति प्रताप बोलत सुबोल।।'–प्र.बि. 5/277. उ. 4– ल.ल. 47/306।

**अंगदर्पन**—रच.-रसलीन (दे.), विव.-अंगों का आलंकारिक वर्णन। (इति. शुक्ल)।

**अंगदै**—दे.-अंगद। उ.-''सोच यहै इक बालि बली बिन देहिगो अंगदै को जुबराई।''-प.ग्रं., जग. 587/202।

**अंगराग**—चंदन, कपूर, केसर, कस्तूरी आदि सुगंधित द्रव्यों से बना शरीर में लगाने का लेप।–वृं. ग्रं. 56/44; जग. 223/128; र. रा. 201/246-247, 304/271; म.सत. 393/401।

**अंगराग सिंगार**—वृंद कवि द्वारा वर्णित सोलह शृंगारों में छठाँ–'सब सुगंध इक ठौर करि करत विलेपन अंग। इहि छठएँ सिंगार तै, होत अनंग उमंग।। मेलि मलयगिरि में अतर अगर घसि सनि घन सौनियै अगर ही को सत हैं। अतर मिलाइ पुनि अंबर मिलाइ तामैं एनसार कुंकुम गुलाब मिलबत हैं।। वृंद कहै तन की अतन सोभा होत करियैं अरगजा कि जैसो मनमत हैं। सुनि हो सुहाग भाग-भरी! आछै अंग ऐसो अंगराग लायैं रंग राग उपजत हैं।।'-शृं. शि. 55-56/43-44।

**अंगरागु**—दे. अंगराग। सुगंधित लेप।–क. प्रि. 15/43, 15/45।

**अंगरेजैं**—अंगरेजी तलवार। उ.- 'असिबर अंगरेजै घलि घलि तेजैं अरिगन भेजैं सुरपुर कों।'-हि.ब.वि. 200/28।

**अंगिया**—कंचुकी, चोली। र.प्रि. 3/19, 6/31; रा. 31/36; घ.क. 384/194; वृं.ग्रं. 50/42।

**अंगियाऊ**—दे. अंगिया। क.प्रि. 12/7।

**अंगिरा**—अंगिरस (1)-एक ऋषि जो ब्रह्मा के 10 मानसपुत्रों मे से एक पुत्र है और सप्तर्षियों में से एक ऋषि तथा एक स्मृतिकार कहे जाते हैं।–रा. 23/4। (2)-एक संवत्सर।-वि.गी. 16/54।

**अंगुली**—नदी विशेष।-वि.गी. 6/16।

**अंजन सिंगार**—नायक-नायिका भेद के अन्तर्गत वर्णित सोलह शृंगार। उसके अन्तर्गत 10वाँ अंजन शृंगार है। उ.-'काजर अनियारो अहो अनियारे हग ठानि। कर अ-नियारो लाल चित दसम सिंगार बखानि।। सुंदर-सुघर नारि आंनद बिचार अन दर्पन निहारि मन मैंनरस भीजियैं। तिलौछि फुलैल सौं गुलाब सौं छिरकि कबि वृंद कहैं आछे अंगोछैं अंगोछ लीजियैं।। सुछम सुदेस सबिसेस देखियैं सुरेख अंजन-सलाका सारि अनियारी कीजियैं। मीन मान भंजन से खंजन से नैननि कौं पिय मन रंजन कौं अंजन यौं

दीजियैं।।-वृं.ग्रं., शृं.शि. 65/45।

**अंड**—ब्रह्माण्ड; अण्डाकार भुवन; क्रोष जिससे मनुस्मृति आदि के अनुसार, पितामह ब्रह्मा की उत्पत्ति हुई; विश्वगोलक; खोपड़ी; अण्डा आदि। ये सभी 'केशव' के अनुसार 'वर्ण्यालंकार' के 'सुवृत वर्णन' के अन्तर्गत आते हैं।-क.प्रि. 6/13।

**अंतमत्त-अमिल**—दे. तुक, अधम तुक।

**अंतरजामी**—अंतर्यामी। (1) जो सब कुछ से परिचित हो। जिसकी गति मन के भीतर तक हो। अंतःकरण में स्थिर होकर प्रेरणा करने वाला, वि.गी. 17/4।(2) राम, सबके हृदय में बसने वाला, सबका मार्ग जानने वाला, रा.20/15, 33/38; वृं.ग्रं.106/214; घ.क.110/85; भू.ग्रं.382/200।

**अंतरति**—दे.-अंतर्रति। अभ्यंतर रति, सात प्रकार के संभोग के बंध। र.प्रि. 3/40,42।

**अंतर्रति**—थिति, तिर्यक, सनमुख, बिमुख, अध, ऊरध, उत्तान। सात अंतरति समुझियै 'केसवराइ' सुजान।।-र.प्रि. 3/42।

**अंतर्लापिका**—दे. प्रश्नोत्तर चित्रालंकार।

**अंत्यज**—अंतिम वर्ण में उत्पन्न व्यक्ति, शुद्र। र.प्रि. 7/44; रां. 9/6।

**अंध**—एक प्रकार का काव्यदोष। कवियों की बँधी हुई रीति के विरुद्ध कहना अंध दोष है।-क. प्रि. 3/6, 16/2।

**अंधक**—एक दैत्य जो शिव जी के हाथों मारा गया। कश्यप और अदिति का एक पुत्र, जिसके एक हजार सिर थे।-रा. 18/33।

**अंबारीक**—दे. अंबरीष।-भू.ग्रं. 329/189।

**अंबा जी**—दे. कल्याण।

**अंबिका**—पार्वती।-क.प्रि. 15/32। वि.च. 9/8। वि.गी. 12/5। काली-भू.ग्रं.प्र.की. 479/223; वृं.ग्रं. 530/247।

**अंबरीख**—दे. अंबरीष।-वृं.ग्रं. 8/306।

**अंबरीष**—अयोध्या के एक सूर्यवंशी राजा जो प्रशुश्रुक के पुत्र थे। ये इक्ष्वाकु से 28वीं पीढ़ी में हुए थे और विष्णु के परम भक्त थे। परम क्रोधी दुर्वासा की कृत्या से इनकी रक्षा विष्णु के चक्र ने की थी। 'फेरि अजामेल स्योरी सिला अंबरीष गज गनिका गरीबनी को पातक उतनि गौ।'-ठाकुर, 1/61; जहाँ.118।

**अंबुसाई**—अंबुशायी। नारायण।-क.प्रि. 15/32।

**अंसतीर्थ**—एक पुण्य क्षेत्र।-वि.गी., 6/10।

**अकंपन**—एक राक्षस विशेष जो रावण का अनुचर था। खर के वध का समाचार इसी ने रावण को दिया था। कुमुद नामक बानर ने इसका वध किया था।-रा. 21/41।

**अकथित कथनीय**—दे. दोष, वाक्यदोष। ल. 'नहिं अवस्य कहिबो कहै सो अकथित कथनीय'। उ.-'पीतमु पाय लग्यो, नहीं मान छोड़ती तीय।।' ति. 'पाय लगेहू चाहिये सो न कह्यो।।' का. नि. 45-45अ/228।

**अकबर**—मुगल वंश में हुमायूँ (दे.) का पुत्र प्रसिद्ध अकबर बादशाह (1556-1605 ई.) जिसने हिंदू-मुसलमान में एकता लाने का प्रयास किया था। क.प्रि. 1/24, 1/32, 1/38; वी.च. 2/38, 2/42, 2/52, 3/40, 4/4, 4/18, 5/4, 5/12, 5/85, 5/98, 6/25, 6/35, 7/10, 7/40, 7/53, 9/7, 9/12, 23/22; जहाँ. 3, 38, 63, 73, 75, 85, 135, 158; भू.ग्रं. 535/236।

**अकबर**—दे. अकबर साहि। उ.-'बड़ेसाह अकवर बड़े, साहिब जाको नाम। सत्य रच्चो विधि लसत जो सकल ललित गुन धाम।'-शृं.मं., चिंता., 8/3।

**अकबर साहि**—गुलबर्गा के प्रसिद्ध संत बंदे नवाज मुहम्मद गेजू दराज दक्षिण में हिंदू-मुसलमान दोनों के सम्मान्य संत थे। इन्हीं की परंपरा में कुतुबशाही बादशाह अबुलहसन या नानाशाह (1644 ई. से 1704 ई.) के गुरु साहिराज गुरुराज हुए। शृंगार मंजरी के मूल कवि अकबर साहि बड़े साहिब के ये पिता थे। अकबर साहि ने शृंगार मंजरी ग्रंथ संस्कृत में लिखा था। उ.-'साहि सफीरुल्लाह भुवन सबु सित जसु जाके अकबर साहि समग्ग लहत फलु जगपग ताके।।'—शृं.मं., चिंता., 2/1। उ.-'बहु बिधि भाग्य रू उदय सों बढ़्यौ बिबास प्रकासु। तब आकासबानी भई तिनकौं 'केसौदासु'।' —ज.चं., 25।

**अकबराबाद**–स्थान विशेष का नाम।-वृं.ग्रं. 50/267, 52/267।

**अकब्बर**–दे. अकबर।-शि.भू. 256/177, 447/216, 471/221।

**अकब्बर साहि**–अकबर शाह।-जहाँ. 73।

**अकमल (अकू)**–रचनाएँ-शील बत्तीसी। लिपिकाल-सं. 1721। विव.-नीति काव्य, पातिव्रत, पत्नीव्रता (बृ. इति. 7)।

**अकरषन मंत्र**–आकर्षण मंत्र। उ. 'कियो अकरषन मंत्र सो वंसीधुनि बृजराज।'-र.सा. 536/79।

**अकसि**–दे. आकास। तगण के देवता का नाम-'तगन अकास बखानु'।-क.प्रि., 3/23।

**अकास**–(1) आकाश पंच महाभूतों में से एक जो शब्द गुणवाला माना जाता है।-र.प्रि. 3/19, 5/20; क.प्रि. 3/23, 3/25, 5/35, 5/38, 6/61, 7/33, 9/18, 10/25, 10/30, 10/33, 10/35, 14/27, 15/75; (2) शून्य प्रदेश-रा. 4/30, 5/26, 10/19, 15/29, 26/29, 30/20, 32/14, 35/9; क.प्रि. 6/22।

**आकासबानी**–आकाश से सुनाई पड़ने वाली वाणी। भाग्य और उदय के संवाद में सलाह देने वाली दैवी शक्ति की वाणी।

**अकूर**–दे. अक्रूर।-क.प्रि.3/34।

**अक्रूर**–यादव वंशी कृष्णकालीन एक मान्य व्यक्ति थे। ये सात्वत वंश में उत्पन्न वृष्णि के पौत्र थे। इनके पिता का नाम श्वफलक था जिनके साथ काशी के राजा ने अपनी पुत्री गांदिनी का विवाह किया था। इन्हीं दोनों की संतान होने से अक्रूर 'श्वाफलिक' तथा 'गांदिनीनंदन' के नाम से भी प्रसिद्ध थे। मथुरा के राजा कंस की सलाह पर वे बलराम तथा कृष्ण को वृंदावन से मथुरा लाए थे। (भागवत 9/40)। श्यामंतक मणि से भी इनका बहुत सम्बन्ध था। अक्रूर तथा कृतवर्मा द्वारा प्रोत्साहित होने पर शतघन्वा ने कृष्ण के श्वसुर तथा सत्यभामा के पिता सत्राजित का वध कर दिया। फलतः क्रुद्ध होकर श्रीकृष्ण ने शतघन्वा को मिथिला तक पीछा कर मार डाला, पर मणि उसके पास नहीं मिली। वह मणि अक्रूर के ही पास थी, जो डर कर द्वारिका से बाहर चले गये थे। उन्हें मनाकर कृष्ण मथुरा लाए तथा अपने बंधुवर्गों में बढ़ने वाले कलह को उन्होंने शांत किया (भागवत, 10/57; हिंदी विश्वकोश, नागरी प्रचारिणी सभा)।-वृं.ग्रं. 590/252।

**अक्रमतिसयोक्ति**–दे. अतिशयोक्ति। ल.-(1) अतिसयोक्ति अक्रम जु सैंग कारन काज बखान।-पद्मा. 68/40; ल. (2)-जहाँ हेतु अरु काज मिलि होत एक ही अंग। अक्रमातिसय उक्ति तहैं बरनत कवि रसरंग।-ल.ल. 123/320; ल.-(3) अक्रमातिसयउक्ति जहँ, कारज कारन साथ। उ. 'भू परसत हैं साथ ही। तो सरु अरु हरिमाथ।।' क.नि. 15-16/108।

**अक्रमातिशयोक्ति**–अतिशयोक्ति (दे.) नामक अलंकार का एक भेद, जिसमें कारण के साथ ही कार्य का वर्णन होता है। ल.-हेतु काज जहँ संग सो अक्रम अतिसयउक्ति। उ.-'नखशिख लौं तिय थरहरी उर में सरस्यौ नेह तिय के चाले साथ ही भई दूबरी देह।।'-सो.ग्रं. 1, र.पी.नि., 75, 76/192,193।

**अक्ष**–रावण का पुत्र - अक्षयकुमार, जिसे हनुमान ने लंका का प्रमोदवन उजाड़ते समय मार डाला था। रा. 14/1, 16/4।

**अक्षत**–अच्छत, अखंडित चावल, मांगलिक अवसरों में काम में लाया जाने वाला चावल। रा. 7/32, 27/8, 35/6; वी.च., 1/1।

**अक्षमाल**–रुद्राक्ष की माला। वि.गी. 3/9।

**अक्षय बट**–प्रयाग और गया में एक वट वृक्ष है। पौराणिकों के मतानुसार प्रलयकाल में भी इसका नाश नहीं होता। इसीलिए इसे अक्षयवट कहते हैं (पौ. को.) उ. 'अक्षय बट बालक उदर ज्यों संसार समाय'।-ल.ल. 18/30।

**अक्षर अनन्य**–जन्म-सं.1710 के आसपास; स्थान-ओड़छा; पिता-मानसाह; आश्रयदाता-पन्नानरेश महाराज छत्रसाल; रचनाएँ-महिमा समुद्र, उत्तम चरित्र, प्रेमदीपिका, भवानी स्तोत्र, गणेशाष्टक, अनन्यप्रकाश, सिद्धांतबोध, विवेक तरंग, ज्ञानपंचासिका, शिवशक्तिपचीसी, निराधारशतक, उपासनाबोध, ज्ञानयोग, शृंगारयोग,

गुणानबत्तीसी, हरिहरसंवाद, ज्ञानतरंग, उत्तरमलिका, अष्टांगयोग, विवेकदीपिका, वैराग्यतरंग, भक्ति-भावना (बृ.इति. 7)।

**अक्षरगुप्त**—लेखनी- चित्रालंकार (दे.) का भेद।

**अक्षर बत्तीसी**—रचयिता-महेशमुनि (दे.); विवरण - गर्व, पाप, छलादि का वर्णन (बृ. इति. 7)।

**अक्षरमालाभाष्य**—रचयिता-पं. उमाशंकर त्रिपाठी (दे.) (बृ.इति. 7)।

**अखती**—अक्षय तृतीय, अखतीज, वैशाख शुक्ल 3, सतयुग के प्रारम्भ की तिथि। उ. (1)-'फेरि न वैसी भई अखती कबहूँ वहि बाग में फेरि थिरेना।'-बो.ग्र., इ.ना. 73/13, 71/128; उ. (2)-'अखती की तीज तजबीज के सहेली जुरीं बर के निकट ठाढ़ीं भावते काँ घेर कै।'-ठाकुर, 102/27, 103/27, 105/28।

**अखरौटी**—सितार पर बोल बजाने की क्रिया। उ.-'अँसुवा बहै ढाड़ भरि आवै। जब अखरौटी बीन बजावै।।'-बो.ग्र. 7/36।

**अखा**—समय-सं. 1701 से 1705 के मध्य; स्थान-जेतलपुर; रच.-फुटकल पद। (बृ.इति. 7)।

**अखारा**—अखाड़ा, नृत्यशाला, रंगशाला।-र.प्रि.14/9; क.प्रि. 1/41, 13/20।

**अखैबट**—दे. अक्षयवट। अक्षयवट प्रलयांत में भी नष्ट न होने वाला वटवृक्ष। घ.क. 133/95।

**अगति**—वर्ण्यालंकार (दे.) का एक भेद।-क. प्रि. 6/3। उ.-'अगति सिंधु, गिरि, ताल, तरु, बापी कूप बखानि।।'-क.प्रि., 6/60।

**अगन**—पिंगल के चार गण - जगण, तगण, रगण, सगण - जो छंद में अशुभ माने जाते हैं। इन्हें कविता के आदि में रखना बुरा समझा जाता है। यह गणागण दोष मात्रिक छन्दों में ही माना जाता है। (हिं. शब्द. 1)। केशव काव्यगत दोष मानते हैं-'अगन न कीजै हीनरस।'- क.प्रि., 3/14, 3/17, 3/26, 3/31, 16/2।

**अगनिहोत्री**—अग्निहोत्रिन्, अग्निहोत्र करने वाला, प्रातः-सायं अग्नि में वेदोक्त विधि से हवन करने वाला। उ.-'नैन भए अगनिहोत्री मीत दरस के हेत। बिरह अगिन हिय कुंड तै निसुदिन बुझन न देत।।'-रतन. 841/154।

**अगम्यागौन**—अगम्यगमन। (1) जिसके साथ सम्पर्क निषिद्ध हो, ऐसी स्त्री से सहवास करना। (2) अगम्य स्थानों में जाना। क.प्रि. 8/5, 11/43।

**अगर**—अगरु। एक पेड़ जिसकी लकड़ी सुगंधित होती है तथा जो भूटान, आसाम, पूर्वी बंगाल, खासिया और मर्तवान की पहाड़ियों में पाया जाता है। चोवा नाम का लेप इसी से बनता है। उ.-'अगर की धूप मृगमद की सुगंध बर।'-जग. 390/165।

**अगस्त**—दे. अगस्त्य। उ.-'नाहिं करत उप करन तें काज सिद्व बलवान। मुनि बन बसिबौ संग मृग किय अगस्त दधि पान।।'-वृं.ग्रं. 453/93।

**अगस्ति**—दे. अगस्त्य। उ.-'रघुनायक सायक धरे सकल लोक-सिरमौर। गए कृपा करि भक्ति वस रिषि अगस्ति के ठौर।।'-रा. 11/9; वी.च. 18/12। उ.-'नलकृत पुल लखि सिंधु में भए चकित सुरराव। राम न मानत भेसु बहु सुमिरि अगस्ति प्रभाव।।'-जग. 603/106।

**अगस्त्य**—एक प्रभावशाली ऋषि जिनके पिता का नाम मित्रवरुण था। ऋग्वेद के अनुसार उर्वशी अप्सरा को देख मित्रवरुण कामपीड़ित हुए जिससे अगस्त्य का जन्म हुआ। सायण के अनुसार अगस्त्य का जन्म घड़े से हुआ। इसी से इन्हें घटयोनि भी कहते हैं। पुराणानुसार इन्होंने एक बार बढ़ते विंध्याचल को रोक दिया था। तारकादि असुरों से पृथ्वी को पीड़ित देखकर ये समुद्र को चुल्लू में भर कर पी गए थे। ये प्रसिद्ध वैदिक ऋषि भी हैं, जिनकी कई रचनाएँ ऋग्वेद में मिलती हैं। एक मत के अनुसार इन्होंने अपना घर लंका में बनवाया था और अपनी पत्नी लोपामुद्रा के साथ मलयगिरि पर बहुत दिनों तक घोर तपस्या की थी (पौ. को.)। उ.-'नागर नगर अपार, महामोहतममित्र से। तृस्नालता कुठार लोभसमुद्र-अगस्त्य से।।'-रा. 1/50।

**अगूढ़ व्यंग्य**—दे. लक्षणामूला व्यंग्य।

(1) लक्षणामूला (दे.) व्यंजना का यह दूसरा भेद है। उ.-'धन जोबन इन दुहुन की, सोहति रीति सुबेस। मुग्ध नरनि मुग्धनि करै, ललित बुद्धि-उपदेस।।' तिलक-धन पाए तैं मूरखहू बुधिवंत होइ जातु है। जो बन तैं नारी चतुरि होत है, यह व्यंगि है। उपदेस सब्द लक्षना तैं सो बाच्यहू मैं प्रगट है। -का.नि., 49-49अ/13। (2) गुणी भूत व्यंग्य (दे.) के अन्तर्गत प्रथम भेद अगूढ़ व्यंग्य है। इसमें अर्थान्तर संक्रमित (दे.) और अत्यन्त तिरस्कृत (दे.) अन्तर्गणित हैं। उ.-'अर्थान्तरसंक्रमित अरु अत्यन्ततिरस्कृत होइ। दास अगूढ़ों व्यंगि मैं भेद प्रगट है दोइ।।' -का.नि. 4/62।

**अग्यात जोवना**—दे. अज्ञातयौवना।

**अघ**—(1) अघासुर नामक एक असुर। यह दानव पूतना और बकासुर का कनिष्ठ भ्राता था। कृष्ण का वध करने के लिए कंस ने अघासुर को वृंदावन भेजा। इसलिए भी अघासुर के मन में अतिशय आक्रोश था कि पूर्व में कृष्ण ने पूतना और बकासुर का विनाश किया था। वृंदावन के गोष्ठ में जहाँ गोपाल गौ चरा रहे थे वहाँ अघासुर पहुँचकर बड़े अजगर की तरह मुँह फैलाकर बैठ गया। कृष्ण ने निर्भयता से उसके मुँह में प्रवेश किया और दानव का श्वासरोध होने से ब्रह्मतालु फूट गया (भागवत 10/112; हि.विश्व. 1, वसु)। -र.प्रि. 14/26।

**अचलधृति छंद**—सोलह लघु मात्राओं का छंद है। ल.-षट दस लघुहि अचल धृति मन गुनि। उ.-'सब तोहि कहत मृदुलतन अनुचित। तिय तुअ जुगल अचल धृत उर नित।।' -छंदा. 134, 156/169,198।

**अच्छित**—दे. अक्षत। उ.-'रोचन सौं मन रोचन कियौ। मोतिन के सिर अच्छित दियौ।।" -वी. च., 26/12।

**अज**—ब्रह्मा। उ.-'ठाकुर कहत याकी आदि अज ईस दै कै खबर न काहुवै समेटे या बड़ेटे की।' -ठाकुर, 5/62।

**अजतनयचंद**—दे. दशरथ। अज के पुत्र। उ.-'रघुनाथ कौन, दशरथ्थनंद। दशरथ्थ कौन, अजतनयचंद।' -रा., 13/73।

**अजमेर**—राजस्थान का प्रसिद्ध ऐतिहासिक नगर।-वृं.ग्रं. 2/35, 4/35, 6/36।

**अजय**—दे. छप्पय। छप्पय छंद के 72 भेदों में से पहला जिसमें 70 गुरु और 12 लघु मिलाकर 82 वर्ण और 242 मात्राएँ होती हैं। ल.1-सत्तर गुरु गनि अजय के बारह लघु उच्चारि। जो गुरु टूटै लघु बढ़ै सो सो नाम विचारि।। -छं.मा., 2/30; ल. 2-सत्तरि गुरु बारह लघु जामें। अच्छर होयँ बयासी तामैं।। अजय नाम छप्पय सो जानौ। गुरु टूटे द्वै लघु बढ़ि मानौ।। (70 गुरु+12 लघु=82 अक्षर, गुरु के टूटने पर दो लघु)।-र.पी.नि.. 48/30।

**अजलोक**—(1) दशरथ के पिता राजा अज का स्थान; (2) ब्रह्मलोक। -रा. 32/22।

**अजवेश महापात्र**—जन्म-सं. 1841; स्थान-असनी (फतहपुर); पिता-शिवनाथ जी; आश्रयदाता-रीवाँ नरेश महाराज विश्वनाथ सिंह; रचनाएँ-स्फुट कवित्त, बघेला वंश वर्णन, बिहारी सतसई की टीका, स्वरूप विलास। (बृ.इति. 7)।

**अजामिल**—एक ब्राह्मण जो पहले कर्मनिष्ठ और शास्त्रज्ञ था। बाद में इसने एक दासी में अनुरक्त होकर पत्नी को छोड़ दिया। कान्यकुब्ज में रहता था। दासी से विवाह कर निंदित जीवन व्यतीत करने लगा। दासी से उत्पन्न दस पुत्रों में सबसे छोटे का नाम नारायण था, जो उसे सर्वाधिक प्रिय था। मृत्यु के समय 'नारायण' नाम का उच्चारण करने के कारण यह मुक्त हो गया। उ. (1)-'भोरें भोरें नाम लै अजामिल से अधमनि पायो मन भायो सुने सुमृति कथानि में।'-र.सा. 517, 519/76; का.नि. 41/251। उ. (2)-'कहै पद्माकर त्यों अधम अजामिल लौं औगुन हमारे गुन मानि ही तौ धरिहौ।' -प्र.प., 11/239, 15/240, 46/247; क. प. 7/296; म.सत. 535/413। उ. (3)-'पापी अजामिल पार कियो जिहि नाम लियो सुत ही को नरायन।' जग. 695/225।

**अजामेल**—दे. अजामिल। उ.-'ठाकुर हौं अजामेल तें आगरौ पापी उजागरौ यौं हितयौ रे।'

-ठाकुर 213/56, 1/61।

**अजिह्व वाणी चित्रालंकार**—दे. चित्रालंकार, वाणी चित्रालंकार। ल.-जित ह बर्न अ-कवर्ग तित और न आवै कोइ। ताहि अजिह्व बखानहों, जिह्वा चलित न होइ।। उ.-'खाइहै घीअ अघाइहै हीअ गहागहै गीअ अहे कहा खंगा। है है कहाँ की कहाँ कीहै खै खै ए गेह के गाहक खेह है अंगा।।'-का. नि. 46-47/201।

**अजीम**—व्यक्ति विशेष का नाम। उ.-'पूरब दिसि तै प्रथमही साहिब साहि अजीम। आइ पहुँचे आगरै धरै भुजा बल भीम।।' -वृं.ग्रं. 51/267, 54/267, 55/267, 56/267।

**अजीम साह**—दे. अजीम। उ.-'साहिब अजीम साह महावली बाँन मारि। डार्यो षाँन आलम मुनब्बर कौं मारि कैं।।' -स.स.रू. 335/299।

**अजीमुस्सान**—व्यक्ति विशेष का नाम। -वृं. ग्रं. 714/114।

**अजुक्त**—अयुक्त अर्थान्तरन्यास। ल.-जैसो जहाँ जु बूझि जै तैसो तहाँ जु होइ। केसवदास अजुक्त कहि बरनत हैं सब कोइ।। -क.प्रि. 11/67,70।

**अजुक्ता-जुक्त**—अयुक्तायुक्त अर्थान्तरन्यास अलंकार। जहाँ अशुभ वर्णन में अर्थान्तर से शुभवार्ता प्रकट हो, वहाँ अयुक्तायुक्त अर्थान्तरन्यास अलंकार होता है। ल.-असुभै सुभ ह्वै जात जहें, क्यों हूँ केसवदास। कहै अजुक्तै जुक्त कवि बरनत बुद्धि-विलास।। -क.प्रि. 11/72।

**अजुक्तैजुक्त**—दे. अजुक्ताजुक्त।

**अजैगढ़**—अजयगढ़। उ.-'यह अजैगढ़ वलहीन है जहँ अरिन डेरा कीन है।' -हि.ब.बि. 24/7, 38/8, 84/12।

**अज्ञातजोबना**—दे. अज्ञातयौवना।

**अज्ञातयौवना**—मुग्धा का एक भेद। ल. (1)-जोबन आयो नां लषै अपने तन मैं बाम। सो अग्यात जोबना मुग्धा याको नाम।-वृं.ग्रं. श्रृं.शि. 37/40। ल. (2)-कछु जोबन आवेस लखि बिन समझे जो नारि। करै सोच अग्यात सो, कविजन कहें बिचारि।। -वृं.ग्रं., हि.त. 71/19। ल. (3)-निज तनु जौबन आगमन जो नहिं जानत नारि। सो अज्ञात सु जौबना बरनत कवि निरधारि म.ग्रं., र.रा., 21/2051 ल. (4)-नवजोबन को आगमन जानि परत नहिं जाहि। सु अग्यातजोबन तिया भाषत सुकवि सराहि।।-प.ग्रं., जग. 28/84। ल. (5)-जोबन आयौ नहिं लखै सो अग्यात बखनि।। -सो.ग्रं., र.पी.नि., 29/65।

**अज्ञातहि जौबना**—दे. अज्ञातयौवना।

**अज्ञात यौवना**—दे. अग्यातजोवना, अज्ञातयौवना। ल.-जो नहिं जानै जोवन को, अज्ञात यौवना सोइ। उ.-'सोहत है जलकेलि तिया तन में नव जोबन आनि जग्यो है। रोम की राजि सेवार हो अंकुर, जानति चित्तु अयान वग्यो है। देखि उतै प्रति बिंबित नैन, हिये भ्रम कौतुक आनि खग्यो है कान समीपहि आनति हाथ, सुजानति नील सरोज लग्यो है।'-श्रृं.मं., चिंता., 28/10, 31/11।

**अज्ञानदास**—रच.-अफजलखानवध। (बृ. इति. 7)।

**अट्ठसिद्धि**—अष्ट सिद्धि। साधना से प्राप्त होने वाली आठ अलौकिक सिद्धियाँ जिनके नाम हैं—अणिमा, महिमा, लघिमा, गरिमा, प्राप्ति प्रकाम्य, ईशित्व तथा वशित्व। शि.भू. 289/182।

**अठसठि तीरथ**—तीर्थों की रहस्यमय संख्या। उ.-'अनुभो की सिद्धि नाम नाम नबनिद्धि बृंद नाम ही तैं अठसठि तीरथ महान हैं।'-वृं.ग्रं., स्फु.छं. 27/316।

**अणीराय**—आश्रयदाता - गुरुगोविंदसिंह, रच.-जंगनामा। (बृ.इ.7)।

**अतद्गुण**—दे. अतद्गुन। एक अलंकार। ल. (1) गहै न संगति के गुनहि सु अतद्गुन ठहराइ। -पद्मा. 24,0/62; ल. (2) जहाँ सँग में और को रंग कछू नहिं लेत। तहाँ अतद्गुन कहत हैं कविजन बुद्धि निकेत।।-ल.ल. 337/355; ल.(3) सु अतद्गुन क्यों हूँ नहीं, संगति को गुन् लेत। उ. -'लीन सिंगार न हात तऊ तन आपनो रंग तजै नहिं कारो।।' का.नि. 32-33/137-138; ल. (4) सु अतद्गुन संगति भएँ जब गुन लागत नाहिं। उ.-'पिय अनुरागी ना भए बसि रागी मन माहिं।।' -ज.ग्रं., भा. भू., 171/56।

**अतद्गुन**—दे. अतद्गुण। ल.-संगति हू के होत हूँ जब गुन लगै न रंच। ताहि अतद्गुन कहत हैं जो कविता के पंच। उ.-'सिगरी निसि नव कमल में कीने रह्यो निकेत निरखी तऊ भयौ नहीं स्यामल मधुकर सेत।।' सो.ग्रं.।, र.पी.नि. 275,276/216।

**अतर**—इत्र। पुष्पसार। भभके द्वारा खिंचा हुआ फूलों की सुगंध का सार। रतन. 928/165; वृं.ग्रं., शृं.शि. 56/44, 54/43; भू.ग्रं.प्रकी. 431/212।

**अतल**—(1) चौदह लोकों में 7 अधः लोकों में से दूसरा; (2) इसे पुरुष की जाँघ कहा गया है। उ.-'कहै पदमाकर अतल में बितल में सुतल में मंजु महातल में।।' प.ग्रं., गं.ल. 51/272।

**अतिकाय**—लंका के राजा रावण का एक पुत्र तथा सेनापति जिसे लंका के युद्ध में लक्ष्मण ने मारा था।-रा. 15/9।

**अतिगीता छंद**—ल. अंत लहू अतिगीत करि, सताइसौ उनतीस। उ. (1) 'चैत-चाँदनी में उतै मुरली बजाई नंदनंद।' उ. (2) 'मोहि मोहनऊ गिरे अवलोकिकै मुखचंद चंद।' भि.ग्रंणी, छंदा. 35, 41/220-221।

**अतिविश्रब्धनवोढ़िका**—मध्या नायिका का एक भेद। ल.-लेस लाज रति समय में धरे जहाँ रसदानि। अति विश्रब्ध नवोढ़िका मध्या वहै बखानि।।-कृ.गं., हि.त. 95/25।

**अतिशयोक्ति अलंकार**—भिखारीदास ने अतिशयोक्ति के पाँच भेद स्वीकार किये हैं—भेदक, सम्बन्ध (योग्य से अयोग्य कल्पना, अयोग्य से योग्य कल्पना), चपल, अक्रम, अत्यन्त। अक्रम और अत्यन्त के बीच में भिखारीदास ने अत्युक्ति के भी लक्षण-उदाहरण दिये हैं। उन्होंने यह भी बताया है कि अतिशयोक्ति संभावना (दे.), उपमा (दे.), अपहुति (दे.), रूपक (दे.), और उत्प्रेक्षा से सांकर्य भी होता है और ये वैशिष्ट्य को प्राप्त होते हैं। ल.-अतिसयोक्ति बहु भाँति की उद्दात्तो तहँ ल्याइ। अधिक अल्प सबिसेषनो, पंच भेद ठहराइ।। जहै अत्यन्त सराहिये, अतिसयोक्ति सु कहत। भेदक सम्बन्ध चपल अक्रमाति अत्यन्त।।-भि.ग्रं. 2, का. नि.। -31/104-111। अतिशयोक्ति विवेचन के ही क्रम में भिखारीदास ने उदात्त अलंकार (दे.) का भी वर्णन किया है।-वही, 32-35/111-112।

**अतिसयोपमा**—अतिशयोपमा। दे. उपमा। उपमालंकार का एक भेद जिसमें यह दिखाया जाता है कि कोई वस्तु सदा अपने विषय में एक हैं, दूसरी वस्तु से उसकी उपमा नहीं दी जा सकती। ल.-एक कछू एकहि विषै, सदा होई रस एक। अतिसय उपमा होति तहँ, बरनत सहित बिबेक।। उ.-' 'केसादास' प्रगट प्रकास सों अकास पुनि, ईस हू के सीस रजनीस अबरेखियै। थल थल जल जल अचल अमल अति, कोमल कमल बहु बरन बिसेखियै। मुकुर कठोर बहु नाहिनै अचल जस बसुधा सुधा हूँ तिय अधरन लेखियै। एक रस एक रूप जाकी गीता सीता सुनि, तेरी सो बदन तैसो तोही बिषै देखियै।।' क. प्रि. 14/26।

**अतिसय**—उपमालंकार का एक भेद। ल. -एक कछू एकहि बिषै, सदा होइ रस एक। अतिसय उपमा होति तहँ, बरनत सहित बिबेक।।-क.प्रि. 14/3।

**अतिसयोक्ति अक्रम**—दे. अतिशयोक्ति। ल.-अतिसयोक्ति अक्रम जबै कारन कारज संग। उ.-'तो सर लागत साथ ही धनुषहि अरु अरिअंग।।'-जस.ग्रं., भा.भू. 74/26।

**अतिसयोक्ति भेदक**—दे. अतिसयोक्ति। ल.-अतिसयोक्ति भेदक सबै इहि बिधि बरनत जात। उ.-'औरै हँसिबो देखिबो औरै याकी बात।।' जस. ग्रं., भा.भू., 71/25।

**अतिसयोक्ति रूपक**—एक अलंकार। ल. अतिसयोक्ति रूपक जहाँ केवल ही उपमान। उ.-'कनकलता पर चंद्रमा धरे धनुष द्वै बान।।'-ज. ग्रं., भा.भू. 69/24।

**अतिहसस**—हास का एक भेद। -ल.-जहाँ हँसहि निरसंक ह्वै प्रकटहि सुख मुख-बास। आधे आधे बरन पद उपजि परत अतिहास।।-र.प्रि. 14/12।

**अत्यन्ततिरस्कृत वाच्य (ध्वनि)**—दे. ध्वनि, अविवक्षित वाच्य ध्वनि। ल. (1)-अविवक्षित वाच्य

ध्वनि का दूसरा भेद। ल.-है अत्यन्त तिरस्कृत जु, निपट तजे धुनि होइ। समय लक्ष तैं पाइये, मुख्य अर्थ कों गोइ।। उ.-'सखि हौं लई न सोच तुअ, तूँ किय यो सब काम। अब आनहि चित सुचितई, सुख पैहै परिनाम।।' ति.-अन्य संभोग दुखिता है, उलटी बात सब कहति है।। भि.ग्रं. 2, का.नि. 9-10अ/46; ल. (2)-जहाँ वाच्यार्थ वृथा है सो अत्यन्त तिरस्कृत वांच्य ध्वनि। उ.-'सुनि पियूष परस्यौ मधुर उनि अचयौ मकरंद। अलि अनूप कौतिक भयौ, मिलि इंदीवर चंद।।'-सो.ग्रं.1, र. पी.नि. 4-5/51।

**अत्यन्तातिसयोक्ति**—दे. अतिशयोक्ति। अतिशयोक्ति अलंकार का एक भेद। ल. (1)-अत्यन्तातिसयोक्ति सो पूर्वापर क्रम नाहि। उ.-'बान न पहुँचैं अंग लौं अरि पहिलें गिरि जाहि।।' जस.ग्रं.,भा.भू. 76/27। ल. (2) अत्यन्तातिसयोकति चीतौ। जहँ पूरब पर क्रम विपरीतौ। -प.ग्रं. पद्मा. 70/40। ल. (3) होत हेतु पीछे जहाँ होत प्रथम ही काज। अत्यन्तातिसयोक्ति तहँ बरनत सब कबिराज।।-मति.ल.ल.,128/321। ल. (4)-अतिसयोक्ति अति बरनिये, औरै गुन बल भार।। उ.-'दाबि सैल महि निमिष में, कपि गो सागर-पार।।' भि.ग्रं. 2, का.नि., 17/20। ल. (5)-जहाँ काज पहिले सधै, कारन पीछे होइ अत्यन्तासयोक्ति तिहि, बरनत है सब कोइ।। उ.-'जातें सबै हुते माह की राति निदाह के द्यौस को साजु सजावते। फेरि बिदेस को नाम न लेते जौ स्याम दसा यह देखन पावते। दास कहा कहिये सुनिहीं सुनि प्रातम आवते प्रीतम आवते। जात भई पहिले वह ताप तौ पीछे मिलाय भयो मन भावते।।'-भि.ग्रं.2, का.नि. 20-21/109। ल. (6)- हेतु कार्य को है न जहँ पूरब पर क्रम मित्र। अत्यन्तातिसयोक्ति सो बरनत रसिक बिचित्र।। उ.-'उमगे अंग उछाह सो नोबी डिगी बिसाल। बिरह बिथा पहलें टरी पीछे लखे गुपाल।।'-सो.ग्रं. 1, र. पी.नि., 79,80/193।

**अत्युक्ति-अलंकार**—ल. (1) जहँ उदारता सूरतादिक को करै बखान। अद्भुत झूठ लिये तहाँ सो अत्युक्ति पहिचान।-प.ग्रं., पद्मा. 269/66। ल. (2) जो सुंदरतादिकनि की अधिक झुठाई होय। ताहि कहत अत्युक्ति हैं कबि पंडित सब कोय।।-मति.ल.ल., 381/362। ल. (3) जहाँ दीजिये जोग्य कों, अधिक जोग्य ठहराइ। अलंकार अत्युक्ति तहँ, बरनत हैं कबिराइ।। उ.-'सुमनमई महि में करै, जब सुकुमारि बिहार। तब सखियाँ संगहिं फिरैं हाथ लिये कचभार।।'-भि.ग्रं. 2, का. नि.,17-19/108-109, दे.'उतात्त'। ल. (4) अलंकार अत्युक्ति यह बरनत अतिसय रूप। उ.-'जाचक तेरे दान तें भए कल्पतरु भूप।।'-जस. ग्रं., भा.भू., 191/64। ल. (5)-अति बर्नन हो जहँ तहाँ अतिसय उक्ति बखानि। उ.-'खेलन चलतु सिकार जब श्री परताप कुवाँर। सहसफनी के सीस पर सरकति हय-खुर-तार।।'-सो.ग्रं.1, र. पी.नि., 318/221।

**अदल**—पार्वती का एक नाम। पार्वती ने गिरिराज के यहाँ जन्म लेकर शिव को प्राप्त करने के लिए तपस्या करते समय सूखे पत्तों तक को खाना छोड़ दिया था। इसी से पुराविद पंडितगण उन्हें 'अपर्णा' या 'अदल' कहते हैं। हरिवंश में लिखा है कि मैना पितृगण की मानस कन्या है। हिमालय के साथ उसका विवाह हुआ था। उपरांतर उनकी अपर्णा, एकपर्णा, एकपाटला, नामक तीन कन्याएँ हुईं। उन तीनों बहनों ने कठिन तपस्या आरम्भ कर दी। एकपर्णा पेड़ का केवल एक पत्ता खाती थी। सबसे छोटी बहन एकपाटला प्रतिदिन एक पाटला फल खाकर रहती थी। इसी से लोग उसे एकपाटला कहने लगे। किंतु सबसे बड़ी अपर्णा एक पत्ता भी नहीं खाती थी। इसीलिए उसका नाम 'अपर्णा' या 'अदल' हुआ। पीछे महादेव से अपर्णा का विवाह हुआ। -हि.विश्व.वसु.; क.प्रि., 7/28।

**अदिति**—(1) ऋग्वेद की मातृदेवी जिसकी स्मृति में बीसों मंत्र कहे गये हैं। वह मित्रावरुण, रुद्रों, आदित्यों, इन्द्र आदि की माता है। इन्द्र और आदित्यों को शक्ति अदिति से ही प्राप्त होती है। उसके मातृत्व की ओर संकेत अथर्ववेद (7/6/2) और वाजसनेयिसंहिता (21/5) में भी हुआ है। इस

प्रकार उसका स्वाभाविक स्वत्व शिशुओं पर है और ऋग्वैदिक ऋषि अपने देवताओं सहित बार-बार उसकी शरण जाता है एवं कठिनाइयों में उससे सहायता की अपेक्षा करता है (ऋ. 10/100, 194/15)-हिं.विश्व.सभा; क.प्रि. 11/56। (2) दक्ष की पुत्री जो कश्यप से ब्याही थी और देवताओं की माता थी।-रा. 17/49।

**अदिष्ट**—भाग्य; कर्म जन्य संस्कार; पूर्वजन्म में संचित पुण्य पाप जो इस जन्म के सुख-दुःख के कारण माने जाते हैं।-क.प्रि. 6/53, 6/54, उ.-'कैसव चारिहू बेद को मन क्रम बचन बिचारि। साँचो एक अदिष्ट हरि झूठे सब संसार।।'-क.प्रि. 6/55, 7/50; वी.च. 1/26।

**अद्‌भुत**—दे. अद्‌भुत रस। कभी असाधारण वस्तु को देखकर हमारे हृदय में विशेष प्रकार का कौतूहल होता है। हम निर्माता के विषय में सोचते-सोचते मुग्ध हो जाते हैं। यही 'आश्चर्य' का भाव किसी वर्णन में होने से उसमें 'अद्‌भुत' रस का संचार होता है। ल.-होइ अचंभो देखि सुनि सो अद्‌भुत रस जानि।-र.प्रि. 14/33।

**अद्‌भुत रस**—साहित्य के नौ रसों में से एक। ल. (1)-जाको थाई आचरज सो अद्‌भुत रस गाव। असंभवित जेते चरित तिनको लखब विभाव।। वचन बिरचि बोलनि कँपनि रोम उठब अनुभाव। वितरक संका मोह ये तिहिं संचारीभाव।। जासु देवता चतुरमुख बरन बखाणत पीत। सो अद्‌भुतरस जानिये सकल रसन को मीत।।-प.ग्रं., जग. 717-718। ल. (2)-होइ अंचभो देखि सुनि सो अद्‌भुत रस जानि। 'केसोदास' विलास-निधि पीत बरन बपु भानि।। र.प्रि. 14/33। ल. (3) जँह कवित्त में सुनि महा अचरज ब्यंगि जु होइ। तहाँ प्रगट उर आनिये अद्‌भुत रस है सोइ।।-सो. ग्रं.।, र.पी.नि. 18/142। ल. (4)-नई बात को पाइबो अति बिभाव छवि चित्र। अद्‌भुत, अनुभव थाकिबो बिस्मय थाई मित्र।।-भि.ग्रं., र.सा. 465/66।

**अद्‌भुत रामायण**—रच. गिरिधरदास (दे.) (इति. शुक्ल)।

**अद्‌भुत रूपक**—रूपक अलंकार का एक भेद। ल.-सदा एकरस बरनियै, और न जाहि समान। अद्‌भुत रूपक कहत हैं तासों बुद्धिनिधान।।-क.प्रि.13/15।

**अद्‌भुतोपमा**—उपमा अलंकार का एक भेद। ल.-जसी भई न होति अब, आगे कहै न कोइ। केसव ऐसी बरनियै, अद्‌भुत उपमा सोइ।।-क.प्रि. 14/12।

**अद्रितनया छंद**—प्रत्येक चरण में मात्राक्रम है-(।। ।।S ।S। ।।S ।S। ।।S ।S। ।।S)। तेईस वर्ण होते हैं और पाँच, छः, छः, तथा छः पर यति होती है।.ल.-पिय सगनो, जगंनु सगनो, जगंनु सगनो, जगनो सगनो। जति सर दै बहोरि छ गनो, बहोरि छ गनो, बहोरि छ गनो। गनि गनि कै, त्रिबीस मन में, चहूँ चरन में, धर्‌यो बरन में। गुनि गुनिकै जु अद्रितनया, सु अक्षरन में, कह्यो सरन में।। उ.-'निज जन कों, बिना भजनहू, कलेस हननी, बिथा निहननी। जप जप हिमाद्रितनया महेसधरनी गजेसजननी।।' भि.ग्रं.1, छंदा., 112-113/266।

**अदिव्य** (ा)—नायिका का एक भेद। ल.-नरतिय कही अदिव्य।-भि.ग्रं. मिश्र, र.सा. 440/63।

**अधम तुक**—दे. तुक। ल.-अमिल-सुमिल मत्ता-अमिल, आदि अन्त को होइ। ताहि अधम तुक कहत हैं, सकल सयाने लोइ।।-भिखारीदास ने इसके तीन भेद बताये हैं—(1) अमिल-सुमिल, उ.-'अति सोहति नीदँ भरी पलकैं। श्रमबुंद कपोलन में झलकैं। अरु भीजि फुलेलन की अलकैं। अँखियाँ लखि लाल कि क्यों न छकैं ति.-पलकैं, झलकैं, अलकैं, छकैं, एक पद द्वै बर्न तें अमिल-सुमिल भयो।। (2) आदिमत्त अमिल. ति.-सुवती, भैंवती, जुवती, रूपवती चार्‌यौ तुक के आदिमत्ता अमिल हैं।। (3) अन्तमत्त अमिल, उ.-'कंजन-यानि निज कंजकर, नैननि अंजन देति। विष मानो बाननि भरति, मोहि मारिबे हेतु।। ति.-देति, हेतु अन्त के मत्ता अमिल हैं।।-भि.ग्रं. 2, का.नि. 10-13अ/ 215-216।

**अधम**—(1) कविकोटि का तीसरा

भेद/परनिंदात्मक कविता करने वाला कवि।-क.प्रि 4/2; (2) अधमा नायिका-नायिका का एक भेद जो बार-बार रूठती है और इस कारण कार्यहानि होती है।-र.प्रि. 7/35।

**अंधकाव्य**—ल.-सब्द अरथ की सरसई व्यंगि न अधम बताइ। उ.-'खेलन चलत सिकार जब श्री परताय प्रचंड। भज्जति अरि तज्जत भवन रौरि परत नव खंड।।'-सो.ग्रं.1, र.पी.नि., 11/42।

**अधम नायक**—नायक का एक भेद। ल.-अधम निजु अरथी निलजु निसंक।-भि.ग्रं., र.सा. 186/27।

**अधमा**—दे. अधमा नायिका। नायिका का एक भेंद। ल.-ज्यों ही ज्यों पिय हित करत त्यों त्यों परति सरोस। ताहि कहत अधमा सुकवि निठुराई की कोस।।-प.ग्रं., मिश्र, जग., 278/141। दे. अधम (2)।

**अधमा**—दे. अधमा। ल.-पिय हित सम हित करै जो, सो मध्यमा बषानि। तातें घटि हित करै जो, सो अधमा पहिचानि।। उ.-'क्यों त चहीते दुलार कियो इनको, जबहों लै आए जू गोनो । और तें घूंघट और कटाछ, विलास भयो तुम को बलि टोनो। प्यारे पै प्रेम प्रकासै नहीं तौ, कहा जौ अनूपम रूप सलोनो। जाते पहुँचे हो कनि को ज्यातु सो कीजै कहा मनि सुंदर सोनो।।'-शृं.मं., चिंता., 347/109, 349/110।

**अधमादूती**—दूती का एक भेद। ल. (1)-अलगरजें जैसो बनै, वैसो करै उपाव। अधमा दूती जानिये, कहत सुकवि के राव।।-कृ.ग्रं., हि. त.,54/16। ल. (2)-कै पिय सों कै तियहि सों कहै परुष ही बैन। अधम दूतिका कहत हैं ताही सों मति ऐन।।-प.ग्रं., जग. 368/159। ल. (3)-अधम दूतिका जानिये बचन कहत संतराय। ग्रंथन को मत देखिकै बरनत सब कबिराय।।-मति.र.रा., 306/271।

**अधमा नायिका**—नायिका का एक भेद। ल. (1)-पिय सों ाहतहू के किये करे मान जो बाल। तासों अधमा कहत हैं कबि मतिराम रसाल।।-मति, र.रा. 234/255, ल. (2)-रूठै बारहिं बार जो तूठै बेहीं काज। ताही सों अधमा सबै कहि बरनत कविराज।।-र.प्रि. 7/40; ल. (3)-करै प्रीति पति अति तऊ, तिय न करै हित रंच। तासौं अधमा नायका कहत कविन के पंच।।-सौ.ग्रं. 1, र.पी. नि., 6/106।

**अधिक**—दे. अधिकालंकार। पद्माकर ने इसके दो प्रकार वर्णित किये हैं। ल.-अधिक सु अधिक अधार तें जु आधेय अधिकाय। उ.-'अष्टादस षटचारि में हरि-चरित्र बन समाय।।' दूजो अधिक ल.-अधिक-अधिक आधेय तें जहाँ अधिक आधार। उ.-'है त्रिभुवन जामें सु प्रभु सोवत सिंधु मझार।।'-प.ग्रं., पद्मा., 156-157/51।

**अधिकपद**—दे. दोष, काव्यदोष। ल.उ.सु है अधिकपद जहँ परै, अधिक सब्द बिनु काज। डसै तिहारे सत्रु को खङ गलता-अहिराज।। ति.-इहाँ लता शब्द अधिक हो।।-भि.ग्रं. 2, का.नि., 37, 37अ/227।

**अधिकालंकार**—(1) ल.-अधिकारी आधेय की, जहँ आधार तें होइ। अरु अधार आधेय तें, अधिक अधिक ये दोइ।। भिखारीदास ने इसके दो भेद बताये हैं (क) आधार से आधेय की अधिकता-उ.-'सोभा नंदकुमार की, पारावार अगाध। दास वोछरे दृगनि में, क्यों भरिये भरि साध।।' (ख) आधेय से आधार की अधिकता, उ.-'बिस्वामित्र मुनीस की, महिमा अपरंपार। करतलगत आमलक सम जिन्ह कों सब संसार।।'-भि.ग्रं.2, का.नि. 36-38/112।

**अधीरज**—अधैयक्षिप अलंकार। प्रेमभंग के वचन सुनकर जहाँ सात्विक भाव पैदा हो, उसे 'अधैयक्षिप' अलंकार कहते हैं। ल.-प्रेमभंग भय सुनत जहँ उपजत सातुक भाव। कहत अधीरज को सुकवि यह आक्षेप सुभाव।।-क.प्रि. 10/9।

**अधीरा**—प्रौढ़ा नायिका का एक भेद। प्रौढ़ा अधीरा नायिका-वह नायिका जो अपने नायक में परस्त्री संयोग के चिह्न देखकर अधीर या प्रकुपित हो उठे। ल.(।) पति को अति अपराध गनि हतन कहै हित मानि। कहत अधीरा प्रौढ़ तिहिं केसवदास बखानि।।-र.प्रि., 3/63। ल.(2)-प्रगट अधीरा

कोप। जस.ग्रं.. भा.भू.,22/10।

अर्धैकाक्षर—अर्धैकाक्षर। एक प्रकार का चित्रकाव्य। इस प्रकार के चित्रकाव्य में छंद के पूर्वार्द्ध में एक अक्षर के शब्द और उतरार्द्ध में दूसरे अक्षर के शब्द रहते हैं। उ.-'केकी केका कीक का कोकू काको कोक। लोंलि लालि लोलै लली लाला लीला लोल।।'-क.प्रि., 16/41।

अधैयक्षिप—दे. आक्षेप। ल.-प्रेम भंग वच सुनत ही, उपजत सात्विक भाव। कहत अधीरज को सुकवि, यह आक्षेप सुभाव।।-क.प्रि., 10/9।

अध्यात्मप्रकाश—रच.-सुखदेव मिश्र (दे.), वि.-ब्रह्मज्ञान सम्बन्धी (इति. शुक्ल)।

अध्यात्म रामायण—रच.-नवलसिंह कायस्थ (दे.) (इति शुक्ल)।

अनंग—कामदेव। मदन के अंगहीन होने के कारण पुराणों में इस प्रकार बताये गये हैं। कभी तारकासुर के अत्याचारों से देवगण भयभीत हो उठे। उन्होंने सोचा कि शिव का पुत्र ही उक्त असुर का वध कर सकता है, किंतु उस समय शिव दक्षयज्ञ में सती को खोकर हिमालय पर कठोर तपस्या करने लग गये थे। इसलिए इन्द्र ने मदन को बुलाकर महादेव की योगनिष्ठा तोड़ने को भेज दिया। मदन ने हिमालय पर पहुँच कर देखा कि महादेव देवदारु वन में व्याघ्रचर्म बिछाकर तपस्या कर रहे हैं और पार्वती उनकी सेवा कर रही हैं। मदन ने उनपर फूल का बाण छोड़ा तो उस पुष्पबाण के आघात से शिव ने क्रोध से तीसरी आँख खोल दी। उससे मदन भस्म हो गये। उसी से मदन का नाम 'अनंग', 'अतनु', 'अदेह' आदि पड़ गए हैं। हि.विश्व.वसु.; र.प्रि. 3/3; क.प्रि. 8/11, 11/26, 15/25, 15/71, रा. 7/50, 11/33, 30/32, 30/38; प.ग्रं.प्रकी. 77/324; यति., र.रा., 22/205, 34/208, 357/282. 383/287, 396/290; मति.ल.ल., 225/336-337; मति. सतसई, 18/370, 133/379, 335/398, 520/411, 524/412, 600/418, 675/424; ठाकुर. 9/4, 42/73।

अनंगकला—कामकला। उ.-'एकहि भाँति सदा सब सों रतिरंग अनंगकला सुखदायक।' भि.ग्रं.,शृं.नि., 17/92।

अनंगशेखर—दंडक छंद का एक भेद जिसमें 32 वर्ण होते हैं और लघु गुरु का कोई क्रम नहीं होता। ल.-क्रम-ही लघु गुरु देइ पद, बत्तिस अक्षर जानि। यह अनंगशेखर सदा दंडक छंद बखानि।। उ.-'तड़ाग हीननीर के सनीर होत 'केसोदास' पुंडरीक-झुंड भौंर मंडलीन मंडही।'-छं.मा. 2/77। (2) भिखारीदास ने इस दंडक के तीन रूपों के लक्षण देकर बताया है कि यह छंद चौदह ध्वज (।) या पंद्रह ध्वज (।S) या सोलह ध्वज (।S) से बनता है। इस प्रकार 28 या 30 या 32 वर्णों के इसके चरण होते हैं। 32 वर्णों या सोलह ध्वज वाले चरण का उ.-'प्रभा निहारि कान्ह की छके सकै न छाँड़ि, संग सेन स्यौं चहूँ दिसा अनंग से खरे रहैं।।'-भि. ग्रं.।, छंदा., 4-5/272।

अनंतचिंतामणि—रच.-कृपानिवास (दे.)। (बृ. इति.7)।

अनंतफंदी—जन्म-सं. 1808; स्थान- संगमनेर, जिला-अहमदनगर; माता-राऊबाई, पत्नी-म्हालसाबाई, आश्रयदाता-चिंतामणि सांगलोकर, बालासाहेब मिरजकर, फतेहसिंह गायकवाड़; रच. -श्रीमाधव-निधन-ग्रंथ (बृ.इति.7)।

अनंदघन—वृंदावन वाले आनन्दघन अथवा घनानंद। घ.क., 33/48, 35/48, 37/49, 38/50, 39/50, 49/56, 51/57 आदि।

अनन्यप्रकाश—रच.-अक्षर अनन्य (दे.), (बृ.इति.7)।

अनन्यमोदिनी—रच.-प्रियादास (दे.), (बृ. इति.7)।

अनन्य रसिकाभरण—रच.-भगवत रसिक (दे.), विव.-राधाकृष्ण का नित्य विहार वर्णन (स. स.)।

अनन्वय—अलंकार। ल. (1)- सु अनन्वय इक वस्तुहीं उपमेयहु उपमान।-प.ग्रं., पद्मा. 26/35; ल. (2) जहाँ एक ही बात कौं उपमेयो उपमान। तहाँ अनन्यव कहत हैं कवि मतिराम सुजान।।-मति.,ल.ल., 53/307; ल. (3)-वा सो वहै अनन्वया, मुख सो मुख छबिजेय। उ.-'ससि

सो मुख सो ससि, यों उपमाउपमेय।।-भि.ग्रं.2, का. नि. 3/18; ल. (4)-जाकी समता ताहि कों, कहत अनन्वय भेय। उ.'सुंदर नंदकिसोर सो सुंदर नंदकिसोर।'-भि.ग्रं.2, का.नि., 31-32/73; ल. (5) उपमेय रु उपमानता एक वस्तु को होइ। तहाँ अनन्वय जानियो सुकबि सयाने लोइ।। उ.-'नख शिख लौ निरखी सबै, ब्रज तिय भलों सिंगारि पै तोसी सुंदरी तुही श्री वृषभानुकुँवारि।'-सो.ग्रं.1, र. पी.नि., 13,14/184; ल. (6)-जहाँ होत अनन्वय कहत हैं भूषन सबै सुजान।।-भू.ग्रं., शि.भू., 54/137; ल. (7)-उपमे ही उपमान जब कहत अनन्वय ताहि। उ.-'तेरे मुख की जोर कौं तेरो ही मुख आहि।।' जस.ग्रं., 45/18।

**अनभिज्ञ**—नायक का एक भेद। ल.(1)-बूझें जो न तियान के ठानै बिबिधि बिलास। सु अनभिज्ञ नायक कह्यो बहै नायका भास।।-प.ग्रं., जग. 320/149; ल. (2)-मूरख कौ अनभिग्य सब कहत सुकबि पहिचानि।।-सो.ग्रं।, र.पी.नि., 28/117; ल. भिखारीदास ने 'अनभिज्ञ' का नायकसखा के लक्षण के साथ वर्णन किया है-'ताहि कहै अनभिज्ञ हैं है जु न संज्ञा दक्ष। सुन्यो सखा पुनि नायकहु लखि लीजहु कहुँ लक्ष।।'-भि.ग्रं.1, र.सा.192/28।

**अनभैअमृतसागर**—रच.-संतरेण(दे.), (बृ. इति.7)।

**अनभैहुलास**—रच.-भगवानदास (दे.), (बृ. इति.7)।

**अनरस**—केशवदास ने रस के बाधक वर्णनों का उल्लेख 'अनरस' के अन्तर्गत किया है। इसमें उन्होंने प्रत्यनीक, नीरस, विरस, दुःसाधना, पात्रादुष्ट की गणना की है। ल.-प्रत्यनीक नीरस विरस केसव दुःसंधान। पात्रादुष्ट कबित्त वहु, करहिं न सुकबि बखान।।-र.प्रि. 16/1।

**अनवीकृत**—दे. दोष, अर्थदोष। ल.(1)- जो न नए अर्थहिं धरै, अनवीकृत सु बिसेषि। जानि लाटानुप्रास अरु आबृतिदीपक देखि।।-भि.ग्रं.2, का. नि., 66/233; ल.(2)-एक भाव बर्नन जहाँ नव सुरूप नहिं और। अनवीकृत सो दोष है कहत सुकबि सिमौर।। उ.-'कहा भयो सुंदर बड़े अनियारे ए नैन कहा भयो मुखचंद तें, कढ़त सुधा से बैन।।'-सो.ग्रं.।, र.पी.नि., 37-38/167।

**अनिमा**—अणिमा। योग की आठ सिद्धियों में पहली, जिससे योगी अणुरूप ग्रहण करके अदृश्य हो सकता है।-क.प्रि., 6/72; रा. 1/3।

**अनियमपरिवृत्ति**—दे. नियमपरिवृत्ति। अर्थदोषों में से एक। जहाँ अनियमित रूप से वर्णनीय अर्थ का वर्णन किया जाता है, वहाँ यह दोष होता है। ल.-नियम-अनियम प्रबृत्ति है दूषन दुऔ अप्रेम।। उ.-'कारी मैकारियै, लेन चाहती जीय। तनु तापनि ताड़ित करै, जामिनि ही जमतीय।। ति.-भैकारियै जामिनी ही यह नेम चाहिये, यों अनेम चाहिये- है कारी भैकारिनी, लेन चाहती जीय। तनु तापनि ताड़ित करै, जामिनि जम की तीय।।'-भि.ग्रं. 2, का.नि., 69, 70, 70अ/ 234-235।

**अनियमपरिवृत्ति**—दे. दोष, अर्थदोष। ल.-नियम ठौर जु अनेम। उ.-'है कारी भैकारियै, लेन चाहती जीय। तनु तापनि ताड़ित करै, जामि नि ही जम तीय।। ति.-झैकारियै जामिनी ही यह नेम चाहिए, यों अनेम चाहिये-'है कारी झैकारिनी, लेन चाहती जीय। तनु तापनि ताड़ित करै, जाभिनि जम की तीय।।'-का.नि., छंद. 70-70अ/234-235।

**अनिरुद्ध**—अनिरुद्ध सिंह। ये अलीगढ़ के थे। इनकी उपाधि 'पौरच' थी। इनकी राजधानी मेंडू थी।-भू.ग्रं.,प्रकी., 536/236।

**अनुकूल**—वह नायक जो एक ही विवाहित स्त्री में अनुरक्त हो। उ.-'एक नारि अनुरक्त जो, सो अनुकूल बखानि।' उ.-'और तिया उर ऊपर हाथ, धरे पिय सूरति हों लिषि ल्यावति। कैसो बने यह चित्र मनोहर, यौं कहि प्रीतमै आनि दिषावति। देषत ही कहैं दूरि करौ, तब हों हँस तै मृदुवैन सुनावति। देषौ जू देषौ हेहा कहा होतु, हौ हों पति को नित औसें झुकावति।।'-शृं.मं., चिंता, 448/133, 457/134-135।

**अनुकूल**—नायक का एक भेद। ल.(1)-एक नारि सों हित करै सो अनुकूल बखानि। जस.ग्रं. 6/6; ल. (2)-इक तियब्रत अनुकूल है।-भि.ग्रं.1, र.सा. 167/25; ल. (3)-इक नारी सों प्रेम जिहि

सो अनुकूल बिचारि।-वही, शृं.नि., 13/91; ल. (4)-निज पतिनी सौ प्रीति अति तन मन बचन बनाइ। परतिय ओर न हेरिबौ, यह अनुकूल सुभाइ।।-सो.ग्रं.1, र.पी.नि., 7/113; ल. (5)-जो परबनिता तें बिमुख सु अनुकूल सुबदानि।-प.ग्रं. जग., 288/143, वही, जग., 363/158; ल (6)-सदा अपनी नारि सों राखै अति ही प्रीति। परनारी तें बिमुख जो सो अनुकूल सुरीति।-मति., र.सा., 244/257।

**अनुकूल (छंद)**—सोलह मात्राओं का छंद है। मात्रा क्रम है (S।। SS। ।।। SS)। ल.-गोसभसोगो हरि अनुकूले। उ.-'जोग सिखावे मधुकर भूलो। कूबर ही सों हरि अनुकूलो।।'-भि. ग्रं., 1, छंदा., 130, 141/196-197।

**अनुकूला**—एक वर्णवृत्त जिसके प्रत्येक चरण में मगण तगण नगण और दो गुरू होते हैं। मात्रा क्रम है-(S।। SS ।।।। SS)। ल.-मगन तगन पुनि नगन दै द्वै गुरु अंतहि देखि। अनुकूला यह छंद है ग्यारह अक्षर लेखि।। उ.-'श्रीहरिजू को त्रिभुवन मोहे।'-छं.मा., 1/27।

**अनुक्त विषया वस्तूत्प्रेक्षा**—दे. उत्प्रेक्षा, वस्तूत्प्रेक्षा। उत्प्रेक्षा के वस्तूत्प्रेक्षा भेद का द्वितीय प्रकार। उ.-'दास प्रमानि भर्‌यो तियआनन देखत ही मनु जाइ अरै। खंजन साय सुआ संग तोरे मनों ससि बीच बिहार करैं।। ति.-इन सबको चद्रं बीच बिहार करिवो आचरजु है। तातें अनुक्तविषया कहिये।। भि.ग्रं.2, का.नि., 8,8अ/87।

**अनुगनना**—अर्थालंकार का भेद जिसमें किसी वस्तु में पहले से विद्यमान गुण का अन्य वस्तु की संगति या संसर्ग से बढ़ जाना दिखलाया जाय। केशवदास ने क्रमालंकार के अन्तर्गत इसका वर्णन किया है और एक से लेकर दस तक को इसमें समाहित किया है। ल.-आदि अंत भरि बरनियै, सो क्रम 'केसवदास' अनुगनना सो कहत हैं जिनके बुद्धि प्रकास। उ.-'सोभित सो न सभा जहै बृद्ध न, बृद्ध न तेजु पढ़े कछु नाहीं। ते न पढ़े जिन साधु न साधित दीह दया न न दिपै जिन माहीं। सो न दया जू न धर्म धरै धर, धर्म न सो जहँ दान वृथा हीं। दान न सो जहँ साँच न 'केसव', साँच न सो जु बसे छल छाही।।'-क.प्रि.,11/।3।

**अनुगुण**—(अलंकार)-दे. अनुगुन। ल. (1)-संगति ते पूरब जु गुन बढ़ै सु अनुगुन आइ।-प.ग्रं., पद्‌मा., 241/62; ल. (2)-सम रुचि संगति और के बढ़त आपनो रंग। अनुगुन तासों कहत हैं जे कवि बुद्धि उतंग।।-मति., ल.ल., 339/355; ल. (3)-अनुगुन संगति तें जहाँ, पूरन गुन सरसाइ। उ.-'नील सरोज कटाछ लहि, अधिक नील ह्वै जाइ।।' भि.ग्रं.2, का.नि., 36/138।

**अनुगुन**—दे. अनुगुण। ल.-पहलौ गुन सरसै जहाँ भए और कौ संग। अनुगुन सौ पहिचानि यौं सुकवि सहित रसरंग। उ.-'श्रीसाहिब परताप सुनि निरखति डीठि सिहाति।। तुव कीरति संग ते सरस बिमल जोन्ह दरसाति।।'-सो.ग्रं. 1, र.पी.नि., 278, 80/216।

**अनुग्या**—दे. अनुज्ञा। ल.-लेति मानि गुन हिये मैं जहाँ दोष को कोइ। तहाँ अनुग्या समझियौ रसिक सिरोमनि होइ।। उ.-बिरह दियौ सु भली करी हमें छबीले लाल। टरैं न छिन भरि दृगनि तें उनके रूप रसाल।।-सो.ग्रं.1, र.पी.नि., 260,261/214।

**अनुचितार्थ**—दे. दोष, शब्द दोष। ल.-अनुचितार्थ कहिये जहाँ, उचित न सब्द अकाल। उ.-'नाँगों ह्वै दह कूदिकै, गहि ल्यायो हरि ब्याल।' ति.- नाँगो सब्द ही दुष्ट है।...। -भि.ग्रं. 2, का. नि., 11 12अ/220-221।

**अनुज्ञा**—एक अलंकार। जहाँ दोष में ही गुण देखकर उस दोष की प्राप्ति की इच्छा की जाती है, वहाँ यह अलंकार मानना चाहिए। ल. (1)-होत अनुज्ञा दोष कों जब लीजै गुन मानि। उ.-'होउ विपति जामें सदा हिये चढ़त हरि आनि।।'-जस. ग्रं., भा.भू., 134/54; ल. (2)-दोष चहँ मन मानि गुन सु अनुज्ञा ठहराइ।-प.ग्रं., पद्‌मा., 231/61; ल. (3)-करत दोष की चाह जहें ताही में गुन देखि। तहाँ अनुज्ञा कहत हैं कविजन ग्रंथनि लेखि।। -मति., ल.ल., 321/352; ल. (4)-दोषहु में गुन देखिये ताहि अनुज्ञा नाम। उ.- 'भलो भयो मगभ्रम भयो, मिले बीच बन स्याम।।' भि.ग्रं. 2, का.

नि., 20/135।

**अनुतम**—अनुत्तम। कविकोटि का दूसरा भेद। अनुतम कवि वह है जो सदैव स्वार्थसाधन में लगा रहता है, अर्थात् प्रशंसायुक्त मानवचरित्र कहता है, और उनसे धन प्राप्त कर चैन करता है। ल.-'केसवदास' अनुत्तम ते नर संतत स्वारथसंजुत जो हैं।-के.ग्रं., क.प्रि., 4/3।

**अनुत्पन्न संभोगा**—शृंगार मंजरी में विरहोत्कंठिता के कार्यविलंबितयुरता और अनुत्पन्न संभोगा नामक दो नवीन भेद बताये गये हैं। अनुत्पन्न संभोगा के भी चार भेद हैं- दर्शनुतापिता, श्रवणानुतापिता, चित्रानुतापिता और स्वप्नानुतापिता। भाषी संभोग न प्राप्त कर पाने के कारण खिन्न होने वाली नायिका। ल.-भावी रति पावै न तिय, या कारन लहि षेद। अनुत्पन्नसंभोग यों, यह उत्कंठित भेद।। अनुत्पन्न संभोग जो, उत्कंठित तिय होइ। चारि भेद ताके कहत, सुनो सुकवि सबु कोइ।। पहिले पद दरसन श्रवन चित्र स्वप्न ऐं चारि, पाछे दै अनुतापिता, भेद सबै निरधारि।।-शृं.मं., चिंता., 190, 191, 192/57।

**अनुपलब्धि (अलंकार)**—ल.-जहँ अभाव के ज्ञानहि माँही। होत बिसेष जु ज्ञान तहाँ ही। अनुपलब्धि तहँ या विधि जानो। कबि बरनत यों करि अनुमानो।-प.ग्रं., पद्मा., 326/73।

**अनुप्रास (शब्दालंकार)**—ल. (1)-बचन आदि के अन्त जहँ अक्षर की आवृत्ति। अनुप्रास सो जानि द्वै भेद छेक औ बृति।।-भिखारीदास ने अनुप्रास के छेकानुप्रास और वृत्यानुप्रास नामक दो भेद किये।-भि.ग्रं. 2, का.नि., 35/180; ल. (2)' फिरें बरन जहँ एक से, अनुप्रास सो जानि। लाटा, छेका वृत्ति पुनि, त्रिविध हिएँ पहिचानि।।-सो.ग्रं. 1, र.पी.नि. 21/173।

**अनुप्रासविनोद**—रच. श्रीपति (दे.), (इति. शुक्ल)

**अनुभव प्रकाश**—रच. महाराजा जसवंत सिंह (दे.), (इति. शुक्ल)

**अनुभवनंद**—समय-सं. 1737 से 1856 तक, (बृ.इति. 7)

**अनुभवमंजरी**—रच.-दयाराम (दे.), (बृ. इति. 7)

**अनुभाव**—अपलंबन के प्रति किसी भाव के उत्पन्न होने पर आश्रय के शरीर में कुछ विशेष चेष्टाएँ दिखलाई पड़ने लगती हैं, जिनसे हृदयगत भाव व्यक्त होते हैं। इन्हीं को 'अनुभाव' कहते हैं। अनुभाव-भाव के अनु (पीछे) जो हो, अर्थात् जिन बाह्य लक्षणों से भाव के होने का ज्ञान हो। अनुपश्चाद्भावः उत्पत्तियेषाम् अनुभावयन्ति इति वा व्युत्वत्तेः। '(रस गंगाधर) ल. (1)-आलंबन उद्दीपन के, जो अनुकरन बखान। ते कहिये अनुभाव सब, दंपति प्रीतिविधान।।-के.ग्रं., र.प्रि., 6/8; ल. (2)- सो अनुभाव जु ऊपजें रस को अनुभव होइ। जस.ग्रं., भा.भू., 37/15; ल. (3)- अनुभावहि में जानिये लीलादिक जे हाव। ते संजोग सिंगार में बरनत सब कबिराव।। प.ग्रं., जग., 425/172; ल. (4)- जिनहीं तें रतिभाव को चित में अनुभव होत। ते अनुभाव सिंगार के बरनत हैं कबि गोत।।-प.ग्रं., जग. 392/166। ल. (5)-जिनते चित रतिभाव को आछो अनुभव होय। रस सिंगार अनुभाव तिहि बरनत कवि सब कोय।। लोचन बचन प्रसाद मृदु हास भाव धृति मोद। इनते प्रगटत भाव रति बरनहि सुकवि विनोद।।-मति., र.रा., 309-310/272; ल. (6)- ते अनुभावै जानियो जेहैं सात्विक भाव।।-मति., र. रा., 313/273; ल.(7)-बिहसि चितैबौ रस बचन सातुक भाव जु और । चुंबनादि अनुभाव ए बरनत कवि सिरमौर।।-सो.ग्रं. 1, र.पी.नि., 17/53; ल. (8)-उदारिज्ज माधुर्ज पुनि प्रगल्भता धीरत्त्व। ये भूषन तरुनीन के अनुभावहि में सत्व।।-भि.ग्रं., र. सा., 337/49; ल.(9)-साधारण अनुभाव-जदपि हाव हेला सकल अनुभावहि की रीति। साधारन अनुभाव जहँ प्रगटै चेष्टनि प्रीति।। र.सा. 351/50; ल. (10) सात्विकादि बहु होत हैं इनहू में अनुभाव।-र.सा. 482/70; ल. (11)-भाव या स्थायी भाव का अनुसरण करने वाला- 'कहूँ क्रिया कहुँ वचन तें कहूँ चेषटा देखि। जी की गति जानी परै सो अनुभाव बिसेखि।।-र.सा., 11/4; ल.

(12)-दुखद रूप हैं बिरह में सब उद्दीपन-गोत। यहाँ समय समय निजु पाइकै अनुभावौ सब होत।।-र.सा.. 444/64; ल. (13)-रजधानी आलंबन संपति उद्दीपत कों चीन्हिबे के लक्षन कों अनुभाव मानिये।'-र.सा., 546/81; ल. (14)-सु अनुभाव जिहि पाइये मन को प्रेम प्रभाव। याही में बरनै सुकवि आठौ सात्विक भाव।-शृं.नि., 234/140।

**अनुभौपरकास**—यशवंत सिंह रचित 'अनुभवप्रकाश' नामक ग्रंथ जिसमें उन्होंने आध्यात्मिक विषय की चर्चा की है। उ.-थोरे ही में बहुत है जसंवत करयौ बिचार। या अनुभौपरकास कौ पढ़ि सुनि समझौ सार।। जस.ग्रं., अ.प. 26/142।

**अनुमान**—अलंकार। ल. (1)-सत्य हेतु के ज्ञान तें पच्छ माढिं जिहि थान। अलख साध्य को ज्ञान तहँ है अनुमान प्रमान।।-प.ग्रं., पद्मा., 313/71। ल. (2)-जहँ कीजै अनुमान तहँ है अनुमान अनूप।। उ.-'कबूरी के रस रंग छके ससिनाय सु वै सुख साजनि साजिहै। जोग हमें तुम ही कहौ उधव ए बतियाँ उनि कौ पुनि छाजिहैं। ह्यौं निसि में अँसुवानि कौ सिंधु बढ़ै मति कौन नई उपराजि है जानाति हौ वा अखैबट ज्यों बनसीबट तै ब्रजनाथ बिरजिहै।।-सौ.ग्रं. 1, र.पी.नि., 329, 330/222।

**अनुराग**—प्रेम। नायक नायिका के बीच उत्पन्न अनुकूल प्रेम भाव। ल. जौ लगि जामै प्रेम नहिं और ठौर जो होइ। तौ कहिये अनुराग यह, बरनत सज्जन कोइ।। उ. नैननि आगे प्यो लखति प्रति छिन छबिन नवीन। और सबै बिसराइ सखि, भई महासुख लीन।। शृं.म. चिंता. 476-478/140-141।

**अनुरागबाग**—रच-बाबा दीनदयाल गिरि (दे.), विव.-श्रीकृष्ण की लीलाओं का विवरण (इति. शुक्ल)।

**अनुरा निवेदनि**—दूती कर्मों में से एक, जिसमें वह नायिका के प्रेम का निवेदन नायक अथवा नायक के अनुराग का निवेदन नायिका से करती है। ल. तिय को पिय को इतिका, प्रेम बषाने आनि। विय तिय के आगे सो, अनुराग निवेदन जानि। उ.-कित देषे कौसे कछू, कह्यौ न मोको लाल। फिरि फिरि भरि भरि नैन जल, बोलत ही यो बाल।। शृं.म. चिंता. 433-434/130।

**अनुरागिनी**—नायिका का एक भेद। ल. (1) कामवती अनुरागिनी प्रेम असक्ता धन्य। तीनि गर्विता मानिनी सुरत दुखिखता अन्य।।-भि.ग्रं.1, र.सा., 101/17; ल. (2)-कामवती अनुरागिनी प्रौढ़ा भेद बिचारि। स्वाधीनप तिकाहु में गर्बितानि गिरधारि।।-वही, 437/63; ल. (3)-मानवती अनुरागिनी प्रोषित पतिका नारि। क्रम तें इन्हें बियोग के आलंबन निरधारि।।-वही, 443/64।

**अनुरुद्ध गौंड़**—बोधा रचित विरह वारीश ग्रंथ के एक योद्धा का नाम। बो.ग्रं., वि.वा., 24/192।

**अनुरुद्ध राय**—बोधा रचित विरह वारीश ग्रंथ के एक योद्धा का नाम। बो.ग्रं., वि.वा. 24/192।

**अनुवाद अयुक्त**—दे. दोष—अर्थदोष। उ.-'रे केसवर-कर-आभरन, मोदकरन श्रीधाम। कमल, बियोगी-ज्यौ-हरन, कहाँ प्रिया अभिराम।।-ति.-बियोगी-ज्यौं-हरन इन बातनि के साथ कहिंबो अजुक्त है।।-भि.ग्रं.2, का.नि. 80-80अ/237।

**अनुशयाना**—दे. अनुसयना। परकीया नायिका का एक भेद। मिलन स्थान या अवसर को नष्ट होते देख या जानकर दुःखी होने वाली नायिका। रीतिकालीन आचार्यों ने प्रथमा, द्वितीया और तृतीया नाम से इसके तीन प्रकार माने हैं। प्रथमा है-मिलन स्थान को नष्ट होते देखकर दुखी होनेवाली नायिका। द्वितीया है-मिलने के भावी संकेत-स्थल के लिए चिन्ताकुल होने वाली नायिका। तृतीया है-स्थान पर न पहुँच पाने पर दुःखी होने वाली नायिका। चिन्तामणि ने भी तीन प्रकार बताये। ल.-दिन पाए संकेत के, व्याकुल जो तिअ कोइ। ताहि अनुशयाना कहत, तीनि भाँति सो होइ।। विघटित संकेता प्रथम जानि। अप्राप्तभाविसंकेत मानि। शंकित उपपति संकेत गौन। यो अनुशयान रस रीति तौन।।—शृं.मं., चिंता., 115-116/33-34। चिंतामणि द्वारा बताये गये, इस प्रकार, तीन प्रकार हैं विघटित संकेत (दे.), अप्राप्तभाविसंकेता (दे),

संकित संकेतजारगमना (दे.)।

**अनुसयना**–परकीया का एक भेद। ल. (1) और जु अनुसयना कही तिनके बिमल बिबेक।-मति., र.रा., 66/214; ल (2)-केलि करे जहँ कंत सों सो थल मिट्यो निहारि। कहि अनुसयना तासु सों सोच करे बर नारि।।-मति., र.रा., 85/218; ल (3)-बिनसै ठौर सहेट की आगें होइ न होइ। जाइ सकै न सहेट में अनुसयना है सोइ।।-जस.ग्रं., भा.भू. 15/8।

**अनुसयना**–दे. अनुशयाना नायिका। परकीया की स्थिति के अनुसार एक भेद। जो परकीया अपने प्रिय से मिलन स्थान अथवा अवसर के नष्ट होने से दुखित होती है। सोमनाथ ने इसके तीन भेद बताये हैं। 1. ल.-विनसत लखि संकेत थल हिय उपजावति खेद। प्रथम कहत कवि लोग सो अनुसयना को भेद।। 2. ल.-होनहार संकेत कौं उर में करै बिचार। अनुसपना कौ भेद यह, दूजौ समुझि उदार।। 3. ल.-मित्र जाव संकेत में आपु न पहुँचे नारि। सोचु करै पछिताइ सो, तीजौ भेदु निहारि।।-सो.ग्रं.1, र.पी.नि., 19-23/77-78।

**अनूढ़**–दे. अनूढ़ा। वह परकीया नायिका जो बिना ब्याहे ही किसी से प्रेम करती है। ल. (1)-परकीया के भेद द्वै, ऊढ़ा और अनूढ़। ब्याही हित सखि सों कहे अनब्याही हित गूढ़।।-कृ.ग्रं., हि.त., 28/9; ल. (2)-अविवाहिता अनूढ़।-र.प्रि., 3/69; ल (3)-काहू सों न कहै कछू बात अनूढ़ा गूढ़।-वही, 3/72; ल (4) अनब्याही को हेत पुनि सबतें दुर्यो बखानि। ...दरसि अपूरब रसिक को होइ कामबस नारि। सो राखति मन में दुरै, अनब्याही सुविचाररि।।-कृ.ग्रं., हि.त., 115-116/30।

**अनूढ़**–दे. अनूढ़, अनूढ़ा। अविवाहिता नायिका। ल.-(1)-ऊढ़ा होइ विवाहिता अविवाहिता अनूढ़। उ.-"बैठी हुती ब्रजनारिन में बनि श्रीबृषभानुकुमारिसभागी। खेलति ही सखी चौपरि चारि भई तिहिं खेल खरी अनुरागी। पीछें तें "केसव" बोलि उठे सुनि कै चित्त चातुरी आतुरी जागी। जानी न काहू कबै हरि के सुर-मारगहीं सर सी दृग लागी।।"-र.प्रि., 3/69, 71। ल. (2)-परकीया के भेद द्वै, ऊढ़ा और अनूढ़। ब्याही हित सखि सों कहे,अनब्याही हित गूढ़।।-कृ.ग्रं. 28/9।

**अनूढ़ा**–दे. अनूढ़। परकीया का एक भेद। ल. (1)-दोय भेद ऊढ़ा कहत बहुरि अनूढ़ा मान।।-मति., र.रा., 58/213, ल. (2)-अनब्याही केहु पुरुष सों अनुरागिनि जो होय। ताहि अनूढ़ा कहत हैं कवि कोबिद सब कोय।।-मति.र.रा., 62/214। ल. (3)-बिन ब्याहे परपुरुष वहै अनूढ़ा आहि।-भि.ग्रं.1, र.सा., 72/13; वही, श्रृं.नि., 81/107। ल. (4) बिन ब्याहे ही सुधर्मरत ताहि अनूढ़ा मानि। भि.ग्रं.1, श्रृं.नि., 74/106।

**अनूप**–दे. अनूप गिरि, हिम्मतबहादुर। उ.-'पृथु-रित नित्त सुवित्त दै जग जिति कित्ति अनूप की।"-प.ग्रं., हि.ब.बि., 181/26, 2/5, 211/30।

**अनूप गिरि**–दे. अनूप, हिम्मतबहादुर। उ.-'नित नृपु अनूप गिरि भूप कहें विजय देहु जदुवंश-मनि।।'-पं.ग्रं., हि.ब.बि., 1/5, 43/8, 45/8, 61/10, 76/11, 85/12, 116/17, 125/18, 179-180/25, 206/29, 210/30।

**अनूपरामायण**–रच. कीरतसिंह (दे.), (बृ.इति.7)।

**अनौट**–अनवट। पैर के अँगूठे में पहनने का एक प्रकार का चाँदी का छल्ला। उ.'पहुँची मुद्रिका द्युद्र-घंटिका सु जेहरि है घुँघरू अनौट बाँक बिछिया बनाव के।'-बृ.ग्रं., 59/44। दे. अनौटा।

**अनौटा**–दे. अनौट। पाँव के अँगूठे में पहना जाने वाला गहना। उ.-1'मेंहदी लपेटे लाल लाल बस कीन्हें निज छीगुनी अनौटा नगजटित सँवारे हैं।।' ठाकुर, 4/21 उ.-2 'चोटीबंद डोरी क्षुद्रघंटिका नई निहार बिछिया अनौटा बाँक सुखमा की बारी सी।।'-बो.ग्रं., वि.वा., 41/104।

**अन्तर्लापिका**–एक अलंकार। जहाँ उत्तर के अक्षर उसी छंद में सम्मिलित हों, वहाँ अंतर्लापिका अलंकार होता है। ल.-अंतह अंतर्लापिका यह जाने सब कोय। उ.-'कौन जाति सीता सती, दयो कौन को तात। कौन ग्रंथ बरन्यौ हरी, रामायण

अवदात।।'-के.ग्रं., क.प्रि., 16/43-45।

**अन्नकूट**—एक उत्सव। कार्तिक शुक्ल प्रतिपदा (अथवा उसके बाद) को अन्नकूट और गोवर्द्धन पूजा होती है। घरों और देवालयों में विविध प्रकार के व्यंजन बनते हैं और उनका कूट (शिखर या ढेर) भगवान् को भोग लगता है। इस उत्सव का सम्बन्ध श्रीकृष्ण द्वारा प्रवर्तित उस गोवर्द्धन पूजा से है जिससे इन्द्र रुष्ट हो गया था और उसने गोकुल में प्रलय जैसा दृश्य उपस्थित कर दिया था। यह उत्सव इन्द्रपूजा के स्थान पर श्रीकृष्ण पूजा की प्रतिष्ठा का प्रतीक है। उ.-'करि अन्नकूट बिसाल देव उठाय नर नारीय। साजैं सु गौन विवाहमंगल गाय गनगौरीय।।'-बो.ग्रं., वि.वा., 12/211।

**अन्यसंनिधिविशेष**—दे. अर्थव्यंजक। व्यंजना के अन्तर्गत अर्थव्यंजक की दस विधियों में से एक। उ.-'राजु करै गृहकाजु दिन, बीतत याही माँझ। ईठि लहौं कल एक पल, नीठि निहारें साँझ।। इति निसि धाइ सताइ लै स्वेद-खेद तें मोहि। काल्हि लालिहूँ के कियें, संग न स्वाऊँ तोहि।। ति.-इहाँ उपपति समीप है, ताके सुनाए तें परकीया जानी जाति है।।-भि.ग्रं.2, का.नि., 58-59अ/15।

**अन्यसँभोग**—अन्य संभोग। नायक का अन्य स्त्री के साथ संभोग जो नायिका के दुःख का एक कारण होता है। ल.-अन्य सँभोग सु दुख्खिता अनत मिलन पिय मानि।।-जस.ग्रं., भा.भू., 21/10।

**अन्यसँभोगदुःखिता**—अन्य स्त्री के साथ नायक द्वारा किये गये संभोग के ज्ञान से दुःखी नायिका। ल. (1) अन सों रति हुय दुःखिता। ल. (2)- निज पंति के रतिचिह्न जो लखे और तिय देह, अन्य सुरति दुखिता कहौ करै पेच रिस तेह।।-मति., र.रा., 97-98/221-222; ल. (3)-जा कामिनि सों ण्यि रमै, ताहि लखै मुरझाइ। अन्यसंभोगदुख्खिता तन मन दुख अधिकाइ।।-सो. ग्रं., र.पी.नि., 2/81; ल. (4)-जाके पी सों कोई बाल, आवै रमि निरखै जो हाल। अन्यसंभोग तनमन दहै, ब्यंग बचन बोलै रिस गहै।।-कृ.ग्रं., हि.त., 226/59।

**अन्यसँभोगेदुःखिता**—दे. अन्यसंभोगदुःखिता। ल.-और नारि के देह में, पति-रति-चिह्न निहारि। अन्यसँभोगेदुःखिता, ब्यंगबचन रिस भारि।।-कृ.ग्रं., हि.त., 20/8।

**अन्यसुरतिदुःखिता**—दे. अन्यसंभोगदुःखिता। ल.-प्रीतम प्रीति प्रतीति जो और तिया तन पाइ। दुखित होइ सो जानिये, अन्य सुरति दुखिताइ।।-प.ग्रं., जग., 128/107।

**अन्यउक्ति**—दे. अन्योक्ति। ल.-अन्यउक्ति औरहि कहैं औरहि के सिर डारि। उ.-' सुक सेवँर को सेइबो, अजहूँ तजै बिचारि।।-भि.ग्रं. 2, का.नि., 20/20।

**अन्योक्ति**—अन्योक्ति का विस्तार बहुत अधिक है। भिखारीदास ने इसके अन्तर्गत अनेक अलंकारों का उल्लेख किया है, जैसे—अप्रस्तुत परसंस अरु, प्रस्तुत अंकुर लेखि। समासोक्ति ब्याजस्तु त्यौ, आक्षेपहि अवरेखि। परजाजोक्तिसमेत किय, षट भूषन इकठौर। जानि सकल अन्योक्तिमय सुनहु सुकबि सिरमौर।।-भि.ग्रं. 2, का.नि.,-1- 2/114।

**अन्योक्तिकथा** -- रच. - गणपति भारती (दे.), (बृ.इति.7)।

**अन्योक्तिकल्पद्रुम**—रच.-वावा दीनदयाल गिरि (दे.), (इति.शुक्ल)।

**अन्योक्तिबावनी**—रच.-विनय भक्ति (दे.), विव.-मंगलाचरणों के पश्चात् साहित्य प्रसिद्ध, देव, पशु, पक्षी, नदी, मारवाड़ आदि पर सुंदर अन्योक्तियाँ हैं। (बृ.इति.7)।

**अन्योन्य**—एक अलंकार। ल. (1)-सो अन्योन्य जु परसपर करै जु भल उपकार। प.ग्रं., पद्मा., 160/52; ल. (2)-होत परसपर जुगल सों, सो अन्योन्य सुछंद। उ.-'लसति चंद सों जामिनी, जामिनि ही सों चंद।।'-भि.ग्रं.2, का. नि., 39/147; ल. (3)-अन्योन्यालंकार है अन्योन्यहि उपकार। उ. ससि सों निसि नीकी लगै निसि ही सों ससि सार।-जस.ग्रं.भा.भू., 129/42; ल. (4)-जहँ उपकार परस्पर जानौ। तिहि ठाँ कहि अन्योन्य बखानौ। उ.-'पावै सोभा सीस तव रचिए मुकुट बनाइ। बदति बड़ाई मुकुट की जब हरि सीस लगाइ।'-सो.ग्रं. 1, र.पी.नि., 188, 189/206।

**अपन्हवातिशयोक्ति**–एक अर्थालंकार। ल.-गुन अति परगट और कौ, औरै और लसाइ। कहै अपन्हुति की सु भौं अतिशय उक्ति बनाइ।। उ.-निसि दिन सुख सरस्यौ रहै राजै गुनी हजूर। बिबुधपाल परताय तू, इंद्रहि कहै सू कूर।।-सो.ग्रं. 1, र.पी.नि., 67, 68/192।

**अपन्हुति**–दे. अपन्हुति।

**अपरचक्र छंद**–विषम चरणों में।। वर्ण होते हैं और मात्रा क्रम है (।।।। ।।S ।S। S)। सम चरणों में बारह वर्ण होते हैं और मात्राक्रम है-(।।।। S ।।S ।S। S)। ल.-दुजबर सगना जगंनु गो, दुजबर गो सगना जंगनु गो। सिव रवि अखरानि राखियो, सु अपरचक्र भुजंग भाखियो।। उ.-'तुअ बस सुभ यों बिसेषिकै, तिय बिय चक्रनितंब देखिकै।।-भि.ग्रं.1, छंदा, 10-11/268।

**अपरांग**–रसवत् (दे.) आदि सब गुणीभूत व्यंग्य (दे.) में अन्तर्भूत अपरांग के अन्तर्गत हैं और इनसे युक्त काव्य मध्यम काव्य कहा जाता है। ल.-रसवतादि बरननु किये रसव्यंजक जे आदि। ते सब मध्यम काव्य हैं गुनीभूत कहि बादि।। उपमादिक दृढ़करन कों, सब्दसक्ति जो होइ। ताहू को अपरांग गुनि, मध्यम भाषत लोइ।।-भि.ग्रं.2, का.नि., 7-8/62।

**अपरांग ब्यंगि**–दे. गुणीभूत व्यंग, गुनीभूत व्यंगि। सोमनाथ के अनुसार दूसरा व्यंग। जिस व्यंग का अर्थ दूसरे का अंग हो जाता है और इस प्रकार दूसरे का अंग हो जाने या दूसरे की पुष्टि करने के कारण अप्रधान हो जाता है, उसे अपरांग व्यंग कहते हैं। सोमनाथ ने मध्यमकाव्य के अन्तर्गत उसे स्थान दिया है। उ.-'श्री प्रताप तुम दौर तें अरि बितरत इमि काज। ले न सकत छोड़ि न सकत, निजु कंचन मनि साज।।-सो.ग्रं. 1, र.पी.नि., 2/156।

**अपराजिता छंद**–प्रत्येक चरण में मात्राक्रम है (।।। ।।। S। S। ।S ।S)। चौदह वर्ण होते हैं। ल.-नगन नगन नंद नंद धुजा धुजा। बिरति सजति चारु चारु दुजा दुजा। चतुरदसहि बर्न सों पगभ्रागजिता। भुजँगभनित छंद है अपराजिता।। उ.-'सरन सरन है सदा सुख साजिता। द्रवहि द्रवहि 'दास' कों अपराजिता।।'-भि.ग्रं.1, छंदा., 50-51/254।

**अपराध**–नायक द्वारा किए गए पाप या दोष जो नायिका की प्रीति के विरोधी हों। उ. (1)-'सपनेहू न कियो अपराध सु आपने हाथनि सेज बिछाई।'-प.ग्रं., जग., 279/141, 294/144, 298/145। उ. (2)-'काहे कों सौहैं हजार करौ तुम तौ कबहूँ अपराध न ठायो।'-मति., र.रा. 41/209, 109/224, 250/258; म.सत., 295/393, 664/423।

**अपरिग्रह**–योग के अन्तर्गत यम का एक अंग। सभी प्रकार से ममता का त्याग अपरिग्रह है। उ.-ममता त्यागी सकल बिधि अपरिग्रह सो आहि। इहि बिधि पंच प्रकार जम करै कह्यौ ज्यौं याहि।'-जस.ग्रं., सि.सा., 76/178; वही, आ. वि., 67/121।

**अपरोक्षसिद्धान्त**–रच.-महाराजा जसवंत सिंह (दे.), (इति.शुक्ल)।

**अपरोछसिधाँत**–दे. अपरोक्ष सिद्धान्त। उ.-या अपरोछ सिधाँत कौ अरथ धरै मन माँहि। छूटै सो संसार तें फिरि फिरि आवै नाँहि।।-जस. ग्रं., अ.सि., 100/151।

**अपसमार**–दे. अपस्मार।-भि.ग्रं., र.सा., 496/72; वही, शृं.नि. 238/141; प.ग्रं., जग., 554/196।

**अपस्मार**–तैतीस संचारियों में से एक। मानसिक संताप की अधिकता के कारण चित्त में विक्षेप हो जाने से उत्पन्न 'व्याधि' को अपस्मार कहते हैं। मिरगी।-र.प्रि., 6/141; ल. (1) अपस्मार सो कवि उर धरई। मृगी रोग लौं व्याकुल करई।-भि.ग्रं.1, र.सा., 496/72; वही, शृं.नि., 238/141; ल. (2)-ग्रह दुख्खादिक तें जहाँ होत कंप भूपात। अपसमार सो फेन मुख स्वासादिक सरसात।।-प.ग्रं., जग. 554/196।

**अपह्नुति**–एक अर्थालंकार। केशव के अनुसार जहाँ मन की बात छिपाकर बहाने के लिए कोई और बात कही जाय वहाँ अपह्नुति अलंकार

होता है। ल. (1)-मन की बात दुराय मुख, औरै कहिये बात। कहत अपह्नुति सकल कबि, ताहि बुद्धि अवदात।-के.ग्रं., क.प्रि., 11/81। ल. (2)-यह नहिं यह कहिये जहाँ, तत्सम वस्तु दुराइ।। उ.-'सु है अपन्हुति, अधरछत करत न पिय हिमि वाइ।।-भि.ग्रं., 2, का.नि, 12/19। ल. (3)-और धरम जहँ थापिये, साँचो धरम दुराइ। औरहि दीजै जुक्तिवल, और हेतु ठहराइ।। मेटि और सों गुन जहाँ, कहैं और में थापु। भ्रम काहू कों ह्वै गयो, ताको मिटवत आपु।। काहू पुछ्यो मुकरि करि, औरै कहै बनाइ। मिसु करि और कथन छ बिधि, होत अपन्हुति भाइ।। धरम हेतु परजस्त भ्रम, छेक कैतबहि देखि। बाचक एक नकार है, सब में निहचै लेखि।।- इस प्रकार भिखारीदास ने धर्म, हेतु, पर्यस्त, भ्रांति, छेक और कैतब नाम के छः भेद अपन्हुति के बताये हैं।-भि.ग्रं. 2, का.नि., 21-24/90।

**अपार्थ दोष**—कवित्तदूषण में एक दोष। दे. दोष। जिस छंद का कोई सुसंगत अर्थ न निकले उसमें अपार्थ नामक दोष होता है। ल.-अर्थ न जाको समझियै ताहि अपारथ जानि। मतवारे उनमत्त ज्यों सिसु के वचन बखानि।। उ.-'पिये लेत नर सिंधु कहँ है अति सज्चर देह। ऐरावत हरि भावतो देख्यो गरजत मेह।।-क.प्रि., 3/43-44।

**अपुष्टार्थ**—दे. दोष, अर्थ दोष। ल.-प्रौढ़ उक्ति जहँ ब्याज है, अपुष्टार्थ सो बंक।। उ.-'उयो अति बड़े गगन में उज्जल चारु मयंक।।' ति.-गगन अति बड़ी है ही, चंद्रमा उज्जवल चारु है ही-यह कहिबों व्यर्थ है। गगन में मयंक उठ्यो- एतना कहिबो पुष्टार्थ है, और अपुष्ट है।-भि.ग्रं. 2, का.नि., 58-58अ/232।

**अप्रतीत**—दे. दोष, शब्द दोष। ल.-एकहि ठौर जो कहुँ सुन्यो अप्रतीत सो गाउ। उ.-"रे सठ कारे चोर के चरनन सों चित लाउ।।"ति.-कारे चोर श्री कृष्न कों कालिदास ही की काव्य मो सुन्यो है, अनत नाहीं सोइ स्गिार ही में। -भि.ग्रं. 2, का. नि., 19-19अ/222-223।

**अप्रयुक्त**—दे. दोष, शब्द दोष। ल. (1)-सब्द सत्य न लियो कबिन्ह, अप्रयुक्त सो ठाउ। उ.-'करै न बैयर हरिहि भी, कँदरप के सर धाउ।। 'ति.-बैयर सखी, भी भय, कँदरप काम भाषा औ 'संस्कृत करिकै सुद्ध है' पै काहू, कबि कह्यो नाहीं तातें अप्रयुक्त है।।-भि.ग्रं. 2, का.नि. 6-6अ/219; ल. (2)-जो पद कबिनि कह्यो नही अप्रयुक्ति सो मानि।-सो. ग्रं. 1, र.पी.नि., 12/162।

**अप्रस्तुतपरसंस** — दे. अप्रस्तुत प्रशंसा अलंकार। ल.- अलंकार द्वै भाँति के अप्रस्तुत परसंस। इक बर्नन प्रस्तुत बिना दूजें प्रस्तुत अंस।।-जस.ग्रं., भा.भू., 97/33।

**अप्रस्तुत प्रशंसा**—दे. अप्रस्तुत परसंस। पाँच प्रकार की अप्रस्तुत प्रशंसा बतायी गयी है। ल.(1)-अप्रस्तुत बिरतांत महँ जहँ प्रस्तुत को ज्ञान। अप्रस्तुत परसंस सो पंचप्रकार प्रमान।। इक, सारूप्य निवंधना बिय सामान्य-निबंध। बहुरि विशेष निवंधना कह कवि रचत प्रबंध।। चौथी हेतु-निबंधना काल-निबंधन आन। या बिधि पंच प्रकार सों ताहि कहत मतिवान।।-प.ग्रं., पद्मा., 107-109/45; ल.(2)-अप्रस्तुतै प्रसंसिये प्रस्तुत लीने नाम। तहँ अप्रस्तुत परसंस को बरनत है मतिराम। मति., ल. ल., 173/328। भिखारीदास ने भी इस अलंकार के पाँच भेद बताये हैं। दो भेद कार्य-कारण सम्बन्ध से, दो भेद सामान्य-विशेष सम्वन्ध से, और एक भेद तुल्य से तुल्य की प्रतीति से। ल.-कारज मुख कारन कथन, कारन के मुख काज। कहुँ सामान्य बिसेष ह्वै, होत ऐसे ही साज। कहुं सरिस-सिर डारि कै, कहै सरिस सों बात। अप्रस्तुत परसंस के पाँच भेद अवदात।।-इसके बाद प्रस्तुत और अप्रस्तुत के लक्षण कहकर अप्रस्तुत प्रशंसा के लक्षण कहते हैं, (2)- कबि इच्छा जिहि कथन की प्रस्तुत ताकों जानु। अनचाहे हुँ कहे परे, अप्रस्तुत सो मानु।। अप्रस्तुत के कहत जहँ प्रस्तुत जान्यो जाइ। अप्रस्तुत परसंस तेहि, कहैं सकल कबिराइ।।-भि.ग्रं. 2, का.नि., 3-6/115। दे. अन्योक्ति। भिखारीदास ने अप्रस्तुत प्रशंसा के पाँच भेद इस प्रकार बताए हैं-(1) कार्य से कारण का कथन, (2) कारण से कार्य का कथम, (3) सामान्य से विशेष

का कथन, (4) विशेष से सामान्य का कथन, (5) दोनों के प्रस्ताव से दोनों का कथन।।- वही, छं. 9-14/115-117।

**अप्रस्तुत प्रसंसा**–दे. अप्रस्तुत प्रशंसा। ल. -करियतु बर्नन और कौ जहाँ और पर डारि। अप्रस्तुत परसंस सो बरनत सुकबि सुधारि। उ.- 'राजहंस मन दै सुनौ यहै अनोखो गाँउ।बानि भुलाए आपनी, लोग धरेंगे नाँउ।।'-सो.ग्रं. 1, र.पी.नि. 120, 124/19, 199।

**अफगन**–सैद अफगन, सैयद अफगन। दिल्ली से सेना के साथ भेजा गया एक सरदार। उ. -सैद अफगन-सेन-सगरसुतन लागी कपिल सराप लौं तराप तो परवाने की।।-भू.ग्रं., प्रकी., 511/230।

**अफजल**–दे. अफजल खान।-भू.ग्रं., शि. भू., 29/138, 439/214, 315/187।

**अफजलखान**–बीजापुर के सुलतान का एक वीर और अनुभवी सेनानायक, जिसका असली नाम अब्दुल्ला भटारी था। यह दस-बारह हजार सैनिकों को लेकर शिवाजी के उपद्रवों को नियंत्रित करने के लिए चला था। ब्राह्मण मध्यस्थों से शिवाजी ने यह निश्चत करवाया कि एक निश्चित स्थान पर अकेले ही मिलकर समझौता कर लिया जाय। मिलन के समय ही बात बढ़ गई। शिवाजी ने अपने शरीर की रक्षा की पूरी व्यवस्था कर रखी थी। आक्रमण और विश्वासघात की आशंका होते ही शिवाजी ने बघनखा और बिछुवा से अफजल खाँ का वध कर दिया और छिपे हुए मराठा सैनिकों ने आस-पास के बीजापुरी सैनिकों का नाश कर दिया। उ.-बारह हजार असवार जोरि दलदार ऐसे अफजल खान आयो सुर-साल है।' भू.ग्रं., प्रकी., 474/222; वही, शि.भू. 221/170; वही, प्रकी., 436/213।

**अफजलखानबध**–रच. अज्ञानदास (दे.), (बृ.इति. 7)।

**अफजल**–दे. अफजलखान। भू.ग्रं., शि. भू., 233/172; वही, परि., 384/201; वही, शि. भू., 38/135। उ.-'बीछू के घाय गिरे अफजल्लहि ऊपर ही सिवराज निहार्‌यौ।।' भू.ग्रं., परि. 354/196।

**अफसाने इश्क खुद**–रच. काजी महमूद बहरी (दे.), (बृ.इति.7)।

**अबदुल्लह खाँ**–दे. अब्दुल्लह। वी.च., 2/37, 12/30, 12/38, 13/2, 14/19, 14/24।

**अबदुल्लह**–मधुकरशाह से पराजित पठान योद्धा। वी.च., 8/3, 11/52, 12/1, 14/38, 14/43, 14/45।

**अबदुल्ला**–दे. अबदुल्लह खाँ।-वी.च., 9/60।

**अबधपुरी**–अवधपुरी, अयोध्या नगरी। उ.-परमाबधि आनन्द की अबधपुरी अभिराम। अबधन बदत उधार की निरबधि गुन जहाँ नाम।।-वृं.ग्रं.,य.स., 33/257।

**अबरंग**–औरंगजेब। उ.-'अबलिया साह अबरंग को आगम को आगम मति यह उप्पजिय। होय न बिरोध यह जानिके कर बिबेक यह बात किय।।'-वृं.ग्रं.,स.स.रू., 24/264।

**अबहित्था**–दे. व्यभिचारी। भिखारीदास द्वारा उल्लिखित 33 व्यभिचारियों में से एक।-भि.ग्रं., मिश्र.शृं.नि., 238/141।

**अबिताली**–अफ्तारी। वह अफसर जो बड़े राजा की यात्रा में पहले से आगे के मुकामों में जाकर उस राजा के ठहरने और आराम का प्रबंध करता है।-क.प्रि., 5/14।

**अबिद्या**–मिथ्याज्ञान, अज्ञान। उ.-'जिन्हैं अबिद्या आबरन तिन्हैं होत अग्याँन। तातैं जग कों सांचु करि लीनौ सुख सौं मान।।-जस.ग्रं., आ. वि., 53/120, 55/120, 8/171, 94/179, 95/179, 98/180, 99/180, 100/180, 101/180, 104/180, 108/181, 109/181, 32/145, 46/148, 68/148, 70/149, 73/149, 77/149, 4/136, 9/138, 10/138, 14/139, 5/143, 22/144, 100/124, 102/124, 111/125, 118/126, 122/126।

**अबिद्यानास**–अविद्यानाश। दे. अबिद्या। उ.-ईश्वर ही तें होत है, जिय को ग्यानप्रकास। ईश्वर बिन यह कौन तें होइ अबिद्यानास।।-जस. ग्रं., अप.सि., 34/145।

**अबोधनीति**–रच.-महाराज विश्वनाथ सिंह (दे.), (इति.शुक्ल)।

**अब्बुल फजल**–अबुल फजल। यह अकबर का अत्यन्त प्रिय, योग्य मित्र, विद्वान मंत्री और कुशल दरबारी था। सम्पूर्ण एशिया में इसकी प्रसिद्धि थी। यह 1567 ई. से अकबर की सेवा में था। अकबर के पुत्र सलीम ने जब विद्रोह किया तो अबुल फजल को उसे पकड़ने का आदेश दिया। सलीम को जब इसका पता लगा तो उसने 1602 में ओरछा नरेश वीरसिंह बुंदेला से उसकी हत्या करवा दी। वीरसिंह ने अबुल फजल का सिर काटकर सलीम के पास भिजवा दिया। मृत्यु के समय अबुल फजल की अवस्था 52 वर्ष की थी। उ.-'दीनौ छाँड़ि छितिनाथ साहिब सलेम साहि महाबीर बीरसिंघ सिंघ मधुकर को। अब्बुल फजल मदमत्त गजराज राज मारि डार्‍यौ सखा सेख साहि अकबर को।।'-वी. च., 98/505।

**अब्बासु**–फारस का बादशाह। भू.ग्रं., शि. भू., 58/138।

**अव्यपेत**–यमकालंकार का एक भेद। जहाँ पदों में अन्तर न हो वहाँ यह अलंकार होता है। ल.(1)-बिन अन्तर इक से सबद अव्यपेत सो जान। उ.-'संकर संकर संत कौं मनवांछित कों देत। मन बच क्रम कर कीजियैं ताही सौं हित हेत।।-वृं. ग्रं., य.सत., 3-4/204। ल.(2)-अव्यपेत बिनु अन्तरहि। उ.-'सजनी सज नीरद निरखि हरिख नचत मन मोर। पीउ पीउ चाकत रटत चितवैं हरि की ओर।।' क.प्रि., 15/95-96।

**अभय भूषण**–रच. करणीदान (दे.) (बृ. इति. 7)।

**अभयविलास**–रच. पृथ्वीराज सांइ (दे.), विव.-जोधपुर के महाराज अभयसिंह (दे.) का इतिहास वर्णित है, (बृ. इति. 7)।

**अभयसिंघ रा कवित्त**–रच.-बख्ता खड़िया (दे.), विव.-डिंगलभाषा में रचित अभयसिंह जी (दे.) के वंश का 540 छंदों में वर्णन, (बृ.इति. 7)

**अभयसिंह**–जोधपुर के महाराज जिनका समय 18वीं शती है। इनके राज्याश्रय में पृथ्वीराज सांइ, करणीदान, बख्ता खड़िया आदि कवि रहते थे। (बृ.इति. 7)।

**अभवन्मत योग**–दे. दोष। वाक्य दोष। ल.-मुख्यहि मुख्य जु गनत नहि, सो अभवन्मजोग। उ.-'प्रान प्रानपति बिनु रह्यो, अबलौं धृग बलजोग। ति.-प्रान ही को धृग चाहिए।-भि.ग्रं. 2, का.नि., 43-43अ/228।

**अभिधामूला व्यंगि**–दे. शब्दमूल ध्वनि। भिखारीदास ने ध्वनि भेद प्रकरण में विवक्षितवाच्यध्वनि का विवेचन करते हुए इसका लक्षण निरूपित किया है। शब्दमूलाध्वनि इसका दूसरा नाम है। इसके उन्होंने दो भेद बताये हैं। ल.- अनेकार्थमय शब्द सों, सब्दसक्ति पहिचानि। अभिधामूलक ब्यंगि जेहि, पहिले कह्यो बखानि।। कहूँ बस्तु तें बस्तु की ब्यंगि होत कविराज। कहूँ अलंकृत ब्यंगि है, सब्दसक्ति द्वै साज।। 1. वस्तु सें वस्तु व्यंगि लक्षण-सूधी कहनावति जहाँ, अलंकार ठहरै न। ताहि बातुसंज्ञ कहैं, ब्यंगि होइ कै बैन।। उ.-'लाल चुरी तेरें अली लागी निपट मलीन। हरियारी करि देउँगी, हौं तौ हुकुम अधीन।।'-ति.-एक अर्थ साधारन द्वै, एक अर्थ में दूतत्व यह बस्तु तें बस्तु ब्यंगि।। 2. बस्तु तें अलंकार ब्यंगि उ.-'फैलि चल्यो अगनित घटा, सुनत सिंह घहरानि। परे झोर चहुँ और तें, होत तरुनि की हानि।।' ति.-घटा जो है गज-समूह सो सिंह की गरजन तें भागि चले, बृक्षनि की हानि ह्वैबो उचित है, यह समालंकार ब्यंगि।।-भि.ग्रं. 2, का.नि., 16-20अ/47-48।

**अभिधामूलक व्यंग्य**–व्यंजना का एक भेद है- अभिधामूल व्यंजना। जब अभिधा के द्वारा शब्द के अनेक अर्थों में से एक अर्थ निर्धारित हो जाने पर उससे भिन्न जो एक अर्थ संकेतित होता है, तो उसे अभिधामूलक व्यंग्य कहते हैं। ल.-सब्द अनेकारथनि बल, होइ दूसरो अर्थ। अभिधामूलक व्यंगि तिहि, भाषत सुकवि समर्थ।। उ.-'भयो अपूत कै कोपजुत, कै बौरो इहि काल। मालिनि आजु कहै न क्यों, वा रसाल की हाल।।'-भि.ग्रं. 2, का.नि., 44-45/12।

**अभिधा मूल व्यंग्य लक्षण**–दे. अभिधामूलक

व्यंग्य। ल.- बहु अर्थ कै जहँ शब्द में इक अर्थ की परतीति। वह मूल अभिधाव्यंगि समझौ हियैं अति करि प्रीति। उ.-'कुंज कुंज गुंजत फिरै मधुकर पुंज अन्नत। ठौर ठौर फूले सुमन आयो कंत बसंत।।'-सो.ग्रं. 1, र.पी.नि., 44, 45/48।

**अभिधा सक्ति**—1-अभिधा शक्ति। भिखारीदास के अनुसार शब्द अनेकार्थक होते हैं, किंतु जिस शब्दशक्ति से अनेक अर्थों में से एक अर्थ का निश्चय होता है, उसे अभिधासक्ति कहते हैं, ल.(1)-अनेकार्थहू सब्द में, एक अर्थ की भक्ति। तिहि बाच्यारथ को कहैं, सज्जन अभिधासक्ति।। इसके लिए भिखारीदास ने संयोग, असंयोग, साहचर्य, विरोध, अर्थप्रकरण, वाचक, अन्यशब्द, सामर्थ्य, औचित्य, देशवल, कालवल, स्वरादिक अन्तर, अभिनय आदि को साधना बताया है।-भि.ग्रं. 2, का.नि., 6-20/7-8; 2-या अक्षर कौ यह अरथ ठीक हियें ठहराइ। जानि परै जाते सु वह अभिधा बृत्ति कहाइ।। यही रीति सामर्थि अरु यही सक्ति व्यापार। याही कौं ब्यौहार कहि बरनत बुद्धि उदार।।-सो.ग्रं. 1, र.पी.नि., 20, 21/43।

**अभिन्न क्रिय**—अभिन्न क्रिया। केशव के मतानुसार श्लेषालंकार का एक भेद। श्लेष में जहाँ विविध पक्षों के लिए क्रिया एक ही हो, पर उसका फल विरुद्ध हो, वह अभिन्न क्रिया श्लेष कहलाएगी।-क.प्रि., 11/39।

**अभिन्नपद**—श्लेषालंकार का एक भेद। भिन्न पदों के हेतु शिलष्ट शब्दों के अर्थों में भिन्नता न आए, अर्थात् जो अर्थ एक पक्ष में लिया गया है, वही अर्थ अन्य में भी लग सके, उसे अभिन्नश्लेष कहते हैं।-11/34।

**अभिमन्यु**—सुभद्रा के गर्भ से उत्पन्न अर्जुन (पाण्डव) का पुत्र जिसका विवाह राजा विराट् की पुत्री उत्तरा से हुआ था। महाभारत के युद्ध में चक्रव्यूह-भेदन करके वह भीतर प्रवेश कर गया था, पर आगे की विद्या ज्ञात न होने के कारण वह चक्रव्यूह के भीतर ही अन्यायपूर्वक कौरवपक्ष के सात महारथियों द्वारा मारा गया, जिसमें मुख्य कारण सिंधु देश का अधिपति जयद्रथ था। अभिमन्यु की मृत्यु के बाद उत्तरा के गर्भ से परीक्षित का जन्म हुआ (पौ.को.)। उ.-'करिये तहँ पैसार जहँ जो जानिये निसार। चक्रव्यूह अभिमन्यु कौ सुन्यौ सबन संसार।'-वृं.ग्रं., नी.स., 637/108।

**अभिलाष**—अभिलाषा। विरह की दस दशाओं में से प्रथम। प्रिय से मिलन की चाह। ल. (1)-नैन वैन मन मिलि रहैं चाहै मिल्यो सरीर। कहि केसव अभिलाष यह बरनत है कबि धीर।।-के.ग्रं., र.प्रि., 8/10; ल. (2)-ताहि कहत अभिलाष हैं जो मिलाप की चाह। प्रेम कथनतैं जानिये बरनत सब कविनाह।।-मति.र.रा., 400/290; ल. (3)-नैन मिलें मनहूँ मिल्यो मिलिबे को अभिलाष। चिंता जात न बिन मिलें जतन किये हूँ लाख।।-जस.ग्रं., भा.भू., 31/14; ल. (4)-दरस मिलन रति की हिएँ, इच्छा सो अभिलाष। रस सिंगार के बीच लखि, भरत मुनी की साखि।।-कृ.ग्रं., हि.त., 377/81; ल. (5)-लखि अभिलाष दसा कहै लालसमती कबीस।।-भि.ग्रं., र.सा., 428/62; ल. (6)-प्रीतम मिलिबे की हियें हौंस बरनि अभिलाष।-सो.ग्रं., र.पी.नि., 9/132; ल. (7)-तिय अरु पिय जौ मिलन की करै विविध चित चाह। ताहीं कों अभिलाष कहि बरनत हैं कबिनाह।।-प.ग्रं., जग., 653/216।

**अभिलाषहेतुकवियोग**—दे. अभिलाप। सुनने, देखने से दम्पति में जो प्रीति उत्पन्न होती है, उसे कुछ लोग अभिलाषहेतुक कहते हैं और कुछ लोग पूर्वानुराग।-भि.ग्रं. 2, का.नि., 23/29।

**अभिषेक**—मंत्रपाठ के साथ पवित्र जल से सिंचन या स्नान। धार्मिक अभिषेक से व्यक्ति अथवा वस्तुओं की शुद्धि की क्रिया। तांत्रिक क्रियाओं में अभिषेक का सम्वन्ध विविध प्रकार की दीक्षाओं से है। राजसूयादि यज्ञ में अभिषेक एक अंग है। शतपथ-ब्राह्मण से लेकर आधुनिक कालीन तांत्रिकग्रंथों तक में इसका विविध रूप में वर्णन मिलता है। सिंहासनारोहण में इस क्रिया का विशेष महत्त्व स्वीकार किया गया है। उ.-पढ़ि मंत्र असेषनि करि अभिषेकनि आसिष दै सविसेष। कुंकुम करपूरनि मृगमद चूरनि वर्षत वर्षा वेष।-रा., 8/16, 19/3।

**अभिसंधिता**—कलहांतरिता नायिका। पति

या नायक का अपमान कर पीछे पछताने वाली नायिका। ल.-मान मनावत हूँ करै, मानद को अपमान। दूनो दुख तिन बिनु लहै अभिसंधिता बखान।।-र.प्रि., 7/13। केशवदास ने अभिसंधिता के भी प्रच्छन्न और प्रकाश नामक दो भेद किये हैं।-वही, 7/14-15।

**अभिसार**—निश्चित या संकेतित देश और काल में नायक-नायिका का परस्पर मिलन के लिए यथाचित वेश- भूषा में जाना। उ.-'सेत सरद की चाँदनी तामैं सेत सिंगार। मैं समुझी चाहत कियौ अति अलषित अभिसार।।'-वृं.ग्रं., भा.पं., 43/23।

**अभिसारका**—दे. अभिसारिका। ल.-बनि बनिता जो प्रेम, तें प्रीतम के ढिंग जाइ। ताही को अभिसारका, कहै सबै कविराइ।। उ.-"उमड़ैगो मुख चंद लषि प्रिय सुख सिंधु अपार। आँषै सीतल होति सखि, लषि याको अभिसार।।"-शृं.मं., चिंता., 318-319/98।

**अभिसारिका**—निश्चित अथवा संकेतित देश और काल में प्रिय से मिलने के लिए यथोचित वेशभूषा में जाने वाली नायिका। दे. नायिका भेद। अवस्थानुसार नायिका का एक भेद। ल.- (1) वोलि पठावै पियहि के पिय पैं आपुहि जाय। ताहीं कों अभिसारिका बरनत कबि समुदाय।।-प.ग्रं., जग., 229/130। ल. (2)-पियहि बुलावै आप कै आपहि पिय पै जाय। ताहि कहत अभिसारिका जे प्रबीन कबिराय।।-मति., र.रा., 190/244; ल. (3)-जात मिलन अभिसारिका सजि सिंगार सब देह।।-जस.ग्रं., भा.भू., 17/9; ल. (4)-केलि हेत पिय थल गवन, करे विचक्षन कोइ। पियहि बुलावै आप थल, अभिसारिका सु होइ।।-कृ.ग्रं., हि.त. 335/73; ल. (5)-हित तें कै मद-मदन तें पिय पै मिलै जु जाइ। सो कहियै अभिसारिका बरनी त्रिविध बनाइ।।-र.प्रि., 7/25; ल. (6)-पिय पै जाइ कि आपु ही पियहि बुलावै नारि। ताहि कहत अभिसारिका पंडित लोग बिचारि।।-सो.ग्रं. 1, र. पी.नि., 44/95; ल. (7)-करै चलन-चरचा चलै पहुँचे लौ पिय-पास। बोलि पठाए सिख सुनै अभिसारिकै प्रकास।।-भि.ग्रं.1, र.सा., 439/63; ल. (8)-मिलन साज सब करि मिलै अभिसारिका सुभाय। पियहिं बौलावै आपु कै आपुहि पिय पै जाय।।-वही, 1, शृं.नि., 164/124; भिखारीदास ने अभिसारिका के चार भेदों (स्वकीया, परकीया, कृष्णा, और शुक्ला) को उदाहरणों से स्पष्ट किया है।-वही, 165/168/124-126।

**अभिसारिका चेष्टा**—ल.-संग सखी लै दूतिका. सुरत हेत जे रानि। मिलन मनोरथ पिय वचन. पथ श्रम गति चल ठानि।। समय साजि सजि सुंदरी, करै जार पै गौन। ढप्यौ हास साहस कपट, डर बुधिबल मुखमौन।।-कृ.ग्रं., हि.त., 336-337/73।

**अभूतोपमा**—दे. उपमा। उपमालंकार का एक भेद जिसमें उत्कर्ष के कारण उपमान का कथन नहीं होता। ल.-उपमा जाइ कही नहीं जाको रूप निहारि। सो अभूत उपमा कही "केसवदास" विचारि।। उ.-"भाल गुही गुन लाल लटें लपटीं लर मोतिन की सुखदैनी। ताहि बिलोकति आरसी लै कर आरस सों इक सारसनैनी। "केसव" स्याम दुरें दरसी परसी उपमा मति सों अति पैनी। सुरजमंडल में ससिमंडल मंडि धरी जनु जाई त्रिबैनी।।"-क. प्रि., 14/9, 10।

**अमंगल श्लील**—एक प्रकार का काव्य दोष। सोमनाथ ने लज्जा, अमंगल और ग्लानि नाम के तीन श्लीलों का उल्लेख किया है। उ.-'सगन साधि परदेस कौ चलिए लाल सुभाइ। जियँत फेरि मुख देखिहौं तब रहिहौं सुख पाइ।।'-सो.ग्रं.1, र. पी.नि., 17/163। दे. श्लील।

**अमतपरार्थ**—दे. दोष, वाक्य दोष। ल.-औरे रस में राखिये औरे रस की बात अमतपरारथ कहत हैं, लखि कबिमत को घात। उ.-'राम काम सायक लगै, बिकल भई अकुलाइ। क्यों न सदन परपुरुष के, तुरत तारका जाइ।।' तिलक-ऐसो रूपक शृंगार रस में चाहिए।-भि.ग्रं.2, का.नि. 51-52अ/230।

**अमत्त वाणी चित्रालंकार**—दे. चित्रालंकार, वाणी चित्रालंकार। ल.-एक अ बरनै बरनिये, इ उ ऐ औ कछु नाहिं।। ताहि अमत्त बखानिये, समुझौ निज मन माहिं।। उ.-'कमलनयन पदकमल

कमलकर अमल कमल-कर। सहस सरद-सस-धरन-हरनमद लसत बदन-बर।।-भि.ग्रं.2, का.-नि., 42-43/200।

**अमर**—अमरसिंह। अमरसिंह चंदावत जो 1671 ई. में इखलास खां मियाना, मोहकमसिंह (अमरसिंह चंदावत के पुत्र) तथा अन्य राजपूत वीरों की सेना के साथ दक्षिण भेजा गया था। इन लोगों ने सलेहर दुर्ग घेर लिया। प्रतापराव, आनंदराव, मोरोपंत पेशवा जैसे मराठा वीरों ने सलेहर पर आक्रमण कर दिया। 1672 ई. के प्रारम्भ के इस युद्ध में अनेक सेनापतियों के साथ अमरसिंह चंदावत भी मारे गये। उ.-सिव सरजा सों जंग जुरि चंदावत रजवंत। राव अमर गो अमरपुर समर रही रजतंत।।-भू.ग्रं., परि. 572/199; भू.ग्रं., शि. भू., 90/144।

**अमरकोष-भाव**—रच.-गोकुलनाथ (दे.), (इति. शुक्ल.)।

**अमर चन्द्रिका**—रच.-सूरति मिश्र (दे.), विव.-बिहारी सतसई की टीका, (स.स.)।

**अमरदास या अमरपुरुष**—जन्म-सं. 1755 ब्राह्मण, दीक्षा-1775, मृत्यु-1842। वे स्वामी सेवादास के शिष्य थे एवं कोलिया ग्राम निवासी थे। (बृ.इति.7)।

**अमरपष**—पितृपक्ष। उ.-समौ पाइ कै लगत हैं नीचहुँ करन गुमाँन। पाय अमरपष दुजिनि लौं काग चहैं सनमान।।-रतन. 925/165।

**अमरप्रकाश**—रचयिता-खुमान "मान" कवि। (बृ. इति. 7)।

**अमररामायण**—रच.-रसिकअली (दे.), (बृ. इति.7),

**अमर शतक**—रच. खुभान (दे.), (इति. शुक्ल.)।

**अमरष**—दे. व्यभिचारी, अमर्ष। ल.-अमरष दुख लागै मन माहीं। निज अपमान भए बहुधाहीं।।'-भि.ग्रं., र.सा., 491/71।

**अमरसिंह**—एक पंडित जो विरह वारीश में वर्णित है।-बो.ग्रं., वि.वा., 17/180।

**अमरसिंह**—चित्तौड़पति महाराणा प्रतापसिंह के पुत्र।-क.प्रि., 11/30-32; वी.च., 1/2।

**अमरसी**—रचनाएँ-गुरु चेला की चड़बड़ लिपिकाल-18वीं शती, (बृ.इति.7)।

**अमरावति**—दे. अमरावती। रा., 22/5; बो. ग्रं., वि.वा., 11/220।

**अमरावती**—इंद्रपुरी, देवताओं की पुरी। भू. ग्रं., शि.भू., 15/131।

**अरिल्लपचीसी** – रचयिता - नागरीदास (दे.)। (बृ.इति. 7, स.सर्वे.)।

**अमरेस**—दे. अमरसिंह-भू.ग्रं., शि.भू., 254/176।

**अमरेस जू**—दे. अमर सिंह। भू.ग्रं.प्रकीर्ण. 536/236।

**अमर्ष**—दे. व्यभिचारी। ल. (1)-जहाँ जु मेट्यो चाहिये दूजे को अभिमान। अमरष तासों कहत हैं जे कबि सदा सुजान।।-प.ग्रं., मिश्र, जग., 521/190; ल. (2)-क्रोध थिर जहँ सु अमर्ष सुभाइ।।-सो.ग्रं.1, र.पी.नि., 23/54।

**अमात्रिक वर्णन**—सोलह स्वरों में से केवल एक स्वर 'अ' युक्त ही रचना के सब वर्ण जहाँ आवें, उसे अमात्रिक या मात्रा हीन वर्णन कहते हैं। ल.-एकै स्वर जहँ बरनिये अद्‌भुत रूप 'अ' वर्ण। कहिये मात्रा रहित सों मित्र आभर्ण।।-क.प्रि., 16/7।

**अमितालंकार**—जिससे कार्य की सिद्धि हो वह साधन, जो व्यक्ति साधन करे वह साधक है। इस अलंकार में साधक को छोड़ साधन ही को कार्य-सिद्धि का श्रेय प्राप्त होना कहा जाता है। कर्ता को जो श्रेय मिलना चाहिए, वह कारण को मिलता है। ल.-जहाँ साधना भोगई, साधक की शुभ सिद्धि। अमित नाम तासों कहत, जाकी अमित प्रसिद्धि।।-क. प्रि., 12/26।

**अमिल-सुमिल**—दे. तुक, अधम तुक।

**अमृत**—पुराणानुसार समुद्र मंथन से निकले हुए चौदह रत्नों में से एक। वह वस्तु जिसके पीने से मुर्दा जी उठे और जीवित प्राणी अमर हो जाए। कहते हैं, पृथुराज के भय से पृथ्वी ने गो रूप धारण किया था। उस समय देवताओं ने इन्द्र को दोग्धा

बनाकर सुवर्ण पात्रों में उसी गो रूपी पृथ्वी को दुहा। उसमें पृथ्वी से अमृत निकला था। पीछे दुर्वासा के शाप से वही अमृत समुद्र में जा गिरा। देवासुरों के द्वारा क्षीर सागर के मथने पर अमृत पुनः उद्भूत हुआ था। लोगों में ऐसा प्रवाद चल पड़ा है कि अमृत पीने से जरा, मृत्यु, आदि कुछ भी नहीं होती।।-रा. 30/46।

**अमृतखण्ड**—रच. - रामचरणदास (दे.), (बृ. इति.7)।

**अमृतगति छंद**—बारह मात्राओं का छंद है। क्रम है-(।।।।S ।।।।S)। उ.-'तुम जु लिखी उह पतिया। अमृतगतीमृदुबतिया।-भि.ग्रं.1, छंदा., 87/190।

**अमृतधारा**—रच.-भगवान्दास (दे.), विव.-वेदांतविषयक ग्रंथ (बृ.इति.7)।

**अमृतध्वनि छंद**—मात्रिक छंद है। ल. (1)-कुंडलिया उद्धत बरन त्रिजति अमृतधुनि चाहि। उ.-'रिक्ष प्रबल भट उद्धत मर्कट मर्दत तिहि पुनि। निर्तत सुर मुनि गित कहत जय कृति अमृतधुनि।।'-भि.ग्रं.1, छंदा., 40-42/228; ल. (2)-छप्पय वारे चारि पग अनुप्रास के संग। आठ आठ कलि परिबिरति अमृतध्वनि को अंग। उ.-'अरि गन के गढ़ गढ़न कौं सहित चूम चतुरंग। श्री परताप महाबली जब्बय जढ़ै तुरंग। रंग द्रग बर जंगत्तमकत, अंग द्रढ़पन। जग्गथ्थहरइ गग्गग्गज्जत गज्जदुति घन। रढठे हर जस मढढे रज बढ़ि अग्गग्गग्गन। तज्जै खग्गनि सज्जे पग्गनि भज्जै अरिगन।।-सोग्रं.1, र.पी.नि., 38-39/28-29।

**अमृतराई**—पिता-हेलेराई, स्थान-लाहौर, रच.-चित्रविलास, (बृ.इति.7)।

**अतमृराय**—स्थान-फत्तेखेड़ा (जिला-बुलढाना-विदर्भ), समय-सं. 1755 से 1810 तक। (बृ.इति. 7)। रच. स्फुट।

**अमेर**—आमेर। राजस्थान का एक प्रसिद्ध ऐतिहासिक नगर जो जयपुर के पास है, जहाँ पहले राजधानी थी।-भू.ग्रं., शि.भू., 230/172।

**अयननि**—अयन। उत्तरायण और दक्षिणायन। उत्तरायण के छह महीने में सूर्य की गति उत्तर की ओर रहती है। दक्षिणायन-वह छह महीने का काल जब सूर्य की गति दक्षिण की ओर रहती है।-क. प्रि., 11/7।

**अयुक्त**—दे. दोष, अर्थदोष। ल.-पद के विधि अनुबाद कै. जहँ अजोग्य ह्वै जाइ। तँह अजुक्त दूषन कहैं जो प्रबीन कबिराइ।।-भि.ग्रं.2, का.वि., 77/236।

**अयुक्त अर्थान्तरन्यास**—दे. अजुक्त, अर्थान्तर न्यास।

**अयोध्या प्रसाद वाजपेयी**—जन्म-सं. 1860, स्थान-संतनपुरवा (जिला रायबरेली), पिता-नंदकिशोर वाजपेयी, रच.-छंदानंदपिंगल, अवधशिकार, रागरत्नरावली, साहित्य सुधासागर, शंकरशतक, ब्रजब्रज्या, चित्रकाय (इति.शुक्ल, हिं.सा.को.2, बृ. इति.6)।

**अयोध्याविंशतिका**—रच.-उमापति त्रिपाठी (दे.), (बृ.इति.7)।

**अरगजा**—शरीर में लगाने का एक सुगंधित द्रव्य। उ. ''नेह उत्तर छबि अरगजा भरि गुलाल अनुराग। षेलत भरी उछाह सौ पिय संग होरी फाग।।'' रतन., 928/165।

**अरजुन**—1-दे. अरजुन सिंह-उ.-'हेरन हँसन हरषन सान धन वह जूझन पवाँर वीर अरजुन भारे की।'-प.ग्रं., प्रकी., 22/309; 2-अर्जुन पांडव। उ.-'अरजुन पर मुनि मन धनपति धन, जगपति तन मृगपति रन राव है।।-मति.ल.ल. 47/306; बृ.ग्रं., स.स.रू., 9/263, 16/263, 64/268; वही, स्फु. छं. 47/322; वही, नी.स., 308/82, 336/84, 590/104।

**अरजुनपाल**—अर्जुनपाल। केशवदास के आश्रयदाता इन्द्रजीत सिंह के पूर्वज कर्णपाल के पुत्र अर्जुनपाल।-क.प्रि., 9/3।

**अरजुनसिंह**—अर्जुनसिंह 'नोने'-जैतपुर राज्य के एक साधारण जागीरदार के पुत्र जिन्हें बाँदा के राजा गुमानसिंह से नोने की उपाधि मिली थी। ये परमारवंशी थे। ये बड़े वीर थे। पद्माकर इनके दीक्षा गुरु थे।-भू., प.ग्रं., पृ. 83; उ.-'मार दै अरिन अरजुन अरजुनसिंह गयो देवलोक ओप दैकै

राजपूती को।।'-प.ग्रं., प्रकी., 23/309 ये बनगाँव के युद्ध में हिम्मतबहादुर द्वारा मारे गये।

**अरब**–अरब देश। उ.-'सिवराज तेरे त्रास दिल्ली भयो भुवकम्प थरथर काँपति बिलाइत अरब की।' भू.ग्रं., प्रकी., 418/209; जहाँ. 99।

**अरबान**–अरब के रहने वाले।-भू.ग्रं., प्रकी., 482/224।

**अरबिन**–अरब के घोड़े-'तहँ रुकै न तिन की गति अरबिन की जहाँ करिन की घटा जुरी।'-प. ग्रं., प्र.वि., 97/287।

**अरब्बी**–1-ताशा नामक बाजा। उ.-'महाघोर घुमंत बज्जे अरब्बी।'-प.ग्रं.,प्र.बि., 14/278, 83/285; 2-अरब देश के घोड़े। उ.-'अरब्बी फिरैं बेस उब्बीन पै जे।'-प.ग्रं., प्र.बि., 35/280।

**अरवर**–अवध में प्रतापगढ़ का अरवल नामक स्थान। हिन्दूपति जी इसी ग्राम के सरदार थे। उ.-'सत्रह सै इक्यानबे नभ सुदि छठि बुधवार। अरवर देस प्रतापगढ़ भयो ग्रंथ अवतार।।-भि.ग्रं. 1, र.सा., 584/85; वही भाग 2, का.नि., 2/3।

**अरसात छंद**–ल.-सप्त भरो अलसाहि। (सात मगण) (SII) और एक रगण (SIS) से यह छंद बनता है। उ.-'लागि गरे अँगिरात जँभात भरे रस गात खरे अरसात हैं।।'-भि.ग्रं.1, छंदा., 13, 17/246-247।

**अरिल्ल**–सोलह मात्राओं का एक छंद जिसके अन्त में दो लघु अथवा एक यगण होता है। परंतु इसमें जगण का निषेध है। ल. (1)-अन्त मगन मनि पाय पुनि बारह मत्र बखान। चौसठ मत्रा पाय पहुँ यों अरिल्ल मन मान।। उ.-'देखि बाग अनुराग उपज्जिय। बोलत कोकिल कल धुनि सज्जिय।।'-छं. मा., 2/34। ल. (2) चरन माँझ सोरह कला, ह्वै लघु अन्त अनूप। जमक सहित यह जानियैं, छंद अरिल्ला रूप।। (चार चरण, 16 मात्रा, अन्त में दो लघु)। उ.-'श्री प्रताप सुनि नव रस नायक। तब गुन किमि बरनैं रसनायक। सज्जन कमलनि कौं सुप्रभाकर। सहज दान जाकौ सुप्रभाकर।।'-सो.ग्रं. 1, र.पी.नि., 11-12/25।

**अरिल्ला हिंडोला**–रच.-रसनिधि (दे.), (सा.को.,2)।

**अर्घ**–दूब, दूध, चावल आदि का मिला हुआ जल जो देवता या पूजनीय पुरुष के सामने रखा जाय। वि.गी., 3/12, 16/49।

**अर्जमा**–अर्चमान. पितृगण में से एक जो सर्वश्रेष्ठ है। वि.गी., 4/35।

**अर्जुन**–1-पांडु के पाँच पुत्रों में से मँझले जो महाभारत युद्ध में पांडव पक्ष के नायक थे। श्रीकृष्ण के ये मित्र भी थे और सम्बन्धी भी।-क.प्रि., 1/14, 1/39, 8/19, 12/18 12/19; वी.च., 2/2, 2/25; 2-सहस्त्रार्जुन, अर्जुनपाल (दे.)।-क.प्रि., 7/13; रा. 6/35; 3-सहस्त्रार्जुन।-क.प्रि., 13/8; 4-दे. अरजुन सिंह। अर्जुन सिंह 'नोने'। उ.-'जहँ अमल अर्जुन इक करै नहिं बादसाहन कों डरै।' प.ग्रं., हि. ब.बि., 17/6, 19/6, 26/7, 42/8, 7/9, 92/13, 128/18, 147/21, 150/21, 160/23, 162, 168/23, 24, 172/24, 174/25, 178/25, 179/25, 206-207/29; वृं.ग्रं., 75/64।

**अर्जुन दे**–उ.-'राजा अर्जुनदे भये तिनके अर्जुन रूप।-क.प्रि., 14/3।

**अर्जनबाहु**–गहरवाड़ वंश का प्रसिद्ध राजा। वी.च., 15/31।

**अर्जुनसिंह**–दे. अरजुन सिंह। अर्जुन सिंह 'नोने', हिम्मत बहादुर। उ.-'इमि देखि ब्याकुलता सु अर्जुन सिंह तहँ गज पर गयौ।'-प.ग्रं., हि.ब. बि., 91/13, 126/18, 163-166/23, 170/24, 177/25।

**अर्थदोष**–दे. दोष, अर्थदोष भेद। ल. (1)-अपुष्टार्थ कष्टार्थ ब्याहतो पुनरुक्तो जित। दुःक्रम ग्राम्य संदिग्ध जु निरहेतो अनवीकृत। नियम-अनियम प्रवृत्ति बिसेष समान्य प्रबृति कहि। साकांक्षा पद-अजुत सबिधि अनुवाद अजुक्तहि। जु विरुद्धप्रसिद्ध प्रकासितन सहचर भिन्नोऽस्लील धुनि। है त्यक्तपुनः स्वीकृत सहित अर्थदोष बाईस पुनि।।' बाइस प्रकार के अर्थदोष इस प्रकार हैं 1. अपुष्टार्थ, 2. कष्टार्थ, 3. व्याहत, 4. पुनरुक्त, 5. दुष्क्रम, 6. ग्राम्यार्थ, 7. संदिग्ध, 8. निर्हेतु, 9. अनवीकृत, 10. नियमपरिवृत्ति, 11.

अनियमपरिवृत्ति, 12. विशेषपरिवृत्ति, 13. सामान्यपरिवृत्ति, 14. साकांक्ष, 15. अयुक्त, 16. पदअयुक्त, 17. विधि अयुक्त, 18. अनुवाद अयुक्त, 19. प्रसिद्धविद्याविरुद्ध, 20. प्रकाशित विरुद्ध, 21. सहचर भिन्न, 22. अश्लीलार्थ-त्यक्त पुनः स्वीकृत।-भि.ग्रं.2, का.नि., 57/231; ल. (2)-सहचर भिन्न रू चाह जुत व्याहत अरु निरहेतु। दुःक्रम अरु पुनरुक्त पुनि, अनुवीक्रत दुख देत।। पुनि सामान्य विसेष कहि, सास्त्र प्रसिद्धि-बिरुद्ध।। देस और पुनि समय कौ, तजि बिरुद्ध कबि सुद्ध।-सो.ग्रं.1, र.पी.नि., 5-6/161।

**अर्थव्यंजक**—आर्थीव्यंजना। भिखारीदास ने शाब्दी व्यंजना के अन्तर्गत अभिधामूला और लक्षणामूला (गूढ़ा, अगूढ़ा) का वर्णन कर आर्थी व्यंजना का परिचय दिया। अर्थ व्यंजक को उन्होंने दस प्रकार का माना है—वक्तृविशेष, बोधक विशेष, काकुविशेष, वाक्यविशेष, वाच्यविशेष, अन्यसंनिधि विशेष, प्रस्तावविशेष, देशविशेष, कालविशेष, चेष्टाविशेष, मिश्रितविशेष।।-ल.'होत अर्थ व्यंजनकनि को, दस बिधि सुभ्र विसेष। पहिले बक्तिबिसेष पुनि, है बोधक सुलेख।। काकुबिसेषो वाक्य अरु, वाच्य, बिसेष गनाइ। अनसंनिधि प्रस्ताव अरु देस काल नौ भाइ।। है चेषटा बिसेष पुनि, दसम भेद कबिराइ। इनके मिलै मिलै कियैं। भेद अनंत लखाइ।।-भि. ग्रं.2, का.नि., 50-52/13-14।

**अर्थव्यक्ति गुण**—दे. गुण। ल.-जासु अर्थ अति हीं प्रगट, नहिं समास अधिकाउ। अर्थव्यक्ति गुन बात ज्यों बोलै सहज सुभाऊ।। उ.-'इकटक हरि राधे लखैं, राधे हरि की ओर। दोउ आनन इंदुवै, चार्‌यौ नैन चकोर।।-भि.ग्रं.2, का.नि., 18-19/177-178।

**अर्थशक्ति**—विवक्षित वाच्य ध्वनि के अन्तर्गत लक्ष्यक्रम व्यंग्य है, जिसमें तीन प्रकार की व्यक्ति होती है। दूसरी व्यक्ति अर्थशक्ति है। ल. -अनेकार्थमय सब्द तजि, और सब्द जे दास। अर्थसक्ति सबकों कहैं, धुनि में बुद्धिविलास।। भिखारीदास ने इसके निम्नप्रकार बताये हैं—स्वतः सभवी अलंकार तें बस्तुब्यंगि, स्वतः संभवी वस्तु से अलंकार ब्यंगि, स्वतः संभवी अलंकार ब्यंगि, प्रौढ़ोक्ति बस्तु तें बस्तुब्यंगि, प्रौढोक्ति करि अलंकार तें बस्तु ब्यंगि, प्रौढ़ोक्ति करि अलंकार ते अलंकार ब्यंगि।-भि.ग्रं.2, का.नि., 22-44अ/48-53।

**अर्थदोष सहचरभिन्न**—दे. दोष, अर्थदोष। ल.-सहचर भिन्न सुदोष जँह ऊच नीच कौ संग।। उ.-'विद्या ही सौं बढ़तु है द्विज आदर अभिमान। त्यौं लौहै के काम सौं है लुहार कौ नाम।। इहाँ ब्राह्मण और लुआर सों सहचर भिन्नता है, और यौं कहें तो आछौ 'त्यौ ही छत्री कौं सदा जुद्ध काम सों नाम'।-सो.ग्रं.1, र.पी.नि., 27/165।

**अर्थान्तरन्यास**—एक अर्थालंकार जहाँ सामान्य से विशेष का, विशेष से सामान्य का अथवा कारण से कार्य का या कार्य से कारण का समर्थन हो। ल. (1)-और आनियै अर्थ जहँ औरै बस्तु बखानि अर्थान्तर को न्यास यह चारि प्रकार सुजानि।। जुक्त अजुक्त बखानिजै और अजुक्ताजुक्त केसवदास बिचारिजै चौथो जुक्त अजुक्त।।-के.ग्रं.1, क.प्रि., 11/65-67। केशवदास के इस लक्षण के अनुसार 'और कुछ कहकर और कुछ अर्थ लेना अर्थालंकार है।' ल. (2)-जहँ सामान्य विशेष को करै समर्थन अर्थ। है अर्थान्तरन्यास कहि अर्थहि उलटि समर्थ।।-प.ग्रं., पद्‌मा., 204/57; ल. (3)-कहि विसेष सामान्य पुनि कै सामान्य बिसेष सो अर्थान्तरन्यास हैं बरनत मति उल्लेष।।-मति., ल. ल., 289/348; ल. (4)-सामान्य तें विसेष दृढ़ तब अर्थान्तरन्यास। उ.-'रघुबर के बर गिरि तरे बड़े करैं न कहा स।।' ज.ग्रं., भा.भू., 152/49; ल. (5)-सामान्य तें विशेष दृढ़ है अर्थान्तरन्यास। उ.-'तो रस बिनु औरै कहा, जल बिनु जाइ न प्यास।।-भि.ग्रं., 2, का.नि., 7/19; ल. (6)-साधारन कहिये बचन, कछु अवलोकि सुभाउ। ताकों पुनि दृढ़ कीजिये, प्रगटि बिसेष बनाउ।। कै बिसेष ही दृढ़ करौ, साधारन कहि दास। साधर्महु बैधर्म तें, है अर्थान्तरन्यास।।-इस प्रकार अर्थान्तर न्यास के दो स्थूल भेद हुए-साधर्म्य अर्थान्तरन्यास और वैधर्म्य अर्थान्तरन्यास। भिखारीदास ने सामान्य की विशेष से दृढ़ता साधर्म्य और वैधर्म्य दोनों प्रकार

से बतायी है। उसी प्रकार विशेष की दृढ़ता साधर्म्य और वैधर्म्य दोनों से बतायी है। इस प्रकार भिखारीदास के अनुसार चार भेद निम्न प्रकार से बताये जा सकते हैं-साधर्म्य अर्थान्तरन्यास-1. सामान्य की दृढ़ता विशेष से, 2. विशेष की दृढ़ता सामान्य से। वैधर्म्य अर्थान्तरन्यास- 3. सामान्य की दृढ़ता विशेष से, 4. विशेष की दृढ़ता सामान्य से।-भि.ग्रं. 2, का.नि., 60-68/78-80; ल. (7)-पोषन करै विसेष को जहँ सामान्य सुभाइ। सो अर्थान्तरन्यास है सुनि सुख हिय ससाइ।। उ.-'बसन चोरि हरि द्रुम चढ़े पुनि बनि बैठे साह। कहा न करिहै ए सखी प्रगट भए हित चाह।।-सो. ग्रं., 1, र.पी.नि., 235, 236/211, 212।

**अर्थान्तरसंक्रमितवाच्य (ध्वनि)**—ल. (1)-अविवक्षित वाच्य ध्वनि का एक भेद। ल.-अर्थ ऐसही बनत जहँ, नहीं ब्यंगि की चाह। ब्यंगि निकारि तऊ करै, चमत्कार कबिनाह।। अर्थान्तरसंक्रमित सो बाच्य जु ब्यंगि अतूल। गूढ़ ब्यंगि यामें सही, होति लक्षनामूल।। उ.-'सु मधु प्याइ प्रीतम कहै, प्रिया पियहि सुखमूरि। दास होइ ता समयमो, सब इंद्रियदुख दूरि।।' ति.-मधु छुवे तें तुचा कों दुख होइ, पीवे तें जीभ कों बोल सुने तें कान कों देखें तें दृग कों सुख मधुसुगंधि तें नासा को दुखदूरि होतु है।।-भि.ग्रं. 2, का.नि., 6-8अ/45-46; ल. (2)-वाच्यार्थ को मिलाय अन्य हू होइ सो अर्थान्तरसंक्रमित वाच्य ध्वनि। उ.-'मानि कह्यौ मेरौ अरे भलो बन्यौ है साज। कौ जानै फिरि छै कहा साधि आगनौ काज।।'-सो.ग्रं. 1, र.पी.नि., 4-5/51।

**अर्थावृत्ति दीपक**—दे. आवृत्ति दीपक, दीपक। उ.-"रहै चकित ह्वै थकित ह्वै समरसुंदरी औनि। तुअ चितौनि लखि ठौनि तकि निरखि रौनि भ्रुव नौनि।।"-भि.ग्रं. 2, का.नि., 33/173।

**अर्थापत्ति**—एक अलंकार। पद्माकर ने इसका विवेचन शब्द प्रमाणालंकार के अन्तर्गत किया है। ल.-जिहि बिन जहँ कछु सिद्धि न होई। ताकी सिधिहित कल्पन कोई।। करहि सु अरथापत्ति उचारो। अलंकार निज उर महँ धारो।।-प.ग्रं., पद्मा., 324/73।

**अर्धसमवृत्त**—जिस छंद के पहले और तीसरे में सम वर्ण हों तथा दूसरे और चौथे चरण में सम वर्ण हो, उसे अर्द्धसमवृत्त कहते हैं। ल.-पहिलो तीजो सम चरन, दूजो चौथ समान। करो अर्धसम छंद में, इहि बिधि वृति समान।।-भि.ग्रं. 1, छंदा., 1/267।

**अर्नां दंडक**—इसके प्रत्येक चरण में आठ रगण (ऽ।ऽ) होते हैं।-भि.ग्रं. 1, छंदा., 12/274।

**अर्नो दंडक**—इसके प्रत्येक चरण में नौ रगण (ऽ।ऽ) होते हैं।-भि.ग्रं. 1, छंदा., 12/274।

**अलंकार**—1. काव्य में शब्द और अर्थ की चारुता अथवा चमत्कार उत्पन्न करने का विधान। ल.-सब्दहु तें बहु अर्थ तें कहुँ दुहुँ तें उर आनि। अभिप्राय जिहि भाँति जहँ अलंकार सो आनि।।-प. ग्रं., पद्मा., 2/33; 2. दे. हाव। स्वभावज अलंकार। यौवन के आगमन पर नायिका के शरीर तथा स्वभाव की मोहकता बढ़ाने वाले अलंकार। भिखारीदास ने इनकी संख्या बीस मानी है। ल. भाव, और हेला तपन तीनि कहत कबि ईस। जोबन में नारीन के अलंकार हैं बीस।। चारि उदारिज आदि दै सोभादिक त्रय जानि। ये दस दस पुनि हाव हैं बिलासादि उर आनि।। बचे जै वे नव हाव ते इनही दस ते हेरि। जुदे लगत से जानिकै लक्षन बरन्यो फेरि।।-भि.ग्रं., र.सा., 429/62।

**अलंकार आशय**—रच-उत्तमचंद्र भण्डारी (दे.), (बृ.इति.7)।

**अलंकारगंगा**—रच. श्रीपति (दे.), (इति. शुक्ल)।

**अलंकार चंद्रोदय**—रच. - रसिकसुमति (दे.), विव.- अलंकार निरूपक ग्रंथ, (इति. शुक्ल)।

**अलंकार चिंतामणि**—रच.-प्रताप साहि (दे.) विव.-अलंकार विषयक ग्रंथ, (इति. शुक्ल)।

**अलंकारदर्पण**—रच. नाथ (दे.), विव.-अलंकार विषयक ग्रंथ, (स.स.)।

**अलंकारदर्पण**—रच.-महाराज रामसिंह (दे.), विव.-नायिका भेद एवं अलंकार निरूपक ग्रंथ

(इति. शुक्ल)।

**अलंकारदर्पण**–रतनकवि (दे.), विव.-अलंकार विषयक ग्रंथ, (इति. शुक्ल)।

**अलंकारदीपक**–रच.-शंभुनाथ मिश्र (दे.), (इति. शुक्ल)।

**अलंकार पंचाशिका**–रच. मतिराम (दे.), विव.-कुमाऊँ के राजा उदोतचन्द के पुत्र ज्ञानचन्द के लिए रचित अलंकार निरूपक ग्रंथ, (स.स.)।

**अलंकारभूषण**–रच. शिव कवि (द.), विव. अलंकार निरूपक ग्रंथ, (बृ. इति.6)।

**अलंकार-भ्रम-भंजन**–रच. ग्वाल (दे.), विव.-अलंकार निरूपक ग्रंथ, (सा.को., 2)।

**अलंकारमणिमंजरी**–रच. ऋषिनाथ (दे.), (इति. शुक्ल.)।

**अलंकारमाला**–रच.-सुरतिमिश्र (दे.), विव.-अलंकार विषयक ग्रंथ (इति. शुक्ल)।

**अलंकाररत्नाकर**–रच.-दलपतिराय वंशीधर (दे.), विव.-अलंकार विषयक ग्रंथ, (इति. शुक्ल)।

**अलंकार-सागर-सुधा**–रच.-टहल सिंह (दे.), विव.-अलंकार विषयक ग्रंथ, (बृ. इति. 7)।

**अलंकार सुधानिधि**–रच.-गणपति भारती (दे.), विव.-अलंकार विषयक ग्रंथ, (बृ. इति. 7)।

**अलका**–देवताओं के धनाध्यक्ष कुबेर की पुरी।-क.प्रि., 15/71; भू.ग्रं. प्रकी., 460/218।

**अलकापति**–दे. कुबेर। अलका नगरी के स्वामी कुबेर जो पुराणानुसार एक धनाध्यक्ष देवता हैं और इन्द्र की नौ निधियों के भण्डारी हैं।-भू. ग्रं., शि.भू.दा., 15/130।

**अलगोजे**–अलगोजा। एक प्रकार की बाँसुरी। उ.-'अलगोजे बज्जत छिति पर छज्जत सुनि धुनि लज्जत कोइ रहैं।-प.ग्रं., प्र.बि., 84/285।

**अलप**–अल्प नाम का अलंकार जिसमें आधार छोटे आधेय से भी छोटा वर्णित होता है। ल. (1)-अलप अलप आधेय तें सूछम होइ अधार। उ.-'अँगुरी की मुँदरी हुती भुज में करति बिहार।।' जस.ग्रं., 128/42; ल. (2)-जहाँ अलप आधेय ते लघु आधार लखाइ। अलप अलंकृत ताहि कहि बरनैं सुकबि सुभाइ।। उ.-पिय बियोग तें तरुनि की पियरानी मुख जोति। मृदु मुरवा की घूँघरी कटि में किंकिनि होति।।-सो.ग्रं. 1, र.पी.नि., 186-187/206।

**अलबेली अलि**–रच.-समप्रबंध पदावली। (इति. शुक्ल)।

**अलाप**–आलाप। संगीत के सात स्वरों का साधन। तान। उ.-'माधोनल कर बीन लै पंचम कर्‌यो अलाप।।'-बो.ग्रं. वि.वा., 31/64; उ.-'घरु धुर पद चिंद गाइन सुघर गावै करिकैं अलाप तान तरल तरंग को।'-वृ.ग्रं., शृं. शि. 83/49; य.स., 579/251।

**अलिला छंद**–मात्रिक छंद है। चारो चरणों में एक तुक, सोलह मात्राओं के चरण और चरणांत में भगण (ऽ।।) से यह छंद बनता है। ल.-चहुँ तुक भागन जमक सो अलिला छंद कहंत। उ.-'सुरत समै बहुरंग रचावति। अलि लालन हित मोद मचावति।।'-भि.ग्रं. 1, छंदा., 32, 34/227।

**अली**–हजरत मुहम्मद के साथ इनके कई प्रकार के सम्बन्ध थे। ये उनके मित्र थे। चाचा और दामाद भी थे। इन्हें खलीफा का भी पद प्राप्त हुआ था। ये चौथे खलीफा थे। ये वीर, परम शक्तिशाली और दानवीर थे। इनके गुणों से सम्बन्धित अनेक कथाएँ प्रचलित हैं। उ.-'देवल गिरावते फिरावते निसान अली ऐसे समै राव-राने सबै गए लबकी।।'-भू.ग्रं., प्रकी., 446/215।

**अलीकुलीखाँ**–एक योद्धा जो मधुकर शाह से हार गया था। उ.-'निज जीत्यौ रन न्यामतिखान। अलीकुली खाँ बुद्धिनिधान।'-वी.च., 2-36, 14-44।

**अलीमुहीब खाँ (प्रीतम)**–जन्मस्थान- आगरा, रच.-खटमल बाईसी, (इति. शुक्ल)।

**अल्प**–दे. अलप। ल.-जहँ सूक्ष्म आधेय तें अति सूक्ष्म आधार। अल्प अलंकृत कहत हैं कविजन बुद्धि उदार।। मति., ल.ल., 240/339।

**अल्लावर्दी**–अलाउद्दीन। दिल्ली का खिलजी वंश का मुसलमान शासक। उ.-'दिल्लीपति अल्लाउदीं कीन्ही कृपा अपार।।'-क.प्रि., 2/7।

**अल्हैया**–राग विशेष। उ.-'ललित विभासा पूरिआ मधुमाधव तिहि ठान। कहि भूपाली अल्हैया

सहित सुहेला जान।।'-बो.ग्रं., वि.वा., 6/120।

**अवंतिका**—एक प्राचीन नगर। मध्य प्रदेश के अन्तर्गत मालवा का एक प्राचीन ऐतिहासिक नगर, जिसे आजकल उज्जैन कहते हैं। राम ने इसके शासक के रूप में अपने पुत्र लव को नियुक्त किया था। यह सप्तपुरियों में से एक है। उ.-'कुस को दई कुसावती नगरी कोसल देस। लव कों दई अवंतिका उत्तर उत्तम बेस।-रा., 39/24।

**अवज्ञा**—ल. उ. (1)-जु गुन दोष कहु और को औरै जहाँ न होय। सु अवज्ञा सरसिंधु में चातक तहत न तोय।।-प.ग्रं., मिश्र, पद्मा., 229/60; ल. (2)-औरे के गुन दोष ते औरे के गुन दोष। जहँ न अवज्ञा तहँ कहत कबिजन बुद्धि अदोष।।-मति., ल.ल., 317/252; ल. (3)-भिखारीदास ने अवज्ञा के चार भेद बताये हैं—1. एक के गुण दूसरे के लिए गुण नहीं-औरे के गुन और कों गुन न अवज्ञा गाइ। उ.-'बड़े हमारे नैन तौ तुम्हें कहा जदुराइ।।' 2. एक का दोष दूसरे के लिए दोष नहीं-ल. उ.-औरहि दोष न और के दोष, अवज्ञा सोउ। भूढ़ सरित डारै सुरा, भूलि न त्यागत कोउ।। 3. जहाँ दोष से गुण न हो, ल.उ.-जहाँ दोष तें गुन नहीं, यहाँ अवज्ञादास। जहाँ खलन को गन बसै, तहाँ न धर्मप्रकास।। 4. जहाँ गुन से दोष नहीं, ल.उ.-जहँ गुन तें दोषौ नहीं, यहौ अवज्ञा बेस। रामनाम सुमिरन जहाँ तहाँ न संकट लेस।।-भि.ग्रं. 2, का.नि., 12-18/134-135; ल. (4)-होत अवज्ञा और के लगै न गुन अरु दोष। उ.-परस सुधाकर किरन तें खुलैं न पंकज कोष।।-जस.ग्रं., भा.भू., 163/53; ल. (5)-गुन अरु दोष लगै नहीं जहाँ और के आनि। ताहि अवग्या कहत है सुकबि हिएँ सुख मानि।। उ.-निसि बासर तरुनीनि में बिहरै परगट होइ। सूरबीर नर नेकहूँ हियैं न कादर होइ।।-सो.ग्रं. 1, र.पी. नि., 258-259/214।

**अवतार**—पुराणानुसार किसी देवता का मनुष्यादि या अन्य संसारी प्राणियों के शरीर को धारण करना। उ.-'तुम सिवराज वृजराज अवतार आज तुम ही जगत-काज पोषत भरत हौ।'-भू. ग्रं., शि.भू., 70/141, 345/194, 78/142, 81/143, 95/146, 211/168, 272/180, 345/194, 385/201, 395/202, 448/216; वृं.ग्रं., 5/262।

**अवतारचरित्र**—रच. नरहरिदास (दे.), (बृ. इति. 7)।

**अवतारी**—परब्रह्म रूप विष्णु अवतार ग्रहण करने वाले थे। उन्होंने दस अवतार ग्रहण किये थे। केशवदास ने श्रीराम को परब्रह्म माना है। ये दस अवतार निम्न लिखित हैं—1. मत्स्यावतार, 2. कूर्मावतार, 3. वराहावतार, 4. नृसिंहावतार, 5. वामनावतार, 6. परशुरामावतार, 7. रामावतार 8. कृष्णावतार, 9. बलरामावतार, 10. कल्किअवतार। उ.-'(सोइ) परब्रह्म श्रीराम हैं अवतारी अवतारमणि।।'-रा., 1/17।

**अवध**—सरयू नदी के किनारे बसी हुई प्राचीन ऐतिहासिक नगरी अयोध्या या अवधपुरी। कोशल देश की राजधानी अयोध्या। रा. 1/23, 21/26, 27/23।

**अवधपुरी**—दे. अवध। उ.'अवधपुरी तब ऊजर भई। सबै सदेह राम सँग गई।-वी.च., 2/22।

**अवधशिकार**—रच.-अयोध्या प्रसाद वाजपेयी, (दे.), विव.-राम के आखेट का वर्णन, (स.सर्वे.)।

**अवधीसागर**—रच.-जानकी रसिक शरण रसमाल (दे.), विव.-श्रीराम के अष्टयाम का वर्णन चौदह अध्यायों में विभक्त है। (बृ. इति. 7)।

**अवधूतभूषण**—रच.-देवकीनन्दन (दे.), विव.-रस, नायक-नायिका भेद, अलंकार विषयक ग्रंथ। (इति. शुक्ल)।

**अवधूतसिंह**—रीवाँ के महाराजा अवधूतसिंह। भूषण के एक आश्रयदाता। उ.-'जादिन चढ़त दल साजि अवधूतसिंह ता दिन दिगंत लौं दुवन दाटियतु है।'-भू.ग्रं. प्रकी., 533/236।

**अवरंग**—दे. औरंगजेब। औरंगजेब नाम का मुगल बादशाह। उ.-'मानौ हये हाथी उमराउ करि साथ अवरंग डरि सिवाजी कौं भेजत रसाल हैं।'-भू. ग्रं., 94/146, 113/149, 163/159, 251/176, 437/213, 483/224, 102/147, 74/142।

**अवरंगजू**—दे. औरंगजेब। भू.ग्रं., 247/175,

485/224।

**अवरंगसाह**--दे. औरंगजेब। भू.ग्रं., 240/174, 58/138।

**अवरंगसाही**--औरंगजेब (दे.) का शासन।-भू. ग्रं., 242/174।

**अवरंग**--दे. औरंगजेब।-भू.ग्रं., 304/185, 366/198।

**अवरकाव्य**--वचन और अर्थ में जहाँ तनिक भी व्यंग्य न हो उस काव्य को सरल समझना चाहिए। उसे अवर काव्य कहते हैं; किंतु कविगण ऐसे अवर काव्य में भी वचन और अर्थ का वैचित्र्य उत्पन्न कर उसे मनोरंजक काव्य बना देते हैं। ल. वचनारथ रचना जहाँ, व्यंगि न नेकु लखाइ। सरल जानि तेहि काव्य कों, अवर कहैं कबिराइ।। अवरकाव्यहू में करै कबि सुधराई मित्र। मनरोचक करि देत हैं वचन अर्थ कों चित्र।।-इस प्रकार अवर काव्य भी दो प्रकार का होता है-वाच्यचित्र और अर्थचित्र।-भि.ग्रं. 1, का.नि., 25-26/66।

**अवहित्थ**--दे. अवहित्था।-र.प्रि., 6/14।

**अवहित्था**--दे. अवहित्थ, अवहिथ्थ। तैंतीस संचारियों में से एक जिसमें लज्जा, भय आदि भावों को छिपाने का प्रयत्न होता है। ल. (1)-अवहित्था आकृतिहि छिपैबो। औरै औरयहि भाँति लखैबो।।-भि. ग्र., र.सा., 495/72; ल. (2)-हर्ष शोक नहिं जानियतु लज्जा के सरसात। अवहित्था तासौं कहत जिते बुद्धि सरसात।।-सो.ग्रं. 1, र.पी.नि., 30/54।

**अवहिथ्थ**--दे. अवहित्था। ल.-जो कहँ करि कछु चातुरी दसा दुरावै आय। ताही सों अवहिथ्थ यह भाव कहत तजि ताय।।-प.ग्रं., जग., 530/192।

**अवाचक (दोष)**--दे. दोष, शब्दकोष। ल.-उहै अवाचक, रीति तजि लेइ नाम ठहराइ। कह्यो न काहू जानि यह, नहिं मानैं कबिराइ।। उ.-'प्रगट भयो लखि विषभहय, बिष्णुधाम सानंदि। सहसपान निद्रा तज्यो, खुलो पीतमुख बंदि।। ति.-सूरज को सप्तहय कहत हैं, कमल को सहसुपत्र कहत हैं, बिषमहय औ सहसपान कह्यो आधे आधे सब्द दुष्ट हैं। पीत मुख भौरँ को, बिष्नुधाम आकास को जद्यपि संभवतु है पै काहू नाहीं कह्यो। नींद तजिबो फूलिबे कों, सांनदिबो आनंदित ह्वैबे कों ये सब अबाचक हैं।।-भि.ग्रं. 2, का.नि., 15, 15अ/221।

**अविधा छंद**--मात्रामुक्तक छंद है। ल.-सगना रग्गना जगंनु लगै। रग्गन रगान लमकारो दै। अविधा छंद पाय नाग कहंत। सो रहो सत्रहो अठारह मंत।। उ.-'कान्ह की त्यामें कहा अनोखी है। पबि से मो हियैं जु लागि उठै।अविधाज्यों बियोग-आगि उठै।।'-भि.ग्रं. 1, छंदा., 27, 28/218-219।

**अविमृष्टविधेय (दोष)**--दे. दोष, शब्ददोष। ल.-है अबिमृष्टविधेय पद छाडै प्रगट बिधान। उ.-'क्यों मुखहरि लखि चखमृगी, रहिहै मन में मान।।' ति.-हरिमुख मृगचखी बिधेय है।-भि.ग्रं. 2, का.नि., 25, 25अ/224।

**अविरुद्ध क्रिय**--अविरुद्ध क्रिय श्लेष अलंकार। जहाँ क्रियाएँ भिन्न हों, पर उनका फल एक हो और श्लेष भी हो, उसे अविरुद्ध श्लेष कहते हैं।-क.प्रि., 11/39।

**अविवक्षितवाच्य (ध्वनि)**--अविवक्षित का अर्थ है अवांछनीय। इस ध्वनि में वाच्यार्थ अनुपयोगी होने के कारण अवांछनीय होता है। ल.-बकता की इच्छा नहीं, बचनहि को जु सुभाव। व्यंगि कढ़ै तिहि बाच्य को अबिबांक्षित ठहराउ। अर्थान्तरसंक्रमित इक, है अबिबाक्षित बाच्य। पुनि अत्यन्ततिरस्कृतो, दूजो भेद पराच्य।। (अविवक्षित वाच्य ध्वनि के दो भेद हैं-अर्थान्तर संक्रमित (दे.), और अत्यन्ततिरस्कृत (दे.)।-भि.ग्रं. 2, का. नि., 4-5/45।

**अशोकपुष्पमंजरी छंद**--इसके प्रत्येक चरण में पंद्रहं नंद (ऽ।) के वाद अन्त में गुरु (ऽ) होना चाहिए। ल.-यामें पंद्रह नंद हैं, अन्त गुरु सों काम। ता दंडकहि असोक जुत पुष्पमंजरी नाम।। उ.-'भानु सो हिमांसु सो कृसानु भो सरोजपुंज सोक भूरि कों भरै असोक पुष्पमंजरी।।-भि.ग्रं. 1, छंदा., 6-7/272-273।

**अश्रु**–अनुभावों के अन्तर्गत सात्विक भावों के आठ प्रकार हैं, जिनमें अश्रु सातवाँ है। आनन्द, अमर्ष, धूम, भय शोक अथवा अनिमेष देखने से निकलने वाले आँसुओं को ही अश्रु सात्विक कहते हैं। ल.-हरष रोष अरु सोक भय धूमादिक तें होत। प्रगट नीर अँखियान में अश्रु कहत कबि गोत।।-प.ग्रं., जग., 416/170।

**अश्लील (दोष)**–दे. दोष, शब्ददोष। भिखारीदास ने इसका शब्ददोष के अन्तर्गत वर्णन किया है। ल.-पदस्लील पैये जहाँ, घृना असुभ लज्जान। उ.-'जीमूतनि दिन पित्रिगृह, तिय पग यह गुदरान।।' ति.-जीमूत बादर कों कह्यो मूत सब्द सों घृना है, पित्रिगृह पितरलोक हूँ कों कहिये तातें अश्लील असुभ है, गुद औ रान मार्ग जंघाहू कों कहिये तातें लज्जा है-तीन्यौ अस्लील आए।-भि. ग्रं. 2, का.नि., 16, 16अ/222।

**अश्लीलार्थ**–दे. दोष अर्थ दोष। ल.-कहिए अश्लीलार्थ जहँ, भोड़ों भेद लखाइ। उ.-'उन्नतु है परिछिद्र कों, क्यों न जाइ मुरझाइ।।' ति. व्यंग्यार्थ में मुख्य ग जान्यो जातु है।-भि.ग्रं. 2, का.नि., 86, 86अ/238।

**अश्वगति**–लेखनी चित्रालंकार (दे.) का एक भेद।

**अष्टकुली अहि**–साँपों के आठ कुल-तक्षक, महापद्म, शक, कुलिक, कवंल, अवतार, धृतराष्ट्र, वलाहक। उ.-'जोगअंग दिगपाल, वसु, सिद्धि, कुलाचल चारू। अष्टकुली अहि, व्याकरन, दिग्गज तरुनि बिचारू।।'-क.प्रि., 11/18।

**अष्टजाम**–रच. खुभान 'मान' (दे.), (इति. शुक्ल)।

**अष्टदेशभाषा**–रच.-रसिक गोविन्द (दे.), विव.-राधाकृष्ण की शृंगारलीला का वर्णन, (इति. शुक्ल)।

**अष्टनायका**–रच. केशोदास (दे.), (बृ. इति. 7)।

**अष्टनायिका**–1. भिखारीदास ने अवस्था भेद से आठ प्रकार की नायिकाएँ बतायी हैं–'आठ अवस्थाभेद तें दस बिधि बरनी नारि। लक्षन सबके देखिकै क्रमतें लक्षि निहारि।। पीउ बस्य स्वाधीन, मिलै कहुँ रमि खंडित पति। विप्रलब्ध संकेत सून देखति दुख प्रगटति। पिय-आगम-सुख- सोच बाससेज्या उत्कातय। कलही झुकि पछिताइ मिलनु साधै अभिसारिय। दै अवधि गयो परदेस पिय प्रोषित पतिका सहति दुख। दुख चलत प्रवत्सत्प्रेयसी आगतपति आगमन-सुख।।-भि.ग्रं. 1, र.सा., 117-118/18-19; 2. केशवदास के अनुसार-ये सब जितनी नायिका, बरनी मति अनुसार। केशवदास बखानियै ते सब आठ प्रकार।। स्वाधीन पतिका, उत्कहीं, बासकसज्जा नाम। अभिसंधिता बखानियै और खंडिता बाम।। केसव प्रोषितप्रेयसी लब्धाबिप्र सु आनि। अष्ट नाइका ये सकल अभिसारिका सुजानि।।-के.ग्रं., र.प्रि., 1,2,3/39।

**अष्टयाम**–रच.-बृदावनचंद (दे.), (बृ. इति.)।

**अष्टयाम**–रच-देव (दे.), (इति. शुक्ल)।

**अष्टयाम**–रच. महाराज विश्वनाथ सिंह (दे.), (इति. शुक्ल)।

**अष्टयाम-प्रबंध-पद**–रच. रसिकअली (दे.), (बृ. इति. 7)।

**अष्टयाम सेवाविधि**–रच. रामचरणदास (दे.), (बृ. इति. 7)।

**अष्ट वसु**–इसके अन्तर्गत आठ नाम हैं, यथा-धर, ध्रुव, सोम, विष्णु, अनिल, अनल, प्रत्युष, प्रभास-ये आठ प्रसिद्ध वसु हैं। ऋग्वेद संहिता में वसुओं का उल्लेख पाया जाता है। पुराणादि शास्त्र ग्रंथों में उनकी संख्या आठ बताई गई है। इन देवताओं के प्रभाव तथा कार्यकारिता के सम्बन्ध में महाभारत के भीष्मोपाख्यान में यथेष्ट वर्णन किया गया है, किन्तु वैदिक विवरण का अनुसरण करने से मालूम होता है कि ये एक एक प्रकृतितत्व के निवासभूत देवता थे। हम लोग ऋक्-संहिता के किसी किसी स्थान में वसुओं को आप, ध्रुव, सोम, धर, अनल, अनिल, प्रभास तथा प्रत्यूष, प्रभृति प्रकृतिपुंज के नियामक रूप में देखते हैं। रामायण में इन वसुओं का वर्णन अदितिपुत्र कहकर किया गया है। महाभारत, श्रीमद्भागवत, वेदादि ग्रंथों में

प्राप्त नामों का तुलनात्मक अध्ययन करने से यह स्पष्ट होता है कि सभी नामावली में एकमत नहीं है। श्रीमद्भागवत में लिखा गया है-दक्ष प्रजापति ने षष्ठ मन्वंतर में द्वितीय जन्म में छह कन्याएँ उत्पन्न कीं। ये सब कन्याएँ प्रजापति को प्रदत्त हुई थीं। उनमें धर्म को दस कन्याएँ दान की गईं। उन दस कन्याओं के नाम हैं-भानु, लावा, ककुत, यामि, विश्वा, साध्या, मरूत्वती, बहु, मुहुता तथा संकत्या। इनके मध्य सब्तुनामी कन्या के गर्भ से आठ पुत्र उत्पन्न हुए ये आठो पुत्र ही अष्टवसु हैं। इनके नाम हैं– द्रोण, प्राण, ध्रुव, अर्क, धार, वास्तु तथा विभावसु। महाभारत के दानपर्व में अष्टवसुओं के नाम इस प्रकार निर्दिष्ट हैं – धर, ध्रुव, सोक, सापित्र, अनिल, अनल, प्रत्यूष तथा प्रभास। अग्निपुराण में अष्टवसुओं की नाम निरुक्ति तथा वंशविवृति इस प्रकार देखी जाती है--जाप, ध्रव, सोम, धर, अनिल, प्रत्यूष तथा प्रभास। (दे.हि. वि., पौ.को., हि.शं.सा. में 'वसु' शब्द), उ.-'करि आदित्य अदृष्ट नष्ट जम करौं अष्ट वसु।'-क. प्रि., 11/56।

**अष्टविध नायिका**–दे. अष्टनायका। ल.- इत स्वाधीन प्रिया बहुरि, वासकसज्जा जानि। बहुरि विरह उत्कंठिता विप्रलब्ध पुनि मानि।। बहुरिषंडिता, वरनि, ऐ ताके भेद बनाइ। पुनि बक्रोकति गर्विता, कलहंतरित, गनाइ।। पुनि कहि प्रोषित भत्तृका, अभिसारिका बषानि। साधारण नवभेद ये, बुधजन मन मैं आनि।।-शृं.मं., चिंता., 147,148,149/43।

**अष्टांग**–आठ अंगों का योग, अष्टांग योग, महर्षि पतंजलि द्वारा प्रचारित योग। आठ अंग हैं– यम, नियम, आसन, प्रणायाम, प्रत्याहार, धारणा, ध्यान और समाधि। उ.-'याहि जानि अष्टंग तूँ यहै कहावै जोग। याकै साधैं होत नहिं फिरि प्रपंच कौ भोग।।'-जस.ग्रं., सि.सा., 69/177; वही, छू. दो., 1/189; वही, आ.वि., 62/120।

**अष्टांगयोग**–रच.-अक्षर अनन्य(दे.), विव. -योग विषयक ग्रंथ (बृ.इति. 7)।

**असंगति**–एक विरोधमूलक अर्थालंकार। ल. (1)- सु असंगति कारन कहूँ कारज और ठाहि।-प. ग्रं., पद्मा, 145/50। ल.(2)- होत हेतु जहँ और थल काज और थल होय। तहाँ असंगति कहत हैं कबि रस बुद्धि समोय।।- मति.ल.ल., 214/335;ल. (3)- जहँ कारन हैं और थल, कारज औरे ठाम। अनत करन कों चाहिये, करै अनत ही काम।। और काज करने लगै करे जु औरै काज। त्रिबिध असंगति कहत है सबुबिन के सिरताज।।- भिखारिदास ने तीन प्रकार की असंगति का उल्लेख किया है–1. कारण और कार्य दोनों के भिन्न स्थल, उ.-'दास दुजेस घरान में, पानिय बढ़यो अपार। जहाँ तहाँ बूड़े अमित, बैरिंह के परिवार।।' 2. एक स्थल की क्रिया अन्य स्थल पर हो, उ.-'मैं देख्यो बन न्हात, रामचंद्र तो बरि-तियन। कटितट पहिरे पात, दृग कंकन कर में तिलक।।' 3. आरंभ एक कार्य का और क्रिया दूसरे की, उ.-'प्रकट भए घनस्याम तुम, जग प्रतिपालन हेतु। नाहक बिथा बढ़ाइ क्यों अबलनि को ज्यौ लेतु।।'-भि.ग्रं. 2, का.नि., 36-43/129-131। ल.(4)- तीनि असंगति काज अरु कारन न्यारे ठाम। और ठौर ही कीजिये और ठौर को काम।। और काज आरंभिये औरै करिये दौर। उ.(1)-'कोयल मदमाती भई झूमत अंबा बौर।' उ.(2)-'तेरे अरि की अंगना तिलक लगायो पानि।' उ.(3)-मोह मिटायो नाहिं प्रभु मोह लगायो आनि।।-जस.ग्रं., भा.भू., 116-118/39। ल. (5)-(1) हेत अनत ही होत जहिं काज अनत ही होइ। ताहि असंगति कहत है भूषन कवि सब कोइ।। (2) और ठौर करनीय सो करै और ही ठौर। ताहि असंगति औरऊ कहत सुकबि सिरमौर।।(3) करन लगै और कछू करै औरई काज। यहौ असंगति होति है कहा महा कविराज।।- भू.ग्रं., शि.भू., 181-185/163।

**असम्बन्धातिशयोक्ति**–अतिशयोक्ति का एक भेद। ल.-जोग्यहि करत अजोग्य जहँ बरनन में कबिराज। असम्बन्ध सो जानिये अतिसय उक्ति समाज।। उ.-'श्री परताप कुवार इमि जालिम तुव तरवारि।। जापै दुवनि बिदारिबौ तड़िता पढ़ति बिचारि।।'-सो.ग्रं. 1, र.पि.नि., 73, 74/192।

**असंबाधा छंद**–बाईस मात्राओं का छंद है।

मात्रा क्रम है-(SSS SS1 111 11S SS)। ल. -मो कर्नो दुजबर प्रिय म असंबाधा। उ.-'पापी पीड़ावंत जपत जन सू राधा। जाके ध्याए होत अकलुष असंबाधा।।'-भि.ग्रं., छंदा., 187-190/103-104।

**असंभव**—एक विरोधमूलक अर्थालंकार। ल. (1)-सु असंभव जु असंभवति कारज भयो दिखाइ।-प.ग्रं., पद्मा., 144/50; ल. (2)-जहाँ अर्थ की सिद्धि को संभव बचन न होय। तहाँ असंभव होत हैं बरनत हैं सब कोय।।-मति., ल.ल., 212/335; ल.(3)-बिनु जाने ऐसो भयो, असंभवै पहिचान।। उ.-'छबिमै ह्वै है कूबरी, पबि ह्वै है ये अंग। ऊधौ हम जान्यो न यह, तुम ह्वै हौ हरिसंग।।'-भि.ग्रं. 2, का.नि., 26-27/145; ल. (4)-बिन संभावना तें जहाँ कारज होइ अनूप। ताहि असंभव बरनिए रीझें रसिक सुरूप।। उ.-'नीद भूख रूचि तरि गई, बिहुरत ही बलबीर कौ जानतु हौ दुखद यह ह्वै है त्रिबिध समीर।।- सो.ग्रं.1, र.पी. नि., 158, 159/203; ल.(5)- कहैं असंभव होत जव विन संभावन काज। उ.-'गिरिबर धरिहै गोपसुत को जानै यह आज।।'-जस.ग्रं., भा.भू., 115/38।

**असंभावितोपमा**—दे. उपमा। उपमालंकार का एक भेद। किसी बात को असंभव प्रमाणित करने के लिए असंभावित उपमान देना। ल.- जैसे भाव न संभवत तैसे करत प्रकास। होत असंभावित तहाँ, उपमा 'केसवदास'।। उ.-'जैसे अति सीतल सुबान मलयज माहिं, अमल अनल बुद्धिबल पहिचानियै। जैसे कौनो कालबस कोमलकमल कोस, 'केसोदास' केसोराइ कंटक से जानियै। जैसे बिधु सधर मधुर मधुमय सोहै, मोहरुख बिष बिषमुषहि बषानियै। सुंदरि सुलोचनि सुबचनि सुदंति तैसे, तेरे मुख आखर परुषरुख मानियै।।'-क.प्रि., 14/40-41।

**असंयोगमिलित**— दे. तुक, मध्यम तुक।

**असंलक्षिक्रम व्यंग्य**— दे. विवक्षितवाच्य ध्वनि। विवक्षितवाच्य ध्वनि का प्रथम भेद। ल.- असंलक्षिक्रम व्यंगि जहँ, रसपूरनता चारू। लखिन परै क्रम जेहि द्रवै सज्जन चित्त उदारू।। रस-भा-वनि के भेद की गनना गनी न जाइ। एक नाम सबको कह्यो, रसब्यंगी ठहराइ।-भि.ग्रं. 2, का.नि., 11-13/46-47।

**असदखाँ**—मुगल बादशाह औरंगजेब का एक प्रतिष्ठित वजीर जिसने मराठों पर आक्रमण में योग दिया था। बहादुरशाह के आदेश पर ग्वालियर से सपरिवार दिल्ली आया और सम्मानित हुआ। बहादुरशाह ने ही राजपूतों द्वारा उत्पन्न अव्यवस्था पर नियंत्रण के लिए इसे नियुक्त किया था। राजपूतों से संधिवार्ता के लिए भी यह भेजा गया था। इसे जहाँदार शाह ने भी सम्मानित किया था। तब तक यह पर्याप्त वृद्ध हो गया था। इसके पुत्र जुल्फिकार खाँ को भी मुगल शासन में पर्याप्त सम्मान प्राप्त था। उ.-'जाहर करी न असद खाँ राखी बात दुराय। आजम खाँ दुय मजल तैं लीनों फेर बुलाय।।'-वृं.ग्रं., स.स्व.रू., 31, 32, 37/265।

**असमर्थ**—दे. दोष, शब्ददोष। ल.-सब्द धर्यो जा अर्थ को, तापर तासु न सक्ति। चित दौरै पर अर्थ कों सो असमर्थ अभक्ति।। उ.-'कान्ह-कृपा फल-भोग कों, करि जान्यो सतिभाम। असुरसाखि सुरपुर कियो, ससुरसाखि निज धाम।। 'ति.- सुरसाखि कल्पतरू को कह्यो अकार औ" सकार तें यह अर्थ धर्यो है जो बिन कल्पतरू वो समेत कल्पतरू।।'-भि.ग्रं. 2, का.नि., 8, 8अ/220।

**असमसर**—कामदेव। कालिका पुराण में लिखा है कि ब्रह्मा ने दक्ष प्रभृति मानसपुत्रों की सृष्टि की थी। इसी समय संध्या नामक एक रूपवती कन्या भी उत्पन्न हुई। उस मनोरम कन्या को देखकर ब्रह्मा के हृदय में चिंता उठी। यह जगत् का कौन कार्य करेगी ? इसी से परम रमणीय मूर्ति कामदेव का जन्म हुआ। ब्रह्मा ने उन्हें जगत् के नर-नारी समूह को मुग्ध करने के लिए आदेश देकर पुष्प धनुष और पुष्प हार प्रदान किया। (हि.वि., सं.श्री नगेन्द्र नाथ वसु), क.प्रि., 5/10, 7/38।

**असलेम**—इतिहास प्रसिद्ध शेरशाह सूरी जिसने हमायूँ को हराकर राज्य से निकाल दिया था। वी.च., 2/34. जहाँ., 38।

**असाध्या परकीया**—दे. परकिया। ल.(1)-'जार

मिलन सों बवि रहै ताहि कहत कबि लोइ। कोऊ असाध्या परकिया अधम सुकीया कोइ।।'-भि.ग्रं., 1; र.सा., 61/11; ल.(2)-'गुरजनभीता दूतिका बर्णित धर्मसभीत। अतिकांत्या खलबेष्टिता गनौ असाध्या मीत।।'-वही, 62/12; (3)-भिखारिदास ने असाध्या परकीया के अनूढ़ा और ऊढ़ा दो भेद किये हैं।-वही, 93-97अ/109-111।

**असि**–(1)तलवार।-र.प्रि., 14/25; क.प्रि., 5/20. (2)एक नदी जो काशी के दक्षिण में गंगा से मिलती है।-क.प्रि., 15/77।

**असिद्धविषया फलोत्प्रेक्षा**–दे. उत्प्रेक्षा। उत्प्रेक्षा के तीसरे भेद का दूसरा प्रकार। उ.-'खंजरीट नहिं लखि परत कछु दिन साची बात। बालदृगनि सम होन कों, मनों करन तप जात।।' ति.-खंजन को तप कों जैबौ असिद्ध विषय है।।-भि.ग्रं. 2, का.नि., 16/89।

**असिद्धविषया हेतूत्प्रेक्षा**–दे. उत्प्रेक्षा, हेतूत्प्रेक्षा। उत्प्रेक्षा के हेतूत्प्रेक्षा का दूसरा प्रकार। उ.-'पूस दिनन में ह्वै रहै, अगिनि-कोन में भानु। मैं जानौं जाडवै बली, सोऊ डरै निदानु।।' ति.-सूरज को डरिबो असिद्ध हेतु है।।-भि.ग्रं., 2, का.नि., 12, 12अ/88।

**असुंदर**–गुणीभूत व्यंग (दे.) का असुंदर आठवाँ भेद है। ल.-व्यंगि कढ़ै बहुतक न पै बाच्य अर्थ तें चारू। ताहि असुंदर कहत कबि, करिकै हिये बिचारू।।-भि.ग्रं. 2, का.नि., 22/66।

**असुर**–प्राणवान् अथवा शक्तिमान्। असुर शब्द के अर्थ में बहुत विकास हुआ। जैसे - वरुण, इंद्र आदि देवताओं का विशेषण, भौतिक शक्ति में श्रेष्ठ, देवताओं का विरोधी या सुरों का विरोधी दैत्य, दनुज, दानव आदि। ये देवों के वड़े भ्राता हैं, प्रजापति के पुत्र हैं। ये मानव से श्रेष्ठ हैं और विद्याधरों की कोटि में आते हैं। ये यज्ञादि का विरोध करते हैं। इनके तीन इंद्र थे- हिरण्यकशिपु, वलि, प्रहलाद। (हिं.धू.को., पौ.को.)। उ.-'लखि जच्छ किंनर सुर असुर गंधरब हौंसनि साजहीं।'-भू.ग्रं., शि.भू., 16/131।

**असूया**–तैंतीस व्यभिचारियों में एक। ल.-'सहि न सकै सुख और को यहै असूया जान। क्रोध गर्ब दुख दुष्टता ये सुभाव अनुभान।।'-जग., 485/182; भि.ग्रं. 1, श्रृं.नि., 238/141।

**असूयाहेतुक वियोग**–हेतु के आधार पर किए गए पाँच प्रकार के वियोगों में से एक। ल.-एक होत संजोग अरु, पाँच बियोगहि थापु। सो अभिलाष प्रबास अरु, बिरह असूया सापु।।-भि. ग्रं. 1, श्रृं.नि., 21, 28/29, 31।

**अस्ते**–अस्तेय। चोरी न करना।उ.-सत्य साँच कौ बोलनौ अस्ते की यह रीति। दीनै बिनु लीजै नहीं राखौ यहै प्रतीति।।"-जस. ग्रं., आ.बि., 66/121।

**अस्तेय**–दे. अस्ते। चोरी न करना। -जस. ग्रं., सि.सा., 75/178।

**अस्त्र**–फेंककर चलाया जाने वाला हथियार। वी.च., 31/11।

**अस्थानस्थपद**–दे. दोष- वाक्य दोष। ल.-सो है अस्थानस्थपद, जँह चहियत तहँ नाहिं। उ.-'हैं वै कुटिल गड़ी अजौं, अलकै मौ मन माहि।' ति.- कुटिल पद अलक के ढिग चाहिये- अजौ कुटिल अलकैं गड़ी हैं वै मो मन माहिं।। -भि.ग्रं. 2, का.नि., 47-47अ/229।

**अस्फुट**–गुणीभूत व्यंग्य (दे.) में अस्फुट चौथा भेद है। ल.-जाकी ब्यंगि कहे बिना, बेगि न आवै चित्त। जौ आवै तौ सरल ही, अस्फुट सोई मित्त।।-भि.ग्रं. 2, का.नि., 13/64।

**अस्मृति**–स्मृति। धर्मशास्त्र अथवा स्मृति ग्रंथ। स्मृति के द्वारा सुरक्षित ग्रंथ जिससे धर्मशास्त्र का बोध होता है। विस्तृत अर्थ में वेदांग, सूत्र, रामायण, महाभारत, पुराण, धर्मशास्त्र आदि सभी इसमें अन्तर्भूत हो जाते हैं। सीमित अर्थ में मनु आदि द्वारा प्रणीत आचार ग्रंथ आते हैं। इनकी सुचियों में विभिन्नता है। इनमें आचार, व्यवहार और प्रायश्चित का विवेचन मिलता है। उ.-'राखी हिंदुवानी हिंदुवान को तिलक राख्यो अस्मृति पुरान राखे बेद बिधि सुनी मैं।-भू.ग्रं., प्रकीर्ण., 421/209।

**अस्वमेध**–अश्वमेध यज्ञविशेष। प्राचीन काल का प्रधान यज्ञविशेष। इस यज्ञ में घोड़े की बलि चढ़ती

थी। अश्वमेध में घोड़े का वर्ण मेष जैसा कृष्ण, मुख सुवर्ण तुल्य, उभय पार्श्व चंद्राकार चिहन से अंकित, पुच्छ प्रभायुक्त, उदर कुंद के समान श्वेतवर्ण, पैर हरा, वर्ण सिंदूर जैसा रक्तवर्ण, प्रज्वलित अग्नि के सदृश चक्षु, सूर्य जैसी तेजस्वी एवं सर्वांग सुगंधयुक्त और वेगवान् होता था। प्राचीन समय में राजा ही अश्वमेध करते थे। पहले 99 यज्ञ करके शेष में अश्व छोड़ना पड़ता था। घोड़े के कपाल में जल पात्र बाँधते थे और उसके साथ सेना-सामंत भेजते थे। कहते हैं, अश्वमेध का घोड़ा अपनी इच्छा से पृथ्वी घूमता आता था। किसी पराक्रमी राजा के घोड़ा बाँध रखने पर रक्षक उससे लड़ते थे। महाराज दशरथ ने अश्वमेध किया था। उनके पुत्र राम ने भी यह यज्ञ किया था।-रा.. 35/1-2।

**अस्वमेध जज्ञ**—दे. अस्वमेध। अश्वमेध यज्ञ। उ.-'साजै द्वै धनषु नीके सीताजू के बालकन कीन्हें जुध भारी अस्वमेध जज्ञ ठाने में।।'-बो.ग्रं., 26/100।

**अस्विनीकुमार**—अश्विनीकुमार। सूर्य की पत्नी प्रभा (अथवा त्वष्टा की कन्या संज्ञा) के घोड़ी का रूप ग्रहण कर लेने पर उससे उत्पन्न दो पुत्र जो देवताओं के वैद्य माने जाते हैं। (पौ.को.)।-क. प्रि., 11/6।

**अहमदनगर**—दक्षिण का एक प्रसिद्ध ऐतिहासिक नगर।-भू.ग्रं.,शि.भू., 284/181।

**अहमदानगर**—एक प्रसिद्ध ऐतिहासिक नगर। उ.-'हुते अहमदानगर में आजम साह हजूर। तखत रखत पतिसाह को लियो खजाना पूर।।'-वृं.ग्रं., 35/265।

**अहल्या**—मुद्गल की पुत्री, गौतम ऋषि की पत्नी और शतानन्द की माता का नाम। इनके भाई का नाम दिवोदास था। ब्रह्मपुराण के अनुसार ब्रह्मा ने सृष्टि कर गौतम ऋषि को उसका पालन पोषण करने के लिए कहा। युवती होने पर इंद्र, अग्नि, वरुण आदि देवताओं ने उसे प्राप्त करना चाहा। ब्रह्मा ने संपूर्ण पृथ्वी की परिक्रमा कर सर्वप्रथम आने वाले की शर्त रखी। गौतम कामधेनु और शिव की परिक्रमा कर सबसे पहले आये। अहल्या उन्हें दे दी गयी। इंद्र ने गौतम की अनुपस्थिति में उनका रूप धारण कर अहल्या के साथ ममन किया। गौतम ने प्रवेश कर इंद्र को सहस्र योनि चिह्नों से युक्त होने का तथा अहल्या को सूखी नदी होने का श्राप दिया। अन्य मतों से अहल्या को शिला होने का शाप मिला था। राम ने शिला रूप में तपस्या करती हुई अहल्या का उद्धार किया था। (पौ.को.)। उ.-'बात अहल्या की सुनी यातैं छुए न पाय। कंकन के मनि गन परसि जिन योषित ह्वै जाय।।'-वृं. ग्रं., भा.पं., 38/22।

**अहल्या पूर्वप्रसंग**—रच.-नरसिंहदास (दे.)। (बृ.इति. 7)।

**अहिंसा**—अष्टांग योग के यम का एक अंग। उ.-'बुरौ न चाहै और कौ ताहि अहिंसा मानि।'-जस.ग्रं., 65/121, 74/177।

**अहिवर**—दे. दोहा छंद।

**अहिवर**—दोहा छंद का एक भेद। दे.- दोहा छंद। इसमें 43 अक्षर होते हैं, जिनमें 5 गुरु और 38 लघु होते हैं।- सो.ग्रं. 1, र.पी.नि.पृ. 24।

**अहीर छंद**—ग्यारह मात्राओं का छंद है, किंतु चरणों में मात्रा क्रम विषम है। उ.-'कौतुक सुनहु न बीर। न्हान धसी तिय नीर। चीर धर्‍यौ लखि तीर। लै भजि गयो अहीर।।' -भि.ग्रं. 1, छंदा., 76/189।

# आ

**आंजन**—सुरमा, काजल। उ.-'प्रीतम पग रज कौ तिन्हें आंजन देउ लगाइ।'-रतन, 821/151।

**आंदोल-रहस्य-दीपिका**—रच.-रसिकअली (दे.)। (बृ.इति. 7)।

**आँकुस**—दे.-अकुंश, अकुंश खाँ नामका बीजापुर राज्य का एक योद्धा। उ.-'तावरीग ह्वै करि निकाम निज धाम कहिं याकुत महाउतलै आँकुस को सटक्यौ।।'-भू.ग्रं., शि.भू., 59/138।

**आँचरू**—आँचल। उ.-'तै सिर हाथ दियो उनिके उनि गाँठ कहा हँसि आँचरू दीनी।।'-र.

प्रि., 14/11।

आउझ–ताशा। उ.–'पतह पखाउज आउझ सोहैं। मिलि सहनाइन सों मन मोहै।–रा., 8/7।

**आकास नदी**–आकाश गंगा। उ.–'सूरजमंडल में इक रोवत। एक अकासनदी मुख धोवत।।'–रा., 19/40।

**आक्रामित नायिका**–प्रौढ़ा नायिका का एक भेद। ल.–सो आक्रामित नायिका प्रौढ़ा कहि दै चित्त। मनसा बाचा कर्मना जिनि बस कीनो मित्त।।–के. ग्रं., र.प्रि., 55/16।

**आक्षेप**–एक अर्थालंकार जिसमें विवक्षित वस्तु की कुछ विशेषता प्रतिपादित करने के लिए निषेध सा किया जाता है। ल. (1)–कारज के आरंभ ही, जहँ कीजत प्रतिषेध। आक्षेपन तासों कहत, बहु विधि बरनि सुमेध।। क.प्रि., 10/1। केशवदास पे इसके नौ प्रकार बताये हैं–1. प्रेमाक्षेप, 2. अधैर्याक्षेप, 3. धैर्याक्षेप, 4. संशयाक्षेप, 5. मरणाक्षेप, 6. आशिषाक्षेप, 7. धर्माक्षेप, 8. उपायाक्षेप, 9. शिक्षाक्षेप। प्रेम, अधीरज, धीरजसिंह, संसय मरन प्रकास। आसिष, धरम, उपाय कहि सिक्षा केसवदास।।–क.प्रि., 10/6–23। ल.(2)–जहाँ कही निज बात कौं समुझि करत प्रतिषेध। तहाँ कहत आछेप हैं कविजन मति उत्सेध।।–मति., ल. ल., 187/331। ल.(3)–कहै कहन की बिधि मुकरि, कै आक्षेप सुबेस।। उ.–'बिरह बरी को मैं नहीं, कहती लाल सदँस।।' –भि.ग्रं. 2, का.नि., 23/21।। ल.(4)–जहाँ बरजिबो कहि इहै, अवसि करौ यह काजु। मुकरि परत जेहि बात कों, मुख्य वही जहँ राजु।। दूषि आपने कथन कों फेरि कहै कछु और। आक्षेपालंकार कै जानौ तीन्यौ डौर।।–भिखारिदास के अनुसार इसके तीन प्रकार हैं–1. आदेश के बहाने वर्जन, उ.–'जैये बिदेस महेस करौ उत बात तिहारी सबै बनि आवै। प्रीतम को बरजै कछु काम में बाम अयानिनि को पद पावै। ऐती बिनै करौं दासिनि सों कहि जाइबी नेकु विलंब न लावै। कान्ह पयान करौ तुम ता दिन मोहिं लै देवनदी नहावावै।।' 2. निषेधाभास, उ.–'आजु तें नेह को नातो गयो तुम तेह गह्यौ हौंहू नेम गहौंगी। दासजू भूलि न चाहिये मोहि तुम्हैं अब क्योंहूँ न हौं हूँ चहौंगी। वा दिन मेरी प्रजंक में सोए हौं हौं यह दाउ लहौं पै लहौंगी। मानौ बुरौ कि भलो मन मोहन सेज तिहारि मैं स्वैही रहौगी।।' 3. अपने कथन का दूषन-भूषण वर्णन, उ.–'तुअ मुख बिमल प्रसन्न अति रह्यो कमल सो फूलि। नहिं नहिं पूरनचंद सो, कमल कह्यो मैं भूलि।।'–भि.ग्रं. 2, का.नि., 35–40/121–122। ल.(5)–तीनि भाँति आक्षेप हैं एक निषेधाभास। पहिलें कहिये आप कछु बहुरि फेरियै तास।। दुरै निषेध जु विधि बचन लक्षन तीनौ लेखि। तीनों प्रकारों के उदाहरण(1)–हौं नहिं दूती अगिनि ते तिय तन ताप बिसेखि।(2)–सीतकिरन दै दरस तूँ अथवा तिय मुख आहि।।(3)–जाहु दई मो जनम दै चले देस तुम जाहि।।–जस.ग्रं., भा. भू., 104/106।

**आक्षेपन**–दे. आक्षेप।–क.प्रि., 10/1।

**आखुवाहन**–गणेश-जिनका वाहन चूहा है–'अभिलाष लाख लाहन समुझि राखु आखुवाहन हृदय।।'–भि.ग्रं. 1, र.सा., 3/3।

**आगच्छतपतिका**–पति के आगमन से सम्बन्धित नायिका का एक भेद जिसमें पत्रिका, सगुन अथवा संदेश से आगमन की सूचना मिलने पर वह हर्षित होती है। ल.–आगच्छत्पतिका जहाँ प्रीतम आवनहार। पत्री सगुन सँदेस तें उपजै हर्ष अपार।।'–भि.ग्रं. 1, र.सा., 142/22।

**आगतपतिका**–पति के आगमन से सम्बन्धित नायिका का एक भेद जिसमें पति के विदेश से आने पर वह अत्यन्त हर्षित होती है। ल.(1)–आवत बलम विदेश तें हरषित होइ जु वाम। आगतपतिका नाइका ताहि कहत रसधाम।।–प.ग्रं., जग., 259/136। ल.(2)–कहि प्रबच्छति प्रेयसी आगतपतिका बाम।।–मति., र.रा., 110/224–225। ल.(3)–जातिय को परदेस तें आयो प्यौ मतिराम। ताहि कहत कबि लोग हैं आगतपतिका बाम।।–मति., र.रा., 216/250।

**आगम**–(1)–शास्त्र। परम्परानुसार शिव प्रणीत तंत्रशास्त्र के तीन भागों में से एक जिसमें, वाराही तंत्र के अनुसार सृष्टि, प्रलय, देवताओं की

पूजा, सब कार्यों के साधन, पुरश्चरण, षटकर्मसाधन और चार प्रकार के ध्यान योग का वर्णन हो। आगम, जिन्हें तंत्रशास्त्र भी कहते हैं, शैव, शक्ति, वैष्णव, जैन, बौद्ध आदि कई प्रकार के सम्प्रदायानुसार मिलते हैं(हिं.ध.को.)। उ.(1)-'आगम संगम निगम मति ऐसे मंत्र विचार।।'-क.प्रि., 8/20। उ.(2)-'सुमृति पुरान बेद आगम कह्यो जो पथ आचरत सोई सुद्ध करम करैया है।।'-प.ग्रं., जग., 704/227। उ. (3)-'पढ़त सुनत मन दै निगम आगम समृति पुरान।'-मति., ल.ल., 7/300। उ.(4)-'इष्ट उपासन आगम मारग आहुत होम निरंतर ही।'-वृं.ग्रं., 27/19 जस. ग्रं., सि.बो., 1/168। बो.ग्रं., वि.वा., 21/134। (2)एक प्रकार का काव्यगत दोष जिसमें आगम विरोध का निषेध किया गया है। ल.-लोक न्याय आगमन के तजौ विरोध विचारि।।-क.प्रि., 3/17।

**आगमिष्यति पतिका**—प्रिय अथवा नायक के आगमन से सम्बन्धित नायिका का एक भेद जिसमें 'नायक आयेगा'-ऐसी सूचना मिलने पर वह हर्षित होती है। ल.-आवत पिय परदेस तें सुनि हिय हर्षे बाल। आगमिष्यतिपतिका सु वह बरनत सुकबि रसाल।।-सो.ग्रं. 1, र.पी.नि., 70/103।

**आगरैं**—मुगलों की राजधानी-आगरा। उ.-'आयो दक्षिन दिसि मन धरै। बैरम खाँ के सुत आगरैं।।-वी.च., 3/39, 5/4, 6/54, 9/21। जहाँ., 40। वृं.ग्रं., 51/267।

**आगरे**—दे. आगरैं। उ.(1)-'हुकुम पाइ जहाँगीर कौ नगर आगरे धाम। फूलन की माला करी मति सों कबि मतिराम।'-मति., फू.मं., 60/435। उ.(2)-'बीजापुर गोलकुंडा आगरे दिल्ली के कोट बाजे बाजे रोज दरवाजे उघरत हैं। -भू. ग्र. प्रकी., 433/212, 491/225, 515/231, 542/238, 425/210, 488/225।

**आगरै**—दे. आगरैं। उ.-'आवत उतर दछिन तें माजम आजम आगरै।'-वृं.ग्रं., स.स.रू., 68/269, 54/267।

**आगाह**—रच.-बुदरते इश्क। (बृ.इति. 7)।

**आचवन**—आचमन। पूजन आदि के पहले शुद्धि के लिए हथेली पर लेकर पीने का जल। उ.-'करि आचवन परम सुचि भये। वीरसिंध गंगा मँह गये।'-वी.च., 5/30।

**आचार**—शास्त्रोक्त व्यवहार, चालचलन। उ. (1)-'जिंहि पुर नगर देस ब्यौहार राखै तहँ ते ही आचार। -वी.च., 31/41। उ.(2)-'धर्मधीरता बिनयता, सत्य सील आचार।।' -रा., 23/22। उ. (3)-धीर धारिनी ज्ञान सम-दम-सुभाव आचार। बल-विक्रम सुभ आदि दै सकल धर्म-परिवार।।'-वि. गी., 9/12।

**आजम**—मुगल बादशाह औरंगजेब का शाहजादा आजम। उ.-'आजम कौं ऐसे कह्यो दिल्ली के सिरताज। देस दल्लि न तुमको दयो इहाँ करो तुम राज।।' वृं.ग्रं., 25/265, 32/265, 42/266, 47/266, 49/266, 55/267, 57/267, 59/267, 68/269, 69/269, 71/269, 76/270, 78/270, 89/271, 91/271, 96/272, 101/272, 105/273, 110/273, 140/276, 210/285, 211/286, 213/286, 215/286, 221/227, 234/229, 230/296, 243/300, 344/300, 346/301, 353/301, 355/302, 356/302।

**आजम खाँ**— जहाँगीर के दरबार का एक सरदार। उ.-'साहि बिलोकै आजमखान। बोलि उठ्यौ दिल्ली सुलितान।।'-वी.च., 6/7; जहाँ., 67।

**आजमसाह**—व्यक्ति विशेष का नाम। उ.-'हुते अहमदनगर मैं आजम साह हजूर।।'-वृं.ग्रं., स. स.रू., 35/265, 97/272, 107/273, 143/277, 214/286, 345/300।

**आठ सिद्धि**—अष्ट सिद्धि। योग द्वारा प्राप्त आठ सिद्धियाँ जिनके नाम हैं- अणिमा, महिमा, गरिमा, लधिमा, प्राप्ति, प्राकाम्य, ईशित्व, वशित्व। उ.-'तोहिं होइ अब छेम आठ सिद्धि नव निद्धि नित।।'-बो.ग्रं., 35/90, 40/95।

**आठो सिद्धि**—दे. आठ सिद्धि। उ.-'सहज सुभाइ मुसुकाइबो मनोहर है जगत प्रसिद्ध आठो सिद्धि को सरसिबो।।'-प.ग्रं., प्रकी., 5/304।

**आड़ि**—तिलक। टीका। उ.-'केसव छबीलो

छत्र सीसफूल सारथी सो, केसरि की आड़ि अधिरथिक रची बनाइ।।'-र.प्रि., 15/5।

**आतम**—आत्मा। उ. (1)-'निज आतम सम सब लखत नीच रू ऊँच महान।।'-वि.गी., 18/40। उ. (2)-'ठाकुर जासों लगो जगदातम आतम का बिसराय दयो है।'-ठाकुर, 215/56।

**आतमा**—(1) आत्मा। उ. (1)-'एक आत्मा सत्य है निहचै करिकै लेखि।'-जस.ग्रं., आ.वि., 81/122, जीव, चित्त, बुद्धि, मन। वही, 88/123 90/123, 94/180, 188/133, 99/124, 110/125। (1)-'एक आतमा कहत हैं एक कहैं चित भक्त।' -वि.गी., 20/29। (2) ब्रह्मा। उ.-'एक आत्मा, चक्र रवि, एक सुक्र की दृष्टि।'-क.प्रि., 11/5।

**आत्मदर्शन पचीसी**—रच.-देव.(दे.)। (इति. शुक्ल)।

**आत्म सम्बन्ध दर्पण**—रच.-रसिक अली (दे.)। (बृ.इति. 7)।

**आत्माराम**—रचनाएँ-साखी, कुण्डलियाँ। (बृ.इति. 7)।

**आदितराम जी**—समय-सं. 1806 में उपस्थित, पिता-कंवलराम जी, आश्रयदाता-माना जी गायकवाड़, (बृ.इति. 7)।

**आदित्य**—अदिति के पुत्र। अदिति के बारह पुत्र-धाता, मित्र, अर्यमा, रुद्र, वरुण, सूर्य, भग, विवस्वान, पूषा, सविता, त्वष्टा और विष्णु। उ. (1)-'करि आदित्य अदृष्ट नष्ट जम करौं अष्ट बसु।'-क.प्रि., 11/56। उ. (2)-'आजु आदित्य जल पवन पावक प्रबल चंद आनंदमय ताप जग को हरौ।।'-रा. 19/3।

**आदिदेव**—परमेश्वर। उ.-'आदिदेव पूजिपूजि रामनाम लीजई। न्हानदान धर्म कर्म छद्म छौडि कीजई।'-वि.गी., 21/55। आदि ईश्वर। कूर्म पुराण, अग्निपुराण आदि के मत से नारायण ही आदि देव हैं, जो निर्गुण और निरंजन होते हुए भी सृष्टि, स्थिति और लय करने के लिए तीन प्रकार के रूपों में अवस्थित होते हैं। कूर्मपुराण और वराहपुराण में लिखा है कि परब्रह्म को सृष्टि के विषय में चिंता हुई। उन्होंने सोचा कि जिस प्रकार यह महासृष्टि हुई, उसी प्रकार उसका पालन भी मुझे करना पड़ेगा, किंतु अमूर्त अवस्था में कर्म करना असंभव है, अतः अभी मैं एक ऐसी मूर्ति की सृष्टि करूँगा जो इस महासृष्टि का पालन कर सके। चिंता करते करते सत्य ध्यान से सहसा एक मूर्ति का आविर्भाव हुआ, जिसमें त्रिभुवन समाहित थे। तब उस मूर्ति को संबोधित करके परब्रह्म ने कहा- हे आदि देव, ब्रह्मा एवं अन्य सभी होने वाले देवताओं के समस्त कार्य करना तुम्हारा ही कर्तव्य होगा।-रा., 20/54।

**आदिब्रह्म**—श्री रघुवीर। आदि ईश्वर। कूर्मपुराण के मत से नारायण ही आदि ईश्वर हैं, जो निर्गुण, निरंजन और एकमात्र होते हुए भी सृष्टि, स्थिति और लय करने के लिए विविध रूप धारण करते हैं, उसी नारायण के वंश हैं- श्रीराम। उ. (1)-'आदि ब्रह्म अनन्त नित्य अमेय श्रीरधुबीर।'-वि.गी., 4/39; उ. (2)-'गंगहि नाहिं नदी कहैं निज आदि ब्रह्म अरूप।।'-वही, 6/46।

**आदिमंगल**—महाराज विश्वनाथ सिंह (दे.), (इति.शुक्ल)।

**आदिमत्त-अमिल**—दे. तुक, अधम तुक।

**आदि लुघु**—एक मात्रा वाला अक्षर लघु है। जिस गण में आदि लघु होता है, वह यगण है। ल.-भगन आदि गुरू आदि लघु यगनहि भनत सुजान।।-क.प्रि., 3/19।

**आनंदपुर**—आनंदपुर। नगरविशेष। उ.-'आनंदपूर रसै सखि ईछन के सम और न लेखिऐ।।'-छं.मा., 1/70।

**आनंद मंगल**—रच.-मनीराम (दे.), (इति. शुक्ल)।

**आनंदरघुनंदन**—रच.-महाराज विश्वनाथ सिंह (दे.), विव.-रामचरित सम्बन्धी नाटक (इति. शुक्ल)।

**आनंद रामायण**—रच.-महाराज विश्वनाथ सिंह (दे.), (इति.शुक्ल)।

**आनंद विलास**—रच.-जसवंतसिंह (दे.), (इति.शुक्ल)।

**आबेग**—दे. आवेग। तैंतीस संचारियों में से

एक। उ.- 'आबेगहि भ्रम होइ हिये मैं। जानि अचानक कर्म किये में।'-भि.ग्रं. 1, र.सा., 498/72।

**आबृतिदीपक**—एक अर्थालंकार।-ल.-वहि को औरै पद जहाँ फिरि फिरि करत बखान। आबृत्ति दीपक ताहि को भूषन कहत सुजान।।-भू.ग्रं., शि. भू., 119/150।

**आमखास**—महलों के भीतर का वह भाग जहाँ राजा या बादशाह बैठते हैं। उ. (1)-'आम खास जहाँगीर को सागरू को सो भूव।।'-जहाँ., 53; उ. (2)-'छूटत हुलास आमखास एक संग छूटे हरम सरम एक संग बिन ढंग ही।'-भू.ग्रं., शि.भू., 137/154।

**आमनदास**—एक योद्धा। उ.-'सैद समुद्र गहिर अति घोर। जूझ्यौ आमनदास अमोर।।'-वी. च., 10/6, 13/18।

**आरत्ति**—आर्तिक्य। षोडशोपचारों में से एक। पूजन अभिनंदन आदि में पूजित व्यक्ति के मुख के चतुर्दिक कपूर का दीपक घुमाना। उ. (1)-'होति आरसी तिनकी जोति। प्रतिबिंबित पानी महँ होहि।।' उ. (2)-'भूरि भोजन दे करी पुनि आरती तिहि बार।।-'-जहाँ., 163।

**आभार छंद**—वर्णसवैया का एक भेद। ल.-आठ करौ य भुजंग र लक्षिय सो दुमिला, तहि तहि आभर है पुनि। (आठ तगण (SS।) से आभार छंद बनता है)। उ.-'आभार ह्याँ द्वार को ताहि को सौं पिकै मोहि औ तोहिं ह्याँ राखते भौन।'-भि. ग्रं.1, छंदा., 2,8/243, 245।

**आरभटी**—दे. वृत्ति, बृत्ति। एक वृत्ति जो रौद्र, भयानक और वीर रसों के वर्णन में प्रयुक्त होती है। ल. (1)-'सुर नर प्राकृत कबित्त रीति आरभटी सातुकी सु भारती की भारतीयौ भोरी की।।-क. प्रि., 15/32; ल. (2)-'केसव' जामें रौद्र रस, भय बीभत्सहि जान। आरभटी आरंभ यह, पद पद जमक समान।।-र.प्रि., 15/6. ल. (3)-भय बिभत्स अरु रुद्र तें आरभटी उर आनि।।-भि.ग्रं.।, र. सा., 568/83।

**आराधन**—सेवा, पूजा, उपासना। उ.-(1)-'ईस्वर आराधन कियैं बंछित सुभ फल होइ।'-ज.ग्रं., आ.बि., 134/128। उ. (2)-' ईश्वर सुभ फल देत जौ आराधन कौं मान्नि।।'-वही, 136/128।

**आरूढ़ जोबना**—आरूढ़ यौवना। मध्यमा नायिका का एक भेद। केशव ने इसे पूर्ण युवती तथा 'कंत' के मन को भाने वाली कहा है। यह अपने तारुण्य के प्रति पूर्ण सचेष्ट होती है। ल.-'मध्या आरूढ़जोबना, प्रगलभवचना जानि। प्रादुर्भूत मनौभवा, सुरति विचित्रा आनि।।' मध्या-आरूढ़ जोबना पूरन जौवनवंत। भाग सुहागभरी सदा, भावति है मन कंत।।-र.प्रि., 3/32-33।

**आर्थी उपमा**—दे. उपमा। ल.-अरथ आरथी जानि। सो.ग्रं.।, र.पी.नि., 4/182।

**आरसी**—आइना जड़ा एक छल्ला, जिसे स्त्रियाँ दाहिने हाथ के अँगूठे में पहनती हैं। उ.-'देखहु धौं इक बार सकोचन आरस-लोचन आरसी-सौंहें।'-र.प्रि., 3/66।

**आलंबन**—आलंबन विभाव, रसोत्पत्ति का आधार। ल. (1)-जिन्हें अतन अवलंबई ते आलंबन जानि। र.प्रि. 6/5; ल. (2)-आलंबन अवलंबि रस जामें रहे बनाइ।।-जस.ग्रं., भा.भू., 38/15; ल. (3)-तिहि आलंबन नाइका करियै ताहि बखान।।-वृं. ग्रं., शृं.शि., 14/36; ल. (4)-मानवती अनुरागिनी प्रोषितपतिका नारि। क्रम तें इहैं वियोग के आलंबन निरधारि।।-भि.ग्रं.।, र.सा., 443/64; ल. (5)-रजधानी आलंबन संपति उद्दीपता कों चीन्हिबे के लक्षन कों अनुभाव मानिये।।-भि.ग्रं.।, र. सा., 546/81।

**आलंबन विभावनायिका**—ल.-'सुंदरता बननन तरुनि सुमति नायिका सोइ। सोभा कांति सुदीप्ति जुत बरनत हैं सब कोइ।।'-भि.ग्रं.।, र. सा., 150/4।

**आलनाथ**—नाम विशेष। 'सोमनाथ त्रिपुरंत ह्वै, आलनाथ एकंग। हरिक्षेत्र नैभिष सदा, असंतीर्थ चित्रंग।।'-वि.गी., 6/10।

**आलम**—संसार रक्षक। औरंगजेब बादशाह।

उ. (1)-'आलम पुकार करै आलम पनाहज पै होरी सी जराय सिवा सूरत फनी करी।'-भू.ग्रं., प्रकी., 472/221; उ. (2)-'मरदाना आलम मरद असदखान रनधीर। साहिब आलमगीर को बड़ो अमीर बजीर।।' वृं.ग्रं., य.सत., 37/265।

**आलम**—जन्म-सं. 1712; आश्रयदाता मुअज्जम (बहादुरशाह); रचनाएँ-आलम केलि, श्याम स्नेही, सुदामाचरित, माधवानलकामकंदला, (इति.शुक्ल)।

**आलमगीर**—औरंगजेब की उपाधि। उ.-(1)-'साहिब आलमगीर को बड़ो अमीर बजीर'।-वृं. ग्रं, स.स्व.रू., 37/265; उ. (2)-'सिव सरजा के बैर को यह फल आलमगीर। छूट तेरे गढ़ सबै कूटै गए बजीर।।'-भू.ग्रं., परि., 380/200।

**आलमपति**—राजा। जहाँगीर की उपाधि। उ. (1)-'सुनियै आलमपति इहि भेव। मारे सब हम बिरसिंघदेव।।'-वी.च., 7/26; उ. (2)-'साहिसिंघ जहँगीर सुनि आलम पति सुरतान।।'-जहाँ., 157।

**आलमकेलि**—रचयिता-आलम(दे),विव.-कविताओं का संग्रह (इति.शुक्ल)।

**आलस**—प्रचलित तैंतीस में से एक संचारी। भरत के अनुसार प्रकृति, काहिली, बीमारी, तृप्ति तथा गर्भ आदि के कारण उत्पन्न भय है, जो अकर्मण्यता बैठे या लेटे रहने, जँभाई लेने तथा सोने आदि के अनुभावों में व्यक्त होता है।-साहित्य दर्पण, भाग-1. ल. (1)-निर्बेद ग्लानि संका तथा आलस दैन्य रू मोह।-र.प्रि., 6/12; उ. (1)-'आलस छाड़ौ कृत उर आनौ। होहु कृतघ्नी जिनि, सिख मानौ।।'-रा., 13/35; उ. (2)-'सोक दरिद्र अहंकृत देखौ। आलस रोष भले भट लेखौ।।'-वि.गीता., 6/35। ल. (2)-आलस गर्ब परिश्रम ठावै। जागत जो धरीक तन छावै।-भि.ग्रं. र.सा., 490/71; शृं. नि., 238/141। ल. (3)-'अति अंगिराइ जभाइबो सो आलस ठहरानि॥'-सो.ग्रं. 1, र.पी.नि., 24/54।

**आलस्य**—दे. आलस। एक संचारी। ल.-जागरनादिक तें जहाँ जो उपजत अलसानि। ताही सो आलस कहत जे कोबिद रसखानि।।-प.ग्रं., जग., 498/185।

**आलाप**—संगीत के सात स्वरों का राग विशेष के अनुसार साधन। तान। उ.-'स्वर नाद ग्राम नृत्यति सताल। मुखबर्ग बिबिध आलाप काल।'-रा. 30/3।

**आलाप मृदु**—कोमल बातें जो उद्दीपन का कार्य करती हैं। सुवास, फल-फूल, ऋतु, चंद्र, सुर आदि के समान कोमल बातें भी उद्दीपन में सफल होती हैं। भिखारीदास ने उद्दीपन के अन्तर्गत इसकी चर्चा की है। ल.-उद्दीपन आलाप रस समूह सरसाइ। प्रीतम तिय सखि दूतिका चार्यौ उक्ति सुभाइ।।-भि. ग्रं. 1, र.सा., 247/36।

**आलिंगन**—गले से या छाती से लगाने की क्रिया। उ. (1)-'नैनन सूँ नेह रस पीवत हैं बार-बार मुंद भुष पुलक आलिंगन पीय प्रत हैं।।'-वृं.ग्रं., नै.ब., 14/28। उ. (2)-'आलिंगन चुंबन परस मरदन नखरद दानु। इत्यादिक संभोग के उद्दीपन जिय जानु।।'-भि.ग्रं. 1, र.सा., 445/64।

**आलीजाह प्रकाश**—रचयिता-पद्माकर भट्ट (दे.), विव.-दौलतराव सिंधिया के नाम पर नायिका भेद का ग्रंथ। (स.सर्वे.)।

**आल्हा रामायण**—रचयिता-नवलसिंह कायस्थ (दे.), (इति.शुक्ल, स. सर्वे.)।

**आवझ**—दे. आउझ। एक बाजा। उ.-'मंद मंद धुनि सो घन गाजैं। तूर तार जनु आवझ बाजैं।'-रा., 13/12।

**आवर्त**—वर्ण्यालंकार का एक भेद। जो चीजें वृत्ताकार मार्ग पर घूमकर पुनः अपने स्थान पर आ जाती हैं, वे सभी 'आवर्त वर्णन' के अन्तर्गत आती हैं। ल. (1)-'संपूरन, आवर्त, कहि कुटिल त्रिकोन सुबृत्त।'-क.प्रि., 6/1; ल. (2)-ये आवर्त बखानिजै, केसवदास सुजान। चकरी, चक्र, अलात अरु आतपत्र, खरसान।।-वही, 6/6।

**आवागवन**—आना-जाना। आवागमन। जन्म-मृत्यु के माध्यम से संसार में आना-जाना। उ.-'ग्याँन पाय निस्चै बहुरि आवागवन न होइ।।'-जस.ग्रं., सि.सा., 61/176।

**आवृति दीपक**—एक अर्थालंकार। दे. दीपक। ल. (1)-दीपक की आवृति में आवृति दीपक होत। सो वह तीन प्रकार को भाषत है कबि गोत।।-प.

ग्रं. पद्मा., 77/41। ल. (2)-आवृति दीपक तीन प्रकार। आवृति पद को प्रथम निहारू। दूजें आवृत्ति अर्थहिं केरी। त्रितिय दुहुन की आवृति हेरी।।-प.ग्रं., पद्मा., 78/42।

**आबृति दीपक**—आवृत्ति दीपक। दे. दीपक। दीपक अलंकार का एक भेद जिसमें एक प्रकार के क्रियापदों की अनेक बार आवृत्ति हुई है। ल.-एक सब्द बहु में लगै, दीपक जानै सोइ। उहै सब्द बहु में लगै, दीपक जाने सोइ। उहै सब्द फिरि फिरि परै आवृति दीपक सोइ।। उ.-'रहै थकित अरु चक्ति ह्वै समरसुंदरी औनि। तुअ चितौनि लखि ठौनि लखि भृकुटि नौनि लखि रौनि।।'-भि.ग्रं. 2, का. नि., 31/172। इस दीपक के, भिखारीदास ने 5 भेद बताये हैं—1. शब्दावृति दीपक (उपर्युक्त), 2. अर्थावृत्ति दीपक (दे.), 3, उभयावृति दीपक (दे.), 4. देहली दीपक (दे.), 5. कारक दीपक (दे.) 1-भि.ग्रं. 2, 31-43/172-174। दे. अर्थावृत्तिदीपक।

**आवेग**—एक संचारी भाव। हर्ष या भय के अकस्मात प्राप्त आधिक्य को आवेग कहते हैं। ल. (1)-निरखि अचिरज चित भ्रम, सु आवेग पहिचानि।-र.प्रि., 6/13। ल. (2)-अति डर तें अति नेहतें जु उठि चालियतु बेग। ताही सों सब कहत हैं संचारी आवेग।।-प.ग्रं., जग., 557/197। भिखारीदास द्वारा उल्लिखित व्यभिचारियों में से एक। द्र. व्यभिचारी,-भि.ग्रं. 1, शृं.नि., 238/141।

**आशिषालंकार**—ल.-मातु, पिता, गुरु देव मुनि कहत जु कछु सुख पाय। ताही सों सब कहत है आशिष कबि कबिराय।।-क.प्रि., 11/24।

**आश्चर्य**—विस्मय, अद्भुत रस का स्थायी भाव। ल.-दरसि परसि सुनि सुमिरि जहँ कौनहु अजब चरित्र। होइ जु चित बिस्मित कछू सो आचरज पवित्र। याही को बिस्मय स्थाई भाव जानिजे।-प.ग्रं., जग., 601, 601अ/206।

**आश्रम**—हिन्दुओं के जीवन की चार अवस्थाएँ-ब्रह्मचर्य, गार्हस्थ्य, वानप्रस्थ और संन्यास। उ.-'बरन चार दरसन छहौं जे आश्रम हैं चार। बिन आश्रम पाखंड सब यहौ ब्रह्म निधार।।' जस.ग्रं., अ.सि., 91/151।

**आश्रमनि**—वर्णाश्रम। धार्मिक द्विज के जीवन के चार विभाग या अवस्थाएँ-ब्रह्मचर्य, गार्हस्थ्य, वानप्रस्थ, संन्यास। उ.-'चारि बरन चहै आश्रमानि कहत सुनत सुख होइ।।'-र.प्रि., 13/21।

**आसन**—अष्टांग योग के अन्तर्गत तीसरा अंग जिसमें शरीर के अंगों को अचल या स्थिर किया जाता है। सुखपूर्वक शरीर की स्थिरता के लिए यह विधेय है। शवासन, पद्मासन, शीर्षासन, मयूरासन आदि प्रसिद्ध हैं। रहस्यात्मक संख्या 84 से युक्त इनकी संख्या भी 84 मानी जाती है। कामशास्त्रीय विवरणों में भी इनकी यही संख्या मानी जाती है। उ. (1)-'सासन पीय सबासन सीय हुतासन में मनो आसन कीने।'-र.प्रि., 1/22। उ. (2)-'जम अरु नैमहि जानि तूँ आसन प्राणायाम।' जस.ग्रं., आ.बि., 64/121।

**आसनु**—सिंहासन। 'आसनु सिंगार को कि काम को सरासनु कि, सासनु लिख्यो है प्रेम पूरन प्रभाइ को।।'-क.प्रि., 15/6।

**आसफजंग**—सफजंग। व्यक्तिनाम। उ.-'लूट्यौ खाँनदौरा जोरावर आसफजंग रू लूट्यौ कारतलब खाँ मानहु अमाल है।।'-भू.ग्रं., शि.भू., 94/145।

**आसर**—असुर। उ.-'काहू कहूँ सर आसर मारिय। आरत सब्द अकास पुकारिय।'-रा., 4/30।

**आसाम की बाढ़**—रचयिता-कुलपति मिश्र (दे.), (बृ.इति. 7)।

**आसावरी**—आशावरी। अशावरी। श्री राग की एक रागिनी जिसका स्वर ध, नि, स, म, प, ध है और जिसके गाने का समय प्रातःकाल 1 दंड से 5 दंड तक है। दूसरे विवरण के अनुसार 36 रागिनियों में प्रधान यह रागिनी भैरव राग की स्त्री कही गई है और टोड़ी से मिलती-जुलती है। यह सबेरे सात बजे से 9 बजे तक गाई जाती है। (हिं. श.मा.)। उ. (1)-'पहरी बास आसाबरी आसावरी अलाप। पिया ति आसा है बरी आसा पूरन आय।।'-वृं.ग्रं., 579/251। उ. (2)-'सिरीराग के संग कहि गौरी पटरानीय। करनाटी आसावरी

सारंग धनासिरीय।।'-बो.ग्रं., वि.वा., 15/121।

**आसिक**–आशिक। प्रेमी। उ.-'आसिक इस्क नयाक कों बरनत नही सबाब।।'-बो.ग्रं. वि.वा., 40/85।

**आशिषाक्षेप** (अलंकार)–दे. आक्षेप। ल.-(1)-आसिष, धरम, उपाय कहि, सिक्षा केसवदास।।-क.प्रि., 10/6, ल. (2)-आसिष पिय के पंथ को, दीजै दुख्ख दुराइ। आसिष को आक्षेप यह, कहत सकल कबिराइ।।-वही, 10/17।

**आसिष**–(1) आशिषालंकार। जहाँ माता, पिता, गुरु आदि पूज्य जनों द्वारा आशीर्वाद किया जाता है, वहाँ आशिषालंकार होता है। ल.-मातु, पिता, गुरु, देव, मुनि कहत जु कछु सुख पाइ। ताही सों सब कहत हैं आसिष कबि कबिराइ।।-क.प्रि., 11/24। दे. आशिषाक्षेप। (2) आशिष। आशीर्वाद। उ. (1)-'देखि दुवौ भये पायनि लीने। आसिष सीरषवासु लै दीने।।'-रा., 5/18। उ. (2)-'दंभ लोभ सुत हँसि गहे, अहंकार के पायँ। अहंकार आसिष दई, सोभन सुखद सुभायँ।।'-वि.गी., 3/20।

**आसुरी**–आसुर स्त्री, दानवी। उ. (1)-'कहूँ किंनरी किंनरी लै बजावै। सुरी आसुरी बाँसुरी गीत गावैं।।-रा., 13/50। उ. (2)-पन्नगी नगी-कुमारि आसुरी सुरी निहारि, डारौं वारि किन्नरी नरी गँवारी नारि का।-र.प्रि., 3/4। नायिका-जाति वर्णन प्रसंग में आसुरी का उल्लेख।

**आसेर**–एक स्थान का नाम। उ.-'अरब अैराब आबू आसरे अवध अंग आसापुरी आदि गाँव अर्गल सुवेस कै।।'-जहाँ., 99।

**आस्लाद रामायण**–रचयिता-नवलसिंह कायस्थ (दे.)। (बृ.इति. 7, इति.शुक्ल)।

**आह्निक**–रचयिता-क्षेमकर्ण (दे.), (बृ.इति. 7)।

**आहुत**–दे. आहुति। उ.-इष्ट उपासन आगम मारग आहुत होय निरंतर ही।-जस.ग्रं., 1/168।

**आहुति**–मंत्र पढ़कर देवता के उद्देश्य से यज्ञ कुण्ड में प्रवेश किया हुआ द्रव्य या हवि। उ. (1)-'दूजै आहुति होम की मंत्र सकति कै भाइ।'-जस.ग्रं., आ.बि., 127/127। उ. (2)-पावक पूज्यो समिध सुधारी। आहुति दीनी सब सुखकारी।'-रा., 6/9।

# इ

**इंद**–दे. इन्द्र। उ.-'उदधि सरन मैनाक को कछु करि सक्यो न इंद।'-वृं.ग्रं., 307/82।

**इंदिरा**–लक्ष्मी का एक नाम। उ. (1)-'इंदिरा के मंदिर में संपति सिधाय है।'-र.प्रि., 4/9। उ. (2)- 'इंदुबधू अरविंद के मंदिर इंदिरा कौ मनौ देखन आई।।'-क.प्रि., 15/30।

**इंदु**–चन्द्रमा का एक नाम। इसकी वृद्धि और क्षय से समुद्र की वृद्धि और क्षय होता है। दक्ष ने इंदु को अपनी 27 मानस कन्याएँ दी थीं। (पौ. को.), उ. (1)-'भरत सबंधु इंदु अमृत निहार्‍यौ है।'-क.प्रि., 8/31। उ. (2)-'बाजि खुरबाजि सुरगज से अनेक गज, भरथ सबंधु इंदु अंमृत निहारे हैं।-रा., 39/9। उ. (3)-'साहि सभा जब गयौ नरिदुं। सूरज मंडल में मनु इंदु।।'-वी.च., 5/45।

**इंदुमती**–राजा अज की पत्नी तथा विदर्भ के राजा भोज की बहिन। यह अयोध्या पति महाराज दशरथ की माता तथा श्रीराम की दादी थीं। (पौ. को.)। उ. (1)-'देव सराहत देवी सबै नरदेवी सराहति इंदुमती सी।'-वी.च., 33/11। उ. (2)-'कौ है दमयंती इंदुमती रति राति दिन।।'-क.प्रि., 6/42; रा., 6/59।

**इंदुवदना छंद**–उन्नीस मात्राओं का छंद है। मात्रा क्रम है (SIII SIII SIII SS)। ल.-गनगनगन दै करन दै, जानि इंदुबदनाहि। उ.-'भाग अवलोकि इहि इंदु बिच आली। इंदुबदना कहत मोहि बनमाली।।'-भि.ग्रं.।, छंदा., 168, 170/200।

**इंद्र**–वैदिक देवताओं के प्रमुख, जिनका स्थान अंतरिक्ष माना जाता है। ये मेघों के मालिक हैं तथा इनका नाम वासव भी है। इनका वाहन ऐरावत हाथी है तथा अस्त्र वज्र है। इंद्रधनुष इनका धनुष है।

इनकी तलवार का नाम परंज है। देवराज इंद्र की पत्नी शची है और पुत्र का नाम जयंत है। इनकी सभा को सुधर्म कहते हैं, जिसमें देव, गंधर्व और अप्सराएँ हैं। इन्द्र की राजधानी अमरावती है और इनका पारिजात वृक्ष से सुशोभित नंदन वन इसी अमरावती में है। इसी नंदन वन में कल्प वृक्ष भी है। इंद्र के घोड़े का नाम उच्चैःश्रवा है। इनके रथ का सारथि मातलि है। (पौ.को.) उ. (1)-'बावन ह्वै इन्द्रै ह्वे नृसिंह प्रहलादै राख्यौ कीनो ह्वै द्विजेस जाने छिति छत्र नास है।'-भि.ग्रं. 1, शृं.नि., 2/89। उ. (2)-'इंद्र सों कहत मोहि लैनै है न इंद्रलोक संमुलोक लैनै कै गुबिंद लोक लैनै है।'-प.ग्रं., गं. ल., 41/268; वही, 55/274; वही, क.प., 4/295; वही, प्रकी. 4/304; वही, 13/306। उ. (3)-'रंग भरी रस रूप भरी पिय संगम कौं अँग अँग उमाहै। इंद्र दिसा मुख पूरन बिंब सुधाधर कौं निज नैननि चाहै।।-वृं.ग्रं., भा.पं., 3/13। उ. (4)-'इंद्र को अनुज तैं उपेंद्र अवतार यातें तेरी बाँहि-छाँहि लै सलाहि साँधियतु है।।-भू.ग्रं., शि.भू., 95/146।

**इंद्रचाप**—इंद्र का धनुष। दे. इंद्र।-सप्तवर्ण इंद्र धनुष। उ.-'सूरकिरनि करि जल परसियै। मानौ इन्द्रचाप दरसियै।।-वी.च., 25/16।

**इंद्रजीत**—(1) इंद्रजित्। लंकाधिपति रावण के पुत्र मेघनाद की उपाधि जो उसे इंद्र को जीतने पर मिली थी। यह बड़ा बलवान था और लक्ष्मण के साथ युद्ध में इसने विलक्षण वीरता दिखाई थी। अन्त में यह लक्ष्मण द्वारा ही मारा गया। उ. (1)-'जीतों इंद्र जीतें आजु तो मैं लक्षमन हौं।'-प.ग्रं., जग., 590/203। उ. (2)-'क्रुध्द करि जुद्ध करि जीत्यौ इंद्रजीत कौ।।'-वृं.ग्रं., 13/313। (2) मधुकरशाह के पुत्र दूलहराम के अनुज अर्थात् मधुकरशाह के पुत्र और केशवदास के आश्रयदाता। उ. (1)-'इन्द्रजीत ताको अनुज, सकल धर्म को धाम।।'-र.प्रि., 1/8, उ. (2)-'इंद्रजीत रणजीत पुनि शत्रुजीत बलबीरा।'-क.प्रि., 1/29, 1/38, 1/46, 2/18, 2/20-21, 4/20, 6/64, 7/15, 11/79, 13/33, 16/72।

**इंद्रजीत सिंह**—दे. इंद्रजीत (2)। केशव के आश्रयदाता इंद्रजीत सिंह जो रामशाह के भाई थे। उ.-'तिनतें इंद्रजीत लघु लसै। सो गढ़ दुर्ग कठौवा बसै।।'-वी.च., 2/44, 3/20, 3/29, 3/64, 4/2, 4/20, 4/22, 4/28, 5/13, 6/32, 6/55, 6/58, 7/32, 7/33, 7/35, 7/36, 7/44, 7/53, 8/2, 8/12, 8/37, 9/20, 9/29, 9/37, 9/48, 10/14, 10/20, 10/28, 10/49, 12/31, 12/34, 12/37, 12/40, 20/50।

**इंद्रतरुवर**—दे. कल्पतरु, कल्पद्रुम, कल्पवृक्ष। उ.-'इंद्रतरुवर अरु इंद्र इंद्रजीत सों।'-क.प्रि., 11/79।

**इंद्रधनुष**—इंद्र के धनुष का नाम। दे. इंद्र। उ.-'चित्रनि चित्रित सिरवर जहँ इंद्रधनुष से नौल।।-मति., ल.ल., 8/300।

**इंद्र-नाग**—इंद्र का हाथी ऐरावत (दे.), उ.-'चंदन मुं नाग मद भर्‌यौ इंद्र-नाग विषधर्‌यौ सेषनागकहै उपमा अबस कौ।'-भू.ग्रं., शि.भू., 46/136।

**इंद्रपद**—सुरराज या इंद्र का पद। दे. इंद्र। उ.-'इंद्रपद छोड़ि इंद्र चाहत कबिंद्रपद चाहै इंद्ररानी कबिरानी कह्वाइबो।'-प.ग्रं., प्रकी., 4/304।

**इंद्ररानी**—दे. इंद्र, सची। (1)-इंद्राणी, इन्द्र की पत्नी-यह जयंत तथा जयंती की माता थी। तैत्तिरीय ब्राह्मण के अनुसार इंद्र ने इनके रूप पर मोहित हो इन्हें ग्रहण किया था। रामायण तथा पुराणों के अनुसार ये पुलोमा दैत्य की पुत्री थी, जिसे इंद्र ने मारा था। अगस्त्य ऋषि ने नहुष से इनकी रक्षा की थी। (पौ.को.)। उ.-'इंद्रपद छोड़ि चाहत कविंद्रपद चाहै इंद्ररानी कबिरानी कहवाइबौ।'-प.ग्रं., प्रकी., 4/304।

**इंद्रलोक**—इंद्र का लोक, स्वर्ग। उ. (1)-'तो सम हो सेस तौ बसत पाताललोक ऐरावत गज सो तौ इन्द्रलोक सुनियै।।'-भू.ग्रं., शि.भू., 39/135। उ. (2) -'इंद्र संभुलोक लैने कै गुबिंदलोक लैनै है।'-प.ग्रं., गं.ल., 41/268।

**इंद्रलोक-तिय**—इंद्रलोक की स्त्रियाँ, अप्सराएँ। उ.-'ठौर ठौर चपला चमकै यों। इंद्रलोक तिय नाचति है ज्यों।।'-रा., 13/12।

**इंद्रवंशा छंद**--एक वर्णवृत्त। इसके प्रत्येक चरण में मात्राक्रम है-(SS। SS। ।S। S।S)। ल.-गो आदि को बर्न सु इंद्रबंसु है। मिलें दुधा पै उपजाति अंसु है। (दे.-वंशस्थविल छंद का लक्षण)। उ.-'नारीन बंसस्थ बिलोकि सोहनी कृतें रद्रबुंसोपरि बिस्वमोहिनी।।'-भि.ग्रं. 1, छंदा., 21,23/249-250।

**इंद्रवज्रा**--एक वर्णवृत्त का नाम जिसमें दो तगण, एक जगण और दो गुरु होते हैं। ल. (1)-आदि तगन द्वै जगन पुनि अन्त देहु गुरु दोय। ग्यारह अक्षर को सुमति इंद्रवज्र कहि लोय।-छं. मा., 1/29. ल. (2)-भिखारीदास के अनुसार इसके एक चरण में क्रम से तकार (SS।) दो गुरु, सगण (।।S) और यगण (।SS) होते हैं। इसमें एक चरण में 11 वर्ण होते हैं। ल.-तक्कार कर्नोसगनो यगंनो। है इंद्रवज्रा दस एक बन्नो।। उ.-'सो है अयानो मृदु जो कहै री। है इंद्रवज्रा मुसुकानि तेरी।।-भि.ग्रं. 1, छंदा. 8, 9/248।

**इंद्रवधू**--दे. इंद्र। इंद्र की पत्नी शची। उ.-'खद्योतन कौं बिपदा भई। इंद्रबधू घर घरनिहि दई।।'-वी.च., 11/9।

**इंद्रहिं**--दे. इंद्र। उ.-'रीतो करौं लंक गढ़ इंद्रहिं अमीतो करौं। जीतों इंद्रजीतै आजु तौ मैं लक्षमन हौं।।'-प.ग्रं., जग., 590/203।

**इंद्रिय**--शरीर के 5 ज्ञान और 5 कर्म के साधन रूप दस अंग-(1) 5 ज्ञानेन्द्रिय-आँख, कान, नाग, जीभ, त्वचा। (2)-5 कर्मेन्द्रिय-हाथ, पाद, वाक्, गुदा, उपस्थ। उ. (1)-'केसव इंद्रिय सोधि सबै मन साधि समाधिनि के रस भीजै।।'-र.प्रि., 8/52; बी. च., 29/21। उ. (2)-'पंडुपूत, इंद्रिय, कवल, रुद्रबदन, गति बान।'-क.प्रि., 11/12। उ. (3)-'सूरता रन सत्रु को मन इंद्रियादिक जानि।।'-वि.गी., 9/27, 16/98, 18/22, 21/27।

**इंद्रियगन**--दे. इंद्रिय। इंद्रियों का समूह, शरीर के ज्ञान और कर्म के साधन रूप अंग। वे अवयव जिनसे बहिर्जगत् का शोध होता है और शारीरिक क्रियाएँ सम्पन्न होती हैं। उ.-'कै मन अपने हाथ जीति जग इंद्रियगन अति।।'-रा., 1/24, 9/19।

**इंगलैंड**--अंगरेजों का देश। इंगलिस्तान। उ.-'जोर रूसियान को है तेग खुरासानहू की जीति इंगलैंड चीन हुन्नर महादरी।'-भू.ग्रं., प्रकी., 482/224।

**इच्छा विवेक**--रचयिता-जसवंत सिंह (दे.), (स.सर्वे.)।

**इच्छुका**--इच्छा, नदी विशेष। उ.-'उत्पलावती इच्छुका भैमरथी सुभकारि। वैतरनी अरु सुक्तिमा, बैलासिनी निहारि।।'-वि.गी., 6/10।

**इछया**--इच्छा। कामना, लालसा, अभिलाषा, मनोरथ, चाह, आकांक्षा। सिसृच्छा। उ.-'अपनी इछया करि कियौ बिस्व रूप परकास।।'-जस. ग्रं., आवि., 2/115; वही, सि.सा. 2/171; वही अ.सि., 55/147, 56/147; वही, अ.प्र., 3/135-136, 6/137, 18/140; अ.सि., 1/143; छू.दो., 4/189।

**इछ्छा**--इच्छा। उ.-'इछ्छा अरु सामर्थ्यता ए सब निरगुन जानि।।'-जस.ग्रं., 32/191।

**इटौरिहा**--इटौरा के क्षत्रिय। 'रन अटल बीर इटौरिहा जे रन जुरत सिरमौरिहा।।'-प.ग्रं., हि.ब. बि., 35/8।

**इनसाफ**--इंसाफ। न्याय। उ. (1)'तौ याके इनसाफ कौ कहि बुलाऊँ पैंच।।' -रतन., 321/87। उ. (2)-'आपुहिं इहि इनसाफ कै कीजै प्रानं अधार।'-वही, 840/153।

**इब्न निशाती**--समय-सं. 1713, आश्रयदाता-गोलकुंडा के सुल्तान अब्दुल्ला कुतुब (समय 1624-72 ई.), रचना-फूलबन (रचनाकाल 1656 ई.), (बृ.इति. 7)।

**इम्रित**--अमृत। उ. (1)-'धरि सौनै के पींजरा राषौ इम्रित पिवाइ।।'-रतन. 952/168। उ. (2)-'प्रीत इमृत फल जे लगै मन द्रिम सौंरितु पाइ।।'-रतन., 648/129।

**इम्रित कला**--अमृतकला। चंद्रमा की सोलहवीं कला जो कभी क्षीण नहीं होती। उ.-'सबही कौ पोषतु रहै इम्रित कला सरसाइ।।'-रतन., 956/169।

**इरषा**--दे. संचारी, व्यभिचारी। ईर्ष्या। भिखारीदास के अनुसार तैंतीस संचारियों में एक।

ल.-इरषा पर उदेस जिय आवै। सहि न जाइ गुन गर्ब परावै।-भि.ग्रं. 1, र.सा., 493/72।

**इराकी**–इराक देश के घोड़े। उ.-'सु मंडे घुमंडे उमंडे इराकी।'-प.ग्रं., प्र.बि., 32/280।

**इरान**–दे. ईरान। उ.-'पेसकसैं भेजत इरान फिरंगान-पति उनहू कें डर याकी धाक धरकतु है।।'-भू.ग्रं.. शि.भू., 204/167।

**इलावृत्त**–खंड विशेष, जंबूद्वीप के नौ खंडों में से एक। यह जंबूद्वीप का मध्यप्रदेश है, जिसके उत्तर में नील, श्वेत और शृंगवान पर्वत, दक्षिण में निषध हेमकूट और हिमालय है। इसके पूर्व में और पश्चिम में माल्यवत् तथा गुंधमादन पर्वत है। यह शिवस्थान है जिसमें प्रवेश करने वाला पार्वती के शाप से स्त्री बन जाता है। (पौ.को.)। उ.-'एक इलावृत खंड कहावै। मंदर तें अति सोभहि पावै।।'-वि.गी., 4/30।

**इश्कनामा**–रचयिता-बोधा (दे.), (इति.शुक्ल)।

**इश्कमहोत्सव**–रचयिता-रघुनाथ (दे.), विव.-खड़ी बोली में रचित। (इति.शुक्ल)।

**इश्क लहर दरियाव**–रचयिता-ग्वाल (दे.), (सा.को. 2)।

**इश्के सादिक**–रचयिता-दाऊद जईफी (दे.), विव.-पैगम्बर मुहम्मद पर एक अरब स्त्री के सच्चे प्रेम की कथा वर्णित है। (बृ.इति. 7)।

**इस्क**–इश्क। प्रेम। चाह। उ. (1)-'रुचिर कथा सुनि है दिलमाहिर। इस्कइकीकी है जग जाहिर।-बो.ग्रं., वि.वा., 2/29, 40/85, 19/93, 21/93, 36/94, 43/119, 21/122, 104/131, 8/132, 9/132, 14/132, 16/133, 25/141, 79/148, 30/152, 32/153, 51/156, 13/179, 13/200; वही, इ.ना., 6/1।

**इस्कचमन**–रच.-नागरीदास (दे.), विव.-प्रेम विषयक नीति। (बृ.इति. 7)।

**इस्कनामा**–बोधा कवि का एक काव्य ग्रंथ। उ.-'ग्रंथ इस्कनामा कियो बोध सुकबि बनाइ।।'-बो. ग्रं., 1/1।

**इस्कपंथ**–प्रेम का मार्ग। उ.-'सर्बस सुख सनेह परिपूरन। मन भो इस्कपंथ पर चूरन।।'-बो. ग्रं., 40/124।

**इस्कमजाजी**–इश्के मजाजी। मानव प्रेम, भौतिक प्रेम, सांसारिक प्रेम। उ.-'बोलै कागा कर्कस बानी। तू क्या इस्कमजाजी जानी।।'-बो.ग्रं., वि. वा., 41/54, 56/56।

**इस्कहकीकी**–इश्के हकीकी। ईश्वर प्रेम, ईश्वर भक्ति, इश्के इलाही। उ.-'इस्कहकीकी है कुरमाया। बिना मजाजी किसी न पाया।।'-बो. ग्रं., वि.वा., 40/54, 57/56।

**ईंमन**–राग ईमन। उ.-'कहियतु ईंमन पुनि केनीर। ये सुत सिरीराग के बीर।'-बो.ग्रं., वि. वा., 16/121।

**ईति**–खेती को नुकसान पहुँचाने वाले सात उपद्रव-1. अतिवृष्टि, 2. अनावृष्टि, 3. चूहों का लगना-मूषक, 4. शुकादि पक्षियों से हानि-शुक, 5. टिड्डियों का निकलना-शलभ, 6. प्रजाविद्रोहस्वचक्र, 7. विदेशी राजा का आक्रमण-परचक्र। उ. (1)-'ईति तें ठग लोगतें जु प्रजानि को प्रतिपाल।।'-वि.गीता, 9/27, उ. (2)-'नगर-नगर पर घनई तौ गाजैं घेरि ईति कीन भीति, भीति अधन अधीर की।।'-क.प्रि., 8/5।

**ईरान**–देश विशेष। इस्लाम का अनुयायी मध्य एशिया का एक देश। उ. (1)-'नेकी अरबान सान अदब ईरान त्यों ही क्रोध है तुरान ज्यों फराँस फद आदरी।।'-भू.ग्रं., प्रकी., 482/224। उ. (2)-'महा अस्व ईरान के यों झलक्के।'-प.ग्रं., प्र. बि., 33/280।

**ईर्ष्या कलहंतरिता**–शृंगार मंजरी में कलहांतरिता (दे.) के दो भेद बताये गये हैं-ईर्ष्या कलहांतरिता, प्रणय कलहांतरिता। प्रिय को दूसरी स्त्री में अनुरक्त जानकर जो नायिका रोष करने के बाद पश्चाताप करती है, उसे ईर्ष्या कलहान्तरिता कहते हैं।। ल.-आन नारि रत जानि प्यो, रिस करि पुनि पछिताइ। सो कलहंतारिता इतै, ईर्ष्या आदि गनाइ।। उ.-"काहू की बात कही न सुनी हठि कै विन काज ही कोप कियों त्यों। प्यारे के पंथ लगे पग छाइ, किये हम नीरज नीर भरे ज्यों। रूसि नये पछितान लगी मृदु, तेरो हुत्यो सजनी मनुजोयों।

मैंन मनोहर रूप बने बड़े साहिब सो तब मान कियो क्यों।।"-शृं.मं., चिंता., 263-264/77।

**ईर्ष्या गर्विता**--शृंगार मंजरी में दुःखिता के तीन भेदों (दूती संभोग दुःखिता, दूती समासक्तिदुःखिता और रतिश्रुतिखिन्ना) के अतिरिक्त चौथा भेद ईर्ष्यागर्विता कल्पित किया है। ल.-वक्रोकति करि नाह पर कोप प्रकासै नारि। इहै ईर्ष्या गर्विता, पंडित कहत बिचारि।। उ.-"कबहूँ पिय अैहैं इतें, रह्यो हिये धरि वाहि। यों उर उरजनि सों हनों, जुध का पहुँचै ताहि ।।"-शृं.मं., 247-248/74।

**ईश कवि**--आश्रयदाता-महाराजा नरेन्द्र सिंह मिथिला नरेश, रचना-नरेन्द्रविजय। (बृ.इति. 7)।

**ईश्वर**--सर्वोच्च, शक्तिमान, सर्वसमर्थ, विश्वाधिष्ठाता, स्वामी, परमात्मा सगुण ब्रह्म। सृष्टि का कर्ता, धर्ता और संहर्ता। जो अपनी योगमाया से युक्त होकर विश्व पर शासन करता है। उ.-भरम कर्‍यौ है ब्रह्म तैं ईस्वर भिन्न प्रकार।।-जस.ग्रं., 5/171, 98/180, 107/181, 152/185, 154/185, 157/186, 28/145, 29/145, 30/145, 31/145, 33/145, 35/146, 36/146, 40/146, 41/146, 42/146, 43/146, 45/146, 46/146, 48/147, 50/147, 61/148, 62/148, 93/191, 134/128, 136/128, 138/128, 140/128, 141/128, 142/128, 143/128, 151/129, 154/130, 155/130, 156/139, 1/135, 14/144, 99/144, 24/144, 25/145, 26/145, 158/186, 160/186, 162/186, 164/186, 15/190, 22/190, 107/125।

**ईश्वरता**—ऐश्वर्य से युक्तता। ईश्वरोचित गुणों से युक्त होने का भाव। उ.-'ईस्वरता कैसी कहौ राग द्वेष जा माँहि।।'-जस.ग्रं., अ.सि., 43/146।

**ईश्वरपचीसी**—रच.-पद्माकर भट्ट (दे.), (स.सर्वे.)।

**ईषुधी**—तूणीर, तर्कस। उ.-'नोकु जहीं दुचितो चित कीन्हो। सूर बड़ो इषुधी धनु दीन्हो।। रा., 36/12।

**ईस**—(1)-महादेव। उ. (1)-'बढ़न पै ढरे बड़ी पाइयै बड़ाई देखौ ईस पैढरी तै। तुम्हें ईस सीस पै धरे।'-प.ग्रं., गं.ल., 26/263। उ. (2)-'मनो मनोज सरोज सर लगे ईस के अंग।। '-मति. सत., 482/408। उ. (3)-'बसत ईस के सीस तउ भयो न पूर्न मयंक।।'-वृं. ग्रं., नी. सत., 305/82; क. प्रि., 11/30। (2)-ईश। दे. ईश्वर। उ. (1)-'बेदन के भेदन तें अज ईस जापन तें रिखि मुनि तापन तें कैयक बपुख की।।'-ठाकुर, 4/62, 5/62। उ. (2)-'ईस अनुग्रह तैं इहाँ आयौ मेरे पास।।'-ज. ग्रं., आ.वि., 61/120। र.प्रि., 8/18, रा., 10/37। (3)-ब्रह्मा-उ.-'ईस मनौ बसुधा में सुधारि सुधाधर-मंडली मंडि जोन्हाई।-रा., 3/15। (4)-प्रभु, राजा, स्वामी। उ.-'कर जोरे ठाढ़े जहाँ आठो दिसि के ईस। क.प्रि., 1/33। रा., 34/36, 16/9।

**ईसुर रावत**—ईश्वर रावत। वीरसिंह का एक दरबारी। उ.-'ईसुर रावत सुतनि समेत। पहिराए सब कारज हेत।'-वी.च., 33/23।

**ईश्वर**—स्वामी, सृष्टि का कर्ता, पालक। उ.-'अब बचन विचार कहे पद्माकर यह ईस्वर की माया है।'-प.ग्रं., क.प., 1-25/295-298। दे. ईश्वर।

# उ

उंदर—दोहा छंद का एक भेद। दे दोहा छंद। सोमनाथ के अनुसार इसमें 47 अक्षर होते हैं, जिनमें 1 गुरु और 46 लघु होते हैं।-सो.ग्रं. 1, र.पी. नि., पृ. 24।

**उचाटन**—उच्चाटन। षटकर्मान्तर्गत अभिचार विशेष। इस कार्य की देवता दुर्गा और तिथि कृष्णाष्टमी तथा चतुर्दशी है। शनिवार को साधु के बालों में पिरोई हुई घोड़े के दाँतों की माला से जप करते हैं। (हि.विश्व.वसु)। उ.-'राधे तेरो नाम कि उचाट-मंत मानिये।।'-र.प्रि., 4/18।

**उच्चाटन**—दे. उचाटन। उ.-'उच्चाटन सरलाय मोहन सोषन उनमदन। मनमथ अति हरषाय मारन सर पंचम लग्यो।।'-बो.ग्रं., वि.वा., 8/36।

**उक्तविषया वस्तूप्रेक्षा**--दे. उत्प्रेक्षा, वस्तूत्प्रेक्षा। उत्प्रेक्षा के वस्तूत्प्रेक्षा भेद का प्रथम प्रकार। उ-'रैनि तिमहले तिय चढ़ी, मुख-छबि लक्षि नँदनंद। घरी तीन उदयाद्रि तें जनु चढ़ि आयो चंद।।' ति.-चंद्रमा चढ़िबो आश्चर्य नहीं है, यातें उक्तविषया कहिये।।-भि. ग्रं., 2, का.नि., 5-5अ/86।

**उक्ति**—(1) कवित्वमय वचन। उ. (1)-'बालक बातैं तोतरी, कबिकुल उक्ति प्रमान।'-क.प्रि., 6/47, 6/72।, (2) एक अलंकार जहाँ अपना मर्म छिपाने के लिए किसी क्रिया या उपाय द्वारा दूसरों को धोखा दिया जाय। ल.-फेरि अपह्नुति उक्ति है बक्रोकति सबिबेक।-क.प्रि., 9/3। इसके अतिरिक्त केशव ने व्यधिकरण उक्ति और विशेषोक्ति के भी लक्षण दिये हैं। (दे.) उक्ति अलंकार।

**उक्ति अलंकार**—दे. उक्ति। ल.-बुद्धि बिबेक अनेक बिधि, उपजत तर्क अपार। तासों कवि कुल उक्ति कहि, वर्णत बिबिध प्रकार।।-क.प्रि., 12/1। केशव ने इसके पाँच प्रकारों का उल्लेख किया है-वक्र, अन्य, व्यधिकरण, विशेष और सहोक्ति। (दे.)। ल.-वक्र अन्य ब्यधिकरण कहि और विशेष समान। सहित सहोकति मैं कही, उक्ति सुपंच प्रमान।।-क.प्रि., 12/2।

**उग्गाहा छंद**--प्राकृत का छंद है। ल.-अट्ठारह ठारह उग्गाहा। उ.-'सिव सुर मुनि चतुरानन, जाको कबहूँ नहीं लहै थाहा। पारवार कोउ जान न हरीनामै संमुद्र अवगाहा।'-भि.ग्रं. 1, छंदा., 3, 5/229-230।

**उग्रता**—तैंतीस संचारियों में से एक। ल. (1)-उग्रता जु निरदयताही में। कहै प्रचारि क्रोध अति जी में।-भि.ग्रं., र.सा., 497/72; वही, शृं. नि., 238/141। ल. (2)-चित जब निदरे सबनि कौं तब उग्रता बखाँनि।-सो.ग्रं. 1, र.नि., 28/54। ल. (3)-निरदैपन सों उग्रता कहत सुमति सब कोइ।-प.ग्रं. जग., 542/194।

**उग्रसेन**—(1) मथुरा के राजा जो कंस के पिता थे। कंस ने इन्हें बंदीगृह में डाल रखा था। श्रीकृष्ण ने कंस को मारकर इनका उद्धार किया और पुनः इन्हें सिंहासन पर बैठाया। उ.-'उग्रसेन कौं राज दिय उग्रसेन हरि आप।'-वृं.ग्रं., य.स., 654/277। (2) इंद्रजीत सिंह का पुत्र। उ.-'तिनके उग्रसेन सुत भये। जासो हारि धँधेरे गए।'-वी.च., 2/46, 8/13, 8/37, 9/48, 10/57, 29/11।

**उजेन**—दे. उज्जैन। उ.-'ले सूबा उजेन को आजम कियो प्रयान।'-वृं.ग्रं., स.स.रू., 30/265।

**उजैंन**—दे. उज्जैन। उ.-'सुन्यो प्रताप अजीम कौं बैठो जाय उजैंन।।'-वृंग्रं., स.स.रू., 30/267।

**उजैन**—दे. उज्जैन। उ.-'मालवा उजैन मनि भूषन भेलास ऐन सहर सिरौंज लौं परावने परत हैं।'-भू.ग्रं., शि.भू., 433/212।

**उज्जला छंद**—पंद्रह मात्राओं का छंद है। मात्रा क्रम है-(।।। ।।। ।।। ।S। S) उ.-'तबहि बिमल हुति ससि की कला। जब न हुतेउ तुअ जस उज्जला।'-भि.ग्रं. 1, छंदा., 123/195।

**उज्जैन**—उज्जयिनी। मालव देश की प्राचीन राजधानी। प्राचीन धार्मिक एवं ऐतिहासिक नगर। यहाँ पवित्र ललिता पीठ है। यह पचास पवित्र ललिता पीठों में से एक है। यह क्षिप्रा नदी के किनारे पर स्थित है। एक समय विक्रमादित्य यहाँ प्रसिद्ध राजा थे। यहाँ प्रसिद्ध महाकाल का मंदिर है। यह सप्तपुरियों में से एक है। (पौ.को.)। उ. (1)-'देवगढ़ चाँदा, गढ़ा मंडला, उज्जैन रीवाँ।'-बो. ग्रं., वि.वा., 18/33।

**उज्जैनि**—दे. उज्जैन। उ. (1)-'प्रगटि प्रभाव सुरेनुका, हर्नपाप उज्जैनि।।'-वि.गी., 6/11। उ. (2)-'सुनि कंदला मृगनैनि हौं आ गयौ उजैनि।।'-बो. ग्रं., वि.वा., 55/156, 10/140।

**उझकनी अष्टक**—उच.-कृपानिवास (दे.), (बृ.इति. 7)।

**उढ़ा-अनूढ़ा-लक्षण**—परकीया नायिका के भेद। ल.-ऊढ़ा होइ विवाहिता अविवाहिता अनूढ़। तिनके कहौं बिलास सब केसव गूढ़-अनूढ़।।-र. प्रि., 3/69।

**उड्डुप**—एक प्रकार का नृत्य। ऊपर् को दोनों हाथ उठाकर हाथों से अनेक आकृतियाँ बनाते हुए ताल के साथ घूमना। इस नृत्य के 12 भेद हैं, जो हाथों के संचालनों और आकृतियों पर निर्भर हैं।

(केशव कौमुदी, रामचंद्रचंद्रिका उत्तरार्ध)। उ.-'बहु उडुप, त्रियगपति, पति, अडाल। अरु लाग, धाउ, रापैरंगाल।-रा., 30/4।

**उड्डाण**–हठयोग के अनेक बंधों में से एक। उड्डीयान बंध। उ.-'जालंधर उड्डाण मूलबंध जानियै। महावेध खेचरी रु मुद्रा मानियै।।'-जस.ग्रं., आ. वि., 72/122।

**उतकंठा**–दे. उत्कंठा। भिखारीदास द्वारा उल्लिखित 33 व्यभिचारियों में से एक, द्र. व्यभिचारी।-भि.ग्रं., शृं.नि., 238/141।

**उतकंठिता**–उत्कंठिता। अवस्थानुसार नायिकाओं के विभाजन का एक भेद। इस नाम का संक्षेप उत्का भी प्रचलित है। दे. उत्कंठिता। उ.-'विप्रलुब्ध उतकंठिता बासक सज्जा मान।।-मति., रा.रा., 110/224, 225।

**उतपति**–उत्पत्ति। सृष्टि। उ.-'उतपति प्रलै नाँही बंध मोछ्छ है कहाँ।।'-जस.ग्रं., अ.प्र., 25/142।

**उतप्रेक्ष**–दे.उत्प्रेक्षा।

**उतप्रेक्षा**–दे. उत्प्रेक्षा।

**उत्कंठा**–रस के 33 संचारियों में से एक। किसी काम में विलंब न सहकर उसे चटपट करने की अभिलाषा। ल. (1)-जड़ता उत्कंठा सहित स्वप्न प्रबोध बिषाद।-र.प्रि., 6/13। ल. (2)- उत्कंठा रुचि हिय में भारी। पैबे हेतु विषय जो प्यारी।।-भि.ग्रं., र. सा., 494/72। ल. (3)-रुचै अबेर न काज की, तहँ उत्कंठा जानि।।-सो.ग्रं., 1, र.पी.नि., 32/55।

**उत्कंठिता**–दे. उतकंठिता। नायिका का अवस्था के अनुसार एक भेद। ल. (1)-लहि संकेत सोचै जु तिय रमन अनागम हेत। ताही को उत्कंठिता बरनत सुकबि सचेत।।-प.ग्रं., जग., 193/121। ल. (2)-प्रेमभरी उत्कंठिता जो है प्रीतम-पथ। बेर लगै त्यों त्यों बढ़ै मनसूबन के ग्रंथ।।-भि.ग्रं., शृं.नि., 171/126। ल. (3)-पिय सहेट पायो नहीं चिंता मन में आनि। सोच करै संताप सों उत्कंठिता बखानि।।-जस.ग्रं., भा.भू., 18/9।

**उत्का**–लक्षण-दे. उत्कंठिता। ल. (1)-कौनहुँ हेत न आइयो, प्रीतम जाके धाम। ताको सोचति सोच हिय 'केसव' उत्का वाम।।-के.ग्रं., र.प्रि., 7/7। ल. (2)-आप जाय संकेत में पीव न आयो होय। ताको मन चिंता करै उत्का कहिये सोय।।-मति., र.सा., 156/235। ल. (3)-सुरत थान हम ऐहें पीव कहै जबै। केलि साज सब रचै प्रिया प्रिय हित तबै।। पुनि विलंब लखि सोच गहै डर सुंदरी। कारन जाने नहीं उत्का सुकृशोदरी।। उत्का चेष्टाउर आए रति पिय सोच जँभाई कपनो। अश्रुपात संताप तेह तन तंपनो।। रूँधत हिए उसाँस अवस्था जानिये इहि विधि उत्का सकल चेष्टा सु बखानिये।।-कृ.ग्रं., हि.त., 330-331/72। ल. (4)-पिय आयौ नहि, कित रह्यौ, सोच करै यों वाल। ताको उत्का नायका, बरनत बुद्धि विसाल।।-सो. ग्रं., र.पी.नि., 32/92।

**उत्तम**–कविभेद में प्रथम। केशवदास ने कवियों के तीन भेद बताये हैं-उत्तम, मध्यम और अधम। उनकी दृष्टि में हरि-रस में लीन रहने वाले कवि उत्तम कवि हैं। ल.-उत्तम मध्यम अधम कवि, उत्तम हरि-रस लीन।-क.प्रि., 4/2।

**उत्तम**–उत्तमा नायिका। गुण के अनुसार स्वकीया उत्तम नारी समझी जाती है। ल. (1)-उत्तम मध्यम अधम तिय प्रकृतिभेद तें जानि। मानवती के भेद सब, कारन तें अनुमानि।।-कृ.ग्रं., हि.त., 17/7। ल. (2)-उत्तम मध्यम अधम अरु तीन तीन बिधि जान। प्रकट तीन से साठ तिय केसवदास बखान।।-र.प्रि., 7/35।

**उत्तम काव्य प्रकाश**–रच.-महाराज विश्वनाथ सिंह (दे.), (इति.शुक्ल)।

**उत्तम गिरि-कुँवर**–दे. उत्तम गिरिकुमार। उमरावगिरि अनूपगिरि हिम्मत बहादुर के बड़े भाई थे। उत्तमगिरि उमरावगिरि का छठा लड़का था। उत्तमगिरि का लड़का-उत्तमगिरि-कुँवर। उ.-'इक ओर उत्तमगिरि कुँवर नरसिंह सो गर्जत भयो।।'-प. ग्रं., हि.ब.ब., 146/21।

**उत्तमगिरि कुमार**–दे. उत्तमगिरि कुँअर। उ.-'इमि लर्यौ उत्तमगिरिकुमार बिड़ारि बैरिन कों दियो।'-प.ग्रं., हि.ब.वि., 150/21।

**उत्तम चंद भंडारी**–जन्म-सं. 1833;

आश्रयदाता-जोधपुर नरेश महाराज मानसिंह; रच. -नाथचंद्रिका, अलंकार आशय, तारकतत्व, रतना हमीर की बात (बृ.इति. 7)।

**उत्तम चरित्र**–रच.-अक्षर अनन्य (दे.), (बृ.इति. 7)।

**उत्तम तुक**–दे. तुक। ल.-समसरि कहुँ कहुँ विषमसरि, कहूँ कष्टसरि राज। उत्तम तुक के होत हैं, तीनि भाँति के साज।। इसके भी तीन प्रकार हैं-(1)-समसरि, उ.-'फेरि फेरि हेरि हेरि करि करि अभिलाष, लाख लाख उपमा विचारत हैं कहने।'. ..ति.-कहने रहने लहने गहने समसरि भए। (2)-विषमसरि, उ.-'कंज सकोचे गड़े रहैं कीच में मीननि बोरि दियो दह-नीरनि। दास कहै मृगहू को उदास कै बास दियो है अरन्य गभीरनि।...ति.-नीरनि गभीरनि धीरनि तीरनि एक में चारि बर्न हैं तातें विषमसरि भए।।' (3)-कष्टसरि, उ.-'सात धरी हूँ नहीं बिलगात लजात औ बात गुने मुसकात हैं। तेरी सौं खात हौं लोचन रात ह्वै सारस पातहू सों सरसात हैं। राधिका माधौ उठे परभात हैं नैन अघात हैं प्रेरिव प्रभात हैं। आरस गात भरे अरसात हैं लागि सो लागि गरे गिरि जात हैं।। ति.-प्रभा तहैं, द्वै पद तें आयो तातें कष्टसरि है।-भि.ग्रं. 2, का.नि., 2-5अ/213-214।

**उत्तम नायक**–मान में गुण के आधार पर नायक भेद। ल.-'उत्तम मनुहारिन करै मानै मानिनि संक।'-भि.ग्रं., र.सा., 186/27।

**उत्तम नायिका**–दे. उत्तमा, उत्तमादि भेद। ल.-पिय हित कैं अनहित करै आप करै हित नारि। ताहि उत्तमा नायका कबिजन कहत बिचारि।।-मति., र.रा., 228/253।

**उत्तमनीति चंद्रिका**–रच.-महाराज विश्वनाथ सिंह (दे.), (इति.शुक्ल)।

**उत्तम मंजरी**–रच.-जगत सिंह (दे.), (सा. को. 2)।

**उत्तमा**–नायिकाओं में नायक के साथ व्यवहार करने के आधार पर एक भेद। दे. उत्तमा। ल.-प्रियतम के हित तें अधिक, हित जो करै वर नारि। उहै उत्तमा नायिका, वरनत रसिक विचारि।। उ.-'वालम को सुख दानि सदा, सखि तेरे कढै मुख वानि सुहाई। सुंदरि प्यारे पै प्रेम की तैं, कुरषेत के हेम की भाँति दिषाई। क्यो प्रिय प्यार करै नहिं तो पै, करै तू सदा पिय की मन भाई। ज्यों यह रूप निकाई दई त्यों, दई विधि तोहि सुभाइ निकाई।।'-शृं.मं., चिंता., 340/106, 341/107।

**उत्तमा**–उत्तमा नायिका। नायक के प्रति व्यवहार के आधार पर भेद। ल. (1)-सुपिन दोष लखि सुनि जु तिय धरै न हिय में रोष। ताहि उत्तमा कहत हैं सुकबि सबै निरदोष।।-प.ग्रं., जग., 271/139। ल. (2)-मान करैं अपमान ते तजै मान तें मान पिय देखें सुख पावई ताहि उत्तमा जान।।-र. प्रि., 7/36। ल. (3)-अहित पंथ प्यारो चले निरखि न रूसै नारि। वहै उत्तमा होसि जग, पंडित कहें बिचारि।।-कृ.ग्रं., हि.त., 195/47।

**उत्तमादिभेद**–नायिका भेद। दे. उत्तमा। ल.-जितनी तिय बरनी ति सब तीन तिनि बिधि जानि। तिन्हैं उत्तमा मध्यमा अधमा नाम बखानि।। उत्तम मान बिहीन है, लघु मध्यम मधि मान। बिन पराधहूँ करति हैं अधम नारि गुरु मान।।'-भि. ग्रं., शृं.नि., 293-204/133।

**उत्तमा दूती**–दूतियों के तीन भेदों में से एक। ल. (1)-हरै सोच उचरै बचन मधुर मधुर हित मानि। सो उत्तम दूती कही रस ग्रंथन में जानि।।-प.ग्रं., जग., 362/157। ल. (2)-मोहै जो मृदु बोलिकै मधुर बचन अभिराम। ताहि कहत कबिराज हैं उत्तम दूती नाम।।-मति., र.रा., 300/270। ल. (3)-उत्तमादि दूतीन में प्रकृतिभेद त्रय होइ। अति उचाह गुनवंत तें बरनत कबिजन सोइ।। उपजावै रस जुक्ति सों परसै पगु हित मानि। तुरत मिलावै उक्ति नव, बच उत्तम रसदानि।।-कृ.ग्रं., हि.त., 51-52/15।

**उत्तमा नायका**–उत्तमा नायिका। दे. उत्तमा। ल.-पति अनहित हू करै तौ तिय जु करै हित भूरि। सो उर आनौ उत्तमा सकल सुखनि कौ पूरि।।-सो. ग्रं. 1, र.पी.नि., 1/105।

**उत्तमानुराग**–उत्तमा (दे.) नायिका का

अनुराग (दे.)। प्रिय के संयोग के बाद वियोग होने पर जिस नायिका में विरह की दस दशाओं में जिस अनुराग का विकास होता है, उसे उत्तमानुराग कहते हैं। चिंतामणि ने मध्यमा और अधमा के अनुराग को अनुचित समझकर उनका वर्णन नहीं किया। इस उत्तमानुराग के चार प्रकार बताये गये हैं-श्रवणानुराग, दर्शनानुराग, चित्रानुराग और स्वप्नानुराग। ल.-जो बाढ़े संजोग मैं, पुनि वियोग कै पाइ। करै दसा दस सो, कह्यो उत्तम पेम बनाइ। बिमल रूप गुन दुहुन के, उमग्यो उर अनुराग। आजु निसा मैं होहिंगे, दोऊ पूरन भाग।।-शृं. मं., चिंता., 479-480/141।

**उत्तर खण्ड**--भारतवर्ष का हिमालय के पास का उत्तरी भाग। उत्तराखंड। उ.-'महामोह अवलोकि तब उत्तम उत्तरखण्ड।।'-वि.गी., 4/37।

**उत्तर मालिका**--रच. अक्षर अनन्य (दे.), (बृ.इति. 7)।

**उत्तरोत्तर (अलंकार)**--ल.-एक एक तें सरस लखि, अलंकार कहि सारु। याही कों उतरोतरो कहैं जिन्हैं मति चारु।। उ.-'होत मृगादिक तें बड़े वारन बारनवृंद पहारन हेरे। सिंधु में कैसे पहार परे धरती में बिलोकिवे सिंधु घनेरे। लोकनि में धरती यौ किसी हरिआदरौ में बहु लोक बसेरे। ते हरिदास बसे इनमें सब चाहि बड़े दृग राधिका तेरे।।'-भि.ग्रं. 2, का.नि., 11-12/169।

**उत्पलावली**--नदी विशेष। उ.-'उत्पलावली इच्छुका, भैमरथी सुभकारि।।'-वि.गी., 6/17।

**उत्प्रेक्षा**--अर्थालंकार का एक भेद, जिसमें प्रस्तुत वस्तु में सादृश्य के कारण अन्य वस्तु की कल्पना की जाती है। ल. (1)-केसव औरहि वस्तु में औरै कीजै तर्क। उत्प्रेक्षा तासों कहैं जिनके बुद्धि सपर्क।।-क.प्रि., 9/30। ल. (2)-उत्प्रेक्षा संभावना बस्तु हेतु फल लेखि। उ.-'नैन मनो अरबिंद हैं सरस बिसाल विसेषि।।-जस.ग्रं., भा.भू., 67/24। ल. (3)-कीजै जहै संभावना बस्तु हेतु फल माह। उतप्रेक्षा तासों कहत जे सुकबिन के नाह।। द्विविध वस्तु उतप्रेक्ष गनु प्रथम उक्तविषयाहि। पुनि अनुक्तविषया कही दूजी जानहु ताहि।। द्वै द्वै विधि त्यों हेतु फल उत्प्रेक्षा हिय ल्याहि। प्रथम सिद्ध विषया कही पुनि असिद्ध विषयाहि।।-प. ग्रं., पद्मा., 54-56/39। ल. (4)-जहें कीजे संभावना सो उत्प्रेक्षा जानि। बस्तु हेतु फल रूप तें ताको त्रिविध बखानि। एक उक्त विषया कही अनुक्त विषया और। बहुरि भेद द्वै बस्तु में जानहु कवि सिरमौर।। एक सिद्धविषया कही असिद्धविषया और। भेद-हेतु-फल दुहुनि में द्वै कहियत मतिदौर।।-मति.ग्रं., ल.ल., 100-102/316। ल. (5)-जहाँ कछू कछू सो लगै, समुझत देखत उक्त। उत्प्रेक्षा तासों कहैं। उ.-'पवन मनो विषजुक्त।। चंद मनो तम ह्वै चल्यो, जनु तियमुख ससि हेत। दास जानियत दुरन कों, रंग लियो सजि सेत।।-भि.ग्रं. 2, का.नि., 10-10/19। ल. (6)-बस्तु निरखि कै हेतु लखि, कै आगम फल-काज। कबि कै बकता कहत यह लगै और सो आज। समबाचक कहुँ परत यहु मानहु मेरे जान। उत्प्रेक्षाभूषन कहैं इहि विधि बुद्धिनिधान।।-भि.ग्रं., का.नि., 2-20/87-89। भिखारीदास ने उत्प्रेक्षा के ये प्रकार बताये हैं-वस्तूत्प्रेक्षा (उक्तविषया, अनुक्तविषया), हेतूत्प्रेक्षा (सिद्धविषया, असिद्धविषया), फलोत्प्रेक्षा (सिद्धविषया, असिद्ध विषया), लुप्तोत्प्रेक्षा।

**उत्प्रेक्षा-अतिशयोक्ति**--दे. उत्प्रेक्षा अतिशयोक्ति। उ.-'दास कहाँ लौं कहौं मैं बियोगिनि के तन तापनि की अधिकाई। सूखि गए सरिता सर सागर औनि अकास धरा अकुलाई। काम के बस्य भए सिगरे जग यातें भई मनो संभु-रिसाई। जारिकै फेरि सँवारन कों छिति के हित पावक ज्वाल बढ़ाई।।-भि.ग्रं. 2, का.नि., 31/111।

**उत्प्रेक्षित**--उत्प्रेक्षितोपमा-उपमेय के जिस गुण का वर्णन करना हो, वह गुण अनेक में पाया जाय तो, उत्प्रेक्षितोत्पमा होती है. ल.-अतिसय उत्प्रेक्षित कहौं स्लेष, धर्म विपरीत।-क.प्रि., 14/3।

**उत्प्रेक्षित उपमा**--उत्प्रेक्षितोपमा। दे. उत्प्रेक्षित। ल.-केसव दीपति एकही होइ अनेकन माह। उत्प्रेक्षित उपमा सोई कहैं कबिन के नाह।।-क. प्रि., 14/28।

**उत्प्रेक्षितोपमा**--दे. उपमा। उपमालंकार का

एक भेद। ल.-केसव दीपति एकही, होइ अनेकन माह। उत्प्रेक्षित उपमा सोई, कहै कबिन के नाह।।-क.प्रि., 14/28।

**उत्सवमाला**—रचयिता—नागरीदास (दे.)। (बृ. इति. 7, स.सर्वे.)।

**उत्साह**—वीर रस का स्थायीभाव। ल. (1)-लखि उदभट प्रतिभट जु कछु जगजगात चित चाव। सहरष रनहित बीर को सु उतसाह थिर भाव।।-प.ग्रं., जग., 592/203। ल. (2)-जुद्ध दान अरु दया करि, हिय में होतु बिकार। ताही सौं उत्साह कहि बरनत रसिक उदार।। धर्मबीर चौथो उर आनौ।।-सो.ग्रं., 1, र.पी.नि., 41/56।

**उत्सुकता**—औत्सुक्य। तैंतीस संचारियों में से एक। ल.-जहाँ हितू के मिलन हित सह्यो परै न बिलंव। उतसुकता ताकों कहत जे कबि सुमति कदंब।।-प.ग्रं., जग., 527/191।

**उदधिजात**—चंद्रमा। पुराणों में उल्लेख मिलता है कि जब देवराज इंद्र महामुनि दुर्वासा के शाप से श्रीभ्रष्ट हो गए तब विष्णु के आदेश से देवताओं ने समुद्रमंथन किया। तब क्रमशः चंद्र, लक्ष्मी, सुरा, उच्चैःश्रवा, कौस्तुभ, पारिजात वृक्ष, सुरभि गौ, हाथ में अमृत लिए धन्वंतरि, अन्त में विष उत्पन्न हुए। समुद्र से निकलने के कारण चंद्रमा का नाम उदधिजात पड़ा। (हि.विश्व.वसु) उ.-'देखत उदधिजात देखि देखि निज गात।'-र.प्रि., 6/24।

**उदबेग**—दे. उदेग, उद्वेग। ल. (1)-बिरह अकुलाइ उर त्यों पुनि कछु न सुहाइ। चित न लगत कहुँ कैसहू सो उदबेग गनाइ।।-प.ग्रं., जग., 660/218। ल. (2)-बिरह बिथा की बिकलता जहाँ कछू न सुहाय। ताहि कहत उदबेग हैं जे प्रबीन कबिराय।।-मति.ग्रं., र.रा., 412/293।

**उदयनाथ**—स्थान-वनपुरा; जन्म-सं. 1710; पिता-कालिदास त्रिवेदी; आश्रयदाता-अमेठी के राजा हिम्मत सिंह एवं गुरुदत्त सिंह; रच.-रसचंद्रोदय। (बृ.इति. 6)।

**उदयाचल**—पूर्व का एक कल्पित पर्वत जिसके पीछे से सूर्य का उदय होना माना जाता है। उ. (1)-अति सीतल संकर को गिरि जैसो। सुभ सेन लसै उदयाचल ऐसो।।'-रा., 32/22। उ. (2)-लाल सदन पर लसत सुजानु मानौ उदयाचल पर भानु।।-वी.च., 17/19, 22/31, 24/2।

**उदयाद्रि**—दे. उदयाचल। उ. (1)-'उदयाद्रि सोभन सृंग मानहु सुभ सूरबिलास जू।।'-रा., 14/39। उ. (2)-'जगत बिदित उदयाद्रि सो अरवर देस अनूप।'-भि.ग्रं. 2, का.नि., 2/3।

**उदात्त**—एक अर्थालंकार। किसी भी वस्तु की समृद्धि तथा महान् व्यक्तियों को उस समृद्धि का सहायक मानने से यह अलंकार सम्पन्न होता है। ल. (1)-अति उत्तम कहु बस्तु सो है काहू को अंग, कै समृद्धि अंग आन की द्विबिध उदात्त अभंग।।-प.ग्रं., पद्मा., 266/65। ल. (2)-संपति को अधिकार जो अरु उपलक्षन और। सो उदात्त हूँ भाँति को बरनत कवि सिरमौर।।-मति., ल.ल., 377/361। दे. अतिशयोक्ति, अत्युक्ति। ल. (3)-संपति की अत्युक्ति कों सुकवि कहैं उद्दात। जहँ उपलक्षन बडेन्ह को, ताहू की यह बात।। अन्य लोगों की तरह भिखारीदास ने भी उदात्त के दो प्रकारों का उल्लेख किया है। (1) संपति को अत्युक्ति, उ.-'जगत जनक बरनो कहा, जनक देस को ठाट। सहल महल हीरन बने, हाट बाट करहाट।।' (2) बडेन्ह को उपलक्षण, उ.-' भूषित संभु स्वयंभु सिर, जिन्ह के पग की धूरि। हठि करि पाँव झँवावती तिन्ह सों तिय मगरूरि।।-भि. ग्रं. 2, का.नि., 32-34/111-112। ल. (4)-अधिकारी पहिचानिए उपलच्छन दै मित्र। तासों कहत उदात्त सव सुनि के परम विचित्र।। उ.-'नीठि करी है सुमन वह जसुमति ने समझाइ। तुम आए हौ आजु हरि जाकौ माखन खाइ।।'-सो.ग्रं. 1, र.पी.नि., 316-317/221। ल. (5)-उपलक्षन दै सोधिये अधिकाई सु उदास।। उ.-'तुम जाके बस होत हौ सुनव तनिक सी बात।।'-जस.ग्रं., भा.भू., 190/63।

**उदाम दंडक** (छंद)—इसके प्रत्येक चरण में तेरह रगण (SIS) होते हैं।-भि.ग्रं. 1, छंदा., 12/274।

**उदारता गुण**—औदार्य। इसके होने से काव्य के प्रतिपाद्य अर्थ में उत्कर्ष की प्रतीति होती है। दे. गुण। ल.-जो अन्वयबल पठितवल, समुझि परै

चतुरैन। औरनि कों लागे कठिन गुन उदारता ऐन।। उ.-'कदन अनेकन बिघन को, एकरदन गनराउ। बंदनजुत बंदन करौं, पुष्कर पुष्कराउ।।'-भि. ग्रं. 2, का.नि., 16-17/177।

उदारिज-औदार्य नामक शृंगार रसात्मक अलंकार। दे. अलंकार। उ.-'चारि उदारिज आदि दै सोभादिक त्रय जानि।'-भि.ग्रं. मिश्र, र.सा., 430/62, (द्र. शृंगार नियम), दे. औदार्य।

उदारिज्ज-दे. अलंकार (1), उदारिज। भिखारीदास ने अनुभाव के अन्तर्गत नायिका के स्वभावज अलंकारों की गणना की है। ये नारी के भूषण हैं। सभी अवस्थाओं में विनय अथवा प्रेमानुकूलता औदार्य है। ल.-महाप्रेम रसबस परै उदारिज्ज कहि ताहि। जीवन धण कुल लाज की जहाँ नहीं परवाहि। उ.-'जौ मोहन-मुखचंद में होइ मरे मनु लीन। तौडब कौमुदीझार में छार करौं तन छीन।।'-भि.ग्रं. 1, र.सा., 338-339/49।

उदिष्ट-उदिष्ट, इसके द्वारा मात्रा-प्रस्तार की क्रम संख्या का उचित ज्ञान होता है। उ.-'नष्ट उदिष्ट रू मेरु पताक विमर्कटि सूचिन कों भरि जानै।'-भि.ग्रं. 1, छंदा, 8/166।

उदीपन-उत्तेजित करने की क्रिया, जगाना। उ.-'दरसन आय मदन तब दीन्हा। अति ही आय उदीपन कीन्हा।।'-बो.ग्रं., वि.वा., 9/36।

उदेग-उद्वेग। दे. उद्वेग। विप्रलम्भ शृंगार के अन्तर्गत वियोग की दस (अभिलाष, चिंता, स्मृति, गुणकथन, उद्वेग, प्रलाप, उन्माद, व्याधि, जड़ता और मरण) कामदशाओं में से एक। सुखदायी वस्तुओं के दुःखदायी हो जाने से चित्त का व्याकुल होना। ल.-मैन बिथा तें दुख दसे, लगत सुखद जे साज। दुखद दसा उदवेग की बरनत कवि सिरताज।।-कृ.ग्रं., हि.त., 379/81। उ. (1)-'अथिर उदेग गति देखि कै अनंदघन, पौन बिडर्‌यौ सो वन-बीथिन रर्‌यौ करै।।-घ.क., 57/61, 95/79, 106/83, 109/84, 364/188, 420/204, 429/207, 452/213, 460/217, 488/225, उ. (2)-'प्रथम लाख अभिलाख वहुरि गुनकथन गुनन गनि। पुनि सुमिरन उद्वेग प्रगट उनमाद तहाँ मनि।-बो.ग्रं., वि.वा., 23/53, 30/53।

उदैगिरि-(1) उदयगिरि। उड़ीसा प्रांत के पुरी जिले का एक पर्वत। यह सामान्य वनपथ में खंडगिरि से स्वतंत्र है। अति पूर्व काल से (प्रायः 301 ई. के पहले) उदयगिरि अपनी पर्वतगुफाओं के लिए प्रसिद्ध है। रानी हंसपुरी, भजन, जया, विजया, अनंत, हस्ति, पवन और व्याध गुफाएँ प्रधान हैं। पर्वत तोड़कर गुफाएँ बनी हैं, यद्यपि आजकल इनकी अवस्था नितांत जीर्ण हो गई है। अनेक स्थानों में व्याघ्र, भालू आदि रहते हैं। पूर्व काल में इन सकल गुहाओं में बौद्ध धर्मावलंबी यति तथा संन्यासी रहा करते थे। अनेक गुहाएँ संघाराम नाम से विख्यात थीं। इन्हें देखने के लिए पहले कितने ही बौद्ध यात्री यहाँ आते थे। ई. की सप्तम शताब्दी में चीनी परिव्राजक चुअन् चुयंग यहाँ आये थे। उन्होंने पुष्पगिरि नामक संघाराम की बात लिखी है। अनुमान है कि यह संघाराम उदयगिरि के ऊपर या पास ही कहीं रहा होगा। (हि.विश्व.वसु.)। (2) दे. उदयाचल, उदयाद्रि। उ.-'सूर के उदोत उदैगिरि से उदित अति, ऐसे गजराजराजै राजा रामचंद्र पौरि।।'-क.प्रि., 8/28।

उदैपुर-उदयपुर-राजस्थान का एक अति-प्रसिद्ध, प्राचीन, ऐतिहासिक नगर। मेवाड़ की पुरानी राजधानी का नाम। उ.-'द्यौस गनगौर के सु गिरिजा गुसाइन की छाई उदैपुर में बधाई ठौर ठौर है।'-प.ग्रं., प्रकी., 81/325।

उदैन मिश्र-उदयन मिश्र, वीरसिंह का प्रमुख दरबारी। उ.-'दुहूँ पिरिन कहि लीनौ जबै। मिश्र उदैनि बोलियौ तबै।।'-वी.च., 9/40।

उदैभानौ-उदयभानु। सिंहगढ़ (कोंडना) किले का साहसी, वीर और पराक्रमी किलेदार। 1670 ई. में तानाजी मालसरे ने अँधेरी रात में इसके किले पर आक्रमण किया। उदयभानु राठौर ने तानाजी को द्वंद्व युद्ध के लिए ललकारा। दोनों वीर लड़ते-लड़ते मारे गए। बाद में तानाजी मालसरे के भाई सूर्यजी मालसरे ने सम्पूर्ण किले पर कब्जा कर लिया।-भू.ग्रं., भूमिका, उ.-'राठिवरौ कौ संहार भयो भिरि कै सरदार गिरयौ उदैभानौ।।'-भू.ग्रं.,

शि.भू., 92/145।

**उद्दीप**—दे. उद्दीपन। उद्दीपन विभाव रस का पोषण और वर्धन करने वाली वस्तु। ल.-जिनते दीपति होति है ते उद्दीप बखानि।।...अवलोकनि आलाप परिरंभन नख-रद-दान। चुंबनादि उद्दीप ये मर्दन परस प्रमान।।-र.प्रि., 6/5,7।

**उद्दीपन**—दे. उद्दीप। स्थायी भाव को उद्दीप्त करने वाले, उत्तेजित-प्रकाशित करने वाले तत्व। ल. (1)-जो रस को दीपति करै उद्दीपन है सोइ।-जस.ग्रं., भा.भू., 37/15। ल. (2)-उद्दीपन के भेद बहु, सखी वचन दै आदि। समय साज लो बरनिये, कविकुल की मरजादि।। सखी आदि रूचिकर वचन, रूचिर सब्द जग जौन। समय साज लखि मन बढ़े उद्दीपन बिधि तौन।।-कृ.ग्रं., हि.त. 11-12/6। ल. (3)-जिनहिं बिलोकतहीं तुरत रस उद्दीपित होत। उद्दीपन सु बिभाव है कहत कविन को गोत।। सखा सखी दूती बिपिन उपबन षट्रितु पौन। उद्दीपनहि विभाव में बरनत कबि मति ौन।। चंद चाँदनी चंदनहु पुहुप पराग समेत। यों ही और सिंगार रस उद्दीपन के हेत।।-प.ग्रं , जग., 335-337/152-153। ल. (4)-सखी दूति क्रा प्रथमहीं उद्दीपन में जानि। बरनौं जातिप्रमान ज चतुराई की खानि।।-भि.ग्रं., र.सा., 200/29। f .खारीदास ने धाइ, सखी जनी, नाइनि, नरी, सोनारिनि, परोसिनि, चुरिहारिनि, पटइनि, बरइनि, रामजनी, संन्यासिनि, चितेरिनि, धोबिनि, रंगरेजिनि, कदेरिनि, को दूतियों में गिना है। उद्दीपन भेद-ल. (5)-सुरितु चंद सुर बास सुभ फल अरु फूल समाजु। अवलोकन आलाप मृदु सब उद्दीपनसाजु।।- वही, 242/35। ल. (6)-मंडन सिक्षा गुनकथन उपालंभ परिहास। स्तुति निंदा पत्री बिनय बिरह- प्रबोध-प्रकास।।-वही, 248/36। ल. (7)-दुखद रूप हैं बिरह में सब उद्दीपनगोत। समय समय निजु पाइकै अनुभावौ सब होत।।-वही, 444/64। ल. (8) आलिंगन चुंबन परस मरदन नखरद-दानु। इत्यादिक संभोग के उद्दीपन जिय जानु।।-वही, 445/64।

**उद्देसकुल**—कवि एवं आचार्य केशवदास का वंश। उ.-'कुंभवार उद्देसकुल प्रगटे तिनके बंस।'-क.प्रि., 2/5।

**उद्धत छंद**—ल.-होइ चारि हू चरन में दस दस कल बिश्राम। सब चालीस कला चरन सो उद्धत कहि नाम।। (चार चरण, प्रत्येक में 40 मात्राएँ, प्रत्येक दस मात्रा पर विश्राम)। उ.-'गिन्यो तृन तूल जिहि, राज सब अवनि कौ, जग्यौ आतंक बर, लंकपति धरनि पै।'-सो.ग्रं. 1. र.पी.नि., 53-54/31।

**उद्धव**—कृष्ण के मातुल एक यादव। ये सत्यक के पुत्र और बृहस्पति के शिष्य थे। इनका दूसरा नाम देवश्रवा था। ये वृष्णियों के मंत्री और श्रीकृष्ण के सखा थे। ये यादव सभा के सभासद थे। ये श्रीकृष्ण का संदेश लेकर गोपियों के पास गोकुल गये थे। अनेक युद्धों में भी इन्होंने यदुवंशियों का साथ दिया था। जरासंध के युद्ध में तथा युधिष्ठिर के राजसूय यज्ञ में ये मंत्रदाता के रूप में प्रतिष्ठित थे। उद्धव अंतिम दशा में बदरिकाश्रम में रहते थे। श्रीकृष्ण ने इन्हें ज्ञान का उपदेश दिया। (हिं.विश्व. वसु; पौ.को.)। उ.-'उद्धव तुम ह्यों कौन सों, कही जोगी की गाथ।'-क.प्रि., 3/29।

**उद्बुद्धा**—दे. उद्बोधिता। अपनी ही इच्छा से उपपति से प्रेम करने वाली परकीया नायिका। शृंगारमंजरीकार ने इसके गुप्ता, निपुणा और लक्षिता नामक तीन भेद किये हैं। इन तीनों में गुप्ता के तीन, निपुणा के तीन और लक्षिता के दो भेद किये गये हैं। ल.-आपुन ते अनुरागिनी होइ परोढा नारि। समुझि बड़े साहिब कहत उद्बुद्धा सु विचारि।। भे.-उद्बुद्धा यह तीनि विधि, प्रथमहि गुप्ता जानि। पुनि निपुता अरु लच्छिता, सुजन लेऊ मन आनि।। कही जु गुप्ता नायिका सो, पुनि त्रिविध विचारि। वृत्त सुरतगोपना इत, प्रथमा लेहु निरधारि।। बहुरि सुनो वर्तिमान रति, गोपनशीला नारि। बहुरि वृत वर्तिष्यमान रति गोपन सील विचारि।।-शृं.मं., चिंता., 82/26; 84, 85, 86/27। उद्बुद्धा उ.-'अकथ लाज विरहित गरु गरै पर्‌यो अनुराग। यों टूट्यौ कुलशील डरु, ज्यो मृनाल को ताग।।'-शृं.मं., चिंता, 83/27।

**उद्बुद्धा परकीया**—ल. (1)-मिलन-पेंच

आपुहि करै उद्बुद्धा है सोइ।-भि.ग्रं., र.सा., 75/13। ल. (2)-उद्बुद्धा उद्बोधिता द्वै परकिया बिसेखि। निज रीझै सुपुरुष निरखि उद्बुद्धा सो लेखि। अनूढ़ानि को चित् जो निबसै निहचल प्रीति। तौ सुकियन की गति लहै सकुंतला की रीति।।-भि. ग्रं., शृं.नि., 84-85/108। उद्बुद्धा-भेद -ल. (3)-प्रथम होइ अनुरागिनी प्रेम-असत्ता फेरि। उद्बुद्धा तेहि कहत पुनि परम प्रेमरस घेरि।।'-भि. ग्रं., शृं.नि., 86/108। भिखारीदास ने उद्बुद्धा के अनुरागिनी और प्रेमासक्ता दो भेद माने हैं। अनुरागिनी में धीरत्व आवश्यक है।

**उद्बोधिता**--शृंगार मंजरीकार ने परकीया के दो भेदों (कन्या और परोढ़ा) में से परोढ़ा (ब्याही परपुरुषानुरागिनी) के दो भेद किये हैं- उद्बोधिता और उद्बुद्धा। इस उद्बोधिता के भी तीन भेद हैं- धीरा, अधीरा और धीरा धीरा। उद्बोधिता वह परकीया नायिका है जो उपपति के चतुराई द्वारा प्रकट किये हुए प्रेम को समझकर प्रेम करती है। ल.-नायक रचित उपाय सों अनुरागिनि जो नारि। कहत बड़े साहिब सुतो उद्बोधिता विचारि।। उ.-'केलि कला गुन आगर नागर रूप मनोजहु तें सरसाए। प्रीति प्रवीन बड़े बड़े साहिब तेरे कटाच्छ विलास लुभाये। तैजु कही सो सुनी सखि तूँ लखि मेरी दसा के सुभाव सुहाये। प्रेम समुद्र उमंग-तरंग से नैननि के मग ह्वै कढि आये।।'-शृं.मं., चिंता., 76-77/25।

**उद्बोधिता (परिकाया)**—ल. (1)-जो नायक पेंचनि मिलै उद्बोधिता सो होइ।।-भि.ग्रं., र.सा., 75/13। ल. (2)-जा छबि पगि नायक कोऊ लावै दूतीघात। उद्बोधिता सा परकिया असाध्यादि बिख्यात।।-भि.ग्रं., शृं.नि., 91/109। ल. (3)-उद्बोधिता भेद-प्रथम असाध्या सी रहै दुखसाध्या पुनि सोइ। साध्य भए पर आपही उद्बोधिता सु होइ।।-वही, 92/109। भिखारीदास ने उद्बोधिता साध्या का उदाहरण दिया है।-वही, शृं.नि., 98/111।

**उद्वेग**—दे. उदेग, उदबेग। ल. (1)-होय सुखदहूँ दुखद सब जहँ बियोग में आइ। सो उद्वेग दसा समझि बरनत हैं कबिराइ।।-सो ग्रं. 1, र.पी. नि., 15/133। ल. (2)-अभिलाष सु चिंता गुनकथन स्मृति उद्वेग प्रलापु।।-र.प्रि., 8/9, 8/30; ल-(3)—दुखदायक ह्वै जात जहँ सुखदायक अनयास। सो उद्वेग दशा दुसह जानहु केसवदास।।र. प्रि. 8/30, बो.ग्रं., वि.वा., 23/53।

**उधो**—दे. उद्धव। उ.-'अब उधो सुनो यह प्रीत की रीत जु काछिये काछ सुई नचिये।'-ठाकुर, 42/12, 43/12, 45/13, 47/13।

**अनमदन**--उन्मदन। काम से पीड़ित होना। प्रेम में मत्त होना। उ.-'उच्चाटन सर लाय मोहन सोषन उनमदन।'-बो.ग्रं., वि.वा., 8/36।

**उनमाद**—दे. उन्माद। तैंतीस संचारियों में से एक। ल. (1)-अविचारित आचरन जो सो उनमाद बखानि। व्यर्थ वचन रोदन हँसी ये सुभाव तहँ जानि।।-प.ग्रं., जग., 563/198। ल. (2)-चित्त भ्रमन उनमाद है, बरनत रसिक प्रवीन।।-सो.ग्रं. 1, र.पी.नि., 29/54। उ.-'रूप-गुन-मद-उनमाद, नेह-तेह-भरे, छल-बल-आतुरी चटक चातुरी पढ़े।।'-घ.क., 233/139।

**उनमुन**—उन्मन। संसार से निर्लिप्त या पृथक रहने की स्थिति। उ.-'उनमुन उनमुन उनमुन मेला। इस्कहकीकी झेलम-झेला।'-बो.ग्रं., वि.वा., 57/56।

**उन्माद**—तैंतीस संचारियों में से एक। दे. संचारी, व्याभिचारी। दे. उनमाद। ल. (1)-उन्माद मरन अवहित्थ है व्यभिचारी युत आधि।।-र.प्रि. 4/14। ल. (2)-तरकि चलै पुनि उठि चलै चितै रहै मुँह देखि। सो उन्माद जनावहीं रोवै हंसै बिसेखि।। र.प्रि., 8/40। ल.(3)-बढ़त बिरह तन होइ भ्रम, क्रिया बचन तन और। करै विकल उन्माद सो, कहै सुकवि सिरमौर।।-कृ.ग्रं., हि.त., 376/81। ल. (4)-तिय मूरति मूरति भई है जड़ता सब गात। सो कहिये उनमाद बस सुधि बिन निस दिन जात।।-जस.ग्रं., भा.भू., 34/14; बो.ग्रं., वि.वा., 31/54; घ.क., 320/172। ल. (5)-उन्मादहि बौरैबौ ल्यावै। बिनु बिचार आचारहि ठावै।।-भि. ग्रं., र.सा., 495/72; वही, शृं.नि., 238/141। ल.

(6)-अति प्रीतम कौ बिरह जब होइ महा दुखदानि। बृथा करै करतूति सब सो उन्माद बखानि।।-सो. ग्रं. 1, र.पी.नि., 25/136। ल. (7)-उतकंठा तें मोहमय बृथा करत कछु काज। ताहि कहत उन्माद हैं कबि कोबिद सिरताज।।-मति.ग्रं., र.रा., 418/294।

**उन्मीलित**—एक अर्थालंकार। एक वस्तु का दूसरी वस्तु में निलय हो जाने पर भी किसी कारणवश उसकी पृथकता की प्रतीति जहाँ हो, वहाँ यह अलंकार होता है। ल. (1)-भेद फुरै मीलित बिषै उन्मीलित चित चेप।। उ. (1)-'समझो परत सुगंध तें तन केसर को लेप।।'-प.ग्रं., पद्मा., 244/62। ल. (2)-'सराद चाँदनी में प्रगट होत न तिय के अंग। सुनत मंजु मंजीर धनि सखी न छोड़ति संग।।'-मति.ग्रं., ल.ल., 346/349। ल. (3)-जहाँ मिलित सामान्य में कछू भेद ठहराइ। उ.-'जमुना-जल में मिलि चली, उन अँसुवन की धार। नीर दूरि तें ल्याइयतु, जहाँ न पैयतु खार।'-भि.ग्रं. 2, का.नि., 42/139। ल. (4)-उन्मीलित सादृस्य तें भेद फुरै तव मानि॥-जस.ग्रं., भा.भू., 175/58।

**उन्मीलित विशेष**--दे. उन्मीलित। ल. (1) जहँ मीलित सामान्य में पैयत भेद विसेख। उन्मीलित सबिसेष कबि बरनत मति उल्लेख।।-मति., ल.ल., 345/356। ल. (2)-है विसेष उनमिलित मिलि क्यों हूँ जान्यो जाइ। मिल्यो कमल-मुख, कमल-बन, बोलत ही बिलगाइ।।-भि.ग्रं. 2, का. नि., 30/21। उ.-'मनमोहन-मनमथन कों, द्वै कहतो को जान। जौ इनहूँ कर कुसुम को होतो बान कमान।।-भि.ग्रं. 2, का.नि., 45/140।

**उपंग**—एक बाजा। उ. (1)-'चांग मृदंग उपंग बजै मुँह चंग सजै मुख हो हो री होरी॥'-वृं.ग्रं., स्फु.छं., 74/330। उ. (2)-'ताल मृदंग उपंग सुनत संगीत गीत निसि।।' क.प्रि., 10/34।

**उपचार**—विरह या वियोग की अवस्था में कष्ट शांति के लिए किए गए उपाय। उ. (1)-'सखिन करति उपचार अति परति विपति उन रोज। झुरसत ओज मनोज के परसि उरोज सरोज।। मति., म.सत., 521/411। उ. (2)-'जेतक सीतल है उपचार तजे अनि तेतक चित्त न चाहे।।'-वृं.ग्रं., भा.पं., 14/16। उ. (3)-'यौंहि सुन्यो पिय गौन तिया तब आन महा बिरहागन घेरी। देखि दसा उपचार करे सखि ए कहि बृंद न आवत नेरी।।-वृं.ग्रं., स्फु.छं., 108/339।

**उपचित्रक छंद**--इसके प्रत्येक चरण में ग्यारह वर्ण होते हैं। प्रथम और तृतीय चरण में मात्रा क्रम है- (11S 11S 11S 1S)। दूसरे और चौथे चरण में मात्रा क्रम है- (S11 S11 S11 SS)। ल.-सगना सगना सगना लगो, भागनु भागनु भागनु कर्नो। अखरा चहु पायनि ग्यारहै, छंद सही उपचित्रक बर्नो।। उ.-'उन उठै कर जासु सलाम सें, बात कह मिल उत्तर नाहीं। न करो दुख मानव जानिकै, मित्र सु है उपचित्रक माहीं।।'-भि.ग्रं., छंदा., 4-5/267।

**उपदेश चिंतामणि**—रच.-स्वामी ब्रह्मानंद (दे.), (बृ.इति. 7)।

**उपदेश बत्तीसी**—रच.-जसराज (दे.), विव. -इसमें कायास्वरूप, मायात्याग, क्रोधदूषण, मानदूषण, आदि विषयों पर कवित्त छंद में भावपूर्ण रचना की गयी है। (बृ.इति. 7)।

**उपदेशशतक**—रच.-हेमराज (दे.), (बृ.इति. 7)।

**उपदेशसत्तरी**—रच.-श्रीसार (दे.), विव.-बुढ़ापे की विवशता और स्वार्थी संतान।

**उपनागरिका**—दे.वृत्ति। ल.-मधुर बरन जामें सबै उपनागरिका जानि।।-जस.ग्रं., भा.भू., 202/76।

**उपपति**—नायक का एक भेद। ल. (1)-पति उपपति बैसिक त्रिबिध नायक भेद बखान। बिधि सों व्याह्यौ पति कह्यो कवि मतिराम सुजान।।-मति. ग्रं., र.रा., 240/256। ल. (2)-जो परनारिन को रसिक उपपति ताहि बखानि।।-मति.ग्रं., र.रा., 256/259। ल. (3)-परतिय ही के गेह में पड़्यौ रहै दिन रैन। उपपति सो उर आनिए बरनत है कवि ऐन।।-सो.ग्रं. 1, र.पी.नि., 15/114। ल. (4)-पति उपपति बैसिक गुनौ, होत चलन तें जानि।।-कृ. ग्रं., हि.त., 39/11। उ. (1)-'प्रीति परम कहि कौन निज पतिज उपपति गनिक की। ये विरही कहि तौन

जौन होय सबते सरस।।-बो.ग्रं., वि.वा., 37/25। उ. (2)-'प्यारो उपपति तें सु होत अनुकूल तुम प्यारी परकीया में सुकीया होन चाहतीं।।-प.ग्रं., जग., 363/158। ल. (5)-आसिक और तियान को उपपति ताकों जानि।।-भि.ग्रं. 1, शृं.नि., 10/90।

**उपपति**—दे. उपपति। ल.-जो परनारी को रसिक, सो उपपति मन आनि। उ.-'आवै झरोखे सरोजमुखी, अलबेली मनोज के समान ही तें। चित्तु छकै अलि हेमलता, अवलोकन फूल की वासन ही तें। संगम को सुख धन्य धरे, हरि न छिहरै दुख हा सन ही तें। मोद समुद्र अगाध बढ़ै, मृगनैनी के नैन विलासन ही तें।।'-शृं.मं., चिंता., 468-469/137।

**उपपत्ति**—दे. उपपति। ल.-स्वकियापति सों पति कहै परनारी उपपत्ति। -जस.ग्रं., भा.भू., 8/6।

**उपबास**—उपवास। उ.-'धूमरपान करै उलटो उपबासनि छीन करै तन ही। -जस.ग्रं., सि.बो., 5/169; वही, सि.सा., 124/182, 77/178।

**उपबेद**—वेदों से निकली लौकिक विद्याएँ- आयुर्वेद, धनुर्वेद, गंधर्ववेद, स्थापत्यवेद आदि। उ.-'बेद उपबेद बेध बंधन बिधानु हैं।।'-क.प्रि., 6/70।

**उपमा**—एक प्रमुख अर्थालंकार। ल. (1)-रूप सील गुन होहि सम जौ क्यों हूँ अनुसार। तासों उपमा कहत कवि, 'केसव' बहुत प्रकार।-क.प्रि., 14/1। केशवदास ने 22 भेदों का लक्षणनिरूपण किया है। 1. संशयोपमा, 2. हेतूपमा, 3. अभूतोपमा, 4. अद्‌भुतोपमा, 5. विक्रियोपमा, 6. दूषणोपमा, 7. अतिशयोपमा, 8. उत्प्रेक्षितोपमा, 9. श्लेषोपमा, 10. धर्मोपमा, 11. विपरीतोपमा, 12. निर्णयोपमा, 13. लक्षणिकोपमा, 14. असम्भावितोपमा, 15. विरोधोपमा, 16. मालोपमा, 17. परस्परोपमा, 18. संकीर्णोपमा आदि (दे.)। ल. (2)-उपमेयहु उपमान को इक सम धरम जु होइ। उपमा वाचक पद मिलें उपमा कहिये सोइ।।-प.ग्रं., पद्‌मा., 7/33। पद्‌माकर ने उपमा के निम्नलिखित भेदों का लक्षण निरुपण किया है-पूर्णोपमा, लुप्तोपमा, मालोपमा, रशनोपमा, उपमेयोपमा (दे.)। शब्द और अर्थ की दृष्टि से भी उन्होंने उपमा के दो भेद किये हैं। ल. (3)-सो श्रौती सब्दहिं सुनत जहँ बाचक को ज्ञान। अर्थ निरूपै आरथी द्वै विधि उपमा जान।। आर्थी उपमा का उ.-'कमल-चोर दृग तुव अधरी विद्रुम रिपु निरधार। कुच कोकन के बंधु हैं तम के बारी बार।।'-प.ग्रं., पद्‌मा., 20-21/35। ल. (4)-जहाँ बरनिये दुहुनि की सम छबि को उल्लास। पंडित कबि मतिराम तहँ उपभा कहत प्रकास।।-मति.ल. ल., 40/305। ल. (5)-कहुँ काहू सम बरिनिये, उपमा सोई मानि। उ.-'बिमल बालमुख इंदु सो यौं ही औरौ जानि।।-भि.ग्रं. 2, का.नि., 2/18। भिखारीदास ने आर्थी और श्रौती दो प्रकार की उपमाओं का वर्णन किया है। आदि काल से ही वर्ण्य उपमेय की समता उपमा कही जाती है। उसे ही आर्थी उपमा कहते हैं। समता, समता के वाचक शब्द, धर्म और वर्ण्य चारों जहाँ एक स्थान पर हों, वहाँ पूर्णोपमा होती है, जैसे 'ससि सो निर्मल मुख'। इसमें ससि से समता है, सो वाचक है, निर्मलता धर्म है और वर्ण्य सुमुख है। ल.छ (1) समता समवाचक धरम वर्ण्य चारि इक ठौर। ससि सो निर्मल मुख, जथा पुरन उपमा डौर।। ससि समता सो समवचन निर्मलता है धर्म। बर्न्य सुमुख इहि भाँति सों, जानौ चारौ मर्म।। इसी आर्थी उपमा के अन्तर्गत भिखारीदास ने बहुत से धर्मों से पूर्णोपमा, पूर्णोपमामाला, अनेक की एक मालोपमा, एक की अनेक मालोपमा, भिन्न धर्म की मालोपमा, एक धर्म की मालोपमा, अनेक अनेक की मालोपमा का वर्णन किया है। इसी आर्थी उपमा में लुप्तोपमा के भेदों (धर्म लुप्तोउपमा) का वर्णन कर प्रतीप तथा उसके भेदों का सोदाहरण परिचय दिया है।-भि.ग्रं. 2, 9-46/69-75। ल. (6)-इहि विधि सब समता मिलै उपमा सोई जानि।-जस.ग्रं., भा.भू., 42/17।

**उपमा-अतिसयोक्ति**—दे. अतिशयोक्ति, अतिसयोक्ति। ल.-बुधिबल तें उपमान पर अधिक अधिकई होइ। तब उपमा-अत्योक्ति है, प्रौढ़ उक्ति है सोइ।। उ.-'बाड़ौ की आँच तें ताप बुझाए महाबिष के जम जी के संवारे। मारन-मंत्र से बीजुरीसान लगे ये नराच से नैन तिहारे।।'-भि.

ग्रं. 2, का.नि., 24-25/110।

**उपमाउपमेय**—ल.-उपमा लागे परसपर सो उपमाउपमेय।-जस.ग्रं., भा.भू., 46/18।

**उपमान**—वह वस्तु जिसकी उपमेय से तुलना की जाय। ल.-जाकी सम सों कीजिय तु वह उपमान गनाउ।।-प.ग्रं., पद्मा., 5/33।

**उपमानालंकार**—आठ प्रकार के प्रमाणालंकारों में से एक। ल.-जु सादृस्य के ज्ञान तें अलख जु उपमितिज्ञान। होत जहाँ तहँ जानिये यह उपमान प्रमान।।-प.ग्रं., पद्मा., 315/71।

**उपमाश्लेष**—एक पद को काट कर दो या तीन पद करें अथवा पदों के भिन्न-भिन्न अर्थ लें, उसे भिन्न पद या उपमाश्लेष कहते हैं। इसे उपमाश्लेष इसलिए कहते हैं कि ऐसे श्लेष प्रायः उपमा के लिए लिखे जाते हैं। ल.-पद ही में पद काटिये, ताहि भिन्न पद जानि। भिन्न अर्थ पुनि पदन के, उपमा श्लेष बखानि।।-क.प्रि., 11/36।

**उपमेय**—ल. बर्नन कीजतु जाहि को सु उपमेय चित ल्याउ।।-प.ग्रं., पद्मा., 5/33।

**उपमेयोपमा**—दे. उपमा। उपमाअलंकार का एक भेद। ल. (1)-उपमेयोपमा परसपर उपमेयहु उपमान।। उ.-'बचन अमृत सो अति मधुर अमृतहु वचन समान।।'-प.ग्रं., पद्मा., 27/35। ल. (2)-उपमा दोऊ दुहुन की, सो उपमा उपमेय। उ.-'तामरसतार से तेरे कच सुकुमार।।'-भि.ग्रं. 2, का.नि., 31-33/73।

**उपमेयोपमान**—ल. (1)-जाको वर्णन कीजिये सो उपमेय प्रमान। जाकी समता दीजिए ताहि कहत उपमान। जहाँ बरनिये दुहुनि की सम छबि को उल्लास। पंडित कबि मतिराम तहँ उपमा कहत प्रकास।।-मति., ल.ल., 39-40/305। ल. (2)-अलंकार के मूल हैं उपमेय रु उपमान। ताते तिन कौं प्रथम ही बरनतु सुनो सुजान। जाकौ समता दीजिए सो उपमेय बताइ। जाकी समता दीजिए सो उपमान सुभाइ।।-सो.ग्रं. 1, र.पी.नि., 1-4/82।

**उपरम**—विरति। वैराग्य। उदासीनता। उ.-'छोड़ी बसतन फिरि चहैं सोई उपरम जानि।।'-जस. ग्रं., आ.वि., 59/120।

**उपस्थित छंद**—एक चरण में क्रम से दो गुरु, सगण (।।ऽ), दो लघु, गुरु और अन्त में यगण (।ऽऽ) होते हैं। ग्यारह वर्ण होते हैं। ल.-कर्नो सगनो पिय गो यगंनो। सोपस्थित है दस एक बंनो।। उ.-'आली दृढ़ई बहुतै कियेहूँ। कोप-स्थित ही सु रहै न केहू।।'-भि.ग्रं. 1, छंदा., 12-13/248।

**उपादान लक्षण**—प्रयोजनवती शुद्धा लक्षणा का प्रथम भेद उपादान लक्षणा है। दूसरे का गुण लेने (आदान) के कारण उपादान लक्षणा कहते हैं। ल. (1)-उपादान सो लक्षना, परगुन लीन्हें होइ।। उ.-'कुन्त चलत सबं जग कहै, नर बिनु चलै न सोइ।।'-भि.ग्रं., का.नि., 28/10।

**उपादाना**—दे. उपादान लक्षणा। ल.-आधार रु आधेय कौ जहाँ जानिएँ भाउ। तहाँ उपादाना कहौ रसिक सुबुद्धि सुभाउ।। उ.-'जग सुमेरू पति कौ जपै, बरनै सिवहि सुमेर। दुवौ लहैं अभिलाष फल पलकौ लगै न बेर।।-सो.ग्रं. 1, र.पी.नि., 29/45।

**उपाय**—नायक-नायिका के मानमोचन के उपाय-साम, दान, भेद। केशवदास ने इनके अतिरिक्त प्रणति, उपेक्षा और प्रसंग विध्वंस का भी निरूपण किया है। ल.-मान तजहिं प्रीतम प्रिया, कहि 'केसव' करि प्रीति। बरनि सुनाऊँ सुनहु सब, मैं जु सुनी षट रीति। साम दान मनि भेद, प्रनति उपेच्छा मानि। पुनि प्रसंग-विध्वंस अरु, दंड होइ रस-हानि।।-र.प्रि., 10/1-2।

**उपायाक्षेप**—दे. आक्षेप। आक्षेपालंकार का एक भेद। ल.-कौनहु एक उपाय कहि, रोकै प्रिय प्रस्थान। तासों कहत उपाय कबि केसवदास सुजान।।-क.प्रि., 10/21।

**उपालम्भ**—भिखारीदास द्वारा बताये गये 12 सखी कर्मों में से एक। दे. सखीकर्म।-भि.ग्रं., मिश्र, शृं.नि., 215-217/136। ल. (1)-निंदा सहित बचन जो जानौ। उपालम्भ कहि ताहि बखानो।।-सो. ग्रं. 1, र.पी.नि., 17/109। ल. (2)-उपालम्भ सु उराहनो।-प.ग्रं., जग., 352/155।

**उपालम्भ शतक**—रच.-रसरूप (दे.), विव-उद्धव-गोपी संवाद। (स. सर्वे.)।

**उपासन**—उपासना, पास बैठना, सेवा करना,

पूजा करना, आराधना करना। उ.-'अष्ट उपासन आगम मारग आहुत होम निरंतर ही।।'-जस.ग्रं., सि.बो., 1/168।

**उपासना बोध**—रच.-अक्षर अनन्य (दे.), (बृ.इति. 7)।

**उपासना शतक**—रच.-रामचरणदास (दे.), (बृ.इति. 7)।

**उपेंद्र**—इंद्र के छोटे भाई, वामन या विष्णु भगवान्। श्रीकृष्ण। उ.-'इंद्र को अनुज तैं उपेंद्र अवतार याते तेरी बाँहि-छाँहि लै सलाहि साँधियतु है।'-भू.ग्रं., शि.भू., 95/146।

**उपेंद्रवज्रा छंद**—ल.-तक्कार कर्नो सगनो यगंनो। है इंद्रवज्रा दस एक बंनो। उपेंद्रवज्रा जगनादि सोई। दुहूँ मिले पै उपजाति होई।। (।S। SS ।।S ।SS)-भि.ग्रं. 1, छंदा., 8/248।

**उपेक्षा**—मानमोचन की विधियों में से एक। ल. (1)-मान मुचावन बात तजि कहियै और प्रसंग। छुटि जात जहँ मान सो, कहत उपेच्छा अंग।।-र. प्रि., 10/20। ल. (2)-बैन कहै न सुनै सु यौ, उदासीन कछु भाव। ताहि उपेक्षा कहत कवि, सुनो रसिक धरि चाव।।-कृ.ग्रं., हि.त., 301/66।

**उभयावृत्ति-दीपक**—दे. आवृति दीपक, दीपक। भिखारीदास ने आवृत्तिदीपक के मुख्यतः दो भेद किये हैं-शब्दावृत्ति दीपक और अर्थावृत्ति दीपक। इन दोनों के समन्वय से तीसरा आवृत्ति दीपक अलंकार उभयावृत्ति दीपक है। उ.-'तोर्‌यो नृपगन को गरब तोर्‌यो हर को दंड। राम जानकी जीय को तोर्‌यो दुख्ख अखंड।।'-भि.ग्र. 2, का.नि., 36/173। दे. अर्थावृत्ति दीपक, आवृत्ति दीपक।

**उमराउ**—सरदार, सामंत, दरबारी। उ.-'सब सत्रु संघारहु जी जिनि मारहु सजि जोधा उमराउ।'-क.प्रि., 3/42।

**उमराउ सिंह**—द्र. उमराव सिंह। उ.-'उमराउ सिंह उराउ करि अरि-मुंड-मुंडन कौं हरै।' प.ग्रं., हि.व.वि., 154/22।

**उमराव**—बड़े सरदार। उ.-'अरतैं गुसुलखान बीच ऐसे उमराव लै चले मनाय सिवराज महाराज कौं।-भू.ग्रं., शि.भू., 33/133।

**उमराव गिरिनंदन**—अनूपगिरि हिम्मत बहादुर के बड़े भाई उमरावगिरि के पुत्र। उ.-'झारी तहाँ तरवार नृप उमराव-गिरि-नंदन बली।' प.ग्रं. 1, हि.ब.बि., 143/20।

**उमरावसिंह**—सेंगर कंसराज का पुत्र। उ.-'उमराव सिंह नृसिंह-सो पैठो सुबीर बिदारिकै।'-प. ग्रं., हि.ब.बि., 153/22।

**उमा**—शिव पत्नी। उ. (1)-'कहै पदमाकर त्यों धोखे में उमाके गज गौनिन की गोद में गजानन की दौर है।'-प.ग्रं., प्रकी., 81/325; वही, जग., 573/200। उ. (2)-'रीति महेस उमा की महा रसरीति निरंतर राम रमा की।।'-भू.ग्रं., प्रकी., 558/242।

**उमादास**—पटियाला दरबार के राज कवि। समय-सं. 1900 से पूर्व। रच.-नीति रत्नाकर, नाममाला, कुरुक्षेत्र महात्म्य, पंचरत्न, काव्यकुतूहल, सुदामा चरित्र, बारामांह। (बृ.इति. 7)।

**उमानाथ**—महादेव, शंकर, शिव। उ.-'उमानाथ आसन सो चलैं। धरासहित धाराधर हलै।।'-बो. ग्रं., वि.वा., 49/184।

**उमापति**—शिव, महादेव। उ.-'हेरत उमा को यों उमापति हितै रहै।'-प.ग्रं., जग., 573/200।

**उमापति त्रिपाठी कोविद**—जन्म-सं. 1851; स्थान-पिंडीग्राम, जिला-देवरिया; पिता-पं. शंकरपति त्रिपाठी; रचनाएँ-न्यायतरंगिनी, महातत्वप्रकाश, कपिलसूत्रसारोहार,पतंजलिसूत्रवृत्ति,वेदांतकल्पल-तिका, वृत्तप्रकाश, भाष्यटिप्पण, शब्देंदुधराधर, व्याख्येंदुधराधर, पूर्वपक्षीय, वेदस्तुतिटीका, सख्य-सरोज-भास्कर, गीतगोविंद, उमापतिशतकत्रय, सुधामंदाकिनीस्तोत्र, सरयूअष्टक, सीताशतनाम, वर्णमाला, रामजानकीस्तोत्र, रम्यपदावली, दोहावली रत्नावली, श्रीधरशतक, रुद्राष्टक, दर्शनशतक, कालिकाअष्टक, अयोध्याविंशतिका, करुणाकल्पलता, रघुनाथस्तोत्र, हनुमदष्टक, लम्बोदरअष्टक, रामस्तोत्र, जानकीस्तोत्र, रघुनंदनषोडशक, हनुमत कुंडलिया, विचित्र रामायण, रामसंगीत, ऋतुवर्णन, होलिका-विसर्जन, अक्षरमाला भाष्य, दिग्विजयशतक, तथा रामसहसनाम। (बृ.इति. 7)।

**उमापति-शतक-त्रय**—रचयिता-पं. उमापति त्रिपाठी 'कोविद' (दे.), (बृ.इति. 7)।

**उपमेयोपमान**—एक अर्थालंकार। ल.-जहाँ होत है परसपर उपमेयो उपमान। तहँ उपमेयोपमा कहि बरनत सुकबि सुजान।।-मति., ल.ल., 55/308।

**उम्मेदराम**—जन्म-सं. 1800, रचनाएँ-सत्योपदेश। (बृ.इति. 7)।

**उरबसी**—(1) वक्षःस्थल पर पहना जाने वाला एक गहना। उ.-'पोत कंठसरी कंठ हार उरबसी माला।'-वृं.ग्रं., शृं.शि., 59/44। (2) एक अप्सरा जो इंद्र की सभा की प्रसिद्ध सुंदरी नर्तकी थी। नारायण का उरु भेद कर निकलने से इस अप्सरा का नाम उर्वशी पड़ा है। श्रीमद्भागवत के अनुसार-नर-नारायण बदरिकाश्रम में तपोनिरत रहे। इससे इंद्र ने समझा कि उन्हीं का पद लेने के लिये नर और नारायण वैसी घोर तपस्या में लगे हैं। फिर उन्होंने तप में विघ्न के लिए कामदेव और अप्सरागण को भेजा। बदरिकाश्रम में पहुँचते ही कार्यकलाप पर दृष्टि न डाल, नर-नारायण ने आदर के साथ उन्हें अतिथि रूप से ग्रहण किया। काम प्रभृति समागत देव अलौकिक गुण से मोहित हो, उनका स्तव करने लगे। नर-नारायण ने तब उन रमणियों में से एक को लेने को कहा। आदेशानुसार देवों ने उर्वशी को लिया और प्रणाम पूर्वक स्वर्ग को गमन किया। महापुराण में उल्लेख है-किसी समय विष्णु ने धर्म का पुत्र बन गंधमादन पर्वत पर घोर तपस्या की थी। इंद्र ने घबड़ाकर तपस्या में विघ्न डालने के लिए अप्सरागण के साथ काम और वसंत को भेजा, किंतु अप्सराएँ विष्णु का ध्यान तोड़ न सकीं। तब कामदेव ने अपने उरु से उर्वशी को निकाला। उर्वशी ही केवल उनका ध्यान तोड़ सकी थी। इससे इंद्र उर्वशी पर अत्यंत संतुष्ट हुए और उसे ग्रहण करना चाहा। फिर मित्र और वरुण उर्वशी पर ललचाए, किंतु उर्वशी ने उन पर ध्यान नहीं दिया। मित्र और वरुण ने इससे असंतुष्ट हो उर्वशी को शाप दिया था। उसी से वह मनुष्यभोग्या बन गई। हरिवंश में लिखा है-उर्वशी ने ब्रह्मा के शाप से मनुष्य जन्म को प्राप्त किया। उसने महाराज पुरुरवा के निकट जा पत्नीत्व स्वीकार किया और कह दिया था-जितने दिन नग्न न देख पड़ेंगे, जितने दिन दो मेष हमारी शय्या के समीप बंधे रहेंगे उतने दिन भार्याभाव से तुम्हारे यहाँ रहूँगी। इसके अन्यथा होने पर शाप छूट जाएगा और फिर हमारा कोई पता न पाएगा। राजा इसे स्वीकार कर उर्वशी के साथ परम सुख से रहने लगे। इसी प्रकार 15 वर्ष बीते। उधर गंधर्व उर्वशी के लिए चिंतित हुए। वह शाप से छुड़ाने और उर्वशी को फिर स्वर्ग में लाने का उपाय सोचने लगे। उर्वशी अपने दोनों मेषों को पुत्रवत् पालती थी। एक दिन विश्वावसु नामक गंधर्व प्रयाग जा, रात्रिकाल में उर्वशी के पालित दोनों मेष ले भागे। उर्वशी ने अपने पालित दोनों मेष जाते देख राजा से कहा। उस समय राजा नग्न ही गंधर्व पर झपटा। उर्वशी राजा को नग्न देखते ही अंतर्हित हो गई। फिर गंधर्व मेषों को छोड़ चलते बने। राजा दोनों मेषों को ले घर वापस आए; किंतु उर्वशी के दर्शन न मिले। वे समझ गए कि अपने ही दोष से उर्वशी को खो बैठे हैं। पुरुरवा और उर्वशी के आयु, अमावसु, विश्वावसु, श्रुतायु, दृवायु, और शतायु आदि सात पुत्र हुए। ऋग्वेद (10/95) में उर्वशी और पुरुरवा का परिचय मिलता है। कालिदास ने उर्वशी और पुरुरवा के उपाख्यान पर 'विक्रमोर्वशी' नामक एक नाटक लिखा है। (हि.वि.को. वसु), उ. (1)-'रंभा स्यों सदंभ बोलै मंजुघोषा उरबसी।'-क.प्रि., 7/15। उ. (2)-'सोहति सुकेसी, मंजुघोषा, रति, उरबसी।'-क.प्रि., 11/35।

**उरहनो**—उपालम्भ, उलाहना। सखी की चेष्टाओं में से एक। ल.-मतिदा हँसत विनोदजुत देहिं सिंगारि सिंगारि। देत उरहनो चूक लखि लखै केलि हित धारि।-कृ.ग्रं., हि.त., 43/13।

**उरहार**—वक्षस्थल पर पहनने का एक गहना। उ.-'सोने की सींक से दूरि भएँ तें मिलें उर में उरहार प्रभा सी।।-क.प्रि., 15/92।

**उराहनौ लीला**—रचयिता-गुणमंजरीदास (दे.), (बृ.इति. 7)।

**उर्जस्वी**–ऊर्जस्वी।-क.प्रि., 9/2।

**उर्बसी**–दे. उरबसी। अप्सरा विशेष। उ.-'लियै किंनरी किंनरी गीत गावैं। सुकेसी नचै उर्बसी मान पावैं।'-रा., 13/60।

**उल्थथा**–एक नृत्य, उछल कर घूमना और ताल पर घुँघरू से सम देते हुए नाचना। उ.-'उलथा टेकी, आलम, स-दिंड। पद पलटि, हुस्मयी, निसंक चिंड।'-रा, 30/5।

**उल्लाला छंद**–मात्रिक छंद है। ल.-करि विषमदलनि पंद्रह कला, सम पायनि तेरह रहै। तुक राखि अठाइस कलनि पर, उल्लाला पिंगल कहै।। उ.-'कहि काव्य कहा बिन रूचिर मति, मति सु कहा बिनहीं बिरति। कह बिरतिउ लाल गोपाल के, चरनन होइ जु प्रीति अति।।' भि.ग्रं. 1, छंदा., 10-10/223।

**उल्लास**–एक अर्थालंकार। ल. (1)- जु गुन दोष तें और के थपै अनत गुन दोष। ताहि कहत उल्लास कबि पाइ हिये संतोष।। प.ग्रं., पद्मा., 223/60। ल. (2)-औरैं के गुन दोष तें औरे के गुन दोष। बरनत यों उल्लास हैं जे पंडित मति कोष।।-मति., ल.ल., 312/351। ल. (3)-भिखारीदास ने इसके चार प्रकार बताये हैं-1. गुण से गुण का वर्णन, ल.उ.-'औरै के गुन और को गुन पहिलैं उल्लास। दास सपूरन चंद लखि, सिंधु-हियें हुल्लास।।' 2. एक के गुण से दूसरे का दोष, ल.उ.-'औरै के गुन और कों दोष उलासै होत। बारिद जग जीवन भरत, मरत आक के गोत।।' 3. एक का दोष दूसरे का गुण, ल.उ.-'दोष और कों गुन उल्लासै लेखि। रघुपति को बनवास भो, तपसिंह सुखद बिसेषि।। 4. एक का दोष दूसरे का दोष, ल.उ.-'उल्लासै जहँ और कें दोष और को दोष। भए संकुचित कमल निसि, मधुकर लह्यो न मोष।।-भिखारीदास यह भी बतलाते हैं कि काव्य में जहाँ अप्रस्तुत प्रशंसा (दे.) और अर्थान्तरन्यास (दे.) अलंकार होते हैं, वहाँ भी अनचाहे ही विविध प्रकार से उल्लास अलंकार होता है। ल. (2)-अप्रस्तुत परसंस जहँ, अरु अर्थान्तरन्यास। तहाँ होत अनचाहे हूँ बिबिध भाँति उल्लास।।-भि. ग्रं. 2, का.नि., 2-11/133-134। ल. (4)-जब गुन अवगुन एक तें है अंगीकृत भाव। जहाँ और कै जानिये तहँ उल्लास सुभाव।। उ.-'हम भूली हरि बिरह तें सब सनेह ब्यौहार। आनि सिखावै कूबरी यह ब्रज तरुनि बिचार।।-सो.ग्रं. 1, र.पी.नि., 256, 257/214। ल. (5)-गुन औगुन जब एक तें और धरै उल्लास। उ.-'न्हाइ संत पावन करै गंग धरै इहि आस।।'-जस.ग्रं., भा.भू., 165/53।

**उल्लेख**–एक अर्थालंकार। ल. (1)-द्वि उल्लेख इक कों जु बहु बहु बिधि समुझै जत्र। विषयभेद सों इकहि इक बरनै बहु बिधि तत्र।।-प. ग्रं., पद्मा., 41/37। ल. (2)-कै बहुतै कै एक जहँ एकहि को उल्लेख। बहुत करत उल्लेख तहँ कहत सुकबि स बिसेख।।-मति., ल.ल., 77/312। भिखारीदास ने इसके दो प्रकार बताये हैं-1. एक में बहुत का बोध, 2. एक में बहुत गुण। ल. (3)-एकहि में बहु बोध कै, बहु गुन सों उल्लेख। परम्परितमालानि सों लीन्हैं भिन्न बिसेष।। एक में बहुत गुण, उ.-'साधुन कों सुखदानि हैं, दुर्जन गन-दुख-दानि। बैरिन बिक्रम हानिप्रद, राम तिहारो पानि।।-भि.ग्रं. 2, का.नि., 41-43/104। ल. (4)-सो उल्लेख जु एक कों बहु समझै बहु रीति।। उ.-'अर्थिनि सुरतरु तिय मदन अरि कौं काल प्रतीति।।' ल. (5)-बहु बिधि बरनें एक कों बहु गुन सो उल्लेख। उ.-'तूँ रन अरजुन तेज रवि सुरगुरु वचन बिसेष।।-प.ग्रं., भा.भू., 57-58/21। ल. (5)-बहुत रीति सों एक को बहुत लेत जिय जानि। कै बहु गुन सों एक को बहु बिधि कहै बखानि।।-सो.ग्रं. 1, र.पी.नि., 36/187।

**उषाचरित**–रचयिता-जनकुंज (दे.), विव.-प्रेम कथा का वर्णन। (बृ.इति. 7)।

**ऊंदर**–दे. दोहा छंद।

**ऊढा**–विवाहिता। वह परकीया नायिका जो विवाहित पति को छोड़कर अन्य किसी से प्रेम करे। ल. (1)-परकीया द्वै भाँति पुनि ऊढ़ा एक अनूढ़।-र.प्रि., 3/68। ल. (2)-ऊढ़ा होई विवाहिता।-वही, 3/69। ल. (3)-ऊढ़ा पुनि यहि भाँति करि बहु बिधि दितनि जनाइ। आपुन ही ते लाज तजि पियहिं मिलै

अकुलाइ।। यह परकीया ऊढ़ा स्वयंदूती का लक्षण है।-र.प्रि., 5/19। ल. (4)-परकीया के भेद द्वै ऊढ़ा और अनूढ़। ब्याही हित सखि सों कहे अन्यब्याही हित गूढ़।। ऊढ़ा के पुनि भेद द्वै, होत हिय परकास। परब्याही उपपति निकट परप्यारी पति पास।।-कृ. ग्रं., हि.त., 28-29/9। ल. (5)-ऊढ़ा ब्याही जानि।।-भि.ग्रं. 1, शृं.नि., 74/106। ल. (6)-प्रेम करै पर पुरुष सों परकीया सो जान। दोय भेद ऊढ़ा कहत बहुरि अनूढ़ा मान। ब्याही और पुरुष सों औरै रसलीन। ऊढ़ा तासों कहत हैं कबि पंडित परबीन।।-मति., र.रा., 58-59/213। ल. (7)-ऊढ़ा ब्याही और सों प्रीति और सों चाहि।।-भि.ग्रं., र. सा., 72/13।

**ऊदाजी**—श्रीखंडोजी राव के पौत्र और रानोजी राव के पुत्र। उ.-'श्रीखंडौजी राव को सुत रानोजी राव। ता सुत ऊदाजी उदित, जाको परम प्रभाव।'-प.ग्रं., प्रकी., 30/311। इनका पूरा नाम ऊदाजी तात्याँ था। ये दौलतराव के मुख्य मुसाहिब और वीर थे।-प.ग्रं., प्रकी., 31/311।

**ऊधो**—दे. उद्धव। उ. (1)-'ऊधो वे गुबिंद और मथुरा में यहाँ मेरे तौ गुबिंद मोहि मोही में रहत हैं।'-प.ग्रं., जग., 665/219, 382/162, 502/185-186। उ. (2)-'ऊधो जू सूधो बिचार है धौं जू कछू समुझैं हमहूँ ब्रजबासी'।।-मति., ल.ल., 222/336, 375/361; ठाकुर, 38-42, 44, 48/11-13।

**ऊधोजू**—दे. उद्धव। उ.-'ऊधोजू सिधारौ मारवा कों अबार होति उहाँ रखिवारन को बड़ो राजगार है।'-भि.ग्रं., र.सा., 455/65।

**ऊधौ**—दे. उद्धव। उ. (1)-'ऊधौ जोग बियोग मैं अंतर कह ठहराइ।।'-रतन., 838/153, 777/145। ल.-जाकी छिन सुधि कीन्हे महा छिन आवै ताके संग सुख ऊधौ उनहीं सों पै सहयो परै।।-भि.ग्रं., र.सा.छं., 471/68।

**ऊरध**—उर्ध्वलोक, अमरलोक या स्वर्गलोक। उ. (1)-'जितने थिर चर जीव जग अध ऊरध के लोक।'-वि.गी., 14/26। उ. (2)-'बाहिर हूँ भीतर भजौ अध ऊरधन दिसानि।।'-वि.गी., 20/46।

**ऊर्ज**—एक अर्थालंकार जिसमें सहायहीन होने पर भी अहंकार न छोड़ने का वर्णन होता है। ल.-तजै न निज हंकार को, यद्यपि घटै सहाय। ऊर्ज नाम तासो कहैं केसव सब कबिराइ।।-क.प्रि., 11/51।

**ऊर्जस्वित**—एक अलंकार। ल.-अनुचित कर्महि तें जहाँ काज सु रस को भाव। रसाभास सो प्रथम बिय भाव सुबस रस गाव।।-प.ग्रं., पद्मा., 292/68। पद्माकर ने भावाभास और रसाभास दोनों से ऊर्जस्वित अलंकार का वर्णन किया है।

**उर्जस्वी अलंकार**—रसाभास तथा भावाभास का प्रधान न रहकर अन्य भाव आदि का अंग हो जाना ऊर्जस्वी अलंकार माना जाता है। ल.-काहू को अंग होत रस भावाभास जु मित्त। ऊर्जस्वी भूषन कहैं, ताहि सुकवि धरि चित्त।। (जैसे सौत का मुख देखने की उत्कंठा, मंत्र लेने की चिंता और कूबर की भक्ति ये तीनों भावाभास हैं, अतः वीभत्स रस के अंग हैं)।-भि.ग्रं. 2, का.नि., 12-13अ/40।

**ऊसरबन**—एक तीर्थस्थान। उ.-'तीरथ न्हाए बिबिध पुनि, ऊसर बन आरन्य।'-वि.गी., 16/26।

**ऋतु वर्णन**—रचयिता-उमापति त्रिपाठी, (दे.), (बृ.इति. 7)।

**ऋतुसंहार**—रचयिता-सबल सिंह चौहान (दे.), (इति. शुक्ल)।

**ऋषि**—श्रुति, सत्य और तप में पूर्ण निरत मंत्रद्रष्टा। इनके अनेक भेद हैं- परमर्षि, ऋषिता, महर्षि, ऋषिक, ऋषिपुत्रक, श्रुतर्षि और ऋषिजाति। विश्वामित्र, जमदग्नि, भारद्वाज, शरदान, अत्रि, वसुमान, वत्सार कश्यप-ये वैवस्वत मन्वन्तर के सप्तर्षि थे। (पौ.को.)। ऋषि ज्ञान का द्रष्टा और प्रवक्ता होता है। यह परोक्षदर्शी और दिव्य दृष्टि वाला होता है। उपर्युक्त के अतिरिक्त भी ऋषियों की सूचियाँ मिलती हैं, जो एक दूसरे से बहुत भिन्न हैं। इन्हें त्रिकालज्ञ भी कहा गया है। इनके द्वारा प्रस्तुत साहित्य को आर्ष साहित्य कहा जाता है (हिं. ध.को.)। उ. (1)-'ऋषि हौ कै ऋषिराज तुम देव-देव कै सिद्ध। नाम सुनाई दिखाइजै अपने रूप प्रसिद्ध।।'-जहाँ., 161। उ. (2)-'ऋषि बसिष्ठ सों बिनय कै बूझेहु हो मुनि मग्न। रामनाम-महिमा

सुनहु बीरसिंह सत्रुघ्न।।'-वि.गी., 21/57।

**ऋषिनाथ** – स्थान - असनी (फतहपुर), आश्रयदाता-दीवान सदानन्द और रघुवर कायस्थ (काशिराज के दीवान)। रचनाएँ-अलंकारमणिमंजरी (इति. शुक्ल.)।

**ऋषिराज**—दे. ऋषि। बड़ा तपस्वी, मंत्रद्रष्टा या वेदमंत्रों का साक्षात्कार करने वाला व्यक्ति, श्रेष्ठ मुनि। उ.-'बड़ा तपस्वी साधु बसिष्ठ सुतिष्ठमति ब्रह्मसुत ऋषिराज।'-वि.गी., 15/37, 15/40, 15/58, 16/59।

**ऋषी**—दे. ऋषि। मंत्र द्रष्टा, वेद मंत्रों का साक्षात्कार और प्रकाशन करने वाला व्यक्ति। उ.-'सौनक ऋषि बिसेषि सीख सिखानि लेखि। गंगा की तरंग देखि, बिमल बिहारु है।।'-क.प्रि., 5/12।

**एकदंत**—गणेश। उ.-'एकदंत गजबदन सु गवरीनंद। विघन हरत अति गनपति करत अनंद।'-जस.ग्रं., आ.वि., 1/115।

**एकरदन**—गणेश। किसी समय गणेश को द्वारपाल बनाकर पार्वती शिव से बातचीत कर रही थीं, उसी समय परशुराम ने शिव का दर्शन करने के लिए गणेश से द्वार छोड़ने के लिए कहा। गणेश के अस्वीकार करने पर दोनों में तुमुल युद्ध होने लगा। परशुराम के परशु के आघात से गणेश का विनाश तो नहीं हुआ, लेकिन एक दाँत टूट गया। उसी समय से उनका नाम 'एकरदन' पड़ गया। (हि.विश्व.वसु.)। उ. (1)-'मूषकबाहन गजबदन एकरदन मुदमूल।'-र.बा., 1/1। उ. (2)-'एकरदन, गजबदन, सदनबुधि, मदन-कदन-सुत।।'-र.प्रि., 1/1। उ. (3)-'कदन अनेकन बिधन को एकरदन गनराउ।।'-भि.ग्रं. 1, र.सा., 2/3।

**एकादश भागवत स्कंध**—रचयिता-रत्नहरि (दे.), (बृ.इति. 7)।

**एकादशी माहात्म्य**—रचयिता-गिरिधरदास (दे.), (इति. शुक्ल)।

**एकानेक**—एक प्रकार का चित्रालंकार। दे. एकानेकोत्तर, एकानेकोत्तर चित्रालंकार। ल.-'उत्तर एकानेक सह बरनत सहित बिबेक।।'-क.प्रि., 16/50।

**एकानेकोत्तर**—दे. एकानेक, एकानेकोत्तर चित्रालंकार। एक ही उत्तर में अनेक उत्तर निकलें उसे एकानेकोत्तर अलंकार कहते हैं, परन्तु अनेक उत्तर इस प्रकार निकलते हैं कि अन्तिम उत्तर में जो वाक्य हैं, उसके अन्तिम अक्षर में आदि से लेकर क्रमशः एक-एक अक्षर जोड़े और छोड़े जाते हैं। ल.-एकहि उत्तर में जहाँ उत्तर गूढ़ अनेक। उत्तर एकानेक तेहि बरनत सहित बिबेक।।-क.प्रि., 16/50।

**एकानेकोत्तर चित्रालंकार**—दे. एकानेक, एकानेकोत्तर चित्रालंकार, प्रश्नोत्तर चित्रालंकार। ल.-बहुत भाँति के प्रस्न को उत्तर एक बखानि। एकानेकोत्तर वही, अनेकार्थबल मानि।। उ.-'बरो जरो, घोरो अरो, पान सरो क्यों दार। हितू फिरो क्यों द्वार तें, हु तो न फेरनिहार।।'-भि.ग्रं. 2, का. नि., 14-15/194।

**एकावलि**—दे. एकावली। ल. (1)-ग्रहितमुक्तपद रीति जब एकावलि तब मानि। उ.-'दृग श्रुतिपर श्रुति बाहु पर बाहुजंध लौं जानि।।'-जस.ग्रं., भा. भू., 136/44। ल. (2)-गहब तजब अर्थालि को जहँ एकावलि सोय। उ.-'गिरि पै बृष पै जु सिव सिव पै सुरसरि तोय।।'-प.ग्रं., पद्मा., 175/54। ल. (3)-सब्द जहाँ ग्रहि तजि ग्रहै एकावलि तब होय। उ.-'तें फूलनि गूँथी चिहुर चिहुर चरन पर वान। चरन महाबर सो रचे लखि बस भये सुजान।।'-सो.ग्रं., र.पी.नि., 203-204/208।

**एकावली**—एक अर्थालंकार। ल. (1)-एक अर्थ को छिड़िये और अर्थ लै ताहि। अर्थपाँति इमि कहत हैं एकावली सराहि।।-मति., ल.ल., 259/340। ल. (2)-कियें जँजीरा जोर पद एकावली प्रमान। उ.-'श्रुतिबसि मति मति बसि भगति, भगतिबस्य भगवान।।'-भि.ग्रं. 2, का.नि., 44/22।

**एनि**—कस्तूरिया मृगी जो बहुत सुन्दर होती है। कद छोटा होने पर भी आँखें बहुत बड़ी-बड़ी और सुन्दर होने से बहुत प्यारी सूरत की होती हैं। उ.-'सुनि चंद्रबदन गजगमनि ऐनि। मन रूचै सो कीजै जलजनैनि।'-रा., 9/23।

**ऐतिह्यालंकार**—एक अर्थालंकार। ऐतिह्य एक

प्रकार का प्रमाण है जो कहीं-कहीं शब्द प्रमाण के अन्तर्गत माना जाता है। ल.-जानै नहि यह किन की कही। चली आइँ जे बातैं सही। बक्ता जबहिं न जान्यो जाय सो ऐतिह्य कहत कबिराय।।-प. ग्रं., पद्मा., 328/73।

**एदिल**–दे. एदिल साह, अैदिलसाहि। उ. -'बेदर कल्यान दे परेंडा ऐसे कोट साहि-एदिल गँवाए हैं नवाइ निज सीस कौं॥'-भू.ग्रं., शि.भू., 193/165, 230/172, 321/188, 335/191, 384/201, 439/214, 456/218।

**एदिलसाह**–बीजापुर का शाह। ऐदिलशाह। उ.-'सिच्छन काज उजीरन को कड़े बोल यों एदिलसाह सभा सों।।'-भू.ग्रं., शि.भू., 161/159।

**एदिलसाहि**–दे. एदिलसाह। उ.-'बापुरो एदिलसाहि उतैं इते दिल्ली को दावनगीर सिवाजी।।'-भू.ग्रं., शि.भू., 188/164।

**अैदिल**–दे. अैदिलसाहि। उ.-'कहरी अैदिल मौजलहारी कुतुब कहै बहरी निजाम के जितैया कहैं देउ हैं!।'-भू.ग्रं., शि.भू., 67/140।

**अैदिलसाहि**–आदिलशाह। बीजापुर का सुलतान। उ.-'अैदिलसाहि कुतुब्ब जासु भुज जुग भूषन भनि।'-भू.ग्रं., शि.भू., 58/138।

**अैदिलु**–आदिलशाह। उ.-'सिंहथरी जाने बिन जावली-जंगल भटी हठी गज अैदिलु पठाय करि भटक्यौ।'-भू.ग्रं., शि.भू., 58/138।

**ऐपन**–चावल और हल्दी से बना एक मांगलिक लेपन। उ.-'पावै ऐपन ओपनी कहै कुरंटक कौन। सोनो सोनजुही लहै ललित देह दुति सौन।।'-मति., म.सत., 37/372।

**ऐराक**–ईराक, एक इस्लामी देश । उ.-'तुरग अरब ऐराक के मनि आभरन अनूप। भोगनाथ सो भीख लै भए भिखारी भूप।।'-मति.,म.सत., 697/425।

**ऐरावत**–इंद्र का हाथी। दे. इंद्र। उ. (1)-'ऐरावत हरि भाउतो, देखौ गरजत मेह।'-क. प्रि., 3/44। उ. (2)-तो सम हो सेस सो तौ बसत पताललोक ऐरावत गज सो तौ इंद्रलोक सुनियै।।'-भू. ग्रं., शि.भू., 39/135। बृ.ग्रं., नी.स., 661/110।

मति., ल.ल., 330/354।

**ओजगुण**–ल. (1)-उद्धत अक्षर जहँ परै, स क ट वर्ग मिलि जाइ। ताहि ओज गुन कहत हैं, जे प्रबीन कबिराइ।। स्लेष समाधि उदारता, सिथिल ओज-गुनरीति। रुद्र भयानक वीर अरु रस बिभत्स सों प्रीति।। उ.-पिख्यि ठट्ट गजघटनि को, जुथ्थप उठे बरक्कि। पट्टत महि घन कट्टि सिर, क्रुद्धित खग्ग सरक्कि।।'-भि.ग्रं. 2, का.नि., 7, 32, 8/175, 179, 176। ल. (2)-बढ़ै तेज उद्धत महा जाहि सुनत ही चित्त। ताहि कहत हैं ओज गुन जे कविता के मित्त।। बरनि ओज गुन बीर में ताते अधिक सु रुद्र। बाते बढ़ि वीभत्स में भाषत बुद्धिसमुद्र।।-सो.ग्रं. 1, र.पी.नि., 8, 9/171।

**ओड़छेंद्र**–ओड़छा के राजा। उ.-'ओड़छेंद्र मधुसाह सुत रतन सिंघ यह नाम।-'र.बा., 1/2।

**ओड़छे**–दे. ओड़छो। उ.-'ओड़छे तीर तरंगिनि बेतवै ताहि तरै रिपुं 'केसव' को है।।-वि.गी., 1/4।

**ओड़छो**–ओड़छा नगर। बुंदेलखंड के ओरछा राज की प्राचीन राजधानी। यह उत्तर भारत देशा. 78 42', पूर्व में बेतवा नदी के किनारे अवस्थित है। एक पत्थर पर किला बना है, जिसमें प्राचीन राजा के रहने का भवन है। जहाँगीर के निवास का एक प्रासाद भी बनाया गया था। किले से नगर तक नदी पर लकड़ी का पुल बँधा है। उ. (1)-'नगर ओड़छो बहु बसै, धरनीतल में धन्य।'-र.प्रि., 1/3। उ. (2)-'हयगय पयदर सजि सकल छाँडि ओड़छो नग्र।'-र.बा., 1/6। उ. (3)-'नगर ओड़छो गुन गंभीर। आनि बसायो धरनी धीर।।'-वी.च., 2/32, 6/42, 6/51, 7/29।

**ओपना**–माँजने की वस्तु जिससे रगड़कर तलवार या कटारी पर पालिश की जाती है। उ.-'चिंतामनि ओपना सों ओपिकै उतारी सी।'-क. प्रि., 14/15।

**ओरछो**–दे. ओड़छो। एक नगर विशेष। उ.-'नगर ओरछो जिन रच्यो, जग में जागति कृत्ति।'-क.प्रिं., 1/18।

**ओलि**–ओली। आँचल या दुपट्टे को फैलाकर उसे वस्तु रखने की झोली के रूप में बना लेने को

ओली कहते हैं। उ.-'देहि री काल्हि गई कहि दैन, पसारहु ओलि भरौ पुनि फेंटी।'-र.प्रि., 5/35।

**ओलिया**—पहुँचे हुए फकीर। इस्लाम मत के सिद्ध लोग। उ.-'दाहि दाहि दिल कीने दुखदाई दाग तातें आहि आहि करत औरंगसाह ओलिया।।'-भू. ग्रं., प्रकी., 462/219।

**औध**—दे. औधपुर। उ.-'जो गति ऊरधरेतन की सु तौ औध के सूकर कूकर लीनी।'-क.प्रि., 6/73।

**औधपुर**—अयोध्यापुरी। सूर्यवंशी राजाओं की राजधानी। उ.—आसुन अन्हाय हाय हाय यों पुकारैं सब औधपुरवासी कै कहा लौं दुख दाहिये।।"-प.ग्रं., जग., 678/221।

**औधपुरी**—अयोध्या नगरी। उ.-"देवपुरी कहँ औधपुरी जन 'केसवदास' बड़े अरु बारे।।"-क. प्रि., 13/8।

**औरंग**—दे. औरंगजेब। उ.-'सिव औरंगहि जिति सकै और न राजा राव।'-भू.ग्रं., परि., 360/197।

**औरंगजेब**—मुगल बादशाह शाहजहाँ की पत्नी मुमताज महल से 1618 ई. में उत्पन्न छठी संतान। प्रारंभ से ही संघर्षशील था और इस्लामी धार्मिक रचना इसे विशेष प्रिय तथा रुचिकर थी। यह नस्तालीक (लिपि) तथा शिकस्त लिखने में निपुण था। उसे हिंदी का साधारण ज्ञान था। अरबी और फारसी भाषाओं पर उसका बहुत अच्छा अधिकार था। यह बाल्यकाल से ही धीर, साहसी, निःशंक और वीर था। 1634 ई. में दस हजारी मनसबदार बना। उसने शाहजहाँ काल में ही बुन्देलों का दमन किया। क्रमशः दक्षिण गुजरात, बदख्शाँ, मुलतान, एंव सिन्ध का सूबेदार रहा। अनेक सैनिक प्रयाणों में सेनापति रहा। उत्तराधिकार के युद्ध में इसने अपने सभी भाइयों को पराजित कर मृत्यु के मुँह में ढकेल दिया। 1658 ई. में आगरे के सिंहासन पर आसीन हुआ। इसके अनेक सुधारों और परिवर्तनों में संगीत और ज्योतिष पर पाबन्दी भी है। इसके शासन काल में दक्षिण के बीजापुर के आदिलशाही, गोलकुण्डा के कुतुबशाही, पूना के मराठे इसके प्रबल विरोधी थे। इन विरोधियों से संघर्ष में औरंगजेब ने बहुत शक्ति और समय लगाया। उ. (1)-'भूषण यौं कहि औरंगजेब उजीरन सों बेहिसाब रिसाया।'-भू.ग्रं., शि.भू., 191/165; प्रकी., 520/132। उ. (2)-'अब औरंगजेब पायो रामसिंह जू सों औरो दिन दिन पैहै कूरम के माने सों॥'-भू.ग्रं., प्रकी., 535/236।

**औरंगसाह**—दे. औरंगजेब। उ.-'आजम औरंगसाह को हुकम न कियो प्रमान।।'-वृं.ग्रं., स.स्व.रू.,26/265; वही, शृं.शि., 4/35। भू.ग्रं., प्रकी., 462/219।

**औरंगाबाद**—महाराष्ट्र का औरंगजेब कालीन प्रसिद्ध ऐतिहासिक नगर। उ. (1)-'सतरै बैतालीस बदि तेरस फागुण मास। ए औरंगाबाद मैं दोहा भए प्रकास।'-वृं.ग्रं., अ, दो., 85/11। उ. (2)-'गुन सागर सुख सोम सम कासु बासु निधि बाद। भई भाव पंचासिका यह औरंगाबाद।'-वही, भा.पं., 51/25।

**औरँग**—दे. औरंगजेब। उ. (1)-'भूषन भौ भ्रंम औरँग के सिव भ्वैसिला भूप की धाक धुकाए।'-भू.ग्रं., शि.भू., 84/144। उ. (2)-'औरँग द्वारा जुरे दोऊ जुद्ध भए भट क्रुद्ध बिनोद बिलासी।।'-मति., ल.ल., 33/303।

**औरँगसाह**—दे. औरंगजेब। उ.-'औरँगसाह सो साहि को नंद लर्‌यौ सिव साहि बजाय कै ढक्का।।'-भू.ग्रं., शि.भू., 124/151, 169/160, 268/179।

**औलिफतो**—अबुलफतेह, शायस्ता खाँ का पुत्र। उ.-'ताहि बिगोय सिवा सरजा भनि भूषन औलिफतो यौं पछार्‌यो।'-भू.ग्रं. शि.भू., 34/134।

# क

**कंकन**—कलाई में पहनने का एक आभूषण। ककना। उ. (1)-'पै मनि कंकन मंडित पानि तैं पाय हुए नहिं सो किहिं कारन।'-वृं.ग्रं., भा.पं., 38/22। उ. (2)-'दे कपाट रति करत तिय, सुनि

कंकन धुनि नाह।'-वृं.ग्रं., हि.त., 171/41।

**कंकन बंध**—लेखनी चित्रालंकार (दे.) का एक भेद।

**कंचन-पचलरा**—सोने का बना पाँच लड़ी वाला हार। उ.-'कंचन पंचलरा गजमोतीहरा मनिलाल की माल सोहाई।'-भि.ग्रं., शृं.नि., 43/98।

**कंचुकि**—कंचुकी। अँगिया। चोली। उ.-'उघारहि घूँघट अँचल डारि उतारिकै कंचुकि तोरि तनी।।'-छं. मा., 1/66।

**कंजज**—कमल से उत्पन्न। ब्रह्मा। उ.-'कंजज की मतिसी बड़भागी। श्रीहरिमंदिर सो अनुरागी।'-रा., 11/24।

**कंठनील**—नीलकंठ, महादेव। उ.-'कंस के कन्हैया कामदेव हू के कंठनील कैटभ के कलिका विहंगम के बाज हौ।'-भू.ग्रं., प्रकी., 410/206।

**कंठमाल**—कंठी, कंठहार। उ. (1)-'तैसोई लसतु लाल लाल कंठमाल को।'-र.पि., 14/13। उ. (2)-'कंठमाल ज्यों कविप्रिया कंठ करहु कबिराज।'-क.प्रि., 3/3। उ.-'कंठमाल कलकंठनि बनी। बनी कर्नफूलनि द्रुति घनी।'-वी.च., 20/30।

**कंठमाला**—गले में पहना जाने वाला आभूषण। उ.-'कंठी कंठमाला भुजबँध बरा बाजूबंद।।' बो. ग्रं., 41/104।

**कंठसरी**—कंठश्री। सोने का एक जड़ाऊ गहना जो गले में पहना जाता है। कंठी। उ.-'पोत कंठ-सरी कंठ-हार उरबसी माला।'-वृं.ग्रं., 59/44।

**कंठसिरी**—कंठश्री। गले में पहनने का एक जड़ाऊ सोने का गहना। उ. (1)-'कंठसिरी बनमाल मनोहर हार उतारे धरे अरि कै।'-र.प्रि., 6/47। उ. (2)-'नृपहंसनि नूपुर सोभ भिरी। कलहंसनि कंठनि कंठसिरी।।'-रा., 11/29।

**कंठ-हार**—गले में पहनने का एक गहना। उ.-'पोत कंठ-सरी कंठ-हार उरबसी माला।'-वृं. ग्रं., 59/44।

**कंठाभूषण**—रचयिता-भूपति (दे.), विव.-अलंकार विवेचन (बृ.इति. 6)।

**कंठी**—छोटी-छोटी गुरियों की बनी हुई माला जो गले में पहनी जाती है। उ.-'कंठी कंठमाला भुजबंध बाजूबंद।'-बो.ग्रं., वि.वा., 41/104।

**कंद छंद**—एक वर्ण वृत। ल.-अंत भुजंगप्रयात (दे.) के लघु इक दीन्हें कंद। (चार भगण (ISS) के बाद एक लघु (1)। उ.-'कबै चैतु ऐहै चिदानंद को कंद।'-भि.ग्रं. 1, छंदा., 46, 49/241।

**कंदरप**—कंदर्प। कामदेव। उ. (1)-'प्रगट दरप कंदरप को तेरो अंग अनूप। सुतौ लियो कंदर्प जिति सुंदर स्याम सरूप।'-मति., ल.ल., 179/329, 345/397। उ. (2)-'नहि दरपन कंदरंप सों मुनि कंदर पन लीन।।'-वृं.ग्रं., य.स., 650/256। उ. (3)-'प्रगट दपर कंदरप कौ तेरी मृदु मुसिक्यानि।।'-मति., सत., 471/408।

**कंदर्प**—कामदेव। दे. कंदरप। उ.-'इंद्रजाल कंदर्प को कहै कहा मतिराम। आगि लपट बरषा करै ताप धरै घनस्याम।।'-मति., म.सत., 216/386।

**कंद्रप**—कंदर्प। कामदेव। उ.-'जग में अब आय बसंत बस्यो। तप कंद्रप मूरतिवंत लस्यो।'-बो. ग्रं., वि.वा., 44/33।

**कंदला**—कामकंदला। बोधा के बिरह वारीश (दे.) के नायक माधव (दे.) की प्रेयसी। उ.-'जन्म कंदला बालको रुक्मराय के देस।।'-बो.ग्रं., वि.वा., 58/41, 69/42, 20/99, 41/104, 43/104, 45/105, 44/105, 47/110, 64/113।

**कंप**—शीत, भय, क्रोध, श्रम, हर्ष, स्पर्श, तथा वृद्धावस्था के कारण शरीर का काँपना। इसका दूसरा नाम वेपथु सात्चिक है। शृंगार और भयानक रस का अनुभाव भी है। ल. (1)-कंपादिक अनुभाव तिहिं संचारी मोहादि।-प.ग्रं., जग., 706/228। ल. (2)-हरषहि तें कै कोप तें कै भ्रम भय तें गात। थरथरात तासों कहत कंप सुमति सरसात।।-प. ग्रं., जग., 410/169। ल. (3)-क्रोध हर्ष भय आदि तें थरथराति जो देह। ताहि कंप यों कहत हैं कबि कोविद मति-गेह।।-मति., र.रा., 327/275। उ. (1)-'कंप छुट्यो घनस्वेद बढ्यो तनु रोम उढ्यो अँखियाँ भरि आई।'-मति., र.रा., 19/204। उ. (2)-'कंप प्रसेद बढ़े चढ़े भौंह मनोभव चाप। अपने पिय सों जानियत सपने करति बिलाप।।'-मति.,

म.सत., 313/294, 551/414। उ. (3)-'स्वेद कंप रोमांच फुर अस्रुपात जंभात। प्रलय बेबरन भंगसुर तन तोरत अलसात। प्रगट होत पियपरस तें ये लक्षन तियअंग। निरखि कंदलादेह ते माधव चाह्यो रंग।।-वृं.ग्रं., वि.वा., 25-26/116। ल. (4)-भूखहि तें कि पियास तें कै रतिश्रम तें अंग। विहवल होत गिलानि सों कंपादिक सुरभंग।।-प.ग्रं., जग., 479/181।

**कंपू**--कैंप, पड़ाव। उ.-'कंपू बन बाग के कदंब कपतान खड़े सूबेदार साहब समीर सरसायो है।'-प.ग्रं., प्रकी., 63/320।

**कंस**--मथुरा के राजा उग्रसेन का पुत्र और कृष्ण का मामा। हरिवंश पुराण के अनुसार किसी समय उग्रसेन की पत्नी ऋतुस्नाता सुयामुन नामक पर्वत का दर्शन करने गई थी। वहाँ सुयामुन दुर्मिल (अथवा भोजवंशीय नृपति द्रमिल गंधर्व) उसे देख कामातुर हो गया। उसने कौशल से उग्रसेन का रूप बनाकर ऋतुस्नाता के साथ रमण किया, किंतु ऋतुस्नाता ने पति की शारीरिक गुरुता से भिन्नता अनुभव कर द्रमिल का वास्तविक परिचय 'कस्त्यत्वम' कहकर पूछा। उत्तर पाकर जब ऋतुस्नाता ने द्रमिल का अपमान किया तब उसने कहा कि अनेक मानव पत्नियों ने इस प्रकार देवसदृश पुत्र उत्पन्न किए हैं, अतः तुम्हें चिंतित नहीं होना चाहिए। 'कस्त्यत्वम्' कहकर परिचय पूछने से तुम्हें 'कंस' नाम का प्रतापी पुत्र उत्पन्न होगा। कंस का वय प्राप्त होने पर जरासंध की अस्ति और प्राप्ति नाम की कन्याओं से विवाह हुआ। उसने फिर अपने पिता उग्रसेन को कारागृह में डाल दिया और वह स्वयं सिंहासनारूढ़ हो गया। यदुवंशी वसुदेव के साथ उसकी भगिनी देवकी का विवाह होने के बाद उसने जब आकाशवाणी सुनी कि देवकी के आठवें गर्भ से उत्पन्न पुत्र कंस का वध करेगा, वह वसुदेव-देवकी को मारने के लिए उद्यत हुआ किंतु सभी संतानों को कंस के हाथ सौंपने का आश्वासन मिलने पर उसने इन दोनों को कारागृह में डाल दिया। सभी सातों संतानों के मारे जाने के बाद आठवें श्रीकृष्ण को वसुदेव ने कौशल से गोकुल के अपने मित्र नंद के यहाँ पहुँचा दिया। बड़े होने पर इस कृष्ण ने कंस के बहुत से बली राक्षसों-सहायकों को मारकर कंस का भी वध किया।-हि.विश्व.बसु, पौ.को., हि.सा.को.)। उ. (1)-'केसव कंस नृसंस सकुनि राजा दुरजोधन।'-वी.च., 2/6। उ. (2)-'जय-जय कंसी-कंस-बच्छ-बक रच्छस दंडन।'-प.ग्रं., हि.ब.बि., 1/5। उ. (3)-'अधिक अधिक जन फोरि कै कंस हत्यो ब्रजराज।'-वृं.ग्रं., नी.सत., 638/108। उ. (3)-'कंस के कुटिल बलबंसन बिधंसिबे कौ भयौ जदुराय बसुदेव को कुमार है।'-भू.ग्रं., परि., 395/202। मति., सत., 699/425। भि.ग्रं. 1, र.सा., 471/68; वही, शृं.नि., 179/128।

**कंसराज**--(1) दे. कंस। उ.-'कंसराज जदुबंस बसत कैसे केसव पुर।'-क.प्रि., 16/54। (2) उमराव सिंह सेंगर का पिता। उ.-'तहँ सुभट सेंगर कंसराज सपूत पूत पुकारिकै।।'-प.ग्रं., हिं.ब.बि., 153/22।

**कँचुकि**--अँगिया। दे. कंचुकि। उ.-बिथुरी अलकनि चोल, फटि, कँचुकि बंद जो टूटि।' बृं. ग्रं., 189/45।

**कँधार**--गांधार। कंदहार। अफगानिस्तान के एक नगर और प्रदेश का नाम। उ.-'हालत दहलि जात काबुल कँधार बीर रोष करि काढ़ै समसेर ज्यों गरब की।'-भू.ग्रं., प्रकी., 418/209, 445/215।

**ककहरा**--रचयिता महाराज विश्वनाथ सिंह (दे.), (इति.शुक्ल)।

**ककहरा**--रचयिता-रामसहायदास (दे.), विव.-धर्म और नीति सम्बन्धी उपदेश। (इति. शुक्ल)।

**ककारादि**--रचयिता-गिरिधरदास (दे.), (इति. शुक्ल)।

**कक्काबत्तीसी**--रचयिता-जीवो ऋषि (दे.), विव.-परनारी त्यागादि का वर्णन। (बृ.इति. 7)।

**कच्छ**--(1) कच्छप, कूर्मावतार, विष्णु के चौबीस अवतारों में से एक। उ. (1)-'मच्छ द्वै के बेद काढ्यो कच्छ ह्वै रतन गाढ्यो कोल ह्वै कुगोल रद राख्यो सबिलास है।'-भि.ग्रं., शृं.नि., 2/89।

उ. (2)–'बेदन की अच्छ राखी महामच्छ ह्वै कै कच्छ ह्वै कै राखी धरा धर अभिलाखी है।–प.ग्रं., प्रकी., 83/325। भू.ग्रं., परि., 361/197। (2) दे. दोहा छंद।

**कच्छ**–दोहा छंद का एक भेद। दे. दोहा छंद। इसमें 40 अक्षर होते हैं, जिनमे आठ गुरु और 12 लघु होते हैं।–सो.ग्रं. 1, र.पी.नि., पृ. 24।

**कच्छकुल**–क्षत्रियों की कछवाहा शाखा। इसी कुल के महाराज जगतसिंह पद्‌माकर के आश्रयदाता थे। उ.–'आछैं रहौ राजराज राजन के महाराज कच्छकुलकलस हमारे तौ कन्हैया हौ।।'–प.ग्रं., जग., 5/80।

**कच्छप**–दे. कच्छ। उ. (1)–'जब लगि कच्छप कोल सहसमुख धरनिभारधर।'–मति., ल. ल., 400/366। उ. (2)–'टूटि गे पहार बिकरार भुव-मंडल के सेष के सहसफन कच्छप कचकि गे।।'–भू.ग्रं., प्रकी., 479/223।

**कच्छप-वेष**–कूर्मावतार। उ.–'तुम मीन ह्वै बेदन को उधरो जू। तुमहीं धर-कच्छप बेष धरो जू।'–रा., 20/20।

**कच्छी**–कच्छ (गुजरात) के घोड़े। उ.–'कच्छी कछवाह के बिपच्छन के बच्छ पर पच्छिन छलत उच्च उच्छलत अच्छे हैं।–प.ग्रं., प्रकी., 6/304।

**कछप**–दोहा छंद का एक भेद, जिसे 'कच्छ' भी कहा गया है। दे. दोहा छंद। दे. कच्छ।

**कछवाह**–दे. कच्छ। राजपूतों की शाखा विशेष। उ. (1)–'रन-करकरे कछवाह हैं जे लरत दिग्ध दुबाह हैं।'–प.ग्रं., हि.ब.बि., 33/7; वही, जग., 3/79। उ. (2)–'कच्छी कछवाह के बिपच्छन के बच्छ पर पच्छिन छलत उच्च उच्छलत अच्छे हैं।'–वही, प्रकी., 6/304।

**कछवाहा**–राजपूतों का एक उपजाति। उ.–'तब बोल्यो कछवाहा राम। मोहि पर्‌यो दक्षिन को काम।।'–वी.च., 4/8।

**कछवाहे**–दे. कछवाहा, कच्छकुल। उ.(1)–'काल की कुटुंविनि कला है कुल्लि कालिका की कहर की कुंज कुनजर कछवाहे की।।'–प.ग्रं., जग., 709/228। उ. (2)–'हाड़ा राठवर कठवाहे गौर और रहे अटल चिकत्ता की चमाऊ धरि डरिकै।।'–भू.ग्रं., शि.भू., 120/150; वृ.ग्रं., स.स. रू., 70/269। उ. (3)–'सकतसिंह कछवाहे आनि। गयो अगाव्डूयतें पहिचानि।।'–वी.च., 8/34।

**कछोवा**–कछोवा नामक गढ़ जिसमें केशवदास के आश्रयदाता इंद्रजीत सिंह रहा करते थे। उ.– 'ताहि कछोवा कमल सो गढ़ दीन्हों नृप राम। बिधि ज्यों साधत बैठि तहँ केशव वाम अवाम।'–क. प्रि., 1/40।

**कछौवा**–दे. कछोवा। उ.–'तिनतें इंद्रजीत लघु लसै। सो गढ़ दुर्ग कछौवा बसै।।' वी.च., 2/44।

**कछौटी**–कछनी। उ.–'काछन कछौटी सिर थोरे थोरे काकपक्ष।'–वि.गी., 9/38।

**कछ्छ**–कच्छप- पुराणों के अनुसार पृथ्वी के भार को अपनी पीठ पर सम्हालने वाले। उ.–'फनीस कछ्छ कोल गोल भूमि कों न थमहीं।'–प.ग्रं., प्र. बि., 67/283।

**कजलियाँ**–कच्ची मिट्टी के पिंड में गोदे हुए जौ के अंकुर जो किसी ताल या पोखरे में स्त्रियों द्वारा डाले जाते हैं। यह क्रिया बुंदेलखण्ड में सावन की पूर्णिमा को सम्पन्न होती है। उ.–'देखि रक्षाबंधन गोबिंद जू के हाथ साथ राधे की कजलियाँ सिरावन कौं जैहौं मैं।'–ठाकुर, 123/33।

**कज्जल**–आँखों में सौंदर्य और स्वास्थ्य के लिए लगाया जाने वाला आँजन।'अंजन कज्जल-ललित लोल लोचन निहारिबो।'–र.प्रि., 3/43; क.प्रि., 4/17।

**कटारिया**–कटार का छोटा रूप। उ.–'घाली नैन कटारिया जैसे सरस सुपान।'–रतन., 469/105।

**कटारी**–एक छोटा दुधारी हथियार। कटार का छोटा रूप। उ.–'नैन कटारी बाँकुरी पल म्यानै पड़िधार।।'–रतन, 255/78।

**कटुकर्नु**–कर्णकटु दोष (दे.)।

**कठोरता**–भिखारीदास ने तैंतीस संचारियों (दे.) में इसकी गणना की है। ल. (1)–नींद ग्लानि श्रम धृत्ति मद कठोरता हर्ष कहि।...स्यों त्रास व्याधि निर्वेद मृतु तैंतीसों चर भाव गनि।।–भि.ग्रं.,

र.सा., 484/71। ल(2)-कठोरता हठ भाव बनिये। घाम सीत सूलादि न गनिये।।-वही, र.सा., 487/71।

**कत्ता**—छोटी टेढ़ी तलवार। उ. (1)-'कत्ता के कसैया महाबीर सिवराज तेरी रूम के चकत्ता लौं हू संका सरसात हैं।'-भू.ग्रं., प्रकी., 461/218। उ. (2)-'कत्ता की कराकनि चकत्ता को कटक काटि कीन्ही सिवराज वीर अकह कहानियाँ।'-भू.ग्रं., 425/210।

**कथा धर्मेश्वर की**—रच. गंगाराम। (दे.), (बृ.इति. 7)।

**कथित शब्द**--दे. दोष, वाक्य दोष। ल.-कह्यो फेरि कह कथित पद, अरुपुनरूक्ति कहीय। उ.-'जो तिय मो मन लै गई। कहाँ गई वह तीय।।' ति.-तिय तिय द्वै बार आयो।-भि.ग्रं. 2, का. नि., 39-39अ/227।

**कनक कुशल**—समय-सं. 1741; आश्रयदाता-महाराव लखपति सिंह; रचनाएँ-लखपति मंजरी, नाममाला, रसदीपिका, महाराव श्री गोहड़ जी नो छंद। (बृ.इति.. 7)।

**कनक मंदिर**--कनक भवन, राजा जनक के महल का नाम। उ.-'जनक कनकमंदिर गए गुरुसमेत सुख पाइ।।'-रा., 6/28।

**कनकमंजरी**--रचयिता-काशीराम (दे.), (बृ. इति. 7)।

**कनकमृग**--सुनहले रंग का मृग। रावण से प्रेरित होकर मायावी मारीच ने सीता को छलने के लिए सुनहले मृग का रूप धारण किया और राम के द्वारा मारा गया। उ.-'भूतल के इंद्र भूमि पौढ़े हुए रामचंद्र मारिच कनकमृगछालहि बिछाए जू।।'-रा., 19/20।

**कनरा**—कर्नाटक देशीय। उ.-भूषन तेरे हिराते प्रताप सपेत लखे कनरा नृप सारे।'-भू.ग्रं., शि.भू., 165/160।

**कनिष्ठा**—नायिका भेद के अनुसार दो या अधिक स्त्रियों में वह स्त्री जिसपर पति का प्रेम कम हो। ल. (1)-जापर कछु घटि प्रेम है ताहि कनिष्ठा मानि।-भि.ग्रं., र.सा., 57/11। ल. (2)-होत भेद धीरादि के खंडिताहु में आइ। ज्येष्ठ कनिष्ठा में त्रिबिधि मानभेद में पाइ।। इन्हीं से काण्वायन ब्राह्मणों की उत्पत्ति हुई। इन्होंने ही मालिनी नदी के तीर पर अवस्थित अपने आश्रम में मेनका अप्सरा की छोड़ी हुई कन्या शकुंतला का पालन किया था। (पौ.को.)। उ.-'बामदेव मुनि कन्वजुत भरद्वाज मतिनिष्ठ।'-रा., 23/5।

**कन्हर**—कन्हरदास, रामशाह का एक दरबारी। उ.-'बीरसिंघ त्यौं मंत्री करयौ। कन्हरदास बिप्र मति धरयौ।।'-वी.च., 18/30।

**कन्हाइ**—कृष्ण। उ.-'क्यों कहि जाइ कहाइये त्रिभुवनराइ कन्हाइ।।'-भि.ग्रं., र.सा., 516/75।

**कन्हाई**—श्रीकृष्ण। उ. (1)-'नंद को कन्हाई सो सु नंद को कन्हाई है।।'-प.ग्रं., जग., 282/142। उ. (2)-'एकहि मौन दुरै इकसंग ही अंग सो अंग छुवायो कन्हाई।।'-मति., र.रा., 19/204। उ. (3)-'चीन्हत नाहिनै को है गुबिंद कहाँ को गुपाल कहाँ को कन्हाई।'-ठाकुर, 26/8।

**कन्हैया**—(1)-हिम्मत बहादुर के घोड़े का नाम। उ. (1)-'तहँ हय कन्हैया की फुरत रन जुरत देखत ही बनी।' उ. (2)-'तहँ हय कन्हैया कूदिकै गज की कन्हैया पर पर्‌यो।।'-प.ग्रं., हि.ब.बि., 175-176/25, 206/29। (2)-श्रीकृष्ण। उ. (1)-'आज तें न जैहौं दधिबेचन दुहाई खाऊँ भैया की कन्हैया उस ठाढ़ोई रहत है।'-प.ग्रं., जग., 93/99। उ. (2)-'बूझैंगे चवैया तब कैहौं कहा दैया इत पारि गो को मैया मेरी सेज पै कन्हैया कों।।'-वही, जग., 483/182।

**कपतपिलंग**—पिलक कपोत के रंग का दुरंगा (श्वेत और लाल रंग का) घोड़ा। उ.-'तहँ कपतपिलंगन उमड़ि उमंगन अंगन अंगन दुति उमहीं।'-प.ग्रं., प्र.बि., 98/287।

**कपतान**—कैप्टेन, सेना का अधिकारी, दल का नायक। उ.-'कंपू बन बाग के कदंब कपतान खड़े, सूबेदार साहब समीर सरसायो है।'-प.ग्रं., प्रकी., 63/320।

**कपर्दनि**—शिव की पत्नी अर्थात् भवानी। उ.-'जयति जयति जय आदिसकति जय कालि

कपर्दनि।'-भू.ग्रं., शि.भू., 2/128।

**कपाट बंध**--लेखनी चित्रालंकार (दे.) का एक भेद।

**कपालनाथ**--शिव। कपाली, कपाल धारण किए हुए। शिव के इस नाम के साथ एक कथा संश्लिष्ट है।

**कनिष्टिका**--कनिष्ठा दे.। ल. (1)-बरनत जेष्ट कनिष्टिका जहँ ब्याही तिय दोइ। पिय प्यारी जेष्टा कही अति प्यारी लघु सोइ।।-प.ग्रं., जग., 75/95।

**कनोज**--कान्यकुब्ज। पंचगौड़ ब्राह्मणों में एक ब्राह्मण वर्ग। उ.-'द्विज कनोज कुल कस्यपी रतिनाथ कौ कुमार।'-भू.ग्रं., शि.भू., 26/13।

**कनौज**--कन्नौज। उत्तरप्रदेश का प्रसिद्ध ऐतिहासिक, व्यापारिक नगर। प्राचीन कान्यकुब्ज राज्य की राजधानी। उ.-(1)'कारी भीति कालिंजर कँगूरे कनौज सदा सूख के संका सरजा के करवाल की।'-भू.ग्रं., प्रकी., 489/225। राज्याभिषेक। उ. (2)-'कामरु कनौज कच्छ कर्नाट कैकेय कुरु कासमीर कोसल कुँमाऊँ कुंतलेस के।'-जहाँ., 101।

**कन्यका**--क्वाँरी लड़की। अनव्याही लड़की। ल.-अनव्याही पर पुरुष मैं, अनुरागिनी जु होइ। सब कवि पंडित कहत यों, होति कन्यका सोइ।। उ.-'तो गुरु जनमत सुंदरी, सकल दूरि करि सोचु। हौं तोको ब्याहत मिलत कित कीजतु संकोचु।।'-शृं. मं., चिन्ता., 71-72/24।

**कन्यत्व**--ल.-सात बरिस कन्यत्व।-भि.ग्रं. 1, र.सा., 426/62। भिखारीदास ने शृंगार रस की नायिका का वय की दृष्टि से विचार करते हुए सर्वप्रथम कन्या का उल्लेख किया है।-वही, 426-427/62।

**कन्या**--पाँच कुमारियाँ-अहल्या, द्रोपदी, कुंती, तारा और मंदोदरी। उ.- (1)-'पंच संधि, पंचाग्नि भनि, कन्या पंच समान।'-क.प्रि., 11/13। उ. (2)-'दीजत कन्या बारें ब्याहि। देत दाइजो दीरघ ताहि।'-वी.च., 2/17। उ. (3)-'कन्या सकल कलावती, रूप सील दुतिधाम।'-वि.गी., 16/5।

**कन्यागुन**--कन्या के शारीरिक गुण और लक्षण। ल.-लांबे लांबे बार मुख कंज ऐसो सुकुवार, बड़े नैन कीर जैसी नासिका सुहाई है। अधर अरुन दंत उज्जल मधुर बैंन, कंबुकंठी भाई भुज करनि ललाई है।। छीन कटि तट दहिनाबरत नाभि जाकी, रंभा विपरीत-रुख जंघा छबि छाई है। कोमल बरन आछी आंगुरी पातरी देह, ऐसी कन्या ब्याहैं ताकौं अति सुखदाई है।।-वृं.ग्रं., शृं. शि., 21/37।

**कन्या-लच्छन**--ल.-सीलवती सुंदर सरस सुभ लच्छन सब देह। वहुरि बिचच्छन होइ सो कन्या निहचल नेह।।-वृं.ग्रं., शृं.शि., 20/37।

**कन्व**--कण्व ऋषि। अजमीढ़ और केशिनी के पुत्र और मेघातिथि के पिता। ये शुक्ल यजुर्वेद के ऋषि भी हैं। ये कश्यप गोत्रोत्पन्न तप प्रभाव से सम्पन्न ऋषि थे। पर परब्रह्म सहस्त्र वर्ष की निद्रा में पड़े थे। नींद टूटने पर उन्होंने रजोगुण से पंचवदन ब्रह्मा की और तमोगुण से पंचवदन शंकर की सृष्टि की। शंकर ने उत्पन्न होते ही अक्षमाला लेकर योग आरंभ कर दिया। भगवान् ने शंकर की योगप्रभा देखकर समझा कि इनसे इस प्रकार सृष्टि का कार्य नहीं चलेगा। तब उन्होंने अहंकार की सृष्टि की। ब्रह्मा और शंकर अहंकार के वशीभूत हुए। दोनों में भीषण कलह उपस्थित हुआ। शंकर ने अपने बायें अँगूठे से ब्रह्मा का तपस्या से चमकने वाला एक मस्तक काट डाला। तब ब्रह्मा ने शाप दिया कि तुम्हें ब्रह्महत्या लगी है, कपाली होकर तीर्थों में विचरो। तभी से ब्रह्मा चतुर्मुख हुए तथा वह छिन्न मस्तक शंकर के करतल में संलग्न रहा। उसी समय से शंकर इस नाम से प्रसिद्ध हुए। सब तीर्थों में विचरने पर भी कपाल ने शिव का पीछा न छोड़ा। भगवान् श्री हरि के उपदेश से वे काशी आये, ब्रह्महत्या से मुक्त हुए और कपाल, ब्रह्महत्या के छूट जाने पर गिरकर हजार टुकड़े हो गया। (हि.विश्व. वसु; पौ.को.)। ट.-'भूलतें कुभूल तें कुसूल तें कपालनाथ। राखि लेहु राखि लेहु राखिलेहु विश्वनाथ।।'-वि.गी., 11/40।

**कपाली**--दे. कपालनाथ। महादेव। उ. (1)-'देखै देवताली भई बिधि के खुत्याली कूदि किलकति काली हेरि हँसत कपाली है।'-प.ग्रं., जग., 721/231;

वही, प्रकी., 25/310। उ. (2)-'काली कपाली निस दिना नित नृपति की रक्षा करै।'-प.ग्रं., हि.ब. बि., 211/30; क.प्रि., 5/27; वी.च., 32/26; भू. ग्रं., प्रकी., 458/218।

**कपिल**–एक सिद्ध ऋषि जो कर्दम प्रजापति के औरस पुत्र थे और देवहूति के गर्भ से उत्पन्न हुए थे। इनकी नौ बहिनें थीं और इन्होंने अपनी माता को ज्ञान दिया था। ये भगवान् के पाँचवें अवतार माने जाते हैं। श्रीमद्भगवद्गीता में सिद्धर्षि कपिल मुनि का उल्लेख है। समुद्र से पूजा तथा निवास पा ये योग साधने लगे थे। पुराणानुसार इनके शाप से राजा सगर के 60 हजार पुत्र भस्म हो गए थे। इनके आश्रम के निकट यज्ञ का अभिमंत्रित घोड़ा बँधा देखकर सगर पुत्रों ने इन पर आक्रमण कर दिया था। आगे चलकर अंशुमान की प्रार्थना से घोड़ा तो मिल गया किंतु कपिल ने सगरपुत्रों के उद्धार के लिए गंगा के अवतरण और उसके जल के स्पर्श का उपाय बताया जिसे बाद में भगीरथ ने संपन्न किया। उ.-'सैद अफगन-सेन-सगरसुतन लागी कपिल सराप लौं तराय तोपखाने की।'-भू.ग्रं., प्रकी., 511/230।

**कपिल-सराप**–दे. कपिल। कपिल मुनि के द्वारा दिये गये शाप से सगर के साठ हजार पुत्र भस्म हो गए। उ.-'बूझत हौं तुम्हें महाराज श्रीप्रतापसिंह कुटिल कला है किथौं कपिल-सराप को।'-प.ग्रं., प्रकी., 13/306। भू.ग्रं., प्रकी., 511/230।

**कपिलसूत्रसारोहार**–रचयिता-पं. उमापति त्रिपाठी (दे.)। (बृ.इति. 7)।

**कपुर**–दे. कपूर। क.प्रि., 15/84।

**कपूर**–एक सफेद रंग का जमा हुआ सुगंधित द्रव्य जो रखने से वायु में उड़ जाता है और जलाने से जलता है। शृंगार और औषधि में उपयोगी होता है। उ. (1)-'धूरि कपूर की पूरिबिलोचन सूँधि सरोरुह ओढ़ि उढ़ोनी।।' र.प्रि., 6/49। उ. (2)-'पूरन कपूर पान खाए कैसो मुखबास अरुन अधर रूचि सुधा सों सुधारे हैं।।'-क.प्रि., 9/12।

**कबंध**–(1) सिर कटा शरीर। एक दानव जो दनु और कश्यप का पुत्र था। इसका मुँह इसके पेट में था। कहते हैं कि इंद्र के वज्र के प्रहार से इसके पैर और सिर इसके पेट में घुस गए। यह पूर्वजन्म का विश्वावसु गंधर्व था। दशरथ के पुत्र राम से दंडकारण्य में इसका युद्ध हुआ था और राम ने इसके हाथ काटकर जीवित ही पृथ्वी में गाड़ दिया था। (पौ. को.)। उ.-'कहै पद्माकर कबंध लौं मदंध महा पापी हौं मरीच लौं न दाया को दरस है।'-प.ग्रं., प्र.पं., 13/239, 51/249; क.प्रि., 11/55; रा., 12/32। (2) (कबंधज) राठौर। उ.-'कूरम कबंध हाड़ा तूँबर बघेला बीर प्रबल बुंदेला हुते जेते दलमनी सों।'-भू.ग्रं., प्रकी., 66/220।

**कबड्डी**–कबड्डी का खेल। उ.-'हिम्मति बड़ी कै कबड़ी के खलवारन लौं देत सै हजारन हजार बार चपटैं।'-भू.ग्रं., प्रकी., 509/229।

**कबि**–कवि। वर्णन करने वाला। उ. (1)-'को कबि सों छबि कों बरनै रचि राखनि अंग सिंगार-कलापन।'-घ.क., 248/145। उ. (2)-बरनत कवि सिंगार रस, छंद बड़े बिस्तारि।।'-क.प्रि., 4/4। उ. (3)-कबि उनहीं के जे सनेही साँचे उर के।'-ठाकुर, 5/2।

**कबित**–कविता। उ.-'कहा दास को नाम, कवित में कहियत को हित।'-क.प्रि., 16/52।

**कबिता**–रसात्मक छंदोबद्ध रचना। उ. (1)-'नृत्य गीत कबिता रुचै, अचल चित चल दृष्टि।'-र.प्रि., 3/5। उ. (2)-प्रगट करी जिन कबिप्रिया कबिता के अवतंस।'-क.प्रि., 1/5। उ. (3)-'आछीमुख कबिता बिमोहै मति मन की।'-क. प्रि., 11/83। प.ग्रं., जग., 281/142।

**कबिताई**–(1) कविता। मनोरम पद्यमय वर्णन। उ. (1)-'आवन लगी है लाज देखि मनभावन कों भावन लगी है रीति भाँति कबिताई की।'-ठाकुर, 13/65। उ. (2)-जग की कबिताई के धोखे रहै ह्याँ प्रबीनन की मति जानि जकी।।'-घ.क., 2/33। (2) सुकवियों को रिझाने का एक साधन-'आगे के सुकबि रीझिहैं तो कबिताई न तो राधाकन्हाई-सुमिरन को बहानो है।।'-भि.ग्रं., 2, का.नि., 8/4।

**कबित्त**–कविता। उ. (1)-'रस- कबित्त-

परिपक्वता जामै रसिक न और।'-भि.ग्रं.,र.सा., 7/4। उ. (2)-'पंडित लोक प्रवीनन को जोइ चित्त हरै सो कबित कहावै।' उ. (3)-'डेल सो बनाय आय मेलत सभा के बीच लोगन कबित कीबो खेल करि जानो है।'-ठाकुर, 6-7/3। उ. (4)-'ह्यौ उरझाइ रिझाइबै कौं रसराग कबित्तनि की धुनि छाई।।'-प.ग्रं., जग., 279/141।

**कबित्त रस**—काव्य-रस, उ.-'बरनत तहाँ बिचित्र कहि जे कबित्त-रस प्रीति।।' मति.ल.ल., 234/338।

**कबिप्रिया**—यह केशवदास जी की प्रमुख कृति है। इसका रचनाकाल सन् 1601 है। यह कवि शिक्षा की पुस्तक है। केशव ने इसका प्रणयन अपनी साहित्य-शिष्या तथा अपने आश्रयदाता इंद्रजीत सिंह की प्रधान दरबार पातुर प्रवीणराय के हेतु किया था। फिर भी 'समुझें वालावालकनु वर्नन अर्थ अगाध' केशव की दृष्टि में थी। 'कविप्रिया' में वंदना में नृपबंश और कविवंश का वर्णन है। तत्पश्चात् काव्य दोषों और अलंकार का वर्णन किया गया है। अंतिम सोलहवें प्रभाव में चित्र काव्य है। शिख-नख सहित 'कविप्रिया' में 896 छंद हैं। उ.-'प्रगट पंचमी को भयो कबिप्रिया-अवतार।' क.प्रि., 1/4।

**कबि-भेद**—केशव के अनुसार तीन प्रकार के कवि होते हैं-उत्तम, मध्यम और अधम। ल.-केशव तीनहु लोक में, त्रिविध कविन के राय। मति पुनि तीन प्रकार की बरनत सब सुख पाय।। उत्तम मध्यम अधम कवि, उत्तम हरि रसलीन। मध्यभ मानत मानुषनि, दोषनि अधम प्रवीन।-क.प्रि., 4/2।

**कबीर**—भक्तिकाल के प्रमुख भक्त कवि कबीर जिन्होंने राम की निराकारोपासना का प्रचार किया। इनका आविर्भाव विक्रम की पंद्रहवीं शताब्दी में हुआ। इन्होंने साखियों, पदों और रमैनियों में रचना की। उ.-'धना और सदना कबीर पीपा मीरा ब्यास गीध रयदास सुख सोभनि सों सनिगौ।'-ठाकुर, 1/61।

**कबीर बीजक की टीका**—रचयिता-महाराज रघुनाथ सिंह (दे.)।, (इति.शुक्ल)।

**कमंडल**—कमंडीलु। संन्यासियों का जलपात्र जो धातु, मिट्टी, तुमड़ी, दरियाई नारियल आदि का होता है। उ. (1)-'राजनि श्रीरघुनाथ के राज कुमंडल छाँड़ि कमंडल लीने।'-क.प्रि., 14/35। उ. (2)-'कुसमुद्रिका समिधै श्रुवा कुस औ कमंडल कों लियें।'-रा., 7/15; वी.च., 26/49।

**कमधज्ज**—कबंधज। सिर कट जाने पर भी लड़ते रहने वाला व्यक्ति और उसकी परम्परा के लोग। उ.-'ह्वै हरोल कमधज्ज खग्ग बल खल दल खंड्यो।'-वृं.ग्रं., स.स.रू., 357/302।

**कमधुज**—कबंधन (जोधपुर)। उ.-'करम कमल कमधुज है कदंब फूल गौर है गुलाब राना केतकी बिराज है।'-भू.ग्रं., प्रकी., 441/214।

**कमरुद्दीन खाँ हुलास**—रचयिता-गंजन (दे.) विव.-'शृंगार रस विषयक ग्रंथ, (इति.शुक्ल)।

**कमल छंद**—(1) त्रिकल अर्थात् तीन मात्राओं का छंद है। क्रम है 3 लघु (।।।)। उ.-'चरन। बरन। अमल। कमल।'-भि.ग्रं. 1, छंदा., 12/182। (2) दस मात्राओं का छंद। क्रम है (।।। ।।S ।S), उ.-'पिय चख चकोर है। तिय नयन भोर है।। बिधुवदन बाल को। कमल मुख लाल को।'-भि.ग्रं., 1, छंदा., 70/188।

**कमल बंध**—लेखनी चित्रालंकार (दे.) का एक भेद।

**कमलबंधोत्तर चित्रालंकार**—दे. चित्रालंकार, प्रश्नोत्तर चित्रालंकार। ल.-अक्षर पढ़ौ समस्त को, अन्त बरन सो जोरि। कमल बंध उत्तर वही, व्यस्तसमस्त बहोरि।। उ.-'कह कपीस सुभ अंग, कहा उछरत बर बागन। कहा निसाचर-भोग, माह में दान कौन मन। कहा सिंधु में भर्यौ, सेतु किन कियो, को दुतिय। सरसिज कितै सकंट कहा लखि घ्रिना होति हिय। किहि दास हलायुध हाथ धरि मार्यो महा प्रलंब खल। क्यों रहत सुचित साकत सदा, मनपतिजननी नामबल॥'-भि.ग्रं. 2, का.नि., 24-25/195।

**कमला**—(1) लक्ष्मी। धनदेवी। उ.-'दिन दिन दीने दूनी संपति बढ़त जाति ऐसो याको कछू कमला को बर बर है।'-मति., ल.ल., 66/31। (2) दे. गाहा छंद।

**कमला छंद**—दस मात्राओं का छंद है। क्रम

है (।।। ।।। ।।S S)। उ.-'कब अँखियन लखि हौं। अरु भुज भरि रखिहौं। ससिधर बिमल कला। हृदय कमल कमला।।' -भि.ग्रं. 1, छंदा., 71/188।

**कमलापति**--विष्णु। लक्ष्मी के पति। उ.-'कमलासन बरनन करैं कमलापति जग जोति।।'-वृं. ग्रं., य.सत., 96/213।

**कमलासन**--ब्रह्मा, जिनका आसन कमल है। ब्रह्मोपनिषद् के अनुसार ब्रह्मा के अवस्थान के चार स्थान हैं-नाभि, हृदय, कंठ और मूर्धा। इन चारों स्थानों में क्रमशः जाग्रत, स्वप्न, सुषुप्ति, और तुरीय अवस्थाओं में परब्रह्म प्रगट होते हैं। इनके नाम भी क्रमशः ब्रह्मा, विष्णु, रुद्र और परमाक्षर हैं। अग्निपुराण के मतानुसार जब परब्रह्म ने सृष्टि के पालन की इच्छा से विष्णु की सृष्टि की थी, तब विष्णु की सुप्त अवस्थाओं में उनकी नाभि में से एक प्रकाण्ड पद्म बाहर निकला। उस पद्म की कर्णिका में सुमेरु शैल तथा बीच में ब्रह्मा थे। उ. (1)-'राजै द्विजराज पद भूषन बिमल कमलासन प्रकास, परदार प्रिय मानियै।'-क.प्रि., 11/33। उ. (2)-'केसव 'केसवराय' मनौ कमलासन के सिर ऊपर सोहै।'-वी.च., 15/17। उ. (3)-'पावन वावन के पग को थल मोहिं बताय दयौ कमलासन।।'-वि.गी., 3/18। (3) पद्मासन-उ.-'कमलासन धरि हरि जपैं कमलासन मुख होति।।'-वृं.ग्रं., य.सत., 96/213।

**कमान**--(1) तोप। उ. (1)-'छूटन कमान वान बंदूकरु कोकबान मुसकिल होत मुरचान हू की ओट में।'-भू.ग्रं., प्रकी., 415/208। उ. (2)-'चले चंद बान घनबान औ कुहुकवान चली हैं कमानैं घूम आसमान छै रह्यौ।।'-वही, 525/233। (2) धनुष। उ.-'फिरै न भौंहे कमान तुव सुरुष रही ठहराइ।।'-रतन., 483/104।

**कयलास**--कैलास पर्वत। उ.-'कंद सम कयलास नाकगंग नाल तेरे जस पुंडरीक को अकास चंचरीक सो।'-भू.ग्रं., शि.भू., 329/189।

**करक्खे**--कड़वा-जोशीले गीत। उ.-'बनावैं उनावैं सुनावैं करक्खे।'-प.ग्रं., प्र.बि., 19/279।

**करखा**--युद्ध के अवसर पर गाये जाने वाले उत्साहवर्द्धक गीत। उ.-'तैसियै कलापी मारु करखा अलापै तैसी।'-बो.ग्रं., वि.वा., 68/207।

**करचुली**--राजपूतों की शाखा विशेष। उ.-'बधरू बघेले करचुली जिनकी न बात कहूँ डुली।'-प.ग्रं., हि.ब.बि., 28/7।

**करणीदान**--निवास स्थान शूलवाड़ा ग्राम (मेवाड़ राज्य)। आश्रयदाता-जोधपुर नरेश अभयसिंह। रचनाएँ-सूरजप्रकाश (सं. 1787, छं.सं. 7500, डिंगलकाव्य), जतीरासा, अभयभूषण। (बृ.इति. 7)।

**करणीसार**--रचयिता-तुरसीदास (दे.), (बृ. इति. 7)।

**करन**--(1) अंगराज कर्ण जिसने दुर्योधन की ओर से पांडवों से घोर युद्ध किया था और पांडवों का भाई भी था। यह कुंती का सबसे बड़ा पुत्र था जो उसके कन्याकाल में ही सूर्य से उत्पन्न हुआ था। उसकी दानशीलता के विषय में प्रसिद्धि थी कि कोई याचक खाली हाथ नहीं लौटा। दे. कर्न। उ. (1)-'नल वारौं नैननि में बलि वारौं बैननि में भीम वारौं भुजनि में करन करन में।।'-मति., ल.ल., 64/309। उ. (2)-'करन सो दाता परकाज को करनहार।।'-वृं.ग्रं., स.स.रू., 20/264। (2) केशवदास के आश्रयदाता इंद्रजीत सिंह के पूर्वजों में गहरवार वेश के वीरसिंह के पुत्र करणपाल। उ.-'करन नृपति तिनके भए धरनी धर्म प्रकास। जीति सबै जगती कर्‌यौ बारानसी निवास।।'-क. प्रि., 1/8। (3) हिंदी छंद शास्त्र में दो गुरु (SS) के लिए प्रयुक्त प्रतीक शब्द। उ. (1)-'गनगनगन दै करन दै जानि इंद्रबदनाहि।।' उ. (2)-'नंद करन द्वै अंत रो, कै है रल अवतंस॥'-भि.ग्रं.1, छंदा., 13/216।

**करन कवि**--स्थान-पन्ना। जन्म-सं. 1857। पिता-श्रीधर। आश्रयदाता-पन्ना नरेश हिंदूपति। रचनाएँ-रसकल्लोल, साहित्य रस। (इति. 6)।

**करन तीरथ**--करण तीर्थ। करण घंटा तीर्थ। दे. करन (2)। गहरवार बंश के करणपाल के नाम से स्थापित काशी का 'करणघंटा' तीर्थ। उ.-'प्रगट करन तीरथ भयो जग में जिनके नाम।।'-क.प्रि., 1/9।

**करनाट**–करनाटक। उ.–'करनाट हवस फिरंगहू बिलाइत बलक रूम दिल्ली अरि छाती बिदलति है।'–भू.ग्रं., शि.भू., 106/148, 433/212, 475/222।

**करनाटक**–दक्षिण का एक राज्य। उ.–'लै परनालो सिवा सरजा करनाटक लौं कुल देस बिगूँचै।।'–भू.ग्रं., शि.भू., 189/164।

**करनाटी**–(1) करनाटक से सम्बन्धित। करनाटक के। उ.–'भूषन भनत बाजै जीति के नगारे भारे सारे करनाटी भूप सिंहल को सरके।'–भू.ग्रं., प्रकी., 424/210। (2) कर्णाटी रागिनी। रात्रि के दूसरे प्रहर की दूसरी घड़ी में गाई जाने वाली रागिनी। उ.–'करनाटी आसावरी सारँग धनासिरीय।।'–बो.ग्रं., 15/121।

**करन्न**–(1) कर्ण। दे. करन (1)। उ.–'द्रोन सौ भाऊ करन्न सौ और सबै दल सौ दल भारयौ।'–भू.ग्रं., शि.भू., 34/134। (2) बीकानेर के महाराज जयसिंह के पुत्र कर्णसिंह (राव) जो 1632 ई. में गद्दी पर बैठे थे और 1674 ई. तक राज्य करते रहे। शाहजहाँ के राज्यकाल के अंतिम वर्षों में ये शाहजहाँ के साथ दक्षिण-विजय करने गए थे। लेकिन उसके कैद हो जाने पर दारा के पक्ष में हो गए। बाद में अमीर खाँ से परास्त होकर बादशाह से क्षमा माँगी। फिर तीनहजारी मनसबदार बनाकर दक्षिण भेज दिए गए। उ.–(उपर्युक्त दे.), (दे.भू.ग्रं., भूमिका)।

**करभ**–दोहा छंद का एक भेद। दे. दोहा छंद। इसमें 32 अक्षर होते हैं, जिसमें 16 गुरु और 16 लघु होते हैं।–सो.ग्रं. 1, र.पी.नि., पृ. 23।

**करभी रड्डा छंद**–दे. 'रड्डा' छंद।

**करमा**–कर्माबाई। एक प्रसिद्ध स्त्री का नाम जो वात्सल्य भाव से उपासना करते हुए नित्य प्रातः बिना हाथ-मुँह धोए, स्नान किए एक छोटे पात्र में खिचड़ी बनाकर भगवान् को भोग लगाती थी। भगवान् जगन्नाथपुरी से आकर उसकी खिचड़ी रोज खाया करते थे। एक साधु के आग्रह से नहा-धोकर खिचड़ी बनाने के कारण भगवान् के भोग में विलंब होने लगा, तब साधु ने पूर्ववत् भोग बनाने और लगाने के लिए कहा और भगवान् ने प्रेमपूर्वक ग्रहण किया। जगन्नाथ पुरी में खिचड़ी भोग लगाने की प्रथा आज भी है। उ.–'छिपिया को दूधभात खीचरी हू करमा की चक्करा रैदास जू चमार हू के खाए हैं।'–ठाकुर, 50/14।

**करवत**–करपत्र या आरा। काशी का एक स्थान काशी करवट है, जहाँ आरे से सिर कटवा कर प्राण देना लोग पुण्यार्जन समझते थे। (पौ.को.)। उ.–'चलयो विप्र तजि प्रीत करवत दै निज जीव कों।'–बो.ग्रं., वि.वा., 64/127।

**करवाल**–तलवार। उ.–'कारी भीति कालिंजर कँगूरे कनौज सदा सूरन के संका सरजा के करवाल की।।'–भू.ग्रं., प्रकी., 429/225, 508/229, 522/232। क.प्रि., 11/38; रा., 19/35। क.प्रि., 11/126।

**करहंची छंद**–ल.–आदि चारि लघु जगन पुनि करहंची पहिचानि।। (चार चरण, चार लघु+एक जगण (।ऽ।)। उ.–'गुन सकुच तोरि। हित हित बटोरि। पिय बदन ओर। द्रग हुव चकोर।।'–सो.ग्रं. 1, र.पी.नि., 8, 10/33।

**करहंत छंद**–आठ मात्राओं का छंद है। इसका लक्षण भिखारीदास के अनुसार है (।।। ।। ऽ।) उ.–'जसुमति किसोर। ससि जिनि चकोर। मम मुख लखत। यकटक रहत।।'–भि.ग्रं. 1, छंदा., 56/186।

**करहिया कौ रायसौ**–रचयिता-गुलाब कवि (दे.), विव.–परमारों एवं भरतपुर नरेश जवाहरसिंह के बीच युद्ध का वर्णन। (बृ.इति. 7)।

**करामात**–चमत्कार। उ.–'जोग को जलूस करामात को खजानो करतब्यता की सिध्धि जोवै हौंसनि उमहिबो।'–ठाकुर, 2/61।

**करि-बदन**–हाथी के मुँह वाले। गणेश। पिता महादेव के गणों के अधिपति हैं। पहले इनका सिर मनुष्यों के सिर जैसा था, पर शनिदेव के कोप से कट गया। पार्वती के दुःख के कारण विष्णु ने पुष्पभद्रा नदी के तट पर सोते हुए हाथी का सिर धड़ पर जोड़ दिया था। (पौ.को.)। उ.–'करि-बदन विमंडित ओज अखंडित पूरन पंडित ज्ञानपर।।'–भि.

ग्रं. 1, छंदा., 1/165।

**करुणा**–छंद विशेष जिसमें 19 अक्षर होते हैं तथा जिसके प्रत्येक चरण में मात्राक्रम है (S।। S।। S।। S।। S।। S।। S) अर्थात् इसके प्रत्येक चरण में 6 भगण और अन्त में एक गुरु होता है। ल.–षट भगन रचि अन्त गुरु उनइस अक्षर आनि। प्रतिपद 'केसवदास' यह करना छंद बखानि।। उ.–'देव अदेव जिते नरदेव सबै गुन मानत हैं।'–छं.मा., 1/60।

**करुण रस**–काव्य के नौ रसों में से एक। पद्माकर के अनुसार इसका स्थायीभाव शोक है। प्रिय का मरण आलंबन है। दाहादि उद्दीपन हैं। रोदन, पृथ्वी पर गिरना आदि अनुभाव हैं। निर्वेद आदि संचारी हैं। कपोत के वर्ण जैसा चितकबरा इसका वर्ण है। इसके देवता वरुण हैं। ल. (1)–थाकी जाको सोक जहँ वहै करुनरस यादि। आलंबन प्रिय को मरन उद्दीपन दाहादि।। रोदन महिपतनादि जहँ बरनत कवि अनुभाव। निरबेदादिक जानिये तिहि संचारी भाव।। चित्र कबूतर के बरन बरुन देवता जान। या विधि को या करुनरस बरनत कबि कवितान।।–प.ग्रं., जग., 675-677/221। ल. (2)–हित दुख बिपति बिभाव तें करुना बरनै लोक। भूमि-लिखन बिल्पन स्वसन अनुभव थाई सोक।। सजल नयन बिलखित बरन पुनि पुनि कहत कृपाल। जोबत उठि न अरातिदल सोवत लछिमन लाल।।'–भि.ग्रं., र.सा., 456-457/65। मलिन वसन बिलपन स्वस्न सिय भुव लिखत निहारि। सोचन सोचन पवनसुत लोचन मोचत बारि।।'–वही, 458/66। ल. (3)–सोक चित् जाके सुनें करुनामय होइ जाइ। ता कविताई कों कहैं, करुना रस कविराइ।।–भि.ग्रं. 2, का.नि., 4/27। ल. (4)–प्रिय के बिप्रिय करन तें आनि करुन रस होत। ऐसो बरन बखानियै जैसो तरुन कपोत।' के.ग्रं.,र.प्रि., 14/18। ल. (5)–सुनतहि जहाँ कवित्त मैं ब्यंगि होइ जब सोक। करुना रस तासों कहैं सकल सुकबि रस ओक।।–सो.ग्रं. 1, र.पी.नि., 3/138।

**करुणाकल्पलता**–रचयिता–पं. उमापति त्रिपाठी (दे.), (बृ.इति. 7)।

**करुणा-विरह-लक्षण**–ल. 'छूटि जात 'केसव' जहाँ सुख के सबै उपाय। करुना रस उपजत तहाँ, आपुन तें अकुलाय।।' र.प्रि., 11/1।

**करुन**–वियोग में दसवीं दशा मरण। ल.–मरन बिरह है मुख्य पै करुन करुन इहि भाइ। मरिबो इच्छति ग्लानि सों होत निरास बनाइ।।–भि. ग्रं., र.सा., 416/60।

**करुना रस**–दे. करुण। ल.–छूटि जात 'केसव जहाँ सुख के सबै उपाय। करुना रस उपजत तहाँ, आपुन तें अकुलाय।।'–र.प्रि., 11/1।

**कर्णकटु**–जहाँ किसी शब्द का प्रयोग सुनने समझने में अच्छा न लगे, अनुचित जान पड़े, वहाँ कर्णकटु दोष होता है। ल.–कहत न नीको लागई सो कहिजै कटु कर्न। 'केसवदास' कवित्त में भूलि न ताको बन। उ.–'बारन बन्यो बनाव तन, सुबरन बली विशाल। चढ़िये राज मंगाय कै, मानो राजत काल।।'–क.प्रि., 3/47-48, 3/15।

**कर्णतीर्थ**–दे. करन, करन तीरथ। वीरसिंह के पुत्र कर्णपाल द्वारा निर्मित तीर्थ जो कर्णघंटा के नाम से प्रसिद्ध है। उ.–'तहाँ कर्नतीरथ तिन कर्‌यो। पूरन पुन्य प्रभावनि भर्‌यो।।'–वी.च., 2/25।

**कर्ता छंद**–ल.–षट्कल अर्थात् छः मात्राओं का छंद है। क्रम है (।।। ।S)। उ.–'महि धरता। जगभरता। दुख हरता। सुख करता।।'–भि.ग्रं. 1, छंदा., 34/184।

**कर्न**–दे. करन (1)। राजा कर्ण। उ.–'रामचंद, हरिचंद, नल, परसुराम, दुखहर्न। 'केसवदास' दधीचि, पृथु, बलि, सिवि, भीषम, कर्न।।'–क.प्रि., 6/63, 8/19, 12/15, 12/18, 12/8; वि.गी., 9/35।

**कर्नकटु**–एक कांव्यदोष। दे. कर्णकटु, कटुकर्ण। ल.–सुनि काननि करुवो लगै, ताहि कर्नकटु जानि।। उ.–'लसतु नीलपट रावरे अंगनि में इहि बानि। गरें परी पिय रीझि कें मनो अकीरति आनि।।–सो.ग्रं. 1, र.पी.नि., 10-11/162।

**कर्ना**–दे. करन (3)। 'चार्‌यो कर्ना विद्युन्माला।'–भि.ग्रं. 1, छंदा., 129/195।

**कर्नाट**–कर्नाटक देश। उ.–'कामरू कनौज

कच्छ कर्नाट कैकैय करु कासमीर कौसल कुमाऊँ कुंतलेस के।।'-जहाँ., 101।

**कर्मभू**—भारतवर्ष। उ.-'कर्मभू उत्पन्न ह्वै शुभ पंडितनि के गेह।'-वि.गी., 17/67।

**कर्मशतक**—रचयिता-गोपाल चानक (दे.)। विव.-आरंभ में कर्मों का महत्त्व, मध्य में पापों की प्रबलता और अन्त में सुकृतों की विजय दिखाई गई है। (बृ.इति. 7)।

**कल**—कला। छंदशास्त्र में मात्रा का द्योतक। उ.-'घटे-बढ़ें कल-दुकलहूँ, वहै भेद अभिराम। तेहि गनि मत्ता छंद के मुक्तक में गुनधाम।'-भि.ग्रं., छंदा., 1/214।

**कलकत्ता**—भारत का मुख्यतम व्यापारिक, राजनीतिक और ऐतिहासिक महानगर। उ.-'दिल्ली दहपट्टि, पटना को झपट्टि करि कबहुक लत्ता कलकत्ता को उड़ावैगो।'-प.ग्रं., प्रकी., 27/311, 461/218।

**कलकी**—कल्कि अवतार। विष्णु के भविष्यत् दसवें अवतार का नाम। पुराणों के अनुसार इनका जन्म विष्णुयश की पत्नी सुमति के गर्भ से कलियुग के अन्त के समय होगा। इस युग के म्लेच्छ, पापी, लोभी राजाओं का संहार कर जब ये सबको अपने-अपने धर्म में स्थापित करेंगे सत्ययुग का आरंभ होगा। वायु तथा ब्रह्मांड पुराण के अनुसार ये पराशर के पुत्र होंगे। लक्ष्मी पद्मा के रूप में अवतार लेंगी और कल्कि से इनका विवाह होगा। मुरादाबाद के निकट विश्वकर्मा द्वारा निर्मित शम्भल में इनका निवास होगा। अपने देवदत्त नामक घोड़े पर सवार होकर, सद्धर्मपरायण, सदाचार सम्पन्न द्विजों की सेना का नेतृत्व कर म्लेच्छों, बौद्धों का नाश करते हुए कुथोदरी नाम की राक्षसी का वध करेंगे। ये युद्ध में शय्याकर्ण, प्रयाति और शशिध्वज को पराजित कर शशिध्वज को मुक्ति प्रदान करते हुए यज्ञानुष्ठान कर सत्ययुग का प्रारम्भ करेंगे और अन्त में कृतकार्य होकर गंगा-यमुना के संगम पर शरीर त्याग कर बैकुण्ठ जायेंगे। (पौ.को.)। उ. (1)-'कलकी ह्वै राखे रहैं हिंदूपति पति देत म्लेच्छ हति मोक्षगति 'दास' ताको दास है।'-भि.ग्रं., 1, शृं.नि., 2/89। उ. (2)-'बौद्ध में जो अरु जो कलकी महँ बिक्रम हूवे को आगे सुनो है।'-भू.ग्रं.,परि., 361/197।

**कलपतरु**—दे. कल्पतरु। उ. (1)-'कीने कुच अमल कलपतरु के से फल।'-र.प्रि., 13/5। उ.-(2)-'कल केलि कलपतरु क्वार महँ कंत न करहु बिदेस-मति।।'-क.प्रि., 10/30; बी.च., 26/3। उ. (3)-'प्रेम-रस-मूल-फूल-मूरति बिराजै मेरे मन, आलबाल कृष्ण-कृपा को कलपतरु।।'-घ.क., 343/181।

**कलपद्रुम**—दे. कल्पतरु। उ. (1)-'सबके कलपद्रुम के बन हैं सबके बर बारन गाजत हैं।'-रा., 24/14। उ. (2)-'केलि करैं कलपद्रुम के बन में तिनके संग देवकुमारी।।'-बी.च., 32/36। उ. (3)-'एक कहैं कलपद्रुम है इमि पूरत है सबकी चिता चाहै।।'-भू.ग्रं., परि., 352/196। उ. (4)-'सैलनि में ज्यों सुमेर लसै बर बृक्षनि में कलपद्रुम साजै।।'-मति., ल.ल., 49/306, 69/310, 79/313, 158/326, 265/343; मति.सत., 613/419।

**कलहंतरिता**—दे. कलहांतरिता। ल. (1)-पुनि पाछें पछिताइ मन कलहंतरिता सोइ।-जस.ग्रं., भा.भू., 16/9। ल. (2)-लहि अपमान सुवाम ते, गहें रोस उठि जाय। कलहंतरिता होइ ते, बिन पीतम अकुलाइ।।-कृ.ग्रं., हि.त., 356/77। ल. (3)-कह्यो न मानै कंत को पुनि पाछे पछिताय। कलहंतरिता नायका ताहि कहत कबिराय।।-मति., र.रा., 133/230। ल. (4)-पति कौ अति अपमानु करि, फिरि पीछे पछिताइ। कलहंतरिता नारि सो, तन मन दुख सरसाइ।।-सो.ग्रं. 1, र.पी.नि., 20/89।

**कलहंस छंद**—एक वर्णवृत्त। तेरह वर्ण और अठारह मात्राओं का छंद है। सगण+जगण+सगण+गुरु। मात्रा क्रम है-(।।S ।S। ।।S ।।S S)। ल.-सुजस संग प्रति पाय में छंद होत कलहंस। उ.-'कलधौत नूपुरन की छबि दीसी। कल हंस-चेटुअन की अवली सी।।'-भि.ग्रं. 1, छंदा., 163-166/199-200।

**कलह**—नायक-नायिका में अनचाहे आचरण के कारण उत्पन्न अरुचिकर विवाद या झगड़ा। उ.-'कियहु न मैं कबहूँ कलह गह्यो न कबहूँ मौन।'-प.ग्रं., जग., 199/123।

**कलहांतरिता**—दे. कलहंततरिता। शृंगार मंजरीकार ने इसके दो भेद किये हैं-ईर्ष्या कलहांतरिता और प्रणय कलहांतरिता। ल.-रिस ते पिय अपमान करि, जो पाछे पछिताइ। कलहांतरिता होति सो, कहत सबै कविराइ।। एक ईर्ष्या आदि कहि, कलहंतरिता जानि। प्रणय प्रथम दै दूसरी, कलहंतरिता मानि।।-शृं.मं., चिंता., 260, 261/76, 77।

**कलहांतरिता**—दे. कलहंतरिता। अवस्था के अनुसार नायिका का एक भेद। कलह के कारण अलग हुई नायिका। पति का अपमान करके पुनः पश्चाताप करने वाली नायिका। ल. (1)-'कलहांतरिता मान कै चूक मानि पछिताइ। सहज मनावन की जतन मानसाँति ह्वै जाइ।।'-भि.ग्रं., शृं.नि., 186/129। भिखारीदास ने इसके अन्तर्गत चार प्रकार के मानों की शांति को उदाहरणों से स्पष्ट किया है-लघुमानशांति, मध्यममानशांति, गुरुमानशांति और साधारणमानशांति।-वही, 188-191/130। ल. (2)-प्रथम कछू अपमान करि पिय को फिरि पछिताइ। कलहांतरिता नाइका ताहि कहत कबिराइ।।-प.ग्रं., जग., 171/116।

**कलहास**—केशवदास के अनुसार हास का एक भेद। ल.-जहँ सुनियै कलध्वनि कछू कोमल बिमल विलास। केसव तन मन मोहियै, बरनहु कवि कलहास।'-के.ग्रं., र.प्रि., 14/8।

**कला**—(1) किसी कार्य को भलीभाँति करने का कौशल। किसी काम को नियम और व्यवस्था के अनुसार करने की विद्या। फन। हुनर। उ.-'कासी हू की कला गई मथुरा मसीत भई, सिवाजी न होतो तो सुनति होति सबकी।।'-भू.ग्रं., प्रकी., 447/216। इनकी संख्या 64 मानी जाती है, जो कामशास्त्र के अनुसार इस प्रकार हैं—

1. गीत, 2. वाद्य, 3. नृत्य, 4. नाट्य, 5. आलेख्य, 6. विशेषकच्छेद्य, 7. तंडुलकुसुमावलिविकार, 8. पुष्पास्तरण, 9. दशनवसनांग-राग, 10. मणिभूमिकाकर्म, 11. शयन रचना, 12. उदकवाद्य, 13. उदकघात, 14. चित्रयोग, 15. माल्यग्रंथविकल्प, 16. केशशेखरापीड - योजन, 17. नेपथ्ययोग, 18. कर्णपत्रभंग, 19. गंधपदार्थ, 20. भूषणभोजन, 21. इंद्रजाल, 22. कौचुमारयोग, 23. हस्तलाघव, 24. चित्रशाकापूपभक्ष्य - विकारक्रिया, 25. पानकरसरागासव भोजन, 26. सूचीकर्म, 27. सूत्रकर्म, 28. प्रहेलिका, 29. प्रतिमाला, 30. दुर्वाचक योग, 31. नाटिकाख्यायिकादर्शन, 32. काव्यसमस्यापूर्ति, 33. पट्टिका-को-वाण-विकल्प, 34. पुस्तकवाचन, 35. तर्ककर्म, 36. तक्षण, 37. वास्तुविद्या, 38. रूप्यरत्नपरीक्षा, 39. धातुवाद, 40 माणिरागज्ञान, 41. आकरज्ञान, 42. वृक्षायुर्वेदज्ञान, 43. मेष-कुक्कुरादि युद्धविध, 44. शुकसारिकाप्रलापन, 45. उत्सादन, 46. केशमार्जन कौशल, 47. अक्षरमुष्टिका, 48. म्लेच्छितकलाविकल्प, 49. देशभाषाज्ञान, 50. पुष्पशकटिका निमित्त ज्ञान, 51. यंत्रमातृका, 52. धारणमातृका, 53. संपाठ्य, 54. मानसीकाव्यक्रिया, 55. क्रियाविकल्प, 56. छलितकयोग, 57. अभिधानकोष छंदोज्ञान, 58. वस्त्रगोपना, 59. द्यूतविशेष, 60. आकर्षण क्रीड़ा, 61. बालक्रीड़ाकर्म 62. वैनायिकी विद्याज्ञान, 63. वैजयिकी विद्याज्ञान, 64. वैतालिकी विद्याज्ञान। (हि.शं.सा.)। शिवतंत्र में उपर्युक्त से कुछ भिन्न कलाओं के नाम दिए गए हैं। (के.को. में कलाकलित दे.) (2) चंद्रमा की कलाएँ जिसकी संख्या 16 मानी जाती है-1. अमृता, 2. मानदा, 3. पूषा, 4. पुष्टि, 5. तुष्टि, 6. रति, 7. घृति, 8. शशनी, 9. चंद्रिका, 10. कांति, 11. ज्योत्सना, 12. श्री, 13. प्रीति, 14. अंगदा, 15. पूर्णा, 16. पूर्णामृता। उ.-'बढ़ति जाति ज्यों ज्यों कला त्यों त्यों ससि सकलंक।।'-वृं.ग्रं., नी. सत., 657/109। (3) सूर्य की कलाएँ जो संख्या में 12 मानी जाती हैं-1. तपिनी, 2. तापिनी, 3. धूम्रा, 4. मरीचि, 5. ज्वालिनी, 6. रुचि, 7. सुषुम्ना, 8. भोगदा, 9. विश्वा, 10. बोधिनी, 11. धारिणी, 12. क्षमा। उ.-'मानौ सूर सोम की कला सकेलि आपनीयौ आपुने सखा कों सुखु पाइ पहिराई है।' क.प्रि., 15/28।

**कला छंद**—एक वर्णवृत्त। षट्कल अर्थात् छः मात्राओं का छंद है। क्रम है (ऽ।।ऽ)। अर्थात् एक

भगण (S।।) और एक गुरु। उ.–'धीर गहो। आजु लहो। नंद लला। कामकला।।'–भि.ग्रं. 1, छंदा., 33/184।

**कलानि**—दे. कला (1)। उ.–'गीत कबित्त कलानि को जहँ सब लोक सुजान॥'–मति.,ल.ल., 7/300।

**कलानिधि**—चंद्रमा, जो सोलह कलाओं से सम्पन्न माना जाता है। दे. कला (2)। उ.–'वह द्विजराज तेरे द्विजराजि राजै, वह कलानिधि तुहूँ कलाकलित बखानिये।।' रा., 9/40।

**कलाम**—वचन। वाक्य। विशेषकर धार्मिक वचन। उ.–'बेद कलाम पढ़त है दोऊ। वा बिन तुरक न हिंदू होऊ।'–बो.ग्रं., वि.वा., 35/39।

**कलिंग**—समुद्र के किनारे का एक प्राचीन देश जिसका विस्तार गोदावरी और वैतरणी नदी के बीच था। यहाँ के लोग जहाज चलाने में बहुत निपुण थे। यह राज्य आधुनिक आंध्र का वह भाग था, जो कटक से मद्रास तक फैला है। प्रसिद्ध है कि अशोक ने इस देश पर आक्रमण किया था। (हिं. श.सा.)। उ.–'कासमीर काबुल कलिंग कलकत्ता अरु कुल करनाटक की हिम्मत हेरात है।'–भू.ग्रं., प्रकी., 461/218।

**कलिंजर**—कालिंजर नामक स्थान जहाँ का दुर्ग अति प्रसिद्ध है। एक पर्वत जो बाँदा से 30 मील पूर्व की ओर है और पुराणों के अनुसार संसार के नौ ऊखलों में से एक है। यह एक तीर्थ भी है। इसके नीचे इसी नाम का एक कस्बा है। रामायण, महाभारत आदि ग्रंथों तथा हरिवंश, गरुड़, मत्स्य आदि पुराणों में इसका वर्णन है। यहाँ का गढ़ फरिश्ता के अनुसार केदारनाथ नामक व्यक्ति ने पहली शताब्दी में बनवाया था। महमूद गजनवी ने 1022 ई. में इसे घेरा था। उस समय यहाँ का राजा नंद था। (हिं.श.सा.)। दे. कालिंजर। उ.–'कहै पदमाकर कटाकै कासमीरहूँ को पिंजर सो घेरिकै कलिंजर छुड़ावैगो।'–प.ग्रं., प्रकी., 27/311।

**कलिंदजा**—कलिंद से उत्पन्न। कलिंद नामक पर्वत से निकलने के कारण यमुना नदी को कलिंदजा कहते हैं। (पौ.को.)। उ. (1)–'सनसनाति आवत चली बिषमय कारे अंग। लहरैं देति कलिंदजा अलीं उरगिनी-रंग।।'–भि.ग्रं. 1, र.सा., 538/79 : उ. (2)–'कूल कलिंदजा के सुखमूल लतान के बृंद बितान तने हैं।'–वही, शृं.नि., 19/92।

**कलिंदि**—कालिंदी। यमुना। दे. कलिंदजा। उ.–'कैधौं पर्‌यो इंदु में कलिंदि-जल-बिंदु आइ गरक गुबिंद किधौं गोरी की गोराई में।'–प.ग्रं., प्रकी., 37/313।

**कलिंदी**—कालिंदी। यमुना नदी। दे. कलिंदजा। उ. (1)–'को है यह कामिनी कलिंदी कूल कुंजन में आई है बिलोकन बहार फुलवाई की।।'–प.ग्रं., प्रकी., 41/314, 48/316, 74/323। उ. (2)–'कूल कलिंदी के कुंजन मंजुल मीठे अमोल वै बोल सुनावै।'–मति.र.रा., 404/291। उ. (3)–'कहै पद्‌माकर न ऐहै काम सरस्वती साँचहू कलिंदी कान करन न पावैगी।'–प.ग्रं., गं.ल., 16/258; वही, जग., 387/164।

**कलि**—दे. कलकि। कलियुग। कलि नाम के एक युग प्रवर्तक देवता हैं, जिनके नाम के अनुसार युग का नाम कलियुग हुआ। इसकी अवधि 432000 मानव वर्ष है। 3102 वर्ष ई.पू. से इसका आरंभ हुआ। इसमें धर्म का लोप तथा अधर्म की प्रधानता बताई जाती है। इस युग में सभी अपने को ब्राह्मण कहने लगेंगे। इस युग में मुक्ति भगवद् भजन और कीर्तन से प्राप्त मानी गई है। (पौ.को.)। उ. (1)–'बाढ़त प्रताप जात झंझावात झकझोर थके केसोराय कुल-कलि-अवनीप के।।'–जहाँ., 106। उ. (2)–'देव कुदेवनि के चरनोदक बोर्‌यो सबै कलि को कुल मानी।।' उ. (3)–'वात कही कलि कलह सों कलह चल्यो उठि धाम।।'–वि.गी., 1/16, 2/3।

**कलिकाल**—कलियुग का समय। उ. (1)–'ज्यों कलिकाल के व्यालन तें पद्‌माकर भक्ति फिरै भ्रमि भाजी।।'–प.ग्रं., प्र.प., 40/246, 41/247। उ. (2)–'छेम की छहर गंगा रावरी लहर कलिकाल कों कहर जमजाल को जहर है।'–प.ग्रं., गं.ल., 12/257; वही, क.प., 12/296। उ. (3)–'ठाकुर कहत कलिकाल को प्रभाव देखौ झूठन की बातन पै जगत दिवाना है।'–ठाकुर, 208/54, 209/54-55,

8/63। भू.ग्रं., शि.भू., 218/169।

**कलिजुग**–दे. कलि। उ. (1)–जगत बिदित बूँदीनगर सुख संपति को धाम। कलिजुग हूँ में सत्यजुग तहाँ करत बिश्राम।।–मति., ल.ल., 6/300। उ. (2)–'कलिजुग हट्यो मिट्यौ सकल म्लेच्छन कौ अहमेव।।'–भू.ग्रं., शि.भू., 12/130। उ. (2)–'कलिजुग माहि नाम कामधेनु काम कुंभ कामना के पूरन कौं नाम कामतरु है।'–वृं.ग्रं., स्फु. छं., 27/316। उ. (3)–'पुनि निराट कलिजुग जब आवै तब को पीर कौन की पावै।।'–बो.ग्रं., वि. वा., 53/41।

**कालिजुग्ग**–दे. कलि, कलिजुग। उ.–'नृप हतो करत चित में गलानि। अति धन्य धसि कलिजुग्ग मानि।।'–बो.ग्रं., वि.वा., 1/169।

**कलियुग रासा**–रचयिता-रसिकगोविंद (दे.)। विव.–कलिकाल की बुराइयों का वर्णन। (इति.शुक्ल)।

**कल्प**–काल का एक विभाग, जिसे ब्रह्मा का एक दिन कहते हैं और जिसमें 14 मन्वन्तर या 4320000000 वर्ष होते हैं। उ.–'पलक तफावत के परे बीत कल्प से जात।'–बो.ग्रं., वि.वा., 26/59।

**कल्पतरु**–दे. कलपतरु। (1) इच्छाओं की पूर्ति करने वाला स्वर्गीय वृक्ष, जो समुद्रमंथन से निकले 14 रत्नों में से एक माना जाता है और जो इंद्र के नंदन कानन का प्रधान वृक्ष (पारिजात) है। उ.–(1)–'कलप कल्पतरु कविन को संगर धीर सधीर।।'–वृं.ग्रं., स.स.रू., 22/264। उ. (2)–'कामद कलानिधान कोबिद कविदंन को काटत कलेस किल कल्पतरु कैसे हैं।'–प.ग्रं., प्रकी., 1/303। उ. (3)–'दयादान को कल्पतरु, गुननिधि सीलसमुद्र।।'–क.प्रि., 1/17।

**कल्पवृक्ष**–दे. कल्पतरु। उ.–'सीख लीन्हो कल्पबृक्ष कामधेनु चिंतामनि सीख लीन्हो मेर औ कुबेर गिरआनो है।'–ठाकुर, 7/3।

**कल्पितानुरागा**–शृंगारमंजरीकार ने सामान्या के लक्षणनिरूपण में उसके पाँच भेदों का उल्लेख किया है। जैसे-स्वतंत्रा, जनन्यधीना, नियमिता, कलृप्तानुरागा और कल्पितानुरागा। कल्पितानुरागा वह सामान्या नायिका है जो वित्तग्रहण के लिए अनुराग का अभिनय करती है। ल.–वित्तग्रहन को पेम को, अभिनय करति ज़ो होइ। कल्पित अनुरागा कही, सामान्या है सोइ।। उ.–'सुंदरि यह अनुराग को, अभिनय करति सम्हारि। विन पानी को पैरिबो, तुही करै वर नारि।।'–शृं.मं., चिंता., 145–146/42।

**कल्याण**–(अंबाजी)–समर्थ गुरु रामदास क शिष्य। पिता-कृष्णा जी पंत। समय-सं. 1712 में उप., मृत्यु-सं. 1771। रचनाएँ-स्फुट छंद। (बृ. इति. 7)।

**कल्याणदास**–स्वामी हरिदास के शिष्य। स्थिति-सं. 1826 के पूर्व। रचनाएँ-निराकार महिमा, ज्ञानसार। (बृ.इति. 7)।

**कल्याण राय**–जन्म-सं. 1830। पिता-ब्रह्मगोपाल। रचनाएँ-संकल्पकल्पद्रुम, ब्रजमाधुरी। (बृ.इति. 7)।

**कल्यान**–आचार्य एवं कवि केशव के भाई कल्याणदास। उ. (1)–'तिनकें सोदर द्वय भए 'केसवदास' कल्यान।'–क.प्रि., 2/16। उ. (2)–'गुनगान मानविधान सों कल्यान दान सयान सों!'–वि.गी., 9/10।

**कल्यानदे**–रानी कल्याण दे रामशाह की माता थीं, जिनके कारण रामशाह और बीरसिंह के बीच की संधि असफल हो गयी थी। उ. (1)–इतनो कहत महाभय छियौ। कल्यानदे रानी को हियौ।' उ. (2)–'कीनौ कछु कल्यानदे कल्यान न चित चाहि।'–वी.च., 10/63–64।

**कल्लोलतरंगिणी**–रचयिता-चंदन (दे.), (इति. शुक्ल)।

**कवच**–(1) युद्ध के समय शरीर की रक्षा के लिए प्रयुक्त लोहे का आवरण। उ.–'प्रेम को कवच कसि साहस सहायक लै।'–र.प्रि., 14/25। (2) तंत्रशास्त्र के अनुसार मंत्रों द्वारा शरीर के अंगों की रक्षा का विधान अथवा स्तोत्रों का एक रूप जिसका पाठ करने से उपासक समस्त बाधाओं से रक्षित रहता है। इसे कुछ लोग भोजपत्र पर लिखकर ताबीज बनाकर भी पहनते हैं। उ.–'पहिरे गरे

गुटिका कवच रचि भागवत गीतान को।।'-प.ग्रं., हि.व.बि., 111/16।

**कवच्च**–दे. कवच। उ.-'तुपकैं सर छुट्टहिं तरुवर टुट्टहिं फुट्टहिं काय-कवच्च घने।' वी.च., 3/33।

**कवि कलानिधि**–पूर्णनाम-देवर्षि श्रीकृष्ण भट्ट। तैलंग ब्राह्मण। पिता-लक्ष्मणभट्ट। जन्म-सं. 1725। आश्रयदाता (1) रावराजा बुधसिंह (सं. 1752-1796), बूंदी नरेश। (2) महराजा सवाई जयसिंह, जयपुर नरेश। रचनाएँ-अलंकारकलानिधि, साँभर युद्ध, जाजवयुद्ध, बहादुर विजय, वृत्तचंद्रिका, शृंगाररसमंजरी (माधुरी), विदग्धरसमाधुरी, जयसिंहगुणसरिता, रामचंद्रोदय, रामरासा, दुर्गाभक्तितरंगिनी, नखसिख, तैत्तिरीय उपनिषद्। खोज में चार रचनाएँ प्राप्त-नवसई वाल्मीकिरामायण, रामायणसूचनिका, समस्यापूर्ति। (बृ.इति. 7)।

**कविकल्पद्रुम**–रचयिता-श्रीपति (दे.), (इति. शुक्ल)।

**कविकुलकंठाभरण**–रचयिता-दूलह (दे.)। विव.-अलंकार विषयक ग्रंथ (इति.शुक्ल)।

**कविकुलकल्पतरु**–रचयिता - चिंतामणि त्रिपाठी (दे.)। विव.-काव्यदोष, अलंकार और नायिकाभेद सम्बन्धी ग्रंथ। (बृ.इति. 7)।

**कविजीवन**–रचयिता-नवलसिंह (दे.), (इति. शुक्ल)।

**कविता**–काव्य। कविता। उ.-'तौ कविता सबिता सदृस कविमुख ते सरसहिं।'-कृ.ग्रं., 2/4।

**कविताकादंबिनी**–रचयिता-रत्नहरि (दे.), (बृ.इति. 7)।

**कविता कौमुदी**–रचयिता-हरिनाथ (दे.)। (बृ.इति. 7)।

**कविता रसविनोद**–रचयिता-जनराज (दे.), विव.-काव्यशास्त्रीय चिंतन। (बृ.इति. 6)।

**कवितावली**–रचयिता-रामचरणदास (दे.), (बृ.इति. 7)।

**कवितावली**–रचयिता-रसिकअली (दे.) (बृ. इति. 7)।

**कवित्त**–कविता। काव्य। उ. (1)-'यातै वृंद विचारि कै कीने भाव कवित्त।'-वृं.ग्रं., भा.प., 3/12। उ. (2)-'काहू कह्यो अमृत कवित्त के निवेदन में।' बो.ग्रं., वि.वा., 37/123।

**कवित्त**–रचयिता-गुरुदत्त (दे.), विव. सिक्खों के अकाली दल और गुरु गोविंद सिंह की वीरता का वर्णन। (बृ.इति. 7)।

**कवित्त**–रचयिता-रसनिधि (दे.),(सा.को. 2)।

**कवित्त कासीराम**–रचयिता-काशीराम (दे.), (बृ.इति. 7)।

**कवित्तग्रंथमाला**–रचयिता-ग्वाल (दे.), (सा. को. 2)।

**कवित्तप्रबंध**–रचयिता-रामगुलाम द्विवेदी (दे.), (बृ.इति. 7)।

**कवित्त बसंत**–रचयिता-ग्वाल (दे.), (सा. को. 2)।

**कवित्तबावनी**–रचयिता-जसराज (दे.), विव. -गुजराती मिश्रित राजस्थानी में रचित है। (बृ. इति. 7)।

**कवित्तबावनी**–रचयिता-लक्ष्मी बल्लभ। विव. -राजस्थानी की इस कृति में भावमहिमा, लज्जामहत्व आदि छंद लिखे गये हैं। (बृ.इति. 7)।

**कवित्तरत्नाकर**–रचयिता-सेनापति (दे.), (बृ.इति. 7)।

**कवित्त श्री माता जी रा**–रचयिता-रसपुंज (दे.), (बृ.इति. 7)।

**कवित्त श्री विन्ध्याचलदेवी**–रचयिता-गुरुदत्त (दे.), (बृ.इति. 7)।

**कवित्त हनोमान जी**–रचयिता-गुरुदत्त (दे.)। (बृ.इति. 7)।

**कविदर्पण**–रचयिता- ग्वाल (दे.)। विव.-रीति ग्रंथ। (सा.को. 2)।

**कविप्रिया**–दे. कबिप्रिया। रचयिता-केशवदास, (दे.)। विव.-दोष, अलंकार आदि का विवेचन। (बृ. इति. 6)।

**कविमत**–कवियों की मान्यताएँ, कवियों के सिद्धांत। उ.-'रच्यो ग्रंथ कविमत धरे, धरे कृष्ण को ध्यान।'-कृ.ग्रं., 3/4।

**कविमुख**–कवियों के स्वतः मुख से किया

गया काव्य पाठ। उ.-'तौ कविता सविता सदृस कविमुख ते सरसाहिं।' कृ.ग्रं., 2/4।

**कविमुखमण्डन** – रचयिता - गोकुलनाथ (दे.)। विव.-अलंकार सम्बन्धी ग्रंथ। (इति.शुक्ल)।

**कविरीति**–केशवदास के अनुसार कवियों के वर्णन करने की रीति तीन प्रकार की है। (1) कतिपय सच्ची बातों को झूठी कहकर वर्णन करना, (2) कतिपय झूठी बातों को सत्यवत् करके वर्णन करना, (3) कुछ बातों को नियमबद्ध करके वर्णन करना। ल.-साँची बात न बरनहीं, झूठी बरननि बानि। एकनि बरनै नियम कै, कबि-मत त्रिबिध बखानि।।-क.प्रि., 4/4।

**कविहृदयविनोद**–रचयिता - ग्वाल कवि (दे.)। विव.-कविता संग्रह। (इति.शुक्ल)।

**कवींद्र**–स्थान-बनपुरा। जन्म-सं. 1736 पिता-कालिदास त्रिवेदी। आश्रयदाता-हिम्मतसिंह और गुरुदत्तसिंह राजा अमेठी। रचनाएँ-रसचंद्रोदय, विनोद चंद्रिका, जोगलीला। (इति. शुक्ल)।

**कविवैराग्यवल्लरी**–रचयिता - नागरीदास (दे.)। (बृ.इति. 7, स.सर्वे.)।

**कष्टसरि**–दे. उत्तम तुक।

**कष्टार्थ**–दे. दोष, अर्थ दोष। उ. (1)-'अर्थ भिन्न अक्षरनि तें, कष्टारथ सु बिचारि।' उ. (2)-'तो पर वारौ चारि मृग, चारि बिहग फल चारि।।' ति.-नैन पर मृग, घूँघट पर हय, गति पर गज, कटि पर सिंह यों चारि मृग। बैन पर कोकिल, ग्रीवा पर कपोत, केस पर मोर, नासिका पर सुक यों चारि बिहंग। दंत पर दारयौ, कुच पर श्रीफल, अधर पर बिंब, कपोल पर मधूक यों चार्‌यो फल।।-भि.ग्रं. 2, का.नि., 59-59अ/232।

**कस्यप**–एक ऋषि जिनकी विभिन्न पत्नियों से सुर, असुर, मनुष्य, पशु, पक्षी आदि सम्पूर्ण प्राणियों की उत्पत्ति मानी जाती है। उ. (1)-'हैं किधौं केसव कस्यप को घर देव अदेवनि के मन मोहै।' क.प्रि., 7/12। उ. (2)-'भरद्वाज जाबालि अति गौतम कस्यप मुनि।'-रा., 6/8। उ. (3)-'कस्यपै कि बस्य कै अदेव देव छंडियौ।'-वि. गी., 16/54।

**कस्यपी**–कश्यप गोत्रीय। उ.-'द्विज कनौज कुल कस्यपी रतिनाथ कौ कुमार।'-भू.ग्रं.,शि.भू., 26/133।

**कहानी रहसि**–रचयिता-ललित सखी (दे.)। (बृ.इति. 7)।

**कांति गुण**–दे. गुण। ल.-रुचिर रुचिर बातैं परैं, अर्थन प्रगटन गूढ़। ग्राम्यरहित सो कांति गुन, समुझै सुमति न मूढ़।।। उ.-'पग पानिन कंचन-चूरे जराउजरे मनि लालनि सोभ धरैं। चिकुरारी मनोहर झीन झगा पहिरे मनिआँगन में बिहरैं।।'-भि.ग्रं. 2, का.नि., 14-15/177।

**कांतिगुन**–दे. कांति गुण।

**काँचरी**–केंचुली। उ.-'कुंद कांचरी, कमल, हिमसिकता, भस्म, कपास।'-क.प्रि., 5/6।

**काँमरू**–कामरूप देश। उ.-'कामरू कन्नौज कच्छ कर्नाट कैकेय कुरु कोसल कुँमाऊँ कुँतलेस के।'-जहाँ., 101।

**काँवरू**–कावेरी नदी। उ.-'काँवरू कन्यनि की पुरी, कार्तिक पुष्कर टेक।'-वि.गी., 6/5।

**काइथ**–एक हिंदू जाति। उ.-'मूल टोल कसिवान बनि काइथ लिखत अपार।।' क.प्रि., 12/16।

**काकपक्ष**–कनपटियों पर लटकने वाले बालों के पट्टे जुलफी। उ.-'काहन कछोटी सिर छोटी छोटी काकपक्ष।'-क.प्रि., 13/11।

**काकुवक्रोक्ति**–दे. वक्रोक्ति।

**काकुविशेष**–दे. अर्थव्यंजक। उ.-'दृग लखिहैं मधु चंद्रिका, सुनिहैं कलधुनि कान। रहिहैं मेरे प्रान तन प्रीतम करौ पयान।।' ति.-इहाँ काकु तें बरजिबो ब्यंजित होतु है।।-भि.ग्रं., का.नि., 55-55अ/14।

**काक्वाक्षिप्त**–गुणीभूत व्यंग्य (दे.) में काकु या काक्वाक्षिप्त पाँचवाँ भेद है। ल.-सही बात को काकुतें, जहीं नहीं करि जाइ। काक्वाक्षिप्त सु ब्यंगि है, जानि लेहु कबिराइ।।-भि.ग्रं., 2, का.नि., 15/64।

**काछन**–धोती के छोर जिन्हें जाँघों के बीच से ले जाकर पीछे खोंसते हैं। लंगोटी। उ.

(1)–'काछन कछोटी सिर छोटी छोटी काकपक्ष।'–क. प्रि., 13/11। उ. (2)–'काछन कछौटी सिर थोरे थोरे काकपक्ष।'–वि.गी., 9/38।

**काछनी**–मूर्तियों आदि को पहनाया जाने वाला एक तरह का घाँघरा। उ. (1)–'कहि केसव काछनी सेत कंछें सबही तन चंदन चित्र किये।'–र. प्रि., 5/36। उ. (2)–'काछे सितासित काछनी केसव पातुरी ज्यों पुतरीनि बिचारो।'–क.प्रि., 13/20।

**काज निबंधना**–दे. कार्य निबंधना।

**काजसिद्धि**–कार्यसिद्धि। छंद विचार में दोष निवारण के लिए दास गण और मित्र के मिलने से कार्यसिद्धि मानी गई है। मगण यगण दास गण हैं और मगण–नगण मित्र गण। इनके मिलने का फल कार्यसिद्धि है। ल.–दास तें जु मित्रगन काजसिद्धि केसोदास।–क.प्रि., 3/27।

**काजी**–न्याय करने वाले। उ.–'सरजाखाँ बाच्यौ भजि काजी के बहाने बावूराउ उमराउ ब्रह्मचारी के छलन सौं।'–भू.ग्रं., शि.भू., 90/144।

**काजी महमूद बहरी**–रचनाएँ–मनलगन, मसनवी बंगालनामा, कुलियाते बहरी, अफसाने इश्क खुद। (बृ.इति. 7)।

**कान्ह**–श्रीकृष्ण। दे. कृष्ण। यदुवंशी वसुदेव और देवकी के पुत्र जो विष्णु के अवतार माने जाते हैं। दे. कृष्ण। उ. (1)–'हौं हूँ गई जान तित आइ गो कहूँ तें कान्ह आन बनितानहू को झपकि झलो गयो।।'–प.ग्रं., जग., 657/217, 662/218, 664/219, 723/232, 150/111, 172/116, 266/138, 292/144, 302/146, 308/147, 344/154, 369/159, 430/172, 582/201। उ. (2)–'कान्ह के बोल में कान न दीनो सु गेह की देहरी पै धरि आई।'–मति., र.रा., 28/206, 422/295। उ. (3)–'कान्ह करजछत देत यों सोहत बाल उरोज। सरसरोज सों संभु को मारत मनो मनोज।।'–मति., सत., 481/408, 535/413, 639/421। उ. (4)–'आवौ चलैं लीजियै जू कीजिये जनम धन्य करुना निधान कान्ह पान देन बैठे हैं।'–ठाकुर, 28/9, 100/26, 106/28, 115/31, 139/36, 146/38। उ. (5)–'मेरे जान मेरे तुम कान्ह हौ जगतसिंह तेरे जान तेरो वह बिप्र हौं सुदामा हौं।।'–प.ग्रं., प्रकी., 21/309। उ. (6)–'तेज तम अंस पर कान्ह जिम कंस पर।'–भू.ग्रं., शि. भू., 50/137। उ. (6)–'कान्ह परै बहुतायत मैं अकलैन की बेदन जानौ कहा तुम।'–घ.क., 134/95। उ. (7)–'बिन करनी मोपै ढरौ कान्ह गरीब निवाज।'–रतन., 983/172। उ. (7)–'सखियाँ कहैं सुसांच है लगत कान्ह की डीठि।'–भि.ग्रं., र. सा., 31/7, 512/75, शृं.नि., 2/89, 20/92, 231/140। ठाकुर ग्रं., 27/68। र.प्रि., 1/23, 1/27, 2/4, 2/6, 2/13।

**कान्ह-अवतार**–अवतार रूप श्रीकृष्ण। उ.–'कान्ह-अवतार बैरी-बारिधि-मथन काज सील के जहाजी बली बिक्रम तखतराज।।'–प.ग्रं., प्रकी., 19/308।

**कान्हजू**–उ.–'कान्हजू आज करामति कीन्ही कहाँ लौं सराहौं महा सुघराई।'–प.ग्रं. 1, शृं.नि., 190/130, 200/132।

**कान्हर**–दे. कृष्ण। उ. (1)–'मनसा बाचा कर्मना करि कान्हर सों प्रीति।'–भि.ग्रं.1, र.सा., 22/5। उ. (2)–प.ग्रं.–'त्यौं पद्माकर ह्वै लकुटी रहौं कान्हर के कर घूमि घनेरी।।'–प.ग्रं., प्रकी., 70/322। उ. (3)–'कारी निसि काली घटा कचरति कारे नाग। कारे कान्हर पैं चली अजब लगनि की लाग।।'–प.ग्रं., जग., 244/133, 248/134। उ. (4)–'कूबरी कान्हर कों इकलास कियो सबही बिधि खूब है अल्ला।।'–ठाकुर ग्रं., 48/13।

**कान्हरो**–दे.कृष्ण। श्रीकृष्ण। उ.–'मोहि कान्हरो नाँह दीयो बिपरीत करी बिधि भूलि बिधाता।'–वृं. ग्रं., स्फुट छंद, 9/335।

**कान्हबो**–संत तुकाराम के अनुज और परमार्थ मार्गी शिष्य। पिता-बोल्हो बोबा। संवत् 1664-1707 के बीच विद्यमान। रचनाएँ–स्फुट अभंग। (बृ.इति. 7)।

**काबुल**–अफगानिस्तान का प्रधान ऐतिहासिक नगर। उ. (1)–'हालत दहलि जात काबुल कँधार वीर रोष करि काढ़े समसेर ज्यों गरब की।'–भू. ग्रं., प्रकी., 418/209, 445/215, 461/218,

526/234। उ. (2)–'मेवा बई घनी काबुल में बिंदराबन आनि करील जमाए। ठाकुर ग्रं., 49/14।

**काबेरी**–कावेरी। सम्पूर्ण जाति की एक रागिनी। उ.–'काबेरी पटमंजरी पंचक नाहीं होय।'–बो.ग्रं., वि.वा., 13/121।

**काव्यनिर्नय**–काव्यनिर्नय नामक काव्यशास्त्रीय ग्रंथ। चंद्रवंशी अलवर नरेश पृथ्वीपति के सहोदर हिन्दूपति के आश्रम में सं. 1803 के आश्विन मास में विजया दशमी तिथि को भिखारीदास ने काव्यनिर्णय ग्रंथ की रचना की। उ.–'अट्ठारह से तीनि हो, संवत आस्विन मास। ग्रंथ काव्य निर्नय रच्यो बिजै-दसैं दिन दास।।'–भि.ग्रं. 2, का.नि., 2-4/3, 9/4।

**काव्यप्रकास**–संस्कृत के आचार्य मम्मट द्वारा रचित 'काव्यप्रकाश' ग्रंथ जो संस्कृत के साहित्य शास्त्र का सर्वांगनिरूपक ग्रंथ है। भिखारीदास ने अपने काव्यनिर्णय ग्रंथ की रचना में इस 'काव्यप्रकाश' ग्रंथ को भी एक आधार के रूप में ग्रहण किया। उ.–'बूझि सु चंद्रालोक अरू काव्यप्रकासहु ग्रंथ। समुझि सुरूचि भाषा कियो, लै औरौ कबिपंथ।।'–भि.ग्रं. 2, का.नि., 5/3।

**काव्यमंजरी**–रचयिता-पदुमनदास (दे.)। विव. -कविशिक्षा विषयक ग्रंथ। (बृ.इति. 6)।

**काव्यरथापत्ति**–दे. काव्यार्थापति,काव्यार्थापत्ति।

**काव्यलिंग**–एक अर्थालंकार। किसी बात को सिद्ध करने के लिए चमत्कारपूर्वक कारण का कथन। ल. (1)–काव्य लिंग जब जुक्ति सों अर्थसमर्थन होइ। उ.–'तर्को मैं जीत्यो मदन मो हिय में सिव सोइ।।'–जस.ग्रं., भा.भू. 151/49। ल. (2)–हेतुसमर्थन जुक्ति सों काव्यलिंग को अंग। उ.–'धृग धृग धृग जग राग बिनु फिरि कहत मृदंग।'–भि.ग्रं. 2, का.नि., 40/22।

**काव्यार्थापति**–काव्यार्थापति। अर्थापत्ति का दूसरा नाम। जिसके द्वारा कठिन कार्य की सिद्धि संभव हो, उसके द्वारा सुगम कार्य की सिद्धि क्या कठिन है? ऐसे वर्णन में यह अलंकार होता है। ल.–काव्यार्थापति कों सबै इही विधि बरनत जात। उ.–'मुख जीत्यो वा चंद सो कहा कमल की बात।।'–जस.ग्रं., भा.भू., 150/48।

**काम**–(1) मिलन, मैथुन आदि की इच्छा या मनोरथ। उ.–'का गुनाह रतिनाह सों नाह भयो उदिवेक। सो कहिये लहि काम जो पायो सजा अनेक।'–बो.ग्रं.. वि.वा., 53/27। घ.क., 158/108। (2)–कामदेव। उ. (1)–'निसि कारी भारी घटा निपट अकेली बाम। मो सँग प्यारे नेह अरू पंच बान लिये काम।।'–जस.ग्रं., दो., 14/74। उ. (2)–'कहै पदमाकर त्यों किधौं काम कारीगर नुकता दियो है, हेमफरद सुहाई में।।'–प.ग्रं., प्रकी., 37/213। उ. (3)–'तुम तौ निहकाम सकाम हमैं घनआनंद काम सों काम पर्‌यौ।।'–घ.क., 143/100।

**काम-अबला**–मदन की स्त्री रति। उ.–"काम की कला सी, चपला सी, काम अबला सी।"–र.प्रि., 14/20।

**कामकंदला**–बोधा रचित विरह वारीश अथवा 'माधवानल कामकंदला' काव्य की नायिका और नायक माधव की प्रेमिका। उ.–'माधव मृगपति जान कामकंदला पद्‌मिनी।'–बो.ग्रं., वि.वा., 20/116, 32/102, 1/131, 1/132, 1/139, 26/152, 35/164, 70/167, 68/176, 1/178, 36/182, 53/158, 1/198, 26/196, 16/222।

**काम कला**–काम सम्बन्धी कला, कामदेव की कला या चातुरी या कुशलता। उ. (1)–'अति सुंदर चंद समान सखी सब काम कला भरपूर भर्‌यौ।'–वृं. ग्रं., भा.पं., 45/23, 34/21। उ. (2)–'आय गयो मतिराम तहिं जिन कोटिन कामकला अवगाहीं।।'–मति.र.रा., 325/275।

**कामतरु**–दे. कलपतरु। उ. (1)–'मगन मनोरथ को दानौ प्रथमहि तोहि कामधेनु कामतरु तें गनाइयतु है।'–भू.ग्रं.,शि.भू., 108/148। उ. (2)–'कामना के पूरन कौ नाम कामतरु है।'–वृं. ग्रं., स्फु.छं., 27/316। उ. (3)–'आछो अभिराम करै पूरन सकल काम गंगा जू को नाम कामतरु तें सरस है।'–प.ग्रं., ग.ल., 43/269; वही, प्रकी., 24/310। उ. (4)–'ताहू ते बड़ो है तेरो कर कामतरु जासों वड़े करिबर फल पावत सुकबि हैं।।'–मति.ल.ल., 156/325।

**कामदशा**–ये विप्रलम्भ या वियोग की कामदशाएँ हैं। किसी ने इनकी संख्या नौ और किसी ने दस मानी है। ये हैं-अभिलाष, चिंता, स्मृति, गुणकथन, उद्वेग, प्रलाप, उन्माद, व्याधि, जड़ता, मृति या मरण। उ.-'कंत बिदेश वसंत के आवत काम दशा दस हूँ दिसि जागी।'-वृं.ग्रं., भा.पं., 11/15।

**कामद सैल**–कामद गिरि। चित्रकूट का एक पर्वत जहाँ श्रीराम ने वास किया था। उ.-पायो गत अस्विन मास जहीं। आयो द्विज कामद सैल तहीं।'-बो.ग्रं., वि.वा., 28/89।

**कामदुंदव**–कामदेव की दुंदुभि, कामदेव के रण छेड़ने और उत्साहित करने की दुंदुभि। उ.-'कहै पद्माकर तयौं करत कुलाहल न किंकिनकतार कामदुंदव सी दै रही।'-प.ग्रं., प्रकी., 48/316।

**कामदेब**–कामदेव। उ.-'नैन झरोषा बदन गढ़ कामदेब की सीष।'-वृं.ग्रं., नै.ब., 45/33।

**कामदेव**–कृष्ण से और लक्ष्मी के गर्भ से उत्पन्न हुए थे। दूसरे मत से ब्रह्मा से स्त्री के रूप में उत्पन्न हुए थे। (पौ.को.)। उ.-'कंस के कन्हैया कामदेवहू के कंठनील कैटभ के कालिका बिहंगम के बाण हौ।'-भू.ग्रं., प्रकी. 410/206।

**कामधुज**–कंबधज। सिर कटने पर भी लड़ने वाला। उ.-'जानत जहान ऐंड़ करि सुलताननि सों, कीनौ कछवाह कामधुज को बचाव है।'-मति., ल. ल., 373/360-361।

**कामधेनु**–सभी इच्छाओं की पूर्ति करने वाली स्वर्गीय गाय। पुराणानुसार यह समुद्रमंथन से निकली मानी जाती है। समुद्र से निकले 14 रत्नों में से एक है। उ. (1)-'कीरतिकतार करतार काम्धेनु की त्यों सूरति बिचार धनसार को वरसिबो।।'-प.ग्रं., प्रकी. 5/304। उ. (2)-'राव भावसिंहजू के दान की बड़ाई देखि कहा कामधेनु है, कछू न सुरतरु है।'-मति., ल.ल., 66/310। उ. (3)-'सीख लीन्हो कल्पबृक्ष कामधेनु चिंतामनि सीख लीन्हो मेरु और कुवेर गिरि आनो है।'-ठाकुर. 7/3। वृं.ग्रं., नी.स., 606/108। वही., स्फु.छं., 27/316। भू.ग्रं., शि.भू., 108/148। प्र.ग्रं., गं. ल., 25/262।

**कामधेनु बंध**–लेखनी चित्रालंकार (दे.) का एक भेद।

**कामपद छंद**–एक वर्णवृत्त है। ल.-द्वि गुरु कामपद होइ।। उ.-'हौंनी। लौनी। आखैं। भाखैं।।'-सो.ग्रं. 1, र.पी.नि., 1-2/33।

**कामबन**–वह वन जहाँ महादेव ने कामदेव को जलाया था। उ.-'कामबन राम सब बासतरु देखियो।'-रा., 2/29।

**कामबाम**–रति, कामदेव की पत्नी। उ.-'कामबाम कों खसम की भसम लगावत अंग। त्रिनयन के नैननि जग्यो कछु करूना को रंग।।'-प. ग्रं., जग., 588/202।

**कामबोज**–कांबोज। अफगानिस्तान के एक भाग का प्राचीन नाम। उ.-'कामबोज कुंकन कुबिंद अरु कुंतीभोज किरकिची कुलमेल केरल सुदेस के।।'-जहाँ., 101।

**कामवती**–दे. परकीया भेद। ल. 'कामवती अनुरागिनी प्रौढ़ा भेद बिचारि। स्वाधीनपतिकाहु में कर्बितानि निरधारि।।'-भि.ग्रं. 1, र.सा., 437/63। चार भेद-कामवती, अनुरागिनी, प्रेमसता, सुरतरिक्खता।-वही, 101/17।

**कामवनविलास**–रचयिता - लाड़लीदास (दे.), (बृ.इति. 7)।

**कामसेन**–बोधा रचित 'विरह वारीश' काव्य में कामवती पुरी के राजा। बो.ग्रं., वि.वा., 70/42, 15/99, 18/99, 45/125, 77/159, 66/167, 85/178, 15/180, 18/180, 20/180, 22/180, 30/181, 42/183, 43/183, 52/184, 1/185, 3/186, 23/192, 33/192, 8/216।

**कामसेना**–रामसिंह की वेश्या का नाम। उ.-'काम की सी सेना कामसेना बनि आई है।'-क. प्रि., 11/35।

**कामसैन**–दे. कामसेना। उ.-'काम कैसी कुटी पुरी राजा कामसैन की।'-बो.ग्रं., वि.वा., 39/95।

**कामा छंद**–चौकल अर्थात् चार मात्राओं का छंद है। क्रम है 'कामा' (SS)। उ.-'रामै। नामै। यामै। कामै।।'-भि.ग्रं. 1, छंदा., 13/182।

**कामावत**–दे. कामावति, कामावती। उ.–'पुनि कामावत देस बेस उज्जेन गवन भनि।'–बो. ग्रं., वि.वा., 6/22।

**कामावति**–कामावती। बोधा रचित 'विरह वारीश' काव्य में एक नगरी जिसका राजा कामसेन था। उ.–'कर गहि बीन बिप मग लीन्हा। गवन देस कामावति कीन्हा।'–बो.ग्रं., वि.वा., 38/94।

**कामावती**–दे. कामावति। उ.–'त्याग पुरी कामावती माधो चल्यो बिराम।'–बो.ग्रं., वि.वा., 76/128।

**कामोदी**–एक रागिनी जो मालकोश के पुत्र कामोद की स्त्री है (हि.श.सा.)। उ.–'कामोदी कुंतल पुनि गावै। कमल कुसुम कल्यान बहावै।'–बो.ग्रं., वि.वा., 14/121।

**कायरबावनी**–रचयिता-बांकीदास (दे.)। (बृ. इति. 7)।

**कारक दीपक अलंकार**–एक अर्थालंकार। ल. (1)-भाव जहाँ क्रम ते बहुत कारक दीपक जानि। उ.–'पिय बियोग चहुँ ओर लखि चपला तमक समेति। छीन होत छिन छिन तिया त्रसति नैन भरि लेति।।'–सो.गं. 1, र.पी.नि., 224-225/210। ल. (2)-'कारक दीपक एक में क्रम तें भाव अनेक। उ.–'जाति चितै आवति हँसति पूछति बात बिबेक।'–जस.ग्रं., भा.भू., 147/48। ल. (3)-'क्रम सों इक में बहु क्रिया कारक दीपक मान।'–प.ग्रं., पद्मा., 196/56। ल. (4)-एकहि में क्रम सों भए तिनकौ गुंफ जु होय। सो कारक दीपक कह्यो कबिन ग्रंथ मत जोय।।–मति., ल.ल., 28/347। ल. (5)-एक भाँति के बचन को काज बहुत जहँ होइ। कारक दीपक जानिये, कहैं सुमति सब कोइ।। उ.–'ध्याइ तुम्हैं छबि सो छकति, जकति तकतिमुसुकाति। भुज पसारि चौंकति पुलकि पसीजति जाति।।'–भि.ग्रं. 2, का.नि. 39-40/174।

**कारण निबंधना**–अप्रस्तुत प्रशंसा का एक भेद। प्रस्तुत कार्य का बोध कराने के लिए अप्रस्तुत के कारण का कथन। ल.–अप्रस्तुत करनहु तें फुरै जु प्रस्तुत काज। यो कारन सु निबंधना भाषत हैं कबिराज।।–प.ग्रं., पद्मा., 118/47।

**कारणमाला**–अलंकार-एक शृंखलामूलक अर्थालंकार। इसमें पदार्थों का शृंखला रूप में वर्णन होता है। इन पदार्थों का कारण कार्यभाव से क्रमिक सम्बन्ध रहता है। ल. (1)-हुव जु हेतु तें काज सो अन्य काज को हेतु। यहि क्रम गुंफन है जहाँ कारनमाला चेतु।।–प.ग्रं., पद्मा., 170/53। ल. (2)-कारन तें कारन जनम, कारनमाला चारु। उ.–'जोति आदि तें जोतितें बिधि बिधि तें संसारु।।'–भि.ग्रं. 2, का.नि., 8/168।

**कारतलब**–कारतलब खाँ उजबक। एक चारहजारी मनसबदार जिसके नेतृत्व में शइस्ता खाँ ने बहुत से राजपूत तथा मुसलमान सरदारों को शिवाजी को परास्त करने के लिए भेजा था। बीहड़ रास्ते में अचानक शिवाजी ने आक्रमण कर कारतलब खाँ को पराजित कर दिया था। उ.–'लूट्यौ खानदौरा जोरावर आसफजंग रू लूट्यौ कारतलब खाँ मानहु अमाल है।'–भू.ग्रं., शि.भू., 94/145।

**कार्तबीज**–कार्तवीर्य। कृतवीर्य का पुत्र सहस्रार्जुन। दे. सहसबाहु। उ.–रावन के राम कार्तबीज के परसुराम दिल्लीपतिदिग्गज के सिंह सिवराज हौ।।'–भू.ग्रं., प्रकी., 410/206।

**कार्तिक माहात्म्य**–रचयिता-भगवानदास (दे.)। (बृ.इति. 7)।

**कार्य-निबंधना**–अप्रस्तुत प्रशंसा का भेद। प्रस्तुत कारण का बोध कराने के लिए अप्रस्तुत कार्य का कथन। ल.–अप्रस्तुत कारजहु तें प्रस्तुत कारन ज्ञान। ताकों काज निबंधना पदमाकर उर आन।।–प.ग्रं., पद्मा., 120/47।

**कार्यविलंबिता**-शृंगारमंजरीकारनेविरहोत्कंठिता के भेदों का निरूपण करते समय कार्यविलंबित सुरता और अनुत्पन्नसंभोगा नामक दो नये भेदों का उल्लेख किया है। सुरति में पति के द्वारा किये गये विलंब से दुःखी नायिका को कार्यविलंबिता सुरता उत्कंठिता कहा गया है। ल.–पति विलंब तें सुरत को, दुखित त्रिया जे होइ। काज विलंबित सुरत सों, सुनो सुकबि सब कोइ।। उ.–'केते महीय धौं आए नए, पदकंजन ये तिन धौं बिलमाये। कैंधौं

सभा गुनवंतनि आइ, कवित्त संगीत कलानि रिझाये। कैसखि काहु प्रवीन बधू, रति के रस भैं बस मैं करि पाये। आजु कछू बड़ी देर भई, बड़े साहिब भौनहिं क्यों नहिं आये।'-शृं.मं.चिंता., 183-184/54-55।

**काल**—(1) समय। उ.-'केसोदास एक काल एक जान धावैको।'-र.प्रि., 4/17। (2) मृत्यु। उ.-'दनुज मनुज जीव जल थल जननि को पर्योई रहत जहाँ काल सो समरू है।'-र.प्रि., 14/40। (3) यमराज। उ.-'काम जर्यो जग, काल पर्यो बँदि, सेष धरै बिष हालाहली है।'-क.प्रि., 6/54। (4) महाकाल। उ.-'सुरी आसुरी सुंदरी भोग कर्नै। महाकाल को काल हौं कुंभर्नै।।'-रा.,18/23। (5) प्रारब्ध। उ.-'यहि काल करालते सोधि सबै हठिकै बरषा मिस दूरि किये।।'-रा., 13/22। (6) दशा। उ.-'अलक मृणालनि ज्यों तोरि डारै सब काल कठिन कराल त्यों अकाल दीह दुख कों।'-रा.,1/1।

**कालकाल**—काल का भी काल (महाकाल)। उ.-'वज्र तें कठोर कैलास तें विसाल कालदण्ड तें कराल सब काल काल आवई।'-रा., 5/36।

**कालकूट**--(1) देवासुर यज्ञ के समय पृथुमाली नामक कोई असुर देवताओं द्वारा मारा गया था। उसके रक्त से अश्वत्थ वृक्ष की भाँति एक वृक्ष उत्पन्न हुआ। उसी वृक्ष का नाम कालकूट है। यह विषवृक्ष शृंगवेरपुर, कोंकण और मलय पर्वत में होता है। (हि.विश्व.वसु)। (2) महाविष जो समुद्रमंथन से निकला था और जिसे भगवान् शंकर ने कंठ में रख लिया था। तभी से उनका नाम नीलकंठ पड़ गया। उ. (1)-'काहे कौं कहावत कटुक काल कूट ऐसी।।'-र.प्रि., 9/7। उ. (2)-'बिचक अरुन मेचक बरन गुंजाबीज समान। किंसुक मनो मनोज के कालकूट जुत बान।।'-मति. म.सत., 587/417। उ. (3)-'केसव कपाली-कंठ-कुल कालकूट जैसे।'-क.प्रि., 5/27। उ. (4)-'कालकूट तें अति निष्ठुर प्रीति।।'-रा., 23/24। उ. (5)-'कालिका की केलि सी, कै कालकूट बेलिसी।'-वी. च., 14/30। छं.मा., 1/1।

**कालदंड**—यमराज का दंड। उ.-'दंडक में कीन्हो कालदंडहू को मान खंड मानो कीन्ही काल ही की कालखंड खंडना।' रा., 4/9।

**कालभट**—यमकिंकर। उ.-'जैसे रन में कालभट भेटि भेतियट बाम।'-रा., 13/91।

**कालयमन**—हरिवंश के अनुसार एक अति पराक्रमी यवनपति जो गार्ग्य ऋषि का गोपाली नाम की अप्सरा के गर्भ से उत्पन्न पुत्र था तथा जिसे ऋषि ने मथुरा वालों से बदला लेने के लिए जन्म दिया था। श्रीकृष्ण ने इसे जीतना कठिन मानकर चतुराई से मुचुकुन्द की दृष्टि से जलवाकर भस्म करा दिया था। (पौ.को.) 1। उ.-'कालयमन कौ ज्यौं किसन, पट मुचुकुंद उठाया।'-वृं.ग्रं., नी.स. 278/80।

**कालराति**--प्रलय की रात्रि। ब्रह्मा की रात्रि जिसमें सारा संसार लय हो जाता है, केवल नारायण ही बचे रहते हैं। उ.-'विसेष कालराति सी कराल राति मानिये।'-रा., 12/42।

**काल-विरोध**—एक काव्यगत दोष। 'देस बिरोध न बरनियै, कालबिरोध निहारि।'-क.प्रि., 3/16।

**कालविशेष**--व्यंजनाशक्ति विवेचन के अन्तर्गत दे. अर्थव्यंजक। उ.-'हौं जमान हौं जान दै कहा रही गहि फेट! हरि फिरि अैहैं होत हीं बन बागनि सौं भेंट।। ति.-इहाँ बसंत रितु है तातें कामोद्दीपन को भरोसो ब्यंजित होतु है।।-भि.ग्र. 2, का.नि., 62, 62अ/16।

**कालिंजर**—दे. कलिंजर। उ. (1)-'कारी भीति कालिंजर कंगूरे कनौज सदा सूरन के संका सरजा के करवाल की।'--भू.ग्रं., प्रकी., 489/225। उ. (2)-'काहिल कोलापुर लयौ कालिंजर पलु एक।' वि.गी., 6/5।

**कालिंद**—कलिंद। दे. कलिंदजा। वह पर्वत जिससे यमुना नदी निकलती है। उ.-'जनु कलिंद पर चंद अनूप। सब सिंगार पर जैसे रूप।'-वि. च., 26/40।

**कालिंदी**—दे. कलिंदजा। एक शाखा नदी। बंगदेश के खुलना जिले में यमुना नामी नदी प्रवाहित है, कालिंदी उसी की शाखा है। वह बसंतपुर के निकट यमुना से अलग है। कलकत्ते से बड़ी-बड़ी

नौकाएँ उक्त नदी पथ से पूर्वाभिमुख गमन करती हैं। (हिं.विश्व.वसु)। उ. (1)-'कालिंदी के कूल कूल जात जलकेलि कहँ।'-क.प्रि., 15/66। उ. (2)-'कालिंदी सरिताहि को, उतरत देख्यौ दंभ।'-वि. गी., 3/5। उ. (3)-'लसत सदाई कूल कालिंदी सुदेस थरू।'-घ.क., 343/181। वृ.ग्रं., य.स., 8/205। उ. (4)-'छबि ऐसी लागत मनौ कालिंदी में फेन।।'-जस.ग्रं., दोवा, 1/73। उ. (5)-'कालिंदी के तट बंसीबट के निकट नंदलाल कों सलोचन तें चाह्यो न परत है।'-मति. र.रा., 378/286।

**कालिंदी**--दे. कालिंदी, कलिंदजा। उ. (1)-'काल्हि कालिंदी के निकट निरखि रहे है जाहि।'-प.ग्रं., जग.,364/258, 388/164। उ. (2)-'कालिंदी रावरी कुंज कछारनि पुंजन कौतिक लाड़िली लाल के।'-ठाकुर, 8/63।

**कालि**--दे. कालिका, काली। उ.-'जयति जयति जय आदिसकति जय कालि कपर्दनि।' भू. ग्रं., शि.भू., 2/128।

**कालिका**--एक शक्ति का नाम। चंडिका। इनके नामकरण के सम्बन्ध में कालिका पुराण में लिखा है-शुंभ और निशुंभ दैत्य के उत्पीड़न से अत्यन्त पीड़ित हो इंद्रादि देव हिमालय पर्वत में गंगातीर्थ के निकट पहुँच महामाया का स्तवन करने लगे। महामाया ने उनके स्तवन से संतुष्ट हो मातंग स्त्री के रूप में वहाँ पहुँचकर पूछा-'तुम लोग किसकी आराधना करने के लिए इस मातंग आश्रम में आए हो ?' देवी के पूछते ही देवताओं ने कहा-'शुंभ और निशुंभ दैत्यों से उत्पीड़ित हो उनके निधन के उद्देश्य से हम महामाया की आराधना करने आए हैं।' वह आविर्भूता देवी पहले तो कृष्णवर्णा रहीं, शीघ्र ही बाद में गौर-वर्णा हो गईं; किन्तु प्रारम्भ में कृष्णवर्णा होने के कारण कालिका नाम से विख्यात हुईं। वह भय से रक्षा करती हैं, इसी से पंडित उन्हें उग्रतारा कहते हैं। शिरोभाग में एक जटा होने से इनका नाम एकजटा भी प्रसिद्ध हुआ। इनके साथ रहने वाली आठ योगिनियों के नाम हैं-महाकाली, रुद्राणी, उग्रा, भीमा, घोरा, भ्रमरी, महारात्री और भैरवी। (हिं.विश्व.वसु; पौ.को.)। उ. (1)-'कंस के कन्हैया कामदेवहू के कंठनील कैटभ के कालिका बिहंगम के बाज हौ।'-भू.ग्रं., प्रकी., 410/206। उ. (2)-'कह कह किलकत कालिका निरखि असुर दल निद्ध।।'-वृं.ग्रं., स्फु.छं., 58/236। उ. (3)-'कहर को क्रोध किधौं कालिका को कोलाहल हलाहल लहरात लबालब को।'-प.ग्रं., प्रकी., 8/305।

**कालिका अष्टक**--रचयिता-पं. उमापति त्रिपाठी, (दे.)। (बृ.इति. 7)।

**कालिदास**--संस्कृत के एक प्रसिद्ध श्रेष्ठ कवि और नाटककार जिन्होंने कुमारसंभव, रघुवंश, अभिज्ञान शाकुंतलम् जैसे ग्रंथ लिखे। उ.-'सुनि सुभान अब कथा सुहाई। कालिदास बहुरुचि सह गाई।।'-बो.ग्रं., वि.वा., 1/28।

**कालिदास त्रिवेदी**--जन्म-सं. 1749। जन्म स्थान-अंतर्वेद (बनपुरा)। आश्रयदाता जंबू नरेश जोगजीत सिंह। रचनाएँ-वार-बधू-विनोद, जंजीराबाद, राधामाधव-बुध-मिलन-विनोद, कालिदास हजारा। (इति.शुक्ल)।

**कसलिदास हजारा**--रचयिता - कालिदास त्रिवेदी (दे.)। (इति.शुक्ल)।

**कालिय कालाष्टक**--रचयिता - गिरिधरदास, (दे.)। (इति.शुक्ल)।

**काली**--(1) दे. कालिका। चंडी, देवी, दुर्गा। उ. (1)-'करैं मुंडमाला महाकाल काली।'-वृं.ग्रं., स. स.रू., 312/296। उ. (2)-'लीनौ अवतार करतार के कहे तें काली मलेच्छनि हरन उबरन भुवि-भार कौ।'-भूं.ग्रं., शि.भू., 78/142, 312/296; वही, प्रकी.,143/207, 458/218, 509/229; प.ग्रं., जग., 721/231; वही, प्रकी., 25-26/310, 80/325। (2) कालिया नाग। दे. काली नाग। उ. (1)-'बनतें कि बनमाली आली ज्यों निकारि हौं।'-र.प्रि., 14/26। उ. (2)-'सिंधु मथ्यो किल काली नथ्यो, कहि केसव इंद्र कुचाली चली है।।'-क. प्रि., 6/54। उ. (3)-'जनम को चाली ए री अदभुत ख्याली आजु काली की फनाली पै नचत बनमाली है।'-प.ग्रं., जग., 721-722/231।

**कालिनाग**--कालिय नाम का एक नाग।

'क्रोधवश' वर्ग का एक सर्पराज जो कद्रू का पुत्र था। गरुड़ के भय से यह समुद्र छोड़कर व्रज के समीप एक सरोवर में छिपकर रहता था, जिससे जल विषैला हो गया था। श्रीकृष्ण ने इसे वश में किया था और इसे पुनः समुद्र में भेज दिया था। इस प्रकार उसे गरुड़ के भय से मुक्त किया था। दूसरे सूत्र से यह ज्ञात होता है कि वह कालीदह में इसलिए रहता था कि गरुड़ सौंभरि ऋषि के शाप के कारण वहाँ नहीं जा सकता था। (पौ.को.)। उ.-'कारो जल जमुना को कालसो लगत आली छाइ रहयो मानो यह विष कालीनाग को।'-भू.ग्रं., प्रकी., 554/241।

**काव्यकलाधर**—रचयिता-रघुनाथ (दे.)। विव.-रस एवं नायक-नायिका भेद विषयक ग्रंथ। (इति.शुक्ल)।

**काव्यकल्पद्रुम**—रचयिता - सेनापति (दे.)। (वृ.इति. 7)।

**काव्य छंद**--मात्रिक छंद है। ल.-रोला में लघु रुद्र पवर काव्य कहावै छंद। रोला (दे.) में 11+13 मात्राएँ होती हैं, किंतु काव्य छंद में 11वीं मात्रा लघु होती है। उ.-'ज्ञान कि बिद्याहीन कहा बिद्या सु काव्य बिन।'-भि.ग्रं. 1, छंदा., 37, 38/227।

**काव्यनिर्णय**--रचयिता - भिखारीदास (दे.)। विव.-काव्यशास्त्र का सर्वांग निरूपक ग्रंथ। (इति. शुक्ल)।

**काव्यप्रयोजन**--(1) भिखारीदास के अनुसार तप के फल (यथा तुलसी और सूर ने प्राप्त किया), संपत्ति (यथा केशव और भूषण ने प्राप्त किया), यश (यथा रसखान और रहीम ने प्राप्त किया) तथा सुख (यथा भिखारीदास ने प्राप्त किया)- ये ही काव्य के प्रयोजन हैं। इसी प्रसंग में भिखारीदास ने वेद और सत्कथा से काव्य का भेद बताते हुए स्पष्ट किया है कि वेद प्रभुवाक्य हैं, सत्कथाएँ मित्रवाक्य हैं और काव्यरस सुख एवं शिक्षा प्रदान करने वाले स्त्री वाक्य हैं। भि.ग्रं. 2 का.नि. 10-11/4। (2) सोमनाथ के अनुसार काव्य प्रयोजन इस प्रकार है- 1. कीरति बित्त बिनोद अरु अति मंगल कौ देति। करै भलौ उपदेश नित यह कबिता चित चेति।।-कीर्ति, धन, मनोरंजन, मंगलकारी उपदेश आदि काव्य के प्रयोजन हैं।।-सो.ग्रं. 1, र.पी. नि., 3/40। 2. कबि सौं सुनिबौ बहुत पुनि करिबौ अति अभ्यास, तासों कबिता होति है बाढ़त हियैं हुलास।। बिना सुने अभ्यास बिनु कबिता होति अनन्त। सो प्रसाद गुरुदेव कौ बरनत सब गुनवंत।।-वही, 4-5/40।

**काव्यभेद**—ल.-उत्तम मध्यम अधम अरु त्रिबिधि कबित्त सुमाँनि। व्यंगि सरस जहँ कबित मैं सो उत्तम उर आँनि।।-सो.ग्रं. 1, र.पी.नि., 7/41।

**काव्यरत्नाकर**—रचयिता-रणधीरसिंह (दे.)। (वृ.इति. 6)।

**काव्यरसायन**--रचयिता-देव (दे.)। (इति. शुक्ल)।

**काव्य लक्षण**—ल.-सगुन पदारथ दोष बिनु पिंगल मत अबिरुद्ध। भूषन जुत कबि कर्म जो सो कबित्त कहि सुद्ध।।-सो.ग्रं. 1, र.पी.नि., 2/40।

**काव्यलिंग**—दे. काव्यलिंग। एक तर्कन्यायमूलक अर्थालंकार। किसी बात को सिद्ध करने के लिए जहाँ युक्ति अथवा कारण का कथन करके समर्थन किया जाय, वहाँ काव्यलिंग अलंकार होता है। ल. (1)-'अर्थ समर्थहि जोग जो करैं समर्थन तास। काव्यलिंग तासों कहत जिनके सुमति प्रकास।। ल. (2)-हेतु पदारथ लहि कहँ कहूँ वाक्यारथ पाइ। करै समर्थन अर्थ को काव्यलिंग सो आइ।।-प.ग्रं., पद्मा. 200-201/57। ल. (3)-जहँ सुभाव के हेतु को, कै प्रमान को कोइ। करै समर्थन जुक्तिबल, काव्यलिंग है सोइ।। कहुँ वाक्यार्थ समर्थिय कहुँ सब्दार्थ सुजान। काव्यलिंग कबि जुक्ति गनि, वहै निरुक्ति न आन।।-भिखारीदास ने काव्यलिंग के प्रकारों के उदाहरण दिये हैं- 1. स्वभावोक्ति समर्थन, 2. हेतुसमर्थन, 3. प्रत्यक्ष प्रमाण समर्थन। -भि.ग्रं. 2, का.नि., 25-30/162-163। ल. (4)-समर्थिबो जहँ अर्थ कौ कछू जुगत सो होइ। काव्यलिंग आभरन सौ कीत रसिक रस भोइ।। उ.-'रे घन अब न बसाइगी जिनि सोखे तुव सोत। सो में पूजिति प्रेम करि भए अगस्ति उदोत।।'-सो.ग्रं. 1, र.पी. नि., 230-231/211।

**काव्यविनोद**–रचयिता - प्रतापसाहि (दे.)। (इति.शुक्ल)।

**काव्यविलास**–रचयिता - प्रतापसाहि (दे.)। (इति.शुक्ल)।

**काव्यविवेक**–रचयिता-चिंतामणि त्रिपाठी (दे.)। (बृ.इति 6)।

**काव्यशृंगार**–रचयिता-रामचरणदास (दे.)। (बृ.इति 7)।

**काव्यसरोज**–रचयिता - श्रीपति (दे.)। (इति.शुक्ल)।

**काव्यसिद्धांत**–रचयिता - सूरतिमिश्र (दे.)। (इति. शुक्ल)।

**काव्याभरण**–रचयिता - चंदन (दे.)। (इति. शुक्ल)।

**काव्यार्थापत्ति**–दे. काव्यार्थापति। ल. (1)-वह जु कियो तौ यह कहा यों काव्यार्थपत्ति।।-प.ग्रं., पद्मा, 199/57। ल. (2)-जोपै यौं तो यह कहा इहि बिधि जहाँ बखान। कहत काव्यपद सहित तहँ अर्थापत्ति सुजान।।-मति., ल.ल.,287/348। ल. (3)-यहै भयौ तौ यह कहा, यहि विधि जहाँ बखान। कहत काव्य पद सहित तिहि, अर्थापत्ति सुजान।। उ.-'बंधु जीव को दुखद है, अरुन अधर तुव बाल। दास देत यह क्यों डरै, परजीवन दुखजाल।।'-भि. ग्रं. 2, का.नि., 56-57/151। ल. (4)-अमुकौ जीति लियो तबै बात और कौन। है काव्यरथापत्ति सौ बरनत कबि तजि मौन।। उ.-'हारि मानि अमरेस ने हरि के परसे पाइ। औरनि की चरचा कहा जो बरनिएँ बनाइ।।'-सो.ग्रं. 1, र.पी.नि., 228, 229/211।

**काव्यालंकार वर्णन**–केशव के अनुसार कविता की तीन जातियाँ हैं- ध्वनि, गुणीभूत व्यंग और अवर वा चित्र, जिसमें ध्वनि उत्तम, गुणीभूत व्यंग मध्यम और अवर अधम मानी जाती है। अलंकार दो प्रकार के होते हैं–सामान्य और विशेष।-क.प्रि., 5/1।

**काशीराम**–(सक्सेना), समय-सं. 1715 में विद्यमान। आश्रयदाता - औरंगजेब के सूबेदार निजामत खाँ। रचनाएँ - कनक मंजरी, परशुराम संवाद, कवित्त कासीराम (निजामत खाँ के शौर्य प्रभाव आदि का वर्णन)। (बृ.इति 7)।

**कासमीर**–भारत के शिरोभाग पर स्थित एक प्रदेश। इसका प्राचीन नाम कश्यपमीर है क्योंकि कश्यप ने इसकी स्थापना की थी। महाभारत के वनपर्व में काश्मीर की प्रसिद्ध वितस्ता (झेलम) और चन्द्रभागा (चनाब) नाम की नदियों का उल्लेख हुआ है। यह तीर्थ तक्षक नाग का वासस्थान था। जहाँ स्नान करने से वाजपेय यज्ञ का फल मिलता है और पापों की शांति होती है। इसी प्रदेश में जम्बू नामक तीर्थ भी है (पौ.को.)।-प.ग्रं., प्रकी., 27/311। उ. (2)-'कासमीर काबुल कालिंग कलकत्ता अरु कुल करनाटक की हिम्मत हेरात है।'-भू.ग्रं., प्रकी., 461/218, 434/213।

**कासी**–काशी। उत्तर भारत की अत्यन्त प्रसिद्ध, प्राचीन, ऐतिहासिक नगरी जो वरुणा और अस्सी के बीच गंगा के किनारे बसी हुई है। इसका उल्लेख वैदिक साहित्य से लेकर पुराण साहित्य और परवर्ती साहित्य में विपुलता से मिलता है। रामायण और महाभारत में इसका वर्णन है। पुराणों के अनुसार यह एक समृद्धिशाली नगरी थी और अब भी सप्तपुरियों में एक है। यह मंदिरों का नगर था और है भी। विश्वेश्वर का मंदिर प्रधान है। पुराणानुसार काशी में मरने से मोक्ष मिलता है। उ. (1)-'तन पातन कासी करै तन पात न फिर होइ।'-वृं.ग्रं., य.सत., 105/214, 426/239, 467/242। उ. (2)-'कासी हू की कला गई मथुरा मसीत भई शिवा जी न हो तो सो सुनति होति सबकी।'-भू.ग्रं., प्रकी., 446/216। उ. (3)-'पर तऊ कासी के मरन तें रन-मरन सु विसेष हैं।'-प. ग्रं., हि.ब.बि., 106/15। उ. (4)-'नाथ तनै तिहि ठौर भिर्‌यो जिन जानिकै छत्रिन कों रन कासी।'-मति., ल.ल., 33/303। उ. (5)-'कुस के कुल को एक कुमार। आनि धर्‌यो कासी भुवपार।'-वी.च., 2/23; वी.गी., 2/5; क.प्रि., 15/52।

**कासीनाथ**–शीघ्रबोध नामक ज्योतिष ग्रंथ के रचयिता एवं कवि कृष्णदत्त के पुत्र। उ.-'तिनके

काशीनाथ सुत सोभे बुद्धि समुद्र।।'-क.प्रि., 2/14।

**कासीपति**--विश्वनाथ। महादेव। शिव। उ.-'भूषन भनत भाजे कासीपति बिस्वनाथ और का गनाऊँ नाम गिनती में अबकी।'-भू.ग्रं., प्रकी. 448/216।

**कासीपुरी**--दे. कासी। सात मोक्षदा पुरियों में एक। उ. (1)-'उदधि माँह कासीपुरी कासीपुरी समान।'-वृं.ग्रं., य.सत., 469/242। उ. (2)-'बसन कीये कासीपुरी मोह बस न मन होइ।।'-वही, 503/245। उ. (3)-'जो निसिबासर कासीपुरी महँ मेरेई लोग अनेक बिहारैं।।'-वि.गी., 5/20।

**किंकिन**--किंकिणी। क्षुद्र घंटिका। करधनी। उ. (1)-'कहै पद्माकर त्यों करत कुलाहल न किंकिन कतार कामदुदंव सी दै रही।'-प.ग्रं., प्रकी., 48/316। उ. (2)-'मिलि बिसरे हो आपुकौ सुभिरत सुधि न संभार। किंकिन कौ उर हार करि करिहौ कहा बिहार।।'-मति., म.सत. 537/413।

**किंकिनि**--दे. किंकिन। उ. (1)-'किंकिनि नेवर की झनकारनि चारु पसार महारस जालहि।'-मति.र.रा., 319/274। उ. (2)-'हर्यो बसन मन भाँवते फिरि किंकिनि गुन तोट। करै मनो मनभाँवती पुलक पटल पट ओट।।-मति. म. सत., 609/418।

**किंकिनी**--दे. किंकिन। उ.-'किंकिनी छोरि छपाई कहूँ कहूँ बाजनी पाइल पाँइ तें नाई।'-प. ग्रं., जग., 230/130, 443/175।

**किंनर**--किन्नर। एक प्रकार के देवता जिनका मुँह घोड़ों के जैसा होना माना जाता है। ये संगीत में अति प्रवीण होते हैं। ये लोग पुलह ऋषि के वंशज माने जाते हैं। कहा जाता है कि ये ब्रह्मा की परछाईं से उत्पन्न हुए थे और कुबेर के साथ कैलाश पर्वत पर रहते हैं (पौ.को.)। उ. (1)-'किन्नर कै नरनारि बिचारि कि बास करै थल कै जल ही को।'-क.प्रि., 11/26। उ. (2)-'किंनर नर पसु पक्षि जक्ष रक्षस पंनग नग।'-र.बा., 1/18। उ. (3)-'लखि जच्छ किंनर सुर असुर गंधरब हौसनि साजहीं।'- भू.ग्रं., शि.भू., 16/131।

**किंनरी**--दे. किंनर। उ.-'नरी किंनरी आसुरी, सुरी रहति सिर नाइ।'- क.प्रि., 1/47।

**किंपुरुष**--दोगला। वर्णसंकर। नीच। उ. (1)-कुपुरुष किंपुरुष कलही काहली कूर कुबुधी कुमंत्री कुलहीन कैसे तोहियै।'-वी.च., 30/4। उ. (2)-'महामोह किंपुरुष लखि, भाग्यौ सेन संजुक्त।'-वि. गी., 4/38। उ. (3)-'कुपुरुष किंपुरुष काहली कलही कूर कुटिल कुमंती कुलहीन केसो तोहियै।'-रा., 18/10।

**कितव अपन्हुति**--दे. केतवापन्हुति।

**किन्नर**--दे. किंनर। उ.-'बन के नर बानर किन्नर बालक लै मृग ज्यों मृग-नायक भाजे।'-रा., 10/14।

**किन्नरी**--दे. किन्नर। किन्नर जाति की स्त्रियाँ। उ.-'मोर में थिरन केती किन्नरी कुमारी है।'-बा.ग्रं., वि.वा., 44/105।

**किरतारी बावनी**--रचयिता-दुरसा आढ़ा (बृ.इति. 7)।

**किरवान**--एक हथियार। कृपाण। उ. (1)-'फिरि द्वै कमानैं बाँधि करि किरवान करि कर मैं लई।'-प.ग्रं., हि.ब.बि., 112/16। उ.(2)-'सत्ता को सपूत राव सेंगर को सिंह सोहै, जैतवार जगत कीरेरी किरवान को।'-मति., ल.ल., 79/312, 313। उ. (3)-'बाहत है रन बाउरे तेरे दृग किरवान।।'-रतन., 382/95। उ. (4)-'बारगीर बाज सिवराज तो सिकार खेलै साहसैन सकुन में ग्राही किरवान को।।'-भू.ग्रं., प्रकी., 468/220।

**किरीट छंद**--ल. (1)-भागन आठ किरीट रचौ चुनि। (आठ भगण से किरीट छंद बनता है)। उ.-'बाल जसोमति लाल यई जिनके सिर मोरकिरीट बिराजित ।।'-भि.ग्रं. 1, छंदा., 2, 12/243, 245। ल. (2)-आठ भगन जहँ चरन मैं सो किरीट उर आनि।। (चार चरण, प्रत्येक में 32 मात्राएँ, आठ भगण)। उ.-'मोहिं नहीं पहिचानति हौ तुम नेक यहू सु अयान हरौ किनि।।'-सो.ग्रं. 1, र.पी. नि., 39-40/38।

**किलकिंचित**--दस हावों में एक।-भि.ग्रं. 1, शृं.नि., 246-247/143। ल. (1)-हरष बिषाद श्रमादि जो हिये होत बहुभाव। भाव सबन सिंगार

को सो किलकिंचित हाव।।-वही, 256/145। ल. (2)-हर्ष रोष भय हास अरु जहँ अपजै इकबार। सो किलकिंचित जानिएँ बरनत बुद्धिउदार।। -सो.ग्रं. 1, र.पी.नि., 30/129। ल. (3)-होत जहाँ इकबारहीं त्रास हास रस रोष। तासों किलकिंचित कहैं तहाँ सबै निर दोष।।-प.ग्रं., जग., 444/175। ल. (4)-'हरष गरब अभिलाष श्रम हास रोस अरु भीति। होत एक ही संग हैं किलकिंचित यह रीति।।-मति., र.रा., 362/283। ल. (5)-श्रम अभिलाष सगर्व स्मित क्रोध हर्ष भए भाव। उपजत एकहि बार जहँ तहँ किलकिंचित हाव।।-र.प्रि., 6/39। ल. (6)-'क्रोध हरष अभिलाष भय किलकिंचित में होइ।-जस.ग्रं., भा.भू., 29/13।

**किलकिला**--मछली खाने वाली एक छोटी चिड़िया। उ. (1)-'मेरै जान सुजान तुव नैन किलकिला आइ। हृदय सिंधु ते मीन मन तुरत पकरि लै जाइ।।'-रतन., 262/79। उ. (2)-'परै किलकिला जलधि मधि जल जलचर डर त्यागि।'-वृं. ग्रं., 562/102।

**किशन आढ़ा**—समय-सं. 1834 में उपस्थित। आश्रयदाता - उदयपुर के महाराजा भीमसिंह। रचनाएँ - भीमविलास, रघुवर-जस-प्रकाश। (बृ. इति. 7)।

**किशोरीदास**—स्थान-ग्वालियर राज्य के एक जागीरदार। समय - 18वीं शती का मध्यकाल। रचनाएँ—किशोरीदास की बानी। (बृ.इति 7)।

**किशोरीदास की बानी**--रचयिता- किशोरीदास (दे.)। (बृ.इति 7)।

**किशोरीदास गोस्वामी**—बंगाली विप्र, कवि और संगीतज्ञ। समय - सं. 1680-1750। सतनाम गोस्वामी की शिष्य परम्परा में पाँचवीं पीढ़ी में हुए। रचनाएँ—राग बसंत, रागाश्रित मुक्तक।

**किष्किंधा**--किष्किंधक। मैसूर के आसपास के देश का प्राचीन नाम तथा यहाँ के निवासी। राम के समय में यह जंगलों से भरा था। सुग्रीव के बड़े भाई तथा अंगद के पिता बानरराज बालि (दे.) यहाँ के राजा थे। बालि की राजधानी का नाम किष्किंधा था। बालि को मारकर श्रीरामचंद्र ने सुग्रीव को यहाँ का राजा बनाया। उ.-'तब किष्किंधा तारा-समेत। सुग्रीव गए अपने निकेत।'-रा., 13/5।

**किसोरी**—किशोरी जी। राधा की उपाधि। उ.-'कहत किसोरी के न थोरो लाभ मोरे जीय राधा के कहे तें कोटि बाधा मिटि जाति है।'-ठाकुर., 3/62।

**कीचक**—राजा विराट का साला जो उसका सेनापति भी था। पांडवों के अज्ञातवास काल में इसने द्रोपदी पर कुदृष्टि डाली थी इसलिए भीम ने इसे मार डाला था। इसके 105 छोटे भाई उपकीचक कहलाते थे। उ. (1)-'भीम कीचकन कौं दिए, मारि चिता के माँहि।'-वृं.ग्रं., नी.सत., 335/84। उ. (2)-'वहै है सिवाजी तिहि भीम लौं अकेले मार्यौ अफजल कीचकसों कीच घमासान कै।'-भू.ग्रं., शि. भू., 315/187।

**कीरत रामायण**—रचयिता - कीरतसिंह (दे.)। (बृ.इति)।

**कीरत सिंह**--रचनाएँ - अनूप रामायण, कीरत रामायण, सतसैया रामायण, भक्तमाल की टीका, भागवत एकादश स्कंध तथा बिषन पद। (बृ. इति. 7)।

**कीरतिकिसोरी**--कीर्तिकिशोरी। कीर्ति की पुत्री। कीर्ति राधा की माता का नाम था। राधा। उ.-"धीर धर धीर धर कीरति किसोरी नई लगन इतै उत बराबर जगी रहै।।"-प.ग्रं., जग., 628/210।

**कीरतिकुवँरि**--दे. कीरतिकिसोरी। उ.- "कीरतिकुवँरि कहैं कीरति बढ़ति अति गोरी के कहे तें गरुवाई अधिकाति हैं।"-ठाकुर., 3/61-62।

**कीरतिकुमारी**--दे. कीरतिकिसोरी। उ.- 'कीरति कुमारी बृषभान की दुलारी राधे अटकी बिलोकि लोक लाज की अटक पै।'-ठाकुर., 15/6।

**कीरतिदा**—यशोदा। गोकुल के नंद की पत्नी। उ.-'कीरतिदा कुलमंडल ज्यौं निरखै भरि नैन बढ़ै सुख माँचनि।'-घ.क. 411/203।

**कीर्तन**—रचयिता- गिरिधरदास (दे.)। (इति. शुक्ल)।

**कीर्तिशतक**—रचयिता-गोपाल चानक (दे.)।

विव.-आरम्भ में अवतारों की कीर्ति का वर्णन, तत्पश्चात् कीर्तिमान जीवन की सफलता, कीर्ति प्राप्ति के उपाय आदि का वर्णन है। (बृ.इति 7)।

**कुंकन**—कोंकण। दक्षिण भारत का एक प्रदेश जिसके अन्तर्गत कनारा, रत्नागिरि, कोलाबा आदि आते हैं। उ.-'कामबोज कुंकन कुनिद अरु कुंतीभोज किरकीची कुल कोल केरल सुदेस के।' जहाँ, 101।

**कुंकुम**—केसर। जाफरान। उ.-'एन-सार कुंकुम गुलाब मिलाबत हैं।'-वृं.ग्रं., शृं.शि., 56/44।

**कुंजबिहारी**—कुंजों में बिहार करने वाला। श्रीकृष्ण। उ. (1)-'कुंज बिहारी कुंज मैं छरी छरी दिखलाइ।'-वृं.ग्रं., य.सत., 43/209; स्फु.छं., 2/310; य.सत., 625/254। उ.(2)-"कुंजबिहारी बिहरिये मेरेई मन कुंज।'-मति.य.सत., 319/395।

**कुंडल**—कानों में पहनने का सोने या चाँदी का एक मंडलाकार आभूषण। बाली। उ. (1)-'बदन बहल कुंडल चका भौंह जुवा हय नैंन।'-रतन., 129/61। उ. (2)-'केसव कुंडल मुद्रिका, बलया, बलय, बखानि।-क.प्रि., 6/58। उ. (3)-'किधौं श्रुति कुंडल-मकर-सर केसोदास।'-क.प्रि., 15/51। उ. (4)-'कुंडल परसन मिस कहत कहौ कौन यह राज।'-रा., 3/24।

**कुंडलिया**—कुण्डलिका। एक मात्रिक छंद जो एक दोहे और रोले के योग से इस प्रकार बनता है कि दोहे के अंतिम चरण के कुछ शब्द रोले के अंतिम में अविकल आते हैं। (हिं.श.सा.)। ल.उ. (1)-'कीजै दोहा प्रथम पद पुनि अध कबित बखान। अन्त सोरठा सोहिये कुंडलिया परमान। कुंडलिया परमान मगन चौथे फिरि पढ़ियै। ग्यारह मत्ता अन्त तहाँ तैसी बिधि बढ़ियै। हरिगुन गनहु अनन्त सत पदवी पदु दीजै। केसवदास प्रकास आदिपद अन्तहि कीजै।'-छं.मा., 2/40। भिखारीदास के अनुसार यह मात्रिक छंद 'सिंह बिलोकित' (दे.) की तरह सेहा (दे.) पर रोला (दे.) छंद के योग से बनता है। ल. (2)-प्रथम दोहरा चारि पुनि छप्पै चरन अनूप। चरन जमक अनुप्रास बहु यह कुंडलिका रूप। (पहले एक दोहरा, प्रनः चार छप्पै के चरण, कुल 6 चरण, अनेक यमक और अनुप्रासों से युक्त)। उ.-'चंदन अँखियन को रुचे बिनु नँदनदन कंत। सरसत सूल समूल ए बैरी सुमन बसंत।। बैरी सुमन बसंत सदा उतही अयान भरि। बसि करि लीने प्रान मदन बिष बान सान धरि। सान धरिय रहि गई कछू बनि आवत छंद न। ठिसत बढ़े तनु ताप सखी चंद्रक अरु चंदन।।-सो.ग्रं. 1, र.पी.नि., 36-37/28।

**कुंडलिया बावनी**—रचयिता-धर्मसिंह (दे.)। (बृं. इति. 7)।

**कुंडिन**—कुंडिन नगर। इस प्राचीन नगर का राजा भष्मक था, जिसकी कन्या रुक्मिणी को श्रीकृष्ण हर ले गये थे। विदर्भ का आधुनिक नाम बीदर है जो हैदराबाद राज्य में है। बीदर से कुछ दूरी पर कुंडिलवती नाम की पुरानी नगरी आज तक है जिसमें पूर्व समृद्धि के चिह्न पाये जाते हैं। उ.-'कुंडिन कुमार सोम सरमक सूरसेन बाहलीक सांकल सकल निषधेस के।'-जहाँ., 101।

**कुंत**—भाला। उ.-'परसा सुखेन कुंत केसरी गवय सूल बिभीषन गदा गज भिंदिपाल तारे हैं।'-रा., 19/46।

**कुंतल**—संगीत में एक प्रकार का ध्रुपद, जिसके प्रति पाद में 16 अक्षर होते हैं। उ.-'कामोदी कुंतल पुनि गावै। कमल कुसुम कल्याण बतावै।'-बो. ग्रं., वि.वा., 14/121।

**कुंती**—यदुवंशी शूरसेन की कन्या और वासुदेव की बहन। भोज देश के राजा कुंतिभोज अपुत्र थे। शूरसेन ने प्रतिज्ञा की थी कि वे अपनी संतान उन्हें देंगे। इसी से कुंतिभोज ने शूरसेन की प्रथम कन्या को गोद लेकर उसका पुत्र की तरह पालन किया था। कुंतिभोज द्वारा पालित होने के कारण यह 'कुंती' के नाम से विख्यात हुई। यही पांडुराज की पत्नी और पांडवों की माता थी। यह दुर्वासा ऋषि की बहुत सेवा करती थी। इससे उन्होंने प्रसन्न होकर इसे पाँच ऐसे मंत्र बतलाये कि वह पाँच देवताओं का आवाहन कर पुत्र उत्पन्न करा सकती थी। उसने कुमारी अवस्था में ही सूर्य का आवाहन कर उनसे कर्ण को उत्पन्न कराया। इसके

उपरान्त इसका विवाह पांडु से हुआ। महाभारत युद्ध के बाद धृतराष्ट्र और गांधारी के साथ यह वन चली गई जहाँ इनकी मृत्यु हुई। (हि.विश्व. वसु., पौ.को., हिं. श.सा.)। उ.-'जस अंग अवदात जात बन तातनि सों, कही कौन कुंती मात बात नेह नव सों।।'-क.प्रि , 16/55।

**कुंतीभोज**—भोज देश का राजा जिसने यदुवंशी शूरसेन की पुत्री पृथा को स्वयं निःसंतान होने के कारण गोद लिया था। उ.-'कामबोज कुंकन कुनिंद अरु कुंतीभोज किरकीची कुल कोल केरल सुदेस के।'-जहाँ, 101।

**कुंभ**—रावण के सहोदर अनुज कुंभकरण का वज्रज्वाला से उत्पन्न पुत्र। इसका दूसरा भाई निकुंभ था। उ.-'निसिचर कुंभ निकुंभ ज्यों दानव सुंभ निसुंभ।।'-मति., म.सत., 540/413।

**कुंभक**—प्राणायम की तीन क्रियाओं में से एक जिसमें साँस लेकर वायु को शरीर के भीतर रोक सकते हैं। पूरक के बाद की क्रिया। उ.-'पूरक कुंभक रेच है ए तीनौ निरधार।'-जस.ग्रं., आ.वि., 73/122, 80/178, 3/169।

**कुंभकरन**—दे. कुंभकर्न। कुंभकर्ण, रावण का भाई। उ. -'कुंभकरन को रन हुयो गह्यो अलसाई आइ। सिर चढ़ि श्रुति नासा हसत जु न रोक्यो हरिराइ।।'-भि.ग्रं. 1, र.सा., 514/75।

**कुंभकर्न**—वाल्मीकि रामायाण के अनुसार लंका निवासी एक राक्षस जो रावण का सहोदर छोटा भाई था। विश्रवा मुनि के औरस और सुमाली राक्षस की पुत्री कैकरी या कैकसी के गर्भ से उत्पन्न कुंभकर्ण का विवाह वज्रज्वाला से हुआ था जिससे इसके दो पुत्र हुए- कुंभ (दे.) और निकुंभ। इसकी दूसरी पत्नी, वृकदंत की पुत्री सानंदिनी थी। इसने कठिन तपस्या कर ब्रह्मा को प्रसन्न कर लिया किंतु वर माँगते समय देवताओं की कृपा से, सरस्वती के जिह्वा पर आ जाने से, यत्किंचित् अचेत होते हुए यह वर माँग लिया कि मैं बहुत दिन सोऊँ और छः महीने पर एक दिन भोजन करूँ। यह बड़ा उपद्रवी था इसलिए, दैवयोग से इसको यह वर मिला। राम-रावण युद्ध में श्रीराम द्वारा यह मारा गया। उपद्रवी होते हुए भी यह निर्भीक, रावण के दोषों का आलोचक, दूरदर्शी, कर्तव्यपरायण और अनुपम वीर था। वर के स्वरूप के सम्बन्ध में वाल्मीकि रामायाण, महाभारत, कृत्तिवासी रामायण आदि में भिन्नता मिलती है (हिं.श.सा.;पौ.को.)। उ.-'कुंभकर्न औरंग को औनि अवतार लै कै मथुरा जराइ कै दुहाई फेरी रब की।'-भू.ग्रं., प्रकी., 448/216। उ. (2)-'डौरि डारि डारौं कुंभकर्नहिं बिदारि डारौं मारौं मेघनादै आजु यों बल अनंत हौं।।'-प.ग्रं., जग., 683/222।

**कुंभज**—कुंभ से उत्पन्न। अगस्त ऋषि। एक अत्यंत प्रभावशाली ऋषि थे, जिनके पिता मित्रमरण उर्वशी अप्सरा को देख कर कामपीड़ित हुए। घटस्थ वीर्य से अगस्त्य का जन्म हुआ था, इसलिए इनका नाम कुंभज पड़ा। इन्होंने एक बार बढ़ते हुए विंध्य पर्वत को रोका था। तारकादि असुरों से पीड़ित संसार को देखकर एक बार समुद्र को चुल्लू में भर कर पी गये थे। यह ऋग्वेद के मंत्रद्रष्टा ऋषि भी हैं। इन्होंने लंका में अपना घर बनवाया था। अपनी पत्नी लोपामुद्रा के साथ इन्होंने मलयगिरि पर्वत पर बहुत दिनों तक तपस्या की थी। इन्होंने नागराज शेष, हयग्रीव विष्णु आदि से विभिन्न प्रकार के ज्ञान प्राप्त किये। उ. (1)-'धर्मराज कैं धकपक भई। दंडनीति कुंभज कौं दई।'-वी., 12/17। उ. (2)-'कुंभज धीर दयानिधि वीर छुवैं न कहूँ कबहुँ छल छाँही।'-वृं.ग्रं., भा.पं., 6/14। उ. (3)-'राम दसकंध पर भीम जरासंध कप भुषन ज्यों सिंधु पर कुंभज विसेखिए।'-भू.ग्रं., प्रकी., 408/206।

**कुंभभव**—अगस्त्य। दे. कुंभज। उ.-'बारधि के कुंभभव घन बनदावानल तिमिर पै तरनि की किरन समाज हौ।'-भू.ग्रं., प्रकी., 410/206।

**कुंभवार**—कवि केशवदास के एक पूर्वज। उ.-'कुंभवार उद्देशकुल प्रगटे तिनके बंस।-क.प्रि., 5/12।

**कुँवरकुशल**—समय-सं. 1796 के आसपास। स्थान-जोधपुर। आश्रयदाता-कच्छ के महाराजा राव लखपति सिंह। रचनाएँ - पारसतिनाममाला,

लखपतिपिंगल, गोहड़पिंगल, माता नो छंद, महारावल लखपत दुवांनैत, लखपतजससिंधु, लखपत-स्वर्गप्राप्ति-समय।

**कुँवरकेलि**--रचयिता - ललित सखी (दे.)। (बृ.इति. 7)।

**कुँवरेश**--पिता - आचार्य केशवदास। आश्रयदाता-गुरुगोविंद सिंह (दे.), (बृ.इति. 7)।

**कुकबिबत्तीसी**--रचयिता-बांकीदास (दे.)। (बृ.इति. 7)।

**कुट्टमित हाव**--नायिका - भेद में स्त्रियों के स्वीकृत 11 हावों में से एक। सुख के अनुभवकाल में स्त्रियों की मिथ्या दुःखचेष्टा। हेमचंद्र ने इसे दस प्रकार के अलंकारों में से एक माना है। (हि.श. सा.)। दे. हाव। ल. (1)-तन मरदत पिय कों जु तिय दरसावत झुट रोष। लाहि कुट्टमित हाव कहि बरनत कबि निरदोष।।-प.ग्रं., जस., 460/178। ल. (2)-ईहा दुख अरु सुक्ख को प्रकट करे जहँ बाम। परम ललित यह हाव है होत कुट्टमित नाम।।-मति., र.रा., 368/284। ल. (3)-केलि-कलह में सोभियै केलि कपट पट रूप। उपजत है तहँ कुट्टमित हाव कहत कबि भूप।।-के.ग्रं., र.प्रि., 51/38। ल. (4)-आलिंगन मरदन करत पिय सौं तिय झहराइ। मनप में सुख पावै महा, सो कुट्टमित बताइ।।-सो.ग्रं. 1, र.पी.नि., 20/127। भिखारीदास दस प्रकार के हावों में से इसे एक मानते हैं। ल. (5)-केलि कलह को कहत हैं हावकुट्टमित मित्र। कछु दुख लै सुख सों सन्यो जहँ नायक को चित्त।।-भि.ग्रं. 1, शृं.नि., 246-247/143; वही, 267/148। ल. (6)-केलि-कलह में सोभियै केलि कपट पट रूप। उपजत है तहँ कुट्टमित हाव कहत कबि भूप।।-र.प्रि., 6/51। ल. (7)-प्रगट करें दुख सुख समै हाव कुट्टमित सोइ।-जस.ग्रं., भा.भू., 29/13।

**कुठार**--कुल्हाड़ी, हथियार विशेष। उ. (1)-'खंडत कसकत जी न अब कपट कठोर कुठार।'-क.प्रि., 16/23। उ. (2)-'तृस्नालता-कुठार लोभसमुद्र अगस्त्य से।'-रा., 1/50। उ. (3)-'धनुबान तिच्छ कुठार केसव मेखला मृगचर्म स्यों।'-छं.मा., 2/45। उ. (4)-'लेखहु लोभ समुद्र अगस्ति। तृस्नालता कुठार प्रसस्ति।।'-वी. च., 18/12।

**कुतुबसाह**--औरंगजेब काल में दक्षिण के एक राज का शासक जिसके अधीन बीजापुर गोलकुण्डा आदि थे। दे. कुतुबसाही। उ.-'एदिल कुतुबसाह औरंग के मारिबे कौं भूषन भनत को है सरजा खुमान सो।'-भू.ग्रं., प्रकी., 456/218।

**कुतुबसाही**--दे. कुतुबसाह। कुतुबसाह का शासन। दक्षिण भारत के पाँच बहमनी राज्यों में से एक। उ.-'थरथर काँपत कुतुबसाही गोलकुण्डा हरि हबसभूप भीर भरकति है।।'-भू.ग्रं., प्रकी., 423/210।

**कुतुब्ब**--कुतुबसाह (दे.) गोलकुंडा का शाह। उ.-'अैदिलसाहि कुतुब्ब जासु भुज जुग भूषन भनि।'-भू.ग्रं., शि.भू., 58/138।

**कुद्दाल**--कुदारी। मिट्टी खोदने का एक औजार जो फावड़े से कम चौड़ा होता है। उ.-'कुद्दालादिक बरनियै कपटी कुटिल अनन्त।'-क.प्रि., 6/9।

**कुबेर**--विश्रवा के पुत्र यक्षाधिपति। महामुनि विश्रवा ने भरद्वाज मुनि की कन्या इलविला का पाणिग्रहण किया था। इलविला के गर्भ और विश्रवा से कुबेर ने जन्म लिया। पितामह ब्रह्मा ने इनका बुद्धि चातुर्य देखकर और संतुष्ट होकर कहा था-'हम आशीर्वाद देते हैं, तुम धनपति बन सबसे पूजित हो।' ब्रह्मा के इस अमोघ वर प्रभाव से ये धन के अधिपति बन गये। ये रावण के सौतेले भाई थे। इन्होंने विश्वकर्मा से लंका बनवाई थी। पर जब रावण ने इन्हें वहाँ से निकाल दिया, तब इनकी तपस्या से प्रसन्न हो ब्रह्मा ने इन्हें देवता बनाकर उत्तर दिशा का राज्य दे दिया और इंद्र का भण्डारी बना दिया। कुछ लोग इन्हें पुलस्त्य ऋषि का भी पुत्र बतलाते हैं। इनकी पुरी को अलकापुरी कहते हैं। इनका उपवन चैत्ररथ है। किन्नर (दे.) इनके सेवक हैं। (वि.को.वसु., हिं.श.सा., पौ.को.) उ.(1)-'बलित अबेर कुबेर बलिहि गहि देऊँ इंद्र अब।'-क.प्रि., 11/56। उ. (2)-'पढौ बिरंचि मौन बेद जीव सारे छंडि रे। कुबेर बेर कै कही न जक्षभीर

मंडि रे।'-रा., 16/2। उ. (3)-'राजराज सेवा करैं कहुँ कुबेर की रीति।'-जहाँ., 11/3। उ. (4)-'संपति सुमेर की कुबेर की जु पावै ताहि तुरत लुटावत विलंब उर लावै ना।'-प.ग्रं., जग., 700/226। उ. (5)-'सीख लीन्हो मेर औ कुबेर गिर आनो है।'-ठाकुर, 7/3। उ. (6)-'दान समै द्विज देखि मेरहू कुबेरहू की संपति लुटाइबे को हियो ललकत है।'-भू.ग्रं., परि., 329/201।

**कुबेरघर**—कुबेर का घर-लंका। उ.-'चढ़ि जाइ मेरु कुबेर-घर गढ़ लंकहू में दबि रहै।'-प.ग्रं., हि.ब.बि., 98/14।

**कुबेरदास**—जन्म-सं. 1829। स्थान-गुजरात में कासोर और अजरपरा के बीच एक तालाब के किनारे। (बृ.इति. 7)।

**कुबैनी**—मछली लाने की डलिया। उ.-'किधौं भनसिज-मन-मीन की कुबौनी किधौं।।'-क.प्रि., 15/52।

**कुब्जाष्टक**—रचयिता-ग्वाल (दे.)। (सा. को.)।

**कुमकुमा**—लाख का पोला गोला जिसमें गुलाल भरकर मारते हैं। उ.-'कुंकम उबति कुमकुमा के न्हवाइ जल।'-र.प्रि., 13/3।

**कुमारमणिभट्ट**—स्थान-गोकुल। जन्म-सं. 1803। पिता-हरिबल्लभ। रचनाएँ-रसिकरसाल। (इति.शुक्ल)।

**कुमारललिता छंद**—क्रम है-(।।S ।।। S)। इसमें सात अक्षर होते हैं, जिसमें एक जगण, एक सगण और अन्त में गुरु होता है। उ.-'जु राधहि मिलावै। वहै मोहि जियावै। कहत भरि उसासो। कुमारललिता सो।।'-भि.ग्रं. 1, छंदा., 65/187। ल.-आदिजगन दै सगन पुनि अन्त गुरु इक लेखि। करि कुमारललिता प्रगट बर्न सप्त सुभ देखि।।-छं. मा., 2/14। उ.-सबै जगत गावै। बिरंचि समझावै। तऊ न समझै रे। हियें न हरि है रे।। (वही)।

**कुमारिका**—दे. गाहा छंद।

**कुरम**—कूर्म। दे. कूरम। कछवाहे। उ.-'पीपर कुरम तुरक्क असी हाड़ा सफ जंगी।'-बो.ग्रं., वि. वा., 68/182।

**कुरान**—अरबी भाषा की एक पुस्तक जो मुसलमानों का धर्मग्रंथ है। उनका विश्वास है कि अल्लाह ने इस ग्रंथ के वाक्यों को भिन्न-भिन्न कालों में जिबरईल के द्वारा मुहम्मद साहब के पास भेजा था। इस ग्रंथ में तीस भाग हैं, जिन्हें 'पारा' कहते हैं। उ.-'बब्बर अकब्बर हिमायूँ हद्द बोधि गये हिंदू और तुरुक की कुरान बेद ढबकी।'-भू.ग्रं., प्रकी., 447/216।

**कुरुक्षेत्र माहात्म्य**—रचयिता - उमादास (दे.)। (बृ.इति. 7)।

**कुरुखेत**—कुरुक्षेत्र। एक बहुत प्राचीन तीर्थ जो सरस्वती नदी के बाएँ किनारे पर अंबाला और दिल्ली के बीच स्थित है। यह प्राचीन ऋषियों का यज्ञस्थल है। यहाँ कई सरोवर हैं। ब्रह्मसर में परशुराम ने स्नान कर क्षत्रिय हत्या से मुक्ति पाई थी। यहीं पुरुरवा ने उर्वशी को फिर से पाया था। चंद्रवंशी राजा कुरु यहाँ के सरोवर पर तप कर गुप्त हुए थे। महाभारत के अतिरिक्त यहाँ अनेक युद्ध हुए थे। इसी के पास स्थाण्वीश्वर महादेव की स्थापना हुई थी जिनके नाम पर 'थानेसर' नामक नगर बसा जहाँ राजा पुष्पभूति ने वर्द्धन वंश की प्रतिष्ठा की जिसमें प्रसिद्ध सम्राट हर्षवर्द्धन हुए। पवित्र स्थल होने के कारण यहाँ अनेक प्रसिद्ध धार्मिक मेले लगते हैं। यह स्थान करनाल जिले में पड़ता है। उ. (1)-सुकबि सुमुख कुरुखेत परि होत सुमेर समान।'-क.प्रि., 1/2। उ. (2)-'बुद्धि को गंध गनेस में नाहिनै को कुरुखेत की बृद्धिहि तो है।'-वि. गी., 3/19; भू.ग्रं., शि.भू., 90/144।

**कुरुनंद**—कुरु के पुत्र। कौरव। उ.-'कहें पृथु भगीरथ मानधाता कहँ करन कुरुनंद हैं।'-प.ग्रं., हि.ब.वि., 108/16।

**कुरुबंस**—कुरुवंश। सम्राट् कुरु के नाम से प्रचलित वंश। उ.-'भीस्म जुधिस्ठिर से जहाँ भो कुरुबंस बिनास।'-वृं.ग्रं., नी.स., 156/70।

**कुलटनि**—कुलटाएँ। व्यभिचारिणी स्त्रियाँ। वे परकीया नायिकाएँ जो बहुत पुरुषों से प्रेम रखती हों। ल.-कुलटनि सों कोबिद कहत, अंग सलज्ज अलज्ज।-क.प्रि., 4/12।

**कुलटा**—दे. कुलटनि। उ. (1)-'कुलटा कुचील गात अंध तम अधरति।'-र.प्रि., 14/32। उ. (2)-'गोकुल की कुलटा पे यों ही उलटावति हैं।'-र.प्रि., 2/8। परकीया नायका एक भेद। ल. (1)-'लक्षिता चतुरा जानिए कुलटा मुदिता नारि।'-क.प्रि., 30/10। ल. (2)-गुपता रति गोपति करै तृपति न कुलटा आहि।-जस. ग्रं., भा.भू., 14/8। ल. (3)-पल पल प्रति चाहै सुरत, हित जम जन को ठानि। बहु थल विहरत बरनिए, सो कुलटा अनुमानि।-कृ.ग्रं., हि.त., 144/36। ल. (4)-पुरुष अनेकन सों जु तिय राखति रति.की चाह। कुलटा ताहि बखानहीं जे कवीन के नाह।।-प.ग्रं., जग., 108/102। ल. (5)-परकीया के भेद षट गुप्ता प्रथम बखान। बहुरि विद्ग्धा लच्छिता मुदिता कुलटा मान।।-मति., र. रा., 65/214। ल. (6)-जो चाहत बहु नायकन सरस सुरति.पर प्रीति। तासों कुलटा कहत हैं लखि ग्रंथन की रीति।।-मति., र.रा., 79/217। ल. (7)-अंग अंग में सरसई अति अनंग की होइ। तृप्ति न पावै भोग तें सो कुलटा चित टोइ।।-सो. ग्रं. 1, र.पी.नि., 17/77।

**कुलटा**—दे. कुलटनि, कुलटा। वह परकीया नायिका जो बहुत पुरुषों से प्रेम रखती हो। ल.-जार समूहनि मैं फिरै, सो कुलटा मन मानि। याको देत उदाहरन, सुकवि सुनो चि आनि।। उ.-'पानी कों पेलि कढ़ै घर काज, न और करै रहें अंग सिंगारे। छैल छबीलेन को मन मोहति, मंद हँसी दृग कोर निहारे। मंदर सून निकुंज घनै थल, नीचे त्यों खेत संकेत विचारे। नूपुर की झनकारनि सों बहू जाति चली रसियानि पुकारे।।'-शृं.मं., चिंता., 111-112/32-33।

**कुलदेव**—कुल के देवता। कुल के आरंभ से आदि पूजा के लिए मान्य देवता। उ.-'भरम थाप कुलदेव कौं भरम ग्रिहस्थाचार।'-जस.ग्रं., सि.सा., 123/182।

**कुलदेवि**—कुल की देवी। कुल के आरंभ से आद्य पूजा के लिए मान्य देवी। उ.-'किधौं कुलदेवि दियैं कहि केसव कै पुरदेविन को दरस्यो तनु।'-छं. मा., 1/73।

**कुलदेवी**—दे. कुलदेवि। उ.-'हौं उनकी कुलदेवी, दान। देखति दुहुँ भैयनि समान।-वी.च., 3/5।

**कुलनास**—छंद के आरम्भ में शत्रुगण-रगण या सगण तथा उदास गण-जगण या तगण-का मेल होने से प्राप्त फल। कुल का नाश। उ.-'सत्रु तें उदास कुलनास होत केसोदास।'-क.प्रि., 3/28।

**कुलपति मिश्र**—जन्म-सं. 1714। स्थान-आगरा। माथुर चौबे। पिता-पं. परशुराम चौबे (मिश्र)। आश्रयदाता-जयपुर नरेश महाराज रामसिंह। रचनाएँ-रसरहस्य, दुर्गाभक्ति-चंद्रिका. द्रोणपर्व, गुणरस रहस्य, संग्रामसार, मुक्तितरंगिणी, नखशिख, दुर्गासप्तशती, स्वरूप-करूपवाद, आसाम की बाढ़, विष-अमृत का झगड़ा, सेवा की बाढ़, सतसई। (इति.शुक्ल, बृ.इति. 7)।

**कुलियाते बहरी**—रचयिता-काजी महमूद बहरी (दे.), (बृ.इति. 7)।

**कुलिसकोन**—वज्र के छः कोण। उ.-'कुलिस कोन षट, तर्क षट दर्सन, रस, रितु अंग।'-क. प्रि., 11/15।

**कुल्ले**—एक प्रकार के घोड़े। उ.-'कूदम कुल कुल्ले अमित अतुल्ले खबनि खुल्ले फबि फेरे।'-प. ग्रं., प्र.बि., 99/287।

**कुशलविलास**—रचयिता-देव (दे.)। (इति. शुक्ल)।

**कुस**—कुश। अयोध्यापति श्रीरामचंद्र के ज्येष्ठ पुत्र, जो जानकी के गर्भ से वाल्मीकि ऋषि के आश्रम में उत्पन्न हुए थे। इन्होंने अपने छोटे भाई लव के साथ श्रीराम की सभा में वाल्मीकि कृत रामायण का पाठ किया था। पिता से इन्हें कोशल का राज्य मिला था, जिसकी राजधानी कुशस्थली थी। रामचंद्र के स्वर्ग चले जाने पर अयोध्या की अधिष्ठात्री देवी के कहने पर यह पुनः अयोध्या चले आये और कुशावती त्याग दी। ब्राह्मांड और वायु पुराण रघुवंश के इस विवरण से भिन्न यह कहते हैं कि कुश कुशस्थली से ही अयोध्या का शासन चलाते थे। यह अतिथि के पिता थे। उ. (1)-'सोहत सहित सेष रामचंद्र, कुस लव।'-क.प्रि., 8/31। उ.

(2)-'पुत्र द्वै भये एक श्री कुस दूसरो लव जानि।।'-रा., 33/56।

**कुसद्वीप**--कुश द्वीप, पुराणानुसार सात द्वीपों में से एक, जो चारों ओर घृत समुद्र से घिरा है।'-उ.-'कुस द्वीप मेलिय जाय। घृत के समुद्रहि पाय।'-विगी., 4/18।

**कुसुम क्यारी**--रचयिता-रत्नहरि (दे.)। (बृ. इति. 7)।

**कुसुमविचित्रा छंद**--सोलह मात्राओं का वर्णवृत्त है। मात्राक्रम है (।।। ।SS ।।।। ।SS) प्रत्येक चरण में नगण, यगण, नगण, यगण का क्रम होता है। ल. (1)-कुसुमविचित्रा नयनय जत्ता। उ.-'अलि तहँ ह्वै है अधिक बिहारी। कुसुमबिचित्रा वह फुलवारी।।'-भि.ग्रं. 1, छंदा., 130, 140/196-197। ल. (2)-चारि कला गुरु दोय पुनि चारि कला गुरु दोय। रचि पद बार बर्न को कुसुमबिचित्रा होय।।-छं.मा., 1/38।

**कुसुमस्तवक दंडक**--(1) प्रत्येक चरण में मात्रा क्रम है (।।S ।।S ।।S ।।S ।।S ।।S ।।S ।।S ।।S)। प्रत्येक चरण में नौ सगण (।।S) होते हैं। ल.-चरन चरन नव सगन मय, कुसुमस्तवक बिसेषि। उ.-'चित चायतें लै लै मिली है मनो कुसुमस्तवकै कुसुमेषु की सैन सबै।।'-भि.ग्रं. 1, छंदा., 1-3/271-272।

**कुसुमितलतावल्लिता छंद**--प्रत्येक चरण में मात्राक्रम है-(SSSSS ।।। ।।S S।S S ।SS)। अट्ठारह वर्ण होते हैं और पाँच, छः और सात पर यति होती है। ल.-कै पाँचौ हारा, नगन सगनो, रग्गना गो य दीजै। बिश्रामो पाँचै, बहुरि छह में, सात में फेरि कीजै। पाये पाये में, समुझि धरिये, बर्न अट्ठारहै जू। भोगीन्द्रै भाख्यो कुसुमित लताबल्लिता छंद है जू।। उ.-'दीजै आये कों, सुख दृगन को, कुंज के हौ बिहारी। बैठा ह्याँ देखौ, कुसुमितलताबल्लिता फूलवारी।।'-भि.ग्रं. 1, छंदा., 80-81/259-260।

**कुसुमिनी**--दे. गाहा छंद।

**कुसस्थली**--दे. कुस। कुशस्थली। वह स्थान जहाँ सिर्फ कुशा ही कुशा उगी हो। कुश की राजधानी। उ.-'अवधपुरी तब ऊजर भई। सबै सदेह राम सँग गई। कुसस्थली कुस बैठे जाइ। आसमुद्र पृथिवी को राइ।।'-वी.च., 2/22।

**कुहुकबान**--एक प्रकार का बाण, जो बाँस की कई पट्टियों को जोड़कर बनाया जाता है। इन बाणों से उजाला होता है और घोर ध्वनि भी होती है। उ.-'चले चंदबान घनबान औ कुहुकबान, चली है कमाने धूम आसमान ह्वै रह्यौ।'-भू.ग्रं., प्रकी., 525/233।

**कूबरी**--कंस की कुब्जा नाम की एक दासी जिसकी पीठ पर कूबड़ था। यह कंस की 'माल्यानुलेपनवाहिनी' दासी थी। कंस के धनुषयज्ञ में जाते समय, रास्ते में श्रीकृष्ण के माँगने पर प्रसन्नतापूर्वक सारी सामग्री दे दी थी, जिससे प्रसन्न होकर श्रीकृष्ण ने इसका कूबड़ दूर कर इसे सुंदरी बना दिया था। यह श्रीकृष्ण की प्रेमिका बन गई। कहते हैं श्रीकृष्ण ने इसे भी अपना लिया था। (पौ. को.)। उ. (1)-'रजक पछार्‍यौ कूबरी राखि लई ब्रजराज।'-वृं.ग्रं., नी.सत., 639/108। उ. (2)-'त्याग तिन्हैं तिनुका करि कूबरी हाथ लै आधिक राति पराने।'-बो.ग्रं., इ.ना., 85/15। उ. (3)-'ह्वै उदास अति राधिका ऊँची लेति उसास। सुनि मनमोहन कान्ह को कुटिल कुबरी पास।।'-प.ग्रं., जग., 487/183, 502/186। उ. (4)-'कुमति कूबरी दूबरी दासी सों करि भोग। मधुप न्याय कीन्हीं हमैं तुमसों पठया जोग।'-भि.ग्रं. 1, र.सा., 523/77, 530/78, 555/82। उ. (5)-'चंद्रमुखी तजि राधे सी बामहिं कूबरी सों हित मानिकै बोलो।।'-ठाकुर, 31/9, 32/10, 45/13, 48/13, 49/14।

**कूरम**--(1) कूर्म। कछुआ। विष्णु भगवान् का द्वितीय अवतार। समुद्र-मंथन के सम्य भगवान् ने कूर्म रूप धारण किया था, जिसके योग से समुद्र मथा जा सका। (2) क्षत्रियों का कछवाहा वंश। उ. (1)-'कूरम कबंध हाड़ा तूँबर बघेला बीर प्रबल बुंदेला हुते जेते दलमनी सों।'-भू.ग्रं., शि.भू., 466/220। उ. (2)-'अब औरंगजेब पायो रामसिंह जू सों औरो दिन-दिन पैहै कूरम के माने सों।'-भू. ग्रं., परि., 535/236।

**कृत**–सतयुग-चारों युगों में से पहला। सूर्य, चंद्रमा और बृहस्पति जब तीनों नक्षत्र एक ही राशि के हों तभी से इस युग का आरम्भ होता है। इसमें विष्णु की उपासना तप, शम, दम तथा ध्यान मात्र से होती है। धर्म के प्रचारार्थ विष्णु ने इस युग में वृष का रूप धारण किया था। इसमें मनुष्य हंस जाति के होते हैं। कलियुग के अन्त में इसका पुनः आरम्भ होता है और इसमें पितरों की पूजा होती है। इस युग की अवधि देवताओं के 4,000 वर्ष हैं। (पौ.को.)। उ.-'हैं कलि में करुनाबरुनालय कौन गनै कृत द्वापर त्रेता।'-क.प्रि., 6/24।

**कृतजुग**–दे. कृत। उ. (1)-'कृतजुग कलिजुग अपजस सोभ। विष पियूष कै लोभालोभ।'-वी.च., 28/5। उ. (2)-'तपः परं कृतयुगे त्रेतायां ज्ञानमुच्यते।'-वी.च., 3/12।

**कृत्या**–तंत्रों के अनुसार एक राक्षसी जिसे शत्रुओं का नाश करने के लिए तांत्रिक लोग मंत्रबल से उत्पन्न करते हैं। इसका वर्णन वेदों में भी मिलता है और पुराणों में भी। यह बहुत ही भयंकर मानी जाती है। (पौ.को. ; हिं.श.सा.)। कहा जाता है कि दुर्वासा ने विष्णुभक्त अंबरीष पर क्रुद्ध होकर इसी कृत्या का प्रयोग किया था और स्वयं पराजित हुए थे। यह कृष्णवर्णा होती है। उ.-'मधुप, निसा, सिंगाररस, काली, कृत्या, कोल।'-क.प्रि., 5/23।

**कृपण-दर्पण**–रचयिता-बाँकीदास (दे.)। (बृ. इति. 7)।

**कृपा**–बिना किसी प्रतिकार की आशा के दूसरे की भलाई करने की इच्छा या वृत्ति। अनुग्रह। उ.-'ठाकुर यौ समौ तेरे प्रसाद महेस कृपा सों लखै भले भाल के।'-ठाकुर, 8/63।

**कृपाकंद**–रचयिता-घनआनंद (दे.)। (इति. शुक्ल)।

**कृपान**–तलवार। उ.-'कलित कृपान कर सकति सुमान त्रान।'-क.प्रि., 8/47।

**कृपान बिधान**–तलवार चलाने की रीति। उ.-'दान-कृपान-बिधान बस्य क्रीनो भुवमंडल।'-रा., 1/24।

**कृपानिवास**–दाक्षिणात्य, मधुरोपासक भक्त कवि। समय-19वीं सदी का पूर्वार्द्ध। रचनाएँ-गुरुमहिमा, नित्यसुख, प्रार्थनाशतक, रहस्योपास्य, लगनपचीसी, युगलमाधुरीप्रकाश, भावनाशतक, जानकी सहस्रनाम, अनंतचिंतामणि, समयप्रबंध, वर्षोत्सव पदावली, रूपरसामृतसिंधु, रससारप्रबंध रहस्यपदावली, सिद्धांतपदावली, उझकनी अष्टक, हनुमतपचीसी। (बृ.इति. 7)।

**कृपाराम**–वीरसिंह के दरबार का प्रमुख योद्धा। उ.-'कृपाराम यह नाम प्रसिद्धि। कृपान करकी पावत सिद्धि।'-वी.च., 18/27, 32/48, 32/51, 33/20।

**कृपाराम बारहठ**–समय-वि. 19वीं शती का पूर्वार्द्ध। स्थान-खराड़ीग्राम (जोधपुर)। आश्रयदाता-सीकर के रावराजा लक्ष्मणसिंह। रचना-राजिया के सारेठे। (बृ.इति. 7)।

**कृष्ण**–भोजवंशी देवक की पुत्री देवकी के गर्भ से उत्पन्न वसुदेव के पुत्र। ये विष्णु के 23वें या 20वें या 8वें अवतार माने जाते हैं। उस समय देवकी का चचेरा भाई कंस, जिसने अपने श्वसुर जरासंध की सहायता से अपने पिता उग्रसेन को बंदी बनाकर कारागार में डाल दिया था, मथुरा का राजा था। देवकी के विवाह के समय आकाशवाणी हुई थी कि देवकी के आठवें गर्भ से उत्पन्न पुत्र कंस को मारेगा। इसी से बसुदेव और देवकी कंस के आदेश से कारागार में बंद कर दिये गए। देवकी के आठवें गर्भ से भाद्रपद कृष्ण अष्टमी को रोहिणी नक्षत्र में आधी रात को श्रीकृष्ण का जन्म हुआ। पिता वसुदेव चुपके से गोकुल में जाकर इन्हें नंद के घर रख आये थे। इनकी बाल्यावस्था की अलौकिक क्रीड़ाओं और कार्यों ने इनको प्रसिद्ध कर दिया। कंस इन्हें पकड़ने और मारने के सारे उपाय करके हार गया। अन्त में कृष्ण ने कंस को मथुरा में उसके भवन में ही मारा। इनके जीवन का विस्तार से वर्णन श्रीमद्भागवत पुराण तथा अन्य पुराणों में मिलता है। जिनमें विदर्भराज की कन्या रुक्मिणी से विवाह, जरासंध के बार-बार मथुरा पर आक्रमण से परेशान होकर द्वारिका की

स्थापना और निवास, यादवों के राज्य की स्थापना, महाभारत युद्ध में पांडवों की सहायता आदि घटनाएँ महत्त्वपूर्ण हैं। इनकी मृत्यु एक बहेलिये का तीर लगने से हुई। (पौ.को., हिं.श.सा.)। उ. (1)-'कृष्ण कृष्ण इत राधिका रटत रहत दिन रैन।'-वृं.ग्रं., अ.दो., 9/6।

**कृष्ण कवि**—बिहारी के पुत्र रूप में प्रसिद्ध। सं. 1792 में विद्यमान। राजा आयामल्ल के आदेश से विदुरनीति की विविध छंदों में टीका। (बृ. इति. 7)। बिहारी के आश्रयदाता महाराज जयसिंह के मंत्री राजा आयामल्ल की आज्ञा से बिहारी सतसई की टीका लिखी। जयसिंह के समय (सं. 1799) तक वर्तमान थे। रचनाएँ-विदुरनीति टीका, बिहारी सतसई टीका, बिहारी सतसई टीका में सवैयों का भाव पल्लवन के लिए प्रयोग तथा काव्यांगों का स्फुटीकरण। (इति.शुक्ल)।

**कृष्णकाव्य**—रचयिता-चंदन (दे.)। (इति. शुक्ल)।

**कृष्णचंद्रिका**—रचयिता-गुमान मिश्र (दे.)। (इति.शुक्ल)।

**कृष्णचंद्रिका**—रचयिता-वीर (दे.)। विव.-रस एवं नायक-नायिका भेद विषयक ग्रंथ। (इति. शुक्ल)।

**कृष्णचरित**—रचयिता-रत्नकुँवर बीबी (दे.)। (बृ.इति. 7)।

**कृष्णचरितामृत**—रचयिता-क्षेमकर्न (दे.)। (बृ. इति. 7)।

**कृष्ण छंद**—षट्कल अर्थात् छः मात्राओं का छंद है। क्रम है-(ऽऽ ।।)। उ.-'छाड़े हठ। एरे सठ। तृष्नै तजि। कृष्नै भजि।।'-भि.ग्रं. 1, छंदा., 38/185।

**कृष्ण जू को नखशिख**—रचयिता-ग्वाल कवि (दे.)। (इति.शुक्ल)।

**कृष्णजन्मोत्सव**—रचयिता-नागरीदास (दे.)। (बृ.इति. 7, स.सर्वे.)।

**कृष्णदास**—महाराष्ट्रीयन संत। बाजीराव पेशवा (सं. 1758-1797) के समकालीन। रचनाएँ-कृष्ण लीला के स्फुट वर्णन। (बृ.इति. 7)।

**कृष्णदास**—कबीरपंथी साधु। सूरत के ताप्ती तट के अश्वनी आश्रम के निवासी। गुरु चिदानंद। रचनाएँ-ज्ञानप्रकाश, यदुनंदन, रघुवंशमणि। लगभग सं. 1750 में वर्तमान। (बृ.इति. 7)।

**कृष्णदास**—विंध्य, गंगा के समीप गिरिजापत्तन ग्राम (मिर्जापुर) के निवासी। रचनाएँ-माधुर्यलहरी, भागवत भाषा, भागवतमाहात्म्य। (बृ.इति. 7)।

**कृष्णपच्चीसी**—रचयिता-बाँकीदास (दे.)। (बृ. इति. 7)।

**कृष्णलीलावती पंचाध्यायी**—रचयिता-सोमनाथ (दे.)। (इति.शुक्ल)।

**कृष्ण-सुजान-प्रकाश**—रचयिता-मंडन भट्ट (दे.)। (बृ.इति. 7)।

**कृष्णायन**—रचयिता-मंचित (दे.)। (इति.शुक्ल)

**कृष्णाभिसारिका**—कृष्ण पक्ष की रात्रि में प्रिय द्वारा पूर्व निर्देशित स्थान पर कृष्ण वस्त्रादि पहनकर जाने वाली नायिका। ल.-भूषन बसन असित सजे उर में भरें अनंग। पिय पै तिय जो जाइ सो कृस्ना कहि रस रंग।।-सो.ग्रं. 1, र.पी.नि., 51/97।

**कृष्णावतार के कवित्त**—रचयिता-छत्रसाल (दे.)। (बृ.इति. 7)।

**कृष्न**—दे. कृष्ण। उ.-'तुमहीं पुनि कृष्न को रूप धरौगे। हति दुष्टन को भुवभार हरौगे।।'-रा., 20/22।

**कृष्नराय**—वीरसिंह का दरबारी। उ.-'कृष्नराय को काटयौ मुंड। जान दियौ कायर को झुंड।'-वी. च., 14/60।

**कृस्नदत्त मिश्र**—कवि केशवदास के पूर्वज, हरिनाथ के पुत्र। उ. (1)-'कृस्नदत्त मिश्रहिं दई जिन पुरान की बृति।'-क.प्रि., 1/18। उ. (2)-'पुत्र भए हरिनाथ के कृस्नदत्त सुभ वेष।'-क.प्रि., 2/13।

**केतवापन्हुति**—दे. अपन्हुति। कैसवापह्नुति। अपन्हुति का भेद। एक अर्थालंकार जिसमें गोपन या निषेध मुख्य होता है। मिस या ब्याज शब्दों से निषेध किया जाता है। ल.-मिसु करि कै जहँ एक कौ औरहि कहें बखानि। बुधिकै बिमल विचार सों कितव अपन्हुति जानि।। उ.-'राखि रही समझाइ पै बिछुरि गई कुल कानि। हरि मुरली की टेर मिस

नित बिष बरसै आनि।।'-सो.ग्रं. 1, र.पी.नि., 55,56/190।

**केतु**—पुराणानुसार एक सौंहिकेय नामक राक्षस के सिर रहित धड़ या कबंध का नाम। समुद्र मंथन से उत्पन्न अमृत बाँटने के समय देवताओं की पंक्ति में बैठकर इस राक्षस ने अमृतपान कर लिया था। इससे अप्रसन्न होकर विष्णु ने इसका सिर काट डाला। किंतु अमृत पीने के कारण यह मरा नहीं। सिर राहु के नाम से और धड़ केतु के नाम से प्रसिद्ध हो गया। (पौ.को., हिं.श.सा.) उ.-'कलित कलंककेतु केतु अरि सेत गात।'-क. प्रि., 14/23।

**केतु अरि**—दे. केतु। चंद्रमा। जिसका शत्रु केतु हो। विष्णु के परामर्श से देवताओं ने असुरों के साथ मिलकर समुद्र मंथन किया। उसी से चंद्र की उत्पत्ति हुई। इन्हें देवताओं में स्थान मिला। अमृत पान के समय देवताओं की पंक्ति में बैठकर किसी असुर ने अमृत पी लिया था। चंद्रमा के संकेत पर विष्णु ने इसका सिर काट दिया था। इसी से धड़ रूप केतु चंद्रमा का शत्रु हो गया। (पौ.को., हिं. श.सा.)।उ.-'कलित कलंक केतु, केतुअरि, सेतगात, भोग जोग को अजोग रोग ही को थल सो।'-रा., 9/41।

**केतुमाल**—खंड विशेष। जंबू द्वीप के नौ खंडों में से एक खंड। ब्रह्माण्ड पुराण के अनुसार इसमें सात पर्वत और कई नदियाँ हैं। सिद्ध और देवर्षि प्रायः इन्हीं नदियों में स्नान करना पसंद करते हैं। इस खंड में प्रायः जंगली जानवर भी रहते हैं। (हिं. श.सा.)। उ.-'सुभ केतुमाल रमारमेसहिं काम कर्म कराधु।'-वि.गी., 4/35।

**केदारो**—राम केदारा। दीपक राग की पाँचवीं रागिनी जो रात के समय दूसरे पहर की पहली घड़ी में गाई जाती है। उ.-'पुनि ताके सुत आठ बखान। केदारो बिहागऐ ठान।'-बो.ग्रं., वि.वा., 18/121।

**केलि**—21 स्वभावज अलंकारों में से एक। प्रियतम विषयक विहार का नाम। दे. अलंकार। रति, हँसी-मजाक। दस हावों में से एक। दे. हाव। ल.-स्वाँग केलि को करत हैं जहाँ हास्य रस भाव।'-भि.ग्रं. 1, शृं.नि., 248-250/143-144। उ. (1)-'कल कूजत पूजत कामकला बिपरीत रची रतिकेलि कियें।'-र.प्रि., 1/2। उ. (2)-'भाँति भाँति के अनूप रूप बहु केलि कै।'-र.पि., 5/26। उ. (3)-'भूत लहैं सिव के बन को जहँ, पारबतीपति केलि करैं जहँ।।'-वि.गी., 4/33। उ. (4)-'केलि की कला-निधान सुंदर सुजान महा।'-ध.क., 225/136।

**केलि-किलोलनि**—काम सम्बन्धी क्रीड़ाओं के समय का आमोद-प्रमोद। उ.-"जिनि बोलि सुबोल अमोल सबै अँग केलि कलोलनि मौल लिये।।"-र. प्रि., 11/11

**केलिकला**—काम सम्बन्धी विभिन्न क्रीड़ाओं की विविध रुचिकर पद्धतियाँ। कामकला। उ. (1)-'केसवदास कलानिधि कोमल केलिकला कुहु की जगबंदन।' छं.मा., 1/69। उ. (2)-'जित चाहत हौ तित जाय मिलै, चित रावरो कोबिद केलिकला।'-घ.क., 173/114। उ. (3)-'केलि कला हुलसी ततकाल मिलि हँसि सो लघु मान कहावै।'-भू.ग्रं., प्रकी., 566/243।

**केलि भवन**—काम सम्बन्धी विविध क्रीड़ाओं का कक्ष विशेष। उ. (1)-'केलि भवन नवबेलि सी दुलही उलहि इकंत। बैठि रही चुप चंद लखि तुमहिं बुलावति कंत।।'-प.ग्रं., जग., 231/130। उ. (2)-'केलि भवन की देहरी खरी बाल छबि नौल।'-मति.र.रा., 32/207।

**केलिभौन**—दे. केलिभवन। उ.-'डीठि बचाइ सखीनि की केलिभौन में जाइ।'-मति., म.सत., 272/391, 560/415, 577/416।

**केलिमंदिर**—दे. केलि भवन। उ. (1)-'सोरह सिंगार कै नवेली की सहेलिन हूँ कीन्हीं केलिमंदिर में कलपित केरै हैं।'-प.ग्रं., जग., 205/124। उ. (2)-'बिहँसि केलिमंदिर गई लख्यो न जिय को नाथ। नैन करनितें जल बलय गिरे एक ही साथ।।-मति., म.सत., 266/390।

**केवट**—गुह। केवटों का प्रधान। निषादराज। उ.-'स्यौरी हौं न सुद्र हौं न, केवट कहूँ कोन्यों न गौतमीतिया हौं जापै पग धरि आओगे।'-प.ग्रं., प्र.

प., 15/240।

**केवलपुरी**—समय-सं. 1815 से 1905 तक। निवासस्थान-डाकोर के पास उमरेठ में। (बृ. इति. 7)। रचनाएँ-योगसाधनाविषमक।

**केवलराम**—जन्म-सं. 1756। स्थान-गुजरात। पिता-केशवराम। रचनाएँ-बाबीविलास। (बृ. इति. 7)।

**केश कवि**—समय-सं. 1717 के आसपास उपस्थित। रचनाएँ - माधवानल नाटक। (बृ. इति. 7)।

**केशवदास**—दे. केसवदास। जन्म-सं. 1612। स्थान-टेहरी (ओरछा और टीकमगढ़ के पास)। पिता-काशीनाथ। आश्रयदाता-ओरछा नरेश मधुकरशाह। रचनाएँ-रसिकप्रिया, नखशिख, कविप्रिया, छंदमाला, रामचंद्रिका, वीरसिंह देव चरित, रतनबावनी, विज्ञानगीता, जहाँगीर जसचंद्रिका। (बृ.इति. 6)।

**केशवदास जैन**—मुनि लावण्यरत्न के शिष्य। दीक्षा नाम-कुशलसागर। सं. 1736 में पच्छाख गाँव (राजस्थान) में 'केशव बावनी' का प्रणयन। (बृ. इति. 7)।

**केशव स्वामी**—शिवाजी के समसामयिक संत पैठण के आसपास वर्तमान। समाधि हैदराबाद में। समय-सं. 1735 में उपस्थित। गुरु-नारायण। रचनाएँ-भक्तिपरक संत वानी। (बृ.इति. 7)।

**केशोदास**—ये काश्मीरी ब्राह्मण थे। रचनाएँ-वार महाराज अमरसिंह की, बारहमासा श्रीकृष्ण जी का, बुद्धिप्रकाशदर्पण, अष्टनायका, प्रेमपचीसी। रचनाकाल-सं. 1831 के आस पास। (बृ.इति. 7)।

**केसपास-सुधारिबो-सिंगार**—सोलह शृंगार में पाँचवाँ। वृंद कवि द्वारा वर्णित ल.-'सुचि सुकुवार सिंगर से स्याम सचिक्कन बार। सोधि सुधूप सुधारिबो यह पँचमौं सिंगार।। सोधन कै काँक ही तैं ब्यौरि अँगुरिनि नैंन नीकी नाइन निहारे बार बार हैं। अगर सौं धूपि पुनि अंबर सौं धूपि ओपि अंबर सौं अतर फुलेल मेलि सार हैं। माँग साधि पाटी पारि बैनी गुन लाला गूँदि बंदन सौं माँग भरै वृंद सु बिचार हैं। छवा छुवैं छूटे सुकुवार सटकारे कारे ऐसे केसपास को सुधारिबो सिंगार हैं।'-वृं.ग्रं., शृं. शि., 53-54/43।

**केसरी**—कुंजर वानर की पुत्री अंजना के पति का नाम। ये हनुमान के पिता थे। इन्होंने राम के पक्ष में रावण से युद्ध किया था। उ.-'सूरज मुसल नील पट्टिस परिघ नल जामवंत असि हनू तोमर प्रहारे हैं। परसा सुखेन कुंत केसरी गवय सूल विभीषन गदा गज मिंदिपाल तारे हैं।।'-रा.चं., 19/46।

**केसरी सिंह समर**—रचयिता-हरिनाथ (दे.)। विव.-आश्रयदाता की वीरता का वर्णन (बृ.इति. 7)।

**केसव**—केशव। विष्णु का एक नाम। उ.-'केसव मोहि करो जिन गंग, कृपा करि मोहि सदासिव कीजो।'-वृं.ग्रं., भा.पं., 2/13।

**केसवजी**—केशव। विष्णु का एक नाम। श्रीकृष्ण का एक नाम। उ.-'भूषन भूधर उद्धरिबो सुने और जिते गुन केसव जी के।'-भू.ग्रं., शि.भू., 272/180।

**केसवदास**—दे. केशवदास। हिंदी रीतिकाव्य के एक प्रमुख आचार्य। इनकी रचनाएँ पूर्णतया शास्त्रीय तथा रीतिबद्ध हैं। इनके परिवार की वृत्ति पुराण की थी। ये भारद्वाज गोत्रीय कार्दनी शाखा के यजुर्वेदी, मिश्र उपाधिधारी ब्राह्मण थे। ओरछाधिपति महाराज इन्द्रजीतसिंह इनके प्रधान आश्रयदाता थे, जिन्होंने 21 गाँव इन्हें भेंट में दिये थे। वीरसिंहदेव का आश्रय भी इन्हें प्राप्त था। तत्कालीन जिन विशिष्ट जनों से इनका घनिष्ठ सम्बन्ध था, उनके उल्लिखित नाम ये हैं—अकबर, टोडरमल, बीरबल और उदयपुर के राणा अमरसिंह। तुलसीदास जी से इनका साक्षात्कार महाराज इन्द्रजीत सिंह के साथ काशीवास के समय संभव हुआ। उच्चकोटि के रसिक होने पर भी ये पूरे आस्तिक थे। ये व्यवहारकुशल, वाग्विदग्ध और विनोदी थे। अपने पांडित्य का इन्हें अभिमान था। नीतिनिपुण, निर्भीक, एवं स्पष्टवादी केशव की प्रतिभा सर्वतोमुखी थी। साहित्य और संगीत, धर्मशास्त्र और राजनीति, ज्योतिष और वैद्यक—सभी विषयों का इन्होंने गम्भीर अध्ययन किया था। उ.-'उपज्यो

तिनके मंदमति सुत कवि केसवदास।'-रा., 1/5।

**केसवमिश्र**—रामशाह और वीरसिंह के बीच संधि कराने को भेजा हुआ ब्राह्मण।-उ.-'मंगद पायक प्रेम बनाया। पठये केसव मिश्र बुलाया।'-वी. च., 10/33।

**केसी**—एक राक्षस जिसे श्रीकृष्ण को मारने के लिए कंस ने भेजा था, पर यह कृष्ण के द्वारा मारा गया। इसका मुख घोड़े के समान था, अतः इसे तुरंगदानव भी कहते हैं। (पौ.को.)। उ. (1)-'केसी-प्रति अतिरौद्र, वीर मारो वत्सासुर।' उ.(2)-'केसी कंस सकौ नहीं जासौ जोरु चलाइ।।'-रतन., 645/129। उ. (3)-'जय जय केसी-कंस-बच्छ-बक- रच्छस-दंडन।'-प.ग्रं., हि. ब.बि., 1/5।

**केसोदास**—दे. केशवदास, केसवदास। उ. (1)-'भावी भूत वर्तमान जगत बखानत है केसोदास क्यों हू ना बखानी काहू पै गई।''-रा., 1/2। उ. (2)-''जस को निवास केसोदास जग जानियै।''-क. प्रि., 1/3।

**कैकयी**—कैकेयी। कैकेयराज की पुत्री तथा अयोध्या के महाराज दशरथ की तीसरी पत्नी जो भरत की माता थी। इसने राजा से मंथरा नाम की दासी के बहकाने से दो वर माँगे थे—1. राम को 14 वर्ष का वनवास और 2. भरत का राज्याभिषेक। राम के वनवास के बाद राम के वियोग में राजा दशरथ का मरण हुआ था। उ.-''मूढ मंथरा कैं कहें बन कौं जु भेजे राम ऐसी यह बात कैकई कों तौ न चाहिये।।''-प्र.ग्रं., जग., 678/222।

**कैटभ**—एक दैत्य विशेष जो मधु नाम के दैत्य का छोटा भाई था। ये दोनों अत्यन्त पराक्रमी और दुष्ट थे। ये अपने उपद्रवों के कारण विष्णु के द्वारा मारे गये। पौराणिक मत से नारायण ने इन दोनों दैत्यों के मेदे से पृथ्वी की रचना की थी, इसलिए पृथ्वी को मेदिनी कहते हैं। उ.-''कंस के कन्हैया कामदेवहू के कंठनील कैटभ के कालिका बिहंगम के बाज हौ।''-भू.ग्रं., प्रकी., 410/206।

**कैतवपन्हुति**—दे. केतवापन्हुति, कैतवापह्नुति। उ.-''कैतवापन्हुति एक कों मिस करि बरनन आन।''-जस.ग्रं., भा.भू., 66/23।

**कैतवापन्हुती**—दे. केतवापन्हुति, कैतवपन्हुति। ल.-जहाँ और के ब्याजतें करै जुँ कारज और। ताहि कैतवापन्हुती बरनत कवि-सिरमौर।।-प.ग्रं., पद्मा., 52/38। उ.-''दास लख्यो टटको करि कै नट कोऊ कियो मिस कान्हर केरो। याको अचंभो न ईठि गनो इहि दीठि को बाँधिबो आवै घनेरो। मो चित में चढ़ि आयु रह्यो यदि उतरै न उपाइ कियो बहुतेरो। तैहूँ कहै अरु हौं हूँ लख्यो यहि ऊपर चित् रह्यो चढ़ि मेरो।।''-भि.ग्रं., 2, का.नि., 30/91।

**कैलास**—हिमालय की चोटी जो पुराणानुसार शिव जी का निवासस्थान मानी जाती है। यह मेरु पर्वत के दक्षिण में है। यहीं अलकापुरी तथा सौगंधिक वन स्थिति हैं। इसे रजताद्रि भी कहते हैं। यहीं कुबेर यक्षों सहित रहते हैं। यह अत्रि के आश्रम से उत्तर है। उ. (1)-''कहि वृंद परम सेबक पवन जात चल्यो कैलास कौं।।''-वृ.ग्रं., प.प., 2/51। उ. (2)-कैलास में ईस ईस ससि रजनीस वही सिवा अवनीस के न जस को सरीक है।''-भू. ग्रं., शि.भू., 245/175।

**कैवाट सरवरिया**—ये सरवरिया ब्राह्मण थे। इन्होंने सं. 1854 में कौलापुर (पाटन) के राजा अनंतराय का वृत्तांत 'अनंतराय सांखला री वार्ता' नामक ग्रंथ में लिखा है। यह गद्य-पद्यमय रचना है। (बृ.इति. 7)।

**कैसकी**—कैशिकी। दे. वृति। नाटक की चार वृत्तियों में से एक। यह वृत्ति शृंगार रस प्रधान नाटक में होती है। इसमें नृत्य, गीत, और भोग-विलास का अधिक वर्णन किया जाता है। ऐसे नाटकों में स्त्रीपात्र अधिक होते हैं। (हिं.श.सा.; हिं.सा.को.)। ल.-सुभ भावनि जुत कैसकी करुना हास सिंगार।-भि. ग्रं., र.सा., 561/83।

**कैसिकी**—दे. कैसकी। ल.-कहियै केसवदास जहँ करुन हास सिंगार। सरल बरन सुभ भाव जहँ सो कैसिकी विचार।।-के.ग्रं., र.प्रि., 2/89।

**कोक**—1. एक पंडित का नाम जो रतिशास्त्र का आचार्य माना जाता है। इसका पूरा नाम कोकदेव

है। उ. (1)-''सो मैं ता दिन बरनिहौं कोक काम को धाम।''-बो.ग्रं., वि.वा. 56/73। उ. (2)-''तरुनाई पै कोक पढ़ैं, सुघराई सिखावति है रसिकाई रसै।''-घ.क., 237/141। 2. कोकशास्त्र, कामशास्त्र। उ.-''नाहर की ननदी निगोड़ी फिरै, आहट कों, हट कोक ही के तुम्हैं आए जौंन हटकै।।''-ठाकुर, 14/65।

**कोकनय**—कामशास्त्रीय नीति। उ.-''ठाकुर कहत गोरी सहित गुपाल सोभा सुखनि रसाल केलि कोकनय याके है।''-ठाकुर, 16/66।

**कोकबान**—कुहुकबाण। एक प्रकार का बाण। उ.-''छूटत कमान बान बंदूकरु कोकबान मुसकिल होत मुरचानहू की ओट में।''-भू.ग्रं., प्रकी., 415/208।

**कोकिलक छंद**—बाईस मात्राओं का छंद है। मात्रा क्रम है (।।। ।ऽ। ऽ।। ।ऽ। ।ऽ। ।ऽ)। ल.-नल रन भाग सातजुत जानहि कोकिल को। उ.-''पियत न आम्रमौरमधु कों जबलों तिलको। तबलगि सब्द होत मधुरो नहिं कोकिल को।।''-भि. ग्रं., छंदा., 188, 194/204, 205।

**कोटि**—दुर्ग। गढ़। किला। शहरपनाह। नगर के रक्षार्थ बनायी गई चहारदिवारी। उ. (1)-''चोट न बचति ओट कीने हूँ कपाट कोट।''-क.प्रि., 6/16। उ. (2)-''कालभानि लीन्हें कोट पर खेलत सिसु चहुँ ओर।''-रा., 8/3। उ. (3)-''बाहिर कोट मत्त गज बसें। जहँ तहँ मनौ घनाघन लसैं।''-वी. च., 16/8।

**कोदंड**—धनुष विशेष। उ. (1)-''खंडपरसु को सोभिजै सभामध्य कोदंड।''-रा., 3/14, उ. (2)-''अब जु यहै कहि देहिगो मदन कदन कोदंड।''-रा., 4/16।

**कोमला**—दे. वृति। एक प्रकार की नाट्य वृत्ति, जिसके अनुप्रासों में व्यासपद हो, पर उसकी मधुरता बनी रहे। इसके दूसरे नाम 'प्रसाद' और लाटी या लाटानुप्रास हैं। उ.-''बिन समास बिन मधुरता कहै कोमला तास।''-जस.ग्रं., भा.भू., 203/67।

**कोमला वृति**—दे. वृति, कोमला।

**कोल**—वराह, वराहावतार। वराह के रूप में अवतरण कर विष्णु ने हिरण्याक्ष द्वारा पाताल ले जायी गयी पृथ्वी का उद्धार किया था। विष्णु ने वराह रूप में ही हिरण्याक्ष का वध किया था। उ. (1)-''मच्छ ह्वै कै वेद काढ्यौ कच्छ ह्वै रतन गाढ्यौ कोल ह्वै कुगोल रद राख्यो सबिलास है।''-भि.ग्रं., शृं.नि., 2/89। उ. (2)-''मधुप, निसा, सिंगाररस, काली कृत्या कोल।''-क.प्रि., 5/23। उ. (3)-''झींगुर, साँप, उलूक, अज, महिषी, कोल बखानि।।''-क.प्रि., 6/43। उ. (4)-''मच्छहु कच्छ में कोल नृसिंह में बावन में भनि भूषन जो है।''-भू.ग्रं., परि., 361/197। उ. (5)-फनीस कछ्छ कोल गोल भूमि कों न थंमहीं। ''-प.ग्रं., प्र.बि., 67/283। उ. (6)-''जब लगि कच्छप कोल सहसमुख धरनिभार धर।'' मति., ल. ल., 400/366।

**कोसल**—कोशल। सरयू या घाघरा नदी के दोनों तटों पर स्थित एक प्राचीन जनपद जिसकी राजधानी अयोध्या थी। उ.-''काँगरु कनौज कच्छ कर्नाट कुरु कासमीर कोसल कुँमाऊँ कुंतलेस के।''-जहाँ., 101।

**कौतूहल**—दस हावों में से एक, दे. हाव। भि. ग्रं. 1, शृं.नि., 272/149।

**कौपीन**—ब्रह्मचारियों और संन्यासियों आदि की लंगोटी। उ.-''कौपीन मंडित दंड स्यों नख काँख दीरघ बार।''-बि.गी., 8/25।

**कौरब**—दे. कौरव। उ.-''कृस्न पच्छ पांडव जयी कौरब गए बिताया।''-वृं.ग्रं., नी.सत., 273/79।

**कौरव**—कुरु राजा की संतान। धृतराष्ट्र के सौ पुत्र। उ. (1)-''हर ज्यों अनंग पर गरुड़ भुजंग पर, कौरव के अंग पर पारथ ज्यों पेखिए।''-भू. ग्रं., प्रकी., 408/206। उ. (2)-''पांडव प्रसिद्ध भय पुहुमिप्रभु जीति सकल कौरव-कुमति।''-वी.च., 1/40।

**कौशलेन्द्र रहस्य**—रचयिता-रामचरणदास (दे.)। (बृ.इति. 7)।

**कौशलेश कवितावली**—रचयिता-रत्नहरि

(दे.)। (वृ. इति. 7)।

**कौसलेस**—कोशल के राजा, रामचंद्र। उ.-''आनंद को कंद कौसलेस रघुराय हैं।''-प.ग्रं., प्र. प., 16/240, 51/249।

**कौसिक**—कौशिक। विश्वामित्र। एक ऋषि जो ऋग्वेद के अनेक मंत्रों के निर्माता के रूप में प्रसिद्ध हैं। ऋग्वेद के अनुसार कुश वंश के राजा कुशिक वंश के थे। परंतु परवर्ती साहित्य में महाराज गाधि के पुत्र माने गये हैं। विश्वामित्र की जन्मकथा बड़ी रोचक है। सर्वप्रथम गाधि के यहाँ एक सत्यवती नामक कन्या उत्पन्न हुई थी जिसे उन्होंने ऋषि रूचीक को समर्पित कर दिया था। रूचीक ने सत्यवती को एक बार दो चरू लाकर दिये और उनमें से एक चरू खाने को कहा। रूचीक के जाते ही गाधि स्त्री सहित उनके आश्रम में उपस्थित हुए। आदर-सत्कार के अनंतर सत्यवती ने अपनी माता को दोनों चरू लाकर दिये। सत्यवती की माता ने श्रेष्ठ लाभ की संभावना से रूचीक की पत्नी का चरू खा लिया। इस चरू के खाने से उनके विश्वरथ नामक ब्राह्मण गुण सम्पन्न पुत्र जन्मा जो आगे चलकर ब्रह्मतेज के कारण विश्वामित्र के नाम से विख्यात हुआ। सत्यवती के दूसरे चरू खाने से 'यमदग्नि' नामक पुत्र हुआ।-(हिं.सा.को.), उ.-''कौसिक की कीनी गंगा खेलत तरल तार।''-क. प्रि., 7/5।

**क्रम अलंकार**—एक अर्थांकार जिसमें प्रथमोक्त वस्तुओं का वर्णन क्रम से किया जाय। ल.-आदि अन्त भरि बरनिये, सो क्रम केशवदास। अनुगनना सों कहत हैं जिनके बुद्धि प्रकास।। क.प्रि.-11/1। टि.- केशव कृत यह परिभाषा साफ नहीं है, पर उदाहरणों से ज्ञात होता है कि जिसे केशव ने 'क्रम' अलंकार माना है, उसे परवर्ती आचार्यों ने 'शृंखला' या 'एकावली' नाम दिया है और ये परिभाषा दी है—किये जंजीरा जोर पद एकावली प्रमान दे। और जिसे केशव 'गणना' अलंकार मानते हैं, उसे हाल के आचार्य-अलंकार ही नहीं मानते। (प्रियाप्रकाश, भगवानदीन)।

**क्रमव्यस्त समस्त चित्रालंकार** — दे. चित्रालंकार, प्रश्नोत्तर चित्रालंकार। ल.-इक इक बरन बढ़ायते, क्रम तें लेहु समस्त। यह प्रश्नोत्तर जानिये, ह्वैं समस्तक्रमव्यस्त।। उ.-''कौन विकल्पी बर्न, कहा बिचारन गनक गन। हरि ह्वैकै दुखहर्न, काहि बचायो ग्रसत छन। कै बाँ प्रभु अवतार, क्यों बारै राई-लवन। कौन सिद्धिदातार दास कह्यो *बारनबदन*।।'' ति.-बा, बार, बारन, बार नव, बारन बद, बारनबदन।।-भि.ग्रं., 2, का.नि., 21-233/194-194।

**क्रमहीन**—दे. हीनक्रम।

**क्रमहीनदोष**—काव्य में जहाँ क्रम के विचार से वर्णन न हो, अथवा लोक या शास्त्र के विरुद्ध क्रम हो वहाँ यह दोष होता है। जहाँ गुणों का क्रम से वर्णन किया जाय, पुनः गुणियों का नाम लेते समय क्रम भंग हो जाय, वहाँ क्रमहीन दोष पाया जाता है। ल.-क्रम ही गुननि बखानि कै गुनी गनैं क्रमहीन। सो कहिजै क्रमहीन कवि, 'केसवदास' प्रवीन।। उ.-''जग की रचना कहि कौन करो, किहिराखन की जिय पैज धरी। अति कोपिकै कौन सहाँर करै, हरि जू हर जू विधि बुद्धि ररै।''-क. प्रि., 3/45-46।

**क्रियमान**—क्रियमाण। कर्म के चार भेदों में से एक। वह कर्म जो किया जा रहा हो। उ.-''त्रिविध करम कीजै भरम संचित अरु क्रियमान।''-जस. ग्रं., सि.सा., 15/172।

**क्रिया**—अपना कार्य साधने के लिए चतुराई से नायिका द्वारा भावाभिव्यक्ति की गयी क्रिया। ल.-क्रिया बचन में चातुरी यहै बिदग्धा रीति।-जस. ग्रं., भा.भू., 13/8।

**क्रिया**—दे. नाम। पदार्थनिर्णयप्रकरण में भिखारीदास ने वाचकभेद निरूपण करते समय जाति, यदृच्छा गुण और क्रिया का उल्लेख किया है। पदार्थ का निर्णय वस्तु या व्यक्ति की क्रियाओं अथवा कार्यों के आधार पर भी होता है और तदनुसार उसका नाम पड़ता है। ल.-जाति नाम जदुनाथ अरु, कान्ह जद्रिक्षा धारि। गुनतें कहिये स्याम अरु, क्रिया नाम कसारि।।-भि.,ग्रं. 2, का. नि. 3/6।

**क्रियाचतुर**—शृंगार रस में नायक का एक भेद। वह नायक जो क्रिया या घात में चतुर हो और जिसकी सहायता से प्रतिकार्य साधे। ल. (1)-बचनबिदग्ध क्रियाचतुर नायक चतुर बखानि।-भि.ग्रं. 1, र.सा., 177/26। ल. (2)-''मानी बचन चतुर कह्यो क्रियाचतुर पुनि जानि।''-मति., र. सा., 262/261। ल. (3)-''करै क्रिया सों चातुरी जो नायक रसलीन। क्रियाचतुर ताकों कहत कबि मतिराम प्रवीन।।''-मति., र.रा., 269/261। ल. (4)-''करै क्रिया सों चातुरी क्रिया चुतुर सौ जानि।''-प.ग्रं., जग., 307/147।

**क्रिया बिदग्धा**—क्रियाविदग्धा। वह नायिका जो नायक पर किसी क्रिया द्वारा चतुराई से अपना भाव प्रकट करे। ल.-द्विबिधा विदग्धा कहत हैं कबि करि विमल बिबेक। बचन बिदग्धा एक है क्रिया बिदग्धा एक।।-मति., र.रा., 70/215।

**क्रियानिपुना**—दे. क्रिया चतुरा, क्रियाबिदग्धा। वह नायिका जो नायक पर चतुरतापूर्वक क्रिया द्वारा अपने भाव प्रकट करे। ल.-क्रिया चातुरी सों जु रति, इच्छा प्रगटति होइ। कही क्रिया निपुना वहै, समुझि लेउ सब कोइ।। उ.-''सासु के नैहर गाँव तें साँझ निवास, को कोऊ जो सुंदरु आयो। रीझित हूँ मुसुक्याइ चितै सु तो, चारु कटाच्छ विलास रिझायो। सोयो समै अधरात भयो इन दूरितें कांकरी मारिजगायो। जानि इकंत में जाइ मिले, मन मोद अगाध दुहूँ उमड़ायो।।''-शृं.म., चिंता., 98-99/30।

**क्रियाविदग्धा**—दे. क्रिया बिदग्धा। परकीया विदग्धा का एक भेद।-भि.ग्रं. 1, शृं.नि., 100/111।

**क्रीड़ा छंद**—1. ल.-छ यगन क्रीड़ा छंद (छ यगण (।SS) का मात्रा क्रम है), उ.-''करै चंद्र क्रीड़ा मनो संग लै सर्बरी सर्ब तारा।''-भि.ग्रं. 1, छंदा., 47, 54/241-242। ल. 2. प्रत्येक चरण में मात्राक्रम है। (।SSS)। उ.-''हमारी सो। हरै पीड़ा। कलिंदी जो। करै क्रीड़ा।।''-भि.ग्रं., छंदा., 17/237।

**क्रीयमाण**—दे. क्रियमाण। उ.-''संचित अरु प्रारबध हैं क्रीयमाण लै मानि।''-जस.ग्रं., आ.वि., 132/127।

**क्रोध**—चित्त का वह तीव्र उद्वेग जो किसी अनुचित और हानिकारक कार्य को होते हुए देखकर उत्पन्न होता है और उसमें उस हानिकारक कार्य को करने वाले से बदला लेने की इच्छा होती है। रौद्र रस का स्थायी भाव। उ.-''रति, हाँसी अरु सोक पुनि क्रोध उछाह सुजान।''-र.प्रि., 6/9। ल. (1)-''रिपुकृत अपमानादि तें परमित चित्त विकार। जु प्रतिकूल हिय हरष को वहहि क्रोध निरधार।।''-प. ग्रं., जग., 589/203। ल. (2)-''लखि अनीति दुरबचन ते होतु बिकार जु आइ। ताको बरनत क्रोध कहि, प्रगट सकल कविराइ।।''-सो.ग्रं. 1, र. पी.नि., 40/55।

**क्रौंच छंद**—बत्तीस मात्राओं का छंद है। मात्राक्रम है (S।। SSS ।।S S।। ।।। ।।। ।।। ।।। ।S)। ल.-जानि क्रउंचो गोलय गोलय दुज करि त्रिगुन सगुन झरपर त्यों। उ.-'तूल क्रउंचो क्यों करि हंसै गनि गनि धरत धरत पग धरनी।।'-भि.ग्रं.1, छंदा., 233, 240/212, 213।

**क्रौंच द्वीप**—पुराणानुसार सात द्वीपों में से एक। विष्णुपुराण के अनुसार यह द्वीप दधिमंडोद समुद्र से घिरा हुआ है। प्रियव्रता का पुत्र धृतराष्ट्र इसका राजा था। इस द्वीप के 7 खंड या वर्ष हैं। प्रत्येक वर्ष में एक नदी और एक पहाड़ है। उ.-''मैल्यौं क्रौंच द्वीप जहँ दधिसागर सुखदायक।''-वि.गी., 4/14।

**क्लिष्ट (दोष)**—दे. दोष, शब्द दोष। ल.-सीढ़ी सीढ़ी अर्थगति, क्लिष्ट कहावै ऐन। उ.-''खगपतिपतितियपितुबधू-जल समान तुव बैन।।''-ति.गंगा जल समान बैन कह्यो।।-भि.ग्रं., 2. का.नि., 23, 23अ/224।

**क्लृप्तानुरागा**—दे. कल्पितानुरागा। सामान्या नायिका का शृंगारमंजरीकार द्वारा निरूपित एक नया भेद। जिस सामान्या नायिका का स्नेह एक व्यक्ति या नायक में स्थिर रहता है, उसे क्लृप्तानुरागा कहते हैं। ल.-जाको सनेह है एक ठौर। जौ यों गनिका कुलसीस मौर। क्लृप्तानुराग सोई बखानि। सिगरे सज्जन मन लेउ मानी।। उ.

(1)-''तौ उर ही कुच बढ़े, दृग दीरघ तो ही देखि। तौ अधीन जीवन सदा, मोहि आपनी लेखि।।'' उ. (2)-''देष्यौ वहै सुहातु है, वा लगि मन की दौर। पाथर की प्रतिमा लगै मोहि पुरुष सखि और।।''-शृं.मं., चिंता., 138/140-41।

# क्ष, ख

**क्षत्रिय**—हिंदुओं के चार वर्णों में से दूसरा। योद्धा जाति। वेदों के अनुसार क्षत्रियों की उत्पत्ति प्रजापति के बाहु से हुई थी। पुराणानुसार ये ब्रह्मा के वक्षस्थल से उत्पन्न हुए थे। पुराणों में इनके केवल चंद्र और सूर्य-दो ही वंशों का उल्लेख है। दान, यज्ञ और तप से ये ब्राह्मण हो जाते हैं। ये देवी के उपासक होते हैं। (पौ.को.)। उ. (1)-''रातो चंदन, रुद्ररस, क्षत्रिय-धर्म मँजीठ।''-क.प्रि., 5/32। उ. (2)-''सब क्षत्रिन आदि दै काहू छुई न छिये बिजनादिक बात डगै।''-रा., 5/22।

**क्षमाकल्याण**—रचनाएँ-हितशिक्षा द्वात्रिंशिका। (बृ.इति. 7)।

**क्षमा छंद**—प्रत्येक चरण में मात्रा क्रम है-(।।। ।।। SS। S।S S)। इसमें तेरह वर्ण होते हैं और आठ तथा पाँच पर यति होती है। ल.-नगन नगन कर्नो, जगनु गो गो। बिरति बरन आठै, सरै कहो हो। त्रिदस बरन नीके, करौ जमा जू। भुजगनूपति याकों कहो क्षमा जू।। उ.-''तब धनि धनि जी में कह्यो परै जू। जब समरथ ह्वै कै क्षमा करै जू।।''-भि.ग्रं. 1, छंदा., 40-41/252।

**क्षीरसागर**—पुराण वर्णित सात समुद्रों में से एक जो दूध से भरा माना जाता है। कहते हैं विष्णु भगवान् इसी समुद्र में शेषशय्या पर सोते हैं। उ.-''जाहि जगलोचन बिलोकि सुख पावै क्षीरसागर उजागर की सरदप्रकास सो।''-बि. गी., 10/17।

**क्षुद्र घंटिका**—एक प्रकार का प्राचीन आभूषण जो कमर में पहना जाता था। इसमें घुँघरू या घंटियाँ लगी रहती थीं। घुँघरूदार करधनी। उ. (1)-''चोटी बंद डोरी क्षुद्रघंटिका नई निहार।''-बो. ग्रं., वि.वा., 41/104। उ. (2)-''जेहरी छबीली क्षुद्रघंटिका की जालिका।''-क.प्रि., 15/86। रा., 18/20।

**क्षेमकर्ण**—जन्म-सं. 1818। स्थान-धनौली (बाराबंकी)। रचनाएँ-रामरत्नाकर, कृष्णचरितामृत, वृत्तरामास्पद, गुरुकथा, आह्निक, रामगीतामाला, पदविलास, रघुराजघनाक्षरी तथा वृत्तभास्कर। (बृ.इति. 7)।

**खंजा छंद**—प्राकृत का मातृक छंद है। ल.-सात पंच लघु जगन को, मत्ता यकतालीस। यों ही करि दल दूसरो, खंजा रच्यो फनीस। (अर्थात् 35 लघु+जगन ।S।+S=41)। उ.''निमि तजेउ सुरतियनि मृग फिरत बनहि बन, हुअ हरुअ मदन-सर थिर न रहत खंज है।''-भि.ग्रं.1, छंदा., 14-15/231।

**खंडहर**—मध्यदेश का एक प्रदेश। उ.-''उत्तर पहार बिधनोल खंडहर झारखंडहु प्रचार करि केली है बिरद की।''-भू.ग्रं., शि.भू., 142/155।

**खंडिता**—अवस्थानुसार नायिकाओं के विभाजन का एक भेद। जिस नायिका का नायक या प्रिय रात्रि में अन्यत्र रमकर प्रातः परस्त्री-संसर्ग के चिह्नों से युक्त आया हो। ल. (1)-होत भेद धीरादि के खंडिताहु में आइ। ज्येष्ठा कनिष्ठा में त्रिबिधि मानभेद में पाइ।।-भि.ग्रं. 1, र.सा., 438/63। ल. (2)-प्रीतम रैनि बिहाइ कहुँ जापै आवै प्रात। सु है खंडिता मानमें कहै करै कछु बात।।-भि.ग्रं., शृं. नि., 175/127। इसी के अंतर्गत भिखारीदास ने धीरा, अधीरा और धीराधीरा के भेदों को उदाहरणों से स्पष्ट किया है।-वही, 177-179/127-128। ल. (3)-आवन कहि आवै नहीं आवै प्रीतम प्रात। जाके घर सो खंडिता कहै जु बहु बिधि बात।-के.ग्रं., र. प्रि., 16/41। ल. (4)-आवै प्रीतम प्रातु जब राति अनत रति मानि। जा कामिनि के भवन में ताहि खंडिता जानि।।-सो.ग्रं. 1, र.पी.नि., 10/86। ल. (5)-पति आवै कहुँ रैन बसि प्रात खंडिता गेह।-जस.ग्रं., भा.भू., 17/9। ल. (6)-अनत रमें

रतिचिंह लखि पीतम के सुभ गात। दुखित होइ सो खंडिता बरनत मत अवदात।-प.ग्रं., जग., 158/113। ल. (7)-पियतन औरे नारि के रति के चिह्न निहारि। दुखित होत सो खंडिता बरनत सुकबि बिचारि।।-मति.र.रा., 122/228।

**खंडिता**—दे. खंडिता। ल.-जो सिंगार अनुकूल रिस धरे सुंदरी होइ। समुझि बड़े साहिब कहत, होति खंडिता सोइ।। उ.-''सेद लस्यो मुख कै जल बूँदनि लाल सरोज मैं कंति बढ़ाई। को न कहै रस की छबि को, रिसहूँ वह चारु विलास पढ़ाई। भौंह चढ़ी ऐसी चंद्रमुखी की, सुज्यों प्रकटी मुख रोष गढ़ाई। मोहन को मन ताकि मनो चंढ़ि, चंद अनंग कमान चढ़ाई।।''-शृं.मं., चिंता., 214-215/66।

**खंधा छंद**—मात्रिक छंद है। ल.-बीसै बीस खंध। जगण के आधार पर इसके चार भेद हैं। एक जगण (।ऽ।) होने पर 'कुलवती', दो जगण (।ऽ। ।ऽ।) होने पर गिहिनी (गृहिणी), जगण से विहीन होने पर रंडा और अनेक जगण होने पर बेस्या (वेश्या) भेद होते हैं। ल.-एक जगन कुलवंती, दोइ जगना गृहिनी सु है सुनि बधो। जगन बिहीना रंडा बेस्या गावौ बहु जगन्न को खंधो।।-भि.ग्रं. 1, छंदा., 37/229-230।

**खंधार**—कंधार देश जो भारत के उत्तर-पश्चिम में है। मध्य एशिया का एक प्राचीन शहर। उ. (1)-''संभल सिंधन सिंधु सोरठ सौबीर सूर खंधार खुरेस खुरासन खान खेस के।''-जहाँ. 99। उ. (2)-''तुरी तेज खंधार के हैं खंधारी।''-प.ग्रं., प. बि., 36/280।

**खंधारी**—कंधार के (घोड़े)। उ.-''तुरीतेज खंधार के हैं खंधारी।''-प.ग्रं., प्र.बि., 36/280।

**खख्खड़े**—एक प्रकार के घोड़े। उ.-''लखे खख्खड़े भख्खड़े जो सु बाजी।''-प.ग्रं., प्र.बि., 40/280।

**खगपति**—सम्पाति, जटायु का भाई। उ.-''सीता लंका माँझ है खगपति दई बताइ।''-रा., 13/37।

**खगासन**—गरुड़ासन, विष्णु। उ.-''हीअ पर देव पर बदे जस रटै नाउँ खागसन नगधर सीतानाथ कौलयानि।''-भि.ग्रं. 1, छंदा., 5/166।

**खड्ग**—तलवार। उ.-''तिनतें लहुरे होरि लराउ खड्ग दान दिन दूनो चाउ।''-वी.च., 2/40।

**खड्ग बंध**—लेखनी चित्रालंकार (दे.) का एक भेद।

**खजुए**—खजुआ-फतेहपुर जिले का एक कस्बा जहाँ शाहशुजा से लड़ाई हुई थी। उ.-''दारा कीन दौरि यह खजुए की रारि नाहिं बाँधिबो न दोय या मुरादसाहबालका।''-भू.ग्रं., प्रकी., 438/214।

**खटमल बाईसी**—रचयिता-अलीमुहिब खाँ (दे.)। विव.-हास्यरस सम्बन्धी काव्य ग्रंथ। (इति. शुक्ल)।

**खरदूषन**—खर और दूषण नाम के दो राक्षस जो रावण के विमातृज भाई थे। इनमें से खर विश्रवा और पुष्पोत्कटा के चार पुत्रों में से एक था। दूषण विश्रवा का दूसरा पुत्र था जो वाका से उत्पन्न हुआ था। ये दोनों भाई लंका के एक प्रांत की रक्षा करने के लिए 14,000 सेना लेकर दण्डकारण्य में रहा करते थे। रावण की बहन भी इसी वन में रहा करती थी। लक्ष्मण द्वारा उसकी नाक काटे जाने पर युद्ध में राम द्वारा ये दोनों मारे गये थे। उ. (1)-''औगुन अनन्त खरदूषन लौं दोषवंत तुच्छ त्रिसिरा लौं जाको एकहू न जस है।''-प.ग्रं., प्र.प., 13/239। उ. (2)-''खरदूषन त्रिसरा कबंध तरुखंड विहंड यउ।''-क.प्रि., 11/55।

**खबासिनि**—दहेज में वधू के साथ जाने वाली सेविका। खास सेविका। दे. खवास। उ.-''केसव धाइ खबासिनि तोहि सखी सुकुचैं सब आपत घातैं।''-र.प्रि., 10/12।

**खरारि**—दे. खरदूषन। खर नामक राक्षस के शत्रु राम। उ.-''व्रीडित मेरे बानहै बानर बंद निहारि। सनमुख ह्वै संग्राम करि मोसों खरो खरारि।।''-भि.ग्रं. 1, र.सा., 463/66।

**खवास**—राजाओं और रईसों आदि का खास खिदमतगार जिसका काभ कपड़े पहनाना, हुक्का भरना, पान लाना आदि है। उ.-''आवत जावत गुपाल खवास। दुहूँ ओर को करि उपहास।''-वी. च., 10/13।

**खवासखान**—दे. खान खवास। उ.-"उमड़ि कुड़ाल मैं खवासखान आए ह्याँ तें सिवराज धाएँ जे भूषन पूरे मन के।-भू.ग्रं., शि.भू., 306/185।

**खांडे राइ**—खांडेराय। हरिसिंह देव के पुत्र। उ.-"तिनके पुत्र दोइ सुखदाइ। राइ बसंत रु खांड़े राइ।"-वी.च., 2/51।

**खाँन अमानुला**—अमानुल्ला खान। महाराज राजसिंह के समय का एक योद्धा। उ.-"कोय्यो खाँन अमानुला आनि कर्‌यौ घमसाँन।"-वृ.ग्र., स.स. रू., 184/282।

**खाँन जमाँ**—महाराज राजसिंह के समय का एक मुसलमान योद्धा। उ.-"खाँनजमाँ सुतगज चढ्यो लेट्यो दहसत खाय।"-वृं.ग्रं., स.स.रू., 206/285।

**खाई**—खाई। किले, परकोटे आदि के चारों ओर रक्षार्थ खुदी हुई नहर। उ. (1)-"खाई, कोट, अटा, धुजा, बाणी, कूप तड़ाग।" क.प्रि., 7/4।

**खाखरा**—एक युद्ध वाद्य। उ.-"बजे खाखरा यों घनी घोर कीन्हीं।"-बो.ग्रं., वि.वा., 1/160।

**खादर**—नदी, झील आदि के किनारे की वह नीची जमीन जिसमें वर्षा का पानी बहुत दिनों तक रुका रहता हो। उ.-"रूम रूँदि डारै खुरासान खूँदि मारै खग्ग खादर लों झारै ऐसी साहू की बहार है।"-भू.ग्रं., प्रकी., 526/234।

**खान**—तातार या मंगोल सरदार। उ.-"खान गनै सुलतान कौ राजा रावत बादि।"-क.प्रि., 1/25।

**खानखवास**—खवास खान। बीजापुर का सेनापति। जिंस समय जयसिंह ने शिवाजी पर चढ़ाई की थी, उस समय यह भी मुगलों की मदद करने के लिए बीजापुर से बड़ी सेना लेकर आया था। (भूमिका, भू.ग्रं.)। उ.-"धाक सो खाक बिजैपुर भौ मुख आय गौ खान खवास के फेना।"-भू.ग्रं., शि.भू., परि., 375/199।

**खानदेसी**—सतपुरा की पर्वतमाला के दक्षिण में मुम्बई प्रांत के एक प्रदेश से सम्बन्धित। उ.-"सिवाजी की धाक मिले खलकुल खाक बसे खानदेसी खेरनि खबीसन के खोम है।"-भू.ग्रं., शि. भू., 337/192।

**खाँनदौरा**—नौशेरी खाँ की उपाधि। 1634 ई. में यह दक्षिण का सूबेदार था। सन् 1657 ई. में अहमदनगर के पास शिवा जी से इसका घोर युद्ध हुआ था। पूर्ण सफलता न मिलने के कारण औरंगजेब ने इसे वापस बुला लिया था। (भूमिका, भू.ग्रं.)। उ.-"लूट्यौ खाँनदौरा जोरावर असफजंग रू लूट्यौ कारतलबखाँ मानहु अमाल है।"भू.ग्रं., शि.भू., 94/145।

**खिंग**—सफेद रंग का घोड़ा जिसके मुँह पर पट्टा और चारो टाप गुलाबीपन लिए सफेद हों। उ.-"तहँ खिंग निहारे सुख, दिलवारे अधिक सुढारे तन चमकैं।"-प.ग्रं., प्र.बि., 95/287।

**खुंडी**—शिवाजी के किसी प्रतिपक्षी का नाम। उ.-"ज्वानी में रूंडी और खुंडी हने ए समद्द अँचै कछु थाह न पाई।"-भू.ग्रं., प्रकी. 518/231।

**खुटिला**—कान में पहनने का फूल या गहना। उ.-"बेनी माँग सीसफूल खुटिला करनफूल।"-वृं. ग्रं., नै.ब., 59/44।

**खुदा**—स्वयंभू। ईश्वर। उ.-"ऊधो जू यामैं कछू सक ना हम आकिल ही तें खुदा पहिचाने।।"-बो. ग्रं., इ.न., 85/15।

**खीम साहेब**—समय-सं. 1900 के आस-पास। रचनाएँ-चिंतामणि। (बृ.इति. 7)।

**खुमाणरासो**—रचयिता-दलपति विजय (दे.) विव.-खुमाणवंश का परिचय। (बृ.इति., 7)।

**खुमान**—जन्म-सं. 1840। स्थान-चरखारी (बुंदेलखंड)। आश्रयदाता-बुंदेलखंड के महाराज विक्रमसिंह। रचनाएँ-अमरप्रकाश, अष्टजाम, लक्ष्मणशतक, हनुमान नखशिख, हनुमान पंचक, हनुमान पचीसी, नीति विधान, समरसार, नृसिंह पचीसी। (इति.शुक्ल)।

**खुरासान**—फारस देश का एक बड़ा सूबा। मध्य एशिया का एक प्रसिद्ध प्राचीन नगर। उ.-(1)-"काबुल कँधार खुरासान जेर कीन्हे जिन मुगल पठान सेख सैयदहु रोत हैं।"भू.ग्रं. प्रकी. 445/ 215। उ. (2)-खुरासान के सान के हैं दिवानै।"-प.ग्रं., प्र.बि., 38/280।

**खूबतमाशा**–रचयिता-गोपालचंद्र मिश्र (दे.)। (बृ.इति. 7)।

**खूबतमाशा**–रचयिता-माखन कवि (दे.) (बृ.इति. 6)।

**खंगार चरित्र**–रचयिता-लखधीर चारण (दे.)। विव.-इसमें आश्रयदाता की वीरता, दान, चरित्र आदि का वर्णन है। (बृ.इति. 7)।

**खेचर**–आकाश में चलने वाले। उ.-''खेचर भूतर प्रेतपिसाच रू आपस माँझ करी मिल बातै।''-वृं.ग्रं., स.स.रू., 83/271।

**खेचरी**–हठयोग की एक मुद्रा विशेष जिसमें योगी जिह्वा को उलटकर तालू से लगाते हैं और दृष्टि को दोनों भौंहों के बीच मस्तक पर लगाते हैं। इस स्थिति में चित्त और जिह्वा दोनों ही आकाश में स्थित रहते हैं, इसलिए इसे खेचर्र। मुद्रा कहते हैं। इसी को प्रतीकात्मक शब्दों में गोमांस भक्षण भी कहते हैं। गो का अर्थ यहाँ जिह्वा है और उसे तालु में लगाना गोमांस भक्षण है। (हिं.श.सा., सा. को.)। उ.-''जालंधर उडाण मूलबंध जानियै। महाबेध खेचरी रू मुद्रा मानियै।।''-जस.ग्रं., आ. वि., 72/122।

**खेतसिंह**–महाराज छत्रसाल की परम्परा में राजा खेतसिंह, बोधा जिनके दरबारी थे। उ.-''खेतसिंह नरनाह को हुकुम चित्त हित पाइ।''-बो.ग्रं., इ.ना., 1/1।

**खेमदास**–(बड़े)-स्वामी हरिदास के शिष्य। रचनाएँ-चितावणी, विरागलच्छी। (बृ.इति. 7)।

**ख्वाजे**–एक पीर जिनकी अजमेर में दरगाह है। उ.-''अवियचल गढ़ अजमेर मैं परतषि ख्वाजे पीर।''-वृं.ग्रं., शृं.शि., 2/35।

# ग

गंग–गंगा नदी। पुराणों के अनुसार गंगा एक पुण्य सरिता का नाम है। पुराणों में गंगा देवी के रूप में वर्णित हुई है। विष्णुपदी, मंदाकिनी, सुरसरि, देवापगा, हरिनदी आदि गंगा के पर्याय हैं। ऋग्वेद में भी गंगा का उल्लेख मिलता है। गंगा की उत्पत्ति एवं स्थिति के सम्बन्ध में निम्नलिखित दो कथाएँ प्रचलित हैं-1 गंगा की उत्पत्ति विष्णु के चरणों से हुई थी। ब्रह्मा ने उन्हें अपने कमडल में भर लिया था। ऐसी प्रसिद्धि है कि विराट अवतार के तीसरे चरण को धोकर ब्रह्मा ने अपने कमंडल में रख लिया था। इसके सम्बन्ध में एक भिन्न व्याख्या मिलती है। समस्त आकाश में स्थित मेघ का ही पौराणिक गण विष्णु जैसा वर्णन करते हैं। मेघ से वृष्टि होती है और उसी से गंगा की उत्पत्ति हुई। 2. गंगा का जन्म हिमालय की कन्या के रूप में सुमेरुतनया मेना के गर्भ से हुआ था। किसी विशेष कारण से गंगा ब्रह्मा के कमंडल में जा छिपीं। ''देवीभागवत'' के अनुसार लक्ष्मी, सरस्वती, और गंगा तीनों नारायण की पत्नियाँ हैं। पारस्परिक कलह के कारण उन्होंने एक दूसरे को शाप देकर नदी के रूप में अवतरित होकर मृत्युलोक में निवास करने को बाध्य कर दिया था। फलस्वरूप तीनों ही पृथ्वी पर अवतरित हुईं। कपिलमुनि ने जब राजा सगर के अश्वमेध यज्ञ के घोड़े का संधान करने वाले 60 हजार पुत्रों को गंगासागर में भस्म कर दिया था तब अनेक पीढ़ियों के सत्प्रयास के उपरांत उसी कुल के राजा भगीरथ ने तपोबल से ब्रह्मा जी को प्रसन्न कर अपने पूर्वजों के उद्धार के लिए गंगाजी को प्राप्त किया और उन्हें पृथ्वी पर लाने का उपाय किया। तभी से गंगा को भागीरथी कहते हैं। गंगा के स्वर्ग से पृथ्वी पर गिरने के भार को भगीरथ की तपस्या से प्रसन्न होकर, शंकर ने अपने जटाभार में सम्हाला। इसी से गंगा को शंकर की पत्नी कहा गया है। पृथ्वी पर गिरने से गंगा की चार धाराएँ हो गई-सीता, अलकनंदा, चक्षु और भद्रा। गंगा को भगीरथ जब गंगा सागर की ओर ल जा रहे थे तभी जन्हु ऋषि की पूजा में गंगा की धार से विघ्न पड़ गया। अतः उन्होंने उसे पी लिया। भगीरथ की प्रार्थना पर उन्होंने गंगा को जाँघ से निकाला। इसी से गंगा को जान्हवी भी कहते हैं। इसका विष्णुपदी नाम

विष्णु के पैर के अँगूठे से निकलने अथवा चरणजल के कारण पड़ा। पुराणों के अनुसार गंगा की तीन धाराएँ हैं-आकाश में आकाशगंगा, पृथ्वी पर, तीसरी पाताल में। भरत ने इसी के तट पर यज्ञ किया था। एक देवी के रूप में इनका विवाह राजा शांतनु से हुआ था, जिनसे इन्होंने अपने आठवें पुत्र भीष्म को जन्म दिया था। (हि.वि.को. वसु; पौ.को.; हि.सा.को.)। उ. (1)-"सूरसुता सुभ संगम तुंग तरंग-तरंगित गंग सी सोहै।"-क.प्रि., 7/13। उ. (2)-"जिनके पुरिषा भुव गंगहि ल्याए। नगरी संग सवर्ग सदेह सिधाए।"-रा., 6/19। उ. (3)-"चाहै न बिभूति पै विभूति सरबंग पर बाह बिन गंग-पर बाह सिर पेखियै।"-भि. ग्रं.,र.सा., 466/67। उ. (4)-"लखि बेनी, जटा न विभूति मलै सिर गंग नहीं श्रमबुंद चुए।"-बो. ग्रं.,इ.ना., 63/11। उ. (5)-"गंग प्रकट जिहि चरन तैं पावन जग कौं कीन।।" रतन., 984/172। उ. (6)-"गंग चरन धरिय धरिय उनमंग गंग हर।"-वृ.ग्रं., हितोप., 46/322। उ. (7)-"संभु जटाजूट पर चंद की छुटी है छटा चंद की छटान पै छटा है गंगाधार की।"-प.ग्रं., गं. ल., 3/253, 7/255, 27/263, 54/274।

**गंगतरंग**—गंगा की तरंग, गंगा की लहरें। उ.-"मनो तरनियनया मिली बानी गंगतरंग।।"-मति. म.सत., 221/386।

**गंगधार**—गंगा की धारा। दे. गंग। उ.-"आयकै मरत अरि चाहत अमर भयो महाबीर तेरी खग्गधार गंगधार में।"-मति., ल.ल., 235/338।

**गंगधारी**—गंगा को धारण करने वाले शिव। दे. गंग। उ.-"अनंगारि है पै लसै संग नारी। दियै मुंडमाला कहैं गंगधारी।।"-छं.मा., 1/1।

**गंगनीर**—गंगा नदी का जल। दे. गंग। उ.-"गंगनीर बिधु रुचि झलक मृदु मुसुकानि उदोति। कनक भौन के दीप लौं जगमगाति तन जोति।।"-मति., ल.ल., 295/349।

**गंगा**—दे.गंग। भारत के उत्तरी भाग में बहने वाली एक प्रधान और पवित्र नदी। इसका भगीरथ के तप से स्वर्ण से पृथ्वी पर आना बताया जाता है। उ.-"डोलत गुपाल मेरो गंगा को सो पानी है।"-र.प्रि., 7/6। उ. (2)-"सिवराज भूषन अटल रहौ तौ लौं जौ लौं त्रिदस भुवन सब गंगा और नरमदा।।"-भू.ग्रं., शि.भू., 345/194। उ. (4)-"अधम अजान एक चढ़िकै बिमान भाख्यौ बूझत हौं गंगा तोहि परि परि पाइ हौं।"-प.ग्रं., जग., 719/230। उ. (5)-"कहै पद्माकर सु महिमा कहाँ लौं गंगा नाम पायो सही सबके अरथ की।"-वही, गं.ल., 2/253, 4-6/254, 8-12/255-257 तथा आगे।

**गंगागिरि**—अनूपगिरि हिम्मतबहादुर के बड़े भाई उमरावगिरि का बड़ा पुत्र। उ.-"तहँ नृपति गंगागिरि दिलावरजंगजंग बिचारि कै।"-प.ग्रं., हि. ब.बि., 135/19।

**गंगाजल**—दे. गंग। गंगा का पवित्र जल। उ. (1)-"संभु तें न सूधो डरै दूरि दुरगा तें रहै जाहि न तृषा है गहि गंगाजल पान की।"-प.ग्रं., प्र.प., 38/246। उ. (2)-"करि पान गंगाजल बिमल फिरि ठठे ठठ घमसान के।"-वही, हिं.ब. बि., 111/16।

**गंगाधर**—समय-सं. 1850 के आसपास विद्यमान। रचनाएँ-स्फुट। (बृ.इति. 7)।

**गंगाराम**—आश्रयदाता-महाराज कर्मसिंह, रचनाएँ-मानमंजरी, शोभा शृंगार-मंजरी, सुंदर शृंगार, शलिहोत्र, कथा धर्मेश्वर की। (बृ.इति. 7)।

**गंगालहरी**—पद्माकर कवि रचित गंगालहरी नामक काव्य ग्रंथ। उ. (1)-"हरि हर बिधि क्रो सुमिरि कै काटत कलुष कलेस। कवि पद्माकर रचत हैं गंगालहरी बेस।।"-प.ग्रं., गं.ल., 1/253। उ. (2)-"गिरिस गजानन गिरि सुता ध्याइ समुझि श्रुतिपंथ। कवि पद्माकर ही कियो गंगालहरी ग्रंथ।।"-वही, 56/274। 2. बाँकीदास रचित गंगालहरी। (बृ.इति. 7)।

**गंगे**—दे.गंग। गंगा। उ.-"पीवै नित भंगे रहै प्रेतन के सगे ऐसे पूछतो को नंगे जोन गंगे सीस धरतो।"-प.ग्रं., गं.ल., 17/259।

**गंगेश**—समय-सं. 1730 में उप. (बृ.इति. 7)।

**गंगोदक छंद**—चौबीस अक्षरों का एक

वर्णवृत्त, जिसमें आठ गण होते हैं। ल.-आठ रगन को छंद रचि चौबिस जानहु बर्न। गंगोदक यह छंद है केसव पातक हर्न। उ.-''राम राजान के राज आए इहाँ धाम तेरे महाभाग जागे अबै।''-छं.मा., 1/71।

**गंजन**—समय-सन्-1782 ई. के आसपास। जन्मस्थान-काशी। पिता-मुरलीधर। आश्रयदाता-कमरुद्दीन खाँ। रचनाएँ-कमरुद्दीन खाँ हुलास। (इति.शुक्ल; सा.को. 2)।

**गंडछंद**—चारों चरणों में मात्राक्रम है-दसनंद (ऽ।)-ऽ।ऽ।ऽ।ऽ।ऽ।ऽ।ऽ।ऽ।ऽ।ऽ।)। ल.-दे. ''मल्लिका''। उ.-''चौंकि चिघ्घरै गनेस गुंजि गंडतें उड़ै मिलिंदजाल।''-भि.ग्रं. 1, छंदा., 36/239।

**गंधरव**—गंधर्व। दे. गंधर्ब। उ.-(1)-''जान न परत ऐसें काम है करत कोऊ, गंधरब देवा है कै सिद्ध है कै सेवा है।''-भू.ग्रं., शि.भू., 74/142। उ. (2)-''तुरतहिं गयो बिलाइकै हुत्यो परम अभिराम। नाह रावरे नेह यह भए गंधरब गाम।।''-मति., म.सत., 619/419।

**गंधर्ब**—गंधर्व। गंधर्व देवताओं की जाति विशेष है, जिसका निवास स्वर्ग तथा अंतरिक्ष है। इनका मुख्य कार्य देवताओं के लिए सोमरस तैयार करना है। ये स्वर्ग में गायन-वादन एवं नृत्य का कार्य करते हैं। ये स्त्रियों के विशेष अनुरागी कहे गए हैं। ये यक्ष, राक्षस, पिशाचों की तरह अर्ध देवता हैं। इनका स्वामी चित्ररथ है। इनके ग्यारह गण कहे गए हैं-अभ्राज, अंधारि, रंभारि, सूर्यवर्चा, कृधु, हस्त, सुहस्र, मूर्द्धवान्, महामना, विश्वावसु और कृशानु। इन्हें वनस्पतियों और औषधियों का विशेषज्ञ कहा गया है। इनकी उत्पत्ति एक मत के अनुसार ब्रह्मा से हुई। (विशेष विवरण द्रष्टव्य-पौ.को., हिं.सा.को., हिं.वि.को., वसु)। उ. (1)-''रुद्रन बोरि समुंद्र करौं गंधर्व सर्ब पसु।''-क. प्रि., 11/56। उ. (2)-''पीछे मधवा मोहिं साथ दई। गंधर्ब तें राक्षस-देह भई।''-रा., 12/34। उ. (3)-''दानव देव अदेव सिध्ध गंधर्व सर्व मुनि।''-र. वा., 1/18।

**गंधर्विनी**—दे. गाहा छंद।

**गंधा छंद**—दे.गंधान छंद। विषम चरणों में सत्रह वर्ण और सम चरणों में अठारह वर्ण होते हैं। ल.-प्रथम चरन सत्रह बरन, दुतिय अठारह आनु। यों ही तीजउ चौथऊ गंधा छंद बखानु।। उ. -''सुंदरि क्यों पहिरति नग भूषन असावली। तन की द्युति तेरी सहज ही मसाल-प्रभावली। चोवा चंदन चंद्रकइ चाहै कहा लड़ावली। तेरे बात कहत कोसक लौं फैले सु गंधावली।-भि.ग्रं. 1, छंदा., 4-5/270।

**गंधान छंद**—दे. गंधा छंद। ल.-सत्रह अक्षर प्रथम पग दुजे अठारह लेखि। तीजै सत्रह चतुर्थे अठारह पुनि अवरेखि।। एक एक गुरुअन्त में चहु चरननि मैं आनि। लच्छन यह गंधानि को पिंगल के मत जानि।। (प्रथम और तृतीय में 17 और द्वितीय तथा चतुर्थ में 18 वर्ण। प्रत्येक चरण के अन्त में गुरु)। उ.-''परताप कुंवर उदार नव रस खानि है। सहस मदन तें सरसति छबि सुखदानि है। दुर्जन दल बल दलन पारथ वीर सौ। सब जग सुजस जाकहु लसतु सित छीर सौ।।''-सो.ग्रं. 1, र.पी.नि., 19-21/26।

**गंधार**—1. सिंधु नदी के दक्षिणतट पर बसा एक प्रचीन देश जो वर्तमान अटक के निकट था। धृतराष्ट्र की पत्नी गांधारी यहीं के राजा सुवल की पुत्री थी। यह देश घोड़ों के लिए प्रसिद्ध है। 2. एक स्वर विशेष जो शुभ है और संगीत के सात स्वरों में से तीसरा है। इसकी दो श्रुतियाँ हैं-रौद्री और क्रोधा। इसकी जाति वैश्य, वर्ण सुनहला, देवता सरस्वती, ऋषि चंद्रमा, छंद त्रिष्टुभ, वार मंगल, ऋतु वसंत और स्थान दोनों हाथ हैं। इसकी आकृति अग्नि की और संतान हिंडोल राग है। इस का प्रयोग करुण रस में होता है। नाभि से उठकर कंठ और शीर्ष में लगकर अनेक गंधों को ले जाने वाली वायु से इसकी उत्पत्ति होती है। इसका स्वर बकरे की बोली से लिया गया है। (विशेष विस्तार के लिए द्र. हि.श.सा., पौ.को.)। उ.-''मारु सूर गंधार बखान। धारा धर बड़हंसै जान।''-बो.ग्रं., वि.वा., 9/120।

**गंध्रब**—दे. गंधर्व। देवताओं की एक जाति जो गाने में निपुण मानी गयी है। उ.-''गंध्रब राछस

ग्रह नखत देव मनुष चित आनि।''-जस.ग्रं., अ. सि., 80/150।

**गगनांगना छंद**—पच्चीस मात्राओं का छंद है। मात्राक्रम अनियमित है। ल.-''सौ कल चारि पचीस को, छंद जाति गगनंग पग पग पाँचगुरु दिये अति सुभ कह्यो भुजंग।। उ.-''बदन उघारि दुलहिया छनकु बैठि कढ़ि अंगना। चद पराजय साजहि लजित करहि गगनंगना।।''-भि.ग्रं. 1, छंदा., 209-210/207-208।

**गज**—1. एक गज या हाथी विशेष। विष्णु ने अपने सुदर्शन चक्र से ग्राह को मारकर इसे सद्गति प्रदान की थी। उ. (1)-''हारि परयौ लरि ह्वै बलहीन सो ग्राहतें लै गज तू जितयौ रे।''-ठाकुर, मिश्र, 213/56। उ. (2)-''फेरि अजामेल स्योरी सिला अंबरीष गज गनिका गरीबनी को पातक उतनि गौ।''-ठाकुर, 1/61। 2. कुवलयापीड हाथी। हाथी रूपधारी राक्षस जो कंस की सभा में कृष्ण के द्वारा मारा गया था। उ.-'अघ बक सकट प्रलम्ब इति मार्‌यो गज चाणूर।''-क.प्रि., 16/17।

**गजइंद्र**—ऐरावत। देवराज इंद्र के हाथी का नाम। यह पूर्व दिशा का दिग्गज है। इसका रंग श्वेत है और इसके चार दाँत हैं। समुद्रमन्थन से प्राप्त चौदह रत्नों में इसकी भी गणना होती है। इरावती का पुत्र होने से, एक अन्य कथा के अनुसार यह ऐरावत कहलाया। हाथियों का राजा है और इंद्र का वाहन है। उ.-'इंद्र निज हेरत फिरत गजइंद्र अरुइंद्र को अनुज हेरै दुगधनदीस कौं।'-भू.ग्रं., शि. भू 278/181।

**गजबदन**—हाथी के मुखवाले शिवपुत्र गणेश। पार्वती के पुत्र गणेश के गजानन होने की कथा ब्रह्मवैवर्त पुराण में मिलती है। दक्ष कन्या सती ने प्राण त्याग करके जब हिमालय में जन्म लिया तब महादेव ने उनसे विवाह किया था। पश्चात् सन्तानोत्पत्ति न होने के कारण शिव के आदेश से पार्वती ने विष्णु तपस्या की। थोड़े दिन बाद पार्वती को एक पुत्र पैदा हुआ। सब लोग नवजात शिशु को देखने के लिए कैलाश में उपस्थित हुए। शनि भी कैलाश पहुँचे। स्त्री के शाप के कारण शनि जिसको भी देखते वह भस्म हो जाता था। शनि महाराज इसी भय से पार्वती नन्दन को देखने के लिए घर के अंदर नहीं गये। लेकिन पार्वती ने शनि से अनुरोध किया कि वो बालक को देखें। शनि ने सब कथा कही लेकिन पार्वती ने हँसी में बात उड़ा दी। शनि ने विवश होकर बालक की ओर नजर फेरी तो बालक का मस्तक उड़ गया। पार्वती रुदन करती हुई व्याकुल होने लगीं। विष्णु तक यह समाचार पहुँचा। विष्णु ने आते समय देखा कि राह में कोई हाथी परम सुख से सो रहा था। वे हाथी का मस्तक काटकर ले आये और छिन्न मस्तक को बालक के शरीर में लगा दिया। तब से गणेश गजानन हो गये। इनका वाहन मूषक है। किन्तु स्कन्द पुराण के अनुसार सिंदूर नामक किसी दैत्य ने पार्वती के गर्भ में आठवें मास प्रवेश करके गणेश का मस्तक काट डाला था। फिर भी गणेश जीवित रहे। प्रसव के बाद नारद की जिज्ञासा के समाधान में गणेश ने सारी कथा कही। नारद की प्रार्थना पर स्वयं गणेश ने ही अपने तेज से गजासुर का मस्तक काट अपने स्कन्ध से जोड़ लिया, इसी से उनका नाम गजानन या गजमुख पड़ा। इनके एक दंत होने के विषय में अनेक कथाएँ मिलती हैं, जिनमें से एक के अनुसार कार्तिकेय से झगड़ा होने पर उसने इनका एक दाँत उखाड़ लिया था। भाद्रपद शुक्ल चतुर्थी को इनकी विशेष पूजा होती है। (पौ. को.; हिं.विश्व.को.वसु; हिं.ध.को.)। उ. (1)-'एकदंत गजबदन सु गवरी नंद।'-जस.ग्रं., आ.वि., 1/115। उ.(3)-मूषकवाहन गजबदन एकरदन मुद मूल।' र.बा., 1/1।

**गजबिलसित छंद**—बीस मात्राओं का छंद है। मात्राक्रम है (S।। S।S ।।। ।।। ।।। S) (भगण रगण नगण विप्रं सगण)। ल. -भोरन विप्र सगहि गजबिलसित तन है। उ.-'प्रेम सिपाह अस्व दृग चपल जु अति है। तंबु नितंबु जानि गजबिलसित गति है।।''-भि.ग्रं. 1, छंदा., 172, 174/200-201।

**गजमुक्ता**—मोती जो हाथी के मस्तक से निकलता माना गया है। उ.-'तजि गजमुक्ता भीलनी पहरति गुंजा हार।''-वृं.ग्रं., नी.स., 67/63।

**गजमुख**—दे. गजबदन। उ. (1)-'गजमुख सनमुख होत ही विघन बिमुख है जात।'-क.प्रि., 1/1। उ. (2)-'साँकरे की साँकरनि सनमुख होत तोरै दसमुख मुख जोवैं गजमुख मुख कों।'-रा. 1/1। उ. (3)-'सुखद साधुगन कौं सदा गजमुख दानि उदार।''-मति.ल.ल., 1/299।

**गजमुहर**—ताल भेद। उ.-'छंग मुहर गजमुहर पुनि लछ्छ व्रह्म सब ताल। तिवारी तांडव भेद सह नचत कंदला बाल।।-बो.ग्रं., वि.वा., 45/105।

**गजमोति**—कवि समय समर्थित मोती जो हाथी के मस्तक से प्राप्त होता है। उ. (1)-'गजमोतिन की अवली अपार। तँह कलसनि पर उरमति सुढार।'' रा., 6/39। उ. (2)-'गजराविराजैं गजमोतिन के अति नीके।'-क. प्रि., 15/28।

**गजमोतीहरा**—गज के कुंभस्थल के मोतियों से बना हार। उ.-'कंचन पंचलटा गजमोतीहरा मनिलाल की माल सोहाई।।'-भि.ग्रं., शृं.नि., 43/98।

**गजराज**—वह हाथी जिसे विष्णु ने ग्राह से मुक्त किया था। उ.-'दोऊ बातैं छूटों गजराज की बराबरि ही, पाँव ग्राह मुख ते पुकार निज मुख ते।।''-मति., ल.ल., 124/320।

**गजलक्ष्मी**—रचयिता-बाँकीदास (दे.), (बृ. इति. 7)।

**गजानन**—दे. गजबदन। गणेश। उ. (1)-''गिरिस गजानन गिरीसुता ध्याइ समुझि श्रुतिपंथ।''-प.ग्रं., गं.ल., 56/274। उ. (2)-''एकही आनन पंचानन गनि तोहि गजानन गजवदन बिना बखानियतु है।''-भू.ग्रं., शि.भू., 61/139। उ. (3)-यातें गोरि गिरिजा गजानन कों गोइ रही गिरि तें गरें तें निज गोद तें उतारै ना।''-प.ग्रं., जग., 700/226।

**गड्डू**—फुटकल नीति कवि। रचना-स्फुट पद्य। रचनाकाल-सं. 1770 (बृ.इति. 7)।

**गड़दार**—वह नौकर जो मस्त हाथी के साथ साथ भाला लिए हुए चलता है और जब हाथी इधर-उधर अपने मन से जाना चाहता है तब उसे भाले से मारकर राह पर ले चलता है। (हि.शा. सा.)। उ.-''लखि दावेदार कौ रिसानौ देखि दुलराय जैसे गड़दार अड़दार गजराज कौं।''-भू.ग्रं., शि. भू., 33/133।

**गढ़ आमेर**—राजपूताने का एक प्रसिद्ध ऐतिहासिक गढ़ से युक्त नगर जो जयपुर के निकट है और जहाँ पहले राजधानी थी। उ.-''जय जय गढ़ आमेर।।'' -प.ग्रं., जग., 2/79।

**गढ़कुंडार**—केशवदास के आश्रयदाता वंश के राजा अर्जुनपाल के पुत्र राजा सहनपाल की ओरछा के निकट की राजधानी। उ. (1)-''गढ़कुंडार तिनके भए, राजा साहनपाल।''-क.प्रि., 1/10, उ. (2)-''तिनके साहनपाल कुमार। जीति लयो तिन गढ़कुडार।''-वी.च., 2/26।

**गढ़चाँदा**—मध्य भारत का एक प्रसिद्ध ऐतिहासिक दुर्ग। उ.-''गढ़देव गढ़चांदा भागनेर बीजापुर नृपन को नारि रोइ हाथन मलति है।''-भू. ग्रं., शि.भू., 106/148।

**गढ़देव**—देवगढ़। उ.-''गढ़देव गढ़चाँदा भागनेर बीजापुर नृपन को नारि रोइ हाथन मलति है।''-भू. ग्रं., शि.भू., 106/148।

**गढ़ पथैने रासो**—रचयिता-चतुर राय (दे.)। विवरण-पथैना भरतपुर राज्य में एक कस्बा है। आगरा के सफदरजंग के पौत्र अलीसहादत खाँ ने पथैना के राजा किसन सिंह पर आक्रमण कर दिया किंतु किसन सिंह ने अपने साथी जाट वीरों की सहायता से उसे हरा दिया। इस युद्ध का वर्णन इस ग्रंथ में किया गया है। (बृ.इति. 7)।

**गढ़ परनाले**—पन्हाला। वर्तमान कोल्हापुर से लगभग 11 कोस उत्तर-पश्चिम में स्थित पन्हाला किला। अफजल खाँ को मारने के बाद शिवाजी ने 28 नवबंर, 1659 में इस पर अधिकार कर लिया था। पहले इस पर बीजापुरी शासन का अधिकार था। सिद्दी जौहर के द्वारा घेरे जाने पर शिवाजी ने इसे फिर छोड़ दिया था, किंतु आदिलशाही शासन की अव्यवस्था में शिवाजी ने सेनापति कान्होजी तथा 60 सैनिकों की सहायता से रात्रि में आक्रमण कर पुनः इसे 1673 ई. में अपने अधिकार में कर लिया।

उ.-''गढ़ परनाले ते उभंग-दौर मारी पैठ हाथन गुमान गज एदिल असुर के।''-भू.ग्रं., प्रकी., 503/228।

**गढ़वार राज**—एक जनपद का नाम जो उत्तर प्रदेश के उत्तराखंड में हरिद्वार के उत्तर में पड़ता है। उ.-''सुजस तें भल्यो मुख भूषन भनैगो बाढ़ि गढ़वार राज पर राज जो बखानैगो।''-भू.ग्रं., प्रकी., 540/238।

**गढ़सिंघ**—सिंहगढ़। पूना के पास एक प्रसिद्ध ऐतिहासिक गढ़, जिसपर तानाजी मालसरे ने 300 मावली सैनिकों को लेकर अँधेरी रात में आक्रमण कर किलेदार उदैभान के साथ द्वंद्वयुद्ध में अपने प्राणों की आहुति दी थी। अन्त में मराठों की विजय हुई। इसी दुर्ग में शिवाजी ने बहुत समय व्यतीत किया। उ. (1)-''जाहिर है जग में जसवंत लयौ गढ़सिंघ में गीदर बानौ।''-भू.ग्रं., शि.भू., 286/182। उ. (2)-''साहितनै सिव साहि निसा में निसाँक लियौ गढ़ सिंह सुहानौ।''-वही, 92/145।

**गणना**—क्रम अलंकार का लक्षण निरूपण करते हुए केशवदास ने इसका विवरण किया है, पर लक्षण साफ नहीं हैं। इसे ही परवर्ती आचार्यों ने शृंखला या एकावली नाम दिया है। अन्य आचार्य 'गणना' नाम का कोई अलंकार नहीं मानते।ल.-आदि अंत भरि बरणिये, सो क्रम केशवदास। गणना गणना सों कहत, जिनके बुद्धि प्रकाश।। इसमें केशव ने एक से दस तक की वस्तुओं को बतलाया है।-क.प्रि., 11/1 (टि. प्रिया प्रकाश, भगवानदीन)।

**गणपति 'भारती'**—माथुर चतुर्वेदी ब्राह्मण। पिता-मथुरामल। समय-सं. 1860 के लगभग। आश्रयदाता-जयपुर राजा सवाई प्रताप सिंह 'ब्रजनिधि'। रचनाएँ-भीष्म पर्व भाषा, योग वाशिष्ठ, सारभाषा, नयपच्चीसी, विरहपच्चीसी, प्रीति मंजरी, अन्योक्ति कथा, शृंगारहजारा, वीरहजारा, नवरस, अलंकार सुधानिधि। (बृ. इति., 7)।

**गणिका**—नायिका के तीन (स्वकीया, परकीया, और सामान्या) भेदों में से तीसरी। वह नायिका या स्त्री जो द्रव्य के लोभ से नायक से प्रीति रखे। ल.-(1)-केवल धन सों प्रीति बहु गनिका सोई लेखि। येई सब यामें गुनौ गर्बितादि सु बिसेषि।।-भि.ग्रं., र.सा.; 154/23। ल. (2)-करत प्रीति जो सबन सों इक सों इक धन ही के हेत। गनिका ताहि बखानहीं जे कबि सुमति निकेत।।-प.ग्रं., जग., 123/106। ल. (3)-धन दै जाके संग में रमें पुरुष सब कोइ। ग्रंथन को मत देखिकै गनिका जानहु सोइ।।-मति. र.रा., 94/221। दे. गनिका।

**गणेश**—समय-सं. 1850 से 1910 के बीच। पिता-गुलाब कवि। आश्रयदाता-काशिराज उदितनारायण सिंह। रचनाएँ-बाल्मीकि रामायण श्लोकार्थ प्रकाश, प्रद्युम्नविजय नाटक, हनुमत् पच्चीसी। (इति.शुक्ल)।

**गणेश कवि**—स्थान-कान्हाग्राम (लाहौर से 24 मील दूर)। पिता-रामसहाय। रचनाएँ-फतहनामा-श्री गुरु खालसा जी का। (बृ.इति. 7)।

**गणेशाष्टक**—रचयिता-अक्षर अनन्य (दे.)। (बृ.इति. 7)।

**गणेशाष्टक**—रचयिता-ग्वाल (दे.)। (हिं.सा. को.)।

**गतागत दूजी शृंखला चित्रालंकार**—दे. चित्रालंकार, प्रश्नोत्तर चित्रालंकार। ल.-पहिले गत चलि जाइये, अगत चलिय पुनि व्यस्त। इहौ शृंखलोत्तर गुनो, पुनि गतअगत समस्त।।-भि.ग्रं. 2, का.नि., 28-29/169।

**गति**—(1) मुक्ति। यह पाँच प्रकार की है-सालोक्य, सामीप्य, सारूप्य, सायुज्य, और सारिष्ट। उ.-''पंडुपूत, इंद्रिय, कवल, रुद्रबदन, गति बान।''-क.प्रि., 11/12। (2) नाट्य की भंगिमाएँ। ताल और स्वर के अनुसार अंगचालन। उ.-''कोटि कटाच्छ नचै गति भेद नचावत नायक नेह निनारौ।।-र.प्रि., 14/9।

**गतिनि**—नृत्य की पद्धतियाँ। उ.-''गतिनि के हार की बिहार के पहरु-रूप किधौं प्रतिहार रतिपति के निलय के।''-क.प्रि., 15/15।

**गति सिंगार**—वृंद कवि द्वारा वर्णित सोलह शृंगारों में से 15वाँ। ल.-''अरी चलन सोई निरखि हसैं नहिं कोइ। इहि पनरहैं सिंगार तैं निहचैं पिय बस होइ।। ए हो राजहंस की सी रीति चित राखि

राखि सीधै मग आगै देखि देखि पैड़ भरियैं। आतुरी न कीजैं ऐंडी बैंडी चाल छाँड़ दीजै कंटकन सौं बचाइ धीरैं पाइ धरियैं।। वृंद कहैं लाज लियै सखी को समाज लियैं काज लियैं राह भूलिबे कैं डर डरियैं। चलियैं री! ऐसे जैसें नांउ न धरत कोऊ यातैं पनरहैं प्रान प्यारो बस करियैं।।''-वृं.ग्रं., शृं.शि., 74-75/47। पुनः-''लाज लपटानी अति बलित ललित बानी मंद मंद सारस की चाल अनुसारियैं। राजहंस कलहंस मत गजराज के से पाइन की धरनि धरनि पाइ धारियैं।। नुपुर नबल पुनि घुँघरूँ मधुर धुनि किंकिनी कुनित होति पी पैं अनुसारियैं। वृंद कहैं भूषन बसन बनि ठनि ऐसी गति के गमन मन मोहन को हरियैं।।'-वही, 76/48।

**गदा**–लोहे का बना एक पुराना हथियार, जिसके सिर पर नोकदार बड़ा लट्टू लगा होता है। उ. (1)-''भीम गदाहि धरें धनु अर्जुन, जुद्ध जुरे जिनसो जम हार्‌यो''-क.प्रि., 12/18। उ. (2)-''सँभार्‌यो धरी एक दू में मरु कै। फिर्‌यौ रामहीं सामुहैं सो गदा लै।''-रा., 18/26। उ. (3)-''सोभत बलि कैसौ प्रतिहार। गदा धरें सेवत दरबार।''-वी.च., 14/28।

**गनगौर**–गणगौर। गणगौरी व्रत। चैत्र शुक्ल तृतीया, जिस दिन गणेश और गौरी के पूजन का उत्सव मनाया जाता है। यह विशेषकर सधवा स्त्रियों के लिए विहित है। इसे गिरिगौरीव्रत भी कहते हैं। भारत के मध्य भाग, राजस्थान आदि में यह बहुत प्रचलित है। दे. गुनगौर। उ.-''दै बरदान यहै हमकों सुनिये गनगौर गुसाइन मेरी।''-प.ग्रं., प्रकी., 70/322; 81/325; 82/325।

**गननाथ**--दे. गजबदन। गननाथ। शिव के गणों के स्वामी। उ.-'मदरव मत्त मिलिंद गन गान मुदित गननाथ। सुमिरत कवि मतिराम के सिद्धि रिद्धि निधि हाथ।।'-मति., म.सत., 392/401; वही, 3/299।

**गननायक**--दे. गननाथ। उ. (1)- 'बंदहु गननायक चरन सरन सदा सुखतूल।'-र.वा., 1/1। उ. (2)-'जय जय गननायक खल-गन-घायक।'-भि. ग्रं. 1, छंदा., 1/165।

**गनपति**– गणपति। गणेश। दे. गननाथ, गजबदन। उ. (1)-'गौरा गनपति आप औरंग को देखि ताप आपने मुकाम सब मारि गए दबकी।-भू. ग्रं., प्रकी., 446/215। उ. (2)-'विघन हरत अति गनपति करत अनंद।'-जस.ग्रं., आ.वि., 1/:15।

**गनराउ**–दे. गजबदन, गननाथ। गणराज, गणेश। उ.-'कदन अनेकन बिघन को एक रदन गनराउ।'-भि.ग्रं.; र.सा., 2/3।

**गनराज**–दे. गननाथ, गजबदन। उ.-'कृपाकरन औ बुधिकरन् नमो नमो गनराज।'-बो. ग्रं., वि.वा., 1/21।

**गनाख्यनि**–गणों के नामों को। उ.-'दास गुरू लघु णो ढ उ ठै ट गनाख्यनि भेदनि उच्चरि जानै।'-भि.ग्रं. 1, छंदा., 8/166।

**गनागन**–दे. गन, गण और अगण। उ.-'जानै गनागनको फल मत्त'।-भि.ग्रं. 1, छंदा., 8/166। शुभ और अशुभ गणों के प्रयोग परिणाम का ज्ञान कवि को रखना चाहिए।

**गनिक**–वेश्या का प्रेमी। उ.-'प्रीति परम कहि कौन निज पति उपपति गनिक की ।'-बो. ग्रं., वि.वा., 37/25।

**गनिका**–1. गणिका - एक वेश्या जिसने पिंजरे में पाले हुए शुक को हरिनाम सिखाते-सिखाते मुक्ति पा ली थी। उ. (1)-'नामा औ सुदामा गीध गनिका आजमिल सों कीन्ही करतूति सो बिदित राव-राने में।'-भि.ग्रं., र.सा., 519/76। उ.. (2)-'गीध व्याध गनिका करैया बिधि बाम के ।'-वृं. ग्रं., स्फु.छं., 26/316। उ. (3)-'गुह पर गीध पर गनिका गयंद पर जाही ढार ढरे तबै ताही ढार ढरिहौं।'-प.ग्रं., प्र.प., 11/239, 39/246; वही, क.प., 7/296। उ. (4)-'फेरि अजामेल स्योरी सिला अंबरीष गज गनिका गरीबनी को पातक उतनि गो।'-ठाकुर, 1/61। (2)-दे. गणिका। नायिका का एक भेद। इसका नायक वैशिक कहलाता है। ल. (1)-बैसिक नायक की सदा गनिका सों हितरत्ति।-ज.ग्रं., भा.भू., 8/61। ल. (2)-परकीया पुनि दूसरी गनिका तीजी जान।-मति., र.रा., 9/202।

**गनिका**–दे. गनिका। ल.-गनिका प्रेम कहू न

यह, कहै मूढ़ सिर मौर। गुपित नेहु है एक थल, घन कारन सब ठौर।।-शृं. मं., चिंता., 126/37।

**गनेस**—गणेश। दे. गजबदन, गननाथ। हिंदुओं के पाँच देवाताओं में से एक जिन्हें महादेव का पुत्र माना गया है और जो उनके गणों के अधिपति हैं। इनका सारा शरीर मनुष्य का और सिर हाथी का है। इनके चार हाथ और एक दाँत हैं। तोंद निकली हुई है। मस्तक पर तीन आँखें हैं और ललाट पर अर्धचंद्र है। एक पुराण के अनुसार इनका जन्म पार्वती के मैल से अथवा उबटन से हुआ था। उबटन से बने इस पुतले को गंगा जल में डाल दिया गया जो जल के स्पर्श से फूल गया। इसी से इन्हें गंगेय भी कहा जाता है। सिद्धक्षेत्र इनकी क्रीड़ा-भूमि है। पुराणों के अनुसार ललिता की कृपा से इनकी पूजा प्रत्येक मंगल कार्य के आरम्भ में की जानी चाहिए। ये व्यास के महाभारत के लेखक थे। इनके हाथों में पाश, अंकुश, पद्म और परशु हैं। मूषक इनका वाहन है। इन्हें मोदक या लड्डू विशेष प्रिय हैं। (हिं.श. सा., पौ.को., हिं.ध.को.)। उ.-''विघन हरन मंगल करन गौरी तनय गनेस।'' रतन., 1/43। उ. (2)-''ग कहे गनेसबेस दौरि गही बाँह अरु गा के कहैं गरुड़ चढ़ाइ लीन्हो निज कंध।''-प.ग्रं., गं. ल., 31/264; वही, हि.ब.वि., 4/5। उ. (3)-''दास गृह-विजन बिचारो तिहूँ तापनि को दूरि को करनवारो करन गनेस को।''-भि.ग्रं. 1, छंदा., 2/165। उ. (4)-''कबि मतिराम कौं सुमिरत सुख सरसात।''-मति., ल.ल., 2/299।

**गमक**—संगीत में स्थान विशेष पर स्वर का कंप विशेष। एक श्रुति या स्वर पर से दूसरी श्रुति या स्वर पर जाने का एक प्रकार। इसके सात भेद हैं—कंपित, स्फुरित, लीन, भिन्न, स्थविर, आहत, आंदोलित। उ.-''बहु कला जाति मूछर्ना भानि। बड़ भाग गमक गुन चलत जानि।''-रा., 30/3।

**गयंद**—दे. गज। गजेन्द्र, जिसका ग्राह से उद्धार विष्णु ने किया था। उ. (1)-''दौरे गयंद उबारिबे कों प्रभु बाहनै छोड़ि उबाहनै पायन।''-प. ग्रं., जग., 695/225। उ. (2)-''गुह पर गीध पर गनिका गयंद पर जाही ढार ढरे तबै ताही ढ़ार ढरियौ।''-प्र.ग्रं, प्र.प., 11/239; 39/246; 46/247। उ. (3)-''गीध गयंद अजामिल से तरि गे सब नामहि की प्रभुताई।''-भि.ग्रं., का.नि., 41/251।

**गया**—बिहार या मगध देश का एक विशेष पुण्य स्थान जिसका उल्लेख महाभारत और वाल्मीकि रामायण से लेकर पुराणों तक में मिलता है। एक प्राचीन तीर्थस्थल और यज्ञस्थल है। पुराणों के अनुसार यहाँ राजर्षि गय की राजधानी थी। बुद्ध के समय में भी यह गयशिर नामक स्थान प्रसिद्ध यज्ञस्थल था। इसके समीप ही बोध गया है, जहाँ बुद्ध ने बोधि प्राप्त की थी। यह तीर्थ श्राद्ध और पिण्डदान आदि के लिए बहुत प्रसिद्ध है। कुछ पुराणों में इसे गय नामक असुर द्वारा निर्मित अथवा उसके शरीर पर बसी हुई कहा गया है। यह भगवान् विष्णु का पवित्र स्थल है। महाभारत के वनपर्व के अनुसार यह धर्मराज यम, ब्रह्मा तथा शिव का भी प्रमुख पवित्र स्थान है। यहाँ एक अक्षयवट भी है (हि.श.सा., पौ.को., हिं.ध.को)। उ. (1)-''गोदावरी गोकरन गंगाहू गयाहू यह येही कोटि तीरथ किये को लाभ लहिये।''-प.ग्रं., प्र.प., 28/243। उ (2)-''तीरथ गया समेत जिन अकर करे बहुबार।''-क.प्रि., 7/12।

**गया गजाधर**—कवि केशवदास के पूर्वजों में दिनकर कवि के पुत्र गया गजाधर। उ.-''गयागजाधर सुत भये तिनके आनंद कंद।''-क. प्रि., 2/8।

**गयाष्टक**—रचयिता-गिरिधरदास (दे.)। (इति. शुक्ल)।

**गरिमा**—भारीपन। गुरुत्व। आठ सिद्धियों में से एक जिससे अपनी देह का भार यथेच्छ रूप में बढ़ाया जा सकता है। उ.-''ज्ञान ही की गरिमा कि महिमा बिबेक की।''-क.प्रि., 1/3।

**गरुड़**—गरुड। विष्णु का वाहन, पक्षीराज। ये विनता के गर्भ से उत्पन्न कश्यप के पुत्र हैं। पुत्र प्राप्ति की इच्छा से यज्ञार्थी कश्यप के लिए सामग्री एकत्र करने वालों में इंद्र, बालखिल्य और देवता थे। इंद्र ने बड़ी सरलता से लकड़ी आदि बड़ी मात्रा

में एकत्रित कर दी और अंगुष्ठ भर के बालखिल्यों को पलाश की टहनी घसीटते देख हँस पड़ा। बालखिल्यों ने कुपित होकर दूसरा इंद्र उत्पन्न करने का प्रयास किया। कश्यप के यह समझाने पर कि एक दूसरा इंद्र उत्पन्न होगा जो पक्षियों का राजा होगा। अन्त में कश्यप ने विनता के गर्भ से क्रमशः अग्नि और सूर्य के समान तेजस्वी गरुड़ और अरुण नाम के पुत्रों को उत्पन्न किया। गरुड़ विष्णु के वाहन हुए और अरुण सूर्य के सारथी। अरुण बड़े थे। गरुड़ सर्पों के शत्रु समझे जाते हैं। ये शाल्मली द्वीप के निवासी हैं तथा क्षीरोद के रक्षक हैं। इनकी माता विनता दक्ष प्रजापति की पुत्री थीं। इन्होंने कनखल में तप किया था और भगवत्सेवा में सदैव निरत रहते हैं। (हिं.श.सा., पौ.को.)। उ. (1)-''आइकै. गुबिंद बाँह धरि कै गरुड़ जू पै आपनेई लोक जाइबे की कीन्हीं मति है।''—प्र. ग्रं., गं.ल., 23/261, 42/268, 49/271, 55/274। उ. (2)-''जौ न जलै तौ गरुड़हू पैउहु चलै न पाय।''-वृं.ग्रं., नी.स., 616/106। उ. (3)-''जनु ससि ग्रसत राहु रस कारन गरुड़ अँगीठी दीनी।''-बो.ग्रं., वि.वा., 30/101। उ. (4)-''नाग डरावत गरुड़ कौ हर डर हार प्रभाव।'' वृं.ग्रं., नी. स., 414/90।

**गरुड़ध्वज**—विष्णु का एक प्रकार का स्तंभ जिस पर गरुड़ की आकृति बनी रहती है। गुप्त राजाओं का राजचिह्न। विष्णु की ध्वजा में गरुड़ का चिह्न या आवास रहता है, इससे वे गरुड़ध्वज कहलाते हैं। (हि.श.सा.; हिं.ध.को.)। उ.-''सो ततकाल आय गो ऐसे। गज के काज गरुड़ध्वज जैसे।''-बो.ग्रं., वि.वा., 61/176।

**गरुड़रुत छंद**—प्रत्येक चरण में मात्राक्रम है-(।।।। ऽ।ऽ ।।। ऽ।ऽ ऽ।ऽ)। सोलह वर्ण होते हैं। ल.-दुजबर रागनो, नगन रागनो रागनो। गरुड़रुत भनो, बरन सोरहै पागनो। विरति विचारिकै, हृदय सात नौ ठानिये। भुजगमहीप को, हुकुम 'दास' जौ मानियै।। उ.-''हरहर के कहे, भजत पाप को ब्यूह यों। गरुड़रुतै सुने, भजत ब्याल को जूह ज्यों।।''-भि.ग्रं. 1, छंदा., 64-65/256।

**गर्ग**—एक गोत्रप्रवर्तक वैदिक ऋषि। ये आंगिरस भरद्वाज के वंशज थे और ऋग्वेद के छठें मंडल का 47वाँ सूक्त इनका रचा हुआ है। (पौ. को., हि.श.सा.)। उ.-''गर्ग हौ निसर्गभाव सर्ग अप्रमान हौ।'' वि.गी., 16/54।

**गर्गसंहिता**—रचयिता-गिरिधरदास (दे.)। विव.-कृष्णचरित। (इति. शुक्ल)।

**गर्ब**—गर्व। प्रचलित तैंतीस संचारियों में से एक। प्रभाव, ऐश्वर्य, विद्या, उच्च कुल आदि के गर्व से अविनय, अवज्ञा, उपेक्षा आदि करना। दे. गर्व। ल. (1)-गर्ब जानि कुल-गुन-धन-मद तें। अहंकार-अधिकारी हद तें।-भि.ग्रं. 1, र.सा., 496/72; वही, शृं.नि., 238/141। ल. (2)-हौं सबतें बढ़ि गर्व''।-सो.ग्रं. 1, र.पी.नि., 25/54।

**गर्वाभिसारिका**—अभिसारिका का एक भेद। शृंगारमंजरीकार के अनुसार यह नायिका अपने प्रेम को छिपाकर किसी बहाने से प्रिय के पास पहुँचती है। ल.-जो छपाइ निज प्रेम को, व्याजागम कहि नारि। पिय सो मिलै सु तौ गरब, अभिसारिका बिचारि।। उ.-''आजु बड़ो दिन न्हाइ नदी तट नित्त निमित्त कने पठयो जू। देवी की पूजा कै वागु लख्यो सु इतै अनुराग हिये उनयो जू। एक क्रिया यह बेलि अनूप भले, फल को जुग आजु दयो जू। देषौ यकंत मैं लालु मिले हमको, यह उत्तम लानु भयो जू।''-शृं. मं., चिंता., 334-335/102 (तथा दे.र.प्रि., 7/30)।

**गर्विता**—गर्विता। दशविध नायिकाओं में से एक स्वाधीन पतिका का एक भेद। वह नायिका जिसे अपने रूप, गुण, प्रेम आदि का गर्व हो। इसके दो प्रकार स्वीकृत हैं-रूपगर्विता, प्रेमगर्विता। ल. (1)-कामवती अनुरागिनी प्रौढ़ा भेद बिचारि। स्वाधीन पतिकाहु में गर्बितानि निरधारि।-भि.ग्रं. 1, र.सा., 437/65। ल. (2)-होइ गर्बिता रूप गुन प्रेम गर्व लहि जीउ।-वही, शृं.नि., 153/122। ल. (3)-गर्व करै पिय प्रेम कौ प्रेमगर्विता सोइ। करै गर्ब जो रूप कौ रूपर्बिता होइ।।-सो.ग्रं. 1, र.पी. नि., 4/81। ल. (4)-वह वक्रोकति गर्बिता द्विविध कहन रसधाम। प्रेमगर्विता एक पुनि रूपगर्विता

नाम।। करै प्रेम को गर्ब जो प्रेमगर्बिता नारि। रूपगर्विता होत वह रूप गरब कों धारि।।-प.ग्रं., जग., 135-136/108। ल. (5)-रूप प्रेम अभिमान सों दुविध गर्विता जानि।।-जस.ग्रं., भा. भू., 21/10।

**गर्विता**—रूप, गुण आदि का घमंड करने वाली नायिका। सामान्यतया इसके रूपगर्विता और प्रेमगर्विता नामक दो भेद किये जाते हैं। 1. भिखारीदास ने गुणगर्विता नामक भेद का भी उल्लेख कर उसे उदाहरण से स्पष्ट किया है।-भि. ग्रं. 1, 156-158/122-123। 2. शृंगारमंजरीकार ने वक्रोक्ति गर्विता का उल्लेख कर स्पष्ट किया है कि जो नायिका अपने गर्व को वक्रोक्ति से प्रकट करती है, वह वक्रोक्तिगर्विता कही जाती है। इसी तरह उन्होंने इसी वक्रोक्तिगर्विता के सौभाग्यगर्विता और नैपुण्य गर्विता आदि भेदों का भी निरूपण किया है। वक्रोक्तिगर्विता ल.- वक्र उकुति करि गर्व को, प्रकट करे जो नारि। सो बक्रोकतिगर्विता पंडित कहत विचारि। यह प्रेम गर्विता एक जानि, सौंदर्यगर्विता और मानि। सौभाग्यगर्विता पुनि निहारि, नैपुन्यगर्विता मिलै चारि। स्मितयौवनगर्वित द्वै बखानि। इत पुनि विलासगर्विता आनि, सौन्दर्यगर्विता चारि मानि।।-शृं.मं., चिंता., 273-287/80-85। 3. मतिराम ने केवल प्रेमगर्विता और रूपगर्विता का ही निरूपण किया है। प्रेमगर्विता ल.- निज नायक के प्रेम को गरव जनावै बाल। प्रेमगरबिता कहत हैं तासों सुमति रसाल।। रूपगर्विता ल.- जाकें अपने रूप को अति ही होय गुमान। रूपगरबिता कहत हैं तासों परम सुजान।।-मति., र.रा., 101-105/222-223। 4. गर्विता ल.-निज सरूप कनज गुन निरखि, निजु प्यारे को हित्त। होत गर्व अति वाम के सुकवि सुनहु धरि चित्त।। वचन-क्रिया ते परखिये, त्रिविध गर्व के ठान। अथवा सूधे हू कहत कोऊ सुकवि सुजान।।''कृ. ग्रं., हि.त., 272-273/60।

**गर्भितपद**—दे. दोष-वाक्यदोष। ल.-और वाक्य दै बीच जौ वाक्य रचै कवि कोइ। गर्भिता दुषन कहत हैं ताहि सयाने लोइ।। उ.-''साधु संग और हरिभजन बिषतरू यह संसारू। सकल भाँति विष सो भर्‌यो, द्वै अमृतफल चारू।।''-ति-यौं चाहिए-साधु संग और हरिभजन द्वै अमृतफल चारू सकल भाँति विष सो भर्‌यो विषतरू यह संसारू।।''-भि.ग्रं. 2, का. निर्णय, 50, 50अ/230।

**गर्व**—दे. गर्ब। ल. -बल विद्या रूपादि को कीजें जहाँ गुमान। गरब कहत सब ताहि सों जे कवि सुमति सुजान।।-प.ग्रं., जग., 524/190।

**गवय**—एक अति बलवान वानर सारदार जो राम की सेना में था। उ.-''परसा सुखेन कुंत केसरी गवय सूल विभीषन गदा गज भिंदिपाल तारे हैं।''-रा., 19/46।

**गवाक्ष**—एक बंदर जो रामचंद्र की सेना का सेनापति था। उ.-''मोगरा द्विविध तार कटरा कुमुद ने जा अंगद सिला गवाक्ष बिटप बिदारे हैं।''-रा., 19/46।

**गहरवार**—केशव के आश्रयदाता राजाओं का वंश। उ.-'गहरवार कुल कलस ईसअंसावतार गनि1'-वी.च., 1/3, 2/45। उ. (2)-गहरावर कासीस-रवि कुलमंडन जसु जाहि'।-र.प्रि., 1/7।

**गहिरबार**—दे. गहरवार। एक क्षत्रिय राजवंश जिसका आदि स्थान काशी माना जाता है। उ.-''गहिरबार पंचम नरेस अरिदल बल खंडन।''-बो. ग्रं., वि.वा., 24/24।

**गहिरवार**—दे. गहिरबार, गरिवार। उ.-सिरनेट वघेले बैल पुनि गहिरवार पड़िहार सत।'-बो.ग्रं., वि.वा., 38/182।

**गांसी**—तीर या बरछी आदि का फल। हथियार की नोक। उ.-'काढ़ै गांसी बिरह की पल संसनि सौ आइ।'रतन., 417/99।

**गाजी**—मुसलमानों में वह वीर पुरुष जो धर्म के लिए विधर्मियों से युद्ध करे। उ.-''काहे कौं सिवाजी गाजी तेरोई सुजस होत तासों अरवर सरिवर सी करत हैं।।''-भू.ग्रं., शि.भू., 159/159, 175/161, 179/162।

**गातागत**—लेखनी चित्रालंकार (दे.) का एक भेद।

**गाथ**—अवैदिक स्तोत्र। उ.-'उद्धव तुम ह्याँ कौन सों कही जोगी की गाथ।'-क.प्रि., 3/29।

**गाथा**--दे. गाहा। प्राकृत भाषा का एकमात्रिक छंद। ल. (1)-प्रथम चरण बारह कला दूजें दस अरु आठ। तीजें बरह पंचदस चौथें पढ़ियत पाठ।। उ. 'रामचंद्रपदपद्मं वृंदारकवृंदा भिवंदनीयम्। केशवमतिभूतनयालोचनं चचरीकायते।'-छ.मा., 2/11। ल. (2)-विषमनि बारह कल समनि. पंद्रह ठारह बीस। सम पद तीजो गन जगन गाथा प्रकरन ईस।-भि.ग्रं. 1, 2/229।

**गाथ**--गर्दभ, खर। उ.-'अति अधम अजामिल व्याध विराधहु गाधहु स्वर्ग पठाया है।'-प.ग्रं. क. प., 7/296।

**गाधि**--विश्वामित्र के पिता। गाधि राजा कुशिक के पुत्र थे। इनकी पत्नी का नाम पौरूकुत्सी था। हरिवंश पुराण के अनुसार कुशिक ने इंद्र के समान प्रतापी पुत्र के लिए तप किया था। तव इंद्र के अंश से गाधि का जन्म हुआ। इनकी पुत्री सत्यवती थी। उ. (1)-''गाधिराज को पुत्र साधि सव सत्रु मित्र बल।''-रा., 1/24। उ. (2)-''भूतल मालव देश लसै जू। तामहँ ब्राह्मन गाधि वसै जू।''-वि.गी., 13/28।

**गाम**--घोड़े की एक तरह की चाल। उ.-''चहैं गाम चल्लैं चहैं तौ दुगामा।''-प.ग्रं., प्र.वि., 44/281।

**गायत्री**--एक वैदिक मंत्र जिसका उपदेश उपनयन संस्कार में द्विज वालकों को दिया जाता है। इस मंत्र का देवता सविता और ऋषि विश्वामित्र हैं। ब्राह्मणों, उपनिषदों से लेकर पुराणों और तंत्रों तक में इसके महत्व का वर्णन है। यह इसी नाम के एक छंद में रचित है। इसका एक नाम सावित्री है। इसके द्वारा सूर्योपासना निर्दिष्ट है। गायत्री, पुराणों के अनुसार ब्रह्म की पत्नी है। उ.-'गायत्री संजुक्त हैं सबै विप्र हरिभक्त।''-वि.गी., 19/38।

**गारि**--उत्सवों में गाये जाने वाले गीत, जिनमें दी हुई गाली प्रिय लगती है। उ.-''सब को मन हरपित करै ज्यौं बिबाह मैं गारि।''-वृं.ग्रं., नी.स., 5/58।

**गाहा**--दे. गाथा। प्राकृत का मात्रिक छंद। ल. (1)-अट्ठारह पंद्रह गाहा कहि।-भि.ग्रं. 1, छंदा., 3/229। भिखारीदास ने गाथा के अन्तर्गत गाहू, उग्गाहा, गाहा, बिग्गाहा, खंध, सिंघिनी, गाहिनी भेदों की चर्चा की है और लक्षण बताये हैं। ल. (2)-बारह लहुआ बिप्री बैसी, बौईसा क्षत्रिनी गाहो। बत्तीसा सो बैसी, बाकी लहु है सुद्रिनी बिगाहो।-वही, 3-10/229-230। इससे यह स्पष्ट होता है कि गाहा के विप्री और क्षत्रिनी दो भेद हैं, तथा वैसी और सुद्रिनी भेदों को विग्गाहा कहते हैं। ल. (3)-प्रथम चरन बारह कला, दूजैं ठारह राखि। तीजैं पुनि बारह समझि, चौथे पंद्रहे भाखि। चौकल सात सु अन्त' गुरु, प्रथम अरथ मैं जानि। छठवें चौकल जगन रचि, कै चौ लघु ही ठानि। अन्य अरथ मैं छठैं लघु यौ गाहा पहिचानि।। उ.-''जय जय सुजस उजागर सुंदर शशिधर त्रिनैन सुखदाई। करहु कृपा गुन मंदिर त्रिभुवन तुव एक ठकुराई।।''-सो.ग्रं. 1, र.पी.नि., 22-24/26। सोमनाथ ने गाहा छंद के 26 भेदों का उल्लेख किया है-कमला अरु लीला ललित जोन्ह सुरंभा जानि। मगही अरु लक्ष्मी बहुरि बिज्जु सुमाला मानि।। हंसी ससिलेखा समुझि जान्हवी डर आनि। मुग्धा अरु काली बहुरि कुमारिका पहिचानि।। मही जानि अरु सिद्धि पुनि रिद्धि कुसुमिनी लेखि। धरनि जक्षिनी समुझि करि पुनि वीना अवदेखि।। ब्रह्मी अरु गंधर्बिनी मंजरि गौरी और। गाथा नाम छबीस ए पिंगल मत सिरमौर।।-सो.ग्रं. 1, र.पी.नि., 25-28/26-27।

**गाहिनी छंद**--प्राकृत का मात्रिक छंद है। ल.-सबके रवि कल विषम दलनि सम अट्ठारह बीसै गाहिनी। उ.-''सुनि सुंदरि मृगनैनी, तूँ, प्रभासमुद्र अवगाहिनी राजै।''-भि.ग्रं. 1, छंदा., 3, 8/229-230।

**गाहू छंद**--प्राकृत का मात्रिक छंद है। ल.-सम पद गाहू पंद्रह पंद्रह। उ.-''सिव सुर मुनि चतुरानन, जाको लहै नाही थाहू। पारवार कोउ जान न, हरिनाम समुद्र अवगाहू।।''-भि.ग्रं. 1, छंदा, 3, 4/230।

**गिरधर**--गिरिधर। गोवर्द्धन पर्वत को धारण करने वाले श्रीकृष्ण। ब्रजवासी इन्द्र की पूजा प्रत्येक वर्ष, उसे कृषि के लिए उपयोगी देवता मानकर करते थे। श्रीकृष्ण ने इंद्र की पूजा बंद करायी थी,

जिससे अप्रसन्न होकर इंद्र ने ब्रज को जलमग्न कर देने के उद्देश्य से घोर वर्षा की। ब्रजवासियों की रक्षा के लिए श्रीकृष्ण ने गोवर्द्धन पर्वत उठाया, जिसके नीचे सब लोग सुरक्षित रह सकें। तभी से श्रीकृष्ण का नाम गिरिधर पड़ा। उ. (1)-''बारक तुम गिर कर धरौ गिरधर पायौ नाम।''-रतन., 74/141। उ. (2)-''गिरधर जिहि सिर पर धर्‌यो सो फल कहूँ सुनाय।''-वृं.ग्रं., स.स.रू., 13/263।

**गिरधर कविराज**—जन्म सं. 1770। स्थान-जयपुर (राजस्थान)। आश्रयदाता-महाराज जयशाह। (स.सर्वे)।

**गिरधारिय**—दे. गिरधर। उ.-''जय जय गोपीनाथ सु जय जय जय गिरधारिय।''-प.ग्रं., प्र. बि., 1/277।

**गिरिजा**—नगाधिराज हिमालय की कन्या पार्वती। उ. (1)-''तुव रहै रछक गिरीस गिरिजा जानकी रघुनंद जू।''-बो.ग्रं., वि.वा., 21/195। उ. (2)-''मानवती गिरिजा भई तो वह वृंद कहैं हर कैसैं मनावैं।''-वृं.ग्रं., स्फु.छं., 49/323। उ. (3)-''यातें गोरि गिरि जा गजानन कों गोइ रही गिरि तें गरे तें निज गोद तें उतारै ना।''-प.ग्रं., जग., 700/226। उ. (4)-''द्यौस गनगौर के सु गिरिजा गुसाइन की, छाई उदैपुर में वधाई ठौर ठौर है।''-वही, प्रकी., 81/325; जग., 573/200। उ (5)-''संभु को दुलारो गिरिजा कौ प्रान प्यारो सदा टेढ़ी सूँड़वारो सोई साहेब हमारो है।''-ठाकुर, 1/1।

**गिरिधर**—दे. गिरधर। उ. (1)-''गिरिधर धीरता के किरपा करत हैं।''-घ.क., 392/197। उ. (2)-''सुंडादंड वाहु गिरिधर के भूमिभार जे करखैं।''-बो.ग्रं., वि.वा., 11/29। उ. (3)-''घन बरषत नख पर धर्‌यो गिरि गिरिधर निरसंक।''-प.ग्रं., जग., 724/232।

**गिरिधरदास (गोपालचंद)**—बाबू हरिश्चंद्र के पिता। जन्म;सं. 1890। स्थान-काशी। पिता-काले हर्षचंद्र। रचनाएँ-जरासंधवध महाकाव्य, भारती भूषण (अलंकार), भाषा व्याकरण (पिंगल सम्बन्धी), रसरत्नाकर, ग्रीष्म वर्णन, मत्स्यकथामृत, वाराहकथामृत, नृसिंहकथामृत, वामनकथामृत, परशुरामकथामृत, रामकथामृत, बलरामकथामृत, (कृष्णचरित्र 4701 पदों में), बुद्धकथामृत, कल्किकथामृत, नहुष नाटक, गर्गसंहिता (कृष्णचरित का दोहे-चौपाइयों में बड़ा ग्रंथ), एकादशी माहात्म्य। अन्य उल्लिखित ग्रंथ-वाल्मीकि रामायण (सात कांड में पद्यानुवाद), छंदोर्णव, नीति, अद्‌भुत रामायण, लक्ष्मीनखशिख, वार्तासंस्कृत, ककारादि सहस्रनाम, गयायात्रा, गयाष्टक, द्वादशदलकमल, कीर्तन, संकर्षणाष्टक, दनुजारिस्तोत्र, शिवस्तोत्र, भगवत्स्तोत्र, श्रीरामस्तोत्र, श्रीराधास्तोत्र, रामाष्टक, कालिय कालाष्टक। (इति.शुक्ल)।

**गिरिधरन**—दे. गिरधर। उ.-''रति कोटिकाम अभिराम अति दुष्ट निकंदन गिरिधरन।''-बो.ग्रं., वि.वा., 2/21।

**गिरिधारी**—दे. गिरधर। उ.-''आपति हौं जमुनातट कों नहिं जानि परै बिछुरे गिरिधारी।।''-मति., र.रा., 118/227।

**गिरिनंदिनि**—पार्वती। उ.-''गिरिनंदिनि नंदन असुर-निकंदन सुर उर चंदन कीर्तिकरं।''-भि.ग्रं. 1, छंदा., 1/165।

**गिरि-नंदिनि-नंदन**—पार्वती के पुत्र गणेश। उ.-''गिरि-नंदिनि-नंदन असुर निकंदन सुर-उर-चंदन कीर्तिकर।''-भि.ग्रं. 1, छंदा., 1/165।

**गिरिस**—गिरीश। महादेव। दे. गिरीस। उ.-''गिरिस गजानन गिरिसुता ध्याइ समुझि श्रुतिपंथ।''-प.ग्रं., गं.ल., 56/274।

**गिरिसुता**—पार्वती। उ.-''गिरिस गजानन गिरिसुता ध्याइ समुझि श्रुतिपंथ।''-प.ग्रं., गं.ल., 56/274।

**गिरीस**—भूत-पिशाचों के अधिपति शिव का एक नाम। उ. (1)-''तुव रहैं रक्षक गिरीस गिरिजा जानकी रघुनंद जू।''-बो.ग्रं., वि.वा., 21/195। उ. (2)-''गंग बिलोकि गिरीस के सीस सु मान धर्‌यौ करि भाव नवीनौ।''-वृं.ग्रं., भा.पं., 5/13। उ. (3)-''कहै पद्‌माकर गिरीस सीस मंडलके मुंडन की माल ततकाल अघहर है।''-प.ग्रं., गं.ल., 12/257। वही, जग., 418/170। उ. (4)-''ठाकुर गौरी

गिरीस सुरेस तमासो लखैं सुनैं सोरहु वाको।''-ठाकुर, 11/64।

**गीतगोविंद**--रचयिता-पं. उमापति त्रिपाठी (दे.)। (बृ.इति 7)।

**गीतगोविंद भाषा**--रचयिता-वैष्णवदास रसजानि। (दे.)। (बृ.इति. 7)।

**गीता छंद**--मात्रा मुक्तत छंद है। ल.-द्वै द्वै आदि छबीस करि, गीता कहौं विसेषि। उ.-''लै संग भक्ति मलाह करिया रूप सों लव लाउ। श्रीरामसीताचरित चरचा सुभ्र गीत नाउ।।''-भि. ग्रं 1, छंदा., 35,38/220।

**गीता-तात्पर्य-निर्णय**--रचयिता-रामप्रसाद विंदुकाचार्य (दे.)। (बृ.इति. 7)।

**गीतान**--स्तोत्र, स्तुति। उ.-''पहिरे गरै गुटिका कवच रचि भागवत गीतान के।''-प.ग्रं., हिं.ब.बि., 111/16, 119/17।

**गीतामाहात्म्य**--रचयिता-भगवानदास (दे.)। (बृ.इति. 7)।

**गीता रघुनंदन प्रामाणिक**--रचयिता-महाराज विश्वनाथ सिंह (दे.)। (इति.शुक्ल)।

**गीता रघुनंदन शतिका**--रचयिता-महाराज विश्वनाथ सिंह (दे.)। (इति.शुक्ल.)।

**गीतारहस्य**--रचयिता-मुकुंददास (दे.)। (बृ. इति. 7)।

**गीतावली पूर्वार्द्ध**--रचयिता - महाराज विश्वनाथ सिंह (दे.)। (इति.शुक्ल.)।

**गीतिका छंद**--गीतिका के प्रत्येक चरण में 14-12 की यति से 26 मात्राएँ होती हैं। अन्त में क्रमशः लघु गुरु होते हैं। इस छंद के प्रत्येक चरण की तीसरी, दसवीं, सत्रहवीं, और चौबीसवीं मात्रा के स्थान पर लघु वर्ण होते हैं और अन्त में रगण (SIS)। केशवदास ने बीस वर्ण वाले गीतिका छंद का लक्षण दिया है। ल. (1)-आदि चंचरी छंद के लघु द्वै देहु सुजान। होइ गीतिका छंद यह अक्षर वीस प्रमान। उ.-''मुख एक है नत लोल लोचन लोक लोकन कों धरै।''-छं.मा., 1/62। ल. (2)-अट्ठाईस मात्राओं का छंद है। मात्राक्रम है-(।।S ।S। ।S। S।। S।S ।।S ।S)। ल.-चारि सगन धुज गीतिका। उ.-''मुसुकाति हौ किहिदेखिकै केहि देखि गात गोवावहू। कर बीन लै अतिलीन ह्वै यह गीतिकाहि सुनावहू।।''-भि.ग्रं. 1, छंदा., 218-219/209। ल. (3)-सगन जगन जुग भगन पुनि रसगन लघु गुरू होइ। बीस बरन यौं गीतिका बरनै कबि सब कोइ।। उ.-''परसे सुहात न फूल चंदन अंग अंग अचैन है।''-सो. ग्रं. 1, र.पी.नि., 31,32/36।

**गीतिसंग्रह**--रचयिता-रसनिधि (दे.)। (सा. को.)।

**गीध**--जटायु नाम का गृद्ध। उ. (1)-''गीध व्याध गनिका करैया बिधि बाम के।''-वृं. ग्रं., भा.क., 26/316। उ. (2)-''नामा और सुदामा गीध गनिका अजामिल सों कींही करतूति सो बिदित राव-राने में।''-भि.ग्रं., र.सा., 519/76। उ. (3)-''अवधबिहारी के बिनोदन में बीधि बीधि गीधगुह गीधे के गुनानुवाद गहिये।''-प.ग्रं., प्र.प., 6/238, 11/239, 14/240, 36/245, 39/246; वही, क.प., 7/269। उ. (4)-''धना और सदना कबीर पीपा मीरा व्यास गीध रयदास सुख सोभनि सों सनिगौं।''-ठाकुर, 1/61; भि.ग्रं. 2, का.नि., 41/251।

**गुंडा केशव**--समय-सं. 1887 में उपस्थित। स्थान-बिठ्ठल नामक गाँव (यावतमल जिला), विदर्भ। रचनाएँ-फुटकर। (बृ.इति.)।

**गुंफालंकार**--ल.-जहाँ हेतु की आड़ कै परंपरा ठहराइ। गुंफालंकृत कहत हैं ताहि सबै कबिराइ। उ.-''होति समै ते तरुनइ ताते बाढ़त नैन। तिन तें सुरसतु रूप, मुख लखि मोहे सुखदैन।।''-सो.ग्रं. 1, र.पी.नि., 200,201/208। दे. कारणमाला।

**गुजरात**-- भारत के पश्चिमी भाग का प्रदेश विशेष। उ. (1)-''भेजे लिख लग्न सुभ गनिक निजाम बेग इते गुजरात उतै गंग ज्यों पतारा की।''-भू.ग्रं., प्रकी., 528/234। उ. (2)-''आजमसुत गुजरात तैं, चल्यो आगरो लैंन।''-वृं.ग्रं., य.स., 54/267।

**गुटिका**--मंत्र से सिद्ध किया हुआ मुख में

रखने का एक यंत्र-''पहिरे गरे गुटिका कवच रचि भागवत गीतान के।''-प.ग्रं., हि.ब.बि., 111/16; 119/17।

**गुड़गुड़ी**--एक बाजा। उ.-''बजैं गुड़गुड़ी ढक्क बीना झनाके।''-बो.ग्रं., वि.वा., 3/160।

**गुण**--भिखारीदास ने गुणों को विदग्ध हृदय में स्थित कहा है। उन्होंने दस प्रकार के गुण बताये हैं, और उन्हें तीन विभागों में बाँटा है-1. अक्षरगुण-माधुर्य, ओज, प्रसाद, समता, कांति, उदारता; 2. अर्थगुण-अर्थव्यक्ति, समाधि; 3. वाक्य गुण-श्लेष, पुनरुक्तिप्रतिकास। पुनः उन्होंने यह भी कहा है कि ये सभी गुण माधुर्य, ओज और प्रसाद के आधीन हैं। ल.-माधुर्जोज प्रसाद के, सब गुन हैं आधीन, तातें इनहीं कों गन्यो, मंमट सुकबि प्रवीन।।-भि.ग्रं., 2, का.नि., 1-4, 30/175-179।

**गुणमंजरी**--गोस्वामी गोपाल भट्ट की शिष्य परंपरा के एक भक्त। समय-सं. 1775 से 1850 तक उपस्थित; रचनाएँ-स्मरणमंगल भाषा। (बृ. इति. 7)।

**गुणमंजरीदास (गल्लू)**--राधाचरण गोस्वामी के पिता। चैतन्यसम्प्रदायानुयायी। जन्म-सं. 1947। पिता-श्रीरमणदयाल। रचनाएँ - युगलछद्म, श्रीराधारमण पदमंजरी, रहस्यपदपदावशेष, भागवतपद, उराहनौलीला, मुक्तावली, गोपालभट्टशतक, प्रार्थना। (बृ.इति. 7)।

**गुणमाया-संवाद** -- रचयिता-ध्यानादास (दे.)। (बृ.इति. 7)।

**गुण-रस-रहस्य**--रचयिता - कुलपतिमिश्र (दे.)। (बृ. इति. 7)।

**गुणवर्णन**--दे. गुणकथन। ल.-बिरह बीच जो पीव की सुंदरतादि सराह। गुनबर्नन तासें कहैं जो प्रबीन कविनाह।।-मति., र.रा., 409/292।

**गुणादिबोध**--रचयिता-ध्यानदास (दे.)। (बृ. इति. 7)।

**गुणाधिकोपमा**--दे.-उपमा। उपमालंकार का एक भेद। ल.-अधिकन हू तें अधिक गुन, जहाँ बरनियत होइ। तासों गुन अधिकोपमा कहत सयाने लोइ।-क.प्रि., 14/24।

**गुणानबत्तीसी**--रचयिता अक्षर अनन्य (दे.)। (बृ.इति. 7)।

**गुणीभूत व्यंग्य**--जिस व्यंग्यार्थ में कुछ चमत्कार नहीं होता, वहाँ गुणीभूत व्यंग्य होता है, और इससे युक्त काव्य को मध्यम काव्य कहते हैं। इसके आठ भेद हैं-अगूढ़, अपरांग, तुल्यप्रधान, अस्फुट, काकु, वाच्यसिद्धांग, संदिग्ध और असुदर। ल.-जा व्यंगरथ में कछू चमत्कार नहीं होइ। गुनीभूत सो ब्यंगि है, मध्यम काव्यौ सोइ।। गनि अगूढ़, अपरांग तुल्यप्रधानो अस्फुटहि। काकु वाच्य सिद्धांग, संदिग्धो रू असुंदरो।। आठौ भेद प्रकासु गुनीभूत ब्यंगिहि गनौ। लगै सुहाई जासु, बाच्यार्थहि की निपुनता।।'भि.ग्रं. 2, का.नि., 1-3/61।

**गुदनान**--गोदने-हाथ अथवा शरीर के किसी अंग में हल्के काले रंग के स्थायी चिह्न या चित्र। उ.-''साँवरे को रंग गोद दै गातनि ए गुदनान की गोदनहारी।''-प.ग्रं., प्रकी., 73/323।

**गुन**--गुण, भिखारीदास के अनुसार, काव्यशरीर का स्वरूप और रंग है। ल.(1)-गुन सरूप औ रंग।-भि.ग्रं. 2, का.नि., 13/5। ल.(2)-रस सरसाई कौ जो हेत, ताहि कहत गुन बुद्धिनिकेत।।-सो. ग्रं 1, र.पी.नि., 2/170।

**गुन**--गुण। दे. नाम। पदार्थ निर्णय प्रकरण में भिखारीदास ने वाचकभेद निरूपण करते समय जाति, यदृच्छा, गुण और क्रिया का उल्लेख किया है। पदार्थ का निर्णय वस्तु या व्यक्ति के गुण के आधार पर भी होता है और तदनुसार उसका नाम पड़ता है। ल. जातिनाम जदुनाथ उरु, कान्ह जदृक्षा धारि। गुन तें कहिये स्याम अरु, क्रिया नाम कंसारि।। रूप रंग रस गंध गनि और जु निस्चल धर्म। इन सबकों गुन कहत हैं गुनि राखौ यह मर्म।।-भि.ग्रं. 2, का.नि, 3-4/6।

**गुन अधिकोपमा**--उपमालंकार का एक भेद-बड़े से बड़े या अच्छे से अच्छे उपमान लें और फिर उपमेय का उससे भी अधिक अच्छा वर्णन करें तो 'गुणाधिकोपमा' होता है। ल.-अधिकन हू तें अधिक गुन, जहाँ बरनियत लोइ। तासो गुन अधिकोपमा, कहत सयाने लोइ।''-क.प्रि., 14/24।

**गुनकथन**–गुणकथन। वियोग की दस दशाओं (अभिलाषा आदि) में द्वितीय। विप्रलब्धा नायिका की एक दशा। दे. गुणवर्णन। ल. (1)-''करै बिरह में जो जहाँ पिय गुनगनन बखान। ताहीं को गून कथन कहि बरनत सुकवि सुजान।-प.ग्रं., जग., 656/216। ल. (2)-जहँ गुनगन गनि देह दुति बरनत बचन बिसेखि। ताकहुँ जानहु गुन-कथन, मनमथ-मथन सु लेखि।।-र.प्रि., 8/20। ल. (3)-प्रिय गुन बर्नन बिरह में ताहि गुनकथन जानि। -सो.ग्रं. 1, र.पी.नि., 13/133। उ.-''करत रहत पिय गुनकथन मन उद्वेग उदास।। -जस.ग्रं., भा. भू., 32/14।

**गुनकारी**–गुणकरी-एक रागिनी का नाम। यह किसी मत से भैरव राग की और किसी मत से हिंडोल राग की भार्या मानी जाती है। इसके गाने का समय सबेरे 1 दंड से 5 दंड तक है। (हिं.श. सा.)। उ.-''गौरिगिरी टोड़ी पुनि गावै। रामकली गुनकरी बतावै।।''-बो.ग्रं., वि.वा., 9/120।

**गुनगन**–शालिहोत्र शास्त्रानुसार समस्त शुभ चिह्नों से युक्त। उ. (1)-''गुनगुनित बलित, ललित गति केसोदास। ऐसे बाजि रामचंद्र दीनन कौं देत हैं।''-क.प्रि., 8/26। द. (2)-''जहँ गुनगन गनि देह-दुति बरनत बचन बिसेखि।''-र.प्रि., 8/20।

**गुनगान**–ग्वालों का दीवाली गान। उ.-''दिन दान न्हान गुनगान हरि जनम सुफल करि लीजियै।''-क.प्रि., 10/31।

**गुनगौर**–दे.गनगौर। उ.-''द्यौस गुनगौर के सु गिरिजा गोसांइन कों।-प.ग्रं., जग., 573/200।

**गुनगौरि**–दे. गनगौर, गुनगौर। उ.-''गुन के गुमान गुनगौरि काँ गनै नहीं।-प.ग्रं., जग., 525/191।

**गुन निरूपन**–काव्य गुणों का निरूपण। दे. गुण। ल.-कविता दोषबिहीन हूँ बिन गुन लसै न मित्र। तातें गुन बरनतु प्रगट रीझै सुनत बिचित्र।-सो.ग्रं. 1, र.पी.नि., 1/170।

**गुनाधिक**-अलंकार विशेषदे.- गुणाधि कोपना। ल.-दूषन, भूषन, मोह भय, नियम, गुनाधिक आनि।-क.प्रि., 14/2, 14/24।

**गुनीभूत व्यंगि**–दे. गुणीभूत व्यंग्य। सोमनाथ ने भिखारीदास की तरह ही इसके आठ प्रकार गिनाये हैं-1. अगूढ़ व्यंगि, 2. अपरांग व्यंगि, 3. वाच्य सिध्यंग व्यंगि, 4. अस्फुट व्यंगि, 5. संदेह प्रधान व्यंगि, 6. तुल्य प्रधान व्यंगि, 7. काकुव्यंगि, 8. असंदर व्यंगि। सोमनाथ ने इन्हें मात्र उदाहरणों से स्पष्ट किया है।-सो.ग्रं. 1, र.पी.नि. 1-18/156-160।

**गुपता**–गुप्ता। वह नायिका जो सुरति छिपाने का उद्योग करती है। काल के अनुसार भूत-सुरति गुप्ता, वर्तमान सुरति गुप्ता और भविष्य सुरति गुप्ता नाम से यह तीन प्रकार की मानी गयी है। दे. गुप्ता। ल.-गुपता रति गोपित करै तृपति न कुलटा आहि।-जस.ग्रं., भा.भू., 14/8।

**गुपाल**–गायों का पालन करने वाला, श्रीकृष्ण। उ.(1)-''अंजनबरन मनरंजन गुपाल कों तूँ खंजन सी आँखिन में अंजन लगाइ लै।।''-प. ग्रं., प्र.की., 57/318, 86/326। वही. जग., 112/103, 250/134 तथा आगे। उ. (2)-''मूँदि न राखत प्रीति भटू यह गूँदी गुपाल के हाथ की बैरी।।''-मति., र.रा., 77/217, 367/284, 419/294। उ. (3)-''धाए रति मान अति आतुर गुपाल मिलो, बीच ब्रजराजि कौं गराज गजराज की।''-मति., ल.ल., 126/321, 226/337। उ. (4)-''कहा भयौ जु न हौं तरतु तुम न खिस्याह गुपाल।''-मति. मति.सत., 47/373। उ. (5)-''नेक कियौ न सनेह गुपाल सों देह धरे को कहा फल पायो।''-ठाकुर, 3/2, 18/6, 26/8, 98/26। उ. (6)-''बसी मेरी आँखिन मैं आवनि गुपाल की।''-घ.क., 361/187। उ. (7)-''रंग भरी रस माती गुवालि गुपालहिं लैं गिरी केसर कीच मैं।''-ठाकुर., 97/26, 135/35।

**गुपाल कवि**–समय-सं. 1885 में उपस्थित, स्थान-वृंदावनवासी, पिता-प्रवीनराय, रचनाएँ-दंपति-वाक्य-विलास, रचनाकाल- सं. 1885 (बृ. इति. 7)।

**गुप्त**–दे. गुपता, गुप्ता। ल.-गुप्त विग्धा लक्षिता गुदिता तिय को भाइ। किये बनै सुकियाहु

में त्रपा हास्यरस पाइ।।-भि.ग्रं., र.स., 441/63।

**गुप्तरसप्रकाश**—रचयिता-नागरिदास (दे.)। (बृ.इति. 7, स.सर्वे.)।

**गुप्ता**—दे. गुपता। ल. (1)-परकीया के भेद षट गुप्ता प्रथम बखान। बहुरि बिदग्धा लच्छिता मुदिता कुलटा मान।।-मति. र.रा., 65/214। ल. (2)-सुरति छिपावै जो तिया से गुप्ता उर आनि। बरनत कवि मतिराम यह चतुराई की खानि।।-मति., र.रा., 67/214। ल. (3)-जब प्रिय प्रेम छपावती करि बिदग्धाता बाम। भूत भविष व्रतमान सो गुपता ताको नाम।।-भि.ग्रं. 1, शृं.नि., 103/112। ल. (4)-भई होइ अस होइगी, पुनि दोऊ सुनि मित्र। सुरति छिपावै नारि सो गुप्ता जानि बिचित्र।।-सो.ग्रं. 1, र.पी.नि., 9/75।

**गुप्ती**—विशेष प्रकार की गुप्त रहने वाली तलवार। उ.-"तन तोरन रूपती गालिब गुपती झक-झक झुपती झुकि झारैं।।"-प.ग्रं., हि.ब.बि., 197/28।

**गुप्तोत्तर**—गूढ़ोत्तर। एक अर्थालंकार, जिसमें किसी प्रश्न का उत्तर कोई गूढ़ अर्थ लिए हुए दिया जाता है। ल.-उत्तर जाको अति दुरयो दीजै 'केसवदास'। तासों गुप्तोत्तर सबै बरनत बुद्धि-विलास।।-क.प्रि., 16/46।

**गुप्तोत्तर चित्रालंकार**—दे. चित्रालंकार, प्रश्नोत्तर चित्रालंकार। ल.-बाच्यातंर सब्दच्छल उत्तर देइ दुराइ। गुप्तोत्तर तासों कहैं, सकल सुमति-समुदाइ।। उ.-"सब तनु पिय बरन्यो अमित, कहि कहि उपमा बैन सुंदरि भई सरोष क्यों, कहत कमल से नैन।। ति.-कमल से कहे कम सोभित भए।।-भि.ग्रं. 2, का.नि., 8-9अ/193।

**गुप्तोत्प्रेक्षा**—ल.-उत्प्रेक्षा बाचक जहाँ सब्द कह्यो नहीं होय। गुप्तोत्प्रेक्षा कहत हैं तहाँ सुकबि सब कोय।-मति., ल.ल., 109/318।

**गुबिंद**—गोविंद। श्रीकृष्ण। उ. (1)-"इंदु ते अधिक उरबिंद तें अधिक ऐसो आनन गुबिंद को निहारिबोई करिये।।"-प.ग्रं., जग., 654/216, 665/219, 722/231। उ. (2)-"जिमि जल जिहि अनुरक्त किय करि भक्ति देव गुबिदं कीनों।।"प.ग्रं., प्र.बि., 11/218। उ.(3)- 'कबि मतिराम आली अलि जो गुबिंद कीन्हों।।' -मति.ल.ल., 385/363। ल. (4)-"लागीं सबै पैयां या गुबिंद गभुवारे की।।"-ठाकुर, 8/4, 14/5, 26/8।

**गुबिंद लोक**—गोलोक। उ.-"इंद्र सों कहत मोहिं लैनै है न इंद्रलोक संभुलोक लैनै कै गुबिंदलोक लैनै है।"-प.ग्रं., ग्रं.ल., 41/268।

**गुबिंदु**—दे. गुबिंद। उ.-"नेक ओट करि गिरि धरौ लसत सकंप गुबिंदु। ब्रज बोरत अब इद्र लौं यह तेरो मुखइंदु।।"-मति., म.सत., 384/400।

**गुमक**— तबले की गंभीर ध्वनि। दे.गमक। उ.-"ढोल की गुमक बीन बाँसुरी सितार वारे।"-बो.ग्रं., वि.वा., 43/104।

**गुमान मिश्र**—समय-सं. 1800-1840 में उपस्थित। स्थान-महोबा, छतरपुर, बुंदेलखण्ड। पिता-गोपालमणि। आश्रयदाता-पिहानी के राजा अकबरअलीखाँ। रचनाएँ-नैषध काव्य का पद्यानुवाद, कृष्णचंद्रिका, छंदाटवी (पिंगल)। (इति.शुक्ल)।

**गुरदा**—1. एक प्रकार की छोटी तोप। उ.-गज्जत गज दुरदा सहित बगुरदा गालिब गुरदा देखि परे।।"-प.ग्रं., हि.ब.बि., 196/28। 2. हथियार विशेष। उ.-"गुरदा बगुरदा छुरी जमधर दम तमंचे कटि कसे।"-प.ग्रं., हि.ब.बि., 112/16।

**गुरदीन पांडे**—समय-सं. 1891 में उपस्थित। रचनाएँ-बागमनोहर। (स.सर्वे.)।

**गुरसीख**—रचयिता-देवा पाण्डे (दे). । विवरण-सामान्य नीति। (बृ.इति. 7)।

**गुरु**—1. गुरु, द्विमात्रिक होता है-"आ ई ऊ ए आदि स्वर बरन मिलेहूँ एहूँ बिंदुजुक्त और संजुक्त पर गुरु बंक खांचि।"-भिखारीदास के इस वाक्य के अनुसार उपर्युक्त स्वर, बिंदुजुक्त और संयुक्त वर्ण गुरु होते हैं। इसीलिए वे आगे कहते हैं-'गुरु को दुमत्त गनि' अर्थात गुरु की दो मात्रा गिननी चाहिए जैसे 'काल्हि'।-भि.ग्रं. 1, छंदा., 1/167। कहीं-कहीं सुकवि लोग तुकांत में लघु को गुरु मान लेते हैं, और गुरु को लघु भी।-भि.ग्रं. 1, छंदा., 3/167। 2. शांत रस का विभाव-उपदेश देने वाला अथवा साधना में अग्रसर करने वाला गुरु जिसके दो रूप

हैं-शरीरी और अशरीरी। प्रत्यक्ष शरीरी गुरु है और अशरीरी हृदयस्थ अथवा सहस्रारस्थ। अशरीरी परमोपास्य से अभिन्न अथवा समतुल्य होता है। वेद-शास्त्र का गुणन करने वाला व्यक्ति अथवा स्तुत्य व्यक्ति अथवा ज्येष्ठ व्यक्ति जैसे क्रमशः पिता, पुरोहित, शिक्षक, मंत्रदाता, अतिथि आदि। द.-''सु रस सांत निदबेद है जाको थाई भाव। सतसंगति गुरु तपोबन मृतक समान बिभाव।''-प.ग्रं., जग., 725/232। 3. वृहस्पति। उ.-''सनि, गुरु, सारस, हंस, गज, तियगति मंद बखानि।'' (मंदगति वर्णन प्रकरण)।-क.प्रि., 6/35। 4. विश्वामित्र। उ.-''करि क्रतु रखवारी, गुरु सुखकारी, गौतम की तिय सुद्ध करी।।'' र., 7/10।

**गुरुकथा**—रचयिता-क्षेमकर्ण (दे.)। (बृ. इति. 7)।

**गुरुकीरत रत्नावली**—रचयिता-रत्नहरि (दे.)। (बृ.इति. 7)।

**गुरु गोविंद सिंह जी**—सिक्खों के दसवें और अतिंम गुरु। स्थान-पटना। जन्म-सं. 1723, देहावसान-सं. 1765 (1666 ई.-1708 ई.)। रचनाएँ-जापु, अकाल स्तुति, विचित्र नाटक, चंडीचरित उक्ति विलास, चंडिचरित्र, वार श्री भगवती जी की, चौबीस अवतार, शस्त्रनाममाला, ज्ञानप्रबोध, पाख्यानचरित्र, हजारे दे शब्द, सवैये, जफरनामा तथा हिकायतें। (इति.शुक्ल, सा.को., बृ.इति. 7)।

**गुरुदछिना**—गुरुदक्षिणा। विद्या पढ़ने या उपदेश ग्रहण करने पर जो दक्षिणा गुरु को दी जाय। आचार्य को दी जाने वाली भेंट। उ.-''गुरुदछिना दै बिप्र कौं अरु कीनो बहु नेह।''-जस. ग्रं., सि.सा., 30/173।

**गुरुदत्त**—समय-सं. 1754 में उप.। रचनाएँ-कबित्त, कवित्त हनोमान जी के, कवित्त श्री विंध्याचल देवी को। विव.-प्रथम रचना कवित्त में, सिक्खों के अकाली दल और गुरु गोविंद सिंह जी की वीरता का वर्णन। (बृ.इति. 7)।

**गुरु महिमा**—रचयिता—कृपानिवास (दे.)। (बृ. इति)।

**गुरु मान**—दे. मान। मान का एक भेद जिसमें नायिका नायक के शरीर पर दूसरी नायिका के संभोग चिह्न देखकर अथवा नाम सुनकर रूठती है। ल. (1)-आन नारि के चिह्न लखि, अरु सुनि श्रवननि नाउँ। उपजत है गुरुमान तहँ, 'केसवदास' सुभाउँ।।-र.प्रि. 9/3। यह मान नायक भी करता है। ल. (2)-लोक-लीक उल्लंघि कछु प्रिया कहै जब बैन। उपजिपरत गुरुमान तहँ प्रीतम के उर-ऐन।।-वहीं, 9/6। नायिकामान-ल. (3)-बोलत और बियान सों पिय कौ देखै बाम। होत तहाँ गुरुमान सो बरनत कबि मतिराम।।-मति., र.रा. 392/289। उ.-''कहा लियो गुरु मान कौ अति ताती ह्वै नेम। पारद सो उड़ि जाइगो अलि चंचल सह प्रेम।।-मति., म.सत., 601/418। ल. (4)-और नारि तें कंत कें प्रगटे चिह्न निहारि। होतु महागुरुमान तब तिय के हियें बिचारि-सो.ग्रं., र. पी.नि., 13/83। ल.- उ.-''बहु नायक सों बात में मानु भलो न सयानु। दुखसागर में डूबिहै बाँधि गरे गुरुमानु।।''-मति.र.रा., 394/289।

**गुरुमान**—दे. नायक को गुरुमान, मान।

**गुरुमानमोचन विधि**—नायक-नायिका के गुरुमान को छुड़ाने की विधि। ल.(1)-बिनय करत पाइनि परत, भूषन देत सुहित्त। मान मिटे गुर बाम कौ पंडित कहत सुचित।''-कृ.ग्रं., हि.त., 213/50। ल. (2)-तब छूटत गुरुमान जब प्रीतम परसतु पाइ।-सो.ग्रं., र.पी.नि., 13/83।

**गुरु-लघु**—1.संयुक्ताक्षर के पहले वाले अक्षर अनुस्वार तथा विसर्ग वाले अक्षर, जो स्वयं दीर्घ हों-ये सभी गुरु माने जायेंगे। दीर्घ अक्षर को जहाँ लघु अक्षर पढ़ने से मुख सुख हो, वहाँ दीर्घ को भी लघु ही समझना चाहिए। संयुक्ताक्षर के पूर्व के अक्षर को गुरु मानने में भी अपवाद है। कहीं-कहीं ज्ञानबल से उसे लघु ही मानना चाहिए। ल. -'संजोगी की आदि जुत, बिंदु जु दीरघ होइ। सोई गुरु-लघु और सब, कहै सयाने लोइ।। दीरघ हूँ लघु करि पढ़ै सुख ही मुख जिही ठौर। सोई लघु करि लेखिये कहत रसिक सिरमौर।। संजोगी की आदि को कहुँ गुरु बरन बिचारु। केशवदास प्रकास

बस लघु करि ताहि निहारु।।-क.प्रि., 3/33-36। 2. सेमनाथ के अनुसार-ल.-जो संजोगी तें प्रथम, दीह विंदू जुत होइ। सो गुरु, बंक दुमत्त है जानहु पंहित लोइ।। चरन अन्त गुरु जानिये, कबहुक लघु कौ मित्र। छंदभंग भयतें कह्यौ पिंगल परम बिचित्र।। और सबै लघु सुद्ध छबि कला एक उर आनि। गुरुहू कौं लघु करि पढ़ै लघु ही निहचै मानि।। संजोगि को आदिकौं कबहुँक लघु ही जानि। पिंगल कौ मतु निरखि के नाथ कहै यहि बानि।।-सो.ग्रं. 1, र.पी.नि., 3-6/9।

**गुरु-वंश-तरु-दर्पण**—रचयिता-वसंतसिंह (दे.)। (बृ.इति. 7)।

**गुरु विलास**—रचयिता-सुक्खा सिंह (दे.)। विव.-इसमें गुरुगोविंद सिंह को एक धीरोदात्त नायक के रूप में चित्रित करके विनय, त्याग, दक्षता, सैन्यसंगठन, युद्ध-कौशल व धर्म प्रचार आदि कार्यों की भूरि-भूरि प्रशंसा की गयी है। (बृ. इति. 7)।

**गुरु-शिष्य दृष्टांत छत्तीसी**—रचयिता-धर्मसिंह (दे.)। (बृ.इति.)।

**गुरु-शिष्य संवाद**—रचयिता - मुकुंददास (दे.)। (बृ.इति. 7)।

**गुरु-शोभा** – रचयिता - सेनापति (दे.)। विव.-वीरकाव्य। (बृ. इति. 7)।

**गुरु**—दे. गुरु-लघु। गुरु। दीर्घ मात्रा। उ.-''दास' गुरु लघु णो ढ उ ठै ट गनाख्यनि भेदनि उच्चरि जानै।''-भि.ग्रं. 1, छंदा., 8/166।

**गुरुपदेश जोगे**—रचयिता-पोकरदास (दे.)। (बृ. इति. 7)।

**गुलंदाज**—गोला चलाने वाले। उ.-''कोट के किंगूरनि में गुलंदाज तीरंदाज राखे वै लगाय गोली-तीरन बरष तें।''-भू.ग्रं., शि.भू., 236/173।

**गुलजार**—बोधा कवि रचित विरह वारिश नामक काव्य में तमोली लड़के का नाम। यह नायक माधव का मित्र था। उ.-''कहि गुलजार नाम तिहि केरो। माधव कह्यो मित्र मेरो।''-बो.ग्रं., वि. वा., 49/96।

**गुलजार तमोली**—दे. गुलजार। उ.-''तिहि अवसर गुलजार तमोली। कहि पठई माधौ सों बोली।''-बो.ग्र., वि.वा., 49/198।

**गुलशने इश्क**—मुल्ला नुसरती (दे.)। विव. -इसकी कथा मंझनकृत मधुमालती से मिलती-जुलती है। (बृ.इति. 7)।

**गुलाब**—स्थान-आँतरी निवासी माथुर चौबे। आश्रयदाता- करहिया के परमार। रचनाएँ-करहिया कौ रायसौ। विव.-रासो परंपरा का वीरकाव्य जिसमें करहिया के परमारों और भरतपुर के नरेश जवाहरसिंह के बीच 1777 ई. में हुए युद्ध का वर्णन है। (बृ. इति. 7)।

**गुलाबपास**—गुलाबपाश। झारी के आकार का एक प्रकार का लंबा पात्र, जिसके मुँह पर हजारा लगा रहता है और जिसमें गुलाबजल आदि भरकर शुभ अवसरों पर लोगों पर छिड़कते हैं। (हिं.श. सा)। उ.-''अरी गुलाबपास तैं उठाउ आसपास तैं।।''-प.ग्रं., जग., 198/122, 105/124।

**गुलाल**—एक लाल बुकनी जो होली में चेहरे पर मली जाती है। अथवा कुमकुमे आदि में भरकर फेंकते और उड़ाते हैं। उ.-''अति गुलाल की धुंधि मैं राधे हिलावति अंग।''-वृ.ग्रं., अ.दो., 60/9।

**गुसुलखान**—वह स्थान जहाँ बादशाह का खास दरबार लगता है। (भू.ग्रं.हि.)। उ.-''अरतैं गुसुलखान बीच ऐसों उमराव लै चले मनाय सिवराज महाराज कौं।''-भू.ग्रं., शि.भू., 33/133।

**गुह**—केवटों का प्रधान जिसने राम, लक्ष्मण, और जानकी को पार उतारा था। उ. (1)-''गीध गुह गीधे के गुनानुवाद गहिये।''-प.ग्रं., प्र.प., 6/238, 11/239, 14/240, 36/245, 39/246। वही, क.प., 7/296। उ. (2)-''तरि गंग गए गुह संग लिए। चित्रकूट विलोकत छाँड़ि दिये।''-रा., 10/13।

**गुहपंचाशिका**—रचयिता-चन्द्रशेखर (दे.)। (इति. शुक्ल)।

**गूढ़उक्ति**—दे. गूढ़ोक्ति। एक अलंकार। ल.-गूढ़ उक्ति मिस और कैं कीजै पर उपदेस।-जस. ग्रं.भा.भू., 182/60।

**गूढ़ उत्तर**—दे. गूढ़ोत्तर। ल.-अभिप्राय तें

सहित जौ, ऊतर कोऊ देइ। ताहि गूढ़ उत्तर कहत जानि सुमत जन लेइ। उ.-"नीर के कारन आई अकेलियै भीर परें सँग, कौन कों लीजै। ह्याऊँ न कोऊ नयो दिवसोऊ अकेले उठाए घड़ो पट भीजै। दास इतै ले रु आन्ह को ल्याइ भलो जल छाँह को प्याइजै पीजै। एतो निहोरो हमारो करौ घट ऊपर नेकु घटो धरि दीजै।।"-भि.ग्रं. 2, का.नि., 11-12/153।

**गूढ़थली**—गुप्त यज्ञस्थल। उ.-"दसकंध की जाइ जु गूढथली। तिनके तन सों बहु भाँति दली।"-रा., 21/41।

**गूढ़ व्यंग्य**—लक्षणामूला व्यंजना (दे.) का प्रथम भेद। इसका लक्षण न देकर भिखारीदास ने इसे उदाहरण से स्पष्ट किया है-"आनन में मुसुकानि सुहावनि बंकुरता आँखियानि छई है। बैन खुले मुकुले उरजात जकी बिथकी गति ठौनि ठई है। दास प्रभा उछलै सब अंग सुरंग सुबासता फैलि गई है। चंदमुखी तनु पाइ नबीनो भई तरुनाई आनंदमई है।" तिलक-याकों पाइबे तें तरुनाई कों आनंद भयो है तौ और कोऊ पुरुष पावैगो ताकों अति ही आनंद होइगो यह व्यंगि है।।-भि.ग्रं. 2, का.नि., 48-48अ/13।

**गूढ़ उक्ति**—दे. गूढ़ोक्ति। ल.-कहिबे जो कछु और सों बोल। गूढ़ उक्ति तासों कहत जिनकी बुद्धि अमोल।।-मति., ल.ल., 360/358।

**गूढोकति**—दे. गूढ़ोक्ति। ल. (1)-गूढोकति मिस और के और हि देइ जनाइ।-प.ग्रं., पद्मा., 252/63। ल. (2)-मिसु करि के जहँ और को औरहि देत जनाइ। इहि बिधि कबिता सों कहौ गूढोकति सुख पाइ।। उ.-"कही तोरि समुझाइ उत निरखि छबीलो छैल। काल्हि अकेली जाउँगी अलि, मधुबन की सैल।।"-सो.ग्रं. 1, र.पी.नि., 299,300/218-219।

**गूढ़ोक्ति**—दे. गूढोकति। एक अलंकार जिसमें कोई गुप्त या गूढ़ बात किसी दूसरे के ऊपर छोड़ तीसरे के प्रति दूसरे के लिए कही जाती है। ल. (1)-अभिप्राय, जुत तहँ कहिय। काहू सों कछु बात। जहँ गूढ़ोक्ति बखानहीं कबि पंडित अवदात।।-भि.ग्रं. 2, का.नि., 13/154।

**गूढ़ोत्तर**—यह काव्यालंकार जिसमें किसी प्रश्न का या बात का उत्तर कोई गूढ़ अभिप्राय या मतलब लिये दिया जाता है। दे. गूढ़ उत्तर। इसे गुप्तोत्तर भी कहते हैं। दे. गुप्तोत्तर। ल. (1)-गूढ़ोत्तर उत्तर जहाँ सभिप्राय उचार।-प.ग्रं., पद्मा., 246/63। ल. (2)-"अभिप्राय सों सहित जो उत्तर कोऊदेय। तिहिं गूढ़ोत्तर कहत हैं सुकबि सरस्वति सेय।।-मति., ल.ल., 348/357। ल. (3)-ऊतरु दीजतु है तहाँ हिएँ लिए कछु भाइ। गूढ़ोत्तर तासों कहैं रसिक सुकबि समुझाइ।। उ.-"इहाँ न लखियतु साँवरे दिनकर तेज कछूक। बनी रहति दिन राति नित अति कोकिल की कूक।।-सो. ग्रं. 1, र.पी.नि., 289-290/217। ल. (4)-गूढ़ोत्तर कछु भाव तें उत्तर दीन्हे होत। उ.-"उत बेतस तरु में पथिक उतरन लायक स्रोत।।"-जस.ग्रं., भा. भू., 177/59।

**गृहस्थ**— ब्रह्मचर्य पालने के बाद विवाह करके दूसरे आश्रम में प्रवेश करके रहने वाला। उ.-"बारे न बड़े न बृद्ध वाहिनै गृहस्थ सिद्ध।"-क.प्रि., 14/47।

**गोपाल**—गोपाल श्रीकृष्ण। "सपने मिलत गोपाल सों ग्वालि परम सुख पाइ।"-भि.ग्रं., र. सा., 535/79; वही, शृं.नि., 172/126, 206/133, 213/136, 219/137, 220/137।

**गोपालजू**—श्रीकृष्ण। उ. (1);-"टेढ़ी सब अंग औ निपट बिन ढंग दई कैसें धौं गोपालजू सों गोद में गह्यो परै।।"-भि.ग्रं. 1, र.सा., 471/68। उ. (2)-"चंद्रावलि राधाजू की ललिता गोपालजू की सखियाँ सुहाई कैधौं भाग की भलाई है।"-भि.ग्रं. 1, शृं.नि., 209/135।

**गोबिंद**—श्रीकृष्ण। उ.-"पूरे चित चाइनि गोबिंद सुखदाइनि श्रीराधा ठकुराइनि बिराजति सदन में।।-भि.ग्रं. 1, शृं.नि., 30/94।, 35/96।

**गौड़ँ**—मध्य भारत की शासक जाति जिसके नाम से गोंडवा नाम पड़ा है। उ.-"छत्तिस गूजर गौड़ँ मोर सुरकी छप्पन घर।।"-बो.ग्रं., वि.वा., 38/182।

**गोकरन**—दक्षिण का एक गोकर्ण नाम का

तीर्थ, जो शैवों के लिए विशेष पवित्र है और जहाँ रावण, कुंभकर्ण आदि ने तप किया था। यह मालाबार में है। हिन्दू धर्म कोश के अनुसार यह कर्नाटक प्रदेश में गोवा के समीप स्थित है। इसके आसपास कई तीर्थ हैं। गोकर्ण तीर्थ की स्थापना रावण ने की थी। ऐसा कहा जाता है। यहाँ 'धूतपापस्थल' नामक एक तपोवन है जो रुद्र को अतिप्रिय है। यह समुद्र में चला गया था पर ऋषियों के आग्रह पर बलराम के कहने पर वरुण ने इसे पुनः दे दिया। इसी के निकट ताम्रपर्णी नदी है। (हि.श.सा., पौ.को., हि.ध.को.)। उ.-"गोदावरी गोकरन गंगाहू गयाहू यह ये ही कोटि तीरथ किये को लाभ लहिये।"-प.ग्रं., प्र.प., 28/243।

**गोकुल**—ब्रजमंडल का एक गाँव। वर्तमान मथुरा से पूर्व दक्षिण की ओर, प्रायः 6 मील दूर यमुना के दूसरे पार का प्राचीन ग्राम जिसे अब महावन कहते हैं। श्रीकृष्ण ने बाल्यावस्था यहीं बिताई थी। वर्तमान गोकुल इससे भिन्न है। (हि. श.सा., पौ.को.)। उ. (1)-"जय गोवर्धननाथ नाथ गोकुल के सोहन।"-प.ग्रं., प्र.वि., 1/277; वही, प्रकी., 72/322, 76/323; वही, जग., 83/97, 80/96, 168/115, 357/156 तथा आगे। उ. (2)-"गोकुल की बर बानिक नैन सदा लखिबोई करै अनिमेषनि।"-घ.क., 505/230; र.प्रि., 2/8; क.प्रि., 10/22।

**गोकुल चंद**—श्रीकृष्ण। उ. (1)-"मनमोहन तन घन सघन रमनि राधिका मोर। श्रीराधामुखचंद पैं गोकुलचंद चकोर।।"-प.ग्रं., जग., 290/143। उ. (2)-"जय जय गोकुल चंद मदन मोहन मनमोहन।"-वही, प्र.वि., 1/277।

**गोकुलदास**—लिपिक एवं कवि। समय-19वीं शती का पूर्वार्द्ध। रचना-भजनपद्धति। विव.-इस ग्रंथ में भजन पद्धति के सात भागों का वर्णन है-चौंसठ अंग भक्ति, साधनभक्ति, वृंदावन महिमा, सखीनाम, प्रात लीला, उत्तर गोष्ठ, रात्रिविहारलीला। (वृ: इति. 7)।

**गोकुलनाथ**—गोकुल (गायों के समूह) के स्वामी-श्रीकृष्ण। उ.-"जहाँ गोकुल संग फिरत हैं ए री गोकुलनाथ।"-वृं.ग्रं., य.सत., 36/208।

**गोकुलनाथ**—स्थान-काशी। समय-सं. 1820 के समीप। पिता-रघुनाथ। आश्रयदाता-महाराज चेतसिंह, बरिबण्डसिंह, महाराज उदित नारायण सिंह। रचनाएँ-महाभारत, चेतचन्द्रिका, गोविंद-सुखद-विहार, राधाकृष्ण विलास, राधानखशिख, नामरत्नमाला, सीताराम-गुणार्णव, अमरकोष भाषा, कवि मुखमंडन। (इति.शुक्ल, स.सर्वे.)।

**गोगाद रूपक**—रचनाकाल - सं. 1805। रचयिता-पहाड़ खाँ आढ़ा (दे.)। विव.-राव वीरमदेव के पुत्र गोगादे और जीहियों के नेता दला के बीच होने वाले युद्ध का वर्णन। (बृ. इति. 7)।

**गोड़वानो**—गोंडवाना। मध्यप्रदेश का उत्तरी भाग जो गोंड जाति का आदि निवास स्थान माना जाता है। नागपुर के आसपास का प्रदेश। उ.-"गोड़वानो तिलमानो फिरगानो करनाट रूहि लन हिये हहरत हैं।"-भू.ग्रं., प्रकी., 433/212।

**गोदावरी**—दक्षिण भारत की एक नदी जो नासिक के पास सह्य पर्वत से निकलकर बंगाल की खाड़ी में गिरती है। यह भारत की अनेक पवित्र नदियों में से एक है। राम ने गोवर्द्धन नामक नगर यहीं बसाया था। (पौ.को.)। उ.-"गोदावरी गोकरन गंगाहू गयाहू यह ये ही कोटि तीरथ किये को लाभ लहिये।"-प.ग्रं., प्र.प., 28/243।

**गोधन**—1. गोवर्द्धन पर्वत। कार्तिक मास की दीपावली के बाद की पूजा विशेष से सम्बद्ध। उ.-"खेलै जुवा जुरि जाइ बनवै देव गोधन धारि।"-बौ.ग्रं., वि.वा., 12/211। 2. गोवर्द्धन पर्वत-उ.-"बीर बलदाऊ साथ कानन पठै दै मोहिं गोधन उठाइ मेरे नख पै धराइ दै।"-प.ग्रं., प्रकी., 85/326।

**गोधन आगमन**—रचयिता - नागरीदास (दे.)। (बृ. इति., स.सर्वे.)।

**गोप**—ग्वाला। गौ की रक्षा करने वाला। उ.-"वे तो हुते गोप गोपी हम हुतीं हो चुकी वा, अब वे महीप रानी कैसे हूजियतु है।"-ठाकुर, 47/13. 6/63।

**गोप कवि**—समय-1590 में उपस्थित।

स्थान-गोकुल। पिता-यदुनाथ। आश्रयदाता-ओरछा नरेश महाराज पृथ्वीसिंह। रचनाएँ-रामालंकार, रामचंद्र भूषण, रामचंद्राभरण। (बृ.इति. 6)।

**गोपन**--रति की दृष्टि से परकीया गुप्ता की रति चिह्नों को छिपाने की क्रिया। उ.-''सखी कुचन नख चिन्ह कौं गोपन कियो बनाइ।''-वृं.ग्रं., भा. पं., 30/20।

**गोपपचीसी**--रचयिता-ग्वाल कवि (दे.)। (इति. शुक्ल)।

**गोपपचीसी**--रचयिता-ग्वाल (दे.) (सा.को.)।

**गोपबधू**--गोपवधू, ग्वालिन। उ.-''गहि लावत धावत धूरि भरे जु पै गोपबधू कहूँ पावत है।''-ठाकुर, 99/26।

**गोपसुता**--गोपांगना, ग्वालिन। उ.-''गोपसुता कहै गौरि गुसाइँनि पायँ परौं बिनती सुनि लीजै।।''-मति., र.रा., 63/214।

**गोपाचल**--ग्वालियर के पास का एक पर्वत। ग्वालियर का प्राचीन नाम। उ. (1)-''गोपाचल ऐसे गढ़, राजा रामसिंघजू से।''-क.प्रि., 7/3। उ. (2)-''काँपत गोपाचल को अंग। उतरि गयो मद ज्यों मातंग।''-वी.च., 3/12। उ. (3)-''राजनि की मंडली को रंजनु बिराजमान जानियत स्यामसिंघ सिंघ गोपाचल को।''-जहाँ., 93।

**गोपाचलगढ़**--गोपाचल गढ़, ग्वालियर का किला। उ.-''भए त्रिविक्रम मिश्र तब . तिनके पंडितराय। गोपाचल गढ़ दुर्गपति तिनके पूजे पाय।''-क.प्रि., 2/9।

**गोपाल**--गायों का पालन करने वाले-श्रीकृष्ण। उ. (1)-''गुन वारे गोपाल के करि गुनगननि वखान। इक औधिहि के आसरें राखति राधा प्रान।।''-प.ग्रं., जग., 659/217। उ. (2)-''काल्हि कहूँ हँसि बोली गोपाल सों जानि न जाइ कहा कहौ कौनें।''-ठाकुर, 25/8। उ. (3)-''मनभावन प्यारे गोपाल बिना जग जीजतु है पै न जीजतु है।''-ठाकुर, 33/10, 106/28, 124/33, 158/41, 174/44, 180/45। उ. (4)-''मौत कलेस को लेस नहीं कवि गोपाल में चित समानैं।''-बो.ग्रं., वि. वा., 83/14। उ. (5)-''जन मन राषि गोपाल सौं लेत न जनम सुधार।''-वृं.ग्रं., य.सत., 561/249।

**गोपाल**--समय - सं. 1820 के आसपास। आश्रयदाता-असोथर के राजा भगवंतराय खीची। रचनाएँ-भगवंत राय की बिरुदावली। (बृ. इति. 7)।

**गोपालचंद्र मिश्र**--जन्म-सं. 1690। पिता-गंगाराम। आश्रयदाता-छत्तीसगढ़ की पुरानी राजधानी रतनपुर के हैहयवंशी राजा राजसिंह। रचनाएँ-खूब तमाशा, जैमिनी अश्वमेध, सुदामाचरित, भक्तिचिंतामणि, रामप्रताप, छंद विलास। (बृ.इति. 7)।

**गोपाल चानक**--समय-18वीं शती का उत्तरार्द्ध। पिता-गंगाराम। आश्रयदाता-रतनपुर (बिलासपुर) मध्यप्रदेश के राजा राजसिंह। रचनाएँ-वीरशतक, कीर्तिशतक, कर्मशतक, पुण्यशतक, (बृ. इति. 7)।

**गोपाल छंद**--प्रत्येक चरण में मात्रा क्रम है (SSSI)। उ.-''ए जंजाल। मेटो हाल। ह्वै दयाल। श्री गोपाल।।''-भि.ग्रं. 1, छंदा., 20/237।

**गोपाल जगदेव**--समय - सं. 1860 में उपस्थित। आश्रयदाता-भुजनरेश महाराज खेंगार। रचनाएँ-काव्यप्रभाकर, मिलिंदशक, रसालमंजरी, तत्वात्मबोध, खेंगार-उद्वाहानंद पीयूष, शब्दविभूषित, शौर्य बावनी, अलंकारनिधि छंद-विधि-गति-चन्द्रिका। (बृ. इति. 7)।

**गोपालदास**--अखा के समकालीन ज्ञानमार्गी संत। स्थितिकाल-सं. 1705। जन्मस्थान-नांदोद। वैश्य। पिता-खीमजी। गुरु-सोमराज। निवासस्थान-फरमानवाडी (अहमदावाद)। रचनाएँ-ज्ञानप्रकाश (गोपाललीला)। (रचनाकाल सं. 1705)। (बृ. इति. 7)।

**गोपालदास 'गोपाल कवि'**--वृंदावनवासी ब्रह्मभट्ट। रामबक्स भट्ट के शिष्य। काव्यकाल (अस्तित्वकाल)-सं. 1860-1930। पिता- खड्गराय। आश्रयदाता-पटियाला के महाराज कर्मसिंह के अनुज अजीतसिंह। रचनाएँ-दपतिकाव्य विलास, दूषणविलास, ध्वनिविलास, भावविलास, भूषणविलास,

मानपचीसी, रमसागर, रासपंचाध्यायी, ब्रजयात्रा, वनयात्रा, श्रीवृंदावनधामानुरागावली, वृंदावनमाहात्म्य, वंशीलीला, वर्षोत्सव, गोपालभट्टचरित, वृंदावनवासिन के कवित्त, भक्तमालटीका–17 ग्रंथ। (बृ.इति. 7)।

**गोपालनाथ**–समाधिकाल-सं. 1823। निवासस्थान-सलावतपुर (औरंगाबाद)। समाधिस्थान-त्रिपुरी। गुरु-रंगनाथ। रचनाएँ-स्फुट। (बृ.इति. 7)।

**गोपाल भट्ट**–जन्म समय-सं. 1700 के लगभग। निवासस्थान-वृंदावन। विशेष-गोस्वामी गोपाल भट्ट, संस्कृत के विद्वान्, ब्रज के ऊँचे गाँव की गद्दी के अधिकारी, नारायण भट्ट की पाँचवीं पीढ़ी में। रचनाएँ-स्फुट, भक्तिपरक।-(बृ.इति. 7)।

**गोपालभट्टचरित**–रचयिता - गोपालदास (गुपाल कवि) (दे.)। (बृ. इति. 7)।

**गोपालभट्ट शतक**–रचयिता-गुणमंजरीदास (दे.)। (बृ.इति. 7)।

**गोपालस्तोत्र**–रचयिता-गिरिधरदास (दे.)। (इति.शुक्ल)।

**गोपिका**–अहीरिन, ग्वालिन, गोप की स्त्री। उ. (1)-"अरुन बसन निकरी पहरि पावस में छबि खानि। इंद्र गोप सी गोपिका गोप इंदु लखि आनि।"-मति., म.सत., 330/396। उ. (2)-"जो गोकुल की गोपिका कुल की मोही स्याम।"-वृं.ग्रं., य.सत., 324/231।

**गोपिन**–गोपवधू, ग्वालिन, अहीरिन। उ. (1)-"गोपिन के रस को चसको जब लौं न लग्यौ तव लौं मन गुंजन।"-घ.क., 503/230। उ. (2)-"फागुन खेलत फागु हरि हिलि मिलि गोपिन संग।"-वृं.ग्रं., अ.दो., 60/9। बो.ग्रं., वि.वा., 51/27।

**गोपी**–ब्रज की गोपजातीय वे स्त्रियाँ या कन्याएँ जो श्रीकृष्ण से प्रेम रखती थीं, और जिन्होंने उनके साथ बालक्रीड़ा तथा अन्य लीलाएँ की थीं। उ. (1)-"खाइँ कछू बगराई कछू हरि गोपी गुलाम की गाजरैं कीनी।"-ठाकुर, 39/11। उ. (2)-"वे तो हुते गोप गोपी हम हुतीं हो चुकी वा अब वे महीप रानी कैसे हूजिययतु है।"-ठाकुर, 47/13, 6/63। उ. (3)-"जे गोपी गोपीन सँग गोपी गोपीनाथ।"-वृं.ग्रं., 62/211।

**गोपीनाथ**–स्थितिकाल-सं. 1850। स्थान-काशी। पिता-गोकुलनाथ। आश्रयदाता- काशिराज उदितनारायण सिंह। रचनाएँ-महाभारत का अनुवाद। (इति. शुक्ल)।

**गोपीनाथ**–गोपिकाओं के स्वामी श्रीकृष्ण। उ. (1)-"को कहतौ तुहि नंदसुत जग मैं गोपीनाथ।"-रतन., 770/144। उ. (2)-"जय जय गोपीनाथ सु जय जय गिरधारिय।"-प.ग्रं., प्र. बि., 1/277।

**गोपीनाथ**–कवि मतिराम के आश्रयदाता बूँदी के राव भाऊसिंह के वंश में पूर्वजों में राव रतनेश के पुत्र। उ.-"भयो राव रतनेस को गोपीनाथ कुमार"।-मति., ल.ल., 29/302, 30/303, 54/307।

**गोपीप्रेमप्रकाश**–रचयिता-नागरीदास (दे.)। रचनाकाल-सं. 1800। (बृ.इति. 7, स.सर्वे.)।

**गोपी बैन विलास**–रचयिता-नागरीदास (दे.)। (बृ.इति. 7) (से. सर्वे.)।

**गोबरधन**–दे. गोवर्द्धन। उ.-"गोबरधन कर परधर्‍यौ गौ बरधन कै हेत।"-वृं.ग्रं., य.स., 75/212।

**गोबर्द्धन**–गोवर्द्धन। श्री वृंदावन का एक पर्वत जिसके विषय में यह प्रसिद्ध है कि जब इंद्र ने कुपित होकर घनघोर वर्षा की थी तब श्रीकृष्ण ने इसे अपनी उँगली पर उठाया था। उ.-"करि जल तें उद्धरि धरित गोबर्द्धन कर हरि।"-वृं.ग्रं., स्फु. छं., 21/315।

**गोवर्धननाथ**–गोवर्द्धन पर्वत के स्वामी। दे. गोबर्द्धन। उ.-"जय गोवर्धननाथ नाथ गोकुल के सोहन।"-प.ग्रं., प्र.वि., 1/277।

**गोवर्द्धन धारण के कवित्त**–रचयिता-नागरीदास (दे.)। (बृ.इति. 7, स.सर्वे.)।

**गोबिंद**–गोविंद। श्रीकृष्ण। उ. (1)-"गोविंद नंदनंदन सुखद घन सुंदर आनंदघन।"-मति., ल. ल., 5/300। उ. (2)-"रिस मिस नेह गोविंद को कहति फिरै सब गाँउ।।"-मति.म.सत., 143/380। उ. (3)-"देखि रक्षावंधन गोबिंद जू के हाथ साथ

राधे की कजलियाँ सिरावन कौं जैहौं मैं।''-ठाकुर, 123/33।

**गोबिंद देव**–श्रीकृष्ण। उ.-''जय जय जय गोबिंद देव देवन हितकारिय।''-प.ग्रं., प्र.बि., 1/277।

**गोबिंद**–दे. गोबिंद। उ.-''फेंट गही न गही बहियाँ न गरो गहि गोबिंद गौन तें फेरो।-प.ग्रं., जग., 250/134, 464/179।

**गोबिंद चंद**–बोधा रचित विरह वारीश काव्य की पुहुपावती नगरी का राजा गोविंदचंद्र। उ. (1)-''गोबिंदचंद भूप तिहि जानौ। बेदवंत मतिवंत बखानौ।''-बो.ग्रं., वि.वा., 4/41। उ. (2)-''पहुपावती जु पुरी बसै महराज गोबिंदचंद की।''-वही, 3/43।

**गोविंद परचई**–रचयिता-नागरीदास (दे.)। (स.सर्वे., बृ.इति. 7)।

**गोर**–36 प्रकार के राजपूतों में से एक जिनका स्थान उत्तर-पश्चिम भारत में है। उ.-''बीर कमध चहुँबाँन गोर हाड़े कछवाहे।''-वृं.ग्रं., स.स. रू., 70/269।

**गोर**–फारस देश के एक प्रांत का नाम। उ.-''गोर गुजरात अरु पूरब पछाँह ठौर जंतु जंगलीन की वसति मारि रद की।''-भू.ग्रं., शि. भू., 142/155।

**गोरा बादल रणजय**–रचयिता-लालचंद जैन –(दे.)। (बृ.इति. 7)।

**गोरी**–राधा। उ. (1)-''कीरतिकुवँरि कहें कीरति बढ़ति अति गोरी के कहे तें गुरुवाई अधिकाति है।''-ठाकुर, 3/61-62। उ. (2)-''ठाकुरकहत गोरी सहित गुपाल सोभा सुखनि रसाल केलि कोक नय याके हैं।''-ठाकुर, 16/66, 36/71।

**गोरोचना**–गोरोचन। पीले रंग का एक प्रकार का सुगंधित द्रव्य जो गौ के हृदय के पास पित्त में से निकलता है। उ.-''सुरगिरि, भू, गोरीचना, गंधक, गोधनमूत।''-क.प्रि., 5/17।

**गोलकुंडा**–दक्षिण का एक प्रसिद्ध ऐतिहासिक दुर्गनगर जो मुगलकाल में अपनी चरमोन्नति पर था तथा अपार सम्पत्ति से सम्पन्न था। 1656 ई. में अब्दुल्ला कुतुबशाह के बाद निरंतर इसका पतन होता गया। एक ऊँची पहाड़ी पर बना यहाँ का दुर्ग अत्यन्त प्रसिद्ध है। मुगलों के विरोधी कुतुबशाही शासक शिवाजी के भी सहायक थे। 1687 ई. में इस पर औरंगजेब का अधिकार हो गया। उ.-''गोलकुंडा बीजापुर जीत्यो लरिकाई ही में ज्वानी आएँ जीत्यौ दिल्लीपति पातस्या।''भू.ग्रं.,शि. भू., 13/130 1 वृं.ग्रं., स. स. रू, -24/264।

**गोविंद सुखद विहार**–रचयिता-गोकुलनाथ (दे.)। (इति.शुक्ल)।

**गोविंददास**–एक ब्राह्मण जो बीरसिंह के द्वारा रामशाह के पास भेजा गया था। उ.-''बीरसिंघ पुनि कियो हुलास। पठए तिन पँह गोविंददास।''-बी. च., 3/41।

**गोवर्द्धन धारण के कवित्त**–रचयिता-नागरीदास (दे.)। (बृ.इति. 7, स.सर्वे.)।

**गौतम**–गोतम ऋषि के पुत्र शतानंद ऋषि का नाम। इन्होंने अपनी पत्नी को भ्रमबश इंद्र के साथ अनुचित सम्बन्ध रखने के कारण शाप दे कर पत्थर बना दिया था जिसका उद्धार श्रीरामचंद्र ने विश्वामित्र के साथ जनकपुरी जाते समय किया था। उ.-''भई पषान बाम गौतम की ससि सकलंक निहारो।''-बो.ग्रं., वि.वा., 5/36।

**गौतमी तिया**–ऋषि गौतम की पत्नी अहल्या जिसके साथ छल से इन्द्र ने भोग किया था। उ.-''स्यौरी हौं न सुद्र हौं न केवट कहूँ को त्यों न गौतमी तिया हौं जापै पग धरि आओगे।''-प. ग्रं., प्र.प., 15/240।

**गौनी लक्षणा**–गौणी लक्षणा। प्रयोजनवती लक्षणा का एक भेद। गुणों की समानता की अतिशयता के कारण दो भिन्न पदार्थों का भेद न जान पड़ना इस अलंकार की विशेषता है। इसके दो भेद बताये गये हैं-सारोपा और साध्यवसाना। ल.-गुन लखि गौनी लक्षणा द्वै ही तासु प्रमान। सारोपा प्रथमी गनो दूजी साध्यवसान।-भि.ग्रं. 2, का.नि., 37/11।

**गौनी साध्यवसान**–गौणी साध्यवसाना। प्रयोजनवती गौणी लक्षणा का एक भेद। गुण के

अध्यवसित होने से केवल उपमान ही कहा जाने के कारण इसे गौणी साध्यवसाना कहते हैं। ल.-गौनी साध्यवसान सो, केवलही उपमान; उ.-''कहा बृषभ सों कहत हौ, बातैं ह्वै मतिमान।।''-भि.ग्र. 2, का.नि., 40/12।

**गौनी सारोपा लक्षणा**—गौणी सारोपा लक्षण। प्रयोजनवती गौणी लक्षणा का एक भेद। ल., उ. (1)-सगुनारोप सु लक्षना, गुन लखि करि आरोप। जैसे सव कोऊ कहै, बृषभै गवई गोप।। सूर सेर करि मानिये कायर स्यार बिसेषि। बिद्यावान त्रिनयन है, कूर अंध करि लेखि।।-भि.ग्रं. 2, का.नि., 38-39/11 उ. (2)-''इहिं अलबेली ग्वालिनै नैन बिषम सर साँधि। बस करि लीनें साँवरे ललित गुननि सौं बाँधि।।''-सो.ग्रं. 1, र.पी.नि., 33/46।

**गौने**—गौना। विवाह के बाद की एक रस्म, जिसमें वर अपने ससुराल जाता है, और कुछ रीति रस्म पूरी करके वधू को अपने साथ ले आता है। इसे द्विरागमन भी कहते हैं। उ.-''गौने की चरचा चलैं दियें तहाँ चित बाल। अधमूँदी अँखियानि सों गूँदी गूँदति माल।।''-मति., म.सत., 195/384, 262/390।

**गौनो**—दे. गौने। उ.-''जा दिन ते गौनो भयो आई बाल रसाल। ता दिन तें बिरहिनि भई उर मोतिन की माल।।''-मति., म.सत., 289/392।

**गौर**—गौड़वंशी। उ.-''कूरम कमल कमधुज है कदंब-फूल गौर है गुलाब राना केतकी बिराज है।''-भू.ग्रं., प्रकी., 441/214।

**गौरणदास**—एक वैष्णव भक्त। समय-18वीं शती का प्रारम्भ। रचनाएँ-गौरांगभूषण विलास, शृंगार मंजावली, सिद्धान्त-प्रणालीशाखा। (बृ. इति. 7)।

**गौरांगभूषणविलास**—रचयिता-गौरगनदास (दे.)। (बृ.इति. 7)।

**गौरि**—गौरी। पार्वती। उ. (1)-''जित पूजा करैं नित गौरि की वै तित जाइये ध्यान धरैं हर को।''-भि.ग्रं. 1, शृं.नि., 20/92। उ. (2)-''नाचत गौरि के हेत लियैं सितकंठ हिये अनुराग मई है।''-वृं.ग्रं., भा.पं., 5/13। उ. (3)-''तैही जनो पतिदेवत के गुन गौरि सबै गुनगौरि पढ़ाई।।''-मति. र.रा., 11/203, 63/214। उ. (4)-''कीनो अति अनुराग सों पीतम आधे रूप। मनो लिये गुन सौरि तें गुन गौरितें अनूप।।''-मति., म.सत., 593/417।

**गौरिगिरी**—एक रागिनी। उ.-''गौरिगिरी टोड़ी पुनि गावै। रामकली गुनकरी बतावै।''-बो. ग्रं., वि.वा., 9/120।

**गौरी**—दे. गौरि। 1. पार्वती, 2. संध्या समय गायी जाने वाली रागिनी विशेष। उ. (1)-''भैरो-जुत गौरी-सँजुत, सुरतरंगिनी लेखि।''-क.प्रि., 1/49। 3. पार्वती। उ.-''ठाकुर गौरी गिरीस सुरेस तमासो लखैं सुनैं सोरहु वाको।''-ठाकुर, 11/64।

**गौरी**—गौड़ी नाम की एक रागिनी जो रात्रि के प्रथम प्रहर में गायी जाती है। उ.-''प्रिय बिछुरे मन कों समझावत गौरी समय भैरवी गावत।।''-बो. ग्रं., वि.वा., 71/146।

**गौरी**—दे. गाहा छंद।

**गौरी तनय**—गणेश (दे.)। उ.-''विघनहरन मंगलकरन गौरी तनय गनेस।''-रतन., 1/43।

**ग्यॉंन**—ज्ञान। बस्तुओं, विषयों, पदार्थों की मन या जीवात्मा को होने वाली भावना या जानकारी। उ.-''निदध्यासन फेरि करै नित ही तउ ग्यॉंन नही इनतैं कवही।''-जस. ग्रं., सि.बो., 8/170, 9/170, 61/176 तथा आगे।

**ग्यात जोबना**—ल.-तन जोबन आगमन को ग्यान जबै जिहिं होत। ग्यात जोबना नाइका ताहि कहत कबि गोत। उ.-''आज कालि दिन द्वैक तें भई और ही भाँति। उरज उचौहिन दै उरु तन तकि तिया अन्हाति।।''-प.ग्रं., जग., 33/85, 37/86।

**ग्यात यौवना**—मुग्धा नायिका का एक भेद। वह मुग्धा नायिका जिसे अपने यौवन का ज्ञान हो। इसके दो भेद हैं-नवोढ़ा और विश्रब्धनवोढ़ा। ल.-जोवति जोबन आगमन, तनमें ग्यात सु जानि।-सो.ग्रं. 1, र.पी.नि., 29/65।

**ग्यान**—ज्ञान। दे. ग्यॉंन। उ.-विषयनि तें

निरवेद वर ग्यान जोग ब्रत नेम। बिफल ग्र्यानियों ये विना प्रभु पर पंकज प्रेम।।''-मति., म.सत., 410/402।

**ग्यानप्रकास**—ज्ञानप्रकाश। वस्तु, पदार्थ अथवा विषय के सत्यासत्य का बोध। उ.-''ईस्वर ही तैं होत है जिय कौं ग्यानप्रकास।''-जस.ग्रं., अ.सि., 34/145।

**ग्यानी**—ज्ञानी। विषय, वस्तु अथवा पदार्थ का बोध रखने वाला। उ.-''ग्यानी ग्यान सरूप है ब्यापि गयौ सब माँहि।''-जस.ग्रं., सि.सा., 21/190।

**ग्रह**—फलित ज्योतिष के अनुसार नवग्रह-सूर्य, चन्द्र, मंगल, बुध, गुरु, शुक्र, शनि, राहु और केतु। शुभ अवसरों पर इनकी पूजा की जाती है। प्रत्येक ग्रह के तीन स्थान होते हैं-दक्षिण, उत्तर और मध्य। सूर्य की परिक्रमा करने वाले तारे, जिनकी गति, उदय और अस्त का पता ज्योतिषियों ने लगा लिया है, वे सात हैं, जिनमें राहु और केतु नहीं हैं। ये सूर्य की परिक्रमा करते हैं। उ. (1)-''सुधाकुंड, ग्रह, नाड़िका, नवधा भक्ति वखानि।''-क.प्रि., 11/20। उ. (2)-''गंध्रव राछस ग्रह नखत देव मनुष चित आनि।''-जस.ग्रं., अ. सि., 80/150

**ग्राम्य**—(दोष)-दे. दोष, शब्द दोष। ल.-केवल लोक-प्रसिद्ध कों, ग्राम्य कहैं कबिराइ। उ.-''क्या झल्लै टुक गल्ल सुनि भल्लर झल्लर भाइ।।'' ति.-क्या सब्द झल्ल सब्द भल्ल सब्द गल्ल सब्द टुक सब्द, भाइ सब्द ये सब्द लहुलोक ही में हैं, काव्य में नहीं प्रसिद्ध हैं।।-भि.ग्रं. 2, का.नि., 17, 17अ/222।

**ग्राम्यार्थ**—दे. दोष, अर्थ दोष। ल.-चतुरन की सी वात नहिं, ग्राम्यारथ सो चेति। उ.-''अली पास पौढ़ी भले मोहिं किन पौढ़न देति।।''-ति.-पुरुष ह्वै कै इस्त्री को दाँजु करत है, तातें ग्राम्यार्थ भयो।।-भि.ग्रं. 2, का.नि., 63-63अ/233।

**ग्राह**—दे. गज। वह घड़ियाल जो गज को पकड़कर पानी में खींच ले गया था और जिसे मार कर विष्णु ने गज की रक्षा की थी। उ. (1)-''हारि पर्‌यौ लरि ह्वै बलहीन सो ग्राह तें लै गज तू जितयौ रे।''-ठाकुर, 213/56। उ. (2)-''ब्याधहू ते बिहद असाधु हौं अजामिल तें ग्राह तें गुनाही कहौ तिनमें गनाओगे।''-प.ग्रं., प्र.प., 15/240, 36/245; वही, क.प., 7/296। उ. (3)-ग्राह गह्यो गाढ़े बैर पीछले के बाढ़े भयो।''-मति., ल.ल., 124/320।

**ग्रिहसत सतसार**—रचयिता - मुरलीदास (दे.)। विव.-परधन त्यागादि। (बृ. इति. 7)।

**ग्रीष्मवर्णन**—रचयिता-गिरिधरदास (दे.)। (इति.शुक्ल)।

**ग्रीष्म विहार**—रचयिता-नागरीदास (दे.)। (बृ.इति. 7, स.सर्वे.)।

**ग्लानि**—एक संचारी भाव। रति, परिश्रम, मनस्ताप, भूख, प्यास आदि से उत्पन्न दुर्बलता अथवा शिथिलता ही ग्लानि है, जिससे अनुत्साह होता है। ल. (1)-ग्लानि जानि जहँ बल न बसावै। दुरवलता असहन दुख ल्यावै।-भि.ग्रं. 1, र.सा., 485/71। द. व्यभिचारी। भि.ग्रं. 1, शृं.नि., 238/141। ल. (2)-तन मन दुख तें छीनता होति सुग्लानि अपार।-सो.ग्रं. 1, र.पी.नि., 21/54। ल. (3)-निंद्य वस्तु दरसन परस, सुमिरन तें अनयास। उपजतु हियें विकार जो, सोई ग्लानि प्रकास।-वही, 43/56। ल. (4)-भूखहि तें कि पियास तें कै रतिश्रम तें अंग। विहवल होत गिलानि सों कंपादिक सुरभंग।-प.ग्रं., जग., 479/181। ल. (5)-जहँ घिनाइ की चीज लखि सुमिरि परस मन माह। उपजत जो कछु घिन वहै ग्लानि कहत कबिनाह।-वही, 598/205।

**ग्लानि श्लील**—ग्लानि की दशा का वर्णन जिसमें मर्यादा, सभ्यता, शालीनता, घृणा आदि का कोई ध्यान न हो। यह एक प्रकार का दोष है। उ.-''स्वेद सलिल सरस्यै तऊ, लख्यौ न रति के तेह। अब पिय पोछौं वेगि दै लिबिलिबाति है देह।।''-सो.ग्रं. 1, र.पी.नि., 18/163।

**ग्याल**—ग्वाला। अहीर। गोप। उ.-''धन गोपी धनग्वाल वे धन जसुदा धन नंद।''-रतन., 15/44।

**ग्वाल कवि**—जन्म-सं. 1859। जन्मस्थान-मथुरा। पिता-सेवाराम। रचनाएँ-रसिकानन्द, रसरंग,

कृष्ण जू को नखशिख, दूषण दर्पण, यमुनालहरी, भक्तभावना, हम्मीरहठ, गोपपचीसी, राधामाधव मिलन, राधा अष्टक, कवि हृदयविनोद, नेहनिबाहन, बंशीलीला, कुबजाष्टक, कविदर्पण, साहित्यानंद, अलंकारभ्रमभंजन, प्रस्तारप्रकाश, साहित्यभूषण, साहित्यदर्पण, दोहा शृंगार, शृंगारकवित्त, कवित्त बसन्त, बंशीबीसा, ग्वालपहेली, रामाष्टक, गणेशाष्टक, दृगशतक, कवित्तग्रन्थ माला, इश्क लहर दरियाव, विजयविनोद, षट्ऋतु वर्णन। (इति.शुक्ल, बृ.इति. 7, हिं.सा.को.)।

**ग्वाल पहेली**—रचयिता-बालकृष्ण बालअली (दे.)। (बृ.इति. 7)।

**ग्वाल पहेली**—रचयिता-ग्वाल (दे.)। (सा. को.)।

**ग्वालियर**—मध्यप्रदेश का एक प्रसिद्ध ऐतिहासिक नगर जहाँ एक प्रसिद्ध दृढ़ दुर्ग है। उ.-''दोई दिन भीतर बिगोई सुनि आगरे सों कोई दिन जैहै गढ़ोई ग्वालियर को।''-भू.ग्रं., प्रकी., 488/225। उ. (2)-''सो देऊँ तो कहँ आज। अरु ग्वालियर को राज।''-बो.ग्रं., वि.वा., 64/157।

# घ

**घंटा**—धातु का एक गोल औंधे बर्तन के आकार का बाजा, जिसके बीच में एक लंगर लटकता रहता है, जिसके हिलने से ध्वनि उत्पन्न होती है। इसका उपयोग केवल पूजा, समय-सूचना आदि के लिए ही होता है। उ. (1)-''घंटा टननात घननात घने घूँधुरानि।''-क.प्रि., 6/75। उ. (2)-''बाजत घंटा घन घरियार। झाँझ झालरी भेरि सितार।''-वी.च., 18/1।

**घत्ता छंद**—मात्रिक छंद है। दस, आठ, और 13 मात्राओं के योग के चार चरणों से यह छंद बनता है। ल.-दस बसु तेरह अर्थ में, समुझिय घत्ता छंद। उ.-''दुख देत सु आली बिनु बनमाली घत्ता लहि चूकत न अरि।''-भि.ग्रं. 1, छंदा., 16, 17/224।

**घत्तानंद छंद**—मात्रिक छंद है। ग्यारह, सात और तेरह मात्राओं के योग के चार चरणों से यह छंद बनता है। ल.-ग्यारह मुनि तेरह बिरति, जानौ घत्तानंद। उ.-''सोयो ढिगहि चुपाई कहि नहि जाइ घत्तानंदकिसोर की।''-भि.ग्रं. 1, छंदा., 16, 18/224।

**घन आनंद**—घनानंद। जन्मस्थान-बुलंदशहर के आसपास। जन्म-सं. 1746 ( ?), सं. 1715 ( ?), सं. 1730 ( ?), मृत्यु-सं. 1796( ?), सं. 1817 ( ?)। जाति-कायस्थ, निवास-दिल्ली, मथुरा। मुगल बादशाह बहादुरशाह के मीर मुंशी। बाद में विरक्त भक्त जीवन। रचनाएँ-कवित्त सवैयों का संग्रह, पदावली, कृपानंद, वियोगबेलि, इश्कलता, यमुनायश, प्रीतिपावस, प्रेमपत्रिका, अनुभवचंद्रिका, रंगबधाई, प्रेमपद्धति, बृषभानपुर सुषमा वर्णन, गोकुलगीत, नाममाधुरी, गिरिपूजन, विचार सार, दानघटा, भावनाप्रकाश, ब्रजस्वरूप, प्रेम-पहेली, रसायन-यश, गोकुलविनोद, कृष्णकौमुदी, धाम-चमत्कार, प्रिया-प्रसाद, वृंदावनमुद्रा, ब्रजप्रसाद, गोकुलचरित्र, मुरली का मोद, मनोरथ मंजरी, गिरिगाथा, ब्रजब्योहार, छंदाष्टक, त्रिभंगी, परमहंसावली, कृर्तत्व तथा शीर्षक परीक्षा। (सा. को., बृ.इति. 7, इति. शुक्ल)। उ. (1)-''घेरि घुँटि मारै चहुँधा घनआनंद यौं, बादर उडंबरनि डावाँडोल ज्यौं करै।''-घ.क., 497/228। उ. (2)-''सुहाग सों ओपति भाल दिपै घनआनंद जान पिया अनुरागै।''-वही, 315/171। उ. (3)-''भए कागदनाव उपाव सबै घनआनंद नेह-नदी-गहरै।''-वही, 52/58।

**घननाद**—जन्म के समय ही मेघ के समान गर्जन करने वाला। मयकन्या तथा रावण की पटरानी मंदोदरी के गर्भ से उत्पन्न लंकेश्वर रावण का पुत्र मेघनाद। यह अत्यन्त वीर और पराक्रमी था। देवराज इंद्र भी इससे युद्ध में हार गये थे। इसीलिये इसका नाम इंद्रजित भी पड़ा। लंका के रामरावण युद्ध में इसने श्रीरामपक्ष को दो बार हराया था। अन्त में यह लक्ष्मण के हाथों मारा गया।

वासुकि नाग की पुत्री सुलोचना इसकी पत्नी थी, जो पातिव्रत धर्म के लिए प्रसिद्ध है (हि.श.सा., पौ. को.)। उ.-''रावन को अरु आपनौ किय घननाद अकाज।''-वृ.ग्रं., नी.स., 612/106।

**घनबान**—युद्ध भूमि में अपने धुएँ से अंधकार कर देने वाले बाण। उ.-''चले चंदबान घनबान और कुहुकबान चली हैं कमानैं धूम आसमान छवै रह्यो।''-भू.ग्रं., प्रकी., 525/233।

**घनश्याम**—श्रीकृष्ण। उ. (1)-''देखत जोई कहै धनि सो घन सों घनश्याम सों होड़ परी है।''-ठाकुर, 118/31। उ. (2)-''कहै पदमाकर घरीक ही में घनस्याम काम तौ कतलबाज कुंज ह्वै है काती सी।''-प.ग्रं., जग., 373/159, 548/195। उ. (3)-''वाकी तपनि मिटै जु रस बरसो घन घनस्याम।''-मति.म.सत., 28/371। उ. (4)-''वा घनस्याम अकेले बिना सिगरो ब्रज बीर बिरानोई सो है।''-ठाकुर, 34/10, 61/17, 129/34, 144/37। उ. (5)-''घनस्याम मनभाए मोर के परवा सोहाए रस बरसाए घन-सोभा उमहत हैं।''-भि.ग्रं. 1, शृं. वि., 58/102।

**घनश्याम शुक्ल**—समय-सं. 1737 से 1835। आश्रयदाता-रीवाँ के बघेला नरेश महाराज अजीत सिंह तथा काशिराज चेतसिंह। रचनाएँ-स्फुट (बृ.इति. 7)।

**घनस्वेद**—अत्यधिक मात्रा में पसीना होना। स्वेद नामक अनुभाव, सात्विक भावों में से एक, जो क्रोध, भय, हर्ष, लज्जा, दुःख, श्रम, रोग, ताप, चोट, क्लान्ति, समाचार आदि के कारण होता है। उ.-''कंप छुट्यो घनस्वेद बढ़्यो तनु रोम उढ़्यो अँखियाँ भरि आई।।''-मति.र.रा., 19/204।

**घनाक्षरी छंद**—इसमें प्रत्येक चरण में तीन वसु (8) और एक मुनि (7) वर्ण अर्थात् इकतीस वर्ण होते हैं। ल. (1)-बसु बसु बसु मुनि जति बरन, घनाक्षरी यकतीस।। उ.-''सिंगार में स्याही सों लिखी है नीकी भाँति, काहू मानो जंत्रपाँति घनअक्षरी लसात है।''-भि.ग्रं. 1, छंदा, 6-7/270। ल. (2)-सोरह पंदह बरन पर बिरति चरन मधि होइ। छंद घनाक्षर अति गुरु कहत सबै कबि लोइ।। (चार चरण, प्रत्येक चरण में 31 अक्षर, सोलह और पंद्रह पर यति और अन्त में गुरु)। उ.-''कुंकुम के रंग रँगमगी राजै चंचला सी, उमगैं तरगैं अंग सौरभ के बृंद की।।''-सो.ग्रं. 1, र. पी.नि., 44-45/38-39।

**घनानंद**—दे. धन आनंद। उ.-''और फूल भुलि, रीझ भीजि घनानंद यौं, बंदी भयौ एक वाही गुन-गुन ओज को।''-घ.क., 340/180।

**घाघ**—दूबे ब्राह्मण। जन्म-सं. 1753। स्थान-कन्नौज निवासी ( ?), गोंडा (उ.प्र.) ( ?)। रचनाएँ-स्फुट लोकोक्तियाँ। (बृ.इति. 7, हिं.श.सा.)।

**घारी छंद**—वर्णवृत्त है। ल.-गुरु लघु क्रम अच्छर जहाँ चारि सु घारी जानि।। (प्रत्येक चरण में चार वर्ण ऽ।ऽ।) उ.-''नंदलाल। होरिलाल। नेंक इत्त। प्रेम हित्त।।''-सो.ग्रं. 1, र.पी.नि., 56, 33।

**घुंघरू**—घुँघरू। किसी धातु के बने हुए गोल और पोले दाने जिसके अंदर हिलने पर घन घन ध्वनि करने के लिए, कंकड़ डाल देते हैं। कमर या पैर के आभूषणों में इसका प्रयोग होता है, अथवा नृत्य के लिए इसकी पट्टिका बनाकर पैर में बाँधते हैं। उ.-''पहुँची मुद्रिका छुद्रघंटिका सु जोहरि है घुंघरू अनौट बाँक बिछिया बनाव के।''-वृं.ग्रं., शृं. शि., 59/44।

**घुंघुरानि**—दे. घुंघरू। उ.-''घंटा घननात घनै घूँघुरानि भौंर भननात भुवपति अभिलाषे हैं।''-क. प्रि., 6/75।

**घृताची**—स्वर्ग की एक अप्सरा का नाम जो तपस (माघ) मास में अन्य गणों के साथ सूर्यरथ पर अधिष्ठित रहती है। इसे देखकर महर्षि वेदव्यास कामासक्त हो गए थे, जिससे शुकदेव उत्पन्न हुए थे। महर्षि च्यवन के पुत्र प्रमिति ने घृताची के गर्भ से रूरू नामक पुत्र उत्पन्न किया था। कन्नौज नरेश कुशनाम ने इसके गर्भ से 100 कन्याएँ उत्पन्न की थीं। गंगा द्वार के पास अपने आश्रम के निकट इसे स्नान करते देख काम पीड़ित हुए भरद्वाज ऋषि के स्खलित एवं दोनि में सुरक्षित वीर्य से वीर द्रोण का जन्म हुआ था। इसी प्रकार रुद्राश्व से इसके

दस पुत्र और दस पुत्रियाँ हुई थीं। विश्वकर्मा से भी इसके पुत्र हुए थे। श्रीमद्भागवत्, विष्णु, ब्रह्माण्ड, मत्स्य, वायु, हरिवंश, ब्रह्मवैवर्त आदि पुराणों में इसका विवरण मिलता है। (पौ.को.)। उ.-''सची सुंदरी है रतिरंभा और घृताची पै न ऐसी रुचिराची कहूँ काहू के कदन में।''-भि. ग्रं., शृं.नि., 30/94।

# च

**चंग**—चमड़े से मढ़ा डफ के आकार का एक बाजा जिसे लावनी वाले प्रायः बजाते हैं। उ.-''इक मुहचंग बजाबही एक बजावत चंग।''-वृं.ग्रं., य. स., 531/247।

**चंचरी**—छंद विशेष। वर्णिक छंदों में समवृत्त का एक भेद। इसका लक्षण रगण, सगण, जगण, जगण भगण, रगण के योग से बताया गया है। यह अट्ठारह वर्णो का वर्णवृत्त है। ल.-(1)-सगन जगन द्वै भगन पुनि रगन आदि अरु अन्त। अष्टादस अक्षरन को चँचरी छंद कहंत। उ.-''भूलिये नहि ग्राम धामहि बास कुंजर देखिकै।''-छं. म., 1/59। ल. (2)-छब्बीस मात्राओं का छंद है। मात्राक्रम है (ऽ।ऽ ।।ऽ ।ऽ। ।ऽ। ऽ।। ऽ।ऽ)। ल.-(3)-तीनि रग्गना पियहि दै, रांत चंचरी चारु। उ.-''फूल रंग सजै लता दुम भौंर बाद्य बजावहीं। कीर कोकिल सारिका मिलि चंचरी कल गावहीं।।''-भि.ग्रं., छंदा., 212, 213/208।

**चंचरीक छंद**—मात्रादंडक छंद है। बारह + बारह + बारह मात्राओं के बाद दस मात्रा पर यति होने पर यह छंद बनता है। इस प्रकार इसमें 46 मात्राएँ होती हैं। ल.-तीनि तीनि बारह बिरति, दस जति दै तुक ठानि। छंद छियालिस मत्त को चंचरीक पहिचानि।। उ.-''कोमल सुभ बास मंजु सुषमा सुखसील गंज ताको पदकंज चित्तचंचरीक मेरो।''-भि. ग्रं., 1, छंदा., 7-8/235।

**चंचला छंद**—प्रत्येक चरण में मात्रा क्रम है-आठ नंद (ऽ।)-(ऽ। ऽ। ऽ। ऽ। ऽ। ऽ। ऽ। ऽ।)। ल. दे. ''मल्लिका''। उ.-''चंचला नचै न मीचु नाचती चहूँ दिसानि। ''भि.ग्रं. 1, छंदा., 35/239।

**चंचल अतिशत उक्ति**—चंचलातिशयोक्ति। दे. चपलातिसय, चपलाति सयोक्ति। ल.-जहाँ हेतु कौ नाम सुनि कारज होइ अनूप। चंचल अतिशय उक्ति सो समझत है कबिभूप।। उ.-''नेकु परसि के लखि सखी कौतिक नयौ अपार। नाउँ सुनत ही पीय को भए चीकने बार।।''-सो.ग्रं. 1, र.पी.नि., 77, 78/193।

**चंचलातिशयोक्ति**—अत्यन्त उतावली से कार्य के वर्णन में यह अलंकार होता है। ल.-बरनत हेतु प्रसक्ति से उपजत है जहँ काज। चंचलातिसय उक्ति तहँ बरनत हैं कबिराज।।-मति., ल.ल., 125/320।

**चंडमुंडासुर**—चंड और मुंड नाम के दो वीर राक्षस जो देवी के हाथों मारे गये। उ.-''जय चमुंड जय चंडि चंडमुंडासुर खंडनि।''-भू.ग्रं., शि.भू., 2/128।

**चंडवृष्टिप्रपात दंडक**—इसके प्रत्येक चरण में मात्राक्रम है। (।।। ।।। ऽ।ऽ ऽ।ऽ ऽ।ऽ ऽ।ऽ ऽ।ऽ ऽ।ऽ ऽ।ऽ) ल.-दोइ नगन करि सातई रगन देहु प्रति पाइ। चंद्रबिष्टिप्रपात यों दंडक रचो बनाइ।-भि.ग्रं. 1, छंदा., 12/274।

**चंडालिनी**—एक दोष जो दोहा छंद में होता है। दे. दोहा-दोष।

**चंडि**—चंडी। मार्कण्डेय पुराण के अनुसार दुर्गा का वह रूप जिसे उन्होंने महिषासुर का वध करने के लिए धारण किया था। उ.-''जय चमुंड जय चंडि चंडमुंडासुर खंडनि।''-भू.ग्रं., शि.भू., 2/128।

**चंडिका**—दे. चंडि। दुर्गा। उ. (1)-''महादेव के नेत्र की पुत्रिका सी। कि संग्राम की भूमि में चंडिका सी।''-रा., 20/5। उ. (2)-''जगसंतापन को हरतार। मनहुँ चंडिका को अवतार।''-वी.च., 15/5।

**चंडी**—दे. चंडि। दुर्गा का एक रूप।

उ.-''घनघोर घुमंडी रारि उमंडी किकत चंडी निरखि नची।''-प.ग्रं., हि.ब.बि., 187/26, 208/29।

**चंडीचरित्र**–रचयिता-मार्कण्डेय मिश्र (बृ. इति. 7)।

**चंडी** छंद–सोलह मात्राओं का छंद है। मात्राक्रम है-नगण, नगण, सगण सगण गहि (।।। ।।। ।।S ।।S S) ल.-ननसस गहि जिय जानिय चंडी।.उ०-''कलुष कुमति मद मत्सर खंडी। जयति जयति जगतारिनि चंडी।।''-भि.ग्रं. 1, छंदा., 131, 144/196-197।

**चंडीदान**–जन्म-सं. 1848, मृत्यु सं. 1868 काशी में। पिता-चारण बदन जी। रचनाएँ-सारसागर, बलविग्रह, वशाभरण, तीजतरंग, विरुदप्रकाश। (बृ.इति. 7)।

**चंडीसुर**–एक तीर्थ का नाम। उ.-''महिटंतरु महिकेसरी, चंडीसुर केदार। फारि कुनख बस कर्‌यौ कुरुखेत कपर्द अपार।''-वि.गी., 6/4।

**चंद्र**–चन्द्रमा, भगण का देवता। उ.-''चंद भगन को लेखि।''-क.प्रि., 3/22।

**चंदकला**–चंद्रकला। एक गोपी और राधा की एक सखी का नाम। उ.-''चंदकला चुनि चूनरी चारु दई पहिराइ सुनाइ सु होरी।''-प.ग्रं., जग., 584/202।

**चंदचूड़**–मस्तक पर समुद्रमंथन से निकले चंद्रमा को धारण करने वाले भगवान् शंकर का एक नाम। उ.-''चैत में न चैत चाँदनी हूँ में चमेली में न चंदन में है न चंदचूड़ में न चंद में।।''-प. ग्रं., गं.ल., 54/272।

**चंदन**–काव्यकाल। सं. 1810-1865। निवास-नाहिल, पुवायाँ (शाहजहाँपुर)। पिता-धर्मदास। आश्रयदाता-गौड़ राजा केसरीसिंह। रचनाएँ-शृंगार सागर, काव्याभरण, कल्लोलतरंगिणी, केशरीप्रकाश, चन्दन सतसई, पत्रिकाबोध, तत्त्वसंग्रह, सीतबसंत (कहानी), कृष्णकाव्य, प्राज्ञविलास आदि। (इति.शुक्ल., सा.का.)।

**चंदन सतसई**–रचयिता-चंदन (दे.)। (इति. शुक्ल)।

**चंदबान**–वे वाण जिनमें अर्द्धचंद्रकार गाँसी लगी रहती है। उ. चले चंदबान घनबान और कुहूकबान चली हैं कमाने धूम आसमान छ्वै रह्यो।''-भू.ग्रं., प्रकी., 525/233।

**चंदराव**–जावली का राजा। उ.-''चंदराव चूरकरि जावली जपत कीन्ही घेर्‌यौ है सिंगापुर-भूषन को जायकै।''-भू.ग्रं., प्रकी., 439/214।

**चंदावत**–क्षत्रियों की जाति या शाखा। उ. (1)-''पाँडरि पँवार जुही सोहत है चंदावत, बकुल-बुँदेला अरु हाड़ा हंसराज है।''-भू.ग्रं., प्रकी., 441/214। उ. (2)-''भूषन भनत भारी भूतन के भौनन में टाँगी चंदावतन की लोंधैं लरकत हैं।''-भू.ग्रं., प्रकी., 417/208।

**चंदेरीपति**–चँदेरी का राजा। चँदेरी मध्यप्रदेश के ग्वालियर राज्य के अंतर्गत प्राचीन प्रसिद्ध ऐतिहासिक नगर का राजा शिशुपाल। उ.-''चंदेरीपति क्यों बरै रुक्मिनि सीहरि जोग।''-वृं. ग्रं., नी.सत., 680/1111।

**चंदेल**–क्षत्रियों की एक शाखा जो किसी समय कालिंजर और महोबे में राज्य करती थी। परमर्दिदेव या राजा परमाल इसी वंश के थे जिनके सामंत आल्हा और ऊदल थे। संस्कृत लेखों में यह वंश चंद्रात्रेय के नाम से प्रसिद्ध है। (हि.श.सा.)। उ.-''दस राजा चंदेल बीस चौहान तीस भर।''-बो. ग्रं., वि.वा., 38/182।

**चंद्रकवि**–स्थितिकाल-सं. 1801-1818 के आसपास। आश्रयदाता-मिथिलेश राजा नरेन्द्रसिंह। रचनाएँ-स्फुट छंद। विव.-राजा नरेन्द्रसिंह और बिहार के नवाब के बीच हुए युद्ध का वर्णन। (बृ. इति. 7)।

**चंद्रकुँवर री बात**–रचयिता-हंस कवि (दे.)। विव.-इसमें अमरसेन राजा के पुत्र चंद्रकुँवर और एक सेठानी की कथा है। (बृ.इति. 7)।

**चंद्र छंद**–बीस मात्राओं का छंद है। मात्राक्रम है (।।। ।।। ।।। ।S। ।।। ।।।।)। ल.-चंद्र सब लघु बरन रुद्र गुरु जौन रे। (सव लघु किंतु 11वीं मात्रा गुरु)। उ.-''निरखि बिबि गिरि बहुरि कंबु भइ थकित मति। ऊपर जगमगि रहेउ चंद्र इक बिमल अति।।''-भि.ग्रं. 1, छंदा., 177, 181/201-

202।

**चंद्र बंध**—लेखनी चित्रालंकार (दे.) का एक भेद।

**चंद्रबदन व महियार**—रचयिता - मुकामी (दे.)। (बृ.इति. 7)।

**चंद्रबर्त्म छंद**—सोलह मात्राओं का छंद है। मात्राक्रम है - (S।S ।।। S।। ।।S)। ल.-चन्द्रवर्त्म रन भास प्रगट ह्वै। (रगण, नगण, भगण, सगण)। उ.-"और ब्योंत बलि होत न तबहीं। चंद्रबर्त्म बिच ऊगेउ जबहीं।।"-भि.ग्रं. 1, छंदा., 132, 150/196, 198।

**चंद्रभागा**—एक गोपिका। उ.-"आज चंद्रभागा चंपलतिका बिसाखा को पठाई हरि बाग तें कलामैं करि कोटि कोटि।।"-भि.ग्रं. 1, शृं.नि., 242/142।

**चंद्रलेख। छंद**—प्रत्येक चरण में मात्राक्रम है-(SSSS ।S SS S।S S।S S)। 5 वर्ण होते हैं। चार, चार और सात पर यति होती है। ल.-चार्‌यो हारा धुजो कर्नो रग्गनो रग्गनो है। गो सजुक्तो दसै पाँचै अख्खरा पग्गनो है। चारै चारै मिलै सातै तीनि बिश्राम देखो। भोगी भाषै कहै दासौ छंद है चंद्रलेखौ।। (चार गुरु, लघु गुरु, दो गुरु, रगण, रगण, एक गुरु)। उ.-"भौहैं ऐसी कमानै है नैन सों कंज देखो। नासा ऐसो सुआतुंडै आस्य सो चंद्र लेखो।।"-भि.ग्रं. 1, छंदा., 54-55/254-255।

**चंद्रशेखर बाजपेयी**—जन्म-सं. 1855। मृत्यु-सं. 1932। स्थान-मुअज्जमाबाद (फतेहपुर)। पिता-मतिराम जी। आश्रयदाता-जोधपुराधीश मानसिंह, पटियाला नरेश कर्मसिंह तथा महाराज नरेन्द्रसिंह। रचनाएँ-हम्मीरहठ, विवेक विलास, नखशिख, बृंदावनशतक, गुहपंचाशिका, ताजक ज्योतिष, माधवीवसंत, रसिक विनोद। (इति.शुक्ल, सा.को., बृ.इति. 7)।

**चंद्रहार**—गले में पहनने का एक गहना या माला। नौलखा हार। अर्द्धचंद्राकार अनेक छोटे-बड़े मनकों से युक्त, बीच में पूर्ण चंद्र के आकार का पत्र, स्वर्णनिर्मित और जड़ाऊ आभूषण। उ.-"झीने झगा बिलोकियत नख-छत छबि धर नाह। भले विराजत ये नए चंद्रहार हिय माह।।"-मति., म. सत., 514/411।

**चंद्रहास**—काव्यकाल-सं. 1811 के आसपास। रचना-शृंगार सागर। विव.-राधाकृष्ण के ऐश्वर्य एवं विलास का वर्णन। 16 शृंगारों का वर्णन। (सा. को., बृ.इति. 7)।

**चंद्राबलि**—1. चंद्रावली। श्रीकृष्ण की प्रेमिका और राधा की एक सखी जो चंद्रभानु की पुत्री थी तथा 2. आभूषण। उ.-"चंद्राबलि सिर धर रहे चंद्राबलि कै गेह। चंद्राबलि उपट्यौ हियै नष चंद्राबलि देह।"-वृं.ग्रं., य.सत., 139/217।

**चंद्रालोक**—संस्कृत अलंकारशास्त्र का सुप्रसिद्ध ग्रंथ जिसके रचयिता जयदेव हैं। भिखारीदास ने काव्यनिर्णय ग्रंथ की रचना में इस ग्रंथ को एक आधार के रूप में ग्रहण किया। उ.-"बूझि सु चंद्रालोक अरु, काव्यप्रकासहु ग्रंथ। समुझि सुरुचि भाषा कियो, लै औरौ कबिपंथ।।"-भि.ग्रं. 2, का. नि. 5/3।

**चंद्रावलि**—चंद्रावली। गोपिका विशेष जो राधा की सखी भी थी और कृष्ण पर अनुरक्त थी। दे. चंद्राबली। उ.-"चंद्रावलि राधाजू की ललिता गोपालजू की सखियाँ सुहाई कैंधौं भाग की भलाई है।।"-भि.ग्रं. 1, शृं.नि., 209/135, 136/118।

**चंपकमाला छंद**—सोलह मात्राओं का छंद है। मात्राक्रम है-(SSS SS। ।SS)। ल.-मो तो यो है चंपकमाला। (मगण तगण यगण)। उ.-"आई जी की मोहनि बाला। कीजै ही की चंपकमाला।।"-भि. ग्रं. 1, छंदा., 129, 136/195-196।

**चंपतराय**—वीरसिंह का एक दरबारी। उ.-"बगसराय सुंदर परधान। केसौ चंपतराय प्रमान।"-वी.च., 4/47।

**चंपति**—बुंदेला वंश में उत्पन्न चंपत राय जो महाराज छत्रसाल के पिता थे। उ.-"रैयाराव चंपति को चढ़ो छत्रसाल सिंह भूषन भनत गजराज जोम जयके।-भू.ग्रं., प्रकी. 507/229, 516/231, 524/233।

**चंपतिसपूत**—चंपतराय के सुपुत्र महाराज छत्रसाल। उ.-''भूषन बुंदेलामनि चंपति सपूत धन्य जाकी धाक बचा एक मरद मियाँ ना है।''-भू.ग्रं., प्रकी., 514/231।

**चंपलतिका**—एक गोपिका। उ.-''आज चंद्रभागा चंपलतिका बिसाखा को पठाई हरि बाग तें कलामैं करि कोटि कोटि।।''-भि.ग्रं. 1, शृं.नि., 242/142।

**चंपा**—घोड़े की एक जाति। उ.-''फूले जनुचंपा यो हय चंपा चंचल संपा सीतत से।''-प.ग्रं., मिश्र., प्र.बि., 98/287।

**चंबल**—एक नदी जो विंध्य पर्वत से निकल कर इटावा से 12 कोस पर जमुना में जा मिली है। उ.-''दिल्ली दल दाहिबे को दच्छिन के केहरी के चंबल के आरपार नेजे चमकत हैं।''-भू.ग्रं., प्रकी., 527/234।

**चँदाउत**—दे. चंदावत। उ.-''कुंभ चँदाउत सैद पठान कबंधनि ठावत भूधर हाले।।''-भू.ग्रं., शि.भू., 267/179।

**चँदेल**—चंदेल। राजपूतों की जाति विशेष। उ.-''तन धीर बीर चँदेल हैं जे लरत रन बगमेल हैं।''-प.ग्रं., हि.ब.बि., 37/8।

**चँवरी**—लकड़ी की बेंत या डाँडी में लगा घोड़े की पूँछ के बालों का गुच्छा जो मक्खियाँ उड़ाने के काम आता है। उ.-''चँवरी मैं बैठि च्यार फेरे लेत विधि जुत द्विज के बचन बाँच लेत गीत गाइयैं।''-वृं.ग्रं. शृं.शि., 31/39।

**चउगान**—चौगान। एक खेल जिसमें लकड़ी के बल्ले से गेंद मारते हैं। यह घोड़े पर चढ़कर भी खेला जाता है। यह खेल हाकी या पोलो नामक अँगरेजी खेल के समान होता है। उ.-''एरी बसंत की फेरी पर्‌यो मनु मारयो फिरै चउगान बटा लौं।''-बो.ग्रं., वि.वा., 43/214।

**चक्कता**—दे. चकता। उ.-''भूषन कहत सब हिंदुन को भाग फिरै चढ़े तें कुमति चक्कता किरान सानी मैं।''-भू.ग्रं., शि.भू., 128/152।

**चकता**—मोगल या तातार अमीर चगताई खाँ के वंश में उत्पन्न, औरंगजेब। उ.-''भूषन कहि चकता सकुचि नहिं सिकार मृगराज।''-भू.ग्रं., शि.भू., 87/144।

**चकत्ता**—दे. चकता। उ.-''आनि मिल्यौ अरि यौं गह्यौ चखनि चकत्ता चाउ। साहितनै सरजा सिवा दियौ मुच्छ पर ताव।।''-भू.ग्रं., शि.भू., 292/183।

**चकल**—चार मात्राएँ।-भि.ग्रं. 1, छंदा., 183/202।

**चकित हाव**—दस हावों में से एक। स्वभावज अलंकारों में से एक। प्रिय के सम्मुख नायिका के अकारण भय विभ्रम-प्रदर्शन से होने वाली शोभा। दे. हाव। उ.-''आज को कौतुक देखिबे कौं हौं कहा कहिये सजनी तू कितै रही। कैसी महाछबि छाइ अनेक छबीली छकाइ हितै अहितै रही। ओट तें चोट बिरी की करी पिय बार सुधारत बैठी जितै रही। चंचल चारु दृगंचाल कै तब चंदमुखी चहुँ ओर चितै रही।।''-भि.ग्रं. 1, शृं.नि., 258/146।

**चकिता छंद**—एक वर्णवृत्त। चौबीस मात्राओं का छंद है। मात्राक्रम है- (ऽ।। ।।ऽ ऽऽऽ ऽऽ। ।।। ऽ)। ल.-भास मतन ताटंकै देखो जात चकित ह्वै। (भगण सगण मगण तगण नगण गुरु)। उ.-''तो तन कब के हेरैं आली नेसुक तकि तैं। निस्चल अँखिया सोहैं मानो खंजन चकितैं।।''-भि.ग्रं. 1, छंदा., 202, 204/206-207।

**चकोर छंद**—ल. (1)-सात भहै मदिरा गुरु अंतहु दै लघु और चकोर कहौ गुनि। (मदिरा के सात भगण (ऽ।।) के बाद एक गुरु और एक लघु देने से इसका एक चरण बनता है) उ.-''मोहन-आननचंद लखें बनितान के लोचन चारु चकोर।''-भि.ग्रं. 1, छंदा., 214/243। ल. (2)-सात भगन गुरु लघु सहित छंद चकोर बखानि। (चार चरण, प्रत्येक में 39 वर्ण, मात्राक्रम-ऽ।।, ऽ।।, ऽ।।, ऽ।।, ऽ।।, ऽ।।, ऽ।)। उ.-''काजु कहाअब कान्ह कुँवार दियौ तुम कौं हरि गोरस दान।।''-सो.ग्रं. 1, र.पी.नि., 36-37/37।

**चक्र छंद**—एक वर्णवृत्त। सोलह मात्राओं का छंद है। मात्राक्रम है (ऽ।।, ।।।।, ।।।।, ।।ऽ)। ल.-चक्र भ दुज दुज सगनहि थुलिका। (भगण द्विज

द्विज सगण)। उ.-"संख रु गद बिय करनि सभरिकै। चक्र कमल बिय कर बिच धरिकै।।"-भि. ग्रं. 1, छंदा., 131, 145/196-197।

**चक्रबंध**—लेखनी चित्रालंकार (दे.) का एक भेद।

**चक्रब्यूह**—प्राचीन काल के युद्ध समय में किसी व्यक्ति या वस्तु की रक्षा के लिए उसके चारों ओर कई घेरे में सेना की कुंडलाकार स्थिति, जिससे इसमें प्रवेश करना अत्यन्त कठिन होता था। प्रवेश कर लेने पर निकलना भी उतना ही कठिन होता था। उ.-"चक्रब्यूह अभिमन्यु कौ सुन्यो सबन संसार।"-बृ.ग्रं., नी.स., 637/108।

**चक्रव्यूह (चक्राव्यूह)**—रचयिता - प्राणनाथ (दे.)। (बृ.इति. 7)।

**चंडी चरित्र**—रचयिता-मार्कण्डेय मिश्र, रचनाकाल-सं. 1845। (बृ.इति. 7)।

**चंडीचरित्र**—रचयिता - मनीराम शुक्ल। रचनाकाल-सं. 1855 के आसपास। (बृ.इति. 7)।

**चंडीचरित्र**—रचयिता-दयाल (दे.)। रचनाकाल-सं. 1889 के आसपास। विव.-इसमें महाकाली चंडी के युद्धों का वीररसात्मक वर्णन है। (बृ.इति. 7)।

**चंडीचरित्र**—रचयिता-गुरुगोविन्द सिंह (दे.)। रचनाकाल-सं. 1765 के आसपास। विव.-दुर्गासप्तशती की कथा (इति. शुक्ल)।

**चतुरंग**—चतुरंगिणी सेना के चार अंग-गज, हय, रथ, पदाति। उ. (1)-"बिक्रम की चतुरंग चमू लखियै दिसि चारि ध्वजा अरुनाई।"-बो.ग्रं., वि. वा., 19/162। उ. (2)-"राघव की चतुरंग चमू बहु धूरि उठी जल हू थल छाई।"-क.प्रि., 5/35।

**चतुर**—दे. चतुर (नायक)। श्रृंगार रस में नायक का एक भेद। वह नायक जो चातुरी से नायिका के संयोग का साधन करे। इसके दो भेद हैं-क्रियाचतुर और वचन चतुर। श्रृंगारमंजरीकार ने नायक के धृष्ट, धूर्त, सठ, मानी और चतुर नामक भेद किये हैं। इनमें से चतुर वह है जो रति की चाह को वचन और क्रिया से चतुरतापूर्वक प्रकट करने वाला होता है। ल.-वचन क्रिया रति चाह जो, प्रगटै चतुर सो जानि।।-शृं.मं., चिंता., 455/134।

**चतुर (नायक)**—श्रृंगार रस में नायक का एक भेद। वह नायक जो अपनी चातुरी से प्रेमिका के संयोग-सहयोग का साधन करे। इसके दो भेद हैं-क्रियाचतुर और वचन चतुर। ल.-बचनबिदग्ध क्रियाचतुर नायक चतुरबखानि।-भि.ग्रं. 1, र.सा. 177/26।

**चतुरमुख**—ब्रह्मा। अद्‌भुत रस के देवता। उ.-"जासु देवता चतुरमुख बरन बखानत पीत।"-प. ग्रं., जग., 719/230।

**चतुर राय**—रचनाएँ-गढ़पथैने रासो (रचना काल सं. 1895)। (बृ.इति. 7)।

**चतुरांश एकाक्षरी**—चित्रालंकार का एक भेद जिसमें प्रत्येक चरण में एक-एक अक्षर प्रधान होता है। उ.-"गो गौ गी गो गंग गज जीजै जीजी जोजि। रूरे रूरे रेरू ररि हाहा हू हू होहि।"-क.प्रि. 16/40।

**चतुरानन**—ब्रह्मा, जिनके चार मुख माने जाते हैं। इस सम्बन्ध में वामन पुराण में कहा गया है कि प्रलय के बाद सहस्र वर्ष व्यापी निद्रा टूटने पर परब्रह्म ने पंचबदन ब्रह्मा. तथा पंचबदन शंकर की सृष्टि की। शंकर के तपनिरत हो जाने पर परब्रह्म ने सृष्टि चलाने के लिए अहंकार की सृष्टि की जिससे ब्रह्मा और शंकर का झगड़ा होने लगा। शंकर ने अपने नख से ब्रह्मा का एक मस्तक काट डाला। इस प्रकार ब्रह्मा चतुरानन हो गए। मत्स्यपुराण के अनुसार ब्रह्मा स्वयं अपने शरीर से उत्पन्न कन्या को देखकर कामपीड़ित हो गए। कन्या घबराकर ब्रह्मा की प्रदक्षिणा करने लगी। ब्रह्मा के चारों ओर उसे देखते रहने के कारण चार मुख हो गए। उ.- (1)-"ताकी इच्छा तें भए नारायण मतिनिष्ठ। तिनतें चतुरानन भए तिनतें जगत प्रतिष्ठ।।"-रा., 25/7। उ. (2)-"हम तौ तबही पहिचानी हती चतुराई सबै चतुरानन की।"-बो. ग्रं. वि.वा., 49/34। उ. (3)-"कानन दै चतुरानन या पदमाकर की बिनती सुनि लीजौ।"-प.ग्रं., प्र. प., 12/239। उ. (4)-"जौ लौं चतुरानन चितैबें चहूँ ओर तौ लौं वृष पैं चढ़ाइ लै गयोई वृषपति है।"-प.ग्रं., गं.ल., 23/261, 36/266।

**चतुराश्रम**—जीवन के चार आश्रम। ब्रह्मचर्य,

गार्हस्थ्य, वानप्रस्थ और संन्यास। उ.-''चतुराश्रम चहुँ बरन पदारथ चहूँ माध्धि गुनि।''-वी.च., 1/31।

**चतुर्थ प्रतीप**–पहले उपमेय की उपमान से समता कर बाद में उपमान को उपमेय के अयोग्य कहना। ल. (1)-उपमे के सम कौ जबै नहिं लायक उपमान। है प्रतीप को भेद यह चौथी समझि सुजान।। उ.-''जे जग में पंडित सुकबि को कहि सकै बिचारि। अति उदार परताप सो सुरतरु की उनिहारि।।''-सो. ग्रं. 1, र.पी.नि., 23-24/185। ल. (2)-जु उपमान उपमेय की समता जोग न होत। उ.-''तुव सुंदर मुख सो ससिहि क्यों भाषै कवि-गोत।''-प.ग्रं., पद्मा, 31/36। ल. (3)-जहाँ बर्न्य सों और को उपमा बचन न होय। ताहू कहत प्रतीप हैं कबि कोबिद सब कोय।।-मति., ल.ल., 63/309।

**चतुर्थ विभावना**–जिस कार्य का जो कारण नहीं है, उससे कार्य का होना। ल. (1)-हेतु काज को जो नहीं ताते काज उदोत। यासों और बिभावना कहत सकल कविगोत।-मति., ल.ल., 202/333। उ.-''हँसत बाल के बदन में यों छबि कछू अतूल। फूली चंपक बेलि तैं झरत चमेली फूल।।''-वही, 203/333। ल. (2)-वस्तु अकारन ते जहाँ प्रगटै कारण रूप। चौथी भेद विभावना ताहि कहैं कविभूप।।-उ.-''कहाँ कहौ ता घरी तें उठति हिए में सालि। तब तें लख्यो मयूर बन चलत हंस की चाल।।''-सो.ग्रं. 1, र.पी.नि., 150, 151/202।

**चतुर्भुज**–विष्णु। उ.-''कहै पदमाकर चतुर्भुज को रूप भयो बड़े-बड़े पापनि हूँ ताप को तिसार भो।''-प.ग्रं.,गं.ल., 55/274।

**चतुर्विधनायिका** – शारीरिक गुणधर्म की दृष्टि से पद्मिनी, चित्रिणी, शंखिनी और हस्तिनी भेद की नायिकाएँ। ल.-भई पद्म-सौगंध सों अंग जाकी वही पद्मिनी नाइका बर्न्य कीजै। रली-राग चित्रोपमा चित्रिनी है सबै भेद तौ कोक सों जानि लीजै। कहे संखिनी हस्तिनी नाम जो हैं सो तौ ग्राम्य नारी नहीं में गनीजै। इन्हें सुभ्र सोभामई काव्य के बीच केहूँ नहीं वनिबो चित्त दीजै।।''-भि.ग्रं. 1, र. सा., 157/24।

**चतुष्कल**–चौकल। चार मात्राओं का समूह। इसके पाँच भेद हैं (SS, ।।S, ।S।, S।।, ।।।।)। उ. (1)-''सात चतुष्कल आदिदै अन्त तीन लघु देखु।''-छं.म., 2/25। उ. (2)-''सात चतुष्कल को चरन अन्त एक गुरु जानि।।''-वही, 2/24।

**चतुष्पद** छंद–तीस मात्राओं का छंद है। ल.-चतुरपद दुकल सात चौमत्तु। उ.-''यह जानि जगत में रुखरुखी ह्वै बा सर सुमति बितावै। अतिकूर ककाररूप बिनु चीन्हे परम चतुरपद पावै।।''-भि.ग्रं. 1, छंदा., 225, 227/210।

**चन्द्रिका** छंद–ल.-नैनतग है चंद्रिका, वाकी गति पहिचानि। मात्राक्रम है (।।। ।।। SS। SS। S)। उ.-''दसनदुति लजीली करै दामिनी। हसनि सन जिते चंद्रिका भामिनी।।''-भि.ग्रं. 1, छंदा., 8, 10/215।

**चपलता**–एक व्यभिचारी भाव। मात्सर्य, द्वेष, अनुराग आदि के कारण चित्त की अस्थिरता को चपलता कहते हैं। ल. (1)-स्मृति धृति क्रीड़ा चपलता श्रम मद चिंता कोह।-र.प्रि., 6/12। ल. (2)-चपलता जु आतुरता करई। इच्छा चरै न सिख चित धरई।''-भि.ग्रं., र.सा., 494/72। ल. (3)-ब्रीड़ा चपलता हर्ष, आवेग, जड़ता, विषाद उतकंठा निद्रा गर्व अपसमार मानि।।-भि.ग्रं., श्रृं. नि., 238/141। ल. (4)-जहँ अति अनुरागादि तें थिरता कहू रहै न। तित चित चाहे आचरन वहै चपलता ऐन।।-प.ग्रं., जग., 569/199।

**चपला गाथा छंद**–प्राकृत का मात्रिक छंद है। ल.-चपला गाथा जानो, यह दोइ जगंनु है समे पाया। पिंगल नाग बखानो, गुरु दोइ तुकंत में ठाया।। इसके दो भेद हैं-जघनचपला और मुखचपला। ल.-ताहि जघन चपला कहैं दल दूसरे ज दोइ। प्रथम दलहि में जगनु द्वै मुखचपला है सोइ।।-भि.ग्रं. 1, छंदा., 9, 10/230।

**चपलातिसय** – चपलातिशयोक्ति या चंचलातिशयोक्ति। जहाँ अत्यन्त उतावली से कार्य का वर्णन किया जाय, वहाँ यह अलंकार होता है। ल.-''चपलातिसय जु हेत के होत नाम ही काज। उ.-''कंकन ही भइ मूँदरी पीयगमन सुनि आज।।''

-जस.ग्रं., भा.भू., 75/26।

**चपलातिसयोकति**—चपलातिशयोक्ति। दे.-चपलातिसय, चपलातिसयोक्ति। ल. - यों चपलातिसयोकति छाजै। हेतुप्रसंगहि तें सिधि काजै। उ.-''सुनत पयानमुहूरत पी को। दरक्यो मुकतहार तचि ती को।।''-प.ग्रं., पद्मा., 69/40।

**चपलातिसयोक्ति**—दे. चपलातिसय, चंचल अतिशयोक्ति, चपलातिसयोकति। ल.-निपट उताली सों जहाँ, बरनत हैं कछु काज। सो चपलातिसयोक्ति है, सुनौ सुकबि-सिरताज।। उ.-''काहू सोध दयो कंसराइ के मिलाइबे को, लेन आयो कान्ह कोऊ मथुरा अलंग तें। त्यों ही कह्यो आली सो तौ गयो हरि ज्याब दयो, मिलैं हम कहा ऐसे मूढा बिन ढंग तें। दास कहै ता समै सोहागिनि को कर भयो बलया-बिलग दुहँ बातन प्रसंग तें। अधिक ढरकि गई बिरह की छामता तें, अधिक तरकि गई आनँद-उमंग तें।।''-भि.ग्रं. 2, का.नि., 11-12/107।

**चमत्कार चंद्रोदय**—रचयिता-रसजुंज (दे.)। (बृ.इति. 7)।

**चमुंड**—चामुंडा। एक देवी का नाम जिन्होंने शुंभ, निशुंभ के चंड और मुंड नाम के दो सेनापति दैत्यों का वध किया था। उ.-''जय चमुंड जय चंडि चंडमुंडासुर खंडनि।''-भू.ग्रं., शि.भू. 2/128।

**चरणगुप्त**—लेखनी चित्रालंकार (दे.) का एक भेद।

**चरणचंद्रिका**—रचयिता-रामचन्द्र (दे.)। विव. -भक्तिरसात्मक ग्रन्थ। (इति.शुक्ल)।

**चरणचिन्ह**—रचयिता-रामचरण दास (दे.)। (बृ.इति. 7)।

**चरणांतर्गतपद**—दे. दोष, वाक्य दोष। ल.-चरणांतर्गत एक पद, द्वै चरनन के माँझ। उ.-''गयन लीन्हे आजु कान्हहि मैं देख्यो साँझ।।''-ति. कान्ह सब्द द्वै चरन के माँझ पर्‌यो।।-भि.ग्रं. 2, का.नि., 42, 42अ/228।

**चर्चदी**—एक वर्णवृत्त जिसमें रगण, सगण, दो जगण, भगण और पुनः एक रगण होता है। ल.-रगन सगन अरु जुग जगन भगन रगन पुनि धारि। बरन अठारह चर्चरी छंद हियें निरधारि।। (चार चरण, प्रत्येक में 18 वर्ण, मात्राक्रम-ऽ।ऽ ऽ।। ।ऽ। ।ऽ। ऽऽऽ ऽ।ऽ)। उ.-''ठौर ठौरनि जोर सौं चहु ओर कौंधति दामिनी।।''-सो.ग्रं. 1, र.पी.नि., 27-28/36।

**चल**—दोहा छंद का एक भेद। दे. दोहा छंद। रसपीयूषनिधि के अनुसार इसमें 37 अक्षर होते हैं, जिनमें से 11 गुरु और 26 लघु होते हैं।-सो.ग्रं. 1, र.पी.नि., पृ. 24।

**चरचरियाँ**—रचयिता-नागरीदास (दे.) (बृ. इति. 7, स.सर्वे.)

**चहुवान**—चौहान। क्षत्रियों का चौहान कुल, जिसमें मतिराम के आश्रयदाता बूँदी के राजा भावसिंह उत्पन्न हुए थे। उ.-''कीरति की कौमुदी सुछाई छिति छोरनि लौं, बिमल कलानिधि है कुल चहुवान को।''-मति., ल.ल., 79/313।

**चाँचरि**—होली पर गाया जाने वाला राग विशेष। फाग के गान। उ.- (1)-''चाँचरि-चोप हू सु तौ औसर ही भाचति पैं चिंता की चहल चित्त लागियै रहति है।''-घ.क., 74/70। उ. (2)-''कै रस-चाँचरि चौचँद मैं छतिया पर छैल नखच्छत छाए।'-घ.क., 311/170।

**चाँदा**—दक्षिण के प्रसिद्ध ऐतिहासिक नगर का नाम। उ.-''देवगढ़ चाँदा गढ़ा मंडला उज्जैन रीवाँ।''-बो.ग्रं., वि.वा., 18/23।

**चाँदनी के कवित्त**—रचयिता-नागरीदास (दे.)। (बृ.इति. 7, स.सर्वे.)।

**चाचर**—दे. चाँचर। होली में गाया जाने वाला एक प्रकार का गीत। उ. ''चाचर चंग मचावही ब्रजबाला हरि संग।''-वृं.ग्रं., य.स., 531/247।

**चाचाहित वृंदावन दास**—जन्म-सं. 1765। स्थितिकाल-सं. 1844 तक। पुष्कर क्षेत्र निवासी गौड़ ब्राह्मण। आश्रयदाता-महाराज नागरीदास के भाई बहादुर सिंह। बाद में विरक्त भक्त। राधावल्लभी संप्रदाय के गोस्वामी हितरूप जी से दीक्षित। रचनाएँ-लाड़सागर, ब्रजप्रेमानंद सागर, वृंदावन जसप्रकाश वेली, विवेकपत्रिकावेली, कृपाअभिलाष वेली, रसिक पथ चंद्रिका, जुगल सनेह पत्रिका, हितहरिवंश सहस्रनाम, कलिचरित्र वेली, आर्त

पत्रिका, छद्मलीला, स्फुट पद। (इति.शुक्ल, सा. को.)।

**चाणक्यनीति**—रचयिता-हमीरदान रतनू (दे.)। (बृ.इति. 7)।

**चाणक्य नीति का भाषानुवाद**—रचयिता-सेनापति (दे.)। (बृ.इति. 7)।

**चाणूर**—धनुषयज्ञ के समय कृष्ण के हाथों मारा गया कंस का एक मल्ल। उ.-''अघ बक सकट प्रलंब हति मार्‌यो गज चाणूर।''-क.प्रि., 16/17।

**चातुरी सिंगार**—वृंद कवि द्वारा वर्णित सोलह शृंगारों में 14वाँ। ल.-''चित चतुराई चावतैं चत्रत करि पिय चित। इहि चवदह सिंगार तैं निकट राखिहैं नित्त। प्रथम प्रगट षट भाषा में प्रवीन हूजैं बहुरौ सुदेस देस भाषा अबगाहियैं। इंगित आकार तैं बिचार गूढ जान लीजैं समयो समझि बालि बचन निबाहियैं।। कामकला, केलिकला रागकला रंगकला इत्यादिक चौंसठ कला कौं नीकैं थाहियैं।। प्रीतम चतुर को प्रसन्न चित्त करिबे कौं वृंद कहैं ऐसी चारु चतुराई चाहियैं।।''-वृं.ग्रं.,. शृं.शि., 72-73/47।

**चामर छंद**—एक वर्णवृत्त जिसके प्रत्येक चरण में सात नंद (ऽ।) और ग (ऽ) होता है। ल. (1)- तीनि नंद ग समानिका चामर सात अनूप। उ.- ''काम धेनू पाय रो रहै अतेव चामरो।''-भि. ग्रं. 1, छंदा., 29,31/238-239। ल. (2)-गुरु लघु पंद्रह बरन पद चामर छंद बखानि। (गुरु और लघु के क्रम से प्रत्येक चरण में 15 वर्ण)। उ.-''जै दिनेस ईस रूप तेज के निधान हौ।''-सो.ग्रं. 1, र.पी. नि., 22-23/35। ल. (3)-प्रतिपद गुरु लघु क्रम पंद्रह बर्न बनाउ। चामर छंद कबित्त कहि केसवराइ सुनाउ।-छं.मा., 1/53।

**चारि वेद**—चार वेद-ऋग्वेद, यजुर्वेद, सामवेद और अथर्ववेद। उ.-''चौदह विद्या चारि वेद बुध बूझहि तेते।''-वी.च., 1/52।

**चारुसेनि रड्डा छंद**—दे. ''रड्डा'' छंद।

**चार्बाक**—चार्वाक। एक अनीश्वरवादी नास्तिक तार्किक। चार्वाक दर्शन के रचयिता जो नास्तिक मत के प्रवर्तक और वृहस्पति के शिष्य बताये जाते हैं। कहा जाता है कि वृहस्पति ने तपनिरत असुरों को बहकाने के लिए इस शास्त्र का उपदेश किया था। विष्णु के शरीर से उत्पन्न मायामोह ने नर्मदा तट पर नग्न होकर तप करने वाले असुरों को इसी प्रकार का उपदेश किया था। लिंग पुराण में त्रिपुराविनाश के प्रसंग में एक दिगंबर मुनि ने इसी प्रकार का उपदेश कर असुरों को बहकाया था। वाल्मीकि रामायण में जाबालि के राम को उपदेश भी इसीं प्रकार के थे। चार्वाक का मत घोर भौतिकवादी और अनीश्वरवादी था। सर्वदर्शनसंग्रह में इसका विवेचन है। (विशेष रूप से द्रष्टव्य-हिं. श.सा., हिं.विश्व.सभा)। उ.-''यहै लोक स्वर्लोक है मुक्ति मीचै। सदा चारु चार्वाक तें और नीचै।''-वि. गी., 5/8।

**चार्‌यो फल**—धर्म, अर्थ, काम, मोक्ष। उ.-''चार्‌यो फल फली फूली गहगही बहबही लहलही कीरतिलता है भगीरथ की।''-प.ग्रं., गं.ल., 2/253।

**चालकुंड**—दक्षिण का एक बंदरगाह। उ.-''चालकुंड दलकुंड गोलकुंडा संकाउर।''-भू.ग्रं., प्रकी., 435/213।

**चाहजुत दोष**—ल. चाह रहै कछु अर्थ की ताहि चाहजुत जानि।-सो.ग्रं. 1, र.पी.नि., 28/165।

**चाहबेली**—रचयिता-प्रियादास (दे.), (बृ. इति. 7)।

**चिंजाउर**—चंडावर, तंजौर। दक्षिण का एक प्रसिद्ध ऐतिहासिक नगर। उ.-''गिरत गब्भ कोटै गरब्भ चिंजी चिंजाउर।''-भू.ग्रं., प्रकी., 435/213।

**चिंजी**—दक्षिण का देश जिंजी। उ.-''गिरल गब्भ कोटै गरब्भ चिंजी चिंजाउर।''-भू.ग्रं., प्रकी., 435/213। वृं.ग्रं., स.स.रू., 40/266।

**चिंजीबर**—दे. चिंजाउर। उ.-''िंजी फते जोरबर कीनी। चिंजीबर को दहसत दीनी।''-वृं. ग्रं., 40/266।

**चिंता**—तैंतीस सचारियों में से एक जो धनहानि, प्रिय वस्तु के अपहरण, निर्धनता आदि के कारण होती है, तथा इसके अनुभाव हैं-उच्छ्वास, चिन्तन, मनन, नतमुखहोना, दुर्बलता आदि। ल. (1)-जहाँ कौन हू बात की चित में चिंता होय। चिंता

ताको कहत हैं कबि कोबिद सब कोय।-प.ग्रं., जग., 508/187। ल. (2)-दरसन सुख की भावना करे चित्त की चाह। चिंता तासों कहत हैं जे प्रबीन रसनाह।।-मति., र.रा., 403/191। ल. (3)-चिंता फिकिर हिये महँ जानी। जहँ कछु सोच करत है प्रानी।-भि.ग्रं., र.सा., 489/71, वही, शृं.नि., 238/141। ल. (4)-कैसे कै मिलियै मिलें, हरि कैसें बस होइ। यह चिंता चित चेत कै बरनत हैं सब कोइ।।-र.प्रि., 8/15। ल. (5)-चिंता प्रिय कौं ध्यान।-सो.ग्रं. 1, र.पी.नि., 25/54।

**चिंतामणि**—रचयिता-खीम साहेब। रचनाकाल-सं. 1826। (बृ.इति. 7)।

**चिंतामणि**—रचयिता-जगजीवन दास (दे.)। (बृ.इति. 7)।

**चिंतामनि**—एक कल्पित मणि जो कि चिंतन करते ही फल देने वाली हो। उ.-''सीख लीन्हो कल्पबृक्ष कामधेनु चिंतामनि सीख लीन्हो मेर औ कुबेर गिर आनो है।''-ठाकुर, 7/3।

**चिंतामनि**—अकबरसाह कृत शृंगारमंजरी के व्रजभाषा रूपांतरकार कवि चिंतामणि जो रीतिकाल के कवि और आचार्य थे। कहा जाता है कि ये कवि भूषण और मतिराम के बड़े भाई थे। स्थान-तिकवाँपुर (कानपुर)। जन्मकाल-सं. 1666। आश्रयदाता-नागपुर के सूर्यवंशी भोंसला राजा मकरंदशाह, अन्य सहायक राजाबाबू, रुद्रसाहि सोलंकी, बादशाह शाहजहाँ और जैनदी अहमद। रचनाएँ (उल्लिखित)-काव्यविवेक, कविकुलकल्पतरु, काव्यप्रकाश, रसमंजरी, पिंगल और रामायण। उपलब्धि-कविकुलकल्पतरु, पिंगल, शृंगारमंजरी। विव.-''कविकुलकल्पतरु'' सर्वांगनिरूपक ग्रंथ, ''पिंगल'' छंदशास्त्र सम्बन्धी ग्रंथ, ''शृंगारमंजरी'' नायक-नायिका भेद सम्बन्धी ग्रंथ। (बृ.इति. 6)।

**चिकत्ता**—दे. चकता। उ.-''मलत ही कुरुरव चिकत्ता कौं निरखि कीनौ सरजा साहस जो उचित बृजराज कौं।''-भू.ग्रं., शि.भू., 33/133।

**चिक्काता**—दे. चकता। उ.-''भूषन भनत मही चहौं चक्क चाह कियौ पातसाह चिक्कात्ता की छाती माह छेवा है।''-भू.ग्रं., शि.भू., 74/142।

**चितहंस** छंद—मात्रामुक्तक छंद है। ल.-वोनइस कै बीस कल, छंद होत चितहंस। नंदकरन ह्वै अन्त रो, कै है रल अवतंस। उ. (1)-''दास'' हास करै घनै बकबंस रे। तोहि ह्याँ बसुबास न उवित हंस रे।।'' उ. (2)-''चाहि गिरि गिरि गाहि तिरि तिरि फेरि फेरि। ''दास'' मेरे मैन थाके हेरि हेरि।।''-भि.ग्रं. 1, छंदा., 13, 14, 15/216।

**चितावणी**—रचयिता-लालदास जी (दे.)। (बृ.इति. 7)।

**चितावणी**—रचयिता-खेमदास (दे.)। (बृ. इति. 7)।

**चितावणी**—रचयिता-दास पींपा जी (दे.)। (बृ.इति. 7)।

**चित्तज्ञता**—नायक-नायिका भेद के अन्तर्गत सखी भी दूत्य व्यापार करने के कारण दूती होती है। चित्तज्ञता दूती का एक कर्म है। नायिका की दशा देखकर उसके चित्त के भाव या संकेत को जानकर नायक से मिलाने का उपाय करती है। ल.-दूती तिय इंगित निरषि, जार जो मन को जानि। कहत बड़े साहिब इतै, चित्तज्ञता बषानि।। उ.-''सेज मैं बैठी कपोल किए कर, सोच भरी निरषीजु अकेली। सूनी सी डीठि अकास बिलोकति, ऊँचीउसासनि लेति नवेली। दूती यों बोली बिन अवलंब, रहै यह क्यों करि कंचन बेली। हौं तेरे प्यारे सों देहुँ मिलाइ, यो बूझि मिलाइ दई अलबेली।।''-शृं.मं., चिंता, 442-443/132।

**चित्र अलंकार**—1. पद्माकर ने इसके दो भेद बताये हैं। प्रथम भेद में प्रश्न के वचन में ही उत्तर का प्रकाश होता है। ल.-चित्र बचन जो प्रस्न को उत्तर वहै प्रकास। उ.-''को कहिये निसि में दुखी ? कोननौल तिय बास।।'' दूसरे भेद में अनेक प्रश्नों का एक ही उत्तर होता है। ल.-उत्तर इक बहु प्रश्न को चित्र। उ.-कहौ को स्याम ? कौन जु रिपु छत्रियन को ? मूसलधर को ? राम''-प.ग्रं., पद्म., 247-248/63। 2. उपर्युक्त प्रथम भेद का लक्षण-एक वचन में होइ जहँ प्रश्न सु उत्तर-चित्र।। उ.-''रहत सदा जिहिं त्रास तें काबिल बलख बिलाप। किहिं प्रगटायौ जगत में इह जालम

परताप।''-इहाँ इह प्रश्न कि परताप किहि में प्रगटायौ पुनि याही में उत्तर है परताप में।-सो.ग्रं. 1, र.पी.नि., 291-292/217-218।

**चित्रकबित्त**—ल. (1)-है सुघराई लिखन की प्रगटें भेद अपार। तासौ चित्र कवित्त कहि बरनै रसिक उदार।। उ.-''कही मुनि बात, गही उन तात लही मन सात वही अनदात। नही अनखात यही गुन गात सही तन बात तिही बन जात। उही रन घात नही विनसात जहीं बन पात उहीं सनहात। मही धन खात दही तिन घात यही दिन रात चही पन सात।।''-सो.ग्रं., र.पी.नि., 37-38/176। ल. (2)-केशवदास के अनुसार चित्रालंकार के निर्वाह हेतु यदि कहीं किसी अक्षर को जो विसर्ग या अनुस्वार रहित है, उसे विसर्ग या अनुस्वार युक्त करना पड़े, अथवा यतिभंग, रसहीन, बधिर, अंध अगण आदि दोष आ पड़ें तो इनका विचार नगण्य समझना चाहिए। इसके अलावा दीर्घ को लघु करना और लघु को दीर्घ करना भी उचित समझा जायगा, और ''ब'' और ''व'' तथा ''ज'' और ''य'' एक ही समझे जा सकते हैं, अर्थात् ''ब'' के स्थान पर ''व'' और ''व'' के स्थान पर ''ब'', तथा ''ज'' के स्थान पर ''य'' और ''य'' के स्थान पर ''ज'' लिखें तो भी दोष न होगा। ल.-अध, ऊरध बिनु बिंदुयुत, जति, रस, हीन अपार। बधिर, अंध गन अगन के गनिजत अगन विचार।। केसव चित्र-कबित्त में इनके दोष न देखि। अक्षर मोटे पातरे ब, व, ज, य एकै लेखि। अति रति मति गति एक करि बहु बिबेकजुत चित्त। ज्यों न होइ क्रमभंग त्यों बरनहु चित्र-कबित्त। क.प्रि., 16/2-4।

**चित्रकाव्य**—रचयिता-अयोध्याप्रसाद बाजपेयी (दे.)। (सा.को.)।

**चित्रकाव्य**—रचयिता-मुरलीधर (दे.)। (इति. शुक्ल)।

**चित्रगुप्त**—चौदह यमराजों में से एक जो प्राणियों के पाप-पुण्य का लेखा रखते हैं। विभिन्न पुराणों में इनके सम्बन्ध में अनेक कथाएँ मिलती हैं। दे. (हि.श.सा., पौ.को.)। उ.-''बाँचि बही वाकी गति देखिकै विचित्र रहे चित्र के से लिखे चित्रगुप्त चुपचाप है।''-प.ग्रं., गं.ल., 5/254, 6/254, 19/25, 34/266।

**चित्र छंद**—मात्रामुक्तक छंद है। ल.-सोरह सत्रह कलनि को, चित्र बनीनी होइ। चारि चौक में तीसरो जगन कहै सब कोइ।। उ.-''लीन्ही जिन मोल भाय चोखें। दीन्हीं तुमकों बिथा अजोखें।''-भि. ग्रं. 1, छंदा, 2-3/215।

**चित्रनि**—चित्रिणी। दे. चित्रनी। उ.-''नृत्य गीत अरु मित्र के चारु सौं नेह। बहिरति सौं अति प्रीति चित चित्रनि सुंदर देह।।''-सो.ग्रं. 1, र.पी. नि., 15/62।

**चित्रनी**—चित्रिणी। कामशास्त्र में माने हुए स्त्रियों के पद्मिनी आदि चार भेदों में से एक। यह कलानिपुण और बनाव-शृंगार, शृंगारचेष्टा में निपुण एवं शौकीन होती है। डीलडौल न बहुत भारी, न बहुत छोटा, नाक तिल के फूल के समान, नेत्र कमलदल के समान। मुँह तिल, बिरी से सँवारा हुआ-ये इसके लक्षण हैं। ल.-नृत्य गीत कबिता रुचै, अचल चित चल दृष्टि। बहिरति रति अति सुरत-जल मुख सुगंध की सृष्टि।। विरल लोग तन मदन-गृह भावत सकल सुबास। मित्र-चित्र-प्रिय चित्रनी, जानहु केसवदास।।-र.प्रि., 3/5-6।

**चित्रपदा छंद**—बारह मात्राओं का छंद है। क्रम है (ऽ।। ऽ।। ऽऽ)। (प्रत्येक चरण में दो भगण (ऽ।।) और दो गुरु (ऽऽ)। ल.-चित्रपदा भ भ कर्नो। उ.-''भक्तन, कौन विचारो। चित्र पदारथ चारो।।''-भि.ग्रं. 1, 80, 84/189-190।

**चित्रमीमांसा**—रचयिता-जगतसिंह (दे.)। विव.-काव्यशास्त्रीय चिंतन। (बृ.इति. 6)।

**चित्रलेखा छंद**—प्रत्येक चरण में मात्राक्रम है-(ऽऽऽऽ ।।। ।।। ऽऽ ।ऽऽ ।ऽऽ)। अट्ठारह वर्ण होते हैं और चार, सात और सात वर्ण पर यति होती है। ल.-चार्‌यौ हारै, नगन नगन गो, गो यगंना य धारो। बिश्रामो द्वै चतुर बरन और सात सातै बिचारो। पाये माहीं, गनि गनि धरिये, बर्न अट्ठारहै जू। जी में आनौ भुजगनृपति यों, चित्रलेखा कहै जू।। उ.-''भोगी दाता, तरुन जनन के, पास में बास देखो। ता नारी सों, स्वकुल धरम को, राखिबो

चित्र लेखो।।''-भि.ग्रं., 1, छंदा , 86-87/261।

**चित्रविलास**—रचयिता-अमृतराई (दे.)। विव. -इसमें गुरुगोविन्द सिंह की उदारता, वीरता, कीर्ति, आदि का वर्णन है। (बृ.इति. 7)।

**चित्रा छंद**—प्रत्येक चरण में मात्राक्रम है (SSS, SSS, SSS, ISS, ISS)। पन्द्रह वर्ण होते हैं और आठ-सात पर विश्राम होता है। ल.-जामें दीजै आठो हारा, गो यकारो यकारो। आठे सातै दै बिश्रामै, छंद चित्राबिचारो।। उ.-''सोचै भाखै रोवै झंखै कोसिला औ सुमित्रा। कैसे सै है दुखबै सीता, कोमलांगी बिचित्रा।।''-भि.ग्रं. 1, छंदा., 58-59/255।

**चित्रानुतापिता**—यह उत्का या उत्कंठिता का एक भेद है। प्रिय के चित्र को देख कर विरह के कष्ट को अनुभव करने वाली नायिका। ल.-जो त्रिय पिय को चित्रु लषि, लहै विरह को षेद। होति चित्र अनुतापिता, यह उतका को भेद।। उ.-''सखि सुखमा में ऐसी मगन भई है मन, गात न चलत बात कछुबै न भाषी है। रंक ज्यों मनोरथनि राजु अभिलाषै ऐसे, प्रानपति संगति हिये मैं अभिलाषी है। नैन अनिमेष मुष झलकत सुष्माहि, लखि सुर नारिन गरबरीति नांषी है। चित्र लषी सूरति बिलोकि बड़े साहिब की, सूरति त्रिया की मनोचित्र लिषि राषी है।''-शृं.मं., चिंता., 198-199/58-59।

**चित्रालंकार**—ल.-दास सुकवि-बानी थकै, चित्र-कबित्तनि माँहि। चमत्कार हीनार्थ को, इहाँ दोष कछु नाहिं।। ब व ज य बर्ननि जानिये, चित्रकाव्य में एक। अर्थचंद्र को जनि करौ, छूटे लगे बिबेक।। प्रश्नोत्तर पाठांतरो, पुनि बानी को चित्र। चारि लेखनी चित्र को चित्रकाब्य है मित्र।।-इसप्रकार भिखारीदास ने चित्रकाव्य में छूट इस प्रकार बताई है-1. चमत्कार, हीनार्थ का यहाँ विचार नहीं होता, 2. ब व, ज य में भेद नहीं माना जाता, 3. अर्द्धचन्द्र छूटने या लगने पर विवेक का प्रयोग नहीं करना चाहिए। इसके साथ ही भिखारीदास ने स्थूल रूप से चित्रालंकार के चार भेद बताए हैं-1. प्रश्नोत्तर, 2. पाठांतर, 3. वाणीचित्र, 4. लेखिनी चित्र।-भि. ग्रं. 2, का.नि., 1-3/192। दे. चित्र कबित्त।

**चित्रिनी**—दे. चित्रनी। ल.-चंचल चित परबीन सलज गोरी गुमान अति। भारी भौंह कटाक्ष भाल घुँघरार केस मति। केकीरव कृस अंग उरज जंघा नितंब बढ़ि सुरतहीन ग्रीवा कपोत साजत भूषन मढ़ि। चित चाह नाहिं पीरे बसन मदनसहित सुकुमारि गनि। लघु गंध देह छुछुम कछू मनि कंठा चित्रिनी भनि।-बो.ग्रं., वि.वा., 53/72।

**चित्रिनी**—दे. चित्रनी, चित्रिनी। ल.उ.-''घन नितंब चष चपल बंक चितवनि मन मोहति। भोजन अंन विचित्र चित्र अंबर धरि सोहति। चाहति सुरत बिचित्र अलप अभिलाष धरै मन। नीच अनृत भाषिनी अधी दीरध नखछत घन। कुच कलस तुलित उरु विपुल, चाहति दूजै जाम रति। तन दस अंगुल तिय चित्रिनी, भूषन परिमल चाह अति।।''-शृं.मं., चिंता., 489/143।

**चित्रोत्तर चित्रालंकार**—दे. चित्रालंकार, प्रश्नोत्तर चित्रालंकार। ल.-जोई अक्षर प्रस्न को उत्तर ताही माह। चित्रोत्तर ताही कहैं, सकल कबिन के नाह।। उ.-''कौन परावन देव समावन, को लहै भार धरे धरती को। को दस ही में सुन्यो जित ठौरनि, को बिद सो दिग पालन टीको। जानत आयु को बृंद समुद्र मैं, का मैं सरूप सराहिये नीको। का दरबार न सोहत सूरन, को पजरावत पुन्य तपी को।।''-भि.ग्रं. 2, का.नि., 30-31/197।

**चिन्तामणि**—जन्म-सं. 1616। जन्म स्थान-टिकवाँपुर (कानपुर)। माता-पिता-रत्नाकर त्रिपाठी। आश्रयदाता-मकरंदशाह। रचनाएँ- कविकुलकल्पतरु, काव्यविवेक, काव्यप्रकाश, रामायण और छंद विचार। (इति.शुक्ल)।

**चिरंजीव**—चिरजीवी। सात ब्यक्ति चिरंजीव माने जाते हैं-अश्वत्थामा, बलि, व्यास, हनुमान, विभीषण, कृपाचार्य, परशुराम। उ.-''चिरंजीव मुनि, सात नर, सप्तमातृका, तात।''-क.प्रि., 11/18।

**चीन**—एशिया में भारत के उत्तर में देशविशेष। उ.-''भूषन भनत रूम बलखबुखारे जैहैं साम चीन तरि जलधि जहाज पै।''-भू.ग्रं., प्रकी., 437/213।

**चुंबन**—प्रेम के आवेग में होने पर उद्दीपन के लिए मुख से गाल आदि अंगों को स्पर्श करने या

दबाने की क्रिया। ल.-आलिंगन चुंबन परस मरदन नखरद-दानु। इत्यादिक संभोग के उदीपन जिय जानि।।-भि.ग्रं. 1, र.सा., 445/64। उ.-''समुझि सौति सम गंग कौ गौरि कोप उपजाय। सविष कंठ चुंबन कियो विष भक्षन के भाय।।''-वृं.ग्रं., भा. पं., 5/13।

**चुगल मुख चपेटिका**--रचयिता-बाँकीदास (दे.)। (बृ.इति. 7)।

**चुरियाला छंद**--मात्रिक छंद है। ल.-दोहा दल के अन्त में और पंचकल बंद निहारिय। (दोहा के प्रथम द्वितीय और तृतीय-चतुर्थ चरणों के योग में दोहे से पाँच मात्राएँ अधिक होने से चुरियाला छंद बनता है)। उ.-''मैं पिय मिलन अमिय गुनो बलि बिसु समुझि न तोहि निहोरति। झटकि झटकि कर लाडिली चुरिया लाखन की कत फोरति।।''-भि. ग्रं. 1, छंदा., 12-13/223।

**चुरैल**--चुड़ैल। भूत-प्रेत कोटि की स्त्री जो अतिप्राकृत, घृणास्पद एवं भयंकर कर्म करती है। उ.-''तेरी गति चौगुनी कै सौगुनी चुरैल हू सों, लगी अलगी सी कछू बरनी न जाति है।''-घ.क., 142/99।

**चूड़ा कर्म**--हिन्दू बच्चे का पहली बार सिर मुड़ाकर चोटी रखने का संस्कार। उ.-''बाल नास है चूड़ाकर्म। तीछनता आयुब्ध के धर्म।''रा., 28/8; वी.च., 18/10।

**चूड़ामनि**--प्राकृत का मात्रिक छंद है। ल. (1)-दोहा गाहा को करो मुक्त पदग्रस बंद। नागराज पिंगल कह्यो सो चूड़ामनि छंद। (दे. दोहा, गाहा) उ.-''दिनहीं में दिनकर दिवै निसहीं में ससिजोति।''-भि.ग्रं. 1, छंदा., 20-21/232। ल. (2)-दोहा के दुँहू पदन दै पंच पंच कल देख। सब चूड़ामनि छंद के मत अट्ठावन लेख।। उ.-''राधा बाधा मीन के वेधहु जिनि तू रूप तपोधनु।''-छं. मा., 2/41।

**चूरामनि**--चूड़ामणि। बोधारचित विरह वारीश काव्य के उज्जयिनी के राजा विक्रमादित्य के समय में उज्जयिनी के षट्दर्शन के पंडित चूड़ामणि, जिन्होंने नायक माधव का स्वागत किया था। उ. -''चूरामनि पंडित तहाँ खट दरसन के दास।''-बो. ग्रं., वि.वा., 43/136, 47/137।

**चेट**--नायक और नायिका को मिलाने वाला चतुर पुरुष। ल.-दुहुन मिलावै में चतुर बहै चेट उर आनि।।''-प.ग्रं., जग., 342/154।

**चेटक**--दे. चेट। ल. (1)-चेटकु देइ भुलाइ करै जो सुपास को।-भि.ग्रं. 1, र.सा. 191/28। ल. (2)-दंपति की मनभाँवती बात लेइ पहिचानि। तासौं चेटक कहत हैं सकल सुकबि रसखानि।।-सो.ग्रं. 1, र.पी.नि., 37/116।

**चेत चंद्रिका**--रचयिता-गोकुलनाथ (दे.)। विव.-अलंकारविषयक ग्रंथ जिसमें काशिराज की वंशावली भी दी हुई है। (इति.शुक्ल)।

**चेतन**--एक जैन कवि। स्थितिकाल-सं. 1877। रचनाएँ-लघु पिंगल। (बृ.इति. 6)।

**चेष्टा**--शरीर के अंगों की वह गति या अवस्था जिससे मन के भाव या विचार प्रकट हों। नायक अथवा नायिका का वह आंगिक प्रयत्न या उपाय जो उनका परस्पर प्रेम प्रकट करने के लिए किया गया हो। ल.-पिय सों प्रगटन प्रीति कँह जितने करैं उपाइ। ते सब केसवदास अब बरने सबनि सुनाइ।। जब चितवै पिय अनत ही, तब चितवै निहसंक। जानि बिलोकत आपु त्यों अलिहिं लगावै अंक।। कबहूँ श्रुति कंडूकरै आरस सों ऐंड़ाइ। ''केसोदास'' बिलास सों बार बार जमुहाइ।। झूठे ही हँसि हँसि उठे कहै सखी सों बात। ऐसे मिस ही मिस प्रिया पियहि दिखावै गात।। यौं ही पिय प्रियानि प्रति प्रगटत अपनी प्रीति। सो प्रच्छन्न प्रकास करि बुधि बल करत समीति।।-उपर्युक्त निरूपण में केशवदास ने चेष्टा के प्रच्छन्न और प्रकाश दो भेद किए हैं और उदाहरणों से स्पष्ट किया है। उ.-''कसिबे मिस नीबिन के छिन तौ अँग अंगनि दास दिखाइ रही। अपने ही भुजानि उरोजनि कों गहि जानु सों जानु मिलाइ रही। ललचौहैं लजौहैं हँसौहैं चितै हितसों चित चाय बढ़ाइ रही। कनखा करिकै पगु सों परिकै पुनि सूने निकेत में जाइ रही।। ति.-इहाँ चेष्टनि सों बिहार कौं बुलाइबो व्यंजित होतु है।-भि.ग्रं. 2, का.नि., 63, 63अ/16 (दे.

अर्थव्यंजक)।

**चैत्ररथ**—कुबेर के बाग का नाम जो चित्ररथ का बनाया हुआ और इलावर्त खण्ड के पूर्व में अवस्थित मान. जाता है। उ.–''चैत्ररथ अति चारु तहँ, बैभ्राजक इहि नाम।''–वि.गी., 4/32।

**चोर मिहीचनि**—चोरमिहीचनी नाम का खेल जिसे आँखमिचौनी भी कहते हैं। उ.–''खेलन चोर-मिहीचनि आजु गई हुती पाछिले द्यौस की नाई।''–मति., र.रा., 19/204, 346/279।

**चोर मिहीचनी**—दे. चोर मिहीचनि। उ. (1)–''तहँ आपुही मूँदे सलोनी के लोचन चोरमिहीचनी खेलनि में।''–मति., ल.ल., 181/329-330। उ. (2)–''खेलत चोरमिहीचनी परे प्रेम पहिचानि।''–मति., म.सत., 117/378, 218/386।

**चोवा**—एक प्रकार का सुगंधित द्रव पदार्थ जो कई गंधद्रव्यों को एक साथ मिलाकर गरमी की सहायता से उनका रस टपकाने से तैयार होता है। (वि.दे.-हिं.श.सा.) उ. (1)–''अतर गुलाब चोवा चंदन सुगंध सबस हज सरीर की सुवास बिकसाती हैं।''–भू.ग्रं., प्रकी., 431/212। उ. (2)–''आछी-तिलौनी लसै अंगिया गसि चोवा की बेलि बिराजति लोइन।''–घ.क., 384/194।

**चौंसठ कलानि**—दे. कला। उ. (1)–''चौंसठि कलानि प्रवीन है दुज-देवतानि अधीन है।''–प. ग्रं., हि.ब.बि., 7/6। उ. (2)–''चौंसठ कला बिलास जुत बदन कलानिधि पेखि। दुतिया की देखें कला को दुति याकी देखि।।''–मति., म.सत., 36/272।

चौअक्षरी—रचयिता-तुरसीदास (दे.)। (बृ. इति. 7)।

**चौकल**—चार मात्राएँ। भिखारीदास ने चार मात्राओं के मात्राक्रम भेद से पाँच भेद किए हैं। गुरु चौकल, अन्त गुरु चौकल, मध्य गुरु चौकल, आदि गुरु चौकल तथा सर्वलघु चौकल,–भि.ग्रं. 1, छंदा., 12-16/169।

**चौकी**—गले में पहनने का एक आभूषण, जिसमें चौकोर पटरी होती है। उ.–''मनि सोभित स्याम जराइ जरी अति चौकी चलै चल चारु हियें।''–र.प्रि., 1/20।

**चौगान**—एक खेल का नाम, जिसमें लकड़ी के बल्ले से गेंद मारते हैं। यह घोड़े पर भी चढ़ कर खेला जाता है। यह खेल हाकी या पोलो नाम के अँगरेजी खेलों के समान होता है। उ. (1)–''बिरही मन चौगान लै इस्क महल्ला झेल। अपने सिर कों बढ़कार मन भावै तो खेल।।''–बो. ग्रं., वि.वा., 13/200। उ. (2)–''चलत जब चौगान को लै चलत दल चतुरंग।''–रा., 27/15। उ. (3)–''देखै प्रगट लोभ अरु दान। निकस महाराज चौगान।।''–वी.च., 19/1। उ. (4)–''तुरी भीमरा औ थली के जु धावैं सुचौगान में लीक सी खाँच जावैं।''–प.ग्रं., प्र.बि., 41/280।

**चौथ**—मरहठों का लगाया हुआ 'कर' जिसमें आय का चतुर्थांश लिया जाता था। उ.–''भूषन भनत सबै मुगलान चौथ दीन्ही दौरि दौरि पौरि पौरि लूट ली चहूँ फरी।''–भू.ग्रं., प्रकी., 471/221।

**चौथ को चाँद**—भाद्र शुक्ल चतुर्थी का चंद्रमा जिसके विषय में प्रसिद्ध है कि यदि कोई उसे देख ले तो देखने वाले को झूठा कलंक लगता है। उ.–''निरखि चौथ को चाँद यह सोचति सुमुखि ससंक।।''–प.ग्रं., जग., 484/182।

**चौथ चंद**—दे. चौथ को चाँद। उ.–''ज्यौं कोऊ चितवै नहीं चौथ चंद की ओर।''–वृं.ग्रं., नी. सत., 140/69।

**चौथ व्रत**—भाद्र शुक्ल चतुर्थी का व्रत जिसमें गणेश पूजन का विधान है। मकर संक्रांति के पूर्व माघ कृष्ण चतुर्थी का व्रत उत्तर भारत में विशेष प्रचलित है, जिसमें गुड़ और तिल के पदार्थों का विशेष प्रयोग होता है। उ.–''गुड़ बिनु होय न चौथ व्रत इलह बिना बरात।''–वृं.ग्रं., नी.स., 683/111।

**चौथी तुल्य जोगिता**—दे. तुल्ययोगिता। ल. –बहुत वड़ेनि सँग बर्न्यहु आनौ। चौथी तुल्यजोगिता जानौ। उ.–''प्रबल सुरेस रमेस महेसा। सेस गनेसहु तुमहु नरेसा।–प.ग्रं., पद्मा., 75/41।

**चौथी विभावना**—जिस कार्य का जो कारण नहीं है, उससे कार्य का होना। दे. विभावना। ल.–काज अकारन तें जहाँ सो विभावना होइ। उ.–''कनकलता तें ऊपजे श्रीफल के फल

दोइ।।''-प.ग्रं., पद्मा., 140/49।

**चौदह भुवन**—चौदह लोक-भू-लोक, भुव-लोक, स्वर्ग, महालोक, जन-लोक, तपो-लोक, सत्य-लोक, अतल, वित्तल, तलातल, रसातल, महातल तथा पाताल। उ.-''रानी मनेस दे धरतास। चौदह भुवन भवै जस जास।''-वी.च., 2/35।

**चौदह विद्या**—ऋग्वेद, यजुर्वेद, सामवेद, अथर्ववेद, शिक्षा, व्याकरण, छंद, निरुक्त, ज्योतिष, कल्प, मीमांसा, न्याय, पुराण और धर्मशास्त्र। उ.-''चौदह विद्या चारि बेद बुध बूझहिं तेते।''-वी. च., 1/52।

**चौपाइया**—ल.-तीस कला जुग अन्त गुरु चरन चरन में होइ। पिंगल के मत सौं सुनौ चौपाइया है सोइ।। (प्रत्येक चरण में 30 मात्राएँ, अन्त में दो गुरु)। उ.-''पिय लखहु सघन घन दिशि विदिशनि ते किहि विधि सौं मढ़ि आए। अति चमकि चमकि चपला चित चोरति चात्रक वचन सुनाए। नव लहकि लहकि लपटी दुम बेली बन-उपबन छबि छाए। निज घर घर प्रति दंपति रस बरसत परसि बिनोद सुहाए।।''-सो.ग्रं. 1, र.पी.नि., 32-33/27-28।

**चौपई छद**—पन्द्रह मात्राओं का छंद है। मात्राक्रम अनिर्दिष्ट है। अन्त में गुरु-लघु होता है। ल.-पंद्रह कला गनौ चौपई। उ.-''कब परिहै मोहनगल बॉह। चौप ईठि इतनी मन मॉह।।''-भि. ग्रं. 1, छंदा., 120-121/194।

**चौपरि**—चौपड़। चौसर नाम का एक खेल, जो बिसात पर चार रंगों की चार-चार गोटियों और तीन पासों से दो मनुष्यों में खेला जाता है। प्रत्येक खिलाड़ी के पास दो-दो रंगों की आठ-आठ गोटियाँ होती हैं और बारी-बारी से पासा फेंकते हैं। पासों के दाँव आने पर विशेष नियमानुसार गोटियाँ चली जाती हैं। उ.-''मनि विधाउ चौपरि षिलाउ बीवीना सजाउ भनि। छीनी लाउ अरि लरि हराउ सिबतरु बताउ वनि।।''-वृं.ग्रं., 133/346।

**चौपाई छंद**—सोलह मात्राओं का छंद है। मात्राक्रम अनिर्दिष्ट है। ल.-सोरह मत्रा छंद गति रुष चौपाई लेखि। उ.-''कब परिहैमोहनगल बाँही। चौपाइठि इतनी मन माही।।''-भि.ग्रं. 1, छंदा., 128/195।

**चौपैया छंद**—मात्रिक छंद है। दस, आठ और बारह मात्राओं के योग के चार चरणों से यह छंद बनता है। ल.-दस बसु बारह बिरति तें, चौपैया पहिचानि। चारि चरन चौगुन किये, होत निपट सुखदानि।। उ.-''सुरपति सुत काँचो सब जग नाँचो बाँचो पैआ लागें।।''-भि.ग्रं. 1, छंदा., 21-22/224-225।

**चौबंसा छंद**—आठ मात्राओं का छंद है, एक नगण ( (और एक यगण) ) से यह बनता है। ल.-न यहि प्रसंसा। कहि चौबंसा। उ.-''उपजेउ पुत्रा। सुलगन जुत्ता। जग अवतंसा। चरचउ वंसा।''-भि.ग्रं., छंदा., 49, 52/186।

**चौबोल छंद**—तीस मात्राओं का छंद है। इसमें सोलह और चौदह मात्राओं पर यति है। ल.-तीस मत्त चौबोल है, सोरह चौदह तत्तु। उ.-''सुमति होत उपकार लखहि तौ झूठो कहत न संक गहै। पर अपकार होत जानहि तौ कबहुँ न साँचौबोल कहै।।''-भि.ग्रं. 1, छंदा., 226, 228/210-211।

**चौरासी रमैनी**—रचयिता-महाराज विश्वास सिंह (दे.)। (इति.शुक्ल)।

**चौहान**—अग्निकुल के अन्तर्गत क्षत्रियों की प्रसिद्ध शाखा। इसके मूल पुरुष के सम्बन्ध में यह प्रसिद्ध है कि उसके चार हाथ थे और उसकी उत्पत्ति राक्षसों का नाश करने के लिए वशिष्ठ के यज्ञकुंड से हुई थी। प्रायः एक हजार वर्ष पहले मालवा, राजपूताना, दिल्ली आदि तक इस वंश के क्षत्रियों का विस्तार था। भारत के प्रसिद्ध अंतिम सम्राट् पृथ्वीराज इसी वंश के थे। उ.-''चौहान चौदह आकरे घंघेर धीरज धाकरे।''-प.ग्रं., हि.ब.बि., 27/7।

# छ

**छंद**—वह वाक्य जिसमें वर्ण या मात्रा की गणना के अनुसार विराम आदि का नियम हो। जिस छंद

के प्रति पाद में अक्षरों की संख्या और लघु-गुरु वर्णिक या वर्णवृत्त हैं और जिसमें केवल मात्राओं की संख्या का विचार होता है, वह मात्रिक छंद कहलाता है। उ. (1)-''छंद बिरोधी पंगु गनि, नग्न जु भूषनहीन। मृतक कहावै अर्थ बिनु ''केसव'' सुनहु प्रबीन।।''-क.प्रि., 3/7। उ. (2)-''एक बर्न को पद प्रगट छब्बिस लौं मतिवंत। तदुपरि केसवराइ कहि दंडक छंद अनंत।।''-छं.म., 1/2।

**छंद छप्पनी**—रचयिता-मनीराम (दे.)। विव-छन्दशास्त्रीय ग्रंथ। (इति.शुक्ल)

**छंदपयोनिधि** – रचयिता - हरिदेव (दे.)। विव.- पिंगल सम्बन्धी ग्रंथ। (बृ.इति. 6)।

**छंदप्रकाश**—रचयिता-भिखारीदास (दे.)। (इति. शुक्ल)

**छंदमाला**—रचयिता-केशवदास (दे.)। विव.- पिंगल सम्बन्धी ग्रंथ। (बृ.इति. 6)।

**छंदरत्नावली**—रचयिता-हरीराम दास (दे.)। (बृ.इति. 7)।

**छंदविचार**—रचयिता-सुखदेव मिश्र (दे.)। (बृ.इति. 6)।

**छंदविचार**—रचयिता-चिन्तामणि त्रिपाठी (दे.)। (बृ.इति. 6)।

**छंदविलास**—रचयिता-माखन कदि। (बृ. इति. 6)।

**छंदसार**—रचयिता - नारायणदास (दे.)। विव.-कृष्णप्रणय सम्बन्धी प्रसंग। (बृ.इति. 6)।

**छंदसार**—रचयिता-सूरतिमिश्र (दे.)। (स. सर्वे.)।

**छंदाटवी**—रचयिता-गुमानमिश्र (दे.)। विव.- पिंगल सम्बन्धी ग्रंथ। (इति.शुक्ल)।

**छंदनंदपिंगल**—रचयिता-अयोध्या प्रसाद वाजपेयी (दे.)। (बृ.इति. 6)।

**छंदारनव**—भिखारीदास का ''छंदार्णव'' नामक पिंगल ग्रंथ जिसकी रचना उन्होंने सत्रह सौ निन्यानबे (सं.) में की थी।-''सत्रह सैनिन्यानबे मधुबदि नवै कबिंदु। ''दास'' कियो छंदारनव, सुमिरि साँवरों इंदु।।''-भि.ग्रं. 1, छंदा., 19/275।

**छंदार्णव**—रचयिता-गिरिधरदास (दे.)। (इति. शुक्ल)।

**छंदार्णवपिंगल** – रचयिता - भिखारीदास (दे.)। (इति.शुक्ल)।

**छंदोभंग**—छंदरचना का एक दोष विशेष। छंद में वर्ण, मात्रा आदि के नियम का पूर्ण पालन न होना। उ.-''त्यौं ही छंदोभंग कों सहि न सकत सुति साधु।''-क.प्रि., 3/10। ल.-श्रवनतुला तें जानियो ''केसव'' छंदोभंग।''-छं.मा., 2/7।

**छंदोमयूख**—रचयिता-सूर्यमल्ल (दे.)। विव.- छंदशास्त्र सम्बन्धी (बृ.इति. 7)।

**छकल**—छः मात्राएँ। उ.-''तीनि छकल पर देहु गुरु।''-भि.ग्रं. 1, छंदा., 20/217।

**छठ्ठी**—छठी। जन्म से छठे दिन की पूजा। उ.-''छट्ठी छत्रपतिन कौ जीत्यौ भाग जीत्यौनामकरण मे करन के जसके उमाह कों।''-भू.ग्रं., शि.भू., 13/130।

**छत्ता**—दे. छत्रसाल। उ. (1)-''चहूँ ओर चकित चकत्ता के दलन पर छत्ता के प्रताप के पताके फहरात हैं।''-भू.ग्रं., प्रकी., 524/233। उ. (2)-''तासु बंस छत्ता समर्थ परनायत बुझियै।''-बो. ग्रं., वि.वा., 24/24।

**छत्रकीर्ति**—रचयिता-लालकवि (दे.) विव.- महाराज छत्रसाल बुंदेला का कीर्तिवर्णन। (सा. को.)।

**छत्रछंद**—रचयिता-लाल कवि (दे.)। (सा. को.)।

**छत्रछाया**—रचयिता-लाल कवि (दे.)। (सा. को.)।

**छत्रदण्ड**—रचयिता-लाल कवि (दे.)। (सा. को.)।

**छत्रनाथ**—स्थितिकाल - सं. 1842 - 64 मिथिलानरेश महाराज श्री माधवसिंह के समकालीन। पिता-नंदलाल झा। रचनाएँ-द्रौपदी कुमार, हनुमान-रावण संवाद, बनगाँववर्णन, सुदामा चरित। (बृ.इति. 7)।

**छत्रप्रकाश**—रचयिता-लाल कवि (दे.)। विव.-बुंदेलवंश की उत्पत्ति, पराक्रम एवं अंतिम दिनों का वर्णन है। (इति. शुक्ल)।

**छत्रप्रशस्ति**–रचयिता-लालकवि (दे.)। (सा. को.)।

**छत्र बंध**–लेखनी चित्रालंकार (दे.) का एक भेद।

**छत्रसाल**–जन्म-सं. 1706। पिता-चंपतिराय के घर जन्म। रचनाएँ-रामावतार के कवित्त, रामध्वजाष्टक, हनुमानपचीसी, श्रीराधाकृष्णपचीसी, कृष्णावतार के कवित्त, महाराज छत्रसाल, प्रति अक्षर अनन्य के प्रश्न, दृष्टांती और फुटकर कवित्त, दृष्टांती तथा राजनैतिक दोहा समूह। (बृ. इति. 7, पृ. 268-269)।

**छत्रसाल**–बुंदेला क्षत्रियों के एक कुल में जन्मे चंपतराय के पुत्र जो आरंभ में एक साधारण जागीरदार थे। छत्रसाल का जन्म सं. 1706 में हुआ। मुगल सेनापति बहादुर खाँ द्वारा उपेक्षित होकर इन्होंने शिवाजी से भेंट कर अपने पराक्रम से पास-पडोस के सरदारों, राजाओं को पराजित कर अनेक बार मुगलों को भी हराया। सं. 1744 में योगिराज प्राणनाथ के आदेश से राज्याभिषेक कराया। मुख्य रूप से पन्ना में रहते थे। 85 वर्ष की वय में सं. 1791 में शरीर छोड़ा। प्रसिद्ध भूषण कवि के ये भी आश्रयदाता थे। उ.-''रैयाराव चंपति को चढ़ो छत्रसाल सिंह भूषन भनत गजराज जोम जमके।''–भू.ग्रं., प्रकी., 507/229; प.ग्रं., हि.ब. वि., 16/6।

**छत्रसाल दशक**–रचयिता-भूषण (दे.)। (इति.शुक्ल)।

**छत्रसाल विरुदावली**–रचयिता-नेवाज (दे.)। (स.सर्वे.)।

**छत्रसाल शतक**–रचयिता-लाल कवि (दे.)। (सा.को.)।

**छत्रसिंह**–दे. छत्रसाल। उ.-''पंती छत्र बुंदेल को छत्रसिंह भुव मान।''-बो.ग्रं., वि.वा., 11/22।

**छत्रसिंह कायस्थ**–समय-सं. 1757 में उ.। जन्मस्थान और निवास-अटेर नामक गाँव (बंटेश्वर क्षेत्र)। आश्रयदाता-कल्याणसिंह (अमरावती)। रचनाएँ-विजयमुक्तावली। (इति.शुक्ल)।

**छत्रहजारा**–रचयिता-लालकवि (दे.)। (सा. को.)।

**छप्पय**–छः चरणों का एक मात्रिक छंद। ल.-ग्यारह तेरह कल प्रथम चारि चरन संत। पंद्रह तेरह चरन द्वै छप्पय कहि गुनिवंत।। उ.-''संकत उद्धत असुर तजत खग्गहि गब्बर अरि। कुक्कत दिग्गज दिग्घ हहरि सुंडनि कुंडनि कुंडल करि।। धूरि धुंधरत लोक होत थल जल जल थल थल। थर थरं थरकति धरनि कोल कहलै न चलै बल।। चपि चटकति कच्छप पीठि दृढ़ गरलउ गिल्लस धरनिधर। जब चलत सैंन आनंद-निधि अवनिइंद्र रघुनंदबर।।-सो.ग्रं. 1, र.पी.नि., 40-41/29। सोमनाथ ने छप्पय के 71 रूपों का उल्लेख किया है-1. अजय, 2. विजय, 3. बलवंत, 4. वीर, 5. बेताल, 6. विहंकर, 7. मरकट, 8. हरिहर, 9. ब्रह्म, 10. इंदु, 11. चंदन, 12. रस, 13. शंकर, 14. स्वान, 15. सिंघ, 16. सार्दूल, 17. कूरम, 18. कोकिल, 19. खर, 20. कुंजर, 21. मदन, 22. मत्स्य, 23. नारंग, 24. शेष, 25. सारंग, 26. मनोहर, 27. निबल, 28. कमल, 29. कंद, 30. बानर, 31. बिस, 32. लव, 33. बसह, 34. अजंगम, 35. करम, 36. सर, 37. सरस, 38. समर, 39. सारस, 40. सरह, 41. मेरु, 42. मरुत, 43. यम, 44. सिद्धि 45. बुद्धि 46. अलि, 47. अलकहि, 48. धवला, 49. मलय, 50. ध्वजा, 51. कनक, 52. कृष्ण, 53. रजनी, 54. मेघागम, 55. गंभीर 56. गरुड़ 57. ससि, 58. सूरज, 59. मल्लक, 60. नवरंग, 61. मनोरथ, 62. गगन, 63. रतन, 64. निर्झर 65. नीहार, 66. भरत, 67. तपन, 68. कुसुम, 69. दीप, 70. सक, 71. स्वच्छ। सोमनाथ ने अजय (दे.) और विजय (दे.) नाम के छप्पय प्रकारों के लक्षण दिये हैं।-वही, 42-50/29-30।

**छप्पयबावनी**–रचयिता-धर्मसिंह (दे.) (बृ. इति. 7)।

**छप्पय रामायण**–रचयिता-रामचरण दास (दे.)। (बृ.इति. 7)।

**छप्पै छंद**–दे. छप्पय। मात्रिक छंद है। रोला छंद (दे.) के आगे उल्लाला छंद (दे.) देने पर छप्पय

छंद होता है। ल.-रोला में लघु रुद्र पर काव्य कहावै छंद। ता आगे उल्लाल दै जानहु छप्पै छंद।।-भि. ग्रं. 1, छंदा., 37/227।

**छबि छंद**—आठ मात्राओं का छंद है। मात्राओं में आठ होने पर भी करहंत और मधुमार छंद से गति में भिन्न है। उ.-''मिलहि किमि भोर। तकत ससि वोर। थकित सो विसेषि। बदनछबि देखि।।''-भि. ग्रं. 1, छंदा., 58/186।

**छबिनाथ अवस्थी**—स्थितिकाल-सं. 1825 के लगभग, स्थान-बगसर (जि. रायबरेली)। आश्रयदाता-जयपुर नरेश महाराज माधौसिंह। रचनाएँ-माधुव-सुयश-प्रकाश। (बृ.इति. 7)।

**छलापेन्हुति**—अपह्नुति (दे.) का एक भेद। ल.-जहँ छल आदिक पदनिसों साँच छपावत बात। तहँ छलापन्हुति कहत हैं कबिजन मति अवदात।।-मति.,' ल.ल., 98/315।

**छाया छंद**—प्रत्येक चरण में मात्राक्रम है (। ।।। ।। । ।)। उन्नीस वर्ण होते हैं और छः, छः और सात वर्ण पर यति होती है। ल.-यगना मो आनो, नगन सगनो, कर्नो लगै गो लगै। बिरामै है छा में, बहुरि छह औ, सातै सु नीको लगै। गनौ यामें बर्ना, दस रु नवई, पाये पाये बंदु है। फनीराजा बानी, चितु धरहि तौ, छाया यही छंदु है। (यगण मगण नगण सगण कर्नो लगा गो लगा)। उ.-''हँसै बोलै मानो, करति अबहीं, क्रीड़ाहि बिसार ही। यकांता में कांता, लखति निज यों, छाया लिये आरसी।।''-भि.ग्रं. 2, छंदा., 98-99/263।

**छितिनाल**—एक प्रकार की बंदूक। उ.-''गिरे कुंमि मतवारे सोभित फुहारे छूटे कड़ाकड़ छितिनाल लाखौं थरकत हैं।''-भू.ग्रं., प्रकी., 451/217।

**छिनाल पचीसी**—रचयिता-लालचंद (दे.)। विव.-कुलटाविषयक ग्रंथ। (बृ.इति. 7)।

**छिपिया**—दरजी, एक भक्त। उ.-''छिपिया को दूधभात खीचरी हू करमा की चक्करा रैदास जू चमार हूके खाए हैं।''-ठाकुर, 50/14।

**छीगुनी**—छिगुनी। छोटी उँगली (कनिष्ठिका) में पहनने का गहना-''मेहँदी लपेटे लाल लाल बस कीन्हें निज छीगुनी अनौटा नगजटित सँवारे हैं।''-ठाकुर, 4/2।

**छीतर मिश्र**—वीरसिंह के यहाँ का एक ब्राह्मण कवि। उ.-''प्रथमहि पहिराए द्विजराज। छीतर मिश्र अमित कबिराज।''-वी.च., 33/13।

**छीर समुद्र**—क्षीरसागर। पुराणों के अनुसार सात समुद्रों में से एक का नाम जो दूध से भरा माना जाता है। कहते हैं-विष्णु भगवान् इसी समुद्र में शेषशय्या पर सोते हैं। (पौ.को.)। उ.-छीर-समुद्र ओ गाइन को पति हैं प्रतिपालक हैं सुति भाख्यौ।''-वृं.ग्रं., स्फु.छं., 18/314।

**छुद्र-घंटिका**—कमर में पहनने का एक प्राचीन आभूषण, जिसमें हिलने या चलने पर बजने वाले घुँघरू लगे रहते थे। घुँघरूदार करधनी। उ.-''पहुँची मुद्रिका छुद्र-घंटिका सु जेहरि है।''-वृं.ग्रं., नै.व., 59/44।

**छूटक कवित्त**—रचयिता-नागरीदास (दे.) (बृ.इति.7, स.सर्वे.)

**छूटक दोहा**—रचयिता-नागरीदास (दे.) (बृ. इति.7, स.सर्वे.)

**छूटक विधि**—रचनाकाल-सं. 1790। रचयिता-नागरीदास (दे.) (बृ.इति.7, स.सर्वे.)

**छूरनसिंह**—बोधा कवि रचित विरह वारीश का बघेला क्षत्रिय वंश का एक वीर योद्धा। उ.-''इतै रवन छूरनसिंह बघेल। हन्यो बिरसिंह बली कहँ सेल।''-बो.ग्रं., वि.वा., 18/187।

**छेक उक्ति**—दे. छेकोक्ति। ल.-और अर्थ लीन्हे सु जो छेक उक्ति अभिराम।-मति. ल.ल., 366/359।

**छेकानुप्रास**—एक शब्दालंकार। दे. अनुप्रास। अनुप्रास अलंकार के पाँच भेदों में से एक जिसमें एक ही चरण में दो या अधिक वर्णों की आवृत्ति कुछ अन्तर पर होती है। ल. (1)-आबृतिबरन अनेक की दो दोइ जब होइ। है छेकानुप्रास सुर समता बिनहू सोइ।-ज.ग्रं., भा.भू., 197/65। ल. (2)-बर्न अनेक कि एक की, आबृति एकहि बार। सो छेकानुप्रास है आदि अन्त इक ढार।। भिखारीदास ने छेकानुप्रास के दो भेद किये- 1. आदि वर्ण की आवृत्ति-उ.-''बर तरूनी के बैन सुनि, चीनी

चकित सुभाइ। दाख दुखी मिसिरी मुरी, सुधा रही सकुचाइ।।'' 2. अन्त वर्ण की आवृत्ति, उ.-''जनरंजन भंजनदनुज, मनुजरूप सुरभूप। बिस्व बदर इव धृत उदर, जोवत सोवत सूप।।''-भि.ग्रं. 2. का.नि., 36-38/180। ल. (3)-एक बार ही फिरै जहँ, धने बरन सुखदाइ। सो छेकानुप्रास है प्रगटे कह्यो समुझाइ।।-सो.ग्रं. 1, र.पी.नि., 24/173।

छेकापन्हुति—दे. अपह्नुति। अलंकार का एक भेद, जिसमें किसी संगत अनुमान या अटकल का अयथार्थ उक्ति से खंडन किया जाता है। ल. (1)-छेकापह्नुति जुक्ति करि पर सों बात दुराइ।।-ज.ग्रं., भा.भू., 65/23। ल. (2)-जहाँ और की संक तें साँचि छिपावत बात। छेकापह्नुति कहत हैं भूषन मति अवदात।।-भू.ग्रं., शि.भू., 85/144। ल. (3)-साँच दुरावै जुक्ति सों छेकापन्हुति पंथ।-प. ग्रं., पद्मा., 51/38। ल. (4)-जहाँ और की संक ते साँच छपावत बात। छेकापन्हुति कहत हैं तहाँ बुद्धि अवदात।-मति., ल.ल., 95/315। ल. (5)-पर सों बात दुराइए, जहाँ जुक्ति करि मित्र। छेकापन्हुति सुमति सो वरनत सकल विचित्र।। उ.-''निरखत नैननि चैन अधिक उपजावहीं, कर परसे तें अंग मनोज बढ़ावहीं। तिय यह चरचा करति सुमीत गुबिंद की नहिं अलि, सुंदर बरन सरस अरबिंद की।।''-सो.ग्रं. 1, र.पी.नि., 53, 54/189।

छेकोकति—दे. छेकोक्ति। ल. (1)-छेकोकति लोकोक्ति में गर्भित-अरथ जु आन।-प.ग्रं., पद्मा., 258/64। ल. (2)-कछू अर्थ सों होति है लोकोकति जिहिं ठाऊँ। समझो सब रिझवार मिलि सो छेकोकति नाऊँ।।-उ.-''ग्वालनि सों बतरात जो गहे कदम की डार। हौं मोही मुसिक्याइ के अलि इहि नंदकुमार।।-सो. ग्रं. 1, र.पी.नि., 308-309/220।

छेकोक्ति—अन्य अर्थ की ध्वनि से युक्त लोकोक्ति। (1) लोकउक्ति कछु अर्थ सों सो छेकोक्ति प्रमानि।-ज.ग्रं., भा.भू., 186/62। ल. (2)-सब्द जु कहिये लोकगति सो लोकोक्ति प्रमान। ताही छेकोक्ति यौं कहैं, होइ लिये उपखान।।-भि.ग्रं. 2, का.नि., 34/163, दे. छेक उक्ति, छेकोकति।

छैल—सुंदर और बना ठना व्यक्ति। छवियुक्त। सहृदय और रसिक। उ.-''नंद को नवेलो अलबेलो छैल रंग भर्‍यौ। काल्हि मेरे द्वार ह्वै कै गावत इतै गयौ।''-घ.क., 362/187।

छोटम—नागर ब्राह्मण। जन्म-सं. 1868। निर्वाण-सं. 1941। पिता-कालीदास। गुरु-पुरुषोत्तम सिद्ध योगी। रचनाएँ-स्फुट छंद, साखी, लावनी आदि। (बृ.इति. 7)।

# ज

जंगनामा—श्रीधर या मुरलीधर (दे.)। विव.-फर्रुखसियर एवं जहाँदगसाह से युद्ध का रोमांचक वर्णन। (इति.शुक्ल)।

जंगनामा—रचयिता - अणीराय (दे.)। रचनाकाल-सं. 1759-60 के लगभग। विव.-इसमें गुरुगोविन्द सिंह को युद्ध वीर के रूप में चित्रित किया गया है। (बृ.इति. 7)।

जंगली—जांगल देश के घोड़े। उ.-''लखे जंगली जंग में जोर जागैं।''-प.ग्रं., प्र.वि., 39/280।

जंत्र—देवता के आवाहन या सिद्ध मंत्र के लिए कागज या ताँबा आदि के पत्र पर या भूर्जपत्र पर बना विशिष्ट रेखाओं और वृत्तों का चित्र जो प्रायः त्रिकोणों से बनता है और सोने, चाँदी, ताँबा आदि के संपुट में बंद कर धारण भी किया जाता है। तांत्रिक यंत्र। ताबीज। उ.-(1)-''जोग न जानत, मंत्र न जाप, न जंत्र न पाठ पढ्यौ न प्रबीनो।''-क. प्रि., 9/27। उ. (2)-''जंत्र न मंत्र न भूरि गनै जगजीवन काम-पिसाच बसै जू।''-रा., 24/9। उ. (3)-''तब तैं वाहि न फुरत हैं तंत्र न जंत्र न मंत्र।''-रतन., 334/88। उ. (4)-''तहँ जंत्रमंत्र अनेक दुर्गा भागवत गीतनि के।''-प.ग्रं., हि.ब. बि., 119/17। उ. (5)-''पढ़ै मंत्र अरु जंत्र अंत्र लीलत इमि जुग्गिनि।''-प.ग्रं., जग., 715/230।

उ. (6)-''ऐसौ ठान ठानै तो बिनाहू जंत्र मंत्रन सौं साँपहू को जहर उतारै तो उतरि जाइ।।''-ठाकुर, 187/48।

**जंबुमाली**—रावण के प्रहस्त नामक मंत्री का पुत्र जो रावण का सेनापति था और हनुमान ने इसे मारा था। (पौ.को.)। उ.-''पुनि जंबुमाली मंत्रिसुत अरु पंच मंत्रि सँघारियो।''-रा., 13/96।

**जंबूदीप**—जम्बूद्वीप। पुराणानुसार सात द्वीपों में से एक द्वीप जो पृथ्वी के मध्य में माना गया है। यह आकार में गोल है और चारों ओर से समुद्र से घिरा हुआ है। इसका विस्तार 1 लाख योजन बताया गया है। इसमें 9 खंड हैं जिन्हें वर्ष भी कहते हैं और प्रत्येक का विस्तार नौ हजार योजन है। मध्यस्थ इलावृत्त खंड के दक्षिण के तीन वर्षों में भारतवर्ष एक है। इस द्वीप में जंबू का एक बहुत बड़ा वृक्ष होने के कारण इस द्वीप का नाम जंबूद्वीप पड़ा। (हिं.श.सा., पौ.को.)। उ.-''सुनिये पुराननि में जंबूदीप बड़ो एक, जंबू जरु जामें फल हाथिन की छबि हैं।''-मति., ल.ल., 156/325।

**जंभ**—एक दैत्य का नाम जो महिपासुर का पिता था और जिसे इंद्र ने मारा था। उ.-''इंद्र जिम जंभ पर बाड़व ज्यौं अंभ पर रावन सदंभ पर रघुकुल राज है।''-भू.ग्रं., शि.भू., 50/137।

**जंभरिपु**—इंद्र। दे. जंभ। उ.-''एक धर्म गृहखंभ जंभरिपु रूप अवनि पर।''-मति., ल.ल., 23/201।

**जंभारि**—इंद्र। दे. जंभ। उ.-''भेटति हैं जंभारि ज्यौं जंभ अरिन के दंभ।''-वृ.ग्रं., स.स. रू., 23/264।

**जँजाल**—बड़े मुँह की तोपें। उ.-''इमि तोप तुपक जँजाल सिघे बान पैरत नहिं रुको।''-प.ग्रं., हिं.ब.बि., 86/13।

**जँजीराबंद**—रचयिता-कालिदास त्रिवेदी (दे.)। (इति.शुक्ल)।

**जगजीवनदास**—दादू दयाल के शिष्य। स्थिति काल सं. 1818 के आसपास। निवास स्थान-कोटवा (बाराबंकी, उ.प्र.)। जाति - चंदेल ठाकुर। सम्प्रदाय-सत्यनामी सम्प्रदाय का प्रवर्तन। रचनाएँ-स्फुट बानी। (इति.शुक्ल)।

**जगजीवन साहब**—दे. जगजीवनदास।

**जगत**—हिलने-डुलने वाला, स्थिर अथवा नित्य एक रूप न रहने वाला संसार। उ. (1)-''नाना विधि भासत जगत हेत अविद्या ताहि।''-जस. ग्रं., सि.बो., 98/180। उ. (2)-''जदपि रहौ है भावतौ सकल जगत भरिपूर।''-रतन., 68/53।

**जगतदिग्विजय**—रचयिता-हरिकेश द्विज (दे.) विव.-वीर काव्य-राजा जगतराव की जीवनी, एवं चंदेल आदि राजवंशों का इतिवृत्त दिया गया है। (बृ.इति. 7)।

**जगत प्रकाश**—रचयिता-जगत सिंह (दे.)। (सा.को.)।

**जगतबहादुर**—यह कदाचित् उमरावगिरि का दूसरा लड़का जगतगिरि है। उ.-''इक ओर भूप जगतबहादुर हाँकिं पैठो अरिन मैं।''-प.ग्रं., हिं.ब. बि., 139/20।

**जगतबिनोद**—जगद्विनोद। कवि पद्माकर रचित लक्षण ग्रंथ जो उन्होंने मुख्य रूप से नायिकाभेद का ग्रंथ रचा है, किन्तु इसमें रस चक्र का भी निरूपण है। सूर्यवंशी कछवाहा शाखा के श्रीप्रतापसिंह के पुत्र जगतसिंह के आश्रय में रहकर पद्माकर ने इस ग्रंथ की रचना की। उ. (1)-''जगत सिंघ नृप हुकुम तें पाय महा मन मोद। पदमाकर जाहिर करत जगहित जगतबिनोद।।-प. ग्रं., जग., 8/80। उ. (2)-''जगतसिंघ नृप हुकुम तें पदमाकर लहि मोद। रसिकन के बसकरन को कीन्हो जगतबिनोद।।''-प.ग्रं., जग., 731/233।

**जगतमोहन**—रचयिता-रघुनाथ (दे.)। विव.-एक अच्छे प्रतापी ऐश्वर्यवान् राजा की दिनचर्या का वर्णन। (इति.शुक्ल)।

**जगत विलास**—रचयिता-नंदराम (दे.)। रचनाकाल-सं. 1802। विव.-चरितकाव्य, जगतसिंह द्वितीय की दिनचर्या, उनके राज्यवैभव, शासन प्रबंध आदि का वर्णन। (बृ.इति 7)।

**जगतसिंघ**—जगतसिंह। जयपुरनरेश महाराज प्रतापसिंह के पुत्र जिनका राज्याभिषेक सं. 1860 में और देहान्त सं. 1875 में हुआ। ये अत्यन्त

विलासी नरेश थे। कवि पद्माकर के ये आश्रयदाता थे। उ. (1)-''कहै पद्माकर सु रहियो बचाये जंग जालिम जगतसिंघ रंग अवगाहे की।।''-प.ग्रं., जग., 709/228। उ. (2)-''जगतसिंघ नृप हुकुम तें पद्माकर लहि मोद। रसिकन के बसकरन कों कीन्हो जगत बिनोद।।''-वही, 731/233, 3-8/79-80।

**जगतसिंह**—जन्म-सं. 1798 के आसपास। स्थान-गोंडा नामक गाँव, बहराइच, सरयू तट पर स्थित। पिता-महाराज दिग्विजय सिंह। रचनाएँ-साहित्य सुधानिधि, चित्र मीमांसा, रसमृगांक, रसमंजरी कोष, उत्तम मंजरी, जगतविलास, नख - शिख, भारतीकंठाभरण, जगतप्रकाश, नायिकादर्शन। (बृ. इति. 6)।

**जगतसिंह**—पद्माकर रचित हिम्मत बहादुर बिरुदावली नामक काव्य में अनूपगिरि के पक्ष का एक सेंगर वीर। उ.-''जग जगत् जगमग जगतसिंह पमार रार करी भली।''-प.ग्रं., हि.ब.बि., 158/22।

**जगतसिंह**—दे. जगतसिंघ। उ.-''मौजी मसिंहावत रीझत जगतसिंह बकसे तुरंग तुंग वै उठत अवकासे।''-प.ग्रं., प्रकी., 20/308, 21/309।

**जंगदब**—पार्वती, शिवपत्नी। उ.-''त्यों पद्माकर मंत्र मनोहर जै जगदंब अदंब अए री।''-प.ग्रं., प्रकी., 82/325।

**जगदातम**—जगदात्मा, विश्वात्मा। उ.-''ठाकुर जासों लगो जगदातम आतम का बिसराय दयो है।''-ठाकुर, 215/56।

**जगदेव**—पराक्रमी राजा जगद्देव जाज। उ.-''तोरादार सकल तिहारे समसबदार डाँडे जिनके सुभाउ जगदेव जाज के।''-भू.ग्रं., शि.भू., 225/176।

**जगद्दर्शनपचीसी**—रचयिता-देव (दे.)। (इति. शुक्ल)।

**जगद्विनोद**—पद्माकर भट्ट (दे.)। विव.-रस एवं नायक-नायिका भेद विषयक ग्रन्थ। (इति. शुक्ल)।

**जगद्विलास**—रचयिता-जगतसिंह (दे.)। रचनाकाल-सं. 1711। विव.-नायक-नायिका भेद ग्रंथ। (सा.को., बृ.इति. 7)।

**जगन-जगण**—आठ गणों में से एक जिसमें तीन वर्णों में पहला वर्ण लघु एवं बाद में क्रमशः गुरु, लघु होता है (।ऽ।)। यह अशुभ गण है और सूर्य इसका देवता है। ल. (1)-जगन रगन अरु सगन पुनि तगनहि असुभ बखानि। ल. (2)-जगन मध्य गुरु जानियै। ल. (3)-सूरज जानहु जगन को।-क.प्रि., 3/18,20, 23।

**जगन्नाथ**—मानस के रचयिता गोस्वामी तुलसीदास से भिन्न एक तुलसीदास के शिष्य थे। इस तुलसीदास का रचनाकाल सं. 1740 के आसपास था। स्थितिकाल-सं. 1760-1776 के आसपास। रचनाएँ-गुरु चरित्र और गुरुमहिमा पर रचनाएँ, मोहमदराज की कथा (रचनाकाल सं. 1776)। (बृ.इति. 7)।

**जगात**—जगात या जकात। वह धन आदि जो धर्म या पुण्य के लिए दिया जाय। उ.-''रोक्यौ नैन जगातिपन मन जगत के होत।''-रतन., 372/93।

**जगातियन**—जगात (दे.) लगाने वाला कर्मचारी। उ.-''रोक्यौ नैन जगातिपन मन जगत के हेत।''-रतन., 372/93।

**जच्छ**—यक्ष। एक प्रकार के देवता जो कुबेर के सेवक और उसकी निधि के रक्षक कहे गए हैं। पुराणानुसार ये सुघशा और प्रचेता की संतान हैं। इनकी आकृति विकराल होती है, जैसे पेट फूला हुआ, कंधे भारी और हाथ-पैर घोर काले होते हैं (पौ.को.)। उ.-''लखि जच्छ किंनर सुर असुर गंधरब हौंसनि साजहीं।''-भू.ग्रं., शि.भू., 16/131।

**जजमान**—यजमान। यज्ञ करने वाला व्यक्ति जो यज्ञ का व्ययभार भी वहन करता है अर्थात् ऋत्विक या पुरोहित की दक्षिणा चुकाता है। सामान्य अर्थ में प्रश्रयदाता, आतिथेय, कुलपति को यजमान कहते हैं। (हिं.ध.को.)। उ.-''जजमान सकल रघुदत्त बुलाय। गे दिय दायज सबको लिवाय।''-बो. ग्रं., वि.वा., 28/227।

**जजाति**—ययाति। एक चंद्रवंशी राजा जो पितृकन्या विरजा के गर्भ से उत्पन्न राजा नहुष के पुत्र थे तथा जिनका विवाह दैत्यगुरु शुक्राचार्य

की पुत्री देवयानी से हुआ था। (पौ.को.)। उ. (1)-''दीनी सुता जजाति तासु को क्षोभ न कीनो।''-वी.च., 2/18। उ. (2)-''पारथ से पृथु से परिच्छित पुरंदर से जादौ से जजाति से जनक से जगतराज।।''-प.ग्रं., प्रकी., 19/308।

**जज्ञ**—यजन, पूजन, सम्मिलित विचार, वस्तुओं का वितरण जो एक प्रकार का ऐसा यंत्र या माध्यम है जिसके द्वारा यज्ञ करने वाला देवों तक यज्ञ की समग्री पहुँचा सकता है तथा स्वयं भी उनके निवासों तक पहुँच सकता है। (हिं.ध.को.)। उ. (1)-''नाथ जू के यज्ञ को तुरंग गहि राख्योई।''-क.प्रि., 13/11। उ. (2)-''रामकुमार हमैं नृत दीजै। तौ परिपूरन जज्ञ करीजै।''-रा., 2/15। उ. (3) ''करि जज्ञ पूरन जानकीपति दान देत असेष।''-छं.मा., 1/61। उ. (4)-''ये ही जप ये ही तप ये ही जज्ञ जोग यहै ये ही भवराग को उपाव एक चहिये।''-प.ग्रं., प्र.प., 28/244। उ. (5)-''प्रजामूल अन्न सब अन्नन को मूल मेघ मेघन को मूल एक जज्ञ अनुसरिबो।''-प.ग्रं., गं.ल., 4/254, 7/255, 30/264; वही, प्रकी., 89/327।

**जज्ञ पुरुष**—विष्णु का नाम। उ.-''फल भोजन कौ तेहि धरे आनि। भषे जज्ञपुरुष अतिप्रीति मानि।''-रा., 12/45।

**जज्ञस्थली**—यज्ञ करने का स्थल। यज्ञशाला। उ.-''जज्ञस्थली रघुनंदन आए। धामनि धामनि होत बधाए।''-रा., 39/16।

**जटायु**—रामायण अथवा रामकथा में वर्णित एक प्रसिद्ध गृद्ध जो सीताहरण के समय रावण से युद्ध करते उसके हाथों घायल हुआ और राम के हाथ अंत्येष्टि होने पर सद्गति प्राप्त की। यह सूर्य के सारथी अरुण का पुत्र था जो श्येनी नाम्नी स्त्री से उत्पन्न हुआ था। यह दशरथ का मित्र भी था। सम्पाति इसका भाई था। (पौ.को., हिं.श. सा.)। उ.-''सी हित श्री रघुराज के काज पै जीव तजै तौ जटायु की नाँई।।''-प.ग्रं., जग., 551/196, 553/196।

**जड़ता**—किसी घटना के होने पर चित्त के विवेकशून्य होने की दशा में उत्पन्न होने वाला संचारी भाव। यह भाव प्रायः घबराहट, घोर दुःख, आकस्मिक भय या मोह आदि में उत्पन्न होता है। इसमें शरीर की चेष्टाहीनता या स्तब्धता परिलक्षित होती है। एक व्यभिचारी भाव। ल. (1)-जड़ता उत्कंठा सहित स्वप्न प्रबोध विषाद।-र.प्रि., 6/13। ल. (2)-उन्माद ब्याधि जड़ता भएँ होतु मरन पुनि आपु।-र.प्रि., 8/9। ल. (3)-दुसह बिरह बाढ़त जहाँ, भूलै तनु मन ग्यान। होइ महाजड़ चित्र सी जड़ता वहै सुजान।।-वृं.ग्रं., हि.त., 372/80। ल. (4)-जड़ता जहँ अक्षम ह्वै जाई। कारज में आवै जड़ताई।-भि.ग्रं. र.सा., 497/72; वही, शृं.नि., 238/141। ल. (5)-भूलि जाइ सुधि बुधि जहाँ सुख दुःख होइ समान। तासों जड़ता कहत हैं केसोदास सुजान।।-र.प्रि. 8/48। ल. (6)-यह जड़ता सुन्न निदान।-सो.ग्रं. 1, र.पी.नि., 25/54 ल. (7)-जहाँ चेष्टा रहत तन, अतिबियोग तें होइ। ताकों जड़ता दसा कहि, बरनत हैं कबि लोइ।।-सो.ग्रं. 1, र. पी.नि., 28/136। ल. (8)-गमन ज्ञान आचरन की रहैन जहँ सामर्थ।।-प.ग्रं., जग., 566/198। ल. (9)-उतकंठादिक तें जु है अचल चित अरु अंग। तासों जड़ता कहत हैं, कबि कोबिद रसरंग।।-मति., र.रा., 424/295।

**जति**—यति। गीत या छंद में विश्राम का स्थान जो छंदशास्त्र के अनुसार निश्चित रहता है। इसका ठीक पालन न होने पर छंद की गति में व्यवधान उत्पन्न होता है, जिसे यतिभंग (जतिभंग) कहते हैं। ल. (1)-अधऊरथ बिन बिंदजुत, जति रसहीन अपार।''-क.प्रि., 16/2। ल. (2)-अगन न कीजै हीनरस, अरु केसव जतिभंग।-क.प्रि., 3/14।

**जतीरासा**—रचयिता-करणीदान (दे.)। (वृ. इति. 7)।

**जथासंख्य**—यथासंख्य। वर्णित पदार्थों के क्रम के अनुसार आगे के पदार्थों के वर्णन में उसी क्रम का निर्वाह या सम्बन्ध स्थापन। इसी को क्रमालंकार या यथाक्रम अलंकार भी कहते हैं। ल. (1)-जथासंख्य बर्नन बिषै बस्तु अनुक्रम संग। उ.-''करि अरि मित बिपत्ति को गंजन रंजन भंग।।''-ज.ग्रं., भा.भू.,

139/45।

**जदवंस वंसावलि**—रचयिता-हमीरदान रतनू (दे.)। (बृ.इति. 7)।

**जदुपति**—यदुपति। श्रीकृष्ण। उ.-''सीपति जदुपति बिपति पति हरति बिपति पति राणि।''-वृं. ग्रं., य.स., 76/212।

**जदुराइ**—यदुराज। श्रीकृष्ण। उ.-''फबत फाग फझियत बड़ी चलन चहत जदुराइ।''-प.ग्रं., जग., 258/136।

**जदुराय**—यदुराज। श्रीकृष्ण। उ.-''कंस के कुटिल बलबंसन बिधंसिबे कौं भयौ जदुराय बसुदेव को कुमार है।''-भू.ग्रं., परि., 395/202।

**जद्रिक्षा**—यदृच्छा। दे. नाम। पदार्थ निर्णय प्रकरण में भिखारीदास ने वाचक भेद निरूपण करते समय जाति, यदृच्छा गुण और क्रिया का उल्लेख किया है। पदार्थ का निर्णय कभी-कभी इच्छानुसार या संयोगवश नाम के कारण होता है। ल.-जाति नाम जदुनाम अरु, कान्ह जद्रिक्षा धारि। गुनतें कहिये स्याम अरु क्रिया नाम कंसारि।।-भि.ग्रं. 2, का.नि., 3/6।

**जदृक्षा**—यदृच्छा। भिखारीदास द्वारा बनाये गये 12 सखी कर्मों में से एक। दे. सखी कर्म।-भि. ग्रं., शृं.नि., 215-217/136।

**जनक**—मिथिला के राजा सीरध्वज की राजवंशीय उपाधि। सीरध्वज जिस कुल में उत्पन्न हुए थे, उस कुल की उपाधि जनक थी। सीरध्वज सीता के पिता थे। कपिला नाम की ब्राह्मणी ने दीक्षा दी थी, जिससे ये शोकरहित रहते थे। ये मोक्ष तत्व के ज्ञाता थे। (पौ.को.)। उ. (1)-''पारथ से पृथु से परिच्छित पुरंदर से जादौ से जजाति से जनक से जगतराज।।''-प.ग्रं., प्रकी., 19/308। उ. (2)-''जनक भक्त मन क्रम बचन सदा जनक है नाम। जगत जनक जानत सकल जनक सुता पति राम।।''-वृं.ग्रं., य.स., 278/227।

**जनकजा**—दे. जानकी। उ.-''बसे पंचबती हूँ तहाँ तैं हूँ जनकजा कौ।''-वृं.ग्रं., स्फु.छं., 12/312।

**जनकपचीसी**—रचयिता-मण्डन (दे.), (इति. शुक्ल)।

**जनकराजकिशोरीशरण 'रसिक अली'**—समय-सं. 1875 के आसपास। स्थान-सुदामापुरी (गुजरात), अयोध्या (उ.प्र.), मिथिला। रचनाएँ-अमररामायण, अष्टयाम-प्रबन्ध-पद, आंदोल-रहस्य दीपिका, आत्म-सम्बन्ध-दर्पण, कवितावली, जानकी कर्णाभरण, जिज्ञासापंचक, तुलसीदास चरित्र, दोहावली, बारहखड़ी, मिथिलाविलास, रधुबरकर्णाभरण, ललितशृंगारदीपक, वर्षोत्सव पदावली, विवेक सारचंद्रिका, वेदांतसार-सुभदीपिका, श्रीरामरासदीपिका, श्रीसीता - राम - अनन्य-रसतरंगिनी, श्रीसीताराम - रहस्य - तरंगिनी, श्रुतिदीपिका, सीताराम-सिद्धान्त-अनन्यतरंगिनी, सिद्धान्त-चौंतीसा, सिद्धांतमुक्तावली, होलिका-विनोद। (बृ.इति. 7)।

**जनकसुता**—दे. जानकी। उ.-''जगत जनक जानत सकल जनकसुता पतिराम।''-वृं.ग्रं., य.स., 278/227।

**जनकुंज**—रचनाएँ-उषाचरित (बारह खड़ी) रचनाकाल-सं. 1782। (बृ.इति. 7)।

**जनन्यधीना**—शृंगारमंजरीकार ने सामान्या के लक्षण निरूपण में उसके पाँच भेदों का उल्लेख किया है (दे. कल्पितानुरागा)। इनमें से जनन्यधीना एक है। जो सामान्या या गणिका अपनी माता के नित्य ही निर्देश में रहती है, उसे जनन्यधीना कहते हैं। ल.-जो गनिका निज जननि के, नित निदेस मैं होइ। कहत बड़े साहिब समुझि जनन्यधीना सोइ।। उ.-''मैं सिषऊँ गनिका कुल को हित मेरी कही सिखमैं मनु दीजै। जो अपनैं कुल कों अनुकूल, मनोहर आपुनो नामजो कीजै। ऊपर को अनुराग दिखाइ, विटै ठगि ऊपर कों पटु लीजै। आदरु कीजै बड़े धनदानि को, वित्त के पाइ सदा सुख जीजै।।''-शृं.मं., चिंता., 133-134/39।

**जनराज**—(डेडराज) - पिता - दयाराम। पितामह-हीरानंद। सिंहल गोत्रीय अग्रवाल वैश्य। स्थान-गठवार, जयपुर। आश्रयदाता-जयपुर नरेश पृथ्वी सिंह, रचनाएँ-कविता रस विनोद (बृ.इति. 6, सा.को.)।

**जनहरिया**—हर्याचार्य "हरि सहचरी" (दे.) का उपनाम।

**जनार्दन**—विष्णु। उ.-"कहैं जर्नादन कृष्न कौं हर कौ संकर नाँव।"-वृं.ग्रं., नी.स., 127/68।

**जनेऊ**—यज्ञोपवीत। यज्ञ के अवसर पर ऊपर से लपेटा या धारण किया हुआ वस्त्र। यह यज्ञ करने का अधिकार प्रदान करता था। बाद में इसके प्रतीक के रूप में पवित्र सूत्र धारण किया जाने लगा। उपनयन संस्कार में ब्रह्मचारी को यह पवित्र सूत्र प्रथम बार धारण करने को दिया जाता है। तीन वृतों के सूत्र से यह बनता है। ब्राह्मण के लिए कपास का, क्षत्रिय के लिए क्षौम (अलसी सूत्र का) और वैश्य के लिए ऊन का यज्ञोपवीत विहित है। किन्तु सामान्यतया कपास का यज्ञोपवीत सबके लिए चलता है। (हिं.ध.को.)। उ. (1)-"मुनिगन मन मानि, दुजनि जनेऊ जानि, संख संखपानि-यानि सुखद अपारु है।"-क.प्रि., 5/11। उ. (2)-"लेत जनेऊ भिक्षादानु। कुटिल चाल सरितानि बखानु।"-रा., 28/9। उ. (3)-"अरुन तगनि कै नैन जनु गरै जनेऊ डारि। रूप दांति मागत रहें ये पल करनि पसारि।।-रतन., 251/78। उ. (4)-"हिंदुन की चोटी रोटी राखि है सिपाहिन की कांधे में जनेऊ राख्यो माला राखी गर में।"-भू.ग्रं., प्रकी., 420/209।

**जनलोक**—चौदह लोकों में से एक, उ.-"भूमिलोक भुवलोक स्वर्गलोक महालोक जनलोक तपलोक सत्यलोक थल में।"-पं.ग्रं., गं.ल., 51/272।

**जन्म खण्ड**—रचयिता-नवलसिंह (दे.)। (इति. शुक्ल)।

**जन्हु**—जन्हु। वायुपुराण के अनुसार सुहोत्र नाम के राजा द्वारा कौशिका (केशिनी) के गर्भ से उत्पन्न एक राजर्षि का नाम। जब राजा भगीरथ अपने पूर्वजों के उद्धार के लिए ब्रह्मा के कमण्डलु से निकली गंगा को गंगासागर ले जा रहे थे, तभी गंगा के प्रवाह से जन्हु के यज्ञमण्डप की सामग्री बह गई। यज्ञ में पड़े इस विघ्न से कुपित होकर जन्हु ने गंगा का पान कर लिया। भगीरथ की प्रार्थना पर गंगा को जन्हु ने कान से निकाला था। तभी से गंगा का नाम जान्हवी, जन्हुतनया आदि पड़ा। (पौ.को., हिं.श.सा., सं.हिं.को.) आप्टे। उ.-"आइकै जहान जन्हजंघा लपटाइ फिरी दीनन के दीन्हे दौरि कीन्हे तीनि पथ की।"-प.ग्रं., गं.ल., 2/253, 12/257, 25/262, 44/269।

**जप**—किसी एक नाम मंत्र या वाक्य का बार-बार धीरे-धीरे पाठ करना। पुराणों में इसके तीन प्रकार बताये गये हैं-1. मानस, 2. उपांशु, 3. वाचिक। इन तीनों में क्रमोत्तरहीनता है। मानस और उपांशु के बीच जप का एक प्रकार और बताया गया है, जिसे जिह्वाजप कहते हैं। मानस जप सर्वोत्तम है, जिसमें मन ही मन मंत्र के अर्थ का मनन करते हुए इस प्रकार जप करने का विधान है जिसमें जिह्वा और ओंठ में गति न हो। उपांशु में जिह्वा और ओंठ की गति के साथ ईषतध्वनि होती है। जिह्वाजप में केवल जिह्वा में गति होती है, ओठ निस्पंद रहते हैं, ध्वनि भी नहीं होती। वाचिक जप में वर्णों का स्पष्ट उच्चारण होता है। जप में मंत्र की संख्या का प्रयोजन और विधान के अनुसार निर्णय होता है। अतः इसमें माला की आवश्यकता होती है। "अजपा जप" भी एक नाम मिलता है जो संतों में विशेष स्वीकृत है। इसकी मानस जप से समता बताई जा सकती है, किन्तु वैशिष्ट्य यह है कि इस अजपा जप की क्रिया श्वासप्रश्वास की सहज क्रिया के साथ-साथ स्वतः होती रहती है यद्यपि मानस योग इसमें भी विहित है। उ. (1)-"करि उमंग लगि हेत जप्र मधु मंगल के मित। हरति अमंगल संत के करति सुमंगल नित।।"-वृं.ग्रं., य.स., 384/236। उ. (2)-"जप तप बिद्या बेद बिधि सबै बढ़े धन धर्म।"-र.प्रि., 1/4। उ. (3)-"स्नान दान तप जप जो करियो। सोधि व्रत जो उर धरियो।"-रा., 11/2। उ. (4)-"तप जप साधि समाधि ब्याधि जिहि जानि आधि मति।"-वी.च., 1/49। उ. (5)-"भाव सहित सोभा लहैं पूजा जप तप मित।"-वृं.ग्रं., भा. पं., 3/12। उ. (6)-"दान सनान जिते जप जाप रूपूजन देव व्रतादिक ही।"-ज.ग्रं., सि.बो.,

1/168। उ. (7)-"मौन हूँ पुकार करै गुन मान गहे व जपै एक कृपा जप।"-घ.क., 342/180। प.ग्रं., प्र.प., 18/241, 28/244; वही, गं.ल., 7/255, 16/258, 30/264, 52/272; वही, क.प., 12/296; वही, प्रकी., 89/327, 90/328।

**जपोतपजाल**–जप और तप का आडम्बर- "जोग रु जज्ञ जपोतपजाल बिहार परे कलिकाल के मारे।"-प.ग्रं., प्र.प., 41/247।

**जम**–यम। पातंजल योग के आठ अंगों में से प्रथम। इसके पाँच अंग बताये गये हैं-अहिंसा, सत्य, अस्तेय, ब्रह्मचर्य, और अपरिग्रह। शारदातिलक जैसे तांत्रिक ग्रंथों में, हठयोग-प्रदीपिका में दशांग यम का वर्णन है। वे दस अंग हैं-अहिंसा, अस्तेय, ब्रह्मचर्य, क्षमा, धृति, दया, आर्जव, मिताहार और शौच। उ. (1)-"जम अरु नैमहि जानि तूँ आसन प्राणायाम। प्रत्याहार रु धारणा ध्यान समाधि सु नाम।। जम है पाँच प्रकार कौ इहि बिधि सौं तू मानि...।।"-ज.ग्रं., आ.बि., 64-67/121।

**जम**–भारतीय आर्यो के प्रसिद्ध देवता जो दक्षिण दिशा के दिक्पाल कहे जाते हैं और अब मृत्यु के देवता के रूप में स्वीकृत हैं। प्रारम्भ में यम देवता, वैदिक ऋषि और मंत्रकर्ता मात्र थे। वैदिक काल में इनकी यज्ञ में पूजा होती थी, हवि दिया जाता था। तब वे पितरों के अधिपति तथा मृतकों के आश्रय थे। तब से लेकर अब तक इनका लोक यमलोक नाम से प्रसिद्ध है। हिंदुओं के विश्वास के अनुसार मृत्यूपरांत जीव सबसे पहले यमलोक में यमराज के समक्ष प्रस्तुत होता है और वहाँ उसके शुभ-अशुभ कृत्यों का धर्मपूर्वक विचार कर उसे स्वर्ग या नरक दिया जाता है। इस कार्य के कारण ही यम को धर्मराज कहते हैं। इनके दूत ही मृत्यु के समय प्राणी की आत्मा लेने आते हैं। स्मृतियों में इनके चौदह नाम दिए गए हैं-यम, धर्मराज, मृत्यु, अतैंक, वैवस्वत, काल, सर्वभूतक्षय, उर्दुबर, दघ्न, नील, परमेष्ठी, वृकोदर, चित्र, चित्रगुप्त। तर्पण में इनमें से प्रत्येक के नाम तीन-तीन अंजलि जल दिया जाता है। मार्कण्डेय पुराण के अनुसार विश्वकर्मा की कन्या संज्ञा ने अपने पति सूर्य को देखकर भय से आँखें बन्द कर लीं। इस पर सूर्य ने उसे सबका संयमन करने वाला (प्राण हरण करने वाला) पुत्र होने का शाप दिया। तब संज्ञा ने चंचल नेत्रों से सूर्य को देखा। इस पर सूर्य ने सदैव चंचल रहने वाली, बहती रहने वाली पुत्री का वर दिया। इस यम और यमी (यमुना) दोनों भाई बहन हुए। यम का वाहन भैंसा माना जाता है। (हिं.श.सा., पौ. को.)। उ. (1)-"जा दिन परैगो काम जम के जसूसन सों ता दिना तिहारे काम रामनाम आय है।"-प.ग्रं., प्र.प., 16/240। उ. (2)-"जकि से रहे हैं जम थकि से रहे हैं दूत दूनी दूनी पापन के उठी तन ताप है।"-प.ग्रं., ग्रं०ल., 5/244, 18/259, 26/262, 29/264, 34-35/266, 40/268, 55/274। उ. (3)-"पापनि सो पीसैं अरिगन मीसैं जम से दीसैं नहिं भटकैं।।"-वही, हिं.ब.बि., 203/29। उ. (4)-"जम की जमाति सी कि जामबंत को सो दल, महिष सुखद स्वच्छ रिच्छन को मीत है।"-क.प्रि., 7/7। उ. (5)-"मोकहँ रोकि सकै कहु को रे। जुद्ध जुरे जमहू कर जोरे।-रा., 4/20; क.प्रि., 11/56।

**जमक**–यमक। एक अर्थालंकार जिसमें भिन्नार्थ के साथ वर्णवृत्ति या शब्दावृत्ति होती है। इसमें कभी-कभी शब्द निरर्थक भी होते हैं, किन्तु सार्थक होने पर भिन्नार्थ होने चाहिए। केशवदास ने यमक के पहले अव्यपेत और सव्यपेत नामक दो भेद किए। अव्यपेत बिना अंतर का होता है और सव्यपेत अंतरसहित। अव्यपेत के आदिपत, दूसरे चरण, तीसरे चरण, चौथे चरण, आदि-अन्त, त्रिपाद, द्विपदादि, पादानुपादादि द्विपादांत, उत्तरार्द्ध, चतुष्पाद आदि भेद किए हैं। इसी प्रकार सव्यपेत के द्विपदादि, आदि-अन्त, आद्यंत निरंतर, आद्यंत सांतर, चतुष्पादादि यमक नाम के भेद किए हैं। ल. (1)-अब्यपेत सब्यपेत पुनि यमक बरनि दुहुँ देत। अव्यपेत बिनु अंतरहि, अंतर सो सत्यपेत।। 95।। अव्यपेत जमकनि सदा बरनहु इहि बिधि जानि। करौं व्यपेत-बिकल्पना जमकनि की सुखदादि ।।/110 ।। तज-क.प्रि., 95, 110/214, 216। ल. (2)-जमक शब्द को फिरि श्रवन अर्थ जुदैं से जानि।

उ.-''सीतल चंदन चंद नहिं अधिक अगिन तें मानि।।''-ज.ग्रं., भा.भू., 201/67। ल. (3)-केसब कबि बरने जमक अव्यपेत सब्यपेत।।-वृं.ग्रं., य. स., 2/204।

**जमक सतसया**--वृंदकवि रचित यमक सतसई। उ.-''जमक सतसया कौ धर्‌यौ नाम सुवृंद बिलास।''-वृं.ग्रं., य.स., 714/261।

**जमगन**—यमगण। यम के दूत। दे. जम। उ.-''जमगन कछू न करि सकैं नाम गनत हरि ठौर।''-वृं.ग्रं., य.स., 194/221।

**जमजातना**—विभिन्न प्रकार के पापों के कारण यम के दूतों द्वारा दिए गए विभिन्न प्रकार के कष्ट। ''सीतापति राम के सनेहवस बीती जौतौ तौ दिव्य देह जमजातना तें जीती है।''-पृ.ग्रं., प्र. प., 27/243।

**जमदंड**—यमराज का दंड या डंडा। उ.-''तापन को खंड जमदंडहू को दंड, भेदि मारतंड मंडल अखंड पद लै चुक्यो।''-प.ग्रं., प्रकी., 89/327।

**जमदगनि**—जमदग्नि। एक ऋषि जो परशुराम के पिता थे। ये प्राचीन गोत्रकार वैदिक ऋषि थे जिनकी गणना सप्तर्षियों में की जाती है। ये भृगुवंशी थे। विश्वामित्र के साथ ये भी वशिष्ठ के प्रतिपक्षी थे। हरिश्चंद्र के नरमेध यज्ञ में ये अध्वर्यु थे। अनेक पुराणों के अनुसार जमदग्नि के पिता ऋचीक ऋषि ने राजा गाधि की कन्या, अपनी पत्नी सत्यवती तथा उसकी माता की सन्तान के लिए चरु तैयार किये थे, जिसे ऋतुस्नान के बाद खाने का निर्देश दिया था। सत्यवती की माता ने लोभवश चरु बदल दिये। ऋचीक ऋषि ने लक्षणों से चरुओं के बदलने की घटना जान ली। सत्यवती ने प्रार्थना की कि मेरे गर्भ से उग्र क्षत्रिय स्वभाव वाला पुत्र उत्पन्न न होकर पुत्रवधू (जमदग्नि की पत्नी रेणुका) के गर्भ से उत्पन्न हो। परिणामस्वरूप जमदग्नि के पाँच पुत्र रेणुका के गर्भ से उत्पन्न हुए-रुमण्वान्, सुषेण, बहु, विश्वाबहु और परशुराम। परशुराम सबसे छोटे थे और उनमें सभी क्षत्रियोचित गुण थे। जमदग्नि की पत्नी रेणुका राजा प्रसेनजित् की कन्या थी। जमदग्नि का वध हैह्य के राजा कार्तवीर्य के पुत्रों ने किया था क्योंकि जमदग्नि के आश्रम से बलात् कामधेनु का हरण कार्तवीर्य ने किया था और परशुराम ने पीछा कर उसके हजार हाथ काट डाले थे। जमदग्नि क्रोधी स्वभाव के थे। चित्ररथ दंपति को जलक्रीड़ा करते देखने से कलुषित विचारों वाली रेणुका का वध करने का आदेश उन्होंने अपने पुत्रों को दिया, जिसे केवल परशुराम ने पूरा किया, किन्तु कर्तव्यपरायणता से प्रसन्न होकर जमदग्नि ने परशुराम को माता के पुनरुज्जीवन का वर भी दिया। (हिं.श.सा., सं.हिं. को. आप्टे)। उ.-''भक्तिकरी जमदगनि अरजुनकरी अनीति।''-वृं.ग्रं., नी.स., 590/104।

**जमदाढ़**—जमडाढ़। कटारी की तरह का एक हथियार जिसकी नोक बहुत पैनी होती है और आगे की ओर झुकी होती है। इसे ''जमधर'' भी कहते हैं। उ.-''चलीं जमदाढै बाढ़बारैं तलवारे जहाँ लोह आँच जेठ की तरनि मानों व्वैं रह्यो।''-भू.ग्रं., प्रकी., 525/233।

**जमधर**—दे. जमदाढ़। एक प्रकार की तलवार। उ.-''गुरदा बगुरदा छुरी जमधर दम तमंचे कटि कसे।''-प.ग्रं., हि.ब.बि., 112/16, 132/19।

**जमपुर**—यमपुर, यमराज की पुरी। उ.-''जमपुर द्वारे लगे तिनमें किवारे कोऊ हैं न रखवारे ऐसे बनिकै उजारे हैं।''-प.ग्रं., गं.ल., 10/256। दे. जम।

**जमराज**—यमराज। दे. जम। धर्मराज, जो हिंदुओं के विश्वास के अनुसार प्राणी के कर्मों के फल का निर्णय करते हैं। इनका वाहन भैंसा है, और इनका रंग हरा है। ये लाल वस्त्र धारण करते हैं। इनकी नगरी को यमपुरी, राजमहल को कालीत्री (!) और सिंहासन को ''विचारभू'' कहते हैं। इनकी विमाता ने शाप देकर शीर्णपाद बना दिया था। स्मृतियों के अनुसार यम, धर्मराज, मृत्यु, अन्तक, वैवस्वत, काल, सर्वभूतक्षय, औदुम्बर, दघ्न, नील, परमेष्ठी, वृकोदर, चित्र और चित्रगुप्त थे। 14 यम हैं। (पौ.को.)। उ. (1)-''लखि नीर बहे और दवागि दहे जमराज गहे कबहूँ निषहैं।''-बो.ग्रं., इ.ना.

38/7। उ. (2)–''जंगी जमराज के जसूसन सों काम परे रामई को नाम तूँ हदेई कहि दीजियो।''–प.ग्रं., प्र.प., 22/242, 26/243, 41/247। उ. (3)–''गंगा के चरित्र लखि भाषै जमराज ऐसें परे चित्रगुप्त मेरे हुकुम में कान दै।''–वही, गं.ल., 6/254, 28/263; जग. 477/181।

**जमलोक**–दे. जमपुरी, जम। वह लोक जहाँ मरने के उपरान्त प्राणी जाते हैं। उ. (1)–''जुद्ध जुरे जुरजोधन सों कहि को न करी जमलोक बसील्यो।''–क.प्रि., 8/19। उ. (2)–''मनो चल्यो जमलोक को दससिर को प्रस्थान।''–रा., 16/34।

**जमु**–दे. जमराज, जम। उ.–''जमुनाही दरसैं तिन्हें जमु नाही फिर लेत।''–वृं.ग्रं., य.स., 146/217।

**जमुन**–दे. जमुना। उ.–''ऐनी नैनी की बनी बेनी सुमन समेत। ज्यौं ब्रजमंडल मैं जमुन बेनी सुमन समेत।।''–वृं.ग्रं., य.स., 509/245। प.ग्रं., जग., 531/192, दे. जम।

**जमुना**–यमुना। यम की बहन यमी जो सूर्य के वीर्य से संज्ञा के गर्भ से उत्पन्न हुई थी। सूर्य के तेज को न सह सकने के कारण संज्ञा ने आँखें बन्द कर लीं। सूर्य के द्वारा संज्ञा को मिले शाप के कारण यह बाद में नदी हो गई थी। दे. यम। उ. (1)–''बसत तिविक्रमपुर सदा जमुना कंठ सुठार।''–भू.ग्रं., शि.भू., 26/133। उ. (2)–''इत जमुना रमना उतै बीच जहाँनाबाद।''–रतन., 86/55। उ. (3)–''कैसैं राधे ती रहै हरि बिन जमुना तीर।।''–वृं.ग्रं., य.स., 167/219। उ. (4)–''सीरी सुदेस सदा सुखमैन बसै जमुना तट की उन कुंजन।''–घ.क., 503/230। प.ग्रं., जग., 31/81। मति., र.रा., 86/219, 118/227, 163/237। वही, म.स., 469/407, 479/448।

**जयकंकन**–जयकंकण। वह कंकण जो प्राचीन काल में वीर पुरुषों को किसी युद्ध आदि में विजय प्राप्त करने पर आदरार्थ प्रदान किया जाता था। उ.–''जेहरि जयकंकन कलित केसवदास सुजान।''–क.प्रि., 15/16।

**जयकृष्ण भुजंग**–पिता–भवानीदास कवि, रचनाएँ–पिंगल रूपदीय भाषा। (बृ.इति. 6, स. सर्वे.)।

**जयचंद वंशावली**–रचयिता–सतीप्रसाद (दे.)। विव.–इसमें जयचंद की वंशावली और उसका परिचय दिया गया है। (बृ.इति. 7)।

**जयदेव**–कवि केशवदास के एक पूर्वज। उ.–''तिनके सुत जयदेव जग थापे पृथिवीराज।।''–क.प्रि., 2/6।

**जयदेव विलास**–रचयिता–महाराज जयसिंह (दे.)। विव.–अपने वंशजों का वीरतापूर्ण वर्णन (बृ. इति. 7)।

**जयद्रथ**–सिन्धु सौवीर का राजा। यह धृतराष्ट्र का जामाता, कौरवों का बहनोई और दुःशला का पति था। इसके पुत्र का नाम अश्वजित् था। एक बार पाण्डवों के वनवास काल में द्रौपदी को अकेला पाकर उस पर मुग्ध होकर, उसे हर ले जाने का प्रयास किया था। अर्जुन और भीम ने इसका पीछा कर द्रौपदी को छुड़ाया और इसकी बहुत दुर्दशा की और दासत्व स्वीकार कराया। इसके सिर के बाल काट लिए। महाभारत युद्ध में यह कौरवों की ओर से लड़ा था और इस युद्ध में चक्रव्यूह भेदन में अर्जुन के सुभद्रा से उत्पन्न पुत्र अभिमन्यु का इसने वध किया था। युद्ध के चौदहवें दिन यह अर्जुन के हाथों मारा गया। (हिं.श. सा., पौ.को., (उ.)।)–''कहँ पंचपांडव, द्रोन दुरजोधन जयद्रथ कहँ छए।''–प.ग्रं., हिं.ब.बि., 108/16। उ. (2)–''पारथ के पुरुषारथ भारथ जैसे जगाय जयद्रथ मार्‌यौ।।''–भू.ग्रं. शि.भू., 34/134।

**जयपत्र**–पराजित पुरुष द्वारा विजेता को लिखकर दिया गया पराजय का प्रमाण–पत्र। उ.–''काल सो रिपु आपु हति जयपत्र औरहि देत।''–रा., 27/19।

**जयपुर**–राजस्थान का एक प्राचीन ऐतिहासिक नगर। यह सूर्यवंशी महाराज प्रतापसिंह की राजधानी थी। उ.–(1)–''जय जयपुर सुरपुर सदृस जो जाहिर चहुँ फेर।।''–प.ग्रं., जग., 2/79। उ. (2)–''जय पदमाकर जयपुर जगत जग जिति दिवि देवबल।।''–वही, प.बि., 1/277।

**जयमाला संग्रह**—रचयिता-रामचरणदास (दे.)। (बृ.इति. 7)।

**जयराम पंत**—समर्थ रामदास के अनुयायी। जन्म-सं. 1657, निधन-सं. 1729। स्थान-महाराष्ट्र। रचनाएँ-स्फुट भजन। (बृ.इति. 7)।

**जयराम पिंडे**—आश्रयदाता-शिवाजी के पिता शाह जी भोसले। रचनाएँ-राधामाधव विलास तथा स्फुट छंद। रचनाकाल सं. 1710 के लगभग। (बृ. इति. 7)।

**जयश्री**—विजय की अधिष्ठातृ देवी। उ.-''जैसे रमै जयश्री करवालहि। ज्यों नलिनी जलजात सनालहि।''-क.प्रि., 15/126।

**जयश्री राग**—देशकार राग से मिलती-जुलती एक रागिनी जो संध्या के समय गाई जाती है। कुछ लोग इसे देशकार राग की रागिनी मानते हैं। उ.-''जयश्री राग बिप्र उच्चादी। कृपा करत रहिये सुन प्यारी।।''-बां.ग्रं., वि.वा., 45/198।

**जयसाह-सुजस-प्रकाशा**—रचयिता-मंडन भट्ट (दे.)। (बृ.इति. 7)।

**जयसिंघ**—दे. जयसिंह। उ.-''दाता जयसिंघ दोय बातैं तौ न दीनी कहूँ बैरिन कों और डीठि परनारी को।।''-प.ग्रं., जग., 699/226।

**जयसिंह**—जयपुर के राजा मिर्जा जयसिंह। ये मुगल सम्राट औरंगजेब के सबसे बड़े सेनापति थे। इन्हें औरंगजेब ने शिवाजी का दमन करने के लिए दक्षिण भेजा था। इन्हें 1617 ई. में मुगल दरबार में प्रवेश मिला था। इनकी वीरता की कीर्ति बहुत दूर तक फैली हुई थी। शिवाजी ने भी इनसे संधि कर ली थी। उ.-''तैं जयसिंहहिं गढ़ दिये सिव सरजा जस हेत।''-भू.ग्रं., परि., 370/198।

**जयसिंहगुणसरिता**—रचयिता-देवर्षि श्रीकृष्ण भट्ट ''कवि कथानिधि'' (दे.)। (बृ.इति. 7)।

**जयसिंह प्रकाश** – रचयिता-प्रतापसाहि (दे.)। रचनाकाल-सं. 1852। (बृ.इति. 7, इति. शुक्ल)।

**जयानंद**—कवि केशवदास के पूर्वजों में कवि गया गजाधर के पुत्र। उ.-''जयानंद तिनके भये विद्यायुत जगबंद।''-क.प्रि., 2/8।

**जरकस**—जिस पर सोने आदि के तार लगे हों। उ.-''लिलित राजपथ में जहाँ जरकस बसत बिकात।।''-मति.,ल.ल., 13/300, 122/320।

**जरबाफ**—सोने के तारों से काम किया हुआ रेशमी कपड़ा। उ.-''भूषन बखाने जरबाफ के सम्याने ताने झालरनि मोतिन के झुंड झलरत हैं।''-भू.ग्रं., शि.भू., 314/187।

**जरायुज**—झिल्ली में लिपटा हुआ अपनी माता के गर्भ से पैदा होने वाला प्राणी। पिंडज। उ.-''स्वदेज अंडज उदबिद, रु करै जरायुज जानि।''-जस.ग्रं., सि.सा., 12/172।

**जरासंध**—महाभारत के अनुसार मगध का कृष्णकालीन राजा जो वृहद्रथ का पुत्र और कंस का श्वसुर था। जन्म के समय के इसके शरीर के दो टुकड़ों को जरा नाम की राक्षसी ने जोड़ कर सजीव कर दिया था। कंस के मारे जाने पर इसने मथुरा पर अठारह बार आक्रमण किया था। गिरिव्रज में इसकी राजधानी थी। युधिष्ठिर के राजसूय यज्ञ के समय भीम के साथ कृष्ण गिरिव्रज गये और जरासंध से उसके यहाँ हजारों बंदी पड़े राजाओं को मुक्त करने के लिए कहा, जिसे जरासंध ने अस्वीकार कर भीम के साथ द्वंद्व युद्ध करने का प्रस्ताव स्वीकार कर लिया। कई दिनों तक युद्ध होने पर भी जब कोई परिणाम नहीं निकला तो कृष्ण के संकेत से भीम ने जरासंध के जोड़े गए शरीर को चीर कर उसे मार डाला (हिं.श.सा.,पौ.को.)। उ.-''राम दसकंध पर भीम जरासंध पर भूषन ज्यों सिंधु पर कुंभज बिसेखिए।''-भू.ग्रं., प्रकी., 408/206।

**जरासंध वध महाकाव्य** – रचयिता-गिरिधरदास (दे.)। (इति.शुक्ल)।

**जरी**—चाँदी का तार जिस पर सोने का पानी चढ़ाया गया हो। उ.-''बिछिया अनौट बाँकैं घूघरी जराइ जरी।''-क.प्रि., 15/86।

**जल**—यगण का देवता। उ.-''जल जिय जानौ यगन को।।''-क.प्रि., 3/23।

**जलअतरंग**—जलतरंग। धातु या चीनी की कटोरियों में पानी भर कर बजाया जाने वाला

बाजा। उ.-''बोधा कवि स्वर न तँबूरहू को ठहरात जलअतरंग मुहचंग वाकुहानी है।''-बो.ग्रं., वि. बा., 43/104।

**जल केलि**–नदी, सरोवर आदि में एक दूसरे पर पानी उछालते या फेंकते हुए की जाने वाली आनंदमयी क्रीड़ा। उ. (1)-''आखेटक, जलकेलि पुनि, बिरह स्वंयबर जानि।''-क.प्रि., 8/2। उ. (2)-''केसोदास आसपास भवँत भवँर जलकेलि में जलजमुखी जलज सी सोहिये।''-रा. 32/37। उ. (3)-''पंकज में कमला बिलसै सुखलीन तहाँ जलकेलि बिसेखियै।''-छं.मा., 1/70।

**जलधरमाला छंद**–बीस मात्राओं का छंद है। मात्राक्रम है (SSSS ।। ।।S SSS)। ल.-''द्वै दीपहि दीपकिय कहत कबिजन है।''-उ.-''कैसे राख बिरहिनि बाला जी कों। जारै कारी जलधरमाला ही कों।।''-भि.ग्रं. 1, छंदा., 172, 175/200-201।

**जलधिसुत**–चंद्रमा। देवताओं और असुरों के द्वारा समुद्रमंथन किए जाने पर निकले 14 रत्नों में से एक। उ.-''को हरि वाहन, जलधिसुत बो, को ज्ञान जहाज। तहाँ चतुर उत्तर दियो एक बचन द्विजराज।।''-मति., म.सत., 443/405।

**जलसाई**–जलशायी। क्षीरसागर में सोने वाले विष्णु। उ.-''जलसाई बिन पूजिहैं क्यों मन के अभिलाख।।''-मंति., म.सत., 22/371।

**जलहरण छंद**–बत्तीस लघु मात्राओं का मात्रिक छंद है। ल.-लघु करि दीन्हे बत्तिसौ, जलहरना पहिचानि। उ.-''अति सकुचित सखियन अध करि अँखियन लगिय जल हरन टपकि टपकि।।'' इस प्रकार 16 पर यति है।-भि.ग्रं. 1, छंदा., 29, 30/226।

**जलालदीं**–जलालुद्दीन अकबर शाह नाम का मुगल बादशाह। उ.-''बाँध्यो आपु जलालदीं बानो जाके सीस।।''-क.प्रि., 1/28।

**जलालदीन**–दे. जलालदीं। उ.-''तीसरे बुँदेल राजा बीरसिंह ओड़छे को जाकें दुख दुसह जलालदीन जारे हैं।''-वी.च., 1/2।

**जलाल पठाँन**–बोधा कवि रचित ''सत्य सरूप रूपक'' का एक योद्धा। उ.-''गज असपार अजीम सा पीठ जलाल पठाँन।''-बृ.ग्रं., स.स.रू., 323/297।

**जलेबी**–खमीर उठाए हुए पतले मैदे और सीरे से बनाई हुई एक कुण्डलाकार पिठाई। उ.-''फुटका अरु फुनी, जलेबी दई बरफीन को स्वादऊ जानत ना।''-बो.ग्रं., इ.ना., 75/13।

**जलोद्धतगति छंद**–सोलह मात्राओं का छंद है। मात्रा क्रम है (।S।।। S।S ।।।S)। ल.-जलोद्धतगती जस जस पगनो। उ.-''अगारगन वै ढरै तरनि तें। जलोद्धतगती उठै धरनि तें।।''-भि. ग्रं. 1, छंदा., 132, 147/196-197।

**जल्लालदीन**–दे. जलालदीं। उ.-''रुकनदीन जल्लालदीन साहाबदीन भनि।''-ज.ज.चं., 37।

**जसराज**–ये जैनमुनि थे। समय-सं. 1704। रचनाएँ - उपदेश बत्तीसी, मातृका बावनी, कवित्तबावनी। (बृ.इति. 7)।

**जसराम**–काव्यकाल-सं. 1861 के आसपास। आश्रयदाता-भरतपुर नरेश रणजीतसिंह। रचनाएँ-वीररस के स्फुट छंद (बृ.इति. 7)।

**जसवँतसिंघ**–कवि और लक्षणग्रंथकार जसवंतसिंह। उ.-''भाषा कीनौ ग्रंथ यह जसवंतसिंघ बनाइ।' जस.ग्रं. अ.वि. 199/134

**जसवँतसिंह**– मुगलकालीन मारवाड़ के राजा जो बड़े वीर थे। औरंगजेब द्वारा शाइस्ताखाँ के साथ शिवाजी के विरुद्ध युद्ध के लिए भेजे गए थे, किन्तु इन्होंने उनके विरुद्ध कोई कार्यवाही नहीं की जिससे इन पर शिवाजी से मिल जाने का आरोप लगा। दूसरी बार शाहजादा मुअज्जम के साथ गए और 1663 ई. में सिंहगढ़ घेर लिया फिर भी सफल नहीं हुए। उ. (1)-''सायस्त खाँ दुरजोधन सौ और दुसासन सौ जसवंत निहारयौ।''-भू.ग्रं., शि.भू., 34/134।

**जसवंत सिंह द्वितीय**–समय-सं. 1855 में उपस्थित। स्थान-तेरवाँ (कन्नौज के पास) फर्रूखाबाद जिला। रचनाएँ-सालिहोत्र, शृंगारशिरोमणि (इति. शुक्ल)।

**जसवँत सिंह**–दे. जसवँतसिंघ। उ.-''जसवँत सिंह कीनौ समुझि अनुग्रह तैं प्रतिसार।।''-जस.

ग्रं., सि.बो., 11/170।

**जसुदा**—दे. जसोदा। उ.-"धन गोपी धन ग्वाल वेधन जासुदा घन नंद।' रतन; 15/44

**जसुधा**—दे. यशोदा। उ.-"गोपी ग्वाल माली जुरे आपुस में कहैं आली कोऊ जसुधा के औतर्‌यो जो इंद्रजाली है।"-प.ग्रं., जग., 721/231; वही, प्रकी., 87/326।

**जसुमति**—दे. जसोदा। उ. (1)-"जसुमति या ब्रज मैं कहौ अब निबाह क्यौं होइ।"-रतन., 552/117। उ. (2)-"पुन्य नंदजू को अनुराग ब्रजबासिन को भाग जसुमति को सुहाग राधारानी को।"-ठाकुर, 9/4।

**जसुराम चारण**—काव्यकाल-सं. 1814 के आसपास। रचनाएँ-राजनीति (दे.)। (बृ.इति. 7)।

**जसोदरी**—दे. जसोदा। उ.-"ठाढ़ौ स्याम जसोदरी मिलहु मोदरी मान।"-वृं.ग्रं., य.स., 486/244।

**जसोदा**—यशोदा। नंद की पत्नी जिन्होंने श्रीकृष्ण को पाला था। उ. (1)-"झूम देइ झूला में झुलावती जसोदा माइ चूम चूम बदन बलैया लेत प्यारे की।"-ठाकुर, 8/3। उ. (2)-"जा हित मात को नाम जसोदा सुबंस को चंदकला कुलधारी।"-घ. क., 149/103।

**जसोमति**—दे. जसोदा। उ. (1)-"दाऊ न नंदबबा न जसोमति न्यौते गए कहूँ लै संग भारी। हौं हूँ पदमाकर पौरि में सूनी परी बखरी निसि कारी।"-प.ग्रं., जग. 311/147। उ. (2)-"सोबत नींद मैं बोल उठे हरि वृंद जसोमति संभ्रम छायो।"-वृं.ग्रं., स्फुट छं., 19/314।

**जहाँगीर**—मुगल बादशाह अकबर का पुत्र नूरुद्दीन मोहम्मद जहाँगीर जिसका जन्म आमेर के राजा भारमल की पुत्री के गर्भ से 30 अगस्त 1569 ई. को हुआ था। हिन्दी के प्रसिद्ध कवि और फारसी आदि भाषाओं के प्रसिद्ध विद्वान् अब्दुर्रहीम खानखाना से शिक्षा पाई। चित्रकला के प्रति रुचि थी। युद्धकला में निपुण था। बादशाह अकबर द्वारा अनेक युद्धों में भेजे जाने पर वीरता दिखाई। 1585 में इसका विवाह आमेर के राजा भगवानदास की पुत्री मानबाई से हुआ। 1605 में अकबर ने स्वयं अस्वस्थ हो जाने पर तथा विद्रोही जहाँगीर (सलीम) के क्षमा माँगने पर उसे अपना उत्तराधिकारी घोषित कर दिया। अपनी न्यायप्रियता, उदारता, सहिष्णुता, विलासिता के लिए प्रसिद्ध जहाँगीर की मृत्यु 1623 ई. में काश्मीर से लाहौर लौटते समय रास्ते में हुई। इसका पुत्र खुर्रम बाद में शिहाबउद्दीन मोहम्मद शाहजहाँ के नाम से मुगल बादशाह बना। जहाँगीर हिन्दी का जानकार था। यह कवि केशवदास के "जहाँगीर जस चंद्रिका" काव्य का नायक है। अनेक हिन्दी कवियों का प्रेरक और आश्रयदाता था। उ. (1)-"अकबर साहि गए परलोक। जहाँगीर प्रभु प्रगटे लोक।"-वी.च., 9/12। उ. (2)-"परम अखंड तेज पूरि नवखंड दसहू दिसानि जहाँगीर गाइयतु है।"-जहाँ.ज.चं., 34। उ. (3)-"इन पातसाहन में हिंदुन की चाह हुती जहाँगीर साहजहाँ साखपूरैं तबकी।"-भू.ग्रं., प्रकी., 447/216। उ. (4)-"हुकुम पाइ जहाँगीर को नगर आगरे धाम। फूलने की मालाकरी मति सों कबि मतिराम।।-मति., फूँ.मं., 60/435।

**जहाँगीर जस चन्द्रिका**—रचयिता-केशवदास (दे.)। विव.-वीरसिह के परमहितैषी सम्राट जहाँगीर का यशोगान। (बृ.इति. 6)।

**जहाँदरासाह**—जहाँदारशाह। मुगल बादशाह बहादुरशाह का पुत्र मुइजउद्दीन जिसे बादशाह ने 'जहाँदारशाह' की पदवी प्रदान की थी। अपने भाइयों के साथ अनेक युद्ध करने के बाद 1712 ई. में इसको सिंहासन मिला। अपनी अयोग्यता और पारस्परिक विरोध-वैमनस्य-अविश्वास के कारण यह अपने भाई अजीमुरशान के पुत्र फर्रुखसियर के साथ युद्ध में पराजित हुआ और अन्त में 1713 ई. में इसकी हत्या कर दी गई। उ.-"जहाँदरासाह बहादुर के चढ़त पैंड में मढ़त मारुराग बंबनछ हैं।"-भू.ग्रं., प्रकी., 543/238।

**जहाँबाजखाँ**—वृंद कवि रचित सत्य सरूप रूपक काव्य का एक योद्धा। उ.-"रन मुख ठाढ़ो लरन हो जहाँबाजखाँ पठाँन।"-वृं.ग्रं., स.स.रू.,

131/276।

**जाग**–याग। यज्ञ। दे. जज्ञ। देवता को सामग्री अर्पण करना, अर्थात् यज्ञ कर्म। इसमें अग्नि, जल, देवमूर्ति, अतिथि, अथवा अन्तरात्म को उपहार चढ़ाया जाता है। (हिं.ध.को.)। उ.-''जोग जय जागै छांड़ि जाहु न परागै भैया मेरी कही आँखिन के आगे तहाँ आवैगी।''-प.ग्रं., गं.ल., 16/258।

**जाति छंद**–मात्रिक छंद। इसमें वर्णिक की तुलना में प्रस्तार की रीति भिन्न होती है। वह छंद जिसके चरणों में मात्राओं का नियम हो। ल. (1)। प्रस्तारनि की रीति सों, करि कुछ भिन्न बिभाग। जाति छंद बर्नन कियो बहुविधि पिंगल नाग।।-भि. ग्रं. 1, छंदा., 1/222। ल. (2)-वृति औ जाति समुक्तक दंडक छंद महोदधि सों तरि जानौ।।-वही, 8/166।

**जाति**–मतिराम ने छेकोक्ति, वक्रोक्ति, श्लेष आदि के वर्णनक्रम में जाति का भी वर्णन किया है। इसमें सहज स्वभाव के वर्णन का प्रामुख्य है। ल. (1)-जाको जैसो होय सो बरनत जहाँ सुभाव। तहाँ जाति यह नाम कह बरनत सब कबिराव।। उ.-''साहनि सों अकसिवो हाथिन को बकसिबो राव भावसिंहजू को सहज स्वभाव है।''-मति., ल.ल., 372-373/360-361।

**जाति**–दे. नाम, क्रिया, जदृक्षा।

**जाति बिलास**–रचयिता-देव (दे.)। विव.- विविध प्रदेशों की यात्रा से प्राप्त अनुभव के आधार पर प्रदेशों, निवासियों, स्त्रियों आदि का वर्णन। (इति. शुक्ल)।

**जादौ**–यादव, श्रीकृष्ण। उ.-''पारथ से पृथु से परिच्छित पुरंदर से जादौ से जजाति से जनक से जगतराज।।''-प.ग्रं., प्रकी., 19/308।

**जानकी**–जनक की पुत्री सीता जिनका जन्म वैष्णव मतानुसार वैशाख शुक्ल नवमी को हुआ था, जिसे जानकी नवमी कहते हैं। उ. (1)-''जानकी को सु जानि दसानन की छलहाँई।।''-प.ग्रं., जग., 551/196। उ. (2)-''तुव रहैं रछक गिरीस गिरिजा जानकी रघुनंद जू।।''-बो.ग्रं., वि.वा., 21/95।

**जानकीकर्णाभरण**–रचयिता-रसिक अली (दे.)। (बृ.इति. 7)।

**जानकीजीवन**–श्री रामचन्द्र। उ.-''या जग जानकीजीवन को जस क्यों इक आनन गाइ अघैये।''-प.ग्रं., प्र.प., 5/238, 50/248।

**जानकीरमन**–श्रीराम। उ.-''आठौ जाम सीताराम जानकीरमन राम राम राम राम राम राम ही उचरते।''-प.ग्रं., प्रकी., 90/328।

**जानकीरसिक शरण**–समय-18वीं शती, सं. 1757, मिश्रबन्धु, रचनाएँ-अवधीसागर। (बृ. इति. 7)।

**जानकी सहस्त्रनाम**–रचयिता-कृपानिवास (दे.) (बृ.इति. 7)।

**जाप**–दे. जप। उ. (1)-''दान समान जिते जप जाप रु पूजन देव व्रतादिक ही।'' ज.ग्रं., सि. बो., 1/168। उ. (2)-''सोभा रस चाखैं अभिलाखैं हुती आखैं घनआनँद उठरि ओछी फूली, भूलीं जाप को।।'' घ.क., 386/195। जस.ग्रं., सि.सा., 34/174। वृं.ग्रं., स्फु.छं., 53/324।

**जाबक सिंगार**–जावक (दे.) से किया गया शृंगार। वृंद कवि द्वारा वर्णित सोलह शृंगार में चौथा जावक शृंगार है, जिसका स्वरूप इस प्रकार है-''दीजत पाइ झबाइकैं महा महाउर रंग। इहि चौथे सिंगार तैं पियसंग उपजत रंग।। कंचन रजत की अगर की जावाहर की चंदन की चौकी बैठिन चौप चित्त लाइयैं। मनके सुभाइन मैं नाइन निपुनता मैं सनैं सनैं सुखसनैं झबा तैं झबाइयैं।। बृंद कहैं आछे उसनोदक सौं उजराइ, अमल अँगोछें औंछि विमल बनाइयैं। पंकज-नयनि। पुनि पंकज से हाथनि सौं पंकज से पाइनि महाउर दिवाइयैं।।-वृं.ग्रं., शृं. शि., 51-52/43।

**जाबालि**–उपस्मृतिकार, एक ऋषि जो दशरथ के गुरु और मंत्रियों में से थे। जिन्होंने चित्रकूट से अयोध्या लौट जाने के लिए राम को बहुत प्रकार से समझाया था। उ. (1)-''भरद्वाज जाबालि अति गौतम कस्यप मुनि।''-रा., 6/8। उ. (2)-''जावालि हौं जनु बाल तें खुदयाल जीवन जाल हौ।''-वि. गी., 16/56।

**जामदग्नि**—दे. जमदगनि। जामदग्न्य। उ. (1)-''सुनि सकल लोकगुरु जामदग्नि। तप बिसिष अनेकन की जु अग्नि।''-रा., 7/40। उ. (2)-''विष्नु भाजि जात छोड़ि देवता असेष। जामदग्नि देखि देखि कै न कीन्ह नारिबेष।-''रा. 18/15। उ. (3)-''जामदग्नि मैं देखिये समरस बीर सुभाब।।''-वृं.ग्रं., नी.स., 672/110। परशुराम (दे.)।

**जामवंत**—जाम्बवान्। एक रीछ का नाम जो सुग्रीव का मंत्री था। यह रीछों का राजा कहा गया है। इसने राम-रावण युद्ध में राम की बहुत सहायता की थी। भागवत के अनुसार द्वापर में श्रीकृष्ण ने इसकी पुत्री जांबवती से विवाह किया था। कहते हैं कि सत्युग में इसने वामन भगवान् की परिक्रमा की थी। (पौ.को.)। उ. (1)-''जम की जमाति सीकि जामवंत को सो दल।''-क.प्रि., 7/7। उ. (2)-''रोगरिपु जामवंत केसव बिचारयौ है।''-क. प्रि., 8/31। उ. (3)-''नील नल अंगद सहित जामवंत हनुमंत।''-वि.गी., 9/38।

**जारज**—जार या उपपति से उत्पन्न संतान। धर्मशास्त्र के अनुसार यह दो प्रकार की बताई गई है-कुंड और गोलक। स्त्री के विवाहित पति के जीवनकाल में उत्पन्न संतान को स्त्री की कुंड जारज संतान कहते हैं और विवाहित पति की मृत्यु के बाद उत्पन्न हो तो उसे गोलक जारज संतान कहते हैं। हिन्दू धर्मशास्त्रानुसार जारज पुत्र किसी प्रकार के धर्मकार्य या पिंडदान आदि का अधिकारी नहीं होता। (हिं.श.सा.)। उदाहरण के लिए हनुमान की माता अंजना कपिश्रेष्ठ केसरी की पत्नी थी। सुमेरु पर्वत पर केसरी राज्य करते थे। जब दोनों मनुष्य रूप में पर्वत शिखर पर क्रीड़ा कर रहे थे, तभी अंजना के रूप पर मोहित होकर पवनदेव ने अदृश्य रूप में आलिंगन किया। अंजना के क्रोध पर पवनदेव ने पातिव्रत के अक्षुण्ण रहने का आश्वासन देकर उसके गर्भ से एक परम बुद्धिशाली और अति वीर्यवान् पुत्र होने का वर दिया। केसरी के जीवनकाल में ही हनुमान का जन्म हुआ। अतः वे अंजना के कुंड जारज पुत्र कहलाए। (रामायण)। उ.-बिधा, ही में बादु बहुनायक है, बारिनिधि, जारज है हनुमंत मीत उदयन को।।''-रा., 28/15।

**जालंधर**—हठयोग के अन्तर्गत एक बंध का नाम जिसमें कंठ का संकोच करके वक्षस्थल के समीपस्थ हृदय के चार अंगुल अंतर पर चिबुक को दृढ़रूप से स्थापित करने का निर्देश किया गया है। (ह.यो.प्र.)। उ.-''जालंधर उड्डाण मूलबंध जानियै। महाबेध खेचरी रू मुद्रा मानियै।।''-जस. ग्रं., आ.वि., 72/122।

**जावक**—लाह से बना हुआ पैरों में लगाने का लाल रंग। आलता। महावर। उ. (1)-''मीठे सुधारधर बिंब से जावक राग रची अरुनाई।''-बृं. ग्रं., भा.पं., 32/20। उ. (2)-''लाल भाल जावक लखैं तिरछे चितयो बाल।''-ज.ग्रं., दोवा., 23/75। उ. (3)-''देत जताये प्रकट जौ जावक लागौ भाल।''-रतन., 899/161। उ. (4)-''औरन के पाइन दियो नायनि जावक लाल। प्रान पियारी रावरी परखति तुम्हे रसाल।।''-मति., रं.भा., 103/223; वही, मति.सत., 23/371, 511/411, 614/419।

**जावली**—महाराष्ट्र का प्रतापगढ़ के पास का एक स्थान जहाँ बीजापुर राज्य का सेनापति अफजल खाँ शिवाजी के हाथों मारा गया था। उ.-''सिंहथरी जाने छिन जावली-जंगल भटी हठी गज अैदिलु पठाय करि भट्क्यौ।''-भू.ग्रं., शि.भू., 59/138, 474/222, 354/196, 439/214।

**जासूस**—गुप्त रूप से किसी बात, विशेषतः अपराध आदि का पता लगाने वाला। भेदिया। खुफिया। उ.-''रूप नगर बसि मदन नृप दृग जासूस लगाइ।''-रतन, 127/61।

**जाह्नवी**—दे. गाहा छंद।

**जिज्ञासा पंचक**—रचयिता-रसिकअली (दे.)। (बृ.इति. 7)।

**जिरह**—लोहे की कड़ियों से बना हुआ कवच। वर्म। बकतर। उ.-''जिरह झिलम झारी और भारी पख्खरसों तारी कैसी बात जाकी झारी उतरत है।''-भू.ग्रं., प्रकी., 519/232।

**जिलरूमन**–चिलमन। बाँस की फट्टियों का परदा। चिक। उ.–''गुरुजन डर सौं चतुर ये बरुनी जिलरूमन डारि। निधरक प्रीतम बदन तन अषियन रहैं निहारि।।''–रतन, 306/85।

**जिहाजी**–तलवार विशेष। उ.–''जगजगी जिहाजी मंजुल माजी सर्रन साजी सोभि रहीं।''–प. ग्रं., हिं.ब.बि., 196/28।

**जीतामुनि नारायण**–जन्मस्थान नाडियाड, निवासस्थान-सूरत के अमरोली। पिता-हरिकृष्ण, रचनाएँ-काकरबोध, साखियाँ, स्फुटपद। (बृ. इति. 7)।

**जीमूत दंडक**–इसके प्रत्येक चरण में ग्यारह रगण (SIS) होते हैं। ल.–रुद्र जीमूतहि बर्नै।–भि. ग्रं. 1, छंदा., 2/274।

**जीव**–प्राणियों का चेतन तत्व। जीवात्मा। उ. (1)–''या मन् की जु दसा घनआनँद जीवनि जान ही जानै।''–घ.क., 8/36। उ. (2)–''करम जीव ए भरम नै दोउ, करे अनादि। कौन अचभौ कीजियै जिन के है भ्रम आदि।।'' ज.ग्रं. सि.सा., 14/172। उ. (3)–''तेज तुही पुनि जीव है तुही लियौ तन बास।।''–रतन., 44/49। उ. (4)–''छाँड़ि न चाहत जीव कलेवर जीव कलेवर छाँड़ि दयोई।।''–क.प्रि., 9/17। रा., 1/43, 18/6। वि.गी., 9/5, 15/1।

**जीवनमुकत**–जीवन्मुक्त। जो जीवन में ही सभी सांसारिक बन्धनों से मुक्त हो चुका हो। उ.–''सो कहियै जीवनमुकत की रीति कहौं यह तोहि।''–जस.ग्रं., आ.बि., 159/130, 160/130, 166/131, 196/134, 198/134।

**जीवन मुक्त**–दे. जीवमुकत। उ. (1)–''बिस्वंभरापर देस दक्षिन जानि जीवनमुक्त।''–वि. गी., 3/14। उ. (2)–''इक सुद्ध सदा भगवंत भजैं। जग जीवनमुक्त सरीर सजैं।।''–वि.गी., 5/23।

**जीवो ऋषि**–रचनाएँ - कक्काबत्तीसी। लिपिकाल-19वीं शती, विव.-परनारी त्याग आदि। (बृ.इति. 7)।

**जुक्त**–युक्त। केशवदास ने अर्थान्तरन्यास (दे.) अलंकार के चार भेदों का उल्लेख किया है, जिनमें से युक्त अर्थान्तरन्यास एक है। इसमें जिस बात को सिद्ध करना अपेक्षित हो उसको सिद्ध करने के लिए चमत्कारपूर्वक उसका कारन वाक्य के अर्थ में अथवा पद के अर्थ में कहा जाता है। ल.–और आनियै अर्थजहँ और बस्तु बखानि। अर्थांतर को न्यास यह चारि प्रकार सु जानि।।...जुक्त अजुक्त बखानिजै और अजुक्ताजुक्त। ''केसवदास'' बिचारिजै चौथो जुक्त अजुक्त।।... जैसो जहाँ जु बूझिजै तैसो तहाँ सु आनि। रूप सील गुन जुक्तिबल, ऐसो जुक्त बखानि।।–क. प्रि., 11-12/65-68।

**जुगलकिसोर**–राधाकृष्ण की किशोरावस्था की जोड़ी में श्रीकृष्ण। उ. (1)–''मो करनी कौ कर जहाँ रसनिधि जुगलकिसोर।''–रतन., 23/46। उ. (2)–''जुग लग तृपतिन पावहीं लव मुष जुगल किसोर।।''–वृं.ग्रं., य.सत., 621/254।

**जुगलकिसोरी**–राधाकृष्ण की किशोरावस्था की जोड़ी में श्री राधा। उ.–''जुगलकिसोरी परसपर इहि बिधि सने सनेह।।''–रतन., 693/135।

**जुगल ध्यान**–रचयिता-भगवत रसिक (दे.)। विव.-राधाकृष्ण के रूप, शृंगार और उनके प्रेम आदि का वर्णन। (स.सर्वे.)।

**जुगल नखसिख**–रचयिता-प्रतापसाहि (दे.)। विव.-सीताराम का नखशिख वर्णन। (इति. शुक्ल)।

**जुगुप्सा**–वीभत्स रस का स्थायी भाव और शांत रस का व्यभिचारी भाव। पातंजल योग के अनुसार शौच या शुद्धि लाभ कर लेने पर अपने अंगों तक से जो घृणा हो जाती है और जिसके कारण सांसारिक प्राणियों तक का संसर्ग अच्छा नहीं लगता, उसका नाम जुगुप्सा है। साहित्यशास्त्र के अनुसार किसी अरुचिकर, प्रतिकूल, अथवा अप्रिय के दर्शन, स्पर्श, कल्पना आदि से उत्पन्न चित्त का संकोच अथवा घृणा का भाव जुगुप्सा है। ल.–जहँ घिनाइ की चीज लखि सुमिरि परस मन माह। उपजत जो कछु घिन वहै ग्लानि कहत कबिनाह।। याही को नाम जुगुप्सा जानिजे।।–प.ग्रं., जग., 598-598अ/205।

**जुगुल किसोर** – दे. जुगलकिसोर। उ.-''बृंदावन जुगुल किसोर परना के धाम स्याम अभिराम राधे और दृग जोरे हैं।-ठाकुर, 122/32।

**जुगुल भक्ति विनोद**–रचयिता-नागरीदास (दे.)। रचनाकाल – सं. 1808। (स.सर्वे., बृ. इति. 7)।

**जुगुलरसमाधुरी**–रचयिता-नागरीदास (दे.)। (बृ.इति. 7, स.सर्वे.)।

**जुद्ध जमदूत**–केशवदास रचित वीरचरित्र काव्य में देवागढ़ गूजर का पुत्र। युद्ध में यमदूत के समान। उ.-''केसौदास जुद्ध जमदूत। देवागढ़ गूजर को पूत।''-वी.च., 12/6।

**जुद्धबीर**–युद्धवीर। वीर के चार भेदों में से एक। ल.-जुद्धबीर कों जानिये आलंबन रिपु जोर। उद्दीपन ताको तबहि रिपुसेना को सोर।। अँग फरकन दृग अरुनई इत्यादिक अनुभाव। गरम असूया उग्रता तिहिं संचारी भाव।।-प.ग्रं., ज., 688/223। दे. वीररस।

**जुधठिर**–दे. जुधिष्ठिर। उ.-''साँच बाच जुधठिर सुपह भुजवल भीम समाँन।''-वृं.ग्रं., स. स.रू., 16/263।

**जुधिठ्ठर**–युधिष्ठिर। पाँच पांडवों में सबसे बड़े का नाम जो कुंती से उत्पन्न धर्म के पुत्र थे और पांडु के क्षेत्रज पुत्र थे। अपनी सत्यवादिता, धर्मपरायणता और द्यूत क्रीड़ा में अत्यधिक रुचि के कारण बहुत प्रसिद्ध थे। इस द्यूत क्रीड़ा की लत के कारण ही राजपाट, भाइयों, पत्नी तथा स्वयं को हार गए थे। महाभारत युद्ध में विजय के बाद हस्तिनापुर के सिंहासन पर बैठे। अपनी धर्मपरायणता के अनुसार ये हिमालय होकर स्वर्ग गए थे। अपने सम्पूर्ण जीवन में इन्होंने केवल एक बार श्रीकृष्ण के कहने पर अश्वत्थामा की मृत्यु के बारे में झूठ बोला था। राजा शिवि की पुत्री देविका से इनका विवाह हुआ था, जिसके गर्भ से यौधेय नाम का एक पुत्र हुआ था। (हिं. श.सा., पौ.को.)। उ.-''राम जुधिष्ठिर के बरने बलमीकिहु ब्यास के संग सुहानी।''-भू.ग्रं., शि. भू., 253/176।

**जुधिस्ठिर**–युधिष्ठिर। दे. जुधिष्ठिर। उ.-''भीस्म जुधिस्ठिर से जहाँ भो कुरूबंस बिनास।''-वृं. ग्रं., नी.स., 156/70।

**जुनेद-हु-खानी**–तलवार विशेष। उ.-''सु जुनेदन्हु खानी पूरित पानी दिपति दिखानी जग-जगीं।''-प.ग्रं., हि.ब.बि., 197/28।

**जुरजोधन**–दुर्योधन। कुरुवंशीय राजा धृतराष्ट्र और गांधारी के 100 लड़कों में सबसे बड़ा जो अपने चचेरे भाई पांडवों से द्वेषभाव रखता था, जिसके कारण महाभारत युद्ध हुआ। गदा संचालन की शिक्षा इसने बलराम से पायी थी। भीम से उन्नीस पड़ने के कारण यह उससे बहुत चिढ़ता था। इसने युवराज बनते समय छलपूर्वक पांडवों को वनवास दिलवा दिया। वन से लौटकर युधिष्ठिर ने राजसूय यज्ञ किया जिससे यह और चिढ़ गया और पांडवों के विनाश के लिए लाक्षागृह में जलाने, मामा शकुनि के द्वारा द्यूत क्रीड़ा में हराकर सर्वस्व जीत लेने के उपाय किए। इस दूसरे प्रयास में यह सफल हो गया और जीती गई द्रौपदी को अपमानित और पीड़ित करने का प्रयास किया। जिससे भीम ने उसकी जंघा को तोड़ने की प्रतिज्ञा की, जिसे उसने महाभारत युद्ध के अन्त में पूरा किया। जुए में हारने पर पांडवों को 12 वर्ष का वनवास और एक वर्ष का अज्ञातवास मिला जिसे पूराकर वे लौटे तब भी, श्रीकृष्ण के दूत बनकर आने और समझाने पर भी इसने हठपूर्वक सूई की नोक बराबर जमीन भी नहीं दी। परिणामतः महाभारत हुआ। दुर्योधन सहित कौरवों का विनाश हो गया। (पौ.को.)। उ. -''जुद्ध जुरे जुरजोधन सो कहि को न करी जमलोक बसीत्यो।।''-क.प्रि., 8/19।

**जुलकरन**–स्थान-डींग निवासी भट्ट। भरतपुर नरेश सूरजमल के समकालीन। कविताकाल-सं. 1815 के आसपास। (बृ.इति. 7)।

**जुलफिकार खाँ**–मुगल वजीर असद खाँ का पुत्र जिसने दक्षिण के अनेक युद्धों में पिता का साथ दिया था तथा औरंगजेब के बाद के उत्तराधिकार युद्धों में औरंगजेब के पुत्र आजमशाह का साथ दिया

था। बाद में इसने उसका भी साथ छोड़ दिया था। बादशाहत मिलने पर बहादुरशाह ने इसके पिता के साथ इसको भी सम्मान दिया और "अमीर-उल-उमरा-नुसरत-जंग बहादुर" की पदवी के साथ 7 हजार जात, 7 हजार सवार का मनसब, प्रथम बख्शी का पद और असद खाँ के नायब का पद प्रदान किया। बहादुरशाह के बाद उत्तराधिकार के युद्ध में यह जहाँदारशाह के पक्ष में हो गया था। विजय मिलने पर जहाँदारशाह ने जुल्फिकार खाँ को 10 हजार का मनसब और वजीर का पद प्रदान किया तथा दक्षिण की सूबेदारी भी। फर्रुखसियर ने उत्तराधिकार के युद्ध में विजय प्राप्त कर इसकी हत्या करवा दी। उ.-"खान बहादुर निसरत जंग। जुलफिकार खाँ लीनो संग।"-वृं.ग्रं., स.स.रू., 39/266।

**जुलिफकार नवाब**--अलीबहादुर का दूसरा लड़का जिसे अली बहादुर के देहावसान पर गनी बहादुर और दीवान हिम्मतबहादुर ने मिलकर बाँदा का नवाब बना दिया था। उ.-"तब जुलिफकार नवाब छायो धनि धनी मेवरत को।"-प.ग्रं., हिं. ब.बि., 151/21, 153/22।

**जुवा**-जुआ। द्यूत। बाजी लगाकर खेला जाने वाला खेल जिसमें जीतने वाले को हारने वाले से कुछ धन मिलता है। रुपये-पैसे की बाजी लगाकर खेला जाने वाला खेल। किसी घटना की सम्भावना पर हार-जीत का खेल। यह खेल भारत में कौड़ी, पासे, ताश के पत्तों आदि से खेला जाता है। उ. (1)-"दीप दै देवनि जाइ जुआ मिलि केसवराइ सो खेलन लागी।"-र.प्रि., 13/10। उ. (2)-"सुख ही सुख सुखराति जुवा खेलत दंपति-जन।"-क.प्रि., 10/31।

**जृंभा**--जँभाई। आलस्य या प्रमाद से उत्पन्न एक प्रकार की जड़ता या शिथिलता। साहित्यशास्त्र के अनुसार, कुछ लोगों के मत से जृम्भा एक सात्विक अनुभाव है, जिसे भानुदत्त, रूपगोस्वामी आदि ने स्वीकार किया है। ल. (1)-पिय बिछोह संमोह के आलस ही अवगाहि। छिन इक बदन बिकासिबो जृंभा कहिये ताहि।।-प.ग्रं., जग., 422/171। ल. (2)-जृंभा कों कबि कहत है नवयों सात्विक भाव। उपजै आलस आदि तें बरनत सब कवि राय।।-र.रा., 339/278।

**जेहरि**--जेहर। एक आभूषण। पैर में पहनने का घुँघरूदार पाजेब नाम का जेवर। "सोलह शृंगार में भूषण शृंगार के अन्तर्गत"।-वृं.ग्रं., शृं.शि., 59/44।

**जेहल-जस-जड़ाव** -- रचयिता - बाँकीदास (दे.)। (बृ.इति. 7)।

**जैनशतक**--रचयिता - भूधरदास (दे.)। विव.-नीति विषयक ग्रंथ। (बृ.इति. 7)।

**जैमिनिअश्वमेध**--रचयिता - भगवानदास (दे.)। (बृ.इति. 7)।

**जैमिनी अश्वमेध**--रचयिता-माखन कवि (दे.) (बृ.इति. 6)।

**जैमिनी अश्वमेध**--रचयिता-गोपालचंद्र (दे.), (बृ.इति. 7)।

**जैमिनी पुराण**--रचयिता-सरयूपंडित (दे.)। (बृ.इति. 7)।

**जैमिनी पुराण भाषा**--रचयिता-सरजूराम पण्डित (दे.)। विव. - कथात्मक ग्रंथ। (इति. शुक्ल)।

**जोग**--योग। दो या अधिक पदार्थों का एक में मिलना। इसका एक अर्थ सम्बन्ध भी है। पारिभाषिक दृष्टि से इस शब्द के अनेक अर्थों का प्रतिपादन मिलता है। जैसे-जीवात्मा-परमात्मा का सम्बन्ध जिसे प्राप्त करने का उपाय भी योग है। भक्तियोग, ज्ञानयोग, कर्मयोग आदि। पातंजल योग के अनुसार चित्तवृत्ति का निरोध योग है। इसे राजयोग भी कहते हैं। दूसरे हठयोग के अनुसार चन्द्र नाड़ी और सूर्य नाड़ी के मध्य में सुषुम्ना नाड़ी की साधना से यह साधन होता है। यह प्राण और अपान का योग है। तान्त्रिक बौद्धों में प्रज्ञा और उपाय अथवा वाम और दक्षिण अथवा ललना और रसना के मध्य साधन को, अद्वैत को योग कहा गया है। शक्ति और शिव के मिलन या अद्वैत के साधन को भी योग कहा जाता है। मूधाधारस्थ कुंडलिनी और सहस्रारस्थ शिव का मिलन भी योग

है। इस प्रकार अनेकविध व्याख्या योग शब्द की मिलती है। पतंजलि का योग अष्टांग है-यम, नियम, आसन, प्राणायाम, प्रत्याहार, धारणा, ध्यान और समाधि। गोरखनाथादि का योग षड़ङ्ग कहा जाता है, जिसका आरम्भ आसन से होता है। इन सभी प्रकार के योगों के मूल में अपने दार्शनिक सिद्धान्त हैं, जैसे-पातंजल योग, सांख्य दर्शन का अनुसरण करता है और ईश्वर नाम के एक विशेष तत्व का विधान करता है। (हिं.श. सा., सा. को., हिं.ध.को.)। उ. (1)-"जोग जप संध्या साधु साधन सबैईतजे कीन्हें अपराध ते अगाध मनभावते।"-प..ग्रं., प्र.प., 18/241, 28/244, 41/247; वही, गं.ल., 7/255, 16/247; वही, क.प., 12/296; वही, प्रकी. 89/327, 90/328। उ. (2)-"जोग में जंत्र में मंत्र में तंत्र में गावैं सदा श्रुति सेज भवानी।"-मति., र.रा., 61/201। उ. (3)-"ऊधो तुम कहत बियोग तजि जोग करौ।"-मति., ल.ल., 375/361। उ. (4)-"बिसरानि तें निरबेद बर ग्यान जोग व्रत नेम।"-मति.म. सत., 410/402, 621/419। उ. (5)-"आवते जौ आप तौ सिखावते हमैहू जोग भोग बिसरावते बताय धोती नेती है।"-ठाकुर, 46/13, 47/13, 48/13। उ. (6)-"याहि जानि अष्टांग तूँ यहै कहावैजोग।।"-जस.ग्रं., सि.सा., 69/177। उ. (7)-"ऊधो जोग वियोग मैं अंतर कह ठहराइ।।"-रतन., 838/153। उ. (8)-"कहूँ बिप्र-पूजा कहूँ देव अर्चा। कहूँ जोग-शिक्षा कहूँ बेद चर्चा।।"-रा., 20/36।

**जोगहि**—दे. जोग। उ.-"हियरा लगाय हम जोगहि जगावहीं।"-घ.क., 228/137।

**जोगिनीप्रव्रजिता**—दूती का एक भेद। ल.-सत्य होइ संन्यासिनी, सुतो जोगिनी जानि। शृं.ग्रं., चिंता., 419/126।

**जोगु**—दे. जोग। उ.-"सुनि पयाँन घनस्याँम को जोगु अराधौ बाल।"-रतन., 833/152।

**जोग अंग**—योगांश। दे. जोग। उ.-"जोग अंग दिगपाल, बसु सिद्धि, कुलाचल चारु।"-क.प्रि., 11/19।

**जोगमाया**—योगमाया। भगवती जो विष्णु की माया है। इसी ने एक बार श्रीकृष्ण के जन्म के समय यशोदा के गर्भ से गोकुल में जन्म लिया था और वसुदेव ने नवजात कृष्ण को यशोदा के पास लिटाकर इसे ही मथुरा ले जाकर कंस को सौंप दिया था। कंस द्वारा पत्थर पर पटकते ही यह उड़कर आकाशगामिनी यह कह कर हो गई कि तुझे मारने वाला गोकुल में पैदा हो गया है। योगकन्या। (पौ. को.)। सीता भी योगमाया का ही एक अवतार थी। उ. (1)-"हूजै कृपाल गहिजै जनकात्मजा या। जोगीस ईस तुम हौ यह जोगमाया।"-रा., 20/13। उ. (2)-"दैबकी के गेहतैं निकरि के पछारत हो सोई बैर जोग माया जीय मैं धरत है।"-वृं.ग्रं., स्फु. छं., 16/313।

**जोगलीला**—रचयिता-कवींद्र (दे.)। (इति. शुक्ल)।

**जोगसाधना**—योग साधना। दे. जोग। उ.-"जोग साधना छोड़ियै जोग साधना होइ।"-वृं.ग्रं., य.स., 330/231।

**जोगिनि**—दे. जोगिनी। उ. (1)-"केसव बरनहु जुद्ध महँ जोगिनि-गन-जुत रुद्र।"-क.प्रि., 8/30। उ. (2)-"घन घायनि घर परैं। जोगिनि जोरि जंघ सिर धरैं।।"-वी.च., 8/47।

**जोगिनी**—रणपिशाचिनी। रणक्षेत्र में मरे हुए लोगों का कच्चा मांस खाने और रक्त पीने वाली। उ.-"भैरों भूत-प्रेत भूरि भूधर भयंकर से, जुत्थ जुत्थ जोगिनी जमाति जोरि आई है।"-भू.ग्रं., प्रकी., 413/207।

**जोतिस-जड़ाव**—रचयिता-हमीरदास रतनू (दे.)। (बृ.इति. 7)।

**जोतिसी**—ज्योतिषशास्त्र के ज्ञाता। उ.-"को हौ जोतिसी हैं कछू जोतिसै बिचारत हौ ये ही सुभ काम धाम जाहिर हमारो तौ।"-ठाकुर, 20/7, 21/7।

**जोधपुर**—राजस्थान में कछवाहा क्षत्रियों का राजकीय प्रधान नगर। उ.-"धन्य पटरानी जोधपुर में सती भई।।"-प.ग्रं., जग., 552/196।

**जोधपुरें**—दे. जोधपुर। उ.-"बाँधव जाहु की

जाहु अमेर की जोधपुरें कि चितौरहि धाए।''-भू. ग्रं., शि.भू., 230/172।

**जोधराज**--स्थान-बीजावर ग्राम, पिता-वालकृष्ण, आश्रयदाता - अलवर के चौहान वंशीय राजा चन्द्रभान, रचनाएँ - हम्मीर रासो (रचनाकाल सं. 1885)। (इति.शुक्ल, बृ.इति. 7, सा.को.)।

**जोन्ह**--दे. गाहा छंद।

**जोबन अग्यात** (शृंगार रस) दे. अज्ञात-यौवना। ल.-''नवलबधू मुग्धाहि में नवजोबन अग्यात।''-भि.ग्रं., र.सा. 427/62। दे. शृंगार नियम।

**जोबनज्ञात**--यौवन का ज्ञान रखने वाली। उ.-''बिन जाने अज्ञान है जानें जोबन ज्ञात।''-जस. ग्रं., भा.भू., 11/7।

**जोबना ज्ञात** - दे. ज्ञातयौवना। ल.-''जानि परै सु है जोवना ज्ञात।'' - भि.ग्रं., र. सा., 25/6।

**जोहा छंद**--प्रत्येक चरण में मात्राक्रम है-(S।SS।S)। उ.-''रूप को गर्ब छै। भूलती खर्ब वै। सुख्ख तौ साथ में। लाल जो हाथ में।।''-भि. ग्रं. 1, छंदा., 24/238।

**जौहरनितरंग**--रचयिता-नवलसिंह कायस्थ (दे.)। (बृ.इति. 7, इति.शुक्ल)।

**जौहरिन तरंग**--रचयिता-नवलसिंह (दे.)। (इति.शुक्ल)।

**जौहरी**--हीरा, नीलम, पुखराज आदि कीमती पत्थर या रत्न बेचने वाला। रत्न परखनेवाला। उ. (1)-''मनधन लै दृग जौहरी चले जात अहि बाट।''-रतन., 423/100। उ. (2)-''दृग जिहाज मन जौहरी भरन चलौ छबि बेप।''-रतन., 500/110, 423/100।

**ज्ञात जौबना**--दे. ज्ञात यौवना। मुग्धा (दे.) नायिका का एक भेद। वह मुग्धा नायिका जिसे अपने यौवन का ज्ञान हो। नवोढ़ा और विश्रब्ध नवोढ़ा इसके दो भेद हैं। ल. (1)-मुग्धा के द्वै भेद बर भाषत सुकवि सुजान। एक अज्ञातहि जौबना ज्ञात जौबना आन।।-मति.र.रा., 17/104। ल. (2)-निज तनु जोबन आगमन जानि परत है जाहि। कबि कोविद सब कहत हैं ज्ञात जौबना ताहि।।-मति., र.रा., 21/205। दे ज्ञात।

**ज्ञात यौवना**--ल.-जानैं जब निज जोवन को, तब ज्ञात यौवना होइ।-शृं.मं., चिंता., तुं. 28/10। दे. ज्ञात जौबना।

**ज्ञान**--वस्तुओं और विषयों की वह भावना, जानकारी या बोध जो उसकी प्रकृति, विशेषता, रूप आदि के विषय में होती है। दर्शन और अध्यात्म की दृष्टि से वस्तु या व्यक्ति या पदार्थ की वास्तविक प्रकृति की जानकारी जो प्रायः आत्मा, परमात्मा या ईश्वर या ब्रह्म और जगत् के विषय में आवश्यक होती है। भिन्न-भिन्न दर्शनों के अनुसार ज्ञान की परिभाषा अलग-अलग है। उ. (1)-''ज्ञान ही की गरिमा कि महिमा बिबेक की कि।''-क.प्रि., 1/3। उ. (2)-''कोमल कोकिल के कुल बोलत। ज्ञान कपाट कुंची जनु खोलत।''-रा., 32/3। उ. (3)- ''नैन मिलें मिल्यो ज्ञान सकल सयान सजि। तजि अभिमान भूल्यो तन की झलक में।''-र.प्रि., 11/5।

**ज्ञान तरंग**--रचयिता-अक्षर अनन्य (दे.)। (बृ.इति. 7)।

**ज्ञान दीपक**--रचयिता-दरियादास (दे.)। विव.-निर्गुण और सगुण, अमरपुर के आनंद, पाखंड खंडन आदि। (बृ.इति. 7)।

**ज्ञान पंचासिका**--रचयिता-अक्षर अनन्य (दे.)। (बृ.इति. 7)।

**ज्ञान प्रकाश**--रचयिता-गोपालदास (दे.)। (बृ.इति. 7)।

**ज्ञान प्रकाश**--रचयिता-कृष्णदास (दे.)। विव.-सधुक्कड़ी भाषा में निर्गुण कथन। (बृ.इति. 7)।

**ज्ञानमंजरी**--रचयिता-मनोहरदास (दे.)। (बृ. इति. 7)।

**ज्ञानमूल**--रचयिता - दरियादास (दे.)। विव-त्रिगुण देवों से सत्पुरुष की भिन्नता, सत्पुरुष द्वारा सुक्रित का जंबू द्वीप भेजा जाना, कबीर और नामदेव के प्रसंग आदि। (बृ.इति. 7)।

**ज्ञानयोग**--रचयिता-अक्षर अनन्य (दे.)। (बृ.इति. 7)।

**ज्ञानरत्न**--रचयिता-दरियादास (दे.)। विव.-नोखागढ़ के जमींदार शुजाशाह तथा दरिया साहब के बीच रामावतार, कृष्णावतार आदि पर वार्तालाप। (बृ.इति. 7)।

**ज्ञानवचनचूर्णिका**--रचयिता - मनोहरदास (दे.)। (बृ.इति. 7)।

**ज्ञानसार**--रचयिता-कल्याणदास (दे.)। (बृ. इति. 7)।

**ज्ञानस्वरोदय**--रचयिता-दरियादास (दे.)। विव.-दरियानामा नामक फारसी ग्रंथ का हिन्दी रूपांतर। (बृ.इति. 7)।

**ज्येष्ठा**--दे. ज्येष्ठा-कनिष्ठा। वह स्त्री जो औरों की अपेक्षा अपने पति को अधिक प्यारी हो। ल.-जाहि करै पिय प्यार अति ताही ज्येष्ठा जानि।-भि.ग्रं., र.सा., 57/11।

**ज्येष्ठा कनिष्ठा**--ल. (1)-या स्वीया के भेद मैं, होंहि तिआ जो दोइ। पुरुष अधिक घटि प्यार तें, ज्येष्ठ कनिष्ठा होइ।।-शृं.मं., चिंता., 65/20। ल. (2)-बरनत जेष्ठ कनिष्ठिका जहँ ब्याही तिय दोइ। पिय प्यारी जेष्ठा कही अति प्यारी लघु सोइ।-प.ग्रं., जग., 75/95। ल. (3)-जहँ विवाहिता नारि द्वै बढ़ि घटि हित अनुमान। क्रम तें जेष्ठ कनिष्ठिका, बरनत तिन्हें सुजान।।-सो.ग्रं., र.पी. नि., 66/73। ल. (4)-इक अनुकूलहि दक्ष सठ धृष्ट तिय नियम बाम। प्यारी जेष्ठा, प्यार बिन कहै कनिष्ठा बाम।।''-भि.ग्रं., मिश्र., शृं.नि. 67/104। भिखारीदास ने अनुकूल, दक्षिण, शठ तथा धृष्ट नामक नायकों के भेद के अनुसार प्रत्येक की ज्येष्ठा और कनिष्ठा नायिकाओं का भेद किया है, यथा साधारण ज्येष्ठा, दक्षिण ज्येष्ठा-कनिष्ठा, शठ की ज्येष्ठा, शठ की कनिष्ठा, धृष्ट की ज्येष्ठा, धृष्ट की कनिष्ठा। वही, 68-73/104-106।

# झ

**झमाल नखशिख**--रचयिता-बाँकीदास (दे.)। (बृ. इति. 7)।

**झाँझ**--मंजीर की तरह के किंतु आकार में उससे बड़े काँसे के ढले हुए तश्तरी के आकार के दो गोलाकार टुकड़ों के जोड़े का बाजा, जिसके बीच में कुछ उभार होता है, जिसके छेद में कपड़ों या लकड़ी की मुठिया लगाई जाती है। उ.-''बीन मृदंग झाँझ झनकावैं। नाचि गाय सब लोग हँसावैं।''-बो. ग्रं., वि.वा., 33/213।

**झाँझि**--दे. झाँझ। उ.-''झूँठ कै झाँझि बड़े डर के डफ, आवझ जूथन जानी जमा मैं।''-क.प्रि., 6/76

**झारखंड**--एक पहाड़ जो वैद्यनाथ होता हुआ जगन्नाथपुरी तक चला गया है। एक मत के अनुसार छत्तीसगढ़ और गोंडवाने के उत्तर का भाग। उ.-''मेवार ढूँढार मारवार औ बुंदेलखण्ड झारखण्ड बाँधौधनी चाकरी इलाज की।''-भू.ग्रं., शि.भू., 102/147।

**झारखंडहु**--दे. झारखंड। उ.-''उत्तर पहार विधनोल खंडहर झारखंडहु प्रचार करि केली है विरद की।''-भू.ग्रं., शि.भू., 142/155।

**झिलम**--लोहे का बना हुआ एक प्रकार का सिर और मुँह पर पहना जाने वाला झँझरीदार पहरावा जो टोप की तरह होता है और युद्ध के समय पहना जाता है। उ. (1)-''जिरह झिलम झारी और भारी पखरसों तारी कैसी बात जाकी झारी उतरत है।''-भू.ग्रं., प्रकी., 519/232। उ. (2)-''जानत रन इलमैं पहिरैं झिलमैं हिलमिलि दिल मैं उमग भरे।''-प.ग्रं., प्र.वि., 86/285।

**झिलमनि**--दे. झिलम। उ.-''बर मानासाही भटनि दुबहीं झिलमनि वाहीं नहीं झरैं।''-प.ग्रं., हिं. ब.बि., 195/27, 201/28।

**झूलना**--रचयिता-रामचरणदास (दे.)। (बृ. इति. 7)।

**झूलना छंद**--मात्रादंडक छंद है। इसमें 30+7 मात्राएँ होती हैं। ल. (1)-दस दस दस मुनि जति

चरन, छंद झूलना वत। दुकल सिरहु स्वै सैंतिसो वोनतालिसौ मत।। उ.-''तोहि तकि याहि संदेह के झूलना झूलतो चित्त गोपाल के रो।''-भि.ग्रं. 1, छंदा., 2-3/233-234। ल. (2)-दस दस सत्रह कलिन पर बिरति होय बिचारि।। (चार चरण, प्रत्येक में 37 मात्राएँ, दस+दस+सतरह पर यतियाँ)। उ.-''आजु दिन रेनि हू, तिष्य तुव तेज तें, असुर कौ बृंद तजि छीजै।।''-सो.ग्रं. 1, र.पी. नि., 51-52/30-31।

# ट

टंक--एक बहुत छोटी तौल जो लगभग चार माशे की मानी जाती है। उ.-''छीरधि में पंक कलानिधि में कलंक यातें रूप एक टंक ये लहैं न तेरे जस कौ।''-भू.ग्रं., शि.भू., 46/136।

टंकारी--टंकार, धनुष की चढ़ी हुई डोरी को खींच कर छोड़ने से उत्पन्न ध्वनि। उ.-''प्रथम टंकारि झुकि झारि संसार मद चंड कोदंड रह्यो मंडि नवखंड को।''-रा., 5/43।

टहकन--स्थान-जलालपुर, चोपड़ा वंशीय (पंजाब), पिता-गीलदास, रचनाएँ-जैमिनीय अश्वमेध, अमरकोश। जैमिनीय अश्वमेध का रचनाकाल सं. 1729। (बृ.इति. 7)।

टहलसिंह--निवास-पंजाब, रचनाएँ-वारामाँह, अलंकार सागर सुधा, स्फुट छंद। (बृ.इति. 7)।

टिकैत राय--रचनाएँ-गाँजर की लड़ाई (रचनाकाल सं. 1900 के पूर्व), टिकयितराय-प्रकाश। विव.-गाँजर की लड़ाई में कन्नौज के राजा जयचंद और गाँजर के राजा के युद्ध का वर्णन। (बृ.इति. 7)।

टिकैतरायप्रकाश--रचयिता-बेनी बन्दीजन (दे.)। विव.-अलंकार निरूपण। (इति.शुक्ल)।

टीका--तिलक। उँगली में गीला चंदन, रोली, केसर आदि पोतकर मस्तक, बाहु आदि अंगों पर शृंगार, साम्प्रदायिक संकेत आदि के लिए लगाया गया चिह्न। विवाहादि संस्कारों के पूर्व और पश्चात् भी यह कार्य सम्पन्न किया जाता है, जिसमें द्रव्यादि भी देते हैं। उ.-''टीका लाख दसक कर साजा। अपर अभूषन हय गय राजा।''-बो.ग्रं., वि.वा., 33/224।

टोडरमल--मुगल सम्राट् अकबर का एक वजीर (दीवान-अर्थमंत्री) जो एक मध्यम श्रेणी के परिवार में उत्पन्न होकर अपनी योग्यता के कारण इतने ऊँचे पद पर पहुँचा। शेरशाह के समय से ही उसकी प्रतिभा प्रकाशित हुई। गुजरात के बन्दोबस्त, बंगाल, उजबेकिस्तान, मेवाड़ आदि के युद्धों के कारण उसकी विशेष प्रतिष्ठा बढ़ी। गुजरात के सूबेदार, मुगल साम्राज्य के दीवान, लाहौर के हाकिम आदि के रूप में उसने सफलता पाई। यह सूर्योपासक था और अन्य धर्मों के प्रति अनुदार था, किन्तु साहसी, शासननिपुण और निर्लोभी था। उ.-''टोडरमल तुव मित्त भरे सबही सुख सोयो।''-वी.च., 1/64, 6/23।

टोड़ी--एक रागिनी जिसके गाने का समय 10 दंड से 16 दंड पर्यन्त है। उ.-''गौरिगिरी टोड़ी पुनि गावै। रामकली गुनकरी बतावै।''-बो.ग्रं., वि. वा., 9/120।

टौना--मंत्र तंत्र का प्रयोग। जादू-टोना। उ.-''टौना अपु बस कौ करे हते इन जाइ। अब उलटे टौना पर्‍यौ गरे दृगन के आइ।।''-रतन., 308/85।

# ठ

ठकुराइन--दे. ठकुराइनि। स्वामिनी। उ.-''ठाकुर कहत ठकुराइन कहे तें ठकुराई सी बढ़त महा ममता बढ़ाति है।''-ठाकुर, 3/62।

ठकुराइनि--स्वामिनी। श्री राधा के लिए प्रयुक्त विशेषण विशेष-''श्री राधा ठकुराइनि बिराजति सदन में।''-भि.ग्रं. 1, शृं.नि., 30/94।

ठगमूरी--एक नशीली जड़ी-बूटी जिससे

बेहोश करके ठग यात्रियों को लूटते हैं। उ.-"महाराज तबहीं रह्यो ज्यों ठगमूरी खाय।"-बो. ग्रं., वि.वा., 9/179।

**ठाकुर**-(बुदेलखंड कायस्थ)। एक रीतिकालीन-रीतिमुक्त कवि। जन्म-सं. 1823, जन्मस्थान-ओरछा। निवास-ओरछा, जैतपुर, बिजावर, बाँदा। पिता-गुलाबराय। आश्रयदाता-जैतपुर के राजा केसरीसिंह, बिजावर नरेश कैसरीसिंह, और पारीक्षत, बाँदा के हिम्मत बहादुर गोसाईं। (बृ.इति. 7)। रचनाएँ-कवित्त फुटकर, कूट कवित, ठाकुर शतक। उ.-"ठाकुर कहा महा छलियान छलिबें कों दुख्ख दलिबे कों दिग्गज दँतारो है।"-ठाकुर, 1/1, 2/1।

**ठाकुर**-(असनीवाले-वंदीजन्य)। रीतिकाल के रीतिबद्ध कवि। जन्मस्थान-असनी (फतेहपुर), पिता-ऋणिनाथ कवि। आश्रयदाता-काशी के रईस बाबू देवकीनन्दन। रचनाएँ-सतसैया बरनार्थ (देवकीनंदनतिलक), (इति.शुक्ल, बृ.इति. 7)।

**ठाकुर**-(असनी वाले प्राचीन) ( ?)। समय-सं. 1700 में उ.। आश्रयदाता-हिम्मत बहादुर गोसाईं। (इति.शुक्ल, स.सर्वे., बृ.इति. 7)।

**ठाकुर ठसक**-रचयिता-ठाकुर बुन्देलखण्डी (दे.)। विव.-कविताओं का संग्रह। (इति.शुक्ल)।

# ड, ढ

**डफ**-चमड़ा मढ़ा हुआ एक प्रकार का चंग की तरह का बाजा जो लकड़ी से बजाया जाता है। उ. (1)-"रातैं जैसे बीतत सुने ते डफ-घोर को।"-घ. क.-77/71। उ. (2)-"मढ़ि मढ़ि मृदंग डफनी डफ दुंदुभि ढोल सु पीठ बजाया है।"-प.ग्रं., क.प., 14/297।

**डफनी**-डफली। छोटा डफ। खँजरी। उ.-"मढ़ि मढ़ि डफनी डफ दुंदभि ढोल सु पीठ बजाया है।"-प.ग्रं., क.प., 14/297

**डफै**-दे. डफ। उ.-"रिझवारि महा रसरासि-खिलारि गवावति गारि बजाय डफै।"-घ. क., 379/193।

**डमरू**-डमरू। एक ही में दो मुँह वाला चमड़े से मढ़ा वाद्य जो डोर में बनी दो गुडियों को हिलाने से बजता है। उ; (1)-"तहँ पदमाकर कवि बरनि इयि डमरु नचत हर करतलहिं।"-प.ग्रं., प्र.बि., 64/282। उ. (2)-"बाजत सुवन सुनि समुझि सबद करि, बेदनि को बाद नाहिं सिव को डमरु है।"-र. प्रि., 14/40। वि.गी., 14/9।

**डमरू बंध**-लेखनी चित्रालंकार (दे.) का एक भेद।

**डिंगलकोश**-रचयिता-हमीर रतनू (दे.)। (बृ.इति. 7)।

**डिंड**-नृत्य का एक भेद। उ.-"टीकी उलथा आलम डिंड। हुरमति संकति पट्टी डिंड।"-वी. च., 20/34।

**डिठौना**-काजल का टीका जिसे बच्चों के मस्तक पर नजर से बचाने के लिए स्त्रियाँ लगा देती हैं। उ.-"दियो डिठौना रीझिसों मानहुँ बिरचि बिरं चि।।"-मति., म.स., 148/380।

**डूँगरसी**-स्थान-बूँदी। आश्रयदाता-बूँदी नरेश शत्रुसाल। रचनाएँ-शत्रुसाल रासौ (रचनाकाल सं. 1710)। विव.-शत्रुसाल के राज्यवैभव पराक्रम आदि का वर्णन। (बृ.इति. 7)।

**डोंडी**-डौंडी। एक प्रकार की ढोल जिसे बजाकर किसी बात की घोषणा की जाती है। डुग्गी। उ.-"तापुर में यह बात। डोंडि बजी अधरात। आयसु देत विवेक। ब्रह्म धरौ चित एक।"-वि. गी., 10/2।

**डोंगरराय**-बोधारचित विरह वारीश काव्य का एक वीर योद्धा। उ.-"गिरयौ रन डोंगरराय निहार। जुरयौ सुरकी धनसिंह पमार।"-बो.ग्रं., वि. वा., 9/190।

**ढाढ़ी**-एक प्रकार के गवैये लोगों की जाति जो जन्मोत्सवादि के अवसरों पर लोगों के यहाँ आकर बधाई आदि के गीत गाकर अपनी जीविका चलाती है। उ. (1)-"तोरन तार न तूर बजैं बरम्हावत भाट न गावत ढाढ़ी।"-क.प्रि., 11/57। उ. (2)-"मारू धुनि छावत ढाढ़ी गावत चाइ

चढ़ावत बीरन कों।।-प.ग्रं., प्र.बि., 84/285। उ. (3)-''नगाडे जथा मेघमाला धुकारैं तिन्हैं चाहि ढाढ़ी सिखंडी पुकारैं।।''-बो.ग्रं., वि.वा., 1/160।

**ढाल मधुबूँद**—रचयिता-देवा ब्रह्म/देवा पांडे (दे.)। (बृ.इति. 7)।

**ढूँढार**—जयपुर। उ.-''मेवार ढूँढार मारवारऔ बुँदेलखण्ड झारखंड बाँधौ धनी चाकरी इलाज की।''-भू.ग्रं., शि.भू., 102/147।

**ढोल**—दोनों तरफ चमड़े से मढ़ा दोनों हथेलियों से, हाथों से बजाया जाने वाला तालवाद्य। उ.-''मढ़ि मढ़ि मृदंग डफनी डफ दुंदुभि ढोल सु पीट बजाया है।''-प.ग्रं., क.प., 14/297। उ. (2)-''बहु ढोल दुंदुभि लोल गर्जत बोल बंदि प्रकास।''-वि.गी., 12/2।

**ढोलक**—ढोल (दे.) से छोटे आकार का तालवाद्य। उ.-''रोवति तन तोरति अति बनी। बिच बाजति ढोलक धनी।''-वी.च. 6/14।

# त

**तंडव**—दे. तांडव। उ.-''नची फिर तंडव मंडव जोर। घने धनकावत नेवर घोर।''-बो.ग्रं., वि.वा., 11/107।

**तंत्र**—1. तंत्रशाला-कार्यसिद्धि एवं उपासना का हिंदुओं का एक शास्त्र विशेष। उ.-''बेदमंत्र-तंत्र शोधि अस्त्र सस्त्र दै भले।''-रा., 2/28। 2. निश्चित सिद्धान्त। उ.-''चारि भाँति मंत्री कहे, चारि भाँति के मंत्र। मोहि सुनायो सुक्रजु, सोधि सोधि सब तंत्र।''-रा., 17/24। 3. शक्ति साधना का हिंदुओं का शास्त्र विशेष जिसमें, योग, षट्कर्म, कर्मकाण्ड आदि का उपाय तथा सिद्धान्त सहित वर्णन होता है और जिसे शिवप्रोक्त माना जाता है। इसका विषय-विस्तार बहुत अधिक है, जिसमें सृष्टि, प्रलय, देव-देवी, पूजा, तंत्र-मंत्र-यंत्र, उपासना, ध्यान, नित्यक्रम, दान, धर्म आदि का भी समावेश है। (पौ.को., हिं.श.सा., हिं.ध.को.)। उ. (1)-''तंत्रनि मंत्रनि के उर सोहै। जो धनि बोधनि के मन मोहै।''-वि.गी., 6/26। उ. (2)-तब तैं वाहि न फुरत हैं तंत्र न जंत्र न मंत्र।''-रतन, 334/88।

**तंत्री**—1. तार लगा हुआ वाद्य, जैसे-वीणा, सितार आदि। 2. सिद्धान्तविज्ञ बृहस्पति। उ.-''तंत्री तंबुरू सारिका, सुद्ध सरल सों लीन।''-क. प्रि., 1/45।

**तंत्रीय**—तार वाद्य। वह वाद्य जिसमें तार लगा हो। उ.-''ताल मृदंग उपंग बजावत तंत्रीय तूर पखावज बाजै।''-वृ.ग्रं., नै.ब., 6/27।

**तँबूरची**—तंबूरची। छोटी ढोल बजाने वाला। उ.-''कहै पदमाकर तिलंगी भीर भृंगन को मेजर तँबूरची मयूर गुन गायो है।''-प.ग्रं., प्रकी., 63/320।

**तँबूरा**—तंबूरा। बीन या सितार की तरह का एक तारवाद्य जो अलापचारी में केवल सुर का सहारा देने के लिए बजाया जाता है और जिसमें राग के बोल नहीं निकलते। कुछ लोगों के अनुसार तुंबुरु नाम के गंधर्व के द्वारा निर्मित या आविष्कृत होने के कारण इस वाद्य का नाम तंबूरा पड़ा। उ.-''बोधा कबि स्वर न तँबूराहू को ठहरात।''-बो. ग्रं., वि.वा., 43/104।

**तख्त-यश**—त्रिवेणिका-रचयिता-नाथूराम शुक्ल (दे.)। विव.-आश्रयदाता भावनगर के महाराज तख्तसिंह का यशगान। (बृ.इति. 7)।

**तगन**—तगण। छंदशास्त्र के आठ गणों में से एक जिसमें क्रमशः गुरु, गुरु एवं लघु (SS।) होता है। इसका देवता आकाश है। यह अशुभ गण है। ल. (1)-सगन अन्त गुरु, अन्त लघु कहै सब कोई।-क.प्रि., 3/20। ल. (2)-तगन अकास बखान।-वही, 3/23। ल. (3)-तगनहि असुभ बखानि।।-वही, 3/18।

**तटस्थ लक्ष्यन**—तटस्थ लक्षण। किसी वस्तु का वह लक्षण जो उसके स्वरूप को लेकर नहीं बल्कि उसके गुण-धर्म आदि को लेकर बतलाया जाय। उ.-''तटस्थ लक्ष्यन कहत हैं ईस्वर को निरधार। उपजावै दोषै सदा बहुरि करै सिंघार।।''-जस. ग्रं., आ.वि., 142/128।

**तातारा**—तातार। मध्य एशिया का एक देश जो हिंदुस्तान और फारस के उत्तर कैस्पियन सागर से लेकर चीन के उत्तर प्रांत तक फैला हुआ है। उत्तर लद्दाख, यारकंद, खुतान, बुखारा आदि के निवासी तातारी कहलाते हैं। साधारणतः समस्त तुर्क या मोगल तातारी कहलाते हैं। (हिं.श.सा.)। उ.-''ऐसे ब्याह करत बिकत साहू साहन सों हद्द हिंदुवान जैसे तुरक तातारा की।''-भू.ग्रं., प्रकी., 528/234।

**तत्व-गुण-भेद**—रचयिता-तुरसीदास (दे.)। (बृ. इति. 7)।

**तत्व दर्शन पचीसी**—रचयिता-देव (दे.)। (इति.शुक्ल)।

**तत्व संग्रह**—रचयिता-चंदन (दे.)। (इति. शुक्ल)।

**तद्गुन**—एक अलंकार जिसमें प्रस्तुत अपने गुण को त्याग कर समीपस्थ अन्य वस्तु (अप्रस्तुत) के संसर्ग से उत्कृष्ट गुण को ग्रहण कर लेता है। ल. (1)-तजि निज गुन गुन और को गहै जु तदगुन सोइ।-प.ग्रं., पद्मा., 237/61। ल. (2)-जहाँ आपनो रंग तजि लेत और को रंग। तदगुन तहँ बरनन करत जे कबि बुद्धि उतंग।-मति., ल. ल., 331/354। ल. (3)-अलंकार तद्गुन कहौं संगति गुन गहि लेत। उ.-''होत लाल तिय के अधर, मुक्त हँसत फिर सेत।।''-भि.ग्रं. 2, का. नि., 27/21। ल. (4)-तद्गुन तजि गुन आपनो, संगति को गुन लेत। पाए पूरबरूप फिरि, स्वगुन सुमति कहि देत। (-भिखारीदास ने संगति का गुणग्रहण और पुनः पृथक् होने पर स्वगुण प्रकाश के आधार पर इसके दो प्रकार बताये हैं)। उ. (1)-''पन्ना संग पन्ना ह्वै प्रकासत छनक लै, कनकरंग पुनि पै गुरंगनि पलतु है। अधर ललाई लावै लाल की ललक पाए, अलक-झलक मरकत सो रलतु है।।'' 2. स्वगुण-''भावतो आवतो जानि नवेली चँवेली के कुंज जौ बैठती जाइकै। दास प्रसूननि सोन जुही करै कंचन सी तेन जोति मिलाइकै। चौकि मनोरथहू हँसि लेन चलै पगु लाल प्रभा महि छाइकै। बीर करै करबीर झरे निखिले हरषै छबि आपनी पाइकै।।''-भि.ग्रं. 2, का.नि., 28-31/136-137। ल. (5)-तद्गुन तजि गुन आपनो संगति को गुन लेइ। उ.-''बेसर मोती अधर मिलि पदमराग छबि देइ।।''-जस.ग्रं., भा.भू., 168/55। ल. (6)-तजि निजु गुन जहँ लेतु है संगति को गुन कोई। ग्रंथनि के मत में निरखि तद्गुन कहिए सोइ।। उ.-''सरसति जानि सरीर पै रुचि सों पहरी बाल। केसरिया रँग छ्वै रही, सेत कंचुकी लाल।।''-सो.ग्रं. 1, र.पी.नि., 269-270/215।

**तनुरुचिरा छंद**—प्रत्येक चरण में मात्राक्रम है (।ऽ। ऽ।। ।।ऽ ।ऽ।)। ल.-लगे लगे दुजबर गै लगै लगो। भले अली तनु रुचिरो फबै लगो। त्रयो दसै बरननि सो प्रभा बनी। बिराम है लखि नव चारि को धनी।। (13 वर्ण तथा नौ और चार वर्ण पर यति होती है)। उ.-''कहाँ चलै जलधर जोति मंद की। सकै जु ह्वै रुचि रामचंद्र की।।''-भि.ग्रं. 1, छंदा., 38-39/252।

**तन्वी छंद**—बत्तीस मात्राओं और 24 वर्ण का छंद है। मात्राक्रम है (ऽ।। ऽऽ। ।।। ।।ऽ ऽ।। ऽ।। ।।। ।ऽऽ)। ल.-मोतनुपीतो लगनि ललिय पै तन्विय की गति सकलक है यों। उ.-''जीततति ताको चितवनि सर सों धीर प्रबीन बिकल करि तन्वी।।''-भि.ग्रं. 1, छंदा., 233, 241/212, 214।

**तप**—उपभोग्य वस्तुओं का परित्याग करके शरीर और मन को वश में करना, दृढ़ करना, समाधि में स्थिर करना। तप के तीन प्रकार हैं, जिनमें मानसिक तप (प्रफुल्लता, अक्रूरता, मौन, वासनाओं का निग्रह आदि) सर्वश्रेष्ठ है। इससे चित्त में एकाग्रता आती है। तप किसी अभीष्ट की सिद्धि, किसी देवता से वरप्राप्ति आदि के लिए किया जाता है। (हिं.श.सा., पौ.को., हिं.ध.को.)। उ. (1)-''भाव सहित सोभा लहैं पूजा जप तप मित्त।''-वृं.ग्रं., भा. पं., 3/12। उ. (2)-तिष्णा त्याग संतोष यह तप उपबासबिधान।''-जस.ग्रं., सि.सा., 77/178। उ. (3)-''जप तप विद्या बेद-बिधि सबै बढ़ै धन धर्म।''-र.प्रि., 1/4। उ. (4)-''रिपु प्रताप दुर्बचन तप, तप्त बिरह संताप।''-क..प्रि., 6/39। उ.

(5)-"स्नान दान तप जप जो करियो। सोधि सोधि ब्रत जो उर धरियो।।"रा., 11/2। उ. (6)-"ये ही जप ये ही तप ये ही जज्ञ जोग यहै ये ही भवरोग को उपाव एक चाहिये।"-प.ग्रं., प्र.प., 28/244; वही, क.प., 12/296; वही, प्रकी., 90/328। उ. (7)-"होत रहै मन यों मतिराम कहूँ बन जाइ बड़ो तप सुधा है सुधा बिष को सवाद चाख्यौ तप बेद भाख्यो अभिलाख्यो भेद जान्यो री।"-ठाकुर, 219/57-58।

**तपन**--शृंगार रस के अन्तर्गत वह क्रिया या हाव-भाव आदि जो नायक के वियोग में नायिका करे या दिखलावे। इसकी गणना स्वभावज अलंकार में की जाती है। कामवेग में की जाने वाली चेष्टाएँ। (हिं.श.सा., सा.को.)। ल. (1)-भाव और हेला तपन तीनि कहत कबि-ईस।"-भि.ग्रं., र.सा., 429/62 (दे. शृंगार नियम)। ल. (2)-आवत बेर लगै जु कछु, पिय कौ पंथ प्रभाइ। तब लौं ब्याकुल होय तिय तपन हाव सु बताइ।।-सो.ग्रं. 1, र.पी. नि., 34/130।

**तपलोक**--तपोलोक। पुराणों के अनुसार चौदह लोकों में ऊपर के सात लोकों में से छठा लोक तेजोमय माना जाता है। इसकी स्थिति जनलोक और सत्यलोक के बीच में है। इस लोक में प्रवेश कठिन तपस्याएँ करने के उपरान्त कृष्ण भगवान् को संतुष्ट करने पर होता है। (पौ.को., हिं.श.सा.)। उ.-"भूमिलोक भुवलोक स्वर्गलोक मर्त्लोक जनलोक तपलोक सत्यलोक थल में।"-प.ग्रं., गं.ल., 51/272।

**तपस्या**--दे. तप। कठोर साधना। उ.-"बिन जप जज्ञ दान तीछन तपस्या ध्यान चाहत हो जौ पै तिहूँ लोक महाउदोत।"-प.ग्रं., गं.ल., 30/264।

**तप्त**--तप्त वर्णन। वर्ण्यालंकार का एक भेद जिसमें गरम चीजों का वर्णन होता है। उ.-"रिपु प्रताप दुर्बचन तप, तप्त बिरह संताप। सूरज आगि बजागि दुख त्रिस्ना पाप बिलाप।।"-क.प्रि., 6/39।

**तबई**--रचनाएँ बहराम व गुलन्दाम (रचना काल 1670 ई.)। (बृ.इति. 7)।

**तबल्लौ**--नगाड़े। उ.-"तहाँ तेज सों हैं तबल्लौ तमंके।"-प.ग्रं., प्र.बि., 15/278।

**तमंचे**--लोहे की नली में बारूद से चलने वाला एक छोटा हथियार। छोटी बंदूक। उ. (1)-"कर लेत तमंचे उमहि उमंचे जनु बिधि संचे बीर बढ़े।"-प.ग्रं., प्र.बि., 87/286। वही, प्रकी., 22/309। उ. (2)-"गुरदा बगुरदा छुरी जमधर दम तमंचे कटि कसे।"-प.ग्रं., हि.ब.बि., 112/16।

**तमाचैं**--एक प्रकार की तलवार। उ.-"छीलत जे काचैं रन में नाचैं सुदम तमाचैं ओप धरैं।"-प. ग्रं., हि.ब.बि., 200/28।

**तरनिजा छंद**--पकल (पाँच मात्रा) का छंद है। क्रम है (।।।)। उ. (1)-"उर धरो। पुरुष सो। बरनिजा। तरनिजा।।"-भि.ग्रं. 1, छंदा., 22/183। ल. (2)-नगन आदि गुरु अन्त है छंद तरनिजा जानि।-छं.मा., 1/7।

**तरनितनया**--सूर्य की कन्या। यमुना। उ.-"सुरभि लोभजुत अनिनि में सहत अधर को रंग। मनो तरनितनया मिली बानी गंगतरंग।।"-मति., म.सत., 221/386। दे. जमुना।

**तरनितनूजा**--दे. जमुना। सूर्य की पुत्री, यमुना। उ.-"तीर पर तरनितनूजा के तमाल-तरे तीज की तयारी ताकि आइ तखियान में।"-प.ग्रं., प्रकी., 67/321।

**तरलनयन छंद**--बारह मात्राओं का छंद है। मात्राक्रम है (।।। ।।। ।।। ।।।)। लक्षण-तरलनयन रबि लघु कला। उ.-"बड़ेहि सुकृति मधुरबयनि। मिलति तरुनि तरलनयनि।।"-भि.ग्रं. 1, छंदा., 98/191।

**तरुनि**--1. अष्ट नायिका-स्वाधीनपतिका, उत्कंठिता, वासक-सज्जा, कलहांततरिता, खंडिता, प्रोषितपतिका, विप्रलब्धा तथा अभिसारिका। उ.-"अष्टकुली अहि, व्याकरन, दिग्गज, तरुनि बिचारु।"-क.प्रि., 11/19।

**तरुनिजा**--सूर्य की पुत्री जमुना नदी। दे. जमुना। उ.-"चित रत उतरत पार तरि तरुनि तरुनिजा तीर।।"-वृ.ग्रं., य.स., 357/233।

**तरुनी**--(शृंगार रस), वय के अनुसार नायिका का एक भेद। ल.-सात बरिस कन्यत्व, पुनि

छ सात दस दस बरिष। गौरी बाला सत्व तरुनी प्रौढ़ा जानियै।।''-भि.ग्रं. 1, र.स., 426/62।

**तरुनीन**–तरुणी। युवती। तारुण्य को प्राप्त स्त्री। उ.-''कामसर हूँ ते तिक्ष तारे तरुनीन हू के।''-क.प्रि., 9/31।

• **तरुपंच**–स्वर्ग के पाँच वृक्ष-मंदार, पारिजात, सन्तान, कल्पवृक्ष, हरिचन्दन। उ.-''पंच वर्ग-तरु पंच अरु पंचसन्द परमान।''-क.प्रि., 11/13।

**तरौना**–कान में पहनने का एक गहना जो फूल के आकार का गोल होता है। कर्णफूल। उ. (1)-''बेसर तरौना केसपास अँधियारी सी।''-बो. ग्रं., वि.वा., 41/104। उ. (2)-''छाप तरौना नगनि की सोवत लगी कपोल।।'' मति., म.सत., 142/380।

**तर्क**–(संचारी) वितर्क। तैंतीस संचारियों में से एक जिसमें इष्ट अथवा अनिष्ट का अथवा बारी-बारी से दोनों का अनुमान होता है। संदेह, विमर्श, युक्ति का होना आवश्यक है। ल.-तर्क सँदेह बिबिध विधि होई। गुननादिक सों जानेहु सोई।।-भि. ग्रं., र.सा., 491/71।

**तलवारैं**–लोहे का एक लंबा धारदार हथियार। जिसके आघात से वस्तुएँ कट जाती हैं। खड्ग। असि। उ.-''चलीं जमदाढ़ैं बारुबारैं तलवारैं जहाँ लाहे आँच जेठ की तरनि मानौ व्वै रह्यौ।''-भू. ग्रं., प्रकी., 525/233।

**तलातल**–सात पातालों में से एक का नाम। उ.-''त्यों ही तलातल मैं पताल मैं अचल चल जेते जीव जंतु बसैं भाखत सकल मैं।''-प.ग्रं., गं.ल., 51/272।

**तहवरखान** – दे. तहव्वरखान। उ.-''तहवरखान हराय एड़ अनवर कि जंग हरि।''-भू. ग्रं., प्रकी., 513/230।

**तहव्वरखान**–मुगल सम्राट् औरंगजेब का एक सेनापति तहव्वरखाँ जो छत्रसाल पर आक्रमण कर उन्हें अधीनस्थ करने के लिए कई बार बड़ी सेना लेकर गया किन्तु हर बार असफलता मिली। यह ग्वालियर का सूबेदार था और ग्वालियर के आक्रमण के समय छत्रसाल द्वारा पराजित हुआ था। उ.-''बालपने में तहव्वरखान कों सेनसमेत अँचै गयौ भाई।''-भू.ग्रं. प्रकी., 518/231।

**तांडव**–शिव का प्रिय नृत्य। यह पुरुषोचित नृत्य है। एक मत से शिव के प्रधान गण तंडु या नंदी या नंदिकेश्वर ने इसका प्रवर्तन किया था इसलिए इसका यह नाम पड़ा। दूसरे मत से तांडव नामक ऋषि से इसका नाम तांडव पड़ा। एक प्रकार का उद्धत नृत्य। उ.-''तिवरी तांडव भेद सह नत कंदला बाल।''-बो.ग्रं., वि.वा., 45/105।

**ताजक ज्योतिष**–रचयिता-चन्द्रशेखर (दे.)। (इति. शुक्ल)।

**ताड़का**–सुकेतु नामक वीर यक्ष की कन्या जो बाद में राक्षसी हो गई। सुकेतु ने इसे ब्रह्मा को प्रसन्न कर वर के परिणामस्वरूप पाया था। इसे दस हजार हाथियों का बल प्राप्त था। इसका विवाह सुंद के साथ हुआ था। अगस्त्य ऋषि ने किसी कारणवश क्रुद्ध होकर जब सुंद को मार डाला तो ताड़का अपने पुत्र मारीच के साथ अगस्त्य पर आक्रमण कर उन्हें खाने दौड़ी। ये दोनों ही अगस्त्य ऋषि के शाप से राक्षस हो गये और ऋषि के तपोवन का नाश कर दिया। यह सब देख विश्वामित्र ने दशरथ से राम की याचना की और उनके हाथ से ताड़का का वध कराया (पौ.को., हिं.श.सा.)। उ.-ताड़का संहारी तिय न बिचारी, कौन बड़ाई ताहि हने।।''-रा., 7/10।

**तानतरंग**–केशवदास के आश्रयदाता इन्द्रजीत सिंह के अन्तःपुर की वेश्या। उ.-''सोहति सागर राग की, तानतरंग तरंग।''-क.प्रि., 1/44।

**तान**–गायन का एक अंग। अनुलोम, विलोम, यदि से विविध प्रकार से गायन। मूर्च्छना आदि द्वारा राग या स्वर का विस्तार। आलाप। उ.-''रागबधू-चित-चोरन के हित सोधि सुधार कै तानहिं गावै।''-घ.क., 45/54।

**तामरस छंद**–बारह वर्णों और सोल़ह मात्राओं का वर्णवृत्त है। मात्राक्रम है (।।। ।S। ।S। ।SS)। ल. (1)-दुज भभ तामरसो गगतूले। उ.-''जलचर खंज पराजय साजै। सखि नव तामरसो लखि लाजै।''-भि.ग्रं. 1, छंदा., 130,

142/196-197। ल. (2)-आदि चार लघु मध्य द्वै भगन अन्त गुरु दोय। केसव बारह बर्न को छंद तामरस होय।। उ.-''तन मन में अति लोभ बसाई। गनब न द्रोह बैर दुखदाई।।''-छं.मा., 1/36।

**तारक**-(मंत्र)-राम का भवसागर से पार उतारने वाला षडक्षर मंत्र ''ओं रामाय नमः''। उ.-''तारका को कौने सीख तारक पढ़ाई ही।''-क. प्रि., 11/62।

**तारक छंद**-एक वर्णवृत्त जिसके प्रत्येक चरण में तेरह वर्ण होते हैं। मात्राक्रम है-चार सगण और अन्त में एक गुरु (।।S ।।S ।।S ।।S S)। ल. (1)-मोदक सिर कै बंधु सिर द्वै लघु तारक बंद। इस प्रकार इसके दो भेद हैं-1. मोदक छंद (दे.) के आरंभ में दो लघु देने से (।। S।। S।। S।। S।।) उ.-''भजि ले प्रहलाद उबारक बारक। जग को निस्तारक तारक तारक।'' 2. बंधु छंद (दे.) के आरम्भ में दो लघु देने से (।। S।। S।। S।। SS) उ.-''बिरहागि भरे हियरे सियरैहै। करतार कबै वह बासर ऐहै।''-भि.ग्रं. 1, छंदा. 47, 52, 51/241-242। ल. (2)-चारि सगन पुनि एक गुरु तारक छंद बनाउ। सोभन तेरह बरन को केसव ताहि सुनाउ। उ.-''यह कीरति और नरेसन सोहै। सुनि देव अदेवन के मन मोहै।।''-छं.मा., 1/45।

**तारकतत्व**-रचयिता-उत्तम चंद भण्डारी (दे.)। (बृ.इति. 7)।

**तारा**-1. बालि नामक बंदर की स्त्री और सुषेण की कन्या। अंगद इसी का पुत्र था। श्रीराम द्वारा बालि के मारे जाने के बाद राम के आदेश से इसने बालि के अनुज सुग्रीव से विवाह कर लिया था। तारा पंचकन्याओं (अहल्या, द्रोपदी, कुंती, मंदोदरी और तारा) में से एक है जिसका प्रातः काल स्मरण करने का निर्देश है। (पौ.को., हिं.श. सा.)। उ. (1)-''तारा अरु मंदोदरी कहत सतीनि समान।।''-क.प्रि., 3/53। उ. (2)-''तब किष्किंधा तारा-समेत। सुग्रीव गये अपने निकेत।।''-रा., 13/5। 2. बृहस्पति की पत्नी तारा, जिसे चंद्रमा ने उसकी इच्छानुसार रख लिया था। बृहस्पतिं द्वारा माँगे जाने पर भी चंद्रमा ने अस्वीकार कर दिया। घोर युद्ध हुआ। ब्रह्मा ने बीच-बचाव किया। तारा बृहस्पति को मिली। गर्भस्थ शिशु पर बृहस्पति ने अपना अधिकार बताया। तारा ने उसे चंद्रमा से उत्पन्न बताया, जिसे चंद्रमा ने ग्रहण किया और उसका नाम बुध रखा। (हिं.श.सा., पौ.को.)। उ.-''तारा सी कान्ह तराइन्ह संग अचंद्रकला निसि चंद्रकला सी।''-क.प्रि., 15/92।

**तारापति**-दे. तारा। चन्द्रमा। उ.-''खोखारे बरुन तमोरवारे तारापति चौंरवारे चारु चतुरानन चतुर हैं।।''-प.ग्रं., गं.ल., 36/266।

**तारेस**-तारेश। तारापति। दे. तारा। उ.-''मंडित मृदु मुसक्यानि दुति देखत हरत कलेस। ललित लाल तेरो बदन तिय लोचन तारेस।।''-मति., म.सत., 558/414।

**तालंकिनि रड्डा छंद**-दे. 'रड्डा' छंद।

**ताल**-1. दोनों हथेलियों को एक-दूसरे पर मारने से उत्पन्न वह ध्वनि जिसका उपयोग नाचने या गाने में उसके काल और क्रिया के परिमाण को सूचित करने के लिए किया जाता है। उ. (1)-''छंग मुहरगजमुहर पुनि लछछ ब्रह्म सब ताल। तिवरी तांडव भेद सह नचत कंदंला बाल।।''-बो.ग्रं., वि. वा. 45/105। 2. मँजीरा या झाँझ नाम का बाजा। उ.-''बाजत ताल मृदंग उतंग महाधुनि तीनहुँ लोक छई है।''-वृं.ग्रं., भा.पं., 1/12।

**तालन**-दे. ताल। उ.-''तहाँ मुहचंगन की गति जोर। मढ़ै खट तालन के कल सोर।''-बो. ग्रं., वि.वा., 13/107।

**ताली छंद**-षट्कल अर्थात् छः मात्राओं का छंद है। क्रम है (SSS)। उ.-''नच्चै है। संभू पै। बेताली। दै ताली।।''-भि.ग्रं 1, छंदा., 30/184।

**तितिष्या**-तितिक्षा। सरदी-गरमी आदि सहने की सामर्थ्य। सहिष्णुता। उ.-''छवैं तितिष्या मानि लै सुख दुख सहैं समान।''-जस.ग्रं., आ.वि., 59/120।

**तिन्ना**-चार गुरु (SSSS)। उ.-''हंसी तिन्ना दुज धुज ठई।''-भि.ग्रं. 1, छंदा., 120/194।

**तिर्ना छंद**-आठ मात्राओं का छंद है। क्रम है (SSSS) कर्नो कर्नो। तिर्नो बर्नो।। उ.-

''धर्मज्ञाता। निर्मैदाता। तृष्ना हिंनो। जीवै तिर्नो।।''-भि.ग्रं. 1, छंदा., 49-50/186; वही, 16/237।

**तिलंगाने**--तैलंग देश। उ.-''भट्ट तिलंगाने को बुँदेलखंडवासी कबि सुजसप्रकासी पदमाकर सुनामा हौं।''-प.ग्रं., प्रकी., 21/309।

**तिलंगी**--अंगरेजी फौज का देशी सिपाही। उ.-''कहै पदमाकर तिलंगी भीर भृंगन को मेजर तँबूरची मयूर गुन गायो है।''-प.ग्रं., प्रकी., 63/320।

**तिलंगे**--तिलंगाने के सैनिक। उ.-''तहँ चलत तिलंगे उमड़ि उमंगे समुदतरंगे जनु उमड़े।''-प.ग्रं., प्र.बि., 91/286।

**तिलका छंद**--ल. (1)-वर्णवृत्त है जिसके प्रत्येक चरण में मात्राक्रम है (।।S ।।S) उ.-''अधिको मुख हो। किय क्यों ससि सो। सजिकै सखि यों। तिल काजर सों।''-भि.ग्रं. 1, छंदा., 25/238। ल. (2)-होय चरन में सगन जुग तिलका ताहि बखानि।। (चार चरण, प्रत्येक में दो सगण (।।S), वर्ण। उ.-''हरि सौं उरझी। न अजौं सुरझी। रस की रखियाँ। सु कहै अँखियाँ।।''-सो.ग्रं. 1, र.पी.नि., 89/33।

**तिलगाने**--तैलंग देश के सैनिक। उ.-''भूषन भनत करनातक भभर तिलगाने खरभर दरबर जोम जुर के।''-भू.ग्रं., प्रकी., 503/228।

**तिलगानो**--दे. तिलगाने। उ.-''गौड़वानो तिलगानो फिरगानो करनाट रूहिलानों रूहिलन हिये हहरत हैं।''-भू.ग्रं., प्रकी., 433/212।

**तीज**--भाद्रपद शुक्ल पक्ष की तृतीया को पड़ने वाला स्त्रियों का एक व्रत पर्व जिसे हरितालिका व्रत भी कहते हैं। यह पार्वती का सौभाग्य व्रत का पर्व है, जिसमें रात्रि में शिव गौरी की पूजा और जागरण होता है। इसमें निर्जल व्रत का विधान है। दूसरे दिन प्रातः विसर्जन के बाद अन्नजल ग्रहण किया जाता है। शिव को पति रूप में प्राप्त करने के लिए पार्वती ने तपस्या की थी, जिसके लिए उनकी अलियाँ (सखियाँ) उन्हें हर ले गईं और घोर जंगल की गुफा में तपस्या संपन्न हुई। सखियों द्वारा हरी जाने के कारण इसका नाम हरितालिका तीज पड़ा। उ.-''तीर पर तरनि-तनूजा के तमाल-तरे तीज की तयारी ताकि आई तखियान में।''-प.ग्रं., प्रकी., 67/321; वही, जग., 519/189।

**तीज**--अक्षय तृतीया का पर्व जो वैशाख शुक्ल तीज को पड़ती है और सतयुग के प्रारम्भ की तिथि मानी जाती है। दे. अखती। उ.-''अखती की तीज तजबीज कै सहेली जुरीं बर के निकट ठाढ़ीं भावतें कों घेर के।''-ठाकुर, 102/27।

**तीजतरंग**--रचयिता-चंडीदान (दे.)। (बृ. इति. 7)।

**तीजी असंगति**--दे. असंगति। तृतीय असंगति। यदि किसी कार्य को करने की प्रवृत्ति हो किन्तु उसके विरुद्ध कार्य किया जाना वर्णित हो तो वहाँ तृतीय असंगति होती है। ल. (1)-जु कछु कियो आरंभ तहँ ता बिरुद्ध किय काज।। उ.-''यह ऊलट कासों कहौं निकट सुनाइ कहै न। आए जीवन दैन घन लगे यु जीवन लैन।।''-प.ग्रं., पद्मा., 147-148/50। ल. (2)-करन लगै जो काज कछु ताते करै बिरुद्ध यहाँ असंगति कहत हैं कवि मतिराम बिबुद्ध।-मति., ल.ल., 219/336। ल. (3)-करि आरम्भ सु और को करत और ही काज। भेद असंगति कौ तृतिय बरनि रसिक सिरताज। उ.-''सजी गूजरी एक पग, त्यौं ही लखे सुजान। आदर करि तिय ने तबै बिहँसि खवाए पान।''-सो.ग्रं. 1, र.पी.नि., 164-166/204।

**तीजीतुल्यजोगिता**--दे. तुल्ययोगिता। प्रस्तुत (उपमेय) की उत्कृष्ट गुणवालों के साथ तुलना। ल.-हितहु अहित महँ सम व्यवहारू। तुल्यजोगिता त्रितिय निहारू। उ.-''हौ जानू बीसहु-बिसे तो बस भए गुपाल। सौतिन कों अरु सखिन कों देत देखियतु साल।।''-प.ग्रं., पद्मा., 72-73/411 दे. तृतीय तुल्यजोगिता।

**तीजी निदरसना**--दे. निदर्शना, तीजी निदर्शना। ल.-करत असत सत अर्थ को एक क्रिया सों बोध। निदरसना यह औरहू कहत सुकबि मति सोध।।-मति., ल.ल., 152/325।

**तीजी निदर्शना**--दे. निदर्शना। ल.-कारज

निरखि बताइए भले बुरे कौ भेद। तीजौ भेद निदर्शना बरनै कबि तजि खेद। उ.-''सबै ठौर समता भली दूजी बिधि न सवाइ। श्रवन सुखद कहि कौन कौं सठे पंडित कौ बाद।।-सो.ग्रं. 1, र.पी. नि., 103-104/196। दे. तीजी निदर्शना।

**तीजी विभावना**--दे. विभावना। ल.-प्रतिबंधक के होत हू काज विभावन सोइ। उ.-''तदपि ताप सरसत जदपि दृग बरसत है तोइ।।''-प.ग्रं., पद्मा., 139/49।

तीजो अन्योन्य--दे. अन्योन्य। अन्योन्य के तीसरे भेद का आधार परस्पर समान व्यवहार है। ल.-रहै जु दुहुँ, दुहुँ में तहाँ सो अन्योन्य विलास। उ.-''तिय को मन नँदलाल में तिय मन में नँदलाल।''-प.ग्रं., पद्मा., 162/52।

तीजो आक्षेप--दे. आक्षेप, तृतीयाक्षेप, तृतीया आक्षेप। ल.-सु आक्षेप जहँ बिधि प्रगट दुर्‌यो निषेध बखान। उ.-''करहु तितहि सुख आइ इत दुखनि देहु दुखियान।''-प.ग्रं., पद्मा., 134/49।

तीजो प्रतीप--दे. प्रतीप, तृतीय प्रतीप। उपमेय की उपमान के रूप में कल्पना करके प्रसिद्ध उपमान का निरादर। ल.-उपमानहु उपमेय तें आदर जबै लहै न। उ.-''सु छबि गरव मति करु कमल यों बनितन के नैन।।''-प.ग्रं., पद्मा., 30/36।

तीजो विसेष--दे. विशेष। जहाँ किसी कार्य के करते हुए किसी दूसरे अशक्य कार्य का होना वर्णित हो। ल.-लघुहि अरंभ अलभ्य को लाभ विसेष बखान। उ.-''पाइ चुके फल चारिहू करत गंगजल पान।''-प.ग्रं., पद्मा., 165/52।

तीजो सम--दे. सम. तृतीय सम, तीजौ सम। ल.-''सम श्रम बिनु सिधि काज की जतन करत ह्वै जाइ। उ.-''जाहि मिलन सिय सजि चली मिल्यो सु आपुहि आइ।।''-प.ग्रं., पद्मा., 154/51।

तीजौ दीपकावृत्ति--दे. दीपक। आवृत्ति दीपक अलंकार। दीपक अलंकार का एक भेद। शब्द, अर्थ और शब्दार्थ की आवृत्ति का अलंकार। ल.-शब्द अर्थ की होति है आवृत्ति जिहिं ठाँ आइ। दीपक आवृत्ति कौ तहाँ तीजौ भेद गनाइ।। उ.-''सुंदर फुलवारी सघन लखि लखि भई निहाल। लई अंग भरि कान्ह तब संकि थरहरी बाल।।''-सो. ग्रं. 1, र.पी.नि., 93-94/195।

**तीजौ बिसेष**--दे. विशेष, तीजो बिसेष। ल. (1)-करत कहू आरंभ ते जहाँ असक्य कहुँ और। तहँ बिसेष औरो कहत कवि कोबिद सिरमौर।।-मति., ल.ल., 249/340। ल. (2)-एक बस्तु बहु ठौर जहँ बरनन की यतु मित्र। तीजो रूप बिसेष कौ समझौ रसिक बिचित्र। उ.-''सौमनाथ हम तौ सदा सुख सौं करत बिहार। नीर छीर थिर चरन में लखियत नंद कुँवार।।''-सो.ग्रं. 1, र.पी.नि., 194-195/207।

**तीजौ सम**--दे. सम., तृतीय सम, तीजो सम। ल.-जाकौ कीजै जतन सों मिलै भली बिधि आइ। सम कौ तीजौ भेद यह बरनै कबि समझाइ। उ.-''अलबेले सुंदर सुघर नित विनोद के धाम। जनक करत ही आपु तें सो बर पाए स्याम।।''-सो. ग्रं. 1, र.पी.नि., 178-179/205।

तीरंदाज--तीर चलाने वाला। उ.-''कोट के किंगूरनि में गुलंदाज तीरंदाज राखै वै लगाय गोली तरन बरषतें।''-भू.ग्रं., शि.भू., 236/173।

तीरथ--तीर्थ। वह पवित्र स्थान जिसका सम्बन्ध किसी देवता, महापुरुष, महान घटना, पवित्र नदी, सरोवर आदि से होता है। शाब्दिक अर्थ नदी पार करने का स्थान (घाट)। लक्षणा से इसका अर्थ है, भवसागर पार करने का स्थान, जिसमें सात पुरियों (अयोध्या, मथुरा, द्वारिका आदि), चार धामों आदि की गणना की जाती है। (पौ.को., हिं.श.सा.)। उ.-''तज बकवाद तीरथन भटको करि पवित्र निज काया है।''-प.ग्रं., मिश्र., ऋ.प., 25/298; वही, प्रकी., 89/327। 90/328।

तीर्थयात्रा--रचयिता-रामचरणदास (दे.)। (बृ.इति. 7)।

तीर्थराज--सं. 1806 में उ.। स्थान बैसवाड़ा। आश्रयदाता-डौंडियाखेरे के राजा अचलसिंह। रचनाएँ-समरविजय अथवा समरसार(बृ.इति. 7)।

तीर्थानंद--रचयिता-नागरीदास (दे.)। (बृ. इति. 7, स.सर्वे.)।

तीसरी अनुसयना--दे. अनुसयना। ल.

(1)-जु तिय सुरत संकेत कों रमन गमन अनुमान ब्याकुल होति सु तीसरी अनुसयना पहिचान।।-प. ग्रं., जग., 120/105। ल. (2)-प्रीतम गए सहेट कों जानै हेतुहि पाय। तृतीया अनुसयना कही हौं न गई पछिवाय।।-मति., र.रा., 91/220।

**तुंग छंद**–आठ वर्ण दस मात्राओं का वर्णवृत्त है। क्रम है (ऽ।। ।।ऽ ऽ) (भगण सगण ग)। उ.-''अंवर छबि छाजै। मुक्त अवलि राजै। मेरुसिखरद नीके। तुंग उरजती के।''-भि.ग्रं., छंदा., 67/188।

**तुंगा छंद**–आठ वर्ण और दस मात्राओं का वर्णवृत्त है। इसका मात्राक्रम तुंग छंद से भिन्न है। मात्राक्रम है (।।। ।।। ऽऽ)। उ.-''तुअ मुख ससि ऐसो। निरखत जेहि सेसो। छकि रहु ह्वै गुंगा। सुनहि उरज तुंगा।।''-भि.ग्रं., छंदा., 68/188।

**तुंगारन्य**–तुंगारण्य। ओरछा के समीप, बेतवा के किनारे का एक तीर्थ। उ. (1)-''नदी बेतवैतीर जँह तीरथ तुंगारन्य।''-र.प्रि., 1/3। उ. (2)-''तुंगारन्य नाम बन बैरी कौं अजीत है।''-क. प्रि., 6/6। उ. (3)-''सोभति जाके हियैं। तुंगारन्य तिलक सों दियैं।''-वी.च., 15/30।

**तुंवुरु**–तुंवुरु नामक गंधर्व जो स्वर्गीय संगीत में वहुत निपुण कहा गया है। यह नारद का शिष्य है। चैत के महीने में सूर्य के रथ पर सौरगण के अन्य छह के साथ रहता है। इसकी दो पुत्रियाँ हैं-मनोवती और सुकेशी। ये सूर्य के रथ पर मधुमास (चैत्र, वैशाख) में रहती हैं। विष्णु के प्रिय मित्र इस गंधर्व ने चंदनोदक दुंदुभि तथा नारद के साथ अनंत का यशगान किया। श्रीकृष्ण ने जब गोवर्द्धन धारण किया था, तव इसने उनकी प्रशंसा की थी। यह मधु और माधव महीनों का अधिपति कहा गया है। (पौ.को., हिं.श.सा.)। दे. तँबूरा। उ.-''तंती तुंवुरु सारिका सुद्ध सुरन सों लीन।।''-क. प्रि., 1/45।

**तुक**–भिखारीदास ने भाषा के छंद विवेचन में तुक का विशेष महत्त्व माना है। उनके अनुसार इसके तीन प्रकार हैं-उत्तम, मध्यम और अधम।-भि. ग्रं. 2, का.नि., 1/213। इनके अतिरिक्त अन्य तुक के अन्तर्गत भिखारीदास ने वीप्सा, यामकी और लाटिया का वर्णन किया है।-वही, 14/216।

**तुगलक**–तुगलक वंश का प्रवर्तक बादशाह मुहम्मद बिन तुगलक। उ.-''तुगलक आदम साहि आदि जुलकरनहि जानौ। ज., 38।

**तुनीर**–बाण रखने का पात्र विशेष जो योद्धा पीछे की तरफ कंधे से बाँधे रहते हैं। तरकश। उ.-''बर बिबिध तीरन सों भरे तहँ ह्वै तुनीर महा लसै।''-प.ग्रं., हि.ब.बि., 112/16।

**तुपक**–छोटी तोप। उ. (1)-''तुपक तमंचे तीर तोरा तखारन तें काटि काटि सेना करी सोचित सितारे की।''-प.ग्रं., मिश्र, प्रकी., 22/309। उ. (2)-''इमि तोप तपक जँजाल सिप्पे बान पैरत नहिं रुको।''-वही, हि.ब.बि., 86/13। उ. (3)-''कहा करे लगि तोय में तुपक तीर तरवारि।।''-मति., म.सत., 325/395।

**तुपकन**–छोटी तोपें। उ.-''तुपकन की तड़तड़ बानन सड़सड़।'-–प.ग्रं., प्र.बि., 89/286।

**तुपकनि**–छोटी तोपें। यह अंग्रेजों द्वारा भारत में लायी गयी थी। अकबर के समय में ही अंग्रेजों के भारत में पर्दापण करने के साथ शस्त्र भारत में आये। उ.-''ऊकै सी निकसी तरवारि। परै तीर तुपकनि की मारि।''-वी.च., 6/43।

**तुरंगम छंद**–वर्णित छंदों में समवृत्त का एक भेद। यह वृत्त दो नगण और दो गुरुओं से बनता है।-छं., 1/20। ल.-नगन दोय गुरु अन्त ह्वै रचौ तुरंगम छंद। अष्ट बर्न को एक पद केसव आनँदकंद।। उ.-''वहुत बदन जाके। बिबिध बचन ताके। बहुभुजजुत जोई। सबल कहत सोई।।''-छं. मा., 1/20।

**तुरक**–तुर्क। तुर्किस्तान का निवासी। उ. (1)-''बेद कलाम पढ़त है दोऊ। बाविन तुरकन हिंदू होऊ।''-बो.ग्रं., 35/39। उ. (2)-''कहाँ हिंदू कहाँ तुरक जेतिनको हो बिसबास।।''-वृं.ग्रं., स. स.रू., 134/276।

**तुरकनि**–तुर्क स्त्रियाँ। तुर्किस्तान की स्त्रियाँ। मुसलमान स्त्रियाँ। उ.-''हिंदुनि सो तुरकनि कहत तुमकों सदा सँतोष।''-भू.ग्रं., शि.भू., 152/157।

**तुरकान**–तुर्किस्तान के लोगों को, मुसलमानों

को। उ. (1)-''तहाँ राजधानी करी जाति सकल तुरकान।''-भू.ग्रं., शि.भू., 24/132। उ. (2)-''भूषन भनत सिवराज आज तेरे राज तेज तुरकानन ते तेजता कढ़ै लगी।''-भू.ग्रं., प्रकी., 496/228।

**तुरकौ**--तुर्किस्तान का निवासी। तुर्क। उ.-''साहितनै सिव के डर सों तुरकौ गही वारिधि की दिसि पैली।''-भू.ग्रं., शि.भू., 268/179।

**तुरक्क**--तुर्क। तुर्किस्तान के शासक वंश वाले। उ.-'' पीपर कुरम तुरक्क असी हाड़ा सफजंगी।''-वो.ग्रं., वि.वा., 38/182। उ. (2)-''झुक्के निसान सक्के समर मक्के तुरक्क भजि।''-भू.ग्रं., प्रकी., 513/230।

**तुरक्की**--तुर्की नाम के मध्य एशिया के एक देश के घोड़े। उ.-''तुरक्की तमकैं झमकैं सुहानै।''-प. ग्रं.. प्र.वि., 38/280।

**तुरसीदास**--स्थितिकाल - सं. 1745 के आसपास। निरंजनी सम्प्रदाय के थे। रचनाएँ- चौअक्षरी, करणीसार, साधुसुलच्छन, तत्वगुण भेद। (बृ.इति. 7)।

**तुरान**--तूरान। भूभाग विशेष। फारस के उत्तर-पूर्व में पड़ने वाला मध्य एशिया का सारा भूभाग जो तुर्क, तातारी, मुगल आदि जातियों का निवास स्थान है। चंगेज खाँ, तैमूर, उसमान आदि तूरानी जाति के थे। (विशेष दे. हिं.श.सा.)। उ.-''नेकी अरबान सान अदब ईरान त्यों ही क्रोध है तुरान ज्यों फराँस फंद आदरी।''-भू.ग्रं., प्रकी., 482/224।

**तुरी**--तुरही। उ.-''तार तुरी सहणाई वीणा सारंग राग अलापत आजै।''-वृं.ग्रं., नै.ब., 6/27।

**तुरुक**--तुर्क। उ.-''वव्वर अकव्वर हिमायूँ हद्द वाँधि गए हिंदू और तुरुक की कुरान बेद ढ़वकी।''-भू.ग्रं., प्रकी., 447/216।

**तुलछराय**--पति--मारवाड़ नरेश मानसिंह। रचनाएँ - रामभक्तिपरक स्फुट रचनाएँ। (बृ. इति. 7)।

**तुलसी**--भक्तिकाल के प्रसिद्ध रामभक्त गोस्वामी तुलसीदास। उ.-''ठाकुर कहत धन्य तुलसी बिहारी वानी अकह कहानी रससानी सरसत है।''-ठाकुर, 199/51।

**तुलसीदास चरित्र**--रचयिता-रसिक अली, (दे.)। (बृ.इति. 7)।

**तुलसीभूषण**--रचयिता-रसरूप (दे.)।विव.- अलंकार ग्रंथ जिसमें 111 अलंकार वर्णित हैं। रचनाकाल सं. 1811। (बृ.इति. 6)।

**तुल्यजोगिता**--इसका अर्थ है तुल्य अर्थात् परसपर समान। योग अर्थात् सम्बन्ध का होना। अर्थात् वस्तुओं के एक धर्म होने का सम्बन्ध। इसमें कई प्रस्तुतों या अप्रस्तुतों का एक ही साधारण धर्म होना। कुछ के अनुसार इसके चार भेद हैं और कुछ के अनुसार तीन। ल. (1)-तुल्यजोगिता तीनि ये लक्षन क्रम ते जानि। एकै सव्द में हित अहित बहु में एकै बानि।। बहु सों समता गुनन करि इहि बिधि भिन्न प्रकार। गुननिधि नीकें देत तूँ तिय कौं अरि कौं हार।।-ज.ग्रं., भा.भू., 77-78/27। ल. (2)-सम सुभाय हित अहित पर तुल्यजोगिता चारु। उ.-''सम फल चाखै दाख सों, सीचनि काटनि हारु।।''-भि.ग्रं. 2, 9/19। ल. (3)-तुल्यजोगिता चौविध हैई। बर्न्यन को जहँ धर्म इकैई। उ.-''कमल गुलाव चकन की सैना। होत प्रफुल्लित नव तिय नैना।''-ल. (4)-''सम बस्तुनि गनि बोलिये, एक बार ही धर्म। समफलप्रद हित अहित कों, काहू कों यह कर्म। जा जा सम जेहि कहन कों, वहै वहै कहि ताहि। तुल्यजोगिता भूषनहि, निधरक देहु बताइ।।''-इस प्रकार भिखारीदास ने तीन भेदों की ओर संकेत किया-1. सम वस्तुओं का एकबार धर्म, 2. हिताहित का सम फल, 3. समता-। उ. (1)-''साँझ भोर निसि बासरहुँ क्यों हूँ छीनन होति। सीतकिरन की कालिमा, बालबदन की जोति।।''-उ. (2)-''जो सीचै सर्पिष सिता, अरु जो हमै कुठाल। कटु लागै तिन दुहुन को, इहै नींब की चाल।''-उ. (3)-''जाइ जोहारै कौन कों, कहा कहूँ है काम। मित्र मातु पितु बंधु गुरु, साहिब मेरो राम।।''-भि. ग्रं. 2, का.नि., 81-89/82-83। दूजी तुल्यजोगिता, तीजी तुल्यजोगिता, चौथी तुल्यजोगिता।

**तुल्यप्रधान**--(व्यंग्य)-वह व्यंग्य जिसमें वाच्यार्थ और व्यंग्यार्थ बराबर हों। यह गुणीभूत व्यंग्य

(दे.) का तीसरा भेद है। ल.-चमत्कार में व्यंगि अरु, बाच्य बराबरि होइ। ताही तुल्यप्रधान है, कहैं सुमति सब कोइ।।-भि.ग्रं. 2, का.नि., 10/63।

**तूर**—एक प्रकार का बाजा। नगाड़ा। उ.-"ताल मृदंग उपंग बजावत तंतीय तूर पषावज बाजै।"-वृं.ग्रं., नै.ब., 76/27।

**तूरही**—तुरही। फूँक कर बजाने का एक बाजा जो मुँह की ओर पतला और पीछे की ओर चौड़ा होता है। पहले यह लड़ाई के समय नगाड़े के साथ बजाया जाता था। उ.-"बजै तूरही भूर ही भेरि गाजैं। मनो गाज चिल्ली हजारान राजैं।"-बो.ग्रं., वि.वा., 2/160।

**तूरान**—दे. तुरान। मध्य एशिया का एक मुस्लिम भूभाग। उ.-"तहाँ तेज तूरान के हैं तुरंगा।"-प.ग्रं., प्र.बि., 33/280।

**तृतिय असंगति**—दे. तीजी असंगति।

**तृतिय प्रहर्षन**—दे. प्रहर्षण। ल. (1)-जहाँ अर्थ की सिद्धि को जतनहि ते फल होय इहौ प्रहर्षन कहत हैं कवि कोविद सब कोय।।-मति., ल.ल., 308/351। ल. (2)-जतन करै तिहि वस्तु के पैवे कौ करि प्रीति। सो पावै यौं कहत हैं तृतिय प्रहर्षन रीति।। उ.-"परसों तें ढूँढत हुती गृह वन हरि के हेत। सो मैं पाए आजु अब हिरदै भयौ सुचैत।।"-सो.ग्रं. 1, र.पी.नि., 252, 253/213।

**तृतीया अनुसया**—दे. तीसरी अनुसयना।

**तृतीय आच्छेप**—तृतीयाक्षेप। दे. आक्षेप, तीजो आक्षेप। ल.-कछू बचन विधि सों जहाँ दोष निषेध बिलाइ। तृतीय भेद आच्छेप कौ समझि लेउ सुख पाइ।। उ.-"दंपति अंक भरन समै ढिग आवति अलि हेरि। मधुर बोलि वीरी नवल बिहँसि मँगाई फेरि।।"-सो.ग्रं. 1, र.पी.नि., 140-141/201।

**तृतीया तुल्यजोगिता**—दे. तुल्यजोगिता, तीजी तुल्यजोगिता। ल.-इक ही सो गुन करि तहाँ बहु सों समता साज तुल्यजोगिता कौ कहौ, तृतीय रूप कविराज।। उ.-"निसिवासर नंदनंद सों तनक न बिछुरति बाल। तुही मोहिनी मन, तुही मुरली, तू बनमाल।।"-सो.ग्रं. 1, र.पी.नि., 85, 86/194।

**तृतीय प्रतीप**—दे. प्रतीप, तीजो प्रतीप। ल. (1)-उमे तें उपमान जब आदर पावै नाहिं। है प्रतीप को भेद ये तृतीय सु गन चित चाहि।। उ.-"क्यों साजति है नवल तिय मनि आभरन अमंद। तेरे तन की चमक तें दामिनि दीपनि मंद।।"-सो.ग्रं. 1, र.पी.नि., 22-23/185। ल. (2)-जहाँ अनादर आन को उपावर्न्य उपमेय। बरनत तहाँ प्रतीप हैं कोऊ सुकबि अजेय।। उ.-"जलधर छोड़ि गुमान कौं हौं ही जीवनदानि। तोसो ही पानिय भर्‌यो भावसिंह को पानि।।-मति. ल.ल., 61-62/309।

**तृतीय बिभावना**—1. जहाँ हेतु प्रतिबंधहू बरनत प्रकटै काज। बरनत और बिभावना तहँ कबिराज समाज।।-मति., ल.ल., 200/333। 2. होइ काज की सिद्धि जहँ प्रतिवाधक हू होत। उ.-सदा सासु बरजै खरी उघरन देइ न अंग। जाइ तऊ तिय कुंज में विहरै हरिके संग।।-सो.ग्रं. 1, र.पी.नि., 148, 149/202।

**तृतीय विषम**—दे. विषम। ल. (1)-इष्ट अर्थ उद्यमहि ते जहँ अनिष्ट है जाय। और विषम बरनत तहाँ जे कबि कोविद राय।।-मति., ल.ल., 226/337। ल. (2)-जतन करै जहँ भलै कौ प्रगट बुरौ फल होइ। तृतीय भेद सो विषम को समझौ बुद्धि बिलोइ।। उ.-"नेह बढ़ैवे के लिए लखी रावरी ओर। सो तुम हमसौं भावते सिरती गही मरौर।।"-सो.ग्रं. 1, र.पी.नि., 171-172/204।

**तृतीयसम**—1. ताकी सिद्धि अनिष्ट बिन उद्यम जाके अर्थ। तासौं सम औरौ कहत जे कविराज समर्थ।।-मति., ल.ल., 232/338।

**तृतीय हेतु**—दे. हेतु। ल.-जहँ समर्थिबो अर्थ को प्रगट समर्थन होय। तहाँ हेतु औरौ कहत कवि कोबिद सब कोय।।-मति., ल.ल., 396/365।

**तृतीयाक्षेप**—दे. आक्षेप, तीजो आक्षेप, तृतीय आक्षेप। ल.-जहँ विधि प्रगट बखानिये छप्यौ निषेध प्रकास। तहँ औरौ आक्षेप कहि बरनत बुद्धि विलास। उ.-"कोपनि तैं किसलय जवै होहिं कलिन तैं कौल। तव चलाइये चलन की चरचा नायक नौल।।"-मति.ल.ल., 191, 193/331-332।

**तेग**—उ.-"जोर रुसियान को है तेग खुरासानहू की जीति इंगलैंड चीन हुन्नर महादरी।"-भू.ग्रं.,

प्रकी., 482/224।

**तेगबहादुर**–रीतिकालीन कवि सोमनाथ के आश्रयदाताओं के पूर्वज जो यदुवंशी थे।-सो.ग्रं. 1, र.पी.नि., 9/3।

**तेगा**–खड्ग, तेग। उ. (1)-''तुरकन के तेगा तोरन तेगा सकल सुबेगा रुधिर भरे।।''-प.ग्रं., हि. ब.वि., 196/28। उ. (2)-''तेगा दृग ये मीत के पानि पवार सुघाट। अंजन वाढ़ दियै बिना करत चौगुनौ काट।।''-रतन., 411/98।

**तैलंगी**–तैलंग देश का निवासी। उ.-''कहि हिंडोल की कामिनी स्यौं तैलंगी बीर।''-बो.ग्रं., वि. वा., 11/120।

**तोटक छंद**–चारों चरणों में मात्राक्रम है (।।S ।।S ।।S ।।S)। ल.-चार सगण (।।S) (दे. भुजंगप्रयात)। उ.-''तलफै अँखिया निकि हारन दे। अब तो टक लाइ निहारन दे।''-भि.ग्रं. 1, छंदा., 39, 42/240।

**तोड़े**–सोने-चाँदी आदि की लच्छेदार जजीरें जिन्हें सिपाही अपनी पगड़ी के चारों ओर लपेटते हैं। उ.-''कसें सीस तोड़े कुदावैं जु घोड़े।''-प.ग्रं., प्र.वि., 59/282।

**तोप**–एक प्रकार का बहुत बड़ा अस्त्र जो प्रायः दो या चार पहियों की गाड़ी पर रखा रहता है और जिसमें ऊपर की ओर बंदूक की नली की तरह एक बहुत बड़ा नल लगा रहता है। इसमें गोल या लंबे गोले रखकर युद्ध के समय, बारूद्ध से शत्रुओं पर चलाए जाते हैं। (हिं.श.सा.)। उ.-''इमि तोप तुपक जँजाल सिप्पे बान पैरत नहिं रुको।''-प.ग्रं., हि.ब.वि., 86/13; 89/13।

**तोमर छंद**–बारह मात्राओं का छंद है। प्रत्येक चरण में नौ वर्ण (।।S ।S। ।S।)। ल. (1)-सजनी तोमर जानियो। उ.-''दुज जामिनी अपवाद। कहुँ छोड़तो मरजाद।।''-भि.ग्रं. 1, छंदा., 90, 93/190-191। ल. (2)-आदि सगन द्वै जगन पुनि तोमर छंद सु होइ।। उ.-''निसि घोस नेह बढ़ाइ। रघुबीर के गुन गाइ। दुख पुंज दूरि बिलाइ। सरसौं सबै सुख पाइ।।''-सो.ग्रं. 1, र.पी.नि., 11, 13/34। ल. (3)-सगन आदि गुनि द्वै जगन रचियै बहु सुखकंद। चरन चारि नव बरन को प्रगटहु तोमर छंद।। उ.-''रघुबंस के अवतंस सुनि दान-मानस-हंस।''-छं.मा., 1/22।

**तोरा**–तोड़ेदार बंदूक। उ.-''तुपक तमंचे तीर तोर तरवारन तें काटि काटि सेना करी सोचित सितारे की।''-प.ग्रं., प्रकी., 22/309।

**तोष**–भिखारीदास के पूर्व के रीतिकालीन कवि जिनका भिखारीदास ने उल्लेख किया है। निवासस्थान-शृंगवेरपुर (सिंगरौर, जिला-इलाहाबाद)। पिता-चतुर्भुज शुक्ल। रचना-सुधानिधि। रचनाकाल-सं. 1691। विव.-रस वर्णन के बहाने राधाकृष्ण की विलासलीलाओं का वर्णन। नवरस, भाव, भावोदय, भावशांति, भावशबलता, भावसंधि, रसभास, रस दोष, वृत्ति एवं नायिकाभेद का वर्णन। (बृ.इति. 6)। उ.-''एते पर तोष रसराज रसलीन बासुदेव से प्रबीन पूरे कबिन बखानो है।''-भि.ग्रं. 2, का. नि., 8/4।

**तोषनिधि**–(''सुधानिधि'' के रचयिता ''तोष'' से भिन्न)। स्थितिकाल-सं. 1794। स्थान-कंपिला (फर्रूखाबाद)। पिता-ताराचन्द अवस्थी। रचनाएँ-व्यंग्यशतक, रतिमंजरी, नखशिख (हिं.सा.को.)।

**त्यक्तपुनः स्वीकृत**–दे. दोष, अर्थ दोष। ल.-त्यक्तपुनः स्वीकृत कहैं, छोड़ि बात पुनि लेत। उ.-''मो सुधि बुधि हरि हरि लई। काम करौं डर हेत।।'' ति.-सुधि बुधि हरि जाति तौ काम क्यों करि सकती।।-भि.ग्रं. 2, का.नि., 88-88अ/238।

**त्रकल**–दोहा छंद का एक भेद। दे. दोहा छंद। रसपीयूषनिधि के अनुसार त्रकल में 39 अक्षर होते हैं, जिनमें 9 गुरु और 30 लघु होते हैं। सो.ग्रं., र.पी.नि., पृ. 24।

**त्रपा (संचारी)**–लज्जा, लाज, शर्म। ल.-त्रपा भाव लज्जा अधिकाई। सबही ठौर जानि लै भाई।।-भि.ग्रं. 1, वृ.सा., 499/72।

**त्रयीबेद**–वेदत्रयी। तीन वेद-ऋग्वेद, यजुर्वेद, और सामवेद। उ.-''त्रिदेव-त्रिकाल-त्रयीबेदकर्ता। त्रिस्रोताकृती सूत्रयी लोकभर्ता।''-वि.गी., 11/28।

**त्रसरैनि**–त्रसरेणु। छेद में होकर आती धूप

में चमकने वाला कण (सबसे छोटे को परमाणु कहते हैं। उससे बड़े को अणु। अणु से बड़े को त्रसरेणु कहते हैं)। उ.-''ज्यौं त्रसरैनि के ऐन बसै रबि, मीन पै दीन ह्वै सागर आवै।''-घ.क., 44/54।

**त्राटक**--योग के षट्कर्मों में से छठा कर्म या साधन जिसमें अनिमेष रूप से किसी बिंदु पर दृष्टि एकाग्र रखते हैं। उ.-''नेती धोती वसती न्यौली जानियै। भसत्रा त्राटक ए षटकरम बखानियै।''-ज. ग्रं., आ.वि., 71/121।

**त्रास**--(संचारी)-डर, भय। आकस्मिक भय से उत्पन्न चित्तक्षोभ को त्रास कहते हैं। ल. (1)-त्रास छोभ कछु देखि डरै जू। चौंकादिक अनुभाव धरै जू।-भि.ग्रं. 1, र.सा., 499/72; शृं. नि., 238/141। ल. (2)-त्रास जानि डर।-सो.ग्रं. 1, र.पी.नि., 23/54। ल. (3)-जहाँ कौनहूँ अहित तें उपजत कछु भय आस। ताही को तित त्रास कही बरनत हैं कबिराय।।-प.ग्रं., जग., 560/198।

**त्रिकल**--भिखारीदास ने तीन मात्राओं के मात्राक्रम भेद से तीन भेद किये हैं। आदिलघु त्रिकल ।S, आदि गुरु त्रिकल S।, त्रिलघु त्रिकल ।।। ।-भि.ग्रं. 1, छंदा., 9, 10, 11/169।

**त्रिकल्ल**--त्रकल्ल। दोहा छंद का एक भेद। दे. त्रकल।

**त्रिकूट**--देवीभागवत और वामन पुराण के अनुसार तीन शिखरों वाला एक पर्वत जिस पर लंका की स्थिति मानी गई है। ये तीनों शिखर सोने, चाँदी, और हिम से मंडित हैं और प्रथम दो क्रमशः सूर्य और चन्द्र के आश्रयस्थल हैं। तृतीय शिखर विभिन्न मणियों की प्रभा से चमकता रहता है और सर्वोच्च है। क्षीरोद समुद्र में स्थित इस पर्वत पर देवर्षि रहते हैं और विद्याधर, किन्नरादि यहाँ क्रीड़ा करने आते हैं। यह एक सिद्ध स्थान है। यहाँ रूपसुंदरी के रूप में भगवती निवास करती हैं। (पौ. को., हिं.श.सा.)। उ.-''कहै पदमाकर त्रिकूट ही कों टारि डारौं डारत करेई जातु धानन को अन्त हौं।।''-प.ग्रं., जग., 683/222।

**त्रिकोन**--त्रिकोणवर्णन। वर्ण्यालंकार का एक भेद, जिसमें तीन कोणों से युक्त चीजों का वर्णन होता है। उ.-''सकट सिंघारो, बज्र, हल, हर के नैन निहारि। केसवदास त्रिकोन महि पावक कुंड विचारि।''-क.प्रि., 6/11।

**त्रिगुन**--प्रकृति के तीन गुण-सत्व, रज, तम (सांख्य)। दे. गुण। उ. (1)-''बहुरयौ प्रक्रिति सुभाइ तैं उपज्यौ त्रिगुन बिलास।''-जस.ग्रं., सि.सा., 3/171। उ. (2)-''त्रिगुन मई ज्यों जगत सजन ज्यों सब सुष पोषन।।''-वृं.ग्रं., प.प., 18/55।

**त्रिधाम**--तीसरा धाम या लोक। स्वर्ग। उ.-''कामिनि काम-कला करै कान न ताकै त्रिधाम की सुंदखाई।''-र.प्रि., 14/38।

**त्रिनयन**--तीन नेत्रों वाले। शंकर। उ.-''त्रिनयन के नैननि जग्यो कछु करुना को रंग।''-प.ग्रं., जग., 588/202।

**त्रिपदी**--दे. लेखनी चित्रालंकार। ल.-मध्य बरन इक दुहुँ दलन, त्रिपदी जानहु सोइ। वहै मंत्रिगति अस्वगति सुद्ध सु याहू दोइ।।-भि.ग्रं. 2, का.नि., 83/208।

**त्रिपुंड**--संज्ञा पुं. (सं.) भस्म की तीन आड़ी रेखाओं का तिलक जो शैवशाक्त लगाते हैं। उ.-''ससि होइ न भाल त्रिपुंड लसै उर हार न व्याल लखै भकुए।''-बो.ग्रं., इ.ना., 63/11।

**त्रिपुटी**--तीन वस्तुओं का समूह, जैसे-ध्याता, ध्येय और ध्यान। उ.-''त्रिपुटी तजि साधि समाधि रहै तउ ग्याँन नहीं इनतैं कब ही। यहै मन आनि संदेह बिना बिनु ब्रह्म अनुग्रह ग्याँन नहीं।''-ज.ग्रं., सि.बो., 6/169।

**त्रिपुर**--तीन नगर। ये तीन नगर तारकासुर नाम के असुर के तीन पुत्रों (तारकाक्ष, कमलाक्ष, और विद्युन्माली) के थे, जिन्हें इन तीनों ने मय दानव से निर्मित कराया था। इनमें से स्वर्ण निर्मित पुर स्वर्ग में, रजतनिर्मित अंतरिक्ष में और लौहनिर्मित मर्त्यलोक में था। इन तीनों के अत्याचारों के बहुत बढ़ जाने पर देवताओं और अत्रि ऋषि ने शिव से रक्षा की प्रार्थना की। शिव ने ''अघोर'' नाम के एक ही वाण से तीनों पुरों को नष्ट कर दिया और अन्त में इन तीनों असुरों

को भी मार डाला। तभी से शिव का नाम त्रिपुरारि पड़ गया। (हिं.श.सा., पौ.को.)। उ. (1)-"तीन पुर त्रिपुर के मारे सिव तीन बान तीन पातसाही हनी एक किरवान सों।"-भू.ग्रं., प्रकी., 456/218। उ. (2)-"पुस्कर, बिंक्रम, राम, बिधि, त्रिपुर, त्रिबेणी, बेद।-क.प्रि., 11/9।

**त्रिपुरारि**--दे. त्रिपुर। तीन पुरों का नाश करने वाले। उ. (1)-"देखौ त्रिपुरारि की उदारता अपार जहाँ पैये फलचारि फूल एक दै धतूरे को।"-प.ग्रं., प्र.प., 1/237। उ. (2)-"सिव जो पै सत्रु तौ निपट कठिनाई तुम बैर त्रिपुरारि के तिलोक में न बचहौ। - भू.ग्रं. शि.भू., 303/185।

**त्रिपुरारी**--दे. त्रिपुर, त्रिपुरारि। (उ.) (1)-"या बीना के गुन त्रिपुरारी। छूटो नगर देस घर नारी।।"-बो.ग्रं., वि.वा., 3/81। उ. (2)-"बिकसि बितुंड दए झुंडन के झुंड रिपु-मुंडन की मालिका दई त्यों त्रिपुरारी को।"-प.ग्रं., जग., 699/225।

**त्रिबिक्रम**--त्रिविक्रम। विष्णु का वामन अवतार। विष्णु। विष्णु का यह नाम ऋग्वेद में भी मिलता है, जहाँ उनके तीन विशिष्ट पदों का उल्लेख है। इन तीन पदों के अर्थ भिन्न-भिन्न प्रकार से लगाये गये हैं-1. सूर्य की तीन अवस्थाएँ-उदय, मध्याह्न, अस्त। 2. दैत्यराज बलि के यज्ञान्त में दान लेने में तीन पगों में ही पृथ्वी, अंतरिक्ष और आकाश को नाप लिया था-वे तीन पग। उस समय विष्णु के क्रमशः तीन रूप थे-अग्नि, वायु और सूर्य। (पौ.को.)। उ.-"बिक्रम बिसेषियत क्रिया श्री त्रिबिक्रम की धीरज निधान है।"-वृं.ग्रं., स.स.रू., 20/264।

**त्रिबिक्रमपुर**--तिकवाँपुर (कानपुर, उ.प्र. के समीप)। रीतिकालीन कवि भूषण ने कविवंश वर्णन करते समय अपना परिचय दिया है। उ.-"द्विज कनोज कुल कस्यपी रतिनाथ को कुमार। बसत त्रिबिक्रमपुर सदा जमुना कंठ सुठार।।"-भू.ग्रं., शि.भू., 26/133।

**त्रिबिध श्लील**--तीन प्रकार का अश्लील दोष। दे. दोष। अर्थ में ब्रीडादि का होना। लज्जाजनक अर्थ का बोध होना। यह काव्यशास्त्र में अर्थदोष अथवा पददोष के अन्तर्गत आता है। सोमनाथ ने तीन प्रकार के अश्लील का वर्णन किया है-लज्जाश्लीला, अमंगलश्लील, ग्लानिशील। इन्हें उदाहरणों से स्पष्ट किया है।-सो.ग्रं. 1, र.पी.नि., 15-18/163-164। ल.-पदतें जानि परै जहाँ लाज अमंगल ग्लानि। श्लील त्रिबिध यह कबित में तजौ सबै रसखानि।।-वही, 14/163।

**त्रिबेनी**--गंगा, यमुना, और सरस्वती की धाराओं का संगम स्थान, जो प्रयाग में है। उ. (1)-"सिद्धि सुबेनी सुंदरी न्हात त्रिबेनी प्रात। मोह उदधि तैं मीन मन गहत कुबैनी ब्यात।।"-वृं.ग्रं., य.स., 508/245। उ. (2)-"जहाँ जहाँ भागति हैं बैरिबधू तेरे त्रास तहाँ मग में त्रिबेनी होति जाति है।।"-भू.ग्रं., प्रकी., 500/227।

**त्रिबेनी**--दे. त्रिबेनी। उ.-पैरै जहाँई जहाँ ब्रजबाल तहाँ तहाँ ताल में होत त्रिबेनी। प.ग्रं., जग., 13/81।

**त्रिभंग**--खड़े होने की एक मुद्रा जिसमें पैर, कमर और गरदन में कुछ टेढ़ापन रहता है। बंशी बजाते हुए श्रीकृष्ण की ऐसी मुद्रा प्रायः वर्णित होती है और उसका ध्यान भी किया जाता है। उ. (1)-"जैसे कों तैसो मिलै तबहीं जुरत सनेह। ज्यों त्रिभंग तन स्याम त्यों कुटिल कूबरी देह।।" प.ग्रं., जग., 487/183। उ. (2)-त्रिभंग कों त्रिभंगीलाल कैसे सुरझाइहैं।"-प.ग्रं., जग., 502/186।

**त्रिभंगी छंद**--1. इसके प्रत्येक चरण में मात्रा क्रम है-(।।।। ।।।। ।।।। ।।।। ।।।। S।। SS ।।S S S। ।SS) चौंतीस वर्ण होते हैं। ल.-पंच बिप्रभागनु दुगुरु, स गो नंद यो ठाउ। चरन चरन चौंतिस बरन बरन त्रिभंगी माउ।। उ.-"बरहि-बरह धीरे अमित कलनि करि नचत अहीरन संगी बहुरंगी लाल त्रिभंगी।"-भि.ग्रं. 1, छंदा, 8-9/273। 2. ल. (1) दस आठ आठ षट कल विश्राम। बिना जगन चौकल अभिराम। बत्तिस कला चरन ठहराइ। ताहि त्रिभंगी नाम बताइ।। (चार चरण प्रत्येक चरण में 32 मात्राएँ, 10+8+8+6 पर विश्राम) जगण (। ।)

रहित)। उ.-''सुंदर दुतिवारे, जंग जिताए, रबि रथ वारे, मंद करैं।''-सो.ग्रं. 1, र.पी.नी., 55-56/31-32। 32 मात्राओं के चार चरण-दस+आठ+आठ+छः। ल. (2)-दस बसु बसु संगी पुनि रसरंगी होत त्रिभंगी छंद भलो। उ.-''गोपिन को संगी, प्रभु बहुरंगी, लाल त्रिभंगी, उर धरिये।''-भि.ग्रं., छंदा., 23. 28/225-226।

**त्रिभंगी लाल**--दे. त्रिभंग। श्रीकृष्ण। उ.-''त्रिभंग कों त्रिभंगीलाल कैसे सुरझाइ हैं।।''-प.ग्रं., जग., 502/186।

**त्रिभुवनराइ**--तीनों लोकों का स्वामी। विष्णु। उ.-''क्यों कहि जाइ कहइये। त्रिभुवनराइ कन्हाइ।''-भि.ग्रं. 1, र.सा., 516/75।

**त्रिलघु**--छंदशास्त्र में वह मात्रा समूह, जिसमें तीन लघु हों। आठ गणों में नगण ऐसा एक गण है, जिसमें तीन लघु (।।।) होते हैं। ल.-मगन त्रिगुरुजुत त्रिलघुमय केसव नगन प्रमान।-क.प्रि., 3/19।

**त्रिलोकीनाथ**--तीनों लोकों के स्वामी। विष्णु। कृष्ण। उ.-''तिय मारी परिहरी तउ कृस्न त्रिलोकीनाथ।''-वृं.ग्रं., नी.स., 688/112।

**त्रिविक्रम मिश्र**--कवि जयानंद मिश्र के पुत्र कवि केशवदास ने अपने वंश वर्णन में इनका उल्लेख किया है। उ.-''भये त्रिविक्रम मिश्र तव तिनके पंडितराय।।''-क.प्रि., 9/12।

**त्रिविक्रमानंद**--औदीच्य ब्राह्मण। समय-सं. 1816 से 1876 तक। स्थान-जम्बूसर, सूरत। रचनाएँ-स्फुट। (बृ.इति. 7)।

**त्रिसंकु**--त्रिशुंक, एक प्रसिद्ध राजा जिसने सशरीर स्वर्ग जाने के लिए विश्वामित्र से सहायता ली थी। वह देवताओं द्वारा दुत्कारे जाने पर तथा विश्वामित्र द्वारा रोके जाने पर स्वर्ग और मर्त्यलोक के बीच में ही लटके रहे। उ. (1)-''कलित कलंक त्रिसंकु बंधु जालंधर को गन।''-वी.च., 2/6। उ. (2)-''सुनि हित होत सभीत ज्यों त्रिसंकु नृप की कथा।''-बो.ग्रं., वि.वा., 22/201।

**त्रिसिरा**--त्रिशिर। यह विश्रवा और वाका का पुत्र, रावण का एक भाई जो खर-दूषण के साथ दंडक वन में रहता था। इसे दानवों के राजा बाण की सहायता के लिए महादेव शंकर ने उत्पन्न किया था। इसके तीन सिर, तीन पैर, छह हाथ और नौ आँखें थीं। यह लक्ष्मण के हाथों मारा गया था। (पौ.को., हिं.श.सा.)। उ.-''औगुन अनंत खरदूषन लौं दोषवंत तुच्छ त्रिसिरा लौं जाको एकहू न जस है।''-प.ग्रं., प्र.पं., 13/239।

**त्रिसूल**--त्रिशूल। तीन प्रकार के शूल। 1. तीन पीड़ाएँ-दैहिक, दैविक, भौतिक। 2. महादेव का शस्त्र एक भवसूल आयो मेटन कों तेरे कूल तोहि तौ त्रिसूल देत बार न लगति है।''-प.ग्रं., गं.ल., 13/257।

**त्रीकमदास**--समय-18वीं शती के अंतिम भाग में। स्थान-जूनागढ़। रचनाएँ-डाकोर लीला, रुक्मिणीहरण। (वृ.इति. 7)।

**त्रीकम साहेब**--खीम साहब (दे.) के शिष्य। समय-सं. 1826 में उ.। स्थान-चित्तौड़। रचनाएँ-स्फुट। (बृ.इति. 7)।

**त्रेता**--चार युगों में से दूसरा युग जो 129600 वर्ष का होता है। इसका आरम्भ कार्तिक शुक्ल नवमी को हुआ। इसमें पुण्य के तीन पाद और पाप का एक पाद होता है। दाशरथी राम और परशुराम इसी युग में हुए थे। उ.-''सतयुग द्वापर और त्रेता कलियुग मधि आदि भयो नाहिं भूप तिन हुते ए धरी।''-भू.ग्रं., प्रकी., 471/221।

# थ

**थाई**--स्थायी। स्थायी भाव। भाव का एक प्रकार जो मन में बना रहता है और परिपाक होने पर रसावस्था में परिणत होता है। ल. (1)-रति हाँसी अरु सोक पुनि क्रोध उठाह सुजान। भय निंदा विस्मय सदा, थाई भाव प्रमान।।-र.प्रि., 6/9। ल. (2)-एक एक प्रतिरसन में उपजै हिये विकार। ताको थाई नाम है बरनत बुद्धि उदार।।-भि.ग्रं. 1, र.सा., 12/4। ल. (3)-विना नियम सब रसनि में

अपजै थाई ठाउ। चर बिभिचारी कहत हैं अरु संचारी नाउ।।-भि.ग्रं. 1, र.सा., 483/70। वही, 546/81।

**थाई भाव**—दे. थाई। भिखारीदास ने शृंगार, हास्य, करुण, वीर, रौद्र, भयानक, वीभत्य, अद्‌भुत, रसों का उल्लेख किया है, उनका अन्य रसावयवों से सम्बन्ध भी बताया है-शृंगार-प्रीति, हास्य-हास, करुण-शोक, वीर-उल्लास, रौद्र-रोष (क्रोध), भयानक-भय, वीभत्स-घृणा, अद्‌भुत-विस्मय। किन्तु जिन हृदयों में प्रीति, शोक, हास आदि से द्रावण नहीं होता उन्हें पाषाण कहते हैं। वे सहृदय नहीं हैं। रसावयवों के कारण-कार्य के सम्वन्ध में भिखारीदास का कथन है-तातों थाई भाव कों, रस को बीज गनाउ। कारन जानि विभाव अरु, कारज है अनुभाउ।। बिभिचारी तैंतीस ये, जहाँ तहँ होत सहाइ। क्रम तें रंचक अधिक अति, प्रगट करैं थिर भाइ।।-भि.ग्रं. 2, का.नि., 2-9/26-27।

**थाई भाव**—दे. थाई (भाव), स्थाई भाव। स्थायी भाव। ल. (1)-रस अनुकूल बिकार जो उर उपजत है आय। थाई भाव बखानहीं तिनहीं कों कबिराय।। है सब भावन में सिरै टरत न कोटि उपाव। ह्वै परिपूरन होत रस तेई थाई भाव।। रति इक हास जु सोक पुनि बहुरि क्रोध उतसाह। भय गिलानि आचरज निरबेद कहत कविनाह।। नवरस के नौऊँ इते थाई भाव प्रमान। तिनके लक्षन लक्षि सव या विधि कहत सुजान।।-प.ग्रं., जग., 576-579/201। ल. (2)-एक एक प्रतिरसन में उपजै हिये विकार। ताको थाई नाम है, बरनत बुद्धि उदार।।-भि.ग्रं. 1, र.सा., 12/4।

**थानकवि**—स्थान-डौंड़ियाखेरे (रायवरेली)। पिता-निहाल राय। आश्रयदाता-चँड़रा (वैसवारा) के रईस दलेलसिंह। रचनाएँ-दलेल प्रकाश (रचनाकाल सं. 1848)। विव.-अलंकार, गुण-दोष, रस आदि का लक्षण ग्रंथ (इति.शुक्ल)।

# द

**दंड**—राज्य चलाने के लिए शास्त्रों द्वारा निर्दिष्ट चार नीतियों में से एक। भारतीय स्मृति ग्रंथों में दंड की तीन श्रेणियाँ मानी गई हैं 1. उत्तम साहस (जैसे-वध, देशनिकाला, सर्वस्वहरण आदि)। 2. मध्यम साहस, और 3. प्रथम साहस। इस नीति का कार्य है-1. अलब्धलाभार्था (जो नहीं प्राप्त है, उसे प्राप्त कराना), 2. लब्धस्य परिरक्षिणी-(जो प्राप्त है, उसकी रक्षा करना), 3. रक्षितस्य विवर्धिनी (जो रक्षित है, उसकी वृद्धि करना)। यह दण्ड ही राजा तथा शासन है, क्योंकि इसके बिना अराजकता फैल जायगी किन्तु इसके लिए विवेक, अपराध की ठीक नाप-तौल कर दण्ड का विधान आवश्यक है। इसीलिए इसकी तीन श्रेणियाँ बनाई गई हैं। (पौ. को., हिं.श.सा.)। उ.-''तुम सदा साम दाम दंड भेद न्याव करौ चारो वेद हमहूँ सुनावत समाना हैं।''-प. ग्रं., प्रकी., 32/311।

**दंडक**—दंडकारण्य। वह प्राचीन वन जो विंध्य पर्वत से लेकर गोदावरी के किनारे तक फैला था। इसी वन में श्रीराम ने सीता और लक्ष्मण के साथ निवास किया था, लक्ष्मण ने शूर्पणखा की नाक काटी थी, खर-दूषण का वध हुआ था। उ.-''दंडक मंडल मैं रहैं मुनि धरि हरि सौं हेत।''-वृं.ग्रं., य.स., 97/213।

**दंडक**—जिन छंदों में 26 से अधिक वर्ण होते हैं, उन्हें दंडक कहते हैं। ल.-छब्विस सों वढि बर्न जो, दंडक बर्न बिसेषि।-भि.ग्रं., छंदा 1/233। (टि.-यह दो प्रकार का बताया जाता है-1. गणात्मक, जिसमें गणों का बंधन होता है, गणों का क्रम निश्चित होता है, जैसे कुसुमस्तक, त्रिभंगी आदि। 2. मुक्तक, जिसमें गणों का नियम नहीं होता। कहीं-कहीं केवल लघु-गुरु का नियम रहता है, अथवा केवल वर्णों की गणना होती है, जैसे-हिंदी में मनहर और घनाक्षरी।) दे. दंडक छंद।

**दंडक छंद**—ल. (1)-लघु गुरु अच्छर चरन मैं जहाँ होइ वत्तीस। सो दंडक पहिचानियै, बरनत

हैं कवि ईस।। (चार चरण, प्रत्येक में लघु-गुरु के क्रम से 32 वर्ण होते हैं)। उ.-''गई अजान कुंज मैं सुने अलिंद गुंज मैं, लियें प्रसून पुंज मैं कि सीस कौं सिंगारियै।।''-सो.ग्रं. 1, र.पी.नि., 48-49/39-40। ल. (2)-क्रमहीं लघु-गुरु देइ पद वतिस अक्षर जानि। यह *अनंगशेखर* सदा, दंडक छंद बखानि।। उ.-''जहाँ जहाँ बिराम लेत रामजू तहाँ तहाँ अनेक भाँति के अनेक भोग भाग सो बढ़ैं।।''-छं.मा., 1/78।

**दंडकला छंद**—मात्रिक छंद है। दस, आठ चौदह मात्राओं के योग (32) के चार चरणों से यह छंद बनता है। चरणांत में सगण होना चाहिए। ल.-दस बसु करि यों ही चौदह त्यों ही अन्त सगन है दंडकलो। उ.-''नभ तें सुर चाहैं भागु सराहैं फिरि फिरि दंडक लोगन की।''-भि.ग्रं. 1, छंदा., 23, 27/225-226।

**दंडो**—चार।-भि.ग्रं. 1, छंदा., 232/211।

**दंतछत**—दंतक्षत। कामशास्त्र के अनुसार कामकेलि में नायक नायिका द्वारा प्रेमोन्माद में एक दूसरे के अधरऔर कपोल पर लगा हुआ दाँत काटने का चिह्न। उ.-''प्रभा तरौना लाल की परी कपोलन आनि। कहा छपावत चतुर तिय कंत दंतछत जानि।।''-र.रा., 297/269।

**दंतछ्छत**—दे. दंतछत। उ.-''दंतछ्छत तुव अधर पर पिय मेरें तन पीर।''-जस.ग्रं., दोवा, 22/75।

**दंपति-वाक्य-विलास**—रचयिता-गुपाल कवि (दे.)। विव.-पति-पत्नी के संवादरूप में लिखित। (बृ.इति. 7)।

**दक्ष**—दे. दच्छिन, दक्षिन, दक्षि। ल. (1)-अनुकूल दछ सठ धृष्ट पुनि चौविधि ताहि बखानि।-र.प्रि., 2/2।

**दक्षि**—दे. दच्छिन, दक्ष, दक्षिन। उ.-''दक्षिन पवन दक्षि जक्षिनी रमन लगि।''-क.प्रि., 13/26।

**दक्षिन**—दे. दच्छिन, दक्षि, दक्ष। ल. (1)-बहुनारी सों प्रीति सम ताकों दक्षिन जानि।-जस.ग्रं., भा. भू., 6/6। ल. (2)-जु वहु तियन कों सुखद सम सों दक्षिन गुनखानि। प.ग्रं., जग., 288/143। ल. (3)-जाके अनेक बनितान मैं सम सो दक्षिन जानि।।-शृं.मं., चिंता., 448/133। ल. (3)-दक्षिन सील समान।-भि.ग्रं. 1, र.सा., 167/25। ल. (4)-बहु नारिन को रसिक पै सब सों प्रीति समान। बचन क्रिया में अति चतुर दक्षिन लक्षन जान।।-भि. ग्रं. 1, शृं.नि., 16/91।

**दच्छिन**—दक्षिण नायक। नायक-नायिका भेद में चार नायकों में से एक। काव्य या नाटक में वह नायक जिसका अनुराग अपनी सव नायिकाओं पर समान हो। ल. (1)-एक भाँति सब तियन सों जाको होय सनेह। सो दच्छिन मतिराम कहि वरनत हैं मति गेह।।-मति., र.रा., 247/257। ल. (2)-चारि भाँति सों बरनिये प्रथम कहत अनुकूल। दच्छिन गन सठ धृष्ट पुनि रस सिंगार को मूल।।-मति., र. रा., 243/257। ल. (3)-पहिलौ सो हिय हेतु डर सहज बड़ाई कानि। चित्त चलेहूँ ना चले दच्छिन लच्छन जानि।।-र.प्रि., 2/7। केशव ने दक्षिण नायक के प्रच्छन्न और प्रकाश नाम के दो भेद किये हैं। वही, 2/8-10। ल. (4)-बहु नारी सों नेह सम सो दच्छिन पहिचानि।।-सो.ग्रं. 1, र.पी.नि., 9/113। ल.उ. (5)-दच्छिन नायक एक तुम मनमोहन ब्रजचंद। फुलए ब्रजबनितान के दृग इंदीवर बृंद।।-मति., र.रा., 249/258। दे. दक्षिन, दक्ष, दक्षि।

**दतिया**—मध्यप्रदेश का एक प्राचीन राज्य। उ.-''दतिया सु प्रथम दवा दई, खंडी सु मनमानी लई।''-प.ग्रं., हि.ब.बि., 16/6।

**दत्त**—समय-सं. 1836 में उप., स्थान-माढ़ी (कानपुर)। आश्रयदाता-महाराजा खुमानसिंह (चटखारी)। रचनाएँ-लालित्यलता। (इति.शुक्ल)।

**दधीच**—दे. दधीचि। उ.-''जीव महीपति हाड़न हीं महँ जोति दधीचि के हाड़न ही में।''-मति , ल.ल., 147/324।

**दम**—एक प्रकार का हथियार। उ.-गुरदा बगुरदा छुरी जमधर दम तमंचे कटि कसे।-प.ग्रं., हि.ब.बि., 112/16।

**दमनक छंद**—वारह मात्राओं का छंद है। इसमें चारों चरणों में मात्राओं का क्रम विपम है।

ल.-दस लहु गुरु दमनक हो। उ.-''विषधर धर परम प्रिया। जगतजननि सदय हिया। जय जय जनदरदहरी। प्रबल दनुज दमनकरी।।''-भि..ग्रं. 1, छदा.. 89/190।

**दमयंती**--विदर्भ राज भीम की कन्या जो हंस द्वारा गुण-श्रवण करके नैपधराज नल पर अनुरक्त हो गई थी। उसने स्वयंवर में देवताओं तथा अन्य राजाओं को छोड़कर नल को ही जयमाला पहनायी। फलतः कुपित होकर कलि ने उन्हें कष्ट दिए। नल हत राज्य छोड़कर दमयंती के साथ वन-वन भटकने लगे। एक वार निद्रितावस्था में दमयंती की आधी साड़ी फाड़ कर नल ने स्वयं लपेट ली और उसे छोड़ कर चले गये। दमयंती अनेक कष्ट सहती हुई सुबाहु नगर पहुँची जहाँ राजभवन में सैरन्ध्री का कार्य करने लगी। वहाँ से उनके पिता के व्यक्ति ढूँढ़ कर उसे ले गए। वहाँ जाकर उसने स्वयंवर का मिथ्या समाचार भेज कर नल को बड़े सुन्दर उपाय से वुलवाया और उन्हें पहचान लिया। उ. (1)-''दमयंती सीतादि त्रिय सुंदर रूप विचारि।''-क.प्रि., 6/41। उ. (2)-''को है दमयंती इंदुमती रसिक रातिदिन।''-रा., 6/59। उ. (3)-''दमयंती राजा नल वरे। देव अदेव सबै परिहरे।''-वी.च., 1/38।

**दमामे**--नगाड़ा। उ.-''दूल्हो सिवाजी भयो दच्छिन दमामेवारो दिल्ली, दुलहिन भई सहर सितारे की।''-भू.ग्रं., प्रकी., 449/216।

**दधीचि**--दे. दधीच। इनके माता-पिता के सम्बन्ध में कई मत हैं-1. अथर्व की पत्नी चिति के गर्भ से उत्पन्न, 2. कर्दम ऋषि की कन्या के गर्भ से अथर्वा के पुत्र, 3. शुक्राचार्य के पुत्र। इन्द्र ने इन्हें पधु विद्या की शिक्षा देकर कहा था कि यदि इसका उपदेश उन्होंने किसी को किया तो इनका सिर काट लेंगे। अश्विनीकुमारों ने इनका सिर अलग कर घोड़े का सिर लगाकर वह विद्या ग्रहण की। इंद्र ने घोड़े का सिर अलग कर दिया। अश्विनीकुमारों ने पुनः पहले का सिर लगा दिया। इनकी कठोर तपस्या से भयभीत होकर इंद्र ने अलंबुषा नाम की अप्सरा भेजी जिसे देखकर इनका वीर्य स्खलित हुआ और उससे सारस्वत नाम का पुत्र हुआ। इनसे सम्बन्धित तीसरी कथा इनकी महान् दानशीलता प्रकाशित करती है, जिसमें इन्होंने अपने पुराने शत्रु इन्द्र की याचना पर, वृत्रासुर के वध के लिए, अपनी हड्डियाँ दान कर दी थीं, जिससे वज्र बना और उससे वृत्रासुर का वध इन्द्र ने किया [illegible] ह दधीच ने लोकहित के लिए अपना शरीर [illegible] किया। उ.-''केसवदास दधीचि पृथु बलि सिबि भीष्म कर्न।''-क.प्रि., 6/63। दे. दधीच।

**दयाराम**--जन्म-सं. 1833। पिता-प्रभुराम। माता-राजकौर या महालक्ष्मी। रचनाएँ-अनुभव मंजरी, रसिक रंजन, दयाराम सतसैया, वस्तु-वृंददीपिका, श्रीकृष्णस्तवनामृत, श्रीमद्भागवतानु-क्रमणिका। (बृ.इति. 7)।

**दयाराम सतसैया**--रचयिता-दयाराम (दे.)। विव.-इसमें मंगलाचरण, प्रेमवर्णन, नायिकावर्णन, रूपवर्णन, भक्तिप्रकरण आदि वर्णित हैं। (बृ. इति., 7)।

**दयाल**--समय-सं. 1889। रचना- चंडीचरित्र। विव.-महाकाली चंडी के युद्धों का वीररसात्मक वर्णन। (बृ.इति., 7)।

**दयालनाथ**--आरंभिक नाम हरि। जन्म-सं. 1845। जन्मस्थान-मूर्तिजापुर (विदर्भ)। गुरु-देवनाथ। निवासस्थान-सुर्जी अंजनगाँव। रचनाएँ-कृष्णलीला, गणपति, शंकर, विठोबा, आदि से सम्बन्धित स्फुट रचनाएँ। (बृ.इति. 7)।

**दयावीर**--दया करने में उत्साही। वह जो दया करने में, दूसरों का दुःख दूर करने में अपने प्राण तक दे सकता हो। प्रमुख चार प्रकार के वीरों में से एक। ल.-दयाबीर में दीनदुख देखब आदि बिभाव। दूरि करव दुख मृदु कहव इत्यादिक अनुभाव।। सुधृति चपलता औरहू तिहिं संचारी भाव। दयाबीर बरनत सवै यहि विधि तहँ कविराव।।-प.ग्रं., जग., 693-694/225।

**दयाल मंजरी** -- रचयिता - बालकृष्ण ''बालअलीं'' (दे.)। (बृ.इति. 7)।

**दरसन**--हिंदी काव्य में नायक-नायिका का

परस्पर दर्शन देखना चार प्रकार का माना गया है-प्रत्यक्ष, चित्र, स्वप्न और श्रवण। ल. (1)-दरसन आलंबनहि में कवि मतिराम सुजान। सवन स्वप्न अरु चित्र त्यों पुनि प्रत्यच्छ बखान।।-मति., र.रा., 275/264। ल. (2)-दरसन चारि प्रकार को सौं तुख सपनों चित्र। श्रवन सहित लक्षन प्रगट उदाहरन सुनि मित्र।-भि.ग्रं. 1, र.सा., 194/28। ल. (3)-ये दोऊ दरसैं दरस होहिं सकाम सरीर। दरसन चारि प्रकार को बनरत हैं कवि धीर।। एक जु नीकै देखियै दूजै दरसन चित्र। तीजे सपने देखियै चौथे श्रवननि मित्र।।-र.प्रि., 4/1-2। ल. (4)-वरनत आलंबनहि में दरसन चार प्रकारि। श्रवन चित्र सुभ स्वप्न में पुनि परतच्छ निहारि।।-प.ग्रं., जग., 325/150 ल. (5)-इन चारिहु दरसनन के लच्छन नाम प्रमान।-वही, 326/150। ल. (6)-चौविधि दरसन सकल कबि बरनत हैं हित ठानि। श्रवन चित्र अरु सुपन पुनि साक्षात् पहिचानि।।-सो.ग्रं., र.पी.नि., 41/119।

**दरसन**--दर्शन। शास्त्र जो जीवात्मा, परमात्मा, माया, जगत्, ज्ञान, अज्ञान आदि का विचार करता है। तत्वज्ञान का शास्त्र जिसमें कार्य-कारण सम्बन्ध से तार्किक आधार पर उपर्युक्त तत्वों का विचार होता है। उ.-''दरसन ही को दरसन उर आनियै।''-क.प्रि., 1/3।

**दरसन**--साक्षात्कार। उ. (1)-''दरसन देत जिनि दरसन समझें न।''-र.प्रि., 6/72। उ. (2)-''जौ क्यौहूँ चितवै यह दया बात कहै तौ बड़ियै मया। दरसन दीबोई अतिदान। हँसि हेरे तौ बंड़ सनमान।।''-वी.च., 29/39।

**दरसन अनुतापिता**--ल.-पिय को पेषति रहति, परि, पावति, नहि संभोग। सो दरसन अनुतापिया, बरनत सब कवि लोग।।-शृं.मं., चिंता., 194/57।

**दरियाई**--तलवार विशेष। उ.-''दिपती दरियाई दोनौं घाइ भटनि चलाई अति उमही।''-प.ग्रं., हि. व.वि., 196/28।

**दरियादास**--जन्म-सं. 1791। मृत्यु. सं. 1837। दोनों के विषय में विवाद है। स्थान-धरकन्धाव, साहाबाद (बिहार)। रचनाएँ-दरियासागर, अग्रज्ञान, अमरसार, भक्तिहेतु, ब्रह्मचैतन्य, ब्रह्मविवेक, दरियानामा, गणेश गोष्ठी, ज्ञानदीपक, ज्ञानमूल, ज्ञानरत्न, कालचरित्र, मूर्तिउखाड़, निर्भयज्ञान, प्रेममूल, शब्द या बीजक, सहसरानी, ज्ञानस्वरोदय, विवेकसागर, यज्ञसमाधि। (बृ.इति. 7)।

**दरियासागर**--रचयिता-दरियादास (दे.)। विव.-शब्द और नाम की महिमा, मूर्तिपूजा, जातिवाद का खण्ड्न आदि। (बृ.इति. 7)।

**दर्याई**--दरियाई घोड़ा। गैंडे की तरह का मोटी खाल का एक जानवर, जो अफ्रीका में नदियों के किनारे की दलदलों और झाड़ियों में रहता है। मिस्र में नील नदी के किनारे इसकी अधिकता थी। यह मांसाहारी नहीं होता। शरीर बेढंगा और रोमरहित होता है। (हिं.श.सा.)। उ.-''तहाँ देखिये दीह घोड़े दर्याई।''-प.ग्रं., प्र.वि., 42/280।

**दर्शनशतक**--रचयिता-पं. उमापति त्रिपाठी। (दे.)। (बृ.इति. 7)।

**दर्शनभेद**--दे. दरसन (नायक-नायिका भेद)। नायक-नायिका के परस्पर दर्शन के भेद। इसके चार प्रकार हैं-श्रवण, स्वप्न, चित्र, प्रत्यक्ष। ल.-दरसन आलँबनहिं में करबी आनंद केलि। सो नीके दिन लागिहैं उर सोने की बेलि।।-मति., र.रा., 275/264।

**दलकुंड**--दक्षिण का देश, दभोल। उ.-''चालकुंड दलकुंड गोलकुंडा संका उर।''-भू.ग्रं., प्रकी., 435/213।

**दलपति**--वृंद रचित सत्य सरूप रूपक काव्य का एक योद्धा। उ.-''दलपति दलपति दूसरो बुंदेला वल बंड।''-वृं.ग्रं., स.स.रू., 43/266।

**दलपति राय (महाजन)**--दे. बंशीधर। समय-सं. 1885 में उप.। स्थान-अहमदाबाद (गुजरात)। आश्रयदाता-महाराणा जगतसिंह। रचनाएँ -अलंकार- रत्नाकर (इति.शुक्ल, बृ.इति. 6)।

**दलपति विजय**--स्थितिकाल-सं. 1790 के आसपास। रचनाएँ-खुमाणरासो (रचनाकाल-सं. 1790 के आसपास)। विव.-खुम्माणवंश का परिचय। (बृ.इति. 7)।

**दलेल प्रकाश**—रचयिता-थानकवि (दे.)। विव.-रस, भाव-भेद, गणविचार आदि। (इति. शुक्ल)।

**दवागनि**—दावाग्नि। वन में वृक्षों के घर्षण आदि से लगने वाली आग। उ.-''कहा दवागनि के पिये कहा धरे गिरि धीर।''-मति., ल.ल., 67/310।

**दश दशानाम कथन**—वियोग की दस दशाएँ। ये हैं-अभिलाषा, चिंता, गुणकथन, स्मृति, उद्वेग, प्रलाप, उन्माद, व्याधि, जड़ता, मरण। ल. (1)-अभिलाष सु चिंता गुनकथन स्मृति उद्वेग प्रलापु। उन्माद व्याधि जड़ता भएँ होतु मरन पुनि आपु।।-र.प्रि., 8/9। ल. (2)-अबिलोकनि आलाप तें मिलिबे कौं अकुलाहि। होत दशा दस बिनु मिले केसव क्यों कहि जाहिं।-र.प्रि., 8/8।

**दशम स्कंध कवितावली**—रचयिता-रत्नहरि (दे.)। (बृ.इति. 7)।

**दशम स्कंध भाषा**—रचयिता-बारह नरहरिदास (दे.)। (बृ.इति. 7)।

**दशमुख**—लंका का राजा रावण जिसका एक नाम दशमुख भी था। उ. (1)-''साँकरे की साँकरनि सवमुख होत तोरै दसमुख मुख जोवैं गजमुखे मुख को।''-रा., 1/1। उ. (2)-''दसमुख मुख जीवै गजमुख मुख को। -क.प्रि., 6/66। उ. (3)-''तृन विच देइ बोली सीय गंभीर बानी। दसमुख सठ को तू कौन की राजधानी।''-रा., 13/61।

**दशरथ**—स्थितिकाल-सं. 1856। रचनाएँ-वृत्त विचार (रचनाकाल सं. 1856)। विव.-लघु-गुरु, मात्रिक-वर्णिक छंद, गण आदि का वर्गीकरण, कुछ नवीन छंद की रचना-प्राचीन के आधार पर। आधार-पैंगलम्। (बृ.इति. 6)।

**दशरथ राय**—रचयिता-सुखदेव मिश्र (दे.)। (इति.शुक्ल)।

**दशविध-नायिका**—अवस्थानुसार नायिका के भेदों की संख्या दस है। ये हैं-प्रोषितपतिका, खंडिता, कलहांतरिता, विप्रलब्धा, उत्कंठिता (उत्का.), वासकसज्जा, स्वाधीनपतिका, अभिसारिका, प्रवत्स्यत्पतिका, आगतपतिका। ल.-प्रोषितपतिका खंडिता कलहंतरिता होइ। विप्रलब्ध उत्का बहुरि बासकसज्जा जोइ।। स्वाधीन हु पतिका कहत अभिसारिका बखानि। प्रगट प्रबत्सितप्रेयसी आगतपतिका जानि।। ये सब दस बिधि नाइका कबिन कही निरधारि। तिनके लच्छन लक्ष्य सब क्रम तें कहत बिचारि।।-प.ग्रं., जग., 142-144/109-110।

**दस अवतार**—भगवान् विष्णु के दस अवतार मत्स्य, कच्छप, वराह, नरसिंह, वामन, परशुराम, राम, कृष्ण, बुद्ध और कल्कि। उ.-''रावनसिर, श्रीराम के दस अवतार बखानि। विस्वेदेवा, दोष दस, दिसा, दसा दस जानि।।''-क.प्रि., 11/21।

**दसकंध**—दशस्कंध। रावण। उ.-''राम दसकंध पर भीम जरासंध पर भूषन ज्यों सिंधु पर कुंभज विसेखिए।''-भू.ग्रं., प्रकी., 408/206।

**दसकंधर**—दशस्कंध। रावण। उ.-''जुध्ध बिरुध्धित उध्धत क्रध्धित बीर बली दसकंधर धावै।''-भि.ग्रं., र.सा., 469/67।

**दसद्वार**—शरीर के दस द्वार जिनकी गणना इस प्रकार की जाती है-1 मुख+2 नासिका+2 आँख+2 कान+1 मलद्वार+1 मूत्र द्वार+1 ब्रह्मद्वार या ब्रह्मरन्ध्र। उ.-''दिसि दस द्वार खुले नव तिनमें है इक बंद बनाय।''-प.ग्रं., क.प., 26/299।

**दसम द्वार**—ब्रह्मरंध्र, ब्रह्मद्वार। उ.-''दसम द्वारजो वंद परो है ताहि खोलजो जाय।''-प.ग्रं., क.प., 26/299।

**दसमाथ**—रावण। उ.-''राव उमराव राना देस देसपति भागे तजि तजि गढ़न गढ़ोई दसमाथ से।''-भू.ग्रं., प्रकी., 531/235।

**दसमुख**—दे. दशमुख। उ.-''ज्यों दसमुख अपराध तैं वंधन लह्यो जलंस।''-वृ.ग्रं., नी.स., 160/71।

**दसरत्थ**—दशरथ। दे. दसरथ। उ.-''को अस दीनदयाल भयो दसरत्थ के लाल से सूधे सुभायन।''-प.ग्रं., प्र.प., 46/247।

**दसरत्थकुमार**—रामचन्द्र। उ.-''त्यों पद्माकर पेखनिया अजहूँ न भजै दसरत्थकुमार सी।''-प.ग्रं., प्र.प., 45/247।

**दसरत्थदुलारे**—दशरथ के प्रिय पुत्र राम। उ.-"कौन के आसरे आस तजौं सुधि लेत न क्यों दसरत्थ दुलारे।"-प.ग्रं., प्र.प., 41/247।

**दसरथ**—अयोध्या के इक्ष्वाकुवंशीय राजा दशरथ जो इन्दुमती के गर्भ से उत्पन्न महाराज अज के पुत्र थे। पूर्व जन्म में यह स्वायंभुव मनु थे। देवताओं की ओर से युद्ध कर इन्होंने कई बार असुरों को पराजित किया था। राम, लक्ष्मण, भरत, शत्रुघ्न इनके चार पुत्र थे और कौशल्यां, सुमित्रा और कैकेयी इनकी तीन-तीन रानियाँ थीं। ब्रह्माण्ड पुराण के अनुसार निस्संतान होने के कारण त्रिपुरा सुन्दरी की उपासना की और सात दिनों तक कांची में कामाक्षी की उपासना के पश्चात् इन्हें चार पुत्र प्राप्त हुए। एक बार मृगया के समय धोखे से इन्होंने अंधे माता-पिता के सेवक, भक्त, प्रिय पुत्र श्रवण कुमार को मार डाला था, जिससे उन्हें उसके माता-पिता से पुत्रवियोग में मरने का शाप मिला था। यह शाप तब घटित हुआ जब कैकेयी को दिए गए वचन को पूरा करने में उन्होंने राम को वनवास दिया था। (पौ.को.)। उ. (1)-"असुभ कहत सोइ होत सुभ सज्जन बचन अनूप। सुवन पिता दिय दसरथहि स्राप भयो बर रूप।।"-वृं.ग्रं., नी.स., 73/64। उ. (2)-"ओछी मति युबतीन की कहैं बिवेक भुलाय। दसरथ रानी के बचन बन पठये रघुराय।।-वही, 675/111। उ. (3)-"दसरथ राजा राम के भौ बसुदेव को गुपाल। सोई प्रगट्यौ साहि के श्रीसिवराज भुआल।।"-भू.ग्रं., शि.भू., 11/130। उ. (4)-"राम भरथ मुख मरन सुनि दसरथ को वन माह। महि परि भे रोवत उचरि हा पितु हा नरनाह।"-प.ग्रं., जग., 679/222।

**दसरथ्थ**—दे. दसरथ। उ. (1)-"सुत के पयान दसरथ्थहिं तजे जो प्रान बाढ्यो सोकसिंधु सो कहां लौं अवगाहिये।"-प.ग्रं., जग., 678/222, 695/225। उ. (2)-"यों समरथ्थतनै दसरथ्थ को सोई करै जो कछू मम भावै।"-प.ग्रं., प्र.प., 7/238।

**दसरथनंद**—दशरथ के बड़े पुत्र श्रीरामचन्द्र। उ. (1)-"आनँद के कंद जग ज्यावत जगत बृंद दसरथनंद के निबाहेई निबहिये।"-प.ग्रं., प्र.प., 6/238, 16/240। उ. (2)-"तजे न अब लौं विषय विष भजे न दसरथनंद।।"-वही, जग., 478/128।

**दसरथ लाल**—श्रीरामचंद्र। उ.-"अधर चव्ब गरु गव्ब अति चहि राव को काल। दृग कराल मुख लाल करि दौरै दसरथलाल।"-प.ग्रं., जग., 684/223, 590/203।

**दसरथ-सुत**—श्रीरामचंद्र। उ.-"दसरथ सुत किन तार है जो तिहि पथ रत होइ।"-वृं.ग्रं., प. स., 695/260।

**दससीस**—रावण। उ.-"हने राम दससीस के दसौ सीस भुज बीस।"-प.ग्रं., जग. 553/196।

**दसहू अवतार**—दे. दस अवतार। उ.-"याके चरित्र औ चातुरई चितचेत चितै चतुरानन हारो। त्यों पदमाकर स्वाँग सबै दसहू अवतार के लावनहारो।"-प.ग्रं., प्रकी., 56/318।

**दसा**—1. दे. दश दशानाम। ल.-अबिलोकनि आलाप तें मिलिबे कौं अकुलाहिं। होत दस दस बिनु मिलें "केसव" क्यों कहि जाहिं।-र.प्रि., 8/8। 2. दशा, स्थिति, अवस्था। जीवन की दस दशाएँ-गर्भवास, जन्म, बाल्य, कौमार, पौगंड, यौवन, स्थाविर्य, जरा, प्राणरोध और नाश। (हिं.श.सा.)। उ.-"रावन-सिर, श्रीराम के दस अवतार बखानि। बिस्वेदेवा, दोष दस, दिसा, दसा दस जानि।।"-क.प्रि., 11/21।

**दसानन**—दे. दसकंध, दसमाथ। उ.-"संका दै दसानन कों हंका दै सु बंका बीर उंका दै विजै को कपि कूदि परे लंका में।।"-प.ग्रं., जग., 690/224। 551/196।

**दसास्यबंस**—रावण का राक्षस वंश। उ.-"राम ह्वै दसास्यबंस कान्ह ह्वै सँघार्‌यो कंस बौध ह्वै कै कीनो जिन स्रावक-प्रकास है।"-भि.ग्रं. 1, शृं.नि., 2/89।

**दसैसिर**—दे. दसमाथ, दसकंध। उ.-"आपु दसैसिर-सत्रु हन्यो यह सै-सिर दारिद को बधिको है।"-भि.ग्रं. 2, का.नि., 40/251।

**दस्ताने**—हथेलियों, पंजों की सुरक्षा के लिए पहना जाने वाला आवरण। उ.-"पहिरे दस्ताने भौंहन ताने भट बिरझाने चाइ चढ़े।"-प.ग्रं., प्र.

वि., 87/286।

**दाउद खाँ**–दाऊद खाँ। मुगल सम्राट् औरंगजेब का एक सेनापति जो मिर्जा राजा जयसिंह के साथ शिवाजी पर नियंत्रण के लिए भेजा गया था। इसने उत्तराधिकार के युद्ध में वहादुरशाह का साथ दिया था। इसे सात हजार का मनसब देकर दक्षिण में जुल्फिकार खाँ का नायब नियुक्त किया था। उ.-''साइत खाँ अरु दाउद खाँ पुनि हारि दिलेर महम्मद डूवा।''-भू.ग्रं., प्रकी.. 464/219।

**दाऊ**–दे. बलदाऊ, बलराम। कृष्ण के बड़े भाई। उ.-''दाऊ न नंद बबा न जसोमति न्यौतेगए कहूँ लै सँग भारी। हौं हूँ इकै पद्माकर पौरि में सूनी परी बखरी निसि कारी।।''-प.ग्रं., जग., 311/147।

**दाऊद जईफी**–स्थितिकाल-सं. 1752। स्थान-गोलकुण्डा। रचनाएँ-हिदायत हिन्दी, इश्के सादिक। (बृ.इति. 7)।

**दातार बावनी**–रचयिता-बाँकीदास (दे.)। (वृ.इति. 7)।

**दान**–धर्म के भाव से सुपात्र को दिया गया धन, वस्तु, भूमि आदि। स्मृतियों में दान लेने वाले पात्र पर विशेष विचार है और कहा गया है कि इसका पात्र ब्राह्मण है, किन्तु उसे भी वैदिक, शम-दमादि से युक्त आत्मज्ञानी होना चाहिए। यज्ञ-यागादि श्राद्धादि के बाद इसका विधान है। दाता में भी श्रद्धा और निस्पृहता आवश्यक मानी गई है। नित्य और नैमितिक। विकलांग को दान का निषेध है, किंतु दीनदुःखी क्षुधार्त, रोगग्रस्त आदि को जो दान दिया जाता है, वह भूत दया अथवा दीनरक्षण है। पर्वों, उत्सवों आदि पर भी दान का निर्देश मिलता है। (हिं.श.सा., हिं.ध.को.)। उ.-''बिन जप जज्ञ दान तीछन तपस्या ध्यान चाहत हौ जो पै तिहू लोक में महाउदोत।।''-प.ग्रं., गं. ल., 30/264।

**दान**–कर, महसूल, चुंगी। उ.-''दधि धृत घटबारीन पै माँगत दान मुरार। घटबारे कौं देत है घटवारी घट बार।।''-वृं.ग्रं., य.स., 577/251।

**दान**–नायक-नायिका भेद के अन्तर्गत मानमोचन के लिए साम, दाम और भेद नामक तीन उपायों में से दूसरा, किंतु दान यदि लोभ वश लिया गया हो तो वहाँ नायिका वेश्या होगी। ल.-केसव कौनहुँ ब्याज मिस दै जु छुटावै मान। बचन-रचन मोहे मनहिं तासौं कहियै दान।। जहाँ लोभ तें दान लै छाँड़ै मानिनि मान। बारबधू के लच्छनहि पावैं तथाहि प्रमान।।-र.प्रि., 10/6-7।

**दानबीर**–दानवीर। दान देने में साहसी पुरुप। साहित्य में वीर रस के अन्तर्गत चार प्रकार के वीरों में से एक जिसका त्याग के विषय में स्थायी भाव उत्साह, आलंबन याचक, उद्दीपन अध्यवसाय। तीर्थगमन आदि, दान का विशेष अवसर, ज्ञान आदि तथा संचारी हर्ष, धृति आदि हैं। दे. दानवीर। ल.-दान समय को ज्ञान पुनि जाचक तीरथ गौन। दानबीर के कहत हैं ये बिभाव मतिमौन।। तृनसमान लेखब सुधन इत्यादिक अनुभाव। ब्रीड़ा हरषादिक गनौ तिहिं संचारी भाव।।-प.ग्रं., जग., 697-698/225। उ.-''संपति सुमेर की कुवेर की जु पावै ताहि तुरत लुटावतबिलंब उर धारै ना। कहै पदमाकर सु हेममय हथ्थिन के हलके हजारन के बितर बिचारै ना।।''-प.ग्रं., जग., 700/226।

**दानलीला**–रचयिता-रामसखे (दे.)। (बृ. इति. 7)।

**दानवीर**–दे. दानबीर।

**दाम**–किसी को धनादि देकर अपने अनुकूल बनाने का उपाय। दामनीति। राजनीति की एक चाल जिसमें शत्रु को धन द्वारा वश में करते हैं। उ.-तुम सदा साम दाम दंड भेद न्याव करौ चारो बेद हमहूँ सुनावत समाज हैं।''-प.ग्रं., प्रकी., 32/311।

**दामु**–एक पैसे के पच्चीसवें भाग को दाम कहते हैं। बिहारी के समय में कोई अंक बिना बकारी लिखे जाने पर उतने दामों का बोधक माना जाता था, जैसे-''अमुक वस्तु 8 की है'' लिखने से यह समझा जाता था कि वह वस्तु आठ दाम की है। पर जब किसी अंक की दाहिनी ओर वकारी लगा दी जाती थी, तो वह अंक रुपये का ज्ञापक हो जाता था, जैसे 8/-लिखने से आठ रुपया समझा जाता है। उ.-''कुटिल अलक छुटि परत मुख बढ़िगौ इतौ

उदोतु। बंक बकारी देत ज्यौं दामु रुपैया होतु।।"-बि.र., 442/203।

**दामोदर**–1. जिसके उदर में रस्सी हो-श्रीकृष्ण। यमलार्जुन वृक्षों के गिरते समय श्रीकृष्ण के उदर या कटि में रस्सी बँधी हुई थी जिसमें फँसकर ये दोनों वृक्ष गिरे थे। इसी से गोपियाँ श्रीकृष्ण को दामोदर कहने लगीं। यह अर्थ हरिवंश पुराण के अनुसार है। 2. विष्णु। जिसके उदर में सारा विश्व (दाम) हो। 3. इन्द्रिय निग्रह में अत्यंत उदार या श्रेष्ठ-श्रीकृष्ण। (हिं.श.सा., पौ.को.)। उ.-"सदा मोद रहिबो करै सदा मोद रस देत। पावहु जस आमोद री कर दामोदर हेत।।"-वृं.ग्रं., य.स., 647/256।

**दारा**–मुगल बादशाह औरंगजेब का भाई शाहजहाँ का ज्येष्ठ पुत्र जिसका जन्म 1615 ई. में हुआ था। इसे शाहजहाँ ने इलाहाबाद, पंजाव, मुलतान जैसे प्रान्तों का शासक भी बनाया था और चालीस हजार का मनसव भी प्रदान किया था। इसे शह-बुलंदइकबाल की सर्वोच्च उपाधि प्राप्त थी। शाहजहाँ ने इतना सम्मान अन्य पुत्रों को नहीं प्रदान किया था। यह उदार, प्रगतिशील विचारों का सर्वेश्वरवादी, अहंकारी तथा अव्यावहारिक था। मृत्यु के पूर्व शाहजहाँ ने इसे ही उत्तराधिकारी घोषित कर दिया। दारा ने इस अवसर से लाभ उठाकर अपने समर्थकों की उन्नति कराई और अन्य भाइयों के विरुद्ध फरमान जारी करवाए। उत्तराधिकार युद्ध में यह औरंगजेब से धरमत, सामूगढ़ तथा देशराई के युद्धों में पराजित हुआ और अन्त में मलिक जीवन द्वारा विश्वासघात किये जाने पर अत्यन्त अपमानित दशा में उसकी हत्या कर दी गई। इसके अन्य भाई थे शुजा, औरंगजेव और मुराद। उ. (1)-"दारा की न दौरि यह खजुए की रारि नांहिं वाँधिबो न होय या मुरादसाहवालको।"-भू.ग्रं., प्रकी., 438/214। उ. (2)-"वड़ो भाई दारा वाकों पकरि कै मारि डार्‌यो मेहरहू नाहिं माको जायो सगो भाई है।"-वही, 541/238। उ. (3)-"औरँग दारा जुरे दोऊ जुद्ध भए भट क्रुद्धविनोद बिलासी।।"-मति. ल.ल., 33/303।

**दाशरथि दोहावली**–रचयिता - रत्नहरि (दे.)। (बृ.इति. 7)।

**दास**–रीतिकाल के भिखारीदास कायस्थ नाम के आचार्य और कवि। स्थितिकाल-सं. 1791-1807। जन्म और निवास-स्थान-ट्योंगा (प्रतापगढ़, अवध, उ.प्र.)। पिता-कृपालदास। आश्रयदाता-प्रतापगढ़ के अधिपति श्री पृथ्वीसिंह के भाई हिंदूपतिसिंह। रचनाएँ-रससारांश, काव्यनिर्णय, शृंगारनिर्णय, छंदोर्णवपिंगल, शब्दनाम-प्रकाश (शब्दकोश), विष्णुपुराण भाषा, शतरंजशतिका। रससारांश का रचनाकाल-सं. 1791। काव्यनिर्णय सर्वांगनिरूपक लक्षण ग्रंथ है। (बृ.इति. 6)। उ. (1)-"श्रीखंडपरसुनंदन सुखद "दास" चंड चंडी तनय।"-भि.ग्रं. 1, र.सा., 3/3। उ. (2)-"श्री हिंदूपतिरीझि-हित समुझि ग्रंथ प्राचीन। 'दास' कियो शृंगार को निरनय सुनौ प्रवीन।।"-भि.ग्रं. 1, शृं.नि., 3/89।

**दास पींपा जी**–दरजी परिवार में जन्म। मुख्य स्थान-नागौर का छीपावाड़ी मुहल्ला। जन्म-सं. 1565 (?)। सम्प्रदाय-हरिदास के 52 शिष्यों में से एक। निरंजनी सम्प्रदाय। रचनाएँ-चितावणी ग्रंथ, फुटकल साखियाँ, 20 पद। (बृ.इति. 7)।

**दिकपाल**–दे. दिगपाल। उ.-"जाके बंदी मोरनि मैं बिक्रम को सोर सुनि व्यालनि ज्यौं दिकपाल धीर न धरत हैं।"-जहाँ., 32।

**दिगंबर**–1. दिशाएँ ही जिसका वस्त्र हों। महादेव। उ.-"किलकि किलकि कै कुतूहल करति काली डिमडिम डमरू दिगंबर बजाई है।-भू.ग्रं., प्रकी., 413/207। 2. जैन धर्म का दिगंबर सम्प्रदाय अथवा उसका अनुयायी जो नग्न रहता है। जैन यती। क्षपणक। उ.-"पामरादि दिगंबरादि कपालकादि असेष।"-वि.गी., 12/7।

**दिगंबरा**–औलिया। मुसलमानों में नंगा रहने वाला साधु। उ.-"पीरा पयंगबरा दिगंबरा दिखाई देत सिद्ध की सिधाई नई रही बात रवकी।"-भू. ग्रं., प्रकी., 446/216।

**दिगईस**–दे. दिगीश (छंद)।

**दिगनान**–दिङ्नाग। दिग्गज। पुराणानुसार

दिशाओं को सम्हालने वाले हाथी। उ.-''तेरे ही भुजानि परभूतल कौ भार कहिबे कौं सेषनाग दिगनाग हिमाचल है।''-भू.ग्रं., शि.भू., 81/143। दे. दिग्गज।

**दिगपाल**--पुराणों के अनुसार दसों दिशाओं का पालन करने वाले देवता। उनके नाम हैं-इंद्र (पूर्व दिशा), वह्नि (वह्नि), यम (दक्षिण), नैर्ऋत (नैर्ऋत), वरुण (पश्चिम), मरुत् (वायुकोण), कुबेर (उत्तर), ईश (ईशान कोण), ब्रह्मा (ऊर्ध्व) अनंत (अधो दिशा)। उ. (1)-''गाजि उठे दिग्गज तिहि काल। संकि सकल अंकित दिगपाल।''-वी. च., 12/15। उ. (2)-''मानहु चतुर्भुज के पाय देखि चले दिगपाल से दिगंतर कौं दिग्गजन चढ़ि चढ़ि।''-वही, 6/17।

**दिगीश (छंद)**--बारह मात्राओं का छंद है। क्रम है (।।S ।S ।SS)। उ.-''हर ध्याइ जो अनंदे। दिगईस जाहि बंदै।।''-भि.ग्रं. 1, छंदा., 97/191।

**दिग्गज**--पुराणानुसार वे आठ हाथी जो आठों दिशाओं में पृथ्वी को दवाए रखने और उन दिशाओं की रक्षा करने के लिए ब्रह्मा द्वारा नियुक्त हैं। इनके नाम हैं-पूर्व में ऐरावत, पूर्व-दक्षिण कोने में पुंडरीक, दक्षिण में वामन, दक्षिण-पश्चिम में कुमुद, पश्चिम में वामन, पश्चिम-उत्तर में पुष्पदंत, उत्तर में सार्वभौम, उत्तर-पूर्व में सप्रतीक या सुप्रतीक। (पौ. को., हिं.श.सा.)। उ.-''अष्टकुली अहि, व्याकरन, दिग्गज, तखनि विचारु।''-क.प्रि., 11/19। दे. दिगनाग।

**दिग्पाल छंद**--दिक्पाल छंद। मात्रामुक्तक छंद है। ल.-होत छंद दिगपाल कल, वाईसो तेईस। चौवीसो पूरो भए, है दूनो दिगईस। उ. (1)-''दिगपाल भाल जाकी रज राजती सदा हि।''-उ. (2)-''मन आपनो निमोही यह मोहिं दै गयो है।''-भि.ग्रं. 1, छंदा., 24-26/218।

**दिग्विजयशतक**--रचयिता-पं. उमापति त्रिपाठी (दे.)। (बृ.इति. 7)।

**दित्तेराव**--जन्म-सं. 1865। आश्रयदाता-पटियाला के राज महेन्द्र सिंह। रचनाएँ-समय बत्तीसी, व्यासाश्रम पर्व, स्त्रीपर्व, शुकप्रकाश, महेन्द्रसिंहप्रकाश। (बृ.इति. 7)।

**दिनकर**--कवि केशवदास के पूर्वजों में जयदेव के पुत्र। उ.-''तिनके दिनकर सुकुलसुत प्रगटे पंडितराज।।''-क.प्रि., 2/6।

**दिनकर तनया**--यमुना। दे. जम। यम। यमुना। उ.-''दिनकर तनया स्याम जल द्वै घट भरे बनाइ। ताके भरु गरुए भए हरएँ धारति पाइ।।''-मति., म.सत., 110/384।

**दिनमणि**--वंशावली-गुणकथन-रचयिता सिंधु कवि आनंद (दे.)। विवरण-उदयपुर के महाराणाओं की वंशावली और उनके शौर्य, यश, दान आदि का वर्णन। (बृ.इति. 7)।

**दिब्या**--(नायिका)-दिव्या। तीन प्रकार की नायिकाओं (दिव्या, अदिव्या और दिव्यादिव्या) में से प्रथम। ल.-देवतिया दिव्या कही।-भि.ग्रं. 1, र. सा., 440/63।

**दिब्यादिब्य (1) (नायिका)**--तीन प्रकार की नायिकाओं में से एक। (दे. दिब्या) ल.-अमरनारि भुव अवतरी सो कहि दिब्यादिब्य।-भि.ग्रं., र.सा., 440/63।

**दिलनिधिखानी**--तलवार विशेष। उ.-''निव्वा-ज-हु-खानी दिलनिधिखानी विज्जुसमानी रन कौंधें।''-प.ग्रं., हि.ब.बि., 194/27।

**दिलावरजंग**--पद्माकर कृत हिम्मतवहादुर विरुदावली के नायक अनूपगिरि हिम्मतबहादुर के वड़े भाई उमरावगिरि थे। गंगागिरि उमरावगिरि का बड़ा पुत्र था। इसकी उपाधि दिलावरजंग थी। इसने अनेक युद्ध किये थे। उ.-''तहँ नृपति गंगागिरि दिलावरजंग जंग विचारि कै।''-प.ग्रं., हि.व.बि., 135/19।

**दिली**--दिल्ली। औरंगजेव काल में मुगल साम्राज्य की राजधानी। उ.-''वीजापुर गोलकुंडा आगरे दिली के कोट वाजे बाजे रोज दरवाजे उघरत हैं।''-भू.ग्रं., प्रकी., 433/112।

**दिलीप**--संज्ञा, दिल्ली का पालक औरंगजेब। उ.-''नौहू खंड सात दीप भूतल के दीप आजु सभै के दिलीप तैं दिलीप जीत्यौ दति है।''-भू.ग्रं., शि.

भू., 341/193।

**दिलीप सिंह**—दिलीपसिंह गौड़। पद्माकर कृत हिम्मतवहादुर बिरुदावली का एक योद्धा। उ.-''तहँ दल दवाइ दिलीपसिंह सु हंक हाथी हूलिकै।''-प.ग्रं., हि.ब.बि., 172/24।

**दिल्लिय**—दिल्ली (दे.)। उ.-''भूषन दच्छिन दिल्लिय देस किए दुहुँ ठीक ठिकाव मिनारे।''-भू. ग्रं., प्रकी., 469/220।

**दिल्ली**—औरंगजेब काल में मुगल साम्राज्य की राजधानी। उ. (1)-''भूषन भनत बीजापुर भागनेर दिल्ली तेरे बैर भयौ उमरावन को मरनो।''-भू.ग्रं., प्रकी., 45/217। उ. (2)-''दिल्ली को हरौल भारी सुभट अडोल गोल चालिस हजार लै पठान धायो तुरकी।''-वही, 475/222, 487/225। उ. (3)-''दिल्ली दुलहिन भई सहर सितारे की।''-वही, 449/216। उ. (4)-''दिल्ली दहपट्टि पटनाहू को झपट्टि करि कबहुँक लत्ता कलकत्ता को उड़ावैगो।।''-प.ग्रं., प्रकी., 27/311।

**दिवा अभिसारिका**—वह नायिका जो दिन के समय ही अपने प्रेमी से मिलने के लिए शृंगार करके संकेतस्थान में जाय। ल.-व्याज प्रगटि अभिसार जो, द्योस करै वर नारि। सुकहि दिवा अभिसारिका, सज्जन लेहु विचारि।। उ.-''तनु सिंगार आईजु करि, बाग विलोकन व्याजु।पिअ मिलापु लहि आजु यह, सफल भयो सब काजु।।''-शृं.मं., चिंता., 329, 330/101।

**दिवाभिसारिका**—दे. दिवा अभिसारिका।

**दिवारी**—दीपावली पर्व। उ. (1)-''आई है दिवारी, चिते काजनि जिवारी प्यारी, खेलैं मिलि जूवा पैज पूरे दाव पावहीं।।''-घ.क., 228/137। उ. (2)-''मंडित अखंड घनआनँद उजास लियै, तेरे तन दीपति दिवारी देखियति है।''-घ.क., 270/155।

**दिवारी के कवित्त**—रचयिता-नागरीदास (दे.)। (स.सर्वे. बृ.इति. 7)।

**दीघ**—जाट राजा बदनसिंह (दे.) की राजधानी। उ.-''अमर नगर सम दीघ में लसत पुरंदर रूप। बखत विलंद अनंद निधि वदन महीप अनूप।।''-सो. ग्रं. 1, र.पी.नि., 11/3।

**दीनता**—काव्य या रस निरूपण में प्रसिद्ध 33 सचारियों में से एक। दैन्य। ल. (1)-दीनता सु जहँ मलिन सरीरै। होइ दुख्खमय बचन अधीरै।।-भि.ग्रं. 1, र.सा., 492/71। वही. शृं.नि., 238/141। ल. (2)-दीनता सु मन हीन। सो.ग्रं. 1, र.पी.नि., 29/54। ल. (3)-अति दुख तें बिरहादि तें परहि जबहि जो दीन। ताहि दीनता कहत हैं जे कवित्त रसलीन।।-प.ग्रं., जग., 533/192।

**दीनदरवेश**—समय-सं. 1760 से 1850 तक (लगभग)। स्थान-पालनपुर निवासी लुहार। सम्प्रदाय-नाथ पंथी साधु वावा वालानाथ के शिष्य। दीनदरवेश पंथ प्रवर्तक। रचनाएँ-स्फुट वैराग्य निर्गुण आदि से सम्वन्धित, कुंडलिया विशेष। (बृ. इति. 7)

**दीपक**—दीया। चिराग। काव्यरूढ़ि में इसका वर्ण पीत माना गया है। उ.-''चंपक दीपक बीररसु, सुरगुरु, मधु, सुरपालु।।''-क.प्रि., 5/16। 2. अर्थालंकार का एक भेद। प्रस्तुत अप्रस्तुत की तुल्यता का अलंकार जिसमें प्रस्तुत और अप्रस्तुत का एक ही धर्म कहा जाता है अथवा बहुत सी क्रियाओं का एक ही कारक होता है। इसके तीन भेद बताये गये हैं-आवृत्तिदीपक (दे.), कारक दीपक (दे.), और माला दीपक (दे.)। ल. (1)-सो दीपक निज गुनन सों बर्न्य इतर इक भाइ। उ.-''गज मद सों नृप तेज सों सोभा लहत बनाइ।''-ज.ग्रं., भा. भू., 80/28। ल. (2)-दीपको वर्न्य अवन्य को धर्म इकै जु लखाइ। उ.-''कमलन सों सर सोभिजै तिन तन जोबन पाइ।''-प.ग्रं., पद्मा., 76/41। ल. (3)- बर्न्य अवर्न्यनि को जहाँ धरम होत है एक। बरनत हैं दीपक तहाँ कबि करि बिमल बिबेक।।-मति., ल.ल., 135/322। ल. (4)-वाच्य क्रिया गुन द्रव्य बहु, बरनहि करि इक ठौर। दीपक दीपति कहत हैं केसव कबि सिरमौर।। दीपक रूप अनेक हैं, मैं बरने द्वै रूप। मनि माला तिनसों कहैं केसव कवि कविभूप।।-क.प्रि., 13/21-22। भिखारीदास ने आवृति दीपक के ही पाँच भेद किए हैं-शब्दावृति दीपक (दे.), अथावृति दीपक (दे.), उभयाबृति दीपक (दे.),देहली दीपक (दे.), कारक दीपक

(दे.) तथा माला दीपक (दे.)।-भि.ग्रं. 2, का. नि., 31-43/172-174। ल. (5)-बर्न्य इतर इक भाव ही जहँ निज गुन सों होत। सो दीपक सुनि कें बढ़ै हिय में हरष उदोत।। उ.-''मैं तुम सों जु कही तवै, अव सु लखौ सुख दैन। सरसै सिंधु तरंग तें चंचलता ते नैन।।''सो.ग्रं. 1, र.पी.नि., 87, 88/194। जसवंत सिंह ने भा.भू. में तीन प्रकार का दीपक अलंकार बताया है। ल. (6)-दीपक आवृति तीनि विधि आवृति पद की होइ। पुनि है आवृति अर्थ की, दूजें कहिये सोइ। पद अरु अर्थ दुहुँन की आवृति तीजें लेखि।।-ज.ग्रं., भा.भू., 81-82/28।

**दीपक**—संगीत में छह रागों में से एक। यह सम्पूर्ण जाति का राग है और षडज स्वर से आरंभ होता है। इसके गाने का समय ग्रीष्म ऋतु का मध्याह्न है। इसका सरगम है- स रे ग म प ध नि स। इसकी पाँच रागिनियाँ हैं-देशी, कामोदी, नाटिका, केदारी, कान्हड़ा। इसके पुत्र आठ हैं-कुंतल, कमल, कलिंग, चंपक, कुसुंभ, राम, लहिल, हिमाल। भरत के अनुसार इसके आठ पुत्र हैं-कुसुम, टंक, नटनारायण, विहागरा, किरोदस्त, रभसमंगला, मंगलाष्टक, अड़ाना। पत्नियाँ हैं-केदारा, गौरी, गौड़ी, गुर्जरी, रुद्राणी। (हिं.श.सा.)। उ.-''कह तू दीपक राग की प्रथम गूजरी जोय।''-बो. ग्रं., वि.वा., 13/121।

**दीपक आबृति**—दे. दीपक, आवृति दीपक, दीपकावृति। ल.-दीपक आवृति तीनि विधि आबृति पद की होइ। पुनिहै आबृति अर्थ की दूजें कहिये सोइ। पद अरु अर्थ दुहूँन की आवृति तीजें लेखि।।-ज.ग्रं., भा.भू., 81-82/28।

**दीपक पतंग**—रचयिता-सैय्यद मुहम्मद इशरती (दे.)। विव.-इस रचना का आधार पद्मावत है एवं उसी से मिलती-जुलती रचना की है। (बृ.इति. 7)।

**दीपकी छंद**—बीस मात्राओं का छंद है। मात्रा क्रम अनियमित है। ल.-ह्वै दीपहि दीपकिय कहत कविजन है। दीप नाम के छंद (दे.) के दो चरणों से बना छंद है। दीप नाम का छंद भी अनियमित मात्राक्रम का छंद है। उ.-''तू स्याम-हिय-बीच यो जाहिरे होति। ज्यों नीलमनि में लसै दीप की जोति।।''-भि.ग्रं. 1, छंदा., 172-176/200-201।

**दीप छंद**—दस मात्राओं का छंद है। जिसके अन्त में मात्राक्रम है-तीन लघु+गुरु+लघु (।।। ऽ ।)। भिखारीदास ने उदाहरण से इसे स्पष्ट किया है। इसे दीपक छंद भी कहते हैं। उ.-''जय जयति जगबंद। मुनिकौमुदीचंद। त्रैलोक्य अवनीय। दसरत्थ कुलदीप।।''-भि.ग्रं. 1, छंदा., 73/188।

**दीपप्रकाश**—रचयिता-ब्रह्मदत्त (दे.)। विव.-नायक-नायिका भेद एवं अलंकार विवेचन। (बृ. इति. 6)।

**दीपमाला छंद**—यह मात्रादण्डक छंद है। दीपक (दे.) को चौगुना करने से चालीस मात्राओं से यह छंद बनता है। ल.-दीपक को चौगुन किये, दीपमाल सुखदानि। उ.-''लहिकै कुहूजामिनी मत्तगजगामिनीली बन मिलन कों नंदलालाहि।''-भि. ग्रं., छंदा., 4-5/234।

**दीपकवृत्ति**—दे. दीपक, आबृति दीपक। ल.-जहँ दीपक में होत है आबर्तन को जोग। त्रिविध कहत आवृतिजुत दीपक सब कबि लोग।।-मति., ल.ल., 137/322।

**दीर्घ समास**—दे. गुण, श्लेष गुण।

**दुंदुभि**—धौंसा, नगाड़ा। उ.-''निज पति गुनि लाजैं दुंदुभि बाजैं धुनि सुनि भाजैं हियहहरैं।।''-प.ग्रं., प्र.बि., 111/289। वही, क.प., 14/297।

**दुखद**—वर्ण्यालंकार का एक भेद, जिसमें दुःख पहुँचाने वाली चीजों का वर्णन होता है। उ.-''पाप, पराजय, झूठ, हठ, शठता, मूरख, मित्र। ब्राह्मण नेगी, रूपबिन, असहनसील चरित्र।।''-क.प्रि., 6/2।

**दुःखसाध्या परकीया**—भिखारीदास ने साध्या-असाध्या भेद से परकीया नायिका के चार भेद बताये हैं-असाध्या अनूढ़ा, असाध्या ऊढ़ा, दुःखसाध्या, उद्‌बोधिता साध्या। इनमें से दुःखसाध्या परकीया वह है जिसे अनुकूल बनाने में दूतिका को बहुत प्रकार से समझाना पड़ता है। ल.-साध्य करै पिय दूतिका बिबिध भाँति समुझाइ। दुखसाध्या ताकों कहैं परकीयन में पाइ।।-भि.ग्रं. 1, शृं.नि.,

95/110।

**दुःसाध्या-परकीया**–दे. दुःखसाध्या परकीया। ल.-बड़े जतन जारहि मिलै दुहसाध्या है सोइ। सामादि कौ उपाय सब यामें सोभित होइ।। उ.-"तो लगि जगि सब निसनि पगि प्रेम रहयौ धरि ध्यान। वलि अब परसन होहि चलि देहि सुदरसन दान।।"-भि.ग्रं. 1, र.सा., 70-71/13।

**दुगामा**–घोड़े की एक चाल विशेष। उ.-"चहैं गाम चल्लैं चहैं तौ दुगामा।"-प.ग्रं., प्र.बि., 44/281।

**दुज**–द्विज। चार लघु (।।।।)। उ.-"मुनिगुन दुज पिय दुज पिय सगनो।"-भि.ग्रं. 1, छंदा., 132/196, 338/252, 233/212।

**दुताबी**–तलवार विशेष। उ.-"चरबी जिन चाबी दबहिं न दाबी दिपति दुताबी देखि परै।"-प. ग्रं., हि.ब.बि., 199/28।

**दुतिय समुच्चय**–द्वितीय समुच्चय। दे. समुच्चय। ल.-वस्तु अनेकन को जहाँ बरनत एकहि ठौर। दुतिय समुच्चय ताहिं कों कहि भूषन कबिमौर।।-भू.ग्रं., परि., 376/199।

**दुपटाँ**–दुपट्टा। ओढ़ने का वह कपड़ा जो दो पाटों को जोड़कर बना हो। दो पाट की चद्दर। उ.-"बिबिध दुपटाँ पीर पाटोरी स्वेत हैं।"-वृं.ग्रं., नै.व., 15/28।

**दुमंदर छंद**–प्रत्येक चरण में मात्राक्रम है (ऽ।। ऽ।।)। उ.-"बाल पयोधर। मो हिय सो हर। मानस-अंदर। मान दु मंदर।।"-भि.ग्रं. 1, छंदा., 28/238।

**दुमिला छंद**–ल. (1)-आठ करौ य भुजंग र लक्षिय सो दुमिला। (आठ सगण (।।ऽ) से दुमिला छंद बनता है)। उ.-"करि फुंद कछू मोहिं या रजनी सजनी ब्रजचंदु मिलावहि तूँ।"-भि.ग्रं. 1, छंदा., 2, 9/243-245। ल. (2)-चरन चरन इमि चौकल आनि। दस अरु आठ कला पुनि ठानि। तातैं चौदह कला अनूप। विरत राखि इमि दुमिला रूप।। (चार चरण, प्रत्येक में 32 मात्राएँ, 10+8+14 पर यति)। उ.-"सुंदर सुजान अति, गिरधर लौं नित,दिल मह मौजइ लाज धरौ।।"-सो. ग्रं. 1, र.पी.नि., 58-59/32। वही, 39, 41/38।

**दुमिलामुख छंद**–सम चरणों में मदिरा छंद (दे.) के समान सात भगण (ऽ।।) होते हैं और विषम चरणों में दुमिलाछंद (दे.) के समान आठ सगण (।।ऽ) होते हैं। ल.-सम मदिरा दुमिला विषम, दुमिलामुख पहिचानि।।-भि.ग्रं. 1, छंदा., 16/269।

**दुरगा**–दुर्गा। दुर्ग नाम के असुर को मारने वाली शक्ति। आदि शक्ति देवी, जिसकी उत्पत्ति सभी देवताओं के तेज से हुई थी और जिसने महिषासुर को मारा था। आदि शक्ति के अनेक रूपों के नाम प्रसंगों के अनुसार अलग-अलग हैं-चंडी, दुर्गा, उमा, हैमवती, अंगिका आदि। शुक्ल यजुर्वेद, वाजसनेयी संहिता, तैत्तिरीय आरण्यक, देवी भागवत, कालिका पुराण, मार्कंडेय पुराणादि में अनेक रूपों और लीलाओं का वर्णन है। (पौ. को., हिं.श.सा.)। उ.-"संभु तें न सूधो डरै दूरि दुरगा तें रहे जाहि न तृषा है गहि गंगाजल पान की।"-प.ग्रं., प्र.प., 38/246।

**दुरजन सिंह**–दुर्जन सिंह गौड़। कवि पद्माकर कृत हिम्मत बहादुर बिरुदावली काव्य का एक योद्धा। उ.-"इक ओर दुरजनसिंह गौर सु दौरि अरि सनमुख चलो।"-प.ग्रं., हि.ब.बि., 171/24।

**दुरजोधन**–दे. दुर्योधन। कुरुवंशीय राजा धृतराष्ट्र और गांधारी के 100 लड़कों में सबसे बड़ा लड़का जो अपने चचेरे भाई पांडवों से बहुत बुरा मानता था। इसने गदा संचालन की शिक्षा बलराम से पाई थी पर भीम से उन्नीस पड़ने के कारण उससे सदैव चिढ़ता रहता था। युवराज बनने के लिए इसने छल से युधिष्ठिर को वन भेज दिया। वन से लौटकर युधिष्ठिर ने राजसूय यज्ञ किया जिससे इसकी द्वेषाग्नि और भड़क गई। मंत्री विदुर को पांडवों का पक्ष लेने के कारण राज्य से बाहर निकाल दिया। पांडवों के विनाश के लिए लाक्षागृह में जलाने, मामा शकुनि की सहायता से द्यूत में पांडवों का सर्वस्व जीत लेने, उन्हें 12 वर्ष के वनवास और एक वर्ष के अज्ञातवास में भेजने आदि के अनेक उपाय किए थे। बाल्यावस्था में भीम को विष खिला कर बँधवा

कर नदी में फेंकवा दिया था। पुनः वनवास से लौटने पर युद्ध के विना सूई की नोक बराबर भी भूमि न देने की प्रतिज्ञा की जिसका परिणाम महाभारत युद्ध हुआ। द्यूत में हारी गई द्रौपदी को नग्न कर अपनी जाँघ पर बिठाना चाहता था, जिस पर क्रुद्ध होकर भीम ने इसकी जाँघ तोड़ने की प्रतिज्ञा दुर्योधन की जाँघ तोड़कर पूरी की और इस प्रकार दुर्योधन का अन्त हुआ। (पौ.को., हिं.श.सा.)। उ. (1)- ''जुद्ध जुरै दुरजोधन सों दुहू ओर तैं जोर बिछूरत हैं सर।''-वृं.ग्रं., भा.पं., 41/22। उ. (2)-''हरि भोजन किय बिदुर घर दुरयोधन कौं त्यागि।''-वही, न.स., 699/112। उ. (3)-''कहँ पंचपंडव द्रोन दुरजोधन जयद्रथ कहँ छए।''-प.ग्रं., हि.ब.बि., 108/16; वही, प्र.प., 47/248। उ. (4)-''मेवा तजी दुरजोधन की बिदुराइन के घर छोकल खाए।''-ठाकुर, 49/14।

**दुरयोधन**--दे. दुरजोधन। उ.-''दुरयोधन की दुस्टता बिक्रम कौ उपकार।''-वृं.ग्रं., नी.स., 630/107।

**दुरसा आढ़ा**--जन्म सं. 1595। स्थान-जेतारण, आढ़ा गाँव (साँचोर परगना, मरावाड़)। पिता-मेहा जी। आश्रयदाता-बीकानेर के राजा रायसिंह। रचनाएँ-बिरुद बहतरी, किरतार बावनी, राव श्री सुरताण रा कबित्त, दुहा सोलंकी बीरमदेव जी रा, झूलणा राव मेघा रा, गीत राजि श्री रोहितास जी रो, झूलणा राव श्री अमरसिंघ जी गजसिंघोतरा, श्री कुमार अज्जा जी नी भूचर मोरी नी गजगता। 60 गीत। (बृ.इति. 7)।

**दुरागमन**--वधू का अपने पति के घर दूसरी वार आना। दोंगा। उ.-''आवत लेन दुरागमन रमन सुनति यह वानि। हरप छिपावन हित भटू रही पौढ़ि पट तानि।।''-प.ग्रं., जग., 261/137।

**दुर्गापाठ** दुर्गा सप्तशती का पाठ, जो विशेपकर शरद नवरात्र में सम्पन्न किया जाता है। उ.-''एक जन दुर्गापाठ पढ़ै कबि बृंद कहै। आई नवराति सब ऐसे सावधावन है।''-वृं.ग्रं., स्फु.छंद, 53/324।

**दुर्गाप्रसाद**--स्थितिकाल-सं. 1835 (?)। आश्रयदाता-पं. राजाराम। रचनाएँ-नमाकरासो अथवा अजीतसिंह फत्ते-ग्रंथ। विव.-सं. 1835 में रीवाँ के महाराज अजीतसिंह के सरदारों और पेशवा के सरदार जसवंत सिंह के बीच चारहट (रीवाँ) के मैदान में होने वाले युद्ध का वर्णन। (बृ.इति. 7)।

**दुर्गाभक्ति चंद्रिका**--रचयिता-कुलपति मिश्र (दे.)। (बृ.इति. 7)।

**दुर्गा भागवत**--देवी भागवत। दुर्गाभागवत में उल्लिखित अनेक स्तुतियाँ। उ.-''तहँ जंत्र-मंत्र अनेक दुर्गा भागवत गीतान के।''-प.ग्रं., हि.ब. बि., 119/17।

**दुर्गासप्तशती**--रचयिता-कुलपति मिश्र (दे.)। (बृ.इति. 7)।

**दुर्मिल**--दे. तुक, मध्यम तुक।

**दुर्मिल छंद**--मात्रिक छंद है। पद्मावती (दे.) के समान ही इसमें भी लय है। ल.-याही विधि ठानौ दुर्मिल जानौ अन्त सगन कर्नो होई। उ.- ''निरदंभ भगति बर बिद्यनि आगर चौदह नर जग दुर्मिल है।''-भि.ग्रं. 1, छंदा., 23, 26/225।

**दुलहनि**--दे. दुलहिन। उ.-''आँगन मैं दुलहनि फिरति लियैं हियें अति लाज।''-वृं.ग्रं., उ.दो., 39/8।

**दुलहिन**--नवविवाहिता वधू। उ.-''दूल्हो सिवाजी भयौ दच्छिन दमामेवारो, दिल्ली दुलहिन भई सहर सितारे की।''-भू.ग्रं., प्रकी., 449/216।

**दुलहिनि**--दे. दुलहिन। उ.-''छाँडि हथ-लेवा पाठे पाछे दुलहिनि आवै आगैं आगैं दूलह परम सुख पाइयैं।।''-वृं.ग्रं., शृं.शि., 31/39।

**दुलही बरनन**--दे. दुलहिन। ल.-कंकन हाथ दियै महँदी गति देखत ही रति अंगन मैं। वास तिलौनैं तिलौंनी वनी है सलौनी सवै छवि अंगन मैं।। रंग भरी नर लोक मैं है सुर लोक मैं है न भु-अंगन मैं। आनंद सौं उलही उर मैं दुलही फिरै अंगन मैं।।-वृं.ग्रं., शृं.शि., 29/39।

**दुष्क्रम**--दे. दोष, अर्थ दोष। ल. (1)-क्रम बिचार क्रम को कियो, दुःक्रम है यहि काल। उ.-''बर बाजी कै बारनै देहै रीझि दयाल।''

ति.-बारन ही कै बाजिही देहै चाहिये।।-भि.ग्रं. 2, का.नि., 62, 62अ/233। ल. (2)-लोक वेद की रीति तें अनुचित क्रम जँह होइ। ताको दुसक्रम दोष कहि. बरनत हैं कबि लोइ।। उ.-''बात यही उर आनिए, हौपिय जौ रिझवार। राजति छिन भरि, नांहि तौ सब निसि रचौ बिहार।।-सो.ग्रं. 1, र. पी.नि., 33-34/166।

**दुःसाधन**—केशवदास ने रस-अनरस वर्णन प्रकरण में इसका वर्णन किया है। ल.-एक होइ अनुकूल जहँ, दूजो है प्रतिकूल। ''केसव'' दुःसाधन रस, सोश्रित तहाँ समूल।-र.प्रि., 16/8।

**दुसक्रम**—दे. दुष्क्रम।

**दुसासन**—दुःशासन। धृतराष्ट्र के सौ पुत्रों में से एक जो अत्यंत क्रूर स्वभाव का था और दुर्योधन का अत्यंत प्रिय तथा मंत्री था। द्यूत में हारने पर यह द्रौपदी को खींचकर सभास्थल में ले आया और नग्न करना चाहता था जिस पर भीम ने इसके रक्त के पान और उसी से द्रौपदी के केश सींचने की प्रतिज्ञा की थी। भीम ने महाभारत युद्ध में इसे पूरा किया। (हिं.श.सा., पौ.को.)। दे. दूसासन। उ.-''सायस्त खाँ दुरजोधन सौ और दुसासन सौ जसवंत निहार्‌यो।''-भू.ग्रं., शि.भू., 34/134।

**दूजी असंगति**—दे. असंगति। असंगति। अलंकार का दूसरा भेद, जिसमें अन्यत्र किये जाने योग्य कार्य का अन्यत्र किया जाना वर्णित होता है। ल. (1)-ब्रज अनत को अनत जहँ यहौ असंगति जान। उ.-''दियअंजन अधरान कत दृगनि खवाए पान।''-प.ग्रं., पद्‌मा., 146/50। ल. (2)-और ठौर करनीय जो करत और ही ठौर। बरनत सब कबिराज हैं, यहौ असंगति और।।-मति., ल.ल., 217/335। ल. (3)-और ठौर को काज जहँ करत और ही ठौर। भेद असंगति कौ द्वितिय समझि चतुर सिरमौर।।-सो.ग्रं. 1, र.पी.नि., 162-163/203-204।

**दूजी कारणमाला**—दे. कारणमाला, द्वितीय हेतुमाला। इसे कहीं कहीं ''गुम्फ'' और ''हेतुमाला'' भी कहा गया है। मतिराम ने इसे हेतुमाला कहा है। पूर्ववर्ती कार्यों के लिए जहाँ बाद के अर्थ कारण हों वहाँ यह दूजी कारणमाला होती है। ल.-प्रथम काज पुनि हेतु सो काज और को जत्र। या क्रम सो गुंफन सु बिय कारण माला तत्र। उ.-''अन्नमूल घन बनन को मूल जज्ञ अभिराम। ताको धन धन को धरम धरम-मूल हरि नाम।।''-प.ग्रं., पद्‌मा., 172-173/53।

**दूजी तुल्यजोगिता**—दे. तुल्योगिता। इसके दूसरे भेद में हित-अनहित में तुल्यवृत्ति का वर्णन होता है। ल. (1)-हित अहितन सौं एक सौं जहिं बरनत ब्यौहार। तुल्यजोगिता और सो भूषन ग्रंथ बिचार।-भू.ग्रं., शि.भू., 115/150। ल. (2)-धर्म इकै जु अबर्न्यन केरौ। दूजी तुल्यजोगिता हेरौ। उ.-''मंजु मधुर बच सुनि तिहि ती के दाख अमृत मधु लागहिं फीके।''-प.ग्रं., पद्‌मा., 72/41। ल. (3)-सम फलप्रद हित अहित कों काहू कों यह कर्म। उ.-''दास न पापी सुरापी तपी अरु जापी हितू अहितू बिलगाई। गंग तिहारी तरंगनि सों सब पावैं पुरंदर की प्रभुताई।।''-भि.ग्रं. 1, का.नि., 81/85/82-83। ल. (4)-जहँ हित में अरु अहित में बरनत बर्न्यहि तूल। तुल्ययोगिता और तहँ कहत सुकबि मतिमूल।। उ.-''जे निसिदिन सेवन करैं अरु जे करैं बिरोध। तिन्हें परमपद देत हरि कहौ कौन यह बोध।।''-मति.ल.ल., 133-134/322। ल. (5)-बहु बस्तुनि में होइ जहँ एकें बानि प्रकास। तुल्यजोगिता दूसरी समुझि लेउ सबिलास।। उ.-''नेकु न चंचलता रहे किये हजारक छंद। दिनकरनंदन की चलनि अरु मूरख मतिमंद।।''-सो. ग्रं. 1, र.पी.नि., 83-84/193।

**दूजी दीपकाबृति**—जहाँ अर्थ की आवृति होइ। दीपक आबृति दूजो सोइ।। उ.-''धन्नि जनम गनि आपनों तिय आनंद उर आनि। हरषै नैन गुबिंद के निरखि मंद मुसिक्यानि।।''-सो.ग्रं. 1, र. पी.नि., 91-92/194।

**दूजी निदर्शना**—दे. निदर्सना, दूजी निदर्सना, निदरसना। ल.-होत और गुन और में एक किये निरधार। दूजौ भेद निदर्शना समझौ कवि रिझवार।। उ.-''श्रीपरतापे महाबली तेरो सुजस गंभीर। लहि बिहार कलहंस के लसतु मानसर

तीर।।''-सो.ग्रं. 1, र.पी.नि., 101, 102/195-196।

**दूजी निदर्सना**—जहाँ उपमेय का गुण उपमान में और उपमान का गुण उपमेय में आरोपित हो, वहाँ निदर्शना अलंकार का यह दूसरा भेद मानना चाहिए। ल. (1)-बर्न्य धर्म जु अबर्न्य में थपै जु वर्न्यहु माहि। धर्म अबर्न्यहु को कहत बिय निदर्सना ताहि।। उ.-''तुव वचनन की मधुरवा रही सुधा महँ छाइ। चारु चमक चल मीन की नैननि गही बनाइ।।''-प.ग्रं., पद्मा., 87-88/43।

**दूजी पर्यायोकति**—दे. पर्यायोक्ति, परयाजोक्ति, दूजी पर्यायोक्ति।

**दूजी पर्यायोक्ति**—दे. पर्यायोक्ति, परजायोक्ति। व्याज से इष्टसाधन। ल. (1)-जहाँ कपट सों करत है रुचिर मनोरथ काज। बरनत पर्यायोक्ति तहँ दूजी सुकबि समाज।।-मति.ल.ल., 180/329 ल. (2)-मनभायौ कारज जहाँ मिसु करि कीजतु मित्र। पर्यायोकति दूसरी समझौ ताहि बिचित्र।। उ.-''लखि मोहन तिय को बदन मृदु मुसिक्याइ अमोल। लट सुरझैबे के मिसिनि छिगुनी छिए कपोल।।''-सो. ग्रं. 1, र.पी.नि., 130, 131/200।

**दूजी बिनोक्ति**—विनोक्ति। ल.-प्रस्तुत जहँ कछु वस्तु बिनु सोभा लहै अनंत। बिनय उक्ति कौ भेद यह दूजौ समझौ संत।। उ.-''या बिधि समझि प्रताप कौ पग सेवत नृप नित्त। चौंसठि कला निधान है नैकु न कायर चित्त।।''-सो.ग्रं. 1, र.पी.नि., 111, 112/196, 197।

**दूजी बिभावना**—दे. बिभावना, दूजी विभावना। विभावना के दूसरे भेद में अपर्याप्त कारण से कार्य की सम्पन्नता वर्णित होती है। ल.-काज हेतु असमर्थ तें बिय बिभावना अंक। उ.-''लहि उरोज के अंकुरनि सौतिन कियहु ससंक।।''-प.ग्रं., पद्मा., 138/49।

**दूजी बिभावना**—इसमें अपर्याप्त अथवा असमग्र कारण-कार्य की उत्पत्ति वर्णित होती है। ल. (1)-थोरे हेतुनि सों जहाँ प्रगट होत है काज। तहँ बिभावना औरऊ बरनत बुद्धि जहाज।।-मति., ल.ल., 198/333। ल. (2)-जिहि ठाँ सूछम हेतु तें पूरन सुधरै काज। उ.-''मोपै नँहि बरने बनै तेरे तरुनि बिचार। नेकु बिहँसि चेरे किए हरि त्रिभुवन करतार।।-सो.ग्रं. 1, र.पी.नि., 146, 147/202।

**दूजी हेतुमाला**—दे. हेतुमाला। ल.-उत्तर उत्तर हेतु जहँ पूरब पूरब काज। इहौ हेतुमाला कहत कबिजन बुद्धि जहाज।।-मति., ल.ल., 257/342।

**दूजो अधिक**—दे. अधिक। अधिक अलंकार के दूसरे भेद में आधेय की अपेक्षा आधार की कल्पित उत्कृष्टता अधिक होती है। ल. (1)-अधिक अधिक आधेय तें जहाँ अधिक आधार। उ.-''अष्टादस षटचारि में हरि-चरित्र न समाय।''-प. ग्रं., पद्मा., 156/51। ल. (2)-जहाँ बड़े आधेय तें बरनत बढ़ि आधार। तहाँ अधिक औरौ कहत कबिजन बुद्धि अपार।। उ.-''राव भावसिंह तेरी कहाँ लौ बढ़ाई करौ ऐसो बड़ो प्रभु तेरे नाम में बसत है।।''-मति., ल.ल. 238/339, 239/339। ल. (3)-अधिक जहाँ आधेय तें है आधार। भेद अधिक कौ दूसरौ सो बरने कबिराज।-सो.ग्रं. 1, र.पी. नि., 184/206।

**दूजो अन्योन्य**—दे. अन्योन्य। ल.-अन्योन्यहु अपकार जहँ सो अन्योन्य अवलोक। उ.-''तिय जु हनत ही जाहि सो तिय को दहत असोक।''-प.ग्रं., पद्मा., 161/52।

**दूजो अल्प**—दे. अल्प। ल.-अलप अलप आधार तें जहँ आधेय बखान। उ.-''अति सूछम जो मन तहाँ ताहू तें लघु मान।।''-प.ग्रं., पद्मा. 159/52।

**दूजो आक्षेप**—दे. आक्षेप। जहाँ निषेध सच्चा नहीं होता, उसका आभास मात्र होता है, वहाँ आक्षेप अलंकार का दूसरा भेद मानना चाहिए। ल. (1) झुठ निषेध आक्षेप भन वहै निषेधाभास। उ.-''हौं न सखी पै तुम बिना भरति भावती स्वास।''-प.ग्रं., पद्मा., 133/48। ल. (2)-जहाँ न साँच निषेध है निषेध आभास। तहँ औरो आछेप को कविजन करत प्रकास।। उ.-''हौं न कहत तुम जानि हौ लाला बाल की बात। अँसुवा उड़गन परत हैं होत चहत उतपात।।''-मति., ल.ल., 189-190/331। ल. (3)-मुकुरि परत जेहि बात कों मुख्य वही जहँ राजु।

उ.-''आजु तें नेह को नातो गयो तुम तेह गह्यो हौंहूँ नेम गहौंगी...।।''-भि.ग्रं. 2, का.नि., 35, 38/121-122। ल. (4)-प्रथम काहि कै बचन कछु पुनि फेरियै जु ताहि। आक्षेप को सुरूप यह दूजो जानि सराहि। उ.-''अलबेली तिय क्यौं ह्युई लावति सखी सयान। कै मनिमंदिर मे ह्वई चलियै क्यौं न सुजान।।''-सो.ग्रं. 1, र.पी.नि., 138-139/201।

**दूजो चित्र**--दे. चित्र। एक अर्थालंकार का दूसरा भेद जिसमें बहुत से प्रश्नों का एक उत्तर होता है। ल. (1) उ.-उतर इक बहु प्रस्न को चित्र, कहौ का स्याम? कौन जु रिपु छत्रियन को? मूसलधर को राम?।।-प.ग्रं., पद्मा., 248/63। ल. (2)-बहुती बातन को जहाँ उत्तर दीजै एक। चित्र बखानत हैं तहाँ कबिजन बुद्धि बिबेक।।-मति., ल.ल., 352/357।

**दूजो पर्याय**--दे. पर्याय। इस अलंकार में अनेक वस्तुओं (आधेयों) की एक ही आधार में स्थिति होती है या अन्य द्वारा की जाती है। ल.-एकै कौ क्रम तें जहाँ आश्रय धरैं अनंत। दुतीय भेद पर्याय को समझि लेउ बुधिवंत।। उ.-''श्री प्रताप तुव तेग की कौन करि सकै रीस। लखी समर में म्यान तजि लसी अरिनि कें सीस।।''-सो.ग्रं. 1, र.पी.नि., 212, 213/209।

**दूजो पूरबरूप**--द्वितीय पूर्वरूप अलंकार। दे. पूरब रूप। किसी वस्तु के नष्ट हो जाने पर भी दूसरी वस्तु के कारण पूर्व वस्तु के गुण की विद्यमानता का वर्णन इस अलंकार में होता है। ल. (1)-वस्तु नसेहु पिछिली दसा दुजो सु पूरब रूप। उ.-''अथएहू ससि हँसनि की छाई जोन्ह अनूप।''-प. ग्रं., पद्मा., 239/62। ल. (2)-प्रगटित पूरब दसहि को जहँ अनुवर्तन होत। दूजो पूरब रूप तहँ बरनत पंडित गो त।। उ.-''बदन चंद की चाँदनी देह दीप की जोति। राति वितेहू लाल वहि भौन राति सी होति।।''-मति.ल.ल., 335-336/354-355। ल. (3)-किएँ मिटन के हेत हूँ गुन न दुरै जिहि ठौर। पूरब रूप सु दूसरौ बरनत कवि सिरमौर।। उ.-''बिरह समें तिय जानि के बिथा जोन्ह ते होति। दुरी सवन प्रगटी तहूँ अति सरीर की जोति।।''-सो. ग्रं., र.पी.नि., 273-274/216।

**दूजो प्रतीप**--दे. प्रतीप। प्रसिद्ध उपमान की उपमेय रूप में कल्पना और वर्ण्य उपमेय का निरादर इस भेद की विशेषता है। ल. (1)-अनआदर उपमान तें जु उपमेय को होत। उ.-''नैन तजहु तुम निज गरब यों बहु खजन-गोत।''-प.ग्रं., पद्मा., 29/36। ल. (2)-जहाँ और उपमान लहि बर्न्य अनादर होय। तहाँ प्रतीपहि कहत हैं कवि कोबिद सब कोय।। उ.-''तरनि में तेज बरनत मतिराम जोति जगमगै जामिनीरमन में बिचारिये। राव भावसिंह कहा तुम ही बड़े हौ जग रावरे के गुन और ठौरहू निहारिये।।''-मति., ल.ल., 59-60/308-309। ल. (3)-करत अनादर वर्न्य को पाय और उपमेय। भू.ग्रं., शि.भू., 40/135। ल. (4)-उपमा तें उपमेय को आदर नहिं जिहिं ठौर। सुनियो भेद प्रतीप को, बरनै कवि सिरमौर।।-सो. ग्रं. 1, र.पी.नि., 20/184।

**दूजो प्रहर्षन**--दे. प्रहर्षन। वांछित अर्थ की अपेक्षा इसमें अधिक लाभ अथवा सिद्धि होने का वर्णन होता है। ल. (1)-जहँ मनइच्छित अर्थ ते अधिक सिद्धि मतिराम। तहाँ प्रहर्षन औरऊ बरनत मतिअभिराम।।-मति., ल.ल., 305/350। ल. (2)-श्रम बिनु, इच्छा ते सरस जहाँ मिलै फल आइ। समझि प्रहर्षन दूसरौ वर्नत है, कबिराइ।। उ.-''चिबुक छुवौ चाहत हुते नव तिय को हरि आजु। भेंटी भुज भरि आपु तें सु वह सहित सुख साजु।।''-सो.ग्रं. 1, र.पी.नि., 250, 251/213।

**दूजो विषम**--दे. विषम। क्रिया का फल न मिलना और जो मिले वह भी अनर्थकर हो। ल. (1)-जहाँ बरनिये हेतु ते उपजत काज बिरूप। और विषम तहँ कहत हैं कवि मतिराम अनूप।।-मति., लल., 224/336। ल. (2)-जहाँ और रँग हेतु तै काज और रंग होतु। दूजौ भेद सुविषम कौ या बिधि लहतु उदोतु।। उ.-''इति निठुरई कौन पै तुम सीखे नंदलाल। असित रावरे बिरह नें जरद रंगी व्रजबाल।।''-सो.ग्रं. 1, र.पी.नि., 169, 170/204।

**दूजो बिसेष**--दे. बिसेष। द्वितीय विशेषालंकार। इस अलंकार के दूसरे भेद में एक वस्तु की, एक

ही समय में, अनेक वस्तुओं में स्थिति का वर्णन होता है। ल. (1)-बिय बिसेष इक वस्तु जहँ बहु थल बरनी जाति। उ.-''घर बाहिर अध-उदधहु वहै तिया दरसाति।।''-प.ग्रं., पद्मा., 164/52। ल. (2)-जहँ अनेक थल में कछू बात बखानत एक। तहँ बिसेष औरो कहत कबि जन बुद्धि बिवेक। उ.-''पूरब पच्छिम उत्तर दक्खिन भाऊ दिवान की कीरति राजै।।''-मति., ल.ल., 247-248/340। ल. (3)-तनक जतन आरंभ तें मिलै सरस जहँ सिद्धि। दूजौ भेद विसेष को जानि जु बुद्धि समृद्धि। उ.-''साँची कहियत आज अलि थोरे जतन रसाल। सब कुछ पायौ औचक भुज भरि भेंटे लाल।।''-सो. ग्रं., र.पी.नि., 192-193/207।

**दूजो व्याघात**—व्याघात। दे. व्याघात। ल. (1)-हेतु कौनहू तें जु कछु कोऊ थपै जु बात। और जु तातें जहँ बिरुध साधै तहँ ब्याघात।। उ.-''दुख दरिद्र की संक सों लोभी सुधन न देत। दातहु ताही संक सों सरबस देत सहेत।।''-प.ग्रं., पद्मा., 168-169/53। ल. (2)-जहाँ क्रिया की सुकरता बरनत काज विरोध। तहाँ कहत व्याघात हैं औरौ बुद्धि विबोध।। उ.-''जु पै सखी ब्रज गाँव में घर घर चलत चबाव। तौ हरिमुख लखि देति किन नैन चकोरनि चाव।।''-मति., ल.ल., 253-254/341। ल. (3)-जाहि तथाकारी गनै करै अन्यथा सोउ। काहू सुद्ध विरुद्ध ही, है व्याघातै दोउ। काहू को विरुद्ध ही सुद्ध को उदाहरण-''लोभी धन-संचय करै, दारिद को डर मानि। दास यहै डर मानिकै, दान देत है दानि।।''-भि.ग्रं. 2, का.नि., 27, 31/128। ल. (4)-जहाँ बिरोधी तें कहूँ काज सँवारे कोइ। द्वितिय भेद ब्याघात कौ तब कवित्त में होइ।। उ.-''हरि बनि गौरि कही, निरखि भस्मासुर कौ रंग। नाचै निज सिर हाथ धरि तौ विहरौं तुव संग।।''-सो.ग्रं., र.पी.नि., 198-199/207।

**दूजो सम**—सम अलंकार के दूसरे भेद में हेतु और कार्य की समता दिखाई जाती है। ल. (1)-कारन को गुन काज में जहँ पै ये सम सोइ। उ. -''सिय ज़ दुसह दुख सहि लियो सुता भूमि की होइ।।''-प.ग्रं., पद्मा., 153/51। ल. (2)-कारज में सब पाइये कारन ही को अंग। ल. (3)-जा कारज में निरखियै सबै हेतु की वानि।। उ.-''मदन मनोहर, कान्ह के सुत सुंदर सुखदानि। क्यों न होंइ परदुमन में तिय बसकरनी बानि।।''-सो.ग्रं. 1, र. पी.नि., 176-177/205। ल. (4)-जहाँ हेतु से काज को बरनत उचित सरूप। बरनत तहँ सम औरऊ जे कबि कोबिद भूप।।-मति., ल.ल., 230/337।

**दूजो समुच्चय**—दे. समुच्चय, दुतिय समुच्चय। गुण या क्रिया अथवा दोनों का एक ही काल में वर्णन या स्थिति। ल. (1)-बहसि करत बहु हेतु जहँ एक काज को सिद्धि। इहौं समुच्चय कहत हैं जिनकी है मति सिद्धि।।-मति., ल.ल., 279/346। ल. (2)-वहु मिल चाहत हैं जहाँ कियौ एक ही काज। भेद समुच्चय को बियौ बरनत कबि सिरताज।। उ.-''पावस, सीख, सखीनि की, तरुनाई, रतिनाह। मिलि केसव तिय नवल के उपजावत पिय चाह।।''-सो.ग्रं. 1, र.पी.नि., 222, 223/210।

**दूजो हेतु**—हेतु के दूसरे भेद में हेतुमत और हेतु की एकस्वरूपता का वर्णन होता है। ल. (1)-इकता कारज हेतु की हेतु कहत सु कबिंद। उ.-परम पदारथ चारहू श्री राधा गोबिंद।।''-प.ग्रं., पद्मा., 280/67। ल. (2)-जहाँ हेतुमत हेतु को बरनत एक सरूप। तहाँ हेतु औरौ कहत सब कबि पंडित भूप।। उ.-नैननि को आनंद है जिय की जीवन जानि। प्रगट दरप कंदर्प को तेरी मृदु मुसकानि।।-मति., ल.ल., 394-395/365। ल. (3)-कारज कारन एक ही कहें जानियत हेत।।-भि. ग्रं. 2, का.नि., 7/159।

**दूतिका**—दे. दूती। ल.-दूतिका जानिये उद्दीपन के भेद। नायक अरु नायका को हरै बिरह को खेद।।-मति., र.रा., 287/267।

**दूती**—शृंगार रस के उद्दीपन विभाव के अन्तर्गत इसकी भी गणना होती है। कुछ आचार्यों ने इसका अन्तर्भाव सखी में किया है और कुछ ने इसका स्वतंत्र वर्णन किया है। नायक-नायिका के बीच दूत-कार्य करने में निपुण स्त्री को दूती कहा जाता है। इन दोनों को एक दूसरे के अनुकूल बनाने

में, उन्हें मिलाने में, एक का संदेसा दूसरे तक पहुँचाने में इसे निपुणता प्राप्त होती है। मृदु और कठोर उपाय के भेद के आधार पर इसके तीन भेद वताये गये हैं। मृदु उपाय (मीठी मीठी बातें) वाली दूती को उत्तम (दे.,) मृदु-कठोर उपाय वाली दूती को मध्यमा (दे.), और कठोर (कटु कठोर वातें) उपाय वाली दूती को अधमा (दे.) कहा गया है। दूती के रूप में आचार्यों में सखी, नर्तकी, दासी, संन्यासिनी, धोबिन, चितेरिन, तँवोलिन, गंधिन आदि को उपयुक्त माना गया है। इसके पर्याय हैं-संचारिका, सारिका, दूतिका, कुट्टनी। इसके भेद भी बताये गये हैं-स्वयंदूतिका या स्वयंदूती (दे.), वान दूती (दे.) आदि। ल. (1)-दूतपने ही में सदा जो तिय परम प्रबीन उत्तम मध्यम अधम है सो दूती बिधि तीन।।-प.ग्रं., 361/157। ल. (2)-जो दूत्य व्यापार मैं निपुन सू दूती जानि। याके भेद कहौं सबै सुजन लेहु मन आनि।। दूती दासी सखी अरु क्रिया कारनी जानि। धात्रेयी प्रतिवेशिनी वहुरि लिंगिनी मानि।। बहुरि शिल्पिनी आपु पुनि, स्वयंदूतिका लेवि। प्रव्रजिता बाला वहुरि पुनि संवंधिनि देवि।। बहुरि बरनि बिप्रश्निका, नटी और पहिचानि। विक्रेती अरु संकिता दूती भेद वषानि।। आदि काच पठवास अरु, मनि प्रसूनता अन्त। विक्रेत्री यो चारि विधि, विक्रेत्री बुधि वंत।।-शृं.मं., चिंता, 397-401/123। ल. (3)-पठई आवे और की दूती कहिए सोई। अपनी पठई होत है बान-दूतिका जोइ।।-भि.ग्रं. 1, र.सा., 232/34। उ.-"जो सुख दै तुमको सबही विधि तो गनियो अपनी हित दूती।"-वृं.ग्रं., स्फु.छं., 96/336। ल. (4)-निपुन दूतता में सदा दूती ताहि बखानि। उत्तम मध्यम अधम यों तीन भाँति सों जानि।।-मति., र. रा., 299/270।

**दूती के काज**—दे. दूती। ल.-द्वै दूती के काज ये विरह निवेदन एक। संघट्टन दूज्यौ कह्यो सुकबिन सहित बिबेक।। बिरह बियानि सुनाइबो बिरह निवेदन जानि। दोउन कों जु मिलाइबो सो संघट्टन मानि।।-प.ग्रं., जग., 371, 372/159।

**दूतीभेद**—दे. दूती, "दूती के काज"। ल.-अनसिख्ई सिखई मिली सिखई एकहि जाइ। उत्तम मध्यम अधम यों तीनि दूतिका भाइ।।"-भि.ग्रं. 1, र.सा., 233/34।

**दूतीवंचिका**—ल.-पति को प्रेम छपाइ कै, झूठो मानु दिखाइ। पति के अनुमत दूतिका, वचन करै बनाइ।। कही सो दूती वंचिका, हास केलि यह जानि। सुभग बड़े साहिब कहत, सुजन लेउ मन आनि।।-शृं.मं., चिंता., 161-162/46, 47।

**दूत्य ब्यापार**—दे. दूती, दूती के काज। सामान्यतया दूती के कार्यों में बिरहनिवेदन और संघट्टन को सम्मिलित किया जाता है, किंतु शृंगारमंजरीकार ने अन्य कार्यों का भी अंतर्भाव किया है-अनुरागनिवेदन, प्रोत्साहन, भोग भाव कथन, संदेशकथन, चित्तज्ञता आदि। ल.-प्रथम बरनिए संघटन, पिअ प्यारी को आनि। वहुरि विरह अनुराग को, सरस निवेदन जानि।। प्रोत्साहन पुनि आन तिअ, भोग कथन मन आनि। पुनि संदेश कथन बरनि, चित्तज्ञता वषानि।। ए दूती व्यार है, बरनि गए प्राचीन। सब दूती के भेद अब, बरनत सुनो प्रवीन।।-शृं.मं., चिंता., 402-404/123।

**दूलह**—जन्म-1770 के आसपास। पिता-उदयनाथ कवींद्र। स्थान-दोआव के बनपुरा का रहने वाला (ग्रियर्सन)। इनके पिता अमेठी राज्य के आश्रय में रहे। रचना-कविकुलकण्ठाभरण। (इति. शुक्ल, बृ.इति. 6)।

**दूलह राय**—ओड़छा के राजा मधुकर साहि के पुत्र थे, जिनके पुत्र इंद्रजीत सिंह कवि केशवदास के आश्रयदाता थे। दूलह राय के अनुज थे होरिल राव।-र.प्रि., 1/8; क.प्रि., 1/27।

**दूषण उल्लास**—रचयिता-भूषण (दे.)। (इति. शुक्ल)।

**दूषन दर्पण**—रचयिता-ग्वाल कवि (दे.)। (इति.शुक्ल)।

**दूषन**—दूषण। लंका के राजा रावण के एक भाई का नाम। इसके दूसरे भाई का नाम खर था। रावण ने इन दोनों को 14000 सेना के साथ दण्डकारण्य की रक्षा करने के लिए नियुक्त किया था। रावण की बहिन भी इसी वन में रहती थी,

जिसने सुंदरी का रूप धारण कर राम-लक्ष्मण से विवाह का प्रस्ताव किया था और अन्त में लक्ष्मण ने उसकी नाक काट ली थी। परिणामतः युद्ध हुआ जिसमें दोनों भाई मारे गये। उ. (1)-''दूषन दूषन के जास भूषन अगनि केसव सोहै।''-क.प्रि., 15/130। उ. (2)-''कारी परदूषन के मारे षर दूषन को पाथर की वाँध पाज...पार की।''-वृं.ग्रं., स्फु.छं., 13/313।

**दूषन**—काव्य दोष। ये काव्यशरीर को दूपित अथवा कुरूप करने वाले होते हैं-''दूषन करै कुरूपता।''-भि.ग्रं. 1, का.नि., 13/5। उ.-''विप्र न नेगी कीजियै मूढ़ न कीजै मित्त। प्रभु न कृतघ्नी सेइयै दूपन सहित कवित्त।।-क.प्रि., 3/5। केशवदास ने सदोष कविता का वर्णन करते हुए स्पष्ट किया है-अंध बधिर अरु पंगु तजि नग्न मृतक मतिसुद्ध। अंध बिरोधी पंथ को, बधिर ति सवद विरुद्ध। छंद बिरोधी पंगु गनि, नग्न जु भूषनहीन। मृतक कहावै अर्थ बिनु ''केसव'' सुनहु प्रवीन।।-क.प्रि., 3/6-7।

**दूषन उपमा**—उपमा अलंकार का एक भेद। ल.-जहँ दूषन गन वरनियै भूषन-भाव दुराइ। दूषन उपमा ह्येति तहँ, वुधजन कहत बनाइ।।-क.प्रि., 14/2, 16।

**दूसरी अनुसयना**—दे. दूसरी अनुसयाना। ल.-होनहार संकेत को जहँ अभाव उर आनि। अनुसयना कहिये यहौ हिये दुखनि की खानि।।-मति., र.रा., 88/219।

**दूसरी अनुसयाना**—दे. अनुशयना, अनुशयाना। मिलन के भावी संकेतस्थल के लिए चिन्ताकुल परकीया नायिका। ल. (1)-होनहार संकेत को धरि अभाव उर माह। दुखित होत जो दूसरी कहत अनुसयानाह।-प.ग्रं., जग., 117/104। ल. (2)-होनहार संकेत को जहँ अभाव उर आनि। अनुसयना कहिये यहौ हिये दुखनि की खानि।।-मति., र.रा., 88/219।

**दूसरी निदरसना**—दे. निदर्सना, दूजी निदर्सना। ल.-जहँ बरनन पद अर्थ को बरनत हैं कविराज। निदरसना यह दूसरी बरनत विबुध समाज।।-मति. ल.ल., 150/325।

**दूसरी पर्यायोकति**—दे. दूजी पर्यायोक्ति।

**दूसासन**—दे. दुसासन। उ.-''दृग दूसासन लाल कै ज्यौं ज्यौं षैंचत जात। त्यौं त्यौं द्रौपति चीर लौं मन पट बाढ़त जात।।''-रतन., 270/80।

**दूहा बावनी**—रचयिता-लक्ष्मीबल्लभ (दे.)। विव.-अध्यात्म एवं नीति सम्बन्धी (वृ.इति. 7)।

**दृगशतक**—रचयिता-ग्वाल (दे.)। (सा.को.)।

**दृढ़पट छंद**—तेईस मात्राओं का छंद है। मात्राक्रम है (।।। ।SS S।S ।।S ।।S S)। ल.-न ल म ल म भ कनी ह्वदै दृढ़पट आनहु चित्त। उ.-''डारि दयो री पेंच में मेरो मन आली। दृढ़ पटुको कटि कसतहीं मोहन बनमाली।।''-भि.ग्रं. 1, छंदा., 198-199/205-206।

**दृष्टांत**—एक अलंकार जिसका शाब्दिक अर्थ है-प्रामाणिक निश्चय को देखना। इसमें उपमेयगत तथा उपमानगत वाक्यों में उपमेय, उपमान तथा साधारण धर्म का बिंब-प्रतिबिंब भाव झलकता है। वाचक शब्द लुप्त रहता है। ल. (1)-जहाँ विंब-प्रविबिंब सम दुहूँ वाक्य को धर्म। ताहि कहत दृष्टांत हैं जे कबि कबिता बर्म।। उ.-''निरखि रूप नँदलाल को दृगनि रुचै नहिं आन। तजि पियूप कोऊ करत कटु औषधि को पान?।।-प.ग्रं., पद्मा., 82-83/42। ल. (2)-सम बिंबनि प्रतिविंब गति, है दृष्टांत सुढंग। उ.-''तरुनी मो मो मन बसै, तरु मो बसै बिहंग।।''-भि.ग्रं. 2, का.नि., 6/19। ल. (3)-अलंकार दृप्टांत सो लक्षन नाम प्रमान।। उ.-''आभा सूर प्रताप बर सोभा सुरहि कमान।।''-ज.ग्रं., भा.भू., 84/29। ल. (4)-पदसमूह जुग धर्म जहँ जिमि विंबहिं प्रतिबिंब। सुकबि कहत दृष्टांत है जे मन दर्पन बिंब।। उ.-''पगी प्रेम नंदलाल के हमैं न भावत जोग। मधुप राजपद पायकै भीख न माँगत लोग।।''-मति., ल.ल., 145-146/324। ल. (5)-बिब और प्रतिबिंब सौं जहाँ निरखिये भाव। अलंकार दृष्टांत सो जानत सब कबिराव।। उ.-''परबत पच्छ बिदारनौ सुरपुर में अमरेस। पर-गढ़-भंजन जगत में श्री प्रताप कुँवरेस।।''-सो.ग्रं. 1, र.पी.नि., 97-98/195। ल. (6)-लखि बिंब-प्रतिबिंब गति

उपमेयोपमान। लुप्त सब्द वाचक किये है दृष्टांत सुजान।। साधर्मों वैधर्मों सो, कहुँ वैसोइ धर्म। कहूँ दूसरी बात तें जानि परै सोइ मर्म।।-भि.ग्रं. 2, का. नि., 54-55/77।

**दृष्टांत तरंगिणी**–रचयिता-बाबा दीनदयाल गिरि (दे.)। विव.-नीति सम्बन्धी दोहे। (इति. शुक्ल)।

**दृष्टांतबोधिका**–रचयिता - रामचरणदास (दे.)। (बृ. इति. 7)।

**दृष्टांती**–रचयिता-छत्रसाल (दे.)। (बृ.इति. 7)।

**दृष्टानुराग**–(वियोग)-भिखारीदास ने अनुराग के तीन भेद बताये हैं-पूर्वानुराग, श्रुतानुराग, दृष्टानुराग। उ.-''जेहि जेहि मगु बिच पगु धर्‌यो मोहन मूरति स्याम। मोहि करत मोहित महा जोह तहीं वइ ठाम।। परस परसपर चहत है रहै चितै हित बाढ़ि। रटनि अटपटी अटनि पर अटनि दुहुन की गाढ़ि।।''-भि.ग्रं. 1, र.सा., 391-392/56।

**दृष्टिचेष्टा की परकीया**–भिखारीदास ने परकीया के लक्षणों में तीन बातें कही हैं-चतुर बातें, क्रिया और दृष्टि चेष्टा। दृष्टिचेष्टा परकीया को उन्होंने केवल उदाहरण से स्पष्ट किया है। उ.-''तुरत चतुरता करत अलि गुरजन संग लखैन। परसि जात हरिगात है सरसि जात तिय-नैन।।''-भि. ग्रं. 1, र.सा., 60/11।

**देबकी**–देवकी। देवक भोज की पुत्री होने के कारण इनका नाम देवकी था। इनका विवाह यदुवंशी शूर से भोजा के गर्भ से उत्पन्न 10 पुत्रों में से ज्येष्ठतम वसुदेव से हुआ था। वसुदेव से देवकी के गर्भ से छह पुत्र उत्पन्न हुए थे-सुषेण, कीर्तिमान, ऊय, भद्रसेन, ऋजुदाय, भद्रविदेक। सातवें गर्भ को योगमाया ने आकर्षित कर रोहिणी के गर्भ में कर दिया था जो बलराम के रूप में अवतरित हुआ था। रोहिणी वसुदेव की दूसरी पत्नी थीं। आठवें गर्भ से श्रीकृष्ण उत्पन्न हुए। देवकी के विवाह के समय जब कंस रथ हाँक रहा था, तभी आकाशवाणी हुई कि देवकी के गर्भ से उत्पन्न आठवाँ पुत्र कंस का वध करेगा। नारद ने भी इसकी पुष्टि की। कंस ने वसुदेव-देवकी को बंदीगृह में डाल दिया और उपर्युक्त पुत्रों को जन्म के बाद क्रमशः मरवा डाला। आठवें गर्भ के समय कंस ने वसुदेव दंपति पर पहरा कड़ा कर दिया। भाद्रपद कृष्णाष्टमी को रात्रि 12 बजे जिस समय श्रीकृष्ण का जन्म हुआ योगमाया के प्रभाव से सभी रक्षक गहरी नींद में सो गये और स्वतः द्वार उद्घाटित होने पर वसुदेव अपने पुत्र को गोकुल के गोपों के मुखिया नंद के यहाँ रख आए और सद्यःजाता पुत्री (योगमाया) को चुपके से लाकर देवकी के पास लिटा दिया। कंस जब मारने के लिए उठाकर इसे पटकने लगा तो इसने आकाशगामिनी होकर कंस से कहा ''तुझे मारने वाला उत्पन्न हो गया है''-कंस ने देवकी के इस पुत्र को मारने के अनेक उपाय किये किंतु अन्त में वह स्वयं मारा गया। बलराम और कृष्ण के तिरोभाव से देवकी अत्यंत दुःखी हुई। वसुदेव की मृत्यु हुई और देवकी सती हो गई। (हिं.श. सा., पौ.को.)। उ.-''देबकी के गेह तैं निकरि के पछारत हो।''-वृं.ग्रं., स्फु.छंद, 16/313।

**देव**–इटावा के सनाढ्य ब्राह्मण अथवा द्यौसरिया कान्यकुब्ज ब्राह्मण। पूर्णनाम देवदत्त। जन्मकाल-सं. 1730। पिता-बिहारीलाल दुबे। आश्रयदाता-औरंगजेब के बड़े पुत्र आजमशाह, ददरी के राजा सीताराम के भतीजे सेठ भवानीदत्त वैश्य, फफूँद रियासत के राजा कुशलसिंह, राजा अथवा सेठ भोगीमल, इटावा के ड्योढ़िया खेरा के राजा उद्योतसिंह, दिल्ली के रईस पातीराम के पुत्र सुजानमणि, पिहानी के अधिपति अकबर अली खाँ। मृत्यु-सं. 1824-25 के लगभग। रचनाएँ-भावविलास (सं. 1746), अष्टयाम (1746), भवानीविलास (1750-55), प्रेमतरंग (1760), कुशलविलास (1760), जातिविलास (1780), देवचरित्र (1780 के बाद), रसविलास (1783), प्रेमचंद्रिका (1790), सुजानविनोद या काव्यरसायन (1800), सुखसागर तरंग (1824), रागरत्नाकर, जगदर्शन पच्चीसी, आत्मदर्शन पच्चीसी, प्रेमपचीसी, देवमाया प्रपंच (नाटक)। अन्य नाम-नखशिख, प्रेमदर्शन, प्रेमदीपिका, पावसविलास, वृक्षविलास, ब्रह्मदर्शनपचीसी आदि।

(इति.शुक्ल, बृ.इति. 6)।

**देवकर्ण**--जाति कायस्थ। पिता-हरनाथ। पितामह-महीदास। आश्रयदाता-मेवाड़ के महाराणा जगतसिंह द्वितीय। रचनाएँ-वाराणसी विलास, एक बृहत् ग्रंथ-वाराहापुराण के काशी खंड के आधार पर, तीस विलास, 4052 छद, प्रारम्भ में मेवाड़ का संक्षिप्त इतिहास, कविपरिचय, महाराणा जगतसिंह और उनके पूर्वजों का यश वर्णन। रचनाकाल सं. 1803। (बृ.इति. 7)।

**देवकीनंदन**--जन्मस्थान-मकरंदनगर ग्राम (कन्नौज, कानपुर)। पिता-सपली शुक्ल अथवा कवि शिवनाथ। आश्रयदाता-महंत सरफराज गिरि, रुद्दमउ (जि.हरदोई) के रईस अवधूत सिंह। रचनाएँ-शृंगारचरित्र, अवधूतभूषण, सरफराजचंद्रिका, ससुरारि पचीसी, नखशिख। (इति.शुक्ल, सा.को.)।

**देवगिरि**--दक्षिण का एक प्रसिद्ध ऐतिहासिक नगर। उ.-"बेदर के लीने पर देवगिरि छीने पर सवुन के सीने पर जैहे महाधर को।"-भू.ग्रं., प्रकी., 488/225।

**देवचरित**--रचयिता-देव. (दे.)। (इति.शुक्ल)।

**देवदास**--समर्थ सम्प्रदाय के संत। स्थान-दादेगाँव (महाराष्ट्र)। रचनाएँ - स्फुट। विषय-आध्यात्मिक भाव, गोपीकृष्ण प्रेम। (बृ.इति. 7)।

**देवधुनी**--गंगा नदी। उ.-"देव मुनीन को चित्त रमावन पावन देवधुनी जल जानो।"-भि.ग्रं. 1, शृं.नि., 48/100।

**देवनदी**--गंगा। उ.-"देख यह देवनदी कीन्हें सब देव यातें दूतन बुलाइकै बिदा के बेगि पान दै।"-प.ग्रं., गं.ल., 6/254।

**देवनाथ**--जन्म-सं. 1811। स्थान-सुर्जी (विदर्भ)। निवास-सुर्जी, प्रायः भ्रमणशील। वाराणसी, पूना, ग्वालियर। मृत्युस्थान-ग्वालियर, सं. 1878। रचनाएँ-स्फुट (हिन्दी और मराठी)। (बृ.इति. 7)।

**देवनाथ महाराज**--समय-सं. 1811 से 1956 तक। स्थान-सुर्जीग्राम (विदर्भ)। रचनाएँ-स्फुट। विषय-कृष्णभक्ति, निर्वेद, नाथनिरंजन का वर्णन, कृष्णलीला बारहमासी, आध्यात्मिक होली, भगवद्भक्ति, गुरुमहिमा आदि। (बृ.इति. 7)।

**देवर्षि श्रीकृष्ण भट्ट**--दे. कवि कलानिधि।

**देवल**--देवालय। पूजा के लिए रखी गई देवमूर्तियों का घर या कक्ष। मंदिर। उ.-"खोदि डारे देवी-देव-देवल अनेक सोई पेखि निज पानिप तें छूटी माल सबकी।"-भू.ग्रं., प्रकी., 448/216।

**देवानंद**--कवि केशवदास के एक पूर्वज। उ.-"तिनके देवानंद सुत उपजे कुल अवतंस।।"-क. प्रि., 2/5।

**देवा पाण्डे**--रचनाएँ-ढाल मधुबूँद, गुरसीख, सास बहू का झगड़ा (सं. 1872 के पूर्व)। (बृ.इति. 7)।

**देवा ब्रह्म**--दे. देवा पाण्डे।

**देवा ब्राह्मण**--दे. देवा पाण्डे।

**देवीचंद**--स्थितिकाल-सं. 1844 के पूर्व। रचनाएँ-पंचाख्यान। विव.-मित्रलाभ, सुहृदभेद, विग्रह, संधि तथा लब्धप्रकाश का गद्य-पद्य मिश्रित ग्वालेरी भाषा में अनुवाद। (बृ.इति. 7)।

**देवीदास**--जन्म-सं. 1712। स्थान-बुंदेलखण्ड, करौली। आश्रयदाता-महाराज कुँवर रत्नपाल। रचनाएँ-प्रेम रत्नाकर। (बृ.इति. 7)।

**देवीविलास**--रचयिता-हरि आनंद (दे.)। विव.-पिंगल ग्रंथ। (बृ.इति. 7)।

**देशविशेष**--दे. अर्थव्यंजक। उ.-"हौं असकति ज्यों त्यों इतहि, सुमन चुनौंगी चाहि। मानि बिनै मेरी अली और ठौर तूँ जाहि।। ति.-इहाँ ठौर व्यभिचार जोग्य है तातें सखी को टारिबो व्यंजित होतु है।।-भि.ग्रं. 2, का.नि., 61, 61अ/16।

**देसगिरी**--एक राग (संगीत)। उ.-"सिसिर बसंत अहीरी कही। देसगिरी तित पर लैकही।"-बो. ग्रं., वि.वा., 12/121।

**देसल जीरी वचनिका**--रचयिता-हमीर दान रतनू (दे.)। रचनाकाल-सं. 1785। (बृ.इति. 7)।

**देसविरोध**--काव्यगत दोष। केशवदास दूषण वर्णन में देशविरोध की भी गणना करते हैं। ल.-देसबिरोध न बरनियै, कालबिरोध निहारि। लोक न्याय आगमन के, तजो बिरोध बिचारि।।-क. प्रि., 3/16।

**देसारव**--एक राग (संगीत)। उ.-"कहि

देसारव बहुरि अस लेख। बंगावली पंच तिय देख।''-बो.ग्रं., वि.वा.. 5/120।

**देह दशा**—रचयिता-नागरीदास (दे.)। (बृ. इति. 7. स.सर्वे)।

**देहली दीपक**—(अलंकार)-एक अर्थालंकार जिसमें किसी एक मध्यस्थ शब्द का अर्थ दोनों ओर लगाया जाता है। ल.-परै एक पटू बीच में, दुहुँ दिसि लागै सोइ। सो है दीपक देहली जानत है सब कोइ।।-भि.ग्रं. 2, का.नि., 37/173।

**दैन्य**—दे. दीनता। अपने को तुच्छ समझने का भाव जो गर्व अथवा अहंकार के प्रतिकूल होता है। यह रस विवेचन में एक संचारी भाव है, जिसमें दुःख, दरिद्रता आदि से उत्पन्न ओजस्विता का अभाव होता है। मनस्ताप, निर्धनता आदि इसके विभाव हैं और असंयम, शारीरिक शिथिलता, मलिनता, मानसिक विक्षेप आदि इसके अनुभाव हैं। ल.-निर्वेद ग्लानि संका तथा आलस्य दैन्य रु मोह। स्मृति धृति ब्रीड़ा चपलता श्रम मद चिंता कोह।।-र.प्रि., 6/12।

**दोधक छंद**—वर्णवृत्त है। ल.-भगन तीन द्वै अन्त गुरु यह दोधक को रूप। (चार चरण, प्रत्येक में ऽ।। ऽ।। ऽ।। ऽऽ मात्राक्रम, 11 वर्ण)। उ. -''सीख दई तुमकौं यह कौनें।''-सो.ग्रं. 1, र.पी. नि., 15-16/34।

**दोलति खान**—पठान योद्धा जो समशाह से लड़ने के लिए आया हुआ था और जहाँगीर का दरवारी था। उ.-''जौ लगि दौलतिखान पठान। आनि सैमरी कियो मिलान।''-वी.च., 3/43।

**दोष (काव्यदोष)**—दे. दूषन। भारतीय साहित्यशास्त्र में दोष का विचार विभिन्न साहित्य-सम्प्रदायों के अनुसार ही किया गया है। सामान्यतया काव्य के अन्तर्गत दोष वे तत्त्व हैं, जो उसके (शब्दगत, वाक्यगत, पदगत, अर्थगत और रसगत) सौंदर्य अथवा उत्कर्ष की हानि करते हैं अथवा विघातक हैं। भिखारीदास ने शब्द, वाक्य अर्थ और रस से सम्वन्धित चार प्रकार के दोषों का विवेचन किया है और पददोष को वाक्यदोष के अंतर्गत रखा है। ल.-दोष सब्दहूँ वाक्यहूँ अर्थ रसहु में होइ। तिहि तजि कबिताई करै, सज्जन सुमति जु कोइ।।-भि.ग्रं. 2, 1/218। ल. (2)-रस कों सुख मलिनाइ है, जिहि सब्दारथ ओट। तासों दूपन कहत हैं,कबि रसिकन के जोट। जाके राखे तें रहै, दूरि करै मिटि जाइ। शब्दारथ और वृत्त कौ, रस कौ दोष बताइ।।-सो.ग्रं. 1, र.पी.नि., 1-2/161। कहीं कहीं दोष भी गुण माने गए हैं, जिसका विवेचन भिखारीदास ''दोषोद्धार'' (दे.) प्रकरण में किया है।-भि.ग्रं. 2, का.नि.. पृ. 239-243।

**दोष**—अपराध। धृष्ट नायक के द्वारा किये गए वे कार्य जो किसी के प्रति किये गए प्रेम की दृष्टि से अपराध या विरोधक हों और उसे करके भी वह संकुचित न होता हो। ल.-धरै लाज उर में न कछु करै दोष निरसंक। टरै न टारें कैसहूँ कह्यो धृष्ट सकलंक।। उ.-''ठानै मजा अपने मन की उर आनै न रोषहू दोष किये को। त्यों पदमाकर जोवन के मद वैं मद हैं मदपान पिये को। राति कहूँ बसि आयो घरै डर मानै नहीं अपराध किये को। गारि दै मारि दै टारति भाउती भाउतो होत है हार हिये को।।''-(धृष्ट नायक का उदाहरण)।-प.ग्रं., जग., 293-294/144।

**दोषोद्धार**—भिखारीदास ने दोषों का वर्णन करने के बाद दोषोद्धार का विवेचन किया है, जिसमें बताया है कि कहीं कहीं दोष भी गुण होते हैं अथवा वे अदोष होते हैं। ल.-कहुँ सब्दालंकार कहुँ छंद कहूँ तुक हेत। कहुँ प्रकरनबस दोषहूँ गनैं अदोष सचेत।। कहूँ अदोषै होत, कहुँ दोष होत गुनखानि। उदाहरन कछु कछु कहौं, सरल सुमति ढिग जानि।।-भि.ग्रं. 2, का.नि., 1-2/239। इस विवेचन में उन्होंने अश्लील, ग्राम्य, न्यूनपद, अधिकपद, कथितपद, गर्भितपद, प्रसिद्धविद्याविरुद्ध, सहचार भिन्न आदि के उदाहरण दिये हैं। कुलपति मिश्र, सूरतिमिश्र आदि ने दोष-समाधान के उपायों का वर्णन किया है।

**दोषोद्धार**—इसका तात्पर्य है कि कहीं कहीं सामान्यतया माने गये दोष, दोष नहीं होते, गुण हो जाते हैं। दे. दोषोद्धार। भिखारीदास ने काव्यनिर्णय में इस पर पूरा एक प्रकरण लिखा है।

1. अश्लील कहीं अदोष और कहीं गुण होता है। ल.-कहुँ अस्लील दोषै नहीं जथा सुभग भगवंत। कहूँ हास निंदादि तें अस्लील गुनैं गुन संत।। उ.-''मीत न पैहे जान तूँ, यह खोजा दरबार। जो निसिदिन गुदरत रहै, ताही को पैठार।।'' ति.-यों निंदादि में क्रीड़ा हास में अस्लील गुन है। 2. क्वचित् ग्राम्य गुण। ल.-ग्रामीनोक्ति कहे कहूँ, ग्रामै गुन ह्वै जाइ। उ.-''अजौं तिया सुख की छिया, रही हिया पर छाइ।।'' 3. क्वचित् न्यूनपद गुण। उ.-''नहीं नहीं सुनि नहि रह्यो, नेह नहनि में नाह। त्यों त्यों भा रति मोद सों ज्यों ज्यों झारति वाँह।।'' ति.-यह समै सुरति को नहीं है हम नहीं मानती सो नायिकावचन करिकै बल नहीं, सो जान्यो जातु है, ऐसी ठौर ऐसो न्यून गुन है। 4. क्वचित् अधिक पद गुण। उ.-''खल बानी खल की कहा साधु जानते नाहिं। सब समझें पै तेहि तहाँ पतित करत सकुचाहि।।'' ति.-कहा जानते नाहिं यामें समुझिबे को अर्थ आइही वीत्यो, फेरि सब समझैं कह्यो तौ अति दिढ़ताई भई यह अधिकपद गुण है। 5. क्वचित् कथितपद गुण। ल.-दीपक लाटा वीपसा, पुनरुक्ताप्रतिकास। बिधि भूषन में कथित पद, गुन करि लेख्यो दास।। उ.-''ज्यों दर्पन में पाइये, तरनि-तेज तें आँच। त्यों पृथ्वीपतितेज तें, तरनि तपत यह साँच।।'' ति.-इहाँ तरनि तरनि द्वै बेर आयो है, सो गुण है। 6. गर्भितपद क्वचित् अदोष। उ.-''लाल अधर में कै सुधा, मधुर किये विनु पान। कहा अधर में लेत हौ, धर में रहत न प्रान।।'' ति. धर में रहत न प्रान यह वाक्य विनु पान के समीप चाहिये, ऐसी दूरान्वय भाषा कबि संसकृतकबि बहुत बनाइ आए हैं तातें अदोष है। 7. प्रसिद्ध विद्याविरुद्ध क्वचित् गुण। ल.-जो प्रसिद्ध कबिरीति में सो संतत गुन होइ। लोकविरुद्ध बिलोकिकै, दूषन गनै न कोइ।। उ.-''महा अँध्यारी रैनि में, कीर्ति तिहारी गाइ। अभिसारी पिय पै गई, उजियारी अधिकाइ।।'' ति.-कीर्ति के गाइवे तें उज्यारी ह्वैबो लोकविरुद्ध है, सो कबिरीति गुन है। 8. सहचरभिन्न क्वचित् गुण। उ.-''मोहन मो दृग पूतरी, वै छवि सिगेरी प्रान। सुधा चितौनि सुहावनी, मीचु बाँसुरी तान।।'' ति.-इहाँ सव सत में बाँसुरी तान असत है, सो विसेषोक्ति अलंकार भयो गुन है।-भि.ग्रं. 2, का.नि., 5-15/240-242। भिखारीदास का कथन है कि इसी प्रकार के और भी दोषों का उद्धार समझा जा सकता है।

**दोहन आनंद**--रचयिता-नागरीदास (दे.)। (बृ.इति. 7, स.सर्वे.)।

**दोहरा छंद**--मात्रिक छंद है। ल.-कीजै दोही दोहरा, एकै एक घटाइ। दोहे के विषम चरणों में एक-एक मात्रा कम कर देने से दोहरा बनता है। सम चरणों में 11-11 मात्राएँ ही रहती हैं। उ.-''जातन कनक तज्यो ना, लगत चौहरो लाल। मुकुतमाल हि तेहरो, दोहरो बेंदा माल।।''-भि.ग्रं. 1, छंदा., 7,9/223।

**दोहा छंद**--मात्रिक छंद है। ल. (1)-तेरह ग्यारह तेरह, ग्यारह दोहा चारु। उ.-''मन वालक समुझाइये, तुम्हहि विनै रघुनाथ। न तरु बोलाए कौन के, आवै चंदो हाथ।।''-भि.ग्रं. 1, छंदा., 2,3/222। ल. (2)-वारह लघु बाईस लघु, बत्तिस लौं लघु मानि। चारि वरन दोहा कही, बाकी लघु लौ जानि।।-भि.ग्रं. 1, छंदा., 5/222। ल. (3)-प्रथम चरण तेरह कला दूजौ गारह राखि। उत्तर अरधहु इही क्रम कहि दोहा अभिलाखि।।-सोमनाथ ने दोहा के अन्य बहुत से नाम भेदों का उल्लेख किया है। वे इस प्रकार हैं-1. भ्रमर अक्षर 26 (22 गुरु, 4 लघु); 2. भ्रामर-अक्षर 27 (21 गुरु, 6 लघु); 3. सरभ-अक्षर 28 (20 गुरु, 8 लघु); 4. सैनक-अक्षर 29 (19 गुरु, 10 लघु); 5. मंडूक-अक्षर 30 (18 गुरु, 12 लघु); 6. मर्कट-अक्षर 31 (17 गुरु, 14 लघु); 7. करभ-अक्षर 32 (16 गुरु, 16 लघु); 8. नर-अक्षर 33 (15 गुरु, 18 लघु); 9. मराल-अक्षर 34 (14 गुरु, 20 लघु); 10. मदकल-अक्षर 35 (13 गुरु, 20 लघु); 11. पयोधर-अक्षर 36 (12 गुरु, 24 लघु); 12. चल-अक्षर 37 (11 गुरु, 26 लघु); 13. वानर-अक्षर 38 (10 गुरु, 28 लघु); 14. त्रकल-अक्षर 39 (9 गुरु, 30 लघु);

15. कच्छ-अक्षर 40 (8 गुरु, 32 लघु);
16. मच्छ-अक्षर 41 (7 गुरु, 34 लघु);
17. सार्दूल-अक्षर 42 (6 गुरु, 36 लघु);
18. अहिवर-अक्षर 43 (5 गुरु, 38 लघु);
19. बाघ-अक्षर 44 (4 गुरु, 40 लघु);
20. बिडाल-अक्षर 45 (3 गुरु, 42 लघु);
21. सनक-अक्षर 46 (2 गुरु, 44 लघु);
22. उदर-अक्षर 47 (1 गुरु, 46 लघु);
23. सर्प-अक्षर 48 (सभी लघु)।-सो.ग्रं. 1, र.पी. नि., 1-6/23-24। ल. (4)-प्रथम पाद तेरह कला दूजें ग्यारह आनि। तीजें तेरह जानियै चौथे ग्यारह जानि।।-छं.मा., 2/17। केशवदास ने भी सोमनाथ की तरह दोहा के तेईस भेदों का वर्णन किया है। ल. (5)-भँवरु भाँवरु सरभु स्येन मँडुक मर्कट करभ मराल। मनुष मत्तगजराज पयोहर बल बानर रु त्रिकाल। मीन कछप करि देखहू सर्दुल अहिबर और बिडाल। पुनि बाघहि लेखहु कहि 'केसव' उँदर सर्प अरु व्याल।।...दोहान भेद वखानियो। अब जो गुरु करै लघु वढ़ै सो सो नामहि जानियो। भ्रमरु होइ लघु चारि को षट लघु भ्रामरु जानि। सरभु आठ लघु स्येन दस क्रमहीं नाम वखानि।। बारह लघु को विप्र कहि क्षत्रिय बाइस जानि। बत्तिस लघु को बैस है और सूद्र करि मानि।। जा दोहा के प्रथम पद जगन तीसरें देखि। जानहु ताहि बिडारिकै मन क्रम वचन बिसेखि।।-छंदा., 2/18-22।

**दोहा-दोष**—दोहा छंद में दोष। ल.-प्रथम तीसरे चरन में, जगन जोहिये जासु। सो दोहा चंडालिनी बोलै बिविध बिनासु।। (प्रथम और तीसरे चरण में जहाँ जगण (।ऽ।) हो वहाँ चंडालिनी दोष मानना चाहिए)।-भि.ग्रं. 1, छंदा., 4/222।

**दोहावली**—रचयिता-रसिकअली (दे.)। (बृ. इति. 7)।

**दोहावली रत्नावली**—रचयिता-पं. उमापति त्रिपाठी (दे.)। (बृ.इति. 7)।

**दोहावली रामायण**—रचयिता-रामगुलाम द्विवेदी (दे.)। (बृ.इति. 7)।

**दोहा श्रृंगार**—रचयिता-ग्वाल (दे.)। (सा. को.)।

**दोही दोहरा छंद**—मात्रिक छंद है। ल.-दोहा के तेरहनि में, द्वै द्वै कला बढ़ाई। (विषम चरणों में 15-15 तथा सम चरणों में 11-11 मात्राएँ होती हैं)। उ.-''जनि बाँह गहो हौं जानती, लाल तिहारी रीति। हौ निरमोही नित के करौ दो ही दिन की प्रीति।।''-भि.ग्रं. 1, छंदा., 8-9/223।

**दौलत**—दौलतराव सिंधिया, महादजी सिंधिया के भाई तुकाजी का पौत्र था। ग्वालियर इसका केंद्र था। 1884 में इसकी मृत्यु हुई। पद्माकर इसके दरबार में उस समय गए थे जब यह युद्ध से एक प्रकार से विरत हो चुका था। उ.-''बाँका नृप दौलत अलीजा महाराज कवौं साजि दल दपटि फिरंगिन दबावै गो।''-प.ग्रं., प्रकी., 27/311।

**दौलतराव**—दे. दौलत। उ. - ''महाराज माधव-तन, नृपमनि दौलतराव।''-प.ग्रं., प्रकी., 28, 29/311, 31/311।

**दौवै छंद**—अट्ठाईस मात्राओं का छंद है। मात्राक्रम अनियमित है। उ.-''तुम बिछुरत गोपिन के अँसुवन ब्रज बहि चले पनारे। कछु दिन गँए पाने तें वै उमड़ि चले ज्यों नारे। वै नारे नदरूप भए अब कहौ जाइ कोइ जोवै। सुनि यह बात अजोग जोग की ह्वै है समुद्र नदो वै।।''-भि.ग्रं. 1, छंदा., 221/209-210।

**द्रबिड़**—द्रविड। दक्षिण भारत का एक देश जो उड़ीसा के दक्षिण - पूर्वी सागर के किनारे रामेश्वर तक है। उ.-''मधुरा-धरेस धकधक धकत द्रविड़ निविड़ अविरल डरहि।''-भू.ग्रं., प्रकी., 435/213।

**द्राविड़**—द्रविड़ देश के। दे. द्रबिड़। उ.-''भूषन भनत भुवपाल दुरे द्राविड़ के ऐल गैल गैल भूले उनमादा के।''-भू.ग्रं., प्रकी., 460/218।

**द्रुतपाद छंद**—सोलह मात्राओं का छंद है। मात्राक्रम है (।।। ऽ।। ।।ऽ ।ऽऽ)। ल.-नभसयाहि द्रुतपाउ सुद्धतो। (नगण भगण सगण यगण)। उ.-''गहरु होत रिस तासु सँभारो। उतहि लाल द्रुत पाउन धारो।''-भि.ग्रं. 1, छंदा., 133, 154/196, 198।

**द्रुतमध्यक छंद**—विषम चरणों में 11 वर्ण

होते हैं और मात्राक्रम है (S।। S।। S।। SS)। सम चरणों में 12 वर्ण होते हैं और मात्राक्रम है (।।।। S।। S। ।SS)। ल.-भागनुतीनि गुरु बियदीजै, पुनि दुज भागनु गो लय कीजै। ग्यारह बारह आखर पाएँ, कहि द्रुतमध्यक छंद सुभाएँ।। उ.-''नाथि फनिंदहि तोषि फनिंदी, प्रगट भयो द्रुत मध्य कलिंदी।।''-भि.ग्रं. 1, छंदा., 14-15/268।

**द्रुतविलंबित छंद**–दे. सुंदरी छंद।-भि.ग्रं. 1, छंदा., 17/249।

**द्रुपदसुता**–दे. द्रौपदी। उ.-''द्रुपदसुता की लाज राखी महाराज तुम ऐसी यह राखी मैं तिहारे हाथ राखी है।''-प.ग्रं., प्रकी., 83/326।

**द्रोणपर्व**–रचयिता-कुलपति मिश्र (दे.)। (इति. शुक्ल, बृ.इति. 7)।

**द्रोन**–द्रोणाचार्य। गंगाद्वार (हरिद्वार) के पास भरद्वाज ऋषि ने विवस्त्रा सद्यःस्नाता घृताची नाम की अप्सरा को देखा। उनके कामार्त होने पर वीर्यपात हुआ जिसे उन्होंने द्रोण (यज्ञपात्र) में सुरक्षित किया, जिससे कालांतर में एक तेजस्वी बालक उत्पन्न हुआ, जिसका नाम द्रोणाचार्य पड़ा। भरद्वाज ने जो अस्त्र अपने शिष्य अग्निवेश को दिए थे, वे सब द्रोणाचार्य को प्राप्त हुए। भरद्वाज के शरीरपात के बाद द्रोणाचार्य ने शरद्वान् की कन्या कृपी से विवाह किया, जिससे अश्वत्थामा नामक वीर पुत्र उत्पन्न हुआ। बाल्यावस्था में पूषत नीम के राजा का पुत्र द्रुपद अग्निवेश आश्रम में इनका साथी और मित्र था। द्रोणाचार्य बाद में महेंद्र पर्वत पर परशुराम से अस्त्र-शस्त्र की शिक्षा लेकर जब लौटे तब दरिद्रता से पीड़ित होकर अपने मित्र एवं पांचाल के राजा द्रुपद को अपना परिचय देकर सहायता की याचना की जिस पर द्रुपद ने तिरस्कार किया। भीष्म के निमंत्रण पर कौरवों और पांडवों को अस्त्र-शस्त्र की शिक्षा दी जिनमें अर्जुन (पांडव) इनका सर्वाधिक प्रिय शिष्य था। कौरवों-पांडवों से गुरुदक्षिणा के रूप में द्रुपद को बाँधकर लाने की आज्ञा दी जिसे पांडवों ने पूरा किया। द्रोणाचार्य ने उसे भागीरथी के केवल दक्षिण का राज्य देकर छोड़ दिया। अपमानित द्रुपद ने यज्ञ कर द्रोणाचार्य के वध के लिए एक धृष्टद्युम्न नामक पुत्र कृष्णा (द्रौपदी) नाम की कन्या प्राप्त की। द्रोणाचार्य ने महाभारत युद्ध में कौरवों की ओर से नौ दिन तक घोर युद्ध किया। युधिष्ठिर के द्वारा यह कहे जाने पर कि ''अश्वत्थामा मारा गया'', द्रोणाचार्य शस्त्र त्याग कर, सिर नीचा कर शोक में डूब गए तब द्रुपदपुत्र धृष्टद्युम्न ने उनका सिर काट लिया। (हिं. श.सा., पौ.को.)। उ. (1)-''कहँ पंचपंडव द्रोन दुरजोधन जयद्रथ कहें छए।''-प.ग्रं., हि.ब.वि., 108/16। उ. (2)-''कर्न, कृपा, द्विज द्रोन सों बैर कै काल बचै बल कीजै प्रतीत्यो।''-क.प्रि., 8/19। उ. (3)-''धर्म छाँड़ि उनि जुद्ध प्रकास। कर्न द्रोन छलि भीषम नासे।''-वि.गी., 9/35। उ. (4)-''भील द्रोन के बिन कहै सीख्यौ बान बिलास।''-वृं.ग्रं., नी. स., 264/78।

**द्रोनसुत**–द्रोणाचार्य का पुत्र। अश्वत्थामा। दे. द्रोन। यह महाभारत युद्ध में कौरवों की ओर से लड़े थे। युद्ध के बाद भी जीवित रहे। सात दीर्घजीवियों में इनका नाम है। इस युद्ध के समय, पिता द्रोणाचार्य का सिर काटे जाने के बाद, इन्होंने द्रौपदी के सोते हुए पाँच पुत्रों का सिर काट लिया था। क्रुद्ध पांडवों के आक्रमण से पराजित हुए और शीर्षमणि छीनी जाने से अत्यंत अपमानित हुए। पुनः अभिमन्यु की पत्नी उत्तरा के गर्भस्थ शिशु को प्रहार कर मार डाला। श्रीकृष्ण ने पुनः उसे जीवन प्रदान किया और उसका नाम परीक्षित पड़ा। अन्ततः श्रीकृष्ण से अभिशप्त होकर धृतराष्ट्र से मिलकर व्यासाश्रम की ओर चले गये। अपनी वीरता से इन्होंने शिखंडी, धृष्टद्युम्न, अभिमन्यु, घटोत्कच, भीम, युधिष्ठिर आदि को पराजित किया। (हिं.श.सा., पौ.को., महाभारत नामानुक्रमणिका)। उ.-''कियौ अकेले द्रोन-सुत निसि पांडव कुल नास।''-वृं.ग्र., नी.स., 227/76।

**द्रोणारिणी छंद**–प्रत्येक चरण में मात्राक्रम है (SSSS ।।। ।।S SS। SS ।S)। सत्रह वर्ण होते हैं और दस तथा सात वर्ण पर यति होती है। ल.-चार्यौ हारा नगर सगनो, तक्कार कर्ना लगे। भागीराजा भनित दस औ, है सात बर्ना पगे।

बिश्रामो के दिसि मुनिन्ह को, आनंद वोहारिनी। 'दासौ' भाखै सुनहु कबि. यो द्वै छंद द्रोहारिनी।। उ.-''दोषे खंडो दुरित हरनी, संताप संहारिनी। राधा-माधौ चरित-चरचा, संदोह द्रोहारिनी।।-भि. ग्रं. 1, छंदा., 76-77/259।

**द्रोपति**–दे. द्रौपदी। उ.-''त्यौं त्यौं द्रोपति चीर लौं मन पट बाढ़त जात।''-रतन., 270/80।

**द्रौपदि**–दे. द्रौपदी। उ.-''द्रौपदि की पत राख लई मिट आँच गई अरिते तपने की।''-वृं.ग्रं., स्फु. छं., 32/318।

**द्रौपदी**–पांचाल के राजा द्रुपद (दे. द्रोन) की कन्या कृष्णा जो पाँचों पांडवों को ब्याही थी। द्रोन के आदिष्ट होकर पांडवों ने द्रुपद को हरा कर बंदी बनाया और उनसे भागीरथी के उत्तर का भाग भी छीन लिया गया। इस अपमान से क्रुद्ध होकर द्रुपद ने याज और उपयाज नाम के ऋषियों से द्रोण को मारने वाला पुत्र प्राप्त करने के लिए यज्ञ कराया। परिणामस्वरूप धृष्टद्युम्न नाम का पुत्र तथा कृष्णा नाम की कन्या प्राप्त हुई। इसका विवाह द्रुपद पहले अर्जुन से करना चाहते थे, किंतु अज्ञातवास के कारण कोई अन्य उपयुक्त वर की प्राप्ति हेतु उन्होंने स्वयंवर की रचना की, जिसमें मत्स्यवेध की परीक्षा रखी गई। पांडव ब्राह्मण वेश में वहाँ पहुँचे। कर्ण को सूतपुत्र कहकर कृष्णा ने अस्वीकार कर दिया। अर्जुन ने मत्स्यवेध किया। माता कुंती के निर्देश से पाँचों भाइयों ने इसका पाणिग्रहण किया। राजा होने के वाद द्यूतप्रेमी युधिष्ठिर कुटिल द्यूत में द्रौपदी तक को हार गए। दुःशासन (दे.) ने भरी सभा में इसे नग्न करना चाहा, जिसमें असफल रहा और भीम की प्रतिज्ञा के अनुसार दुःशासन के रक्त से द्रौपदी के बाल सींचे गए। दुर्योधन ने द्रौपदी को जंघा पर बिठाने का संकेत किया था, उसकी जंघा भी भीम ने गदा से तोड़ी। पुराणों के अनुसार द्रौपदी पंचकन्याओं में एक है। महाभारत के अनुसार इंद्रपत्नी शची ही द्रौपदी के रूप में अग्नि से प्रकट हुई थी। (हिं.श.सा., पौ.को.)। उ.-''बोधा कवि पंचवीर पांडवा पराई पौर द्रौपदी सभा में दुहसासन खड़े गही।।''-बो.ग्रं., वि.वा., 23/152। उ. (2)-''भई त्रिषांतुर द्रौपदी चाहै पायो नीर।।''-वृं. ग्रं., भा.क., 1/308। उ. (3)-''हिंदुआन द्रौपदी की ईजति बचैबे बोलि बैराटनगर तैं बाहिर गूढ़ ज्ञान कै।''-भू.ग्रं., शि.भू., 315/187।

**द्रौपदी कुमार**–रचयिता-छत्रनाथ (दे.)। (बृ. इति. 7)।

**द्वादसदलकमल**–रचयिता-गिरिधरदास (दे.)। (इति.शुक्ल)।

**द्वापर**–चार युगों में से तीसरा युग, जिसके नाम का शब्दार्थ है-विचारद्वंद्व, दुविधा। इस युग के अन्त में अनेक प्रकार के द्वंद्व उत्पन्न हो गए। पुराणों के अनुसार इसकी अवधि 8, 64, 000 वर्षों की है। भाद्रपद कृष्ण त्रयोदशी, बृहस्पतिवार को इस युग का आरंभ माना गया है। मत्स्यपुराण के अनुसार इस युग में मनुष्यों की परमायु दो हजार वर्ष की थी। वर्ण की दृष्टि से यह वैश्य युग है। इसमें द्वंद्व की या युद्ध की प्रमुखता होती है। (हिं. श.सा., पौ.कौ., हिं.ध.को.)। उ. (1)-''द्वापर जुग के अन्त पुरी बनारस के विषै। कायथ नाम सुमंत तासु सुता लीलावती।।''-बो.ग्रं., वि.वा., 22/37। उ. (2)-''सतयुग द्वापर और त्रेता कलियुग यधि आदि भयो नाहिं भूप तिन हुते ए धरी।।-भू. ग्रं., प्रकी., 471/221।

**द्वारका**–दे. द्वारिका। उ.-''भजनानंद द्वारका छाये गोपिन बिरह बढ़ायो।''-बो.ग्रं., वि.वा., 18/30।

**द्वारचार**–विवाह की एक रीति जो लड़की वाले के यहाँ बारात पहुँचने पर की जाती है। उ.-''द्वारचार कहँ इलह आयो मनहुँ भानु भूलोकहि छायो।''-बो.ग्रं., वि.वा., 5/225।

**द्वारिका**–द्वारका। भारत की सात प्राचीन पुरियों में एक। हिंदुओं के चार धामों में एक। यह काठियावाड गुजरात की एक प्राचीन नगरी है, जिसका सम्बन्ध यादवराज श्रीकृष्ण के जीवन से विशेष है। जरासंध के मथुरा पर अनेक आक्रमणों से रक्षा के लिए श्रीकृष्ण ने इसे अपना केंद्र बनाया। इसे द्वारावती, कुशस्थली भी कहते हैं। उपासना की दृष्टि से यहाँ के मंदिर में स्थापित मूर्ति विग्रह

रणछोड़राय (ऋण से मुक्त कराने वाले अथवा युद्ध छोड़ भागने वाले) की है। श्रीकृष्ण वोढाणा भक्त को डाकोर के पंडों से ऋणमुक्त करने के लिए चुपके से द्वारका से डाकोर (अहमदाबाद के निकट) चले आये थे। द्वारका का निर्माण बलराम के श्वसुर रेवत ने किया था और यह काल यवन (मथुरा आक्रमण में जरासंघ का सहयोगी, गार्ग्य ऋषि से गोपाली नामकी अप्सरा के गर्भ से उत्पन्न अत्यंत पराक्रमी यवनपति) के आतंक से मुक्त थी। श्रीकृष्ण के देहत्याग के बाद द्वारका समुद्र में विलीन हो गई। (हिं.श.सा., पौ.को., हिं.ध.को.)। उ. (1)-''जा दिन तैं चले कान्ह प्रानपति द्वारिका कौं ता दिन तैं राधिका उसास अति लेत है।''-वृं.ग्रं., स्फु.छं., 111/340।

**द्वारिकानाथ**--दे. द्वारिका। श्रीकृष्ण। उ.-''मैं बलि द्वारिकानाथ की जो दस सोरह सै नवलान को नायक।''-भि.ग्रं. 1, शृं.नि., 17/92।

**द्विकल**--दो मात्रा। गुरु।-भि.ग्रं. 1, छंदा., 8/168।

**द्विजदेव (महाराज मानसिंह)**--जन्म-सं. 1877। पिता-महाराज दर्शनसिंह (अयोध्या), शाकद्वीपी ब्राह्मण। स्थान-अयोध्या। मृत्यु-सं. 1928 (वृंदावन)। रचनाएँ-शृंगारबत्तीसी, शृंगारलतिका, शृंगारचालीसी। (इति.शुक्ल, बृ.इति. 7, स.सर्वे, सा.को.)।

**द्विज राम**--परशुराम। भारतीय साहित्य में तीन रामों की चर्चा है-सूर्यवंशी, क्षत्रिय राम; मदग्नि ब्राह्मण ऋषि के पुत्र परशुराम तथा यदुकुलवंशी बलराम। दे. परसुराम। उ.-''राम कहा द्विजराम कहा बलराम कहा रन में अनुरागे।''-भू.ग्रं., परि., 350/195।

**द्वितीय अधिक**--दे. दूजो अधिक।

**द्वितीय असंगति**--दे. दूजी असंगति।

**द्वितीय आक्षेप**--दे. दूजो आक्षेप।

**द्वितीय चित्र**--दे. दूजो चित्र।

**द्वितीय तुल्योगिता**--दे. दूजी तुल्योगिता।

**द्वितीय दीपकावृत्ति**--दे. दूजी दीपकाबृति, दीपक आबृति।

**द्वितीय निदर्शना**--दे. दूजी निदर्सना, दूजी निदर्शना।

**द्वितीय पर्यायोक्ति**--दे. दूजी पर्यायोक्ति।

**द्वितीय पूर्वरूप**--दे. दूजो पूरब रूप।

**द्वितीय प्रतीप**--दे. दूजो प्रतीप।

**द्वितीय प्रहर्षण**--दे. दूजो प्रहर्षन।

**द्वितीय विनोक्ति**--दे. दूजी बिनोक्ति।

**द्वितीय विभावना**--दे. दूजी विभावना।

**द्वितीय विशेष**--दे. दूजो बिसेष।

**द्वितीय विषम**--दे. दूजो विषम।

**द्वितीय व्याघात**--दे. दूजो व्याघात।

**द्वितीय सम**--दे. दूजो सम।

**द्वितीय समुच्चय**--दे. दूजो समुच्चय।

**द्वितीय हेतु**--दे. दूजो हेतु।

**द्वितीय हेतुमाला**--दे. दूजी हेतुमाला।

**द्वितीयाक्षेप**--दे. दूजो आक्षेप।

**द्वैतभूषण**--रचयिता-रामसखे (दे.)। (बृ. इति. 7)।

# ध

**धंधेर**--राजपूतों की शाखा विशेष। उ.-''चौहान चौदह आकरे धंधेर धीरज-धाकरे।''-प.ग्रं., हि.व. बि., 27/7।

**धनंजै**--अर्जुन का एक नाम। उ.-''बोधा कबि द्वापर में धनुष धनंजै साजो।''-बो.ग्रं., बि.वा., 26/100।

**धनंतर**--धन्वंतरि। विष्णु के अवतारों में इन्हें तेरहवाँ अवतार माना गया है। पुराणों के अनुसार समुद्रमंथन से निकले चौदह रत्नों में एक थे। निकलने पर ये विष्णु को देखकर ठिठक गए तब विष्णु ने इन्हें अण्ज कहकर पुकारा। इन्होंने यज्ञ में स्थान और भाग की प्रार्थना की। विष्णु ने इसके स्थान पर इन्हें दूसरे जन्म में जन्म से ही अणिमादि सिद्धियों की प्राप्ति, आयुर्वेद को आठ विभागों में विभाजित करने के श्रेय का वर दिया। काशिराज

धन्व ने पुत्र के लिए तपस्या की और अब्जदेव की आराधना की। अब्जदेव ने दीर्घतपा धन्व के घर अवतार लिया। इन्होंने भरद्वाज ऋषि से आयुर्वेद शास्त्र अध्ययन कर प्रजा को रोगमुक्त किया। इन्हें आयुर्वेद का प्रवर्तक और केतुमान का पिता भी कहा गया है। ये ब्रह्मा के वर से काशी के राजा हुए थे। ये देवताओं के वैद्य भी कहे गए हैं। भावप्रकाश के अनुसार इंद्र ने इन्हें आयुर्वेद की शिक्षा देकर लोककल्याण के लिए पृथ्वी पर भेजा था। (हिं.श.सा., पौ.को.)। उ. (1)-''तू मोहिं मिल्यो धनंतर जैसे। अब मैं जान देहुँ कहि कैसे।।''-बो.ग्र., वि.वा., 21/141। उ. (2)-''भेटै धनंतर से जु बैद सु यों अनेक बिधैं करै।''-प. ग्रं., हि.ब.बि., 98/14।

**धनद**—कुबेर। विश्रवा और इडविडा का पुत्र। उ.-''ध्यान चुको धनद कमाय चुको कामतरु पाय चुको पारस रिझाय चुको राम कों।''-प.ग्रं., प्रकी., 24/310।

**धनपति**—वायुदेव। कुबेर। पुराणानुसार ब्रह्मा के द्वारा सृष्टि किये जाने पर ये उनके मुख से निकले थे। ब्रह्मा के निर्देश के अनुसार मूर्तिमान और शांत हुए। उन्होंने इन्हें देवताओं के संपूर्ण धन का रक्षक होने का वर दिया था। एकादशी के दिन आग से पके हुए अन्न न खाने वाले को प्रसन्न होकर ये धनधान्य से सम्पन्न करते हैं। (पौ.को.हिं.सा. को.)। उ.-''सोहत धनपति से झूमि झुकत से हरि सुरपति से सुरतर से।''-प.ग्रं., प्र.बि., 105/288।

**धनसिंह पमार**—बोधा रचित विरह वारीश काव्य के एक योद्धा का नाम। उ.-''गिर्‌यो सुरकी धनसिंह पमार।।''-बो.ग्रं., वि.वा., 9/190।

**धना**—15वीं ई.श. के एक जाट संत जिनके रामानंद की शिष्य परम्परा में होने की बात कही जाती है। कुछ लोग इन्हें 10वीं ई.श. में विद्यमान मानते हैं। इनका स्थान राजस्थान के टोंक इलाके के धुअन या धुवान गाँव माना गया है। इनके अनेक चमत्कार प्रसिद्ध हैं। नाभादास के भक्तमाल में इनका उल्लेख है। (उ.भा.सं.प.)। उ. (1)-''जाटहू धना के सदना के सुद्ध साथी भए हाथीहू उबारत न वार मन लाए हैं।''-प.ग्रं., प्र.प., 24/242। उ. (2)-''धना और सदना कबीर पीपा मीरा ब्यास गीध रयदास सुख सोभनि सों सनिगौ।''-ठाकुर, 1/61।

**धनासिरीय**—धनाश्री। एक रागिनी जो हनुमान के मत से श्री राग की तीसरी पत्नी, भरत के मत से गांधार राग की भार्या तथा कल्लिनाथ के मत से मेघराज की चतुर्थ भार्या है। इसकी जाति षाड़व, ऋषभवर्जित गृहांशन्यास षड्ज है। गाने का समय एक मत से दिन का दूसरा प्रहर और दूसरे मत से तीसरा प्रहर है। इसका प्रयोग वीररस में विशेष होता है। (हिं.श.सा.)। उ.-''सिरीराग के संग कहि गौरी पटरानीय। करमाटी आसावरी साँरग धनासिरीय।।''-बो.ग्रं., वि.वा., 15/121।

**धनुर्विद्या**—रचयिता-महाराज विश्वनाथ सिंह (दे.)। (इति.शुक्ल)।

**धनुषबंध**—लेखनी चित्रालंकार (दे.) का एक भेद।

**धनेस**—दे. धनद, धनपति।उ.-''कहै पद्‌माकर प्रमानमाला पुन्यन की गंगाजू की धार घनमाला है धनेस की।''-प.ग्रं., गं.ल., 44/269।

**धन्वंतर**—दे. धनंतर। उ.-''देखतही भागे रिपुलोग। ज्यौं धन्वंतर आएँ रोग।''-वी.च., 14/12।

**धमार**—होली के गाने का एक ताल। एक राग का नाम। फाग के गीत। उ. (1)-''मधुर मधुर सुर मुरली बजाइ धुनि धमकि धमारन की धाम धाम कै गयो।।''-प.ग्रं., जग., 630/211। उ. (2)-''गाबत गारि धमार मिलि काम जगावत बाम।''-वृं.ग्रं., य. स., 619/254। उ. (3)-''जगत धमार नारदी गावै। रुचिर हार श्रृंगार बनावै।''-बो.ग्रं., वि. वा., 27/212। उ. (4)-''राग-बिराग धमार त्यौं धार सी लौटि पर्‌यौ ढँग यौं सबही को।''-घ.क., 78/71।

**धमारि**—दे. धमार। उ.-''घूँघर की धुधकी मैं हौं धँसिहौं धरि लैहौं गुपालहिं।''-ठाकुर, 93/25।

**धरनि**—दे. गाहा छंद।

**धरनीदास**—जन्म-सं. 1632। स्थान-झाँझी गाँव (जिला-सारन, विहार)। पिता-परशुरामदास।

माता-निरमा देवी। रचनाएँ-प्रेमपरगास, शब्दप्रकाश, रतनावली। (बृ.इति. 7)।

**धरमबीर**--धर्मवीर। रस निर्णय के ग्रंथों में वीररस के अन्तर्गत कहे गए चार प्रकार के वीरों में से एक। ल.-धरमबीर के कवि कहत यह बिभाव उर आन। बेद सुमृति सुमिरन सदा पुनि-पुनि सुनव पुरान।। बेद बिहित क्रम चलब पुनि औरहुँ है अनुभाव। धृति आदिक बरनत सुकबि तिहिं संचारी भाव।।-प.ग्रं., जग., 702-703/227।

**धारा छंद**--प्रत्येक चरण में मात्राक्रम है (SS।S)। उ.-''सो धन्य है। औ गन्य है। सीता वरै। जो ही धरै।।''-भि.ग्रं. 1, छंदा., 19/237।

**धर्म**--किसी वस्तु की विधायक आंतरिक वृत्ति को उसका धर्म कहते हैं। पदार्थ का व्यक्तित्व जिस वृत्ति पर निर्भर है, वही उस पदार्थ का धर्म है जिसकी वृद्धि से पदार्थ की वृद्धि और क्षय से पदार्थ का क्षय होता है। मानव की दृष्टि से धर्म वह है जिससे अभ्युदय और निःश्रेयस् (वर्तमान और भावी जीवन) की सिद्धि हो। इसके चार लक्षण हैं-श्रुति, स्मृति, सदाचार और आत्मसंतोष। यह धर्म आत्मा और अनात्मा का, जीवात्मा और शरीर का, व्यक्ति और समाज का विधायक है। उ. (1)-''केरन नृपति तिनके भए धरनी धर्म प्रकास।''-क.प्रि., 1/8। उ. (2)-''जप, तप, विद्या बेद-बिधि, सवै बढ़े धन धर्म।''-र.प्रि., 1/4।

**धर्मपुत्र**--राजा पांडु की पत्नी कुंती के गर्भ से उत्पन्न धर्मदेव के पुत्र युधिष्ठिर का एक नाम। उ.-''धर्मपुत्र पांडव को गावै। स्वाद सरस तव जस को पावै।''-बो.ग्रं., वि.वा., 21/217।

**धर्मबावनी**--रचयिता-धर्मसिंह (दे.)। विव.-सामान्य नीति विषयों के अतिरिक्त उग्रनारी, कुलटा आदि का वर्णन। (बृ.इति. 7)।

**धर्मराज**--युधिष्ठिर। उ.-''धर्मराज उत्तर कहौ पांडव जीवत होहि।''-वृ.ग्रं., भा.क., 5/308।

**धर्मशास्त्र**--वे आप्त ग्रंथ जिनमें मनुष्यों और शासन के कर्तव्याकर्तव्य, धर्मविधान आदि की व्यवस्था चर्चित हो। हिंदुओं के धर्मशास्त्रीय ग्रंथ 'स्मृति' के नाम से प्रसिद्ध हैं। स्मृतिकार हैं-मनु, यम, वशिष्ठ, अत्रि, उशना, व्यास, आपस्तंब, नारद, याज्ञवल्क्य आदि। (हिं.श.सा.)। उ.-''धर्मशास्त्र पढ़ै रटै बहु ज्ञान ही सह नेह।''-वि.गी., 17/67।

**धर्मसिंह**--जन्म-सं. 1700 के लगभग। स्थान-राजस्थान। रचनाएँ-गुरुशिष्य दृष्टांत छत्तीसी, विशेष-छत्तीसी, धर्मबावनी प्रास्ताविक कुण्डलिया बावनी, छप्पयबावनी, स्फुट पद्य। (बृ.इति. 7)।

**धर्माक्षेप**--दे. आक्षेप। आक्षेप अलंकार का एक भेद। किसी की धर्म-निर्वाह-क्रिया ही दूसरे के कार्य का बाधक हो जाय, तब यह अलंकार होता है। ल.-राखत अपने धर्म को, जहँ कारज रहि जाइ। धर्माक्षेप सदा यहै, बरनत सब कबिराइ।।-के.ग्रं., क.प्रि., 10/19।

**धर्मापह्नुति**--दे. अपह्नुति। भिखारीदास के अनुसार अपह्नुति का प्रथम भेद। इसके लक्षण न देकर केवल उदाहरण से स्पष्ट किया है। उ.-''चौहरी चौक सों देख्यों कलामुख पूरब तें कढ़्यो आवत है री। ठाढ़ो सँपूरन चोखो भरो विषु सो लहि घायन घूमै घनँ री। माँजि मिसी जम जोर दयो सोइ दास बिच बिच स्याम लगै री। चाइ चबाइ वियोगिनि कों दुजराज नहीं दुजराज है वैरी।।''-भि.ग्रं. 2, का.नि., 25/90।

**धर्मोपमा**--दे. उपमा। उपमालंकार का एक भेद। ल.-एक धर्म को एक अँगु, जहाँ जानिजतु होइ। ताही सों धर्मोपमा, कहत सयाने लोइ।-क.प्रि., 14/32।

**धवल छंद**--बीस मात्राओं का छंद है। मात्राक्रम है (।।। ।।। ।।। ।।। ।।। ।।। S)। ल. (1)-सबन पिय तरहि गुरु प्रगट धवलहि गना। उ.-''रजतगिरि तुहिनगिरि सरदससि नवल है। सब उपर अधिक सियपति सुजस धवल है।।''-भि.ग्रं. 1, छंदा., 177, 179/201-202। ल. (2)-नगन आदि दै एक गुरु चरन अन्त पर आनि। धवल छंद पिंगल मतैं उनइस अच्छर जानि।। उ.-''तिहि हिम समय कहत पिय बिछुरन बतियाँ। विषम बिसमसर डर भरि लरजति छतियाँ।।''-सो.ग्रं., र.पी.नि., 30/36।

**धवल पचीसी**–रचयिता–बाँकीदास (दे.)। (बृ.इति. 7)।

**धात्रेयी**–चिंतामणि ने दूती का विवेचन करते समय धात्रेयी की चर्चा की है। धात्री या धाय की बेटी धात्रेयी है। उ.–''बाला बेटी धाइ की, एक माइके नेह। पिय सों दई मिलाइ तिय अति एकंत कहूँ गेह।।''–शृं.मं., चिंता., 411-412/125।

**धारी छंद**–ल. (1)-षट्कल अर्थात् छः मात्राओं का छंद है। क्रम है (ऽ।ऽ।) उ.–''दानवारि। चित्त धारि। पाप झारि। कोस धारि।।''–भि.ग्रं 1, छंदा., 36/184। ल. (2)-सत्रह मत्ता छंद में धारी त्रिजयो नीक। उ.–''चलै मुखचंद विलोकि कुमारी गए तुलसीवन में गिरिधारी।।'' इसमें मात्राक्रम है–(।ऽ। ।ऽ। ।ऽ। ।ऽऽ)।–भि. ग्रं. 1, छंदा., 159-160/199।

**धीरअधीर**–धीराधीरा नायिका। वह नायिका जो नायक के शरीर पर पर-स्त्री-रमण के चिह्न देखकर कुछ गुप्त और कुछ प्रकट रूप से अपना क्रोध प्रकट करती है। ल.–लक्षन धीर अधीर को कोप प्रगट अरु गोप।–जस.पं., भा.भू., 22/10।

**धीरत्व**–धैर्य नाम का अयत्नज अलंकार। संकट, बाधा, कठिनाई या विपत्ति आदि उपस्थित होने पर घबराहट का न होना। अनुद्वेग की स्थिति। ल.–''कै पतिव्रत कै प्रेम दृढ़ सो धीरत्व बखानि।''–भि.ग्रं., र.सा., 346/50।

**धीरा**–नायक-नायिका भेद के अन्तर्गत मध्या और प्रौढ़ा नायिका के मान के आधार पर किए तीन भेदों में से प्रथम जो अपने नायक के शरीर पर पर-स्त्री-रमण के चिह्न देखकर व्यंग्य से या ताने से अपना क्रोध प्रकट करती है। ल. (1)-सिगरी मध्या तीन विधि धीरा और अधीर। धीरा-धीरा तीसरी, वरनत हैं कबि धीर।। धीरा बोलै बंक्र विधि, बानी विषम अधीर। पिय सों देइ उराइनों, सो धीरा न अधीर।।–र.प्रि., 3/45-46। ल. (2)-गोप कोप धीरा करै।–ज.ग्रं., भा.भू., 22/10। ल. (3)-बक्र उकति जा बाम की, व्यंग्य प्रकासै रोस। सो धीरा लच्छन यहै, धीरा को बिन दोष।–शृं.मं., चिंता., 229/69। दे. धीर अधीर।

**धीरादिभेद**–मध्या और प्रौढ़ा नायिका के मान के आधार पर धीरा, अधीरा और धीराधीरा नाम के तीन भेद किए गए हैं। ल. (1)-मानभेद तें तीनि विधि मध्या प्रौढ़ा मानि। धीरा और अधीर तिय धीराधीरा जानि।।''–भि.ग्रं. 1, र.सा., 45/9। ल. (2)-होत भेद धीरादि के खंडिताहु में आइ। ज्येष्ठा कनिष्ठा में त्रिविध मानभेद में पाइ।।''–वही, 438/63। दे. अधीरा धीर अधीर, धीरा।

**धीराधीरा**–दे. अधीरा, धीर अधीर, धीरा, धीरादिभेद। मध्या नायिका का एक भेद। रुदन और मुख की मुद्रा द्वारा कोप प्रकट करने वाली नायिका। प्रौढ़ा के भी मध्या के समान ही भेद किए गए हैं। *मध्या धीराधीरा*। ल.–व्यंगि बचन धीरा कहै, प्रगट रिसाइ अधीर। तीजी मध्या दुहु मिलित बोलै ह्वै दलगीर।। उ.–''हौं अपनो तन मन दियो जाके हित ब्रजनाथ। सो हीरो तुम संति ही दियो सौति के हाथ।।''–भि.ग्रं. 1, र.सा., 46, 49/9-10। *प्रौढ़ा धीराधीरा*–उ.–''अंकु भरै आदरु करै धरै अरोध विधान। लोयन कोयन लाला पै प्रगटे गोए मान।।''–भि.ग्र. 1, र.सा., 54/10। ल.–मुख रूखी बातैं कहै जिय में पिय की भूख। धीराधीरा जानियै जैसी मीठी ऊख।।–र.प्रि., 3/65।

**धुअ**–ध्रुव। स्वायंभुव मनु का पौत्र और उत्तानपाद का पुत्र। इनकी माता का नाम सुनीति अथवा सूनृता था। उत्तानपाद एक बार दूसरी पत्नी सुरुचि से उत्पन्न पुत्र उत्तम को गोद में लिए बैठे थे कि ध्रुव ने भी आकर गोद में बैठना चाहा, किंतु राजा ने नहीं बिठाया और विमाता ने ताना मारते हुए कहा तुम तपस्या कर मेरी कोख से जन्म लो तभी बैठ सकते हो। अपमानित ध्रुव नारद से उपदेश और आशीर्वाद प्राप्त कर पाँच वर्ष की ही अवस्था में यमुना तट पर मधुवन में तप करने लगे। तप से प्रसन्न होकर विष्णु ने सभी लोकों, ग्रहों, नक्षत्रों के ऊपर आधार स्वरूप होकर अचल भाव से स्थित रहने का वर दिया। इनका लोक ध्रुवलोक कहलाता है। घर आने पर वृद्ध उत्तानपाद ने इन्हें राज्य देकर वन गमन किया। पुराणों में इनकी भ्रमी, इला, भूमी और धन्या नाम की चार पत्नियों का उल्लेख मिलता

है, जिनमें से इला से उत्कल, भ्रमी से कल्प और वत्सर, भूमि से सृष्टि और भव्य तथा धन्या से सृष्टि नामक पुत्र हुए। सौतेले भाई उत्तम के यक्षों द्वारा मारे जाने पर ध्रुव ने यक्षों से घोर युद्ध किया जिसे पितामह मनु ने शांत किया। इन्होंने 36000 वर्ष राज्य किया और अन्त में बदरिकाश्रम में तप कर विष्णु द्वारा दिए गए अपने ध्रुवलोक चले गए। आकाश में अत्यंत प्रकाशमान तारे के रूप में ध्रुवतारा दिखाई पड़ता है। (हिं.श.सा., पौ.को.)। उ.-''ठाकुर कहत देखौ धुअ प्रहलाद आदि कहाँ लौं बखानौं बेद भेद करि भनिगौ।''-ठाकुर, 1/61।

**धुकार**--नगाड़े का शब्द। उ.-''धा धा धा धिक निक धुकार धिं धिं सुरमंडित।''-बो.ग्रं., वि. वा., 46/105।

**धुज**--दे. ''धुजा''। उ.-''हंसी तिन्ना दुज धुज ठई।''-भि.ग्रं. 1, छंदा., 120/194।

**धुजा**--दे. धुज। लघु गुरु (।S)। उ.-''तीनि जगन यक है धुजा।''-भि.ग्रं. 1, छंदा., 124/195; वही, 44/253।

**धुनि**--ध्वनि। व्यंग्य में वाच्यार्थ से चमत्कार अधिक होता है। उसी को ध्वनि कहते हैं। इससे सम्पन्न काव्य को उत्तम काव्य कहते हैं। ल. (1)-बाच्य अरथ तें व्यंगि में चमत्कार अधिकार। धुनि ताही को कहत है, सोइ उत्तम काव्य विचार।।-भि.ग्रं. 2, का.नि., 1/44। ल. (2)-होय लच्छनामूल जहँ, गूढ़ व्यंगि परकास। बाच्य अर्थ है वृथा जँह, सो ध्वनि कहि सविलास।। कवि की इच्छा है न जहँ, वाच्य अर्थ पै मित्र। सो अविवक्षित वाच्य ध्वनि कहि बरनतु सु विचित्र।।-अविवक्षित वाच्य ध्वनि दो प्रकार की होती है एक अर्थांतर संक्रमित वाच्य ध्वनि और दूसरी अत्यंत तिरस्कृतवाच्य ध्वनि।।-सो.ग्रं. 1, र.पी.नि., 2, 3/51। ल. (3)-धुनि को भेद दुभाँति को भनै भारती-धाम। अविबांक्षिता बिबांक्षितो, वाच्य दुहुन के नाम।।-भि. ग्रं. 2, 3/45।

**धुरपद**--ध्रुपद। भारतीय शास्त्रीय संगीत की गायन-पद्धति विशेष जिसके चार तुक होते हैं-अस्थायी, अंतरा, संचारी और आयोग। कुछ लोग मिलातुक नामक पाँचवाँ तुक भी मानते हैं। इसके विषय हैं-देवलीला, राजयश, युद्धादि वर्णन। यह गूढ़ राग-रागिनियों से युक्त कर गाया जाता है। इसमें मृदु स्वर की आवश्यकता नहीं है और इसके लिए द्रुतलय उपकारी है। इसका संस्कृत नाम ध्रुवक है। कानड़ा, केदारा, एयन आदि भी इस पद्धति से गाये जाते हैं। इस ध्रुपद के सोलह प्रकार बताये गए हैं। छह पदों का ध्रुपद उत्तम, पाँच का मध्यम और चार पदों का अधम माना जाता है। इसका अधिकतम अक्षरों वाला प्रकार ललित है, जिसमें 26 अक्षर होते हैं। (हिं.श.सा.)। उ.-''धरु धुर पद चिंद गाइन सुघर गावैं। करि कै अलाय तांन तरल तरंग को।''-वृं.ग्रं., शृं. शि., 83/49।

**ध्रुव**--ध्रुवतारा। दे. धुअ। उ.-''भुव सो चरन चल सदा रनमंडल में ध्रुव सो चपक ध्रुव-बल सिवसाहि को।''-भू.ग्रं., शि.भू., 249/175। वही, परि., 378/200।

**धूर्त**--नायक-नायिका भेद के अन्तर्गत शठ नायक का एक भेद। चिंतामणि ने धृष्ट नायक के एक भेद के रूप में इसका लक्षण निरूपण किया है। ल.-धूरत यामै भेद हम कल्पित कियो जु और। धृष्ट नाम नायक विषे सुनहु सुकवि सिरमौर।। सापराध तिय रोसते, पहिले करै जु रोस। धूरत तासों कहत है, जिनकी मति बिन दोस।।-शृं.म., चिंता., 450-451/133।

**धृति**--दे. धीरता। एक संचारी भाव। तत्वज्ञान, इष्ट प्राप्ति आदि के कारण इच्छाओं का पूर्ण हो जाना या लोभ, भय आदि से उत्पन्न होने वाले उपद्रवों से न डिगना धृति कहलाता है। ल. -धृति संतोष पाइ बिनु पाए। बिधि गति समुझि धीरजहि आए।-भि.ग्रं. 1, र.सा., 486/71। ल. (2)-धृति संतोष अपार।।-सो.ग्रं., र.पी.नि., 31/54। धर्मवीर और शांत रस के संचारी के रूप में इसका उदाहरण दिया गया है।-पं.ग्रं., जग., 703/227, 726/232। ल. (3)-साहस ज्ञान सुसंग तें धरै धीरता चित्त। तोही सों धृति कहत हैं सुकवि सबै नितनित।।-वही, 494/184।

**धृष्ट**–अनुकूल, दक्ष, शठ और धृष्ठ नाम के चार नायक भेदों में से एक (र.प्रि., 2/2)। शृंगार रस के नायकों के अन्तर्गत धृष्ट नायक वह भेद है जिसमें वह अनेक बार अपराध (दोष) करने पर भी निश्शंक रहता है, मना करने पर भी, अपमान सह कर भी, किसी न किसी प्रकार बातें बनाकर, अनुनय-विनय कर, चतुरता के साथ, नायिका के साथ लगा रहता है। ल. (1)-धरै लाज उर में न कछु करै दोष निरसंक। टरै न टारै कैसहूँ कह्यौ धृष्ट सकलंक।।-प.ग्रं., जग., 293/144। ल. (2)-आवत लाज न धृष्ट कों कोटि धिक्कार।-ज.ग्रं., भा.भू., 7/6। ल. (3)-लाज रु गारी मार की छोड़ दई सब त्रास। देख्यादोष न मानई नायक धृष्ट प्रकास।।-भि. ग्रं. 1, शृं.नि., 24/93। ल. (4)-ढीठो धृष्ट निदान।-वही, 167/25। ल. (5)-लाज न गारहि मार की छाँड़ि दई सब त्रास। देख्यौ दोष न मानही धृष्ट सु कहियै तास।।-र.प्रि., 14/7। ल. (6)-बरजत ही ढीठयौ करै नायक धृष्ट बखानि।।-सो. ग्रं. 1, र.पी.नि., 16/114। ल. (7)-करै दोष निसंक जो डरै न तिय के मान। लाज धरै मन में नहीं नायक धृष्ट निदान।।-मति., र.रा., 253/259। ल. (8)-होइ प्रगट प्रगट अपराध लषि, नारि निवारत जोइ। तऊ प्रकासै प्रेम को, धृष्ट कहावै सोइ।। धूरत यामै भेद हम कल्पित कियो जु ओर। धृष्ट नाम नायक विषे, सुनहु सुकवि सिरमौर।।-शृं.मं., चिंता., 449-450/133। केशवदास ने धृष्ट के दो भेदों का वर्णन किया है-1. प्रच्छन्न धृष्ट, 2. प्रकाश धृष्ट। ल.-मनसा वाचा कर्मना विहसनि चितवनि लेखि। चलनि चातुरी आतुरी आठौ गाँठि विसेषि।।-र.प्रि., 2/14-17। दे. धूर्त।

**धैर्याक्षेप**–दे. आक्षेप। ल.-कारज करि कहियै वचन, काज निवारन अर्थ। धीरज को आक्षेप यह, बरनत बुद्धिसमर्थ।।-क.प्रि., 10/11।

**धौंसा**–बड़ा नगाड़ा। डंका। उ. (1)-''कोप करि चढ़यौ महाराज सिवराज बीर धौंसा की धुकार तें पहार दरकत हैं।''-भू.ग्रं., प्रकी., 451/217। उ. (2)-''वाजत दमामे लाखौं धौंसा आगे घहरात गरजत मेघ ज्यों बरात चढ़े भारे की।।''-वही, 449/216।

**ध्यान**–ज्ञानेन्द्रियों और कर्मेन्द्रियों के प्रयोग के बिना केवल मन अथवा अंतःकरण में किसी वस्तु को लाने, उपस्थित करने या प्रत्यक्ष करने की क्रिया, मानसिक प्रत्यक्ष। भावना या विचार को किसी वस्तु या व्यक्ति पर केंद्रित करने की क्रिया का नाम। उ. (1)-''ज्योति ही केध्यानतम तेजहि नसाय है।''-र. प्रि., 4/9। उ. (2)-''सुभ्र बिरूप त्रिलोचन सों मति केसवदास की ध्यान अरी है।''-क.प्रि., 3/9। उ. (3)-''तुम्हें बंदौ तौ पै जो बरजि राखौ ध्यान कों।''-ध.क., 122/90। उ. (4)-''सोई निस्चै ध्यान है मन की चाल न और।।-ज.ग्रं., सि.सा., 67/177।

**ध्यानदास**–स्थितिकाल-16वीं शती का उत्तरार्द्ध और 17वीं शती का पूर्वार्द्ध। निवास-स्थान-महार या सामोद। रचनाएँ-गुण-माया-संवाद, गुणादि बोध, 100 से चांद्रादूणा, दो पद, 2 साखियाँ। निरंजनी सम्प्रदायानुयायी। (वृ.इति. 7)।

**ध्यानमंजरी**–रचयिता-बालकृष्ण 'बालअली' (दे.) (बृ.इति. 7)।

**ध्यानमंजरी**–रचयिता-महाराज विश्वनाथ सिंह, (दे.)। (इति. शुक्ल)।

**ध्यानरहसि**–रचयिता-रामहरि (दे.)। रचना काल-सं. 1820। (बृ.इति. 7)।

**ध्रुब**–दे. धुअ, धुव। ध्रुव। उ.-''ध्रुब पदता के सेइ कै ध्रुब पद लह्यौ सधीर।''-वृं.ग्रं., य.स., 263/234।

**ध्रुवचरित्र**–रचयिता-सोमनाथ (दे) रचनाकाल-सं. 1812। (स. सर्वे.)।

**ध्रुवा छंद**–मात्रिक छंद है। प्रथम चरण में 12 और द्वितीय चरण में सात मात्राएँ होती हैं। कुल 19 उन्नीस मात्राएँ होती हैं। ल.-पहिलेहि बारह कल करु वहुरेहुँ सत। उ.-''ध्रुवहि छाँड़ि जो अध्रुव सेवन जाइ। अध्रुव तासु नसैहै ध्रुवहु नसाइ।।''-भि. ग्रं. 1, छंदा., 14-15/224।

**ध्रुवाष्टक**–रचयिता-महाराज विश्वनाथ सिंह (दे.)। (इति. शुक्ल)।

# न

नंद–गोकुल के गोपों के मुखिया। मथुरा में कंस के कारागार में कृष्ण के जन्म के बाद वसुदेव उन्हें रात में ही नंद के यहाँ यशोदा के पास छोड़ आए थे और वहाँ से नवजात महामाया को उठा लाए थे। श्रीकृष्ण की बाल्यावस्था इन्हीं के यहाँ बीती थी। कंस के भय से ये श्रीकृष्ण को लेकर वृंदावन जाकर रहने लगे थे। जब श्रीकृष्ण ने कंस को मारा था, तब भी ये उनके साथ थे किंतु इनके बहुत कहने पर भी श्रीकृष्ण वृंदावन नहीं लौटे थे। बहुत दिनों बाद जब श्रीकृष्ण हंस और डिंभक का दमन करने के लिए गोवर्धन गए थे, तब भी श्रीकृष्ण को नंद ने रोकना चाहा था, पर श्रीकृष्ण नहीं रुके। श्रीमद्‌भागवत के अनुसार नंद को एकादशी व्रत के उपरांत रात में यमुना में स्नान करते समय वरुण के दूत पकड़ कर वरुण की सभा में ले गए। श्रीकृष्ण ने इन्हें मुक्त कराया था। यज्ञ में शिव के अपमान के कारण सती ने शरीर छोड़ा तो पिता दक्ष सपत्नीक तप करने चले गए। सती ने प्रसन्न होकर एक बार उनके यहाँ द्वापर में जन्म लेने का वर दिया था। उसी सती ने नंद (पूर्व जन्म के दक्ष प्रजापति) के यहाँ महामाया के रूप में जन्म लिया था, जिसे नंद दम्पति वर के अनुसार पहचान नहीं पाए। इसे ही नंद के यहाँ से वसुदेव ले गए थे। अन्य स्रोत के अनुसार नंद पूर्व जन्म में द्रोण के नाम से वसु थे और यशोदा द्रोणपत्नी धरा थीं। नंद को एक बार एक अजगर ने अंबिका वन में पकड़ लिया था। जहाँ से श्रीकृष्ण ने इन्हें मुक्त कराया था। (हिं.श. सा., पौ.को.)। उ. (1)–''ठाढ़े ही द्वै पगु कियो सकल भुवन जिनहाल। नंद-अजिर सुन हद लहत जानुपानि की चाल।।''-भि.ग्रं. 1, र.सा., 467/67। उ. (2)–''मुनि वृंद चकोर के चंद मनोहर नंद के गोद बिनोद करैं।।''-भि.ग्रं. 1, र.सा. 581/85, वही, शृं.नि., 179/128। उ. (3)–''नंद को कन्हाई सो जु नंद को कन्हाई है।''-प.ग्रं., जग., 282/142। उ. (4)–''मैं सुनि आई नंद घर अब तू होहु निसंक।''-मति., र.रा., 64/214। उ. (5)–''पुन्य नंद जू को, अनुराग ब्रज बासिन को, भाग जसुमति को, सुहाग राधारानी को।''-ठाकुर, 9/4, 93/25, 121/32। उ. (6)–''नंद को नवेलो अलबेलो छैल रंग भर्‌यौ काल्हि मेरे द्वार ह्वै के गावत इतै गयो।।''-घ.क., 362/187।

नंद–गुरु लघु (।S)। उ.-''नंद करन ह्वै अन्त रो, कै है रल अवतंस।''-भि.ग्रं. 1, छंदा, 13/216, 29/238।

**नंदकिशोर**–स्थितिकाल-सं. 1585। रचनाएँ-पिंगल प्रकाश। रचनाकाल-सं. 1858। (बृ.इति. 6)।

**नंदकिसोर**–नंद के पुत्र श्रीकृष्ण। दे. नंद। उ. (1)–''ये बृषभानकिसोरी भईं इतै ह्वाँ वह नंदकिसोर कहावै।''-प.ग्रं., जग., 36/86, 230/130, 358/157। मति., र.रा., 106/224, 153/235, 346/279। उ. (2)–''छुवत परस्पर हेरकैं राधा नंदकिसोर।''-वही, म.स., 117/378। उ. (3)–''चलि कुंजन में राधिका बिचरत नंदकिसोर।।''-वृं. ग्रं., य.स., 31/207। 3. (4)–''आज बने तुलसीवन में रमि दास मनोहर नंदकिसोर।।''-भि.ग्रं. 1, शृं. नि., 18/92 वही, र.सा., 507/74; वही, 1 शृं. नि., 22/93। उ. (5)–''अटिक रेहे कित कामरत नागर नंदकिसोर।''-प.ग्रं., जग., 625/210; वही, प्रकी., 52/317, 59/319।

**नंदकुँवार**–नंद के पुत्र श्रीकृष्ण। दे. नंद। उ.-''राख्यौ नंदकुँवार ने करि कुँवार को मोह।।''-मति., म.सत., 235/387।

**नंद कुमार**–नंद के पुत्र श्रीकृष्ण। दे. नंद। उ. (1)–''टारत ही बन्यो घूँघट को पट नंदकुमार निहारत ही बन्यो।''-वही, जग., 641/214, 405/168, 443/175, 468/180। उ. (2)–''सुंदर साँवरो नंदकुमार बसै उर जो वह सो बर दीजै।''-मति., र.रा., 318/206, 426/296। वही, ल.ल., 216/335।

नंद छंद–प्रत्येक चरण में मात्राक्रम है (SISS)। उ.-''यों न कीजे। जान दीजै। हौ कन्हाई। नंद आई।।''-भि.ग्रं. 1, छंदा., 18/237।

**नंदनंद**–नंद के पुत्र श्रीकृष्ण। दे. नद। उ. (1)-''दौरे क्यों न देखन दुनी लौं नंदनंद दुति देखिबे ही माफक है माफक सरीर की।''-प.ग्रं., प्रकी., 40/314। उ. (2)-''आजु यदि कौतुक छको है नंदनंद बीर बरनो न जात सो बिचित्र चित्र मो पैरी।''-ठाकुर, 12/5।

**नंदनंदन**--नंद के पुत्र श्रीकृष्ण। दे. नंद। उ.-''गोविंद नंदनंदन सुखद घन सुंदर आनंदघन।।''-मति., ल.ल., 5/300।

**नंदनँदन**--नंद के पुत्र श्रीकृष्ण। दे. नंद। उ.-''सिद्धि सदन सुंदर बदन नंद नँदन मुदमूल।''-प. ग्रं., जग., 1/79, 546/195।

**नंदन**–नन्दन वन। इन्द्र के उपवन का नाम जो स्वर्ग में स्थित माना जाता है। जब मनुष्यों का भोग काल पूरा हो जाता है तब वे इसी वन में सुखपूर्वक विहार करने के लिए भेज दिए जाते हैं। उ.-''और सर्बतोभद्र पुनि, नंदन सब सुखधाम।''-वि. गी., 4/32।

**नंदन छंद**–प्रत्येक चरण में मात्राक्रम है (।।।। ऽ।ऽ ।।। ऽ।ऽ ।ऽ ऽ।ऽ)। अट्ठारह वर्ण होते हैं और सात, छः तथा पाँच वर्ण पर यति होती है। ल.-दुजबर रग्गनो, नगन रग्गनो धुजा रागनो। जति मुनि में भनो, छहहु में ठनो, रु पाँच तनो। अहिपति यों कहै, बरन पा लहै, सु अट्ठारहै। सब दुखकंदनै, सुकबि नंदनै, रच्यौ जौं चहै।। उ.-''भवभ्रम कों हनै, भगति सों सनै, तनै औ मनै। जसुमति-नंदनै, गरुड़स्पंदनै, करहि बंदनै।।''-भि. ग्रं. 1, छंदा., 82-83/260।

**नंदबबा**–नंद। गोप बालों के ज्येष्ठ पुरुष उ.-''दाऊ न नंदबबा न जसोमति न्यौते गए कहूँ लै संग भारी। हौंहूँ इकै पदमाकर पौरि में सूनी परी बखरी निसि कारी।।''-प.ग्रं., जग., 311/147।

**नंद रड्डा छंद**–दे. 'रड्डा' छंद।

**नंदरानी**–दे. नंद। नंद की पत्नी। यशोदा। उ.-''आगे नंदरानी के तनिक पय पीबे काज तीनि लोक ठाकुर सो ठुनका ठाढ़ो है।''-प.ग्रं., प्रकी., 84/326, 87/326।

**नंदराम**–ब्राह्मण। स्थितिकाल-सं. 1790। आश्रयदाता-मेवाड़ के महाराणा जगतसिंह द्वितीय। रचनाएँ-शिकार भाव (रचनाकाल-सं. 1790), जगतविलास (रचनाकाल-सं. 1802)। विव.-प्रथम रचना-महाराणा जगत सिंह के आखेट का वर्णन। द्वितीय रचना-चरित-काव्य, जगतसिंह की दिनचर्या, वैभव, शासन आदि का वर्णन (बृ. इति. 7)।

**नंदलला**–नंद के पुत्र श्रीकृष्ण। दे. नंद। उ. (1)-''नंद गाँव तें आइयो नंदलला लखि लाड़िली ताहि रिझाइ रही।''-प.ग्रं., जग., 262/137। उ. (2)-''नंदलला तियके हिय में मतिराम तहाँ दृगबान खुभायो।''-मति., ल.ल., 365/359।

**नंदलाल**–नंद के पुत्र श्रीकृष्ण। दे. नंद। उ. (1)-''नेही नंदलाल की कुलाल की घलाघल में यों तन पसीजि घनघोर की घटा भयो।''-प.ग्रं., जग., 402/167, 515/188, 574/200। उ. (2)-''सौतिन के साल भौ निहाल नंदलाल भौ।''-मति., र.रा., 15/203, 25/206, 57/213, 378/286। उ. (3)-''जमुना के तट बंसीबट के निकट, नंदलाल पै संकोच से चाह्यो ना परत है।''-मति., ल.ल., 141/323; वही, म.स., 203/385, 245/388, 291/392, 516/411। उ. (4)-''आजु हम नीके ह्वै निहार्‌यो नंदलाल हैं।''-भि.ग्रं. 1, र.सा., 508/74। उ. (5)-''ए हों नंदलाल ऐसी ब्याकुल परी है बाल हाल ही चलौ तौ चलौ जोरी जुरि जाएगी।।''-प.ग्रं., जग., 668/219; वही, प्रकी., 61/319।

**नंदी**–शिव का द्वारपाल, जो शिवमंदिर में शिवाभिमुख होकर बैल के रूप में स्थापित रहता है। उ.-''एकनि बाजी परम उदार। एक वृषभ नंद आकार।''-वी.च., 17/6। दे. नाँदिया।

**नंदीग्राम**–अयोध्या से चार कोस पर स्थित एक गाँव जहाँ भरत ने राम के वन से लौटने तक निवास करना तय किया था। उ.-''देख्यो आश्रम भरथ को केसव नंदीग्राम।''-रा.चं., 21/51।

**नंदगाँउ**–नंदग्राम। मथुरा से चौदह कोस पर स्थित वृंदावन का एक गाँव जहाँ नंद रहते थे। (पौ. को.)। उ. (1)-''नंदगाँउ तें आइयो नंदलला ललिख लाड़िलो ताहि रिझाइ रही।''-प.ग्रं., जग., 262/137।

266/138। उ. (2)-''आई भलें नंदगाँव तें तूँ लखि लालन को रंग-रूप महा री। वही, प्रकी., 73/323। उ. (3)-''सखि कारी घटना बरसै बरसाने पै गोरी घटा नंदगाँव पै री।।''-ठाकुर, 10/4, 13/5, 164/42।

**नँदनंद**—नंद के पुत्र श्रीकृष्ण। दे. नंद। उ. (1)-''हैं नँदनंद गुबिंद जहाँ तहाँ नंद के मंदिर में मढ़ि जैये।''-प.ग्रं., प्रकी., 72/322, 76/323। उ. (2)-''सुतौ लियौ नँदनंद जित सुंदर स्याम सरूप।।''-मति., म.सत., 345/397, 688/425। उ. (3)-''जय जय जय नँदनंद जगत-दुख-दंद घटावन।''-प.ग्रं., हि.ब.बि., 1/5।

**नँदनंदन**—नंद के पुत्र श्रीकृष्ण। दे. नंद। उ. (1)-त्यौं पद्‌माकर आनंद के नद हौ नँदनंदन जानि लिये मैं।-प.ग्रं., जग., 561/198। उ. (2)-''नँदनंदन के रूप पर रीझ रही रिझवारि। अधमूँदी अँखियन दई मूँदी प्रीति उघारि।।''-मति.र.रा., 283/266। उ. (3)-''बढ़ै जाहि लखि सिंधु लौं नँदनंदन आनंद।।''-मति., म.सत., 1/369। उ. (4)-''बैनन सों न जप्यो नँदनंदन नैनन ना ब्रजचंद लखायो।''-ठाकुर, 3/2।

**नँदलाल**—नंद के पुत्र श्रीकृष्ण। दे. नंद। उ. (1)-''न्योते गए नँदलाल कहूँ सुनि बाल बिहाल बियोग की घेरी।।''-प.ग्रं., जग., 154/112, 341/153, 432/173, 467/180। उ. (2)-''प्रीतम तुम्हारी सेज पर हौं आऊँ नँदलाल।''-मति., र. रा., 29/207, 51/211, 54/212, 78/217, 238/256, उ. (3)-''रूपजाल नँदलाल के परि करि बहुरि छुटै न।''-मति. ल.ल.; 50/307, 96/315, 127/321। उ. (4)-''बड़े भाग नँदलाल सों झूठहुँ लगत कलंक।''-वही, म.सत., 13/370, 20/370, 42/372।

**नगन**—नगण। छंदशास्त्र में एक गण जिसमें तीन वर्ण लघु (111) होते हैं। उ.-'सरल, नसल'।

**नकफूली**—नकफूल। नाक का फूल के आकार का आभूषण। उ.-''नक फूली नीकी फूली फूल कर्णहू के फूले। तिलौना ठोड़ी के बीच फूल्यो है फलाव मैं।।''-वृं.ग्रं., नैं.व., 12/28।

**नकीब**—राजाओं की सवारी के आगे राजा या उसके पूर्वजों का यशगान करते हुए चलनेवाला, उपाधि या पदप्राप्ति के अवसर पर और किसी पदाधिकारी के आने के पूर्व आने की घोषणा करने वाला व्यक्ति जो चारण या बंदीजन या भाट होता है। (हिं.श.सा.)। उ. (1)-''दृग नकीब ठाढ़े रहत पल पौरन इहि होत। मन मजलिस मैं मीत जहं और झखन ना हेत।।''-रतन., 298/84। उ. (2)-''नीकोई नकीब सम नीको नकमोती नाक एक ही बिलोकिन गोपाल तौ गए बिकाइ।।''-र.प्रि., 15/5।

**नकीबान**—दे. नकीब। उ.-''भई है नकीबान की बानि भारी।''-प.ग्रं., प्र.बि., 21/279।

**नकुल**—माद्री के गर्भ से अश्विनीकुमार द्वारा उत्पन्न राजा पांडु के चौथे पुत्र। महाभारत के अनुसार शापग्रस्त पांडु जब अपनी कुंती और माद्री नाम की दोनों पत्नियों को लेकर वन में रहते थे, उसी समय माद्री ने पांडु से पुत्र की इच्छा प्रकट की। कुंती के किसी देवता का स्मरण करने का निर्देश पाकर माद्री ने अश्विनीकुमार का स्मरण किया, जिससे दो पुत्र हुए, बड़े का नाम नकुल और छोटे का सहदेव था। नकुल सुंदर, नीतिज्ञ, धर्मशास्त्रज्ञ, युद्धविद्याकुशल और पशुचिकित्सा में पारंगत थे। अज्ञातवास की अवधि में ये राजा विराट के तंत्रिपाल थे और गौएँ चराने का काम करते थे। युधिष्ठिर के राजसूर्य यज्ञ में इन्होंने महेत्थ, पंचनद आदि देशों पर विजय प्राप्त की थी और द्वारका में दूत भेजकर युधिष्ठिर की अधीनता स्वीकार कराई थी। इस विजय में प्राप्त धन की विपुल राशि को दस हजार ऊँट कठिनाई से ढो सके थे। इनका विवाह चेदिराज की कन्या करेणुमती से हुआ था, जिससे इन्होंने निरमित्र नामक पुत्र प्राप्त किया। द्रौपदी के गर्भ से इनका शतानीक नामक पुत्र उत्पन्न हुआ था। भीष्म से इन्हें यमपाश से मुक्त रहने का उपाय प्राप्त हुआ था। (हिं.श.सा., पौ.को.)। उ.-''धरम धरम बल भीम पैज पथ्य रूप नकुल अकिल सहदेव तें तूँ चढ़िकै।''-भू.ग्रं., शि.भू., 135/153।

**नखच्छत**—नखक्षत। स्त्री के शरीर पर

विशेषतः स्तन आदि पर का वह चिह्न जो पुरुष के द्वारा किए गए मर्दन के समय उसके नाखूनों से वन जाता है। उ. (1)-''कै रस-चाँचरि चौचँद मैं छतिया पर छैल नखच्छत छाए।''-घ.क., 311/170। उ. (2)-''दास बिधुरेख सो नखच्छत सुवेष ओठ अंजन की रेख अलिनी सी कंजपात की।।''-भि.ग्रं., 1, शृं.नि., 176/127, 178/128, 181/128, 179/128।

**नख-छत**—दे. नखच्छत। उ.-''झीने झगा विलोकियत नखछत छबि धर नाह। भले बिराजत ये नए चंद्रहार हिय माह।।''-मति., म.सत., 411/514। उ. (2)-''कुंभ उच्च कुच सिव बने मुक्तमाल सिर गंग। नखछत ससि सोहै खरो भस्म खौरि भरि अंग।।''-ज.ग्रं., दो., 10/74। उ. (3)-''आपुहीतें कुंकुम की छाप नखछत गात अंजन अधर भाल जावक लगावते।।''-भि.ग्रं. 1, शृं.नि., 210/135।

**नखरद-दानु**—रतिकाल में नायक द्वारा नायिका के शरीर, विशेषतः स्तनादि पर नख और दाँत से मृदु घाव की क्रिया। उ.-''आलिंगन चुंबन परस मरदन नखरद-दानु। इत्यादि संभोग के उद्दीपन जिय जानु।।''-भि.ग्रं. 1, र.सा., 445/64।

**नखशिख**—रचयिता-कुलपति मिश्र (दे.)। दे. नखशिख (2)। (बृ.इति. 7)।

**नखशिख**—(2)-रचयिता-केशवदास (दे.)। विव.-राधा के नख से शिख तक प्रत्येक अंग का वर्णन। (बृ.इति 6)। केशवदास की यह रचना कविप्रिया 15वें प्रभाव के रूप में संपादित है। केशवदास ने इसमें स्पष्ट कहा है कि ''नख से सिख लौं बरनियै देवी दीपति देखि। सिखतें नख लौं मानुषी ''केसवदास बिसेषि।।'' इस रचना में राधा को दिव्या, इष्टदेवी मानकर उनका वर्णन नख से आरंभ किया है। केशवदास की दूसरी रचना 'शिखनख' (के.ग्रं., खण्ड 2) में सौंदर्यवर्णन केशों से शुरू किया गया है। यह वर्णन मानुषी का है।

**नखशिख**—(3) रचयिता-चंदन (दे.)। (इति. शुक्ल)।

**नखशिख**—(4) रचयिता-जगतसिंह (दे.)। (सा. को.)।

**नखशिख**—(5) रचयिता-तोषनिधि (दे.)। (सा.को., इति. शुक्ल)।

**नखशिख**—(6) रचयिता-देव (दे.)। (इति. शुक्ल)।

**नखशिख**—(7) रचयिता-देवकीनंदन (दे.)। (सा.को.)।

**नखशिख**—(8) रचयिता-देवर्षि श्रीकृष्ण भट्ट कविकलानिधि (दे.)। (बृ. इति. 7)।

**नखशिख**—(9) रचयिता-नागरीदास (बणी ठणी जी, महाराज सावंत सिंह) (दे.) (बृ. इति. 7)।

**नखशिख**—(10) रचयिता-पजनेस (दे.)। (इति. शुक्ल)।

**नखशिख**—(11) रचयिता-प्रताप साहि (दे.)। विव.-बलभद्रकृत नखशिख की टीका। (बृ. इति. 7)।

**नखशिख**—(12) रचयिता-बलभद्र (केशवदास के भाई) (दे.)। (बृ. इति. 7)।

**नखशिख**—(13) रचयिता-महताब (दे.)। विव.-हिंदूपति की प्रशंसा। (बृ.इति. 7)।

**नखशिख**—(14) रचयिता-सुखदेव मिश्र (दे.)। (स. सर्वे.)।

**नखशिख**—(15) रचयिता-सूरतिमिश्र (दे.)। (इति. शुक्ल)।

**नखशिख संग्रामसार**—रचयिता-कुलपति मिश्र (दे.)। (इति.शुक्ल)।

**नखसिख**—रचयिता-चंद्रशेखर बाजपेयी (दे.)। (इति. शुक्ल)।

**नखसिख**—पैर के नाखून से लेकर सिर तक के सब अंग। दे. नखशिख (2)। उ. (1)-''मतिराम सुकबि संदेसा अनुमानियत तेरे नखसिख अंग हरष कटीले सों।''-मति., र.रा., 99/222। उ. (2)-''नख-सिख आनंद-उमंग की तरंग बढ़ि अंग अंग आली छबि छलक्यौ करति है।।''-घ.क., 370/190।

**नगंनिका छंद**—षट्कल अर्थात् छः मात्राओं का छंद है। क्रम है (।ऽ।ऽ)। उ.-''प्रसिद्ध हों

अर्धनिका। न गिद्ध हो। नगंनिका।।''-भि.ग्रं. 1, छंदा., 32/184।

**नगधर**–गोवर्द्धन पर्वत को उठाने वाले श्रीकृष्ण। उ.-''नगधर भूषन पहरि कै नग धर तैं बस कीन।।''-वृं.ग्रं., य.स., 175/220।

**नगन**–नगण। छंदशास्त्र में निर्दिष्ट आठ गणों में से एक जिसके तीनों वर्ण लघु (।।।) होते हैं। उदा.,-सरल, नसल। नगण शुभ गण है। इसका देवता नाग है। इसका मित्र मगण है। ल. (1)-मगन नगन भनि भगन अरु यगन सदा सुभ जानि।... नाग नगन को देखि।...मगन नगन को मित्र गन।-क. प्रि., 3/18, 22, 24। ल. (2)-मगन त्रिगुरुजुत त्रिलघुमय 'केसव' नगन प्रमान।।-वही, 3/19।

**नगस्वरूपिणी छंद**–आठ वर्णों का छंद। मात्राक्रम है (।S ।S ।S ।S)। ल.-आठबर्न को बर्नजहँ क्रमही लघु गुरु होइ। कहियत नग स्वरूपिणी छंद सकल कबि लोइ।। उ.-''सुमित्र तें न भागिये। अमित्र तें न रागिये।''-छं.मा., 1/17।

**नगारा**–नगाड़ा। डुगडुगी की तरह का एक प्रकार का बहुत बड़ा और प्रसिद्ध बाजा। यह कभी-कभी अकेले तथा कभी एक छोटी डुगडुगी के साथ छोटे डंडे से बजाया जाता है। उ. (1)-''देखत लियौ नगारो आय। कहाँ बजाऊँ हौं घर जाय।''-वी.च., 5/83। उ. (2)-''निगर नगारे नगर के केसव आठहु द्वारा।''-रा., 30/23। उ. (3)-''प्रलैकैसे धाराधार घमकै नगारा धूरिधारा तें समुद्रन की धारा पाटियतु है।''-भू.ग्रं., प्रकी., 533/236।

**नग्न**–अलंकार रहित छंद रचना में नग्न नामक दोष माना जाता है। ल.-नग्न जु भूषण हीन।।-क.प्रि., 3/15।

**नजर**–भेंट। उपहार। उ.-''रूप तषत पै आइकै बैठो मदन सुभूप। नेही दृग मन नजर लै राजत द्वार अनूप।''-रतन., 128/61।

**नट**–भारतीय शास्त्रीय संगीत में राग विशेष जिसे एक मत से मालकोश राग का और दूसरे मत से श्री राग का पुत्र मानते हैं। कुछ लोग वागीश्वरी, मधुमाघ और पूरिया का इसमें मेल मानते हैं। दूसरे लोग इसे कुमकुम पूरबी, केदारा और बिलावल का संकर राग मानते हैं। कुछ मतों के अनुसार यह रागिनी या दीपक राग की रागिनी या संपूर्ण जाति की रागिनी है, जिसके गायन का समय तीसरा पहर और संध्या है। भिन्न भिन्न रागों के साथ मिलकर इसका संकर रूप भी मिलता है, जैसे-केदारनट, छायानट आदि। उ.-''संकर नट स्यामा पुनि होय। जलधर सूहो कालिंग सोय।।''-बो.ग्रं., वि.वा., 18/121।

**नटवर** – श्रीकृष्ण जो नाट्यकला और नाटकशास्त्र के आचार्य थे। उ.-''नटवर तेरै दृगन कौ कौन सकत है पाइ।''-रतन., 393/96।

**नटसारा**–नाट्यशाला, वह स्थान जहाँ नाटक का अभिनय हो। उ.-''नीचे महल होय नटसारा। तिहि नीचे लागत दरबारा।।''-बो.ग्रं., वि.वा., 27/163।

**नटी**–नायक-नायिका भेद के अन्तर्गत दूती के विविध भेदों में से एक। ल.-नृत्य गीत वादन निपुन, नारि नटी मन आनि।-शृं.मं., चिंता., 425/127।

**नथुनी**–नाक में पहनने का एक आभूषण, जो नथ से छोटी होती है। उ. (1)-''नाक नथुनी के गजमोतिन की आभा कैंधौं देहवत प्रगटित हिये को हुलास है।''-मति., ल.ल., 86/314। उ. (2)-''ललित नाक नथुनी बनी चुनी रही ललचाइ।''-मति., म. सत., 50/373, 326/395।

**नथूनी**–दे. नथुनी। उ.-''छोटी नथूनी बड़े मुतियान वड़ी अँखियान बड़ी सुघरैं हैं।''-ठाकुर, 19/7।

**नव दुर्गा**–दे. नवदुर्गा। उ.-''पुन्य जोग पाये नव दुर्गा गुन गाये ऐसे, जन मन भाये दिन आये नबरात्रि के।''-वृं.ग्रं., स्फु. छं., 52/524।

**नबरात्रि**–नवरात्र। दो भिन्न-भिन्न ऋतुओं में दो नवरात्र होते हैं, एक शरद् ऋतु में और दूसरा वसंत में। शारदीय नवरात्र आश्विन शुक्ल प्रतिपदा से नवमी तक और वासंतिक चैत्र शुक्ल प्रतिपदा से नवमी तक मनाया जाता है। इसमें नवदुर्गा (दे.) के व्रत, घटस्थापन तथा पूजन का विधान है। शारदीय नवरात्र में विशेष उत्सव के साथ दुर्गा की विविध

आकार-प्रकार की मूर्तियाँ स्थापित कर देवी के प्रीत्यर्थ अनुष्ठान किये जाते हैं। इन तिथियों में षष्ठी से लेकर नवमी तक की तिथियाँ विशेष महत्त्वपूर्ण मानी जाती हैं। (हिं.घ.को., हिं.श.सा.)। उ.-''पुन्य जोग पाये नव दुर्गा गुन गाये ऐसे ज़न मन भाये दिन आये नबरात्रि के।''-वृं.ग्रं., स्फु. छं., 52/324।

**नबोढ़ा**–दे. नवोढ़ा। उ.-''बालापन मैं ब्याहियैं वहै नबौढ़ा बाम। अति डर अति ही सकुचि तन नाहिं काम सौं काम।।''-वृं.ग्रं., शृं.शि., 34/40।

**नभनदी**–आकाशगंगा। उ.-''कहै मतिराम नभनदी के कुसुम सम, उड़ै उड़गन सुंड अनिल उड़ाए तैं।।''-मति., ल.ल., 129/321।

**नभू**–स्थितिकाल-सं. 1858 से 1928। जन्म-स्थान-नडियाद। रचनाएँ-निर्गुणोपासना और हरिलीला सम्बन्धी स्फुट रचनाएँ। (बृ. इति. 7)।

**नयनय**–नगण यगण नगण यगण (।।। ।SS ।।। ।SS)। उ.-''कुसुमबिचित्रा नयनय जत्ता।''-भि.ग्रं. 1, छंदा., 130/196।

**नयपच्चीसी**–रचयिता-गणपति भारती (दे.)। (बृ.इति. 7)।

**नयमालिनी छंद**–दे. नवमालिनी छंद।

**नर**–दोहा छंद का एक भेद। दे. दोहा छंद।

**नरक**–पुराणों और धर्मशास्त्रों के अनुसार वह स्थान जहाँ पापियों की आत्मा दंड भोगने के लिए भेजी जाती है और कर्मानुसार फिर जन्म होता है। यहाँ दुष्कर्मियों की आत्मा दंड देने के लिए रखी जाती है। इनकी संख्या भागवत, मनुस्मृति आदि में कुल 28 मिलती है-तामिस्र, अंधतामिस्र, रौरव, महारौरव, कुंभीपाक, कालसूत्र, असिपत्रवन, सूकरमुख, अंधकूप, कृमिभोजन, संदंश, तप्तसूर्मि, वज्रकंटक, शाल्मली, वैतरणी, पूयोद, प्राणरोध, विशसन, लालाभक्ष, सारमेयादन, अवीचि, अयःपान, क्षारकर्दम, रक्षोगणभोजन, शूलप्रोत, दन्दशूक, वटनिरीधन, पर्यावर्तन, सूचीमुख। इनके अतिरिक्त पुराणों में सात नरककुंड भी बताये गये हैं-वसाकुण्ड, तप्तकुंड, सर्पकुंड, चक्रकुंड आदि। उ.-''काया कों बूझेह कोऊ ब्यभिचारी नर न। सूझ न जिनको यह स्वरग नरक जरिबो जथा।।-बो.ग्रं., वि.वा., 40/61। उ. (2)-''तहँ राज है दुखमूल। सब पाप को अनुकूल। अब ताहि लै रिषिराइ। कहि को न नरकहि जाइ।।''-रा., 23/12।

**नरकासुर**–पुराणों के अनुसार एक प्रसिद्ध असुर। वाराह अवतार के रूप में विष्णु के द्वारा पृथ्वी के साथ किए गए गमन से इस असुर का जन्म राम द्वारा रावणवध के बाद उसी स्थान पर हुआ था जहाँ से सीता का जन्म पृथ्वी के गर्भ से हुआ था। देवताओं ने यह जानकर कि पृथ्वी के गर्भ में एक बहुत बली असुर पल रहा है, इसके जन्म को रोक दिया था। प्रार्थना किए जाने पर विष्णु ने पृथ्वी को उसके पुत्र के उपर्युक्त देश-काल में जन्म लेने और इस बीच कोई कष्ट न होने देने का वर दिया था। 16 वर्ष की वय तक इसका पालन जनक ने किया। तदुपरान्त इसे पृथ्वी ले गई और उसने उसे जन्म की सारी कथा बताई। पृथ्वी ने विष्णु का स्मरण किया और विष्णु ने आकर नरकासुर को ले जाकर प्राग्ज्योतिषपुर का राजा बना दिया। कुछ दिनों तक शांतिपूर्वक राज्य करने के बाद बाणासुर का इसके नगर में आगमन हुआ। उसके साथ में पड़कर यह देवताओं को कष्ट देने लगा। कामाक्षा देवी के दर्शन कर लौटने वाले वशिष्ठ का नगर-प्रवेश निषिद्ध कर उनके द्वारा अभिशप्त हुआ कि शीघ्र ही पिता के हाथों तुम्हारा वध होगा। बाणासुर के निर्देश से तप कर नरकासुर ब्रह्मा को प्रसन्न कर देवता, असुर, राक्षस में से किसी से भी न मारे जाने का वर प्राप्त किया। हयग्रीवादि की सहायता से इंद्र को पराजित किया। वरुण से भी अधिक धन-वैभव एकत्रित किया। विष्णु के श्रीकृष्णावतार ने इसके नगर पर चढ़ाई कर सुदर्शन चक्र से इसका सर काट डाला और बहुत से राजाओं और राजकुमारियों को मुक्त किया। इसका वध नरक चतुर्दशी के दिन हुआ था। (हिं.श.सा., पौ.को.)। उ.-''कैटभ सो नरकासुर सो पल में मधु सो मुर सो जेहि मार्‌यो।''-रा., 4/15।

**नरक्रीड छंद**–बारह मात्राओं का छंद है। क्रम

है (ऽ।। ऽऽ। ।ऽ)। ल.-गो स भ गो नरक्रीड है।-इसे ही भिखारीदास ने 'मानवकीड़' भी कहा है। उ.-''ईस्वर ह्वै जाहि घरै। मानव को क्रीड़ करै।''-भि.ग्रं. 1, छंदा., 90-91/190-191।

**नरबदा**—नर्मदा। मध्यप्रदेश की एक नदी जो अमरकंटक से निकलकर भडौंच के खंभात की खाड़ी में गिरती है। उ. (1)-''आजम कौं आयो सुन्यौं लंघि नरबदा सीम।''-वृं.ग्रं., स.स.रू., 55/267। उ. (2)-''यह सुता किटहर बीच नाय। नरबदा धार दीन्हीं बहाय।।''-बो.ग्रं., वि.वा., 62/42।

**नरसिंह**—नृसिंह। भगवान विष्णु का चौथा अवतार जिसने हाथ के नखों से दैत्यराज हिरण्यकशिपु का पेट फाड़ कर उसका वध किया था। दैत्यों के इस आदि पुरुष ने घोर तप कर ब्रह्मा से यह वर प्राप्त कर लिया था कि वह देव, असुर, गंधर्व, नाग, राक्षस या मनुष्य के हाथ से न मारा जाय, न दिन में, न रात में, न स्वर्ग, मर्त्य आदि किसी लोक में मारा जाय, न किसी अस्त्र, शस्त्र, वृक्ष, शैल, सूखे-गीले पदार्थ से मारा जाय। इस प्रकार अत्यंत प्रबल होकर उसने स्वर्ग छीन लिया, वह देवताओं को सताने लगा। देवताओं ने विष्णु से प्रार्थना की और उन्होंने अभयदान कर नर और सिंह का मिश्रित भयंकर रूप धारण कर, दैत्यराज के सैन्य का संहार कर, उसको पकड़ कर अपनी जाँघों पर रखकर अपने नाखूनों से उसका पेट फाड़ते हुए वध कर दिया। इतनी कथा हरिवंश पुराण में मिलती है। श्रीमद्भागवत और विष्णु पुराण में हिरण्यकशिपु के चार पुत्रों में से एक प्रह्लाद की भक्ति कथा से उक्त कथा को संबद्ध कर यह वर्णन किया गया है कि शुक्राचार्य के पुत्र द्वारा शिक्षित होकर भी प्रहलाद में विष्णु भक्ति प्रबल होती गई, जिसे समाप्त करने, यहाँ तक कि प्रहलाद को मार डालने के अनेक उपाय हिरण्यकशिपु ने किए किंतु प्रह्लाद सर्वथा रक्षित रहा। यह कहने पर कि वह जगन्नियंता खंभ में भी विद्यमान रहता है, हिरण्यकशिपु ने भगवान् विष्णु को ललकारा जिस पर खंभ से नरसिंह रूप विष्णु ने भयंकर शब्द करते हुए निकल कर उक्त प्रकार से हिरण्यकशिपु का वध कर दिया। इस कथा के थोड़े बहुत भिन्न रूप भी मिलते हैं। (पौ.को., हिं.श.सा.)। उ. (1)-''इंद्र की अटा लौं नरसिंह की सटा लौं मारतंड की छटा लौं छटा छहरै प्रताप की।''-प.ग्रं., प्रकी., 13/306। उ. (2)-''रन में बहादुर सिंह बढ़ि नरसिंह सो उमगत हियो।''-वही, हि.ब.वि., 168/24। उ. (3)-''केसोदास दारिद दुरद के बिदारिवे कौं एकै नरसिंह की अमरसिंह जानियै।''-क.प्रि., 11/30। उ. (4)-''तुमहीं नरसिंह को सँवार्‌यो। प्रह्लाद को दीरघ दुख्ख विदार्‌यो।।''-रा., 20/21।

**नरसिंह अवतार कथा**—रचयिता-नरहरिदास (दे.)। (बृ.इति. 7)।

**नरसिंहदास**—स्थान-अहमदाबाद। स्थितिकाल-सं. 1800। आश्रयदाता-जूनागढ़ के नवाब। रचनाएँ-बाबी-वंश-प्रशस्ति। (बृ.इति. 7)।

**नरहर**—नरहरि। दे. नरसिंह। उ.-''नर हर नरहर और की करत आस बेकाज।''-वृं.ग्रं., य.स., 5/204।

**नरहरिनाथ**—स्थान-पैठण। पिता-शिवदिन केसरी (दे.)। स्थितिकाल 18वीं-19वीं शती वि.। रचनाएँ-स्फुट। (बृ. इति. 7)।

**नरहरि रामदासी**—समर्थ सम्प्रदायानुयायी। समय-1707 से 1757 तक उप.। रचनाएँ-स्फुट। (बृ. इति. 7)।

**नराच छंद**—चारों चरणों में मात्राक्रम है आठ धुज (।ऽ)-(।ऽ ।ऽ ।ऽ ।ऽ ।ऽ ।ऽ ।ऽ ।ऽ)। ल.-प्रमानिका धुज चारि को आठ नुराच सुछंद। उ.-''खरो नराच तें तियाकटाक्ष को नराच है।''-भि.ग्रं. 1, छंदा., 33, 38/239-240।

**नराचिका छंद**—तेरह मात्राओं का छंद है। क्रम है (ऽऽ।ऽ।ऽ।ऽ)। उ.-''रेखा सिरे जो तैं दई। नराचिका यहौ भई।।''-भि.ग्रं. 1, छंदा., 100/192।

**नरायन**—विष्णु, भगवान्, ईश्वर। 'नारा' का अर्थ जल है। जल ही जिसका प्रथम अयन या अधिष्ठान है, वह नारायण है। परमात्मा से ही आकाशादि सबसे पहले उत्पन्न हुए इसलिए परमात्मा को नारायण भी कहते हैं। 'नर' नामक एक ऋषि के पुत्र के रूप में भगवान् ने कभी किसी

मन्वंतर में जन्म ग्रहण किया था, इसलिए वे नारायण कहलाए। अजामिल ने अपने पुत्र का नाम 'नारायण' रखा था, जिसका उच्चारण उसने अपनी मृत्यु के पूर्व भी किया था। परिणामस्वरूप नारायण के पार्षदों ने यमदूतों से अजामिल की रक्षा की थी। उ. (1)-"पापी अजामिल पार कियो जिहि नाम लियो सुत ही को नरायन।।"-प.ग्रं., जग., 695/225। उ. (2)-"वृंद कहैं उपगार परायन देव नरायन ध्यॉंन धरॉंही।।"-वृं.ग्रं., भा.पं., 6/14।

**नरिंद छंद**—(1)-चौकल अर्थात् चार मात्राओं का दंद है। क्रम है 'नरिंद' (।ऽ।)। उ.-"सँभारु। सवारु। परिंद। नरिंद।।"-भि.ग्रं. 1, छंदा., 16/183।

**नरिंद छंद**—(2) अट्ठाईस मात्राओं का छंद है। मात्राक्रम है (ऽ।। ऽ।ऽ ।।। ।।। ।ऽ।। ऽ।। ऽऽ)। ल.-भरननजजय नरिंद। उ.-"कोल किखत भिल्ल छबि अद्‌भुत देखहिं होहिं सुखारी। राम बिरोध सुखहि बन बिचरहिं सत्रु नरिंद कुमारी।।"-भि. ग्रं. 1, छंदा., 218/209, 220/209।

**नरिंद सिंह**—नरेन्द्र सिंह पमार जो नवलसिंह के परिवार का था। उ.-"तहँ सिंह सो जु नरिंद सिंह पमार झपटो झमकिकै।"-प.ग्रं., हि.ब.बि., 158/22।

**नरीदास**—हरिदास के 52 शिष्यों में से एक। आवास-स्थान-फतहपुर, सीकर जिला। रचनाएँ-स्फुट पद। (बृ. इति. 7)।

**नरेन्द्र भूषन**—रचयिता-भान कवि (दे.)। विव.-अलंकार सम्बन्धी ग्रंथ। (इति. शुक्ल, बृ. इति. 6)।

**नरेन्द्रविजय**—रचयिता-ईश कवि (दे.)। विव.-नरेन्द्र सिंह और बिहार के सूबेदार राजा रामनारायण के युद्ध का वर्णन। (बृ. इति. 7)।

**नल**—1. निषध देश के चंद्रवंशी राजा वीरसेन का पुत्र, जो सुंदर, गुणवान, अश्व परीक्षा और संचालन में अत्यंत निपुण थे। इनका विवाह विदर्भ देश के राजा भीम की कन्या से हुआ था। उपवन में बैठे नल ने एक हंस को पकड़ा था जिसने उनके रूपगुण का वर्णन दमयंती के समक्ष करने के लिए मुक्ति की याचना की। हंस के इस वर्णन से दमयंती का नल के प्रति प्रेम और प्रगाढ़ हो गया। उसने हंस के द्वारा नल के साथ अपने विवाह का संकल्प कहला भेजा। स्वयंवर के उत्सुक इंद्र, यम, अग्नि और वरुण ने नल के माध्यम से दमयंती के पास अपने वरण के लिए संदेश कहलवाया। दमयंती ने नल के बहुत समझाने पर भी देवताओं को अस्वीकार कर दिया और नल के प्रति अपना प्रेम दृढ़ बताया। नल ने जाकर दमयंती की बात देवताओं से कह दी। स्वयंवर में चारों देवता नल का रूप धारण कर नल के पास ही बैठे फिर भी दमयंती ने नल का ही वरण किया। देवताओं ने प्रसन्न होकर नल को आठ वर दिये। विवाह के बाद द्वापर और कलियुग नल को सताने के लिए अवसर की ताक में थे। नल को इंद्रसेन और इंद्रसेना नामक पुत्र-पुत्री हुए। विवाह के 12 वर्ष बाद कलियुग ने नल में प्रवेश कर उनके भाई पुष्कर को द्यूत के लिए प्रेरित किया। नल अपना सर्वस्व हार जाने पर पुत्र-पुत्री को विदर्भ भेजकर अत्यंत दरिद्रावस्था में वन में चले गए। स्वर्णिम पक्षियों को पकड़ने के लिए नल के द्वारा फेंके गए वस्त्र को लेकर वे पक्षी उड़ गए। दमयंती के वन में सो जाने पर नल उसका आधा वस्त्र धारण कर अनेक कष्ट झेलते हुए अयोध्या के राजा ऋतुपर्ण के यहाँ सारथि हुए। अकेली, विलाप करती, पति को ढूँढ़ती दमयंती अपने पिता के घर पहुँची। दमयंती ने अनुमान किया कि ऋतुपर्ण का सारथि कदाचित् बाहुक हो। भीम ने दमयंती का पुनः स्वयंवर होने की सूचना ऋतुपर्ण के यहाँ दी और नल ने अत्यंत तीव्र गति से राजा को भीम के यहाँ पहुँचा दिया। दमयंती ने नल को पहचाना। 3 वर्ष भयंकर कष्ट भोगने के बाद दोनों पुनः मिले। ऋतुपर्ण ने नल से क्षमा-याचना की। नल ने पुनः पुष्कर से जुआ खेलकर अपना राज्य वापस ले लिया। पति-पत्नी-मिलन के साथ ही कलि ने भी नल का पीछा छोड़ दिया था। (हिं.श.सा., पौ.को.)। उ. (1)-"नल, नल कूबर, सुरभिषज, हरिसुत, मदन निहारि। दमयंती सीतादि त्रिय सुंदर रूप

बिचारि।।''-क.प्रि., 6/41। उ. (2)-''जूआ खेले होत है दुख संपति कौ नास। राज काज नल तैं छुट्यौ पांडब किय बनवास।''-वृं.ग्रं., नी.स., 504/105। उ. (3)-''नल वारौं नैननि में बलि वारौं बैननि में भीम वारौं भुजनि में करन करन में।।''-मति., ल.ल., 64/309।

**नल**--2.-बोधा कवि कृत विरह वारिश काव्य का नायक माधवानल। उ.-''अन्न पान मैं तबहीं करिहौं। बिरही नल को दुख जब हरिहौं।''-बो.ग्र., वि.वा., 75/177।

**नल**--3. राम की सेना का एक वानर जिसने पत्थरों को पानी पर तैरा कर, रामचंद्र की सेना के लिए, लंका-विजय के समय, समुद्र पर पुल बाँधा था। यह विश्वकर्मा का पुत्र माना जाता है। पुराणों के अनुसार ऋतुध्वज ऋषि के शाप के कारण घृताची के गर्भ से इसका जन्म वानर के रूप में हुआ था। उ. (1)-''नलकृत पुल लखि सिंधु में भर चकित सुरराज।''-प.ग्र., जग., 603/206। उ. (2)-''सूरज को सुत बालि को बालक, को नल नील, कही हम ठाई।।''-क.प्रि., 8/18।

**नलदमयंती**—रचियता-बसंतसिंह ऋतुराज (दे.). (बृ. इति. 7)।

**नल माधवा**—माधवानल। बोधा रचित विरह वारिश काव्य का नायक 3."ढूँढ़ि फिरौ सिगरी बसुधा नल माधवा सो नहि नायक कोई।''-बो.ग्र., वि.वा, 58/73।

**नव कन्यानि**—सरदार कवि ने अपनी सुख विलासिका टीका में तारा, मन्दोदरी आदि पाँच कन्याओं की ओर संकेत किया है (दे.-र.प्रि, 6/38, हिंदी टीका सहित, श्री वेंकटेश्वर प्रेस प्रकाशन, मुम्बई, 1853 ई.) जबकि कोशों में नवकुमारिकाओं के ही नाम मिलते हैं। कुमारिका, त्रिमूर्ति, कल्याणी, रोहिणी, काली, चंडिका, शांभवी, दुर्गा और सुभद्रा. (हिं.श.सा., पौ.को.)। उ.-''सुर नाग नव कन्यानि के प्रानपति। पतिदेवतानि हूँ के हियनि बिहारे हैं।''-र. प्रि., 6/38।

**नवकोट**—मारवाड़। उ.-''भूतन भतन गिरि-बिकट-निवासी लोग बावनी बवंजा नवकोट धुंध जोट हैं।''-भू.ग्र., प्रकी., 445/215।

**नवखंड**—भूमि के नौ विभाग, जिनके नाम हैं—भरत, इलावर्त, किंपुरुष, भद्र, केतुमाल, हरि, हिरण्य, रम्य, और कुश। उ. (1)-''प्रथम टंकारि झुकि झारि संसार-मद चंड को दंड रह्यो मंडि नवखंड कों।।''-रा, 5/43। उ. (2)-''काल कैसो दंड असिदंड भुजदंड गहि बिक्रम अखंड नवखंड महि मंडियै।।''-वी.च., 33/32।

**नवढ़ा**—वियोग नवोढ़ा। उ.-''ग्यातजोबना नव मदन नवढ़ा डर लज्यात।''-भि.ग्र.1, र.सा., 427/62।

**नवदशा**—वियोग से सम्बन्धित सामान्यतया दस काम दशाएँ मानी जाती हैं, किन्तु दसवीं दशा 'मरण' को कुछ आचार्य निषिद्ध मानते हैं। इसलिए केवल नौ दशाओं का ही लक्षण निरूपण करते हैं। ये नौ दशाएँ हैं-अभिलाष, चिन्ता, स्मृति, गुणकथन, उद्वेग, प्रलाप, उन्माद, व्याधि, जड़ता। ल.-होत वियोग सिंगार में प्रगट दसा नव जानि। प्रथम कहै अभिलाष पुनि चिंता समृति बखानि।। गुनबर्नन उदबेग पुनि कहि प्रलाप उन्माद। व्याधि बहुरि जड़ता कहत कवि कोबिद अबिबाद।।-मति., र.रा., 398-399/290।

**नवदुर्गा**—पुराणानुसार दुर्गा के नौ विग्रह जिनकी नवरात्रि (दे.) में नौ दिनों तक क्रमशः पूजा होती है। इनके नाम हैं—शैलपुत्री, ब्रह्मचारिणी, चंद्रघंटा, कुष्मांडा, स्कंदमाता, कात्यायनी, कालरात्रि, महागौरी और सिद्धिदा। दे. दुर्गा। उ.-नवदुर्गा नर पूजि स्वर्ग अपवर्गनि पावहिं।-''क.प्रि., 10/30।

**नवधाई**— दे. नवधा भक्ति। नौ प्रकार से की जाने वाली भक्ति-श्रवण, कीर्तन, स्मरण, पादसेवन, अर्चन, नंदन, दास्य, सख्य, आत्म-निवेदन। उ.-''नवधाई हरि को भजन इंद्रजीत जू को, दस अवतार ही को गुन गाइयतु है।''-क.प्रि., 11/23।

**नवधा-भक्ति**—दे. नवधाई। उ.-''सुधा-कुंड, ग्रह, नाड़िका, नवधा भक्ति बखानि।''-क.प्रि., 11/20।

**नवधा भगति**—दे. नवधाई, नवधा भक्ति। उ.-''नवरस नवधा भगति स्यों जोजति नवरँगराइ।''-

क.प्रि. 1/47।

**नवनिद्धि**—नवनिधि। कुबेर के नौ प्रकार के रत्न-महापद्म, पद्म शंख, मकर, कच्छप, मुकुन्द, कुन्द, नील तथा खर्व या वर्च्च। ये सब लक्ष्मी की आश्रित बताई गई हैं। जिन्हें ये प्राप्त होती हैं उन्हें भिन्न-भिन्न रूपों में धनागम होता है। मार्कण्डेय पुराण में अंतिम को छोड़कर केवल आठ निधियों का उल्लेख मिलता है। उ. (1)-"तोहिं होइ अब छेम आठ सिद्धि नव निद्धि नित।"-बो.ग्रं., वि.वा., 35/90। उ. (2)-"अनुभो की सिद्धि नाम नाम नवनिद्धि वृंद नाम ही तैं अठसठि तीरथ महान हैं।"-वृं.ग्रं., स्फु.छं., 27/316। उ. (3)-"अट्ठसिद्धि नवनिद्धि देत माँगे को सो कहि।।"-भू.ग्रं., 289/182।

**नवनिधि**—दे. नवनिद्धि। उ.-"सुरपति कीनो मंदिर मेरु। नवनिधि राखें रहै कुबेरु।।"-वी.च., 1/24।

**नवद्वार**—शरीर के नौ द्वार-दो नासिक + दो कान + एक मुख + दो आँख + एक मलद्वार + एक मूत्रद्वार-"जे नव द्वार खुले ते मूँदहि करि कछु मतो उपाय।"-प.गं., क.प., 26/299।

**नवमालिनी छंद**—सोलह मात्राओं का छंद है। मात्राक्रम है (।।।।S।S̆।।।SS)। ल.-निजभय नवमालिनि निजु मंडी। उ.-"तिय पिय स्वाँग चीन्हि बहराई। यह नवमालिनी सुमनु ल्याई।"-भि.ग्रं. 1, छंदा., 131, 143/196-197।

**नवजोबन भूषिता मुग्धा**—ल.-सो नव-जोबनभूषिता मुग्धा को यह बेस। बाल-दंसानिकसे जहाँ जोबन को परबेस।।-र.प्रि., 3/20।

**नवरंगजेब**—दे. औरंगजेब। उ.-"खाइ कै कसम त्यों मुराद को मनाइ लियो फेरि ताहू साथ अति कीन्ही तै ठगाई है। भूषन सुकवि कहै सुनौ नवरंगजेब ऐसे ही अनीति करी पातसाही पाइ है।"-भू.ग्रं., प्रकी., 541/238।

**नवरंगराय**—इन्द्रजीत के अन्तःपुर की छः वेश्याओं में से एक। उ.-"राय प्रवीन प्रबीनअति नवरंगराय सुवेश।।"-क.प्रि., 1/43, 3/47, 3/48।

**नवरतन**—नौ रत्न, जिनके नाम हैं—मोती, पन्ना, मानिक, गोमेद, हीरा, मूँगा, लहसुनिया, पद्मराग और नीलम। उ.-"पाच पेरोजा लसनिया मुकता लीला लाल। पुष्पराग हीरा पनाँ ए नव रतन रसाल।।"-वृं.ग्रं., शृं.शि., 57/44।

**नवरस**—रचयिता-गणपति भारती (दे.)। (बृ.इति. 7)।

**नवरस**—साहित्य के नौ रस जिनके नाम हैं-शृंगार, हास्य, करुण, रौद्र, वीर, भयानक, वीभत्स, अद्भुत और शांत। केशवदास ने र.प्रि. में हास्य, करुण, रौद्र, वीर, भयानक, वीभत्स, अद्भुत, और सम रसों का लक्षण निरूपण किया है। उन्होंने हास्य के अनेक भेदों (मंदहास, कलहास, अतिहास, परिहास) के भी लक्षण वताये हैं (र. प्रि., 14वाँ प्रभाव); किन्तु क.प्रि. में रसवत् अलंकार के अन्तर्गत शांत रसवत् का भी लक्षण निरूपण किया है। (क.प्रि. 11वाँ प्रभाव)। ल. (1)-"नवरस प्रथम सिंगार पुनि हास करुन अरु बीर। अद्भुत रुद्र बिभत्स भय सांत सुनौ कबि धीर।।"-भि.ग्रं. 1, र.सा., 9/4। उ. (1)-"नवरस नवधा भगति स्यों जोजति नवरंगराइ।।"-क. प्रि., 1/47। उ. (2)-"नवरसमय यह देखियै सबल साहि दरबार।।"-ज.ज.च., 1/47। उ. (3)-"प्रीत पान नवरस कथा चूना नेह लगाइ। प्रीतम मुष दृग दीठि कर बीरी देत बनाइ।।-पं.ग्रं., जग., 9/80।

**नवरस चतुर्वृति वर्णन**—रचयिता-रूपसाहि (दे.)। (स.सर्वे.)।

**नवरसतरंग**—रचयिता-बेनीप्रवीन (दे.)। विव.-नायिका भेद विषयक ग्रंथ। (इति. शुक्ल)।

**नव-रस-रत्नाकर**—रचयिता-मंडन भट्ट (दे.)। (बृ.इति. 7)।

**नवराई**—रचयिता-कलानिधि (दे.)। (बृ. इति. 7)।

**नवल अनंगा**—केशव के अनुसार मुग्धा नायिका के चार भेदों में से एक। ल. (1)-नवल बधू नवयौवना, नवल अनंगा नाम। लज्जा लियें जु रति करै, लज्जाप्राय सु बाम।।-र.प्रि., 3/17। ल. (2)-नवल अनंगा होइ सो, मुग्धा 'केसवदास'। खेलै बोलै बालबिधि हँसे त्रसै सबिलास।।-र.प्रि.,

3/122. सबिलास।।

**नवलसिंह कायस्थ**—स्थितिकाल-सं. 1873-1926। निवासस्थान-झाँसी। आश्रयदाता-समथर नरेश राजा हिंदूपति, सं. 1890 तक टीकमगढ़ राज्य के आश्रित। रामानुज सम्प्रदायानुयायी। रचनाएँ - रासपंचाध्यायी, रामचंद्र विलास, जौइरिनतरंग, रसिकरंजनी, विज्ञानभास्कर, ब्रजदीपिका, शुक-रंभा-संवाद, नामचिंतामणि, मूलभारत, भारतसावित्री, भारतकवितावली, भाषा सप्तशती, आह्लादरामायण, रुक्मिणीमंगल, मूल ढोला रहस लावनी, अध्यात्मरामायण, रूपकरामायण, नारी प्रकरण भारतवार्तिक, रामायण सुमिरनी। (बृ. इति. 7, इति. शुक्ल)।

**नवलसिंह पमार**—अनूपगिरि हिम्मत बहादुर के पक्ष का वीर पमार क्षत्रिय जिसे गुलौली का धनी कहा गया है। उ.-''नृप नवलसिंह पमार बीर भिरुयौ गुलौली को धनी।''-प.ग्रं., हिं.ब.बि., 157/22।

**नवसात**—सोलहो शृंगार। इसके अन्तर्गत उबटन, स्नान, स्वच्छ वस्त्र धारण, केश शृंगार, काजल लगाना, सिंदुर से माँग भरना, महावर लगाना, भाल पर तिलक लगाना, चिबुक पर तिल बनाना, मेंहदी लगाना, सुगंध लगाना, आभूषण धारण, पुष्पमाला धारण, मिस्सी लगाना, पान खाना, होंठों को लाल करना-ये सोलह क्रियाएँ मानी गई हैं। (हिं.श.सा.)। उ.-''पातरे गात किए नवसात निकाई सों नाक चढ़ाएँई बोलै।''-घ.क., 389/196।

**नवसेरीखान**—नौशेरी खाँ। औरंगजेब (दे.) का एक सेनानायक जो शिवाजी के आक्रमणों पर नियंत्रण के लिए 1657 ई. में दक्षिण (चमरमुंडा, अहमदनगर, दैसिन, जुनार शहर आदि) भेजा गया था। इसने राव करन और शाइस्ता खाँ के साथ में इसमें योग दिया किंतु शिवाजी अपनी सेना के साथ कुशलता से निकल गए और नौशेरी खाँ पीछा न कर सका। इस पर औरंगजेब नौशेरी खाँ पर बहुत नाराज हुआ। उ.-''अहमदनगर कें थान किरवान लैं कैं नवसेरीखान सों खुमान भिरुयौ बल तें।''-भू.ग्रं., शि.भू., 284/181।

**नवोढ**—नवविवाहिता। दे. नवोढ़ा। ल.-नवोढ डरै पिय संग न पौढ़ै।-भि.ग्रं. 1, र.सा., 25/61। उ.-''तजि नैननि नींद नवोढ़ बधू लहुँ अधिक राति तें भागति है।''-र.प्रि., 11/15।

**नवोढ़ा**—नवविवाहिता युवती। साहित्य में मुग्धा के अन्तर्गत ज्ञातयौवना नायिका का एक भेद, जो लज्जा और भय के कारण नायक के पास न जाना चाहती हो। ल. (1)-अति डर तें अति लाजतें जो न चहै रति बाम। ता मुग्धा कों कहत हैं सुकबि नवोढ़ा नाम।।-प. ग्रं., जग., 38/86। ल. (2)-मुग्धा जो भय लाज जुत रति न चहै पति संग। ताहि नवोढ़ा कहत हैं जे प्रवीन रस रंग।।-मति, र.रा., 24/206। ल. (3)-पराधीन रति लाज भय जा तिय के मन होइ। बालपनै ब्याही सु यौं नौढा बरनत लोइ।।-सो.ग्रं, 1, र.पी.नि., 32/66। ल. (4)-जो लज्जा भय पराधीन रति, होत नवोढ़ा सोइ।।-शृं.मं., चिंता., 29/10। भिखारीदास ने मुग्धा भेद के अन्तर्गत नवोढ़ा का वर्णन करते हुए उसके दो भेद किए हैं-अविश्रब्ध और विश्रब्ध। ल. (5)-मुग्धा तिय संजोग में कही नवोढ़ा जाहिं। अविसब्ध विस्रब्ध द्वै जे न पतिहि पतियाहिं।।-भि. ग्रं. 1, शृं.नि., 142/119।

**नष्ट**—छंदशास्त्र में नष्ट नामक प्रत्यय। इसके द्वारा मात्रा एवं वर्णप्रस्तार के किसी निश्चित संख्या वाले प्रभेद स्वरूप का ज्ञान होता है। उ.-'नष्ट उदिष्ट' रू मेरू पताक विमर्कटि सुचिन को रि जानै।''-भि.ग्रं.।, छंदा., 8/166।

**नहुषनाटक**—रचियता-गिरिधरदास (दे.). (इति. शुक्ल)।

**नांदीमुखीछंद**—ल. पंच लहू पर मगन त्रय नांदी मुखी विचित्र। गति लीन्ही नियमौ तजै, वहै नाम है मित्र।। मात्राक्रम है (।।।,।।S, SSS, SSS, SS)। पाँच लघु के बाद तीन मगण (SSS) होता है, किन्तु प्रवाह में इस नियम का भी पालन नहीं होता। उ.-दुजनि किय बिदा बाकबादै सुखी कै। नृपति जब उठे श्राद्ध नांदी मुखी कै।।''-भि. ग्रं.।, छंदा., 11,12/216।

**नाँदिया**— नंदी बैल, शिव का वाहन। शिव

के प्रधान गण के रूप में इन्हें प्रतिष्ठा प्राप्त है। इन्हें शिव का दिव्य पार्षद भी कहा जाता है। पुराणानुसार नंदी या नंदीश्वर को तोटक का अवतार माना जाता है। इन्होंने शिव का अपमान करने के कारण दक्ष को शाप दिया था। शिव के दर्शन के पूर्व इनसे आज्ञा ले लेना आवश्यक है। इनका कद बौना, रंग काला, सिर मुँड़ा हुआ, मुँह मर्कटाकृति माना गया है। कुछ लोग इन्हें आचार्य भरत का पूर्ववर्ती, अभिनय और रस का आचार्य मानते हैं। इनके नाम से कामशास्त्र के ग्रंथ भी मिलते हैं। मानव रूप में नंदी बहुविध शास्त्र के वेत्ता कहे गए हैं। (पौ. को. अभिनयदर्पण, कुमारस्वामी द्वारा सम्पादित)। उ. ''एक ओर गरुड़ सुहंस एक ओर ठाढ़े एक ओर नाँदिया बिमान एक ओर हैं।।''- प.ग्रं., गं.ल., 49/271।

**नाइका**—नायिका। नायक की पत्नी या प्रिया। रूप-गुण-सम्पन्न स्त्री जो शृंगार रस का आलम्बन हो अथवा किसी काव्य-नाटक आदि में जिसके चरित्र का प्रधान रूप से वर्णन हो और फल तक क्रियाशील हो। इसके अनेक प्रकार के भेद आचार्यों ने बताये हैं। प्रकृति की दृष्टि से-उत्तमा, मध्यमा और अधमा (दे.)। प्रिय के अहितकारी होने पर भी हितकारिणी स्त्री उत्तमा है। हित-अहित करने वाली मध्यमा और प्रिय के हितकारी होने पर भी अहितकारी स्त्री को अधमा कहते हैं। धर्मानुसार भेद स्वकीया, परकीया और सामान्या (वेश्या या गणिका) (दे.)। वयःक्रमानुसार भेद-मुग्धा, मध्या और प्रौढ़ा (दे.)। इनके भी अनेक भेदोपभेद हैं (दे.)। शारीरिक गुण धर्म और सामुद्रिक की दृष्टि से चार भेद-पद्मिनी, चित्रिणी, शंखिनी और हस्तिनी (दे.)। (हिं.श.सा., सा.को.)। ल (1)-रस सिंगार को भाव उर उपजत जाहि निहारि। ताही कों कबि नाइका बरनत बिबिधि बिचारि।।-प.ग्रं., जग., 11/81। ल. (2)-पद्मिनि चित्रिनि संखिनी अरु हस्तिनी बखानि। बिविध नाइका भेद में चारि जाति तिय जानि।।-ज.ग्रं., भा.भू., 9/7। ल. (3)-स्वकिया व्याही नाइका, परकीया परबाम। सो सामान्या नाइका, जाकें धन सों काम।।-वही, 10/7। ल. (4)-रस मधि रस सिंगार जानत रसिक सुजान। तिहि आलंवन नाइका करियै ताहि बखान।। स्वकिया परकीया बहुरि बारबधू ए तीन। इनके भेद अनेक हैं जानत हैं जिते प्रवीन।।-वृं.ग्रं., शृं.शि., 14-15/33-37। दे. नायक, नायिका, नायिका भेद।

**नाइका भेद**—दे. नाइका, नायका, नायका भेद, नायिका भेद। ल. (1)-रस सिंगार को भाव उर उपजत जाहि निहारि। ताही कों कबि नाइका बरनत विविधि बिचारि।।-प.ग्रं., जग., 11/81। ल. (2)-कही त्रिबिध सो नाइका प्रथम सुकीया नाम। पुन परकीया दूसरी गनिका तीजी बाम।।-प.ग्रं., जग., 16/82। ल. (3)-प्रथम कही जे नाइका ते सब त्रिबिध बिचारि। अन्य सुरति दुखिता सु इक मानवती पुनि नारि।। फिरि वक्रोकतिगर्बिता इहि विधि भिन्न प्रकार। तिनके लच्छन लच्छ सब भाषत मति अनुसार।।-वही, 126-127/106।

**नाकगंग**—आकाशगंगा। स्वर्गगंगा। छोटे-छोटे तारों के समूहों की धारा जो उत्तर से दक्षिण की ओर फैली दिखाई पड़ती है। इसकी अनेक शाखाएँ भी दिखाई पड़ती हैं। इसे ही पुराणों में आकाशगंगा कहा गया है जो परिखा के रूप में चारों ओर से घेरे हुए है। (पौ.को., विस्तार के लिए-हिं.वि. को., ना.प्र. सभा में आकाशगंगा)। उ.-''कंद सम कयलास नाकगंग नाल तेरे जस पुंडरीक को अकास चंचरीक सो।।''-भू.ग्रं., शि.भू., 329/189।

**नाकपति**—स्वर्गपति। इंद्र। उ.-''भजत पाप ना नाकपति परम नाकपति देत।''-वृं.ग्रं., य.स., 334/232।

**नाग**—(1) सर्प। साँप। कद्रू से उत्पन्न कश्यप की संतान जिनका स्थान पाताल लिखा गया है। पुराणानुसार सृष्टि के आरंभ में उत्पन्न कश्यप की पत्नी कद्रू से इन पुत्रों ने जन्म लिया-अनंत, वासुकि, कंबल, कर्कोटक, पद्म, महापद्म, शंख, कुलिक, और अपराजिता। ये पुत्र नाग कहलाए जो अत्यंत क्रूर और विषधर थे। इनसे त्रस्त प्रजा ने ब्रह्मा से रक्षा की प्रार्थना की। ब्रह्मा ने सृष्टि विनाश को देख इन्हें शाप दिया कि इसी प्रकार अपनी माता के शाप

से तुम्हारा भी विनाश होगा। नागों के द्वारा सुरक्षित स्थान की याचना पर ब्रह्मा ने इन्हें पाताल, वितल, और सुतल ये तीन लोक निर्दिष्ट किये। सूर्य के घोड़े की पूँछ यद्यपि सफेद थी किंतु कश्यप की दोनों पत्नियों (कद्रू और विनबा) में विवाद छिड़ने पर कद्रू ने उसे काली कहा और कुछ नागों ने उच्चैःश्रवा की पूँछ में लिपटकर उसे काली दिखला दिया। कुछ नागों के विरोध करने पर कद्रू ने उन्हें नष्ट हो जाने का शाप दिया। परिणामस्वरूप वे जनमेजय के नागयज्ञ में भस्म हुए। नागों के मुख्य आठ कुल बताये गए हैं-अनंत, वासुकि, पद्म, महापद्म, तक्षक, कुलीर, कर्कोटक और शंक। (हिं.शा.सा., पौ.को.)। उ.-''मही देवता मगन की। नाग नगन को देखि।''-क.प्रि., 3/22।

**नाग**—(2) छंदशास्त्र में नगण का देवता। ल. -मही देवता मगन की, नाग नगन को देखि।।-क. प्रि., 3/22।

**नागधर**—शिव। वैवर्त पुराण के अनुसार एक दिन गरुड़ से भय खाकर कुछ सर्पों ने महादेव की शरण ली तो उन्होंने उन्हें अभयदान देकर अपने शरीर पर आश्रय दिया। नाग को धरने के कारण शिव नागधर नाम से प्रसिद्ध हुए। उ. (1)-''नागधर प्रिय मानि लोकमाता सुखदानि। सोदर सहायक नवल गुन भाए हैं।''-क.प्रि., 11/32। उ. (2)-''सेषधर नागधर नागमुख ब्रह्म विस्नु इनको कलेवर तौ काल को कवल है।''-वि.गी., 15/40।

**नागनरेस**—छंदशास्त्र के रचयिता पिंगलाचार्य जो नागजाति के थे, इसीलिए उन्हें नागनरेश कहा गया है। भिखारीदास ने पिंगलाचार्य और नागनरेश दोनों को अभिन्न माना है। पिंगलाचार्य (ई.पू. 200) छंदशास्त्र के एक प्रसिद्ध आचार्य और ऋषि थे। इन्हें छंदशास्त्र का प्रथम आचार्य कहा जाता है। भिखारीदास इन्हें 'बिनता सुत' कहते हैं। उ.-''तिहि पिंगल नागनरेस की सदा जयति जय जयति जय।''-भि.ग्रं. 1, छंदा., 3/165।

**नागपाशोत्तरचित्रालंकार**—दे. चित्रालंकार। प्रश्नोत्तरचित्रालंकार। ल.-इक इक अंतर तजि वरन, द्वै द्वै बरन मिलाइ। नागपास उत्तर यही कुंडल-सरिस बनाइ।। उ.-''कहाँ रहै संसार, बाहन कहा कुबेर को। चाहै कहा भुआर दास उत्तर दिय सरसजन।।''-भि.ग्रं. 2, का.नि., 18, 20/194।

**नागर**—रसिक, विदग्ध, चतुर नायक। उ. (1)-''नागर विदेस में बिताय बहु घौस आयो। नागरी के हिय में हुलासन की खान की।''-मति., र.रा., 226/252, 253। उ. (3)-''रससागर नागर स्याम लखें अभिलाषनि धार-मझार बहौं।''-घ. क., 419/204। उ. (3) ''जब तै नागर मन बसौ आइ सुनैना मैन। पहिरायै करिकै निसा चित चोरी कौ नैन।।''-रतन., 241/76।

**नागरि**—रसिका, चतुरा नायिका। उ. (1)-''नागरि आगरि हौ बहु भाँति तुम्हैं अब कौन सी वात पढ़ैयै।।''-घ.क., 409/202। उ. (2)-''कंठ मनोगि वियोगिनि नागरि राग अलापनि कौं अनुरागी।''-वृं.ग्रं., भा.पं., 11/15। उ. (3)-''नागरि सकल सिंगार करि चली प्रानपिय पास। बाढ़ि चली बिहसनि मनो सोभा सहज सुवास।।-मति., म.स., 282/392।

**नागरी**—दे. नागरि। उ. (1)-''केलि कै नागर-नागरी प्रात उजागर सागरभेष भए हैं।''-र. प्रि., 3/44। उ. (2)-''नागर विदेस में बिताय बहु घौस आयो नागरी के हिय मैं हुलासन की खान की।''-मति., र.रा., 226/252।

**नागरीदास**—कृष्णगढ़ के महाराज सावंत सिंह। वल्लभ सम्प्रदायानुयायी। जन्म-सं. 1756 (रूपनगर में)। पिता-महाराज राजसिंह। रचनाएँ और विव.-इश्कचयन (प्रेमविषयक नीति), छूटक विधि (तत्वज्ञान-सं. 1790), अरिल्ल-पचीसी, अरिल्लाष्टक, उत्सवमाला, कविवैराग्यवल्लरी, गुप्तरसप्रकाश, गोधन आगमन, गोपीप्रेम प्रकाश (सं. 1800), गोपी वैनविलास, गोवर्धन धारन के कवित्त, गोविंद परचई, चरचरियाँ, चाँदनी के कवित्त, छूटक कवित्त, छूटक दोहा, जुगुलभक्ति विनोद (सं. 1808), जुगुलरसमाधुरी, तीर्थानंद, दिवारी के कवित्त, देहदशा, दोहन आनंद, नखशिख, निकुंजविलास (सं. 1794), नैनरूपरस, पदप्रसंगमाला, पदप्रबोधमाला, पदमुक्तावली, पारायण-विधि-प्रकाश,

पावस पच्चीसी, प्रिया जन्मोत्सव कवित्त, प्रीतिरसमंजरी, फागखेलन, समेतानुक्रम कवित्त, फाग गोकुलाष्टक, फाग विलास, फाग विहार, फलविलास, वसंतवर्णन, बालविनोद (सं. 1809), बैनविलास, ब्रजसार, ब्रजबैकुंठ तुला, भजनानंदाष्टक, भक्ति-भगदीपिका (सं. 1802), भक्तिसागर (सं. 1799), भोरलीला, मजलिसमंडन, मनोरथमंजरी (सं. 1780), साँझी के कवित्त, रसानुक्रम के कवित्त, रसानुक्रम के दोहे, रसिक रत्नावली, रामचरित्रमाला, रास के कवित्त, रासरसलता, रेखता, लग्नाष्टक, वनजन प्रशंसा, वनविनोद (सं. 1809), वर्षाऋतु की माँझ, वर्षा के कवित्त, विहार-चंद्रिका, वैराग्यवल्लरी, शरद की माँझ, शिखनख, शीतसार, सदा की माँझ, सिंगारसार, सुजानानंद (सं. 1810), साँझ फूलवीनन संवाद, हिंडोराले कवित्त, होरी की माँझ, होरी के कवित्त। (बृ.इति., 7, स.सर्वे.)।

**नाच**–नृत्य। देश की रुचि के अनुसार ताल, मान और रस का आश्रित, आनंद या किसी अन्य भाव को प्रकट करने वाला अंग विक्षेप। इच्छानुसार अंग विक्षेप करना या कराना। (विस्तार के लिए हिं.श.सा.)। उ. (1)-''जा लगि लाँच लुगाइनि दै दिन नाच नचावत साँझ पहाँ उँ।।''-र.प्रि., 5/12। उ. (2)-''मनौ रसिक लोचन रुचि रचे। रूप-संग बहुत नाचनि नचे।।''-रा.चं., 29/7।

**नाटक**–रंगशाला या अन्य किसी अनुकूल स्थान पर नटों की आकृति, हावभाव, वेश और वचन आदि द्वारा घटनाओं का प्रदर्शन। अभिनय। उ. (1)-''तिनकी बिबिध बिसद बातिका। बरनत सुभ नाटक नाटिका।''-वी.च., 23/21। उ. (2)-''संग लै बहुत सुंदरी बन बाग जाय तड़ाग। नृत्य गीत कबित्त नाटक रंग राग सभाग।''-वि. गी., 13/41।

**नाटिका**–एक प्रकार का दृश्य काव्य। नाटक का एक प्रकार, जिसमें चार अंक होते हैं और कथा कल्पित होती है। नायिका राजकुलोद्भवा और नवानुरागिणी होती है। इसका नायक धीर ललित होता है। इसमें स्त्री पात्रों का आधिक्य रहता है। उ.-''जिनकी विविध बिसद बाटिका। बरनत सुभ नाटक नाटिका।''-वी.च., 23/21।

**नाड़िका**–मानव शरीर में स्थित नौ मुख्य नाड़ियाँ। इड़ा, पिंगला, सुषुम्ना, गंधारी, पूषा, गजजिह्वा, पसाद, शनि, शंखिनी। उ.-''सुधाकुंड, ग्रह, नाड़िका, नवधा भक्ति बखानि।''-क.प्रि., 11/20।

**नाथ**–(हरीनाथ)-जन्मस्थान-काशी। समय-सं. 1826 में उप., रचना-अलंकार दर्पण। (इति. शुक्ल, स.सर्वे.)।

**नाथ चंद्रिका**–रचयिता-उत्तमचंद भण्डारी (दे.)। (बृ.इति. 7)।

**नाथूराम**–(नाथिया)-समय-उन्नीसवीं शती का पूर्वार्द्ध। स्थान-राजस्थान। रचनाएँ-सिच्छ्यासार, कुंडलिया। (बृ.इति. 7)।

**नाथुराम चतुर्वेदी 'ब्रज'**–जन्म-सं. 1848, स्थान-जयसिंहनगर (सागर), पिता-कन्हैयालाल चतुर्वेदी, रचना-समरसागर, (बृ.इति. 7)।

**नाथूराम शुक्ल**–स्थितिकाल-सं. 1894 के लगभग, पिता-सुंदरजी शुक्ल, आश्रयदाता-भावनगर के महाराज तख्तसिंह, रचनाएँ-तख्त-यश-त्रिवेणिका. संगीत-तख्त-विनोद, तख्त-यश-बावनी, (बृ.इति. 7)।

**नाद**–वर्णों का अव्यक्त मूल रूप। ओंकार। प्रणव। उ-''ब्रह्मज्ञान रस आदि नाद पुनि बेद बखानत।''-बो.ग्रं., वि.वा., 33/46।

**नादौटें**–विशेष प्रकार की तलवारें। उ.-''असिबर नादौटैं घलत न लौटैं मुंडानि मौटैं काटि करैं।''-पद्म., हि.ब.बि., 195/27।

**नानक नवक**–रच.-रत्नहरि (दे.)। (बृ. इति. 7)।

**नानक बोध**–रच.-संतरेण (दे.) (1) बृ. इति. 7)।

**नानक-यश-चन्द्रिका**–रच.-रत्नहरि (दे.)। (बृ.इति. 7)।

**नानक विजय**–रच.-संतरेण (दे.)। (बृ. इति. 7)।

**नानारावप्रकाश**–रच.-बेनी प्रवीण (दे.)। विव.-अलंकार ग्रंथ। (इति. शुक्ल)।

**नाम**—वह शब्द जिससे किसी वस्तु, व्यक्ति या समूह का बोध हो। भिखारीदास ने नाम के चार प्रकार बताए हैं-जाति (जैसे यदुनाथ), यदृक्षा (जैसे कान्ह), गुण (जैसे श्याम), क्रिया (जैसे कंसारि)। गुण के अन्तर्गत रूप, रंग, रस, गंध और निश्चल धर्म की गणना की गई है। ये सब वाचक के अन्तर्गत आते हैं। ल.-जाति जाद्रिक्षा गुन क्रिया, नाम जु चारि प्रमान। सबकी संज्ञा जाति गनि, बाचक कहैं सुजान।। जाति नाम जदुनाथ अरु, कान्ह जद्रिक्षा धारि। गुन तें कहिये स्याम अरु क्रिया नाम कंसारि।। रूप रंग रस गंध गनि, और जु निस्चल धर्म। इन सबको गुन कहत हैं गुनि राखौ यह मर्म।।''-भि.ग्रं. 2, का.नि., 2-4/6।

**नाम चिंतामणि**—रच.-नवलसिंह (दे.)। (इति. शुक्ल)।

**नाम प्रकाश**—रचयिता-भिखारीदास (दे.)। विव.-कोश ग्रंथ। (इति. शुक्ल)।

**नाममाला**—रचयिता-उमादास (दे.)। (बृ. इति. 7)।

**नाममाला**—रच.-चंदन (दे.)। विव.-कोश ग्रंथ। (इति. शुक्ल)।

**नामरत्नमाला**—रच.-गोकुलनाथ (दे.)। विव.-कोश ग्रंथ। (इति. शुक्ल)।

**नामशतक**—रच.-रामचरणदास (दे.)। (बृ. इति. 7)।

**नामा**—महाराष्ट्र के एक प्रसिद्ध संत जिन्होंने मराठी और हिंदी में बहुत सी स्फुट रचनाएँ लिखी हैं। इनका जन्म सन् 1270 ई. में नरसीवमनी (सतारा) में हुआ था। ये ज्ञानेश्वर के समकालीन थे। ये दमशेती दर्जी के पुत्र थे। जाति छीपी थी। विवाह राजाबाई से हुआ था। मृत्यु 80 वर्ष की अवस्था में 1350 ई. में हुई। समाधि पंढरपुर में बनी हुई है, जो वारकरी वैष्णवों का प्रसिद्ध तीर्थ स्थान है। ये भी वारकरी सम्प्रदाय के थे। विभिन्न कथाओं के अनुसार ये विसोबा खेचर के शिष्य थे। पंढरपुर के बिट्ठलदेव के परमोपासक थे। वारकरी सम्प्रदाय में विष्णु और शिव दोनों का सम्मान है किन्तु मूर्ति विष्णु के एक रूप कृष्ण की है। राधा के स्थान पर रुक्मिणी को मान्यता प्राप्त है। नामस्मरण की साधना प्रधान है। निर्गुण-सगुण में कोई विरोध या विवाद नहीं है। भक्ति के साथ जाति, वर्ग, वय, कर्मकाण्ड का कोई बन्धन नहीं है। समता, शुद्धता, आत्मसमर्पण आदि के भाव प्रधान हैं। नामदेव की हिन्दी रचनाओं में मूर्तिपूजा के बाह्याडंबर आदि का विरोध है। इन्होंने उत्तरी भारत की व्यापक यात्रा की थी। इसलिए विचारों के विकास के आधार पर लोग इनकी रचनाओं के तीन विकास काल बतलाते हैं-1. प्रथम उन्मेषमूर्तिपूजक रूप, 2. मध्यकाल-उपास्य के परम व्यापक रूप के भी उपासक, 3. केवल सगुण-निराकार के उपासक। हिंदी की रचनाएँ इसी तीसरे काल की बतलाई जाती हैं। उ.-''नामा और सुदामा गीध गनिका अजामिल सों कीन्ही करतूति सो बिदित रावराने में।''-भि. ग्रं. 1, र.सा., 519/76।

**नामार्णव**—रच.-रणधीर सिंह (दे.)। विव.-कोश ग्रंथ। (बृ. इति. 6)।

**नायक**—साहित्य में शृंगार का आलंबन या साधक। रूप-यौवन-सम्पन्न वह पुरुष जिसका चरित्र किसी काव्य, नाटक आदि का मुख्य विषय हो। रीतिकाल में शृंगार के प्रामुख्य के कारण नायक के गुण धर्म भी शृंगारानुकूल ही वर्णित हैं। नाटकादि के चार प्रकार (धीरललित, धीरप्रशान्त, धीरोदात्त और धीरोद्धत) के नायकों में से धीरललित का रीतिकाल में विस्तार विशेष है। नायक-नायिका-भेद की तुलना में नायक-भेद कम विस्तृत है। नायिका (दे. नाइका) का भेद विस्तार भिन्न भिन्न दृष्टियों से किया गया है, इसी प्रकार नायक का भी हो सकता है (दे. नायक-भेद)। रीतिकालीन आचार्यों ने नायक के गुण धर्म का विस्तृत विवेचन किया है। ल. (1)-सुंदर गुन मंदिर जुवा जुवति बिलोकैं जाहि। कविता राग रसज्ञ जो नायक कहिए ताहि।।-प. ग्रं., जग., 281/142। ल. (2)-तरुन सुघर सुंदर सकल कामकलरनि प्रवीन। नायक सो मतिराम कहि कबित गीत रसलीन।।-मति., र.रा., 237/255। ल. (3)-आलंबन शृंगार को पुरुष सो नायक जानि।।-शृं.मं., चिंता., 444/132। ल. (4)-सुंदर

कृति कुलीन रति केलि प्रवीन सुसील।-वही, 445/132। ल. (5)-छबि मै गुन मै ग्यान मै धन मै धीर धुरीन। नायक रज मै रसनि मै दान दया लौ लीन।।-भि.ग्रं. 1, र.सा., 158/24। ल. (6)-तरुन सुघर सुंदर सुचित नायक सुहृद बखानि।।-भि.ग्रं. 1, शृं.नि., 8/90। ल. (7)-सुचि धनवान अपार, अभिमानी सु उदार मनि। छमी गुनी निरधार चतुर ललित नायक बरनि।।-सो.ग्रं. 1, र.पी.नि., 1/112। छइल्ल, सुयनस, विदग्ध, नागर (दे.) आदि नामों में से छइल्ल और नागर के गुण धर्म रीतिकालीन नायक में विशेष मिलते हैं। ल. (9)-अभिमानी त्यागी तरुन कोककलानि प्रबीन। भव्य छमी सुंदर धनी सुचि-रुचि सदा कुलीन।। ये गुन 'केसव' जानु में सोई नायक जानि।-र.प्रि., 2/1-2।

**नायक को गुरुमान**--दे. मान। ल.-लोक लीक उल्लंघि कछु, प्रिया कहै जब बैन। उपजि परत गुरुमान तहाँ प्रीतम के उर-ऐन।।-र.प्रि., 9/6।

**नायक छंद**—छः मात्राओं का छंद है। क्रम है (।।S।।)। उ.-''सुखकारन। दुखटारन। सब लायक। रघुनायक।।''-भि.ग्रं. 1, छंदा., 39/185।

**नायक भेद**—दे. नागर, नायक। ल. ।-निज तिय सों परतियन सों अरु गनिका सों प्रीति। पति उपपति बैसिक त्रिबिध नायक कहै सुरीति।।-भि. ग्रं. 1, र.सा., 161/25। ल. (2)-इक तियब्रत अनुकूल है, दक्षिन सील समान। सठ कपटी मिठबोलनो ढीठी धृष्ट निदान।।-भि.ग्रं.1, र.सा., 167/251। ल. (3)-भेद एक साधारनै पति उपपति पुनि जानि।-वही, शृं.नि., 8/90। ल. (4)-अनुकूलो दक्षिन सठो धृष्टिति चारौ चारि।।-वही, 13/91। ल. (5)-त्रिविध सु नायक पति प्रथम उपपति बैसिक और। जो बिधि सों ब्याहो तियनि सोई पति सब ठौर।।-प.ग्रं., जग., 284/142। ल. (6)-सु अनुकूल दक्षिन बहुरि सठ अरु धृष्ट बिचारि। कहे कविन पति एक के सुभग भेद ये चारि।। जो परबनिता तें बिमुख सु अनुकूल सुख दानि। जु बहु तियन कों सुखद सम सो दक्षिन गुन खानि।।-प. ग्रं., जग. 287-288/143। ल. (7)-और यौ तीनि प्रकार के नायक भेद बखान। मानी सु बचन-चतुर पुनि क्रिया-चतुर पहिचान।। कियो जु तिय पै मान पिय मानी कहिये ताहि। करै बचन सों चातुरी बचन चतुर सो आहि।। करै क्रिया सों चातुरी क्रिया चतुर सो जानि।।-प.ग्रं., जग., 305-307/146-147। ल. (8)-जो पतिनी को पुन्य बिधि परिणेता पति जानि। सो पति षडविध होतु है, सुजन लेहु मन आनि।। प्रथम कह्यौ अनुकूल पुनि दक्षिन धृष्ट बिचारि। सठ मानी अरु चतुर पुनि नायकु छबिधि निहारि।।-शृं.मं., चिंता., 445-447/132-133। इन भेदों को अनेक दृष्टियों से वर्गीकृत किया जा सकता है। इन अनेक भेदों के विवरण तत्तत् शब्दों में देखे जा सकते हैं। ल. (9)-सस कुरंग कहिये वृषभ बहुरि बुरंगक जानि। चारि भाँति बाला जथा नायक चारि बखानि।। बो.ग्रं., वि.वा., 57/73। ल. (10)-अनुकूल दक्ष सठ धृष्ट पुनि चौबिधि ताहि बखानि। प्रीति करै निज नारि सां पर-नारी-प्रतिकूल। केसव मन-बच-कर्म करि सों कहियै अनुकूल।। केशवदास ने अनुकूल के दो भेद किए हैं-प्रच्छन्न अनुकूल और प्रकाश अनुकूल। इसी प्रकार दक्षिण, शठ और धृष्ट के भी प्रच्छन्न और प्रकाश के दो-दो भेद किए गए हैं।-र.प्रि., 2/2-17।

**नायक रासो**—(अजीत सिंह फत्ते ग्रंथ)-रच.-दुर्गाप्रसाद (दे.)। रचनाकाल-सं. 1853। विव.-रीवाँ के महाराज अजीत सिंह के सरदारों और पेशवा के सरदार जसवंत सिंह के बीच चारहत (रीवाँ) के मैदान में होने वाले युद्ध का वर्णन है। (बृ. इति. 7)।

**नायक वंचिता**—ल.-नायक की वंचना तें, विरहवती जो होइ। इनमें नायक वंचिता, बरनत सज्जन सोइ।-शृं.मं., चिंता., 204/61।

**नायक सखा**—नायिका की सखी का लक्षण निरूपण मिलता है, उसी प्रकार रीतिकालीन आचार्यों ने नायक के सखा का लक्षण निरूपण कर उसके भेद बताये हैं। इन भेदों के लक्षण तत्तत् शब्दों में देखिए। ''पीठिमर्द बिट चेटकी बिदुष और अनभिज्ञ। चतुर सखा नायक तिन्हैं जानत कविताबिज्ञ।।''-भि.ग्रं. 1, मिश्र, र.सा., 190/28।

**नायका**–दे. नाइका। ल. (1)-उपजत जाहि बिलोकिकै चित्त-बीच रसभाव। ताहि बखानत नायका जे प्रबीन कबिराव।।-मति., र.रा., 5/201। ल. (2)-सुंदर अरु सब गुन सरस भूषन भूषित अंग। इहिं बिधि बरनौ नायका रस कौं पाइ प्रसंग।।-सो.ग्रं. 1, र.पी.नि., 10-12/62।

**नायका भेद**–दे. नाइका, नायका। ल. (1)-जाति नायका चतुर पुनि चारि जाति सुखदानि। पद्मनि चित्रिनि संखिनी पुनि हस्तिनी बखानि।।-सो. ग्रं. 1, र.पी.नि., 12/62। ल. (2)-कही नायका तीन विधि प्रथम स्वकीया मान। परकीया पुनि दूसरी गनिका तीजी जान।।-मति., र.रा., 9/202।

**नायिका दर्शन**–रच.-जगतसिंह (दे.)। (सा. को.)।

**नायिका भेद**–दे. नायका भेद, नाइका भेद। ल. (1)-उत्तम मध्यम अधम ए, सबे नायिका जानि। इनके लषन उदाहरन लिषत लेहु मनि आनि।।-शृं. मं., चिंता., 339/106। ल. (2)-प्रथम पद्मिनी चित्रनी, जुवती, जाति प्रमान। बहुरि संखनी हस्तिनी केसवदास बखान।।-र.प्रि., 3/1। ल. (3)-त्रिबिध कहीये सब त्रिया प्रथम उत्तमा जानि। बहुरि मध्यमा दूसरी तीजी अधमा जानि।।-प.ग्रं., जग., 270/139। ल. (4)-पहिले आतमधर्म तें त्रिबिधि नायिका जानि। साधारन वनिता अपर सुकिया परकीयानि।।-भि.ग्रं. 1, शृं.नि., 27/94। ल. (5)-सुकिया परकीया अपर गनिका धर्मनि जानि। पतिव्रता लज्जा सुकृत सील सुकीया बानि।।-भि.ग्रं. 1, र. सा., 21/5। ल. (6)-हेत सँजोग बियोग की अष्टनायिका लेखि। तिनके भेद अनेक मैं कछु कछु बिसेखि।।-भि.ग्रं., 1, शृं.नि., 150/121। भिखारीदास ने स्वाधीनमतिका आदि नायिकाओं का संयोग और वियोग नामक दो भागों में बाँट कर लक्षण निरूपण किया है। (दे. विरहनायिका भेद, संयोग नायिका भेद)।

**नायिकाभेद**–(1)-रच.-नृपशंभु (दे.)। (बृ. इति. 6)।

**नायिकाभेद**–(2)-रच.-मदनेश महापात्र (दे.)। (बृ. इति. 7)।

**नायिकाभेद**–(3)-रच. मुरलीधर (दे.)। (इति. शुक्ल)।

**नायिका लक्षण**–रच.-हरिदेव (दे.)। (स. सर्वे.)।

**नारद**–वैदिक ऋषि और पौराणिक व्यक्तित्व के रूप में प्रख्यात विष्णु भक्त। वैदिक ऋषि के रूप में इन्हें कण्ववंशी या कश्यप वंशी कहा गया है। पुराणों में नारद देवर्षि कहे गए हैं। ब्रह्मा के मानस पुत्र नारद नित्य परिभ्रमणशील ऋषि के रूप में प्रसिद्ध हैं, जो ब्रह्मा के पुत्र होकर, अन्य पुत्रों की तरह सृष्टि कार्य में नहीं लगे जिस पर ब्रह्मा ने इन्हें नित्य भ्रमणशीलता का शाप दिया। दूसरी कथा के अनुसार इन्होंने दक्ष प्रजापति के द्वारा वीरण प्रजापति की पुत्री असिवनी से उत्पन्न दस-दस हजार पुत्रों को दो बार सृष्टि से निवृत्त कर दिया था, जिससे इसी प्रकार का शाप दक्ष से नारद को मिला कि गोदोहन से अधिक समय तक कहीं न रुकोगे और यदि रुकोगे तो मस्तक छिन्न हो जाएगा। इन्हें ब्रह्मा के ही शाप से, तीसरी कथा के अनुसार गंधमादन पर्वत पर उपवर्हण नामक गंधर्व होना पड़ा। इंद्र की सभा में रंभानृत्य को देख उस पर काममोहित हुए तब फिर ब्रह्मा ने मनुष्य होने का शाप दिया। दुमिल गोप की स्त्री कलावती पति की आज्ञा से ब्रह्मवीर्य पाने के लिए निकली और काश्यप नारद से प्रार्थना की। उसी गर्भ से उत्पन्न हो नारद ने गंधर्व शरीर छोड़ा। भागवत में कुछ भिन्न कथा मिलती है। रामचरितमानस में भी इनके कामग्रस्त होने और परिणयोत्सुक होने और पुनः माया हटने पर विरक्त होने की घटना वर्णित है। इन्होंने ब्रह्मा से संगीत की शिक्षा ली थी। ये भक्तिशास्त्र, वेदान्त, योग, ज्योतिष, वैद्यक आदि के भी आचार्य कहे गए हैं। वीणा इनका प्रिय वाद्य है और ये नित्य भ्रमणशील भगवद्गुण गायक के रूप में प्रसिद्ध हैं। (पौ.को., हिं.श.सो.)। उ. (1)-''नारद की सारद की हाँसी समान न सरद की सारद की हाँसी समान न सरद की सुरसरी को न भीर 'पुंडरीक' को।''-भू. ग्रं., शि.भू., 245/175। उ. (2)-''गौरि हसी बिहस्यो गवरी-पति नारद नाचि उठ्यो हितनातौं।।''-

वृं.ग्रं., स.स.रू., 83/271। उ. (3)- ''नारद को उपदेस बिमल बिचारू है।''-क.प्रि., 5/12। उ. (4)-मुनि मन माने सनमाने सारदादि वृंद नारदादि जाने जे बखाने बेदबानी के।''-प.ग्रं., गं.ल., 39/267, 55/274; वही, जग., 465/179। उ. (5)-नारद तें सारद तें पुनि सनकादिक तें चाह भरी सिध्दन तें संतन के रुख की।-ठाकुर, 4/62।

**नारसिंही**—नरसिंघा नाम का एक वाद्य, जो सींग का बना हुआ होता है और आकार तुरही की तरह होता है और फूँक कर बजाया जाता है। यह ताँबे का भी होता है। इसके दो भाग होते हैं। काम में लाने के बाद, पतला भाग बड़े भाग में रख दिया जाता है। पहले यह युद्ध क्षेत्र में बजाया जाता था, किंतु अब देहात में विवाहादि के अवसर पर बजाया जाता है। उ.-''बजै नारसिंही चढ़यो जोर चित्ता।''-बो.ग्रं., वि.वा., 3/160।

**नाराच छंद**—प्रत्येक चरण में मात्राक्रम है (।।। ।।। ऽ।ऽ ऽ।ऽ ऽ।ऽ ऽ।ऽ)। अट्ठारह वर्ण होते हैं और नौ वर्ण पर यति होती है। ल. (1)-नगन नगन रग्गनो, आगेहू तीनि दै रग्गनो। बिरति नवहि मैं करो, बर्न अट्ठारहे पग्गनो।। उ.-''कबहुँ डरत नाहिं जे तेग तों तोप सों कोट सों। करत बिकल ताहि तूँ, नैन-नाराच की चोट सों।।''-भि.ग्रं. 1, छंदा., 84-85/260। ल. (2)-लघु गुरु षोडस बरन जह नाराचहि उर आनि। (लघु और गुरु-।ऽ-के क्रम से प्रत्येक चरण 16 वर्ण होते हैं)। उ.-''सुरेश के प्रमान साहिबीनि कौ निवास है।''-सो.ग्रं. 1, र.पी.नि., 22, 24/35।

**नारायणदास**,-स्थितिकाल-सं. 1829 के लगभग। रचनाएँ-छंदसार, रहस्य प्रकाशिका (बृ. इति. 6, स. सर्वे.)।

**नारायन**—(1)-दे. नारायन। नारायण। उ.-''तुछ छन कों देती जैसो नारायन तैसो तुछ्छ तुम्हें तुछ्छ करि पाइन तरे करे।।''-प.ग्रं., गं.ल., 26/263।

**नारायन**—(2)-नारायण, शांत रस के देवता। उ.-''सुद्ध सकल रंग देवता नारायन है जान।।''-प. ग्रं., जग., 727/232।

**नारी प्रकरण**—रच-नवलसिंह कायस्थ (दे.)। (बृ.इति. 7, इति. शुक्ल)।

**नालबंदी**—कर। उ.-''बाँके बाँके सूबा नालबंदी दै सलाह करैं बाँके बाँके सूबा करै एक एक लत्ता सों।''-भू. ग्रं., प्रकी., 530/235।

**निंदा**—सोमनाथ ने संचारी भावों की नाम गणना में निंदा को भी एक माना है, किंतु असूया उनके द्वारा उल्लिखित 33 संचारियों में नहीं है। ल.-सुभ न लखि सकै और कइ, सो निंदा सरसानि।।-सो.ग्रं. 1, र.पी.नि., 22/54।

**निंदा रस**—परनिंदा से मिलने वाला आनंद। शास्त्रीय दृष्टि से इसकी कोई स्थिति नहीं है, किंतु व्यावहारिक जीवन में व्यापकता के कारण ही इसे 'रस' पद सामान्य जन ने प्रदान किया। परनिंदा करने में लोग सुध-बुध भूलकर लौकिक आनंद प्राप्त करते हैं। उ.-''अंत है क्रिया पाताल निंदारस ही कौ खानि।''-भि.ग्रं. 1, छंदा, 5/166।

**निकुंजविलास** – रचनाकाल - सं. 1794, रचयिता-नागरीदास (दे.)। (बृ. इति. 7, स.सर्वे.)।

**निकुंभ**—कुंभकर्ण का एक पुत्र तथा रावण का मंत्री, जो हनुमान् के द्वारा मारा गया था। कुंभ इसका अग्रज था। उ.-''निसिचर कुंभ निकुंभ ज्यों दानव सुंभ निसुंभ।''-मति., म.सत., 540/413।

**निखंग**—उ.-''तरल तुरंग तुंग कवच निखंग संग चूम चतुरंग भट भंग करि छंडियै।''-ज.ज. चं., 187।

**निगम**—वेद अथवा वेदार्थबोधक या वेदसम्मत ग्रंथ। उ. (1)-''ज्ञानन में ध्यानन में निगम निदानन में मिलत न क्यों हूँ हरि ही में ध्याइयतु है।''-प. ग्रं. 1, ग्रं.ल., 45/269। वही, जग., 465/179। उ. (2)-''नेति नेति कहि निगम पुनि जाहि सके नहि जान।''-रतन, 40/40। उ. (3)-''आगम निगम नित बिवेक। चित धरि तजत नाहीं टेक।।''-बो.ग्रं., वि.वा., 21/134।

**निग्रह**—रोकना। मन को मन को रोकना। चित्तवृत्ति निरोध। उ.-''निग्रह केवल है मन को दिन मान तहाँ।''-रा., 3/4; छं.मा., 1/55।

**निचोल**—परिधान। आच्छादन वस्त्र। ऊपर

से शरीर को ढँकने का कपड़ा। उ. (1)-''सहर, बहलिया, भिल्लजुह, नील निचोल-विधान।''-क. प्रि., 8/32। उ. (2)-''नील निचोलन को पहिरे इक चित हरै।''-रा., 8/12।

**निजामबेग**—अहमदनगर का बादशाह। उ.-''भेजे लिख लग्न गनिक निजामवेग इहै गुजरात उतै गंग ज्यों पतारा की।''-भू.ग्रं., प्रकी., 528/234।

**नित अध्यासन**—निदिध्यासन। फिर फिर स्मरण। बार-बार ध्यान में लाना। श्रुतियों और योगदर्शन में श्रवण, मनन और निदिध्यासन को आत्मज्ञान के लिए आवश्यक बतलाया गया है। उ.-''स्रवन मनन करिकै करै नितअध्यासन भाइ।''-ज.ग्रं., आ.वि., 77/122।

**नित्यबिहारी जुगल ध्यान**—रच.-भगवत-रसिक (दे.)। विव.-राधाकृष्ण की युगल मूर्ति, वृंदावन, सखी समाज आदि का ध्यान। (स.सर्वे.)।

**नित्यसुख**—रच. - कृपानिवास (दे.)। (वृ. इति. 7)।

**निदध्यासन**—दे. नित अध्यासन। उ.-''निदध्यासन फेरि करै नित हीं तनु गयाँन नहीं इनतैं कबही।''-ज.ग्रं., सि.वो., 8/170।

**निदरसना**—दे. निदर्सना। ल. (1)-ह्वै सु एक ही अर्थवल निदरसना की टेक। उ.-''सतनि असत सों माँगिबो अरु मरिबो है एक।''-भि.ग्रं. 2, का. नि., 8/19। ल. (2)-एक क्रिया तें देत जहँ, दूजी क्रिया लखाइ। सत असतहु तें कहत हैं, निदरसना कबिराइ।। सम अनेक वाक्यार्थ को, एक कहै धरि टेक। एकै पद के अर्थ को थापै यह वह एक।। इस प्रकार भिखारीदास ने वाक्यार्थ और क्रिया की एकता के आधार पर निदर्शना के पाँच भेद किए हैं-1. वाक्यार्थ सत् की एकता, 2. वाक्यार्थ असत् की एकता, 3. वाक्यार्थ असत्-सत् की एकता, 4. पदार्थ की एकता, 5. एक क्रिया से दूसरी क्रिया की एकता। पदार्थ की एकता का उ.-''इन दिवसन मनभावतो ठहरायो सबिबेक। सूर ससी कंटक कुसुम, गरल गंध वह एक।।''-भि.ग्रं. 2, का.नि., 71-78, पृ. 80-82।

**निदर्सना**—निदर्शना। दे. निदरसना। जब भले काम से भली शिक्षा और बुरे काम से बुरी शिक्षा प्रकट की जाय तो वहाँ निदर्शनालंकार होता है। ल. (1)-कौनहु एक प्रकार तें सत अरु असत समान। करिये प्रगट निदर्शना समुझत सकल सुजान।।-क. प्रि., 11/49। ल. (2)-जु सम-वाक्य जुग अरथ को करब एकतारोप। जो सो पदनि निदर्सना ताहि कहत करि चोप।। उ.-''जो मृदु बच दातार को सु पुरट माँह सुबास। ससि में लसत जु जोन्ह छबि नर में सुमति-प्रकास।।''-प.ग्रं., पद्मा., 85-86/42-43। मतिराम ने निदर्शना के तीन भेद किये हैं-प्रथम, द्वितीय, तृतीय। प्रथम निदर्शना। ल. (3)-सदृस वाक्य जुग अर्थ को जहाँ एक आरोप। बरनत तहाँ निदर्सना कबिजन मति अति ओप।।-मति., ल.ल., 148/324। ल. (4)-कहिये त्रिबिध निदर्सना वाक्य अर्थ सम दोइ। एक किये पुनि और गुन और वस्तु में होइ।। उ.-''कहिये कारण देखि कछु भलो बुरो फल भाव। दाता-सोम सु अंक बिन पूरन चंद बनाव।। देखौ सहजै धरत ये खंजन लीला नैन। तेजस्वी सों निबल वल महादेव अरु मैन।।-जस. ग्रं., भा.भू., 86-88/30।

**निद्रा**—तैंतीस संचारियों में से एक जो प्रायः मन की निवृत्ति के रूप में ग्रहण की जाती है। दुर्वलता, परिश्रम, मदिरादि का पान, आलस्य, चिंता, अधिक आहार आदि विभावों से निद्रा संचारी भाव होता है। इसके अनुभाव हैं-मुँह भारी होना, अंगों को सहलाना, आँखों का विलोड़न, जँभाई, उच्छ्वास, गात्र की शिथिलता, आँखों में शैथिल्य आदि। ल. (1)-निद्रा को अनुभव जमुहैबो। आलसादि तें नैन मिलैबो।-भि.ग्रं., र.सा., 485/71; शृं.नि., 238/141। ल. (2)-मद विनोद की मगनता, नींद सुनिद्रा जानि।।-सो.ग्रं. 1, र.पी.नि., 24/54। ल. (3)-सयन कहावत सोइबो वहै सु निद्रा होइ।।-प.ग्रं., जग., 542/194।

**निधानसिंह**—यह पद्माकर रचित काव्य हिम्मतवहादुर बिरुदावली में हिम्मतबहादुर के पक्ष का एक पड़िहार योद्धा था। उ.-''अतिबल प्रबल पड़िहार बीर निधानसिंह महाबली।''-प.ग्रं., हि.ब.

वि., 161/23।

**निधि**—नौ निधियाँ हैं-पद्म, शंख, महापद्म, मकर, कच्छप, मुकुंद, कुंद, नील, और वर्च्च। उ. (1)-''जय केसवदास निवासनिधि लंबोदर असरन सरन।''-र.प्रि., 1/1। उ. (2)-''अगद्वार, भूखंड, रस, बाधिनि-कुच, निधि, जानि। सुधाकुंड, ग्रह, नाड़िका नवधा भक्ति बखानि।।''-क.प्रि., 11/20।

**निपुना**—निपुण। शृंगारमंजरी में चिंतामणि ने परकीया का विवेचन करते समय उसके दो भेद किए-कन्यका और परोढा। परोढा के दो भेद उद्बोधिता और उद्बुद्धा। उद्बुद्धा के भी तीन भेद किए-गुप्ता, निपुणा और लक्षिता। इस निपुणा के भी तीन भेद हैं-वाक्निपुणा, क्रियानिपुणा और पतिवंचना निपुणा। ल.-जारवंती व्योहार मैं, चतुर होइ जो नारि। निपुना तासों कहत हैं, सज्जन सुकवि विचारि।। एक बचन निपुना कही, क्रियानिपुन पुनि जानि। पति वंचन निपुना बहुरि, तीनि भाँति सो मानि।।-शृं.मं., चिंता, 93, 95/29।

**नियम परिवृत्ति**—अर्थदोषों में से एक। जहाँ नियमित रूप से वर्णन योग्य अर्थ का अनियमित रूप से वर्णन किया जाता है, वहाँ यह दोष होता है। ल.-नियम-अनियम-प्रवृत्ति है, दूषन दुऔ अप्रेम। उ.-''जाकी सुभदायक रुचिर कर तें मनि गिरि जाइ। क्यों पाए आभासमनि, होइ तासु चित चाइ।।'' ति.-आभासमनि द्रुपल के नग को कहत हैं पै इहाँ अनेम बात चाहिए, यथा-क्यों लहि छाया मात्र मनि, होइ तासु चित चाइ।-भि.ग्रं. 2, का.नि., 68-69अ/234।

**नियमाक्षर शब्द रचना**—एकाक्षर, द्वयाक्षर, त्रयाक्षर इन्यादि शब्दों से ही सारा छंद रचा जा सकता है-ल.-एक आदि है वरण बहुत वरणै शब्द बनाय। अपने अपने बुद्धिबलु समझैं सब कबिराय।। उ.-''गो, गो, गो, ग, गो, गी, अ, आ, श्री, ध्री, ह्री, भी, भा, न। भू, ख, वि, स्व, झा, द्यौ, हे, हा, नौ, ना, सं, भं, मा, न।।''-क.प्रि., 16/9-10।

**नियमित वाणी चित्रालंकार**—दे. चित्रालंकार, वाणी चित्रालंकार। ल.-इक इक तें छब्बीस लगि, होत बरन अधिकार। तदपि कह्यो हौं सात लौं, जानि ग्रंथ विस्तार।।-भिखारीदास ने केवल सात वर्णों तक के नियमित वाणी चित्रालंकार के उदाहरण दिए हैं। एक वर्ण नियमित में केवल एक वर्ण (त) के शब्द हैं। द्विवर्ण नियमित में केवल दो वर्णों (र, म) के शब्द हैं। त्रिवर्ण नियमित में केवल तीन वर्णों (म, न, ह) से बने शब्दों का प्रयोग है। इसी प्रकार आगे भी समझना चाहिए। षट्वर्ण नियमित उदाहरण-''सदानंद संसार हित नासन ससै त्रास। निस्तारन संतान सदा दरसन दरसत दास।।''-भि. ग्रं. 2, का.नि., 48-55/202-203।

**नियमिता**—नायक-नायिका भेद में गणिका का एक भेद। जो गणिका या सामान्या नियमित रूप से धन देकर किसी नायक द्वारा रक्षित हो वह नियमिता कहलाती है। ल.-वसु दै बहु जो नियम करि, काहूँ राखी होइ। ता गनिका को नियमिता, कहि वरनै सबु कोइ।।-शृं.मं., चिंता., 136/40।

**नियमोपमा**—उपमालंकार का एक भेद। जहाँ किसी उपमेय के अन्य उपमान का निरादर करके किसी एक ही उपमान के तुल्य ठहरावें जिस पर कहने वाले काम का मन-वचन से विशेष प्रेम हो, इस प्रकार के प्रकाशन से वह उपमा एक प्रकार से नियमित (परिमित) हो जाती है, अतः उसे नियमोपमा कहते हैं। दे. उपमा। ल.-एकै सुभ जहँ बरनियै, मन क्रम बचन विसेष। 'केसवदास' प्रकास बस नियमोपमा सु लेख।-क.प्रि., 14/22।

**निरंजन**—अंजन रहित। दोष रहित। माया से निर्लिप्त ईश्वर। निरुपाधि ब्रह्म। उ. (1)-''सबै गुन पूरन निर्गुन सोइ निरंजन है रु बिराट दिखावै।''-जस. ग्रं., अ.प्र., 20/141। उ. (2)-''निर्गुन नित्य निरीह निरंजन आनौ हियैं जग जानि बृथा हौं।''-ज.ज. चं., 200। उ. (3)-जोति निरीह निरंजना मानी। तामहँ क्यों रिषि इच्छ बखानी।।''-रा., 25/14।

**निरगुन**—निर्गुण। जो सत्व, रज, और तम-इन तीन गुणों से परे हो। परमेश्वर। प्रकृति के विकारों से मुक्त (सांख्य)। उ. (1)-''रसनिधि निरगुन वात कौ जे परतषहू हैं न।''-रतन., 459/104। उ. (2)-''तीन धरम तुम ब्रह्म के मोकौं

दए गनाइ। तौ बह निरगुन कौनें बिधि कहियै मोहिं बनाइ।।''-जस.ग्र., आ.वि., 145/129। उ. (3)-''गुनानि बँधे हैं निरगुन हू अनंदघन, मति वीर यहै गति चाहैं धीर जातुरी।।''-घ.क., 347/182। दे. निर्गुन। 3. (4)-''जौ पै यह बात कोऊ कहै जौ कदाचि ऐसे निरगुन ब्रह्म कह्यौ इछ्या कैसें धरे है।''-जस.ग्रं., अ.प्र., 7/137।

**निरबिकार**—निर्विकार। माया अथवा अन्य प्रकार के विकारों से रहित। परब्रह्म का एक विशेषण। उ.-''नहि उपाधि ईश्वर विषै नाहिन ताहि विक्षेप। निरविसेस ईश्वर सदा निरबिकार निरलेप।।''-जस.ग्रं., सि.सा., 158/186।

**निरबेद**—(1)-निर्वेद। वैराग्य। उ.-''विषयनि तें निरबेद वर ग्यान जोग ब्रत नेम। बिफल जानियों येबिना प्रभु का पंकज प्रेम।।''-मति., म.सत., 410/402।

**निरबेद**—(2)-दे. निर्बेद। निर्वेद। शांत रस का स्थायी भाव। चित् की एक अभावात्मक वृत्ति जिसमें सांसारिक विषयों से विराग या बिरक्ति होती है। इसकी परिणति प्रायः परमार्थ में अथवा ईश्वर की ओर उन्मुखता में होती है। इसके अतिरिक्त निर्वेद की गणना तैंतीस संचारियों (दे.) या व्यभिचारियों (दे.) में भी की जाती है। ल. (1)-निरबेद ग्लानि संका असूया औ मद श्रम आलस दीनता चिंता मोह स्मृति धृति जानि।-भि.ग्रं. 1, शृं.नि., 238/141। ल. (2)-सबतें मन अति सिमटि कै बसै ईस में जाइ। जग वहु भाँतिनि निदरिबो सौ निरवेद बताइ।।-सो.ग्रं. 1, र.पी.नि., 45/56।

**निरबेद**—(3)-निर्वेद नाम का शांत रस का स्थायी भाव। ल. (1)-विफल श्रमादिक तें जु कछु उर उपजत पछिताव। सदगति हित निरबेद सो समरस को थिर भाव।।-प.ग्रं., जग., 604/206। ल. (2)-उर उपजै कछु खेद लहि विपति ईर्षाज्ञान। ताही तें निज निदरिबो सो निरबेद बखान।। अति उदास अरु दीनता बिबरन अश्रु निपात। निर्वेदहि तें होत हैं ये सुभाव निज गात।।-प.ग्रं., जग., 475-76/181। दे. शांतरस।

**निरर्थक**—दे. दोष, शब्ददोष। कुछ लोगों ने इसकी गणना पददोष के अन्तर्गत भी की है। जहाँ किसी पद का जैसे च, हि, सु आदि का केवल पादपूर्ति के लिए प्रयोग किया गया हो, वहाँ यह दोष होता है। यह प्रायः छंदानुरोध से होता है, किंतु वहाँ उसकी कोई अर्थ सम्बन्धी सार्थकता नहीं होती। ल.-छंदहि पूरन कों परै, सब्द निरर्थक धीर। उ.-''ईद सब्द निरर्थक है।-भि.ग्रं. 2, का.नि., 13,133/221।

**निरहेतु**—जिसमें कोई हेतु या कारण न हो। एक अर्थदोष। जहाँ बिना हेतु के कोई बात कही जाय, वहाँ यह अर्थदोष होता है। ल.-बात कहे बिन हेत की, सो निरहेतु विचारि। उ.-''सुमन झर्‌यो मानो अली मदन दियो सर डारि।''-ति.-काम कौन हेत सर डारि दियो सो नाहीं कह्यो।-भि.ग्रं. 2, का. नि., 65, 65अ/233। दे. निर्हेतु।

**निरांत**—निरांत सम्प्रदाय के प्रवर्तक, जन्म-सं. 1838, स्थान-देथाण, पिता-उमेदसिंह, माता-हेतांबा, रचनाएँ-संतों के समान स्फुट रचनाएँ। कुछ मधुर पद। (बृ. इति. 7)।

**निराकार महिमा**—रच.-कल्याणदास (दे.)। (बृ. इति. 7)।

**निराकार महिमा**—रच.-अक्षर अनन्य (दे.)। (बृ. इति. 7)।

**निरुक्ति**—एक अलंकार विशेष। एक गौण अलंकार। शब्द की व्युत्पत्ति पर ध्यान देते हुए जब उसका चमत्कारपूर्ण विश्लेषण काव्य में होता है तब यह अलंकार होता है। ल. (1)-जहाँ नाम के जोग तें कियो अरथ कहु आन। तहाँ निरुक्ति बखानहीं कवि पंडित मति मान।।-प.ग्रं., पद्मा., 272/66। ल. (2)-जहाँ जोग ते नाम की अर्थ-कल्पना और। बरनत तहाँ निरुक्ति हैं कबि कोविद सिरमौर।।-मति., ल.ल., 384/363। ल. (3)-ह्वै निरुक्ति जहँ नाम की अर्थकल्पना आन। उ.-''दोषाकर ससि को कहैं याही दोष सुजान।''-भि.ग्रं. 2, का.नि., 31/163। ल. (4)-अरथ कल्पना और जब जहाँ जोग तें होइ। अपने मन में समझियो कबि निरुक्ति है सोइ।। उ.-''उतही चित हि लग्यो रहै नैकु न रचतु निकेतु। नितप्रति जैवो खरिक कौ यही सु

गोरस हेतु।।''-सो.ग्रं. 1, र.पी.नि., 319, 320/221।

**निरुपाधि**--उपाधिरहित। माया रहित। ब्रह्म का एक विशेषण। उ.-''जो उपाधि ईश्वर विषैं को सकै निवारि। नहि उपाधि निरुपाधि मैं भरमै लेहु विचारि।''-ज.ग्रं., सि.सा., 154/185।

**निरोष्ठ वर्णन**--जिसका उच्चारण करते समय ओंठ से ओंठ न छू जाय उसे निरोष्ठ कहते हैं। इसकी रचना में उ, ऊ और प वर्ग को छोड़कर और सब वर्ण आ सकते हैं। ल.-पढ़त न लागै अधर सों अधर बरणत्यों मंडि। और बरण बरणो सबै उ प वर्गहि सब छंडि।-क.प्रि., 16/5।

**निरोष्ठ वाणी चित्रालंकार**--दे. निरोष्ठ, चित्रालंकार। ल.-छाडि प बर्ग उ ओ बरन, और बरन सब लेहु। याको नाम निरोष्ठ है, हिये धरौ निसंदेह।।-भि.ग्रं. 2, का.नि., 40/200।

**निरोष्ठामत्त वाणी चित्रालंकार**--दे. निरोष्ठ, चित्रालंकार, वाणी चित्रालंकार। ल.-पढ़त न लागै अधर अरु होइ अमत्ता वर्न। ताहि निरोष्ठामत्त कहि, कहैं सुकवि मनहर्न।। उ.-''कहत रहत जस खलक सरद ससधरन झलक तन। रजत-अचल घर सजत कनक धन नगन सकल गन। भि.ग्रं. 2, का.नि., 44-45/201।

**निर्गुन**--दे. निरगुन। उ. (1)-''निर्गुन नित्य निरीह निरंजन आनौं हियैं जग जानि बृथा हौं।''-जहाँ., 200/3। उ. (2)-''निर्गुन नित्य निरीह निपट निर्बान निरंजन।''-वि.गी., 1/1। उ. (3)-''निर्गुन सुरूप आप सबै गुन वाही माँही पूरनता आनै बिन कहसौ कैसें सर है।''-ज.ग्रं., अ.प्र., 7/137।

**निर्णयोपमा**--दे.-उपमा। उपमालंकार का एक भेद। एक अर्थालंकार जिसमें उपमेय और उपमान के गुणों और दोषों की विवेचना की जाती है। ल.-उपमा अरु उपमेय को, जहँ गुन-दोष-विचार। निर्णय उपमा होति तहँ, सब उपमानि को सार।।-क. प्रि., 14/36।

**निर्बेद**--दे. निरवेद (2)। निर्बेद। भिखारीदास ने इसके दो भेद किए हैं-प्रस्ताविक और चेतावनी। दोनों को उदाहरणों से स्पष्ट किया है। ल. (1)-प्रस्ताविक चेतावनी परमारथ बहु भेद। सम संतोष बिचार को ज्ञान देत निर्बेद।।-भि.ग्रं., मिश्रा, र.सा., 540/79। ल. (2)-निर्बेदहि बिराग मन मनिये।-वही, 500/72। ल. (3)-झूठो जग प्रभु सत्य है यह निर्बेद बिचार।-सो ग्रं. 1, र.पी.नि., 21/54।

**निर्मलदास**--(संत)-समय-सं. 1822 से 1935 तक, निवासस्थान-सूरत, पिता-बालाजी, माता-पार्वतीबाई, रचनाएँ-स्फुट।

**निर्हेतु**--जहाँ बिना हेतु के कोई बात कही जाय वहाँ यह अर्थदोष होता है। दे निरहेतु। ल.-हेतु अर्थ जहँ होइ नहिं सौ निर्हेतु बखानि। उ.-''साजि चटकीली चूनरी, चढ़ी, अटा सुखदानि। बेर बेर उझकति चपल तजि गुरुजन की कानि।''-सो.ग्रं. 1, र.पी.नि., 31-32/166।

**निवाजसिंह**--निवाज सिंह गौड़। पद्माकर कृत हिम्मत बहादुर विरुदावली के एक योद्धा। उ.-''इक ओर गौर निवाजसिंह दराज रन उमड़ो भलो।''-प.ग्रं., मिश्र, हि.ब.बि., 171/24।

**निव्वाज-हु-खानी**--तलवार विशेष। उ.-''निव्वाज-हु-खानी दिलनिधिखानी विज्जु-समानी रनी कौंधें।।''-प्र.ग्रं., हि.ब.बि., 194/27।

**निशि छंद**--पकल अर्थात् पाँच मात्राओं का नित्यछंद है। क्रम है (S।।।)। उ.-''सुरख लहि। दुख्ख दहि। भानि रिसि। माहि निसि।''-भि.ग्रं. 1, छंदा., 26/183।

**निशिपाल छंद**--बीस मात्राओं के प्रस्तार का छंद है। मात्राक्रम है (S।। ।S। ।।S ।।। S।S)। ल.-छंद निसिपाल किय गौन गुन गौन रे। उ.-''आसु चलि जाहु वलि पासु किन तासु के। भाल हुअ लाल निसि पा लगत जासुके।।''-भि.ग्रं. 1, छंदा., 177, 180/201, 202।

**निश्चयात्मक ग्रंथ उत्तरार्द्ध**--रचयिता-भगवत रसिक (दे.)। विव.-वैष्णवमत सम्बन्धी निजी सिद्धांत। (स. सर्वे.)।

**निषंग**--तूणीर, तरकश। उ.-''चढ़ाउ चोपि चाप आप बान लै निषंग तें।''-रा., 6/23।

**निषधावती**--मार्कण्डेय पुराण के अनुसार

एक नदी का नाम जो विंध्य पर्वत से निकलती है। उ.-''निषधावती सुबाहिनी बिमला बेना जान।''-वि. गी., 6/16।

**निसंक**—निःशंक नृत्य। दोनों पैरों को जोड़कर दूर-दूर तक उछलते, कूदते और घूमते हुए ठीक ताल पर नियत स्थान पर आकर सम देना (केशव कौमुदा उत्तरार्द्ध)। उ.-''उलथा, टेकी, आलम, स-दिंउ। पदपलटि, हुस्मई, निसंक, चिंउ।''-रा., 30/5।

**निसरत जंग**—मुगल शासन में एक बीर योद्धा जिसने दक्षिण के युद्ध में औरंगजेब काल में योग दिया था। उ.-''खाँन् बहादुर निसरत जंग। जुलाफकार खाँ लीनो संग।''-वृं.ग्रं., स.स.रू., 39/266।

**निसुंभ**—निशुंभ। पुराणानुसार एक राक्षस का नाम जो कश्यप ऋषि की स्त्री दनु के गर्भ से उत्पन्न हुआ था और जो शुंभ (दे.) तथा निमुचि या नमुचि का भाई था। इसने अपने भाई शुंभ के साथ देवताओं पर आक्रमण कर उन्हें जीत लिया था। रक्तबीज के द्वारा यह जानकर कि दुर्गा ने महिषासुर को मार डाला है तब निशुंभ ने दुर्गा को मार डालने की प्रतिज्ञा की। चंड और मुंड नाम के दो राक्षसों ने इसकी सहायता की। निशुंभ ने दुर्गा के पास दोनों भाइयों में से किसी एक के साथ विवाह करने का प्रस्ताव भेजा। उत्तर में दुर्गा ने युद्ध कर जीतने वाले के साथ विवाह करने की शर्त रखी। इस युद्ध में धूम्रलोचन, चंड, मुंड, रक्तबीज को मार कर दुर्गा ने पहले निशुंभ को मारा और बाद में शुंभ को। इन राक्षसों के मारे जाने पर उपद्रव शांत हुआ और इंद्र को फिर स्वर्ग का राज्य मिला। उ.-''जय जय निसुंभ-सुंभह दलनि भनि भूषन जय जय भननि।''-भू.ग्रं., शि.भू., 2/128।

**निहितारथ**—निहितार्थ-दे. दोष, शब्ददोष। निहितार्थता नाम का एक काव्य दोष। जब किसी अनेकार्थक शब्द के अप्रचलित अर्थ का प्रयोग किया जाता है तब यह दोष माना जाता है। ल.-द्वयर्थ शब्द में राखिये, अप्रसिद्ध ही चाहि। जानो जाइ प्रसिद्ध ही, निहितारथ सो आहि।। उ.-''रे रे सठ नीरद भयो, चपला विधु चित लाइ। भव-मकरध्वज तरन कों नाहिंन और उपाइ।।'' ति.-नीरद बिना दाँत, बिधु बिष्नु, चपला लछमी, मकरध्वज समुद्र को राख्यो बादर, चंद्रमा, बीजुरी, काम जान्यो जातु है।-भि.ग्रं. 2, का.नि., 10, 10अ/220।

**नीति**—रचयिता-गिरिधरदास (दे.)। (इति. शुक्ल)।

**नीतिमंजरी**—रचयिता-बाँकीदास (दे.)। (बृ. इति. 7)।

**नीति रत्नाकर**—रचयिता-उमादास (दे.)। (बृ. इति. 7)।

**नीतिविधान**—रचयिता-खुमान (दे.)। (इति. शुक्ल)।

**नीबी**—नीवी। धोती की वह गाँठ जिसे स्त्रियाँ पेट के नीचे डोरी से यों ही बाँधती हैं। कटिवस्त्रबंध। उ.-''कीवी कहै कहा औ गरीबी गहे भागी जाहिं बीबी गहे सूथनी सु नीबी गहे रानियाँ।।''-भू.ग्रं., प्रकी., 425/210।

**नीरस रस**—केशवदास ने अनरस के अन्तर्गत प्रत्यनीक, विरस, पात्रादुष्ट के अतिरिक्त नीरस का वर्णन किया है। ल.-जहाँ दंपती मुँह मिलै सदा रहै यह रीति। कपट करै लपटाय तन नीरस रस की प्रीति।।-र.प्रि., 16/4।

**नीलकंठ**—महादेव का एक नाम। देवताओं और असुरों द्वारा किए गए समुद्रमंथन से अमृत निकलने के बाद भी जब मंथन बंद नहीं हुआ तो सधूम अग्नि के समान कालकूट विष निकला जिसकी गंध से त्रिलोक व्याकुल हो गया। अन्त में शिव ने ब्रह्मा से प्रार्थित होकर इस कालकूट विष का पान कर उसे कंठ में धारण किया और लोकों की रक्षा की। इस कालकूट के कारण शिव का कंठ नीला पड़ गया। इसीलिए वे नीलकंठ कहलाए। (हिं. श.सा., पौ.कौ.)। उ. (1)-''नीलकंठ को कठु, सनि, ब्यास बिसासी पाप।''-क.प्रि., 5/20। उ. (2)-''अंबर बलित मति मोहै नीलकंठ जू की कलिका की बरषा हरषि हिय आई है।''-रा.चं., 13/19। वि.की., 10/12। उ. (3)-''नीलकंठ

बोलन लगे देषि नील घन माल। नीलकंठ सुमिरन लगीं काम सताई बाल।।''-वृं.ग्रं., य.स., 305/229।

**नीलकंठ मिश्र**—दे. सोमनाथ। कवि सोमनाथ के वंशज।

**नील छंद**—ल.-पंच भगन गुरु एक को छंद कहावै नील। (पाँच भगण) (ऽ।।) में एक गुरु (ऽ) जोड़ने से एक चरण बनता है)। उ.-''नील कलेवर ऊपर कोटिक नील घटा।''-भि.ग्रं. 1, छंदा., 48, 55/241-242।

**नीलसखी**—अमर जू अथवा अमरेश कवि का साम्प्रदायिक नाम। जन्म-सं. 1781, स्थान-सतारी नामक गाँव (बुन्देलखंड)। पिता-आनंदकर। रचनाएँ-स्फुट। विव.-भक्ति विषयक। (बृ. इति. 7)।

**नूपुर**—पैर में पहनने का स्त्रियों का एक गहना जिसमें छोटे-छोटे घुँघरू लगे रहते हैं। उ.-''णण णण णण नूपुर वजें कवहौं कल धुनि होत।''-वृं. ग्रं., अ.दो., 45/8। उ. (2)-''नूपुर के सुरनि के अनुरूप तानैं लेति। पग तल ताल देति अति मन भाए री।''-र.प्रि., 5/29। उ. (3)-''नूपुर की धुनि सुनि। भोरें कलहंसनि के, चौकिं चौकिं परैं चारु चेटुवा मराल के।''-क.प्रि., 6/36। उ. (4)-खनक चुरीन की त्यों ठनक मृदंगन की रुनुक झुनुक सुर नूपुर के जाल की।''-प.ग्रं., जग., 388/164।

**नृत्य**—संगीत के तीन अंगों में से एक। ताल और गति के अनुसार हाथ-पाँव तथा अन्य अंगों के संचालन आदि का व्यापार। नृत्य के तांडव और लास्य दो भेद बताये गए हैं। तांडव उग्र और उद्धत चेष्टा का नृत्य है। लास्य सुकुमार और कोमल रसों का संचार करने वाला नृत्य है। 'संगीत नारायण' के अनुसार पुरुष नृत्य तांडव है और स्त्री नृत्य लास्य है। 'संगीत दामोदर' के अनुसार दोनों प्रकार के नृत्यों के पेलवि और बहुरूपक नाम के दो-दो भेद होते हैं। पेलवि में अभिनयशून्य अंगविक्षेप होता है। छेद, भेद तथा अनेक प्रकार के भावों के अभिनय वाला नृत्य बहुरूपक होता है। लास्य के पृथक् दो भेद बताए गए हैं-छुरित और यौवन। आलिंगन- चुंबनादि क्रियाओं से युक्त नायक-नायिका नृत्य छुरित है और नायिका का एकाकी नृत्य यौवन है। नृत्य के अन्य अनेक प्रकार के भेदोपभेद बताये गए हैं। उ. (1)-''नृत्य गीत कबिता रुचै, अचल चित्त चल दृष्टि।''-र.प्रि., 3/5। उ. (2)-''गान किंनर करौ नृत्य गंधर्व कुल जक्ष बिधि लक्ष उर जक्षकर्दम धरौ।''-रा., 19/3। उ. (3)-''लियें छत्र संका असोभानि राचैं। नए नृत्य नाना असंतुष्ट नाचैं।।''-वि.गी., 5/11।

**नृत्यराघवमिलन कवितावली**—रचयिता-रामसखे (दे.)। (बृ. इति. 7)।

**नृत्यराघव मिलन दोहावली**—रचयिता-रामसखे (दे.)। (बृ. इति. 7)।

**नृत्यभेद**—दे. नृत्य। उ. - ''नव नृत्यभेद बीनादि-रव आलंबन केसव बरनि।''-र.प्रि., 6/6।

**नृत्यशाला**—नृत्यशाला। वह स्थान जहाँ नृत्य होता है। उ.-''कलहंसन कौं मेघावली। कपट-नृत्यसाला सी भली।''-वी. 29/34।

**नृपशंभु**—(राजा शंभुनाथ सिंह) शंभुनाथ सोलंकी। जन्म-सं. 1738। स्थान-सितारागढ़। रचनाएँ-नायिका भेद (रचनाकाल सं. 1707)। (बृ. इति. 6)।

**नृसिंह**—दे. नरसिंह। उ. (1)-''दास त्रास हरि क्यौं सहैं भये नृसिंह प्रकास।''-वृं.ग्रं., स.स.रू., 6/262। उ. (2)-''मच्छहु कच्छ में कोल नृसिंह में बावन में भनि भूषन जो है।''-भू.ग्रं., परि., 361/197। उ. (3)-''बावन ह्वै इन्द्रै ह्वै नृसिंह प्रहलादै राख्यो कीनो ह्वै द्विजेस जाने छिति छत्र-नास है।''-भि.ग्रं. 1, शृं.नि., 2/89। उ. (4)-''दीन्ही ताहि नृसिंह जू तन मन रन जय सिद्धि।''-र.प्रि., 1/9।

**नृसिंह चरित्र**—रचयिता-खुमान (दे.)। (इति. शुक्ल)।

**नृसिंह पचीसी**—रचयिता-खुमान (दे.)। (इति. शुक्ल)।

**नेजा**—बरछा। भाला। उ.-''पैनै नेजा नजरि के सौहैं डरि डरि जाइ।''-रतन., 289/83।

**नेजे**—दे. नेजा। उ.-''जीन्हें सिगरे जे सोहत नेजे मनौ करेजे छाइ रहै।''-प.ग्रं., प्र.बि.,

85/285।

**नेति नेति**—एक संस्कृति वाक्य जिसका अर्थ है 'इति नहीं' अर्थात् 'अन्त नहीं' है। यह वाक्य व्रह्म की अनंतता सूचित करने के लिए लिखा जाता है। उ.-"नेति नेति कहि निगम पुनि जाहि सकै नहिं जान।"-रतन 40/48।

**नेती**—हठयोग की क्रिया जिसमें कपड़े की धज्जी पेट में पहुँचाकर आँतें साफ करते हैं। उ.-नेती धोती बसती न्यौली जानियै।"-ज.ग्रं., आ. वि., 71/121।

**नेयार्थ**—दे. दोष, शब्द दोष। एक काव्य दोष। जहाँ प्रयोजन या रूढ़ि के विना लक्षणा का प्रयोग किया जाता है, वहाँ यह दोष होता है। ल.-नेयारथ लक्ष्यार्थ जहँ, ज्यौं लीजै लेखि। उ.-"चंद्र चारि कौड़ी लहै, तव आनन-छवि देखि।" ति.-अर्थात् तेरे मुख की बराबरी नहीं कर सकते।।-भि.ग्रं. 2, का.नि., 20, 20अ/223।

**नेवर**—दे. नूपुर। उ. (1)-"इमि सज नवेर बीनाहि मिल झिझिम झुम झुम सुर करत।"-वो. ग्रं., वि.वा., 46/105। उ. (2)-"किंकनि नेवर की झनकारनि चारु पसार महारस जालहि।"-मति, र. रा., 319/274।

**नेवाज**—जन्म-सं. 1737। सं. 1739 में उ.। जन्मस्थान-अंतर्वेद। आश्रयदाता-पन्नानरेश छत्रसाल। रचनाएँ-शुकुन्तला नाहक, छत्रसाल विरुदावली। (इति. शुक्ल, स. सर्वे.)।

**नेह दर्पण**—रचयिता-सैयद मुहम्मद हुनर (दे.)। विव.-राजा कुँवर और कामलता की प्रेम कथा का वर्णन। (वृ. इति. 7)।

**नेहनिवाहन**—रचयिता-ग्वाल (दे.)। (हिं.सा. को.)।

**नेहप्रकाश**—रचयिता-वालकृष्ण वालअली (दे.)। (वृ. इति. 7)।

**नैनं चितौनी सिंगार**—वृंद कवि द्वारा वर्णित सोलह शृंगारों में 11वाँ। ल.-चख चितवनि सोई जिह चितैं पिय चितवनि वस होत। यह सिंगार इग्यारहवौं जातें प्रेम उदोत।। अति अभिमान भरी वाँकी बाँकी डीठि करि सोतिन के मन को गुमान मींड डारियैं। प्यार भरी सरल प्रसन्न डीठ सखिन सौं लाज भरी डीठ गुरजन सौं बिचारियै।। प्रीति रीति भरी रस रंग सौं सलौनी डीठ तिरछी तरल पीय तन अनुसारियैं। वृंद कहैं मैंन सैंन दैनी चैंन दैंनी ऐसें अमल कमल नैंनी नैंननि निहारियैं।।-वृं. ग्रं., शृं.शि., 66-67/46।

**नैन बतीसी**—वृंद कवि रचित 'नैंन बतीसी' नाम की रचना। उ.-"वृंद भनै सुंगनी नर चाह के नाम धर्‌यौ ईह नैंन वतीसी।"-वृं.ग्रं., नै.व., 49/34।

**नैन पचासा**—रचयिता-मण्डन (दे.)। (इति. शुक्ल)।

**नैन रूप रस**—रचयिता-नागरीदास (दे.)। (वृ. इति. 7, स. सर्वे.)।

**नैषध**—रचयिता-गुमान मिश्र (दे.)। विव.-छंद सम्बन्धी ग्रंथ। (इति. शुक्ल)।

**नोई**—वह रस्सी जो दूध दुहते समय गाय की पिछली टाँगों में बाँधी जाती है। उ.-"काँसे की दोहनी स्याम पाट की ललित नोई, घंटन सों पूजि पूजि पाँयम परत हैं।"-रा., 30/27।

**नोयो**—नगण और यगण (।।। ।SS)। उ.-तिन्ना नोयो समुझिय मत्ता।-भि.ग्रं. 1, छंदा., 130/196।

**नौढ़ा**—दे. नवोढ़ा।

**नौनगद्यौ**—नौनकदे। गहरवार वंश का एक राजा। उ.-"राजा नौनगद्यौ भए तिनकें पूरनसाज।।"-क.प्रि., 1/11।

**नौ निधि**—दे. नव निद्धि । उ.-"तव कुबेर जक्षनि के नाथ। नौ निधि दई ईस के हाथ।।"-वी. च., 12/18।

**नौनी**—रस्सी, जिससे दुहते समय गाय के पैर बाँध दिये जाते हैं और गाय अचल हो जाती है। उ. (1)-"नैनन ज्यों नौनी, नौनि नेह के निकेत हैं।"-क.प्रि., 8/26। उ. (2)-"कारे सटकारे केसनौनी कढु होनी वैस।"-क.प्रि., 11/83।

**नौबत**—वैभव, उत्सव या मंगलसूचक वाद्य जो पहर-पहर भर पर देवमंदिरों, राजप्रासादों या वड़े आदमियों के द्वार पर बजता है। समय-समय

पर बजने वाला वाद्य। उ.-''नौबत बजी भई असवारी। आतसबाजी त्यों उजियारी।''-बो.ग्रं., वि.वा., 5/225।

**नौरंग**--औरंगजेब (दे.)। उ.-''हठतें हथ्यार फेंट बाँधि उमराव राखे लीन्ही तब नौरंग ने भेंट सिवराज की।''-भू.ग्रं., प्रकी., 442/215।

**नौरँग**--दे. औरंगजेब, नौरंग। उ.-''तमक तें लाल मुख सिवा को निरखि भए स्याहमुख नौरँग सिपाह-मुख पियरे।।''-भू.ग्रं., प्रकी., 443/215।

**नौसर हार**--नौलड़ी की माला। नौलरा हार। उ.-''त्रास घनो सरपंच कौ पहर्‌यौ नौसर हार।''-वृं.ग्रं., य.स., 408/237।

**नौहू खंड**--पृथ्वी के नौ भाग (भरत, इलावृत, किंपुरुष, भद्र, केतुमाल, हरि, हिरण्य, रम्य और कुश। उ.-''जाको जस टंड सातौ द्वीप नौहू खंड भहीमंडल की कहा, ब्रह्मंड न समाट है।''-भू.ग्रं., शि.भू., 200/166।

**न्यामत खाँ 'जान'**-स्थान-फतहपुर (जयपुर)। पिता-अलफ खाँ। रचनाएँ-उत्तम सवदा, कंद्रप कलोल, कथा अरदेसर पतिसाह, कथा कलावती की, कथा कलंदर की, कथा कनकावती की, कथा कँवलावती की, कथा कामरानी व पीतमदास, कथा कामलता, कथा कुलवंती की, कथा कौतुहली की, कथा खिजिर खाँ शाहजादे व देवलदे की, कथा चंद्रसेन राजा सीलनिधान, कथा छविसागर की, कथा छीता की, कथा नल-दमयंती की, कथा निरमल की, कथा पुहुप बरिषा, कथा मोहिनी की, कथा रूपमंजरी, कथा सलवंती की, कथा सुभटराइ की, गूढ़ ग्रंथ, घूँघटनावा, दरसनावा, अलफनावा, चेतननामा, सिष ग्रंथ, ग्रंथ सुधासिष, जफरनामा नौसेरवाँ का, तमीन असारी की कथा, दरसन नावा और बारहमासा, देसावली, नाममाला अनेकार्थ, पदनामा लुकमान का, पाहन परीछया, पेमुनामा, प्रेमसागर, वलूकिया बिरही की कथा, बाँदीनामा, बाजनामा और कबूतरनामा, बारहमासासवैया-या झूलना-बरवा-षट्‌ऋतु-दरवा वर्णन और ग्रंथ पवंगम, बुद्धिदाहक बुद्धिदीप, बुद्धिसागर, बेद कसत पटनावा, भावकलोल, मानविनोद, रतनमंजरी, रत्नावली, रसकोष ग्रंथ, रसतरंगिनी, लैला मजनूँ, वियोगसागर, बिरही कौ मनोरथ, शृंगारसत-भावसत-बिरहसत, सतनावा-वर्णनावा, सिंगारतिलक, सिषसागर पदनावा, कायमरासो। (बृ. इति., 7)।

**न्याय तरंगिनी**--रचयिता-पं. उमापति त्रिपाठी (दे.)। (बृ. इति. 7)।

**न्यायविरोध**--एक काव्यगत दोष। ल.-लोक न्याय आगमन के, तजौ विरोध बिचारि।।-क.प्रि., 3/17।

**न्यूनपद**--जहाँ अभिप्रेत अर्थ के वाचक किसी पद का प्रयोग नहीं किया जाता, वहां यह दोष माना जाता है। ल. (1)-जा पद बिन अर्थ न बनै, सो पद तहाँ न होइ। ताहि न्यूनपद कहत हैं रसिक सयानें लोइ।।-सो.ग्रं. 1, र.पी.नि., 22/164। उ.-''होरी खेलत कान्ह के, अंजन दीन्हीं बाल। गहकि गुलाल लपेटि कें, मुख चुम्यौ नंदलाल।।''-वही, 23/164। ल. (2)-सब्द रहै कछु कहन कों, कहै न्यूनपद मूल। उ.-''राज तिहारी खड्‌गतें प्रगट भयो जसफूल। ति. खङ्गलता तें जस-फूल चाहिए।-भि.ग्रं. 2, का. नि., 36-36अ/227।

# प

**पंकअवलि**--(छंद)-सोलह मात्राओं का छंद है। मात्राक्रम है (ऽ।। ।।। ऽ।। ऽ।।)। ल.-पंकअवलि मनि जो जलही सुनि। उ.-''बासर निसि असुवा बरषावति। पंकअवलि जहँइ तहँ ठावति।।''-भि. ग्रं. 1, छंदा., 134, 155/196, 198।

**पंकजवाटिका**--(छंद)-वर्णिक छंदों में समवृत्त का एक भेद। प्रत्येक चरण में तेरह अक्षर होते हैं। मात्राक्रम है (ऽ ।।। ।।। ।।ऽ ।।ऽ)। ल.-आदि एक गुरु नगन द्वै अन्त सगन द्वै देखि। छंद सु पंकजवाटिका तेरह अक्षर लेखि।। उ.-''राम चलेत नृप के जुग लोचन। बारिज मिटे हुअ बारिद मोचन।।''-छंद.मा., 1/44।

**पंकावलि**--(छंद)-वर्णवृत्त है। ल.-इक गुरु

षट लघु भगन जुग पंकावलि पहिचानि।। (चार चरण, प्रत्येक में 13 अक्षर)। मात्राक्रम-(ऽ।।।।।। ऽ।। ऽ।।)। उ.-''चंपक सुबरन रंग दियौ विधि।।''-सो.ग्रं. 1, र.पी.नि., 17, 19/34।

**पंगु**—एक काव्यगतदोष। छंदशास्त्र के विरुद्ध छंद रचना करने से पंगु नामक दोष होता है। ल.-छंद विरोधी पंगु गनि।।-क.प्रि., 3/7।

**पंचआल**—पंचाल। एक देश का प्राचीन नाम जो ब्राह्मण और उपनिषद् ग्रंथों से लेकर पुराणों तक में पाया जाता है। इसकी सीमाएँ बदलती रही हैं। नामकरण के सम्बन्ध में दो आधार बताये जाते हैं-1. महाराज हर्यश्व अपने भाई से लड़कर अपनी ससुराल मधुपुरी चले गए और अपने ससुर मधु की सहायता से अयोध्या के पश्चिम के देशों को जीत लिया। अयोध्यापति के आक्रमण की बात सुनकर उन्होंने कहा कि मेरे पाँच पुत्र (मुद्गण, सृंजय, बृहदिपु, प्रवीर और कांपिल्य) रक्षा के लिए अलम् हैं। 2. हरिवंश के अनुसार हर्यश्व ने सौराष्ट्र देश में आनर्तपुर नामक नगर बसाया था। इसी आधार पर कुछ लोग देवपंचाल को ही पंचाल कहते हैं। महाभारत में हिमालय के अंचल से लेकर चंबल तक फैले हुए गंगा के उभयपार्श्वस्थ देश का ही वर्णन पंचाल देश के रूप में हुआ है जिसका राजा द्रुपद था, जिसकी कन्या का विवाह पांडवों से हुआ था। इसीलिए वह पांचाली कही जाती है। (हिं.श. सा.)। उ.-''पंचआल पामर पुलिंद पुंड लाट हून हाटक नेपाल कालकेय कालकेस के।''-ज.चं., 102।

**पंचगव्य**—गाय से उत्पन्न पाँच द्रव्य-दूध, दही, घी, गोबर, मूत्र। ये अत्यंत पवित्र माने जाते हैं और पापों के प्रायश्चित आदि में खिलाये जाते हैं।-क.प्रि., 11/14।

**पंचजज्ञ**—पंचयज्ञ। पाँच प्रकार के वे महायज्ञ जो गृहस्थ द्वारा प्रतिदिन अनुष्ठेय हैं-ब्रह्मयज्ञ (अध्यापन), पितृयज्ञ (तर्पण), दैवयज्ञ (होम), भूतयज्ञ (बलि), नृयज्ञ (तिथि पूजन)।-क.प्रि., 11/14।

**पंचतत्त**—पंचतत्त्व। उ.-''पंचतत्त कीं देह मैं ज्यौं जिउ व्याकुल आइ। विस्वरूप मैं ब्रह्म ज्यौं व्यापकु जानौ जाइ।। रतन., 77/53। पंचभूत। पृथ्वी, जल, तेज, वायु और आकाश।

**पंचतत्त्व**—दे. पंचतत्त। उ. (1)-''पल पल प्रेरत काल जहाँ लगि पंचतत्त्व भनि।''-बो.गं., वि. वा, 3/114। उ. (2)-''करम करोरा पंचतत्वन बटोरा फेरि ठौर ठौर जोला फेरि ठौर ठौर पोला है।''-प.ग्रं., प्र.प., 23/242।

**पंच पंडव**—पाँच पाण्डव। पाण्डु के पाँच पुत्र-युधिष्ठिर, भीम, अर्जुन, नकुल और सहदेव। इनमें से प्रथम तीन कुंती के गर्भ से उत्पन्न हुए थे और शेष दो माद्री के गर्भ से। कुंती ने दुर्वासा द्वारा बताये गये मंत्र से धर्म, वायु और इंद्र का आह्वान कर प्रथम तीन पुत्र उत्पन्न किये और उसी प्रकार माद्री ने भी अश्विनीकुमार का आह्वान कर उनके अनुग्रह से नकुल और सहदेव को उत्पन्न किया। (पौ.को.)। उ.-''कहँ पंच-पंडव, द्रोन दुरजोधन जयद्रथ कहँ छए।''-प.ग्रं., हि.ब.बि., 108/16।

**पंचपरमेश्वर स्तोत्र**—रचयिता - संतरेण (दे.)। (बृ.इति. 7)।

**पंच प्रतीप**—दे. प्रतीप। ल.उ. (1)-उपमे कों उपमानतें आदर जबै न होइ। गरब करत मुख को कहा चंदहि नीकें जोइ।। अनआदर उपमेय तें जब पावै उपमान। तीछन नैन कटाक्ष तें मंद काम के बान।। उपमे कों उपमान जब समतालायक नाहिं। अति उज्जल दृग मीन से कहे कौन पै जाहिं।। व्यर्थ होइ उपमान जब बर्ननीय लखि सार। दृग आगें मृग कछुन ये पंच प्रतीप प्रकार।।-ज.ग्रं. भा.भू., 48-51/19। ल. (2) 1. ''सो प्रतीप उपमान कों जहँ कीजै उपमेय।'' 2. ''अनआदर उपमान तें जु उपमेय को होत।'' 3. ''उपमानहु उपमेय तें आदर जबै लहै न।'' 4. ''जु उपमान उपमेय की समता-जोग न होत।'' 5. ''लखि उपमेयहि कों जहाँ वृथाहोत उपमान।''-प.ग्रं., पद्मा., 28-32/36.

**पंचप्रभूति**—पञ्चभूत, पंचतत्त्व। उ.-''नेटि कै पंच प्रभूति किधौं विधि रेनुमई नव रीति चलाई।''-क.प्रि., 5/35।

**पंचबटी**–पञ्चवटी। रामायण के अनुसार दंडकारण्य के अन्तर्गत एक स्थान जहाँ रामचंद्र वनवास करते समय रहे थे। यह स्थान गोदावरी के किनारे पर नासिक के पास है। सीताहरण यहीं हुआ था। अगस्त्य ऋषि के निर्देश से श्रीराम यहाँ कुटी बनाकर रहने लगे थे। (हिं.श.सा., पौ.को.)। उ. (1)-''बसे पंचबटी हूँ तहाँ तै हूँ जनकजा कौ राबन हरी हूँ जातुधान राजधानी के।।''-वृं.ग्रं., स्फुट., 12/312। उ. (2)-''सेतु सीतहि सोभना दरसाइ पंचबटी गए।''-रा.च., 20/28।

**पंचबान**–पञ्चवाण। कामदेव, जिसके पाँच वाण प्रसिद्ध हैं-द्रवण, शोषण, तापन, मोहन और उन्मादन। इनके पाँच पुष्पवाणों के नाम इस प्रकार हैं-कमल, अशोक, आम्र, नवमल्लिका, और नीलोत्पल। इसकी स्त्री रति है और मित्र बसंत है। उ. (1)-''सुधा काम प्रेम रस बिरह जोग पंचबान वाहैं करार मगर माँझ मटके।'' वृं.ग्रं., नै.ब., 41/33। उ. (2)-पंचबान बाननि के आन आन भाँति गर्ब, बाढ्यो परिमान बिनु कैसे वै बताइयै।।-क.प्रि., 14/29। उ. (3)-''बरही रही बखानै तैसियै हिये में बाढ़ी बिरहमजेज पंचबान के झलान की।।''-बो.ग्रं., वि.वा., 68/208।

**पंचबानजू**–दे. पंचबान। उ.-''किधौं 'केसोदास' पंचबानजू के पाँचौ बान सकल भुवन जिहि बस करि दीने हैं।''-क.प्रि., 15/29।

**पंचभूत**–दे. पंचतत्त्व। उ. (1)-''कारन सेछिम देह ए जीव लगे ही होत। पंचभूत कौ तनु यहै स्थूल करत उद्योत।।''-ज.ग्रं., आ.वि., 123/127। उ. (2)-''पंचभूत मैं पाइयै जग प्रसूत परवेसु। पंच कहत सो साँच है पंचन मैं परमेसु।।''-वृं.ग्रं., य.स., 634, 636/255। उ. (3)-''हाँ तो पंचभूत तजिबे कों ताक्यो तोहि पर तैं तो कर्‍यो मोहिं भलो भूतन को पति है।''-प.ग्रं., गं.ल., 13/257।

**पंचमंत्री**–रावण के पाँच मंत्री-विरूपाक्ष, भूपाक्ष, दुर्द्धर्ष, प्रयसमास और कर्ण। उ.-''कर जोरि पग परि तोरिउपवन कोरि किंकरमारियो। पुनि जबुमाली मंत्रिसुत अरु पंच मंत्रि सँघारियो।''-रा. चं., 13/96।

**पंचम**–(1)-बुन्देलों के पूर्वपुरुष पंचम के नाम पर वंशजों की उपाधि। उ. (1)-''जानि सूर सब सथ्य प्रगट पंचम तनु फुल्लिय।''-र.बा., 35। उ. (2)-''गहिरवार, पंचम नरेस अदिदल बलखंडन।।''-बो.ग्रं., वि.वा., 24/24।

**पंचम**–(2)-संगीत में सात स्वरों में पाँचवाँ स्वर जो पिक या कोकिल के स्वर के अनुरूप माना जाता है। इस स्वर का स्वरूप, संगीतशास्त्र के अनुसार, इस प्रकार है-वर्ण ब्राह्मण, रंग श्याम, देवता महादेव, रूप इंद्र समान, स्थान क्रौंचद्वीप। ममली, निर्मली और कोमली नाम की इसकी तीन मूर्च्छनाएँ हैं। इसके उच्चारण में नाभि, उरु, हृदय, कंठ और मूर्धा नामक पाँच स्थानों का प्रयोग होने से इसे पंचम कहते हैं। दूसरे मत से पंच प्राणों (प्राण, अपान, समान, उदान और व्यान) का प्रयोग होने से इसे पंचम कहते हैं। (हिं.श.सा.)। उ.-''माधोनल कर बीन लै पंचम कर्‍यो अलाप।''-बो. ग्रं., वि.वा., 31/64, 61/74, 24/108।

**पंचम प्रतीप**–पंच प्रतीप। दे. प्रतीप। ल. (1) कहा कछु न उपमान को यों जहँ करत बखान। तहाँ प्रतीपहि कहत हैं कोऊ कबि सज्ञान।। उ.-''कहा दवागनि के पिये कहा धरे गिरि धीर। बिरहानल में जरत ब्रज बूड़त लोचन नीर।।''-मति., ल.ल., 65-67/309-310। ल. (2)-''उपमे को उत्तम निरखि वृथा होय उपमान। पंचम भेद प्रदीप को यौं बरनौ बुधिवान।। उ.-''तिय तो मुख ही सों सदा रहै उजास अमंद। कहिए कहा विरंचि सौं वृथा रच्यो है चंद।।''-सो.ग्रं. 1, र.पी.नि., 25-26/185।

**पंचमुख**–महादेव के पाँच मुख। ब्रह्मा के भी पाँच मुख थे। शिव के प्रकाशस्तंभस्वरूप का अन्त नहीं पाने पर ब्रह्मा ने झूठ कह दिया था कि अन्त का पता उन्हें लग गया। अतः शिव (रुद्र) ने उनका एक सिर काट दिया और तभी से ब्रह्मा पंचानन से चतुर्मुख हो गए। (पौ.को.)। उ.-''चारि मुख चारिभुज चाहि चाहि रहे ताहि पंचन के देखत ही पंचमुख ह्वै गए।''-प.ग्रं., गं.ल., 19/260, 27/263।

**पंचरत्न**—रचयिता - उमादास (दे.)। (बृ. इति. 7)।

**पंचवट**—दे. पंचबटी। पाँच वटों के समूह का स्थान। पाँच वट हैं-अश्वत्थ, विल्व, वट, धात्री और अशोक। उ. (1)-''सुभ गोदावरितट, बिसद पंचबट। पर्नकुटी तहँ कीजै।।''रा.च. 11/15. उ. (2)-सुभ गोदावरि तट, बिसद पंचबट, बैठे हुत मुरारि।।''-वही, 11/32।

**पंचसंधि**—संस्कृत व्याकरणगत पाँच संधियाँ-स्वरसंधि, व्यंजनसंधि, विसर्गसंधि, स्वादि संधि और प्रकृतिभाव। उ.-''पंचबर्ग तरुपंच, अरु पंचसब्द परमान। पंचसंधि पंचाग्नि भनि, कन्या पंच समान।।''-क.प्रि., 11/13।

**पंचशब्द**—मंगल सूचक पाँच ध्वनियाँ-तंत्री, ताल, झाँझ, नगाड़ा, तुरही। व्याकरण के अनुसार-सत्र, वार्तिक, भाष्य, कोश और कवि प्रयोग। पाँच ध्वनियाँ-वेद ध्वनि, बन्दी ध्वनि, जय ध्वनि, शंख ध्वनि और निशान ध्वनि। उ.-"पंचबर्ग तरुपंच अरु पंचशब्द परमान।"-क.प्रि., 11/13।

**पंचसर**—दे. पंचबान, पंचबानजू। उ.-"पियत अधर तूँ देति है कर, कमलनि की मारु। होत पंच अँगुरी लगें सकल पंचसर मारु।।"-मति., म. सत., 397/401.

**पंचहजारिन**—पाँच हजार सेना का मनसबदार। उ.-"पंचहजारिन बीच खरा किया मैं उसका कुछ भेद न पाया। भूषन यौं कहि औरंगजेब उजीरन सों बेहिसाब रिसाया।"-भू.ग्रं., शि.भू., 191/165.

**पंचहजारी**—मुगल सेना में एक पदवी। उ.-"राह चलाइ बड़ो जस होहि। पंचहजारी करिहौं तोहि।।"-वी., च., 4/24।

**पंचाग्नि**—पाँच प्रकार की अग्नि-अन्वाहार्य पचन, गार्हपत्य, आहवनीय, आवसथ्य और सभ्य। उ.-"पंचवर्ग, तरुपंच, अरु पंचसब्द परमान। पंचसंधि पंचाग्नि भनि कन्या पंच समान।।"-क. प्रि., 11/13।

**पंचानन**—दे. पंचमुख। पाँच मुखों वाले शिव। उ. (1)-एक ही आनन पंचानन गनि तोहि गजानन गजबदन विना बखानियतु है।''-भू.ग्रं., शि.भू., 61/139। उ. (2)-''एक प्रभुता को धाम सजे तीनौं बेद काम रहे पंचानन बडानन राजी सर्बदा।''-भू. ग्रं., शि.भू., 345/194।

**पंचामृत**—एक प्रकार का स्वादिष्ट पेय जो दूध, दही, घी, चीनी और मधु मिलाकर बनाया जाता है। पुराण तंत्रादि के अनुसार यह देवताओं को स्नान कराने और चढ़ाने के काम आता है। उ. (1)-''रिस रस दधि सक्कर जहाँ मधु मधुरी मुसिक्याँन। घृत सनेह छबि पय पियौ दृग पंचामृत पान।।''-रतन., 341/89। उ. (2)-''तन बनाय उपजाय रुचि ठानत मान निदान। ज्यौं पंचामृत छाँड़ि कै करत तपत जलपान।।''-वृं.ग्रं., नी.स., 379/87।

**पंचामृतनि**—दे. पंचामृत। उ.-''पंचभूत पातक प्रगट पंचजज्ञ, जिय जानि। पंचगब्य, माता, पिता, पंचामृतनि बखानि।।''-क.प्रि., 11/14।

**पंचाल छंद**—पकल, अर्थात् पाँच मात्राओं का छंद है। क्रम है (ऽऽ।)। उ.-''नच्चंत। गावंत। दै ताल। पंचाल।।''-भि.ग्रं., 1, छंदा., 23/183।

**पंचाली**—दे. पंचआल। पांचाली = द्रौपदी। उ.-''रह्यौ ऐंचि, अंतु न लहै अवधि-दुसासनु बीरु। आली, बाढ़तु बिरह ज्यौं पंचाली कौ चीरु।।''-वि. र., 400/184।

**पंचीकरण**—रचयिता-भगवानदास (दे.)। (बृ. इति. 7)।

**पंजाबी**—पंजाव सम्बन्धी। पंजाब का। उ.- ''सुंदर सजाबी अरु पंजाबी गहिर गुलाबी चित धरनैं।''-प.ग्रं., प्र.वि., 93/286।

**पंडब**—दे. पंच पंडव। पांडव। उ.-''जे पंडब कुलहत भए कुलहत भए निदान। कौंन होत प्रतिकूल जिही सानुकूल भगवान।।''-वृं.ग्रं., य.सा., 608/253।

**पंडब पतिनी**—दे. पंचाली। द्रौपदी। "पंडब पतिनी की रषी प्रभु पति नीकी भाँति।।"-वृं.ग्रं, य.स., 83/212।

**पंडव**—दे. पंच पंडब, पंडब। उ.-''भावी या उनमान की, पंडव बनहि रहीम। जदपि गौरि सुनि बोझ है, बरु है संभु अजीम।।''-र.वि., 141/15।

**पं. उमापति त्रिपाठी**—उमापति त्रिपाठी।

**पंडुपुत्र**—दे. पंच पंडब, पडब, पंडव। उ.-"प्रिय पंडुपुत्र तेरे तिनहिं दुख्ख दिये केतिक गनौ।"-वी.च., 1/37। दे. पंडुपूत।

**पंडुपूत**—दे. पंच पंडब, पंडब, पंडव, पंडपुत्र। उ.-"पंडुपूत, इंद्रिय, कवल, रुद्रबदन, गति बान। लक्षन पंच पुरान के पंच अंग अरु प्रान।।"-क. प्रि., 11/12।

**पंद्रहा**—वह यंत्र जिसमें अंक ऐसे भरे जायँ कि सब ओर से जोड़ 15 ही हो। यह वर्गाकार होता है और नौ खाने होते हैं। उ.-"रक्तबिकारी गोंच लगावै। प्रेतकाज पंद्रहा भरावै। बहुनायक तें गरमी होई। चोपचिनी नासक तेहि सोई।"-बो.ग्रं., वि.वा., 53/165।

**पंनगपुर**—पन्नगपुर। नागलोक। पाताल। उ.-"पंनगपुर पुरहूत के अट्टरत अपट्ट।"-प. ग्रं., प्र.बि., 120/291।

**पंपा**—दक्षिण देश की एक नदी और उसी से लगा हुआ एक ताल और नगर, जिसका उल्लेख रामायण और महाभारत में मिलता है। कुछ लोग यह मानते हैं कि यह ऋष्यमूक पर्वत से निकलकर तुंगभद्रा नदी में मिल गई। यह नदी विष्णु को अत्यंत प्रिय बताई गई है और बलराम भी यहाँ आए थे। इसी नदी के निकट पंपासर पर स्थित एक तीर्थ स्थान है जो पितरों के श्राद्ध आदि के लिए प्रशस्त तथा पवित्र कहा गया है। इसे पंपातीर्थ कहते हैं। (हिं.श.सा.,पौ.को.)। उ. (1)-"पंपा मानसर आदि अगन तलाउ लागे जिनकी पारिन में अकथ जूथ गथ के।"-भू.ग्रं., शि.भू., 265/178। उ. (2)-"सबरी पावकपंथ तब हरषि गई हरिलोक। वननि बिलोकत हरि गए पंपा तीर ससोक।।-रा.चं., 12/46।

**पँचकल्यान**—पंचकल्याण। शुभ फल देने वाला घोड़ा जिसका सिर (माथा) और चारों पैर सफेद हों और शेष शरीर लाल, काला या किसी रंग का हो। उ.-"रंग पंचकल्यानैं जग के जानैं उड़ि हनुमानैं जीतत से।"-प.ग्रं., प्र.बि., 98/287।

**पँचतोरिया**—पंचतोलिया अर्थात् पाँच तोले का। एक प्रकार का बहुत महीन हल्का कपड़ा, जिसकी एक पूरी साड़ी तौल में केवल पाँच तोले भर होती है। इसी को पंचतोलिया कहते हैं। उर्दू में इसका नाम आबेखाँ है।-"सहज सेत पँचतोरिया पहिरत अति छबि होति। जलचादर के दीप लौ जगमगाति तन-जोति।।"-बि.र., 340/159।

**पँचार**—अश्व का नाम। उ.-"पाँचइ तें चौदाँत तुखार। तासों जगजन कहैं पँचार।।"-वी. च., 17/69।

**पँवार**—परमार। राजपूतों की एक जाति। उ.-"पाँडरि पँवार जुही सोहत है चंदावत बकुल-बुँदेला अरु हाड़ा हंसराज है।"-भू.ग्रं., प्रकी., 441/214।

**पक्षिराज**—पक्षियों का राजा गरुड़। उ.-चित्त-मध्य बिचारियौ हरि सर्बदेव-समेत। पक्षिराज चढ़े गए प्रहलादभक्त-निकेत।।"-बि.च., 18/34।

**पखरैत**—प्रक्षर या पाखर को धारण करनेवाले। पाखर वह लोहे की झूल है जो घोड़ों वा हाथियों पर रखी जाती है। उ.-"प्यादन सों प्यादें पखरैतन पखरैत जुरे बकतखारे बकनरवारे हल तें।"-भू. ग्रं., शि.भू., 284/181।

**पखाउज**—एक ताल वाद्य जो मृदंग से कुछ छोटा होता है। उ.-"पटह पखाउज आउझ सोहैं। मिलि सहनाइन सों मन मोहैं।"-रा.चं., 8/7।

**पखावज**—दे. पखाउज। उ.-"पाप के पुंज पखावज 'केसव' सोक के संख सुने सुषुमा मैं।"-क. प्रि., 6/76।

**पख्खर**—प्रक्षर। लोहे की वह झूल जो लड़ाई के समय रक्षा के लिए हाथी या घोड़े पर डाली जाती है। उ. (1)-"पख्खर प्रबल दल, भख्खर सों दौर करी आय साहिजू को नंद बाँधी तेग बाँकरी।"-भू. ग्रं., प्रकी., 472/221। उ. (2)-"जिरह झिलम झारी और भारी पख्खर सों तारी कैसी बात जाकी झारी उतरत है।"-भू.ग्रं., प्रकी., 519/232।

**पगार**—प्राकार। गढ़, प्रासाद या बाग-बगीचे के रक्षार्थ बनी हुई चहारदीवारी। रखवाली के लिए बनी हुई दीवार। उ.-"अति उच्च अगारनि बनी पगारनि जनु चिंतामनि नारि।"-रा.चं., 1/45।

**पचकल्यान**—दे. पँचकल्यान। उ.-"सेत तिलक पद चार्यौ सेत। पचकल्यान लीजै सुभहेत। उर

मुख पुच्छ सब सेत। मंगल अष्ट सु राखु निकेत।।''-वी.च., 17/59।

**पच्छिराज**—दे. पक्षिराज। उ.-''भूषन भनत सबै। असुर के इंद्र पुनि पन्नग के कुल के प्रबल पच्छिराज हौ।''-भू.ग्रं., प्रकी., 410/206।

**पछ्यावरि** — एक प्रकार का पेय जो छाछ आदि के रूप में हो या उससे बनाया गया हो और प्रायः भोजनान्त परोसा जाता हो। उ. (1)-''भूतल के सब भूपन को मद भोजन तौ बहु भाँति कियोई। मोद सों तारकनंद को मेद पछ्यावरि पान सिरायो हियोई।''-रा., 7/31।उ. (2)-''पुनि झारि सो द्वै बिधि स्वाद घने। बिधि दोइ पछ्यावरि सात पने।''-वही, 30/30।

**पजनेस**—जन्म 1872 में। स्थान-पन्ना। रचनाएँ-मधुरप्रिया, नखसिख। (बृ.इति. 6, इति. शुक्ल, स.सर्वे.)।

**पटना**—बिहार का मुख्यतम नगर। उ. (1)-पटना कुमाऊँ पेषि कुर्रा औ जहानाबाद साँकर गली लौं वारे भुप देखि आयो सोइ।''-बो. ग्र., वि. वा., 18/23। उ. (2)-"दिल्ली दहपट्टि, पटनाहू कों झपट्टि करि कबहुँक लता कलकत्ता को उड़ावैगो।"-प.ग्रं., प्रकी., 27/311।

**पटमंजरी**—पटमञ्जरी। संपूर्ण जाति की एक शुद्ध रागिनी जो हिंडोल राग की स्त्री है। कुछ लोग इसे संकर रागिनी मानते हैं, इसे नट और मालश्री के मिश्रण से बनी रागिनी मानते हैं और कुछ के मतानुसार यह मारु, धूलश्री, गांधारी और धनाश्री के संयोग से बनी हुई है। हनुमत के मत से इसका स्वरग्राम इस प्रकार है- प ध नि सा रे ग म प। इसके गायन का समय 6 दंड से 10 दंड तक है। कुछ लोग इसे श्रीराग की रागिनी मानते हैं और इसके गायन का समय एक पहर दिन के बाद है। (हिं. शा. सा.)। उ.-"कह तू दीपक राग की प्रथम गूजरी जोय। कावेरी पटमंजरी पंचक नाहीं होय।।"-बो.ग्रं., वि.वा., 13/121।

**पटबास**—सुगंधित चूर्ण, गुलाल, अबीर आदि। उ.-''पटबास सुबास अकास उड़ि भुवमंडल सब मंडियै। कह "केसवदास" विलास-निधि फागुन फागुन छंडियै।।"-क.प्रि., 10/35।

**पटवारी**—गाँव की जमीन और उसके लगान का हिसाब-किताब रखने वाला एक छोटा कर्मचारी। उ.-"महतो-से मुगल महाजन से महाराज डाँडि लीन्हे पकरि पठान पटवारी-से।"-भू.ग्रं., प्रकी., 444/215।

**पटह**—युद्ध का नगाड़ा। उ.-"पटह पखाउज आउझ सोहैं। मिलि सहनाइन सो मन मोहैं।।-रा., 8/7।

**पटुवा**—पटहार, गहना गूँथने का पेशा करने वाले। उ.-"रामजनी संन्यासिनी पटु पटुवा की बाल। 'केसव' नायक-नायिका सखी करहिं सब काल।।"-र.प्रि., 12/2।

**पटुवा की बाल**—दे.-पटुवा। पटहारिन। उ.-रामजनी संन्यासिनी पटु पटुवा की बाल। 'केसव' नायक-नायिका सखी करहिं सब काल।।-र. प्रि. 12/2।

**पटेल**—गाँव का नंबरदार या मुखिया या चौधरी। उ. (1)-"सूखी सुता पटेल की सूखी ऊरवनि पेखि। अब फूली फूली फिरै फूली अरहर देखि।।"-मति.सत., 67/374. उ. (2)-"राजा ह्वैके डंडियै पटेल सम पातसाह कोटि पातसाही या रजाई पर वारनैं।"-भू.ग्रं., प्रकी., 502/227।

**पटेला**—हाथ का कड़ा। पछेला। पछेली। उ.-"कंठी कंठमाला भुजबंध बरा बाजूबंद ककना पटेला चूरी रत्नचौक जारीसी।।"-बो.ग्रं., वि.वा., 41/104।

**पट्टिस**—पट्टिस। खाँड़ा। एक प्रकार का प्राचीन शस्त्र जो तीन नाप का होता था। उत्तम 4 हाथ, मध्यम 3.5 हाथ तथा अधम 3 हाथ लंबा होता था। मुठिया के ऊपर चलाने वाले की कलाई के बचाव के लिए लोहे की एक जाली बनी होती थी। इसमें दोनों ओर धार होती थी । यह आजकल का 'पटा' शस्त्र से मिलते आकार में कुछ कम लंबा होता है और सब बातें इसमें समान होती हैं। उ.- ''सूरज मुसल नील पट्टिस नल जामवंत असि हनू तोमर प्रहारे हैं।''-रा., 19/46।

**पठनेटे**—पठान का लड़का। पठान जाति में

उत्पन्न। उ.(1)-''कोऊ ना लपेटे अधकारे रन लेटे अजौं रुधिर लपेटे पठनेटे फरकत हैं।''-भू.ग्र., प्रकी., 417/208, 450-451/217, 516/231.। उ. (2)-''मिले रत्तमुख मुगल भुरि पठनेटे भूरे। मिले सेत किलमाक स्याह हबसी रन सूरे।।''-बृ.ग्रं., स. स.रू., 70/269।

**पठान**—प्राचीन आर्यों की इस्लाम में एक धर्मांतरित जाति जो अफगानिस्तान के अधिकांश और भारत के सीमांत प्रदेश (अब पाकिस्तान में), पंजाब तथा रुहेलखण्ड आदि में बसती है। इस जाति के लोग अधिकांशतः कट्टर, क्रूर, हिंसाप्रिय और स्वाधीनताप्रिय होते हैं। उ. (1)-''सकिले सिगरे मैना जाट। नहटा नाहट गूजर जाट। मिल्यो हसन खाँ जाइ पठान। अरु हरधौर पँवार सुजान।।''-बी. च., 3/18.। उ.(2)''-सुभट सहाहे चंद्राउत कछवाहे मुगलौ पठान ढाहे फरकत परे फर में।''-भू.ग्रं., शि.भू., 202/167.। उ. (3)-''केते मुगल पठान सँग ओर दच्छिनी ज्वान। आजम लीनैं समझि कैं करिबे कौ घमसाँन।।-बृ.ग्रं., स.स.रू., 47/266।

**पठानन**—दे. पठान। उ.-''अत्र गहि छत्रसाल खिझयो खेत बेतवै के उत तें पठानन हूँ। कीन्हीं झुकि झपटैं।''-भू.ग्र., प्रकी., 509/229।

**पठानी**—दे. पठान। पठान जाति की स्त्री। उ. (1)-''व्याकुल पठानी मुगलानी फिरैं भूषन भनत माँग मोती दमकत हैं।''-भू.ग्रं, प्रकी., 527/234। उ.(2)-''पापी बघेले को राज्य सुखाय गौ तोंबर छुद्र पठानी पठानी।।''-वि.गी., 1/17।

**पड़िहार**—परिहार। राजपूतों का एक वंश जो अग्निकुल के अन्तर्गत माना जाता है। इस वंश के राजपूत अधिकतर बुंदेलखंड, अवध आदि प्रदेशों में बसे हैं और उनमें अनेक बड़े जमींदार हैं। कालिंजर, ग्वालियर आदि क्षेत्र कभी इनके शासन में थे। जोधपुर के समीप राजस्थान में भी इनका शासन बताया जाता है। उ. (1)-''सिरनेत बधेले बैस पुनि गहिरवार पड़िहार सत।''-बो.ग्रं., वि.वा., 38/182. उ. (2)-''पड़िहार हार न मानहीं जिनको हरष घमसान हीं।।''-प.ग्रं., हि.ब.बि., 31/7, 161/23।

**पतंजलिसूत्रवृत्ति**—रचयिता-पं. उमापति त्रिपाठी (दे.)। (बृ. इति. 7)।

**पततप्रकर्ष**—पतत्प्रकर्ष। दे. दोष। वाक्यदोष। ल.-सो है पततप्रकर्ष जहँ, लई रीति निबहै न। उ.-''कान्ह कृष्न केसव कृपा-सागर राजिवनैन।। ति.-चारि नाउ ककारादि कह्यो, आगे न निबह्यो।।''-भि. ग्रं. 2, का.नि., 38-38अ/227।

**पतसाही**—पादशाही। बादशाही। उ.-''भटति हैं जंभारि ज्यौं जभ अरिन के दंभ। पतसाही कमठान कौं भर थभन थिर थंभ।।''-वृं.ग्रं., स. स.रू., 23/264।

**पताक**—पताका। पिंगल के 9 प्रत्ययों में से 8वाँ जिसके द्वारा किसी निश्चित गुरु-लघु वर्ण के छंद अथवा छंदों का स्थान जाना जाय। उ.-''नष्ट उदिष्ट रु मेरु पताक विमर्कटिक सूचिन कों भरि जानै।''-भि.ग्रं. 1, छंदा., 80/166।

**पताल**—पुराणानुसार पृथ्वी के नीचे के सात लोकों में से सातवाँ। पाताल सात हैं। क्रमशः उनके नाम हैं-अतल, वितल, सुतल, तलातल, महातल, रसातल, पाताल। पुराणों के अनुसार प्रत्येक पाताल की लंबाई-चौड़ाई 10-10 हजार योजन है। सभी पाताल धन, सुख और शोभा से परिपूर्ण हैं। सब पातालों की अपनी-अपनी विशेषताएँ हैं और उनके अलग-अलग स्वरूप हैं। सातवें पाताल की भूमि स्वर्णमय है, जिसका अधिपति वासुकि नामक प्रसिद्ध सर्प है। शंख, शंखचूड, कूलिक, धनंजय आदि कितने ही विशालकाय सर्प यहाँ निवास करते हैं। उ. (1)-''कहै पदमाकर अतल मैं बितल मैं सुतल मैं रसातल मैं मंजु महातल मैं। त्यों ही तलातल मैं पताल मैं अचल चल जेते जीव जंतु बसैं भाखत सकल मैं।''-प.ग्रं., गं.ल., 51/272। उ. (2)-''रहिमन जिह्वा बावरी, कहि गई सरग पताल। आपु तो कहि भीतर रही, जूती खात कपाल।।''-र.वि., 195/20। उ. (3)-''तो सम हो सेस सो तौ बसत पताल लोक ऐरावत गज सो तौ इंद्रलोक सुनियै।''-भू.ग्रं., शि.भू., 39/135। उ. (4)-''फिर तल रसातल बितल पैठि पताल फोरि अमी लहै।''-प.ग्रं., हि.ब.बि., 98/14।

**पति**–स्त्री विशेष का विवाहित पुरुष। साहित्य में चार प्रकार के पति बताये गये हैं–अनुकूल (दे.), दक्षिण (दे.), धृष्ट (दे.) और शठ (दे.)। कुछ आचार्यों ने अनभिज्ञ नाम का भी एक भेद माना है जो शृंगार-चेष्टाओं का अर्थ समझने में असमर्थ होता है। ल. (1)–चारि भाँति सों बरनिये प्रथम कहत अनुकूल। दच्छिन गन सठ धृष्ट पुनि रस सिंगार को मूल।।–मति., र.रा., 243/257। नायक भेद में तीन प्रकार के नायकों पति (दे.), उपपति (दे.), बैसिक (दे.) में पति प्रथम है जो स्त्री का विवाहित पुरुष होता है। ल. (2)–पति उपपति बैसिक त्रिबिध नायक भेद बखान। बिधि सो ब्याह्यौ पति कह्यौ कवि मतिराम सुजान।।–मति., र.रा. 240/256। ल. (3)–स्वकिया पति सों पति कहैं।–ज.ग्रं., भा.भू., 8/6। ल. (4)–बिधि सो ब्याहौ गुरु जन, पति सो जानि। र.बि., ब.ना.भे., 98/53। ल. (5)–निज ब्याही तिय को रसिक पति ताकों पहिचानि।।–भि.ग्रं. 1, शृं.नि., 10/90। ल. (6)–बिधि जुत ब्याही नारि सों होइ पुरुष की प्रीति। पति कहि ताहि कबित्त में बरनत यौं कबि रीति।।–सो.ग्रं. 1, र.पी.नि., 4/112।

**पतितदास**–ब्राह्मण। रामोपासक। स्थान-गिरिधरपुर (जिला - गोंडा)। रचनाएँ - स्फुट, भक्तिविषयक। (बृ. इति. 7)।

**पतिदेवता**–पतिव्रता स्त्री, पति के प्रति अनन्य श्रद्धा रखने वाली स्त्री। जिस स्त्री के लिए पति ही देवता हो। उ. (1)–''पतितन पावन करत जौ न नंदपूत, पूतना कबहिं पतिदेवता कहाई ही।''–क.प्रि., 11/62। उ. (2)–''तो हीं तियदेवता पै पायो पति 'केसोदास' पतिनी बहुत पतिदेवता बखानी है।''–र.प्रि., 7/6।

**पतिदेवतानि**–दे. पतिदेवता। उ.–''सुर नर नाग नव कन्यनि के प्रानपति, पतिदेवतानि हूँ के हियनि बिहारे हैं।''–र.प्रि., 6/38।

**पतिनीव्रत नायक**–पत्नीव्रती नायक। उ.–''नारि पतिव्रत हैं बहुतै पतिनीव्रत नायक और न कोऊ।।''–भि.ग्रं., शृं.नि., 14/91।

**पति पंच**–दे. पंच पंडव। पांडव। द्रौपदी के पाँच पति। उ.–''हरी बिपति पति पंच की करी बिपति पति सौंति। पंडब पतिनी की रषी प्रभु पति नी की भाँति।।''–वृं.ग्रं., य.स., 83/212।

**पतिब्रत**–दे. पतिव्रत। उ.–''कहैं पदमाकर पताका प्रेम पूरन की प्रगट पतिब्रत की सौगुनी रती भई।'' –प.ग्रं., जग, 552/196।

**पतिब्रत सिंगार**–वृंद कवि द्वारा वर्णित सोलह शृंगारों में अंतिम। ल.–पल पल पतिब्रत राखियैं मन क्रम बचन बिचार। यह सोरहो सिंगार हैं सब सिंगार को सार।। पी के जीय जीयैं पीय ही को ध्यान हियैं पीय ही सौं प्रेम नेम लियैं पीके गुन कूजियैं। नैननि तै मन तैं प्रतक्ष चित्र सुपने में पीय छाँड़ि और काहू देखियै न छूजियैं। वृंद कहैं भोजन सयन पिय कियैं कीजैं पियही की टहल पीय देवता कैं पूजियैं। पीय के सुभाइ चलैं मनसा न हलैं चलैं ऐसो प्रतिव्रत राखि पतिब्रता हूजियैं।।''–वृं. ग्रं., शृं.शि., 77-78/48।

**पतिराम**–स्थान-भटपुरा ग्राम (जिला भरतपुर, तहसील कम्हरे)। पिता-शंकर भट्ट। आश्रयदाता-सूरजमल उर्फ सुजान सिंह (भरतपुर नरेश)।(बृ. इति. 7)।

**पतिवंचना निपुना**–ल.–देखन ही पति के जुनिय, करै जार संभोग। पतिवंचन निपुना कहत तासों पंडित लोग।। –शृं.मं., चिंता., 100/30।

**पतिव्रत**–पति में स्त्री की अनन्य प्रीति, भक्ति और निष्ठापूर्वक अनुराग। ल.–बोलनि हँसनि मृदु चातुरी चलनि चारू, पल पल प्रति पतिव्रत प्रति पारिबो।। –र.प्रि., 3/43, क.प्रि., 4/17। उ.–''दान देय सोई पति प्यारो। यहै पतिव्रत कहिये थारो।'' –बो.ग्रं., वि.वा., 6/179।

**पतिव्रता**–साध्वी नारी।–क., 6-28-1, 8-8-4। पतिव्रता स्त्री का लक्षण है-''आतन्ति मुदिता श्रेष्ठे प्रोषिते मलिना कृषा। मृते मियत या पत्यो या स्त्रीज्ञेया पतिव्रता।'' जो स्त्री स्वामी के दुःख से दुःखी, सुख से सुखी होती है तथा स्वामी के विदेश चले जाने पर मलिना तथा कृशा और मरने पर अनुगता होती है, उसी को पतिव्रता मानना चाहिए। मनु के अनुसार पतिव्रता स्त्री को आजन्म

पति की आज्ञा का अनुसरण करना चाहिए, कोई ऐसी बात नहीं करनी चाहिए जो पति को अप्रिय हो, पति कितना ही दुःशील, दुर्गुण, दुराचारी और पापी क्यों न हो, पतिव्रता को सदा सर्वदा उसे अपना देवता मानना चाहिए। जो बातें पति को अप्रिय हों, उसकी मृत्यु के बाद भी पतिव्रता के लिए अकर्तव्य हैं। याज्ञवल्क्य संहिता के अनुसार पतिव्रता को सभी कार्यों में स्वामी की वशवर्तिनी होना चाहिए। पति के विदेश जाने की दशा में उसे श्रृंगार, हास, परिहास, क्रीड़ा और तमाशे, आनन्द लेना आदि कार्य त्याग देना चाहिए। ब्रह्मवैवर्त पुराण के कृष्णजन्मखंड में लिखा है कि सती स्त्री प्रतिदिन भक्तिभाव से पतिपादों का सेवन करे। सम्पूर्णव्रत, पूजा, तपस्या, आराधना त्यागकर पतिसेवा में रत रहना ही पतिव्रता के लिए एकमात्र धर्म है। उ.-''पन्नग बेलि पतिव्रता, रतिसम सुनो सुजान। हिय रहीम बेली दही, सत जोजन दहियान।।''-र.वि., 118/12। उ.(2)-''अनेकधा पूजन अत्रिजू कर्‌यो। कृपाल ह्वै श्री रघुनाथजू धर्‌यो। पतिव्रता देवि महर्षि की जहाँ। सुबुद्धि सीता सुखदा गई तहाँ।।''-रा.चं.. 11/3।

**पतिसाह**-बादशाह। उ.(1)-''बखत बिलंद दलेल दिल सब जग करत सराह। नेक नज़र पतिसाह की तहँ महमद की सलाह।।'' -वृं.ग्रं., शृं. शि., 3/35। उ.-''आजम भेज उजैन कौं हुकम कियो पतिसाह।''-वृं.ग्रं., स.स.रू., 29/265।

**पतिसाही**-दे. पतसाही। उ.-''तैसें दिल्ली तषत की पतिसाही को चाह।''-वृं.ग्रं., स.स.रू., 67/268।

**पत्नी**-विधिपूर्वक विवाहिता स्त्री। वह स्त्री जिसके साथ किसी पुरुष का शास्त्रानुसार रीति से विवाह हुआ हो। भार्या। उ.(1)-''जेठो भैया अम्नदा राजा पिता समान। ताकी पत्नी तुँ करी पत्नी मातु समान।।''-रा.चं., 37/18। उ.(2)-पत्नी पति बिनु दीन अति, पति पत्नी बिनु मंद। चंद बिना ज्यौं जामिनी, ज्यौं जामिनि बिनु चंद।।''-वि.गी., 16/40।

**पत्रिकादान**-भिखारीदास द्वारा बताये गये 12 सखी कर्मों में से एक। दे. सखीकर्म। ल.-मंडन संदरतन हँसी संघट्टन सुभ कर्म। मानप्रबर्जन पत्रिकादान सखिन के कर्म।। -भि.ग्रं.1, शृं.नि., 215/136।

**पत्रिकाबोध**-रचयिता-चंदन (दे.)। (इति. शुक्ल)।

**पथारनि**-प्रस्तार। छंदशास्त्र में प्रस्तार आदि प्रत्यय। जितने वर्णों के जितने रूप होते हैं, उनकी गणना को वर्णन प्रस्तर कहते हैं। उ.-''बरन्न पथारनि कों करि जानै।'' -भि.ग्रं.1, छंदा., 8/166। भिखारीदास के ग्रंथ छंदार्णव में प्रस्तार के दो भेद वर्णित हैं-मात्रा प्रस्तार और वर्ण प्रस्तार। दोनों प्रकार के प्रस्तारों में नष्ट, उद्दिष्ट, मेरु, पताका और मर्कटी क्रम से विचार किया गया है। इस विषय में छंदार्णव के तृतीय और चतुर्थ प्रकाश देखे जा सकते हैं।

**पथिक बोध**-रचयिता-चंदन (दे.)। (इति. शुक्ल)।

**पद**-भिखारीदास के अनुसार पद तीन प्रकार के होते हैं-वाचक, लाक्षणिक, और व्यंजक-''पद वाचक अरू लाक्षनिक, ब्यंजक तीनि बिधान।''-भि. ग्रं.2, का.नि., 1/6। दे. बाचक, लाक्षनिक, ब्यंजक।

**पद अयुक्त**-दे. दोष, अर्थदोष। ल.-पद कै बिधि अनुबाद कै, जहँ अजोग्य ह्वै जाइ। तहँ अजुक्त दूषन कहैं, जे प्रबीन कबिराई।। उ.-''मोहन छबि अँखियन बसी हिये मधुर मुसुकानि। गुनचरया बतियान में , उन सम और न जानि।।'' ति.-चौथे चरन अजुक्त है। यों चाहिए-म्रौननि मृदु बतलानि।।-भि.ग्रं.2, का.नि., 77-78अ/236।

**पद दूषन**-पद दोष। इसका शब्ददोष के रूप में भी वर्णन मिलता है। इस काव्यगत दोष के अनेक भेद हैं। सोमनाथ ने इसके चार भेदों की ओर संकेत किया है-असमर्थ (दे. पद असमर्थ), कर्णकटु, अप्रयुक्त और तीन प्रकार का अश्लील और संदिग्ध। ल.-असमर्थ रु पुनि करनकटु अप्रयुक्त पुनि जानि। तीनि भाँति अस्लील, पुनि संदेही उर आनि।। -सो.ग्रं., र.पी.नि., 3/161। इसके अन्तर्गत च्युतिसंस्कार, लिंगदोष, निहितार्थ (दे.),

अनुचितार्थ, निरर्थक, अवचक, ग्राम्य, नेयार्थ, क्लिष्ट, अप्रतीत, अविमृष्टविधेयांश, विरुद्धमतिक्रत आदि की भी गणना की गयी है।

**पददोष असमर्थ**–शब्ददोष के रूप में भी इसका वर्णन मिलता है। शब्द का अर्थ होने पर भी जहाँ प्रसंग में उस शब्द के आवश्यक अर्थ का बोध कराने की शक्ति नहीं रहती, वहाँ यह दोष होता है। ल.(1)-अर्थ होइ पै अर्थ कौ पद कहि सकै न रूप। सो दूषन असमर्थ कहि बरनत हैं कबि भूप।। उ.-''फूले कुंज कुंज अलि पुंजनि की गुंजरनि चहूँ ओर त्रिबिध समीरनि कौ बहिबौ।'' इहाँ प्रथम तुक में कुंज की ठौर 'द्रम' कहै तौ आछौ।। -सो.ग्रं.1, र.पी.नि., 9/162। ल.(2)-सब्द धर्‍यो जा अर्थ को तापर तासु न सक्ति। चित दौरै पर अर्थ कौं, सो असमर्थ अभक्ति।। उ.-''कान्ह-कृपा-फल भोग कों, करि जान्यो सतिभाम। असुरसाखि सुरपुर कियो ससुरसाखि निज धाम।।''-ति.-सुरसारिव कल्पतरू को कह्यो अकार औ सकार तें यह अर्थ धर्‍यो है जो बिन कल्पतरू वो समेत कल्पतरू। -भि.ग्रं.2, का.नि., 7-8/219-220।

**पदपलटि**–नृत्य विशेष। एक पैर आगे फैलाकर दूसरे पैर से उसको लाँघते हुए घूमना। उ.-''उलथा टेकी, आलम, स-दिंड। असु तिनकी भ्रमनि देखि मतिधीर। भ्रमि सीखत है बहुधा समीर।।''-रा.चं., 30/5।

**पदप्रबोधमाला**–रचयिता-नागरीदास (दे.)। (बृ.इति. 7, स.सर्वे.)।

**पदमुक्तावली**–रचयिता-नागरीदास (दे.)। (बृ. इति. 7, स.सर्वे.)।

**पदमनी**–पद्मिनी। कोकशास्त्र के अनुसार स्त्रियों की चार जातियों में से सर्वोत्तम जाति। इस जाति की स्त्री अत्यंत कोमलांगी, सुशील, रूपवती और पतिव्रता मानी गई है। दे. पद्मिनि, पद्मिनी। उ.-''पदमनी सँग रस मैं रम्यौं ताहि मलिन किये वृंद कहि जोइ मारुत संत बंसत मैं सोइ असंत हेमंत महि।।'' -वृं.ग्रं., प.प.,24/56।

**पदमपान**– पद्मपाणि। विष्णु। उ.-''पदमपान के पद पद्म झलकत पद्म अनूप।'' -वृं.ग्रं, य. स., 80/212।

**पदमाकर**–दे. पद्माकर भट्ट नाम के कवि। उ. (1)-''राधा-माधव-कृपा लहि लखि सुकबिन को पंथ। कबि पद्माकर ने कियो पद्माभरन सुग्रंथ।'' -प.ग्रं., पद्मा., 344/76। उ.(2)-''जगत सिंघ नरनाह कौं समुझि सबन को ईस। कबि पद्माकर देत है कबित बनाइ असीस।।''-प.ग्रं., जग., 4/79। उ.(3)-''कबि पदमाकर रचत है गंगालहरी बेस।''-प.ग्रं., गं.ल., 1/253। उ.(4)-''कहै पदमाकर भगीरथ से भगवान भानुकुल भूषन भए यों राम जैसे हैं।''-प.ग्रं., प्रकी., 1/303। उ.(5)-''भट्ट तिलंगाने को बुंदेलखंडबासी कबि सुजसप्रकासी पदमाकर सुनामा हौं।''-प.ग्रं., प्रकी., 21/309।

**पदमावती**–1. केशवदास के आश्रयदाता वीरसिंह की एक पत्नी। उ.-''तन मन अति आनंदित भए। पदमावती-महल में गए।...सोहति नामें पदमावती। स्वर्न कमल ज्यौं पदमावती।।''-वी.च., 20/26-27। 2. छंद विशेष जिसके एक चरण में 18 मात्रा पर विराम देकर चौदह मात्राएँ होती हैं। कुल 32 मात्राएँ होती हैं। ल.-मत्त अठारह बिरम करि पुनि चौदह परमान। प्रतिपद केवल बत्तिसै पदमावती बखान।। उ.-''रघुनंदन आए सुनि सब धाए पुरजन जैसे कहु तैसे।।''-छं.मा., 2/38।

**पदमावती छंद**–मात्रिक छंद है। दस, आठ, दस और चार मात्राओं के योग के चार चरणों से यह बनता है। अन्त में दो गुरु होना चाहिए। ल.-दस बसु दस चारै बिरति बिचारै पदमावति तल गुरु दोई। तथा आठ-आठ चौकलों से अर्थात् चतुर्मात्रिक गणों से इसका निर्माण होता है, किन्तु इसमें जगण (।।) नहीं हो सकता। उ.-''बाहिर आवति जब पद्मावति तब भीर जुरति चहुँ ओरै जू।'' -भि.ग्रं.,1, छंदा., 23, 24, 25/225।

**पदमासन**–पद्मासन। योगसाधन में एक आसन जिसमें पालथी मारकर पैरों की विशेष स्थिति के साथ बैठते हैं। इसमें पैरों के दोनों तलवे ऊपर की ओर खुले रहते हैं। उ.-''आसन बिछाय पदमासन बनाय मन मान पदमासन को सासन

प्रमान है।''-वृं.ग्रं., हितो., 3/304।

**पदमिनि**—दे. पदमनी, पदमिनी। पद्मिनी जाति की स्त्री. जिसमें पद्मिनी जाति के लक्षण हों। नायिकाओं की चार जातियों में श्रेष्ठतम, सामुद्रिकशास्त्र के अनुसार श्रेष्ठतम लक्षणों वाली स्त्री। ल.(1)-''पदमिनी चित्रिनी संखिनी अरू हस्तिनी बखानि। विविध नाइकाभेद में चारि जाति तिय जानि।।-ज.ग्रं., भा.भू., 9/7। उ.-''कहै पदमाकर पगी यों पतिप्रेम ही में पदमिनि तो सी तिया तूँ ही पेखियतु है।''-प.ग्रं., जग., 18/82। ल.(2)-''सहज सुगंध सुरूप सुभ, पुन्य प्रेम सुखदानि तनु तनु भोजन रोष रति, निद्रा मान बखानि। सलज सुबुद्धि उदार मृदु हास बास सुचि अंग। अमल अलोम अनंग-भुव् पदमिनि हाटक-रंग।।-र.प्रि., 3/2-3।

**पदमिनी**—दे. पदमनी, पदमिनि। ल.-सुदंर सहज सुगंध तन कनक बरन मृदु हास। रिस भोजन रति अति तनक यह पदमिनी बिलास।। -सो.ग्र.।. र.पी.नि., 13/62। उ.(1)-''सोभित पदमिनी सो सूछम सरीर तेरो ए परम पीन गज कुंभन से बढ़े हैं।''-वृं.ग्रं., स्फुट, 69/329। उ. (2)-''माधव मृगपति जान कामकंदला पदमिनी। कीन्हीं रति उनमान निसा पंचमी पाय तिथि।''-वो.ग्रं., बि.वा., 22/116।

**पदमुक्तावली**—रचयिता-नागरीदास (दे.)। (बृ.इति. 7, स.सर्वे)।

**पदविलास**—रचयिता-क्षेमकर्ण (दे.)। (बृ. इति. 7, स.सर्वे)।

**पदाति**—पैदल सिपाही। उ.-''प्रानप्रिय बाजी कृत बारन पदातिक्रम बिबिध सबद द्विज दानहि लहति हैं।-क.प्रि., 8/47।

**पदार्थ**—1. जवाहरात, मणि-माणिक। उ.-''सगुन पदारथ अर्थजुत, सुबरनमय सुभ साज। कंठमाल ज्यों कबि प्रिया कंठ करहु कबिराज।।''-क.प्रि., 3/3। 2. धर्म, अर्थ, काम और मोक्ष। उ.(1)-''चारही पदारथ को लोभ चित नित दीबे को पदारथ समूह को परनु है।'' -क.प्रि., 11/22। उ.(2)-''चतुराश्रम चहुँ बरन पदारथ चहूँ मध्यि गुनि।।'' -बी.च., 1/31। उ.(3)-''सुरनायक-बारन-रदन, ''केसव'' दिसा बखानि। चतुरव्यूह-रचना चमू चरन पदारथ जानि।।'' -क.प्रि., 11/11। 3. पद का अर्थ। शब्द का विषय। उ.-''केसवदास बिचारि कै भिन्न पदारथ आनि। उत्तर ब्यरस्त समस्त ते दुऔ गतागत जानि।।''-क.प्रि., 16/58।

**पदार्थ**—रचयिता-महाराज विश्वनाथ सिंह (दे.)। (इति.शुक्ल)।

**पदावली**—रचयिता-लाड़लीदास (दे.)। (बृ. इति. 7)।

**पदावली**—रचयिता - रामसखे (दे.)। (बृ. इति. 7)।

**पदुमनदास**—समय-सं. 1741 में उप.। आश्रयदाता-दलेलसिंह, बादमनगर के शासक। रचना-काव्यमंजरी (रचनाकाल सं. 1741)। (बृ. इति. 6)।

**पदुमिनी**—दे. पदमनी, पदमिनि, पदमिनी, पद्मिनी। ल. उ.-''लोचन कुवलय तुलित, कुंद दुति दंत विराजत। त्रिवलि वलित कृसमध्य कुटिल कुंतल छविछाजत। पीन उरोज नितंब अरुन कर चरन मंदगति। मधुर बचन मृदु हास सकल संगनि सुहासु अति। मंजुल कपोल नासा मुकुत, मंडन जुत हिय की हरनि। पट सुभ्र मधुर रुचि अन्त किसी, जाम सुरत पदुमिनि बरनि।।'' -शृं.मं., चिंता., 491/144।

**पद्धटिका**—छन्द विशेष जिसके प्रत्येक चरण में 16 मात्राएँ होती हैं। उसे पद्धटिका पद्धरी, प्रज्वल्य और प्रज्वलिका भी कहते हैं। केशवदास के अनुसार इसके चरणांत में एक जगण (।ऽ।) होना चाहिए। ल.-प्रथम चतुष्कल तीन करि एक जगन दै अंत। इहि बिधि पद्धटिका करहु केसव कवि बुधवंत।। उ.-''हरिबदन सोभ सरसी सुरंग। जनु कमल नयन नासा तरंग।।'' -छं.मा., 2/34। कुछ लोग इसके प्रत्येक चरण में 11 मात्राएँ मानते हैं।

**पद्धरिय छंद**—सोलह मात्राओं का छंद है। ल. -सोरह सोरह चहूँ चरन, जगन, एक दै अंत। छंद होत यो पद्धरिय, कह्यो नाग भगवंत। उ.-''मन सुमिरत भयभंजन गोपाल। पद्धरिय, प्रेम मदमत्त बाल।। -भि.ग्रं. 1, छंदा., 157, 158/199।

**पद्धरी छंद**–दे. पद्धटिका, पद्धरिय। ल.-चौकल चारि सुचरन मै जगन मंत ठहराय। षोड्स कल पग पग विषैं यौं पद्धरी बनाय।। (चार चरण, प्रत्येक के अंत में जगण (11), प्रत्येक चरण में 16 मात्राएँ।) उ.-''गाढ़े बिलंद कद जलद रूप। गुंजरत सुवत मद अति अनूप।। परताय कुवर उद्धत उदार। इमि सिंधुर बकसत बार-बार।।''-सो.ग्र.1, र.पी.नि., 7-8/24।

**पद्मा**–लक्ष्मी। उ.-''गिरापूर में है पयो देवता सी। किधौं कंज की मंजु सोभा प्रकासी। किधौं पद्म हीं में सिफाकंद सोहै। किधौं पद्म के कोष पद्मा बिमोहै।।'' -रा.चं., 20/6।

**पद्माकर**–दे. पद्माकर भट्ट। उ.-कबि पद्माकर करत है पद्माभरन सुग्रंथ''-प.ग्रं., पद्मा., 1/33।

**पद्माकर भट्ट**–दे. पदमाकर। जन्म सं. 1810। जन्मस्थान-बाँदा। पिता-मोहनलाल भट्ट। आश्रयदाता-1.नागपुर के महाराज रघुनाथ राव (अप्पा साहब), 2. पन्ना के महाराज हिन्दूपति के गुरु, 3. जयपुर नरेश महाराज प्रतापसिंह, 4. सुगरा के नोने अर्जुन सिंह के गुरु, 5. गोसाईं अनूपगिरि उपनाम हिम्मत बहादुर 6. महाराज प्रतापसिंह के पुत्र महाराज जगतसिंह, 7. उदयपुर के महाराज दौलतराव सिंधिया। मृत्यु-सं.1890। रचनाएँ-हिम्मतबहादुर बिरुदावली, जगद्विनोद, पद्माभरण, प्रबोधपचासा, अलीजाह प्रकाश, रामरसायन, हितोपदेश, ईश्वरपचीसी, गंगालहरी, कलिपचीसी आदि। (इति.शुक्ल, स.सर्वे., बृ. इति. 6, 7।

**पद्माभरण**–रचयिता-पद्माकर भट्ट (दे.)। विव.-अलंकार विषयक ग्रंथ। (इति.शुक्ल)।

**पद्माभरन**–दे. पद्माभरण। उ.(1)-''राधा-राधावर सुमिरि देखि कबिन को पंथ। कबि पद्माकर करत है पद्माभरन सु ग्रंथ।।''-प.ग्रं., पद्मा., 1/33। उ. (2)-''राधामाधव-कृपा लहि लखि सुकविन के पंथ। कबि पदमाकर ने कियो पद्माभरन सुग्रंथ।।''-प.ग्रं., पद्मा., 344/76।

**पद्मासन**–जिसका कमल का आसन हो, विष्णु। उ.-''बिस्नुहि होत अदृष्ट पुनि तबहीं श्री प्रह्लाद। पद्मासन सों बैठिकै करि विचार अवदात।।''-वि.गी., 18/19।

**पद्मिनि**–दे. पदमनी, पदमिनि, पदमिनी। चार प्रकार की स्त्रियों में से प्रथम श्रेणी की स्त्री। उ.-''तहँ रमनी राजति बहु भाँति। पद्मिनि चित्रिनि हस्तिनि जाति।''-बी.च., 20/18।

**पद्मिनी**–दे. पदमनी, पदमिनि, पदमिनी, पदुमिनि। स्त्रियों के शरीर-स्वाभावगत भेद में प्रथम। कामशास्त्र के आचार्यों ने चार प्रकार की स्त्रियों में श्रेष्ठतम पद्मिनी को माना है। रति मंजरी नामक ग्रंथ में इसके लक्षण इस प्रकार दिए गए हैं-भवति कमलनेत्रा नासिकाक्षुद्ररध्रा अविरलकुचयुग्मा चारूकेशी कृशांगी। मृदुवचनसुशीला गीतवाद्यानुरक्ता सकलतनुसुवेशा पद्मिनी पद्यगंधा।। उ.-''कही अखाड़े नृपति के षोड्स सुमुखी नारि। चारि पद्मिनी चित्रिनी हस्ति संखिनी चारि।।''-बो.ग्रं., वि.वा., 50/72। ल. (1)-कारे सटकारे बड़वारे केस जाके दोनों भृकुटी पिनाक देह कुंदन सी गाई है। कौलदल लोचन बिसाल मुखचंद्रमा सो अधर प्रवाल वानी पिक सी सुहाई है। बोधा कवि सुंदर उरोज नारँगी से सोहैं नख अरू हथेरी सुबास अति छाई है। गवन मराल सुकुमार राखै सुद्ध तन धन्य ताके भाग्य जाने ऐसी बाल पाई है।''-वही, 51/72। ल.(2)-''दीरघ केस कटाछ उरोज जँघा नितंब भनि। लोचन रसना अधर लाल नख करत खार गनि। सूक्षम तन अँगुली सुढार बानी हाटक हिय। नासा उन्नत सकल सुभ्र बस्वर चित चाहिय। सुकुमारि चारु चाहत सुमन देह सुगंध मरालगति। लज्जा मान मनोज समय पद्मिनी लहै मति।।'' -वही, 52/72। उ.-''सबै प्रेम की पुन्य की सद्मिनी सी। सबै चित्रिनी पुत्रिनी पद्मिनी सी।।''-रा चं., 28/6।

**पनच**–पतञ्चिका। प्रत्यंचा, धनुष की डोरी। उ.-''पन्नग प्रचंडपति प्रभु की पनच पान पर्वतारि पर्वत प्रभा न मान पावई।।'' -रा.चं., 5/36।

**पनारेवारे**–महाराष्ट्र के पन्हाला नामक स्थान के। उ.-''मारे सुनि सुभट पानारेवारे उद्भट तारे

लागे फिरन सितारे गढ़धर के।''-भू.ग्रं., प्रकी., 424/210।

**पमार**—परमार क्षत्रिय। उ.-''सौ रन रोरै काइ केतो जोर पमार में। -बो.ग्रं., वि.वा., 16/191।

**पमार अर्जुन**—दे. पमार अर्जुन सिंह। अर्जुनसिंह पमार। उ.-''तब प्रबल बीर पमार अर्जुन हरषि आगे को बढ़ो।''-प.ग्रं., हिं.ब.बि., 134/19।

**पमार अर्जुन सिंह**—अर्जुन सिंह जैतपुर राज्य के एक साधारण जागीरदार के पुत्र थे। ये पमारवंशी थे। इन्हें ''नोने'' की उपाधि बाँदा के राजा गुमानसिंह से मिली थी। (विवरण द्रष्टव्य-पद्माकर ग्रंथावली, भूमिका, पृ. 83-84)। उ. (1)-''जहँ प्रबल बीर पमार अर्जुन सिंह हर्षित हैं हियो।''-प.ग्रं., हि.ब.बि., 84/12। उ. (2)-"यह करि बिचार पमार अर्जुन सिंह हिय हर्षित भयौ।"-प.ग्रं. हि.ब.वि., 111/16।

**पयगंबरा**—पैगंबर, इश्वर का दूत। उ.-''पीरा पयगंबरा दिगंबरा दिखाई देत सिद्ध की सिधाई नई रही बात रबकी।''-भू.ग्रं., प्रकी., 446/216।

**पयस्थित छंद**—इस छंद के एक चरण में क्रम से जगण (।।ऽ), सगण (।।ऽ), तगण (ऽऽ।) और अन्त में दो गुरु होते हैं। ल.-जंगुन सगनो तक्कारु कर्नो। पयस्थित कहै मन ह्वै प्रसन्नो।। उ.-''न 'दास' जी में हूजै निरासी। जु पै सुथित है बैकुंठबासी।।''- भि.ग्रं.1, छंदा., 12, 14/248।

**पयोधर**—दोहा छंद का एक भेद। दे.-दोहा छंद।

**पयोहर**—पयोधर। दोहा छंद का एक भेद। दे. दोहा छंद।

**पयोदेवता**—जलदेवी। उ.-''गिरापूर में है पयोदेवता सी। किधौं कंज की मंजु सोभा प्रकासी।।'' -रा.चं., 20/6।

**परंपरित रूपक**—दे. रूपक। ल.-जहाँ विषय आरोपिये, और बस्तु के हेतु। स्लेष होइ कै भिन्न पद, परंपरित सो चेतु।। -यह रूपक दो प्रकार का है-1. परंपरित माला श्लेष से, 2. परंपरित माला भिन्न पद से । परंपरित रूपक. उ.-''स्रब तजि दास उदारता, रामनाम उर आनि। तायतिनूका-तोम कों अग्निकिनूका जानि।।''-भि.ग्रं. 2. का.नि., 25-30/99-101।

**परकाय मध्यप्रबेस**—परकाय प्रवेश। अपनी आत्मा को दूसरे के शरीर में डालने की क्रिया, जो योग की एक सिद्धि समझी जाती है। उ.-''देहौं अदृष्टनि नैन अंजन अग्नि-बंधन नीर। शिक्षा कहौं परकायमध्यप्रबेस की धरि धीर।।'' -वि.गी., 8/27।

**परकिया**—दे. परकीया। ल.(1)-भावहाव बिन नेम ही होत नाइकनि माहि। बहुधा प्रौढ़ा परकिया, तिनमें जानी जाहि।।-भि.ग्रं.1, र.सा., 435/63। ल.(2)-करै नेहु परकंत सों, दुरादुरी जो नारि। ताहि परकीया कहत हैं, पंडित लोग बिचारि।।-सो.ग्रं.1, र.पी.नि., 1/74।

**परकीया**—वह नायिका जो परपुरुष से प्रेम करे। वह स्त्री जो दूसरे पुरुष से भी रति सम्बन्ध रखती है, परंतु ऐसा प्रेमी पुरुष एक ही होता है। नायिकाओं के लोक-लीक के अनुसार जो तीन भेद (स्वकीया, परकीया और 'बारवधू') कहे गए हैं, उनमें से दूसरी। इसके भी ऊढ़ा और अनूढ़ा दो भेद किए गए हैं। कृपाराम ने हिततरंगिणी में इसका विस्तार किया है। दे. 16/7, 28/9, 40/12, 111-112/29, 113/30। ल. (1)-सब तें पर परसिद्ध जग ताकी प्रिया जु होइ। परकीया तासों कहैं परम पुराने लोइ।। परकीया द्वै भाँति पुनि ऊढ़ा एक अनूढ़। जिन्हैं देखि सुनि होत बस संतत मूढ़ अमूढ़।।-र.प्रि., 3/67-68। धर्म के आधार पर नायिका का दूसरा भेद। ल. (2)-कही नायका तीन बिधि प्रथम स्वकीया मान। परकीया पुनि दूसरी गनिका तीजी जान।-मति., र.रा., 9/202। उ. (3)-प्रेम करै पर पुरुष सौं परकीया सो जान। दोय भेद ऊढ़ा कहत बहुरि अनूढ़ा मान।।-वही., 58/213। ल. (5)-परकीया के भेद षट गुप्ता प्रथम बखान। बहुरि बिदग्धा लच्छिता मुदिता कुलटा मान।। और जु अनुसयना कही तिनके बिमल बिबेक। बरनत कबि मतिराम यह रस सिंगारको

सेक।।-वही, 65, 66/214। ल. (5)-परकीया परबाम। -ज.ग्रं., भा.भू., 10/7। ल. (6)-होइ जु तिय पर पुरुष रति परकीया सो बाम। ऊढ़ा प्रथम बखानहीं बहुरि अनूढ़ा मान।। इक परकीया के कहैं षटबिध भेद बखानि। प्रथमहि गुप्ता जानिये बहुरि बिदग्धामानि। ललित लच्छिता तीसरी चौथी कुलटा होइ।। पँचई मुदिता षष्टई है अनुसयना सोइ।।-प.ग्रं., जग., 78, 85-86/96-97। ल. (7)-परनायक-अनुराग चित परकीया-सो लेखि। चीन्हि चतुर बातैं क्रिया दृष्टिचेष्टा देखि।। त्यों ही परकीयाहु में है मुग्धादिक कर्म। जैसें अस्त्र कोऊ गहैक्षत्रि जाति को धर्म।। दुरे दुरे परपुरूष तें प्रेम करै परकीय। प्रगलमता पुनि धीरता भूषन है रमनीय।। परकीया के भेद पुनि चारि बिचारे जाहिं। होत बिदग्धा लक्षिता, मुदिता अनुसयनाहि।। -भि. ग्रं.1, र.सा., 59, 442/11, 63, वही, शृं.नि., 76, 99/106, 111। ल.(8)-वर वनिता पर पुरुष मैं अनुरागिनी जो होइ। कहत बड़े साहिब समुझि है परकीया सोइ।।-शृं.मं., चिंता., 68/23।

**परकीया अनूढ़ा** – दे. परकीया। ल. (1)-अनब्याही तिय होत जहँ सरस पुरुष रस लीन। ताहि अनूढ़ा कहत हैं कबि पंडित परबीन।।-प. ग्रं., जग., 82/97। ल.(2)-होति अनूढ़ा परकिया बिनब्याहे पर लीन।'' -भि.ग्रं.1, शृं.नि., 81/107।

**परकीया आगत पतिका**—दे. परकीया, आगतपतिका। धर्म के आधार पर नायिका के दूसरे भेद परकीया का वह उपभेद, जिसमें उसका पति विदेश से लौटा है। ल.-जा तिय को परदेस तें आयो प्यौ मतिराम। ताहि कहत कबि लोग हैं आगतपतिका बाम।। उ. (1)-''पिय आयो परदेस तें हिय हुलसी अति बाम। टूक टूक कंचुकि करी करि कमनैती काम।।''-मति., र.रा., 216/250, 222/252। उ. (2)-''पूछन चली खबरिया, मितवा तीर। हरखित अतिहि तिरियवा पहिरत चीर।।''-र.बि., ब.ना.भेद., 95/52।

**परकीया उत्कंठिता**—दे. परकीया। अवस्था के आधार पर नायिका के दूसरे भेद परकीया का वह उपभेद जिसमें वह प्रिय का आगमन न होने पर प्रतीक्षा करती या उत्कंठित होती है। उ. (1)-''उठि उठि जात खिरिकिया जोहत बाट। कतहुँ न आवत मितवा, सुनि सुनि खाट।।'' -र.बि., ब. ना.भे., 68/49। उ. (2)-''कंत बाट लखि गेह कों कुंज देहरी आय। ऐहैं पीव बिचारि यों नारि फेर फिरी जाय।।''-मति., र.रा., 164/237।

**परकीया ऊढ़ा**—दे. परकीया। ल. (1)-जो ब्याही तिय और की करत और सों प्रीति। ऊढ़ा तासों कहत हैं रसिक राखि रसरीति।। -प.ग्रं., जग., 79/96। ल. (2)-''प्रेम अनत ब्याही अनत ऊढ़ा तरूनि प्रवीन।'' -भि.ग्रं.1, शृं.नि., 81/107।

**परकीया कलहांतरिता**—दे. परकीया। धर्म के आधार पर नायिका के दूसरे भेद का वह उपभेद जिसमें वह प्रिय से कलह कर के पश्चात्ताप करती है। ल.-कह्यो न मानै कंत को पुनि पीछे पछिताय। कलहंतरिता नायका ताहि कहत कबिराय।।-मति., र.रा., 133/230। उ. (1)-''जोरतहू सजनी बिपति तोरत बिपति समाज। नेह कियो बिन काज पुनि तेह कियो बिन काज।। -वही, 141/232। उ. (2)-जेहि लगि कीन बिरोधवा ननद जिठाइ। राखिउँ न लाइ करेजवा, तेहि हित जानि।।''-र.वि., ब. ना.भे, 58/48।

**परकीया कृष्णाभिसारिका**—दे. परकीया। धर्म के आधार पर नायिका के द्वितीय भेद परकीया अभिसारिका का वह उपभेद जिसमें प्रिय के द्वारा दिए गए स्थान और समय के संकेत पर कृष्ण पक्ष की अँधेरी रात में कृष्ण वेशभूषा में प्रिय से मिलने के लिए जाती है। उ. (1)-''नील मनिन के हरवा, नील सिंगार। किए रैनि अंधिअरिया, धनि अभिसार।।''-र.बि., ब.ना.भे., 83/51। उ. (2)-''स्याम बसन में स्याम निसि दुरी न तिय की देह। पहुँचाई चहुँ ओर घिरि भौंर भीर पिय गेह।।-मति., र.रा., 198/246।

**परकीया क्रियाविदग्धा**—दे. परकीया। ल.-जो तिय साधै काज निज करि कछु क्रिया सुजान। क्रियाबिदग्धा नाइका ताहि लीजियतु जान।।-प.ग्रं., जग., 100/101।

**परकीया खंडिता**—दे. परकीया, खंडिता।

अवस्था के आधार पर नायिका के दूसरे भेद का वह उपभेद जिसमें नायिका का पति या प्रिय रात्रि भर दूसरी स्त्री के साथ संभोग करने के उपरांत प्रातः लौटता है, जिससे वह दुःखी होती है। उ.-''जहि लगि सजन सनेहिया, छुटी घर बार। आयन हित परिबरवा, सोच परार।।''-र.बि., ब.ना.भे., 53/47। ल.-पियतनऔरे नारि के रति के चिह्न निहारि। दुखित होत सो खंडिता बरनत सुकबि बिचारि।। उ.-''हमसों तुमसों लाल इत नैनन ही सों नेह। उत प्यारी के दृगन के सलिल सींचियत देह।।''-मति.र.रा., 122, 130/228-229।

**परकीया दिवाभिसारिका**—दे. परकीया, अभिसारिका। धर्म के आधार पर नायिका के द्वितीय भेद परकीया के अभिसारिका रूप का वह उपभेद जिसमें वह प्रिय के द्वारा दिए गए स्थान और समय के संकेत पर दिन में सुनहली वेशभूषा में प्रिय से मिलने के लिए जाती है। उ. (1)-''पहिरि बसन जरतरिया, पिय केहोत। चली जेठ दुपहरिया मिलि रबि जोत।।''-र.वि., ब.ना.भे., 85/51। उ. (2)-''ग्रीष्म ऋतु की दुपहरी चली बाल बनकुंज। अंग लपटि तीछन लुएँ मलय पवन के पुंज।।''-मति., र.रा., 203/247।

**परकीया धीरादि**—दे. परकीया, धीरा। स्वीया, मध्या और प्रौढ़ा में जैसे धीरादि भेद होते हैं, वैसे ही परकीया में मानना चाहिए। अंतर यह है कि परकीया धीरादि में प्रीति और लज्जा बनी रहती है। ''परकीया हू में निरखि लीजे सिगरे रूप। प्रीति लाज जामें रहे, यो बरने कविभूप।।''-कृ. ग्रं., हि.त., 250/57।

**परकीया प्रकृति-भेद**—दे. परकीया। प्रकृति के आधार पर भिखारीदास ने छः प्रकार की परकीया नायिकाएँ बताई हैं। ल.(1)-सुनिये परकीयानि में प्रकृति जा षट् बिधि होइ। तिनके बारह नाम धरि बरनत हैं जिय जोइ।। गुप्ता सुरत छपाव भयो होन ब्रतमानहि। नारि बिदग्धा बचक्रिया चतुराई ठानहि।। कुलटा बहुमित्रिनी मुदिता मुदिता बांछित लहि। सुरत हेत लहि सखी कहत लक्षिता प्रकासहि।। संकेत मिटो अब क्यों मिलहिं हौं न गई तहँ गयो पिय। कबि त्रिबिध अनुसयाना कहैं तीनि भाँति पछिताइ हिय।। -भि.ग्रं.1, र.सा., 78-79, पृ.14। (भूतगुप्ता, भविष्यगुप्ता, वर्तमानगुप्ता, वचनविदग्धा, क्रियाविदग्धा, कुलटा, मुदिता, हेतुलक्षिता, सुरतलक्षिता, अनुशायाना 1, अनुशयाना 2, अनुशयाना 3)। कुछ भावांतर को ध्यान में रखकर अन्य भेद भी कहे गए हैं। ल. (2)-कामवती अनुरागिनी प्रेमअसक्ता धन्य। तीनिगर्विता मानिनी सुरत दुख्खिता अन्य।।-वही, 101/17।

**परकीया प्रवत्स्यत्पतिका**—दे. परकीया प्रवत्स्यत्प्रेयसी। धर्म के आधार पर नायिका के दूसरे भेद परकीया का वह उपभेद जिसमें उसका प्रिय विदेश जाने वाला है। उ.-''मितवा चलेउ बिदेसवा मन अनुरागि। पिय को सुरत गगरिया, रहि मग लागि।।''-र.बि., ब.ना.भे., 90/52।

**परकीया प्रवत्स्यत्प्रेयसी** – दे. परकीया प्रवत्स्यत्पतिका। नायिका भेद में दूसरी नायिका परकीया का वह उपभेद जिसमें उसका प्रिय विदेश जाने वाला है और इससे वह पीड़ित होती है। ल.-होनहार पिय के बिरह बिकल होय जो बाल। ताहि प्रबच्छतिप्रेयसी बरनत बुद्धि-बिसाल।। उ.-''चलत सुन्यो परदेस कों हियरा रह्यौ न ठौर। लै मालिनि मीतहिं दयो नव रसाल को मौर।।''-मति., र.रा., 205, 213/248, 250।

**परकीया प्रोषितपतिका**—दे. परकीया, प्रोषितपतिका। धर्म के आधार पर नायिका भेद में से दूसरी परकीया का अवस्था के आधार पर वह उपभेद जिसमें नायिका का प्रिय विदेश चला गया हो और इससे वह पीड़ित हो। उ.-''लाज छुटी गेहौ छुट्यो सुख सों छुट्यो सनेह। सखि कहियो वा निठुर सों रेही छूटिबे देह।।''-मति., र.रा., 119/227।

**परकीया बासकसज्जा**—धर्म के आधार पर नायिका के द्वितीय भेद परकीया का वह एक उपभेद जिसमें वह नायिका भोग के लिए सब प्रकार की तैयारी कर प्रिय के आने का आसरा देखती है—''सोवत सब गुरू लोगवा, जानेउ बाल। दीन्हेसि खोलि खिरकिया, उठि कै हाल।। -र.बि., ब.ना. भे., 73/50। ल.-ऐहैं प्रीतम आजु यों निस्चय जाने

बाम। साजे सेज सिंगार सुख बासक सज्जा नाम।। उ.-''मनमोहन के मिलन को करै मनोरथ नारि। धरै पौन के सामुहैं दियो मौन को बारि।।''- मति., र.रा., 167/238, 175/240।

**परकीया विदग्धा**–दे. परकीया, बिदग्धा। ल.- द्विविध विदग्धा कहत हैं कीन्हो कविन बिबेक। बचनविदग्धा एक है क्रिया विदग्धा एक।। -भि.ग्रं. 1, शृं.नि., 100/111।

**परकीया बिप्रलब्धा**–दे. परकीया, विप्रलब्धा। धर्म के आधार पर नायिका के भेद परकीया का वह उपभेद जिसमें वह संकेत स्थल पर प्रिय को खोजने पर भी न पाकर दुःखित होती है। उ.- ''बैरिन भा अभिसरवा, अति दुख दानि। प्रातउ मिलेउ न मितवा, भइ पछितानि।।''-र.बि., ब.ना. भे., 63/48। ल.-मिलन आस करि जाय तिय मिले न पिय संकेत। विप्रलब्ध सो जानिये बिरह बिकल बिन चेत।। उ.-''साहस करि कुंजनि गई लख्यो न नंदकिशोर। दीपसिखा सी थरहरी लगी बयारि झकोर।।''-मति., र.रा., 144/232, 153/235।

**परकीया भेद**– दे. परकीया, परकीया प्रकृति भेद। ल. (1)-परकीया द्वै भाँति की, प्रथम कन्यकाजानि। और परोढ़ा बरनिये, सुजन लेहु मन आनि।। -शृं.मं., चिंता., 70/24। ल. (2)-परकीया द्वै भाँति पुनि ऊढ़ा एक अनूढ़। जिन्हैं देखि सुनि होत बस, संतत मूढ़ अमूढ़।।-र.प्रि., 3/68। ल. (3)-परकीया के भेद द्वै एक परोढ़ा जानि। कहत अनूढ़ा दूसरी रसिकनि कौं सुखदानि।।-सो.ग्रं.1, र. पी.नि., 2/74।

**परकीया मानभेद**–दे. परकीया, स्वकीया, मान। स्वकीया के समान ही परकीया नायिका के मान के तीन भेद हैं-लघु, मध्य, और गुरु। -कृ. ग्रं., हि.त., 231-235/53-54।

**परकीया शुक्लाभिसारिका**–दे. परकीया, अभिसारिका। धर्म के आधार पर नायिका के द्वितीय भेद परकीया अभिसारिका का वह उपभेद जिसमें वह प्रिय के द्वारा दिए गए स्थान और समय के संकेत पर शुक्ल पक्ष की चाँदनी रात में श्वेत वेशभूषा में प्रिय से मिलने के लिए जाती है। उ.-''सेत कुसुम के हरवा, भूषन सेत। चली रैनि ऊँजिअरिया पिय के हेत।।'' -र.बि., ब.ना.भे., 84/51। मतिराम ने चंदाभिसारिका कह कर इसे उदाहरण से स्पष्ट किया है। उनके अनुसार अभिसारिका का लक्षण है–पियही बुलावै आप कै आपहि पिय पै जाय। ताहि कहत अभिसारिका जे प्रबीन कबिराय।।-मति., र.रा., 190/244।

**परकीया स्वाधीनपतिका**–दे. परकीया, स्वाधीनपतिका। धर्म के अनुसार नायिका के दूसरे भेद परकीया का वह उपभेद जिसमें वह प्रिय को सर्वथा वश में कर रखती है। उ.-''भो जुग नैनचकोरवा, पिय मुख चंद, जानत है तिय अपुनै, मोहि सुखकंद।।''-र.बि.. ब.ना.भे., 78/50। ल.- सदा रूपगुन रीझि पिय जाके रहे अधीन। स्वाधीनै पतिका तियै बरनत कवि परबीन।। उ.-विषम लोग ब्रजगाम के लाल बिलोको बास। बढ़ि जैहै इन दृगन के हाँसहि ते उपहास।। -मति., र.रा., 178/241, 186/243।

**परजस्तापह्नुति**–पर्यस्तापह्नुति। दे. पर्जस्त पर्यस्तापह्नति। वह अर्थालंकार जिसमें वस्तु का गुण गोपन करके उस गुण का किसी दूसरे में आरोपित किया जाना वर्णित हो। ल.(1)-धर्म और में राखिये धर्मी साँचु छपाय। परजस्ताह्नुति कहत ताहि बुद्धि सरसाय।। उ.(1)-''कोमल कमलन से कहैं तिन्हैं न नैक सयान। होत पार लागत हियै नैन मैन के बान।।'' -मति., ल.ल., 91-92/314। उ. (2)-''कालकूट बिष नाहिं बिष है केवल इंदिरा। हर जागत छकि जाहि, वा सँग हरि नींद न तजै।।''–भि.ग्रं. 2, का.नि., 27/91।

**परजापति-परमेश्वरी**–ब्रह्मा जी की शक्ति, सरस्वती। उ.-''परजापति-परमेश्वरी गंगा रूप समान।।'' -र.बि., न.शो., 4/29।

**परजाय**–पर्याय अलंकार। इसमें एक वस्तु का क्रम से अनेक आश्रय लेना वर्णित होता है अथवा अनेक वस्तुओं का एक में ही आश्रय लेना वर्णित होता है। ल.-''तजि तजि आश्रय करन तें, जानि लेहु परजाय। उ.-''तनु तजि बाढ़ि दृगनि गई थिरता दृग तजि पाय।।''-भि.ग्रं.2, का.नि.,

45/22।

**परजायोक्ति**—दे. पर्यायोकति। इसमें कोई बात साफ-साफ न कहकर कुछ दूसरी वचन रचना या घुमाव फिराव से कही जाती है अथवा किसी रमणीय मिस या व्याज से कार्य साधन किये जाने का वर्णन होता है। ल.-परजायोक्ति जहाँ नई, रचना सों कछु बात।। उ.-''बंदौं व्यालबिछावनो। जा तापत दुज-लात।।''-भि.ग्रं 2, का.नि., 22/20।

**परताप**—दे. परताप सिंघ, प्रताप सिंह। उ.—''कही कुवर परताप नै सभा मध्य सुख पाय। सौमनाथ हम कौं सरस पोथी देहु बनाय।।''-सो. ग्रं. 1, र.पी.नि., 25/7।

**परताप सिंघ**—दे. परताप। प्रताप सिंह, सोमनाथ के एक आश्रयदाता रहे। ये भरतपुर के वैर के शासक थे। एक मत के अनुसार ये बहादुर सिंह के कनिष्ठ पुत्र थे। इन्होंने भरतपुर की सेना का नेतृत्व किया था और मुगलों की ओर से दिसंबर सन् 1737 ई. में भोपाल के युद्ध में बाजीराव पेशवा से लड़े थे। इन्हीं के लिए सोमनाथ ने रसपीयूषनिधि ग्रंथ बनाया था। (सो.ग्रं.1, प्रस्ता., पृ.48-49। उ.-''सिद्ध मसनंद पै बिराजै परताप सिध भूषन मयूषन ह्वै झलकै हुलास है।''-सो.ग्रं., र.पी.नि., 24/7।

**परताप सिंह**—प्रताप सिंह। उ.-''परताप सिंह सत्रसाल नंद। सत्रु कौं हनै सगर सुछंद।।''-वृं.ग्रं., स.स.रू., 223/228।

**परतीत परीक्षा** – रचयिता - बालकृष्ण 'बालअली' (दे.)। (बृ.इति. 7)।

**परदछि्छना**—प्रदक्षिणा। देवपूजन आदि के समय देवमूर्ति आदि को दाहिनी ओर कर भक्तिपूर्वक उसके चारों ओर घूमना। परिक्रमा। उ.— 'पाइन तैं उपजै क्रिया परदछि्छना सु आहि। अरू जो भोजन करत हौं होम जानिज्यौं ताहि।।''-ज.ग्रं., आ.वि., 192/133।

**परदार गमन**—पुरुष का पराई स्त्री से यौन सम्बन्ध रखना। उ.-''महामंत्र हूँ होत न बोध। इसी काल-अहि करि जनु क्रोध। पानविलास उदित आतुरी। परदारागमनै चातुरी।।'' -रा.चं., 23/35।

**परनारी**—दूसरे की स्त्री, परकीया। उ.-''स्वकियापति सों पति कहैं परनारी उपपत्ति।''-ज.ग्रं., भा.भू., 8/6।

**परनाल**—दे. परनालो। परनाल। उ.-''हालल्लगि नरपालल्लरिपरनाल ल्लिय जति।''-भू.ग्रं., शि.भू., 335/191।

**परनालैंगढ़**—दे. परनालो। पन्हाला दुर्ग। उ.-''भेजियै सुभेट सिवराज कों रिसालैं कंत बाजी करवालैं परनालैं गढ़ आय कै।।''-भू.ग्रं., प्रकी., 439/214।

**परनालो**—परनाला, पन्हाला-वर्तमान कोल्हापुर से लगभग 11 कोस उत्तर पश्चिम में पन्हाला का किला पड़ता है। अफजल खाँ को मारने के बाद शिवाजी ने 28 नवंबर 1659 को पन्हाला ले लिया। कुछ समय बाद सिद्दी जौहर द्वारा घेर लिये जाने पर शिवाजी को भागना पड़ा और यह किला उनके हाथ से निकल गया। 24 नवम्बर, 1672 को अली आदिलशाह (2) की मृत्यु के बाद बीजापुर में अव्यवस्था फैल गयी। शिवाजी के सेनापति कान्होजी अँधेरी रात में केवल 60 सिपाहियों के साथ पन्हाला किले पर चढ़ गए। किलेदार मारा गया और पन्हाला दुर्ग 6 मार्च, 1673 को शिवा जी के फिर हाथ आ गया। उ. (1)-''सिवाजी हुकुम तेरो पाय पैदलनि सलहेर सलहेर परनालो से ते जीते जनु खेत हैं।।''-भू.ग्रं., शि.भू., 98/146। उ. (2)-''लै परनालो सिवा सरजा करनाटक लौं कुल देस बिगूँचे।''-भू.ग्रं., शि.भू., 189/164। उ. (3)-''दौरि लियो सरजा परनालो यौं भूषन जो दिन दोय लगे ना।''-भू.ग्रं., शि.भू., परि., 365/199।

**परनि**—परन। मृदंग आदि बाजों को बजाते समय मुख्य बोलों के बीच बीच से बजाये जानेवाले बोलों के खंड। उ.-''मुरज मृदंग ताल मिलित सुगंध बाजैं छंद भेद परनि प्रबंध भेद संग को।''-वृं.ग्रं., श्रृं.शि., 83/49।

**परपंच**—प्रपंच। पाँच तत्त्वों का उत्तरोत्तर अनेक भेदों में विस्तार। संसार। उ.-''जिहिं कीनो परपंच सब अपनी इच्छा पाइ। ताकौं हौं बंदन करौं हाथ जोरि सिर नाइ।''-ज.ग्रं., भा.भू., 2/5।

**परप्रियाचेष्टा**—परप्रिया या परकीया जो

अपनी चेष्टा में अपने पति से कपट करती है ऐसा उपपति के प्रेम को मानकर करती है। ल.-पति सों कपट करै प्रिया. उपपति के हित मानि। परप्रिया सो जानिए, पंडित कहत बखानि।। -कृ.ग्रं., हि. त., 124/32।

**परबाम**—परकीया। दूसरे की स्त्री (नायिका भेद)। ल.-परकीया परबाम।-ज.ग्रं., भा.भू, 10/7।

**परब्रह्म**—1. निर्गुण और उपाधि रहित ब्रह्म। जगत से परे ब्रह्म। उ. (1)-''जाय मेरु के सिखर पर पूरन साधि सेमाधि। धरी धीर सब धर्म तजि परब्रह्म आराधि।।''-वि.गी., 14/44। उ.(2)-''बुधि अनुमान प्रमान श्रुति किए नीठि ठहराइ। सूछम कटि परब्रह्म, की अलख लखी, नहिं जाइ।।''-बि.र., 648/298। उ. (3)-''पूरन परम परब्रह्म को भरोसो राख सुन मुनि साख जिन डोलै इत उतरी।।''-वृं. ग्रं., स्फु.छं., 140/338। 2. श्रीराम। मार्कण्डेय पुराण आदि के अनुसार ब्रह्मा, विष्णु, और महेश तीनों परब्रह्म के वश में हैं। तीनों एक ही हैं। इस दृष्टि से विष्णु के अवतारी रूप राम भी परब्रह्म ही हैं। उ.-''मन लोभ मोह मद काम बस भयो न 'केसवदास' मनि। (सोई) परब्रह्म श्रीराम हैं अवतारी अवतारमनि।।''-रा.चं., 1/17।

**परभावती**—दक्षिण का प्रभावती नामक नगर, बोधा कवि कृत विरह वारीश में वर्णित। उ.-''दक्षिन दिसि परभावती नगरी रेवातीर। रूक्मराय भूपति तहाँ चक्रपानि मतिधीर।।''-बो. ग्रं., वि.वा., 55/41।

**परमत्त**—रचयिता-महाराज विश्वनाथ सिंह (दे.)। (इति.शुक्ल)।

**परमधर्म-निर्णय**—रचयिता-महाराज विश्वनाथ सिंह (दे.)। (इति.शुक्ल)।

**परम पद**—सबसे ऊँचा पद। मुक्ति उ. (1)-''जो निसि दिन सेवन करै अरू जौ करै बिरोध। तिन्हें परमपद देत प्रभु कहौ कौन यह बोध।।''-मति., सत., 405/402। उ.(2)-''इहिं बिधि त्यागिकै, भयौ परम-पद-लीन। देवपुत्र उपदेस तें सुनि प्रभु प्रगट प्रवीन।।''-वि.गी., 16/103।

**परमहंस**—वह संन्यासी जो ज्ञान की परमावस्था को पहुँच गया हो अर्थात् ''सच्चिदानन्द ब्रह्म मैं ही हूँ'' इसका पूर्ण रूप से अनुभव जिसे हो गया हो। उ.-''परम हंस जिन कौं भजैं भजैं हंस आरूढ़। हंस गमनि सँग फिरत हैं हंस सुता तट रूढ़।।''-वृं. ग्रं., य.स., 119/215।

**परमातमा**—परमात्मा। ब्रह्म। परब्रह्म। ईश्वर। उ.-''करत फिर मन बावरे अनत नहीं पहिचाँन। तोही मैं परमातमा लेहु नहीं तिहि जान।।''-रस. रतन., 81/54।

**परमानंद**—श्रेष्ठतम आनंद का रूप परमात्मा। श्रेष्ठ आनंद से पूर्ण तत्त्व, जिसे उपनिषद् आदि में परमानंद स्वरूप माना गया है। उ.(1)-''जोति अनादि अनंत अमित अद्‌भुत अरूप गुनि। परमानंद पुहुमि प्रसिद्ध पूरन प्रकास पुनि।।'' -वि. गी., 1/1। उ.(2)-''धन गोपी धन ग्वाल वे धन जसुदा धन नंद। जिनके मन आँगन फिरैं पूरन परमानंद।।''-रस. रतन, 15/44। उ.(3)-''अपनी इछ्या करि कियौ बिस्व रूप परकास। बदन परमानंद कौं जो जग को आधार।।''-ज.ग्रं., आ. वि., 2/115, 187/133।

**परमार्थ सतसई**—रचयिता-हरीरामदास (दे.)। (बृ.इति. 7)।

**परमेश्वर**—संसार का कर्ता और परिचालक सगुण ब्रह्म। उ.-''जे सोहात सिबराज कों ते कबित्त रसमूल। जे परमेश्वर पै चढ़ैं तेई आछे फूल।।''-भू.ग्रं., शि.भू., परि., 387/201।

**परमेसुर**—दे. परमेश्वर। उ. (1)-''परम प्रवीन धीर धरम धुरीन दीनबंधु सदा जाकी परमेसुर में मति है।।'' -मति.,ल.ल., 36/304। उ. (2)-''परमेसुर की परतीत यही मिल्यौ चाहत ताहि मिलावत है।''—ठाकुर, 51/14।

**परमेस्वर**—दे. परमेश्वर, परमेसुर। ईश्वर का भी ईश्वर, महादेव। उ. (1)-पुजवौ परमेस्वर मो मन इच्छा। सिखवौ प्रभुदेव प्रपूजन सिक्षा।।''-रा. चं., 25/26। उ. (2)-''बीरसिंघ तब कियो बिचार। जौपै है परमेस्वर सार।।''-वी.च., 4/35।

**पर्यायोकति**—दे. परजायोक्ति। अपने इष्ट की सिद्धि किसी अदृष्ट कारण से बिना कुछ यत्न किये ही

हो वहाँ पर्यायोक्ति अलंकार होता है। ल.- कौनहु एक अदृष्ट ते अनही किये जु होय। सिद्धि अपने इष्ट की, पर्यायोकति सोय।।-क.प्रि., 12/29।

**परलाप**- प्रलाप नाम की काम दशा जिसकी वियोग की दस दशाओं में गणना की जाती है। चित् के व्याकुल होने से अटपटी बातें करना प्रलाप है। ल.-यारन यों कह्यो परलाप। बेअवकूफ हिय कछु दाप।।-बो.ग्रं., वि.वा., 36/54।

**परलोक**—दूसरा लोक। वह स्थान जो शरीर छोड़ने पर आत्मा को प्राप्त होता है। जैसे-स्वर्ग, बैकुंठ आदि। उ. (1)-"लोक परलोक जौ कछू हैं तौन छूहैं हम, छीलर रूचै न छीरसिंधु अवगाहे कौं।"-घ.क., 336/178। उ. (2)-"लोक कृपा, परलोक कृपा, लहियै सुख-संपति साधि कृपाई।"-घ. क., 336/179। उ. (3)-"लोक परलोक भ्रम भूलि गए सुधि आएँ, चरित अनेक एक एक रसखानि हैं।"-घ.का., 349/183। उ. (4)-"यह लोक परलोक सफल करन कोकनद से चरन हियें आनि कै जुड़ायै।।"-भू.ग्रं., शि.भू., 1/128। उ.(5)-"हाइ उन लोगन सों कौन सो उपाय जिन्हैं लोक को न डर परलोक को न डर है।।"-ठाकुर, 194/50।

**परविवाहिता चेष्टा**—परकीया नायिका का वह भेद जो दूसरे से विवाहिता है और अपनी चेष्टा में उपपति के यहाँ रात्रि में चली जाती है और भोर होते ही घर पति के यहाँ चली आती है। उ.-"भये भोर प्यासे तजो मो घर है अति दूर। याते वेग विदा करौ, उदै होगिगो सूर।।"-कृ.ग्रं., हि.त., 126/32।

**परशुराम कथामृत**—रचयिता-गिरिधरदास (दे.)। (इति.शुक्ल)।

**परशुराम संवाद**—रचयिता-काशीराम (दे.)। (बृ.इति.7)।

**परस-पिछानि**—स्पर्श की विशेषता की पहचान अर्थात् दोनों, नायक-नायिका के शरीर-स्पर्श में जो विशेषता है, उसका अनुभव। उ.-"गली अँधेरी, साँकरी भौ भटभेरा आनि। पर पिछाने परस्पर दोऊ परस-पिछानी।।"-बि.र., 253/119।

**परसा**—परशु। कुठार। एक अस्त्र जिसमें एक डण्डे के सिरे पर एक अर्धचंद्राकार लोहे का फल लगा रहता है। उ.-"परसा सुखेन कुंत केसरी गवयसूल बिभीषन गदागज भिंदिपाल तारे हैं।"-रा. चं., 19/46।

**परसाद**—प्रसाद, देवताओं को चढ़ाई गई वस्तु। उ.-"ज्ञासि तजे पइहै नरक, पावत कहा प्रसाद।"-वि.गी., 8/29।

**परसुधरन**—परशुधारण करने वाला, परशुराम। उ.-"रामदेव नरदेव गति परसुधरन मद धारि। बामदेव गुरदेव गति पर कुधरन हद धारि।।"-क. प्रि., 16/74।

**परसुराम**—परशुराम। जमदग्नि ऋषि के एक पुत्र जो विष्णु के छठे अवतार माने जाते हैं। इन्होंने 21 बार पृथ्वी को क्षत्रियों से रहित कर दिया था। परशु इनका मुख्य शस्त्र था, इसी से यह नाम पड़ा। इनके जीवन की अनेक घटनाओं में से कुछ इस प्रकार हैं। कार्तवीय के पुत्रों द्वारा जमदग्नि का वध कर दिये जाने पर पहले तो परशुराम ने विलाप किया किन्तु क्रोध में आकर सम्पूर्ण क्षत्रियों के नाश की प्रतिज्ञा की। सहस्रार्जुन के पुत्र-पौत्रादि का वध कर दिया, जिससे ब्राह्मण समाज में इनकी निंदा हुई। अतः खिन्न होकर वन में चले गए। विश्वामित्र के पौत्र परावसु के यह कहने पर कि सद्यःसम्पन्न यज्ञ में कितने ही प्रतापी राजा आए थे। तुम्हारी पृथ्वी को क्षत्रियविहीन करने की प्रतिज्ञा व्यर्थ गई। इस पर क्रुद्ध होकर पुनः बचे-खुचे क्षत्रियों को बाल-बच्चों सहित मार डाला। गर्भवती स्त्रियों ने किसी प्रकार छिप कर अपनी रक्षा की। परशुराम ने फिर अश्वमेध यज्ञ कर सारी पृथ्वी कश्यप को दान में दे दी। क्षत्रियों को बचाने हेतु कश्यप ने कहा—अब यह पृथ्वी हमारी हो चुकी। अतः अब तुम दक्षिण समुद्र की ओर चले जाओ। परशुराम ने ऐसा ही किया। महाभारत के इस विवरण के अतिरिक्त वाल्मीकि रामायण में राम के द्वारा शिवधनुष तोड़े जाने पर क्रुद्ध परशुराम का आगमन होता है और वे वैष्णव धनुष से राम की परीक्षा लेते हैं। राम धनुष पर बाण चढ़ाकर परशुराम से पूछते हैं कि इस बाण से मैं तुम्हारी गति का अवरोध

करूँ या तप से अर्जित तुम्हारे लोकों का हरण करूँ। हततेज परशुराम लोकहरण के लिए स्वीकृति देकर गतिमान होकर चले गए। उ. (1)-''रावन के राम कार्तबीज के परसुराम, दिल्लीपति दिग्गज के सिंह सिवराज हौ।''-भू.ग्रं., प्रकी., 410/206। उ. (2)-''परशुराम भृगुनंद तब उत्तम विप्रविचारि।।''-क.प्रि., 2/2। उ. (3)-''तब तासु छबिमद छक्यो अर्जुन हत्यो रिषि जमदग्निजू। परसुराम सो सकुल जार्‌यो प्रबल बल की अग्निजू।।''-रा.चं., 6/35। दे. जमदगनि।

**परस्पर**—दे. परस्परोपमा। ल.-जहाँ परस्पर उपकरत तहाँ परस्पर नाम। बरनत सब ग्रंथनि मते कबि कोबिद मतिराम।। उ.-''तुहि राखी सखि लाल करि निज उर की बनमाल। ते राख्यो करि लाल निज कंठमाल को लाल।।''-मति., ल.ल., 242-243/339।

**परस्परोपमा** – एक अर्थालंकार और उपमालंकार का एक भेद, जिसे उपमेयोपमा भी कहते हैं, जिसमें उपमान की उपमा उपमेय को और उपमेय की उपमा उपमान को दी जाती है। ल.-जहाँ अभेद बखानिजै, उपमेयो उपमान। तासों परस्परोपमा, ''केसवदास'' बखान।। उ.-''कोकिल से अति कृस्न घन करनी सो गिरिराज। मृग सूरो मृगराज सो, ऐसो बरनत लाज।।-क.प्रि., 14/46, 48।

**परा**—चार प्रकार की वाणियों में प्रथम एवं सूक्ष्मतम होती है। नादस्वरूपा होती है और मूलाधार से निकली हुई मानी जाती है। उ.-''पर पस्यंती मध्यमा अरू बैखरी प्रकार। इहिं बिधि बानी चारि ए यहौ ब्रह्म निरधार।।''-ज.ग्रं., अ.सि., 85/150।

**पराग**—प्रयाग। बहुत से यज्ञों का स्थान, मत्स्य पुराण में इसके माहात्म्य का विस्तार से वर्णन है, जिसके अनुसार प्रजापति के इस क्षेत्र में गंगा और यमुना नदियाँ बहती हैं। गंगा की रक्षा साठ सहस्र वीर, यमुना की रक्षा स्वयं सूर्य और सृष्टि के आदि वट की रक्षा स्वयं शूलपाणि करते हैं। माना जाता है कि माघ मास में यहाँ सभी तीर्थ निवास करते हैं। प्रयाग के उस पार प्रतिष्ठान नामक प्रसिद्ध ऐतिहासिक स्थान है, जिसका दुर्ग अत्यन्त प्रसिद्ध है और जिसे समुद्रगुप्त ने दृढ़ किया था। प्रयाग में यहीं भरद्वाज ऋषि का आश्रम भी है। यह अत्यन्त प्राचीन नगर है। वाल्मीकि रामायण में भी इसका उल्लेख है। पवित्रता, धार्मिकता और ऐतिहासिकता की दृष्टि से यह अत्यन्त महत्त्वपूर्ण नगर माना जाता है। उ.-"जोग जप जागै छाँड़ि जाहु न परागै भैया मेरी कहीं आँखिन के आगे तहाँ आवैगी।।"-प.ग्रं.गं.ल.,16/258।

**परासरै**—पराशर। एक गोत्रकार ऋषि जो पुराणानुसार बसिष्ठ और शक्ति के पुत्र थे। इनके पिता का देहान्त इनके जन्म के पूर्व हो चुका था। अतः एक मत से इनका पालन-पोषण इनके पितामह बसिष्ठ जी ने किया था। यही व्यास कृष्ण द्वैपायन के पिता थे। उ.-"बसिष्ट हौ कि निम्मि हौ कि आदि ब्रह्मदेव सो। परासरै परास बुद्धि विज्ञ देवदेव सो।।"-वि.गी.16/53।

**परिकर**—अलंकार-इसका अर्थ है उपकरण, शोभा बढ़ानेवाली सामग्री। एक या एक से अधिक साभिप्राय विशेषण से यह अलंकार होता है। ल. (1)-साभिप्राय बिसेषननि सो परिकर मतिराम। उ.-"क्यों न फिरै सब जगत में करत दिगबिजै मार। जाके दृग सामंत हैं कुबलय जीतनहार।" ल. (2)-साभिप्राय बिसेषननि परिकर भूषन जान।-भू. ग्रं., शि.भू. 144/155। ल. (3)-है परिकर आसय लिये जहाँ बिसेषण होइ।-ज.ग., भा.भू., 94/32। ल. (4)-सो परिकर आसयहित जहाँ बिसेषन ठान।-प.ग्रं.,पदमा.100/44। ल. (5)- साभिप्राय बिसेषननि, परिकर भूषण जानि। उ.-"देव चतुरभुज ध्याइये चारि पदारथ दानि।।"-भि.ग्रं., 2, का. नि., 38/22। ल.(6)-वर्ननीय कि साज को, नाम बिसेषन जानि। सोहै साभिप्राय तौ, परिकर भूषन मानि।।-भि.ग्रं. 2, का.नि., 28/156। ल. (7)-होय जहाँ आसय लिये कछू बिसेषन रूप। परिकर आभूषण कहें ताहि बिचित्र अनूप। उ. "उपजाति बिथा शरीर में बिछुरत सबै स्यान। पैनें तिय के नैन ए बधैं हियौ निदान।।"-सो.ग्रं. 1, र.पी.नि. 116,117/197।

**परिकर अंकुर**— कुछ लोग इसे स्वतंत्र मानते

हैं और कुछ लोग परिकर अलंकार में अन्तर्भूत। साभिप्राय विशेष्य का होना इसकी विशेषता है, जबकि 'विशेषण' को अत्यंत व्यापक मानकर विशेष्य को भी उसमें अन्तभूर्त मान लेते हैं और इसे पृथक अलंकार नहीं मानते। ल. (1)-साभिप्राय विसेष जब परिकर अंकुर नाम। "-ज.ग., भा.भू., 95/32। ल. (2)-साभिप्राय बिसेष्य तैं परिकर अंकुर नाम।" उ.-"दैखें बानिक आजु को वारौं कोटि अनंग। भलो चलौ मिलि साँवरे अंगरंग पटरंग।।"-मति., ल.ल., 164/327 167/327। ल.(3)-साभिप्राय विसेष्य तें परिकर-अंकुर मान।-भू. ग्रं., शि., भू. 144/155। ल.(4)-साभिप्राय बिसेष्य तहँ परिकार-अंकुर होइ।"-प.ग्रं., पद्मा., 101/44। ल.(5)-बर्ननीय जु बिसेष है, सोई साभिप्राय। परिकर अंकुर कहत हैं, तिहि प्रबीन कबिराय।। उ.-''बर तरिबर तुअ जनम भो, सफल बीसहूँ बीस। हमै न या हियबाग को कियो असौ कौ ईस।।''-भि.ग्रं. 2, का.नि., 30-32/157। ल. (6)-सहित प्रयोजन है जहाँ सब्द विसेष्य सुभाइ। परिकर अंकुर समझि के ताहि कहैं कविराइ। उ.-आली इहि दुहर समें, इह उपइ अभिराम। सब करमी घट जाइ जौ अब आवै घनस्याम।। ''-सो. ग्रं., 1 र.पी.नि.118,119/197।

**परिग्रह**—अनुग्रह। मिहरबानी। उ. ''निसिबासर बस्तुबिचार करै, मुख साँच हिये करुनाधनु है। अधनिग्रह, संग्रह धर्मकथान, परिग्रह साधुन को गनु है।''-रा.चं., 25/39, वि.गी., 21/52।

**परिघ**—गडाँसा। हथियार विशेष। उ. ''सूरज मुसल नील पट्टिस परिघ नल जामवंत असि हनू तोमर प्रहारे है।''-रा.च., 19/46।

**परिच्छित**—दे. परीक्षित। अर्जुन के पौत्र और अभिमन्यु के पुत्र, पांडुकुल के एक प्रसिद्ध राजा। जिस समय ये अभिमन्यु की स्त्री उत्तरा के गर्भ में थे, द्रोणाचार्य के पुत्र अश्वत्थामा ने ऐषीक नाम के अस्त्र को उत्तरा के गर्भ में प्रवेश करा कर गर्भ को जला डाला। इस दग्ध रूप में उत्पन्न पिंड को,पांडुकुल की रक्षा के लिए, योगबल से श्रीकृष्ण ने जीवित कर दिया। परिक्षीण होने से बचाये जाने के कारण इसका नाम परीक्षित पड़ा। परीक्षित ने कुरु दल के महारथी कृपाचार्य से अस्त्र विद्या सीखी। महाभारत में विजय के बाद इतने बड़े नरसंहार के कारण उदासीन हुए युधिष्ठिरादि तपस्या के अभिलाषी होकर, परीक्षित को हस्तिनापुर के सिंहासन पर बिठाकर द्रौपदी सहित तपस्या करने चले गए। बाद में इन्होंने गंगातट पर तीन बार अश्वमेध यज्ञ किये जिसमें अन्तिम बार देवताओं ने प्रत्यक्ष आकर बलि ग्रहण की थी। यह माना जाता है कि इनके राज्यकाल में द्वापर का अन्त और कलियुग का आरम्भ हुआ। कल राजवेशधारी शूद्र के रूप में, बैल के रूप में धर्म को, जिसके केवल एक पैर शेष था, पीड़ित कर रहा था। निस्सहाय गाय के रूप में पृथ्वी खड़ी थी। परीक्षित ने शूद्र को दंडित किया और उसे केवल जुआ, स्त्री, मद्य, हिंसा और सोना का स्थान प्रदान किया। साथ ही मिथ्या, मद, काम, हिंसा, और बैर भी प्रदान किये। मृगया के लिए गये परीक्षित के मुकुट के सोने में प्रवेश कर कलि ने उनकी मति भ्रष्ट की। मृग के पीछे घोड़े को दौड़ाते हताश परीक्षित तपस्यारत मौनावलंबी मुनि से उत्तर न मिलने पर एक मृत सर्प गले में डाल चले आये। मुनिपुत्र शृंगी ने यह सुनकर शाप दिया जिस पापात्मा ने मेरे पिता के गले में मृत सर्प की माला पहनाई है, वह सात दिन के अन्दर तक्षक सर्प के द्वारा डँसा जाकर मरेगा। ऋषि इस पर बड़े दुखी हुए और उन्होंने परीक्षित को सावधान रहने के लिए कहला भेजा। परीक्षित मृत्यु को ध्रुव जानकर जनमेजय को शासन सौंप कर अनशन व्रत करते हुए शुकदेव जी से श्रीमद्भागवत की कथा सुनने लगे। तक्षक से अपनी रक्षा हेतु परीक्षित ने अनेक उपाय किये थे फिर भी तक्षक ने तपस्वी वेशधारी अपने एक सजातीय सर्प के द्वारा परीक्षित को एक फल दिलवाया जिसमें एक अत्यंत सूक्ष्म कीट के रूप में स्वयं तक्षक प्रवेश कर गया था। इस प्रकार तक्षक ने सातवें दिन परीक्षित को काट लिया और परीक्षित का शरीर भस्मसात् हो गया। फिर कलि का प्रसार हो गया। पिता की मृत्यु का बदला लेने के लिए जनमेजय

ने सर्पयज्ञ कर उसमें मंत्राकर्षित सर्पों की बलि दी थी। (हिं.श.सा., पौ.को)। उ.–''पारथ से पृथु से परीच्छित पुरंदर से जादौ से जजाति से जनक से जगतराज।।''–प.ग्रं., प्रकी., 10/308।

**परिनाम**–परिणाम। एक अर्थालंकार जिसमें उपमेय के कार्य का उपमान द्वारा किया जाना वर्णित होता है अथवा उपमान का उपमेय से एक रूप होकर कार्य करना वर्णित होता है। ल. (1)–''बिषयी बिषय अभेद सों जहाँ करत कछु काज। बरनत तहँ परिनाम हैं कबि कोबिद सिरताज।।–मति.,ल.ल., 75/312। ल. (2)–जहिं अभेद करि दुहुन सौं करत और है काम। मनि भूषन सब कहत हैं तासु नाम परिनाम।।–भू.ग्रं., शि.भू.,63/139। ल. (3)–सु परिनाम जहाँ ह्वै विषय काज करै उपमान। –प. ग्रं.,पद्मा. 40/37। ल. (4)–ह्वै अभेद उपमान सों क्रिया करै उपमेय सो परिनाम कहावई सुनत श्रवन सुख देइ।। उ.–''नए नेह तें द्रगनि में कछुक लाज सरसाति। लखि अनि तिय मुखचंद सो प्रीतम सों बतराति।।''–सो.ग्रं.।, र.पी.नि., 34-35/187। ल. (5)–करै क्रिया उपमान ह्वै बर्ननीय परिनाम।–ज. ग्रं., भा.भू., 56/21।

**परिनाम रूपक**–दे. परिनाम, रूपक। ल.–करतु जु है उपमान ह्वै, उपमेयहि को काम। नहिं दूषन उपमानिये, है भूषन परिनाम।। उ.–''करकंजनि खंजनदृगनि, ससिमुख अंजन देति। बीजहास तें दासजू, मनबिहंग गहि लेति।।–भि.ग्रं. 2, का.नि., 31-32/102।

**परिबृत्त**–दे. परिबृत्ति। ल.(1)–जहाँ करत कछु और ही उपजि परत कछु और। तासों परिवृत्त जानियो, केशव कबि सिरमौर।।–क.प्रि., 13/39। ल. (2)–दै पदार्थ रंचक, बहुत लेत परिबृत्त सोइ। उ.–''आजु करी नँदनंद ने हित की रीति नवीन। तनक द्रगनि की सौन दै सरबसु मन हरि लीन।।''–सो.ग्रं.।, र.पी.नि., 214-215/209।

**परिबृत्तालंकार**–दे. परिबृत्ती। ल.–कछु लीबो दीबो कथन, ताकों बिनिमै जान। परिबृत्तालंकार हू ताही कहत सुजान।। उ.–''निज हीरो अमोल दयो औ' लयो यह द्वै पल को तुअ प्रेमपनो।।''–भि. ग्रं. 2, का. नि. 14-15/142।

**परिबृत्ति**–दे. परिवृत्ती। ल. (1)–एक बात कौं दे जहाँ और बात कों लेत। ताहि कहत परिबृत्ति है भूषन सुकबि सुचेत।।–भू.ग्रं., शि.भू. 225/171। ल. (2)–घाटि बाढ़ि द्वै बात को यहाँ पलटिबो होय। तहाँ कहत परिबृत्ति हैं कबि कोबिद सब कोय।। उ.–''मो मन मेरी बुद्धि लै करि हर कौं अनुकूल। लै त्रिलोक की साहिबी दै धतूर के फूल।।''–मति. ल.ल., 270-271/344. ल. (3)–दै थोरो दिय अधिक जहाँ तहँ परिवृत्ति उचारि।। उ.–''इक धतूर फल दै सिवहिं लिय अमोध फल चारि।।'' द्वितीय परिवृत्त–ल. दै बहु थोरो लेत जहँ परिबृत्ति कहिये ताहि।। उ.–''तन मन धन दै पीक की ल्याए लीक बिसाहि।।''–प.ग्रं. पद्मा., 186- 187/55। ल. (4)–कछु कछु को बदलो जहाँ, सो परिबृत्ति करि डीठि। उ.–कहा कहौं मनमोहनै, मन लै दीन्हीं पीठि।।''–भि.ग्रं., 2, का. नि., 36/22।

**परिबृत्ती**–परिवृत्ति। एक अर्थालंकार जिसमें एक वस्तु देकर दूसरी वस्तु लेने अर्थात् लेने-देने या अदल-बदल का कथन होता है। इसके सम और विषम नाम के दो भेद हैं। हिंदी में प्रायः विषम परिवृत्ति के उदाहरण मिलते हैं। ल.–परिबृत्ती लीजै अधिक थोरोई कछु देइ। उ.–''अरि इंदिरा कटाक्ष यह एक बान बर लेइ।।'' –ज.ग्रं., भा.भू. 142/46। दे.परिबृत्ति।

**परिरंभ**–परिरम्भ। गले से गला या छाती से छाती लगाकर मिलना। आलिंगन। उ.–''अंग करत परिरंभ में सुधा समुद्र बिनोद। सुरत अन्त में पाइयै सुरत आदि को मोद।।''–मति.सत., 646/421।

**परिरम्भन**–दे. परिरंभ। उ. (1)–''राग बिरागनि के परिरम्भन हास-बिलासनि तें रति कोते।''–र.प्रि., 3/7।। उ. (2)–''अवलोकनि आलाप परिरम्भन नख-रद्दान। चुंबनादि उद्दीप ये मर्दन परस प्रमान।।''–र.प्रि., 6/7। उ.(3) -अधरा-रस प्याइ कियो परिरम्भन चुंबन के मुख काम कली को।''–र.प्रि., 6/20। उ. (4)–''पिय के मनभाँवती और बात नहिं फूल। कुच परिरम्भन

सो तरुनि करि कुरबक तरु तूल।।''-मति., सत., 652/422।

**परिसंख्या**--(अलंकार)-एक अर्थालंकार जिसमें पूछी या बिना पूछी बात, उसी के सदृश दूसरी बात को व्यंग्य या वाच्य से वर्जित करने के अभिप्राय से कही जाती है। यह कही हुई बात और प्रमाणों से सिद्ध विख्यात होती है। इस प्रकार से इस अलंकार के दो भेद हुए-प्रश्नपूर्वक और बिना प्रश्न का। ल. (1)-और ठौर ते मेटि कछु बात एक ही ठौर। बरनत परिसंख्या कहत कबि कोबिद सिरमौर।। -मति.ल.ल.,273/345। उ.द्र., वही, 274/345। ल. (2)-''अनत मेटि कछु वस्तु जहँ बरनत एकहिं ठौर। ताहि कहत परिसंख्य हैं भूषन कवि दिलदौर।।—भू.ग्रं., शि.भू.,227/171। ल. (3)-परिसंख्या इक थल बरजि दूजें थल ठहराइ। उ.-''नेहहानि हिय में नहीं भई दीप में जाइ।।''-ज. ग्रं., भा.भू.143/46। ल. (4)-करि निषेध इक वस्तु को थपै जु इक थल माह। परिसंख्या ता सों कहत जे सुकबिन के नाह। -प.ग्रं., पद्मा, 188/55। ल. (5)-इहै एक नहिं और कहिं परिसंख्या निरसंक। उ.-''एक राम के राज में रह्यो चंद सकलंक।'' -भि.ग्रं. 2, का.नि., 41/22। ल. (6)-नहीं बोलि पुनि दीजिये, क्यों हूँ कहूँ लखाइ। करि बिसेष बरजन करै संग्रह दोष बराइ।। पूछ्यो अनपूछ्यो जहाँ, अर्थ समर्थत आनि। परिसंख्या भूषन वही, यहे तजि और न आनि।।-भिखारीदास ने इसके दो प्रकारों के उदाहरण दिये हैं-1. प्रश्नपूर्वक-''आजु कुटिलता कौन में? राजमनुष्यनि माँहि। देख्यौ बूझि बिचारिकै, ब्यालबंस में नाहिं।।'' 2. बिनयप्रश्न-उ.-''मुक्ति बेनिही में बसै,अमृत बसै अधरानि। सुख सुंदरि-संजोग ही, और ठौर जनि जानि।।''-भि. ग्रं. 2, का.नि., 41-44/165। ल. (7)-एक ठौर कौ बरजि कै ठहरें दूजे ठौर। परिसंख्या तासौं कहै कबि कोबिद सिरमौर।। उ.-''छिनु तन गति छिन में रुरनि सीख लेत मन माँनि। कठिनाई उर में नहीं भई उरोजनि आँनि।।''-सो.ग्रं., र.पी.नि., 216-217/ 210।

**परिहास**--1. प्रेमालाप में नायक-नायिका द्वारा किये गये विनोद का उल्लास। उ0-''बिहँसत भौहैं चढ़ाये,धनुष मनीय। लखत उर अबलानिया, उठि उठि पीय।।''-र.बि.,ब.ना.भे, 117/55। ल.-सखी करै दंपति सौं, दंपति आपुस माँहि। सुनौ रसिक परिहास ए त्रिबिध गनाए जाहिं।।-शृं.मं., चिंता., 366/114। 2. नायिका की सखी के कार्यों (सखी कर्म-दे.) में से एक। ल(1)-हँसी करब परिहास। -प.ग्रं., जग., 352/155। ल. (2)-गनि परिहास हँसाइबो।-शृं.मं., चिंता., 339/112। मतिराम ने सखी कर्म में मंडन, शिक्षा, उपालंभ, और परिहास की गणना की है। उ.-''प्रभा तरौना लाल की परी कपोलन की आनि। क़हा छपावत चतुर तिय कंत-दंतछत जानि।।''-मति., ल.ल., 297/269। 3. हास्यरस के भेदों में से एक। केशवदास ने मंद हास, कलहास, अतिहास, परिहास नाम के चार भेद इसके बताये हैं। परिहास ल.-जहँ परिजन सब हँसि उठैं तजि दंपति की कानि। ''केसव'' कौनहु बुद्धिबल सो परिहास बखानि।।-र.प्रि., 14/15।

**परीक्षित**-दे. परिच्छित। उ.-''पेट में परीक्षित की पारथ बचाई मीचु, जब सबही को बल विधिबान लूटो है।''-क.प्रि.,11/61।

**परुषा** (वृति)-यह कठोर शब्द वृति है,जिसके अन्तर्गत र, श, ष, ट वर्ग ,रेफयुक्त तथा संयुक्त वर्णों के प्रयोग का बाहुल्य रहता है। इस रीति या शब्द योजना में लंबे-लंबे समास अधिक आते हैं। वीर, रौद्र और भयानक रसों की कविता इस वृति में अच्छी बनती है। ल.-दूजे परुषा कहत सब जामें बहुत समास।-ज.ग्रं., भा.भू., 203/67।

**परेंडा**--परेंदा या परेंडा। शोलापुर से उत्तर-पश्चिम परेंदा नाम का स्थान और किला। अगस्त 1657 की संधि के अनुसार बीजापुर राज्य को एक करोड़ मुद्रा तथा परेंदा का किला और उसके आसपास का क्षेत्र मुगलों को देना था। लेकिन शाहजहाँ की बीमारी के कारण जब औरंगजेब उत्तर चला आया और दिल्ली के सिंहासन के लिए भाइयों से युद्ध करने लगा तो बीजापूर के राजा को मौका मिल गया। उसने संधि की बातों के पालन में आनाकानी करनी आंरभ कर दी। उ.-''बेहद

कल्यान दे परेंडा ऐसे कोट साहि एदिल गँवाए हैं नवाइ निज सीस कौं।''-भू.ग्रं., शि.भू., 193/165।

**परेस**--ईश्वर। उ.-''हिये बिना परेस के जु प्रेम-वृक्ष लाइयै। मनोभिलाष लाख नी सींच कै बढ़ाइयै।।''-वि.गी.. 13/9।

**परोढा**-अन्य की विवाहिता स्त्री। यह दो प्रकार की बताई गई है-उद्बोधिता और उद्बुद्धा। ल.-परनीता परपुरुष मैं अनुरागिनी जो नारि। होनि परोढा है वद्दै पंडित कहत विचारि।। उहै परोढा नायिका, द्वै भाँतिन की मानि। प्रथम होति उद्बोधिता, उद्बुद्धा पुनि जानि।।-शृं.मं., चिंता., 74, 76/24-25।

**पर्जस्त**--दे. पर्यस्तापह्नुति। ल.-''पर्जस्त जु गुन एक के और विषै आरोप।''-ज.ग्रं., भा.भू., 63/22।

**पर्जाय**--(अलंकार)-दे. पर्याय। वह अर्थालंकार जिसमें एक वस्तु का क्रम से अनेक आश्रय लेना वर्णित हो या अनेक वस्तुओं का एक ही के आश्रित होने का वर्णन हो। इस प्रकार इसके दो भेद हुए। ल. (1)-द्वै पर्जाय अनेक को क्रम सों आश्रय एक। फिरि क्रम तें जब एक वह आश्रय धरै अनेक।।-ज. ग्रं., भा.भू., 140/45। ल. (2)-तजि तजि आस्त्रय करन तें है पर्जाय-विलास। घटती बढ़ती देखिकै, कहि संकोच विकास।। उ.-''रह्यो कुतुहल देखिबो, देखिति मूरति मैन। पलकनि को लगिबो गयो लगी टकटकी नैन।।''—भिखारीदास ने इसके दो प्रकार के दो उदाहरण दिए हैं। 1. संकोच पर्याय, उ.-''सब जग ही हेमंत है, सिसिर सु छाँहनि मीत। रितु बंसत सब छोड़िकै, रही जलासय सीत।।''-2. विकास पर्याय-उ.-''लाली हुती पियाधरहि, बढ़ी हिये लौ हाल। अव सुबास तनु सुरंग करि, ब्याई तुम पै लाल।।''-भि.ग्रं. 2, का.नि., 20-26/ 170-171।

**पर्वत-नंदिनी**—पर्वत की पुत्री, पार्वती। पर्वतराज हिमालय की बेटी। दक्ष यज्ञ के समय सती होने के बाद पार्वती ने हिमालय और मैनाक की पुत्री के रूप में जन्म लिया था। उ.-''सुत मैं न जायो राम सो यह कह्यो पर्वत-नंदिनी। वह रेनुका तिय धन्य घरनी में भई जगबंदिनी।।''-रा.चं., 7/26।

**पर्यस्त**—दे. पर्जस्त, पर्यस्तापह्नति, परजस्तापह्नुति। ल.-पर्यस्त जु धर्मी-धरम लै थपि औरै ठाम।-प.ग्रं., पद्मा., 49/38।

**पर्यस्तापह्नति**-दे. पर्यस्तापह्नुति। ल.-बस्तु गोय ताकौ धरम और बस्तु में रोपि। पर्यस्तापह्नति कहत कबि भूषन मति ओपि।।-भू. ग्रं., शि.भू., 80/143।

**पर्यस्तापह्नति**-- दे. परजस्तापह्नुति, पर्जस्त, पर्यस्तापह्नति। ल.-जहँ लै कै गुन एक कौ आरोपत पर ठौर। पर्यस्तापह्नुति कहैं ताहि रसिक सिरमौर।। उ.-''हियें लाल के चुभत हीं बेसुधि किए निदान। तीखे मनमथ तीर नहिं तिय दृग तीछन बान।।-सो.ग्रं., र.पी.नि., 49,50/189।

**पर्याय** (अलंकार)-दे. पर्जाय। ल. (1)-कै अनेक हैं एक मैं कै अनेक में एक। रहत जहाँ पर्याय सो है पर्याय विवेक।-मति., ल.ल., 267/344, उ.-''अनेक में एक''-वही, 268/344। ल. (2)-एक अनेकन में रहै कै एक में अनेक। बसत कहत पर्याय सों भेद होत है द्वैक।-भू.ग्रं., शि.भू., 222/170।

**पर्यायोकति**— दे. परजायोक्ति। एक अर्थालंकार जहाँ कोई बात घुमा-फिराकर कही जाय या किसी रमणीय ब्याज से कार्य साधन किये जाने का वर्णन हो। ल.-कौन हु एक अदृष्ट तें, अनही किये जु होइ। सिद्धि आपने इष्ट की, पर्यायोकति सोइ।।-क.प्रि., 12/29।

**पर्यायोक्ति** (अलंकार)—पर्यायोक्ति। दे. पर्यायोकति। ल. (1)-पर्यायोक्ति प्रकार द्वै कछु रचना सों बात। मिसकरि कारज साधिये जो है चित्त सुहात।। ''ज.ग्रं., भा.भू., 100/34। ल. (2)-पर्यायोक्ति सुगम्य जहँ फुरै बचन रचनान। साधन मिसि करि काज को यों द्वै विधि उर आन।''-प.ग्रं., पद्मा., 123/47।

**पर्यायोक्ती**—पर्यायोकति। दे. पर्यायोकति। ल.-वचनन की रचना जहाँ बरननीय पर जान। पर्यायोक्ती कहत हैं भूषन ताहि बखान।-भू.ग्रं., शि. भू., 153/157।

**पर्वत बंध**—लेखनी चित्रालंकार (दे.) का एक भेद।

**पलकाचार**—वर-वधू को एक साथ पलंग पर बैठाकर उनका सत्कार करना। यह कार्य प्रायः विवाह के बाद और बिदाई के पूर्व होता है। उ.-''सजि सजिकै मंडफ गए करिबे पलकाचार।।''-बो. ग्रं., वि.वा0, 2/226।

**पलाऊँ**—देश विशेष-पलामू, बिहार ? उ.-''मोरँग कुमाऊँ आदि बाँधव पलाऊँसबै कहौं लौं गनाउँ जेतेभूपति के गोत हैं।'' भू.ग्रं., प्रकी., 445/215।

**पवंगम छंद**—प्लवंगम छंद। इक्कीस मात्राओं का छंद है। एक मत से इसके चरण में 8+13 के विराम से 21 मात्राएँ होती हैं। आदि का वर्ण गुरु और अन्त में 1 जगण और 1 गुरु होता है। ल.-चारि चकल इक पंचकल, जानि , पवंगम बंस। उ.-''ब्याकुल बिरहिनि बाल झखै भरि नैन कों। निंदति बारहि बार पवंगम सैन कों।।''-भि.ग्रं. 1, छंदा., 183,184/202-203।

**पवन को पूत** – दे. हनुमान। रामायण में हनुमान के जन्म के बारे में यों लिखा गया है—अप्सराओं में परम रूपवती पुंजिकस्थला ने ऋषि के शाप से कामरूपिणी वानरी होकर पृथ्वी पर जन्म ग्रहण किया। बाद का वह कपिश्रेष्ठ केशरी की भार्या होकर अंजना के नाम से विख्यात हुई। पर्वतश्रेष्ठ सुमेर पर केसरी राज्य शासन करते थे। एक दिन दोनों मनुष्य का वेश धारण कर पर्वत शिखर पर क्रीड़ा कर रहे थे। अंजना का मनोहर रूप देखकर पवन काममोहित हुए और उसे आलिंगन किया। साधु चरित्रा अंजना ने आश्चर्य चकित होकर कहा कौन दुरात्मा मेरा पतिव्रत धर्म नष्ट करने को तैयार हुआ है। अंजना की यह बात सुनकर पवन ने कहा-मैंने तुम्हारा पतिव्रत नष्ट किया। आलिंगन द्वारा मन ही मन मैंने जो तुम्हारे साथ गमन किया है, उससे तुम्हें बुद्धिशाली और अतिवीर्यवान एक पुत्र होगा। इस प्रकार हनुमान का जन्म पवन के पुत्र के रूप में हुआ। (हिं.वि.को.)। उ.-''पवन को पूत, अरु परमेसुर सुरपाल। काम, भीम, वाली, हली, बलि, राजा, पृथु काल।।''-क.प्रि., 6/52।

**पवनपचीसी**—रचयिता-बृंद (दे.)। विव.-शृंगार रस प्रधान रचना (सा.को.).

**पवनसुत** – हनुमान। दे. पवन को पूत। उ.-''सोचन सोचत पवनसुत लोचन मोचत वारि।।''-भि.ग्रं.1, र.सा., 458/66।

**पवाँर**—परमार। पद्मगुप्तरचित 'नवसहसांकचरित' के अनुसार अर्वुद गिरि निवासी महर्षि वशिष्ठ की गाय विश्वामित्र छीन ले गये। वशिष्ठ ने यज्ञ कर अग्निकुंड से एक वीर पुरुष को उत्पन्न किया, जिसने बड़ी शीघ्रता से विश्वामित्र की सारी सेना नष्ट कर गाय लाकर वशिष्ठ के आश्रम में बाँध दी। वशिष्ठ ने प्रसन्न होकर कहा- तुम परमार हो और तुम्हारा राज्य चलेगा। इसी परमार (शत्रुओं को मारने वाले) के वंश के लोग परमार कहलाए। पृथ्वीराजरासो में भी लगभग इसी रूप में इनका स्मरण किया गया है। इनका राज्य मालवा में था। इनके वंश में आगे चलकर वाक्यतिराज, मुंज, भोज आदि प्रसिद्ध राजा हुए। (हिं.श.सा.) उ.-''हेरन हँसन हरषन सान धन वह जूझन पवाँर बीर अरजुन भारे की।''-प.ग्रं., प्रकी., 22/309।

**पषावज**—दे.पखावज। एक ताल वाद्य। उ.-''ताल मृदंग उपंग बजावत तत्रीय तूर पषावज बाजै।''-वृं.ग्रं., नै.ब., 6/27।

**पष्षर**—प्रक्षर। हाथियों और घोड़ों पर युद्ध काल में रखी जाने वाली लोहे की झूल। उ.-''गज बाजी पष्षर सिलह सुभट बंस सिरदार। हिन्दू तुरक कइ तज भुज भारथ भार।।''-वृं.ग्रं., स.स.रू., 136/276।

**पसीजना**—प्रस्वेद नामक सात्विक (दे.)। उ. (1)-''विहँसि बुलाइ, बिलोकि उत प्रौढ तिया रस घूमि। पुलकि पसीजति, पूत कौ पिय-चूम्यौ मुँहु चूमि।।-बि.र., 617/285। उ. (2)-गिरै कंपि कछु, कछु रहै कर पसीजि लपटाइ। लैयौ मुठी गुलाल भरि छुटत झूठी ह्वै जाइ।।''-वि.र., 663/291।

**पसु**— पशुकृत्त्वधारी, अर्थात् भगवत्-प्रेम के भावों से रहित, अरसिक। उ.-''गिरि तें ऊँचे रसिक

मन बूढ़े जहाँ हजारु। वहै सदा पसु-नरनु कौं प्रेम-पयोधि पगारु।।''-बि.र., 251/118।

**पसुपति**– महादेव। पशुपति। उ. (1)-खलबल भयो दुहूँ दल भारी। किंलक कीन्ह पसुपति दै तारी।। ''-बो.ग्रं., वि.वा., 29/192। उ. (2)-''गनपति सुखदायक पसुपति लायक सूर सहायक कौन गनै।''-रा.चं., 1/42।

**पस्यंती**–पश्यंती। चार प्रकार की वाणियों में से दूसरी। नाद की उस समय की अवस्था या स्वरूप जब वह मूलाधार से उठकर हृदय में आता है। उ.-''परापस्यंती मध्यमा अरु बैखरी प्रकार। इहिं बिधि बानी चारि ए यहौ ब्रह्म निरधार।।''-ज.ग्रं., अ.रि., 85/150।

**पहरुवा**– पहरा देने वाला। उ.-''रूप लोभ बसि मिल गये नैन पहरुवा जाइ। तबलौं तौ चितचोर नै मन धन सहज चुराइ।।''-रस.रतन., 210/85।

**पहाड़ खाँ आढ़ा**–स्थान-पाँचेटिया ग्राम (जोधपुर)। समय-जोधपुर नरेश विजयसिंह के सामयिक, रचनाएँ-गोगादे रूपक। (बृ. इति.7)।

**पहार खान**-केशवदास रचित वीरचरित्र काव्य का एक पठान योद्धा। उ.-पहिराए हरधौर कुमार। प्रबल पहारखान बलसार।।''-वी.च., 33/17।

**पहार सिंह**–केशवदास रचित वीरचरित्र के नायक वीरसिंह देव का पुत्र। उ.-''जेठ जुझार राइ रनधीर। पुनि हर दौल बुद्धि गंभीर।। प्रबल पहार सिंह रनकाल। बाघराज दिन दुर्जनसाल।।''–वी. च., 2/48।

**पहिरावनि**–सिरोपाव-सिर से पैर तक का पहनावा जो बादशाह या राजा की ओर से सम्मानार्थ मिलता था। उ.-'केसव' कंस दिवान पितान बराबर ही पहिरावनि पाई।''-क.प्रि., 11/80।

**पहुँची**–सोलह शृंगार में भूषण शृंगार के अन्तर्गत वर्णित एक आभूषण। हाथ की कलाई पर पहनने का एक आभूषण जिसमें बहुत से गोल या कंगूरेदार दाने कई पंक्तियों में गूँथे हुए होते हैं। उ.-''पहुँची मुद्रिका छुद्र-घंटिका सु जेहरि है घुँघरू अनौट बाँक बिछिया बनाव के।।''-वृं.ग्रं., शृं.शि., 59/44।

**पहेली**–प्रहेलिका। वाक्य या वर्णन जिसमें किसी वस्तु का भ्रामक या टेढ़ा-मेढ़ा लक्षण देकर उसे बूझने या अभिप्रेत वस्तु का नाम बताने को कहते हैं। उ. (1)-''हँसत खेलत खेल मंद भई चंद-दुति कहत कहानी और बूझत पहेली-जाल।।''-र.प्रि., 5/28। उ. (2) -''प्रेम की पहेली गूढ़ जानत जनावतहीं आजु अधरातक लौं मेरे संग जागी है।''-र.प्रि., 12/22। उ. (3)-''मोहि हँसी दुख दोऊ दई तिनहूँ सो जनावति प्रेम-पहेली।।''-र.प्रि., 16/5।

**पांडब**–दे. पाडंव। उ. (1)-''हौत बुरे हूँ ते भलो काहू समै प्रकास।अधिक मास तें ज्यौं मिट्यौ पांडब फिर बनबास।।''-वृं.ग्रं., नी.स., 334/84। उ. (2)-''ज्यौं भीसम पांडबनिं कौं दीनौ मरन बताया।।''-वृं.ग्रं., नी.स., 393/88। वही, 604/105। उ. (3)-''कौन मुदित अचिरजु कहा कहा बात पथ केहि। धर्मराज उतर कहौ पांडब जीवत होहि।।''-वृं.ग्रं., भा.क., 5/308।

**पांडव**–प्राचीनकाल के पांडु नाम के एक राजा के पाँच पुत्र। पांडु ने एक बार मृगयाकाल में मृग और मृगी रूप में ऋषिपुत्र किमिंदय और उसकी पत्नी को मैथुन करते देख मृग को बाण से मार डाला था। तभी मृग ने मनुष्य की वाणी में शाप दिया, तुम भी इसी प्रकार स्त्री से मैथुन करते समय मृत्यु को प्राप्त करोगे। दुखी पांडु ने तपस्या आरंभ की और बहुत से ऋषियों के साथ स्वर्ग जाना चाहा तो ऋषियों ने संतानहीन होने के कारण उन्हें रोका। इस पर पांडु ने कुंती को यह समस्या बताई जिसे अभीप्सित देवताओं को आमंत्रित कर पुत्रोत्पत्ति का वर था। इस पर कुंती ने धर्म, वायु और इंद्र का आवाह्न कर उनसे युधिष्ठिर, भीम और अर्जुन नाम के तीन पुत्र उत्पन्न किये। उसी मंत्र की शक्ति से माद्री ने भी अश्विनीकुमार के अनुग्रह से नकुल और सहदेव नामक पुत्र उत्पन्न किये। ये पाँचों पुत्र पांडव कहलाए। उ. (1)-''पांडव की प्रतिमा सम लेखो। अर्जुन भीम महामति देखो।'' रा.चं.,

11/21। उ. (2)-''रहिमन दुरदिन के परे, बड़ेन किए घटि काज। पाँच रूप पाडंव भए, रथवाहक नल राज।।''-र.वि., 204/21। उ. (3)-''छल बल समय बिचारि कैं अरि हनए अनयास। कियौ अकेले द्रोन-सुत निसि पांडव कुल नास।।''-वृं.ग्रं., नी.स., 227/76। उ. (4)-''कृष्ण पच्छ पांडव जयी कौरब गए बिताय।।''-वृं.ग्रं., नी.स., 273/79।

**पांडवानि**– दे. पांडव। उ.-''साहि के सिवाजी गाजी बाह्यौ दिल्लीहू तें चंद पांडवनि हू तें पुरुषारथ तूँ बढिकै।।''-भू.ग्रं., शि.भू., 135/153।

**पांडवा**–दे. पांडव। उ. बोधा कबि पंचबीर पांडवा पराई पौर द्रौपदी सभा में दुहसासन खड़े गही।।''-बो.ग्रं., वि.वा., 23/152।

**पानि ग्रहन**–पाणिग्रहण। विवाह की एक रीति जिसमें कन्या का पिता उसका हाथ वर के हाथ में देता है। उ.-''सोधि मुहूरत बीस बिसे सावधान ह्वै कै अंचल दै गाँठि पानि ग्रहन कराहयै।''-वृं.ग्रं., शृं.शि., 31/39।

**पाँच**–1. पंच, न्याय करने वाली सभा। उ.-''सौंह को सोचु संकोच न पाँच को डोलत साहु भए करि चोरी।।''–र.प्रि., 2/17। 2. पाँच की संख्या वाली वस्तुएँ। उ. - ''पंडुपूत, इंद्रिय, कवल, रुद्रबदन गति बान। लक्षण पंच पुरान के, पंच-अंग अरू प्रान।। पंचवर्ग, तरुपंच, अरु पंससब्दपरमान। पंचसंधि, पंचाग्नि भनि, कन्या पंच समान।। पंचभूत, पातक, प्रगट, पंचयज्ञ, जिय जानि। पंचगव्य, माता-पिता, पंचामृतनि बखानि।।'' –क.प्रि., 11/12-14।

**पाँचमुख**–महादेव। उ.-''एक मुख गाए ताके पाँच मुख पाए अब पाँच मुख गाइहौं तौ केते मुख पाइहौं।।''-प.ग्रं., जग., 720/231।

**पाँचवीं बिभावना**–दे. विभावना। ल. (1) बरनत हेतु बिरोध ते उपजत हैं जहाँ काज। तहँ बिभावना औरऊ बरनत कबि सिरताज।।-मति., ल.ल., 205/334। ल. (2)-जिहि ठां काहू हेतु तें काज बिरुद्ध जु होइ। तो बिभावना पाँचवीं समुझि लेउ सुख भोइ।। उ.-प्यारी तू क्यों करि रही अरुन तनैने नैंन। कढत मधुर अधरानि ते जहर लपेटे बैन।।-सो.ग्रं., र.पी.नि., 152-153/202।

**पाँच हजारी**–पाँच हजार के मनसबदार। उ.-''दिल्ली तें गाजत आवत ताजिये पीटत आपको पाँच हजारी।''-भू.ग्रं., प्रकी., 506/229।

**पाँचों तत्त्व**–पृथ्वी, अप, तेज, वायु और आकाश नाम के पाँच भूत तत्व। उ.-''तीनों लोक तीनों गुन पाँचों तत्त्व सृष्टिवान काहु कों न छोड़िहै अदृष्ट सब ते गली।।''-बो.ग्रं., वि.वा., 36/174।

**पाँसे**–चौपड़ नामक खेल की फेंकनेवाली गोटी। उ. (1)-''पाँसे निज कर क्रिया रहीम कहिं, सुधि भावी के हाथ। पाँसे अपने हाथ में, दाँव न अपने हाथ।।''-र.वि., 116/12। उ. (2)-''है पाँसे के दाँब पर कहाँ जीति कहँ हारि। सारि उठै यों चौकसी छक पौ उठै न सारि।।''-वृं.ग्रं., नी.स., 561/102।

**पाइक**–पैदल सिपाही। उ.-''फूले फदकत लै फरी पल, कटाक्ष करवार। करत बचावत बिय-नयन पाइक घाइ हजार।।''-बि.र., 247/115।

**पाइत्ता छंद**–चौदह मात्राओं का छंद है। क्रम है (SSS S।। ।।S)। ल. पाइत्ता मो भहि सगनो। उ.-"माँगो पासो अरिय अड़े। पाइत्मा है करम बड़े।।"-भि.ग्रं.1, छंदा., 104,108/192-193।

**पाइल**–पायल। पैर का ध्वनि करने वाला अलंकार जिसे स्त्रियाँ पैर में पहनती हैं और जिसमें धुँघुरू लगे होते हैं। उ.-''किंकिनी छोरि छपाई कहूँ कहूँ बाजनी पाइल पाँइ तें नाई।।''-प.ग्रं., जग, 230/130।

**पाकसासन**–इन्द्र। वामन पुराण में लिखा है कि इन्द्र ने पाक नामक प्रसिद्ध असुर को मारा था, इसी से पाकशासन कहलाये। -शंखः पाको महेन्द्रेण भ्राता तव सुदर्शनः। विरोचनस्तव पिता निहतः कथयामिते।। (वामन पुराण, 73/9) (हिं.वि.को.)। उ. (1)-''नमत पाकसासन चरन रिपु सासन बल बीर। ताकी सासन बिन कहूँ सास न भरत सधीर।।''-वृं.ग्रं., य.स., 243/225 उ. (2)-''आसन अरघ देत देत निसिबासर बिचारे पाकसासन को साँस न मिलति है।''-प.ग्रं., गं.ल., 18/259। उ. (3)-''विधि कियो आसन पाकसासन तुषारु

है।''-क.प्रि., 5/10।

**पाखण्ड खण्डिका** – रचयिता - महाराज विश्वनाथ सिंह (दे.)। (इति. शुक्ल)।

**पाखर**–दे. पष्खर। उ.-''लियैं गजराज मनूंगिरराज। सजै तरुझंगर पाखर साज।।''-वृं. ग्रं., स.स.रू., 146/277।

**पाटम्बर**–रेशमी वस्त्र। रेशमी कपड़ा। उ.-''पाटम्बर पटइन पहिरि, सेंदुर भरे ललाट। बिरही नैकु न छाँडही, वा पटवा की हाट।।''-र.वि., न. शो., 43/32।

**पाटिन**–गोंद आदि की सहायता से माँग के दोनों ओर सजाकर बैठाये जानेवाले बाल। उ.-''स्यामल सुमिल सुभ पाटिन में चारू माँग अरून जलज सोभ सोभैं पल पल में।।''-क.प्रि., 15/76।

**पाटोरी**–रेशमी साड़ी या धोती। उ. -''महर नहीं कहर कहाँ सरल नहीं तेढी परें, विविध दुपटा पीर पाटोरा स्वेत हैं।।''वृं.ग्रं., नै.ब., 15/28।

**पाठ की पिछौरी**– रेशम का वह वस्त्र जिसे कमर में धारण किया जाता है। उ.-''पीरी पीरी पार की पिछौरी कटि के सोदास, पीरी पीरी पागें पग पीरियै पनहियाँ।।''-क.प्रि., 9/9।

**पाठांतर चित्रालंकार**–दे. चित्रालंकार। ल.-बरन लुपै बदले बढै चमत्कार ठहराइ। सो पाठांतर चित्र है, सुनौ सुमति-समुदाइ।।-इस अलंकार के भिखारीदास ने दो प्रकार बताये हैं– 1. वर्णलुप्त, उ.-''तमोल मंगाइ धरौ इहि बारी। मिलिबे की जिय में रुचि भारी। कन्हाइ फिरै कब धौं सखि प्यारी। बिहार कि आजु करौ अधिकारी।।'' ति.-सिरे को एक बर्न छोड़ि पढ़े दूसरो अर्थ।। उ.-''मोल मँगाइ धरौ इहि बारी। लीबे की जिय में रूचि भारी। न्हाइ फिरै कब धौं सखि प्यारी। हार की आजु करौ अधिकारी।।''-भि.ग्रं.2, का.नि., 34-36/198। 2. वर्ण-बदल, उ.-''साज सब जाको बिन माँगे करतार देत, परम अधीस बस भूमि थल देखिये। ... ति.-सकारन्ह की ठौर नकार करि पढ़े दूसरो अर्थ, बर्न बढ़े को पहिले लुप्त ही तें जानिबी।।-वही, 38, 38अ/199।

**पातक के पिता के जुत**–महादेव। ब्रह्मा का सिर काटने का पाप जिन्हें लगा है। वामन पुराण में लिखा है-पर्वकाल में समस्त जगत् के जलमय होने पर भगवान सहस्र वर्ष तक निद्रा में थे। निंद्रा टूटने पर उन्होंने रजोगुण से पंचवदन शंकर की सृष्टि की। शंकर ने उत्पन्न होते ही तपस्या करना शुरू कर दिया। यह देखकर भगवान् ने सोचा कि इनसे इस प्रकार सृष्टि का कार्य नहीं चलेगा। तब उन्होंने अहंकार की सृष्टि की। ब्रह्मा और शंकर दोनों अहंकार के वशीभूत हुए। दोनों में भीषण कलह उत्पन्न हुआ। शंकर ने अपने नख से ब्रह्मा का एक मस्तक काट डाला। ब्रह्मा चतुर्मुख हुए और शंकर को ब्रह्महत्या का पाप लगा जिसे आगे चलकर विष्णु ने मुक्त किया।-वामन पुराण। उ.- ''पातक पिता के जुत, पातकी ही को तिलक, भावै गीत काम हीं को, कामिनि के हेत हैं।''--क.प्रि., 9/26।

**पातर**–पातर। वेश्या। रंडी। उ. -''ग्राम सुर बीन बाजैं पातर नौ नृत्य नाचैं भावहि दिखावैं चित चात अंग अंग को।''-वृं.ग्रं., शृं.शि., 83/50।

**पातसाइ**–पादशाही। उ.-''दिल्ली को तखत तजि नींद-खान-पान-भोग सिवा सिवा बकत सारी पातसाइ है।''-भू.ग्रं., प्रकी., 480/223।

**पातसाह**–पादशाह। बादशाह। मुगल बादशाह। उ. (1)-''सूरत जराय कियौ दाह पातसाह उर स्याही जाइ सब पातसाही-मुख झलकी।''-भू.ग्रं., शि.भू., 182/163. उ.(2)-"पातसाह बावनौ दिल्ली पातसाह दिल्ली पतिसाह हिंदुपति पातसाह सेवाने।"-भू.ग्रं., शि.भू., 218/170। उ. (3)-''राव रतनेस कर ओट राख्यो कोट पातसाह को।''-मति., ल.ल., 28/302। उ. (4)-''पातसाह दिल्लीस कोप दछिन पर किन्नों।''-वृं.ग्रं., स.स. रू., 24/264। उ. (5)-''पूरब के उत्तर के प्रबल पछाँहहू के सब पातसाहन के गढ-कोट हरते।।''-भू. ग्रं., शि.भू., 163/159।

**पातसाहि**–दे. पातसाह। बादशाह, सम्राट्। उ.-''चोजन के चोर रस योजन के पातसाहि ठाकुर कहावत पै चाकर चतुर के।।''-ठाकुर, 5/3।

**पातसाही**–बादशाही। बादशाहत। मुगल बादशाहत। उ.-''सूरत जराय कियौ दाह पातसाह

उर स्याही जाइ सब पातसाही-मुख झलकी।।''-भू. ग्रं., शि.भू. 182/163।

**पातस्याह**—दे. पातसाह। उ.-''गोलकुंडा बीजापुर जीत्यौ लरिकाई ही में ज्वानी आएँ जीत्यौ दिल्लीपति पातस्याह कौं।।-भू.ग्रं., शि.भू., 13/130।

**पाताल**—पृथ्वी के नीचे के सात लोकों में से सबसे नीचे का लोक। उ. (1)-''स्वर्ग मर्त्य पाताल पुनि दीप खंड परधानि। दुर्ग देस जेते सबै यहौ ब्रह्म करि जानि।।''-ज.ग्रं., अ.सि., 81/150। उ. (2)-''पहिलैं अहि खग पोसि बहुरि पाताल पठाए। जिन पै लिय रस बास लता तप झपटि जराए।।''-वृ.ग्रं., प.प., 24/56।

**पातिसाह**—दे. पातसाह। उ.-''पातिसाह सौं मिलन कौं एक ठौर पर आय।''-वृ.ग्रं., स.स.रू., 87/271।

**पाती**—नायक द्वारा नायिका को अथवा नायिका द्वारा नायक को प्रेषित पत्र, जिसमें प्रेम, सन्देश अथवा दुःख आदि का निवेदन रहता है। उ. (1) -''कर लै, चूमि, चढाइ सिर, उर लगाइ, भुज भेटि। लहि पाती पिय की लखति, बाँचति, धरति समेटि।।'' -बि.र., 635/292। उ. (2)-''पाती-मधि छातीछत लिखिन लिखाए जाहिं, काती लै बिरह धाती कीने जैसे हाल हैं।''-घ.क., 42/52।

**पात्रादुष्ट**—अनरस का एक भेद। केशवदास ने अनरस के अन्तर्गत प्रत्यनीक, नीरस, विरस, दुःसाधन और पात्रादुष्ट का वर्णन किया है। ल. -जैसो जहाँ न बूझिये तैसी करियै पुष्ट। बिनु विचार जो बरनियै सो रस पात्रादुष्ट।।-र.प्रि., 16/10।

**पादाकुलिक**—दे. पायकुलक, पावकुलकु। मात्रिक छंद है। चारों चरणों में प्रथमतः बारह मात्राएँ होनी चाहिए। ल.-बारह मता प्रथम चहुँ दोइ देउ गुरु अन्त। सोरह मता चरन प्रति पादाकुलिक कहंत। उ.-''बहुबनबारी सोभित भारी। तपमय लेखी ग्रहयिति देखी। सुभ सर सोभैं मुनिमन लोभे। सरसिज फूले अलि रसभूले।।''-छ.मा., 2/35।

**पानिनि**—पाणिनि। संस्कृत भाषा के सबसे बड़े वैयाकरण जिनके ग्रंथ का नाम 'अष्टाध्यायी' है। इसमें आठ अध्याय और लगभग चार हजार सूत्र हैं। इनके गुरु का नाम उपवर्ष और माता का नाम दाक्षी था। इनका जन्म शालातुर नामक ग्राम में हुआ था। यह काबुल और सिंधु नदियों के संगम से कुछ मील दूर था। इसीलिए पाणिनि को शालातुरीय कहा जाता है। इनके पूर्व भी अनेक वैयाकरण हो चुके थे, जिनके ग्रंथों का पाणिनि ने गहन अध्ययन कर अपना ग्रंथ लिखा था। पूर्ववर्ती आचार्यों में थे-शाकटायन, शाकल्य, भारद्वाज, गार्ग्य, सेनक, आपिशलि, गालय आदि। पाणिनि का समय विवादास्पद है किन्तु अधिकांश मत ई.पू. चतुर्थ शताब्दी अथवा उससे भी पूर्व मानते हैं। उ.-''पानिनि मुनि जानैं कियें कर्म द्वितीया आनियै। अति उद्दिम तें अद्वैतता भाग बिभागनि मानियै।।''-ज.ज.चं., 24।

**पानीपथ**—दिल्ली के पास एक मैदान जहाँ इतिहास प्रसिद्ध बड़े-बड़े युद्ध हुए थे। उ.-''चीन चोल चित्रकूट चेद चपानेर चारु पानीपथ पारसीक पर्बत प्रबेस के ।।'' -ज.ज.च., 100।

**पाप**—वह कर्म जिसका फल इस लोक और परलोक में अशुभ हो। कर्ता का अधःपात करने वाला कर्म। अकर्तव्य कर्म का करना भी पाप है और कर्तव्य कर्म का न करना भी पाप है। धर्म शास्त्र के अनुसार निषिद्ध कर्मों का अनुष्ठान और विहित कर्मों का अननुष्ठान दोनों पाप हैं। प्रायश्चित और भोग-इन्हीं दो उपायों से पाप की निवृत्ति मानी गई है। उ. (1)-''हौं जबहीं जब पूजन जात पितापद पावन पाप प्रनासी।'' -रा.च., 4/12। उ. (2)-''ज्यों पग परत पयाग-मग पाप-पहार बिलात।।''-क.प्रि., 1/1। उ. (3)-''पाप-पुन्य अरु ज्योति तैं रबि-ससि न्यारे जानि। जदिपि सु सब ही घटनी मैं प्रतिबिम्बित है आनि।।''-रस., रतन., 42/48। उ. (4)-''जीव अबिद्या कर्म पुनि पाप-पुनि हैं मानि।''-ज.ग्रं., अ.सि., 77/149। उ. (5)-''पाप के पुंज सकेलि सु कौन धौं आन घरी मैं बिरंचि बनाई।।''-घ.क., 47/55।

**पापी**—दे. पाप। पाप करनेवाला। उ.-''पापी लोभी झूठ अंध बावरो बधिर गूँग बौन अबिबेकी हठी छली निरमोहियै।''-रा.चं., 18/10।

**पायक**—पादातिक, पायिक। पैदल सिपाही।

उ.-''महिष मेष मृग बृषभ कहुँ भिरत मल्ल गजराज लरत कहूँ पायक सुभट कहुँ नर्तत नटराज।।''-रा. चं., 2/3।

**पायकुलक छंद**—दे. पादाकुलिक। ल.-एकै तुक सोरह कलनि, पायकुलक गुर अन्त। उ.-''हौं निज तन सम रतन बिचारौं।। केहि उपाय कुलकानि सँभारों।।''-भि.ग्रं.1, छंदा., 32-33/227।

**पारणीदास**—रचनाएँ-बारहखड़ी (लि.का. 19वीं शती)। विव.-जैननीति। (बृ. इति. 7)।

**पारथ**—पार्थ। पृथा के पुत्र। युधिष्ठिर, भीम और अर्जुन पृथा (कुन्ती) के पुत्र थे, किन्तु प्रायः अर्जुन के लिए ही इस शब्द का प्रयोग मिलता है। कुन्ती यदुवंशी राजा शूर की पुत्री। शूर ने इसका नाम पृथा रखा था। इसीलिए इसके पुत्रों को पार्थ कहा गया। उ. (1)-''जोधन में भरथ भगीरथ सुरथ पृथु दसरथ पारथ सु बिक्रम बनक से।''-वि.गी., 1/23। उ. (2)-''भूषन भनत तहाँ भूय भगवंतराय पारथ समान महाभारत सो करि गौ।''-भू.ग्रं., प्रकी., 544/239। उ. (3)-''जय पदमाकर भारथसमर पारथ-सख परसिद्ध धनि।''-प.ग्रं., हि. ब.बि., 1/5। उ. (4)-''छल बल साधि बिजै करी पारथ भारथ बार।।'' -वृं.ग्रं., नी.स., 583/104। उ. (5)-''बाजि राज गज घंट नद बाज राज निनाहि। बगनि बाजिराजनि हने पारथ भारथ माहि।।''-वृं.ग्रं., य.स., 376/235।

**पारथ-सख**—पार्थ अथवा अर्जुन के सखा श्रीकृष्ण। उ.-''पदमाकर भारथसमर पारथ-सख परसिद्ध धनि।''-प.ग्रं., मिश्र, हि.ब.बि., 1/5।

**पारद-कूप**—पारी की कुप्पी-पारे को उड़ाने के लिए काँच की शीशी रखते हैं, उसे कूप, कूपी या कूपिका कहते हैं। आँच से पारा उड़कर ऊपर जा चिपकता है। उ.-''मन पारद-कूप लौं रूप चहें उमहै सु रहै नहिं जेतौ गहौं।''-घ.क., 421/205।

**पारबती**—पार्वती। हिमालय पर्वत की कन्या, शिव की अर्धांगिनी देवी जो गौरी, दुर्गा आदि अनेक नामों से पूजी जाती है। उ.-''सँभु सो क्यों कहियै जिहि ब्याहो है पारबती और सती तिय दोऊ।''-भि. ग्रं., शृं.नि., 14/91।

**पारबतीपति**—दे. पारबती। पार्वती के पति। शिव। उ. (1)-''उर चतुर चोर चक्री बसतु संग कुमारह रमापति। जय जयकारन संकाहरन पारबतीपति सिद्धगति।-छं.मा., 2/29। उ. (2)-''पावक, फनि, बिष, भस्म, मुख हर पबर्गमय मानि। देत जु हैं अपबर्ग कहँ, पारबती-पति जानि।।''-क.प्रि., 6/65।

**पारवती** (1)—दे. पारबती। पर्वत पुत्री पार्वती। वीरसिंह देव की पत्नी।-वी. 26-12, 33-7, 33-11, को.को., 2/446। उ. (1)- पारबती के पयोधर के पय ज्योति जगै अति उज्जवल जो है। इसके सिस ससी सुरसिंधु अमीजुत पावन पोप विमोहै।-मति., ल.ल., 4/200। उ. (2)-''पहुँचे सुंदर सुख रुचि रए। पारबती के मंदिर गए।'' -वी. च., 20/39।

**पारायण विधि-प्रकाश**—रचयिता-नागरीदास (दे.)। (बृ.इति. 7, स.सर्वे.)।

**पारासर**—पराशर। दे. परासरै। उ. -''असमय परे रहीम कहि, माँगि जात तजि लाज। ज्यों लक्ष्मण माँगन गये, पारासर के नाज।।'' -र.वि., 11/2।

**पारीछत**—दतिया के राजा पारीक्षत जो ओड़छे के वीरसिंह देव के वंशज थे। उ. -''भूपमनि पारीछत राउरो सुजस गाय ल्याय चुकौ इंदिरा उमँगि निज धाम को।''-प.ग्रं., प्रकी., 24/310।

**पारीछत रायसा**—रचयिता-श्रीधर (दे.)। विव.-इसमें बाघाइट के उस घेरे का सविस्तार वर्णन है, जिसमें दतिया के शासक महाराज पारीछत को ओड़छा राज्य से घोर युद्ध करना पड़ा था। (बृ. इति. 7)।

**पार्श्वपुराण**—रचयिता-भूधरदास (दे.)। (बृ. इति. 7)।

**पाला कवि**—आश्रयदाता-साबू सिंह, देवास दरबार। रचनाकाल-सं. 1714। रचनाएँ-स्फुट-वीररस। (बृ.इति. 7)।

**पावक**—अग्नि। महाभारत के अनुसार ब्रह्मा के अंग से 27 पावक ऋषि उत्पन्न हुए, जिनके नाम हैं- अंगिरा, दक्षिण, गार्हपत्य, आह्वनीय, निर्मथ्य, विद्युत्, शूर, संवर्त, लौकिक, जाठर,

विषम, कव्य, शमवान्, वैष्णव, दस्युमान्, वलद, शांत, पुष्ट, विभावसु, ज्योतिष्मान, भरत, भद्र, स्विष्टकृत्, वसुमान्, क्रतु, सोम, पितृमान। क्रिया भेद से अग्नि के ये भिन्न-भिन्न नाम हैं। प्रमुख अग्नियों में तीन के नाम विशेष हैं-दक्षिणाग्नि, गार्हपत्य और आह्वनीय। इनका यज्ञकार्य में विशेष महत्त्व है। दे. अग्नि। उ. -''दस हूँ दिसि 'केसव' दामिनि देखि लगी प्रिय कामिनि-कंठ-तटी। जनु पथहि पाइ पुरंदर के बन पावक की लपटैं झपटी।''-र.प्रि., 14/28।

**पावकुलकु**—दे. पादाकुलिक। ल.-चरन माँझ सोरह कला एक अन्त गुरु जानि। पाव कुलकु सो छंद है सुकविनि कौं सुखदानि।। (प्रत्येक चरण में 16 मात्राएँ, अन्त में एक गुरु)। उ.-''कहा रही हठि भरि अरबीली। लखति न यह बसंत गरबीली। रिस बतियाँ अब सबै भुलावौ। चलि सुजान पिय कंठ लगावौ।।''—सो.ग्रं..1, र.पी.नि., 9-10/24।

**पावस पच्चीसी** — रचयिता - नागरीदास (दे.)। (बृ.इति. 7, स.सर्वे.)।

**पावस विलास**—रचयिता-देव (दे.)। (इति. शुक्ल)।

**पासा**—हाथी दाँत या हड्डी के उँगली के बराबर छह पहले टुकड़े जिनके पहलों पर बिंदियाँ बनी होती हैं और जिन्हें चौसर के खेल में खिलाड़ी बारी-बारी से फेंकते हैं। जिस बल ये पड़ते हैं उसी के अनुसार गोटियाँ चली जाती हैं और अन्त में हार-जीत होती है। उ.-''पासा सारि खेली किन कौन मनुहारिन सों जित मन हारि मनि हारि हारि आए हौ।''-प. ग्रं., जग., 169/116।

**पिंगल** (1)-एक प्राचीन मुनि या आचार्य या नरेश जिन्होंने छंदःसूत्र बनाए। ये छंदःशास्त्र के आदि आचार्य माने जाते हैं और इनके ग्रंथ की गणना वेदांगों में की जाती है। उ.-''तिहिं पिंगल नागनरेस की सदा जयति जय जयति जय।''-भि. ग्रं.1, छंदा, 3/165।

**पिंगल** (2)-बोधा ने अपने विरह वारीश (माधवानल कामकंदला चरित्र) नामक ग्रंथ की कथा की परम्परा बतलाते हुए संकेत किया है कि पिंगल नामक व्यक्ति को बैताल ने यह कथा सुनाई थी। उ.-''पिंगल कहँ बैताल सुनाई। बोधा खेतसिंह सहगाई।।''-बो.ग्रं., वि.वा., 2/28।

**पिंगल** (3)-रचयिता-रणधीर सिंह (दे.)। विव.-छंदशास्त्र। (बृ.इति. 6)।

**पिंगल** (4)-रचयिता-रामचरणदास (दे.)। (बृ. इति. 7)।

**पिंगल** (5)-रचयिता-रसिकगोविन्द (दे.)। (इति. शुक्ल)।

**पिंगल काव्यभूषण**—रचयिता-सम्मन (दे.)। (इति. शुक्ल)।

**पिंगलछन्दोबोध**—रचयिता-शिवकवि (दे.)। विव.-छन्दशास्त्र सम्बन्धी। (सरो.सर्वे.)।

**पिंगल प्रकाश**—रचयिता-हमीरदान रतनू (दे.)। (बृ.इति. 7)।

**पिंगल प्रकाश**—रचयिता-नंदकिशोर (दे.)। (बृ. इति. 6)।

**पिंगलरूपदीप भाषा**-रचयिता-जयकृष्ण भुजंग (दे.)। (बृ. इति. 6)।

**पिंगलौ**—दे. पिंगल (1)। उ. -''सकल भुजग राजा पिंगलौ एक चंदै, दिसि दिसि सुखीभर्ता दुखकर्ता निकंदै।।''-छं.मा., 2/2।

**पिंड**—शरीर। उ.-पिंड में बोधा ब्रहांड लिख्यौ दूग देखें बिना पहिचानत कौं।''-बो.ग्रं., इ.ना., 81/84।

**पिचासी**-पिशाची। दे. पिचास, पिशाच। उ.-''जद्यपि होइ सुद्ध मति सत्त। फिरै पिचासी ज्यों उनमत्त ।''-रा.चं, 23/28।

**पितर**—पितृ, पितर। मृत पूर्वपुरुष। मरे हुए पुरखे जिनके नाम पर श्राद्ध या जलयान किया जाता है। अंत्येष्टि कर्म सम्बन्धी हिन्दू ग्रन्थों से ज्ञात होता है कि मरण और शवदाह के बाद मृत व्यक्ति को अतिवाहिक शरीर मिलता है। इसके उपरान्त दशगात्र के पिंडदान से, दस पिंडों से क्रमशः उसके शरीर के दस अंग गठित होते हैं। इस अवस्था में उसे प्रेत संज्ञा प्राप्त होती है। षोडश श्राद्ध और सपिंडन के द्वारा क्रमशः उसका यह शरीर भी छूट जाता है और वह नयी भोग देह प्राप्त कर अपने

बाप, दादा-परदादा आदि के साथ पितृलोक का निवासी बनता है। इसी अवस्था में उसे पितृ कहते हैं। प्रेत भाव बने रहने तक मृत व्यक्ति पितृ संज्ञा पाने का अधिकारी नहीं होता। उ.-''देह छुटैं हूँ छुटत न इछ्या रोग। देव पितर तिनहूँ तैं छुट्यौ न भोग।।''-ज.ग्रं., आ.बि., 25/117।

**पिता**—1. जन्म देकर पालन-पोषण करने वाला पुरुष। उ. (1)-''माता जिमि पोषिति, पिता ज्यों प्रतिपाल करै, प्रभु जिमि सासन करति, हेरि हिय सों।''-क.प्रि., 8/7। उ. (2)-''मात के मोह पिता परितोषनि केवल राम भरे रिस भारे।।''-क.प्रि., 13/8। 2. पाँच प्रकार के पिता होते हैं। जनकर, उपनेता, ससुर, अन्नदाता, भयत्राता। उ.-''पंच भूत, पातक, प्रगट पंचयज्ञ जिय जानि। पंचगव्य, माता, पिता, पंचामृतनि बखानि।।''-क.प्रि., 11/14।

**पितृदेव**—दे. पितर। पितरों के अधिष्ठाता देवता। उ.-''दिन दिन पूजत जहँ पितृदेव। अर्चमान श्रीहरि की सेव।।''—वी.च., 18/7।

**पिनाक**—शिव का धनुष जिसे श्रीरामचंद्र ने जनकपुर में तोड़ा था। उ.—''राम हत्यो मारीच जेहि अरु तारका सुबाहु। लक्ष्मन कों यह धनुष दै तुम पिनाक कौ जाहु।।''-रा.चं., 5/37।

**पिनाकपति**—दे. पिनाक। पिनाक धनुष के स्वामी। शंकर। उ.-''नाम नाक पति लेत नित पुनि पिनाकपति लेत। भजत पाप न नाकपति परक नाकपति देत।।''-वृं.ग्रं., य.स., 334/232।

**पिनाकी**—दे. पिनाक। पिनाक नाम का धनुष धारण करनेवाले, महादेव शंकर। एकादश रुद्रों में से एक। महेश्वर की उपाधि। उ.-''नाकी नफरी करत है धरत पिनाकी ध्यान! दास जना की जहाँ तहाँ करुना की भगवान।।''-वृं.ग्रं., य.स., 559/249।

**पिपरिहा**-राजपूत विशेष। उ.-''नदवान नाहर पिपरिहा बलके बनाफर सिपरिहा।''-प.ग्रं., हिं.ब. बि., 36/8।

**पिय**-दो लघु (।।)। उ.-''सबन पिय तरहि गुरु प्रगट धवलहि गना।''-भि.ग्रं. 1, छंदा., 177/201।

**पियादौ**—पाँव-पाँव चलनेवाला। पैदल सिपाही। उ.-''आपुन तौं ह्यां भावते सोवत हौ सुष सेज। मो तन त्रासत रहत हौ बिरह पियादौ भेज।।''-रस. रतन., 788/147।

**पिरोजशाह**—फीरोजशाह। दक्षिण के बहमनी राज्य का एक शासक जिसका समय 1397-1422 ई. माना जाता है। उ. -''महमद साहि पिरोजसाहि सो कुतुबसाहि गनि। रुकनदीन जल्लालदीन साहावदीन भनि।।''-ज.चं., 37।

**पिशाच**—एक हीन देव योनि के प्राणी जो यक्षों और राक्षसों से हीन कहे गए हैं और इनका स्थान मरुस्थल बताया गया है। ये बहुत अशुचि और गंदे कहे गए हैं। इन्हें शिव के नियंत्रण में भी माना गया है। पुराणानुसार इन्हें क्रोधवशा के गर्भ से उत्पन्न कश्यप के पुत्र कहते हैं। ये 16 प्रकार के बताये गये हैं। इनके रूप और कार्य विचित्र होते हैं। ब्रह्मा के वर से ये मनचाहे रूप धारण कर लेते हैं और इच्छानुसार छिपते और प्रकट होते हैं। प्रायः मनुष्यों द्वारा परित्यक्त अथवा एकांत स्थान या राजपथ और उनके मोड़ों, प्रवेशद्वारों, राजपथ के किनारे के वृक्षों, खण्डहरों को अपना आवास बनाते हैं। दूषित कर्मों से जीविकोपार्जन करने वालों के ये आराध्य देव हैं और पर्वसन्धियों पर मदिरा, माँस, तिल, लोहवान, काले कपड़ों सहित बलि देने से ये प्रसन्न होते हैं। (पौ.को., हिं.श.सा.)। उ.-''बृंद कहैं सुर नर किन्नर भूत पिशाच पढैं जस जुक्ति नई है।''-वृं.ग्रं., भा.पं., 1/12।

**पिचास**—पिशाच। दे. पिशाच। उ.-''निर्जल निर्जन कानन देख्यो। भूत पिचासन को घर लेख्यो।।''-रा.चं., 33/47।

**पिसाच**—दे. पिशाच। उ.-''खेचर भूतर प्रेत पिसाच रु आपस माँझ करी मिल बातैं।।-वृं.ग्रं., स.स.रू., 83/271।

**पिसाचिका**— पिशाची। दे. पिशाच। पिशाच स्त्री। उ. -''मदपिसाचिका कैसी अली। मोह नींद की सज्या भली।'' -वी.च., 29/33।

**पिहानी**—तलवार विशेष। ''तहँ सु बरदमानी खडक पिहानी हर बरदानी हेरि हँसे।''-प्र.ग्रं., हि. ब.बि., 199/28।

**पिहित**—एक अर्थालंकार जिसमें किसी के मन का कोई भाव जानकर क्रिया द्वारा अपना भाव प्रकट करना वर्णित हो। ल. (1) -जानि पराई वृति जहँ क्रियासहित आकूत। तहाँ पिहित बरनन करत जे कबि सुमति सपूत।। -मति., ल.ल., 356/357। ल. (2)- पर के मन की जानि गति ताको देत जनाय। कछू क्रिया करि कहत हैं पिहित ताहि कबिराय।।-भू.ग्रं., परि., 381-200। ल. (3)-पिहित छिपी पर बात कों जानि दिखावै भाइ। उ.-''प्रातहि आए सेज पिय हँसि दाबत तिय पाइ।।'' ज.ग्रं., भा.भू., 180/59। ल. (4)-पिहित समुझि परवृत्त जहँ समुझावै करि काज।। उ.-''लखि भोरहि पिय कों जु तिय मुकुर दिखायो आज।।''-प.ग्रं., पद्मा., 250/63। ल. (5)-जहाँ छपी पर बात कों जानि जनावै कोइ। तहाँ पिहित भूषन कहैं, छपे पहली सोइ।। उ.-''लाल भाल रँग लाल लखि बाल न बोली बोल। लजित कियो ता दृगनि कों कै सामहें कपोल।।''-भि.ग्रं.2, का. नि., 5-6/152। ल. (6)-पिहित लखावै भाव जहँ जानि दुरी पर बात। उ.-''बिछरे कच रति रंग में समझि सखी मुख मोरि। दई तरुनि को बिहँसि कैं अरुन पाट की डोरी।।''-सो.ग्रं.1, र.पी.नि., 295-296/218।

**पीठमर्द**—नायक के चार सखाओं में से एक जो वचन चातुरी से नायिका का मानमोचन करने में समर्थ हो। यह शृंगार रस के उद्दीपन विभाव के अन्तर्गत है। ल. (1)-पीठमर्द बिट चेट पुनि बहुरि बिदूषक होइ। मोचै मान तियनि को पीठमर्द है सोइ।।-प.ग्रं., जग., 339/153। ल. (2)-पीठमर्द करै झूठ मान जो है फुरो।-भि.ग्रं., र.सा., 91/28। ल. (3)-बातनि ही झूठौ करै मानवती कौ मानु। हित सरसावै दुहुनि में, पीठमर्द गुनवानु।।-सो.ग्रं. 1, र.पी.नि., 32/117।

**पीतांभर**—पीतांबर। पीला कपड़ा। पीले कपड़े वाला। श्रीकृष्ण। उ.-को अवराधे जोगु तुव रहुरे मधकर मौनु। पीतांभर के छोर तैं छोर सकै मनु कौनु।-रस.,रतन., 499/110।

**पीतामर**—दे. पीतांभर। उ.-''वा पीतामर की पवन जब तक लगै न आइ। सुमन कली अनुराग की तब तक क्यौं बिगसाइ।।''-रस., रतन., 660/131।

**पीपा**—रामानंद की शिष्य परम्परा के एक प्रसिद्ध संत जिनका उल्लेख कबीर और रैदास ने भी किया है। कहा जाता है कि ये पहले नागरौगनगढ़ के खीची चौहान राज़ा थे। इन्हें जैतपाल की चौथी पीढ़ी में उत्पन्न माना जाता है। इसके अनुसार इनका जन्म सन् 1360 ई. से लेकर 1392 ई. के बीच स्वीकार किया जा सकता है। इनकी एक रचना के रूप में 'सरब गोटिका' स्वीकृत है। (सा.को.)। उ.-''धना और सदना कबीर पीपा मीरा ब्यास गीध रयदास सुख भनि सौं सनिगौ।''-ठाकुर, 1/61।

**पीपा प्रकाश**—रचयिता-सेवकराम (दे.)। (बृ. इति. 7)।

**पीम**—प्रिय अर्थात् दो लघु (।।)। भि.ग्रं.1, छंदा., 232/211।

**पीरसाहिब**—शृंगारमंजरी (संस्कृत) के मूल रचयिता अकबर साह के एक छोटे भाई और गोलकुंडा के कुतुबशाही बादशाह अब्बुल हसन के गुरु साहिराज के पुत्र। उ.-''बहुरि पीर साहिब लसत सब गुन गन गंभीर।''-शृं.मं., चिंता., 9/3।

**पीरा**—मुसलमानों का धर्मगुरु। मुसलमान सिद्ध या गुरु। उ.-''पीरा पयगंबरा दिगंबर दिखाई देत सिद्ध की सिधाइ नई रही बात रबकी।''-भू. ग्रं., प्रकी., 446/216।

**पीलवाँन**—पीलवान-हाथीवान। महावत। उ.-''मनु गज मद मौकल भयौ रहत न अपनै हाथ। लगौ रहत पर मोद को पीलवांन चितु साथ।।''-रस., रतन., 496/110।

**पुंड्र**—एक प्राचीन जाति जिसका नाम विश्वामित्र के सौ पुत्रों में से एक के नाम पर पड़ा। विश्वामित्र ने जब शुनःशेप का अभिषेक किया तब उनके ज्येष्ठ पुत्र बहुत असन्तुष्ट हुए। इस पर विश्वामित्र ने उन्हें शाप दिया कि तुम्हारे पुत्र अंत्यज होंगे। अंध, पुंड्र, शवर, मूतिव आदि उन्हीं पुत्रों के वंशज हुए। उ.-''पंचआल पामर पुलिंद पुंड्र लाट

हून हाटक नेपाल कालकेय कालकेस के।''-ज.चं., 102।

**पुंनि**--दे. पुण्य। उ.-''जीव अबिद्या कर्म पुनि पाप पुंनि हैं मानि। सुख दुख इनके भोग सब यहौ व्रह्म करि जानि।।''-ज.ग्रं., अ.सि., 77/149।

**पुट छंद**--इसके चरणों में मात्राक्रम है (।। ।।। SS S। SS)। इसमें बारह वर्ण होते हैं। इसमें आठ और चार वर्णों पर यति होती है। ल.-''पिय दुजवर कर्नो, नंद कर्नो। जति बसु अरु चारै वीच वर्नो। दस अरु बिय यामें बर्न राख्यो। अहिपति पुट नामै छंद भाख्यो।।'' उ.-''अमिय सुवत आली, आस्य तेरो। श्रवण पुटन पीवै, पान मेरो।।''-भि. ग्रं.1, छंदा., 30-31/151।

**पुण्य**--धर्मशास्त्र विहित कार्य अथवा कर्म जिसका फल शुभ हो। उ.-''वीर जिनेसर वढि जनम जग सफल करिज्जै। करिय पूज रस कजि पुण्य भंडार भरिज्जै।।''-वृं.ग्रं., स.शि.छं., 8/1।

**पुदगल**--पुद्‌गल। शरीर। देह। उ.-''रसना कारन पुदगल छाड्यौ मीन। त्यौं ही गज सपरस तैं बंधन लीन।।''-ज.ग्रं., आ.बि., 40/118।

**पुनरुक्त**--पुनरुक्ति। किसी बात को दुहराना या एक ही बात को बार-बार कहना एक दोष है। दे. दोष, अर्थदोष। ल. (1)-उहै अर्थ पुनि पुनि मिलै, सब्द और पुनरुक्ति। उ.-''मृदु बानी मीठी लगै बात कबिन की उक्ति। ति.-बानी, बात, उक्ति को अर्थ एक ही है। -भि.ग्रं.2, का. नि. छ. 61, 61अ/232। ल. (2)-एक अर्थ द्वै बार जहँ सो पुनरुक्त बताइ।। उ. ''नैकु थिर थाउ अभिराम गुन सुंदर हौ नाहि घनस्याम यह काम अरवीन कौ।।''-ति.-इहाँ अभिराम और सुंदर एक ही अर्थ है यौं न चाहिए और यौं चाहिए-''अभिराम गुन धाम अजू नांहि इत्यादि।'' -सो.ग्रं.1, र.पी.नि, 35-36/167। ल. (3)-एक बार कहिजो कछु, बहुरि जु कहिजतु सोइ। अर्थ होइ कै सब्द पुनि, सुनि पुनरुक्त सु होइ।। उ. -''माघवा घन आरूढ़ इंद्र आजु अति सोभिजै। ब्रज पर कोप्योमूढ़ मेघ दसौ दिसि देखियै।।''-क.प्रि., 3/49-50।

**पुनरुक्तवदाभास**--एक शब्दालंकार जिसमें शब्द सुनने से पुनरुक्ति सी जान पड़ती है, किन्तु यथार्थ में नहीं होती। ल.-कहत लगै पुनरुक्त सो, पै पुनरुक्त न होइ। पुनरुक्तवदाभास तिहि, कहैं सकल कवि लोइ।। उ. -''अली भँवर गुंजन लगे, होन लग्यो दल पात। जहँ तहँ फूले बृक्ष तरु, प्रिय प्रीतम कित जात।।''-भि.ग्रं. 2, का.नि., 18-19/191-192।

**पुनरुक्तिवदाभास**--दे. पुनरुक्तवदाभास। ल. -भासत है पुनरुक्ति सी नहिं निदान पुनरुक्ति। पुनरुक्तिवदाभास सो भूषन बरनत युक्ति।।''-भू. ग्रं., शि.भू., 342/193।

**पुनरुक्तिप्रतिकास गुण**--पुनरुक्तिप्रतीकाश गुण। पुनरुक्तिप्रतिकास गुण। दे. गुण। ल.-एक सब्द बहु बार जहँ, परै रुचिरता-अर्थ। पुनिरुक्ति-प्रतिकास गुन, बरनैं बुद्धिसमर्थ।। उ. -''बनि बनि बनि बनिता चली, गनि गनि गनि डग देत। धनि धनि धनि अँखिया जु छबि, सनि सनि सनि सुख लेत।।''-भि.ग्रं. 2, का. नि., 27-28/179।

**पुन्य**--पुण्य। दे. पुंनि, पुण्य। उ. (1)-''दोऊ जानैं पुन्य पाप, दुहुन के रिषि बाप दुहुन की देखिजत सूरति सुदेसी है।।''-क.प्रि., 11/42। उ. (2)-''जानिजै न जाकी माया मोहति मिले हीं माँझ, एक हाथ पुन्य एक पाप को निवारियै।।''-क.प्रि., 12/25। उ. (3)-''पुन्य बिलात पहारन से पल ज्यों अघ राघव की निसि जागे।।'' -रा. चं., 24/17। उ. (4)-''सोइ संग सुख जागे दुख लहि समुझौ निरधार। छीन पुन्य सुरलाक तें लेत अवनि अवतार।।'' -मति., सत., 361/398। उ. (5)-''पाप पुन्य अरु ज्योति तै रबि-ससि न्यारे जानि। जदिपि सु सबही घटनि मैं प्रतिबिम्बित है आंनि।।''-रस., रतन., 42/48।

**पुन्यकाल**--पुण्यकाल। शुभ समय। ज्योतिष शास्त्र में सूर्यपथ के मंडल के बारह भाग माने जाते हैं। प्रत्येक भाग राशि कहलाता है। इन राशियों के भिन्न-भिन्न नाम हैं। सूर्य के भिन्न-भिन्न राशियों में रहने पर उनके भिन्न-भिन्न नाम कहे जाते हैं, अतः द्वादश आदित्य प्रसिद्ध हैं। जब एक राशि को समाप्त कर सूर्य दूसरी राशि में प्रविष्ट होने लगता

है, तो उसको दोनों की संधिरेखा का उल्लंघन करना पड़ता है। इसी उल्लंघन को संक्रमण अथवा संक्रांति कहते हैं। सूर्य पिंड के मध्य बिन्दु को इस सन्धि रेखा के स्पर्श तथा त्याग में जो समय लगता है संक्रांति का मुख्य पुण्य काल वही है। वह समय बड़ा पुनीत माना जाता है और ऐसा सूक्ष्म होता है कि उसका अनुसंधान वड़ी कठिनता से हो सकता है। उसके विषय में प्रसिद्ध है कि वड़े पुण्यात्मा लोग ही उस समय को पाते हैं, अर्थात् उस समय को लक्षित कर के समयोचित कर्तव्य कर सकते हैं। उ.(1)-"तिय तिथि तरुनकिसोर-वय पुन्यकाल-सम दोनु। काहूँ पुन्यनु पाइ यतु बैस-संधि-संक्रोनु।।"-बि.र., 274/129। उ.(2)-"पुन्य-कालन देत बिप्रन तौलि कनंक। सत्रुसोदर कौं दई सब स्वर्न ही की लंक।।"-रा.चं., 27/19।

**पुरंदर**--शत्रु के पुर, नगर या घर को तोड़नेवाला इन्द्र। उ. (1)-''पु हपावती पुरी अति सुंदर। तिहि सुवास मन चहत पुरंदर।।''-बो.ग्रं., वि.वा., 48/41, वही, 8/194। उ. (2)-''सुनत पयान श्रीप्रताप को पुरंदर पै धन्य पटरानी जोधपुर में सती भई।।'' -प.ग्रं., जग., 552/196। वही, 704/227। वही, प्रकी., 19/308।

**पुरन्दर माया**--रचयिता-मंडन (दे.), (स. सर्वे.)।

**पुरतगाल**--पुर्तगाल। योरप के दक्षिण-पश्चिम में स्थित देश। उ. (1)-''भूषन कहैं यौं अवरंग सों उजीर जीति लेबे कौं पुरतगाल सागर उतरते।।''-भू. ग्रं., शि.भू., 163/159। उ. (2)-''पेसकस भेजत विलाइत पुरतगाल नीकी जिहाजन ह्वै करनाटक दली है।''-भू.ग्रं., शि.भू., 238/173, वही, प्रकी., 490/225।

**पुरदेबिन**--नगर देवी। नगर लक्ष्मी। उ.-''किधौं कुलदेबि दिपैं अति ''केसव'' कै पुरदेबिन को हुलस्यो गनु।।'' -रा.चं., 24/8।

**पुरसोत्तम**--पुरुषोत्तम। धर्मशास्त्रानुसार वह निष्पाप पुरुष जो शत्रु-मित्र आदि से सर्वदा उदासीन रहे। पुरुषों में उत्तम। उ.-''स्री पुरुसोत्तम पेत कौं दरसैं परसैं कोइ दरसै भासै जगत कौ है पुरसोत्तम सोइ।।''-वृं.ग्रं., य.स., 446/240।

**पुरहूत**--पुरुहूत। इन्द्र। उ. (1)-''दावा पुरहूत को पहारन के कुल पर दावा सबै पच्छिन के गोल घर बाज को।।''-भू.ग्रं., प्रकी., 409/206। उ. (2)-''को बकता सम सेष प्रताप प्रभाकर यों पुरहूत सो भोगी।'' बो.ग्रं., वि.वा., 49/26। उ. (3)-''जौने हजार भईं पुरहूत के कंचन देह बिहारमई है।'' -बो.ग्रं., वि.वा., 4/179, 26/188। 15/192। उ. (4)-''सटपट वैरिन कैं परत सजत प्रताप बिकट्ट। पंनगपुर पुरहूत के अट्टरत उपट्ट।''-प.ग्रं., 120/291। उ. (5)-''साहि के सुपूत पुहवी के पुरहूत कवि भूषन भनत तेरो खडगऊ दंगली।।''-भू.ग्रं., शि.भू., 184/163।

**पुरान**--पुराण। प्राचीन आख्या अथवा पुरानी कथा। हिन्दुओं के वे ग्रंथ जिनमें सृष्टि, मनुष्य, देवों, दानवों, राजाओं, महात्माओं आदि के ऐसे वृत्तांत हैं जो पूर्वपरम्परा से चले आते हों। इनकी संख्या 18 मानी जाती है-विष्णु, पद्म, ब्रह्म, शिव, भागवत, नारद, मार्कण्डेय, अग्नि, ब्रह्मवैवर्त, लिंग, वाराह, स्कंद, वामन, कूर्म, मत्स्य, गरुड़, ब्रह्माण्ड और भविष्य । प्रत्येक पुराण में अठारहों पुराणों के नाम और उनकी श्लोक संख्या उल्लिखित है। कहीं-कहीं नामोल्लेख में भेद भी है। पुराण के पाँच लक्षण कहे गए हैं-सर्ग, प्रतिसर्ग (सृष्टि और फिर सृष्टि), वंश, मन्वंतर और वंशानुचरित-''सर्गश्च प्रतिसर्गश्च वंशो मन्वन्तराणि च। वंशानुचरितं चैव पुराणं पंचलक्षणम्।'' वंशावलियों में अनेक स्थलों पर भिन्नता है। इनमें सबसे प्राचीन विष्णु पुराण प्रतीत होता है। अधिकांश पुराणों का रूप 1000 वर्षों के भीतर का ही है। अठारहों पुराणों के वक्ता सत्यवती सुत व्यासदेव हैं। शैली की भिन्नता के आधार पर कहा जाता है कि सभी पुराण वेदव्यास के रचे नहीं हैं। जिस युग में पुराण लिखे गए हैं उस समय की छाप प्रायः स्पष्टतया उनके भाव, शैली और वाक्यविन्यास पर दिखाई पड़ती है। (हिं.श.सा., पौ. को.)। उ. (1)-''महादान षोडस दए जीती जगदिसी चारि। चारौं वेद अठारहौ सुने पुरान बिचारि।।''-क. प्रि., 1/15। उ. (2)-''बेद पुरान बखानत अधम

उधार। केहि कारन करुनानिधि, करत विचार।।''-र. वि., 28/58। उ. (3)-''तिहिं पुरान नव द्वै पढ़े जिहिं जानी यह बात। जो पुरान सों नव सदा नव पुरान ह्वै जात।।''-मति, सत., 364/399। उ. (4)-''बेद-पुरानन की चरचा अरचा दुज-देवन की फिरि फैली।।''-भू.ग्रं., शि.भू., 268/179, वही, प्रकी., 420- 421/209। उ. (5)-''यह प्रेम को पंथ हलाहल है सु तौ बेद पुरानऊ गावत हैं। -बो.ग्रं., इ. ना., 14/3।

**पुरी**–सात प्रसिद्ध पुरी-अयोध्या, मथुरा, माया, काशी, कांची, अवन्तिका, और द्वारका। केवल जगन्नाथपुरी के लिए भी ''पुरी'' शब्द का व्यवहार होता है। उ. (1)-''केसोदास'' पुरी, पुरपुजन को पालक, पै सात ही पूरी सों पूरो प्रेम पाइयतु है।'' -क.प्रि.,11/23। उ. (2)-''सिगरे तीरथ सब पुरी, जितने मुनिगन देव। सब सेवत वारानसी, अपने अपने भेव।।'' -वि.गी., 6/56।

**पुरुष**–1. पुरुष। नर। उ. (1)-''एक नीर फिर पाँचवैं होत पुरुष उत्पति। प्रथम संकलप कीजियै जगयादिक कौ सत्ति।।''-ज.ग्रं., आ.वि., 126/127। उ. (2)-''वहै अंन मैं आइकै पुरुष पेट मैं जाइ। वाही जल कौं समुझि तूँ चौथें है इहिं झाइ।।''-वही, 129/127। 2. परमात्मा विष्णु। उ. (1)-''पुरुष पुरान अरु पूरन पुरान इन्हैं पुरुष पुरान सु कहत किहिं हेत हैं।''-र. प्रि., 14/36। उ. (2)-''श्रीधर भूधर के सिद्धा 'केसव' जगत् प्रमान। माधव राघव कंसहा, पूरन पुरुष पुरान।''-क. प्रि., 16/12।

**पुरुष पुरान**–विष्णु। पुराण पुरुष। उ.-''चित लगि पुरुष पुरान सों हित पुरान सों होइ। स्रवन करत नित भागवत परम भागवत सोइ।''-वृं.ग्रं.,य.स., 279/228।

**पुरुषारथ**–पुरुषार्थ। पुरुष का अर्थ या प्रयोजन जिसके लिए उसे प्रयत्न करना चाहिए। पुरुष के उद्योग का विषय। पुरुष का लक्ष्य। हिन्दू मतानुसार ये चार हैं-धर्म, अर्थ, काम, मोक्ष। उ. (1)-''हैं अति उत्तम ते पुरुषारथ जे परमारथ के पथ सोहैं।''-क.प्रि., 4/3। उ. (2)-''लक्ष्मन के पुरिषान कियो पुरुषारथ सो न कह्यो परई।''-रा. चं., 7/36। उ. (3)-''नल सो जगत दानी साँचो हरिचंदजू सो पृथु सो परम पुरुषारथनि लेखियै।''-ज. चं., 118।

**पुरुषोत्तम**–दे. पुरसोत्तम। उ. (1)-''जद्यपि पुरुषोत्तम की नारि। तदपि सकल खलजन अनुहारि।।''-रा.चं., 23/30। उ. (2)-''जद्यपि चतुरानन महा, चतुरानन कर हीन। पुरुषोत्तम से देखियत, नाहिंन मायहि लीन।।''-वि.गी., 16/58।

**पुरोहित**–वह प्रधान याजक जो राजा या और किसी यजमान के यहाँ अगुआ बनकर यज्ञादि, श्रौतकर्म, गृहकर्म और संस्कार तथा शांति आदि अनुष्ठान करे और कराए। उ.-''राजारापुरोहितादि सुहृदा मंत्री महामंत्रदा। नानादेससमागता नृपगना पूज्या परा सर्बदा।।''-रा.चं., 3/13।

**पुर्नोपमा**–दे. पूर्णोपमा। ल.-बाचक पद धरम उपमेयो उपमान। जामें सो पुर्नोपमा लुप्त घटति लौं आन।।''-भू.ग्रं., शि.भू., 35/134।

**पुलक**–रोमांच सात्विक। समाचार, संवाद, बोल, स्पर्श आदि के कारण रोमों का कंटकित या खड़ा होना। उ. (1)-''बिहँसि बुलाइ, बिलोकि, उत प्रौढ़ तिया रस घूमि। पुलकि पसीजति, पूत कौ पिय-चूम्यौ मुँह चूमि।।''-बि.र., 617/285। उ. (2)-''मुखु उधारि पिउ, लखि रहत रह्यौ न गौ मिससैन। फरके ओठ, उठे पुलक, गए उधरि जुरि नैन।।''-बि.र., 639/294।

**पुलोमजा**–पुलोम नाम के असुर की पुत्री। दक्ष की एक पुत्री दनु तथा कश्यप से उत्पन्न 61 पुत्रों में से एक का नाम पुलोम था। यह रसातल के निवासी वृत्रासुर के पक्ष से इन्द्र से लड़ा था। देवासुर संग्राम में यह अग्नि से लड़ा था। यह इन्द्र द्वारा मारा गया था और इसकी पुत्री शची इन्द्र से व्याही थी। पुलोम की पुत्री होने के कारण इसे पुलोमजा कहते हैं। (हिं.श.सा., पौ. को.)। उ.- ''लोम सी पुलोमजा न तिल सी तिलोत्तमा न, मैलहू समान मन मेनका न मानिवी।।''-रा.चं., 4/14।

**पुष्कर**–एक तीर्थ जो अजमेर के पास है। ऐसा प्रसिद्ध है कि व्रह्मा ने इस स्थान पर यज्ञ किया

था। यहाँ ब्रह्मा का एक मन्दिर भी है। पद्म और नारद पुराण में इसका माहात्म्य वर्णित है। हाथ में कमल लेकर यज्ञ की इच्छा रखने वाले ब्रह्मा का कमल यहाँ गिरा था इसलिए इसे पुष्कर कहते हैं। कमल के गिरने से घोर शब्द हुआ था। देवताओं की जिज्ञासा पर ब्रह्मा ने बताया कि कमल गिराकर उन्होंने बालकों के घातक वज्रनाभ का वध कर दिया और इस प्रकार देवताओं की एक बड़ी विपत्ति दूर हो गई। आजकल अनेक अच्छे घाटों, भवनों आदि से यह सरोवर सुन्दर लगता है। यहाँ ब्रह्मा, सावित्री, बदरीनारायण और वराह के मन्दिर हैं। उ. (1)-''काहिल कोलापुर लयौ, कालिंजर पलु एक। काँवरु कन्यनि की पुरी, कार्तिक पुष्कर टेक।।'' -वि.गी., 6/5। उ. (2)-''सेबत बृंद आनंद सौं पुष्कर तीरथ मुकुट मनि।।''-वृं.ग्रं., पुष्कराष्टक, 1/307, 2/307।

**पुष्करद्वीप**–पुराणों में कहे गए सात द्वीपों में से एक। दधि समुद्र के आगे यह द्वीप बताया गया है। इसका विस्तार शाक द्वीप से दूना कहा गया है। उ. -महामोह अति कोह कै, दोषन के अवनीय। कीनौ प्रथम मिलान महि, मोहन पुष्करद्वीप। -वि.गी., 4/5।

**पुष्करवति**–पुष्कलावती। गांधार देश की प्राचीन राजधानी। विष्णुपुराण के अनुसार भरत के पुत्र पुष्कल ने इसे बसाया था। पेशावर से नौ कोस उत्तर स्वात और काबुल नदी के संगम पर जहाँ हस्तनगर नाम का गाँव है, वहीं प्राचीन पुष्कलावती नगरी थी। सातवीं शती तक इसकी विद्यमानता के उल्लेख मिलते हैं। यहाँ हिन्दू देव मन्दिर और बौद्ध स्तूपों की स्थिति का उल्लेख मिलता है। उ.-''पस्चिम पुष्कर कौं दई पुष्करवति है नाम। तक्षसिला तक्षहिं दई लई जीति संग्राम।।''-रा. चं., 39/25।

**पुष्करु**–दे. पुष्कर। उ.-''प्रगट प्रभाव सुरेनुका, हर्नपाय उज्जैनि। सूकरपूरनि पुष्करु, अरु प्रयाग मृगनैनि।।''-वि.गी., 6/11।

**पुष्पवती**–दे. पुहपावती। उ.-''पुष्पवती के बाग में डेरा कीन्हो आय। हौं आयों तेरे भवन बैद सुभेष बनाय।।''-बो.ग्रं., वि.वा., 81/178।

**पुहपतिअग्र छंद**– प्रथम और तीसरे चरण में दस वर्ण हैं और मात्रा का क्रम है (।।।। ऽ।ऽ ।ऽऽ)। दूसरे और चौथे चरण में तेरह वर्ण हैं और मात्राक्रम है (।।।। ऽ। ।ऽ।ऽ ।ऽऽ)। ल. -दुजबर रागनो यगंनो, दुजवर नंद जगंनु गो यगंनो। पुहपतिअग्र छंद बर्नो। विषम दसै त्रिदसै समेति बर्नो।। उ.-''फिरि फिरि भ्रमि कै कहै नवेली, बिधि यह कौन प्रकार की चँवेली। रँग धरति कनैर-पाँखुरी के, छुवति जि पुष्प ति अग्ग आँगुरी के।।''-भि. ग्रं.1, छंदा., 2-3/267।

**पुहुपावति**–दे. पुहुपावती। उ. -''जो पुहुपावती पुरी में बीती द्विज पर आय। कही कंदला बाल पै सत्य सत्य सो गाय।।'' -बो.ग्रं., वि.वा., 16/217।

**पुहुपावती**–पुष्पावती नाम की नगरी या पुरी। बोधा रचित विरह वारीश नामक काव्य के राजा महाराज गोविंदचंद्र की राजधानी जहाँ से उन्होंने इस काव्य के नायक माधव को निकाल दिया था। उ. (1)-''पुहुपावती जु पुरी बसै महाराज गोबिंदचन्द्र की।'' बो.ग्रं., वि.वा., 3/43। उ. (2)-''त्यागि पुरी पुहुपावती माधव चल्यो उदास।।''-वही, 12/77, 33/80। उ. (3)-''पुहुपावती पुरी अति सुंदर। तिहि सुबास मन चहत पुरंदर।।''-वही, 48/41।

**पूजा**–पुष्प, पत्र, गंध आदि के समर्पण के साथ ईश्वर या विशिष्ट देवता का ध्यान तथा उसके प्रति श्रद्धा, सम्मान, विनय और समर्पण का भाव प्रकट करना। उ. (1)-''रिषिराज करी पूजा अपार। पुनि कुसलप्रस्न पूँछी उदार।।''-रा.चं., 20/53। उ. (2)-''पूजा यहै उर आनु। निब्यजि धरियै ध्यानु। यों पूजि घटिका एक। मनु किये जज्ञ अनेक।।''-रा.चं., 20/30। उ. (3)-''पूजा सालग्राम की करि षोडल उपचार। बंदन आठौ अंग तें, करति हुति तिहि बार।।''-वि.गी., 8/50। उ. (4)-''आनंद फल प्रापत भयौ तुव प्रसाद तें आइ। तुम यह औसैं मानिज्यौ पूजा सहज सुभाइ।।''-ज.ग्रं., आ.वि., 190/133। उ. (5)-''भाव सहित सोभा लहैं पूजा जप तप मित्तत।।''-वृं.ग्रं., भा. पं., 3/12।

**पूतना**—एक प्रसिद्ध राक्षसी जिसे कंस ने श्रीकृष्ण को मारने गोकुल भेजा था, पर वह स्वयं मारी गयी। इसने अपने स्तनों पर विष इसलिए लगाया था कि श्रीकृष्ण दूध पीकर उसके प्रभाव से मर जायँ किन्तु विष का तनिक भी प्रभाव श्रीकृष्ण पर न पड़ा और उन्होंने उसका रक्त चूस कर उसी को मार डाला। उसने मरते समय इतना लंबा-चौड़ा रूप धारण कर लिया था कि जिस क्षेत्र में यह गिरी, वहाँ की सारी जमीन धँस गई। बकासुर, वत्यासुर और अधासुर नाम के इसके तीन भाई थे। (हिं.शा.सा., पौ.को.)। उ. (1)-''जो ही ही की पूतना हने पूतना प्रान। जननी ऐसो पूत ना जनम्यौं काहू आन।।'' वृं.ग्रं., य.स., 63/211। उ. (2)-''याही कों सराहैं सेस याही को बखानैं बेद याही की कहानी कंठ पूतना लपेटे की।''-ठाकुर, 5/62। उ. (3)-''पतितन पावन करत जौ न नंदपूत, पूतना कबहिं पति देबता कहाई ही।''-क. प्रि., 11/62।

**पूना**—महाराष्ट्र का पूना नगर। मराठा शासन का मुख्य केन्द्र। यहीं से 12-13 कोस की दूरी पर स्थित शिवनेरी गढ़ में शिवाजी का जन्म हुआ था। पूना में ही शिवाजी ने दादाजी कोणदेव के निरीक्षण में युद्धकला, राजनीति आदि की शिक्षा ग्रहण की, और बड़े होकर अनेक युद्धों का संचालन किया। औरंगजेब के दक्षिण के सूबेदार शाइस्ता खाँ ने पूना पर अधिकार कर लिया था और उसी महल में रहने लगा था, जिसे दादाजी कोणदेव ने शिवाजी तथा इनकी माता के रहने के लिए बनवाया था। शिवाजी रात्रि में बारात के रूप में नगर में घुसकर केवल 25 सैनिकों के साथ अचानक आक्रमण कर दिया और शाइस्ता खाँ किसी प्रकार जान बचा कर भागा। अनेक वर्षों तक मराठा शासक पेशवाओं के भी शासनकाल तक पूना राजनीतिक केन्द्र बना रहा। उ. (1)-''भूषन भनत लूट्यौ पूना में सायस्त खान गढ़नि में लूट्यौ त्यौं गढ़ोइन कौ जाल है।'' -भू. ग्रं., शि.भू., 74/145। उ. (2)-''दच्छिन को दाबि करि बैठो आन सायस्त खाँ, पूना माहि दूना गहि जार करवार की।''-भू.ग्रं., शि.भू., 174/161। उ. (3)-''भूषन बोलि उठे सिगरे हुत्यौ पूना में सायस्त खान का थानौ।''-भू.ग्रं., शि.भू., 286/182।

**पूरक**—प्राणायाम विधि के तीन भागों में से पहला भाग जिसमें श्वास को नाक से खींचते हुए भीतर की ओर ले जाते हैं। योगविधि से नाक के दाहिने नथुने को बंद करके बाएँ नथुने से श्वास को भीतर की ओर खींचना। उ. (1)-''पूरक कुंभक रेच हैं एक तीनौ निरधार।।''—ज.ग्रं., आ.वि., 73/122। उ. (2)-''जो चाहै जीवन अति अनत। सो साधै प्रानायाम जंत। सुभ रंचक पूरक नाम जानि। अरुकुंभकादि सुखदानी मानि।।''-रा.चं., 25/22।

**पूरन उपमा**—पूर्णोपमा। उपमा अलंकार का एक भेद जिसमें उसके चारों अंग अर्थात् उपमेय, उपमान, वाचक और धर्म प्रकट रूप से प्रस्तुत हों। ल. (1)-''वाचक अरु उपमेय जहँ साधारन उपमान। पूरन उपमा कहत हैं तहँ मतिराम सुजान।। उ. -''भौहँ कमान कटाक्ष सर समरभूमि विचलैं न। लाज तजेहू दुहुनि के सजल सूर से नैन।।''-मति., ल.ल., 43,45/305-306। ल. उपमान 'रु वाचक धरम उपमेयहु जो कोइ। ये चारहु परसिद्ध जहँ पूरन उपमा सोइ।। उ.-''सुभग सुधाकर-तुल्य मुख मधुर सुधा से बैन। कुच कठोर श्रीफल-सरिस अरून कमल से नैन।।''-प.ग्रं., पद्मा., 8-9/33-34। ल. (3)-उपमेय 'रु उपमान पुनि वाचक धर्म अनूप। होई जहाँ चारयौ सु वह पूरन उपमा रूप।। उ. -''चाहत सुख संपति सबै तौ नित प्रति चित लाइ। ललित नवल नीरज सदृश रघुबर चरन मनाइ।।'' इहाँ चरन उपमेय, कमल उपमान, ललित य धर्म, सदृश वाचक यातें पूर्ण उपमा।।-सो.ग्रं.1, र.पी.नि., 3, 5/182।

**पूरनमल्ल खँगार**—बोधा कवि रचित विरह वारीश काव्य के एक योद्धा का नाम। उ.-''बली नृप बिक्रम को प्रतिहार। कह्यो रन पूरनमल्ल खँगार।।''-बो.ग्रं., वि.वा., 8/190।

**पूरनलुप्ता**—पूर्ण लुप्तोपमा। ल.-पूरनलुप्ता है तहाँ जहाँ बहुन को लोप।'' उ.-''जाहि निरखि सुक मंद हुव ताहि लखहु करि चोप।।''-प.ग्रं.,

पद्मा., 19/34।

**पूरब अनुराग**—दे. पूर्व-अनुराग, पूर्वानुराग। विप्रलंभ शृंगार के चार प्रकारों में एक और प्रथम। नायक का नायिका से या नायिका का नायक से मिलन के पूर्व ही चित्र, सौन्दर्य, गुण श्रवण, स्वप्न दर्शनादि से उत्पन्न अनुराग। ल. (1)-देखत हीं दुति दंपतिहिं उपजि परत अनुराग। बिन देखें दुख देखियै सो पूरब-अनुराग।। केशवदास ने इसके प्रच्छन्न और प्रकाश नाम के दो भेद किये हैं।-र. प्रि., 8/3। ल. (2)- जो प्रथमहिं देखे सुने बढ़े प्रेम की आग। बिन मिलाप जो बिकलता सो पूरब अनुराग।। उ.-"निरखो नेह दुहून की दई नई यह बात। सूखति देह दुहूँन की त्यौं पानिय सरसात।।"-मति., र.रा., 382, 384/287। ल. (3)-होत मिलन तें प्रथम ही व्याकुलता उर आनि। सो पूरब अनुराग वहि बरनत कवि रसखानि।। उ.-"ज्यों ज्यों बरसत घोर घन घन घमंड घहराइ। त्यौं त्यौं परत प्रचंड अति नई लगन की लाई।।"-प.ग्रं., जग., 627, 631/210-211।

**पूरब पुन्य**—पूर्व जन्म में किया गया सत्कार्य या सत्कर्म। उ.-"केसव कैसेहूँ पूरब पुन्य मिल्यो मनभावतो भाग भरयौ री।"-र.प्रि., 7/20। उ. (2)-"कहियै जु कछू मुनि जा लगि आए। अपने हम पूरबपुन्यनि पाए।।"-वि.गी., 14/41।

**पूरब राग**—साहित्य में नायक अथवा नायिका की एक अवस्था जो दोनों के संयोग के पूर्व प्रेम के कारण होती है। कुछ लोगों के मत से यह अवस्था केवल नायिकाओं की होती है, जिसमें नायक से मिलने की अभिलाषा, उसके सम्बन्ध में चिंता, उसका स्मरण, सखियों से उसकी चर्चा, उससे मिलने के लिए उद्विग्नता, प्रलाप आदि विप्रलंभ या वियोग की दसों दशाओं की स्थिति आती है। मिलन के बाद के भाव को अनुराग न कह कर प्रीति कहते हैं। दे. पूरब अनुराग। उ.-"है तरुनाई तरंगिनी पूर अपूरब पूरब राग रंगें पय।"-र.प्रि., 11/6।

**पूरब रूप**—दे. पूर्व रूप। ल. (1)-पूरव रूप गयो सु गुन फेरि लहै कर लेत। उ.-"हीरा भो मानिक बरन हँसतहिं भयो सु सेत।।" दूजो पूर्वरूप-ल.-वस्तु नसेहु पिछिली दसा दुजो सु पूरब रूप। उ.-"अथएहू ससि हँसनि की छाई जोन्ह अनूप।।"-प.ग्रं., पद्मा., 238-239/62। ल. (2)-पूरब रूप गुन नहिं मिटै, भए मिटन के हेत। उ.-"हरि खंगी अरु ब्यालगन, आगे दौरत राज। राज छुटेहू तुब दुवन, बन लियो को साज।।" -भि. ग्रं. 2, का.नि., 32, 34/137, 138। ल. (3)-"संगति कौ गुन लै बहुरि तजि पुनि निज गुन लेइ। पूरब रूप सुजानिए, प्रथम सुनत सुख देइ।। उ.-"चौकी हीरनि जटित पर चरन धरे नव नारि। लसी अरुन छबि हास तें भई सेत उनहारि।।"-सो. ग्रं.1, र.पी.नि., 271-272/215।

**पूरबानुराग**—दे. पूरब अनुराग, पूर्व अनुराग, पूर्वानुराग। उ.-"पलु पलु प्रनय करत किधौं 'केसोदास' लागि रह्यो पूरबानुराग पिय मन को।।"-क.प्रि., 15/58। ल.-प्रीतम निरखत सुख बढ़ै बिनु निरखै दुख होइ। है पूरबानुराग सो, भाषत पंडित लोइ।। सो.ग्रं.,1, र.पी.नि., 5/131।

**पूरबी** (संगीत)—एक प्रकार का दादरा। इसे सम्पूर्ण जाति का एक राग भी मानते हैं जिसके गायन का समय संध्या है। कुछ लोगों के अनुसार यह श्रीराग की रागिनी है और कुछ लोग इसे भैरवी और गौरी से मिल कर बनी संकर रागिनी भी मानते हैं। इसके गाने का समय दिन में 25 दंड से 28 दंड बताते हैं। (हिं.श.सा.)। उ.-"ताके निकट माधवा आयो। तौ लग बाल पूरबी गायो।।"-बो. ग्रं., वि.वा., 71/146।

**पूरिया** (संगीत)—पूरिया। षाड़व जाति का एक राग जो संध्या समय गाया जाता है। इसमें पंचम स्वर वर्जित है। किसी-किसी के मत से यह भैरव राग का पुत्र है। अन्य लोग इसे एक संकर राग मानते हैं। उ.-"ललित विभासा पूरिआ मधुमाधव तिहि ठाम।"-बो.ग्रं., वि.वा., 6/120।

**पूर्णोपमामाला अलंकार**—जहाँ कहीं अनेक की एक उपमा भिन्न धर्म से हो या एक की अनेक उपमाएँ हों वहाँ मालोपमा होती है। उ.-"कहुँ अनेक की एक है, कहुँ एक की अनेक। कहुँ अनेक अनेक की मालोपमा-विवेक।-इस प्रकार भिखारीदास ने

पूर्णोपमामाला के मुख्य रूप से तीन भेद बताये। एक की अनेक उपमाएँ–जहँ एक की अनेक तहँ भिन्न धर्म तें कोइ। कहूँ एक ही धर्म तें, पूरन माला होइ।। -भि.ग्रं.2., का. नि., 15-20/70-71।

**पूर्व अनुराग**–दे. पूरब अनुराग। ल.- विप्रलभ सिंगार को चारि प्रकार प्रकास। प्रथम पूर्व-अनुराग पुनि करुना, मान, प्रवास।-र.प्रि., 8/2।

**पूर्वपछिछ**–पूर्व पक्ष। किसी सिद्धांत पर पहुँचने के लिए भिन्न मत अथवा विचार। किसी शास्त्रीय विषय के सम्बन्ध में उठाई हुई बात, प्रश्न या शंका। शास्त्र विचार के लिए किया हुआ प्रश्न या शंका। उ.-''बेद शास्त्र सुमिरिति सकल बहु बिधि वाकिं विचार। पूर्वपछिछ सिध्धांतहू यहौ ब्रह्म निरधार।। ''ज.ग्रं., अ.सि., 86/150।

**पूर्वरूप**–पूर्वरूप। दूसरे से आए हुए गुण को दूर करके पुनः अपने गुण को प्रकट करना अथवा किसी वस्तु के नष्ट हो जाने पर भी दूसरी वस्तु के कारण पूर्व वस्तु के गुण का विद्यमान रहना जहाँ काव्य में वर्णित होता है, वहाँ पूर्वरूप अलंकार होता है। ल. (1)-प्रथम रूप मिटि जात जहिं फिर वैसोइ होइ। भूषन पूरबरूप सो कहत सयाने लोइ। -भू. ग्रं., शि.भू., 226/179। ल. (2)-पूर्बरूप लै संगगुन तजि फिरि अपनो लेत। दूजे जब गुन ना मिटै किये मिटन को हेत।। उ.-''सेष स्याम हो सिव गरें जस तें उज्जल होत। दीप मिटाएहूँ कियो रसनायनि उदोत।।''-ज.ग्रं., भा.भू., 169-170/56। दे. पूर्वरूप।

**पूर्वपक्षीय**–रचयिता-पं. उमापति त्रिपाठी (दे.)। (वृ. इति. 7)।

**पूर्वानुरागिनी**–दे. पूरबानुराग। मिलन के पूर्व ही नायक से अनुराग करने वाली नायिका। उ.-''साजे मोहन-मोहकौं, मोहीं करत कुचैन। कहा करौं, उलटे परे टोने लोने नैन।।''-बि.र., 47,30।

**पूर्वावस्थालंकार**–ल.-बिकृत वस्तु में आनि पुनि होत जहीं अनुवृत्ति। तासों पूरब अवसथा भूषन कहत सुबृत्ति।। उ.-''यौं सिर कौं छहरावत छार हैं जातें उठैं असमान बधुरे। भूषन भूधरऊ धरकैं जिनके धुनि धक्कनि यौं बलहूरे। तैं सरजा सिवराय दिये कविराजनि कौं गजराज गरूरे। मुंडनि सों पहिले जिन सोखिकै फेरि महामद सो न पूरे।।''-भू. ग्रं., 269-270/179।

**पूषन**–पूषण। पुराणानुसार बारह आदित्यों में से एक है। सूर्य। उ.-''धाम को राम समीप महाबल। सीतहि लागत है अति सीतल। ज्यों धनसंजुत दामिनि के तन। होत है पूपन के कर भूषन।।''-रा.चं., 9/37।

**पृथ्वीराज**–कवि केशवदास के पूर्वजों के एक दानदाता। राजा विशेष। उ.-''तिनकें सुत जयदेव जग थापे पृथ्वीराज। तिनकें दिनकर सुकुलसुत प्रगटे पंडितराज।।''-क.प्रि., 2/6।

**पृथु**–शाब्दिक अर्थ की दृष्टि से पृथु पृथ्वी को समतल बनाने वाले को कहते हैं। किसी-किसी पुराण में उन्हें विष्णु के अवतार के रूप में कल्पित कर लिया गया है। ये सूर्यवंशी चतुर्थ राजा वेणु के पुत्र माने जाते हैं। अत्रि वंशी अग्नि नामक प्रजापति से धर्मराज की कन्या सुनिथा ने वेणु नामक पुत्र उत्पन्न किया था। वेणु ने दुश्चरित्रता से पृथ्वी का दोहन कर डाला था। मारीचि आदि देवताओं ने सन्मार्ग पर चलने की बात की। उसने नहीं माना। अतः ऋषियों ने शाप देकर वेणु को मार डाला और उसकी बायीं भुजा के मन्थन से निषाद एवं पृथु की उत्पत्ति की। साहित्य में पृथु का धर्मप्रिय, दानी और यशस्वी राजा के रूप में उल्लेख हुआ है। एक अन्य कथा के अनुसार निःसंतान राजा वेणु के देहांत के बाद ब्राह्मणों के द्वारा उनके दोनों हाथों के हिलाये जाने पर उन हाथों में से एक पुरुष और एक स्त्री की उत्पत्ति हुई। पुरुष का नाम पृथु रखा और स्त्री को उनकी पत्नी बनाया और उनका राज्याभिषेक कर उन्हें पृथ्वी का राजा बनाया। पृथ्वी से अन्नोत्पत्ति बंद होने पर पृथ्वी को दण्ड देना चाहा। अंततः पृथ्वी उनकी शरण में आई। पृथ्वी के कहने पर पृथु ने मनु को बछड़ा बनाकर पृथ्वी का दोहन कर अपने हाथ पर सब औषधियाँ दूह लीं जिन्हें पृथ्वी ने मनुष्यों के द्वारा दुरुपयोग किये जाने पर अपने पेट में रख लिया था। इसी प्रकार ऋषियों,

दैत्यों, दानवों आदि ने भी अपने-अपने ढंग से अपनी-अपनी रुचि के अनुसार पृथ्वी का दोहन किया। तब पृथु ने संतुष्ट होकर पृथ्वी को 'दुहिता' कहा और पृथ्वी को सम कर दिया। उन्होंने ९९ यज्ञ किये थे और सौवें यज्ञ में इंद्र घोड़ा चुरा कर भागे। पीछा करने पर इंद्र ने अनेक रूप धारण किए जिनसे जैन, बौद्ध, कापालिक आदि मत उत्पन्न हुए। पृथु ने इंद्र का घोड़ा छीन कर उसका नाम विजिताश्व रखा। इंद्र को भस्म करने के लिए उद्यत होने पर ब्रह्मा ने उन दोनों में मेल कराया। यज्ञ को पूर्ण कर सनत्कुमार से ज्ञान प्राप्त कर, वन में तपस्या करते हुए योग के द्वारा स्त्री के साथ भोग शरीर त्याग दिया। (हि.शा.सा., सा.को., पौ.को.)। उ. (1)-''नौनगद्यो के सुत भए, पृथु ज्यों पृथ्वीराज।।''-क.प्रि., 1/11। उ. (2)-''वह हरी हठि हिनाक्ष देयत देखि सुंदर देह सों। बर बीर जज्ञ बराह बरहीं लई छीनि सनेह सों। ह्वै गई बिहवल अंग पृथु फिर सजे सकल सिंगार जू। पुनि कछुक दिन वस भई ताकें लियों सरबसु सार जू।।''-रा. चं., 6/32। उ.(3)-''भगत बछल ओ भगति प्रिय नाम हरि सुक बलि पृथु से उधारे जस गायो है।''-वृं.ग्रं., स्फुट, 28/317। उ.(4)-''पृथु रिति नित सुवित्त दै जग जित्ति कित्ति अनूप की।।''-प. ग्रं., हि.ब.बि., 46/9।

**पृथ्वी छंद**--एक वर्णवृत्ति, जिसके प्रत्येक चरण में मात्राक्रम है (।S। ।।S ।S ।।। S।S S।S)। सत्रह वर्ण होते हैं तथा आठ और नौ वर्ण पर यति होती है। ल. (1)-''जगंनु सगना धुजा, नगन रग्गना दोइ जू। बिराम बसु बर्न में, बहुरि नौ हि में होइ जू। चरंन प्रति 'दास' जू, बरन सत्रहे ठीक हैं। अहीस खगनाथ सों, प्रगट छंद पृथ्वी कहैं।। उ.-''लिप अजहुँ संभुजू रहत कालकूट गरें। अजौं उरगनाथजू, सीस पृथ्वी धरे।।''-भि.ग्रं. 1, छंदा., 66-67/257। ल.(2)-जगन सगन जगनौ सगन यगन लहू गुरु अन्त। बर्न सप्तदस आदि लहुँ पृथ्वी छंद कहंत। उ.-''अगस्ति रिषिराजजू बचन एक मेरौ सुनौ।।''-छं.मा., 1/58।

**पृथ्वीपति**--अलवर के राजा पृथ्वीपति जो चंद्रवंशी थे। उ.-''जगतविदित उदयाद्रि सो अरवर देस अनूप। रवि लौं पृथ्वीपति उदित, तहाँ सोम-कुल-भूप।।''-भि.ग्रं..2. का.नि.. 2/3।

**पृथ्वीराज**--1. दे. पृथ्वीराज। उ.-''सहज इंद्र तिनकैं गुनग्राम। तिनके नृप नौनगद्यो नाम। तिनके सुत नृप-कुल-सिरताज। प्रगटे पृथु ज्यों पृथ्वीराज।।''-वी.च., 2/27. क.प्रि., 1/11। 2 दिल्लीपति पृथ्वीराज चौहान। उ.-''दिल्ली के नृप पृथ्वीराज। ताके सबही बल को साज। तिहिं नृप मित्र कर्‌यो कैयास। सौंप्यो राजकाज रनिवास।।''-वी.च., 29/13।

**पृथ्वीराज साँदू**-- साँदू शाखा के चारण। स्थितिकाल-सं. 1781 के आसपास। आश्रयदाता-जोधपुर के महाराज अभय सिंह (सं 1781-1806)। रचनाएँ-अभयविलास (रचनाकाल-सं. 1807)। विव.-महाराज अभयसिंह जी का इतिहास (वृं. इति. 7)।

**पेरा**--गोल और चिपटे आकार की खोवा एवं खाँड़ से बनी मिठाई।-''लड्डुआ मिसिरी अरु पेरा दए हवा हाटन की पहिचानत ना।'' -बो.ग्रं., इ. ना., 75/13।

**पेसकबजैं**--पेशक़ब्ज। कटारियाँ। उ.-''तहँ घली घोर छुरी बगुरदा पेसकबजैं अरिन सों।-प. ग्रं., हि.ब.वि., 131/19।

**पेसखानाँ**--पेशखेमा। सेना का तंबू आदि वह आवश्यक सामग्री जो उसके किसी स्थान पर पहुँचने से पहले उसकी सुविधा के लिए भेजी जाती है। उ.-''आजम काबू पाय कैं रचि पचि जुध ठहराय। दोर पेसखानाँ उपरि पर्‌यौ अचानक आय।''-वृं. ग्रं., स.स.रू., 96/272।

**पैदरि**--पादतल। पैदल सिपाही, पदातिक। उ.-''पैदरि बलाका धुरवान के पताका गहे घेरियत चहूँ ओर सूने ही सदन के।''-भू.ग्रं., प्रकी., 550/240।

**पोत**--माला या गुरिया का दाना जो अनेक रंगों में होता है। उ.-''पोत कंठ सरी कंठ-हार उरबसी माला बाजुबंध बलया बलय भाव भाव के।'' सोलह शृंगार के अन्तर्गत भूषन शृंगार में

वर्णित।-वृं.ग्रं., शृं.शि., 59/44।

**पोत-हरा** – काँच की गुरियों की माला। उ.-''ज्यौ बुधि सों सुघराई रचै कोऊ। सारदा कों कविताई सिखावैं। मूरतिवंत महालक्ष्मी उर पोत-हरा रचि लै पहिरावैं।।''-घ.क., 45/54।

**पौंचिनी**-पहुँची। एक आभूषण। हाथ की कलाई पर पहनने का एक आभूषण जिसमें बहुत से गोल या कंगूरेदार दाने कई पंक्तियों में गुँथे हुए होते हैं। उ.-''बलय बलित कर कंचन कलित मनि लाल की ललित पौंचिनि बनाई है।''-क.प्रि., 15/28।

**पौनपुत्र**-दे. पवन को पूत। उ.-''ठौर पाइ पौनपुत्र डारि मुद्रिका दई। आसपास देखिके उठाई हाथ कै लई।।''-रा.चं., 13/65। छं.मा., 1/53।

**पोनपुत्र**-दे. पवन को पूत। उ.-''पूँछ पौनपूत की सँवरि बारि दी जहीं। अंग को घटाइ कै उड़ाइ जात मो तहीं।।''-रा.चं., 14/4।

**पौरानिकी वृत्ति**-पुराण सुनाने की वृत्ति। उ.-''नगर ओड़छो गुन गंभीर। आनि बसायो धरनी धीर। कृष्नदत्त मिश्रहि तिन दई। पौरानिकी वृत्ति दिन नई।।''-वी.च., 2/32।

**प्यादे**-1. पयादह। शतरंज के खेल में एक गोटी जिसकी चाल सीधी होती है। उ. (1)-''जो रहीम ओछो बढ़ै तौ अति ही इतराय। प्यादें सों फरजी भयो टेढ़ो टेढ़ो जाय।।''-र.वि.दो., 80/9। उ. (2)-''रहिमन सीधे चाल सों प्यादो होत वजीर।।''-र.वि., दो, 126/13। 2. सेना का पैदल सिपाही. उ.-''प्यादन सों प्यादे पखरैतन पखरैत जुरे बकतरवारे बकतरवारे हल तें।।''-भू.ग्रं., शि.भू., 284/181।

**प्यारी**-श्रीराधा, श्रीकृष्ण की प्रिया। उ.-''लाडिली कहे तें लाल परम दयाल होत प्यारी के कहे तें सुखी सुनत सिद्यति है।''-ठाकुर, 3/62।

**प्रउढा**-दे. प्रौढा। उ.-"यौ मत दीजियो यौं कहि कै तीय पीतम कै रदन छद दीनौ।।"-वृं. ग्रं., स्फुट., 92/335।

**प्रकरम भंग**-दे. दोष। प्रक्रम भंग। साहित्य में एक दोष जो उस समय होता है जब किसी वर्णन में आरंभ किए हुए क्रम आदि का ठीक-ठीक पालन नहीं होता। ल. (1)-सो है प्रकरमभंग जहँ, बिधिसमेत नाहिं बात। उ.-''जहाँ रैनि जागे सकल, ताही पै किनजात।'' ति.-जापै निसि जागे सकल-यों चाहिए।-भि.ग्रं.2, का.नि., 53, 53अ/230। ल.(2)-जथासंख्य जहँ नहिं मिलै सोऊ प्रकरमभंग। उ.-"रमा उमा बानी सदा विधि हरि हर के संग।" ति.-हरि हर विधि चाहिये।।-वही, 54-54अ/230। ल. (3)-सोऊ प्रकरमभंग जहँ नहीं एक सम बैन। उ.-"तू हरि की अँखिया बसी, कान्ह बसे तुव नैन।।''-ति.-कान्ह नैन में तूँ बसी-यों चाहिए।-वही, 55-55अ/231।

**प्रकाश-धृष्ट**-धृष्ट नायक के दो भेदों में से दूसरा भेद। ल.-मनसा बाचा कर्मना बिहसनि चितवनि लेखि। चलनि चातुरी आतुरी आठौं गाँठि विसेषि।। उ.-''सौहँ को सोचु सकोचु न पाँच को डोलत साहु भए करि चोरी। बेननि वंचकताई रची रतिनैनन के संग डोलति डोरी। लाज करै न डरै हित-हानि तें आनि अरे जिय जानि के भोरी। नाहिनै 'केसव' साख जिन्हैं बकि कै तिन सों दुखवै मुख को री।।''-र.प्रि., 2/16-17।

**प्रकाशित विरुद्ध**-दे. दोष-अर्थ दोष। ल.-जो लक्षन कहिये परै तासु बिरुद्ध कबिराइ।। उ.-''हँसनि तकनि बोलनि चलनि, सकल सकुच मैं जासु। रोष न केहूँ कै सके, सुकबि कहै सुकियाँ सु।।''-ति०-यामे परकीयाहू को अर्थ लगि जात है।-भि.ग्रं.2, का.नि., 83, 84अ/237।

**प्रकास बियोग**-1. सो प्रकास-संयोग अरु, कहैं प्रकास-बियोग। अपने अपने चित्त में जानैं सिगरे लोग।। उ.-''जिनके मुख की दुति देखत ही निसि बासर ''केसव''दीठि अटी। पुनि प्रेम-बढ़ावन की बतियाँ तजि आन कछू रसना न रटी। जिनके पद पानि उरोज-सरोज हिये धरि कै पल नैन घटी। तिनके सँग छूटत ही फटु रे हिय तोहिं कहा न दरार फटी।।''-र.प्रि., 1/24।

**प्रकास लक्षिता**-दे. लक्षिता। ल.-नारि पुरिष इंगितनि जगु, जाने जाको भोग। सो प्रकास लक्षित्ता कहि, बरनत पंडित लोग।। उ.-''कुलटा अरु

मुदिता बहुरि, अनुसयानु हूँ जानि। साहसिका यौं लक्षिता, चारि भाँति पहिचानि।। -शृं.मं., चिंता., 108, 110/32।

**प्रकास संयोग**—ल.-सो प्रकास-संयोग अरु. कहैं प्रकास-वियोग। अपने अपने चित् में जानै सिगरे लोग।। उ.''केसव एक समै हरि-राधिका आसन एक लसैं रँगभीनें। आनंद सों तिय आनन की दुति देखत दर्पन में दृग दीनें। भाल के लाल में बाल बिलोकतहीं भरि लालन लोचन लीनें। सासन पीय सबासन सीय हुतासन में मनो आसन कीनें।।''-र.प्रि., 1/22।

**प्रकास सठ**--दे. सठ। ल.-तिय की रिस सों समुझि, कठि बाहिर जब रिसहीन। होइ बधू आवै तबै, कह प्रकास प्रवीन।। शृं.ग्रं., चिंता., 454/134।

**प्रकृति-विपर्जय**—प्रकृति-विपर्यय। भिखारीदास ने नायकों का भेद करते हुए रस दोष के अन्तर्गत उनका विचार किया है। उन्होंने तीन प्रकार की प्रकृति (स्वभाव) मानी है-दिव्य, आदित्य, दिव्यादित्य। देवता दिव्य प्रकृति के होते हैं, मनुष्य अदिव्य प्रकृति के और नर रूप में अवतार लेने वाले दिव्यादिव्य प्रकृति के होते हैं। अदिव्य प्रकृति के लोग शोक, हास, रति, अद्‌भुत में लीन रहते हैं। दिव्यादिव्य में दिव्य का योग नहीं हो सकता। जो चार प्रकार के नायक कहे जाते हैं उनके मूल रस चार हैं। धीरोदात्त का मूल रस वीर है, धीरोद्धत का रौद्र, धीरललित का शृंगार और धीरप्रशांत का शांत रस मूल रस है। दिव्य स्वभाव में उपर्युक्त चार के अतिरिक्त स्वर्ग-पाताल जाना, सिंधु-उल्लंघन का चाव होना, क्रोध से भस्म कर देना ये सातों दिव्य प्रकृति के अन्तर्गत हैं। जैसे माता-पिता का शृंगार रस में वर्णन लोग नहीं करते, वैसे दिव्य प्रकृति वालों के सुरतादि का वर्णन अयोग्य लगता है। इसी प्रकार अन्य अनुचित वर्णनों को समझना चाहिए। इनमें प्रकृति विपर्यय होने पर सारे रस दोष होते हैं। ल.-तीनि भाँति कै प्रकृति है, दिव्य अदिव्य प्रमान। तीजो दिव्यादिव्य यह, जानत सुकवि सुजान। देव दिव्य करि मानिये नर अदिव्य करि लेखि। नर-अवतारी देवता दिब्यादिव्य बिसेषि। सोक हास रति अद्‌भुतहि, लीन अदिव्यै लोग। दिव्या दिव्य में सकति तन नहीं दिब्य को जोग।। चारि भाँति नायक कह्‌यो तिन्हैं चारि रस मूल। किये ओर के और में प्रकृतिविपर्जय तूल।। धीरोदात्त सु बीर में, धीरोद्धत रिसवंत। धीरललित शृंगार सों, सांत धीरपरसंत।। स्वर्ग-पतालै जाइबो, सिंधुउलंघन चाव। भस्म ठानिबो क्रोधतें, सातौ दिव्य सुभाव।। ज्यों बरनत पितु मातु को, नहिं शृंगार रस लोग। तयों सुरतादिक दिव्य में, बरनत लगै अजोग।। ऐहि बिधि औरौ जानिये अनुचित बरनन चोख। प्रकृति बिपर्जय होत है अरु सिगरो रसदोष।।-भि.ग्रं. 2, का.नि., 27-34/249-250।

**प्रगलभ बचना मध्या**—मध्या नायिका का एक भेद। वह नायिका जो बातों ही बातों में अपना दुःख और क्रोध प्रकट करे और उलाहना दे। ल.-प्रगलभ बचना जानि तिहिं, बरनौ केसवदास। वचननि माँझ उराहनो, देइ दिखावै त्रास।।-र.प्रि., 3/35।

**प्रगलभता**--दे. प्रगल्भता। परकीया नायिका का एक लक्षण। ल. (1)-दुरे दुरे परपुरुष तें प्रेम करै परकीय। प्रगलभता पुनि धीरता भूषन है रमनीय।।-भि.ग्रं.1, शृं.नि., 76/106। दे. प्रगल्लता।

**प्रगल्भता**--प्रगल्भता-दे. प्रगलभता। परकीय नायिका का एक लक्षण। एक अयत्नज अलंकार। नायिका के व्यवहार में निःशंकता। प्रायः प्रौढ़ा और सामान्या नायिकाओं में यह लक्षण दिखाई पड़ता है। ल. (1)-निधरक प्रेम प्रगल्भता जौं लौं जानि न जाइ। जानि गए धीरत्व है, बोलै लाज बिहाइ।।-भि.ग्रं.1, शृं.नि., 78/106। ल. (2)-कहुँ सुभाव प्रौढ़नि को प्रगल्भता जिय जानि।। उ.-''जिय की जरनि बुझाइ कै पाइ समय भिदि भीर। पुलकित तन बलबीर पर डारे जात अबीर।।''-भि. ग्रं.1, र.सा., 346, 347/50। भिखारीदास ने हेला के अन्तर्गत इसका लक्षण दिया है।

**प्रगल्भबचना**--दे. प्रगलभ बचना। ल.-जो नायक सों रस लिये मध्या बोलै बोल। प्रगल्भबचना कहत हैं तासों सुमति अमोल।।''-भि.ग्रं.1, र.सा.,

42/9।

**प्रगल्भा**–प्रौढ़ा नायिका। चिंतामणि ने प्रगल्भा के स्वीया प्रगल्भा (दे.), रतिप्रीतिमती प्रगल्भा (दे.), रत्यानंदपरवशा (दे.)। भेद बताये हैं। ल.–मदन विजित लज्जा जु तिय, सु तौं प्रगल्भा जानि। सकल प्रगल्भा भेद जे, तिन मैं प्रापित मानि।।–शृं.मं., चिंता., 43/14।

**प्रचितदंडक छंद**–प्रत्येक चरण में मात्राक्रम है (।।। ।।। ।SS ।SS ।SS ।SS ।SS ।SS ।SS)। ल.–द्वै न सात यगना प्रचित दंडक चरननि देखि। उ.–''प्रचित कहत जु प्रानी नमस्ते भवानी नमस्ते भवानी नमस्ते भवानी।।''–भि.ग्रं.1, छंदा., 1-2/271-272।

**प्रच्छन्न**–छिपा हुआ। प्रच्छन्न संयोग और प्रच्छन्न वियोग। केशवदास ने शृंगार रस के दो भेदों संयोग और वियोग के भी प्रच्छन्न और प्रकाश नाम के दो-दो भेद किए हैं। ल.–सो प्रच्छन्न संयोग अरु, कहै वियोग प्रमान। जानैं पीउ पिया कि सखि होइ जु तिनहिं समान।। र.प्रि., 1/19।

**प्रच्छन्न बियोग**– ल.–सो प्रच्छन्न संयोग अरु, कहै वियोग प्रमान। जानैं पीउ पिया कि सखि होइ जु तिनहिं समान।। –र.प्रि., 1/19।

**प्रच्छन्न लक्षिता**–दे. लक्षिता। ल.–पुनि प्रच्छन्न प्रकास यों, द्वै विधि ताहि गनाइ। सखी न जो निज बुद्धि सो, लखी प्रच्छन्न बताइ।।–शृं.मं., चिंता., 106/31।

**प्रच्छन्न संयोग शृंगार**–सो प्रच्छन्न संयोग अरु, कहै बियोग प्रमान। जानैं पीउ पिया कि सखि होइ जु तिनहि समान।।–र.प्रि., 1/19।

**प्रणति**–गर्विता के मानमोचन का एक उपाय जिसमें नायक वचन से नायिका को हँसाने और आनंद प्रदान करने का प्रयत्न करता है। –''बचकत हाँसी और रस, आदि करै त्यौ जान। प्रगट कहावै नियम सो सुनौ रसिक दै कान।।'' वृं.ग्रं., हि.त., 303/66। दे. प्रनति।

**प्रणय कलहंतरिता**–प्रेमोद्भूत कलह से अलग या वियुक्त या पश्चात्तापग्रस्त होनेवाली नायिका। ल.–जो निदेस उल्लंघनै, लषि रिस कै पछिताइ। सो कलहंतरिता सबनि, प्रणय आदि समुझाइ।।–शृं.मं., चिंता., 263/77।

**प्रणीध्यान**–प्रणिधान। अत्यन्त भक्ति अथवा उपासना। उ.–''स्वाध्याय पढतै रहै अध्यातम चित लाइ। प्रणीध्यान नित विष्णु कौ चिंतन करै बनाइ।।''–ज.ग्रं., आ.वि., 69/121।

**प्रतछि प्रमान**–चार प्रकार के प्रमाणों में से एक-प्रत्यक्ष प्रमाण। इन्द्रियों के द्वारा होनेवाला ज्ञान। उ.–''निति करता तौ मानिये जो सब करै समान। भले बुरे देखत द्रिगनि ए तौ प्रतछि प्रमान।।''–ज.ग्रं., अ.सि., 38/146।

**प्रताप**–जयपुर नरेश प्रतापसिंह जो जगतसिंह के पिता थे। उ. (1) – ''जहँ प्रताप पृथिपाल ख्याल खेलत खुलि खग्गन।''–प.ग्रं., प्र.वि. 1/277।

**प्रताप**–(2)–राजा का कोश दंड जनित तेज, वीरता, पराक्रम आदि का आतंक फैलाने वाला प्रभाव। उ. (1)–''पूरन प्रताप-दीप अंजन की राजि राजै, राजति श्रीरामचंद-पानि न कृपानी है।''–क. प्रि., 5/26। उ. (2)–''रिपु प्रताप दुर्वचन तप, तप्त विरहसंताप। सूरज आगि बजागि दुख त्रिस्ना पाप बिलाप।।''–क.प्रि., 6/39।

**प्रतापकुवँरिबाई**–रामनुजीय वैष्णव। रामो-पासिका। पति-मारवाड़ नरेश मानसिंह। पिता-गोयंददास रखलोत। निवासस्थान-जाखण परगना, जोधपुर। रचनाएँ-प्रतापविनय, भजनपदहरजस, रघुनाथजी के कवित्त, रघुबीर सनेह लीला, रामगुणसागर रामचंद्रमहिमा, रामसुजसपचीसी, रामप्रेमसुखसागर-पत्रिका, श्रीरामचन्द्र विजय, हरजसगायन। (बृ. इति. 7)।

**प्रतापगढ़**–प्रतापगढ़ नाम का स्थान। कवि एवं आचार्य भिखारीदास के आश्रयदाता का नगर। उ.–''सत्रह सै इक्यानवे नभ सुदि छठि बुधवार। अरवर देस प्रतापगढ भयो ग्रंथ अवतार।।''–भि. ग्रं., मिश्र, र.सा., 584/85।

**प्रताप पचीसी**–रचयिता-शिवराम भट्ट (दे.)। विव.-वीर रस प्रधान। (बृ.इति. 7)।

**प्रताप राइ**–राव प्रताप, इन्होंने रामशाह के

साथ युद्ध छिड़ने पर वीरसिंह की सहायता की थी। उ.-''बेरछा पँवार पाइ। अर्ति कै लिए बुलाइ। पेस ही प्रतापराइ। आपु ही मिलै त जाइ।।''-वी.च., 6/37।

**प्रतापरुद्र**—कवि केशवदास के आश्रयदाता वंश में श्री मलखान के पुत्र। उ.-''नृप प्रतापरुद्र सु भए तिनकें जनु रणरुद्र। दयादान को कल्पतरु गुननिधि सीलसमुद्र।।''-क.प्रि., 1/17।

**प्रताप विनय**—रचयिता-प्रतापकुँवरिबाई (दे.)। (बृ.इति. 7)।

**प्रताप साहि**—समय-सं. 1839। पिता रत्नेश। आश्रयदाता-बुंदेलखंड के राजा विश्राम साहि। रचनाएँ-व्यंग्यार्थ कौमुदी, काव्य विलास, जयसिंह प्रकाश, शृंगारमंजरी, शृंगारशिरोमणि, अलंकार चिंतामणि, काव्यविनोद, रसराज की टीका, रत्नचंद्रिका, जुगनख-शिख, बलभद्र नखशिख की टीका। (इति. शुक्ल)।

**प्रतापसिंघ**—जयपुर नरेश महाराज प्रतापसिंह। दे. प्रताप-''वर वरनियैं बिरदावली सु प्रतापसिंघ नरिदं की।''-प.ग्रं., प्र.वि., 11/278।

**प्रतापसिंह**—दे. प्रतापसिंघ। उ. (1)-''कहै पदमाकर प्रतापसिंह महाराज देखों देखिब कों दिव्य देवता तितै रहै''-प.ग्रं., जग., 573/200। उ. (2)-''वर वरनिये बिरदावली सु प्रतापसिंह नरिंद की।''-प.ग्रं., प्र.वि., 117/291।

**प्रतिकूलाक्षर**—(दोष)-दे. दोष, वाक्य दोष। रस के प्रतिकूल अक्षरों का प्रयोग। ल.-अक्षर नहिं रस जोग्य सो प्रतिकूलाक्षर ठट्टि। उ.-"पिय तिय लुट्टत हैं सुरस ठट्ट लपट्टि लपट्टि।।" ति.-ऐसे अक्षर रुद्ररस में चाहिए सो सिंगार में धर्यो।।-भि.ग्रं. 2, का.नि., 31-31अ/225।

**प्रतिछ**—प्रत्यक्ष। दे. प्रतछि प्रमाण। जो देखा जा सके। जो किसी इन्द्रिय की सहायता से जाना जा सके। उ.-''साछी जाग्रत में सोई सपनै ही मैं सोइ। साछी सोइ सुषुप्ति मैं प्रतिछ भलैं करि होइ।।''-ज.ग्रं., अ.सि., 64/148।

**प्रतिबस्तूपम**—दे. प्रतिबस्तूमज्ञानालंकार, प्रतिवस्तूपमा। ल. (1)-प्रतिबस्तूपम सो समझि दोऊ वाक्य समान। उ.-''आभा सूर प्रताप बर सोभा सूरहि समान।।''-जस.ग्रं., भा.भू., 84/29। ल. (2)-होइ समान जु वाक्य द्वै प्रतिबस्तूपम सोइ। उ.-''सुख बरसो मिलि कान्ह सों तजौ अटपटे तेह। लसै नारि मनि भाल सौं लसै नारि पिय नेह।।''-सो. ग्रं.1, र.पी.नि., 95-96/195।

**प्रतिबस्तूपमज्ञानालंकार**—दे. प्रतिवस्तूपम, प्रतिवस्तूपमा। ल.-वाक्य-जुगन को होत जहिं एकै धरम समान। जुदो जुदो भाषै तहाँ प्रतिवस्तूपमज्ञान।।-भू.ग्रं.,शि.भू., 122/151।

**प्रतिवस्तूपमा**—दे. प्रतिबस्तूपम, प्रतिबस्तूपम-ज्ञानालंकार, प्रतिवस्तूपमा। ल. (1)-नाम जुहै उपमेय को सोई उपमा नाम। ताकों प्रतिबस्तूपमा कहै सकल गुनधाम।। जहँ उपमा उपमेय को नाम अर्थ है एक। ताहू को प्रतिबस्तूपमा कहै सो बुद्धि विवेक।। उ.-''नारी छूटि गए भई, मोहन की गति सोइ। नारी छूटि गए जु गति और नरन की होइ।।'' ल.(2)-जहाँ बिंव प्रतिबिंव नहिं धर्महि तें सम ठान। प्रतिवस्तूपमा तेहि कहैं, दृष्टांतहि मो जान।। -भि. ग्रं. 2, का.नि., 90, 91, 93, 95/84।

**प्रतिबिंब**—परछाईं, छाया। इससे सम्बन्धित वेदान्त का एक यह सिद्धांत है कि जीव वास्तव में ईश्वर का प्रतिबिंब मात्र है। उ. (1)-''जलसमान माया लहर रवि समान प्रभु एक। लाह वाके प्रतिबिंब कौं भासत भाँति अनेक।।''-रस.रतन., 71/52। उ. (2)-''अंतहक्रन मैं होइ चेतन कौ प्रतिबिंब जब। मैं हूँ कहियै सोइ याही कौं जिन जानि तूँ।।''-ज. ग्रं., आ.वि., 119/126 (वही, आ.वि., 120/126)। (3)-''चेतन कौ प्रतिबिंब जब होत अविद्या विषैं ताही कौं समुझि ऐसें जीव ठहरायौ है।''-ज. ग्रं., अ.प्र., 9/138। उ. (4)-''चेतन कौ प्रतिबिंब भयौ है अविद्या मैं जु। ताही सौं जानौ सही कारनदेह कहैं जु।।-ज.ग्रं., अ.सि., 68/148।

**प्रतिवस्तूपमा**—एक अर्थालंकार जिसमें उपमेय और उपमान के साधारण धर्म का वर्णन अलग-अलग वाक्यों में किया जाय। ल. (1)-पदसमूह जुग धर्म जहँ भिन्न पदनि सों एक। परगट प्रतिवस्तूपमा तहँ कबि कहत अनेक।। उ.-''पिसुन

वचन सज्जन चितै सकै न फोरि न फारि। कहा करै लगि तोय में तुपक तीर तरवारि।।''-मति., ल.ल., 142, 144/323-324। ल. (2)-उपमान'रु उपमेय पर वाक्य दोय को जत्र। धर्म इकै पद जुदेन महँ प्रतिवस्तूपमा तत्र।। उ.-''राजत मुख मृदु बानि सों लसत सुधा सों चंद। निर्झर सों नीको सु गिरि मद सों भलो गयंद।।''-प. ग्रं., पद्मा., 80-81/42। दे.-प्रतिवस्तूपम, प्रतिवस्तूपमाज्ञानालंकार, प्रतिबस्तूपमा।

**प्रतिवेशिनी**--दूती विवेचन करते हुए चिंतामणि ने प्रतिवेशिनी की चर्चा की है। दूती का कार्य करने वाली पड़ोसिन प्रतिवेशिनी कहलाती है। ल.-प्रतिवेशिनी परोसिनी, सुजन लेहु मन आनि।। उ.-''विरह विकल मृगलोचिनी, अपने घर मैं ल्याइ। दया परोसिनि अति करी, पिय सों दई मिलाइ।।''-शृं. मं., चिंता., 411, 413/125।

**प्रतिषेध**--एक अर्थालंकार, जिसमें किसी निषेध या अंतर का इस प्रकार उल्लेख किया जाता है, जिससे उसका कुछ विशेष अर्थ निकले। ल. (1)-जहाँ प्रसिद्ध निषेध को अनुकीरतन प्रकास। तहाँ कहत प्रतिषेध हैं कविजन बुद्धि विलास। उ.-''ऐसी करौ करतूतिबलाय ल्यों नीकी बडाई लहौ जग जातैं। आई नई तरुनाई तिहारी ही ऐसे छके चितवौं दिन रातैं। लीजिये दान हौं दीजीए जान तिहारी सवै हम जानती घातैं। जानौ हमैं जनि वै बनिता जिनसों तुम ऐसी करौं बलि बातैं।।''-मति., ल.ल., 387-358/364। ल. (2)-जहाँ प्रसिद्धि निषेध कहि औरौ कहत निषेध। भूषन ग्रंथनि के मतै ताहि कहत प्रतिषेध।।-भू.ग्रं., शि. भू., 320/188। ल.(3)-सो प्रतिषेध प्रसिद्ध जो अर्थ निषेध्यो जाइ। उ.-''मोहनकर मुरली नहीं कछु इक बड़ी बलाइ।।''-ज.ग्रं., भा.भू., 193/64। ल. (4)-जो प्रसिद्ध प्रतिषेध है ताको वहुरि निषेध। अभिप्राय हित ठानिबो यहै समुझ प्रतिषेध। उ.-''छुटी न गाँठि जु राम सों नियनि कह्यो तिहि ठाहिं। सियकंकन को छोरिवो धनुष तोरिबो नाहिं।।''-पं.ग्रं., पद्मा., 274-275/66। ल. (5)-यह नहिं यह परतच्छ हीं, कहिये प्रतिषेधोक्ति। उ.-''मधु मुर मारिबो बकासुर बिदारिबो न, वारन उवारिबो न मन में बिचारिबो। ह्याँ तें ह्वै न जैहौ पेस सुनौ राम भुवनेस, सबतें कठिन बेस मेरो क्लेस टारिबो।।''-भि.ग्रं. 2, का.नि., 46, 52/148, 150। ल. (6)-परगट अर्थ निषेधियै जहाँ सु है प्रतिषेध। उ.-''निरखत ही बस ह्वै रहे हरि कुल कानि विगोइ। नहिंतिय की मुसकयानि यह और बस्तु ही होइ।।''-सो.ग्रं.1, र.पी.नि., 321-322/221।

**प्रतिषेधोक्ति**--दे. प्रतिषेध।

**प्रतिहार**--ड्योढ़ीदार, द्वारपाल। उ. (1)-''जा दिन तै पियगमन किय बिरह पौरिप्रतिहार। नींद भूष रोकौ हरषि कियौ आय अधिकार।।''-रस. रतन., 835/153। उ. (2)-''देखि तिन्हें तब दूरि तें गुदरानो प्रतिहार। आए विश्वामित्रजु जनु दूजो करतार।।-रा.चं., 2/7।

**प्रतीप** (अलंकार)--दे. पंच प्रतीप, पंचम प्रतीप। एक अर्थालंकार जिसमें उपमेय को उपमान के समान न कहकर उलटा उपमान को उपमेय के समान कहते हैं अथवा उपमेय द्वारा उपमान का तिरस्कार वर्णन करते हैं। ल. (1)-जहँ प्रसिद्ध उपवर्न को पलटि कहत उपमेय। वरनत तहाँ प्रतीप हैं, कविजन जगत अजेय।। मतिराम ने इसके पाँच भेदों का (प्रथम, द्वितीय आदि) का निरूपण किया है। ऊपर प्रथम प्रतीप का लक्षण निरूपण है। द्वितीय प्रतीप-जहाँ और उपमान लहि बर्न्य अनादर होय। तृतीय प्रतीप-जहाँ अनादर आन को उपावर्न्य उपमेय। चतुर्थ प्रतीप-जहाँ वर्न सों और को उपमा बचन न होय। पंचम प्रतीप-कहा कछु न उपमान को यौं जहँ करत बखान। उ.-''कहा दवागनि के पिये कहा धरे गिरि धीर। विरहानल में जरत ब्रज वूड़त लोचननीर।।''- मति., ल.ल., 57, 59, 61, 63, 65, 67,/308-10। ल. (2)--1. जहँ प्रसिद्ध उपमान कौं करि वरनत उपमेय। तहिं प्रतीप उपमा कहत भूषन ग्रंथ प्रमेय।। 2. करत अनादर बर्न्य को पाय और उपमेय। 3. पाय वर्न्य उपमान कौं जहाँ न आदर होय। 4. जहिं वरनत उपमेय कौं हीनी करि उपमान। 5. आदर घटत अवर्न्य को जहाँ वर्न्य के जोर। -भू.ग्रं., शि.भू., 37, 40, 43,

44/134-135। वही, परि., 351/195। ल. (3)-1. सो प्रतीप उपमेय कौं कीजै जब उपमान। उ.-"लोयन से अंबुज बने मुख सो चंद बखान।" 2. उपमे को उपमान तें आदर जबै न होइ। उ.-''गरब करत मुख को कहा चंदहि नीकें जोइ।।'' 3. अनआदर उपमेय तें जब पावै उपमान। उ.-''तीछन नैनकटाक्षतें मंद काम के बान।।'' 4. उपमे को उपमान जब समतालायक नाहिं। उ.-''अति उज्जल दृग मीन से कहे कौन पै जाहिं।।'' 5. व्यर्थ होइ उपमान जब बर्ननीय लखि सार। उ.-''दृग आगें मृग कछु न ये'' पंच प्रतीप प्रकार।।-ज.ग्रं., भा.भू., 47-51/19। ल. (4)-उपमा अरु उपमेय कों सम न कहै गहि बैर। ताकों कहत प्रतीप हैं पंच प्रकार सु फेर।-भि.ग्रं. 2, का.नि., 4/18। यहाँ उन्होंने भेदों के लक्षण नहीं दिये केवल उदाहरण दिये हैं। का.नि. में ही अन्यत्र उन्होंने पाँच प्रकार के प्रतीपों का निरूपण किया है-1. सो प्रतीप उपमेय को, कीजे जब उपमान। 2. काहू विधि बर्न्य को करो अनादर ठान। 3. उपमा कों जु अनादरै, वर्न्य आदरै देखि। 4. समता देई न नाम लै, तऊ प्रतीपै लेखि। 5. जहँ कीजत उपमेय लखि, उपमा व्यर्थ बिचार। ताहू कहत प्रतीप हैं यह पाँचयो प्रकार।। उ.-''जहाँ प्रिया आनन उदित, निसि-बासर सानंद। तहाँ कहा अरविंद है, काहा बापुरो चंद।।''-भि.ग्रं. 2, का.नि., 34, 39, 44, 45/73-75। ल. (5) 1. जहाँ प्रगट उपमान को सुकवि कहत उपमेय। सो प्रतीप उपमा समझि, रसिकनि को सुख देय।। 2. उपमा तें उपमेय को आदर नहिं जिहिं ठौर। 3. उपमा तें उपमान जब आदर पावै नाहिं। 4. उपमे के सम कौ जबै नहिं लायक उपमान। 5. उपमे को उत्तम निरखि वृथा होय उपमान।। उ.-''तिय तो मुख ही सों सदा रहै उजास अमंद। कहिए कहा विरंचि सौं वृथा रच्यो हे चंद।।''-सो.ग्रं.1, र.पी.नि., 18, 20, 22, 23, 25, 26/184- 185।

**प्रत्यक्ष लक्षिता**—परकीया नायिका के अन्तर्गत लक्षिता नायिका का वह भेद जिसके प्रेमादि व्यापारों को प्रिय से करते हुए प्रत्यक्ष किसी के द्वारा देख लिया जाता है। उ.-''विहँसि गहे कुच स्याम तुअ, तैं हँसि भर्‌यौ सुअंक। सघन कुंज में ता दिना मैं निरख्यो निरसंक।''-वृं.ग्रं., हि.त., 135/34।

**प्रत्यक्षालंकार**—ल.-पंच ज्ञानइंद्रियन तें जहाँ वस्तु को ज्ञान। तहँ प्रत्यक्ष प्रमान सो अलंकार सो आन।। (नेत्रण सों, त्वचा सों, घ्राण सों, श्रवण सों, रसना सों)।-प.ग्रं., पद्‌मा., 306-312/70-71।

**प्रत्यनीक**—(अलंकार) एक अर्थालंकार जिसमें किसी के पक्ष में रहने वाले या सम्बन्धी के प्रति किसी हित या अहित का वर्णन होता है। ल. (1)-प्रबल सत्रु के पक्ष पर जहँ विक्रम उल्लास। प्रत्यनीक तासों कहत कबिजन बुद्धिविलास।। उ.-''तो मुख छबि सों हारि जग भयो कलंक समेत। सरद इंदु अरविंद मुख अरबिंदन दुख देत।।''-मति., ल.ल, 285-286/347। ल.(2)-प्रबल सत्रु के पच्छि पर करै पराक्रम जोर। प्रत्यनीक तासों कहत भूषन बुद्धि अमोर।। -भू.ग्रं., शि.भू., 234/173। ल. (3)-दुख दै अरि के पक्ष कौं प्रत्यनीक इहि भाइ।।-ज.ग्रं., भा.भू., 149/48। ल. (4)-प्रत्यनीक दुख देत जहँ सु अरिपक्ष को कोइ।-प.ग्रं., पद्‌मा., 198/57। ल.(5)-सत्रु मित्र के पक्ष तें किये वैर औ'देत। प्रत्यनीक भूषन कहैं जे हैं सुमति सचेत।। भिखारीदास ने इस प्रकार प्रत्यनीक के दो प्रकार के उदाहरण दिए हैं-1. शत्रु पक्ष से वैर, 2. मित्र पक्ष से हेत।। -भि.ग्रं. 2, का. नि., 37-40/164-165। ल. (6)- जब अरि सों बसाइ तब बाकें को दुख देइ। प्रत्यनीक तासों कहैं सुनत श्रवन सुख देइ।। उ.-''जब न बसानी पत्थ सों औसर हिएँ विचारि। भारथ में अभिमन्यु तव लियौ सबन मिलि मारि।।''-सो.ग्रं. 1, र.पी.नि., 327-328/222।

**प्रत्यनीक** (रस)—विरोधी या प्रतिपक्षी रस। ल.-जहँ सिंगार बीभत्स भय बीरहि बरनै कोइ। रौद्र सु करुना मिलत ही प्रत्यनीक रस होइ।। उ.-''हँसि बोलत ही सु हँसै सब ''केसव'' लाज भगावत लोक भवै। कछु बात चलावत घैरु चलै मन आनत हीं मनमत्थ जगै। सखि तू जु कही सु हुती मन मेरेहु जानि यहै न हियो उमगै हेरि त्यौं टुक दीठि पसारत

ही अँगुरीन पसारन लोग लगै।। -र.प्रि.. 16/4-5।

**प्रत्याहार**—योग के आठ अंगों में से एक जिसमें इन्द्रियों को उनके विषयों से हटाकर चित् का अनुसरण किया जाता है इसके बाद के साधनांग क्रमशः धारणा (दे.), ध्यान (दे.) और समाधि हैं। उ. (1)-''जम रु नैमहि जानि तूँ आसन प्राणायाम। प्रत्याहार रु धारणा ध्यान समाधि सु नाम।।''-ज. ग्रं., आ.बि., 64/121। उ. (2)-''और ठौर सौं फेरि कै मन कौं लावै ठौर। प्रत्याहार सु जानियै जामैं नहि मन दौर।।''-ज.ग्रं., आ.बि., 74/122।

**प्रथम अधिक**—(अलंकार) दे. अधिक। ल. (1)-जहाँ बड़े आधार तें बरनत बढि आधेय। कहत सुविजन अधिक तहँ जिनकी बुद्धि अजेय। उ.-''जिनके अतुल विलोकिये पानिप पारावार। उमड़ि चलत निज दृगनि भरि तो मुखरूप अपार।''-मति., ल.ल., 236-237/238। ल.(2)-अधिक होइ आधार तें जहँ आधेय अनूप। ताहि समझिए हिए में प्रथम अधि कौ रूप।। उ.-''कैसे लाँऊ नवल तिय सुनिए श्री व्रजराज। छलकै फलक पछलि कें अँखियनि में ते लाज।।''-सो.ग्रं.1, र.पी.नि., 182-183/205-206।

**प्रथम असंगति**—दे. असंगति। ल. (1)-होत हेतु जहँ और थल काज और थल होय। तहाँ असंगति कहत हैं कवि रस बुद्धि समोय। उ.-''राधा के दृग खेल मैं मूँदे नंदकुमार। करन लगी दृगकोर सो भई छेदि उर पार।।-मति., ल.ल., 214, 216/335। उ.(2)-जहाँ होतु है हेत अरु कारज न्यारी ठौर। प्रथम असंगति रूप सो जानि रसिक सिरमौर।। उ.-''री परताप सुजान पिय पान रावरे खात। रचत गहगहौ मो हियौ, जोति जगमगति गात।।''-सो.ग्रं.1, र.पी.नि., 160, 161/203।

**प्रथम आक्षेप**—दे. आक्षेप। ल. (1)-जहाँ कही निज बात कौं समुझि करत प्रतिषेध। तहाँ कहत आक्षेप हैं कविजन मति उत्सेध।।-मति., ल. ल., 187/331। ल. (2)-होइ जहाँ आभास सो कछु निषेद कौ आइ। प्रथम कहत आच्छेप कौ यह सरूप समझाइ।। उ.-हठि करि बरजति हौं नहीं चलिए लाला विदेस। पै बिरहिनि कौ देइगो सावन मास कलेस।। -सो.ग्रं.1, र.पी.नि., 136, 137/201।

**प्रथम चित्र**— दे. चित्र। ल.-जहँ बूझत कछु बात कौ उत्तर सोइ बात। चित्र कहत मतिराम कवि सकल सुमति अवदात।। उ.-''सरद चंद की चाँदनी को कहिए प्रतिकूल। सरद चंद की चाँदनी कोक हिये प्रतिकूल।। -मति., ल.ल., 350, 351/357।

**प्रथम तुल्ययोगिता**—दे. तुल्ययोगिता। ल. (1)-जहाँ अबर्न्यनि को धरम कै बर्न्यन को एक। तुल्ययोगिता कहत हैं तहाँ सुबुद्धि विवेक।। अवर्ण्य उ.-''सूबनि कौं मेटि दिल्ली देस दलिबे कौं चमू सुभट समूहनि सिवा की उमहति है। कहै मतिराम ताहि रोकिबे कौं संगर में काहू के न हिम्मति हिये में उलहति है। सत्रुसालनंद के प्रताप की लपट सब गरबी गनीम बरगीन कौं दहति है। पति पातसाह की इजति उमरावन की राखी रैया राव भावसिंह की रहति है।'' वर्ण्य उ.-''अभिनव जोवन जोति सों जगमग होत बिलास। तिय के तन पानिप बढ़ै पिय के नैननि प्यास।।''-मति., ल.ल., 130-132/321-322। ल. (2)-हित को अनहित को अरथु एक शब्द में होइ। तुल्यजोगिता प्रथम प्रथम सो समुझो बुद्धि विलोइ।। उ.-''बखत वली परताप को है यह पगट सुभाउ। मित्र अभिमनि को सदाँ निरखि देति सिर पाउ।।''-सो.ग्रं.1, र. पी.नि., 81-82/193।

**प्रथम दीपकावृत्ति**—दे. दीपक, आवृत्ति दीपक। ल.-आवृति हो सबद की जहाँ। दीषक आवृति पहिलौ तहाँ। उ.-''बिरमि रहे परदेस ही भली निवाहयो नेह। विरह सताई देह पिय अजहूँ दरसन देह।।''-सो.ग्रं. 1, र.पी.नि., 89-90/194।

**प्रथम निदर्शना**—दे. निदर्शना, निदर्सना। ल. (1)-सदृस वाक्य जुग अर्थ को जहाँ एक आरोप। वरनत तहाँ निदर्सना कविजन मति अति ओप।। उ.-''जो गुनवृंद सुतासुत में कलपद्रुप में सो प्रसून समाजै। कीरति जो मतिराम दिवान में चंद में चाँदनी सो छवि छाजै। राव में तेज को पुंज प्रचंड सो आतप सूरत में रुचि साजै। सो नृप भाऊ के हाथ कृपान सो पारथ के कर बान बिराजै।। -मति., ल.ल., 148-149/324। ल. (2)-वाच्य अर्थ करि सम जहाँ

दोऊ दरसें मित्र। सो है प्रथम निदर्शना समझौ सकल बिचित्र।। उ.-''फैलि रह्यो मनि सदन में आनन अमल प्रकास। अलकनि चंचलता अजू नागिनि गवन बिलास।।''-सो.ग्रं. 1, र.पी.नि., 99, 100/195।

**प्रथम पर्याय अलंकार**—दे. परजाय। ल.-जहँ अनेक कौ आश्रय क्रम में एकै होत। प्रथम भेद पर्याय तहँ कहि बरनत कविगोत। उ.-''प्रति बासर हरि होत हैं तिय के सुघर सुभाइ। हुती लरिकई अंग सो बसी तरुनई आइ।।''-सो.ग्रं. 1, र.पी. नि., 210, 211/209।

**प्रथम पर्यायोक्ति**—दे. परजायोक्ति। ल. (1)-गम्य अर्थ प्रगटै तहाँ और वचन रचनानि। बरनत पर्यायोक्ति तहँ कविजन ग्रंथन जानि।। उ.-''जाके लोचन करत हैं कुवलय कंज प्रकास। सो भाऊ भूपाल के करत हिये नित वास।। -मति., ल. ल., 177-178/329। ल. (2)-कछु रचना सों वात जहँ पर्यायोकति एक ।। उ.-''रीझि रही तुम कौं निरखि, अति प्रवीन सो बाल।। आजु साँवरे को कियो जिनि बहुरंगी लाल।।''-सो.ग्रं.1, र.पी.नि., 128, 129/200।

**प्रथम पूर्वरूप**—दे. पूर्वरूप। ल. (1)-जहाँ और को रंग तजि बहुरि आपनो लेत। वरनत पूरब रूप तहँ कबि मतिराम सचेत।। उ.-''मुकुतहार हरि के हिये मरकत मनिमय होत। पुनि पावत रुचि राधिका मुख मुसकानि उदोत।।''-मति., ल.ल., 333, 334/354। ल. (2)-संगति कौ गुन लै बहुरि तजि पुनि निज गुन लेइ। पूरवरूप सुजानिए प्रथम सुनत सुख देइ।। उ.-''चौकी हीरनि जटित पर चरन धरे नव नारि। लसी अरुन छबि, हास ते भई सेत उनहारि।।''-सो.ग्रं.1, र.पी.नि., 271-272/215।

**प्रथम प्रहर्षण**—दे. पहर्षण, प्रहर्षन। ल. (1)-जहँ उत्कंठित अर्थ की बिन उपाय ही सिद्धि। तहाँ प्रहर्षन कहत हैं जे कविजन मतिसिद्धि।। उ.-''स्याम वसन में स्याम निसि दुरी न तिय की देह। पहुँचाई चहुँ और घिरि भौंरे भीर प्रिय गेह।।''-मति., ल.ल., 302-303/350। ल. (2)-फल विन जतनहि सों मिलै प्रथम प्रहर्पन मानि। उ.-''व्याकुलता प्रगटी महा ग्रीष्म के दुख दंड। अखियनि तृषा सुधा भई तब ही दरस्यौ चंद।।''-सो.ग्रं.1, र.पी.नि., 248, 249/213।

**प्रथम बिनोकति**—दे. विनोक्ति। ल.-प्रस्तुत जहाँ कछु बस्तु बिनु सोभा लहै न रंच। प्रथम विनोकति कहत हैं सब कविता के पंच।। उ.-''नीभी आनन अरु नई, भृकुटी की विधिबंक। अलवेली विनु छीनता लसति न तेरी लंक।।''-सो.ग्रं.1, र. पी.नि., 109, 110/196।

**प्रथम विभावना**—दे. विभावना। ल. (1)-विना हेत जहँ वरनिये प्रगट होत है काज। प्रगटित तहाँ विभावना कहत सकल कविराज।।-मति.ल.ल., 196/332। उ.दे., वही, 197/332। ल. (2)-विना हेतु जहँ कारज सिद्ध। सो विभावना जानि प्रसिद्धि।। उ.-''अलबेली रुचि सों रमै उही कदम की छाँह। विनु ही पिय निरषे हरषि बिहँसि पसारे बाँह।।''-सो.ग्रं.1, र.पी.नि., 144, 145/101, 102।

**प्रथम विषम**—दे. विषम। जहाँ दो अननुरूप वस्तुओं का भी घटित होना वर्णित हो वहाँ यह अलंकार होता है। ल. (1)-जहाँ न हैं अनुरूप द्वै तिनकी घटना होय। विषम तहाँ बरनन करत कवि कोविद सव कोय।। उ.-''स्याम कहाँ अभिराम मरूप कुरूप कहाँ वह कूवरी दासी।।''-मति., ल. ल., 221-222/336। ल. (2)-अनमिलते कौ संग जहँ प्रथम विषम सो जानि। उ.-''जसुमति या ब्रज में तुही लखी अनोखी बाम। कहाँ उदर मृदु कान्ह को कहँ कठोर यह दाम।।''-सो.ग्रं.1, र.पी.नि., 167, 168/204।

**प्रथम विशेष**—दे.विसेष। 1. जहाँ अधेय वखानिये विन प्रसिद्ध आधार। कविजन तहाँ विसेष कहि बरनत बुद्धि उदार।। उ.-''चलौ लाल वाकी दसा लखौ कही नहिं जाय। हियरे है सुधि रावरी हियरो गयो हिराय।।''-मति., ल.ल., 245, 246/340। 2. ल.-अनाधार आधेय जहँ सो है प्रथम विसेष।। उ.-''लसतु सरोवर गगन पै निकट जमुन के धार।। दुहूँ कूल चकवा वसैं लखि दृग भए खुमार।।'' इहाँ कवि सम्प्रदाय में कटि को सून्य

कहत हैं। सून्य अकास है।-सो.ग्रं.1, र.पी.नि., 190- 191/206।

**प्रथम व्याघात**--दे. व्याघात। ल. (1)-जो जैसो करतार सो विरुद्धकारी जहाँ। बरनत सुमति उदार तहाँ कहत व्याघात हैं।। उ.-''वेही नैन रूखे से लगत और लोगनि कौ, वेई नैन लागत सनेहभरे नाह कौं।।''-मति., ल.ल., 251, 252/341। ल. (2)-जहाँ औरही तें करत कारज औरै मित्र। प्रथम भेद व्याघात सौं भाखत रसिक बिचित्र।। उ.-''जा के छ्वैवै तें डरैं नर किन्नर अमरेस। ला बिषधर कौ सजत हैं नित आभरन महेस।।''-सो.ग्रं.1, र. पी.नि., 196-197/206।

**प्रथम सम**--दे. सम। ल. (1)-जहाँ दुहूँ अनुरूप को कविजन करत बखान। तहाँ समुझि सम कहत हैं, जे सुरंग रस-ज्ञान।। उ.-''मोहन को मुख चंद अली निज नैन चकोरन को दरसावै। लोचन भौंर गुपाल के आपने आनन बारिज बीच बसावै।।''-मति., ल.ल., 228-229/337। ल. (2)-जथा जोग कौ संग जहँ प्रथम भेद सो जानि। उ. (1)-''समझि बराबर बिमलता सुनि परताप कुँवार। मिलि छीरधि सों तुव सुजस नित प्रति करतु विहार।।''-उ. (2)-''जानि बराबरि साहिबी चितु चतुराई आनि। कीनी रबि सौं मित्रता हिमकर ने सुख मानि।।''-सो.ग्रं.1, र.पी.नि., 173-175/ 204-205।

**प्रथम समुच्चय**--दे. समुच्चय। ल. (1)-बहुत भए इकवारगी तिनको गुंफ जु होय। ताहि समुच्चय कहत हैं कवि कोबिद सब कोय। उ.-''जोवै त्रसै मन मोवै अनंद में रोवै हँसे रस कौं बरसावै।।-मति., ल.ल., 277-278/346। ल. (2)-बहुत भाव उपजै जहाँ ताहि समुच्चय जल्प। उ.-''कर परसतु नंद लाल के तिय कें सरस्यौ नेह। सकुची निरखि सखीनि पुनि पुलकि थरहरी देह।।''-सो.ग्रं. 1, र. पी.नि., 220, 221/210।

**प्रथम हेतुमाला**--दे. हेतुमाला। ल.-पूरब पूरब हेतु जहँ उत्तर उत्तर काज। तहीं हेतुमाला कहत कबि कोबिद सिरताज।। उ.-''मन प्रगटित हरि प्रीति प्रीति तिहिं तेज प्रकासिय। प्रबल तेज तिहिं जगत जीव रच्छा उल्लासिय। तिहिं रच्छा बढ़ि धर्म धर्म तिहिं संचित संपति। तिहिं संपति किय दान दान तिहिं सुजस बिमल अति।।''-मति., ल. ल., 225-256/341-342।

**प्रदच्छना**--देवपूजन आदि के समय देवमूर्ति आदि को दाहिनी ओर कर भक्तिपूर्वक उसके चारों ओर घूमना। परिक्रमा। उ.-''काँपै नाहि का तो लौं भली भाँति सेवा करि पायन प्रदच्छना दे जो लौं बलबान है। ''-वृ.ग्रं., हितो., 1/304।

**प्रद्युम्नविजय**--रचयिता-गणेश (दे.)। विव.- नाटक । (इति. शुक्ल)।

**प्रनति**--दे. प्रणति। ल.-हित तें अति काम तें, अति अपराधहिं जानि। पाइ परै प्रीतम प्रिया ताकों प्रनति बखानि।।-र.प्रि., 10/14।

**प्रनव**--प्रणव सर्वोत्कृष्ट मंत्र है जिसमें ईश्वर का कीर्तिमान है। यह ओंकार का बोधक है, जिसके तीनों अक्षरों का विविध प्रकार से अर्थ किया गया है। पुराणों में कहा गया है कि जो ब्राह्मण इसका ज्ञान प्राप्त कर लेते हैं, वे संसार के आवागमन के बन्धन से मुक्त हो जाते हैं। वे ओंकार नामक अचल अक्षर निर्गुण परम पद को प्राप्त होते हैं। यह शब्द ब्रह्म का बोधक है। यह समग्र वाक् सृष्टि का मूल है। इस दृष्टि से यह सम्पूर्ण विश्व की अभिव्यक्ति, स्थिति और प्रलय का द्योतक है। पवित्र और मांगलिक माने जाने के कारण कार्यारंभ और कार्यान्त में यह उच्चरित अथवा अंकित होता है। उपनिषदों और पुराणों में इसका विस्तृत विवेचन और महत्त्व उपलब्ध है। योगसाधना में प्राणायामादि के विविध रूपों में प्रणव का विविध रूपों में प्रयोग मिलता है। भारतीय साधना में प्रणवोपासना विशेष महत्त्वपूर्ण है। प्रणव, ओंकार। उ.-''प्रनव प्रसिद्ध आदिमंगल महोदधि सो जाई उर ध्यावै तासु बेस रखवारो है।''-ठाकुर, वि.प्र.मि., 1/1।

**प्रपंच**--पंचभूतों, पंचज्ञानेन्द्रियों, पंच कर्मेन्द्रियों, पंचविषों आदि का प्रसार। संसार। उ. (1)-''मिथ्या जानि प्रपंच भयउ दुख दून। विषयसुखन मैं दुख बहु सुख अति नून।।''-ज.ग्रं., आ.वि., 7/115। उ. (2)-''तुम प्रपंच मिथ्या कह्यौ फिरि पूछत इहिं

हेत। सुवणादिकहू बिस्व मैं साँचौ पुल क्यौं देत।।''-ज.ग्रं., आ.बि., 82/123। उ. (3)-''पाँच प्रकार प्रपंच मैं निहचै तूँ ए जानि। अस्ति भाति अरु प्रीयता नाम रूप लै मानि।।''-ज.ग्रं., आ.बि., 96/124।

**प्रबंध**—प्रकृष्ट कथाबंध से युक्त पद्यरचना। कथात्मक रचना। उ.-''गावहिं ललित प्रबंध बंधु बित्ताल नचावहिं।'' -प.ग्रं., प्र.बि., 64/282।

**प्रबंधध्वनि**—विवक्षित वाच्य ध्वनि के अन्तर्गत लक्ष्यक्रम व्यंग्य है, जिसमें तीसरे प्रकार की शक्ति है शब्दार्थ-शक्ति। इसी के अन्तर्गत है प्रबन्धध्वनि। प्राप्त कथा प्रसंग से प्रबन्धध्वनि होती है।-''ए कहि सब्द प्रकास में, उभय सक्ति न लखाइ। अब सुनि होति प्रबंधधुनि, कथा प्रसंगहि पाइ।। उ.-''बाहिर कढ़ि कर जोरि कै रवि को करो प्रनाम। मनइच्छित फल पाइकै, तब जैबो निज धाम।।'' ति.-जब न्हानसमै गोपिन को वस्त्र लयो है ता समै को कृष्न को बचन।। -भि.ग्रं.2, का.नि., 62-63/58।

**प्रबच्छतिप्रेयसी**—दे. प्रवत्स्यतपतिका। ल. (1)-होनहार पिय केबिरह बिकल होय जो बाल। ताहि प्रबच्छतिप्रेयसी बरनत बुद्धि बिसाल।। मुग्धा का उ.-''क्यों सहिहै सुकुमारि वह पहलो बिरह गुपाल। जब याके चित हित भयो चलन लगे तब लाल।।''-मति., र.रा., 205, 207/248। ल. (2)-चलन चहै परदेस कौं जा तिय को तब कंत। ताहि प्रवतसित प्रेयसी कहत महत मतिवंत।।-प. ग्रं., जग., 247/134 । दे. परकीया प्रबच्छति प्रेयसी।

**प्रबतसितप्रेयसी**—दे. प्रबच्छतिप्रेयसी।

**प्रबर्षन अद्रि**—प्रवर्षन पर्वत। किष्किंधा के पास एक पर्वत जिस पर राम ने अपने वनवास काल में कुछ समय तक निवास किया था। उ.-''कियो नृपति सुग्रीव हति बालि बली रनधीर। गए प्रबर्षन अद्रि कों लक्ष्मन स्यौं रघुबीर।।-रा.चं., 13/6।

**प्रबस्यत्पतिका** — दे. प्रवत्स्यत्प्रियतिया, प्रवत्स्यत्पतिका, प्रवत्स्यत्प्रेयसी। ल.-''भोर सुनें पिय को गवन प्रबस्यत्पतिका आहि।''-ज.ग्रं., भा. भू., 20/10।

**प्रबाल**—मूँगा। विद्रुम। उ.-''मरकत लाल प्रबाल मनि मुकुत हीर अवदास।''-मति., ल.ल., 13/300।

**प्रबास**—दे. प्रवास।

**प्रबीन**—प्रवीण राय या राय प्रवीण। महाराज इन्द्रजीत सिंह के दरबार की एक परम सुन्दरी वेश्या जो केशवदास की भी शिष्या थी। कविप्रिया की रचना इसी प्रवीण राय को शिक्षा देने के लिए की गई थी। यह प्रसिद्धि है कि इस सुंदरी के रूप को सम्राट् अकबर ने भी सुना था और इन्द्रजीत सिंह को प्रवीण राय के लिए आदेश भेजा। प्रवीण ने इन्द्रजीत सिंह की कर्तव्यबुद्धि को एक छंद सुना कर जगाया, जिससे प्रभावित होकर उन्होंने प्रवीण को अकबर के दरबार में भेजना अस्वीकार कर दिया। परिणामतः अकबर ने एक करोड़ का जुर्माना इन्द्रजीत सिंह पर कर दिया। कवि केशवदास ने बीरबल को अपनी कवित्वशक्ति से प्रभावित कर बाद में यह जुर्माना माफ करवा दिया और बीरबल से हुंडियाँ भी प्राप्त कीं। केशवदास ने अपनी इस शिष्या की सुन्दरता और गुणवत्ता की खूब प्रशंसा की है। उ. (1)-''रंभा स्यों सदंभ बोलै मंजुघोषा उरबसी, हंस फूले सुमनसु सब सुखदानियै। देव का दिवान सो प्रबीनरायजू को बाग, इंद्र के समान तहाँ इन्द्रजीत जानियै।।''-क.प्रि., 7/15। उ.(2)-''पूरब के पूरे पुन्य सुनिजै प्रबीनराइ, तेरी बानी मेरी रानी गंगा को सो पानी है।''-क.प्रि., 14/19।

**प्रबोध**—एक व्यभिचारी भाव। विबोध। निद्रा के हटने की स्थिति। इसमें जंभाई, अँगड़ाई, आँखों का मींचना, अपने अंगों का अवलोकन, मुँह पर अद्‌भुत प्रकाश, गंभीरता, शांति आदि व्यापार होते हैं। केशवदास ने व्यभिचारी नाम गणना में इसका उल्लेख किया है-गर्व हर्ष आवेग पुनि निंदा नींद बिवाद। जड़ता उत्कंठा सहित स्वप्न प्रबोध विषाद।।-र.प्रि., 6/13।

**प्रबोधचंद्रोदय** — रचयिता - ब्रजबासी दास (दे.)। (इति.शुक्ल)।

**प्रबोध चंद्रोदय**—रचयिता-राजा जसवंत सिंह (दे.)। (इति.शुक्ल)।

**प्रबोधचंद्रोदय नाटक**—रचयिता-सूरति मिश्र (दे.)। (स.सर्वे.)।

**प्रबोधन**—पूर्ण ज्ञान। उ.-"जीव बँधे सब आपनि माया। कीन्हें कुकर्म मनो बच काया। जीवन चित्त प्रबोधन आनौ। जीवनमुक्त के भेद बखानौ।।-रा., 25-16।

**प्रबोध पचासा**—रचयिता-पदमाकर भट्ट (दे.)। विव.-भक्ति रस सम्बन्धी। (इति.शुक्ल)।

**प्रश्नोत्तरी**—रचयिता-रत्नहरि (दे.)। (बृ. इति. 7)।

**प्रभद्रक छंद**—इसके प्रत्येक चरण में मात्राक्रम है (।।।। ऽ।ऽ। ।।ऽ।ऽ।ऽ)। पंद्रह वर्ण होते हैं। आठ और सात पर विश्राम होता है। ल.-दुजवर गैल गैल पिय नंद नंद हैं। गुरजुत आठ सात विश्राम बंद है। पंद्ररह वर्न पाय करतो अनंद है। कहत प्रभद्रकाख्य अहिराज छंद है।। उ.-"जिनहिं सुभाइ भाइ प्रिय रामभद्र को। दुखहरता दयालकरता प्रभद्र को।।"-भि.ग्रं. 1, छंदा., 56-57/255।

**प्रभा छंद**—इसके प्रत्येक चरण में चार लघु दो लघु, रगण और रगण होते हैं (।।।। ।। ऽ।ऽ ऽ।ऽ)। बारह वर्ण होते हैं। ल.-दुजबर पिय रागिनी-रागिनी। करत बिमल चारु मंदाकिनी। बहुत कहत हैं ऐही है प्रभा। दु दस बरन और धा है अभा।। उ.-"सुरसति जमुना मनी-भामिनी। मुकुतगन-प्रभा सु मंदाकिनी।।"-भि.ग्रं. 1, छंदा., 26-27/250।

**प्रभावती छंद**—प्रत्येक चरण में मात्राक्रम है (ऽऽ। ऽ।। ।।ऽ ।ऽ। ऽ)। तेरह वर्ण होते हैं। चार, छः और तीन वर्ण पर यति होती है। ल.-तक्कार गो दुजवर नंद, रागनो। तीनौ दसै, चरननि अख्खरा मनो। चारा छ है, तिय बिसराम भावती। याकों कहयो, अहिपति है प्रभावती। उ.-"जौ पै न तो, तजि उन चित्त भावती। केती लखी, ससिबदनी प्रभावती।।"-भि.ग्रं. 1, छंदा., 46-47/253।

**प्रभु**—वह भगवान् या उपास्य जो अनुग्रह या निग्रह करने में समर्थ हो तथा जिसके हाथ में रक्षा, दंड और पुरस्कार हो। स्वामी। उ.-(1)-"दूरि भजत प्रभु पीठि दे गुन-विस्तारन काल। प्रगटत निर्गुन निकट रहि रंग-चंग भूपाल।।"-बि.र., 428/197। उ. (2)-"गुन अबगुन को तनकऊ प्रभु नहिं करत बिचार। केतक कुसुमन आदरत हर सिर धरत क पार।।"-मति., सत., 43/372। उ. (3)-"अब तो प्रभु तारै बनैं नातर होत कुतार। तुमही तारन तरन हौ सो मोरै आधार।।"-रस., रतन., 6/43। उ. (4)-"राजत है दिनराज को बंस अवनि-अवतंस। जामें पुनि पुबि अवतरे कंस-मथन प्रभु-अंस।।" -भू.ग्रं., शि.भू., 4/129। उ. (5)-"परम ज्योति सब मैं प्रगट परमानंद प्रकास। ता प्रभु कौ बंदन करौं मन-क्रम-वचन विलास।।"-वृं.ग्रं., शृं.शि., 1/35।

**प्रभु-अंश**—ईश्वरावतार। उ.-"जामें पुनि पुबि अवतरे कंस-मथन प्रभु-अंस।।"-भू.ग्रं., शि. भू., 4/129।

**प्रभु पावक**—अग्दिदेव। उ.-"अपनो थल प्रभु पावक दाहै। अरु संगतिकारक कों गहि चाहै।"-वि.गी., 6/66।

**प्रभूत**—पाँच तत्त्व-छिति, जल, पावक, गगन, समीर। उ.-"मेटिकै पंच प्रभूत किधौं विधि रेनुमयी नव रीति चलाई।"-रा.चं., 35/9।

**प्रमथ**—शिव के एक प्रकार के गण या पारिषद विशेष जिनकी संख्या 36 करोड़ बताई जाती है। ये बड़े मायावी कहे गए हैं। इनके कई प्रकार हैं, जैसे-1. भोगविमुख, योगी, त्यागी; 2. कामुक भोग परायण, शिवक्रीड़ा में सहायक आदि। इन्हें कुछ पुराणों में दुष्ट दृष्टिवाले, रुद्र, दक्षिणाग्नि के अनुयायी, क्रूर पशुओं जैसी मुखाकृति वाले कहा गया है। नंदी के नेतृत्व में प्रमथों ने असुरों से युद्ध किया था। वाणासुर की राजधानी में ये श्रीकृष्ण से परास्त हुए थे। (हिं.श.सा., पौ.को.)। उ.-"हरबरात हरषात प्रमथ परसत पलपंगत।"-प.ग्रं., जग., 715/230।

**प्रमथपति**—दे. प्रमथ। प्रमथ गणों के पति, शिव, शंकर। जो काव्यशास्त्र में हास्य रस के देवता के रूप में स्वीकृत हैं। उ.-"स्वेत रंग हास्य को देव

प्रमथपति जासु।।"-प.ग्रं., जग., 672/110।

**प्रमा**—यथार्थ ज्ञान का बोध या चेतना। उ.- "वहै शास्त्र तातें सदा सत्य लेख्यौ। प्रमासिद्धिता मध्य प्रत्यक्ष देख्यो।।"-वि.गी., 5/7।

**प्रमाण**—(अलंकार)-सामान्यतया इस अलंकार में आठ प्रमाणों में से किसी एक का कथन होता है। आठ प्रकार के प्रमाण हैं-प्रत्यक्ष, अनुमान, उपमान, शब्द, एतिह्य, अर्थापति, संभव, और अभाव। ल.-कहुँ प्रतच्छ अनुमान कहुँ, कहुँ उपमान दिखाइ। कहूँ बडून की बात लै, आत्मतुष्टि कहूँ पाइ।। अनुपलब्धि संभव कहूँ, कहूँ लहि अर्थापतय। कवि प्रमान भूषन कहैं, बात जु बरनै सत्य।। किन्तु भिखारीदास ने दस प्रकार के प्रमाण अलंकार के उदाहरण दिये हैं—1. प्रत्यक्ष प्रमाण, 2. अनुमानप्रमाण, 3. उपमान प्रमाण, 4. शब्द प्रमाण, 5. श्रुतिपुराणोक्तिप्रमाण, 6. लोकोक्ति प्रमाण, 7. आत्मतुष्टि प्रमाण, 8. अनुपलब्धि प्रमाण, 9. संभव प्रमाण, 10. अर्थापतिप्रमाण। -भि.ग्रं. 2, का.नि., 10-24/160-161।

**प्रमाण**—वेद, शास्त्र इत्यादि अथवा किसी मनुष्य के वचन को किसी विषय में मान लेना। उ.-"बुधि अनुमान, प्रमान श्रुति किएँ नीठि ठहराइ। सूछम कटि पर ब्रह्म की अलख, लखी नहिं जाइ।।"-वि.र., 648/298।

**प्रमानिका**—छंद विशेष। प्रमाणिका वर्णिक छंदों में समवृत्त का एक भेद। इस छंद के प्रत्येक चरण में एक जगण (।ऽ।), एक रगण (।ऽ।), एक लघु और एक गुरु होते हैं। भिखारीदास के अनुसार इसके प्रत्येक चरण में चार धुज (।ऽ) होते हैं। ल. (1)-प्रमानिका धुज चारि को। उ.-"न है समैं घटान की। सलाह मान ठान की।। जताइ जानि दामिनी। सुक्षिप्र मानि कामिनी।।"-भि.ग्रं. 1, छंदा, 33/239-240। केशवदास ने प्रमाणिका का लक्षण भिन्न रूप में दिया है जिसके अनुसार मात्राक्रम है (ऽ। ऽ। ऽ।ऽ)। ल. (2)-आदि एक गुरु सोभिजै जगन रगन तिन माह। कीनी प्रगट प्रमानिका सप्तबर्न कबिनाह। उ.-"छाड़ि देहि रे हठै। संग छाड़िजै सठै। चित्त हाथ कीजियै। मुक्ति छीनि लीजियै।। और नग स्वरूपिणी छंद के लक्षण भिखारीदास के प्रमाणिका छंद के समान दिए हैं, जिसके प्रत्येक चरण में मात्राक्रम है (।ऽ।ऽ।ऽ।ऽ) दे. नगस्वरूपिणी। ल. (3)-लघु गुरु अच्छर आठ जहँ है प्रमानिका छंद। (चार चरण, प्रत्येक में आठ अक्षर, मात्रा क्रम (।ऽ ।ऽ ।ऽ ।ऽ)। उ.-"सुजान पीय आइयै। हियौ हियै लगाइयै। मनोज कौ नवाइयै। बिनोद कौ बढ़ाइयै।।"-सो.ग्रं. 1, र.पी. नि., 11-12/34। इस प्रकार भिखारीदास और सोमनाथ के लक्षणों में समानता है, किन्तु केशवदास के लक्षण भिन्न हैं । भिखारीदास और सोमनाथ ने प्रमाणिका में आठ वर्ण माने हैं जबकि केशव ने सात। उक्त दोनों के अनुसार आदि में लघु है, जबकि केशव के अनुसार गुरु।

**प्रमिताक्षरा छंद**—इस छंद के प्रत्येक चरण में मात्राक्रम है (।।ऽ ।ऽ। ।।ऽ ।।ऽ)। बारह वर्ण होते हैं। ल. (1)-प्रिय नंद-नंद सगनो-सगनो। प्रमिताक्षरा हि पगनो-पगनो। जाति बीच-बीच भनि ले भनि ले। दस दोइ बर्न गनि ले गनि ले।। उ.-"नित बिच व्यक्त झलकैं कुचयों। कविता निबद्ध प्रमिताक्षर ज्यों।।"-भि.ग्रं. 1, छंदा., 19-20/249। ल. (2)-आदि सगन पुनि जगन रचि सगन दोय दै अन्त। छंद होई प्रमिताक्षरा बर्न जु द्वादस सन्त।। उ.-"हरुवाइ जाइ सिय पाँइ परी। रिषिनारि सुँघि सिरु अन्क भरी। अंगराग सब अंगरयो। अति भाँति-भाँति उपदेश दयो।।"-छं.मा., 1/42।

**प्रयाग**—एक प्रसिद्ध तीर्थ जो गंगा-यमुना के संगम पर है। यहाँ बहुत से यज्ञों के होने के कारण इसका नाम प्रयाग रखा गया प्रतीत होता है। यहाँ का जल अत्यंत पवित्र माना जाने के कारण प्राचीन राजाओं के अभिषेक में प्रयुक्त होता था। प्राचीन साहित्य में मिले उल्लेखों से त्रेतायुगीन राम से लेकर अशोक, समुद्रगुप्त, हर्ष तथा उसके बाद तक की इस तीर्थ की प्रमुखता विदित होती है। यहाँ के किले में अशोक का स्तंभ है, जिसमें समुद्रगुप्त की प्रशस्ति खुदी हुई है। चीनी यात्री फाह्यान (414 ई.) के समय यह तीर्थ कोशल राज्य के अन्तर्गत था। प्रयाग के

उस पार प्रतिष्ठान नामक प्रसिद्ध दुर्ग था, जिसे समुद्रगुप्त ने दृढ़ किया था। प्रयाग में अत्यन्त प्राचीन काल से प्रसिद्ध अक्षयवट है, जिसे सातवीं शताब्दी के चीनी चात्री हुएन-त्सांग ने भी देखा था। विभिन्न प्राचीन पुराणों में इस तीर्थ का माहात्म्य विस्तार से वर्णित है। इसे प्रजापति का क्षेत्र माना गया है। माना गया है कि माघ मास में सभी तीर्थ यहाँ आकर निवास करते हैं। उ. (1)-गजमुख सनमुख होत ही विघन विमुख हवै जात। ज्यों पग परत पयाग-मग पाप-पहार बिलात ।।"-क.प्रि., 1/1। उ. (2)-"प्रगट प्रभाव सुरेनुका, हर्नपाप उज्जैनि। सूकरपूरनि पुष्करु, अरु प्रयाग मृगनैनि।।"-वि.गी., 6/11। उ. (3)-"पूरब पूरे पुन्य तरु फलित भयौ बड़भाग। सकल मनोरथ दानि दिन देख्यौ आनि प्रयाग।।"-वी.च., 5/20। उ. (4)-"तजि तीरथ हरि-राधिका-तन- दुति करि अनुरागु। जिहिं ब्रज-केलि-निकुंज-मग पग पग होतु प्रयागु।।"-बि.र., 201/96। उ. (5)-"जथा मकरसंक्रांती कों जात्री चलत प्रयाग। त्यों नारी सब नगर की चलीं विप्रअनुराग।।"-बो.ग्रं. वि.वा., 32/64।

**प्रयोग**—अनुष्ठान। योजनाएँ। उ.-"प्रेरत पैज कियें तन प्राननि जोग के और प्रयोग निदानै।"-र.प्रि., 11/3।

**प्रयोजनवती लक्षणा**— लक्षणा के दो भेदों में से एक। वह लक्षणा जो प्रयोजन द्वारा वाच्यार्थ से भिन्न अर्थ प्रकट करे। उ.-"तलफतु विंदाबन सकल दरस रावरे काज। सुधि करि कहियौ मधुप तुम फिर आओ ब्रजराज।।"-यहाँ 'बन' शब्द जड़ है तातैं बिंदावनवासी समझियै।।-सो.ग्रं. 1, र.पी. नि., 26/44। भिखारीदास ने प्रयोजनवती लक्षणा के दो भेदों का वर्णन किया है—शुद्धा और गौणी। ल.-प्रयोजनवती लक्षना, द्वै विधि तासु प्रमान। एक सुद्ध गौनी दुतिय, भाषत सुकवि सुजान।। उपादान इक शुद्ध में , दूजी लक्षन ठान। तीजी सारोपा कहैं, चौथी साध्यवसान।। उन्होंने शुद्धा के उपादान, लक्षण, सारोपा और साध्यवसान नामक चार भेदों को भी स्पष्ट किया है। उपादान ल.-उपादान सो लक्षना, परगुन लीन्हों होइ। कुंत चलत सब जग कहै, नर बिनु चलै न सोइ।। लक्षण ल.-निज लक्षन औरहि दिये लक्ष-लक्षना-जोग। गंगातटवासिन्ह कहैं गंगावासी लोग।। सारोपा ल.-और थापिये ओर कों, क्यों हूँ समता पाइ। सारोपित सो लक्षना कहैं सकल कबिराइ।। साध्यवसान ल.-जाकी समता कों वहै मुख्य करि देइ। साध्यवसान सु लक्षना, विषय नाम नहिं लेइ।। -भि.ग्रं. 2, का.नि., 26-36/9-11।

**प्रलंब**—असुर विशेष। श्रीमद्‌भागवत के अनुसार कंस के द्वारा भेजा गया यह गोप वेष में गोपबालकों के साथ मिल कर खेलने लगा। गोपबाल यह कहकर कुश्ती लड़ने लगे कि जो हारे वह जीतने वाले को कंधे पर बिठाकर चले। प्रलंब बलराम से हारा और बलराम को कंधे पर बिठा कर भागने लगा। बलराम का भार इतना अधिक बढ़ा कि प्रलंब आगे न चल सका और अंततः उसने अपना रूप प्रकट कर दिया। थोड़ी देर तक युद्ध हुआ किन्तु यह बलराम के हाथों मारा गया। यह कंस का एक असुर मित्र था। (हिं.श.सा., पौ.को.)। उ.-"अघ बक सकट प्रलंब हति मरयो गज चाणूर।"-क.प्रि., 16/17।

**प्रलय**—1. एक सात्विक भाव जिससे किसी वस्तु में तन्मय होने से पूर्व स्मृति का लोप हो जाता है। ल. (1)-स्तंभ स्वेद रोमांच सुरभंग कप वैबन्य। आँसू प्रलय बखानि यै आठो नाम अनन्य।।-र.प्रि. , 6/10। ल. (2)-जीवित तनु में होत है ईहा सकल निरोध। हर्ष दुःख भय आदि तें प्रलय कहत मतिसोध।। उ.-"नेकु निमेष न लागत नैन चकी चितवै तिय देवतिया सी। चंद्रमुखी न हलै न चलै निरबात निवास में दीपसिखा सी।।"-मति., र. रा., 336-337/278। ल. (3)-स्वेद कंप रोमांच फुर अस्रुपात जंभात। प्रलय बेबरन भंगसुर तन तोरत अलसात।। प्रगट होत पियपरस तें ये लक्षन तियअंग। निरखि कंदला देह ते माधव चाहयो रंग।।-बो.ग्रं., वि.वा., 25-26/116। ल. (4)-तन मन कील न सम्हार जहँ रहै जीव गुन गोइ। सो सिंगार रस में प्रलय बरनत कवि सब कोइ।। उ.-"दै चखचोट अँगोट मग तजी जु तिय बन माँहिं।

खरी बिकल कब की परी सुधी सरीर की नाहिं।।"-प.ग्रं., जग., 419. 421/171। 2. भू आदि लोकों का न रह जाना। संसार का तिरोभाव। जगत् के नाना रूपों का प्रकृति में लीन होकर मिट जाना। पुराणों में इसके प्रकारों का वर्णन है-नित्य, नैमित्तिक, प्राकृतिक और आत्यंतिक। लोक में जो बराबर क्षय होता रहता है, वह नित्य है। कल्प के अन्त में तीनों लोकों का होनेवाला क्षय नैमित्तिक या ब्राह्म प्रलय है। प्रकृति के महदादि विशेष तक का विलय प्राकृतिक है और ज्ञान की पूर्णावस्था प्राप्त होने पर ब्रह्म या चित्त में लय आत्यंतिक प्रलय है। (विस्तार के लिए देखें हिं.श.सा., पौ.को.)। उ. (1)-"लोपे कोपे इंद्र लौं रोपे प्रलय अकाल। गिरिधारी राखे सबै गो, गोपी, गोपाल।।"-बि.र., 521/241। उ. (2)-"प्रलयकरन बरषन लगे जुरि जलधर इकसाथ। सुरपति गरबु हर्‌यौ हरषि गिरिधर गिरि धरि हाथ।।"-बि.र., 541/251।

**प्रलाप**—निरर्थक वाक्य या अनाप-शनाप बातें जो वियोगी प्रायः अपनी विशिष्ट दशा में करते हैं। वियोगियों की दस दशाओं में से एक। विरह की वह अवस्था जिसमें नायिका बिना किसी प्रयोजन के व्यर्थ ही, न कही जाने योग्य बात को बार-बार कहती है। ल. (1)-भँवत रहै मन और ज्यों हवै तन मन परताप। वचन कहै प्रिय पच्छ सों तासों कहत प्रलाप।। केशवदास ने प्रच्छन्न और प्रकाश नाम से इसके भी दो भेद किए हैं।-र.प्रि., 8/35। ल. (2)-उतकंठा ते कहत हैं जहाँ मोहमय वैन। बरनत तहाँ प्रलाप है जे प्रबीन रस ऐन।। उ.-"बिकल बाल कौं बाल तू क्यों न बिलोकति आनि। बोलि कोकिलनि सों कहै बोल तिहारे जानि।।"-मति., र.रा., 415-417/293-294। ल. (3)-विना प्रयोजन व्यर्थ हूँ अकथ कहै बहु बार।। ताहि प्रलाप कहै सुकवि, भरत ग्रंथ अनुसार।। -वृ.ग्रं., हि.त., 375/80। ल. (4)-बिन समझे कछु बकि उठै कहिये ताहि प्रलाप। देह घटत मन में बढ़त बिरह व्याधि संताप।।-ज.ग्रं., भा.भू., 33/14। ल. (5)-बिरही जन जहँ कहत कछु निरखि निरर्थक बैन। तासों कहत प्रलाप हैं कवि कविता के ऐन।। उ.-"आम कों कहत आमली है आमली को आम आक ही अनारन कों आकिबो करत है।...साँवरे जू रावरे यों बिरह बिकानी बाल बन बावरी लौं बाकिबो करत है।। -प.ग्रं., जग., 663-664/218-219।

**प्रलै**--दे. प्रलय (2)। उ. (1)-"गुरु और सिष्य नाँही नाम रूप बिस्व नाहीं उतपति प्रलै नाँही बंध मोछक है कहाँ।।"-ज.ग्रं., अ.प्र., 25/142। उ. (2)-"प्रलै के पयोनिधि लौं लहरैं उठन लागीं लहरा लग्यो त्यों होन पौन पुरवैया को।"-प.ग्रं., प्र.प., 21/241।

**प्रलैकाल**—दे. प्रलय (2)। प्रलय काल। जब सम्पूर्ण सृष्टि मूल तत्त्व में लय को प्राप्त होती है। उ.-"खाली ठौर न नेक है कहा निकट कइ दूरि। प्रलैकाल के सिंध लौं रहयौ आतमा पूरि।।"-ज. ग्रं., आ.वि., 185/133।

**प्रवत्स्यत्पतिका** — दे. प्रवस्यत्पतिका, प्रवसत्पतिका, प्रवत्स्यत्प्रियतिया, प्रवत्स्यत्प्रेयसी। नायिका का वह भेद जिसमें नायक नायिका को छोड़कर विदेश जाना चाहता है जिससे वह नायिका सोच में पड़ जाती है। चेष्टा में ऐसी नायिका छिपी चुटीली बात कहती है, अत्यन्त सन्तप्त होती है, उसाँस लेती है, उसकी मुखाकृति दीन हो उठती है। यात्रा में विघ्न के लिए मोहपूर्वक रुदन और वैराग्य युक्त मन बनाती है। ल.-जाकौ पिय परदेश कों चलनि कहै सुनि मित्त। प्रवत्स्यत्पतिका नारि सो दुखी रहै चित नित।।-सो.ग्रं. 1, र.पी.नी., 64/101।

**प्रवत्स्यत्प्रियतिया** — दे. प्रवस्यत्पतिका, प्रवस्यत्पतिका, प्रवत्स्यत्पतिका। ल.-प्रिय विदेस के गौन को, उद्दिम लखि दुखु पाइ। होति प्रवत्स्यत्प्रियतिया, व्याकुल चित्त बनाइ।।-शृं.मं., चिंता., 292/88।

**प्रवरललिता छंद**—प्रत्येक चरण में मात्राक्रम है (। ।।। ।। ।)। सोलह वर्ण होते हैं। छः-छः और चार पर विश्राम होता है। ल.-यगनो मो आनो, नगन सगनो, गो यगनो। दसै छा ही जाके चरन प्रति में, होइ बनो। छहै छाओ चारो, बरन नहिं या है, बिरामी। फनिदे भाख्यो है, प्रबर-ललिता,

छंदनामी।। उ.-"जहाँ गाढ़ी कुजैं, तरनितनया, तीर राजैं। गई ह्याँ हो देख्यो, प्रबरललिता, न्हान कीजैं।।"-भि.ग्रं. 1, छंदा., 62-63/256।

**प्रवसत्पतिका**—दे. प्रवस्यत्पतिका. प्रबस्यत्पतिका। ल. (1)-पिय विदेस जाओ चहै, तजि सुबाल तिहि काल। गहें सोच उर सुंदरी, प्रवसत्पतिका हाल।। काकु वचन संताप उर अति उसाँस मुख दीन। रुदन समोह विराग मन विघन करन उरलीन।।-कृ.ग्रं., हि.त., 363-364/78। ल. (2)-कढ़त पीउ परदेस को अपने आँखिन देखि। प्रवसत्पतिका होति तिय, भेद नयो यह लेखि।।शृं. मं., चिंता., 297/92।

**प्रवास**—विप्रलंभ शृंगार का भेद। सम्मिलन के पश्चात् नायक-नायिका में से किसी एक का विदेश यात्रा के लिए प्रस्तुत होना या परदेश में होना या रहना। ल. (1)-केशव कौनहु काज तें पिय परदेसहिं जाइ। तासों कहत प्रवास सब कबि कोबिद समुझाइ।। केशवदास ने प्रच्छन्न और प्रकाश नाम के इसके दो भेद किए हैं।-र.प्रि., 11/7। ल. (2)-पीतम बसे बिदेस में बिरह जहाँ सरसाय। वरनत तहाँ प्रवास कहि जे प्रबीन कविराय।। उ.-"चलत लाल के मैं कियो सजनी हियो परवान। कहा करौं दरकत नहीं इतै वियोग कृसान।।"-मति. र.रा., 935, 937/289-290। ल. (3)-पिय जु होइ परदेस में सो प्रवास उर आन। तातें होत बधून को अति संताप निदान।।-प.ग्रं.,जग., 642/214। ल. (4)-सो प्रवास द्वै देस में जहँ प्यारी अरु पीउ। सिगरी उद्दीपन विषै देखि उठै दहि जीउ।।-भि.ग्रं. 1, र.सा., 393/56।

**प्रवासहेतुक वियोग**—हेतु के आधार पर किए गए पाँच प्रकार के वियोगों में से एक। भिखारीदास के अनुसार पाँच प्रकार के वियोग हैं-अभिलाषहेतुक, प्रवासहेतुक, विरहहेतुक, असूयाहेतुक और शापहेतुक। ल.-प्रीतम गए विदेश जौ विरह-जोर सरसाइ। वही प्रवास-वियोग है, कहैं सकल कविराइ।।-भि.ग्रं. 2, का.नि., 25/30।

**प्रवीण कविराय**—जन्म-सं. 1692। रचनाएँ-स्फुट पद्य। (बृ.इति. 7)।

**प्रशंसा**—नायक-नायिका भेद विवेचन के अन्तर्गत सखी के लक्षणों का भी निरूपण किया गया है, जिनमें प्रशंसा करना भी एक लक्षण है। ल. (1)-मंडन प्रथम गनाइए, उपालंभ पुनि जानि। पुनि शिक्षा पारिहास गनि बहुरि प्रशंसा मानि।। ल. (2)-स्तुति सु प्रशंसा होइ।।-शृं.मं., चिंता., 352, 359/111-112।

**प्रश्नोतर चित्र (अलंकार)**—दे. चित्रालंकार। इस अलंकार को भिखारीदास ने दो भेदों में बाँटा है- 1. अन्तर्लापिका, 2. बहिर्लापिका। अन्तर्लापिका के नौ प्रकार हैं- 1. गुप्तोत्तर, 2. व्यस्तसमस्तोत्तर, 3. एकानेकोत्तर, 4. नागपाशोत्तर, 5. क्रमव्यस्तसमस्तोत्तर, 6. कमलबंधोत्तर, 7. शृंखलोत्तर, 8. गतागत दूजी शृंखला, 9. चित्रोत्तर। ल.-प्रश्नोत्तर चित्रित करै, सज्जन सुमति उमंग। द्वै बिधि अंतरलापिका, यों बहिरलापिका संग।गुप्तोत्तर उर आनिकै, ब्यस्त समस्त हि जानि। एकोनेकोत्तर बहुरि, नागपास पहिचानि।। है क्रमव्यस्त समस्त पुनि कमलबंधवत मित्र। सुद्ध गतागत शृंखला, नवम जानिये चित्र।। अगनित अंतरलापिका, यों बरनत कविराइ। बहिरलापि जानो उतर, छंद बाहिरे पाइ।।-भि.ग्रं. 2, का.नि., 4-7/192। बहिर्लापिका में भेद वर्णन नहीं है।

**प्रश्नोत्तरी**—रचयिता-लाडलीदास (दे.)। (बृ. इति. 7)।

**प्रसंगविध्वंस**—मानमोचन के छह उपायों में से एक। झूठा भय दिखाकर मानिनी के चित्त में भ्रम उपजाकर उसका मान छुड़ाना। ल. (1)-साम दान मनि भेद पुनि, प्रनति उपेच्छा मानि। पुनि प्रसंग-विध्वंस अरु, दंड होइ रस-हानि।।-र.प्रि., 10/2। ल. (2)-उपजि परै भय चित्त भ्रम, छूटि जाइ जहँ मान। सो प्रसंग विधवंस कवि, "केशवदास" बखान।। उ.-"केकी न 'केसव' काम के किंकर बोलत डोलत देत दुहाई। कामनिसा यह कामिनि कोऊ रिसाइगी तासहु ह्वै है रिसाई।। गाजति नाहिन मेघघटा यह बाजति डौड़ी सखी सुख दाई। भोर भएँ फिरि कीबो अबोलौ सु बोलौ अबै वलि बोलि कन्हाई।।"-र.प्रि., 10/23-24।

**प्रसाद गुण**—दे. गुण। काव्य का एक गुण। किसी रचना में जहाँ भाषा स्वच्छ और साधु हो, समस्त पद कम हों और जटिल ग्रामीण शब्द न आए हों और सुनने के साथ ही जिसका भाव श्रोता की समझ में आ जाय, वहाँ प्रसाद गुण होता है। इस प्रकार जब रचना में स्वच्छता, सरलता और सहजग्राह्यता हो तब उसे प्रसाद गुण युक्त मानना चाहिए। यह सभी रसों में व्याप्त रहता है। ल. (1)-मनरोचक अक्षर परै, सोहैं सिथिल सरीर। गुन प्रसाद जलसुक्ति ज्यों, प्रगटै अर्थ गँभीर।। अल्प समास समास बिन, अर्थव्यक्ति गुन मूल। सो प्रसाद गुन वर्न सब सब गुन सब रस तूल।। उ.-"डीठि डुलै न कहूँ भई मोहित मोहन माँहि। परम सुभगता निरखि सखि, धरम तजै को नाहिं।।"-भि.ग्रं. 2, का.नि., 9, 33, 10/176, 180। ल. (2)-नवहू रस में अर्थ जहँ गंग नीर के तूल। ताकौ कहत प्रसाद गुन, सुनत बढ़े हिय फूल।।-सो.ग्रं. 1, र. पी.नि., 12/171।

**प्रसिद्ध**—समय-सं. 1861 में उ.-विव.। महाराज रणजीतसिंह की सेना में भरतपुर में विद्यमान। तलवार और कलम दोनों के धनी और वीर। रच.-स्फुट छंद, रचनाकाल-1861 वि.। (बृ. इति. 7)।

**प्रसिद्धविद्याविरुद्ध**—दे. दोष, अर्थदोष। भिखारीदास द्वारा गिनाए गए बाईस अर्थदोषों में से एक। ल. (1)-जु विरुद्धप्रसिद्ध प्रकासितनि सहचर भिन्नोस्लील घुनि। है त्यकत्पुनःस्वीकृत सहित अर्थदोष बाईस पुनि।।-भि.ग्रं. 2, का.नि., 57/232। ल. (2)-लोक वेद कविरीति अरु, देस काल तें भिन्न। सो प्रसिद्ध विद्यानि के है बिरुद्ध मति खिन्न।।-वही, 81/237। इसमें भिखारीदास ने लोकविरुद्ध, वेद-विरुद्ध, कविरीतिविरुद्ध, रसविरुद्ध और अंगदेशविरुद्ध की गणना की है। उ.-"कौल खुले कच गूँदती-मूँदती चारु नखक्षत अंगद के तरु। दोहद में रति के स्रमभार बड़े बल कै धरती पग भू परु। पंथ असोकनि कोप लगावती है जस गावती सिंजित के भरु। भावती भादौं की चाँदनी में जगी भावते संग चली अपने घरु।।-वही, 82/237।

**प्रसिद्धालंकार**—जहाँ साधन एक हो और सिद्धि अथवा परिणाम अनेक मिलें, वहाँ यह अलंकार होता है। ल.-साधन साधै एक भव भोगैं सिद्धि अनेक। तासों कहत प्रसिद्ध सब केशव सहित विवेक।। उ.-"मात के मोह पिता परितोषनि केवल राम भरे रिस भारै। औगुन एक ही अर्जुन को छितिमंडल के सब छत्रिय मारे। देवपुरी कहँ औधपुरी जन 'केशवदास' बड़े अरु बारे। सूकर कूकर स्यौं हरिचंद के सत्य समेत सदेह सिधारे।।"-क.प्रि., 13/7-8।

**प्रसेद**—प्रस्वेद। स्वेद या प्रस्वेद एक सात्विक अनुभाव है जो क्रोध, भय, हर्ष, लज्जा, दुःख. श्रम, रोग, ताप, चोट, क्लांति, समाचार आदि से उत्पन्न होता है। ल.-हरष लाज भय कोप श्रम इत्यादिक तें होय। पानी परगट देह में स्वेद कहावत सोय।। उ. (1)-"कुच तें श्रम जलधार चलि मिलि रोमावलि रंग। मनो मेरु की तरहटी भयो सितासित संग।।"-मति., र.रा., 318, 320/273-274। उ. (2)-"कप प्रसेद बढ़ै चढ़ै भौंह मनोभव चाप। अपने पिय सौं जानियत सपनें करति बिलाप।।"-मति., सत., 313/390।

**प्रस्तार प्रकाश**—रच.-ग्वाल कवि (दे.)। विव.-पिंगलनिरूपक ग्रंथ। (सा.को.)।

**प्रस्तार प्रभाकर**—रच.-रसपुंज (दे.)। (बृ. इति. 7)।

**प्रस्तावविशेष**—आर्थी व्यंजना के अन्तर्गत अर्थवैशिष्ट्य के बताये गये दस प्रकारों में से एक। वे दस प्रकार हैं-वक्तृ, बोधव्य, काकु, वाक्य, वाच्य, अन्यसन्निधि, प्रस्ताव, देश, काल तथा चेष्टा। दे. अर्थ व्यंजक। उ.-"बौरी बासर बीततें, प्रीतम आवनिहार।तकै दुचित कित, ह्वै सुचित, साजहि उचित सिंगार।। ति.-इहाँ उचित सिंगार के प्रस्ताव तें यह जान्यो जातु है जो परपुरुष पै जान लगी है।।-भि.ग्रं. 2, का.नि., 60, 60अ/15-16।

**प्रस्तावित अष्टोत्तरी**—रचयिता-योगिराज ज्ञानसार (दे.)। विव.-ब्रजी की रचना है, जिसमें निस्पृह नर की निडरता, इच्छा से फल की अप्राप्ति,

अनिच्छा से फलप्राप्ति, गुण से गुणी की ख्याति, पराधीनता से आत्मा का हनन आदि का प्रतिपादन है। (बृ.इति. 7)।

**प्रस्तुत अंकुर**—दे. प्रस्तुतांकुर। ल.-प्रस्तुत अंकुर है किये प्रस्तुत में प्रस्ताइ। उ.-"कहा भयो अलि केवरें छाड़ि सुकोमल जाइ।।"-ज.ग्रं., भा. भ., 99/33।

**प्रस्तुतांकुर**—(अलंकार)-दे. प्रस्तुत अंकुर। एक अर्थालंकार जिसमें एक प्रस्तुत के सम्बन्ध में कोई बात कहकर उसका अभिप्राय दूसरे प्रस्तुत के प्रति घटाया जाता है। ल. (1)-प्रस्तुत करि अप्रस्तुत जहाँ प्रगट होत अभिराम। प्रस्तुत अंकुर कहत हैं तहाँ बुद्धि के धाम। उ.-"सुबरन बरन सुबासतुत सरस दलनि सुकुमार। चंपकली कौं तजत अलि तैहीं होत गँवार।।"-मति., ल.ल., 175, 176/329। ल. (2)-प्रस्तुत करि प्रस्तुत फुरै प्रस्तुत अंकुर होई तजि कमलिनि अलि अनत कहूँ तू आयो निसि खोइ।।-प.ग्रं., पदमा., 122/47। ल. (3)- दोऊ प्रस्तुत देखिकै, प्रस्तुत अंकुर लेखि।—कार्य और कारण दोनों का प्रस्तुति से प्रस्तुतालंकार होता है। उ.-"दास उसासनि होतु है, सेत कमल वन नील। राधे-तन-आँचन अली, सूखत अँसूवा-झील।।"-ति. इहाँ बिरह को तेज अँसुवा को अधिकार दोऊ वर्नत हैं।।-भि.ग्रं. 2, का.नि., 7, 16, 16अ/115, 117। ल. (4)-प्रस्तुत में प्रस्ताव जहँ प्रस्तुत अंकुर सोइ।। उ.-"रीझैगो दिन चारि में लेखे बगनि के बंस। सेबै तुच्छ तलाब को छोड़ि मानसर हंस।।"-सो.ग्रं. 1, र.पी.नि., 126, 127/199।

**प्रस्नोत्तर (अलंकार)**—प्रश्नोत्तर। केशवदास ने 'चित्र कवित्त' के अन्तर्गत इसका निरूपण किया है। इसमें प्रश्न के अक्षर उत्तर होते हैं। ल. (1)-जोई आखर प्रश्न के तेई उत्तर जानु। यहि विधि प्रश्नोत्तर सदा कहें सुबुद्धि विधानु।। उ.-"को दण्डग्राही सुभट ? को कुमार रतिवंत। को कहिये ससि तें दुखी ? कोमल मन को संत।।"-क.प्रि., 16/65-66। प्रश्नोत्तर अलंकार के दो रूप भिखारीदास ने प्रस्तुत किये हैं। ल. (2)-छोड़ि वा कह्यो वा कह्यो, प्रस्नोत्तर कहि जाइ। प्रस्नोत्तर तासों कहैं, जे प्रवीन कविराइ।। उ.-"को इत आवत ? कान्ह हौं, काम कहा ? हित मानि। किन बोल्यो ? तेरे दृगनि, साखी ? मृदु मुसुकानि।।"-ल. (3)-उत्तर दीबे में जहाँ प्रस्नौपरत लखाइ। प्रस्नोत्तर ताहू कहैं सकल सुकवि समुदाइ।। उ.-"लाई फूली साँझ को रंग दृगनि में बाल। लखि ज्यों फूली दुपहरी नैन तिहारे लाल।।"-भि.ग्रं. 2. का.नि., 46-50/166। ल. (4)-प्रस्नोत्तर कहिये जहाँ, प्रस्नोत्तर बहु बंद। उ. -बाल अरुन क्यों नयन बिय, दिय प्रसाद नखचंद।।-भि.ग्रं. 2, का.नि., 42/22। ल. (5)-कोऊ बूझे बात कछु कोऊ उत्तर देत। प्रस्नोत्तर ताकों कहत भूषन सुकवि सचेत।। उ.-"को दाता को रन चढ़ौ को जगपालनहार। कवि भूषन उत्तर दियौ सिव नृप हरि अवतार।।"-भू.ग्रं. शि.भू., परि., 383, 385/200-201।

**प्रस्वेद**—दे. प्रसेद। उ. (1)-"रति बिपरीति प्रस्वेद कन पिय कौं सींचति वाम। मनो प्रौढ़ पुन्नाग के मुकुलनि पूजति काम।।"-मति., सत., 500/410। उ. (2)-"देवत तौरे लेतु हैं तन प्रस्वेद सो बोरि। यामैं तेरी बोरि कहु या कछु मोरी बोरि।।"-रस., रतन., 668/132।

**प्रहरणकालिका छंद**—सोलह मात्राओं का छंद है। मात्राक्रम है (।।। ।।। ऽ।। ।।। ।ऽ)। ल.-ननगननग है पहरनकलिका। उ.-"बिरद बिदित है जिन चरनन को। प्रहरनकाल कारन दुखगन को।।"-भि.ग्रं. 1, छंदा., 131, 146/196-197।

**प्रहर्षन (अलंकार)**—एक अर्थालंकार जिसमें कवि बिना उद्योग के अनायास किसी के वांछित पदार्थ की प्राप्ति का वर्णन करता है। ल. (1)-जहिं अन वांछित अरथ तें प्रापति कछु अधिकाय। ताहि प्रहर्षन कहत हैं भूषन जे कविराय।। -भू.गं., शि. भू., 194/165। ल. (2)-पद्माकर इसके तीन भेदों का निरुपण करते हैं। **प्रथम**-वंछित-फल-सिद्धि जतन बिन प्रथम प्रहर्षन होइ। **द्वितीय**-सु प्रहर्षन सिधि अर्थ की बंछित ते अधिकारि। **तृतीय**-जा हित जतन सु ताहि तें मिले प्रहर्षन गाइ।।-प.ग्रं., पद्मा., 218-220/59। ल. (3)-1. जतन घनी करि थाकिये, बांछित यों ही जासु। 2. वांछित थोरो

लाभ अति दैवजोग तें आसु।। 3. जतन ढूढ़ते वस्तु की वस्तुहि आवै हाथ। त्रिविध प्रहर्षन कहत हैं लखि-लखि कविता-गाथ।। यों ही वांछित फल' का उ.-"ज्वाल के जाल उसासनि तें वढ़ैं देख्यो न ऐसी बिहार-बिथा ती। सीर समीर उसीर गुलाव के नीर पटीरहु तें सरसाती। श्रीबृजनाथ सनाथ कियो मोहि ज्याइ लियो इहि लाइकै छाती। आजु ही याके तनै पतनै जतनै सव मेरी धरी रहि जाती।।"-द्वितीय 'वांछित थोरो लाभ अति' का उ.-"जा परछाहीं लखनकों, हारे परि-परि पाइ। भाग भलाई रावरी, वहै मिली अब आइ।।"-तृतीय "जतन ढूँढते वस्तु मिलै" का उ.-"भोरही आइ जनी सो निहोरिकै राधे कह्यो मोहिं माधौ मिलावै। ताहि तकाइकै भौन गई वह आपु कछू करिवै कों उपावै। ताही समैं तहँ माधौ गए दुख राधे-वियोग को वाहि सुनावै। पाइकै सूनो निलै मिलैं दूनो वढ़े सुख दूनो दुहूँ उर लावै।।"-भि. ग्रं. 2, का.नि., 19-23/143-144। ल. (4)-तीनि प्रहर्षन जतन विन वांछित फल जौ होइ। वांछितहू तैं अधिक फल श्रम विन लहिये सोइ।। सोधंत जाके जतन कों वस्तु चढ़े कर सोइ। -ज.ग्रं., भा.भू., 159/52।

**प्रहर्षिणी छंद**—इसके प्रत्येक चरण में मात्राक्रम है (SSS ।।। ।S। S।S S)। तेरह वर्ण होते हैं और तीन, पाँच और पाँच वर्णों पर यति होती है। ल.-मैं जानौ दुजबर रग्गनो य है जू। याही कों, प्रहरषिनी सबै कहै जू। तीनै औं, बिरति विचारि पाँच पाँचौ। तीनै औदस अखरानि ठीक जाँचौ।। उ.-"तेरी तौ अँखियउ अश्रुवर्षिनी है। सौतिन की जनिउ महाप्रहर्षिनी है।।-भि.ग्रं. 1, छंदा., 36-37/251-252।

**प्रहलाद**—प्रह्लाद। दैत्यराज हिरण्यकशिपु और दानवी कयाधु का भगवद्भक्त पुत्र। दत्तात्रेय, शंद तथा मर्क इसके शिक्षक थे। हिरण्यकशिपु ने इसे ईश्वरभक्ति से विचलित करने के लिए प्राणान्तक कष्ट दिये किन्तु यह अविचलित रहा। अन्त में इसकी रक्षा करने हेतु भगवान् ने नृसिंह रूप में अवतार लिया और हिरण्यकशिपु को मार कर प्रहलाद की रक्षा की। आयुष्मान, शिवि, बाष्कल और विरोचन नाम के इसके चार पुत्र थे। बलि इसका पौत्र था। ईश्वरभक्ति के कारण ही यह दैत्यों और दानवों का अधिपति हो गया था। (हिं.श.सा., पौ.को.)। उ. (1)-"भज नरहरि नारायण तजि बकबाद। प्रगटि खंभ ते राख्यो जिन प्रहलाद।।"-र. वि., बरवै. 92/63। उ. (2)-"प्रभु निज प्रीति पिछानि कैं होय सहायक आय। सुन गज अरु प्रहलाद की कैसी करी सहाय।।"-वृं.ग्रं., स.स.रू., 4/262। उ. (3)-"प्रहलाद की ऐसी प्रतीति करै तव क्यों न कढ़ै प्रभु पाहन तें।"-बो.ग्रं., इ.ना., 13/3। उ. (4)-"फेर सुन्यो प्रहलाद के साँकरे आवन कौं न रिवनौ बितयौ रे।।"-ठाकुर, 213/56। उ. (5)-"साधन के हेत पन पाल्यो प्रहलादहू को याद करौ जाइ सेवरी के वेर खाए हैं।"-प.ग्रं., प्र.प., 24/242।

**प्रहस्त**—रावण की सेना का एक सेनापति। राम की सेना के आक्रमण के समय लंका के पूर्व द्वार पर नियुक्त था और युद्ध में मारा गया था। उ.-"राख्यो प्रहस्त हठि पूर्व पौरि। दक्षिनहि महोदर गयौ दौरि।।"-रा.चं., 17/4।

**प्रहेलिका**—पहेली। बुझौवल। एक प्रकार का चित्रालंकार जिसको शव्दगत विशेषताओं के कारण शव्दालंकार में भी गिनते हैं। इसके च्युताक्षर, दत्ताक्षर, च्युतदत्ताक्षरादि भेद बताये जाते है। यह अनेकार्थक धातुओं से युक्त और यमक सम्पन्न उक्ति चमत्कार से निष्पन्न होता है। कुछ आचार्य इसे अलंकार कोटि में रखते हैं। ल.-बरनिय बस्तु दुराय जहँ, कौनहुँ एक प्रकार। तासों कहत प्रहेलिका, कवि कुल बुद्धि उखार।। उ. (1)-"सोभित सत्ताईस सिर, उनसठि लोचन लेखि। छप्पन पद जानहु तहाँ, बीस बाहु बर देखि।। सूर्यमंडल जानिबो।। उ.-"केशव ताके नाम के आखर कहिजे दोइ। सूधे भूषन मित्र के उलटे दूषन होइ।।"-राज जानबी।।-क.प्रि., 13/30-31, 35।

**प्राकृत** (1)—एक भाषा जो वैदिक संस्कृत के वाद बोलचाल और साहित्यिक रचनाओं की भाषा थी। सामान्यतया इसका समय प्रथम ई.श. से 5वीं-छठीं ई.श. तक माना जाता है। इसके अनेक

भेद प्रदेश के अनुसार प्रचलित थे-जैसे शौरसेनी, महाराष्ट्र, मागधी, अर्धमागधी आदि। प्राचीन काल में संस्कृत नाटकों में स्त्रियों, सेवकों और साधारण व्यक्तियों की बोलचाल की भाषा के रूप में विहित है। इसमें गाथा सप्तशती, गउड वहो जैसे स्वतंत्र काव्य तथा कर्पूरमंजरी जैसी नाटय कृतियाँ भी मिलती हैं। शिलालेखों में भी इसका प्रयोग मिलता है। वररुचि, हेमचंद्र आदि अनेक वैयाकरणों ने इसके व्याकरण ग्रंथों की रचना की है। उ. (1)-"जोरत कवित्त छंद छप्पय अनेक भाँति संस्कृत प्राकृत पढ़े जु गुनग्रामा हौं।।"-प.ग्रं., प्रकी. 21/309। उ. (2)-"प्राकृत भाषा संस्कृत, लखि वहु छंदो ग्रंथ। 'दास' कियो छंदारनव, भाषा रचि सुभ पंथ।।"-भि.ग्रं. 1, छंदा., 7/166।

**प्राग**—दे. प्रयाग। उ.-"बोधा कवि प्राग औ वनारस सुहागपुर खुरदा निहारि फिरि मुरक्यौ उदास होइ।।"-बो.ग्रं., वि.बा., 18/23।

**प्राणनाथ** (1)—स्थान-हृदयनगर ग्राम, मंडलगढ़, म.प्र.। रचना-अंगदवादि। विव.-अंगद-रावण-संवाद। रचनाकाल-कार्तिक कृष्ण 5, सं. 1855। (बृ.इति. 7)।

**प्राणनाथ** (2)—स्थान-बैसवाड़ा। जाति-ब्राह्मण। रचनाएँ-1. चक्रव्यूह, रचनाकाल-सं. 1850, 2. वभ्रवाहन कथा, लिपिकाल-सं. 1868। (बृ.इति. 7)।

**प्राणनाथ** (3)—रचना-हस्तामलक, रचनाकाल सं. 1854 के लगभग। (बृ.इति. 7)।

**प्राणनाथ** (4)—प्रणामी संप्रदाय के संत, छत्रसाल बुंदेला के गुरु। बहुभाषाविद। इनके नाम से प्राणनाथी संप्रदाय भी है। जन्म-सं. 1675। जन्म स्थान-जामनगर (काठियावाड़)। जाति-क्षत्रिय। पिता-केशव ठाकुर। माता-धनबाई। रच.-श्रीभत्तारतम्पसागर (अनेक रचनाओं का संग्रह ग्रंथ)। (बृ.इति. 7; हिं.श.सा.)।

**प्राणायाम**—पातंजल अष्टांग योग में चौथा। श्वास और प्रश्वास की गति के विच्छेद को प्राणायाम कहते हैं। इनकी गति, इस योगक्रिया में, क्रमशः कम की जाती है। इसकी तीन वृत्तियाँ हैं-बाह्य, आभ्यंतर और स्तंभ जिन्हें शब्दांतर से रेचक, पूरक और कुंभक कहते हैं। प्रणव की गणना के आधार पर इस क्रिया का साधन होता है। उ. (1)-"जम और नैमहि जानि तूँ आसन प्राणायाम। प्रत्याहार रु धारणा ध्यान समाधि सुनाम।।"-ज.ग्रं., आ. बि., 64/121। उ. (2)-"ए सब करि कै कीजियै प्राणायाम प्रकार। पूरक कुंभक रेच है ए तीनौ निरधार।।"-ज.ग्रं., आ.वि., 73/122। उ. (3)-"जो चाहै जीवन अति अनंत। सो साधै प्रानायाम जंत।। शुभ रेचक पूरक नाम जानि। अरु कुंभकादि सुखदानि मानि।।"-रा.चं. 25/22।

**प्रादुर्भूत मनोभवा**—मध्या नायिका का एक भेद जिसके मन में काम का पूरा प्रादुभार्व होता है और जिसमें कामकला के सभी चिह्न प्रकट होते हैं। ल.-मध्या आरूढ़जोवना, प्रगलभवचना जानि। प्रादुर्भूत मनोभवा, सुरति-विचित्रा आनि।। प्राद़र्भूत मनोभवा मध्या कहौं बखानि। तनमन भूषित सोभियै 'केशव' कामकलानि।। उ.-"आजु में देखी है गोप सुता इक, होइ न ऐसी अहीर की जाई । देखत ही रहियै दुति देह की देखे तें और न देखी सुहाई। एक ही बंक बिलोकनि ऊपर बारैं विलोकि त्रिलोक-निकाई। 'केशवदास' कलानिधि सो वर बूझियै काम कि मेरी कन्हाई।।"-र.प्रि., 3/38।

**प्रान**—प्राण।शरीर की वह वायु जिससे मनुष्य जीवित रहता हे। हिन्दुओं के शास्त्रों में, योगशास्त्र में, शरीर के स्थान भेद से प्राण के दस प्रकार माने गए हैं-प्राण, अपान, व्यान, उदान, समान, नाग, कूर्म, कृकिल, देवदत्त और धनंजय। इनमें से प्रथम पाँच मुख्य हैं और उनका सामूहिक नाम पंचप्राण है। इन सबमें प्राण सबसे प्रमुख है। इसी पर सभी प्राणियों का जीवन है। इसी के आधार पर सभी साँस लेनेवाले जंतुओं को प्राणी कहते हैं। उ. (1)-"केवल प्रतछ प्रान बाय कौ अधार है।"-ज. ग्रं., अ.प्र., 12/138। उ. (2)-"और सुनि शरीर कै विषैं चेव्य जेती कछु तितनी सबैं ए प्रान बाय ही सौं जानिवी।।"-ज.ग्रं., अ.प्र., 13/139। उ. (3)-"सु न जानियै धौं कित छाय रहे दृग-चातिव-प्रान तपे तरसैं।"-घ.क., 17/40 उ. (4)-"औसर-आस

लगे रहैं प्रान कहा बस जौ सुधि भूलि न लेत हौ।"-घ.क., 182/118।

**प्रानायाम**--दे. प्राणायाम। उ.-"आसन प्रानायाम हू ए पुनि भरम प्रकार। भरमै दिसि दिसि रोध भ्रम भरमैं प्रत्याहार।।"-ज.ग्रं., सि.सा., 142/184।

**प्रारबध**--प्रारब्ध। तीन प्रकार के कर्मों में से वह जिसका फलभोग आरम्भ हो चुका हो। उ. (1)-"रहि हैं याकी देह लौं करम प्रारब्ध जोइ। तौ लौं याकी देह कौं सुख दुख सबहीं होई।।" ज.ग्रं., आ.बि., 163/131। उ. (2)-"करम जु तीन प्रकार के ए तूँ निहचै जानि। संचित अरु प्रारबध हैं क्रीयमाण लै मानि।।"-ज.ग्रं.,आ.बि., 132/127।

**प्रार्थना**—रचयिता-गुणमंजरीदास (दे.)। (बृ. इति. 7)।

**प्रार्थनाशतक**--रचयिता-कृपानिवास (दे.)। (बृ.इति. 7)।

**प्राज्ञविलास**—रचयिता-चंदन (दे.) (इति. शुक्ल)।

**प्रियंवदा छंद**—सोलह मात्राओं का छंद है। मात्राक्रम है (।।। ऽ।। ।ऽ। ऽ।ऽ)। ल.-नभजरीहि पठवै प्रियंवदा। उ.-"रहति मो दृगन में अरी सदा। तिय सरोजनयनी प्रियंवदा।।"-भि.ग्रं. 1, छंदा., 133, 152/196, 198।

**प्रिया छंद**—1. ल. (1)-पकल अर्थात् पाँच मात्राओं का छंद है। मात्राक्रम है (ऽ।ऽ)। उ.-"है खरो। पत्थरो। तो हिया। री प्रिया।।"-भि.ग्रं. 1, छंदा, 21/183। वर्णवृत्त है। ल. (2)-प्रिया छंद है रगन पुनि कहत सब कोई।। (तीन वर्ण, प्रत्येक चरण में रगण (ऽ।ऽ)। उ.-"आव रे। साँवरे। तैं भली। मैं छली।।"-सो.ग्रं. 1, र.पी.नि., 3-4/33। 2. मात्रामुक्तक छंद है। ल.-बाइसै तेईस कल, छंद प्रिया पहिचानि। चलन चारु संगीत की, बरनत है सुखदानि।। उ.-"राखे रहिहैं दास हमें दूरि हिया सों। यों पंथी संदेसो कहिबी प्रानप्रिया सों।।"-सो.ग्रं. 1, र.पी.नि., 3-4/33।

**प्रिया जन्मोत्सव कवित्त**--रचयिता-नागरीदास (दे.)। (बृ.इति. 7, स.सर्वे.)।

**प्रियादास**—जन्म-सं. 1730। स्थान-सूरत के समीप राजपुरा ग्राम। पिता-वामदेव। माता-गंगाबाई। रचनाएँ-भक्तिरसबोधिनी, अनन्यमोदिनी, चाहबेली, भक्तवेली, भक्तसुमरनी, रसिकमोहनी ।। (बृ. इति. 7)।

**प्रीतमदास**--स्थितिकाल-सं. 1775 से 1854। पिता-प्रतापसिंह। माता-तेजकुँवरबा, रचनाएँ-स्फुट। (बृ.इति. 7)।

**प्रीतमा**—प्रियतमा। नायिका। उ.-"बिछुरत प्रीतम प्रीतमा होत जु रस तिहिं ठौर। विप्रलंभ सिंगार कहि वरनत कवि-सिरमौर।।"-र.प्रि., 8/1।

**प्रीतिमंजरी**—रचयिता-गणपति भारती (दे.)। (बृ.इति. 7)।

**प्रीतिरसमंजरी**—रचयिता-नागरीदास (दे.)। (बृ.इति. 7, स.सर्वे.)।

**प्रीति-रीति**—प्रेम करने की रीति या पद्धति। उ.-"चाहौ अनचाहौ जान प्यारे पै अनंदघन, प्रीति-रीति विषय सु रोम-रोम रमी है।"-घ.क., 33/48।

**प्रेत**—मुक्त न होने वाली मृतात्माएँ। पिशाचों की तरह की एक कल्पित देवयोनि जिसके शरीर का रंग काला, शरीर के बाल खड़े और स्वरूप बहुत विकराल माना जाता है। उ. (1)-"डीठि लगी किधौं प्रेत लग्यो कि लग्यो उर प्रीतम जाहि डरी यों।"-र. प्रि., 4/13। उ. (2)-"सकसकाति लै साँस अचेत सु चेतहु प्रेम-प्रेत गहि गाढ़ी।।"-र.प्रि., 8/42। उ. (3)-"जहाँ हे कलावंत अलापत्त मधुर स्वर तहाँ भूत-प्रेत अब करत बिलाप हैं।"-भू.ग्रं., शि.भू., 224/171। उ. (4)-"सोचनि ही पचियै घनआनंद हेत पग्यो किधौं प्रेत लग्यौ है।"-घ.क., 28/45।

**प्रेतकाज**—दे. प्रेत। प्रेतबाधा हटाने के लिए कर्म। उ.-"रक्त बिकारी गौंच लगावैं। प्रेतकाज पंद्रहा भरावै।।"-बो.ग्रं., वि.वा., 53/165।

**प्रेतचरित्र**—मृतात्मा का व्यवहार। उ.-"मरन सु 'केशवदास' पै बरन्यो जाइ न मित्र। अजर अमर जस कहि कहौ कैसें प्रेत-चरित्र।।"-र.प्रि., 8/54।

**प्रेतनाह**--प्रेतनाथ। यमराज। उ.-"कागद करम करतूति के उठाइ धरे पचि-पचि पेंच में परे

ह्वैं प्रेतनाह अब।"-प.ग्रं., गं.ल., 20/260।

**प्रेतनि**—दे. प्रेत। मृतात्माएँ। उ. (1)-"मुख विषभरे, विषधर, धरे, मुंडमाल, भूषितविभूति, भूत प्रेतनि समेत हैं।"-क.प्रि., 9/26। उ. (2)-"प्रेतनि की पूछें नारि कौन पै तैं सीख्यो यह जोग कैसो सारु अभिसारु अभिसारिके।।"-र.प्रि., 7/32।

**प्रेत बलाय**—भूत बाधा। उ.-"नहीं तन रक्तविकार लखाय। नहीं तिय के तन प्रेत बलाय।।"-बो.ग्रं., वि.वा., 42/164।

**प्रेतवधू**—प्रेतिनियाँ। उ.-"मृतक चिता पर मानहु सोहै। चहुँ दिसि प्रेतबधु मन मोहै।"-रा.चं., 13/49।

**प्रेतिनी**—प्रेत की स्त्रियाँ। प्रेतवधू। उ.-"प्रेतिनी पिसाचिनी निसाचरी की जाई है तू 'केसोदास' की सौं कहि तेरी कौन जाति है।"-र. प्रि., 14/31।

**प्रेतेस**—भूतेश। शिव। उ.-"पन्नगेस प्रेतेस शुद्ध सिद्धेस देखि अव।।"-ज.चं., 1।

**प्रेम**—वह मनोवृत्ति जिसके अनुसार किसी वस्तु या व्यक्ति आदि के सम्बन्ध में यह इच्छा होती है कि वह सदा हमारे पास या हमारे साथ रहे, उसकी वृद्धि, उन्नति या हित हो, अथवा हम उसका भोग करें। वह वस्तु उसे अच्छी लगती हो। अनुराग। उ. (1)-"करतु जातु जेती कटनि वढि रस-सरिता-सोतु। आलवाल उर प्रेम-तरु तितौ-तितौ दृढ़ होतु।।"-बि.र., 452/208। उ. (2)-"बिषयनि तें निरवेदबर ग्यान जोग ब्रज नेम। बिफल जानियो ये बिना प्रभु पग पंकज प्रेम।।"-मति., सत., 410/102। उ. (3)-"जैसे कहूँ मीन जल सूखत मलीन तपै प्रेम के वियोग गति बाल की जनाई है।"-भू.ग्रं., प्रकी., 561/242। उ. (4)-"रूप प्रेम अभिमान सों दुबिधि गर्बिता जानि।।"-ज.ग्रं., भा. भू., 21/10।

**प्रेम-आक्षेप**—दे. आक्षेप, प्रेमा। ल.-प्रेम बखानत ही जहाँ उपजत कारज वाधु। कहत प्रेम-आक्षेप यह तासों 'केशव' साधु।। उ.-"ज्यों-ज्यों बहु बरजे में, मेरे प्रान प्राननाथ अंग न लगाइयै जु, आगे दुख पाइबो। त्यों-त्यों हँसि-हँसि अति सिर पर उर पर; कीबो कियों आँखिन के ऊपर खिलाइबो। एकौ पल इत उत साथ तैं न जान दीने, लीने फिरे हाथ ही कहाँ लौं गुन गाइबो। तुम तौ कहत तिन्हैं छाँड़ि कै चलन अब छाँडत ये कैसे तुम्हें आगे उठि धाइबो।।"-क.प्रि., 10/7-8।

**प्रेमगरबिता**—प्रेमगर्विता। साहित्य में नायक-नायिका भेद के अन्तर्गत वह नायिका जो अपने पति के अनुराग का अहंकार रखती हो। वह स्त्री जिसे इस बात का अभिमान हो कि मेरा पति मुझे वहुत चाहता है। ल. (1)-निज नायक के प्रेम कों गरब जनावै बाल। प्रेमगरबिता कहत हैं तासों सुमति-रसाल।। उ. (1)-"औरन के पाइन दियो नायनि जावक लाल। प्रान-पियारी रावरी परखति तुम्हें रसाल।।"-मति., र.रा., 101, 193/222-223। उ. (2)-"आयुहि देत जबकवा गूँदत हार। चुनि पहिराव चुनरिया, प्रान-अधार।।"-र.बि., ब.ना. भेद, 28-29/44। उ. (3)-"छला छबीले लाल कौ नवल नेल लहि नारि। चूँबति चाहति, लाइ उर पहिरति, धरति उतारि।।"-बि.र., 123/63।

**प्रेमचंद**—रचनाएँ-कामरूप चंद्रकला की प्रेम कहानी (सं. 1853)। मृत्युमहोत्सव पच्चीसी (लिपिकाल सं. 1778)। (बृ.इति. 7)।

**प्रेमचन्द्रिका**—रचयिता-देव (दे.)। (इति. शुक्ल)।

**प्रेमतरंग**—रचयिता-देव (दे.)। (इति.शुक्ल)।

**प्रेमदर्शन**—रचयिता-देव (दे.)। (इति.शुक्ल)।

**प्रेमदास** (1)—स्वामी हरिदास के पौत्र शिष्य तथा महरवान के शिष्य। रचनाएँ-सिद्धवंदना। (बृ. इति. 7)।

**प्रेमदास** (2)—हितरूपलाल गोस्वामी के शिष्य। सं. 1791 में विद्यमान। रचनाएँ-हितचौरासी की टीका; उत्सव सम्बन्धी पद। (बृ.इति. 7)।

**प्रेमदीपिका**—रचयिता-अक्षर अनन्य (दे.)। (बृ.इति. 7)।

**प्रेमदीपिका**—रचयिता-देव (दे.)। (इति. शुक्ल)।

**प्रेमनामा**—रचयिता-जगजीवनदास (दे.)। (बृ. इति. 7)।

**प्रेमपच्चीसी**—रचयिता-सोमनाथ (दे.)। (बृ. इति. 7)।

**प्रेमपत्री**—रचयिता - रामहरि (दे.)। (बृ. इति. 7)।

**प्रेम पदार्थ**—रचयिता-भगवानदास (दे.)। (बृ.इति. 7)।

**प्रेमपरगास**—रचयिता-धरनीदास (दे.)। विव.-यह एक सूफी शैली की प्रेम-कहानी है, जिसमें मनमोहन और प्रानमती के विरह-मिलन का प्रतीकात्मक वर्णन है। (बृ.इति. 7)।

**प्रेमपरीक्षा**—रचयिता-बालअली (दे.)। (बृ. इति. 7)।

**प्रेमपहेली**—रचयिता-बालअली (दे.)। (बृ. इति. 7)।

**प्रेममूल**—रचयिता-दरियादास (दे.)। विव.-अनेक दृष्टांतों द्वारा प्रेम और भक्ति का वर्णन। (बृ.इति. 7)।

**प्रेम रत्नाकर**—रचयिता-देवीदास (दे.)। (बृ. इति. 7)।

**प्रेमरसु**—प्रेम का आनंद। उ.-"जो तू चाहत प्रेमरसु ताकौ यहै उपाइ। करु गुरु चातिक मीन कौ तव हित मग धर पाइ।।"-रस., रतन., 557/118।

**प्रेम वाक्याभिसारिका**—ल.-पीतम के ढिग आइ जो, कहै प्रेम की बात। प्रेम वाक्य अभिसारिका, बरनतु रसु अधिकात।।-शृं.मं., चिंता., 336/102।

**प्रेमसखी** (1)—समय-सं. 1791? सं. 1880? स्थान-शृंगवेरपुर। संप्रदाय-सखी संप्रदाय। विप्र कुल में उत्पन्न। रचनाएँ-होली, कवित्तादि प्रबंध, श्रीसीताराम नख-शिख । (बृ.इति. 7)।

**प्रेमसखी (2)**—प्रेमानंद स्वामी। स्वामीनारायण संप्रदाय। जन्म-सं. 1826। स्थान-गड़हा। मृत्यु सं. 1907। सेवाभाव नाम प्रेमसखी। रचनाएँ-स्फुट 7000 पद। (बृ.इति. 7)।

**प्रेमसुमार्ग**—रचयिता-गुरु गोविन्द सिंह (दे.)। (इति.शुक्ल)।

**प्रेमा**—अलंकार विशेष। किसी मनोभाव का कपट रहित वर्णन ही प्रेमालंकार कहलाता है। ल. -प्रेमा श्लेष, समेद है, नियम बिरोधी मान। सूक्ष्म, लेस, निदर्सना, उर्जस्वी पुनि जान।।-क.प्रि., 9/2। दे. प्रेमाक्षेप।

**प्रेमाक्षेप**—दे. आक्षेप। आक्षेप अलंकार का एक भेद। जहाँ पूर्वप्रेम का वर्णन करते ही आरंभिक कार्य में बाधा उपस्थित हो, वह प्रेमाक्षेप है। ल.-प्रेम बखानत ही जहाँ, उपजत कारज बाधु। कहत प्रेम-आक्षेप यह तासों 'केसव' साधु।।-क. प्रि., 10/7।

**प्रेमानंद स्वामी** — दे. प्रेमसखी (2)। (बृ. इति. 7)

**प्रेयस (अलंकार)**—जहाँ एक भाव किसी अन्य भाव का अंग हो जाता है, वहाँ प्रेयस अलंकार होता है। ल.-"भाव अंग रस भाव को जहँ तहँ प्रेयस ठान। कब लखिहौं इन दृगन सों वा मुख की मुसक्यान।।"-यहाँ शृंगार रस को चिंता व्यभिचारी भाव अंग भयो।। भाव को भाव अंग -उ.-"प्रभुपद सौहें करें कहत वाहि तुच्छ इक तीर। लखत इंद्रजित कों हनहुँ तौ मैं लक्ष्मण वीर।।-प.ग्र., पद्मा., 290-291/68।

**प्रेयालंकार**—दे. प्रेयस। ल.-भावै जहँ हवै जात है, रस-भावादिक-अंग। सो प्रेयालंकार है, बरनत बुद्धि अतंग।। (जैसे हास्य रस का लज्जाभाव अंग भूत हो जाय)-भि.ग्रं. 2, का.नि., 8, 9, 9अ/39।

**प्रोढ़ै**—दे. प्रौढ़ा। उ.-"प्रीतम-प्रीति प्रबीन सो प्रोढ़ै।"-भि.ग्रं., र.सा., 25/6।

**प्रोत्साहन**—नायक-नायिका भेद में दूती के व्यापारों में से एक । ल.-दूती देषन मिलन को, उमगावै जु उछाह। प्रोत्साहन तासों कहत, सकल रसिक कविनाह।। उ.-"बदन मयंक मरीचि दै, झाँकी उझकि अकोर। बस करि लै सखि लाल के, लोचन चपल चकोर।।"-शृं.म., चिंता., 436/437।

**प्रोषित**—नायक का एक भेद। वह नायक जो विदेश गया हुआ हो। वह प्रोषित नायक या प्रोषित पति इस प्रवासकाल में नायिका की चिन्ता भी करता है। ल. (1)-तिय विरहित परदेस मै, बसै सो प्रोषित होइ। उ.-"तरुनी परदेस बसि जिन जग सहयो

कलेस। जानत तिनको नाहि मैं, कुंभीपाक प्रवेस।।'' शृं.मं., चिंता., 471-472/138। ल. (2)-नायक होय बिदेस में जो बियोग अकुलाय। तासों प्रोषित कहत हैं जे प्रबीन कबिराय।। उ.- ''प्रफुलित सुमनसमाज में करबी आँनद केलि। सो नीके दिन लागि है, उर सोने की बेल।।''- मति., र.रा., 272, 274/263-264। ल.(3)-व्याकुल होइ जो बिरह बस बसि बिदेस में कंत। ताही सों प्रोषित कहत जे कोबिद बुधिवंत।। उ.-''तजि बिदेस सजि बेस ही निज निकेत में जाइ। कब समेटि भुज भेंटिबी भामिनि हिये लगाइ।।''-प.ग्रं., जग., 315, 317/148-149। ल.(4)-निजु नारी सौं बिछुर कें चलै जु नर परदेस। प्रोषित नायक ताहि कहि, बरनत सुकबि सुबेस।। -सो.ग्रं.1, र. पी.नि., 26/116। उ.-''करबौं ऊँच अटरिया तिय सँग केलि। कबधौं पहिरि गजरवा, हार चमेलि।।''-र. बि., ब.ना.भे., 108/54।

**प्रोषितपतिका**—अवस्था के अनुसार नायिका का भेद। वह नायिका जिसका पति परदेस में हो। पति के विदेस जाने से दुःखित स्त्री। ल.(1)-प्रोषित पतिका बिरहिनी अतिरिस पति सों होइ।-ज.ग्रं., भा.भू., 16/9। ल.(2)-पिय जाको परदेस में प्रोषितपतिका सोइ। उदित उद्दीपन तें जु तन संतापित अति होइ।। उ.-''भरति उसासनि दृग भरति करति गेह के काज। पल पल पर पीरी परति परी लाज के राज।।''-प.ग्रं., जग., 145, 148/110। ल.(3)-जाको पिय परदेस सो प्रोषितपतिका जानि। बिकल रहैं तन मन बिषै पंडित कहत बखानि।। -सो.ग्रं.1, र.पी.नि., 57/99। ल.(4)-जाको पति परदेस को, गयो सुदुःखित नारि। प्रोषित पतिका होति है, पंडित कहत बिचारि।। उ.-''नीकी सगुनौती उठति, व्याकुल जानि करि जीउ। पायो सुन्दरि सगुन यौं, आयों तेरों पीउ।।''-शृं.मं., चिंता., 305, 307/94। दे. प्रोषित भर्तृका, प्रोषित प्रेयसी।

**प्रोषित प्रेयसी**—दे. प्रोषितपतिका, प्रोषित भर्तृका। ल.-जाकों प्रीतम दै अवधि, गयो कौन हूँ काज। ताकों प्रोषित प्रेयसी कहि बरनत कबिराज।। इसके केशवदास ने अन्य नायिकाभेद की तरह ही 'प्रच्छन्न' और 'प्रकाश' नाम के दो भेद किए हैं। प्रच्छन्न उ.-केसव कैसेहूँ पूरबपुन्य मिल्यो मनभावतो भाग भर्यो री। जानै को माई कहा भया क्योंहूँ जु औधि के आधिक घोस टर्यो री। ताकहुँ तू न अजौं हँसि बोलै जऊ मेरो मोहन पाइ पर्यो री। काठहू तें हठ तेरो कठोर इतें बिरहानल हू न जर्यो री।। -र.प्रि., 7/19-20।

**प्रोषितभर्तृका**—दे. प्रोषितपतिका। जिस नायिका का प्रिय नायक आने की अवधि देकर उसे छोड़कर परदेस चला जाता है, उसे ही प्रोषितभर्तृका कहते हैं। यही प्रोषितभर्तृका विरह की दस दशाओं से गुजरती है। ल.(1)-तजि तिय पिय परदेस कों, जाइ अवधदे ताहि। प्रोषितपतिका सुंदरी, वहै कहै कवि चाहि। होत अवस्था दस तबै, सुनी लीजै कवि भेव। सगुन आदि संदेस रिसि चलन मनावै देव।।—वृं. ग्रं., हि.त., 369-370/79-80। ल. (2)-कहिये प्रोषितभर्तृका पति परदेसी जानि। चलत रहत आवत मिलत चारि भेद उनमानि।। प्रथम प्रवत्स्यत्प्रेयसी प्रोषितपतिका फेरि। अयाच्छतपतिका बहुरि आगतपतिका हेरि।।-भि.ग्रं.1, शृं.नि., 197-198/132। ल.(3)-प्रिय प्रवास हेतुक हिये, ताप धरे जो होइ। कही सो प्रोपित भर्तृका, समुझि लेउ सबु कोइ।। प्रथम प्रवत्स्यत्प्रिया पुनि, प्रवस्त्पतिका जानि। पुनि प्रोषितपतिका कही, तीन भेद पहिचानि।। शृं.मं., चिंता., 288, 289/87। इस प्रकार चिंतामणि ने प्रोषितभर्तृका के तीन भेद किए हैं-प्रवत्स्यत्प्रिया, प्रवसत्पतिका और प्रोषित पतिका और प्रत्येक को उदाहरणों से स्पष्ट किया है। प्रोषितभर्तृका उ.-करि है बहुत प्रवास क्यों, तुं ही जोवन को जीउ। हर वर धर में आइहै, हरवर तेरो पीउ।।-शृं.मं., चिंता., 290/87।

**प्रोहित**—पुरोहित। वह प्रधान याजक जो राजा या किसी और यजमान के यहाँ अगुआ बनकर यज्ञादि श्रौतकर्म, गृहकर्म, संस्कारादि तथा शांति आदि अनुष्ठान करे-कराए। धार्मिक कृत्य करने वाला। ल.-प्रोहित नृपहित, वेद वित, सत्यसील, सुचि अंग। उपकारी, ब्रह्मन्य, रिजु जीत्यो जगत

अनंग।। -क.प्रि., 8/11। उ.-''आए प्रोहित प्रथम प्रधान। आयुध धन रक्षक धनधान।।'' -वी.च., 22/12।

**प्रौढ़**--दे. प्रोढ़ा, प्रौढ़ा। स्वकीया नायिका का अवस्था के अनुसार तीसरा भेद--प्रौढ़ा। यह वह अवस्था है जिसमें नायिका में लाज की अपेक्षा काम का वाहुल्य रहता है तथा केलिकलाओं का ज्ञान भी उसे अच्छी तरह रहता है। ल. (1)-मुग्धा मध्या प्रौढ़ लखि, सुकिया होति सुभाइ। पाइ अवस्था को धरम समझत कवि चित लाइ।।''-कृ.ग्रं., हि.त., 22-23/8। स्वकीया भेद के अन्तर्गत केशवदास ने उसके तीन भेद बताए हैं। ल. (2)-मुग्धा मघ्या प्रौढ़ गति, तिनकी तीनि बिचारि। एक एक की जानियहु, चारि चारि अनुहारि।।-र.प्रि., 3/16।

**प्रौढ़ अधीरा**--दे. प्रौढ़ा अधीरा। वह प्रौढ़ा नायिका जो अपने नायक में विलाससूचक चिह्न देखने पर प्रत्यक्ष कोप करे। वह प्रौढ़ा नायिका जिसमें अधीरा नायिका के लक्षण हों। ल. (1)-तर्ज्जनादि करि होइ जो, कोप प्रकासति नारि। प्रौढ़ अधीरा नायिका, तासों कहत विचारि।। -शृं. मं., चिंता., 61/19। ल.(2)-कछु तरजन ताड़न कछू करि जु जनावे रोस। प्रौढ़ अधीरा नाइका निरखि नाह को दोस।।--प.ग्रं., जग., 69/93। ल. (3)-तर्जन ताड़न करि कछु करति जु कोप प्रकास। प्रौढ़ अधीरा ताहि कहि, बरनैं कवि सविलास।। -सो.ग्रं.1, र.पी.नि., 62/72।

**प्रौढ़ उक्ति**--दे.प्रौढ़ोक्ति।

**प्रौढ़तिया**--दे. प्रौढ़ा। उ.-''बिहँसि बुलाइ बिलोकि उत प्रौढ़तिया रस घूमि। पुलकि पसीजति, पूत कौ पिय-चूम्यौ मुँह चूमि।। -वि.र., 617/285।

**प्रौढ़ा**--अवस्था के अनुसार नायिका का एक भेद विशेष जिसमें काम की मात्रा अत्यधिक होती है, रति केलिकला में चतुर होती है, पति के साथ सदैव रतिकेलि को पसंद करती है और जिसमें लज्जा अत्यन्त क्षीण होती है। सामान्यतया 30 वर्ष से 50 या 55 वर्ष तक की वय वाली स्त्री प्रौढ़ा मानी जाती है। भाव प्रकाश के अनुसार ऐसी स्त्री वर्षा और वसंत ऋतु में अधिक संभोगानुकूल होती है। इसके अनेक दृष्टियों से अनेक भेद हैं, जैसे-रतिप्रीता, आनंदसम्मोहिता। भानभेद के अनुसार-धीरा, अधीरा और धीराधीरा। स्वभावानुसार-अन्य-सुरतदुःखिता, वक्रोक्तिगर्विता और मानवती। पति की दृष्टि से स्वकीया परकीया और सामान्या में भी प्रौढ़ा के भेद स्वीकार किये जाते हैं। ल. (1)-प्रौढ़ा जाके मदन अति, केलिकला परवीन। पतिसंग भावै निसदिना धरे लाज अति छीन।। रतिपथ बिच है अथक तन गुन-ऐगुन पतिजानि। रसरिस प्रगटति प्रगट ही प्रौढ़ाप्रौढ़ बखानि।। -कृ. ग्रं., हि.त., 99-100/25-26। ल. (2)-निज पति सौं रतिकेलि की सफल कलानि प्रवीन। तासों प्रौढ़ा कहत हैं जे कविता रस-लीन।। -मति.र.रा., 33/208। ल. (3)-अति प्रवीन प्रौढ़ा वहै जाके प्रिय में प्रान।।-ज.ग्रं., भा.भ., 12/7। वृंद ने स्वकीया प्रौढ़ा के निम्न लक्षण दिये हैं। ल. (4)-कोक कला मैं अति निपुन चाहै नित पति संग। सो प्रौढ़ा अति प्रेम जुत अति रति रंग तरंग।। आसन आलिंगन बहुरि चुंबन नख रदन दान। अधर पान मर्दन, कुचन चाहत चित सुख दान। रीझि रीझि रति रंग सौं करत सुरत बिपरीति। कोविद बचन बिलास मैं प्रौढ़ा की यह रीति।। हिय के परम हुलास तैं प्रकटन प्रेम प्रकार। तिय अपनैं तन मैं सजत ए सोरह सिंगार।।-वृं.ग्रं., शृं.शि., 40-43/41। ल. (5)-ललित लाज कछु मदन बहु सकल केलि की खानि। प्रौढ़ा ताही सों कहत सुकबिन को मन मानि।।-प.ग्रं., जग., 47/88। प्रौढ़ा भेद। ल.-प्रौढ़ा द्विविध बखानहीं रति सु प्रिया इक वाम। आनँद अति सम्मोहिता लच्छन इनके नाम।-प.ग्रं., जग., 50/89। प्रौढ़ा मानाधारिता भेद। ल.(6)-मानसमै मध्या त्रिविधि त्रिविधि कहत प्रौढ़ाहि। धीरा और अधीर गनि धीराधीरा ताहि।।''-प.ग्रं., जग., 55/90। ल.(7)-प्रौढ़ा सिगरी जानई प्रीति-भाव-दस्तूर।-भि.ग्रं.1, र.सा., 40/8। ल. (8)-सात बरिस कन्यत्व, पुनिछ सात दस दस बरिष। गौरी बाला सत्त्व, तरुनी प्रौढ़ा जानिये।। -भि.ग्रं.1, र. सा., 426/62। ल. (9)-भाव हाव बिन नेम ही होत नाइकनि माहि। बहुधा प्रौढ़ा परकिया तिनमें जानी

जाहि।-वही, 435/63। ल. (10)-कामवती अनुरागिनी प्रौढ़ा भेद विचारि। स्वाधीनप्रतिकाहु में गतितानि निरधारि।।-भि.ग्रं., र.सा., 437/63। ल. (11)-जोबन-प्रभा प्रवीनता प्रेम सँपूरन होइ। तासों प्रौढ़ा नायिका कहैं सुमति कोइ।।-भि.ग्रं., शृं. नि., 137/118। भिखारीदास ने इसके निम्न भेद उदाहरणों से स्पष्ट किये हैं-प्रौढ़ा साधारण, प्रौढ़ा स्वकीया, प्रौढ़ा परकीया।-वही, 138-140/119। ल. (12)-केलि कला में अति चतुर रति अरु सौं हेतु। मीहि जाइ आनंद तें, प्रौढ़ा बरनि सुचेतु।।-सो. ग्रं. 1, र.पी.नि., 6/69।

**प्रौढ़ा अधीरा**—दे. प्रौढ़ा, प्रौढ़ अधीरा। अवस्था के अनुसार नायिका का तीसरा भेद। अपराधी नायक के प्रति प्रौढ़ा जब अधीरा की तरह व्यवहार करती है तो उसे प्रौढ़ा अधीरा कहते हैं। ल. (1)-प्रगट अधीरा करहि रिरि क्रुपा बचन करि त्रास।। -कृ.ग्रं., हि.त., 248/56। ल. (2)-उर दै के प्रिय को प्रिया देय सुमन की मारु। प्रौढ़ा अधीरा कहत हैं ताकि सुकवि मतिचारु।।-मति., र.रा., 48/211, ल.(3)-पति को अति अपराध गनि हतन कहै हित मानि। कहत अधीरा प्रौढ़ तिहिं 'केसवदास' बखानि।।-र.प्रि., 3/63।

**प्रौढ़ा अभिसारिका**-- दे. प्रौढ़ा, अभिसारिका। अवस्था के आधार पर नायिका के तृतीय भेद प्रौढ़ा का वह उपभेद जिसमें वह पति के द्वारा दिए गए स्थान के संकेत के अनुसार साहस कर अँधेरी रात में प्रिय से मिलने के लिए जाती है।''-उ.-''चली रैनि अँधिअरिया, साहस गाढ़ि। पायन केर कँगनिया, डारेस काढ़ि।।''-र.बि., ब.ना.भे., 82/51। उ. (2)-''सजि सिंगार सेजहि चली बाल प्रानपति प्रान। चढ़त अटारी की सिढ़ी भई कोस परमान।।''-मति., र.रा., 196/245।

**प्रौढ़ा आगतपतिका**—दे. प्रौढ़ा, आगतपतिका। अवस्था के आधार पर नायिका के तीसरे भेद प्रौढ़ा का उपभेद जिसमें उसका पति विदेश से लौटा है। उ. (1)-''आवत सुनत तिरियवा उठ हरषाइ। तलफत मनहुँ मछरिया, जनु जल पाइ।।''-र.बि., ब.ना.भे., 94/52। उ. (2)-''पिय आयो परदेस तें हिय हुलसी अति बाम। टूक टूक कंचुकि करी करि कमनैती काम।।''-मति., र.रा., 222/252।

**प्रौढ़ा उत्कंठिता**—दे. प्रौढ़ा, उत्कंठिता। उ.-''पीव न आयो ध्यानकै मूँदे लोचन बाल। पलक उधारी पलक मैं आयो होय न लाल।।-''मति., र. रा., 162/236।

**प्रौढ़ा कलहांतरिता**—दे. प्रौढ़ा, कलहांतरिता। अवस्था के आधार पर विभाजित नायिका के तीसरे भेद प्रौढ़ा का वह उपभेद जिसमें वह पति या प्रिय से कलह करने के बाद पश्चात्ताप करती है। उ.(1)-''यकि गा करि मनुहरिया, फिर गा पीय। मैं उठि तुरति न लायेउँ, हिमकर हीय।।''-र. वि., ब.ना.भे., 57/48। उ.(2)-''पीतम जब पाँयन पर्‌यो तब अति भई सरोस। कह्यो न मान्यो कंत को हमें दीतियतु दोस।।''-मति., र.रा., 139/231।

**प्रौढ़ा खंडिता**--दे. प्रौढ़ा, खंडिता। रतिनिपुणता और लज्जा न्यूनतम से विशिष्ट प्रौढ़ा होती है। यह अवस्था के अनुसार भेद है। ऐसी नायिका का पति या प्रिय जब रात भर दूसरी स्त्री के साथ संभोग के उपरान्त प्रातः लौटकर आता है तो उसे प्रौढ़ा खंडिता कहते हैं। उ. (1)-''प्रिय आवत अगँनैया, उठि कै लीन। साथे चतुर तिरियवा, बैठक दीन।। पवढ़हु पीय पलँगिया, मीजहुँ पाय। रैनि जगे कर निंदिया, सब मिटि जाय।।''-र.बि., ब.ना.भे., 51-52/47। उ.(2)-''आदर करि पिय सों मिली तिय हिय राख सयान। दृढ़ कसि बाँधी कंचुकी समझायो मन-मान।।''-मति.र.रा., 128/229।

**प्रौढ़ा धीरा**—दे. प्रौढ़ा, धीरा। वह नायिका जो नायक में परस्त्री से विलास के चिह्न देखकर प्रत्यक्ष कोप न कर व्यंग्य से अपना भाव प्रकट करे। यह प्रिय के प्रति उदास वचनों का प्रयोग करती है। ल. (1)-उर उदास रति तें रहै अति आदर की खानि। प्रौढ़ा धीरा नाइका ताहि लीजियतु जानि।''-प.ग्रं., जग., 66/93। ल. (2)-एक दुरावै कोप को।-भि.ग्रं.1, र.सा., 50/10। ल. (3)-तिय जु प्रौढ़ अति प्रेममय सो न सकै कहि बात। ता रिस ताकी क्रियन तें जानैं मति अवदात।। ति.-

प्रौढ़ा धीरादि के तीनो भेद याही में।।-भि.ग्रं.1, शृं.नि., 180/128। ल. (4)-आदर माँझ अनादरै, प्रकट करें हित होई। आकृति आय दुरावई, प्रौढ़ा धीरा दोइ।।-र.प्रि., 3/59। ल. (5)-सुरत उपेच्छा सो जु तिय कोप प्रकासति होइ। सकल सुकवि मत है इहै प्रौढ़ा धीरा सोइ।।-शृं.मं.. चिंता., 59/19। ल. (6)- प्रौढ़ा धीरा पीव सों भाषे बैन उदास। कृ. ग्रं., हि. त.. 248/56। ल. (7)-पिय सौं प्रगट न रिस करै रति ते रहे उदास। प्रौढ़ा धीरा जानिये सो निज सुमति विकास।।-मति., र.रा., 46/210। ल. (8)-उदासीनता रति समै प्रगटै कोप चरित्र प्रौढ़ा धीरा ताहि कहि बरनत परम विचित्र।। -सो. ग्रं. 1, र.पी.नि., 60/72।

**प्रौढ़ा-धीरा-खंडिता**--दे. प्रौढ़ा धीरा, खंडिता। उ.-''पतानु पीक, अँजन अधर, धरे महावरु भाल। आजु मिले, सु भली करी, भले बने हौ लाल।।''-बि. र., 22/18।

**प्रौढ़ा धीरा धीर**-- दे. प्रौढ़ा, धीराधीरा प्रौढ़ा धीराधीरा। ल. (1)-रति उदासता तर्ज्जनादिक जु मिलैये दोइ। प्रौढ़ा धीरा धीर को कोप प्रगट तौ होइ।। उ.-''कोप प्रकासि बिलंब करि, आई जो वन नारि। बहु सासन कीन्हो कहा, कोप वचन सुकुमारि।।''-शृं.मं., चिंता., 63-64/20।

**प्रौढ़ा धीराधीरा**--दे. प्रौढ़ा, धीरा, प्रौढ़ा धीराधीर। नायिका के अवस्था अनुसार तीसरे भेद प्रौढ़ा का अपराधी नायक के प्रति किए गए व्यवहार के आधार पर मिश्रित भेद जिसमें वह अपराधी नायक को धमकाती है, रति के लिए उदास रहती है। ल. (1)-ताडन तरजन करहिं अति, रति उदास लखि बाम। धीराधीरा प्रौढ़ तिय, देखो रिस की धाम।।-कृ.ग्रं., हि.त., 249/56। ल. (2)-रति उदास है नाह कौं उर दिखरावै बाम। प्रौढ़-अधीरा-धीर तिय बरनत कवि मतिराम।।-मति., र.रा., 52/211। ल. (3)-रति तें रूखी ह्वै जहाँ उर जु दिखावै बाम। प्रौढ़ा धीरअधीर तिय ताहि कहत रसधाम।।-प.ग्रं., जग., 72/94। ल. (4)-एक दुरावै कोप कों एक उरहने देइ।।'' -भि.ग्रं. 1, र. सा., 50/10। ल. (5)-मुख रूखी बातें कहै, जिय में पिय की भूख। धीराधीरा जानियै जैसी मीठी ऊख।।-र.प्रि., 3/65। ल. (6)-उदासीनता रति समय और तजनी संग।। प्रौढ़ा धीराधीर यौ बरनत पाय प्रसंग।। -सो.ग्रं. 1, र.पी.नि., 64/73।

**प्रौढ़ा प्रवत्स्यत्पतिका**--दे. प्रौढ़ा प्रवत्स्यत्प्रेयसी। दे. प्रौढ़ा. प्रवत्स्यपतिका। अवस्था के आधार पर नायिका के तृतीय भेद प्रौढ़ा का वह उपभेद जिसमें उसका पति विदेश जाने वाला है। उ.-''बन घन फूलहि देसुआ, बगिअनि बेलि। चलेउ बिदेस पियरवा, फगुआ फेलि।।-र.बि., ब.ना., भे.. 89/52।

**प्रौढ़ा प्रवत्स्यत्प्रेयसी**--दे. प्रौढ़ा प्रवत्स्यत्पतिका। उ.-''कोंपनि तें किसलैं जबै होय कलिंन तें कौल। तबहीं चलियो चलन की चरचा नायक नौल।।''-मति., र.रा., 211/249।

**प्रौढ़ा प्रोषितपतिका**-- दे. प्रौढ़ा, प्रोषितपतिका। अवस्था के आधार पर नायिका का वह भेद जो रतिक्रियादि में निपुण होती है तथा लज्जादि भाव न्यून रहते हैं। ऐसी प्रौढ़ा का पति जब विदेश चला जाता है और वह विरहकातरता हो जाती है तो उसे प्रौढ़ा प्रोषितपतिका कहते हैं। उ.(1)-''तें अब जासि बेइलिया, बरु जरि मूल। बिनु पिय सूल करेजवा, लखि तुअ फूल।। या झर में घर-घर में, मदन हिलोर। पिय नहिं अपने कर में, कर मै खोर।।''-र.बि., ब.ना.भे., 45-46/46। उ. (2)-''चंद्रकिरन लगि बालतन उठति आँच यों जागि। दुपहर-दिनकर परसि ज्यों दरपन में आगि।।''-मति., र.रा., 117/227।

**प्रौढ़ा भेद**--ल.-सुनि समस्त रस कोबिदा चित्र-बिभ्रमा जाति। अति आक्रामित नायिका लुब्धापति सुभ भाँति।। -र.प्रि., 3/50। इस प्रकार केशवदास ने प्रौढ़ा के प्रथमतः चार भेद किए--समस्त-रसकोविद, चित्रविभ्रमा, आक्रमित नायिका और लुब्धापति। ल. (1)-सो समस्त रसकोबिदा, कोबिद कहत बखानी। जो रस भावै प्रीतमहि ताही रस की दानी।। ल. (2)-अति विचित्र विभ्रमा सु वह प्रौढ़ा कहत बखानी। जाकी दीपति दूतिका पियहि मिलावै आनि।। ल. (3)-सो

आक्रामित नायिका प्रौढ़ा कहि दै चित्त। मनसा बाचा कर्मना जिनि बसि कीनो मित्त।। ल. (4)-सो लुब्धापति जानियै, केसव प्रगट प्रमान। कानि करै पति कुल सबै प्रभुता प्रभुहि समान।।-र.प्रि., 50, 51, 53, 55, 57/15-16। इसके उपरांत केशवदास ने प्रौढ़ाधीरा, सादरा धीरा, आकृति गुप्ताधीरा, अधीरा, धीराधीरा का विवेचन किया है।

**प्रौढ़ा रतिप्रीता**--स्वकीया प्रौढ़ा का वह भेद जिसे रति अत्यंत प्रिय है-''भोरहि बोल कोइलिया, बढ़वति ताप। घरी एक घरी अलवा रह चुपचाप।।''-र.बि., ब.ना.भे., 14/42।

**प्रौढ़ा वासकसज्जा**--दे. प्रौढ़ा, वासकसज्जा। अवस्था के आधार पर नायिका का वह तीसरा भेद जिसके उपभेद में वह नायिका भोग के लिए सब प्रकार की तैयारी कर पति या प्रिय के आने का आसरा देखती है। उ. (1)-''हँसि हेरि अरसिया, सहज सिंगार। उतरत चढ़त नवेलिया, तिय कै वार।।'' -र.वि., ब.ना.भे., 72/49। उ. (2)-''सब सिंगार सुंदरि सजै बैठी सेज बिछाय। भयो द्रौपदी के बसनु बासर नाहीं बिहाय।।''-मति., र.रा., 173/239।

**प्रौढ़ा विप्रलब्धा**--दे. प्रौढ़ा, विप्रलब्धा। अवस्था के आधार पर नायिका के तीसरे भेद प्रौढ़ा के उपभेद में नायिका की वह अवस्था जब प्रिय को संकेतस्थल पर खोजने पर भी न पाकर दुखित होती है। उ.(1)-"देखि न कंत सहेटवा, भा दुख पूर। भौ तन नैन कजरवा होय गा झूर।।" -र.वि., ब.ना.भे., 62/48। उ.(2)-"लख्यो न मंदिर केलि के पिय-रुचि-विजित अनंग। नैनकरन तें जल-वलय गिरे एक ही संग।।"-मति., र.रा., 150/234।

**प्रौढ़ा स्वाधीनपतिका**--दे. प्रौढ़ा, स्वाधीन-पतिका। अवस्था के आधार पर नायिका के तृतीय भेद प्रौढ़ा का वह उपभेद जिसमें वह नायिका, जिसने पति ही को वश में कर रखा हो, प्रौढ़ा स्वाधीनपतिका कहलाती है। उ.(1)-''मैं अरु मोर पियरवा, जस जल मीन। बिछुरत तजत परनवा, रहत अधीन।।'' -र.वि., ब.ना.भे., 77/50। उ. (2)-''सुधा-मधुर तेरे अधर सुंदर सुमन सुगंध। पीय जीव को बंध यह बंधुजीव को बंध।।''-मति., र.रा., 184/242।

**प्रौढ़ा स्वीया मानभेद**--स्वकीया में अवस्थानुसार तीसरा भेद प्रौढ़ा है। इसके मान के भी मध्या के समान ही तीन भेद हैं-लघु, मध्य और गुरु। लघुमान उ.-''पाइ परत परबाम के, मान छुड़ावत हेत। बिच घूँघट पति के लखत, निरखत भई अचेत।।'' मध्यमान उ.-''और नितंबनि कों निरखि, भयो बिकल पति रूप। रुख रूखी दरसाइकें, परीबधू रिस कूप।।''-गुरुमान उ.-''देत परोसिनि को बिहँसि, ज्यों गुलाब को फूल। निरखि पति के चलने, उठत करेजे सूल।।''-कृ.ग्रं., हि.त., 226, 227, 229/52-53।

**प्रौढ़ोकति**--(अलंकार)-दे. प्रौढ़ोक्ति। ल.-प्रौढ़ोकति बर्नन बिषै अधिकाई अधिकार। उ.-''केस अभावसरैन घन सघन तिमिर के तार।।''-ज.ग्रं., भा.भू., 154/50।

**प्रौढ़ोक्ति**--(अलंकार)-दे. प्रौढ़ोकति। एक अर्थालंकार विशेष जिसमें उत्कर्ष का जो हेतु नहीं है, वह हेतु रूप में कल्पित किया जाता है। ल. (1)-जो अहेतु उत्कर्ष को ताहि बखानत हेत। प्रौढ़ोक्ति तासों कहत जे कबि सुमति सचेत।! उ.-''गंगनीर विधु रुचि झलक मृदु मुसकानि उदोति। कनक भौन के दीप लौं जगमगाति तन जोति।।''-मति., ल.ल., 294-295/349। ल. (2)-जहिं उतकरष अहेत कों बरनत हैं करि हेत। प्रौढ़ उक्ति तासों कहत भूषन कबि करि नेत।।''-भू.ग्रं., शि.भू., 244/175। ल. (3)-जु न कारन उतकर्ष को कियो सु कलपित हेतु। पदमाकर कबि कहत इमि प्रौढ़ोकति है चेतु।।" -प.ग्रं., पद्मा., 211/58। ल. (4)-बरनन की अधिकई जहँ प्रोढ़ोकति तहँ जानि। उ.-''जालम कुँवर प्रताप जग जाहर तेरे बान। तोरि जवर पाखर करी गरकें भूमि निदान।।-सो.ग्रं.1, र.पी. नि., 239, 240/212।

# फ

**फगबा**–फगुआ। होली। फाल्गुन मास में होली के दिनों में हिन्दुओं का आमोद-प्रमोद जो वंसत ऋतु के आगमन के उपलक्ष्य में किया जाता है। इसमें एक दूसरे पर रंग डालने, कीच डालने, परस्पर अबीर-गुलाल लगाने, शृंगारिक गीत गाने आदि के द्वारा लोग आनंद-मंगल मनाते हैं। इसमें परस्पर मधुर सम्बन्धों के क्रम में गालियाँ भी देते हैं। उ.-''फागुन खेलत पीय संग फागु न सकुचै कोइ। फगबा लीजै फेट गहि नेह न फागुन होइ।।–वृं. ग्रं., य.स., 477/243।

**फगुआ**–(1)-दे. फगबा। फाग के दिनों में इष्टमित्र एकत्रित होकर रंग-गुलाल खेलते और फिर बैठकर नाच-रंग देखते हैं। उ. (1)-''इते पै नवेली लाज अरस्यौ करै जु, त्यारौं, मन फगुवा दै, गारी हू कौं तरस्यौ करै।।''-घ.क., 75/70। उ.(2)-''प्रति कुंज सुमन गन सुमन पै रस फगुवा लैलै घिरत कहि वृंद मलय मारुत मनौं सुघर फाग खेलत फिरत।।''-वृं.ग्रं., प.प., 14/54। उ. (3)-''फाग में मोहन को मन लै फगुवा में कहा अब लेन चली हौ।''-पं.ग्रं., जग.,239/132। (2)-वह वस्तु जो किसी को फाग के उपलक्ष्य में दी जाय। उ. (1)-''ज्यों ज्यों पट झटकति हटति हँसति नचावति नैन। त्यों त्यों निपट उदार ह्वै फगुवा देत बनै न।।''-बि.र., 253/165। उ. (2)-''को हो वह ग्वालिनि गुवालनि के संग में अनंग छबिवारो रसरंग में भिजै गयो। बै गयो सनेह फिरि छ्वै गयो छरा को छोर फगुवा न दै गयो हमारो मन लै गयो।।''-प.ग्रं., जग., 630/211।

**फटेराम**–सिणढायच फटेराम। समय-सं. 1804 में वर्तमान। आश्रयदाता-बीकानेर के महाराज गजसिंह। रचनाएँ-महाराजा गजसिंह जी रो रूपक। रचनाकाल सं. 1804। (बृ.इति. 7)।

**फतहनामा श्री गुरु खालसा जी का**–रचनाकाल सं. 1873। रचयिता-गणेश कवि (दे.) (बृ.इति. 7)।

**फतेहप्रकाश**–रचयिता-रतन कवि (दे.)। विव.-आश्रयदाता की प्रशंसा। (सा.को.)।

**फतेहभूषण** (1)–रचयिता-मदनेश महापात्र (दे.)। विव.-अलंकार विषयक ग्रंथ। (बृ.इति. 7)।

**फतेहभूषण** (2)–रचयिता-रतनकवि (दे.)। विव.-अलंकार विषयक ग्रंथ। (इति.शुक्ल)।

**फत्तेखान**–फतेह खाँ। यह हबशी था। शिवाजी ने कोलाबा जिले का पूर्वी भाग, जो सिद्दियों (हबशियों) की जागीर से लगा हुआ था, पहले ही ले लिया था। अब सिद्दियों के पास डंडाराजपुरी और उसके आसपास की जगह रह गई थी। जब अफजलखाँ शिवाजी पर आक्रमण कर रहा था तब फतेह खाँ सिद्दी अपनी खोई हुई जागीर निकालने में लगा था किन्तु बीजापुरी सेनापति का मारा जाना सुनकर वह मैदान से हट गया। पुनः जब शिवाजी पन्हाला में घिरे हुए थे तो फतेह खाँ ने 'सावंत' के साथ कोंकण पर आक्रमण कर दिया। इस पर शिवाजी ने रघुनाथ बल्लाल कोर्डे को 7000 सेना देकर उससे लड़ने भेजा जिससे हबशी परास्त हुए। ताल, घोसाला और दूसरे किले ले लिये गए। जब सिद्दियों ने देखा कि बीजापुर से मदद की आशा नहीं है तो उन्होंने डंडाराजपुरी देकर शिवाजी से सुलह कर ली। (1659 ई.)। फिर 1670 ई. में फतेह खाँ शिवाजी की फौज से बार-बार टक्कर लेते लेते तंग आ गया। यहाँ तक कि वह जजीरा देकर शिवाजी का जागीरदार हो जाने पर भी तुल गया था। उ.-''अफजलखान रुस्तमैं जमान फत्तेखान कूटे लूटे हूटे जे उजीर बीजापुर के।''-भू. ग्रं., शि.भू., 221/170।

**फनीस**–फणीश, शेषनाग। उ.-''फनीस कच्छ कोल गोल भूमि को न थंभहीं। -प.ग्रं., प्र.बि., 67/283।

**फरजी**–वजीर। शतरंज का एक मुहरा जिसे रानी या वजीर भी कहते हैं। शतरंज के किसी-किसी खेल में यह टेढ़ामेढ़ा भी चलता है और शेष में प्रायः सीधा और टेढ़ा दोनों प्रकार की चाल आगे और पीछे दोनों ओर चलता है। उ. (1)-''जो रहीम ओछो बढ़ै तौ अति ही इतराय। प्यादे सों फरजी

भयो टेढ़ो टेढ़ो जाय।।''-र.वि., दो., 80/9। उ.(2)-"फरजी साह न ह्वै सकै, गति टेढ़ी तासीर। रहिमन सीधे चाल सो, प्यादो होत वजीर।।"-र. वि., दो., 126/13।

**फरॉस**—फ्राँस देश। उ.-''ने की अरबान सान अदब ईरान त्यों ही क्रोध है तुरान ज्यों फराँस फंद आदरी।''-भू.ग्रं., प्रकी., 482/224।

**फराँसीस**—फ्रांसीसी। फ्रांस देश के निवासी। उ.-''भूषन भनत फराँसीस अँगरेज मारि हबसी फिरंगी मारे उलटि जहाज है।''-भू.ग्रं., प्रकी., 436/213।

**फरी**—चमड़े की बनी हुई गोल छोटी ढाल जिसे गतके के साथ उसकी मार को रोकने के लिए लेकर खेलते हैं। उ.-''फिराबइ खग्ग फरी कर फेर। बचावइ घाइ कपैं घट।।''-वृं.ग्रं., स.स.रू., 152/278।

**फर्रूकसाही**—तलवार विशेष। फर्रूखशाही। उ.-''लखि फर्रूकसाही बीरन वाहीं खल भजि जाहीं दुर दुर कों।''-प.ग्रं., हि.ब.बि., 200/28।

**फलचार**—चार फल-धर्म, अर्थ, काम, मोक्ष। उ.(1)-''ताको गंगा देति है सदा सुभग फल चार।''-प.ग्रं., गं.ल., 57/274। उ.(2)-''सहजैं कुवरिहि दीन्यो जो फल चारि। सोई नाथ निवाही लगन हमारि।।''-बो.ग्रं., इ.ना., 61/11। उ.(3)-''देखौ त्रिपुरारि की उदारता अपार जहाँ पैये फल चारि फूल एक दै धतूरे को।।''—प.ग्रं., प्र.प., 1/237।

**फलदानी समाज**—हिंदुओं की एक रीति। विवाह के पूर्व कोई व्यक्ति अपनी कन्या का विवाह किसी लड़के के साथ निश्चित कर लेने पर करता है। इसमें वह रुपये, मिठाई, अक्षत, फल, फूल, वस्त्र आदि सामग्री लड़के को शुभ मुहूर्त में देता या भेजता है। इस क्रिया में जो लोग साथ में जाते हैं, उनके समूह को फलदानी समाज कहते हैं। फल का दान करने वालों या तिलक करने वाले लोगों का समाज। उ.-''अँगन लिपाय चौक पुरवायो। फलदानी समाज बुलवायो।।''-बो.ग्रं., वि.वा., 20/223।

**फलोत्प्रेच्छा**—दे. उत्प्रेक्षा। उत्प्रेक्षा नाम के अर्थालंकार का एक भेद, जिसमें अफल में फल की संभावना की जाती है। ल.-फल लैबे के भाव सों तर्क करत जहँ जाँनि। सौं फल की उतप्रेच्छा बरनत हैं रसखानि।। उ.-''श्री परताप सुजान सुनि, सुंदर सुघर दयाल। तुव जस के सम होन को मुक्ता चुगतु मराल।।'' -सो.ग्रं.1, र.पी.नि., 62, 64/191।

**फाँसी**—फँसाने का फंदा। उ.-प्रीतम रूप कजाक कै समसर कोऊ नाहिं। छबि फांसी दै दृग गरै मन धन को लैजाहिं।। -रस., रतन., 142/63।

**फाग**—दे. फगबा, फगुआ। फागुन के मास में खेला जाने वाला या मनाया जाने वाला पर्व, आनन्दोत्सव। उ. (1)-''लोग लुगाई हिलमिल, खेलत फाग। पर्‌यौ उड़ावन मोकौं, सब दिन काग।।''-र.वि., 97/63। उ. (2)-''रस-चौचंद चाँचरि फाग मची, लखि रीझि बिकानि थकी की जु चकी।'' -घ.क., 317/171। उ. (3)-''कहि वृंद मलय मारुत मनौं सुघर फाग खेलत फिरत।'' -वृं. ग्रं., प्र.प., 14/54। उ. (4)-''फाग में मोहन को मन लै फगुवा में कहा अब लैन चली है।'' -प. ग्रं., जग., 239/132। बी.15/10। घ.क., 72/68। रस, रतन, 928/165। वृं.ग्रं., बा.मा., 12/4। बो. ग्रं., वि.वा., 28/213। प.ग्रं., जग., 58/90।

**फाग खेलन**—रचयिता-नागरीदास (दे.)। (बृ.इति. 7, स.सर्वे.)।

**फाग गोकुलाष्टक**—रचयिता-नागरीदास (दे.)। (बृ.इति. 7, स.सर्वे)।

**फाग विलास**—रचयिता-नागरीदास (दे.)। (बृ.इति. 7, स.सर्वे.)।

**फाग विहार**—रचयिता-नागरीदास (दे.)। बृ. इति. 7, स.सर्वे.)।

**फागु**—दे. फाग। उ. (1)-''फागुन खेलत फागु हरि हिलि मिलि गोपिन संग। अति गुलाल की धुंधिमैं राधे हिलावति अंग।''-वृं.ग्रं., अ.दो., 60/9। उ.(2)-''फागुन खेलत पीय संग फागु न सकुचै कोइ। फगवा लीजै फेंट गहि नेह न फागुन होइ।।'' -वृं.ग्रं., य.स., 477/243। उ.(3)-''आई फागु खेलन गुबिंद सों अनंदभरी जाको लसै लंक मंजु मखतूल ताग सो।'' -प.ग्रं., जग., 187/119। वही, 340/153, वही, 499/185। उ.(4)-''फागुन

के औसर अनोखे बनि बानिक ह्वै लीन्हे ग्वालबाल स्याम फागु आइ जोरी है।''-ठाकुर, 96/25।

**फागुन**—शिशिर ऋतु का दूसरा महीना। होली के त्यौहार का आनंदमय मास। उ.''रंग-रचावन जान बिना घन आनँद लागत फागुन फीको।'' -घ. क., 78/71।

**फाजिल अली प्रकाश**—रचयिता-सुखदेव मिश्र (दे.)। विब.-शृंगार रस सम्बन्धी ग्रंथ। (बृ.इति. 7)।

**फानूस**—शीश की मृदगी, कमल या गिलास आदि जो कमरे की सजावट के लिए छत से नीचे लटकाए जाते हैं और उनमें मोमबत्ती आदि से प्रकाश की व्यवस्था की जाती है, जिससे रंगबिरंगी किरणें फैलती हैं। उ.-''रूप दीप जेतौ धरौ मन फानूस दुराइ। तऊ जोति बाकी दृगन होत प्रकासित आइ।।''-रस., रतन, 147/63।

**फायज**—दक्खिनी हिंदी के प्रेमगाथा के कवि। स्थान-गोलकुण्डा। समय-गोलकुण्डा के सुलतान तानाशाह के समकालीन। (बृ.इति. 7)।

**फिरंग** – पुर्तगीज। जहाँगीर के समय में पहले-पहल भारत में पुर्तगीज आये थे, जिन्हें फिरंगी कहते थे। फ्रांक नाम की जरमन जातियों के जत्थे के एक दल ने गाल (फ्रांस का पुराना नाम) से रोमनों को उखाड़ कर अपना राज्य जमाया था। तभी से उस देश का नाम फ्रांस पड़ा। यूरोप के ईसाइयों ने ईसा की जन्मभूमि को तुर्कों से मुक्त कराने के लिए जब चढ़ाइयाँ कीं तो तुर्कों को फ्रांक नाम का परिचय हुआ और वे यूरोप से आने वालों को फिरंगी कहने लगे। उन्हीं के माध्यम से यह शब्द भारत में आया। पुर्तगाली सबसे पहले यूरोप से भारत आये, इसलिए इस शब्द का प्रयोग पहले पुर्तगालियों के लिए और बाद में यूरोप से आने वाले सभी लोगों के लिए होने लगा तथा उनके देश को भी फिरंग कहा जाने लगा। उ.-''करनाट हबस फिरंगहू बिलाइत बलक रूप दिल्ली अरि छाती बिदलति है। -भू.ग्रं., शि.भू., 106/148।

**फिरंगान**—दे. फिरंग, फिरंगिन। उ. (1)-''पेसकसै भेजत इरान-फिरंगानपति उनहू के उर याकी धाक धरकतु है।''-भू.ग्रं., शि.भू., 204/167। उ. (2)-''फिरंगाने फिकिर औ हदसनि हबसाने भूषन भनत कोउ सोवत न घरी है।''-भू. ग्रं., प्रकी., 434/213।

**फिरंगिन**—दे. फिरंग। पुर्तगाली लोग। उ. (1)-''बलख बिलात बिलखात बीजापुरपति भिरत फिरंगिन की नारी फरकति है।-भू.ग्रं., प्रकी., 423/210। उ. (2)-''बाँका नृप दौलत अली जा महाराज कबौं साजि दल दपटि फिरंगिन दबावैगो।''-प.ग्रं., प्रकी., 27/311।

**फिरंगी**– दे. फिरंग, फिरंगिन। (1)-पुर्तगाली। पुर्तगाल के निवासी। उ. (1)-''भूषन भनत फराँसीस अँगरेज मारि हबसी फिरंगी मारे उलटि जहाज है।''-भू.ग्रं., प्रकी., 436/213। (2)-''युरोप से आने वाले लड़ाकू जन-पैंसठ नृप राठोर साठ तेलंग फिरंगी।।''-बो.ग्रं., वि.वा., 38/182।

**फिरक**—वाहिनी जैसी पालकी जिसका मुँह चारों ओर घूम सकता है। उ.-''सुखद सुखासन बहु पालकी। फिरह-बाहिनी सुखचाल की।''-रा.चं., 32/44।

**फिरगानो**—फिरंगियों का देश, हिंदुस्तान में जहाँ-जहाँ यूरोप वाले रहते थे। उ.-''गोडवानो, तिलगानो फिरगानो करनाट रूहिलानो रूहिलन हिये हहरत हैं।-भू.ग्रं., प्रकी., 433/212।

**फिराद**—फरियाद। अन्याय और अत्याचार से वचाने की प्रार्थना। उ.-''कूकर एक फिरादहि आयो। दुंदभि धर्म-दुवार बजायो।।''-रा.चं., 34/2।

**फिरियादी**—फरियादी। वेदना, पीड़ा या कष्ट के कारण पुकार करने वाला। उ.-''दासनि लव बाढ़ी हती सो तुम द्रगनि न दीन। अरुनन फिरियादी जुहै बसन भगौहें कीन।।''-रस., रतन., 353/51।

**फीकी**—दासी की संतति। उ.-''दुख को दान जु, सूतक न्हान जु दासी की संतति संतत फीकी।''-क.प्रि., 11/77।

**फुँदी**—बिंदी। टीका। उ.-''सारी लटकति पाट की बिलसति फुँदी लिलाट। मनो रूपमंदिर बँधे सुंदर बंदनवार।।''-मति., सत., 90/376।

**फुटका**--लावा या दाल भरी पूड़ी। उ.-''फुटका अरु फेनी जलेबी दई बरकीन को स्वादऊ जानत ना।''-बो.ग्रं., इ.ना., 75/13।

**फुलेल**--फूलों से सुवासित तेल। उ. (1)-''बेलन तिली सुबासि कै, तेलिन करै फुलेल। बिरही दृष्टि फिरौ करै, ज्यों तेली को बेल।।''-र.बि., न.शो., 41/32। उ. (2)-''कामेश्वर नैननि धरै, करत प्रेम की केलि। नैन माहिं चोवा नरे, चिहुरन माहिं फुललि।।''-र.वि., न.शो., 58/33। उ. (3)-''भुज फुलेल लावत सखी कर चलाई भुसि क्याइ। गाढ़ें गहे उरोज तिय बिहँसि भौंह चढ़ाइ।।'' -मति., सत., 215/386। उ. (4)-''बहु रंगी बहु आपुहिं भयौ तिली मैं तेल। आपुहिं वासौ सुमन ह्वै आपुहि भयौ फुलेल।।''-रस.,रतन., 53/50।

**फुल्लदाम छंद**--प्रत्येक चरण में मात्राक्रम है (SSSSS ।।। ।।। S S।S S S।S) 19 वर्ण होते हैं तथा पाँच, सात और सात वर्ण पर यति होती है। ल.-हे पाँचो हारा, नगन नगन गो रग्गना गो य जामै। पाये में वर्ना, दस अरु नवसो, जानिये फुल्लदामै। विश्रामो पाँचो, पुनि मुनि महियाँ, सात में फेरि दीजै। फैलायो याकों, भुजगनपति ही, 'दास' जू जानि लीजै।। उ.-''ताही कों गोपी, बिबस करति है, नैन आरक्तता मैं। टेढ़ी कै भौं हैं, बिय कर गहिकै, मारती फुल्लदामैं।।-भि.ग्रं.1, छंदा., 94-95/262।

**फूँदी**--इजारबन्द। उ.-''फूँदी पर को फोंदना, करै कोटि जिय घात।'' -र.वि., न.शो., 44/32।

**फूलबन**--रचयिता-इब्न निशाती (दे.)। विव.-फारसी रचना बिसातीने के आधार पर रचित ग्रन्थ। (बृ.इति. 7)।

**फूलमंजरी**--रचयिता-मतिराम (दे.)। (स. सर्वे., बृ.इति. 7)।

**फूल विलास**--रचयिता-नागरीदास (दे.)। (बृ.इति. 7, स.सर्वे.)।

**फेंटि**--फेंट, कमर पर लपेटा गया कपड़ा। उ.-''देहि री काल्हि गई कहि दैन, पसारहु ओलि भरी पुनि फेंटि।'' -र.प्रि., 5/35।

**फेनी**--लपेटे सूत के लच्छे के आकार की मिठाई, सुतरफेनि। मैदे और घी से बनी एक मिठाई जो प्रायः दूध में भिगोकर खाई जाती है। उ.-''फुटका अरु फेनि जलेबी दई बरफीन को स्वादऊ जानत ना।''-बो.ग्रं., इ.ना., 75/13।

**फेरी**--योगी या फकीर का किसी बस्ती में भिक्षा के लिए बराबर आना। उ.-''रावल जोगी ह्या लगत नित फेरी दै जान। पल षप्पर भर चहतु है लाल रूप कौ दान।।''-रस., रतन., 605/124।

**फैरी**--दे. फेरी। उ.-''दरसन भिच्छा के लियै फैरी दै दै जाइ। जोगी तैं का धटि कहौ नैंन बियोगी आइ।।''-रस, रतन., 863/157।

**फोंक**--तीर के पीछे की ओर का सिरा। उ.-''कज्जल-मनिरस क्षीर छबि, रदनु राह को आनु। फोंक कामसर चिबुक को स्यामल बिंदु बखानु।।''-क.प्रि., 15/35।

**फोंदना**--रेशम, बादले आदि का गाँठ की तरह बना झब्बा। उ.-''रस रेशम बेंचत रहै, नैन सैन की सात। फँदी पर को फोदना, करै कोटि जिय घात।।''-र.वि., न.शो., 44/32।

# ब

**बंग**--वंग देश। मगध या बिहार के पूर्व में पड़ने वाला प्रदेश। वंग नाम से इस प्रदेश की चर्चा सबसे पहले ऐतरेय आरण्यक में मिलती है और इस प्रदेश के निवासियों की दुर्बलता और दुराहार का भी उल्लेख वहाँ मिलता है। महाभारत के अनुसार क्षत्रिय राजा बलि ने निःसन्तान होने के कारण दीर्घतमा ऋषि द्वारा अपनी रानी के गर्भ से पाँच पुत्र उत्पन्न कराये थे- अंग, वंग, कलिंग, पुंड्र और सुह्य। दूसरे पुत्र वंग के नाम पर इस प्रदेश का नाम पड़ा। उ.-'सौगतादिक भागि गे सब हून मागध अंग। सिंधु पार गए ति एक अनेक बंग कलिंग।।'-वि. गी., 12/7।

**बंगस**--बंगश। फर्रुखाबाद का नवाब मुहम्मद खाँ बंगश जिसने छत्रसाल के पुत्र जगतराय के

इलाके जैतपुर पर सं. 1783 में आक्रमण किया था और उन्हें हराया था। बाद में मरहठों और बुंदेलों की संयुक्त सेना के प्रबल आक्रमण से बंगश बुरी तरह हार गया और उसने जैतपुर इलाका तो लौटाया ही, क्षतिपूर्ति के लिए धन दिया और उसने शपथ खाई कि फिर कभी बुंदेलखंड की ओर पैर न रखूँगा। उ.-'बस बुढ़ापे की भूख बढ़ी गयौ बंगस बंस समेत चबाई।'-भू.ग्र.. प्रकी., 518/232। वही, प्रकी., 529/235।

**बंगावली**--बंगाली। भैरव राग की रागिनी जो ओडव जाति की है और जिसमें ऋषभ और धैवर स्वर नहीं लगते। कल्लिनाथ के मत से यह सम्पूर्ण जाति की है तथा इसमें दो बार मध्यम आता है। (हिं.श.सा.)। उ.-'प्रथम भैरवी गावत लोई। ताके परे बिलावल होई। कहि देसारव बहुरि अस लेख। वंगाबली पंचतिय देख।।'-बो.ग्रं., वि.वा., 5/120।

**बंदगी**--भक्तिपूर्वक ईश्वर की वंदना। उ. (1)-'हाथ तसबीह लिये प्रात करै बंदगी सी मन के कपट सबै संभारत जवके।'-भू.ग्रं., प्रकी., 542/238। उ. (2)-'कहूँ हाकिमी करतु है कहूँ वंदगी आइ। हाकिम बंदा आपुही दूजा नहीं दिखाइ।।-रस., रतन, 46/49।

**बंदन**--वंदन। स्तुति और प्रणाम। उ.-'जिहिं कीनो परपंच सब अपनी इच्छा पाइ। ताकौं हौं बंदन करौं हाथ जोरि सिर नाइ।'-ज.ग्रं., भा.भू., 2/5।

**बंदनमार**--दे. वंदनवार। उ.-नूपुर रक्षाजंत्र मन लोचन गुनगन हार। जाचक जसपाठक मधुप जामिक बंदनमार।।-क.प्रि., 15/14।

**बंदनवार**--दे. बंदनमार। फूल, पत्ते, दूब इत्यादि की बनी हुई वह माला जो मंगल कार्यों के समय द्वार आदि पर लटकाई जाती है। फूलों या पत्तों की झालर जो मंगल के सूचनार्थ द्वार पर या खंभों और दीवारों पर लटकाई जाती है। उ.-'सारी लटकति पाट की बिलसति फुँदी लिलार। मनो रूपमंदिर बँधे सुंदर बंदनवार।।'-मति., सत., 90/376।

**बंदरकी**--एक प्रकार की तलवार। उ.-बिज्जुल सी चमकैं धाइन धमकैं तीखन तमकैं वंदरकी।'-प.ग्रं., हि.ब.बि., 193/27।

**बंदरी**--दे. बंदरकी। तलवार विशेष। उ.-'बंदरी सु खग्गैं जगमग जग्गैं लपकत लग्गै नहिं बरकी।'-प.ग्रं., हि.ब.वि., 193/27।

**बंदा**--सेवक, दास। उ.-'कहूँ हाकिमी करतुहै कहूं बंदगी आई। हाकिम बंदा आपुही दुजा नहीं दिखाई।।'-रस.,रतन., 46/49।

**बंदिनि**--भाट या चारण की स्त्री। उ.-'बितें सिसिर रितु रजनि के मधुर प्रताप सुबैन। जाग्यो मैन महीप सुनि पिक बंदिनि के बैन।।'-मति.. सत., 97/376।

**बंदूक**--नली से बना एक प्रसिद्ध अस्त्र जो धातु का बना होता है। एक प्रसिद्ध आग्नेय अस्त्र। नली के मूल में बारूद आदि भर कर निशाने पर मारने के काम में लाया जाता है। आवाज के लिए भी इसका प्रयोग होता है। इसके अनेक रूप कड़ाबीन, राइफल, मशीनगन (यंत्रचालित, स्वचालित), गन, स्टेनगन आदि प्रचलित हैं। उ.'-छूटत कमान बान बंदूकरु कोकवान मुसकिल होत मुरचानहू की ओट में।'-भू.ग्रं., प्रकी., 415/208।

**बंदूखैं**--दे. बंदूक। उ.-'अँग अंगन भूखैं उदित मयूखैं बर बंदूखैं कंघनि धरीं।'-प.ग्रं., प्र. बि.. 90/286।

**बंध**--बंधन। संसार के विविध विषयों वस्तुओं, व्यक्तियों के प्रति आसक्ति का बंधन। मोक्ष का उलटा। उ. (1)-'गुरु और सिष्य नाँही नाम रूप बिस्व नाहीं, उतपति प्रलै नाँही वंध मोछ्छ है कहाँ।'-ज.ग्रं., अ.प्र., 25/142। उ. (2)-'सूरझे उरझे जे सबैं बंध मोछ संसार। अरु सामानि बिसेष ए यहौ व्रह्म निरधार।।'-ज.ग्रं., अ.सि., 92/151।

**बंधु छंद**--मात्राक्रम है। (S।। S।। S।। SS)। ल.-तीनि भगन द्वै गुरु दिये बंधु दोधको छंद। (तीन भगण (S।।) के बाद दो गुरु)। उ.-'दास हु को दुख दूरि बहायो। तौ प्रभु आरत बंधु कहायो।'-भि.ग्रं. 1, छंदा., 46, 50/241।

**बंशीधर**--(ब्राह्मण)--दलपतिराय। समय-सं. 1885 में उपस्थित। आश्रयदाता-महाराणा जगतसिंह। रचनाएँ-अलंकार रत्नाकर।

**बंशीबीसा**—रचयिता-ग्वाल (दे.)। (सा. को.)।

**बंशीलीला**—रचयिता-ग्वाल (दे.)। (सा. को.)।

**बंस छत्तिस**—राजपूतों के छत्तीस कुल। उ.-'ऐसी कीन्हीं बात कोऊवै न कीन्हीं घात भई है नदानी बंस छत्तिस में कबकी।'-भू.ग्रं., प्रकी., 470/221।

**बंसस्वनिता छंद**—वंशस्वनित। बारह वर्णों का छंद। मात्राक्रम है (।ऽ। ऽऽ। ।ऽ। ऽ।ऽ)। ल.-जगन तगन पुनि जगन करि अंत रमन रचि मित्र। वंसस्वनित सु छंद यह बारह बर्न विचित्र।। उ.-'अनेकधा पूजन अत्रिजू किये। कृपालु ह्वै श्री रघुनाथजू हिये। सुबुद्धि सीता सुखदा गईतहाँ पतिब्रता देव महर्षि की जहाँ।।'-छं.मा., 1/41।

**बंसी**—बाँस की नली का बना हुआ एक प्रकार का बाजा। बाँसुरी। यह बालिश्त-सवा बालिश्त लंबा होता है और इसमें सात स्वरों के लिए सात छेद होते हैं। यह वाद्य मुँह से श्वास फेंककर, फूँक कर, बजाया जाता है। उ.(1)-'बंसी हू मैं आपुतौ सप्त सुरनि मै आयु। बजवैया पुनि आपुही रिझवैया पुनि आपु।।'-रस.रतन., 58/51। उ. (2)-'सुनियतु मीननि मुष लगै बंसी अबै सुजान। तेरी यह बंसी लगै मीन केत कौ बाँन।।'-रस., रतन., 214/73। (वही, 217/73)। उ. (3)-'बंसी बंसीबट बजी सुनि सुरभी सुर मीन।'-वृं.ग्रं., य.स., 24/207।

**बंसीबट**—वंशीवट। वृंदावन में वह बरगद का पेड़ जिसके नीचे श्रीकृष्ण वंशी बजाया करते थे। उ. (1)-'ग्वालिनि देउ बताइ हौं मोहि कछू तुम देहु। बंसीबट की छाँह में लाला जाइ लखि लेहु।।'-मति., सत., 441/405। उ. (2)'-बंसी बंसीबट बजी सुनि सुरभी सुर मीन।।'-वृं.ग्रं., य.स., 24/207। उ. (3)-'तालन पै ताल पै तमालन पै मालन पै बृंदावन बीथिन बहार बंसीबट पै।'-प.ग्रं., जग., 388/164। वही, 558/197।

**बंसी-सुर**—वंशी का स्वर। उ.-'काननि ह्वै प्राननि निकासि लेत एरी बीर। ऐसे कछू गावत मधुर बंसी-सुर मैं।'-घ.क., 372/190।

**बंसुरी**—दे. बंसी। उ. (1)-'मोहन बंसुरी लेति है बजि कै बंसुरी जाति। बसु री या सौ चलत नहिं बस करि करत अनीति।।'-रस., रतन., 209/72। उ. (2)-'मौहन बंसुरी सौ कछू मेरौ बसुन बसाइ। सुर रसरी सौं श्रवन मगु बाँधि मनै लै जाइ।।'-रस., रतन., 213/72।

**बँदूखनि**—दे. बंदूख। उ.-'बहु बिधि बँदूखनि के जु बृंदन की अमित आभा भई।'-प.ग्रं., हि.ब. बि., 112/16।

**बँसुरी**—दे. बंसुरी। उ.-'नाम बस्यौ रसना मैं अंतर सरूप बसयौ आँखिन मैं छबि बसी कानन मै बँसुरी।।'-ठाकुर, 27/8।

**बेक**—बगुले के आकार का एक असुर। बकासुर। यह कंस का अनुचर एवं पूतना का भाई था। कृष्णवध के लिए यत्न करने वालों में बकासुर भी था। कंस ने इसे कृष्णवध हेतु वृंदावन भेजा। यहाँ यह बक रूप में यमुना तट पर विचरण करने लगा। जब कृष्ण आये तो, इसने उन्हें अपनी चोंच में दबा लिया। कुछ समय बाद बक का तालू जलने लगा और उसने कृष्ण को उगल दिया। पुनः कृष्ण को उदरस्थ करने के यत्न के पूर्व ही कृष्ण ने उसकी चोंच के दोनों भाग चीर दिये। इस प्रकार उसकी मृत्यु हो गयी। (हि.सा.को., सा.को, पौ.को.)। उ. (1)-'जय जय केसी-कंस-बच्छ-बकरच्छस-दंडन।'-प.ग्रं., हि.ब.बि., 1/5। उ. (2)-'अप्प जों उदारिहौ कि बक जो बिदारिहौ कि केस गहिं केसोदास केसी ज्यों पछारिहौ।।'-र.प्रि., 14/26। उ. (2)-'अध बक सकट प्रलंब हति मार्‌यो गज चाणूर।।'-क.प्रि., 16/17।

**बकतारवारे**—एक प्रकार के जिरह या कवच को पहनने वाले योद्धा। उ.-'प्यादन सों प्यादे पखरैतन पखरैत जुरे बकतरवारे बकतरवारे हलतें।'-भू.ग्रं., शि.भू., 284/181।

**बकारी**—वह टेढ़ी लकीर जो किसी अंक को रुपया सूचित करने के निमित्त उसकी दाहिनी ओर खींच दी जाती है। जैसे यदि पाँच के विषय में यह सूचित करना हो कि इसका अर्थ पाँच रुपया है तो इस रीति से 5) लिखा जाता है। उ.-'कुटिल अलक

छुटि परत मुख बढ़िगौ इतौ उदोतु। बंक बकारी देत ज्यौं दामु रुपया होतु।।'-बि.र., 422/203।

**बकी**—पूतना। एक राक्षसी। यह बकासुर तथा अघासुर की बहन थी। कंस ने कृष्ण को मार डालने की नीयत से पूतना को गोकुल भेजा था। वह उसमें सफल न हो सकी। कृष्ण ने उसका स्तनपान करते हुए ही उसे मृत्यु के मुख में पहुँचा दिया। उ.-'भय दावानलपान पियो बीभत्स बकी-उर।।'-र.प्रि., 1/2।

**बक्र उकुति**—चमत्कार से पूर्ण उक्ति। उ.'बक्र उकुति करि गर्व को प्रगट करै जो नारि। सो वक्रोकतिगर्विता पंडित कहत विचारि।।'-शृं.मं., चिंता, 273/80। दे. वक्रोकतिगर्विता, बक्र उक्ति।

**बक्र उक्ति**—दे. बक्र उकति, बक्रोक्ति। ल.-बक्र उक्ति स्वर स्लेष सों अर्थ फेर जौ होइ। रसिक अपूरब हौ पिया बुरो कहत नहिं कोइ।।-ज.ग्रं., भ.भू., 187/62।

**बक्रतुंड**—वक्रतुंड गणेश। उ.-'बक्रतुंड कुडलितसुंड नगवलित पांडुरद।'-भि.ग्रं., र.सा., 3/3।

**बक्रोकति**—दे. बक्रोक्ति।

**बक्रोक्ति**—दे. बक्रउक्ति। ल. (1)-शब्द कछू औरै कहै, कढ़ै और ही अर्थ। ताही कौं बक्रोक्ति कहि, बरनै सुकबि समर्थ।।-सो.ग्रं. 1, र.पा.नि., 19/172। ल. (2)-श्लेष होतु स्वर सो अरथ बक्रोकति पहिचानि। उ.-'सव साँची बतरानि सों लखति नहीं तिय आनि। नेह निबाहत जगत सों आछे रसिक सुजान।।'-सो.ग्रं. 1, र.पी.नि., 310/311/220।

**बखतबिलंद**—ऊँचे भाग्य का। भाग्यशाली। रीतिकालीन काव्य में राजस्तुति और प्रशंसा में बहुत अधिक प्रयुक्त शब्द विशेष। उ. (1)-'बंस-बारिनिधि रतन भो, रतन भोज को नंद। साहनि सों रन रंग में जीत्यौ बखतबिलंद।।'-मति., ल.ल., 27/302। उ. (2)-'बासव से बिसरत बिक्रम की कहाचली बिक्रम लखत बीर बखत बिलंद के।'-भू.ग्रं., शि.भू., 100/147। उ. (3)-'बखत बिलंद दलेल दिल सब जग करत सराह। नेक नजर पतिसाह की तहँ महंमद की सलाह।।'-वृं.ग्रं., शृं. शि., 3/35।

**बखतर**—बकतर। एक प्रकार का जिरह या कवच जिसे योद्धा लड़ाई में पहनते हैं। उ. (1)-'कहूँ रुंड-मुंड कहूँ कुंड भरे स्रोनित के कहूँ बखतर करि-झुंड झमकत हैं।'-भू.ग्रं., प्रकी., 452/217। उ. (2)-'जिनने अति भारे बखतर फारो दलनि दुधारे बहु निकसे।'-प.ग्रं., हि.ब.बि., 199/28।

**बखता खडिया**—आश्रयदाता-अभयसिंह जी (जोधपुर नरेश)। रचनाएँ-अभयसिंघ रा कवित्त। (बृ.इति. 7)।

**बख्शी हंसराज**—जन्म-सं. 1799। स्थान-पन्ना। आश्रयदाता-पन्ना नरेश श्री अमानसिंह जी, रचनाएँ-स्नेहसागर, विरहविलास, रायचंद्रिका, बारहमासा। (इति.शुक्ल)।

**बगतर**—दे. बखतर। उ.-'गज चढ्यो, उज्जल पहर बगतर मुह मुरयो सर षाइ कैं।।-वृं. ग्रं., स.स.रू., 199/284

**बगुरदा**—एक शस्त्र। हथियार विशेष।-'गुरदा बगुरदा छुरी जमधर दम तमंचे कटि कसे।'-प.ग्रं., हि.ब.बि., 112/16।

**बघनहियाँ**—बघनहाँ आभूषण। एक आभूषण जिसमें बाघ के नाखून चाँदी या सोने में मढ़े रहते हैं। यह गले में तागे में गूँथकर पहना जाता है। उ.-'बड़े बड़े मोतिन की माल बड़े बड़े नैन नान्ही नान्ही भृकुटी कुटिल बघनहियाँ।-क.प्रि., 9/9।

**बघेलवंशवर्णन**—रचयिता-अजबेश महापात्र (दे.)। (बृ.इति. 7)।

**बघेला**—बघेल खंड के क्षत्रिय। उ.-'कूरम कबंध हाड़ा तूँबर बघेला बीर प्रबल बुंदेला हुते जेसे दलमनी सों।'-भू.ग्रं., प्रकी., 466/220।

**बघेले**—बघेलखंड के राजवंशी क्षत्रिय। उ. (1)-'भूषन भनत मुचकुंद बड़गूजर है बघेले बसंत सब कुसुम-समाज है।'-भू.ग्रं., प्रकी., 441/214। बघेलखंड (रीवाँ) के आसपास के प्रदेश के राजवंशी। उ. (2)-'सिरनेत बघेले बैस पुनि गहिरवार पड़िहार सत।।'-वो.ग्रं., वि.वा., 38/182। उ. (3)-'बघरू बघेले करचुली जिनकी न बात कहूँ

हुली।'-प.ग्रं., हि.ब.बि., 28/7।

**बचन**—वाणी का वह चतुर प्रयोग जिससे नायक अथवा नायिका एक दूसरे को अनुकूल बनाने का प्रयास करते हैं। उ.-'क्रिया बचन में चातुरी यहै बिदग्धा रीति।'-ज.ग्रं., भा.भू., 13/8।

**बचनचतुर**—दे. वचनचतुर। नायक के तीन भेदों (मानी, वचनवतुर, क्रियाचतुर) में से एक। उ.-'करै वचन सों चातुरी बचनचतुर सो आहि।'-प.ग्रं., जग., 306/146।

**बचनबिदग्ध**—(चतुर गायक)। एक प्रकार का नायक जो नायिका के प्रति वचन-प्रयोग में चतुर हो और इस प्रकार नायिका को अनुकूल बनाने में प्रवीण हो। ल.-बचनबिग्ध क्रियाचतुर नायक चतुर बखानि।।'-भि.ग्रं. 1, र.सा., 177/26।

**बच्छ**—वत्स। वत्सासुर। कंस का एक अनुचर जिसे श्रीकृष्ण ने बाल्यावस्था में मारा था। उ.-'जय जय केसी-कंस-वछछ-बक-रच्छस-दंडन।'-प.ग्रं., हि.ब.बि., 1/5।

**बज्रधर**—वज्रधर। दधीचि ऋषि की हड्डी से बना एक विशेष प्रकार का शस्त्र जिससे इंद्र ने वत्रासुर का वध किया था। वज्र के सम्बन्ध में भिन्न कथाएँ भी मिलती हैं। (हिं.श.सा., पौ.को.)। इंद्र। उ.-'पैठियो पताल बलि बज्रधर ईरषा तें टूट्यो हिरनाच्छ अभिमान चित धर तें।'-भू.ग्रं., प्रकी., 477/222।

**बटपरा**—दे. बटपार। उ.-'नेह नगर में कहु तुहीं कौन बसै सुष चैन। मन धन लूटत सहिज मैं लाल बटपरा नैंन।।'-रस.रतन., 257/78।

**बटपार**—दे. बटपरा। उ.-'बरजि राष बटपार जे अरी आपनैं नैंन। मन मथबि कौ मनमथहि देत चलाई सैंन।।-रस.,रतन., 363/92।

**बड़गूजर**—राजपूतों का कुल। उ.-'भूषन भनत मुचकुंद बड़गूजर है बघेले बसंत सब कुसुम-समाज हैं।'-भू.ग्रं., प्रकी., 441/214।

**बड़वानल**—समुद्र के भीतर की आग या ताप। भूगर्भ की जो अग्नि है उसी का ताप कहीं-कहीं समुद्र के जल को भी खौलाता है। इसके सम्बन्ध में भारतीय पौराणिक कथा भी है (दे. हिं. श.सा.)। उ.-'सिव प्रताप तो तरनि सम अरिपानिप-हर मूल। गरब करत कित बिदित है बड़वानल ता तूल।।'-भू.ग्रं.,शि.भू., 41/135।

**बड़हसै**—बड़हंस राग। एक राग, जो मेघ राग का पुत्र माना जाता है। कुछ लोग इसे संकर राग मानते हैं, जो रुद्राणी, जयंती, मारु, दुर्गा और धनाश्री के मेल से बनता है। कहीं-कहीं यह मधुमाधव, शुद्धहम्मीर और नरनारायण के मेल से भी बना बताया जाता है (हिं.श.सा.)। उ.-'मारू सूर गंधार बखान। धाराधर बड़हंसै जान।'-बो.ग्रं., वि.वा., 9/120।

**बड़े साह**—बड़े साहिब। अकबर साह। मूल 'शृंगारमंजरी' नामक काव्यशास्त्रीय ग्रंथ के रचयिता। ये हजरत बंदे नवाज के वंश में उत्पन्न हुए थे। इनके पिता थे साहिराज गुरुराज। इनके दो छोटे भाई थे-वीर साहिब (मीर साहिब) और साह साहिब। इन्हें अत्यंत गुणवान, विद्यावान, दानी, सुंदर, काव्यप्रतिभासम्पन्न, वीर, उदार, जनप्रिय आदि कहा गया है। चिंतामणि ने इनके संस्कृत ग्रंथ 'शृंगारमंजरी' का भाषारूप प्रस्तुत किया। उ.-'बड़े साह अकबर बड़े, साहिब जाको नाम।'-शृं.मं., चिंता., 8/3।

**बड़े साहिब**—दे. बड़े साह। उ. (1)-'कहत बड़े साहिब समग्ग फल दायक तूरन।'-शृं.मं., चिंता., 1/1। उ. (2)-'लसत बड़े साहिब बड़े सबगुन गननि अपार।'-शृं.मं., चिंता., 11/3। उ. (3)-'चिंतामनि' कवि सों बड़ाई बड़े साहिब की।'-शृं.मं., चिंता., 12/3। उ. (4)-'रूप बड़े साहिब अनेक रूप देखिये।'-शृं.मं., चिंता., 13/4।

**बणारस सुंदरदास**—रचनाएँ - बावनी। (बृ. इति. 7)।

**बतासा**—चीनी से बनायी गई एक मिठाई। यह चीनी की चाशनी को टपकाकर बनाई जाती है। टपकने पर पानी के वायु भरे बुलबुले जैसा इसका आकार हो जाता है। ठंडे होने पर ये हलके और खोखले हो जाते हैं और पानी में बहुत जल्दी घुलते हैं। उ.-'बतराते बुँदी बतासा हँसते बरफी रंचु रुखाई की।।'-बो.ग्रं., इ.ना., 34/6।

**बतीस**—बत्तीस लक्षण। सामुद्रिक शास्त्र के अनुसार पुरुष के बत्तीस लक्षण। उ.-'सूक्षम सुवेष सूधी सुमन बतीसी किथौं लक्षन बतीस हू की मूरति बिसेखियैं।-क.प्रि., 15/39।

**बत्सासुर**—बत्सासुर। मथुरापति कंस का एक राक्षस अनुचर जिसने एक बछड़े का रूप धारण किया था और श्रीकृष्ण को मारने गया था, किंतु श्रीकृष्ण ने उसे अपनी बाल्यावस्था में ही मार डाला था। उ.-'केसी-प्रति अति रौद्र, वीर मारो बत्सासुर।'-र.प्रि., 1/2।

**बदनसिंघ** — बदनसिंह। रीतिकालीन कवि सोमनाथ के आश्रयदाता तथा तेगबहादुर के पुत्र। इनकी राजधानी दीघ थी। बदनसिंह जाट साम्राज्य के संस्थापक चूड़ामन (देहांत सन् 1721) का भतीजा था और चूड़ामन के बाद गद्दी पर बैठा। इसी ने दीघ में दुर्ग बनवाया और जाट राज्य की स्थापना की। यह कवि भी था और बदन या बदनेश के नाम से कविता करता था। कलाकारों और साहित्यकारों का संरक्षक था। कवि सोमनाथ इसी के समय में जाटों के दानाध्यक्ष हुए। (सो.ग्रं. 1, प्रस्ता., पृ. 47)। उ.-'भाव सिंघ भूपति भए तिहिं कान्हर के बंस। तेगबहादुर जगत मैं जदकुल के अवतंस।। तिनके भयौ प्रसिद्ध अति बदनसिंघ सौ लाल।।'-सो.ग्रं. 1, र.पी.नि., 9-10/3।

**बदूष**—बंदूक। धातु की नली और लकड़ी के कुंदे से बना एक प्रसिद्ध अस्त्र जिसमें बारूद भरी जाती है अथवा उसकी बनी गोली भरी जाती है। एक आग्नेय अस्त्र। इसके बहुत से रूप प्रचलित हैं।(दे. हिं.श.सा., हि. विश्वकोश)। उ.-'प्रथममहि दारू पाइ के पीछै गोली षाइ। तेरे नैन बदूष सम चोटै चूकत नाइ।।'-रस.रतन., 305/85!

**बधाई**—पुत्र जन्म या अन्य मांगलिक अवसरों पर होने वाला गाना-बजाना। उ.-'बोलत बधाई दौरि दौरि कै छबीले दृग, दसा सुभ सगुनौती नीकें इन पै पढ़ी।।'-घ.क., 234/140।

**बधिर**—एक काव्यगत दोष। परस्पर विरुद्ध शब्दों का प्रयोग करना बधिर नामक काव्यगत दोष कहा जाता है। ल.-बधिर सु शब्द विरुद्ध।।-क.प्रि., 3/7।

**बनगाँव वर्णन**—रचयिता-छत्रनाथ (दे.)। (बृ.इति. 7)।

**बनबारी**—बनमाली। श्रीकृष्ण का एक नाम। उ.-'बनबारी मैं षेलती बनबारी सु निहार। सारी बारी नारि पर सारी बारी नार।।'-वृं.ग्र., य.स., 704/260।

**बनबास**—वनवास। बन में बसने की क्रिया या अवस्था जिसे प्राचीनकाल में देशनिकाले के दंड के रूप में प्रयुक्त किया जाता था। उ.-'होत बुरे हूँ तें भलो काहू समै प्रकास। अधिक मास तें ज्यौं मिट्यौ पांडब फिर बनबास।।'-वृं.ग्रं., नी.स., 334/334।

**बनमाल**—वनमाल या वनमाला। बन के फूलों की माला जो वन में सभी ऋतुओं में फूलने वाले अनेक प्रकार के फूलों से बनाई जाती थी और घुटने तक लंबी होती थी। ऐसी माला श्रीकृष्ण धारण करते थे। उ.-'तू राखी करि लाल है नित उर में बनमाल। तैं राख्योकरि लाल है कंठमाल को लाल।।'-मति., सत., 186/383।

**बनमाली**—वनमाली। दे. बनबारी। श्रीकृष्ण। वनमाला (दे.) को धारण करने वाले। उ. (1)-'नभलाली चाली निसा चटकाली धुनि कीन। रति पाली, आली, उनत, आए बनमाली।।'-बि.र. 115/60। उ. (2)-'मेरो मन आली वा बिसारी बनमाली बिन, बावरे लौं दौरि दौरि परै सब ओर कों।'-घ.क., 77/71। उ. (3)-'रबन बनज मालावनी बनी सुबन बनमाल। बनमाली ब्रज में बने बनमाली ब्रज माल।।'-वृं.ग्रं., य.स., 624/254। उ. (4)-'मनि धन बिसरे से मोह सों भरे से कान्ह हौ तौ बनमाली पर काली लौं कलोलौ हौ।'-ठाकुर, 27/68। उ. (5)-'ऐसी यह जानत हुतो को आज आली बनमाली के पयान प्रान ह्याँ ही रहि जायँगे।।'-प.ग्रं., प्रकी., 74/323।

**बनवारी**—स्थितिकाल सं. 1690-1700 के बीच। आश्रयदाता - राणा अमरसिंह (महाराज जसवंत सिंह के बड़े भाई)। रचनाएँ - स्फुट छंद। (इति. शुक्ल, बृ. इति. 7)।

**बनवारी**—दे. बनबारी, बनमाली। उ. (1)-'कहा

भयो सो तूँ भटू गुनगनमय सब देह। जीवनवारी तो सफल जो बनवारी नेह।।'-मति.सत., 474/408। उ. (2)-'बनवारी वारी गई बनवारी पै आजु। मनु बौरी हर लै गयौ वा मौहन ब्रजराजु।।'-रस. रतन., 511/112।

**बनाफर**—क्षत्रियों की एक जाति। आल्हा-ऊदल इसी जाति के थे। राजपूत विशेष। उ.-'नदवान राहर पिपरिहा बलके बनाफर सिपरिहा।'-प.ग्रं., हि.ब.बि., 36/8।

**बनारस**—उत्तर प्रदेश का एक अत्यंत प्राचीन नगर जो शिव के नागर के नाम से प्रसिद्ध है और भारत के अत्यंत प्राचीन तीर्थ स्थानों में से एक है। कुछ लोग इसकी गणना सप्तपुरियों में भी करते हैं। दे. वाराणसी। उ. (1)-'बोधा कवि प्राग औ बनारस सुहागपुर खुरदा निहारि फिरि मुरक्यौ उदास होइ।।-बो.ग्रं., वि.वा., 18/23। उ. (2)-'द्वापर जुग के अंत पुरी बनारस के विषै। कायथ नाम सुमंत तासु सुता लीलावती।।'-बो.ग्रं., वि.वा., 22/37, 25/196।

**बनारसी**—दे. बनारस। वाराणसी। उ.-'लिखी रहीम लिलार में, भई आन की आन। पद कर काटि बनारसी पहुँचे मगरुस्थान।।'-र.वि., दो., 252/25।

**बनिगवाँ**—एक गाँव का नाम। उ.-'छाँड़ी पठाहरी नृप राम। मेले आनि बनिगवाँ ग्राम।।'-वी. च., 9/62।

**बनीनी छंद**—सोलह या सत्रह मात्रा का एक मात्रामुक्तक छंद। दे. चित्र। ल.-सोरह सत्रह कलनि को, चित्र वनीनी होइ। चारि चौक में तीसरों जगन कहै सब कोइ।। मात्राक्रम है (SS। IS। S।S S)। उ.-'लीन्हीं जिन मोल भाय चोखें। दीन्ही तुमकों बिथा अजोखें। कीजै अँखियान की कनीनी। ल्याई सुबिचित्र हौं वनीनी।।'-भिं. ग्रं. 1, छंदा., 4/215।

**बंदनवार**—दे. बंदनमार, बंदनवार। उ.-'बरूनी वंदनवार रचि तल मंडफ, दुज मैंन। छबि धन सौं चित चाइ सौं भरत भाँवरे नैन।।'-रस., रतन., 319/87।

**बब्बर**—बाबर। भारत में मुगल शासन का संस्थापक, हुमायूँ का पिता और प्रसिद्ध मुगल बादशाह अकबर का पितामह। दे.बाबर। उ. (1)-'बब्बर अकब्बर हिमायूँ हद्द बाँधि गए हिंदू और तुरूक की कुरान-बेद-ढबकी।।'-भू.ग्रं., प्रकी., 447/216। उ. (2)-'बब्बर अकब्बर हिमायूँसाह सासन सो नेह तें सुधारी हेम-हीरन ते सगरी।'-भू.ग्रं., प्रकी., 471/211।

**बब्बरु**—दे. बब्बर। बावर। उ.-'दौलत दिल्ली की पाइ कहाइ आलमगीर बब्बरु अकब्बर के बिरूद्ध बिसारे वैं।'-भू.ग्रं., शि.भू., 256/177।

**बयकुंठ**—विष्णुलोक, वैकुण्ठ। उ. (1)-'बास बयकुंठ करिबे कों श्रीप्रताप पाकसासन के आसन पै पाँव दै चले गए।'-प.ग्रं., प्रकी., 15/307। उ. (2)-'माँगत हौं बर मोकहँ दीजै। चित्त में और बिचार न कीजै। आजु तैं चाल चलौ तुम ऐसे। राम चलैं बयकुंठहि जैसे।।'-रा.चं., 33/18।

**बभ्रवाहन**—रचयिता-प्राणनाथ (दे.), विव.-अर्जुन और उसके पुत्र बभ्रुवाहन के बीच हुए युद्ध का वर्णन। (बृ.इति. 7)।

**बयाबाई**—गुरु-श्री समर्थ रामदास। रचनाएँ-स्फुट। (बृ.इति 7)।

**बरइनि**—बरई जाति की स्त्री जिसका काम पान पैदा करना या बेचना होता है। केशवदास ने नायक-नायिका भेद के अन्तर्गत सखीवर्णन करते समय इनके अनेक वर्गों या जातियों का भी उल्लेख किया है जिनमें बरइन एक है। उ.-'धाइ, जनी, नाइन, नटी, प्रगट परोसिनि नारि। मालिनि बरइनि सिल्पिनी चुरिहेरिनी सुनारि।।'-र.प्रि. 12/1।

**बरदमानी**—बर्दवान की तलवार। उ.-'तहँ सु बरदमानी खडग पिहानी हर बरदानी हेरि हँसे।''-प. ग्रं., हि.ब.बि., 199/28।

**बरन**—प्राचीन भारतीय पारम्परिक समाज व्यवस्था में ब्राह्मण, क्षत्रिय, वैश्य और शूद्र नाम के चार वर्ण। उ.-'बरन चार दरसन छहौं जे आश्रम है चार। बिन आश्रम पाखंड सब यहौ ब्रह्म निरधार।।'-ज.ग्रं., अ.सि., 91/151।

**बरन्न**—अकारादि ध्वनियों के चिह्न या संकेत। अक्षर। उ.-'जानै गनावान को फल मत्त बरन्न पथारनि कों करि जानै।'-भि.ग्रं. 1, छंदा.,

8/166।

**बरफी**–खोआ चीनी आदि से बनी जमाई हुई एक मिठाई जो चौकौर या भिन्न-भिन्न आकारों में काट कर बनती है। उ.–'बतराते बुँदी बतासा हँसते बरफी रंचु रुखाई की।'–बो.ग्रं., इ.ना., 34/6।

**बरफीन**–दे.बरफी। उ.–'फुटका अरु फेनी जलेबी दई बरफीन को स्वादऊ जानत ना।'–बो. ग्रं., इ.ना., 75/13।

**बररुचि**–बोधा रचित विरह वारीश नामक प्रेमाख्यान के विक्रम के सभापंडित बररुचि जिनसे बैताल माधवमाल और कामकंदला की प्रेमकथा कहता है। उ.–'सुन बररुचि सोइ प्रेमकहानी बिरह बिकल बनिता अकुलानी।।'–बो.ग्रं., वि.वा. 1/35।

**बरवा**–रचयिता-रामगुलाम द्विवेदी (दे.)। (बृ. इति. 7)।

**बरवै नखशिख**–रचयिता- सेवकराम (दे.)। (बृ.इति. 7)।

**बरवै नायिकाभेद**–रचयिता- मतिराम (दे.)। (स.सर्वे.)।

**बरवै नायिकाभेद**–रचयिता - यशोदानन्द (दे.)। विव.-नायिका भेद निरूपक ग्रंथ। (इति. शुक्ल)।

**बरसाइति**–वटसावित्री। ज्येष्ठ मास की अमावस्या को सौभाग्यवती स्त्रियाँ विविध प्रकार से वटवृक्ष का पूजन करती हैं और पति के स्वास्थ्य तथा दीर्घायु की कामना करती हैं। यह व्रत केवल सौभाग्यवती स्त्रियाँ ही करती हैं। उ. (1)–'बरसाइति बर को चहूँ बहु बिधि पूजि बिसेखि। पूरत है मनकाम कौं कामतरोवर लेखि।।'–मति., सत., 152/381। उ. (2)–'बरसाइति में सखिनि हठि साजे हठि सिंगार। पघिले कंचन आभरन लगनि अगिन की झार।।'–मति., सत., 209/385।

**बरसात**–दे. बरसाइति। वटसावित्री व्रत। उ.–'पूजियै कही दी जो पै बर घर नाहीं आली तब कहौ कैसे बरसात हों मनाइये।।'–बो.ग्रं., वि.वा., 18/200

**बरसाने**–मथुरा जिले का एक गाँव जो राधिका का जन्मस्थान माना जाता है। बरसाना, राधा का गाँव। उ.–'आवत कान्ह बने बरसाने तें प्रान परे जु परोसिनि पावत।'–प.ग्रं., जग., 266/138।

**बरसाने**–दे. बरसाने। उ. (1)–'सखि कारी घटा बरसै बरसाने पै गोरी घटा नँदगाँव पै री।।'–ठाकुर, 10/4। उ. (2)–'कै हमही बसियै नंदगाँव की आपही आय बसौ बरसाने।।'–ठाकुर, मिश्र, 13/5।

**बरात**–वरयात्रा। विवाह के समय वर के साथ कन्यापक्ष वालों के यहाँ जाने वाले लोगों का समूह जिसमें शोभा के लिए बाजे, हाथी, घोड़े, ऊँट या फुलवारी आदि भी रहती है। उ. (1)–'बिनती रिषिराज की चित्त धरौ। चहूँ भैयन के अब व्याह करौ। अब बोलहु बेगि बरात सबै। दुहिता समदौ सुख पाइ अबै।।'–रा.चं., 6/1। उ. (2)–'आए दसरथ्थ बरात सजे। दिगपाल गयंदनि देखि लजे।।'–रा.चं., 6/3। उ. (3)–'तिय सब राति जगै गई तिय पति गए बरात।।'–वृं.ग्रं., अ.दो., 13/6। उ. (4)–'दूलह संग बरात के आगम मानि सबैं मन आंनद पावैं।।'–वृं.ग्रं., शृं.शि., 28/39। उ. (5)–'सब सनबंधी मित्र मंडली कौं संग लै कैं आवत बरात सनमुख जाइ ल्याइयैं।।'–वृं.ग्रं., शृं.शि., 31/39।

**बराती**–दे. बरात। वरयात्री। बरात में आये हुए लोग, वर के साथ कन्या पक्ष के यहाँ जाने वाले लोग। उ.–'दसरथ्थ-संघाती सकल बराती बनि बनि मंडप माहँ गए।'–रा.चं., 6/6।

**बराभात**–विवाह के बाद की एक रस्म, जिसमें वरपक्ष के लोग मंडप के नीचे बैठकर विविध प्रकार के व्यंजनों का भोजन करते हैं। उ.–'दूजे पुन सब, कुटुंब बुलायो। बराभात मड़वा को खायो।।'–बो. ग्रं., वि.वा., 33/224।

**बरुन**–वरुण। एक वैदिक देवता जो जल का अधिपति, दस्युओं का नाशक और देवताओं का रक्षक कहा गया है। पुराणों में वरुण की दिक्पालों में गणना की गई है और उसे पश्चिम दिशा का अधिपति कहा गया है। इसका अस्त्र पाश है। ये कश्यप के पुत्र कहे गए हैं। साहित्य में ये करुण रस के अधिष्ठाता माने गए हैं। उ.–'नारद बिसारदहू

सारद सराहैं भले इंद्र जम वरुन कुबेर परिवार भो।'-प.ग्रं., ग.ल., 55/274।

**बरुनपरी**—दे. बरुन। वरुणदेव की नगरी, पश्चिम के एक दिक्पाल एवं जल के अधिपति वरुण देव की नगरी। उ.-'बरुनपुरी धनपति पुरी सुरपतिपुर सुखदानि। सप्तलोक वैकुंठ सब बस्यो अवध में आनि।।'-रा.चं., 33/6।

**बर्म**—वर्म। वच। उ.-'भेदियत मर्म, बर्म ऊपर कसेई रहैं, पीर घनी घाइलनि घाइ पै न देखिये।।'-क.प्रि., 16/4।

**बल**—दोहा छंद का 'चल' नाम का एक भेद। (यह छं.मा. में अथवा र.पी.नि. में मुद्रण संबंधी दोष है)। दे. दोहा छंद।

**बलक**—बलख। तुर्किस्तान का एक नगर। उ.-'करनाट हवस फिरंगहू बिलाइत बलक रूम दिल्ली अरि छाती विदलति है।'-भू.ग्रं., शि.भू. 106/148।

**बलख**—दे. वलक। तुर्किस्तान का एक नगर। उ. (1)-'साइत लै लीजियै बिलाइत का साह कीजै वलख विलाइत के बंदी अरि डावरे।'-भू.ग्रं., शि. भू., 240/173। उ. (2)-''बलख बिलात बिलखात बीजापुरपति भिरत फिरंगिनि की नारी फरकति है।''-भू.ग्रं. प्रकी., 423/210।

**बलदाऊ**—बलदेव। रोहिणी के गर्भ से उत्पन्न वसुदेव के पुत्र तथा ककुदमी की पुत्री सुव्रता के पति। ये कृष्ण के बड़े भाई थे। (पौ.को.)। उ. (1)-''ऐसे समै वहै मीत विनोदी सु नैसुक नैन किये डरपाऊ। लै हरमूसर ऊसर ह्वै कहूँ आयो तहाँ बनिकै वलदाऊ।।''-प.ग्रं., जग., 348/155। उ. (2)-''बारुनी के बस बलदाऊ भए सखा सब, संग लै को जैयै दुख सीस धुनियत हैं।''-र.प्रि., 5/18।

**बलदेव**—दे. बलदाऊ। उ.-''जो हाजिर अबसान पर सोई सस्त्र प्रमान। दाभहिं तैं बलदेव ज्यौं हरे सूत के प्रान।।''-वृं.ग्रं., नी.स., 297/81।

**बलबीर**—दे. बलराम के भाई श्रीकृष्ण। उ. (1)-''र मन भज निसवासर, श्री बलबीर। जे बिन जाये टारत, जन की पीर।।''-र.वि., बरवै, 78/62। उ. (2)-''सुरभित बन कीनों सुभरासि कोमल मलय समीर। तहाँ सुरत सुख लेत हैं नित राधा बलबीर।।''-वृं.ग्रं., य.स., 29/207।

**बलभद्र**—बलभद्र चंदेल नाम का एक योद्धा। उ.-''बली बलभद्र प्रचंड चंदेल। हन्यो तबहीं तिहि के सिर सेल।।''-बो.ग्रं., वि.वा., 14/187।

**बलभद्र**—केशवदास के बड़े भाई जो 'नखशिख' के रचयिता थे। उ.-''जिनको मधुकरसाह नृप बहुत कर्‌यो सनमान। तिनके सुत बलभद्र सुभ प्रगटे बुद्धिनिधान।।''-क.प्रि., 2/15।

**बलभद्र नखशिख**—रचयिता-प्रतापसाहि (दे.)। (इति.शुक्ल)।

**बलमीक**—वाल्मिकि। वाल्मकि। वाल्मीकि। एक मुनि जो रामायण के रचयिता और आदि कवि कहे जाते हैं। ये भृगुवंशी थे। ये प्रचेता के वंशज थे। तमसा (टौंस) नदी के किनारे रहते थे। नदी के किनारे क्रौंच मिथुन में से एक के निषाद द्वारा मारे जाने पर करुणार्द्र होकर इन्होंने प्रथम छंद की रचना की थी। उ.-''जान कह्यौ कि अजान कह्यौ समुझयो कि नहीं बलमीक मुनीसर।।''-वृं.ग्रं., भा. पं., 33/21।

**बलमीकि**—दे. बलमीक। उ.-''राम जुधिष्ठिर के बरने बलमीकिहु व्यास के संग सुहानी।''-भू. ग्रं., शि.भू., 253/176।

**बलय**—वलय। कंकण। सोलह शृंगार में भूषण शृंगार के अंतर्गत एक आभूषण। उ.-''पोत कंठ-सरी कंठ-हार उरवसी माला बाजूबंद बलया बलय भाव-भाव के।।''-वृं.ग्रं., शृं.शि., 59/44।

**बसंत वर्णन**—रचयिता-नागरीदास (दे.)। (बृ.इति. 7, स. सर्वे.)।

**बलया**—वलय। कुंडल। सोलह शृंगार में भूषण शृंगार के अंतर्गत एक आभूषण। उ.-''पोत कंठ-सरी कंठ-हार उरवसी माला बाजू-बंध बलया बलय भाव-भाव के।''-वृं.ग्रं., शृं.शि., 59/44।

**बलराम**—दे. बलदाऊ। श्रीकृष्ण के बड़े भाई जो रोहिणी के गर्भ से उत्पन्न हुए थे। इनके अन्य नाम हैं-बलदेव, बलभद्र, सीरायुध आदि। ये श्रीकृष्ण के साथ ही गोकुल में रहे थे और उनके साथ ही मथुरा आए। पुराणानुसार योगमाया ने

देवकी के गर्भ से रोहिणी के गर्भ में बदल दिया था, इसीलिए इन्हें संकर्षण भी कहते हैं। इनके नाम के दोनों अंश सार्थक हैं। ये परम बलशाली और परम सुंदर थे। इन्होंने धेनुक, प्रलम्ब, मुष्टिक, कूट, कंस के आठ भाइयों को मार डाला था। सूत पौराणिक की धृष्टता से क्रुद्ध हो इन्होंने उसे भी मार डाला था। नैमिषारण्य में अपमान करने के कारण इन्होंने रामहर्षण का वध कर दिया था। जिससे इन्हें ब्रह्म हत्या का प्रायश्चित करना पड़ा था। इन्होंने कलिंगराज के दाँत तोड़े थे। यह सांदीपनि के शिष्य थे और श्रीकृष्ण के प्रायः सब कामों में उनके सहायक रहते थे। शंखचूड़ के बंदीगृह से छुड़ाई गई स्त्रियाँ, श्रीकृष्ण ने, इन्हीं के संरक्षण में दीं तथा शंख चूड़ामणि इन्हें उपहार में मिली। इनकी पत्नी का नाम रेवती था। ये निशठ और उल्मुक के पिता थे। इनका अस्त्र हल और मूसल था। स्वभाव के उद्दण्ड थे और मदिरा इन्हें अत्यंत प्रिय थी। यादवों के ही संघर्ष में ये अपने ही व्यक्तियों द्वारा मारे गये तथा इनकी पत्नियाँ सती हुईं। (हिं.श.सा., पौ.को.)। उ.-''राम कहा द्विजराज कहा वलराम कहा रन में अनुराग।''-भू. ग्रं., शि.भू., परि., 350/195।

**बलराम कथामृत**--रचयिता-गिरिधरदास (दे.)। (इति.शुक्ल)।

**बलवंत विलास**--रचयिता-सूर्यमल्ल (दे.)। विव.-इसमें रतलाम के राज बलवंत सिंह का चरित्र वर्णित हैं (बृ.इति. 7)।

**बलाविग्रह**--रचयिता-चंडीदास (दे.)। (बृ. इति. 7)।

**बलि**--दैत्य जाति का एक राजा जो विरोचन का पुत्र और प्रह्लाद का पौत्र था। विष्णु ने वामन अवतार लेकर इसे छलकर पाताल भेजा था। यह महाप्रतापी था। अशना, विंध्यावली तथा सुदेष्णा इसकी पत्नियाँ थीं। अशना के गर्भ से बाण आदि इसके सौ पुत्र थे। इसके अन्य प्रसिद्ध पुत्र थे-कुंभनाथ, गर्दभाक्ष और मुशि। शकुनी और पूतना इसकी दो पुत्रियाँ थीं। नर्मदा के उत्तरी तट पर भृगुकच्छ में अश्वमेध यज्ञ करते समय विष्णु वामन रूप धारण कर वहाँ प्रकट हुए। बलि की प्रार्थना पर इन्होंने तीन पग भूमि माँगी। इसके बाद विष्णु ने विराट् रूप धारण कर दो पग में पृथ्वी और आकाश को नाप लिया तब बाध्य होकर बलि ने तीसरे पग के लिए अपना मस्तक सामने रख दिया। शुक्राचार्य के दान देने के लिए मना करने पर भी जब बलि नहीं माना था तो गुरु ने उसे श्रीहत होने का शाप दिया था। बाद में विष्णु ने इस पर प्रसन्न होकर इसे सुतल का राज्य देकर वहाँ भेज दिया। इसे अक्षय कीर्ति भी प्रदान की। अंत में इसे सत्संग से मोक्ष की प्राप्ति हुई। (पौ. को.)। उ. (1)-''परि रहिबो मरिबो भलो, सहिबो कठिन कलेस। बामन ह्वै बलि को छल्यो, भलो दियो उपदेस।।''-र.वि., 119/12। उ. (2)-छवै छिगुनी पहुँचौ गिलत अति दीनता दिखाइ। बलि बावन कौं ब्यौंतु सुनि को बलि, तुम्हैं पत्याइ।।''-बि.र., 159/79। उ. (3)-''बलि पै जाँचत ही भए बावन तन करतार।।''-वृं.ग्रं., नी.स., 220/75।

**बलिखंड**--बरबंड बली, दुर्धर्ष। उ.-''ब्रह्मदोष महाबली सुत तें जन्यो बलिबंड। क्षत्रहीन बसुंधरा बहु बार कीन्ह अखंड।''-वि.गी., 6/40।

**बलिराउ**--बलिराज। दे.बलि। उ.-''बालि बिध्यो, बलिराउ बँध्यो, कर सूली के सूल कपालथली है।''-क.प्रि., 6/54।

**बलिराज**--दे. बलि। उ. (1)-''जानौ बिभीषन न राकस रामराज। प्रह्लाद नारद बिसारद बुद्धिसाज। सुग्रीव नील नल अंगद जामवंत राजाधिराज बलिराज समान संत।।''-रा.चं., 15/22। उ. (2)-''बामन के पद को प्रिय पानी। जो तुम भागीरथी भव मानी। पायँ जहाँ बलिराज पखारे। तें जल क्यौं न त्रिलोक सिधारे।।-वि. गी., 6/49।

**बलिराम**--बोधाकृत विरह वारीश का एक बनिया पात्र-''करि जोरि कै बनिया उठे बलिराम ताको नाम।।''-बो.ग्रं., वि.वा., 3/67।

**बलिराय**--दे. बलिराज। उ.-''डोम घर पानी भर्‍यो राजा हरिचंद्र बली वली बलिराय की कहानी बेद में कही।।''-बो.ग्रं., वि.वा., 23/151।

**बलीराम**–दो. बलिराम। उ.-''सुनि साहिब यह पीर बलीराम बानिक कही।''-बो.ग्रं., वि. वा., 9/68।

**बलूचियौ**–बलूची, बिलोचिस्तान के लोग। उ.-''बगुला से बंगस बलूचियौ बतक ऐसे काबुली कुलंग यातें रन में रचै नहीं।''-भू.ग्रं., प्रकी., 529/235।

**बल्लभरसिक**–जन्म-सं. 1580 के लगभग। पिता-गदाधर भट्ट ? अथवा गदाधर भट्ट के वंशज। रचनाएँ-''वाणी श्री बल्लभरसिक जी की'' में संपादित कवित्त, हिंडोरा, पवित्रा, वर्षगाँठ, साँझी, दशहरा, दीवाली, वर्षा आदि की माँझ, नित्यगान के पद, बारह बाट अठारह पैंड़े शीर्षक कृतियाँ। (बृ.इति. 7)।

**बवंजा**–उत्तर प्रदेश का एक नगर। उ.-''भूषन भनत गिरि विकट निवासी लोग बावनी बवंजा नवकोट धुंधजोत है।''-भू.ग्रं., प्रकी., 445/215।

**बसंत**–1. वसंत। वर्ष की छह ऋतुओं में से प्रधान और प्रथम ऋतु जिसके अंतर्गत प्राचीन काल में तथा अभी भी काव्य में चैत्र और बैसाख माने जाते हैं। यथार्थतः अब बसंत ऋतु फागुन और चैत्र मास में ही रहती है। इस ऋतु की पहचान के लिए प्रकृति के निम्न लक्षण बतलाये जाते हैं-पेड़ों में फूल लगना और नई पत्तियाँ आना, शीतल-मंद और सुगंधयुक्त वायु चलना, सायंकाल अत्यंत मनोरम होना और स्त्री-पुरुषों का उमंग से भरना आदि। इन गुणों के कारण ही इसे ऋतुराज भी कहते हैं। पुराणों में इस ऋतु का अधिष्ठाता देवता कामदेव का सहचर बसंत कहा गया है। इसी ऋतु में प्राचीनकाल में वसंतोत्सव और मदन-पूजा होती थी। उ. (1)-''दोनों रहिमन एक से जौ लौं बोलत नाहिं। जान परत हैं काक पिक, ऋतु बसंत के माहिं।।''-र.पि., दो. 106/11। उ. (2)-''तन दुरवल मनमथ प्रवल ढिग बसंत पिय दूरि। अचल बिरह चलि जीव सखि तनक न सुख दुख भूरि।।''-मति.ग्रं., सत., 608/418। उ. (3)-''है पतझार वसंत दुहूँ घन आनंद एक ही बार हमारे।।''-घ.क., 107/84। उ. (4)-''आए बसंत के चंपक अब घने फल फूलन कुंज सुधारयौ।।''-वृं. ग्रं., भा.पं., 39/22। उ. (5)-''बीथिन में ब्रज में नवेलिन में बेलिन में बनन में बागन में बगर्‌यो बसंत है।।''-प.ग्रं., जग., 380/161।

**बसंत**–2. वसंत। छह रागों में दूसरा राग। इस राग की उत्पत्ति पंचवक्त्र शिव के पाँचवें मुख से कही गई है। इसकी छह रागिनियाँ कही गई हैं-देशी, देवगिरी, वैराटी, ताड़िका, ललिता और हिंडोला। कुछ लोग इनके भिन्न नाम भी बतलाते हैं। इस राग का गायन श्रीपंचमी से हरिशयनी एकादशी तक विहित है। दूसरे मत से इसके केवल वसंत ऋतु में गायन का निर्देश है। कुछ लोग इसे हिंदोल राग का पुत्र मानते हैं। (हिं.श.सा.)। उ.-''सिसिर बसंत अहीरी कही। देसगिरि तित पर लै कही।''-बो.ग्रं., वि.वा., 12/121।

**बसंत-चौतिसी**–रचयिता-महाराज विश्वनाथ सिंह (दे.)। (इति.शुक्ल)।

**बसंत तिलका**–एक वर्णवृत्त जिसके प्रत्येक चरण में भगण, भगण, जगण, जगण और दो गुरु होते हैं। सब मिलाकर चौदह वर्ण होते हैं। ल.-भगन भगन जगनौ जगन द्वै गुरु अंत निहारि। बसंततिलक यह जानियहु चौदह बर्न बिचारि।। (।। ।। । । । ।)। उ.-''श्रीराम लक्ष्मन अगस्ति सनारि देखे। स्वाहा समेत निजु पावक रूप लेखे। अष्टांग बिप्र अभिबंदन जाइ कीन्हो। सौख्येन आसिष असेष रिषीस दीन्हो।।''-छं.मा., 1/48।

**बसंत बहार व बसंत बिनोद**–रचयिता-बसंत सिंह (दे.)। (बृ.इति., 7)।

**बसंत रितु**–दे. बसंत। उ. (1)-''बैठे बिसुद्ध गृह-अग्रज-अग्र जाइ। देखो वसंत रितु सुंदर मोददाइ।।''-रा.चं., 30/32। उ. (2)-''इतनो संदेसो है जु पथिक तिहारे हाथ कहो जाय कंत सों बसंत रितु आई है।''-भू.ग्रं., प्रकी., 553/241।

**बसंत सिंह**–ऋतुराज। आश्रयदाता-पटियाला नरेश। रचनाएँ - नल - दमयंती, भीष्म पर्व, गुरुवंश-तरु-दर्पण, रूपबसंत, सीखावन राजनीति, फारसी के गुलिस्ताँ व वोस्ताँ का अनुवाद।

(बृ.इति. 7)।

**बसकरन**--वशीकरण। किसी को अपने वश में लाने की क्रिया जो मणि, मंत्र या औषधि आदि के प्रयोग द्वारा सम्पन्न की जाती है। तंत्र ग्रंथों में निर्दिष्ट पट्कर्मों (शांति, वशीकरण, स्तंभन, विद्वेष, उच्चाटन तथा मारण) में से एक। उ. (1)-''बाके हिय के हनन कौं भयो पंचसर बीर। लाल तुम्हैं बसकरन कौं रहै न तरकस तीर।।''-मति.सत., 519/411। उ. (2)-''टौना अपु बस करन कौ करे हते इन जाइ। अब उलटे टौंना पर्यौ गरै दृगन के आइ।।''-रस., रतन., 308/85।

**बसती**--बस्ति। हठयोग के षट्कर्म की एक क्रिया जिसके साधन के दो प्रकार बताये गये हैं-जलबस्ति और शुष्क बस्ति। जलबस्ति में नाभि तक के जल में उत्कटासन से बैठकर गुदा भाग के संकोच और विस्तार से यह क्रिया सम्पन्न की जाती है जबकि शुष्क बस्ति में केवल पीठ के बल लेटकर ही यह क्रिया सम्पन्न होती है। घेरंड संहिता, गोरक्ष पद्धति जैसे हठयोग के ग्रंथ इस क्रिया से अनेक रोगों का उपचार बतलाते हैं। उ.-''नेती धोती बसती न्यौली जानियै। भसत्रा त्राटक ए षटकरम बखानियै।।''-ज.ग्रं., आ.वि., 71/121।

**बसन सिंगार**--वस्त्र सम्बन्धी शृंगार। वृंद कवि ने स्वकीया प्रौढ़ा के लक्षण निरूपण के बाद सोलह शृंगारों का वर्णन किया है, जिसमें 'बसंत सिंगार' तीसरा है। ल.-अमल बसन दिसि बिदेस के पति के हित चित चाव। यह सिंगार है तीसरो करियै अंग बनाव।। सारी सेत पीत लाल सवज सुरंगी सूही बाँधनूँ लहरिया चिनोठी ऊदी सार की। सेत डोरिया की पचतोरिया की कोरदार तिल्लैकारी छींट की मुकेसी जरतार की।। लहँगा लसत उर अँगिया अनूप अंग रूप रंग रुचि रितु रितु अनुसार की। बृंद कहैं कुसुम सुबासित कैं बनि ठनि करियैं सरस सोभा बसन सिंगार की।।''-वृं.ग्रं., शृं. शि., 49-50/42-43।

**बसिष्ठ**- वसिष्ठ। महर्षि वसिष्ठ जो एक अत्यंत प्राचीन ऋषि माने जाते हैं। इनका उल्लेख वेदों से लेकर रामायण, महाभारत तथा पुराणों तक में पाया जाता है। इनकी उत्पत्ति के संबंध में अनेक सूचनाएँ मिलती हैं। वेदों में ये मित्र और वरुण के पुत्र कहे गए हैं। यज्ञ स्थल में एक बार उर्वशी को देखकर मित्र और वरुण का वीर्यपात हो गया था जिसे एक यज्ञ कुम्भ में सुरक्षित रखा गया। कुंभ से वसिष्ठ और अगस्त्य का जन्म हुआ। दूसरी सूचना के अनुसार कुंभ के जल में मत्स्य, स्थल में वसिष्ठ और कुभ में अगस्त्य की उत्पत्ति हुई। तीसरी सूचना के अनुसार ये ब्रह्मा के मानसपुत्र कहे गए हैं। एक चौथी सूचना के अनुसार राजा निमि और वसिष्ठ के बीच एक बार झगड़ा हुआ था, जिसमें दोनों ने एक दूसरे को शाप दिया था। परिणामस्वरूप वसिष्ठ ने शरीर त्याग कर मित्रावरुण के वीर्य से जन्मग्रहण किया। ऋग्वेद के अनुसार ये गांधार और काबुल की ओर राज्य करने वाले त्रित्सु वंश के राजा दिवोदास के पौत्र और पिजवन के पुत्र सुदास के पुरोहित थे। सुदास ने इन्हें बहुत कुछ दान में दिया था। एक बार सुदास ने यज्ञ के लिए विश्वामित्र को निमंत्रित किया था, जिसपर इन्होंने अपने अन्य यजमानों, भरतों के द्वारा विश्वामित्र को बहुत तंग किया। इसपर विश्वामित्र तो चले आए किंतु सुदास के पुत्रों ने वसिष्ठ के सौ पुत्रों का नाश कर दिया। फिर वसिष्ठ ने यज्ञ करके पचास मंत्रों द्वारा सौदासों को पराभूत किया था। कामधेनु के लिए भी वसिष्ठ और विश्वामित्र में झगड़ा होता रहा। कहा जाता है कि इन्होंने केवल हुंकार से विश्वामित्र के सौ पुत्रों को जला दिया था। अंत में विश्वामित्र ने ब्रह्मर्षि पद प्राप्त करने के लिए बहुत तप किया। अनेक पत्नियों में कर्दभ ऋषि की पुत्री असंधती इन्हें विशेष प्रिय थी। इनकी एक अन्य पत्नी अक्षमाला निम्न वर्ण की थी। एक अन्य पत्नी से इन्हें शक्तृ नाम का पुत्र हुआ जो गोत्रकार ऋषि हुआ। ऋग्वेद के अनेक मंत्रों के द्रष्टा वसिष्ठ हैं। सप्तम मंडल के द्रष्टा भी ये ही माने जाते हैं। ब्रह्मा के कहने पर ही वसिष्ठ ने सूर्यवंश का पौरोहित्य स्वीकार किया था। निमि से विवाद होने पर सूर्यवंश की दूसरी शाखाओं का पौरोहित्य छोड़कर ये अयोध्या के समीप रहने लगे

थे और इक्ष्वाकुवंश का ही पौरोहित्य करने लगे थे। (हिं.श.सा., पौ.को.)। उ.-"जान्यो बिस्वामित्र के, कोप बढ्यो उर आइ। राजा दसरथ सों कह्यो बचन वसिष्ठ बनाइ।।"-रा.चं., 2/23।

**बसीकरन**—दे. बसकरन। उ. (1)-"बसीकरन पढ़ि बीन में चित बित जी हरि लेत।।"-बो. ग्रं., वि.बा., 27/69। उ. (2)-"जगत बसीकरन ही हरन गोपिन के तरुन त्रिलोक में न तैसी सुंदराई है।"-प.ग्रं., जग.. 282/142।

**बसीकर मंत्र**—दे. बसकरन। वशीकरण मंत्र। उ.-"जा दिन तें तूँ बसीकर मंत्र सी मेली सु कान्ह के कानन माँही।"-प.ग्रं., जग., 220/128।

**बसीठ**—दे. बसीठि। उ.-"पठै दिये तहँ राम बसीठ। हठ न करीजै कबहूँ ईठ।।" वी.च., 4/30।

**बसीठि**—बसीठ। भेजा हुआ दूत। संदेसा ले जाने वाला। उ.-"गह्यौ अबोलौ बोलिप्यौ आपुहिं पठै बसीठि। दीठि चुराई दुहुनु की लखि सकुचौंहीं दीठि।।"-बि.र., 591/274।

**बसीठी**—दे. बसीठि। दौत्य। दूत का काम। उ.-"अब धौं किहि कारन 'केसव' ये उठि धाए हैं ऊधव झूठी बसीठी।।"-क.प्रि., 3/34।

**बसु**—वसु। देवताओं का एक गण जिसके अंतर्गत आठ देवता हैं। महाभारत के अनुसार धर, ध्रुव, सोम, विष्णु, अनिल, अनल, प्रत्यूष और प्रभास ये आठ वसु हैं। श्रीमद्‌भागवत के अनुसार इनके नाम हैं-द्रोण, प्राण, ध्रुव, अर्क, अग्नि, दोष, वास्तु और विभावसु। अग्नि पुराण में इनके कुछ भिन्न नाम मिलते हैं। एक बार वसुओं ने वसिष्ठ की नंदिनी गाय चुरा ली थी जिस पर वसिष्ठ ने उन्हें मनुष्य योनि में जन्म लेने का शाप दिया था। उसी शाप के अनुसार वसुओं का जन्म शांतनु की पत्नी गंगा (दे.) के गर्भ से हुआ था। वसुओं की उत्पति श्रीमद्‌भागत् के अनुसार दक्ष प्रजापति की पुत्री तथा धर्म की पत्नी 'वसु' के गर्भ से ही मानी गई है। रामायण के अनुसार ये अदिति के पुत्र हैं। (हिं.श.सा., पौ.को.)। आठ की संख्या का सांकेतिक शब्द। उ.-"बसु बसु बसु मुनि जति बरन, घनाक्षरी यकतीस। चौ बसु रूपघनाक्षरी, बत्तिस गन्यो फनीस।।" भि.ग्रं. 1, छं., 6/270

**बसुदेव**—वसुदेव। श्रीकृष्ण के पिता। इनके पिता का नाम देवमीढ़ और माता का नाम मारिषा था। इन्हें 'आनक दुंदुभि' भी कहते हैं क्योंकि इनके जन्म के समय दुंदुभि का शब्द सुनाई पड़ा था। ये देवमीढ़ के ज्येष्ठ पुत्र थे। इनकी बारह स्त्रियों के नाम हैं-पौरवी, रोहिणी, मदिरा, धरा, वैशाखी, भद्रा, सुनाम्नी, सहदेवा, शांतिदेवा, सुदेवा, देवरक्षिता और देवकी। इनकी सुतनु और बड़वा नाम की दो परिचारिकाएँ थीं। रोहिणी के गर्भ से बलराम (दे.) और देवकी के गर्भ से श्रीकृष्ण का जन्म हुआ। वसुदेव की बहन कुंती थी जिससे पांडव उत्पन्न हुए थे। बलराम और श्रीकृष्ण की मृत्यु के पश्चात् इनका भी देहांत हुआ और इनकी चार पत्नियाँ सती हुईं। (हिं.श.सा., पौ.को.)। उ. (1)-"बेटा भयो बसुदेव के धाम औ दुंदुभि बाजात नंद के द्वारे।।" र.बि., फुटकर पद, 7/70। उ. (2)-"दसरथ राजा राम भौ बसुदेव के गुपाल।" भू.ग्रं., शि.भू., 11/130। उ. (3)-"कंस के कुटिल बलबंसन बिधंसिबे कौ भयौ जदुराय बसुदेव को कुमार हैं।" भू.ग्रं., शि.भू., 395/202। उ. (4)-"सुनि सुभान बृषभान की सुता हेत ब्रजराज। धरयो देह बसुदेव के गेह नेह तिहि काज।।" बो.ग्रं., वि.बा., 3/28।

**बसुदेव सुत**—दे. बसुदेव। श्रीकृष्ण। उ.-"देब देब बसुदेव सुत जिहि पूजै बसुदेव। तिहि पूजै बसु देबतरु देत हेत भरि भेव।।" वृं.ग्रं., य.स., 401/237।

**बसुधा छंद**—वसुधा छंद। तेईस अक्षरों का चार चरणों वाला वर्णवृत्त है। मदिरा छंद (ऽ।। ऽ।। ऽ।। ऽ।। ऽ।। ऽ।। ऽ।। ऽ) के अंत में एक लघु देने से वसुधा छंद सिद्ध होता है। ल.-मदिरा सिर लघु एक दै सुधा छंद मन आनि। अंत लघु एक देतहीं बसुधा छंद बखानि।। उ.-"जा दिन तें ब्रजनाथ चले तब तें जग जानत झूठहि गेहु। झूठहि केतिक धर्म सने अरु झूठ यहै बर भावत देहु।।"-छं.मा., 1/66।

**बस्तु तें अलंकार ब्यंगि**—विवक्षित वाच्य ध्वनि के अंतर्गत लक्ष्यक्रम व्यंग्य में प्रथम प्रकार की व्यक्त शब्दशक्ति ध्वनि है। शब्दशक्ति का दूसरा प्रकार

'बस्तु तें अलंकार ब्यंगि' है। उ.-''फैलि चल्यो अगनित घटा, सुनत सिंह घहरानि। परे झोर चहुँ ओर तें, होत तरुनि की हानि।। ''ति.-घटा जो है गज-समूह सो सिंह की गरजन तें भागि चले, वृक्षनि की हानि ह्वैबो उचित है, यह समालंकार ब्यंगि।-भि.ग्रं. 2, का.नि., 20-20/48।

**बस्तु तें बस्तु ब्यंगि**--विवक्षितवाच्य ध्वनि के अंतर्गत लक्ष्यक्रम ब्यंग्य में प्रथम प्रकार की व्यक्त शब्दशक्ति ध्वनि है। इसका प्रथम प्रकार 'बस्तु तें बस्तु ब्यंगि' है। ल.-सूधी कहनावति जहाँ, अलंकार ठहरै न। ताहि बस्तुसंज्ञ कहैं, ब्यंगि होइ कै वैन।। उ.-''लाल चुरी तेरें अली, लागी निपटि मलीन। हरियारी करि देउँगी, हौं तौ हुकुम अधीन।। ति. -एक अर्थ साधारन है, एक अर्थ में दूतत्व यह बस्तु तें बस्तु ब्यंगि।।-भि.ग्रं. 2, का.नि., 18-19, 19अ/47-48।

**बहराम व गुलंदाम**--रचयिता-तबई (दे.)। विव.-प्रेमकथा। (बृ.इति. 7)।

**बहरी**--निजाम की उपाधि। उ.-''कहरी अैदिल मौजलहरी कुतुब कहै बहरी निजाम के जितैया कहैं देऊ है।।-भू.ग्रं., शि.भू., 67/140।

**बहल**--एक प्रकार की छतरीदार या मंडपदार गाड़ी जिसे बैल या घोड़े खींचते हैं। रथ के आकार की गाड़ी। उ.-''बदन बहल कुंडल चका भौंह जुवा हय नैंन। फेरत चित मैदान में बहलवान बर मैन।।''-रस., रतन., 129/61।

**बहलवान**--दे. बहल। बहल चलाने वाला। उ.-''बदन बहल कुंडल चका भौहं जुवा हय नैन। फेरत चित मैदान में बहलवान बर मैन।।''-रस. रतन., 129/61।

**बहलोल**--बहलोल खाँ। बीजापुर की अफगानों की सेना का नायक अब्दुल करीम बहलोल खाँ द्वितीय जिसकी बाँकपुर के पास जागीर थी। शिवाजी ने जब पन्हाला ले लिया तो बहलोल खाँ उस किले को लड़कर लौटा लेने के लिए भेजा गया था। बीजापुर से 18 कोस पश्चिम उमरानी के पास शिवाजी के दो प्रधान सेनापतियों (प्रताप राव और आनंद राव) से उसकी मुठभेड़ हुई। बहलोल इस बुरी तरह घिर गया कि उसको पीने का पानी तक न मिल सका। अंततः पराजित हुआ और बंदी बनाकर बाद में छोड़ दिया गया। इसके शिवाजी की सेना के साथ डेइरी, रंगन, बीजापुर के समीप अनेक युद्ध हुए और सबमें शिवाजी ही विजयी रहे और पर्याप्त हाथी-घोड़े आदि हाथ लगे। (भू. ग्रं.)। उ. (1)-''अफजल की अगत सायस्त खाँ की अपत बहलोल की बिपत डरे उमराउ हैं।''-भू. ग्रं., शि.भू., 156/158। उ. (2)-''धौलल्लहिजस नोलल्लरि बहलोलल्लिय धरि।''-भू.ग्रं., शि.भू., 334/191।

**बहलोलिया**--दे. बहलोल। उ.-''बेदर बिलाइत सो उर अकुलाने अरु संकित सदाई रहै बेस बहलोलिया।''-भू.ग्रं., प्रकी., 462/219।

**बहादर साह**--दे. बहादुर शाह। बहादुर शाह। उ.-''साहि बहादर साह की फेर सहर मैं आन।''-वृं.ग्रं., स.स.रू., 53/267।

**बहादुर खाँ**--खाँ जहाँ बहादुर। गुजरात का सूबेदार। महावत खाँ के धीमे कार्य से असंतुष्ट होकर औरंगजेब ने बहादुर खाँ और दिलेर खाँ को दक्षिण भेजा। बाद को शिवाजी ने बहादुर खाँ और दिलेर खाँ दोनों को मार भगाया (1672 ई.)। बहादुर हार कर बंगलाना से अहमदनगर लौट गया। जब मई या जून 1672 ई. में महावत खाँ और शाहजादा मुअज्जम दक्षिण से चले गए तो उनकी जगह बहादुर खाँ दक्षिण का सूबेदार नियत किया गया। (जनवरी 1672)। (भू.ग्रं.)। उ.-''सूबा ह्वै आनि बहादुर खाँ लगे लोगन बूझत ब्यौंत बखानौ।।''-भू.ग्रं., शि.भू., 286/182।

**बहादुर खान**--दे. बहादुर खाँ। उ.-''मारे तें रुहेलनि बिडारे तें बुँदेलनि के बहादुर खान ह्वै है घाट को न घर को।''-भू.ग्रं., प्रकी., 488/225।

**बहादुर साहि**--गुजरात का सुलतान बहादुर शाह। उ.-''प्रबल बहादुर साहि बराहम साहि बहादुर। बब्बर तवर हमाँउ सेख असलेम भनो उर।।''-ज.ज.चं., 38।

**बहादुर सिंह**--हिंदूपति का पुत्र। उ.-''रन में बहादुर सिंह बढ़ि नरसिंह सो उमत हियो।''-

प.ग्रं., हि.ब.बि., 168/24।

**बहिणाबाई**—तुकाराम की शिष्या। जन्म-सं. 1685। पति-रत्नाकर पाठक। रचनाएँ-स्फुट। (बृ. इति. 7)

**बहि रति**—बहिर्रति या बाहरी रति की क्रीड़ाएँ-आलिंगन, चुंबन, स्पर्श, मर्दन, नखदान, रद्दान, अधरपान। ल.-आलिंगन चुंबन परस मर्दन नख-रददान। अधर-पान सों जानियै बहिरति सात सुजान।।-र.प्रि., 3/41।

**बहिर्लापिका**—चित्र काव्य के अंतर्गत केशव ने इसका वर्णन किया है। जिन छंदों में कुछ प्रश्न किए हों और उनके अक्षरों को समझ कर बाहर से उनका उत्तर निश्चित करना पड़े वहाँ बहिर्लापिका अलंकार माना गया है। ल. (1)-उत्तर बरन न बाहिरै बहिर्लापिका होइ। उ.-''अक्षर कौन विकल्प को, जुवति बसति किहि अंग। बलि राजा कौनै छल्यो सुरपति के परसंग।।'' वामन जानिबो।।-क. प्रि., 16/43-44। केशव ने प्रहेलिका अलंकार के अंतर्गत भी बहिर्लापिका का वर्णन किया है। उ. (2)-''ऐसी मूरि दिखाउ सखि, जिय जानत सब कोइ। पीठि लगावत जासु रस छाती सीरी होइ।।'' पुत्र जानिबी, इत्यादिक बहिर्लापिका जानिबी।।-क. प्रि., 13/38।

**बहिर्लापिका प्रश्नोत्तर**—दे. चित्रालंकार, प्रश्नोत्तर चित्रालंकार। ल.-बहिरलापि जानो उतर छंद बाहिरे पाइ।। उ.-''को गन सुखद, काहे अंगुली सुलक्षनी है, देत कहा घन, कैसो बिरही को चंदु है। जात्ये क्यो तुकारै, कहा लघु नाम धारै, कहा नृत्य में बिचारै, कहा फॉदो ब्याध फंदु है।।''-ति.-यगन, जब, वल, जवाल, वाल, लय, लवा...(य, यवा = जवा, यल = जल, यवाल = जवाल, जलवा, ल, लय, लवा...)।।-भि.ग्रं. 2, का.नि., 31-32अ/197। पुनश्च-खचि त्रिकोन य ल वा हि लिखि, पढ़ौ अर्थ मिलि ज्योंहि। उतरु सर्वतोभद्र यह बहिरलापिका यों हि।।-वही, 33/198।

**बहुनयन**—इन्द्र। बहुत लोचनों वाला। एक बार इन्द्र ने गौतम का रूप धारण कर गौतम की पत्नी अहल्या का धर्म नष्ट किया, इसी अपराध के कारण गौतम के शाप से इन्द्र के शरीर में समग्र आँखें उत्पन्न हुईं। उ.-''अति निकट गोदावरी पापसंहारिनी। चल तरंगर्तुगावली चारु संचारिनी। अलि कमल सौगंध लीला मनोहारिनी। वहुनयन देवेस सोभा मनोघारिनी।।''-रा.चं., 11/23।

**बांधवगिरि**—बांधवगढ़ (रीवाँ) का पर्वत। उ.-''दुसह बिरह संताप बांधव गिरि बरषे बसहु।।''-बो.ग्रं., वि.वा., 19/37

**बाँकीदास**—जन्म-सं. 1828। स्थान-भाड़ियावास गाँव (जोधपुर)। पिता-फतहसिंह। आश्रयदाता-जोधपुर नरेश महाराज मानसिंह। रचनाएँ-सूर छत्तीसी, सीह छत्तीसी, वीरविनोद, धवल पच्चीसी, दातारबावनी, नीतिमंजरी, वैसक वार्ता, मावड़िया मिजाज, कृपण दर्पण, मोहमर्दन, चुगलमुख-चपेटिका, वैसवार्ता, कुकविबत्तीसी, विदुर बत्तीसी, कायर बावनी, सुजस छत्तीसी, संतोष बावनी, वचनविवेक पच्चीसी, कृपण पच्चीसी। (बृ.इति. 7)।

**बाँधव**—बाँधवगढ़ (रीवाँ)। उ.-''वाँधव जाहु कि जाहु अमेर कि जोधपुरैं कि चितौरहिं धाए।''-भू. ग्रं., 230/172।

**बाँधो**—बाँधवगढ़। उ.-''अस्विन सुदि दसमी तिथि जबहीं। बाँधो तजा माधवा तवहीं।।''-बो.ग्रं., वि.वा., 20/88।

**बाँधोगढ़**—मध्यप्रदेश में स्थित बांधवगढ़ (रीवाँ)। उ.-''माधव वाँधोगढ़ रह्यो चार मास कों छाय।।''-बो.ग्रं., वि.वा., 2, 5/81।

**बाँधौ-धनी**—बांधवगढ़ के स्वामी, रीवाँ के राजा। उ.-''मेवार ढूँढार मारवार और बुँदेलखंड झारखंडबाँधौ धनी चाकरी इलाज की।''-भू.ग्रं., शि. भू., 102/147।

**बाँन**—वाण। उ.-''होती जोपै वचत कहुं धीरज ढालन ओट। चतुरन हिये न लगत है नैन बाँन की चोट।।-रस., रतन., 437/102।

**बाँसुरिया**—बाँसुरी। बाँस का बना हुआ एक प्रसिद्ध बाजा जो मुँह से फूँककर बजाया जाता है। यह प्रायः डेढ़ बालिश्त लंबा होता है और इसका एक सिरा बाँस की गाँठ के कारण बंद रहता है। बंद सिरे की ओर सात स्वरों के लिए सात छेद

होते हैं और दूसरी ओर बजाने के लिए एक विशेष प्रकार से किया हुआ छेद होता है, जिसे ओठों के बीच रखकर फूँकने की सुविधा होती है। जैसा स्वर निकालना होता है तदनुसार उँगलियों से छेदों को वंद करते खोलते हुए फूँकते हैं। (हिं.श. सा.)। उ.-''मोहन बाँसुरिया सी वजै मधुरें गरजें धुनि मैं मति बौरै।''-घ.क., 325/174।

**बाँसुरी**--दे. बाँसुरिया। उ. (1)-''कानन में बसी बाँसुरी की धुनि प्रानन में बस्यो बाँसुरी वारो।''-प.ग्रं., जग., 30/85। उ. (2)-''पासुँरी पकरि रहीं साँसुरी सँभारै कौन बाँसुरी बजत आँख आँसु री ढरक परैं।।''-प.ग्रं., प्रकी., 69/322।

**बागमनोहर** – रचनाकाल - सं. 1860। रचयिता-गुरदीन पाण्डेय (दे.)। विव-पिंगल, रस, अलंकार आदि का ग्रंथ। (बृ.इति. 6)।

**बाघ**--दोहा छंद का एक भेद। दे. दोहा छंद।

**बाचक**--वाचक। उपमेय और उपमान में सम्बन्ध को बताने वाला शब्द। ल.-सम अर्थहि पद जे कहत ते बाचक सब देखु। इक सो बर्न्य-अवर्न्य में धर्म धर्म सो लेखु।।''-प.ग्रं., पद्म., 6/33।

**बाच्यारथ**--वाच्यार्थ। जाति, यदृक्षा, गुण, क्रिया से बनने वाले नामों से जो अर्थ संकेत होता है, उसे वाच्यार्थ कहते हैं। ल.-जाति जद्रिक्षा गुन क्रिया, नाम जु चारि प्रमान। सबकी संज्ञा जाति गनि बाचक कहैं सुजान। ... ऐसे सब्दन सों जहाँ प्रगट होइ संकेत। तेहि बाच्यार्थ बखानहीं सज्जन सुमति सचेत।। अनेकार्थहू सब्द में एक अर्थ की भक्ति। तिहि बाच्यारथ कों कहैं सज्जन अभिधा सक्ति।।-भि. ग्रं. 2, 2-6/6-7।

**बाच्यार्थ ब्यंग्य तें ब्यंग्य**--दे. अर्थव्यंजक। उ.-''अंवे फिरि, मोहिं कहहिगी, कियो न तूँ गृह-काज। कहैं सु करि आऊँ अबै, मुझो जात दिनराज।।'' ति.-वाको आयसु मानि निहोरो दै कहूँ जायो चाहति है, यह ब्यंग्यार्थ है दिन ही में परपुरुष-बिहार कियो चाहति है, यह दुसरी ब्यंगि है।-भि.ग्रं. 2, का.नि., 67, 67अ/17।

**बाजखाँन**--जहाँ बाज खाँ। बाज खाँ पठान। उ.-''वाज खाँन के ऊपरै पर्‍यौ जब भार। महाराज ताकी मदत धसे सनमुष धार।।''-वृं.ग्रं., स.स. रू., 132-133/276।

**बाज षाँन**--दे. बाज खाँन। उ.-''बाज षाँन की ओर कों पैठयो राव बुदेल।''-वृं.ग्रं., स.स. रू., 182/282।

**बाजी घोरपरा**--वीजापुर का सरदार बाजी घोरपड़े। इसने 1648 ई. में शिवाजी के पिताजी को जिंजी में कैद कर लिया था। यह मुघोल का जागीरदार था। यह खवास खाँ की शिवाजी के विरुद्ध उस समय सहायता करने चला था, जब शिवाजी ने उत्तर मुंबई प्रांत के कुडाल नामक स्थान पर आक्रमण किया था। शिवाजी ने इन दोनों की भेंट होने के पहले ही मुघोल पर आक्रमण कर दिया जिसमें यह मारा गया। शिवाजी ने मुघोल हस्तगत कर लिया और घोरपड़े के 1200 घोड़े भी उनके हाथ लगे। उ.-''करति को ताजी करि बाजी चढ़ि छीन कीनी बाजी घोरपरा बिन बाजी बीजापुर की।''-भू.ग्रं., शि.भू., 140/154।

**बाजीराव**--पेशवा बालाजी विश्वनाथ का ज्येष्ठ पुत्र तथा बाद में प्रतिष्ठित पेशवा। उ.-''बाजीराव गाजीतैं उबार्‍यो आइ छत्रसाल, आमिल बिठायो बल करिकै चकत्ता सौं।।''-भू.ग्रं., प्रकी., 530/235।

**बाजूबंद**--एक आभूषण। यह बाँह पर पहना जाता है और यह अनेक आकारों का होता है। इसके बीच में एक बड़ा चौकोर नग या पटरी होती है और इसके दोनों ओर छोटे-छोटे नगर या पटरियाँ होती हैं। ये सभी रेशम या तागे में पिरोई रहती हैं। उ.-''कंठी कंठमाला भुजबंध बरा बाजूबंद ककना पटेला चूरी रत्नचौक जारी सी।।''-बो.ग्रं., वि.वा., 41/104।

**बाजूबंध**--दे. बाजूबंद। सोलह शृंगारों में भूषण शृंगार के अंतर्गत एक भूषण। उ.-''पोत-सरी कंठ-हार उरबसी माला बाजू-बंध बलया बलय भाव भाव के।''-वृं.ग्रं., शृं.शि., 59/44।

**बाड़व**--बड़वा सम्वन्धी। बड़वाग्नि। समुद्राग्नि। वाडवानल।-''इंद्र जिमि जंभ पर बाडव ज्यौं अंभ

पर रावन सदंभ पर रघुकुलराज है।''-भू.ग्रं., शि. भू., 50/137।

**बादर**—रचनाएँ-वीरमाण। रचनाकाल-सं. 1750। विव.-वीरकाव्य। (बृ.इति. 7)।

**बान**—1. कामदेव के पाँच बाण जिनके नाम हैं- सम्मोहन, उन्मादन, स्तंभन, शोषण। कामदेव के पाँच पुष्पवाणों के नाम हैं-कमल, अशोक, आम्र, नवमल्लिका और नीलोत्पल। उ.-''एई तौ काम के वान कहावत फूलनि के विधि भूलि कहे हैं।''-र. प्रि., 3/54।

2. बाणासुर। राजा बलि के सौ पुत्रों में सबसे वड़ा पुत्र जो अत्यंत वीर, गुणी और सहस्त्रवाहु था। इसकी माता का नाम अशना था। इसकी पत्नी का नाम लोहिनी तथा पुत्र का नाम इन्द्रधन्वा था। पाताल की शोणितपुरी इसकी राजधानी थी। इसकी विकट तपस्या से शिव ने अत्यंत प्रसन्न होकर इसे अनेक वर दिय थे और युद्धों में स्वयं आकर इसकी सहायता किया करते थे। इसकी कन्या उषा श्रीकृष्ण के पौत्र अनिरुद्ध की पत्नी बनी। उषा के कहने पर उसकी सखी चित्रलेखा अनिरुद्ध को आकाशमार्ग से शोणितपुरी लाई थी। जिसकी सूचना पाकर वाणासुर ने अनिरुद्ध को बंदी बना लिया। इस पर श्रीकृष्ण ने आक्रमण कर बाणासुर के शिव के कहने पर केवल चार हाथ छोड़कर सब हाथ काट डाले। तद्रूपरांत वाणासुर ने उषा का विवाह अनिरुद्ध से कर दिया। उषा पूर्वजन्म में तिलोत्तमा अप्सरा थी और दुर्वासा के शाप से वाण की पुत्री हुई। इंद्र-वलि के देवासुर संग्राम में वाण ने बलि पक्ष से सूर्य से युद्ध किया था। यह कंस तथा जरासंध का मित्र था। भगवान् शंकर के अनुग्रह से इसने अमरत्व प्राप्त किया। (हिं.श.सा., पौ.को.)। उ.-''मेरे गुरु को धनुष यह सीता मेरी माइ। दुहू भाँति असमंजसै, वान चले सिर नाइ।।''-रा.चं., 4/28।

3. वाण। धारदार फल लगा हुआ छड़ी के आकार का छोटा अस्त्र, जो धनुष की डोरी पर खींचकर छोड़ा जाता है। तीर। बृहत् शार्ङ्धर में इसके भेदों और कार्यों का वर्णन है (हिं.श. सा.)। उ.-''छूटत कमान बान बंदकरु कोक बान मुसकिल होत मुरचानहू की ओट में।''-भू.ग्रं., प्रकी.. 415/208।

**बानदूती**—नायिका के हित, हिताहित और अहित-तीनों प्रकार के कार्य करने वाली दूती। ल.-हित की. हित अरु अहित की अरु अहितै की बात। कहै बानदूतीन के गुन तीन्यो गनि जात।।-भि.ग्रं. 1, र.सा., 238/34।

**बानपुर**—रामशाह को प्राप्त एक गढ़। उ.-''ताके सिर सांटे को गाँउ। अपने सुत कौं दयौ सुभाउ। मुगल बुलाय बानपुर लियौ। राउ प्रताप परावो कियौ।।''-बी.च., 10/7।

**बानप्रस्थ**—वानप्रस्थ। प्राचीन भारतीय आर्यों के धर्मानुसार मनुष्य के चार आश्रमों में से तीसरा जो गार्हस्थ्य के बाद और संन्यास के पहले पड़ता है। शास्त्र के अनुसार पचास वर्ष के ऊपर हो जाने पर और गार्हस्थ्य आश्रम से चित्त हट जाने पर मनुष्य इस आश्रम का अधिकारी होता है। इस आश्रम में आचरणीय है-वननिवास, जंगली फल खाना, पंचमहायज्ञ करना, शय्या-वस्त्र-वाहन-आदि का त्याग, स्त्री को या तो पुत्र के पास छोड़े या वन में ले जाय। इस आश्रम से भी वैराग्य होने पर संन्यास का विधान है। उ.-''यहि विधि सों हरिभक्ति करि साधु होत सब भक्त। सबै ब्रह्मचारी गृही वानप्रस्थ बिरक्त।।''-वि.गी., 21/49।

**बानरराज**—सुग्रीव। उ.-''देहिं अंगद राज तोकहँ मारि बानरराज कों।''-रा.चं., 16/32।

**बानारसी**—वाराणसी। काशी नगरी का प्राचीन नाम। वरुणा और असी नदियों के बीच बसा होने के कारण भी इसका नाम यह बताया जाता है। दूसरा अर्थ वर+अनस अर्थात् ''श्रेष्ठ जल वाली पुरी'' के आधार पर सिद्ध करते हैं। एक तीसरा अर्थ ''उत्तम रथों वाली पुरी'' भी किया जाता है। विभिन्न प्राचीन ग्रंथों में, विशेषकर स्कंदपुराण के काशी खण्ड में इसके माहात्म्य का विस्तार से वर्णन मिलता है। (हिं.श.सा., पौ.को.)। उ.-''एकादसें बसीठई बानारसी प्रभाव। बरनन के मिस कहत हैं वाहन्नी-समुदाव।।''-वि.गी., 11/1।

**बानिनी छंद**—बाईस मात्राओं का छंद है।

मात्रा क्रम है (।।। ।S। S।। ।S। S।S S)। ल.-दुजबर नंदनंद सज कर्न बानिनी छवै। उ.-''दिन दिन 'दास' होति अतिरूपखानिनी है। करि बहु भाय सेंति मनु लेति बानिनी है।।''-भि.ग्रं. 1, छंदा., 187. 191/203-204।

**बानी**--1. वाणी। मुँह से निकला हुआ शब्द या ध्वनि जिसे चार अवस्थाओं वाला कहा जाता है-परा, पश्यंती, मध्यमा और वैखरी। उ.-''परा पस्यंती मध्यमा अरु बेखरी प्रकार। इहिं बिधि बानी चारि ए यहौ ब्रह्म निरधार।।''-ज.ग्रं., अ.सि., 85/150। 2. सरस्वती। उ.-''बानी कौं बंदन कियैं बानी मधुरी होत।।''-वृं.,ग्रं., य.स., 59/210।

**बानी**--रचयिता-बारहट नरहरिदास (दे.)। (बृ.इति. 7)।

**बानी**--रचयिता - रामसखे (दे.)। (बृ. इति. 7)।

**बानी**--रचयिता-नीलसखी (दे.) अमरजू अथवा अमरेश। (बृ.इति. 7)।

**बानी**--रचयिता-वीरभान। (बृ. इति. 7)।

**बानैतबर**--श्रेष्ठ वाण चलाने वाला। उ.-''ताको मिरजा कादरी सब विधि सरस सुजान। बीर धीर बानैतबर सुबुधि सुरूप निधान।''-वृं.ग्रं., शृं. शि., 7/36।

**बापू चरित्र**--रचयिता-मंडन भट्ट (दे.)। (बृ. इति. 7)।

**बापू साहेब गायकवाड़**--समय-सं. 1835 से 1899। रचनाएँ-स्फुट। (बृ.इति. 7)।

**बाफतौ**--बाफता। एक प्रकार का रेशमी कपड़ा जिस पर कालाबतू और रेशम की बूटियाँ होती हैं। उ.-''सब इक से होत न कहूं होत सबन मैं फेर। कपरौ खादी बाफतौ लोह तबा समसेर।।''-वृं. ग्रं., नी.स., 225/75।

**बाबन**--वामन। विष्णु का वामन अवतार। दे. बलि। वामन, एक अवतार। उ.-''बलिवै जाँचत ही भए बावन तन करतार।''-वृ.ग्रं., न.स., 220/75।

**बाबा दीनदयाल गिरि**--शैव संन्यासी। जन्म-सं. 1859। स्वर्गवास-सं. 1915। स्थान-गायघाट (काशी)। रचनाएँ-अन्योक्ति कल्पद्रुम, अनुरागबाग, वैराग्य दिनेश, विश्वनाथनवरत्न, दृष्टांततरंगिनी। (इति.शुक्ल, बृ.इति. 7)।

**बाबी-वंश-प्रशस्ति**--रचयिता-नरसिंहदास (दे.)। रचनाकाल-सं. 1800 के लगभग। विव.-बाबी वंश के नवाबों की गुणगाथा। (बृ.इति. 7)।

**बाबी विलास**--रचयिता-केवलराम (दे.)। विव.-बाबी वंश के नवाबों का परिचय। (बृ. इति. 7)।

**बामदेउ**--ईश्वर। शिव। उ.-''बामनि कौं बामदेउ, कामिनि कौं बामदेउ, रन-जयथंभु रामदेउ मन भाए जू।।''-क.प्रि., 4/20।

**बामदेव**--वामदेव। गौतम गोत्रोत्पन्न एक वैदिक ऋषि जो उशिज के पिता थे। ऋग्वेद के चौथे मंडल में इनके रचे सूक्त मिलते हैं, जिनसे इनकी दैवी शक्ति और योगबल का पता चलता है। उ. (1)-''बामदेव रिषि सों कह्यो परसुराम रनधीर। महादेव को धनुष यह कैं तोरयो बलबीर।।''-रा. चं., 7/3। उ. (2)-''राम राम जब कोपे कर्‍यो जू। लोक लोक भय भूरि भरयो जू।। बामदेव तव आपुर आए। रामदेव दोउन समझाए।।''-रा.चं., 7/43। उ. (3)-''भरद्वाज जाबालि अत्रि गौतम कस्यप मुनि। बिस्वामित्र पवित्र चित्रमति बामदेव पुनि।।''-रा. चं., 6/8।

**बामन**--वामन। दे. बलि, बाबन। उ. (1)-''परि रहीम मरिबो भलो, सहिवो कठिन कलेस। बामन ह्वै बलि को छल्यो, भलो दियो उपदेस।।''-र.वि., दो., 119/12। उ. (2)-''प्रथम अरध छोटी लगी पुनि अति लगी बिसाल। बामन कैसी देह निसि भई बाल कै लाल।''-मति., सत., 663/423। उ. (3)-''बढ़ै न ऐसो कौन है दान मान को पाय। पाय धरा बामन भए सीस स्वर्ग धर पाय।।''-वृं.ग्रं., नी. स., 353/85। उ. (4)-''बहुरि बड़त लखि बामनहिं भे बलि कछुक सभीत।।''-प.ग्रं., जग., 597/205। उ. (5)-''बई ती बिरंचि भई बामनपगन पर फैलि फैलि फिरी ईस-सीस पै सुगथ की।।''-प.ग्रं., गं. ल., 2/253।

**बामन के पद को प्रिय**--गंगा का पानी।

वामनावतार के लिए हुए विष्णु के पद को प्रिय। विष्णु का पंचमावतार वामनावतार माना जाता है। बहुतों का विश्वास है कि गंगा बैकुण्ठवासी भगवान् विष्णु के पद से उत्पन्न हुई। किंतु विष्णुपुराण का पाठ करने से ऐसा मालूम पड़ता है कि आकाश मंडल में ध्रुव को आलंबन करके समस्त ज्योतिष्क मंडल अवस्थान करता है। उसी ज्योतिष्क मंडल में मेघ अवस्थित है। पौराणिक गण इसी का विष्णु भगवान् के वामनावतार के तृतीय पद जैसा वर्णन करते हैं। (विष्णु पु. 218)। मेघ से वृष्टि होती है और इसी से गंगा का नाम विष्णुपदी पड़ा होगा, अन्यथा कोई प्रमाण नहीं मिलता। उ.-''बामन के पद को प्रिय पानी। जो तुम भागीरथी भव मानी।।''-वि.गी., 6/49।

**बामन को चरनोदक**—दे. बामन के पद को प्रिय। गंगा। बामन का चरणामृत। बामन के पद से निकली हुई। उ.-''बामन को चरनोदक गंगा। निर्गुन होत क्यौं सागर-संगा।।''-वि.गी., 6/47।

**बामी**—वाममार्गी। वामाचार करने वाला। पंचमकारों का प्रत्यक्ष प्रयोग करने वाला। उ.-''कामी बामी मूढ़ क्रोधी कोढ़ी कुलद्वेषी खलु कातर कृतघ्नी मित्रद्रोही द्विजद्रोहि यै।।''-रा.चं., 18/10।

**बायुपत्र**—वायुपुत्र। दे. हनुमान। उ.-''बायुपत्र बालिपुत्र जामवंत धाइयो। लंक में निसंक अंक लंकनाथ पाइयो।।''-रा.चं., 19/24।

**बायुरूप**—वायुरूप। जगदीश। वायुरूपी ईश्वर। उ.-''सब जन साक द्वीप को प्रानायामनि साधि। वायुरूप जगदीस कों सेवत सहित समाधि।।''-वि. गी., 4/12।

**बारन**—दे. दोहा छंद।

**बारबधू**—वारवधू। वैश्या। गणिका। वह नायिका जो अनेक से रति सम्बन्ध रखती है। सामान्या। ल. (1)-तीन भेद नारीनके लोकलीक ते जानि। स्वीया परकीया सुपुनि, बारबधू पहिचानि।।-कृ. ग्रं., हि.त., 16/7। ल. (2)-बारबधुन को रसिक सो बैसिक अलज अभीत।।-प.ग्रं., जग., 299/145।

**बारविलासिनि**—दे. बारबधू। उ. (1)-''बार बिलासिनि ती के जायै अखरा अखरा नखरा नखरा के।।''-प.ग्रं., जग., 303/147। उ. (2)-''लोचन पानिप ढिग सजी लट बंसी परवीन। मो मन बार बिलासिनी फाँसि लियो मनु मीन।।''-मति., सत., 294/393।

**बारहखड़ी**—रचयिता-पारणीदास (दे.)। विव.-जैन नीति। (बृ.इति. 7)।

**बारह खड़ी**—रचयिता-जनकराजकिशोरी शरण 'रसिक अली' (दे.)। (बृ.इति. 7)।

**बारह खड़ी**—रचयिता-सूरति मिश्र (दे.)। विव.-सप्तव्यनादि। (बृ.इति. 7)।

**बारहट नरहरिदास**—स्थितिकाल-सं. 1707 के आसपास। स्थान-टेलाग्राम (जोधपुर)। रचनाएँ-अवतार चरित्र, अहल्या पूर्वप्रसंग, दशमस्कंध भाषा, नरसिंह अवतार कथा, बानी, रामचरित्र कथा। (बृ. इति. 7)।

**बारह बानि**—बारह बानी। सूर्य की सी दमक। उ.-''बारह बानि बनी ठनी षोडस प्यारी के प्रेम छकी नित डोलैं।''-घ.क., 400/199।

**बारहमासा**—रचयिता-बख्शी हंसराज (दे.)। (इति.शुक्ल)।

**बारहमासा श्रीकृष्ण जी का**—रचयिता-केशवदास (दे.)। (बृ.इति. 7)।

**बारहमासी**—रचयिता-रसनिधि (दे.)। (सा. को.)।

**बारानसी**—दे. बानारसी। वाराणसी। उ. (1)-''सुनि प्रिये प्रेमनिधान। तुम बिज्ञ बिबिध बिधान। बारानसी सुप्रमान। वह है प्रबोध-निधान।।''-वि.गी., 1/35। उ. (2)-''ताकी छबि मेरे मन बसी। सोहति मानौ बारानसी।। पंडित-मंडल मंडित लसैं। परमहंस के गन जहँ बसैं।।''-वी.च., 18/4।

**बारामाँह**—रचयिता-टहलसिंह (दे.)। (बृ. इति. 7)।

**बाराह**—वराह। भगवान् विष्णु का एक शूकर रूप अवतार जिसने एकार्णव जल में मग्न पृथ्वी का उद्धार किया था तथा हिरण्याक्ष राक्षस का वध किया था। उ.-''मच्छ रूप बीभत्स कच्छ बत्सल रस जानी। भय स्वरूप बाराह रुद्र नरसिंह बखानी।।''-बो.

ग्रं., वि.वा., 44/155।

**बारिधि बंधन**—समुद्र को पार करने के लिए पुल बनाना। राम ने वानरों की सहायता से लंका पर आक्रमण करने के लिए समुद्र पर पुल बाँधा था। उ.-''सूपनखा जु बिरूप करी तुम तातें दियो हमहूँ दुख भारौ। बारिधि बंधन कीन्हों हुतो मो सुत बंधन कीन्हो तिहारौ।।-रा.चं., 19/17।

**बारुनी**—वारुणी। मदिरा। कई प्रकार की मदिरा का नाम वारुणी है जैसे पुनर्नवा, ताड़ या खजूर, साठी धान के चावल और हड़ से बनायी हुई मदिरा। उ.-''मरगजे हार बेसुमार बारुनी के बस, आधे आधे आखर सु येहू भाँति जपने।''-प. ग्रं., प्रकी., 53/317।

**बारोठा**—वह रस्म जो विवाह के समय वर के द्वार पर आने के समय की जाती है। द्वारपूजा विवाह की एक रस्म। उ.-''बारोठे को चारु करि कहि केसव अनुरूप। द्विज दूलह पहिराइयो पहिराए सब भूप।।''-रा.चं., 6/5।

**बाल विनोद**—रचनाकाल-सं. 1809। रचयिता-नागरीदास (दे.)। (बृ.इति. 7, स.सर्वे.)।

**बालकृष्ण 'बालअली'**—काव्यकाल-सं. 1726-1749। स्थान-रैवासा, अयोध्या। रचनाएँ-ध्यानमंजरी, नेहप्रकाश सिद्धांत-तत्त्वदीपिका, दयालमंजरी, ग्वालपहेली, प्रेमपहेली, प्रेमपरीक्षा, परतीत परीक्षा। (बृ.इति. 7)।

**बालगोबिंद**—बालक रूप ईश्वर। उ.-''बार बड़े अघ-बाघ बँधे उर-मंदिर बालगोबिंद न आवैं।।''-रा.चं., 24/18।

**बालचंद**—उपाध्याय विनयप्रमोद पाठक के शिष्य। दीक्षानाम-विनयलाभ। साहित्यिक उपनाम-कविचंद। समय-18वीं शती का मध्य भाग। रचनाएँ-सवैयाबावनी। विव. - नीतिकाव्य। (बृ. इति. 7)।

**बालमीक**—वाल्मीक, वाल्मीकि। एक मुनि जो रामायण के रचयिता और आदि कवि कहे जाते हैं। इनका जन्म भृगु वंश में हुआ था। ये प्रचेता के वंशज थे। तमसा(टौंस) नदी के किनारे रहते थे। प्रसिद्ध है कि नदी के किनारे एक निषाद द्वारा क्रौंच युगल में से एक के वध के दृश्य को देखकर ये करुणार्द्र हो उठे और सहज ही इनके मुँह से ''मा निषाद प्रतिष्ठा ...'' श्लोक निकल पड़ा। फिर इस प्रिय अनुष्टुभ छंद में ही सम्पूर्ण रामायण की रचना की। उत्तरी बिहार के चम्पारन जिला के अंतर्गत भैंसालोटन ग्राम में इनका आश्रम माना जाता है। यह इस समय वाल्मीकि नगर के नाम से प्रसिद्ध है। दुर्मुख से सीता के सम्बन्ध में लोकापवाद जानकर सीता को जब वनवास करना पड़ा तब उसे वाल्मीकि ने ही अपने आश्रम में स्थान दिया था और वहीं सीता ने राम के लव और कुश नाम के दो पुत्रों को जन्म दिया था। वाल्मीकि ने ही इन दोनों पुत्रों को विधिवत् शिक्षा दी थी। (पौ.को.)। उ. (1)-''कुच जुग चकवा ससिहिं लखि नहिं बिछुरैं छिन मान। राम साच झूठो कह्यो यों बालमीक अयान।।''-वृं.ग्रं., भा.पं., 33/21। उ. (2)-''जस कछु बालमीक मुनि गावा। सो माधो सब प्रभुहि सुनावा।।''-बो.ग्रं. वि.वा., 30/89। उ. (3)-''कहै पदमाकर सुनि ना सठ सापनेहू भाखी बालमीक जो कथा है भगवान की।''-प.ग्रं., प्र.प., 38/246। उ. (4)-''कन्यका मिथिलेस की हम पुत्र जाए दोइ। बालमीक असेष कर्म करे कृपारस मोइ।''-रा. चं., 38/5।

**बालमीकि रामायण**—रचयिता-कलानिधि (दे.)। (बृ.इति. 7)।

**बालमीकि रामायण**—रचयिता-गणेश (दे.)। विव.-बालकांड समग्र और किष्किंधाकांड के पाँच अध्याय। (इति.शुक्ल)।

**बाला**—बारह-तेरह वर्ष से सोलह वर्ष तक की अवस्था की स्त्री। ल. जा मैं मदन विकार नहिं, सो बाला मन आनि।।-शृं.मं., चिंता., 419/126।

**बाला छंद**—सत्रह मात्राओं का छंद है। मात्रा क्रम है (। । ।)। उ.-''स्याम धनरूप तन् दृग् बिसाला। देखि री देखि गोपाल बाला।।''-भि.ग्रं. 1, छंदा., 161/199।

**बालि**—इंद्र के वीर्य से उत्पन्न वानरराज। एक बार तपस्यारत ब्रह्मा की आँखों से गिरे आँसू से एक ऋक्षराज नाम का वानर उत्पन्न हुआ जो पानी

में अपनी छाया देखकर कूद पड़ा और स्त्री रूप में बदल गया। इस पर इंद्र और सूर्य मोहित हुए। इन्द्र का वीर्य इस स्त्री के मस्तक पर तथा सूर्य का मस्तक इसके गले पर गिरा, जिससे क्रमशः बालि और सुग्रीव दो वानर उत्पन्न हुए। बाद में उस स्त्री को पुनः ऋक्षराज का रूप प्राप्त हो गया। ब्रह्मा के आदेश से ये किष्किंधा पर राज्य करने लगे। जब बालि दक्षिण सागर में तपस्या कर रहा था तब रावण ने उसके किष्किंधा राज्य पर आक्रमण कर दिया। बालि ने उसे अपनी बगल में दबा लिया व रावण के हार मानने पर ही छोड़ा। बालि जब मय दानव के पुत्र मायावी का पीछा करता हुआ पाताल गया तो सुग्रीव ने उसके राज्य पर शासन करना आरम्भ किया। बालि ने आकर सुग्रीव को मार भगाया। मतंग ऋषि के आश्रम में छिपे सुग्रीव ने सीता को ढूँढ़ते राम को अपना दुःख सुनाया। राम ने बालि का वध कर सुग्रीव को राज्य दिलाया और बालिपुत्र अंगद को युवराज बनाया। तारा ने सुग्रीव से विवाह कर लिया। बालि की सुभद्रा नाम की एक कन्या भी थी जो अवीक्षित को ब्याही थी। (हिं.श.सा., पौ.को.)। उ. (1)-''या गिरि पर सुग्रीव नृप, ता संग मंत्री चारि। बानर लई छड़ाइ तिय दीन्हो बालि निकारि।।-रा.चं., 12/56। उ. (2)-''बड़े अनीति करैं तऊ बुरो कहै नहिं कोय। बालि हन्यो अपराध बिनु ताहिं भजै सब कोय।।''-वृं.ग्रं., नी.स., 298/81। उ. (3)-''सोच यहै इक बालि बली बिन देहि गो अंगदैं को जुबराई।।''-प.ग्रं., प्र. प., 13/239।

**बालिकुमार**–दे. अंगद, बालि। बालिपुत्र। बालिसुत। बालि का तारा से उत्पन्न पुत्र। उ.-''अति रोध बालिकुमार। गहि मारियो कपिधार।।''-रा.चं., 14/20।

**बालिबधू**–बालि की स्त्री। दे. तारा। यह बाद में अनुज सुग्रीव की पत्नी बनी। उ.-''याँ बच बालि बधू के सुनें करुनाकर कों करुना कछु आई।।''-प. ग्रं., जग., 587/202।

**बाल्मीकि**–वाल्मीकि। दे. बालमीक। उ.-''रामनाम के तत्त्व को जानत को न प्रभाउ। गंगाधर के धरनिधर बाल्मीकि मुनिराउ।।''-वि.गी., 21/65।

**बाल्मीकि रामायण**–रचयिता - गिरिधरदास (दे.)। विव.-सातो कांडों का पद्यानुवाद। (इति. शुक्ल)।

**बाल्मीकि रामायण की टीका** – विव.-रामायण की शृंगारपरक टीका। रच.-रामप्रपन्न (मधुराचार्य 'मधुरप्रिया') दे.। (बृ.इति. 7)।

**बावन**–दे. बलि, बाबन। वामन। विष्णु के पाँचवें अवतार का नाम, जिसने देवताओं की रक्षा के लिए वामन रूप धारण कर बलि से दान लेते समय तीनों लोकों और स्वयं बलि को भी नाप लिया था। उ. (1)-''छवै छिगुनी पहुँचौ गिलत अति दीनता दिखाइ। बलि बावन को ब्यौतु सुनि को, वलि, तुम्हैं, पत्याइ।।''-बि.र., 159/79। उ. (2)-''बावन ह्वै इन्द्र, ह्वै नृसिंह प्रह्लादै राख्यो कीनो ह्वै द्विजेस जाने छिति छत्रनास है।''-भि.ग्रं. 1, शृं.नि., 2/89।

**बावन बीर**–वामन वीर, योद्धा का नाम। उ.-''इते क्षन बावन बीर प्रचंड। कह्यो रनजोर इतै रन मंड।।''-बो.ग्रं., वि.वा. 13, 14, 17/187।

**बावनी**–उत्तरप्रदेश का एक नगर। उ.-''भूषन भनत गिरि-बिकट-निवासी लोग बावनी बवंजा नवकोट धुंध-जोत हैं।''-भू.ग्रं., प्रकी., 445/215।

**बावनी**–रचयिता-वणारस सुंदरदास (दे.)। (बृ.इति. 7)।

**बासकसज्जा**–दे. वासकसज्जा। वह नायिका जो अपने प्रिय या प्रियतम के आने के समय केलि सामग्री करे। नायक के आने के समय उससे मिलने की तैयारी करने वाली नायिका। ल. (1)-ऐहैं प्रीतम आजु यों निस्चय जाने बाम। साजे सेज सिंगार सुख, बासक सज्जा नाम।।-मतिराम, रसराज, 167/238। ल (2)-बासकसज्जा तन सजै पिय-आवन जिय थाप।-ज.ग्रं., भा.भू., 19/9। ल. (3)-बासक सज्जा होइ सो, कहि केसव सविलास। चितवै रति गृह द्वार त्यौं पिय-आवनि की आस।।-र.प्रि., 7/10।

**बासक सज्जा, बासिक सज्जा**-दे.

बासकसज्जा। नायिका का वह भेद जिसमें वह "आज मेरा प्रिय प्रेम मानकर मेरे घर आएगा" ऐसा निश्चय मानकर आनंदित होती है और केलि के लिए अनेक प्रकार के साज प्रेमपूर्वक सजाती है। चेष्टा में ऐसी नायिका आभूषण धारण कर नायक का रास्ता देखती है। दूती से प्रिय के विषय में पूछती है और मंन के भाव को स्पष्ट करती है। अपनी सखी से अपनी हार्दिक हँसी और प्रसन्नता को प्रकाशित करती है। सभी समय और अवस्थाओं में वह प्रिय का सुख चाहती है। ल. (1)-प्यो ऐहे मो बार आजु.हित मानि कै। जाने निहचै नारि सरस रस ठानि कै।। रचै केलि के साज प्रेम उर धारि कै। बासिकसज्जा वही कहो सुबिचारि कै।।-कृ.ग्रं., हि.त., 324-325/70-71। ल. (2)-प्रिय मग हेरें बाल अभूषन तन धरै। पूछे दूती जनै मनोरथ मन करै।। निजु सखि सों निज हास प्रगासे हीव सों। समय अवस्था सबै चहै सुख पीव सों।।-वही, 326/71। ल. (3)-साजहि सेज सिंगार तिय पिय मिलाप के काज। बासकसज्जा नाइका ताहि कहत कबिराज।।-प.ग्रं., जग., 204/124। ल. (4)-आवंती जहँ कंत की निज गृह जाने दार। बासकसज्जा तिहि कहैं साजै सेज सिंगार।।-भि.ग्रं. 1, शृं.नि., 159/123। भिखारीदास ने वासकसज्जा के निम्न भेदों को उदाहरणों से स्पष्ट किया है-स्वकीया वासकसज्जा, परकीया वासकसज्जा, आगतपतिका वासकसज्जा।-वही 160-163/123-124। ल. (5)-पिय आगम जिय जानि कें साजे सेज सिंगार। वासकसज्जा नारि सो, निरखै रति गृह-द्वार।।-सो.ग्रं. 1, र.पी.नि., 38/93।

**बासब**—वासव। इन्द्र। उ.-"बासब सेबत है चरन बास बसे ब्रज माँहि।"-वृं.ग्रं., य.स., 84/212।

**बासव**—वासव। इंद्र। उ.-"बासव से बिसरत बिक्रम की कहा चली बिक्रम लखत वीर बखत बिलंद के।"-भू.ग्रं., शि.भू., 100/147।

**बासवसुत**—वासवसुत। इन्द्र का पुत्र। बालि। दे. बालि। उ.-"सुनि बासवसुत बल-बुधि निधान। मैं सरनागतहित हते पान।।"-रा.चं., 13/4।

**बासुकी**—वासुकि। आठ नागों में से दूसरा जो कद्रू के गर्भ से उत्पन्न कश्यप का पुत्र था। इसकी बहन का नाम मनसा था, जो जरत्कारु ऋषि को ब्याही थी। इसी के गर्भ से आस्तीक का जन्म हुआ था, जिसने सर्पयज्ञ के समय जनमेजय से कहकर सर्पकुल की रक्षा की थी। समुद्र मंथन के समय वासुकि मंथन-रज्जु बने थे। उ. (1)-"बैनी सुख दैनी सीस सुमन मोहैं हार हिये बासुकी बिराजै सुछ पानी को।।"-वृं.ग्रं., स्फुट, 55/325। उ. (2)-"भौंर ज्यों भँवत भूत वासुकी गनेसजुत मानौ मकरंदबुंद माल गंगाजल की।"-रा.चं., 4/23।

**बासुदेव**—1. वासुदेव। श्रीकृष्ण। वसुदेव के पुत्र। उ. (1)-"टूट्यो सिसुपाल बासुदेवजू सों बैरकरि टूट्यौ है महिष दैत्य अध्रम बिचरतें।"-भू. ग्रं., प्रकी., 477/223। उ. (2)-"वृंद कहैं देव देवराज जैसो नरदेव बसुदेव मनि बासुदेव गुनगान हैं। राज राज जैसो हैं बिराजमान मान नंद महाराज राजसिंह राजैं राजदान हैं।"-वृं.ग्रं., स.स.रू., 20/264।

**बासुदेव**—2. वासुदेव। भिखारीदास के पूर्व के रीतिकालीन कवि, जिनका उन्होंने उल्लेख किया है। उ.-"मो सम जु ह्वै हैं ते बिसेष सुख पै हैं, पुनि हिन्दूपति साहिब के नीके मन मानो है। एते पर तोष रसराज रसलीन, बासुदेव से प्रबीन पूरे कबिन बखानो है।।"-भि.ग्रं. 2, का.नि., 8/4।

**बाहलीक**—बाह्लीक। एक जनपद जो भारत की उत्तर-पश्चिम सीमा पर था। गांधार के पास का एक प्रदेश। साधारणतः आजकल के 'बलख', जो अफगानिस्तान के उत्तरी भाग में है, के आसपास का प्रदेश है, जिसे प्राचीन पारसी 'बकतर' और यूनानी लोग 'बैक्ट्रिया' कहते थे, बाह्लीक माना जाता है। पाश्चात्य पुरातत्त्वविद इसे स्वतंत्रता पूर्व के हिंदुस्तान के बाहर नहीं मानना चाहते। (हिं.श.सा.)। उ.-"कुंडिन कुमार सोम सरमक सूरसेन बाहलीक साकल सकल निषधेस के।।"-ज.ज.चं., 101।

**बाहुविलास**—रचयिता - महाराणा राजसिंह (दे.)। विव.-वीरकाव्य। इसमें श्रीकृष्ण और

जरासंध के युद्ध का वर्णन है। (बृ.इति. 7)।

**बिकल्प अलंकार**–दे. बिकल्प (अलंकार)। एक काव्यालंकार जिसमें दो विरुद्ध बातों को लेकर कहा जाता है कि या तो यही होगा या यही। ल. (1)-सम बलजुत द्वै बात को बरनत जहाँ बिरोध। कवि कोबिद सब कहत हैं तहँ बिकल्प श्रुति सोध।। उ.-''बिपिनसरन कै चरन तकौ राव ही के चढ़ौ गिरि पर कै तुरंग परवर में। राखौ परिवार कौं कि आपनीये हठ राजसंपति दैमिलौ के नगारे दै समर में।।''-मति., ल.ल., 275-276/345-346। ल. (2)-कै यह कै वह कीजियै जहि कहिनाबत होइ। ताहिबिकल्प बखानहीं भूषन कबि सब कोइ।। उ.-''कोट गहौ कि गहौ बन-ओट कि फौज का जोट सजौ प्रभुता सौं।।''-भू.ग्रं., शि.भू., 229, 231/172। ल. (3)-द्वै सम बलजुत को विरुध जहँ सु बिकल्प बखान। उ.-''करु सुकेलि खुलिकै भटू कै तजि बैठु बिलास। द्वै द्वै सधैं न मीत सौं प्रीति सास की त्रास।।''-प.ग्रं., पद्मा., 191-192/56। ल. (4)-है बिकल्प यह कै वहै, यह निहचै जहँ राजु। उ.-''सत्रु-सीस कै सस्त्र निज, भूमि गिराऊँ आजु।।''-भि. ग्रं. 2, का.नि., 44/148। ल. (5)-वह कै यहि रीति सों कविता सु है बिकल्प। उ.-''कि वह बसंत बहार की प्रफुलित नूत कतार। के निरखत हरषै हियौ यह धुखनि की धार।।''-सो.ग्रं. 1, र.पी.नि., 218-219/210।

**बिकस्वर अलंकार**–दे. बिकस्वर। ल. (1)-कहि बिसेष सामान्य पुनि कहिये बहुरि बिसेष। कहत बिकस्वर नाम तहँ जे कबि अति मति लेष।। उ.-''मधुप मोह मोहन तज्यो यह स्थापन की रीति। करौ आपने काज लौं तुम्हें भाँति सौं प्रीति।।-मति., ल.ल., 292-293/348-349। ल. (2)-प्रथम बिसेष बखान करि पुनि सामान्य उचारि। फरि बिसेष सु समर्थिबे सु बिकस्वर उर धारि।।''-प.ग्रं., पद्मा., 209/58। ल. (3)-कहि बिसेष सामान्य पुनि, कहिये बहुरि बिसेष। ताहि बिकस्वर कहत हैं, जिनके बुद्धि असेष।। उ.-''देति सुकीया तुँ पी को सुखै निजु केती बगारत हूँ मति मैली। दासजू ये गुन है जिनमें तिन ही की रहै जग कीरति फैली। बात सही बिधि कीन्हो भलो तिहिं यों ही भलाइनि सों निरमैली। काढ़ि अँगारन में गहि गारेहूँ देति सुबासना चंदनचैली।।''-भि.ग्रं. 2, का.नि., 69-70/80।

**बिंदुमाधौ, बिंदुमाधव**–विंदुमाधव। विंदुमाधव काशी की एक प्रसिद्ध विष्णुमूर्ति का नाम। काशीखंड के अनुसार एक बार विष्णु की सम्मति पाकर काशी आए और राजा दिवोदास को बाहर निकाल दिया। उस समय के अग्निबिंदु नाम के एक ऋषि ने विष्णु की स्तुति की। प्रसन्न होकर विष्णु ने वर-याचना करने के लिए कहा। अग्निबिंदु ने प्रार्थना की कि मुमुक्षुओं के हित के लिए आप पंचनद तीर्थ पर हमारे नाम से प्रसिद्ध होकर अवस्थान करें और सबको मुक्ति प्रदान करें। विष्णु ने 'तथास्तु' कहा और बिंदुमाधव नाम से प्रख्यात होकर पंचनद तीर्थ (पंचगंगा) पर निवास करने का आश्वासन दिया। तब से पंचनद तीर्थ भी विंदुतीर्थ के नाम से प्रसिद्ध हुआ। (हिं.शा.सा.)। उ.-''बिबेकाग्र ह्वै बिज्ञ विज्ञप्ति कीनी। सुनी बिंदुमाधौ सबै मानि लीनी। कृपा कै कह्यौ माँगियै बिंदुमाधौ। बिंदुमाधव-महामोह भारौ सबै काम साधौ।।''-वि.गी., 11/31। वि.गी., 11/4, 11/34।

**बिंदुली**–1. सोलह शृंगार में सातवाँ भूषण शृंगार। भूषणों में एक बिंदुली। उ.-''बेनी माँग सीसफूल खुटिला करन फूल बिंदुली तिलक नकबेसिर सुचाव के।''-वृं.ग्रं., शृं.शि., 59/44।

**बिंध्य**–विंध्य। एक प्रसिद्ध पर्वत या पर्वतश्रेणी का नाम। भारतवर्ष के मध्य में स्थित यह पर्वत श्रेणी पूर्व से पश्चिम की ओर फैली हुई है। यह आर्यावर्त की दक्षिणी सीमा पर स्थित है। इस पर्वत के दक्षिण का भाग दक्षिणापथ कहलाता है। इससे निकलने वाली नर्मदा और ताप्ती नाम की दो प्रमुख नदियाँ पश्चिम की ओर बहकर अरब की खाड़ी में गिरती हैं। इस पर्वत की अनेक शाखाएँ सतपुरा आदि नामों से प्रख्यात हैं। महाभारत के अनुसार विंध्य ने सूर्य से कहा कि तुम मेरु के समान मेरी प्रदक्षिणा किया करो। सूर्य ने अस्वीकार किया। विंध्य ऊपर उठने लगा। देवताओं की प्रार्थना पर

अगस्त्य जी विंध्य के पास गए। विंध्य ने साष्टांग दंडवत् किया। अगस्त्य जी ने कहा जब तक मैं न लौटूँ तब तक तुम इसी तरह पड़े रहना। अगस्त्य जी नहीं लौटे। कथा है कि तबसे विंध्य इसी प्रकार फैला हुआ है। (हिं.श.सा.)। उ.-''प्रबल प्रचंड गंडमंडित मधुप बृंद विंध्य से बिलंद सिंध सातहू के थाह के।''-भू.ग्रं., प्रकी., 539/237।

**बिंध्याचल**—दे. विंध्य। उ.-''मलयाचल तैं उठ्यो चढ़्यो रस लोभ उच्च गिरि। बिंध्याचल तलहटी खलित ह्वै तहाँ परयो गिरि।।''-बृं.ग्रं., प.प., 11/53।

**बिंब छंद**—बारह मात्राओं का छंद है। क्रम है (।।। ।।S ।SS)। लक्षण-बिंब न सो यो पूर। उ.-''ममहि यह क्यों न मोहै। अधर तुअ बिंब सोहै।।''-भि.ग्रं. 1, छंदा., 90, 92/190-191।

**बिदँराबन**—वृन्दावन। मथुरा जिले का एक प्रसिद्ध प्राचीन तीर्थ जो भगवान् श्रीकृष्ण का क्रीड़ाक्षेत्र माना जाता है। श्रीकृष्ण ने अपनी अधिकांश बाल लीलाएँ यहीं की थीं। पुराणों में वृंदावन के सम्बन्ध में अनेक कथाएँ मिलती हैं। ध्यान देने योग्य है कि वृंदा तुलसी का और राधा का भी एक नाम है। इस स्थान को महमूद गजनवी ने नष्ट-भ्रष्ट कर दिया था। बहुत दिनों तक ध्वस्त पड़ा रहने के बाद चैतन्य महाप्रभु ने यमुना के किनारे वर्तमान वृंदावन नगर की स्थापना की। कृष्णराधा भक्तों का यह मुख्यतम तीर्थस्थान है। उ.-''मेवा बई घनी काबुल में बिदँराबन आनि करील जमाए।''-ठाकुर, 49/14।

**बिकलप**—बिकल्प। एक बात मन में बैठाकर फिर उसके विरुद्ध सोच-विचार। संकल्प का उलटा। उ.-''विषय रूप मन चंचल थिर नहिं होइ। संकलप बिकलप याकैं हैं गुन दोइ।।''-ज.ग्रं., आ.बि., 43/119।

**बिकल्प (अलंकार)**—एक काव्यालंकार जिसमें दो विरुद्ध बातों को लेकर कहा जाता है कि या तो यही होगा या यही। ल.-है बिकल्प यह कै वहै इहि बिधि को बृतंत। उ.-''करिहै दुख को अंत अब जम कै प्यारो कंत।''-ज.ग्रं., भा.भू., 144/47।

**बिकस्वर**—एक काव्यालंकार, जिसमें पहले कोई विशेष बात कह कर उसकी पुष्टि सामान्य बात से की जाती है। ल. (1)-बिकस्वर होत बिसेष जब फिरि सामान्य बिसेष।। उ.-''हरि गिरि धार्‌यौ सतपुरुष भार सहत ज्यों सेष।''-ज.ग्रं., भा.भू., 153/50। ल. (2)-प्रथम बिसेषहिं बरनि पुनि कहि सामान्य बखानि। पुनि बिसेष इहि रीति सों सुहृद बिकस्वर जानि।। उ.-''राधा हिय हरि हिय में बसति रँगी रँगीले रंग। यही नेह की रीति है हर के तिय अरधंग।''-सो.ग्रं. 1, र.पी.नि., 237, 238/212।

**बिकार**—विकार। चित्त की एक वृत्ति की अवस्था का दूसरी हो जाना या वृत्ति परिवर्तन या मनोवेग परिवर्तन। साहित्यशास्त्र में रसप्रकरण में विशेष रूप से विवेच्य। ल.-चित कछु हेतुहि पाइ जब होइ और तें और। ताकौ नाम बिकार कहि, बरनत कबि सिरमौर।। भाव सु द्वै बिधि उर में आनौं, अंतर अरु सारीरक मानौं। अंतर के थाई संचारी, और जानि सारीरक भारी।।-सो.ग्रं. 1, र. पी.नि., 8-9/52।

**बिकोदर**—वृकोदर। भीमसेन का एक नाम। उनके पेट में वृक नाम की एक विकट अग्नि थी, जिससे उनका यह नाम पड़ा। (हिं.श.सा.)। उ.-''मार्‌यो है कर्ण बिकोदर को सुत सा बरछी बरछी वह जानौं।।''-वृं.ग्रं., स.स.रू., 212/286।

**बिक्षेप**—विक्षेप। यह दस हावों में से एक है। इसे स्वभावज अलंकार के रूप में स्वीकार किया जाता है। वस्त्राभूषणों की अस्तव्यवस्तता, अकारण इधर-उधर देखना, अकस्मात् प्रिय से रहस्यमय बात कह जाना आदि चेष्टाएँ नायिका के विक्षेप हाव के अंतर्गत आती हैं। आचार्य भरत ने इसे एक सात्विक अनुभाव माना है। भिखारीदास इसे विभ्रम हाव के अंतर्गत मानते हैं। ल.-कहियत बिभ्रम हाव जहँ भूलि काज ह्वै जाइ। कौतूहल बिक्षेप बिधि याही में ठहराइ।। उ.-''आज तौ राधे जकी सी थकी सी तकै चहुँ ओर बिहाइ निमेषै। अगनि तोरै खरो अँगिराइ जँभाइ झुकै पै न नींद बिसेषै। केती भरै बिन काज की भाँवरी बावरी सी कहिये इहि लेखै। 'दास' कोऊ कहै कैसी दसा है तौ सूखी सुनावती साँवरो देखै।।''-भि.

ग्रं. 1, शृं.नि., 272, 275/149-150।

**बिक्रम**--विक्रम। राजा विक्रमादित्य। उज्जयिनी के महाराज विक्रमादित्य जिन्होंने अपने नाम से विक्रम संवत् चलाया था। यह मालव गणतंत्र का प्रधान था। इसे ही गौतमीपुत्र भी कहते हैं। यह अत्यंत पराक्रमी था। ई. सन् से 57 वर्ष इसने भयंकर युद्ध करके शकों को परास्त कर भारत से बाहर निकाल दिया। अनेक शिलालेखों और पुरातत्त्वीय प्रमाणों से इसकी पुष्टि होती है। (हिं. श.सा.)। उ. (1)-''श्रीपति रामचंद्र सो साधु। भृगपति ज्यौं न छमै अपराधु। जानि भोज हनुमत सो जसी। बिक्रम बिक्रम सो साहसी।।''-वी.च., 27/26। उ. (2)-''बासव से बिसरत बिक्रम की कहाचली बिक्रम लखत बीर बखतबिलंद के।।''-भू. ग्रं., शि.भू., 172/161।

**बिक्रमराज**--विक्रमराज। बोधा रचित विरह वारीश नामक काव्य में पुहुपावती के राजा विक्रमादित्य। उ.-''चिरजीव बिक्रमराज। को दीन द्विज के काज।।''-बो.ग्रं., वि.वा., 20/217।

**बिक्रमराय**--दे. विक्रमराज। उ.-''सब बरात कामा (वति) नृपति माधौ बिक्रमराय। चलि पहुँचे रघुदत्त के (तिन) बैठारे सुख पाय।।''-बो.ग्रं., वि. वा., 16/226।

**बिक्रमसेन**--बिक्रमसेन। बोधा रचित विरह वारीश नामक काव्य में उज्जयिनी नगरी के राजा का नाम। उ.-''बिक्रमसेन नृपति उजैन। पर दुख देखि सकत न नैन।।''-बो.ग्रं., वि.वा., 20/133।

**बिक्रमसैन**--दे. बिक्रमसेन। उ.-''लखि माधवा उज्जैन। तित नृपति बिक्रमसैन।''-बो.ग्रं., वि. वा., 38/136।

**बिक्रमाजीत**--केशवदास के आश्रयदाता वीरसिंह देव के समय के एक व्यक्ति का नाम जिसका उल्लेख वीर चरित्र में मिलता है। उ.-''बोलि तिपुर तेही छिन साहि। दीनौ राज कृपा करि ताहि। मन क्रम बचन कियौ अति मीत। तासों कह्यौ विक्रमजीत।।''-वी.च., 7/47।

**बिक्रमादित्य**--विक्रमादित्य। बोधा रचित विरह वारीश काव्य में उज्जयिनी का राजा विक्रमादित्य। उ.-''बाइस चूकैं बिप्र की माफ कहत संसार। नृपति बिक्रमादित्य के द्विज के माफ हजार।।''-बो.ग्रं., वि. वा., 28/134। दे. बिक्रमसेन।

**बिग्गाहा**--1. छंद विशेष। आर्ध छंद का एक भेद जिसे उद्‌गीत भी कहते हैं। इसके पहले पद में 12, दूसरे में 15, तीसरे में 12 और चौथे में 18 मात्राएँ होती हैं। केशव ने इसका लक्षण इस प्रकार दिया है। ल.-केसव करियहि प्रथम पदु मात्रा सत्ताईस। बिग्गाहा दल दूसरे कला के रहु भरि तीस।। उ.-''सुनहु सुहागिनि सुंदरी प्रीतम पाय परो तिहि देखि। कंठ उठाइ लगावहि सज्जन सखी जनम सुफल करि लेखि...।''-छं.मा., 2/15-16।

2. दे. गाहा।

**विघनहरन**--विघ्नहरण। विघ्नों का हरण करने वाले, दूर करने वाले गणेश। ''विघनहरन तुम हौ सदा गनपति होहु सहाइ।''-ज.ग्रं., भा. भू., 1/5।

**विघ्नहरन**--दे. विघनहरन। उ.-''द्विरदवदन मंगलसदन विघ्नहरन सिरताज।''-बो.ग्रं., वि. वा., 1/21।

**बिचित्र**--साहित्य में एक अर्थालंकार। जब किसी फल की सिद्धि के लिए किसी प्रकार का उलटा प्रयत्न करने का उल्लेख किया जाता है, तब यह अलंकार सम्पन्न होता है। ल.-इच्छाफल बिपरीत की कीजै जतन बिचित्र। उ.-''नवत उच्चता लहन कौं जो है पुरुष पवित्र।।''-ज.ग्रं., भा.भू.,125/41।

**बिचित्र**--दे. बिचित्र। इस काव्यालंकार में किसी फल की सिद्धि के लिए किसी उलटे प्रयत्न का उल्लेख किया जाता है। ल. (1)-जहाँ करत उद्यम कछू फल चाहत विपरीति। बरनत तहाँ बिचित्र कहि जे कवित्त रस-प्रीति।। उ.-''औरनि के तेज सीरे करिबे के हेत आँच करै तेज तेरो दिसि विदिसि अपार में।''-मति., ल.ल., 234-235/338। ल. (2)-जहाँ करत हैं जतन, फल चाहि चित्त बिपरीत। भूषन ताहि [illegible]चित्र कहि बरनत सुकबि सुप्रीति।।-भू.ग्रं., शि.भू., 192/165। ल. (3)-सो विचित्र फल चहिजु कछु जतन करै बिपरीत।''-प. ग्रं., पद्मा., 155/51। ल. (4)-करत दोष की चाह

जहँ, ताही में गुन देखि। तेहि बिचित्र भूषन कहौ, हिये चित्र अवरेखि।। उ.-"जीवन हित प्रानहि तजैं नवैं ऊँचाई-हेत। सुख कारन दुख संग्रहैं, ऐसे भृत्य अचेत।।-भि.ग्रं. 2, का.नि., 25-26/136।

**बिचित्रबिभ्रमा**—प्रौढ़ा नायिका का एक भेद। वह प्रौढ़ा नायिका जो विचित्र विभ्रम अथवा सौंदर्य से प्रियतम को आकर्षित कर लेती है, वह विचित्र विभ्रमा कही जाती है। केशवदास के अनुसार जिसकी 'दीपति दूतिका' प्रिय से मिलन करवाती है, उसे विचित्रविभ्रमा कहते हैं। ल.-अति बिचित्र बिभ्रम सु वह प्रौढ़ा कहत बखानि। जाकी दीपति दूतिका पियहि मिलावै आनि।। उ.-"है गति मंद मनोहर 'केसव' आनंदकंद किये उलहे हैं। भौंह बिलासनि कोमल हासनि अंग सुबासनि गाढ़े गहे हैं। बंक बिलोकनि को अवलोकि सुमार ह्वै नंदकुमार रहे हैं। एई तौ काम के बान कहावत फूलनि के बिधि भूलि कहे हैं।।"-र.प्रि., 3/53-54।

**बिच्छिति**—विच्छिति। शृंगार रस के 10 हावों में से एक, जिसमें किंचित् शृंगार से ही पुरुष को मोहित कर लिए जाने का वर्णन किया जाता है। ल. (1)-बिच्छिति काहू बेर में भूषन अलप सुहाइ।-ज.ग्रं., भा.भू., 28/12। ल. (2)-भूषन भूषिबे को जहाँ होइ अनादर आनि। तहाँ बिच्छित्ति बिचारिये 'केसवदास' सुजानि।। उ.-"तन आपनें भाए सिंगार सिंगारत है ये सिंगार सिंगारै बृथा हीं। ब्रजभूषन-नैननि भूख है जाकी सु तौ पै सिंगार उतारे न जाहीं। सब होत सुगंधनि हीं तें सुगंध सुगंध तें जाति सुगंध सुभाहीं। सखि तोहि तें हैं सब भूषन भूषित भूषन तें तुम भूषित नाहीं।।"-र.प्रि., 6/45-46। ल. (3)-बिन भूषन कै थोरही भूषन छबि सरसाइ। कहत हाव बिच्छित्ति हैं जे प्रबीन कबि राइ।। उ.-'...दास मनि काहें कों अन्यास दरसावती भयावनी झअंगिनि सी बेनी लौटि लौटि है। हम ऐसे आसिक अनेकन के मारिबे कों कौननैनी केवल कटाच्छ तेरी कोटि है।।"-भि.ग्रं. 1, शृं.नि., 261-262/147। ल. (4)-तनक बनक ही में जहाँ तरुनि महाछबि देत। सो बिच्छित्ति सु हाव है बरनत बुद्धि निकेत।। उ.-"जनु मलिंद अरविंद बिच बस्यो चाहि मकरंद। इमि इक मृगमदबिंदु सों किये सुबस ब्रजचंद।।"-प.ग्रं., जग., 438, 440/174-175।

**बिच्छित्ति, बिछित्ति**—दे. बिच्छिति। एक हाव जिसमें स्त्री थोड़े से शृंगार से ही पुरुष को मोहित करने की चेष्टा करती है। ल. (1)-भूषन भूषिबे को जहाँ होइ अनादर आनि। तहाँ बिछित्ति बिचारिये 'केसवदास' सुजानि।। उ.-"तन आपनें भाए सिंगार सिंगारत हैं ये सिंगार सिंगारै बृथा हीं। ब्रजभूषन-नैननि भूख है जाकी सु तौ पै सिंगार उतारे न जाहीं। सब होत सुगंधनि हीं तें सुगंध सुगंध ते जाति सुगंध सुभाहीं। सखि तोहिं तें हैं सब भूषन भूषित भूषन तें तुम भूषित नाहीं।।"-र.प्रि., 6/45-46। ल. (2)-थोर ही भूषन बसन जहँ सोभा सरसाय। ताहि कहत बिच्छित्ति हैं जे प्रबीन कबिराय।। उ.-"नथुनी गज मुकतान की लसत चारु सिंगार। जिन पहिरे सुकुमारि तनु और आभरन भार।।"-मति., र.रा., 356, 358/281-282। ल. (3)-जहाँ भूषन कौ निदरिबौ तहँ बिच्छित्ति बताइ।। उ.-"... सहज सुबासु ही रहत मडरानें अली सौमनाथ कहै क्यौं सुगंध ढिग धारे हैं। इंदुमुखी आजु इहि बंदन की बिंदु पर औरनि के सुंदर सिंगार वारि डारे हैं।।"-सो.ग्रं. 1, र.पी.नि., 28-29/129।

**बिछिया**—सोलह शृंगार के अंतर्गत भूषण शृंगार में वर्णित एक आभूषण जो पैर की उँगलियों में पहनने का चाँदी का बना एक प्रकार का छल्ला है। उ. (1)-"पहुँची मुद्रिका छुद्र-घंटिका सु जेहरि है घुघँरु अनौट बाँक बिछिया बनाव कै।।"-वृं. ग्रं., शृं.शि., 59/44। उ. (2)-"चोटी बंद डोरी क्षुद्रघंटिका नई निहार बिछिया अनौटा बाँक सुखमा की बारी सी।।"-बो.ग्रं., वि.वा., 41/104।

**बिछुवा**—पैर का एक आभूषण। उ.-"पहनै जो बिछुवा खरी, पिय के सँग अँगरात। रतिपति की नौबत मनो, बाजत आधी रात।।"-र.वि., न. शो., 103/37।

**बिछेप**—विक्षेप। मन को इधर-उधर भटकाना। इंद्रियों का वास्तविक रूप नहीं दिखाई पड़ना। उ.-"और बिछेप जु और कौं और दिखावै देखि।।"-ज.ग्रं., आ.बि., 101/124।

**बिजयदसमी**–विजयादशमी। आश्विन मास के शुक्ल पक्ष की दशमी। यह हिंदुओं का और विशेषकर क्षत्रियों का बहुत बड़ा त्यौहार है। यह शस्त्रपूजा का दिन है और साथ ही प्राचीन राजाओं के शत्रु पर आक्रमण करने के प्रमाण का भी दिन है। यह किसी नए कार्य के शुभारंभ का दिन भी माना जाता है। उ.–"तिथि बिजय दसमी पाइ। उठि चले रघुराइ। हरि जूथ जूथप संग। बिन पक्ष के ति पतंग।।"–रा.चं., 14/35।

**बिजैनरायन**–विजयनारायण नाम के एक राजपूत योद्धा। उ.–"यह सुनि रामसाहि गुनग्राम। बैठे मतैं आपनै धाम। बिजैनरायन देवाराय। लीने गिरधरदास बुलाय।।"–वी.च., 9/43।

**बिजया**–विजया। भंग। उ.–"बिजया के संग रंग सरस कनक सेती चंद तैं लिलाट नीको सोभा सुखदानी को।।"–वृं.ग्रं. स्फुट, 55/325।

**बिजयाछंद**–विजया छंद। केशव के अनुसार यह 25 अक्षरों का एक वर्णिक वृत्त है जिसमें मात्राक्रम है ल भ भ भ भ भ भ भ ग ल ल (ऽ।। ऽ।। ऽ।। ऽ।। ऽ।। ऽ।। ऽ।। ऽ ।।)। ल.–देहु माधवी के बरन अंत एक लघु आनि। 'केसव' पच्चिस बर्न को बिजया छंद बखानि।। उ.–"चढ़ीं प्रतिमंदिर सोम चढ़ी तरुनी अवलोकन को रघुनंदनु।"–छं.मा., 2/73।

**बिजै दसमी**–दे. बिजय दसमी। उ.–"सीता सुधि ल्यागो हनुमान तब लंक पर बिजै दसमी को है चढ़ाई महा जान की।।"–वृं.ग्रं., स्फुट, 13/313।

**बिजैपुर**–बीजापुर। उ. (1)–"बैर कियौ सरजा सों उजीरन क्यों उड़ि सैन बिजैपुर बाजी।"–भू.ग्रं., शि.भू., 188/164। उ. (2)–"धाक सों खाक बिजैपुर भौ मुख आय गौ खान खवास के फेना।"–भू.ग्रं., शि.भू., परि., 375/199।

**बिज्जु**–दे. गाहा छंद।

**बिज्जोहा**–एक वर्णिक वृत्त जिसके प्रत्येक चरण में दो रगण होते हैं। मात्राक्रम है (ऽ।ऽ ऽ।ऽ)। ल.–रगन दोय षटबर्नजुत बिज्जोहा परमान।। उ.–"संभु कोदंडु दै। राजपुत्री कितै। टूक द्वै तीनि कै। जाहुँ लंका जितै।।"–छं.मा., 1/432।

**बिज्ञपुर**–बीजापुर। उ.–"बिज्ञपुर-बिदनुर-सूर धनुष न संधहिं।"–भू.ग्रं., प्रकी., 435/213।

**बिज्ञानगीता**–केशवदास रचित विज्ञानगीता नामक ग्रंथ। उ.–"लहै संपदा आपदा कों नसावै। सदा पुत्रपौत्रादि की बृद्धि पावै। बढ़ै बुद्धि बैराग्यकारी अभीता। सुनावै सुनै नित्य बिज्ञानगीता।।"–वि.गी., 21/68।

**बिट**–विट। साहित्यशास्त्र में नायक सखा के रूप में भी इसका वर्णन मिलता है। साहित्य दर्पण के अनुसार जो व्यक्ति विषयभोग में अपनी सारी संपति नष्ट कर चुका हो, भारी धूर्त हो, फल या परिणाम का एक ही अंग देखता हो, वेश-भूषा और बातें बनाने में चतुर हो वह विट कहलाता है। (हिं. श.सा.) किंतु हिंदी के आचार्यों के द्वारा दिए गए लक्षण इससे पूरी तरह मेल नहीं खाते। भिखारीदास चार प्रकार के नायक सखाओं में से एक विट को मानते हैं। ल. (1)–"सो बिट जो अति कामकला बिच चातुरो।"–भि.ग्रं. 1, र.सा., 191/28। ल. (2)–कामकेलि की बात अरु, दूतपने में ठीक। लच्छन यो बिट सखा के बरनत हैं कबि नीक।।–सो. ग्रं. 1, र.पी.नि., 34/118।

**बिट**–दे. बिट। नायक के सखाओं में एक। ल.–सु बिट बखानत हैं सुकबि चतुर सकसल कलानि।। उ.–"पीतपटी लकुटी पदमाकर मोरपखा लै कहूँ गहि नाखी। यों लखि हाल गुपाल को ता छिन बालसखा सुकला अभिलाखी। कै कल कोकिल कैसो कुहूकुहू कोमल कोक की कारिका भाखी। रूसि रही ब्रजबाल के सामुहें आइ रसाल की मंजरी राखी।।"–प.ग्रं., जग., 342-343/154।

**बिडाल**–दे. दोहा छंद।

**बिड्डाल**–बिड़ा लाक्ष जिसे दुर्गा ने मारा था। उ.–"जय सुरक्ति जय रक्तबीजबिड्डाल-विहंडनि।।"–भू.ग्रं., शि.भू., 2/128।

**बितर्क**–वितर्क। तैंतीस संचारियों में से एक। इसमें अनुमान, इष्ट-अनिष्ट दोनों पक्षों में बराबरी की स्थिति रहने के कारण संशय, विमर्श विचार के प्रश्न, सिर एवं भ्रूयुगल के क्षेप और अँगुली के नर्तन से इसकी अभिव्यक्ति होती है। संदेह इसमें

प्रधान होता है। ल. (1)-बहु बिचार सु बितर्क है।।-सो.ग्रं. 1, र.पी.नि., 28/54। ल. (2)-उर उपजत संदेह जहँ कीजै कछू विचार। ताहि बितर्क बखानहीं जे कवि सुमति उदार।। उ.-''किधौं सु डरपक आम में मनि ह्वै मिल्यो मलिंद। किधौं तनक ह्वै तम रह्यो कै ठाढ़ो को बिंद।।-प.ग्रं., जग., 572, 575/199-200।

**बितल**—वितल। सात पातालों में दूसरा। उ.-''फिर तल रसातल बितल पैठि पताल फोरि अमी लहै।''-प.ग्रं., हि.ब.बि., 98/14।

**बितस्ता**—झेलम नदी। उ.-''सिवा धूत पाप सतद्रू बिपासा। बितस्ता पयस्वी सदा कर्मनासा।।''-वि. गी., 6/20।

**बित्ताल**—वेताल। पुराणों के अनुसार भूतों की एक प्रकार की योनि, जिसके भूत साधारण भूतों के प्रधान माने जाते हैं और प्रायः श्मशान आदि में रहते हैं। बेताल। उ.-''गावहिं ललित प्रबंध बंधु बित्ताल नचाँवहिं।''-प.ग्रं., प्र.बि., 64/282।

**बिदग्धा**—वह परकीया नायिका जो रति सम्बन्धी विविध क्रियाओं और अनुकूलन के विविध वाणी सम्बन्धी प्रयोगों में चतुर हो। यह दो प्रकार की मानी गई है-वचनविदग्धा और क्रियाविदग्धा। जो नायिका अपनी वाणी के कौशल से परपुरुष पर अपनी कामवासना प्रकट करती है, वह वचन विदग्धा कहलाती है और जो किसी प्रकार के क्रियाकलाप से अपना भाव प्रकट करती है, वह क्रिया विदग्धा कहलाती है। ल. (1)-क्रिया बचन में चातुरी यहै बिदग्धा रीति।-ज.ग्रं., भा.भू., 13/8। ल. (2)-नारि बिदग्धा बचन-क्रियाचतुराई ठानहि।-भि.ग्रं. 1, र.सा., 79/14।

**बिदनूर**—गुजरात का एक देश। उ.-''बिझपूर-बिदनूर-सूर-सर-धनुष न संधहिं।''-भू. ग्रं., प्रकी., 435/213।

**बिदुर**—विदुर। कौरवों के सुप्रसिद्ध मंत्री और महात्मा जो राजनीति, धर्मनीति और अर्थनीति में बहुत निपुण माने जाते हैं। इनके जन्म के विषय में महाभारत में कहा गया है कि महाभारत में जब सत्यवती ने अपनी पुत्रवधू (विचित्रवीर्य की पत्नी) अंबिका को दूसरी बार कृष्णद्वैपायन के साथ नियोग करने की आज्ञा दी तब उसने कृष्णद्वैपायन की आकृति आदि से भयभीत होकर एक सुंदरी दासी को अपने कपड़े आदि पहना कर उनके पास भेज दिया था, जिससे विदुर का जन्म हुआ। ये पंडित, बुद्धिमान्, शांत और दूरदर्शी थे और साथ ही पांडवों के पक्षपाती भी थे। अणीमांडव्य ऋषि के शाप से धर्मराज ने ही शूद्रयोनि से इनके रूप में जन्म लिया था। इसीलिए ये धर्म के अवतार माने जाते हैं। राजा देवक के घर में स्थित तथा ब्राह्मण द्वारा शूद्रागर्भ से उत्पन्न कन्या से इनका विवाह भीष्म ने कराया था। दासीपुत्र होने पर भी श्रीकृष्ण ने इनके घर बासी साग बड़े प्रेम से खाया था। पहले ये पांडु के मंत्री थे। इन्होंने अनेक संकटों में पांडवों की रक्षा की थी। लाक्षागृह से पांडवों की रक्षा का उपाय भी इन्होंने ही किया था। धृतराष्ट्र के छोटे भाई और मंत्री होने के कारण इन्होंने धृतराष्ट्र को जुए को तथा महाभारत युद्ध को रोकने के लिए भी बहुत समझाया था पर दोनों में ये सफल नहीं हुए। युद्ध में पांडवों का पक्ष ग्रहण किया था और युद्ध के बाद भी बहुत दिनों तक मंत्री पद पर बने रहे। पर पीछे इन्होंने वन में जाकर घोर तपस्या करने के बाद शरीर छोड़ा। वन में इनकी युधिष्ठिर से भेंट हुई थी। महाभारत के एक अंश के रूप में 'विदुरनीति' इनकी नीति सम्बन्धी पुस्तक अत्यंत प्रसिद्ध है। (हिं.श.सा., पौ.को.)। उ. (1)-''हरि भोजन किय बिदुर घर दुरजोधन कौ त्यागि।।''-वृं. ग्रं., नी.स., 699/112। उ. (2)-''बिदुर की भाजी रोटी बथुआ समाँ की रुची बीदुरैन केर छोल छिकुला खवाए हैं।''-ठाकुर, 50/14। उ. (3)-''छप्पन सुभोग दुरजोधन के त्यागि करि आसा गहिबेग तें बिदुर घर आए हैं।''-प.ग्रं., प्र.प., 47/248।

**बिदुराइन**—दे. बिदुर। विदुर की पत्नी। उ.-''मेवा तजी दुरजोधन की बिदुराइन के घर छोकल खाए।''-ठाकुर, 49/14।

**बिदूषक**—विदूषक। नायक के सखाओं में से एक जो अपने कौतुक, परिहास, आदि के द्वारा नायक की कामकेलि में सहायक होता है। विशेषकर

शृंगार रस में सहायक होता है और मानिनी नायिका को मनाने में कुशल होता है। अनेक स्वाँग बनाने, विनोद करने, बात बनाने आदि में भी निपुण होता है। साहित्यदर्पण के अनुसार दो व्यक्तियों में कलह, विग्रह कराने में, उदर भरने, स्वार्थ सिद्ध करने में भी यह निपुण होता है। ल. (1)-स्वाँग ठानि ठानै जु कछु हाँसी बचनबिनोद। कह्यो बिदूषक सो सखा कबिन मानि मन मोद।।-प.ग्रं., जग., 347/154। ल. (2)-तौन बिदूषक जौन करै परिहास कौ।-भि. ग्रं. 1, र.सा., 191/28। ल. (3)-''जानतु बतियाँ हँसी की और न कछू बिचार। समझि बिदूषक सखा के लच्छन ए निरधार।।-सो.ग्रं. 1, र.पी.नि., 39/119।

**बिदेह**—विदेह। 1. देहरहित, अनंग, कामदेव। उ.-''त्यौं दुख देखि हँसै चपला। अरु पौन हू दूनो बिदेह तैं दाहक।।''-घ.क., 145/101।

2. राजा जनक। ज्ञानी एवं देहवाद को अधिक महत्त्व न देने वाले राजा जनक का एक नाम। दैहिक चिंताओं से रहित जीवनमुक्तावस्था में सदैव रहने के कारण जनक का यह नाम पड़ा। उ.-''लोक जिताय बिलोक जिताय विदेह की कीरति जीति लई।''-वि.गी., 18/124।

3. शरीर रहित। उ.-''ज्यौं बहरै न कहूँ ठहरै मन, देह सो आहि बिदेह को लेखौ।।''-घ.का., 118/89।

**बिदेहकन्यका**—दे. बिदेह। विदेहकन्यका। सीता। राजा विदेह की पुत्री। उ.-''मध्य चौक में तहाँ बिदेहकन्यका बसै। सर्ब भाव रामचंद्रलीन सर्बधा लसै।।''-रा.चं., 29/28।

**बिदेहसुतापति**—विदेहसुतापति। विदेह राजा जनक की पुत्री के पति। रामचंद्र। उ.-''देह धरे को यहै सुख है जु बिदेहसुतापति में चित राखै।''-प. ग्रं., प्र.प., 30/244।

**बिद्या**—विद्या। किसी विषय विशेष का ज्ञान जो प्रायः उपदेश, शिक्षा आदि के द्वारा प्राप्त किया जाता है। आध्यात्मिक और लौकिक दृष्टि से विद्या दो प्रकार की मानी जाती है-परा विद्या है और उसके अतिरिक्त लौकिक विषयों का ज्ञान कराने वाली विद्या अपरा कही जाती है। दर्शन, धर्म और कला के अर्थ में भी विद्या शब्द का प्रयोग होता है। विद्याएँ कितनी प्रकार की होती हैं। उसके कितने भेद हैं, इस विषय में मतैक्य नहीं हैं, अर्थशास्त्र में चार विद्याएँ बताई गई हैं-अन्वीक्षकी (तर्क अथवा दर्शन), त्रयी (तीन वेद), वार्ता (आधुनिक अर्थशास्त्र), और दण्डनीति (आधुनिक राजनीति)। मनु ने आत्म विद्या को भी विद्या ही माना है। याज्ञवल्क्य स्मृति के अनुसार विद्या के स्थान चौदह हैं-चार वेद, छः वेदांग, पुराण, न्याय, मीमांसा और स्मृति। इसमें चार उपवेदों को भी जोड़कर इनकी संख्या 18 बताई जाती है। इसी प्रकार विद्या की संख्या 33 और 64 भी बताई जाती है। 64 संख्या से तो 64 कलाओं का बोध होता है। पुराणों के अनुसार विद्याएँ 18 हैं-शिक्षा, कल्प, व्याकरण, छंद, ज्योतिष, निरुक्त नामक छः अंग; ऋक, यजु, साम, अथर्व नामक चार वेद; मीमांसा, न्याय, धर्मशास्त्र, पुराण, आयुर्वेद, धनुर्वेद, गांधर्वशास्त्र तथा अर्थशास्त्र। (हिं.श.सा., हिं.ध.को.)। उ. (1)-''बिद्या ही में बादु बहुनायक है बारि निधि जारज है हनुमंत मीत उदयन को।।''-रा.चं., 28/15। उ. (2)-''माता पिता कवन कौनेहिं कर्मकीन। बिद्या बिनोद सिख कौनहिं अस्त्र दीन।।''-रा.चं., 38/3। उ. (3)-''बिद्या बिना तपसा बिना बिनु बिस्नु भक्ति बिधान। ब्रह्मांड भेदत ब्रह्मघातक पातकी इकन्हान।।''-वि.गी., 6/46।

**बिद्या-गुरु**—विद्यागुरु। विद्या प्रदान करने वाला गुरु। उ.-''बिद्या गुरु की भगति सों कै कीन्हें अभ्यास। भील द्रोन के बिन कहै सीख्यौ बान बिलास।।''-वृं.ग्रं., नी.स., 264/78।

**बिद्या चतुर्दस**—दे. बिद्या। चौदह विद्याएँ- ''षडंगमिश्रिता वेदा धर्मशास्त्रं पुराणकम्। मीमांसा तर्कमपि च एता विद्याश्चतुर्दशा।'' षडंग, चार वेद, धर्मशास्त्र, पुराण, मीमांसा, तर्कशास्त्र ये 14 विद्याएँ हैं। उ.-''नौ खंड माधवाकथा में नौ रस बिद्या चतुर्दस।।''-बो.ग्रं., वि.वा., 6/22।

**बिद्या दसचारी**—दे. विद्या चतुर्दस। उ.-''बिद्या दसचारी (बड़े बिचारी) पढ़ी कुमारी चौसंठ कला

बखाने।।''-बो.ग्रं., वि.वा., 24/38।

**बिद्याधर**—विद्याधर। एक प्रकार की देवयोनि जिसके अंतर्गत खेचर, गंधर्व, किन्नर आदि माने जाते हैं। उ.-''बलित अबेर कुबेर बलिहि गहि देउँ इंद्र अब। बिद्याधरन अबिद्य करौं बिन सिद्धि सिद्ध सब।''-क.प्रि., 11/56।

**बिद्यानगर**—विद्यानगर। मैसूर प्रांत का एक स्थान। उ.-''तैलिंग तिलक बिद्यानगर फिरंग सब साहिजू की सभा राजैं राजा देस के।।''-ज.ज.चं., 101।

**बिद्या नारदी**—नारदीया विद्या। झगड़ा लगाने वाली विद्या या कला। इधर की उधर लगाने की विद्या या कला। उ.-''जामें बिद्या नारदी बिगरन देत न लाग। पैस चोर, झँसि स्वान कौं कहत धनी सौं जाग।।''-वृं.ग्रं., नी.स., 415/90।

**बिद्यापति**—विद्यापति। प्रमुख पंडित या विद्वान्। उ.-''नाऊ ब्राह्मन भाट पठायो। चलि बिद्यापति के घर आयो।।''-बो.ग्रं., वि.वा., 10/222।

**बिधनोल**—दे. विदनूर। उ.-''उत्तर पहार बिधनोल खंडहर झारखंडहु प्रचार करि केली है बिरद की।''-भू.ग्रं., शि.भू., 142/155।

**बिधि**—1. ब्रह्मा। उ. (1)-''जोराबरहूँ कौं कियो बिधि बसकरन इलाज। दीप तमहिं अंकुस गजहिं जलनिधि तरनि जहाज।।''-वृं.ग्रं., नी.स., 513/98। उ. (2)-''जो बिधि भाल में लीक लिखी सु बढ़ाई बढ़ै न घटै न घटाई।।-प.ग्रं., जग., 496/184। उ. (3)-''हरिहर बिधि कों सुमिरिकै काटत कलुष कलेस। कवि पदमाकर रचत है गंगालहरी वेस।।''-प.ग्रं., गं.ल., 1/253।

2. एक अर्थालंकार जिसमें किसी सिद्ध विषय का फिर से विधान किया जाता है। ल.-अलंकार बिधि सिद्ध जो अर्थ साधिये फेर।। उ.-''कोकिल है कोकिल जबै रितु में करिहै देर।।''-ज.ग्रं., भा. भू., 194/65।

**बिधि (अलंकार)**—दे. बिधि। एक अर्थालंकर, जिसमें किसी सिद्ध विषय का फिर से विधान किया जाता है। ल. (1)-जहाँ सिद्धि ही बात को करत प्रसिद्ध बखान। बिधि भूषन तहँ कहत हैं सकल सुकबि सज्ञान।।-मति., ल.ल., 389/364। ल. (2)-सिद्धि बस्तु ही को करत हैं जिहिं ठौर बखान। बिधि भूषन तासौं कहत बहु बिधि बुद्धिप्रमान।।-भू. ग्रं., शि.भू., 322/188। ल. (3)-बिधि जु सिद्ध अर्थहि बहुरि सद्ध कीजियतु जित्त।-प.ग्रं., पद्मा., 278/67। ल. (4)-अलंकार बिधि सिद्धि कों फेरि कीजिये सिद्धि। उ.-''भूपति है भूपति वही, जाके नीति-समृद्धि।। धरै काँच सिर औ' करै नग को पगनि बसेरा कौन काँच ही नग नगै, मोल तोल की बेर।।''-भि.ग्रं. 2, का.नि., 53-54/150। ल. (5)-सिद्ध अरथ को साधिए जहाँ बहुरि बिधि सोइ। उ.-''चरन रावरे नेम सों नित सेवतु सुख पाइ। दीनबंधु तब जौ सजौ मो अब दीन सहाइ।।''-सो. ग्रं. 1, र.पी.नि., 323, 324/229।

**बिधिना**—दे. बिधि। उ. (1)-''फेरियै क्यौं दुहूँ हाथ सँकोरियै, जौ बिधिना घर बैठें दयौ बित।''-घ. क., 407/202। उ. (2)-''बिधिनै जग मै तैं रच्यो जैसी भाँति अनूप। आभूषन कौ है लला आभूषन तुव रूप।।''-रस., रतन., 143/63।

**बिधिबान**—ब्रह्मास्त्र। उ.-''पेट में परीक्षित की पारथ बचाई मीचु, जब सब ही को बल बिधिबान लूटो है।''-क.प्रि., 11/61।

**बिधि-हरि-हर**—ब्रह्मा, विष्णु, महेश। उ.-''बिधि हरि हर अरु वेद कहैं जोसि सोसि 'केसौराय' ताकहँ प्रनामहिं करत है।।''-वि.गी., 18/25।

**बिनतासुत**—विनता सुत। दक्ष प्रजापति की कन्या विनेता और कश्यप से उत्पन्न पुत्र गरुड़। बिनता के पुत्र, गरुड़। उ.-''श्रीबिनतासुत देखि परम पटुता जिंह कीन्हेउ।''-भि.ग्रं. 1, छंदा., 3/165।

**बिनय**—विनय। भिखारीदास द्वारा बताये गये 12 सखीकर्मों में से एक। दे. सखीकर्म। उ.-''जात भए गृहलोग कहूँ न परोसिहू को कछु आहट पैये। दीनदयाल दया करिकै बहु द्यौसनि को तनताप बुझैये। 'दास' ये चाँदनी चाँदनी चौसर औसर बीते न औसत पैये। गोहन छाड़ि कछू मिस कै मनमोहन आज इहाँ रहि जैये।।''-भि.ग्रं. 1, शृं.नि., 229/139।

**बिनायक**—विनायक। गणों के नायक, गणेश। उ. (1)-''जुझ्झै कुलनायक जालप पायक सुद्ध बिनायक क्रुद्ध सने।।''-वी.च., 3/33। उ. (2)-''कहा भयो जो नीच को देत बड़ाई कोय। कहत बिनायक नाम पै खर न बिनायक होय।।''-वृं.ग्रं., नी.स., 465/94। उ. (3)-''जपत बिनायक जपत सब सुरगायक सुख मौन। कृस्न बिनायक दूसरौ भजिबै लायक कौन।।''-वृं.ग्रं., य.स., 273/227।

**बिनोक्ति**—विनोक्ति। एक अर्थालंकार जिसमें किसी वस्तु के अभाव में किसी वस्तु की हीनता या श्रेष्ठता का वर्णन किया जाता है। इस प्रकार इसके दो भेद बताये गए हैं-1. किसी वस्तु के बिना प्रस्तुत का क्षीण या अशुभ या हीन होना, 2. किसी वस्तु के बिना प्रस्तुत का अधिक या शुभ या श्रेष्ठ होना। ल. (1)-है बिनोक्ति द्वै भाँति की प्रस्तुत कछु बिन छीन। अरु सोभा अधिकी लहै प्रस्तुत कछु बिन हीन।। उ.-''दृग खंजन से कंज से अंजन बिन सोभै न। बलि सब गुन सरसात तूँ रंच रूखाई है न।।''-ज.ग्रं., भा.भू., 91-92/31। ल. (2)-है बिनोक्ति कछु बिन कछू सुभ कै असुभ चरित्र। उ. -''माया बिन सुभ जोग जप, न सुभ सुहृद बिन मित्र।।''-भि.ग्रं., का.नि., 35/22।

**बिनोक्ति**—(अलंकार)-दे. बिनोक्ति। एक अलंकार जिसमें (किसी वस्तु के अभाव में) किसी वस्तु की हीनता या श्रेष्ठता का वर्णन किया जाता है। ल. (1)-जहँ प्रस्तुत कछु बात बिन कै नीको कै हीन। बरनत तहाँ बिनोक्ति हैं कबि मतिराम प्रबीन।। उ.-''बिषयनि ते निर्बेदवर ज्ञान योग ब्रत नेम। बिफल जानिये ये बिना प्रभु-पद-पंकज-प्रेम।।''-मति., ल.ल., 159, 160/326। ल. (2)-बिना कछू जहँ बरनियै कै नीको कै हीन। ताहि कहत बिनउक्ति हैं भूषन सुकबि प्रबीन।।''-भू.ग्रं., शि.भू., 138/154। ल. (3)-प्रस्तुत कछु बिन हीन कै कछु बिन छबि अधिकाइ। यों बिनोक्ति द्वै विधि कहत पद्माकर चित चाइ।।-प.ग्रं., पद्मा., 97/44। ल. (4)-बिन सुभ असुभ बिनोक्ति। उ.-''देस बिनु भूपति दिनेस बिनु पंकज, फनेस बिनु मनि औ' निसेस बिनु जामिनी।...बसंत बिनु लतिका, सुकंत बिनु कामिनी।।-भि.ग्रं. 2, का. नि., 46, 50/148-149।

**बिनोद**—मनोरंजक व्यापार। उ.-''अंग करत परिरंभ में सुधा समुद्र बिनोद। सुरत अंत हूँ पाइयै सुरत आदि को भेद।।-मति., सत., 646/421।

**बिपरीत**—विपरीत। सोलह प्रकार के रति बंधों में दसवाँ रतिबंध, जिसमें स्त्रीपुरुष की सामान्य से विपर्यय की स्थिति रहती है। दे. बिपरीत रति। उ. (1)-''करी खरी बिपरीत कहुँ कहत रँगीले नैन।''-प.ग्रं., जग., 481/182। उ. (2)-''प्रीति बस दोऊ बिपरीत में रमे हैं जहाँ पाइ परि घुँघरू सु मौन मुख लै रही।''-प.ग्रं., प्रकी., 48/316। वही, 49/316, वही, 50/317।

**बिपरीत रति**—दे. बिपरीत। एक विशेष रति की स्थिति जिसमें नायिका और नायक की स्थिति सामान्य से भिन्न या विपरीत होती है। उ. (1)-''पर्‌यौ जोरु बिपरीत रति, रूपी सुरत-रन-धीर। करति कुलाहलु किंकिनी, गह्यौ मौनु मंजीर।।''-बि.र., 129/66। उ. (2)-''मेरे बूझत बात तू कत बहरावति बाल। जग जानी विपरीत रति लखि बिंदुली पिय-भाल।।''-बि.र., 137/69। उ. (3)-''कहति साँच तूँ भांवती मेरे चित अति प्रीति। कियें बिना बिपरीति रति हिये न होति प्रतीति।।-मति., सत., 198/384। उ. (4)-''श्रम जलकन पलकन प्रगट पलक न थम्हत उसास। करी खरी बिपरीत रति परी बिसासी पास।।''-प.ग्रं., जग., 493/184।

**बिपरीति**—दे. बिपरीत, बिपरीत रति। उ. (1)-''रह्यो हारि बिपरीति में पिय नैननि में आइ। चंदमुखी सोचति मनो सुधा-कलस कुच नाइ।।''-मति., सत., 559/414। उ. (2)-''रीति रची बिपरीत रची रति प्रीतम संग अनंग झरी में।''-प. ग्रं., जग., 53/89।

**बिपासा**—विपाशा। पंजाब में बहने वाली एक नदी जिसे व्यास भी कहते हैं। उ.-''सिवा धूतपापा सतद्रू बिपासा बितस्ता पयस्वी सदा कर्मनासा।।''-वि. गी., 6/20।

**बिपिनतिलक छंद**—विपिनतिलक छंद। बीस

मात्राओं का छंद है। मात्राक्रम है (।।। ।।ऽ ।।। ऽ।ऽ ऽ।ऽ); ल.-बिपिनतिलको ललन गोन रे रंगना। उ.-''जहँ सु तहँ 'दास' दमकै मनो दामिनी। बिपिनतिलकै सकल वै भई भामिनी।।-''भि.ग्रं. 1, छंदा., 177, 178/201-202।

**बिप्र**—चारलघु (।।।।)। उ.-''ससग बिप्र द्रुग साखति छंद सुंदरी जान।''-भि.ग्रं. 1, छंदा., 242/214।

**बिप्रलंभ शृंगार**—विप्रलंभ शृंगार। ल.-जानौ नाम वियोग को विप्रलंभ शृंगार। सुरत-समय संयोग में सो संभोग विचार।।-भि.ग्रं. 1, र.सा., 446/64 ल. (2)-प्रीतम के बिछुरन बिषैं जो रस उपजतु आइ। बिप्रलम्भ सिंगार सो कहत सकल कबिराइ।।-सो.ग्रं. 1, र.पी.नि., 1/131।

**बिप्रलब्ध**—विप्रलब्ध। विप्रलब्धा। प्रिय को संकेत स्थान में न पाकर निराश या दुःखी नायिका। ल.-बिन पाएँ संकेत प्रिय बिप्रलब्ध तन ताप।।-ज. ग्रं., भा.भू., 19/9।

**बिप्रलम्भ-शृंगार-भेद**—दे. बिप्रलंभ शृंगार। नायक-नायिका का विरहजन्य संताप चार स्थितियों में होता है। उन्हें विप्रलंभ शृंगार के चार प्रकार भी कहते हैं-पूर्वानुराग, करुणा, मान और प्रवास। ल.-विप्रलम्भ सिंगार को चारि प्रकार प्रकास। प्रथम पूर्व-अनुराग पुनि करुना, मान, प्रबास।।-के.ग्रं., र.प्रि., 8/2।

**बिप्रलम्भ शृंगार लक्षण**—दे. बिप्रलंभ शृंगार रस के दो भेदों में से एक जिसमें नायक-नायिका के विरह-जन्य संताप आदि का वर्णन होता है। ल.-बिछुरत प्रीतम प्रीतमा होत जु रस तिहि ठौर। विप्रलम्भ सिंगार कहि बरनत कबि-सिरमौर।।-र.प्रि., 8/1।

**बिप्रलात**—विप्रलात। दे. भृगु। एक प्रसिद्ध भृगु नाम के मुनि जो ब्राह्मण थे और जिन्होंने क्रोधवश विष्णु के वक्ष पर लात मारी थी, जिससे एक चिह्न बन गया था। इस चिह्न को भृगुलगा, भृगुरेखा आदि भी कहते हैं। लात मारने के सम्बन्ध में पौराणिक कथा यह है कि ऋषियों का आराध्य देव कौन हो, इसका निर्णय करने का भार भृगु मुनि को सौंपा गया था। वे क्रमशः शिव और ब्रह्मा के पास गए और उन्हें अयोग्य पाकर शाप दे दिया। अंत में वे जब विष्णु के पास गए तो वे भी सोए हुए थे। उनकी अकर्मण्यता और आलस्य से खीझ कर, उन्हें जगाने के लिए विष्णु के वक्ष पर भृगु ने लात मारी थी। विष्णु जाग गए और ऋषि के चरण को सहलाने लगे और ब्राह्मण के चरणों का स्पर्श पाकर अपने को धन्य बताया। भृगु लज्जित हुए और विष्णु को ही सबका आराध्य होने का निर्णय दिया। (पौ.को.)। उ.-''कछु चेत भए तें बलनिधान। रघुनाथ बिलोके हाथ बान। सुभ चीर जटा सिर स्याम गात। बनमाल हिये उर बिप्रलात।।''-रा.चं., 13/2।

**बिबाह**—विवाह। एक संस्कार या प्रथा जिसके अनुसार स्त्री और पुरुष आपस में दाम्पत्य सूत्र में बँधते हैं। कहीं यह प्रथा सामाजिक होती है, कहीं धार्मिक और कहीं कानून के अनुसार होती है। उ.-''फीकी पै नीकी लगे कहिए समय विचारि। सबको मन हरषित करै ज्यौं बिबाह मैं गारि।।''-वृं. ग्रं., नी.स., 5/58।

**बिबेक**—विवेक। विचार शक्ति। भला बुरा पहचानने की शक्ति। सत्-असत् का ज्ञान। उ. (1)-''बरनत हैं कबिराज घने। तने मन बुद्धि बिबेक सने।।''-रा.चं., 8/1। उ. (2)-''जा दिन तें जुवराज कहाये। बिक्रम बुद्धि बिवेक बहाये।।''-रा. चं., 38/10। उ. (3)-''प्रगट मिलौ तौ एक बिछुरै समता द्वै रहे। साजन करौ बिबेक भलौ संजोग बियोग कौ।।-रस., रतन., 839/153। उ. (4)-''जब उपजै तव सूझत कछुवै नाहिं। धरमाधरम बिबेक तबै मिटि जाहिं।।''-ज.ग्रं., आ.बि., 16/116।

**बिबोध**—विबोध। एक संचारी भाव। साहित्य दर्पण के अनुसार विबोध कार्य का अन्वेषण है। इस शब्द का सामान्य अर्थ जागरण या होश में आना है। इसके लिए प्रबोध और निवोध शब्दों का भी कुछ लोगों ने प्रयोग किया है और अर्थ बताया है-निद्रा दूर होने के बाद चेतनालाभ। जँभाई लेना, आँखों को मलना, शयन स्थान से उठ खड़ा होना इत्यादि इसके अनुभाव हैं। ल. (1)-जगिबो बहै

विबोध।-प.ग्रं., जग., 514/188। दे. व्यभिचारी, संचारी।

**बिबृतोकति**—दे. बिब्रतोक्ति।

**बिब्बोक**—विव्वोक। साहित्यशास्त्र के अनुसार एक हाव जिसमें स्त्रियाँ गुमान के कारण प्रिय का अपमान करती हैं। ल. (1)-जो पिय को अभिमान तें करै अनादर बाम। ताहि कहत बिब्बोक हैं जे प्रबीन गुनधाम।। उ.-"प्रानपियारो पग पर्‌यो तू न तकत यहि ओर। ऐसो उर जु कठोर तौ न्यायहि उरंज कठोर।।"-मति., र.रा., 371, 373/284-285। ल. (2)-आएँ आदर ना करै धरि बिब्बोक गुमान।-ज.ग्रं., भा.भू., 30/13। ल. (3)-करै निरादर ईठ को निज गुमान गहि बाम। कहत तहाँ बिब्लोक वह जे कवि मति अभिराम।। उ.-"रह्यहु देखि दृग दै कहा तुहि न लाज कछु धूत। मैं बेटी वृषभान की तूँ अहीर को पूत।।-प.ग्रं., जग., 454, 456/177-178। ल. (4)-जहँ प्रीतम को करत है कपट अनादर बाल। कछु इरिषा कछु मद लिये सो बिब्बोक रसाल।।-भि.ग्रं. 1, शृं.नि., 269/148। ल. (5)-रूप प्रेम के गर्व के कपट अनादर होइ। तहँ उपजत बिब्वोक-रस यह जानत सब कोइ।।-र. प्रि., 6/42।

**बिब्रतोक्ति**—विवृतोक्ति। एक अलंकार जिसमें श्लेष से छिपाया हुआ अर्थ कवि स्वयं अपने शब्दों द्वारा स्पष्ट कर देता है। ल. (1)-स्लेष छप्यो परगत किये बिब्रतोक्ति है ऐन। उ.-"पूजन देव महेस कों कहति दिखाए सैन।।"-ज.ग्रं., भा.भू., 183/60। ल. (2)-पर कौ प्रगट करत जहाँ दुर्‌यो सलेष सुबात। बरनत तको सुकबि कहि बिबृतोकति अवदात।। उ.-"टेरि कहति मिसुखेत कौ सरस्यो हिए अनंग। बन में नंदकिसोर सों करन जाति रसरंग।।"-सो.ग्रं. 1, र.पी.नि., 301-302/219।

**बिभत्स**—दे. बीभत्स।

**बिभाव**—साहित्य में वह वस्तु जो रति आदि स्थायी भावों को आश्रय में उदित करने वाली या उद्दीप्त करने वाली हो। रसविधान में भाव का आलंबन या उद्दीपन। इसके दो भेद आलंबन और उद्दीपन है। विभाव। ल. (1)-"अरु बिभाव कछु नेम नहिं जहँ ज्यों ही बनि आव।"-भि.ग्रं., र.सा., 482/70। ल. (2)-जिहि तें उपजत है जहाँ जिहि के थाई भाव। तासों कहत बिभाव सब, समझि रसिक कबिराव।।-सो.ग्रं. 1, र.पी.नि., 13/53। उ.-"लखि लखि भाब बिभाव री लख बिभाबरी बाम। भरत भौंर की भाँबरी दिन बिभाबरी स्याम।।"-वृं.ग्रं., य.स., 399/237।

**बिभाव भेद**—दे. बिभाव। आलंबन वह है, जिसके प्रति आश्रय या पात्र के हृदय में कोई भाव स्थित हो। उद्दीपन वह है जिससे आलंबन के प्रति स्थित भाव उद्दीप्त या उत्तेजित हो। ल. (1)-सो बिभाव द्वै भाँति बखानि। आलंबन उद्दीपहि जानि।। ल. (2)-"थाई भावन कौ जु बसेरौ। सौ बिभाव आलंबन हैरौ। अति सरसै पुनि जिहिं दरसानें। सो उद्दीपन समझि सयानें।।-सो.ग्रं. 1, र.पी.नि., 14, 15/53।

**बिभावना**—विभावना। एक अर्थालंकार जिसके छः भेद बताये गए हैं-1. कारण के विना कार्य की उत्पत्ति, 2. अपूर्ण कारण से कार्य की उत्पत्ति, 3. प्रतिबंध होते हुए भी कार्य की सिद्धि 4. जो जिस कार्य का कारण नहीं हुआ करता उससे कार्य की उत्पत्ति, 5. विरुद्ध कारण से किसी कार्य की उत्पत्ति 6. कार्य से कारण की उत्पत्ति। ल.उ.-"होहि छ भाँति बिभावना कारन बिन ही काज। बिन जावक दीने चरन अरुन लखे हैं आज।। हेत अपूरन तें जबै कारज पूरन होइ। कुसुमबान कर गहि मदन सब जग जीत्यो जोइ।। प्रतिबंधक के होतहू कारज पूरन मानि। निसदिन श्रुतिसंगति तऊ नैन राग की खानि।। जबै अकारन बस्तुतें कारज परगट होत। कोकिल की बानी अबै बोलत सुन्यौ कपोत।। काहू कारन ते जबैं कारज होहि विरुद्ध। करत मोहिं संताप यह सखी सीतकर सुद्ध।।"-ज.ग्रं., भा. भू., 108-112/37। पुनि कछु कारज तें जबै उपजै कारन रूप। नैन मीन तें देख्यिहि सलिता बहति अनूप।।-वही, 113/38। ल. (2)-बिन कारन कारज प्रगट, बिभावना बिस्तारू। चितवतहीं घायल करै, बिन अंजन दृग चारु।।-भि.ग्रं. 2, का.नि., 25/21।

**बिभासा**—विभास। एक राग जो सबेरे के समय गाया जाता है। इसे कुछ लोग भैरव राग का ही भेद मानते हैं। उ.–"ललित बिभासा पूरिआ मधुमाधव तिहि ठान।।"–बो.ग्रं., वि.वा., 6/120।

**बिभिचारी**—व्यभिचारी। 1. साहित्य में मुख्य भाव या स्थायी भाव की पुष्टि करने वाले वे भाव जो इसके उपयोगी होकर जल की तरंगों की भाँति उनमें संचरण करते हैं। दे. संचारी। इनकी संख्या 33 मानी जाती है। ल.-चर बिभिचारी कहत हैं अरु संचारी नाउ।-भि.ग्रं. 1, र.सा., 483/70। वही, 546/81। 2. परस्त्रीगमन करने वाला। उ.–"कलही कोढ़ी भीरु चोर ज्वारी बिभिचारी। अधम अभागो कुटिल कुंपति पति तजै न नारी।।"–रा.चं., 9/16।

**बिभीषन**—विभीषण। एक राक्षस जो रावण का भाई था और रावण के मारे जाने पर लंका का राजा बनाया गया था। वह विश्रवा मुनि द्वारा कैकसी राक्षसी के गर्भ से उत्पन्न हुआ था। यह सुमाली नामक राक्षस का दौहित्र (नाती) था। एक बार सुमाली ने कुबेर को पुष्पक विमान पर जाते देखकर उसी के समान नाती की इच्छा की। उसने अपनी परम रूपवती कन्या कैकसी को ध्यानमग्न विश्रवा मुनि के पास भेजा। मुनि ने अभिप्राय जानकर असमय आने के कारण विकट आकृति (विभीषण) के पुत्र का शाप दिया। कैकसी के बहुत अनुनय-विनय करने पर ऋषि ने आशीर्वाद दिया तेरा अंतिम पुत्र मेरे ही वेश का और परम धार्मिक होगा। यही विभीषण हुआ। बाद में रावण और कुंभकर्ण के साथ विभीषण ने भी घोर तप कर ब्रह्मा को प्रसन्न किया और धर्म में सदैव मति के स्थिर रहने का वर माँगा। ब्रह्मा ने धार्मिक और अमर होने का वर दिया। सीताहरण करने पर विभीषण ने रावण का साथ छोड़ दिया और राम की शरण में चला गया। (हिं.श.सा.)। उ. (1)-"जानौ बिभीपन न राकस रामराज। प्रहलाद नारद बिसारद बुद्धि साज।" उ. (2)-"कहन न पाई बात सब हनूमंत गुनधाम। कह्यो बिभीषन आपुहीं सबनि सुनाइ प्रनाम।।'-रा.चं., 15/22, 23। उ. (3)-"जानहार सो जाय अरु होनहार ह्वै आय। राबन तैं लंका गयी बसे बिभीषन पाय।।"-वृं.ग्रं., नी. स., 593/104। उ. (4)-"मेघनाद कों लखि लखन हरषे धनुष चढ़ाय। दुखित बिभीषन दबि रह्यो कछु फूले रघुराय।।"-प.ग्रं., जग., 594/204। उ. (5)-"दीनबंधु करुनायतन देखि बिभीषन-भेस। पुलकित तनु गदगद बचनु कह्यो आउ लंकेस।।"-भि. ग्रं. 1, र.सा., 462/66।

**बिभीसन**—दे. विभीषन। उ.-"बड़े बचन पलटैं नहीं कहि निरबाहैं धीर। कियो बिभीसन लंकपति पाय बिजय रघुबीर।।"-वृं.ग्रं., नी.स., 338/84।

**बिभूति**—विभूति। शिव के अंग में चढ़ाने की राख या भस्म। उ.-"भूति बिभूति पियूषहु की विष ईस सरीर कि पाइ बियो है।"-रा.चं., 14/41।

**बिभ्रम**—विभ्रम। दस हावों में से एक। स्त्रियों का हाव जिसमें वे भ्रम से उलटे-पुलटे भूषण-वस्त्र पहन लेती हैं, तथा रह-रहकर मतवाले की तरह कभी क्रोध, कभी हर्ष आदि भाव प्रकट करती हैं। ल. (1)-कहियत बिभ्रम हाव जहँ भूलि काज ह्वै जाइ।"-भि.ग्रं., शृं.नि., 272/149। ल. (2)-रस सों भूषन भूलिकै पहिरें बिभ्रम हाइ।-ज.ग्रं., भा. भू., 28/12।

**बिमर्कटि**—मर्कटी। छंदशास्त्र के अंतर्गत इसके द्वारा मात्रा के प्रस्तार में लघु या गुरु, सर्वकला एवं सर्ववर्णों की संख्या का, वर्णवृत्तों की संख्या, गुर्वादि, गुर्वंत, लघ्वादि, लघ्वंत, सर्ववर्ण, गुरु, लघु, सर्पकला, पिंड आदि का ज्ञान होता है। ल.-नष्ट उदिष्ट र मेरै पताक विमर्कटि सूचिन कों भरि जानै।"-भि.ग्रं. 1, छंदा., 8/166।

**बिमला**—विमला। 1. ब्रह्मा की स्त्री। ब्रह्मा की शक्ति। उ.-"भाग पर कमला सुहाग पर बिमला हू, बानी पर बानी 'केसोदास' सुखकारिये।"-रा.चं., 12/25। 2. सरस्वती। उ.-"सँग सोहति है कमला बिमला अमला मति हेतु तिहूँ पुर कों।"-वि. गी., 1/2। 3. सरस्वती नाम की नदी। उ.-"लूनी तापी अंगूली, अभया हिरन दसान। निषधावती सुबाहिनी, बिमला बेना जान।।"-वि.गी., 6/16।

**बिमलापति**—विमलापति। ब्रह्मा। उ.-ये सुत

कौन के सोभहिं साजैं। सुंदर स्यामल और बिराजैं। जानत हौं जिय सोदर दोऊ। कै कमला-बिमलापति कोऊ।।''-रा.चं., 5/28।

**बिया**--घोड़े की चाल विशेष। उ.-''चहैं ये बिया चाल चल्लै भिरामा।''-प.ग्रं., प्र.बि., 44/281।

**बियास**--व्यास। पराशर के पुत्र कृष्णद्वैपायन जिन्होंने वेदों का संग्रह, विभाग और संपादन किया था। यह भी माना जाता है कि इन्होंने अठारहों पुराणों, महाभारत, श्रीमद्भागवत, वेदांत आदि की भी रचना की थी। महाभारत के अनुसार इनका जन्म मत्स्यगंधा सत्यवती से हुआ था, जिसे नाव खेते देखकर पराशर मुनि उस पर आसक्त हो गए थे। पराशर के आग्रह पर कौमार्य भंग होने तथा चारों ओर ऋषि-मुनियों की उपस्थिति होने के कारण कामना पूरी करने में असमर्थता व्यक्त की। पराशर ने उसके कौमार्य भंग होने तथा शरीर से मत्स्य की गंध न निकलने का वर दिया और तपोबल से चारों ओर कुहरा पैदाकर उस गंधवती या योजनगंधा से अपनी कामना पूर्ण की। सत्यवती योजनगंधा से इस प्रकार नदी के बीच एक टापू पर उत्पन्न हुए पुत्र का नाम काला होने के कारण कृष्णद्वैपायन पड़ा। बाल्यावस्था से इन्होंने तपस्या आरम्भ की। बड़े होकर वेद संग्रह विभाग संपादन आदि के कार्य किये इसलिए व्यास कहलाये। सत्यवती का विवाह शांतनु से हुआ था जिससे विचित्रवीर्य नामक पुत्र हुआ था, जिसके निःसंतान मरने पर इन्हीं कृष्णद्वैपायन व्यास द्वारा अंबिका, अंबालिका के साथ नियोग करने से धृतराष्ट्र और पांडु का जन्म हुआ था। विदुर (दे.) भी व्यास के ही पुत्र थे। व्यास के अन्य नाम हैं-पाराशर्य, कानीन, बादरायण, सत्यभारत, सत्यव्रत और सत्यरत। (हिं.श.सा., पौ.को.)। उ.-''रिषिराज इष्ट बसिष्ठ सों मिलि गाधिनंदन आइ। पुनि बालमीकि बियास आदि जिते हुए मुनिराइ।।''-रा.चं., 26/30।

**बियोग**--वियोग। संयोग का अभाव। दो प्रेमियों का एक-दूसरे से अलग होना। साहित्य में शृंगार रस के दो पक्षों में से एक। इसकी तीन दशाएँ हैं-पूर्वराग, मान और प्रवास। इसका दूसरा नाम विप्रलंभ शृंगार भी है। ल.-बिछुरे दुखद बियोग।-भि. ग्रं. 1, शृं.नि., 243/142। भिखारीदास ने इसके पाँच हेतु माने हैं-अभिलाष, प्रवास, विरह, असूया, शाप। ल.-पाँच बियोगहि थापु। सो अभिलाषु प्रबास अरु, बिरह असूया स्रापु।।-भि.ग्रं. 2, का.नि., 21/29। उ.-''बैरी बियोग की हूकनि जारत, कूकि उठैं अचका अधरातक।''-घ.क., 85/74। उ. (2)-''जानै सँजोग मैं दीन्हो बियोग बियोग मैं सो का सँजोग न देहै।।''-ठाकुर, 157/40। उ. (3)-''प्रजर्‌यौ आगि बियोग की बह्यौ बिलोचन नीर। आठौं जाम हियौ रहै उड्यौ उसास समीर।।''-बि.र., 553/256। उ. (4)-''भूषन भनत कारे कान्ह को बियोग हिये सबै दुखदाई जो करैया अनुराग को।''-भू.ग्रं., प्रकी., 554/241। उ. (5)-''जोग-बियोग की रीति मैं कोबिद, भावना भेद स्वरूप को ठानै।''-घ.क., 1/33। उ. (6)-''अब लाय बियोग की लाय, बलाय बढ़ाय, बिसास-दगानि दगी।''-घ.क., 10/37।

**बियोग**--दे. विप्रलंभ शृंगार, बियोग। ल. (1)-प्यारी पीव मिलाप बिनु होत नहीं आनंद। सो बियोग शृंगार कहि बरनत सब कविबृंद।। कहि पूरब अनुराग अरु मान प्रबास बिचारि। रस सिंगार बियोग के तीन भेद निरधारि।।-मति., र.रा., 380-381/286। ल. (2)-जहँ बियोग पिय तीय को दुखदायक अति होत। विप्रलंभ सिंगार सो कहत कबिन के गोत।। त्रिबिध बियोग सिंगार यह कहि पूरब अनुराग। बरनत मान प्रबास पुनि निरखि नेह की लाग।।-प.ग्रं., जग., 621, 625/210। ल. (3)-इक वियोग सिंगार में इती अवस्था थाप। अभिलाषा गुन कथन पुनि पुनि उद्वेग प्रलाप।।-चिंता स्मृति उनमाद पुनि जड़ता व्याधि बखान। मरन जु रस सिंगार में बरनत नहीं सुजान।। चिंतादिक जे षट कही बिरह अवस्था जानि। संचारी भावन बिषै हौं आयो जु बखानि। तातें इत बरनत न ते अभिलाषादिक चार। तिनके लच्छन लच्छि सब हौं भाषत निरधार।।-प.ग्रं., जग., 649-652/215-216। ल. (4)-जहँ दंपति के मिलन बिनु होत बिथा बिस्तार। उपजत अंतर भाव बहु सो बियोग शृंगार।

है बियोग बिधि चारि को पहिले मानु बिचारि। पूरब राग प्रवास पुनि करुना उर में धारि।।"-भि.ग्रं. 1, र.सा., 369-371/53।

**बियोग दश-दशा**—दे. बियोग। वियोग की दस दशाएँ या कामदशाएँ-अभिलाष, चिंता, स्मृति, गुणकथन, उद्वेग, प्रलाप, उन्माद, व्याधि, जड़ता और मृति या मरण। कुछ लोग मरण को छोड़कर केवल नौ कामदशाएँ मानते हैं। ल.-अभिलाषा मिलिबे की चाह गुनबर्नन सराह स्मृति ध्यान चिंता मिलन-बिचारु है। कछू न सोहाइ उद्बेग ब्याधि ताप कृसता प्रलाप बकिबो सहित दुखमारु है। बावरी लौं रोइ हँसें गाए उनमाद भूलें खानपान जड़ता दसा नव प्रकारु है। पुरबानुराग हू में प्रगट प्रबासहू में मरन समेत दस करत सुमारु है।।-भि.ग्रं. 1, र. सा., 397/57।

**बियोग में संयोग**—पूर्वानुराग, मान, प्रवास तथा दस कामदशाओं की दशा में यदि प्रिय का पत्र या सगुन या संदेश या प्रिय की प्रिय वस्तु की प्राप्ति हो जाय तो संयोग सा सुख होता है। इसी आधार पर "वियोग में संयोग" की कल्पना की गई। ल.-"पत्री सगुन सँदेस लखि पिय बस्तुनि कों पाइ। अनुसगिनी बियोग में हर्षोदय ह्वै जाइ।।"-भि.ग्रं. 1, र.सा., 423/61।

**बियोगिनी**—वियोगिनी। बियोग दुःख सहन करने वाली नायिका। उ.-"कहे जु वचन बियोगिनी बिरह-बिकल बिललाइ। किए न को अँसुवा सहित सुवा ति बोल सुनाइ।।"-बि.र., 537/248।

**बिरंचि**—विरंचि, ब्रह्मा। उ. (1)-"आदि बड़ी रचना है बिरंच की जामें रह्यो रचि जीव बड़ौ है।"-भू.ग्रं., शि.भू., 219/170। उ. (2)-"हर बिरंचि नारद निगम जाको लहत न पार। ता हरि कों गहि गोपिका गरबि गुहावत बार।।"-प.ग्रं., जग., 465/179।

**बिरक्ति**—विरक्ति। अनुराग का अभाव। उ.-"कठिन रीति यहऊ कही घर ही माँझ बिरक्ति। हम सनि पर ज्यौं होय त्यौं कहियै श्रीहरिभक्ति।।"-वि. गी, 21/54।

**बिरद** – बड़ाई। यश। नेकनामी। उ. (1)-"मधुसूदन यह अरु अरि नित मांडत रार। करुनानिधि अब इति समैं आपनौं बिरद बिचार।।"-रस.रतन., 985/172। उ. (2)-"अधम उधारन बिरद कौ तुम बाँधौ सिरनैन। रसनिधि अब या अधम की सुधि काहे नहिं लेत।।"-रस., रतन., 994/173।

**बिरसिंघ**—वीरसिंह। बोधा रचित विरह वारीश नामक ग्रन्थ का एक योद्धा। उ.-'गिर्यो बलभद्र लख्यो बिरसिंघ। जुर्यो रन में भट भीर उलंध।'-बो. ग्रं., वि.वा., 16/187।

**बिरसिंघ देव**—मधुकरशाह के पुत्र और कवि केशवदास के आश्रयदाता वीरसिंह देव। उ.-'तिनके बिरसिंहदेव सुत प्रगट भयो रनरुद्र। राजश्रीजिन मथि लई समर अनेक समुद्र।'-वि. गी., 1/19।

**बिरह**—विरह। किसी प्रिय व्यक्ति का पास से अलग होना। वियोग। दे. बियोग। ल.-है ही होने ह्वै गए तीन्यो बिरह प्रमानि। एकै करि दस कों गनै अष्ट नाइका जानि।।-भि.ग्रं. 1, र.सा., 436/63। उ. (1)-'अब बिरहै की रीत कबि कहत बिचार निसंक। तीन भेद हैं बिरह के कहत न राषूं बंक। प्रथम नैन देखन बिरह दुतिय प्रीत को ठाम। रोम-रोम कौ बिरह सब भेद सुनाऊँ नाम।।'-वृं. ग्रं., नै.ब., 17, 18/29। उ. (2)-'बिन परसे बोले बिना छिन-छिन दरस सुजान। बिरह यहै कहिये सखी बिछुरन मरन समान।।'-ज.ग्रं., दोवा, 26/75। उ. (3)-'मलिन देह वेई बसन, मलिन बिरह कैं रूप। प्रिय-आगम औरै चढ़ी आनन ओप अनूप।।'-बि.र., 163/81। उ. (4)-'औंधाई सीसी सु लखि बिरह बरनि बिललाल। बिच ही सूखि गुलाब गौ, छीटौ छुई न गात।।'-बि.र. 217/103। उ. (5)-'और बात कहियै कहा सुनियै नंदकुमार। बिरह आँच साँचे भए याके अंग अँगार।।'-मति., सत.,94/376। उ. (6)-'बिरह समीर की झकोरनि अधीर, नेह-नीर भीज्यो जीव तऊ गुड़ी लौं उड़्यौ रहै।।'-घ.क., 16/39।

**बिरह नायिका भेद**—विरह नायिका भेद। भिखारीदास ने नायिका भेद का दो भागों में विभाजन

किया है-संयोग नायिका भेद और विरह नायिका भेद। द्वितीय भेद के अन्तर्गत उन्होंने उत्कंठिता, खण्डिता, मानिनी, कलहांतरिता विप्रलब्धा, अन्य संभोग दुःखिता, प्रोषित भर्तृका, प्रत्स्यतप्रेयसी, प्रोषितपतिका का लक्षण निरूपण किया है। इनके लक्षण शब्दानुक्रम में द्रष्टव्य। बिरह-हेतु उत्कंठिता बहुरि खंडिता मानि। कहि कलहांतरिता पुनि गनौ विप्रलब्धानि।। पाँचो प्रोषितभर्तृका सुनौ सकल कबिराइ। तिनके लच्छन लच्छ अब आछे कहौं बनाइ।।-भि.ग्रं. 1, शृं.नि., 169-170/126।

**बिरह-निवेदन**—विरह निवेदन। दूती के दो कार्यों में से एक। ल. (1)-'द्वै दूती के काज ये बिरह निवेदन एक। -प.ग्र., जग., 371/159। ल. (2)-'बिरह बिथानि सुनाइबो बिरह निवेदन जानि।-प.ग्रं., जग., 372/159। भिखारीदास द्वारा बताये गये 12 सखी कर्मों में से एक, दे. सखी कर्म। उ.-'दास जू' आलस लालसा त्रास उसास न पास तजै दिन रातै। चिंता कठोरता दीनता मोह उनीदतरा संग कियो करै बातै। आधि उपाधि असाधिता व्याधिन राधिक कैसहू ह्वै सकै हातै। तेरे मिलाप बिना बृजनाथ इन्हें अपनाए रहै तिय नातै।।'-भि.ग्रं. 1, शृं.नि., 215-217, 232/136, 14।

**बिरह निवेदन**—दे. दूती., दूती के काज, बिरह निवेदन। ल.-बिरह बिथानि सुनाइबो।-प.ग्रं., जग., 372/159।

**बिरह-प्रबास**—दे. बिप्रलंभ। प्रवास के कारण होने वाला विरह। उ.-'मान बिविध करने बिबुध जहाँ बिबिध बुधिबास। 'केशव' करुना करि कछू कहियत बिरहप्रबास।।'-र.प्रि., 10/33।

**बिरह बिथा**—विरह व्यथा। किसी प्रिय वस्तु या व्यक्ति से अलग होने से उत्पन्न होने वाला कष्ट। दे. बिरह। उ. (1)-'कहियौ पथिक संदेस यह मनमौहन सौं हेरि। बिरह बिथा जौ तुम हरी हरी भई व्रजफेरि।।'-रस.रतन., 842/151। उ. (2)-'होती वैदन के करै बिरह बिथा जो दूरि। काहै कौ दृग ढूँढ़ते दरस सजीवन मूरि।।'-रस.,रतन., 860/156।

**बिरह रस**—विरह रस। विप्रलंभ शृंगार रस। प्रिय के वियोग में उसके प्रति बढ़े हुए अनुराग से उत्पन्न होने वाला आनन्द। उ. (1)-'सार शृंगार बिरह रस सुंदर प्रेम बढ़यौ ढिग लैंन गती सी।'-वृं. ग्रं., नै.ब., 49/34। उ. (2)-'सुनिकै बिप्र बिरह रस मोयो। बिधि की बुद्धि मंद पर रोयो।।'-बो. ग्रं, वि.वा., 37/143।

**बिरहा**—दे. बिरह। विरह। उ. (1)-स्यौं बिजुरी मनु मेह आनि इहाँ विरह धरे। आठौ जाम, अछेह, दृग जु बरत बरसत रहत।।'-बि.र., 445/205। उ. (2)-'सकै सताइ न बलु तिन्है बिरहा अनिल सुछंद। नजरै जै नजरै रहै प्रीतम तुव मुषचंद।।'-रस. रतन., 195/70। उ. (3)-'बिन जान सजीवन कौन हरै सजनी, बिरहा-बिष की लहरै।।'-घ.क., 52/58। उ. (4)-'क्यौं हूँ न चैन परैं, दिनरैन सु पैंड़े पर्‌यौ बिरहा बजमारो।'-घ. क., 91/77।

**बिराग**—विराग। अनुराग का अभाव। चाह का न होना। उ. (1)-'लोक बिलोक में राग बिराग में आलस बास बसाऊँ।'-वि.गी., 6/69। उ. (2)-'राग बिराग न काम बिरोध न क्रोध न लोभ न गर्बन आनै।'-वि.गी., 14/55। उ. (3)-'राग भरे हिय मैं बिराग-गुरइनि है।'-घ.क., 30/46।

**बिराट**—विराट। महाभारतकालीन मत्स्य देश का राजा जिनके यहाँ पाण्डव अज्ञात वास के समय छिपे थे। यह मत्स्य देश पहले कुरुक्षेत्र और पांचाल के पास और थानेसर के समीप माना जाता था, किन्तु अब नए प्रमाणों के आधार पर राजस्थान में 'बैराट' और 'माचड़ी' के आसपास माना जाता है। इस क्षेत्र में राजा विराट के यहाँ अज्ञातवास के समय पाण्डव नौकर के रूप में रहते थे। महाराज विराट के साले कीचक की कुदृष्टि द्रौपदी पर थी, अतः यहीं भीम ने कीचक का वध किया था। कुरुक्षेत्र के युद्ध में विराट पाण्डवों की ओर से लड़े थे और युद्ध के 15वें दिन द्रोण के हाथों मारे गये थे। विराट की कन्या उत्तरा का विवाह अर्जुन के पुत्र अभिमन्यु के साथ हुआ था, जिससे परिक्षित का जन्म हुआ था। महाभारत के अनुसार विराट

की उत्पत्ति मरुद्गणों के अंश से हुई थी। इनकी प्रिय रानी का नाम सुदेष्णा था। अर्जुन ने इनकी पुत्री उत्तरा को संगीत की शिक्षा दी थी। बिराट ने महाभारत में भगदत्त, अश्वत्थामा, जयद्रथ से द्वन्द्वयुद्ध किया था। महाभारत युद्ध में द्रोण द्वारा मारे जाने पर ये स्वर्ग में जाकर मरुद्गणों में मिल गये। (हिं.श.सा., पौ.को., महा., नामानु.)। उ. (1)-'पारथ अकेले द्रोन भीषम से लाखौं भट जीति लीन्हीं नगरी बिराट कै बड़ाई है।'-भू.ग्रं., शि. भू., 242/174। उ. (2)-'बड़े बड़े हू काम करि आय सिबात नाहिं। जय जस उत्तर कौं दियो पथ बिराट के मांहि।।'-वृं.ग्रं.,नी.स., 337/84।

**बिराट पति**—विराटपति। दे. बिराट। उ.-'बड़े बिपत मैं हूँ करैं बिराने काम। किय बिराटपति की बिजय अरजुन करि संग्राम।।'-वृं.ग्रं., नी. स., 336/84।

**बिराध**—विराध। विराध नाम का एक राक्षस जिसे दंडकारण्य में लक्ष्मण ने मारा था। अग्नि पुराण के अनुसार इसके पिता का नाम सुपर्यन्य तथा माता का नाम शतद्रुता था। यह पूर्व जन्म में तुंबुरु नामक गंधर्व था, जो वैश्रवण या कुबेर के शाप से राक्षस योनि में उत्पन्न हुआ। बहुत प्रार्थना करने पर वैश्रवण ने त्रेता में दशरथ पुत्र के द्वारा उद्धार का आश्वासन दिया। वाल्मीकीय रामायाण के अनुसार विराध सीता को लेकर भागने लगा। राम के वाणों से भी युद्ध में न मारा जाने पर यह राम-लक्ष्मण को उठाकर ले चला। पुनः युद्ध होने पर दोनों भाइयों ने इसकी भुजाएँ काट डालीं। इतने पर भी मृत्यु न होने पर लक्ष्मण ने एक बड़ा गड्ढा खोद कर उसमें इसके शरीर को डाल दिया। मरने के पहले इसे अपने पूर्व शरीर और शाप का स्मरण हो आया था। इस कथा के रूपों में भिन्नता भी मिलती है। उ. (1)-'बिपिन बिराध बलिष्ठ देखियो। नृपतनया भयभीत लेखियो। तब रघुनाथ बान कै हयो। निज निरबान-पंथ कों ठयो।।'-रा.चं., 11/8। उ. (2)-'-'कृपा कै करौ मुक्ति गीधौ बिराधौ। प्रबोधोदयं देहि श्रीबिंदुमाधौ।।'-वि.गी., 11/25। उ. (3)-'व्याध हु लौं बधिक बिराध लौं बिरोधी राम एते पै न तारौ तौ हमारौ कहा बस है।'-प.ग्रं., प्र.प., 13/239।

**बिरी**—पान का बीड़ा। उ.-'खाति ख्वावति है बिरी हँसि हँसि सौंहे खात। जिहिं छिन रुसि जुदे रहे तिहिं छिन को पछितात।।'-वृं.ग्रं., अ.दो., 21/6।

**बिरुद्ध**—विरुद्ध। एक अर्थालंकार जिसमें अविरुद्ध वस्तुओं में भी बुद्धिबल से विरोध दिखाया जाता है। ल.- है बिरुद्ध अविरुद्ध में बुद्धिवल सजै बिरुद्ध। उ.-'कुटिल कान्ह क्यों बस कियो, लली बानि तुव सुद्ध।।'-भि.ग्रं., 2, का.नि., 24/21।

**बिरोध**—एक अर्थालंकार, जिसमें जाति, गुण, क्रिया और द्रव्य में से किसी एक का दूसरी जाति, गुण, क्रिया और द्रव्य में से किसी एक के साथ विरोध होता है। ल.-द्रव्य क्रिया पुन में जहाँ उपजत काज-बिरोध। तासों कहत बिरोध हैं भूषन सुकबि सुबोध।। उ.-'श्री सरजा सिव तो जस सेत सों होत हैं म्लेच्छन के मुँह कारे।।'-भू.ग्रं., शि.भू., 164-165/160।

**बिरोधाभास**—विरोधाभास। एक अर्थालंकार जिसमें जाति, गुण, क्रिया और द्रव्य का विरोध न होन पर ऐसा वर्णन होता है कि विरोध की प्रतीति होने लगती है। कुछ आचार्यों ने विरोध (दे. बिरोध) और विरोधाभास को एक मानकर वर्णन किया है। 'वास्तविक विरोध' और 'विरोध की प्रतीति' में अन्तर है। ल. (1)-भासै जबै बिरोध सो वहै बिरोधाभास। उ.-''उत रत हौ उतरत नहीं मन तें प्राननिवास।।'-ज.ग्रं., भा.भू., 107/36। ल. (2)-'जहँ बिरोध सो जानियै साँच बिरोध न होइ। ताहि बिरोधाभास कहि बरनत हैं सब कोइ।। उ.-'श्री सिवराज भनै कबि भूषन तेरे सरूपहि कोउ न पावै। सूर के बंस में सूर-सिरोमनि है करि तूँ कुलचंद कहावै।।'-भू.ग्रं., शि.भू., 166-167/160।

**बिलकेत**—राजपूत विशेष। उ.-'बिलकैत बीर बली चढ़े सफजंग-रंग सदा मढ़े।'-प.ग्रं., हि. ब.बि., 36/8।

**बिलाइत**—दे. बिलायति। विदेशी राज्य। उ. (1)-'करनाट हबस फिरंगहू बिलाइत बलक रूम दिल्ली अरि छाती बिदलति है।'-भू.ग्रं., 106/148। उ. (2)-'पेसकस भेजत बिलाइत पुरतगाल नीकी

जिहाजन है करनाटक दली है।'-भू.ग्रं., शि.भू., 238/173।

**बिलाइति**–दे. बिलायति। उ.-'बिललाइ बिकल बिलाइति को साह सुनि साइति में सूरति बिलाइ बिहाल की ।'-भू.ग्रं., प्रकी., 489/225।

**बिलाइती**–दे. बिलाइति। उ.-'तेरी धाकहीं तें नित हबसी फिरंगी औ बिलाइती बिलंदे करैं बारिधि-बिहरनो।'-भू.ग्रं., प्रकी, 454/217।

**बिलायत्ति**–विलायत। पराया देश। दूसरों का देश। आज की बोलचाल में यूरोप, अमेरिका आदि का कोई देश। पहले इस शब्द का प्रयोग ईरान, तुर्किस्तान आदि के लिए होता था। उ.-'बिलायति घोड़े बिलाइत के हैं।-प.ग्रं., प्र.बि., 37/280।

**बिलावल**–एक राग जो केदारा और कल्याण के योग से बनता है। इसे दीपक राग का पुत्र मानते हैं। यह सबेरे के समय गाया जाता है। उ.-प्रथम भैरवी गावत लोई ताके परे बिलावल होई।।'-बो. ग्रं., वि.वा., 5/120।

**बिलास**–एक प्रकार का हाव। प्रिय को देखकर विभिन्न अंगों की विशेष चेष्टाएँ। संयोग के समय में अनेक हावभाव अथवा प्रेमसूचक क्रियाएँ जिनसे स्त्रियाँ पुरुषों को अपनी ओर आकर्षित करती हैं। ल. (1)-चितवनि बोलनि चलनि में रस की रीति बिलास।-ज.ग्रं., भा.भू., 27/12। ल. (2)-ये दस दस पुनि हाव हैं बिलासादि उर आनि।।-भि.ग्रं. 1, र.सा., 420/62। वही, शृं.नि., 246-247/143। दे. शृंगार नियम।

**बिलेप**–विलेप। शीतल करने वाला विशेष प्रकार का लेप। शरीर आदि पर चुपड़ कर लगाने की चीज। अंगराग। उ.-'हिमांसु सूर सो लगै सो बात बज्र सो बहै। दिसा लगै कृसानु ज्यों बिलेप अंग को दहै।।'-रा.चं., 12/42।

**बिल्लौरी**–बिल्लौर के। बिल्लौर स्थान के घोड़े। उ.-'लीन्हों निज ढौरी इमि बिल्लौरी रंग बिलौरी बिमल लसैं।'-प.ग्रं., मिश्र, प्र.बि., 96/287। 2. एक प्रकार के स्वच्छ सफेद पारदर्शी शीशे के समान वर्ण वाले। उ.-वही।

**बिषकन्या**–विषकन्या। एक कन्या जिसके शरीर में विष हो। प्राचीन काल में शत्रु को गुप्त रूप से मारने के उद्देश्य से बाल्यावस्था में किसी अत्यंत सुन्दरी कन्या का चयन कर आरम्भ से ही थोड़ा-थोड़ा विष उसके शरीर में प्रवेश कराया जाता था। युवती होने पर उसका प्रयोग शत्रु को मारने के लिए किया जाता था। यह शत्रु को गुप्त रूप से रूप-सम्मोहन द्वारा आकर्षित करती और संभोगकाल में शारीरिक विष के संसर्ग से शत्रु का नाश हो जाता था। उ.-'मीच कैसी छाँह, बिषकन्या कैसी बाँह, किधौं रनजयसाधि ताकी सिद्ध अभिरामिनी।।'-वी.च., 14/30।

**बिषधर बंधु**–विषधर वंधु। चन्द्रमा जो विषैले साँप को धारण करने वाले शिवजी के बंधु हैं। एक बार इन्द्र ने ब्रह्मा के आदेश से चन्द्रशेखर नाम से शिवलिंग का स्थापन किया और शत पद्म संख्यक वर्ष तपश्चरण किया जिस पर महादेव ने संतुष्ट होकर चन्द्र की एक कला से अपना ललाट सजाया और उन्हें अपना बंधु माना। उ.-'चंद्रकरमंडलतें लै लै बहु चंद्रकर, केसोदास प्रतिमास मास निरसत हैं। विषधर बंधु हैं, अनाथिनी को प्रतिबंधु, बिष को बिसेष बंधु हिये हहरत हैं।'-क.प्रि., 11/69।

**बिषम**–विषम। एक अर्थालंकार जिसमें दो विरोधी वस्तुओं का सम्बन्ध वर्णन किया जाता है या यथायोग्य का अभाव कहा जाता है। किसी आचार्य ने इसके तीन भेद माने हैं और किसी ने चार। विशेष रूप से दो विरोधी या विषम वस्तुओं के मिलन, कारण और कार्य के वैषम्य या विरोध के आधार पर इस अलंकार की रचना हुई है। इसके भेदों के रूप हैं–1. जहाँ दो सम्बद्ध रूप से अपेक्षित पदार्थों की, उनकी विलक्षणता के कारण, परस्पर ही अनुपपन्नता प्रतीत हो। 2. कर्ता को क्रिया का फल मिलना तो दूर रहे जो मिले भी वह उल्टा हो। 3. कार्य के गुण का विरोध प्रतीत हो। 4. कार्य की क्रिया से कारण की क्रिया भी विपरीत लगे। जसवंत सिंह ने केवल तीन भेद स्वीकार किये हैं। ल.-उ.-बिषम अलंकृत तीनि बिधि अनमिलते को संग। कारन को रँग और कछु कारन औरै रंग।।

और भलो उद्दिम किये होत बुरो फल आइ। अति कोमल तन सीय को कहँा बिरह को लाइ।। खगलता अति स्याम तें उपजी कीरति सेत। सखि लायो घनसार पै अधिक ताप तन देत।।-ज.ग्रं., भा. भू., 119-121/39-40।

**बिषम वृत्त**—विषम वृत्त। जिस छंद के चारों चरणों में विषम वर्ण हों, उसे विषम वृत्त कहते हैं। ल. -होहि विषम चारौ चरन, बिषम बृत्ति है सोइ।।-भि.ग्रं. 1, छंदा., 17/269।

**बिषय**—विषय। वह पदार्थ जिसका ग्रहण ज्ञानेन्द्रियों द्वारा होता है। रूप, रस, गन्ध, स्पर्श और शब्द जिनका सम्बन्ध क्रमशः आँख, जिह्वा, नासिका, त्वचा और कान से है। उ.-'महापुरुष सों जाकी प्रीति। हरति सो झंझा-मारुत रीति। बिषय-मरीचिकनि की जोति। इंद्री-हरिनि-हारिनी होति।।'-रा.चं., 23/19।

**बिषय-तृषा**—विषय तृषा। दे. विषय। सांसारिक विषयों की प्यास जो कभी बुझती नहीं और अधिकाधिक बढ़ती जाती है। उ.-'बिषय-तृषा परिहरि अजौं नरहरि के गुन गाउ।।'-बि.र., 21/17।

**बिषय रस**—दे. विषय। विषयवासना का स्वाद। विषयों के भोग से उत्पन्न होने वाला आनंद। उ. (1)-'हाड़ से हाटक परबिष से बिषयरस 'कैसौदास' ऐसें सब संतोष बखानियै।'- वि.गी., 14/56। उ.-'हरि रस परिहरि बिषय रस संग्रह करत अयान।'-वृं.ग्रं., नी.स., 68/63।

**बिषयसुख**—विषय सुख। दे. विषय। इन्द्रियों के द्वारा विषयों का भोग करने पर उत्पन्न होने वाला आनंद। उ.-'तीर थबासी यह कहत, तजत त्रियन के साथ। कलुषनि मिश्रित बिषय-सुख, त्याजनीय है नाथ।।'-वि.गी., 7/8।

**बिषय सुख्ख**—दे. बिषय सुख। बिषय सुख्ख ममता तैं नीकउ होहि। यह सब झूठी लागत ममता मोहि।।'-ज.ग्रं., आ.बि., 9/116।

**बिषया**—दे. विषय। विषय-सांसारिक विषयों से उत्पन्न व्यसन मोह आदि। उ. -'जो विषया सतन तजी, मूढ़ ताहि लपटात। ज्यों नर डारत वमन कर, स्वान स्वाद सों खात।।'-र.वि., दो., 89/9।

**बिषाद**—1. विषाद, विषादन। एक अर्थालंकार जिसमें इच्छित के विरुद्ध अर्थ की प्राप्ति वर्णित होती है। ल. (1)-सो बिषद चित चाह तें उलटो कछु ह्वै जाइ। उ.-'नीति परसत श्रुति परी चरनायुध धुनि आइ।।'-ज.ग्रं., भा.भू., 161/5। ल. (2)-'जहँा कछू चित चाह तें होति बस्तु बिपरीति। तहँ बिषाद पहिचानिए निरखिकवित की रीति।। उ. -'राज लहन अभिलाष हिय पहुँचे पितु के पास। सुतसनेह तजि राम कौं उनि दीनौ बरबास।।'-सो.ग्रं., र.पी. नि., 254/ 255/213। 2. तैंतीस संचारियों में से एक। आरब्ध कार्य में असफलता, दैवयोग, दुर्घटना आदि से उत्पम्न मन का दुःख। इसकी अभिव्यक्ति सहायकों की खोज, सफलता के साधनों की चिंता, उत्साह भंग, अनुताप, पुरुषार्थहीनता, निष्क्रियता, निद्रा, पश्चात्ताप, दीर्घश्वास, विचारमग्नता आदि से होती है।' 'सत्वक्षय' का नाम विषाद है। ल. (1)-भाव बिषाद हानि जिहि ठौरै। चहिये और होइ कछु औरै।-भि.ग्रं. 1, र.सा., 493/72। ल. (2)-निपट छीन मन दुःखतैं सो बिषाद पहिचानि।।-सो. ग्रं. 1, र.पी.नि., 22/54। उ. (1)-'तोहीं चैत-चाँदनी मैं सरसै हरष-सुधा मोहिं जारै मारै ह्वै बिषाद को अरक है।'-घ.क., 479/222। उ. (2)-'और जे सवाद घन-आनंद बिचारै कौन, बिरह-बिषाद जुट जीबो करवौ लगै।'-घ.क., 488/225।

**बिषाधर**—विषधर। विष को धारण किये हुए। राहु नामक साँप से ग्रहित होने के कारण चक्र विषधर कहलाता है। समुद्र-मंथन के बाद अमृतपान के समय एक असुर ने देवताओं की पंक्ति में बैठकर अमृत पी लिया था। इस बात को चन्द्र ने विष्णु से कह दिया। इस वजह से वह असुर नाराज होकर चन्द्र का साँप रूप से ग्रास किया करता है। उ.-'या सों सुधाधर सेष बिषाधर नाँउ धर्‌यो बिधि दै बुधिहीनों ।'-र.प्रि., 8/31।

**बिष्णु**— बिस्नु-विष्णु। हिंदुओं के ईश्वर के एक रूप विष्णु जो मुख्यतम देवता के रूप में माने जाते हैं। इनका कार्य सृष्टि का भरण, पोषण और

पालन है। ऋग्वेद से अधिकांश परवर्ती साहित्य में इनके गुणों, कार्यों, लीलाओं, रूप आदि का विस्तृत वर्णन मिलता है। ऋग्वेद में ये विशाल शरीर वाले, युवक त्रिविक्रम आदि के रूप में वर्णित हैं। इनके त्रिविक्रम रूप के पुराणों में प्राप्त वर्णन से लोगों ने सूर्य के उदय और अस्त अथवा भूलोक, भुवर्लोक और स्वर्गलोक अर्थ निकाला है। ये इंद्र के मित्र हैं। इन्होंने वृत्र के साथ युद्ध करने में इंद्र की सहायता की थी। ये पृथ्वी, स्वर्ग और सब जीवों के मुख्य आधार हैं, धन-वीर्य-बल देने वाले देवता हैं। पुराणों के अनुसार विष्णु समय-समय पर पृथ्वी का भार हलका करने के लिए अवतार लेते हैं। इनके कहीं-कहीं 10 अवतारों का तथा कहीं-कहीं 24 अवतारों का उल्लेख मिलता है। सामान्यतया ये अजन्मा माने जाते हैं, किन्तु प्रजापति कश्यप के औरस और अदिति के गर्भ से इनकी उत्पत्ति भी मानी जाती है। इनकी पत्नी लक्ष्मी है। ये युवक, श्यामवर्ण और चतुर्भुज माने गए हैं। शंख, चक्र, गदा, पद्म इनके चारों हाथों में रहते हैं। इनके शंख का नाम पाञ्चजन्य, चक्र का नाम सुदर्शन, और गदा का नाम कौमोदकी है। तलवार का नंदक और धनुष का नाम शार्ङ्ग है। इनका वाहन गरुड़ या वैनतेय है। इनके उपासक वैष्णव कहलाते हैं। उ. (1)-'चारि बाहैं धरें विष्नु रक्षा करें बात साँची यहै वेदबानी कहै।'-रा.चं., 16/10। उ. (2)-'स्वाध्याय पढ़तै रहै अध्यातम चित लाइ। प्राणीध्यान नित बिष्णु कौ चिंतन करै बनाइ।।'-ज.ग्रं., आ.वि., 69/121। उ. (3)-'बड़े सहज ही बात तैं रीझी देत बकसीस। तुलसीदलतें बिस्नु ज्यौं, आक धतूरे ईस।।-'वृं.ग्रं., नी.स., 194/73। उ. (4)-'तेऊ बिस्नु अंगन में बैठे सुरसंगन में गंग की तरंगन में अंगन को धोई कै।।'-प.ग्रं., गं.ल., 7/255।

**बिष्नुदास**—बोधाकृत विरह वारीश के नायक माधव का पिता। उ.-'बिष्णुदास निज धरनिउर माधवजन्म सु जानि।।'-बो.ग्रं., वि.वा., 67/43।

**बिष्नुरथ**—विष्णुरथ। गरुड़-जिन्होंने विविध नाम के छंदों को प्रकट किया। उ.-'जिन प्रगट्यो जग में विबिध छंद नाम अभिराम। ताही बिष्नुरथ कौ करौं बिबिध कर जोरि प्रनाम।।'-भि.ग्रं. 1, छंदा., 4/166।

**बिसाखा**—विशाखा। राधा की एक सखी। उ. (1) बेंदी बिसाखा रची पद माकर अंजन आँजि समाजि कै रोरी।।'-प.ग्रं., जग., 584/202। उ. (2)-'आज चंद्रभागा चंपलतिका बिसाखा को पठाई हरि बाग तें कला मैं करि कोटि कोटि।।'-भि.ग्रं., शृं.नि., 242/142।

**बिसेष**—साहित्य में एक अर्थालंकार जिसके तीन भेद बताये गये हैं—1. बिना आधार के आधेय का वर्णन। 2. थोड़ा सा ही काम करने पर बहुत बड़ा काम या लाभ होना। 3. एक चीज का अनेक स्थानों में होना। ल. (1)-बरनत है आधेय को जहि बिन हीं आधार। ताहि बिसेष बखानहीं भूषन कबि सरदार।। उ.-'मारु के करैया अरि गे उनपर पुर अजौ मारु-मारु सोर होत है समर में।।'-भू. ग्रं., शि.भू., 201-202/167। भेद 2। ल.-जहाँ एक आधेय को बरनत बहु आधार। तासों कहत बिसेष हैं भूषन कबि सरदार।। उ.-'.....साहितनै सिवाजी खुमान या जहान पर कौन पातसाह के हियें न खरकतु है।'-भू.ग्रं., शि.भू., 203-204/167। ल. (3)-तीनि प्रकार बिसेष हैं अनाधार आधेय। थोरो कछु आरंभ जब अधिक सिद्धि कों देय।। वस्तु एक कों कीजिये बर्नन ठौर अनेक।। उ.-'नभ ऊपर कंचनलता कुसुम स्वछ्छ है एक।। कल्पवृक्ष देख्यो सही तोकों देखत नैन। अंतर बाहिर दिसि बिदिसि वहै तीय सुख दैन।।'-ज.ग्रं., भा.भू., 130-132/42-43। ल. (4)-'यहै बिसेष बिसेष पुनि फुरै न समता माँझ। उ.-'तियमुख अरु पंकज लखें ससिदर्सन तें साँझ।।'-ज.ग्रं., भा.भू., 176/58।

**बिसेषोक्ति**—विशेषोक्ति। एक अर्थालंकार जिसमें पूर्ण कारण के रहते हुए भी कार्य के न होने का वर्णन होता है। ल. (1)-बिसेषोक्ति जौ हेतु सों कारज उपजै नाहिं। उ.-'नेह घटत है नहिं जऊ कामदीप घट माँहि।'-ज.ग्रं.,भा.भू.,114/38। ल. (2)-बिसेषोक्ति कारज नहीं, कारन की अधिकाइ।। उ.-''महा महा जोधा थके, टर्‌यौ न अंगद-

पाइ।।''-भि.ग्रं. 2, का.नि., 26/21। ल. (3)-कारज होय नहीं जहाँ हेतु होतु हूँ मित्र। ताहि बिसेषोकति कहै पंडित परम विचित्र।। उ.-''नैंन अधरवुले रँगमगे पलकनि पीक निदान। यौं पिय निरख्यौ तरुनि ने तऊ न प्रगट्यौ मान।।''-सो.ग्रं. 1, र. पी.नि., 156-157/203।

**बिस्नुपदी**—विष्णुपदी। गंगानदी जो विष्णु के पैरों से निकली हुई मानी जाती है। कहते हैं कि ब्रह्मा ने विष्णु के चरणों को धोकर इनकी सृष्टि की थी। दे. गंगा। उ.-''होति बिस्नुपदी न म्लान जु कल्मषादिक पाय। राहुछाँह छियै न स्यामल सूर क्यौं कहि जाय।।''-वि.गी., 17/37।

**बिस्नुलोक**—विष्णुलोक। विष्णु का लोक। बैकुण्ठ। उ.-''कहै पद्माकर सुब्रह्मलोक बिस्नुलोक नाम लै कै कोऊ सिवलोक कों सिधारो है।''-प. ग्रं., गं.ल., 29/264।

**बिस्मय**—साहित्य में अद्भुत रस का स्थायी भाव जो अनेक प्रकार के अलौकिक और विलक्षण पदार्थों के वर्णन के कारण मन में उत्पन्न होता है। आश्चर्य स्थायी भाव का दूसरा नाम। ल.-दरसि परसि सुनि सुमिरि जहँ कौनहु अजब चरित्र। होइ जु चित बिस्मित कछू सो आचिरज पवित्र। याही कौ बिस्मय थाइं भाव जानिजै।। उ.-''नलकृतपुल लखि सिंधु में भय चकित सुरराव। राम न मानव मे सु बहु सुमिरि अगस्तिप्रभाव।।''-प.ग्रं., जग., 601, 601अ/206।

**बिसुब्ध नवोढ़ै**—विश्रब्ध नवौढ़ा। साहित्य में वर्णित वह नवोढ़ा नायिका जिसका अपने पति पर कुछ कुछ अनुराग और कुछ कुछ विश्वास होने लगा हो। ल.-'थोरेउ प्रीतम सों जो पत्याइ कहैं कबि ताहि बिसुब्ध नवोढ़ै।''-भि.ग्रं. 1, र.सा., 25/6

**बिस्वंभर**—विश्वंभर। विष्णु। सारे विश्व का पालन या भरण करने वाला, परमेश्वर। उ.-'भरत बिस्व कौं और तैं भरत बिस्व के काम। तो ही कौ भरिहै वहै बिस्वंभर जिहि नाम।।'-वृ.ग्रं., य.स., 666/258।

**बिस्व**—विश्व। चौदहों भुवनों का समूह। समस्त ब्रह्मांड। उ. 1-'तुम प्रपंच मिथ्या कह्यौ फिरि पूछत इहिं हेत। सुवणादिकहू बिस्व मैं साँचौ फल क्यौं देत।।''-ज.ग्रं., आ.बि., 82/123। उ. (2)-''स्वेच्छाचारी है सदा वाकौ जानि प्रमान। केवल इछ्यामात्र तैं बिस्व करयौ निरमान।।''-ज. ग्रं., अ.सि., 55/147। वही, अ.सि., 56/147। उ. (3)-''बिस्व भए तैं कर्म ए जीव करत है देखि। तेई संचित प्रारबध क्रीयमानहू लेखि।।''-ज.ग्रं., अ. सि., 59/148।

**बिस्वनाथ**—विश्वनाथ। शिव। महादेव। काशी या वाराणसी के विश्वनाथ। उ. (1)-''बारानसी अरु बिंदुकाधव बिस्वनाथ बखानि। भागीरथी मनिकर्निका यह दिब्यपंचक जानि।।''-वि.गी., 6/57। उ. (2)-''मठ बिस्वनाथ को न बास ग्राम गोकुल को देवी को न देहरा न मंदिर गोपाल को।।''-भू.ग्रं., प्रकी., 438/214।

**बिस्वनाथ दरबार**—काशी के बाबा विश्वनाथ की कचहरी। विश्वनाथ की सभा या न्यायालय। उ.-''बिदा बिंदुमाधव दई, तबहीं बार बिचार। गए विवेक बिसेषमति बिस्वनाथ दरबार।''-वि.गी., 11/34।

**बिस्वरूप**—विश्वरूप। महाभारत के अनुसार कुरुक्षेत्र में अर्जुन को गीता का उपदेश देते समय श्रीकृष्ण द्वारा दिखाया गया वह विराट रूप जिसमें सूर्य, चंद्र, तारे आदि सब उनके रूप और उसी में समाविष्ट थे। उ. (1)-''अपनी इछ्या करि कियौ बिस्वरूप परकास। बंदन परमानंद कौं जो जग कौ आधार।।''-ज.ग्रं., आ.बि., 2/115। उ. (2)-''बिस्वबरूप ए सकल तूँ मिथ्या ही करि देखि। एक आतमा सत्य है निहचैकरि कै लेखि।।''-ज. ग्रं., आ.बि., 81/122। उ. (3)-''संकर क्रिपा कटाछि तैं मिटे चित के खेद। झूठौ मैं समझ्यौ अबै बिस्वरूप को भेद।।''-ज.ग्रं., आ.बि., 86/123। उ. (4)-''बिस्वरूप या भरम कौ कारन कहियै मोहि। सत्य आतमा एक तैं दूजौ भ्रम क्यौं होहि।।''-ज.ग्रं., आ.बि., 99/124।

**बिस्वसुरूप**—विश्वस्वरूप। दे. बिस्वरूप। उ.- ''बिस्व कौ कारन बिस्व कौ पोषक बिस्वसुरूप वहै जु कहावै।।''-ज.ग्रं., अ.प्र., 19/141।

**बिस्वामित्र**—विश्वामित्र। एक प्रसिद्ध ब्रह्मर्षि जिनका क्षत्रिय नाम विश्वरथ था। ये कान्यकुब्ज के पुरुवंशी महाराज गाधि के पुत्र थे। जन्म से क्षत्रिय होकर भी इन्होंने तपोबल से ब्रह्मर्षि पद प्राप्त किया। ऋग्वेद के अनेक मंत्रों के रूप में इनका तथा इनके वंशजों का नाम स्वीकृत है। ब्राह्मणत्व प्राप्त करने पर इनका नाम विश्वरथ से विश्वामित्र हुआ। ऋग्वेद के अनेक मंत्रों से इनके याज्ञिक पौरोहित्य का पता लगता है। इसी कार्य को लेकर इनमें और वशिष्ठ में अनेक बार संघर्षों का पता लगता है (दे.बसिष्ठ)। इनके जन्म के विषय में कहा जाता है कि गाधि की एक कन्या सत्यवती ऋचीक ऋषि को प्रदत्त थी। ऋचीक ऋषि ने ब्राह्मण गुण और क्षत्रिय गुणवाले पुत्रों के लिए दो चरु तैयार किए थे, जिनमें से ब्राह्मण गुण वाला चरु खाने के लिए सत्यवती को दिया और दूसरा उसकी माँ के लिए। उसी समय राजा गाधि के सपत्नीक आ जाने पर सत्यवती की माता ने सत्यवती के लिए सुरक्षित चरु को उत्तम समझ कर स्वयं खा लिया और दूसरा सत्यवती को दे दिया। परिणामतः सत्यवती को क्षत्रिय गुण सम्पन्न जमदग्नि (दे.) हुए और गाधिपत्नी को ब्राह्मणगुण सम्पन्न विश्वामित्र। विश्वामित्र की पत्नी का नाम सती था, जिससे इन्हें शुनःशेप, देवरात, देवश्रवा, हिरण्याक्ष, गालव, जय, अष्टक, कच्छप, नारायण, नर आदि सौ पुत्र हुए। विश्वामित्र के घोर तप से भयभीत होकर इंद्र ने मेनका के द्वारा इनका तप भंग कराया था, जिससे शकुंतला नाम की कन्या उत्पन्न हुई, जिसका पालन-पोषण कण्व ने किया और वह दुष्यंत को ब्याही गई थी। इक्ष्वाकुवंश के राजा त्रिशंकु को, वशिष्ठ द्वारा अस्वीकार करने पर इन्होंने अपने तपोबल से उसे सशरीर स्वर्ग भेजा था। विश्वामित्र का क्रोध पुराणों में बहुत वर्णित है। हरिश्चंद्र की सत्य परीक्षा तथा अन्य अनेक कथाएँ विश्वामित्र से सम्बन्धित हैं। रामकथा से इनका घनिष्ठ सम्बन्ध है। वे वेदमाता गायत्री के द्रष्टा है। (हिं.श.सा., पौ.को.)। उ. (1)-''कैधौं बिस्वामित्र हौ, संतत बिस्वामित्र।''-वि.गी., 16/57। उ. (2)-ज्यौं बसिष्ठ दशरथ कें मित्र। रामचंद्र बिस्वामित्र।''-वी.च., 18/29। उ. (3)-''तहँ अद्‌भुत गति पगुधारियो बिस्वामित्र पवित्र मुनि।''-रा. चं., 1/24।

**बिस्वेस्वर**—विश्वेश्वर। विश्वनाथ महादेव। उ.-''बीर बीरबर से जहाँ उपजे कवि अरु भूप। देव बिहारेस्वर जहाँ बिस्वेस्वर तद्रूप।।''-भू.ग्रं., शि.भू. 27/133।

**बिहागरो**—बिहाग। बिहागड़ा। एक राग जो आधी रात के बाद लगभग 2 बजे गाया जाता है। इसे हिंडोल राग का पुत्र माना जाता है। बिहगाड़ा को कोई हिंडोल राग की रागिनी कहते हैं और कुछ लोग इसे सरस्वती, केदार, और मारवा के योग से उत्पन्न मानते हैं। उ.-''पुनि ताके (मेघ) सुत आठ बखान। केदारो बिहागरो ठान। संकर नट स्यामा पुनि होय। जलधर सूहो कालिंग सोय।।''-बो.ग्रं., वि.वा., 18/121।

**बिहारी**—श्रीकृष्ण। उ. (1)-''राधिका झाँकी झरोखनि झाँप सी लागि गिरे मुरझाइ बिहारी।''-र. प्रि., 6/50। 2. रीतिकाल के बिहारी नाम के कवि दे. बिहारी लाल।

**बिहारी जू**—श्रीकृष्ण। उ.-''काहे तें न ल्याई फिरि मोहनबिहारी जू कों कैसेवाहि ल्याऊँ जैसे बाको मन ल्याई है।''-प.ग्रं., जग., 129/107।

**बिहारीलाल**— 1. रचनाएँ- हरदोल चरित्र, रचनाकाल- सं. 1815 वि.। (बृ.इति. 7)।

**बिहारीलाल**— 2. जन्म सं. 1660 के लगभग अथवा सं. 1652। पिता- केशवराय या केशवदेव। जन्म स्थान-बसुआ गोबिंदपुर (ग्वालियर) अथवा मथुरा। निवास - ग्वालियर, बसुआ गोबिंदपुर, मथुरा। आश्रयदाता - शाहजहाँ, महाराज जयसिंह। रचना-बिहारी सतसई। (इति. शुक्ल., बृ.इति. 6)।

**बिहारीलाल**— 3. दे. बिहारी। वृंदावन बिहारी कृष्णचंद्र। उ. (1)-''सीस मुकुट कटि काछनी, कर-मुरली, उरमाल। इहि बानक मो मन सदा, बसौ बिहारी लाल।।'' - बि.र., 301/143। उ. (2)-''भृकुटी-मटकनि, पीत-पट-चटक, लटकती चाल। चल चख-चितवनि चोरि चितु लियौ बिहारीलाल।।-बि.र., 302/143।

**बिहारी सतसई**—रचयिता-बिहारीलाल (दे.)। (इति. शुक्ल)।

**बिहारेस्वर**—विहारेश्वर। महादेव-त्रिबिक्रमपुर (तिकवाँपुर) में स्थित। उ.-''बीर बीरबर से जहाँ उपजे कबि और भूप। देव बिहारेस्वर जहाँ विस्वेस्वर तद्रूप।।''-भू.ग्रं., शि.भू., 27/133।

**बिहित, विह्ति**—विहृत्। दस हावों में से एक। साहित्य में स्त्रियों के दस प्रकार के स्वाभाविक अलंकारों में से एक प्रकार का अलंकार। प्रिय के वचनों को सुनकर भी नायिका का लज्जावश, व्याज से अथवा सहज रूप में मौन रहना-इसका लक्षण है। ल. (1)-हिलि मिलि सकै न लाज बस जियै भरी अभिलाष। ललचावै मन दै मनहिं बिह्ति हाव ज्यों दाखि।।-भि.ग्रं. 1, शृं.नि., 259/146। ज. (2)-बोलि सकें नहीं लाज तें बिह्ति हाव बखानि।।-ज.ग्रं., भा.भू., 26/12।

**बीघा**—खेत नापने का एक वर्गमान जो बीस बिस्वे का होता है। उ.-''मीत नैंन मौं हंसि लिए बैठत नहि ह्वै सील। तन बीघा पै करत हैं ये मन की तहसील।।'' रस. रतन., 412/98।

**बीछू**—एक प्रकार की छोटी टेढ़ी छुरी। एक छोटा सा शस्त्र। बघनखा। बिछुआ। उ.-''बीछू के घाय गिरे अफजल्लहि ऊपर ही सिवराज निहार्‌यौ।''-भू.ग्रं., परि., 354/196।

**बीजपुर**— दे. बीजापुर। उ.-''बीजपुर किय फते गोलकुंढा गढ़ लिन्नों।''-वृं.ग्रं., स.स.रू., 24/264।

**बीजापुर**—दक्षिण का प्रसिद्ध नगर विशेष, जो आदिलशाही मुसलमानों की राजधानी था। उ. (1)-''गोलकुंडा बीजापुर जीत्यौ लरिकाई ही मैं ज्वानी आए जीत्यो दिल्लीपति पातस्याह कौं।।''-भू. ग्रं., शि.भू., 13/130। उ. (2)-''अफजल्लखान रुस्तमैं जमान फत्तेखान कूटे लूटे हूटे जे उजीर बीजापुर के।''-भू.ग्रं., शि.भू., 221/170। उ. (3)-''बीजापुर की साहिबी भाग नगर के राज।।''-वृं.ग्रं., स.स.रू., 27/265।

**बीजापुरपति**—बीजापुर का आदिलशाही शासक। इस खानदान को स्थापित करने वाला यूसुफ आदिल खाँ तुर्क था जो फारस होता हुआ दक्षिण आया था और बहमनी रियासत में बढ़ते-बढ़ते बीजापुर प्रांत का सूबेदार हो गया था। जब बहमनी राज्य नष्ट होने लगा तो वह स्वतंत्र हो गया। (भूमिका, भू.ग्रं.,)। उ.-''बलखबिलात बिलखात बीजापुरपति भिरत फिरंगिनि की नारी फरकति है।''-भू.ग्रं., प्रकी., 423/210।

**बीजापुरी**—दे. बीजापुर। बीजापुर वाले। उ.-''कोट-गढ़ दे कै भाल मुलक दै बीजापुरी गोल कुंडावारो पीछे ही को सरकतु हैं।''-भू.ग्रं., शि. भू., 204/167।

**बीजु**—बीज। वीज। वह अव्यक्त सांकेतिक वर्ण अथवा वर्ण-समुदाय जो तांत्रिक साधना में किसी देवता या देवी विशेष के लिए निश्चित होता है। सामान्यतया, जो व्यक्ति उसके सांकेतिक भावों को न जानता हो, वह इसके अर्थ को नहीं समझ सकता। तांत्रिक मंत्रों के तीन प्रधान अंगों (बीज, शक्ति और कीलक) में से एक जो अत्यंत सांकेतिक होता है, जैसे- ह्रीं। (भ्रू-युग-वर्णन)-उ.-''जंत्रु है सुहाग को कि मंत्रु अनुराग को कि मंत्रनि कौं बीजु अध ऊधर अभाइ को।''-क.प्रि., 15/60।

**बीजैपुर**—दे. बीजापुर। उ.-''बीर बीजैपुर के उजीर निसिचर गोलकुंडा वारे धूँधू ते दुराए हैं जिहान सौं।''-भू.ग्रं., शि.भू., 64/139।

**बीठू भौमौ**—जाति-चारण। निवास-स्थान-देसजोक (बीकानेर)। आश्रयदाता-बीकानेर महाराजा रत्नसिंह। रचना-महाराजा रतनसिंह जी री कविता बीठू भौमौरी कही। रचनाकाल-सं. 1895। (बृ. इति. 7)।

**बीदुरैन**—दे. विदुराइन, बिदुर। बिदुराइन, बिदुर की पत्नी। उ.-''बिदुर की भाजी रोटी बथुआ समाँ की रुची बीदुरैन केर छोल छिकुला खवाए हैं।''-ठाकुर, 50/14।

**बीन**—एक प्रसिद्ध तारवाद्य जो सितार की तरह का, पर उससे बड़ा होता है। इसमें दोनों ओर बड़े-बड़े तूँबे होते हैं जो बीच के एक लंबे डाँड से मिले होते हैं। इसमें एक सिरे से दूसरे तक साधारणतः 5 या 7 तार लगे रहते हैं, जिनसे

उँगलियों के पोरों के स्पर्श से भिन्न स्वर निकाले जाते हैं। उ. (1)-''ग्राम सुर बीन बाजैं पातर नौ नृत्य नाचैं भावहि दिखावैं चित चाव अंग अंग कौं।''-वृं.ग्रं., शृं.शि., 83/50। उ. (2)-''ढोल की गमक बीन बाँसुरी सितारवारे कंदला तिया की ऐसी इति मृदु बानी है।''-बो.ग्रं., वि.वा., 43/104। उ. (3)-''गावैं पिकबैनी मृगनैनी हू बजावैं बीन नाचैं चंद्रमुखी चारु चाउ की चटक पै।''-ठाकुर, 15/6। उ. (4)-''नाचति गावति पढ़ति सब सबै बजावति बीन।''-क.प्रि., 1/56।

**बीना**—दे. गाहा छंद.

**बीना**—दे. बीन। उ. (1)-''बीना-बेनु-निनाद मृग मोहि अचल करि चंद।''-मति., ल.ल., 11/300। उ. (2)-''बीना चार सितार ह्वै द्वादस बजै मृदंग। चार ताल षटताल मिलि सजै पाँच सुर संग।।''-बो.ग्रं., वि.वा. 7/98।

**बीभच्छ**—दे. बीभत्स। -भि.ग्रं. 1 र.सा., 470/68।

**बीभत्स**—काव्य के नौ रसों में से एक, जिस में अरुचि और घृणा उत्पन्न करने वाली वस्तुओं, जैसे-रक्त, मांस, पीव, हड्डी, चरबी, इन सबके सड़ने से उत्पन्न दुर्गंध आदि का वर्णन होता है। इसका वर्ण नील और देवता महाकाल माने गए हैं। इसका स्थायी भाव जुगुप्सा है। उपर्युक्त वस्तुएँ ही विभाव हैं। कंप, रोमांच, आलस्य, संकोच आदि अनुभाव हैं। मोह, मरण, आवेग, व्याधि इसके व्यभिचारी भाव हैं। ल. (1)-थाई घिनै बिभाव जहँ घिनमै बस्तु अस्वच्छ। बिरचि नींदि मुख मूँदिबो अनुभव रस बीभच्छ।- भि.ग्रं. 1, र.सा., 470/68। उ. (2)-थाई जासु गिलानि है सो बीभत्स गनाव। पीब मेद मज्जा रुधिर दुरगंधादि बिभाव।। नाक मूँदिबो कंप तन रोम उठब अनुभाव। मोह असूया मुरछादिक संचारी भाव।। महाकाल सुर नील रंग सो बिभत्स रस जानि। ताको कहत उदाहरन रस ग्रंथनि उर आरि।। उ.-''रिपुअंत्रन की कुंडली करि जुग्गिनि जुचबाति। पीबहि में पागी मनो जुवति जलेबी खाति।।''-प.ग्रं., जग., 712-716/229-230। ल. (3)-निंदा भय बीभत्स रस, नील बरन बपु तास। केसव देखत सुनत ही तन मन होइ उदास।-र.प्रि., 14/30। ल. (4)-जहँ कबित कौं सुनत ही, हिय मैं सरसै हानि। ताही कहें बिभत्स रस, कबिकोबिद पहिचानि।।-सो.ग्रं. 1, र.पी.नि., 16/141।

**बीर**—राजा वीरसिंह देव जो कवि केशवदास के आश्रयदाता थे और जिनके नाम पर केशवदास ने वीरचरित नामक काव्य लिखा। उ. (1)-''ब्रह्मादिक की बिनय तें हरन सकल भुवभार। सूरजबंस कर्‌यो प्रगट रामचंद्र अवतार।। तिनकें कुल कलिकालरिपु कहिं 'केशव' रनधीर। गहरवार इहि ख्याति जुत प्रगट भयो नृप बीर।।''-क.प्रि., 1/7। उ. (2)-''....बीर सिंह नृपसिंह मही महँ महाराजमनि। गहरवार-कुल-कलस ईस अंसावतार गनि।।''-वी.च., 1/3।

**बीरगढ़**—केशवदास के 'वीरचरित' काव्य में वर्णित एक गढ़ का नाम। उ.-''पार उतरि तब करि अस्नान। गए बीरगढ़ दै बहु दान।।''-वी.च., 1/35।

**बीरचरित्र**—वीरचरित्र। आचार्य केशवदास कृत प्रशस्ति काव्य जिसमें वीरसिंह देव की वीरता और दान का वर्णन किया गया है। उ. (1)-''तिहि पुर प्रसिद्ध 'केशव' सुमति विप्रवंस-अवतंस गुनि। बुद्धिबल प्रबंध तिनि बरनियो 'बीरचरित्र' बिचित्र सुनि।।''-वी.च., 1/3। उ. (2)-''बीरचरित संतत सुनत को बंस नसाय। मो उर बसहु बढ़ाइजौ जहाँगीर कों आय।।''-वी.च., 33/53।

**बीरबर**—बीरबल। भूषण के निवासग्राम तिकवाँपुर के एक वीर राजा बीरबल। उ.-''बसत त्रिविक्रमपुर सदा जमुना कंठ सुठार।। बीर बीरबर से जहाँ उपजे कबि अरु भूप। देव बिहारेस्वर जहाँ बिस्वेस्वर तद्रूप।।''-भू.ग्रं., शि.भू., 26-27/133।

**बीरबर**—बीरबल, अकबर के अमात्य। उ.-''सब सुख चाहौ भोगवै, जो पिय एकहि बार। चंद गहै जहँ राहु कों जैयो तिहि दरबार।। बीरबर को दरबार जानिबी।।''-क.प्रि., 13/37।

**बीरभद्र**—केशवदास रचित 'वीरचरित्र' काव्य के एक वीर राजा का नाम। उ.-''राजा बीरभद्र

गंभीर। तिनकें प्रगटे राजा बीर।।''-वी.च., 2/24।

**बीरम**—दे. बीरमदेव। 3. 'गयो कटि बारिय बारिय जोह। चलयो तब बीरम कै अति कोह।।' बो.ग्रं.वि.बा. 12/191।

**बीरमदेव**—बोधारचित विरह वारीश के एक योद्धा का नाम। उ.-''कह्यो वहि ओर हुसेन पठान। गही तब बीरमदेव कृपान।।''-बो.ग्रं., वि.वा., 11/190।

**बीर रस**—वीर रस। साहित्य के नौ रसों में से एक जिसमें उत्साह और वीरता आदि की परिपुष्टि होती है। इसका वर्ण गौर और देवता इंद्र हैं। इसके स्थायी भाव हैं- धृति, मति, गर्व, स्मृति, तर्क, रोमांच आदि। यह रस भयानक, शांत और शृंगार रस का विरोधी है। ल. (1)-होहि बीर उत्साह मय और बरन दुति अंग। अति उदार गंभीर कहि 'केशव' पाइ प्रसंग।।-र.प्रि., 14/24। ल. (2)-जानौ बीर विभाव ये सत्य दया रन दानु। अनुभव टेक' रु सूरता उत्साह थाई जानु।। बरने चारि बिभाव ते चार्यौ नायक बीर। उदाहरन सबके सुनौ भिन्न-भिन्न करि धीर।।-'भि.ग्रं. 1, र.सा., 459, 460/66। ल. (3)-जो उत्साहिल चित् में देत बढ़ाइ उछाह। सो पूरन रसबीर है, रचैं सुकबि करि चाह।।-भि.ग्रं. 2, का.नि., 5/27। ल. (4)-बीर पीत रंग होतु। सो.ग्रं. 1, शृंगार विलास, 44/273। वही, र.पी.नि., 52/57। ल. (5)-जहाँ कबित्त में सुनत ही ब्यंगि होइ उतसाह। तहाँ बीर रस समझियो चौबिधि के कबिनाह।।-सो.ग्रं. 1, र.पी.नि., 8/139। उ.-''खग्गजल पूरि खल देखि कोरि कोरि बोरि बोरि मारे एक बीरस भीने हैं।''-वी.च., 26/23। उ. (2)-''ऐसे समै फौजैं बिचलाइ छत्रसाल सिंह अरि के चलाए पायँ बीररस च्वै रह्यौ।''-भू. ग्रं., प्रकी. 525/233।

**बीरसागर** — वीरसागर, एक सरोवर जो ओड़छा में है। उ.-''देखि बीरसागर कों नागर कहत यह संपति वीरेसजू कें बाँधे ही बढ़ाति है।''-वी. च., 15/22।

**बीरसिंह** — वीरसिंह। केशवदास रचित 'वीर चरित्र' नामक काव्य के नायक वीरसिंह देव जो गाहड़वार कुल के ओरछा के एक राजा थे। अपने भाई रामशाह के साथ मनमुटाव के कारण इन्हें उनसे युद्ध करना पड़ा था। युद्ध में वीरसिंह ही विजयी हुए। कहा जाता है कि अबुल फजल की हत्या वीर सिंह के द्वारा ही की गई थी, अथवा परस्पर युद्ध में इन्होंने अबुल फजल को मारा था। ये आचार्य केशवदास के दूसरे आश्रयदाता थे। युद्ध और दान दोनों में इन्होंने वीरता दिखाई। उ. (1)-''तीसरे बुंदेला राजा बीरसिंह ओड़छे को जाके दुख दुसह जलालदीन जारे हैं।''-वी.च., 1/3।

**बुंदेल वंशावली**—रचयिता - शाह जू पंडित (दे.), विव.-बुंदेलखंड के राजाओं की वंशावली। (बृ.इति. 7)।

**बुंदेल**—बुंदेलखंड के वीर या बुन्देला वीर। उ. (1)-''बुंदेल विदित जहान में जे लरत अति घमसान में।।''-प.ग्रं., हि.ब.बि., 28/7।

**बुंदेला, बुंदेले**—क्षत्रियों का एक वंश जो गहरवार वंश की एक शाखा माना जाता है। ऐसी प्रसिद्धि है कि एकबार पंचम नामक एक गहरवार क्षत्रिय ने विंध्यवासिनी देवी पर अपने को बलिदान करना चाहा था। उस समय उसके शरीर से रक्त की जो बुंदें वेदी पर गिरी थीं उन्हीं से बुन्देला वंश के आदि पुरुष की उत्पत्ति हुई थी। चौदहवीं शती में बुंदेलखंड में इनका बड़ा प्राबल्य था। इसी वंश में वीरसिंह छत्रसाल जैसे वीर उत्पन्न हुए थे। उ. (1)-''दलपति दलपति दूसरो बुंदेला बलवंड।''-वृं. ग्रं., स.स.रू., 43/263। उ. (2)- ''बुंदेला बुंदेलखंड कासी कुलमंडन।''-बो.ग्रं., वि.वा., 24/24। उ. (3)-बीर कमध चहुबाँन गोर हाड़े कछबाहे। धरैं धोप दच्छिनी चिल बुंदेले चाहे।।''-वृं. ग्रं., स.स.रू., 70/269।

**बुँदी**—मीठी बुँदिया नाम की मिठाई। उ.- ''बतराते बुँदी बतासा हँसते बरफी रंच रु खाई की।''-बो.ग्रं., इ.ना., 34/6।

**बुँदेल**—दे. बुंदेला। बुंदेला क्षत्रिय। उ.-जँगकरि जोर सों निजामसाही जेर कीन्हीं रन में नमाए हैं बुँदेल छल-बलही।''-भू.ग्रं., प्रकी., 667/220।

**बुँदेलखंड**—बुंदेलखंड। उ. (1)-''दिगबिजय-

काज महूम की अरि-देस-देसन धूम की। गूजर गलीम लगाइकै सु बुँदेलखंडहि आइकै।।''-प.ग्रं., हि.ब.वि., 15/6। उ. (2)-''खंड खंड सोर यो अखंड महिमंडल में मंडौ ते बुँदेलखंड मंडल महेवा के।''-भू.ग्रं.,प्रकी., 515/231।

**बुंदेलन**--दे. बुँदेला। उ.-''समद लौं समद की सेना त्यों बुँदेलन की सेलैं समसेरैं भई बाड़व की लपटैं।''-भू.ग्रं., प्रकी., 509/229।

**बुखारे**--मध्य एशिया के एक प्रसिद्ध प्राचीन नगर बुखारा के घोड़े। उ.-''बुखारेहु के हैं डिलारे घुमंडैं।''-प.ग्रं., प्र.बि., 37/280।

**बुखारे**--बुखारा। उ. (1)-''कासमीर बलख बुखारे लौं परी पुकार धाम-धाम धूमधाम रूम साम परीठै।''-भू.ग्रं., प्रकी., 434, 437/213। उ. (2)-''बलख बुखारे मुलतान लौं हहर पारै काबुल पुकारै कोऊ गहन न सार है।''-भू.ग्रं., प्रकी., 526/234।

**बुद्ध**--बुँदी-नरेस हाड़ा बुद्ध राव। उ.-''जुद्ध को चढ़त दल बुद्ध कौ सजत तब लंक लौ अतंकन के पतरैं पतारे से।''-भू.ग्रं., प्रकी., 537/237।

**बुद्धकथामृत**--रचयिता-गिरधरदास (दे.)। (इति. शुक्ल)।

**बुद्ध सिंह**--पद्माकर रचित हिम्मतबहादुर विरुदावली नामक काव्य के एक योद्धा का नाम। उ.-''रन बुद्धसिंह सपूत सेंगर लर्‌यौ हर्षि हकाह की।''-प.ग्रं., हि.ब.वि., 159/22।

**बुद्धि**--पुराणों के अनुसार बुद्धि का लक्षण है निश्चयात्मक अन्तःकरण वृत्ति जिसके अनुसार मनुष्य किसी विषय के सम्बन्ध में ठीक-ठीक विचार या निर्णय करता है। भगवद्गीता में सात्विक, राजसिक, और तामसिक तीन प्रकार की बुद्धि का उल्लेख है। जिसके द्वारा प्रवृत्ति, निवृत्ति, कर्तव्याकर्तव्य, भय-अभय, मोक्ष-बंधन आदि जाना जा सके, उसे सात्विक बुद्धि, जिसके द्वारा धर्म-अर्धम कार्याकार्यादि को भलीभाँति जानने का ज्ञान उत्पन्न हो, उसे राजसी बुद्धि और जिससे अकर्तव्य को कर्तव्य समझा जाय, जैसे विपरीत भावाकर्षक लगे, ऐसे ज्ञान को तामसी बुद्धि कहते हैं। लेकिन साधारणतया बुद्धि का तात्पर्य सद्‌बुद्धि से है। उ. (1)-''राग मोह कौ रूप सुजानहु अैन। बुद्धि बिबेक मिटावत करत अचैन।।''-ज.ग्रं., आ. बि., 28/117। उ. (2)-''निहचै ग्यान सुबुद्धि है।''-सो.ग्रं. 1, र.पी.नि., 29/54। उ. (3)-''बारहि बार को रूसबो बारौं बहाऊँ सु बुद्धि बियोग बसाई।''-र.प्रि., 7/41।

**बुद्धि छंद**--पकल अर्थात् पाँच मात्राओं का छंद है। क्रम है (।S।।)। उ.-''भ्रमै तजि। हरै भजि। करै सुद्धि। धरै बुद्धि।।''-भि.ग्रं. 1, छंदा., 25/183।

**बुद्धि-प्रकाश-दर्पण**--रचयिता - केशोदास (दे.)। (बृ.इति. 7)।

**बुद्धिविलास**--रचयिता - रामहरि (दे.)। (बृ. इति. 7)।

**बुद्धिसागर**--रचयिता-गुरुगोविंद सिंह (दे.)। (इति. शुक्ल)।

**बुद्धिसेन**--कवि बोधा के नाम का एक रूप। उ.-''सिंह अमाण समर्थ के भैया लहुरे आहिं। बुद्धिसेन चित चैनजुत सैवौं तिन्हैं सदाहिं।।''-बो. ग्रं., वि.वा., 12/22।

**बुधजन**--जाति-खण्डेलवाल, जैन, स्थान-जयपुर। पिता - निहालचंद। रचनाएँ - बुधजन सतसई (दे.)। (बृ. इति. 7)।

**बूँदी-धनी**--बूँदी नगर अथवा राज्य के प्रधान। उ.-''इक हाड़ा बूँदी-धनी मरद महेवावाल।''-भू. ग्रं., प्रकी., 520/232।

**बूँदी नगर**--राजस्थान का एक प्राचीन ऐतिहासिक नगर। उ.-''जगत विदित बूँदी नगर सुख संपति को धाम।''-मति., ल.ल., 6/200।

**बूस्ताने इश्क**--रचयिता - वाकिफ (दे.)। विव.-यह रचना हिंदू धर्म को हेय सिद्ध करने के लिए लिखी गयी है। (बृ.इति. 7)।

**बूस्ताने ख्यात**--रचयिता-सै. सिराज औरंगाबादी। रचनाकाल-1748 ई. विव.-प्रेमगाथा। (बृ.इति. 7)।

**बूस्ताने ख्याल**--रचयिता-सैयद सिराज। रचनाकाल - सं. 1872। विव.-दक्खिनी हिंदी की

प्रेमगाथा। (बृ.इति. 7)।

**बृंदा देवि**—वृंदा देवी। एक स्रोत के अनुसार राधा के सोलह नामों में से एक। उ.-''इहि बिधि पाखंडीन के, छलनि बिलाकि प्रकास। बृंदा देवी यहँ गई बूझन 'केशवदास'।।''-वि.गी., 8/48।

**बृंदाबन**—वृंदावन। तुलसी का वन। मथुरा जिले का एक प्रसिद्ध प्राचीन तीर्थ जो भगवान् श्रीकृष्ण चंद्र का क्रीड़ाक्षेत्र माना जाता है। यहीं श्रीकृष्ण ने अधिकांश लीलाएँ की थीं। महमूद गजनवी द्वारा नष्ट-भ्रष्ट किए जाने के बाद बहुत दिनों तक यह इसी तरह पड़ा रहा, जब तक चैतन्य महाप्रभु द्वारा यमुना नदी के किनारे नये नगर की स्थापना नहीं की गई। श्रीकृष्णोपासकों का अत्यन्त महत्त्वपूर्ण तीर्थ। उ. (1)-''फिरि अखड बृंदावन अजहूँ रहत रासरस भीनो।''-बो.ग्रं., वि.वा., 18/30। उ. (2)-''ठाकुर कहत ब्रजचंद चंदमुखी राधा बृंदावन बीथिन मैं हरि गुन गाव रे।''-ठाकुर, 214/56। उ. (3)-''तालन पै ताल पै तमालन पै मालन पै बृंदाबन बीथिन बहार बसीबट पै।''-प. ग्रं., जग., 388/164। उ. (4)-''बृदावन कूलन सु बृंदाबन मूलन पै बृंदाबन फूलन बिहंगन की बानि पै।''-प.ग्रं., 58/318।

**बृंदाबन चंद**—दे. बृंदाबन, श्रीकृष्ण। उ.-''वृंदावन चंद पर बृंदबन-मंदिरन बृंदाबनहू पै बृंदाबन की लतान पै।''-प.ग्रं., प्रकी., 58/319।

**बृंदावन**—दे. बृंदाबन। उ. (1)-''बृंदावन जुगुल किसोर परना के धाम स्याम अभिराम राधे ओर दृग जोरे हैं।''-ठाकुर, 122/32।

**बृंदावन शतक**—रचयिता- चंद्रशेखर (दे.)। (इति. शुक्ल)।

**बृज**—व्रज। मथुरा और वृंदावन के आसपास का प्रदेश जो भगवान् श्रीकृष्ण का लीला क्षेत्र है और इसी कारण बहुत पवित्र माना जाता है। पुराणों के अनुसार मथुरा के चारों ओर 84 कोस की भूमि व्रजभूमि कही गई है, जिसकी प्रदक्षिणा का बड़ा माहात्म्य है। इसी 84 कोस के परिक्षेत्र को व्रजमंडल कहते हैं। उ. (1)-''काननि लगि कै तैं हमैं काननि दियौ बसाइ। सुचिती ह्वै तै बांसुरी बसु तै अब बृज आइ।।''-रस., रतन., 210/72। उ. (2)-''गोपी गोप गाइन पै बृज पै बसैयन पै कोप मघवा को लोग अक बक जोहैं री।''-ठाकुर, 6/63।

**बृजचंद**—व्रजचंद्र। श्रीकृष्ण। उ.-''सजि बृजचंद पै चली यों मुखचंद जाको चद चाँदनी को मुखमंद सो करत जात।।''-प.ग्रं., जग., 245/133।

**बृजनाथ**—व्रजनाथ। दे. व्रज, श्रीकृष्ण। उ. (1)-''जिन काटौ वृजनाथ जू मो करनी कौ छोर। मो करनी कौ कर जहाँ रसनिधि जुगलकिसोर।।''-रस. रतन. 23/46। उ. (2)-''गेह में न नाथ रहै हरि बृजनाथ रहै कैसे मन हाथ रहै साथ रहै सब सों।।''-प.ग्रं., जग., 509/187।

**बृजबनितान**—व्रज की स्त्रियाँ। व्रज की गोपिकाएँ। उ.-''बिबसन बृजवनितान की लखि मोहन मृदु काय। चीर चोरि सुकदंब पै कछुक रहे मुसक्याय।।''-प.ग्रं., 585/202।

**बृजबाल**—व्रजबाल। व्रज की गोपियाँ। उ. (1)-''जाउ न कुंजन मैं छिपि कै करी जोर जमातैं धनी बृजबाल की।''-ठाकुर, 7/63। उ. (2)-''सटपटाति न सबीह सी दीह दृगन में मेह। सु बृजबाल मोही परी निरमोही के नेह।।''-प.ग्रं., जग., 513/188।

**बृजमंडल**—व्रजमंडल। दे. वृज। उ.-''एकै कहैं कीजिये पयान सुखदानि पीछें भए बृजमंडल बसेरे दुखसाज के।।''-भि.ग्रं. 1, र.सा., 555/822।

**बृजराज**—व्रजराज। श्रीकृष्ण। उ. (1)-''मलत ही कुरूख चिकत्ताकौं निरखि कीनौ सरजा साहस जो उचित बृजराज कौं।।''-भू.ग्रं., शि.भू. 33/133। उ. (2)-''आधे आधे दृगनि रति आधे दृगनि सु लाज। राधे आधे बचन कहि सुबस किये बृजराज।।''-प.ग्रं., जग., 221/128। उ. (3)-''कियो अकरषन मंत्र सो बंसी धुनी बृजराज।।''-भि.ग्रं. 1, र.सा., 536/79। उ. (4)-''तुम सिवराम बृजराज अवतार आज तुम ही जगतकाज पोषत भरत हौ।''-भू.ग्रं., शि.भू., 70/141।

**बृत्त तरंगिणी**—रचयिता - रामसहायदगन (दे.)। विव.-पिंगल ग्रंथ। (इति. शुक्ल)।

**बृत्ति**—वृत्ति। 1. नाटकों में विषय के विचार

से वर्णन करने की शैली। कुछ लोगों ने वृत्ति और रीति में अभेद किया है। कुछ लोग वृत्ति को अनुप्रास जाति की मानते हैं। कुछ लोगों की दृष्टि में यह समासाश्रित होती है। सब मिलाकर इसका शैली से सम्बन्ध किसी न किसी प्रकार अवश्य निश्चित होता है। इसका सम्बन्ध भिन्न भिन्न रसों से इसलिए है कि भिन्न भिन्न रसों में शैली या वर्णन शैली के भेद से रस निष्पत्ति में सहायता मिलती है। यह चार प्रकार की कही गई है। कौशिकी वृत्ति शृंगार के लिए, सात्वती वृत्ति वीर रस के लिए, आरभटी वृत्ति रौद्र और वीभत्स रस के लिए और भारती वृत्ति शेष अन्य रसों के लिए उचित मानी गयी है। इनके बहुत से उपभेद भी बताये जाते हैं। जो लोग वृत्यानुप्रास के अन्तर्गत वृत्ति को मानते हैं, वे इसके उपनागरिका (माधुर्यगुण), परुषा (ओजगुण-वीर, रौद्र, भयानक आदि रस), कोमला (प्रसाद गुण-शांत, शृंगार, और अद्‌भुत रस) नामक तीन भेद मानते हैं। ल. (1)- प्रति अक्षर आवृत्ति बहु वृत्ति तीनि विधि मानि। मधुर बरन जामें सबै उपनागरिका जानि।। दूजें परुषा कहत सब जामें बहुत समास। बिन समास बिन मधुरता कहै कोमलातास।।- ज.ग्रं., भा.भू., 202-203/767। ल. (2)-वृत्ति कैसिकी भारती सात्वतीहि उर आनि। आरभटीजुत चारि विधि रस को सबल बखानि।। सुभ भावनि जुत कैसकी करुना हाससिंगार। बीर हास शृंगार मिलि सात्वतीहि निरधार।। भय बिभत्स अरु रूद्र तें आरभटी उर आनि। अद्‌भूत बीर सिंगारजुत सांत सत्वती जानि।।-भि.ग्रं. 1, र. सा., 560-562/83-84। ल. (3)-प्रथम कैसिकी भारती आरभटी भनि भांति। कहि 'केसव' सुभ सात्वती चतुर चतुर विधि जाति।। कहिये 'केसवदास' जहँ करुन हास सिंगार। सरल बरन सुभ भाव जहँ सो कैसिकी विचार।। बरनिय जामें वीररस रसमय अद्‌भूत हास। कहि 'केसव' सुभ अर्थ जहँ सौ भारती प्रकास।। 'केसव' जामें रौद्ररस भय बीभत्सहि जान। आरभटी आरंभ यह पद पद जमक बखान।। अद्‌भूत बीर सिंगार रस समरस बरनि समान। सुनतहिं समुझत भाव जिहिं सो सात्वकी सुजान।।-र.प्रि., 15/1. 2, 4, 6. 8। ल. (3)-मिले बरन माधुर्ज के उपनागरिका निति। परुषा ओज प्रसाद के मिले कोमला बृत्ति।।'भि.ग्रं. 2, का.नि., 44-47/181-182। भिखारीदास ने उक्त तीनों भेदों के आधार पर उनमें अन्तर किया हैं। 2. छंद संख्या, सूची, अंक। उ.-मत्त छंद में बृत्तिहू दरसावत इति हेत। बहु छंदन की गति मिले, एक सुकवि गनि लेत।।-भि.ग्रं. 1, छंदा., 5/182।

**बृष**—वृष। ज्योतिष में मेष आदि बारह राशियों में से दूसरी। इस राशि में कृतिका नक्षत्र के तीन पाद, पूरा रोहिणी और मृगशिरा नक्षत्र के प्रथम दो पाद हैं। इसका विवरण है- श्वेदवर्ण, वातप्रकृति, वैश्य, चतुष्पदी, दक्षिण दिशा की स्वामिनी। राशि के अतिरिक्त बारह लग्नों में से भी एक लग्न। उ.-''बृष के खरदूषन ज्यों खर दूषन। तव दूरि किये रबि के कुलभूषन।।''-रा.चं., 12/2।

**बृषपति**—बृषपति। नंदी बाहन (साँड़) के स्वामी। महादेव। उ.-''जौ लौं चतुरानन चितैवैं चहूँ ओर तौ लौं बृष पै चढ़ाइ लै गयोई बृषपति है।।''-प.ग्रं., गं.ल., 23/261।

**बृषभध्वज**—वृषभध्वज। शिव अथवा महादेव जिनके ध्वज पर वृषभ अंकित रहता है। उ.-''तब उमगी बृषभध्वज कही बनिताहि को तप देखिकै।।''-बो.ग्रं., वि.वा., 44/40।

**बृषभान-बृषभानु**—वृषभानु। श्रीराधिका के पिता का नाम। पुराणों के अनुसार ये नारायण के अंश से उत्पन्न माने जाते हैं। इनके पिता का नाम सुरभानु और माता का नाम पद्मावती था। ये गोकुल के बड़े प्रतिष्ठित भूस्वामी थे और यहीं, पहले राधिका के जन्मस्थान में रहते थे। बाद में कंस के उपद्रव के कारण बरसाने में जा बसे थे। उ. (1)-''अरी सुता वृषभान की सीत भान क्यों होइ।।''-वृं.ग्रं., य.स., 665/285। उ. (2)-''सुनि सुभनि वृषभान की सुता हेत ब्रजराज। धर्‌यो देह वसुदेव के गेह नेह तिहि काज।।''-बो.ग्रं., वि. वा., 3/28। उ. (3)-''कीरतिकुमारी वृषभान की दुलारी राधे अटकी बिलोकि लोकलाज की अटक पै।''-ठाकुर, 15/6। उ. (4)-''रह्यहु देखि दृग दै

कहा तुहि न लाज कछु धूत। मैं बेटी बृषभान की तूँ अहीर को पूत।।''-प.ग्रं., जग., 456/178। उ. (5)-''दास तिहि औसर पाइ कै सहेली कों अकेलियै बुलाई बृषभान की कुमारी री।''-भि.ग्रं. 1, शृं. नि., 70/105। उ. (6)-''कौनै है सँवारी बृषभानु की कुमारी यह, जाकी करि कनपट कपट कैसो हितु है।।''-क.प्रि., 15/22।

**बृषभानकिसोरी**—दे. बृषभान। बृषभानु की पुत्री। उ. (1)-''ये बृषभानकिसोरी भई इतै ह्यैं वह नंदकिशोर कहावै।''-प.ग्रं., जग. 36/86। उ. (2)-''हेरि हरें मुसकाइ रही अँचरा मुख दै बृषभानकिसोरी।।''-प.ग्रं., जग., 584/202।

**बृषभान की किसोरी**— दे. बृषभान। उ.-''चाहिए न ऐसी बृषभान की किसोरी तोहि आइ दै दगा जो ठीक ठोकर सनेह की।''-प.ग्रं., जग., 357/156।

**बृषभान की कुमारि**—दे. बृषभान। उ.-''अति सुकुमारि बृषभान की कुमारि रूप रति अनुहारि मनुहारि कै मनाई है।।''-वृं.ग्रं., स्फुट., 68/328।

**बृषभानजा**—दे. बृषभान। बृषभानुजा। बृषभानु की पुत्री। उ.-''जै माता बृषभानजा अभयकरन जगबंद।''-बो.ग्रं., वि.वा., 1/43।

**बृषभानपुरा**—दे. बृषभान। बृषभानुपुर। बृषभानु का गाँव। बरसाना। उ.-''आई ही खेलन फाग इहाँ बृषभानपुरा तें सखी सँग लीलै।''-प.ग्रं., जग., 435/173।

**बृषभानलली**—दे. बृषभानुलली। बृषभान की पुत्री। उ. (1)-''ठाकुर आप महा सुख लूटत बावरी सी बृषभानलली करी।''-ठाकुर, 30/9। उ. (2)-''भाग लसै हिमभानु को चारु लिलारु किधों बृषभानलली को।''-भि.ग्रं. 1, शृं.नि., 55/102।

**बृषभानु**—दे. बृषभान। बृषभानु। उ.-''गोकुल की गलिन गलिन यह फैली बात कान्हैं नंदरानी बृषभानु भौन ब्याहतीं।''-प.ग्रं., जग., 363/153।

**बृषभानु कुँवरि**—दे. बृषभान। बृषभानु नामक गोप की कन्या। उ.-''सुमिरौं मन दृढ़ करिकै, नंदकुमार। जे बृषभानु कुँवरि कै, प्रान-अधार।।''-र. वि., बरवै, 2/56।

**बृषभानुकुमारि, बृषभानुकुमारी**—दे. बृषभान। बृषभानुकुमारी। उ. (1)-''कैसो री कागद लयाई? नई पतिया है दई बृषभानुकुमारी।।''-भि.ग्रं. 1, शृं. नि., 225/138। उ. (2)-''श्रीबृषभानुकुमारि हेत सृंगार-रूप भयं।।''-र.प्रि., 1/2।

**बृषभानुजा**—दे. बृषभानजा। बृषभानुजा। बृषभानु की पुत्री, राधा। उ.-''चिरजीवौ जोरी, जुरै क्यौं न सनेह गँभीर। को घटि, ए बृषभानुजा, वे हलधर के बीर।।''-बि.र., 677/311।

**बृषभानु दुलारी**—दे. बृषभानुजा। राधा। उ. (1)-''केलि कौं चातुर, खेल कौं आतुर आई तहाँ बृषभानु दुलारी।।''-वृं.ग्रं., स्फुट, 83/222। उ. (2)-''सुंदरता जनु काम की कामिनि, बोलि कह्यो बृषभानु दुलारी।।''-र.प्रि., 14/16।

**बृषभानुसुता**—दे. बृषभानुजा। राधिका। उ. (1)-''गुंजामाल लाल लालन के उर पै रुरकत ताकी। जनु उफनाति हिये मोहन के रति बृषभानुसुता की।।''-बो.ग्रं., वि.वा., 13/29। उ. (2)-''येई हैं वे बृषभानुसुता जिनसों मनमोहन मोह करै हैं।''-ठाकुर, 19/6। उ. (3)-''बन में बृषभानुसुता सुखहीं कों हरिलै गई हेलहि हेली।।''-र. प्रि., 6/19।

**बृषवाहन**—वृषवाहन। शिव। महादेव जिनका वाहन नंदी नामक वृषभ है। उ.-''अंग बिभूति बिभूतिसहित गनपति सुखदायक। बृषवाहन संग्रामसिद्ध 'केसव' जसलायक।''-छं.मा., 2/29।

**बृषभा**—बृषभा। पुराणों के अनुसार एक प्राचीन नदी का नाम। उ.-''चित्रोत्पला पिसाचिका, बृषभा बिंध्या जानि। तमसा स्रेनी मंजुला, सुक्तिमती उर आनि।''-वि.गी., 6/15।

**बेगवती छंद**—विषम चरणों में दस वर्ण और मात्राक्रम है (।। ।। ।।)। सम चरणों में ग्यारह वर्ण हैं और मात्राक्रम है (।। ।। ।।)। ल.-सगनो सगनो ल यगनो, भागनु भागनु भागनु कर्मो। विषमे दस बर्न प्रपन्नो, बेगवती सम ग्यारह बर्नो।। उ.-''मिरि गो अधरा रंगु क्यों है, बाढ़ि गई वकबाद घरी है। सिगरो तन स्वेद सनो है, तो डर आवत बेगवती है।।''-भि.ग्रं 1, छंदा., 6-7/267।

**बेतवा, बेतवै**—वेत्रवती नदी जो भूपाल के ताल से निकल कर बुंदेलखंड में बहती हुई यमुना नदी में मिल जाती है। उ. (1)-''जहाँगीरपुर प्रगट दीह दुर्जन दिन-दूषन। नदी बेतवै-तीर बसत भव भूतल-भूषन।।''-वी.च., 1/3। उ. (2)-''नदी बेतवै-तीर जहं, तीरथ तुंगारन्य। नगर ओड़छो बहु बसै, धरनीतल में धन्य।।''-र.प्रि., 1/3। उ. (3)-''अत्र गहि छत्रसाल खिझयो झुकि झपटैं।''-भू. ग्रं., प्रकी., 509/229।

**बेद**—वेद। भारतीय आर्यों के प्रमुखतम और सर्वमान्य धार्मिक ग्रंथ, जिनकी संख्या बहुत पहले तीन मानी जाती थी, जिनमें ऋग्वेद, यजुर्वेद और सामवेद की गणना की जाती थी, किन्तु बाद में चौथा अथर्ववेद भी सम्मिलित कर लिया गया। ऋग्वेद पद्य में, यजुर्वेद गद्य में और सामवेद गाने योग्य गीतों में रचित है। अथर्ववेद में शांति तथा पौष्टिक अभिचार, प्रायश्चित, तंत्र, मंत्र आदि विषय हैं। वेदों के तीन भाग हैं- 1. संहिता - (स्तोत्र, प्रार्थना, मंत्रप्रयोग, आशीर्वादात्मक सूक्त, यज्ञविधि से सम्बन्ध रखने वाले और अरिष्ट आदि की शांति के लिए प्रार्थनाओं आदि का संग्रह), 2. ब्राह्मण-(बड़े-बड़े गद्य ग्रंथों में देवताओं की कथाएँ, यज्ञ सम्बन्धी विचार, विभिन्न ऋतुओं के धार्मिक कृत्यों के व्यावहारिक और आध्यात्मिक महत्त्व निरूपण), 3. आरण्यक और उपनिषद्-(वनों के निवासी यतियों, संन्यासियों आदि के ब्रह्म, जीव, जगत् आदि से सम्बन्धित चिंतन जिनमें भारतवर्ष का प्राचीनतम तत्त्वज्ञान सन्निहित है)। उपनिषदों को वेदों का अन्तिम भाग होने के कारण वेदांत कहते हैं। कालभेद, देशभेद, व्यक्तिभेद, उच्चारणभेद, पाठभेद के कारण संहिताओं के अनेक रूपों को शाखाएँ कहते हैं। इस प्रकार प्रत्येक वेद की कई शाखाएँ हो गई हैं। प्रत्येक वेद का एक स्वतंत्र उपवेद माना जाता है जिसमें वेदों से निकली चार विद्याओं का वर्णन है। शिक्षा, कल्प, व्याकरण, निरुक्त, ज्योतिष और छंद ये छः वेदांग हैं। हिंदू लोग वेदों को अपौरुषेय मानते हैं क्योंकि ये ब्रह्मा के मुख से निकले और ऋषियों ने सुनकर इनका संग्रह किया, इसीलिए ऋषि मंत्रद्रष्टा कहलाये। ये वेद देवताओं के मार्गदर्शक, नित्य, अपौरुषेय और अप्रमेय कहे गये हैं। यह भी माना जाता है कि इनका वर्तमान रूप में संग्रह-संकलन महर्षि व्यास ने किया। इसीलिए उन्हें वेदव्यास (दे. बेदव्यास) कहते हैं। वेदों का रचनाकाल कुछ लोग ईसा से लगभग डेढ़ हजार वर्ष पूर्व, दूसरे लोग 4500 वर्ष पूर्व और तीसरे लोग ईसा से प्रायः चार हजार वर्ष पूर्व मानते हैं। अधिकांश विद्वान् इसका रचनाकाल ई.पू. लगभग 3000 वर्ष मानते हैं (हिं.श.सा., हिं.ध. को.) उ. (1)-''बब्बर अकब्बर हिमायूँ हद्द बाँधि गए हिंदू औ तुरुक की कुरान बेद-ढबकी।''-भू. ग्रं., प्रकी., 447/216। उ. (2)-''बेद सास्त्र सुमिरिति सकल बहु बिधि वाकि बिचार। पूर्बपछ्छि सिद्धांत हू यहौ ब्रह्म निरधार।।''-ज.ग्रं., अ.सि., 86/150। उ. (3)-''तोहि सब गावैं एक तोहीं को बतावैं बेद, पावैं फल ध्यावैं जैसी भावनानि भरि रे।''-ध.क., 110/85। उ. (4)-''बेद राखे बिदित पुरुष परसिद्ध राखे रामनाम राख्यो अति रसना सुधर में।''-भू.ग्रं., प्रकी., 420/209। उ. (5)-''ब्रह्म निबेदन करत हैं बेद न पावै पार।।''-वृं.ग्रं., य. स., 60/210। उ. (6)-''यह प्रेम को पंथ हलाहल है सु तौ बेद पुरानऊ गावत हैं।''-बो.ग्रं., इ.ना., 14/3।

**बेदऋचा**—वेदऋचा। दे. बेद। वेदमंत्र। उ. (1)-''छपाकर कह्यो सुधा साधुन कह संगति में साधुन बतायो बेदऋचा दरसतु है। बेदऋचा अमृत बतायो हमैं बुद्धिसेन तरुनी की तरल तरंगन रसतु है।।''-बो.ग्रं.,वि.वा., 37/124।

**बेदन**—दे. बेद। उ.-''बेदन पुरानन प्रमानन सुनी है बात सुख की सुहाती कीजै सबही के मन की।''-ठाकुर, 153/39।

**बेदपाठिन**—दे.बेद। वेदों का सस्वर पाठ करने वाले। उ.-''उलटत फलटत गिरत झुकत उझकत सेषफन बेदपाठिन के हाथ से।''-भू.ग्रं., प्रकी., 531/235।

**बेदबिधि**—दे. बेद। वेदविधि। वेद का विधान। वेद में निर्धारित विधान। उ.-''बेदबिधि पूरन सौं

पूरित कलस थापि रोपित सु बिधि जब ओपित सुहाति के।।''-वृं.ग्रं., स्फुट, 52/324।

**बेद बृति**—दे.बेद, वेदवृत्ति। वैदिक कर्मकांडादि की वृत्ति या जीविका। उ.-''मम बेद बृति बखानिये। नरनाह पूजित जानिये।।''-बो.ग्रं., वि.वा., 20/151।

**बेदब्यास**—दे. बेद। वेदव्यास। पराशर के पुत्र कृष्णद्वैपायन जिन्होंने वेदों का संग्रह, विभाग और संपादन किया था। कहा जाता है कि अठारहों पुराणों, महाभारत, भागवत, वेदांत आदि की भी रचना इन्होंने ही की थी। महाभारत के अनुसार इनका जन्म नाव खे रही योजनगंधा सत्यवती पर पराशर मुनि के आसक्त हो जाने के बाद हुआ था। नदी के दोनों ओर ऋषि-मुनियों की उपस्थिति, दिन का समय, सत्यवती की कुमारी अवस्था और उसके शरीर से मत्स्य की गंध का निकलना- इन स्थितियों के कारण पराशर ने सत्यवती को सुगंधवती और कौमार्य रक्षा का वर दिया। कुहरा उत्पन्न कर उसका संगलाभ किया जिससे सत्यवती योजनगंधा बनी, कुमारी रही और फिर भी उसने व्यासदेव को जन्म दिया। नदी के बीच की भूमि पर जन्म होने तथा वर्ण काला होने के कारण इनका नाम कृष्णद्वैपायन पड़ा। दे. बिदुर, बियास। (हिं.श.सा.)। उ. (1)-''बेदब्यास सब षोजहीं नैक न पावत ताहि। मौहन मन द्रग कर निकर ब्रज बालनि लिय गाहि।।''-रस., रतन., 29/46। उ. (2)-''सिब सनकादि बेदब्यास मुनि नारद से बुद्ध के बिसारद से हारद के जान है।।''-वृं.ग्रं., हितो., 8/306।

**बेदमत**—वेदमत। दे. बेद। वेद द्वारा प्रवर्तित मत या विचार या सिद्धांत। उ.-''वेदमत संमत पुरानऊ पुरानन को संभु को बिलास इतिहास परसत है।''-ठाकुर, 199/51।

**बेदर**—बीदर। वर्तमान हैदराबाद शहर से 39 कोस उत्तर-पश्चिम में बीदर नाम का कस्बा। प्राचीनकाल में यह बिदर्भनगर के नाम से प्रसिद्ध था और प्रसिद्ध राजा नल के श्वसुर दमयंती के पिता राजा भीम की यही राजधानी थी। आगे चल कर यह दक्षिण के बहमनी राज्य की भी राजधानी बना। उसके बाद 1498 ई. से 1609 तक यहाँ बरीदशाही सुलतानों का राज्य रहा। 1657 ई. में सम्राट् औरंगजेब ने बीदर का किला ले लिया। उ.-''बेदर कल्यान दे परेंडा ऐसे कोट साहि एदिल गँवाए हैं नवाइ निज सीस कौं।''-भू.ग्रं., शि. भू., 193/165।

**बेदिका**—वेदिका। किसी शुभ कार्य के लिए साफ करके तैयार की हुई भूमि। विशेषकर वह ऊँची, शुद्ध की हुई भूमि जो धार्मिक कार्यों के लिए या यज्ञादि के लिए विशेष रूप से तैयार की जाती है। उ.-''आनि ग्रसी किधौं क्रोधसरूप। चंद्रिकानि कौं गुनी अनूप। सारसी नील बेदिका आनि। अमल कमलिनी सी जिय जानि।।''-वी.च., 21/27।

**बेना**—नदी विशेष, वेणा, दक्षिण भारत की एक नदी। उ.-''लूनी तापी अंगुली, अभया हिरन दसान। निषधावती सुबाहिनी, बिमला बेना जान।।''-वि.गी., 6/16।

**बेनी**—वेणी। स्त्रियों के बालों की चोटी। उ.-''धरे एक बेनी मिलो मैल सारी। मृनाली मनो पंक तैं काढ़ि डारी।।''-रा.चं., 13/53।

**बेनीदास**—केशवदास रचित वीरचरित्र काव्य के एक योद्धा। उ.-''हँसि पहिराए बेनीदास। अति हुलास सो तुलसीदास।।''-वी.च., 33/19।

**बेनी प्रवीन**—समय-सं. 1874 में विद्यमान। स्थान- लखनऊ, बिठूर, आबू। जाति - वाजपेयी ब्राह्मण। आश्रयदाता 1. लखनऊ के बादशाह गाजीउद्दीन हैदर के दीवान राजा दयाकृष्ण कायस्थ के पुत्र नवलकृष्ण उर्फ ललनजी; 2. बिठूर के महाराज नानाराव। रचनाएँ-1. शृंगारभूषण, 2. नवरस तरंग, 3 नानाराव प्रकाश। (इति. शुक्ल)।

**बेनी-फूल**—स्त्रियों की चोटी पर पहनने का एक गहना। उ.-''माँग-फूल, सिर-फूल सुभ बेनी-फूल बनाउ।।''-क.प्रि., 15/80।

**बेनी बन्दीजन (भँड़ौवा वाले)**—स्थान- बैंतीं (रायबरेली)। समय - सं. 1849 में विद्यमान। आश्रयदाता - अवध के प्रसिद्ध वजीर महाराज टिकैतराय। रचनाएँ - टिकैतराय प्रकाश, रसविलास, भँड़ौवा संग्रह। (इति. शुक्ल)।

**बेनी बंदीजन (असनीवाले)**—स्थान-असनी

(फतेहपुर)। समय - सं. 1700 के लगभग विद्यमान। रचनाएँ - स्फुट, रसमय। (इति. शुक्ल, स. सर्वे.)।

**बेनु**--वेन। इसके पिता सूर्यवंशी राजा अंग थे और माता मृत्यु की मानसी कन्या सुनीथा थी। यह चाक्षुष मनु पुत्र कुरु का पौत्र था। यह घोर अधार्मिक और उपद्रवी था। अतः पिता अंग तंग आकर नगर छोड़ कर चले गये। इसके द्वारा यज्ञादि बंद करा दिये जाने पर ऋषियों ने इसे बहुत समझाया, चेतावनी दी फिर भी इसका उपद्रव चलता रहा। अंततः ऋषियों ने अभिमंत्रित कुश से इसका वध कर डाला। निःसंतान वेन के वध से सिंहासन सूना हो गया। ऋषियों ने वेन के शव की जाँघ मथना शुरू किया, जिससे एक काला और नाटा व्यक्ति निकला, जिसे अत्रि ऋषि ने 'निषीद' (बैठ जाओ) कहा। इसी से उसका नाम निषाद पड़ गया। उत्तम संतान की आशा से वेन के शव का दाहिना हिस्सा ऋषियों द्वारा मथे जाने पर राजा पृथु उत्पन्न हुए (पौ.को.)। उ. (1)-"यहै लोक एकै सदा साधि जानै। बली बेनु ज्यों आपुहीं ईस मानै।।"-रा. चं., 17/21। उ. (2)-"भूलिगे भेज से विक्रम-से औ भई बलि वेनु कीरति फीकी।"-भू.ग्रं., शि. भू., 243/174।

**बेबरन**--विवर्ण। साहित्य में एक सात्विक भाव का नाम जिसमें भय, मोह, क्रोध, लज्जा आदि के कारण नायक या नायिका के मुख का रंग बदल जाता है। दे.वैवर्न, बैबर्न्य, बैवन्य। उ.-"स्वेदकंप रोमांच फुर असुपात जंभात। प्रलय बेबरन भंगसुर तन तोरत अलसात।।'-बो.ग्रं., वि.वा., 25/116।

**बेरछा**--एक गढ़ का नाम। उ.-"सुभट बिकट जनि गनौगँवार। जूझ असूझ कियो तिहि बार। दोई गढ़ लीनै लै परा। एक बेरछा अरु करहरा।।"-वी. च., 3/10।

**बेषधारी**--वेशधारी। एक राजकुमार ने झूठे ही अपने को कृष्ण रूप बना कर एक राजकुमारी से व्याह किया था। परीक्षा होने पर कृष्ण ने केवल वेषधारी की लज्जा रखने के लिए उसे चतुर्भुज कर दिया था। उ.-"बेषधारी हरिवेष देख्यो हो आसेष जग तारका का कौने सीख तारक पढ़ाई ही।।"-क. प्रि., 11/62।

**बेसर**--स्त्रियों का नाक में पहनने का एक आभूषण जिसमें मोती का भी प्रयोग होता है। उ-"बेनी सीसफुल बीजबेनिया में सिर मौर बेसर तीरौना केसपास अँधियारी सी।।"-बो.ग्रं., वि. वा., 41/104।

**बेसरि**--दे. बेसर। उ. (1)-"बेसरि-मोती दुनि-झलक परी ओठ पर आइ। चनौ होइ न चतुर तिय, क्यों पट पोछ्यों जाइ।।"-बि.र., 173/85। उ. (2)-"दूनी मुख में छवि भई बेसरि धरी उतारि। हरि के उर सोई लगी करत रसोई नारि।।"-मति., सत., 132/379।

**बैकुंठ**--वैकुण्ठ। पुराणानुसार विष्णु का धाम या स्थान जो सत्यलोक से भी ऊपर माना जाता है। वैष्णवों के मोक्ष प्राप्त करने के बाद का लोक या स्थान, जो जरामृत्युरहित लोक के रूप में स्वीकृत है। (पौ.को., हिं.श.सा.)। उ. (1)-'कहै नाम आधो सोआधो नसावै। कहै नाम पूरो सो बैकुंठ पावै।।"-रा.च., 26/6। उ. (2)-"काह करौ बैकुंठ लै कल्प की छांह।।"-र.वि., 39/4। उ. (3)-"मैं अपने जिय यहै विचारी। सुत बैकुंठ कंदला नारी।।"-बो.ग्रं., वि.वा., 47/155।

**बैखरी**--वेखरी। व्याकरण दर्शन के अनुसार चार प्रकार की वाणियों में से एक, जो उसका स्थूलतम प्रकार है। इसमें स्वर और व्यंजन ध्वनियाँ स्पष्ट सुनाई देती हैं। इसकी उत्पत्ति कंठ से होती है। उ.-"परा परयंती मध्यमा अरु बैखरी प्रकार। इहीं विधि बानी चारि ए यहौ ब्रह्म निरधार।।"-ज. ग्रं., अ.सि., 85/150।

**बैताल**--1. वैताल नाम के कवि, बंदीजन। जन्मकाल - सं. 1734 अथवा सं. 1839-1886 के बीच। आश्रयदाता - विक्रमसाहि (चरखारी वाले)। रचनाएँ - स्फुट। (इति.शुक्ल)। 2. बैताल नाम का कदाचित् एक काल्पनिक पात्र जिसने माधव और कंदला की प्रेमकथा किसी पिंगला नाम की कदाचित् काल्पनिक स्त्री को सुनायी थी। इसका उल्लेख बोधा कवि ने विरह वारीश काव्य में किया है। उ.-"पिंगल

कहँ बैताल सुनाई। बोधा खेतसिंह सह गाई।।''-बो. ग्रं., वि.वा., 2/28। 3. पुराणों के अनुसार भूतों की एक प्रकार की योनि। ये साधारण भूतों के प्रधान माने जाते हैं और प्रायः श्मशानवासी होते हैं। उ. (1)-''किलकंत भूत बैताल भनि कटे वीर सोरह सहस।''-बो.ग्रं., वि.वा., 23/188। उ. (2)-''सँग लै बैतालनि दै दैतालनि मज्जा-जालनि करवति है।''-प.ग्रं., हि.ब:वि., 208/29।

**बैताल पचीसी**—रचयिता-सूरति मिश्र (दे.)। विव.-बैतालपंचविंशति का ब्रजभाषा गद्य में अनुवाद (इति.शुक्ल, स.सर्वे.)।

**बैताल पचीसी**—रचयीता-हरनारायण (दे.)। (इति. शुक्ल)।

**बैताला**—बोधा रचित 'विरह वारीश' काव्य का एक पात्र। उ.-''तब इहि ओर वीर बैताला। कहन लग्यो माधौ को हाला।।''-बो.ग्र., वि.वा., 23/181।

**बैद्यक**—वैद्यक। वह शास्त्र जिसमें रोगों के निदान और चिकित्सा आदि का विवेचन हो। चिकित्साशास्त्र। उ.-''बैद्यक गनित विसेष ब्याकरन जल तकि जानत।।''-बो.ग्रं., वि.वा., 33/46।

**बैनी**—वेणी। बेनी। गंगा, सरस्वती और यमुना का संगम। त्रिवेनी। उ.-''रस निधि दृग कामारथी छबि बैनी जल ल्याइ। बिनैसहित मन संभु कौ नितही देत चढ़ाइ।।''-रस.रतन., 439/102।

**बैबन्य**—दे. बेबरन। वैवर्ण्य। एक सात्विक भाव। ल.-स्तंभ स्वेद रोमांच सुरभंग कंप बैबन्य। आँसू प्रलय बखानियै आठो नाम अनन्य।।-र.प्रि., 6/10।

**बैबर्न, बैबर्न्य**—दे. बेबरन, बैबन्य। ल. (1)-मोह कोह भय आदि तें बर्न और बिधि होय। ताहि कहत बैबर्न हैं सकल सयाने लोय।।-मति., र.रा., 330/276। ल. (2)-मोहहि तें कै क्रोध तें कै भय ही तें जान। बरन जहाँ ह्वै और बिधि सो बैबर्न्य बखान।।-प.ग्रं. जग., 413/169।

**बैन विलास**—रचयिता - नागरीदास (दे.)। (बृ. इति. 7, स.सर्वे.)।

**बैराग, बैराग्य**—वैराग्य। मन की वह वृत्ति जिसके अनुसार संसार की विषय-वासना तुच्छ प्रतीत होती है और सब कुछ छोड़ एकांत सेवन करते हुए ईश्वर भजन करते हैं। उ. (1)-''ईस्वर अनुग्रह तैं बहुरि करम करत निहिकाम। तब उपजत बैराग फुनि ता पाछें बिस्राम।।''-ज.ग्रं., अ. सि., 62/148। उ. (2)-''नवें माँझ श्रद्धा मिलन हिय-बिबेक बैराग। राजधर्मबर्नन सबै उद्यम कथा सभाग।।''-वि.गी. 9/1।

**बैरागी**—दे. बैराग। वैराग्य धारण करने वाला। बड़े खुले केश धारण कर बैरागी का वेश धारण करने वाला। उ.-''मुख पै बैरागी अलग, कुच सिंगी विष बैन। मुदरा धारे अधर कै, मूँदि ध्यान सों नैन।।''-र.वि., न.शो. 64/34।

**बैराट**—विराट। राजा विराट जिनके घर पांडवों ने अज्ञातवास के समय रूप बदल कर सेवाकार्य करते हुए समय बिताया था। ये उस मत्स्य देश के राजा थे जिसकी स्थिति अलवर और जयपुर के बीच बतायी जाती है। इसी राजा विराट की कन्या का विवाह अर्जुनपुत्र अभिमन्यु से हुआ था, जिससे परीक्षित की उत्पत्ति हुई थी। विराट का साला कीचक था, जिसने द्रौपदी पर कुदृष्टि की थी जिससे क्रुद्ध होकर भीम ने उसे मार डाला था। राजा विराट महाभारत युद्ध में पाण्डवों की ओर सो लड़े थे और युद्ध के 15वें दिन द्रोणाचार्य के हाथों मारे गये थे। उ.-''जो पुरुषारथ तें कहूँ, संपति मिलत रहीम। पेट लागि बैराटघर, तपत रसोई भीम।।''-र.वि., दो. 76/8।

**बैराटनगर**—दे. बैराट। महाराज विराट का नगर। उ.-''हिंदुआन द्रौपदी की ईजति बचैबे बोलि बैराटनगर तें बाहिर गूढ़ ज्ञान कै।''-भू.ग्रं., शि. भू., 315/187।

**बैरामखान**—बैरम खाँ प्रथम मुगल बादशाह बाबर के पुत्र हुमायूँ का अत्यन्त विश्वसनीय सहायक। इसकी शिक्षा-दीक्षा बल्ख में हुई थी और इसने हुमायूँ का प्रत्येक संकट में साथ दिया था। कन्नौज के युद्ध में शेर खाँ द्वारा बंदी बना लिया गया था, किन्तु किसी प्रकार भाग निकला। शेर खाँ से पराजित हुमायूँ के साथ इसने ईरान जाकर

वहाँ के शाह से उसकी सहायता करवाई थी। यह वड़ा ही स्वामिभक्त था। यह बुद्धिमान, कठोर, निष्ठासम्पन्न और विश्वसनीय था। इसीलिए हुमायूँ ने इसे अपने अल्पवयस्क पुत्र अकबर का शिक्षक और संरक्षक बनाया था। इसी के प्रयास से अकबर ने हेमू को पानीपत के युद्ध में पराजित किया था। अकवर के लिए इसने अजमेर, ग्वालियर, जौनपुर आदि पर विजय प्राप्त की। इसने अकबर की चचेरी वहन सलीमा बेगम से विवाह किया था और मुगल साम्राज्य के सर्वोच्च प्रशासक के रूप में प्रतिष्ठित हो गया, किन्तु धीर-धीरे शंकालु, कठोर, निरंकुश और स्वेच्छाचारी हो जाने के कारण अकबर का विश्वासपात्र न रहा। अकबर शासन सूत्र अब अपने हाथ में रखना चाहता था। बैरम खाँ शिया था। सुन्नी वर्ग इससे अत्यन्त असंतुष्ट था। यह अपने निर्णय अकबर पर लादने लगा। हरम भी इसका विरोधी था। अकबर ने शासन सूत्र हाथ में ले लिये और अनेक प्रसंगों में यह अपमानित भी हुआ। इसने विद्रोह कर दिया। अकबर की सेना से पराजित हुआ। इसने मक्का जाने की इच्छा की किन्तु बीच में ही इसके एक घोर विरोधी मुबारक खाँ लोहानी ने इसे 1561 ई. में मारकर अपने पिता की हत्या का बदला लिया। उ.-''आयो दक्षिन दिसि मन धरैं बैरम खाँ के सुत आगरैं।।''-वी.च., 3/39।

**बैरीसाल**—जन्म-सन् 1719। स्थान - असनी (फतेहपुर)। रचनाएँ - भाषाभरण। (बृ.इति. 6)।

**बैस**—कन्नौज से अंतर्वेद तक बसे क्षत्रिय, जिनके नाम से उस अंचल का 'बैसवाड़ा' नाम पड़ा है। उ.-''सिरनेत बघेले बैस पुनि गहिरवार पड़िहार संत।।''-बो.ग्रं., वि.वा., 38/182।

**बैसिक**—साहित्य में वर्णित तीन प्रकार के नायकों में से एक जो वेश्या के साथ प्रेम रखता हो, भोग-विलास करता हो। वेश्यागामी नायक। ल. (1)-बैसिक नायक की सदा गनिका सों हितरत्ति।''-ज. ग्रं., भा.भू., 8/6। ल. (2)-गनिका सों वस है पुरुष बैसिक सो उर आनि।।-सो.ग्रं. 1, र.पी.नि., 17/115। ल. (3)-प्रीति करै गनिकान सों बैसिक तोको जानि।।-मति., र.रा., 256/259। ल. (4)-बारबधुन को रसिक सो बैसिक अलज अभीत।।-प.ग्रं., जग., 299/145। उ.-''जनुअति नील अलकिया. बनसीलाय। मो मन बारबधु अवा, मीन बझाय।।''-र.वि., ब.ना.भे., 107/54।

**बोध**—दे. बिबोध। निद्रा दूर होने के बाद का चेतनालाभ, जिसकी गणना तैंतीस संचारियों में की जाती है। ल.-बोध जागरन समझिए।-सो.ग्रं. 1, र.पी.नि., 27/54।

**बोधक**—1. शृंगार रस के हावों में से एक जिसमें किसी संकेत या क्रिया द्वारा एक दूसरे को अपना मनोगत भाव जताया जाता है। ल.(1)-ठानि क्रिया कछु तिय पुरुष बोधित करै जु भाव। रस ग्रंथन में कहत हैं तासों बोधक हाव।। उ.-''निरखि रहे निधिबन तरफ नागर नंद कुमार। तोरि हीर को हार तिय लगी बगारन बार।।''-प.ग्रं., जग., 466,468/179-180। ल. (2)-गूढ़ भाव को बोध जहँ केसव औरहि होइ। तासें बोधक हाव सब, कहत सयाने लोइ।।-र.प्रि., 6/54। ल. (3)-मन के भावहि बुद्धि सौं जहाँ लेति पहिचानि। बोधक हाव कहत सबै ताहि सुकबि गुनखानि।।-सो.ग्रं. 1, र.पी.नि., 26/129। 2. एक छंद विशेष जिसमें आठ वर्ण और आठ मात्राएँ होती हैं और जिसका मात्रा क्रम है- (SS। ।।। ।SS)। ल.- आदि अंत गुरु दोय दै मध्य रचौ लघु चारि। अष्टबर्न केसव कहत बोधक छंद विचारि।। उ.-''झूठे हय गय तेरे। लक्ष्मी हय गय चेरे। सीतापति अति साचे। तासों कव नहु राचें।।''-छं.मा., 1/19।

**बोधबावनी**—रचयिता - रामहरि (दे.)। (बृ. इति. 7)।

**बोधव्यविशेष**—1. दे. अर्थव्यंजक। उ.-''चिंता जृंभ उनीदता बिहवलता अलसानि। लह्यो अभागिनि हौं अली, तैंहूँ गहै सु बानि।।'' तिलक-इहाँ जासों कहति है ताकी क्रिया व्यंजित होति है।।-भि.ग्रं. 2, का.नि., 54, 54अ/ 14।

**बोधा**—बुद्ध सेन । सरवरिया ब्राह्मण। सं. 1809 के आसपास उपस्थित। विक्रम की 18वीं शती के प्रथम चरण तक। काव्यकाल लगभग 25 वर्ष। निवास - राजापुर (जिला बाँदा), बुंदेलखंड

की राजधानी पन्ना। आश्रयदाता-महाराज छत्रसाल के प्रपौत्र खेतसिंह या क्षेत्रसिंह। रचनाएँ - 1. विरह वारीश या माधवानल कामकंदला चरित्र, 2. इश्क-नामा या 'विरही सुभान दंपतिविलास'। (इति.शुक्ल, बृ.इति. 7, स.सर्वे.)। उ.-''खेतसिंह नरनाह को हुकुम चित्त हित पाइ। ग्रंथ इस्कनामाकियो बोधा सुकबि बनाइ।।''-बो.ग्रं., इ.ना. 1/1।

**बोलन सिंगार**—वृंद कवि द्वारा वर्णित सोलह शृंगारों में से एक। ल.-''रीझत जिहि पिय प्रान-प्रिय बोलत सेइ मुख बोल। इहि सिंगार षटदून तैं उपजत प्रीति अलोल।। स्रोनन कौं सुखकारी चित अति हितकारी मित मान मधुर पियूष सम तोलियैं। भाव भरे चाव भरे चौंप चतुराई भरे साँच जिनतैं कपट पट खोलियैं।। बानी के बिबेक चने चीकने सनेह सने पीय बस होय काही रस में झकोलियैं।। वृंद कहैं ए हो लोल लोचनि अलोलचित्त अमल अमोल ऐसे बोलन सौं बोलियैं।।''-वृं.ग्रं., शृं. शि., 68-69/46।

**बौध**—बुद्ध। बौद्ध धर्म के प्रवर्तक महात्मा जिन्होंने ईसा के लगभग 550 वर्ष पूर्व शाक्यवंशी राजा शुद्धोधन की रानी महामाया के गर्भ से नेपाल की तराई के लुंबिनी नामक स्थान में जन्म लिया था। जन्म के बाद ही इनकी माता का देहांत हो जाने के कारण इनकी विमाता प्रजावती ने इनका अच्छी तरह पालन किया। इनका नाम गौतम अथवा सिद्धार्थ रखा गया था। अनेक भाषाओं, शास्त्रों, कलाओं का उच्चज्ञान प्राप्त किया। प्रारम्भ से ही चिन्तनशील थे। इनका विवाह देवदह की राजकुमारी गोपा से हुआ था फिर भी एकांतप्रियता और चिंतनशीलता में कमी नहीं आई। दुर्बल, वृद्ध; रोगी, शव और संन्यासी को देखकर इन्हें विराग हुआ। गोपा के गर्भ से एक पुत्र की उत्पत्ति का समाचार सुनकर एक आषाढ़ी पूर्णिमा की रात्रि में सब सम्पत्ति, वैभव, परिवार छोड़ दिया और संन्यास ले लिया। गया के समीप निरंजना नदी के किनारे कठोर योग, तपश्चर्या आदि से अपनी इंद्रियों को जीतने और ज्ञान प्राप्ति का प्रयास किया। अत्यन्त जीर्ण होने पर, कहा जाता है कि इन्होंने सुजाता की खीर ग्रहण की और महाभिनिष्क्रमण के सात वर्ष बाद आषाढ़ी पूर्णिमा की रात्रि में महाबोधि वृक्ष के नीचे दिव्य ज्ञान प्राप्त किया, जिससे ये गौतम बुद्ध के नाम से प्रसिद्ध हुए। इन्हें जो ज्ञान मिला था, उसमें चार आर्यसत्यों के साथ अहिंसा, मध्यमा पतिपद के अष्टांगिक मार्ग की प्रमुखता थी। इसके बाद इनकें आधार पर और भी बहुत से सैद्धांतिक और आचार सम्बन्धी विचारों का इन्होंने विकास किया। इन्होंने अपना सबसे पहला धार्मिक प्रवचन वाराणसी के पास ऋषितन (सारनाथ) में किया। इनके धर्म का विपुल प्रचार हुआ। अन्त में कुशीनगरी के पास एक शालवृक्ष के नीचे वृद्धावस्था में इनका शरीरांत या निर्वाण हुआ। विश्व के चार-पाँच महान् धर्मों में बुद्ध द्वारा प्रवर्तित धर्म एक है। (हिं.श.सा.)। अवतार बुन्द्र। उ. (1)-''निर्बध बौध बोधा सुकबि लहि कलंक परहास रस।''-बो. ग्रं., वि.वा., 44/155। उ. (2)-''बौध ह्वै कै कीनो जिन स्रावक-प्रकास है।''-भि.ग्रं. 1, शृं.नि., 2/89।

**बौध अवतार**—दे. बौध। हिंदू शास्त्रों के अनुसार गौतम बुद्ध विष्णु के दस अवतारों में से नवें और चौबीस अवतारों में से तेईसवें अवतार हैं। विष्णुपुराण और वेदांत सूत्र में इनके पर्याप्त उल्लेख मिलते हैं (हिं.श.सा.)। अवतार के रूप में बुद्ध। उ.-''करिकै करार आय बौध अवतार लेइ आपनी पुरी मैं एक पातरी जिमाए हैं।''-ठाकुर, 50/14।

**बौद्ध-सरूप**—बुद्धरूप, भगवान् बुद्ध का रूप। भगवान् का बुद्ध के रूप में अवतार। उ.-''तुम बौध-सरूप अयाहि धरौगे। पुनि कल्कि ह्वै म्लेच्छ समूह हरौगे।।''-रा.चं., 20/23।

**ब्यंगितें ब्यंगि**—दे. अर्थव्यंजक। उ.-निहचल बिसनी-पत्र पर उत बालक इहि भाँति। मरकत-भाजन पर मनौ, अमल संख सुभ काँति।। ति.-बन निरजन है ताही तें बक निहचल हैं यह व्यंगि तातें चलिकै विहार कीजै प्रीतम सों सुनायो यह ब्यंगि तें व्यंगि।।-भि.ग्रं. 2, का.नि., 69, 69अ/18।

**ब्यंजक शब्द लच्छन**—अधिक कहै कहि अर्थ कौ व्यंजक शब्द सुजानि।। ल.-समझि लीजिए अर्थ

पुनि और चो ज हू होइ। रसिकनि कौं सुखदानि अति ब्यंगि कहावै सोइ।। मूल लक्षन ब्यंगि इक, दूजी अभिधा मूल। कहै ब्यंगि सो व्यंजना वृत्ति बढ़ावै फूल।। भे.-मूल लक्षना व्यंगि को द्वै विधि उर मैं आनि। प्रथम सुगूढ़ अगूढ़ पुनि, तिन कौं कहतु बखानि।। लखैं सुकबि जाको सु वह गूढ़ व्यंगि निरधारि। सो अगूढ़ जाकौ लखै सब कोऊ अविचारि।।-सो.ग्रं. 1, र.पी.नि., 37,38/47।

**ब्यंजना सकति**—व्यंजक शब्द और व्यंजन की क्रिया से युक्त जो पद होते हैं, उनके अर्थ को सूचित करने वाली शक्ति को व्यंजना शक्ति कहते हैं। वचन के सीधे अर्थ को छोड़कर उससे भिन्न तीसरा अर्थ जो सूचित करती है, वह व्यंजना शक्ति कही जाती है। ल.-व्यंजक व्यंजन जुक्त पद ब्यंगि तासु जो अर्थ। ताहि बुझैवे की सकति है ब्यंजना समर्थ। सूधो अर्थ जु बचन को तिहि तजि औरे बैन। समुझि परें तें कहत हैं सक्ति ब्यंजना ऐन।।-भि.ग्रं. 2, का.नि., 42-43/12।

**ब्याजोक्ति (अलंकार)**—इस अर्थालंकार में किसी गुप्त रहस्य के प्रकट हो जाने पर छल अथवा बहाने से छिपाया जाता है। ल. (1)-और हेतु बचननि जहाँ आवृत्ति गोपन होय। ब्याज उक्ति तहँ कहत कबि ग्रंथ समुद्र बिलोय।।-मति.ल.ल., 358/358। ल. (2)-ब्याजोकति आकर जहँ दुरै हेतु करि आन।-प.ग्रं., पद्मा., 251/63। ल. (3)-वचन चातुरी सों जहाँ कीजै काज दुराउ। सो भूषन ब्याजोक्ति है, सुनौ सुनतिसमुदाउ।। उ.-"अबहीं की है बात हौं न्हात हुती अचकाँ गहिरे पग जात भयो। गहि ग्राह अथाह को लैही चल्यो मन मोहन दूरि ही तैं चितयो। द्रुत दौरिकै पौरिकै दास बरोरि कै छोरि कै मोहिं जियाहि लियो। इन्हैं भेंटि हौं भेटती तोहि अली भयो आजु तौ मो अवतार नयो।।"-भि.ग्रं. 2, का.नि., 24-25/156। ल. (4)-जहँ दुराइ आकृति कछू कहै और विधि बैन। तासों ब्याजोक्ति कहें अति प्रबीन सुखदैन।। उ.-"मृगछौना सुंदर निरखि लियो अंक में आजु। खुर की लगी खरोट उर अलि करि कछू इलाजु।-सो. ग्रं., र.पी.नि., 297, 298/218।

**ब्यतिरेक-ब्यतिरेकालंकार**—व्यतिरेक। एक अर्थालंकार। इस शब्द का सामान्य अर्थ अंतर, भिन्नता आदि है। इसमें उपमान की अपेक्षा उपमेय में कुछ और भी विशेषता या आधिक्य का वर्णन होता है। ल. (1)-"ब्यतिरेक जु उपमान तें उपमे अधिकै देखि।" उ.-"मुख है अंबुज सो सखी मीठी बात बिसेखि।।"-ज.ग्रं., भा.भू., 89/31। ल. (2)-सम छविवाले दुहुन मैं जहिं बरनत बढि एक। भूषन कबि कोबिद सकल ताहि कहत ब्यतिरेक।। उ.-"सिवराज साहिसुत सथ्थ नित हय गय लखखनि संचारइ। इक्कहि तुरंग इक्कहि करिहि किमि सुरेन्द्र सरवर करइ।।"-भू.ग्रं., शि.भू., 133-134/153। ल. (3)-तामहिं आनिय भेद कछु, होइ जु वस्तु समान। सो व्यतिरेक सुभाति द्वै, जुक्ति सहज परमान।-क.प्रि., 11/78। इस प्रकार केशवदास ने इस अलंकार के युक्ति और सहज नामक दो भेदों के उदाहरण दिये हैं। ल. (4)-जहँ अबर्न्य अरु बनर्य में कछु बिसेष ब्यतिरेक। अधिक न्यून समभेद सों त्रिबिध कहत कबि नेक।।-प.ग्रं., पद्मा., 93-95/43-44। पद्माकर ने अधिक और सम नामक भेदों को उदाहरणों से स्पष्ट किया है, किन्तु न्यून का उदाहरण नहीं दिया। ल. (5)-ब्यतिरेक जु गुन दोष गनि समता तजै यकंक। उ.-"क्यों सम मुख निकलंक यह वह सकलंक मयंक।"-भि. ग्रं. 2, का.नि., 15/20। इससे भिखारीदास समता का अभाव मानते हैं। ल. (6)-जहाँ होत उपमान ते उपमेय बिसेख। तहाँ कहत ब्यतिरेक हैं कबिजन मति उल्लेख।।"-मति. ल.ल., 155/324। ल. (7)-पोषन करि उपमेय को, दोषन दै उपमान। नहिं समान कहिये तहाँ है ब्यतिरेक सुजान।। कहुँ पोषन कहुँ दोषनै कहूँ कहूँ नहि दोउ। चारि भाँति ब्यतिरेक है यह जानत सब कोउ। भिखारीदास ने उदाहरणों से 'पोषन-दोषन दुहँन', 'पोषन', 'दोषन', 'शब्दशक्ति तें' तथा 'ब्यंग्यार्थ ब्यतिरेक' को स्पष्ट किया है।-भि.ग्रं. 2, का.नि., 4-12/95-97।

**ब्यधिकरन उक्ति**—ब्यधिकरणोक्ति अलंकार जिसमें और का गुण किसी और में प्रकट्य का वर्णन होता है। ल.- औरहिं में कीजै प्रगट औरहि को

गुनदोष। उक्ति यहै ब्यधिकरन की सुनत होइ सकोष।।-क.प्रि.. 12/8।

**ब्यभिचारि**—व्यभिचार। स्त्री का परपुरुष से पुरुष का परस्त्री से अनुचित सम्बन्ध। उ.-''सखी बचन सुनि कैं श्रवन सठ समुझ्यौ मन मांहि। चिह्न सकल ब्यभिचारि के जल क्रीडत मिटि जाँहि।।''-वृं. ग्र., भा.पं., 20/17।

**ब्यभिचारिन**—दे. ब्यभिचारि। व्यभिचारी व्यक्ति। व्यभिचारी लोग, जिनका प्रेम स्थिर नहीं रहता। उ. (1)-''ब्यभिचारिन कों केलि में झेलन रंचक होय। लाज तजैं उर उर भजैं हरबरात हैं दोय।।''-बो. ग्रं., वि.वा., 3/61। उ. (2)-''याते कुछ बरने न कछु आभूषन सृंगार। ब्यभिचारिन की केलि में केवल कहत विकार।।''-बो.ग्रं., वि.वा., 4/61।

**ब्यभिचारी**—व्यभिचारि भाव जिसे संचारी भाव भी कहते हैं। साहित्य में मुख्य भाव की पुष्टि करने वाले वे भाव जो इसके उपयोगी होकर जल की तरंगों की भाँति नौ रसों में संचरण करते हैं। इनकी संख्या 33 है। दे. ब्यभिचारी भाव। उ.-''नौहूँ रस मैं संचरै ते ब्यभिचारी भाइ।।''-ज.ग्रं., भा. भू., 38/15।

**ब्यभिचारी भाव**—व्यभिचारी भाव संख्या में 33 हैं और ये जहाँ-तहाँ स्थायी भाव के सहायक होते हैं। स्थायी भाव की तुलना में छोटे होते हैं और स्थायी भाव को प्रकट करने वाले होते हैं। ल. (1)-बिभिचारी तैंतीस ये जहँ तहँ होत सहाइ। क्रम तैं रंचक अधिक अति, प्रगट करैं थिर भाइ।।''-भि.ग्रं. 2, का.नि., 9/27। इनके नाम हैं- निर्वेद, ग्लानि, शंका, असूया, मद, श्रम, आलस्य, दीनता, चिंता, मोह , स्मृति, धृति, व्रीड़ा, चपलता, हर्ष, आवेग, जड़ता, विषाद, उत्कंठा, निद्रा, उपस्मार, स्वप्न,, बिंबोध, अमर्ष, अवहित्था, गर्व, उग्रता, मति, व्याधि, उन्माद, मरण, त्रास, वितर्क।-भि.ग्रं. 2,का.नि., 39/34। ल. (2)-भाव जु सबही रसनि में उपजत 'केसवराय' बिना नियम तिन सों कहैं ब्यभिचारी कबिराय।। निर्वेद ग्लानि संका तथा आलस दैन्य'रु मोह। स्मृति धृति ब्रीड़ा चपलता श्रम मद चिंता कोह।। गर्ब हर्ष आवेग धुनि निंदा नींद बिबाद। जड़ता उत्कंठा सहित स्वप्न प्रबोध बिषाद।। अपस्मार मति उग्रता त्रास तर्क और ब्याधि। उन्माद मरन अवहित्थ हैं ब्यभिचारी सुत आधि।।-र.प्रि., 6/11-14।

**ब्ययेत**—यमकालंकार का एक भेद। यमक में आवृत्त पद या वर्ण जब एक दूसरे के समीप न हो, तब 'सत्ययेत' यमक होता है। ल.-अव्ययेत जमकनि सदा बरनहु इहि बिधि जानि। करौं ब्ययेत बिकल्पना जमकनि की सुखदानि।।-क.प्रि., 15/110।

**ब्यस्त गतागत उत्तर**—व्यस्तगतागत उत्तर। इसमें सबसे अंत में तो एक समस्त उत्तर होता है और उसके पहले के प्रश्नों के उत्तर इस प्रकार निकलते हैं कि पहले दो अक्षर लिये वह पहले प्रश्न का उत्तर होगा, फिर इनमें से पहले अक्षर को छोड़ा और दूसरे अक्षर में आगे का एक अक्षर मिलाया। यह दूसरे प्रश्न का उत्तर होगा। इसी प्रकार क्रमशः एक छोड़ते एक मिलते अंत तक जाते हैं। ये व्यस्तगत उत्तर हुए फिर अंत में उलट कर इसी प्रकार करते गये। जो उत्तर निकले वे व्यस्त आगत उत्तर होंगे, और अंत में एक समस्त उत्तर होगा। यह अत्यन्त कठिन अलंकार है। ल.- एक-एक तलि बरण को युगयुग बरण बिचारि। उत्तर व्यस्त गतागतनि एक समस्त निहारि।।-क.प्रि., 16/55। केशवदास ने इसका निरूपण चित्रालंकार के अन्तर्गत किया है। (प्रियाप्रकाश, ला. भगवानदीन)।

**ब्यस्त समस्तोत्तर**—व्यस्त समस्तोत्तर। व्यस्त समस्तोत्तर अलंकार में जो अंतिम उत्तर होता है वह जंजीर की कड़ियों की तरह होता है, अर्थात् आदि वर्ण में एक-एक अक्षर जोड़ते जाते हैं और वह एक-एक प्रश्न का उत्तर होता जाता है। ल. (1)-मिलै आदि के बरन सों केसव करि उच्चार। उत्तर व्यस्त समस्त सो साँकर के अनुहार।।-क. प्रि., 16/52। ल. (2)-द्वे त्रय वरननि काढ़िप्रद, उतर आतिये व्यस्त। व्यस्तसमस्तोत्तर वही पिछिलो उतर समस्त।। उ.-''कौन दुखद, को हंस सो, को पंकज आगार। तरुन-जनन को मनहरन को, करि चित्त बिचार।।''-भि.ग्रं. 2, का.नि., 11-12/193। दे. चित्र, प्रश्नोत्तर, चित्रालंकार।

**ब्याकरन**—व्याकरणशास्त्र। वह विद्या जिसके द्वारा भाषा के शब्दों, उनके रूपों, प्रयोगों आदि का भान होता है। उ. (1)-''लेत जनेऊ भिक्षादानु। कुटिल चाल सरितानि बखानु। ब्याकरनै द्विज बृत्ति हरैं। कोकिलकुल पुत्रन परिहरैं।।''-रा.चं., 28/9। उ. (2)-''बाल दसा में बाल पढ्यो ब्याकरन भाष्य तब।''-बो.ग्र., वि.वा., 23/38। उ. (3)-''बैद्यक गनित विसेष ब्याकरन जल तरि जानत।।''-बो. ग्र.,वि.वा., 33/46।

**ब्याघात**—व्याघात। एक काव्यालंकार जिसमें एक ही उपाय के द्वारा अथवा एक ही साधन के द्वारा दो विरोधी कार्यों के होने का वर्णन होता है। ल. (1)-ब्याघात जु कछु और तें कीजे कारज और। बहुरि विरुद्धी तें जवै काल ल्याइयै ठौर।। उ.-''सुख पावत जासें जगत तासों मारत मार। निहचै जानत बाल तौ करत कहा परिहार।।''-ज.ग्रं., भा.भू., 133-134/43-44। ल. (2)-और काज करता जहाँ करै औरई काज। ताहि कहत ब्याघात हैं भूषन कबि सरताज।-भू.ग्रं., शि.भू., 210/168। ल. (3)-जाहि तथाकारी गनै, करै अन्यथा सोउ। काहू सुद्ध विरुद्ध ही है, ब्याघातै दोउ।।-इस प्रकार भिखारीदास ने इसके दो भेद किए हैं। 1. तथाकारी अन्यथाकारी, उ.-''जे जे बस्तु सँजोगिनिन, होति परम, सुखदानि। ताही चाहि बियोगिनिन, होती प्रान की हानि।।'' 2. किसी का विरुद्ध ही शुद्ध होना, उ.-''लोभी धन-संचय करै, दारिद को उर मानि। दास यहै डर मानिकै दान देता है दानि।।''-भि. ग्रं. 2, का.नि., 27-32/128।

**ब्याज उक्ति**—व्याजोक्ति। काव्य में अलंकार का एक भेद जिसमें किसी स्पष्ट या प्रकट को छिपाने के लिए किसी प्रकार का बहाना किया जाता है। इसमें बिना निषेध के ही बात को छिपाया जाता है। ल. (1)-ब्याजउक्ति कछु ओर बिधि कहै दुरै आकार। उ.-''सखि सुक कीन्ह्यो करम ये मानिक जानि अनार।।''-ज.ग्रं., भा.भू., 181/60। ल. (2)-और हेतु बचननि जहाँ गोपन होय। ब्याजउक्ति तहँ कहत काब्रे ग्रंथ समुद्र बिलोय।। ल. (3)-ब्याजोकति आकर जहँ दुरै हेतु करि आन।।-प.ग्रं., पद्मा, 251/63। ल. (4)-बचनचातुरी सों जहाँ कीजै काज दुराउ। सो भूषन ब्याजोक्ति है, सुनौ सुनति समुदाउ।।-भि.ग्रं. 2, का.नि., 24-25/156। ल. (5)-जहँ दुराइ आकृति कछू कहै और बिधि बैन। तासों ब्याजोकति कहें अति प्रबीन सुखदैन।।-सोग्र. 1, र.पी.नि., 297-298/218।

**ब्याजनिंद, ब्याजनिंदा**—व्याजनिंदा। काव्य में अलंकार का एक भेद जिसमें छल या कपट से निंदा की जाती है। ऊपर से देखने में स्पष्ट निंदा नहीं जान पड़ती। ल. (1)-''ब्याजनिंद निंदा बिषै निंदा औरै होइ। उ.-''सदा छीन कीनो न तूँ चंद मंद है सोइ।।''-ज.ग्रं., भा.भू., 103/35। ल. (2)-निंदा सों जहँ और की निंदा प्रगटित होय। तहाँ ब्याजनिंदा कहत कबि कोबिद सब कोय।। उ.-''प्रकट कुटिलता जो करी हम पर स्याम सरोस। मधुप जोग विष उगलिये कछु न तिहारो दोस।।''-मति., ल.ल., 185, 186/330-331। ल. (3)-जहँ इक की निंदा कियें निंद्य औरहू होत। कहत ब्याज निंदा तहाँ जे कबियन के गोत।।''-प.ग्रं., पद्मा., 130/48। ल. (4)-निंदा कीजै और की आनि। सबै कबिनि कौ मत यही ब्याजनिंद सौ जानि। उ.-''बँसुरि सठ सोई निपट ऐसी रची बनाइ। कीनीं नहीं दुसाल तू अति छाती चहकाइ।''-सो.ग्रं. 1, र.पी.नि., 134, 135/200।

**ब्याजस्तुति**—काव्य में एक अलंकार विशेष जिसमें किसी व्याज या बहाने से स्तुति की जाती है और ऊपर से देखने में स्तुति नहीं जान पड़ती है अथवा निंदा जान पडती है अथवा स्तुति में ही निंदा जान पड़ती हो तो भी यह अलंकार सिद्ध होता है। ल. (1)-निंदा में स्तुति पाइये स्तुति में निंदा होय। ब्याजस्तुति सो कहत हैं कबि कोविद सब कोय।।-मति ल.ल., 182/330। ल. (2)-निंद्या में स्तुति कढ़त जहिं स्तुति निंद्या में होइ। ब्याजस्तुति तासे कहैं भूषन कबि सब कोइ।।-भू.ग्रं., शि. भू., 157/158। ल. (3)-निंदा में स्तुति है जहाँ स्तुति में निंदा जत्र। अन्य स्तुति में अन्य की स्तुति भाषत हैं तत्र।। या बिधि तीन प्रकार की ब्याजस्तुति पहिचान। तिन के कहत उदाहरन पद्माकर

ठिकठान।।-प.ग्रं., पद्मा., 127-129/48। ल. (4)-अप्रस्तुत परसंस अरु ब्याजस्तुति की बात। कहूँ भिन्न ठहरात अरु, कहूँ जुगल मिलि जात। स्तुति निंदा के ब्याज कहु, निंदा स्तुति के ब्याज।। ब्याजस्तुति पहिचानिए अस्तुति निंदा ब्याज।। कियोब्रजराज।। अस्तुति अस्तुति-ब्याज कहुँ निंदा निंदा साज।। इस प्रकार भिखारीदास ने ब्याज स्तुति के पाँच प्रकार बताये हैं-1. निंदा के ब्याज से स्तुति, 2. स्तुति के ब्याज से निंदा, 2. स्तुति के ब्याज से स्तुति, 4. निंदा के ब्याज से निंदा, 5. ब्याजस्तुति अप्रस्तुतप्रशंसा मिलित। इन्हें केवल उदाहरणों से स्पष्ट किया है।-भि.ग्रं. 2, का.नि., 23-34/119-121। ल. (5)-निंदा कौ मिसु करि जहाँ होत बड़ाई चारु। ब्याजस्तुति तासों कहैं रसिकनि को सिरदारु।। ल.-''घर में एक बिसाति है अति कराल किरवान। परधन को हरि लेत है निरखे भले दिवान।।''-सो. ग्रं. 1, र.पी.नि., 132-133/200। ल. (6)-ब्याजस्तुति निंदा मिसहि जहाँ बड़ाई होहि। उ.-''सरग चढ़ाए पतित लै गंग कहा कहौं तोहि।।''-ज.ग्रं., भा. भू., 102/34।

**ब्याधि**—व्याधि। साहित्य में एक संचारी भाव जिसमें विरह या काम आदि के कारण शरीर में किसी प्रकार का रोग हो जाता है। जैसे नायिका के शरीर का पीला पड़ जाना, संताप के कारण शरीर का कृश हो जाना, नेत्रों का सजल रहना, उसाँसें चलना, मुँह सूखना आदि लक्षणों का प्रकट होना। ल. (1)-कृस तन होइ संताप तें सजल नैन उस्वाँसु। सूखत मुख सिंगार बिचब्याधि कहीजै तासु।।-कृ. ग्रं., हि.त., 374/80। ल. (2)-काम पीर तें पियरई ताप दूबरी होय। तासों ब्याधि बखानहीं कबि कोबिद सब कोय।।-मति., र.रा., 421/295। ल. (3)-अंग बदन बिवदन जहाँ अति ऊँचे उस्वास। नैन नीर परिताप वहु ब्याधि सु 'केसोदास'।।-र.प्रि., 8/45। ल. (4)-जहाँ छीनता बिरह तें तन की है सो ब्याधि।।-सो.ग्रं. 1, र.नी.नि., 21/135। ल. (5)-ब्याधि ब्यथा कछु है मन माँही। बिक्रित तनु अनुभाव कहाहीं।।-भि.ग्रं. 1, र.सा., 500/72। ल. (6)-देह घटत मन में बढ़त बिरह ब्याधि संताप।-ज.ग्रं., भा.भू., 33/14। ल. (7)-बिरह बिबस कामादि तें तन संतापित होइ। ताही सों सब कबि कहत ब्याधि कहावत सोइ।।-प.ग्रं., जग., 547/195। उ.-''बूझौ ब्यधि कौ यह अंग। पीरा हरा फीका रंग।।''-बो.ग्रं., 32/54।

**ब्याल दंडक**—इसके प्रत्येक चरण में दस रगण (।) होते हैं। दंडक रचो बनाइ, आठ रग्गन को अर्ने। नौ अर्नो दस ब्याल रुद्र जीमूतहि बर्नै।।-भि.ग्रं. 1, छंदा, 12/247।

**ब्यास**—व्यास। दे. बेदव्यास। उ. (1)-''तब ताके बिस्वास कों बूझे सुक पितु ब्यास।''-वि.गी., 14/32। उ. (2)-''बेद को भेद सु ब्यासहि पायो।''-वि.गी., 8/39। उ. (3)-''धना और सदना कबीर पीपा मीरा ब्यास गीध रयदास सुख सोभनि सों सनिगौ।।'' -ठाकुर, 1/61। उ. (4)-''राम जुधिष्ठर के बरने बलमीकिहु ब्यास के संग सुहानी।।''-भू.ग्रं., शि.भू., 253/176।

**ब्यासपुत्र**—व्यासपुत्र। दे. बेदब्यास। व्यास के पुत्र शुकदेव। उ.-उपजैगो या चौदहें मन के अंग बिराग। ब्यासपुत्र सुकदेव को सुनि चरित्र जग जाग।।''-वि.गी., 14/1।

**ब्याससूत्र**—व्याससूत्र। दे. बेदब्यास। बादरायण रचित ब्रह्मसूत्र, जिसपर शंकराचार्य ने तथा अन्य आचार्यों ने भाष्य लिखे। उ. (1)-''ब्याससूत्र कौ भास्य पट संकर कर्‌यौ बनाइ। ता ओढ़े अग्याँन कौ सीत सबै मिटि जाइ।।''-ज.ग्रं., आ.बि. 3/116।

**ब्याह**—विवाह। दे. बिबाह। एक प्रथा अथवा संस्कार जिसके अनुसार स्त्री और पुरुष आपस में दांपत्य सूत्र में बँधते हैं। उ. (1)-''बिनती रिषिराज की चित्त धरौ। चहूँ भैयन के अब ब्याह करौ।।''-रा.चं., 6/1। उ. (2)-अंग उठाह सौं रंग के राह सौं चित्त की चाह सौं ब्याह रचावैं।''-वृं. ग्रं., शृं.शि., 28/39। उ. (3)-''ब्याह ही मैं भए नाहलटू तब ह्वै है कहा जब होइगो गौनो।''-प. ग्रं., जग., 285/142।

**ब्याहत**—व्याहत। असावधानी के कारण उत्पन्न होने वाला एक काव्य दोष जिसमें एक ही

उक्ति से सत्य और असत्य दोनों बातें एक साथ कह दी जाती हैं। ल. (1)सत असतहु एकै कहै, व्याहत सुधि बिसराइ। उ.-"चंदमुखी के बदन सम हिमकर कह्यो न जाइ।। ति.-चंद्रमुखी कहतु हैं, चंद सम बदन ही कहतो।-भि.ग्रं. 2, का.नि., 60, 60अ/232। ल. (2)-पहले ताकौ दूषिये, फिरि ताकौ सनमान। कीजै जहाँ सु दोष जतु, व्याहत समझि निदान।। उ.-"वारौं फूले कमल औ कोरि सरद के चंद। प्यारी तुव मुखचंद के हैं चकोर ब्रजचंद।।"-सो.ग्रं., र.पी.नि., 30/166।

**ब्याही**–शास्त्रीय विधि से विवाहित स्त्री। उ.-"स्वकिया ब्याही नाइका।"-ज.ग्रं., भा.भू., 10/7।

**ब्रज**–ब्रज। मथुरा और वृंदावन के आसपास का एक विस्तृत क्षेत्र जो भगवान् श्रीकृष्ण के लीलाक्षेत्र के रूप में मान्य है अतः अत्यन्त पवित्र माना जाता है। पुराणों के अनुसार यह क्षेत्र चतुर्दिक 84 कोस तक विस्तृत है जिसे वृजभूमि कहते हैं। इसकी प्रदक्षिणा का धार्मिक दृष्टि से बहुत माहात्म्य है। उ. (1)-"बनमाली ब्रज पर बरषत बनमाली, बनमाली दूरि दुख 'केसव' कैसें सहौं।"-र.प्रि., 11/4। उ. (2)-"प्रकट भए द्विजराज-कुल, सुबस बसे ब्रज आइ। मेरो हरौ कलेस सब, केसव केसवराइ।।"-बि.र., 101/53। उ. (3)-"तजि तीरथ हरि राधिका-तन-दुति करि अनुरागु। जिहिं ब्रज-केलि-निकुंज-मग पग पग होतु प्रयागु।।"-बि. र., 201/96। उ. (4)-"अबहीं सब तुम हेरती हँसि हँसि बातनि पागि। मेरे चितवत ने कहीं ब्रज में लागति आगि।।"-मति., सत., 19/370। उ. (5)-"या ब्रजमैं हौं बसत ही हेली आपु सुतंत्र। हेरन मैं कछु पढ़ि दियौ मौहन मौहन मंत्र।।-रस., रतन., 473/106। उ. (6)-"स्याम सुजान बिना सजनी, ब्रज यौं बिरहा भयौ फाग विगोवा।।"-घ.क., 72/68। उ. (7)-"अतिबिचित्र सुंदर सुखद नाना रंगी अंग। नित्य बिहारी ह्वै रहैं ब्रज में राधा संग।।"-वृं.ग्रं., अ.दो., 5/5। उ. (8)-"ब्रज में बसि ब्रजराज नंद घर कुंजन धेनु चराई।।"-बो.ग्रं., वि.वा., 5/28। उ. (9)-"ब्रज में यह रीति कुरीति चली यह न्याउ न कोऊ निबेरत है।"-ठाकुर, 17/6। उ. (10)-"बीथिन में ब्रज में नवेलिन में बेलिन में बनन में बागन में बगर्यो बंसत है।"-प.ग्रं.,जग., 380/131। उ. (11)-"इन भेदनि 'दासेजू' जानै कछू ब्रज ऐसो बड़ो बुधि को बर को।।"-भि.ग्रं. 1, शृं.नि., 20/92।

**ब्रजंगना**–ब्रजांगना। ब्रज की गोपी अथवा स्त्री। उ.-"वा मनिमंदिर के अगना में ब्रजंगना यों कछु ह्वै रही ह्वै रही।"-प.ग्रं., प्रकी., 43/315।

**ब्रज की रज**–प्रेमास्पद श्रीकृष्ण की लीलाभूमि की पवित्र धूल। उ.-"लखि लै सुख संपति दंपति मैं ब्रज की रज आँखनि अंजन कै।"-घ.क., 504/230।

**ब्रज के बिहारी**–ब्रजमंडल में विहार करने वाले श्रीकृष्ण। उ.-"जीविका हमारी जो पै औरन के कर डारो, ब्रज के बिहारी तो तिहारी कहाँ साहिबी।"र.वि., 2/68।

**ब्रजगाँव**–अहीरों का गाँव। 'ठाकुर या ब्रजगाँव के लोग चवाई कहैं तुम एक हौ दोऊ।।"-ठाकुर, 179/45।

**ब्रजचंद**–ब्रजचंद। श्रीकृष्ण। उ. (1)-"जनु मलिंद अरविंद बिच बस्यो चाहि मकरंद। इमि इक मृगमदबिंदु सों किये सुवस ब्रजचंद।।"-प.ग्रं., जग., 440/175। उ. (2)-"तिमिर-बियोग भूले लोचन चकोर फूले आई ब्रजचंद चलि चंदावली चंद ज्यों।"-र.प्रि., 7/31। उ. (3)-"दच्छिन नाइक एक तुम नंदलाल ब्रजचंद।"-मति., सत., 291/392। उ. (4)-"चंद न एकसी छवि धरैं चंदन है सुष कंद। चंदन बैंदी संजुगत चंद बदन ब्रजचंद।।"-वृं.ग्रं., य.स., 116/215। उ. (5)-"आनंदकंद ब्रजचंद प्रभु (सु) जय जय जय असरनसरन।"-बो. ग्रं., वि.वा., 2/21। उ. (6)-"बैनन सों न जप्यो नंदनंदन नैनन ना ब्रजचंद लखायो।"-ठाकुर, 3/2। उ. (7)-"ए ब्रजचंद चलौ किन वा ब्रज जूकै वसंत की ऊकन लागी।"-प.ग्रं., जग., 383/162। उ. (8)-"मान कहौ मेरी अरी भूलि उतै मति जाइ। ऐहै लषि ब्रजचंद कौ मन गन नैंन गंवाइ।।"-रस. रतन., 907/162। उ. (9)-"तेरो पपीहा जु है

घनआनंद है ब्रजचंद पै तेरो चकोर है।'-घ.क., 259/164।

**ब्रजचंद्र**–दे. ब्रजचंद। श्रीकृष्ण। उ.-''ब्रजचंद्र बिहारी बिराजो जहाँ अखती करी यों सुखपाय सही।''-ठाकुर, 105/28।

**ब्रजजीवन**–हरिलाल गोस्वामी के शिष्य। पंजाबी। रचना - हृदयभरण। रचनाकाल-सं. 1861। (बृ. इति. 7)।

**ब्रजदीपिका**–रचनाकाल- सं. 1883। रचयिता-नवलसिंह कायस्थ। (दे.)। (इति. शुक्ल)।

**ब्रजनाथ**–1. ब्रजनाथ। श्रीकृष्ण। उ. (1)-''तौ हैं बिकानी हाथ मेरे हौं तिहारें हाथ. तुम ब्रजनाथ हाथ कौन के बिकाने हौ।।''-र.प्रि., 2/13। उ. (2)-''कै राषौं कर मैं दला कै मन कौ ब्रजनाथ।''-रस., रतन., 755/142। उ. (3)-''ब्रजनाथ कहाय अनाथ करी, कित है हितरीति मैं भाँति नई।।''-घ.क., 189/121। 2. रीतिकाल के कवि, जिन्होने, कहा जाता है, घनानंद के कवित्तों का संग्रह किया तथा उनकी कविता की विशेषताओं के विषय में कवित्त लिखे। उ.-''कैंधौं उदभुत जलधर 'ब्रजनाथ' कहै, नव-रस-रंग बरसत अति नीके हैं।''-घ.क., 3/231।

**ब्रजनायक**–ब्रजनायक। श्रीकृष्ण। उ. (1)-''तुम सों कीजै मान क्यों ब्रजनायक मनरंज। बात कहीत यों बाल के भरी आए दृग कंज।।''-मति., सत., 242/388। उ. (3)-''गए न निकसि प्रान दुखदायक। जब देखे बिछुरत ब्रजनायक।''-बो. ग्रं., वि.वा., 36, 37/33।

**ब्रजनारी**–ब्रज की गोपिकाएँ। उ.-''द्विदस वर्ष हरिजुत ब्रजनारी। हरि गिरिधर के संग बिहारी।।''-बो.ग्रं., वि.वा., 19/30।

**ब्रजपति**–श्रीकृष्ण। उ. (1)-''ब्रज रज हरि कै लेत है ब्रजपति अंग लगाइ।।''-वृं.ग्रं., य.स., 556/249। उ. (2)-''देखत दहत बियोगी लोचन। बिन सहाय ब्रजपति दुख मोचन।''-बो.ग्रं., वि. वा., 51/34।

**ब्रजपुर**–ब्रज-नगर। उ.-''दोरिये दरेरनि निदरि लाज देखिबे कौं पौरि पौरि याही रौरि माची ब्रज-पुर मैं।''-घ.क.. 372/190।

**ब्रजबधू**–ब्रजवधू। ब्रज की स्त्रियाँ। उ. (1)-''द्वैस बितावति ब्रजबधू सुरति ध्यान मैं पूर। बदन चंद लषि बिरह तम निसे कों करती दूर।।''-रस.रतन., 535/115। उ. (2)-''जा सनेह सो ब्रजवधू मिली जाइ घनस्याम। ता सनेह कौ करतु हौं बार बार परनाम।।''-रस.,रतन., 685/134।

**ब्रजबनितन, ब्रजबनिता, ब्रजबनितानि**–ब्रजवनिता। गोपी। उ. (1)-''खंजरीट मृग मीन से ब्रजबनितन के नैन।''-मति.ल.ल., 50/307। उ. (2)-''रूप लाल नंदलाल के परि करि बहुरि छुटै न। खंजरीट मृग मीन से ब्रजबनितनि के नैन।।''-मति., सत., 223/386। उ. (3)-''छी जौ जैहै काहू ब्रजबनिता नवेली अंग ऐंउ की तिहारी कान्ह एकहू न सट ह्वै।''-ठाकुर, 106/28। उ. (4)-''ब्रजबनिता वै बनितान पैं रचैंहैं फाग तिनमें जु ऊधमिनि राधा मृगनैनी यों।।''-प.ग्रं., जग., 89/98। उ. (5)-''दच्छिन नाइक एक तुम नंदलाल ब्रजचंद। फुलए ब्रजनितानि के दृग इंदीवर वृंद।।''-मति., सत., 291/392।

**ब्रजबाम**–ब्रजवामा। ब्रज की नारी, ब्रजवनिता। उ. -''जो गोकुल की गोपिका कुल की मोही स्याम। कुल की कानि छुड़ाइ कैं ब्याकुल की ब्रजबाम।''-वृं. ग्रं., य.स., 324/231।

**ब्रजबाल**–ब्रजबाला। ब्रज की स्त्री। गोपी। उ. (1)-''लगनि लगे लोचन लखे जासों मोहन लाल। करि सनेह ता बाल सों सिखैं सकल ब्रजलाल।।''-मति., सत., 15/370। उ. (2)-''राजत है कुंदन जरी चुनी चुनी ब्रजबाल। तामधि सोभा देतु है मधि नाइक नंदनलाल।।''-रस.,रतन., 615/125। उ. (3)-''को सकै काहि समुझाय बाल। ब्रजबाल परीं सब प्रेमजाल।।''-बो.ग्रं.,वि.वा., 21/30। उ. (4)-''दोऊ अटान चढ़े पद्माकर देखें दुहूँ कों दुवौ छबि छाई। त्यों ब्रजबालैं गुपाल तहाँ बनमाल तमालन की दरसाई।।''-प.ग्रं., जग., 467/179।

**ब्रजबाला**–ब्रजगोपिका। उ.-''ब्रजबाला बन बन फिरत नंदनंद अधीन।''-वृं.ग्रं., य.स., 12/205।

**ब्रजबालिनी**–ब्रजबालाएँ। उ. –''अति फैलि रही ब्रजबालिनी कै गैल परी जाकी ज्वाल जाल तातैं अबला जरति है।''-वृं.ग्रं., स्फुट, 62/327।

**ब्रजबास**–ब्रजवास। ब्रजक्षेत्र में निवास। उ.-''अलि, जोबिधना ब्रजबासन दे तौ न नेह को हियो करतौ।''-घ.क., 366/188।

**ब्रजबासिन, ब्रजबासिनु**–ब्रज के निवासी। उ. (1)-''पी झंगुलिया पहिरि के लाल लकुटिया हाथ। धूरि भेरेखेलत रहे ब्रजवासिन ब्रजनाथ।।''-मति., सत., 700/425। उ. (2)-''चित तै दियौ बिसार जनु विरद गरीब निवाज। ब्रजवासिन के दरस कौ पहुँचत नहीं ब्रजराज।।''-रस., रतन., 13/44। उ. (3)-''पुन्य नंद जू को अनुराग ब्रजबासिन को। भाग जसुमति को सुहाग राधारानी को।।''-ठाकुर, 9/4। उ. (4)-''ब्रजबासिनु कौ उचित धनु जो रूचित न कोइ। सु चित न आयौ, सुचितई, कहौ कहाँ तैं होइ।।''-बि.र. 561/259। उ. (5)-''मौहन तेरे नाम कौ कढ़ौ वा दिनां छोर। ब्रजबासिन कौ मोह तज चलौ मधुपुरी ओर।।''-रस., रतन., 757/143।

**ब्रजबासी**–ब्रजवासी। व्रज में निवास करने वाले। उ. -''या ब्रज के ब्रजबासी सबै बद नाम करैं तुम्हरो अरु मेरो।।''-ठाकुर, 176/45।

**ब्रजबिलास**–रचयिता - ब्रजवासीदास (दे.)। विव.-कृष्ण की विभिन्न लीलाओं एवं मथुरागमन तक का वर्णन (इति. शुक्ल)।

**ब्रजबिलास**–रचयिता-स्वामी ब्रह्मनंद (दे.)। (बृ.इति. 7)।

**ब्रजबैकुंठ तुला**–रचयिता-नागरीदास (दे.)। (बृ. इति. 7, स.सर्वे.)।

**ब्रज-ब्रज्या**–रचयिता- अयोध्या प्रसाद वाजपेयी (दे.)। (सा.को.)।

**ब्रजभाषा**–ब्रजभाषा। पश्चिमी हिंदी की पाँच बोलियों में से एक। मथुरा, आगरा, इटावा और इनके आसपास के प्रदेशों में बोली जाने वाली एक प्रसिद्ध बोली, जिसकी उत्पत्ति शौरसेनी प्राकृत की परम्परा की पश्चिमी अपभ्रंश या शौरसेनी अपभ्रंश से मानी जाती है। बहुत विस्तृत प्रदेश में बोली जाने के कारण तथा बहुत लंबे समय (लगभग 14वीं शती से 19वीं शती) तक प्रतिष्ठित साहित्यिक माध्यम के रूप में प्रयुक्त होने के कारण यह 'भाषा' की प्रतिष्ठा को प्राप्त हुई। सीमांत प्रदेशों में विभिन्न बोलियों के संपर्क के करण उनसे प्रभावित भी हुई है। इसके पूर्वी, पश्चिमी, दक्षिणी रूपों को भी स्वीकार किया जाता है, किन्तु केन्द्रीय रूप मथुरा, आगरा, अलीगढ़, बुलंदशहर आदि में प्रचलित मिलता है। इसके प्राचीनतम रूप से लेकर आधुनिक काल तक के अत्यन्त महत्त्वपूर्ण कवियों में चंदबरदाई, सूरदास, नंददास, बिहारी, मतिराम, भूषण, देव, घनानंद, भारतेंदु, रत्नाकर आदि का नाम लिया जाता है। इसे लिखने में प्रमुख रूप से देवनागरी और गौण रूप से कहीं-कहीं, कभी-कभी फारसी तथा कैथी लिपि का भी प्रयोग होता रहा है। भाषाविज्ञान की दृष्टि से यह भाषा अंतरंग समुदाय की सब भाषाओं में मुख्य मानी जाती है। उ. (1)-''नही महा ब्रजभाषाप्रबीन और सुंदरतानि सब कोइ। मिलै संसकृत पारस्यौ, पै अति प्रगट जु होइ।।''-भि.ग्रं. 2, का.नि., 14/5।

**ब्रजभूषन**–ब्रजभूषण। श्रीकृष्ण। उ.-''भूख न भूषण की कछू ब्रजभूषन की भूख।''-वृं.ग्रं., य. स., 130/216।

**ब्रजमंडल**–ब्रजमंडल। दे. ब्रज। उ. (1)-''ऐनी नैनी की बनी बेनी सुमन समेत। ज्यौं ब्रजमंडल मैं जमुन वेनी सुमन समेत।।''-वृं.ग्रं., य.स., 509/245। उ. (2)-''ऐतो ब्रजमंडल बसत तासों काम कौन आनंद के भौन तुम्हैं देखि जीजियतु है।''-ठाकुर, 60/17। उ. (3)-''ब्रजमंडल देखि सबै पदमाकर ह्वै रही यों चुपचापरी है। मनमोहन की बहियाँ मैं छुटी उपटी यह बेनी दिखापरी है।''-प.ग्रं., जग., 105/101।

**ब्रजमंडली**–ब्रजमण्डल के निवासियों का समूह। दे. ब्रज। उ.-''छोर छिगुनी के छत्र ऐसो गिरिवर राख्यो राखी ब्रजमंडली जो सब जग साखी है।''-प.ग्रं., प्रकी., 83/325।

**ब्रजमाधुरी**–रचयिता-कल्याणराय (दे.)। (बृ. इति. 7)।

**ब्रजयात्रा**–रचयिता-रतनहरि (दे.)। (बृ. इति. 7)।

**ब्रजयात्रा**–रचयिता-गोलपादास (दे.)। (बृ. इति. 7)।

**ब्रजरज**–दे. ब्रज की रज। उ.-'ब्रज रज परम पुनीत है ब्रजरज अंग लगाई। ब्रज रज हरि के लेत है ब्रजपति अंग लगाइ।।''-वृं.ग्रं., य.स., 556/249।

**ब्रजराइ, ब्रजराज**–ब्रजराज। श्रीकृष्ण। उ. (1)-''लगे लगनि कौ सुषु भयौ अब जाननि ब्रजराइ। मो मन कौ पूरन भयौ सबै मनोरथ आइ।।''-रस., रतन., 593/122। उ. (2)-''कुलकानि गई भगि वाही घरी ब्रजराज के प्रेम पगीं सो पगीं।।''-ठाकुर, 177/45। उ. (3)-''निलज नैन कुलटानि के आइ बसे ब्रजराज।''-मतिः, सत., 292/393। उ. (4)-''निज लज तजि रस बस किए जलज नैंन ब्रजराज।''-वृं.ग्रं., य.स., 197/221। उ. (5)-''ब्रजराज को चाहि कै आखिर या बिनहाँ मतए मतवारी भई।''-बो.ग्रं, इ.ना., 66/11। उ. (6)-''इम रामदोहाई न झूठी कहैं ब्रजराज सों बाँधि भुजा मिलिहैं।''-बो.ग्रं., इ.ना., 10/2।

**ब्रजरीति**–ब्रज प्रदेश में प्रचलित प्रेम की रीति या पद्धति। उ.-''ठाढ़े रहे घनस्याम उतै इत मैं पुनि आनि अटा चढ़ि झाँकी। जानति हौ तुमहू ब्रजरीति न प्रीति रहै कवहूँ पल ढाँकी।।''-ठाकुर, 129/34।

**ब्रजलला**–1. ब्रज के बालक, प्रिय श्रीकृष्ण। उ.-''सकल शशिकला को रोशनीहीन लेखौं। अहह ब्रजलला को किस तरह फेर देखौं।।''-र.वि., मदनाष्टक, 4/66।

**ब्रजलोचन**–ब्रज के अत्यन्त प्रिय। श्रीकृष्ण। उ.-''ब्रजलोचन की तारिका दुष प्रतारिका जान। राधे गुन बिसतारिका अचल तारिकाबान।।''-वृं. ग्रं., य.स., 124/216।

**ब्रजवासीदास**–जन्म समय-सं. 1790 के आसपास। निवास-स्थान- वृंदावन। गुरु - वल्लभ सम्प्रदाय के अनुयायी मोहन गोसाईं। रचनाएँ-पुरातनकथा, प्रवोध चंद्रोदय (अनुवाद), ब्रजविलास (रचनाकाल सं. 1827)। (इति.शक्ल; बृ.इति. 7; स.सर्वे.)।

**ब्रजसार**–रचयिता-नागरीदास (दे.)। (बृ. इति. 7; स.सर्वे.)।

**ब्रजेन्दु विनोद**–रचयिता - सोमनाथ (दे.)। (बृ.इति. 7, स.सर्वे.)।

**ब्रत**–किसी पुण्य तिथि पर अथवा पुण्य की प्राप्ति के विचार से किसी दिन या समय पर किसी निश्चित विधि से उपवास करना। इसमें या तो कुछ नहीं खाते या फलाहार करते हैं या कोई एक विशिष्ट पदार्थ खाते हैं। निर्जला एकादशी जैसी तिथियों पर प्रायः जल भी नहीं ग्रहण करते। कुछ ऐसे व्रत भी हैं जो नौ दिन (जैसे-नवरात्र), एक यक्ष या मास (चांद्रायण, चातुर्मास्य आदि) तक चलते हैं। कुछ व्रत केवल स्त्रियों के लिए (जैसे-जीवित्पुत्रिका, हरितालिका आदि) ही होते हैं। उ. (1)-''बिषयनि तें निरबेदना ग्यान जोग ब्रत नेम। बिफल जानियों ये बिना प्रभु पग पंकज प्रेम।।-मति., सत., 410/402। उ. (2)-''परम धरम को है सेइबो न ब्रत नेम जोग को संजोग त्रिभुवन जोग जानिये।''-भू.ग्रं., प्रकी., 557/242। उ. (3)-''नैमु पाँच बिधि सुचि यहै इंद्री सुध अरु चित्त। त्रिष्णा त्याग संतोष तप करै ब्रतादिक नित।।''-ज.ग्रं., आ.बि., 68/121।

**ब्रतबंध**–व्रतबन्ध–यज्ञोपवीत संस्कार। उ.-''पंचम वर्ष जानि बिहात। तब ब्रतबंध कीन्हों तात।।''-बो.ग्रं. वि.वा., 14/44।

**ब्रतभंग**–व्रतभङ्ग। दे. ब्रत। व्रत या नियम या प्रतिज्ञा का टूट जाना। उ.-''सातहु दीपन के अवनीपति हारि रहे जिय में जब जाने। बीस बिसे ब्रत भंग भयो सु कहौ अब 'केसव' को धनु ताने।।''-रा.चं., 5/17।

**ब्रह्मंड**–ब्रह्माण्ड। चौदहों भुवनों का मंडल या समूह। संपूर्ण विश्वचक्र। हिंदू विश्वासों के अनुसार स्वयं भगवान् ने सृष्टि कर उसमें बीज फेंका जिससे सूर्य के समान प्रकाशमान स्वर्णाभ एक अंड या गोला उत्पन्न हुआ। पितामह ब्रह्मा का उसी अंड में जन्म हुआ और वे उसमें अपने एक संवत्सर तक रहे। फिर उन्होंने उसके दो समान खण्ड किए। ऊर्ध्वखण्ड में स्वर्ग आदि लोकों की और अधोखण्ड

में पृथ्वी आदि की रचना की। इन दोनों खण्डों के लोकों को मिलाकर सम्पूर्ण विश्वगोलक को ब्रह्माण्ड कहा जाता है (हिं.श.सा.)। उ. (1)-''जाको जस-टंउ सातौ द्वीप नौहू खंड महीमंडल की कहा ब्रह्मंड न समात है।''-भू.ग्रं., शि.भू., 200/166। उ. (2)-''सुवणादिक तैं जानि तूँ जानि तूँ उपजत ग्यान अखंड। तद सुवणादिक सिष्य गुरु मिथ्या सब ब्रह्मंड।।''-ज.ग्रं., आ.बि., 84/123। उ. (3)-पिंड में बोधा ब्रह्मंड लिख्यौ दृग देखें बिना पहिचानत को है।''-बो.ग्रं., इ.ना., 81/14। उ. (4)-''माया ब्रह्म प्रकास तैं आपुनि ईस्वर होइ। ईस्वर हुइ ब्रह्मंड कौ रूप दिखावत सोइ।।''-ज.ग्रं., आ.बि., 107/125।

**ब्रह्म**--1. जगत् के कारण रूप परमोच्च, एकमात्र, नित्य, चेतन, सत्-चित्-आनन्द स्वरूप अद्वितीय सत्ता को भारतीय चिंतना में ब्रह्म कहते हैं। इस तत्त्व को किसी आचार्य ने निर्गुण निराकारादि कहा है और किसी ने सगुण। उ. (1)-''एक ठौर नहिं आतमा व्यापक है यह जानि। इहिं सिगरे संसार कौं ब्रह्म रूप ही मानि।।''-ज. ग्रं., आ.बि., 90/123। उ. (2)--''गंध्रब राछस ग्रह नखत देव मनुष चित आनि। थावर जंगम जे सबै यहौ ब्रह्म करि जानि।।''-ज.ग्रं., अ.सि., 80/150। उ. (3)-''आदि ब्रह्म अनंत नित्य अमेय श्रीरघुबीर।।''-वि.गी., 4/39। उ. (4)-''हियें बसत मुख हसत है, हमकौ करत निहाल। घट घट व्यापी ब्रह्म तुम प्रगट भए नँदलाल।।''-मति., सत., 375/399। उ. (5)-''यौं सब जीवन की लखौ ब्रह्म सनातन आदि। ज्यौं माटी के घटनि की माटीयै बुन्यादि।।''-रस., रतन., 54/50। 2. संगीत में ताल के चार भेदों में से एक। उ.-''छंग मुहर गजमुहर पुनि लछ्छ ब्रह्म सब ताल। तिवरी तांडव भेद सह नचत कंदला बाल।।''-बो.ग्रं., वि. वा., 45/105। 3. ब्रह्मा। उ.-''ब्रह्म बनाये बन रहे ते फिर और बनै न। कान कहत नहिं बैन ज्यौं जीभ सुनत नहिं बैन।।''-वृं.ग्रं., नी.स., 120/67।

**ब्रह्म-अर्चा**--ब्राह्मण की पूजा। उ.-''सुनौ सु सीतापति साधु चर्चा। करी सु जातें तुम ब्रह्म-अर्चा।''-रा.चं., 21/16।

**ब्रह्मग्याँन**--ब्रह्मज्ञान। ब्रह्म का बोध। पारमार्थिक सत्ता का बोध। दृश्य जगत् के मिथ्यात्व का निश्चय और एकमात्र शुद्ध निर्गुण चैतन्य का ज्ञान। उ.-''अधिष्ठान या बिस्व कौ सुध्ध आतमा जान। तौ लौं यह साँचौ लगत जौलौं नहिं ब्रह्मग्याँन।।''-ज. ग्रं. आ.बि., 110/125।

**ब्रह्मघोष**--वेदपाठ का शब्द। उ.-''होमधूम-जुत बरनियै, ब्रह्मघोष मुनिबास।''-क.प्रि., 7/10।

**ब्रह्मचर्य**--अष्टांग योग में से प्रथम यम का एक प्रकार जिसमें वीर्य को रक्षित रखने की, मैथुन से बचने की साधना होती है क्योंकि शुक्र के अचंचल रहने से मन और बुद्धि की शक्ति बढ़ती है और चित्त भी अचंचल होता है। उ.-''परनारी सों राखियै ब्रह्मचर्य सुचि देह।''-ज.ग्रं., आ.बि., 67/121।

**ब्रह्मचारी**--उपनयन के बाद नियमपूर्वक वेदादि के अध्ययन के लिए गुरु के घर में रहने वाला। ब्रह्मचर्य आश्रम के अंतर्गत व्यक्ति। स्त्रीसंसर्ग आदि व्यसनों से दूर रहकर प्रथम आश्रम में रहकर विद्याध्ययन करने वाला व्यक्ति। उ.-''तहाँ लोग मेरे रहैं वेषधारी। जटी दंड मुंडी जतीब्रह्मचारी।।''-वि.गी., 5/19।

**ब्रह्मज्ञान**--दे. ब्रह्मग्याँन। ब्रह्म का ज्ञान। उ.-''ब्रह्मज्ञान रस आदि नाद पुनि बेद बखानत।''-बो. ग्रं., वि.वा., 33/46।

**ब्रह्मतत्त्व**--दे. ब्रह्म। उ.-''अब सुनि मेरे मन आवत है सोई कहौं जामैं निसंदेह ब्रह्मतत्त्व कौ प्रकास है।''-ज.ग्रं., अ.प्र., 15/139।

**ब्रह्मदत्त (ब्रह्म)**--समय-सं. 1860 के आसपास विद्यमान। स्थान-काशी। आश्रयदाता-काशीनरेश महाराज उदितनारायण सिंह के अनुज श्री दीपनारायण सिंह। रचनाएँ-विद्वद्विलास (रचनाकाल सं. 1860), दीपप्रकाश (रचनाकाल सं. 1867)। (बृ.इति. 6)।

**ब्रह्मदत्त**--स्थान-काशी। स्थितिकाल-सं. 1860-1865। आश्रयदाता-काशी नरेश महाराज उदितनारायण सिंह के छोटे भाई बाबू दीपनारायण सिंह। रचनाएँ-विद्वद्विलास, दीपप्रकाश। विव.-अलंकार ग्रंथ। (इति.शुक्ल)।

**ब्रह्मदर्शन पचीसी**–रचयिता-देव (दे.)। (इति. शुक्ल)।

**ब्रह्मदोष**–ब्राह्मण की हत्या से प्राप्त दोष। ब्रह्महत्या का बुरा प्रभाव। उ. (1)-''मानहु परदेस देस, ब्रह्मदोष के प्रबेस ठौर ठौर तें बिलात जात भूप भारे।।''-रा.चं., 30/18। उ. (2)-''महामोह विहरत हुते. पर्वत लोकालोक। कलह बिलोके जाय तहँ, ब्रह्मदोषजुत सोक।।''-वि.गी., 4/2।

**ब्रह्मबंस**–ब्रह्मवंश। ब्राह्मणवंश। उ.-''सुखजुत ब्रह्मबंस है जौ लौं। मेरो राज भूमितल तौ लौं।।''-बो.ग्रं., वि.वा., 8/149।

**ब्रह्मभक्ति**–ब्रह्म की उपासना। ब्रह्म (दे.) की भावपूर्ण उपासना। उ.-''ब्रह्मभक्ति हरिभक्ति तहँ प्रतीहारिनी दोइ। तिन को सेवहु सर्बदा तबहीं दर्सन होइ।। ब्रह्मभक्ति की जै नृपति उपजि परै हरिभक्ति। तातें पहिले ही तुम्हें हौ सिखऊँ द्विजभक्ति।।''-वि. गी., 19/23-24।

**ब्रह्ममुहूरत**–ब्रह्म मुहुर्त। उ.-''अब न सोइजै परम उदार। ब्रह्म महूरत की भइ बार।।''-वी.च., 21/18।

**ब्रह्मरंध्र**–मस्तक के मध्य में माना जाने वाला एक गुप्त छेद, जिसमें होकर प्राण निकलने से मुक्ति की प्राप्ति होना माना जाता है। कहते हैं योगियों के प्राण इसी रंध्र से निकलते हैं। उ.-''गयो सू प्रभु बैकुण्ठमग ब्रह्मरंध्र तजि देइ।''-क.प्रि., 1/26।

**ब्रह्मरिषि**–ब्रह्मर्षि। ब्राह्मण ऋषि। भारद्वाज, वशिष्ठ, जाबालि, आदि ब्रह्मर्षि। उ. (1)-''देव देवरिषि सहित बिबेक। ब्रह्म ब्रह्मरिषि जिहैं अनेक।।''-वी.च., 32/2। उ. (2)-''सुनि भरद्वाज बसिष्ठ अरु जाबालि बिस्वामित्र। सबै हौ तुम ब्रह्मरिषि संसार सुद्ध चरित्र।।''-रा.चं., 6/16।

**ब्रह्मरूपक**–एक छंद जिसके प्रत्येक चरण में गुरु लघु गुरु लघु के क्रम से 16 अक्षर होते हैं। इस छंद के अन्य नाम हैं-चंचला, चित्र। मात्राक्रम है (।।।।।।।।)। ल.-गुरु लघु क्रमहीं देहु पद षोडस बर्न निहारि। छंद ब्रह्मरूपक करौ 'केसव' बर्न बिचारि।। उ.-''अन्न देइ सीख देइ राखि लेइ प्रान जात।''–छं.मा., 1/56।

**ब्रह्मलोक**--वह लोक जहाँ ब्रह्मा रहते हैं। उ. (1)-''कहैं पद्माकर सुब्रह्मलोक नाम लै कै कोऊ सिवलोक कों सिधारो है।''-प.ग्रं., गं.ल., 29/264। उ. (2)-''भूमिलोक बिलोकि पावन ब्रह्मलोकहिं पाय। लोभ होत नए नए नित सांति होति न राय।।''-वि.गी., 7/17।

**ब्रह्मविवेक**–रचयिता-दरियादास (बिहारवाले) (दे.)। (बृ.इति. 7)।

**ब्रह्मसक्ति**–ब्रह्म शक्ति। रावण की शक्ति आयुध, ब्रह्मास्त्र, ब्रह्मज्ञान से परिचालित अमोघ माना जाने वाला एक अस्त्र। उ.-''दसकंठ देखि बिभीषनै रनं ब्रह्मसक्ति चलाइयौ।।''-रा.चं., 21/47।

**ब्रह्मांड**–दे. ब्रह्मंड। उ.-''विद्या बिना तपसा बिना बिनु बिस्नु-भक्ति बिधान। ब्रह्मांड भेदत ब्रह्मघातक पातकी इन न्हान।।''-वि.गी., 6/46।

**ब्रह्मांड पुराण**–रचयिता-हमीरदान रतनू (दे.)। (बृ.इति. 7)।

**ब्रह्मा छंद**–बत्तीस मात्राओं का छंद है। ल.-आठो कर्ना पाए दीन्हे ब्रह्मा छंदे जानो धीरा। उ.-''तूँ ही संसारै बिस्तारै तूँ ही पालै और ज्यावै जू। गोविंदा तेरी इच्छा केतो संभू ब्रह्मा ठावै जू।।''-भि.ग्रं. 1, छंदा., 232, 234/212।

**ब्रह्मा**–दे. ब्रह्मंड। हिंदू धर्म में माने हुए त्रिदेवों में से प्रथम जिन्हें सृष्टि रचना का काम सौंपा गया है। ब्रह्म के तीन सगुण रूपों में से एक जो सृष्टि करता है। पुराणों के अनुसार विष्णु ने एकार्णव में योगनिद्रा में पड़कर जब शयन किया, तब उनकी नाभि से जो कमल निकला उससे ब्रह्मा की उत्पत्ति हुई। ब्रह्मा के चार मुख माने जाते हैं। ब्रह्मा के शरीर से जब एक अत्यंत सुंदरी कन्या उत्पन्न हुई, तब वे उस पर मोहित हो इधर-उधर देखने लगे। वह उनके चारों ओर घूमने लगी। जिधर वह जाती, उधर देखने के लिए ब्रह्मा को सिर उत्पन्न होता था। इस प्रकार उनके चार मुँह हो गए। इनके दस मानस पुत्र बताये जाते हैं-मरीचि, अत्रि, अंगिरा, पुलस्त्य, प्रलह, क्रतु, प्रचेता, वसिष्ठ, भृगु और नारद।। इन्हें प्रजापति भी कहते हैं। पुराणों के अनुसार ये ही वेदों को प्रकट करने वाले कहे गये

हैं। मनुष्यों के कर्मानुसार शुभाशुभ फल को ब्रह्मा ही गर्भावस्था में स्थिर कर देते हैं। सरस्वती इनकी पुत्री कही गई हैं। इनका रंग पीत मिश्रित लाल कहा गया है। कहा जाता है कि इनके पाँच सिर थे पर शंकर ने इनका एक सिर नष्ट कर दिया, जिससे ये चतुर्मुख हो गए। इनके आठ कान तथा चार भुजाएँ हैं। ब्राह्मी इनकी पत्नी तथा हंस इनका वाहन है। पद्मपुराण के अनुसार भृगु ऋषि के शाप के कारण इनकी पूजा नहीं होती। केवल अजमेर के निकट पुष्कर क्षेत्र में ही इनकी पूजा होती है। शतपथ ब्राह्मण के अनुसार इनके विचरण का स्थान 'जल' (नार) है। इसीलिए इन्हें नारायण कहते थे। पर बाद में नारायण से केवल विष्णु का बोध होने लगा। बृहस्पति और सोम के झगड़े में ब्रह्मा मध्यस्थ थे। हिरण्यकशिपु को इन्होंने वर दिया था। रेवती से बलराम का विवाह इन्हीं के कहने पर हुआ था। (हिं.श.सा., पौ.को.)। उ. (1)-''ब्रह्मादिक की विनय तें हरन सकल भुवभार। सूरजबंस कर्‍यो प्रगट रामचंद्र अवतार।।''-क.प्रि., 1/6। उ. (2)-''होनहार जग बात कछु ह्वै ही रहे निदान। ब्रह्माहू मेटन लगै तऊ न मिटै प्रवान।।''-बि.गी., 13/11।

**ब्रह्मावर्त**--एक प्रदेश का प्राचीन नाम। सरस्वती और दृशद्वती नदियों के बीच का प्रदेश। मनु के अनुसार इस प्रदेश का परम्परागत आचार सर्वश्रेष्ठ है। भागवत के अनुसार यहाँ परीक्षित का राज्य था जहाँ धर्म, सत्य तथा यज्ञों का साम्राज्य था। यहीं पर आदिराज पृथु ने सौ अश्वमेध यज्ञ किये थे। यही स्वायंभुव मनु का निवासस्थान था। यहाँ ऋषभदेव गये थे। (हिं.श.सा., पौ.को.)। उ.-''गया गयापुर गोमती गोदावरी बिसेषि। बिस्वनाथ अरु बिस्वजित ब्रह्मावर्तहि लेखि।।''-वि. गी., 6/6।

**ब्रह्मासुत**-दे. ब्रह्मा। उ.-''साधु बसिष्ठ सुनिष्ठमति ब्रह्मासुत ऋषिराज। माँगि महामति चेति चित तप कीनौ जिहि काज।।''-वि.गी., 15/37।

**ब्रह्मी**--दे. गाहा छंद।

**ब्राह्मन**--ब्राह्मण। चार वर्णों में प्रथम। ऋग्वेद के अनुसार इनकी उत्पत्ति विराट् या ब्रह्म के मुख से कही गई है। प्राचीन आर्यों के लोक विधान के अनुसार इनके छह कर्म कहे गए हैं-अध्ययन, अध्यापन, यजन, याजन, दान और प्रतिग्रह। ब्राह्मण के मुख में गई सामग्री देवताओं को मिलती है। अपने उच्च पद की मर्यादा रक्षित रखने के लिए आचरण अत्यंत शुद्ध और पवित्र रखना पड़ता था। मनु के अनुसार ब्राह्मणों को ऋत, अमृत, मृत, प्रमृत या सत्यानृत द्वारा जीविकानिर्वाह करना चाहिए। आदिम काल में मंत्रकार या वेदपाठी ऋषि ही ब्राह्मण कहलाते थे। ब्राह्मण का परिचय वेद, गोत्र और प्रवर से ही होता था। संहिता में जो ऋषि आए हैं, श्रौत ग्रंथों में उन्हीं के नाम पर गोत्र कहे गए हैं। (हिं. श.सा., पौ.को.)। उ.-''आइयो तेहि काल ब्राह्मन जज्ञ को थल देखिकै।।''-रा.चं., 3/12। उ. (2)-''ब्राह्मन मात पिता परिहरै गुरुजन को नृप दंड न धरै।।''-वी.च., 31/53।

**ब्रिजनिधि**--ब्रजनिधि। श्रीकृष्ण। उ.-''उद्धत प्रताप नरनहि कहँ बिजय देहु ब्रिजनिधि प्रबल।''-प. ग्रं., प्र.बि., 1/277।

**ब्रिजै**--ब्रज। दे. ब्रज। उ. (1)-''जौन मिलौगे स्यामघन वाहि तुरत ही आइ। बिरह अगिन सौं राधिका दैहै ब्रिजै जराइ।।''-रस. रतन., 785/146। उ. (2)-''अरी जाति है ब्रिजै जौ मौहन मुष मति जोइ। फिर न छिपायै छिपैगी इसक मुसक की बोइ।।''-रस.रतन., 906/162।

**ब्रीड़ा**--ब्रीडा। एक संचारी भाव। स्त्रियों के पुरुषों को देखने आदि से या पुरुषों के प्रतिज्ञाभंग, पराजय आदि से तथा दोनों के निकृष्ट आचरण, व्यवहार आदि से उत्पन्न दृढ़ता या चंचलता के अभाव को ब्रीड़ा कहते हैं। इसमें सिर का नीचा होना, मुँह का रंग उड़ जाना, आँखों का सामने न कर सकना आदि व्यापार होते हैं। इसे 'त्रपा' भी कहा गया और 'लाज' भी। ल.-जहाँ कौन हूँ हेत सों उर उपजति अति लाज। ब्रीड़ा तासों कहत हैं सुकबिन के सिर ताज।। उ.-''प्रथम समागम की कथा बूझी सखिन जु आइ। मुख नवाइ सकुचाइ तिय रही सु घूँघट नाइ।।''-प.ग्रं., जग., 539-540/193।

# भ

**भंग**--भाँग। विजया। गाँजे की जाति का एक प्रसिद्ध पौधा, जिसकी पत्तियाँ मादक होती हैं और जिन्हें पीस कर लोग नशे के लिए खाते या पीते हैं। इसका आयुर्वैदिक औषधि में भी प्रयोग होता है। उ. (1)-"उर उपजी कछु बाय किधौं भंग रंगै पियत।" बो. ग्रं., वि.वा., 18/93। उ. (2)-"पीवत भंग रंग भो औरै निज सुधि गई भुलाय।"-प.ग्रं., क.प., 26/298।

**भंगसुर**--स्वरभङ्ग। स्वरभंग नामक सात्विक। भय, हर्ष, क्रोध, मद, वृद्धावस्था, रोगादि के कारण स्वर का गदगद हो जाना या विकार आ जाने को स्वरभंग कहते हैं। ल.-स्वेद कंप रोमांच फुर अस्रपात जंभात। प्रलय बेबरन भंगसुर तन तोरत अलसात।।"-बो.ग्रं., वि.वा., 25/116।

**भंगै**--दे. भंग। उ.-"पीवै नित भंमै रहै प्रेतन के संगै ऐसे पूछतो को नंगै जौ न गंगै सीस धरतो।।"-प.ग्रं., गं.ल., 17/259।

**भँवर**--भ्रमर। दोहा छंद का भेद। दे. दोहा छंद।

**भक्खर**--सिंध का एक गाँव। उ.-"सख्खर लौं भक्खर लौं मक्कर लौं चलौं जात टक्कर लेबैया कोऊ वार है न पार है।"-भू.ग्रं., प्रकी., 526/234।

**भख्खड़े**--विशेष प्रकार के घोड़े। उ.-"लखे भख्खड़े जो सुवाजी।"-प.ग्रं., प्र.बि., 40/280।

**भक्त**--सेवा-पूजा करने वाला पुरुष उपासक। आराधक। ईश्वर या किसी देवता पर अनुराग रखने वाला व्यक्ति। श्रीमद्भगवद्गीता के अनुसार आर्त, जिज्ञासु, अर्थार्थी और ज्ञानी-ये चार प्रकार के भक्त माने गए हैं। श्रीमद्भागवत में नौ प्रकार की भक्ति और तदनुसार नौ प्रकार के भक्त माने गये हैं। उ. (1)-"नहीं उरबसी उर बसी, मदन मद न बस भक्ति। सुर तरवर तजैं, नंद नंद आसक्त।।"-क. प्रि., 15/109। उ. (2)-"जाकौ गति चाहत दियौ, लेत अगनि तैं राष। रसनिधि हैं या बात के भक्त भागवत साष।।"-रस., रतन., 12/44। उ. (3)-"भक्त उधारन हरि कहूँ करी उधारन काय। काज सुधारन हार हरि करी उधारन काय।।"-वृं. ग्रं., य.स., 68/211।

**भक्त उरबसी**--रचयिता - वैष्णवदास रसजानि (दे.)। (बृ.इति. 7)।

**भक्तचिंतामणि**--रचयिता-माखन कवि (दे.)। (बृ.इति. 6)।

**भक्तभावना**--रचयिता - ग्वाल कवि (दे.)। (इति.शुक्ल)।

**भक्तमालमाहात्म्य**--रचयिता - वैष्णवदास रसजानि (दे.)। (बृ.इति. 7)।

**भक्त विनोद**--रचयिता-सूरति मिश्र (दे.)। विव.-इस ग्रंथ में नीति, वैराग्य, ईशभक्ति, नायिका भेद आदि का वर्णन है। (स.सर्वे.)।

**भक्तसुमरनी**--रचयिता-प्रियादास (दे.)। (बृ. इति. 7)।

**भक्ति, भगति**--भावपूर्ण आराधना। ईश्वर या पूज्य व्यक्ति के प्रति व्यक्त अनुराग और श्रद्धा की भावना। शंडिल्य ईश्वर में परानुरक्ति को भक्ति कहते हैं। नारद इसे परम प्रेमरूपा मानते हैं। इन दोनों के भक्तिसूत्रों में भक्ति का बहुत विस्तृत वर्णन है। यह भक्ति गुणभेद से सात्विकी, राजसी और तामसी-तीन प्रकार की मानी गई है। नवधा भक्ति के नौ प्रकार इस प्रकार हैं-श्रवण, कीर्तन, स्मरण, पादसेवन, अर्चन, वंदन, दास्य, सख्य और आत्मनिवेदन। नारद ने इसी से मिलती-जुलती ग्यारह प्रकार की आसक्तियों का उल्लेख किया है। इस प्रकार भक्ति के अंतर्गत सेवा, शुश्रुषा, पूजा, अर्चन, अनुराग, स्नेह सभी आ जाते हैं। उ. (1)-"रूप देहि अनिमाहि गुन देहि गरिमाहि नाम देहि महिमादि भक्ति देहि मुक्ति को।।"-रा.चं., 1/3। उ. (2)-"भाँति अनेकन भक्ति करी कवि वृंद कहैं चित प्रीति सुधारन। पै मनि कंकन मंडित पानि तैं पाय छुये नहिं सो किहि कारन।।"-वृं.ग्रं., भा. पं., 38/22। उ. (3)-"ज्यों कलिकाल के ब्यालन तैं पदमाकर भक्ति फिरै भ्रमि भाजी।।"-प.ग्रं., प. प., 40/246। उ. (4)-"जिति जक्त जिहि अनुरक्त किय करि भक्ति देव गुबिंद की।।"- प.ग्रं.,

प्र.बि., 11/278। उ. (5)-''ब्यक्तबिधान अनंदबिधान है भक्ति सुधारस प्रान-भेवैया।।''-भि.ग्रं. 2, 38/251।

**भक्तिचिंतामणि**—रचयिता-गोपालचंद मिश्र (दे.)। (बृ.इति. 7)।

**भक्तिप्रकाशिका**—रचयिता-लक्ष्मीनारायण पौहारी (दे.)। (बृ.इति. 7)।

**भक्तिभावना**—रचयिता-अक्षर अनन्य (दे.)। (बृ.इति. 7)।

**भक्तिमगदीपिका**—रचनाकाल-सं. 1802। रचयिता-नागरीदास (दे.)। (बृ.इति. 7, स. सर्वे.)।

**भक्तिरत्नावलीभाषा**—रचयिता-वैष्णवदास रसजानि (दे.)। (बृ.इति. 7)।

**भक्तिरसबोधिनी**—रचयिता-प्रियादास (दे.)। (बृ.इति. 7)।

**भक्तिहेतु**—रचयिता-दरियादास (बिहार वाले) (दे.)। विव.-भक्तिज्ञान तथा साधु-असाधु का वर्णन, सत्संग की महिमा आदि का वर्णन है। (बृ.इति. 7)।

**भखखर**—सिंध का एक गाँव। उ.-''पख्खर प्रवल दल भखखर सों दौरि करी आय साहिजू को नँद बाँधी तेग बाँकरी।''-भू.ग्रं., प्रकी., 472/221।

**भगण, भगन**—छंदःशास्त्रानुसार आठ गणों में से एक गण, जिसमें आदि का एक वर्ण गुरु और शेष दोनों वर्ण लघु होते हैं। ल.-भगन आदि गुरु।-क.प्रि., 1/19।

**भगत, भगतन**—दे. भक्त। उ. (1)-''भगतन तौ तुम तारिहौ अधम कौन पै जाइ। अधम उधारन तुम बिना उन्हें ठौर कहुँ नाहिं।।-रस., रतन., 988/173। उ. (2)-''पाप-तरु-भंजन विघनगढ़गजन भगत मनरंजन हिरदमुख गाइयै।।''-भू.ग्रं., शि. भू., 1/128। उ. (3)-''सजग तपति तप रैन दिन जोग जगत पति साषि। हेत जगतपति भगत कौ लेत जगत पति राषि।।''-वृं.ग्रं., य.स., 101/214।

**भगतइ**—दे. भक्त। उ.-''भगतइ मारत साजहीं करनी सौ मनराज। बिन करनी मोपै ढरौ कान्ह गरीबनिवाज।।''-रस., रतन., 983/172।

**भगत भाव**—दे. भक्ति। भक्तिभाव। उ.-''भगत भाव करि हरि भजै भगत अभाव अहेत। सुभगति जन की जानि कै साँई सुभ गति देत।।''-वृं.ग्रं., य.स., 552/249।

**भगति**—दे. भक्ति। उ. (1)-''मैं यह तोहीं मैं लखी भगति अपूरब, बाल। लहि प्रसाद माला जु भौ तनु कदंब की माल।।''-बि.र., 470/217। उ. (2)-''मन कवि भूषन को सिव की भगति जीत्यौ सिव की भगति जीती साधु-जन-सेवा ने।''-भू.ग्रं., शि.भू., 218/169। उ. (3)-''भूषन कहा भगति न कनक मनि तातें विपति कहा बियोग सो गन बखानिये।''-भू.ग्रं., प्रकी., 557/242। उ. (4)-''बिद्या गुरु की भगति सों कै कीन्हे अभ्यास। भील द्रोन के बिन कहै सीख्यौ बान बिलास।।''-वृं. ग्रं., नी.स., 264/78।

**भगबान**—दे. भगवंत। उ. (1)-''अब के पोषन भरन हरि भव से करत बषाम। भजियैं नर भब पाइकैं भवकरता भगवान।।-वृं.ग्रं., य.स., 113/215।

**भगवंत**—1. भगवान्। ईश्वर। 'भग' से युक्त होने के कारण भगवान् कहते हैं। 'भग' का अर्थ 'शक्ति' और 'षडैश्वर्य' है। ये छः ऐश्वर्य या विभूतियाँ हैं-समग्र ऐश्वर्य, समग्र धर्म, समग्र यश, समग्र सम्पत्ति-शोभा, समग्र ज्ञान, समग्र मोक्षसाधन। उ.-''मोहन मधुप क्यों न लटू ह्वै लुभाय भट प्रीति कौ तिलक भाल धरे भगवंत है।''-घ.क., 229/138।

2. बीकानेर के राजा भगवानदास। उ.-''अकबर पायो भगवंत के तनै सों मान बहुरि जगतसिंह महा मरदाने सौं।''-भू.ग्रं. प्रकी., 535/236।

**भगवंत के तनै**—आमेर के राजा भगवानदास का पुत्र मानसिंह। इसकी एक बहन मानबाई अकबर को ब्याही गई थी और जिससे सलीम (जहाँगीर) का जन्म हुआ था। यह मुगल बादशाह अकबर का एक अत्यंत वीर सेनापति था जिसने गोगुन्दा, काबुल, उड़ीसा, यूसुफजाइयों, मेवाड़ आदि पर विजय प्राप्त की थी। यह बिहार और बंगाल का सूबेदार नियुक्त हुआ था। प्रसिद्ध हल्दीघाटी युद्ध में राणाप्रताप सिंह के विरुद्ध मुगल सेना का

संचालन भी इसने किया था और राजपूत सेना को पराजित किया था। उ.-"अकबर पायो भगवंत के तनै सों मान बहुरि जगतसिंह महा मरदाने सों।"-भू.ग्रं., प्रकी., 535/236।

**भगवंत दास**—दे. भगवंत के तनै। आमेर के राजा भारमल का पुत्र और मुगल सम्राट् अकबर का एक सेनापति। उ.-"भारामल सिर सदकै भयौ। भव भगवंत दास कित गयौ।।"-वी.च., 6/22।

**भगवंत राय**—बीकानेर के राजा भगवानदास। उ.-"भूषन भनत तहाँ भूप भगवंतराय पारथ समान महाभारत सो करिगौ।"-भू.ग्रं., प्रकी., 544, 545/239।

**भगवंतराय खीची**—असोथर के एक गुणग्राही राजा। समय-सं. 1780 में उपस्थित। स्थान-असोथर (फतेहपुर)। रचनाएँ-हनुमंत पचीसी। (रचनाकाल सं. 1817)। (इति.शुक्ल, बृ. इति. 7)।

**भगवंत राय की बिरुदावली**—रचयिता-गोपाल (दे.)। विव.-इसमें भगवंतराय खीची एवं अवध के सूबेदार सआदत खाँ के मध्य युद्ध का वर्णन (बृ.इति. 7)।

**भगवंतरासा**—रचयिता - सदानन्द (दे.)। विव.-भगवंतराय खीची एवं अवध के सूबेदार सआदत खाँ के मध्य युद्ध का वर्णन (बृ.इति. 7)।

**भगवत**—दे. भगवंत। उ.-"प्रभु जाके लिये तोहि नर कीन्हों सो भगघत बिसराया है।"-प.ग्रं., क.प., 16/297।

**भगवतमुदित**—समय-सं. 1650 से 1720 के बीच अनुमानित। स्थान-आगरा। पिता-माधवमुदित। गुरु-हरिदास। चैतन्य मतावलंबी। रचनाएँ-वृंदावन शतक की टीका, रसिक अनन्य माल। (बृ.इति. 7)।

**भगवत रसिक**—जन्म-सं. 1795। स्थान-बृंदावन। रचनाएँ-रसिक निश्चयात्मक ग्रंथ, नित्यबिहारी जुगलध्यान, अनन्य रसिकाभरण, निश्चयात्मक ग्रंथ उत्तरार्द्ध, निर्विरोध मनरंजन, जुगल ध्यान। (इति.शुक्ल, स. सर्वे.)।

**भगवती**—देवी सरस्वती। उ.-"देहु कृपा करि भगवती मोकहँ सो उपदेस। जिहि ममता मिटि जाय सब उपजत जातें क्लेस।।"-वि.गी., 13/20।

**भगवद्गुण दर्पण**—रचयिता - रामप्रपन्न (दे.)। (बृ.इति. 7)।

**भगवन्**—दे. भगवंत। 1. "प्रीतस्त्वं यदि चेन्निरीक्ष भगवन् स्वप्रार्थितं देहिमे।"-र.वि., रहीम काव्य, 1/73।

**भगवान**—दे. भगवंत। ऐश्वर्यादि से युक्त ईश्वर। उ. (1)-"भावी काहू ना दही, भावी दह भगवान। भावी ऐसी प्रवल है, कहि रहीम यह जान।।"-र.वि., दो., 140/15। उ. (2)-"समय दशा कुल देखिकै, सबै करत सनमान। रहिमन दीन अनाथ को तुम बिन को भगवान।।"-र.वि., दो., 261/26। उ. (3)-"करन फूल लै सबन कै करन फूल है कान। करन फूल आनंद की चली मिलन भगवान।।"-वृं.ग्रं., य.स., 350/233। उ. (4)-"एक दिना भगवान सु आइहैं को कहिहैं सुख सों मुख बातैं।"-ठाकुर, 161/41।

**भगवानदास**—समय-सं. 18वीं शती का पूर्वार्द्ध। रचनाएँ-अमृतधारा, वैराग्यवृंद, गीतामाहात्म्य, अध्यात्म रामायण का पद्यानुवाद, कार्तिक माहात्म्य, पंचीकरण, मनोरथमंजरी, प्रेमपदार्थ, जैमिनी अश्वमेध, अनभै हुलास। (बृ.इति. 7)।

**भगीरथ**—सूर्यवंशी राजा अंशुमान के पौत्र तथा दिलीप के पुत्र भगीरथ अपने साठ सहस्र पूर्वजों को तारने के उद्देश्य से कम उम्र में ही तपस्या करने के लिये निकल गए थे। एक हजार वर्षों तक तपस्या करने के उपरांत ब्रह्मा ने इनसे प्रसन्न होकर वर माँगने को कहा। फलस्वरूप भगीरथ ने दो वरदान माँगे-प्रथम तो यह कि कपिल-शाप से भस्म हुए उनके पूर्वज गंगा की धारा से तरें और द्वितीय उनका वंश चले। गंगा की तीव्र धारा को पृथ्वी पर लाने के लिए उसे पहले मंदगति करना था। अत्यंत वेगवती गंगा की गति को नहीं रोका गया तो पृथ्वी जलमग्न हो जाएगी। अतएव धारा को रोकने के लिए शिव की तपस्या करके उन्हें प्रसन्न किया। अंत में वे अपने सतत प्रयत्न से गंगा को पृथ्वी पर लाने में समर्थ हुए। शंकर ने गंगा के गर्व को चूर्ण करने के लिए एक हजार वर्षों तक उन्हें अपनी जटाओं में बंद किये रखा। अंत में भागीरथ की

प्रार्थना पर उन्हें जटा से निकाला। गंगा तीव्रधार होकर बही। राजा भगीरथ दिव्य रथ में सवार हो गए, आगे पथ-प्रदर्शन का कार्य कर रहे थे, इसलिए गंगा को भागीरथी कहा जाता है। भगीरथ की एकाग्रता और लगन को दृष्टि में रख कर 'भगीरथ मल' नामक मुहावरा भी प्रचलित है। उ. (1)-''कहँ पृथु भगीरथ मानधाता कहँ करन पुरुनंद हैं।''-प. ग्रं., हि.ब.वि., 108/16। उ. (2)-''चारयो फल फली फूली गहगही बहबही लहलही कीरतिलता है भगीरथ की।।''-प.ग्रं., गं.ल., 2/253। उ. (3)-''कहैं पद्माकर भगीरथ से भागवान भानुकुलभूषन भए यों राम जैसे हैं।''-प.ग्रं., प्रकी., 1/303।

**भजन**--रचयिता-महाराज विश्वनाथ सिंह (दे.)। (इति. शुक्ल)।

**भजन**--बार-बार किसी पूज्य या देवता आदि का नाम लेना। स्मरण। जय। उ. (1)-''भजौं तो काको मैं भजौं, तजौ तो काको आन। भजन तजन ते विलग हैं तेहि रहीम तू जान।।''-र.वि.दो, 137/14। उ. (2)-''जड़ जे दिन गए भजन बिन हरि के तिनहिं न तू पछताया है।''-प.ग्रं., क.प., 23/298।

**भजनपद हरजस**--रचयिता - प्रताप कुँवरि बाई (दे.)। (बृ.इति 7)।

**भजनविलास**--रचयिता-लक्ष्मीनाथ (दे.)। (बृ. इति 7)।

**भजनभेद**--विविध प्रकार के भजन। भगवान् या किसी देवता की स्तुति में रचित विविध प्रकार के पद और उनका गायन। उ.-''पन्नगी नगी कुमारि, आसुरी सुरी निहारि, विविध बीन किंनरीन, किंनरी बजावैं। मानौ निष्काम भक्ति, सक्ति आय आपनीन, देहनि धरि प्रेमनि भरि, भजनभेद गावैं।।''-रा.चं., 29/24।

**भजनानंदाष्टक** - रचयिता - नागरीदास (दे.)। (बृ.इति 7, स.सर्वे.)।

**भटभेरा**--दो प्रतिद्वंद्वी सेनाओं के भटों का अथवा दो प्रतिभटों का भिड़ जाना। रीतिकाव्य में नायक-नायिका प्रकरण में शरीर से शरीर का मिल जाना या सामना होना। उ.-''गली अँधेरी, साँकरी भौ भटभेरा आनि। परे पिछाने परसपर दोऊ परस-पिछानि।।''-बि.र., दो., 253/119।

**भड्डरी**--जीवन विवरण अप्राप्त। एक राजस्थानी ज्योतिषी तथा वृष्टि और कृषि के प्रसिद्ध विशेषज्ञ जिनकी संबंधित कहावतें राजस्थान, पंजाब और उत्तरप्रदेश में विशेष प्रचलित हैं। इनके साथ एक अनुभवी व्यक्ति 'घाघ' का नाम भी जुड़ा रहता है। (बृ.इति 7)।

**भड़ौंवासंग्रह**--रचयिता-बेनी बंदीजन (भड़ौंवा वाले) (दे.)। विव.-हास्य रस प्रधान काव्य। (इति शुक्ल, बृ.इति 7)।

**भद्रक छंद**--प्रत्येक चरण में मात्राक्रम है (S ।IS ।S। ।IS ।S। ।IS ।S। ।IS)। बाईस वर्ण होते हैं और चार, छः, छः तथा छः वर्ण पर यति होती है। ल.-गो सगनों, जगंनु सगनो, जगंनु सगनो, जगंनु सगनो। चारिनि दै, बिराम छ गनो, बहोरि छ गनो, बहोरि छ गनो। बाइस ही, बिचारि मन में, चहूँ चरन में, धर्‌यो बरन में। भद्रक है, रसाकरन में, गुना गरन में, सुन्यो करन में।। उ.-''जाहिर है, सुरासुरनि में, लहू गुरनि में, चराचरनि में। भद्र कहै, यही अरनि में, यही ढरनि में, यही परनि में।।''-भि.ग्रं. 1, छंदा., 110-111/265।

**भद्रश्रव**--भद्रश्रवस्। पुराणों के अनुसार धर्म का एक पुत्र जिसके नाम पर भद्राश्वदेव का नामकरण हुआ था। यह हयग्रीव का परम भक्त था। (पौ.को.) उ.-''नाम भद्रश्रव धर्म सुत, सो भद्रास्वक खंड। हयग्रीव जगदीस कों सेवत जीव अखंड।।''-वि. गी., 4/34।

**भद्रा रड्डा**--दे. 'रड्डा' छंद।

**भद्रास्वक**--दे. भद्रश्रव। भद्राश्व। भद्रश्रव जिस खंड में रहते हैं उसे भद्राश्व खंड कहते हैं। उ.-''नाम भद्रश्रव धर्मसुत, सो भद्रास्वक खंड। हयग्रीव जगदीस कौं, सेवत जीव अखंड।।''-वि. गी., 4/34।

**भवानी**--भवानी। दुर्गा। भव की शक्ति या पत्नी। उ.-''कबंधं उठै हाथ लीनैं कृपानी। भरै पत्र

पीबै रगत्तं भबानी।।''-वृं.ग्रं., स.स.रू., 310/296।

**भम्मन**—बोधा कवि रचित विरह वारीश काव्य के एक योद्धा का नाम। उ.-''गिरयो भुवि बावन कै अति सोर। जुरयो रन में तब भम्मन जोर।।''-बो.ग्रं., वि.वा., 15, 16/187।

**भय**—भयानक रस (दे.) का स्थायी भाव। एक प्रसिद्ध मनोविकार जो किसी आने वाली भीषण आपत्ति अथवा होने वाली भारी हानि की आशंका से उत्पन्न होता है और जिसके साथ उस आपत्ति अथवा हानि से बचने की इच्छा भी रहती है। ल. (1)-विकृति भयंकर के डरन जु कछु चित्त अकुलात। सो भय थाई भाव है कछु ससंक जहाँ गात।।-प.ग्रं., जग., 595/204। ल. (2)-झूँठ और अपराध तें अनपूरन सुनि मित्र। होतु बिकार जु चित्त में, सो भय जानि बिचित्र।।-सो.ग्रं. 1, र. पी.नि., 42/56। दे. भयानक रस।

**भयानक रस**—दे. भय। काव्य के नौ रसों में से एक जिसका स्थायी भाव भय है। इसमें भीषण दृश्यों (जैसे पृथ्वी के हिलने डुलने-फटने, समुद्र में तूफान आदि आने, हिंस्र जंतुदर्शन) का वर्णन होता है। इसका वर्ण श्याम, अधिष्ठाता देवता यम, आलंबन भयंकर दर्शन, उद्दीपन उसके घोर कर्म और अनुभाव कंप, स्वेद, रोमांच आदि माने गए हैं। ल. (1)-जाको थाई भाव भय वहै भयानक जान। लखब भयंकर गजब कछु ते बिभाव उर आन। कंपादिक अनुभाव तिहिं संचारी मोहादि। काल देव कैवला बरन सु भयानक रस यादि।।-प. ग्रं., जग., 706-707/228। ल. (2)-बात बिभाव भयावनी मै है थाई भाव। सुखि जैबो अनुभाव तें सु रस भयानक ठाव।।-भि.ग्रं., 1. र.सा., 472/68। ल. (3)-होइ भयानक रस सदा केसव स्याम सरीर। जाको देखत सुनत ही, उपजि परति भय-भीर।।-र.प्रि., 14/27। ल. (4)-सुनि कबित्त में व्यंगि भय, जब ही परगट होइ। ताहि भयानक रस बरनि कहैं सबै कबि लोइ।।-सो.ग्रं. 1, र.पी. नि., 14/141।

**भरण करण**—रचयिता-हंसराय (दे.), (बृ. इति 7)।

**भरत**—1. राजा ऋषभ तथा जयंती के सौ पुत्रों में ज्येष्ठ थे। ये नारायण के परम भक्त और धर्मात्मा थे। विश्वरूप की पुत्री पंचजनी से इनका विवाह हुआ था, जिससे पाँच पुत्र हुए थे। इन्होंने चतुर्होत्र नियम से यज्ञ किया था। बहुत दिनों तक राज्य करने के बाद पुत्र सुमति को राज्य सौंप कर पुलत्स्य ऋषि के आश्रम में तपस्या की। इसी समय एक दिन एक मृगशावक का इन्होंने अत्यंत प्रेम से पालन-पोषण किया। परिणामस्वरूप इनका दूसरा जन्म मृग-योनि में हुआ। पूर्वजन्म का स्मरण आने पर इन्होंने जल में अपने शरीर का त्याग किया। इसके बाद इनका जन्म आंगिरस कुल के ब्राह्मण के यहाँ हुआ। पिता की मृत्यु के बाद भाइयों ने इन्हें अव्यावहारिक और पागल समझ खेत के काम में लगा दिया। इनके इस जीवन की कई घटनाएँ प्रसिद्ध हैं। एक वृषल सरदार के द्वारा भद्रकाली के समक्ष बलि दिये जाने के ठीक पूर्व काली ने स्वयं प्रकट होकर, सरदार के सेवकों का संहार कर इनकी रक्षा की। एक बार कपिल के आश्रम जाते समय राजा रहूगण की पालकी ढोने के काम में लगा दिया गया। जीव हिंसा से बचकर चलने के कारण पालकी ज्यादा हिलने-डुलने लगी तो राजा रुष्ट हो गया जिसे इन्होंने ज्ञानोपदेश किया, जिसमें इन्होंने मस्तिष्क, उसके 11 नियमों तथा माया की बाधाओं का उल्लेख किया। ज्ञान और सत्संग की महिमा पर प्रकाश डाला। इन्हें जड़भरत के नाम से भी पुकारा जाता है। (पौ.को.)। उ.-''मृग के मोह भरत नृप मृग ह्वै चर्यो सघन बिच चारो।''-बो.ग्रं., वि. वा., 5/36।

2. कालिंजर के किलेदार रामकिसुन चौबे के आठ लड़कों में से एक। सम्भव है भरतजू ही भरतसिंह भी कहलाते रहे हों। उ.-''जैसी समसेर सेर भरत तिहारे हाथ तैसी समसेर सेर काहू के कनै नहीं।''-प.ग्रं., प्रकी., 33/312।

3. सूर्यवंशी अयोध्यापति राजा दशरथ के एक पुत्र जो कैकेयी के गर्भ से उत्पन्न हुए थे और रामचंद्र के छोटे भाई थे। ये प्रायः अपने मामा के यहाँ रहते थे और राम-लक्ष्मण-सीता के वनगमन

के उपरांत दशरथ का देहांत होने पर अयोध्या आकर इन्होंने दशरथ का श्राद्ध आदि किया था। राम को वनवास दिलाने पर माता कैकेयी की इन्होंने घोर निंदा की थी और राम को मनाकर लौटा लाने के लिए चित्रकूट गये थे। उनके न लौटने पर भरत ने उनकी पादुका को लाकर सिंहासन पर प्रतिष्ठित कर उनकी ओर से शासन चलाया और स्वयं सारा राजसुख छोड़कर नंदिग्राम में निवास करते रहे। राम के लौटने पर उन्हें सम्पूर्ण शासन समर्पित कर दिया। इनके तक्ष और पुष्कर नामक दो पुत्र थे। इन्हीं दोनों पुत्रों को साथ लेकर इन्होंने गंधर्व देश के राजा शैलुश के साथ युद्ध किया और उसे परास्त कर उसका राज्य अपने दोनों पुत्रों में बाँट दिया। बाद में ये रामचंद्र के साथ स्वर्ग चले गए। उ. (1)-''बाजि, सुखाजि, सुरगज से अनेक गज. भरत सुबंधु इंदु अमृत निहार्‌यो है।''-क.प्रि., 8/31। उ. (2)-''रामचंद्र भुवचंद्र भरत भारत-भवभूषन।।''-रा. चं., 1/22। उ. (3)-''है रहीम रघुनाथतें, सुजस भरत को बाढ़ि।।''-र.वि., 6/1। उ. (4)-''तीय संग सोभित सुलच्छन सहाय जाके भू पर भरत नाम भाई नीति चारु है।''-भू.ग्रं., शि.भू., 148/156। उ. (5)-''धारि जटा बलकल भरत गन्यो न दुख तजि राज।।''-प.ग्रं., जग., 705/227।

**भरतखंड**—दे. भरथ। भारत खंड, भारत देश। राजा भरत के किए हुए पृथ्वी के नौ खंडों में से एक खंड। भरत दुष्यंत और शकुंतला के पुत्र थे। अनेक अश्वमेध और राजसूय यज्ञ उन्होंने किये। इस देश का भरतखंड या भारतवर्ष नाम इन्हीं के नाम पर पड़ा है। उ. (1)-''भावती समान भूमिभामिनी को भरतार भूषन भरतखंड भरत भुवाल है।''-भू.ग्रं., प्रकी., 534/236। उ. (2)-''मेरे कुल को राजा राउ। सर्व पूजिहै तुम्हरे पाउ। तिनकें सुत भो भारतिचंद। भरतखंड-मंडन ज्यों चंद।।''-वी. च., 2/33।

**भरतरीसतक**—रचयिता-हमीरदान रतनू (दे.)। (बृ.इति 7)।

**भरथ**—भरत। विश्वामित्र से मेनका के गर्भ से उत्पन्न तथा कण्व की पालिता कन्या शकुंतला और दुष्यंत के पुत्र का नाम, जिसका जन्म कण्व के आश्रम में हुआ था। जन्म के बाद इसका नाम सर्वदमन रखा गया था। बड़े होने पर बड़े प्रतापी और सार्वभौम राजा हुए। विदर्भराज की तीन कन्याएँ इन्हे ब्याही गयी थीं। इन्होंने अनेक अश्वमेध और राजसूय यज्ञ किये थे। इन्हीं के नाम पर इस देश का नाम भारतवर्ष रखा गया बताया जाता है। उ.-''भरथखंडभूषन भए, तिनके भारथिसाहि। भरथ भगीरथ पारथहि उनमानत सव ताहि।।''-क. प्रि., 1/37।

**भरथ**—दे. भरत-3। दशरथ और कैकेयी के पुत्र। उ. (1)-''राम भरतमुख मरन सुनि दसरथ को बन माँह। महि परि भे रोवत उचरि हा पितु हा नरनाह।।''-प.ग्रं., जग., 679/222। उ. (2)-''सह भरथ लक्ष्मन राम। बहु विधि किये परनाम।।''-छं.मा., 1/25।

**भरथखंड**—दे. भरत खंड। उ. -''भरथखंडभूषन भए, तिनके भारथिसाहि। भरथ भगीरथ परिथहि उनमानत सब ताहि।।''-क.प्रि. 1/37।

**भरद्वाज**—सप्तर्षियों में एक। आंगिरस गोत्र के भरद्वाज का जन्म बृहस्पति के वीर्य से ममता के गर्भ से हुआ था। एक बार उतथ्य ऋषि की अनुपस्थिति में उनके भाई बृहस्पति का संसर्ग उतथ्य की पत्नी ममता से हो गया था। इस व्यभिचार को छिपाने के लिए ममता ने इस शिशु का त्याग करना चाहा, जिस पर उसका बृहस्पति से विवाद हुआ। अंततः दोनों द्वारा परित्यक्त शिशु भरद्वाज का मरुदगण ने पालन-पोषण किया। भरत ने जब पुत्रकामना से यज्ञ किया तो मरुदगण ने उन्हें भरत के सुपुर्द कर दिया। हिमालय में गंगा में स्नान करते समय इन्होंने एक बार घृताची अप्सरा को जाते देखा तो इनका वीर्यपात हो गया, जिससे द्रोणाचार्य का जन्म हुआ। एक बार इन्होंने भ्रम में पड़कर अपने मित्र रैम्य को शाप दे दिया था जिसपर इन्हें घोर पश्चात्ताप हुआ और जल मरे किंतु रैम्प के पुत्र उर्वावसु ने अपनी तपस्या से इन्हें पुनः जीवित किया था। वनवास के समय रामचंद्र इनके आश्रम में गए थे। राम को लौटाने के लिए चित्रकूट

जाते समय भरत ने भी इनके आश्रम में एक रात्रि व्यतीत की थी। एक स्रोत के अनुसार इन्होंने स्वर्ग जाकर इंद्र से आयुर्वेद की शिक्षा ली थी। ये राजा दिवोदास के पुरोहित भी थे। ये एक गोत्रप्रवर्तक वैदिक ऋषि भी हैं। ये युधिष्ठिर के राजसूय यज्ञ में भी आमंत्रित थे और मरणशय्या पर पड़े भीष्म से भी ये मिले थे। श्रीकृष्ण से भी इनकी भेंट स्यमंतपंचक में हुई थी। इनके जन्म के विषय में यत्किंचित् भिन्न सूचनाएँ भी मिलती हैं। (हिं.श. सा., पौ.को.)। उ. (1)-''भरद्वाज की बाटिका राम देखी। महादेव की सी बनी चित्त लेखी।।''-रा.चं., 20/34। उ. (2)-''भरद्वाज जाबालि अत्रि गौतम कस्यप मुनि।।''-रा.चं., 6/8।

**भरमी कवि**—जन्म-सं. 1708। रचनाएँ-स्फुट पद्य। (वृ.इति. 7)।

**भव**—1. संसार। जगत्। उ.-''या भव पारावार कौं उलँघि पार को जाइ। तिय-छबि छाया ग्राहिनी ग्रहै बीचहीं आइ।।''-वि.र., 433/200। 2. शिव। शंकर। उ. (1)-''आए तहाँ भव आनंद सौं मन जोग रु भोग दुहून मैं भीनौ।''-वृ.ग्रं., भा पं., 5/13। उ. (2)-''भव को सरूप जैसो रूप है भवानी को।''-वृं.ग्रं., स्फुट, 55/325।

**भवनेश महापात्र**—जन्म-सं. 1876। स्थान-असनी, पिता-परमसुख। पितामह-विश्वनाथ, आश्रयदाता-रीवाँ नरेश महाराज रघुराज सिंह, कालाकाँकर के राजा हनुमंत सिंह। रचनाएँ-स्फुट छंद। (बृ.इति. 7)।

**भव-बाधा**—सांसारिक बाधा-दुःख, दारिद्र्य, अनेक प्रकार की चिंताएँ इत्यादि, जो बाधा-रूप में उपस्थित होकर संसार के मनुष्यों को किसी उत्तम अभीष्ट का एकाग्रतापूर्वक साधन नहीं करने देतीं। उ.-''मेरी भव-बाधा हरौ।''-बि.र., 1/1।

**भव-भय**—जन्म-मरण या आवागमन का डर। उ.-''गुरु-गुन अनंत, भगवंत-भव, भनतिवंत भव-भय-हरन।''-र.प्रि., 1/1।

**भव-भूत**—पंचमहाभूत, जिनसे संसार का निर्माण हुआ है-पृथ्वी, जल, तेज, वायु और आकाश। उ.-''एक गए जमलोक सहे दुख। एक कहैं भव-भूतन सों सुख।।''-रा.चं., 19/41।

**भवभूति**—सृष्टि। उ.-''केसोदास इंद्रजीत भूतल अभूत, पंचभूत की प्रभूति भवभूति को सरनु है।''-क.प्रि., 11/22।

**भवभूप**—काशी के राजा। उ.-''उपजत माया संग तें जीव होत बहुरूप। उत्तम मध्यम अधम सब सुनि लीजै भवभूप।।''-वि.गी., 15/20।

**भवरोग**—संसार के विविध विषयों माया, काम-क्रोधादि से उत्पन्न कष्ट-''ये ही जप ये ही तप ये ही जज्ञ जोग यहै ये ही भवरोग को उपाव एक चहिये।''-प.ग्रं., प्र.प., 28/244।

**भवसिंधु**—संसार रूपी सागर। उ.-''कवि बोधा कछू सक यामें नहीं भवसिंधु बजाइकै लै तरहै।।''-बो.ग्रं., इ.ना., 9/2।

**भवानि, भवानी**—1. भव की भार्या। दुर्गा। उ. (1)-''तिन महिं भेद न भवानि हू पै पारयो जाइ भानत में भारती की भारती है भोरी सी।।''-र. प्रि., 15/9। उ. (2)-''बातक सी बानी माँहि भाव-सी भवानी माँहि, 'केसोदास' रति में रतीक ज्योति जानिबी।।''-र.प्रि., 4/14। उ. (3)-''रह्यौ चाह तें ता तनै ओर ऐसी। फँसो बैन चाहै अहेरीहि जैसी।। रह्यौ कै फँसो खाँड यो है फुमानी। तरी है तिन्हैं संत कै धौं भवानी।''-बो.ग्रं., वि.वा., 36/39।

2. शिवाजी की उपास्या। उ.-''साह दी भ्रवानी उन्हैं माहदी सँघारैं सबै बीजापुरी बीर अब लेन मुरकन के।''-भू.ग्रं., प्रकी., 498/227।

**भवानी विलास**—रचयिता-देव (दे.)। (इति. शुक्ल)।

**भविष्य-सुरति गोपना**—दे. सुरत गोपना। व्यापार भेद से मुग्धादि भेदों का एक भेद। कुछ लोगों ने इसे कालभेद से विवेच्य माना है। वह नायिका जो रति में प्रवृत्त होने वाली हो और पहले से उसे छिपाने का उद्योग करे। इसे भविष्यगुप्ता भी कहते हैं। उ.-''होइ कत आइ बदरिया, बरखहि पाथ। जैहौं घन अमरैया, सुगना साथ।। जैहौं चुनन कुसुमियाँ, खेत वड़ि दूर। नौआ केर छोहरिया, मुहिसँग कूर।।''-र.वि., व.ना.भे., 22-23/43।

**भसत्रा**–भस्त्रा। षट कर्मों में से एक। उ.-''नेती धोती बसती न्यौली जानियै भसत्रा त्राटक ए षटकरम बखानियै।।''-ज.ग्रं., आ.बि., 71/121।

**भसमी बिथा**–भस्मक रोग। भावप्रकाश में इस रोग का लक्षण यह बतलाया गया है कि इसके उत्पन्न होने से भोजन शीघ्र पच जाता है। इसलिए भूख बराबर बनी रहती है, पेट भरता नहीं। इसमें रोगी को प्यास, पसीना, दाह और मूर्छा होती है और वह शीघ्र ही मर जाता है। इस रोग को भस्मकीट भी कहते हैं। इसप्रकार के रोग से होने वाला कष्ट। उ.-''देखियै दसा असाध अँखियाँ निपेटनि की भसमी बिथा पै नित लंघन करति हैं।''-घ.क., 29/45।

**भाँड**–महफिल में हँसी-मजाक की नकलें करने का पेशा करने वाले। एक विशेष प्रकार के विदूषक या मसखरे, जो बहुत अधिक हँसी-मजाक करने वाले होते हैं और यह कार्य वे महफिल आदि में जाकर नाचते-गाते हुए तथा हास्यपूर्ण स्वाँग भर कर, नकलें उतार कर सम्पन्न करते हैं। उ.-''कहूँ नृत्यकारी नचैं सोभ साजैं। कहूँ भाँड बोलैं कहूँ मल्ल गाजैं।।''-रा.चं., 6/13।

**भाँवर**–विवाह के समय वरवधू का गाँठ जोड़कर अग्नि की परिक्रमा करना। उ.-''जंघ जोर मड़वा तरे भाँवर सात भ्रमाइ।।''-बो.ग्रं., वि. वा., 38/39।

**भाँवरि**–दे. भाँवर। उ.-''फिरी राछ लीलावति जवहीं। भाँवरि सुघरी आई तवहीं।।''-बो.ग्रं., वि. वा., 10/225।

**भाँवरु**–भ्रामर। दोहा छंद का एक भेद। दे. दोहा छंद।

**भाँवरैं**–दे. भाँवर। उ.-''भरी भाँवरैं साँवरे दास रसिक रस जान। तिनहीं में मनु भँवतु है ह्वै वौंडर को पान।।''-मति., सत., 286/392।

**भाऊ**–बूँदी के राजा भाऊ सिंह हाड़ा बूंदी-नरेश छत्रसाल के पुत्र थे। शिवाजी से लड़ने के लिए मुगल सेना के साथ दक्षिण भेजे गए थे। 30 अप्रैल, 1660 को शिवपुर से गरारा जाने वाले दर्रे के पास करीब 3000 मरहठी सेना से इनकी मुठभेड़ हुई, जिसमें मरहठी सेना के पैर उखड़ गए। यह भी मान्यता है कि राव भाऊ सिंह रीतिकालीन कवि मतिराम के आश्रयदाता भी थे। उ. (1)-''सायस्त खाँ दुरजोधन सौं और दुसासन सौं जसवंत निहार्‌यौ द्रोन सौं भाऊ करन्न करन्न सौं और सबै दल सौं दल भर्‌यौ।।''-भू.ग्रं., शि.भू., 34/134। उ. (2)-''बंदि कियौ है सायस्त हू खाँ जसवंत से भाऊ करन्न से दोखैं।''-भू.ग्रं., शि.भू., 72/141। उ. (3)-''भाऊ दिवान गुरु सब भू पर भूषन दान कृपान पढ़ावै।।''-मति., ल.ल., 37/304।

**भाग**–छंदशास्त्र में प्रयुक्त एक सांकेतिक शब्द जो भगण और ग (S।। S) को द्योतित करता है। उ.-''रोन भाग गहि स्वागत कों छ्वै।''-भि.ग्रं. 1, छंदा., 132/196।

**भागदसा**–सौभाग्य की अवस्था। उ.-''श्रीरघुनाथ जब मनि देखी। जी महँ भागदसा सम लेखी।।''-रा.चं., 14/24।

**भागनगर**–दक्षिण भारत में भागनेर नामक ऐतिहासिक स्थान। उ.-''बीजापुर की साहिबी भागनगर को राज।।''-वृं.ग्रं., स.स.रू., 265।

**भागनि**–भाग्य। किस्मत। प्रारब्ध। उ.-''भागहु रे भागौ भैया भागनि ज्यों भाग्यो परै भव के भवन माँझ भय को भमरु है।''-र.प्रि., 14/40।

**भागनेर**–दक्षिण भारत में गोलकुंडा के पास एक प्रसिद्ध ऐतिहासिक स्थान जिसे भागनगर (दे.) भी कहते हैं। उ.-''गढ़देव गढ़चाँदा भागनेर बीजापुर नृपन को नारि रोइ हाथन मलति है।''-भू. ग्रं., शि.भू., 103/148। वही, प्रकी., 454/217।

**भागबत**–1. अठारह पुराणों में से सर्वप्रसिद्ध एक पुराण जिसमें 12 स्कंध, 312 अध्याय और 18000 श्लोक हैं। श्रीमद्‌भागवत। इस पुराण में मुख्यतः श्रीकृष्ण संवंधी प्रेम और भक्ति रस की कथाएँ हैं। यह वैष्णवों का विशेष समादृत पुराण है और वे इसे महापुराण मानते हैं। उ.-''स्रवन करत नित *भागबत* परम भागबत होइ।।''-वृं. ग्रं., य.स., 279/228।

2. भगवान् का उपासक या भक्त। वैष्णव।

उ.-''स्रवन करत नित भागबत परम भागबत होइ।।''-वृं.ग्रं., य.स., 279/228।

**भागमल्ल**—समय-सं. 1860 में विद्यमान। आश्रयदाता-भरतपुर नरेश महाराज रणजीत सिंह। विशेष-एक वीर सैनिक और कवि। रचनाएँ-स्फुट। (बृ.इति. 7)।

**भागवत**—1. दे. भागबत-2। उ.-''भोगनि को भोगावत, कौनें गनैं भागवत, जीत्यो को जतीन, कौन हे प्रनाम के बरन।।''-क.प्रि., 16/57।

2. दे. भागबत-1। उ. (1)-''जाकौ गति चाहत दियौ लेत अगनि तैं राष। रसनिधि है या बात के भक्त भागबत साष।।''-रस., रतन., 12/44। उ. (2)-''पहिरे गरे गुटिका कवच रचि भागबत गीतान के।''-प.ग्रं., हि.ब.बि., 111/16।

**भागवत दर्पण**—रचयिता-हमीरदास रतनू (दे.)। (बृ.इति 7)।

**भागवत पद**—रचयिता-गुणमंजरी दास (दे.)। (बृ.इति. 7)।

**भागवतभाषा**—रचयिता-रसजानि (दे.)। (बृ. इति. 7)।

**भागीरथी**—दे. भगीरथ। गंगा नदी। उ. (1)-''बामन के पद को प्रिय पानी। जो तुम भागीरथी भय मानी।।''-वि.गी., 6/49। उ. (2)-''भागीरथी हुतियै अति पावन बावन तें अति पावनताई।।''-रा.चं., 6/26। उ. (3)-''मेर भाग यही लिखी भागीरथी गंगे तुम्हैं कहिये कछू जौ तौ कितेक मेरी मति है।''-प.ग्रं., गं.ल., 13/257।

**भाट**—राजाओं आदि के यश, वंश, चरित्र का गान करने वाला। विरुदावली गाने वाले, जिनकी वृत्ति यशगायन है। इनकी एक जाति विशेष है, जो ब्राह्मण मानी जाती है और इसका प्रसार अनेक शाखाओं के रूप में बंगाल से पंजाब तक मिलता है। उ.-''तोरह तार न तूर बजै बरम्हावत भाट न गावत ढाढ़ी।।''-क.प्रि., 11/57।

**भाणसाहेब (संत)**—जन्म-सं. 1754। जाति-लोहाणा। स्थान-कनखीलोड ग्राम (गुजरात)। पिता-ठक्कर कल्याणजी। माता-अंबाबाई। रचनाएँ-स्फुट। (बृ.इति. 7)।

**भान कवि**—समय-सं. 1845 में विद्यमान। पिता-राजा जोरावर सिंह। स्थान-बुंदेलखंड। आश्रयदाता-राजा रनजोर सिंह (बुंदेलखंड)। रचनाएँ-नरेन्द्र भूषन। (इति.शुक्ल, बृ.इति. 7)।

**भानमती**—भानुमती। जादूगरनी। यह विक्रमादित्य की रानी का नाम था। यह राजा भोज की कन्या थी और अत्यंत रूपवती थी। यह इंद्रजाल विद्या की जानकार थी। इसीलिए जादूगरनी के लिए इस नाम का प्रयोग होता है। उ.-''भानमती सती जैसे सपने की रती जैसे संन्यासी पती जैसे पाठ को परेवा है।''-बो.ग्रं., वि.वा., 74/159।

**भानु को सुत**—यमराज (दे.)। उ.-''बल करि बचैना पुनिसोय। जद्यपि भानु को सुत होय।।''-बो.ग्रं., वि.वा., 22/134।

**भानुमती**—दे. भानमती। जादूगरनी। जो वस्तु के भाव का भ्रम कराती है। उ.-''सेनापती सपने में सती अरु भानुमती करै पाँख परेवा।''-बो. ग्रं., इ.ना., 94/16।

**भाब**—दे. भाव। मन में उत्पन्न होने वाला विकार या प्रवृत्ति। उ.-''लखि लखि भाब बिभाब री लख बिभाबरी बाम। भरत भौंर की भाँबरी दिन बिभाबरी स्याम।।''-वृं.ग्रं., य.स., 399/237।

**भाभी**—भावी। भविष्यत्। होने वाला। उ.-''बाला एक हजार सहस साथ जाके चलैं। भाभी के अनुसार सो माधव बन तजि फिरैं।।''-बो. ग्रं., वि.वा., 34/80।

**भारगव**—भार्गव। शुक्र। उ.-''कालीजू के कज्जल की ललित लुनाई, सोतो सारे नभमंडल में भारगव चंद्रमा।''-प.ग्रं., प्रकी., 80/325।

**भारत**—महाभारत युद्ध। उ. (1)-''भूषन भनत दोऊ दल मिलि गए बीर भारत सो भारी भयो जुद्ध बिकराल है।''-भू.ग्रं., प्रकी., 474/222। उ. (2)-''छंल बल धर्म अधर्म करि अरि साधिए अभीति। भारत में अरजुन किसन कहा करी युध रीति।।''-वृं.ग्रं., नी.स., 308/82।

**भारतकथा**—रचयिता-वृंद (दे.)। विव.-महाभारत का वह प्रसंग जिसमें यक्ष ने पानी पीने से पूर्व पाण्डवों से प्रश्न किया था। (सा.को., बृ.

इति. 7)।

**भारत कवितावली**–रचयिता-नवलसिंह प्रधान (दे.)। (इति.शुक्ल, बृ.इति. 7)।

**भारत कवितावली**–रचयिता-नवलसिंह कायस्थ (दे.)। (बृ.इति. 7, इति.शुक्ल)।

**भारतखंड**–दे. भरतखंड। पुराणानुसार जंबू द्वीप के अंतर्गत नौ वर्षों या खंडों में से एक जो हिमालय के दक्षिण और गंगोत्री से कन्याकुमारी तक तथा सिंधु नदी से ब्रह्मपुत्र तक फैला हुआ है। उ., (1)-''उछलत सिंधु बारि प्रचंड। थरथर कँपत भारतखंड।''-बो.ग्रं., वि.वा., 5/160। उ. (2)-''मद एन मलै धसि कुंकुम नीको। नृप भारतखंड दियो जनु टीको।।''-रा.चं., 20/30।

**भारतचंद्र राय गुणाकर** – समय - सं. 1779-1818। विशेष-मूलतः बंगला के कवि। रचनाएँ-ब्रजभाषा में स्फुट काव्य। (बृ.इति. 7)।

**भारत चरित्र**–रचयिता-मंडन भट्ट (दे.)। (बृ.इति. 7)।

**भारत वार्तिक**–रचयिता-नवलसिंह कायस्थ (दे.)। (इति.शुक्ल, बृ.इति. 7)।

**भारत सावित्री**–रचयिता-नवलसिंह कायस्थ/प्रधान (दे.)। (इति.शुक्ल, बृ.इति. 7)।

**भारत सावित्री**–रचयिता-नवलसिंह कायस्थ (दे.)। (बृ.इति. 7, स.सर्वे.)।

**भारत साहि, भारथिसाहि**–ओरछा के राजा रामशाह के पौत्र और संग्रामशाह के पौत्र भारत शाह। उ.-''तिनके सुत श्री भारत साहि। भरत भगीरथ के सम आहि।।''-वी.च., 2/53। उ. (2)-''भारतखंड भूषण भये तिनके भारथिसाहि।।''-क.प्रि., 1/37।

**भारतिचंद**–ओरछा के राजा प्रतापरुद्र के पुत्र भारतिचंद्र। उ.-''भरथखंड मंडन भए तिनके भारतिचंद।''-क.प्रि., 1/95।

**भारती**–1. एक वृत्ति (दे.) का नाम, जिसके द्वारा रौद्र और वीभत्स रस का वर्णन किया जाता है। ल.-बर-निय जामें बीररस रसमय अद्‌भुत हास। कहि 'केसव' सुभ अर्थ जहें सो भारती प्रकास।।-र.प्रि., 15/4।

2. सरस्वती। उ.-''देबी कोऊ मानवी न दानवी न होइ ऐसी भानवी न हाय-भाव भारती पढ़ाई है।''-र.प्रि., 3/52।

**भारती कंठाभरण**–रचयिता-जगतसिंह (दे.)। (सा.को)।

**भारती भूषण**–रचयिता-भारतेंदु हरिश्चंद्र के पिता गिरधरदास (दे.)। विव.-अलंकार विषयक ग्रंथ। (इति.शुक्ल)।

**भारत्थ**–दे. भारत। उ.-''भारत्थ भीम जिम भुजा दंड। षगबाहि करैं अरि षंड षंड।।''-वृं.ग्रं., स.स.रू., 226/288।

**भारथ**–1. संस्कृत में लिखित महाभारत (दे.) नामक प्राचीन ग्रंथ जिसमें कुरुक्षेत्र के प्रसिद्ध युद्ध का वर्णन है। इसमें 18 पर्व हैं। इस ग्रंथ में 80-90 हजार श्लोक माने जाते हैं। (पौ.को)। उ.-''भारथ पारथमीत कह्यो परमारथ स्वारथ-हीन ते को है।''-क.प्रि., 4/3।

2. दे. भारत। महाभारत नाम का युद्ध जिसमें कौरवों और पाण्डवों के बीच 18 दिन तक युद्ध हुआ था। उ. (1)-''पारथ कै पुरुषारथ भारथ जैसे जगाय जयद्रथ मार्‌यौ।।''-भू.ग्रं., शि.भू., 34/134। उ. (2)-''छल बल साधि बिजै करी पारथ भारथ बार।।''-वृं.ग्रं., नी.स., 583/104।

3. भयंकर युद्ध। उ.-''धीर महा खग चोटन सौं कहुँ पीठ न देत हैं भारथ मांचैं।।''-वृं.ग्रं., स. स.रू., 353/301।

**भाराक्रांता छंद**–प्रत्येक चरण में मात्राक्रम है (SSSS ।।। ।।S ।S। ।S। S)। सत्रह वर्ण होते हैं और दस, तीन, तथा चार वर्ण पर यति होती है। ल.-चार्‌यौ हारा नगन सगनो, जगंनु जगंनु गो। भोगी भाखै बिरति दस औ, ति चारि पगंनु जो। चार्‌यौ पाये गनि गनि धरिये बर्न सु सत्रहै। भाराकांता कहत जग में जु जत्र है।। उ.-''नाहीं भावै अरस कबहूँ, सुधीनि एकौ घरी। भाराक्रांता अभरननि ज्यों, विभूषित पूतरी।।''-भि. ग्रं. 1, छंदा., 78-79/259।

**भार्गवेस**–भार्गवेश। परशुराम (दे.)। उ.-''प्रचंड हैहयाधिराज दंडमान जानिये। अखंड कीर्ति

लेय भूमि देयमान मानिये। अदेव देव जेय भीत रक्षमान लेखिये। अमेय तेज भर्गभक्त भार्गवेस देखिए।।''-रा.चं., 7/16।

**भाव**–दे. भाब। मनोविकार। एक विचार से परिव्याप्त होने के कारण ही मनोविकार को भाव कहते हैं। अनुभावों के वाचिक, सात्विक, आंगिक, तथा आहार्य नामक अभिनयों के प्रदर्शन द्वारा ये नाटक के अर्थ को व्यंजित करते हैं। मानसिक अवस्थाओं का व्यंजक प्रदर्शन ही भाव है। ल. (1)-नवहू रस के भाव बहु, तिनके भिन्न विचार। सबको 'केसवदास' दूरि नायक है श्रृंगार।।-र.प्रि., 1/16। ल. (2)-आनन लोचन बचन मग, प्रकटत मन की बात। ताही सों सब कहत हैं भाव कबिनि के तात।। भाव सु पंच प्रकार के सुनि बिभाव अनुभाव। थाई सात्विक कहत हैं, व्यभिचारी कविराव।।-र.प्रि., 6/1-2। इस प्रकार केशवदास ने पाँच प्रकार के भावों (स्थायी, विभाव, अनुभाव, सात्विक और व्यभिचारी) की परिगणना की है। तत्तत् शब्दों में इनका विवरण द्रष्टव्य है। कृपाराम ने समय या ऋतु आदि, सज्जा, मृदु अथवा कठोर ध्वनि, जाति या श्रेणी, स्वभाव, गुण और रूप से विभाव के दो रूप माने हैं। ल. (3)-समय साज मृदु कठिन धुनि जाति प्रकृति गुन रूप। प्रकटें इनके भाव तें द्वै विभाव रस रूप।।-कृ.ग्रं., हि.त., 9/5। ल. (4)-भाव और हेला तपन तीनि कहत कबि ईस।-भि.ग्रं. 1, र.सा., 429/62। ल. (5)-पिय लखि सात्विक भाव जो होत लगत अनुभाव। भरत ग्रंथ मत देखि तेहि भाव कहत कबिराव। हाव कहावत भावई जिनमें अंग-सिंगार। भावै पुनि हेला कहैं होत निपट बिस्तार।। भाव हाव बिन नेम ही होत नाइकनि माहि। बहुधा प्रौढ़ा परकिया तिनमें जानी जाहि।।-भि.ग्रं. 1, र.सा., 432,433-435/63। उ. (1)-''जानौ नहीं अबहीं चतुरापन हाव न भाव भयौ जुवती कौं।।-भू.ग्रं., प्रकी., 574/244। उ. (2)-''हाव भाव आनंद भय राग रंग रस चाव। अैसैं दिन चितवत सदा जैहैं रसिक सुभाव।।''-वृं. ग्रं.अ.दो., 82/11। उ. (3)-''भाव सहित सोभा लहैं पूजा जप, तप मित्त। यातैं वृंद बिचारि कै कीनै भाव कवित्त।।''-वृं.ग्रं., नै.ब., 2/26।

**भाव-उदय, भावोदय**–एक प्रकार का अलंकार जिसमें किसी भाव के उदय होने का वर्णन होता है। इसमें एक भाव का शमन और दूसरे भाव का उदय होता है। ल. (1)-उदित होत ही भाव के भावोदय पहिचान। सो अँग हुव जहँ और को अलंकार वह मान।। उ.-''तन मृगमद की बास तें समुझि अँधेरे माँह। तियहि लाइ लिय हिय हरषि ब्रज रसिकन के नाँह।। यहाँ बिबोध रूप भावोदय हर्षस्य भाव को अंग भयो।''-प.ग्रं., पद्मा., 300-301/69-70। ल. (2)-उचित बात ततक्षन लखें, उदै भाव को होइ।-भि.ग्रं. 2, का.नि., 45/35। उ.-''आयो गोरस लैंन कों वह साँवरो गुवाल। चहूँ ओर चितई नवल, अलबेली ब्रजबाल।।''-टी.-यहाँ त्रास भाव कौ उदय है।-सो. ग्रं. 1, र.पी.नि., 22/149।

**भावना**–विविध प्रकार की प्रवृत्तियों से सम्बद्ध स्फुट भाव। उ.-''जोग वियोग की रीति में कोविद, भावना-भेद-स्वरूप कों ठानै।''-ब्रजनाथ द्वारा घनानंद की प्रशस्ति। घ.क., 1/33।

**भावनाशतक**–रचयिता-कृपानिवास (दे.)। (वृ.इति. 7)।

**भावपंचाशिका**–रचयिता-वृंद (दे.)। विव.-रस सम्बन्धी ग्रंथ। (इति.शुक्ल)।

**भाव पंचासिका** – वृंद कवि का भाव पंचाशिका नाम का ग्रंथ। उ. (1)-''कवि लोकनि के भाव सुनि कछुक भयो चित चाव। करी भाव पंचासिका वृंद सुकवि धरि भाव।।''-वृं.ग्रं., भ.पं., 2/12। उ. (2)-''रची भाव पंचासिका वृंद भाव सु बिचारि। भूलि चूक कबि कुल सबैं लीजो समझि सुधारि।।''-वृं.ग्रं., भा.पं., 51/25। उ. (3)-''गुन सागर सुख सोम सम कासु, वासु निधि वाद। भई भाव पंचासिका यह औरंगाबाद।।''-वृं. ग्रं., भा.पं., अंतिम/25।

**भाव सबल**–भावशबल (ता)। एक प्रकार का अलंकार जिसमें कई भावों की संधि होती है अथवा वे शृंखलाबद्ध ढंग से प्रकट होते हैं अथवा अनेक भाव एक साथ प्रकट होते हैं। ल. (1)-बहुत

भाव मिलि कै जहाँ प्रकट करैं इक रंग। सबल भाव तासों कहैं जिनकी बुद्धि उतंग।। उ. (1)-''हरि सगति सुखमूल सखि, ये परपंची गाउँ। तू कहि तौ तजि संक उत, दृग बचाइ द्रुत जाऊँ।।''-ति.-उत्कंठा, संका, दीनता, धृति, अवहित्था आवेग को सबल है।-भि.ग्रं. 2, का.नि., 49-49अ/36। उ. (2)-''नव नागरि अरबिंद मुख पिय परस्यौ अधरानि। चपल चौंकि उठि सेज तें भहरानी रिस ठानि।।''-इहाँ चपलता और त्रास, बोध, लाज, रोस भावनि की सबलता है।-सो.ग्रं. 1, र.पी.नि., 24/150।

**भावशबलवत् अलंकार**—दे. भाव सबल। अनेक भावों के एक साथ या क्रम से या शृंखलित ढंग से उदित होकर यदि किसी भाव के अंग हों तो भावशबलवत् अलंकार होता है। ल.-भाव सबल कहि दास जौ, काहू को अँग होइ। भाव सबलवत् तिहि कहैं, कवि पंडित सब कोइ। (जैसे प्रवास विरह के तैंतीसों संचारी अंग हो जायँ)। उ.-''सुमिरि सकुचि न थिराति संकि त्रसति तरकि उग्र बानि सगलानि हरषाति है। उनिदति अलसाति सो अति सधीर चौंकि, चाहि चिंति सुमित सगर्व दुरखाति है। दास पियनेह छिन-छिन भाव बदलति, स्यामा सविराग दीन मति कै मखाति है। जल्पति जकति कहँरति कठिनाति माति, मोहति मरति बिललाति बिलखाति है।।'' ति.-इहाँ प्रवासबिरह को तैंतीसों बिभिचारि अंगु हैं।-भि.ग्रं. 2, का.नि., 23-25अ/43-44।

**भावसंधि**—एक प्रकार का अलंकार, जिसमें दो विरुद्ध भावों की संधि का वर्णन होता है। ल. (1)-बिरुध भाव द्वै की बहस भावसंधि उर आन। होतु सु अंग जहँ और को अलंकार तहँ मान।। उ. (1)-''रही धीर धरि लखि पियहि रिस उर में न समाति। भरि दृग आँसुन ही कह्यो रमे कहाँ तुम राति।।-प.ग्रं., पद्मा., 302-303/70। उ. (2)-''लरजतु हिय पिय पास कौं। बरजति बैरनि लाज। बिबस प्रान तिय के परे, बनत न एकहु काज।।''-टी. इहाँ रति और लाज भाव की संधि।-सो.ग्रं. 1, र.पी.नि., 23/150। ल. (2)-बीचहिं में ह्वै भाव के, भाव-संधि है सोइ।। उ.-''कंसदलन पर दौर उत इत राधाहित जोर। चलि रहि सकै न स्यामचित, ऐंच लगी दुहुँ ओर।।''-भि.ग्रं. 1, का.नि., 45, 47/35-36।

**भावसंधिवत् अलंकार**—दे. भावसंधि। यदि यह किसी अन्य भाव का अंग हो जाय तो भावसंधिवत् अलंकार (भावशबलवत् की तरह) होता है। ल.-भावसंधि अँग होइ जौ, काहू को अनयास। भावसंधिवत तिहि कहै, पंडित बुद्धि विलास।। उ.-''पिय पराधु तिल आधु, तिय साधु अगधु गनै न। जानि ललौहैं होहिंग, सोहैं करति न ननै।।'' ति.-उत्तमा नाइका में क्रोध अवहित्था उत्कंठा, लज्जा की संधि अपरांग है।-भि.ग्रं. 2, कानि, 19-20अ/42।

**भावसबलता**—दे. भाव सबल। ल.-पूरब पूरब में मरहि होत जहाँ बहु भाव। भावसबलता सो जु अँग पर को भूषन गाव।। उ.-''धिक मोहि जु न पिय सों मिली वई बिहार की चोप। हाय कहा ब करौं सखी गयो न उर तें कोप।। यहाँ निर्वेद स्मृति बिषाद चिंता रूप भावसबलता आमर्ष रूप संचारीभाव को अंग भयो अथवा अतर्षसहित भावसबलता विप्रलंभ शृंगार रस को अंग भयो।।-प.ग्रं., पद्मा., 304-305/70। दे. भावसबलवत्।

**भाव सर्म**—भाव शर्म। कबि केशवदास के पूर्वजों में त्रिविक्रम मिश्र के पुत्र का नाम जिन्होंने 'भावप्रकाश' नामक वैद्यक ग्रंथ की रचना की थी। उ.-''भए त्रिबिक्रम मिश्र तब तिनकें पंडितराय। गोपाचलगढ़ दुर्गपति तिनके पूजे पाय।। भाव सर्म तिनकें भए तिनकें बुद्धि अपार।।''-क.प्रि., 1/9-10

**भाव सांति**—भावशांति। एक प्रकार का अलंकार, जिसमें किसी भाव की शांति दिखाई जाती है। ल. (1)-भाव सांति सो है जहाँ, मिटत भाव अन्यास। उ. (1)-''बदन प्रभाकर-लाल लखि, विकस्यो उर-अरबिंद। कहौ रहौ क्यों निसि बस्यो, हुत्यो जु मान-मलिंद।।''-भि.ग्रं 2, का.नि., 50-51/36। उ. (2)-''करि सिंगार पिय पैगई,

अति बिनोद सरसाइ। लखि सूनी सुख सेज तिय, बदन गयौ मुरझाइ।।''-सो.ग्रं. 1, र.पी.नि., 23/150।

**भावसिंघ** – भावसिंह। सोमनाथ कवि के आश्रयदाताओं के पूर्वज जो यदुवंशी थे और जिनकी राजधानी डीघ में थी। उ.-''भावसिंघ भूपति भए तिहिं कान्हर के बंस। तेगबहादुर जगत मैं जदुकुल के अवतंस।।''-सो.ग्रं. 1, र.पी.नि., 9/3।

**भावसिंधु**–रचयिता- राधिकादास (दे.)। (बृ. इति. 7)।

**भावसिंह** (भगवानजी)–कविता - काल सं. 1787-1797। स्थान-देवास। जाति-भाट। पिता-देवास संस्थान के भाट घराने के मूल पुरुष पाला जी के पुत्र ठाकुरसी। आश्रयदाता-शिवाजी महाराज के पुत्र छत्रपति साहू महाराज। रचनाएँ-स्फुट। (बृ.इति. 7)।

**भावसिंह**–राव भाऊ सिंह। ये बूँदी के नरेश थे और कवि मतिराम के आश्रयदाता थे। उ. (1)-''मतिराम सकल संतापहर भावसिंह भूपाल मान।''-मति., ल.ल., 5/200। उ. (2)-''सत्रुसाल सुत सत्य में भावसिंह भूपाल। एक जगत् में जगत है सब हिंदुन की ढाल।।''-मति., ल.ल., 34/304। उ. (3)-''एक रजपूत है दिवान भावसिंह जाको अंग जुरै चौगुनो चढ़त चित चाव में।''-मति., ल. ल., 41/305।

**भावाभास**–एक प्रकार का अलंकार। अनुचित स्थान पर भाव की अभिव्यक्ति। भाव का आभास होना। कृत्रिम या बनावटी भाव। भाव की यह स्थिति रसाभास के ही समानान्तर मानी गई है। भावाभास का कारण अनौचित्य है। अनेक लक्षणकारों ने ऊर्जस्वी से इसके सम्बन्ध-साम्य-वैषम्य का विचार किया है। ल. (1)-जु रिपु सरा है सुरिपु कों लज्जा-गनिकनि माहि। कबिं पंडित बर्नन करत भावाभास तहाँहिं।। ये दुहुँ तहँ अँग और के ऊर्जस्वि पहिचान। पद्माकर कबि कहत हैं या विधि सुनहु सुजान।।-प. ग्रं., पद्मा., 294-295/69। ल. (2)-'भ्रम तें उपजत भाव है सो है भावाभास। पाँच भाँति रसदोष को लक्षन सुनौ प्रकास।।-भि.ग्रं. 1, र.सा., 567/84। ल. (3)-भाव जु अनुचित ठौर है, सोई भावाभास। उ.-''दरपन में निज छाँह सँग, लखि प्रीतम की छाँह। खरी ललाई रोस की, ल्याई अँखियन माँह।।''-भि.ग्रं. 2, का.नि., 50, 52/36। ल. (4)-अनुचित भाव कबितमैं आनैं, ताको भावाभास बखानैं।। उ.-''नृत्यत कैसैं हरष ए लै गति परम बिचित्र। कैसें कढ़ति मृदंग तें महामधुर ध्वनि मित्र।।-सो.ग्रं. 1, र.पी.नि., 20-21/149।

**भावामल्ल**–एक योद्धा का माम। उ.-''गिरिय भावामल्ल भारी। नच्यो संकर देइ तारी।।''-बो.ग्रं., वि.वा., 31/189।

**भाविक**–एक अलंकार जिसमें भूत और भावी बातें प्रत्यक्ष वर्तमान की तरह वर्णित हों। ल. (1)-जहाँ भयो भावी अरथ बरनत हैं परतच्छ। तहँ भाविक सब कहत हैं जिनकी मति है अच्छ।। उ.-''जनि चलाइये चलन की चरचा स्याम सुजान। मैं दखति हौं वाहि यह बात सुनत बिन प्रान।।''-मति., ल.ल., 374-376/361। ल. (2)-''भयौ होनहारो अरथ बरनत नहिं परतच्छ। ताको भाविक कहत हैं भूषन कबि मतिअच्छ।।-भू. ग्रं., शि.भू., 308/186। ल. (3)-भाविक भूत भविष्य जो परतिछ होइ बनाइ।-ज.ग्रं., भा.भू., 189/63। ल. (4) भाविक भूत भविष्य जहँ करि परतच्छ बखान।-प.ग्रं., पद्मा., 263/65। ल. (5)-भावी भूत प्रतक्ष हों है भाविक को साजु। उ.-''हमैं भयो सुरलोकसुख प्रभुदरसन तें आजु।।''-भि.ग्रं. 2, का.नि., 32/21। ल. (6)-''भूत भविष्यहु बात कों जहँ बोलत ब्रतमान। भाविक भूषण कहत हैं, ताकों सुमति सुजान।।'' भिखारीदास ने इसके दो रूपों का वर्णन किया है-1. भूत-भाविक, उ.-''अजौं बाँकी भृकुटी गड़ी है मेरे नैन, अजौं कसकै कटाक्ष उर छेदिपार ह्वै गई। ...मोही मोहदै करि सनेह बीज बै करि जु, कंज ओट कै करि चितै करि चली गई।।'' 2. भविष्य भाविक, उ.-''आजु बड़े बड़े भागनि चाहि बिराजत मेराई भाग बर्यारो। दास जू आजु दयो बिधि मोहिं सुरालय के सुखतें सुखन्यारो। आजु मो भाल उदैगिरि में उयो पूरब-पुन्य को तारो उज्यारो। मोद

में अंग बिनोद में जी चहुँ कोद में चाँदनी गोद में प्यारो।।-भि.ग्रं. 2, का.नि., 16-18/142-143। ल. (7)-भूत भविष्य प्रतिक्ष ज्यों सो भाविक सुखधाम। उ.-''हम सो ऐसो जतन कहि ऊधौ निपट बिचारि। बरसाने में आजु वह बहुरि भेंटिहै नारि।।'' इहाँ 'आजु' वर्तमान 'वह' भूतार्थ और 'भेंटिहै' भविष्य है।-सो.ग्रं. 1, र.पी.नि., 314, 315/ 220।

**भाविकछवि**--भूषण ने भाविक के अतिरिक्त भाविक छवि अलंकार का निरूपण किया है। देश को आधार बनाकर बताया गया है कि इसमें दूर स्थित वस्तु का प्रत्यक्ष दर्शन जैसा वर्णन होता है। ल.-जहँ दूरस्थित बस्तु को देखत बरनत कोइ। भूषन भूषनराज यो भाविकछवि है सोइ।। उ.-''सूबन साजि पठावत है निज फौज लखे मरहट्टन केरी। औरँग आपुनी दुग्गजमात बिलोकत तेरिह दौरि ददेरी। साहितनै सिव साहि भई भनि भूषन यौ तुव धाक घनेरी। रातिहुँ द्यौस दिलीस्वर के तुव सैन की सूरति सुरतिथेरी।।''-भू.ग्रं., शि.भू., 311-312/186।

**भाविशंकिता**--शृंगारमंजरी में अकबरसाह ने स्वाधीन पतिका के छः नवीन भेदों का निरूपण किया है। इनमें से भावशंकिता एक है। प्रिय के अंग में रहती हुई भी उस पर शंका करने वाली स्वाधीन पतिका नायिका भाबिशंकिता कही गई है। ल.-करै भाविनी शंक जो राजति पिय अंक। भाविशंकिता सो समुझि कहौ सुकवि बिना शंक।।-शृं.मं., चिंता., 164/47।

**भावी**--होने वाला, कर्म का यह फल जो अभी आगे आने वाला है। उ.(1)-''भावी काहू ना दही, भावी दह भगवान्। भावी ऐसी प्रबल है, कहि रहीम यह जान। भावी या उनमान की पंडव बनहि रहीम। जदपि गौरि सुनि बाँझ है, बरु हैं संभु अजीम।।''-र.वि.दो., 140-141/15। उ. (2)-''राम न जाते हरिन संग, सीय न रावण साथ। जो रहीम भावी कतहुँ, होत न आपुने हाथ।।''-र.वि., दो., 244/24।

**भावोदयवत अलंकार**--दे. भाव उदय, भावोदय। जहाँ भावोदय किसी रस भावादि का अंग (भावसंधिवत तथा भावशबलवत (दे.) की तरह) होता है, वहाँ भावोदयवत अलंकार होता है। ल.-रस भावादिक को जु कहुँ, भावउदय अँग होइ। भावोदयवत तिहि कहैं, दास सुमति सब कोइ।। उ.-''चलत तिहारे प्रानपति चलिहैं मेरे प्रान। जगजीवन तुम बिन हमैं, धृग जीवन जग जान।।'' ति.-इहाँ प्रवस प्रेयसी नाइका को ग्लानि भावउदै अंगु है।-भि.ग्रं. 2, का.नि., 21, 22, 22अ/42-43।

**भाषा**--मानव के भावों-विचारों की मौखिक अभिव्यक्ति का माध्यम जिसका विशिष्ट प्रयोग काव्यरचना में होता है। उ.-''भाषा प्रबीन, सुछंद सदा रहै, सो घन जी के कबित्त बखानै।''-(व्रजनाथ द्वारा घनानंद की प्रशस्ति)-घ.क., 1/33।

**भाषा-कबि**--भाषा में कविता करने वाला। उ.-''भाषाकबि समुझैं सबै, सिगरे छंद सुभाइ। छंदन की माला करी सोभन 'केसवराइ'।''-छं.मा., 1/3।

**भाषा कोशल खण्ड**--रचनाकाल-सं. 1850। रचयिता-ललकदास (दे.)। विव.-राम की विलास क्रीड़ाओं का वर्णन। (सा.को.)।

**भाष्य टिप्पण**--रचयिता-पं. उमापति त्रिपाठी 'कोविद' (दे.)। (बृ.इति. 7)।

**भाषाभरण**--रचयिता-बैरीसाल (दे.) (इति. शुक्ल)।

**भाषाभूषण**--रचयिता-जसवंत सिंह (दे.)। विव.-अलंकार विषयक ग्रंथ। (इति. शुक्ल, बृ. इति. 6)।

**भाषाभूषन**--दे. भाषाभूषण। उ.-''भाषाभूषन ग्रंथ को जो दखै चित लाइ। बिविध अर्थ साहित्यरस समुझै सबै बनाइ। इति श्रीमनमहारज जसवंत सिंह कृतं भाषाभूषणं सम्पूर्णम्।।-ज.ग्रं., भा.भू., 211 तथा आगे पुष्पिका/69।

**भाषालक्षण**--भिखारीदास के अनुसार काव्य की भाषाएँ हैं-''भाषा बृजभाषा रुचिर, कहैं सुमति सब कोइ। मिलै संसकृत पारस्यौ, पै अति प्रगट जु होइ।। बृज मागधी मिलै अमर, नाग जमन

भाषानि। सहज पारसीहू मिले, षटबिधि कबित बखानि।।''-इस प्रसंग में भिखारीदास ने पूर्ववर्ती कवियों की लंबी तालिका दी है-सूर, केशव, बिहारी, कालिदास, ब्रह्म, चिंतामणि, मतिराम, भूषण, लीलाधर, सेनापति, निपट, नेवाज, निधि, नीलकंठ, मिश्र, सुखदेव, देव, आलम, रहीम, रसखानि, सुंदर आदि। ये ब्रजभाषा के कवि हैं। इनके अतिरिक्त भिखारीदास तुलसी और गंग दोनों को सुकवियों का सरदार मानते हैं, क्योंकि इनके काव्य में विविधप्रकार की भाषा मिलती है–तुलसी गंग दोऊ भए, सुकविन के सरदार। इनकी काव्यनि में मिली, भाष बिबिधि प्रकार।।''-भि.ग्रं. 2, का.नि., 14-17/5-6।

**भाषा व्याकरण**–रचयिता-गिरिधरदास (दे.)। विव.-पिंगल सम्बन्धी। (इति.शुक्ल)।

**भाषा सप्तशती**–रचयिता-नवलसिंह प्रधान कायस्थ (दे.)। (इति.शुक्ल,बृ.इति 7)।

**भाषा सप्तशती**–रचयिता-नवलसिंह कायस्थ (दे.)। (बृ.इति. 7, इति.शुक्ल)।

**भाषा हितोपदेश**–दे. हितोपदेश संधि।

**भाषाहीन**–मात्राओं और वर्णों का रीति-विरुद्ध होकर (घट-बढ़ जाने) अथवा बदल जाने को इस दोष के अन्तर्गत माना जाता है। दे. दोष, शब्द-दोष। ल.बदलि गए घटि बढ़ि गए, मत्त बरन बिन रीति। भाषाहीननि में गनैं, जिन्हैं काव्य-परतीति।। उ.-''वा दिन बैसंदर चहूँ, बन में लगी अचान। जीवत क्यों बृज बाचतो औ ना पीवन कान।।''-ति.-वैश्वारन बदलिकै बैसंदर कह्यो, चहूँ दिसि को चहूँ कह्यो अचानक को अचान कह्यो, लघु न कार की ठौर गुर नकार बोल्यो कान्ह कों कान कह्यो सब भाँति को भाषाहीन है।-भि. ग्रं. 2, का.नि., 4-5अ/219।

**भिंदिपाल**–हाथ से फेंके जाने वाले छोटे डंडों जैसे अस्त्र, ढेलवाँस। उ.-'परसा सुखेन कुंत केसरी गवय सूल बिभीषन गदा गज भिंदिपाल तारे हैं।''-रा.चं., 19/46।

**भिखारीदास** (दास)–जन्मस्थान-टोंग्या, जि. प्रतापगढ़, उत्तर प्रदेश। पिता - कृपालदास। आश्रयदाता-प्रतापगढ़ के सोमवंशी राजा पृथ्वीपति सिंह के अनुज हिंदूपति सिंह। काव्यकाल सं. 1778 से 1808। रचनाएँ - रससारांश, छंदार्णव पिंगल, काव्यनिर्णय, शृंगारनिर्णय, शब्द-नामप्रकाश, विष्णु पुराण भाषा, छंदप्रकाश, शतरंज शतिका, अमरप्रकाश। (इति.शुक्ल, बृ.इति. 6)।

**भिस्ती**–भिश्ती। मशक द्वारा पानी ढोने वाला व्यक्ति। उ. (1)-''प्रीतम आवत जानिकै भिस्ती नैन सिताब। हित मग मैं कर देत हैं अँसुवन कौ छिरकाव।।'' - रस. रतन., 392/96। उ. (2)-''चिबुककूप मधि डोल तिलु डारि अलक की डोरि। दृग भिस्ती कर कर पलक छबि जल भरत झकोर।।''-रस.,रतन., 396/96।

**भिन्नवद**–श्लेषालंकार का एक भेद। एक पद को काटकर दो या तीन पद करें अथवा पदों के भिन्न अर्थ लें उसे भिन्न पद या उपमा-श्लेष कहते हैं। ल. (1)-तिन में एक अभिन्नपद और भिन्नपद जानि। स्लेष-बुद्धि द्वै द्वेष की 'केशवदास' बखानि।।-क.प्रि., 11/34। केशवदास ने श्लेष के दो, तीन, चार और पाँच अर्थों के अनुसार भेद कर अभिन्न पद और भिन्न पद अर्थ भेद भी किया है। ल. (2)-भिन्नपद लक्षण-पद ही में पद काटियै ताहि भिन्न पद जानि। भिन्न भिन्न पुनि पदन के उपमा-स्लेष बखानि।। उ.-''वृषभ बाहिनी अंग उर, वासुकि लसत, प्रबीन। बिस सँग सोहै सर्बदा सिवा कि राइ प्रबीन।।-क.प्रि., 11/36-37।

**भीम**–पाँचों पंडवों में से एक जो वायु के संयोग से कुंती के गर्भ से उत्पन्न हुए थे। राजा विचित्रवीर्य युवावस्था में ही क्षय रोग के कारण मर गये थे और उनकी अंबिका और अंबालिका नाम की दोनों स्त्रियाँ अपुत्रवती रह गईं। सत्यवती के आदेश से उनके पराशर ऋषि से उत्पन्न पुत्र व्यास ने नियोग कर अंबिका से धृतराष्ट्र को उत्पन्न किया और अंबालिका से पांडु को। ऋषिपुत्र किमिंदिय और उनकी पत्नी को मृग-मृगी के रूप में मैथुन करते समय पांडु ने मारा था, इसलिए माद्री के साथ संभोगरत अवस्था में, शापवश पांडु की मृत्यु हो गई। उनकी दोनों पत्नियाँ कुंती और माद्री

अपुत्रवती रह गईं। दुर्वासा के वरदान स्वरूप कुंती ने धर्म, वायु, और इंद्र का आवाहन कर क्रमशः युधिष्ठिर, भीम और अर्जुन को जन्म दिया। उसी मंत्र से माद्री ने अश्विनीकुमारों का आवाहन कर नकुल और सहदेव को जन्म दिया। इस प्रकार इन पाँच पाण्डवों म भीम ज्येष्ठता में दूसरे पुत्र थे। ये अत्यन्त वीर और बलवान थे। जन्म के वाद जब ये माता की गोद से गिरे तो पत्थर टूट कर टुकड़े-टुकड़े हो गया था। भीम और दुर्योधन का जन्म एक ही दिन हुआ था। इनकी बलवत्ता से ईर्ष्या कर दुर्योधन ने इन्हें विष खिलाकर, बाँधकर जल में फेंक दिया, जहाँ नागों के दंश से इनका पहला विष उतर गया। नागराज ने इन्हें अमृत पिलाकर इनमें दस हजार हाथियों का बल उत्पन्न कर घर भेज दिया। युधिष्ठिर के मना करने पर इन्होंने दुर्योधन को दंड नहीं दिया। इसके बाद भी कर्ण और शकुनि के षड्यंत्रों से इनके प्राण कई बार बचे। ये गदा युद्ध में पारंगत थे। इन्होंने जतुगृह में जलने से पहले ही माता और भाइयों को बहाँ से हटा लिया था। इन्होंने हिडिंब राक्षस को मार कर उसकी बहन से विवाह किया था, जिससे घटोत्कच नाम का एक अत्यन्त बलवान पुत्र हुआ था। युधिष्ठिर के राजसूय यज्ञ के समय पूर्व और बंग देश तक युद्ध कर अनेक राजाओं पर विजय प्राप्त की थी। जुए में युधिष्ठिर के पराजित होने पर दुर्योधन ने द्रौपदी को अपनी जाँघ पर बिठाना चाहा था और दुःशासन ने नग्न करने का प्रयास किया था, तब भीम ने ही दुर्योधन की जाँघ तोड़ने और दुःशासन का रक्त पीने की प्रतिज्ञा की थी, जिसे इन्होंने बाद में पूरा किया था। वनवास में इन्होंने अनेक राक्षसों और असुरों को मारा था। अज्ञातवास काल में राजा विराट के साले कीचक को मारा था। ये श्रुतसेन के पिता थे और काली से इन्हें सर्वगत पुत्र हुआ था। इन्होंने जरासंध को मार कर उसका रथ श्रीकृष्ण को समर्पित कर दिया था। महाप्रस्थान के समय भी ये युधिष्ठिर के साथ थे तथा अर्जुन, नकुल और सहदेव-तीनों के देहांत के बाद इनका शरीरपात हुआ था। इनके अन्य नाम हैं-वृकोदर, भीमसेन आदि। (हिं.श.सा., पौ.को.)। उ. (1)-''भीम गदाहि धरें धनु अर्जुन, जुद्ध जुरे जिनसों जम हार्यो।''-क.प्रि., 12/18। उ. (2)-''समय परे ओछे वचन सबके सहे रहीम, सभा दुसासन पट गहे, गदा लिए रहे भीम।''-र.वि., दो., 262/26। उ. (3)-''धरम धरम बल भीम पैज पथ्य रूप नकुल अकिल सहदेव तें तूं चढ़िकै।''-भू. ग्रं., शि.भू., 135/153। उ. (4)-''राम दसकंध पर भीम जरासंध पर भूषन ज्यों सिंधु पर कुभज बिसेखिए।''-भ.ग्रं., प्रकी., 408/206। उ. (5)-''एक अनीति करै लहै संगी दुख सुख नाँहि। भीम कीचकन कौं दिए मारि चिता के माँहि।।''-वृं.ग्रं., नी.स., 335/84। उ. (6)-''साँच वाच जुधिष्ठिर सुपह भुजवल भीम समान।''-वृं.ग्रं., स.स.रू., 16/263। उ.(7)-''भले भीम से हैं बली बीर बंका।'' -वृं.ग्रं., प्र.बि., 55/28।

**भीम**—रचनाएँ-साल्वव्यसन दूहा कुंडलिया (लिपिकाल-विक्रमीय 18वीं शती)। (बृ. इति. 7)।

**भीमप्रकाश**—रचयिता-रामदान (दे.) विब. मेवाड़ राज्य का इतिहास एवं महाराज भीमसिंह के राजमहल, राजवैभव, राजदरबार आदि का वर्णन। (बृ.इति. 7)।

**भीम बिलास**—रचयिता-किशन आढ़ा (दे.)। विव.-इसमें महाराणा भीमसिंह का यश और इतिहास वर्णित है। (बृ.इति. 7)।

**भीमरा**—कोई देश। उ.-'तुरी भीमरा और थली के जु धावैं।''-प.ग्रं., प्र बि., 41/280।

**भील**—एकलव्य नामक भील युवक जो द्रोणाचार्य का भक्त था। उ.-''बिद्या गुरु की भगति सों कै कीन्हें अभ्यास। भील द्रोन के बिन कहै सीख्यौ वान बिलास।।''-वृं.ग्रं., नी.स., 264/78।

**भील**—बहुत प्राचीनकाल से राजपूताने, सिंध, मध्यभारत आदि के जंगलों और पहाड़ों पर निवास करने वाली एक तीर चलाने में सिद्धहस्त और वीर जाति। क्रूर, भीषण और अत्याचारी होकर भी इस जाति के लोग सीधे, सच्चे और स्वामिभक्त होते हैं। कुछ लोग इस जाति को भारत की आदि निवासिनी मानते हैं। उ.-'मकर निकर बेधि, बाँधि गजराज

मृग, सुंदरी दरीनि भील भामिनीए भाए हैं।''-क. प्रि., 8/34।

**भीलनी**–दे. भील। शबरी नाम की रामभक्त। यह भील जाति की थी। उ.-''भाए पदमाकर न तैसे भाग जज्ञन के जैसे भगवानै भीलनी के फल भाए हैं।''-प.ग्रं., मिश्र, प्र.प., 47/247।

**भीषम**–भीष्म। महाभारत के प्रसिद्ध पात्र के रूप में विख्यात भीष्म शांतनु के ज्येष्ठ पुत्र थे, जो गंगा (दे.) के गर्भ से उत्पन्न आठवें पुत्र थे। ये आठवें वसु के अवतार थे। शांतनु की प्रार्थना पर गंगा इन्हें पृथ्वी पर छोड़कर विवाह की शर्त के अनुसार चली गई। गंगा ने कहा था कि यह पुत्र बहुत वीर, धर्मात्मा और दृढ़प्रतिज्ञ होगा और आजन्म ब्रह्मचारी रहेगा। इस पुत्र का नाम देवव्रत रखा गया। गंगा से विरहित शांतनु कुछ दिनों बाद सत्यवती या योजनगंधा (दे. पराशर, व्यास) नाम की एक धीवरकन्या पर आसक्त हुए। पर धीवर ने विवाह के लिए यह शर्त रखी कि मेरी कन्या के गर्भ से उत्पन्न पुत्र राज्याधिकारी हो, भीष्म या उसकी संतान नहीं। देवव्रत ने प्रतिज्ञा की कि मैं स्वयं राज्य नहीं लूँगा और आजीवन ब्रह्मचारी रहूँगा। इस प्रतिज्ञा के कारण देवव्रत भीष्म कहलाए। इस धीवर कन्या से चित्रांगद और विचित्रवीर्य नाम के दो पुत्र हुए। चित्रांगद राजा हुए किन्तु वे चित्रांगद नाम के एक गंधर्व के द्वारा मारे गए। फिर विचित्रवीर्य राजा हुए। काशिराज की एक स्वयंवर सभा से भीष्म द्वारा बलात् लाई गई अंबा, अंबिका और अंबालिका नाम की तीन कन्याओं में से अंबिका और अंबालिका से विचित्रवीर्य का विवाह हो गया किन्तु अंबा राजा शाल्व से विवाह करना चाहती थी, जिसे भीष्म ने शाल्व के यहाँ भेज दिया। शाल्व ने भी उसे अस्वीकार कर दिया। अपमानित और हताश अंबा ने तपस्या कर भीष्म से बदला लेने का निश्चय किया। शिव से दूसरे जन्म में सफल होने का वरदान मिला। यह अंबा दूसरे जन्म में शिखडी बनी और भीष्म के अर्जुन के हाथों धराशायी होने का कारण बनी। विचित्रवीर्य के निःसंतान मरने पर (दे. भीम) भीष्म ने अंबिका और अंबालिका से, अपनी प्रतिज्ञा के कारण, नियोग करना अस्वीकार कर दिया। महाभारत युद्ध के समय कौरवों का पक्ष लेकर दस दिन तक वीरतापूर्वक भयंकर युद्ध किया यद्यपि पांडवों के प्रति उनके मन में पूर्ण स्नेह था। अन्त में भीष्म के ही बतांये उपाय से शिखंडी को, जो द्रुपद के घर मे स्त्री रूप में उत्पन्न होकर पुरुष रूप में परिणत हो गई थी, सामने करके अर्जुन ने उन्हें धराशायी कर दिया था। उस समय सूर्य के दक्षिणायन रहने पर भीष्म ने शरशय्या पर ही लेटे-लेटे युधिष्ठिर को उत्तम उपदेश दिये थे जो महाभारत के शांतिपर्व में सम्मिलित हैं। माघ शुक्ला अष्टमी को सूर्य के उत्तरायण होने पर भीष्म ने अपनी इच्छा से शरीर-त्याग किया। (हिं.श.सा., पौ. को.)। उ. (1)-'केसवदास' पितामह भीष्म मीचु करी बस लै दिसि चार्‌यौ।''-क.प्रि., 12/18। उ. (2)-''धर्म छाँड़ि उनि जुद्धे प्रकासे। कर्न द्रोन छलि भीषम नासे।।''-वि.गी., 9/35। उ. (3)-''पारथ अकेले द्रोन भीषम से लाखौं भट जीति लीन्हीं नगरी बिराट कै बड़ाई है।''-भू.ग्रं., शि.भू., 242/174। दे. भीसम।

**भीष्मपर्व**–रचयिता-बंसत सिंह (दे.)। (बृ. इति. 7)।

**भीष्मपर्व भाषा**–रचयिता-गणपति भारती (दे.)। (बृ.इति. 7)।

**भीसम**–दे. भीषम। उ.-''ज्यौं भीसम पांडबन कौ दीनौ मरन बताष।।''-वृं.ग्रं., नी.स., 393/88।

**भीस्म**–दे. भीषम। उ.-''कछू सहाय न चलि सकै होनहार के पास। भीस्म जुधिस्ठिर से जहाँ भो कुरुबंस बिनास।।''-वृं.ग्रं., नी.स., 156/70।

**भुजंग छंद**–आठ यगण (।SS) से बना एक वर्णवृत्त। ल.-आठ करौ य भुजंग। उ.-''बिथा में गसी सी भुजंगै डसी सी छी सी मरी सी धरी सी भरै जू।''-भि.ग्रं. 1, छंदा., 2,7/243-244।

**भुजंगप्रयास**–इस वर्णवृत्त के चारों चरणों में से प्रत्येक में चार यगण (।SS) होते हैं और वर्णों की संख्या बारह होती है। ल. (1)-''बरनत बारह वरनमय 'केसव' कबि अवदात। चारि यगन को

जानिजै छंद भुजंगप्रयात।।" उ.(1)-"धरे एक वेनी मिलै मैल सारी। मृनाली मनो पंकसोकाधिकारी। सदा राम रामै ररै दीनवानी। चहूँ ओर हैं राक सी क्लेसदानी।।"-छं.मा., 1/35। उ. (2)-"जिते सर्व स्रिंगार बेनी-प्रभा सों। भुजंगी प्रयातो त्रपा पाइ जासों।।"-भि.ग्रं 1, छंदा., 39-40/240।

**भुजंग विजृंभित छंद**–प्रत्येक चरण में मात्राक्रम (SSSS SSSS ।।।। ।।।। ।।S ।S। ।S। S)। छब्वीस वर्ण होते हैं और आठ, ग्यारह और फिर सात वर्ण पर यति होती है। ल.-चारो हारा चारो हारा, दुजबर सगनो, जगंनु जगंनु गो। आठै मैं लेतो विश्रामै. पुनि बिरमत इकदस में, करो पुनि सात हो। पाये में छबीसै वर्ना, बरनित भुजगनृपति को, सुखाकर है कितो। याके नामै जानो चाहो, चित धरि सुनहु बचन तौ, भुजंग विजृंभितौ।। उ.-"मंदे सों मंदी ये होती, जब तब जगत बिदित है, उपाय करो किता। जैसे मिश्री छीरै प्याए, विषमय स्वसन बहत है, भुजंगविजृंभितो।।"-भि.ग्रं. 1, छंदा., 114-115/266।

**भुजंगी छंद**–मात्रामुक्तक छंद है। अठारह अथवा उन्नीस मात्रा का छंद है। मात्राक्रम है (।SS ।SS ।SS ।S)। ल. (1)-अट्ठारह वोनइस सकल, छंद भुजंगी मानि। उ.-"लला लाड़िली की लखी पीठि में। तहाँ स्याम गेनी परी दीठि में। मनो कांचनी केदलीपत्र है। भुजंगी परी सोवतीतत्र है।"-भि.ग्रं. 1, छंदा., 8,9/215। ल. (2)-चारि यगन जह चरन मैं छंद भुजंगी जानि। (चार चरण, प्रत्येक 12 वर्ण, मात्राक्रम चार यगण- ।SS ।SS ।SS ।SS)। उ.-"तुही जोग मायजटाजूट रानी।।"-सो.ग्रं. 1, र.पी.नि., 17-18/34।

**भुजबंध**–भुजा में बाँधा जाने वाला एक आभूषण। उ.-"कंठी कंठमाला भुजबंध बरा बाजूबंद ककना पटेला चूरी रत्नचौक जारी सी।।"-बो.ग्रं., वि.वा., 41/104।

**भुटंती**–भूटान के घोड़े। द.-"भलीभाँति के अस्व एकै भुटंती।"-प.ग्रं., प्र.बि., 43/281।

**भुरजालभूषण**–रचयिता-बाँकीदास (दे.)। (बृ.इति 7)।

**भुवदेव**–भूदेव। ब्राह्मण। उ.-"भूमि दई भुवदेवन कौं भृगुनंद भूपन सों वर के।"-रा.चं., 19/21।

**भुवलोक**–चौदह लोकों में से एक। जो क्रम में दूसरा है। पृथ्वी और सूर्य का मध्यवर्ती पोला भाग। अंतरिक्ष लोक। उ. (1)-"भूमिलोक भुवलोक स्वर्गलोक महर्लोक जनलोक तपलोक सत्यलोक थल में।"-प.ग्रं., गं.ल., 51/272। उ. (2)-"जाके भुजदंड भवलोक में अभय धुज, देखि देखि दुज्जन भुजंग ज्यों डरत हैं।।"-क.प्रि., 4/22।

**भूत**–पंचभूत (पृथ्वी, अप, तेज, वायु और आकाश)। उ.-"प्रथम पाँच सुछिछम भए तेई बहुरि मिलाइ। स्थूल भूत फिरि पाँच करि जगत कर्‍यौ इहि भाइ।।"-ज.ग्रं., आ.वि., 109/125।

**भूत**–पुराणों के अनुसार एक प्रकार के पिशाच या देव जो रुद्र के अवतार होते हैं। लक्षण यह है कि इनका मुँह या तो नीचे लटका हुआ होता है, या ऊपर की ओर उठा हुआ। ये बालकों के लिए पीड़ादायक भी कहे जाते हैं। इनके विषय में यह भी मान्यता मिलती है कि मुक्ति न प्राप्त करने वाले, दुर्घटना आदि से शरीर त्याग करने वाले लोगों की आत्माएँ ही भूतरूप धारण करती हैं जो विविध प्रकार के उपद्रव करती हैं और लोगों को कष्ट पहुँचाती हैं। इनका निवास प्रायः एकांत स्थान, वन, श्मशान, खण्डहर आदि में माना जाता है। उ. (1)-"जहाँ है कलावत अलायत मधुर स्वर तहाँ भूत-प्रेत अब करत बिलाय हैं।"- भू.ग्रं., शि.भू., 224/171। उ. (2)-"किलकंत भूत बैताल भनि कटे बीर सोरह सहस।"-बो.ग्रं., वि.वा., 23/188। उ. (3)-"भूषन भनत भारी भूतन के भौनन में टाँगी चंदावतन की लोथैं लरकत हैं।"-भू.ग्रं., प्रकी., 417/208। उ. (4)-"वृंद कहैं सुर नर किन्नर भूत पिशाच पढ़ै जसजुक्ति नई है।"-वृं.ग्रं., भा.पं., 1/12।

**भूत-गन-पति**–शिव। उ.-"भैरो के से भारी भूत गनपति के से दूत सजल जीमूत ऐसे स्यामल सरीर के।"-ज.ज., चं., 42।

**भूतनाथ**–भूतों के स्वामी। शिव। उ.

(1)-''अजौं भूतनाथ मुंडहार लेत हरषत भूतन अहार लेत अजहूँ उछाह है।''-भू.ग्रं., शि.भू., 309/186। उ. (2)-''बंदत हैं भूतनाथ भाँति भाँति विधिजुत देखिजत देत दीप अघआंघनास सो।''-वि. गी., 10/17।

**भूत भविष्य सुरत गोपना**--दे. सुरत गोपना।

**भूतर**--दे. भूत। उ.-''खेचर भूतर प्रेत पिसाच रु आपस माँझ करी मिल बातैं।''-वृं.ग्रं., स.स. रू., 83/271।

**भूत सूरत गोपना**--दे. सुरत गोपना।

**भूत-सुरति-संगोपना**--दे. सुरत गोपना। व्यापारभेद से तीनों (मुग्धा, मध्या और प्रौढ़ा) में से एक भेद। भूतकाल में की गई सुरति के लक्षणों या चिह्नों को गोपन करने वाली या छिपाने वाली नायिका। उ.-''चूनत फूल गुलबवा, डार कटील। टुटिगा बंद अँगियवा, फट पट नील।। आयेसि कवनेउ ओरवा, सुगना सार। परिगा दाग अधरवा, चोंच चोटार।।''-र.वि., ब.ना.भे., 18-19/43।

**भूधरदास**--स्थान - आगरे के खण्डेलवाल जैन। समय-विक्रमीय अठारहवीं शताब्दी का उत्तरार्द्ध। रचनाएँ-पार्श्वपुराण, जैनशतक, पदसंग्रह (वृ.इति. 7)।

**भूप छंद**--मात्राक्रम है (ऽ।ऽ ऽ।। ऽ)। ल.-सगनागो सगना। रग्गना आदि भना। लहु औ अंत भलोइ। भूप सिव सूर कलोइ।। उ.-''भावती जाति कितै। नेकु तो ताकि इतै। तेरो ई घायल हौं। भू पर्यौ हायल हौं।।''-भि.ग्रं. 1, छंदा., 31-32/219।

**भूपति**--(राजा गुरुदत्त सिंह)-स्थान-अमेठी (सुल्तान मिश्र), समय-1803 में उपस्थित। रचनाएँ-भूपति सतसई, रसदीपक, रसरत्नाकर, कंठाभूषण। (वृ.इति. 6, स.सर्वे.)।

**भूपति सतसई**--रचयिता-भूपति (दे.)। (सर्वे., वृ.इति. 6)।

**भूपाली**--एक प्रसिद्ध रागिनी जिसका स्वरग्राम इस प्रकार है-सा ग म ध नि सा। अथवा रि ध सा रि ग म प। कुछ लोग इसे हिंडोल राग की रागिनी, कुछ मालकोश की पुत्रवधू, कुछ संकर रागिनी (कल्याण, गोंड तथा बिलावल के मेल से बनी) मानते हैं। कुछ लोग इसे सम्पूर्ण जाति की और कुछ लोग ओड़व जाति की मानते हैं। एक मत से यह हास्यरस की रागिनी है और दूसरे मत से धार्मिक उत्सवों पर गाने योग्य मानते हैं। गायन का समय रात को 6 दंड से 10 दंड तक माना गया है (हिं.श.सा.)। उ.-''ललित बिभासा पूरिआ मधुमाधव तिहि ठान। कहि भूपाली अल्हैया सहित सुहेला जान।।''-बो.ग्रं., वि.वा., 6/120।

**भूमिभूषण**--सामान्यालंकार का तीसरा भेद। जहाँ भूतल पर के प्राकृतिक दृश्यों का वर्णन हो वहाँ भूमिभूषण अलंकार होता है। ल.-देस, नगर, बन, वाग, गिरि, आश्रम, सरिता, ताल। रबि, ससि, सागर, भूमि, के भूषन, रितु सब काल।।-क.प्रि., 7/1।

**भूमिलोक**--भूलोक। चौदह लोकों में से एक मर्त्यलोक। उ.-''भूमिलोक भुवलोक सवर्गलोक महर्लोक, जमलोक, तपलोक, सत्यलोक थल मैं।।''-प.ग्रं., गं.ल., 51/272।

**भूषण**--समय-सं. 1670-1772। जन्मस्थान-तिकवाँपुर (कानपुर, उ.प्र.)। पिता-रत्नाकर त्रिपाठी। आश्रयदाता-चित्रकूट के सोलंकी राजा रुद्र, छत्रपति शिवाजी, पन्ना के महाराज छत्रसाल बुंदेला। रचनाएँ-शिवराजभूषण, शिवाबावनी, छत्रसालदशक, भूषण उल्लास, दूषण उल्लास, भूषण हजारा। (इति. शुक्ल, वृ.इति. 6, वृ.इति. 7, सा.को.)। दे भूषन।

**भूषण**--अलंकार। भिखारीदास के अनुसार अलंकार काव्यशरीर के आभूषण हैं। ल. (1)-भूषन हैं भूषन सकल।''-भि.ग्रं. 2, का.नि., 13/5। ल. (2)-छंदबिरोधी पंगु गनि, नग्न जु भूषनहीन। मृतक कहावै अर्थ बिनु, 'केसव' सुनहु प्रबीन।।-क. प्रि., 3/7।

**भूषन उल्लास**--रचयिता-भूषण (दे.)। (इति. शुक्ल)।

**भूषण कौमुदी**--रचयिता-रणधीर सिंह (दे.)। विव.-अलंकार वर्णन (वृ.इति. 6)।

**भूषण हजारा**--रचयिता-भूषण (दे.)। (इति.

शुक्ल)।

**भूषणोपमा**--दे. उपमा। उपमालंकार का एक भेद। जहाँ उपमानों के दूषण छिपाकर केवल उनके गुणों का ही लिहाज करके उपमा कही जाय, वहाँ भूषणोपमालंकार होता है। ल.-दूषन दूर दूराइ जहँ, बरनत भूषन-भाइ। भूषन उपमा होतितहँ, बरनत सब सुख पाइ।। उ.-''सुबरनजुत, सुरबलित बरनिपुनि, भैरो सो मिलित गति ललित बितानी है। पावन प्रगट दुति दुजन की देखिजत, दीपति अति श्रुति सुखदानी है। सोभा सुभ सानी परमारथ निधानी दीह कलुष कृपानी मानी जग जानी है। पुरब के पूरे पुन्य सुनिजै प्रबीनराइ, तेरी बानी मेरी रानी गंगा को सो पानी है।''-क.प्रि., 14/18-19।

**भूषन**--दे. भूषण। कान्यकुब्ज ब्राह्मणों के कश्यप कुल में उत्पन्न, रतिनाथ के पुत्र भूषन कवि। उ. (1)-''द्विज कनोज कुल कस्यपी रतिनाथ कौ कुमार। वसत त्रिविक्रमपुर सदा जमुना-कंठ सुठार।।''-भू.ग्रं., शि.भू., 26/133। उ. (2)-''कुल सुलंक चितकूटपति साहस सील-समुद्र। कवि भूषन पदवी दई हृदैराम सुत रुद्र।।''-भू.ग्रं., शि.भू., 29/133। उ. (3)-''सिवचरित्र लखि यौं भयौं कवि भूषन के चित्त। भाँति भाँति भूषननि सों भूषित करौं कबित्त।।''-भू.ग्रं., शि.भू., परि., 348/195।

**भूषन सिंगार**--भूषण शृंगारों में सातवाँ। ल.-पाच पेरोजा लसनिया मुकता लीला लाल। पुष्यराग हीरा पनाँ ए नवरतन रसाल।। रतन रचित कंकन खचित चित रुचि भूषन धार। यह सिंगार है सातवौं उर आनंद विचार।। वेनी माँग सीसफूल खुटिला करनफूल बिंदुली तिलक नक-बेसरि सुचाव के। पोत कंठ-सरी कंठ-हार उरवसी माला बाजूबंध बलया बलय भावभाव के।। पहुँची मुद्रिका छुद्रघंटिका सुजेहरि है घुँघरू अनौट बाँक बिछिया बनाब के ।। बृंद कहैं कीजैं अंग अंग प्रति भूषित ए जोत भरे भूषन सुरतन रचाव के।।''-वृं.ग्रं., शृं. शि., 58-59/44।

**भृंगी**--शिवजी के गणों का मुखिया या नायक। शिवजी का एक पारषद वा गण। उ.-''षडमुड कुमार अफरे गनप भृंगी तन दूर्बल भयो।''-वृं.ग्रं., स्फूट, 48/323।

**भृंगी-कटी**--भृंगी नामक पंखवाला एक कीड़ा जो छोटे-छोटे कीड़ों को पकड़कर अपनी बाल्मीकि में रखता है और उनके चारों ओर घूम-घूम कर इतना भनभनाता है कि उसके भय से वे छोटे कीड़े उसी के ध्यान में तल्लीन होकर उसी का रूप धारण कर भृंगी हो जाते हैं। इसका वर्णन योग और साहित्य में बहुधा आया है। उ.-''कव की ध्यान लगी लखौं, यह धरु लगिहै काहि। डरियतु भृंगी-कीट लौं मति बहईस्वै जाइ।।''-वि.र., 586/272।

**भृगु**--एक गोत्रप्रवर्तक मुनि जिन्हें शिवजी का पुत्र माना जाता है। महाभारत के अनुसार एक बार रुद्र ने एक बड़ा यज्ञ किया था, जिसे देखने के लिए बहुत सी देवपत्नियाँ, देवकन्याएँ आई थीं। जब ब्रह्मा उस यज्ञ में आहुति देने लगे तब देवकन्याओं आदि को देखकर उनका वीर्य स्खलित हो गया, जिसे सूर्य ने अपनी किरणों से खींच कर अग्नि में डाल दिया। उसी वीर्य से अग्निशिखा में से भृगु की उत्पत्ति हुई थी। कर्दम की पुत्री ख्याति इनकी पत्नी थी। पुलोमा की पुत्री इनकी दूसरी पत्नी थी, जिससे 14 पुत्र हुए। भृगु ने ब्रह्मा, शिव तथा विष्णु को ही श्रेष्ठ माना था। परशुरामजी इसी वंश के थे। इनकी गणना सप्तर्षियों में की जाती है। इन्होंने क्रियायोग की शिक्षा ब्रह्मा से, वेद की शिक्षा मनु से ली थी। मणिमान (वीरभद्र) ने इन्हें बाँध दिया था तथा इनकी दाढ़ी काट ली थी, पर शिव की इच्छा से इन्हें बकरे की दाढ़ी लगा दी गई थी। इन्होंने राजा नहुप की क्रूर दृष्टि से अगस्त्य ऋषि को मुक्ति दिलाई थी। ये सूक्ष्म रूप धारण कर अगस्त्य की जटा में जा बैठे और जब नहुष अगस्त्य को अपने रथ में जोतकर चलने के लिए ऋषि के सिर पर प्रहार करने लगा, तब भृगु ने नहुष को सर्प बनने का शाप दिया था। विष्णु के वक्ष पर पादप्रहार के विषय में प्रसिद्ध है कि त्रिदेवों में कौन श्रेष्ठ है, इसके निर्णय का भार इन पर था। इन्होंने क्रीड़ालीन शंकर को 'योनिलिंग' रूप होने का, चाटुकारों से घिरे ब्रह्मा को अपूज्य होने का शाप दिया, अकर्मण्य, आलसी

विष्णु को जगाने के लिए उनके वक्ष पर पादप्रहार किया। भृगु के चरणों के चिह्न को विष्णु ने सदैव के लिए धारण कर लिया। विष्णु ने ब्राह्मण के पाद-प्रहार से अपने को धन्य समझा और अत्यन्त विनम्रता दिखाई, जिससे भृगु ने इन्हें सर्वपूज्य तथा सर्वश्रेष्ठ घोषित किया। (हिं.श. सा., पौ.को.)। उ. (1)-''और बाँभननि देत करत सुदामा सुधि मोहि दखि काहे सुधि भृगु की करत हौ।''-भू.ग्रं., शि.भू., 70/141। उ. (2)-''असित अत्रि भृगु अंगिरा, कस्यप गौतम व्यास। बिस्वामित्र आगस्त्यजुत बालमीकि दुर्बास।।''- र.वि.,दो., 58/6। उ. (4)-''नीति अनीति बड़े सहैं रिस भरि देत न गारि। भृगु उर दीनी लात की कीनी हरि मनुहारि।।''-वृं.ग्रं., नी.स. 667/110।

**भृगुनंद**– दे. जमदग्नि, परसुराम, भृगु। परशुराम। उ. (1)-''त्रेता माहिं साजो एक धनु भृगुनंद सोइ लीन्ह्यो रघुनाथ ने असुर बरियाने में।।''-बो.ग्रं., वि.वा., 26/100। उ. (2)-''परसुराम भृगुनंद तब तिनके पायँ पखारि। दए बहत्तर ग्राम तिन उत्तम बिप्र विचारि।।''-क.प्रि., 2/2। उ. (3)-''सोधु दै ईस को बोधु जगदीस कों क्रोध उपजाइ भृगुनंद बरिबंड कों।''-रा.चं. 5/43।

**भृगुनाथ**–दे. जमदग्नि, परसुराम, भृगु, भृगुनंद। उ. (1)-''यह बात सुनी भृगुनाथ जबै। कहि रामहि लै घर जाहु अबै।''-रा.चं., 7/29। उ. (2)-''तव नारायन को धनुष जानि। भृगुनाथ दियो रघुनाथ जानि।।''-रां.चं, 7/47।

**भृगुपति**–दे. जमदग्नि, परसुराम, भृगु, भृगनंद। परशुराम, जमदग्नि के एक पुत्र जो विष्णु के छठे अवतार माने जाते हैं। उ. (1)-''श्रीपति रामचंद्र सो साधु। भृगुपति ज्यौं न छमै अपराधु।।''-वी. च., 27/26। उ. (2)-''भृगुपति जू सो सूर हनुमंत जू सो जसी 'केसौराय' बिक्रम तें साहसी बिसेखिए।।''-ज.ज.चं., 118।

**भृगुबंस**–दे. भृगु। भृगुकुल। उ.-''भृगुबंस के अवतंस। मनवृत्ति है केहि अंस।।''-रा.चं., 7/18।

**भृगु रिषि**–भृगु ऋषि। दे. भृगु। उ.-''सह भरथ लक्ष्मन राम। वहु बिधि किये परनाम। भृगु रिषिहि आयसु दीन। नर अजय हो परबीन।।''-छं. मा., 1/25।

**भृगुलात**–दे. भृगु। भृगुचरणचिह्न। उ. (1)-''यों उर में भृगुलात बखानहु। श्रीकर को सरसीरहु मानहु।''-रा.चं., 6/54। उ. (2)-''कटिमूल सुव्रन-तर्कसी भृगुलात सी दरसै हियें।''-रा.चं., 7/15।

**भेद**–1. किसी समूह या दो व्यक्तियों में भेद या वैमनस्य पैदाकर अपने अनुकूल बनाने के चार उपायों (साम, दाम, दंड, भेद) में से एक। उ.- ''तुम सदा साम दंड, भेद न्याव करौ चारो बेद हमहूँ।''-प. ग्रं., प्रकी., 32/311।

**भेद**–गर्विता के मानमोचन का एक प्रकार है। इसमें नायक सुंदरी नायिका के वश में हो जाता है अथवा ऐसा दिखाता है जिससे नायिका के मान का पराक्रम न्यून हो जाता है। ल. (1)-करें आप वस तासु के , होहिं सुपंछी जौन। हरहि पराक्रम वाम को, भेद कहावै तौन।।''-कृ.ग्रं., हि.त., 300/66। दे. मानपोचन। ल.(2)-सुख दै कै सब सखिनि कहँ आपु लेइ अपनाइ। तब सु छुड़ावै मान कों, बरनौं भेद बनाइ।।-र.प्रि., 10/11।

**भेदकातिसय उक्ति**–भेदकातिशयोक्ति। एक अर्थालंकार जिसमें ''और'' ''और'' या ''औरै'' ''औरे'' जैसे शब्दों के द्वारा अति का वर्णन किया जाता है। ल. (1)-औरे यों करिकै जहाँ बरनत सोई बात। भेदकातिसय उक्ति तहँ कहत बुद्धि अवदात।। उ.-''औरै कछु चितवन चलनि औरै मृदु मुसकानि। औरै कछु सुख देति हैसकै न बैन बखानि।।''-मति., ल.ल., 116-117/318। ल. (2)-जहिं जहिं आनहिं भाँति की वरनत बात कछूक। भेदकातिसय उक्ति सो भूषन कहत अचूक।-भू. ग्रं., शि. भू., 101/147। ल. (3)-''अतिसयोक्ति भेदक जु पद औरै तिहि स्तुति काज।'' - प. ग्रं., पद्मा., 65/40। ल. (4)-''भेदकातिसय उक्ति जहँ, सु बहम ही सब बात। जगतें यह कछु औरई, सकल ठौर कहि जात।।...अनन्वयहु की ब्यंगि यह, भेदकातिसय

उक्ति। उतहि कियो थापित निरखि, परबीनन की जुक्ति।। उ.-''आजु भोर औरई पहर होत औरई है, दुपहर औरई रजनि होत औरई।।''-भि.ग्रं. 2, का.नि., 3-5/105। ल. (5)-औरै पद यह छंद में बहुत ठौर जो होइ। भेदक अतिसय उक्ति सो समझौ कबि सुख भोइ।। उ.-''औरै गति बिथुरी अलक औरे रँग के नैन। तिय हम सों अजहूँ कहति औरै बिध के बैन।।''-सो.ग्रं. 1, र.पी.नि., 69, 70/192।

**भेरि, भेरी**--बड़ा ढोल। उ. (1)-''बजै तूरही भूर ही भेरि गाजैं।।''-बो.ग्रं., वि.वा., 2/160। उ. (2)-''अनेक भेरी वहु दुंदुभी बाजैं। गयंद क्रोधांध जहाँ तहाँ गज्जैं।।''-रा.चं., 17/30। उ. (3)-''बहु भेरि मुर्ज मृदंग तुंग बजी बड़ी करनाल। बहु ढोल दुंदुभि दुंदुभि लोल गर्जत बोल बंदि प्रकास।।''-वि. गी., 12/2।

**भेलास**--भेलसा (ग्वालियर राज्य)। उ.-''मालवा उजैन भनि भूषन भेलास ऐन सहर सिरौंज लौं परावने परत हैं।''-भू.ग्रं., प्रकी, 433/212।

**भैरव**--1-हनुमत के मत से भैरव राग छह रागों में मुख्य और पहला है। यह ओड़व जाति का है, क्योंकि इसमें ऋषभ और पंचम नहीं होता। कुछ लोग इसे षाड़व जाति का और कुछ लोग संपूर्ण जाति का मानते हैं। गाने की ऋतु शरद, वार रवि, समय प्रातःकाल है। इसकी हनुमत के मत से पाँच रागिनियाँ हैं - भैरवी, बैरारी, मधुमाधवी, सिंधवी, और बंगाली। हर्ष और सोमेश्वर के मतानुसार इसकी रागिनियाँ हैं- भैरवी, गुर्जरी, रेवा, गुणकली, बंगाली और बहुली। अन्य आचार्य भी इसकी रागिनियों और पुत्रों की संख्या तथा नाम के विषय में भिन्न मत रखते हैं। यह हास्यरस का राग माना जाता है। इसका सहचर मधुमाधव और सहचरी मधुमाधवी है। इसके स्वरग्राम के विषय में भी दो मत हैं-1. ध नि सा रि ग म प, 2. ध, नि सा दि ग म। (हिं.श.सा.)। उ.-''राग भूप भैरव प्रथम वाला पाँच बखान। लाला तिनके आठऊ कहनो बिविध बखान।।''-बो.ग्रं., वि.वा., 4/120।

**भैरव**-2--शिव के गणों का एक प्रकार जो शिव के ही अवतार माने जाते हैं। अंधक नाम के असुर से युद्ध करते समय अंधक की गदा के प्रहार से शिव के सिर के चार टुकड़े हो गए जिससे लहू की धारा बहने लगी और उन्हीं धाराओं से भैरवों की उत्पत्ति मानी गई। भैरव आठ थे। तांत्रिकों के ये विशेष उपास्य हैं। इनके नामों के विषय में दो मत हैं-1. महाभैरव, संहार-भैरव, असितांग भैरव, रुरुभैरव, काल भैरव, क्रोधभैरव, ताम्रचूड़ और चंद्रचूड़। 2. असितांग, रुरु, चंद्र, क्रोध, उन्मत्त, कपाल, भीषण और संहार। एक अन्य मत से भैरवों की संख्या केवल पाँच है। इन्हें शंकर का अत्यन्त उग्र रूप माना जाता है। भैरव रूप में ही शिव का तांडव नृत्य प्रसिद्ध है। (हिं.श.सा., पौ.को.)। उ.-''भैरव से भट भूरि भिरे बल खेत खरे करतार करे के।''-रा.चं., 38/16।

**भैरवी**--एक रागिनी विशेष जो एक मत रो भैरव राग की पाँच रागिनियों में से एक मानी जाती है तथा इस राग की पत्नी कही जाती है। अन्य मत से यह मालव राग की पत्नी कही जाती है। हनुमत मानते हैं कि यह सम्पूर्ण जाति की रागिनी है। इसके गायन का समय है- शरद ऋतु के प्रातः काल के ईषत पूर्व। इसका स्वरग्राम है-म प ध नि सा ऋ ग। (हिं.श.सा.)। उ. (1)-''प्रथम भैरवी गावत लोई। ताके परे बिलावल होई।''-बो.ग्रं., वि. वा., 5/120। उ. (2)-''प्रिय बछुरे मन कों समुझावत। गौरी समय भैरवी गावत।।''-बो.ग्रं., वि.वा., 71/146।

**भैरवी**--दे. भैरव। तांत्रिकों के अनुसार एक प्रकार की देवी जो महाविद्या की एक मूर्ति मानी जाती है। इसके अनेक रूप मिलते हैं-त्रिपुरभैरवी, कौलेशभैरवी, रुद्रभैरवी, नित्याभैरवी, चैतन्यभैरवी आदि। इन सबके ध्यान-पूजनादि के भिन्न-भिन्न मंत्र और विधियाँ हैं। उ. (1)-''ग्रसी हुई हौं भैरवी लइ बिस्नुभक्ति छुड़ाय।''-वि.गी., 9/4। उ. (2)-''महाभयानक भैरवी देखी सुनी न जाति। देखति हौं दसहूँ दिसा मेरो चित्त चवाति।।''-वि. गी., 9/6।

**भैरो**-1--दे. भैरव-2। शिव के एक प्रकार के

गण। उ. (1)-''भैरो के से भारी भूत गनपति के से दूत सजल जीमूत ऐसे स्यामल सरीर के।।''-ज. ज.चं., 42। उ. (2)-''किलकति कालिका कलेजे की कलल करि करिकै अलल भूत भैरो तमकत हैं।''-भू.ग्रं., प्रकी., 452/217। उ. (3)-''भैरो से राजत गुरु गल गाजत छिति पर छाजत अति तन के।''-प.ग्रं., प्र.बि., 88/286।

**भैरो**-2—दे. भैरव-1, 2। भैरव-शिव के गण। भैरव राग। उ.-''भैरो-जुत गौरी-संजुत, सुरतरंगिनी लेखि।।''-क.प्रि., 1/49।

**भैरो**-3—दे. भैरव-1। भैरवराग। उ.-''पुनि तिहि बाला भैरो गायो। ताको सुर माधो ने पायो।''-बो.ग्रं., वि.वा., 70/146।

**भोग**—छंदशास्त्र में भगण और गुरु का बोधक शब्द जो (ऽ।। ऽ) का बोध कराता है। उ.-''करि हारा भोगहि कर्ना पीमहि मागो संभू को अंसी।।''-भि.ग्रं. 1, 232/211।

**भोग**-2—सुख का अनुभव करना। उ.-''अन मिलती जोई करत ताही को उपहास। जैसें जोगी जोग मैं करत भोग की आस।।''-वृं.ग्रं., नी.स., 25/60।

**भोगनाथ**—कवि मतिराम के एक आश्रयदाता का नाम। उ. (1)-''पूरित मन की लालसा जगन जगति गुनगाथ। सुरतरु पल्लव अरुन रुचि भोगनाथ के हाथ।।''-मति., सत., 612/419। उ. (2)-''कलवेद्रुम पल्लव भयो तूँ अति दानि निदान। भोगनाथ नरनाथ के हाथ साथ पढ़ि दान।।''-मति., सत., 613/419।

**भोगवती**—अतल लोक की भोगवती नाम की राजधानी। उ.-''अचकि लचकि जात सेष के असेष फन भागि गई भोगवती अतल बितल तल।।''-रा.चं., 14/38।

**भोग साधना**—विषयों के भोग का कार्य और उससे किसी इच्छा या लक्ष्य की पूर्ति। उ.-''भोग साधना साधियै भोगसाधना खोइ।।''-वृं.ग्रं., य.स., 330/231।

**भोज**—1. मालवा का परमार राजा भोज जो बड़ा पंडित और कवि था तथा विद्वानों, गुणीजनों और कवियों का आदर करने वाला था। उ. (1)-''भोज विक्रमाजीत नृप, जगद्देव रनधीर। दानिन हूँ के दानि दिन, इंद्रजीत, बलबीर।।''-क. प्रि., 6/64। उ. (2)-''भोज कियो कंगाल बंदि पुनि पर्यो पिथोरा।।''-वी.चं., 2/3। उ. (3)-''बाप को बिढ़ायौ धन दीनौ भोज पंडितनि तुमहीं चलायो कछू मारग नवीनो है।''-वि.च., 32/52। उ. (4)-''तेरो जस-काज सरजा निहारि आज कबि-मन भोज-विक्रम-कथा उचटतु है।''-भू.ग्रं., शि.भू., 172/161।

**भोजा सावलिया** (कुणबी) – जन्म-सं. 1841। स्थान-काठियावाड़ में जेतपुर के निकट गालोल ग्राम। पिता-करशनदास। माता-गंगाबाई। रचनाएँ-स्फुट। (बृ.इति. 7)।

**भोटकुल**—कुलभोट-भटकुल नाम का नगर। उ.-''कुल करनाटक कोट भोटकुल हबस बिरंगी।''-भू. ग्रं., प्रकी., 483/224।

**भोरलीला**—रचयिता-नागरीदास (दे.)। (बृ. इति. 7, स.सर्वे.)।

**भैमरथी**—नदी विशेष। उ.-''उत्पलावती इच्छुका, भैमरथी समुकारि।''-वि.गी., 6/17।

**भौंसिला**—मराठों में भोंसला कुल, जिसमें शिवाजी उत्पन्न हुए थे। उ.-''को कबिराज भुवालन भावत भौंसिला के मन में बिनु भाए।''-भू.ग्रं., शि. भू., परि., 363/197।

**भ्रम**—किसी पदार्थ को और का और समझना। किसी चीज या बात को कुछ का कुछ समझना। उ. (1)-''जगत भ्रम कौ हेत तूँ एक अबिद्या देखि। ताकौं हौं तोसों कहौं लछिछन रूप बिसेखि।।''-ज.ग्रं., आ.बि., 103/124। उ. (2)-''मिथ्या भ्रम संसार कौ ठौर बिना क्यों होत। झूठौ रूपौ जानियै देखि सीप की जोति।।''-ज.ग्रं., आ.बि., 87/123।

**भ्रम** (अलंकार)— एक प्रकार का काव्यालंकार जिसमें किसी वस्तु को दूसरी वस्तु के साथ उसकी समानता देखकर भ्रम से वह दूसरी ही समझ लेना वर्णित होती है। इसे भ्रांति अथवा भ्रांतिमान अलंकार भी कहते हैं। ल. (1)-''एक बस्तु लखि

आन को सुमरन भ्रम संदेह। बरनत भूषन तीन बिधि जे कबिजन मतिग्रह।। उ.-''उँजियारी मुख इंदु की परी उरोजनि आनि। कहा अँगोछति मुगुध तिय पुनि पुनि चंदन जानि।।''-मति., ल.ल., 80, 82/313। ल. (2)-आन बात कौ अनुभए होत जहाँ भ्रमु आन। तासौं भ्रम भूषन कवि मतिमान।।-भू.ग्रं., शि.भू.. 71/141। उ. (1)-''बदन सुधानिधि जानि ये तुव सँग फिरैं चकोर।'' ज.ग्रं.भा.भू. 60/21। उ. (2)-अधिष्ठान है ब्रह्म सति तातैं जग सति जोइ। ऐसैं ही भ्रम साँप कौ रसरी बिना न होइ।।''-ज. ग्रं., आ.बि., 93/124।

**भ्रमण केलि**--सखी के विभिन्न कार्यों में नायिका के साथ भ्रमण केलि भी एक कार्य है। ल.-पग लगाइ पग करनि कर, पकरि भवे द्वै नारि, भ्रमन केलि तासों कहत, सज्जन विचारि।।-शृं.मं., चिंता, 387/119।

**भ्रमर**--दोहा छंद का एक भेद। दे. दोहा छंद।

**भ्रमरविलासिता छंद**--सोलह मात्राओं का छंद है। मात्राक्रम है (SSS S।। ।।। ।S)। ल.-तिन्ना ननगो भ्रमरबिलासिता। उ.-''आवै आवै त्रिय मृदुहसिता। आगे आगे भ्रमरबिलसिता।।''-भि. ग्रं. 1, छंदा., 129, 138/195-196।

**भ्रमरावली छंद**--ल.-पंच सगन भ्रमरावली (पाँच सगण (।।S) का मात्राक्रम है)। उ.-''भ्रमरावली बेगि बिडारहु कुंजन तें।''-भि.ग्रं. 1, छंदा., 47, 53/241-242।

**भ्रमरी गति**--गोलाई से भ्रमर की तरह घूमने की गति। उ.-''गति अनेक नाचत तहाँ श्री सितकंठ सधीर। भ्रमरी गति कौं लेत ही प्रसर्‌यौ गंगा नीर।।''-वृ.ग्रं., भा.पं., 1/13।

**भ्रांत अपह्नुति, भ्रांतपह्नुति, भ्रांतापह्नुति, भ्रांतिअपह्नुति, भ्रांत्यापह्नुति**--एक काव्यालंकार जिसमें किसी भ्रांति को दूर करने के लिए सत्य वस्तु का वर्णन होता है। ल. (1)-भ्रांत अपह्नुति वचन सों भ्रम जब पर को जाइ। उ.-''ताप कंप है जर नहीं ना सखि मदन सताइ।''-ज.ग्रं., भा.भू., 64/23। ल. (2)- जहाँ और संका भए करत झूठ भ्रम दूरि। भ्रांतपह्नुति कहत हैं तहाँ सुकवि मतिभूरि।।-मति., ल.ल., 93/314। ल. (3)-''बच सों भ्रम पर को नसै भ्रांतिअपन्हुति जान। उ.- ''दहत प्रान तन बिष कहा? नहि सखिबिरहकृसान।।''-प.ग्रं., पद्मा., 50/38। ल. (4)-भ्रम काहू कों ह्वै गयो ताकों मिटवत आपु।। उ.-''आनन हैं अरबिंद न फूल्यों अलीगन भूल्यो कहा मडरात हौ। कीर तुम्हें कहा बाइ लगी भ्रम बिंब के ओठन कों ललचात हौ। दास जू ब्याली न बेनी बनाव है पायी कलापी कहा इतरात हौ। बोलती बाल न बाजति बीन कहा सिगरे मृग घेरत जात हो।।''-भि.ग्रं., 2, का.नि., 22,28/90-91। ल. (5)-संक और की होत ही जहिं भ्रम करियै दूरि भ्रान्तोपह्नुति कहत हैं तहि भूषन कबि भूरि।। उ.-''सिव सरजा ने यह सिव है महेस तव जाके उपदेस जच्छ रच्छक से होत हैं।।-भू.ग्रं., शि.भू., 82/143। ल. (6)-दूरि होय भ्रम और कौ जहाँ बचन सुनि कानि। भ्रांति अपह्नुति बरनि के ताहि कहैं गुनवान।। उ.-''लाल अरुनई दृगनि क्यों कहौ आरसी ताकि। होरी आगम जानिके पियो राम रस छाकि।।''-सो.ग्रं. 1, र.पी.नि., 51, 52/189। दे. अपह्नुति।

**भ्रांति**--दे. भ्रम। ल.-स्मरन भ्रांति संदेह तिहुँ लच्छन इनके नाम।-प.ग्रं., पद्मा., 43/37।

**भ्रांत्यलंकार**--दे. भ्रांति। भिखारीदास के अनुसार शब्द से ही लक्षण स्पष्ट हो जाता है। उ. (1)-''ओढ़े जाली जरद की, कंचनबरनी बाल। चतुर चिरी-चित फँदि गयो, भ्रम्यो भूलि रँगजाल।।''-भि.ग्रं. 2, का.नि., 35/92। उ. (2)-''बिल बिचारि प्रबिसन लग्यो, ब्यालसुंड में ब्याल। ताहू कारी ऊख भ्रम, लियो उठाइ उताल।।''-भि.ग्रं. 2, का.नि., 36/93।

**भ्रामर**--दोहा छंद का एक भेद। दे. दोहा छंद।

**भ्वैंसिला**--दे. भौंसिला। भोंसला। शिवाजी के वंश की उपाधि। उ. (1)-''जातें सरजा बिरद भौ सोहत सिंध समान। रन-भ्वै-सिला सु भ्वैंसिला आयुषमान खुमान।।-भू.ग्रं., शि.भू., 8/129। उ. (2)-''जा दिन जनम लीनौ भूपर भ्वैंसिला भूप ताहि दिन जीत्यौ अरि-उर के उछाह कौ।।'' भू.ग्रं., शि. भू., 13/130। उ. (3)-''भ्वैंसिला भूआल तेरौ जस

हिमकर सो है हिमकर सोहै तेरे जस के कर सौ।''-भू.ग्रं., शि.भू., 48/136।

**भ्वैंसिला भुवाल**--दे. भ्वैंसिला। भोंसला कुल के राजा, शिवाजी। उ.-''भूषन भनत महाबाहु भ्वैंसिला भुवाल सूर रवि सम तेज तिच्छन कृपान में।''-भू.ग्रं., शि.भू., 343/193।

**भ्वैसिला भूप**--दे. भ्वैंसिला। शिवाजी। उ.-''भूषन भौ भ्रम औरंग के सिव भ्वैसिला भूप की धाक धुकाए।''-भू.ग्रं., शि.भू. 84/144।

# म

**मंगद**--वीरसिंह से मिलने के लिए रामशाह के द्वारा भेजा हुआ योद्धा। उ. (1)-''मंगद बैमु बहादुर अली। बूझी वात इन्हैं प्रभु भली।''-वी.च., 9/44, उ. (2)-''समुझे प्रेम सहज को हास। मंगद जान्यौ है उपहास।।''-वी.च., 10/37।

**मंगल**--बोधा रचित विरह वारीश काव्य के एक योद्धा का नाम। उ.-''वहि ओर वीर मंगल समत्थ। रनजोर सिंह सों कीन्ह हत्थ।।''-बो.ग्रं., वि.बा., 25/192।

**मंगलगारी**--विवाह आदि के अवसर पर होने वाला एक प्रकार का गान, जिसमें वरपक्ष के व्यक्तियों के मजाक, गाली आदि रहती है। उ.-''अति सुंदर नारी सब सुखकारी मंगल गारी देन लागी।''-रा.चं., 6/6।

**मंगलघट**--मंगलकलश। विवाहादि शुभ कार्य में देवता के सामने रखा जाने वाला जलपूर्ण घट जो पूजा के लिए प्रयुक्त होता है। उ.-''परिपूरन सिंदूर पूर कैंधौं मंगलघट।''-रा.चं., 5/10। वी. च., 1/24।

**मंगलचार**--मंगल गान। शुभ कार्यों के पहले होने वाला मांगलिक गायन। उ.-''गावत मंगलचार के गीत सु प्रीति हियैं धरि मंडप छावैं।''-वृं.ग्रं., शृं.शि., 28/39।

**मंगललाज**--मंगलसूचक कार्य का लावा। भुने धान की खीलें। शुभ कार्य में प्रयुक्त होने वाली धान की खीलें। उ.-''बिंदु किधौं मुखकेनन के किधौं राजसिरी स्रवै मंगललाजनि।''-रा.चं., 35/8। क प्रि., 8/23।

**मंगलशतक**--रचयिता- रामसखे (दे.)। (बृ. इति. 7)।

**मंगलाचरन**--मंगलदायक देवस्तुति। किसी ग्रंथ या कार्य के आरम्भ में सकुशल कल्याणमय और सफल सम्पन्नता के लिए किया जाने वाला कार्य या कहा जाने वाला वचन। उ.-''प्रथम मंगलाचरन को नीति आतमक जानि। नमस्कार अरु ध्यान पुनि आसिबाद बखानि।।''-भि.ग्रं., र. सा., 1/3।

**मंगलाचार**--दे. मंगलचार। उ.-''सब नगरी बहु सोभ रए। जहँ तहँ मंगलचार ठए।''-रा.चं., 8/1।

**मंगलु**--मंगल। सौर जगत् का एक प्रसिद्ध ग्रह जो पृथ्वी का पुत्र माना जाता है। यह पृथ्वी से बहुत छोटा और चंद्रमा से प्रायः दूना बड़ा है। इसका दिन हमारे दिन से प्रायः आध घंटा बड़ा होता है। इसके दो उपग्रह या चंद्रमा हैं, जिनमें से एक मंगल ग्रह की प्रायः आठ घंटे में तथा दूसरा प्रायः 30 घंटे में परिक्रमा करता है। इसका रंग गहरा लाल है। इसकी जलवायु पृथ्वी के लगभग समान है। अनुमान है कि इसमें स्थल और नहरों की अधिकता है। पुराणों के अनुसार यह ग्रह पुरुष, क्षत्रिय, सामवेदी, भरद्वाज मुनि का पुत्र, चतुर्भुज, चारों भुजाओं में शक्ति, वर, अभय तथा गदा, पितप्रकृति, युवा, क्रूर, वनचारी, लाल रंग के समस्त पदार्थों का स्वामी है और कुछ अंगहीन माना जाता है। इसके अधिष्ठाता देवता कार्तिकेय हैं और यह अवंहि देश का अधिपति बताया जाता है। इसके जन्म के विषय में पुराणों में मतभेद है। ब्रह्मवैवर्त के अनुसार मुग्धा, मुर्च्छिता, युवती रूपा पृथ्वी के साथ विष्णु के संभोग से, पद्मपुराण के अनुसार विष्णु के पृथ्वी पर गिरे पसीने से, मत्स्यपुराण के अनुसार दक्ष-यज्ञ-विध्वंस के लिए उत्पन्न वीरभद्र के बाद के रूप में इसकी उत्पत्ति हुई। इसके सुवर्णमय रथ में 8 लाल रंग के घोड़े जुतते हैं।

इसके अन्य नाम हैं-अंगारक, भैम, कुज, वक्र, महीसुत, लोहितांग, ऋणांतक, आवनेय आदि। (हिं. श.सा., पौ.को.)। उ.-''मंगलु बिंदु सुरंग, मुख ससि. के सरिआड़ गुरु। इक नारी लहि संगु, रसमय किय लोचन-जगत।।''-बि.र., दो., 42/27।

**मंचित**—समय-सं. 1836 में उपस्थित। स्थान-मऊ (बुंदेलखण्ड) के व्राह्मण। रचनाएँ-सुरभी दान लीला, कृष्णायन (दोहा-चौपाई में कृष्णचरित)। (इति. शुक्ल, बृ.इति. 7)।

**मंजन सिंगार**—वृंद कवि ने स्वकीया प्रौढ़ा के लक्षण निरूपण के बाद सोलह श्रृंगार का वर्णन किया है, जिसमें यह दूसरा है। उ.-''तन मन उज्जल होत सुख सब आरस मिटि जात। मंजन द्वितीय सिंगार कौं इंहि बिधि करत सुहात।। केसरि अगर घसि चंदन कपूर पूर सार मृगसार लै फुलैल में मिलाइयै। चंपक की बेली मन भाँवती सहेलिन के कोमल कर निकट अंग उबटाइयैं।। बृंद कहि सुंदरी को सुंदर सरीर सब सुच्छ उसनोदक गुलाब सौं न्हवाइयै।। आछे आछे उज्जल अँगोछन सौं ओंछि-ओंछि दर्पन सो तन मन रंजन बनाइयै।।''-वृं. ग्रं.,शृं.शि., 47-48/42।

**मंजरी छंद**—ल.-सप्तज यो मंजरि कहै। (सात जगण (।S।) और एक यगण (।SS) से यह छंद बनता है।) उ.-''गरे जिमि किंसुक गुंज की माल रसाल कीमंजुल मंजरि माथे।।''-भि.ग्रं. 1, छंदा., 13, 16/246। दे. गाहा छंद।

**मंजरी**—नूपुर। पैरों में पहनने का आभूषण विशेष, जिसमें घुँघरू लगे रहते हैं, और पैर के हिलने से बोलते हैं। उ. (1)-''पर्‌यौ जोरु विपरीत रति रूपी सुरत-रन-धीर। करति कुलाहलु किंकिनी गह्यौ मौन मंजीर।।-वि.र., दो., 129/66। उ. (2)-''सरद चाँदनी में प्रगट होत न तिय के अंग। सुनत मंजु मंजीर अब सखी न छोड़ति संग।।-मति., सत. 300/393। उ. (3)-''परै न धुनि सुनि सखिन कों लाजनि होति अधीर। कर कमलनि सों गहि रहै सुरत मुखर मंजीर।।-मति., सत., 497/410। उ. (4)-''महा मंजु मंजीर के हैं ठनाके।''-प.ग्रं., प्र.वि., 20/297।

**मंजीर छंद**—बत्तीस मात्राओं का छंद है। मात्राक्रम है (SSS SSS S।। SSS ।।S SSS)। ल.-सातो हारा सुप्रीमो पुनि सुप्रीमो गुर है मंजीरा। उ.-''ए री कान्हाजू के निर्तन कोऊ चित्त न राखै धीरा। जोटी जोटाँ नच्चैं ग्वालिनि बज्जै झालरि और मंजीरा।''-भि.ग्रं. 1, छंदा., 232, 235/211, 212।

**मंजुघोषा**—एक प्रसिद्ध अप्सरा का नाम। उ. (1)-''सची मैनका मंजुघोषा घृताची। कहैं बात साची यहैं सिध्य साची।।''-वृं.ग्रं., स.स.रू., 218/287। उ. (2)-''रंभा स्यों सदंभ बोलै मंजुघोषा उरबसी, हंस फूले सुमनसु सब सुखदानियै।।''-क. प्रि., 7/15। उ. (3)-''सोहति सुकेसी, मंजुघोषा, रति, उरबसी, राजा राम मोहिबे को मूरति सोहाई है।''क.प्रि., 11/35।

**मंजुभाषिणी छंद**—इसके प्रत्येक चरण में मात्राक्रम है (।।S ।S। ।।S ।S।)। इसमें 13 वर्ण होते हैं। 6 और 7 वर्ण पर यति होती है। ल.-सगनो जगनु, सगनो जगनु हौ ग समेति तीनि दसई बदंनु है। षट सप्त बीच, जति रीति राखिनी। मृदु छंद होत, है मंजु भाषिनी।। उ.-''आँखियाँ बिसाल, छबि कंजनाखिनी। बतियाँ रसाल, मृदु मंजुभाषिनी।।''भि. ग्रं. 1, छंदा., 42-43/252-253।

**मंडन**—नायिका की श्रृंगार सज्जा की वह क्रिया जिससे नायक आकृष्ट हो, प्रसन्न हो - सखियन कीन्ह सिंगरवा, रचि बहु भाँति। हेरति नैन अरसिया, मुरि मुसुकाति।।-र.वि., ब.ना.भे., 114/55। उ. (1)-''जावत दीयो पगनि में जुवती जाति सिंगार। पुरुष प्रानप्रिय जानियत मंडन कर्‌यो लिलार।।''-मति., सत., 511/411। उ. (2)-''तरुनि अरुनि एड़ीनि के किरन समूह उदोति। बेनी मंडन मुकुत के पुंज गुंज दुति होति।।-मति., सत., 550/414। नायिका की सखी के चार कार्यों में से एक। ल. (1)-''मंडन तियहि सिंगारिबो।-प.ग्रं., जग., 352/155। भिखारीदास द्वारा वताये गये 12 सखी कर्मों में से एक (दे. सखीकर्म)।-भि.ग्रं. 1, शृं.नि., 215-217/136। ल. (2)-मंडन बरनि सिगारिबो।-शृं.मं., चिंता., 357/111।

**मंडन**—जन्म-सं. 1716। जन्मस्थान-जैतपुर (बुंदेलखण्ड)। आश्रयदाता - राजा मगंद सिंह। रचनाएँ-रसरत्नावली, रसविलास, जनकपचीसी, जानकी जू को ब्याह, नैन पचासा, पुरंदरमाया, शृंगारकवित्त, बारामासी। (इति.शक्ल., स.सर्वे.)।

**मंडन भट्ट**—जन्म-सं. 1830। पिता-ब्रजलाल तैलंग। निवास-जयपुर। आश्रयदाता-जयपुर नरेश जयसिंह तृतीय। रचनाएँ - श्रीकृष्ण ब्रज-बिहार, नवरस रत्नाकर, रससमुद्र, रामजसचंद्रिका, कृष्ण-सुजान प्रकाश, सुलोचना चरित्र, राठौड़ चरित्र, भारतचरित्र, रावलचरित्र, जयसाहसुजस-प्रकाश, बापू चरित्र। (बृ.इति. 7)।

**मंडप**—किसी उत्सव या समारोह के लिए बाँस, फूस आदि से छाकर बनाया हुआ स्थान। जैसे विवाह मंडप। उ.-''गावत मंगलचार के गीत सु प्रीति हियैं धरि मंडप छावैं।''-वृं.ग्रं., शृं.शि., 28/39।

**मंडफ**—दे. मंडप। उ. (1)-''बरुनी बंदनवार रचि पल मंडफ दुज मैंन। छवि धन सौं चित चाइ सौं भरत भावरे नैंन।।''-रस.रतन., 319/87। उ. (2)-''हरित बाँस मंडफ सुभ साजा। जामुन पल्लव छाय विराजा।।''-बो.ग्रं., वि.वा., 26/223।

**मंडुक**—मंडूक। दोहा छंद का एक भेद। दे. दोहा छंद।

**मंडूक**—दोहा छंद का एक भेद। दे. दोहा छंद।

**मंत**—1. मात्रा। उ.-''अबिधा छंद पय नाग कहंत। सोरहो सत्रहो अठारह मंत।।''-भि.ग्रं. 1, छंदा., 27/218। 2. दे. मंत्र। आयो बसंत पै आये न कंत उदंते न तंत न मंत लहाहै।-वृं.ग्रं., भा.पं., 8/14।

**मंत्र**—तंत्र के अनुसार वे शब्द या वाक्य जिनका जप भिन्न-भिन्न देवताओं की प्रसन्नता या भिन्न-भिन्न कामनाओं की सिद्धि के लिए करने का विधान है। ऐसा शब्द या शब्द समूह या वाक्य जिसके उच्चारण से कोई दैवी प्रभाव सा शक्ति मानी जाती हो। उ. (1)-''जादू करि तुहि दृगनि बिहि यौं कर लियौ सुतंत्र। तब तैं वाहि न फुरत हैं तंत्र न जंत्र न मंत्र।।''-रस., रतन., 334/88। उ. (2)-''दूजै आहुति होम की मंत्र सकति कै भाइ। वाकौ धूँवा सूर के मंडल पहुँचै जाइ।।''-ज.ग्रं., आ.बि., 127/127। उ. (3)-''पूरन प्रेम को मंत्र महा पन, जा मधि सोधि सुधारि है लेख्यो।''-घ.क., 97/79। उ. (4)-''तहँ जंत्र-मंत्र अनेक दुर्गा भागवत गीतान के।''-प.ग्रं., हि.,ब.बि., 119/17। उ. (5)-''पढ़ै मंत्र अरु जंत्र अंत्र लीलनइमि जुग्गिनि।।''-प.ग्रं., जग., 715/230।

**मंत्रन**—दे. मंत्र। उ.-''ऐसो ठान ठानै तो बिनाहू जंत्र मंत्रन सौं साँपहू को जहर उतारै तौ उतरि जाइ।।''-ठाकुर, 187/48।

**मंत्र बसीकर**—दे. मंत्र। दूसरों को मोहित कर अपने वशीभूत करने का मंत्र। उ.-''मोहन सक्तिन ऐसी। मक्रध्वज-ध्वज जैसी। मंत्र बसीकर साजैं। मोहनमूरि बराजैं।''-रा.चं., 31/38।

**मंत्रसाला**—मंत्रभवन। वह शाला या भवन जहाँ मंत्रणा होती है। मंत्रालय। उ. (1)-''मंत्रिन स्यों बैठे सुख पाइ। पलक मंत्रसाला में जाइ।''-रा.चं., 29/37। वी.च., 21/15।

**मंत्रावली**—नदी विशेष। उ.-''रसकुल्या मंत्रावली, मधुकुल्या श्रुतबिंद। घृतच्युता सुरगर्भिनी, नदी सहित मित्रबिंद।।''-वि.गी., 4/20।

**मंत्रगति**—लेखनी चित्रालंकार (दे.) का एक भेद।

**मंत्रु**—दे. मंत्र। उ.-''जंत्रु है सुहाग को कि मंत्रु अनुराग को कि मंत्रनि कौं बीजु अध ऊरध अभाइ को।''-क.प्रि., 15/60।

**मंथरा**—दशरथ की पत्नी कैकेयी की कुबड़ी दासी जिसके बहकाने से रानी कैकेयी ने दशरथ से राम को वनवास और भरत को राज्य देने के वर माँगे थे। यह दासी कैकेयी के साथ उसके मायके से आई थी। उ. (1)-''मूढ़ मंथरा कें कहे बन कौ जु भेजे राम ऐसी यह बात कैकई कों तौ न चाहिये।''-प.,ग्रं., जग., 678/222। उ.(2)-''मंथरा लौं मंथर कुपंथी पंथ पाहन लौं बालिहू लौ बिषई न जान्यौं और रस है।''-प.ग्रं., प्र.प., 13/239।

**मंथान छंद**—प्रत्येक चरण में मात्राक्रम है (SS।SS।)। ल.-तगन जुगल षट बर्न करि मानौ मन मंथान। उ.-''श्री राम सोहैं जु। सीता सती सैं

जु। भाई जती हैं जु। तीन्यौ चले सैं जु।।" छं. मा., 1/12। उ.-"गोबिंद को ध्यानु। सारंस तूँ जानु। विद्यामही मानु। है ज्ञान-मथानु।।"-भि.ग्रं. 1, छंदा., 26/238।

**मंदभाषिणी छंद**–प्रत्येक चरण में मात्राक्रम है (।S।SS ।।। S। S।S)। तेरह वर्ण होते हैं और छः तथा सात वर्ण पर यति होती है। ल.-धुजा धुजा नंद, सगनो लगे लगे। त्रयोदसै बर्न धरिये पगे पगे। छ सात के बीच, बिसराम राखिनी। फनी कह्यो छंद सुइ मंदभाषिनी।। उ.-"बिना सुने बैन तुअ कंदनाखिनी। भली लगै कोकिल उ मंदभाषिनी।।"-भि.ग्रं. 1, 44-45/253।

**मंदर**–मंदराचल। पुराणानुसार एक पर्वत जिससे देवताओं ने समुद्र को मथा था। उ. (1)-"हैं नवखंड बिराजत जाके। मानहुँ सुंदर रूपक ताके। एक इलावृत खंड कहावै। मंदर तें अति सोभहि पावै।।-वि.गी., 4/30। उ. (2)-"कालकूट तें मोहन रीति। मनिगन तें अति निष्ठुर प्रीति। मदिरा तें मादकता लई। मंदर-उदर भई भ्रममई।।"-रा. चं., 23/24।

**मंदर छंद**–चौकल अर्थात् चार मात्राओं का छंद है। क्रम है 'मंदर' (S।।)। उ.-"ध्यावत। ल्यावत। चंदर। मंदर।।"-भि.ग्रं. 1, छंदा., 17/183।

**मंदराज**–मद्रास। उ.-"मीनागढ़ मुबई सुमंद करि मंदराज बदर को बंद करि बंदर बसावैगो।"-प. ग्रं., प्रकी., 27/311।

**मंदहास**–हास्य रस का एक भेद। ल.-"गिसहि नयन कपोल कछु दसन, दसन के बास। मंदहास तासों कहत कोविद केसवदास।। उ.-"भेद की बात सुने तें कछू वह मासक मुसुक्यान लगी है। बैठति है तिनमें हठि कै जिनकी तुमसों मति प्रेमपगी है। जानति हौं नलराज दमैंती की दूतकथा रस-रंग रँगी है। पूजैगी साध सबै सुख की बड़भाग की 'केसब' ज्योति जगी है।"-र.प्रि., 14/4-5।

**मंदाकिनि**–एक छोटी नदी का नाम जो हिमालय पर्वत में उत्तरकाशी में बहती है और भागीरथी में मिलती है। मंदाकिनी। गंगा। उ.-"परदक्षिना दै सीस नवावा। पुनि द्विज चलि मंदाकिनि आवा।।"-बो.ग्रं., वि.वा. 36/90।

**मंदाकिनी**–दे. मंदाकिनी। नदी विशेष। गंगा की स्वर्ग में बहने वाली धारा आकाश गंगा। उ.-"मेघ मंदाकिनी चारु सौदामिनी रूप रुरे लसैं देहधारी मनो।"-रा.चं., 9/35।

**मंदाक्रांत छंद**–प्रत्येक चरण में मात्राक्रम है (SSSS ।।। ।।S S।S S।SS)। सत्रह वर्ण होते हैं और चार, छः तथा सात वर्ण पर यति होती है। ल. (1)-"चार्‌यो हारा, नगर सगनो, रग्गन्न गा। मंदाक्रांता, भुजगभनिता, सत्रहै बर्न संगा। कीजै चौथे, बिरति छठए फेरिकै सातयों मैं। आकर्नी है, सतकविन्ह सों, 'दास' जू बात यो मैं।। उ.-"राधाजू के सरिस कहिये, कौन सी जोषिता कों। मंदाक्रांता, करेउ जिन है, उर्बसी मेनका कों।।-भि. ग्रं. 1, छंदा., 72-73/258। उ. (2)-आदि मगन पुनि भगन अरु, नगर तगन फिरि दोइ। बहुरि राखिए जुगल गुरु मंदाक्रांता होइ।। (मात्राक्रम SSSS S।। ।।। SS। SS। SS–प्रत्येक चरण में।) उ.-"हेरें फूले द्रुमनि सजनी सूल सैं हौन लागे।"-सो.ग्रं. 1, र.पी.नि., 25-26/35।

**मंदार**–स्वर्ग के पाँच वृक्षों में से एक देववृक्ष। उ. (1)-"सबै बृक्ष मंदारहू तें भले हैं। छहूँ काल के फूल फूले फले हैं।"-रा.चं., 20/34। उ. (2)-"सबही कुल मैं होत है एक एक सरदार। गज ऐरावत सुर सुरिंद तरुबर मैं मंदार।।"-वृं.ग्रं., नी. स., 661/110।

**मंदिर**–देवताओं का स्थान। देवालय। उ.-"छा गई उदासी खासी मस्जिद मकबरन मठ मंदिरन कोटि रोसनी चढ़ै लगी।"-भू.ग्रं., प्रकी., 493/223।

**मंदोदरि**–रावण की पटरानी का नाम। यह मय दानव की कन्या थी और मेघनाद की माता थी। पुराणों के अनुसार इसकी गणना पंचकन्याओं में की जाती है। (पौ.को.)। उ. (1)-"स्थाई बीर सिंगार के करुना घृना प्रमान। तारा अरु मंदोदरी, कहत सतीनि समान।।"-क.प्रि., 3/56। उ. (2)-"देबि मंदोदरी कंभकर्नादि दै मित्र मंत्री जिते पूँछि देखौ सबै।"-रा.चं., 16/9। उ. (3)-"देवर

कुंभकरन्न सो हरि-अरि सो सुत पाइ। रावन सो प्रभु, कौन कों मंदोदरी डेराइ।।''-रा.चं., 18/19।

**मंद्र**-(संगीत)-संगीत में स्वरों के तीन भेदों में से एक। इस जाति के स्वर मध्य से अवरोहित होते हैं। इसे उदारा या उतार भी कहते हैं। उ.-''संभु के अधर माहिं काहे की सुरेख गाई जाति एगिनी सु कौन सुर मंद्र मा।''-प.ग्रं., प्रकी., 80/324।

**मँजीठ**-मजीठ। एक प्रकार की लता जिसकी जड़ों और डंठलों को उबाजकर लाल रंग निकाला जाता है। यह रंग सूती और रेशमी कपड़े रँगने के काम आता है। वैद्यक में अनेक रोगों में इसका व्यवहार होता है। इसकी प्रकृति है-मधुर, कषाय, उष्ण, गुरु और ब्रण-प्रमेहज्वर श्लेष्मा-विष आदि में लाभकर एवं उपयोगी। उ.-''णतो चंदन, रुद्ररस, क्षत्रिय धर्म मंजीठ। अरुन, महावर, रुधिर नख, गेरू संध्या, ईठ।।''-क.प्रि., 5/32।

**मक्कर**-सिंध के निकट का एक गाँव। उ.-''सरखर लौं भक्खर लौं मक्कर लौं चलौ जात टक्कर लेवैया कोऊ वार है न पार है।''-भू.ग्रं., प्रकी., 526/234।

**मकबरन**-वह मकान या इमारत जिसके अंदर कोई कब्र हो। कब्र के ऊपर बनी हुई इमारत। रौजा। मजार। उ.-''छा गई उदासी खासी मस्जिद मकबरन मठ मंदिरन कोटि रोसनी चढ़ै लगी।''-भू. ग्रं., प्रकी., 496/226।

**मकर अस्नान**-मकर संक्रांति (जब सूर्य मकर राशि में प्रवेश करता है तब इस समय को पुण्य पर्व माना जाता है) पर स्नान। उ.-''प्रथम मकर अस्नान दान चित्। फिर बसंत आगम प्रबीन चित्।।''-बो.ग्रं., वि.वा., 25/212।

**मकरध्वज**-कामदेव का एक नाम। कामदेव की पताका पर मछली का चिह्न रहता है। उ. (1)-''कंत तुही हो मनोहर मूरति सूरति सो मकरध्वज कैसी।''-भू.ग्रं., प्रकी., 584/246। उ. (2)-''चलि के छलि के सब खँचि लई। मकरध्वज गाहक हाथ दई।।-बो.ग्रं., वि.वा., 23/31।

**मकरसंक्रांति**-वह समय या पुण्य पर्व जब सूर्य मकर राशि में प्रवेश करता है। उ.-''जथा मकरसंक्रांति कों जात्री चलत प्रयाग।''-बो.ग्रं., वि. वा., 32/64। दे. मकर अस्नान।

**मकराक्ष**-दानव खर का पुत्र जो राम के हाथों मारा गया था। रामायण के अनुसार यह कुंभ और निकुंभ के मारे जाने पर युद्ध में गया था और राम के द्वारा मारा गया था। यह रावण का भतीजा था तथा सेनापति भी था। स्कंदपुराण के अनुसार इसे विभीषण ने मारा था (हिं.श.सा., पौ.को.)। उ.-''बेटा बलिष्ठ खर को मकराक्ष आयो। संहारकाल जनु काल कराल धायो।''-रा.चं., 19/9।

**मकरालय**-समुद्र। उ.-''पान कियो सगरो मकरालय छाँड दियो बहुरो क्षिति माही।''-वृं.ग्रं., भा.पं., 6/14।

**मक्का**-मक्का-अरब का एक प्रसिद्ध नगर जहाँ मुहम्मद साहब का जन्म हुआ था। यह मुसलमानों का सबसे प्रसिद्ध और सबसे बड़ा तीर्थस्थान है। हज करने के लिए मुसलमान यहीं जाते हैं। उ. (1)-''पक्का मतो करिकै मलेच्छ मनसबदार मक्का के उतर उतरत दरिआद हैं।''-भू. ग्रं., शि.भू., 156/159। उ.-''झुक्के निसान सक्के समर (सौ) मक्के तक्क तुरक्क भजि।।''-भू. ग्रं., प्रकी., 513/230। उ. (3)-''किबले के ठौर बाप बादशाह शहजहाँ वाको कैद कियो मानो मक्के आगि लाई है।''-भू.ग्रं., प्रकी., 541/238।

**मक्रध्वज**-दे. मकरध्वज। उ.-''मोहन सक्तिन ऐसी। मक्रध्वजध्वज जैसी। मंत्र बसीकर साजैं। मोहनमूरि बिराजैं।।''-रा.चं., 31/38।

**मखतूल**--काला रेशम। अंजनजुत अँसुवानि की धार धसनि जुग नैन। मनो डोर मखतूल के बाँधे खंजन मैन।।-मति.सत., 137/380।

**मगन**-मगण। छंदशास्त्र के आठ गणों में से एक जिसमें तीनों वर्ण गुरु (SSS) होते हैं। इसका देवता 'मही' है। यह नगण का मित्र है। इसके देवता मही (भूमि) का फल अत्यधिक सुख है। ल.-मगन त्रिगुरुजुत।...मही देवता मगन की।...भगन नगर को मित्र गन।।...भूमि भूरि सुख देइ।।-क.प्रि., 3/19, 22, 24, 25।

**मगरबी**–एक तरह की तलवार। उ.-''तहँ कढ़ीं मगरबी अरि-गन चरबी चापट करबी सी काटैं।''-प.ग्रं., हि.ब.बि., 192/27।

**मगरु-स्थान**–मगधदेश अर्थात् गंगा के उस पार जहाँ मृत्यु होने से मुक्ति नहीं होती। भक्तमाल में ऐसी कथा है कि एक पुरुष ने काशी आकर वहीं मृत्यु पाने के विचार से अपने हाथ-पैर काट डाले कि कहीं जा न सके पर दैवात् एक घोड़ा मृत्यु के समय मगध में लेकर जा पहुंचा। उ.- ''लिखी रहीम लिलार में भई आन की आन। पद कर काटि बनारसी पहुँचे मगरु स्थान।।''-र.वि., दो., 252/25।

**मगही**–दे. गाहा छंद।

**मघबा**–मघवा। इंद्र। उ.-''ज्यौं मघबा गिरि देत गिराइ त्यौं गोकुल राइ गयंद गिरायो।।''-वृं., ग्रं., स्फुट., 14/313।

**मघबा-मनि**–मघवामणि। इंद्र नीलमणि। उ.-''जौ मघबा मनि कौ सतु सोंधियै तौ'ब कहा परसै पय की मति।''-घ.क., 401/200।

**मघबारिपु**–इंद्र का शत्रु। इंद्रजीत। मेघनाद। रावण का पुत्र इंद्रजीत जो लक्ष्मण के हाथों मारा गया था। उ.-''कुंभकरन्न मर्‍यौ मघबारिपु तौ रे कहा न डरौं जम सौ लौं।''-क.प्रि., 11/52।

**मघवा**–दे. मघबा। उ. (1)-''गोपी गोप गाइन पै बृज पै कोप मघवा को लोग अक बक जोहैं री।''-ठाकुर, 6/63। उ. (2)-''जय जय गिरिबर धरन मान-मघवा-मन-खंडन।'' प.ग्रं., हि.ब.बि., 1/5। उ. (3)-''मघवा घन आरूढ़, इंद्र आजु अति सोभिजै। ब्रज पर कोप्यो मूढ़ मेघ दसौ दिसि देखिये।।''-क.प्रि., 3/50।

**मघवाधनु**–इंद्रधनुष। उ. - ''चपला पट, मोर किसीट लसै मघवाधनु सोभ बढ़ावत हैं।''-र.प्रि., 6/26।

**मच्छ**–दोहा छंद का एक भेद। दे. दोहा।

**मच्छ**–मत्स्य। मत्स्यावतार। मत्स्य के रूप में विष्णु का प्रथम अवतार जो सत्ययुग में हुआ था। इसका नीचे का अंग रोहू मछली के समान था और रंग श्याम था। इसके सिर पर सींग थे, चार हाथ थे, वक्ष पर लक्ष्मी थीं और सारे शरीर पर कमल के चिह्न थे। इस अवतार ने मनु की पुनः सृष्टि करने में सहायता की थी। इसके संबंध में पुराणों में प्राप्त कथाएँ पूर्णतया समान नहीं हैं। महाभारत के अनुसार बड़े मत्स्यों से पीड़ित एक छोटी मछली ने विवस्वान् के पुत्र वैवस्वत मनु से रक्षा की याचना की। मनु ने उसे घड़े, कुएँ और गंगा में क्रमशः पालित कर अन्ततः समुद्र में छोड़ दिया। इस मत्स्य ने शीघ्र प्रलय होने की भविष्यवाणी की और मनु को शीघ्र ही सप्तर्षियों और सभी धान्यों के बीज के साथ एक दृढ़ नाव पर आरोहण कर प्रतीक्षा करने के लिए कहा। प्रलयकाल में उसी महामत्स्य को देखकर मनु ने अपनी नाव उसी के शृंग में बाँध दी, जिसे वह खींच कर हिमालय के सबसे ऊँचे शिखर पर ले गया। महामत्स्य के निर्देश के अनुसार मनु ने अपनी नौका उस शिखर में बाँध दी। तभी से यह शिखर 'नौबंधन' के नाम से प्रसिद्ध है। मनु के ऐसा करने पर महामत्स्य ने प्रकट होकर कहा-मैं प्रजापति ब्रह्मा हूँ। मैंने तुम लोगों की रक्षा और पुनः सृष्टि के लिए यह अवतार लिया है। मनु को सृष्टि का आदेश देकर यह महामत्स्य अन्तर्धान हो गया। मत्स्यपुराण के अनुसार मनु एक घोर तपस्या करने वाले राजा थे, जिन्हें ब्रह्मा से सृष्टि का वर प्राप्त हुआ था। (हिं.श.सा., पौ.को.)। उ. (1)-''मच्छ रूप बीभत्स कच्छ बत्सल रस जानी।''-बो.ग्रं., वि.वा., 44/155। उ. (2)-''मच्छ ह्वै कै बेद काढ्यो, कच्छ ह्वै रतन गाढ्यो, कोल ह्वै कुगोल रद राख्यो सबिलास है।''-भि.ग्रं. 1, शृं. नि., 2/89।

**मछ्छर**–मत्सर। दूसरे की सुख - संपत्ति देखकर जलना या डाह करना। उ. (1)-''परगुन तैं दुख उपजै मछ्छर जानि। धरम बिबेक न रहई सुख की हानि।।''-ज.ग्रं., आ.वि., 31/118। उ. (2)-''काम क्रोध अरु लोभ मोह यह जानि। मद मछ्छर ए सबहैं दुख की खानि।।''-ज.ग्रं., आ. बि., 12/116।

**मजनू**–मजनूँ। अरब के एक प्रसिद्ध सरदार का लड़का जिसका वास्तविक नाम कैस था और

जो लैला नाम की एक कन्या पर आसक्त होकर उसके लिए पागल हो गया था। इसी कारण वह मजनूँ (पागल) नाम से प्रसिद्ध हो गया था। इन दोनों के प्रेम की बहुत सी कथाएँ प्रसिद्ध हैं। उ. (1)-''होता कहूँ इलाज सौं जो उन कौ दिल साद। दरदवंत रहतैं वनैं क्यौं मजनू फिरहाद।।''-रस. रतन., 585/121। उ. (2)-''जौ कदही फेरा, करै लै-लै ह्वां तिहि वेर। कफन चाष मजनू करै उठै गोर तैं फेर।।''-रस.रतन.,587/121। उ. (3)-''लैउ न मजनू गोर ठिग कोऊ लै लै नाम। दरदरवंत कौ नैक तौ लेन देउ बिसराम।।''-रस., रतन., 588/121

**मजलिस**—बहुत से लोगों के बैठने की जगह। वह स्थान जहाँ बहुत से लोग एकत्र हों। उ.-''दृग न कीब ठाढ़े रहत पल पौरन इहि हेत। मन मजलिस मैं मीतजहँ और झषन ना देत।।''-रस., रतन, 298/84।

**मजलिसमंडन**—रचयिता-नागरीदास (दे.)। (बृ.इति. 7)।

**मजाजी**—लौकिक प्रेम। उ.-''होय मजाजी में जहाँ इस्क हकीकी खूब। सो साँचो व्रजराज है जो मेरा महवूब।।''-बो.ग्रं., वि.वा., 38/25।

**मठ**—वह मकान जिसमें एक महंत की अधीनता में बहुत से साधु आदि रहते हों। उ.-''गई उदासी खासी मस्जिद मकवरन मठ मंदिन न कोटि रोसनी चढ़ै लगी।।''-भू.ग्रं., प्रकी., 496/226।

**मठ संभु**—शंभु मठ, शिवस्थान। उ.-''अन्य दिवस मठ संभु पै ज्वाब माधवा पाय। फिर गाथा निज दरद की मठ पै लिखी बनाय।।''-बो.ग्रं., वि. वा. 54/145।

**मड़वा**—दे. मंडप। उ.-''जंघ जोर मड़वा तरे भाँवर सात भ्रमाइ।।''-बो.ग्रं., वि.वा., 38/39।

**मणिगुण** छंद—सोलह मात्राओं का एक वर्णवृत्त है। मात्राक्रम है (।।। ।।। ।।। ।।। ।।S)। ल.-मनिगुन दुज पिय दुज पिय सगनो। उ.-''जयति सरदससिसम बर वदनं। दिनमनिकुल-दिनमनि गुनसदनं।।''-भि.ग्रं. 1, छंदा., 132, 148/196, 198। इस छंद के अन्य नाम हैं शशिकला, शरभ।

**मणिदेव**—(बंदीजन) समय-सं. 1896 में उपस्थित। स्थान- जहानपुर (भरतपुर) पितामह-प्रसिद्ध कवि रघुनाथ बंदीजन। आश्रयदाता- काशी नरेश महाराज अदितनारायण सिंह। रचनाएँ- महाभारत का अनुवाद (गोकुलनाथ और गोपीनाथ के साथ मिलकर इन्होंने संपूर्ण महाभारत का अनुवाद किया)। उक्त दोनों कवि रघुनाथ बंदीजन के पुत्र थे। (इति.शुक्ल)।

**मणिबंध छंद**—चौदह मात्राओं के प्रस्तार का छंद है। गणक्रम है भ म स और मात्राक्रम है (S।। SSS ।।S)। ल.-है मनिबंधो भौ म स को। उ.-''कर्महि लागै हाथ सोऊ। जो मनि बाँध्यो गाँठ कोऊ।।''-भि.ग्रं. 1, छंदा., 104, 108/192-193।

**मणिमाला** छंद—इसके प्रत्येक चरण में मात्राक्रम है (SS ।। SS SS ।। SS)। बारह वर्ण होते हैं। 6-6 वर्ण पर यति होती है। बीस मात्राएँ होती हैं। ल.-कर्ना पिय कर्ना, कर्ना पिय कर्ना। आधे बिसरायो है बारह बर्ना। बीसै जहँ मत्ता, सोहै अति आला। भोगीपति भाखो, याको मनिमाला।। उ.-''राधा वह आवै, एहो नँदलाला। जाके हिय सोहै, नीकी मनिमाला।।''-भि.ग्रं. 1, छंदा., 28-29/250।

**मति**—1. तैंतीस संचारियों में एक। इसकी परिभाषा अनेक प्रकार से की गई है। जैसे-''भ्रांति का नाश मति है'', ''अनेक शास्त्रों के मनन पक्ष-विपक्ष-निरक्षण से उत्पन्न मति'', ''शास्त्रचर्चा से भ्रांतिनाश ही मति है'' इत्यादि। ल. (1)-''नीति निगम आगमन तें उपजै भलो बिचार। ताही को मति कहत है सव ग्रंथन को सार।। उ.-''पाछे पर न कुसंग के पदमाकर यहि डीठ। परधन खात कुपेट ज्यों पिटत विचारी पीठ।।''-प.ग्रं., जग., 505,507/186-187। ल. (2)-''मति है भाव सिखापन पाए। बिधिगति समुझि धीरतहिं आए।। उ.-''वहै रूप संसार में समझ्यो दूजो नबी। करि दीन्हो करतार, चसमा चखनि हजार बी।।''-भि. ग्रं 1, र.सा., 490/71, 513/75। 2. शांतरस का संचारी भाव मति। -प.ग्रं., जग., 726/232।

**मतिराम**—(चिंतामणि (दे.) तथा भूषण

(दे.) के भाई के रूप में भी प्रसिद्ध)। जन्म- सं. 1674 के लगभग। जन्मस्थान-तिकवाँपुर (कानपुर)। संबंधस्थान - बूँदी। आश्रयदाता-बूँदी के महाराव भावसिंह, महाराज शंभुनाथ सौलंकी। रचनाएँ-रसराज, ललितललाम, साहित्यसार, लक्षण शृंगार, अलंकार पंचाशिका, छंदसार पिंगल, फूलमंजरी, मतिराम सतसई, बरवै. नायिका भेद, वृत्त कौमुदी। (बृ.इति. 6, 7; इति.शुक्ल., स.सर्वे.)।

**मतिराम**--रीतिकाल के प्रसिद्ध कवि मतिराम। उ.-''मेरी मति में राम हैं कबि मेरे मतिराम। चित मेरो आराम में चित मेरे आराम।।'' - मति., सत., 702/426।

**मत्त**--मात्रा। उ.-''जानै गनमान को फल मत्त वरन्न पथारनि कों मरि जानै।''-भि.ग्रं. 1, छंदा., 8/166।

**मत्त गजराज**--दोहा छंद का एक भेद जिसे 'मदकल' भी कहते हैं। दे. दोहा छंद।

**मत्तगयंद छंद**--यह छंद सवैया का एक भेद है। इसके प्रत्येक चरण में सात भगण और दो गुरु होते हैं। इस प्रकार मात्राक्रम है (ऽ।। ऽ।। ऽ।। ऽ।। ऽ।। ऽ।। ऽ।। ऽऽ)। भिखारीदास ने मदिरा और चकोर छंद के साथ इसका लक्षण देते हुए बताया है कि मदिरा में सात भगण और अंत में गुरु होता है। चकोर छंद के अंत में एक लघु और होता है और मत्तगयंद में यह लघु भी गुरु होता है। ल. (1)-''सात भ है मदिरा गुरु अंतहु दै लघु और चकोर कहौ गुनि। ताहु गुरु करि मत्तगयंद लहू मदिरा सिर मानिनि ये सुनि।। उ.-''पीन नितंबवती करभोरुह मत्तगयंदगती पिकबैनी।।''-भि. ग्रं. 1, छंदा., 2, 5/243, 244। ल. (2)-''सात भगन गुरु अंत जुग, मत्तगयंद सुजानि। उ.- ''दामिनि द्यौस महँ दसहू दिसि दादुर दुंद मचावन लागे।।''-सो.ग्रं. 1, र.पी.नि., 38/37। इस छंद को 'मालती' और 'इंदव' भी कहते हैं।

**मत्तमयूर छंद**--बाईस मात्राओं का छंद है। मात्राक्रम अनियमित है। ल.-वेई बर्ना नृत्यगती मत्तमयूरो। उ.-''देख्यो वाही अंगप्रभा को सुनि वाला। जान्यो ह्वै है आवति कारी घनमाला। आये चाहै आध घरी में बनमाली। नच्चै कूकै मत्तमयूरो सुनि आली।।''-भि.ग्रं. 1, छंदा., 188, 196/204-205।

**मत्तमातंगलीलाकर दंडक**--भिखारीदास के अनुसार इस छंद के चरण नौ रगण (ऽ।ऽ) से लेकर चौदह रगण (ऽ।ऽ) तक के हो सकते हैं। ल.-पाय करो नौ रगन तें चौदह लौं चित चाहि। नाम मत्तमात्तंग को लीला कर कहि ताहि।। बारह रगण का उ.-''जौ नहीं ठानिकै तत्तु भौ रामलीलाहि सो रत्त तौ बाहिरे सै करै मत्तमातंगलीला करै तौ कहा।।''-भि.ग्रं. 1, छंदा., 10-11/273-274।

**मत्ता**--ल.-तिन्ना नोयो समुझिय मत्ता। उ.- ''आयो अली विषम बसंता। कैसे जीवी निअर न कंता।।''-भि.ग्रं. 1, छंदा., 130, 139/196। (तिन्ना-ऽऽऽऽ, नो-।।।, यो-।ऽऽ = ऽऽऽऽ ।।। ।ऽऽ)। इस प्रकार के मात्राक्रम में चार चरण होते हैं और प्रत्येक चरण में दस वर्ण होते हैं। चार वर्ण और छह वर्ण पर यति होती है।

**मत्ताक्रीड़ा छंद**--तेईस अक्षरों और बत्तीस मात्राओं का छंद है। मात्राक्रम है (ऽऽऽ ऽऽऽ ऽऽ। ।।। ।।। ।।। ।।। ।ऽ)। ल.-मत्ताक्रीड़ा चारो कर्ना यकल गुरु तल भरिये। उ.-''काहू काहू भूलें भूलें त्रिभुवनपति बकसत सुभगति कों। देखो हाथी मत्ता क्रीड़ा जल महँ करत तरेउ न भगति कों।।''-भि. ग्रं. 1, छंदा., 232, 238/211, 213।

**मत्स्यमथामृत**--रचयिता-गिरिधरदास (दे.)। (इति.शुक्ल)।

**मत्स्यराज**--मत्स्यदेश का राजा। विराट नरेश। उ.-''जानहि बुद्धिनिधान, मत्स्यराज यहि राज कै। समर समुद्र-समान, जानत सब अवगाहि कै।।''-रा.चं., 3/25।

**मत्स्यरूप**--दे. मच्छ। श्रीविष्णु के दस अवतारों में प्रथम, मत्स्यावतार। उ.-''मत्स्यरूप भगवंत कों, सेवत बुद्धि अखंड। मनसा बाचा कर्मना, मनु नृप रम्यक खंड।।''-वि.गी., 4/36।

**मथुरा**--पुराणों के अनुसार सात पुरियों में से एक पुरी का नाम जो ब्रजमंडल में यमुना के किनारे बसी हुई है। इसे मधु नामक दैत्य ने बसाया था।

अयोध्या में राजा दशरथ के पुत्र तथा राम के सबसे छोटे भाई शत्रुघ्न ने मधु के पुत्र लवणासुर को पराजित कर इसे जीता था। महाभारत काल में इस पर शूरसेनवंशी राजा राज्य करते थे। इसी वंश की एक शाखा में श्रीकृष्ण का जन्म हुआ था। (दे. कंस, कृष्ण, बसुदेव)। कंस के मारे जाने और उग्रसेन के राजा बनने पर जरासंध ने 18 बार मथुरा पर आक्रमण किया था, जिससे तंग आकर श्रीकृष्ण ने मथुरा छोड़ दी थी। सम्राट अशोक के समय में बौद्ध आचार्य उपगुप्त ने इसे बौद्धधर्म का केंद्र बनाया। जैनों के उन्नीसवें तीर्थंकर मल्लिनाथ का जन्मस्थान होने के कारण यह जैनों का भी तीर्थस्थान है। इसके बाद यह नगर अनेक यूनानी, पारसी और शक क्षत्रपों के अधिकार में रहा। सन् 1017 में महमूद गजनवी ने आक्रमण कर इस नगर को ध्वस्त कर दिया था। अन्य मुसलमान बादशाहों ने अनेक बार इस नगर पर आक्रमण कर इसे नष्ट किया था। यहाँ हिंदुओं के अनेक प्रसिद्ध मंदिर हैं और यह कृष्णोपासक वैष्णव सम्प्रदायों का, उनके आचार्यों का मान्य केंद्र है। इसकी गणना मोक्षदायिनी पुरियों में की जाती है। यह मान्यता है कि प्रयागराज में 1000 वर्ष निवास करने से जो फल होता है, वह मथुरा में केवल अगहन मास में निवास करने से मिल जाता है। (हिं.श.सा., पौ.को.)। उ. (1)-"कासीहू कीकला गई मथुरा मसीत भई सिवाजी न हो तो तो सुनति होति सबकी।"-भू. ग्रं., प्रकी., 446, 447, 448/216। उ. (2)-"ऊधो वे गुबिंद कोऊ और मथुरा में यहाँ मेरे तौ गुबिंद मोहि मो ही में रहत हैं।।"-प.ग्रं., जग., 665/219। उ. (3)-"मथुरा दई सुबाहु कहँ पूरन पावनगाथ। सत्रुघात कों नृप कर्यो देसहि को रघुनाथ।।"-रा.चं., 39/27। उ. (4)-"रच्छत हैं मथुरापुरी महादेव भूतेस। जाहु तहाँ सो मानियौ करें जु कछु उपदेस।। यह सुनि दोऊ देवता मथुरा नगरी जाइ। देवदेव भूतेस के देखे पावन पाइ।।"-ज.ज. चं., 26-27।

**मथुरे**—दे. मथुरा। उ.-"तन सुष तौ चाहियत हतौ हरिविध विधहि मनाइ। भली भई जु सुषी भये मोहन मथुरे जाइ।।"-रस.,रतन., 746/141।

**मद**—1. तैंतीस संचारियों में से एक का नाम जो चित्त का एक प्रकार का उद्वेग या आनंद है जो मादक पदार्थ के सेवन से होता है। इस भाव में सम्मोहन और आनंद का मिश्रण रहता है। इसमें अंग, वचन और गति का स्खलन होता है, उन पर कोई नियंत्रण नहीं रह जाता। इसकी उदार परिभाषा में धन, यौवन, रूप, प्रेम आदि को भी कारणों में गिन लिया गया है। ल. (1)-पूरन प्रेम-प्रभाव तें गर्ब बढ़ैं बहु भाव। तिनके तरून बिकार तें उपजत है मद भाव।।-र.प्रि., 6/27। ल. (2)-धन जोबन रूपादि तें कै मद ही के पान। प्रगट होत मद भाव तहँ औरै गति बतरान।। उ.-"धनमद जोबनमद महा प्रभुता को मद पाइ। ता पर मद को मद जिहैं को तिहिं सकै सिखाइ।।"-प.ग्रं., जग., 488, 490/183। ल. (3)-"मद बातैं गरवै की सी। अति गति मति लखि परति छकी सी।। उ.-"डोलति मंद गयंद-गति अति गरबीली भाँति। करी रूपमद प्रेममद सोभा मद सों माँति।।"-भि. ग्रं. 1, र.सा., 487/71, 505/73। ल. (4)-मद विनोद की मगनता।-सो.ग्रं. 1, र.पी.नि., 24/54। ल. (5)-"मद तैं इद्रिय ग्याँन सबै मिटि जाइ। धरमाधरम विबेक कछू न लखाइ।।"-ज.ग्रं., आ.बि., 29/117। उ. (1)-"मोद-मद-छाके घूमैं रीझि भीजि रस झूमैं, गहैं चाहि रहैं चूमैं अहा कहा रति है।"-घ.क., 232/139। उ. (2)-"रूप-गुन-आतुरी चटक चातुरी पढ़े।।"-घ. क., 233/139। उ. (3)-"छाकि छके छबि ही कों पिये मद नैनन के किये प्रेम के प्याले।"-प.ग्रं., जग., 489/183। 2. एक प्रकार का हाव। सौंदर्य, सौभाग्य तथा यौवन आदि के कारण उत्पन्न गर्वरूप नायिका के मनोविकार को 'मद' कहते हैं। ल. (1)-पूरन प्रेम-प्रभाव तें गर्ब बढ़ै बहु भाव। तिनके तरुन विकार तें उपजव है मद हाव।-उ.प्रि., 6/27। ल. (2)-जहाँ प्रेम सरसानि तें गर्व बढ़े उर आइ। सो मद हाव बखानिए मन में अति सुख पाइ।।-सो. ग्रं. 1, र.पी.नि., 17/127।

**मदकल**—दोहा छंद का एक भेद। दे. दोहा

छंद।

**मदन**--कामदेव। दे. मकरध्वज। जनार्दन की स्तुति के उपरांत जब ब्रह्मा ने महालक्ष्मी को देखा तब मदन की सृष्टि हुई, जिसे गन्ने का धनुष तथा पुष्प के बाण दिए गए थे। विष्णु ने इन्हें कभी परास्त न होने अथवा सर्वदा विजयी रहने का आशीर्वाद दिया था। इन्होंने सौभाग्य-शयन व्रत भी किया था। इंद्रादि देवताओं के कहने पर यह शिव को कामपीड़ित करने गये थे पर शिव ने जलाकर भस्म कर दिया था। (पौ.को.)। उ. (1)-''एक-रदन गजबदन, सदनबुद्धि, मदन-कदन-सुत।''-र.प्रि., 1/1। उ. (2)-''उलहे नये अँकुरवा, विन बलबीर। मानहु मदन-कहिप के बिन पर तीर।।''-र.वि., बरवै, 19/57। उ. (3)-''उयौ सरद्-राका-ससी करति क्यौं न चि चेतु। मनौ मदन छितिपाल कौ छाहगीरु छवि देतु।।''-बि.र., 231/109। उ. (4)-''छाप तरौना नगनि की सोगत लगी कपोल। मनो मदन की मोहनी मूँगा मोल अमोल।।''-मति., सत., 142/380। उ. (5)-''नेह मौन छबि मधुरता मैदा रूप मिलाइ। बैंचतु हलुवाई मदन हलुआ सरस बनाइ।।''-रस.रतन., 106/58। उ. (6)-''हर्‌यौ रूप इन मदन कौ यातें भौ सिव नाम।''-भू.ग्रं., शि.भू., 319/188। उ. (7)-''मध्या सो जामें दोऊ लज्जा मदन समान।।''-ज.ग्रं.,भा. भू., 12/7। उ. (8)-''मानिनी मान मोचत फिरत मदन मोद मन मैं भरत। कहि वृंद दक्ष दच्छिन पबन जोइ भावत सोइ सोइ करत।।''-वृं.ग्रं., प.प., 17/55। उ. (9)-''मदन भयो द्विज माधवा काम कंदला जोय।''-बो.ग्रं., वि.वा. 52/27।

**मदनक छंद**--छः मात्राओं का छंद है। क्रम है (।।। ।।।)। उ.-''तरुनिचरन। अरुनबरन। हृदयहरन। मदनकरन।।''-भि.ग्रं. 1, छंदा., 42/185।

**मदनगुपालु, मदनगुपालजू** -- श्रीकृष्ण चंद्र का एक नाम। उ. (1)-''हरें हरें हँसि नेक चतुर चपलनैनि चित्त चकचौंधे मेरे मदनगुपाल को।''-र. प्रि., 14/13। उ. (2)-''प्रेम को कवच कसि साहस सहायक लै जीत्यो रति-रन आजु मदन गुपाल सों।''-र.प्रि., 14/25। उ. (3)-''लोचन बिसाल चारु मदनगुपालजू के मदनसरनि दरसन-रस हानियै।''-र.प्रि., 8/21। उ. (4)-''मोहन मदन गुपाल की मदन बदन छबि देख। मदन रहत निज रूप को सब सुख सदन बिसेख।।''-वृं.ग्रं., य.स., 93/213।

**मदन गोपाल**--दे. मदन गुपालु। कामदेव के सौंदर्य वाले श्रीकृष्ण। उ. (1)-''आप मोल बिन मोलनि डोलनि बोलनि मदनगोपाल की।''-र.वि., फुटकर पद, 12/71। उ. (2)-''ए री मदनगोपाल सौं मिलियैं भर भर बाँह।''-वृं.ग्रं., य.स., 8/205।

**मदनज्वर**--काम के उग्र होने पर शरीर के ताप का बढ़ना अथवा उससे कष्ट। काम ज्वर, काम की प्रचंडता। उ.-''मदनज्वर माधव बूडि रह्यो। भय कों तजिकै निहसंक गह्यो।।''-वो.ग्रं., वि.वा., 15/62।

**मदन मनोहर छंद**--दंडक का एक भेद जिसे मनहर भी कहते हैं। इसके प्रत्येक चरण में आठ सगण (।।S) और अंत में एक गुरु होना चाहिए। इसमें 25 अक्षर होते हैं। ल.-आठ सगन को एक पद अंत एक गुरु देखि। मदन मनोहर छंद यह पच्चिस अक्षर लेखि।। उ.-''तहँ पूरन प्रेमसमाधिं मिलैं मिलि जैहै तुम्हें मिलिहौ फिरि कौने।।''-छं. मा., 1/74।

**मदन मुरार**--मदन मुरारी। कामदेव के रूप वाले और मुर नामक दैत्य के शत्रु श्रीकृष्ण। उ.-''हुतौ मही मटकीन मैं दीयौ मही मै डार। हम ही मै तऊ बरत हैं मोहन मदन मुरार।।''-वृं.ग्रं., य.स., 687/259।

**मदनमोहन**--कृष्णचंद्र का एक नाम। उ.-''जय जय गोकुलचंद मदनमोहन मन मोहन।''-प. ग्रं., प्र.वि., 1/277।

**मदनमोहनी**--इस छंद में क्रमशः एक तगण, एक जगण, एक गुरु और एक लघु का विधान है। इस प्रकार मात्राक्रम है (।।।)। ल.-तगन आदि दै जगन पुनि गुरु लघु दीजत अंत। मदनमोहनी छंद यह अष्टवर्न सुनि कंत।। उ.-''जाको सब जानि ठग्गु। ताकों तलिकै सु भग्गु। जारै किन जीव दुख्ख। सोचै रहि पाइ सुख्ख।।''-छं.मा., 1/18।

**मदनललिता छंद**—प्रत्येक चरण में मात्राक्रम है (।।। ।।  ।।।)। सोलह वर्ण होते हैं और चार, छः और 6 वर्ण पर विश्राम होता है। ल.-चारयो हारा नगन सगनो करना नगनु है। अंते दीहा दस'ह रसई, बर्ना पगनु है। चारै मैं अरु छह'रु छह में विश्राम लहिये। भोगी भाखै मदनललिता यो छंद कहिये।। उ.-''कानो लागी. ललित अति ही, दोउ दृग री। दीनो आली, मदनललिता तो अंग बिसरी।।''-भि.ग्रं. 1, छंदा., 60-61/255-256।

**मदन सर**—मदन के वाण जिनकी संख्या पाँच मानी जाती है। मदन या कामदेव के वाणों के नाम हैं- मोहन, उन्मादन, संतापन, शोषण, निश्चेष्टकरण (स्तंभन)। फूलों के बने वाणों के रूप इस प्रकार हैं- रक्त कमल, अशोक, आम, चमेली, और नील कमल। उ.-''जल अरु जलज अभाव तैं भई मदन सर हानि। बिरही सर सूको लख्यो भयो हरष उर आनि।।''-वृं.ग्रं., भा.पं., 25/19।

**मदनहरा छंद**—मात्रिक छंद है। त्रिभंगी (दे.)। दस, आठ, आठ, छः और पुनः आठ मात्राओं के योग (40) के चार चरणों से यह छंद बनता है। ल.-तिरभंगी पर आठ पुनि, मदनहरा उर आनि। उ.-''नवनील कलेवर सजल भुवनधर वर इंदीवर छवि निदरै मदमदन हरै।''-भि.ग्रं. 1, छंदा., 29,31/226।

**मदनागि**—प्रेम और काम से अत्यंत पीड़ित होने के कारण उत्तप्त शरीर का ताप। मदनाग्नि। उ.-''आये न औधि बितीत भये मदनागि वियोगिनि के तन दाहे।''-वृं.ग्रं., भा.पं., 14/16।

**मदनावति**—बोधा कवि रचित विरह वारीश में कामावती नगरी की एक नारी पात्र, जिसके वगीचे में विक्रम ने डेरा डाला था। उ.-''मदनावति के वाग में डेरा करयो नरेस। आय चल्यो कामावती किये बैद को भेस।।''-बो.ग्रं., वि.वा., 31/163।

**मदनेश महापात्र**—वास्तविक नाम गया प्रसाद। जन्म-सं. 1881। स्थान-असनी। पिता-दौलतराम महापात्र। आश्रयदाता-उदयपुर के महाराणा सजन सिंह, महाराणा फतेह सिंह। रचनाएँ - सजनप्रकाश, फतेह भूषण, नायिकाभेद, रसराजतिलक। (बृ.इति. 7)।

**मदपान**—मदिरा का पान। उ. (1)-''छके रूप मदपान कै ठहरत नहि पल पाइ। लटपटाइ दृग दीठ कर गहति पीत पट आइ।।''-रस.रतन., 149/63। उ. (2)-''त्यों पदमाकर जोबन के मद पैं मद हैं मदपान पिये को।''-प.ग्रं., जग., 294/144।

**मदलेखा छंद**—बारह मात्राओं का छंद है। क्रम है (।।)। उ.-''मिथ्याबादन कोहा। निर्लज्या अरु कोहा।।''-भि.ग्रं. 1, छंदा., 83/190।

**मदिरा छंद**—केशवदास के अनुसार बाईस अक्षरों का एक वर्णिक छंद जिसके प्रत्येक चरण में सात भगण (।।) और अंत में एक गुरु होता है। ल. (1)-''सात भगन करि अंत गुरु बाइस अक्षर छंद। 'केसव' मदिरा छंद यह कुसुमस्वेद मकरंद।। उ.-''हैं श्रम तेउ हरैं तिनको कहि 'केसव' चारु दृगंचल कैं।''-छं.मा., 1/64। भिखारीदास ने भी अंत में गुरु का निर्देश दिया। ल. (2)-सात भ है मदिरा गुरु अंतहु दै। किंतु उदाहरण में अंत में गुरु का प्रयोग नहीं है। उ.-''श्री मनमोहन-रूपसुधा मदिरामद मोहिं दकावहि।''-उदाहरण के अंत में 'तूँ' से युक्तकर 22 अक्षरों के मदिरा छंद की ओर भी संकेत कर दिया।-भि.ग्रं. 1, छंदा., 2, 3/243। सोमनाथ ने भी केवल 7 भगण का ही लक्षण दिया है। ल. (3)-सात भगन जहँ चरन मैं मदिरा छंद सुजानि। उ.-''ग्वालिन संग अनंग छकै नित ही इहि खौरि विहारत।।''-सो.ग्रं. 1, र.पी.नि., 33, 34/36। सोमनाथ ने सुंदरी छंद के लक्षण में सात भगण और अंत में एक गुरु माना है। ल. (4)-सात भगन गुरु अंत इक सो सुंदरी वखानि।। उ.-''बैननि ह्वै न कछू कहियैं गुन तौ सब नैंननि में दरसैं।।''-सो.ग्रं. 1, र.पी.नि., 33, 35/36-37।

**मदिरामुख छंद**—दुमिलामुख (दे.) के चरणों को उलट कर पढ़ने से मदिरामुख छंद बनता है (अर्थात् सम चरण दुमिला से, विपम चरण मदिरा (दे.) से बनते हैं)। ल.-सम मदिरा दुमिला बिपम, दुमिलामुख पहिचानि। उलटि सु मदिरामुख कहैं, इहि विधि औरौ जानि।।-भि.ग्रं., 1, छंदा., 16/269।

**मधु**—1. एक दैत्य का नाम जिसे विष्णु ने

मारा था, जिसे मारने के कारण उनका नाम मधुसूदन पड़ा। इसके पुत्र का नाम लवणासुर था जो मथुराधिपति था, जिसे शत्रुघ्न ने मारा था। दे. मथुरा। उ.-''कैटभ सो, नरकासुर सो, पल में मधु सो, मुर सो जिनि मार्‌यो।''-क.प्रि., 6/74। 2. विष्णु का एक मानसपुत्र, जो मार्कण्डेय पुराण के अनुसार, कैटभ के साथ विष्णु के कान के मल से उत्पन्न हुआ था। यह रज और तम गुणों का प्रतिनिधित्व करता था। इसने क्षीरसागर में सोए हुए विष्णु की नाभि से निकले कमलनाल को कैटभ के सहसोग से हिलाया, जिससे भयभीत ब्रह्मा ने विष्णु स्तुति की। अंततः भगवान् के मुख से विष्णु और जिष्णु ने प्रादुर्भत होकर इन दोनों दैत्यों से युद्ध किया। ब्रह्मा के मध्यस्थ होने पर भी यह युद्ध समाप्त नहीं हुआ। ब्रह्मा के ध्यानमग्न होने पर मोहिनी अथवा विष्णुमाया ने प्रकट होकर दोनों की मति फेर दी और फिर दोनों विष्णु के द्वारा मारे गए। (पौ.को.)। उ.-''जय मधु-कैटभ छलनि देवि जय महिषहि मर्दनि।।''-भू.ग्रं., शि.भू., 2/128।

**मधुकरसाहि**—ओरछा राज्य के राजवंश में एक राजा मधुकरशाह जिनका समय सं. 1611-1649 है। इनके पिता का नाम रुद्रप्रताप था। इनके आठ पुत्र थे, जिनमें रामशाह, इंद्रजीत सिंह, वीरसिंहदेव का नाम विशेष प्रसिद्ध है। इनमें से अंतिम दो (इंद्रजीत सिंह और वीरसिंह) आचार्य केशवदास के आश्रयदाता थे। मधुकरशाह भारतिचंद्र के सहोदर भाई थे। उ. (1)-''सोदर मधुकर साहि तव भूप भए भुवलोक।''-क.प्रि., 1/21। उ. (2)-''रच्यों बिरंचि बिचारि तहँ नृपमनि मधुकर साहि। गहरवार कासीस-रवि, कुल-मंडन जसु जाहि।।'' र.प्रि., 1/7।

**मधु छंद**—यह छंद द्विकल अर्थात् दो मात्राओं के चरण का है। दोनों मात्राएँ (लघु) (।।) हैं। उ.-''तिय। जिय। बधु। मधु।''-भि.ग्रं. 1, छंदा., 9। 182।

**मधुपुरी**—मथुरा (दे.) प्राचीन नाम। उ. (1)-''मोहन नाम कौ कढौ वा दिनाँ छोर। ब्रजवासिन कौ मोह तज चलौ मधुपुरी ओर।।''-रस., रतन., 757/143। उ. (2)-''रसनिधि कारे कान्ह ये रहे मधुपुरी काइ। विष उगलत ऊधौ फिरै अचरिजु लषि बृज आइ।।''-रस. रतन., 777/145।

**मधुब्रत**—मधुकर या भ्रमर का व्रत। उ.-''बानी रससानी ता मधुब्रत की, लह्यौ जिन, कृपामकरंद स्याम-हृदय-सरोज को।''-घ.क. मिश्र., 340/180।

**मधुभार छंद**—आठ मात्राओं का छंद है। मात्राओं के आठ होने पर भी करहंत छंद से गति में मिलता है। उ.-''दक्षिन समीर। अतिकृस सरीर। हुअ मंद भाइ। मधुभार पाइ।।''-भि.ग्रं. 1, छंदा., 57/186।

**मधुमंगल**—श्रीकृष्ण के एक सखा का नाम। उ. (1)-''सुनि रे मधुमंगल, दान कथा सु जथारुचि होत बृथा हठि है।''-घ.क., 410/202। उ. (2)-''करि उमंग लगि हेत जप मधुमंगल के मित्त।''-वृं.ग्रं., य.स., 384/236।

**मधुमती छंद**—आठ मात्राओं का छंद है। ल.-नगन नगवती। कहिय मधुमती (।।।।।।)। उ.-''तप निकसत हो। धरि कब सिर हो। बिमल बनलती! सुरभि मधुमती।।''-भि.ग्रं. 1, छंदा., 49, 54/186।

**मधुमाधव**—मालश्री, कल्याण और मल्लार के योग से बना हुआ एक संकर राग। उ.-''ललित बिभासा पूरिआ मधुमाधव तिहि ठान।''-बो.ग्रं., वि. वा., 6/120।

**मधुप्रिया**—रचयिता-पजनेस (दे.)। (इति. शुक्ल)।

**मधुरा**—दक्षिण भारत (तमिलनाड्) का प्रसिद्ध तीर्थस्थान जिसे दक्षिण की मथुरा कहते हैं। द्रविड़ स्थापत्य की सुंदर कृतियों से सुशोभित मंदिर यहाँ वर्तमान है (हिं.घ.को.)। उ.-''मधुरा-धरेस धकधक धकत द्रबिड़ निविड़ अबिरल डरहि।''-भू.ग्रं., प्रकी., 435/213।

**मधुसूदन**—दे. मधु। उ. (1)-''देखन ही को निस दिन, तरफत देह। यही होत मधुसूदन, पूरन नेह।।-र.वि., बरवै, 36/59। उ. (2)-''मधुसूदन यह बिरह अरु अरि नित मांडत रार। करुना निधि

अब इति समै अपनौ बिरद बिचार।।''-रस., रतन., 985/172।

**मधुसूदन दास**–(माथुर चौबे)। स्थान-इटावा। रचनाएँ - रामाश्वमेध (बृ.इति. 7, इति.शुक्ल)।

**मध्यदेस**–प्राचीन भौगोलिक विभाग के अनुसार भारतवर्ष का वह प्रदेश जो हिमालय के दक्षिण, विंध्य पर्वत के उत्तर, कुरुक्षेत्र के पूर्व और प्रयाग के पश्चिम में है। यह प्रदेश किसी समय आर्यो का प्रधान निवासस्थान था और बहुत पवित्र माना जाता था। उ.-''उठि गौर सुकबि सील उठिगौ जसीलो डील फैलो मध्य देस में समूह तुरकाने को।''-भू.ग्रं., प्रकी., 545/239।

**मध्यम काव्य लक्षन**–जिस काव्य में शब्द और अर्थ समान रूप से व्यंग्य हों, उसे मध्यम काव्य कहते हैं। ल.-सबद अरथ सम ब्यंगि जहँ सौ मध्यम ठहराइ। उ.-''हम जानी यह रावरी प्रीति रीति अभिराम। मन परचै बिहरौ वहीं निसि वासर घनस्याम।।''-सो.ग्रं. 1, र.पी.नि., 9/41।

**मध्यम तुक**–दे. तुक। ल.-असंयोग मिलि स्वरमिलित, दुर्मिल तीनि प्रकार। मध्यम तुक ठहरावते, जिनके बुद्धि अपार।। भिखारीदास के अनुसार मध्यम तुक के तीन भेद हैं (1) असंजोग मिलित, उ.-''मोहिं भरोसो जाऊँगी, स्याम किसोरहि व्याहि। आलीमो अँखिया नतरु, इन्हैं, न रहती चाहि।।''-ति. व्याहि चाहि असंजोग है, व्याहि च्याहि चाहिये।। (2) स्वरमिलित, उ.-''कुछ हेरन के मिस हेरि उतै बलि आए कहा हौ महा विष बै। ...ति.-विष बै, आगि में तै, वह तै वह है, भाँवरी दै, यातें स्वरमिलित भए।।'' (3) दुर्मिल, उ.-''चंद सो आनन राजतो तीय को चाँदनी सो उतरीय मुहज्जल।...(मुज्जल, निर्मल, श्रीफल, हिमंचल) ति.-दुरि से तुक मिले तातें दुर्मिल कहिये।।-भि. ग्रं. 2., का.नि., 6-9अ/124-215।

**मध्यम नायक**–तीन प्रकार के (उत्तम, मध्यम और अधम) नायकों में से द्वितीय। यह विभाजन नायिका के प्रति नायक के व्यवहार के आधार पर किया गया है। मध्यम नायक नायिका को न तो रुष्ट करने का प्रयत्न करता है और न रुष्ट ही करता है। समय का विचार कर कार्य करता है। इसीलिए भिखारीदास उसे 'समयी' कहते हैं। ल.-मध्यम समयी। उ.-''चरचा करी बिदेस पिय क्यौं हीं मिसु ह्वै आपु। सुनि मानिनि उठि अंक में आइ लगी चुपचापु।।''-भि.ग्रं. 1, र.सा., 186, 188/27, 28।

**मध्यम मान**–दे. मान। प्रिय या नायक के मुख से अन्य स्त्री की चर्चा सुनकर या उसे दूसरी स्त्री से बात करते देखकर नायिका जो मान करती है, उसे मध्यम मान कहते हैं। ल. (1)-पिय मुख औरहि नारि को सुनै नाँव जब नारि। होत मान मध्यम तहाँ बरनत सुकबि विचारि।।-मति.रस., 389/288। ल. (2)-बात कहत पिय और सों देखै केसवदास। उपजत मध्यम मान तहँ मानिनि के सबिलास।।-र.प्रि., 9/15। ल. (3)-और नारि कौ नाउँ जब पिय मुख सों सुनि लेइ। प्रगटतु मध्यम मान तव प्रीतम कौं श्रम देइ।। झूठी सांची सौंह तें मध्यम मानं प्रयानु।।-सो.ग्रं. 1, र.पी.नि., 11/82।

**मध्यमा** (नायिका)–प्रिय के दोष या गुण के अनुसार उसके साथ किये गये व्यवहार के आधार पर लक्षित नायिका का दूसरा भेद जिसमें वह नायिका प्रियतम के प्रेम या दोष के अनुसार उसका आदर, मान या अपमान करती है। ल. (1)-पिय सों हित तें हित करै अनहित कीने मान। ताहि मध्यमा कहत हैं कवि मतिराम सुजान।।-मति., र. रा., 231/254। ल. (2)-पिय गुनाह चित चाह लखि करै मान सनमान। ताही तिय कों मध्यमा भाषत सुकवि सुजान।।-प.ग्रं., जग., 274/140। ल. (3)-मान करै लघु दोष तें छोड़ै बहुत प्रनाम। 'केसवदास' बखनियै ताहि मध्यमा वाम।।-र.प्रि., 7/38। ल. (4)-हित अनहित जो करै तिय पति की रीति समान। ताहि मध्यमा नारि कहि बरनत निपट सुजान।।-सो.ग्रं. 1, र.पी.नि., 4/105। उ.-''बिन गुन पिय-उर हरवा, उपट्यो हेरि। चुप ह्वै चित्र पुतरिया रहि मुख फेरि।।''-र.वि., ब. ना.भे., 4/41। ल. (5)-पिय हित सम हित करै जो सो मध्यमा बखानि।।-शृं.मं., चिंता, 347/109।

**मध्यमा दूती**--वह दूती जो अपने बड़प्पन की रक्षा करे तथा कुछ मृदु और कुछ परुष वचन कहे, फिर भी नायक नायिका को मिलाने का उपाय करे उसे मध्यमा दूती कहना चाहिए। ल. (1)-धरे वड़ाई आपनी, करे मिलावनि जुक्ति। मध्यम जानो दूतिका, जाकी ऐसी उक्ति।।-कृपा.ग्रं., हि.त., 53/16। ल. (2)-कछू वचन हित के कहै बोलै अहित कछूक। मध्यम दूती कहत हैं तासों सुकवि अचूक।।-मति., र.रा., 303/271। ल. (3)-कछुक मधुर कछु कछु परुष कहै बचन जो आइ। ताही कों कवि कहत हैं मध्यम दूती गाइ।।-प.ग्रं., जग., 365/158।

**मध्यमा** (वाणी)--चार प्रकार की वाणियों में से तीसरी। उ.-''परापस्यंती मध्यमा अरु बैखरी प्रकार। इहिं विधि बानी चारि ए यहौ ब्रह्म निधार।।''-ज.ग्रं., अ.सि., 85/150।

**मध्य मान**--दे. मान। नम्र वचनों से मिटने वाला मान। ल.विनय वचन सुनि कान।-ज.ग्रं., भा. भू., 23/11।

**मध्य समास**--दे. गुण, श्लेष गुण।

**मध्यहि**--मध्या नायिका। दे. मध्या। ल.-मध्यहि लाज मनोज बराबरि।-भि.ग्रं. 1, र.सा., 35/6।

**मध्या**--दे. मध्यहि। नायक-नायिका भेद के अनुसार वह नायिका, जिसमें लज्जा और काम समान हों। यह भेद अवस्था के अनुसार किया गया है। इसमें यौवन का पूरा ढंग रहता है। ल. (1)-जा तिय कें तनु होतु है लाज मनोज समान। ताको मध्या कहत हैं सिगरे सुकवि सुजान।। उ.-''सोये पिअ मुख दरस सुख, कित सोऊ पुनि जोन। तो पिय कर नीवी परस, करौ विचार...कौन।।-शृं.मं., चिंता., 35-36/12। चिंतामणि ने मध्या के प्रच्छन्न और प्रकाश नाम के दो भेद किये हैं। ल.-प्रच्छन्न मध्या-लाज काम तिप को तुलित, जानै जो पिअ एक। सो मध्या प्रच्छन्न कवि पंडित करत विवेक। ल.-प्रकास मध्या-काम लाज सम विदित जो सखियन हूँ को होइ।। सो प्रकास मध्या कहै, जानै पंडित कोइ।। शृं.मं. चिंता., 37-42/13-14। ल. (2)-जाके तन में होत है लाज मनोज समान। ताको मध्या कहत है कवि मतिराम सुजान।।-मति., र. रा., 30/207। ल. (3)-मध्या सो जामें दोऊ लज्जा मदन समान।-ज.ग्रं., भा.भू., 12/7। ल. (4)-तरुनायो ओर वालपन है मध्या कैं गात। रबि ससि दोनू देखिये मानौ पून्यो प्रात।।-ज.ग्रं., दोवा., 6/73। ल. (5)-कनक कला की रीति ज्यौं लज्जा मदन समान। जरमैं ऐसी रीति सो मध्या कहत सुजान।-वृं.ग्रं., शृं.शि., 39/41। ल. (6)-इक समान जब ह्वै रहत लाज काम से दोइ। जा तिय के मन में तबहिं मध्या कहिये सोइ।।-प.ग्रं., जग. 44/87। ल. (7)-मानस मैं मध्या त्रिबिधि त्रिविधि कहत प्रौढ़ाहि। धीरा और अधीर गनि धीराधीरा ताहि।।-प.ग्रं., जग., 55/90। ल. (8)-मध्या जोबन पूर।-भि.ग्रं. 1, र.सा., 40/8। ल. (9)-नवजोबन पूरनवती लाज मनोज समान। तासों मध्या नायिका बरनत सुकबि सुजान।।-भि.ग्रं. 1, शृं.नि., 134-136/118। ल (10)-लाज अनंग समान अंग, जा तिय के दरसाइ। ताकौ मध्या नायका वरनत है कबिराइ।।-सो.ग्रं., 1. र.पी.नि., 41/68।

**मध्या अधीरा**--मध्या अधीरा नायिका अपराधी पति के प्रति रसहीन या नीरस कठोर वचन बोलती है और प्रकट रूप से रोब ठानती है। ल. (1)-''प्यारी विरस कठोर वच, ठाने प्रगट निहारि। होति अधीरा मध्यवय, सुनों प्रेम उरधारि।।''-कृ. ग्रं., हि.त., 246/56। ल. (2)-मध्या कही अधीर तिय बोलै बोल कठोर पियहि जनावति कोप सो वरनत कवि सिरमौर।।-मति.र.रा., 40/209। ल. (3)-करै अनादर कंत को प्रगट जनावै कोप। मध्य अधीरा नाइका ताहि कहत करि चोप।।-प.ग्रं., जग., 60/91। ल. (4)-''प्रगट रिसाइ अधीर।''-भि. ग्रं. 1, र.सा., 46/9। ल. (5)-''अन्य उकुति सों जो तिया कोप प्रकासित होइ। है यह अति बुद्धिमत मत मध्य अधीरा सोइ।।'' शृं.मं., चिंता., 55/18। दे. मध्या।

**मध्याअभिसारिका**--अवस्था के आधार पर नायिका के द्वितीय भेद मध्या का वह उपभेद जिसमें वह स्वकीया पति के द्वारा दिये गये स्थान और समय

के संकेत के अनुसार उससे मिलने के लिए जाती है। ल. (1)-''पहिरे लाल अछुअवा, तिय-गज पाय। चढ़े नेह हथि अवहा, हुलसत जाय।।''-र. वि., ब.ना.भे., 81/51। दे. अभिसारिका मध्या।

**मध्या आगतपतिका**-अवस्था के आधार पर नायिका के दूसरे भेद मध्या का उपभेद जिसमें उसका पति विदेश से लौटा है। ''पियवा आय दुअरवा, उठि किन देख। दुरलभ पाय विदेसिया, मुद अवदेख।''-र.वि.,ब.ना.भे., 93/52। दे. उदा., मति., र.रा., 219-220/251। दे.मध्या, आगतपतिका।

**मध्या आरूढ़यौवना**--दे. आरूढ़ जोबना, मध्या। ल.-मध्या आरूढ़ जोबना पूरन जोवनवंत। भाग सुहाग भरी सदा, भावति है मन कंत।।-र. प्रि., 3/33।

**मध्या उत्कंठिता**-दे. उत्कंठिता, मध्या। अवस्था के आधार पर नायिका के द्वितीय भेद मध्या का वह उपभेद जिसमें वह पति या प्रिय का आगमन न होने पर प्रतीक्षा करती या उत्कंठित होती है। ''जोहत तीय अँगनवा, पिय की बाट। बेंचेउ चतुर तिरियता, तुअ इतवार।।''-र.वि., ब.ना. भे., 66/49।

**मध्या कलहांतरिता**-दे. कलहांतरिता, मध्या। अवस्था के अनुसार नायिका का द्वितीय भेद मध्या जव प्रिय या पति से पहले कलह कर बाद में पछताती है, उसे मध्या कलहांतरिता कहते हैं। उ.-''मैं मतिमंद तिरियवा, पतिलिउँ भोर। तेहि नहिं कंत मनउ लिऊँ तेहि कछु खोर।।''-र.वि., ब. ना.भे., 56/47।

**मध्या भेद**-दे. मध्या। ल.-मध्या आरूढ़जोबना, प्रगलबचना जानि। प्रादुर्भूत मनोभवा, सुरति-बिचित्रा आनि।।-र.प्रि., 3/32। ल. (2)-सिगरी मध्या तीन बिधि धीरा और अधीर। धीराधीरा तीसरी, बरनत हैं कबि धीर।। धीरा बोलै बक्र विधि, बानी बिषम अधीर, पिय सों देइ उराहनो सो धीरा न अधीर।।-र.प्रि., 3/45, 46।

**मध्या खंडिता**-दे. खंडिता, मध्या। अवस्था के आधार पर नायिका के दूसरे भेद का वह भेद जिसमें उसका पति रात भर अन्य स्त्री से संभोगरत रहने के वार प्रातः लौटता है, जिससे वह दुःखित होती है। उ.-''गिरि गइ पीय पगरियां, आलस पाइ। पवढ़हु जाह बरोठवा, सेज डसाइ। पोछहु अधर कजरवा, जावक भाल। उपजेउ पीतम छतिया, बिनु गुन माल।।''-र.वि., ब.ना.भे., 49-50/47।

**मध्या छंद**--दस मात्राओं का छंद है। क्रम है (।।)। ल.-त यगन मध्या बाँच। (इसके प्रत्येक चरण में एक तगण और एक यगण होता है)। उ.-''तौ लौं बिधि जामै। लज्या अरु कामैं। बाँटो यह सोइ। मध्या कुच दोइ।।''-भि.ग्रं. 1, छंदा., 66/187।

**मध्या धीरा**-दे. धीरा, मध्या। नायिका भेद में अवस्थानुसार दूसरे प्रकार की नायिका मध्या का अपराधी पति के साथ किये गये व्यवहार के आधार पर विभाजन धीरा, अधीरा और धीराधीरा में किया गया है। इनमें से प्रथम है मध्या धीरा, जो ऐसे प्रिय के प्रति कपटपूर्ण आदर दिखाती हुई मृदु वचन के द्वारा प्रकट रूप से अपना रोष दिखाती है। ल. (1)-कपटादर मृदु वचन रचि, प्रगटै रिसि जो नारि। सो मध्या धीरा कहौं सुकवि हिए अनुहारि।।-कृ. ग्रं., हि.त., 245/56। ल. (2)-कोप जनावै व्यंग सों तजै न पतिसनमान। मध्या धीरा कहत हैं तासों सुकबि सुजान।।-प.ग्रं., जग., 56/90। ल. (3)-''ब्यंगि बचन धीरा कहै।''-भि.ग्रं. 1, र.सा., 46/9। ल. (4)-''युवति व्यंग प्रगटै जु रिस, मध्या धीरा होइ।''-शृं.मं., चिंता., 53/18।

**मध्या धीराधीरा**-मध्याधीराधीरा-दे. मध्या, धीराधीरा। मध्या धीराधीरा अपराधी प्रिय के प्रति मिश्रित व्यवहार करती है, इसीलिए उसे धीर-अधीर कहते हैं। वह कठोर किंतु मधुर-मधुर वचन बोलती है। तीखे लजीले नेत्रों से देखती है। ल. (1)-''करकस मधुर कहै वचन, सतरस लज दृग साजि। धीराधीरा मध्य वय, होति कहें कविराज।।''-कृ. ग्रं., हि.त., 247/56। ल. (2)-मध्या धीरा धीर तिय ताहि कहत सब कोय। पिय सौ कहि के वचन कछु रोस जतावै राय।।-मति., र.रा., 43/110। ल. (3)-धीर बचन कहिकै जु तिय सोस जनावै रोइ।

मध्या धीराधीरा तिय ताहि कहत सब कोइ।।-प. ग्रं., 1. र.सा., 46/9। ल. (4)-तीजी मध्या दुहुँ मिलित बोलत ह्वै दलगीर।-भि.ग्रं. 1, र.सा., 46/9। ल. (5)-तिया व्यंग अव्यंग विधि, कोप प्रकासै आनि। मध्या धीराधीरा यह, बुध जन मत सुन मानि।।-शृं.मं., चिंता, 57/19।

**मध्या धीरा प्रौढ़ा**—दे. धीरा, मध्या। मध्या नायिका का वह भेद जिसमें वह गुप्त कोप करती है तथा व्यंग्योक्ति से अपना कोप प्रकट करती है। ल. (1)-वचनानि रचनानि सौं पियहि जनावत कोप। मध्याधीरा कहत हैं ताहि सुमतिरस-चोप।।-उ.-''अजौं उड़ावत हौ नहीं पीर न होत सभाग। ठौर ठौर या भौंर के डसे अधरदल-दाग।।''-मति., र.रा., 37, 39/208-209।

**मध्या प्रगलभवचना, मध्या प्रगल्भबचना**—दे. मध्या, प्रगल्भवचना। मध्या नायिका का वह भेद जो कठोर वचनों से उलाहना देती हुई नायक को भय दिखाती है। ल.-प्रगलभबचना जानि तिहिं, बरनौं केसवदास। बचननि माँझ उराहनो, देइ दिखावै त्रास।।-र.प्रि., 13/35।

**मध्या प्रवत्स्यत्पतिका**—दे. प्रवत्स्यत्पतिका, मध्या। अवस्था के आधार पर नायिका के द्वितीय भेद मध्या का वह उपभेद, जिसमें उसका पति विदेश जाने वाला है। उ.-''सुठि सुकुमार तरुनिया, सुनि पिय-गौन। लाजनि पौढ़ि ओबरिया, ह्वै के मौन।।''-र.वि., ब.ना.भे., 88/51।

**मध्या-प्रवत्स्यत्प्रेयसी**—दे. मध्या प्रवत्स्यत्पतिका। उ.-''गौने के द्योस छसातक बीते न चौथी कहा अबहीं चलि आई। लालन बाल कें ताछिन में मतिराम परी मुख पै पियराई। तू न बहू को पठाय अली यह देख दुहूँन की प्रीति सुहाई। रोए से लोचन रोचन मोए से सोए न सोचन रैन बिताई।।''-मति. र.रा., 208/248।

**मध्या प्रादुर्भूतमनोभवा**—दे. मध्या। इसे 'प्ररूढ़स्मरा' भी कहा जाता है। यह मध्या नायिका का वह भेद है जिसमें नायिका का शरीर और मन दोनों में काम के लक्षण प्रगट होते हैं। ल.-प्रादुर्भूतमनोभवा मध्या कहौं बखानि। तन मन भूषित सोभियै 'केसव' काम कलानि।। उ.-''आजु मैं देखी है गोपसुता इक, होइन ऐसी अहीर की जाइ। देखत ही रहियै दुति देह की देखे तें और न देखी सुहाई। एक ही बंक बिलोकनि ऊपर वारैं बिलाकि त्रिलोक-निकाई। 'केसवदास' कलानिधि सो बर बूझियै काम कि मेरी कन्हाई।।''-र.प्रि., 3/37-38।

**मध्या प्रोषित पतिका**—दे. मध्या, प्रोषितपतिका। मध्या नायिका का दशा के आधार पर वह भेद जिसमें उसका प्रिय परदेश चला गया हो और वह नायिका उसके विरह से व्याकुल हो। उ. (1)-''बहू दूवरी होत क्यों याँ जब बूझो सास। ऊतर कढ़यो न बालमुख ऊँचे लेत उसास।।''-मति. र.रा., 115/226। उ. (2)-''का तुम जुगुल तिरियवा झगरति आय। पिय बिन मनहुँ अटरिया मुहि न सहाय।।''-र.वि., ब.ना.भे., 44/46।

**मध्या वासकसज्जा**—दे. मध्या, वासकसज्जा। अवस्था के आधार पर नायिका के द्वितीय भेद मध्या का एक उपभेद, जिसमें वह नायिका भोग के लिए सब प्रकार की तैयारी कर पति या प्रिय के आने का आसरा देखती है। उ. (2)-''सुभग बिछाय पलँगिया, अंग सिंगार। चितवत चौंकि तरुनिया, दै दृग द्वार।।''-र.वि., ब.ना.भे., 71/49। उ. (2)-''केसरि कनक कहा चंपक बनक कहा दामिनी यों दूरि जात देह की दमक तें। कबि 'मतिराम' लोने लोचन लपेट लाज अरुन कपोल काम तेज की तमकतें। पग के धरत कल किंकिनी नूपुर बजे बिछिया भनक उठै एक ही झमक तें। नाहसुख चाहि चित औंचक हँसति चौंक परै चँदमुखी निज चौका की चमक तें।।''-मति., र.रा., 170/238-239।

**मध्या विप्रलब्धा**—दे. बिप्रलब्धा, मध्या। अवस्था के आधार पर नायिका का दूसरा भेद मध्या, जिसके इस उपभेद में वह संकेत स्थल पर प्रिय को खोजने पर भी न पाकर दुःखित होती है। उ. (1)-''देखि न केलि भवनवा, नंद कुमार। लै लै ऊँच उससवा भइ बिकरार।।''-र.वि., ब.ना.भे., 61/48। उ. (2)-''तिय को मिलो न प्रानप्रिय सजल जलद तन मैन। सजल जलद लखिकै भए सजल जलद से नैन।।''-मति., र.रा., 148/233।

**मध्या सुरति बिचित्रा**—दे. मध्या। अवस्था के अनुसार नायिका के दूसरे भेद मध्या का रति क्रिया के आधार पर किया गया वह भेद जिसमें वह नायिका विचित्र प्रकार की रतिक्रियाओं का प्रयोग करती है। केशव के अनुसार सात प्रकार की बहिर्रती (आलिंगन, चुंबन, स्पर्श, मर्दन, नख-रद-दान, अधरपान) और सात प्रकार की अन्तर्रति (स्थिति, तिर्यक, सम्मुख, बिमुख, अद्यःऊर्ध्व और उत्तान) की भी क्रिया संपादित करती है। उस समय लज्जा छूट जाती है। ल.-अति विचित्र सुरता सु तौ जाकौ सुरत बिचित्र। बरनत कबिकुल कौं कठिन, सुनत सुहावै मित्र।। उ.-'' 'केसोदास' सविलास मंदहास जुत, अबिलोकनि अलापनि को आनंद अपार है। बहिरति सात पुनि अंतरति सात, पुनि रति बिपरीतनि को बिबिध विचार है। छूटि जात लाज तहाँ भूषन सुदेस केस, टूटि जात हारे सब मिटत सिंगार है। कूजि कुजि उठै रति कूजितनि सुनि खग सोई तौ सुरत सखी और बिवहार है।''-र.प्रि., 3/39-40।

**मध्या स्वाधीनपतिका**—दे. मध्या। अवस्था के आधार पर नायिका के द्वितीय भेद मध्या का वह उपभेद जिसमें वह पति को सर्वथा वश में कर रखती है। पति या प्रिय उसके अनुरूप आदेश का पालन करता है। मध्या स्वाधीनपतिका प्रिय के इस भाव को जानती हुई स्वीकार करते हुए लज्जा का अनुभव करती है। ल.-(स्वाधीनपतिका)-सदा रूपगुन रीझि पिय जाके रहे अधीन। स्वाधीनैपतिका तियै बरनत कबि परबीन।। उ. (1) (मध्या स्वाधीनपतिका)-''वड़े आपने दृगन कों तुम कहि सकौ सुमैन। प्रियनैनन भीतर सदा बसत तिहारे नैन।।''-मति., र.रा., 178, 182/241-242। उ. (2)-''प्रीतम करत पियरवा, कहल न जात। रहत गढ़ावत सोनव। इहै सिरात।।''-र.वि., ब.ना.भे., 76/50।

**मध्व मुनीश्वर**—(वास्तविक नाम त्रयंबक) जन्म-सं. 1746। जन्म स्थान-नीरा नदी के तट पर कलबोली नामक ग्राम। निधन-सं. 1788। निधन स्थान-दुरवाडा। रचनाएँ-स्फुट। (कृष्णमार्गी तथा निर्गुणमार्गी भक्ति पद्धति की)। (बृ.इति. 7)।

**मन**—प्राणियों में वह शक्ति या कारण जिससे उनमें वेदना, संकल्प, इच्छा, द्वेष, प्रयत्न, बोध, विचार आदि होते हैं। चित्त। यह पंच ज्ञानेंद्रियों के अतिरिक्त छठीं इंद्रिय के रूप में स्वीकृत है। उ. -''प्रेम लग्यो अंगार ह्वै सीता मन बिन ज्ञान। देत अँगूठी राम की मानिक भो हनुमान।।''-मति., सत., 451/406।

**मनन**—दे. मन। मन की क्रिया। चिंतन। सोचना। सुने हुए वाक्यों पर बार-बार विचार करना और प्रश्नोत्तर तथा शंका समाधान द्वारा उसका निश्चय करना। उ. (1)-''इन बात सौं चित्त कौं उज्जल करै बनाइ। सबन मनन करि कै करै नित अध्यासन भाइ।। ब्रह्म विद्या कौ तत जबै समझे स्रवण सु होइ। यह ठहरावै जुगति करि मनन कहावै सोइ।।''-ज. ग्रं., आ. बि., 77-78/122। उ. (2)-''तव गुरु कह्यौ दयाल ह्वै कहूँ सिष्य सब तोहि। स्रवन मनन तैं अरथ सब जैसैं भास्यौ मोहि।।''-ज.ग्रं., अ.सि., 7/143। उ. (3)-''स्रबन मनन के होत ही साछी भासत जाहि। निसचै करि तूँ जानि यह है बिस्राम सुताहि।।''-ज.ग्रं., अ. सि., 63/148।

**मनप्रबोध**—रचयिता-संतरेण (दे.)। (बृ. इति. 7)।

**मनभावन**—समय-सं. 1821-1860। स्थान-दुधू ग्राम (जिला-जयपुर)। रचनाएँ- स्फुट। विशेष-सीता के 'लली' रूप के उपासक राममार्गी। (बृ. इति 7)।

**मनमंथ**—दे. मनमथ। मन्मथ। कामदेव। उ.-''जगी इतने खन में वह बाल। करी अक री मनमंथ बिहार।।''-बो.ग्रं., बि.वा., 4/51।

**मनमथ**—मन्मथ। कामदेव। उ. (1)-''सालति है नटसाल-सी, क्यौंहूँ निकसति नाँहि। मनमथ-नेजा-नोकसी खुभी खुभी जिय माँहि।।''-बि. र., 6/8। उ. (2)-''तम दुरबल मनमथ प्रवल बसंत पिय दूरि। अचल बिरह चलि जीव सखि तनक न सुख दुख भूरि।।''-मति., सत., 608/418। उ. (3)-''चित चाइनि सरसाइ रस रहै सभाइ सरोजी

मनमथ राजतु आइ कै किय उर मढ़ी उरोज।।''-रस. रतन., 119/59। उ. (4)-''चढत तरुनई चित चढ़्यो मनमथ मत आलोच। बारन जैसैं बुधि बढ़ी कुच बढि बढ़्यो सकोच।।''-वृं.ग्रं., अ.दो., 27/7। उ. (5)-''तन ब्याकुल पलक न लगत मन मनमथ भय भीन।।''-वृं.ग्रं., य.स., 23/206। उ. (6)-''सुन सुभान इही बिधि तिय गायो। धनुष बान धरि मनमथ आयो।।''-बो.ग्रं., वि.वा., 6/36।

**मनमथ्थ**--दे. मनमथ। उ. (1)-''तैसें नितंबनिजात निसा मनमथ समथ्थ है बाहन जाकौ।''-भि.ग्रं., प्रकी., 582/246। उ. (2)-''वटछाँह पाय पायो न नाह। तिय हिये होत मनमथ्थ दाह।।''-बो.ग्रं., वि.वा., 2/35।

**मनमोहन**--मन को मोह लेने वाले। श्रीकृष्ण। उ. (1)-''मनमोहन सों मौहु करि, तू घनस्यामु निहारि। कुंजबिहारी सौं बिहरि, गिरधरी उर धारि।।''-बि.र., 641/294। उ. (2)-''हौं मनमोहन के लखति हौं न आपुनी बाउ। करत नैन नँदलाल के हँसत हेरि उर गाउ।।''-मति., सत., 369/399। उ. (3)-''यह प्रसिद्ध है रसिकनिधि मन मोहन की वात। पनवारे घट मै बसै पनघट और न जात।।''-रस., रतन., 18/45। उ. (4)-''ऐहै मनमोहन लगैं है उर आपने सों ह्वै है हित मन चित्त चैन यौं बढ़ावती।''-भू.ग्रं., प्रकी., 563/243। उ. (5)-''ब्रज ठकुराइनि राधिका ठाकुर किये प्रयास। ते मनमोहन हरि भए अब दासी के दास।।''-मति., सत., 359/401। उ. (6)-''हौ मनमोहन मोहे कहूँ न बिथा बिमनैन की मानौ कहा तुम।''-घ.क., 134/95। उ. (7)-''वृंद कहैं घन घोर उठे करि सोर उठे पिक मोरन के गन। यौंतकि संक निसंक भई पुनि सौंपि दियौ मनमोहन कौ मन।।''-वृं.ग्रं., भा.पं., 50/25। उ. (8)-''येई हैं वै वृषभानुसुता जिनसौं मनमोहन मोह करै हैं।''-ठाकुर, 19/6। उ. (9)-''ब्रजमंडल देखि सबै पदमार कर ह्वै रही यों चुपचाप री है। मनमोहन की कहियाँ में छुटी उपरी यह वेनी दिखा परी है।।''-प.ग्रं., जग., 105/101।

**मनमौहन**--दे. मनमोहन। उ. (1)-''पल अंजुल जोरै कहै दोहा सौं बिच सैन। मनमौहन सौं रूचिर छबि रुचि सौं मांगत नैंन।।''-रस., रतन., 352/91। उ. (2)-''रसनिधि आवत देषि कै मनमौहन महबूब। उमड़ी छिठ बरुनीन की दृगन बधाई दूब।।''-रस.,रतन., 386/93।

**मनरंगलाल**--(जैन कवि)। निवासस्थान-कन्नौज, पिता - कनौजीलाल। माता - देवकी। रचनाएँ - सप्तव्यसन चरित्र। (बृ.इति. 7)।

**मनराम**--स्थान-राजस्थान (?)। रचनाएँ-मनराम विलास। (बृ.इति. 7)।

**मनरामविलास**--रचयिता-मनराम (दे.)। विव. इसमें जैन नीति विषयों का काव्यात्मक वर्णन है (बृ.इति. 7)।

**मनलगन**--रचयिता-काजी महमूद बहरी (दे.)। विव.-शेर-ओ - शायरी से सम्बद्ध। (बृ. इति. 7)।

**मनहंस छंद**--इक्कीस मात्राओं का छंद है। मात्राक्रम है (।।S ।S। ।S। S।। S।S)। ल.-तीनि बेर पिय रग्गना, छंद होत मनहंस। उ.-''खलसंग त्यों जिय संत के दुखदाउ है। मनहंस के नहीं काग-संगति चाउ है।।''-भि.ग्रं. 1, छंदा., 183, 185/202-203।

**मनावन**--मनाने की क्रिया। मानिनी नायिका को रिझाने या प्रसन्न करने के लिए अपनी बातें सुनाने की क्रिया। उ. (1)-''मनु न मनावन कौं करै, देतु रुठाइ रुठाइ। कौतुक लाग्यौ त्यौ प्रिया-खिझहूँ रिझवति जाइ।।''-बि.र., 454/209। उ. (2)-''मान जनावति सबन कौं मन न मान को ठाट। बाल मनावत कौं लखै लाल तिहारी बाट।।''-मति., सत., 100/377। उ. (3)-''पग परिबो मुरि बैठिबो यहै तिहारे काज। तुम्हैं मनावन की नई इहै मान की लाज।।''-मति., सत., 164/382। उ. (4)-''मनमोहन तो सकत क्यों यों अपराधनि ठानि। जोन मनावन हेतु यह होति मधुर मुसिक्यानि।।''-मति., सत., 596/417।

**मनि**--मणि। बहुमूल्य रत्न, जैसे - हीरा, पन्ना, मोती, माणिक आदि। उ.-''मरकत लाल प्रवाल मनि मुकुत हीर अवदात।''-मति.,

ल.ल., 13/300।

**मनि-मंदिर**—मणियों से सज्जित या निर्मित मंदिर या भवन। उ. (1)-''एक समैं मनि मंदिर मैं रस मैं पति काम कथा बहु कीनी।।''-वृ.ग्रं., भा.पं., 4/13। उ. (2)-''देखिरी प्रीतम ठाढे समीप ए मान री मान सखी जु कहै है। क्यों मुँह फेरि रही इहि बेर तू हेर इतैं मनि मंदिर मैं है।।''-वृं. ग्रं., भा.पं., 28/19।

**मनियार सिंह 'यार'**—समय-सं. 1861 में उपस्थित। स्थान-काशी। पिता - स्याम सिंह। रचनाएँ - महिम्न कवित्त, सौंदर्य लहरी, हनुमत छबीसी, सुंदरकाण्ड। (इति.शुक्ल, स.सर्वे., बृ. इति. 7)।

**मनीराम**—समय-सं. 1839 में उपस्थित। जन्म स्थान-कन्नौज। पिता-इच्छाराम मिश्र। रचनाएँ-छंदछप्पनी, आनंदमंगल। (इति. शुक्ल, स. सर्वे.)।

**मनुष**—मनुष्य। दोहा छंद का एक भेद जिसे 'नर' भी कहते हैं। दे. दोहा छंद।

**मनुष**—मनुष्य। उ.-''गध्रब राछस ग्रह नखत देव मनुष चित आनि। थावर जंगम जे सबै यहौ ब्रह्म करि जानि।।''-ज.ग्रं., अ.सि., 80/150।

**मनुहारि**—मनुहार। वह विनती जो किसी का मान छुड़ाने या क्रोध शांत करके उसे प्रसन्न करने के लिए की जाती है। उ.-''लाल अमोलक लालची करत कोटि मनुहारि। मंदिर आवत इंदिरा दै न किवार गँवारि।।''-मति., सत., 341/397।

**मनुहारिनु**—दे. मनुहारि। मन हरण करने की रीतियाँ। उ.-''मार्‌यौ मनुहारिनु भरी, गार्‌यौ खरी मिठाहिं। वाकौ अति अनखाह रौ मुसकाहट विनु नाहिं।।''-बि.र., 486/217।

**मनोज**—कामदेव। उ. (1)-''बाननि सों मन कौं जहाँ भारत एक मनोज।''-मति., ल.ल., 20/301। उ. (2)-''भौंहरि संग चढ़ाइयौ कर गहि चाप मनोज। नाह नेह साथहि बढ्यो लोचन लाज उरोज।।''-मति., सत., 78/375। उ. (3)-''मातो फिरै, न घिरै अवलानि पै, जान मनोज यौं डारत मारें।''-घ.क., 107/84। उ. (4)-''मन तौ मनमोहन के संग गो तन लाज मनोज के पाले पर्‌यो।।''-प.ग्रं., जग., 149/111।

**मनोभव**—कामदेव। उ. (1)-''कंप प्रसेद बढ़े चढ़ै भौहँ मनोभव चाप। अपने पिय सौं जानियत सपने करति बिलाप।।''-मति. सत., 313/394। उ. (2)-''सोभित संभु मनो उर ऊपर मौज मनोभव की मन माँही।''-प.ग्रं., जग., 45/88।

**मनोरथमंजरी**—रचयिता-नागरीदास (दे.)। रचनाकाल - सं. 1780। (बृ.इति. 7, स.सर्वे.)।

**मनोरथ मंजरी**—रचयिता - भगवानदास (दे.), (बृ.इति. 7)।

**मनोरमा छंद**—चौदह मात्राओं का छंद है। क्रम है (।।।ऽ।ऽ।ऽ।ऽ)। ल.-न र ज गे मनोरमा कही। उ.-''लखिय दास पूरनोपमा। कमल में बसी मनोरमा।।''-भि.ग्रं.1, छंदा., 105, 112/192-193।

**मनोहरदास निरंजनी**—समय-सं. 1785 के आसपास। रचनाएँ-ज्ञानमंजरी, वेदांतपरिभाषा, षटप्रश्नोत्तरी, ज्ञानवचनचूर्णिका, सप्तभूमिका (बृ. इति. 7)।

**मनोहरदास सच्चिदानंद**—जन्म-सं. 1844। स्थान-जूनागढ़ के नागर गृहस्थ। रचनाएँ-स्फुट। (बृ.इति. 7)।

**मनोहर राय**—समय-18वीं शती विक्रमीय। रचनाएँ-राधारमण रससागर, संप्रदाय बोधिनी। (बृ. इति. 7)।

**मन्वन्तर**—इकहत्तर चतुर्युगों का समय। ब्रह्मा के एक दिन का चौदहवाँ भाग। उ.-''निमिष में बरष में चौकड़ी मंवंतर में कल्प में प्रलै में जव आवैगी जिसी गली।।''-बो.ग्रं., वि.वा., 36/173।

**ममता**—'यह मेरा है' इस प्रकार का भाव। उ.-''विषय सुख्ख ममता तैं नीकउ होहि। यह सब झूठी लागत ममता मोहि।।''-ज.ग्रं., आ.बि., 9/116।

**मयन**—मदन। कामदेव। दे. मदन। उ.-''अर्द्ध रैन गुजरान जब जानी द्विज माधवा लगि बाला के कान कह्यो सुरति कीजै मयन।।''-बो.ग्रं., वि. वा., 26/122।

**मया**—माया। उ.-''मया प्रथम आकास ह्वै

फेरि होत है बाइ। पुनि ह्वै तेजस जल भई बहुरि धरा ह्वै जाइ।।''-ज.ग्रं., आ.बि., 108/125।

**मरकट**--दे. दोहा छंद।

**मरकत**--पन्ना। उ.-''मरकत लाल प्रवाल मनि मुकुत हीर अवदात। ललित राजपथ में जहाँ जरकस बसन बिकात।।''-मति., ल.ल., 13/340।

**मरजिया**--पानी में डूबकर उसके भीतर से चीजों को निकालने वाला व्यक्ति। समुद्र में डूबकर उसके भीतर से मोती आदि निकालने वाला। उ.-''प्रीतम मरजी के भये जवि जब मरजिया आइ। छबि मुक्ता उनही लहै रूप समुद मैं जाइ।।''-रस., रतन., 519/113।

**मरणाक्षेप**--दे. आक्षेप। अमरतासूचक शब्दों में मरण सूचक व्यंग्य द्वारा कार्यारम्भ में बाधा दी जाय तो वह मरणाक्षेप है। ल.-मरन निवारन करत जहँ, काज-निवारन होत। जाबहु करनाक्षेप कबि जौ जिय बुद्धि-उदोत।। उ.-''नीके कै किवार दैहौं द्वार द्वार दरबार, केशोदास आस पास सूरज न आवैगो। छिन में छवाय लैहौं ऊपर अटानि आजु, आँगन पटाय दैहौं जैसे मोहि भावैगो। न्यारे-न्यारे नारिदान मूँदि हौं झरोखे जाल, जाइहै न पानी, पौन आवन न पावैगो। माधव तिहारे पीछे मोपहँ मरण मूढ़, आवन कहत सो धौं कौन पैड़े आवेगो।।''-क.प्रि., 10/15-16।

**मंरदन**--मर्दन। (1)-संभोग के समय का एक प्रकार का उद्दीपन। ल.-आलिंगन चुंबन परस मरदन नखरददानु। इत्यादिक संभोग के उद्दीपन जिय जानु।।''-भि.ग्रं. 1, र.सा., 445/64। (2)-बहिर्रति के सात प्रकारों में से एक। ल.-आलिंगन चुंबन परस मर्दन नख-रद-दान। अधर पान सों जानियै वहिरति सात सुजान।-र.प्रि., 3/41।

**मरन**--मरण। (1)-विरह की दस दशाओं में से एक जिसमें नायिका मृत्यु को प्राप्त होती है। सामान्यतया विरह के कारण भी मृत्यु होती है, फिर भी कवि लोग इसका वर्णन नहीं करते। शृंगार रस के अंतर्गत यदि इसका वर्णन हो तो उसे रसाभास समझना चाहिए। इसीलिए यह वर्ज्य है। ल. (1)-बनै न क्योंहू मिलन जहँ, छल बल 'केसोदास'। पूरन प्रेम प्रताप तें मरन होत अनयास। मरन सु 'केसोदास' पै बरनो जाइ जाइ न मित्र। अजर अमर जस कहि कहौं कैसे प्रेत-चरित्र।।-र.प्रि., 8/53-54। ल. (2)-जदपि बिरह बस मीच, होइ तऊ बरने न कवि। रस सिंगार के बीच, रसाभास बरजो सुमति।।-कृ.ग्रं., हि.त., 381/81। ल. (3)-मरन बिरह है मुख्य पै करुन करुन इहि भाइ। मरिबो इच्छति ग्लानि सों होत निरास बनाइ।।-भि.ग्रं. 1, 416/60। उ.-''बिन परसे बोले बिना छिन-छिन दरस सुजान। बिरह यहै कहिये सखी बिछुरन मरन समान।।''-ज.ग्रं., दोवा, 26/75। (2)-तैंतीस संचारियों में से एक। ल. (1)-प्रान त्याग कहिये मरन सो न बरन्निबे जोग। बरनत सूर सतीन को सुजस हेत कबि लोग।। उ.-''इने राम दससीस के दसौ सीस भुज बीस। लै जटायु की नजरि कौं उड़े गीध नभ तीस।।''-प.ग्रं., जग., 541, 544/193-194। उ. (2)-''दास पिय-नेह छिन-छिन भाव बदलति स्यामा सबिराग दीन मति कै मखाति है। जल्पति जकाति कहरत कठिनाति माति मोहति मरति बिललाति विलखाति है।''-भि.ग्रं. 1, शृं. नि., 239/142।

**मरहट्टा**--उनतीस मात्राओं का छंद है। मात्राक्रम अनियमित है, जिसमें 10, 8 और 12 पर विश्राम होता है तथा अंत में एक गुरु और लघु होता है। ल. (1)-उनतिस मत्ता भेद में मरहट्टादिक देखि। उ.-''मुनि मालवतिय उरजन की नाई निपटहि प्रगट न होइ। अरु गुज्जर जुवति पयोधर की बिधि निपट न राखहु गोइ। करि प्रगट दुरै के बीच राखिये यों अक्षर की चोज। जेहि निधि मरहट्ट बधू राखति है बिच कंचुकी उरोज।।''-भि. ग्रं. 1, छंदा., 222-23/210। ल. (2)-दस पर बिरमहु आठ पुनि ग्यारह कला बखान। गुरु लघु दीजै अंत यह मरहट्टा परमान।। उ.-''पुरजन सुख पावत रघुपति आवत करत तिदौरा दौरि। आरती दतारै सर्वसु वारै अपनी अपनीह बौरी। पढ़ि मंत्र असेषनि करि अभिषेकनि पै आसिष सबिसेष। कुंकुम कर्पूरनि मृगमय चूरनि बरषत बर्षा

बेष।।''-छं.मा., 2/49।

**मराल**–दोहा छंद का एक भेद। दे. दोहा छंद।

**मराल**–दे. दोहा छंद।

**मरीच**–ताड़का नाम की राक्षसी तथा सुंद का पुत्र जो रावण का एक सेनापति था। रावण की आज्ञा से सोने के मायामृग का रूप धारण कर पंचवटी में सीता को लुभाया और राम जिसे मारने के लिए दौड़े थे। राम के हाथ ही इसकी मृत्यु हुई। उ.-''कहै पदमाकर कबंध लौं मदंध महा पापी हौं मरीच लौं न दाया को दरस है।''-प.ग्रं., प्र.प., 13/239।

**मर्कट**–दोहा छंद का एक भेद जिसमें सत्रह गुरु और चौदह लघु मात्राएँ होती हैं। दे. दोहा छंद।

**मर्त्य**–मरणशील लोगों का लोक। मर्त्यलोक। उ.-''स्वर्ग मर्त्य पाताल फुनि द्वीप खंड परधानि। दुर्ग देस जेते सबै यहौं ब्रह्म करि जानि।।''-ज.ग्रं., अ. सि., 81/150।

**मलखान**–कवि केशवदास के ओरछा के आश्रयदातावंश में मेदिनीमल के पौत्र तथा अर्जुनदेव के पुत्र मलखानसिंह जिनका समय 1468-1501 ई. है। इनके पौत्र तथा रुद्रप्रताप के पुत्र मधुकरशाह (दे.) थे जिनके दो पुत्र इंद्रजीत सिंह, वीरसिंह देव केशवदास के आश्रयदाता थे। उ.-''रिपुखंडन तिनके भये राजा श्री मलखान।।''-क. प्रि, 1/16।

**मलय**–दक्षिण भारत के एक पर्वत का नाम। यहाँ उत्तम कोटि के चंदन वृक्ष होते हैं। यह पश्चिमी घाट का वह भाग है जो मैसूर के दक्षिण और ट्रावनकोर के पूर्व में है। यह माना जाता है कि शीतलता के कारण यहाँ के चंदन वृक्षों में सर्प लिपटे रहते हैं। मलयाचल। उ.-''मलय मलय भव विटप गंध बंधुर सोभा सुठि। विषम फनी फन देखि डर्‌यौ थरहरयो चल्यो उठि।।''-वृं.ग्रं., प.प., 12/53।

**मलय पवन**–दे. मलय। मलयाचल से आने वाला पवन जो चंदन वृक्षों से स्पर्श के कारण सुगंधित और शीतल होता है। उ.-''यह मलय पवन कामांध जन डारि संक निधरक फिरता।''-वृं.ग्रं., प.प., 8/53।

**मलय मारुत**–दे. मलय पवन। उ.-''कहि वृंद मलय मारुत मनौ सुघर फाग खेलत फिरत।।''-वृं.ग्रं., प.प., 14/54।

**मलय समीर**–दे. मलय पवन। उ. (1)-''गिल्यौ भुजंगम गरल जुत उगल्यौ मलय समीर।।''-वृं.ग्रं., भा.पं., 17/17। उ. (2)-''यह मलय समीर बजीर हुब काम नृपति के काम कौ।''-वृं.ग्रं., प.प.,15/54।

**मलयागिरि**–दे. मलय। मलयाचल। उ. (1)-''चलि अलि आइ मलयागिरि तै पवन चोर चोरी करत।''-वृं.ग्रं., प.प., 5/52। उ. (2)-''अति परिचै तैं होत है अरुचि अनादर भाय। मलयागिरि की भीलनी चंदन देत जराय।।''-वृं.ग्रं. नी.स., 38/61।

**मलयाचल**–दे. मलय। उ.-''मलयाचल बस बान हौंन पाबन उर अंतर। गाहत गिरि बन गहन न्हात तीरत्थ निरंतर।''-वृं.ग्रं., प.प., 2/5।

**मलार**–राग मल्हार। संगीतशास्त्र के अनुसार एक राग का नाम जिसकी गणना एक मत के अनुसार छः प्रधान रागों में की जाती है। यह राग वर्षा ऋतु में गाया जाता है। इसकी 6 रागनियों के नाम हैं- बेलावली, पूरबी, कान्हड़ा, माधवी, काड़ा और केयारिका। वर्षा ऋतु में रात्रि के दूसरे पहर में यह गाया जाता है। संगीतसार ने इसे मेघ राग का छठा पुत्र माना है। इसका स्वरूप है-श्यामवर्ण, भयानक आकृति, गले में साँप की माला, फूलों का आभूषण और सस्त्रीक। स्थान-विंध्याचल, वस्त्र-केले का पत्ता, मुकुट-केले की कलिका। अस्त्र-धनुष, कटारी और छुरा। (हिं.श.सा.)। उ. (1)-''पौन पुरवाई की अवाई अधिकाई तामैं तान गाई भार ही मलार चोखे राग की।।''-ठाकुर, 120/32। उ. (2)-''ताही समै मोहन सु बाँसुरी बजाई तामें मधुर मलार गाई और बसीबट की।''-प.ग्रं., जग., 558/197। उ. '(3)-''भौंरन को गुंजन बिहार बन-कुंजन में मंजुल मलारन को गावनो लगत है।''-प.ग्रं., प्रकी., 64/320।

**मलारु**–दे. मलार। मल्हार राग। राग विशेष। इस राग के विषय में प्रसिद्ध है कि इसके

यथार्थ रीति से गाने अथवा बजाने से पानी बरसने लगता है। उ.-''पूस मास सुनि सखिनु पै साइँ चलत सबारु। गहि कर बीन प्रवीन तिय राग्यौ रागु मलारु।।''-बि.र., 146/74।

**मलिंग**—एक सम्प्रदाय के मुसलमान फकीर जो मदारशाह के अनुयायी होते हैं, सिर के बाल बढ़ाते और सिर तथा नंगे पैर अकेले भीख माँगते फिरते हैं। मलिंग अथवा मलंग कहलाते हैं। ये हिंदुओं के औघड़ों तथा अलखियों की भाँति कौड़ों की लड़ों तथा लोहे की साँकड़ों से अपने शरीर कसे रहते हैं और किसी एकांत स्थल में मौनावलंबन किए, ईश्वर के ध्यान में निमग्न पड़े रहते हैं। उ.-''कौड़ा आँसू-बूँद, कसि साँकर बरुनी सजल। कीने बदन निमूँद, दृग मलिंग डारे रहत।।''-बि. र., 230/108।

**मलिच्छ**—म्लेच्छ। अस्पष्ट उच्चारण एवं भाषण वाली तथा वर्णाश्रम धर्मविहीन मानव जातियाँ। ये आर्यों की जीवन शैली से विलक्षण जातियाँ थीं। ये भी यज्ञ करती थीं। इनकी उत्पत्ति के विषय में अनेक मत पुराणों में मिलते हैं। वशिष्ठ की विश्वामित्र द्वारा अपहृत की गई धेनु नंदिनी के अंग-प्रत्यंग से उत्पन्न पह्लव, द्रविड़, शक, यवन, शबर, पौड्र, किरात, सिंहल, बर्बर, खस आदि जातियाँ महाभारत के अनुसार म्लेच्छ हैं। विष्णुपुराण के अनुसार सगर द्वारा पराजित एवं धर्मच्युत हैहयवंशी शक, यवन, कांबोज, पारद, पह्लव जातियाँ म्लेच्छ हो गईं। मत्स्यपुराण मानता है कि इनकी उत्पत्ति राजा वेणु के शरीरमन्थन से हुई। अन्य मत (बृहत्संहिता) से हिमालय और विंध्यगिरि तथा विनशन और प्रयाग के मध्य के पवित्र देश के अतिरिक्त प्रदेश को म्लेच्छ देश माना गया है। बृहत्पाराशर के अनुसार चातुर्वर्ण और अंतराल वर्णों के अतिरिक्त वर्णाचारहीन लोग म्लेच्छ माने गये हैं। आचार की दृष्टि से प्रायश्चित तत्त्व यह मानता है कि गोमांसभक्षी विरुद्धभाषी और सर्वाचारहीन लोग म्लेच्छ होते हैं। (हिं.श.सा.)। उ. (1)-''सूर सिरोमनि सूरकुल सिवसरजा मकरंद। भूषन क्यौं औरंग जितै कुल मलिच्छ कुल चंद।।''-भू.ग्रं., शि.भू., परि., 256/198। उ. (2)-''पंजन पेलि मलिच्छ मले सब सोई बच्यो जेहि दीन ह्वै भाख्यौ।''-भू.ग्रं., प्रकी., 505/228। उ. (3)-''खाए मलिच्छन के छोकरा पै तऊ डोकरा कों उकार न आई।''-भू.ग्रं., प्रकी., 518/232।

**मलेच्छ**—दे. मलिच्छ। उ. (1)-''तेज तमअंस पर कान्ह जिम कंस पर यौं मलेच्छ-बंस पर सेर सिवराज है।''-भू.ग्रं., शि.भू., 50/137। उ. (2)-''लच्छनि लच्छ मलेच्छ कच्छ अरु मच्छ मगर-चय।''-भू.ग्रं., शि.भू., 57/138। उ. (3)-''पक्की मतो करि कै मलेच्छ मनसबदार मक्का के उतर उतरत दरिआउ है।''-भू.ग्रं., शि.भू., 156/158।

**मलैगिरि**—दे. मलयागिरि, मलय। उ.-''चातुर नागरि आतुर ह्वै तब काहे मलैगिरि पौन पियो है।''-वृं.ग्रं., भा.पं., 17/17।

**मल्ल मेढ़ा**—दे. मेढा मल्ल। उ.-''इतहि बीर रनजोर प्रचारयो। उतहि मल्ल मेढ़ा ललकार्यो।।''-बो.ग्रं., वि.वा., 29/192।

**मल्लारि**—मलाबार। भारत के दक्षिणी प्रांत का वह प्रदेश जो पश्चिमी किनारे पर है। यह प्रदेश पश्चिमी घाट के पश्चिमी समुद्र तट पर है। उ.-''मंगल बिनु मल्लारि-नारि धम्मिल नहिं बंधहिं।।''-भू.ग्रं., प्रकी., 435/213।

**मल्लिका छंद**—इसके प्रत्येक चरण में मात्राक्रम है चार नंद (।)-(।।।।)। ल.-चारि मल्लिका चंचला आठ गंड दस नंद। उ.-''मोहनी विचित्र पास। मल्लिका प्रसून बास।''-भि.ग्रं. 1, छंदा., 33-34/239।

**मवास**—किला। दुर्ग। उ. (1)-''जो नहि देतौ अनत कहुं द्रगन हरबली आइ। मन मवास जौ सतन मैं को सर करतौ धाइ।।''-रस.रतन., 232/75। उ. (2)-''दैन लगे तुह पास जब विरह अहेरी गाइ। प्रीतम सुवन मवास बिच बचत नैन मृगजाइ।।''-रस. रतन., 282/82।

**मवासी**—किलेदार, गढ़पति। उ.-''रूप चमूप सज्जौ दल देखि भज्यौ तजि देसहिं धीर-मवासी।।''-घ. क., 227/136।

**मसनवी बंगालनामा**—रचयिता- काजी महमूद बहरी (दे.)। (बृ.इति. 7)।

**मसान**—श्मशान। वह स्थान जहाँ मुरदे जलाये जाते हैं। तांत्रिक साधना, जादुगरी आदि के लिए उपयुक्त स्थान श्मशान। उ. (1)-''जादू बस केहरि करी बाँधे आबत ब्याल। जागत मुवौ मसानहूँ लखि जादू को ख्याल।।''-बो.ग्रं., वि.बा., 40/71। उ. (2)-''कहैं पदमाकर भुजंगनि बँधैगे अंग संग में सुभारी भुत चलैंगे मसान में।''-प.ग्रं., गं.ल., 24/262।

**मसाल**—मशाल। एक प्रकार की मोटी बत्ती, जिसे पकड़ने के लिए नीचे काठ का एक दस्ता लगा रहता है। पहले यह कपड़े की बनायी जाती थी तथा चार-पाँच इंच के व्यास की तथा दो ढाई हाथ लम्बी होती थी। जलते रहने के लिए इसके मुँह पर बार-बार तेल की धार डाली जाती थी। उ.-''तेरे नैन मसालची रूप मसाल दिषाइ। नेही तन तैं बिरह तम दौनौ दूर भजाइ।।''-रस., रतन., 261/79।

**मसालची**—दे. मसाल। मशाल दिखलाने वाला। मशाल जलाकर हाथ में लेकर दिखलाने वाला। उ.-''तेरे नैन मसालची रूप मसाल दिषाइ। नेही तन तैं बिरह तम दौनौ दूरि भजाइ।।''-रस. रतन., 261/79।

**मसीत**—मुसलमानों का बंदना का स्थान या भवन। मसजिद। उ.-''जैसे को तैसौ ही जाय मिलै उतै फूटी मसीत को आँधरो मुल्ला।।''-ठाकुर, 48/13।

**मस्जिद**—मसजिद। मुसलमानों का प्रार्थना-स्थल। उ.-''छा गई उदासी खासी मस्जिद मकबरन मठ मंदिर कोटि रोसनी चढ़ै लगी।।''-भू.ग्रं., प्रकी., 496/226।

**महँदी**—मेहँदी। एक झाड़ी जो बलोचिस्तान के जंगलों में आप से आप उगती है और सारे हिंदुस्तान में लगाई जाती है। इसकी सफेद फूलों वाली मंजरी में भीनी सुगंध होती है। इसके गोल मिर्च के आकार के फल गुच्छों में लगते हैं। इसकी पत्तियाँ पीस कर हाथ-पैर आदि में लगाने से उन पर लाल रंग चढ़ता है। शोभा के लिए या बाड़ के रूप में भी लोग इसे लगाते हैं। उ.-''मंजु महँदी की छबि छज्जत छटा तें छूटि छहर छहर उठै लहर लुनाई की।''-प.ग्रं., प्रकी.. 41/314।

**महताब**—समय-सं. 1800 में विद्यमान। आश्रयदाता-प्रतापगढ़ के राजा हिंदूपति। रचनाएँ-नखशिख। (बृ.इति. 7)।

**महतो**—गाँव का मुखिया। उ.-''महतो से मुगल महाजन से महाराज डाँडिलीन्हे पकरि पठान पटवारी से।।''-भू.ग्रं., प्रकी., 444/215।

**महदी**—दे. महँदी। मेहँदी। उ. (1)-''गडे, बड़े छबि-छाक छकि, छिगुनी-छोर छुटैं न। रहे सुरँग रंग रंगि उही, नहन्दी महदी नैन।।''-बि.र., 448/206। उ. (2)-''बीर बहूटी साली यै बीर बहूटी साथ। बीर बहूटी से बने महदी बिंदु सहाथ।।''-वृं.ग्रं., य.स., 679/259। उ. (3)-''बिंदु रचे महदी के लसैं कर ता कर पैं रह्यौ आनन आइकै।।''-प.ग्रं., जग., 492/184।

**महमद अमी खाँ**—मुहम्मद हासिम खाँ, जो सिरौंज का थानेदार था। उ.-''जंगल के बल से उदंगल प्रबल लूटा महमद अमी खाँ का कटक खजाना।''-भू.ग्रं., प्रकी., 514/231।

**महराब**—मेहराब। द्वार के ऊपर अर्धमंडलाकार बनाया हुआ भाग। दरवाजे के ऊपर का गोल किया हुआ हिस्सा। यह विशेषतः मुसलमानों की देन है। उ.-''नेही नैंन निबाज कौ समै न बीतन देत। तू मौंहन महराब बिन दौरकात पठि देत।।''-रस., रतन., 373/94।

**महर्लोक**—पुराणानुसार चौदह लोकों में से एक। यह लोक ऊर्ध्वलोकों में से चौथा है। उ.-''भूमिलोक भुवलोक स्वर्गलोक महर्लोक जनलोक तपलोक सत्यलोक थल में।''-प.ग्रं., गं.ल., 51/272।

**महर्ष छंद**—तेरह मात्राओं का छंद है। मात्राक्रम है (।ऽ।।ऽ।।ऽऽ)। उ.-''जितौ परभूमिहि लाई। तितोइ महर्ष बिकाई।।''-भि.ग्रं. 1, छंदा., 101/192।

**महाउत**—महावत। हाथी हाँकने वाला। फीलवान। हाथीवान। उ.-''मैंन महाउत दृग गजन

हूलत वाही वोर। लाषन मैं लषि लेतु है वाही को चितु चोर।।''-रस., रतन., 227/74।

**महाउर**–महावर। लाख से बना हुआ एक प्रकार का लाल रंग जिससे सौभाग्यवती स्त्रियाँ अपने पावों को चित्रित कराती हैं। जावक। उ. (1)-''गयो महाउर छूटि यह रह्यो सहज इक अंग। फिरि फिरि झाँवसि ह्वै कहा रुचिर चरन के अँग।।''-मति., सत., 552/414। उ. (2)-''मन मेरो महाउर चायनिच्वै तुव पायनि लागि न हाथ लगै।''-घ.क., 226/136। उ. (3)-''दीजत पाइ झवाइ कैं महा महाउर रंग। इहिं चौथे सिंगार तै पियासंग उपजत रंग।।''-वृं.ग्रं., शृं.नि., 51, 52/43।

**महाकाल**–सृष्टि और प्राणियों का अंत करने वाले महादेव। शिव का एक स्वरूप। उ. (1)-''तरप्फैं तकैं देत बैताल ताली। करैं मुंड माला महाकाल काली।।''-वृं.ग्रं., स.स.रू., 312/296। उ. (2)-''महाकाल कैधों महा कालकूटे। महाकालिका के किधौं केस छूटे।।''-बो.ग्रं., वि.वा., 28/202।

**महाकालकूट**–महाविष, जो समुद्रमंथन से निकला था। उ.-''बाँधे जटाजूट बैठि परबतकूट माहिं महाकालकूट कहौ कैसें कंठ करतो।''-प.ग्रं., गं.ल., 17/259।

**महाकालिका**–महाकाल स्वरूप शिव की पत्नी, जिसके पाँच मुख और आठ भुजाएँ मानी जाती हैं। उ.-''महाकाल कैधों महा काल कुटे। महाकालिका के किधौं केस छूटे।।''-बो.ग्रं., वि.वा., 28/202।

**महातत्त्वप्रकाश**–रचयिता-पं. उमापति त्रिपाठी (दे.)। (बृ.इति. 7)।

**महातप**–अत्यन्त सूक्ष्म किंतु अत्यंत कष्ट देने वाला तप। उ.-''नेम लियौ सब बातनि तें अब बैठी है साधि कै ज्ञान महातप।''-घ.क., 342/180।

**महातल**–चौदह भुवनों में से पृथ्वी के नीचे का पाँचवाँ भुवन या तल। उ.-''कहैं पदमाकर अतल मैं वितल मैं सुतल मैं रसातल मैं मंजु महातल मैं।''-प.ग्रं., गं.ल., 51/272।

**महादेव**–शिव। शंकर। उ.-''कहैं पदमाकर सु महिमा मही में भई महादेव देवन में वाढ़ी थिर थाप है।''-प.ग्रं., गं.ल., 5/254।

**महानदी**–विशाल नदी। उ.-''अगति सिंधु गिरि, ताल, तरु, बापी, कूप बखानि। महानदी, नद, पंथ, जग, पबन सदागति जानि।।''-क.प्रि., 6/60।

**महानुभाव**–महाशय, विष्णु। उ.-''माँगियै महानुभाव चित्तवृत्ति मैं लही। संभु जू प्रसन्न ह्वै सुबात बिस्नु सों कही।।''-वि.गी., 6/60।

**महाप्रलय**–पुराणानुसार वह काल जब संपूर्ण सृष्टि का विनाश हो जाता है और अनन्त जल के अतिरिक्त कुछ भी शेष नहीं रहता। ऐसा समय प्रत्येक कल्प अथवा ब्रह्मा के दिन के अंत में आता है। उ.-''महाप्रलय करतार को कैसें बंधन होय। हम सों कहि समुझाइयै कहिय दोष क्यों होय।।''-वि.गी., 20/25।

**महाबन**–वृंदावन के अंतर्गत एक वन का नाम। उ. (1)-''केसव बाग महाबन सो जुर सी चढ़ी जोंह सबै अंग दागे।''-र.प्रि., 7/23। उ. (2)-''आई है एक महाबन ते तिय गावति मानों गिरा पगु धारी।।''-र.प्रि., 14/16।

**महाबर**–दे. महाउर। उ. (1)-''अपनी अपनी ठौर पर सोभा लहत बिसेष। चरन महाबर ही भलौ नैनन अंजन रेख।।''-वृं.ग्रं., नी.स., 85/65। उ. (2)-''लग्यो महाबर लाल लगे महाउर जान पिया। बिन गुन कहा उर माल कहौ कहाउ रह्यौ कहा।।''-वृं.ग्रं., य.स., 464/242।

**महाबर गोंड़**–बोधा रचित विरह वारीश नामक काव्य के एक योद्धा का नाम। उ.-''महाबर गोंड़ बली पर आय। जुर्‌यो रन बारिय उद्धमराय।।''-बो.ग्रं., वि.वा., 10/190।

**महाबिस्नु**–महाविष्णु। विष्णु के विश्वव्यापक रूप का नाम। विष्णु की एक विशेष मूर्ति या रूप का नाम। उ.-''कहैं एक तासों सिवै सून्य एकै। महाकाल एकै महाविस्नु एकै।।''-वि.गी., 20/58।

**महाबेध**–हठयोग के घेरण्ड संहिता आदि ग्रंथों में वर्णित वेधों में से एक अत्यन्त महत्त्वपूर्ण वेध है। महाबंध मुद्रा और उड्डीयानबंध मुद्रा क्रमशः

करने के बाद कुंभक प्राणायाम से वायु को निरोध करने से इस महावेध मुद्रा की सिद्धि बतायी गई है। उ.-''जालंधर उड्डाण मूलबंध जांनियै। महाबेध खेचरी रु मुद्रा मानियै।।''-ज.ग्रं., आ.बि., 72/122।

**महाभारत**—प्राचीन भारतीय इतिहास का अत्यन्त भयंकर युद्ध। एक अति प्रसिद्ध प्राचीन ऐतिहासिक महाकाव्य जिसमें कौरवों और पाण्डवों के इस युद्ध का वर्णन है। इस ग्रंथ में आदि, सभा, वन, विराट, उद्योग, भीष्म, द्रोण, कर्ण, शल्य, सौप्तिक, स्त्री, शांति, अनुशासन, अश्वमेध, आश्रमवासी, मौसल, महाप्रस्थान और स्वर्गारोहण नाम के 18 पर्व हैं। कुछ लोग हरिवंश पुराण को भी इसी का अंश मानते हैं। इस ग्रंथ में लगभग 80-90 हजार श्लोक हैं। ऐतिहासिक और धार्मिक दोनों दृष्टियों से इस ग्रंथ का महत्त्व है। इसमें अनेक वैदिक गाथाएँ भी हैं। धर्म, तत्त्वज्ञान, व्यवहार, राजनीति आदि अनेक विषयों का भी समावेश है। कहा जाता है कि महाभारत युद्ध के बाद व्यासजी ने 'जय' नामक ऐतिहासिक काव्य की रचना की थी। वैशम्पायन ने उसका और विस्तार कर उसे 'भारत' नाम दिया। तदुपरांत सौति ने अन्य बहुत सी कथाओं का समावेश कर इसे वर्तमान रूप देकर 'महाभारत' नाम दिया। बौद्ध और जैन साहित्य भी इस महाग्रंथ से प्रभावित हुआ है। इसमें वर्णित युद्ध 18 दिनों तक चलता रहा। इस महायुद्ध के आधार पर ही बहुत बड़े युद्धों को भी महाभारत कहा जाने लगा। (हिं.श.सा.)। उ.-''मनसबदार चौकीदारन गँजाय, महलन में मचाय महाभारत सो भार को।''-भू.ग्रं., शि.भू., 174/161।

**महाभारत**—रचयिता-सबल सिंह चौहान (दे.)। विव.-सम्पूर्ण महाभारत की कथा दोहा, चौपाई छंद में। (इति.शुक्ल)।

**महाभारत रौ अनुवाद**—रचयिता-हमीरदान रतनू (दे.)। (बृ.इति. 7)।

**महाभुजंगप्रयात छंद**—इसके प्रत्येक चरण में आठ यगण (।) होते हैं। यह वर्णवृत्त है। ल.-चरन चरन मैं होत जहँ आठ यगन सुनि मित्र। महाभुजंगप्रयात् सौ समझौ सकल विचित्र।। उ.-''बली दिग्गदंती डिगै डोल कारे। धुकैं पुंज पब्बै बजै सिंधु बेलैं।।''-सो.ग्रं. 1, र.पी.नि., 42-43/38।

**महामच्छ**—दे. मच्छ। मत्स्यावतार। उ.-''बेदन की अच्छ रच्छ राखी महामच्छ ह्वै कै कच्छ ह्वै कै राखी धरा धर अभिलाखी है।''-प.ग्रं., प्रकी., 83/325।

**महामोह**—1. भोगेच्छा रूपमान या संसार का मूल कारण राग रूपी मोह महामोह। सांसारिक सुखों के भोग का नाम महामोह है। यह अविद्या का नामान्तर है। उ.-''तजौ काम क्रौध महामोह लौभै। तजो गर्ब को सर्बदा चित्तक्षोभै।।''-रा.चं., 39/32। 2. केशवदास रचित विज्ञानगीता काव्य का एक महत्त्वपूर्ण पात्र। उ.-''प्राननाथ सुनि प्रेम सौं जगजन कहत अनेक। महामोह नृपनाथ कों सुनियत बड़ो बिबेक।।''-वि.गी., 2/7।

**महामौन**—मंत्र जपते समय संकल्पित मौनावलंबन। उ.-''सुनी लंकरानीन की दीन बानी। तहीं छाँड़ि दीन्हो महामौन मानी।।''-रा. 19/33।

**महारथी**—दस हजार योद्धाओं से अकेले लड़ने वाला योद्धा। उ.-'भगे चपे चमूचमूप छाँड़ि छाँड़ि लक्ष्मनै। भगें रथी महारथी गयंद-बृंद को गनै।''-रा.चं., 36/16।

**महारस**—शृंगारस, प्रेमरस। उ.-''भीजै कटाछिन सों घनआनंद छाय महारस कों बरसावत।''-घ.क., 442/211।

**महाराज गजसिंह रो रूपक**—रचयिता-फतेराम (दे.)। विव-महाराज गजसिंह की वंशावली आदि का विशद वर्णन। (बृ.इति. 7)।

**महाराज छत्रसाल प्रति अक्षर अनन्य के प्रश्न**—रचयिता-छत्रसाल (दे.)। (बृ.इति. 7)।

**महाराज जयसिंह**—समय-सं. 1738-1757 में उपस्थित। स्थान-उदयपुर के महाराणा। रचनाएँ-जयदेव विलास। (बृ .इति. 7)।

**महाराज जसवंतसिंह**—जन्म - सं. 1683। समय-सं. 1683-1735। स्थान - मारवाड़। पिता-महाराज गजसिंह। रचनाएँ - भाषाभूषण, अपरोक्षसिद्धांत, अनुभवप्रकाश, आनंदविलास,

सिद्धांतबोध, सिद्धांतसार, प्रबोध चंद्रोदय, इच्छा विवेक। (इति.शुक्ल, स.सर्वे., बृ.इति. 6)।

**महाराज रामसिंह**—समय-सं. 1839-1860 में वर्तमान। स्थान-नरवलगढ़ (ग्वालियर)। पिता-राजा छत्रसिंह (सा.को. भाग 2)। रचना-अलंकार दर्पण, जुगल विलास, रसनिवास, रसविनोद, रसशिरोमणि। (इति.शुक्ल, सा.को., बृ.इति. 6)।

**महाराज विश्वनाथ सिंह**—जन्म-सं. 1846। मृत्यु-सं. 1890। स्थान-रीवाँ। पिता-महाराज जयसिंह। रचनाएँ-रामगीताटीका, राधावल्लभी भाष्य, सर्वसिद्धांत रामरहस्य टीका, विनयपत्रिका टीका, वैष्णव सिद्धांत टीका, धनुर्विद्या, रामचंद्राह्निक तिलक, राग सागीराह्निक, संगीत रघुनंदन, भुक्ति-मुक्ति सदानंद संदोह, दीक्षा-निर्णय, व्यंग्यार्थ चंद्रिका, भागवत एकादश स्कंध टीका, सुमार्ग की ज्योत्स्ना टीका, रामपरत्व, व्यंगप्रकाश, विश्वनाथ प्रकाश, आह्निक अष्टयाम, धर्मशास्त्र त्रिंशत् श्लोकी परमधर्मकनिर्णय, शांतिशतक, विश्वनाथ चरित, ध्रुवाष्टक, मृगयाशतक, परमतत्व, उत्तम काव्यप्रकाश, गीतारघुनंदन शतिका, आनंद रामायण, गीता रघुनंदन प्रामाणिक, सर्वसंग्रह, रामचंद्र जू की सवारी, भजनमाला, आनंदरघुनंदन नाटक, वेदांत पंचशतिका, उत्तम नीति चंद्रिका, अबाधनीति, ध्यानमंजरी, आदिमंगल, साखी, बसंत चौंतीसी, चौरासी रमैनी, कहरा, शब्द। (इति.शुक्ल., सा.को., बृ.इति. 7)।

**महाराणा राजसिंह**—राज्यकाल-सं. 1763-1805। स्थान-किशनगढ़ के राजा। रचनाएँ-बाहु-विकास, रसपायनायक। (बृ.इति. 7)।

**महाराव श्री गोहड़ जी नो छंद**—रचयिता-कनक कुशल (दे.)। विव.-आश्रयदाता की प्रशंसा। (बृ.इति. 7)।

**महालछमी**—महालक्ष्मी। लक्ष्मी के विश्वव्यापक रूप का नाम। लक्ष्मी की एक मूर्ति या रूप का नाम। उ.-''ज्यौं बुधि सों सुघराई रचै कोऊ, सारदा कों कविताई सिखावै। मूरतिवंत महालछमी उर पोत-हरा रचि लै पहिरावै।''-घ.क., 45/54।

**महालक्ष्मी छंद**—पंद्रह मात्राओं का छंद है। इसके प्रत्येक चरण में 3 रगण (S।S) होते हैं। मात्राक्रम है (S।SS।SS।S)। ल.-तीनि रगन अहिपति कहे, महालक्ष्मी ठाउ। उ.-''सोइ सूरो सोइ संत है। जो महालक्ष्मीवंत है।।''-भि.ग्र. 1, छंदा., 124, 126/195।

**महावत**—दे. महाउत। उ.-''रूप महावत नैंन गज मैन सुआइसु पाइ। नेही मन हय वोरही देत झुकाइ झुकाइ।।''-रस., रतन., 464/105।

**महावर**—दे. महाउर, महाबर। लाख से बना रंग, जिससे स्त्रियाँ शृंगार करती हैं। उ. (1)-''ता हरि पै तू गँवार की बेटी महावर पाइ झवाँइ दिवावै।।''-र.प्रि., 7/5। उ. (2)-''रातो चंदन, रुदरस, क्षत्रियधर्म मँजीठ। अरुन महावर, रुधिर, नख, गेरु संध्या, ईठ।।''-क.प्रि., 5/32। उ. (2)-''पाइ महावर दैन कौं नाइनि बैठी आइ। फिरि-फिरि जानि महावरी, एड़ी मीड़ति जाइ।।''-बि. र., 35/24। उ. (4)-''तन भूषन, अंजन दृगनु, पगनु महावर-रंग। नहीं सोभा कौं साजियतु, कहिबैं ही कौं अंग।।''-बि.र., 236/111। उ. (5)-''राचे महावर पायनि त्यौं चायनि आइ गर्‌यारेई डोलै।।''-घ.क., 389/196। उ. (6)-''केसरि चंदन चित्र कपोलनि पाय महावर अंजन नैना।।''-वृं. ग्रं., भा.पं., 13/15।

**महावरी**—महावर के गाढ़े रंग में रूई को भलीभाँति भिगोकर नाइनें गोली सी बना लेती हैं, और पाँव में महावर लगाते समय वे इसे ही मल-मल कर रंग निचोड़ती और लगाती जाती हैं। इसी रूई को महावरी (महावरवटी) कहते हैं। उ.-''पाइ महावर दैंन कौं नाइनि बैठी आइ। फिरि फिरि, जानि महावरी एड़ी मीड़ति जाइ।।''-बि.र., 35/24।

**महावरु**—दे. महाउर, महाबर, महावर। उ.-''पलनु पीक, अंजनु अधर, धरे महावरु भाल। आजु मिले, सु भली करी, भले बने हौं लाल।।''-बि.र., 22/18।

**महासिंधु**—नदी विशेष। उ.-''महासिंधु गोदावरी गोमती सी। इलावाहु दामाननी देवकी सी।''-वि. गी., 6/21।

**महासिव**—महाशिव। शिव के विश्वव्यापक

रूप का नाम। महेश्वर। उ.-''कवहूँ यह सृष्टि महासिव तें सुनि। कबहूँ बिधि तें कबहूँ हरि तें गुनि।।''-वि.गी., 21/12।

**महाकेसरी**—तीर्थ विशेष। उ.-''महिटंतरु महिकेसरी, चंडीसुर केदार। फारि कुनख बस कर्‌यौ कुरुखेत कर्पद उपार।।''-वि.गी., 6/4।

**महिम कवितावली**—रचयिता-रत्नहरि (दे.)। (बृ. इति. 7)।

**महिमा, महिमाहि**—1. अष्ट सिद्धियों में एक वह सिद्धि ज़िससे बड़े से बड़ा रूप धारण किया जा सकता है। उ.-''रूप देहि अनिमाहि गुन देहि गरिमाहि नाम देहिं महिमाहि भक्ति देहि मुक्ति कों।''-रा.चं., 1/13। 2. महत्त्व, माहात्म्य। बड़ाई। उ.-''जिसकी महिमा महि अंत न पायो। हम को बपुरा जस बेदन गायो।।''-रा.चं., 6/20।

**महिमा समुद्र**—रचयिता - अक्षर अनन्य (दे.)। (बृ.इति. 7)।

**महिम्न भाषा**—रचयिता-मनियार सिंह (दे.)। (इति. शुक्ल)।

**महिष**—महिषासुर। एक महा असुर जिसका वध दुर्गा देवी ने किया था। यह रसातल का निवासी था तथा तारक के राज्यतिलक में उपस्थित था। यह तारक का सेनापति था और इसके रथ में ऊँट जुतते थे। इसने कुबेर पर 'सावित्री' अस्त्र से आक्रमण किया था। इसने निर्ऋत तथा वरुण दोनों को पराजित किया था। जब मंथन जनार्दन से पराजित हो गया तब इसने विष्णु पर शूल से तथा गरुड़ पर शक्ति से आक्रमण किया पर जनार्दन ने इसके सारे अस्त्रों को निरर्थक करते हुए कहा था-जा, तू एक स्त्री से मारा जायेगा। परिणामस्वरूप यह दुर्गा से मारा गया था। मार्कण्डेय पुराण में इसकी विस्तृत कथा मिलती है। (पौ.को.)। उ. (1)-''टूट्यो सिसुपाल बासुदेव जू सों बैर करि टूट्यौ है महिष दैत्य अधम बिचरते।''-भू.ग्रं., प्रकी., 477/223। उ. (2)-''जय मधु-कैटभ-छलनि देवि जय महिषहि मर्दनि।''-भू.ग्रं., शि.भू., 2/128।

**मही**--1. दे. गाहा छंद। इसमें एक लघु और एक गुरु मात्रा होती है। उ.-''रमा। समा। नही। मही।।''-भि.ग्रं. 1, छंदा., 10/182। 2. पृथ्वी-भगण के देवता का नाम। ल.-मही देवता भगन की।-क.प्रि., 3/23।

**महीपति**—पिता- शिवदिननाथ केसरी। गुरु-नारहरिनाथ। मृत्यु- सं. 1879। मृत्युस्थान-ग्वालियर। रचनाएँ-स्फुट। (बृ.इति.)।

**महुवा**—एक प्रसिद्ध पेड़, जिसके फल-फूल खाते हैं और लकड़ी ईंधन तथा इमारती कामों में प्रयोग होती है। यह वृक्ष भारतवर्ष के प्रायः सभी भागों में तथा पहाड़ों में लगभग 3 हज़ार फुट की ऊँचाई तक पाया जाता है। पंजाब में यह बागों में लगाया जाता है और शेष भागों में यह स्वतः उगता है और इसके जंगल पाए जाते हैं। इसका पेड़ बीस-पचीस वर्ष में फलने-फूलने लगता है और सैकड़ों वर्षों तक फूलता-फलता है । फूलने के पहले फागुन-चैत में इसकी पत्तियाँ झड़ जाती हैं और फिर डालियों के सिरों पर कलियों के गुच्छे निकलने लगते हैं, जो कूँची के आकार के होते हैं। इसे महुए का कुचियाना कहते हैं। कलियों के बढ़कर खिलने पर कोश के आकार के सफेद फूल हो जाते हैं, जो बाद में गुदारा हो जाते हैं और दोनों ओर खुले हुए रहते हैं। यही फूल खाने के काम में आता है, महुआ कहलाता है और अत्यन्त मीठा होता है। यह पककर 20-22 दिन तक लगातार टपकता रहता है। इसके रस से रोटियाँ पूरी की भाँति पकाई जाती हैं। इससे विभिन्न प्रकार के पकवान भी बनाये जाते हैं। गरीबों के लिए तथा गाय-भैंसों के लिए भी यह एक उपयोगी खाद्य है। इससे बनी शराब को संस्कृत में 'माध्वी' कहते हैं और देशी भाषा में 'ठर्रा'। महुए के बीज से तेल भी निकाला जाता है। आयुर्वेद में भी औषधि में इसका प्रयोग होता है। यह अनेक प्रकार से स्वास्थ्यकर बताया जाता है। (हिं.श.सा.) । उ.-''महुवा मिश्री, दूध, घृत, अति सिंगार रस मिष्ट। ऊख, महूख, पियूष गनि 'केसव' साँचों इष्ट।''-क.प्रि., 6/48।

**महेन्द्र सिंह प्रकाश**—रचयिता-छित्तेराय (दे.)। (बृ.इति. 7)।

**महेवा**—छत्रसाल (दे.) के निवास का गाँव।

उ. (1)-''जंग जीतिलेवा तऊ ह्वै कै दामदेवा भूप सेवा लागे महेवा महिपाल की।''-भू.ग्रं., प्रकी., 508/229। उ. (2)-''खंड खंड सोर यों अखंड महि मंडल में मंडौ ते बुँदेल खंड मंडल महेवा को।''-भू. ग्रं., प्रकी., 515/231।

**महेवावाल**—दे. महेवा, छत्रसाल। महेवा के निवासी, छत्रसाल। उ.-''इक हाड़ा बूँदी-धनी मरद महेवावाल।''-भू.ग्रं., प्रकी., 520/232।

**महेश कवि**—रचनाएँ-हम्मीररासो (रचनाकाल-सं. 1861)। विशेष - जोधराज कृत हम्मीररासो से तुलनीय। छंद संख्या 900। प्रधान रस वीर। (बृ. इति. 7)।

**महेश मुनि**—रचनाएँ - अक्षर बतीसी। रचनाकाल-सं. 1725। विव.-गर्व, पाय, छलादि का वर्णन। (बृ.इति. 7)।

**महेस** — महेश। महादेव। शिव। उ. (1)-''बेलाछाँड़ि उछलत सातौ नीरनिधि मन मुदित महेस नहीं नाचत लटतु है।''-भू.ग्रं., शि.भू., 310/186। उ. (2)-''देबन हूँ सौं देब प्रभु कहा सुरेस नरेस। कीनौ मीत धनेस तउ पहरैं चर्म महेस।।''-वृं.ग्रं., नी.स., 224/75। उ. (3)-''दैबेकौं कोटिक दान अनेक महेस लौं जोग हिये अवगाहिबो।''-बो.ग्रं., इ.ना., 111/19। उ. (4)-''राम सो नाम को स्याम सो सुंदर राधे सी वाम महेस सो जोगी।''-बो.ग्रं., वि.वा., 49/26। उ. (5)-''कजहू तें कोरीं जिन्हैं बदंत महेस अज लागैं सबै पैयाँ या गुबिंद गभुवारे की।''-ठाकुर, 8/4।

**महेस चाप**—शिवजी का धनुष। जनक के कुल में पूजित शिवजी का धनुष जो अत्यंत कठोर और भारी था, जिसे एक दिन कौतुक में ही सीता ने उठा लिया था। इसे देखकर जनक ने प्रतिज्ञा की थी कि जो इस धनुष को उठाए और चढ़ाएगा उसी से सीता का विवाह होगा। इसके लिए जनक ने धनुर्यज्ञ किया था, जिसमें केवल दशरथपुत्र राम ही धनुष चढ़ा सके थे। उनके हाथ से ही यह धनुष टूटा। अपने गुरु महेश के चाप के टूटने पर परशुराम ने अत्यन्त क्रोध किया किंतु उनके पास सुरक्षित चाप के राम द्वारा चढ़ा दिए जाने पर राम के अवतार होने का विश्वास हुआ था। उ.-''राम-कर छूवन तें टूट्यो ज्यों महेस-चाप टूटी पातसाही सिवराज संग लरतें।''-भू.ग्रं., प्रकी., 477/223।

**महेस मठ**—शिवस्थान। उ.-''नृप अवास के अग्रसी बाग असोक नवीन। निकट तड़ाग महेसमठ तहाँ अयन द्विज कीन।।''-बो.ग्रं., वि.वा., 49/137।

**महेस्वरी**—पार्वती। उ.-''काहे को 'दास' महेस-महेस्वरी-पूजन-काज प्रसूननि तूरति।''-भि. ग्रं. 1, शृं.नि., 220/137।

**महोदर**—रावण पक्ष का एक वीर राक्षस योद्धा। उ.-''अकंप-धूम्राक्षहिं जानि जूझ्यो। महोदरै रावन मंत्र बूझ्यो।।''-रा.चं., 17/18।

**महोनी**—झाँसी के निकट 'महोनी' नामक गाँव। उ.-''प्रगट करन तीरथ भयो जग में जिनके नाम। तिनके अर्जुनपाल नृप भए महोनी ग्राम।।''-क. प्री., 1/9।

**माँन**—दे. मान। उ. (1)-''कहि कहि तुहि समुझाइयै तेरौ बाहु सयाँन। अरथमान कौ तौ समुझ तब करि उनसों माँन।।''-रस.रतन., 891/160। उ. (2)-''इहि औसर बरषा समै लिपटत लता तमाल। अरी या समै लाल सौं माँन कहा जिय वाल।।''-रस., रतन., 898/161।

**माँग**—सिर के बालों के बीच की वह रेखा जो बालों को दो ओर विभक्त करके बनाई जाती है। इस विभाजक रेखा पर हिंदू सौभाग्यवती स्त्रियाँ सिंदूर लगाती हैं और इसे सौभाग्य का चिह्न समझती हैं। उ.-''स्यामल सुमिल सुभ पाटिन में चारु माँग अरुन जलज सोभ सोभैं पल-पल में।''-क.प्रि., 15/76। उ.(2)-''सेंदुर माँग भरी अति भलीं। तिहि पर मोतिन की आवली।''-रा. चं., 31/8। वी.च., 22/54।

**माँगफूल**—दे. माँग। स्त्रियों का एक प्रकार का गहना जो माँग पर पहना जाता है और जिसके बीच में एक प्राकर का टिकड़ा या फूल होता है। माँगटीका। उ. (1)-''माँगफूल सिरफूल सुभ बेनी फूल बनाउ। रूप-भूप जगजोति जनु पूरन प्रगट प्रभाउ।।''-क.प्रि., 15/80। उ. (2)-''सीसफूल

सिर जर्यौ जराय। मागफूल सोभियत सुभाय।''-वी.च., 22/55। उ. (3)-''सीसफूल सुभ जर्यौ जराय। माँगफूल सोहै सुभ भाय।।''-रा.चं., 31/9।

**माँन**—मानसिंह नाम के राजा। इन्हीं के पुत्र महाराज राजसिंह के गुणों का वर्णन करने के लिए वृंद कवि ने 'सत्य सरूप रूपक' नामक काव्य की रचना की थी। ये औरंगजेबकालीन किशन गढ़ के राजा थे। उ.-''माँन तनय मानत जगत मानत नय जय धीर।।''-वृं.ग्रं., स.स.रू., 17/263।

**माँन तनय**—मानसिंह नाम के राजा के पुत्र राजसिंह। उ.-''माँन तनय मानत जगत मानत नय जय धीर।।''-वृं.ग्रं., स.स.रू., 17/263। दे. मानसिंघ।

**माखन**—मक्खन। दूध से, विशेषतः गाय या भैंस के दूध से निकली हुई चरबी या सार भाग जो दही या मठे को मथने पर अथवा अन्य विशिष्ट क्रियाओं से तैयार की जाती है। इसे ही तपाने से घी बनता है। नवनीत। उ.-''ज्यों ज्यों परे पाइनि त्यों पाहन तें पीन भयो, होतु कहा अब कियें माखन सो गातु है।''-र.प्रि., 7/14।

**माखन कवि**—स्थान-रतनपुरा (बिलासपुर, मध्यप्रदेश)। समय-सं. 1870 में उपस्थित। पिता-गोपाता कवि। आश्रयदाता-रतनपुर के राजा राजसिंह (सं. 1756-1776)। रचनाएँ-भक्तचिंतामणि, रामप्रताप, जैमिनी, अश्वमेध, खूत तमाश, सुदामाचरित, छंदविलास, विनोदशतक। (बृ.इति. 6, स.सर्वे.)।

**मागध**—1. मगध देश का निवासी। उ.-''मुलतानी मागधी असष। मत्स्य देस के मोहन वेष।''-वी.च., 17/38। 2. मगध देश। उ.-''सौगतादिक भागि गे सब हून मागध अंग। सिंधुपार गए ति एक अनेक वंग कलिंग।''-बि.गी., 12/7।

**मागधसूत**—मागध के पुत्र। राजाओं की कीर्ति का वर्णन करने वाले। उ. (1)-''बरनत जय सब मागधसूत। जय बोलन बंदिन के पूत।।''-वी.च., 19/3। उ. (2)-''मागध सूत बदत इहिं भाँट। मनौ प्रतापअनल की बाट।''-वी.च., 24/13।

**माजम**—मुगल बादशाह औरंगजेब का पुत्र मोअज्जम। उ.-''माजम आबत इत उमगि उतकों आजमसाह।''-वृं.ग्रं., स.स.रू., 67/268।

**माजम साह**—दे. माजम। मुअज्जम शाह। उ.-'' अब तुम माजमसाह बचन मेरो सुनिलिज्जै।''-वृं.ग्रं., स.स.रू., 75/269।

**मातंग**—श्वपच। चांडाल। उ.-''परदार प्रिय मत्त मातंग सुताभिगामी, निसिचर को सो मुख देख्यो देह कारियै।''-क.प्रि., 12/25।

**मात**—पराजि। शतरंज की एक चाल। उ. (1)-''तुव दृग सतरंज बाज सौं मेरौ कछु न बसात। बादशाह मन कौं करै छबि सहि दै कर मात।।''-रस., रतन., 281/82। उ. (2)-''धरे हते मुहरा घनै मैलै हियौ बिसात। मो मन साहिय कौ करौ तैं दृग दै सह मात।।''-रस., रतन., 318/86।

**माता**—जननी। पाँच प्रकार की स्त्रियाँ आदरणीय होने के कारण माता मानी जाती हैं-निज जननी, आचार्यपत्नी, राजपत्नी, सास और मित्रपत्नी। उ.-''माता जिमि पोषति, पिता ज्यों प्रतिपाल करै, प्रभु जिमि सासन करति, हेरि हिय सों।''-क.प्रि., 8/7।

**मातापुर**—नगर विशेष। उ.-''मातापुर मायापुरी, महाकाल अघहर्नि। मलिका अर्जुन मैं लयौ, मिश्रकुमहि गोकर्नि।।''-वि.गी., 6/3।

**मातृका बावनी**—रचयिता-जसराज (दे.)। विव.-इसमें भाग्य, उद्यम, दान, भूख आदि का वर्णन है। (बृ.इति. 7)।

**मात्रा दंडक**—जिन छंदों में 32 से अधिक मात्राएँ होती है, उन्हें मात्रा दंडक कहते हैं। ल.-बत्तिस तें बढ़ि मत्त जो, मत्तादंडक लेखि।।-भि.ग्रं 1, छंदा., 1/233।

**मात्रामुक्तक छंद**—एक अथवा दो मात्राओं के घटने-बढ़ने से छंद का भेद बनता है। इसलिए इन्हें मात्रामुक्तक छंद कहते हैं। एक ही छंद में विभिन्न चरणों में मात्रा भेद हो सकता है। ल.-घटें-बढ़ें कल-दुकलहूँ, वहै भेद अभिराम। तेहि गनि मत्ता छंद के मुक्तक में गुनधाम।-भि.ग्रं. 1, छंदा.,

1/214।

**माधव**—माधवराव, जिनके पुत्र दौलतराव थे। उ. (1)-''महाराज माधवतनय नृपमनि दौलतराव। साहब सिंधिया कुल-कलस, दया-दान-दरियाव।।''-प. ग्रं., प्रकी.. 28/311। उ. (2)-''मानिनीमनोहरन महत मजेजवंत माधव नरिंद तनै तेजवंत तैसे हैं।''-प.ग्रं.. प्रकी., 1/303। 2. एक रीतिकालीन कवि का नाम। समय - सं. 1900 के आसपास। गुरु-अमृमराय। रचनाएँ-स्फुट। विशेष-कटाव लिखन में निपुण। (बृ.इति. 7)। 3. वैशाखमास। उ.-''सोरह सै उनहत्तराँ माधव मास बिचारु। जहाँगीर सकसाहि की, करी चंद्रिका चारु।।''-ज.ज.चं., 2। 4. बसंत ऋतु। उ.-''माधव रस बरसत सरस फूली सब बनराइ। कुहु कुहु पिक कुहुकलन लगे भौंर उठे भननाइ।।''-वृं.ग्रं., अ.दो., 66/10। 5. श्रीकृष्ण। उ. (1)-''माधव सरूप माधव पवन कहत वृंद आनंदकर।''-वृं.ग्रं., प.प., 1/51 उ. (2)-''मधु माधव के मास मैं मधु माधव के रंग। राधा माधव के संग रहत उमा माधव संग।।''-वृं.ग्रं., य.स., 513/246। उ. (3)-''जैसी रट तोहि लागी माधव की राधे ऐसी राधे राधे राधे रट माधवै लगी रहै।।''-प.ग्रं., जग., 628/210।

6. माधवा। कवि बोधाकृत विरह वारीश काव्य का नायक माधव (माधवानल)। उ. (1)-''बिन्नुदास निज घटनि उर माधव जन्म सुजानि।''बो.ग्रं., वि.वा., 7/43। उ. (2)-''बिद्याप्रवीन बिद्याप्रकास। सो रहहिं सदा अवनीसपास। अति सीलवंत गुन ज्ञान खानि। तिहि पुत्र माधवा विप्र जानि।।''-बो.ग्रं., वि.वा., 6/43।

**माधवा जयति**—रचयिता-शोभानाथ (दे.)। विव.-आश्रयदाताओं की प्रशस्ति। (बृ.इति. 7)।

**माधवदास**—माधौदास। कवि केशवदास के आश्रयदाता वीरसिंह देव का पुत्र। उ.-''भीम समान वली चंद्रभान। पुनि बलबीरराइ भगवान। नर नरकेहरि नरहरिदास। कृष्णदास अरु माधवदास।।''-वी.च., 2/49।

**माधवनल**—दे. माधव (6)। उ.-''जब माधवनल आयहै कामसेन के पास।।''-बो.ग्रं., वि.वा., 70/42।

**माधव विनोद**—रचयिता-सोमनाथ (दे.)। विव.-नाटक। (इति.शुक्ल)।

**माधव-सुयश-प्रकाश**—रचयिता-छविनाथ अवस्थी (दे.)। विव.-आश्रयदाता के दान, शौर्य, धर्म आदि का वर्णन। (बृ.इति. 7)।

**माधवा**—दे. माधव (6)। उ.-''रतिपति कों रति के सहित गोपिन दई सराप। तिहि सजीव जग आय कै पायौ विरह संताप।। मदन भयो द्विज माधवा कामकंदला जोय।''-बो.ग्रं., वि.वा., 51/52/27।

**माधवा कथा**—कवि बोधा रचित माधवानल की कथा। माधवानल-कामकंदला की प्रेमकथा। उ.-''कहि प्रीति रीति गुन की सिरत नृप विक्रम को सरस जस। नौ खंड माधवाकथा में नृपै रस बिधा चतुर्दस।।''-बो.ग्रं., वि.वा., 6/22।

**माधवानल**—दे. माधवनल, माधव (6)। उ.-''प्रथम पतंग कुरंग पुनि माधवानल की प्रीति। चौथे यारी ज्ञानमय भृंग कीट की रीति।।''-बो.ग्रं., वि.वा., 40/26।

**माधवानल नाटक**—रचयिता - केश कवि (दे.)। विव.-नाटक नाम होते हुए भी यह काव्य ही है। (बृ.इति. 7)।

**माधवानल कामकंदला**—रचयिता-आलम (दे.)। (स.सर्वे.)।

**माधवानल कामकंदला**—रचयिता- हरनारायण (दे.)। (इति.शुक्ल)।

**माधवानल्ल**—दे. माधवानल। उ.-''देख्यो सुन्यो न कहूँ कबहूँ भयो माधवानल्ल सो और बियोगी।।''-बो.ग्रं., वि.वा.,49/26।

**माधवी छंद**—ल.-आठ सगन गुरु माधवी (आठ सगण (।।) और एक गुरु से माधवी छंद बनता है)। उ.-''छबि पावत है मधु माधवि तें मधु कों अति माधविहूँ सों प्रभा है।।''-भि.ग्रं. 1, छंदा., 13, 14/246।

**माधवी वसंत**—रचयिता-चंद्रशेखर (दे.)। (इति.शुक्ल)।

**माधवै**—दे. माधव (6), माधवानल। उ.-

"सांबत बाल माधवै टेरै। जागे ते सरितातट हेरै।।"-बो.ग्रं., वि.वा., 37/64।

**माधुर्य**--भिखारीदास ने हेला हाव के बाद नारियों के 'अलंकार' के रूप में औदार्य, माधुर्य, प्रगल्भता आदि की गणना की है। दूसरे लोग इसे अयत्नज अलंकार के अंतर्गत विवेचित करते हैं। सभी स्थितियों में नायिका द्वारा अपनी चेष्टाओं में मृदुता अथवा रमणीयता बनाये रखना माधुर्य अलंकार कहलाता है। नायिका के सात्विक अलंकार के रूप में भी यह स्वीकृत है। ल.-सोभा सहज सुभाय की नवता सील सनेह। ये तिय के माधुर्य हैं जानत त्यौरन तेह।। उ.-"सबनि बसन भूषन सजे अपने अपने चाड़। मन मोहति प्यारी दिये वा दिनवारी आड़।।" उ. (2)-"मनमोहन आगे कहा मानु बनैगो ऐन। भौंहनि सों रूखी परैं रूखे होत न नैन।।"-भि.ग्रं. 1, र.सा., 243-345/50।

**माधुर्य केलिकादंबिनी**--रचयिता-रामप्रपन्न (दे.)। (बृ.इति. 7)।

**माधुर्य गुण**--दे. गुण। मधुर होने की विशेषता। श्रवण, आनंद आदि में मधुरता या सरसता आदि। इसे पांचाली रीति के अंतर्गत प्राप्य एक प्रकार का गुण भी माना जाता है जिससे चित्त प्रसन्न होता है। इस प्रकार की रचना में ट वर्ग और दीर्घ समासों का अभाव रहता है। कुछ लोग इस गुण की उत्पत्ति उक्तिवैचित्र्य, आर्द्रता आदि से भी मानते हैं। सामान्यतया मृदु रसों (संयोग, करुण, वियोग, शांत आदि) की रचना में इस गुण की स्थिति आवश्यक है। ल.-"अनुस्वारजुत बर्नजुत, सवै वर्ग अ-ट वर्ग। अक्षर जामें मृदु परै, सो माधुर्य निसर्ग। रलेषौ मध्य समास को, समता कांति विचार। लींहे माधुर्ज जुत करुना हास सिंगार।।" उ.-"धरे चंद्रिका-पंख सिर बंसी पंकज-पानि। नंदनंदन खेलत सखी बृंदावन सुखदानि।।"-भि.ग्रं. 2, का. नि., 5, 6, 31/175, 179।

**माधुर्य लहरी**--रचयिता-कृष्णदास (दे.)। विव.-कृष्णचरित। (इति.शुक्ल)।

**माधो**--दे. माधव (5)। उ.-"माधो अपराधो तिल आधो ना बिचारोसुद्ध साध ही तें राधे हट-आरा-धन ठानती।।"-भि.ग्रं. 1, शृं.नि., 207/134।

**माधो**--दे. माधव (6), माधवनल, माधवानल आदि। उ.-"जो वैसी जोड़ी मिलै प्रीति करो सब कोय। कामकंदला सी त्रिया नर माधो सा होय।।"-बो.ग्रं., वि.वा., 48/26।

**माधो कथा**--दे. माधवा कथा। उ.-"बनत यही वनिता कही वे राजा तुम दीन। भाषा करि माधोकथा सो लै मिलौ प्रबीन।।"-बो.ग्रं., वि. वा., 22/23।

**माधोनल**--दे. माधव (6), उ.-"यों मुनि भयो हुलास माधोनल चाह्यो चलन।"-बो.ग्रं., वि. वा., 38/60।

**माधौ**--दे. माधव (5)। उ.-"मेरे कृपा घन आनँद है रस भीजैं सदा जिहिं राधिका-माधौ।"-घ. कृ., 351/183।

**माधौ**--दे. माधव (6)। उ.-"बरौं चिता के साथ कै माधौ द्विज को वरौ।"-बो.,ग्रं, वि.वा., 37/46।

**माधौनल**--दे. माधव (6), माधवानल। उ.-"माधौनलै वहै जग लागी। कहाँ कंदला परम सभागी।।"-बो.ग्रं., वि.वा., 65/176।

**मान**--साहित्य के अनुसार प्रायः स्त्रियों के मन में होने वाला वह विकार जो अपने प्रिय व्यक्ति को कोई दोष या अपराध करते देखकर होता है। इस प्रकार का मान प्रायः स्त्रियाँ प्रिय को किसी दूसरी स्त्री की ओर देखते अथवा उससे बात करते देखकर अथवा कोई अभिलषित पदार्थ न मिलने पर या कोई कार्य इच्छानुसार न होने पर करती हैं। दूसरी नारी को प्रिय के अंक में देखकर, प्रिय के साथ देखकर या नारी के साथ प्रिय के विवाह के निश्चय को सुनकर नायिका को जो मान होता है, उसे गुरु मान कहते हैं। यह लघु, मध्यम और गुरु नाम से तीन प्रकार का कहा गया है। मान अपनी व्याही के प्रेम के कारण, परकीया के दूसरे के प्रेम के कारण, सामान्या का धनहानि के कारण होता है। स्वकीया मान को जग में प्रकाशित करती है, परकीया छिपा कर करती है और सामान्या कपट

रखकर बहुत प्रकार से करती है। ल. (1)-प्रिय अपराध सरस ह्वै, त्रिय जु धरै इन मौन। मान कहत हैं ताहि जे अनुभव रस बुधि भौन।। लधु मध्यम गुरु भेदतें तीनि भाँति सो जानि। जो बिनोद बतियानि ही मिटै सुलघु मन आनि।। मध्यम मान मिटै किये जतन बहुत बहु आनि। नति आदिक अति बहु जतन, मिटत बहुरि गुरु मान।।-शृं.मं., 217-219/67। ल.-(2)-मानिनी के मन में मन मोहन मोहन के मन मानिनी भावै। मान कियौ अनुमान बिलोकनि आन तिया कों जहाँ पिय ध्यावै। कंत सुजान तहाँ कवि भूषन चूमन दै उहि कोप छिमावै। केलिकला हुलसी ततकाल मिलि हँसि सो लघु मान कहावै।। लाल चहै चितचैन बिनै करि भाल में बंदन चिह्न लह्यौ है। चंदनरेख लखी उर माँह लखें पिय को तिय कोपु गह्यौ है। मौन कियें अभिमान हियें कवि भूषन सो गुरु मान कह्यौ है।।-भू.ग्रं., प्रकी., 566-567/243। ल. (3)-सहजैं हाँसी खेल तें बिनयवचन सुनि कान। पाय परें पिय के मिटै लघु मध्यम गुरु मान।।-ज.ग्रं., भा.भू., 23/11। ल. (4)-समय मान के होत, ते धीरादिक सब नारि। क्रियावचन चेष्टानि तें प्रगटत बहु बिधि तारि।। कृ.ग्रं., हि.त., 18/7। ल. (5)-और बाम निज अंकमें, औश्र संग व्यो देखि। और ब्याह को ठान सुनि, होत मान गुरु लेखि।। मानभेद बहु होत हैं, निजु ब्याही हित जानि। परहित तें परनारि के सामान्या धनहानि।। सुकिया करै प्रकास जग ढप्यो करै परवाम। सामान्या बहुबिधि करै कपट धरे मतिधाम।। कारन मोचन तें परखि, नीजै मान अनूप। क्रिय बच लुप्त सरोस छबि, वहै मान को रूप।।-कृ.ग्रं., हि.त., 206-209 ।49। कृपाराम ने तीनों प्रकार के मानों के मोचन की विधियों का भी विवरण किया है।-वही, 210-216/50-51। कुछ लोगों के अनुसार मुग्धा मानिनी नहीं होती, जबकि कुछ मानते हैं कि मुग्धा मान प्रकट करती है। ल. (6)-मुग्धा होइ न मानिनी, कोई कहत पुकारि। कोई कहत जु होत है, मान भासनत नारि।। होत कछू आभास सो, मुग्धा के मन मान। तातें सहज उदाहरन, मैं राख्यो इहि थान।।-वही, 216-217/51। ल. (7)-मान कहत हैं तीन बिधि लघु मध्यम गुरु नाम। तिनके भेद बनाम कै बरनै कबि मतिराम।। और बाल कौं लखत जहँ लखै कंत कौं बाल। बरनत हैं लघुमान सो छूटत तनकहि ख्याल।। पियमुख औरहिं नारि को सुनै नाँव जब नारि। होत मान मध्यम तहाँ बरनत सुकबि बिचारि।। बोलन और तियान सों पिय कौं देखै नाम। होत तहाँ गुरुमान सो बरनत कबि मतिराम।।-मति., र.रा., 385, 386, 389, 392/287-289। ल. (8)-सूचक पिय अपराध को इंगित कहिये मान। त्रिबिध मान सो मानिये लघु मध्यम गुरु मान।। परतियदरसन दोष तें करै जु तिय कछु रोष। सो लघुमान पिछानिये होत ख्याल ही तोष।। और तिया को नाम कहुँ पियमुख तें कढ़ि जाइ। होत मान मध्यम मिटै सौंहनि किये बनाइ।। आनतियारत पीव लखि होत मान गुरु आइ। पाइ परें भूषन भरें छूटत कहूँ बराइ।।-प.ग्रं., जग., 632, 633, 636, 639/211-213। ल. (9)-मानभेद तें तीन बिधि मध्या प्रौढ़ा मानि। धीरा और अधीर तिय धीराधीरा जानि।।-भि. ग्रं. 1, र.सा., 45/9। केशवदास के निरूपण में वैशिष्ट्य यह है कि उन्होंने नायक और नायिका दोनों के मानों का निरूपण किया है। साथ ही उन्होंने तीनों प्रकार के मानों के प्रच्छन्न और प्रकाश नामक दो भेद किये हैं। ल. (10)-पूरन-प्रेम-प्रताप तें, उपजि परतु अभिमान। ताकी छबि के छोभ तें केसवकहियत मान।। प्रकटहि पिय प्रति मानिनी, गुरु लघु मध्यम मान। प्रकटहिं पीय प्रियानि प्रति, 'केसवदास' सुजान।। आन नारि के चिह्न लखि, अरु सुनि श्रवननि नाउँ। उपजत है गुरुमान तहँ, 'केसवदास' सुभाऊँ।। देखत काहू नारि त्यौं, देखे अपने नैन। तहँ उपजत लघुमान, कै सुनें सखी के बैन।। बात कहत पिय और सों देखै केसवदास। उपजत मध्यममान तहं मानिनी के सबिलास।।-र. प्रि., 9/1-3, 9, 15। दे. मानभेद।

**मान अपनोद**—मानापनोद। मान को हटाना। नायिका की सखी के कार्यों का एक भेद। सखी यह कार्य नायक और नायिका दोनों के लिए करती है। (नायिका का मानापनोद) उ. (1)-''सुंदरि निरमल

सौध ग्रह, सरद चाँदनी राति। क्यों रूसी पिय सौं अरी, मेहदी मूरख जाति।।'' (नायक का मानापनोद) उ. (2)-''रति सी ललित विलासिनी, सो सनेह करि दीन। आपुनु ही रूसन लगे, नायक रसिक नवीन।।''-शृं.मं., चिंता., 376, 377/116-117।

**मान उपदेश**—मानोपदेश। मान की शिक्षा। नायिका की सखी का एक कार्य। ल.-प्रकट मान उपदेश ते, लैईहा जे और। अप्रसिद्ध पद जो सुनौ, कहि है वाही ठौर।। उ.-''मान सिखायो हम भई ये, पति के आधीन। गुरु पढ़ायो शिष्य ज्यों, भयो निपट बुधि छीन।।''-शृं.मं., चिंता., 361, 379/112, 117।

**मान तनैं**—दे. माँन तनय, माननंद। द.-''तानतनैं राजसिंह महीपति जीति हैं जुद्ध स्री नाथ कृपा तैं।''-वृं.ग्रं., स.स.रू., 83/271।

**मानद**—मान देने वाला। नायक। उ.-''मान मनावत हूँ करै मानद को अपमान। दूनो दुख तिन बिनु लहै अभिसंधिता बखान।।''-र.प्रि., 7/13।

**मानधाता**—मांधाता। 1. एक सूर्यवंशी राजा जिसकी राजधानी अयोध्या में थी। इनके पिता का नाम युवनाश्व था। युवनाश्व संतानहीन होकर भी संसार छोड़कर ऋषियों के साथ वन में रहने लगे थे। दयावश ऋषियों ने उनकी संतान के लिए एक यज्ञ किया और उसके अंत में अर्धरात्रि के समय अभिमंत्रित जल को घड़े में भर कर वेदी में रख दिया। रात्रि में तुषार्त होकर युवनाश्व ने ही वह जल पी लिया, जिससे कालक्रम से उसके दक्षिण उदर को विदीर्ण कर एक पुत्र उत्पन्न हुआ। इंद्र ने आकर 'माम धाता' कहकर अपनी अँगुली चुसा कर उसका पालन किया था। इसीलिए इसका नाम 'मांधाता' हुआ। बाद में यह बड़ा प्रतापी और चक्रवर्ती राजा हुआ। इनका विवाह शशविंदु की पुत्री विंदुमती अथवा चैत्ररथी से हुआ था, जिसके गर्भ से पुरुकुत्स, अंबरीष और मुचुकुंद नामक तीन पुत्र और पचास कन्याएँ हुई थीं। कन्याओं का विवाह सौभरि ऋषि से हुआ था, जिनके लिए इन्होंने बिल्लौरी महल बनवा दिए थे और योगबल से कुछ-कुछ दिन सबके साथ रहते थे। ये एक क्षत्रोपेता द्विज थे। मथुराधिपति मधु राक्षस तथा लंकापति रावण की मौसी कुँमीनसी के पुत्र लवणासुर ने युद्ध में इन्हें मार डाला था।-हिं.श.सा., पौ.को.। उ.-''कहँ पृथु भगीरथ मानधाता कहँ करन कुरुनंद हैं।''-प.ग्रं., हि.ब.बि., 108/16। 2. हिम्मत बहादुर (दे.) के एक सेनापति सबसुखराय का पुत्र जिसे रजधान का धनी भी कहा जाता है। यह कायस्थ था। उ.-''तब मानधाता मरद अति सुत राय सबसुखराय को।''-प.ग्रं., हि.ब.बि., 121/17।

**माननंद**—दे. माँन तनय, मान तनैं। उ.-''राज राज जैसो हैं विराजमान माननंद महाराजा राजसिंह राजैं राजदान हैं।।''-वृ.ग्रं., स.स.रू., 20/264।

**माननी**—मानिनी। मान (दे.) करने वाली स्त्री। साहित्य में वह नायिका जो नायक के दोष या अपराध को देखकर उससे रूठ गई हो। उ. (1)-''माननी मान मोचत फिरत मदन मोद मन मैं भरत। कहि बृंद दक्ष दच्छिन पवन जोइ भावत सोइ सोइ करत।।''-वृं.ग्रं., प.प., 17/55। उ. (2)-''मान निबारहु माननी होत पात उत घात। ए री आवत पातकी करत काम उतपात।।''-वृं. ग्रं., य.स., 158/218।

**माननी छंद**—आठ सगण (।।) के बाद एक लघु देने से माननी छंद बनता है जिसमें पचीस वर्ण होते हैं। ल.-आठ सगन के अंत लघु लहहु माननी छंद। चारि छंद 'केसव' बरन पंचबीस आनंद।। उ.-''संग आए हैं एक रिषीसुर के नरदेवकुमार कि देवकुमार।।''-छं.मा., 1/75।

**मानप्रवर्जन**—भिखारीदास द्वारा बताये गये 12 सखी कर्मों में से एक। दे. सखी कर्म। उ.-''...श्रुति साजधारी वा बदन द्विजराज की सौं ए री प्रानप्यारी कोप कापै तूं गहति है। साँची हौं कहति तुव बेनी सौं कमलनैनी तेरी सुधिसुधा मोहिं ज्यावति रहति है।''-भि.ग्रं. 1, शृं.नि., 224/138। दे. मान अपनोद।

**मानप्रवर्जनउपाय**—दे. मानप्रवर्जन। ल.-''साम बुझाइबो दान है दीबो और भेद जु बात बनै अपनावै। पाय परै नति भै डरुपैबो उपेक्षा जु औरिये

रीति जनावै। ताहि प्रसंग विध्वंस कहैं जहँ छाड़ि प्रसंग सुकाज बनावै। मानप्रवर्जन की यों उपाइ करै बहु रीति सु 'दास' गनावै।।''-भि.ग्रं., मिश्र, र. सा., 378/54। (सामोपाय, दानोपाय, भेदोपाय, प्रणति, भयोपाय, उत्पेक्षा, प्रसंगविध्वंस ये मानप्रवर्जन के उपाय बताये गये हैं)। दे. मान अपनोद।

**मानबती**—दे. मानवती, माननी। उ.-''बात घात तैं टूट है ज्यौं तरुजर बलवान। बात घात तैं तोरिहौं त्यौं मानबती कौ मान।।''-वृं.ग्रं., य.स., 690/259।

**मान बावनी**—रचयिता-मुनिमान (दे.)। लिपिकाल-सं. 1812। (बृ.इति. 7)।

**मानभेद**—दे. मान। ल.-इरषा गरव उदोत तें होत दंपतिहि मानु। गुर लघु मध्यम सहित सो तीनि भाँति को जानु।। लखि सचिह्न मुखनाम सुनि बोलत देखत देखि। गुर मध्यम लघु मान प्यौ आन-बाम रत लेखि।।-भि.ग्रं., मिश्र., र.सा., 372-273/53।

**मानमंजरी**—रचयिता-गंगाराम (दे.)। विव.-आश्रयदाता महाराज कर्मसिंह की प्रशस्ति और शौर्य का वर्णन। (बृ.इति. 7)।

**मानमंजरी** (आंशिक)—रचयिता-गंगाराम। रचनाकाल-सं. 1893। (बृ.इति. 7)।

**मानमंजरी नाममाला**—रचयिता-बद्रीदास (दे.), सं. 1725। (बृ.इति. 7)।

**मानमंजरी**—रचयिता-नंददास। सं. 1835। (बृ.इति. 7)।

**मान मोचन**—दे. मान। मान नायिका करती है और उसे हटाने या दूर करने का प्रयास या उपाय नायक करता है। जिस कारण से मान उत्पन्न हुआ है, उसे सुजान नायक जानकर तदनुकूल उसके मोचन की रस से युक्त विधि का विधान या युक्ति करता है। मान तीन प्रकार के हैं-लघु, मध्य और गुरु। इनके अलग-अलग उपाय हैं, विधियाँ हैं। जैसे गुरु मान के मोचन की विधि है- नायिका के चरण पड़ना, विनय करना, प्रेमपूर्वक भूषणादि प्रदान करना आदि। ल.-जाते उपजो मान सोइ जान अति जान पिय। मोचन विधि के ठान, करे सकल रस जुक्ति के।।...विनय करत पाइनिपरत, भूषन देत सुहित्त। मान मिटै गुरु बाम की, पंडित कहत सुदित्त।।-कृ.ग्रं., हि.त., 210-214/50। गर्विता के मान-मोचन के अनेक भेद हैं- भेद, उपेक्षा, साम और प्रणति वचन। ल.-भेद उपेक्षा साम प्रनति वचन तनि राखि पुनि। हरै मान अभिराम सुधर और रसजुक्तिकरि।।-कृ.ग्रं., हि.त., 299/66।

**मानवती**—दे. मान, माननी, मानवती। प्रकृति के आधार पर नारियों के भेदों में से एक जो सभी श्रेणी की नारियों में पाई जाती है। यह वह नायिका है जो उत्तमा (स्वकीया), मध्यमा (परकीया), और अधमा (वारबधू) प्रकृति के अनुसार सभी में मिलती है। ल. (1)-उत्तम मध्यम अधम तिय प्रकृतिभेद तें जानि। मानवती के भेद सब कारन तें अनुमानि।।-कृ.ग्रं., हि.त., 17/7। ल. (2)-करै ईरषा सौं जु तिय मनभावन सों मान। मानवती तासों कहत कबि मतिराम सुजान।।-मति., र.रा., 107/224। ल. (3)-मानवती अनुरागिनी प्रोषितपतिका नारि। क्रम तें इन्हैं बियोग के आलंबन निरधारि।।-भि.ग्रं., मिश्र, र.सा., 443/64। ल. (4)-मौन गहै जो कोप सों, मानवती है सोइ। त्रिबिध मौन के भेद तें तीनि भाँति सो होइ।।-शृं.मं., चिंता., 216/67।

**मानस-अभिप्राय-दीपक**—रचयिता-रामचरणदास (दे.)। (बृ.इति. 7)।

**मानस-मयंक**—रचयिता-शिवलाल पाठक। (बृ.इति. 7)।

**मानसर**—मानसरोवर। हिमालय के उत्तर की एक प्रसिद्ध बड़ी झील, जिसके विषय में प्रसिद्ध है कि ब्रह्मा ने इच्छा मात्र से ही इसका निर्माण किया था। इसका जल अत्यंत सुंदर, स्वच्छ और गुणकारी माना जाता है। इसके आसपास की प्राकृतिक शोभा अद्‌भुत है। ऋषिगण इसके वातावरण को स्वर्गतुल्य मानते हैं। विश्वास किया जाता है कि यहाँ हंस क्रीड़ा करते हैं। उ. (1)-''सरवर के खग एक से, बाढ़त प्रीत न धीम। पै मराल को मानसर, एकै ठौर रहीम।।''-र.वि., दो., 265/26। उ. (2)-''तो सम हो सेस सो तौ बसत पताल लोक ऐरावत गज सो तौ इंद्रलोक सुनियै। दूरि हंस मारसर ताहू ते कैलासधर सुधा सुरधर-सिंधु छोड़ि गयौ दुनियै।''-भू.

ग्रं., शि.भू., 39/135। उ. (3)-''मानसर बासी हंस बंस न समान होत चंदन सों घस्यौ घनसारै न घरीक है।''-भू.ग्रं., शि.भू., 245/175।

**मानसरोबर, मानसरोवर, मानसरोवरौ**—दे. मानसर। उ. (1)-''अवधपुरी पुर जोगिनी, जालंधर सुनि बाल। मानसरोबर मानिनी जगन्नाथ सुबिसाल।।''-वि.गी., 6/8। उ. (2)-''हरि राधिका मानसरोवर के तट ठाढ़े री हाथ सों हाथ छियें।''-र. प्रि., 5/36। उ. (3)-''परमहंस सेवत देखियै। मानसरोवर सो लेखियै।''-वी.च., 25/17। उ. (4)-''यद्यपि अवनि अनेक हैं, कुपवंत सरि ताल। रहिमन मानसरोवरहिं मनसा करत मराल।।''-र. वि.दो., 157/16। उ. (5)-''सरस बाल को मन लला पारावार अनूप। नीरस मानसरोवरो मारवार के रूप।।''-मति., स., 631/420।

**मारसिंघ**—दे. माँन, माँनतनय, माननंद। किशनगढ़ के औरंगजेबकालीन राजा राजसिंह। उ.-''मानसिंघ भूपाल सुत बीर धीर दातार। राजसिंघ सव बिधि सरस राजै राजकुमार।।''-वृं. ग्रं., अक्षरादि दोहे, 3/5।

**मानासाही**—तलवार विशेष। उ.-''बर मानासाही भटनि दुबाहीं झिलमनि बाहीं नहीं झरैं।''-प.ग्रं., हि.ब.बि., 195/27।

**मानिक**—माणिक्य। एक मणि का नाम जो लाल रंग का होता है। हीरे के बाद यह सबसे कड़ा पत्थर माना जाता है। इसमें अन्य रंग भी मिलते हैं-गहरा लाल, गुलाबी, नारंगी, बैंगनी आदि। नरम चुन्नी इसकी एक जाति है। चिह्नरहित अधिक चमक वाला माणिक्य उत्तम माना जाता है और अधिक मूल्यवान होता है। आयुर्वेदिक चिकित्सा में भी इसका प्रयोग होता है। उ. (1)-''प्रेम लग्यो अंगार ह्वै सीतामन बिन ज्ञान। देत अंगूठी राम की मानिक भो हनुमान।।''-मति., सत., 451/406। उ. (2)-'' 'केसव' अपनो मानिक सो मन हाथ पराएँ दै कौने लह्यौ हो।''-र.प्रि., 3/49।

**मानिकदास**—स्थान - अहमदाबाद, उज्जैन। रचनाएँ-संतोष सुरतरु। (बृ.इति. 7)।

**मानिनि, मानिनी**—दे. मान, माननी, मानबती, मानवती। उ. (1)-''सुनि मानिनि अपराध बिन कहातजत दृग बारि। निसि वासर यह मानियै डारै राग पखारि।।''-मति., सत., 555/414। उ. (2)-''वृंद कहै सुनि ए सखि बैन भरी अइति कोपु न उत्तर दैहै। बार ही बार उदास ह्वै मानिनि दीरघ उष्ण उदास ही लैहै।''-वृं.ग्रं., भा.पं., 28/19। उ. (3)-''मान करि मानिनी मनाए मानैं बावरी न कोऊ गुरु मानै सतगुरु मान बावरी।।''-भि.ग्रं., 1, शृं. नि., 207/134। उ. (4)-''सुनि दूत दै मन मानिनी बिन अपराध रिसानि। नेह जनावत कों महा दीपजोति उर आनि।।''-मति., स., 554/414। उ. (5)-''मानिनी के मन में मनमोहन मोहन के मन मानिनी भावै।।''-भू.ग्रं., प्रकी., 566/243। उ. (6)-''मानिनी समेत मान, मानिनीनि बस करि, मेरो मन तेरो दीप दीपित करतु है।''-क.प्रि., 13/25।

**मानिनी** छंद—आरम्भ में एक लघु, सात भगण (ऽ।।) और अंत में एक गुरु लगाने से 23 वर्णों का यह छंद बनता है। ल.-सात भ है मदिरा गुरु अंतहु दै लघु और चकोर कहौ गुनि। ताहु गुरु करि मत्तगयंद लहू मदिरा सिर मानिनि ये। ल.-''चढ़ाई के भौंहँ कमाननि मानिनि काहे तु बैर बढ़ावति है।''-भि.ग्रं. 1, छंदा, 2, 6/243-244।

**मानी**—व्यवहार-व्यापार-भेद से नायक का वह भेद जिसमें नायिका के अभिमान अथवा मान के कारण वह विनम्र नहीं होता। साहित्य में वह नायक जो नायिका से अपमानित होकर रूठ गया हो। ल. (1)-होइ...पुनि ही कुपित सो मानी पहिचानि।। उ.-''मैं अंजलि बाँधी निरषि, पिय कपोल बिधु रेष। मोसों रहे रिसाइ है, देषौ बात अलेष।।''-शृं.मं., चिंता., 455, 465/134, 136। ल. (2)- करत नायका सों कछू नायक मन अभिमान। तासों मानी कहत हैं कबि मतिराम सुजान।।-मति., र.रा., 263/261। उ.-''यामें कौन सयानु है मोहनलाल सुजान। आपु करत अपराध हौ आपुहि पुनि अभिमान।।''-मति.र.रा., 265/261। ल. (3)-''कियो जु तिय पै मान पिय मानी कहिये

ताहि।।'' उ.-''जगत जुराफा ह्वै जियत तज्यो तेज निज भान। रूसी रहे तुम पूस में है यह कौन सयान।।''-प.ग्रं., जग., 306, 309/146-147। ल. (4)-मानी ठानै मान जो। ल. (1)-''करि उपाउ बलि जाउँ पुनि मान धरौ मन मानि। बोरन चाहत फेरि बृज बाल बरषि असुवानि।।''-भि.ग्रं. 1, र. सा., 177-178/26-27। उ. (2)-''अब भरि जनम सहेलिया तकब न ओहि। ऐंठलि गइ अभिमनिया, तजि कै मोहि।।''-र.वि., ब.ना.भे., 109/54।

**मानु**–दे. मान। उ. (1)-''तो ही को छुटि मानु गौ देखत ही व्रजराज। रही घरिक लौं मान सी मान करे की लाज।।''-बि.र., 310/146। उ. (2)-''ढीठि परोसिनि ईठि ह्वै कहे जु गहे सयानु। सबै संदेसे कहि कह्यो मुसकाहट मैं मानु।।''-बि.र., 383/177। उ. (3)-''वाही दिन तैं ना मिट्यौ मानु, कलह कौ मूलु। भलैं पधारे, पाहुने, ह्वै गुड़हर कौ फूलु।।''-बि.र., 565/262।

**माफी**–वह भूमि जिसका कर सरकार से माफ हो। उ.-''माफी कौ तो कर दई सनद दृगन करि हेत। रूप जिनसि पल गौंनि मैं काहे भरन न देत।''-रसि., रतन., 189/69।

**मायक**–माया करने वाला। मायावी। मायापति विष्णु। उ.-''हरि दिढ़बल गोबिंद बिभु मायक सीतानाथ। लोकप बिठ्ठल संखधर गरुडध्वज रघुनाथ।।''-क.प्रि., 16/19।

**मायके**–मायका। नैहर। पीहर। उ. (1)-''मायके तैं कबहौं कितहौं निकसी न सदा घर ही महँ खेली।''-वृं.ग्रं., भा.पं., 30/20। उ. (2)-''अपने अटके सुनि ए री भूट निज सौत के मायके जैयत है।''-ठाकुर, 85/23।

**मायनो**–वह दिन या तिथि जिसमें विवाह में मातृका पूजन और पितृनिमंत्रण होता है। मातृका पूजन। उ.-''भोर मायनो फेर रसोई। दरोबस्त वस्ती कहँ होई।।''-बो.ग्रं., वि.वा., 31/224।

**माया**–1. कपट। जादू। धोखा। उ.-''डारि डोरि डग डीठि गनि तम त्रिय, जमुना जानु। छाया-माया काम की काया कुसल बखानु।।''-क. प्रि., 15/70। 2. ममता। अहंकार। उ.-''जीव बँधे सब आपनि माया। कीन्हें कुकर्म मनो बच काया।।''-रा.चं., 25/16। 3. मोहकारिणी शक्ति जो जीव को बाँधती है। सत् को असत् और असत् को सत् करके प्रतीत कराने वाली शक्ति। उ.-''तजि तजि माया दुरंत, भक्त रावरे अनंत, तव पद कर नैन बैन, मानहु मन दीन्हें।।''-रा.चं., 29/20। उ. (2)-''उठौ हठी होहु न काज कीजै। कहैं कछु राम सो जान लीजै।। अदोष तेरी सुत मातु सोहै। सो को जु माया इनकी न मोहै।।''-रा.चं., 10/42। 4. मायाकृत प्रपंचमय जगत्। उ.-''जल समान माया लहर रवि समान प्रभु एक। लहि वाके प्रतिबिंब कौं भासत भांति अनेक।।''-रस., रतन., 71/52। 5. सृष्टि की उत्पत्ति का मुख्य कारण। प्रकृति। उ.-''त्यौं जिय तैं अंतहकरन न्यारो करिके मानि। ईस्वर हू सौं भिंन करि माया ऐसैं जानि।।''-ज.ग्रं., आ.वि., 154/130। 6. ईश्वर की वह कल्पित शक्ति जो उसकी आज्ञा से सब काम करती हुई मानी जाती है। उ.-''सत चिदानंद ताकी इछया ही कौं ईस जानि, माया तौ कही मैं तोहि इछया ही को रूप है।''-ज.ग्रं., अ.प्र., 18/140। उ. (2)-''अब बचन विचार कहै पदमाकर यह ईस्वर की काया है।''-प.ग्रं., क.प., 1/295। 7. द्रव्य। धन। संपत्ति। सांसारिक भोग। उ.-''माया मिली नहिं राम मिले दुबिधा मैं गए सजनी सुनि दोऊ।''-ठाकुर, 84/22। 8. अविद्या। अज्ञानता। भ्रम। उ.-''माया बैरी मोह की जकर्‌यो सब संसार। माया बेरी पुन्य की करति उदधि भव पार।।''-वृं. ग्रं., य.स., 168/219।

**माया छंद**–1. बाईस मात्राओं का छंद है। मात्राक्रम है (SSS SSI ISS IISS)। ल.-मोतोयोसोगो करिकै मायाहि पूरो। उ.-''ताही कों ध्यावै मन बाचा अरु काया। सोई पालैगो जिन देही निरमाया।।''-भि.ग्रं. 1, छंदा., 188, 195/204-205। 2. माया छंद। केशवदास ने इसके लक्षण का निरूपण किया है कि इसके प्रत्येक चरण में एक रगण के आरम्भ में दो लघु (।। S IS) रहते हैं। इसके प्रत्येक चरण में पाँच वर्ण होते हैं। ल.-रगन अंत द्वै आदि लघु माया छंद बखानु।। उ.-''सुखकंद हैं, रघुनंद

जू। जग यों कहै, जगबंदजू।।''-छं.मा., 1/9।

**मायापुरी**—पुराणों के अनुसार सात बड़ी नगरियों में से एक मायानगरी जहाँ कुमारी नाम से सती देवी की एक मूर्ति स्थापित है। इसलिए यह एक पवित्र शक्तिपीठ तथा तीर्थस्थान माना जाता है। यह नगरी पितरों के श्राद्धादि के उपयुक्त तथा पवित्र कही गई है। (पौ.को.)। उ.-''मायापुरी इक पावनी जग गौड़ देस समृद्ध।।''-वि.गी., 3/14।

**मार**—कामदेव। उ. (1)-''हरिन रूप बिरहीन कौ जलद जाल बगराइ। बाँधि बाँधि बाननि बधत मार बधक सम आइ।।''-मति., सत., 634/420। उ. (2)-''मार एक बिलोकिकै इर जारिबै कियो छार। नैनकोर चितै करैं पतिचित्त मार अपार।।''-रा. चं., 31/39।

**मारकंड**—मार्कण्डेय। मृकंड ऋषि के पुत्र जिनके विषय में प्रसिद्ध है कि वे अपने तपोवल से सदा जीवित रहते हैं और रहेंगे। इसीलिए इनकी चार अष्ट चिरंजीवियों तथा सिद्धों में गणना होती है। प्रलयकाल में ये विद्यमान रहते हैं। इस प्रकार का वर इन्हें शिव से प्राप्त हुआ था। इनकी अनुपम तपस्या तथा आजन्म ब्रह्मचर्य का व्रत विशेष उल्लेखनीय है। प्रलयकाल में इन्हें एक वटवृक्ष के पत्ते पर सोए हुए बाल भगवान् का दर्शन हुआ था। हिमालय की तराई में एक चित्रा नामक शिलाचित्र पर पुष्पभद्रा नदी के तट पर इनका आश्रम था, जहाँ इंद्र ने इनकी तपस्या भंग करने के लिए कामदेव तथा पुंजिकस्थला अप्सरा को भेजा था, जिसमें सफलता नहीं मिली। विष्णु का नरनारायण रूप इन्हें प्रिय था। शिव, पार्वती आदि सभी इनके कठिन तप से प्रसन्न थे। भृगुवंशी मार्कण्डेय, ऐसा माना जाता है, अभी भी अपनी इच्छा के अनुसार सब लोकों का भ्रमण करते रहते हैं। (पौ.को.)। उ.-''मनु मारकंडबिहीन हौ मुनि मारकंड बखानियै।।''-वि. गी., 16/55। दे. मृकंड, मृकंड-सुत।

**मारवार**—मारवाड़। राजपूताने का एक प्रदेश, जहाँ अब बीकानेर और जोधपुर के क्षेत्र हैं। मेवाड़ के आसपास का प्रांत। उ. (1)-''मेवार ढूँढार मारवार औ बुँदेलखंड बाँधो-धनी चाकरी इलाज की।''-भू.ग्रं., शि.भू., 102/147। उ. (2)-''ऊधो जू सिधारौ मारवार कों अबार होति उहाँ राखवारन को बड़ो रोजगार है।''-भि.ग्रं. र.सा., 455/65।

**मारसीरी**—मारश्री। कामदेव की शोभा। उ.-'' 'केसोदास' होत मारसीरी पै सुमार सी री, आरसी लै देखि देहि ऐसियै है रावरी।।''-क.प्रि., 11/71।

**मारिच**—दे. मारीच। उ.-''भजि सूपनखा गइ रावन पै तब। त्रिसिरा खरदूषन नास करो सब। तब सुपनखा मुख बात सबै सुनि। उठि रावन गो जहँ मारिच हो मुनि।।''-रा.चं., 12/6।

**मारीच**—रामायण के अनुसार वह राक्षस जिसने सीता हरण के समय सोने का मृग बनकर सीता को ललचाया था और रामचंद्र को धोखा दिया था। यह ताड़का नाम की राक्षसी तथा सुंद का पुत्र था और रावण का एक सेनापति था। राम ने इसे मारा था। (हिं.श.सा., पौ.को.)। उ. (1)-''मारीच बिडार्‌यो, जलधि अतार्‌यो, मार्‌यो सबल सुबाहु।।''-रा.चं., 3/10। उ. (2)-''जानि चल्यो मारीच मन मरन दुहूँ बिधि आसु। रावन के कर नारक है हरि कर हरिपुरबासु।।''-रा.चं., 12/11।

**मारू**—एक राग विशेष जो युद्ध के समय बजाया और गाया जाता है। इसमें सब शुद्ध स्वर लगते हैं। इसे श्रीराग का पुत्र मानते हैं। वीर रस का व्यंजक यह राग शृंगार रस का भी प्रवाही है। मारवाड़ में यह राग विशेष लोकप्रिय है। (हिं.श. सा.)। उ. (1)-''मारू सूर गंधार बखान। धाराधर बडहंसै जान।।''-बो.ग्रं., वि.वा., 9/120। उ. (2)-''तैंसिये कलापी मारू करखा अलापै तैसी झिल्लिन की झौंर कारी रजनी कलान की।।''-बो. ग्रं., वि.वा., 68/207। उ. (3)-''जहाँ दराशाह बहादुर के चढ़त पैंड पैंड में मढ़त मारू राग बंबनद है।''-भू.ग्रं. प्रकी., 543/238। उ. (4)-''बाँधे हैं सुभट अमलन के ये माथे मौर भ्रमसमूह मिलि मारू राग गायो रे।।''-बो.ग्रं., वि.वा., 33/135।

**मारू धुनि**—दे. मारू। युद्ध के लिए उत्साह बढ़ाने वाली ध्वनी। उ.-''मारू धुनि छावत ढाढ़ी गावत चाइ चढ़ावत बीरन को।''-प.ग्रं., प्र.बि.,

84/285।

**मार्कंडेय मिश्र**—रचनाएँ-चंडीचरित्र (रचना काल-सं. 1869)। (बृ.इति. 7)।

**मालिकौसतुभ-मालकौस्तुभ**—मालकौश नामक राग। इसे मालकौशिक भी कहते हैं। हनुमत के अनुसार यह 6 मुख्य रागों में से एक है। इसका विवरण इस प्रकार है - संपूर्ण जाति का राग, वीररसयुक्त, वर्ण-रक्त, वीर पुरुषों से आवेष्टित, हाथ में रक्तवर्ण का दण्ड, गले में मुण्डमाला। मतांतर से नीलवस्त्रधारी, श्वेत दण्ड, गले में मोतियों की माला। गायनकाल - शरदकाल, रात्रि का पिछला प्रहर। अथवा - शिशिर ऋतु और बसंत ऋतु। हनुमत के अनुसार पाँच प्रियाएँ-कौशिकी, देबगिरी, दरबारी, सोहनी, नीलांबरी। पाँच भार्याएँ- वागेश्वरी, ककुभा, पर्यंका, शोभनी, खंभीती। दस पुत्र- माधव, शोभन, सिंधु, मारू, मेवाड़, कुंतल, केलिंग, सोम, बिहार और नीलरंग। अन्य मत से, रागिनियाँ- वागेश्वरी, बहार, शहाना, अताना, छाया; और कुमारी सहचारियाँ - शंकरी और जयजयवंती। पुत्र-केदारा, हम्मीर, नट, कामोद, खम्माच। पुत्रवधुएँ- भूपाली, कामिनी, झिंझोटी, कामोदी, विजया। एक संकर राग जिसकी षट्सारंग, हिडोल, बसंत, जयजयवंती और संकर राग के योग से उत्पत्ति हुई है। रागमाला में इसके संबंध में इनसे भी भिन्न विवरण मिलते हैं (विस्तार के लिए दे. हिं.श.सा.)। उ. (1)-''गुसा जानि महराज के मन में माधव बिप्र। मालकौसतुभ गाय कै ताहि रिझायो क्षिप्र।।''-बो.ग्रं., वि.वा., 67/74। उ. (2)-''दूजे गावत गुनीजन मालकौस्तुभ राग।।''-बो.ग्रं. वि.वा., 7/120।

**मालती**—एक प्रकार की लता का नाम जिसके फूलों में भीनी मधुर सुगंध होती है। यह लता हिमालय और विंध्य पर्वत के जंगलों में अधिकता से होती है। यह युग्मपत्रक लता है। इसमें सफेद रंग के फूलों के गुच्छ बरसात के प्रारम्भ में लगते हैं। पुष्प के नीचे दो अँगुली का डंठल होता है। फूलने के समय मधुमक्खियों और भौरों का समूह प्रातःकाल इन पर उमड़ पड़ता है। यह वृक्षों पर फैल कर पूरी तरह से उन पर छा जाती है। कवियों की यह अत्यन्त प्रिय लता है और कालिदास से लेकर आज तक कवियों द्वारा वर्णित और प्रशंसित होती रही है। उ. (1)-''राति अंध्यारी झझकि झुकि झूँठे ही भय भागि। ललित बाल मन मालती रही लाल उर लागि।।''-मति., सत., 104/377। उ. (2)-''देखौं नहीं प्रानपति निलज अली की गति, मालती सों मिल्यो चाहै लियें साथ अलिनी।।''-र. प्रि., 10/22।

**मालती छंद**—1. बारह वर्णों का छंद है। मात्राक्रम है- न+ज+ज+र (।।। ।S। ।S। S।S)। ल. (1)-निज जरि पावत मालति सदा। उ.-''मन महँ मोद न भौंर के रती। खिलति न जौ लगि मालती लती।।''-भि.ग्रं. 1, छंदा., 133, 151/196, 198। ल. (2)-चौकल रचि पुनि भगन द्वै लघु गुरु अंत बनाउ। होय मालती छंद यह बारह बर्न प्रभाउ।। उ.-''बिपिन बिलोकि विलोकत दरी। बिचर बिभोर बिकास न करी।।''-छं.मा., 1/40। 2. छः वर्णों का छंद है। मात्राक्रम है (।।। ।S।)। ल. (1)-आदि नगन पुनि जगन रचि चरन षडक्षर बानि। अमल मालती छंद यह कबिकुल कौं सुखदानि।। उ. -''बरन तजै न। लगत कुचैन। अरथ बिकास। बिरुध सुभास।।''-छं.मा., 1/10। उ. (2)-''लखौ बलि बाल। महा छबिजाल। लसै उर लाल। सुमालति माल।''-भि.ग्रं. 1, छंदा., 27/238। 3. छब्बीस वर्णों का छंद है। मात्राक्रम है आठ सगण (।।S), और दो लघु (।।)। ल.-आठ सगन गुरु माधवी सुप्रिय मालती चाहि।। उ.-''जिमि मालती सों अति नेह निबाहे तें भौर भयो रसिकाई में जाहिर। अरु भौंरहु को अति आदर कीन्हें सुबास में मालतियौ भइ माहिर।।''-भि.ग्रं. 1, छंदा., 13, 15/246।

**मालतीमाला छंद**—बाईस मात्राओं का छंद है। मात्राक्रम है (SSS SSS SSS SS)। ल.-मालत्तीमालादि दै छंद बाइसै मत्त।...सर्बे दीहा मालतीमाला साधा।। उ.-''संभूजू में गंगाजू की धारा सी। गंगाजू में मालत्ती की माला सी।।''-भि. ग्रं. 1, छंदा., 186, 187, 189/203-204।

**मालबो**—मालवा। एक प्राचीन देश का नाम जिसकी स्थिति इस समय मध्यप्रदेश में है। इसकी

प्रधान नगरी अवंती थी। यह सात मोक्षदायिनी पुरियों में गिनी गई है। इसकी सीमा में इंदौर, भोपाल, धार, रतलाम, जावरा, राजगढ़, नृसिंहगढ़ और नीमत तक ग्वालियर के क्षेत्र आते हैं। उ.-"माजम आजम सों कह्यो तुम दक्षिन पतिसाह। बहुरि लीजिएगे मालबो क्यों करिये गजगाह।।"-वृं. ग्रं., स.स.रू., 71/269।

**माल मकरंद**—मालोजी नाम के पुरुष जो शिवाजी के पूर्व पुरुष थे। उ. (1)-"भूमिपाल तिनमें भयौ बड़ौ माल मकरंद।।"-भू.ग्रं., शि. भू., 6/129। उ. (2)-"एते हाथी दिये माल मकरंद जू के नंद जेते गिनि सकत बिरंचिहू की न तिया।।"-भू.ग्रं., शि.भू., 10/130। उ. (3)-"जागे तेजबृंद सिवाजी नरिंद मसनंद माल मकरंद कुलचंद साहिनंद के।"-भू.ग्रं., शि.भू., 100/147।

**मालव**—दे. मालबौ। उ. (1)-"भूषन मिमार माड़े मालव मुलुक कोऊ झंपि सोर भीमर गहै न बात बाल की।"-भू.ग्रं., प्रकी., 489/225। उ. (2)-"मालव मेवार मुलतान मारु मल्लिबार माथुर मगध मेवात महेस के।"-ज.ज.चं., 102।

**मालव देस**—दे. मालबौ। उ.-"हौं द्विज मालवा देस रहा जू। कानन में ब्रतजाल बहौं जू।।"-वि.गी., 13/62।

**मालवा**—दे. मालबौ। उ.-"मालवा उजैन भनि भूषन भेलास ऐन सहर सिरौंज लौं परादने परत हैं।"-भू.ग्रं., प्रकी., 433/212।

**माला**—1. दे. मालादीपक।

2. उपमा का एक भेद। दे. मालोपमा।

3. दे. गाहा छंद।

**मालाक्ष**—रुद्राक्ष की माला। उ.-"मालाक्ष सोभित हस्त पुस्तक करत बस्तु-विचार।।"-वि. गी., 8/25।

**माला छंद**—प्राकृत का मात्रिक छंद है। खंजा (दे.) के दलात्त पर दो गुरु हो बाद में गाहा (दे.) का आधा लगाने पर माला छंद बनता है। ल.-खंजा के दल अंत पर, द्वै गुरु दै सुखकंद। आगा गागा अर्ध करि, जानहि माला छंद। उ.-"लगत निरखत ललित सकल तन श्रमकलित ब्रज-अधिप-अंगबलित सुरतिसमय सोहती बाला।।-मरकत-तद जनु लवढ़ी फलि कनकलता मुकुतमाला।।"-भि. ग्रं. 1, छंदा., 16, 17/231।

**मालादीपक**—एक अलंकार जिसमें एक धर्म के साथ उत्तरोत्तर धर्मियों के संबंध का वर्णन होता है या पूर्वकथित वस्तु को उत्तरोत्तर वस्तु के उत्कर्ष का हेतु बतलाया जाता है। इसे मुरारिदान ने दीपक तथा शृंखलालंकार का समुच्चय कहा है। अन्य मत से दीपक और एकावली के मिलन से यह अलंकार बनता है। ल. (1)-जहँ दीपक एकावली होत दुहुनि को जोग। माला दीपक नाम तहँ बरनत सब कबि लोग।। उ.-"कनक बेलि में कोकनद तामें स्याम सरोज। तिनमें मृदु मुसकानि तामें मुदित मनोज।।"-मति., ल.ल., 261, 263/343। ल. (2)-दीपक एकावली मिलें, मालादीपक जानि। उ.-"सतसंग्रति संगतिसुमति, मति गति गति सुखदानि।।"-भि.ग्रं. 2, क.नि., 42/174। ल. (3)-दीपक एकाबलि मिलें मालादीपक नाम। उ.-"कामधाम तियहिय भयो तियहिय को तूँ धाम।।"-ज.ग्रं., भा.भू., 137/45। ल. (4)-मिलि दीपक एकावली मालादीपक होत।। उ.-"मनिमंदिर तें तिय लखै तिय में सुछबि-उदोत।।"-प.ग्रं., पद्मा., 178/54। ल. (5)-दीपक एकावली मिलि मालादीपक सोइ। उ.-"अब न कछू बरनी परै कीने जतन अनंत। मेरौ तुमसो नेहु पिये नेह सु तुम सौं अंत।।"-सो.ग्रं. 1, र.पी.नि., 204, 205/208। ल. (6)-दीपक एकावली मिले मालादीपक होय। ल.-"जगत में जीते महाजान महाराजन ते महाराज बावनऊ पातसाहि लेवा ने। पातसाह बावनौ दिल्ली के पातसाह दिल्लीपातसाह हिंदुपति पातसाह सेवा ने।।"-शि.भू., 217, 218/ 169-170।

**मालाधर छंद**—प्रत्येक चरण में मात्राक्रम है (।।। ।।S ।S ।।। S।S S।S)। सत्रह वर्ण होते हैं तथा आठ और नौ वर्ण पर यति होती है। ल.-नगन सगना धुजा नगन रग्गना अंत रो। भुजगपति भाखियो, प्रगट छंद मालाधरो। विरति बसु नौ कहै, सुकबिराज के गोत जू। चरन गनि लीजिये, बरन सत्रहै होत जू।। उ.-"उरग

तनभूषनो, बदन आक-पर्नें भरे। बसन गजखाल को मनुज-मुंडमाला धरे।।''-भि.ग्रं. 1, छंदा., 68-69/257।

**मालिनी छंद**—प्रत्येक चरण में मात्राक्रम है (।।। ।।। SSS ।SS ।SS)। 15 वर्ण होते हैं और आठ तथा सात पर यति होती है। ल.-नगन नगन कर्नो गो यगनो यगनो। बिरति रचिय आठै और सातै बरनो।। उ.-''सहजहि गुहि माला बाल के कंठ मेली। अद्भुत छबि छाकी मालिनी स्यौं सहेली।।''-भि.ग्रं. 1, छंदा., 52-53/254।

**माली छंद**—अट्ठारह मात्राओं का छंद है। मात्राक्रम अनिर्दिष्ट है। उ.-''को जानै कब आयो सुनि आली। उर तें कढ़त न केहूँ बनमालह।''-भि. ग्रं. 1, छंदा., 165/199।

**मालोपमा**—उपमालंकार का एक भेद, जिसमें एक उपमेय के अनेक उपमान होते हैं और प्रत्येक उपमान के भिन्न-भिन्न धर्म होते हैं। ल. (1)-जो जो उपमा दीजियै, सो सो पुनि उपमेय। सो कहियै मालोपमा 'केसव' कबिकुल गेय। उ.-''मदन मोहन कहौ रूप को रूपक कैसो, मदन-बदन ऐसो जाहि जग मोहियै। मदन-बदन कैसो, सोभा को सदन स्याम जैसो है कमल रुचि लोचननि पोहियै...।''-क. प्रि., 14/44-45। ल. (2)-जहाँ एक उपमेय कौं होत वहुत उपमान। तहाँ कहत मालोपमा कवि मतिराम सुजान।। उ.-''रूपजाल नंदलाल के परि करि वहुरि छुटै न। खंजरीट मृग मीन से ब्रजबनितन के नैन।।''-मति., ल.ल., 48, 50/306, 307। ल. (3)-जहाँ एक उपमेय कों होत बहु उपमान। ताहि कहत मालोपमा भूषन सकल सुजान।। उ.-''इंद्र जिमि जंभ पर बाड़व ज्यौं अभ पर रावन सदंभ पर रघुकुलराज है। पौन बारिबाह पर संभु रतिनाह पर ज्यौं सहस्त्रबाहु पर राम द्विजराम है। दावा द्रुमदंड पर चीता मृगझुंड पर भूषन बितुंड पर जैसें मृगराज है। तेज-तम-अंस पर कान्ह जिभि कंस पर यौं मलेच्छ-बंस पर सेर सिवराज है।।''-भू.ग्रं., शि. भू., 49-50/136-137। ल. (4)-मालोपम उपमेय इक ताके वहु उपमान।। उ.-''ऊख पियूष मयूख सो इक तूव बचन बिधान।।''-प.ग्रं., पद्मा., 22/35। भिखारीदास ने इसके दो भेदों की ओर संकेत किया है। लक्षण न देकर उन्होंने एक धर्म से सम्पन्न सालोपमा और भिन्न धर्म से सम्पन्न मालोपमा को उदाहरणों से स्पष्ट किया है।-भि.ग्रं. 2, का.नि., 51-53/76-77/

**मावडिया मिजान**—रचयिता - बाँकीदास (दे.), (बृ.इति. 7)।

**मावला**—दक्षिण भारत की एक पहाड़ी वीर जाति का नाम। इस जाति के लोग शिवाजी की सेना में बहुत अधिक थे। उ.-''सावन भादौं की भरी कुछू की अँध्यारी चढ़ि दुग्ग पर जात मावला-बल सचेत हैं।-भू.ग्रं., शि.भू., 98/146।

**महा पैकर**—रचयिता-सय्यद अहमद जुनेदी (दे.)। विव.-माह और पैकर की प्रेमकथा। (बृ. इति. 7)।

**माहेन्द्री**—नदी विशेष। उ.-''कृतमालाका लांगली, बंसकरा रिषिका हि। माहेंद्री तपती सिवा, पुन्या कों चित चाहि।।''-वि.गी., 6/19।

**मिहंदी, मिहँदी, मिहदी**—मेहँदी। एक झाड़ी जो बिलोचिस्तान के जंगलों में आप से आप होती है और हिंदुस्तान में बगीचे आदि के किनारे पर बाड़ आदि के लिए या शोभा के लिए लगाते हैं। इसमें मंजरी के रूप में सफेद फूल लगते हैं, जिनमें भीनी-भीनी सुगंध होती है। इसके फल गोल मिर्च के आकार के होते हैं और गुच्छों में लगते हैं। इसकी पत्ती को पीसकर चढ़ाने से लाल रंग आता है। इसी से स्त्रियाँ इसे हाथ-पैर में लगाती हैं। इसको लगाने से शीतलता भी मिलती है। उ. (1)-''उत ऊतरपाँय लगी मिहदी सु कहाँलगी धीरज हाथ रहै।''-घ.क., 493/227। उ. (2)-''मिहँदी रंग पायनि रंग लहै सुठि सोंधो सु अंगनि संग बसै।''-घ.क., 237/141। उ. (3)-''लसत कोकनद करनि में यों मिहँदी के दाग। ओस बिंदु परि कै मिट्यो मनो पल्लवनि राग।।''-मति., ल.ल., 553/414। दे. मिहिदी।

**मत्रिगन**—मित्रगण। छंदशास्त्र में वर्णित आठ गणों में परस्पर मित्र, दास, उदासीन और शत्रु के संवंध स्वीकृत हैं। इनमें से मगण और नगण में

परस्पर मित्र भाव है। यह परस्पर आनुकूल्य के कारण माना जाता है। ल.-मगन नगन को मित्र गन।-क.प्रि., 3/24।

**मिथिला**—तिरहुत का प्राचीन नाम। इसकी स्थापना विदेह जनक ने ही की थी। उत्तर-पूर्व में स्थित यह नगरी विदेहों की राजधानी थी। शतधन्वा का घोड़ा यहीं खो गया था, अतः श्रीकृष्ण के भय से वह पैदल ही भागा था। बलराम भी यहाँ कुछ दिन रहे थे। (पौ.को.)। उ.-"रिषिराज सुनी यह बात जहीं। सुख पाइ चले मिथिलाहि तहीं। बन राम सिला दरसी जबहीं। तिय सुंदर रूप भई तबहीं।।"-रा.चं., 5/3।

**मिथिला खंड**—रचयिता-नवलसिंह (दे.)। (इति.शुक्ल)।

**मिथिलाधिप**—दे. मिथिला। मिथिला के राजा जनक। उ.-" 'केसव' ये मिथिलाधिप हैं, जग में जिनकी रतिबेलि बई है।"-रा.चं., 5/19।

**मिथिला बिलास**—रचयिता - सूरकिशोर (दे.)। (बृ. इति. 7)।

**मिथिला बिलास**—रचयिता-रसिकअली (दे.)। (बृ.इति. 7)।

**मिथिलेस**—दे. मिथिलाधिप। राजा जनक। उ.-"एकहि भाँति सदा सब लोकनि है प्रभुता मिथिलेस तिहारी।।"-रा.चं., 6/25।

**मिथिलेससुता**—दे. मिथिला, मिथिलेस। राजा जनक की पुत्री। सीता। उ.-"करियै जुतभूषन रूपरई। मिथिलेससुता इक स्वर्नमई।।"-रा.चं., 35/4।

**मिथ्या**—असत्य। झूठ। उ. (1)-"नैन दिखावत सब ही मिथ्या रूप।"-ज.ग्रं., आ.बि., 34/118। उ. (2)-"बिस्वरूप एक सकल तूँ मिथ्या ही करि देख। एक आतमा सत्य है निहचै करिकै लेखि।।"-ज.ग्रं., आ.बि., 81/122।

**मिथ्याध्यवसाय**—दे. मिथ्याध्यवसिति अलंकार। ल.-"एक झुठाई सिद्धि कौं झूँठो बरनत और। तहँ मिथ्याध्यवसाय कौं कहत सुमति मति दौर।।- उ.-"खल वचननि की मधुरता चाषि साँप निज श्रौन। रोम रोम पुलकित भए कहत मोद गहि मौन।।"-मति., ल.ल.,298,299/349-350।

**मिथ्याध्यवसिति अलंकार**—एक अर्थालंकार जिसमें कोई एक असंभव या मिथ्या बात करके तब कोई दूसरी बात कही जाती है। इस प्रकार वह दूसरी बात भी मिथ्या ही होती है। ल. (1)-झूठ अरथ की सिद्धि कों झूठो बरनत आन। मिथ्याध्यवसिति ताहि कों भूषन कहत सुजान।। उ.-"मेरु सम छोटो पनु सागर सो छोटो मनु धनद को धनु ऐसो छोट जग जाहि को। सूरज सो सीरो तेज चाँदनी सी कारी कीर्ति अमृत सो कटु दरसन लागै ताहि कौ। कुलिस सो कोमल कृपान अरि भानिबै कौं भूषन भनत भारी भूप भ्वैंसिलाहि को। भुव सो चरन चल सदा रनमंडल में धुव यो चपल धुव-बल सिव साहि को।"-भू.ग्रं., शि.भू., 248-249/175। ल. (2)-"मिथ्याध्यवसिति कहत है अलंकार इहि रीति। उ.-"कर में पारद जौ रहै करै नवोढ़ाप्रीति।।"-ज. ग्रं., भा.भू., 156/51। ल. (3)-"मिथ्याध्ववसिति अनृत-सिधि-हित भनि मिथ्या आन।"-प.ग्रं., पद्मा., 215/59। ल. (4)-एक झुठाई-सिद्धि को झूठो बरनै और। सो मिथ्याध्यवसाय है, भूषन कवि सिरमौर।। उ.-"सेज अकास के फुलनि की सजि सोवती दीन्हे प्रकास कैवारे। चौकी में बाँझ के बेटे रहैं बहु पाँय पलोटत भूमि के तारे। नीर में दास बिहार करौं अहि-रोम-दुसालो नयो सिर डारे। कौन कहै तुम झूठी कहौ मैं सदा बसती उर लाल तिहारे।।"-भि.ग्रं. 2, का.नि., 15-16/154। ल. (5)-जो यों होइ तो होय यों मिथ्याध्यवसिति जानि। उ.-"कहति रहै नित नेह सों सुनि अलबेली बाल। कुंजनि में जौ चले तौ आजु मिलैं नंदलाल।।"-सो. ग्रं., 1, र.पी.नि., 243, 244/212।

**मिरदंग**—यह वाद्य ढोलक से कुछ लंबा होता है। तबले की तरह इसके दोनों मुँहड़े चमड़े से मढ़े होते हैं। इसका ढाँचा पक्की मिट्टी का होता है। इसी से यह मृदंग कहा जाता है। मृदंग। एक ताल वाद्य। उ.-"रह्यो मिरदंग गले मिलि एक। कढ़ै सुर औ गति अक्षर तक।।"-बो.ग्रं., वि.वा.,24/122।

**मिलित बिसेष**—दे. अर्थव्यंजक। ल.-बकता अरु बोधब्य सों वरन्यो मिलित बिसेष। यों ही

औरौजानिहैं, जिनके सुमति उसेष।। उ.-''इहि सज्जा अज्जा रहै, इहि हौं चाहतु सैन। हे रतौंधि हे बात वह सैन-सैन भूलै न।। ति.-इहाँ बकता की चातुरी है औ'रतौंधी को बहानो बोधब्य की चातुरी है।।''-भि.ग्रं. 1, का.नि., 64, 65, 65अ/17।

**मिश्रित श्रृंगार**—संयोग में वियोग और वियोग में संयोग श्रृंगार का वर्णन। ल.-संजोग ही वियोग कै बियोग ही संयोग। करि मिश्रित सृंगार कों बरनत है सब लोग।। उ.-''सौतुख सपने देखि सुनि प्रिय बिछुरन की बात। सुख ही में दुख को उदय दंपति हूँ ह्वै जात।।'' उ. (2)-''पत्री सगुन संदेस लखि पियबस्तुनि कों पाइ। अनुरागिनी बियोग में हर्षोदय ह्वै जाइ।।''-भि.ग्रं., र.सा., 419, 420, 423/61।

**मिसरी**—मिस्र देश की तलवार। उ.-''दोनौं विसि निसरी लखत न बिसरी मंजुल मिसरी तरवभैं।।''-प.ग्रं., हि.ब.बि., 197/28।

**मिसिरी**—चीनी से बनाई गई रवादार वस्तु। मिठाई। उ.-''लडुआ मिसिरी अरु पेरा दए इवा हाटन की पहिचानत ना।''-बो.ग्रं., इ.ना., 75/13।

**मिहिदी**—दे. मिहंदी। उ.-''बिरी अधर अंजन नयन मिहिदी पग अरु पानि। तन कंचन के आभरन नीठि परति पहिचानि।।''-मति., सत., 318/395।

**मिहिरराज चरित**—रचयिता-मुकुंददास (दे.)। (बृ.इति. 7)

**मीन**—दोहा छंद का एक भेद जिसे 'मच्छ' नाम से भी वर्णित किया गया है। दे. दोहा छंद। इसमें 7 गुरु और 34 लघु मात्राएँ होती हैं (हिं.श. सा., मच्छ)।

**मीनकेत**—मीनकेतन। जिसकी पताका में मीन का चिह्न हो। कामदेव। उ. (1)-''ऐसे रस-बस क्यौं न सोवै और स्वाद कहौ, रोम रोम जाग्यौई करत मीनकेत है।''-घ.क., 273/156। उ. (2)-''सरस ठौर संकेत की जहाँ केतकी बास। मीनकेत की उमंग मैं रस निकेत कियबास।।''-वृं. ग्रं., य.स., 161/218।

**मीनागढ़**—दक्षिण का एक प्राचीन नगर। उ.-''मीनागढ़ मुंबई सुमंद करि मंदराज बंदर को बंद करि बंदर बसावैगो।''-प.ग्रं., प्रकी., 27/311।

**मीरा**—राजस्थान की भक्तिकालीन राजवंशीया एक प्रसिद्धकृष्णभक्त। उ.-''धना और सदना कबीर पीपा मीरा ब्यास गीध रयदास सुख सोभनि सों सनिगौ।''-ठाकुर, 1/61।

**मीलित**—एक अलंकार, जिसमें यह कहा जाता है कि एक होने के कारण दो वस्तुओं (उपमेय और उपमान) में भेद नहीं जान पड़ता। वे एक में मिली जान पड़ती हैं। ल.(1)-एक रूप ह्वै जाति मिलि जहाँ होत नहिं भेद। बरनत मीलित हैं तहाँ जिनकी बानी बेद।।-मति. ल.ल., 341/355। ल. (2)-सहस बस्तु में मिलि जहाँ होत ने नेक लखाइ। मीलित तासों कहत हैं भूषन जे कबिराइ।। उ.-''...साहित नै सरजा यौं करनी करी है तैं वै होतु है अचंभो देव कोटियौ तैतीस कों। पावत न हेरैं तेरे जस में हिराने निज गिरि कों गिरीस हेरैं गिरिजा गिरीस कों।।''-भू.ग्रं., शि.भू., 277, 278/181। उ. (3)-मीलित सो साहस्य तें भेद न जान्यो जाइ।। उ.-''अरुन अधर में पीक की लीक न परति लखाइ।।''-प.ग्रं., पद्मा., 242/62। ल. (4)-मीलित सो साहस्य तें भेद न जान्यो जाइ। उ.-''अरुन बरन तिय चरन पर जावक लख्यो न जाइ।''-ज.ग्रं., भा. भू., 173/57। ल. (5)-है समान मिलितैं गनौ मिलित दुहू बिधि दास। उ.-''मिली कमल में कमल-मुख, मिली सुबास-सुबास।।''-भि.ग्रं., 2, का.नि., 29/21। ल. (6)-मिलित जानिये जहँ मिलै, छीर-नीर के न्याय। उ.-''हुती बाग में लेत प्रसून अनी मनमोहनहू तहँ आइ पर्‌यो। मनभायो घरीक भयो पुनि गेह चबाइन में मनु जाइ पर्‌यो। द्रुत दौरि गई गृह दास तहाँ न बनाइबे नेकु उपाइ पर्‌यो। धक स्वेद उसास खरोटनि कों कछु भेद न काहू लखाइ पर्‌यो।।''-भि.ग्रं. 2, का.नि., 38-39/ 138। ल. (7)-जहाँ बराबरि बस्तु तें भेद न जानै कोई। रसकनि सुख सरसावनो मीलित कहिए सोइ।। उ.-''पूछति सखीनि हिऐं समझि नहि रंग अंतर फूल। हसति हथेरी पै लिए तिय गुलाब कौ मूल।।''-स्रो. ग्रं. 1, र.पी.नि., 281, 282/216-217।

**मुंड**—एक राक्षस जो चंड के साथ शुंभ-निशुंभ

नामक राक्षसों का सेनापति था। इसे दुर्गा ने मारा था। उ.-"जय चमुंड जय चंडि चंड-मुंडासुर खंडनि।"-भू.ग्रं., शि.भू., 2/128।

**मुंडमाल**—मुंडमाला। कटे हुए सिरों या खोपड़ियों की माला जो शिव या काली देवी के गले में होती है। उ.-"वृंद पराक्रम देखि सबै सुर धूनत सीस सराहत हैं बर। पै मुंडमाल उतारत लौं चकि काहे बिलंब कियौ ससिसेखर।।"-वृं.ग्रं., भा.पं., 41/22।

**मुंडमाला**—दे. मुंडमाल। उ.-"तरप्फै तकैं देत बैताल ताली। कटैं मुंड माला महाकाल काली।।"-वृ.ग्रं., स.स.रू., 312/296।

**मुंबई**—बंबई। दक्षिण में महाराष्ट्र का एक प्रसिद्ध महानगर। उ.-"मीनागढ़ मुंबई सुमंद करि मंदराज बंदर कों बंद करि बंदर बसावै गो।"-प. ग्र., प्रकी., 27/311।

**मुँह दिखरावनी**—मुँह दिखाई। जब कोई नई दुलहिन ब्याह कर आती है, प्रायः सभी लोग आभूषण आदि वस्तुएँ उपहार के रूप में, उसका मुँह देखकर देते हैं। यह उपहार दुलहिन का निजी धन हो जाता है। उ.-"मानहुँ मुँह दिखरावनी दुलहिहिं करि अनुरागु। सासु सदनु, मनु ललन हूँ सौतिनु दियौ सुहागु।।"-बि.र., 288/136।

**मुकति**—मुक्ति। मोक्ष। ब्रह्मस्वरूप की प्राप्ति। उ. (1)-"जुग जुग तिन को अबतरन अजुगति हर सौं हेत। जुगति उधारे तान की मुकति संत कौ देत।।"-वृं.ग्रं., य.स., 326/231। उ. (2)-"निज मुकति चाहिन भजत रघुपति पद काज और ही ढाया है।"-प.ग्रं., क.प., 15/297।

**मुकीमी**—समय-सं. 1692 में उपस्थित। स्थान-दक्षिण भारत। रचनाएँ-चंद्रबदन व महियार। (बृ.इति. 7)।

**मुकुंद**—मुक्ति देने वाले, विष्णु। श्रीकृष्ण। उ.-"ऐसी कछू बानि चाह-बावरे दृगनि आली, दरस-मुकुंद-लालसाई लागियै रहै।"-घ.क., 449/212।

**मुकुंद जू**—दे. मुकुंद। उ.-"मुकुता ललित पुरी ललित मुकुंद जू की किधौ सुर सेइजति कासी की प्रकासिका। त्रिभुवन रूप ताको तुंग तोयनिधि ताके तोय के तरंग की तरनि तेरी नासिका।।"-क. प्रि., 15/52।

**मुकुंददास**—समय-सं. 1705 से 1775 तक। स्थान-सूरत (गुजरात)। पिता-राघवजी। माता-कुँवर बाई। रचनाएँ-मिहिराजचरित, सुंदरसागर, षट्शास्त्र, लीलाप्रकाश, गीतारहस्य, गुरु-शिष्य-संवाद। (बृ. इति. 7)।

**मुकुट, मुकुत**—प्राचीन काल का एक प्रकार का प्रसिद्ध शिरोभूषण जो प्रायः राजा आदि धारण करते थे। यह प्रायः बीच में ऊँचा और कंगूरेदार होता था और सारे मस्तक के ऊपर एक कान के पास से दूसरे कान तक होता था। यह सोने, चाँदी आदि बहुमूल्य धातुओं का होता था। इसे सिर पर रख कर बाँधते भी थे और इसमें कभी-कभी किरीट भी खोंसा जाता था। (हिं.श.सा.)। उ. (1)-"मरकत लाल प्रबाल मनि, मुकुत हीर अवदात।।"-मति., ल.ल., 13/300। उ. (2)-"राघव सर लाघव गति छत्र मुकुट यों हयो। हंस सबल अंसुसहित मानहु उड़िकै गयो।।"-रा.चं., 15/40।

**मुकुति**—दे. मुकति। उ. (1)-संपति कहा सनेह न गथ गहिरो सुख मुख को निरखिबोई मुकुति न मानिये।"-भू.ग्रं., प्रकी., 557/242। उ. (2)-"वारन में पारन में देखहु दरारन में नाचति है मुकुति अधीन सब काऊ के।"-प.ग्रं., गं.ल., 21/260।

**मुक्तक छंद**—जिस छंद में वर्णों की गणना होती है और कहीं-कहीं गुरु-लघु का भी नियम रहता है, वर्णिक छंद में उसे मुक्तक कहते हैं। ल.-अक्षर की गिनती जहाँ, कहुं कहुं गुर लघु नेम। बरन-छंद में ताहि कबि मुक्तक कहैं सप्रेम।। -भि. ग्रं. 1, छंदा., 1/269।

**मुक्तपदग्रास-यमकालंकार**—दे. यमक। ल.-चरन अंत अरु आदि के जमक कुंडलित होइ। सिंह-बिलोकन है उहै, मुक्तक-पद-ग्रस सोइ।। उ.-"सरसो बरसो करै नील अली जनु लीन्हें अनंग पुरंदर सो। दरसो चहुँ ओरन तें चपला करि जाति कृपानि को औझर सो। झर सोर सुनाइ हनै हियरा

जु किये घन अंबर-डंबर सो। बरसो तें बड़ी निसि बैरिनि बीत तौ बासर भो बिधि बासर सो।।''-भि. ग्रं. 2, का.नि., 61-62/185।

**मुक्तहरा छंद**—इसके प्रत्येक चरण में आठ जगण (।।) होते हैं और इस प्रकार प्रत्येक चरण में 24 वर्ण होते हैं। ल.-आठ करौ य भुजंग र लक्षिय सो दुमिला तहि आभर है पुनि। जाहि सु मोतियदाम बनावहु भागन आठ किरीट रचौ चुनि।। उ.-''चुरी गइ चूरि भरी भइ धूरि परो टुटि मुक्तहरा यह लेहु।।''-भि.ग्रं. 1, छंदा., 2, 11/243, 245।

**मुक्तावली**—रचयिता-गुणमंजरीदास (दे.)। (बृ. इति. 7)।

**मुक्ति**—दे. मुकति, मुकुति। जन्म-मरण रूपी बंधनों से छुटकारा मिलना। उ. (1)-''सांच कहै जग मांहि लहै जस, मुक्ति यहै चहूँ बेद बिचारी।।''-क. प्रि., 6/30। उ. (2)-''यहै लोक स्वर्लोक है मुक्ति मीचै। सदा चारु चार्बाक तें ओर नीचै।।''-वि.गी., 5/8।

**मुक्ति तरंगिणी**—रचयिता-कुलपति मिश्र (दे.)। (बृ.इनि. 7)।

**मुक्तिपुरी**—मोक्ष रूपी नगरी। उ.- ''मुक्तिपुरी बर द्वार के चार चतुर प्रतिहार। साधुन को सतसंग सम अरु संतोष बिचार।।''-रा.चं., 25/9।

**मुक्तानंद**—कृष्णाश्रयी परमभक्त मुक्तानंद। समय-सं. 1818 से 1887 तक। गुरु-सहजानंद। रचनाएँ - विवेक चिंतामणि, सत्संगशिरोमणि। (बृ. इति. 7)।

**मुखचालि**—नृत्य विशेष। मुखचाली नृत्य के आरंभ के पहले का साधारण नृत्य है, जिसे आजकल गति कहते हैं। उ.-''बहुबर्न बिबिध आलाप कालि। मुखचालि, चारु अरु सब्दचालि।।''-रा.चं., 30/4।

**मुखराग**—चेहरे पर लगाया जाने वाला लेप। यह दो प्रकार का होता है- 1. दाँतों को मिस्सी से रँगना, 2. होंठों को तांबूल से रँगना। उ.-''फीको भयो सुख ही मुखराग क्यों तेरे पिया बहुबार बकाई।''-क.प्रि. 12/27।

**मुख-राग सिंगार**—दे. मुखराग। नायक नायिका भेद के अंतर्गत वर्णित सोलह शृंगारों में से 9वाँ शृंगार। ल.-मुख सोधन पावन करन क्रमुक चूर्ण कथ जोर। यह सिंगार नवमौं सुखद सब बिधि सरस तंबोर। मधुर कसाय कटु तिक्त आदि रस जामैं गरम नरम रुचिकारी गुन धरियैं। मगही करंज पेंडी गगेरी कपूर बेलि परन पुराने पीत मध्यसीक हरियैं।। काथ केवरे को फूल वासित क्रमुक-फूल चूनौं चारु चित चातुरी तैं मित भरियैं। वृंद कहैं पीय सुख सदन रिझाइबे कौं तरुनि तंबोर की बदन सोभा करियैं।।''-वृं.ग्रं., शृं.शि., 62-63/45।

**मुखरागु**—दे. मुखराग, मुखराग सिंगार। उ.-''अरुनोदय राजीव में अंगराग अनुरागु। रूपभूप रतिराजु सो राजत सुख मुखरागु।।''-क. प्रि., 15/44।

**मुखबास**—मुखवास। इलायची, लवंग आदि का या उससे बना सुगंधितचर्व्य पदार्थ जो प्रायः भोजन, जलपान आदि के बाद खाया जाता है। उ. (1)-''वाही न मनावौ हरि हाहा करि पाइ परि सबही सुबास बसै जाके मुखबास मैं।-र.प्रि., 13/3। उ. (2)-''जहाँ हंसहि निरसंक ह्वै प्रकटहिं सुख मुख-बास। आधे आधे बरन पद, उपजि परत अतिहास।।''-र.प्रि., 14/12।

**मुखबास सिंगार**—मुखवास शृंगार। नायिका भेद के अंतर्गत वर्णित सोलह शृंगारों में से आठवाँ मुखवास शृंगार। ल.-''लौंग कपूर इलायची उर आनंद निबास। यह सिंगार करि आठमों सुखकारी मुखबास।। उज्जल बिमल अति सीतल सुगंध मय होत हैं प्रसन्न ऐसे कपूर बरास तैं। सुखद कुरंग-सार रंग उपजावत है ललित लवग रुचि बदल बिलस तैं।। जाती-फल जावतरी अमल जुगलएला चारु दालचीनी परिमल के प्रकास तैं। बृंद कहैं प्रिय प्रान प्यारी अनयास ही तैं बसि कर लीजैं प्यारो ऐसे मुखबास तैं।।''-वृं.ग्रं., शृं.शि., 60-61/44-45।

**मुगति**—दे. मुकति, मुकुति, मुक्ति। उ.-''बंदन करि गुरुदेव कौं पूछत करमबिचार। ता पाछैं फिरि मुगति कौं कहिये मोहिं प्रकार।।''-ज.ग्रं., अ. सि., 3/143।

**मुगध**–मुग्धा। साहित्य में वर्णित नायिकाओं के भेद में वह प्रथम प्रकार की नायिका जो यौवन को तो प्राप्त हो चुकी हो, पर जिसमें कामचेष्टा न हो। इसके अज्ञातयौवना और ज्ञातयौवना नामक दो भेद हैं। इसके अन्य लक्षण हैं-मनोहारिणी क्रियाएँ और चेष्टाएँ, मृदु कोप, साज-सिंगार में अत्यधिक रुचि। उ. (1)-''पगनि पर्‍यो लखि प्रानपति दियो मुगध तिय रोइ। कज्जल छल मन मलिनता लयाये अंसुवा धोइ।।''-मति., सत., 146/380। उ. (2)-''कहा छपावति मुगध तिय बोलि चातुरी वोल। कहैं देत अनुराग की कीरति कलित कपोल।।''-मति., सत., 151/381। उ. (3)-''उजियारी मुख इंदु की परी कुचनि उर आनि। कहा निहारति मुगध तिय पुनि पुनि चंदन जानि।।''-मति.सत., 171/382।

**मुगधा**–मुग्धा। दे. मुगध। उ. (1)-''सोच भिद्यौ मन मोद ततच्छन लच्छन हौं मुगधा पहचानी।।''-भू.ग्रं., प्रकी., 572/244। उ. (2)-''कवि बृंद कहैं मुगधा तिय कौं सठ बापि सिनन कौं लेहि गयौ।''-वृं.ग्रं., भा.पं., 20/17।

**मुगल**–एक प्रसिद्ध तातारी जाति जो लड़ाकू थी। इसका आदि स्थान मंगोलिया था। भारत पर बाबर के द्वारा सन् 1526 में इस जाति ने आक्रमण किया और सन् 1857 तक उसका शासन रहा था। उ. (1)-''देवलोकहू में अजौं मुगल पठानन के सरताज के सूरन के खग्ग खरकत हैं।''-भू.ग्रं., प्रकी., 417/208। उ. (2)-''जाकी तरवार साँची मानी अकबरसाहि गाजि गाजि गंज्यो गर्ब मुगल पठान को।''-ज.ज.चं., 75। उ. (3)-''केते मुगल पठान संग और दच्छिनी ज्वान। आजम लीनैं समझि कैं करिबे कौ घमसान।।''-वृं.ग्रं., स.स.रू., 47/266।

**मुगलन**–दे. मुगल। उ.-''ताके सब लूटि साहिजी के सिवराज कूटी फौज अजौं मुगलन हाथ मलही।''-भू.ग्रं., प्रकी., 467/220

**मुगलान**–दे. मुगल। उ.-''भुषन भनत सबै मुगलान चौथ दीन्हीं दौरि-दौरि पौरि पौरि लूट ली चहूँ फरी।''-भू.ग्रं., प्रकी., 471/221।

**मुगलाना**–दे. मुगल। उ.-''कीनी घमसाना मुगलाना कों मसाना भरे जपत जहांना जस बिरद बखाना को।''-भू.ग्रं., प्रकी., 465/220।

**मुगलानियाँ**–दे. मुगल। मुगल स्त्रियाँ। उ.-''बालियाँ बिथुर जिमि आलियाँ नलिन पर लालियाँ मलिन मुगलानियाँ मुखन की।''-भू.ग्रं., प्रकी., 426/210।

**मुगलानी**–दे. मुगलानियाँ। मुगल स्त्रियाँ। उ.-''स्रम कुम्हिलानी बिललानी बन बन डोलैं मैगल गवन मुगलानी मुगलन की।''-भू.ग्रं., प्रकी., 492/225।

**मुगलेटे**–दे. मुगल। मुगल नवयुवक। उ.-''कालमुख भेटे भूमि रुधिर-लपेटे परकटे पठनेटे मुगलेटे फरकत हैं।''-भू.ग्रं., प्रकी., 450/217।

**मुगलौ**–दे. मुगल। उ.-''सुभट सराहे चंद्राउत कठवाहे मुगलौ पठान ढाहे फरकत परे फर में।''-भू.ग्रं., शि.भू., 202/167।

**मुगुल**–दे. मुगल। उ.-''फौजें सेख सैयद औ मुगुल पठानन की।''-भू.ग्रं., प्रकी., 416/208।

**मुग्ध**–नायिका के सात्विक अलंकारों या स्वभावज हावों में से एक जिसे 'मौग्ध्य' भी कहते हैं। जानी तथा समझी हुई वस्तुओं के संबंध में भी अनजान बनकर प्रिय के सामने अथवा स्वयं प्रिय से ही उन वस्तुओं के संबंध में जिज्ञासा प्रकट करना मौग्ध्य कहलाता है। ल. (1)-जानि बूझि कै बौराई जहाँ धरति है बाम। मुग्ध हाव तासों कहैं विभ्रम ही को धाम।। उ.-''लाहु कहा खए बेंदी दिये औ कहा है तरौना के बाँह गड़ाए। कंकन पीठि हिये ससिरेख की बात बनै बलि मोहिं बताए। 'दास' कहा गुन ओंठ में अंजन भाल में जावक-लीक लगाए। कान्ह सुभाव ही पूछति हौं मैं कहा फल नैननि पान खवाए।।''-भि.ग्रं. 1, शृं.नि,., 276-277/150। ल. (2)-प्रगट होइ मुग्धता सो, कछू रीति सौं आइ। मुग्ध हाव तासौं कहें कबि कोबिद समुझाइ।। उ.-''प्रात उठी अरबिंदमुखी निसि मैं करि केलि कलानि सौं पागी। आरसी हेरति ही उर माँझ। अपान छटा सु निरंतर जागी। चारुकपोलनि में झलकी दुति कान के मानिक तें रंग रागी। जानिके

पीक की लीक लगी सुगुलाब के नीर सौं धोवन लागी।।''-सो.ग्रं. 1, र.पी.नि., 32-33/130।

**मुग्धा**–1. दे. मुगध। मुग्धा नायिका। यौवन प्राप्त सरल स्वभाव वाली नायिका। अवस्था के अनुसार नायिका का यह प्रथम भेद है जिसका आधार है लज्जा और काम। इस भेद में तारुण्य का आगम हो जाता है, लज्जा प्रधान होती है तथा काम प्रकट नहीं होता तथा नायिका में साज-शृंगार में रुचि विशेष होती है। यौवनागम को मुग्ध भाव से देखती है। मृदु सुख चाहती है तथा स्वभाव और व्यवहार में भी मृदु होती है। रोष होने पर भी लज्जायुक्त दिखती है। मुग्धा के मानिनी होने, न होने पर वैमत्य है। उसके दो भेद सामान्यतया स्वीकार किये जाते हैं- अज्ञातयौवना और ज्ञातयौवना। ल. (1)-नवलबधू नवयौवना, नवलअनंगा नाम। लज्जा लियें जु रति करै, लज्जाप्राय सु बाम।। तासों मुग्धा नवबधू, कहैं सयाने लोइ। दिन दिन दुति दूनी बढ़ै, बरनि कहै कबि कोइ।।-र.प्रि., 3/17-18। इस प्रकार केशवदास ने मुग्धा के नवयौवना भूषिता, नवलअनंगा, लज्जाप्राया नामक भेद बताये हैं। केशव मुग्धा का भी मानिनी होना संभव मानते हैं। ल. (2)-''मुग्धा मान करै नहीं, करै तो सुनहु सुजान। त्यों उरपाइ छुड़ाइयै ज्यों डरपै अज्ञान।।''-वही, 3/30। ल. (3)-मुग्धा मध्या प्रौढ़ लखि सुकिया होति सुभाइ। पाइ अवस्था को धरम समझत कवि चितलाइ। पहिले होति अग्यात जौवना, ग्यात जौवना कमनी। होति नवोढ़ा नारि वहै, विश्रब्धनवोढ़ा रमनी।।-कृ.ग्रं., हि.त., 22, 24/8। इस प्रकार कृपाराम ने मुग्धा के चार भेद किये हैं-अज्ञातयौवना (दे.), ज्ञातयौवना (दे.), नवोढ़ा (दे.), विश्रब्ध नवोढ़ा (दे.)। ल. (4)-निरखि अंधेरी रैन की, प्राची चौथे जाम। आवत जोबन मुग्ध त्यों, होति कहो अभिराम। भूषन तन चाहै सदा, मृदुसुख रिस अरु मैन। लाजत रोसभरी लखौ, निज मुग्धा की ढैन।।-कृ.ग्रं., हि.त., 68-69/19। ल. (5)-मुग्धा होइ न मानिनी, कोई कहत पुकारि। कोई कहत जु होत है, मान भासनत नारि।। होत कछू आभास सों मुग्धा के मन मान। तातें सहज उदाहरन में राख्यो इहि थान।।-वही, 216-217/51। ल. (6)-अभिनव जौबन आगमन जाके तन में होय। तासौं मुग्धा कहत हैं कवि कोबिद सब कोय। मुग्धा के द्वै भेद वर भाषत सुकवि सुजान। एक अज्ञातहि जौवना ज्ञातजौवना आन।।-मति., र.रा., 14, 17/203-204। ल. (7)-बिन जाने अज्ञात है जाने जोबन ज्ञात। मुग्धा के द्वय भेद ये कबि सब बरनत जात।।-ज.ग्रं., भा.भू., 11/7। ल. (8)-लज्जा भय है मुख्य जिहिं सो मुग्धा बिख्यात। सो अंकुरित जोवना जोवन अंकुर गात।।-वृं.ग्रं., शृं.शि., 36/40। वृंद कवि ने मुग्धा के अंकुरित यौवन का उपर्युक्त लक्षण दिया है। उनके अनुसार अन्य भेद हैं-अज्ञात यौवना, ज्ञातयौवना। ल. (9)- (मुग्धा स्वकीया)-झलकत आवै तरुनाई नई जासु अंग-अंग। मुग्धा तासों कहत हैं जे प्रबीन रसरंग।। मुग्धा द्विबिध बखानहीं प्रथम कही अग्यात। ग्यातजोबना दूसरी भाषत कबि अवदात।।-प.ग्रं., जग., 21, 27/83-84। ल. (10)-मुग्धा दुहुँ बयसंधि मिलि।-भिग्रं. 1, र.सा., 40/8। भिखारीदास ने परकीया में भी मुग्धादिक कर्म का अनुमान कर उसके भेद किये हैं। ल. (11)-त्यों ही परकीयाहु में है मुग्धादिक कर्म। जैसे अस्त्र कोऊ गहै क्षत्रिजाति को धर्म।-भि.ग्रं. 1, 442/63। ल. (12)-त्रिबिध जु बरनी नायिका तेऊ त्रिबिध बिसेखि। मुग्धा मध्या कहत पुनि प्रौढ़ा ग्रंथनि देखि।। जोबन के आगमन तें पूरनता लौं मित्त। पंच भेद ह्वै जात हैं मुग्धादिक चित्त।। सैसव-जोबन-संधि जिहि सो मुग्धा अवदात। बिन जाने अज्ञात है जाने जानौ ज्ञात।।-वही, शृं. नि., 121-123/115। भिखारीदास ने साधारण मुग्धा, स्वीकाया मुग्धा और परकीया मुग्धा को उदाहरणों से स्पष्ट किया है।-वही, 124-126/115-116। ल.(13)-जोबन कौ अंकुर जहाँ, सो मुग्धा उर आनि।। है अग्यात रु ग्यात पुनि द्वै विधि मुग्धा जानि।।-सो.ग्रं. 1, र.पी.नि., 27, 29/65। उ. (1)-''मुग्धा तन त्रिबली बनी रोमावलि कै संग। डोरी गहि बैरी मनौ अब ही चढ़्यो अनंग।।''-ज. ग्रं., दोवा, 2/73। उ. (2)-''लहरत लहर लहरिया, लहर बहार। मोतिन जरी किनरिया बिथुरे बार।।

लागे आन न बेलियहिं मनसिज बान। उकसन लाग उरजवा, दृग तिरछान।।''-र.वि., ब.ना.भे., 7-8/41-42। 2. दे. 'गाहा' छंद।

**मुग्धा अभिसारिका**—अवस्था के आधार पर नायिका के प्रथम भेद मुग्धा का वह भेद जिसमें वह या तो प्रिय के द्वारा दिए समय और स्थान के संकेत के अनुसार जाती है, अथवा निश्चित स्थान और समय पर प्रिय को बुलाती है। ल.-पियहि बुलावै आय कै आपहि पिय पै जाय। ताहि कहत अभिसारिका जे प्रबीन कबिराय।। उ. (1)-''बातन जाय लगाय लई रस ही रस के मन हाथ के लीनो। लाल तिहारे बुलावने को मतिराम मैं बोल क्ह्यो परबीनो। बेग चलौ न बिलंब, करौ लखि बाल नवेली को नेह नबीनो। लाजभरी अँखियाँ बिहँसीं चली बोल कह्यो बिन ऊतरु दीनो।।''-मति.,र.रा.,, 190-191/244। उ. (2)-''चलीं लिवाइ नबेलियाहि, सखि सब अंग। जस हुलसत गा गोदवा, मत्त मतंग।।''-र.वि., ब.ना.भे., 80/50।

**मुग्धा आगतपतिका**—दे. मुग्धा। अवस्था के आधार पर नायिका के प्रथम भेद मुग्धा का उपभेद जिसमें उसका पति विदेश से लौटा हो। ल.-जा तिय को परदेस तें आयो प्यौ मतिराम। ताहि कहत कबि लोग हैं आगतपतिका बाम। उ. (1)-''आए बिदेस तें प्रानप्रिया मतिराम अनंद बढ़ाय अलेखै। लोगन सों मिलि आँगन बैठि घरी ही घरी सिगरो घर पेखै। भीतर भौन के द्वार खरो सुकुमारि तिया तनकंप बिसेखै। घूँघट को पट ओट दिये पट ओट किये पिय को मुख देखै।।''-मति.र.रा., 216-217/250-251। उ. (2)-''बहुत दिवस पर पियवा, आयेउ आज। पुलकित नवल दुलहिया कर गृह-काज।।''-र. वि., ब.ना.भे., 92/52।

**मुग्धा उत्कंठिता**—दे. मुग्धा। अवस्था के आधार पर नायिका के प्रथम भेद मुग्धा का वह उपभेद जिसमें वह संकेत स्थल पर पति का आगमन न होने पर प्रतीक्षा करती या उत्कंठित होती है। ल.-आप जाय संकेत में पीव न आयो होय। ताको मन चिंता करै उत्का कहिये सोय।। उ. (1)-''बीत गई जुग जाम निसा मतिराम मिटी तम की सरसाई। जानति हौं कहुँ और तिया से रहे रस में रमिकै रसराई। सोचति सेज परी यों नवेली सहेली सों जाति न बात सुनाई। चंद चढ़ो उदयाचल पै मुखचंद पै आनि चढ़ी पियराई।।''-मति., र.रा., 156-157/235। उ. (2)-''भा जुग जाम जमिनिया पिय नहीं आय। राखेउ कवन सवतिया, रहि बिलमाय।।''-र.वि., ब.ना.भे., 65/49।

**मुग्धा कलहांतरिता**—दे. मुग्धा। अवस्था के अनुसार नायिका के प्रथम भेद मुग्धा का वह उपभेद, जिसमें वह प्रिय या पति से पहले कलह कर बाद में पछताती है। ल.-कह्यौ न मानै कंत को पुनि पीछे पछिताय। कलहांतरिता नायका ताहि कहत कबिराय।। उ. (1)-''आई गौने कालि ही सीखी कहा सयान। अबहीं तें रूसन लगी अबहीं तें पछितान।।''-मति., र.रा., 133, 135/230। उ. (2)-''आयेहु अबहिं गवगवा, जुरुते मान। अब रस लागिहि गोरियहि मन पछतान।।''-र.वि., ब. ना.भे., 55/47।

**मुग्धा खंडिता**—दे. मुग्धा। स्वकीया और परकीया नायिकाओं में मुग्धा प्रथम भेद है। जब इस नायिका का पति या प्रिय दूसरी नायिका या स्त्री से संभोगरत होकर लौटता है तो वह नायिका खंडिता कही जाती है। ल.-पियतन औरै नारि के रति के चिह्न निहारि। दुखित होत सो खंडिता बरनत सुकबि बिचारि।। उ. (1)-''बाल सखिन की सीख तें मान न जानति ठानि। पिय बिन आगम भौन में बैठी भौहैं तानि।।''-मति., र. रा., 122, 124/228। उ. (2)-''सखि सिख मान नवेलिया, कीन्हेंसि मान। पति बिन कोपभवनवा ठानेसि ठान।। सीस नवाय नवेलिया निचवइ जाय। छिति खनि छोर छिगुनिया, सुसुकति रोय।।''-र. वि., ब.ना.भे., 47-48/46।

**मुग्धा प्रबच्छतिप्रेयसी, मुग्धा प्रवत्स्यत्पतिका, मुग्धा प्रवत्स्यत्प्रेयसी**—दे. मुग्धा। अवस्था के आधार पर नायिका के प्रथम भेद मुग्धा का वह उपभेद जिसमें उसका पति विदेश जाने वाला होता है। ल.-होनहार प्रिय के बिरह बिकल होय जो बाल। ताहि प्रबच्छति प्रेयसी बरनत बुद्धि बिसाल।।

उ. (1)-"क्यों सहिहै सुकुमारि वह पहिलो बिरह गुपाल। जब वाके चित हित भयो चलन लगे तब लाल।।"-मति. र.रा., 205, 207/248। उ. (2)-"परगा कानन सखिया पिय के गौन। बैठी कनक पलँगिया, ह्वै कै मौन।।"-र.वि., ब.ना. भे., 87/51।

**मुग्धा प्रोषितपतिका**–दे. मुग्धा। अवस्था के अनुसार नायिका के प्रथम भेद का वह उपभेद जिसमें उसका पति या प्रिय विदेश चला गया रहता है। ल.-जाको पिय परदेस में बिरह बिकल तिय होय। प्रोषितपतिका नायका ताहि कहत सब कोय।। उ. (1)-"पिय बियोग तियदृग जलधि जलतरंग अधिकाय। बरुनि-मूल-बेला परसि बहुर्‌यो जात बिलाय।।"-मति., र.रा., 111, 113/225। उ. (2)-"कासो कहौं संदेसवा, पिय परदेसु। लागेहु चइत न फूले, तेहि बिन टेसु।।"-र.वि., ब.ना. भे., 43/46।

**मुग्धा बासकसज्जा**–दे. मुग्धा। अवस्था के अनुसार नायिका के प्रथम भेद मुग्धा का एक उपभेद, जिसमें वह प्रिय के आगमन के निश्चय के साथ स्वयं शृंगार कर शय्या सज्जित कर उसकी प्रतीक्षा करती है। ल.-ऐहैं प्रीतम आजु यों निस्चय जाने बाम। साजे सेज सिंगार सुख बासकसज्जा नाम।। उ. (1)-"डीठि बचाय सखीन की केलिभवन में जाय। पौढ़ि रहे छिन सेज में तिय आनंद अधिकाय।।"-मति., र.रा., 167, 169/238। उ. (2)-"हरुए गवन न बेलिया, दीठि बचाइ। पौढ़ी जाइ पलंगिया, सेज बिछाइ।।"-र.वि., ब.ना.भे., 70/49।

**मुग्धा मान**–दे. मुग्धा। प्रथमतः तो कुछ लोग स्वकीया मुग्धा में मान मानते ही नहीं। जो लोग मानते हैं, उनके अनुसार मुग्धा को कारण का आभास मात्र होता है। 'होत कछू आभास सो, मुग्धा के मन मान।"-कृ.ग्रं., हि.त., 217/51।

**मुग्धा विप्रलब्धा**–दे. मुग्धा। अवस्था के आधार पर नायिका के प्रथम भेद मुग्धा का वह उपभेद जिसमें वह संकेत स्थान में खोजने पर भी प्रेमी को न पाकर दुःखी होती है। ल.-मिलन आस करि जाय तिय मिले न पिय संकेत। बिप्रलब्ध सो जानिये बिरह-बिकल बिन चेत।। उ. (1)-"लख्यो न कंत सहेट में लख्यो नखत को राय। नवल बाल को कमल सों गयो बदन कुँभिलाय।।"-मति., र. रा., 144, 146/1232-233। उ. (2)-"लखे न कंत सहेटवा, फिरि दुबराय। धनिया कमलबदनिया, गई कुम्हिलाय।।"-र.वि., ब.ना.भे., 60/48।

**मुग्धा स्वाधीनपतिका**–दे. मुग्धा। अवस्था के आधार पर नायिका के प्रथम भेद मुग्धा का वह उपभेद जिसमें वह नायिका जिसने पति ही को वश में कर रखा हो, मुग्धा स्वाधीनपतिका कहलाती है। ल.-सदा रूपगुन रीझि पिय जाके रहे अधीन। स्वाधीनैपतिका तियै बरनत कबि परबीन।। उ. (1)-"अंग अंग अवलोकिकै तिय जोबन की जोति। सुधासिंधु अवगाहजुत डीठि नाह की होति।।"-मति., र.रा., 178, 180/241। उ. (2)-"आपुहि देत जवकवा गहि गहि पाय। आपु देत मोहि पिअवा, पान खवाय।।"-र.वि., ब.ना.भे., 75/50।

**मुचुकुंद**–मांधाता (दे.) के एक पुत्र का नाम जो एक योगी थे तथा विष्णु की योगशक्ति से परिचित थे। इन्होंने देवताओं का पक्ष लेकर असुरों का विनाश किया था, जिससे प्रसन्न होकर देवताओं ने इन्हें यह वर दिया था कि इन्हें निद्रा से जो जगावेगा वह इनके देखते ही भस्म हो जायगा। मथुरा पर विजय प्राप्त कर कालयवन श्रीकृष्ण को ढूँढता हुआ उस गुफा में पहुँचा, जिसमें मुचुकुंद सो रहे थे। श्रीकृष्ण धीरे से अपना पीतांबर मुचुकुंद को ओढ़ाकर वहीं छिप गए। कालयवन ने मुचुकुंद को ही श्रीकृष्ण समझकर लात मारकर जगाया और इनकी दृष्टि पड़ते ही भस्म हो गया था। श्रीकृष्ण के सामने आने पर मुचुकुंद ने उनमें लीन होने की इच्छा प्रकट की। श्रीकृष्ण ने इन्हें एक बार और धार्मिक ब्राह्मण के रूप में जन्म लेने को कहा। इसके पश्चात् इन्होंने कलियुग का आगमन देखा और गंधमादन में प्रवेश कर गये। हरि के प्रीत्यर्थ इन्होंने बदरिकाश्रम में तप किया था। इनकी पुत्री का नाम शशिभागा था। (पौ.को.)। उ.-"जोराबर अरि साधियै बुधबल कियै उपाय। कालयमन कौ ज्यौं किसन, पट मुचुकुंद उढाय।।"-वृं.ग्रं., न.स., 287/80।

**मुजरा**—किसी बड़े धनवान आदि के सामने जाकर उसे सलाम करना। उ.-"बाजि छोड़ मुजरा कियो जिहि बिधि है दस्तूर।।"-वृं.ग्रं., स.स.रू., 88/271।

**मुदफ्फर खान**—जहाँगीर का एक पठान योद्धा। उ.-"भारामल सिर सदकै भयौ। भव भगवंतदास कित गयौ। खानजहाँ रु कुतुवदी खान। आलमखान मुदफ्फर खान।।"-वी.च. 6/22।

**मुदफ्फर सैद**—एक पठान जो रामशाह के पास अकबर के द्वारा भेजा गया था। उ.-"अहीछत्र किय कुँवर मिलान। मिल्यौ मुदफ्फर सैद सुजान।।"-वी.च., 5/16।

**मुदरा**—गोरखपंथी साधुओं के द्वारा कान में धारण किया जाने वाला एक प्रकार का कुण्डल या कर्णाभूषण जो काँच या स्फटिक का होता है। उ. -"मुख पै बैरागी अलक, कुच सिंगी विष बैन। मुदरा धारै अधर कै, मूँदि ध्यान सों नैन।।"-र. वि., न.शो., 64/34।

**मुदिता**—परकीया के अंतर्गत एक प्रकार की नायिका जो परपुरुष प्रीति संबंधी कामना की आकस्मिक पूर्ति अथवा प्राप्ति से प्रसन्न होती है। बिना उपाय किये ही उसे ऐसे अवसर की प्राप्ति हो जाती है। ल. (1)-बिन उपाय कीनें लहै, जौ सहेट थल नारि। होत बिलोकि सुथान पुनि, मुदिता मुदित बिचारि।।-कृ.ग्रं., हि.त., 148/37। ल. (2)-चितचाही सुन बात लखि मुदित होय जो बाल। तासों मुदिता कहत हैं कबि मतिराम रसाल।।-मति., र.रा., 82/218। ल. (3)-"निहचै जानति पिय मिलन मुदिता कहिये ताहि।-ज.ग्रं., भा.भू., 14/8। ल. (4)-सुनत लखत चित चाह की बात भाँत अभिराम। मुदित होइ जो नाइका ताको मुदिता नाम।।-प.ग्रं., जग., 111/103। ल. (5)-वहै बात बनि आवई जा चित चाहत होइ। तातें आनदित महा मुदिता कहिये सोइ।।-भि.ग्रं. 1, श्रृं.नि., 111/113। ल. (6)-सुनत बात मनभाँवति, हरषें तिय के अंग। परकीयतु निरबाह तें मुदिता कहि रसरंग।-सो.ग्रं., र.पी.नि., 12/76। ल. (7)-है समीप सासु पै न नैन बलि बैरिन के मुदित भई है मुदिता बधू कहावती।।-भू.ग्रं., प्रकी., 563/243। उ.-"नेवते गइल ननदिया, मैके सासु। दुलहिन तोरि खबरिया, आवै आसु।। जैं हौं काल नेवतवा भा दुख दून। गाँव करेसि रखवरिया, सब घर सून।।"-र.वि., ब.ना.भे., 38-39/45।

**मुदिता**—दे. मुदिता। ल.-प्रिय प्रापति तें मुदित जो, मुदिता कहिये सोइ। समुझि बड़े साहिब कहत, समुझि लेऊ सबु काइ।। उ.-"क्यों धों विलंब करी मनभावन मोको घरी जुग रूप दिषाई। ए री बलाइ तें जाइ सुनाइ तूं मेरी संदेस की बात सुहाई। कौतुक मेरे जु तेरे कियो मन मोद समुद्र निमज्जन माई। ए बतियाँ कह ते सजनी तूँ इते पिअ के गृह अंगन आई।।"-श्रृं.मं., चिंता., 113-114/33।

**मुद्रा**—1. मुद्रा अलंकार। एक अर्थालंकार जिसमें प्रकृत या प्रस्तुत अर्थ के अतिरिक्त रचना में कुछ और भी साभिप्राय नाम निकलते हैं। ल. (1)-प्रकृत अर्थ पर पदनि सों सुच्छ प्रकासित अर्थ। मुद्रा तासों कहत हैं कबि मतिराम समर्थ।। उ.-"देह दीप दीपति दियै बदनचंद की जोति। दामिनि-दुति मुसकानि मृदु सुख की खानि उदोति।।"-मति., ल. ल., 327, 328/ 353। ल. (2)-मुद्रा प्रस्तुत पद बिषै औरै अर्थ प्रकास।। उ.-"अली जाइ किन पीव तहँ जहाँ रसीली बास।।"-ज.ग्रं., भा.भू., 166/55। ल. (3)-प्रकृत अरथ पर पद जहाँ सूच्य अरथ के ताहिं। सूचन करै सु होत है मुद्राभरन तहाँहिं। उ.-"तो सों रूसि रह्यो जु हो ब्रजरसिकन को राय। हौं दोहा कहि बेगि ही ल्याई ताहि मनाय।।"-प. ग्रं., पद्मा., 234, 235/61। ल. (4)-औरौ अर्थ कबित्त को सब्दौछल ब्यौहारु। झलकै नाम कि नामगन, औरस मुद्रा चारु।।-भि.ग्रं. 2, का.नि., 11-13/189-190। भिखारीदास ने इसके नाम और नामगण दो प्रकार के भेद बताकर उनके पृथक्-पृथक् उदाहरण दिए हैं। ल. (5)-प्रस्तुत पद के बीच जहँ और अरथ हू होइ। सो मुद्रा बरनन बिषें समझि लेउ कबि लोइ।। द.-"साँचु कहति तो सो सखी सुनि रंचक चितु लाइ। लाल लसत तिहि ठौर जहँ नव भनि बनी बनाइ।।"-सो.ग्रं. 1, र. पी.नि., 265, 266/215। 2. हाथ की अँगुलियों से

बनी विविध सांकेतिक आकृतियाँ। ल.-जो हौं बोलत हौ कछू सो लीजौ जप मानि। और क्रिया जे हाथ की ते सब मुद्रा जानि।।-ज.ग्रं., आ.बि., 191/133। 3. हठयोग के अंतर्गत शरीर के विविध अंगों की विविध क्रियायुक्त स्थितियाँ। उ.-"जालंधर उड्डाण मूलबंध जानियै। महाबेध खेचरी रु मुद्रा मानियै।।"-ज. ग्रं., आ.वि., 72/122। 4. मुद्रा छंद। षट्कल अर्थात् 6 मात्राओं का छंद है। क्रम है (।SS।)। उ.-"भजै राम। सरै काम। न छापाहि। न मुद्राहि।।"-भि.ग्रं. 1, छंदा., 35/184।

**मुद्रिका**—1. सोलह शृंगार के अंतर्गत भूषण शृंगार में एक आभूषण जो सोने या चाँदी का बना हुआ होता है। इस पर मीना हुआ रहता है या रत्न जड़े रहते हैं अथवा कोई न कोई आकृति बनी रहती है। अँगूठी। उ. (1)-"पहुँची मुद्रिका छुद्र घंटिका सु जेहरि है घुँघरू अनौट वाँक बिछिया बनाब के।।"-वृं.ग्रं., शृं.शि., 59/44। उ. (2)-"तेज को निधान राम मुद्रिका बिमान कैंधों लक्ष्मन को बान छूट्यो रावन निसंक कों।"-रा.चं., 13/38।

**मुनि**—मननशील महात्मा। ईश्वर, धर्म, सत्यासत्य आदि का सूक्ष्मतापूर्वक विचार करने वाला व्यक्ति। जैसे- अंगिरा, पुलस्त्य, भृगु, कर्दम, पंचशिखा आदि। वैदिक मत के अनुसार कुछ लोग 7 मुनियों में मरीचि, अत्रि, अंगिरस, पुलस्त्य, पुलोवक्र, वशिष्ठ आदि की गणना करते हैं और कुछ लोग गाधि, अत्रि, जमदग्नि, विश्वामित्र, वशिष्ठ, भरद्वाज और गौतम के नाम स्वीकार करते हैं। उ. (1)-"निज स्वरूप प्रभु देत हैं साँच कहत मुनिगोत। भोगनाथ की रीझ मैं भोगनाथ कबि होत।।"-मति., सत., 636/421। उ. (2)-"पइयैं गुरु उपदेस तैं जपहु जगत गुरु स्याम। गुन नारद मुनि संज जन भाषत गुरु गुन ग्राम।।"-वृं.ग्रं.,य. स., 112/215। उ. (3)-"सात रसातज, लोक, मुनि, द्वीप, सूरहय, बार। सागर, सुर, गिरि, ताल, तरु, अन्न, ईति, करतार।।"-क.प्रि., 11/17।

**मुनिजाया**—मुनिपत्नी-अहिल्या। उ.-"नहीं जपत राम को नाम जु रच्छक जिहि तारी मुनिजाया है।"-प.ग्रं., क.प., 11/296।

**मुनिपत्नी**—दे. मुनिजाया। अहल्या। ऋषि गौतम की पत्नी, जिसके विषय में प्रसिद्ध है कि छल से इंद्र के द्वारा भोग किये जाने पर ऋषि ने उसे पत्थर हो जाने का शाप दिया था और जो राम के चरणस्पर्श से मुक्त हो गई थी। उ.-"धूर धरत नित सीख पै, कहु रहीम केहिकाज। जेहि रज मुनिपत्नी तरी, सो ढूँढ़त गजराज।।"-र.वि.दो., 112/12।

**मुनिमान**—रचनाएँ-मानबावनी। लिपिकाल-सं. 1812। (बृ.इति. 7)।

**मुमुषि**—मुमुक्षा। मुक्ति की इच्छा। मोक्ष की अभिलाषा। उ.-"ए षट साधन कहत हौं आदि दऔं जग्यास। सम दम इंद्री बसकरन मुमुषि मोष की आस।"-ज.ग्रं., आ.बि., 58/120।

**मुर**—दे. मुरारि। यह दैत्य शंखासुर का पुत्र था। इसके पाँच सिर थे। इसे श्रीकृष्ण (विष्णु) ने मारा था, जिससे उनका नाम 'मुरारि' पड़ा। मुर के एक पुत्र का नाम वत्सासुर था और कुल 7000 पुत्र थे, जो अपने सेनापति की अध्यक्षता में युद्ध के लिए उठ खड़े हुए थे पर गरुड़ ने सबको मार डाला था। (पौ.को.)। उ.-"कैटभ सो, नरकासुर सो, पल में मधु सो, मुर सो जिनि मार्‌यो।"-क. प्रि., 6/74।

**मुरज**—एक ताल वाद्य, जिसे मृदंग या पखावज कहते हैं। उ.-"मुरज मृदंग ताल मिलित सुगंध बाजैं छंद भेद परनि प्रबंध भेद संग को।"-वृं. ग्रं., शृं.शि., 83/49। उ. (2)-"पग पट तार मुरज पटनार। सब्द होत सब एकहि बार।।"-वी.च., 20/36।

**मुरज बंध**—लेखनी चित्रालंकार (दे.) का एक भेद। इस बंध में पद्य के अक्षरों को इस प्रकार रखते हैं कि वे मृदंग की आकृति के बन जाएँ। ल.-खड्ग कमल कंकन डमरु, चंद्र चक्र धनु हार। मुरज छत्रजुत बंध बहु पर्वत बृक्ष केवाँर।। उ.-"जैति जो जनतारनी। कांति जो बिसतारनी। सो भजौ प्रनतारतै। छोभ जोजन तारतै।।"-भि.ग्रं. 2., का. नि., 65/203, 69/205।

**मुरलि**—दे. मुरली। बाँसुरी का लघु रूप जिसे

कभी-कभी बाँसुरी भी कहते हैं। इसे मुँह से फूँक कर बजाते हैं। एक प्राणवाद्य। वंशी। उ.-''कानन में कुंडल बिराजैं पटपीत काँधे कर मैं मुरलि ताके होत सुर गाढ़े हैं।''-ठाकुर, 10/64।

**मुरलिका**—दे. मुरलि, मुरली। मुरली का भी छोटा रूप। उ.-''उमगि उमगि घनआनंद मुरलिका मैं गौरी गाय ढौरी सों बुलावैं गोरी गाय कों।''-घ.क., 373/191।

**मुरली**—1. दे. मुरलि, मुरलिका। उ. (1)-''सुनि सुनि गुन सब गोपिकनि समुझयो सरस सवाद। कढ़ी अधर की माधुरी मुरली ह्वै करि नाद।।''-मति., सत., 527/412। उ. (2)-''मति बजाउ इति आइ कै मौहन मुरली तान। हरि लैहै काहू मनैं नाहक लगिकै कान।''-रस.,रतन.,212/72। उ. (3)-''चटकीलो भेख करै मटकीली भाँति सों ही मुरली अधर धरें लटकत आयहौ।''-घ.क., 3/34। उ. (4)-''मुरली मुरलीधर धरी अरीपरी धुन कान।।''-वृं.ग्रं., य.स., 15/205। उ. (5)-''आकर्षन कर मुरली बनितन जब जेहि कुंज बजावैं।''-बो. ग्रं., वि.वा., 17/30। उ. (6)-''मुरली में ह्वै नाम सुनाय सखी मोहिं राधिका राधिका टेरत है।''-ठाकुर, 17/6। उ. (7)-''मैं तरुनी तुम तरुन तन चुगुल चवाई गाउँ। मुरली लै न बजाइयौ कबहुँ हमारो नाउँ।।''-प.ग्रं., जग., 226/129।

**मुरलीदास**—समय-सं. 1883 के पूर्व। रचनाएँ-गृहसत सतसार, उषाचरित्र। विव.-परधन त्यागादि का वर्णन। (बृ.इति. 7)।

**मुरलीधर**—मुरली को धारण करने वाले श्रीकृष्ण। उ. (1)-''जो बड़ेन को लघु कहें, नहीं रहीम घटिजाहिं। गिरधर मुरलीधर कहे, कछु दुख मानत नाहिं।।''-र.वि., दो., 77/8। उ. (2)-''मुरलीधर गिरिधरन प्रभु पीतांबर घनस्याम। बकी बिदारन कंस अरि चीरहरन अभिराम।।''-मति., सत., 699/425। उ. (3)-''मुरलीधर धरी अरी परी धुन कान।''-वृं.ग्रं., य.स., 15/205।

**मुराद**—यह मुगल बादशाह शाहजहाँ का चौथा पुत्र था, जिसका जन्म 1624 ई. में हुआ था। शाहजहाँ ने इसे मालवा तथा गुजरात का सूबेदार नियुक्त किया था। यह वीर, विलासी, आवेगशील और अव्यावहारिक था। कूटनीतिज्ञ नहीं था। उत्तराधिकार के युद्ध में, शाहजहाँ के बीमार पड़ जाने पर तथा उसके द्वारा दारा के उत्तराधिकारी घोषित कर दिये जाने पर औरंगजेब ने दारा का पीछा करने के लिए अपनी कूटनीति से इसे अपने अनुकूल बना लिया और संदेह दूर करने के लिए इसे घोड़े और 20 लाख रुपये भेंट किये। मुराद ने अपने को अहमदाबाद में बादशाह घोषित कर दिया था। दोनों ने मिलकर उज्जैन के निकट धरमत के युद्धस्थल में शाही सेना को परास्त किया। पुनः आगरा के निकट सामूगढ़ के युद्ध में भी इन दोनों ने दारा की सेना को पराजित किया। औरंगजेब ने आगरा पहुँचकर शाहजहाँ को दुर्ग में बंदी बना लिया और भागते हुए दारा का पीछा करते हुए दोनों दिल्ली की ओर अग्रसर हुए। मथुरा पहुँचकर दोनों भाइयों में मतभेद एवं अविश्वास उत्पन्न हो गया। औरंगजेब ने इसे युद्ध में लगे घावों के ठीक होने के लिए तथा दारा के विरुद्ध योजना को पूर्ण करने के उद्देश्य से भोजन पर आमंत्रित किया। मुराद हिचकिचाता रहा किंतु अपने विश्वासपात्रों के कहने पर निमंत्रण स्वीकार कर औरंगजेब के शिविर में गया जहाँ उसका सत्कार कर मद्य-पान करा कर उसके हथियार छीन लिये गए और कैद कर ग्वालियर के दुर्ग में भेज दिया गया। वहाँ तीन वर्ष बाद 1661 ई. में मुराद की हत्या कर दी गई। उ. (1)-''खाइ कै कसम त्यौं मुराद को मनाइ लियो फेरि ताहू साथ अति कीन्हीं तै ठगाई है।''-भू.ग्रं., प्रकी., 541/238। उ. (2)-''दारहि मारि मुराद कौं बाँधि कै संगर साहसुवा बिचलाए।।''-भू. ग्रं., शि.भू., 197/166। उ. (3)-''दारा की न दौरि यह खजुए की रारि नाहिं बाँधिबो न होय या मुरादसाह बाल को।।''-भू.ग्रं., प्रकी., 438/214।

**मुरादि**—मुगल बादशाह अकबर का पुत्र जिसे उसने अहमदनगर अभियान में अब्दुर्रहीम खानखाना के साथ नियुक्त किया था। अकबर के जीवनकाल में ही अत्यधिक मदिरापान के कारण 1599 में इसका देहांत हो गया। उ. (1)-''हार्‍यो मधुकरसाहि सों

आपुन साहि मुरादि।''-क.प्रि., 1/25।

**मुरार**—दे. मुरारि, मुरारी। उ. (1)-''दधि घृत घटबारीन पै माँगत दान मुरार। घटबारे कौं देत है घटबारी घट बार।।''-वृं.ग्रं., य.स., 577/251। उ. (2)-''बसत जिन्हों के चित्त में राधाकृस्न मुरार। तिनको नर नारी कहा मोहत हैं कर्तार।।''-बो.ग्रं. 1, वि.वा., 46/71।

**मुरारि**—दे. मुर। मुरारी। मुर का नाश करने वाले श्रीकृष्ण। मुर राक्षस का शत्रु। मुर शब्द का अर्थ है क्लेश, संपात, कर्मियों का कर्मयोग और दैत्य। भगवान् विष्णु इन सबका नाश करने वाले हैं। इसी से इनका नाम मुरारि पड़ा। वामनपुराण में भगवान् विष्णु द्वारा मुर नामक राक्षस के मारे जाने का प्रसंग है। उ. (1)-''कौन भाँति रहिहै बिरदु अब देखिबी, मुरारि। बीधे मोसौं आइ कै गीधे गीधहिं तारि।।''-बि.र., 31/22। उ. (2)-''जदपि अकरनी हूँ करी मैं हरि भाँति, मुरारि। प्रभु करुनाकर आपुहीं हरि बिधि लेउ सुधारि।।''-रस., रतन., 1000/174। उ. (3)-''बन में बृषभानु-कुमारि मुरारि रमैं रुचि सों रस-रूप पियें।''-र.प्रि., 1/20। उ. (4)-''तुम आदि मध्यअवसान एक। अरु जीव जन्म समुझौ अनेक।।''-रा.चं., 25/1।

**मुरासा**—जड़ाऊ कर्ण-भूषण विशेष। यह शब्द 'मुद्रा' से बना प्रतीत होता है। इसी प्रकार के एक कर्णाभूषण को मुरकी भी कहते हैं। उ.-''लसै मुरासा तिय-स्रवन यौं मुकतनु दुति पाइ। मानहु परस कपोल कैं रहे स्वेद-कन छाइ।।''-बि.र., 673/209।

**मुलतान**—भारत के पश्चिम-उत्तर में (अब पाकिस्तान में) स्थित एक प्रसिद्ध नगर। उ. (1)-''बलख बुखारे मुलतान लौं हहर पारैं काबुल पुकारै कोऊ गहत न सार हैं।''-भू.ग्रं., प्रकी., 526/234। उ. (2)-''मालव मेवार मुलतान मारु मल्लिबार माथुर मगध मच्छ मेवात महेस के।''-ज.ज.चं., 102।

**मुलतानी**—दे. मुलतान। मूलस्थानीय। भारत के पश्चिम-उत्तर में (अब पाकिस्तान में) एक प्रसिद्ध नगर मुलतान से संबंधित। उ.-''मुलतानी मागधी असेष। मत्स्य देस के मोहन बेष।।''-वी.च., 17/38।

**मुल्ला**—मुसलमानों का आचार्य या पुरोहित। मौलवी। उ.-''जैसे को तैसो ही जाय मिलै उतै फूटी मसीत को आधरो मुल्ला।।''-ठाकुर., 48/13।

**मुल्ला नुशरती**—रचनाएँ - गुलशेन इश्क। रचनाकाल-1657 ई. (सं. 1714)। विव.-मंझनकृत मधुमालती से मिलता-जुलता दक्खिनी का प्रेमाख्यान (बृ.इति. 7)।

**मुसकानि**—नायिका-नायक मिलन आदि के अवसर पर प्रसन्नता या गूढ़ार्थक ईषत् हास्य। उ.-''सहित सनेह, सकोच, सुख, स्वेद कंप मुसकानि। प्रान पानि करि आपनैं, पान धरे मो पानि।।''-बि.र., 265/125।

**मुसलमान**—मुहम्मद साहब के द्वारा प्रवर्तित संप्रदाय का अनुयायी, इस्लाम धर्म को मानने वाला। उ.-''हिंदु मैं क्या और है मुसलमान मैं और। साहिब सबका एक है व्याप रहा सब ठौर।।''-रस. रतन., 69/52।

**मुस्की**—वह घोड़ा जिसका सारा शरीर काला हो। उ.-''हेरे हय मुस्की मनु रंग मुस्की बिच जल खुस्की करै खुरी।''-प.ग्रं., प्र.बि., 97/287।

**मुहचंग**—मुरचंग। ताल देने के लिए मुँह से बजाया जाने वाला एक बाजा। यह लोहे का बना होता है। उ. (1)-''बोधा कबि स्वर न तंबूराहू को ठहरात जलऊतरंग मुंहचंग वाकुहानी है।''-बो.ग्रं., वि.वा., 43/104। उ. (2)-''इक मुहचंग बजावही एक बजावत चंग। चाचर चंग मजाबही ब्रजबाला हरि संग।।''-वृं.ग्रं., य.स., 531/247।

**मुहकम**—मोहकमसिंह। यह अमरसिंह चंदावत का लड़का था। बंगलाना तालुके के सलहेर दुर्ग में मरहठों ने इसे कैद कर लिया था पर बाद में छोड़ दिया। इस लड़ाई में करीब-करीब 30 बड़े-बड़े सेनापति तथा बहुत से साधारण सिपाही काम आए। इबलास खाँ भी इस युद्ध में कैद कर लिया गया था। यह घटना सन् 1672 ई. में जनवरी के आरंभिक सप्ताह की है। उ.-''अमर सुजान मुहकम बहलोलखान खाँडे डाँडे छोडे उमराउ दिल्ली सुर

के।''-भू.ग्रं., शि.भू., 221/170।

**मुहमद**–फर्रूखाबाद का नवाब मुहम्मद खाँ बंगश जिसने सं. 1783 में छत्रसाल के पुत्र जगतराय के इलाके जैतपुर पर आक्रमण किया और उन्हें हराया था। बाद में जगतराय की प्रार्थना पर बाजीराव पेशवा ने अपनी सेना भेजी और मरहठों और बुंदेलों की संयुक्त सेना से बंगश बुरी तरह पराजित हुआ। इसने जैतपुर तो लौटाया ही, क्षतिपूर्ति के निमित्त धन दिया और शपथ खाई कि फिर कभी बुंदेलखण्ड की ओर पैर न रखूँगा। (भूमिका, भू.ग्रं.)। उ. (1)-''मुहमद को मदमेटि सेर अफगनहि जेर किय।''-भू.ग्रं., प्रकी., 513/230।

**मुहर**–मोहर। किसी ऐसी वस्तु पर लिखा हुआ नाम, पता या चिह्न आदि जिसे कागज या कपड़े पर छाप सकें। अक्षर, चिह्न आदि दबाकर अंकित करने का ठप्पा। उ.-''प्रेम चिह्न बिनु जौ हियौ सौ यौं रसिक हजूर। बिना मुहर की सनद ज्यौं दफ्तर नहिं मंजूर।।''-रस.,रतन., 627/126।

**मुहरा**–शतरंज की गोटी। उ.-''धरे हते मुहरा धनै मैलै हियौ बिसात। मो मन साहिय कौ करौ तैं दृग दै सत मात।।''-रस. रतन., 318/86।

**मुहूरत**–मुहूर्त। कालांश का एक नाम। दिन-रात का तीसवाँ भाग। दो घड़ी का काल। भाषा में इसका अर्थ प्राय किसी कार्य के निमित्त ज्योतिष द्वारा स्थित किया हुआ शुभ समय होता है। उ.-''मिलि चलि, चलि-मिलि, मिलि चलत आँगन अथ्यौ भानु। भयो मुहूरत भोर कौ पौरिहिं प्रथम मिलानु।।''-बि.र., 625/289।

**मूँगा**–समुद्र में रहने वाले एक प्रकार के कृमियों के समूहपिंड की लाल ठठरी जिसकी गुरिया बनाकर लोग पहनते हैं या अँगूठी जड़वा कर धारण करते हैं। इसकी गिनती रत्नों में की जाती है। यह मंगल का प्रतीक रत्न माना जाता है। उ.-''छाप तरौना नगनि की सोवत लगी कपोल। मनो मदन की मोहनी मूँगा मोल अमोल।।''-मति., सत., 142/380।

**मूठ**–दे. मूठि। उ.-''गही जड़ता नहीं बोलत बैन। भई कह बेदनवत कहै न। कहूँ उझकी झिझकी डर मानि। लगी कहुँ डीठ कि मूठ बखानि।।''-बो. ग्रं., वि.वा., 6/51।

**मूठ संजोग**–दे. मूठि। तंत्र-मंत्र के प्रयोग का प्रभाव। जादू-टोना। उ.-''लगी नहीं डीठि न मूठ संजोग। परै लखि नाहिं अपूरब रोग।।''-बो. ग्रं., वि.वा., 43/164।

**मूठि, मूठ**–तंत्रशास्त्र के अनुसार एक प्रयोग मूठ चलाना अथवा मूठ मारना कहलाता है। इसमें तिल, यव इत्यादि मुट्ठी में भर कर एवं अभिमंत्रित करके जिस व्यक्ति पर प्रयोग करना होता है, उसकी ओर, अथवा उसका नाम लेकर, फेंका जाता है। इससे मारण-मोहन इत्यादि प्रयोग होते हैं। जो प्रयोग करना होता है, उसी के अनुसार मुट्ठी में पदार्थ लिया जाता है। उ. (1)-''पीठि दिये हीं, नैंक मुरि, कर घूँघट-पटु टारि। भरि, गुलाल की मुठि सौं, गई मूठि सी मारि।।''-बि.र., 350/164।

**मूठि चलाना**–दे. मूठि। जादू करना। एक विशेष तांत्रिक क्रिया जो किसी अहितकारी के लिए घातक होती है। उ.-''बाल अनूठियै ऊठि गुलाल की मूठि मैं लालहि मूठि चलावै।''-घ.क., 381/193।

**मूरख सोलही**–रचयिता-लालचंद (दे.)। विव.-मूर्खलक्षण। (बृ.इति. 7)।

**मूरछना**–मूर्च्छना। संगीत में एक ग्राम से दूसरे ग्राम तक जाने में सातों स्वरों का आरोह-अवरोह। ग्राम के सातवें भाग का नाम मूर्च्छना है। एक मत से गायन के समय गले को कँपाने से मूर्च्छना होती है और दूसरे मत से स्वर के सूक्ष्म विराम को ही मूर्च्छना कहते हैं। (विस्तार के लिए दे. हिं.श.सा.)। उ.-''जानति गुन गमकनि बड़ भाग। जोति कला मूरछना राग। जति अरु बचन अकासहि चाल। तीवट उरपति रय आडाल।।''-वी.च., 20/33।

**मूरति**–मूर्ति। किसी के रूप या आकृति के सदृश गढ़ी हुई या बनायी हुई वस्तु या प्रतिमा। विग्रह। प्रायः देवताओं, देवियों या श्रेष्ठ पुरुषों या स्त्रियों की इस प्रकार की प्रतिमा बनायी जाती है। उ.-''देवल गिरन लागे मूरति लै विप्र भागे नेकहू

न जागे सोइ रहे रजधनी सो।''-भू.ग्रं., प्रकी., 466/220।

**मूर्छा**–प्राणी की वह अवस्था जिसमें उसे किसी बात का ज्ञान नहीं रहता, वह निश्चेष्ट पड़ा रहता है। संज्ञा का लोप। अचेत होना। बेहोशी। साहित्य में सामान्यतया मृति या मरण को सम्मिलित कर विरह की दस दशाएँ मानी जाती हैं। किंतु कुछ लोग मूर्च्छा का भी अंतर्भाव कर ग्यारह कामदशाएँ मानते हैं। ल.-दसा बियोगहि की कहत जु है मूरछा नाम। जहँ न रहत सुधि कौनहू कहा सीस कह धाम।।- उ.-''तौं ही लौं भल औधि लौं रहै जू तिय निरमूल। नहिं तौ क्यौं करि जिवहिगी निरखि सूल से फूल।।''-प.ग्रं., जग., 667, 668/219-220।

**मूल छंद**–उन्नीस अक्षरों के इस छंद में मात्रा क्रम है सगण+जगण+जगण+सगण+रगण+सगण+। (।।S ।S। ।S। ।।S S।S ।।S ।)। ल.-सगन जगन पुनि जगन भनि सगन रगन करि लेखि। सगन अंत लहु मूल भनि उनइस अक्षर देखि।। उ.-''करि जज्ञ पूरन जानकीपति दान देत असेष।।''-छं.मा., 1/61।

**मूल ढोला**–(मूल ढोला रहसलावनी)-रचयिता-नवलसिंह कायस्थ (प्रधान) (दे.)। (इति.शुक्ल., बृ. इति. 7)।

**मूलबँध**–मूलबंध। हठयोग की एक क्रिया जिसमें सिद्धासन या वज्रासन द्वारा शिश्न और गुदा के मध्य वाले भाग को दबाकर अपान वायु को ऊपर की ओर चढ़ाते हैं। उ.-''जालंधर उड्डाण मूलबँध जानियै। महाबेध खेचरी रु मुद्रा मानियै।।''- ज.ग्रं., आ.बि., 72/122।

**मूल भारत**–रचयिता-नवलसिंह कायस्थ (प्रधान) (दे.)। (इति.शुक्ल, बृ.इति. 7)।

**मृकंड**–मृकंडु। एक ऋषि जिनके पिता का नाम धाता (विधाता) और माता का नाम नियति था। इनकी पत्नी का नाम मनस्विनी था। मार्कण्डेय (दे.) इनके पुत्र थे। परशुराम की तपस्या के समय मृकंडु अनेक ऋषियों के साथ उनसे मिलने आए थे। (पौ.को.)। उ.-''करमन पाय उपाय अमर भौ ऋषि मृकंड-सुत।''-ज.ज.चं., 18। दे. मृकंड।

**मृकंडसुत**–दे. मारकंड। मृकंडुसुत। मृकंड ऋषि के पुत्र। मार्कंडेय। उ.-''करमन पाय उपय अमर भौ ऋषि मृकंडसुत।''-ज.ज.चं., 18। दे. मृकंड।

**मृगअंक**–मृगांक। चंद्रमा। जिसके अंक में मृग हो। अथवा हरिण के चिह्न से युक्त। पुराणों में इससे संबंधित कथा मिलती है। कालिका पुराण में लिखा है कि दक्ष प्रजापति की कन्या से 60 कन्याएँ उत्पन्न हुईं जिनमें 10 धर्म को, 13 कश्यप को, 26 चंद्र को, मृग, अंगीरा और कृशाश्व इन तीनों को दो-दो तथा तार्क्ष्य को 4 कन्याएँ ब्याही थीं। एक दिन चंद्रमा के निकट कृत्तिका आदि ने उपस्थित होकर रोहिणी की भर्त्सना की। चंद्र रोहिणी के साथ ही सुव्यवहार करते थे। इस पर नाराज होकर चंद्र ने शाप दिया कि तुमने हमें कटु वाक्य कहे, इसलिए तुम उग्र और तीक्ष्ण कहलाओगी और तुम्हारे दिन यात्रा के लिए उपयुक्त नहीं होंगे। चंद्र द्वारा अभिशप्त होने पर वे अपने पिता दक्ष के पास गईं। दक्ष को यह बात जब मालूम हुई तब वे बहुत क्रुद्ध हुए। उनके नाक के अग्र भाग से कामिनी-संभोग-लोलुपता-राजयक्ष्मा निकल पड़ी और उसने चंद्रमा को ग्रस्त किया। इस पर चंद्र की कला घटने लगी। बाद को ब्रह्मा के आदेश से शापदाता दक्ष ने 15 कलाओं को पीछे पुनर्वार क्रमशः बढ़ने का नियम कर दिया। इसी राजयक्ष्मा के रोग निवारण के लिए ही चंद्रमा के क्रोड में एक मृग बैठा है। माघ कवि ने भी शिशुपाल वध में इसका उल्लेख किया है। उ.-''वासों मृगअंक कहैं तासों मृगनैनी सब, वह सुधाधर तहूँ सुधाधर मानिये।।''-रा. चं., 9/40।

**मृगचर्म**–हिरण की खाल जो पवित्र मानी जाती है। उ.-''धनुबान तिच्छ कुठार 'केसव' मेखला मृगचर्म स्यों। रघुबीर को यह देखियै रसबीर सात्त्विक धर्म स्यों।।''-छं.मा., 2/45।

**मृगतृस्ना**–मृगतृष्णा। मरुभूमि में धूप की चमक से उत्पन्न जल की भ्रांति जिसके फेर में पड़कर मृग दौड़ते-दौड़ते मर जाते हैं। उ.-''घाटन बाटन हाटन में मृगतृस्ना तरंगिनि लौं तरियै

लै।।''-बो.ग्रं., इ.ना., 25/5।

**मृगनाभि**—कस्तूरी। उ.-''मिष्ट भोजन बीटिकामृगनाभि मैं घनसार। अंग सुभ्र सुगंध संजुत सेव श्रीसुकुमार।।''-वि.गी., 8/12।

**मृगमद**—कस्तूरी। कस्तूरी जो मृग की नाभि से निकलती है। इसका औषधि और शृंगार प्रसाधन आदि में उपयोग होता है। उ. (1)-''ऐसी ह्वै है ईस पुनि आपने कटाछ मृग-मद घनसार सम मेरे उर ओलि है। दीप के समीप पुनि दीपति बिलोकैं वह, चित्र की सी पूतरी सु क्यों हूँ हँसि बोलि है।''-र.प्रि., 8/18। उ. (2)-''मृगमद केसरि घसि घनसारु। कीनौ चर्चित चंदन चारु।।''-वि.च., 5/24। उ. (3)-''गुन त संग्रह सब करैं कुल न बिचारै कोय। हरि हू मृगमद को तिलक करत लेत जग मोय।।''-वृं.ग्रं., नी.स., 278/80। उ. (4)-''अगर की धूप मृगमद की सुगंध बर बसन बिसाल जाल अंग ढाकियतु है।''-प.ग्रं., जग., 390/165।

**मृतक**—एक काव्यगत दोष। काव्य में अर्थरहित शब्दों का प्रयोग मृतक दोष माना जाता है। ल.-मृतक कहावै अर्थ बिनु। उ.-''कील कमाल कलाल करालनि साल बिसालनि चालचली है। हाल बिहालनि ताल तमाल प्रबाल कबाल कलाल लली है।''-क.प्रि., 3/6, 7, 13।

**मृत्युमहोत्सव पच्चीसी**—रचयिता-प्रेमचंद (दे.)। विव.-इसमें मृत्यु-सुख-कारण आदि का वर्णन है। (बृ.इति. 7)।

**मृदंग**—एक प्रकार का ताल वाद्य जो ढोलक से कुछ लंबा होता है। तबले की तरह इसके दोनों मुँह चमड़े से मढ़े जाते हैं। इसका ढाँचा पक्की मिट्टी का होता है। इसी से यह मृदंग कहा जाता है। उ. (1)-''जहाँ छहौ ऋतु में मधुर सुनि मृदंग मृदु सोर।''-मति., ल.ल., 12/300। उ. (2)-''चैतन होइ न एक सुर कैसें बनें बनाइ। जड़ मृदंग बेसुर भए मुहैं थपैरै षाइ।।''-रस., रतन., 936/166। उ. (3)-''उत्तंग मरकत-मंदिरन मधि बहु मृदंग यों बाजहीं। घन-समय मानहुँ घुमड़ि कर घन घनपटल गल गाजहीं।''-भू.ग्रं., शि.भू., 16/131। उ. (4)-''बाजत ताल मृदंग उपंग महाधुनि तीनहु लोक छई है।''-वृं.ग्रं., भा.पं., 1/12।

**मेंहदी**—दे. मिंहदी। उ.-''सौतिन के बदन बिलोके बदरंग आज रंग है री रंग तेरी मेंहदी सुरंग पर।''-प.ग्रं., प्रकी., 65, 67/321।

**मेहंदी**—दे. मिंहदी। उ.-''अंगराग औरैं अंगनि करत कछू बरजी न। पै मेहंदी न दिवाइहौं तुम सों पगनि प्रबीन।।''-प.ग्रं., जग., 223/128।

**मेकन दादा**—समय-सं. 1710 से 1786 तक। स्थान-कच्छ। पिता-हरदोलजी भट्टी। माता-पावांबा। गुरु-महंत गांगाराजा। रचनाएँ-स्फुट। (बृ. इति. 7)।

**मेघ**—संगीत में छह रागों में एक जिसकी उत्पत्ति के विषय में हनुमत् का मत है कि यह ब्रह्मा के मस्तक से हुआ था। दूसरे मत से इसकी उत्पत्ति आकाश से हुई। इसे ओड़व जाति का राग माना जाता है और इसमें ध नि सा रे ग -ये पाँच स्वर लगते हैं। हनुमत् के मत से इसका सरगम है-ध नि सा रे ग म प ध। इसके गायन का समय है वर्षाकाल रात्रि का पिछला प्रहर। इसकी रागिनियों के संबंध में दो मत हैं। हनुमत्-मल्लारी, सोरही, सारंगी वा हसिका और मधुमाधवी। अन्यमत-मल्लारी, देशी, सोरठ, नाटिका, तरुणी और कादंबिनी। इसके पुत्रों के नाम हैं-मल्लार, गौर, कर्णाट, जलंधर, मालाहक, तैलंग, कमल, कुसुम, मेघनाट, सामंत, लूम, भूपति, नाट और बंगाल। उ.-''पुनि नृप मेघ बखानिये बाला मेघमलार। आसगुनी गुन फुन फुनी सायथ धूरिय धार।।''-बो.ग्रं., वि.वा., 17/121।

**मेघनाद**—लंकापति रावण का पुत्र जो उसकी पटरानी मंदोदरी के गर्भ से उत्पन्न हुआ था। इसने जन्म लेते ही संवर्तक मेघ के समान गर्जना की थी, इसी से इसका नाम मेघनाद पड़ा। यह परम वीर और पराक्रमी था। इसने देवराज इंद्र को भी युद्ध में पराजित किया था। राम-रावण युद्ध में भी इसने राम-लक्ष्मण को दो बार पराजित किया पर अंत में युद्ध के तीसरे दिन बहुत उपाय और पराक्रम से यह लक्ष्मण के हाथों मारा गया था। इसकी पत्नी सुलोचना वासुकि नाग की पुत्री थी जो पातिव्रत

धर्म के लिए प्रसिद्ध थी। अपने पातिव्रत तेज से, श्रीराम के संतोष के लिए सुलोचना ने मेघनाद के मुंड को भी हँसा दिया था। उ. (1)-"मेघनाद कों लखि लखन हरषे धनुष चढ़ाय। दुखि बिभिषन दबि रह्यो कछु फूले रघुराय।"-प.ग्रं., जग., 594/204। उ. (2)-"डारि डारि डारौं कुंभकर्नहिं बिदारि डारौं मारौं मेघनादै आजु यों बल अनंत हौं।।"-प.ग्रं., जग., 683/222।

**मेघमलार**—दे. मेघ। संपूर्ण जाति का एक राग जो मेघ राग और उसकी पत्नी मल्लारी के योग से बनता है। इसमें सब शुद्ध स्वर लगते हैं। (हिं. श.सा.)। उ.-"पुनि नृप मेघ बखानिये बाला मेघमलार।"-बो.ग्रं., वि.वा., 17/121।

**मेघ विस्फूर्जित छंद**—प्रत्येक चरण में मात्रा क्रम है (ISS SSS III IIS SIS SISS)। उन्नीस वर्ण होते हैं और छः, छः और सात वर्ण पर यति होती है। ल.-यगनो मो आनो, नगन सगनो, रग्गनो रग्गनो गो। जहाँ पाये पाये बरन सिगरो, वोनईसै गनो हो। छ बिश्राम लैकै, बहुरि छह औ, सात सों पूजितो है। यही छंदो भाष्यो, भुजगपति को मेघबिस्फूर्जितो है।। उ.-"न आवैगो प्यारो, क्रति सखि तूँ, बादि संदेह बौरी। सहैगो नीकेहीं, कठिन हियरा, मेघ बिस्फूर्जितौ री।।"-भि. ग्रं. 1, छंदा., 96-97/262-263।

**मेजर**—फौज का एक अफसर। यह कप्तान से ऊँचा और लेफ्टिनेंट कर्नल से नीचे होता है। उ.-"कहैं पदमाकर तिलंगी मीर भृंगन को मेजर तंबूरची मयूर गुन गायो है।"-प.ग्रं., प्रकी., 63/320।

**मेढ़मल्ल**—दे. मेढ़ामल। उ. (1)-"चल्यो हथियार जितै मेढ़मल्ल। गयो तहँ बीरम कै अति गल्ल।।"-वि.वा., 13/191। उ. (2)-"वह कौन मेढ़ामल्ल मेरे आय सन्मुख आय।।"-बो.ग्रं., वि. वा., 7/186।

**मेढ़ामल**—बोधारचित विरह वारीश काव्य के प्रमुख योद्धा का नाम। दे. मेढ़ामल्ल। उ.-"मेढ़ामल बलवान कह्यो बीर रनजोर सों।।"-बो.ग्रं., वि. वा., 1/190।

**मेदिनिमल**—कवि केशवदास के आश्रयदाता राजवंश में उत्पन्न मेदिनीमल्ल नाम के राजा, जिनके पिता का नाम रामचंद्र था। उ.-"रामचंद्र तिनके भए राजाचंद्र प्रमान।। राजा मेदिनिमल्ल भए तिनके 'केसवदास'। अरि-मद-मर्दन-मेदिनी-कीनो धर्म-प्रकास।।"-क.प्रि., 1/12-13।

**मेदिनीमल**—काशी के सूर्यवंशी राजाओं में राजा कर्ण हुए। उनके पुत्र अर्जुनपाल थे जिन्होंने पिता से रुष्ट होकर काशी का त्याग कर दिया और महौनी, गढ़ कुंडार आदि पर शासन किया। इन्हीं के वंश में राजा पृथ्वीराज के पुत्र मेदिनीमल्ल हुए। उ.-"तिनके सुत नृप-कुल-सिर-ताज। प्रकटे पृथु ज्यों पृथ्वीराज।। तिनके भए मेदिनीमल्ल। राइसेनधौ, पूरनमल्ल।।"-वी.च., 2/27-28।

**मेनका**—स्वर्ग की एक अप्सरा विशेष जिसे इंद्र ने विश्वामित्र का तप भंग करने के लिए भेजा था क्योंकि वह उनकी तपस्या से भयभीत हो गया था। मेनका अपना कार्य करने में सफल हुई और परिणामस्वरूप इसके गर्भ से शकुंतला का जन्म हुआ। यह पुत्री को जंगल में छोड़कर चली गई थी, जिसकी रक्षा पक्षियों ने की। इसीलिए मेनका की इस कन्या का नाम शकुंतला पड़ा। (पौ.को.)। उ. (1)-"ऐसी देषी मेनका देषमैन का बान। मैंन काय ह्वै जात हरि लाग मैंन का बान।।"-वृं.ग्रं., य.स., 618/254। उ. (2)-" 'केसोदास' सब सुख साधन की सिद्धि यह मेरे जान मैन हीं सों मेनका की जाई है।"-र.प्रि., 3/52।

**मेर**—मेरु। एक पुराणोक्त पर्वत जो सोने का कहा जाता है (विस्तार के लिए दे. पौ.को.)। उ.-"सीख लीन्हों कल्पवृक्ष कामधेनु चिंतामनि सीख लीन्हों मेर औ कुबेर गिरआनो है।"-ठाकुर, 7/3।

**मेरु**—1. दे. मेर। उ. (1)-"मेरु सम छोटो पनु सागर सो छोटो मनु धनद को धनु ऐसो छोट जगजाहि को।"-भू.ग्रं., शि.भू., 249/175। उ. (2)-"चढ़ि जाइ मेरु कुबेर-घर गढ़ लंक हू में दबिरहै।"-प.ग्रं., हि.ब.बि., 98/14। 2. पिंगल या छंदशास्त्र की गणना जिससे यह पता लगता है कि कितने-कितने लघु-गुरु के कितने छंद हो सकते

हैं। ल.-नष्ट उदिष्ट'रु मेरु पताक विमर्कटि सूचिन कों भरि जानै।-भि.ग्रं., छंदा., 8/166।

**मेवात**—राजपूताना और सिंध के बीच के प्रदेश का पुराना नाम। यहाँ मेव नाम की जाति का निवास था जो हिंदू थी। उ.-"तब जुलिफकार नवाब धायौधनि धनी मेवात को।"-प.ग्रं., हि.ब. बि., 151/21।

**मेवार**—मेवाड़। राजपूताना या राजस्थान का एक प्रदेश, जिसकी प्राचीन राजधानी चित्तौड़ थी। और अब उदयपुर है। उ. (1)-"मालवा मेवार मुलतान मारु मल्लिबार माथुर मगध मच्छ मेवात महेस के।।"-ज.ज.चं., 102। उ. (2)-"मेवार ढूढ़ार मारवार औ बुंदेलखंड झारखंड बाँधौधनी चाकरी इलाज की।।"-भू.ग्रं., शि.भू., 102/147।

**मेषला**—मेखला। सिकड़ी या माला के आकार का एक गहना जो कमर को घेरकर पहना जाता है। करधनी। तागड़ी। उ.-"सुनि पयान घनस्याम को जोगु अराधौ बाल। नैंन मेषला मैं मनौ गूँथत डोरे लाल।।"-रस.रतन., 833/152।

**मेहँदी**—दे. मेंहदी। उ.-"मेंहदी लपेटे लाल लाल बस कींहें निज छीगुनी अनौटा नगजटित सँवारे हैं।"-ठाकुर, 4/2।

**मैंन**—मदन। कामदेव। उ. (1)-"मैंन कहा कै बार तुहि मैंन कहा मतिमान। मुझे देषत बहु छले इन नै षाँन माँन।।-रस.,रतन, 193/163। उ. (2)-"मैंन-महीप-वसंत-समीप मतौ करि कानन सैन है साजी।"-घ.क., 387/195। उ. (3)-"अंजन दे खंजन नयनि किए निरंजन नैंन। मैं जानी तोकूँ मिल्यो मनौ महा मुनि मैंन।।"-वृं.ग्रं., अ.दो., 16/6।

**मैंनका**—दे. मेनका। उ.-"सची मैंनका मंजुघोषा घृताची। कहैं बात साची यहैं सिध्य साची।।"-वृं. ग्रं., स.स.रू., 218/287।

**मैथिली-रहस्य-पदावली**-रचयिता-रामशरण दास (दे.)। (बृ.इति. 7)।

**मैन**—दे. मैंन। उ. (1)-"जोग-जुगति सिखए सबै मनौ महामुनि मैन।"-बि.र., 13/11। उ. (2)-"कोमल कमलनि सों कहैं तिंहैं न नेक सयान। होत पार लागत हियें नैन मैन के बान।।"-मति. सत., 401/402। उ. (3)-"बिनहूँ बाग लगाम वह चाबुक लेत न हाथ। फेरतु बाहुक मैन लषु नैन इयन इक साथ।।"-रस., रतन., 109/58। उ. (4)-"काहे कों बोलि सुधासने बैननि, चैननि मैन-निसैन चढ़ाई।"-घ.क., 11/37। उ. (5)-"मैं न करी मनुहार कछु मैन करी कुलकान। मैन करी मोरन कीयो मैंन करी लै माँन।।-वृं.ग्रं., य.स., 413/238। उ. (6)-"मनमथ के सुनि बैन कह्यो किदहिनी बाल नै। अरे धीर धरि मैन, तोहि बिरह ब्यापै सरल।।"-बो.ग्रं., वि.वा., 16/37। उ. (7)-"जैसो मंजु माथे पै मुकट तैसो कंज मुख कंज दल नैन मैन सर तें उकाढ़े हैं।"-ठाकुर, 10/64।

**मैन-मंत्र**—काम उत्पन्न करने वाले मंत्र। उ.-"चलित चितौनि बंक भौंहनि चपल हौनि, बोलनि रसाल मैन-मंत्र हू कौं सिधि है।"-घ.क., 262/152।

**मैनसर**—कामदेव के वाण जो संख्या में पाँच कहे गए हैं-मोहन, उन्मादन, संतापन, शोषण, निश्चेष्टकरण (स्तंभन)। फूलों के रूप में ये वाण हैं-लाल कमल, अशोक, आम, चमेली और नीलकमल। उ.-"दीपति के दीपतखान को बखानै कौन पाँचो आँगुरिन मैनसर पाँचौ पारे हैं।"-ठाकुर, 4/2।

**मैना**—एक निम्न जाति जो राजस्थान में पाई जाती है और 'मैना' कहलाती है। उ.-"मैना एक गयो तब देखि। राजसिंघ सों कह्यो बिसेखि।"-वी. च., 4/43।

**मैनाक**—पुराणों के अनुसार एक पर्वत का नाम जो हिमालय का पुत्र माना जाता है। कहते हैं कि इंद्र से डरकर यह समुद्र में जा छिपा था। इस कारण यह अब तक सपक्ष है। लंका जाते समय समुद्र की आज्ञा से इसने हनुमानजी को आश्रय देना चाहा था। (हिं.श.सा.)। उ.-"गहिये ओट बड़ेन की जहाँ मिटै दुखदंद। उदधि सरन मैनाक को कछु करि सक्यो न इंद।।"-वृं.ग्रं., नी. स., 307/82।

**मैनाक सैल**—दे. मैनाक। उ.-"सोभा के

सागर में बसै। बर मैनाक सैल सो लसै।।''-वी. च., 24/3।

**मोंहन**--मोहन, मुग्ध कर लेने वाले श्रीकृष्ण। उ.-''बड़ौ धरनि आकास तैं लषि हिय लौं ह्वै जाइ। दृग तारिन के तिलन मैं बसतु सु मोंहन आइ।।''-रस. रतन., 595/122।

**मोगरा**--मुगदर। लकड़ी की एक प्रकार की गावदुमी लंबी और भारी मुगरी जिसका प्रायः जोड़ा होता है और जिसका उपयोग व्यायाम के लिए किया जाता है। इससे बाहुओं में बहुत बल आता है। उ.-''मोगरा द्विबिद तार कटरा कुमुद नेजा अंगद सिला गवाक्ष बिटप बिदारे हैं।''-रा.चं., 19/46।

**मोछ**--मोक्ष। शास्त्रों और पुराणों के अनुसार जीव का जन्म और मरण के बंधन से छूट जाना। आवागमन से रहित हो जाना। उ.-''सुरझे उरझे जे सबैं बंध मोछ संसार। अरु सामानि विसेष ए यहौ ब्रह्म निरधार।।''-ज.ग्रं., अ.सि., 92/151।

**मोछ्छ**--मोक्ष। दे. मोछ। उ.-''गुरु और सिष्य नाँही, नाम रूप बिस्व नाहीं उतपति प्रलै नाँही बंध मोछ्छ है कहाँ।।''-ज.ग्रं., अ.प., 25/142।

**मोटनक** छंद--इसके प्रत्येक चरण में आरम्भ में दो गुरु के बाद तीन सगण (।।S) होते हैं। मात्राक्रम है (SS ।।S ।।S ।।S)। ल.-तीनि सगन सिर करन दै है मोटनक सुसील।। उ.-''कीजै किन ब्यौत अगोटन को। है चोर यह मनमोटन कौ।।''-भि.ग्रं. 1, छंदा., 48, 56/241-242।

**मोटायत, मोट्टाइत, मोट्टायित**--मोट्टायित। साहित्य में दस प्रकार के हावों में से एक, जिसमें नायिका अपने आंतरिक प्रेम को कटु भाषण आदि द्वारा छिपाने की चेष्टा करने पर भी छिपा नहीं पाती। इस स्वभावज अलंकार का एक भेद भी माना जाता है। ल. (1)-मोटायत चाहें दरस बातन भावत कान।-ज.ग्रं., भा.भू., 29/13। ल. (2)-हेला लीला करि जहाँ प्रकटत सात्विक भाव। बुधिवल रोकत सोभियै सो मोट्टाइत हाव।।-र.प्रि., 6/48। ल. (3)-अनचाही बाहिर प्रगट मन मिलाप की घात। मोट्टाइत तासों कहैं प्रेम उदीपति बात।।-भि.ग्रं. 1, शृं.नि., 246/148। ल. (4)-बातन को बिघटन भए पुनि मिलाप की छाह। सो मोट्टाइत जानियो बरनत सब कबिनाह।। उ.-''झूठे ही ब्रज में लग्यो मोहिं कलक गुपाल। सपनेहू कबहूँ हिये लगे न तुम नंदलाल।।''-मति., र.रा., 365, 367/283, 284। ल. (5)-जहँ प्रीतम के दरस तें उपजै सातुक भाव। ताहि दुरावै जुक्ति सौं सो मोट्टाइत हाव।।-सो.ग्रं. 1, र.पी.नि., 19/127। ल. (6)-सुनत माउते की कथा भाव प्रकट जहँ होत। मोट्टाइत तासों कहत हाव कबिन के गोत।। उ.- ''बसीकरन जवतें सुन्यो स्याम तिहारो नाम। दृगनि मूँदि मोहित भई पुलकि पसीजति बाम।।''-प्र.ग्रं., जग., 451, 453/177।

**मोती**--एक प्रसिद्ध बहुमूल्य रत्न जो छिछले समुद्रों में अथवा रेतीले तटों के पास सीपी में से निकलता है। समुद्र में अनेक प्रकार के छोटे-छोटे जीवों के ऊपर के आवरण को सीप और उसके अंदर के जीव को सीपी कहते हैं। इस आवरण के अंदर चले गए कण अथवा किसी सूक्ष्म जीव के प्रवेश कर जाने पर उत्पन्न प्रवाह को शांत करने के लिए सीपी अनेक प्रकार के प्रयत्न करती है, किंतु असफल होने पर अपने शरीर से एक प्रकार का सफेद लसीला पदार्थ निकाल कर उस प्रविष्ट तत्त्व को चारों ओर से आवृत्त कर लेती है जो अंत में मोती का रूप ले लेता है। मोती अनेक रंग और आकार के मिलते हैं। शुभ्र वर्ण के मोती अधिक मिलते हैं। इसका उपयोग औषधि, शृंगार, ग्रहशांति (ज्योतिष) आदि में भी किया जाता है। (विस्तार के लिए दे. हिं.श.सा.)। उ. (1)-''सुभ मोतिन की दुलरी सुदेस। जनु बेदन के आखर सुबेस।।''-रा. चं., 6/56। उ. (2)-''अमल सुमिल मोतिन के हारु। ता महँ मनौ नीलमनि चारु।।''-वी.च., 5/35।

**मोतीदाम** छंद--चारों चरणों में मात्राक्रम है (।S। ।S। ।S। ।S।)। ल.-चार जगण (।S।) उ.-''नक्षत्रनि अंक लिये घनस्याम। कि स्याम हिये पर मोतियदाम।''-भि.ग्रं. 1, छंदा., 39, 44/240-241।

**मोति-माल**--मोतियों की माला। एक आभूषण। उ.-''दसन-दमक फैलि हियें मोती-माल होति, पिय

सों लड़कि प्रेमपगी बतरानि मैं।''-घ.क., 1/34।

**मोदक छंद**—1. इसके प्रत्येक चरण में बारह वर्ण होते हैं। चार सगण (।।S) से एक चरण बनता है। ल.-बारह बर्न बखानिजै प्रतिपद आनंदकंद। चारि सगन को कीजियत 'केसव' मोदक छंद। उ.-''सब ही जग में मद को दुख है। अरु आनंद को सु महासुख है। यह तौ मत बेद पुरान र रै। कहिजै सु कछू जु बिचार परै।।''-छं.मा., 1/34। 2. भिखारीदास ने मोदक छंद के भिन्न लक्षण दिए हैं। उनके अनुसार इसके प्रत्येक चरण में बारह वर्ण तो होते हैं किंतु यह चार भगण (S।।) से बनता है। ल.-भुजगप्रयात लछीधर नाम। स तोटक सारंग मोतियदाम। स मोदक 'दास' छ भेद बिचारि। य रो स त जो भ-न चौगुन छारि।। उ.-''नारि उरोजवतीनि कुँ रोजनि। कान्ह उचाट भरे जिउ रोजनि। लीबै है कूबरि को चरनोदक। कूबर जासु बसीकर मोदक।।''-भि.ग्रं. 1, छंदा., 39/240, 45/241।

**मोरँग**—नेपाल देश का पूर्वी भाग जो कौशिकी नदी के पूर्व में पड़ता है। संस्कृत ग्रंथों में इसी भाग को किरात देश कहा गया है। इस देश में जंगल और पहाड़ियाँ बहुत हैं। इस देश का कुछ भाग पुरनिया (बंगाल) में भी पड़ता है। 1664 ई. में दो फौजें एक गोरखपुर के फौजदार अलीवर्दी खाँ और दूसरी दरभंगा के फौजदार के अधीन मोरंग के बागी राजा को परास्त करने के लिए भेजी गई। 20 दिसम्बर को अलीवर्दी खाँ ने बादशाह को बहुमूल्य रत्न तथा 14 हाथी राजा की ओर से नजर के तौर पर दिए। इस प्रकार मोरंग का अंत हुआ। उ. (1)-''मोरंग जाहु कि जाहु कुमाहु कि श्रीनगरै हु कबित्त बनाए।''-भू.ग्रं., शि.भू., 230/172। उ. (2)-''मोरंग कुमाऊँ आदि बाँधव पलाऊँ सबै कहाँ लौं गनाऊँ जेते भूपति के गोत है।''-भू.ग्रं., प्रकी., 445/215।

**मोर**—एक अत्यन्त सुंदर बड़ा पक्षी जो प्रायः चार फुट लंबा होता है और इसकी लंबी गर्दन और छाती का रंग बहुत ही गहरा और चमकीला नीला होता है। नर के सिर पर बहुत ही सुदंर कलगी या चोटी होती है। पंख छोटे तथा पूँछ लंबी और अत्यंत सुंदर होती है। नर जिस समय प्रसन्न होता है, उस समय अपनी पूँछ के पर खड़े करके मंडलाकार फैला देता है, जिससे वह बहुत ही सुंदर जान पड़ता है। पूँछ के परों पर बहुत सुंदर गोल दाग या चित्तियाँ होती हैं, जिनका रंग नीला होता है और जिन पर सुंदर सुनहला मंडल होता है। इन्हें चंद्रिका कहते हैं। यह सबसे सुंदर पक्षी होता है। वर्ण, सौंदर्य और सामंजस्य की दृष्टि से यह बेजोड़ पक्षी है। बादल की गरज सुनते ही यह कूकता है और नृत्य करता है। मादा इतनी सुंदर नहीं होती। इसका रंग फीका होता है। सफेद रंग के भी मोर मिलते हैं। मोर सर्पभक्षी भी माना जाता है। (हिं. श.सा.)। उ. (1)-''चातिक मोर सु सब्द तड़ित धन अंबुद अंबर।।''-र.प्रि., 6/6। उ. (2)-''होम-धूम-जुत बरनियै, ब्रह्मघोष मुनिबास। सिंघादिक मृग मोर अहि इभ सुभ बैर-बिनास।''-क.प्रि., 7/10।

**मोर किरीट**—दे. मोर। मोर के पंख का बना किरीट। उ.-''चपला पट, मोर किरीट लसै मधवा-धनु सोभ बढ़ावत हैं।''-र.प्रि., 6/26।

**मोरगी**—दे. मोरंग। मोरंग देश के घोड़े। उ.-''इकै मोरगी है धमाधम्म धावैं।''-प.ग्रं., प्र.बि., 43/281।

**मोरनी**—मोर पक्षी की मादा। उ.-''चितै चकोरनी चकोर मोर मोरनी समेत हंस हंसनी सुकादि सारिका सबै पढ़ें।''-छं.मा., 1/78।

**मोष**—दे. मोछ, मोछ्छ। मोक्ष। उ. (1)-''ए षट साधन कहत हौं आदि दऔ जग्यास। सम दम इंद्री बस करन मुमषि मोष की आस।।''-ज.ग्रं., आ.वि., 58/120। उ. (2)-''जिन न आदरी हरि भगति तिन न आदरी मोष।।''-वृं.ग्रं., य.स., 335/232।

**मोषु**—दे. मोछ, मोछ्छ, मोष। उ. (1)-''जात जात बितु होत है ज्यौं जिय मैं संतोषु। होत होत जौ होइ तौ होइ घरी मैं मोषु।।''-बि.र., 235/110। भवबंधन से छुटकारा। उ.-''मोहूँ दीजै मोषु, ज्यौं अनेक अधमनु दियौ। जो बाँधैं ही तोषु, तो बाँधौ अपनैं गुननु।।''-बि.र., 261/123।

**मोह**–1. साहित्य में प्रचलित 33 संचारियों में से एक। भय, दुःख, घबराहट, अत्यंत चिंता आदि से उत्पन्न चित्त की विकलता। ल. (1)-मोह चेत की हानि जु होई। भ्रम अनुभाव विकलता जोई।। उ.-''निरीखो पीरो पट धरें कारो कान्ह अहीर। वह कारो पीरो लखै तब तें ब्याकुल बीर।।''-भि.ग्रं., 1, र.सा., 489/71, 512/75। ल. (2)-आपुहि अपनी देह को ज्ञान जबै नहीं होइ। बिरह दुख्ख चिंताजनित मोह कहावत सोइ।। उ.-''सटपटाति न सबीह सी दीह दृगन में मेह। सु बृजबाल मोही परी निरमोही के नेह।।''-प. ग्रं., जग., 511, 513/188। ल. (3)-कल न परै चित कौं कहूँ ताहि मोह ठहराइ।-सो.ग्रं. 1, र.पी. नि., 33/55। 2.भयानक रस का संचारी। ल.-कंपादिक अनुभाव तिहिं संचारी मोहादि।-प.ग्रं., जग., 707/228। 3. कुछ का कुछ समझ लेने वाली बुद्धि। अज्ञान। भ्रम। भ्रांति। उ. (1)-''मोह प्रबल संसार मैं सबको उपजै आय। पालै पोसै खग-बचन देहै कहा समाय।।''-वृं.ग्रं., नी.स., 522/99। उ. (2)-''भर माया के मोह में भरमाया संसार।''-वृं. ग्रं., य.स., 583/251। 4. प्रेम। मोहब्बत। प्यार। उ.-''मोही मोह जनाय कै, अहे अमोही, जोहि। सो ही मोही सों कठिन, क्यौं करि सोही तोहि।।''-घ. क., 36/49।

**मोहकम सिंघ**–दे. मुहकम। उ.-''लिय धरि मोहकमसिंघ कहँ अरु किसोर नृपकुंभ।''-भू.ग्रं., शि.भू., 334/191।

**मोहन**–1. श्रीकृष्ण। उ. (1)-''तो पर वारौं उरबसी, सुनि राधिके सुजान। तू मोहन कैं उर बसी ह्वै उरबसी-समान।।''-बि.र., 25/19। उ. (2)-''लगनि लगे लोचन लखे जासों मोहन लाल। करि सनेह ता बाल सों सिखै सकल ब्रजबाल।।''-मति. सत., 15/370। उ. (3)-''परचौ रहतु है रैन दिनु दे बिषिया रस नीचु। मन तू मोहन सौ हमै काहे पारतु कीचु।।''-रस., रतन., 30/47। उ. (4)-''मानिनी के मन में मनमोहन मोहन के मन मानिनी भावै।''-भू.ग्रं., प्रकी., 566/243। उ. (5)-''मैं समुझी रातैं भए तातैं ये दिग रात। मोहन कैं मुँह तें कहूँ सुनी गवन की बात।।''-ज.ग्रं., दोवा., 13/74। उ.(6)-''मोहन-सोहन जोहन की लगियै रहै आँखिन के उर आरति।''-घ.क., 6/35। उ. (7)-''सो राधा को देखि मुख मोहन मोहित होत।''-वृं.ग्रं., अ.दो., 6/5। उ. (8)-मेरो मन मोहन सों लागत है भाँति-भाँति मोहन को मो सों लागिहै बिचारौ तौ।।''-ठाकुर., 20/7। उ. (9)-''ऊधो यह ऊधम जताइ दी जौ मोहन कों ब्रज सो सुबास भयो अगनि अवासो है।''-प.ग्रं., जग., 387/164। 2. कामदेव के पाँच वाणों में से एक का नाम। उ.-''उच्चाटन सर लाय मोहन सोषन उनमदन। मनमथ अति हरषाय मारन सर पंचम लग्यो।।''-बो.ग्रं., वि.वा. 8/36।

**मोहनदास**–(निरंजनी महंत)। स्थान देवपुर, डीडवाना। देहांत-सं. 1609/सं. 1717। रचनाएँ-स्फुट। (बृ.इति. 7)।

**मोहनलाल**–श्रीकृष्ण। उ.-''यामें कौन सयान है मोहनलाल सुजान। आपु करत अपराध हौ आपुहि पुनि अभिमान।।''-मति., सत., 259/393।

**मोहन-सक्ति**–मन को मोहित कर लेने वाली मंत्र शक्ति। उ.-''मोहन सक्ति न ऐसी। मक्रध्वजध्वज जैसी। मंत्र बसीकर साजैं। मोहनमूरि बिराजैं।।''-रा. चं., 31/38।

**मोहनी**–माया। जादू। टोना। उ. (1)-''महँदीमय बिंदु बने तिनमें मनमोहन के मन मोहनी लाई।।''-क.प्रि., 15/30। उ.(2)-''एरी गोरी भोरी तेरी थोरी थोरी हँसी मेरे मोहन की मोहनी कि गिरा की गुराई है।।''-क.प्रि., 15/41।

**मोहमर्दन**–रचयिता-बाँकीदास (दे.)। (बृ. इति. 7)।

**मोहनी रड्डा**–दे. 'रड्डा' छंद।

**मोहोपमा**–उपमा का एक भेद। उपमान को देखकर उसे ही उपमेय समझना मोहोपमा है। केशवदास के अनुसार यह मोहोपमा है, जबकि अन्य आचार्य इसे 'भ्रांति' अलंकार कहते हैं। ल.-रूपक के अनुरूप कौं कोनहिं बस मन जाइ। ताहीं सों मोहोपमा कहत सकल कबिराइ।। उ.-''जानि जानि चंदमुख 'केसव' चकोर सम, चंदमुखी चंद ही के

बिंब त्यौं चितै रहै।।''-क.प्रि., 15/20-21।

**मौक्तिकदाम**—एक वर्णवृत्त जिसके प्रत्येक चरण में बारह वर्ण होते हैं। मात्राक्रम में तीन भगण (ऽ।।) के आदि में लघु और अंत में गुरु-लघु का विधान है। (। ऽ।। ऽ।। ऽ।। ऽ।)। ल.-तीनि भगन दै आदि लघु अंतह गुरु लघु लेखि। छंद सु मौक्तिकदाम भनि द्वादसबर्न बिसेखि।। उ.-''गए जब राम जहाँ सुनि मात। कही यह बात सुनौ बन जात। कछू जनि जी दुख पावहु भाइ। सु देहु असीस मिलौं फिरि आइ।।''-छं.मा., 1/31।

**मौहन**—दे. मोहन (दे.)। उ.-''बेद व्यास सब षोजहीं नैकु न पावत ताहि। मौहन मन दृग कर निकर ब्रजबालनि लिय माहि।।''-रस.रतन., 29/46।

**मौहन मंत्र**—मोहन मंत्र। मोहित कर लेने वाला मंत्र। एक तांत्रिक मंत्र जो मोहित कर लेने के कार्य में प्रयुक्त होता है। उ.-''या ब्रज मैं हौं बसत ही हेली आपु सुतंत्र। हेरन मैं कछुपढ़ि दयौ मौहन मौहन मंत्र।।''-रस., रतन., 473/106।

**मौहनलाल** – मोहनलाल। श्रीकृष्ण। उ. (1)-''बचै रहौ चित चोट तैं मेरे मोहनलाल। चोट लगै ह्वै जाइयौ मेरोइ सौ हाल।।'' – रस., रतन., 762/143। उ. (2)-''जिन नैनन मैं बसत हैं रसनिधि मौहनलाल तिनमैं क्यौं घालत अरी तैं भरि मूठि गुलाल।।''-रस.रतन., 927/165।

**म्यानै**—कोष जिसमें तलवार, कटार आदि के फल रखे जाते हैं। उ.-''मति चलाउ मो सामुहै इनकौं तै अड़ियार। नैन कटारी बांकुरी पल म्यानै पड़िधार।।''-रस., रतन., 255/78।

**म्रिगमद**—दे. मृगमद। उ.-''अति गोरैं तियबदन पर म्रिगमद बिदी देत। पूरन ससि बापैं मनौं सोभा माँगे लेत।।''-ज.ग्रं., दोवा., 35/76।

**म्लेच्छ, म्लेच्छन**—मनुष्यों की वे जातियाँ जिनमें वर्णाश्रम धर्म न हो। इस शब्द का अर्थ है-अस्पष्टभाषी अथवा ऐसी भाषा बोलने वाला जिनमें वर्णों का व्यक्त या स्पष्ट उच्चारण न होता हो। महाभारत के अनुसार विश्वामित्र के द्वारा वसिष्ठ की धेनु नंदिनी का अपहरण किये जाते समय उस धेनु के अंग-प्रत्यंग से पहलव, द्रविड़, शक, यवन, शबर, पौण्ड्र, किरात, बर्बर, रवस आदि म्लेच्छ उत्पन्न हुए थे। म्लेच्छों की उत्पत्ति के विषय में पुराणों में मतभेद है। (विस्तार के लिए देखिए- हिं.श.सा.)। उ. (1)-''मेलत ही कुरुख चिकत्ता कौं निरखि कीनौ सरजा साहस जो उचित बृजराज कौं। किये म्लेच्छ मुरछित करिकै गराज कौं।''-भू.ग्रं., शि.भू., 33/133। उ. (2)-''दीन दयाल न तो सो दुनी अरु म्लेच्छ के दीनहिं मारि मिटावै।''-भू.ग्रं., शि.भू., 167/160। उ. (3)-''श्रीसिवराज कियौ जस-चंद सौ म्लेच्छ कौ मुखकंजु मलीनौ।''-भू.ग्रं., शि.भू., 65/140। उ. (4)-''तेरो करवाल करै म्लेच्छन कौ काल बिन काज होत काल बदनाम भूमितल है।''-भू.ग्रं., शि. भू., 81/143।

# य

**यक्षिणी**—'गाहा' छंद का एक भेद।-सो.ग्रं. 1, र. पी.नि., 27/26।

**यगन**—यगण। आठ गणों में एक जिसका प्रथम वर्ण लघु और शेष दो वर्ण गुरु (।ऽऽ) होते हैं। यगण का देवता जलपति वरुण है। इसकी जाति दास है। इसका फल आनंदकारी है। ल. (1)-जल जिस जानहु यगन को।...भगन यगन भनि दास ...नीर नित आनंदकारी।-क.प्रि., 3/22, 24, 25। ल. (2)-नीरनाथ गुरु यगन कौ। देइ बुद्धि सबिलास।...भगन यगन जुग दास।-सो.ग्रं. 1, र. पी.नि., 15, 18/10, 12।

**यगबराह**—वराह। भगवान् विष्णु का एक अवतार जिन्होंने एकार्णव जल में मग्न पृथ्वी का उद्धार किया था तथा हिरण्याक्ष राक्षस का वध किया था। इन्होंने इसके बाद, जब अपना शरीर छोड़ा तब भिन्न-भिन्न अंगों से यज्ञ की सामग्री बन गई। इसी से इनका नाम यज्ञवराह पड़ा। (हिं.श.सा., पौ. को.)। उ.-''जो धरनी हिरनाछ हरी बर जज्ञबराह

छिनाई लई जू।''-क.प्रि., 6/71।

**यतिभंग**—काव्य में छंद रचना संबंधी वह दोष जिसमें पढ़ते समय थोड़ा सा विश्राम देने से नियत स्थान भंग हो जाता है। विश्राम-स्थान थोड़ा पहले या बाद में पड़ जाता है, जिससे छंद की लय बिगड़ जाती है। ल.-और चरन के बरन जहँ और चरन सों लीन। सों यति भंग कबित्त कहि, 'केसव' कहत प्रबीन। उ.-''हरि हरि 'केसव' मदन मोहन घनस्याम सुजान। यों ब्रजवासी द्वारिकानाथ रटन दिन मान।।''-क.प्रि., 3/39-40।

**यथासंख्य**—संख्या अर्थात् क्रम के अनुसार क्रमशः कथित पदार्थों का उसी क्रम से आगे के वर्णित पदार्थों से अन्वय जिस अलंकार में किया जाता है, उसे यथासंख्य अलंकार कहते हैं। इसे यथाक्रम अलंकार भी कहते हैं। ल. (1)-यथासंख्य क्रम सों कहैं क्रम ही बहुरि बखान। मति., ल.ल., 264/343। ल. (2)-क्रम सो काह तिनके अरथ क्रम सों बहुरि मिलाय। यथासंख्यक यौं कहत हैं भूषन जे कबिराय।। उ.-''जेई चाहौ तेई गाहौ सरजा सिवाजी देस सबै दलै दुअन हुते जो बड़े उर के। भूषन भनत भ्वैसिला सौं अब सनमुख कोऊ न लरैया है धरैया धीर-धुर के। अफजलखान रुस्तमैं जमान फत्तेखान कूटे लूटे हूटे जे उजीर बीजापुर के। अमर सुजान मुहकम बहलोल खान खाँडे डाँडे छाँडे उमराउ दिल्लीसुर के।।''-भू.ग्रं., शि.भू., 220-221/170। ल. (3)-जहँ क्रम सों बर्नितन को क्रम सों अन्वय घाल।। उ.-''यथासंख्य-कच कुच नयन कुटिल कठोर बिसाल।।''-प.ग्रं., पद्मा., 183/55। ल. (4)-वस्तु अनुक्रम है जहाँ यथासंख्य तिहि नाम। उ.-''रमा उमा बानी सदा हरि हर विधि संग बाम।।''-भि.ग्र. 2, का.नि., 43/22। ल. (5)-पहिले कहे जु सब्द गन पुनि क्रम तें ता रीति। कहि कै ओर निबाहिये, जथासंख्य करि प्रीति।। उ.-''दस मन माति सों सरीर सों सुरति सों गिरा सों गेहपति सों न बाँधिबे की बारी जू। मोहै मारि डारै साजि सुबस उजारै करै थंभित बनाइ ठाइ दे तौ बैर भारी जू। मोहन मारन बसीकरन उचाटन के थंभन उदेखन के एई दिढ़कारी जू। बाँसुरी बजै बो गैबो चलिबो चितैबो, मुसुकैबो अठिलैबो रावरे को गिरिधारी जू।।''-भि.ग्रं., का. नि., 4-5/167। ल. (6)-जहँ क्रम सों निरबाह तहँ यथासंख्य ही होइ।।-सो.ग्रं. 1, र.पी.नि., 208/208।

**यदुनंदन**—रचयिता-कृष्णदास (दे.)। विव.-कृष्ण के सगुण रूप के साथ विराट् ब्रह्म का विवेचन। (बृ.इति. 7)।

**यमक**—1. अलंकार विशेष जिसमें शब्द या वाक्यांश एक से अधिक बार आते हैं, लेकिन उनके अर्थ सर्वत्र भिन्न होते हैं। ल.-(1)-भिन्न अरथ फिरि फिरि जहाँ वैई, अच्छर-बृंद। आवत तासों जमक कहि बरनत बूद्धि-बिलंद। उ.-''मार्‍यौ जुरि जंग जसवंत जसवंत जाके केते राजै रजपूत अति है।''-भू.ग्रं., शि.भू., 340-341/193। केशवदास ने यमक अलंकार के अव्ययेत और सव्ययेत नाम के दो भेद किए हैं। अव्ययेत में भी आदि पद यमक, द्वितीय चरण, तृतीय चरण, चतुर्थ चरण, आद्यंत, त्रिपाद, द्विपदादि, पादानुपादादि, द्विपादांत उत्तरार्द्ध, चतुष्पादादि आदि यमक भेदों को उदाहरणों से स्पष्ट किया है। इसी प्रकार उन्होंने सव्ययेत के अन्तर्गत द्विपदादि, आदि-अंत, आद्यंत निरन्तर, आद्यंत सांतर और चतुष्पादादि भेदों को उदाहरणों से स्पष्ट किया है। इसी प्रकार उन्होंने सुखकर और दुःखकर भेद भी बताये हैं। ल. (2)-अव्ययेत सव्ययेत पुनि यमक बरनि दुहुँ देत। अव्ययेत बिनु अंतरहि अंतर सो सव्ययेत।।-क.प्रि., 15/95। कवि ने केशवदास का उल्लेख कर उनके द्वारा बताये भेदों को पुनः उदाहरणों से स्पष्ट किया है। ल. (3)-केसव कवि बरने जमक अव्ययेत सव्ययेत। सुखकर दुखकर भेद सब बरने वृंद सहेत।। बिन अंतर सो इक से सबद अव्ययेत सो जान। अंतर सो इक से सब्ययेत पहिचान।।-वृं.ग्रं., य.स., 2-3/204। ल. (4)-पद एकै नाना अरथ जिनमें जेतो बित्तु। तामें ताको काढ़िये यमक माहि दै चित्तु।।-प्रियाप्रकाश, भगवानदीन, 15/1। ल. (5)-वहै सब्द फिरि फिरि परै अर्थ औरई और। जो जमकानुप्रास है, भेद अनेकनि ढौर।। उ.-''अरी सीअरी होन कोठरी कोठरी नाहिं। जरी गूजरी जाति है, धरी दूधरी

माहिं।।''-भि.ग्रं. 2, का.नि., 54, 58/183, 185। 2. यमक छंद। पकल अर्थात् पाँच मात्राओं का छंद है। क्रम है (।।।।।)। उ.-''श्रुति कहहि। हरि जानहि। ध्रुवत नहि। जमक वहि।''-भि.ग्रं. 1, छंदा, 27/184।

**यमक-दमक-दोहावली**–रचयिता-रत्नहरि (दे.), (बृ.इति. 7)।

**यमक सतसई**–रचयिता - वृंद (दे.), विव.-यमकालंकार युक्त श्रृंगार विषयक दोहे। (सा. को., बृ.इति. 7)।

**यमुना लहरी**–रचयिता-ग्वाल कवि (दे.)। (इति.शुक्ल)।

**यशवंत सिंह**–(तेरवा नरेश)-पिता-बघेल क्षत्रिय हम्मीर सिंह। स्थिति काल-सं. 1856। रचनाएँ-श्रृंगार-शिरोमणि। विव-श्रृंगार रस का सांगोपांग विस्तृत निरूपण (स.सर्वे., बृ.इति. 6)।

**यशुमात**–यशोदा। उ.-''सूधी यशुमात नंद फुनि भोरे गोकुलनाथ। माखनचोरी झूठ हठ पढ़यौ कवन के साथ।।''-क.प्रि., 16/18।

**यशोदानंद**–जन्म-सं. 1828। रचनाएँ-बरवै नायिका भेद। (इति.शुक्ल, स.सर्वे.)।

**यसुदा**–यशोदा। नंद की पत्नी, जिन्होंने श्रीकृष्ण को पाला था। पूर्वजन्म में द्रोण नामक वसु की पत्नी धरा थी और नंद भी पूर्वजन्म में द्रोण नामक वसु थे। (पौ.को.)। उ.-''नंद मति मंद महा यसुदा से कहौं कहा, ऐसे पूत पाइ पसुपाल करियतु है।।''-र.प्रि., 14/19।

**यसोधन**–दे. यसुदा। उ.-''सो धन धन जिहिं घर बसे परम यसोधन लाल।।''-वृं.ग्रं., य.स., 151/218।

**याकुत**–याकूत खाँ। एक बीजापुरी सरदार का नाम। कुछ लोग कहते हैं कि सिद्दियों को याकूत खाँ की उपाधि 1670 के बाद मिली थी। इस पर विवाद है। यह प्रतापगढ़ से अन्य बीजापुरी सरदारों के साथ भागा था और बाद में कई सरदारों के साथ इसने कोल्हापुर के पास शिवाजी पर आक्रमण किया था, किंतु परास्त हुआ था। (28 दिसम्बर, 1659 ई.)। उ.-''ताबगोर ह्वै करि निकाम निज धाम कहिं याकुत महाउत लै आँकुस को सटक्यौ।।''-भू.ग्रं., शि.भू., 59/138।

**याकूब खाँ**–स्थितिकाल - सं. 1775। रचनाएँ-रसभूषण। विव.-रस, नायिका भेद, अलंकार आदि का वर्णन। विशेषता-प्रणाली की नवीनता। (बृ.इति. 6)।

**यामकी**–'अन्य तुक वर्णन' के अंतर्गत भिखारीदास ने वीप्सा, यामकी, लाटिया का वर्णन किया है। चरणांत में एक ही शब्द आए किंतु अर्थ में भिन्नता हो। उ.-''पाइ पावसै जो करै, प्रिय प्रीतम परि मान। दास ज्ञान को लेस नहिं, तिनमें तिन परिमान।। ति.-परिमान द्वै तुक में आये दोनों के द्वै अर्थ हैं।''-भि.ग्रं. 2, का.नि., 16, 16अ/217।

**युक्त अलंकार**–प्रस्तुत का जैसा युक्त या उचित हो, वैसा ही वर्णन जब काव्य में किया गया हो और अप्रस्तुत का भी वर्णन शब्दों से चमत्कारी कर दिया गया हो, वहाँ युक्त अलंकार होता है। ल.-जैसो जाको रूप बल, कहिए ताही रूप। ताको कवि कुल युक्त कहि, बरणन विविध सरूप।। उ.-''मदन बदन लेत लाज को सदन देखि, यदपि जगत जीव मोहिबे को है दमी। कोटि कोटि चंद्रमा निबारि बारि बारि डारौं, जाके काज ब्रजराज आज लौं हैं संयमी।। केसोदास सबिलास तेरे मुख की सुबास, सुनियत आरस ही सारसनि लै रमी। मित्रदेव, छिति, दुर्ग, दंड, दल, कोष, कुल, बल जाके ताके कहौ कौन बात की कमी।।''-क.प्रि., 12/32।

**युक्ता छंद**–नौ वर्णों का तथा बारह मात्राओं का छंद है। मात्राक्रम है न न म (।।। ।।। SSS)। ल.-न न महि जुक्ता बर्नो। उ.-''दृग जुग मन को मोहै। तिन संग पुतरी सोहै। लखि यह उपमा उक्ता। कमल भ्रमर संजुक्ता।।''-भि.ग्रं. 1, छंदा., 85/190।

**युक्ति**–एक अलंकार का नाम जिसमें अपने मर्म को छिपाने के लिए दूसरे को किसी क्रिया या युक्ति से वंचित करने का वर्णन होता है। ल. (1)-मरम छपावन कौं जहाँ क्रिया आन संधान। तहाँ जुक्ति बरनन करत कबि कोबिद सज्ञान।।-मति., ल.ल., 364/359। ल. (2)-और काज करिकै जहाँ मरम राखियत गोय। भूषन ताहि बखानहिं युक्ति

सयाने लोय।।-भू.ग्रं. , शि.भू., 297/184। ल. (3)-जुक्ति क्रिया करि जुक्ति की मरम दुरावै कोय।-प.ग्रं., पद्मा., 256/64। ल. (4)-क्रियाचातुरी सों जहाँ, करै वात को गोप। ताहिजुक्ति भूषन कहैं, जिन्हैं काव्य की चोप।। उ.-''होरी की रैनि बिताइ कहूँ प्रिय प्रीतम भोरहि आवत जोयो। नेकु न बाल जनाइ भई जऊ कोप को बीज गयो हिय बोयो। दासजू दै दै गुलाल की मारनि अंकुरिबो उहि बीज को खोयो। भावते भाल को जावक, ओठ को अंजन ही को नखच्छत गोयो।।''-भि.ग्रं. 2, का.नि., 9-10/153। ल. (5)-कर्म दुरायौ जातु है क्रिया करत जिहि ठौर। युक्ति कहें तासों सबै सुकवि रसिक सिरमौर।। उ.-''हरि को पनघट में निरखि पुलकित भयौ सरीर। तिय ने आँचर ओट सों रोक्यौ सीट समीर।।''-सो.ग्रं. 1, र.पी.नि., 303-304/219।

**युक्ति तरंगिणी**–रचयिता-कुलपति मिश्र (दे.)। (इति. शुक्ल)।

**युगलछद्म**–रचयिता-गुणमंजरी दास (दे.)। (बृ. इति. 7)।

**युगल प्रिया**–जानकीरसिक शरण (दे.) का उपनाम (बृ. इति. 7)।

**युगलमाधुरी प्रकाश**–रचयिता-कृपानिवास (दे.)। (बृ. इति. 7)।

**युगलरसमाधुरी**–रचयिता-रसिक गोविंद (दे.)। विव.-रोला छंद में राधाकृष्ण विहार और वृंदावन का सरल और सरस मधुर भाषा में वर्णन। (इति. शुक्ल)।

**युगलानन्यशरण**–रीवाँ के महाराज रघुराज सिंह के समकालीन। रामभक्ति शाखा में सखी भावोपासक। स्थान-लक्ष्मणकिला, अयोध्या। रचनाएँ-वचनावली। (इति.शुक्ल, बृ.इति. 7)।

**यूसुफ जुलेखा**–रचयिता-शेख निसार। रचनाकाल-सं. 1847। (बृ.इति. 7)।

**योगवशिष्ठ भाषा**–रचनाकाल-सं. 1798। रचयिता-रामप्रसाद निरंजनी (दे.)। (बृ.इति. 7)।

**योग वाशिष्ठ-सार भाषा**–रचयिता-गणपति भारती (दे.)। (बृ.इति. 7)।

**योगारंभ**–रचयिता-मुकुंददास (नौरंग स्वामी)। (बृ.इति. 7)।

**योगिराज ज्ञानसार**–जन्म-सं. 1801। स्थान-जेगलेवास (बीकानेर)। पिता-उदयचंद्र। माता-जीवनदेवी। रचनाएँ-संबोध अष्टोत्तरी। (बृ. इति.7)।

# र

**रंक्षु**–नदी विशेष। उ.-''बेदस्मृति ब्रह्मावती, बेनी रंक्षु बिसेषि। सरजू क्षिप्रासेन सुभ, हेमवती जू लेखि।।''-वि.गी., 6/14।

**रंग**–1. आनंद। उत्सव। उ.-''रांग रंग रस बिरह सुष पंच भाव कौ भेद। ताको निरनौ वृंद कबि कहत बिचार प्रवेद।।''-वृं.ग्रं., नै.ब., 2/26। 2. मन की उमंग या तरंग। उ.-''बृंद कबि ताकौ इह निरनौ न पायौ किन ऐसी रंग माती नैन मानूं पीक रसन मैं।''-वृं.ग्रं., नै.ब., 10/28।

**रंगनाथ स्वामी निगडीकर** – (समर्थ संप्रदायानुयायी)। जन्म-सं. 1669। पिता एवं गुरु-निजानंद। रचनाएँ-स्फुट। (बृ.इति. 7)।

**रंग-भवन**–आमोद-प्रमोद या भोग-विलास करने का स्थान। रंगमहल। शृंगार शिक्षा में रंग भवन या केलिभवन का वर्णन वृंद ने किया है। उ. (1)-''सुधा सौं सुधारि ओपि ओपि किए दर्पन से चित्रित चरित्रता मैं मन दीजियत हैं। सुंदर झरोखा नीकी जालिन के मग मृदु सीतल सुगंध पौंन सुख लीजियत हैं। बिविध बितान ताने बिमल बिछौना ठाने बृंद कहैं देखि देखि रस भीजियत हैं। दीप जोति कौ प्रकास सौधे की सुबास भास ऐसे रंग महल मैं रंग कीतियत हैं।।''-वृं.ग्रं., शृं.शि., 80/48-49।

**रंगभूमि**–जलसे का स्थान। उत्सव मनाने का स्थान। उ.-''कोमल अमलता की किधौं यह रंगभूमि सोभिजतु अंगुन कि शोभा के सदन को।''-क.प्रि., 15/8।

**रंगमहल**–दे. रंगभवन। भोग-विलास करने का स्थान। आमोद-प्रमोद करने का भवन, जो राजाओं के लिए सभी सौंदर्य, ऐश्वर्य, भोगों की

सामग्री द्वारा सजाया हुआ रहता है। उ. (1)-''तब नृप रंगमहल में गए। राजश्री मानौ रुचि रए। रंगमहल बहुरंगनि बसै। मूरतिवंत रंग जहँ लसै। धरनी लाल न बरनी जाय। जनु अनुराग रह्यौ लपटाय। नखसिख तें जहँ चित्र्यौ चित्र। परमेस्वर के परम बिचित्र।।''-वी.च., 20/28-29। उ. (2)-''जाके रूप न रेख गुन, जानत बेद न गाथ। रंगमहल रघुनाथ गे, राजश्री के साथ।।''-रा. चं., 29/45।

**रंग-रस**--आमोद-प्रमोद। उत्साहपूर्ण आनंद। उ.-''ऐसै कबि वृंद रंग रस मगन राती माती बिबिध के रस नैन रस ई रस लेत हैं।''-वृं.ग्रं., नै.ब., 15/29।

**रंग राय**--इंद्रजीत सिंह की 6 पातुरों में से एक। उ. (1)-''सोहति सागर राग की, तानतरंग तरंग। रंगराय रंगबलित गति रंगमूरति अंग अंग।।''-क.प्रि., 1/44। उ. (2)-''रंगराय कर अंगुली सकल गुननि की मूरि। लागत मूढ़ मृदंग मुख, सब्द रहत भरपूरि।।''-क.प्रि., 1/53।

**रंजक**--वह बारूद जो तोपों की पियाली में रखी जाती है और जिसमें पलीता लगाया जाता है। उ.-''कैयक हजार एक बार बैरी मारि डारे रंजक दगनि मानो अगनि रिसाने की।''-भू.ग्रं., प्रकी., 511/230।

**रंजोरसिंह पमार**--रणजोर सिंह नाम का, विक्रमादित्य के पक्ष का योद्धा। उ.-''उस ओर बिक्रमादित्य को रंजोरसिंह पमार।।''-बो.ग्रं., वि. वा., 6,7/186।

**रंभा**--1. दे. गाहा छंद। गाहा छंद का एक भेद जिसमें 23 गुरु का विधान है।-सो.ग्रं. 1, र.पी. नि., 29/27। 2. अप्सरा विशेष। प्रसिद्ध अप्सरा रंभा। रंभा की उत्पत्ति देवताओं और असुरों द्वारा किये गए समुद्रमंथन से मानी जाती है। यह अप्सरा सौंदर्य के एक प्रतीक के रूप में भी प्रसिद्ध है। इंद्र ने देवताओं से इसे अपनी राजसभा के लिए प्राप्त किया था। इंद्र ने इसे विश्वामित्र की तपस्या में विघ्न डालने के लिए भेजा था। (पौ.को.)। उ. (1)-''सौरभ सुभाय सुभ रंभा को सदंभ अरु, 'केसव' करभ हू की सोभा निदरत हैं।''-क.प्रि., 15/19। उ. (2)-''गाजत बाजत मनौ मृदंग। चातक पिक गायक बहु रंग। नंदन बन में रंगाबनी। तहँ नाचत जनु रंभा बनी।।''-वी.चं., 11/3। उ. (3)-''रंभा भव जुत पान मुष सों रंभा सुष दैंन। रंभा बन मैं राधिका रंभा सी छबि ऐंन।।''-वृं.ग्रं., य.स., 380/235। उ. (4)-''रूप के गुमान रूप रंभा को गनै न कछु गुन के गुमान गुन गौरि कों गनै नहीं।''-प.ग्रं., जग., 525/191। उ. (5)-''सची सुंदरी है रति रंभा और घृताची पै न ऐसी रुचिराची कहूँ काहू के कदन में।''-भि.ग्रं. 1, शृं.नि., 30/94।

**रंगीलदास**--जाति-राणा। स्थितिकाल-सं. 1860। स्थान-सूरत। गुरु-विष्णदास। रचनाएँ-स्फुट। (बृ.इति. 7)।

**रंगमूरति**--वेश्या विशेष जो इंद्रजीत सिंह की राजसभा की 6 पातुरों में एक थी। उ. (1)-''सोहति सागर राग की तानतरंग तरंग। रंगराय रंगबलित गति रंगमूरति अंग अंग।।''-क.प्रि., 1/44। उ. (2)-''रंगराय कर, मुरजमुख, रंगमूरति पद चारु। मनो पढ्यो है साथ ही, सब संगीत विचारु।।''-क. प्रि., 1/54। उ. (3)-''अंग जिते संगीत के गावत गुनी अनंत। रंगमूरति अंग अंग प्रति, राजत मूरति वंत।।''-क.प्रि., 1/55।

**र**--दे. रगन। उ.-''मगन नगन को मित्र गन, भगन यगन, भनि दास। उदासीन ज त जानियै, र स रिपु 'केसवदास'।''-क.प्रि., 3/24।

**रक्तबीज**--शुंभ-निशुंभ नाम के राक्षसों का सेनापति। इसका रक्तबीज नाम इसलिए पड़ा कि इसके रक्त की जितनी बूँदें युद्ध क्षेत्र में गिरती थीं, उतने ही रक्तबीज राक्षस उत्पन्न हो जाते थे। इसका रक्त पीकर देवी चंडिका ने इसका संहार किया। यह भी कहा गया है कि महिषासुर का पिता रंग दानव ही मरकर फिर रक्तबीज के रूप में उत्पन्न हुआ था। (हिं.श.सा., पौ.को.)। उ.-''जय सुरक्ति जय रक्तबीज-बिड्डाल-वहंडनि।''-भू.ग्रं., शि.भू., 2/128।

**रक्षाबंधन**--हिंदुओं का एक त्यौहार जो श्रावण शुक्ला पूर्णिमा को होता है। इस तिथि पर पुरोहित यजमानों के लिए आशीर्वादात्मक कर्म

सम्पन्न करते हैं। 'रक्षा' एक प्रकार का 'रक्षा सूत्र' है, जिसे ब्राह्मण यजमान के दाहिने हाथ में बाँधते हैं। यह धर्मबंधन में बाँधने का प्रतीक है। इसलिए इस अवसर पर निम्नांकित मंत्र का पाठ करते हैं-येन बद्धो बली राजा दानवेंद्रो महाबलः। तेन त्वां प्रतिबद्धनामि रक्षे मा चल मा चल।।''-मध्य युग में ऐतिहासिक कारणों से रक्षाबंधन का महत्त्व और रूप बढ़ने और बदलने का कारण यह था कि देश पर विदेशियों के आक्रमण बढ़ गये थे और स्त्रियों का मान और शील संकट में पड़ गया था। इसलिए बहनें भाइयों के हाथ में रक्षा बाँधने लगीं जिससे वे अपनी बहनों के सम्मान की रक्षा के लिए धर्मबद्ध हो जायँ। (हिं.ध.को.)। उ.-''देखि रक्षाबंधन गोबिंद जू के हाथ साथ राधे की कजलियाँ सिरावन कौं जैहौं मैं।।''-ठाकुर, 123/33।

**रगन**--रगण। छंदशास्त्र में आठ गणों में से एक जिसमें मात्राक्रम है दीर्घ+लघु+दीर्घ (S।S)। इसके देवता अग्नि हैं। इसका सगण से रिपुभाव है। ल.-रगन मध्य लघु होइ।...रगन सिखीमय मानु।...र स रिपु 'केसवदास'। आगि अंग दिन दहै।''-क.प्रि., 3/20, 23, 24, 25।

**रग्गन**--दे. रगन।

**रग्गना**--दे. रगन। उ.-''तीन बेर पिय रग्गना छंद होत मनहंस।''-भि.ग्रं. 1, छंदा, 183/202।

**रघु**--सूर्यवंशी राजा दिलीप (विष्णुपुराण के अनुसार दीर्घबाहु के पुत्र) के पुत्र जो उनकी पत्नी सुदक्षिणा के गर्भ से उत्पन्न हुए थे। ये रामचंद्र के प्रपितामह थे। बाल्यावस्था में इनके पिता दिलीप ने जब अश्वमेध यज्ञ किया था तब इन्हें उस घोड़े की रक्षा का भार सौंपा था। इंद्र ने जब इस यज्ञाश्व को पकड़ा तो इन्होंने उसे युद्ध में पराजित कर घोड़े को छुड़ा लिया था। सिंहासनारूढ़ होकर इन्होंने विश्वजित् यज्ञ किया था और उसमें समग्र कोष दान कर दिया था। इनके पुत्र का नाम अज् था जो एक अत्यन्त प्रसिद्ध राजा हुए। रघु से चले वंश (रघुवंश) में दशरथ, राम आदि का उदय हुआ। (हिं.श.सा., पौ.को.)। उ.-''कहँ हैं जु रघु, रावन कहाँ कहँ राम, कहँ हरिचंद हैं।''-प.ग्रं., हि.ब. बि., 108/16।

**रघकुल**--दे. रघु। राजा रघु का वंश। उ. (1)-''भूषन भनत त्यौं ही रावन को मारिबें कौं रामचंद भयौ रघुकुल सरदार हैं।''-भू.ग्रं., शि.भू., परि., 395/202। उ.-'' 'केसोदास' देस-देस कुलनि त्यों रघुकुल कुसलव जीति में बिजय-रस चाख्यो ई।''-क.प्रि., 13/11। उ. (3)-''जिन हर-धनु खंड्यो, रघुकुन मंड्यो सीय स्वयंवर माँझ बरी।''-रा.चं., 7/10।

**रघु-कुल-ईस**--दे. रघु, रघुकुल। सूर्यवंशी राजा रघु के कुल के स्वामी श्री रामचंद्र। उ.-''भज मन राम सियापति, रघु-कुल-ईस। दीनबंधु दुख टारन, कौसलधीस।।''-र.वि., बरवै, 91/63।

**रघुकुलराज**--दे. रघु, रघुकुल, रघु-कुल-ईस। श्रीरामचन्द्र। उ.-''इंद्र जिमि जंभ पर बाडव ज्यौं अंभ पर रावन सदंभ पर रघुकुलराज है।''-भू. ग्रं., शि.भू., 50/137।

**रघुदत्त**--दे. रघूदत्त। बोधा कवि कृत प्रेमाख्यान विरह वारीश में पुहपावती के राजा गोविंदचंद्र के पुरोहित। उ.-''यह सुनि जब रघुदत्त ने लींहो। ज्वाब सुदेस नृपति कहँ दींहो।।''-बो.ग्रं., वि. वा., 3/221।

**रघुनंद**--अपने पूर्वज राजा रघु (दे.) को आनंदित करने वाले श्री रामचंद्र। उ. (1)-''तुव रहैं रछक गिरीस गिरिजा जानकी रघुनंद जू।।''-बो. ग्रं., वि.वा., 21/195। उ. (2)-''मारे अरि पारे हित-कौन हेत रघुनंद। निरानंद से देखियै, जद्यपि परमानंद।।''-रा.चं., 23/11।

**रघुनंदन**--दे. रघु, रघुनंद। रघुवंशी रामचंद्र। उ.-''बिनु चतुरंग संग बानरनि लैके बाँधि बारिधि को लंका रघुनंदन जराई है।''-भू.ग्रं., शि.भू., 242/174।

**रघुनंदनषोडषक**--रचयिता-पं. उमापति त्रिपाठी 'कोविद' (दे.)। (बृ.इति. 7)।

**रघुनाथ**--दे. रघु, रघुकुलहंस, रघुकुलराज, रघुनंद। श्रीराचंद्र। उ. (1)-''है रहीम रघुनाथ तें सुजस भरत को बाढ़ि।''-र.वि.दो., 6/1। उ. (2)-''त्रेता माँहि साजो एक धनु भृगुनंद सोई

लीन्ह्यों रघुनाथ ने असुर बरियाने में।''-बो.ग्रं., वि. वा., 26/100। उ. (3)-''हुलसि गात रघुनाथ को बकतर में न समात।''-प.ग्रं., जग., 692/224।

**रघुनाथ**–स्थितिकाल-सं. 1802। स्थान-काशी। आश्रयदाता-काशिराज महाराज बरिबंड सिंह। रचनाएँ-काव्यकलाधर, रसिकमोहन, जगतमोहन, इश्कमहोत्सव। (इति.शुक्ल, स.सर्वे.)।

**रघुनाथ जी के कवित्त**–रचयिता-प्रताप कुँवरि बाई (दे.)। (बृ.इति. 7)।

**रघुनाथ दास**–रचनाएँ-परची, विश्राम-मानस। (बृ.इति. 7)।

**रघुनाथ राय**–ये सागर नरेश थे। इनके दान और खड्ग की प्रशंसा पद्माकर ने की है। इन्हें अप्पा साहब भी कहा जाता था। उ.-''गंज गजबकस महीप रघुनाथ राय याहि गज धोखें कहूँ काहवै देइ डारै ना। याही डर गिरिजा गजानन कों गोइ रही गिरि तें गरें तें निज गोद तें उतारै ना।''-प.ग्रं., जग., 700/226।

**रघुनाथ राव**–दे. रघुनाथ राय। उ.-''कहै पदमाकर महीप रघुनाथ राव ऐसी समसेर सेर सत्रुन पै घाली तैं।''-प.ग्रं., प्रकी., 26/310।

**रघुनाथस्तोत्र**–रचयिता- पं. उमापति त्रिपाठी 'कोविद' (दे.)। (बृ.इति. 7)।

**रघुनायक**–दे. रघु, रघुकुलईस, रघुकुलराज। श्रीरामचंद्र। उ.-''बिन अपनी लाग लगे रघुनायक कछू न मन में आया है। कर परहाथ में निजु संदेसन खेती किहिनै फल पाया है।''-प.ग्रं., क.प., 18/297।

**रघुपति**–दे. रघुनायक। श्रीरामचंद्र। उ. (1)-''रघुपति मार्‍यौ लंकपति जो हरि लैगयो सीति।।''-वृं.ग्रं., नी.स., 367/86। उ. (2)-''निज मुकति चाहि न भजत रघुपतिपद काज और ही ठाया है।''-प.ग्रं., क.प., 15/297।

**रघुबंस**–दे. रघु। राजा रघु से प्रवर्तित वंश का नाम। उ.-''सुनि दान मानस-हंस। रघुबंस के अवतंस। मन माँह जो अति नेहु। इक बात माँगे देहु।।''-रा.चं., 2/13।

**रघुबर**–दे. रघु के वंश में श्रेष्ठ श्री रामचंद्र। उ. (1)-''करि दंडवत बीन कर लीन्हों। जस बरनन रघुबर को कीन्हों।।''-बो.ग्रं., वि.वा., 30/89। उ. (2)-''जिमि राम रघुबर दौरिकै निरसंक लंका पर गयौ।''-प.ग्रं., हि.ब.बि., 85/12।

**रघुबर-स्नेह-लीला**–रचयिता-प्रतापकुँवरि बाई (दे.)। (बृ.इति. 7)।

**रघुबीर**–दे. रघु। रघुकुल में वीर, श्रीरामचंद्र। उ. (1)-''जैसी तुम हमसों करी, करी करी जो तीर। बाढ़े दिन के मीत हौ, गाढ़े दिन रघुबीर।।''-र. वि., दो., 73/8। उ. (2)-''आगें रघुबीर के समीर के तनै के संग तारी दै तड़ाक तड़ातड़ के तमंका के।।''-प.ग्रं., जग., 690/224।

**रघुराइ, रघुराई**–दे. रघु, रघुनाथ। रघुराज। रघुकुल-तिलक रामचंद्र। उ. (1)-''बंधु भए का दीन के, को तर्‍यौ, रघुराइ। तूठे तूठे फिरत हौ झूठे बिरद कहाइ।।''-बि.र., 61/36। उ. (2)-''या जगजीवन को है यहै फल जो छल छाँड़ि भजै रघुराई।''-प.ग्रं., जग., 496/184।

**रघुराज**–दे. रघु, रघुराइ। रामचंद्र। उ. (1)-''राज रिझाए न कै कबिता रघुराजकथा न जथामति गाई।''-प.ग्रं., जग., 605/206। उ. (2)-''राखे रघुराज के रहै तौ रहै पानी न तौ जंगी जमराज ही के हाथन बिकानी है।''-प.ग्रं., प्र. प., 26/243।

**रघुराज घनाक्षरी**–रचयिता-क्षेमकर्ण (दे.)। (बृ.इति. 7)।

**रघुराम**–स्थितिकाल-सं. 1775। स्थान-अहमदाबाद। रचनाएँ-सभासार नाटिका। विव.-मालिनी, छप्पय, चौपाई, दोहा आदि छंदों में प्रश्नोत्तर रूप में कपटी, गाफिल, सभाचतुर, सभा बिगाड़ आदि का लक्षण निरूपण। (बृ.इति. 7)।

**रघुराय**–दे. रघु, रघुराज। उ. (1)-''नीति निपुन राजानि कौ अजुगत नाहिं सुहाय। करत तपस्या सूद्र कौं ज्यौं मार्‍यौ रघुराय।।''-वृं.ग्रं., नी. स., 299/81। उ. (2)-''बनचर बनचर गगनचर अजगर नगर निकाय। पदमाकर तिन सबन की खबर लेत रघुराय।।''-प.ग्रं., जग., 497/184।

**रघुराया**–दे. रघु, रघुराज। रामचंद्र। उ.-

''और सबै सँग सापनो है जग आपनो एक हितू रघुराया।''-प.ग्रं., प्र.प., 35/245।

**रघुरैया**—दे. रघु, रघुराज। श्रीरामचंद्र। उ. (1)-''जागते जगत सिंघ साहिब सपाई श्रीप्रतापनृपनंद कुलचंद रघुरैया हौ।''-प.ग्रं., जग., 5/79। उ. (2)-''मोदमतिमंदर पुरंदर मही को धन्य धरम धुरंधर हमारो रघुरैया है।।''-प.ग्रं., जग., 704/227। उ. (3)-''अमित भरोसो मोहि मेरे रघुरैया को।''-प.ग्रं., प्र.प., 21/242।

**रघुवंश दीपक**—रचनाएँ-सहजराम (दे.)। विव.-रामकथा विषयक महाकाव्यात्मक रचना। एक सहज, सरस, सरल काव्य। (बृ.इति. 7)।

**रघुबंशमनि**—रचयिता - कृष्णदास (दे.)। विव.-राम के सगुण रूप के साथ विराट् ब्रह्म का वर्णन (बृ.इति. 7)।

**रघुबर कर्णाभरण**—रचयिता-रसिक अली (दे.)। (बृ.इति. 7)।

**रघुबर-जस-प्रकाश**—रचयिता-किशन आढ़ा (दे.)। विव.-डिंगल, हिंदी और संस्कृत के छंदों का विवेचन। (बृ.इति. 7)।

**रघूत्तम सहस्रनाम**—रचयिता - रत्नहरि (दे.)। विव.-कोशकाव्य। (बृ.इति. 7)।

**रघूदत्त**—दे. रघुदत्त। उ.-''गोबिंदचंद भूप तिहि जानौ। बेदवंत मतिवंत बखानौ। रघूदत्त प्रोहित तिन केरा। खेदवंत कुलवंतन बेरा।।''-बो. ग्रं., वि.वा., 49/41।

**रज**—रजस्। सांख्य दर्शन के अनुसार प्रकृति के तीन गुणों में से दूसरा गुण। यह गुण चंचल, प्रवृत्तिकर, दुःखजनक और काम-क्रोध-लोभादि का उत्पादक माना गया है। यह शेष दोनों गुणों (सत्व और तम) को संचालित करता है। इसी के द्वारा मनुष्य में सब प्रकार की उत्तेजना या प्रेरणा उत्पन्न होती है (हिं.श.सा., हिं.ध.को.)। उ. (1)-''रज तम सत्व गुननि के ईस। तिन करि मंडल मंडित दीस।''-वी.च., 9/15। उ. (2)-''गुरु उपदेस रु सिष्य फुनि सत रज तम बिस्तार। नीच ऊँच अरु सम बिसम यहौ ब्रह्म निरधार।।''-ज.ग्रं., अ. सि., 87/150।

**रजक**—कंस का सेवक धोबी। उ.-''रजक पछार्यौ कूबरी राखिलई ब्रजराज।।''-वृं.ग्रं., नी. स., 639/108।

**रजधान**—कानपुर के सिंकदरा परगना और फतेहपुर के बिंदकी परगना की एक सम्मिलित जागीर थी, जिसका नाम रजधान था। ये दोनों परगने अनूप सिंह हिम्मत बहारदुर को शुजाउद्दौला से मिले थे। उ.-''रजधान को धन धनी धीर सु भक्त नृप के पाय को।''-प.ग्रं., हि.ब.बि., 121/17।

**रजनी**—शाल्मली द्वीप की एक नदी विशेष। उ.-''सिनिवाली रजनी कुहू, नंदा राका जानि। सरस्वती अरु अनुमती, सातौ नदी बखानि।।''-वि. गी., 4/24।

**रजपूत**—राजपुत्र। पुराने राजपूताने में रहने वाले क्षत्रियों के कुछ विशिष्ट वंश जो सब मिलाकर एक बड़ी जाति के रूप में स्वीकृत हैं। इस शब्द का प्रचलन विशेष रूप से मुसलमानों के आगमन के बाद हुआ। पहले राजकुमार या राजवंश के लोग 'राजपुत्र' कहलाते थे। बाद में मुसलमानों ने क्षत्रिय वर्ण के सब लोगों को राजपूत कहना आरम्भ किया। अब यह सामान्य रूप से क्षत्रियों के लिए प्रचलित हो गया है। ये लोग आर्य थे। बाद में हूण आदि कुछ विदेशी जातियाँ भी राजपूतों में मिल गईं। शक भी सम्मिलित हुए जो पूर्वतः भारत से बाहर के निवासी आर्य थे। (वि.दे., हिं.श.सा.)। उ.-''साहूजी की साहिबी दिखावत कछू होनहार जाके रजपूत भरे जोम बमकत हैं।''-भू.ग्रं., प्रकी., 527/234।

**रजोगुनु**—रजोगुण। दे. रज। उ.-''कोमल अमलता की किधौं यह रंगभूमि सोभिजतु अगुंन की सोभा के सदन को। अरुन दलनि पर कीनो कि तरनि कोप, जीत्यो किधौं रजोगुनु राजिव के गन को।।''-क.प्रि., 15/8।

**रड्डा छंद**—प्राकृत का मात्रिक छंद है। ल.-प्रथम तीय पंचम चरन, पहिले जानि अखेद। दूजो चौथो फेरि गुनि, जानहि रड्डा भेद।। तथा-पाँच चरन रचना उपर, दीजै दोहा अंत। सात भेद अहिपतिकह्यो, नव पद रड्डा तंत।। वे सात भेद

हैं-ल.-तेरह ग्यारह करमी बरनि। नंद भुवन हर ढरनि। वोनइस रुद्र मोहनी अरनि। चारुसेनि तिथि हरनि। तिथि रवि हर तिथि पयनि, राजसेनि रड्डाहि। तालंकिनि तिथि कल अधिक, दोहा सब तल चाहि।।''-भि.ग्रं. 1, छंदा., 22-25/232-233।

**रणधीर सिंह**—स्थान-सिंगरामऊ (जौनपुर)। जन्म-सं. 1878। रचनाएँ-काव्यरत्नाकर, भूषण कौमुदी, पिंगलनामार्णव, रसरत्नाकर, सालिहोत्र, रागमाला।-(बृ.इति. 6, इति.शुक्ल, स.सर्वे.)।

**रतन**—बूँदी के नरेश राव राजा भोज पुत्र रत्नसिंह जो सं. 1664 में उनके देहावसान के बाद सिंहासन पर बैठे। ये जहाँगीर के परम कृपापात्र थे। उ.-''बंस-बारिनिधि-रतन भो रतन भोज को नंद।''-मति., ल.ल., 27/302।

**रतन कवि**—जन्म- सं. 1798। आश्रयदाता-राजा फतहसिंह (गढ़वाल)। रचनाएँ- अलंकार दर्पण, फतेह भूषण, फतेह प्रकाश। (इति.शुक्ल, सा.को.)।

**रतन व पदम**—रचयिता - वली वेल्लोरी (दे.)। विव.-पद्मावत के आधार पर 4000 अर्धालियों में लिखित काव्यग्रंथ। (बृ.इति. 7)।

**रतन बावनी**—रचयिता-केशवदास (दे.)। विव.-ओरछा नरेश मधुकरशाह के पुत्र रतनसिंह की वीरता का वर्णन। (बृ.इति. 6)।

**रतनसिंघ** – रतनसिंह। ओरछा नरेश मुधकरशाह के पुत्र रतनसिंह जो कवि केशवदास के आश्रयदाता भी थे। उ.-'' ओडछेंद्र मधुसाह-सुत रतनसिंह यह नाम। बादसाह सों समर करि गए स्वर्ग के धाम।।''-र.बा. 2।

**रतनसेन**—रतनसिंह। राजा नरसिंह का छोटा भाई। ओरछा के राजा मधुकरशाह का पुत्र। वह पिता की आज्ञा पाकर युद्ध के लिए अकबर बादशाह के विरुद्ध तत्पर रहता है। इस प्रतिज्ञा का पालन करने के लिए उसने युद्ध किया और उसी में वीरगति प्राप्त की। उ.-''सुनि रतनसेन मधुसाह-सुव अब सुखेत तहँ सज्जियव। कहि 'केसव' मौलित पूर हुव नग्र आपनो छंडियव।।''-र. बा. 4।

**रतनहजारा**—रचयिता-रसनिधि (दे.)। विव.-दोहा ग्रंथ। (इति.शुक्ल, बृ.इति. 7)।

**रतनेस**—दे. रतन। उ.-''राव रतनेस कर ओट राख्यो करवार करि वार ओट राख्यौ कोट पातसाह को।।''-मति., ल.ल., 28/302।

**रतन्न**—वृंद कवि द्वारा रचित सत्य स्वरूप रूपक काव्य में वर्णित राजा रत्नसिंह। ये शत्रुशाल के पौत्र और प्रतापसिंह के पुत्र थे। उ.-''परताप सिंह सत्रसाल नंद। सत्रु को हनै संगर सुछंद।। जिन बंस भयो राजा रतन्न। उज्जेन लर्यो जस के जतन्न।।''-वृं.ग्रं., स.स.रू., 223-224/288।

**रति**—1. कामदेव की पत्नी जो दक्ष प्रजापति की कन्या मानी जाती है। कहा जाता है कि दक्ष ने अपने शरीर के पसीने से इसे उत्पन्न करके कामदेव को अर्पित किया था। यह संसार की सबसे अधिक रूपवती, सौंदर्य की साक्षात् मूर्ति मानी जाती है। इसी कारण सभी देवताओं में इसे देखकर अनुराग उत्पन्न हुआ। 'रति' नाम के विषय में ऐसा ही प्रसिद्ध है। शिवजी ने जब कामदेव को अपने तीसरे नेत्र से भस्म कर दिया तो इसने अपने करुण विलाप से द्रवित कर शिव से यह वरदान लिया था कि इसका पति कामदेव अनंग होकर सदा बना रहेगा। यह भी माना जाता है कि यह कामदेव के साथ सदैव बनी रहती है। (हिं.श.सा.)। ल. (1)-सुप्रिय चाह तें होत जौ सुमन अपूरन प्रीति। ताही सों रति कहत हैं रसग्रंथन की रीति।। उ.-''कान्ह तिहारे मान को अति आतप यह पाइ। तियउर अंकुर प्रेम को जाइ न कहुँ कुम्हिल्याइ।।''-प. ग्रं., जग., 580, 581।201।

2. कामक्रीड़ा। संभोग। मैथुन। उ.-''नीबी गही रति मानौ नहीं कर सौं गहि टारति हौं पर पी कौ।''-भू.ग्रं., प्रकी., 547/244। उ. (2)-''चंद उदै सुख संग समै रस मैं रति रीति रची मन मानी।''-वृं.ग्रं., भा.पं., 34/21।

3. प्रेम। प्रीति। अनुराग। उ. (1)-''रति-रसना-सवाद-पाँवड़े पुनीतकारी, पाय चूमि चूमि कै कपोलनि सों माँजिहौं।''-घ.क., 146।101। उ. (2)-''लगे तारे खुलैं, आँखें तारी त्यौं न पगैं, पिय

नींद भरी जगैं इन्हैं अनोखियै रति है।''-घ.क., 439/210।

**रति-आरंभ**—रतिक्रिया के आरंभ की स्थिति। उ.-''तनक झूठ न सवादिली कौन जात पर जाइ। तिय-मुख रति-आरंभ की नहिं झठियै मिठाइ।।''-बि. र., 644/296।

**रतिकेलि**—भोग-विलास। संभोग। रतिक्रीड़ा। रति (मैथुन शृंगार) से संबंधित या उसमें की जाने वाली क्रीड़ा या क्रिया। उ. (1)-''रति-केलि आदि बोधा सुकवि सभा चातुरी इल्म लहि। इमि पुराचीन मत ग्रंथ लखि ये विद्या दसचार कहि।।''-बो. ग्रं., वि.वा., 33/46। उ. (2)-''कै रति-केलि सकेलि सुखै कढ़ि केलि के भौन तें बाहिर आई।''-प.ग्रं., जग., 480/182।

**रति-खेद**—संभोगजनित अवसर या क्लांति। रतिक्रिया के बाद होने वाली श्रमजनित थकान। उ.-''रति-खेद स्वेद मकरंद जुत मंद मंद अति गति धरत।।''-वृं.ग्रं, प.प., 7/52।

**रति गति**—रति की क्रिया। उ.-''तारे उगलति गिलत शशि तम समूह इक साथ। यह रति गति विपरीत अति राति करी रति साथ।।''-वृं. ग्रं., अ.दो., 48/9।

**रति-चिह्न**—रतिक्रिया के उपरांत, उसके कारण वस्त्र, शरीर आदि पर बने रह जाने वाले चिह्न। उ.-''अनत रमें रति चिह्न लखि पीतम के सुभ गात। दुखित होइ सो खंडिता बरनत मति अवदात।।''-प.ग्रं., जग. 158/113।

**रतिनाथ**—1. रति (दे.) के पति। मन्मथ। कामदेव। उ.-''राधा हरि केरी प्रीति सबतें अधिक जानि रति रतिनाथ हू में देखौं रति थोरी सी।।''-र. प्रि., 15/9। उ. (2)-''यह चरित लखि रतिनाथ को प्रज्वलित तन बनिता भई।''-बो.ग्रं., वि.वा., 10/36।

2. कवि भूषण के पिता का नाम। उ.-''द्विज कनोज कुल कस्यपी रतिनाथ कौ कुमार। बसत त्रिबिक्रमपुर सदा जमुना-कंठ सुठार।।''-भू.ग्रं., शि.भू., 26/133।

**रतिनायक**—दे. रतिनाथ 1। उ.-''कहि 'केसव' श्रीवृषभानु-कुमारि सिंगार सिंगारि सबै सरसै। सबिलास चितै हरि नायक त्यौं रतिनायक सायक से बरसै।''-र.प्रि., 4/4।

**रतिनाह**—रतिनाथ। दे. रतिनाथ। उ. (1)-''पौन बारिबाह पर संभु रतिनाह पर ज्यौं महस्त्रबाहु पर राम द्विजराज है।''-भू.ग्रं., शि.भू., 50/137। उ. (2)-''का गुनाह रतिनाह सों नाह भयो उदिवेक।''-बो.ग्रं., वि.वा., 53/27।

**रतिपति**—दे. रतिनाथ, रतिनाह। उ. (1)-''गतिनि के हार की बिहार के पहरु-रूप किधौं प्रतिहार रतिपति के निलय के। हंस गतिनाइक कि गूढ़ गुनगाइक कि श्रवन-सुहाइक कि माइक हैं मय के।।''-क.प्रि., 15/15। उ. (2)-''जोबन जाति सरूप गुन जिहि दंपति में होइ। अवलंबे रतिपति तिन्हें, आलंबन कहि सोइ।।''-कृ.ग्रं., हि.त., 10/5। उ. (3)-''रति सी रमनि रतिपति सौं रमन मिलि नीकैं रतिमंदिर मैं रतिसुख लीजियै।।''-वृं. ग्रं., शृं.शि., 32/40। उ. (4)-''रतिपति कों रति के सहित गोपिन दई सराप।।''-बो.ग्रं., वि.वा., 51/27।

**रतिपद छंद**—दस मात्राओं का छंद है। मात्राक्रम है (।।। ।।। ।।S)। ल.-त्यों रतिपद संग नात है (दो नगण+एक सगण)। उ.-''जुवति वह मरति तौ। उर तँ यह टरति जौ। हरनि हिय दरद की। सुरति पदपदुम की।''-भि.ग्र. 1, छंदा., 69, 72/188। (टि.-भिखारीदास ने कमला छंद का लक्षण दिया है-द्वै द्विज (।।।।) गो (S) कमला हि। यह रतिपद के मात्राक्रम से भिन्न नहीं है। उदाहरणों के मात्राक्रम में भी अभिन्नता दिखाई पड़ती है-''कब अँखियन लखिहौं। अरु मुज भरि रखिहौं।''-भि.ग्रं. 1, छंदा., 69, 71/188।

**रतिप्रिया**—वह स्त्री जिसे मैथुन बहुत प्रिय हो। परकीया नायिका का वह भेद जो संभोग सुख के लिए नायक की विद्यमानता का आभास मात्र पाकर उसके पास पहुँच जाती है और आनंदित होती है। उ.-''सघन कुंज में रसिक सों सुरत रसीली ठानि। ब्याही क्रो सुख यों लह्यो, कह्यो बिहँसि रसदानि।। रसिक सक्र सम लखि प्रिया, सुरत वक्र

अति ठानि। आहट मिसि निसिकुंज में, रही लपट रसदानि।।''-कृ.ग्रं., हि.त., 172-173/41।

**रतिप्रीतिमती प्रगल्भा**—चिंतामणि के अनुसार स्वकीया प्रगल्भा नायिका का एक भेद जो पति को रति के द्वारा वश में करके रति करने में प्रसन्न होती है। ल.-औरतियन की चातुरी, न गनि कछू वर नारि। पति को रति वस करै रति, प्रीतिमती सु विचारि।। उ.-''रति उतकंठा प्रानपति, जानै पैचित चाह। पिय की मुदरी आपनी, राखी अँगुरी माह।।''-शृं.ग्रं., चिंता., 47, 48/15।

**रति बिपरीत**—दे. बिपरीत रति। उ. (1)-''बिनती रति बिपरीत की करी परसि पिय पाइ। हँसि अनबोलैं हीं दियौ ऊतरु दियौ बताइ।।''-बि.र., 130/66। उ. (2)-''राधा हरि, हरि राधिका बनि आए संकेत। दंपति रति-बिपरीत-सुख सहज सुरतहूँ लेत।।''-बि.र., 155/77। उ. (3)-''मेरे सिर कैसी लगै यों कहि बाँधि पाग। सुंदरि रति बिपरीत में प्रगट कियो अनुराग।।''-मति.सत., 59/374। उ. (4)-''तू न करति मनभाँवती रति बिपरीत बिचार। ह्वैहै सूधे सुरत में बिछियनि की झनकार।।''-मति., सत., 197/384।

**रति बिपरीति**—दे. बिपरीत रति, रति बिपरीत। उ. (1)-''रति बिपरीति प्रस्वेदकन पिय कों सींचति बाम। मनो प्रौढ़ पुन्नाग के मुकुलनि पूजति काम।।''-मति., सत., 500/410। उ. (2)-''रति बिपरीति रची दंपति गुपति अति मेरे जान मान भय मनमथ नेजे तें।''-प.ग्रं., जग., 48/88।

**रति-बिलास**—रति विलास। रति या मैथुन की आनंद भरी क्रियाएँ। उ. (1)-''आपस में हाव भाव चौंप चाव दाव पाइ पीवत अधर ह्वै निसंक अंक भरि भरि। हसि हसि रीझि रीझि रस रंग भीजि भीजि प्रेम बसि कबहौं मनाई पाइ परि परि।। वृंद कहैं तीक्षन कटाछिनबिलास होत बचन रचन को हुलास जी मैं धरि धरि। आठे रति मंदिर मैं आछी सेज सौंज साजि लेत सुख दंपति सुरत केलि करि करि।।''-वृं.ग्रं., शृं.शि., 84/50। उ. (2)-''रति बिलास सुक सारिकनि कहै गुरनि में प्रात। लाज ललित गुन गौरि के दुरे गात में गात।।''-मति. सत., 582/416।

**रतिभाउ**—प्रीति। प्रेम। दे. रति-3। भिखारीदास के अनुसार रतिभाव पाँच प्रकार का है। नायक-नायिका के प्रति, बालक के प्रति, मुनि के प्रति, महिपाल के प्रति और देवता के प्रति। ल.-प्रीति नाइका नायकहि, सो सिंगार-रस ठाउ। बालक मुनि महिपाल अरु, देव विषें रतिभाउ।।-भि. ग्रं. 2, का.नि., 20/29।

**रति भाव**—दे. रति-3। रतिभाउ। साहित्य में शृंगार रस का स्थायी भाव। नायक-नायिका की परस्पर प्रीति या प्रेम। ल.-रति कहिये जो मन लगनि प्रीति अपर परजाय। थाई भाव सिंगार को भल भाषत कबिराय।-प.ग्रं., जग., 613/208। उ.-''लोकरीति आतिथ्य करि प्रीतिरीति बित जाव। लै बैठे निज सेज में दरसवो रतिभाव।।''-बो.ग्रं., वि.वा., 21/116।

**रति मंजरी**—रचयिता—तोषनिधि (दे.)। (सा. को.।)

**रति-मंदिर**—रति क्रीड़ा करने का स्थान। उ. (1)-''रति सी रमनि रति पति सौं मिलि नीकैं रति मंदिर मैं रतिसुख लीजियै।''-वृं.ग्रं., शृं.शि., 32/40। उ. (2)-''आछे रतिमंदिर मैं आछी सेज सौंज साजि लेत सुख दंपति सुरत फेलि करि करि।।''-वृं.ग्रं., शृं.शि., 84/50।

**रति-रंग**—रति जनित आनंद या उत्साह। उ. (1)-''डरति हुती रति रंग तैं भरति न पिय कूँ अंक।''-वृं.ग्रं., अ.दो., 41/8। उ. (2)-''अति सुंदर चंद समान सखी सब कामकला भरपूर भर्यौ। तिन सौं रतिरंग तरंग रच्यौ वह तौ हित काज सबै बिसर्यौ।''-वृं.ग्रं., भा.पं., 45/23। उ. (3)-''मगन रहत रतिरंग में गावत रस सृंगार।''-बो.ग्रं., वि. वा., 45/155। उ. (4)-''कै रतिरंग थकी थिर ह्वै परजंक पैं प्यारी परी सुख पाइकै।''-प.ग्रं., जग., 492/184।

**रति-रस**—रति जनित आंनद। उ. (1)-''मति अति छाकी गति थाकी रतिरस भीजि रीझि की

उझलि घनआनंद रह्यौ उनै।''-घ.क., 430/207। उ. (2)-''कबहौं कूजत किंकिनी रति रस रंग उदोत।''-वृं.ग्रं., अ.दो., 45/8।

**रतिराज**--कामदेव। दे. रति-1। उ. (1)-''हौ घनआनंद जान कहाँ रितुराज भयौ रतिराज-सहायक।''-घ.क., 176/116। उ. (2)-''बिरहीसमाज बधिबे के काज लाज त्यागि साजि ऋतुराज रतिराज पठवायो रे।।''-बो.ग्रं., वि.वा., 33/135। उ. (3)-''जदपि करत रतिराज तहि निदरि रिदरि सब काज। तदपि रहत तिय के हिये किये निलजई लाज।।''-भि.ग्रं., र.सा., 37/8।

**रतिराजु**--दे. रतिराज। कामदेव। उ.-''लखिलोने लोइननु कैं, कोइनु, होइ न आजु। कौन गरीबु निवजिवो, कित तूठ्यौं रतिराजु।।''-बि.र., 58/35।

**रति-रीति**--रति करने की पद्धति। उ.-''चंद उदै सुख संग समैं रस मैं रति रीति रची मन मानी।''-वृं.ग्रं., भा.पं., 34/21।

**रतिरूप**--रति का रूप अर्थात् रति के चिह्न। ''सुदुति दुराई दुरति नहिं, प्रगट करति रति-रूप। छुटैं पीक, औरै उठी लाली ओठ अनूप।।''-बि.र., 96/51।

**रतिलेखा छंद**--उन्नीस मात्राओं का छंद है। इसके प्रत्येक चरण में एक सगण (।।ऽ)+।। लघु+कर्न (ऽऽ) होते हैं। इस प्रकार मात्राक्रम है (।।ऽ ।।। ।।। ।।। ।। ऽऽ)। ल.-सगन इग्यारह लघु करन, रतिलेखा तुक चाहि। उ.-''इक ओर सियपति चरननि रति लेखो।''-भि.ग्रं. 1, छंदा., 168, 169/200।

**रतिश्रम**--रति क्रिया का युद्ध या समर जिसमें नायक-रायिका परस्पर, एक-दूसरे को परास्त करने का आनंदपूर्ण उपक्रम करते हैं। उ.-''पिय को चखायो स्वाद कैसो रतिसंगर को भए अंगअंगनि ते केते मुठभेरे हैं।''-भू.ग्रं., प्रकी., 547/239।

**रति-सदन**--दे. रति मंदिर। वह सजा-सजाया कक्ष, जिसमें नायक-नायिका श्रृंगारिक क्रीड़ाएँ करते हैं। उ.-''प्रात समैं रति-सदन जाल रंध्रन कैं आवत।''-वृं.ग्रं. प.प., 5/52।

**रति-सुख**--रति क्रिया से उत्पन्न सुख। उ. (1)-''रति-सुख-स्वेद ओप्यौ आनंद बिलोकि प्यारे, प्राननि सिहाय मोह-मादक महा छकै।''-घ.क., 326/175। उ. (2)-''रति सी रमनि रति-पति सौं रमन मिलि नीकैं रति-मंदिर मैं रति-सुख लीजियैं।''-वृं.ग्रं., शृं.शि., 32/40।

**रति सुष**--दे. रति-सुख। उ.-''डगमग सारस गति लियैं सुनिहे सारस नैन। रति सुष सा रस मेटि तन सारस किय जग रैंन।।''-वृं.ग्रं., य.स., 275/227।

**रत्नकुँवरि बीबी**--स्थितिकाल-सं. 1857। स्थान - मुर्शिदाबाद। संबंध-शिवप्रसाद सितारे हिंद की दादी। रचनाएँ - कृष्ण चरित। (बृ.इति. 7)।

**रत्नचंद्रिका**--रचयिता-प्रतापसाहि (दे.)। (इति. शुक्ल.)।

**रत्नचौक**--एक आभूषण। उ.-''कंठी कंठमाला भूजबंध बरा बाजूबंद ककना पटेला चूरी रत्नचौक जारी सी।।''-बो.ग्रं., वि.वा., 41/104।

**रत्नदास**--रचनाएँ-धामर, होली आदि। (बृ. इति. 7)।

**रत्नहरि**--जन्म-सं. 1848। स्थान-स्यालकोट। पिता-गुलाबसिंह। माता - राजकुमारी। रचनाएँ-रामरहस्य, प्रश्नोत्तरी, रामललामगीत, नानक नवक, सारसंगीत, दाशरथि दोहावलि, यमक-दमक दोहावली, रामपंचाध्यायी, नानक-यश-चंद्रिका, ब्रजयात्रा, एकादश भागवत स्कंध, कौशलेश कवितावली, गुरुकीरत रत्नावली, कुसुमक्यारी, दशम स्कंध कवितावली, महिम कवितावली, कविता-कादंबिनी, रघूत्तमनामसहस्त्र आदि। कुल संख्या 32। (बृ.इति. 7)।

**रत्नावलि**--रत्नों की बनी झालर। उ.-''सोभा अति सक्रसरासन में। नाना दुति दीसति है घन में। रत्नावलि सी दिविद्वार भनौ। बर्षागम बाँधिय देव मनौ।''-रा.चं., 13/14।

**रत्नावलि, रत्नावली** (अलंकार)--एक अर्थालंकार जिसमें प्रस्तुत अर्थ निकलने के अतिरिक्त ठीक क्रम से कुछ और वस्तुसमूह के नाम भी निकलते हैं। ल. (1)-रत्नावलि प्रस्तुत अरथ

क्रम तें औरहु नाम। उ.-''रसिक चतुरमुख भूमिपति सकल ज्ञान को धाम।।''-ज.ग्रं., भा.भू., 167/55। उ. (2)-''प्रस्तुत अर्थनि कौ जहाँ क्रम तैं थापन होय। तहाँ कहत रत्नावली कबि रस बुद्धि समोय।।''-म.ग्रं., ल.ल., 329/353। ल. (3)-रत्नावलि क्रम सों कहब प्रकृत पदारथ बृंद। उ.-''रबि ससि कुज बुध गुरु गुननि लै बिधि रच्यौ नरिंद।।''-प.ग्रं., पद्मा., 236/61। ल. (4)-क्रमी बस्तु गनि बिदितजो, रचि राख्यो करतार। सो क्रम आने काव्य में रत्नावली प्रकार।। उ.-''स्याम प्रभा इक थाप, जुग उरजनि तिय के कियो। चारु पंचसर छाप सातकुंभ के कुंभ पर।।''-भि.ग्रं. 2, का. नि., 17-18/170। ल. (5)-और नाउँ क्रम तें जहाँ सो रत्नावली ज्ञानि। असुर बिदारन तुम सदा सियानाक रनधीर। दीन-दुख-हरन जगतपति दया करौ रघुबीर।।-सो.ग्रं. 1, र.पी.नि., 267-268/215।

**रत्नावली**—रचयिता - धरनीदास (दे.)। विव.-कवि ने इसमें अपनी गुरु-प्रणाली देते हुए उसके महत्त्व की चर्चा की है और कुछ योगियों तथा संतों के भी संक्षिप्त परिचय दिए हैं। (बृ.इति. 7)।

**रथ**—प्राचीन काल का एक प्रकार का यान या वाहन सवारी जिसमें दो या चार पहिए हुआ करते थे तथा जिसमें एक या दो या उससे अधिक पशु खींचने के लिए जोते जाते थे। ऐसे यानों का व्यवहार युद्ध, यात्रा, विहार आदि के लिए हुआ करता था। उ. (1)-''करि जज्ञ पूरन जानकीपति दान देत असेष। बहु हीर चीर सनीर मानि बर्षि बारिद बेष। सुभ अंगराग तड़ाग बागनि बाजि रथबहु भाँति। अति भौन भूषन भूमि भोजन भूरि बासर राति।।''-छं.मा., 1/61। उ. (2)-''गति गजराज साजि देह की दिपति बाजि, हाव रथ भाव पत्तिराजि चली चाल सों। 'केसोदास' मंदहास असि कुच भट भिरे भेंट भए प्रतिभट भाले नखजाल सों।''-र.प्रि., 14/25।

**रथी**—एक साथ एक हजार योद्धाओं से अकेला लड़ने वाला योद्धा। उ. (1)-''बिना ह्वै चले राम पै सत्रुहंता। चलै साथ हाथी रथी जुद्धरंता।''-रा. चं., 34/46। उ. (2)-''भगे चपे चमूचमूप छाँड़ि छाँड़ि लक्ष्मनै। भगे रथी महारथी गयंद-बृंद को गनै।।''-रा.चं., 36/16।

**रथोद्धता छंद**—सोलह मात्राओं का छंद है। मात्राक्रम है-(S।S ।।। S।S ।S)। प्रत्येक चरण में रगण (S।S)+नगण (।।।) + रगण (S।S) + लघु + गुरु होते हैं। ल.-रेनु रेल गहिहै रथुद्धतो। उ.-''है प्रभुत्व जगमध्य जौ महा। भुक्तजुक्त सुख सात तौ कहा। राम पाइ मन नाहि सुद्ध तौ। तुच्छ जानि पुरुषारथुद्धतौ।।''-133/196, 153/198।

**रदच्छद**—रदक्षत। रति आदि के समय दाँतों के लगने का चिह्न। उ.-''द्रपति चातुर खेलति चोपरि दाउ रदच्छद को दुहु कीनौ।।''-वृं.ग्रं., स्फुट., 92/335।

**रदछद**—रदच्छद। उ. (1)-''पट की ढिग कत ढाँपियति, सोभित सुभग सुबेष। हद रदछद छबि देति यह सद रद छद की रेख।।''-बि.र., 214/102। उ. (2)-''मतो मतो ठहराय के रदछद कियो कपोल। अकबकाय पिय पर कह्यो रस अनखौहें बोल।।''-बो.ग्रं., वि.वा., 40/197।

**रदन**—दे. दंतच्छद। दंतक्षत। उ.-''हँसति हँसति आई आनि इक गाथा गाई, कहहु कन्हाई याको भाउ समझाइ कै। पीबें क्यों अधर-मधु दंपति सु एकैं बार, रदन करज थल दीजहि बताइ कै।।''-र.प्रि., 10/10।

**रदन-च्छद**—दे. रदच्छद। उ. (1)-''सखि मैं रस मैं रदन छद मैं रदन छद दै रस रीझि पियो।''-वृं.ग्रं., भा.पं., 10/15। उ. (2)-''तो रदनच्छद को रस रंचक चाखि गए करि केहूँ ढिठाई।।''-र.प्रि., 14/39।

**रधवा**—दे. राधा। उ.-''कुचन बीच मन उरझो इकै न छोरि। रधवा लैं चित अँटको सँकरी खोरि।।''-बो.ग्रं., इ.ना., 59/10।

**रनजीत**—मधुकरशाह (दे. मधुकर साह) के एक पुत्र का नाम। उ.-''इंद्रजीत रनजीत अरु सत्रुजीत बलबीर। बिरसिंह देव प्रसिद्ध पुनि, हरिसिंघ द्यौ रनधीर।। मधुकरसाह नरेस के इतने भए कुमार।''-क.प्रि., 1/30-31।

**रनजोर, रनजोर पमार, रनजोर सिंह, रनजोर सिंह पमार**–रणजोर सिंह परमार नाम का एक योद्धा जिसका वर्णन कवि बोधा ने अपने काव्य ग्रंथ विरह वारीश नामक काव्य में किया है। उ. (1)–''रनजोर कह्यो तुम चोर नहीं। रनचोर कों निकले हमहीं।।''–बो.ग्रं., वि.वा., 8/187। उ. (2)–''अहे रनजोरन पमार समत्थ। इतै पल एक करैं किन हत्थ।''–बो.ग्रं., वि.वा., 7/190। उ. (3)–''वहि ओर बीर मंगल समत्थ। रनजोर सिंह सों कीन हत्थ।''–वही, 25/192। उ. (4)–''तब कह्यो मेढ़ामल्ल सुन रनजोर सिंह पमार।।''–वही, 34/189।

**रनमल**–रणमल नामक राजपूत योद्धा। उ.–''जोध जोध बंस जानियै रनमल सो रनमल्ल।।''–वृं.ग्रं., स.स.रू., 19/263।

**रबाबैं**–सारंगी की तरह का एक प्रकार का तंतुवाद्य, जिसमें बजाने के लिए तार लगे होते हैं। उ.–''बनावैं उनावैं सुनावैं करक्खें। रबाबै बजावैं सु गावैं हरक्खें।''–प.ग्रं., प्र.बि., 19/279।

**रबिसुता**–रविसुता। सूर्य की पुत्री यमुना। दे जमुना। उ.–''इक नग्र नग्र रबि सुतातीर। तहँ लखी बिप्र बनितान भीर।।''–बो.ग्रं., वि.वा., 5/91।

**रमणी छंद**–चौकल अर्थात् चार मात्राओं का छंद है। मात्राक्रम है–'रमनी' (।।ऽ)। उ.–''धरनी। बरनी। रमनी। रमनी।''–भि.ग्रं. 1, छंदा., 15/182।

**रमन छंद**–रमण छंद। एक वर्णिक छंद का नाम जिसके प्रत्येक चरण में तीन अक्षर होते हैं। मात्राक्रम है (।। )। ल.–द्वै लघु दीजे आदिहीं, एक अंत गुरु जानि। रमनिरमन के रमन कौं रमन छंद करि मानि।। उ.–''जगुज्यों, तजियै। हरियों, भजियै।।''–छं.मा., 1/7।

**रमना**–हिं.श.सा. ने इस संदर्भ में 'रमना' शब्द का अर्थ 'वह हरा भरा स्थान किया है, जहाँ पशु चरने के लिए छोड़ दिये जाते हैं जबकि रतनहजारा के संपादक हरिमोहन मालवीय ने 'रमना' शब्द को 'रेवा' या 'नर्मदा' का अपभ्रंश मानकर बुंदेलखंड की सीमा में बहने वाली नदी किया है (दे. भूमिका)। उ.–''इत जमुना रमना उतै बीच जहाँनाबाद। तामै बसि नेकी करौ करौं न बाद-बिबाद।।''–रस., रतन., 86/55।

**रमा**–लक्ष्मी। विष्णु की पत्नी। उ. (1)–''हरि वर्ष खंड नृसिंह कों प्रहलाद सेवत साधु। सुभ केतुमाल राम रमेसहिं काम कर्म कराधु।।''–वि.गी., 35/661। उ. (2)–''रीति महेस उमा की महा रसरीति निरंतर राम रमा की।''–भू.ग्रं., प्रकी., 558/242।

**रमापति**–दे. रमा। उ. (1)–''इतने गुन होइ जो मानस मैं तो रमापति को हिय ब्यौम करैं।''–वृं. ग्रं., भा.पं., 18/17। उ. (2)–''उर चतुर चोर चक्री बसतु संग कुमारह रमापति।''–छं.मा., 2/29।

**रमारमन**–विष्णु। श्रीकृष्ण। उ. (1)–''हरि मन रामा रमन सौं रमा रमन सौ प्रीत। भूले पन मन जन धरैं पर मन रंजन रीत।।''–वृं.ग्रं., य. स., 189/221। उ. (2)–''रमनीय रमन रजनीस रुचि रमारमन हू रासरति।।''–क.प्रि., 10/30।

**रमेश**–स्थान-भरतपुर। रचनाकाल-सं. 1862–1880। रचनाएँ-स्फुट। विशेष-नायिकाभेद और वीररस विषयक रचना। (बृ.इति. 7)।

**रमेस**–विष्णु। रमा के पति। उ.–''हरि वर्ष खंड नृसिंह कों प्रहलाद सेवत साधु। सुभ केतुमाल रमा रमेसहिं काम कर्म कराधु।।''–वि.गी., 4/35।

**रम्य पदावली**–रचयिता-पं. उमापति त्रिपाठी 'कोविद' (दे.)। (बृ.इति. 7)।

**रम्यक खंड**–जंबू द्वीप के अंतर्गत एक वर्ष या खंड का नाम। इसे रमणक खंड भी कहते हैं। उ.–''मत्स्यरूप भगवंत को सेवत बुद्धि अखंड। मनसा बाचा कर्मना, मनु नृप रम्यक खंड।''–वि. गी., 4/36।

**रयदास**–रैदास अथवा रविदास नाम के एक भक्तिकालीन संत जो कबीर से कनिष्ठ और वाराणसी जनपद के निवासी थे। उ.–''धना और सदना कबीर पीपा मीरा व्यास गीध रयदास सुख सोभनि सों सनिगौ।''–ठाकुर, 1/61।

**रवाब**–दे. रबाबैं। सारंगी के ढंग का एक तंतु वाद्य। उ.–''कैयो हजार रबाब बजैं जनु कुंजित भृंगन की बहुतोई।।''–बो.ग्रं., वि.वा., 19/162।

**रवि साहेब**—जन्म-सं. 1783। मृत्यु-सं. 1860। मृत्युस्थान-बाँकनेर। पिता-मंछाराम। माता-इच्छाबाई। गुरु-संत भाण साहेब। रचनाएँ-स्फुट। विषय-हिंदी और गुजराती दोनों में काव्य रचना। (बृ.इति. 7)।

**रशनोपमा, रसनोपमा**—एक प्रकार की उपमा, जिसमें उपमाओं की एक शृंखला बँधी होती है और पहले कहा हुआ उपमेय आगे चलकर उपमान होता जाता है। यह उपमा और एकावली अलंकारों को मिलाकर बनाया गया है। इसे गगनोपमा भी कहते हैं। ल.-रसनोपम उपमेय जहँ होत जात उपमान। उ. (1)-''सुभ सरूप के सम सुमति सुमति-सरिस गुन ज्ञान।।''-उ. (2)-''सुगुन-ज्ञान-सम उद्यमहु उद्यमसम फल जान। फल समान पुनि दान है, दान-सरिस सनमान।।'' - प.ग्रं., पद्मा., 24, 25/35। ल. (3)-जहाँ प्रथम उपमेय सो होत जात उपमान। तहाँ कहत रसनोपमा कबि मतिराम सुजान।।-मति. ल.ल., 51/307। ल. (4)-उपमा अरु एकावली को संकर जहँ होइ। ताही को रसनोपमा कहैं सुमति सब कोइ।। उ.-''अति प्रसन्न है कमल सो, कमल मुकुट सो बाम। मुकुट चंद सो, चंद है तो मुख सो अभिराम।।''-भि.ग्रं. 2, का.नि., 14, 16/169।

**रस**—1. वह अनुभव जो मुहँ में डाले हुए पदार्थों का रसना या जीभ के द्वारा होता है। खाने या पीने की चीज का स्वाद। रसेंद्रिय का संवेदन या ज्ञान। वैद्यक के अनुसार इसके छः भेद माने गए हैं जिसे षड्रस कहते हैं। वे हैं-मधुर, अम्ल, लवण, कटु, तिक्त और कषाय। इनकी उत्पत्ति भूमि, आकाश, वायु और अग्नि के संयोग से जल में मानी गई है, जैसे-पृथ्वी और जल के गुण की अधिकता से मधुर रस, पृथ्वी और अग्नि के गुण की अधिकता से अम्ल रस, जल और अग्नि के गुण की अधिकता से तिक्त रस और पृथ्वी तथा वायु के गुण की अधिकता से कषाय रस उत्पन्न होता है, इनके परस्पर भिन्न आनुपातिक मिश्रण से छत्तीस प्रकार के रसों की उत्पत्ति मानी गई है, जैसे मधुराम्ल, मधुरतिक्त, अम्ललवण आदि। भिन्न-भिन्न रसों के भिन्न-भिन्न गुण बताये गये हैं। जैसे मधुर रस के सेवन से रक्त, मांस, मेद, अस्थि और शुक्र आदि की वृद्धि। न्याय दर्शन के अनुसार रस नित्य और अनित्य दो प्रकार का होता है। परमाणु रूप रस नित्य और रसना द्वारा गृहीत होने वाला रस अनित्य कहा गया है। (विस्तार के लिए दे. हिं.श.सा.)। उ. (1)-''खारिक खात न दार्यौइ दाख न माखन हूँ सहूँ मेटी इठाई। 'केसव' ऊख महूखहु दूखत आई हौं तो पह छाड़ि जिठाई। तो रदनच्छद को रस रंचक चाखि गए करि केहूँ ढिठाई। ता दिन तें उनि राखी उठाय समेत-सुधा बसुधा की मिठाई।।''-र. प्रि., 14/39। उ. (2)-''ओठ खंडिबे को अर्यो मुख सुबास रस रत्त। स्याम रूप नंदलाल अति नहिं अलि अलि उनमत्त।।''-मति.सत., 402/402। उ. (3)-''सपरस रूप रु गंध रस सबस अरथ बिनु पार। बिना अरथहूँ सब्द जे ब्रह्म ब्रह्म निरधार।।''-ज. ग्रं., अ.सि., 84/150।

2. साहित्यिक रस। रस संप्रदाय के आचार्यों के अनुसार रस साहित्य का प्राण है। साहित्य में वह आनंदात्मक चित्तवृत्ति या अनुभव है, जो विभाव, अनुभाव और संचारी से युक्त किसी स्थायी भाव के व्यंजित होने से निष्पन्न होता है। यह रस या आनंद काव्य पढ़ने अथवा अभिनय देखने से उत्पन्न होता है। रस की अभिव्यक्ति प्रक्रिया के विषय में आचार्यों में मतभेद है। इस संबंध में प्रसिद्ध आचार्य भरत के एक सूत्र 'विभावानुभावसंचारिसांयोगाद्सनिष्पत्तिः' के 'संयोग' और 'निष्पत्ति' शब्दों की आचार्यों ने अपने-अपने ढंग से व्याख्या की है। इन व्याख्याकार आचार्यों में भट्ट लोल्लट (अनुमितिवाद, उत्पत्तिवाद), शंकुक (अनुकरणवाद), भट्टनायक (भोगवाद) और अभिनवगुप्त (अभिव्यक्तिवाद) के नाम विशेष प्रसिद्ध हैं। साहित्यिक रसों की संख्या के विषय में भी विवाद है। हमारे यहाँ पहले रति, हास, शोक, उत्साह, भय, जुगुप्सा, आश्चर्य और क्रोध नाम के 8 स्थायी भावों के अनुसार शृंगार, हास्य, करुण, वीर, भयानक, वीभत्स, अद्भुत और रौद्र नाम के आठ रसों की स्थिति नाटकों के आधार पर मानी गई थी। नाटक की प्रकृति को ध्यान में रखते हुए निर्वेद

नामक स्थायी भाव और तदनुकूल शांत रस को स्वीकार नहीं किया गया, किंतु श्रव्य काव्य की दृष्टि से 'शांतोपि नवमो रसः' स्वीकार कर लिया गया। आगे चलकर 'भक्ति' तथा 'वात्सल्य' को भी रस का पद देने का प्रयास किया गया। विशेषकर गौड़ीय वैष्णव मत के आचार्यों ने 'भक्ति' के लिए शास्त्रीय प्रयास किया जबकि पारंपरिक साहित्याचार्यों में से अनेक ने 'शृंगार' रस को रसराज घोषित कर सहायक और विरोधी सभी रसों का अंतर्भावरूप वर्णन शृंगार रस के अंतर्गत किया है। ल. (1)-प्रथम सिंगार सु हास्य रस करुना रुद्र सुबीर। भय बीभत्स बखानिये अद्‌भुत सांत सुधीर। नवहू रस के भाव बहु, तिनके भिन्न बिचार। सबको 'केशवदास', हरि नायक है सृंगार।-र.प्रि., 1/15-16। ल. (2)-आनन लोचन बचन मग, प्रगटन मन की बात। ताहीं सो सब कहत हैं भाव कबिनि के भाव।। भाव सु पंच प्रकार के सुनिबिभाव अनुभाव। थाई सात्विक कहत हैं, ब्यभिचारी कबिराव।। जिनतें जगत अनेक रस प्रगट होत अनयास। तिन सों बिमति बिभाव कहि बरनत 'केसवदास'।।''- र.प्रि., 6/1-3। ल. (3)-गनि सिंगार अरु हास पुनि करुना रुद्रहि जानि। बीर भय'रु बीभत्स कहि अद्‌भुत सांत बखानि।। रति हाँसी अरु सोक पुनि क्रोध उछाह'रु भीति। निंदा बिस्मय आठ से स्थायी भाव प्रतीति।। जो रस को दीपति करै उद्दीपन है सोइ। सो अनुभाव जु ऊपजें रस को अनुभव होइ।। आलंबन अवलंबि रस जामें रहै बनाइ। नौहूँ रस में संचरै ते व्यभिचारी भाइ।।-ज.ग्रं., भा.भू., 35-38/15। ल. (4)-रस मधि रस सिंगार जानत रसिक सुजान। तिहि आलंबन नाइका करियै ताहि बखान।।-वृं.ग्रं., शृं.शि., 14/36। ल. (5)-मिलि बिभाव अनुभाव अरु संचारिन के बृंद। परिपूरन थिर भाव जो सु रस रूप आनंद।। जौ मन पाइ बिकार कछु लखि दृढ़ होत अनूप। तौ पूरन थिर भाव कों बरनत कबि रसरूप।। सो रस है नव भाँति को प्रथम कहत सिंगार। हास्य करुन पुनि रौद्र गनि बीर सुच्यार कुमार।। बहुरि भयानक जानिये पुनि बीभत्स बखानि। अद्‌भुत अष्टम नवम पुनि सांत सु रस उर आनि।।-प.ग्रं., जग., 608-611/207। ल. (6)-जान्यो चहै जु थोरे ही रस-कबित्त को बंस। तिन्ह रसिकन्ह के हेतु यह कीन्ह्यो रससारंस।। बानी लता अनूप, काव्य अमृतरस-फल फली। प्रगट करै कबिभूप, स्वादबेत्ता रसिकजन। अधर मधुरता, कठिनता-कुच, तीक्षनतात्यौर। रस-कबित्त-परिपक्वता जानै रसिक न और।। रसिक कहावैं ते जिन्हैं रस-बातन तें हेत। रस बातैं ताकों कहत जो रसिकनि सुख देत।। नवरस प्रथम सिंगार पुनि हास करुन अरु बीर। अद्‌भुत रुद्र बिभत्स भय सांत सुनौ कबि धीर।। जासों रस उत्पन्न है सो बिभाव उर आनि। आलंबन उद्दीपनौ सो द्वै बिधि पहिचानि।। कहूँ क्रिया कहुँ बचन तें कहूँ चेषटा देखि। जी की गति जानी परै सो अनुभाव बिसेखि।। एक एक प्रतिरसन में उपजै हिये बिकार। ताको थाई नाम है बरनत बुद्धिउदार।।-भि.ग्रं. 1, र.सा., 5-9/3-4। ल. (7)-नाटक में रस आठई, कह्यो भरत रिषिराइ। अनत नवम किय सांत रस, तहँ निरबेदै थाइ।।-भि.ग्रं. 2, का.नि., 40/35। ल. (8)-प्रीति हसी सोकौ रिसौ उत्साहौ भय मित्त। घिन बिस्मय थिर भाव ये आठ बसैं सुभ चित्त।।-भि.ग्रं. 2, का.नि., 1/16। ल. (9)-रस कौ मूल भाव पहिचानौ। ताकौ लच्छन यह उर आनौ।। चित्तवृत्ति ही लौ ठहराइ। भाव बासना रूप बताइ। रस अनुकूल बिकार जु होत। तासों भाव कहत कबिगोत।। चित्त कछु हेतहि पाइ जब होइ और तें और। ताकौ नाम बिकार कहि बरनत कबि सिरमौर।। चारिप्रकार सु भाव है प्रथम विभाव बखानि। फिर अनुभाव सो जानिए संचारी पुनि मानि।। तातें पुनि थाई समझि चारि भाँति यौ जानि। सातुक भाव जु है सु तौ अनुभावनि मैं मानि।।-सो.ग्रं. 1, र.पी.नि., 4-7/269-270। ल. (10)-जहँ बिभाव अनुभाव अरु पुनि संचारी भाउ। करत व्यंगि थिर भाव को सो रस रूप बताउ।। लखि सुनि नृत्य कबित्त कौं सुधि न रहै कछु और। होइ मगन वा मोद में सो रस कहि सिरमौर।। सो सुनाइए फेरि हास रस जानि। करुना रुद्र रु बीर रस बहुरि भयानक मानि।। बीभत्सक अद्‌भुत पहचानो। सांत

रसहिं नवमो उर आनो।। सांत रस नहीं होतु है नाटक में सुनि मित्र। बरनत हैं कबिता बिषें पंडित सुकबि बिचित्र।।-सो.ग्रं. 1, र.पी.नि., 37-42/273।

3. किसी विषय का आनंद। सांसारिक आनंद। उ. (1)-''भीर भाँवरैं साँवरे रास रसिक रस जान। तिनहीं में मनु भँवतु है ह्वै बौडर को पान।।''-मति., सत., 286/392। उ. (2)-''मनभाँवन की भाँवती भेंटति रस उतकंठ। बाँही छुटै न कंठ तें नाँहीं छुटै न कंठ।।''-मति., सत., 317/395। उ. (3)-''छबि को सदन गोरो बदन रुचिर भाल, रस निचुरत मृदु मसक्यानि मैं।।''-घ.क., 1/33-34।

4. प्रेम। प्रीति। मुहब्बत। उ. (1)-''महागुन गहै दोषै, औषद हू रोग पोषै, ऐसे जान, रस माहिं बिरस अनीति है।''-घ.क., 55/60। उ. (2)-''ज्ञान हूँ तें आगे जाकी पदवी परम ऊँची, रस उपजावै भोगी भोग जात ग्वै।।''-घ.क., 111/85।

5. सरसता। उ.-''रसिकाई भरे अपने मन पै सपने रस आसहू पास नहीं।।''-घ.क., 112/86।

6. ब्रह्मानंद। उ.-''ब्रह्म ज्ञान रस आदि नाद पुनि बेद बखानत।।''-बो.ग्रं., 32/46।

**रस कल्लोल**--रचयिता-शंभुनाथ मिश्र (दे.)। (इति.शुक्ल)।

**रसकल्लोल**--रचयिता-करन कवि (दे.)। विव.-रस वर्णन। (बृ.इति. 6)।

**रसकुल्या**--पुराणानुसार कुशद्वीप की एक नदी का नाम। उ.-''रसकुल्या मंत्रावली, मधुकुल्या श्रुतबिंद। धृतच्युता सुर गर्भिनी, नदी सहित मित्र बिंद।।''-वि.गी., 4/20।

**रसकोल**--रसकेलि। आनंदमयी क्रीड़ा। शृंगार क्रीड़ा। उ.-''हरि राधिका अकेलियै करत कहौं रस केल।।''-वृं.ग्रं., य.स., 419/238।

**रसकेलिवल्ली**--रचयिता-घन आनंद (दे.)। (इति.शुक्ल)।

**रस को अपरांग**--रस भाव आदि जहाँ अन्य तत्त्वों के अंग होते हैं, वहाँ अपरांग कहते हैं और कुछ लोग इसे भूषण अथवा अलंकार कहते हैं। ये हैं - रसवत्, प्रेया, उर्जस्वी, समाहित, भावोदयवत्, भावसंधिवत् अथवा भावशबलवत्। ल.-रस भावादिक होत जहँ और और को अंग। तहँ अपरांग कहैं कोऊ, कोऊ भूषन इहि अंग।। रसवत प्रेया उर्जस्वी, समाहितालंकार। भावोदयवत संधिवत, और सबलवत धार।।-भि.ग्रं. 2, का. नि., 1-2/37।

**रसकोष ग्रंथ**--रचयिता - न्यामत खाँ 'जान'।-(बृ.इति. 7)।

**रसग्राहक चंद्रिका**--रचयिता-सूरति मिश्र (दे.)। (इति.शुक्ल)।

**रसचंद्रोदय**--रचयिता-कवींद्र (दे.)। विव.-शृंगार विषयक ग्रंथ। (इति.शुक्ल)

**रसचंद्रोदय**--रचयिता - उदयनाथ (दे.)। विव.-नायिकाभेद विषयक ग्रंथ। (बृ.इति. 6)।

**रसतरंगिणी**--रचयिता - शंभुनाथ मिश्र (दे.)। (इति.शुक्ल)।

**रसदीप/रसदीपक** -- रचयिता - भूपति (गुरुदत्त सिंह) (दे.)। विव. - नायिकाभेद संबंधी ग्रंथ। (स.सर्वे., बृ.इति. 6)।

**रसदीपिका**--रचयिता-कनक कुशल (दे.)। विव.-सुंदर शृंगार की टीका। (बृ.इति. 7)।

**रसदोष**--दे. रस। रस के आस्वाद में बाधा डालने वाले तत्त्वों को रसदोष कहते हैं। मम्मट ने दस प्रकार के रसदोषों का उल्लेख किया है-स्वशब्दवाच्य, कष्टकल्पना, परिपथिरसांगपरिग्रह, पुनः पुनः दीप्ति, अकाण्डप्रथन, आकण्डछेदन, अंगभूत रस की अतिवृद्धि, अननुसंधान, प्रकृतिविपर्यय और अनंगवर्णन। भिखारीदास ने एक स्थान पर तो पाँच प्रकार के रसदोषों (नीरस, पात्रादुष्ट आदि) का उल्लेख किया है। दूसरे स्थान पर मम्मट द्वारा बताये गए दोषों को ही स्पष्ट किया है। (दे.सा. के.)। ल. (1)-रस और चर थिर भाव की, *सब्दवाच्यता* होइ। ताहि कहत रस दोष हैं, कहूँ अदोषिल सोइ।। उ.-''अंचल ऐंचि जु सिर धरत, चंचलनैनी चारु। कुचकोरनि हिय कोरिकै, भर्‌यो सु रस स्रिंगारु।।''-भि.ग्रं. 2, का.नि., 1-2/243। भिखारीदास इस शब्दवाच्यता के अनेक भेदों का लक्षण निरूपण करते हैं, जैसे-व्यभिचारी भाव और स्थायी भाव की शब्दवाच्यता। ल. (2)-''जहँ बिभाव

अनुभाव की *कष्टकल्पना* व्यक्ति रसदूषन ताहू कहैं जिन्हैं काव्य की सक्ति।।-वही, 6/244। इसके भी विभाव और अनुभाव की कष्टकल्पना के आधार पर दो भेद किए गए हैं। ल. (3)-*भाव रसनि प्रतिकूलता*, पुनि पुनि दीपति जुक्ति। येऊ हैं रसदोष जहँ, असमै उक्ति न उक्ति।।-वही, 10/245। यह परिपंथिरसांगपरिग्रह का लक्षण निरूपण है। ल. (4)-*पुनि पुनि दीपति* ही कहै, उपमादिक कछु नाहिं। ताही तें सज्जन गनैं, याहू दूषन मांहि।।-वही, 20/48। ल. (5)-तीनि भाँति कै प्रकृति है दिब्य अदिव्य प्रमान। तीजो दिब्यादिब्य यह, जानत सुकवि सुजान। देव दिव्य करि मानिये नर अदिब्य करि लेखि। नर-अवतारी देवता दिव्यादिब्य विसेषि।। सोक हास रति अदभुतहि लीन अदिब्यै लोग। दिब्यादिब्य मैं सकति तन नहीं दिब्ये को जोग।। चारि भाँति नायक कह्यो, तिन्हैं चारि रस मूल। किये और के और में *प्रकृतिबिपर्जय* तुल।।-वही, 27-30/249-250। *असमय उक्ति (अकाण्ड प्रथन)।* उ.-''सजि सिंगार सर पै चढ़ी, सुंदरि निपट सुवेस। मनो जीति भवलोक सब, चलि जीतन दिविदेस।।''-ति.-सहगामिनी देखिकै सांतरस बरनिवो कै दाया बरनिवो उचित है स्रिंगार नहीं।।-वही, 22, 22अ/248। *अकाण्डछेदन*-किसी वर्णन में अचानक विना अवसर के रस का विच्छेद कर देना अर्थात् उसके विरुद्ध रस की अवतारणा कर देना। उ.-''राम आगमन सुनि कह्यो, रामवधु सों बात। कंकन मोहिं छौराइबे उतै जाहु तुम तात।।''-ति.-इहाँ कंकन की भीर छाँड़िकै राम को उन पै जाइबो उचित हो सो न कह्यो; यामें कादरता जान्यो जात है।-वही, 23, 23अ/249। ल. (8)-अंगहिं को वरनन करै, अंगी देइ भुलाइ। येऊ है रस दोष में, सुनौ सकल कबिराइ।। *(अंगभूत रस की अतिवृद्धि)।* उ.-''दासी सो मंडन समै, दर्पन माँग्यो बाम। बैठि गई सो सामुहे, करि आनन अभिराम।।''-ति.-इहां नाइका अंगी है, दासी अंग है। यातें दासी की अति सोभा बर्निबो दोस है। वही, 24, 25, 25अ/249। ल. (9) (उपर्युक्त ल. 8) में-अंगी देइ भुलाइ (अनुसंधान या अंगी की विस्मृति)। उ.-''पीतम पठै सहेट निज, खेलन अटकी जाइ। तकि तिहिं आवत उतहिं तिय मन मन पछिताइ।।''-ति.-इहाँ नायक तें खेल ही में प्रेम अधिक ठहर्‍यो तौ यह भूल्यो, यहै रसदोष है।-वही, 24, 26, 26अ/249। ल. (10)-रस सो भास्रित होत है, जहाँ न रस की बात। रसाभास तासों कहैं जे हैं मति अवदात।। भ्रम तें उपजत भाव है सो है भावाभास। पाँच भाँति रसदोष को लक्षन सुनौ प्रकास।।-भि.ग्रं. 1, र.सा., 566-580/83-85।

**रसनिकेत**—रंग भवन, रति क्रीड़ा का कक्ष। उ.-''सरस ठौर संकेत कीजहाँ केतकी बास। मीनकेत की उमंग मैं रसनिकेत किय बास।।''-वृं. ग्रं., य.स., 161/218।

''**रसरिधि**'' (महाराज पृथ्वीसिंह)—स्थान-सेंहुड़ा दतिया (म.प्र.) के जागीरदार। जन्म-सं. 1730। पिता-महाराज दलपत राव। गुरु-संत अक्षर अनन्य, रचनाएँ-रतन हजारा, विष्णुपद कीर्तन, कवित्त, बारहमासी, रसनिधिसागर, गीतिसंग्रह, अरिल्ला, हिंडोला। (इति.शुक्ल, सा.को.)। दे.-रमना। उ. (1)-''बरन मधुर सुंदर अरथ हरि सौ हित निरधार। रसनिधि सागर मथ लयौ ओहा रतन हजार।।''-रस.,रतन., 5/43। उ. (2)-''जाको गति चाहत दियौ लेत अगनि तैं राष। रसनिधि है या बात के भक्त भागवत साष।।''-रस., रतन., 12/44।

**रसनिधि सागर**—रचयिता-रसनिधि (दे.)। (सा.को.)।

**रसनिवास**—रचयिता - महाराज रामसिंह (दे.)। विव.-रसविषयक ग्रंथ। (इति.शुक्ल)।

**रसपान**—आनंदपूर्ण पान। उ.-''फीके सवाद परे सब ही अब, ऐसो कछु रसपान कृपा को।''-घ. क., 241/180।

**रसपायनायक**—रचयिता-महाराणा राजसिंह (दे.)। (बृ.इति.7)।

**रसपीयूषनिधि**—रचयिता-सोमनाथ (दे.)। विव.-काव्यांग निरूपक ग्रंथ। (इति.शुक्ल, बृ. इति. 7)।

**रसपुंज** (रसपुंजदास)—स्थितिकाल-सं. 1790।

आश्रयदाता-जोधपुर के महाराज अभयसिंह। रचनाएँ-प्रस्तारप्रभाकर, वृत्तविनोद, चमत्कारचंद्रोदय, कवित्त श्रीमाता जी रा। विव.-अंतिम काव्य श्री दुर्गा के राक्षसों के साथ हुए युद्धों का वर्णन करने वाला भक्तियुक्त वीररसात्मक काव्य। (हिं.सा.वृ. 7)।

**रसप्रबोध**–रचयिता-रसलीन (दे.)। विव.-रसनिरूपण सम्बन्धी ग्रन्थ। (इति.शुक्ल)।

**रस-बातें**–रसमयी शृंगारपूर्ण वार्ता। उ.-"रसिक कहावैं तें जिन्हैं रस बातन तें हेत। रस बातैं ताको कहत जो रसिकनि सुख देत।।"-भि. ग्रं. 1, र.सा., 8/4।

**रसभूषण**–रचयिता-शिवप्रसाद (दे.)। विव.-रस एवं अलंकार विवेचक ग्रंथ। (बृ.इति. 6)।

**रसभूषण**–रचयिता-याकूब खाँ (दे.)। विव.-रस, अलंकार एवं नायक-नायिका भेद निरूपक ग्रंथ। (बृ.इति. 6)।

**रसमंजरी कोष**–रचयिता-जगतसिंह (दे.)। (सा.को.)।

**रसमनोज**–रचयिता-नूरमुहम्मद (दे.)। विव.-शृंगार रसात्मक रीतिग्रंथ। (बृ.इति. 7)।

**रसमय**–रचयिता-बेनी कवि (दे.)। विव.-नायिकाभेद विषयक ग्रंथ। (स.सर्वे.)।

**'रसमाल' (जानकीरसिकशरण रसमाल)**–इनके अन्य उपनाम हैं-रसमालिनि, रसमालिका। स्थितिकाल-सं. 1760। स्थान-अयोध्या। रचनाएँ-अवधीसागर। विव.-14 अध्यायों में सीता-राम के अष्टयाम प्रसंग। (बृ.इति. 7)।

**रसमालिका**–रचयिता-रामचरणदास (दे.)। (बृ.इति. 7)।

**रसमालिका**–दे. 'रसमाल'।

**रसमालिनि**–दे. 'रसमाल'।

**रसमूरति**–रसमूर्ति। प्रेममयी मूर्ति। उ.-"रसमूरति स्यामहिं देखत ही सजनी अखियाँ रसरासि भई।"-घ.क., 324/174।

**रसमृगीक**–रचयिता-जगतसिंह (दे.)। विव.-नायक-नायिका भेद विवेचक ग्रंथ। (बृ. इति. 6)।

**रसरंग**–रचयिता-ग्वालकवि (दे.)। (बृ. इति. 7, इति.शुक्ल)।

**रस रंग**–शृंगार के आनंद का उत्साह। उ. (1)-"स्याम के संग पगी सब अंग लसै, रस रंग तरंगनि की गति।"-घ.क., 401/200। उ. (2)-"हसि हसि रीझि रीझि रस रंग भीजि-भीजि प्रेम बस कबहौ मनाई पाइ परि परि।।"-वृं.ग्रं., शृं. शि., 84/50। उ. (3)-"को हो वह ग्वालिनि गुवालनि के संग में अनंग छबि वारो रस रंग में भिजै गयो।।"-प.ग्रं., जग., 630/211।

**रस रतनाकर**–रचयिता-दादूपंथी स्वरूप दास। रचनाकाल-सं. 1883। (बृ.इति. 7.)।

**रसरत्न**–रचयिता-भूपति (दे.)। विव.-रस और अलंकार विषयक ग्रंथ। (स.सर्वे.)।

**रसरत्नमाला**–रचयिता-सूरति मिश्र (दे.)। (इति. शुक्ल)।

**रसरत्नाकर**–रचयिता-सुखदेव मिश्र (दे.)। विव.-रसनिरूपक ग्रंथ। (स.सर्वे.)।

**रसरत्नाकर**–रचयिता-भूपति (दे.)। विव.-रस विवेचक ग्रंथ (बृ.इति. 6)।

**रसरत्नाकर**–रचयिता-रणधीर सिंह (दे.)। विव.-नायिकाभेद निरूपक ग्रंथ। (बृ.इति. 6)।

**रसरत्नाकर**–रचयिता - गिरिधरदास (दे.)। (इति.शुक्ल)।

**रसरत्नावली**–रययिता-मंडन (दे.)। विव.-रसनिरूपण संबंधी ग्रंथ। (इति.शुक्ल)।

**रसरहस्य**–रयचिता-कुलपति मिश्र (दे.)। विव.-रसविषयक ग्रंथ। (इति.शुक्ल)।

**रसराज**–रचयिता-मतिराम (दे.)। विव.-रस निरूपण संबंधी ग्रंथ (इति.शुक्ल)।

**रसराज**–भिखारीदास के पूर्व के रीतिकालीन कवि जिनका उन्होंने उल्लेख किया है। उ.-"मो सम जु ह्वै हैं ते बिसेष सुख पै हैं, पुनि हिंदूपति साहिब के नीके मन मानो है। एते पर तोष, रसराज रसलीन बासुदेव से प्रबीन पूरे कबिन बखानो हैं।"-भि.ग्रं. 2, का.नि., 8/4।

**रसराज**–नौ रसों का राजा, शृंगार रस। उ. (1)-"कैं रसराज प्रबाह को मारक बेनी बिहार सौं

यों दृग दाटी।''-घ.क., 242/143। उ. (2)-''किधौ रसराज-रस-रसित असित किधौं ललित बिसिष बिष बलित सभालिके। किधौं जगु जीतिबे कौं राजा रतिनाथा-हाथ बाहन बनाए 'केसोदास' चल चालिके।।''-क.प्रि., 15/58।

**रसराज की टीका**—रचयिता-प्रतापसाहि (दे.)। (इति.शुक्ल)।

**रसराजतिलक**—रचयिता-मदनेश महापात्र (दे.)। (बृ.इति. 7)।

**रसरीति**—शृंगार और प्रेम की विविध विधियाँ, रीतियाँ। उ. (1)-''रीति महेस उमा की महा रसरीति निरंतर राम रमा की।''-भू.ग्रं., प्रकी., 558/242। उ. (2)-''चलि आई सदा रसरीति यहै, किधौ मो निरमोही को मोहनयौ।''-घ.क., 207/128। उ. (3)-''सरस समझि रस रीति मैं करत प्रीति निरबाह। राग रंग रुचि रैन दिन चित चतुराई चाह।।''-वृं.ग्रं., शृं.शि., 9/36। उ. (4)-''किधौं रस रीति किधौं प्रेम की परिक्षा कीन किधौं हित गाँठि हिये लगी तौन खोलै है।''-ठाकुर, 29/69।

**रस-रुद्र**—दे. रस। रौद्र रस। उ.-''महारज सिवराज तुम वैरी तजि रस-रुद्र। बचिबैं कौ सायर तिरे बूड़े सोक-समुद्र।।''-भू.ग्रं., शि.भू., 198/166।

**रसरूप**—स्थितिकाल-सं. 1811/सं. 1788। रचनाएँ-तुलसीभूषण, शिखनख, उपालंभ शतक, श्यामविलास, विनयरसामृत। (स.सर्वे, बृ.इति. 6, भि.बं.वि.)।

**रस-रोष**—प्रीति का रोष। उ.-''पाय न परित बात, प्रान पौढ़ि करै घात, जानराय प्यारे को नवेली रस-रोष है।''-घ.क., 487/224।

**रसललित**—केशवदास की एक संदिग्ध रचना। (बृ.इति. 7)।

**रसलीन**—(सय्यद गुलाम नवी)-जन्म-सं. 1746। जन्मस्थान-बिलग्राम (जि. हरदोई, उ.प्र.)। पिता-बाकर। रचनाएँ-अंगदर्पण, रस प्रबोध। विव.-1. अंगदर्पण-नखशिख निरूपक ग्रंथ, 2. शृंगार रस और नायिकाभेद निरूपक ग्रंथ। (बृ.इति. 6, इति.शुक्ल)। भिखारीदास ने अपने पूर्व कवि के रूप में इनका उल्लेख किया है। उ.-''मो सम जु ह्वैहैं ते बिसेष सुख पैहैं, पुनि हिंदूपति साहिब के नीके मन मानो है। एते पर तोष रसराज-रसलीन बासुदेव से प्रबीन पूरे कबिन बखानो है।''-भि.ग्रं. 2, का.नि., 8/4।

**रसवत**—रसवत् अलंकार। एक काव्यालंकार जिसमें एक रस किसी दूसरे रस अथवा भाव का अंग होकर आता है। ल. (1)-जहँ रस को कै भाव को, अंग होइ रस आइ। तेहि रसवत भूषन कहैं, सकल सुकबि समुदाइ।। उ.-''बादि छओ रस ब्यंजन खाइबो बादि नवो रस मिस्रित गैबो। बादि जराइ प्रजंक बिछाइ प्रसून घने परि पा पलुटैवो। दास जू बादि जनेस मनेस धनेस फनेस गनेस कहैबो। या जग में सुखदायक एक मयंकमुखीन को अंग लगैबो।''-भि.ग्रं. 2, का.नि., 3-4/38। भिखारीदास ने इस प्रकरण में शांत, शृंगार, अद्‌भुत, भयानक रसों को रसवत् अलंकार के रूप में प्रदर्शित किया है और उसे उदाहरणों से स्पष्ट किया है। ल. (2)-रसमय होय सु जानिये, रसवत 'केसवदास'। नव रस को संक्षेप ही, समुझौ करत प्रकास।।-क.प्रि., 11/53। केशवदास ने नौ रसों को रसवत् अलंकार के रूप में उदाहरणों से स्पष्ट किया है। ल. (3)-बर बिभाव अनुभाव अरु संचारिन सों जत्र। ब्यंजत थाई भाव जो रस कहियतु है तत्र। जो रस जहँ अंग और को है रसवत तिहि ठाम। उ. (1)-''अरि प्रचंड दसमुख हन्यो रे मन सुमिरि सु राम।।''-यहाँ राम विषयिनी रति भाव को अंग रौद्र रस भयो अरु जहाँ काहू रस को अंग कौनहू रस होइ तहाँ रसवत। उ.-(2)-''जिहि राखी ब्रजमंडिली जु गिरि सुकर पर छाइ। तजि गुमान तासों भटू मिलौ हिये हरषाइ।। यहाँ दयाबीर रस शृंगार को अंग भयो यों औरहू जानिये।।''-प.ग्रं., पद्मा., 287-289/68।

**रसविनोद**—रचयिता - महाराज रामसिंह (दे.)। विव.-रसनिरूपण संबंधी ग्रंथ। (इति.शुक्ल)।

**रसविलास**—रचयिता-मंडन (दे.)। विव.-रसनिरूपण संबंधी ग्रंथ। (इति.शुक्ल)।

**रसविलास**–रचयिता-बेनी बंदीजन (दे.)। विव.-रसनिरूपण संबंधी ग्रंथ (इति.शुक्ल)।

**रस-शिरोमणि**–रचयिता- महाराज रामसिंह (दे.)। विव.-पिंगल संबंधी ग्रंथ। (सा.को.)।

**रससमुद्र**–रचयिता - मंडन भट्ट (दे.)। (बृ. इति. 7)।

**रससरस**–रचयिता-सूरति मिश्र (दे.)। (इति. शुक्ल)।

**रससागर**–रचयिता-श्रीपति (दे.)। (इति. शुक्ल)।

**रस-सागर**–पुराणों के अनुसार सात समुद्रों में से एक। कहते हैं कि यह प्लक्ष द्वीप में हैं और ईख के रस से भरा है। उ.-''रस-सागर अवलोकियौ, महामोह तिहि ठौर। 'केसवदास' बिलास जहँ, करत देवसिरमौर।।''-वि.गी., 4/28।

**रससारंस**–भिखारीदास रचित रससारांश (दे.) नामक ग्रंथ। उ. (1)-''जान्यो चहै जु थोरैही रस-कबित्त को बंस। तिन्ह रसिकन्ह के हेतु यह कीन्हयो रससारंस।।''-भि.ग्रं. 1, र.सा., 5/3। उ. (2)-''सिंगारादिक भेद बहु, अरु बिभिचारी भाउ। प्रगट्यो 'रससारंस' में ह्याँ को करै बढ़ाउ।।''-भि. ग्रं. 2, का.नि., 43/35।

**रससार प्रबंध**–रचयिता-कृपानिवास (दे.)। (बृ.इति. 7)।

**रससारांश** – दे. रससारांस। रचयिता-भिखारीदास (दे.)। विव.-रसनिरूपण संबंधी ग्रंथ। मुख्य विवेच्य श्रृंगार रस, नायक-नायिका भेद, हाव-भाव तथा गौणरूप में हास्य, करुणा, वीर तथा उसके भेद, अद्भुत, रौद्र, वीभत्स, भयानक, शांत रसों, संचारी भावों आदि का वर्णन। रचनाकाल-सं. 1791। रचनास्थान-प्रतापगढ़ांतर्गत अरवर। (इति. शुक्ल,बृ.इति. 6, भि.ग्रं. 1)। उ.-''करौं चंद अवतंस मो मन को आ गमौ सुगम। काढ़ौं रससारांश सुमति-मथानी मथनु करि।।''-भि.ग्रं. 1, र.सा., 4/3।

**रस सिंगार**–श्रृंगार रस (दे.)। उ. (1)-''रस सिंगार सिंगार की यह रचना अभिराम। करि सिंगार सिच्छा धरयौ या पोथी कौ नाम।।''-वृं.ग्रं., शृं.शि., 13/36। उ. (2)-''रस मधि रस सिंगार जानत रसिक सुजान। तिहि आलंबन नाइका करियै ताहि बखान।''-वृ.ग्रं., शृं.शि., 14/36। उ. (3)-''नीकी पै फीकी लगै बिनु अवसर की बात। जैसे बरनत युद्ध में रस सिंगार न सुहात।।''-वृं. ग्रं., नी.स., 4/58।

**रससिंगार**–1. श्रृंगार रसोचित हाव, भाव, कटाक्षादि-रस सिंगार मंजनु किए, कंजनु भंजनु देन। अंजनु रंजनु हूँ बिना खंजनु गंजनु, नैन।।-बि.र., दो., 46/29। 2. ''रस सिंगार कों भाव उर उपजत जाहि निहारि। ताही को कवि नाइका बरनत बिबिध बिचारि।।''-प.ग्रं., मिश्र., जग. 12/81।

**रस सृंगार**–दे. श्रृंगार रस। उ.-''मगन रहत रति रंग में गावत रस सृंगार।।''-बो.ग्रं., वि. वा., 46/155।

**रसातल**–चौदह लोकों में अधःलोकों में से एक। पुराणानुसार पृथ्वी के नीचे के सात लोकों में से छठा लोक। उ. (1)-''कहै पद्माकर अतल मैं बिंतल मैं सुतल मैं रसातल मैं मंजु महातल मैं।।-प.ग्रं., गं.ल., 51/272। उ. (2)-''भरथखंड मंडन भए तिनके भारतिचंद। देस रसातल जात जिहि फेर्यो ज्यों हरिचंद।।''-क.प्रि., 1/19। उ. (3)-''फिर तल रसालत बितल पैठि पताल फोरि अभी लहै।''-प.ग्रं., हि.ब.बि., 98/14।

**रसानुक्रम के कवित्त**–रचयिता-नागरीदास (महाराज सावंत सिंह)। (बृ.इति. 7)।

**रसानुक्रम के दोहे**–रचयिता - नागरीदास (महाराज सावंत सिंह)। (बृ.इति. 7)।

**रसाभास**–साहित्य में किसी रस की ऐसे देशकाल में अवतारणा करना जो उचित या उपयुक्त न हो। किसी रस का अनुचित विषय में अथवा अनुपयुक्त स्थान पर वर्णन। ल. (1)-रसाभास अनुचित करम करब अयोग्य बिलास। उ.-''हास्य करब गुरु निगम को सुत पितु सों रन नास।।''-प. ग्रं., पद्मा., 293/69। ल. (2)-रस सोभास्रित होत है जहाँ न रस की बात। रसाभास तासों कहैं जे हैं मति अवदात।।''-भि.ग्रं. 1, र.सा., 566/83।

उ.-''सुधा सुरा ढर तुव नजरि, तूँ मोहिनी सुभाइ। अछकन्ह देत छक।इ है, मार-मरेन्ह कों ज्याइ।।''-ति.-एक नाइका बहुत नायक कों बस करै तातैं रसाभास।।-भि.ग्रं. 2, का.नि., 53, 53अ/37। ल. (3)-अनलायक रस बरनियैं जहँ कबित्त में लाइ। रसाभास तासों कहैं सकल रसिक सुख पाइ।। उ.-''होरी खेलत ग्वालि के गहे उरोज गुपाल। तबलौं और गुपाल नें छिए कपोल रसाल।।''-सो. ग्रं. 1, र.पी.नि., 18, 19/149।

**रसार्णव**—रचयिता-सुखदेव मिश्र (दे.)। (इतिं. शुक्ल)।

**रसाल मंजरी**—रचयिता - गोपाल जगदेव। (बृ.इति. 7)।

**रसिक**—1. स्वामी हरिदास जी के 'रसिक संप्रदाय' का अनुयायी वैष्णव भक्त 'रसिक' कहा जाता है। उ.-''गिरि तें ऊँचे रसिक-मन बूड़े जहाँ हजारु। वहै सदा पसु-नरनु कौं प्रेम-पयोधि पगारु।।''-बि.र., 251/118।

2. श्रृंगार अथवा प्रेम संबंधी बातों, क्रियाओं में विशेष आनंद लेने वाला व्यक्ति। उ. (1)-''भरी भाँवरैं सांवरे रास रसिक रस जान। तिनहीं में मनु भँवतु है ह्वै बौडर को पान।।''-मति., सत. 286/392। उ. (2)-''लाल भाल जावक लगे उठे रसिक सिरताज। सौति लखी सुंदर दृगनि रोस हास अरु लाज।।''-मति., सत., 614/419। उ. (3)-''हाव भाव आनंद मय राग रंग रस चाव। अैसैं दिन चितचत सदा जैहैं रसिक सुभाव।।''-वृं. ग्रं., अ.दो., 82/11। उ. (4)-''रस मधि रस सिंगार जानत रसिक सुजान। तिहि आलंबन नाइका करियै ताहि बखान।।''-वृं.ग्र।., शृं.शि., 14/36।

3. क्रीड़ा का प्रेमी। उ. (1)-''आपु फुल आपुहि भँमर आपु सुबास बसाइ। आपुहि रस आपुहि रसिक लेतु आपु रस आइ।।''-रस., रतन., 51/50। उ. (2)-''रस ही मैं अरु रसिक मैं आपुहि कियौ उदोतु। स्वांतिबूँद मैं आपुही आपुहि चात्रिक होतु।।''-रस. रतन., 78/53।

4. काव्य तथा कलाओं में विशेष आनंद लेने वाला। काव्यमर्मज्ञ। सहृदय। उ. (1)-''जान्यो चहै जु थोरैही रस-कबित्त को बंस। तिन्ह रसिकन्ह के हेतु यह कीन्हयो रससारंस।।''-भि.ग्रं. 1, र.सा., 5/3। ल. (1)-बानीलता अनूप, काव्य-अमृतरस-फल फली। प्रगट करै कबिभूप स्वादबेत्ता।।-भि.ग्रं., र. सा., 6/3। ल. (2)-रस-कबित्त परिपक्वता जानै रसिकन और।-वही, 7/4। ल. (3)-रसिक कहावैं तें जिन्हैं रसबातन तें हेत।।-वही, 8/4।

**रसिक अनन्य माल**—रचयिता-भगवतमुदित (दे.)। (बृ.इति. 7)।

**'रसिक अली'**—दे.-जनकराज किशोरीशरण (बृ.इति. 7)।

**रसिक गोविंद**—निंबार्क संप्रदायानुयायी। गुरु-सर्वेश्वरशरण देव। स्थान-जयपुर, वृंदावन। पिता-शालिग्राता। माता-गुमाना। कविताकाल-सं. 1850-1890। रचनाएँ तथा विवरण-1. रामायाण सूचनिका-अक्षरक्रम से रामायण की संक्षिप्त कथा। 2. रसिक गोविदनंदघन-एक बृहत् रीतिग्रंथ जिसमें रस, नायक-नायिका भेद, अलकार, गुण-दोष आदि का विस्तृत विवेचन है। रचनाकाल-सं. 1858। लक्षण गद्य में। 3. लछिमन चंद्रिका-रसिकगोविंदानंदघन के लक्षणों का संक्षिप्त संग्रह। 4. अष्टदेवभाषा-व्रज, खड़ी बोली, पंजाबी, पूरबी आदि आठ बोलियों में राधाकृष्ण की ऋतुचर्या 85 पद्यों में वर्णित है। 7. कलियुग रासो-16 कवित्तों में कलिकाल की बुराइयों का वर्णन। 8. रसिक गोविंदचंद्रलोक या भाषाभूषण के ढंग की अलंकार निरूपिका पुस्तिका। 9. युगल रस माधुरी-रोला छंद में राधाकृष्णविहार और वृंदावन वर्णन (इति.शुक्ल)।

**रसिक गोविंद (पोथी)**—रचयिता-रसिकगोविंद (दे.)। रचनाकाल-सं. 1890। विव.-चंद्रालोक या भाषाभूषण के ढंग की अलंकार की एक छोटी पुस्तक जिसमें लक्षण और उदाहरण एक ही दोहे में हैं। (इति.शुक्ल)।

**रसिक गोविंदानंदघन**—रचयिता-रसिकगोविंद (दे.)। विव.-रस, नायक-नायिका भेद, अलंकार, गुण-दोष विषयक ग्रंथ। (इति. शुक्ल)।

**रसिक छंद**—प्राकृत का एक मात्रिक छंद

जिसमें 6 चरण होते हैं और प्रत्येक चरण ग्यारह मात्राओं का छंद है। सभी मात्राएँ लघु होने पर इसका एक भेद बनता है और दूसरा भेद गुरु होने से। ल.-ग्यारह ग्यारह कलनि को षटपद रसिक बखानि। सब लघु पहिलो भेद है, गुरु दै बहु बिधि ठानि। उ.-"अगनित छबि मुखससि क। सिसु तव नवरस रसिक।।"-भि.ग्रं. 1, छंदा, 12-13/231।

**रसिकदास**—धीरीधर (सं. 1670-1760) के शिष्य। स्थितिकाल-सं. 1743-1753। संप्रदाय-राधावल्लभ संप्रदाय। रचनाएँ-रसकदंबचूड़ामणि (दो भाग), मनोरथ लीला, प्रसादलता, मनोरथ लता, अभिलाषा लता, सौंदर्य लता, माधुर्य लता, सौभाग्य लता, विनोद लता, तरंग लता, विलास लता, सुखसार लता, अद्भुत लता, कौतुक लता, रहस्य लता, रतन लता, अतना लता, रतिरंग लता, हुलास लता, आंनद लता, चारु लता, सुकसारीलीला लता। (बृ.इति. 7)।

**रसिक निश्चयात्मक ग्रंथ**—रचयिता-भगवत रसिक (दे.)। विव.-वैष्णव संप्रदाय संबंधी निज सिद्धांतों तथा उपदेशों का वर्णन (स.सर्वे.)।

**रसिकप्रकाश भक्तमाल**—रचयिता-जीवाराम युगलप्रिया। विव.-रसिक परंपरा का कोशल ग्रंथ। (बृ.इति. 7)।

**रसिक प्रबोधिनी टीका**—रचयिता-जानकी रसिक शरण (दे.)। विव.-भक्तमाल की टीका (बृ. इति. 7)।

**रसिकप्रिया**—दे. केशवदास। केशव की कृति 'रसिकप्रिया' में नायिका भेद और रस का निरूपण है। पूरे ग्रंथ में 16 प्रभाओं के अंतर्गत 530 छंद हैं। इस ग्रंथ की रचना केशव ने अपने आश्रयदाता ओरछा नरेश इंद्रजीत सिंह के लिए की थी। इसका प्रयोजन रसिकों का मनोरंजन है। इसीलिए इसका नाम 'रसिकप्रिया' रखा गया। उ. (1)-"तिंह कवि केसवदास सों कींहो धर्म-सनेहु। सब सुख दै करि यों कह्यों, 'रसिकप्रिया' करि देहु।।"-र.प्रि., 1/10। उ. (2)-"अति रति गति मति एक करि, बिविध बिबेक बिलास। रसिकान कों रसिकप्रिया कीनी केसवदास।।"-वही, 1/12। (बृ.इति. 6)।

**रसिकमोहन**—रचयिता - रघुनाथ (दे.)। (बृ. इति. 7)। विव.-अलंकार विषयक ग्रंथ (इति. शुक्ल)।

**रसिकमोहिनी**—रचयिता - प्रियादास। (बृ. इति. 7)।

**रसिकरंजन**—रचयिता - दयाराम (दे.)। (बृ. इति. 7)।

**रसिकरंजनी**—रचयिता - नवलसिंह कायस्थ (दे.)। (इति.शुक्ल)।

**रसिक रत्नावली**—रचयिता - नागरीदास (महाराज सावंत सिंह) (दे.)। (बृ.इति. 7)।

**रसिक रसाल**—रचयिता-कुमारमणि भट्ट (दे.)। (इति.शुक्ल)।

**रसिक विनोद**—रचयिता-चन्द्रशेखर (दे.) (इति.शुक्ल)।

**रसिक विलास**—रचयिता-साधुचरण (दे.)। (बृ.इति. 7)।

**रसिक विलास**—रचयिता - समनेस (दे.)। विव.-रस एवं नायिका भेद विषयक ग्रंथ। (बृ.इति. 6)।

**रसिक विलास**—रचयिता-शिव कवि। रचनाकाल-सं. 1800 के आसपास। विव.- नायिका भेद विषयक ग्रंथ। (बृ.इति. 6)।

**रसिक सुमति**—जन्म-सं. 1785 के लगभग। स्थान- मथुरिया टोला (आगरा)। पिता- ईश्वरदास। रचनाएँ-अलंकार चंद्रोदय (इति.शुक्ल)।

**रसिकानंद**—रचयिता-ग्वाल कवि (दे.)। विव.-अलंकार ग्रंथ। (इति.शुक्ल)।

**रसिया**—रसिक। उ.-"मिस ठानि चलै रसिया रहठानि त्यौं आनि भटू अंखियानि अरै।"-घ.क., 390/196। दे. रसिक 2।

**रहसबधाए**—रहसबधावा।-विवाह में वह रीति जिसमें वधू वर के साथ जनवासे में आकर गुरुजनों से वस्त्र-आभूषण आदि उपहार पाती है। उ.-"डेरन गये सबै सुख पाई। रहसबधाए दुलहिन आई।।"-बो.ग्रं., वि.वा., 14/225।

**रहस लावनी**—रचयिता-नवलसिंह कायस्थ (दे.)। (इति.शुक्ल)।

**रहस्यपद पदावशेष**—रचयिता-गुणमंजरी दास (गल्लू) (दे.)। (बृ.इति. 7)।

**रहस्य पदावली**—रचयिता-कृपानिवास (दे.)। (बृ.इति. 7)।

**रहस्य-प्रकाशिका**—नारायणदास (दे.)। विव.-रामसिंह महाराज का वर्णन। (स.सर्वे.)।

**रहस्योपास्य**—रचयिता-कृपानिवास (दे.)। (बृ. इति. 7)।

**रौंम**—राम। दशरथ के पुत्र रामचंद्र। उ.-''दुख मुख सुर दोखी जहाँ राबन जय पद जीन। रौंम त दिन राखत हन्या भक्त बछल सुध कीन।।''-वृं.ग्रं., स.स.रू., 7/263।

**राइ प्रबीन**—प्रवीणराय। इंद्रजीत सिंह के अन्तःपुर की वेश्या प्रवीणराय। उ.-''वृषभ बाहिनी अंग उर, वासुकि लसत प्रबीन। सिव-सँग सोहै सर्बदा सिवा कि राइ प्रबीन।।''-क.प्रि., 11/37।

**राउ प्रताप**--प्रताप राव। कवि केशवदास के आश्रयदाता गाहड़वार वंश में मधुकरशाह के आठ पुत्रों में एक प्रतापराव जो इंद्रजीत सिंह और वीरसिंह देव के भाई थे। उ.-''तिनते लहुरे राउ प्रताप। दाहत दिन दुर्जन को दाप। तिनतें लहुरे उर आनियै। राजा बीरसिंघ जानियै।।''-वी.च., 2/46-47।

**राउ भूपाल**--कवि केशवदास के आश्रयदाता गाहड़वार वंश में मधुकरशाह का पौत्र और रतनसेन का पुत्र राउ भूपाल। उ.-''गौर जीति अकबर कों दयौ। जूझ-ब्याज बैंकुठहि गयो। ताको पुत्र राउ भूपाल। जिहिं जान्यो गति कर करवाल।।''-वी. च., 2/43-44।

**राउ श्री सुरताण रा कबित्त**—रचयिता-दुरसा आढ़ा (दे.)। (बृ.इति. 7)।

**राकस**—राक्षस। श्मशान में निवास करने वाले, नरभक्षी, ऋषि-मुनियों के यज्ञ में बाधा डालने वाले तथा मनुष्यों को नाना प्रकार की यातनाएँ देने वाले जिनके विषय में विश्वास किया जाता है कि ये पुलस्त्य के वंशज थे, जिनका अधिपति रावण था। विष्णुपुराण के अनुसार ये दक्षपुत्री खशा के गर्भ से कश्यप ऋषि के पुत्र थे। रामायण के अनुसार ब्रह्मा ने जल की सृष्टि कर इन्हें उसकी रक्षा के लिए नियुक्त किया था। राक्षस 'रक्ष्' धातु से निष्पन्न हुआ है। (पौ.को.)। उ.-''तेगहि कै मेट जौन राकस मरद जान्यौ सरजा सिबा जी राम ही को अवतारु है।''-भू.ग्रं., शि.भू., 148/156।

**राका**—एक नदी का नाम। उ.-''सिनिवाली रजनी कुहू, नंदा राका जानि।''-वि.गी., 4/24।

**राग**—1. संगीत में षड़ज आदि स्वरों, उनके वर्णों और अंगों से युक्त वह ध्वनि-व्यवस्था जो किसी विशिष्ट ताल में बैठाई हुई हो और जो मनोरंजन के लिए गाई जाती हो। किसी खास धुन में बैठाए हुए स्वर जिनके उच्चारण से गान होता हो। छः राग प्रधान माने गए हैं, किंतु नामों के विषय में आचार्यों में मतभेद है। भरत और हनुमत् के अनुसार ये नाम हैं-भैरव, कौशिक (मालकोश), हिंडोल, दीपक, श्री और मेघ। स्वरभेद से राग तीन प्रकार के कहे गये हैं-संपूर्ण षाड़व, ओड़व अथवा शुद्ध, सालंक या छायालग और संकीर्ण। इन रागों के गायन की ऋतु, समय, प्रहर आदि का विशिष्ट विधान मिलता है। इन रागों की रागिनियाँ, पुत्र और पुत्रवधुएँ निर्धारित हैं। एक से अधिक रागों को मिलाकर 'संकर-राग' बनते हैं। श्रीकृष्ण की वंशी के सात छिद्रों अथवा शंकर के पाँच मुखों और पार्वती के मुख से रागों की उत्पत्ति मानी गई है (विस्तार के लिए दे. हिं.श.सा.)। उ. (1)-''जानति गुन गमकनि बड़भाग। जाति कला मूरछना राग। जति अरु बचन अकासहि चाल। तीवट उरपति रय आड़ाल।।''-वी.च., 20/33। उ. (2)-''जल जारै अंग, और राग करै सुरभंग संपति बिपति परै बड़ी बिपरीति है।''-घ.क., 55/59। उ. (3)-''राग बिराग धमार त्यौं धार सी लौटि पर्‌यौ ढँग यौं सबही को।''-घ.क., 78/71। उ. (4)-''तार तुरी सहणाई वीणा (रस) सारंग राग अलापत आजै।''-वृं.ग्रं., नै.ब., 6/27। उ. (5)-''सुर गति ताल साज बजवावै। राग रागिनी भेद पढ़ावै।''-बो.ग्रं., वि. वा., 67/42।

2. प्रेम। अनुराग। उ. (1)-''राग भरे हिय मैं बिराग-गुरझनि है।''-घ.क., 30/46। उ.

(2)-''राग द्वेष बिन कैसहूँ धर्माधर्म जु होइ। हर्ष सोक उपजै न मन कर्ता महा .सु लोइ।।''-रा.चं., 25/35।

**रागबधू**—रागवधू। राग की पत्नी, रागिनी। उ.-''रागबधू-चित चोरन के हित सोधिसुधारि कै तानहिं गावै।''-घ.क., 45/54।

**राग बसंत**—बसंत राग। शिव के पाँचवें मुख से उत्पन्न इस राग की रागिनियाँ है-देशी, देवगिरी, वैराटी, ताड़िका, ललिता और हिंडोला। कल्लिनाथ के अनुसार ये नाम भिन्न हैं-अंधूली, गमकी, पटमंजरी, गौड़केरी, धामकली और देवशाखा। संगीतज्ञ दामोदरकार इसके गायन का समय श्री पंचमी से हरिशयनी एकादशी तक मानते हैं, जबकि संगीत-दर्पण के अनुसार इसके गायन की ऋतु मात्र बसंत है। इसका सरगम है-सा रे ग म प नि सा। इसकी गणना छः प्रधान रागों में की गई है। कुछ लोग इसे राग हिंडोल का पुत्र मानते हैं (हिं.श. सा.)। उ.-''पहिरैं हार बसंत को गाबत राग बसंत। रितु बसंत षेलत सुघर ब्रज सब संत बसंत।।''-वृं. ग्रं., य.स., 256/226।

**राग बिलाबल**—राग केदारा और कल्याण के योग से बना एक राग, जिसे दीपक राग का पुत्र भी मानते हैं। इसके गायन का समय प्रातःकाल है। उ.-''सुमन सु बाग बिलास मैं राग बिलाबल होत। राग सु बाग बिलास मैं राग बिलाबल होत।।''-वृं.ग्रं., य.स., 213/222।

**राग मारू**—विशेषकर युद्ध के समय बजाया जाने व गाया जाने वाला राग। इसमें सब शुद्ध स्वर लगते हैं। इसे श्री राग का पुत्र मानते हैं। इसे माँड या माँण भी कहते हैं। वीर रस का व्यंजक यह राग शृंगार रस का भी प्रवाही है। मारवाड़ में यह राग विशेष प्रिय है। (हिं.श.सा.)। उ.-''जगे जाँगरे राग मारू अलापैं।''-प.ग्रं., प्र.बि., 18/279।

**राग मारून**—दे. राग मारू। उ.-''महा मंजु मंजीर के हैं ठनाके। छये राग मारून के त्यों सनाके।।''-प.ग्रं., प्र.बि., 20/279।

**रागमाला**—रचयिता-रणधीर सिंह (दे.)। विव.-भजन और गीतों का संग्रह। (स.सर्वे.)।

**राग-रंग**—राग का आनंद। उ. (1)-''बारिधि तरंग जैसे धुनि राग-रंग जैसे, प्रतिछिन अधिक उमंग सरसति है।''-घ.क., 369/189। उ. (2)-''हाव भाव आनंद मय राग रंग रस चाव। अैसें दिन बितवत सदा जैहैं रसिक सुभाव।।''-वृं. ग्रं., अ.दो., 82/11।

**रागरत्नाकर**—रचयिता--देव (दे.)। (इति. शुक्ल)।

**रागरत्नावली**—रचयिता - अयोध्या प्रसाद वाजपेयी (दे.)। विव.-शंकर, राम, कृष्ण आदि की महिमा का वर्णन (स.सर्वे.)।

**राग रस**—गायन का आनंद। उ.-''रति रस स्तुति रस राग रस पाय न चाहत ओर। चाखत मधु अरबिंद को लै न ईख-रस भौंर।।''-वृं.ग्रं., नी.स., 427/91।

**राग-समाज**—गायन का समाज या सामग्री। संगीत के अंतर्गत तीन अंगों-गीत, नृत्य और वाद्य की गणना की जाती है। संगीत प्रेम का और शृंगार का उद्दीपक है। इनके घनिष्ठ संबंध को ध्यान में रखते हुए वृंद ने राग-समाज का वर्णन किया है। ''मुरज मृदंग ताल मिलित सुगंध बाजैं छंद भेद परनि प्रवंध भेद संग को। धरू धुर पद चिंद गाइन सुघर गावैं करिकैं अलाप तान तरल तरंग को। ग्राम सुर बीन बाजैं पातर नौ नृत्य नाचैं भावहिं दिखावै चित चाव अंग अंग को। सुनि सुनि रीझ कीजैं रीझ रीझ मोज दीजैं वृंद कहैं ऐसैं सुख लीजैं राग रंग को।।''-वृं.ग्रं., शृं.शि., 83/49-50।

**रागिनी**—संगीत में किसी राग की वधू (दे. रागबधू) या पत्नी या स्त्री को रागिनी कहते हैं। सामान्यतया छः राग (दे.) स्वीकृत हैं। एक मत से प्रत्येक राग की पाँच रागिनियाँ हैं जबकि दूसरे मत से छः। इस प्रकार सामान्यतया रागिनियों की संख्या 36 मानी जाती है। इनके अतिरिक्त इन 36 रागिनियों और छः रागों के मेल से बनी सैकड़ों रागिनियों का उल्लेख मिलता है। ये संकर रागिनियाँ कहलाती हैं (विस्तार के लिए दे. हिं.श.सा.)। उ. (1)-''आनँदनि भरो खरो मुरली बजावै, मीठी, धुनि उपजावै राग-रागिनी तरंग की।''-घ.क., 397/199।

उ. (2)-"सुर गति ताल साज बजवावै। राग रागिनी भेद पढ़ावै।।"-बो.ग्रं., वि.वा., 67/42। उ. (3)-"संभु के अधर माँहि काहे की सुरेख राजै गाई जाति रागिनी सु कौन सुर मंद्र मा।"-प.ग्रं., प्रकी., 80/324। उ. (4)-"केसोदास आसपास बास कै रहे मनौं समेत राग रागनीनि राग रंग रागि कै। सूर के निवास तें प्रकास सोम जू कियौ अनेक भाँति की किधौं रही मयूख लागि कै।"-क.प्रि., 15/33।

**राघब, राघव**—दे. रघु। रामचंद्र। दशरथ के बड़े पुत्र। उ. (1)-"बिरही जन के चित्त कौ नहिं रहतु बुधि बोध। थिर चर कौं बूझत फिरे राघब सीता सोध।।"-वृं.गं., नी.स., 555/101। उ. (2)-"राघव की चतुरंग चमू बहु धूरि उठी जल हू थल छाई।।"-क.प्रि., 5/35।

**राछ फिरी**—विवाह में वर (और कहीं-कहीं कन्या) को पालकी आदि पर चढ़ाकर किसी जलाशय या कुएँ पर ले जाना।। उ.-"राछ फिरी लीलावति जवहीं। भावरि सुघरी आई तबहीं।।"-बो. ग्रं., वि.वा., 10/225।

**राछस**—राक्षस। दे. राकस। उ.-"गध्रब राछस ग्रह नखत देव मनुष चित आनि। थावर जंगम जे सबै यहौ ब्रह्म करि जानि।।"-ज.ग्रं., अ. सि., 80/150।

**राजइन्द्र गिरि**—अनूपगिरि हिम्मत बहादुर के गुरु। उ.-"धनि राजइन्द्र गिरि नृप सुवन उथपन-थप्पन जग जयउ।"-प.ग्रं., हि.ब.बि., 45/8।

**राजगिरि**—दे. राजइन्द्र गिरि। राजेंद्रगिरि। उ.-"इक ओर हंकत राजगिरी तहँ गाज-सो ठाढ़ो भलो।"-प.ग्रं., हिं.ब.बि., 141/20।

**राजनीति**—रचयिता-जसुराम चारण (दे.)। विव.-राजनीति विषयक काव्य। (बृ.इति. 7)।

**रातनीति**—रचयिता - चद्रंशेखर बाजपेयी (दे.)। (बृ.इति. 7)।

**राजरूपक**—रचयिता - वीरभाण (दे.)। रचनाकाल-सं. 1877। विव.-अभयसिंह और बिलंद खाँ के बीच युद्ध का ऐतिहासिक वर्णन। (बृ. इति. 7)।

**राजविनोद**—रचयिता-लाल कवि (दे.)। (सा. को.)।

**राजविलास**—रचयिता-लक्ष्मीनाथ (दे.)। विव.-आश्रयदाता के यश एवं राज्य वैभव का वर्णन। (बृ.इति. 7)।

**राजश्री**—राज्यश्री। सामान्यालंकार का चौथा भेद जहाँ राज्यव्यवस्था संवंधी बातों का, जैसे राजा, रानी, राजसुत, पुरोहित, दलपति, दूत मंत्री, हाथी घोड़ा आदि का वर्णन होता है, वहाँ राज्यश्री अलंकार होता है। ल. (1)-सामान्यालंकार को चारि प्रकार प्रकास। बर्न बर्न्य भू-राज-श्री, भूषण 'केसवदास'।।-क.प्रि., 5/3। ल. (2)-राजा, रानी, राजसुत, प्रोहित, दलपति, दूत। मंत्री, मंत्र, पयान, गय, हय, संग्राम, अभूत।। आखेटक, जलकेलि पुनि, बिरह स्वयंबर जानि। भूषित सुरतादिकंनि करि, राज्यश्रीहि बखानि।।-क.प्रि., 8/1-2।

**राजसिंघ**—राजा मानसिंह के पुत्र राजकुमार राजसिंह जिनके आदेश से वृंद कवि ने 'अक्षरादि दोहे' नाम की रचना की। उ.-"मानसिंघ भूपाल सुत बीर धीर दातार। राजसिंघ सब बिधि सरस राजै राजकुमार।।"-वृं.ग्रं., अ.दो., 3/5।

**राजसिंह**—किशनगढ़ के राजसिंह। उ.-"ज्यौं सहाय तिहिं जुग करी दास आपने पाय। त्यौं ही इहि जुग अब भये राजसिंह के भाय।।"-वृं.ग्रं., स.स.रू., 11/263।

**राजसी**—दे. राजसिंह। उ.-"साह आजम की फौज सूँ लरत राजसी बीर।"-वृं.ग्रं., स.स.रू., 157/278।

**राजसीय**—राजसूय यज्ञ। बाजपेय यज्ञ जिस राजा ने न किया हो उसे यह यज्ञ करने का अधिकार है। इसके करने से राजा सम्राट् पद का अधिकारी होता है। यह एक दीर्घकालिक और बहुयाग-कृत्य समन्वित यज्ञ है। शतपथ ब्राह्मण के अनुसार इष्टि, पशु, सोम और दार्वी होम इसके प्रधान अंग हैं। इसका प्रारंभ पवित्र नामक सोमयाग से और समाप्ति सौत्रामणी से होती है। इसके बीच में दस संसृप, अभिषेचनीय, द्यूतक्रीड़ा आदि अनेक कृत्य

होते हैं। ऋत्विज लोग राजा को अभिषेकोपरांत ऊँचे आसन पर व्याघ्रचर्म बिछाकर बिठाते और प्रशस्ति सुनाते हैं। ऋत्विजों को दक्षिणा देकर राजा दिग्विजय के लिए प्रस्थान करता है। उसके लौटने पर पुनः प्रशस्तिगान होता है। सभा में द्यूतक्रीड़ा होती है। अंत में सौत्रामणि याग के बाद कृत्य समाप्त होता है। (हिं.श.सा.)। उ.-''सोधि सोधि सब तंत्र प्रसिद्ध। जल पर जपत मंत्र सो सिद्ध। पातकहरन काय मन राज। राजसीय बस कीबे काज।।''-वी.च., 15/16।

**राजसु**—रजस् गुण। रजोगुण अर्थात् गर्व, क्रोध इत्यादि। उ.-''जौ चाहत चटक न घअै, मैलौ होइ न मित्त। रज राजसु न छुवाइ तौ नेह-चीकनौं चित्त।।''-बि.र., 396/182।

**राजसेनि रड्डा छंद**—दे. 'रड्डा' छंद।

**राजहंस**—पक्षी विशेष जो सुंदर चाल के लिए प्रसिद्ध है। इसका दूसरा नाम सोना पक्षी भी है। यह प्रायः झुंड बाँधकर उड़ता है और झीलों के किनारे रहता है। इसके अनेक भेद हैं। इसके रंग श्वेत तथा पैर तथा चोंच लाल रंग की होती है। ये उत्तर के ठंडे प्रदेशों से भारत में अगहन-पूस में चले आते हैं। उ.-''राजहंस कलहंस सम अति गति मंदबिलास। महामत्त गजराज सी बरनत 'केसवदास'।।''-क.प्रि., 15/89।

**राजा जसवंत**—मुगल बादशाह औरंगजेब कालीन महाराज यशवंत सिंह। उ.-''राजा जसवंत जू को आयु बल खूँटत ही खूट गयो खूबी को खजानो पातिसाही को।।''-वृं.ग्रं., स्फुट, 144/350।

**राजाराम**—रामशाह। मधुकरशाह के आठ पुत्रों में एक जो गाहड़वार वंशीय थे और कवि केशवदास के आश्रयदाता वंश में उत्पन्न हुए थे। उ.-''मधुकरसाह नरेस के इतने भए कुमार। रामसाह राजा भए, तिनकें बुद्धि अपार।।''-क.प्रि., 1/30।

**राजाराम चौहान**—'राजिया' इनका उपनाम है। जन्मकाल-सं. 1825। स्थान-मारवाड़ का जुसरी ग्राम। एक मत से ये कृपाराम बारहठ के सेवक थे। यह भी कहा जाता है कि 'राजिया के सोरठे' राजाराम चौहान के लिखे हुए हैं। यह भी कहा जाता है कि कृपाराम बारहठ ने इनकी सेवा से प्रसन्न होकर लगभग 500 सोरठे इन्हें संबोधित कर लिखे थे, जिनमें से लगभग 200 उपलब्ध हैं। (बृ. इति. 7)।

**राजिया**—दे. राजाराम चौहान।

**राजिया के सोरठे**—रचयिता-कृपाराम बारहठ (दे.)। विव.-इसमें नीति और उपदेश की बातें डिंगल भाषा में बड़े मार्मिक ढंग से कही गयी हैं। (बृ.इति. 7)।

**राजेश**—समय-सं. 1834। स्थान-भरतपुर। आश्रयदाता-भरतपुर नरेश महाराज रणजीत सिंह। रचनाएँ-स्फुट। (बृ.इति. 7)।

**राठवर**—राठौर। राजपूतों की एक उपजाति। उ. (1)-''हाड़ा राठवर कछवाहे गौर और रहे अटल चिकत्ता की चमाऊ धरि डरिकै।।''-भू.ग्रं., शि.भू., 120/150। उ. (2)-''गौर गरबीले अरबीले राठवर गह्यौ लोहगढ़ सिंहगढ़ हिम्मत हरष तें।''-भू.ग्रं., शि.भू., 236/173।

**राठिवरौ**—दे. राठवर, राठौर। उ.-''राठिवरौ को सँहार भयौ भिरि कै सरदार गिर्‌यौ उदैभानौ।''-भू. ग्रं., शि.भू., 92/145।

**राठौड़ चरित्र**—रचयिता-मंडन भट्ट। (दे.)। (बृ.इति.7)।

**राठौर**—दे. राटवर। राष्ट्रकूट। क्षत्रियों की एक उपजाति का एक दक्षिणी राजवंश जिसे राष्ट्रकूट भी कहते हैं। उ. (1)-''पैंसठ नृप राठौर साठ तैलंग फिरंगी।''-बो.ग्रं., वि.वा., 38/182। उ. (2)-''कौसल कटि जादौ जुग जानु। पदपल्लव कैकेय बखानु। तोंबर मनमथ, मन पड़िहार।। पट राठौर, सरूप पँवार।''-वी.च., 8/19।

**राध**—दे. राधा। उ. (1)-''उतपल नैनी राध कहि उतपल नैन अचैंन। उत पल कलप समान है उत पल नैंन लगैं न।।''-वृं.ग्रं., य.स., 154/218।

**राधा**—नारायण का अंश लेकर उत्पन्न हुए वृषभानु गोप की पद्मावती के गर्भ से उत्पन्न पुत्री। इसके जन्म और जीवन के संबंध में श्रीमद्भागवत

में कुछ नहीं मिलता किंतु ब्रह्मवैवर्त, देवी भागवत आदि पुराणों में विभिन्न कथाएँ मिलती हैं। एक कथा के अनुसार ये जन्म लेते ही वयस्क हो गई थीं। दूसरी कथा के अनुसार ये गोलोक की राधा थीं जिन्हें सुदामा के शाप से वृषभानु के यहाँ वृंदावन में जन्म लेना पड़ा था। एक कथा के अनुसार ये अयघोष गोप की पत्नी थीं और श्रीकृष्ण की प्रेमिका थीं। गर्गसंहिता आदि ग्रंथों के अनुसार इनका विवाह श्रीकृष्ण से हुआ था। आध्यात्मिक दृष्टि से कुछ मत इन्हें श्रीकृष्ण रूपी ब्रह्म की शक्ति मानते हैं। उ. (1)-''मेरी भव-बाधा हरौ राधा नागरि सोइ। जा तन की झाइँ परैं स्यामु हरित-दुति होइ।।''-बि.र., 1/1। उ. (2)-''राधा हरि, हरिराधिका बनि आए संकेत। दंपति रति-बिपरीतसुख सहज सुरतहूँ लेत।।''-बि.र., 155/77। उ. (3)-''मो मन तम तोमहि हरौ राधा को मुख चंद। बढ़े जाहि लखि सिंधु लौं नंदनंदन आनंद।।''-मति. सत., 1/369। उ. (4)-''ताही एकरस ह्वै बिबस अवगाहैं दोऊ नेही हरि राधा जिन्हें देखैं सरसायो है।।''-वृं.ग्रं., अ.दो., 5/5। उ. (5)-''मुसकाय मनोहर स्याम हरें सुख साधा पुजावन राधा कही।''-ठाकुर, 105/28। उ. (6)-''राधा-राधाबर सुमिरि देखि कबिन को पंथ। कबि पद्माकर करत है पद्माभरन सु ग्रंथ।।''-प.ग्रं., पद्मा., 1/33। उ. (7)-''ब्रजबनिता वै बनितान पैं रचै हैं फाग तिनमें ऊधमिनि राधा मृगनैनी यों। धोरि डारी केसरि सु बेसरि बिलोरिडारी बोरी डारी चूनरी चुचात रँग रैनी ज्यौं।।''-प.ग्रं., जग., 89/98।

**राधा अवतार**—रचयिता-हितरूप लाल (दे.)। (बृ.इति. 7)।

**राधा अष्टक**—रचयिता-ग्वाल कवि (दे.)। (इति.शुक्ल)।

**राधाकुंड**—गोवर्धन के पास का एक प्रख्यात सरोवर। उ.-''जौ तू राधाकुंड की माटी मानत इष्ट। तौ तू तेरो सिष्य ह्वै देखैं बस्तु अदृष्ट।।''-वि. गी., 8/32।

**राधाकृष्ण विलास**—रचयिता-गोकुलनाथ (दे.)। विव.-रस निरूपण संबंधी ग्रंथ। (इति. शुक्ल)।

**राधाकृस्न**—राधा और कृष्ण। उ.-''बसत जिन्हों के चित्त में राधाकृस्न मुरार। तिनको नर नारी कहा मोहत हैं कर्तार।।''-बो.ग्रं., वि.वा., 46/71।

**राधाजू** – दे. राधा। राधिकाजी। उ. (1)-''चंद्रवलि राधाजू की ललिता गोपालजू की सखियाँ सुहाई कैधौं भाग की भलाई है।''-भि.ग्रं., शृं.नि., 209/135। उ. (2)-''चौंकि चौंकि चहुँ दिसि तिहि राधाजू के, जलज से लोचन से ह्वै आए री।।''-क.प्रि., 12/30।

**राधाबल्लभ**—राधावल्लभ। राधा के प्रिय श्रीकृष्ण। उ.-''है राधा हरि बल्लभा राधाबल्लभ सोइ।''-वृं.ग्रं., य.स., 631/255।

**राधामाधव**—राधा और श्रीकृष्ण। उ.-''राधामाधव-कृपा लहि लखि सुकबिन को पंथ। कबि पद्माकर ने कियो पद्माभरन सुग्रंथ।।''-प. ग्रं., पद्मा., 344/76।

**राधामाधव बुधमिलन विनोद**—रचयिता-कालिदास त्रिवेदी (दे.)। (इति.शुक्ल)।

**राधामाधव मिलन**—रचयिता-ग्वाल कवि (दे.)। (बृ.इति. 6, इति.शुक्ल)।

**राधामाधव-विलास चंपू उर्फ शहा जी महाराज चरित्र** – रचयिता - जयराम पिंडे (दे.)। विव.-संस्कृत में लिखित किंतु परिशिष्ट में श्री जयराम पिंडे तथा अन्य कवियों की रचनाएँ भी संकलित हैं। (बृ.इति. 7)।

**राधारमण रस सागर**—रचयिता-मनोहर राय (दे.)। विव.-विभिन्न ऋतुओं में हुई राधाकृष्ण की क्रीड़ाओं का वर्णन (बृ.इति. 7)।

**राधारमन**—राधारमण। राधा के साथ रमण करने वाले, उनके प्रिय श्रीकृष्ण। उ.-''राधा सँग राधारमन गौरि रमन सुचि नैंन। रति संग रहै काम कै रति सिंगार सुख लैंन।।''-वृं.ग्रं., य.स., 390/236।

**राधारानी**—दे. राधा। राधिका जो श्रीकृष्ण की प्रमुख प्रिया थीं। उ.-''पुन्य नंद जू को, अनुराग-' ब्रजबासिन को भाग जसुमति को, सुहाग राधारानी

को।।''-ठाकुर, 9/4।

**राधा सुधाशतक**—रचयिता-हठी जी (दे.)। विव.-राधा सौंदर्य वर्णन (बृ.इति. 6)।

**राधिक**—राधिका। दे. राधा। उ.-''राधिक के दृग खेल में मूँदे नंदकुमार। करनि लगी दृगकोर सों भई छेद उर पार।।''-मति., सत., 219/386।

**राधिका**—दे. राधा। उ. (1)-''तजि तीरथ हरि-राधिका तन-दुति करि अनुराग जिहिं ब्रज-केलि-निकुंज-मग पग-पग होतु प्रयागु।।''-बि. र., 201/96। उ. (2)-''स्याम-सुरति करि राधिका तकति तरनिजातीरु। अँसुवन करति तरौसँ कौ खिनकु खरौहैं नीरु।।''-बि.र., 292/138। उ. (3)-''ब्रज ठकुराइनि राधिका ठाकुर किये प्रकास। ते मनमोहन हरि भए अब दासी के दास।।''-मति., सत., 395/401। उ. (4)-''ए री ए बलि राधिका तोसम दूजी नाहिं। राषौ मदन मनोहरै जड़ दृगतारिन माहिं।।''-रस.,रतन., 358/92। उ. (5)-''मेरे कृपा घन आनँद है रस भीजैं सदा जिहिं राधिकामाधौ।''-घ.क., 351/183। उ. (6)-''कृष्ण कृष्ण इत राधिका रटत रहत दिन रैन।''-वृं.ग्रं., अ.दो., 9/6। उ.(7)-''जथा राधिकाध्यान ते दुख दारिद्र परात। त्यों सारँग के सुर सुने घटा न देख्यो जात।।''-बो.ग्रं., वि.वा., 23/83। उ. (8)-''प्रेम को न अंत है महंत है मनोज आज राधिका के कंतहि बसंत कँधियतु है।''-ठाकुर, 11/5। उ. (9)-''मनमोहन तन घन सघन रमनि राधिका मोर।''-प.ग्रं., जग., 290/143।

**राधिका कन्हाई**—राधाकृष्ण, जिनका स्मरण रीतिकालीन काव्य रचना का गौण लक्ष्य था। उ.-''आगे के सुकबि रीझिहैं तौ कबिताई न तौ राधिका कन्हाई-सुमिरन को बहानो है।।''-भि.ग्रं. 2, का.नि., 8/4।

**राधिकादास**—जन्म-सं. 1770। पिता-ब्रजेंद्र। रचनाएँ-भावसिंधु। (बृ.इति. 7)।

**राधिका माधव**—राधा-माधव, राधा और श्रीकृष्ण। उ.-''भजत राधिका माधवै चल्यो माधवा जाय। चकित भयो दिसचार तें चैत चपेटो आय।।''-बो.ग्रं., वि.वा., 32/135।

**राधिके**—दे. राधा, राधिका। उ. (1)-''नूतन रुचिकर जुगल छवि, प्रथम बरनिए काहि। प्रभुतन की अति भावती, बरनराधिके वाहि।।''-कृ.ग्रं., हि. त., 13/6। उ. (2)-''तो पर वारौं उरबसी सुनि, राधिके सुजान। तू मोहन कैं उर बसी ह्वै उरबसी समान।।''-बि.र., 25/19। उ. (3)-''सनमानत हरि राधिके किन मानत हो बैंन। यह न प्रमानत बात कौ मान तजेही चैंन।।''-वृं.ग्रं., य.स., 145/217।

**राधे**—दे. राधा। उ. (1)-''सुबरन बेलि तमाल सों घन दामिनि देह। तूँ राजति घनस्याम सों राधेसरस सनेह।।''-मति., सत., 129/379। उ. (2)-''तीन पैंड़ जाके लषौ त्रिभुवन मैं न सुभाइ। धरि राधे राषत तिन्हैं तूं दृग आधिन भाइ।।''-रस., रतन., 320/87। उ. (3)-''राधे सुजान चितैचित दै, हित मैं कित कीजति मान मरो है।''-घ.क., 295/164। उ. (4)-''उत राधे राधे रटत कृष्ण कमलदल नैन।''-वृं.ग्रं., अ.दो., 9/6। उ. (5)-''बसु रे बसु राधे के पायन में मन जोगिया प्रेम बियोगिया रे।।''-बो.ग्रं., इ.ना., 56/10। उ. (6)-''पंकज बरन असरन के सरन राधे रावरे चरन सुख करन हमारे हैं।''-ठाकुर., 4/2। उ. (7)-''राधे आधे बचन कहि सुबस किये बृजराज।।''-प.ग्रं., जग., 221/128। उ. (8)-''जित न्हानथली निज राधे करी तित कान्ह कियो अपनो खरको।''-वही., शृं.नि., 20/92।

**रानोजीराव**—श्री खंडोजी राव के पुत्र। उ.-''श्रीखंडोजीराव को सुत रानोजी राव। ता सुत ऊदाजी उदित, जाको परम प्रभाव।।''-प.ग्रं., प्रकी., 30/311।

**रापैरंगाल**—रापरंगाल। एक प्रकार का नृत्य विशेष। एक पैर के बल से खड़े होकर ऊपर को उछलकर और घूमकर दूसरे पैर के बल नियत स्थान पर आ गिरे, ताल और सम न बिगड़े, घुँघरू एक ही पैर में हों, पर लगे इस भाँति कि जान पड़े कि दोनों पैरों में हैं और भिन्न स्वर से बजते हैं। उ.-''बहुबर्न बिबिध आलाप कालि। मुखचालि, बहु उड्डप, त्रियगपति, पति अडाल। अरु लाग, धाउ,

रापैरंगाल।।''-रा.चं., 30/4।

**राबन**--दे. रावन। उ. (1)-''सीता हरिवे तैं भयौ राबन कुल को नास।''-वृं.ग्रं., नी.स., 154/70। उ. (2)-''जानहार सो जाय अरु होनहार ह्वै आय। राबन तैं लंका गयी बसे बिभीषन पाय।।''-वृं..ग्रं., नी.स., 593/104।

**राम**--1. सूर्यवंशी महाराज दशरथ के पुत्र जो दस अवतारों में से एक माने जाते हैं। ये अयोध्या के राजा दशरथ के सबसे बड़े पुत्र और कौशल्या के गर्भ से उत्पन्न हुए थे। इन्होंने वशिष्ठ मुनि से शिक्षा पाई थी। विश्वामित्र इन्हें लक्ष्मण के साथ अपने यज्ञ की रक्षा के लिए ले गये थे। उस समय इन्होंने अनेक राक्षसों को मारा। विश्वामित्र इन्हें राजा जनक के यहाँ सीता-स्वयंवर में भी ले गए, जहाँ इन्होंने शिव का धनुष तोड़कर सीता का पाणिग्रहण किया। राज्याभिषेक के पूर्व रानी कैकेयी द्वारा दशरथ से दो वर माँगे जाने पर इन्हें 14 वर्ष का वनवास मिला, जिसमें पत्नी सीता और सुमित्रा-पुत्र लक्ष्मण नाम के भाई ने इनका साथ दिया। राम की कथा भारतवर्ष में अत्यन्त प्रसिद्ध है और प्रायः भारतवर्ष की सभी भाषाओं में इन पर साहित्य प्रभूत मात्रा में लिखा गया है। इनके परवर्ती जीवन की अन्य घटनाओं में प्रमुख हैं - दशरथमरण, दंडकारण्य की पंचवटी में सीता का रावण द्वारा हरण, वानरराज सुग्रीव से मित्रता, बालिवध, सुग्रीव का राज्याभिषेक, हनुमान द्वारा सीता का पता लगाना, वानर जाति, रिक्ष जाति तथा अन्य जातियों के वीरों की सेना लेकर समुद्र पर पुल बाँधना, लंका के राजा रावण के अनुज विभीषण का राम की शरण में आना, राम का लंका पर आक्रमण, राक्षस सेना का संहार, मेघनाद-कुंभकर्ण- रावण का वध, विभीषण का राज्यतिलक, सीता को लेकर पुष्पक विमान से लौटकर शृंगवेरपुर में भरत से मिलन, राम का राज्यतिलक और दीर्घकाल सुशासन। बहुत से रामकाव्यों में कथाएँ कुछ-कुछ भिन्न रूप में मिलती हैं। राम के उत्तरकालीन जीवन में सीता का वनवास, लव एवं कुश नाम के दो पुत्रों का वाल्मीकि के आश्रम में जन्म, राम का अश्वमेध यज्ञ, राम की सेना की लव-कुश के हाथों पराजय, राम के सम्मुख सीता का धरित्री में प्रवेश, राम का सरयू में शरीरत्याग आदि घटनाएँ घटित हुईं। इसका विवरण विभिन्न भाषाओं के विविध ग्रंथों में उपलब्ध है। राम अवतारी और अवतार दोनों माने गए हैं। हिंदी साहित्य के भक्तिकाल और रीतिकाल में रामभक्ति का विपुल प्रसार हुआ। तुलसीदास के रामचरितमानस तथा अन्य ग्रंथों का तथा उनके पूर्ववर्ती आचार्य गुरु रामानंद का इसमें विशेष योगदान है। उ. (1)-''गहि सरनागति राम की, भवसागर की नाव।''-र.वि., दो., 50/6। उ. (2)-''मुनि नारी पाषान ही, कपि पसु गुह मातंग। तीनों तारे रामजू, तीनों मेरे अंग।।''-र.वि., दो., 155/16। उ. (3)-''जपमाला, छापैं, तिलक सरै न एकौ काम। मन-काँचे नाचै वृथा साचै राँचै राम।।''-बि.र., 141/71। उ. (4)-''दसरथ राजा राम भौ, बसुदेव के गुपाल।।''-भू.ग्रं., शि.भू., 11/130। उ. (5)-''राम विजय लंका करी आवत बैठि बिमान। पाज दिखावत सीय को करि करि बहोत बखान।।''-वृं.ग्रं., अ.दो., 70/10। उ. (6)-''होय भले चाकरन तैं भलौ धनी कौ काम। ज्यौं अंगद हनुमान तैं सीता पाई राम।।''-वृं.ग्रं., नी.स., 366/86। उ. (7)-''जासें नातो नेह को सो जिन बिछुरे राम। तासौं बिछुरन परत ही परत राम सों काम।।''-बो.ग्रं., वि.वा.,33/25। उ. (8)-''राम मेरे पंडित अखंडित सुदिन सोधैं राम मेरे गुरु जप मेरे राम नाम हैं।''-ठाकुर, 2/1। उ. (9)-''जिमि राम रघुबर दौरिकै निरसंक लंका पर गयौ।''-प. ग्रं., हि.ब.बि., 85/12।

2. बलराम। श्रीकृष्ण के बड़े भाई बलदेव। ये शेषनाग के अवतार माने जाते हैं। बल की अधिकता के कारण इन्हें बलराम कहा जाता है। (दे. महाभारत नामनुक्रमणिका, हिं.श.सा., पौ. को.)। उ.-''राम कहा द्विज राम कहा बलराम कहा रन में अनुरागे।''-भू.ग्रं., शि.भू.परि., 350/195।

3. परशुराम (दे.) जो विष्णु के अंशावतार माने जाते हैं। ये जमदग्नि और रेणुका के पुत्र थे और ब्राह्मण थे। उ.-''राम कहा द्विज राम कह बल

राम कहा रन में अनुरागे।''-भू.ग्रं., शि.भू.परि., 350/195।

**राम**–जन्मकाल-सं. 1703/सं. 1692। आश्रयदाता-ओरछा नरेश महाराज सुजान सिंह। रचनाएँ-शृंगार सौरभ, हनुमान नाटक। (इति. शुक्ल)।

**रामकथामृत**–रचयिता-गिरिधरदास (दे.)। (इति.शुक्ल)।

**रामकलाधर**–रचयिता - सोमनाथ (दे.)। विव.-यह रामचरित्र संबंधी ग्रंथ है। (स.सर्वे.)।

**रामकली**–एक रागिनी जो भैरव राग की स्त्री मानी जाती है। इसके गाने का समय प्रातःकाल 1 दंड से 5 दंड तक है। यह संपूर्ण जाति की रागिनी है और इसमें ऋषभ तथा निषाद कोमल लगते हैं। (हिं. श.सा.)। उ.-''गौरिगिरी टोड़ी पुनि गावै। रामकली गुनकरी बतावै।।''-बो.ग्रं., वि.वा., 9/120।

**रामकवि** (भरतपुर वाले)–सूदन कवि के समकालीन। स्थितिकाल-सं. 1820 के आसपास। आश्रयदाता-भरतपुराधीश सूरजमल। रचनाएँ-स्फुट। (बृ.इति. 7)।

**रामकृपा**–जन्मकाल- सं.1780। निधन-सं. 1840। गुरु-चैतन्य सम्प्रदायानुयायी भक्त रामकृष्ण। रचनाएँ- ब्रह्मसंहिता की जीवगोस्वामी कृत संस्कृत टीका की भाषा टीका 'ब्रह्मसंहिता दिग्दर्शिनी-टीका की भाषा''। (बृ.इति. 7)।

**रामकृष्ण सप्तक**–रचयिता-रामगुलाम द्विवेदी (दे.)। (बृ.इति. 7)।

**राम को नाम**–दे. राम। उ.-''राम को नाम जपौ निसिबासर राम ही को इक आसरो भारो।''-प.ग्रं., प्र.प., 2/237।

**रामगिरि**–बेनगंगा और गोदावरी के बीच रामगिरि पर्वत बड़ा उपजाऊ तथा धनी प्रदेश है। 1665 ई. में जब औरंगजेब ने हैदराबाद लेकर गोलकुंडा घेर लिया तो अब्दुल्ला कुतुबशाह ने औरंगजेब से संधि कर ली। इस संधि के अनुसार अब्दुल्ला कुतुबशाह ने अपनी दूसरी लड़की की शादी औरंगजेब के बड़े लड़के मुहम्मद सुल्तान से कर दी। एक करोड़ रुपया देने का वचन दिया और रामगिरि का धनी प्रदेश मुगलों को दे दिया। उ.-''भूषन भनत साहिनगरी कुतुबसाहि दै कर गँवाइ रामगिरि से गिरीस कौं।''-भू.ग्रं., शि.भू., 193/165।

**रामगीतामाला**–रचयिता-क्षेमकर्ण (दे.)। (बृ. इति. 7)।

**रामगीतावली**–रचयिता-रामगुलाम द्विवेदी (दे.)। (बृ.इति. 7)।

**रामगुणसागर**–रचयिता-प्रतापकुँवरि बाई (दे.)। (बृ.इति 7)।

**रामगुलाम द्विवेदी**–जन्मस्थान-असनी ग्राम (मिर्जापुर)। मृत्युकाल-सं. 1888। गुरु-परमहंस रामप्रसाद। रचनाएँ-कवित्तप्रबंध, दोहावली रामायण, बरवा रामकृष्ण सप्तक, रामगीतावली, रामविनय, रामस्तवराज, ललित नामावली, विनयनवपंचक, श्रीकृष्ण-पंचरत्न-पंचक, श्रीरामाष्टक, हनुमानाष्टक। (बृ.इति. 7, इति. शुक्ल, सा.को.)।

**रामचंगी**–एक तरह की तोप। उ.-''छुटै रामचंगी सु चंगी सुवंगी। गिरै लागि गोली मतंगी उतंगी।।''-वृं.ग्रं., स.स.रू., 164/279।

**रामचंद**–दे. राम। रामचंद्र। उ. (1)-''भूषण भनत त्यौं ही राव के मारिबे कौं रामचंद भयौ रघुकुल सरदार हैं।''-भू.ग्रं., शि.भू., परि., 395/202। उ. (2)-''यातें भजु दसरथनंद रामचंद जू कों आनँद को कंद कौसलेस रघुराय है।''-प. ग्रं., प्र.प., 16/240।

**रामचंद्र**–दे. राम। उ. (1)-''सीता सी कुमारी रामचंद्र से क्षितीस भुज बीस दससीस तिन आफतै घनी सही।।''-बो.ग्रं., वि.वा., 23/151। उ. (2)-''ब्रह्मादिक की बिनय तें हरन सकल भुवभार। सूरज-बंस कर्‌यो प्रगट रामचंद्र अवतार।।''-क. प्रि., 1/6।

**रामचंद्र**–समय-सं. 1840। रचनाएँ-चरणचंद्रिका। विव.-62 कवित्तों का भक्तिरसात्मक ग्रंथ। पार्वती जी के चरणों का अत्यंत काव्यात्मक और भक्तिरसपूर्ण वर्णन। (इति.शुक्ल)।

**रामचंद्र की सवारी**–रचयिता - महाराज विश्वनाथ सिंह (दे.)। (इति.शुक्ल)।

**रामचंद्र चंद्रिका**--रचयिता-केशवदास (दे.)। विव.-अयोध्या के रामचंद्र का विविध छंदों में वर्णन (इति.शुक्ल; बृ.इति. 6,7; सा.को..)।

**रामचंद्रभूषण**--रचयिता-गोप कवि (दे.)। विव.-अलंकार संबंधी ग्रंथ। (बृ.इति. 6)।

**रामचंद्र महिमा**--रचयिता-प्रतापकुवँरि बाई (दे.)। (बृ.इति. 7)।

**रामचंद्रविलास**--रचयिता-नवलसिंह कायस्थ (दे.)। (इति.शुक्ल)।

**रामचंद्राभरण**--रचयिता-गोप कवि (दे.)। विव.-अलंकार विवेचक ग्रंथ (बृ.इति. 6)।

**रामचंद्रोदय**--रचयिता-देवर्षि श्रीकृष्णभट्ट कवि कलानिधि (दे.)। (बृ.इति. 7)।

**रामचरणदास**--जन्म-सं. 1760। स्थान-प्रतापगढ़। रचनाएँ-अमृतखंड, अष्टयामसेवाविधि, काव्यश्रृंगार, कौशलेन्द्ररहस्य, चरणचिह्न, छप्पय रामायण, जयमाल संग्रह, झूलन, तीर्थयात्रा, दृष्टांतबोधिका, नामशतकपिंगल, रसमालिका, रामचरितमानस की टीका, रामनवरत्नसार संग्रह, रामपदावली, विरहशतक, विवेकशतक, वैराग्य शतपंचाशिका, सियारामरसमंजरी, सेवाविधि। (बृ. इति. 7)।

**रामचरितमानस की टीका**--रचयिता-रामचरणदास (दे.)। (बृ.इति. 7)।

**रामचरित्र कथा**--रचयिता-नरहरिदास (दे.)। विव.-काकभुशुंडि-गरुड़-संवाद। (बृ.इति. 7)।

**रामचरित्रमाला**--रचयिता-नागरीदास (दे.)। (बृ.इति. 7, स.सर्वे.)।

**रामचरित्र रत्नाकर**--रचयिता - सोमनाथ (दे.)। विव.-यह वाल्मीकि रामायण का अनुवाद है। (स.सर्वे.)।

**रामजनी**--रामजना जाति की स्त्री। रामजना जाति एक संकर जाति है जिसकी कन्याएँ वेश्यावृत्ति करती हैं। कई बातों में यह जाति गंधर्व जाति से मिलती-जुलती है, पर साधारणतः उससे नीची समझी जाती है। इस जति के लोग प्रायः राजस्थान, उत्तरप्रदेश तथा बिहार में पाए जाते हैं। केशवदास ने नायक-नायिका की सखियों की जातियों में इसकी गणना की हैं। ल.-''रामजनी संन्यासिनी पटु पटुवा की बाल। 'केसव' नायक-नायिका सखी करहिं सब काल।।''-र.प्रि., 12/2।

**रामजसचंद्रिका**--रचयिता-मंडन भट्ट (दे.)। (बृ.इति. 7)।

**रामजानकी स्तोत्र**--रचयिता-पं. उमापति त्रिपाठी 'कोविद' (दे.)। (बृ.इति. 7)।

**रामजीदास**--मोहनदास (दे.) (सं. 1707 में विद्यमान) के शिष्य। संप्रदाय-निरंजनी संप्रदाय। रचनाएँ-स्फुट। (बृ.इति. 7)।

**रामतत्त्वप्रकाश**--रचयिता-रामप्रपन्न (दे.)। (बृ.इति. 7)।

**रामतत्त्व सिद्धांतसंग्रह** -- रचयिता-रामशरणदास (दे.)। (बृ.इति. 7)।

**रामदान**--जन्म-सं. 1818। स्थान- जोधपुर। पिता-चरण फतहदान। आश्रयदाता-जोधपुर नरेश मानसिंह। रचनाएँ-भीमप्रकाश। (बृ.इति. 7)।

**रामदास**--वीरसिंह का एक सेवक। उ.-''राम सु रामसिंघ सो कही। साहि दई मोकौं यह सही। तब उन कही दिखावहु छाप। रामदास की राखहु थाप।।''-वी.च., 4/39।

**रामदासी वामन पंडित**--निधनकाल-सं. 1745। समर्थ रामदास के समकालीन। स्थान-वाई के निकट भोगाँव में समाधि (महाराष्ट्र)। रचनाएँ-स्फुट। (बृ.इति. 7)।

**रामदेव**--कवि केशवदास के आश्रयदाता गाहड़वार राजवंश में मधुकरशाह के पुत्र रामशाह जिनका समय 1592-1605 ई. है। उ.-''केसोदास रामदेव देस देस अरिदल, राजनि के देखिबे कों दूतै द्रिग दीने हैं।''-क.प्रि., 8/16।

**रामद्वार**--स्वर्ग। उ.-''गाढ़े गाढ़े गढ़पति काटे रामद्वार दै दै गाढ़े गाढ़े गढ़पति आने तरे कत्ता सों।''-भू.ग्रं., प्रकी., 530/235।

**राम द्विजराज**--परशुराम-''पौन बारिबाह पर संभु रतिनाह पर ज्यौं सहस्त्रबाहु पर राम द्विजराज है।''-भू.ग्रं., शि.भू., 50/137।

**रामध्वजाष्टक**--रचयिता-छत्रसाल (दे.)। (बृ. इति. 7)।

**रामनगर**–सूरत से 30 कोस दक्षिण कोली रियासत रामनगर। सलहेर लेने के बाद मोरोपंत ने इस पर आक्रमण किया था। यहाँ का राजा सोमशाह परिवार सहित चिकली (सूरत से 16-17 कोस दक्षिण) भाग गया। 19 जून, 1672 ई. को यह घटना घटी। थोड़े दिनों बाद जुलाई 1672 में मोरोपंत ने 15,000 सेना लेकर रामनगर ले लिया। सोमशाह भाकर दमन चला गया। उ.–''भूषन भनत रामनगर जवार तेरे बैर पूर बहे अरि-रुधिर-नदीन के।''-भू.ग्रं., शि.भू., 154/158।

**रामनवरत्नसारसंग्रह**–रचयिता-रामचरण-दास (दे.)। (बृ.इति. 7)

**रामनाथ**–राजा राजसिंह। एक विवरण के अनुसार ये ओरछा के गाहड़वार कवि केशवदास के आश्रयदाता राजवंश में पृथ्वीराज के पुत्र थे। दूसरे सूत्र के अनुसार ये सोहनपाल के पुत्र थे। उ.–''ऐसे लोकनाथ की त्रिलोकनाथ नाथनाथ, कैधौं जगनाथ रामनाथ जग जानियै।।''-क.प्रि., 11/33।

**रामनाथ**–भगवान् रूप दाशरथी राम (दे.) का नाम। उ. (1)–''सदा रामनामै ररै दीन बानी। चहूँ ओर हैं राकसी दुखखदानी।।''-रा.चं., 13/53। उ. (2)–''राम नाम जान्यो नहीं, भइ पूजा में हानि।''-र.वि., 245/25। उ. (3)–''बेद राखे बिदित पुरान परसिद्ध राखे रामनाम राख्यो अति रसना सुघर में।''-भू.ग्रं., प्रकी., 420/209। उ. (4)–''राम मेरे गुरु जप मेरे राम नाम हैं।''-ठाकुर, 2/1। उ. (5)–''रीती रामनाम तें रही जौ बिन काम तौ या खारिज खराब हाल खाल की खलीती है।''-प.ग्रं., जग., 599/205। उ. (6)–''ध्यायो रामरूप तब ध्याइबो रह्यों न कछू गायो रामनाम तब गाइबो कहा रह्यो।''-प.ग्रं., प्र.प., 10/239।

**रामनाममाला**–रचयिता-शंकरदास (दे.)। (बृ. इति. 7)।

**रामपदावली**–रचयिता-रामचरणदास (दे.)। (बृ.इति. 7)।

**रामप्रताप**–रचयिता- गोपालचंद्र मिश्र और माखन (पिता-पुत्र)। रचनाकाल-सं. 1770 के लगभग। (बृ.इति. 7)।

**रामप्रपन्न**–(मधुराचार्य, मधुप्रिया)-मधुरोपासक रामभक्त। स्थान - गलता, जयपुर, चित्रकूट। रचनाएँ-स्फुट। (बृ.इति. 7)।

**रामप्रसाद बिंदुकाचार्य**–अयोध्या की रसिक परम्परा के भक्त। जन्म-सं. 1760। स्थान-मलीहाबाद (लखनऊ)। पिता - पं. हीरामनि। रचनाएँ-शिक्षापत्री, गीता-तात्पर्य निर्णय (बृ.इति. 7)।

**रामप्रियाशरण 'प्रेमकली'**–रामभक्ति शाखा के रसिक संप्रदाय के भक्त। समय-सं. 1760। स्थान - माधौपुर (मिथिला)। महंत-जनकपुर। रचयिता-सीतायन। विव.-सातकांडों में लिखित सीताचरित्र। कांड हैं-बालमाल, मधुरमाल, जयमाल, रसमाल, सुखमाल, रसाल तथा चंद्रिकाकांड। (बृ. इति. 7)।

**रामप्रेम-सुख-सागर-पत्रिका**–रचयिता-प्रताप कुँवरि बाई (दे.)। (बृ.इति. 7)।

**रामभगति रस**–राम की भक्ति में मिलने वाला आनंद। उ.–''दास' नाम कुल ग्राम कहि रामभगतिरस मंडि।''-भि.ग्रं. 1, छंदा., 6/166।

**राममंत्रानिर्णय टीका**–रचयिता-महाराज विश्वनाथ सिंह (दे.)। (बृ.इति. 7)।

**राममाला**–रचयिता-रामसखे (दे.)। (बृ. इति. 7)।

**रामरंग**–रचयिता-काष्ठजिह्वास्वामी देव (दे.)। (बृ.इति. 7)।

**रामरक्षा**–श्रीराम का एक स्तोत्र जिसके कर्ता विश्वामित्र माने जाते हैं। विश्वास है कि इस स्तोत्र के मंत्रों से अभिमंत्रित किया हुआ व्यक्ति विशेष रूप से सुरक्षित रहता है। उ.–''लई रामरक्ष सबै हौं बचाय मुनि साखि। कंठ लगाय लई लपकि गीता के गृह राखि।।''-वि.गी., 17/39।

**रामरत्नाकर**–रचयिता-क्षेमकर्ण (दे.)। (बृ. इति. 7)।

**रामरस**–राम की भक्ति। उ.–''रामरस चंदन चढ़ाय अंग अंगन मैं नीति को तिलक बेंदी जस की दिये रहैं।।''-ठाकुर, 184/47।

**रामरसाइण**–रचयिता-रामसनेही पंथ के रामचरणदास (दे.)। (बृ.इति. 7)।

**रामरसायन**–रचयिता-पद्माकर (दे.)। विव. -बूँदी नरेश के कहने पर वाल्मीकि रामायण के कुछ कांडों का अनुवाद (बृ.इति. 7, स.सर्वे.)।

**रामरसार्णव**–रचयिता-दोल सिंह। (बृ.इति. 7)।

**रामरहस्य**–रचयिता-रत्नहरि (दे.)। (बृ. इति. 7)।

**रामरहस्य टीका**–रचयिता-महाराज विश्वनाथ सिंह (दे.)। (बृ.इति. 7)।

**राम-राम**–तारक मंत्र जिसे ऋषि आदि तपस्वी जप करते समय रटते हैं, रामनाम। उ.-''दरसन देत जिनि दरसन समझें न, नेति नेति कहैं वेद छाँडि और जुक्ति कों। जानि यह 'केसोदास' अनुदिन राम राम रटत रहत न डरत पुनरुक्ति को।।''-क.प्रि., 6/72।

**रामरासा**–रचयिता-देवर्षि श्रीकृष्ण भट्ट 'कवि कलानिधि' (दे.)। (बृ.इति. 7)।

**रामरासो**–रचयिता-खुमान मान कवि। रचनाकाल-सं. 1865 (बृ.इति. 7)।

**रामलगन**–रचयिता-काष्ठजिह्वास्वामी देव। (वृ.इति. 7)।

**रामललामे गीत**–रचयिता-रत्नहरि (दे.)। विव.-इस रचना में 6,000 पद हैं। (बृ.इति. 7)

**रामविनय**–रचयिता-रामगुलाम द्विवेदी (दे.)। (बृ.इति. 7)।

**रामविवाह खण्ड**–रचयिता - नवलसिंह कायस्थ। (दे.)। (इति.शुक्ल)।

**रामशरणदास**–जन्म-सं.1864। स्थान-पंडितपुरवा (अवध के तमसा उपकंठ में स्थित)। पिता-पं. रामस्वरूप ज्योतिषी। रचनाएँ-रामतत्त्व-सिद्धांत संग्रह, मैथिली रहस्य, पदावली। (बृ. इति. 7)।

**रामसंगीत**–रचयिता-पं. उमापति त्रिपाठी 'कोविद' (दे.)। (बृ.इति. 7)।

**रामसखे**–(माध्व संप्रदायानुयायी)-समय-विक्रम की 18वीं शती का प्रथम चरण। स्थान-जयपुर, अयोध्या, चित्रकूट। गुरु-उडुपी के आचार्य वसिष्ठ तीर्थ। रचनाएँ-द्वैतभूषण, पदावली, रूपरसामृतसिंधु, नृत्यराघवमिलन दोहावली, नृत्यराघवमिलन कवितावली, रास्यपद्धति, दानलीला, बानी, मंगलशतक, राममाला (बृ.इति. 7)।

**रामसतसई**–रचयिता- रामसहायदास (दे.)। (इति. शुक्ल)।

**रामसहस्रनाम**–रचयिता-कृपानिवास (दे.)। (बृ.इति. 7)।

**रामसहायदास**–समय-सं. 1901 में उपस्थित। स्थान-चौबेपुर, वाराणसी। पिता-लालभवानीदास। आश्रयदाता - काशिराज उदितनारायण सिंह। रचनाएँ - रामसतसई, वाणीभूषण, वृत्ततरंगिनी, ककहरा। (इति.शुक्ल)।

**रामसाह, रामसाहि**–कवि केशवदास के ओरछा के आश्रयदाता वंश में मधुकरशाह के पुत्र रामशाह जिनके भाई थे इंद्रजीत सिंह, वीरसिंह आदि। उ. (1)-''मधुकरसाह नरेस के इतने भए कुमार। रामसाह राजा भए तिनकें बृद्धि उदार।।''-क. प्रि., 1/30। उ. (2)-''जेठे रामसाहि रनधीर। गुनगन मन बल बुद्धि गँभीर।।''-वी.च., 2/40।

**रामसिंघ**–1. रामसिंह, एक राजपूत जिसने रामशाह को चुनौती दी थी। उ.-''राम सु रामसिंघ सो कही। साहि दई मोकौं यह सही।।''-वी.च., 4/39।

2. जयपुराधीश महाराज जयसिंह के पुत्र का नाम। उ.-''ठान्यौ न सलाम भान्यौ साह को इलाय मान्यौ धाम धूम कै न रामसिंह हू को बरजा।।''-भू. ग्रं., शि.भू., 179/162। दे. रामसिंह-1।

3. कवि केशवदास के आश्रयदाता राजवंश में उत्पन्न राजा पृथवीराज के पुत्र जिनका समय 1339-1375 ई. मान जाता है। उ.-''रामसिंघ राजा भए तिनकें सूर समान। रामचंद्र तिनकें भए राजा चंद्र समान।।''-क.प्रि., 1/12।

**रामसिंघ**–दे. सौमनाथ।

**रामसिंह**–1. जयपुरनरेश जयसिंह के पुत्र का नाम। इन्होंने आगरे में बंदी शिवाजी की सहायता की थी। उ.-''अब औरंगजेब पायो रामसिंह जू सों औरो दिन दिन पैहे कूरम के साने सों।''-भू.ग्रं., प्रकी., 535/236।

2. रामसिंह हाड़ा। उ.-"दे फरमानहि यह कही पहुँचैं उनके पास। जुलफिकार खाँ रामसिंह उन उपजै बिसवास।।"-वृं.ग्रं., स.स.रू., 94/272।

**रामसिंह हाड़ा**—दे. रामसिंह-2। उ.-"रामसिंह हाड़ा हठी सुत किसोर सिरदार।।"-वृं.ग्रं., स.स.रू. 44/266।

**रामसुजसपचीसी**—रचयिता-प्रतापकुवँरि बाई (दे.)। (बृ.इति. 7)।

**रामस्तवराज**—रचयिता-रामगुलाम द्विवेदी (दे.)। (बृ.इति. 7)।

**रामहरि**—(हरिराम का उपनाम)-स्थितिकाल-सं. 1832-1835 के आसपास। रचनाएँ-ध्यानरहसि (सं. 1820), बुद्धिविलास (सं.1832), सतहसी (सं. 1833), लघुनामावली (सं. 1835), लघु शब्दावली (सं. 1834), बोधबावनी (सं. 1834), प्रेमपत्री तथा रसपचीसी (अज्ञात)। विव.-सतहंसी में यमक का चमत्कार। लघुनामावली और लघुशब्दावली में कोशात्मक विषय। प्रेमपत्री-गोपियों द्वारा श्रीकृष्ण को लिखी गई पत्रिका। रसपचीसी-नायिका के कुछ गुण। (बृ.इति. 7)।

**राम हाड़ा**—दे. रामसिंह-2। रामसिंह हाड़ा। उ.-"इहाँ राम हाड़ा लरे कामि आयो। चितैं रूप रंभा विमान चढ़ायौ।।"-वृं.ग्रं., स.स.रू., 175/281।

**रामा छंद**—षट्कल अर्थात् छः मात्राओं का छंद है। क्रम है (।। )। उ.-"जग माहीं। सुख नाहीं। तजि कामै। भजि रामै।।"-भि.ग्रं. 1, छंदा., 31/184।

**रामायण**—रचयिता-महाराज विश्वनाथ सिंह (दे.)। (इति.शुक्ल)।

**रामायण परिचर्या** – रचयिता - काष्टजिह्वास्वामी (दे.) (बृ.इति. 7)।

**रामायण सुमिरनी**—रचयिता - नवलसिंह कायस्थ (दे.)। (इति.शुक्ल)।

**रामायण सूचनिका**—रचयिता-देवर्षि श्री कृष्ण भट्ट 'कवि कलानिधि (दे.)। (बृ.इति. 7)।

**रामायण सूचनिका**—रचयिता-रसिक गोविंद (दे.)। विव.-रामायण की संक्षेप में कथा (इति. शुक्ल)।

**रामालंकार**—रचयिता-गोप कवि (दे.)। विव.-अलंकार विषयक ग्रंथ (बृ.इति. 6)।

**रामालंकृत मंजरी**—(संदिग्ध)-रचयिता-कवि केशवदास (दे.)। (बृ.इति.)।

**रामावतार के कवित्त**—रचयिता-छत्रसाल (दे.)। (बृ.इति. 7)।

**रामाश्वमेध**—रचयिता-मधुसूदन दास (दे.)। विव.-राम के अश्वमेध यज्ञ से संबंधित युद्ध आदि सभी घटनाओं का वर्णन (इति.शुक्ल)।

**रामाश्वमेध**—रचयिता-संतसिंह (दे.)। (बृ. इति. 7)।

**रामाष्टक**—रचयिता-गिरिधरदास (दे.)। (इति. शुक्ल)।

**रामाष्टक**—रचयिता-ग्वाल (दे.)। (सा.को.)।

**रायगढ़**—महाराष्ट्र का एक दुर्ग विशेष जिसमें शिवाजी निवास करते थे। उ. (1)-"दच्छिन के दुग्ग जिति दुग्ग-सहाय-बिलास, सिब-सेवक सिव गढ़पती कियौ रायगढ़ वास।।"-भू.ग्रं., शि.भू., 14/130। उ. (2)-"मनिमय महल सिवराज के इमि रायगढ़ में राजहीं। लखि लच्छ किंनर सुर असुर गंधरब हौसनि साजहीं।।"-भू.ग्रं., शि.भू., 16/131।

**रायगोविंद**—पुहपावती के राजा गोविंदचंद्र। उ.-"आन राय गोविंद की सुनी माधवा विप्र। देस हमारो छोड़िकै जात रहौ तुम क्षिप्र।।"-बो.ग्रं., वि. वा., 7/77।

**रायचंद्रिका**—रचयिता-बख्शी हंसराज (दे.)। (इति.शुक्ल)।

**राय दुग्ग**—दे. रायगढ़। उ.-"इमि रायदुग्ग राजत रुचिर सुखदायक सिवराज कहिं।।"-भू.ग्रं., शि.भू., 23/132।

**राय प्रबीन**—प्रवीण राय। इंद्रजीत सिंह (दे.) की वेश्या या उनकी सभा की नर्तकी, जिसे केशवदास ने काव्य की शिक्षा दी थी और इसी की शिक्षा के लिए केशवदास ने 'कविप्रिया' नामक ग्रंथ की रचना की थी। उ. (1)-"राय प्रबीन प्रबीन अति, नवरंगराय सुबेस।"-"तंत्री तुंबुरु सारिका युद्धसरन सों लीन। देवसभा सी सोभिजै, राय प्रबीन प्रबीन।।" "सत्या रायप्रबीन जुत, सुरत'ह सुरतरु

गेह। इंद्रजीत तासों बँधे, 'केशवदास' हि देह।।''-क. प्रि., 1/43, 45, 46। उ. (2)-''नाचति गावति पढ़ति सब सबै बजावति बीन। तिनमें करति कबित्तइक, रायप्रबीन प्रबीन।।''-क.प्रि., 56-61।

**रावतचरित्र**--रचयिता-मंडन भट्ट (दे.)। (बृ. इति. 7)।

**रावन**--दे. राबन। लंका का प्रसिद्ध राजा जो राक्षसों का नायक था और जिसे युद्ध में भगवान् राम (दे.) ने मारा था। इसके नाम का अर्थ है-'रुलाने वाला'। विष्णु से लंका में पराजित हुए राक्षसों में सुमाली नाम का एक राक्षस था, जिसकी कन्या कैकसी अत्यन्त रूपवती थी। विष्णु से प्रतिशोध लेने के लिए पराक्रमी पुत्र हेतु सुमाली ने कैकसी को पुलस्त्य के पुत्र विश्रवा के पास भेजा। इस प्रकार पहला उत्पन्न भयंकर क्रूर पुत्र रावण था, जिसके दस सिर थे। इसके बाद विश्रवा के द्वारा कैकसी के गर्भ से कुंभकर्ण और विभीषण नाम के दो पुत्र और शूर्पणखा नाम की एक कन्या हुई। अपने वैमात्रेय कुबेर को देखकर उसी के समान संपन्न और तेजवान् बनने के लिए रावण ने अपने भाइयों के साथ घोर तपस्या की। फिर भी सिद्धि न मिलने पर इसने अपने दसों सिर काट कर अग्नि में डाल दिये। इस पर प्रसन्न होकर ब्रह्मा ने इसे वर दिया कि दैत्य, दानव, यक्ष आदि में से कोई भी उसे न मार सकेगा। तब सुमाली के कहने पर रावण ने लंका पर अधिकार कर लिया और उस समय के लंका के अधिपति कुबेर विश्रवा के कहने पर लंका छोड़कर कैलाश चले गए। रावण ने मय दानव की कन्या मंदोदरी से विवाह कर लिया, जिससे मेघनाद का जन्म हुआ। ब्रह्मा के वर के प्रभाव से रावण ने इंद्र, कुबेर, यम आदि को परास्त कर तीनों लोकों को जीत लिया। इसने फिर अपना नाम सार्थक किया और लोगों की कन्याओं और पत्नियों का हरण करने लगा। एक बार सहस्रार्जुन ने इसे पराजित कर बंदी बना लिया था और पुलस्त्य के कहने पर छोड़ा था। वानरराज बालि से भी यह बुरी तरह परास्त हुआ। इसने वनवास के समय अयोध्या के राम की पत्नी सीता का छलपूर्वक अपहरण किया। तब राम (दे.) ने सेतु बाँध कर लंका पर चढ़ाई कर दी। युद्ध में यह राम के हाथों मारा गया। (हिं.श.सा., पौ.को.)। उ. (1)-''इंद्र जिमि जंभ पर बाड़व ज्यौं अंभ पर राबन सदंभ पर रघुकुलराज है।''-भू.ग्रं., शि.भू., 50/137। उ. (2)-''कहँ हैं जु रघु, रावन कहाँ कहँ राम, कहँ हरिचंद हैं।।''-प.ग्रं., हि.ब.बि., 108/16। उ. (3)-''जारि डारौं लंकहि उपारि डारौं उपबन फारि डारौं रावन कौं तौ मैं हनुमंत हौं।''-प.ग्रं., जग., 683/223।

**राव बुद्ध**--बूँदी नरेश हाड़ा बुद्ध राव। उ.-''उगिलत आसौ तऊ सुकल समर बीच राजै राव बुद्ध-कर बिमुख परै नहीं।''-भू.ग्रं, प्रकी., 538/237।

**रावल**--नाथपंथी योगियों का एक वर्ग विशेष जो 'रावल पंथ' के नाम से प्रसिद्ध है। उ.-''रावल जोगी ह्या लगत नित फेरी दै जांन। पल षप्पर भरचहतु है लाल रूप कौ दांन।।-रस., रतन., 605/124।

**रावल चरित्र**--रचयिता-मंडन भट्ट (दे.)। (बृ.इति)।

**रास**--एक प्रकार का गोपजातीय नृत्य जिसमें बहुत से स्त्री-पुरुष एक साथ मंडल बाँधकर नाचते हैं। कार्तिकी पूर्णिमा या शरदपूर्णिमा की अर्धरात्रि के समय श्रीकृष्ण के द्वारा गोपिकाओं के साथ की गई रसमयी क्रीड़ा इसके मूल में है। बाद में इसके साथ कई प्रकार के पूजनादि की क्रिया भी सम्मिलित हो गई। इसका एक नाट्य रूप भी है, जिसमें श्रीकृष्ण की गोपियों और गोपबालों के साथ की गई क्रीड़ाओं तथा दूसरी लीलाओं का अभिनय होता है। उ. (1)-''गोपिनु संग निसि सरद की रमत रसिकु रस-रास। लाइछेह अति गतिनु की सबनु लखे सब-पास।।''-बि.र., 291/137। उ. (2)-''भरी भाँवरैं साँवरे रास रसिक रस जान। तिनहीं में मनु भँवतु है ह्वै बाँडर को पान।।''-मति., सत., 286/392। उ. (3)-''मौहन रास न आवतौ नैकु सरद कौ रास। होती कहुँ बृषभान की जौन न राधिका पास।।''-रस.रतन., 662/131। उ.

(4)-''ग्वालि गरबीली कै गुपाल को सुबस रस रास में रची है त्यों नचाय निज नैन हीं।।''-प.ग्रं., जग., 525/190।

**रास के कवित्त**–रचयिता-नागरीदास (दे.)। (बृ.इति. 7)।

**रासपंचाध्यायी**–रचयिता - रत्नहरि (दे.)। (बृ.इति. 7)।

**रासपंचाध्यायी**–रचयिता- नवलसिंह कायस्थ (दे.)। (इति..शुक्ल)।

**रासबिहारी**–दे. रास। रास में बिहार करने वाले श्रीकृष्ण। उ.-''जान महा, सहजै रिझवार उदार, बिलास मैं रासबिहारी।''-घ.क., 149/103।

**रासमंडल**–दे. रास। उ. (1)-''कहैं पदमाकर अखंड रासमंडल पै मंडित उमंड महा कालिंदी के तट पै।''-प.ग्रं., जग., 388/164। उ. (2)-''कहैं पदमाकर त्यों करत कलोल लोक आवरत पूरे रासमंडल की पाई सी।''-प.ग्रं., गं.ल., 46/270।

**रास रस**–दे. रास। रास का आनंद। उ. (1)-''नबरंगी तन रास रस गोपिन संग संगीत। गावन मैं संगीत के गीतन मैं हरिगीत।।''-वृं,ग्रं, य.स., 371/235। उ. (2)-''फिर अखंड बृंदाबन अजहूँ रहत रासरस भीनो।''-वो.ग्रं., वि.वा., 18/30।

**रासरसलता**–रचयिता-नागरीदास (दे.)। (बृ. इति. 7)।

**रासरहस्य**–रचयिता-सुंदरि कुँवरि बाई (दे.)। (बृ.इति. 7)।

**रासलीला**–रचयिता - सुरति मिश्र (दे.)। (सा.को., स.सर्वे.)।

**रासा भइया बहादुर सिंह का**–रचयिता-शिवनाथ कवि बंदीजन। (बृ.इति. 7)।

**रास्यपद्धति**–रचयिता - रामसखे (दे.)। (बृ. इति. 7)।

**राहु**–पुराणों के अनुसार नौ ग्रहों में से एक जो विप्रचित्ति के वीर्य से सिंहिका के गर्भ से उत्पन्न हुआ था। पौराणिक कथा के अनुसार समुद्रमंथन से निकले अमृत को इसने देवताओं की पंक्ति में छिपकर पी लिया था। सूर्य और चंद्रमा ने इसके कृत्य को जान लिया और विष्णु से कह दिया। विष्णु ने चक्र से इसका सिर काट दिया किंतु अमृतपान के कारण यह मर कर भी मस्तक राहु और धड़ केतु के रूप में जीवित रहा। तब से सूर्य और चंद्र से इनका वैरभाव बना हुआ है, जो 'ग्रहण' के रूप में प्रकट हुआ माना जाता है। (पौ.को.)। उ.-''चंदन हीं विष कंद है 'केसव' राहु इहीं गुन लीलि न लीनो।''-र.प्रि., 8/31। उ. (2)-''इक अंग चर्चित चारु चंदन चंद्रिका तजि चंद कों। जनु राहु के भय से वहीं राघुनाथ आनंदकंद कों।''-रा.चं., 6/60। उ. (3)-''म्रिगमद बिंदू कहत हूँ बलि यहि मति कबहूँ गहि लेइ।।''-ज.ग्रं., दोवा, 44/77।

**रिखि**–ऋषि। वेद मंत्रों का प्रकाश करने वाजा। मंत्रद्रष्टा। श्रुति, सत्य और तप में पूर्ण निरत मंत्रद्रष्टा। दिव्य दृष्टि संपन्न। वेदों की ऋचाओं का साक्षात्कार करने वाला व्यक्ति। ऋषियों की सात कोटियाँ मानी गई हैं-1. महर्षि (जैसे व्यास), 2. परमर्षि (जैसे भेल), 3. देवर्षि (जैसे नारद), 4. ब्रह्मर्षि (जैसे वसिष्ठ), 5. श्रुतर्षि (जैसे सुश्रुत), 6. राजर्षि (जैसे ऋतुपर्ण), 7. कांडर्षि (जैसे जैमिनि)। कल्पांत प्रलयों में वेदों को सुरक्षित रखने वाले ऋषियों का भी एक पद विशेष है। विभिन्न मन्वंतरों के ऋषि भी अलग अलग हैं, जैसे-वैवस्वत मन्वंतर के सप्तर्षि - कश्यप, अत्रि, वसिष्ठ, विश्वामित्र, गौतम, जमदग्नि और भरद्वाज। स्वायंभुव मन्वंतर के सप्तर्षि - मरीचि, अत्रि, अंगिरा, पुलस्त्य, पुलह, क्रतु,वशिष्ठ। ऋषियों की कोटियों के कुछ भिन्न नाम भी मिलते हैं- परमर्षि, ऋषिता, महर्षि, ऋषिक, ऋषिपुत्रक, श्रुतर्षि और ऋषिजाति। यह कहा जाता है कि ऋषियों का अवतरण कृष्णावतार में गौ के रूप में हुआ था। (हिं.श.सा., पौ.को., हिं.ध.को.)। उ.-''बेदन के भेदन तें अज इस जापन तें रिखि मुनि तापन तें कैयक बपुख की।।''-ठाकुर, 4/62।

**रितुराज**–ऋतुराज। ऋतुओं का राजा वसंत। उ. (1)-''जहाँ तहाँ रितुराज में फूले किंसुक जाल। मानहु मान मतंग के अंकुस लोहू लाल।।''-

मति., सत., 96/376। उ. (2)-''हौ घनआनँद जान कहाँ रितुराज भयौ रतिराज सहायक।''-घ. क., 176/116। उ. (3)-''औरै भाँति विहगसमाज में अवाज होति ऐसे रितुराज के न आज दिन द्वै गए।''-प.ग्रं., जग., 381/161।

**रिद्धि**--1. दे. गाहा छंद। आर्या छंद का एक भेद, जिसमें 26 गुरु और 5 लघु होते हैं।

2. समृद्धि। उ.-''मदरव मत्त मिलिंद गन गान मुदित गनगाथ। सुमिरत कबि मतिराम के सिद्धि रिद्धि निधि हाथ।।''-मति., सत., 392/401।

**रिषिराज**--दे. रिखि। ऋषिराज। ऋषियों का राजा या श्रेष्ठ ऋषि। उ.-''अगस्ति रिषिराजजू बचन एक मेरो सुनौ। प्रसस्त सब भाँति भूतल सुदेस जी में गुनौ।''-छं.मा., 1/58।

**रिष्यमूक पर्वत**--दक्षिण में पंपासर के पास एक पर्वत जिस पर वनवास के समय राम ने चौमासा व्यतीत किया था। सुग्रीव यहाँ के राजा थे और ये राम के मित्र बन गये थे। यही मतंग ऋषि का आश्रम था। (हिं.श.सा., पौ.को.)। उ. (1)-''रिष्यमूक पर्वत गए 'केसव' श्री रघुनाथ। देखे वानर पंच बिभु मानो दक्षिन हाथ।।''-रा.चं., 12/51। उ. (2)-''सोभा के सागर में बसै। बर मैनाक सैल सो लसै। एनन जूथ कहूँ जगमगै। रिष्यमूक पर्वत सो लगै।।''-वी.च., 24/3।

**रीवाँ**--मध्यप्रदेश के क्षेत्र विशेष और नगर का नाम। उ.-''देवगढ़ चाँदा गढ़ा-मंडला उज्जैन रीवाँ साम्हर सिरोज अजमेर लौं निहारो जोइ।''-बो. ग्रं., वि.वा., 18/23।

**रुंज**--चमड़े से मढ़ा एक प्राचीन वाद्य उ.-''कहि 'केसव' जे मध्य के दास। कीने सब दरसन की आस। सहनाई सुनियत सुकुमार। रुंज पखावझ आवझ तार।।''-वी.च., 21/33।

**रुकम**--विदर्भ देश के राजा भीष्मक का बड़ा पुत्र और रुक्मिणी का भाई जिसने रुक्मिणी का श्रीकृष्ण द्वारा हरण किये जाते समय उनसे युद्ध कर उन्हें मार डालने और तब तक घर न लौटने की प्रतिज्ञा की थी। युद्ध में यह पराजित हुआ और कुंडिननगर लौट कर नहीं गया। विदर्भ में ही भोजकट नामक एक दूसरा नगर बसाकर रहने लगा। (हिं.श.सा., पौ.को.)। उ.-''जासो पहुँच न पाइये तासों बहस न ठान। गई प्रतिस्ठा रुकम की फिर न बसे पुर आन।।''-वृं.ग्रं., नी.स., 629/107।

**रुकमनि**--श्रीकृष्ण की पटरानियों में सबसे बड़ी और पहली जो विदर्भ देश के राजा भीष्मक की कन्या थी। दोनों एक दूसरे के रूप-गुण को सुनकर परस्पर आसक्त थे। रुक्मिणी की अनुरक्ति की सूचना श्रीकृष्ण को और श्रीकृष्ण की अनुरक्ति की सूचना रुक्मिणी को थी। कंसहंता श्रीकृष्ण से उसका भाई रुक्मी (दे. रुकम) द्वेष करता था। जरासंध ने भीष्मक से रुक्मिणी का विवाह शिशुपाल से करने के लिए कहा था। भीष्मक सहमत हो गए। विवाह के समय श्रीकृष्ण बलराम के साथ वहाँ पहुँच गए। विवाह के एक दिन पूर्व रथ पर चढ़कर इंद्राणी पूजन करने गई रुक्मिणी का लौटते समय श्रीकृष्ण ने हरण किया और अपने रथ पर बैठा कर ले चले। शिशुपाल आदि अनेक विरोधी राजाओं को उन्होंने परास्त किया। आगे बढ़ने पर नर्मदा के तट पर रुक्मी ने भीषण युद्ध किया जिसे श्रीकृष्ण ने मूर्छित और परास्त किया और द्वारका पहुँचे। विवाहोपरांत रुक्मिणी से दस पुत्र और एक कन्या हुई। पुराणों के अनुसार रुक्मिणी लक्ष्मी का अवतार मानी गई है। पुत्रों के नाम थे-प्रद्युम्न, चारुदेष्ण, सुदेष्ण, चारुदेह, सुषेण, चारुगुप्त, भद्रचारु, चारुविंद, सुचारु, चारु। पुत्री का नाम था चारुमती। (हिं. श.सा., पौ.को)। उ.-''हरबर बरुत कृस्न पिय रुकमनि हरिवर आइ। हरबर बारी अंबिका पूजी हरबर पाइ।।''-वृं.ग्रं., य.स., 530/247।

**रुक्का**--छोटा पत्र या चिट्ठी। पुरजा। पर्चा। उ.-''कर कागद लै लेखनी रुक्का लिखो बनाय।।''-बो. ग्रं., वि.वा., 61/127।

**रुक्मराय**--बोधाकवि कृत विरह वारीश में भारत के दक्षिण भाग में रेवा तट पर बसे प्रभावती नगर के राजा का नाम। उ.-''दाक्षन दिसि परभावती नगरी रेवातीर। रुक्मराय भूपति तहाँ चक्रपानि मति धीर।।''-बो.ग्रं., वि.वा., 55/41।

**रुक्मवती छंद**–इस छंद में मात्राक्रम है (ऽ।ऽ ऽऽ ।। ऽऽ)। ल.-रग्गनो कर्नो सगनो गो। जानिये सो रुक्मवती हो। उ.-''सो रही, ना एक रती जू। लंक ही, जो रुक्मवती जू।।''-भि.ग्रं. 1, छंदा., 2, 3/247।

**रुक्मिणी मंगल**–रचयिता-नवलसिंह कायस्थ (दे.)। (इति.शुक्ल)।

**रुक्मिनि**–दे. रुकमनि। रुक्मिणी। उ. (1)-''हरि रुक्मिनि हरि लै गयो देखत रहे सिपाह।।''-वृं.ग्रं., नी.स., 572/103। उ. (2)-''जो लायक जिहि होय सो ताही ठौर मनोग। चंदेरीपति क्यों बरै रुक्मिनि श्रीहरि जोग।।''-वृं.ग्रं., नी. स., 680/111।

**रुद्र**–1. भयानक रूप वाला। भयंकर। उ.-''भय स्वरूप बाराह रुद्र नरसिंह बखानी।।''-बो. ग्रं., वि.वा., 44/155।

2. शिव के एक रूप का नाम जो गणदेवता के रूप में भी मान्य है। इनकी उत्पत्ति सृष्टि के आरम्भ में ब्रह्मा की भौंहों से हुई थी। ये क्रोध रूप माने जाते हैं। कूर्म पुराण के अनुसार बहुत तपस्या करने पर भी जब ब्रह्मा सृष्टि न कर सके तब उन्हें अत्यन्त क्रोध हुआ और आँखों से आँसू निकलने लगे। उन्हीं आसुओं से भूतों और प्रेतों की सृष्टि और मुख से एकादश रुद्र (अज, एकपाद, अहिब्रघ्न, महेश्वर, वृषाकपि, शंभु, हरण और ईश्वर) उत्पन्न हुए। उत्पन्न होते ही जोर-जोर से रोने के कारण इनका नाम रुद्र पड़ा। गरुड़ पुराण में एकादश रुद्रों के कुछ भिन्न नाम मिलते हैं। शिव ने कामदेव को भस्म करते समय तथा दक्ष के यज्ञ का ध्वंस करते समय यह रूप धारण किया था। सृष्टि का ध्वंस करने वाले रुद्र या महाकाल की उपासना शंकर की ही उपासना मानी जाती है। (हिं.श.सा., पौ.को.)। उ. (1)-''लागति लपकि कंठ बैरिन के नागिन सी रुद्रहि रिझावै दै दैं मुंडन की माल कों।''-भू.ग्रं., प्रकी., 522/232। उ. (2)-''अवगुन करता और ही देत और कौं मार। जो पहुँचे नहिं रुद्र कौ जारत बिरहिनि मार।।''-वृं.ग्रं., नी.स., 77/64। उ. (3)-''सुभ-डील सील समुद्र है घमसान में जनु रुद्र है।''-प.ग्रं., हि.ब.बि., 7/6।

**रुद्र रस**–रौद्र रस। ल.-जब कबित्त में आनि के क्रोध व्यंगि ठहराइ। ताहि रुद्र रस कहत है सबै सुकबि सुख पाइ।।-सो.ग्रं. 1, र.पी.नि., 6/138।

**रुद्राष्टक**–रचयिता-पं. उमापति त्रिपाठी (दे.)। (बृ.इति. 7)।

**रुपिया**–मुगल काल तथा ब्रिटिश काल में प्रयुक्त होने वाला चाँदी का एक सिक्का। ब्रिटिश काल का सिक्का चाँदी का सबसे बड़ा सिक्का था, जो सोलह आने (चौसठ पैसे) का होता था। यह तौल में दश माशे का होता था। आजादी के बाद इसमें चाँदी का अंश बहुत कम हो गया। अब इसमें 100 नए पैसे होते हैं। उ.-''जासों परिचै होय सो पावै तिहि उनमान। रुपिया कौं खोटौ खरौ कैसैं कहे अजान।।-वृं.ग्रं., नी.स., 384/88।

**रुपैयन, रुपैया**–दे. रुपिया। उ. (1)-''दै दस-पाँच रुपैयन कों जग कोउ नरेस उदार कहायौ।''-भू.ग्रं., शि.भू., 177/162। उ. (2)-''कुटिल अलक घुटि परत मुख बढ़िगौ इतो उदोतु। बंक बकारी देत ज्यौं दामु रुपैया होतु।।''-बि.र., 442/203। पहले भारतीय पद्धति से रुपया लिखने की पद्धति में बकारी दी जाती थी। अंक लिख कर उसकी दाहिनी ओर बकारी लगा देने से वह अंक रुपये का बोधक हो जाता था।

**रुमांच**–दे. रोमांच। उ. (1)-''अभीलाषनि लाखनि भाँति भरीं बरुनीन रुमांच ह्वै काँपति हैं।''-घ.क., 162/110। उ. (2)-''प्रथम रुमांचादिक तहाँ भाषत कबि अनुभाव। धृति मति हरषादिक कहै सुभ संचारी भाव।।''-प.ग्रं., जग., 726/232।

**रुस्तम**–रुस्तमे जमाँ, जिसे शिवाजी ने पन्हाले में हराया था। उ.-''देखत में रुस्तम को छिन में खराब कियो सलहेर-संगर की आवत अवाज है।''-भू.ग्रं., प्रकी., 436/213।

**रुस्तमें जमान**–रुस्तमे जमाँ-इसका वास्तविक नाम 'रनदौला' था, रुस्तमे जमाँ उपाधि थी। यह बीजापुर राज्य के दक्षिणी-पश्चिमी कोने का सूबेदार था। किनारे पर रत्नगिरि से लेकर गोआ (पुर्तगाली

भारत), कारवार और मीरज तथा दूसरी ओर रत्नगिरि जिले का दक्षिणी भाग, बेलगाँव, कोल्हापुर, धारवार तथा मनारा (उत्तरी भाग) इसके अधीन थे। उसकी राजधानी मीरज थी। अफ़जलखाँ के मारे जाने पर इसने शिवाजी पर चढ़ाई की। पन्हाला के पास शिवाजी ने रुस्तमे जमाँ तथा फजलखाँ (अफजल खाँ के पुत्र) की महती सेना को 28 दिसम्बर, 1659 ई. को हराया। उ.-''अफलज खान रुस्तमैं जमान फत्तेखान कूटे लूटे हूटे जे उजीर बीजापुर के।''-भू.ग्रं., शि.भू., 221/170।

**रुहिलन**--रुहेला। पठानों की एक जाति। जो प्रायः रुहेलखंड में बसी हुई है। उ.-''गोडवानो तिलगानो फिरगानो करनाट रुहिलानो रुहिलन हिये हहरत हैं।''-भू.ग्रं., प्रकी., 433/212।

**रुहिलानो**--दे. रुहिलन। रुहेलखंड। अवध के उत्तर-पश्चिम में पड़ने वाला एक प्रदेश या क्षेत्र जहाँ रुहेले पठान बसे थे। उ.-''गोडवानो तिलगानो फिरगानो करनाट रुहिलानो रुहिलन हिये हहरत हैं।''-भू.ग्रं., प्रकी., 433/212।

**रूढ़ि लक्षणा**--लक्षणा शब्दशक्ति के दो भेदों (रूढ़ि और प्रायोजनवती) में से एक। रूढ़ शब्द की वह शक्ति मुख्य अर्थ का बोध होने पर जगत् में प्रसिद्ध वचन के द्वारा जो अर्थ द्योतन करती है, रूढ़ि लक्षणा कही जाती है। ल.-मुख्य अर्थ को बोध पै जग में वचन प्रसिद्ध। रूढ़ि लक्षणा कहत हैं, ताको सुमति-समृद्ध।। उ. (1)-''फलीसकल मनकामना, लूट्यो अगनित चैन। आजु अचै हरिरूप सखि, भए प्रफुल्लित नैन।।''-भि.ग्रं. 2, का.नि., 23-24/8-9। उ. (2)-''लाए निरगुन जोग तुम ऊधौ अति चित चेति। करी वही छतियाँ इहाँ हम हरि गुन लिखि लेति।।'' 'केरी' और 'वही' ए रूढ़ि हैं।''-सो.ग्रं. 1, र.पी.नि., 25/44।

**रूप**--1. दर्शन के अन्तर्गत आकार और तद्गत विवरण जिससे वस्तु या व्यक्ति की पृथकता की पहचान होती है। उ. (1)-''नाम रूप ए दोय तूँ मिथ्या मन मैं जानि।।''-ज.ग्रं., आ.वि., 97/124। उ. (2)-''गुरु और सिष्य नाँहि नाम रूप बिस्बनाहीं, उतपति प्रलै नाँही बंध मोछ्छ है कहाँ।।-ज.ग्रं., अ.प्र., 25/142। उ. (3)-''इहिं बिधि करि ए जानि तूँ असैं सुध्ध सुरूप। रूप प्रतछ बाकैं सबैं अपनौं नाहिन रूप।।''-जग.ग्रं., अ.सि., 76/149।

2. वह शारीरिक गुण-वैशिष्ट्य जिसके आधार पर नायिका अथवा नायक एक दूसरे को आकर्षित करते हैं अथवा गर्व करते हैं। उ. (1)-''रूप प्रेम अभिमान सों दुबिधि गर्बिता जानि।''-ज.ग्रं., भा.भू., 21/10।

3. चक्षुरिंद्रिय का विषय रूप, जो किसी पदार्थ का गुण विशेष होता है। उ.-''अरथ बिनु पार। बिना अरथहूँ सब्द जे ब्रह्म ब्रह्म निरधार।।''-ज. ग्रं., अ.सि., 84/150।

**रूपक**--एक अर्थालंकार जिसमें उपमेय में उपमान के साधर्म्य का आरोप करके उसका वर्णन उपमान के रूप से या अभेद रूप से किया जाता है। सामान्यतया इसके तद्रूप और अभेद नाम के दो भेद माने जाते हैं। जिसमें उपमेय का वर्णन उपमान रूप से होता है, उसे तद्रूप रूपक कहते हैं और जिसमें दोनों की अभेदता का वर्णन होता है, उसे अभेद रूपक कहते हैं। केशवदास ने रूपक अलंकार के अद्‌भुत, विरुद्ध और रूपक-रूपक नाम के तीन भेद माने हैं। 1. अद्‌भुत रूपक ल.-सदा एकरस बरनियै और न जाहि समान। अद्‌भुत रूपक कहत हैं, तासो बुद्धिनिधान।। विरुद्ध रूपक ल.-जहँ कहियै अनमिल कछू, सुमिल सकल विधि अर्थ। सो बिरुद्ध रूपक कहें 'केसव' बुद्धिसमर्थ।। रूपक-रूपक ल.-रूप भाव जहँ बरनियै, कौनिहु बुद्धि बिबेक। रूपक रूपक कहत कवि 'केसवदास' अनेक।।-क. प्रि., 13/12, 17, 19।

2. मतिराम ने दोनों रूपकों के तीन भेद निरूपित किये हैं। ल.-बरनत बिषयी बिषय कौं करि अभिन्न तद्रूप। अधिक हीन सम उक्ति सों रूपक त्रिविध अनूप।। ये भेद निम्नलिखित हैं-क. 1. समोक्ति अभिन्न रूपक, 2. हीनोक्ति रूपक, 3. अधिकोक्ति अभिन्न रूपक। ख. 4. समोक्ति तद्रूप रूपक, 5. हीनोक्ति तद्रूप रूपक, और 6. अधिकोक्ति तद्रूप रूपक। मति., ल.ल., 68-74/310-312।

3. भूषण ने केवल दो भेदों का उल्लेख किया है। ल.-जहाँ दुहुन कौं भेद नहिं बरनत सुकबि सुजान। रूपक भूषन ताहि कौं भूषन कहत प्रमान।। घट बढ़ जहिं बरनन करत करिकै दुहुन अभेद। भूषन कबि औरौ कहत द्वै रूपक के भेद।।-भू. ग्रं., शि.भू., 56/138।

4. ल.-है रूपक द्वै भाँति को मिलि तद्रूप अभेद। अधिक न्यून सम दुहुँन के तीनि-तीनि ये भेद।।-ज.ग्रं., भा.भू., 52/20।

5. ल.-उपमेय'रु उपमान कों इक करि कहब जु रूप। सो रूपक द्वै भाँति को मिलि अभेद तद्रूप।। अधिक न्यून सम दुहु-न के तीनहि तीन प्रकार।।-प. ग्रं., पद्मा., 33, 35/36।

6. ल.-आरोपन उपमान को ताको रूपक नाम। उ.-''कान्ह कुँवर कारी घटा। बिज्जू छटा तू बाम।।''-भि.ग्रं. 2, का.नि., 16/20।

7. ल.-उपमा अरु उपमेय तें बाचक धर्म मिटाई। एकै कै आरोपिये सो रूपक कबिराइ।। कहुँ कहिये यह दूसरो, कहूँ राखिये न भेद। अधिक हीन सम त्रिबिध पुनि, ते तद्रूप अभेद। रूपक होत निरंग पुनि, परंपरित परिनाम। अरु समस्तबिषयक कहैं द्विबिध भाँति अभिराम।। परंपरित रूपक ल.-जहाँ बिषय आरोपिये, और बस्तु के हेतु। स्लेष होइ कै भिन्न पद, परंपरित सो चेतु।। परिणाम रूपक ल.-करत जु है उपमान ह्वै उपमेयहि को काम। नहिं दूषन उपमानिये, है भूषन परिनाम।। समस्तविषयक रूपक ल.- सकल बस्तु तें होत जहँ, आरोपित उपमान। तेहि समस्त बिषयक कहैं रूपक बुद्धिनिधान।। कहुँ उपमाबाचक कहूँ उत्प्रेक्षादिक होइ। कहूँ लिये परिनाम कहुँ रूपक रूपक सोइ।।-भि.ग्रं. 2, का.नि., 13-14/97, 23-26/99, 31-34/101। इस प्रकार भिखारीदास के द्वारा प्रस्तुत भेद-उपभेद इस प्रकार हैं-1. तद्रूप रूपक (अधिकोक्ति, हीनोक्ति, समोक्ति), 2. अभेद रूपक (अधिकोक्ति, हीनोक्ति, समोक्ति), 3. निरंग रूपक, 4. परंपरित रूपक (परंपरित माला श्लेष तें, परंपरित माला भिन्नपद, मालारूपक), 5. परिणाम रूपक, 6. समस्तविषयक (उपमावाचक, उत्प्रेक्षावाचक, रूपक रूपक, परिणाम समस्त विषयक, अपह्नुति विषयक)।

**रूपक अतिसयोक्ति, रूपकातिसयोक्ति**—दे. अतिशयोक्ति। अतिशयोक्ति नामक अर्थालंकार का एक भेद, जिसमें केवल उपमान का उल्लेख करके उपमेयों का अर्थ समझाया जाता है। ल. (1)-जहँ केवल उपमान ते प्रगट होत उपमेय। रूपकातिसय उक्ति तहँ बरनत सुकबि अजेय।। उ.-''इंद्रजाल कंदर्प को कहै कहा मतिराम। आगि लपट वर्षा करै ताप धरै घनस्याम।।''-मति. ल.ल., 111-112/318। ल. (2)-ज्ञान करत उपमेय को जहँ केवल उपमान। रूपकातिसय उक्ति सो भूषन कहत सुजान।।-भू. ग्रं., शि.भू., 99/147। ल. (3)-उपमेयहि कों कहत जहँ तजि सु अर्थ उपमान अतिसयोक्ति रूपक तहाँ भाषत सुकवि सुजान।।-प.ग्रं., पद्मा., 62/39। उ. (4)-''केवल जहँ उपमान को कहिबो है सुखदानि। रूपक अतिसय उक्ति सो रसिक लेहु पहिचानि।।''-सो. ग्रं. 1, र.पी.नि., 65/191। ल. (5)-विदित जानि उपमान को कथन काव्य में देखि। रूपकातिसय उक्ति सो, वर्न एकता लेखि।। उ.-''दास देवदुर्लभसुधा राहुसंक निरसंक। सकल कला कब ऊगि है, बिगतकलंक मयंक।।''-भि.ग्रं. 2, का.नि., 28-29/111।

**रूपक रामायण**—रचयिता-नवलसिंह कायस्थ (दे.)। (इति.शुक्ल)।

**रूपक-रूपक**—दे. रूपक। जहाँ किसी वस्तु या किसी भाव का रूपक मनमानी वस्तु से बाँधे, वहाँ 'रूपक-रूपक' होता है। ल. (1)-रूप भाव जहँ बरनियै कौनिहु बुद्धि बिबेक। रूपक रूपक कहत कबि 'केशवदास' अनेक।। उ.-''काछे सितासित काछनी 'केसव' पातुरि ज्यों पुतरीनि बिचारो। कोटि कटाक्ष चले गति भेद नचावत नायक नेह निनारो। बाजतु है मृदु हास मृदंग, सुदीपति दीपन को उजियारो। देखो नहीं हरि देखि तुम्हैं यहि होत है आँखिन ही में अखारो।।''-क.प्रि., 13/19-20।

**रूपक सत्य सरूप**—वृंद कवि रचित ग्रंथ 'सत्य सरूप रूपक' जिसमें उन्होंने किशनगढ़ के राजा राजसिंह के गुणों का वर्णन किया है। राजसिंह

ने औरंगजेब के पुत्रों के पारस्परिक युद्ध में शहजादा मोहम्मद मुअज्जम (बहादुरशाह) के पुत्र अजीमउद्दीन के पक्ष में युद्धवीरता दिखाई थी जिसका सजीव वर्णन वृंद ने इस ग्रंथ में किया है। संवादों का प्रयोग भी है। उ.-''वृंद जथारथ जुद्ध की रचना रची अनूप। समुझि नाम याको दियो 'रूपक सत्य सरूप'।।''-वृं.ग्रं., स.स.रू., 362/303।

**रूपकु**--संगीत में सात मात्राओं का एक दोताला ताल जिसमें दो आघात और एक खाली होता है। इसमें खाली ताल पर सम होता है। जब यह दून में बजाया जाता है, तब इसे तेवरा कहते हैं। (हिं.श.सा.) उ.-''देखत ही चित्र सूनी चित्रसाला वाला आजु रूप की सी माला राधा रूपकु सुहाए री। नूपुर के सुरनि के अनुरूप तानैं लेति पग तल ताल देति अति मन भाए री।।''-र.प्रि., 5/29।

**रूप-कृपा**--प्रिय के रूप के दर्शन की कृपा। उ.-''ऊसर हू सर होत लखै घनआनंद रूप-कृपा बरसे हैं।''-घ.क., 331/177।

**रूप गरबिता-रूपगर्विता**--मुग्धादि नायिकाओं का व्यापार के आधार पर गर्विता का एक भेद जिसमें वह सुंदर रूप पाकर गर्व करती है। उ.-''खीन मलिन बिखभैया, औगुन तीन। मोहीं कहत बिधुबदनी, पिय मतिहीन।। दाँतुल भयसि सुगरुवा निरस पखान। यह मधु भरल अधरना, करसि गुमान।।''-र.वि., ब.ना.भे., 30-31/44। ल.-जाकें अपने रूप को अति ही होय गुमान। रूपगरबिता कहत हैं तासों परम सुजान।। उ.-''कैसे आऊँ हूँ वहाँ है जित नंद-किसोर। दिनहूँ मुखचंद को लखि ललचात चकोर।।''-मति., र.रा., 104/223, 106/224।

**रूप घनाक्षरी छंद**--इसके प्रत्येक चरण में चार वसु (8) होते हैं अर्थात् 32 वर्ण होते हैं। ल. (1)-चौ बसु रूप घनाक्षरी बत्तिस गन्यो फनीस।। उ.-''बदन सुधाधर अधर बिंब मेरी आली, स्वच्छ तन रूप घन अक्ष री प्रबल बान।।''-भि.ग्रं. 1, छंदा, 578/270-271। ल. (2)-सोरह सोरह बरन पर बिरति अंत लघु आनि। सो रूपक घन अच्छरी सुकबिन कौं सुखदानि।। (चार चरण, प्रत्येक चरण में 32 वर्ण, सोलह-सोलह वर्ण पर यति तथा अंत में लघु)। उ.-''चंचलाई चपि मंदताई छुई पाइनि मैं, मधुराई बैननि सुधा सम रसीकरन।।''-सो.ग्रं. 1, र.पी.नि., 46-47/39।

**रूपबसंत**--रचयिता - वसंतसिंह ऋतुराज (दे.)। (बृ.इति. 7)।

**रूपमंजरी**--बोधा कवि कृत विरह वारीश में एक नारी पात्र। उ.-''बाला एक रूपमंजरी। ताने एक चातुरी करी।।''-बो.ग्रं., वि.वा., 62/74।

**रूपमाल, रूपमाला छंद**--यह मात्रामुक्तक छंद है। ल.-चौबिल कल गति चच्चरी, रूपमाल पहिचानि। उ.-''ज्ञान की करि गुदरी दृढ़ तत्व तिलक बनाउ। 'दास' परम अनूप सगुन सुरूप माला ठाउ।।''-भि.ग्रं. 1, छंदा., 35-36/220।

**रूपमाली छंद**--अठारह मात्राओं का छंद है। मात्राक्रम है (SSS SSS SSS)। ल.-नौ गुरु रूपामालिया। उ.-''उत्कंठा पानी दै पाली है। प्यारेजू को रूपा माली है।।''-भि.ग्रं. 1, छंदा., 163-164/199।

**रूप-रस**--रूप का आपानक। उ. (1)-''चखनि चषक पूरि पियौ जिन रूपरस कैसें सो गरल-सनी सीखनि सों पागि है।''-घ.क., 363/187। उ. (2)-''और रसनि लै जानहीं रसना हूँ अभिराम। चाषत जे ये रूपरस यातै है चष नाम।।''-रस., रतन., 429/101।

**रूपरसामृतसिंधु**--रचयिता-रामसखे (दे.)। (बृ.इति. 7)।

**रूपरसामृतसिंधु**--रचयिता - कृपानिवास (दे.)। (बृ.इति. 7)।

**रूपविलास**--रचयिता-रूपसाहि (दे.)। (इति. शुक्ल)।

**रूपविलास**--रचयिता - सबलसिंह चौहान (दे.)। (इति.शुक्ल)।

**रूपसवैया छंद**--बत्तीस मात्राओं का छंद है। मात्राक्रम अनिर्दिष्ट है। ल.-रूपसवैया बत्तिसै, कला लाख पैंतीस चौबिस सहस'रु पाँच सै अठहत्तरि बिधि दीस।।-भि.ग्रं., 1, छंदा, 231/211।

**रूपसाहि**--स्थान-पन्ना के श्रीवास्तव कायस्थ।

स्थितिकाल - सं. 1813। पिता-कमलनयन। आश्रयदाता-पन्ना नरेश हिंदूपति। रचनाएँ-रूपविलास, नवरसचतुर्वृति वर्णन। (इति. शुक्ल, बृ.इति. 6, स.सर्वे.)।

**रूपसेनिका छंद**—प्रत्येक चरण में मात्राक्रम है (।ऽ।ऽ।ऽ।ऽ।ऽ।)। ल.-पाँच नंद गो सेनिका। उ.-''बनी सु रूप-सैनिका बिलास।''-भि.ग्रं. 1, छंदा., 29/238-239।

**रूम**—तुर्की या टर्की देश का नाम। ई. पू. पाँच से, यूनान का पतन होने पर रोमन जातियों की शक्ति बढ़ी। इनकी राजधानी रोम थी। इसके साम्राज्य के अंतर्गत स्पेन से लेकर मिश्र तक के देश आते थे। सन् 330 में कैसर कांस्तेनताइन ने कुस्तुन्तुनिया नगर को अपनी राजधानी बनाया। यूरोप के पश्चिमी राज्यों के शक्तिशाली होने पर 476 ई. में रोम साम्राज्य में यूरोप के दक्षिण-पूर्वी भाग, एशिया के पश्चिमी भाग, उत्तरी अफ्रीका और अनेक टापू ही इस साम्राज्य में रह गए और तुर्की का कुस्तुन्तुनिया राजधानी रह गया, फिर भी तुर्की को रूम कहते रहे। यही नाम अभी भी प्रचलित है। उ. (1)-''करैं रूम के अस्व उम्मग्गि ऐसी। करी ही कपी सिंधु कूदंत जैसी। करी ही कपी सिंधु कूदंत जैसी।''-प.ग्रं., प्र.बि., 38/280। उ. (2)-करनाट हबस फिरंगहू बिलाइत बलक रूम दिल्ली अरि छाती बिदलति है।''-भू.ग्रं., शि.भू., 106/148। उ. (3)-''कासमीर बलख बुखारे लौं परीपुकासर घामघाम धूमधाम रूप साम परी है।''-भू.ग्रं., प्रकी., 434/213।

**रूमी**—दे. रूम। रूम की तलवार विशेष। उ.-''रंजित रनभूमि सु खड़ग रूमी रिपु-सर तूमी सी कतरैं।''-प.ग्रं., हि.ब.बि., 200/28।

**रूसियान**—रूस के लोग। उ.-''जोरी रूसियान को है तेग खुरासान हू की जीति इंग्लैड चीन हुन्नर महादरी।''-भू.ग्रं., प्रकी., 482/224।

**रेखता**—बोधा द्वारा रचित विरह वारीश के एक स्थल पर पुयुक्त भाषा या शैली विशेष जिसमें अरबी-फारसी के शब्द मिले हुए हैं और पुरानी उर्दू के निकट है। (दे. हिं.श.सा.)। उ.-''नसा कध्धी न खाते हैं। अये हम इस्क माते हैं। गये थे बाग के ताईं। उतै वे छोकरीं आईं।।''-बो.ग्रं., वि. वा., 19/93। वस्तुतः पहले मुसलमान एक प्रकार का गाना या गजल लिखते थे, जिसे रेखता कहते थे, जिसमें उपर्युक्त प्रकार की विशेषताएँ होती थीं। बाद में यही शब्द भाषा शैली विशेष के लिए भी प्रचलित हो गया। इसलिए बोधा ने 'माधववचन (रेखता)' ऐसा शीर्षक लगा दिया।

**रेखता**—रचयिता-नागरीदास (दे.)। (बृ.इति. 7, स.सर्वे.)।

**रेच**—दे. रेचक। प्राणायम की तीसरी क्रिया, जिसमें खींची गयी साँस को विधिपूर्वक बाहर निकालना होता है। उ.-''ए सब करिकै कीजियै प्राणायाम प्रकार। पूरक कुंभक रेच है ए तीनौ निरधार।।''-ज.ग्रं., आ.वि., 73/122।

**रेचक**—दे. रेच। प्राणायाम की एक क्रिया। खीचीं हुई साँस को बाहर निकालना। उ.-''जो चाहै जीवन अति अनंत। सो साधे प्रानायाम जंत। सुभ रेचक पूरक नाम जानि। अरु कुंभकादि सुखदानि मानि।।''-रा.चं., 25/22।

**रेवा**—नर्मदा नदी। उ. (1)-''भूषन भनत भ्वैंसिला भुवाल भुजबल रेवा ही के पार अवरंग हरकंतु है।''-भू.ग्रं., शि.भू., 204/167। उ. (2)-''रेवा ते इत देत नहिं पथिक मलेच्छनिवास।''-भू. ग्रं., शि.भू., 287/182। उ. (3)-''ओड़छे तीर-तरंगिनि बेतवै ताहि तरै रिपु 'केसव' को है। अर्जुन बाहु-प्रबाह-प्रबोधित रेवा ज्यों राजनप की रज मोहै।।''-क.प्रि., 7/13। उ. (4)-''दक्षिन दिसि पदमावती नगरी रेवा-तीर। रुक्मराय भूपति तहाँ चक्रपानि मतिधीर।।''-बो.ग्रं., वि.वा., 55/41।

**रैकवारन**—राजपूतों की एक जाति। उ.-''रन रैकवारन के झला जे करत अरि-दल पै हला।।''-प.ग्रं., हि.ब.बि., 29/7।

**रैदास**—भक्तिकाल के वाराणसी निवासी एक संत जो जाति से चमार थे, रामानंद के शिष्य और कबीर, पीपा आदि के समकालीन थे। उ.-''छिपिया को दूधभात खीचरी हू करमा की चक्करा रैदास जू चमार हूके खाए हैं।''-ठाकुर, 50/14।

**रैयाराव**—राजाराव। एक पदवी जो प्राचीन समय में राजा लोग अपने सरदारों को देते थे। राजा चंपतराय का खिताब। उ.-''रैयाराव चंपति को चढ़ो छत्रसाल सिंह भूषन भनत गजराज जोन जमके।''-भू.ग्रं., प्रकी., 507/229।

**रोगराज**—रोगों में सबसे बड़ा। श्रृंगार साहित्य में वियोग को सबसे बड़ा रोग माना गया है। उ.-''हाहा दीन जानि याकी बीनती यै लीजै मानि, दीजै आनि औषद बियोग-रोगराज की।''-घ. क., 448/212।

**रोन**—छंदशास्त्र में रगण (S।S) और नगण (।।।)। उ.-''रोन भाग गहि स्वागत को छ्वै।।''-भि. ग्रं. 1, छंदा., 132/196।

**रोमंच**—दे. रोमांच। उ.-''आँसु छपा के हरष के सजनी भौंह चढ़ाइ। कुच कंचुक रोमंच कौ क्यौं न दुरायो जाइ।।''-मति., सत., 562/415।

**रोमांच**—दे. रूमांच, रोमंच। साहित्यशास्त्र में रस प्रकरण में सात्विक अनुभावों में अंतर्गणित। संदेश श्रवण, स्पर्श, दर्शन आदि के कारण रोमों का खड़े हो जाना। उ.-''पूछैं क्यौं रूखी परति, सगिबगि गई सनेह। मनमोहन-छबि पर कटी, कहै कँट्यानी देह।।''-बि.र., 688/318। ल. (1)-हरष भयादिक ते प्रगट रोम उमँग जो अंग। ताहि कहत रोमांच हैं कबिजन सुमति उतंग।।-मति., र.रा., 321/274। ल. (2)-स्वेद कंप रोमांच फुर अश्रुपात जंभात।-बो. ग्रं., वि.वा., 25/116। ल. (3)-सीत भीत हरषादि तें उठै रोम इकहाइ। ताहि कहत रोमांच हैं सुकबिन के समुदाइ।-प.ग्रं., जग., 404/168।

**रोला छंद**—चौबीस मात्राओं का छंद है। मात्राक्रम अनियमित है। 11 और 13 मात्रा पर विश्राम विहित है। ल. (1)-अनियम ह्वै है रोला। उ.-''रबि छबि देखत घूघू घूसत जहाँ तहँ बागत। कोकनि को ताही सों अधिक हियो अनुरागत। त्यों कारे कान्हहि लखि मनु न तिहारो पागत। हमकों तौ वाही तें जगत उज्यारो लागत।।''-भि.ग्रं. 1, छंदा., 202,207/206-207। ल. (2)-चौबिस कला सुअंत गुरु चरन चरन मधि होइ। ता सौं रोला छंद कहि, बरनत हैं सब कोइ।। प्रत्येक चरण में 24 मात्राएँ, अंत में गुरु। उ.-''राजतु करि दीवान आजु, परताप पियारे। दुहू ओर तैं चौर ढुरत अति ही छबिवारे। जाकी सोभा हेरि हियें सुरपति हू लाजै। ताकी समकौं कहौं कौंन बिधि छितके राजै।।''-सो. ग्रं. 1, र.पी.नि., 13-14/25।

**रोस**—रोष। क्रोध। कोप। नायक के किसी अपराध पर नायिका के मान का वह उपाय जिसमें क्रिया, वचन, चेष्टादि का लोप हो जाता है। धीरादिक नायिकाएँ भी रोष करती हैं। उ.-''बचन किया के लाप करि, करें रोस ते मान। प्रगटै धीरादिक तिया, होति सुनौ दैकान।।''-कृ.ग्रं., हि. त., 19/7।

**रोहाल**—घोड़े की एक चाल विशेष। उ.-''सु रोहाल की चाल उतांल ऐसे।''-प.ग्रं., प्र.बि., 44/281।

**रोहिनि**—रोहिणी नामक तारा, जो चंद्रमा की पत्नी कही जाती है। इसकी गणना सत्ताईस नक्षत्रों में की जाती है। इसकी रचना पाँच तारों से हुई है, जिसका आकार रथ जैसा है। पुराणों के अनुसार यह दक्ष की कन्याओं में से एक है। उ.-''वृंद कहैं परिभन कौं शशि आये समीप सदा सुखकारी। को हौ छुवौ जिन आए कहाँ हो चकी चित बोलति रोहिनि नारी।''-वृं.ग्रं., भा.पं., 9/14।

**रौजतुश्शुहदा**—रचयिता-वली वेल्लोरी (जन्म-1724 ई.)। विव.- इसमें रसूल के वंशजों के युद्धों और उनकी वीरगति की गाथा है। यह 55,000 अर्धालियों की विशाल रचना है। (बृ.इति. 7)।

**रौद्र, रौद्र रस**—काव्य के नौ रसों में से एक जिसमें क्रोधसूचक शब्दों और चेष्टाओं का वर्णन होता है। इसका स्थायी भाव क्रोध है। इसका वर्ण लाल भाना गया है। ल. (1)-होहि रौद्र रस क्रोधमय विग्रह उग्र सरीर। अरुन बरन बरनत सबै कहि 'केसव' मति धीर।।-र.प्रि., 14/21। ल. (2)-थाई जाको क्रोध अति वहै रौद्र रस नाम। आलंबन रिपु रन उमड़ उद्दीपन तिहिं ठाम।। भृकुटि भंग तिहिं संचारी अधर दसब अनुभाव। गरब चपलता औरहू तिहिं संचारी भाव।। रक्त रंग रस रौद्र को रुद्र देवता जान। ताको कहत उदाहरन सुनहु सुकति दै कान।।

उ.-''अधर चब्ब अति गब्ब अति चहि रावन को काल। दृग कराल मुख लाल करि दौरे दसरथलाल।।''-पं.ग्रं., जग., 680-682, 684/222-223। ल. (3)-असहन बैर बिभाव जहँ थाई कोप-समुद्र। अरुन बरन अधरन दरन अनुभव यों रस रुद्र।। उ.-''जुध्ध बिरुध्धित उध्धत क्रुध्धित बीर बली दसकंधर धावै। कज्जल भूधर से तनु जज्जल बोलत राम कहाँ करि दावै। बीसहु हथ्थ अतथ्थहि लुक्कित कीसहि मुक्कित सैल जु आवै। निझ्झल कज्जल-संजुत मिड्डिकै भालुक पिड्डिकै भूमि गिरावै।।''-भि.ग्रं. 1, र.सा., 468-469/67। दे. रुद्र रस।

# ल

**लंकगढ़**—दे. लंका। उ.-''रीतो करौं लंकगढ़ इंद्रहिं अभीतो करौं जीतौं इंद्रजीतै आजु तौ मैं लक्षमन हौं।।''-प.ग्रं., जग., 590/203।

**लंकपति**—दे. राम, रावण, लंक। लंका का राजा। उ.-''कियो बिभीसन लंकपति पाय बिजय रघुबीर।''-वृं.ग्रं., नी.स., 338/84। उ. (2)-''कहैं पदमाकर अखाँग्यो तुम लंकपति हमहूँ लंकपति ह्वैबोई अखाँग्यो है।''-प.ग्रं., प्र.प., 48/248।

**लंका**—भारत के दक्षिण का एक द्वीप जिसपर कहा जाता है प्राचीनकाल में, त्रेता में रावण शासन करता था। यह राक्षसराज रावण की राजधानी थी, जिसपर, राम ने उसे मार कर, विजय प्राप्त की थी। इसे सीता की खोज करने गए हनुमान ने जलाया था। रावणवध के बाद उसके अनुज विभीषण इसके राजा हुए। रावण ने सीता का अपहरण कर उसे इसी लंका के अशोकवन में रखा था। पूर्वकथा में कहा जाता है कि ब्रह्माजी ने लंकापुरी कुबेर को रहने के लिए दी थी। रावण ने इसे कुबेर से छीन लिया था। यह पुरी त्रिकूटपर्वत की कन्दरा में बसी हुई बतायी जाती है। महाभारत के अनुसार युधिष्ठिर के राजसूय यज्ञ के समय सहदेव ने लंकापति से कर लेने के लिए वहाँ घटोत्कच को भेजा था। इस यज्ञ में लंकावासी रसोई परोसने का काम करते थे। यह कहा जाता है कि रावण के समय यह द्वीप सोने का था। कुबरे धनदेव माने जाते हैं अतः यह विश्वसनीय कहा जा सकता है (दे. राम, रावण)। (हिं.श.सा., पौ.को., महा. नामा.)। उ. (1)-''उछलि उछलि ऊँचे सिंह गिरे लंक माहिं बूड़ि गए महल बिभीषन के दादा के।''-भू.ग्रं., प्रकी., 460/218। उ. (2)-''करी कलंकित लंक कौ बीर कलंकित धीर। हन्यो कलंकत लंकपति अकलंकित रघुबीर।।''-वृं.ग्रं., स्फुट, 13/313। उ. (3)-''चढ़ि जाइ मेरु कुबेर-घर गढ़ लंक हू में दबि रहै।''-प.ग्रं., हि.ब.बि., 98/14। उ. (4)-''जारि डारौं लंकहि उपारि डारौं उपबन फारि डारौं रावन कौं तौ मैं हनुमंत हौं।।''-प.ग्रं., जग., 683/223। उ. (5)-''कामबस सूपनखा नाम गनिका सी तरी क्रोधबस रावन तर्‌यो जो लंक लाछेई।।''-प.ग्रं., प्र.प., 36/245। उ. (6)-''अरि-लंक तोर जोर सदा साथ बानर हैं सिंधुर हैं बाँधे जाके बल को न पारु है।''-भू.ग्रं., शि.भू., 148/156। उ. (7)-''ईस दई जु दए दससीस सु लंक बिभीषन ऐसहि दीनी।।''-क.प्रि., 6/73। उ. (8)-''राम विजय लंका करी आवत बैठि बिमान। पाज दिखावत सीय को करि करि बहोत बखान।।''-वृं.ग्रं., अ.दो., 70/10।

**लंकाधाम**—दे. लंका। लंका नाम का वह द्वीप जहाँ भगवान् रावण से युद्ध के समय पधारे थे। उ.-''श्री रामचंद्र अति आरतवंत जानि। लीन्हों बुलाइ सरनागत सुख्खदानि। लंकेस आउ चिर जीवहि लंक धाम। राजा कहाउ जग जौ लगि राम नाम।।''-रा.चं., 15/26।

**लंकेस**—दे. राम, रावण, लंका। लंका का राजा। उ. (1)-''बीर होइ रघुबीर ज्यौं धन पर हरै न कोइ। चतुर चोर लंकेस ज्यौं घन पर हरै न कोइ।।''-वृं.ग्रं., य.स., 510/246। उ. (2)-''दीन बंधु करुनायतन देखि कह्यो आउ लंकेस।।''-भि.ग्रं., र.सा., 462/66।

**लंबोदर**—गणेश का एक नाम। लंबे उदर वाले

गणेश। इनका जो स्वरूप वर्णित मिलता है, उसमें इनका शरीर स्थूल है, मुख हाथी का है और उदर लंबा है। उ. (1)-''गुरु-गुन अनंत, भगवंत-भव, भनतिवंत भव-भय-हरन। जय केसवदास निवास-निधि, लंबोदर, असरन सरन।।''-र.प्रि., 1/1। उ. (2)-''सक्र जिमि सैल पर, अर्क तमफैल पर, बिधन की रैल पर लंबोदर लेखिए।''-भू.ग्रं., प्रकी., 408/206।

**लक्षण शृंगार**–रचयिता-मतिराम (दे.)। (इति.शुक्ल)।

**लक्षणामूल व्यंग्य ते व्यंग्य**–यह व्यंग्य तब होता है, जब किसी प्रयोजन विशेष की व्यंजना के लिए लक्षणा का आधार लिया जाता है। इसमें प्रयोजनवती लक्षणा ही आधार होती है। इस प्रकार की व्यंजना से दूसरा व्यंग्यार्थ बोध होता है, उसमें यह शक्ति मानी गई है। दे. अर्थव्यंजक। उ.-''धनि धनि सखि मोहिं लागि तूँ सहे दसन नख देह। परम हितू ह्वै लाल सों, आई राखि सनेह।।''-ति.-''धृग धृग की ठौर धनि धनि कहति है यह लक्षनामूल ब्यंगि है तातें अपराध प्रकासन है यह सो दुसरी ब्यंगि है।।''-भि.ग्रं. 2, का.नि., 68, 68अ/17।

**लक्षणामूला व्यंग्य**–लक्षणामूला व्यंजना प्रयोजनों से होती है। रूढ़ि से व्यंजना नहीं होती। यह लक्षणामूला व्यंजना गूढ़ा और अगूढ़ा दो प्रकार की होती है। ल.-व्यंगि लक्षनामूल सो प्रसोजननि तें होइ। होती रूढ़ि अव्यंगियै यह जानत सब कोइ।। गुढ़ अगूढ़ौ व्यंगि ह्वै, होति लक्षनामूल। छिपी गूढ़ प्रगटहि कहै, है अगूढ़ समतूल।।-भि.ग्रं. 2, का. नि., 46-47/12-13।

**लक्षना**–लक्षणा शब्दशक्ति। मुख्य अर्थ का बोध होने से जहाँ शब्द लाक्षणिक होता है, वहाँ अर्थ द्योतन में लक्षणा शक्ति कार्य करती है। यह दो प्रकार की होती है-रूढ़ि और प्रयोजनवती। ल.(1)-मुख्य अर्थ के बोध सों, सब्द लाक्षनिक होत। रूढ़ि औ' प्रयोजनवती, द्वै लक्षना उदोत।-भि.ग्रं. 2, का.नि., 22/8। ल. (2)-मुख्यारथ कौं छोड़ि कैं पुनि तिहि कें ढिग और। कहै जु अर्थ सुलच्छना बृत्ति कहत कबिमौर।।...कबिनि द्विबिधि यह लीनी मानि। रूढ़ि प्रयोजनवती बखानि।।-सो.ग्रं. 1, र.पी.नि., 24/44।

**लक्षमन**–लक्ष्मण। अयोध्या के सूर्यवंशी, रघुवंशी राजा दशरथ के चार पुत्रों में से चौथे पुत्र जो सुमित्रा के गर्भ से उत्पन्न हुए थे। ये शेषनाग के अवतार माने जाते हैं। इनका स्वभाव अत्यन्त उग्र और तीव्र था। जनकपुर में राम के द्वारा धनुष तोड़े जाने पर परशुराम से इनका तीव्र वाद-विवाद हुआ था। इनका जनक पुत्री सीता की बहन उर्मिला से विवाह हुआ था। बड़े भाई राम के अनन्य भक्त होने के कारण उनका वनवास होने पर इन्होंने भी सब सुख-वैभव छोड़कर वन में उनकी सेवा की। रावण की बहन सूर्पनखा की इन्होंने नाक काटी थी। जब पंचवटी में इस घटना के बाद रावण ने छलपूर्वक सीताहरण का कुचक्र रचा था तब स्वर्णमृग का रूप धारण करने वाले मारीच के 'हा लक्ष्मण' पुकारने पर सीता के आग्रहपूर्ण कटु शब्दों को सुनकर ये राम की रक्षा को दौड़े थे। राम-रावण युद्ध में मेघनाद की शक्ति लगने से ये संज्ञाशून्य हो गए थे। सुषेण के निर्देश पर हनुमान द्वारा संजीवनी लाये जाने पर उसके प्रयोग से ये सजीव हुए और फिर युद्ध में मेघनाद को मारा। अपने सतीत्व का प्रमाण देने के लिए प्रस्तुत सीता के लिए अग्नि की व्यवस्था इन्होंने ही की थी। वनवास का आदेश मिलने पर ये पिता दशरथ और भाई भरत पर अत्यन्त रुष्ट हुए थे, किंतु बाद में भरत के प्रति इनका मन साफ हो गया था। वनवास से अयोध्या लौटने के बाद उर्मिला से इन्हें अंगद और चंद्रकेतु नाम के दो पुत्र हुए थे। उ.-''रीतो करौं लंकगढ़ इंद्रहिं अभीतो करौं जीतौं इंद्रजीतै आजु तौ मैं लक्षमन हौं।।''-प.ग्रं. जग., 590/203।

**लक्षिमन चंद्रिका**–रचयिता-रसिकगोविंद (दे.)। विव.-लक्षणों का संक्षिप्त संग्रह। (इति. शुक्ल)।

**लक्षी छंद**–ल.-आठ करौ य भुजंग र लक्षिय। (आठ रगण (S।S) से लक्षी छंद बनता है)। उ.-''ज्ञानसिक्षानि तासों जु दी रक्षिये लक्षिये जाहि प्रत्यक्ष ही बावरी।''-भि.ग्रं. 1, छंदा., 2, 8/243-244।

**लक्ष्मणशतक**–रचयिता-खुमान (दे.)। विव.-लक्ष्मण एवं मेघनाद के युद्ध का रोचक वर्णन। (इति.शुक्ल)।

**लक्ष्मणसिंह प्रकाश**–रचयिता- शाहजू पंडित (दे.)। विव.-ज्योतिष ग्रंथ (बृ.इति. 7)।

**लक्ष्मन**–दे. लक्षमन। उ. (1)-"बेदमंत्र-तंत्र सोधि अस्त्र सस्त्र दै चले। रामचंद्र लक्ष्मनै सु बिप्र क्षिप्र लै चलै।।"-रा.चं., 2/28। उ. (2)-"हनूमान बैताल ज्यों द्विज नृप लक्ष्मन राम।"-बो.ग्रं., वि. वा., 55/175।

**लक्ष्मी**–हिंदुओं की एक प्रसिद्ध देवी जो विष्णु की पत्नी और धन की अधिष्ठात्री मानी जाती है। पुराणों के अनुसार देवताओं और दानवों के द्वारा किये गये समुद्रमंथन से निकले चौदह रत्नों में से एक लक्ष्मी थी, जिन्हें विष्णु ने ग्रहण किया था। इनके स्वरूप के संबंध में कहा गया है कि इनका वर्ण श्वेत चंपक या कंचन के समान है। क्षीण कटि, विस्तृत नितंब, चार भुजाओं से युक्त और नित्य युवती होने के कारण अत्यन्त सुंदरी मानी जाती हैं। वैश्व स्तर पर ये महालक्ष्मी कही जाती हैं। इनसे संबंधित धन-तेरस, दीपावली आदि पर्व विशेष हैं, जिन पर इनकी पूजा विशेष रूप से होती है। मूर्ति रूप में इनके दो रूप मिलते हैं- 1. क्षीरसागर में शेषशायी विष्णु की सेवा करती बैठी हुई, 2. अकेली बैठी या खड़ी मूर्ति। इनका वाहन उलूक है। अन्य स्रोतों के अनुसार इनके दो रूप हैं-1. विष्णुप्रिया लक्ष्मी, 2. राज्यलक्ष्मी। विष्णुप्रिया रूप में ये सतियों की शिरोमणि हैं और ये पति का आश्रय छोड़कर कहीं नहीं जातीं किंतु दूसरे राज्यलक्ष्मी रूप में अनेक रूपों को धारण करती हुई अनेक लोकों में तथा अनेक राजाओं के पास रहती हैं। इस रूप में इनका स्वभाव अस्थिर और चंचल है। इनका निवास सद्गुणों और सद्धर्मों के स्थान पर होता है। इनके अभाव में ये वहाँ से हट जाती हैं। महाभारत में इनके विशेष कार्यों और लीलाओं का वर्णन है (हिं. श.सा., पौ.को., महा.नामा.)। उ. (1)-"षा लक्ष्मी कौं कहत हैं, एकाक्षर कै कोष। जिहिं बिन देख्यो जगत में होत न तन को तोषा।।"-वृं.ग्रं., अ. दो., 78/11। उ. (2)-"झूठे हय गय तेरे। लक्ष्मी हय गय चेरे। सीतापति अति साचे। तासों कवनहुँ राचें।।"-छं.मा., 1/19।

**लक्ष्मी छंद**–दे. गाहा छंद। इक्कीस गुरु वर्णों से यह छंद बनता है। ल. (1)-लक्ष्मी 21 गुरु।-सो.ग्रं. 1, र.पी.नि., 30/27। भिखारीदास ने दूसरा लक्षण दिया है, जिसके अनुसार इसके प्रत्येक चरण में तेरह मात्राएँ होती हैं। मात्राक्रम है (S।S S।S S।)। इस प्रकार इसमें क्रम से दो रगण+एक गुरु+एक लघु अक्षर होते हैं। ल. (2)-रगन रगन अरु नंद तें है लछिमी उत्कर्ष।। उ.-"बेद पावै न जा अंत। जाहि ध्यावैं सबै संत। ज्याइबो जक्त जा तंत। पाहि सो लक्ष्मीकंत।।"-भि.ग्रं. 1, छंदा., 99, 102/192।

**लक्ष्मीधर छंद**–इसे स्रग्विणी छंद के नाम से भी जाना जाता है। बारह वर्णों का छंद है। चारों चरणों में मात्राक्रम है (S।S S।S S।S S।S)। ल.-चार रगण (S।S)। दे. भुजंगप्रयात। उ.-" 'दास' सो देव ध्यावै सदा जीय में। जो रहै चारु लक्ष्मी धरे हीय में।"-भि.ग्रं.1, छंदा., 39, 41/240।

**लक्ष्मीनखशिख**–रचयिता-गिरधरदास (दे.)। (इति.शुक्ल)।

**लक्ष्मीनाथ**–पिता-दीनानाथ। आश्रयदाता-जोधपुर महाराज मानसिंह। रचनाएँ-राजविलास, भजनविलास। (बृ.इति. 7)

**लक्ष्मीनारायण पौहारी**–स्थितिकाल-सं. 1860-1903। स्थान-महेन (जिला-देवरिया)। पिता-शिवराम पाण्डेय। गुरु-अयोध्या के बड़ा स्थान के महाराज अवध प्रसाद। रचना - भक्ति प्रकाशिका। (बृ.इति. 7)।

**लक्ष्मीवल्लभ**–समय-विक्रम की अठारहवीं शती। जैन मुनि। रचनाएँ-दूहा बावनी, सवैया बावनी, कवित्त बावनी। (बृ.इति. 7)।

**लक्ष्यक्रम ब्यंगि**–लक्ष्यक्रम व्यंग्य। भिखारीदास ने ध्वनिभेद प्रकरण में उसके विवक्षित और अविवक्षित नामक दो भेद स्पष्ट किये। इनमें से विवक्षित वाच्य ध्वनि के दो भेद हैं-असंलक्ष्यक्रम व्यंग्य और संलक्ष्यक्रम या लक्ष्यक्रम व्यंग्य। इसके

भी तीन प्रकार बताये गये हैं-शब्दशक्ति, अर्थशक्ति, शब्दार्थशक्ति। शब्दशक्ति के भी तीन भेद हैं-अभिधामूला, वस्तु से वस्तु तथा वस्तु से अलंकार व्यंग्य। ल.-कहै बिवांक्षितबाच्य धुनि, चाहि करै कबि जाहि। असंलक्षिक्रम लक्षिक्रम होत भेद द्वै ताहि।...होत लक्ष्यक्रम व्यंगि में, तीन भाँति की व्यक्ति। सब्द अर्थ की सक्ति है, अरु सब्दारथ सक्ति।। अनेकार्थमय सब्द सों, सब्दसक्ति पहिचानि। अभिधामूलक व्यंगि जेहि, पहिले कह्यो बखानि।। कहूँ बस्तु तें बस्तु की व्यंगि होत कविराज। कहूँ अलंकृत ब्यंगि है, सब्दसक्ति द्वै साज।। सूधी कहनावति जहाँ, अलंकार ठहरै न। ताहि बस्तुसंज्ञ कहैं, ब्यंगि होइ कै बैन।। बस्तु ब्यंगि को उ.- ''लाल चुरी तेरें अली, लागी निपटि मलीन। हरियारी करि देउँगी, हौं तौ हुकुम अधीन।। ति.-एक अर्थ साधारन है, एक अर्थ में दूतत्व यह बस्तु तें बस्तु ब्यंगि।। बस्तुतें अलंकार ब्यंगि को उ.-''फैलि चल्यो अगनित घटा, सुनत सिंह घहरानि। परे झोर चहुँ ओर तें, होत तरुनि की हानि।।''-ति.-घटा जो है गजसमूह सो सिंह की गरजन तें भागि चले, बृक्षनि की हानि ह्वैबो उचित है यह समालंकार ब्यंगि।।-भि.ग्रं. 2, का.नि., 11-20/46-48।

**लक्ष्यार्थ**—मुख्यार्थ का बोध होने पर रूढ़ि अथबा प्रयोजन से मुख्यार्थ से सम्बद्ध तीसरे अर्थ को, लक्षणा शब्दशक्ति के द्वारा लक्षित अर्थ को लक्ष्यार्थ कहते हैं। ल.-मुख्यारथ परिहरि लख्यौ और जु अर्थ अनूप। निपट हरषि परगट कियौ यह लक्ष्यारथ रूप।।-सो.ग्रं.1, र.पी.नि., 23/44।

**लख चौरासि**—चौरासी लाख योनियाँ। प्राणियों के विभाग, जातियाँ या वर्ग। पुराणानुसार इनकी संख्या चौरासी लाख है। एक मत से इनका भी विभाजन अंडज, स्वेदज, उद्भिज और जरायुज में किया गया। इन सब विभागों की योनियों की संख्या निम्न प्रकार से बतायी गयी है-जलजंतु-नौलाख, स्थावर-बीस लाख, कृमि-ग्यारह लाख, पक्षी-दस लाख, पशु-तीस लाख, मनुष्य-चार लाख। इस मत से इन विभागों की कुल योनियों की संख्या चौरासी लाख है। यह पौराणिक मान्यता है कि जीव अपने कर्मों का फल भोगने के लिए इन योनियों में भ्रमण करता है। इनमें से मनुष्य योनि सर्वाधिक श्रेष्ठ और दुर्लभ मानी गई है। (हिं.श.सा., पौ.को.)। उ.- ''कबहुँक खग मृग मीन कबहुँ मर्कट तनु धरि कै। कबहुँक सुर-नर-असुर-नाग-मय आकृति करि कै। नटवत् लख चौरासि स्वाँग धरि धरि मैं आयो। है त्रिभुवन के नाथ! रीझ को कछू न पायो।।''-र. वि., पृ. 73।

**लखधीर चारण**—स्थितिकाल-सं. 1860 के लगभग। आश्रयदाता-भुज के नरेश महाराज खेंगार। रचना-खेंगार चरित। विव.- आश्रयदाता की वीरता, दान, चरित्र आदि का वर्णन। (बृ. इति. 7)।

**लखन**—दे. लक्षमन। उ. (1)-''बड़े भले सब लच्छ तैं नहीं बिन लछ के जोग। राम-लखन धनु धरि विपिन कहत पारखी लोग।।''-वृं.ग्रं., नी. स., 682/111। उ. (2)-''मेघनाद कों लखि लखन हरषे धनुष चढ़ाय। दुखित बिभीषन दबि कह्यो कछु फूले रघुराय।।''-प.ग्रं., जग., 594/204।

**लखपत पिंगल**—रचयिता-हमीरदान रतनू (दे.)। (बृ.इति. 7)।

**लखपत पिंगल**—रचयिता - कुँवरकुशल (जोधपुरी, महाराज लखपत सिंह के आश्रित) (दे.)। (बृ.इति. 7)।

**लखपति मंजरी नाम माला**—रचयिता-कुनक-कुशल (दे.)। विव.-कोष ग्रंथ। (बृ.इति. 7)।

**लखपति यशसिंधु**—रचयिता-कुँवरकुशल (दे.)। रचनाकाल-सं. 1796। (बृ.इति. 7)।

**लगनपचीसी**—रचयिता-कृपानिवास (दे.)। (बृ.इति. 7)।

**लग्न**—विवाह के लिए स्थिर किया हुआ कोई शुभ मुहूर्त। ब्याह का मुहूर्त या साइत। उ.-''भेजे लिख लग्न गनिक निजामबेग इतै गुजरात उतै गंग ज्यों पतारा की।''-भू.ग्रं., प्रकी., 528/234।

**लग्नाष्टक**—रचयिता-नागरीदास (दे.)। (बृ. इति. 7)।

**लघु**—अ, इ, उ, क, कि, कु, जैसे अक्षर लघु कहे जाते हैं, क्योंकि इनको कहने में जिहवा तेजी

से क्रियाशील होती है। इसलिए इनकी मात्रा एक गिनी जाती है। उ. (1)-"अ इ उ क कि कु ऐसे लघु सूधे बिधि कीन्हो कहति अक्षरनि जो रसना द्रुतहि नाँचि।"-ल. (2)-एकमत्त लहु भनि।-भि.ग्रं. 1, छंदा., 1/167। उ. (2)-" 'दास' गुरु लघु णो ढ ठै ट गनाख्यनि भेदनि उच्चरि जानै।।"-भि.ग्रं. 1, छंदा., 8/166।

**लघुजातक**—रचयिता-निहार सिंह (दे.)। विव.-ज्योतिष ग्रंथ। (बृ.इति. 7)।

**लघुनामावली**—रचयिता-रामहरि (दे.)। विव.-कोष ग्रंथ। (बृ.इति. 7)।

**लघुपिंगल**—रचयिता-चेतन (दे.)। विव.-रागरागिनियों के लक्षण उदाहरण।

**लघुमान**—नायिका का मान या अल्प रोष जो नायक को किसी दूसरी स्त्री से बातचीत करते देखकर उत्पन्न होता है और अल्पावधि का होता है। सहज ही हँसी-खेल में मिटने वाला मान। ल. (1)-परतिय दरसन देषतें करै जु तिय कछु रोष। सो लघु मान पछानिये होत ख्याल ही तोष।। उ.-"ये हैं जिन सुख वे दिये करति क्यों न हिय होस। ते सब अबहिं भुलायतु तनक दृगन के दोस।।"-प.ग्रं., जग., 633/211, 635/212। ल. (2)-देखत काहू नारि त्यों देखै अपने नैन। तहँ उपजत लघु. मान, कैं सुनें सखी के बैन।। उ.-"कान्ह तिहारी वा प्रानप्रिया के अपान सयान सबै मन माहीं। मान किधौं अपमान अबै यह मानस पै अनुमाने न जाहीं। सुख दुख्ख न 'केसव' जानि परै समुझै रिस हास न हाँ अरु नाहीं। अब यों खिन ही सियरी खिन ताती है ज्यों बदलै बदरानि की छाहीं।।"-र.प्रि., 9/9-10। ल. (3)-सहजैं हाँसी खेल तें।-ज.ग्रं., भा.भू., 23/11। ल. (4)-और बाल कौं लखत जहाँ लखैं कंत कौं बाल। बरनत हैं लघु मान सो छूटत तनकहि ख्याल।। उ.-"देखत और तियाहि छबीले कौं मान छबीली के नैनन छायो। प्रीतम यों चतुराई करी मतिराम कछू परिहास बढ़ायो।रीति रची बिपरीति जु प्रीति सों ताको कबित्त बनाय सुनायो। भूलि गई रिस लाजन तैं मुसकाय पिया मुख नीचे कौं नायो।।"-मति., र. रा., 386-388/288।

**लघु शब्दावली**—रचयिता-रामहरि (दे.)। विव.-कोशग्रंथ। (बृ.इति. 7)।

**लघु समास**—काव्यशास्त्र के गुण प्रकरण में भिखरीदास ने दस प्रकार के गुणों का उल्लेख किया है और उन्हें अक्षर, अर्थ और वाक्य के तीन विभागों में विभाजित किया है। अक्षर गुण के अन्तर्गत माधुर्य, ओज और प्रसाद, अर्थ गुण के अन्तर्गत समता, कांति, उदारता, अर्थ-व्यक्ति और समाधि तथा वाक्यगुण के अन्तर्गत श्लेषगुण का लक्षण निरूपण करते हुए उसके तीन भेद माने हैं-दीर्घसमास, मध्यसमास और लघुसमास। इन तीनों को उन्होंने उदाहरणों से स्पष्ट किया है। इसलिए श्लेषगुण (दे.) के लक्षणों को ध्यान में रखना चाहिए। संक्षेप में शब्दों, अर्थों या वर्णों का एक में संघटन करते हैं। इसमें अनेक पद एक पद के समान भासित होते हैं। यह गुण श्लेषालंकार से भिन्न है। लघुसमास का उ.-"लखि लखि सखि सारसनयन इंदुबदन घनस्याम। बीजुहास दार्यौदसन बिंबाधर अभिराम।।"-भि.ग्रं. 2, का.नि., 26/179। दे. गुण, श्लेष गुण।

**लघु सीता सतु**—रचयिता-भगवतीदास नामक जैन कवि। रचनाकाल-सं. 1731। विव.-सीता के सतीत्व का चित्रण करने वाला सुंदर खंडकाव्य जिसमें रावण और मंदोदरी के मानसिक घात-प्रतिघात का भी मार्मिक वर्णन है (बृ.इति. 7)।

**लच्छक सब्द**—लक्षक शब्द। वह शब्द जो संबंध या प्रयोजन से अपना अर्थ सूचित करे। ल.-मुख्य अरथ नहिं बनि सकै तब समीप तैं लेतु। लच्छक सब्द सु जानिएँ पढ़त महासुख देतु।।-सो. ग्रं. 1, र.पी.नि., 22/44।

**लच्छन गोपना**—लक्षणगोपना। परकीया नायिका की स्थिति के आधार पर किये गये 10 भेदों में से एक। परपुरुष के साथ किए गए सुरत के लक्षणों को छिपाने वाली परकीया नायिका। ल.-सूरत लच्छिता तुरत हीं लखत छिपावै नारि। सो सो लच्छन गोपना कविजन उक्ति विचारि।।-कृपा. ग्रं., हि.त., 34/10।

**लच्छि**—लक्ष्मी। उ.-''पुन्य विवेक प्रभाव तैं निहचल लच्छि निबास। जौं लौं तेल प्रदीप मैं तौं लौं जोति प्रकास।।''-वृं.ग्रं., नी.स., 274/79।

**लच्छित लच्छना**--लक्षित लक्षणा। सोमनाथ के अनुसार प्रयोजनवती शुद्धा के दो भेदों में से एक है उपादान लक्षणा और दूसरी लक्षित लक्षणा। ल.-भेद प्रयोजनवती के और जानि षट चित्त। प्रथम सुद्ध ह्वै भेद सो बरनतु समझ निमित्त।। इक उपादान सुलक्षना दूजी सुलक्षित लक्षना।...सब्द बरजि निज अर्थ बनावै और अर्थ कों। सो वह लक्षित भाषि लच्छना बुद्धि समर्थ कों।। उ.-''साँची बरनत बात यह समझि न झूँठी जुक्ति। हम गंगाबासी सदाँ चेरी सी है मुक्ति।।'' यहाँ गंगा में बसिबौ यह अर्थ छोड़ि कें निकट अर्थ प्रकास्यौं यातें लक्षित लक्षना भई।। संस्कृत में उपादान सौं अजहत स्वार्था कहत हैं और लक्षित लक्षना सौं जहत् स्वार्था कहत हैं।-सो.ग्रं. 1, र.पी.नि., 27-28, 31-32/44-45।

**लच्छिता**—लक्षिता। वह परकीया नायिका जिसका गुप्त प्रेम उसकी सखियों को मालूम हो जाय। वह स्री जिसका परपुरुष-प्रेम दूसरों को ज्ञात हो। व्यापार-भेद से परकीया का एक भेद। ल. (1)-जा तिय को जिय आन रत जानि कहै तिय आन। ताहि लच्छिता कहत हैं जो कबि कलानिधान।। उ.-''घर न कंत हेमंत रितु राति जागतैं जात। दबकि द्यौस सोवन लगी भली नहीं यह बात।।''-प. ग्रं., जग., 104/101, 107/102। ल. (2)-सख्यादिक जा नारि को लख्यो जार संभोग। होति लच्छिता तरुनि सों, बरनैं यों कवि लोग।।-शृं.मं., चिंता; 102/30। ल. (3)-लक्षिता सु जाको सुरत हेत प्रगट ह्वै जात। सखी व्यंगि बोलै कहै निज धीरज धरि बात।।-भि.ग्रं. 1, शृं.नि., 107/113। इस प्रसंग में भिखारीदास ने 'सुरत-प्रेम' का उदाहरण दिया है। लक्षिता में प्रेम और धैर्य दोनों आवश्यक हैं। इसे उन्होंने उदाहरणों से स्पष्ट किया है। धीरत्व में वह सबके कथन को सहने के लिए तैयार रहती है। सुरत लक्षिता उ.-''सविक बेनी-भुअंगिनी के कुच के चहुँ पासन ह्वै खुलि नाचे। ओठ पके कुँदरू सुक नाक पै काहे न देखिये चौट सों बाँचे। आज अली मुकुराम-कपोलनि कैसो भयो मुरचो जिहि माचे। दै यह चंद उरोजनि 'दासजू' कौने किये ससि सेखर साँचे।।''-भि.ग्रं. 1, शृं.नि., 107/113, 108/113। ल. (4)-बहुत दुराए हूँ सखी लखी लक्षिता प्रीति।-ज.ग्रं., भा.भू., 13/8। ल. (5)-होइ प्रीति पर पुरुष सौं सखी लखै पुनि वाहि। ताहि लक्षिता कहत हैं ग्रंथनि कौ मतु चाहि।।-सो.ग्रं. 1, र.पी.नि., 14/76। उ. (1)-''आजु नैन के कजरा, औरै भाँत। नागर नेह नबेलिया, सुदिने जात।।''-र. बि., ब.ना.भे., 26/44। उ. (2)-''पहुँचति डटि रन-सुभट लौं रोकि सकै सब नाँहि। लाखनु हूँ की भीर मैं आँखि उहीं चलि जाँहि।।''-बि.र., 177/86। उ. (3)-''आज कछू औरै भए, छए नए ठिक ठैन। चित्त के हित के चुगल ए नित के होहिं न नैन।।''-बि.र., 523/241। ल. (6)-होत लखाय सखीन कौं पिय सौं जाको प्रेम। ताहि लच्छिता कहत हैं कबि कोबिद करि नेम।। उ.-''सतरौंही भौंहन नहीं दुरै दुरायो नेह। होत नाम नँदलाल के नीपमाल सी देह।।''-मति.,र रा., 76, 78/217। दे. लछिता।

**लच्छीराम**—स्थितिकाल - सं. 1710। रचना-करुणाभरण। विव.-अनूदित नाटक। (बृ. इति. 7)।

**लच्छीराय**—स्थितिकाल - सं. 1810। रचनाएँ-ज्ञानानंद। विव.-व्रजभाषा में लिखित नाटक। (बृ.इति. 7)।

**लछमन**—दे. लक्ष्मन। लक्ष्मण। उ.-''बोल उठे लछमन धनुष बान कहाँ मेरे दुष्ट न जान पावै इहिं बानी के।।''-वृं.ग्रं., स्फुट, 12/313।

**लक्ष्मी**--दे. लक्ष्मी। उ.-''न सुनी कबहूँ सु लखी, चित चौरेई लेति लुनाइये की लछमी।''-घ. क., 318/172।

**लछिमन चंद्रिका टीका**—रचयिता-लछिमन राव। विव.-कविप्रिया पर टीका। रचनाकाल-सं. 1873। (बृ.इति. 7)।

**लछिता**—दे. लच्छिता। लक्षिता। ल. (1)-लछिता चतुरा करहिं हित क्रिया वचन के जोर।

प्रिय ठिग अरु प्रिय तें परे बरनत कवि सिरमोर।। वचन क्रिया की चातुरी पहिले करती होइ। ता समए पहुँचें अवर, लखें लच्छिता सोइ।।-कृ.ग्रं., हि.त., 30/10। ल. (2)-प्रीति आपनी और मुख प्रगटत सुनै सु नारि। होत लच्छिता तौन तिय कबिजन कहत पुकारि।। सुनत लजै कोऊ प्रिया, कोऊगहै न लाज। ढीठि पन्यौ कोऊ करै, बहुबिध लच्छित साज।।-कृ.ग्रं., हि.त., 127-128/32-33।

**लछिमन**--दे. लक्षमन, लछमन। लक्ष्मण। उ.-''जोवत उठि न अराति-दल सोवत लछिमन लाल।।''-भि.ग्रं., र.सा., 457/65।

**लज**--दे. लज्जा, लाज। उ.-''जल जमुना कौं लैंन कौं चली जलज मुखी आज। निज लज तजि रस बस किए जलज नैंन ब्रजराज।।''-वृं.ग्रं., य. स., 197/221।

**लज्जा**--1. दे. लज, लाज। चित्त की वह अवस्था जिसमें स्वभावतः अथवा अपने किसी भद्दे या बुरे आचरण के कारण दूसरों के सामने वृत्तियाँ संकुचित हो जाती हैं, चेष्टा मंद पड़ जाती है, मुँह से शब्द नहीं निकलता, सिर नीचा हो जाता है और सामने ताका नहीं जाता। शर्म, हया। नायक-नायिका भेद प्रसंग में मुग्धा, मध्या और प्रौढ़ा भेद में लज्जा और काम के अनुपात का ध्यान रखा गया है। इसी प्रकार नायिका के अन्य भेदों के विचार में भी लज्जा का महत्त्व है। ल. (1)-अति लज्जाजुत कुलबधू गनिका गनि निर्लज्ज। कुलटनि सों कोबिद कहत अंग सलज्ज अलज्ज।। बरनत नारिनि नरन तें लाज चौगुनी चित्त, भूख द्विगुन, साहस छगुन, काम अठगुनै मित्त।।-क.प्रि., 4/12-13। ल. (2)-मध्या सो जामें दोऊ लज्जा मदन समान।।-ज.ग्रं., भा. भू, 12/7। उ.-''ज्यौं न होय गज की कथा, सो कीजै नृपनाथ। ज्ञान बिना बन घोर है, जौ लौं लज्जा साथ।।''-वि.गी., 16/75। उ. (2)-''जनी सहेली सोभहीं वंधु बधू संग चार। मग में देइ बराइ डग, लज्जा को अभिसार।।''-र.प्रि., 7/27।

2. तैंतीस संचारियों में से एक दुःखात्मक संचारी। ल.-लज्जा अति ही सकुचिवी।-सो.ग्रं. 1, र.पी.नि., 25/54।

**लज्जाप्राया**--मुग्धा नायिका का एक भेद। केशव के अनुसार इस नायिका में लाज के साथ पति से प्रीति बढ़ाने की बात होती है। ल.-मुग्धा लज्जाप्राय-रति, बरनत कबि इहिं रीति। करै जु रति अति लाज सों पतिहिं बढ़ावति प्रीति।।-र.प्रि., 3/24।

**लज्जाश्लील**--दोषनिरूपण के अन्तर्गत आचार्यों ने श्लील के तीन भेद बताये हैं-लज्जाश्लील, अमंगलश्लील और ग्लानिश्लील। लज्जाश्लील का उ.-''अब हम गोरस बेचिबौ तजि दैहैं नंदलाल। सैन रावरी पाइकें घोंकल मेलत ग्वाल।।''-इहाँ 'मेलत' शब्द लज्जाश्लील है।।-सो.ग्रं. 1, र.पी. नि., 15/163।

**लटकन**--नाक में पहनने का एक गहना जो लटकता या झूलता रहता है। यह या तो नाक के दोनों छेदों के बीच में पहना जाता है अथवा नथ में लगा रहता है। उ.-''लटकन ढिग लटकत ललित लटकत चलत सरागि। मन पटकन पावै नही लट कत लटकन लागि।।''-वृं.ग्रं.,य.स.,353/233।

**लडुआ**--महीन बूँदी की बँधी हुई रसदार मिठाई। लड्डू। मोदक। उ.-''लडुआ मिसिरी अरु पेरादए हवा हाटन की पहचानत ना।।''-बो.ग्रं., इ. ना., 75/13।

**लब्धाबिप्र**--विप्रलब्धा नायिका विशेष; संकेत स्थल में प्रिय के न मिलने से दुःखी नायिका। आठ प्रकार की नायिकाओं में से एक। ल. (1)-'केसव' प्रोषितप्रेयसी लब्धा बिप्र सु आनि। अष्ट नाइका ये सकल अभिसारिका सुजानि।। र.प्रि., 7/3। ल. (2)-दूती सों संकेत कहि लैन पठाई आप। लब्धा विप्र सो जानियै अनआए संताप।। र.प्रि., 7/22। केशवदास ने अन्य विभेदों की तरह इसके भी प्रच्छन्न और प्रकाश विप्रलब्धा नामक दो भेद निरूपित किए हैं।

**लब्धोदय**--स्थितिकाल-सं. 1707। रचनाएँ-पदिमनी चरित्र। विव.-गुजराती मिश्रित बोलचाल की राजस्थानी भाषा में प्रसंगानुसार नौ रसों का समावेश। (वृ.इति. 7)।

**लमकारो**--लघु तथा मगण (ISSS) भि.ग्रं.

1, छंदा, छं. 27, पृ. 218।

**लम्बोदर**—गणेश जी का एक नाम। पार्वती के पुत्र। उ.-''गुरु-गुन अनंत भगवंत-भव, भनतिवंत भव-भय-हरन। जय केसवदास निवास-निधि, लंबोदर, असरन-सरन।''-र.प्रि., 1/1।

**लय**—सोमनाथ के अनुसार तैंतीस संचारियों में से एक। भिखारीदास आदि ने इसका उल्लेख नहीं किया है। ल.-अति प्राननि कौ बूड़िबौ, ताकौ लय समझाइ।।-सो.ग्रं. 1, र.पी.नि., 33/55।

**ललकदास**—समय-सं. 1860 से 1880 के बीच। स्थान-लखनऊ। रचनाएँ-सत्योपाख्यान, भाषा कोशल खण्ड। (इति.शुक्ल, सा.को.)।

**ललित छंद**—दे. गाहा छंद। ल.-ललित 25 गुरु। सो.ग्रं. 1, र.पी.नि., पृ. 27।

**ललित अलंकार**—कुछ आचार्यों के मत से एक काव्यालंकार जिसमें वर्ण्यवस्तु (बात) के स्थान पर उसके प्रतिबिम्ब का वर्णन किया जाता है। ल. (1)-बर्न्य वाक्य के अर्थ को जहँ केवल प्रतिबिंब। प्रस्तुत में बरनत ललित निर्मल मति बिधुबिंब।। उ.-''मेरी सीखै न सखि मोसों उठे रिसाय। सोयो चाहत नींद भरी सेज अँगार बिछाय।।''-मति., ल. ल., 300, 301/350। ल. (2)-ललित कह्यो कछु चाहिये ताही को प्रतिबिंब।-ज.ग्रं., भा.भू., 157/51। ल. (3)-''कहहि जोग प्रस्तुत बिषै जु कछु कहै नहिं जाहि। कहै तासु प्रतिबिंब कछु ललित कही जतु ताहि।।''-प.ग्रं., पद्मा, 216/59। ल. (4)-ललित कह्यो कछु चाहिये, कहिय तासु प्रतिबिंब। दीप बारि देख्यो चहै, कूर जु सूरजबिंब।। उ.-''कंट कटीलिका बागनि में बयो दास गुलावनि दूर कै दीजै। आजु तें सेज अँगारन की करौ फूलनि कों दुखदानि गनीजै। ऊधो अहीरिनि के गुर हैं इनको सिर आयसु मानिही लीजै। गुंज के गंज, गहौ तजि लालनि डारि सुधा बिष संग्रह कीजै।।''-भि.ग्रं., 2, का.नि., 17-18/154। ल. (5)-ताकी छाया सी जु कछु कह्यौ चहतु है चित्त। ललित कहैं तासों सुकवि सब रसिकनि के हित्त।। उ. (1)-''सजी चतुरई आनि हरि हतौ इतोई काम। बिनती अब करिहौ कहा निरखि मनि चुकी बाम।।''-उ. (2)-''पिय जोबन के अमल में दृग छकि रहे निदान। जुलम करत डरपत न ए क्यों लहियतु मद पान।।''-सो.ग्रं. 1, र.पी.नि., 245, 246, 247/212-213। ल. (6)-बर्न्य वाक्य के अरथ को प्रतिबिंबित जहिं होइ। ताहि बखानत ललित हैं भूषन कबि सब कोइ।। उ.-''गोसलखानहु में लख्यौ सिव सरजा को अंभ। तऊ देत अबरंग निज ढहे धाम कित खंभ।।''-भू. ग्रं., शि.भू., 250/176।

**ललित प्रकाश**—रचयिता-सहचरिशरणदास (दे.)। (बृ.इति. 7)।

**ललितमोहिनी**—ललितकिशोर जी के शिष्य। जन्म-सं. 1780। रचनाएँ-स्फुट। (बृ.इति. 7)।

**ललित राग**—षाड़व जाति का एक राग जो भैरव राग का पुत्र माना जाता है और जिसमें निषाद स्वर नहीं लगता तथा धैवत और गांधार के अतिरिक्त और सब स्वर कोमल लगते हैं। इसके गाने का समय रात्रि के तीन दंड बीत जाने पर अर्थात् प्रातःकाल है। (हिं.श.सा.)। उ.-''ललित बिभासा पूरिआ मधु-माधव तिहि ठान।।''-बो.ग्रं., वि.वा., 6/120।

**ललित ललाम**—रचयिता-मतिराम (दे.)। विव.-अर्थालंकार विषयक ग्रंथ। आश्रयदाता भावसिंह की प्रसन्नता के लिए रचित ग्रंथ। उ.-''भावसिंह की रीझ कौं कविता भूषन धाम। ग्रंथ सुकवि मतिराम यह कीनौं ललित ललाम।।''-मति., ल. ल., 38/304। (बृ.इति. 6)।

**ललितशृंगारीदीपक**—रचयिता-रसिकअली (दे.)। (बृ.इति. 7)।

**ललितसखी**—मुरलीधर भट्ट के शिष्य। जन्म-सं. 1800 के आसपास। रचनाएँ - कहानीरहसि, कुँवरकेलि। (बृ.इति. 7)।

**ललित हाव**—शृंगार रस में एक कायिक हाव या अंगचेष्टा जिसमें सुकुमारता या नजाकत के साथ भौं, आँख, हाथ, पैर आदि अंग हिलाये जाते हैं। कहीं-कहीं भूषण आदि से सजाने को ललित हाव कहा गया है। ल. (1)-सोहत अँग अँग भूषननि ललित सु हाव प्रकास।-ज.ग्रं., भा.भू., 27/12। ल. (2)-जहँ अंगन की छवि सरस बरनत चलन

चितौन। ललित हाव तासों कहत जे कबि कबिता भौन।।-प.ग्रं., जग., 447/176। ल. (3)-पटभूषन सुकुमारता थल जल बाग बिहार। लाल मनोहर बाल को सकल ललित व्यवहार।।-भि.ग्रं. 1, र.सा., 298/44। वही, शृं.नि., 246-247/143। ल. (4)-ललित हाव बरन्यो निरखि तिय को सहज सिंगारु। अभरन पट सुकुमारता गति सुगंधता चारु।।-वही, शृं.नि., 251/144। ल. (5)-बोलनि हंसनि बिलोकिबो चलनि मनोहर रूप। जैसे तैसें बरनियै ललित हाव अनुरूप।।-र.प्रि., 6/24। ल. (6)-बनै बानिकन सों सरस सकल आभरन अंग। ललित हाव तासों कहैं जे कबि बुद्धि उतंग।। उ.-''बिरी अधर अंजन नयन मिहंदी पग अरु पानि। तनु कंचन के आभरन नीठि परत पहिचानि।।''-मति., र.रा., 374, 376/285। ल. (7)-सुंदरता अंग अंग की, मधुरी चलनि सुवेष। ललित हाव सो जानिये बरनत बुद्धि बिसेष।।-सो. ग्रं. 1, र.पी.नि., 13/126।

**ललिता**—1. नायिका विशेष। अवस्था की दृष्टि से वह नायिका जिसके शरीर में कुछ कुछ यौवन के आते ही शरीर के अंग प्रफुल्लित हो उठते हैं और शिशुता की चंचलता के साथ शरीर का रंग सुंदर सुवर्ण के रंग का सा सुंदर वर्ण हो जाता है। ल.-आवत जोबन कछुक तन, होत डहडहे अंग। सिसुता की हलचल कहौ ललिता ललित सुरंग।।-कृपा. ग्रं., हि.त., 81/21।

2. छंद विशेष। एक वर्णवृत्त जिसके प्रत्येक चरण में क्रमशः तगण भगण जगण और रगण होता है (SS। S।। ।S। S।S)। ल.-तो अग्र गैल, पिय नंद नंद गो। विश्राम लेत पग पंच सत्त को। हे मुग्ध द्वै'रु, दस बर्न देहि री। सानंद जानि, ललिताहि लेहि री।। उ.-''वंसी चौराइ, सु यकंत में गई। कान्है वताइ, इन कान में दई। जैसी विचित्र, वृषभान लाड़िली। तैसी प्रबीन ललिता सखी मिली।।''-भि. ग्रं. 1, छंदा., 32-33/251।

3. पुराणों के अनुसार राधिका की प्रधान आठ सखियों में से एक। उ. (1)-''नंदलला रससागर सों ललिता रिस की सलिता न बढ़ैयै।''-घ.क., 409/202। उ. (2)-''भजनानंद द्वारका छाये गोपिन बिरह बढ़ायो। गुप्तखेल में खेल और यौं ललिता प्रकट दिखायो।।''-बो.ग्रं., वि.वा., 18/30। उ. (3)-''दीखती तो ललितादि जहाँ तहाँ हौं हू गई दबि पाँवन गाढ़े।''-ठाकुर, 16/6। उ. (4)-''लागी जबै ललिता पहिरावन कान्ह कों कंचुकी केसरिबोरी।''-प.ग्रं., जग., 584/202। उ. (5)-''ललिताहु सो नेक बतान लगी रसबात सुने सकुचान लगी।।''-भि.ग्रं. 1, शृं.नि., 126/116।

**ललिता छंद**—इसके प्रत्येक चरण में मात्राक्रम है (SS।S।।। S। S।S)। बारह वर्ण होते हैं और पाँच तथा सात वर्ण पर यति होती है। ल.-तो अग्र गैल, पिय नंद नंद गो। बिश्राम लेत, पग पंच सत्त को। हे मुग्ध द्वै'रु, दस बर्न देहि री। सानंद जानि, ललिताहि लेहि री।। उ.-''जैसी बिचित्र, वृषभान लाड़िली। तैसी प्रबीन, ललिता सखी मिली।।''-भि. ग्रं. 1, छंदा., 32-33/251।

**ललितोपमा**—एक अर्थालंकार जिसमें उपमेय और उपमान की समता जताने के लिए सम, समान, तुल्य, लौ, इव आदि वाचक पद रख कर ऐसे पद लाए जाते हैं जिनसे बराबरी, मुकाबला, मित्रता, निरादर, ईर्ष्या इत्यादि भाव प्रकट होते हैं। ल.-जहिं समता कौं दुहुन की लीलादिक पद होत। ताहि कहत ललितोपमा सकल कविन के गोत।। बहसत निदरत हसन जहि छबि अनुसरत बखान। सत्रु मित्र तहिं और ऊ लीलादिक पद जान।। उ.-''साहितनै सरजा सिवा की सभा जा मधि सु मेरवारी सुरकी सभा कौं निदरति है।''-भू.ग्रं., शि.भू., 51-53/137।

**लली**—राधिका। उ.-''रिझवारिनि पै गुन गाय रिझावहु देहि लली की निछावरि है।''-घ.क., 410/202।

**लवंग**—मलक्का द्वीप, जंजिबार तथा दक्षिण भारत में होने वाला एक पेड़ जिसकी सूखी कलियाँ मसाले और दवा के काम आती हैं। उ.-''चंदन बिटप वपु कोमल अमल दल ललित वलित लता लपटी लवंग की।''-र.प्रि., 7/11।

**लव**—त्रेता में अयोध्या के राजा रामचंद्र के

छोटे पुत्र जिनका जन्म ऋषि विश्वामित्र के तपोवन में हुआ था। इनके बड़े भाई कुश थे। वनवास से लौटकर अयोध्यापति बने राम ने लोकापवाद के कारण सगर्भा सीता को वन में भेज दिया था। वाल्मीकि ऋषि ने इन्हें रामायण का गायन सिखाया था और इन्होंने रामचंद्र की सभा में भी इसका गायन किया था। अश्वमेध यज्ञ संबंधी युद्ध में सेना के पराजित होने पर जब राम स्वयं उस वन में पहुँचे तब दोनों भाइयों की पहचान सहित भेंट हुई। बाद में लव श्रावस्ती के राजा बने। (पौ.को., हिं.श. सा.)। उ. (1)-''सोहत सहित सेष रामचंद्र कुस लव जीति कै समरसिंधु साँच ही सुधार्यो है।''-क. प्रि., 8/31। उ. (2)-''पुत्र द्वै भए एक श्री कुस दूसरो लव जानि। जातकर्मंहि आदि दै सब किये वेद वखानि।।''-रा.चं., 33/56।

**लवनासुर**–लवणासुर। रामायण के अनुसार सत्ययुग में दैत्य वंश में लीला के गर्भ से मधु नामक एक पुत्र उत्पन्न हुआ। इस मधु ने महादेव की कठोर तपस्या कर एक शूल पाया था। उसने महादेव से यह शूल वंश-परम्परा क्रम से रह जाने की प्रार्थना की। किंतु महादेव ने कहा कि यह वर तो नहीं मिल सकता, पर तुम्हारा बड़ा लड़का यह शूल पायेगा। पश्चात् विश्वावसु की कन्या अनला की पुत्री कुंभीनसी से मधु ने विवाह किया और लवण का जन्म हुआ। मधु अच्छा था लेकिन लवण कुकर्मों से युक्त था। लवण को जब यह शूल प्राप्त हुआ तब वह अत्याचार करने लगा। लवण के भीषण अत्याचार से पीड़ित होकर ऋषियों ने राम की शरण ली। भगवदवतार राम ने लवण का वध करने के लिए भरत से कहा। किन्तु शत्रुघ्न की प्रार्थना पर शत्रुघ्न भेजे गये। लवण के हाथ में जब तक शूल रहेगा तब तक देवदानवादि उसका वध नहीं कर सकते, भस्मीभूत हो जायेंगे, यह बात शत्रुघ्न को मालूम थी। इसलिए जिस समय राक्षस के हाथ में शूल नहीं था उसी समय शत्रुघ्न ने उसका वध किया। यह मथुरा का राजा था। लवणासुर के बाद शत्रुघ्न इसके राजा हुए। (रामायण, अयोध्याकांड, 73-74; पौ. को., हिं.श.सा.)। उ.-''सुनि प्रभुआखडल, मथुरामंडल में दीजै सुभ ग्राम। बाढै बहु कीरति, लवनासुर हति, अति अजेय संग्राम।।''-रा.चं., 33/10।

**लसकर**–लशकर। सेना। फौज। योद्धाओं का दल। उ.-''जाही बनत न मदन नृपु मजिल देत फुरमाइ। छबि लसकर के होत है तितही डेरा आइ।।''-रस.रतन., 506/111।

**लहाछेह**–लघ्वाक्षेप। नृत्य, गान तथा वाद्य में किसी निबंध को समता से नियतकाल में समाप्त करने को लय कहते हैं। यह लय तीन प्रकार की होती है–विलंबित, मध्य तथा द्रुत। किसी निबंध को धीरे-धीरे बरतना उसकी विलंबित लय कहलाती है। जितना काल किसी निबंध के बरतने में लगता है, यदि उसका आधा काल लगाया जाए, तो उस निबंध में मध्य लय होगी। मध्य लय में जितना काल लगता है, यदि उससे भी आधे के काल में यह निबंध बरता जाय तो उसकी द्रुत लय हो जाती है। यदि और भी शीघ्रता की जाय तो अति द्रुत लय होगी। नृत्य के संबंध में लघ्वाक्षेप का अर्थ अति लाघव अर्थात् फुर्ती से पैरों को उठाना, रखना अर्थात् द्रुत लय में नृत्य करना है। उ.–"गोपिनु सँग निसि सरद की समत रसिकु रसरास। लहाछेद अति गनिनु की सबनु लखे सब–पास।।" बि.र., 291/137-138।

**लांगली**– पुराणानुसार एक नदी का नाम। उ.–"कृतमालाका लांगली, बंसकरा रिषिका हि। माहेंद्री तपती सिवा, पुन्या कों वित चाहि।।"–वि. गी. 6/19।

**लाक्षनिक**–भिखारीदास द्वारा वर्णित पद (दे.) के तीन भेदों में से एक जो अभिधा द्वारा निकलने वाले अर्थ का बोध होने पर दूसरी शक्ति से अर्थ का बोध कराता हो। वह अर्थ जो अभिधा के द्वारा निकलने वाले अर्थ का बोध होने पर निकलता हो। ल.–"मुख्य अर्थ के बोध सों सब्द लाक्षनिक होत।।"–भि.ग्रं.2, का.नि., 22/8।

**लाक्षनिकोपमा**– लाक्षणिकोपमा। अलंकार का एक भेद। बुद्धिबल से या वचन-रचना से जहाँ उपमान के गुण उपमेय में निर्धारित करते हुए दोनों की समता की जाय वहाँ लाक्षणिकोपमा होगी। ल.–लक्षन लक्षि जु बरनियै, बुधिबल बचन-बिलास।

तासों लाक्षनिकोपमा कहियत 'केसवदास'।। उ.-''वासों मृग–अंक कहै तोसों मृगनैनी सबै, वह सुधाधर तुही सुधाधर मानियै। वह दुजराज राजै तेरे दुजराजौ वह कलानिधि तुही कलाकलित बखानियै।'' क.प्रि.,14/38–39।

**लाखनु**–कोई राजा या राजा का सेनापति, जिसके नाम का पता इतिहास से नहीं चलता। 'मआसिरुल उमरा' से एक लक्खी जादो का पता लगता है जो दक्खिन में दौलताबाद सरकार के संदखेर का देशमुख था और निजामशाही राज्य का एक बड़ा मनसबदार था। यही लक्खी जादो छत्रपति महाराज शिवाजी का नाना था। शाहजहाँ के राज्य काल के आरंभ में मिर्जा राजा जयशाह खानजहाँ लोदी के साथ दक्खिन में थे। संभव है उस समय उनसे और लक्खी जादो से सामना हुआ हो। इसके अतिरिक्त उन्हीं दिनों आगरे के निकट महावन के जाटों ने वहुत सिर उठाया था और मिर्जा राजा जयशाह दक्खिन से लौटने पर कासिम खाँ के साथ उनका दमन करने के निमित्त भेजे गए थे। यह भी बहुत संभव है कि उन जाटों के किसी सरदार का नाम लाखनु सिंह रहा हो। यह कोई ऐसा व्यक्ति मालूम पड़ता है जिसकी सेना जयशाह की सेना देखकर भागी थी। उ.–"रहतिन रन, जयसाहि–मुख लखि, लाखनु को फौज। जाँचि निराखर ऊ चलै लाखनु की मौज।।–बि.र., 80/43–44।

**लाख भौन**–लाक्षा भवन। लाक्षागृह। दुर्योधन ने पाण्डवों को जला देने के लिए पुरोचन मंत्री की देखरेख में वारणावत में लाख का एक घर बनवाया था; किन्तु पांडवों को इसकी सूचना पहले ही मिल गई, अतः वे माता कुंती के साथ पहले ही निकल भागे। भीमसेन ने इस लाक्षागृह में आग लगाई थी, जिसमें पुरोचन जलकर भस्म हो गया था। लोक मान्यता है कि यह स्थान इलाहाबाद जिले में हँडिया स्टेशन के पास गंगातट पर है, जिसके कुछ अवशेष अभी भी हैं। (हिं.श.सा., पौ.को.) उ.–"सूने लाखभौन तें कढ़े वै राति पाँचि तें तूँ द्यौस लाख चौकी ते अकेला आयौ कढ़ि के।।"-भू.ग्रं., शि. भू., 135/153।

**लाज**– दे. लज्जा। शर्म। हया। उ. (1)-"रही अचल सी ह्वै, मनौ लिखी चित्र की आहि। तजैं लाज, डरु लोक कौ, कहौ, बिलोकति काहि।।"-बि. र., 533/247। उ. (2) -"लाज-लगाम न मानहीं, नैना मो बस नाहिं। ए मुँहजोर तुरँग ज्यौ, ऐंचत हूँ चलि जाहिं।।"-बि.र., 610/283। उ. (3)-"लाज छुटी गेहौ छुट्यो सुख सो छुट्यो सनेह। सखि कहियौ वा निठुर सों रही छुटिबें देह।।"-मति., सत., 81/375। उ. (4)-"सिसु ज्यौं जल कन लेत दृग भरि पलकन मैं हाल। बिचलत बैंचत लाज कौ मचलत लषि नंदलाल"-रस., रत्न., 278/81। उ. (5)-"इतै पै नवेली लाज अरस्यौ करै जु, त्यारो, मन फगुवा दै, गारी हू कों तरस्यौं करै।"–घ.क., 75/70। उ. (6)-"आँगन मैं दुलहनि फिरति लियैं हियैं अति लाज।"-वृं.ग्रं., अ.दो., 39/8। उ. (7)-"लाज विराज रही अँखियान में प्रान में क्रान्ह जुबान में नाहीं।"–प.ग्रं., जग., 45/88। उ. (8)-"मध्या का उ.-" तिय हिय सही टूटूक है तुम्हैं चाहि सुखधाम। रही एक मैं लाजभरि दूजे में भरि काम।।"–भि.ग्रं. 1, र.सा., 38/8।

**लाजनि**– दे लज्जा, लाज। लज्जा, विविध प्रकार की लज्जा। उ.-"लाजनि लपेटी चितवनि भेद-भाय-भरी, लसति ललित लोल-चखतिरछानि मैं।''-घ.क., 1/33-34।

**लाट**–लाट देश। एक प्राचीन देश जहाँ अव भड़ौच, अहमदाबाद आदि नगर हैं। गुजरात का एक भाग। उ.-''पंच आल पामर पुलिंद पुंड्र लाटहून हाटक नेपाल कालकेय कालहेस के।''-ज. चं., 102।

**लाटानुप्रास**–वह शव्दालंकार जिसमें शब्दों की पुनरुक्ति होती है, परन्तु अन्वय में हेरफेर करने से तात्पर्य भिन्न हो जाता है। ल. (1)-एक सव्द वहु बारगी, सो लाटानुप्रास। तात्पर्ज तें होतु है, और अर्थ प्रकास।। उ.-''मन मृगया कर मृगदृगी, मृगमद बेंदी भाल। मृगपति-लंक मृगांकमुखि, अंक लिये मृगवाल।।''-भि.ग्रं.2, का.नि., 48-49/182। ल. (2)-वही होइ पद, अर्थ वह, भाव जहाँ फिरि जाइ। सो लाटानुप्रास है, रसिकनि को सुखदाइ।।

उ.-''रन में जे हर्षत नहीं, ओछे तिनके बान। रन में जै हर्षत नहीं ओठे तिन के बान।।''- सो.ग्रं., 1, र. पी.नि., 23/173। ल. (3)- सो लाटानुप्रास जब पद की आवृति होइ। सब्द अर्थ के भेद सों भेद सों बनाहू सोइ।। उ.-''पीय निकट जाके नहीं घाम चाँदनी ताहि। पीय निकट जाके सखी घाम चाँदनी ताहि।।''-ज.ग्रं., भा.भू., 199-200/66।

**लाटिया**--दे.तुक। सभी चरणों में ''फिरत हैं'' जैसे तुक हो तो लाटिया तुक होता है।-भि. ग्रं.2, का.नि., छं. 17-17अ/217।

**लाडिली**--श्रीराधा। उ. (1)-''लाडिली कहे ते लाल परम दयाल होत प्यारी के कहे ते सुखी सुनत सिहाति है।''-ठाकुर, 3/62। उ. (2)-''कालिंदी रावरी कुंज कछारनि मुंजन कौतिक लाड़िली लाल के।''-ठाकुर, 8/63।

**लाड़लीदास**--समय-18वीं शती का उत्तरार्द्ध। रचनाएँ-प्रश्नोत्तरी, पदावली, कामवनविलास, स्वप्न विलास, सुधर्मबोधिनी। (बृ.इति. 7)।

**लाब**--एक परिमाण। उ.-''पाँच लाब उज्जैन की बस्ती को परमान।।''-बो.ग्रं., वि.वा., 54/156।

**लाल**--मानिक या माणिक्य नाम का रत्न जो लाल रंग का होता है। उ.-''मरकत लाल प्रबाल मनि मुकुत हीर अवदात।''-मति., ल.ल., 13/300।

**लाल कवि**--गोरेलाल पुरोहित। जन्म-सं. 1715। स्थान - आंध्रप्रदेश में राजमहेन्द्री जिले का नृसिंहक्षेत्र धर्मपुरी? मउ (बुंदेलखंड)। गोत्र-मुदगल। आश्रयदाता-महाराज छत्रसाल बुंदेला। रचनाएँ-छत्रप्रशस्ति, छत्रछाया, छत्रकीर्ति, छत्रछंद, छत्रसालशतक, छत्रहजारा, छत्रदंड, छत्रप्रकाश, राजविनोद, बरवै। अन्य रचनाएँ-लाल चंद्रिका (बिहारी सतसई की टीका), जगदविनोद, छत्रविलास। विव.-छत्रप्रकाश प्रबंध ग्रंथ जिसमें बुंदेलवंश की उत्पत्ति से लेकर राज्य के अंत तक काव्यात्मक इतिहास वर्णित है। विशेष रूप से छत्रसाल का वर्णन। (बृ. इति. 7, इति. शुक्ल, स.सर्वे., सा.को.)।

**लाल कवि भरतपुर वाले**--लाल कवि-गोरेलाल पुरोहित से भिन्न। कविता-काल - सं. 1812 के लगभग। स्थान-भरतपुर। आश्रयदाता-भरतपुर के नरेश बदनसिंह और सूरजमल। रचनाएँ-स्फुट। (बृ.इति. 7)।

**लालचंद जैन**--लुब्धोदय (लब्धोदय या लक्षोदय)। काव्यकाल-सं. 1702। गुरु-ज्ञानराजमणि। रचनाएँ-'गोरा बादल रणजय' अथवा 'पद्मिनी चरित्र'। (बृ. इति. 7)।

**लाल झा**--स्थान-दरभंगा जिला का मँगरौनी गाँव। स्थितिकाल - सं. 1801 के आसपास। आश्रयदाता - मिथिला नरेश नरेन्द्र सिंह (राज्यकाल सं. 1801-1818)। रचनाएँ - गौरीस्वयंवर नाटक, सोहरगीत, कनरपीघाट की लड़ाई। (रचनाकाल-सं. 1837 ?)। (बृ. इति 7)।

**लालमणि** -- रचयिता - चिंतामणि (दे.)। रचनाकाल - सं. 1740 के लगभग। (बृ. इति. 7)।

**लालसा**--किसी पदार्थ को प्राप्त करने की बहुत अधिक उत्कंठा या अभिलाषा। तीव्र इच्छा। बहुत अधिक इच्छा या चाह। लिप्सा। उ.- ''लालसा ललित मुख-सुषमा निहारिबै की, बरनी परै न ज्यौं भरी है नैन छाय कै।''-घ.क., 480/222।

**लालित्यलता**-रचयिता-देवदत्त 'दत्त कवि' (दे.)। विव.-अलंकार विषयक ग्रंथ (इति. शु., बृ. इति. 7)।

**लालूवारै**--विशेष प्रकार की तलवार। उ-''लाख लालूवारै रिपु-गन हारे मोल बिचारै नव-निधि की।''-प.ग्रं., हि.ब.बि., 194/27।

**लिंगिनी**--आठ प्रकार की दूतियों में से एक जो कपट वेश धारण कर दूतीकार्य सम्पन्न करती है। ल.-कपट वेष बहू धरै जो सुतौ लिंगिनी होइ।-शृं.म., चिंता., 414/125।

**लिलावति**--द्र. लीलावती। उ.-''माधौ लिलावति जाय। तहँ बैठियो सुख पाय।।''-बो.ग्रं., वि.वा, 22/226।

**लीलकण्ठ**-नीलकंठ। एक चिड़िया जो लगभग एक बित्ता लंबी होती है। इसका कंठ और डैने नीले होते हैं। शेष शरीर का रंग कुछ ललाई लिए बादामी होता है। चोंच कुछ मोटी होती है। यह कीड़े-मकोड़े पकड़कर खाती है। वर्षा और

शरद ऋतु में उड़ती हुई अधिक दिखाई पड़ती है। विजयादशमी के दिन इसका दर्शन शुभ माना जाता है। इसका स्वर कुछ कर्कश होता है। (हिं. श.सा.)। उ.-"जब देषौ चाहिये तुहै तब तुं नहीं दिषाइ। लीलकण्ठ बीते दसें फिरिहै कीरा पाइ।।"-रस., रतन., 960/169।

**लीलम**--विशेष प्रकार की तलवार। उ.-"लीलम तरवारे झुकि झुकि झारे तकि तकि मारे धीरन को।"-प.ग्रं., हि.ब.बि., 193/27।

**लीलाकर दंडक**--इसके प्रत्येक चरण में बारह रगण (S।S) होते हैं। ल.-लीलाकर बार (रगन)। -भि.ग्रं.।, छंदा., 12/247।

**लीला छंद**--1. दे. गाहा छंद। इसमें 26 गुरु का विधान है। ल.-लीला 26 गुरु। -सो.ग्रं. 1, र.पी.नि., 29/27।

2. बारह मात्राओं का छंद है। क्रम चारों चरणों में विषम है। उ.-"अवध पुरी भाग भारु। दसरथगृह छबि अगारु। राजत जहँ बिस्वरूप। लीलातनु धनि अनूप।।"-भि.ग्रं.1, छंदा., 96/191।

3. ग्यारह मात्राओं का छंद है। चरणों में मात्राक्रम का भिखारीदास ने कोई उल्लेख नहीं किया है। उ.-"धन्य जसोदा कही। नंद बड़े भाग ही। ईस्वर ह्वै जा धरैं। अद्‌भुत लीला करैं।।" (क्रम S।। SS।S प्रतीत होता है)।-भि.ग्रं.1, छंदा. 77/189।

**लीलाप्रकाश**--रचयिता-मुकुंददास (दे.)। (बृ. इति. 7)।

**लीलावति**--दे. लीलावती। - "चार पहर जामिनी बिहाई। भोर खबर लीलावति पाई।।"-बो. ग्रं., वि.वा., 29/38।

**लीलावती**--बोधाकवि लिखित विरह वारीश ग्रंथ में एक नारी पात्र। उ.-"द्वापर जुग के अंत पुरी बनारस के बिषै। कायथ नाम सुमंत तासु सुता लीलावती।।"-बो.ग्रं., वि.वा., 22/37।

**लीलावती छंद**--एक छंद जिसके प्रत्येक चरण में 10, 8 और 14 के विराम से 32 मात्राएँ होती हैं और अंत में एक जगण होता है। कुछ आचार्यों ने इस छंद को मात्रामुक्तक माना है। ल. (1)-द्वै कल दै फिरि तीस कल, लीलावती अनेम। दुगुन पद्धरिय के किये जानो वहै स प्रेम। उ. (1)-"मो बिनय मानि बलि बृंदाबन बंसी बजाइ गोधन गावै। तो लीलावती स्याम में तो में नेकु न उर अंतर आवै।।"-उ. (2)-"किय केवल तू यह लालाहाल दिनरैनि बिसासिनि कोहि कोहि।"-भि. ग्रं.1, छंदा., 44-46/222। ल. (2)-चरन कला बत्तीस अरु गुरु लघु को नहि नेम। लीलावति सो छंद है कवि समझो करि प्रेम।। (प्रत्येक चरण में 32 मात्राएँ, लघु-गुरु का नियम नहीं)। उ.-"खेलन सिकार जब अति उदार दशरथ कुँवार सिरदार चलै। तब कोल गुंज तकि होतु लुंज तन सेस मुंज फन पुंज दलै।"-सो.ग्रं.1, र.पी.नि., 34-35/28।

**लीला हाव**--नायक-नायिका का एक हाव जिसमें वे अपने प्रिय के वेश, गति, वाणी आदि का अनुकरण करते हैं। ल.(1)-करत जहाँ लीलानि कों प्रीतम प्रिया बनाइ। उपजत लीलाहाव तहँ बरनत केसवराइ।।-र.प्रि., 6/21। ल. (2)-पिय भूषन बचनादि की लीला करै जो बाल। तासों लीला हाव कहि बरनत सुकबि रसाल।। उ.-"मेरे सिर कैसी लगै यों कहि बाँधी पाग। सुंदरि रति बिपरीत में प्रगट कियो अनुराग।।"-मति., र.रा., 350, 352/280। ल. (3)-पिय प्यारी रतिसुख करैं लीला हाव सु जानि।।-ज.ग्रं., भा.भू., 26/12। ल. (4)-पिय तिय के तिय पीउ के धरै जु भूषन चीर। लीला हाव बखान हीं ताही कों कबि धीर।। उ.-"तिय बैठी पिय के पहिरि भूषन बसन बिसाल। समुझि परत नहिं संखिन को को तिय को नंदलाल।।"-प.ग्रं., जग., 429, 432/172-173। ल. (5)-स्वाँग केलि को करत हैं जहाँ हास्य रस भाव। दंपति सुख-क्रीड़ा निरखि कहिये लीला हाव।।-भि.ग्रं. 1, शृं.नि., 248/143। ल. (6)-पिय को रूप बनाइ कें तिय बिहरै सुख मानि। तासों लीला हाव कहि बरनत हैं गुनखानि।। उ.-"राजत हैं रतिमंदिर में रति सी तिय, काम से लाल कन्हाई। आपुस में पलटे पट भूषन बाढ़ीतहाँ कहि नाथ निकाई। बाम सुभाइ किए नंदनंदन, कीनी तबै तिय ऐसी ढिठाई। चाँपि कपोल दुहूँ कर सौं पिय कौ

मुख चूमि चितै मुसिक्याई।।''-सो.ग्रं. 1, र.पी. नि., 6, 8/124-125।

**लुकमान**--एक बहुत बड़े हकीम और वैज्ञानिक जिनकी चर्चा कुरान में आई है। उ.-''नहीं यह बेदल बेदन देखि। कही लुकमान हकीम बिसेखि।।''-बो.ग्रं., वि.वा., 43/164।

**लुप्ता**--दे. लुप्तोपमा। दे. उपमा। उपमालंकार का एक भेद। उपमा के चारों अवयवों (उपमेय, उपमान, वाचक और धर्म) में से 1, 2 और 3 के लोप से लुप्ता कही जाती है। ल.-एक दोय पुनि तीनि के लोपैं लुप्ता जानि।।-सो.ग्रं., र.पी.नि., 4/182। सोमनाथ ने इसके अनेक भेदों का निरूपण किया है, जैसे साधारण धर्म लुप्ता, वाचकलुप्ता, उपमानलुप्ता, उपमेयलुप्ता, वाचक धर्मलुप्ता, धर्मउपमान लुप्ता, धर्मउपमेय लुप्ता, धर्म-वाचक उपमान लुप्ता।

**लुप्तोत्प्रेक्षा**--दे. उत्प्रेक्षा। भिखारीदास के अनुसार उत्प्रेक्षा का चौथा प्रकार लुप्तोत्प्रेक्षा है। ल.-लुप्तोत्प्रेक्षा तिहि कहैं बाचक बिन जो होइ। याकी बिधि मिलि जाति है, काव्यलिंग में कोइ।। उ.-''बिनहु सुमनगन बाग में भरे देखियत भौंर। दास आजु मनभावती, सैल कियो यैहि ओर।।''-ति.-मनों सब्द लुप्त है, सोंई बाचक है।।-भि.ग्रं. 2, का.नि., 17, 18, 19अ/89।

**लुप्तोपमा**--दे. लुप्ता। उपमा अलंकार के अन्तर्गत चार अवयव होते हैं-उपमेय, धर्म, वाचक और उपमान। इस भेद में इन चारों अवयवों में से कोई एक या दो या तीन लुप्त रहते हैं। ल. (1)-समतादिक जे चारि हैं, तिन में लुप्त निहारि। एक दोइ की तीनि, तौ लुप्तोमा बिचारि।।-भि.ग्रं. 2, का.नि., 21-29/71-73। भिखारीदास ने भी सोमनाथ (दे. लुप्ता) की तरह इसके अनेक भेदों का निरूपण किया है, जैसे-धर्मलुप्तोपमा, उपमानलुप्त, वाचकलुप्त, उपमेयलुप्त, वाचकधर्मलुप्त, वाचकउपमानलुप्त, उपमेयधर्मलुप्त, उपमेय-वाचक-धर्म-लुप्त।-भि.ग्रं. 2, का.नि.। ल. (2)-होतु एक द्वै तीन कौ इन चारिहु में लोप। तहाँ होत लुप्तोपमा बरनत कवि मति-ओप।।-मति., ल.ल., 46/306। ल. (3)-बाचक धर्म'रु बर्ननिय है चौथो उपमान। इक बिन द्वै बिन तीनि बिन लुप्तोपमा प्रमान।।-ज.ग्रं., भा.भू., 43/18। ल. (4)-इक द्वै तीन'रु चार को जहाँ लोप पहिचान। यों सु पंचदस भेद जुत लुप्तोपमा प्रमान।।-प.ग्रं., पद्मा., 10/34।

**लुब्धापति प्रौढ़ा**--प्रौढ़ा नायिका का एक भेद। इस नायिका का पति पर पूरा अधिकार होता है। ल.-सो लुब्धापति जानियै 'केसव' प्रगट प्रमान। कानि करै पति कुल सबै प्रभुता प्रभुहि समान।। उ.-''आजु विराजत हैं कहि 'केसव' श्रीबृषभानुकुमारि कन्हाई। बानी बिरंचि बहिक्रम काम रची जु बची सु बधूनि बनाई। अंग बिलोकि त्रिलोक में ऐसी को नारि नहीं जिन नारि नवाई। मूरतिवंत सिंगारि समीप-सिंगार किये जनु सुंदरताई।।''-र.प्रि., 3/57-58।

**लूनी**--नदी विशेष। उ.-''लूनी तापी अंगुली अभया हिरन दसान। निषधावती सुबाहिनी, बिमला बेना जान।।''-वि.गी., 6/16।

**लेखनी चित्र अलंकार**--छंद रचना में ऐसी वर्णव्यवस्था, जिससे विशेष प्रकार के खड्ग, कमल आदि के चित्र बन जाते हों। दे. चित्रालंकार। ल.-खड्ग कमल कंकन डमरु, चंद्र, चक्र धनु हार। मुरज छत्रजुत बंध बहु पर्वत वृक्ष कवार।। बिबिध गतागत मंत्रिगनि, त्रिपदि अस्वगति जानि। विमुख सर्वतोमुख बहुरि, कोमधेनु उर आन।। अक्षरगुप्त समेत हैं, लेखनि-चित्र अपार। बरननपंथ बताइ मैं दीन्हो मति अनुसार।।-भिखारीदास ने इस चित्रालंकार के बहुत से प्रकारों का उल्लेख किया है। ये प्रकार हैं-खड्ग बंध, कमल बंध, कंकण बंध, डमरू बंध, चंद्रबंध-1, चंद्रबंध-2, चक्रबंध-1, चक्रबंध-2, धनुष बंध, हार बंध, मुरज बंध, .छत्र बंध, पर्वत बंध, कपाट बंध, गतागत, त्रिपदी-1, त्रिपदी-2, मंत्रिगति, अश्वगति, सर्वतोमुख, कामधेनु बंध, चरणगुप्त आदि। (भि.ग्रं. 2, का.नि., 56-58/203) इनमें भी गतागण के आठ प्रकारों के उदाहरण दिए गए हैं। गतागत ल.-आधे ही तें एक जहँ उलटे सीधे एक। उलटे सीधे द्वै कवित, द्विविधि गतागत टेक।। (वही, 74/206)।

**लेशालंकार**–अंशमात्र में निंदा को स्तुति और स्तुति को निंदा करना लेश अलंकार है। ल. (1)–जहिं बरनत गुन दोष कै जहां दोष गुन-रूप। भूषन तासों लेस कहि गावत हैं कविभूप।।–भू. ग्रं., शि.भू., 261/178। ल. (2)–लेस अलंकृति दोइ बिधि है जहँ गुन में दोष। दोषहि में गुन होत यों कहत सुकबि लहि तोष।।–प.ग्रं., पद्‌मा., 232/61। ल. (3)–चतुराई के लेशते, चतुर न समझै लेश। बरनत कबि कोबिद सबै ताको केशव लेश।।–क. प्रि., (प्रियाप्रकारश–ला. भगवानदीन) प्रभाव 11, छं. 47, पृ. 151। लाला भगवानदीन ने इसे स्पष्ट किया है कि कोई घटना या कोई दशा चतुराई से किसी क्रिया द्वारा छिपाना, जिससे चतुर आदमी भी न समझ सके, यही लेश है। इस समय के आचार्य इसे 'युक्ति' अलंकार कहते हैं। ल. (4)–भिखारीदास ने इसके दो रूप बताये हैं–(1)–दोष का गुण होना, ल.उ.–''जहाँ दोष गुन होत है, लेस वहै सुखकंद। छीनरूप ह्वै द्वैज दिन चंद भयो जगबंद।। (2)–गुण का दोष होना, ल.उ.–''गुनौ दोष ह्वै जात है, लेस रीति यह औरि। फले साहोए मधुर फल, आँब गए झक झोरि।।''–भि.ग्रं. 2, का.नि., 22–24/136। ल. (5)–गुन में कीजत दोष को, दोष माँझ गुन लाइ। करत कल्पना जहाँ तहँ लेस कहत कबिराइ।। उ.–''सुनो सयाने छीरनिधि बचन चारु चित लाइ। रतन संग्रहन तैं सुरनि उधर मथ्यौ तुब आइ।।''–इहाँ रतन संग्रह गुन ता में दोष कल्पना है। दोष में गुण कल्पना–उ.–''आपु कलंकी ह्वै रहै मृग कौं दियौ अनंद। निपुन बचन प्रतिपाल कौ अजो कहावतु चंद।।'' इहाँ कलंकी हैत्वो दोष तामें बचन प्रतिपादकता गुन की कल्पना कीनी।।–सो. ग्रं. 1, र.पी.नि., 262-264/214-215। दे. लेस।

**लेस**–दे. लेशालंकार। ल. (1)–जहाँ दोष गुन होत है जहाँ हात गुन दोष। तहाँ लेस यह नाम कहि बरनत कबि मतिकोष।। दोष से गुण उ. (1)–''कत सजनी ह्वै अनमनी। अँसुवा भरति ससंक। बड़े भाग नंदलाल सों झूठहुँ लगत कलंक।।'' (2)–गुण से दोष उ.–''प्रतिबिम्बित तो बिंब में भूतल भयो कलंक। निज निर्मलता दोष यह मन में मानि मयंक।।''–मति., ल.ल., 324, 325, 326/253। ल. (2)–गुन में दोष रु दोष में गुनकल्पन सो लेस। उ.–''सुक यह मधुरी बानि तें बंधन लह्यो बिसेस।।''–ज.ग्रं., भा.भू., 165/54।

**लैंमानि**–लय मान (ज्योतिष)। उ.–''घरी पहर अरु रैन दिन पछ्छ मास लैंमानि। सबछछर रितु अैन जुग यहौं ब्रह्म करि जानि।।''–ज.ग्रं., अ. सि., 82/150।

**लोक**–1. लोक या समाज। उ.–''रही अचल सी ह्वै मनौ लिखी चित्र की आहि। तजै लाज और लोक कौ, कहौ, बिलोकति काहि।।''–बि.र., 533/247।

2. संसार। उ. (1)–''यह लोक परलोक सफल करन कोकनद से चरन हियें आनि कै जुड़ाइयै।''–भू. ग्रं., शि.भू., 1/128। उ. (2)–''लोक परलोक जौ कछू हैं तौ न छूहैं हम, छीलर रुचै न छीरसिंधु अवगाहे कौं।''–घ.क., 336/178।

3. तीन लोक–स्वर्ग, मर्त्य और पाताल। उ.–''बाजत ताल मृदंग उपंग महाधुनि तीनहु लोक छई है।''–वृ.ग्रं., भा.पं., 1/12।

**लोक उक्ति**–(अलंकार)–काव्य में वह अलंकार जिसमें किसी लोकोक्ति या कहावत का प्रयोग करके कुछ रोचकता या चमत्कार लाया गया हो। ल.–लोक उक्ति कछु बचन जो लीन्हें लोक प्रबाद। उ.–''नैन मूँदि षटमास लौं सहियै बिरह विसाद।''–ज.ग्रं., भा. भू., 185/61।

**लोक चतुर्दस**–दे. चौदह भुवन। चौदह लोकों की कल्पना क्रमशः हुई। सबसे पहले भूः (पृथ्वी), भुवः (अंतरिक्ष), और स्वः (द्युलोक) का उल्लेख मिलता है। इन्हें महाव्याहृति भी कहते हैं। इनसे चार शब्द और मिले–महः, जनः, तपः और सत्यम्। इन सबको मिलाकर सप्तव्याहृतियाँ बनीं जिन्हें पौराणिक काल में सात लोकों के रूप में कल्पित किया गया। इसके बाद सात पातालों (अतल, नितल, वितल, गमस्तिमान, तल, सुतल और पाताल) को मिलाकर चौदह लोक बने। उ.–''लोक चतुर्दस को करता कर तेरे रहै उतपति और नासर।।''–बो.ग्रं., इ.ना., 77/13।

**लोक बेद**–लोक और वेद। समाज और शास्त्र। उ.-''कन्या ने जननी जनी सुत उपजायो तात। बनिता ने भर्ता जनो लोक-बेन बिख्यात।।''-बो. ग्रं., वि.वा., 32/39।

**लोकलाज**–संसार से या समाज से लगने वाली लज्जा। उ. (1)-लोकलाज कुलकानि सों गरब करो जिन बीर। बेन मैन बृजराज के नैन के तीर।।''-मति., सत., 237/387। उ. (2)-''उघरि नचे हैं, लोकलाज तें बचे हैं पूरी चोपनि रचे हैं, सुदरस-लोभ रावरे।''-घ.क., 115/87। उ. (3)-''लोक लाज कौं बारि दै अरही बारि दै नेम। राबिबा रिदै राधिके कान्ह बारि दै पेम।।''-वृं.ग्रं., य.स., 321/231। उ. (4)-''कीरति कुमारी बृषभान की दुलारी राधे अटकी बिलोकि लोकलाज की अंटक पै।''-ठाकुर, 15/6। उ. (5)-''काँपि कदली लौं या अली को अवलंब कहूँ चाहत लह्यौ पै लोकलाजनि लहै नहीं।''-प.ग्रं., जग., 185/119।

**लोक विरोध**–केशवदास द्वारा वर्णित 18 काव्यगत दोषों में से एक। संसार में प्रसिद्ध या स्वीकृत बात या तथ्य का विरोध। इसे कहीं-कहीं निगमविरोध भी कहा गया है। उ.-''स्थाई बीर सिंगार के, करुना घृना प्रमान। तारा अरु मंदोदरी, कहत सतीनि समान।।''-क.प्रि., 3/56

**लोकोकति, लोकोक्ति** (अलंकार)–दे. लोकउक्ति। ल. (1)-लोकोकति जहँ लोक की कहनावति ठहराउ।-प.ग्रं., मिश्र, पद्म., 257/64। ल. (2)-सब्द जु कहिये लोकगति, सो लोकोक्ति प्रमान। उ.-''बीस बिसें दस द्यौस में आवहिं गे बलबीर। नैन मूँदि नव दिन सहै, नभादि अब दुख-भीर।।''-भि.ग्रं. 2, का.नि., 34-35/163। ल. (3)-लीनें लोकानि की उकति सो लोकोकति जानि। उ.-''आवति है उर में सखी करिऐ यही उपाइ। जित हैं नंदकिसोर तित जै पे पंख लगाइ।।''-सो.ग्रं. 1, र.पी.नि., 305, 306/219।

**लोकोक्ति रसकौमुदी**–रचयिता-शिवसहायदास (दे.)। विव.-नायिका भेद संबंधी ग्रंथ। (इति. शुक्ल)।

**लोमस**–महाभारत के अनुसार ये युधिष्ठिर के साथ तीर्थयात्रा को गए थे और उन्हें सब तीर्थों का वृत्तान्त बतलाया था। स्कंदपुराण के अनुसार ये कलम्प ग्राम में रहते थे। ये पूर्वजन्म में एक दरिद्र शूद्र थे। केवल एक बार ही शिवलिंग की पूजा करने के पश्चात् इनकी मृत्यु हो गई और दूसरे जन्म में यह एक ब्राह्मण के घर उत्पन्न हुए। इनकी पूजा से संतुष्ट हुए शिव से वर मिला था कि प्रत्येक कल्प के अंत में इनके शरीर का एक रोम गिर जाने पर इनकी मृत्यु हो जायगी। तदुपरांत यह एक शिवगण हो जाएँगे। (हिं.श.सा., पौ.को.)। एक ऋषि जो दीर्घायु माने जाते हैं। वे सात दीर्घजीवी हैं-'अश्वत्थामाः बलिर्व्यासो हनूमांश्च विभीषणः लोमशो मारकण्डेयः सप्तैते चिरजीविनः। उ.-''लोमस की ऐसी आउ होइ कौनहू उपाउ तापर कवच जो करनवारो धरिये।''-भू.ग्रं., शि.भू., 247/175।

**लोला छंद**–चौबीस मात्राओं का छंद है। मात्राक्रम है (SSS ।।S SSS S।। SS)। ल.-गो कर्नो पिय मो कर्नो द्वै लो दु ग लोला। उ.-''लज्जा बैरिनि भानौ ठानौ मंजुल बोलैं। प्यारे प्रीतमजू सों कीजे कामकलोलैं।।''-भि.ग्रं. 1, छंदा., 202, 205/206-207।

**लोहगढ़**–मिर्जा राजा जयसिंह के समय में उनकी सेना के राजपूत क्षत्रियों ने सिंहगढ़ तथा लोहगढ़ को बड़े गर्व के साथ दखल कर लिया था। पुरंदर की संधि के बाद ही स्वयं शिवाजी ने अपने हाथ से किले की कुंजी कीरतसिंह को सौंप दी थी, किंतु आगरे से लौटकर 1670 में 7 फरवरी को सिंहगढ़ तथा 13 मई को लोहगढ़ ले लिया। उ.-''गौर गरबीले अरबीले राठवर गह्यौ लोहगढ़ सिंहगढ़ हिम्मत हरष तें।''-भू.ग्रं., शि.भू., 236/173।

# व

**वंदे निवाज**–शृंगार मंजरी के रचयिता अकबर साह (बड़े साहिब) के पूर्वज वंदे निवाज थे। उ.-''वंदे निवाज हजरति जगत सकल भुवन तल

कलपतरु।।''-शृंगारमंजरी, चिंता, 1/1।

**वंशपत्र छंद**–बाईस मात्राओं का छंद है। मात्राक्रम है (ऽ।। ऽ।ऽ ।।। ऽ।। ।।। ।ऽ)। ल.- जानहु बंसपत्र भरनो भन लहु गुरु ह्वै। उ.- ''सुभ्र बुलाक मुक्तधुति कै छबि तिहुँ पुर की। 'दास' सु बंसपत्र यह कै सो नक्रिम सुर की।।''-भि.ग्रं. 1, छंदा., 187, 192/203-204।

**वंशभरण**–रचयिता-चंडीदान (दे.)। विव.- वीररसात्मक रचना। (बृ.इति. 7)।

**वंश भास्कर**–रचयिता-सूर्यमल्ल (दे.)। विव.-इसमें प्रधानतः बूँदी राज्य का इतिहास और वीर रस का भावपूर्ण वर्णन है। (बृ.इति. 7)।

**वंश स्थविल छंद**–इसके प्रत्येक चरण में मात्राक्रम है (।ऽ। ऽऽ। ।ऽ। ऽ।ऽ)। ल.-जंगनु कर्ना सगनो लगो लगो। सुछंद बंसस्थविलो पगो पगो।। उ.-''नटीन बंसत्थ बिलोक सोहनी। कृतेन्द्रे बंसोपरि बिस्बमोहनीह।।''-भि.ग्रं. 1, छंदा., 21-22/ 249।

**वक्तृविशेष** – दे. अर्थव्यंजक। व्यंजना शक्तिनिर्णय के प्रकरण में भिखारीदास ने अर्थव्यंजक का विवेचन किया है, जिसके दस भेदों को भी उन्होंने उदाहरणों से स्पष्ट किया है। उनमें से पहला भेद वक्तृविशेष है। उ.-''अति भारी जलकुभ लै, आई सदन उताल। लखि स्रम-सलिल, उसास-अलि, कहा वूझती हाल।।''-तिलक-इहाँ वक्ता नायका है, सो अपनी क्रिया छपावती है, सो ब्यंगि तें जान्यो जातु है।।-भि.ग्रं. 2, का.नि., 53, 53अ/14।

**वक्र उक्ति**–वक्रोक्ति। जब किसी उक्ति वक्रता के अभिप्रेय आशय से भिन्न अर्थ की कल्पना की जाय वहाँ वक्रोक्ति अलंकार होता है। ल. (1)-केसव सूधी बात में, बरनिय टेढ़ो भाव। वक्र उक्ति तासों कहें जे प्रबीन कवि राव।। उ.-''ज्यों ज्यों हुलास सों केसवदास विलास-निवास हिये अवरेख्यो। त्यों त्यों बढ़यौ उर कंप कछू भ्रम भीत भयो किधौं सीत बिसेख्यो। मुदित होत सखी बरहीं मेरे नैन सरोजनि साँच कै लेख्यो। तैं जु कह्यो मुख मोहन को अरबिंद सो है सो तौ चंद सो देख्यो।।''-क.प्रि., 12/3। ल. (2)-स्लेष काकु सों अर्थ की रचना और जु होय। वक्र उक्ति सो जानिये ज्ञानसलिल मति धोय।। श्लेष उ.-''मेरे मन तुम बसत हौ मैं न कियो अपराध। तुम्हें दोष को देत हरि है यह काम असाध।।'' काकु उ.-''आजु कहाँ तजि बैठी हौ भूषन ऐस ही अंग कछु अरसीले। बोलत बोल रुखाई लिये मतिराम सनेह सने हौ सुसीले। क्यों न कहै दुख प्रानप्रिया असुवानि रहे भरि नैन लजीले। कौन तिन्हें दुखहै जिनकै तुम से मनभावन छैल छबीले।।''-मति., ल. ल., 369-371/360। ल. (3)-द्वर्थ काकु तें अर्थ को, फेरि लगावै तर्क। वक्र उक्ति तासों कहैं जे बुधि-अंबुज-अर्क।-भि.ग्रं. 2, का.नि., 14/19। भिखारीदास ने काकु से दूसरा अर्थ निकलने पर इस अलंकार का एक भेद बतलाया है-काकु वक्रोक्ति। उ.-''लाल ये लोचन काहे, प्रिया हैं दियो ह्वैहै मोहन रंग मजीठी। मोतें उठी है जु बैठे अरीनि की सीठी क्यों बोलौ मिलाइ ल्यौ मीठी। चूक कहौ किमि चूकत सो जिन्हैं लागी रहै उपदेस-बसीठी। झूठी सबै तुम साँचै लला यह झुठी तिहारे हू पाग की चीठी।।''-भि.ग्रं. 2, का.नि., 71/191। दे. वक्रोकति, वक्रोक्ती।

**वक्रोकति, वक्रोक्ती**–दे. वक्र उक्ति। ल. (1)-जहाँ स्लेष कै काकु सों अर्थ लगावै और। वक्रोक्ती तासों कहत भूषन कबि सिर मौर।।-भू. ग्रं., शि.भू., 302/184। ल. (2)-स्लेषहिं सों कै काकु सों और अरथ के ताहि। कलपन कीन्हें होत है वक्रोकति ही ठाहिं।। श्लेष सों उ.-''ननदी ढिग जु नदी नहीं बड़ी बावरी बेस। हौं न बावरी को कहत है न बावरो देस।।''-काकु सों उ.- ''गने जात हौ साँवरे सब साधुन में साधु। सौहैं सौहैं खात कस तुम न कियो अपराध।।-प.ग्रं., पद्मा., 259-261/64-65।

**वक्रोकतिगर्विता, वक्रोक्तिगर्विता**–वक्र उक्तियों से गर्व को प्रकट करने वाली नायिका। ल.-बक्र-उकुति करि गर्व को, प्रगट करै जो नारि। सो वक्रोकतिगर्विता, पंडित कहत विचारि।। उ.- ''तुम क्यौं बरनन मैं दुचित, न लहै मो उपमान। इहें कहों तोसों तुही, बोलो वचन न आन।।-शृं. मं., चिंता., 273, 276/80।

**वचन चतुर** (नायक)—शठ नायक का एक भेद अथवा नायक का एक सामान्य भेद। वचन की चतुरता से नायिका को मिलन का संकेत देने वाला नायक। ल.-वचनन में जो करत है चतुराई मतिराम। वचन-चतुर नायक सरस लीजै जानि सकाम।। उ. (1)-''तोकों देउँ बताय हौं तू कत होत उचाट। ग्वालिन दधि बेचन गई बंसीबट की बाट।।''-मति., र.रा., 266, 268/262-263। उ. (2)-''सघन कुंज अमरैया, सीतल छाँह। झगरत आय को इतिया, पुनि उड़ि जाह।।''-र.वि., 105/54। दे. चतुर।

**वचननिपुना**—वचननिपुणा। वचन चतुरा, वचन विदग्धा। नायिकाओं का एक भेद। वह परकीया नायिका जो अपने वचन की चतुराई से नायक की प्रीति का साधन करती हो अथवा मिलन या समागम का संकेत देती हो। ल.-वचनचातुरी सों जुरति इच्छा प्रगटै नारि। कही वचन-निपुना वहै, सज्जन लेहु विचारि।। उ.-''धरमातमा तीरथ हेत गयो यह गाँव को ठाकुर, मोरो धनी। इत मोहि सदाव्रत सौंपि चल्यो, लै के पंथिक पूजा चलो अपनी। तुम आइ उतै बिसराम करो हो, वतावति आवति बाट वनी। कैसे कौल तलाय मैं फूलि रहे, चहुँधा कदली वन कुंज घनी।।''-शृं.मं., चिंता., 96-97/29। दे. वचनविदग्धा।

**वचन लक्षणा गोपना**—परकीया नायिका के अन्तर्गत लक्षिता नायिका का वह भेद जिसमें वह प्रेमादि व्यापारों के लक्षित किये जाने पर किसी मिथ्या वचन से अपने प्रेम को छिपाने का प्रयास करती है। उ.-''कौन सुने कासों कहौं, जब तब रोकत गैल। को मोहन सखि नाहि री, मो ननदोई छैल।।''-कृ.ग्रं., हि.त., 137/34।

**वचनविदग्धा**—दे. वचननिपुना। परकीया नायिका का एक भेद जो वचन की चतुराई से प्रिय को मिलन का संकेत देती हो। ल. (1)-करै वचन सों चातुरी वचनविदग्धा जान।। उ.-''खेत निहारौ धान को यो बूझो मुसकाय। इहो हमारो है कह्यो सघन ज्वार दरसाय।।''-मति., र.रा., 71, 73/215-216। ल. (2)-बचनन की रचनान सों जो साधै निज काज। वचन विदग्धा नाइका ताहि कहत कबिराज।। उ. (1)-''जबलौं घर को धनी आवै घरैं तबलौं तौ कहूँ चित दैबो करौ। पदमाकर ये बछरा अपने बछरान के संग चरैबो करौ। अरु औरन के घर तें इम सों तुम दूनी हुहावनी लेबो करौ। नित साँझ सबेरे हमारी हहा इरि गायें भला दुहि जैबो करौ।।''-प.ग्रं., जग., 96-97/99। उ. (2)-''एतो निहोरो हमारो हरी घट ऊपर नेकु धरो धरि दीजै।।''-भि.ग्रं. 1, शृं.नि., 101/111। दे. विदग्धा।

**वचन-विवेक-पच्चीसी**—रचियता-बाँकीदास (दे.)। (बृ. इति. 7)।

**वचनिका**—रचियता-वृंद(दे.)। रचनाकाल-सं. 1762. विव.-किशनगढ़ के राजा रूपसिंह की युद्ध वीरता का वर्णन (सा.को.)।

**वजीर**—बादशाह को रियासत के प्रबन्ध में सलाह या सहायता देने वाला व्यक्ति। उ.-"आए कबि सेनापति धीर। आए मंत्री मित्र वजीर।।"-वी. च.,22 12।

**वनजनप्रशंसा**—रचयिता-नागरीदास (दे.)। (बृ. इति. 7, स. सर्वे.)।

**वनविनोद**—रचयिता-नागरीदास (दे.)। रचनाकाल-सं. 1809. (बृ. इति. 7, स. सर्वे.)।

**वधूविनोद या राधामाधव-बुध-विनोद**—रचियता-कालिदास त्रिवेदी (दे.)। विव.-नायिकाभेद संबंधी ग्रंथ. (बृ.इति.7)।

**वय:संधि**—नायिका की अवस्था विशेष जिसमें उसके शरीर में बाल्यावस्था और यौवन के लक्षण समान रूप से सुशोभित होते हैं। शरीर में नवता दिखाई पड़ती है। ल.-सिसुता जोबन सम लसै, नवल वधू तन माँहि। ज्यों दच्छिन प्रिय की प्रिया, घटि बढ़ि कही न जाहि।। इस अवस्था में शिशुता और यौवन में से किसकी अधिकता है, यह नहीं कहा जा सकता।-कृ.ग्रं.,हि.त., 83-84/22। उ.-"छुटी न सिसुता की झलक झलक्यौ जोवनु अंग। दीपति देह दुहून मिलि दिपति ताफता-रंग।।-बि. र.70/39।

**वर-गुन**—वृंद कवि ने शृंगार की शिक्षा के

अन्तर्गत नायिका भेद का विवेचन करते हुए स्वकीया का लक्षण निरूपण किया है। इस निरूपण में कुल लक्षण, कन्यालक्षण, कन्यागुण, कन्यादूषण का उल्लेख कर कवि ने वर के विवाह योग्य गुणों की गणना की है। ल.(1)-सुन्दर बदन गात जौवन जगमगात सीलवन्त धनबन्त जिनकौं सराहियौं। दोऊ कुल सुद्ध अविरुद्ध है सुभाई मृदु बोल मुख बोलैं प्रीति रीति थिरता हियै।। परम पुनीत परबोर सु बिनीत जानें नीकें राजनीति साँच बचन निबाहियैं। भोग मैं प्रबीन धीर सब गुन पीन ऐसो दोष ते बिहीन बर ताकौं कन्या ब्याहियैं।। "-वृं. ग्रं., शृं.शि., 23/38। ल.(2)-जाति पाँति आचार सुभ धनवंत विद्या पाठ। नीरोगी परिवार जुत अरथी बर गुन आठ।।-वही, 24/38।

**वर-दोष**-दे. वर गुन। ल.(1) -पाय कौ बुद्धि बसै अति दूर नपुंसक भिच्छुक जाहि सुनीजैं। बृद्ध कदई हियें कपटी जाके जीवन-वृत्ति बिदेस की कीजैं।। होइ जो रोगि दुखी रिनिया अति मूरख दुष्ट सुभाव कहीतैं। ए जिनके घट दोष बसें सब ताहि कुमारिका धूलि न दीजैं।।"-वृं.ग्रं., शृं.शि.,23/38। ल. (2)-"दूषन भूषन ए कहै यह बरनन ब्यौहार। सनबंध सोइ होत हैं जो कीनों करतार।।"-वही, 26/38।

**वरनी**—वरण। मंगल कार्य में नियत किए हुए होता आदि के सत्कारार्थ दी हुई वस्तु या दान। उ.-''वरनी बरनी जाइ क्यों सुनि धरनी के ईस। रामदेव नरदेवमनि, देवदेव जगदीस।।''-क.प्रि., 15/121।

**वर्णगण**— 1. भिखारीदास ने छंदःशास्त्र के अन्तर्गत वर्णगणों को शुभगण और अगण में विभाजित कर प्रत्येक में चार-चार गणों को रखा है। शुभगण हैं-म,न,य,भ। अगवा अथवा अशुभ गण हैं-र,स,ज,त। इनमें गुरु-लघु का विचार इस प्रकार किया गया है-म-3 गुरु, न-तीन लघु, भ-आदि गुरु, य-आदि लघु। इनके इष्टदेवता भी क्रमशः बताये गये हैं। यथा-मगण-महि; नगण-अहि; भगण-शशि; यगण-जल। इसी प्रकार अशुभ गणों की मात्रा और इष्टदेवता क्रमशः हैं-जगण-गुरुमध्य, रवि; रगण-मध्यलघु, अग्नि; सगण-अन्तगुरु, पवन; तगण-अन्तलघु, आकाश। -भि.ग्रं.।, छंदा, 22-24/170।

**वर्णझुल्लना छंद**—इसके प्रत्येक चरण में चौबीस वर्ण होते हैं। कहीं सगण (।।ऽ) होता है और कहीं जगण (।।ऽ), किन्तु तुकांत में दो गुरु (ऽऽ) होना चाहिए। ल.-कहूँ सगन कहूँ जगन है चौबीस बरन प्रमान। गुरु द्वै राखि तुर्कंत में, बरन झुल्लना ठान।। उ.-"नित 'दास' जू याहि संदेह के झुल्लना झूलतो चित्त गोपाल को।" -भि., ग्रं.।, छंदा., 9-10/271।

**वर्णनावा**—रचयिता-न्यामत खाँ 'जान' कवि। (बृ.इति.7)

**वर्णमाला**—रचयिता-पं. उमापति त्रिपाठी 'कोविद' (दे.)। (बृ.इति.7)।

**वर्णसवैया**—इक्कीस से छब्बीस तक के वर्णों में एक-एक गण की वृद्धि कर वर्णसवैया बनते हैं। ल.-इकइस तें छब्बीस लगि, बरनसवैया साजु। इक इक गन बाहुल्य करि, बरन्यो पन्नगराजु।। ल. -सात भ है मदिरा गुरु अंतहु दै लघु और चकोर कहौ गुनि। ताहु गुरु करि मत्तगयंद लहू मदिरा सिर मानिनि ये सुनि। आठ करौ य भुजंग-र लाक्षिय सो दुमिला तहि आभर है पुनि। जाहि सु मोतियदाम बनावहु भागन आठ किरीट रचौ चुनि।। -भि. ग्रं.1, छंदा., 1-2/243। इस प्रकार भिखारीदास ने सात और आठ गण विशेष और उनके साथ लघु-दीर्घ के विशेष निर्देश से वर्ण सवैया के 10 भेदों के अतिरिक्त माधवी (आठ सगण+ऽ।ऽ), मालती (8 सगण+।।), (आठ जगण-यगण) और अरसात छंदों (8 भगण+रगण) का भी निरूपण किया है। -वही, 13-17/246-247।

**वर्णालंकार**—केशवदास ने सामान्यालंकार के वर्ण, वर्ण्य, भूमिश्री और राजश्री भेद किये हैं। कवि के लिए इनका ज्ञान आवश्यक है। केशवदास ने इनको अलंकार माना है, क्योंकि इनका ठीक ज्ञान न होने से कविता का वास्तविक रूप विकृत हो जाएगा। उक्त चारों में वर्णालंकार में केवल इन सात रंगों का ही वर्णन शुभ माना गया है-सफेद,

पीला, काला, लाल, धूम्र, नील और मिश्रित। केशवदास ने इन वर्णों वाली वस्तुओं की एक लंबी सूची दी है। ल.खेत पीत कारे अरुण, धूमर नीले बिनी मिश्रित 'केसवदास' कहि सात भाँति सुभकर्न।।-क.प्रि., 5/4।

**वर्ण्यालंकार**—दे. वर्णालंकार। यह केशव के अनुसार सामान्यालंकार के चार भेदों में से दूसरा भेद है। इसके अन्तर्गत केशवदास ने उन वस्तुओं का उल्लेख किया है जिनकी आकृति या गुण को लेकर कोई उक्ति कही जाती है, जैसे-सम्पूर्ण वस्तु, आवर्त, कुटिल, त्रिकोण, सुवृत्त, तीक्ष्ण, गुरु, कोमल, कठोर, निश्चल, चंचल, सुखद, दुखद, मन्दगति, शीतल, तप्त, सूरूप, क्रूरस्वर आदि। ल.-संपूरन आवर्त, कहि कुटिल त्रिकोन सुवृत्त। तीक्षन, गुरु, कोमल, कठिन, निस्चल, चंचल चित्त। सुखद दुखद अरु मंदगति सीतल तप्त सुरूप। क्रूरस्वंर सुस्वर मधुर अबल बलिष्ठ अनूप।। सत्य, झूठ, मंडल बरनि, अगति सदागति दानि। अष्टाबिंस बिधि मैं कहे, बर्न्य अनेक बखानि।। -क. प्रि., 6/1-3। इनके अतिरिक्त और भी वर्ण्यालंकार के विषय हो सकते हैं।

**वर्तमान-सुरति-गोपना**—परकीया गोपना का एक भेद । दे. सुरत गोपना। कृपाराम ने हिततरंगिणी में इसका निरूपण किया है किन्तु इस भेद को प्रायः लोगों ने स्वीकार नहीं किया है। व्यापारभेद से मुग्धा, मध्या, प्रौढ़ा तीनों भेदों में एक भेद-उ.-"मैं पठयेउँ जिहि कमवाँ, आयेस साध। छुटिगा सीस को जुरवा, कसि के बाँध।। मुहि तुहि हरबर आवत, मापथ खेद। रहि रहि लेत उससवा, बहत प्रसेद।। -र.वि., ब.ना.भे., 20-21/43।

**वर्तिष्यमान सुरत गोपना**—चिन्तामणि ने गुप्ता के तीन भेदों का उल्लेख किया है-वृत्तसुरत गोपना, वर्तिष्यमान सुरत गोपना, वृत्त वर्तिष्यमान सुरत गोपना। इनमें से वर्तिष्यमान सुरत गोपना वह परकीया नायिका है, जो जार के साथ होने वाले भविष्यत संग को छिपाती है। ल.-भावी जार संग मैं सुंदरि जो व छपावति होइ। कहियत है वर्तिष्यमानरति गोपन सीला सोइ।। -शृं.म., चिंता., 89/28। दे. वर्तिष्यमान सुरति-गोपना।

**वर्षाश्रतु की माँझ**—रचयिता-नागरीदास (दे.)। (बृ.इति.7, स.सर्वे.)।

**वर्षा के कवित्त**—रचयिता-नागरीदास (दे.)। (बृ.इति.7, स.सर्वे.)।

**वर्षोत्सव पदावली**—रचयिता-कृपानिवास (दे.)। (बृ.इति. 7)।

**वर्षोत्सव पदावली**—रचयिता-रसिक अली (दे.) (बृ.इति.7)।

**वली वेल्लोरी**—स्थितिकाल-सन् 1724 ई.। मृत्यु-सन् 1737 ई. के पूर्व। स्थान-वेल्लोर। सम्बद्ध-1.सातगढ़ (मद्रास) के सूबेदार हिरासत खाँ के अधीन सैनिक, 2. कड़पा के सूबेदार नवाब अब्दुल मजीज खाँ के मित्र। निवास-वेल्लोर, सातगढ़, कड़पा, जागीर चरपेट्टा। रचनाएँ एवं विव. -रतन व पदम (4000 अर्धालियाँ-पदमावत का अनुसरण), रोजतुश्शहदा (5500 अर्धालियाँ-रसूल के वंशजों के युद्ध और उनकी वीरगति की गाथा)। (बृ.इति 7)।

**वसंत**—वर्ष की छह ऋतुओं में से प्रधान और प्रथम ऋतु, जिसके अर्न्तगत पहले चैत और बैसाख के महीने माने गए थे, किन्तु प्राकृतिक परिवर्तन के कारण कुछ ग्रन्थों में फागुन और चैत के महीने इस ऋतु के अन्तर्गत वर्णित मिलते हैं। काव्य में चैत और वैसाख की ही गणना है। इस ऋतु के लक्षण हैं-पेड़ों में फूल लगना, नई पत्तियाँ आना, शीतल-मंद-सुगंधयुक्त वायु का चलना, सायंकाल मनोरम होना, स्त्री-पुरुष में उमंग भरना आदि। प्राचीनकाल में इस ऋतु में वसंतोत्सव और मदनपूजा होती थी। आजकल का होली का उत्सव उसी की परम्परा में है। पुराणों के अनुसार इस ऋतु का अधिष्ठाता देवता कामदेव का सहचर वसंत ही है। उ. (1) -"आयो वसंत पै आयो न कंत उदंत न तंत न मंत लहा है।"-वृं.ग्रं., भा.पं., 8/14। उ.(2)-"कंत विदेश वसंत के आवत काम दशा दस हूँ दिसि जागी। बागन बागन बीच इते पर कोकिल हो किल बोलन लागी। वृंद कहैं उनके ढिग जाइ कछू तन पीर मिटावन पागी। कंठ मनोगि वियोगिनि

नागरि राग अलापनि कौं अनुरागी।।" -वृं.ग्रं, 11/15। दे. बसंत।

**बसंततिलक छंद**—ल.(1) -प्रत्येक चरण में मात्राक्रम है (SS ।S। ।।S ।।S ।SS)। चौदह वर्ण होते हैं तथा आठ और छः वर्ण पर यति होती है। ल.-कर्नो जगंनु सगनो, सगनो यगनो। सोहै वसंततिलका दस चारि बंनो। आठै छहै बरन में जति चारु राख्यो। भाख्यो भुजंगपति को, यह 'दास' भाख्यो।। उ.-''क्वैला जग्यो मदनपावक को बिचारौ। आयो बसंत तिल कानन तौ निहारौ।'' -भि.ग्रं., 1, छंदा., 48-49/253-254। ल. (2) -तगन भगन अरु जगन जुग पुनि अंतहु गुरु दोइ। सो वसंततिलका चरन चोदह चौदह होइ।। (चार चरण,प्रत्येक चरण में चौदह अक्षर, मात्राक्रम- SS। S।। ।S। ।S। SS)। उ.-"ऐसौ चरित्र कहि मित्र जु नित्त भावे।" -सो.ग्रं.।, र.पी. नी., 20-21/35। ल. (3)-इसके प्रत्येक चरण में क्रमशः दो भगण (S।।), दो जगण (।S।) और अंत में दो गुरु का विधान है। अर्थात् कुल 14 वर्ण होते हैं। मात्राक्रम है (S।। S।। S। ।S। SS)। ल.-भगन भगन जगनौ जगन द्वै गुरु अंत निहारि। बसंततिलक यह जानियहु चौदह बर्न बिचारि।। उ.-"श्रीराम लक्ष्मन अगस्ति सनारि देखे।।"-छं. मा., 1/48।

**बसुमती छंद**—नौ मात्राओं का छंद है। क्रम है (SS। ।।S)। उ.-"सो सुभ्र ससि सो। जो दान असिसो। साजै जसुमती। सारी वसुमती।।"-भि. ग्रं. 1, छंदा., 61/187।

**वस्तुवृंद दीपिका**—रचयिता-दयाराम (दे.)। (बृ.इति. 7)।

**वस्तूत्प्रेक्षा**—दे. उत्प्रेक्षा। उत्प्रेक्षा के इस भेद में एक वस्तु की दूसरी वस्तु के रूप में सम्भावना की जाती है अर्थात् उपमेय में उपमान की सम्भावना की जाती है। इसके दो भेद हैं-उक्तविषया तथा अनुक्तविषया। उक्तविषया में उपमेय (विषय) कहकर उपमान की सम्भावना की जाती है। अनुक्तविषया में उपमेय (विषय) का कथन न करके उपमान की सम्भावना की जाती है। ल. (1)-वस्तूत्प्रेक्षा दोइ बिधि, उक्ति अनुक्ति बिषैन। उक्तबिषै जग अनउकुति, होत कबिहि को बैन।। उक्त विषया उ.-"रैनि तिमहले तिय चढ़ी, मुख-छबि लखि नँदनंद। धरी तीन उदयाद्रि तें, जनु चढ़ि आयो चंद।।" ति.-चन्द्रमा चढ़िबो आश्चर्य नहीं है, यातें उक्त विषया कहिये।। अनुक्तविषया उ.-"चंचल लोचन चारु बिराजत पास लूटी अलकै थहरै। नाक मनोहर औं नकमोतिन की कछु बात कही न परै। दास प्रभानि भर्‌यो तिय-आनन देखत ही मनु जाइ अरै। खंजन साँप सुआ सँग तारे मनों ससि बीच बिहार करै।।" -भि.ग्रं.2, का.नि., 4, 5, 8/86-87। ल. (2) -और पदारथ में जहाँ तर्क और करि लेत। वस्तूत्प्रेक्षा ताहि कहि बरनत बुद्धि सचेत।। उ. (1) -"भरी माह्मग मुकुतानि तिय, सरसी सोभ अपार। लसित स्याम घन में मनो उदित नछत्र कतार।।" उ. (2) -"तिय लिलार मै लाल यों सरसे सहित सुहाग। लिएँ रहति नित सीस पै मनु पिय को अनुराग।।"-सो.ग्रं.।, र.पी.नि., 57-59/190। ल. (3) -द्विबिध बस्तु-उतप्रेक्ष गनु प्रथम उक्तबिषयाहि। पुनि अनुक्तबिषया कही दूजी जानहु ताहि।। उ. (उक्तबिषया, अनुक्तबिषया)- 1. "लसत चंद बिच अंक जनु नभ-सर-जलज सभ्रंग। 2. सरद ससी बरसत मनो घन घनसार अभंग।।" -प.ग्रं., पदमा., 55,57/39।

**वस्तो विश्वंभर**—समय-सं.1831। स्थान सरकपुर पारे (खंभात)। गुरु-रामानंदी संत विश्वंभरदास। रचनाएँ-300 से अधिक पद और 2643 साखियाँ। (बृ. इति. 7)।

**वाकिफ**—रचनाएँ-बूस्ताने इश्क या महियार व चंद्रबदन (रचनाकाल सन् 1812 ई.)। (बृ. इति. 7)।

**वाक्य छंद**—षटकल अर्थात् छः मात्राओं का छंद है। क्रम है (।। ।S।)। उ.-"जगतनाथ। गहत नाथ सरन ताकि। कहत वाकि।।"-भि.ग्रं।, छंदा., 37/185।

**वाक्य दोष**—दे. दोष। काव्य में वाक्य सम्बन्धी दोष जो सहृदय के लिए उद्वेगजनक होते हैं। कुछ लोग वाक्य-दोष को शब्ददोष के अन्तर्गत

मानते हैं। भिखारीदास ने एक छप्पय में यद्यपि 16 वाक्यदोषों की गणना की है, किन्तु निरूपण 17 वाक्यदोषों का किया है - 1. प्रतिकूलाक्षर, 2. हतवृत्त, 3. विसंधि, 4. न्यूनपद, 5. अधिकपद, 6. पतत्प्रकर्ष, 7. कथितशब्द, 8. समाप्तपुनराप्त, 9. चरणांतगतिपद, 10. अभवन्मतयोग, 11. अकथितकथनीय, 12. अस्थानस्थपद, 13. संकीर्णपद, 14. गर्भित्रपद, 15. अमतपरार्थ, 16. प्रक्रमभंग, 17. प्रसिद्धहत। ल.(1) -प्रतिकूलाक्षर जानि मानि हतबृत्त बिसंध्यानि। न्यूनाधिकपद कथितसब्द, पुनि पतिप्रकर्षनि। तजि समाप्तपुनाराप्त चरनअंतरगतपद गहि। पुनि अभवन्मतजोग जानि अकथितकथनीयहि। पदअस्थानस्थ सँकीरनो, गर्भित अमतपरारथहि। पुनि प्रकमभंग प्रसिद्धहत, छ दस वाक्य-दूषन तजहि।। -भि.ग्रं.2, का.नि., 30/225। ल. (2)-क्रमभंग रु पुनि न्यूनपद, बहुरि बृत्तहत जानि।।-सो.ग्रं, 1, र.पी.नि.,4/161।

**वाक्य विशेष**— दे अर्थव्यंजक। भिखारीदास ने व्यंजनाशक्ति विवेचन के प्रसंग में अर्थव्यंजक का निरूपण करते हुए उसके दस भेदों का उल्लेख किया है, जिनमें वाक्य विशेष एक है। उ.-"अबलौं ही मोही लगी लाल, तिहारी डीठि। जात भई अब अनत कत, करत सामुहें नीठि।।" ति.-इहाँ याकी वाक्य तें यह ब्यंजित होतु है की दूजी नायका कों नायक लख्यो।। -भि.ग्रं.2, का.नि,56,56 अ/14-15।

**वाग्विलास**—रचयिता-सेवक राय बंदीजन (दे.)। (बृ.इति. 7)।

**वाग्विलास**—रचयिता-शिव कवि (दे.)। (सा. को.)।

**वाचक शब्द**—शब्द के तीन भेदों में से पहला जो शब्दकोशगत या व्याकरणगत सामान्य अर्थ का बोध कराता है। शब्द को सुनते ही प्रथम अर्थ का बोध कराने वाला शब्द। मुख्यार्थ का बोधक शब्द। ल.-बिनु सहाय अर्थहि कहें सों बाचक सुखकंद। चंद शटद यों सुनत ही परखि लीजिए चंद।। चित्त वाच्य अर्थहि लहै जातें अभिधा सोइ। मुख्य अर्थ सक्यार्थ पुनि याहि कहत सबकोइ।। -सो.ग्रं. 1, र. पि.नि., 18, 19/43।

**वाच्यविशेष**—दे. अर्थव्यंजक। भिखारीदास ने व्यंजनाशक्ति विवेचन के प्रसंग में अर्थव्यंजक का निरूपण करते हुए उसके दस भेदों का उल्लेख किया है, जिनमें वाच्यविशेष एक है। उ.-"भौन अँध्यारहूँ चाहि अँध्यारो चँवेली के कुंज के पुंज बने हैं । बोलत मोर करैं पिक सोर जहाँ तहाँ गुंजत भौंरे घने हैं। 'दास' रच्यो अपने ही बिलास कौं मैनजू हाथनि सों अपने हैं। कूल कलिंदजा के सुखमूल जतानि के बृंद बितान तने हैं।।" ति.-इहाँ बाच्यार्थ सहेटजोग्य ठौर जानियो, बिहार की इच्छा ब्यंजित होति है।। -भि.ग्रं.2, का.नि., 57,57अ/15।

**वाच्यासिद्धांग**—गुणीभूत व्यंग्य (दे.) में वाच्यासिद्धांग छठा भेद है। ल.-जा लगि कीजतु ब्यंगि सो बातहि में ठहरात। कहत वाच्यासिद्धांग को अर्थ सुमति-अवदात।। उ.-"बरषाकाल न लाल गृह गौन करौ केहि हेत। ब्याल-बलाहक बिष बरसि, बिरहिनि को जिय लेतु।।" ति.-निष जलहू कों कहिये पै ब्यालहू को कहयो है। तातें वाच्यासिद्धांग है।। -भि.ग्रं.2, का.नि., 17-18अ/65।

**वाणिज्यनीति**—रचनाकाल - सं 1717। रचयिता-सुखदेव (दे.)। विव.-348 पद्यों में दोहा, चौपाई, सोरठा, कवित्त, सवैया आदि में सामान्य पाठक के लिए भी उपयोगी व्यापारिक लेन-देन की नीति। (बृ. इति. 7)।

**वाणी चित्रालंकार**—दे. चित्रालंकार। ल.-बरनि निरोष्ठ अमत्त पुनि, होव निरोष्ठामत्तु। पुनि अजिह्व नियमित बरन, बानी चित्रहि तत्तु।।-भिखारीदास ने वाणी चित्रालंकार के पाँच प्रकार बतलाये हैं-1. निरोष्ठ, 2. अमत्त, 3. निरोष्ठामत्त, 4. अजिह्व, 5. नियमित। निरोष्ठ में पवर्ग और ओ वर्णों का त्याग, अमत्त में मात्रा रहित केवल अकार वर्णों का ग्रहण, निरोष्ठामत्त में मात्रारहित पवर्गरहित वर्णों का ग्रहण, अजिह्व में मात्रा और क वर्ग का ग्रहण तथा नियमित में मात्र एक या दो या तीन या चार या पाँच या छह या सात चुने वर्णों का ग्रहण छंद में विहित है। निरोष्ठ वाणी चित्रालंकार ल.-छाड़ि पवर्ग उ ओ बरन, और बरन सब लेहु। याको नाम निरोष्ठ हैं, हिये धरौ

निसँदेहु।। पंचवर्ण नियमित उ.-"कम लागै कमलाकला, मिलै मेनका कौनि। नीकी मैंगल गौनि कै नीकी मैंगल-गौनि।।" -भि.ग्रं.2, का.नि., 39, 40/199-200, 53/202।

**वाणीभूषण**—रचियता-रामसहायदास (दे.)। विव.-अलंकार सम्बन्धी ग्रंथ. (इति. शुक्ल)।

**वातोर्मी छंद**—1. इस छंद के एक चरण में क्रम से चार गुरु, एक सगण (।।) एक गुरु और अंत में एक मगण होता है। एक चरण में 11 वर्ण होते हैं तथा सातवें और चौथे वर्ण पर यति होती है। ल.-गो गो कर्नो कर्नो सगनो, गो यगनो। बातोर्मी द्वै यहई, छंद बर्नो। सातें चौथें तति कै, चारु जामें। पाये बर्नो दस औ एक तामें।। उ.- "तातें ऐसो बरनै, बुद्धि मेरी । बातोर्मी है सजनी लंक तेरी।।" -भि.ग्रं. 1, छंदा., 6-7/248।

**वानर**—दोहा छंद का एक भेद। दे. दोहा छंद। सोमनाथ के अनुसार इसके प्रत्येक चरण में 38 अक्षर होते हैं-10 गुरु और 28 लघु। -सो.ग्रं.1, र.पी.नि., पृ. 24।

**वामनकथामृत**—रचयिता - गिरिधरदास (दे.)। (इति. शुक्ल)।

**वायु**—सगण के देवता का नाम। ल.-वायु समझिये सगन को। -क.प्रि., 3/24। प्रियाप्रकाश, भगवानदीन, पृ. 19।

**वार महाराज अमर सिंह की**—रचयिता-केशोदास (दे.)। विव.-वीरकाव्य। इसमें पटियाला के महाराज आलासिंह के पुत्र महाराज अमरसिंह तथा भटियार के मुसलमानों के बीच हुए युद्ध का वर्णन किया गया है। (बृ. इति. 7)।

**वार वधू विनोद**—रचयिता-कालिदास त्रिवेदी (दे.) विव.-नायिका भेद विषयक ग्रंथ। (बृ.इति. 7)।

**वाराणसी विलास**—रचयिता-देवकर्ण (दे.)। (बृ.इति. 7)।

**वारामासी**—रचयिता-मंडन (दे.)। (स.सर्वे.)।

**वाराह कथामृत**—रचयिता-गिरिधरदास (दे.)। (इति. शुक्ल)।

**वार्ता संस्कृत**—रचयिता-गिरिधरदास (दे.)। (इति. शुक्ल)।

**वासंती छंद**—चौबीस मात्राओं का छंद है। मात्राक्रम है (SSS SS। ।।। SSSSS)। ल.- पाँचों पाँचों गो द्विज बासती बिच को छवै। उ."बैरी बैठी सोच करति है जी में भूले। लागे चैतौ मास बिमल बासंती फूले।।''-भि.ग्रं।, छंदा., 202-203/ 206।

**वासकसज्जा**—दे. बासकसज्जा। चिंतामणि ने वासकसज्जा के भेदों में स्वकीया वासकसज्जा (मुग्धा वासकसज्जा, मध्या वासकसज्जा, प्रगल्भा वासकसज्जा), परकीया वासकसज्जा और सामान्या वासकसज्जा को उदाहरणों से स्पष्ट किया है। ल.-पिय आगम सुनि तोष तें, करें प्रयत्न जो नारि। वासकसज्जा होइ सो, सज्जन लेउ विचारि।। साधारण उ.-"लसति अंग सिगार तू, मंदिर सेज संवारि। प्रिय आगम सुख उमग मुख, लखि सषि हो बलिहारि।।" -शृं.मं., चिंता., 166-167/49। दे. बासिकसज्जा।

**विक्रम चरित**—रचयिता- छत्रसिंह (दे.)। विव.-विक्रमादित्य की कथा वर्णित है। (स.सर्वे.)।

**विक्रमविलास**—रचयिता-शिवराम भट्ट (दे.)। (बृ. इति. 7)।

**विक्रम विलास**—रचचिता-श्रीपति (दे.)। (इति. शुक्ल)।

**विक्रियोपमा**—उपमालंकार का एक भेद। उपमेय एक हो, पर उपमान में कभी कुछ और कभी कुछ कहें तो विक्रियोपमा होती है। ल.-क्योंहूँ क्योंहूँ बरनियै, कौनहु एक उपाइ। बिक्रिय उपमा होति तहँ बरनि कहत कबिराइ।। उ.-"... सोंधे की सी सोंधी, देह सधा सों सुधारी,पावँ धारी देवलोक तें कि सिंधु तें उधारी सी। आजु यासों हँसि खेलि बोलि चालि लेहु लाल, काल्हि एक बाल ल्याऊँ काम की कुमारी सी।।''-क.प्रि., 14/14-15।

**विक्रेत्री**— चिंतामणि ने दूती प्रकरण में इसका निरूपण किया है। यह वह दूती है जो वस्तुओं को बेचने के बहाने से बार-बार नायक या नायिका के पास जाकर मृदु वचनों से मदन-वृद्धि करती हुई नायक-नायिका का मिलन करा देती है। इसके

भी अनेक भेद हैं, जैसे-चुरिहारिन, गंधिन, जौहरिन, मालिन आदि। ल.-जो बेचै कछु वस्तु सो, विक्रेत्री पहिचानि।... वस्तु बेचिबो व्याजु करि वार-वार ढिग आइ। मैन वृद्धि मृदु वैन रचि, दोऊ दिये मिलाइ।।...चुदहेरिनि गंधिनि वरनि, और जौहरनि जानि। मालिनि चरि प्रकार यह, विक्रेत्री पहिचानि।। -शृं.मं., चिंता., 425, 427, 428/127।

**विघटित संकेता**—चिंतामणि ने अनुशयाना नायिका के तीन भेदों (विघटित संकेता, अप्राप्तभाविसंकेता और शंकित संकेता) का उल्लेख किया है। ल.-संकेत विघट नहिं होइ दीन। विघटित संकेता कहि प्रवीन।। उ.-"सो मो ग्रीखम रितु रचे कहा विरसता पुंज। किये पत्र संपति रहित, सबै सघन वन कुंज।।"-शृं.मं., चिंता., 116-117, 120/34।

**विचित्र नयना**—केशवदास के आश्रयदाता इंद्रजीत सिंह की राजसभा की एक वेश्या। उ. (1)-"अति विचित्रनयना निपुन, लोचन ललित सुदेस।।" -क.प्रि., 1/43। उ.-(2)-"नयन बयन रतिसयन सम, नयनविचित्रा नाम। जयनसील पति मयन सम, सदा करति बिस्राम।।" -क.प्रि, 1/50।

**विचित्र रामायण**—रचयिता-पं. उमापति त्रिपाठी (दे.)। (बृ. इति. 7)।

**विचित्र विभ्रमा**—प्रौढ़ा नायिका का एक भेद जो अपने भौंह-विलास, कोमल हास, अंग सुवास, बाँकी चितवन आदि से नायक को आकर्षित कर लेती है। ल.-अति विचित्रविभ्रम सु वह प्रौढ़ा कहत बखानि। जाकी दीपति दूतिका पियहि मिलावै आनि।। उ.-"है गति मंद मनोहर "केसव" आनंद कंद हियें उलहे हैं। भौंह विलासनि कोमल हासनि अंग सुबासनि गाढे गहे हैं। बक बिलोकनि कों अवलोकि सुमार ह्वै, नंदकुमार रहे हैं। एई तौ काम के बान कहावत फलनि के बिधि भूलि कहे हैं।।"-र.प्रि., 3/53-54।

**विचित्र सुरता**—सुरत विचित्रा। मध्या नायिका का एक भेद। केशव के अनुसार जिसकी सुरत विचित्र हो। ल.-अति बिचित्रसुरता सुतौ जाकौ सुरत बिचित्र। बरनत कबिकुल कौं कठिन, सुनत सुहावै मित्र।। उ.-"केसोदास सबिलास मंदहास जुत, अबिलोकनि अलापनि को आनँद अपार है। बहिरति सात पुनि अंतरति सात, पुनि रति बिपरीतनि को बिबिध बिचार है। छूटि जात लाज तहाँ भूषन सुदेस केस टूटि जात हारे सब मिटत सिंगार हैं। कूजि कूजि उठै रति कुजितनि सुनि खग, सोई तौ सुरत सखी और बिवहार है।"-र.प्रि., 3/39-40।

**विचित्र**—दे. बिचित्र अलंकार।

**विजय छंद**—इस छंद के प्रत्येक चरण में 23 अक्षर होते हैं। मात्राक्रम है 7 भगण (ऽ।।) और अंत में दो गुरु। ल. (1) - सात भगन करि दोयु गुरु तिनको दीजौ अंत। तेइस अक्षर को करौ विजय छंद बुधिवंत।। उ.-"रे चित चेत कहा परि पेलहि जानकिनाथहि आनि हिये हैं।" -छं.मा.,1/65।

**विजय छप्पय**—दे. छप्पय। ल.-गुरु उनहत्तरि जा बिषैं, अरु चोदह लघु ठानि। बरन तिरासी विजय सो, छप्पय उर मैं आनि।। (69 गुरु+14लघु 83 अक्षर)। सो.ग्रं. 1, र.पी.नि., 50/30।

**विजय मुक्तावली**— रचयिता-छत्रसिंह कायस्थ (दे.)। विव.-महाभारत की संक्षिप्त कथा। (इति. शुक्ल)।

**विजय-रस**—जीत का स्वाद। किसी पर विजय प्राप्त करने से उत्पन्न होने वाला आनंद। उ.-"नील नल अंगद सहित जामवंत हनुमंत से अनंत जिन नीरनिधि नाख्योई। 'केसोदास' देस-देस कुलनि त्यों रघुकुल कुसलव जीति तें विजय-रस चाख्योई।।"-क.प्रि., 13/11।

**विजय विनोद**—रचयिता-ग्वाल (दे.)। विव.-इसमें राजा ध्यानसिंह का यश वर्णित है और उन्हें हिन्दूपति कहा गया है। (सा. को.)

**विजया**—इस छंद के भिन्न-भिन्न लक्षण मिलते हैं। ल.(1)-चालिस कल सिर द्वै घटै, अंत बढ़े बिजयानि। उ.-"गंगजलधार सी रजत के तार सी कीर्ति तब विजय की संभु-आगार सी।" -भि. ग्रं. 1, छंदा., 4,6/234। इस उदाहरण में 40 मात्राएँ हैं। ल.(2)-पंच विंशाक्षर विजया-ल.-देहु माधवी के बरन अंत एक लघु आनि। 'केसव' पच्चिस बर्न को विजया छंद बखानि।। उ.-"चढ़ीं प्रतिमंदिर सोभ

चढ़ीं तरुनी अवलोकन को रघुनंदनु।"-माधवी छंद में केशव के अनुसार चौबीस अक्षर होते हैं और मात्राक्रम होता है (ल+7 भगण+ग+ल)। इसमें एक लघु और जोड़ देने से विजया छंद बनता है। छं. मा., 1/73। (हिं.श.सा.के अनुसार-1. यह एक वर्णिक वृत्त है, जिसके प्रत्येक चरण में आठ वर्ण होते हैं। इसके अंत में लघु और गुरु अथवा नगण भी होता है। 2. दस मात्राओं का एक मात्रिक छंद जिसमें अक्षरों का कोई नियम नहीं होता और जिसके अंत में रगण रखना कर्णमधुर होता है।)

**विज्ञानगीता**—रचियता-केशवदास (दे.)। विव-रूपक शैली में आध्यात्मिक विषयों पर चर्चा. (इति. शुक्ल, बृ.इति. 6)।

**विज्ञानभास्कर**—रचयिता-नवलसिंह कायस्थ (दे.)। (इति. शुक्ल, बृ.इति. 6)।

**विडाल**—दोहा छंद का एक भेद। सोमनाथ ने इसके 23 भेदों का उल्लेख किया है, जिसमें 45 अक्षर होते हैं-गुरु 3+लघु 42 = 45।-सो.ग्रं.1, र. पी.नि., पृ.24। दे. दोहा छंद., दे. बिडाल।

**वितल**—चौदह लोकों में अधःलोकों में से एक। उ.-"कहैं पदमाकर अतल मैं बितल मैं रसातल मैं मंजु महातल मैं।"-प.ग्रं., गं.ल., 51/272।

**बिदग्धा**—दे. बिदग्धा। परकीया नायिका के स्थिति के आधार पर किये गए 10 भेदों में से एक भेद चतुरा। ल.(1) -अनमिल निरखि समाजजे वचक्रिय करै सगूढ़। सो विदग्ध तिय जानिए, करै विदग्धहि मूढ़।। -कृपा., ग्रं., हि.तं., 33/10। यह नायिका अपने प्रिय के प्रति प्रेम के लिए वचन, क्रिया से इस प्रकार की चतुराई करती है, जिससे प्रेम के भेद को दूसरी स्त्रियाँ न जानें। ल. (।) प्रिय हित चतुराई रचै, बचन क्रिया निउ ठानि। जाने भेद न और तिय, सो विदग्ध रस मानि।। वचन क्रिया की चतुरी करति विदग्धा हाल। हित बूझे बूझे नहीं, और विचक्षनि बाल।। (वाक्य और क्रिया के भेद से इसके दो भेद हैं) -कृ.ग्रं., हि.तं., 139-140/35। ल. (3)-द्विविध विदग्धा कहत हैं कवि करि विमल विवेक। वचनविदग्धा एक है क्रिया विदग्धा एक।।-मति.,र.रा., 70/215। करै वचन सौं चातुरी वचनविदग्धा जान, करै क्रिया सौं चातुरी क्रियाविदग्धा मान।। -मति.,र.रा., 70/215 ल. (4)-परकीया विदग्धा द्विविध विदग्धा जानिये वचन विदग्धा एक क्रियाविदग्धा दूसरी भाषत विदित विवेक।।-प.ग्रं., जग., 95/99। भिखारीदास ने विदग्धा के अन्तर्गत मुदिता और अनुशयाना दोनों की स्थिति मानी है। ल.(5)-मुदिता अनुसयनाहु में विदग्धाहु मिलि जाइ। सबल भाव षहि भाँति बहु बरनत हैं कविराइ।"-भि.ग्रं. 1, शृ.नि., 117/114। मुदिता विदग्धा, अनशयना विदग्धा और दूजी अनुशयाना विदग्धा। ल.(5) -करै चतुराई बचन मैं, बाकविदग्धा मानि।। -सो.ग्रं. 1, र.पी.नि., 25/79।

**विदुर बत्तीसी**—रचयिता - बाँकीदास (दे.)। (बृ.इति. 7)।

**विद्याधरी छंद**—चौबीस मात्राओं का छंद है। मात्राक्रम है (SSS SSS SSS SSS)। ल.-बिद्याधरी गुर। उ.-"सुखखे दुखखे ही तें नाहीं होती न्यारी। तातें दूजै मेरे भाई बिद्याधारी।।"-भि.ग्रं. 1, छंदा., 202, 206/206-207।

**विद्युन्माला छंद**—सोलह मात्राओं का छंद है। मात्राक्रम है (SS SS SS SS) ।इसकी रचना चार कर्ना (SS) से होती है। ल.-चारयो कर्ना विद्युन्माला। उ.-"एरी क्यों जीवैगी बाला। चौहाँ नच्चै विद्युन्माला।।"-भि.ग्रं. 1, छंदा., 129, 135/195-196।

**विद्वद्विलास**—रचयिता - ब्रह्मदत्त (दे.)। विव.-अलंकार विषयक ग्रंथ।(इति. शुक्ल)।

**विधि अयुक्त**—दे. दोष, अर्थ दोष। पवन अघरी व्याल है, व्यालहि खात मयूर। व्याधौ खात मयूर को, कौन सत्रु बिन कूर।। ति.-अहारी न चाहिये, उहऊ खात सवद चाहिये।। -भि.ग्रं.2, का. नि.79, 79अ/236।

**विनयनवपंचक**—रचयिता-रामगुलाम द्विवेदी (दे.)। (बृ.इति. 7)।

**विनय पत्रिका की टीका**—रचयिता-महाराज रघुनाथ सिंह (दे.)। (इति. शुक्ल)।

**विनय भक्ति (कवि)**—(वास्ता/वस्तपाल) गुरु-मुनि भक्तिभद्र। रचनाएँ-अन्योक्ति बावनी। (बृ.इति. 7)।

**विनय रसामृत**—रचयिता-रसरूप (दे.)। (सा.को.)।

**विनय शतक**—रचयिता-तोषनिधि (दे.)। (इति. शुक्ल)।

**विनयामृत**—रचयिता-काष्ठ जिह्वास्वामी देव (दे.)। (बृ.इति. 7)

**विनोद**—नायिका की सखी का एक लक्षण। ल.-कहि विनोद मन मोद कर।-श्रृं.मं., चिंता, 359/112। उ. "बात सखी हँसि बोलै कछू, तिय भौहनि भायनि रंगु मच्यो है।.... प्रेम छक्यो मुसक्यो हो मनोहर, नैननि को जुग चारु नच्यो हैं। प्रीतम प्रेषत पेषि सखी मिलि सुंदरि कैसो विनोद रच्यो है।।"-श्रृं.मं, चिंता, 374/116।

**विनोद चन्द्रिका**— रचयिता-कवीन्द्र (उदयनाथ) (दे.)। (इति. शुक्ल)।

**विनोद शतक**—रचयिता - माखन कवि (दे.)। (बृ. इति. 6)।

**विपरीत**—दे. विपरीत, बिपरीत रति। उ.-"तारे उगलति गिलत शशि तम समूह इक साथ। यह रति गति विपरीत अति राति करी रति साथ।।"-वृं.ग्रं., अ.दो.,48/9।

**विपरीत मुद्रा**—हठयोग की मुद्राओं में एक जिसमें पृथ्वी पर सिर को रखकर तथा दोनों हाथों से पृथ्वी को पकड़कर दोनों पैरों को ऊपर उठाया और सीधा खड़ा किया जाता है। फिर पूरक प्राणायाम से प्राण को खींचकर कुंभक द्वारा उसे जब तक हो सके अधिक से अधिक रोका जाता है। इसे विपरीतकरणी मुद्रा कहते हैं (दे. घेरण्ड संहिता)। उ.-"विपरीताख्या और सांभवी मानि लै। (परि हां) ए मुद्राहैं आठ इन्हैं तूँ जानि लै।।" -ज. ग्रं, आ.बि., 72/122।

**विपरीतालंकार**—एक अर्थालंकार विशेष जिसमें कार्यसिद्धि में स्वयं साधक का ही बाधक होना दिखलाया जाता है। ल. (।) -कारज साधक को जहाँ साधन बाधक होय। तासों सब विपरीत कहि, कहत सयाने लोय।। उ.-"राधा जू सो कहा कहौं ऐसिन की सुन सीख साँपिनि सहित विषरहित फननि को। क्यों न पैर बीच बीच आँगिहू न सहि सकैं बीच परी अंगना अनेक आँगननि की।।" -क. प्रि., 13/9-10। ल. (2)-जहिं अधार आधेय करि अरु अधेय आधार। ताहि कहत विपरीत है भूषन ग्रंथ विचार।। उ.-"सुमन में मकरंद रहै तो में साहितनै मकरंद सुमन रहत ज्ञानबोध है। मानस में रहत करि मानस बिसोध है । भूषन भनत भ्वैंसिला भुवाल भूमि तेरी करतूति रही अदभुतरस-ओध है। पानि में जहाज रहै लाज के जहाज महाराज सिवराज तो में पानिपपयोध है।।" भू.ग्रं, शि. भू., 205-206/167।

**विपरीतोपमा**—केशव के अनुसार एक अर्थालंकार जिसमें किसी भाग्यवान व्यक्ति की हीनता का वर्णन किया जाय और वह अति हीन दशा में दिखाया जाय। ल.-पूरब पूरे गुननि के तेई कहिजै हीन। तासौं विपरीतोपमा 'केसव' कहत प्रबीन।। उ.-"भूषित देह विभूति दिंगबर नाहिन अंबर अंग नबीने। दूरि के सुंदर सुंदरी 'केसव' दौरि दरीनि में मंदिर कीने। देखि बिमंडित दंडन सों भुजदंड दोऊ असिदंडबिहीने। राजनि श्रीरघुनाथ के राज कुमंडल छाँड़ि कमंडल लीने।।" क.प्रि., 14/34-35।

**विपुला गाथा छंद**—प्राकृत का मातृक छंद है। ल.-प्रथम पाय कल तेरहै, सत्रहै मत्तहैं विये नाथा। तिसरे पय ग्यारहै, चौथे सोरह विपुला गाथा।।-भि.ग्रं. 1, छंदा., 11/231।

**विप्रलब्धा**—प्रिय नायक से मिलने के स्थल के संकेत को सुनकर जो नायिका उस स्थान पर जाती है और वहाँ प्रिय को न पाकर, स्थल को सूना पाकर रोष करती है, उसे विप्रलब्धा कहते हैं। दुःख, चिंता और रोष से चेष्टा में, वह छाती हनती है, मूर्च्छित हो जाती है, निःश्वास छोड़ती है, निंदा के कारण पछताती है और रोती है। ल.(1) -सुनि पिय को संकेतथल, करै गौन जो बाम। गहे रोस थल सून्य लखि, विप्रलब्धिका नाम।। दुःख चिंता रिस उछनै, मूर्छित मुख निश्वास। पछितैबो निंदा रुदन, उदासीन परकास।। -कृ.ग्रं., हि.तं., 343-

344/74-75। ल. (2)-मिलन आस करि जाय तिय मिले न पिय संकेत। विप्रलब्ध सो जानिये बिरह विकल बिन चेत।।-मति.,र.रा., 145/233। ल. (3)-पिय बिहीन संकेत लखि जो तिय अति अकुलाय। ताहि बिप्रलब्धा कहत सुकबिन के समुदाय।। - प.ग्रं, जग., 182/118। ल. (4)-मिलन आस दै पति छली औरहि रत ह्वै जाइ। विप्रलब्धा सो दुखिवता - परसंभोग सुभाइ।।-भि. ग्रं., शृं.नि. 192/131। इसी के अन्तर्गत भिखारीदास ने अन्यसंभोग दुखिता का वर्णन उदाहरणों से स्पष्ट किया है।--वही,194-196/131-132। ल. (5)-दूती सों संकेत कहि कौन पठाई आप। लब्धा विप्त सो जानिये अब आए संताप।।-र.प्रि., 7/22। केशव ने इसके भी प्रच्छन्न और प्रकाश दो भेद किये हैं। ल. (6) -हरखि जाय संकेत में, पियहि न पावै नारि।। दुखित होइ मन में सु वह, विप्रलब्धि निरधारि।। -सो.ग्रं 1, र.पी.नि., 26/90। चिंतामणि ने विप्रलब्धा के दो भेद किये हैं—नायकवंचिता और सखीवंचिता। छल के कारण संकेत स्थान में प्रिय को ने पाने के कारण दो हैं-नायक और सखी। ल. -जे त्रिय वंचन तें भई विरह वेदनावंत। ताहि विप्रलब्धा कहत कवि पंडित मतिमंत।। एक सो नायक वंचिता, सखी बंचिता और। द्वै विधि याको कहत है कवि पंडित शिर मौर।। नायकवंचिता ल.-नायक की बंचना ते विरहवती जो होइ। इनमें नायकवंचिता बरनत सज्जन सोइ।। सखीवंचिता ल.-सखी वंचना करी जित, हँसी हेत जो होइ। पिय को कहुँ दुराइ तित, सखी बंचिता सोइ।।-शृं.मं., चिंता., 202-205/60-61। दे. बिप्रलब्ध।

**विप्रश्निका**—ज्योतिषी स्त्री। नायक-नायिका के लिए दूतीकर्म करने वाली का एक भेद। ल.-जोतिष शकुन ज्ञापिका, विप्रश्निका सु जानि।। उ.-"माथे में धरि देवता, को ने वरतन करंड। वरवर संगमु मोहि दै दीन्हो मोद अखंड।।"-शृं.मं., चिंता., 422,424/126-127।

**विभाव**—दे. बिभाव। साहित्य में वह वस्तु जो रति आदि स्थायी भावों को आलंबन में उदित करने वाली या उद्दीप्त करने वाली हो। रसविधान में भाव का आलंबन या विभावक या उद्दीपक। इस प्रकार विभाव के दो भेद हुए-आलंबन और उद्दीपन। भिन्न-भिन्न भावों के आलंबन और उद्दीपन भिन्न-भिन्न होंगे। ल. (1) -जिनतें जगत अनेक रस, प्रगट होत अनयास। तिन सों बिमति विभाव कहि बरनत 'केसवदास'।। सब बिभाव द्वै भाँति के 'केसवदास' बखानी। आलंबन इक दूसरो उद्दीपन मन आनि।। जिन्हैं अतन अबलंबई ते आलंबन जानि। जिन तें दीपति होति है, ते उद्दीप बखानि।।-र.प्रि., 6/3-5। ल. (2)-समय साज मृदु कठिन धुनि, जाति प्रकृति गुन रूप। प्रकटैं इनके भाव तें, द्वै विभाव रस रूप।। जोबन जाति सरूप गुन जिहि दंपति में होइ। अवलबे रतिपति तिन्हें आलंबन कहि सोइ।। उद्दीपन के भेद बहु सखी बचन दै आदि। समय साज लों बरनिए कविकुल की मरजादि।। सखी आदि रुचिकर बचन, रुचिर शब्द जग जौन। समय साज लखि मन बढ़ै, उद्दीपन विधि तौन।। -कृ.ग्रं., हि.त., 9-12/5-6। ल. (3) -जासों रस उत्पन्न है सो विभाव उर आनि। आलंबन उद्दीपनौ सो द्वै विधि पहिचानि।। -भि.ग्रं. 1, र.सा., 10/4। ल. (4) -इहि विधि रस श्रृंगार को गनौ विभाव समस्तु। तिहि बिनु रस ठहरै नहीं निरालंब ज्यों बस्तु।। आलंबन बिनु कैसेहुँ नहिं ठहरै रस अंग। उद्दीपन तें बढ़त ज्यों पावक पवन-प्रसंग।।-भि.ग्रं.1, र.सा., 281-282/41।

**विभावना**—दे बिभावना। अर्थालंकार का एक भेद। जहाँ बिना कारण के कार्य की उत्पत्ति कही जाय वहाँ विभावना अलंकार होता है। जहाँ ऐसा वर्णन हो कि जिसका जो कारण है उसे छोड़ किसी अन्य कारण से कार्य सिद्धि हो। ल. (1) -भयौ काज विनु हेत ही बरनत है जेहि ठौर। तहिं बिभावना कहत हैं भूषन कवि सिरमौर।।-भू.ग्रं.,शि.भू., 168/160, ल. (2)-जहाँ प्रगट भूषन भनत, हेतु काज तें होइ। सो बिभावना औरई कहत सयाने लोइ।।-भू.ग्रं., शि.भू., 171/161। ल. (3)-जहिं हेतू पूरन नहीं उपजत है परि काज। कै अहेतु ते और यौं, ह्वै विभावना साज।। -भू.ग्रं., शि.भू., 173/161। ल. (4)- 1. सो विभावना जान कारन

विन कारज जहाँ। 2. काज हेत असमर्थ तें बिय बिभावना अंक। 3. प्रति बंधक के होत हूँ काज बिभावन सोइ। 4. काज अकारन तें जहाँ सो बिभावना होइ। 5. कारज हेतु बिरूद्ध तें बिभावना विचार। 6. होत जु कारन काज तें सु बिभावना गनाउ।-प.ग्रं, पदमा., 137-142/49-50। इस प्रकार पद्माकर ने इसके छः भेद बताये हैं। ल. (5)-कारज को बिनु कारणहि, उदौ होत जेहि ठौर। तासों कहत बिभावना केशव कवि सिरमौर।। क.प्रि., 9/11-18। केशव ने भी इस अलंकार के अनेक भेदों का निरूपण किया है। ल. (6)-बिन कै लघु कारननि तें, कारज परगट होइ। रोकतहू कि अकारनी बस्तुनि तें विधि सोइ।। कारन तें कारज कछू, कारज ही तें हेतु। होती छ बिधि बिभावना , उदाहरन काह देतु।। भिखारीदास के अनुसार छः प्रकार की विभावना—1. बिना कारण के कार्य, 2. थोड़े कारण से कार्य, 3. रोकने पर भी कार्य सिद्धि, उ.-तुअ बेनी ब्यालिनि रहै, बाँधी गुननि बनाइ। तऊ बाम बृजइंदु कों, बदाबदी डसि जाइ।।" 4. अकारण वस्तु से कार्य की संभावना उ.-"मोहन पानिप के सरसे रसरंग की राधे तरंगिनि ऐसी। दास दुहूँ की लगालगी सों उपजी यह दारुनि आगि अनैसी।।" 5. कारण से कार्य कुछ, उ.-"श्रीहिंदूपति तेग तुअ, पानिपभरी सदा हि। अचरज याकी आँच सों अरिगन जरि जरि जाहि।।" 6. कार्य से कारण की विभावना, उ.-"चंद निरखि सकुचत कमल, नहिं अचरज नँदनंद। यह अचरज तियमुख कमल निरखि जु सकुचत चंद।।"-भि.ग्रं. 2, का.नि., 16-25/126-128।

**विभ्रम हाव**—दे. बिभ्रम। हाव विशेष। प्रियतम के आगमन या उमसे मिलने जाने के हर्ष और अनुराग आदि के कारण शीघ्रता से भूषणादिक का स्थानान्तर पर धारण करना।। ल.(1)-उलटे भूषन बसन को होतु जु है पहिराव। तासों बिभ्रम हाव कहि बरनत सब कबिराव।।- मति., र. रा., 359/282। ल. (2) -होत काज कछु को कछू हरबराइ जिहिं ठौर। बिभ्रम तासों कहत हैं हाव सबै सिरमौर।। -प.ग्रं., जग., 441/175। ल.(3)-अदल बदल भूषन प्रिया यातें परत लखाइ। नूपुर कटि टीलो भयो सकसि किंकिनी पाइ।। भि.ग्रं. 1, र. सा., 304/45। ल. (4)-बास बिभूषन प्रेम तें जहाँ होइँ विपरीति। दरसन-रस तन मन रसित, गनि विभ्रमकी गीति।।-र.प्रि., 6/30। ल. (5)- नेह अधिकई ते जहाँ अनबिधि करियत काज। ताकौ बिभ्रम हाव कहि, बरनत हैं कबिराज।। -सो.ग्रं. 1. र.पी.नि., 11/125।

**विरंचि, विरंची**—सृष्टि रचने वाला। ब्रह्मा। उ.-"ईस विरंची अनंत गुन गावत जाको गान। सो निशि दिन हिय मैं धरत श्रीराधा को ध्यान।।"-वृं. ग्रं., अ.दो., 8/5।

**विरस**— काव्य में रसभंग। केशव के अनुसार अनरस का एक भेद। यह दोष शोकादि में भोगादि का वर्णन करने से आता है। जहीं सोक महिं भोग को बरनतु है कबि कोइ। केसवदास हुलास सों, तहीं बिरस रिसु होइ।।-र.प्रि., 16/6।

**विरसिंघदेव**—वीरसिंह देव। कवि केशवदास के आश्रयदाता ओरछा के राजा वीरसिंह देव जो मधुकरशाह के पुत्र थे। उ.-इंद्रजीत रनजीत अरु सत्रुजीत बलबीर। बिरसिंघ देव प्रसिद्ध पुनि, हरसिंघ द्यौ रनधीर।।-क.प्रि., 1/29।

**विरह पचीसी**—रचयिता-गणपति भारती (दे.)। (बृ. इति. 7)।

**विरहलीला**—रचयिता-घन आनंद (दे.)। विव.-ब्रजभाषा में फारसी छंद में रचित। (इति. शुक्ल)।

**विरह वारीश**—रचयिता-बोधा (दे.)। विव.-इस प्रेमाख्यान का दूसरा नाम माधवानल कामकंदला चरित्र है। इसमें माधव और कंदला की कथा प्रेमाख्यान के ढंग पर वर्णित है। (इति. शुक्ल., बृ.इति. 7)।

**विरहविलास**—रचयिता - बख्शी हंसराज (दे.)। (इति. शुक्ल)।

**विरहशतक** – रचयिता - रामचरणदास (दे.)। (बृ. इति. 7)।

**विरहहेतुकवियोग**—भिखारीदास ने वियोग के पाँच हेतु माने हैं-अभिलाषा, प्रवास, विरह,

असूया, शाप। हेतु के आधार पर किए गए पाँच प्रकार के वियोगों में से एक । दे.-"शृंगाररस"। उ.-"नैननि कों तरसैये कहाँ लौं कहाँ लौं हियो बिरहागि में तैयें। एक घरी न कहूँ कल पैये कहाँ लगि प्राननि को कलपैये। आवै यही अब जी बिचार सखी चलि सातिहूँ के गृह जैये। मान घटे तें कहा घटि है जु पै प्रानपियारे को देखन पैये।।"-भि.ग्रं 2, का.नि., 27/30।

**विरहोत्कंठिता**—नायिकाभेद के अनुसार प्रिय के न आने से दुखी वह नायिका जिसके मन में पूरा विश्वास हो कि पति या नायक आएगा, पर फिर भी किसी कारणवश वह न आए। चिंतामणि ने इसके कार्य-विलंबित सुरता और अनुत्पन्न संभोगा नाम के दो भेद स्वीकार किये हैं। इनके भी स्वकीया, मध्या, प्रौढ़ा, परकीया आदि के आधार पर अनेक भेद बताये हैं। ल.-लग्यो कौन हू काज मैं, जो निवास ही माहि। जाको पिय ताके विरह, उत्कंठा होति तहाँहि।। काज विलम्बित सुरत अरु, अनुत्पन्न संभोग। यह विधि द्वै उत्कंठिता, बरनत हैं कवि लोग।। अनुत्पन्न संभोग जो, उत्कंठित प्रिय होइ। चारि भेद ताके कहत सुनो सुकवि सब कोइ। पहिले पददर्शन श्रवन, चित्र स्वप्न यें चारि। पाछै दै अनुतापिता भेद सबै निरधारि।।-शृं. मं., चिंता., 178-181/ 53-54।

**विरागलच्छी**—रचयिता-खेमदास (दे.)। (बृ. इति. 7)।

**विरुद छिहतरी**—रचयिता-दुरसा आढ़ा (दे.)। (बृ. इति. 7)।

**विरुद प्रकाश**—रचयिता-चंडीदान (दे.)। (बृ. इति. 7)।

**विरुदावली**—रचयिता-पद्माकर भट्ट (दे.)। विव.-जगतसिंह की प्रशंसा (स.सर्वे.)।

**विरुद्धकर्मा**—केशव के अनुसार श्लेष अलंकार का एक भेद जिसमें एक ही क्रिया के विरुद्ध फल दिखाये जाते हैं। उ.-"कछु कान्ह सुनौ कल बोलति कोकिल काम की कीरति गावति सी। पुनि बातैं कहै कल भाषिनि कामिनि केलि कलानि पढ़ावति सी। सुनि बाजति बीन प्रबीन नवीन सुरांग हिये उपजावति सी। कहि केसवदास प्रकास बिलास सबै बन सोभ बढ़ावति सी।।"-क.प्रि., 11/40।

**विरुद्धमति**—दे. दोष, शब्द दोष। काव्यदोष, जो ऐसे पद या वाक्य के प्रयोग से होता है जिससे वाच्य के सम्बन्ध में विरुद्ध या अनुचित बुद्धि हो सकती है। ल.-सो बिरुद्धमतिकृत सुनै लगै विरुद्ध बिसेषि। उ.-"भाल अंबिकारमन के बाल-सुधाकर देखि।।" ति.-अंबिका माता कों कहिये... विरुद्धमतिकृत भयो।-भि.ग्रं. 2, का.नि., 28, 29अ/225।

**विरुद्ध रूपक**—रूपकालंकार का एक भेद जहाँ कुछ अनमिल कहा जाय, अर्थात् रूपक का एक अंग (उपमेय) न प्रत्यक्ष मिलता हो, न कहा गया हो। ल.-जहँ कहिये अनमिल कछू सुमिल सकल बिधि अर्थ, तेहि विरुद्ध रूपक कहै, केसव बुद्धि समर्थ।। उ.-"सोने की एक लता तुलसी बन क्यों वरणों सु न बुद्धिसकै छ्वै। केशवदास मनोज मनोहर ताहि फले फल श्रीफल से द्वै। फूलि सरोज रहयो तिन ऊपर रूप निरूपत चित्त चलै च्वै। तापक एक सूवा सुभ तापर खेलत बालक खंजन के स्वै।।"-क.प्रि., 13/17, 18। कुछ लोगों के अनुसार यह विरुद्ध रूपक शब्दान्तर से रूपकातिशयोक्ति ही है।

**विरुद्धाभास**—दे. विरोधाभास। ल.-परैं विरुद्धी शब्दगन, अर्थ सकल अविरुद्ध। कहैं बिरुद्धाभास तिहि,दास जिन्हैं मति सुद्ध।। उ-"लेखी मैं अलेखी मैं नहीं है छवि ऐसी औ'असमसरी समसरी दीबेकों परै लियै। खरी निखरी है अंग बनक कनक हूँ तें दास मृदु हास बीच मेलियै चमेलियै।।''...।-भि.ग्रं. 2, का.नि., 9-10/188-189।

**विरुद्धालंकार**--दे. बिरुद्ध, विरोध, विरोध। ल. (1)-कहत सुनत दिखत जहाँ, है कछु अनमिल बात। चमत्कारजुत अर्थजुत सो विरुद्ध अवदात।। जाति-जाति, गुनजाति अरु, क्रिया जाति अवरेखि। जाति द्रव्य, गुन गुन, क्रिया, क्रिया गुन लेखि।। क्रिया द्रव्य, गुन द्रव्य अरु, द्रव्य पहिचानि। से दस भेद बिरुद्ध के, गुनो सुमति उर आनि।। भिखारीदास ने जति, क्रिया, गुण और द्रव्य के

पारस्परिक विरोध के आधर पर दस भेद बताये हैं और सबको उदाहरणों से स्पष्ट किया है। जाति जाति से विरुद्ध, उ.-"प्राननि हरत न धरत उर, नेकु दया को साजु। एरी यह द्विजराज भो, कुटिल कसाई आजु।।" जाति गुण से विरुद्ध, उ.-"दरसावत थिर दामिनी, केलितरुनि गति देतु। तिलप्रसून सुरभित करत, नूतन बिधि झषकेतु।।" जाति द्रव्य से विरुद्ध, उ.-"चंद कलंकित जिन्ह कियो, कियो संकट मृनार। वहै बुधनि बिरही करै अविवेकी करतार।।" गुण गुण से विरुद्ध, उ.-"प्रिया फेरी कहि वैसेहीं, करि बियलौचन लोल। मोहिं निपटमीठी लगै यह तेरी कटु बोल।।" क्रिया क्रिया से विरुद्ध, उ.-"सिव साहेब अचरजभरो, सकल रावरो अंग। क्यों कामहिं जार्यो, कियो क्यों बवै अरधंग।।" गुण द्रव्य से विरुद्ध उ.-''दास छोड़ दासीपनो, कियो न दूजो तंत। भावी-बस तेहि कूबरी, लह्यौ कंत जगकंत।।'' क्रिया द्रव्य से विरुद्ध, उ.-केस भेद नख हाड़ जो बवै त्रिबेनी-खेत। दास कहा कौतुक कहयौ सुफल चारि लुनि लेत।।" द्रव्य द्रव्य से विरुद्ध, उ.-"ज्यों पट लयो बघंबरी, सज्यो चंद्र-खत भाल। डौरु ब्याल त्यों संग्रहौ, तजि मुरली बनमाल।।" भि.ग्रं. 2, का.नि., 2-14/123-125।

**विरोध अलंकार**—दे. विरुद्धालंकार। अंलकार विशेष। जब दो विरोधी पदार्थों का संयोग एक साथ दिखाया जाता है अथवा जाति, द्रव्य, गुण और क्रिया के द्वारा उनके संयोग से परस्पर विरोधी काम होता है, तब विरोध अलंकार होता है। ल. (1)-द्रव्य क्रिया गुन में जहाँ उपजत काज-विरोध। तासों कहत विरोध हैं, भूषन सुकवि सुबोध।।-भू.ग्र., शि.भू., 164/160। ल. (2)-केसवदास बिरोध भय, रचियता बचन विचारि। तासों कहत विरोध सब, कविकुल, सुबुधि बिचारि।। उ.-"आपु सितासित रूप, चितै चित स्याम शरीर रँगे रँग रातैं। 'केसव' कानन हीन सुनैं, सुकहैं रस की रसना विन बातैं। नैन किधौं कोउ अंतरजामी री जानति हौ जिय बूझति तातैं। दूर लौं दौरत हैं विन पाइन दूरि टुरी दरसै मति जातैं।" -क.प्रि., 9/21, 23।

**विरोध दोष**—केशवदास ने पाँच विरोध दोषों का उल्लेख किया है-देश विरोध, काल विरोध, लोक विरोध, नीति विरोध और आगम विरोध, किन्तु इसी प्रकार के अन्य विरोध भी दोष हो सकते हैं। इसकी ओर केशवदास ने संकेत कर इन्हें केवल उदाहरणों से स्पष्ट किया है।-क.प्रि. 3/53-58।

**विरोधाभास**—एक अर्थालंकार जिसमें जाति गुण, क्रिया और द्रव्य का विरोध न होने पर भी विरोध सा जान पड़ता है। ल. (1)-जहाँ विरोध सो लगत है होत न साँच विरोध। कहत विरोधाभास तहुँ बुधजन बुद्धि विबोध।। उ.-"दोऊ जुरे सहजादन के दल जानत है सगरो जग साखी। मारु बजै रस बीर छके बर बीरनि कित्ति बड़ी अभिलाखी। नाथ तनै करतूति करी जस जोति जगी मतिराम सुभाखी। श्रोनित बैरिन को बरसायकै राव सता रन में रज राखी।।" मति.,ल.ल., 194-195/332। ल. (2)-जहँ विरोध सो जानियै साँच विरोध न होइ।ताहि विरोधभास कहि बरनत हैं सब कोइ।। भू.ग्रं., शि.भू., 166/160। ल. (3)-कहत विरोधाभास तहँ झूठो जहाँ विरोध।। उ.-"जहँ अशोक तहँ सोक बस है न सियहि निज बोध।।"-प.ग्रं., पदमा, 135-136/49। ल. (4)-बरनत लगै विरोध सो अर्थ सब अविरोध। प्रगट विरोधाभास यह समझत सबै सुबोध।।-क.प्रि., 9/19। ल. (5)-भासे जहाँ विरोध सौ अविरोधी सब अर्थ। सुहै बिरोधाभास कवि जानत बुद्धि समर्थ।। उ. "-गुन-गन मंडित जगत में श्रीपरताप सहेत। नेहु न रंचक दान सों, नीति प्रति सुबरन देत।।" -सो.ग्रं 1. र.पी.नि., 142, 143/201। दे. बिरोधाभास।

**विरोधोपमा**—उपमा अलंकार का एक भेद जिसमें किसी वस्तु की उपमा एक साथ दो विरोधी पदार्थों से दी जाती है। ल.-जहँ उपमा उपमेय सों, आपुस माहिं विरोध। सो विरोध उपमा कहत, 'केसव' जनहिं प्रवोध।। उ.-"कोमल कमल कर कमला के भूषननि, 'केसोदास' दूषन सरद ससि पाई है। ससि अति अमल अमृतमय मनिमय, सीताको बदन देखि ताकों मलिनाई है। सीता को बदन सब सुख को सदन जाहि मोहत मदन दुखकदन निकाई

है। आधो पल माधोजू के देखे बिनु सोई ससि, सीता के अदन कहँ होत दुखदाई है।।" क.प्रि., 14/42-43।

**विलास**--हाव। प्रिय के दर्शन या मिलन के समय गति, स्थिति, आसन आदि की तथा मुख, नेत्रादि के व्यापारों की विशेषता। ल. (1)-गवन नयन बचनादि में होत जु कछुक बिसेष। बरनत ताहि बिलास कहि रसमय सुकबि असेष।।-मति., र.रा., 353/281। ल. (2)-जो तिय पियहि रिझाइवैं प्रगट करै बहु भाव। सुकबि बिचारि बखानहीं सो बिलास बिय हाव।।-प.ग्रं., जग., 433/173। ल. (3)-भृकुटि अधर को फेरिबो बंक बिलोकनि हास। मनमोहन को मन हर्‌यो तिय को सकल विलास।।-भि.ग्रं. 1, र.सा., 294/43। ल. (4)-बोलनि हँसनि बिलोकिबो और भृकुटि को भाव। क्यों हू चकित सुभाव जहँ सो बिलास है हाव।।-भि.ग्रं. 1, शृं.नि., 254/145। ल. (5)-खेलत बोलत हँसत अरु चितवत चलत प्रकास। जल थल केसवदास कहि उपजत बिबिध बिलास।।-र.प्रि., 6/36। दे. बिलास।

**विवक्षितवाच्य ध्वनि**--ध्वनि का दूसरा भेद। इसके भी दो भेद हैं-असंलक्ष्यक्रम और संलक्ष्यक्रम। इसमें मुख्यार्थ की अपेक्षा रहती है अर्थात् वाच्यार्थ व्यंग्यार्थ को प्रकाशित करता है। व्यंग्यार्थ के वाच्यार्थ पर आश्रित रहने के कारण इसे अभिधामूलाध्वनि भी कहते हैं। इसके भेदोपभेदों का बहुत विस्तार है। ल.-कहैं बिबंक्षितवाच्य धुनि, चाहि करै कबि जाहि। असंलक्षिक्रम लक्षिक्रम, होत भेद है ताहि।। -भि.ग्रं. 2, का.नि., 11/46।

**विवृतोक्ति**--एक अलंकार जिसमें श्लेष से छिपाया हुआ अर्थ कवि स्वयं अपने शब्दों द्वारा प्रकट कर देता है। ल. (1)-जहाँ श्लेष सौं गुप्त सौं सुकवि प्रकासत अर्थ। विवृतोक्ति तहँ कहत हैं ने कवि सुमति समर्थ।।-मति., ल.ल., 362/358। ल. (2) -बिबृतोक्ति प्रगटै जु कबि अरथ स्लेष सो गूढ़। उ.-"तजि विषाद कंपादि गुरु भजु हरिपद मन मूढ़।।"-प.ग्रं., पद्मा., 253/64। ल. (3)-जहाँ अर्थ गूढ़ोक्ति को कोऊ करै प्रकास। विव्रितोक्ति तासों कहैं सकल सुकबि जन दास।। उ.-"कियो सरस तन को रही, तनको रही न ओट। लखि सारी कुच में लसी, कुच में लसी खरोट।।"-भि.ग्रं. 2, का.नि., 20, 22/155।

**विवेक चिंतामणि**--रचयिता - मुक्तानंद (दे.)। (बृ.इति. 7)।

**विवेकत रंग**--रचयिता-अक्षर अनन्य (दे.)। (बृ.इति. 7)।

**विवेकदीपिका**--रचयिता-अक्षर अनन्य (दे.)। (बृ.इति. 7)।

**विवेक विलास**--रचयिता-चंद्रशेखर (दे.)। (इति.शुक्ल)।

**विवेक शतक**--रचयिता-रामचरण दास (दे.)। (बृ.इति. 7)।

**विवेकसार चन्द्रिका**--रचयिता-रसिक अली (दे.)। (बृ.इति. 7)।

**विलोक**--हाव विशेष। अतिगर्व के कारण अभिलषित वस्तु में भी अनादर होना। एक हाव विशेष जिसमें स्त्रियाँ संभोग के समय प्रिय का अनादर करती हैं। ल.-रूप प्रेम के गर्व तें कपट अनादर होइ। तहँ उपजत बिब्बोक रस, यह जानत सब कोइ।। उ.-"आवत जानि कै सोइ रही हरएँ हरि बैठे न जानि जगाई। साहस कै उरु मध्य धर्‌यो कर जागत रोम की रोंच जनाई। नीबी बिमोचत चौंकि उठी पहिचानि झुकी बतिया कहि बाई। बासर गाइ गँवार चरावत आवत हैं निसि सेज पराई।।"-र.प्रि., 6/42-43।

**विव्वोक-रस**--दे. बिब्बोक । विव्वोक हाव के कारण होने वाला आनंद।

**विशिष्टालंकार**--अर्थालंकारों का एक वर्ग। केशवदास ने काव्यालंकारों के साधारण या सामान्य तथा विशिष्ट दो वर्ग बनाये हैं। इन विशिष्ट अलंकारों में उन्होंने विभावना, हेतु, विरोध, उत्प्रेक्षा, क्रम आदि अलंकारों का अन्तर्भाव किया है।-क. प्रि., 5/1-2, 9/1-7।

**विशेष**--दे. विशेष। कार्य के साधक, कारण के अपूर्ण होने पर भी जहाँ कार्य-सिद्धि होती है, वहाँ यह अलंकार होता है। ल.-साधन कारन बिकल

जहँ, होय साध्य की सिद्धि। "केसवदास" बखानियै सो बिसेष परसिद्धि।। उ.-"बाँची न आवै, लिखि कछू, देखत छाँह न घाम। अर्थ, सुनारी बैदई, करि जानत पतिराम।।"-क.प्रि., 9/24, 29।

**विशेष अलंकार**—दे. बिशेष अलंकार। ल. (1)-समता माँझ बिशेष जहँ कहि बिशेष पुनि सोइ।। उ.-"बिमल बरन सब एक से नीर निकट रह ठाँनि। बगुलनि संग सुत हंस के लिए चलनि सों जानि।।"-सो.ग्रं. 1, र.पी.नि., 287/217। ल. (2)-बरनत हैं आधेय को जहिं बिनहीं आधार। ताहि विशेष बखानहीं भूषन कबि सरदार।। जहाँ एक आधेय को बरनत बहु आधार। तासों कहत बिशेष हैं भूषन कबि सरदार।।-भू.ग्रं., शि.भू., 201-203/167। ल. (3)-साधक कारण बिकल जहँ होय साध्य की सिद्धि केसवदास बखानिए सो विसेष परसिद्धि।।-क.प्रि., 9/24। संस्कृत के आचार्यों ने इसके तीन भेद बताये हैं, केशव ने दो। प्रथम भेद जिसमें किसी आधार के ही आधेय का वर्णन होता है। दूसरा भेद जिसमें थोड़ा सा ही काम करने पर बहुत बड़ा काम या लाभ हो। तीसरा भेद जिसमें एक चीज का अनेक स्थानों में होना वर्णित हो।

**विशेषालंकार**—इस अलंकार में सामान्य की स्थिति की कल्पना कर ि सी कारण से उनके वैशिष्ट्य का उद्घाटन किया जाता है। ल. (1)-भिन्न रूप जहिं सदृस में लहियै कछुक बिशेष। ताहि बिशेषक कहत हैं भूषन सुमति उलेख।।-भू. ग्रं, शि.भू, 283/181। ल. (2)-सु विशेषक सामान्य तें जहँ बिशेष को ज्ञान। उ.-"कागन में मृदुबानि तें मैंपिक लियो पिछान।।"-प.ग्रं., पदमा., 245/63।

**विशेष छत्तीसी**—रचयिता-धर्मसिंह (दे.)। (बृ.इति. 7)।

**विशेषणालंकार**—ल.-अनाधार आधेय अरु, एकहि तें बहु सिद्धि। एकै सब पल बरनिये, त्रिबिधि बिसेषन वृद्धि।।-इसके तीन प्रकार भिखारीदास ने बताये हैं- 1. अनाधार आधेय, उ.-"सुभदाता सू रो सुकबि सेत करै आचार। बिना देह हूँ दास ये, जीवत इहि संसार।।" 2. एकहि तें बहु सिद्धि, उ.-"तिय तुव तरल कटाक्ष जे, सहैं धीर उर धारि। सही मानिये तिन्ह सह्यो, तुपक तीर तरवारि।।" 3. एकै बल सब बरनिबो, उ.-''जल में थल में गगन में जड़-चेतन में दास। चर अचरन में एक है, परमातमाप्रकास।।"-भि.ग्रं. 2, का.नि., 44-47/114।

**विशेष निबंधना**—पद्माकर ने निबंधना अलंकार के पाँच भेद बताये हैं- सारूप्य निबंधना, सामान्य निबंधना, विशेष निबंधना, कारण निबंधना और कार्य निबंधना। ल.-अप्रस्तुत सुविशेष तैं जहँ सामान्य फुटै हि। ताहि विशेष निबंधना कबिजन भाषत है ही।। उ.-"काटि लेत तरु बाढ़ई सूधे सूधे जोइ। बन में बाँके वृक्ष कों काटत है नहिं कोइ।।"-प.ग्रं., पद्मा., 116-117/46।

**विशेषपरिवृत्ति लक्षण**—दे. दोष-अर्थ दोष। ल.-जहाँ ठौर सामान्य को, कहैं बिसेष अपान। ताहि बिसेष प्रवृत्ति गनि, दूषन गनै सुजान।। उ.-"कहा सिंधु लोपट मनिन्ह, बीचिन्ह कीच बहाइ। सक्यो कवस्तुब-जोर तूँ, हरि सों हाथ ओड़ाइ।। ''ति - कवस्तुब विसेष न चाहिए, सामान्य ही चाहियें-कहा मनिन्ह मूँदत जलधि, बीचिन्ह कीच मचाई सक्यो कवस्तुब जोर तूँ, हरि सों हाथ ओड़ाइ।।-भि. ग्रं., 2, का.नि., 71, 72, 72अ/235।

**विशेषोक्ति**—दे. बिसेषोक्ति। ल. (1)-विद्यमान कारन सकल, कारज होहिं न सिद्ध। सोइ उक्ति विसेषमय, केशव परम प्रसिद्ध।। उ.-"मूल तोल किसवान बनि काइथ लिखत अपार। राखि मरत पतिराम ये सोनो हरत सुनार।।"-क.प्रि., 12/14, 16। ल. (2)-जहँ परिपूरन हेतु ते प्रगट होत नहिं काज। विसेपोक्ति तहँ कहत हैं सकल सुकवि सिरताज।। उ.-"पियत रहत पिय नैन यह तेरी मृदु मुसकानि। तऊ न होति मयंकमुखि तनक प्यास की हानि।।"-मति.ल.ल., 209, 210/334। ल. (3)-जहाँ हेतु समरथ्यहूँ प्रगट होत नहिं काज। ताहि बिसेषोक्ती कहत भूषन कबि सिरताज।।-भू.ग्रं., शि.भू., 176/162। ल. (4)-बिसेषोक्ती कारन प्रबल तातें काज जहाँ न.।-प.ग्रं, पद्मा., 143/50। ल. (5)-हेतु घनेहू काज नहिं, बिसेषोक्ती निसंदेह। उ.-"देह दसा निसिदिन बरै, घटै न हिय को

नेह।।"-भि.ग्रं, 2, का.नि., 34/129।

**विश्रब्धनवोढ़ा**—दे. बिस्रब्ध नवोढ़ै। स्वकीया नायिका के अवस्था के अनुसार तीन भेद हैं-मुग्धा, मध्या, प्रौढ़ा। मुग्धा के चार भेद हैं-अज्ञातयौवना, ज्ञातयौवना, नवोढ़ा और विश्रब्धनवोढ़ा। ल. (1)-पहिले होति अग्यात जौवना, ग्यात जौवना कमनी। होति नवौढ़ा नारि वहै, विश्रब्धनवोढ़ रमनी।।-वह मुग्धा नायिका जिसे पति पर कुछ विश्वास हो गया हो।-कृपा.ग्रं, हित.त., 24/8। उ.-"जंघन जोरत गोरिया, करत कठोर। छुअन न पावै पियवा, कहुँ कुच कोर।।"-र.वि., ब.ना. भे., 12/42। विश्रब्धनवोढ़ा स्वकीया ज्ञात यौवना के पति समागम में संकोच के आधार पर भेद। ल. (2)-मुग्धा के चार भेदों में से एक-"पति की कछु परतीत उर धरै नवोढ़ा नारि। सो विश्रब्धनवोढ़ तिय बरनत बुद्धि बिचारी।।"-प.ग्रं., जग., 41/87। ल. (3)-नवल नारि कैं होत जब, कछु पिय की परतीति। जब विश्रब्ध नवोढ़ कहि, हिए लाज रति भीति।।-सो.ग्रं, 1, र.पी.नि., 37/66। ल. (4)-रति मैं पति सौं कछु पत्याइ विश्रब्ध नवोढ़ा सोइ।। उ.-"तैं छलु कै मन मंदिर मैं, पहुँचाइ के मोहिं कपाटु दियो है। आइ उतैं हंसि के बड़े साहिब बाँह गही हठि होठ पियो है। लाल घनो उपलालन कै, बस मोहि कै जो कछु राति कियो है। सो सब आगे तिहारे सखी, अब क्यों कह्यो जात लजात हियो है।।" शृ.मं., चिंता., 29/10, 34/12.

**विश्वनाथ नवरत्न**—रचयिता-दीनदयाल गिरि (दे.)। (इति. शुक्ल)।

**विश्वनाथ प्रकाश**—रचयिता - महाराज विश्वनाथ सिंह (दे.)। (इति. शुक्ल)।

**विश्वभोजन प्रसाद**—रचयिता-महाराज विश्वनाथ सिंह (दे.)। (इति. शुक्ल)।

**विष**—वह पदार्थ जो किसी प्राणी के शरीर में किसी प्रकार पहुँचने पर प्राणहानिकारक या अस्वास्थ्यकर होता है। गरल या जहर। वैद्यक के अनुसार इसके दो प्रकार हैं-1. स्थावर-वृक्षों, पौधों, खानों आदि से निकलने वाला। 2. जंगम-अनेक प्रकार के जीवों के नख, दाँत, डंक आदि में होता है। एक तीसरा प्रकार भी कृत्रिम विषों का है जो रासायनिक क्रियाओं से निर्मित होता है। इन विषों का प्रयोग शोधन कर निश्चित मात्रा में विभिन्न रोगों की चिकित्सा में भी किया जाता है। मान्यता है कि उक्त प्रथम दो प्रकार के विषों में कीट भी जन्म लेते हैं और जीवित रहते हैं (दे.हिं.श. सा.)। उ.-"धरि सौने के पींजरा राषों इम्रित पिबाइ। विष कौ कीरा रहतु है विषही मैं सुष पाइ।।"-रस., रतन., 952/168।

**विष अमृत का झगडा**—रचयिता-कुलपति मिश्र (दे.)। (इति. शुक्ल)।

**विषम (अलंकार)**—दे. बिषम। ल. (1)-त्रिविध विषम। 1. ल.-सु बिषम अनमिल दोय को जहँ बरनन दरसात। उ.-"कहाँ नाम श्रीराम को कहाँ काम की बात।।"-2. ल.-बिषम जु उपजै हेतु तें काज और ही रंग। उ.-"गोरे रंग ओरे सु दृग भए अरुन अनभंग।।" 3. ल.-बिषम भले उद्योग तें जहाँ बुरो फल होत। उ.-"छिरकत नीर गुलाब को हुव तन-ताप उदोत।।"-प.ग्रं., पदमा., 149-151/50-51। दे. विषमालंकार। ल.(2)-जहिं जहिं बातन कों करत जानि प्रयोग बखान। ताहि बिषम भूषन कहत भूषन सकल सुजान।।-भू.ग्रं., शि. भू., 187/164।

**विषमसरि**—दे. उत्तम तुक।

**विषमालंकार**—दे. बिषम, विषम। ल. (1)-अनमिल बातनि को जहाँ, परत कैसहूँ संग। कारन को रंग औरई, कारज औरे रंग।। करता कों न क्रिया फलै, अनरथही फल होइ। बिषमालंकृत तीनि बिधि, बरनत हैं सब कोइ।। भिखारीदास के अनुसार विषम अलंकार के तीन भेद हैं-।. अनमिल बातों का एक साथ होना, उ.-"किल कंचन सी वह अंग कहाँ कहँ रंग कंदबिनि के तनु कारो। कहँ सेजकली बिकली वह होइ, कहाँ तुम सोइ रहौ गहि डारो।" 2. कारण और कार्य के भिन्न-भिन्न रंग, उ.-"नैन बमैं जल कज्जलसंजुत पी अधरामृत की अरुनाई। दास भई सुधि बुद्धि हरी लखि केसरिया-पट-सोभ सोहाई। कौन अचंभो कहूँ अनुरागी भयो हियरो जस-उज्जलताई। साँवरे रावरे नेह पगे ही

परी तिय-अंगनि में पियराई।।'' 3. कर्ता के क्रिया का फल तो न होना, उलटा हो जाना, उ.-"तुअ कटाक्ष-डर मन दुर्यो, तिमिर-केस में जाइ। तहँ ब्यालिनि बेनी डस्यौ, कीजै कहा उपाइ।।"-भि.ग्रं., 2, का.नि., 45-48, 50/131- 132।

**विषया**—वह राजकुमारी जिसने चंद्रहास को अपनी बुद्धिमत्ता से मृत्यु से बचाया था। उ.-"दैन लियै विष बिषम सुखद सुख बिषया पाई। चंद्रहास की मृत्यु गयौ मरि मदन सहाई।।"-ज.ज.चं., 19।

**विषाद**—(अलंकार)-दे. बिषाद-1. ल.-मन इच्छित के अर्थ की प्रापति जहाँ विरुद्ध। तहाँ विषादहिं कहत हैं जे कविजन मतिसुद्ध।। उ.-"आवत मैं हरि कौं सपने लखि नैसुक बाट सकोचन छोड़ी। आगे ह्वै आड़े भए मतिराम चली सुचितै चक्ष लालच ओड़ी। ओठनि को रस तौन कौं मोहन मेरी गही कर कंपत ठोड़ी। औ भटू न भई कछू बात गई इतने ही में नींद निगोड़ी।।"-मति., ल. ल., 310, 311/350-351। दे. विषादनालंकार।

**विषाद (संचारी)**—दे. विषाद 2. आरम्भ किये गये कार्य की असफलता, उपाय के अभाव के कारण पुरुषार्थहीनता आदि से उत्साह के भंग होने को विषाद कहते हैं। इसमें विश्वास, उच्छ्वास, मनस्ताप, सहायता की खोज आदि कार्य होते हैं। ल.-फुरैं न कछु उद्योग जहँ उर उपजै अति सोच। ताहि विषाद बखानहीं जे कबि सदा अपोच।। उ. (1)-"अब न धर धारत बनत सुरति बिसारी कंत। पिक पापी पीकन लगे बगर्यो बधिक बसंत।।"-प. ग्रं., जग., 501/185, 504/186। उ. (2)-"लाल के लोचन लाल बिलोकि लगे पल नाहिं जगे सब रैना। यों जिय जानि विषाद भयो फिर कौन कहो कवि बैना।।"-वृं.ग्रं., भा.पं., 13/15।

**विषादनालंकार** — दे. बिषाद, विषाद (अलंकार)। एक काव्यालंकार, जो वहाँ होता है, जहाँ इच्छा के विपरीत निराशा हाथ लगती है। ल. (1)-जहिं चित चाहे अरथ कौं उपजै काज बिरुद्ध। ताहि बिषादन कहत हैं भूषन बुद्धि बिसुद्ध।। ल.-"दारहिं मारि मुराद कौं बाँध कै संगर साहसुवा बिचलाए। भूषन कै बस दिल्ली की दौलत औरउ देस घने अपनाए। बैर कियैं सरजा सिव सों इक औरंग के न भए मन भाए। फौज पठाई हुई गढ़ लैन कौं गाँठिहु के गढ़-कोट गँवाए।।"-भू.ग्रं., शि. भू., 196-197/166। ल. (2)-जु विपरीत चित चाह तें ताको मिलब जहाँ हि। कहत बिषादन नाम को अलंकार तिहि ठाहिं। छोर छरा को छुवत ही आनि जगायो सास।।"-प.ग्रं., पद्मा., 221-222/60।

**विष्णु छंद**—छः मात्राओं का छंद है। मात्राक्रम है (ऽ ।।।।)। उ.-'' 'दास' जगत। झूठ लगत। याहि तजहि। बिष्नु भजहि।।"-भि.ग्रं. 1, छंदा., 41/185।

**विष्णुपद कीर्तन**—रचयिता-रसनिधि (दे.)। (सा.को)।

**विष्णुपद छंद**—छब्बीस मात्राओं का छंद है। मात्राक्रम में सोलह और दस पर यति और अंत में गुरु होना चाहिए। ल.-सोरह दस जति अंतुरु गुरु नाम बिष्नुपद धारु। उ.-"कह्यो लिख्यो चाहै अनदेखे तूँ निज अरेर नकै। हैहय सहस हजार बिष्नुपद महिमा लिखि न सकै।।"-भि.ग्रं., 1, छंदा., 212, 214/208।

**विष्णु पुराण** — रचयिता - भिखारीदास (दे.)। विव.-संस्कृत विष्णु पुराण का अनुष्टप छंद में भाषानुवाद जिसका परिमाण दस हजार है।

**विष्णुविलास**—रचयिता-लाल कवि (दे.)। विव.-नायिका भेद सम्बन्धी ग्रंथ। (इति. शुक्ल)।

**विसंधि**—दे. दोष । वाक्यदोष। अनभिमत संधि या संधि का अभाव। ल.-सो बिसंधि निज रुचि धरै संधि बिगारि सँवारि। उ.-"सुर अरि जस उज्जल जनै, तेरी स्याम तर्वारि।। ति.-मुरारि तरवारि चाहिये।।"-भि.ग्रं. 2, का. नि., 34,34अ/226।

**विस्मय**-दे. बिस्मय। समझ में न आने वाले पदार्थ, दृश्य आदि को देखने-सुनने से होने वाला आश्चर्य। ल.-निरखि आचिरजु चित्त में जो कछु होत बिकार। सो बिस्मय जानौं प्रगट, बरनत कबि निरधार।।-सो.ग्रं., 1, र.पी.नि.,44/56।

**विस्वरूप**—दे. बिस्वरूप, विश्वरूप। ईश्वर का सर्वव्यापक रूप। उ.-"पंचतत्त की देह मै ज्यौं जिउ व्याकुल आइ। विस्वरूप मैं व्रह्म ज्यौं व्यापकु

जानौ जाइ।।"-रस.रतन., 77/53।

**बिस्वादेवी छंद**—ल.-गो गो मो, गो यगानो यगानो। बिस्वादेवी के पाय में चित्त आनो। सोहै आभर्ना, बारहो बर्न जाके। बर्ना है पाँचै, सात विश्राम ताके।। (ऽऽ ऽऽऽ।ऽ ।ऽऽ । ऽऽ; बारह वर्ण तथा पाँच और सात वर्ण पर विराम।) उ.-"राजस्वै पावैं सूर जे ह्मत सेवी। सोहागै लेतो सेइकै बिस्वदेवी।।" -भि.ग्रं, 1, छंदा., 24-25/250।

**बिस्वेदेवा**—विश्वेदेवा या विश्वेदेव । देवताओं का एक गण, जिसमें इंद्र, अग्नि, आदि नौ देवता माने जाते हैं। वैदिक युग में लोग इन्हें मनुष्यों के रक्षक, शुभ कर्मों के फलदाता, विश्वाधिपति मानते थे। अग्निपुराणानुसार इनकी संख्या 10 है-क्रतु, दक्ष, वसु, सत्य, काम, काल, ध्वनि, रोचक, आर्द्रव और पुरुरवा। विश्वामित्र के शाप से, इनमें से पाँच को द्रौपदी के गर्भ से जन्म लेना पड़ा था। द्रौपदी के प्रकरण से ज्ञात होता है कि युधिष्ठिर से प्रतिविन्ध्य, भीमसेन से सुतसोम, अर्जुन से श्रुतकीर्ति, नकुल से शतानीक और सहदेव से श्रुतकर्मा नाम के पुत्र उत्पन्न हुए थे। द्रौपदी के पाँच पुत्रों का बाल्यकाल में ही वध अश्वत्थामा ने कर डाला था। (दे. हिं.श.सा., पौ. को., महा. नामा.)। दसवर्णन उ.-"रावन सिर, श्रीराम के दस अवतार बखानि। बिस्वेदेवा, दोष दस, दिसा, दसा दस जानि।।"- क.प्रि., 11/21।

**बिहारचंद्रिका**—रचयिता- नागरीदास (वे.)। (बृ.इति. 7, स.सर्वे.)।

**बिहित (हाव)**—दे. बिहृत। ल.-जोपरिपूरन होत नहिं पिय समीप अभिलाख। ताकों बिहित बखानहीं जिनकी कबिता दाख।। उ.-"रूप साँवरो साँचु है सुधासिंधु में खेल। लखि न सकैं अँखियाँ सखी परी लाज की जेल।।-मति., र.रा., 377/285, 379/286।

**बिहृत (हाव)**—दे. बिहित। साहित्य में स्त्रियों के दस प्रकार के स्वाभाविक अलंकारों में से एक प्रकार का अलंकार। कुछ लोग इनकी संख्या और अधिक भी मानते हैं। बिहृत हाव अथवा स्वभावज अलंकार सर्वस्वीकृत है। इसमें प्रिय के वचनों को सुनकर भी नायिका लज्जावश व्याज से अथवा सहज रूप में मौन रहती है। कुछ कह नहीं पाती है। ल. (1)-बोलनि के समयें बिषें बोलन देइ न लाज। बिहृत हाव तासों कहैं, 'केसव कबि' कबिराज।। उ.-"मेरे कहे दहिये जु तऊ फिरि ग्रीष्म ज्यों हठ-काठ दहौगी। पैरिबो प्रेमसमुद्र पराए कराए करें कृत क्यों निबहौगी। हौंस मरैं सजनी सिगरी कबहूँ हरि सों हंसि बात कहौगी। पी-चित् की चितसारी चढ़ी चित की पुतरी भई कौलौं रहौगी।।"-र.प्रि., 6/33-34। ल. (2)-लाजनि बोलि सकै न जहँ पियहि कमिलेहूँ नारि। बिहृत हाव तासों कहत सुकबि सबै निरधारी।। उ.-"यह न बात आछी कछू लहि जोबन परगास। लाजही तें चुप ह्वै रहति जो तूँ पिय के पास।।"-प.ग्रं., जग., 457, 459/178। ल. (3)-हिलि मिलि सकै न लाज बस जियै भरी अभिलाष। ललचावै मन दै मनहिं बिहित हाव ज्यों दाख।।-भि.ग्रं. 1, शृं.नि., 259/146। ल.(4)-जहाँ बोलिबे कै समै लाज न बोलन देइ। बिहृत हाव सो जानिए सब ढिठई हरि लेइ।।-सो.ग्रं. 1, र.पी. नि., 9/125।

**वीणा**—प्राचीन काल का एक भारतीय तंतु वाद्य, जिसमें बीच के एक दण्ड के दोनों छोरों पर दो तूंबे होते हैं और दण्ड पर से होते हुए तीन लोहे के और चार पीतल के तार लगे होते हैं। इन तारों को कसने के लिए खूँटियाँ लगी रहती हैं। तारों की झनकार से सात स्वर उत्पन्न किये जाते हैं। लोहे के तार पक्के और पीतल के तार कच्चे कहलाते हैं। वीणा देवताओं का प्रिय वाद्य है और उनके माम अलग-अलग हैं। इसके रूपों में भिन्नता मिलती है। (दे.हिं.श.सा.)। उ.-"तार तुरी सहणाई वीणा (रस) सारंग राग अलापत आजै।।"-वृं.ग्रं., नै.ब., 6/27।

**वीप्सा**—1. दे. तुक। तुक के एक प्रकार के रूप में भिखारीदास ने इसका लक्षण निरूपण किया है। छंद में चरणांत में एक ही शब्द दो बार आये तो वहाँ वीप्सा तुक होती है। ल.-होत बीपसा जामकी, तुक अपने ही भाउ। उत्तमादि तुक आगेही,

है लाटिया बनाउ।। उ.-"आजु सुरराइ पर कोप्यो तमराइ, कछू भेदनि बढ़ाइ अपनाइ लै लै घनु घनु।।"... ति.-घनु (घनु), छनु छनु, तनु तनु, बनु बनु एक पद द्वै बार आए तातैं बीपसा भयो।।-भि. ग्रं. 2, 14, 15, 15अ/216-217। 2. वीप्सालंकार। एक शब्दालंकार जिसमें आश्चर्य, आदर, घृणा आदि भावों को व्यक्त करने के लिए एक ही शब्द अनेक बार प्रयुक्त होता है। कहा जाता है कि इसका सर्वप्रथम ग्रहण भिखारीदास ने किया है। ल.-एक शब्द बहु बार जहँ, अति आदर सों होइ। ताहि बीपसा कहत हैं कबि कोबिद सब कोइ।। उ.-"जानि जानि आयो प्यारो प्रीतम बिहार भूमि, छानि छानि फूले फूल सेजहि सँवारती। दास दृग कंजनि वंदनवार ठानि ठानि मानि मानि मंगल सिंगारनि सिँगारती।।"-भि.ग्रं., 2, का.नि., 52-53/183।

**बीर**--श्रीवास्तव कायस्थ। जन्मस्थान-दिल्ली। समय--सं. 1779 में वर्तमान, रचनाएँ-कृष्णचन्द्रिका। विव.-रस और नायिकाभेद सम्बन्धी ग्रंथ। (इति. शुक्ल.)।

**बीर चरित्र या वीरसिंह देव चरित्र**—रचयिता-केशवदास (दे.)। विव.-केशवदास के आश्रयदाता वीरसिंह पर लिखित प्रबंध काव्य। (बृ. इति. 6)।

**बीर छंद**—पकल, अर्थात पाँच मात्राओं का छंद है। क्रम है (।। ।)। उ.-"हरु पीर। अरु भीर। बरु धीर। रघुबीर।।"-भि.ग्रं., 1, छंदा., 24/183।

**बीरभाण**—स्थान-घडोइ (जोधपुर)। जन्म-सं. 1745। रचनाएँ-राजरूपक। (बृ.इति. 7)।

**बीरभाण**—रचयिता—बादर (दे.)। विव. वीरकाव्य, युद्ध का वर्णन। (बृ. इति. 7)।

**बीररस**—साहित्य में शृंगार आदि नौ रसों में एक रस। इसका वर्ण गौर माना गया है। इसके संचारियों में धृति, मति, गर्व, स्मृति, तर्क, रोमांच आदि की गणना की जाती है। इसके विरोधी रस हैं-भयानक, शांत, और शृंगार। इसके चार भेद हैं। ल. (1)-जा रस को उतसाह सुभ है इक थाइ भाव। सु रस बीर है च्यार बिधि ताहि कहव कबिराव।। जुद्धबीर इक नाम है दयाबीर बिय नाम । दानबीर तीजो सु पुनि धर्मबीर अभिराम।। जुद्धबीर को जानिये आलंबन रिपु जोर। उद्दीपम ताको तबहि रिपुसेना को सोर।। अँग फरकन दृग अरुनई इत्यादिक अनुभाव। गरभ असूया उग्रता तिहिं संचारी भाव।। इन्द्र देवता बीर को कुंदन बरन बिसाल। ताको कहत उदाहरन सुनि जिय होत खुस्याल।।-प.ग्रं., जग., 685-689/223। ल. (2)-जानौ बीर विभाव ये सत्य दया रन दानु। अनुभव टेक' रु सूरता उत्सह थाई जानु।। बरने चारि बिभाव ते चार, यौ नायक बीर। उदाहरण सबके सुनौ भिन्न भिन्न करि धीर।।"-भि.ग्रं., र. सा., 459-460/66। ल. (3)-जो उत्साहिल चित्त में देत बढ़ाइ उछाह। सो पूरन रस बीर हैं, रचैं सुकबि करि चाह।।-भि.ग्रं., 2, का.नि., 5/27। ल. (4)-होहि बीर उत्साहमय गौर बरन दुति अंग। अति उदार गंभीर कहि केसवपाइ प्रसंग।।-र.प्रि., 14/24. ल. (5)-जहँ कवित्त में सुनतहीं ब्यंगि होइ उतसाह। तहाँ बीर रस समझियो चौबिधि के कबिनाह।। जुद्धबीर उ.-"कहा रन मग्ग में सोर मँडवौ वृथा जोरि के दीन जन चहूँधा कौ। छाँड़ि बर अत्र अरु सूर सब संग लै बेगि ही रत्थ मुख फेरि हाँकौ। बान अभिमन्यु को लगत जानें अजौं कहत समुझाइ कें सुनौ राँको। जाउ रे भाजि रे जाउ आयौ सु हौं बीर पारत्थ को पुत बाँकौ।।" इहाँ अभिमन्यु और सेना कौं लोग आलंबन विभाव और सोर उद्दीपन विभाव और वचन अनुभव और गर्व संचारी भाव। इनतें उत्साह ब्यंगि तातें युद्ध वीर रस।-सो.ग्रं., 1, र.पी.नि., 8-9/139। दे. बीर रस।

**बीर रसु**— दे. वीर रस।

**बीर विनोद**—रचयिता-बाँकीदास (दे.)।(बृ. इति. 7)।

**बीर शतक**—रचयिता-गोपाल चानक (दे.)। विव.-कवि ने इसमें त्रिविध (सात्विक, राजस एवं तामस) धर्मों का उल्लेख किया है। (बृ.इति. 7)।

**बीर सप्तशती**-रचयिता-सूर्यमल्ल (दे.)। विव.-यह गोठड़ा के राजा भीमसिंह के लिए लिखी गयी है। अपूर्ण। 320 छंद। (बृ. इति. 7)।

**वीर हजारा**—रचयिता-गणपति भारती (दे.)। (बृ.इति. 7)।

**वृंद**—जन्म-सं. 1700, मृत्यु-सं. 1780, जन्मस्थान-मेड़ता (जोधपुर)। पिता-रूपजी, माता-कौशल्या। रचनाएँ-वृंतसतसई, शृंगार शिक्षा, भाव पंचाशिका, समेत शिखर छंद, पवन पचीसी, हितोपदेश सन्धि, वचनिका, सत्यस्वरूप रूपक, यमक सतसई, हितोपदेशाष्टक, भारतकथा, अंत्याक्षरी या अक्षरादि दोहे, पुष्कराष्टक, देवी स्तुति, पतिमिलन, प्रतापविलास, हुक्मनामा, बारहमासा आदि (इति. शुक्ल, सा.को., बृ.इति. 7)। उ. (1)-"सतरै पचीस संवत् सरस फागण सुदि तृतीय सु रहिय। सम्मेत सिखर सोभा सु भरि वृंद सुकवि कीरति कियो।"वृं.ग्रं., स.सि.छंद., 8/1। उ. (2)-"कवि लोकनि के भाव सुनि कछुक भयो चित चाव। करी भाव पंचासिका वृंद सुकवि धरि भाव।।" वृं.ग्रं., भा.पं., 2/12। उ. (3)-"सरसति साँमन प्रणम करि बुधि बिमल बरदाय। सूपसायै भाषा रची कहै कबि वृंद बनाय।।"-वृं.ग्रं., नै.ब., 1/26।

**वृंद सतसई**—रचयिता-वृंद (दे.)। विव.-नीति के 700 दोहे। (इति. शुक्ल)।

**वृंदावन चंद्र**—समय-सं. 1740 से 1810 तक। रचनाएँ-अष्टयाम। संस्कृत रचनाएँ-श्रीकृष्णोत्तर सतनाम, श्रीगोपाल स्तवराज। (बृ.इति. 7)।

**वृंदावन शतक की टीका**—रचयिता-भगवत मुदित (दे.)। (बृ.इति. 7)।

**वृक्ष बंध**—लेखनी चित्रालंकार (दे.) का एक भेद। भिखारीदास द्वारा दत्त उ.-"आए बृज-अवतंसु सुतिय रहि तकि निरखत छन। सुरपति को ढँगु लाइ सुरतरुहि लिय निज धरि पन। सु सति भावती पवरि सुछबि सरसत सुंदर अति। सुमन धरे बहु बान सु लखि जीजति पक्षी जति। केतकि गुलाब चंपक दवन, मरुअ नेवारी छाजहीं। कोकिल चकोर खंजन धवर, कुरर परेवा राजहीं।।''-भि.ग्रं. 2, का. नि., 72/206, वृक्ष बंध-चित्र द्रष्टव्य। इसकी व्याख्या इस प्रकार है-'आए...अवतंसु' नीचे से ऊपर की ओर तना जिसमें 'सु' मध्य में आता है जहाँ से शाखाएँ फूटती हैं। 'सु' को जोड़कर सुतिय, सूरपति, सुरतरुहि, सुसति, सुमन, सुलखि शब्दों से आरभ कर बाईं से दाहिनी ओर सात शाखाएँ फूटती हैं। शाखाओं से छोर की ओर पाँचवें चरण के 7 शब्दों की टहनियाँ हैं। इसी प्रकार छठे चरण के 7 शब्दों से केन्द्र 'सु' की ओर दूसरे चक्र की सात टहनियाँ हैं।

**वृक्ष विलास**—रचयिता-देव (दे.)।(इति. शुक्ल)।

**वृज**—दे. बृज। उ.-"रसनिधि कारे कान्ह ये रहे मधुपुरी काइ। विष उगलत ऊधो फिरै अचरिजु लषि वृज आइ।।"-रस.,रतन.,777/145।

**वृत्त कौमुदी**—रचयिता - मतिराम (दे.)। विव.-यह ग्रंथ सरूपसिंह बुन्देला के लिए रचा गया। (स.सर्वे.)।

**वृत्त कौमुदी**—रचयिता-कलानिधि (दे.)। विव.-छंदशास्त्र संबंधी ग्रंथ. (बृ.इति. 7)।

**वृत्तप्रकाश**—रचयिता-पं. उमापति त्रिपाठी (दे.)। (बृ.इति. 7)।

**वृत्तभास्कर**—रचयिता-क्षेमकर्ण (दे.)। (बृ. इति. 7)।

**वृत्तरामास्पद**—रचयिता-क्षेमकर्ण (दे.)। (बृ. इति. 7)।

**वृत्तवर्तिष्यमानसुरतगोपना**—चिंतामणि इसे सुरत गोपना का एक भेद बताते हैं। उन्होंने परकीया नायिका के दो भेद किये—कन्या और परोढ़ा। परोढ़ा के दो भेद—उद्‌बुद्धा और उद्‌बोधिता। उद्‌बोधिता के तीन भेद—गुप्ता, निपुणा, लक्षिता। गुप्ता के तीन भेद—वृत्तसुरतगोपना, वर्तिष्यमानसुरत-गोपना, वृत्तवर्तिष्यमानसुरतगोपना। इस प्रकार यह परोढ़ा उद्‌बोधित गुप्ता परकीया का एक भेद है। ल.-भयो जु भावी सुरत जार सों ताहि छपावै नारि। सु तो वृत्तवर्तिष्यमानसुरतगोपनशील विचारि।।-शृं.मं., चिंता., 91/28। दे. वर्तिष्यमान सुरत गोपना।

**वृत्तविचार**—रचयिता - दशरथ (दे.) (बृ. इति. 6)।

**वृत्तविचार**—रचयिता-सुखदेव मिश्र (दे.)। (इति. शुक्ल)।

**वृत्तविनोद**—रचयिता-रसपुंज (दे.)। (बृ. इति. 7)।

**वृत्तसुरत गोपना**—दे. वृत्तवर्तिष्यमानसुरत गोपना। ल.-भयो जार सों सुरत जो, ताहि छपावै नारि। वृत्त सुरत गोपना कवि, तासों कहत विचारि।।-शृं.मं., चिंता., 87/27।

**वृत्यनुप्रास**—दे. अनुप्रास। पाँच प्रकार के अनुप्रासों में से एक जो काव्य में शब्दालंकार माना जाता है। इसमें एक या अनेक व्यंजन वर्ण एक ही या भिन्न-भिन्न रूपों में बार-बार आते हैं। ल. (1)-कहुँ सरि बर्न अनेक की, परै अनेकनि बार। एकहि की आवृत्ति कहुँ बृत्यो दोइ प्रकार।। इसके चार प्रकार भिखारीदास ने बताये हैं। 1. आदि वर्ण की अनेक बार आवृत्ति उ.-"पैडँ पैडँ पर चकित चख, चितवत मो-चितहारि। गई गागरी गेह लै, नई नागरी नारि।।" 2. आदिवर्ण एक की अनेक बार आवृत्ति. उ.-"बलि बलि गई बारिजात से बदन पर, बंसी-तान बँधि गई बिंधि गई बानी में।।" 3. अंत वर्ण अनेक की अनेक बार आवृत्ति, उ.-"कहै कस न गरमी- वस न, काहू बसन सुहात। सीत-सताए रीति अति, कत कंपित तुअ गात।।" 4. अंत वर्ण एक की अनेक बार आवृत्ति, उ.-"तेरी अली यह रोमावली कि सिंगारलता फल-बेल फली है। नाभिथली तें जुरे फिरल लैं कि भली रसराज-नली उठती है।।"-भि.ग्रं., 2, का.नि., 39-43/180-181। ल. (2)-एकौ बरन अनेक हू लगा लगी जहँ होत। सो वृत्तानुप्रास है कहत कबिनि के गोत।।-सो.ग्रं., 1, र.पी.नि., 29/175।

**वेदस्तुतिटीका**—रचयिता-उमापति त्रिपाठी (दे.)। (बृ.इति. 7)।

**वेदांतकल्पलतिका** — रचयिता - उमापति त्रिपाठी (दे.)। (बृ.इति. 7)।

**वेदांत पंचक शतिका**—रचयिता-महाराज विश्वनाथ सिंह (दे.)। (इति.शुक्ल)।

**वेदांत परिभाषा**—रचयिता-मनोहरदास (दे.)। (बृ.इति. 7)।

**वेदांतसारसुभदीपिका**—रचयिता-रसिक अली (दे.)। (बृ.इति. 7)।

**वैराग्य**—रचयिता-रामचरण दास (दे.)। (बृ. इति. 7)।

**वैराग्य तरंग**—रचयिता - अक्षर अनन्य (दे.)। (बृ.इति. 7)।

**वैराग्य दिनेश**—रचयिता-बाबा दीनदयाल गिरी (दे.)। विव.-ऋतुवैराग्य, ज्ञान आदि का वर्णन। (इति.शुक्ल)।

**वैराग्यवल्लरी**—रचयिता-नागरीदास (दे.)। (बृ.इति 7, स.सर्वे.)।

**वैराग्यवृंद**—रचयिता-भगवानदास (दे.)। विव.-भर्तृहरिशतक का पद्यानुवाद। (बृ.इति. 7)।

**वैष्णवदास 'रसजानि'**—समय-सं. 1770 से 1840 तक। रचनाएँ-भक्तमाल माहात्म्य, भक्त उरबसी, भागवत-भाषा, गीतगोविन्द भाषा, भक्तरत्नाली भाषा। (बृ.इति. 7)।

**वैसकवार्ता**—रचयिता-बाँकीदास (दे.)। (बृ. इति. 7)।

**वैसवार्ता**—रचयिता-बाँकीदास (दे.)। (बृ. इति. 7)।

**वैसिक**—वैशिक। दे. बैसिक। साहित्य में नायक-नायिका भेद के अनुसार तीन प्रकार के नायकों (पति, उपपति, और वैशिक) में से वह नायक जो वेश्याओं के साथ भोग-विलास करता हो। वेश्यागामी नायक। ल.-जो गनिका को रसिक है, सो वैसिक पहिचानि। उ.-"कंठ कुहुक किलकनि हँसनि, बहु विलास संजोग। वार विलासनि को सुरतु, सुकृतिन हीं को भोग।।"-शृं.मं., चिंता, 468, 470/137।

**व्यंग्यार्थ कौमुदी**—रचयिता-प्रताप साहि (दे.)। (इति. शुक्ल)।

**व्यंग्यशतक**—रचयिता-तोषनिधि (दे.)। (सा. को.)।

**व्याख्येन्दु धराधर**—रचयिता-उमापति त्रिपाठी (दे.)। (बृ.इति. 7)।

**व्यासाश्रम पर्व**—रचयिता-दित्ते राय (दे.)। (बृ.इति. 7)।

# श

**शंकर**—सुख या आनंद देने या करने वाले। शिव का एक नाम। कल्याण करने वाले महादेव। उ.-“नीरनीधि माँहि धँस्यो शंकर के सीस बस्यो, तऊ ना कलंक नस्यो ससि में सदा रहै। -र.वि., फुटकर पद, घनाक्षरी, 3/68।

**शंकर** (छंद)—इसके प्रत्येक चरण में 6 वर्ण होते हैं। मात्राक्रम (ऽ।ऽ ।ऽ।)। ल.-रगन जगन षटबर्नमय सो शंकर जगबंद। उ.-''बात तात मानि। चित्त माझ आनि। एक राम सत्य। दूसरो असत्य।।”-छं.मा.,1/11।

**शंकरदास**—समय-18वीं शती। जन्मस्थान-इसुआपुर (छपरा जिला)। पिता-श्री शोभाराम। रचना-रामनाम माला। (बृ.इति. 7)।

**शंकर बंदीजन**—जन्म-सं.1868। स्थान असनी। पिता-धनीराम। आश्रयदाता-काशी के रईस बाबू रामप्रपन्न सिंह। रचनाएँ-स्फुट छंद। (बृ. इति. 7)।

**शंकर शतक**—रचयिता - अयोध्याप्रसाद बाजपेयी (दे.)। (सो.को.)।

**शंका मोचन**—रचयिता-नवलसिंह (दे.)। (इति. शुक्ल)।

**शंकिता**—चिंतामणि ने दूतिभेद का विवेचन करते हुए शंकिनी के विषय में बताया है-“नायिका के परूष वचन सुनि नायक को मन विकल हवै है यह संका तें जो सरस दूत्य व्यापार करै सो शंकिता।” शृं.मं., चिंता., पृ.122। ल.-तिय कठौर बातें सुने, दुःख पावेंगे लाल। यह शंका धरि शंकिनी, बोलै बचन रसाल।।-शृं.मं., चिंता., 433/128।

**शंखनारी छंद**—मात्राक्रम है (।ऽऽ ।ऽऽ)। उ.-“लखे सुभ ग्रीवा। महासोभसीवा। परेवा कहा री। कहा संखनारी।”-भिं.ग्रं. 1, छंदा., 23/238।

**शंखिनी**—पद्मिनी आदि स्त्रियों के चार भेदों में से एक भेद। यह कोपशीला, काविदा, सलोमा, सजला, दीर्घनेत्रा, सुंदरी, सलज्जा, शंकारहित, अधीरा, रतिप्रिया, क्षार-गंधयुक्ता, रक्तनखा होती है और वृषभ जाति के पुरुष के लिए उपयुक्त मानी जाती है। शारीरिक दृष्टि से इसकी भुजाएँ लंबी होती हैं, सिर छोटा होता है, कटि स्थूल होती है, स्तन छोटे होते हैं और क्रूर प्रकृति की होती है। उ.-“निपट कठिन कुच कंठ दीह अरु मध्य मंजु अति । कृस तनु किरतल लाल राति तीसरे पहर रति।। नील वसन अभिलाष, नीलमनि भूषन चाहति तपत अन्न भोजिनी सदा सुभचित अवगाहति। हँसि मृदु बोलति अनुराग डिठ, करति सुइमिगुनं गगन धरि।यह होति कामिनी संखिनी, पंडित कहत विचारि करि।।”-शृं.मं., चिंता., 490/144। दे. संखनी।

**शंभुनाथ मिश्र**—स्थितिकाल-1803 में उ.। आश्रयादाता-राजा भगवंत राय खीची। रचनाएँ-रसकल्लोल, रसतरंगिणी, अलंकार दीपक। (इति. शुक्ल.)।

**शंभू छंद**—बत्तीस मात्राओं का छंद है। मात्राक्रम है (।।ऽऽऽ। ।ऽऽ ऽ।। ऽऽऽ ऽऽऽ ऽ)। ल.-करि हारा भोगहि कर्ना पीमहि मागो संभू को अंसी। उ.-“सँग बेताली कर दै ताली सुखदानी बानी गावै जू। धनि प्रानी ते जुग जामी जे नित ऐसो संभू ध्यावै जू।।”-भि.ग्रं., 1, छंदा., 232, 236/211, 212।

**शकुन्तला नाटक**—रचयिता-नेवाज (दे.)। विव.-दोहा, चौपाई, सवैया आदि में लिखित। (इति. शुक्ल.)।

**शठ**—नायक भेद में प्रथम भेद पति है, जिसके चार उपभेद हैं-अनुकूल, दक्षिण, धृष्ट और शठ। चौथा भेद शठ पति नायक अपराधों को छल से छिपाने में चतुर होता है। ल. (1)-छूटेउ लाज डगरिया, औ कुल कानि। करत जात अपरधवा, परि गइ बानि।।”-र.वि.,ब.ना.भे., 102/53। ल. (2)-डरै करत अपराध नहिं, करै कपट की प्रीति। बचनक्रिया में अतिचतुर सठ-नायक की रीति।।-मति., र.रा., 250/258। ल. (3)-सुहित लागि मधुरै मधुर बैननि कहै बनाइ। उर अंतर घट कपटमय सो सठ नाइक आइ।।-प.ग्रं., जग., 296/144। ल. (4)-सठ कपटी मिठबोलनो।-भि.

ग्रं., 1,र.सा., 167/25। ल. (5)-मुँह मिठी बातें कहै निपट कपट जिय जानि। जाहि न डरु अपराध को सठ करि ताहि बखानि।।-र.प्रि., 2/11। केशवदास ने नायक-नायिका भेद में अन्य विभागों की तरह शठ के भी प्रच्छन्न और प्राकश नामक दो भेद किये हैं।

**शतपंचाशिका**—रचयिता - रामचरणदास (दे.)। (बृ.इति. 7)।

**शतप्रश्नोत्तरी**—रचयिता-मनोहरदास (दे.)। (बृ.इति. 7)।

**शंतरज शतिका**—रचयिता-भिखारीदास (दे.)। (इति.शुक्ल)।

**शत्रुजीत**—केशवदास के आश्रयदाता वंश में मधुकरशाह के एक पुत्र। उ.-"इंद्रजीत रनजीत अरु सत्रुजीत बलबीर। बिरसिंध देव प्रसिद्ध पुनि हरसिंघ द्यौ रनधीर।।"-क.प्रि., 1/29।

**शत्रुसाल रासौ**—रचयिता-डूँगरसी (दे.)। (बृ.इति. 7)।

**शब्द**—रचयिता-महाराज विश्वनाथ सिंह (दे.)। (इति.शुक्ल)।

**शब्ददोष**—दे. दोष (काव्य)। शब्द का इस प्रकार प्रयोग करना, जिससे वह रस, अर्थ, श्रवण आदि में बाधक अथवा इस दृष्टि से काव्य का हीनताकारक हो, शब्ददोष या पद दोष के अन्तर्गत माना जाता है। ल.-श्रुतिकटु भाषाहीन अप्रयुकतो असमर्थहि। तजि निहतारथ अनुचितार्थ पुनि तजो निरर्थहि। अबाचको अस्लील ग्राम्य संदिग्ध न कीजै। अप्रतीत नेयार्थ क्लिष्ट को नाम न लीजै। अबिमृष्टबिधेय बिरुद्धमति, छँद सदुष्ट ऐक सब्द कहि। कहुँ सब्द समासहि के मिले, कहूँ एक द्वै अक्षरहि।।-भिखारीदास ने इस प्रकार 18 प्रकार के शब्ददोषों की गणना की है-1. श्रुतिकटु, 2. भाषाहीन, 3. अप्रयुक्त, 4. असमर्थ, 5. निहतार्थ, 6. अनुचितार्थ, 7. निरर्थक, 8. अवाचक, 9. अश्लील, 10. ग्राम्य, 11. संदिग्ध, 12. अप्रतीत, 13. नेयार्थ, 14. समास, 15. क्लिष्ट, 16. अविमृष्टविधेय, 17. प्रसिद्ध विधेय, 18. विरुद्धमतिकृत।-भि.ग्रं., 2, का.नि., 2/218।

**शब्दप्रकाश**—रचयिता-धरनीदास (दे.)। (बृ. इति. 7)।

**शब्दप्रमाणालंकार**—जहाँ सब्द के ज्ञान तें सबदबोध ह्वै जात। सब्द प्रमानसुजानिये अलंकार अवदात।। श्रुति बच सुमृति पुरान बच आगमबच आचार। आतमतुष्टि बखानहीं सब्दहि में उर धार।। श्रुतिवाक्य शब्दप्रमाण उ.-"बिन दृग देखत सबन को सुनत सबै बिन कान। बिन पग सब थल संचरित सु परमातमा जान।।"-प.ग्रं., पद्मा., 317-319/72। इस प्रकार पद्माकर ने इस अलंकार के श्रुतिवाक्य, स्मृतिवाक्य, आगम, आचार, आत्मतुष्टि नामक भेद किये हैं और इन्हें उदाहरणों से स्पष्ट किया है।-वही, 320-323/72।

**शब्दमूल ध्वनि**—शब्दमूला ध्वनि। यह विवक्षितवाच्यध्वनि के संलक्ष्यक्रम भेद का पहला उपभेद है। इसके भी दो प्रकार हैं-1. वस्तु से अलंकार की ध्वनि, और 2. वस्तु से वस्तु की ध्वनि। इन दोनों प्रकारों में वाच्यार्थ से व्यंग्यार्थ की प्रतीति का क्रम लक्षित रहता है। ल.-होय सब्द तैं ब्यंगि जहँ,भूषन बस्तु जु आनि। ब्यंगि कहन लायक सब्द सब्दध्वनि सो जानि।। सब्द तें अलंकार ब्यंगि उ.-"आयो मोहन खाय कै कान्ह मथिनिया डारि। कहाँ चले चौंकत चकित चितवत इत उत हारि।। इहाँ चकार शब्द तें बृत्यानुप्रास अलंकार ब्यंगि है।। सब्द तें बस्तु ब्यंगि उ.-"मुदी जाति अँखियाँ अरुन, झलकत जावक भाल। कहा बनावत बात अब, हम सब जानति लाल।। इहाँ "हम सब जानति" या सब्द तें यह बस्तु ब्यंगि कि ''तुम औरनि ही सों सुख पावत हौ हम सों नाहि।।"-सो.ग्रं., 1, र.पी.नि., 2-4/151। दे. अभिधामूला ब्यंगि।

**शब्दशक्ति**—शब्द की वह शक्ति जिसके द्वारा उसका कोई विशेष भाव प्रदर्शित होता है। किसी वाक्य या वाक्यांश में प्रयुक्त होकर अनेकार्थमय शब्द के किसी अर्थ विशेष का निश्चय होता है। किसी विशेष अर्थ का निश्चय कराने वाली शब्द की शक्ति ही शब्दशक्ति कहलाती है। ल.-अनेकार्थमय सब्द सों, सब्दसक्ति पहिचानि। -भि. ग्रं., 2, का.नि., 16/47। इसके तीन भेद (अभिधा,

लक्षणा और व्यंजना) प्रसिद्ध हैं।

**शब्दार्थ**—कान से सुना जाने वाला शब्द है और चित्त उससे जो समझता है, वह अर्थ है। यह शब्द भी दो प्रकार का होता है - ध्वनिमय और वर्णमय। ध्वनिमय शब्द मृदंग, डफ, ढोलक आदि से उत्पन्न होते हैं और वर्णमय शब्द ग्रंथों में होते हैं। वर्णमय शब्द के तीन भेद हैं-वाचक, लक्षक और व्यंजक जो तीन प्रकार के अर्थ देते हैं-वाच्यार्थ, लक्ष्यार्थ और व्यंग्यार्थ। ल.-सुनिये श्रवननि शब्द सुझानो, समझै चित्त अर्थ वह जानौ। ध्वनि अरु बरन सब्द उर आनौं, द्वैबिधि कबि बरनत सजि बानौं। ध्वनिमय ताल मृदंग डफ ढोलक तंत्री जानि। अक्षरमय ग्रंथनि सकल बरनत कबि हित ठानि।। बरन सबद है तीनि बिधि बाचक प्रथम अनूप। लक्षक अरु ब्यंजक बहुरि त्रिविधि अर्थ को रूप। वाच्य अर्थ लक्ष्यार्थ पुनि ब्यंग्यारथ अभिराम। बिना शब्द कौ अर्थ सो तात्पर्य सुखधाम।।-सो.ग्रं. 1, र. पी.नी., 14-17/243।

**शब्दार्थशक्ति**—भिखारीदास ने ध्वनिभेद प्रकरण में अविवक्षित और विवक्षित नामक भेदों का वर्णन कर विवक्षित के अन्तर्गत शब्दशक्ति, अर्थशक्ति और शब्दार्थशक्ति नामक तीन विभाजन किये हैं। ल.-शब्द अर्थ दुहुँ सक्ति मिलि, ब्यंगि कढ़ै अभिराम। कबि कोबिद तिहि कहत हैं उभै सक्ति यह नाम।। उ.-"सींवा सुधरम जानो परम किसानो माध्ये, पाप जंतु भांजै भ्रमि स्यामारुन सेत में। देसी परदेसी बवैं हेम हय हीरादिक, केस मेद चीरादिक श्रद्धा सम हेत में। परसि हलोरै कै हलौरैं पहिले ही दास, रासि चारि फलानि की अमर-निकेत में। फेरि जोति देखिबे को हरबर दान देत, अद्‌भुत गति है त्रिबेंनीजू के खेत में।।" ति.-इहाँ उभय शक्ति तें रूपक समासोक्ति को संकर करिकै अतिसयोक्ति अलंकार ब्यंगि।।-भि. ग्रं., 2, का.नि., 45-46/ 53-54।

**शब्दाबृति दीपक**—दे. आवृति दीपक। दीपक (अलंकार), दीपक आबृति । ल. उ.-"एक सब्द बहु मैं लगै, दीपक जानै सोइ। उहै सब्द फिरि फिरि परै, आबृतिदीपक होइ।। शब्दाबृतिदीपक वर्णन-रहै चकित ह्वै थकित ह्वै, सुंदरि रति ह्वै औनि। तुव चितौनि लखि ठौनि लखि, भृकुटि नौनि लखि रौनि।।" उ. (1)-"वाही घरी तें न सान रहै न गुमान रहै  न रहै सुघराई। दास न लाज को साज रहै न रहै तन कौ घरकाज की घाई। ह्याँ दिख-साघ निवारे रही तब ही लौं भटू सब भाँति भलाई। देखन कान्है न चेत रहै री न चित्त रहै न रहै चतुराई।।"-भि.ग्रं. 2, का. नि., 28, 31, 32/172-173। उ. (2)-"जागत हौ तुम जगत में भवसिंह की बान। जागत गिरिवर कंदरनि आखिर तजि अभिमान।।"-मति., ल. ल., 138/322।

**शब्दावृत्ति (अलंकार)**—दे. शब्दार्थावृत्ति। दीपिकावृत्ति अलंकार का एक भेद। उ.-"जागत हौ तुम जगत में भावसिंह की बान। जागत गिरिवर कंदरनि अखिर तजि अभिमान।।"-मति., ल.ल., 138/322। दे. दीपक आवृत्ति।

**शब्दार्थवृत्ति (अलंकार)**—मतिराम ने दीपक अलंकार का लक्षण निरूपण करने के उपरांत दीपिकावृत्ति अलंकार का लक्षण निरूपण किया है। इसके तीन भेद बताये गये हैं-शब्दावृत्ति, अर्थावृत्ति और शब्दार्थावृत्ति। दीपिकावृत्ति ल.-जहँ दीपक में होत है आबर्तन को जोग। त्रिबिध कहत आबृत्तिजुत दीपक सब कवि लोग।। उ.-"मंदर बिलंद मंद गति के चलैया एक पल में दलैया पर दल बलखानि के । मदजल झरत झुकत जंरकस झूल झालरिनि झलकत झुंड मुकुतानि के । ऐसे गज बकसे दिवान दुहूँ दीननि कौं मतिराम गुन बरनैं उदार पानि के। फौज के सिंगार हाथी और महिपालन के मौज के सिंगार भावसिंह महादानि के।।"-मति., ल.ल., 137, 140/322, 323। दे. दीपक आवृति।

**शरद की माँझ**—रचयिता-नागरीदास (दे.)। (बृ.इति. 7, स.सर्वे.)।

**शब्देन्दुधराधर**—रचयिता-उमापति त्रिपाठी (दे.)। (बृ.इति. 7)।

**शशि छंद**—पकल अर्थात् पाँच मात्राओं का छंद है। मात्राक्रम है (।SS)। उ.-"मही में। सही में। जही से। ससी से।।"-भि.ग्रं., 1, छंदा., 20/183।

**शशिलेखा**—दे. गाहा छंद। इसकी 17 गुरु वर्णों से रचना होती है। ल.-शशिलेखा 17 गुरु। सो.ग्रं., 1, र.पी.नि., पृ. 27।

**शांत रस**—काव्य के नौ रसों में से एक रस जिसका स्थायी भाव 'निर्वेद' है। इसका आलंबन है-संसार की अनित्यता, दुःखपूर्णता, असारता आदि का ज्ञान अथवा परमात्मा का स्वरूप। उद्दीपन है-तपोवन, ऋषि, आश्रम, रमणीय तीर्थ, साधु-सत्संग आदि। अनुभाव-रोमांच आदि। संचारी-निर्वेद, हर्ष, स्मरण, मति, दया आदि। पहले नाटक में इसकी स्थिति नहीं मानी गई थी। इसीलिए काव्य की दृष्टि से "शांताऽपि नवमो रसः" कहा गया। बाद में नाटक में इसकी स्थिति को स्वीकार कर लिया गया। ल. (1)-सु रस सांत निरबेद है जाको थाई भाव। सतसंगति गुरु तपोबन मृतक समान बिभाव।। प्रथम मांचादिक तहाँ भाषत कवि अनुभाव। धृति मति हरषादिक कहे सुभ संचारी भाव।। सुद्ध सकल रँग देवता नारायन है जान। ताको कहत उदाहरन सुनहु सुमति दै कान।।-प.ग्रं., जग., 727/232। ल. (2)-देवक्रिया सज्जन-मिलन तत्वज्ञान उपदेस। तीर्थ विभाव सुभक्ति सम थाई सांत सुदेस।। क्षमा सत्य बैराग्य थिति धर्मकथा में चाउ। देवप्रनति अस्तुति विनय गुनौ सांत-अनुभाव।।-भि.ग्रं., 1, र.सा., 475-476/69। ल. (3)-मन बिराग सम सुभ असुभ सो निरबेद कहंत। ताहि बड़े तें होतु हैं, संत हिये रस संत।।-भि.ग्रं., 2, का.नि., 41/35।

**शांतिशतक**—रचयिता-महाराज विश्वनाथ सिंह (दे.)। (इति.शुक्ल)।

**शापहेतुक वियोग**—हेतु के आधार पर किए गए पाँच प्रकार के वियोगों में से एक। दे.-शृंगार रस। उ.-"सवतें माद्रापांडु को स्राप भयो दुखदानि। बसिबो एकहि मौन को, मिलत प्रान की हानि।।"-भि.ग्रं., 2, का.नि., 29/31। अन्य प्रकार के वियोग हैं अभिलाषहेतुक, प्रवासहेतुक, विरहहेतुक, असूयाहेतुक।

**शार्दूलविक्रीड़ित छंद**—प्रत्येक चरण में मात्राक्रम है (SSS ।।S ।S। ।।S SS ।SS ।S)। 19 वर्ण होते हैं और बारह तथा सात वर्ण पर यति होती है। ल.-मो आनो सगनो जंगनु सगनो, कर्ना मंगनो धुजो। हेरो बारह सात में चहत हौ, विश्राम को सोधु जो। ...बर्ना है उनईस ईस सुनिये, सार्दूल बिक्रीड़ितै।। उ.-"तीखे अस्त्र अनेक हाथ गिरिजा, लीन्हे महाईड़ितै। आवै भाँति भली बढ़ावति चली, सार्दूल - बिक्रीड़ितै।।" - भि.ग्रं.1, छंदा., 90-93/262।

**शालिनी छंद**—चार दीर्घ के बाद दो रगण (S।S) और एक दीर्घ रखने से इसका एक चरण बनता है। प्रत्येक चरण में 11 वर्ण होते हैं और चौथे तथा सातवें वर्ण पर यति होती है। ल.-कर्नो कर्नो रग्गनो रग्गनो गो। जानो याको, छंद है सालिनी हो। पाये पाये, बर्न एकादसो है। चारै सातै, बीच विश्राम सोहै।। उ.-"पी के जी में प्रेम की पालिनी है। सौतैं के ही सर्बदा सालिनी है।।"-भि. ग्रं., 1, छंदा., 4, 5/247।

**शालिहोत्र**—रचयिता-गंगाराम (दे.)। (बृ. इति. 7)।

**शासनोत्तर अलंकार**—चित्रालंकार का एक भेद। जहाँ तीन-तीन बातों का जवाब एक ही बात में दिया जाय वहाँ शासनोत्तर अलंकार होता है। ल.-तीनि तीनि सासननि का इक इक उत्तर जानि। सासर-उत्तर कहत सब बुधजन ताहि बखानि।। उ.-"चौक चारु करु, कूप ढारु, घरियार बाँधु घर। मुक्त-मोल करु, खग्ग खोलु, सिंचहि निचोल बर! हय कुदाउ, दै सुरकुदाउ, गुन गाउ रंक को । जानु भाउ, सब धाम धाउ धन ल्याउ लंक को। यह कहत मधूकर साहि कहँ रह्यो सकल दीवान दबि। तब उत्तर 'केसवदास' दिय घरी न पान्यौ, जानु, कबि।।-क.प्रि., 16/63-64।

**शाहजू पंडित**—स्थान-ओड़छा। आश्रयदाता-ठहरौली जागीरदार लक्ष्मणसिंह। रचनाएँ-बुंदेल वंशावली, लक्ष्मणसिंह प्रकाश। (बृ.इति. 7)।

**शिकार भाव**—रचयिता-नंदराम (दे.)। विव.-महाराणा जगतसिंह द्वितीय के आखेट का वर्णन। (बृ.इति. 7)।

**शिक्षा**—सखी द्वारा नायिका को या नायक को व्यवहार के लिए दिए गए निर्देशों को शिक्षा

कहते हैं। चिंतामणि ने भी सखी लक्षण प्रकरण में उसके कार्यों में एक शिक्षा को भी माना है। शिक्षा हितकारी उपदेश है। इसके नायिका और नायक को दिए गए उपदेश के आधार पर दो भेद हैं। ल. (1)-शिक्षा हित उपदेश पुनि, इहौ द्विविध पहिचानि। नायक अरु, नायिका की सुजन लेहु मन आनि।। नायिका शिक्षा-उ. (1)-"सुख नैननि प्यौं मुख संमुख जो, बड़ो चैन जुहै छवि चित्त खगी। बड़ भागिनी कामिनी की रसना, श्रुति है पति प्रेम कथानि पगी। सखि सेई सराहिबो को जग मैं,निसि बाल जु बालम संग जगी। पिय संग बिना तिअ जो तिन सो, धनि सो तिअ जो पिअ पेम पगी।।" नायक शिक्षा-उ.-"आजु चमेली लहलही षिली लषति यहि बाग। और बेलि पै जाइ अलि कत कीजै अनुराग।।"-शृं. मं., चिंता., 358, 364, 365/112-114। उ. (2)-"छकिहु बैठि दुअरिया, मींजहु पाय। पिय तिन पेखि गरमया, बिजन डोलाय।।"-र.वि., ब. ना.भे., 115/55। उ. (3)-"कत सजनी ह्वै अनमनी अँसुवा भरति ससंक। बड़े भाग नँदलाल सों झूठहु लगत कलंक।।"-मति., र.रा., 293/268।

**शिक्षाक्षेप**—दे. आक्षेप। केशवदास ने आक्षेपालंकार के निरूपण क्रम में उसके एक भेद के रूप में शिक्षाक्षेप अलंकार का निरूपण किया है। तसल्ली देकर, समझा-बुझा कर मृदु उपाय से अपने प्रियतम को कार्यारम्भ से रोकने में शिक्षालंकार होता है। ल.-सुख ही सुख जहँ राखिजै, सिख ही सिख सुखदानी। सिक्षाक्षेप कहों बरनि, छप्पद बारह बानी।। -क.प्रि., 10/23। केशव ने बारह मासों में नायिका द्वारा किये गये शिक्षाक्षेपों का वर्णन बारह छप्पयों में बारहमासा के ढंग से किया है।

**शिखनख**—रचियता-रसरूप (दे.)। विव. इसमें राधा का शिखनख वर्णन है। (स.सर्वे)।

**शिखनख**—रचियता-नागरीदास (दे.)। (बृ. इति 7, स.सर्वे.)।

**शिखरिणी** छंद—प्रत्येक चरण में मात्राक्रम है (।SS SSS ।।। ।।S S। ।।S)। सत्रह वर्ण होते हैं तथा छः-छः और पाँच वर्ण पर यति होती है। ल.-यगंनो मो आनो, नगनो, नंद सगनो। कहै भोगीराजा, बरन दस भौं, सुत्र पगनो। छ बिश्रामों पायें, बहुरि छह औ पंथ करिनी। गनौ चारयौ पायें, तब कहहु जू, है सिखरिनी।। उ.-"मिलौ माधौ जू सों, सुचित सजनी ह्वै निडरिनी। हराएई तेरे बसत सिगरे, या सिखरिनी।।"-भि.ग्रं., 1, छंदा., 70-71/257-258।

**शिखा**—अग्नि। छंदशास्त्र में रगण के देवता का नाम। रगन शिखीमय मानु।।-क.प्रि., 3/23।

**शिरोमणि मिश्र**—कविप्रिया के भगवानदीन संस्करण में केशवदास ने वंशवर्णन में भाव शर्म के पुत्र शिरोमणि मिश्र बताये गये हैं जबकि अन्य संस्करणों में सुरोत्तम मिश्र नाम मिलता है। उ.-"भावशर्म तिनके भये जिनकै बुद्धि अपार। भये शिरोमणि मिश्र तब षट दर्शन अवतार।।"-प्रि. प्र., प्रभाव, छं., 10।

**शिल्पिनी**—चिंतामणि ने स्पष्ट किया है कि सखी भी 'दूत्य' व्यापार से दूती होती है। सखी दूती के एक भेद के रूप में 'शिल्पिनी' है। ल.-चित्रु दिखाइ जो करै बस, सुतौ शिल्पिनी आई। उ.-"लिष्यो चित्र पट विविध कर, चित्र कारिनी आइ। पिय को चित्र दिखाइ कै सुंदरि लई रिझाइ।।" शृं.मं., चिंता., 414,416/125-126।

**शिव**—हिन्दुओं के एक प्रसिद्ध देवता जो सृष्टि का संहार करने वाले और पौराणिक त्रिमूर्ति के तीसरे देवता माने जाते हैं। वैदिक काल में रुद्र के नाम से तथा पौराणिक काल में शंकर, महादेव आदि नामों से इनकी उपासना की जाती रही। इनका पौराणिक स्वरूप इस प्रकार है-सिर पर गंगा, माथे पर चन्द्रमा, भाल पर मध्य में तीसरा नेत्र, गले में साँप, पूरे शरीर में भस्म, कटि भाग में व्याघ्रचर्म, वामांग में पार्वती। इनके कापालिक स्वरूप में इन विशेषताओं के अतिरिक्त गले में नरमुंड की माला भी सुशोभित है। इनका प्रधान अस्त्र त्रिशूल है। वाहन नंदी नामक बैल है। इनके धनुष का नाम पिनाक है। इनके पुत्र हैं गणेश और कार्तिकेय। इन्होंने अर्जुन को,

उनकी तपस्या से प्रसन्न होकर पाशुपतास्त्र दिया था। इनके सम्बन्ध में पुराणों में अनक कथाएँ हैं, जैसे-कामदेव दहन, दक्ष-यज्ञ ध्वंस, समुद्रमंथन से निकले महाविष कालकूट का पान, परशुराम को अस्त्र शिक्षा आदि-आदि। इनका मुख्य निवास स्थान कैलास है। इनके उपासक शैव कहलाते हैं। संगीत और नृत्य के ये प्रथम आचार्य माने जाते हैं। व्याकरण के मूलाधार चौदह माहेश्वर सूत्र इनके डमरू के निनाद से निकले माने गये हैं। (हिं.श.सा., पौ.को.)। उ. (1)-"अच्युत-चरण-तरंगिणी, शिव-सिर-मालति माल।"-र.वि.,दो., 2/1। उ. (2)-"बृंद कहा जिय गौरि विचारि कहा शिव के तव चुंबन कीनौ।"-वृं.ग्रं., भा.पं., 5/13।

**शिव कवि**—इस नाम से सम्बन्धित दो विवरण उपलब्ध हैं- 1. एक शिव कवि की स्थिति 18वीं शती ई. का अंत और 19वीं शती ई. का आरम्भ मानी गई है। निवासस्थान-देवतहा (जि. गोंडा), अरसेला के बन्दीजन. काव्यगुरु-शंभु कवि (असाथर, जि. फतेहपुर)। आश्रयदाता-बाँदा के जुल्फिकार अली खाँ, ग्वालियर के दौलतराव सिंधिया। रचनाएँ—1. पिंगल छंदाबद्ध, 2. वाग्विलास। 2. दूसरे शिव कवि का जीवन सम्बन्धी विवरण उपलब्ध नहीं। मिश्र बंधु विनोद के अनुवाद। स्थितिकाल लगभग 1943 ई.। रचनाएँ-रसिक विलास, अलंकार भूषण। (बृ.इति. 6, सा.को., स.सर्वे.)।

**शिवदयाल(भाट)**—समय-सं. 1837 में उपस्थित। आश्रयदाता-महाराजा रणजीत सिंह। विशेष - रचनाओं का उल्लेख उपलब्ध नहीं। मुख्यतया वीर रस के कवि प्रतीत होते हैं। (बृ. इति. 7)।

**शिवदिन केसरी**—(शिवदिन नाथ)। यजुर्वेदी ब्राह्मण। बाद में वैराग्य। नाथपंथी महाराष्ट्रीय संत। जन्म- शक संवत् 1620। समाधिकाल-13 शिवरात्रि शक संवत 1696। पिता-कृष्णाजी पंत। गुरु- केशरीनाथ। रचनाएँ-विवेक दर्पण, ज्ञानप्रदीप, स्फुट. (बृ. इति. 7, हिं.म.दे.)।

**शिवनाथ**—दे.शिव। उ. (1)-"बनी भसम तन सुमन रज सुखद मधुर गन साथ। हिमगिरि जात हटै हरै मलयानिल शिवनाथ।।"-वृं.ग्रं., अ.दो., 73/10। उ. (2)-"शिवनाथ चरन बंदन करन दरसन बिबिध बिलास कौं। कहि वृंद परम सेवक जात चल्यो कैलास कौं।।"-वृं.ग्रं., प.प., 2/51।

**शिवनाथ**—स्थितिकाल-सं. 1828 वि.। स्थान-कुरसी (जिला बाराबंकी)। आश्रयदाता-पवावा (पवायों), जिला हरदोई के नृप कुशलसिंह। रचना-रसवृष्टि। विव.-रस-नायिका-भेद ग्रंथ। (बृ. इति. 6)।

**शिवप्रसाद (कवीश्वर)**—स्थितिकाल-सं. 1869। स्थान-दतिया (सुल्तानपुर)। रचनाएँ-रसभूषण। (बृ.इति. 6, सा.को.)।

**शिवराज भूषण**—रचनाकाल-सं. 1730। रचयिता-भूषण (दे.)। विव.-अलंकार विषयक ग्रंथ। (इति. शुक्ल, बृ. इति. 6, सा.को.)।

**शिवराम भट्ट**—स्थितिकाल-सं. 1847। आश्रयदाता-ओड़छानरेश राजा विक्रमादित्य। रचनाएँ-विक्रमविलास, प्रताप पच्चीसी। विव.-वीर रसात्मक ग्रंथ। (बृ. इति. 7)।

**शिवराम (साधु)**—जन्म-सं. 1760। गुरु-पूर्णानंद। स्थान-कल्याणी (नजामशाही) में मठ। रचनाएँ-स्फुट। (बृ. इति. 7)।

**शिवलाल दूबे**—जन्म-सं. 1839। रचनाएँ-स्फुट। (बृ. इति. 7)।

**शिवलाल पाठक**—जन्म-सं. 1813। स्थान-सोनहुला (गोरखपुर)। पिता-पं. देवीदत्त पाठक। माता-सोलंखी देवी। रचनाएँ-मानसमयंक, मानस अभिप्रायदीपक, वाल्मीकीय रामायण की भावप्रकाश टीका। (बृ.इति. 7)।

**शिवशक्तिपचीसी**—रचयिता-अक्षर अनन्य (दे.)। (बृ.इति. 7)।

**शिवसहाय दास**—स्थितिकाल-सं. 1809। स्थान-जयपुर। रचनाएँ-शिव चौपाई, लोकोक्तिरस कौमुदी में कहावतों को लेकर नायिका भेद का कथन। (इति. शुक्ल)।

**शिवस्तोत्र**—रचयिता-गिरिधरदास (दे.)। (इति. शुक्ल)।

**शिवाचौपाई**—रचयिता-शिवसहायदास (दे.)।

(इति. शुक्ल)।

**शिवाबावनी**—रचयिता-भूषण (दे.)। (इति. शुक्ल, बृ.इति. 6,7)।

**शिवि**—दृषदूती के गर्भ से उत्पन्न राजा उशीन के पुत्र और राजा ययाति के दौहित्र थे। ये अपनी दयालुता और दानशीलता के लिए प्रसिद्ध थे। इनके चार पुत्र थे-पृषदर्भ, सुवीर, कैकेय तथा मद्रक। काशिराज शिवि जब बान्नबे यज्ञ कर चुके तब इन्द्र विघ्न डालने की इच्छा से अग्नि को कबूतर बनाकर और स्वयं बाज का रूप धारण कर उसका पीछा करता हुआ यज्ञ में पहुँचा। कबूतर रक्षार्थ शिवि की गोद में गिर पड़ा, तब उन्होंने अपने शरीर का मांस देकर उसकी रक्षा करनी चाही, पर तौलते समय शरीर का मांस भी कबूतर के तौल के बराबर नहीं हुआ तब उन्होंने अपना सिर काट कर पलड़े पर रखना चाहा कि भगवान् ने स्वयं पहुँच कर उन्हें स्वर्ग लोक भेज दिया। (हिं.श.सा., पौ.को)। उ.-"रहिमन पर उपकार के, करत न यारी बीच। मास दियो शिवि भूप ने, दीन्हों हाड़ दधीच।।"-र.वि.दो., 212/22।

**शिष्या छंद**—1. प्राकृत का मात्रिक छंद है। ल.-पहिले दल में चौबिसे, लहु पर जगनहि देहु। पुनि बत्तिस पर जगनु दै, सिष्या गति सिखि लेहु।। उ.-"सुमरदनि बिधुबदनि गुनसदनि जगहदनि नहिं तोहि सरिष्पु। कुँअरि मन बिनय श्रवन सुनि समुझि पुनि मनहिं गुनि न प्रिय प्रति रिस कुमति सिष्यु।।"-भि.ग्रं. 1, छंदा., 18-19/232।

2. चौदह मात्राओं का छंद है। मात्राक्रम है (SSS SSS S)। ल.-सातौ गो सिष्या की जै। उ. -"अरे भाई मेटै को। लिख्या सिख्या मध्ये जो।।"-भि.ग्रं. 1, छंदा., 104, 106/192।

**शीतसार**—रचयिता-नागरीदास (दे.)। (बृ. इति. 7, स.सर्वे.)।

**शीलबत्तीसी**—लिपिकाल - सं. 1721। रचयिता-अकमल (अकू)। विषय-पातिव्रत, पत्नीव्रत आदि। (बृ.इति. 7)।

**शुकप्रकाश**—रचयिता - दित्तेराय (दे.)। (बृ. इति. 7)।

**शुकरंभासंवाद**—रचयिता-नवलसिंह (दे.)। (इति. शुक्ल)।

**शुक्लाभिसारिका**—दे. अभिसारिका। रात्रि में शुक्ल पक्ष की पूर्ण चाँदनी में प्रिय के द्वारा दिए गए देशकाल संबंधी संकेतों पर श्वेत वस्त्रादि पहनकर मिलने के लिए जाने वाली नायिका। ल.-सजि कैं सेज सिंगार तन जाइ जु निज पिय पास। सौ शुक्ला अभिसारिका बरनत कबि सबिलास। उ. (1)-"स्याम सटकारे बार फूलनि सों गूँथे रचे, मोतिन के भूषन शरीर सुखदाई मैं। सौमनाथ प्यारे पै सिधारी सुकुमारि प्यारी, मंद मंद चलनि सुरूप सरसाई मैं। तें हीं साज संग सहचरी चारु चाइनि सौं चातुरी सौं कौतिक बिलोकति बिकाई मैं। पैंड़ पाँच सातक अगौही होत इंदिरा सी, मिलि गई बाल मुखचंद की जुन्हाई मैं।।"-सो.ग्रं. 1, र.पी.नि., 49,50/97। उ. (2)-"जुवति जोन्ह मैं मिलि गई, नैक न होति लखाइ। सौधें कै डोरे लगी अली चली सँग जाइ।।"-बि.र., 7/8।

**शुद्धगा छंद**—1. मात्रामुक्तक छंद है। ल.-यगन गुरु करि चौगुनो, छंद सुद्धगा होई। अंत घटै कल दुकलहू, वहै कहै सब कोइ।। उ. (1)-"झखै बैठी कहा बौरी अरी कान्हा कहाँ जैहै।" उ. (2)-"सखी वा द्यौस की नाईं केदारा सुद्ध गावै तूँ।।"-भि.ग्रं. 1, छंदा., 42-43/221।

2. चौदह मात्राओं का छंद है। क्रम है (।SS S।S SS)। ल.-लमलम सुद्धग तंत। उ.-"सितारा लैबजावै तूँ। केदारा सुद्ध गावै तूँ।।"-भि.ग्रं. 1, छंदा., 114,116/194।

**शुद्ध लक्षणा**—दे. लक्षणा। प्रयोजनवती लक्षणा (दे.) का एक प्रमुख भेद। इसमें लक्ष्यार्थ का ग्रहण, सादृश्य सम्बन्ध के बिना किसी अन्य संबंध के आधार पर किया जाता है। जैसे यज्ञ में स्तंभ को इंद्र का स्थानापन्न मानकर इन्द्र कहा जाय। भिखारीदास का इसके विषय में कथन है-उपादान इक सुद्ध में, दूजी लक्षन ठान। तीजी सरोपा कहैं, चौथी साध्यवसान।।-भि.ग्रं. 2, का.नि., 27/9।

**शुद्धापह्नुति**—दे. अपह्नुति। इसमें वास्तविक उपमेय का निषेध करके उपमान का आरोप किया

जाता है। अतथ्य का आरोपण करने के लिए तथ्य को छिपाना इसका लक्षण है। ल. (1)-औरै को आरोप करि साँच छपावत धर्म। सुद्धापह्नुति कहत हैं जो प्रोबीन कबिकर्म।।-मति., ल.ल., 87/314। ल. (2)-सुद्धापह्नुति जहँ थपै सुद्ध बस्तु छपि जात।। उ.-"यह न ससी तौ है कहा ? नभगंगा-जलजात।।"-प.ग्रं., पदमा., 45/38। ल. (3)-सुद्धापह्नुति लै धरम इक को अनत आरोप। उ.-"यह न दवानल तौ कहा? जगनासक सिवकोप।।"-वही, 46/38। ल. (4)-करि लीने आरोप तें जहाँ धरम दुरि जाइ। शुद्धापह्नुति कहत हैं ताहि सबै कविराइ।। उ.-"बदन की बेंदी नहीं क्यों अलि करत बिचार। परगट भयौ सुहाग यह तिय के ललित लिलार।।"-सो.ग्रं. 1, र.पी.नि., 44-45/188। ल. (5)-धर्म दुरैं आरोप तें सुद्धापह्नुति जानि। उ.-"उर पर नाहिं उरोज ये कनकलता फल मानि।।"-ज.ग्रं., भा.भू., 16/22। ल. (6)-और धरम जहँ थापिये साँचो धरम दुराइ। भि.ग्रं. 2, का.नि., 21/90। ल. (7)-आन बात आरोपियै साँची बात छिपाय। सुद्धापह्नुति कहत हैं भूषन कबि कबिराय। उ.-"चमकत चपला न फेरत फिरंगैं भट इंद्र की न चप रूप बैरख समाज कौ। धाए धुरवा न छाए धूरि के पटल मेघ गजिबौ न साजिबौ है दुंदुभी-अवाज कौ।''. . .भू.ग्रं., शि. भू., 75-76/142।

**शुभगति छंद**—सात मात्राओं का छंद है। भिखारीदास ने इसका लक्षण दिया है। ल.-सात मत्तप्रस्तार को, सुभगति जानो छंद। बृत्ति ऐकीस प्रकार है, चारि भाँति गति बंद।" उन्होंने चारों गतियों के अलग-अलग उदाहरण दिए हैं। यथा 1. कृपासिंधो। दीनबंधो। सर्ब सुरपति। देहि सुभगति।। 2. प्रभाविसाल। लाल गुपाल। जसुमतिनंद। आनँदकंद।। 3. खलैघायक। सर्बलायक। कंसमारन। जनउधारन।। 4. दुख कों हरो। सुख बिस्तरो। बाधाकदन। करुनासदन।।-भि.ग्रं. 1, छंदा., 43-47/185।

**शुभगीता छंद**—मात्रामुक्तक छंद है। ल.-गुरु दै अंत सुगीति के, सुभगीता अवदेखि। उ.-"चकोर कोकिल कीरमामिनि गावती सुभ गीत है।"-भि.ग्रं. 1, छंदा., 35, 39/220-221।

**शृंखलोत्तर चित्रालंकार**—दे. चित्रालंकार, प्रश्नोत्तर चित्रालंकार। ल.-दुकै गतागत लेत चलि, इक इक बरन तजंत। नाम सृंखलोत्तर वही, होत समस्त जु अंत।। उ.-"छबि भूषन को, जन को हर को सुर को घर को, सुभ को नरु-ती। किहि पाप गुमान बढ़ै, किहि आए घटै, जग में थिर कौन दुती। सुभ जन्म को दास कहा कहिये, वृषभान की राधिका कौन हुती। घटिका निसि आजु सु केती अली, किहि पूजहिगी, नगराजसुती।।'' ति.-नग, (गन), गरा (राग), राज(जरा), जसु (सुज), सुती (तीसु), नगराज सुती।।-भि.ग्रं. 2, का.नि., 26-27/195-196।

**शृंगार (रस)**—साहित्य के नौ रसों में एक रस जो सर्वप्रधान माना जाता है। नायक-नायिका के परस्पर मिलन और वियोग की अवस्थाओं और भावों में इसका विस्तार। इसका स्थायी भाव रति है और आलंबन नायक एवं नायिका हैं। सखा, सखी, वन, बाग, बिहार, चंद्र, चाँदनी, भ्रमर, झंकार, हाव-भाव आदि उद्दीपन हैं। सब भेदों सहित आलंबन, उद्दीपन, संचारी का समावेश हो जाने के कारण इसे रसराज कहा जाता है। संयोग और वियोग या विप्रलंभ इसके दो प्रकार हैं। ल. (1)-जो बरनत तिय पुरुष को कबि कोबिद रतिभाव। तासों रीझत हैं सुकबि सो सिंगार रसराव।। कहि सिंगार रसभाव द्वै प्रथम कहत संयोग। ग्रंथन को मत देखिकै दूजो कहत वियोग।।-मति., र.रा., 342-343/279। ल. (2)-जाको थाई भाव रति सो सिंगाररस होत। मिलि बिभाव अनुभाव पुनि संचारिन के गोत।। रति कहिये जो मन लगति प्रीति अपर पर जाय। थाई भाव सिंगार को भल भाषत कविराय।। परिपूरन थिर भाव रति सो सिंगाररस जानि। आलंबन उद्दीपनहु द्वै बिभाव उर आनि।। आंलबन सिंगार के तिय नायक निरधार। उद्दीपन सब सखि सखा बन बागादि निहार।। भाव हाव मुसिक्यानि मृदु इमि औरहु जु विनोद। है अनुभाव सिंगार के बरनत कवि लहि मोद।। उनमादादिक

संचरत तिहिं संचारी भाव। कृस्न देवता स्याम रंग सो सिंगार रसराव।। सो सिंगार द्वै भाँति को दंपति मिलन सँजोग। अटक जहाँ कछु मिलन की सो सिंगार-वियोग।।-प.ग्रं., जग., 612-618/207-208। ल. (3)-सुभ संजोग बियोग मिलि है सिंगार द्वै भाइ। काहू श्रम मिश्रित मिलै दीन्हो चारि नाइ।।-भि.ग्रं. 1, र.सा., 283/41। ल. (4)-कह्यो बंस सृंगार को फिरि सिंगाररस आनि। नवरस की गिनती भरौं लक्षन-लक्ष्य बखानि।। जहँ विभाव विभाव अनुभाव थिर चर भावन को ज्ञान। एक ठोरहीं पाइये सो रसरूप प्रमान।। उपजावै शृंगार रस निजु आलंबन दोउ। जन्य जनक तासों कहै उदाहरण सुनि सोउ।।-भि.ग्रं. 1, र.सा., 447-449/64। ल. (5)-बरनि नायिका-नायकहि दरसलिंबन-नीति। सोई रस शृंगार है ताको थाई प्रीति।।"-भि. ग्रं. 1, र.सा., 13/4। ल. (6)-प्रीति नाइका नायकहि, सो सिंगाररस ठाउ। बालक मुनि महिपाल अरु देव बिषें रति भाउ।। एक होत संजोग अरु पाँच बियोगहि थापु। सो अभिलाष प्रबास अरु, बिरह असूया स्रापु।।-भि.ग्रं. 2, का.नि., 20-21/29। दे. सिंगार (रस)।

**शृंगार कवित**—रचयिता-ग्वाल (दे.)। (सा. को.)।

**शृंगार कवित**—रचयिता-मंडन (दे.)। (स. सर्वे.)।

**शृंगार के आलंबन**—दे. शृंगार। ल.-आलंबन सिंगार के कहे भेद समुझाइ। सकल नायका नायकहु लच्छन लछ्य बनाइ।।-प.ग्रं., जग., 324/150।

**शृंगार चरित्र**—रचयिता-देवकी नन्दन (दे.)। विव.-रस, नायक-नायिका भेद, अलंकार का ग्रंथ। (इति. शुक्ल)।

**शृंगार चालिसी**—रचयिता-द्विजदेव (दे.)। (सा.को.)।

**शृंगार निर्णय**—रचयिता-भिखारीदास (दे.)। (इति. शुक्ल)।

**शृंगार बतीसी**—रचयिता-द्विजदेव (दे.)। (इति. शुक्ल)।

**शृंगार भूषण**—रचयिता-बेनी/प्रवीन (दे.)। (इति. शुक्ल)।

**शृंगार-मंजरी**—रचयिता-बड़े साहिब (दे.)। ब्रजभाषा रूपान्तरकार कवि चिन्तामणि (दे.)। उ.-"साहिराज नंद बड़े साहिब रसिकराज, शृंगारमंजरी ग्रंथु रुचिर रजत हैं।"-शृं.म., चिंता., 17/5।

**शृंगार मंजरी**—रचयिता-प्रतापसाहि (दे.)। (इति. शुक्ल)।

**शृंगार मंजावली**—रचयिता-गौरगणदास (दे.)। (बृ.इति. 7)।

**शृंगार योग**—रचयिता-अक्षर अनन्य (दे.)। (बृ.इति. 7)।

**शृंगार-रस-आलंबन**—दे. शृंगार (रस)। ल. उ.-"राधा राधारमन की रस सिंगार में अंग। उन्ह पर वारो कोटि रति उन्ह पर कोटि अनंग।। सुंदरता-बर-ननु तरुनि सुमति नायिका सोइ। सोभा कांति सुदीप्ति जुत बरनत हैं सब कोइ।। सोभा रूप' रु साहिबी झलक बिमलता कांति। दीपति उजियारी अपर अधिकारी बहु भाँति।।-भि.ग्रं. 1, र.सा., 14-16/4।

**शृंगार रस माधुरी**—रचयिता-कलानिधि (दे.)। (बृ.इति. 7)।

**शृंगारलता**—रचयिता-सुखदेव मिश्र (दे.)। (इति. शुक्ल)।

**शृंगारलतिका**—रचयिता-द्विजदेव (दे.)। (इति. शुक्ल.)।

**शृंगार शिक्षा**—रचयिता-वृंद (दे.)। विव.-शृंगार रस सबंधी ग्रंथ। (बृ.इति. 7, इति. शुक्ल.)।

**शृंगार शिरोमणि**—रचयिता-प्रतापसाहि (दे.)। (इति. शुक्ल.)।

**शृंगार शिरोमणि**—रचयिता-यशवंत सिंह (दे.)। (बृ.इति. 6)।

**शृंगार शिरोमणि**—रचयिता-जसवंतसिंह द्वितीय (दे.)। विव.-शृंगार रस विषयक ग्रंथ। (इति. शुक्ल.)।

**शृंगार सागर**—रचयिता-चंदन (दे.)। (इति. शुक्ल.)।

**शृंगार सागर**—रचयिता-चंद्रहास (दे.)।

विव.-राधाकृष्ण के विनोद और विलास का वर्णन। (बृ. इति. 6)।

**शृंगार सार**—रचयिता-सूरति मिश्र (दे.)। (स.सर्वे.)।

**शृंगार सौरभ**—रचयिता-राम (दे.)। विव.-नायिका भेद विषयक ग्रंथ। (इति. शुक्ल.)।

**शृंगार हजारा**—रचयिता-गणपति भारती (दे.)। (बृ.इति. 7)।

**शेष छंद**—बारह मात्राओं का छंद है। मात्राक्रम है (SSS SSS)। उ.-"ताकों जीमें ध्याऊँ। ताही को हौं गाऊँ।।"-भि.ग्रं. 1, छंदा., 82/189।

**शोक**—(स्थायी भाव)-इष्ट के नाश और अनिष्ट की प्राप्ति से उत्पन्न मनोविकार। किसी प्रिय व्यक्ति के अभाव या पीड़ा आदि से अथवा दुःखदायी घटना से उत्पन्न क्षोभ। (हिं.श.सा.)। यह साहित्य के नौ रसों में से एक करुण रस का स्थायी भाव है। ल. (1)-अहितलाभ हितहानि तें जु कछु हिये दुःख होत। सोक सु थाई भाव है कहत कबिन के गोत।।-प.ग्रं., जग., 586/202। ल. (2)-दुर्गति निरखत हितू पर, कै पिंय बिछुरन तंत। हिय में होतु बिकार जो भनि सोक अनंत।। फेरि मिलन की आस महिं, तहाँ सोक पहिचानि। जहँ मिलाप की आस है, तहँ निहचै रति जानि।। इरि गमन पुत्रादि की तहूँ सोक उतपत्ति।।-सो.ग्रं. 1, र.पी. नि., 38,39/55।

**शोभनाथ**—स्थितिकाल-सं 1824। आश्रयदाता-भरतपुर के महाराज सूरजमल। रचनाएँ-माधवजयति। (बृ.इति. 7)।

**शोभा-शृंगार-मंजरी**—रचयिता-गंगाराम (दे.)। (बृ.इति. 7)।

**श्याम**—श्रीकृष्ण का एक नाम जो उनके शरीर के श्याम वर्ण होने के कारण पड़ा था। उ. (1)-"समुझि मधुप कोकिल की, यह रसरीति। सुनहु श्याम की सजनी, का परतीति।।"-र.वि., बरवै, 88/63। मदनाष्टक छं. 3,6/66। उ. (2)-"श्याम सुजान सबै गुन खानि बजावन बैन महासुर साँचनि"-घ.क., 411/203।

**श्याम विलास**—रचयिता-रसरूप (दे.)। (सा. को.)।

**श्याम सनेही**—रचयिता-आलम (दे.)। (स. सर्वे.)।

**श्रम**—दे. व्यभिचारी, संचारी। साहित्य में तैंतीस संचारियों में से एक । रति मार्ग में चलने आदि से उत्पन्न स्वेद का नाम श्रम है। अन्य परिभाषाओं के अनुसार इष्ट की प्राप्ति के लिए मान, संभोग आदि से थकावट होने के फलस्वरूप उत्पन्न स्वेद को श्रम कहते हैं। श्वास का चढ़ना, निद्रा आदि इसके अनुभाव हैं। ल.(1)-अति रति अति गति ते जहाँ सु अति स्वेद दरसाइ। सो श्रम तहाँ सुभाव ये स्वेद उसास गनाइ।। उ.-"श्रमजलकन पलकन प्रगट पलक न थम्हत उसास। करी खरी बिपरीत रति परी बिसासी पास।।"-प. ग्रं., जग., 491/183, 493/184। ल. (2)-श्रम उत्पत्ति परिश्रम कीन्हें । थके पसीना प्रगटे चीन्हें।।-भि.ग्रं. 1, र.सा., 486/71। उ.-"डगमगात डगमग परत चुवत पसीना धार। केलिभवन तें भवन को पैंड़ो भयो अपार।।"-वही, 503/73। ल. (3)-सिथिलाई श्रम रूप।-सो.ग्रं. 1, र.पी.नि., 27/54।

**श्रम-सीकर**—दे. श्रम। पसीना। श्रमबिंदु। उ.-"यों श्रमसीकर सुमुख तें परत कुचन पर बेस। उदित चंद मुकताछततनि पूजत मनहु महेस।।"-प. ग्रं., जग., 403/168।

**श्रवण**—नायिका की वह दशा जिसमें वह प्रिय के आगमन का समाचार सुनती है। उ.-"आयेउ मीत बिदेसिया, सुनि सखि तोर। उठि किन करसि सिंगरवा, जुनिसिख मोर।।"-र.वि.,ब.ना.भे, 112/55।

**श्रवनानुराग**—चिंतामणि ने अनुराग के तीन प्रकार बताये हैं-उत्तम, मध्यम और अधमा। उत्तम अनुराग के भी चार प्रकार हैं-श्रवनानुराग,दर्शनानुराग, चित्रानुराग, स्वप्नानुराग। प्रिय के गुण, कथा आदि के श्रवण से उत्पन्न होने वाला अनुराग। उ.-"भले मुहूरत प्रिय कथा, परी हमारे कान। प्रेम उमगि दिन दिन बढ़ी, कबहूँ कोपुन मान।।-शृं.मं., चिंता., 481/141।

**श्रावक**—श्रावक। जैन अथवा बौद्ध धर्म को मानने वाला संन्यासी। उ.-"यह कौन आवत है सखी मल-पंक-अंकित अंग। सिर-केस लुंचित नग्न हाथ सिखीसिखंड सुरंग। यह नर्क को कोउ जीव है जिनि याहि देखि डेराहि। निज जानियै यह श्रावका अति दूरि तें तजि ताहि।।"-वि.गी., 8/10।

**श्रीकंठ**—महादेव। शिव। भगवान शंकार के कंठ में श्री नारायण के हाथ से अंकित चिह्न होने के कारण ये श्रीकंठ कहलाते हैं। (म.अनु., पौ.को.)। उ.-"श्रीकंठ-उर बासुकि लसत, सर्वमंगला मार।।"-क.प्रि., 15/129।

**श्रीकासी**—दे. कासी। काशी। उ.-"है श्रीकासी सिबपुरी है सिबपुरी प्रकास। सेबत सिवपुर पाइयै कै सिबपुर मैं बास।।"वृं.ग्रं., य.स., 468/242।

**श्रीकृष्ण** — दे. कृष्ण। डा. - ''आनीता नटवन्मयातव पुरः श्रीकृष्णा या भूमिका। व्योमाकाशखखांबराब्धिवसुवस्त्वत्प्रीतयेऽद्यावधि।।'' -र.वि., 1/73।

**श्रीकृष्ण ग्वालिन को झगरा**—रचयिता-संगमलाल (दे.)। (बृ.इति. 7)।

**श्रीकृष्ण पंच-रत्न-पंचक** — रचयिता-रामगुलाम द्विवेदी (दे.)। (बृ.इति. 7)।

**श्रीकृष्ण-ब्रज-विहार**—रचयिता-मंडन भट्ट (दे.)। (बृ.इति. 7)।

**श्रीकृष्ण स्तवनामृत**—रचयिता-दयाराम (दे.)। (बृ.इति. 7)।

**श्रीकृष्णोत्तर सतनाम**—रचयिता-वृंदावन चन्द (दे.)। (बृ.इति. 7)।

**श्री खंडोजी राव**—उ.-"श्री खंडोजी राव को सुत रानोजी राव। ता सुत ऊदाजी उदित जाका परम प्रभाव।"-प.ग्रं., प्रकी., 30/311।

**श्रीगोपालस्तवराज**—रचयिता-वृंदावनचन्द्र (दे.)। (बृ.इति. 7)।

**श्री छंद**—यह एकाक्षर वर्णवृत्त है। इसके प्रत्येक पद में एक गुरु (ऽ) होता है। ल. (1)-दीर्घ एक ही बरन को दीजै पद सुखकंद। मंगल सकल निधान जग नाम सुनहु श्री छंद।। उ.-"श्री। धी। री। धी।।"-छं.मा., 1/5। ल. (2)-एकै गुरु श्री छंद है। उ.-"को। हौ। सो। हौ।।"-सो.ग्रं. 1, र.पी.नि., 1/33। ल. (3)-द्वै कल के द्वै भेद में जानो श्री मधु छंद। उ.-"जै। है। श्री। की।।"-भि.ग्रं., 1, छंदा., 7-8/182।

**श्रीधर**—स्थितिकाल-सं 1873। स्थान-दतिया। आश्रयदाता-दतिया के महाराज पारीछत। रचनाएँ-पारीछत रायसा। (बृ.इति. 7)।

**श्रीधर या मुरलीधर**—निवासस्थान-प्रयाग। जन्म-सं 1737 (लगभग)। रचनाएँ-जंगनामा, नायिकाभेद, चित्रकाव्य। (इति. शुक्ल)।

**श्रीधरशतक**—रचयिता-उमापति त्रिपाठी (दे.)। (बृ.इति. 7)।

**श्रीनंद नंद**—दे. नंदनंद। नंद के पुत्र श्रीकृष्ण। उ.-"श्रीनंद नंद गुबिंद गुनाकर के घर की कहवावहुँ चेरी।"-प.ग्रं., प्रकी., 71/322।

**श्रीनिमि**—राजा इक्ष्वाकु के 100 पुत्रों में से तीन ज्येष्ठों में एक पुत्र जिनसे मिथिला का विदेह वंश चला। विष्णु पुराण के अनुसार निमि ने सहसुवर्षिक यज्ञ के लिए ऋषि वशिष्ठ को बुलाया जिनका वरण इन्द्र पंचशतवार्षिक यज्ञ के लिए पहले ही कर चुके थे। वशिष्ठ (दे.) ने निमि को बाद में यज्ञ सम्पन्न कराने का वचन दिया किन्तु निमि ने संसार की क्षणभंगुरता जान गौतमादि ऋषियों से यज्ञारंभ करा दिया। इंद्र के यज्ञ से लौटे वशिष्ठ ने यह देख रोष से निमि को इस शरीर के नष्ट होने का शाप दे दिया जिसकी प्रतिक्रिया में निमि ने भी वैसा ही शाप वशिष्ठ को दिया। दोनों के शरीर छूटे। वशिष्ठ पुनः मित्रवरुण के वीर्य से उर्वशी से उत्पन्न हुए। यज्ञ समाप्ति तक सुरक्षित निमिदेह को पुनरुज्जीवित करने की प्रार्थना भागग्रहणार्थ आये देवताओं से की गई जिसे स्वयं ज्ञानी निमि ने अस्वीकार कर दिया। देवताओं ने उन्हें मनुष्यों की आँख की पलकों पर स्थान दिया। इस प्रकार निमि विदेह हो गए और इस वंश के अन्य राजा भी विदेह कहलाए। निमि के शरीर मंथन से जनक (दे.) की उत्पत्ति हुई। दूसरे पुराणों में शाप के पूर्व और बाद की कथा भिन्न रूपों में मिलती

है (पौ.को.)। उ.-"श्रीनिमि के कुल दासिहु की न निमेष कुपंथनि ह्वै समुहाती। तापर मो मन तो ये सुभाव विचारि यहै निहचै ठहराती। 'दासजू' भावी स्वयंवर मेरे की बीसबिसै इनके रँग राती। नातरु साँवरी मूरति राम की मो अँखियान में क्यों गड़ि जाती।।"-भि.ग्रं. 1, शृं. नि., 75/106।

**श्रीपति**—(कान्यकुब्ज ब्राह्मण)। स्थितिकाल-सं. 1777। जन्मस्थान-कालपी। समय-सं. 1700 में उ.। रचनाएँ-विकल्पद्रुम, रससागर, अनुप्रासविनोद, विक्रमविलास, सरोजकलिका, अलंकार - गंगा, काव्यसरोज। (इति. शुक्ल, बृ.इति. 6)।

**श्रीपति**—विष्णु। उ. (1)-"देवता को पति नीको पतिनी सिवा को हर श्रीपति न तीरथ बिरथ उर आनिये।"-भू.ग्रं., प्रकी., 557/242। उ. (2)-"जथा-सक्ति ही दै सकै जो कछु जाके पास। ब्राह्मण कन चावल दिये श्रीपति धन आबास।।"-वृं. ग्रं., नी.स., 571/103। उ. (3)-"संभु ज्यों आधे ही अंग लगावौ बसावौ कि श्रीपति जयों हियरे में।"-भि.ग्रं., शृं.नि., 222/137।

**श्रीप्रताप**—प्रतापसिंह। सूर्यवंशी क्षत्रियों की कछवाहा शाखा के थे और जयपुर के नरेश थे। सं. 1835 में गद्दी पर बैठे। बड़े वीर, मतिमान और नीतिनिपुण नरेश माने जाते थे। ये गोविंददेव के भक्त थे और 'ब्रजनिधि' के नाम से रचना करते थे। 1860 वि.सं. में इन्होंने शरीर त्याग किया। इनके अनन्तर महाराज जगतसिंह गद्दी पर बैठे। प्रतापसिंह की 12 रानियाँ थीं। पं. विश्वनाथ प्रसाद मिश्र ने पद्माकर ग्रंथावली की भूमिका में इनके छोटे-बड़े 22 ग्रंथों की सूची दी है। कहते हैं कि इन्हें 22 शब्द से अधिक अनुराग था और इन्होंने 'बाईसी' नाम से अनेक संग्रह तैयार किये थे। 'रेखतासंग्रह' में इनकी खड़ी बोली की रचनाएँ हैं। अन्य रचनाओं में भी खड़ी बोली का व्यवहार मिलता है। इन्होंने भर्तृहरि के शतकों का भाषान्तर भी किया है। उ. (1)-"सुनत पयान श्रीप्रताप को पुरंदर पै धन्य पटरानी जोधपुर में सती भई।।"-प.ग्रं., जग., 552/196। उ. (2)-"साहिब सवाई श्री प्रताप दल सज्जत बिहछ नद्दनद्दिन में पोदा परे जात हैं।"-वही., प्रकी., 10/306।

**श्रीप्रताप नंदन**—दे. श्रीप्रताप। महाराजा प्रतापसिंह, सूर्यवंशी, कछवाहा शाखा के थे और जयपुर के नरेश थे। स. 1835 में गद्दी पर बैठे और सं 1860 में शरीर छोड़ा। उ.-"श्रीप्रताप नंदन बली रविबंसी कछवाहा।"-प.ग्रं., जग., 3/79।

**श्रीप्रताप नृप नंद कुलचंद**—श्रीप्रतापसिंह (दे.) नाम के जयपुराधीश के पुत्र जगतसिंह। उ.-"जागते जगत सिंघ साहिब सवाई श्रीप्रताप नृप नंद कुलचंद रघुरैया हौ।"-प.ग्रं., जग., 5/79। कवि पद्माकर ने इनके आश्रय में रहकर इन्हीं के आदेश से 'जगद्विनोद' ग्रंथ बनाया।

**श्रीप्रतापसिंह**—दे. श्रीप्रताप। उ.-"करम कुलीन मान सिंहावत महाराज साहिब सबाई श्रीप्रतापसिंह ऐसे हैं।"-प.ग्रं., प्रकी., 1/303।

**श्रीप्रहलाद**—दे. प्रहलाद। उ.-"यहि भाँति श्रीप्रहलाद 'केसव' चित्त रूप समाधि साधि रहे सरीर बिसारि।"-वि.गी., 18/28।

**श्रीबन**—वह स्थान जहाँ की प्रधान श्रीराधा मानी जाती हैं। उ.-"श्रीबनरानि के छत्र कौ छाँह करें सुखबारिधि माहिं कलोलैं।"-घ.क., 400/199।

**श्रीबाराह**—वराह। भगवान विष्णु का एक अवतार, जिन्होंने एकार्णव जल में मग्न पृथ्वी का उद्धार कर हिरण्याक्ष का वध किया था। (पौ.को.)। उ.-"सेवत श्री बाराह कों बसुधा प्रेम अखंड। महामोह अवलोकि तब, उत्तम उत्तर खंड।।"-वि. गी., 4/37।

**श्री बालमीकि**—दे. बालमीक। उ.-"हारीत हौ कि अभीत उत्तम गाथ चित्त हरो कियौ। दुर्वास से बिनु बासना दुर्वास लोक बिलोकियौ। श्री बालमीकि कुरेक पंडित बाल मूकन्लिास हौ। जाबालि हौ जनु बाल तें जु दयाल जीवन जाल हौ।।"-वि.गी., 16/56।

**श्री बिंदुमाधौ**—दे. बिंदुमाधौ। उ.-"महादेव ह्वै जू महादेव धारै। महीदेव ह्वै कै महादेव पारै। महामोह काटै लियें नाम आधो। प्रबोधोदयं देहि श्री बिंदुमाधौ।।"-वि.गी., 11/23।

**श्रीबिधि**—दे. बिधि। उ.-"महामोह महि मंडल लीनौ। तुम्हैं राज यह आयसु दीनौ। त जौ आजु सिव की रजधानी। रहौ जाय जहँ श्री बिधि बानी।।"-वि.गी., 11/15।

**श्री विवेक**—दे. विवेक। कवि केशवदास रचित विज्ञानगीता का एक पात्र। उ.-"सोर भयो दुहुँ ओर तब, उत्तरे गंगापार। गए बिंदुमाधव निकट, श्रीबिबेक तिहि बार।।"-वि.गी., 11/21।

**श्रीबृषभानुकुमारि** — दे. बृषभानुकुमारि। उ.-"श्रीबृषभानुकुमारि-हेत शृंगाररूप भय। बास हासरस हरे, मातु-बंधन करुनामय।"-र.प्रि., 1/2।

**श्रीबृषभानुलली**—बृषभानु (दे.) की लाडली राधिका। उ.-"हेलहिं श्रीब्रजनागर आजु हर्‌यो मन श्रीवृषभानुलली को।"-र.प्रि., 6/20।

**श्रीमत्तारतम्यसागर**—रचयिता-प्राणनाथ (दे.)। (बृ.इति. 7)।

**श्रीमद्‌दासबोध**—रचयिता-समर्थरामदास (दे.)। (बृ.इति. 7)।

**श्रीमद्‌भागवतानुक्रमणिका**—रचयिता-दयाराम (दे.)। (बृ.इति. 7)।

**श्रीमलखान**—कवि केशवदास के ओरछा के आश्रयदाता वंश में वीरसिंह देव के एक पूर्वज राजा का नाम। उ.-"रिपुखंडन तिनकें भए राजा श्रीमलखान। जुद्ध जुरे न मुर्‌यो कहूँ जानत सकल जहान।।"-क.प्रि., 1/16।

**श्रीमाधव-ग्रंथ/श्रीमाधव निधन-ग्रंथ**—रचयिता-अनंत फंदी (दे.)। (बृ.इति. 7)।

**श्रीरघुराज**-दे.रघु, रघुराई, रघुराज। श्रीयुक्त रामचन्द्र। उ.-"रावन ऐसे महारिपु सों अति जुध्ध कियो अपने बल ताँई। सो हित श्री रघुराज के काज पै जीव तजै तौ जटायु की नाँई।।"-प.ग्रं., जग, 551/196।

**श्रीराधा**—दे. राधा। उ.(1)-"ईश विरंची अनंत गुन गावत जाको गान। सो निशि दिन हिय मैं धरत श्रीराधा को ध्यान।।"-वृं.ग्रं., अ.दो., 8/5. उ. (2)-"श्रीराधामुखचंद पैं गोकुलचंद चकोर।"-प. ग्रं., जग., 290/143।

**श्रीराधाकृष्ण पचीसी**—रचयिता - छत्रसाल (दे.)। (बृ.इति. 7)।

**श्रीराधारमण पद मंजरी** — रचयिता-गुणमंजरीदास (दे.)। (बृ.इति. 7)।

**श्रीराधास्तोत्र**—रचयिता - गिरिधरदास (दे.)। (इति. शुक्ल)।

**श्रीराम**—दे. राम। उ.-"रावन-सिर, श्रीराम के दस अवतार बखानि। बिस्वेदेवा, दोष दस, दिसा, दस दस जानि।।"-क.प्रि., 11/21।

**श्रीरामचन्द्रविजय**—रचयिता-प्रतापकुँवरि बाई (दे.)। (बृ.इति. 7)।

**श्रीरामरासदीपिका**—रचयिता-रसिक अली (दे.)। (बृ.इति. 7)।

**श्रीरामस्तोत्र**—रचयिता-गिरिधरदास (दे.)। (इति. शुक्ल)।

**श्रीरामाष्टक**—रचयिता-रामगुलाम द्विवेदी (दे.)। (बृ.इति. 7)।

**श्री समर्थ रामदास (शिवाजी के गुरु)**—रामोपासक संत। स्थितिकाल-सं. 1665-1738। पिता-सूयाजी पंत। माता-राषूबाई। रचनाएँ-श्रीमद्‌दासबोध (मराठी) तथा बहुत से स्फुट हिंदी पद। (बृ.इति. 7)।

**श्रीसवाई**—कवि पद्‌माकर द्वारा अपने आश्रयदाता प्रतापसिंह (दे.) के लिए प्रयुक्त प्रशंसात्मक विशेषण अथवा उपाधि। उ.-"बज्र के बबा हैं कै छवा हैं छबि ही के रन रोस के रवा हैं कैलबाहैं श्रीसवाई के।"-प.ग्रं., प्रकी., 17/308।

**श्रीसार**—स्थितिकाल-लगभग सं. 1838। रचनाएँ-उपदेशसत्तरी। विव.-बुढ़ापे में विवशता व स्वार्थी संतान का वर्णन। (बृ.इति. 7)।

**श्रीसीताराम-अनन्यरस-तरंगिनी**—रचयिता-रसिक अली (दे.)। (बृ.इति. 7)।

**श्रीसीताराम रहस्य तरंगिनी**—रचयिता-रसिक अली (दे.)। (बृ.इति. 7)।

**श्री सुकदेव**—शुकदेव। कृष्णद्वैपायन व्यास (दे. व्यास) के पुत्र और शिष्य का नाम । इनका जन्म अरणिकाष्ठ से व्यास के वीर्य द्वारा हुआ था। व्यास जी ने सबसे पहले महाभारत का अध्ययन इन्हें ही कराया था। इन्होंने चौदह लाख श्लोकों से

युक्त महाभारत की कथा राक्षसों, यक्षों और गन्धर्वों को सुनायी थी। ये महाराज युधिष्ठिर की सभा में विराजमान होते थे। भगवान् शिव ने ही इनका उपनयन संस्कार किया था। राजा जनक द्वारा सत्कृत होकर उनसे ज्ञान-विज्ञान विषयक समाधान प्राप्त किया था। इन्होंने नारद जी और पिता जी से आज्ञा लेकर सूर्यलोक गमन किया और परमपद की प्राप्ति की । ये वेद और पुराणों के बहुत बड़े ज्ञाता थे। इन्होंने परीक्षित को मरने के पूर्व मोक्ष धर्म का उपदेश किया था। कहा जाता है कि वही उपदेश श्रीमद्भागवत है। विरजा क्षेत्र के पितरों की पुत्री पीवरी से इनका विवाह हुआ था। (पौ. को., महा. अनु., हिं.श.सा.)। उ.-"पायो हुतौ जु पाइबे सुनियै श्रीसुकदेव। यह सुनि मुनि मारक लगे सुख पायौ नरदेव।।"-14/43।

**श्रीहरि जी**—स्थितिकाल-सं 1712। रचना-राधासुधाशतक। (इति. शुक्ल, स.सर्वे.)।

**श्रीहिंदूपति**—दे. भिखारीदास। प्रतापगढ़ (उ.प्र.) के नरेश पृथ्वीसिंह के अनुज हिन्दूपतिसिंह जो कवि और आचार्य भिखारीदास के आश्रयदाता थे। उ.-"श्रीहिन्दूपति-रीझि-हित समुझि ग्रंथ प्राचीन। 'दास' कियो सृंगार को निरनय सुनौ प्रवीन।।"-भि. ग्रं. 1, शृं.नि., 3/89।

**श्रुतानुराग**—भिखारीदास ने पूर्वानुराग (दे.) के दो प्राकर बताये हैं-श्रुतानुराग और दृष्टानुराग। उ.-"लगी जासु नामै सुनत असुवा-झरि अँखियानि। कहि गहिली क्यों तुअ कहें ताहि मिलाऊँ आनि।।"-भि.ग्रं. 1, र.सा., 390/56।

**श्रुति**—वेद। वह पवित्र ज्ञान जो सृष्टि के आदि में ब्रह्म या कुछ महर्षियों द्वारा सुना गया और जिसे परम्परा से ऋषि सुनाते आये। उ. (1)-"कहै यहै श्रुति सुम्रत्यौ, यहै सयाने लोग। तीन दबावत निसकहीं पातक, राजा, रोग।।"-बि.र., 429/198। उ. (2)-"बुधि अनुमान, प्रमान श्रुति कियें नीठि ठहराइ। सूछम कटि परब्रह्म की अलख, लखी नाहिं जाइ।।"-बि.र., 648/298। उ. (3)-"अजौं तर्‌यौना ही रह्यौ श्रुति सेवक इक रंग। नाक-बास बेसरि लह्यौ बसि मुकतन के संग।।"-बि.र., 20/17।

**श्रुतिकटु (दोष)**—दे. दोष, शब्ददोष। काव्यरचना में एक दोष। अनुचित प्रसंग में कठोर और कर्कश वर्णों का व्यवहार। द्वित्व वर्ण, टवर्ग और मूर्धन्य वर्णों की कठोर वर्णों में गणना होती है। शृंगार, करुण आदि कोमल रसों में इनका प्रयोग वर्जित है। ल.-कानन को जो कटु लगै, दास सु श्रुतिकटु सृष्टि। उ.-"त्रिया अलक चक्षुश्रवा, डसे परतहीं दृष्टि।।" ति.-चक्षुश्रवा औ' दृष्टि शब्द ही दुष्ट हैं, दास सु श्रुतिकटु यह वाक्य दुष्ट है तीनि सकारन की एकत्रता तें, त्रिया शब्द को रकार या दुष्ट है यामें तीन्यौ भाँति को श्रुतिकटु कह्यो।-भि. ग्रं., 2, का.नि., 3,3अ/218।

**श्रुतिदीपका**—रचयिता-रसिक अली (दे.)। (बृ.इति. 7)।

**श्रुतिबिंद**—कुश द्वीप की एक नदी। उ.-"रस कुल्या मंत्रावली मधु कुल्या श्रुतबिंद।"-वि.गी., 4/20।

**श्रोती उपमा**—दे. उपमा। ल.-धर्म सहज कै स्लेष लखि सुकवि सुरुचि सरि देइ। श्रोती उपमा पूरनै, सुने सुमति चित लेइ।। उ.-"बुध गुन ऐगुन संग्रहैं, खोलैं सहित बिचार। ज्यों हर-गर गोए गरल प्रगटे ससिहि लिलार।।"-इसी प्रकार श्लेष धर्म से भी श्रोती उपमा बताई गई है। उ.-"ज्यों अहि मुख बिष सीपमुख मुकुत स्वातिजल होइ। बिगरत कुमुख सुमुख बनत, त्यों ही अक्षर सोइ।।"-भि.ग्रं., 2, का.नि., 47-49/75-76।

**श्लील**—अश्लील। अभद्र। अमंगलकर। एक प्रकार का काव्य दोष। सोमनाथ ने यह दोष तीन प्रकार का बताया है। ल.-पद तें जानि परै जहाँ लाज अमंगल ग्लानि। श्लील त्रिबिध यह कबित में तजौ सबै रसखानि।। लज्जाश्लील उ.-"अब हम गोरस बेचिबो तजि दैहैं नंदलाल। सेन रावरी पाइकें द्योंकल मेलत ग्वाल।। इहाँ 'मेलत' शब्द लज्जाश्लील है।" अमंगलश्लील उ.-"सगुन साधि परदेस कौं चलिए लाल सुभाइ। जियत फेरि मुख देखिहौं तब रहिहौं सुख पाइ।। इहाँ अमंगल प्रगट ही है।" ग्लानिश्लील उ.-

स्वेद सलिल सरस्यौ तऊ, लख्यौ न रति के तेह। अब पिय पौछौं बेगि दै लिबलिबाति है देह।। इहाँ लिबलिबाति शब्द ग्लानि है।"-सो.ग्रं. 1, र. पी.नि., 14-18/163-164।

**श्लेष**—(अलंकार)-साहित्य में एक अलंकार जिसमें एक शब्द के दो या अधिक अर्थ लिए जाते हैं । एक शब्द में दो या अधिक अर्थ चिपके रहते हैं। इसके अभंग और सभंग दो भेद बताये गए हैं। ल. (1)-एक शब्द के होत जहँ अर्थ अनेक सुभाइ। श्लेष कवित्त सु जानिए प्रगट कह्यौ समझाइ।। उ.-"पहुँची जेहरि गजरी झूमक नेवर ढार। पाइजेब चौकी नही फूलति मन चँदहार।।"-सो. ग्रं., 1, र.पी.नि., 33,35/176। ल. (2)-शब्द उभयहूँ सक्ति तें, स्लेषालंकृत मानि। अनेकार्थबल इक दुतिय तातपर्जबल जानि।। दोइ तीनि कै भाँति बहु, जहाँ प्रकासत अर्थ। सो स्लेषालंकार है, बरनत बुद्धिसमर्थ।।-भिखारीदास ने दो, तीन और चार अर्थों के आधार पर श्लेष के तीन प्रकारों के उदाहरण दिये हैं।-भि.ग्रं. 2, का.नि., 3-7/187-188।

**श्लेष गुण**—दे. गुण। ल.-बहु सब्दनि को एक कै, कीजै जहाँ समास। ता अधिकाई स्लेष गुन, गुरु मध्यम लघु दास।। -भिखारीदास ने श्लेष गुण के तीन प्रकारों के उदाहरण दिये हैं। 1. दीर्घ समास, उ.-"रघुकुलसरसीरुहबिपुलसुखद भानुपद चारु। हैदै आनि हनि काममदकोहमाहपरिवारु।।" 2. मध्य समास, उ. - "जदुकुलरंजन दीनदुखभंजन जनसुखदानि। कृपाबारिधर प्रभु करौ कृपा आपनो जानि।।" 3. लघुसमास, उ.-"लखि लखि सखि सारसनयन इंदुबदन घनस्याम। बीजुहास दार्यौदसन, बिंबाधर अभिराम।।"-भि.ग्रं. 2, का.नि., 23-26/178-179।

**श्लेषालंकार**—दे. श्लेष (अलंकार)। एक उभयालंकार जिसमें काव्य में प्रयुक्त एक शब्द के दो या तीन या अधिक अर्थ शब्द को बिना तोड़े या तोड़कर लिये जाते हैं। ल.-दोइ तीनि अरु भाँति वहु आनत जामें अर्थ। स्लेष नाम तासों कहत, जे हैं बुद्धि समर्थ। केशवदास ने दो, तीन, चार एवं पाँच अर्थों के श्लेष के उदाहरण दिये हैं और फिर अभिन्न पद और भिन्न पद के उदाहररण दिये हैं। त्रि-अर्थ उदाहरण-"परम बिरोधी अबिरोधी ह्वै रहत सब, दानिन के दानि, कबि 'केसव' प्रमान हैं। अधिक अनंत आप सोहत अनंत संग, असरनसरन, निरक्षक निधान है। हुतभुक हित मति, श्रीपति बसत हिय, भावत है गंगाजल, जग को निदान है। 'केसोराइ' की सौं कहैं 'केसोराइ' देखि देखि, रुद्र की समुद्र की अमरसिंह रान है।।"-क.प्रि., 11/29, 31।

**श्लेषोपमा**—दे. उपमा। एक अलंकार जिसमें ऐसे श्लिष्ट शब्दों का प्रयोग होता है, जिनके अर्थ उपमेय और उपमान दोनों में लग जाते हैं। ल.-जहाँ सरूप प्रयोगिजै सब्द एक ही अर्थ। केसव तासों कहत है, स्लेषेपमा समर्थ।। उ.-"सगुन, सरस, सब अंग राग रंजित है, सुनहु सुभाग बड़े भाग बाग पाइये। सुंदर सुबास तन कोमल अमल मन, षोडस बरस मय हरष बढ़ाइयै। बलित ललित बास 'केसोदास' सबिलास, सुंदरी सिंगारि लाई गहरु न लाइयै। चातुरी की साला माँझ आतुर ह्वै नंदलाल, चपे की सी माला बाला उर उरमाइयै।।"-क. प्रि., 14/30-31।

**श्लोक छंद**—प्रथम चरण में चार ध्वज (1) होते हैं और दूसरे में अंत में दो। प्रत्येक चरण में आठ-आठ वर्ण होते हैं। इसे अनुष्टुप भी कहते हैं। ल.-चारि आगे धुजा एकै दूसरे द्वै धुजा थपो। आठ आठ चहूँ पाये स्लोक नाम अनुष्टुपो।। उ.-"जन दीन सुखी कर्ता, हरता भयभीर को। लोक तीनिहूँ में फैल्यो, स्लोक श्री रघुबीर को ।।"-भि. ग्रं. 1, छंदा., 2-3/269।

# ष

**षंजर**—खंजर। कटार। उ.-"जान जान कीनै जुतै नैहिनि ऊपर वार। भऐ जु नैंन कटाछ के षंजर पंजर फार।।"-रस., रतन., 356/92।

**षजाने**—खजाना। वह स्थान जहाँ धन संग्रह करके रखा जाय। उ.-"तिलु न होइ मुष मीत पैर

जानौ याकौ हेतु। रूप षजाने की मनौ हफसी चौकी देतु।।"-रस., रतन., 208/72।

**षट**—दुख के छह कारण-काम, क्रोध, लोभ, मोह, मद, मत्सर। उ. (1)-"ए षट दुख के कारन परगट देखि।"-ज.ग्रं., आ.बि., 32/118। उ. (2)-"काम क्रोध अरु लोभ मोह यह जानि। मद मछ्छर ए सब हैं दुख की खानि।।"-वही, आ.बि., 12/116।

**षट आगम**—छह दर्शन। पूर्वमीमांसा, उत्तर मीमांसा, न्याय, वैशेषिक, सांख्य और योग नाम के छः आस्तिक दर्शन। उ.-"पंडित उपदेसी सहज सुबेसी एक एक दिन आयो। षट आगम जानै बेद बखानै सब बिद्याधर जायो।।"-बो.ग्रं., वि.वा., 24/38।

**षटऋतु वर्णन**—रचियता-ग्वाल (दे.)। (सा. को.)।

**षटकरम**—षट्कर्म। ब्राह्मणों, तांत्रिकों, योगियों के छः कर्म अलग-अलग हैं। योगियों के छः कर्म हैं- धौती, वस्ती, नेती, नौलिकी या नौलिक, त्राटक, कपालभाति। (हिं.श.सा.)। गोरक्षपद्धति में भी ये छः नाम मिलते हैं, किन्तु जसवंत सिंह ने कपालभाति के स्थान पर भस्त्रा नाम दिया है। उ.- ''नेती धोती बसती न्यौली जानियै। भसत्रा त्राटक ए षटकरम बखानियै।।''-ज.ग्रं., आ.बि., 71/121।

**षटक्रम**—दे. षटकरम। उ.-"सुसथिर आसन बैठिकै षटक्रम करै बनाई। ता पाछैं कहिहौं बहुरि प्राणायाम सुनाई।।"-ज.ग्रं., आ.वि., 70/121।

**षटगुन**— षड्गुण। परराष्ट्र सम्बन्धी नीति के छः अंग-संधि, विग्रह, यान (चढ़ाई), आसन (विराम), द्वैधीभाव और संश्रय। उ.-"षटमाता षटबदन का षटगुन वरनहु मित्त। आतताई नर षट गनहु, षटपद मधुप, कबित्त।।"-क.प्रि., 11/16।

**षट ताल**—षट्ताल। 1. एक वाद्य विशेष। 2. मृदंग का एक ताल विशेष जो आठ मात्राओं का होता है। इसमें 2 आघात, 1 खाली फिर 4 आघात और अंत में 1 खाली होता है। (हिं.श. सा.)। उ.-"बीना चार सितार द्वै द्वादस बजैं मृदंग। चार ताल षट ताल मिलि सजै पाँच सुर संग।।"-बो.ग्रं., वि.वा., 7/98।

**षटदरसन**—दे. षट आगम। वेद को प्रमाण मानकर चलने वाले छः हिन्दू दर्शन-न्याय, वैशेषिक, सांख्य, योग, पूर्वमीमांसा और उत्तर मीमांसा। उ. (1)-"कुलिस कोन षट, तर्क षटदर्शन, रस, रितु अंग। चक्रवर्ति, सिवपुत्र-मुख, सुनि षटराग प्रसंग।।" क.-प्रि., 11/15। उ.(2)-''भए सुरोत्तम मिश्र तब षटदरसन अवतार।।''-क.प्रि., 2/10।

**षटप्रश्नोत्तरी**—रचयिता-मनोहरदास (दे.)। (बृ.इति. 7)।

**षट ब्यजंन**—छः प्रकार के व्यजंन। उ.-"षट ब्यजंन जिवनार के। परसे कंचन थार में।।"-बो. ग्रं., वि.वा., 46/137।

**षट मुख**—छः मुखों वाले, षडानन। कार्तिकेय। शिव-पार्वती विवाह के बाद शिव के वीर्य को धारण करने में असमर्थ होने पर क्रमशः पृथ्वी, अग्नि और गंगा ने धारण किया, किन्तु अंततः उन्होंने भी अपने को अक्षम पाकर उस वीर्य को हिमालय के निकटवर्ती शरवन में फेंक दिया, जिससे शरजन्मा कार्तिकेय का जन्म हुआ। देवताओं द्वारा प्रेरित छः कृत्तिकाओं ने पालन-पोषण किया। इसलिए ये कार्तिकेय कहलाये। एक साथ सभी छः कृत्तिकाओं का स्तनपान छः मुख से करने के कारण इन्हें षटमुख कहा गया। बाद में इन्होंने तारकासुर का वध किया। (पौ.को.)। उ.-"बर्नै पति चारि मुख पूत बर्नै पाँचमुख, नाती बर्नै षटमुख तदपि नई नई।।"-क. प्रि., 6/69।

**षटरस**—षट् रस। षड्रस। छह प्रकार के रस या स्वाद-मधुर, लवण, तिक्त, कटु, कषाय और अम्ल। उ.-"कुलिस कौन षट, तर्क षट, दरसन, रस, रितु अंग। चक्रवर्ति, शिवपुत्र-मुख, सुनि षटराग प्रसंग।।"-क.प्रि., 11/15।

**षटराग**—षट्राग। संगीत के छः राग-भैरव, मलार, श्रीराग, हिंडोल, मालकोस और दीपक। उ.-"कुलिस कोन षट, तर्क षट दर्शन, रस, रितु अंग। चक्रवर्ति, शिवपुत्र-मुख सुनि षटराग प्रसंग।।"-क.प्रि., 11/15।

**षटवदन**—दे. षटमुख। उ.-"षटमाता षटबदन

का, षटगुन बरनहु मित्त। आतताइ नर षट गनहु, षटपद मधुप कबित्त।।"-क.प्रि., 11/16।

**षट्शास्त्र**—रचयिता-मुकुंददास (दे.)। (बृ. इति. 7)।

**षट साधन**—छः साधन। सम, दम, इन्द्रिय वशीकरण, मुमुक्षा, उपरम, तितिक्षा। उ.-"ए षट साधन कहत हौं आदि दऔं जग्यास। सम दम इद्री बसकरन मुयषि मोष की आस।। छोड़ी बसतन फिरि चहैं सोई उपरम जानि। छवैं तितिष्या मानि लै सुख दुख सहैं समान।।"-ज.ग्रं., आ.बि., 58-59/120।

**षडमुड**—दे. षटमुख। उ.-"षडमुड कुमार अफरे गनय भृंगी तन दुर्बल भयो।।"-वृं.ग्रं, स्फुट, 48/323।

**षडानन**—दे. षटमुख। उ. (1)-"एक प्रभुता को धाम सजे तीनौ बेद काम रहे पंचानन षडानन राजी सर्बदा।।"-भू.ग्रं., शि.भू., 345/194। उ. (2)-"छेम षडानन हैं, सुभ सक्र, कुबेर कहाँ अजहूँ नहिं आयो।।"-वृं.ग्रं., स्फुट, 10/314। उ. (3)-"सुपूरन प्रेम सुभावनि कौन सुनै, समुझै न षडानन सेसु।"-छं.मा., 1/67। उ. (4)-"सोभित षडानन-सो तहाँ कर सक्ति रक्तभरी लिये।।"-प. ग्रं., हि.ब.बि., 141/20।

**षड़ंग**—दे. षटराग। छह रागों वाला संगीत। उ.-"पुनि वीन साज माधव अडंग। सिवसरन ध्याय गायो षड़ंग।।"-बो.ग्रं., वि.वा., 20/45।

**षप्पर**-खप्पर। योगियों का भिक्षापात्र। उ.-"रावल जोगी ह्या लगत नित फेरी दें जान। पल षप्पर भर चहतु है लाल रूप कौ दान।।"-रस., रतन., 605/124।

**षर**—खर। दे. खरदूषन। उ.-"कारी षरदूषनके मारे षर दूषन के पाथर की बोध पाज...पार की।।"-वृं.ग्रं., स्फुट, 13/313।

**षष्ठ बिभाबना**—दे. बिभावना। विभावना के इस भेद में कार्य से कारण की उत्पत्ति दिखाई जाती है। ल. (1)-जहाँ काज ते हेतु कों बरनत प्रगट प्रकास। तहँ बिभावना औरउ बरनत बुद्धि विलास।। उ-"भयो सिंधु ते बिधु सुकवि बरनत बिना विचार। उपज्यौ तौ मुख इंदु तें प्रेमपयोधि अपार।।"-मति.,ल.ल., 207, 208/334। ल. (2)-कारज ते उतपति जहाँ होतु हेत की आइ। षष्टम भेद बिभावना समझौ सो चित लाइ।। उ.-"जानी परत न भोर तें निरखि भई मति लुंज। तिय जन चंपक माल तें प्रगटतु जल-कन-पुंज।।"-सो.ग्रं. 1, र.पी.नि., 154, 155/202, 203।

**षाँन आलम**—आलम खाँ (नवाब)। उ.-"ता षाँन आलम कौं सिंधार्‍यो मारि मुनिबर षाँन कौं।।"-वृं.ग्रं., स.स.रू., 334/299।

**षेवट**—माँझी। नाव खेने बाला। केवट। मल्लाह। उ.-"चाह सलिल मैं परतु है गुरुजनु भवर अपार। षेवट प्रेम लगावही हित जहाज कौ पार।।"-रस., रतन., 630/127।

**षोडश श्रृंगार वर्णन**—दे. श्रृंगार। पूर्ण श्रृंगार जिसके अन्तर्गत सोलह बातें हैं-उबटन, स्नान, स्वच्छ, वस्त्रधारण, केश श्रृंगार, काजल लगाना, सिंदूर लगाना, महावर, तिलक, चिबुक पर तिल लगाना, मेंहदी, अरगजा आदि सुगन्धित वस्तुओं का प्रयोग, आभूषण धारण, पुष्पमाला धारण, तांबूल खाना, मिस्सली लगाना। उ.-"प्रथम सकल सुचि मंजन अमल बास, जावक सुदेश केस-पास को सुधारिबो। अंगराग भूषन विविध मुख-राग, कज्जल-कलित लोल लोचन निहारिबो। बोलनि हँसनि मृदु चातुरी चितौनी चारु, पल पल प्रति पतिब्रत प्रतिपारिबो। 'केसोदास' सबिलास करहु, कुँवरि राधे इहिं बिधि सोरह सिंगारनि सिंगारिषो।।"-र.प्रि., 3/43। विस्तार के लिए दे. हिं.श.सा.-'षोडस श्रृंगार'।

**षोडस** (**श्रृंगार**)-दे. षोडस श्रृंगार वर्णन। सोलह श्रृंगार। उ.-"बारह बानि बनी ठनी षोडस प्यारी के प्रेम छकी नित डोलैं।"-घ.क., 400/199। (विस्तार के लिए दे. हिं.श.सा., 'षोडश श्रृंगार'।

**षोडस उपचार**—षोडषोपचार। सोलह विधि विधानों के अनुसार किये जाने वाले पूजन के पूर्ण अंग 16 माने गये हैं-आवाहन, आसन, पाद्य, आर्घ्य, आचमनीय, मधुपर्क, पुनराचमनीय,

स्नान, वसन, आभरण, गंध, पुष्प, धूप, दीप,नैवेद्य और वंदन। शक्तिपूजा में इनकी अपेक्षा द्रव्य में थोड़ा उलटफेर दिखायी पड़ता है, जैस पाद्य, अर्घ्य, आचमनीय, स्नान, वसन, भूषण, गंध, पुष्प, धूप, दीप, नैवेद्य, पुनराचमनीय, मद्य, ताम्बूल, तर्पण और रति। उ.-"नारी नर बहु बुड़की लेत। जनु अपने अभिलाषनि हेत। हरि पूजत सब बारहु पार। जहाँ तहाँ षोडस उपचार।"-वी.च., 5/26।

**षोडस कला**—षोडस कला। चंद्रमा के सोलह भाग जो क्रम से एक-एक करके निकलते और क्षीण होते हैं। दे. कला। उ.-"ससि चकोर के दरद कौ जब तुहि असर न होइ। कुहू निसा षोडस कला तबतैं बैठत षोइ।।" रस., रतन., 965/170।

**षोडस महादान**—षोडस दान। सोलह प्रकार के दान - भूमि, आसन, गाय, सोना, चाँदी, पानी, कपड़ा, दीपक, अन्न, पान, छत्र, सुगंध, फूल, सेज, फल, खड़ाऊँ। उ.-"सकल धर्म तिन धरनी किये। षोडस महादान दिन दिये। स्मृति अष्टादस सुने पुरान। चारयौ बेद सुने सुनि दान।।"-वी.च., 2/29।

**षोडस श्रृंगार**—1. सोलह श्रृंगार-"नखसिख भूषन आभरन कहि षोडस श्रृंगार। लघु क्रम कछु सुरताल कहि कहि हौं नृत्य उदार।।"-बो.ग्रं., वि. वा., 22/99।

# स

**संकर**—दे. शंकर। महादेव। शिव। उ. (1)-"बीस कबिसे बलवंत हुते, जु हुती दृग 'केसव' रूप रई जू। तोरि सरासन संकर को पिय सीय स्वयंबर क्यों न लई जू।।"-क.प्रि., 11/58। उ. (2)-"प्रतिपालत सेवक सकल खलन दलमलन डाँटि। संकर तुम सब साँकरे सबल साँकरे काटि।"-मति., सत., 456/406। उ. (3)-"सिव आयौ सिव आयौ।" शंकर की आमदनी सुनि के परान ज्यौं लगत अरि गोत हैं। "सिव सरजा न यह सिव है महेस" त जाके उपदेस जच्छ रच्छक से होत हैं।।"-भू.ग्रं., शि.भू., 83/143। उ. (4)-"या जग की बिपरीत गति समझी देखि सुभाव। कहैं जनार्दन कृस्न कौं हर कौ संकर नाँव।।"-वृं.ग्रं., नी.स., 127/68। उ. (5)-"देखु पदमाकर गुबिंद की अमित छबि संकर समेत बिधि आनँद सों बाढ़ो है।।"-प.ग्रं., प्रकी., 84/326।

**संकर**—भगवान् शंकर के अवतार के रूप में मान्य शंकराचार्य नंबूदरी ब्राह्मण थे। इनका जन्मकाल 788 ई. और जन्मस्थान केरल का पूर्णा तट पर स्थित कालपी अथवा काषल नामक स्थान है। शरीरत्याग केदारनाथ के समीप 820 ई. में 32 वर्ष की अल्पायु में किया। पिता का नाम शिवगुरु और माता का नाम सुभद्रा था। शिवोपासक शिवगुरु ने बहुत समय बाद पुत्ररत्न पाया। जब शंकर तीन वर्ष के थे, तभी पिता का देहांत हो गया। अत्यंत मेधावी और प्रतिभाशाली होने के कारण छः वर्ष की ही अवस्था में प्रकांड पांडित्य प्राप्त कर लिया। माता को स्वयं डूब मरने का भय दिखाकर (भिन्न कथा भी मिलती है) माता की अनुमति से ही, आठ वर्ष की अवस्था में स्वामी गोविंद भगवत्पाद से संन्यास दीक्षा ली। इन्होंने कुछ समय काशी (वाराणसी) में भी निवास किया। गुरु के आदेश से ही काशी आये थे, जहाँ इन्होंने अपना प्रथम शिष्य सनन्दन (पद्मपादाचार्य) को बनाया। शिष्यों को पढ़ाने के साथ ग्रंथलेखन भी चलता रहा। काशी में ही विश्वनाथ ने चाण्डाल रूप धारण कर एकात्मवाद का उपदेश कर ब्रह्मसूत्र पर भाष्य लिखने का आदेश दिया था। भगवान् वेदव्यास ने ब्राह्मण के रूप में एक सूत्र का अर्थ पूछकर इनसे आठ दिनों तक शास्त्रार्थ किया और अद्वैतवाद के प्रचार का आदेश दिया। शारदा पीठ (कश्मीर) में भाष्य को प्रमाणित कराया। बदरिकाश्रम में अन्य ग्रंथों की रचना की। प्रयाग में कुमारिल भट्ट से मिलकर पूर्वमीमांसा के आचार्य मण्डन मिश्र और उनकी पत्नी भारती को माहिष्मती नगरी में शास्त्रार्थ में पराजित किया। दक्षिण में तुंगभद्रा के तट पर शारदा देवी की स्थापना की जो बाद में श्रृंगेरी के

नाम से प्रसिद्ध हुआ। जगन्नाथपुरी में गोवर्द्धन मठ की स्थापना की। दक्षिण के शाक्त, गाणपत्य, कपालिकादि संप्रदायों के अनाचार को नष्ट किया। गुजरात में द्वारकापुरी में शारदमठ की तथा बदरिकाश्रम में ज्योतिर्मठ की स्थापना की। अंत में केदारनाथ में शरीरत्याग किया। बौद्ध धर्मदर्शन के तथा पूर्वमीमांसा के महान उच्छेदक के रूप में शंकराचार्य की प्रतिष्ठा है। महान तार्किक, शास्त्रार्थी, योगी, भक्त, महान पंडित, त्यागी, अलौकिक प्रतिभा के समुच्चय के अप्रतिम व्यक्तित्व से सम्पन्न शंकराचार्य ने अद्वैतवाद का प्रचार किया, सनातन धर्म-दर्शनों को विखण्डित किया। इनके ग्रंथ हैं-ब्रह्मसूत्र भाष्य (शारीरक भाष्य), प्राचीन उपनिषदों पर भाष्य, गीताभाष्य, विवेक चूड़ामणि, प्रबोधसुधाकर, उपदेश साहस्री, अपरोक्षानुभूति, पंचीकरण, प्रपंचसारतन्त्र, मनीषापंचक, आनन्दलहरी स्तोत्र आदि। कुछ ग्रंथों पर विवाद भी है। (विस्तार के लिए दे. हिं.घ.को., हिं.श.सा.)। उ.-"ब्याससूत्र कौ भास्य पट संकर कर्‌यौ बनाइ। ता ओढ़ैं अग्याँन कौ सीत सबै मिटि जाइ।।"-ज.ग्रं., आ.वि., 3/115।

**संकरमठ**—शंकर का स्थान। उ.-"दूजो दिन बीतो नहीं बीच बसी नहिं रात। संकरमठ की बारता अबहीं बिसरी जात।।"-बो.ग्रं., वि.वा., 75/159।

**संकर (अलंकार)**—काव्यशास्त्र एक प्रकार का मिश्र अलंकार। इस अलंकार में एक ही छंद में नीर-छीर न्याय से या अंगांगिभाव से अनेक अलंकार मिश्रित रहते हैं। ये परस्पर सापेक्ष होते हैं। पद्‌माकर ने इसके तीन प्रकार बताये हैं और संसृष्टि अलंकार से भेद भी बताया है। ल. (1)-तिलतंदुल के न्याय सों है संसृष्टि बखान। नीर-क्षीर के न्याय सों संकर कहत सुजान।। जुदे जुदे जाने परैं, सो तिल तंदुल न्याय। जहाँ जुदे न लखें परैं नीर-छीर सो आय।।-प.ग्रं., पद्‌मा., 232-233/74। उनके द्वारा बताये गए तीन प्रकार के संकर हैं-1. अंगांगिभाव संकर, उ.-(बिहारी) "खल बढ़ई बल करि थके, कटै न कुबत कुठार। आलबाल उर झालरी खरी प्रेमतरु डार।।" यहाँ रूपक सों विसेषोक्ति उपजी सो कारन है, काटिबे में कार्य न उपज्यों या तरह सो भी जानिये।।" 2. संदेह संकर, उ.-"कही हमारी चित धरौ तजौ लाल सब बात। नैनन कों सुख देत यह इंदुबिंब सरसात।।" काम को उद्दीपन करनबारो यहै काल है, या बात कों बनाइकै एक तरह सों कहत है यातें पर्यायोक्ति है, इंदुबिंब तें नायिका को मुख लियो यातें रूपकातिसयोक्ति है, यहै संदेह तें संकर।।" 3. समप्राधान्य संकर, उ.-(बिहारी)-"उर लीने अति चटपटी सुनि मुरलीधुनि धाई। हौं हुलसी निकसी सु तौ गौ हुल सी हिय लाइ।।" मुरली धुनि सुनिबो यह सुख को उद्यम कियो तासौं भयो दुख यातें बिषम हुलसी जमक हुल सी सों उत्प्रेक्षा तौ यहाँ जमक उत्प्रेक्षा अनुप्रास विषमालंकार की प्रतीति तुरत नहीं होति है यह नीरक्षीरन्याय सों समप्राधान्य संकर ऐसे औरहु जानिये।।''-प.ग्रं., पद्‌मा., 338, 341, 343/75-76। ल. (2)-द्वै कि ती भूषन मिलैं, छीर-नीर के न्याय। अलंकार संकर कहैं तिहि प्रबीन कविराय।। एक एक को अंग कहुँ, कहुँ सम होहिं प्रधान। कहूँ कहत संदेह में, संकर तीनि प्रमान।। अंगांगि, उ.-"मिटत नहीं निस बासरहु, आनन-चंद-प्रकास। बने रहैं यातें उरजपंकजकलिका दास।।" ति.-इहाँ रूपकालंकार काव्यलिंगअलंकार को अंग है।। समप्रधान, उ.- "ग्रंथ गूढ़ बन तर्पनी, गौनी गनिका बाल। इनकी सीमा तिलक है, भूमिदेव भुविपाल।।" ति.-इहाँ स्लेष, दीपक, तुल्यजोगिता तीन्यौ प्रधान हैं।। संदेह संकर, उ.-"बंधु चोर बादी सुहृद, कल्प-कल्पतरु जानु। गुरु रिपु सुत प्रभु कारनौ, संकीरन उपमानु।।"-भि.ग्रं. 2, का.नि., 49-51अ, 53-53अ, 55/24-26। ल. (3)- तीनि चारि भूषन जहाँ संकर सो पहिचानि। पौष्य रूपोषक भाव सों रसिकनि सुख रह ठानि।।-सो.ग्रं. 1, र. पी.नि., 335/223। दे. संकरालंकार।

**संकर (राग)**—भारतीय संगीत में एक राग जो मेघ राग का आठवाँ पुत्र कहा गया है। इसका स्वरूप इस प्रकार बताया गया है-गौर वर्ण, श्वेत वस्त्र, हाथ में तीक्ष्ण त्रिशूल, ताम्बूल खाए हुए तथा अरगजा लगाये हुए स्त्री के साथ विहार करता

हुआ। विवरण-सम्पूर्ण जाति का राग। गायनकाल-रात्रि का प्रथभ प्रहर और रात्रि में किसी भी समय। (हिं.श.सा.)। उ.-"पुनि ताके (मेष) सुत आठ बखान। केदारो बिहागरो ठान। संकर नट स्यामा पुनि होय। जलधर सूहो कालिंग सोय।।"-बो.ग्रं., वि.वा., 18/121।

**संकरालंकार**—दे. संकर (अलंकार)। ल.-भूषन एक कबिन में भूषन होत अनेक। शंकर तासों कहत हैं जिन्हैं कबिन की टेक।। उ.-" आजु इहि समै महाराज सिवराज तुही जगदेव जजाति अंबरीक सो। भूषन भनत तेरे दानजल में गुनिन को दारिद गयौ बहि खरीक सो। चंदकर किंजलक चाँदनी परान उड़बृंद मकरंदबुंदपुंज के सटीक सो। कंद सम कयलास नाकगंग नाल तेरे जस पुंडरीक को अकास चंचरीक सो।।"-भू.ग्रं., शि.भू., 328-329/189।

**संकर्षणाष्टक**—रचयिता - गिरिधरदास (दे.)। (इति. शुक्ल)।

**संकल्पकल्पद्रुम**—रचयिता - कल्याण राय (दे.)। (बृ.इति. 7)।

**संका (संचारी)**—1. एक व्यभिचारी भाव-अन्य की क्रूरता, अपने दोष आदि से अपने भावी अनिष्ट को सोचना शंका कहलाता है। इससे मुँह का रंग उड़ जाना, काँपना, स्वरभंग, इधर-उधर भौंचक्का सा ताकना, मुँह सूखना आदि कार्य होते हैं। -र. प्रि., 6-12-1. 2. "संका इष्टहानि-भय पाई। तेहि बिचार दिनरैन बिहाई।।"-भि.ग्रं., मिश्र, र.सा., 488/71। वही, शृं.नि., 238/141। 3. "बस्तु चाहती हानि भय, ताकौ संक बताइ।।"-सो.ग्रं. 1, र.पी.नि., 23/54।

**संकितसंकेतजारगमना** — चिंतामणि ने अनुशयाना (दे.) या अनुसयना (दे.) के तीन प्रकार बताये हैं-विघटित संकेता, अप्राप्तिभावि संकेता, संकित संकेतजारगमना। 'शंकित संकेतजारगमना' वह परकीया अनुशयाना नायिका है जो संकेत स्थल पर प्रिय के पास गमन के विषय में शंकाशील होकर संताप का अनुभव करती है। ल.-पिअ गमन संकि संकेत ठौर। व्याकुल जो वनिता सीस मौर। वह सोचति है धरि बदन मौन। शंकित उपपति संकेत गौन।। उ.-"काजहि में अटकाइ कैं राखत लोग सबै घर मैं अति कूरे। फूलन के मकरन्द भरे वहे बात वियोगी के घात को सूरे। आए रसाल की मंजरी लैकर जाइ अकेले वा बाग मैं भूँरे। मोहि मरोरे ही मारतु मैन जो प्यारे कैं मै न मनोरथ पूरे।।"-शृं. मं., चिंता., 118, 122/34-35।

**संकीर्णपद**--काव्य में एक वाक्यदोष। किसी वाक्य के पदों का किसी दूसरे वाक्य में प्रविष्ट होते प्रतीत होने से यह दोष उत्पन्न होता है। शब्दों के दूर-दूर हो जाने से अर्थ प्रतीति में बाधा पड़ती है और किसी-किसी प्रकार अभिप्रेतार्थ प्राप्त होता है। ल.-दूरि दूरि ज्यों मिलें, संकीरनपद जान। उ.-"तजि पीतम पायनि पर्यो, अजहूँ लखि तिय मान।।" ति.-पीतम पायनि पर्यौ, लखि कै मान तजि- यों अर्थ बनत है। पै ऐसौ चाहिये - लखि पीतम पायनि पर्यौ, अजहूँ तजि तिय मान।।-भि. ग्रं. 2, का.नि., 48, 48अ/229।

**संकीर्णोपमा**—केशवदास द्वारा बताये गये उपमा के 22 भेदों में से एक। इसमें केशव ने जिन शब्दों का उल्लेख किया है, उनसे ठीक समता तो नहीं, पर समता का सा भाव अवश्य भासित होता है। अतः ये शब्द संकीर्णता के वाचक हैं। (प्रिया प्रकाश, भगवानदीन, पृ. 208)। दे. उपमा। ल.-बंधु, चोर, बादी, सुहृद, कल्प, वृक्ष, प्रभु जानि। सम, रिपु, सोदर आदिदै, इतने अर्थ बखानि।। उ.-"विधु को सो बंधु किधौं चौर हासरस को कि, कुदंन को बादी किधौं मातिन को मीत। कल्प कलहस को कि छीरनिधि छबि बृक्ष, हिम-गिरि-प्रभा प्रभु, प्रगट पुनीत है। अमल अमित अंग गंगा के तरंग सम, सुधा को सुबुद्धि रिपु रूपक अभीत है। दिस दिस देस देस परम प्रकाशमान, किधौं "केसोदास" रामचंदजू को गीत है।।"-क.प्रि., 14/49-50।

**संकेत**—प्रेमी-प्रेमिका के मिलने का निर्दिष्ट स्थान। उ. (1)-"राधा हरि, हरि राधिका बनि आए संकेत। दंपति रति विपरीत-सुख सहज सुरत हूँ लेत।।''-बि.र., 155/77। उ. (2)-"बिन पाएँ संकेत पिय बिप्रलब्ध तनताप।"-ज.ग्रं., भा.भू.,

19/9। उ. (3)-फलित ऊख उतपति तैं धनि छोड़ि उठ जाय। रहै अचल संकेत थल कल चाहत इहिं भाय।।"-वृं.ग्रं., भा.पं., 26अ/19.

**संकेतभूमि**—दे. संकेत। प्रिय-प्रिया के मिलन का निश्चित स्थान। उ.-"चलि संकेत भूमि त्रिय आई। ढ़ँढो बहुत न मिलो कन्हाई।।"-बो.ग्रं., वि. वा., 1/35।

**संक्रोनु**—संक्रमण। संक्राति। सूर्य का एक राशि से दूसरी राशि में गमन या प्रवेश का समय। सूर्य प्रायः एक राशि में 30 दिन तक रहता है। ठीक संक्रांति काल वही होता है जब सूर्य दो राशियों की ठीक सीमा पर या बीच में होता है। मेष और मकर राशियों में संक्रमण का काल दो पर्वों के रूप में मनाया जाता है। पुराणों के अनुसार इस प्रकार के संक्रांतिकाल को अत्यंत पवित्र, फलदायी और शुभ माना जाता है। सूर्य की 12 राशियों में से दो राशियाँ, मकर और कर्क, क्रमशः सूर्य के उत्तरायण और दक्षिणायन होने की दृष्टि से विशेष महत्त्वपूर्ण हैं। उत्तरायण में एक देवदिवस और दक्षिणायन में एक देवरात्रि पूर्ण होती है। (हिं.श.सा., हिं.घ. को., पौ.को.)। उ.-"तिय-तिथि तरुन-किसोरबय पुन्यकाल-सम दोनु। काहूँ पुन्यनु पाइयतु बैससंधि-संक्रोनु।।"-बि.र., 274/129।

**संख**—मुर नामक दैत्य का पिता संखासुर जिसने ब्रह्मा के पास से सारे वेदों को चुराकर समुद्र के भीतर के अपने निवास में जा छिपा था। एक मत से विष्णु ने मत्स्यावतार लेकर वेदों का उद्धार किया था। (पौ.को., हिं.श.सा.)। उ.-"जेहि सर मधु मद मर्दि महा मुर मर्दन किन्नउ। मार्‍यो करकस नरक संख हनि संख जु लिन्नउ।"-क.प्रि., 14/55।

**संख दंडक**—इसके प्रत्येक चरण में चौदह रगण (SIS) होते हैं। ल.-'दास' चतुर्दस संख सबनि सिर चाहिय दोइ न।-भि.ग्रं. 1, छंदा., 12/274।

**संखनी**—दे. शंखिनी, संखिनी। ल.-कोप-सील कोबिद कपट, सलज सलोम-सरीर। आसन-बदन नखदान-रुचि, निलज निसंक अधीर।। छार-गंध-जुत मार-जल, तप्त भूरि भग होइ। सुरतारति अति संखनी, बरनत हैं सब कोइ।। उ.-"जातु नहीं कदली की गलीनि भली बिधि लै बदरी मुँह लावै। चाहै न चंपकली की थली मलिनी नलिनी की दिसा नहिं धावै। जो कोउ 'केसव' नाग लवंगलतालवली-अवलीनि चरावै। खारक दाख खवाइ मरो कोउ ऊँटहि ऊँट-कटारोई भावै।।"-र.प्रि., 3/8-10। दे. संखिनी।

**संखिनी**—दे. शंखिनी, संखनी। सामुद्रिक शास्त्र के अनुसार और कामशास्त्रानुसार भी, स्त्रियों की चार जातियों में से एक। ल. (1)-पदमिनि चित्रिनि संखिनी अरु हस्तिनी बखानि। बिबिध नाइकाभेद में चारि जाति तिय जानि।।-ज.ग्रं., भा.भू., 9/7। ल. (2)-गोरे तन ऊँची कठोर बानी आतुर गति। नासा दृग सम केस देह दुरगंध कुरमति। कुच नितंब अति पीन बसन भूषन अति चाहत। जान न मौन सुज़ान प्रेम पालत नखबाहत। अति चाहत सुरत निसंक गति जेहि सँजोग यह गुन बसहि। बरि जाय बाम संखिनी सो जो ललाट बिधिना लिखहि।।-बो. ग्रं., वि.वा., 54/73। ल.(3)-निलज, सजल तन, रोस अति, नखछत सौं नित प्रीति। लाल दुकूल, निसंक चित्त कहि संखिनि की रीति।।-सो.ग्रं. 1, र.पी.नि., 17/63।

**संगति-दोषु**—बुरी संगत से लगने वाला दोष या दुर्गुण। उ.-"संगति-दोषु लगै सबनु, कहेति साँचे बैन। कुटिल बंक-भ्रव-सँग भए कुटिल, बंक-गति नैन।।"-बि.र., 303/143।

**संगमलाल**—स्थान-टेढ़ा विहगपुर (जिला-उन्नाव)। आश्रयदाता-सीतामऊ के राजा राजसिंह। रचनाएँ-स्फुट कवित्त, श्रीकृष्ण ग्वालिन को झगरा। (बृ. इति. 7)।

**संगीत**-नृत्य, गीत और वाद्य का समाहार। वह कार्य जिसमें नाचना, गाना और बजाना तीनों हों। नृत्य, गीत और वाद्य संयुत शास्त्र। उ.-"धनुषधरन पुनि कहत नित्य संगीत नचावत।।"-बो. ग्रं., वि.वा., 33/46।

**संगीत तख्त विनौद**—रचयिता-नाथूराम शुक्ल (दे.)। (बृ.इति. 7)।

**संगीत रघुनंदन**—रचयिता-महाराज विश्वनाथ

सिंह (दे.)। (इति.शुक्ल)।

**संग्रामसार**—रचयिता-कुलपति मिश्र (दे.)। (बृ.इति. 7)।

**संघटन**—चिंतामणि ने दूती के कार्यों या व्यापारों का लक्षण निरूपण किया है। नायक-नायिका का संयोग कराना दूती का एक कार्य है। ल.-दूती तिय पिय को कहूँ देर करि जो संजोग। याही को संघटन सब, बरनत है कबि लोग। शृं.मं. चिंता., 435/129।

**संघट्टन**- दे. संघटन। दूती के दो कार्यों में से एक। ल. (1)-द्वै दूती के काज ये बिरहनिवेदन एक। संघट्टन दूज्यै कह्यौ सुकबिन सहित बिबेक।।-प. ग्रं., जग., 371/159। ल.(2)-दोउन कों जु मिलाइबो सो संघट्टन मानि।। -प.ग्रं., जग., 372/159।

2. भिखारीदास द्वारा बताये गये 12 सखी कर्मों में से एक। ल-मंडन संदरसन हँसी संघट्टन सुभ धर्म। उ.-"लेहु जु ल्याई सु गेह तिहारे परे जिहि नेह सँदेह खरे में। भेटौ भुजा भरि मेटौ व्यथा निसि मेटौ जू तौ सब साध भरे में। संभु ज्यों आधे ही अंग लगावौ बसावौ कि श्रीपति ज्यो हियरे में। 'दास' भरी रसकेलि सकेलियै आनँदबेलि सीमेलि गरे में।।"-भि. ग्रं. 1, 215/136, 222/137।

**संचारी**— दे. ब्यभिचारी भाव। संचारीभाव। साहित्य में वे भाव जो रस के उपयोगी होकर जल की तरंगों की भाँति उनमें संचरण करते हैं। ऐसे भाव मुख्य भाव की पुष्टि करते हैं। ल.(1)-नौहू रसनि सभावहीं बरने मति अनुसार। अब संचारी कहत हौं जो सबमें संचार।। सात्विकादि बहु होत है इनहूँ में अनुभाव। अरु विभाव कछु नेम नहिं जहँ ज्यों ही बनि आव।। बिना नियम सब रसनि में उपजै थाई ठाउ। चर बिभिचारी कहत हैं अरु संचारी नाउ।। नींद गलानि श्रमधुति मद कठोरता हर्षकहि। संका चिंता मोह सुमति आलस्य तर्क लहि।। अमरष दीनति सुमति विषाद इरषा चपलतनि। उत्कंठा उन्माद अवहिथा अवसमार गनि। पुनि गर्छ सु जड़ता उग्रता सुप्ताबेग त्रपा बरनि। स्यौं त्रास बयाधि निर्बेद मृतु तैंतीसों चर भाव गनि।।-भि.ग्रं. 1, र.सा., 481-484/70-71

**संचारी भाव**—दे. ब्यभिचारी भाव, संचारी। ल (1)-स्थाई भावन कों जिते अतिमुख रहैं सिताब। जे नवरस में संचरैं ते संचारी भाव ।। स्थाई भावन में रहत या बिधि प्रगटि बिलात। ज्यों तरंग दरियाव मैं उठि उठि तितहि समात।। थिर हवै थाई भाव तब पूरन परि रस होत। थिर न रहत रस रूप लौं संचारिन के गोत।। थाई संचारीन को है इतनोई भेद। अब संचारित के कहत तैतिस नामनि बेद।। प.ग्रं, जग., 469-472/180। ल. (2)-कहि निरबेद संका त्यों असूया मद श्रम धृति आलस विषाद मति मानिये। चिंतामोह सुपन बिबोध स्मृति अमरष गर्ब उतसुकता अवहित्थ ठानिये। दीनता हरष ब्रीड़ा उग्रता सु निद्रा ब्याधि मरन अपसमार आवेगहु आनिये। त्रास उनमाद पुनि जड़ता चपलताई तैंतिसौ बितर्क नाम या ही बिधि जानिये।।-प.ग्रं., जग, 473/180-181।ल. (3)-या बिधि संचारी सबै बरनत हैं कबि लोग। जे जिहि रस में संचरैं ते तहँ कहिबें जोग।।-प.ग्रं., जग., 474/181। ल. (4)-निर्वेद ग्लानि बिषाद निंदा संक त्रास अमर्ष है। मद नींद आलस गर्व जड़ता लाज चिंता हर्ष है।। श्रम बोध स्वप्न बितर्क ब्याधि सु उग्रता बुधि दीनता। उन्माद अवहित्था स्मुति धृति मूरछा अरु चपलता।। उत्कंठा आवेग पुनि, मोह और लय जानि। संचारी तैंतीस ए रस संगी पहिचानि ।।-सो.ग्रं. 1, र.पी. नि., 19-20/54।

**संचित**—तीन प्रकार के कर्मों में से एक जो पूर्वजन्म के एकत्रित कर्म होते हैं और वर्तमान जीवन में प्रारब्ध के रूप में प्राप्त होते हैं । इनका फल भोगना पड़ता है। उ. (1)-"करम जु तीन प्रकार के ए तूँ निहचे जानि। संचित अरु प्रारबध हैं क्रीयमाण लै मानि।।"-ज.ग्रं., आ.बि., 132/127। उ. (2)-"जनम जनम के करम हैं तिनको संचित जानि। जिनतैं उपजी देह यह ताहि प्रारबध मानि।।"-ज.ग्रं., आ.बि., 133/128। उ. (3)-"संचित पिछलै करम सब भसम भए तूँ मानि। अब उपजैं गे नाँहि फिर क्रीयमान हूँ जानि।।"-ज.ग्रं., आ. बि., 157/130। उ.(4)-''बिस्व भए तैं कर्म ए जीव

करत हैं देखि। तेइ संचित प्रारबध क्रीयमानहू लेखि।।"-ज.ग्रं., अ.सि., 59/148।

**संजाबी**—संजाफ रंग का, अर्थात् आधा लाल आधा हरे रंग का घोड़ा। उ.-"सुंदर संजाबी अरु पंजाबी गहिर गुलाबी चित धरनैं।"-प.ग्रं., प्र.बि., 93/286।

**संजम**—संयम। इंद्रियनिग्रह। मन को, इन्द्रियों को वश में रखने की क्रिया। चित्तवृत्ति का निरोध। उ.-"काहे को प्रात नहाननि कै बहु दाननि दै ब्रत संजम पूरति।"-भि.ग्रं. शृ.नि., 220/137।

**संजुतका छंद**—वर्णवृत्त है। ल.-सगन जगन द्वै अंत गुरु संजुतका सुअनूप। चार चरण, प्रत्येक में सगण जगण जगण गुरु (।।ऽ ।ऽ। ।ऽ। ऽ)। उ.-"सरसैं सुरंग सुहावने। अरविंद बृंद लजावने।। तुव बैन बाल अनिंद हैं। रिझये सुजान गुबिंद हैं।।"-सो.ग्रं. 1, र.पी.नि., 15/34।

**संजोग**—दे. संयोग शृंगार। शृंगार रस के दो भेदों में से एक। इसी को संभोग शृंगार भी कहते हैं। केशवदास ने इसके भी प्रकाश और प्रच्छन्न नामक दो भेद किये हैं।-र.प्रि., 1/18, 21। उ. (1)-"प्रगट मिलौ तौ एक बिछुरै समता द्वै रहे। साजन करौ बिबेक भलौ संजोग बियोग कौ।।"-रस., रतन., 839/153। उ. (2)-"जोग जोग जोगीन कौ हम सुबजोगी लोग। हमकि जोग संजोग है जोग नहीं हम जोग।।"-वृं.ग्रं., य.स., 594/252। उ. (3)-'केसव' एक समै हरि राधिका आसन एक लसैं रंग भीनें। आनंद सों तियआनन की दुति देखत दर्पन में दृग दीनें। भाल के लाल मैं बाल बिलोकित हीं भरि लालन लोचन लीनें। सासन पीय सबासन सीय हुतासन में मनों आसन कीनें।।"-र.प्रि., 1/22।

**संत/संतन**—साधु या सज्जन और महान आत्मा वाला व्यक्ति जो उत्तम चरित्र और शुद्धाचार से सम्पन्न हो, ईश्वर भक्त हो। उ.(1)-"जो विषया संतन तजी, मूढ़ ताहि लपटात। ज्यों नर डारत वमन कर, स्वान स्वाद सों खात।।"-र.वि., दो., 89/9। उ.(2)-"साँची सी यह बात है सुनियौ सज्ज्न सन्त। स्वाँगी तौ वह येक है बाकै स्वाँग अनन्त।।"-रस., रतन., 47/49। उ. (3)-"संत कष्ट सहि आपुही सुखि राखै जु समीप। आप जरै तउ और कौं करै उजरौ दीप।।''-वृं.ग्रं., नी.स., 293/81। उ. (4)-"या जग जीवन को है यहै फल जौ छल छाँड़ि भजै रघुराई। सोधिकै संत महंतनहूँ पद्माकर बात यहै ठहराई। ह्वै रहै होनी प्रयास बिना अनहोनी न ह्वै सकै कोटि उपाइ। जो बिधि भाल में लीक लिखी सु बढ़ाई बढ़ै न घटै न घटाई।।"-प.ग्रं., जग., 496/184। उ.(5)-"व्यापक रूप अनंत सम जाकौ नाम अनंत। जोई जपत अनंत गुन होत निरंतर संत।।"-वृं.ग्रं., य.स., 106/214।

**संतराम**—स्थितिकाल - सं. 1872-1887। निवासस्थान - नडियाद (गुजरात) के पास डुंगाकुई स्थान। रचनाएँ-गुरुबावनी। (बृ.इति. 7)।

**संतरेण**—गौड़ ब्राह्मण। जन्म-स. 1798। जन्मस्थान-श्रीनगर। पिता-हरिबल्लभ। माता-सावित्री देवी। दीक्षा गुरु-साहिबदास उदासी। रचनाएँ-मनप्रबोध, अनभैअमृतसागर, पंचपरमेश्वर स्तोत्र, नानकविजय, नानकबोध, उदासी बोध। (बृ. इति. 6)।

**संतसिंह**—स्थितिकाल - सं. 1877। पिता-सूरतसिंह ज्ञानी, स्थान - अमृतसर। रचना - रामाश्वमेध। (बृ.इति. 7)।

**संताप**—तेज, गरमी, अग्नि, कष्ट, पीड़ा, क्रोध, ग्लानि, किसी वस्तु की अलब्धता, पापादि से उत्पन्न अनुताप। उ.-"दूती सों संकेत कहि लैन पठाई आप। लब्धाप्रिय सो जानियै अनआए संताप।।"-र.प्रि., 7/22।

**संतोष बावनी**—रचयिता-बाँकीदास (दे.)। (बृ.इति. 7)।

**संतोषसिंह**—जन्म-सं. 1845. स्थान-तरनतारन के निकट किसी गाँव में। आश्रयदाता-पटियाला नरेश महाराज कर्मसिंह, कैथल राज्याधिपति भाई उदयसिंह। रचना -सूरजप्रकाश। (बृ.इति. 7)।

**संतोष सुरतरु**—रचयिता - मानिकदास (दे.)। (बृ.इति. 7)।

**संदर्शन**—दे. सखीकर्म। भिखारीदास द्वारा

बताये गये 12 सखी कर्मों में से एक। ल.-मंडन संदरसन हँसी सघट्टन सुभ कर्म। मानप्रबर्जन पत्रिकादान सखिन के कर्म।। उ.-"आहट पाइ गोपाल को बाल सनेह के गाँसनि सों गँसि जाती। दौरि दरीची के सामुहें ह्वै दृग जोरि सो भौंहन में हँसि जाती। प्यारे के तारे कसौटिन में अपनी छबि कंचन सी कसि जाती । 'दास' न जानत कोउ कहूँ तन में छबि में बसि जाती।।"-भि.ग्रं. 1, 215, 219/136-137।

**संदिग्ध**—(दोष)–दे. दोष, अर्थदोष। काव्यशास्त्र के अनुसार एक प्रकार का दोष जो किसी उक्ति में तब माना जाता है, जब उसका अर्थ ठीक-ठीक प्रकट नहीं होता, उसके विषय में संदेह रह जाता है। अर्थ की संदिग्धता। ल. (1)-संदिग्धार्थ जु अर्थ बहु। एक कहत संदेह। उ.-"केहि कारन कामिनि लिख्यो, सिवमूरति निज गेह।।" ति-काम की डरओ।।-भि.ग्रं. 2, का.नि., 64/233। उ.- "कोटिक पाप कटे बिकट सटके दुख अकुलाइ। आजु सुफल मानों जनयु लाखि बाला के पाइ।। इहाँ 'बाला' देवी कौ नाम है और स्त्री हू सों कहत हैं यह संदेह है।"-सो.ग्रं. 1, र.पी.नि., 19/164।

**संदिग्ध-(शब्दशक्ति)**—यह गुणीभूत व्यंग्य (दे.) का सातवाँ भेद है, जिसमें यह नहीं प्रकट होता कि व्यंग्य वाचक में है या व्यंजक में। इसमें वाच्यार्थ और व्यंग्यार्थ की सापेक्षिक उत्कृष्टता का निर्णय नहीं हो पाता, संदिग्ध रहता है। ल.-दोइ अर्थ संदेह मैं, पै नहिं कोऊ दुष्ट। सो संदिग्धप्रधान है, ब्यंगि कहै कवि पुष्ट।। उ.-"जैसे चंद निहारि कै इकटक रहत चकोर। त्यों मनमोहन तकि रहे, तियबिंबाधर-ओर।।" ति.-सोभा बरनन चूँबिबे को अभिलाप दोऊ संदेह प्रधान हैं।। -भि.ग्रं. 1, का.नि., 20-21अ/65-66।

**संदेह (अलंकार)**—काव्य में एक अर्थालंकार। काव्य में किसी उक्ति में किसी चीज को देखकर संदेह होने का जहाँ वर्णन होता है, वहाँ यह अलंकार माना जाता है। इसमें किसी वस्तु में उस वस्तु के तथा उससे भिन्न वस्तु के अनिश्चयात्मक ज्ञान की स्थिति रहती है, जो उनके बीच सादृश्य के कारण होता है। केशवदास ने इसे 'संशयोपमा' कहकर निरूपित किया है। इसके वाचक हैं धौं, किधौं आदि। ल.-जहाँ नहीं निरधार कछु, सब संदेह सरूप। सो संशय उपमा सदा बरनत हैं कवि भूप।। उ.-"खंजन हैं मनरंजन 'केसव' रंजन नैन किधौं, मति जीकी। मीठी सुधा कि सुधाकर की दुति दंतनि की किधौं दाड़िम ही की।"-क.प्रि., 14/5-6। ल.(2)- एक वस्तु लखि आन को सुमरन भ्रम संदेह। बरनत भूषन तीन बिधि जे कबिजन गेह।। 'संदेह' उ.-"परचि परै नहिं अरुन रंग अमल अधरदल माँझ। कैं धौं फूली दुपहरी, कैधौं फूली साँझ।।"-मति., ल.ल., 80, 85/313। ल. (3)-सुमिरन भ्रम संदेह ये लक्षन नाम प्रकास। 'संदेह' उ.-"वदनसुधानिधि जानि ये तुव संग फिरैं चकोर। बदन किधौं यह सीतकर किधौं कमल भए भोर।।"-ज.ग्रं., भा. भू., 59, 60/21। ल. (4)-स्मरन भ्रांति संदेह तिहुँ लच्छन इनके नाम। 'संदेह' उ.-"मावस निसि कै सघन घन कैधौं सुगज-कुमार।।"-प.ग्रं., पद्मा., 43-44/37। ल. (5)-कै यह कै वह यौं जहाँ होत आनि संदेह। भूषन सो संदेह है नहिं यामें संदेह।। उ.-"जान न परत ऐसे काम है करत कोऊ गंधरब है कै सिद्ध है कै सेवा है।।"-भू.ग्रं., शि.भू., 73, 74/142। ल. (6)-सुमिरन भ्रम संदेह यह, लक्षन प्रगटै नाम। 'संदेह' उ. (1)-"कपोल सराहौ कि नील निचोल किधौं बिय लोचन लोल अमोल।।" उ. (2)-"तम-दुख-हारिनि रबि-किरन, सीतलकारिनि चंद। बिरहकतल-काती किधौं पाती आनंद कंद।।"-भि.ग्रं. 2, का.नि., 32/92, 39-40/94। ल. (6)-याको नामही लच्छन। उ.-"निरखत ही मोहित भए, श्री परताप सुजान। तिय तुव कर की आँगुरी, किधौं मदन के बान।।"-सो.ग्रं. 1, र.पी.नि., 43/188।

**संध्या**—दिन और रात्रि के मिलने के समय की जाने वाली आर्यों की एक विशिष्ट उपासना। संध्या के समय किया जाने वाला हिन्दुओं का एक धार्मिक कृत्य। उ. (1)-"जोग जप संध्या साधु साधन सबैई तजे कीन्हें अपराध्ण ते अगाध

मनभावते।।"-प.ग्रं., मिश्र, प्र.प., 18/241। उ. (2)-"तब कोपि राघव सत्रु को सिर बान तक्षन उद्धर्यो। दसकंध संध्यहि करत हो सिर जाइ अंजुलि में पर्यो।।"-रा.चं, 18/34।

**संनिपात**—कफ, वात और पित्त के एक साथ उग्र हो जाने पर होने वाला रोग। उ.-"अब बसंत ऋतु आवत तैसे। संनिपात बिरहिन कों जैसे।"-बो. ग्रं., वि.वा., 18/133।

**संन्यासिनी**— चतुर्थाश्रम संन्यास आश्रम में रहने और उसके नियमों का पालन करने वाली स्त्री। केशवदास ने नायक-नायिका भेद बताये हैं, जिनमें संन्यासिनी भी एक है। ल.-रामजनी संन्यासिनी पटु पटुवा की बाल। 'केसव' नायक-नायिका सखी करहिं सब काल।।-र.प्रि., 12/2।

**संन्यासी**—संन्यास आश्रम में रहने वाला। संन्यास आश्रम में रहने और उसके नियमों का पालन करने वाला। चतुर्थाश्रमी। उ. (1)-"संन्यासी इहि मास होत इक आसन बासी।।"-क.प्रि., 10/27। उ. (2)-"साती करुना भजि चलीं, कान मूँदिकै हाथ। संन्यासी इक देखियौ, सिष्यनि लीने साथ।।"-वि.गी, 8/24।

**संपाति**—एक बलवान गिद्ध का नाम जो विष्णुवाहन गरुड़ का ज्येष्ठ पुत्र था। इसका अनुज जटायु था, जिसे सीता की रक्षा करते समय रावण ने मारा था। संपाति की माता का नाम उन्नति था। रामकथा में संपाति का भी वर्णन आता है। ये दोनों सूर्य की ओर उड़े थे और दग्ध हो गये थे। संपाति को हनुमानादि ने समुद्रतट पर एक गुफा में देखा था। बुभुक्षित संपाति मानवगंध पाकर बाहर निकला किन्तु जटायु का समाचार जानकर विषण्ण संपाति ने दिव्य दृष्टि से देखकर रावण की लंका में वाटिका में सीता की स्थिति बताकर हनुमान आदि की सहायता की थी। (हिं.सा.को., हिं.श.सा., पौ.को.,)। उ.-"सुनि संपाति सपक्ष ह्वै रामचरित सुख पाइ। सीता लंका माँझ है खगपति दई बताइ।।" -रा.चं., 13/37।

**संपूरन**—सम्पूर्ण। केशवदास के अनुसार सामान्यालंकार के चार प्रकारों में से दूसरा वर्ण्यालंकार है, जिसमें उन्होंने मुख्यतः 28 विधियों के उदाहरणों से स्पष्ट किया है। इनमें 'संपूरन' (सम्पूर्ण) एक है। ल.-इतने संपूरन सदा, बरने 'केसवदास'। अंबुज, आनन, आरसी, संतत प्रेम प्रकास।।-क.प्रि., 6/1, 4।

**संप्रदाय प्रदीप**—रचयिता-स्वामी ब्रह्मानंद (दे.)। (बृ.इति. 7)।

**संप्रदाय बोधिनी**—रचयिता-मनोहर राय (दे.)। विव.- चारों सम्प्रदायों की शिष्य परम्परा का वर्णन। (बृ.इति. 7)।

**संबंधातिशयोक्ति / संबंधातिसयोक्ति अलंकार**—अतिशयोक्ति अलंकार (दे.) का एक भेद जिसमें असंबंध दिखाया जाता है। मतिराम ने दो प्रकार की संबंधातिशयोक्तियों का निरूपण किया है। ल. (1)-जहँ अजोग है जोग में जहँ अजोग में जोग। संबंधातिसयोक्ति यह भाषत सब कबि लोग।।-मति., ल.ल., 118/318। ल. (2)-संबंधातिसयोक्ति सु जानौ। जहँ अजोग में जोग बखानौ।। उ.-"फबि फहरैं अति उच्च निसाना। जिन महँ अटकत बिबुध बिमाना।।"-प. ग्रं., पद्मा., 66/40। ल. (3)-दूजी ताहि कहत कबि-लोगू। जहँहि जोग में भनत अजोगू। उ.-"अति सुंदर लखि मुख तेरो। आदर हम न करत ससि केरो।।"-वही., 67/40। ल. (4)-संबंधातिसयोक्ति कों द्वै विधि बरनत लोग। कहुँ जोग तें अजोग जोग है, कहुँ अजोग तें जोग।। 1. योग्य से अयोगय कल्पना, उ.-"छामोदरी उरोज तुअ, होत जु रोज उतंग। अरी इन्हैं या अंग में नहिं समान को ढंग।।" 2. अयोग्य से योग्य कल्पना, उ.-"कोकनि अति सब लोक तें सुखप्रद रामप्रताप। बन्यो रहत जिन्ह दंपतिन्ह, आठो पहर मिलाय।।"-भि.ग्रं. 2, का.नि., 6-9/106। ल. (5)-संबंधातिसयोक्ति तब देह अजोगहि जोग। उ.-"या पुर के मंदिर कहैं ससि लौं ऊँचे लोग।।" ल. (6)-अतिसयोक्ति दूजी वहै जोग अजोग बखान। उ.-"तो कर आगें कलपतरु क्यों पावै सनमान।।"-ज.ग्रं., भा.भू., 72-73/25। ल. (7)-देत अजोगहि जोग जहूँ सुकबि कबित्त में

आनि। संबंधातिसयोक्ति सो समुझि लेहु गुनखानि।। उ.-"साहिब श्री परताप सुनि जेता जालिम जंग। ऊँचे अमर पहार लौं तेरे समद मतंग।।" सोमनाथ ने दूसरे भेद को संबंधातिसयोक्ति कहा है। ति. -इहाँ मतंग सुमेर के जोग्य नहीं, पै किए। ल. (8)-जोग्यहि करत अजोग्य जहँ बरनन में कबिराज। असंबंध सो जानिये अतिसय उक्ति समाज।। उ.-"श्री परताप कुवार इमि जालिम तुव तरवारि। जा पै दुवनि बिदारिबौ तड़िता पढ़ति बिचारि।।" ति.-इहाँ तड़ित जोग्य है, पै तरवारि के आगें अयोग्य कीनी।।-सो.ग्रं. 1, र.पी.नि., 70-74/192।

**संबंधिनी**--चिंतामणि ने सखी दूती के भेदों में संबंधिनी को एक माना है। ल.-जो नाते की नारि सो, संबंधिनी बषानि।। उ.-"अपने घर मैं ब्याहु है, यह कहि न्योते ल्याइ। मृगनैनी प्रिय मित्र सों, दीनी बाल मिलाइ।।"-शृं.मं., चिंता., 422-423/126-127।

**संबछ्छर**--वर्ष। साल। उ.-"घरी पहर अरु रैन दिन पछ्छ मास लैं मानि। सबछ्छर रितु अैन जुग यहौ ब्रह्म करि जानि।।"-ज.ग्रं., अ.सि., 82/150।

**संबर**--शंवर। वेद के अनुसार दिवोदास के इस प्रबल शत्रु को इंद्र ने पहाड़ पर से गिरा कर मार डाला था। रामायण और महाभारत के अनुसार यह कामदेव का शत्रु है। कहा जाता है कि इसने कामदेव की स्त्री रति का अपहरण कर लिया था। यह एक दानव था और कश्यप और दनु के विख्यात महापराक्रमी 34 पुत्रों में से एक था। साम्ब ने इसकी सेना को नष्ट-भ्रष्ट कर दिया था। बाद में यह इंद्र के द्वारा मारा गया। शंबर कृष्ण द्वारा भी पराजित बताया गया है। कामदेव ने ब्रह्मा को कामग्रस्त कर दिया था, अतः वह शापित होकर कृष्ण के पुत्र प्रद्युम्न के रूप में अवतरित हुआ और इसने शंबर को मारा। इस प्रकार भिन्न-भिन्न स्रोतों से शंबर के विषय में अनेक प्रकरण मिलते हैं। (हिं.श.सा., पौ. को., महान.अनु.)। उ. (1)-"खेलत न खेल कछू हाँसी न हंसत हरि, सुनत न गान कान तान बान सी बहै। औढ़त न अंबरन डोलत दिंगबर सो, संबर ज्यों संबरारि दुख्ख देह को दहै।।"-क.प्रि, 14/21। उ. (2)-"चित्र की सी पुत्रिका कै रूरै बगरूरे माहि, संबर छड़ाइ लई कामिनी कै काम की ।।"-रा.चं., 12/20।

**संबोध अष्टोत्तरी**--रचयिता - योगिराज ज्ञानसार (दे.)। विव.-इसमें 108 सोरठे हैं, जो नीच से लाड़, धनगाड़, कंजूस, खानपान तथा मकान आदि उपयोगी विषयों पर रचित हैं। (बृ.इति. 7)।

**संभवालंकार**--ल.- अधिक बस्तु में करत जहाँई। थोरे को ठहराव तहाँई।। भाषत हैं संभव सो ऐसे। कबि पंडितनि बखानि जैसे।। उ.-"लखि तुव लोचन जन उर माहीं। कबहुँ कामसर लागत नाहीं।। ह्वै है यों जड़जीव महा ही। या ही बिपुल जगत के माहीं।।" वार्ता-जन के जे उर ते भए बहुत बस्तु तामें तुव लोचन लखें तें कामसर को न लगिवो भयो थोरो सो ठहरायो जगत भयो बहुत बस्तु तामें जड़जीव भयो थोरो सोहू है यह ठहरायो ऐसे औरहू जानिये।।-प.ग्रं., पद्मा., 330-331/73-74।

**संभा**--संभाजी। भोंसले वंशीय शिवाजी का ज्येष्ठ पुत्र जो शिवाजी की मृत्यु के बाद सिंहासनासीन हुआ। औरंगजेब द्वारा निमंत्रित होने पर शिवाजी के साथ यह भी उनके दरबार में गया था और धोखे से बंदी बना लिया गया था। बाद में यह भी शिवाजी के साथ मिठाई के टोकरे में बैठ कर निकल आया था। इसे शिवाजी ने मथुरा में ही छिपाकर रख दिया था। बड़े होने पर इसके आचरण से शिवाजी ने असंतुष्ट होकर पन्हाला में बंदी बना लिया था। वहाँ से निकल कर यह दिलेर खाँ की शरण में चला गया। एक वर्ष बाद वहाँ से आया। शिवाजी की मृत्यु (1680 ई.) के बाद सिंहासनारूढ़ होकर भी अपनी चारित्रिक दुर्बलता और अदूरदर्शिता के कारण इसे लगभग 9 वर्षों के शासनकाल में कोई उपलब्धि नहीं हुई, उलटे मराठों के राज्य का कुछ भाग मुगलों के अधीन हो गया। 1689 ई. में मुगल सेनापति मुकर्रब खाँ द्वारा पकड़ा गया और इसकी निर्ममतापूर्वक हत्या कर दी गई। उ. (1)-"भूषन जू खेलत सितारे में

सिकार-साहू संभा को सुवन जातें दुवन सचैं नहीं।"-भू.ग्रं., प्रकी., 259/235। उ. (2)-"सिबा समापत भयो पकर संभा को मार्‌यो।।"-वृं.ग्रं., स. स.रू., 24/264।

**संभावन (अलंकार)**—दे. संभावना। ल. (1)- जो यौं होय तु होय यौं जहँ संभावन होय। संभावन तासों कहत बिमल ज्ञान मति धोय।। उ.-"तौ बनै बनाव मिलै जोबन में कहूँ नीके लोचन के जोबन के बासर अमोल हैं।।"-मति., ल.ल., 296-297/349। ल. (2)-जुयों होइ तौ होइ यो यह संभावन जान। उ.-"लहतो जु मुख अनंत तौ कहतो अमित पुरान।।"-प.ग्रं., पद्मा., 213/58।

**संभावना (अलंकार)**—दे. संभावन। एक अर्थालंकार जिसमें किसी एक बात के होने पर दूसरी बात का होना निर्भर कहा जाता है। ल. (1)- जौ यों ह्वै तौ होई इमि, यह संभावन होइ। ताहि कहत संभावना, भूषन कबि सब कोइ।-भू.ग्रं., शि.भू., 246/175। ल. (2)-जौ यों होइ तौ होइ यों संभावना बिचार।-ज.ग्रं., भा.भू., 155/50। ल. (3)-जौ यों होइ तौ होइ यों, संभावना सु जानि।। उ.-"कस्तूरी थपि नाभि बिधि बादि दई मृग मीच । मैं बिधि होऊँ तौ उहि धरौं, खलजीभन के बीच।।" ल. (4)- होतौ जौ यौं यो बरनि संभावना सुजान। उ.-"जहाँ डीठि अटकी अली तितहीं किया पयान। हम सौं होतौ नेह तौ इत आवते सुजान।।"-सो.ग्रं. 1, र.पी. नि., 241, 242/212।

**संभु**—दे. शिव। शंभु, महादेव। उ. (1)-"भावी या उनमान की, पंडव बनहि रहीम। जदपि गौरि सुनि बांझ है, बरु है संभु अजीम।।"-र.वि., दो., 141/15. उ.(2)-"कान्हा-करज-छत देत यों सोहत बाल उरोज। सरसरोज सों संभु कों मारत मनो मनोज।।"-मति., सत., 481/408। उ. (3)-"पौन बारिबाह पर संभु रतिनाह पर ज्यौं सहस्रबाहु पर राम द्विजराज है।"-भू.ग्रं., शि.भू., 50/137। उ. (4)-"संभु को दुलारो गिरिजा कौ प्रान प्यारो सदा टेढ़ी सूँडवारो सोई साहेब हमारो है।।"-ठाकुर, 1/1. वही, 199/51। उ. (5)-"रजतपहार पर संभु सुरनायक हैं सझु पर जोति जटाजूट सु अपार की।"-प.ग्रं., गं.ल., 3/253। उ. (6)-"संभु सो क्यों कहियै जिहि ब्याहो है पारबती औ सती तिय दोऊ।।"-भि.ग्रं. 1, शृं.नि., 14/19।

**संभुकोदंडु**—शभुकोदंडु। शिव का धनुष। सती के दक्ष यज्ञ में शरीरत्याग के बाद शिव ने दक्ष के नाश के लिए धनुष बनाया था। यही धनुष बाद में देवताओं ने प्राप्त किया और उनसे जनक के पूर्वज देवरात ने प्राप्त किया। यही शिव के धनुष के रूप में प्रख्यात हुआ, जिनका उपयोग सीता के विवाह के लिए धनुषयज्ञ में किया गया था। इसी के राम द्वारा तोड़े जाने पर शिवभक्त परशुराम ने अत्यन्त क्रोध किया था। उ.-"संभुकोदंडु दै। राजपुत्री किते। टूक द्वै तीनि कै। जाहुँ लंका जितैं।।"-छं.मा., 1/12।

**संभुमठ**—शंभुमठ। शिव स्थान। उ.-"यह सुनि बिप्र संभुमठ आयो। करि दंडवत चरन सिर नायो।।"-बो. ग्रं., वि.वा., 45/143।

**संभुलोक**—शंभु लोक। शंकर जी का लोक कैलास। उ.-"इंद्र सों कहत मोहिं लैनै है न इंद्र लोक संभु लोक लैने के गुबिंदलोक लैनै है।"-प.ग्रं., गं. ल. 41/268।

**संभु-सरासन**—दे. संभुकोदंडु। शिव का धनुष, जिसे जनक के यहाँ रघुवंशी राम ने विवाह के पूर्व तोड़ा था। उ.-"जिहि कारन बार न लाये कछू नहि संभु-सरसन दोप किया।"-र.वि., फुटकर पद, सवैया, 6/70।

**संभू**—दे. शिव । शंभु, शंकर। उ.-"जटा जूट सौं आँत संभू जुटावै। पटा छट की खाल औढ़े बिछाबै।।"-वृं.ग्रं., स.स.रू., 309/296।

**संभोग**—सुरत। रतिक्रीड़ा। मैथुन। शृंगार के एक भेद संयोग शृंगार का दूसरा नाम जिसमें संभोग की विविध क्रियाएँ उद्दीपन के रूप में कार्य करती हैं। ल. (1)-आलिंगन चुंबन परस मरदन नखरद दानु। इत्यादिक संभोग के उद्दीपन जिय जानु।।-भि.ग्रं. 1, र.सा., 445/64। ल. (2)-जानौ नाम बियोग को बिप्रलंभ शृंगार। सुरत-समय संभोग में सो संभोग बिचार।।-भि.ग्रं. 1, र. सा., 446/64।

**संमोहा छंद**— ल. (1)-दस मात्राओं का छंद है। मात्राक्रम है (SSSSS)। उ.-"ह्वै चाहौ संता। जौ मेरे कंता। तौ भंजौ कोहा। लोभा संमोहा।।"-भि. ग्रं. 1, छंदा., 46/187। ल. (2)-है गुरु अच्छर पंच सो समोहा उर आनि।। (चार चरण, प्रत्येक में 5 अक्षर, सभी गुरु) (S) उ.-"देखें श्री फूले। काहे को भूले। छोड़ौ जंजालै। गावौ गोपालै।।" सो.ग्रं. 1, र.पी.नि., 5, 7/33।

**संयुक्ता**—दे. संयुता। इसे संयुता भी कहा गया है। चौदह मात्राओं का छंद है। मात्राक्रम है (।।S ।S।। S। S)। ल.-सगन एक रचि जगत द्वै अंत एक गुरु आनि। दसधा बर्न बखानिजै संजुक्ता परमानि।। उ.-"बन नेह गेह शरीर सों। भजि साध संगम धीर सों। जग कों प्रपंचहि लेखियै। तब आप सो सब देखियै।।"-छं.मा., 1/26।

**संयुता छंद**—चौदह मात्राओं का छंद है। मात्राक्रम है (।।S ।S।।S। S)। ल.-सगन धुजा द्वै संजुता। उ.-"भ्रुव नैन संग न लेखिये। धनु तीरसंजुत पेखिये।।"-भि.ग्रं. 1, छंदा., 114, 117/194।

**संयोग**—मिलन। विशेषतः स्त्री-पुरुष का मिलन। उ.-"सुखदाइ ए देत दुख सो सब दिन की फेर। ससि सीतल संयोग मैं तपत बिरह की बेर।।"-वृं.ग्रं., नी.स., 40/61।

**संयोग नायिका भेद**—भिखारीदास ने विभिन्न प्रकार की नायिकाओं का स्वरूप निरूपण करने के बाद अवस्था-भेद के अनुसार संयोग शृंगार और वियोग शृंगार की नायिकाओं का निरूपण किया है। संयोग शृंगार नायिकाभेद के अन्तर्गत उन्होंने स्वाधीनपतिका, रूपगर्विता, प्रेमगर्विता, वासकसज्जा, आगतपतिका, अभिसारिका का निरूपण किया है। ल.-तिय संजोग सिँगार की कारन तीन्यो जानि। स्वाधीनपतिका अपर वासकसज्जा मानि।। अभिसारिका अनेक पुनि बरनत हैं कबिराव। स्वकिया परकीयानि मिलि होत अनेकनि भाव।।-भि.ग्रं. 1, शृं.नि., 151-152/121।

**संयोग में वियोग**—संयोग की अवस्था में भी वियोग का अनुभव। ल.-सौतुख सपने देखि सुनि प्रिय बिछुरन की बात। सुख ही में दुख को उदय दंपतिहूँ ह्वै जात।।-भि.ग्रं. 1, र.सा., 420/61।

**संयोग-शृंगार (रस)**—शृंगार रस का एक भेद जिसमें नायक-नायिका के मिलन आदि का वर्णन होता है। दे. संभोग। ल. (1)-प्रमुदित नायक-नायिका जिहिं मिलाप में होत। सो सँयोग-शृंगार कहि बरनत सुमति उदोत।।-मति., र.र., 344/279। उ. (1)-"कल कुंडल जहँ डुलत खुलत अलकावलि बिलुलित। स्वेद सीकरन मुदित तनक तिलकावलि सुललित। सुरतमध्य अति लसत हरष हुलसत चख चंचल। पदमाकर झपि उझपि उझपि झपि रहत दृगंचल। नित सो बिपरीत सुरति-समय अस मुख सुखसाधक जु सब। हरिहरबिरचिपुर उरणपुर सुरपुर लै कह आज अब।।"-प.ग्रं., जग., 619/208। उ. (2)-"पिय तिय के तिय पीय के नखसिख साजि सिँगार। करि बदलो तन मनहु को दंपति करत विहार।।"-वही, 620/209। ल. (2)-मिलि बिहरैं दंपति जहाँ सो संजोग सिंगारु। भिन्न भिन्न छबि बरनिये सो सामान्य बिचारु।। -भि.ग्रं. 1, र.सा., 284/42। ल. (3)-दंपति मिलि बिहरत जहाँ मनमथ कला प्रवीन। ताहि संजोग सिंगार कहि बरनत सुकबि कुलीन।।-सो. ग्रं. 1, र.पी.नि., 2/59।

**सयोग शृंगार हाव**—दे. संयोग शृंगार, हाव। भिखारीदास ने सामान्य शृंगार में हावों का लक्षण निरूपण किया है। इन्हें ही दूसरे शब्दों में संयोग शृंगार हाव कहा है। दस हाव ये हैं-विलास, ललित, विभ्रम, विहृत, किलकिंचित, मोट्टाइत, बिब्बोक, विच्छित्ति, लीला। भिखारीदास ने अति संक्षेप में इनके लक्षण देकर विस्तार से इन्हें पुनः निरूपित किया है। ल.-सम संयोग सिंगारहूँ तिय कौतुक है हाव। जाते लखिये प्रीति को बिबिध भाँति अनुभाव।। क्रिया वचन अरु चेष्टै जहँ बरनत कवि कोई। ताहू कों हावै कहैं अनुभव होइ न होई।। चितवनि हसनि बिलास ललित सोभा-प्रकास कर। बिभ्रम संभ्रम-काज, बिहित आड़ै लज्जा उर। किलकिंचित बहु भाव हिये अँगनि मोट्टाइत। केलि

कलह कुट्टमित कपट-नादर बिबोक चित। बिच्छिति बिना कै थोरही भूषनपट सोभा बढ़ति। पिय स्वांग करै तिय-प्रेम-बस कहियत लीला हाव गति।। -भि. ग्रं. 1, र.सा., 291-293।

**संयोग-संकेत**—नायक-नायिका के मिलन के स्थल ये हैं-सूनाघर, सखीसदन, वन, वाटिका तथा क्रियाचातुरी से किये गये बहुत से अन्य स्थल। ल.-सूने-सदन सखी-सदन बन बाटिका समेत। क्रियाचातुरी होत पुनि बहुत सँजोग संकेत। उ. (1)-"कस्यो अंक लहि सून गृह रस्यो प्रेमरस नाह। कियों रसीली बसि बिहसि ढीली चिवनि माह।।" क्रियाचातुरी को संयोग उ. (2)-"द्वार खरो भयो भाव तो नेह तें मेह तें आयो उनै अँधियारो। ऐसे में चातुर आतुर ह्वै मुरली-सुर दै कियो नेक इसारो। ह्वाँ मनभावती मंदहि मद गई करिबे कहँ बंद किवारो। अंग में लाइ निसंग ह्वै जाइ प्रजंक बैठाइ लियो पिय प्यारो।।"-भि.ग्रं. 1, र.सा., 288-289/42-43।

**संलक्ष्य क्रम ब्यंगि**—संलक्ष्यक्रम व्यंग्य। साहित्यशास्त्र में व्यंग्य के दो भेदों में से एक वह भेद जिसमें वाच्यार्थ से व्यंग्यार्थ की प्राप्ति का क्रम लक्षित हो। सोमनाथ ने इसके तीन भेदों का निरूपण किया है- 1. शब्दमूलाध्वनि (दे.), 2. अर्थ मूलाध्वनि, और 3. शब्दार्थ मूलाध्वनि। इनके अनेक भेद हैं। शब्द मूलाध्वनि के अलंकार और वस्तु संबंधी व्यंग्यों का निरूपण सोमनाथ ने किया है। दे. शब्दमूल ध्वनि। ल.-शब्द और पुनि अर्थ तें, शब्दारथ तें जानि। तीनि भाँति सो होति है, संलक्ष्यक्रम आनि।।-सो.ग्रं. 1, र. पी.नि., 1/151।

**संशयाक्षेप**—दे. आक्षेप। केशवदान ने आक्षेप अलंकार के आठ भेदों का निरूपण किया है, जिनमें संशयाक्षेप एक है। इसमें कोई संदेह उत्पन्न कराकर कार्यारंभ में बाधा दी जाती है। ल.-उपजाए संदेह कछु उपजत काज-विरोध। यह संसय-आक्षेप कहि वरनत जिनहिं प्रबोध।। क.प्रि., 10/13।

**संशयोपमा**—दे. उपमा। एक प्रकार का उपमालंकार जिसमें कई वस्तुओं के साथ समानता संशय के रूप में कही जाती है। ल.-जहाँ नहीं निरधार कछु सब संदेह सरूप। यह संसय उपमा सदा, बरनत हैं कविभूप।। उ.-"खंजन हैं मनरंजन 'केसव' रंजन नैन किधौं मति जी की। मीठी सुधाकि सुधाधर की दुति दंतन की किधौं दाड़िम ही की।"-क.प्रि., 14/5-6।

**संसय**—दे. संशयाक्षेप। केशवदास ने उपमा के अनेक भेदों में संसय (संशयोपमा) को भी एक भेद माना है। दे. संशयोपमा।

**संसार**—जगत् या विश्व या सृष्टि, जिसमें बार-बार जन्म लेने की, आवागमन की, एक अवस्था से दूसरी अवस्था में जाने की परम्परा लगी रहती है। उ. (1)-"पतवारी माला प्रकरि, और न कछू उपाउ। तरि संसार-पयोधि कौं हरि-नावैं करि नाउ।।"-बि.र., 391/180। उ. (2)-"अक्षयबट बालक उदर ज्यों संसार समाय।"-मति., ल.ल., 18/301। उ. (3)-"एक अविद्या आसिरै जानि सकल संसार। नास अविद्या ग्याँन तैं यहै मानि निरधार।।"-ज.ग्रं., आ.वि., 55/120। उ. (4)-"देषियै संसार सो असार तू समझ ले तामैं यहै तत्व सार मान बचन प्रमान है।"-वृं.ग्रं., हितो., 7/306।

**संसृष्टि (अलंकार)**—दो या अधिक काव्यालंकारों का ऐसा मेल जिसमें सब परस्पर निरपेक्ष हों, अर्थात् एक दूसरे के आश्रित, अन्तर्भूत आदि न हों। ल.-तिलतंदुल के न्याय सों है संसृष्टि बखान।...जुदे-जुदे जाने परैं सो तिल तंदुल न्याय।।-प.ग्रं., पद्मा., 232-234/74। पद्माकर ने इसके तीन भेदों को उदाहरणों से स्पष्ट किया है-शब्दालंकार संसृष्टि, शब्दार्थालंकार संसृष्टि और अर्थालंकार संसृष्टि। शब्दालंकार संसृष्टि उ.-"मार सुमार करी खरी डरी अरी अकुलाइ। हरि हरिये बलि बिरह चलि मुख सुषमा दरसाइ।।"-प.ग्रं., पद्मा., 334/74। ल. (2)-एक छंद में जहँ परै, अलंकार बहु दृष्टि। तिल तंदुल से हैं मिले, ताहि कहैं संसृष्टि।।-भि.ग्रं. 2, का.नि., 46/23। ल. (3)-मुख्य अलंकृति दोइ जहँ ताहि कहै संसृष्टि।।-सो. ग्रं. 1, र.पी.नि., 331/222।

**सँकेत**—दे. संकेत। उ.-"लहि सँकेत सोचै जु तिय रमन अनागम हेत। ताहीं कों उत्कंठिता बरनत सुकबि सचेत।।"-प.ग्रं., जग., 193/121।

**सँग्राम**—कवि केशवदास के आश्रयदाता वंश में राजा रामशाह के ग्यारह पुत्रों में ज्येष्ठतम संग्राम शाह। उ.-"तिनके सुत ग्यारह भए, जेठे साह संग्राम। दच्छिन दच्छिनराज सों जिन जीत्यों संग्राम।।"-क.प्रि., 1/36।

**सँजोग**—दे. सँभोग, सँजोग।

**सँजोग संकेत**—दे. 'संयोगसंकेत'।

**सँयोग**—दे. संभोग, संयोग। उ.-"मनभावन मीत सुजान-सँयोग बने बिन कैसें बियोग टरै।''-घ. क., 456/214।

**स**—छंदःशास्त्र में 'सगण' का सूचक अक्षर या संक्षिप्त रूप। इसके प्रथम दो वर्ण गुरु और अन्तिम वर्ण लघु होता है (ऽऽ।)। दे. 'सगन'।

**सकट**—शकट। शकटासुर जिसे कंस ने श्रीकृष्ण को मारने के लिए भेजा था। यह दूध-दही से भरी हुई गाड़ी के रूप में आया था, परन्तु कृष्ण के चरण-कमल के पटकने मात्र से यह ध्वस्त हो गया। उ.-"अघ बक सकट प्रलंब हति मार्यो गज चाणूर। भनुष भंजि दिढ़ दौरि पुनि कंस मथे मदमूर।।"-क.प्रि., 16/17।

**सकत सिंघ**—केशवदास रचित 'वीरचरित्र' नामक काव्य का शक्तिसिंह कछवाहा नामक योद्धा। उ.-"सकतसिंह कछवाहै आनि। गयौ अगावड्यतैं पहिचानि।।"-वी.च., 8/34।

**सक बंध**—दे. सकबंधी। उ.-"चिर जिवहु करुनाकरन तू सकबंध क्षितिमंडल करै।।"-बो.ग्रं., वि.वा., 22/195।

**सकबंधी**—शक को बाँधने वाला, शकारि, विक्रमादित्य। उ.-"सकबंधी बिक्रम सुनो भूत जात धन धाम।।"-बो.ग्रं., वि.वा., 32/153।

**सकोच**—ईषत्, लज्जा का भाव जो नायिका को नायक के सामने आने या मिलने पर होता है। उ.-"सहित सनेह, सकोच, सुख, स्वेद, कंप, मुसकानि। प्रान पानि करि आपनैं पान धरे मा पानि।"-बि.र., 265/125।

**सक्ति**— 1. काव्यरचना की शक्ति। यह तीन साधनों से आती है- जन्म से, विधाता द्वारा प्रदत्त, सुकवियों द्वारा शिक्षा से तथा बहुश्रुति से। कवि में ये तीनों एकत्र हों तो उसकी कविता मनोरंजक होती है। ल.-सक्ति कबित्त बनाइबे की जिहि जन्मनक्षत्र में दीनि बिधातैं। काव्य की रीति सिख्यो सुकबीन सों, देखी सुनी बहुलोक की बातें। दास जू जामै एकत्र ये तीन्यौं। बने कबिता मनरोचक तातैं।।-भि. ग्रं. 2, का.नि., 12/5।

2. कार्तिकेय का हथियार विशेष। उ.-"सोभित षडानन-सो तहाँ कर सक्ति रक्त भरी लिये।"-प.ग्रं., हि.ब.बि., 141/20।

**सक्र**—शक्र। दैत्यों का नाश करने वाल इंद्र। उ. (1)-"सक्र जिमि सैल पर अर्क तम फैल पर बिघन की रैल पर लंबोदर लखिए।"-भू.ग्रं., प्रकी., 408/206। उ. (2)-"छेम षडानँन हैं, सुभ सक्र, कुबेर कहाँ अजहू नहिं आयो।"-वृं.ग्रं., स्फुट, 19/314। उ. (3)-"परिपूरन सिंदूर पूर कैंधों मगलघट। किधौं सक्र को छत्र मख्यो मानिकमयूख-पट।।"-रा.चं., 5/10।

**सक्र-सरासन**—शक्र शरासन। इन्द्रधनुष। उ. -"सोभा अति सक्रसरासन में। नाना दुति दीसति है घन में।।"-रा.चं., 13/13।

**सखा**—साहित्य में वह व्यक्ति जो नायक का सहचर हो और जो सुख-दुःख में उसके समान सुख-दुःख को प्राप्त हो। ये चार प्रकार के बताये गये हैं-पीठमर्द, बिट, चेट और कविदूषक। ल.-कहे जु नायक के सबै प्रथमहि बिबिध प्रकार। अब बरनत हैं तिनहि के सचिव सखा जे चार।। पीठमर्द बिट चेत पुनि बहुरि बिदूषक होइ। मोचै मान तियान को पीठमर्द है सोइ।।-प.ग्रं., जग., 338-339/153।

**सखि/सखिन**—दे. सखी। उ. (1)-"सखिन दियो उपदेस जो नहिं कैसेहुँ ठहरात। नवल नेह चित चीकने ढरकि तोय लौं जात।।"-मति., सत., 76/375। उ.-(2)-''लाज छुटी गेहौ छुट्यौ सुख सो छुट्यो सनेह। सखि कहियौ वा निठुर सों रही छूटिबें

देह।''-मति., सत., 81/375।

**सखी**—नायिका के समान रूप. वय, गुण से युक्त, उदार, बुद्धिमान, रसिक-सहायिका नारी मित्र को सखी कहते हैं। यह नायिका के परम हित (प्रेम) को जानती है। दम्पति के प्रेम को प्रेमपूर्वक रात-दिन पुष्ट करने वाली तथा संदेशादि पहुँचाने वाली, अनुकूलन करने वाली, सखी दूती भी होती है। सखी बुद्धिदात्री, हासयुक्त, विनोदशीला, शृंगार को भी शृंगारित करने वाली, चूक को देखकर उलाहना देने वाली तथा प्रेमपूर्वक नायक-नायिका के प्रेम का रक्षण करने वाली होती है। ल.-सदृश रूप वय गुन सहित, अति उदार मतिमानि। होहिं जातिसम सो रसिक सखी परम हित जानि।। मतिदा हँसत विनोदजुत देहिं सिंगारि सिंगारि। देत उरहनो चूक लखि, लखें केलि हित धारि।। -कृ.ग्रं., हि. त., 42-43/13। ल. (2)-जातिय सों नहि नायका कछू छिपावै बात। तासों बरनत कह सखी सब कबि मति अवदात।।-मति., र.रा., 288/267। उ.-"जानति सौति अनीति है, जानति सखी सुनीति। गुरुजन जानति लाज है, प्रीतम जानति प्रीति।।"-मति., सत., 602/418। ल. (3)-जिनसों नायक नायका राखैं कछु न दुराइ। सखी कहावैं ते सुघर साँची सरल सुभाई।।-प.ग्रं., जग., 550/155। भिखारीदास ने उद्दीपन के अन्तर्गत सखी का वर्णन किया है। ल. (4)-तिय पिय की हितकारिनी सखी कहैं कविराव। उत्तम मध्यम अधम त्रय प्रगट दूतिका भाव।।-भि.ग्रं. 1, शृं. नि., 208/134। इसके अन्तर्गत भिखारीदास ने भेद के रूप में साधारण सखी, नायक हित सखी तथा नायिका हित सखी का उदाहरण दिया है और उत्तमा, मध्यमा और अधमा सखियों का निरूपण किया है।-भि.ग्रं. 1, शृं.नि., 209-214/134-136। ल. (4)-सुनहु भोज ब्रजराज की सखो तीन बिधि जान। प्रथम सात्वकी, राजसी फिर तामसी बखान।।-बो.ग्रं., वि.वा., 29/31। ल. (5)-धाइ, जनी, नाइन, नटी प्रगट परोसिनि नारि। मालिनि,बरइनि, सिल्पिनी, चुरिहेरिनी सुनारि।। रामजनी संन्यासिनी, पटु पटुवा की बाल। केसव नायक-नायिका सखी करहिं सब काल।।-र.प्रि., 12/1-2। ल. (6)-वैस तुल्य विस्वास की तिआ सखी मन आनि। रहै नायिका संग नित, रूप शील सम जानि।।-शृं.मं., चिंता., 35/110।

**सखी (वचन)**—नायिका की नारीमित्र के वचन उद्दीपन के भेद के रूप में स्वीकार किये जाते हैं। ल.-उद्दीपन के भेद बहु, सखी वचन दै आदि। ... सखी आदि रुचिकर वचन, रुचिर सब्द जग जौन, समय साज लखि मन बढ़ै, उद्दीपन बिधि तौन।।-कृ.ग्रं., हित., त., 11-12/6। उ.-"सखी वचन सुनि के स्रवन सठ समुझयौ मन माँहि। चिह्न सकल व्यभिचारि के जल क्रीडत मिटि जाँहि।।"-वृं. ग्रं., भा.पं., 20/17।

**सखी-उक्ति-भेद**—नायक, नायिका और सखी की परस्पर उक्तियों के अनेक भेद भिखारीदास ने बताये हैं-प्रश्न, उत्तर, प्रश्नोत्तर और स्वतःसंभवी। सखी की इन उक्तियों को उद्दीपन विभाव के अन्तर्गत माना गया है। ल.-पिय तिय पिय सों कहैं तिय सखि सखि सों तीय। सखि सखि सों कहैं सखी सों पीय।। कहूँ प्रश्न उत्तर कहूँ प्रस्नोत्तर कहुँ होइ। स्वतः संभवी होत कहुँ उक्ति इती बिधि जोइ।।-भि.ग्रं. 1, र.सा., 275-276/40-41।

**सखीकर्म**—सखी के चार प्रकार के कार्य बताये गये हैं-मंडन, शिक्षा, उपालंभ और परिहास। ल. (1)- रस बढ़ाइ करि देति हैं सखी दरस-संजोग। बचन क्रिया की चातुरीं समुझौ सकल प्रयोग।।-भि. ग्रं. 1, र.सा. 270/40। भिखारीदास ने इस संकेत-संयोग-कथन का लक्षण निरूपण किया है। इसी प्रकार उन्होंने रसोत्कर्षण, दर्शन, संयोग का भी निरूपण किया है। -भि.ग्रं. 1, र.सा., 271-274/40। ल. (2)-मंडन संदरसन हँसी संघट्टन सुभ धर्म। मानप्रवर्जन पत्रिकादान सखिन के कर्म।। उपालंभ सिक्षा स्तुती बिनय जदृक्षा उक्ति। बिरह निवेदन जुत सुकबि बरनत हैं बहु जुक्ति।। इन बातनि पिय तिय करै जहाँ सुऔसर पाइ वहै स्वयंदूतत्व है सोहौं कहौं बनाइ।।-भि.ग्रं., 1, शृं.नि., 215-217/136। ल. (3)-शिक्षा

बिनय मनाइबो, मिलिबो करि सिंगार। झुकि अरु देह उराहनो यह तिनके ब्योहार।। -र.प्रि., 13/1। ल. (4)-भूषन रचना सीख अरु उपालंभ उर आनि। पुनि परिहासु सुचारि ए करम सखी के जानि।। -सो. ग्रं., 1, र.पी.नि., 10/107। उ.-"सखी सबै सिंगार सुभ सजि सुदरि के अंग। केलि भौन पहँचाइ कै फिरी लाज के रंग।।"-मति. सत., 560/415। ल. (5)-मंडन अरु सिच्छाकरन उपालंभ परिहास। काज सखी के जानियो औरो बुद्धि विलास।। -मति., र.रा., 289/267।

**सखीवंचिता**—चिंतामणि ने विप्रलब्धा के लक्षण-निरूपण प्रकरण में सबसे पहले नायकवंचिता और सखीवंचिता का लक्षण निरूपण किया है। हँसी के लिए सखी यदि कहीं किसी प्रिय या नायक को छिपा देती है तो इस प्रकार वंचित होने वाली नायिका सखीवंचिता कही जाती है। चिंतामणि ने इसे विप्रलब्धा के एक भेद के रूप में प्रस्तुत किया है। ल.-सखी वंचना करी जित, हँसी हेतु जो होइ। पिय को कहुँ दुराइ नित, सखी वंचिता सोइ।। उ.-"मैं कही प्यारे को ल्याइ तू ल्याइ कै, द्वार मैं क्यों बिन काज छपावै। मौं सो कह्यो वे गये कहुँ और पै, यौं सुनि चित्तु क्यों चैनहि पावै। मेरे ही आँसू कढ़े जब नैननि तूँ हँसि कै तब पीउ दिखावै। जानैं बढ़े ऐसी व्याकुलता यह, कौन सषी परिहास कहावै।।"-शृं. मं., चिंता., 205/61, 208/62।

**सख्खर**—सिंध का एक गाँव। उ.-"सख्खर लौं मक्खर लौं मक्कर लौं चलौ जात टक्कर लेवैया कोऊ वार है न पार है।"-भू.ग्रं., प्रकी., 526/234।

**सख्य-सरोज-भास्कर**—रचयिता-उमापति त्रिपाठी (दे.)। (बृ.इति. 7)।

**सगन**—दे. 'स'। सगण। छंदशास्त्र में गण विशेष जिसके प्रथम दो वर्ण लघु और तीसरा वर्ण गुरु होता है (।।S)। इसका देवता काल (यम) है। रगण इसका शत्रु है। देश से उच्चाटन इस देवता का फल है। ('प्रियाप्रकाश' के पाठ-3.26 में 'काल' के स्थान पर 'वायु' है)। ल.-सगन अंत गुरु।... काल समुझियै सगन को।...रस रिपु' केसवदास।...काल किल देस उदासै।-क.प्रि., 3/20, 23, 24, 25।

**सगुन**—सगुण। परमात्मा का एक सत्व, रज और तम नामक तीन गुणों से युक्त रूप जिसके परिणामस्वरूप वह सृष्टि से सम्बद्ध होकर अनेक अलौकिक गुणों से सम्पन्न होता है। ईश्वर। उ.-"ठाकुर कहत तुम सगुन बिसरि निज निगुन कौं ध्यावौ तौनि महनति केति है।।"-ठाकुर, 46/13।

**सगुनौती**—प्रचलित विश्वास के अनुसार वह क्रिया, जिससे भावी शुभ-अशुभ का निर्णय लिया जाता है। शकुन विचारने की क्रिया। घनानंद ने 'मंगलपाठ' के अर्थ में इसका प्रयोग किया है। उ.-"बोलत बधाइ दौरि दौरि कै छबीले दृग दसा सुभ सगुनौती नीकें इन पै पढ़ी।"-घ.क., 234/140।

**सची**—शची। इन्द्राणी। इन्द्र की पत्नी। दक्ष पुत्री दनु और कश्यप के प्रधान 61 पुत्रों में से एक असुर पुलोमा की पुत्री का नाम। पुलोमा जब वृत्रासुर के पक्ष से इन्द्र से लड़ा और इन्द्र के हाथों मारा गया तब शची इन्द्र को ब्याही गई। (पौ. को., हिं.श.सा.)। उ. (1)-"सब सिंगार संदेह सकल सुख सुषमा मंडित। मनौ सची बिधि रची बिबिध बिधि बरनत पंडित।।"-रा.चं., 1/47। उ. (2)-"तेरी बिना ही बनाय की बानिक जीतै सचीरति-रूप भलापन।"-घ.क., 248/145। उ. (3)-"सची मैंनका मंजुघोषा घृताची। कहैं बात साची यहैं सिध्य साची।।"-वृं.ग्रं., स.स.रू., 218/287। उ. (4)-"सची सुंदरी है रतिरंभा औ घृताची पै न ऐसी रुचिराची कहूँ काहू के कदन में।"-भि.ग्रं., 1, शृं. नि., 30/94।

**सच्चिदानन्द**—सत, चित् और आनन्द से युक्त होने के कारण परमात्मा का एक नाम। उ. (1)-"अब स्वरूपलक्ष्यन कहौं ईस्वर को तू जानि। सुध्ध सच्चिदानंद है ऐसी ही तूँ मानि।।"-ज.ग्रं., आ.बि., 143/129। उ. (2)-"जै जै जै ब्रजराज श्रीस्याम सच्चिदानंद।"-बो.ग्रं., वि.वा., 1/43।

**सजनप्रकाश**—रचयिता-मदनेश महापात्र

(दे.)। विव.–इसमें उदयपुर के महाराणा सजनसिंह की प्रशंसा है। (बृ.इति. 7)।

**सजीवन मूर**—संजीवनी बूटी। सद्यःजीवन प्रदान करने वाली एक बूटी। उ.–"करौं पल मैं तुव बेदन दूर। बतावहुँ हाल सजीवन मूर।।"–बो.ग्रं., वि.वा., 34/48.

**सजीवन मूरि**—दे. सजीवन मूर। उ.–"होती बैदन के करै बिरह बिथा जो दूरि। काहे कौ दृब ढूढ़ते दरस सजीवन मूरि।।"–रस., रतन., 860/156।

**सजीवनि**— दे.सजीवन मूर। संजीवनी। मरे को तुरन्त जिला देने वाली। उ.–"जातें मिटै यह पीर शरीर की है वह मूरि संजीवनी सोई।"–बो. ग्रं., इ.ना., 40/7।

**सठ**—दे. शठ। ल. (1)–मीठी बातैं सठ करै करिकै महा बिगार।–ज.ग्रं., भा.भू., 7/6। ल. (2)–सठ कपटी मिठबोलनो।–भि.ग्रं. 1, र.सा., 167/25। ल. (3)–निज मुख चतुराई करै सठता ठहरे न्यान। ब्यभिचारी कपटी महानायक सठ पहचान।।–भि.ग्रं. 1, शृं.नि, 21/92। ल. (4)–महा मधुर बतरानि मुख, हियें कपट सठ जानि।।–सा. ग्रं. 1, र.पी.नि., 11/114। ल. (5)–सापराध ह्वै रहै जो, मनौ बिना अपराध। ताको सठ बरनत भले पंडित बुद्धि अगाध।। सो प्रच्छन्न प्रकास इन भेदनि सो द्वै जानि। तियहि विदित अपराध जो, सो प्रच्छन्न वषानि।। तिय की रिस सों समुझि, कढ़ि बाहिर जब रिसहीन। होइ बधु आवै तबै, कह प्रकास प्रबीन।।–शृं.मं., चिंता., 452/133, 453–454/134। ल. (6)–मुँह मीठी बातैं कहै, निपट कपट जिय जानि। जाहि न डरु अपराध को, सठ करि ताहि बखानि।।–र.प्रि., 2/11। केशवदास ने भी प्रच्छन्न और प्रकास नामक दो भेदों को उदाहरणों से स्पष्ट किया है।

**सत**—सत्। ब्रह्म के तीन धर्मों में से एक। उ.–"है सत औ चित आनँद नित्य बिसेस भर्यौ निबिसेस कहावै।"–ज.ग्रं., अ.प्र., 24/142। दे. सच्चिदानंद।

**सतक्रतु**—शतक्रतु, सौ यज्ञ करने वाला इन्द्र। उ. (1)–"कैयो सतक्रतु की पदवी लुटियै लखिकै मुसकाहट ताको।।"–बो.ग्रं., इ.ना., 31/6। उ. (2)–"काम महीप की दीपत ऊपर एक सहस्र सतक्रतु वारे।।"–बो.ग्रं., वि.वा., 21/180।

**सत जज्ञ**—दे. सतक्रतु । शतयज्ञ–सौ यज्ञ। इन्द्र का नाम ही है शतक्रतु, जो सौ यज्ञ करने वाला हो। उ. (1)–"सत जज्ञ करे ते सुरेस भए करे जोग ते जीव जियावत हैं।"–बो.ग्रं., इ.ना., 15/3। उ. (2)–"सत जज्ञ करें करी इंद्र को सो प्रियता कपिपुंज सों कीनी।।"–क.प्रि., 6/73।

**सतभरा**—नदी विशेष। उ.–"अरुना नृमना सतभरा, ऋतंभरा अवदात। सावित्री अरु सुप्रभा, सुरसा सरिता सात।।"–वि.गी., 4/27।

**सतयुग**—सत्ययुग। पौराणिक कालगणना के अनुसार चार युगों में से पहला युग जिसे कृतयुग भी कहते हैं। इसकी अवधि 1728000 वर्ष बतायी गई है। इस युग में पुण्य और सत्य की अधिकता रहती है। इसका आरम्भ वैशाख शुक्ल तृतीय, रविवार से माना गया है। इसी तिथि को अक्षय तृतीया भी कहते हैं जो एक पर्व है। पौराणिक मान्यता है कि कलियुग के पश्चात् श्रीकल्कि अवतार द्वारा पुनः इस युग की स्थापना की जायगी। उ.–"सतयुग द्वापर और त्रैता कलियुग मधि आदि भयो नाहिं भूप तिन हुए ते धरी।"–भू.ग्रं., प्रकी., 471/221।

**सतरंज**—शतरंज। एक प्रकार का प्रसिद्ध खेल जो चौंसठ खानों की बिसात पर खेला जाता है। इसे दो आदमी खेलते हैं। प्रत्येक के पास 16-16 मुहरें होती हैं, जिनमें एक बादशाह, एक वजीर, दो ऊँट, दो घोड़े, दो हाथी तथा आठ प्यादे सम्मिलित होते हैं। प्रत्येक मुहर की चाल नियमानुसार अलग अलग होती है। प्यादे के पद में परिवर्तन भी होता है। नियमानुसार अपनी गति से चलकर मुहरें दूसरे की मुहरों को मारती हैं। बादशाह के किसी ऐसी जगह पहुँच जाने पर जहाँ से उसे चलने की जगह नहीं रहती, बाजी मात समझी जाती है। इस खेल को चतुरंग भी कहते हैं (हिं.श.सा.)। उ. (1)–"तुव दृग सतरंज बाज सौं मेरौं कछु न बसात। बादशाह मन कौं करै छबि सहि दै कर मात।।"–रस.,

रतन., 281/82। उ. (2)-"दुहूँ ओर परी जोर घोर घन 'केसोदास' होइ जीति कौन की को हारै जिय लचि कै। देखत तुम्हैं गुपाल तिहि काल उहि बाल उर सतरंज की सी बाजी राखी रचि कै।।"-र. प्रि., 8/17।

**सतरंज बाज**—दे. सतरंज। शतरंज खेलने का शौकीन या आदती। उ.-"तुव दृग सतरंज बाज सौं मेरौ कछु न बसात। बादशाह मन कौं करै छवि सहि दै कर मात।।"-रस., रतन., 281/82।

**सतसंग**—1. सत्संग । साधु जनों या सज्जनों के साथ उठना-बैठना। उ. (1)-"कबि वृंद विवेक बिचारि बिचारि गहैं सतसंग कुसंग हरैं।"-वृं.ग्रं., भा.पं., 18/17। उ. (2)-"संत तहाँ सतसंग है संत तहाँ सुष धाम।"-वृं.ग्रं., य.स., 420/238।

2. केशवदास रचित विज्ञान गीता नामक काव्य का एक पात्र। उ.-"राजधर्म सतसंगजुत सोभत है सुखदाय। श्रद्धा करुनाजुत गई दई आसिषा जाय।।"-वि.गी., 9/14।

3. शांत रस का विभाव। ल.-सुरस सांत निरबेद हैजाको थाई भाव। सतसंगति गुरु तपोवन मृतक समान बिभाव।। उ.-"बैठि सदा सतसंगहि में बिष मानि बिषैरस की तिरखा ही।"-प.ग्रं., जग., 725/232। 728/233।

**सतसंगति**—दे. सतसंग-1। संतों की संगति, उनका साथ जिससे सद्गुण का उदय और भक्ति की पुष्टि होती है। उ.-"मानुष तन अति दुर्लभ, सहजहि पाय। हरि-भजि कर सतसंगति कह्यौ जताय।।"-र.बि., बरवै, 51/60। उ. (2)-"होय सुद्ध मिटि कलुषता सतसंगति कौं पाय।"-वृं. ग्रं., नी.स., 119/67। उ. (3)-"सुधरै बिगरि कुसंग तैं सतसंगति कौ पाय। बास बसी कर हींग की जीरा संग मिटि जाय।।"-वृं.ग्रं., नी.स., 238/76।

**सतसंगति**—दे. सतसंग-3. शांत रस का विभाव। उ.-"सतसंगति गुरु तपोवन मृतक समान बिभाव।"-प.ग्रं., जग., 725/232।

**सतसई**—सप्तशती। वह संग्रह जिसमें 700 या उसके आसपास छंद हों। उ. (1)-"हुकुम पाइ जयसाहिं कौ, हरि-राधिका-प्रसाद। करी बिहारी सतसई भरी अनेक संवाद।"-बि.र., 713/330। उ. (2)-"समै सार दोहानि कौं सुनत होय मन मोद। प्रगट भई यह सतसई भाषा वृंद बिनोद।।"-वृं.ग्रं., नी.स., 712/114।

**सतसई**—रचयिता - कुलपति मिश्र (दे.)। (बृ.इति. 7)।

**सतसई**—रचयिता - मतिराम (दे.)। (स. सर्वे., इति. शु., बृ.इति. 7)।

**सतसई**—रचयिता - भूपति (दे.)। विवा.- श्रृंगार रस के सात सौ दोहों का सरस संग्रह (बृ. इति. 6)।

**सतसया**—दे. सतसई। सतसैय्या, सप्तशती। उ.-"बहुर सतसया ए कहै सुनत होत मन मोद। सरल अरथ ताके सबै नाम सु वृंद बिनोद।।"-वृं. ग्रं., य.स., 715/261।

**सतसैया**—रचयिता- दयाराम (दे.)। विवा.- अलौकिक श्रृंगार का सप्तशती ग्रंथ (बृ.इति. 7)।

**सतसैया**—दे. सतसई। सप्तशती। उ.-"अति उदार रिझबार जग साह अजी मुस्सान। सतसैया सुनि वृन्द कौं कीनौ अति सनमान।।"-वृं.ग्रं., नी. स., 714/114।

**सतसैया रामायण**—रचयिता- कीरत सिंह (दे.)। (बृ.इति. 7)।

**सतसैया बरनार्थ**—रचयिता- ठाकुर असनी वाले बंदीजन(दे.)। (बृ.इति. 7)।

**सतहंसी**—रचयिता- रामहरि (दे.)। विवा.- यमक अलंकार की बहुलता है। (इति. शुक्ल बृ. इति. 7)।

**सतानन्द**—शतानंद। विदेह-जनक के पुरोहित का नाम। ये अहल्या के गर्भ से उत्पन्न गौतम के पुत्र थे। उ.-"आइ गए रिषिराजहि लीने। मुख्य सतानंद बिप्र प्रबीने।।"-रा.चं., 5/18।

**सतारा**—महाराष्ट्र का शिवाजीकालीन एक गढ़। दे. सितारागढ़।उ.-"आवत बरात सजे ज्वान देस दच्छिन के दिल्ली भई दुलहिन सहजैं सतारा की।"-भू.ग्रं., प्रकी., 528/234।

**सती**—दक्ष प्रजापति की कन्या जो भव या शिव को व्याही थी। ब्रह्मा के दाहिने अँगूठे से उत्पन्न

दक्षपत्नी से दक्ष की दस कन्याएँ उत्पन्न हुई थीं। उनमें से सती एक थी। यह बिना बुलाये ही दक्ष का अश्वमेध यज्ञ देखने पहुँच गयी, अतः अपमानित हुई और शरीर त्याग दिया। फिर हिमालय की पत्नी मेना के गर्भ से उत्पन्न हुई थी। (पौ.को.)। उ. (1)-"सभु सो क्यों कहियै जिहि ब्याहो है पारबती और सती तिय दोऊ।।"-भि.ग्रं., शृं.नि., 14/91। उ. (2)-"पतिहित पितु पर तनु तज्यो सती साखि दै देव। लोकलोक पुजित भई तुलसी पति की सेव।।"-रा.चं., 9/20।

**सती**—1. पतिव्रता स्त्री। उ. (1)-"सती समरभट, संत मन, धर्म-अधर्म-निमित्त। जहाँ जहाँ ये बरनियै, 'केसव' निस्चल चित्त।।"-क.प्रि., 6/23।

2. पति के शव के साथ जलने वाली स्त्री। उ.-"सुनत पयान श्री प्रताप को पुरंदर पै धन्य पटरानी जोधपुर में सती भई।।"-प.ग्रं., जग., 552/196।

**सतीप्रसाद**—आश्रयदाता-कमौली (वाराणसी) के जमींदार बटुकबहादुर सिंह। रचनाएँ-जयचंद वंशावली। (बृ.इति. 7)।

**सत्त**—दे. सत। ब्रह्म के सत्, चित्, आनंद नाम के तीन धर्मों में से एक। उ.-"सत वाहि यातैं कह्यौ असत न कबहूँ होइ।।"-ज.ग्रं., आ.बि., 149/129।

**सत्यकेतु**—काशी का एक राजा। उ.-"राजा हुतो प्रबल दुष्ट अनेक हारी। बारानसी बिमल छत्रनिवासकारी। सो सत्यकेतु यहि नाम प्रसिद्ध सूरो। बिद्याबिनोदरत धर्मबिधान पूरो।।"-रा.चं., 34/27।

**सत्यभामा**—सत्राजित की पुत्री जो श्रीकृष्ण की आठ पटरानियों में से एक थी। सत्राजित ने सूर्य की उपासना कर स्यमंतक मणि प्राप्त की थी। इसके भाई प्रसेनजित को आखेट में एक सिंह ने मार डाला और मणि को हस्तगत कर लिया। इसे जाम्बवान नामक रीछ ने छीन लिया। सत्राजित ने इस मणि की चोरी का कलंक श्रीकृष्ण पर लगाया। श्रीकृष्ण ने जाम्बवान से इस मणि को प्राप्त कर उसे सत्राजित को प्रदान कर उसे लज्जित कर दिया। फिर सत्राजित ने अपनी पुत्री सत्यभामा का विवाह श्रीकृष्ण से कर दिया। पूर्व जन्म में सत्यभामा हरिद्वार निवासी देशशर्मा की गुणवती पुत्री थी जो कार्तिक स्नान और तुलसी पूजन के पुण्यस्वरूप अगले जन्म में श्रीकृष्ण की पत्नी बनी। इसी के आग्रह से श्रीकृष्ण पारिजात लाने स्वर्ग गये थे और इंद्र के साथ युद्ध किया था। इसके दस पुत्रों के नाम थे- भानु, सुभानु, स्वर्भानु, प्रभानु, भानुमान, चंद्रभानु, बृहद्भानु, प्रतिभानु, श्रीभानु। (पौ.को., हिं.श.सा.)। उ.-"भोजन की सामा सत्यभामा की भुलाइ भलें दुखी वा सुदामा के सु चाउर चबाए हैं।"-प.ग्रं., प्र.प., 47/247।

**सत्यस्वरूप रूपक**—रचयिता - वृंद (दे.)। विवा.-औरंगजेब के पुत्रों के राज्य-सिंहासन से सम्बद्ध युद्ध का वर्णन। (सा.को.,बृ.इति. 7)।

**सत्या**—दे. सत्यभामा। उ.-"सत्याराय प्रबीन जुत, सुरत' रु सुरतरु गेह। इंद्रजीत तासों बँधे, 'केसवदास' हि देह।।"-क.प्रि., 1/46।

**सत्योपदेश**—रचयिता - उम्मेदराम (दे.)। (बृ.इति. 7)।

**सत्योपाख्यान**—रचयिता- ललकदास(दे.)। विव.-रामचन्द्र के जन्म से लेकर विवाह तक का सविस्तार वर्णन (इति. शुक्ल)।

**सत्रुजीत**—दे. शत्रुजीत।

**सत्रुघात**—शत्रुघात । शत्रुघाती दशरथ का पौत्र तथा शत्रुघ्न का पुत्र था। यह विदिशा का राजा बना। उ.-"मथुरा दई सुबाहु कहँ पूरन पावन गाथ। सत्रुघात कों हम नृप कर्‌यो देसहि को रघुनाथ।।"-रा. चं, 39/27।

**सत्रुघाति**—शत्रुघाती। दे. शत्रुघात। उ.-"भले पुत्र सत्रुघ्न द्वै दीप जाए। सदा साधु सूरे बड़े भाग्य पाए। सदा मित्रपोषी हनै सत्रुछाती। सुबाहै बड़ों दूसरों सत्रुघाती।।"-रा.चं., 39/23।

**सत्रुघ्न**—शत्रुघ्न। राम के एक भाई जो सुमित्रा के गर्भ से उत्पन्न हुए थे। इनका भरत के प्रति वैसा ही प्रेम था जैसा राम के प्रति लक्ष्मण का। ये लक्ष्मण के सहोदर भाई थे। कुशध्वज जनक की

कन्या श्रुतिकीर्ति इन्हें ब्याही थी। इन्होंने मधु नामक राक्षस को मारकर मथुरा (दे.) नगरी नए सिरे से बसाई थी। इन्होंने श्रीराम के साथ सरयू में देह-विसर्जन किया था (पौ.को., हिं.श.सा.)। उ.-"रामचंद्र भुवचंद्र भरत भारत-भुव-भूषन। लछिमन अरु सत्रुघ्न दीह दानव-दल-दूषन।।"-रा.चं., 1/22।

**सत्रुसाल**—मतिराम के आश्रयदाता बूँदी के भावसिंह के पिता शत्रुसाल। उ.-"गोपीनाथ तनै भयौ पानिप पारावार। सत्रुसाल छितपालनि छत्रधर्म अवतार।।"-मति., ल.ल., 30/303।

**सत्रुसालनंद**—सत्रुसाल। शत्रुसाल के पुत्र भावसिंह। उ.-"सत्रुसालनंद को सुजस मतिराम यातै। फैलत महीपति समाज समुदाय में।।"-मति., ल.ल., 41/305।

**सत्रुहंता**—दे. सत्रुघ्न। उ.-"बिना ह्वै चले राम पै सत्रुहंता। चलै साथ हाथी रथी जुद्धरंता।।"-रा. चं., 34/46।

**सत्वगुन**—अच्छे कर्मों की ओर प्रवृत्त करने वाला गुण। साधु और विवेकशील प्रकृति। उ. (1)-"सत्व सत्वगुण को कि सतय ही की सत्ता सुभ।।" "सिद्धि की प्रसिद्धि की सुबुद्धि-बृद्धि मानियै।।"-क.प्रि., 1/3।

**सत्संगशिरोमणि**—रचयिता - मुक्तानंद (दे.)। (बृ.इति. 7)।

**सथूल**—स्थूल। स्थूल शरीर। कारण, सूक्ष्म और स्थूल नामक तीन प्रकार के शरीरों में से तीसरा। पंच भूतों से बना हुआ शरीर। हाथ, पैर, मुँह, सिर, पेट, पीठ, आदि अंगों का समूह रूप शरीर। उ.-"याकैं तीन शरीर हैं कारण सूछिम जानि। तीजैं देह स्थूल है इहिं बिधि तैं तूँ मानि।"-ज.ग्रं., आ.बि., 121/126।

**सथूल शरीर**—दे. सथूल। तीन प्रकार के शरीरों में से एक। उ.-"और सथूल शरीर यह होत करम अनुसार। अब याकी उतपत्ति कौ तोसौं कहौं बिचार।।"-ज.ग्रं., आ.बि., 125/127।

**सदना**—सदन। रामानंद के पूर्व भारत में अनेक भक्त हुए थे। नामदेव और त्रिलोचन महाराष्ट्र में तथा सदन और बेनी उत्तर भारत में हुए। सदन के हिंदी में रचे पद उपलब्ध हैं। कहा जाता है कि ये कसाई होकर भी एक बड़े भक्त थे। (पौ.को.हिं.श.सा.)। उ. (1)-"धना और सदना कबीर और पीपा मीरा व्यास गीध रयदास सुख सोभनि सों सनिगौ।।"-ठाकुर, 1/61। उ. (2)-"जाटहू धना के सदना के सुद्ध साथी भए हाथीहू उबारत न बार मन लाए हैं।"-प.ग्रं., प्र. प., 24/242।

**सदा की माँझ**—रचयिता- नागरीदास (दे.)। (बृ.इति. 7, स.सर्वे.)।

**सदानन्द**—आश्रयदाता - भगवंत राय खीची (असोथर)। रचनाएँ-भगवंत राय रासा। (बृ. इति. 7)।

**सदासिव**—सदाशिव। सदा कल्याणकारी। शिव का एक नाम और रूप। उ. (1)-"केसव मोहि करो जिन गंग। कृपा करि मोहि सदासिव कीजो।।"-वृं.ग्रं., भा.पं., 2/13। उ. (2)-"सदासिव नाम भेष असिव रहत सदा कर धरे सूल सूल हरत बिसेषिये।।"-भि.ग्रं. 1, र.सा., 466/67।

**सनंदन**—ब्रह्मा के चार मानस पुत्रों में से एक। ये कपिल के भी पूर्व के सांख्यमत के प्रवर्तकों में माने जाते हैं। उ.-"सनक सनंदन जपत निति नँदनँदन ब्रजराज। पूजत नंदन सुमन हरि चिर नंदन के काज।।"-वृं.ग्रं., य.स., 274/227।

**सनक**—ब्रह्मा के चार मानस पुत्रों में से एक। ये परमज्ञानी और विष्णु के सभासद माने गये हैं। इनके अन्य भाई हैं-सन, सनत्कुमार और सनंदन (दे.)। उ. (1)-"सनक सनंदन जपत निति नँदनँदन ब्रजराज। पूजत नंदन सुमन हरि चिर नंदन के काज।।"-वृं.ग्रं., य.स., 274/227। उ. (2)-"तब पुत्र जे सनकादि। मम भक्त जानहु आदि। सुत मानसिक तिन केति। भुवदेव भुव प्रगटे ति।।"-रा. चं., 33/8। उ. (3)-"सिब सनकादि बेद ब्यास मुनि नारद से बुद्ध के बिसारद से हारद के जान है।।-वृं. ग्रं., हितो., 8/306। उ. (4)-"नारद तें सारद तें पुनि सनकादिक तें चाह भरी सिद्धन तें संतन के रुख की ।।"-ठाकुर, 4/62।

**सनक**—दे. दोहा छंद, दोहा छंद का एक भेद जिसमें एक चरण में 46 वर्ण होते हैं-2 गुरु और 44 लघु।-सो.ग्रं. 1, र.पी.नि., पृ. 24।

**सनत कुमार**—दे. सनक। ब्रह्मा के चार मानस पुत्रों में से एक। ये सबसे पहले प्रजापति कहे गये हैं। उ.-"वेद पढ़त बहु बिप्रकुमार। मानौं सोभत सनतकुमार।।"-वी.च., 16/25।

**सनद**—प्रमाणपत्र। सर्टिफिकेट। उ.-"करत न जब तक मदन नृप रूप सनद पर छाप। तब तक दृग दीवान ढिग होति न बाकी थाप।।"-रस., रतन., 120/60।

**सनाढ्य**—उत्तरभरतीय ब्राह्मणों के पंचगौड़ों में से आदि गौड़ ब्राह्मणों की एक शाखा का नाम। उ. (1)-"सनाढ्य-पूजा अंध-ओघहारी। अखंड आखंडल-लोक-धारी।।"-रा.चं., 21/20। उ. (2)-"सनाढ्य-जाति सर्बदा। जथा पुनीत नर्मदा। भजैं सजैं ते संपदा। बिरुद्ध ते असंपदा।।"-रा.चं., 34/56।

**सनावढ़**—दे. सनाढ्य। उ.-"ब्रह्माजू के बिनय तें प्रगट भए सनकादि। उपजे तिनकै चित्त तें सकल सनावढ़ आदि।।"-क.प्रि., 2/1।

**सनि**—शनि। शनिश्चर। सौर जगत के नौ ग्रहों में से सातवाँ ग्रह। ज्योतिष अनुसार यह ग्रह काले रंग का, शूद्र वर्ण, और सूर्यमुख है। इसका वाहन गृध्र है। यह सौराष्ट्र देश का स्वामी, नपुंसक (मंदगामी) और तमोगुण से युक्त है। यह कषाय रस का अधिपति है। यह मकर और कुंभ राशि तथा नीलकांत मणि का भी अधिपति है। यह चतुर्भुज है तथा इसके हाथों में वाण, शूल, धनुष और भल्ल हैं। पौराणिक दृष्टि से यह छाया के गर्भ से उत्पन्न सूर्य का पुत्र है। पार्वती के शाप से यह 'खंज' रोग से ग्रस्त होकर लँगड़ा हो गया तथा अपनी स्त्री के शापवश क्रूर प्रकृति का हो गया। इन्हीं की दृष्टि पड़ने से गणेश जी का मनुष्य का सिर कट कर अलग हो गया। इस पर पार्वती को शांत करने के लिए विष्णु को हाथी का सिर गणेश के धड़ से जोड़ना पड़ा था। ज्योतिष की दृष्टि से शनि का फल साढ़े सात दिन, साढ़े सात मास या साढ़े सात वर्ष रहता है (पौ.को., हिं. श.सा.)। उ.-"मनि सोभित स्याम जराइ जरी अति चौकी चलै चल चारु हियें। मखतूल के झूल झुलावत 'केसव' भानु मनों सनि अंक लियें।।"-र.प्रि., 1/22।

**सनीचर**—दे. सनि। उ.-"किधौं अनुग्रह साय प्रकार। सुक्र सनीचर के अवतार। सतो तमोगुन नारद ब्यास। बासुकि काली रूप प्रकास।।"-वी.च., 28/9।

**सनेह सागर**—रचयिता-बख्शी हंसराज (दे.)। विवा.- श्री कृष्ण की विविध लीलाओं का वर्णन। (इति. शुक्ल)।

**सनौढ़ियन**—दे. सनाढ्य। उ. (1)-"छाँड़ि रिषि द्विज देवरिषि रिषिराज सब सुख पाइ। प्रगट सकल सनौढ़ियन के प्रथम पूजे पाइ।।"-रा.चं., 27/23। उ. (2)-"कुसल बसे नरनायक बने। पूजित तहँ सनौढिया घने।।"-वी.च., 18/6।

**सपरस**—स्पर्श। त्वगिंद्रिय (त्वचा) का विषम जिसका अनुभव ऊपर पड़ने वाले दबाव या किसी वस्तु के सटने के कारण होता है। उ.-"सपरस रूपरु ग्रंध रस शब्द अरथ बिनु पार। बिना अरथ हूँ शब्द जे ब्रह्म ब्रह्म निरधार।।" - ज.ग्रं., अ.सि., 84/150।

**सप्त दीप**—सात द्वीप। पुराणों के अनुसार पृथ्वी के सात बड़े विभाग जो जल या सागर से घिरे हैं, जिनके नाम हैं-जंबू द्वीप, कुश द्वीप, प्लक्ष द्वीप, शाल्मलि द्वीप, क्रौंच द्वीप, शाक द्वीप, और पुष्कर द्वीप। उ.-"सुनिजै दान देवमति मित्त। जौ प्रसन्न तुम हमकों चित्त। सागरतीर जु सरित असेष। सम्तदीप मृत्तिका सुबेष।।"-वी.च., 32/11।

**सप्तब्यसनचरित**—रचयिमा - मनरंगलाल (दे.)। विव.-कथासंग्रहात्मक काव्य है। प्रारम्भिक 29 पद्यों में जैन तीर्थंकरों का स्तवन। बाद के पद्यों में द्यूत, माँस, सुरा, वेश्या और चोरी नामक व्यसनों से संबंधित कथाएँ हैं। कथाएँ प्राचीन साहित्य से ली गई हैं। एक सुंदर नीति काव्य (बृ.इति. 7)।

**सप्तभूमिका**—रचयिता-मनोहरदास (दे.)।

(बृ.इति. 7)।

**सप्त मातृका**—सात माताएँ या सात शक्तियाँ जिनका पूजन विवाह आदि शुभ अवसरों के पहले होता है। इनके नाम हैं-ब्राह्मी या ब्राह्मणी, माहेश्वरी, कौमारी, वैष्णवी, वारही, ऐंद्री या इंद्राणी और चामुडा। उ.-"सात छंद, सातो पुरी, सात तुचा, सुख सात। चिरंजीव मुनि, सात नर, सप्तमातृका, तात।।"-क.प्रि., 11/28।

**सप्त सुर**—सप्त स्वर। संगीत के सात स्वर -स, ऋ, ग, म, प, ध, नि। उ.-"बंसी हू मैं आपु तौ सप्त सुरनि मैं आपु। बजवैया पुनि आपही रिझवैया पुनि आपु।।"-रस., रतन., 58/51।

**सफ जंग**—सैनिकों का कतारों में खड़े होकर किया गया युद्ध। उ. (1)-"दाजसिंह महाराज सों ऐसैं कह्यों अजीम। आया है सफ जंग का समैं निकट अति भीम।।"-वृं.ग्रं., स.स.रू., 58/267। उ. (2)-"सफ जंग तुंग तुरंग दावत जुर्‌यौ जा करि करिन पै।"-प.ग्रं., हि.ब.बि., 152/21।

**सफजंगी**—तलवार के योद्धा। उ. (1)-"पीपर कुरम तुरक्क असी हाड़ा सफजंगी।।"-बो.ग्रं., वि. वा., 38/182। उ. (2)-"मान-मद-भंगी सफजंगी सैन संगी लिये रंगी रितुपावस फिरंगी स्वाँग लायो है।"-प.ग्रं., प्रकी., 63/320।

**सबर**—दक्षिण में रहने वाली एक पहाड़ी या जंगली जाति। उ.-"थरचर जीवन हरन बन-बन प्रति, 'केसोदास' मृगसिर श्रवन निवासु है। धावन बली धनुष सोभत निपानि सर, सबर समूह किधौं ग्रीषम प्रकासु है।।"-क.प्रि., :/30।

**सबरी**—शबर (दे.) जाति की एक स्त्री जिसका रामभक्त के रूप में रामायण में वर्णन मिलता है। उ. (1)-"तजे भोज सब रीत के सबरी के फल पाइ। बरी कुरूपी कूबरी तहाँ हरी सतभाइ।।"-वृं.ग्रं., य.स., 414/238। उ. (2)-'केसोदास' बेदबिधि साथहीं बनाइ व्याध, सबरी कबहि सुचि संहिता सिखाई ही। बेषधारी हरिवेध देख्यो हो असेष जग, तारका को कौने सीख तारक पढ़ाई ही।।"-क.प्रि., 11/62।

**सबलसिंह चौहान**—समय - सं. 1727 में उप.। जन्मस्थान-इटावा के किसी गाँव के जमींदार निवासी। रचनाएँ-महाभारत, ऋतु संहार, रूपविलास, (इति.शुक्ल)।

**सबसुख**—हिम्मत बहादुर (दे.) के सेनापति जिन्होंने कालिंजर युद्ध में भाग लिया था। इसे राजस्थान का धनी कायस्थ भी कहा गया है। सबसुखराय। उ.-"राई सु सबसुख की विदित इनकी बदौलत तें भई।"-प.ग्रं., हि.ब.बि., 124/18।

**सबसुखराय**—दे. सबसुख। उ.-"तब मानधाता मरद अति सुत राय सबसुखराय का।"-प.ग्रं., हि. ब.बि., 121/17।

**सब्द**—शब्द। 1. कर्णेन्द्रिय का विषम। उ.-"सप रस रूप रु गंध रस सब्द अरथ बिनु पार। बिना अरथहूँ सब्द जे ब्रह्म ब्रह्म निरधार।।"-ज. ग्रं., अ.सि., 84/150। 2. ध्वनिसमूह का वह व्यक्त रूप जो सुनने में स्पष्ट हो और जिसका कोई अर्थ हो। वह स्वतंत्र, व्यक्त और सार्थक ध्वनि जो एक या अधिक वर्णों के संयोग से, कंठ और तालु आदि के द्वारा उत्पन्न हो और जिससे सुनने वाले को किसी पदार्थ, कार्य या भाव आदि का बोध हो। उ.-"सब्दहु तें कहुँ अर्थ तें कहुँ दुहुँ ते उर आनि। अभिप्राय जिहि भाँति जहँ अलंकार सो मानि।"-प.ग्रं., पद्मा., 2/33।

**सब्दचालि**—नृत्य विशेष, दोनों करतल कमर में लागाकर, बायें पैर पर बल देकर खड़ा होकर, दाहिने पैर के घुँघरू ताल से बजाता हुआ घूमे, फिर दाहिने पैर के घुँघरू बजाता घूमे इसे शब्द चाली नृत्य कहते हैं। उ.-"बहुबर्न बिबिध आलाप कालि। मुखचालि, चारु अरु सब्दचालि। बहु उडुप, त्रियगपति, पति, अडाल। अरु लाग, धाउ, रापैरगाल।।"-रा.चं., 30/4।

**सब्यपेत**—केशवदास ने यमक (दे.) के अव्यपेत (दे. अब्यपेत) और सव्यपेत दो प्रकार बताये हैं। इनके भी अनेक उपप्रकार हैं। वृंद कवि ने इसके दो भेदों को स्पष्ट किया है। ल.-केसव कबि बरने जमक अब्यपेत सब्यपेत। सुखकर दुखकर भेद सब बरने बृंद सहेत। अंतर सों इक से सबद सब्यपेत पहिचान।-वृं.ग्रं., य.स., 2-3/204।

**सभाचातुरी**—सभा में बैठने के शिष्टाचार, बात-व्यवहार, वाक्पटुता आदि की चतुरता। उ.-"रति केलि आदि बोधा सुकवि सभाचातुरी इलम लहि।।"-बो.ग्रं., वि.वा., 33/46।

**सभाव**—केशवदास ने 'हेतु' (दे.) अलंकार के दो प्रकार बताये हैं-सभाव और अभाव। सभाव भेद में कारण का कार्य के साथ वर्णन होता है। उ.-"केसव चंदन वृंद घने अरविंदन को मकरंद सरीरो। मालती, बेल, गुलाब, सु केतिक, केतिक, चंपक को बन पीरो। रंभन के परिरंभन संभ्रम गर्व घनो घनसार कोजीरो। सीतल मंद सुगंध समीर हर्‌यों इनसों मिलि धीरज धीरो।।"-क.प्रि., 9/15।

**सभासार नाटिका (नाटक)**—रचयिता-रघुराम (दे.)। विव.-नीति एवं अध्यात्म विषयक काव्य ग्रंथ। (बृ.इति. 7)।

**सभासिंह**—बुंदेलखंड के गहिरवार वंश में छत्रसाल हुए, उनके पुत्र हृदयेश, उनके पुत्र सभासिंह। उ.-"पुनि सभासिंह नरनाथ लखि बीर धीर हिरदेस सुव।"-बो.ग्रं., वि.वा., 24/24।

**सम**—दे. समालंकार।

**समता गुण**—दे. गुण। इसका शब्दार्थ है-एक सा होने का भाव। इसे कुछ आचार्य अर्थगुण मानते हैं। प्रक्रम में भेद न होना, सुगमता, प्रारंभ से अंत तक एक शैली का निर्वाह-इस गुण की विशेषता है। कुछ आचार्य इसे वैदर्भी शैली से संबद्ध करते हैं। ल.-प्राचीननि की रीति सों, भिन्न रीति ठहराइ। समता गुन ताकों कहै पै दूषननि बराइ।। उ.-"मेरे दृग कुबलयनि कों, देत निसा सानंद। सदा रहै बृजदेस पर उदित साँवरो चंद।।"-भि.ग्रं. 2, का. नि., 11-12/176।

**समद**—अमीर अब्दुस्समद नाम का एक मुगल सेनापति जिसे औरंगजेब ने छत्रसाल का राज्याभिषेक होने पर बुंदेलखंड पर आक्रमण करने के लिए सं. 1747 में भेजा था। मौधा में हुए भयंकर युद्ध में अंततः अब्दुस्समद को पराजित होकर सेना के साथ भागना पड़ा था। उ.-"साँगन सों पेलिपेलि खग्गन सों खेलि खेलि समद सा जीता सो समद लौं बखाना है।''-भू.ग्रं., प्रकी., 514/231।

**समदविलासिनी छंद**—बाईस मात्राओं का छंद है (।।। ।ऽ। ऽ।। ।ऽ। ऽ।। ।ऽ)। ल.-समदविलासिनी निज भजै न संखकर हो। उ.-"परसत भूमि केस उर लाज लेस न कहूँ। समदबिलासिनी बसन तौ सँभार अजहूँ।।"-भि.ग्रं. 1, छंदा., 188, 193/203, 205।

**समयप्रबंध**—रचयिता-रसिकगोविंद (दे.)। विव-राधाकृष्ण की ऋतुचर्या का वर्णन। (इति. शुक्ल)।

**समयप्रबंध**—रचयिता - कृपानिवास (दे.)। (बृ.इति. 7)।

**समय प्रबन्ध पदावली**—रचयिता- अलबेलि अलि (दे.)। (इति. शुक्ल)।

**समय बत्तीसी**—रचयिता - दित्तेराय (दे.)। (बृ.इति. 7)।

**समर विजय**—रचयिता - तीर्थराज (दे.)। विवा.-आश्रयदाता की प्रशस्ति। (बृ.इति. 7)।

**समरस**—समान रस या भाव से युक्त। काव्य के विभिन्न रसों का लक्षण निरूपण करने के बाद अंत में केशवदास ने रसिकप्रिया में इस रस का निरूपण किया है। इसके दो लक्षण उन्होंने बताये- 1. सबसे उदास होना और 2. उसका एक ही स्थान पर ठहरना। ल.-सबतें होय उदास मन, बसै एक ही ठौर। ताही सो समरस कहत केसव कवि सिरमौर।। उ.-"देखैं नहीं अरबिंदनि त्यौं चित चंद की आनंद-कंद निकाई। कामिनि कामकथा करै कान न ताकै त्रिधाम की सुंदरताई। देखि गई जब तें तुमकों तबतें कछु वाहि न देख्यों सुहाई। छाड़ैगी देह तु देखें बिना अहो देहु न कान्ह कहूँ ह्वै दिखाई।।"-र.प्रि., 14/37-38। केशवदास ने शांत रस का लक्षण निरूपण नहीं किया है। शृंगाररस-प्राधान्य को देखते हुए शांत रस का अन्तर्भाव किस प्रकार शृंगार रस में किया जा सकता है, इसे 'समरस' के माध्यम से स्पष्ट करते हुए राधिका और श्रीकृष्ण के समरस का वर्णन किया है।

**समर सागर**—रचयिता-'ब्रज' (दे.)। विव.-वीर रस प्रधान महाकाव्य। (बृ.इति. 7)।

**समरसार**—रचयिता-खुमान (दे.)। विव. युद्ध यात्रा के मुहूर्त आदि का विचार। (इति. शुक्ल)।

**समर्थ रामदास**—दे. श्रीसमर्थ रामदास।

**समसरि**—दे. उत्तम तुक।

**समसेर**—तलवार। कृपाण। उ. (1)-"सेरसाह असलेम कें उर साली समसेर। एक चतुभुर्ज ही नयो ताको सिर तिहि बेर।।"-क.प्रि., 1/20। उ. (2)-"साहि के सपूत रनसिंह सिवराज बीर बाही समसेर सिरसत्रुन पै कढ़िकै।"-भू.ग्रं., प्रकी., 458/218। उ. (3)-"फिर खैंचि निज समसेर फेरत सेर सो सपटो तहाँ।"-प.ग्रं., हि.ब.बि., 142, 144/20।

**समसेरै**—दे. समसेर। उ.-"भादों की घटा सी उड़ि गरद गगन घिरे सेलैं समसेरैं फिरें दामिनी सी दमके।"-भू.ग्रं., प्रकी., 507/229।

**समस्तरसकोबिदा**—केशवदास के अनुसार प्रौढ़ा नायिका का एक भेद। ल.-सो समस्तरसकोबिदा कोबिद कहत बखानि। जो रस भावै प्रीतमहि ताही रस की दानि।। उ.-"देखौ है गुपाल एक गोपिका मैं देवता सी सोने तें सलोनी बास सोंधे तें सुहाई है। सोभा ही सुभाउ अवतार लियो घनस्याम किधौं यह दामिनीयै कामिनी ह्वै आई है। देबी कोउ मानवी न दानवी न होई ऐसी मानवी न हाय-भाव भारती पढ़ाई है। 'केसोदास' सब सुख साधन की सिद्धि यह मेरे जान मैन हीं सों मेनका की जाई है।।"-र. प्रि., 3/51-52।

**समस्तविषयक रूपक** — दे. रूपक। भिखारीदास ने रूपक अलंकार के अनेक भेदों का निरूपण करने के बाद समस्त विषयक रूपक का निरूपण किया है। उन्होंने इसके भी चार भेद बताये हैं। ल.-सकल बस्तु तें होत जहँ आरोपित उपमान। तेहि समस्तविषयक कहैं रूपक बुद्धिनिधान।। कहुँ उपमाबाचक कहुँ उत्प्रेक्षादिक होइ। कहूँ लिये परिनाम कहुँ, रूपक रूपक सोइ।। ये चार भेद हैं-उपमावाचक, उत्प्रेक्षावाचक, अपह्नुतिवाचक, रूपक रूपक। इनके अतिरिक्त भिखारीदास ने परिणाम समस्तविषयक रूपक का भी एक उदाहरण दिया है। -भि.ग्रं. 2, का.नि., 33-40/101-103।

**समस्नेहिका**—स्नेह की दृष्टि से नायिका का एक भेद। यह नायिका पति को अन्य नायिकाओं के समान ही प्यारी होती है। ल-अति हित पति जासों करैं बधू ज्येष्ठिका सोइ। ऊन कनिष्ठा सम हितें समस्नेहिका होइ।। उ.-"मोल तोल छबि एक के गुहि मोतिन के हार। लेहु बधुनि सों हँसि कह्यो धरि समीप सुकुमार।।"-कृ.ग्रं., हि.त., 108/27, 109/28।

**समस्यापूर्ति**—रचयिता-कलानिधि (दे.)। (बृ. इति 7)।

**समागम**—रतिक्रिया के लिए मिलना।। उ.-"लाल लखी पहलै ही समागम केलि कला मैं प्रवीन है नारी।"-वृं.ग्रं., भा.पं., 35/21।

**समाधि (अलंकार)**—किसी आकस्मिक कारण से किसी कार्य के सिद्ध हो जाने के वर्णन में इस अलंकार की सिद्धि होती है। ल. (1)-और हेतु के मिलन ते सुकरु होत जहँ काज। बरनत तहाँ समाधि हैं सकल सुकबि सिरताज।। -मति., ल.ल., 283/347। ल.(2)-"सो समाधि कारज सुगम और हेतु मिलि होत। -ज.ग्रं., भा.भू., 148/48। ल. (3)-और हेत मिलि सुकर जहाँ काज समाधि बखान। उ.-"तियहि मनावन पिय लग्यो तब ही घन घहरान।।"-प.ग्रं., पद्मा., 197/57। ल. (4)-क्योंहू कारज को जतन, निपट सुगम ह्वै जाइ। तासों कहत सामधि लखि, काकताल को न्याइ।। उ.-"धीर धरहि कत करहि अब, मिलन-जतन की चाह। होन चहत कछु द्योस में, तो मोहन को ब्याह।।"-भि. ग्रं. 2, का.नि., 11-12/142। ल. (5)-सुगम होत कारज जहाँ और हेतु मिलि मित्र। बरनत ताहि समाधि कहि पंडित रसिक विचित्र।। उ.-"निरखन कौ तिय-बदन-छवि पठई डीठि मुरारि। उत ह्वाँ चपल समीर नै घूँघट दियौं उघारि।।"-सो.ग्रं. 1, र.पी.नि., 226, 227/211।

**समाधि गुण**—दे. गुण। काव्य का एक गुण जिसके द्वारा दो घटनाओं का दैवसंयोग से एक ही समय में होना प्रकट होता है और जिसमें एक ही क्रिया का दोनों कर्ताओं के साथ अन्वय होता है।

ल.-जु है रोह अवरोह मति, रुचिर भाँति क्रम पाय। तिहि समाधि गुन कहत हैं, ज्यों भूषन पर्जाय। उ.-"बर तरुनी के बैन सुनि, चीनी चकित सुभाइ। दुखी दाख मिसरी मुरी सुधा रही सकुचाइ।।"-भि. ग्रं. 2, का.नि., 20-21अ/178।

**समानिका छंद**—प्रत्येक चरण में मात्राक्रम है (ऽ।ऽ।ऽ।ऽ)। ल.-तीनि नंद ग समानिका (तीन नंद) (ऽ।) और एक ग (ऽ) । उ.-"देवि द्वार जाहि तूँ। बोलि पाहि पाहि तूँ। राखिहै कृपानि कै। खास 'दास' मानिकै।।''-भि.ग्रं. 1, छंदा., 29-30/238।

**समाप्तपुनराप्त**-दे. दोष। काव्य में एक बात समाप्त कर पुनः उसी बात में आगे कहा जाता है तो वहाँ यह वाक्य दोष होता है। ल.-करि समाप्त बातहि कहै, फिरि आगे कछु बात। सो समाप्तपुनराप्त है दूषन मति अवदात। उ.-"डाभ बराए पग धरौ आढ़ो पट अति घाम। सियहि सिखायो, निरखतीं दृग जल भरि मगबाम।।" ति.-निरखिकै सिखावति चाहिये। -भि.ग्रं. 2, का.नि., 40, 41, 41अ/227।

**समालंकार**—साहित्य में एक प्रकार का अलंकार जिसने तीन भेद बताये गये हैं - 1. योग्य-वस्तु के संयोग या संबंध का वर्णन, 2. कारण के साथ कार्य की सारूप्यता का वर्णन, 3. अनिष्ट बाधा के बिना ही प्रयत्नसिद्धि का वर्णन। ल. (1)-अलंकार समतीन बिधि जथाजोग्य को संग। कारज में सब पाइये कारन ही को अंग। श्रम बिन कारजसिद्धि जब उद्दिम करतैं होइ।।-ज.ग्रं., भा. भू., 122-123/40-41। ल. (2)-1. जथा जोग सम बरनिबो सम भाषत कबि लोग। उ.-"कुबजा को कूबर मधुप यहै त्रिभंगिहि जोग।" 2. दूजो सम ल.-कारन को गुन काज में जहँ पैये सम सोइ।। उ.-"सिय जु दुसह दुख सहि लियो सुता भूमि की होइ।।" 3. तीजो सम ल.-सम श्रम बिनु सिधि काज की जतन करत ह्वै जाइ। उ.-"जाहि मिलन सिय सजि चली मिल्यो सु आपुहि आइ।।"-प.ग्रं., पद्मा., 152-154/51। ल. (3)-जहाँ दुहुन अनुरूप को करिये उचित बखान। सम भूषन तासों कहत भूषन सकल जहान।।-भू.ग्रं., शि.भू., 190/165। ल. (4)-जाको जैसा चाहिये, ताको तैसो संग। कारज में सब पाइये कारन ही को अंग।। उद्यम करि जो है मिल्यो वहै उचित धरि चित्त। है विषमालंकार को प्रतिद्वंदी सम मित्त।।-भिखारीदास ने इसके तीन प्रकार बताये हैं (1) यथा-योग्य का संग, उ.-"घनस्याम को स्याम सरूप अली इन आँखिन ही अनुरूप बन्यो।।" (2) कार्य के योग्य कारण, उ.-"चंचलता सुरबाजि तें दासजु सैलनि तें कठिनाई गही है। मोहन-रीति महाबिष की दई, मादकता मदिरा सों लही है। धीबर देखि डरै जड़ सों बिहरै जलजंतु की रीति यही है। न्याइ ही नीचहिनीच फिरैं यह इंदिरा सागर बीच रही है।" (3)-उद्यम करि पायो सोई उत्तम को उ.-"जों कानन तें उपजि कै, कानन देत जराइ। ता पावक सो उपजि घन, हनै पावकहि न्याइ।।"-भि.ग्रं. 2, का.नि., 4-10/141।

**सम**—शम। मानसिक स्थिरता, अंतःकरण और मन का संयम। उ. (1)-"ए षट साधन कहत हौं आदि दऔं जग्यास। सम दम इंद्री बसकरन मुमषि मोष की आस।।"-ज.ग्रं., आ.वि., 58/120। उ. (2)-"मुक्तिपुरी बर दार के चार चतुर प्रतिहार। साधुन के सतसंग सम अरु संतोष बिचार।।"-रा. चं., 25/9।

**समाधि**—अष्टांग योग का अन्तिम अंग। मन को ब्रह्म पर केन्द्रित करना। इसमें चित्तवृत्तियों का निरोध हो जाता है और अंत में केवल्य की प्राप्ति होती है। उ. (1)-"जम अरु नैमहि जानि तूँ आसन प्राणायाम। प्रत्याहार रु धारणा ध्यान समाधि सु नाम।।"-ज.ग्रं., आ.बि., 64/121। उ. (2)-"पूरनहूँ भासत नहीं धेय रूप चित माँहि। सोई जानि समाधि यह और बिषै हाँ नाँहि।।"-ज.ग्रं., आ.बि., 76/122। उ. (3)-''साधन सुद्ध समाधि जहाँ तहाँ कैसें प्रबोध-उदोत नसै रे।"-वि.गी., 3/25।

**समास (दोष)**—दे. दोष, शब्द दोष। समास के प्रयोग से अर्थ में क्लेश उत्पन्न करने वाला दोष। उ.-"है दुपंचस्यंदन सपथ, सौ हजार मन तोहि। बल आपन देखराउ जौ, मुनि करि जानसि मोहि।।" ति-दुपंचस्यंदन दशरथ कों कह्यो सिगरो शब्द

फेर्‌यो, सौ हजार-मन लक्ष्मन कों कह्यो आधो फेर्‌यो।।-भि.ग्रं. 2, का.नि., 21, 21अ/223।

**समासोक्ति** (अलंकार)—काव्य में एक प्रकार का अर्थालंकार जिसमें समान कार्य, समान लिंग और समान विशेषण आदि के द्वारा किसी प्रस्तुत वर्णन से अप्रस्तुत का ज्ञान होता है। ल. (1)-जहँ प्रस्तुत में होत है अप्रस्तुत को ज्ञान। समासोक्ति तहँ कहत हैं कबिजन परम सयान।। ल. (2)-बरनन कीजै आन को ज्ञान आन को होइ। ताहि समासोक्ती कहत भूषन कबि सब कोइ।। उ.-"उत्तर पहार बिधनोल खंडहर झारखंडहु प्रचार करि केली है बिरद की। गोर गुजरात अरु पूरब पछाँह ठौर जंतु जंगलीन की बसति मारि रद की। भूषन जू करतूत जाने बिनु डील देखि भूलि गयौ आपुनी उँचाई लखि कद की। खोई तैं प्रबल मदगल गजराज एक सरजा सों बैर कै बड़ाई निज मद की।।"-भू.ग्रं., शि.भू., 141-142/155। ल. (3)-समासोक्ति प्रस्तुत बिषै अप्रस्तुत को ज्ञान। उ. - "कर पसारि ससि मालतिहि परसत कलानिधान।"-प.ग्रं., पद्मा., 99/44। ल. (4)-समासोक्तयप्रस्तुत फुरै प्रस्तुत बर्नन माँझ। उ.-"कुमुदिनहूँ प्रफुलित भई देखि कलानिधि साँझ।।"-ज.ग्रं., भा.भू., 93/32। ल. (5)-समसोक्ति प्रस्तुतहि तें अप्रस्तुत अवदेखि।-भि.ग्रं. 2, का. नि., 7/115। ल. (6)-जहँ प्रस्तुत में पाइये, अप्रस्तुत को ज्ञान। कहुँ बाचक कहुँ स्लेष तें समासोक्ति पहिचान।। वाचक से, उ.-"सैसव हति जोबन भयो, अब या तन सिरदार। छीनि पगन तें दृगनि दिय, चंचलता अधिकार।।" ति.-सैसव जोबन दोऊ नृप पग दृग दोऊ आमिल चंचलता टहल सो जान्यो जातु है।। श्लेष तें, उ.-"बहुज्ञान कथानि लै थाकिहीं मैं कुलकानिहू को बहु नेम लियो। यह तीखी चितौनि के तीरनि तें भनि दास तुनीर भयौई हियो। अपने अपने घर जाहु सबै अब लौं सखि सीख छियो सो दियो। अब तौ हरि-भौंहँ-कमाननि हेत हौं प्राननि कों कुरबान कियो।।" ति.-भौंह कमान पर प्रान नेवछावरि कीवो यह प्रस्तुत है कुरबान कमान को म्यानहू जान्यो जातु है।।-भि. ग्रं. 2, का.नि., 7, 19-22अ/117-119। ल. (6)-प्रस्तुत बर्नन में जहाँ प्रस्तुत फलै अनूप। ताहि समासोकति कहै सकल कबिनि के भूप।। उ. -"निसिबासर अब रहतु है कुंजनि में ब्रजराज। मधुपहु भए सचेत तिय लखि फूलौ रितुराज।।"-सो. ग्रं. 1, र.पी.नि., 113-114/197।

**समाहितालंकार**—इस अलंकार की सिद्धि वहाँ होती है, जहाँ भाव-शान्ति प्रधान न रहकर किसी अन्य भाव आदि का अंग बन जाता है। अभीष्ट सिद्धि के सहायक की अनायास उपलब्धि से भी यह अलंकार सिद्ध होता है। ल. (1)-काहू को अँग होत है, जहँ भावन की सॉंति। समाहितालंकार तहँ, कहैं सुकबि बहु भाँति।। उ.-"राम धनुष-टंकोर जहँ, कैल्यो सब जग सोर। गर्भ सवहिं रिपुरानियाँ, गर्भ सवहिं रिपु जोर।।" ति.-भयानक रस को गर्भ भाव-सांति अंगु है।।-भि.ग्रं. 2, का.नि. 16, 17, 17अ/41-42। ल. (2)-होत भाव जहँ समित तहँ भावसांति उर आन। सो अंग है जहँ और को वहै समाहित जान।।-प. ग्रं., पद्मा., 298/69। ल. (3)-होइ न क्योंहू, होतु जहँ दैवजोग तें काज। ताहि समाहित नाम यह, बरनत कबिसिरताज।। उ.-"सातहु दीपनि के अवनीपति हारि रहे जिय में जब जाने। बीस बिसे ब्रतभंग भयो सु कहौ अब 'केसव' को धनु ताने। सोक की आगि लगी परिपूरन आइ गए घनस्याम बिहाने। जानकी के जनकादिक के सब फूलि उठे तरु-पुन्य पुराने।।"-क.प्रि., 13/1-2।

**समुच्चय** (अलंकार)—एक अर्थालंकार जिसके दो भेद हैं-1. जहाँ आश्चर्य, हर्ष, विषाद आदि बहुत से भावों के एक साथ उदित होने का वर्णन हो। 2. जहाँ किसी एक ही कार्य के लिए बहुत से कारणों का वर्णन हो। ल. (1)-एक बार ही जहँ भयौ बहु काजन कौ बंध। ताहि समुच्चय कहत हैं भूषन जे मतिबंध।। वस्तु अनेकन को जहाँ बरनत एकहि ठौर। दुतिया समुच्चय ताहिं को कहि भूषन सिरमौर।।-भू.ग्रं., शि.भू., परि., 374-376/199। ल. (2)-दोइ समुच्चय भाव बहु कहुँ उपजै इक संग। एक काज चाहै कर्‌यो ह्वै अनेक इक अंग।।-ज.

ग्रं., भा.भू., 145/47। ल. (3)-सु समुच्चय बहु भाव जहँ इकहि भजत इक दार्हीं। दूजोसमुच्चय-बहु मिलि बहसि क्रै जु इक काज समुच्चय जान। -प. ग्रं., पद्मा., 193-195/56। ल. (4)-एकै करता सिद्धि को, औरै होहिं सहाइ। बहुत होहिं इस बार कै, द्वै अनमिल इक भाइ।। ऐसी भाँतिन्ह जानिये समुच्चयालंकार। मुख्य एक लक्षन यही, बहुत भए इक बार।। -भिखारीदास ने इसके दो प्रकार बताये हैं-1. एक कार्यसिद्धि करने वाले को अन्य का सहायक होना, 2. बहुत का एक साथ होना, उ.-"धन जोबन बल अज्ञता, मोहमूल एक एक। दास मिलैं चार्यौ तहाँ, पैयै कहाँ बिबेक।।"-भि. ग्रं., 2, का.नि., 32, 33, 35/ 146-147।

**समुद्रिका छंद**—चौदह मात्राओं का छंद है। क्रम है (।।।।।।ऽ।ऽ।ऽ)। ल.-दुज स ज ग समुद्रिका वही। उ.-"सुनि सुनि बतियाँ मनो पिका। लखि लखि अँगुरी समुद्रिका।।"-भि.ग्रं. 1, छंदा., 105, 113/192-193।

**समृति**—स्मृति। हिंदुओं के धार्मिक ग्रंथ दो भागों में विभक्त हैं-श्रुति और स्मृति। श्रुति में वेद, ब्राह्मण, उपनिषद आदि हैं, जबकि स्मृति में छह वेदांग, गृह्यादि सूत्र, मनु-याज्ञ-वल्कयादि धर्मशास्त्र, रामायण, महाभारतादि इतिहास, अठारह पुराणादि अन्तर्भूत हैं। उ.-"पढ़त सुनत मन दै निगम आगम स्मृति पुरान।"-मति., ल.ल., 7/300।

**समेत शिखर छन्द**—रचयिता-वृंद (दे.)। विव.-जैन तीर्थ का माहात्म्य। (सा.को.)।

**समेतानुक्रम कवित्त**—रचयिता-नागरीदास (दे.)। (बृ.इति. 7, स.सर्वे.)।

**सम्मन**—जन्म-सं. 1834 में। स्थान-मल्लावाँ (जि. हरदोई)। रचनाएँ-पिंगल काव्यभूषण, सम्मन के दोहे। (इति. शुक्ल, सा.को.)।

**सम्मन के दोहे**—रचयिता-सम्मन (दे.)। विव-नीति के दोहे। (सा.को.)।

**सम्मेत सिखर**—वृंद कवि रचित 'समेत सिखर छंद' नामक रचना। उ.-"सतरै पचीस संवत सरस फागण सुदि तृतिय सू रहिय। सम्मेत सिखर सोभा सुभरि वृंद सुकवि कीरत्ति किय।।"-वृं.ग्रं., स.सि., ४/1।

**सरजा**—फा.शरजाह - उच्च पद वाला। यह उपाधि शिवा के पूर्वपुरुष मालोजी की थी। उ. (1)-"सरजा समथ्थ सिवराज कहिं देहि विजय जय जग जननि।।"-भू.ग्रं., शि.भू., 2/128। उ. (2)-''जातें सरजा बिरद भौ सोहत सिंह-समान। रन-भ्वैंसिला सु भ्वैंसिला आयुष्मान सुखान।।''-भू.ग्रं., शि.भू., 8/129।

**सरजा खाँ**—शरजा खाँ। बीजापुर का बड़ा प्रसिद्ध सरदार जिसने 24 दिसम्बर, 1665 में दिलेर खाँ को साथ लेकर शिवाजी से युद्ध किया था। उ.-"सरजाखाँ बाच्यौं भजि काजी के बहाने बाबूराउ उमराउ ब्रह्मचारी के छलन सौं।।"-भू.ग्रं., शि.भू., 90/144।

**सरजा सिवा**—'सरजा' उपाधिधारी शिवाजी। उ.-"बड़ी बड़वा को जैतवार चहुँधाको सैन सरजा सिवा को जानियत इत आइ है।"-भू.ग्रं., शि. भू., 327/189।

**सरजू**—सरयू नदी। एक प्रसिद्ध नदी जिसके तट पर प्राचीन अयोध्या नगरी स्थित है। इस नदी का उल्लेख ऋग्वेद में भी मिलता है। भूगोल की घाघरा नदी यही है। महाभारत के अनुसार यह हिमालय के स्वर्णशिखर से उद्भूत गंगा की सात धाराओं में से एक है। इसी के तट पर 'गोप्रतार' नामक तीर्थ है, जहाँ गोता लगाकर श्रीरामचंद्र ने दलबल के साथ परम धाम को प्रस्थान किया था। (पौ.को.)। उ.-"सरजू के तीर तीर खेलैं चारौं रघुबीर, हाथ द्वै द्वै तीर राते रातियै धनुहियाँ।।"-क. प्रि., 9/9।

**सरजू राम पंडित**—स्थितिकाल-सं. 1805। स्थान-अवध। रचनाएँ-जैमिनि पुराण भाषा। विव-रामचरितमानस की शैली में दोहा-चौपाई तथा अन्य छंदों में जैमिनि पुराण लिखित है, जिसमें कुल 36 अध्याय हैं। (इति. शुक्ल, सा.को., बृ.इति. 7)।

**सरद**—शरत। शरहतु। एक ऋतु जो आजकल आश्विन और कार्तिक मास में मानी जाती है। वैदिक काल में यह ऋतु भाद्रपद और आश्विन मास में होती थी। उ.-"सरद चाँदनी में बिकच बिमल

मालती कुंज। जगत जोतिमय मैन के मनो सुजस के पुंज।।"-मति. सत., 400/401।

**सरद कौ रास**—नृत्य, गीत और वाद्य से समन्वित श्रीकृष्ण और गोपिकाओं का मण्डलात्मक नृत्य। ऋतु संधि काल में होने वाले इस रास की दो परम्पराएँ मिलती हैं-शारदीय रास और वासन्तिक रास। उ.-"मौहन रास न आवतौ नैकु सरद कौ रास। होती कहुं वृषभान की जौ न राधिका पास।।"-रस., रतन., 662/131।

**सरदवा**—शारदा, सरस्वती। उ.-"बंदौं देवि सरदवा, पद कर जोरि।"-र.वि., ब.ना.भेद, 2/41।

**सर पंच**—कामदेव के पाँच वाण-अरविंद, अशोक, आम्रपल्लव, नवमल्लिका और नीलकमल। कामदेव इन वाणों से उन्मादन, तापन, शाषण, स्तंभन और सम्मोहन का कार्य निष्पन्न करते हैं। उ.-"हनै सर पंच गहे कर काम। कर्‌यौ बिरही मोहिं स्रावन राम।।"-बो.ग्रं., वि.वा., 32/84।

**सर पाँचनि**—दे. सर पंच। उ.-"नैन के सैन मैं कौटिक मैन लजै'रु भजै तजि कै सर पाँचनि।"-घ.क., 398/199।

**सरफराज चन्द्रिका**—रचयिता-देवकीनन्दन (दे.)। विव.-अलंकार निरूपक ग्रंथ। (इति. शुक्ल)।

**सरभ**—शरभ। आठ पैरों वाला कल्पित हिंसक जन्तु जिसके विषय में प्रसिद्ध है कि यह सिंह से भी अधिक बलवान होता है। आठ पैरों वाला होने के कारण इसे अष्टपाद भी कहते हैं। उ.-"सिव बिरंचि सों संभु भनि, रजत रजत अरु हेमु। स्वर्न सरभ सों कहत हैं, अष्टापद करि ने मु।।"-क.प्रि., 5/43।

**सरभ**—दोहा छंद का एक भेद। दे. दोहा, सरभु।

**सरभु**—दोहा छंद का एक भेद। इसके प्रत्येक चरण में आठ लघु होते हैं। ल.-सरभु आठ लघु।-छं.मा., 2/20।

**सरयू अष्टक**—रचयिता-उमापति त्रिपाठी (दे.)। (बृ.इति. 7,)

**सरसति**—दे. सरस्वती। उ.-"सरसति को नमत नर सरसत कोमल बैन।"-वृं.ग्रं., य.स., 1/204।

**सरस मंडावली**—रचयिता-सहचरिशरण दास (दे.)। (बृ.इति. 7,)

**सरसी** छंद—एक वर्णवृत्त। इसके प्रत्येक चरण में मात्राक्रम है (।।। ।S। S। ।।S ।।S ।।S ।S ।S)। इक्कीस वर्ण होते हैं और ग्यारह तथा दस वर्ण पर यति होती है। ल.-नगन जगंनु नंद सगनो, सगनो सगनो लगे लगे। बिरति बिबेक एकदस में, में करिये पगे पगे। बरन इकीस 'दास' दर सी, दरसी, दरसी लसी लसी। तिरति सुबुद्धि छंद सरती सरसी सर सी रसी रसी।। उ.-"लहल कपोल कंवु-सरि कों अँखियाँ झँखियाँ अनूप है। चिकुर सबार रूप जल जू, बनिता सरसीसरूप है।।"-भि.ग्रं. 1, छंदा., 108-109/265।

**सरसुति**—दे.सरस्वती। उ. (1)-"कढ़त पियूषहु ते मधुर मुख सुरसुति के सोत। भोगनाथ नरनाथ के साथ बसे कवि होत।।"-मति.सत., 643/421। उ. (2)-"सरसुति के भंडार की वड़ी अपूरब बात। ज्यौं खरचैं त्यौं त्यौं बढ़ै बिन खरचे घटि जात।।"-वृं.ग्रं., नी.स., 606/105।

**सरसुती**—सरस्वती। एक प्राचीन नदी जो पंजाब में बहती थी और जिसकी क्षीण धारा कुरुक्षेत्र के पास अब भी है। वेदों में इसका वहुत उल्लेख है। कहीं-कहीं इसका समुद्र में गिरने का उल्लेख है और कहीं पर सिंधु नदी के लिए ही इसका प्रयोग जान पड़ता है। कुछ लोग अफगानिस्तान की 'हरख्वैती' नदी को मूल सरस्वती नदी मानते हैं। बाद में पंजाब की नदी को यह नाम दिया गया। (विस्तार के लिए दे. हिं.श.सा.)। उ.-"मोतिन की लरैं गरैं छूटि परैं गंगछबि सेंदुर सुरंग सरसुती दरसाति है।"-भू.ग्रं., प्रकी., 500/227।

**सरस्वति**—दे. सरसुती। सरस्वती नदी। उ.-"पाइन के रंग सों रँगि जात सी भाँति ही भाँति सरस्वति सैनी।"-प.ग्रं., जग., 13/81।

**सरस्वती** (नदी)-दे. सरसुती। उ.-"कहै पदमाकर न ऐहै काम सरस्वती साँचहू कलिंदी कान करन न पाएगी।"-प.ग्रं., गं.ल., 16/258।

**सरस्वती (देवी)**—पुराणों में सरस्वती ब्रह्मा की पुत्री और स्त्री दोनों कही गई है। महाभारत के अनुसार यह दक्ष प्रजापति की पुत्री है जिनके हाथ में वीणा और पुस्तक है। इनका वाहन हंस है। दूसरे मत से यह विष्णु पत्नी है। इन्हें वाग्देवी भी कहा जाता है। (विस्तार के लिए दे.-पौ.को., हिं.श.सा.)। उ.-"तक विवेक प्रति जुद्ध कों आगमनिगम समेत। पठई तहाँ सरस्वती, सन्मुख समर-निकेत।।"-वि.गी., 12/4।

**सराधपखु**—श्राद पक्ष, पितृपक्ष। वर्ष का पक्ष विशेष जिसमें शास्त्र के विधान के अनुसार पितरों के उद्देश्य से धार्मिक कृत्य (जैसे पिंडदान, तर्पण, ब्राह्मण भोजन आदि) किये जाते हैं। इस पक्ष में जब लोग पितरों का श्राद्ध करते हैं तो कुछ अन्न कौए के लिए भी निकाल कर उसको पुकारकर खिला देते हैं । उ.-"दिन दस आदरु पाइ के करि लै आपु बखानु। जौ लगि काग सराधपखु, तौ लगि तौ सनमानु।।"-बि.र., दो., 434/200।

**सराप**—अहित कामना सूचक शब्द। तुम्हारा कुछ अनिष्ट हो, इस प्रकार का वचन। जैसे कपिल मुनि ने अश्वमेध यज्ञ का घोड़ा ढूँढ़ने आए सगरसुतों को भस्म हो जाने का शाप दिया था। उ.-"सैद अफगन-सेन-सगरसुत नलागी कपिल-सराप लौं तराप तोपखाने की।"-भू.ग्रं., प्रकी., 511/230।

**सरीफ खाँ**—पठान योद्धा, जो प्रयाग में वीरसिंह से मिला था। उ.-"सरीफ-खाँहि देखि सुख भयौ। छीर नीर ज्यौं मन मिलि गयो।।"-वी.च., 5/44।

**सरीर**—दे. सथूल। शरीर। उ.-"याकैं तीन सरीर हैं कारण सूछिम जानि। तीजैं देह सथूल है इहिं बिधि तैं तू मानि।।"-ज.ग्रं., आ.बि., 121/126। उ. (2)-"अंतहकरन संजोग तैं जीव कहत हैं माहि। याकैं तीन सरीर हैं पलिलौं कारन आहि।।"-ज.ग्रं., अ.सि., 67/148।

**सरूप-करूप-वाद**—रचयिता-कुलपति मिश्र (दे.)। (बृ.इति. 7)।

**सरूप गिरि**—पद्माकर रचित 'हिम्मतबहादुर बिरुदावली' के नायक अनूपगिरि हिम्मतबहादुर के बड़े भाई उमरावगिरि थे। इनके चार पुत्र गंगागिरि, जगतगिरि, राजगिरि और उत्तमगिरि थे। अन्य दो थे-हंसराजगिरि और जीवनगिरि। पं. विश्वनाथ प्रसाद मिश्र का अनुमान है कि सरूपगिरि इन दोनों में से किसी एक के पुकारने का नाम रहा होगा। उ.-"अतिमिट्यौ कुँवर सरूपगिरि अर्जुन विकट बलवान सों।"-प.ग्रं., हि.ब.बि., 160/23।

**सरूपसिंह**—पद्माकर रचित 'हिम्मतबहादुर बिरुदावली' में युद्ध का मुहूर्त बताने वाले ज्योतिषी का नाम। उ.-"यह सुनि हुकुम महाराज को दिल खुशी जोतिषराज को। सु सुरूपसिंह सुनाम के बोले बचन जयकाम को।।"-प.ग्रं., हि.ब.वि., 21/7।

**सरोजकलिका**—रचयिता-श्रीपति (दे.)। (इति. शुक्ल)।

**सर्प**—दोहा छंद का एक भेद। ल. (1)-सर्प, लघु 46।-छं.मा., 2/21। ल. (2)-सर्प अक्षर 48। -सो.ग्रं. 1, र.पी.नि., पृ. 24।

**सर्बतोभद्र** — 1. देवताओं का एक वन। उ.-"चैत्ररथ अति चारुतहँ, बैभ्राजक इहि नाम। और सर्बतोभद्र पुनि, नंदन बन सुखधाम।।"-वि. गी., 4/32। 2. चित्रालंकार का एक भेद। उ.-"सीता सीन नसी तासी, तार मार रमा रता। सीमा कली लीकमासी, नर लीन नली रन।।"-क.प्रि., 16/77। इसका अर्थ अस्पष्ट है। केशवदास ने इसका दूसरा उदाहरण भी दिया है। उ.-"कामदेव चित्त दाहि, बामदेव मित्त दाहि। रामदेव चित्त चाहि, धाम देव नित्त माँहि।।"-क.प्रि., 16/78।

**सर्बमंगला**-दुर्गा। पार्वती। उ.-भौंर ज्यौं भँवत भूत बासुकी गनेसजुत मानौं मकरंदबुंद माल गंगाजल की। उड़त पराग पट, नाल सी बिसाल बाहु, कहा कहौं "केसोदास" सोभा पलपल की । आयुध सघन सर्बमंगला समेत सर्ब पर्बत उठाइ गति कीन्ही है कमल की। जानत सकल लोक लोकपाल दिगपाल जानत न बान बात मेरे बाहुबल की।।"-रा.चं., 4/23।

**सर्मदा**—एक नदी विशेष। उ.-"असेष सर्मदा विशेष जीति नर्मदा लई। जगत्प्रकास की सुता कृतांतसोदरी जई।।"-वि.गी., 6/22।

**सर्वतोमुख**—लेखनी चित्रालंकार का एक भेद। उ.-"काम अरै तन लाज मरै कब मानि लिये रति गान गहै रुख। बाम बरै गन साज करै अब कानि किये पल प्रान दहै दुख। धाम धरै धन राज हरै तब वानि बिये मति हानि लहै सुख। रात ररै मन काज सरै सब हानि हिये अति आन कहै मुख।।"-क.प्रि., 16/83।

**सर्वलोहप्रकाश**—रचयिता-गुरु गोविंद सिंह (दे.)। (इति. शुक्ल)।

**सर्ववदना छंद**—प्रत्येक चरण में मात्राक्रम है (SS SS ISS IIII IIS SSI IIS)। बीस वर्ण होते हैं और सात, सात तथा छह वर्ण पर यति होती है। ल.-कर्नो कर्नो यगंनो, दुजबर सगनो तक्कार सगनो। ठानो बिश्राम सातै, पुनि मुनि रस है, बिश्राम पगनो। बर्ना बीसै सँवारो चरन चरन में, आनंदसद नै। भोगी राजा बखान्यो सकल बदन सोहै सर्बबदनै।। उ.-"पालै मारै उपावै, सकल जगत ये हैं दैतकदनै। थाके जाके बखानै, करत सुरसती, स्यौं सर्बबदनै।।"-भि.ग्रं. 1, छंदा., 104-105/264।

**सर्वसंग्रह**—रचयिता-महाराज विश्वनाथ सिंह (दे.)। (इति. शुक्ल)।

**सलहेर**—दक्षिण का एक दुर्ग। मोरोपंत पिंगले और शिवाजी की सेनाओं ने मिलकर इस दुर्ग को 2 लाख सैनिकों के साथ घेर लिया था, जिसमें किलेदार फतेह उल्ला खाँ मारा गया और शिवाजी ने किला दखल कर लिया। 1671-72 में घटित इस घटना को 'सलहेर का घेरा' कहा जाता है। उ.-"साहितनै सरजा खुमान सलहेर पास कीनौ कुरुखेत खीझि मीर अचलन सौं।।"-भू.ग्रं., शि.भू., 90/144।

**सलहेरि**—दे. सलहेर। उ.-"जीत्यो सिवराज सलहेरि को समर सुनि न काह सुरन के सीने धरकत हैं।"-भू.ग्रं., प्रकी., 417/208।

**सलिग्राम**—शालग्राम। विष्णु की एक प्रकार की मूर्ति जो पत्थर की होती है और नारायणी नदी में पाई जाती है और प्रायः पत्थर की ऐसी गोतियों या बटियों आदि के रूप में होती है, जिसके ऊपर चक्र का चिहन होता है, जिसे लोग साधारण बोलचाल में जनेऊ कहते हैं। इस चिहन से रहित मूर्ति पूजा योग्य नहीं मानी जाती। (हिं.श.सा.)। उ.-"लसैं स्याम नैना निकाई भरे हैं। सलिग्राम ज्यों संपुटौ में धरे हैं।"-प.ग्रं., मिश्र, प्र.बि., 50/281।

**सलैमसाहि**—अकबर का पुत्र जहाँगीर। उ.-"छोड़ो सबे सुघर की आस। चलौ सलैमसाहि के पास। घटि बढ़ि अपने करमहि लगी। उद्दिम सबकी कीरति जगी।।"-वी.च., 5/14।

**सवाई**—शिवाजी का एक विशेषण। यह विशेषण इनके पिता शाहजी के नाम के साथ भी लगा था। शाहजी के राजकवि जयराम पिंडये ने शाहजी के लिए इस विशेषण का प्रयोग किया है।-भू. ग्रं., भूमिका, पा.टि., पृ. 165। उ.-"सरजा सवाई सिवाराज तैं सुहाई लीबे सौगुनी बड़ाई गढ़ दीने हैं दिलीस कौं।"-भू.ग्रं., शि.भू., 193/165।

**सवासन छंद**—आठ मात्राओं का छंद है। मात्राक्रम है (III IS। I)। ल.-द्विजबर भासन। कहत सबासन।। उ.-"सुनहु बलाहक। हुजियत नाहक। बरषि हुतासन। अपजस वा सन।।"-भि. ग्रं. 1, छंदा., 49,53/186।

**सवैया छंद**—इकतीस मात्राओं का छंद है। मात्राक्रम अनिर्दिष्ट है। उ.-"ऐसो राम नाम को सौदा तोहि ना भावत मूढ़ अयान। निसिदिन जात मोहबस दौरत करत सवैया जनम सिरान।।"-भि.ग्रं. 1, छंदा., 229-230/211। इस छंद के वहुत से भेद हैं और नाम भी भिन्न-भिन्न हैं और मात्राएँ भी।

**सबैयाबावनी**—रचयिता-लक्ष्मी बल्लभ (दे.)। विव.-समस्यापूर्ति विषयक ग्रंथ। (बृ. इति. 7)।

**सबैयाबावनी**—रचयिता-बालचंद (दे.)। (बृ. इति. 7)।

**ससिसेखर**—शशिशेखर। शंकर, महादेव। उ.-"वृंद पराक्रम देखि सबै सुर धूनत सीस सराहत हैं बर। पै मुंडमाल उतारत लौं चकि काहै विलंब कियौ ससि शेखर।।"-वृं.ग्रं., भा.पं., 41/22।

**ससुरारि पचीसी**—रचयिता-देवकीनन्दन (दे.)। विव-ससुराल के सुख और नायक-नायिका के कामानंद का वर्णन। (सा.को.)।

**सह**—शह। शतरंज के खेल में कोई मुहरा

किसी ऐसे स्थान पर रखना जहाँ से विपक्षी बादशाह उसकी मार में हो। किश्त। उ.-"धरे हते मुहरा धनै मैलैं हियौ बिसात। मो मन साहिय को करौ तैं दृग दै सह मात।।"-रस., रतन., 318/86।

**सहचरभिन्न दोष**-दे. दोष, अर्थदोष। काव्य में जहाँ विवेक से संगति की उपयुक्तता का ध्यान रखा गया हो, वहाँ यह अर्थ दोष होता है। (सा. को.)। ल.-सो है सहचरभिन्न जहँ, संग कहत न बिबेक। उ.-"निज पर पुत्रनि मानते, साधु काग-बिधि एक।।"-ति.-काग कोइल के पुत्र धौखै पालतु है, साधु समता न चाहिये।।-भि.ग्रं. 2, 85, 85अ/238।

**सहचरिशरण (सखीशरण)**—निंबार्क मत के टट्टी संप्रदाय की महंत परम्परा में गयारहवें गुरु। स्थितिकाल-विक्रम की 19वीं शती का उत्तरार्द्ध। रचनाएँ-ललित प्रकाश, सरस मंडावली।-- (बृ.इति. 7)।

**सहज व्यतिरेक**—दे. व्यतिरेक। केशवदास ने व्यतिरेक अलंकार के युक्ति और सहज नाम के दो भेद किये हैं। ल.-तामहिं आनिय भेद कछु, होई जु बस्तु समान। सो व्यतिरेक सुभाति द्वै, जुक्ति सहज परमान।। सहज व्यतिरेक, उ.-"गाइ बराबरि धर्म सबै धन जाति बराबर ही चलि आई। 'केसव' कंस दिवान पितान बराबर ही पहिरावनि पाई। बैस बराबरि दीपति देह बराबरि ही बिधि बुद्धि-उपाई। ऐ सखि आज ही होहुगी कैसें बड़ी तुम आँखिन ही की बड़ाई।।"-क.प्रि., 11/78,80।

**सहज इन्द्र**—केशवदास के आश्रयदाता गहरवार वंश का एक राजा। उ.-"गढ़कुँडार तिनके भए राजा साहन पाल। सहज इंद्र तिनकें भए, कहि 'केसव' रिपुपाल।"-क.प्रि., 1/10।

**सहजराम**—जन्म-सं. 1905। स्थान-बधुआ ग्राम (जिला-सुलतानपुर)। रचनाएँ-रघुवंशदीपक। (बृ.इति. 7)।

**सहणाई**—शहनाई। एक प्राणवाद्य या सुरवाद्य। बासुँरी या अलगोजे के प्रकार का, पर उससे कुछ बड़ा, नीचे की ओर चौड़े मुँह से फूँक कर बजाया जाने वाला एक प्रकार का बाजा जो समान प्रकार के सुर भरने के एक वाद्य, डुग्गी या नगाड़ा और मँजीरे के साथ बजाया जाता है। शहनाई राग-रागिनी इत्यादि बजाने और धुन आदि के काम में आती है। मांगलिक अवसरों पर या सम्पन्न लोगों के द्वार पर या शास्त्रीय वादन में इसका प्रयोग होता है। उ.-"तार तुरी सहणाई बीणा (रस) सारंग राग अलापत आज।।"-वृं.ग्रं., नै.ब., 6/27।

**सहदेव**—राजा पांडु के पाँच पुत्रों में सबसे छोटे पुत्र। माद्री के गर्भ और अश्विनीकुमारों के औरस से इनका जन्म हुआ था। ये पुरुषोचित सौन्दर्य के आदर्श माने जाते हैं। द्रौपदी के गर्भ से उत्पन्न इनके पुत्र का नाम श्रुतसेन था। इनकी दूसरी पत्नी मद्रराज द्युतिमान की पुत्री विजया थी, जिससे उत्पन्न पुत्र का नाम सुहोत्र था। ये परम विद्वान थे। पांडवों के महाप्रस्थान में हिमालय में द्रौपदी के बाद ये ही गिरे थे। युधिष्ठिर के कथनानुसार अपनी बुद्धि के गर्व के कारण ही इनका शीघ्र मरण हुआ। (पौ.को., हिं.श.सा.)। उ.-"धरम धरम बल भीम पैज पथ्य रूप नकुल अकिल सहदेव तें तूँ चढ़िकै।"-भू.ग्रं., शि.भू., 135/153।

**सहनाई**—दे. सहणाई। उ.-"नौबत बजै सुभग सहनाई। नगरी सब बरनन धुनि छाई।।"-बो.ग्रं., वि.वा., 2/224।

**सहसदृग**—हजार आँखों वाला इंद्र। मुद्गल की पुत्री तथा गौतम ऋषि की पत्नी की सृष्टि ब्रह्मा ने की थी। युवती अहल्या। इंद्र, वरुण आदि देवता इसके इच्छुक हुए। ब्रह्मा की पृथ्वी की प्रदक्षिणा कर सर्वप्रथम आने की शर्त को गौतम ऋषि कामधेनु और शिव की परिक्रमा से पूरी कर सर्वप्रथम प्रस्तुत हुए और अहल्या को उन्होंने प्राप्त किया। गौतम-रूप धारण कर छलपूर्वक इन्द्र ने अहल्या से रमण किया और अचानक बीच में आए गौतम से सहस्त्रयोनिचिह्न युक्त शरीर वाला होने का शाप पाया। बाद में बहुत प्रार्थना करने पर योनि चिह्नों को आँखों के रूप में गौतम ने परिवर्तित किया। (पौ.को.)। उ.-"एक सीस ही सहससीस मान्यौ धराधर दुहूँ दृग सौ सहसदृग मानियतु है।"-भू.ग्रं., शि.भू., 61/139।

**सहसबदन**—सहसवदन। हजार मुखवाला,

शेषनाग। उ.-"दुति रंगमहल की, सहसबदन की, वरनै मति न बिचारी।"-रा.चं., 30/1।

**सहसबाहु**—सहस्रबाहु। क्षत्रिय राजा कृतवीर्य का पुत्र कार्तवीर्य सहस्रार्जुन जिसे हैहय भी कहते हैं। इसकी राजधानी महिष्मती थी। नर्मदा नदी में अपनी स्त्रियों के साथ जलक्रीड़ा करते समय इसने अपने हजार हाथों से नदी का जल रुद्ध कर दिया जिससे रावण की शिवपूजा में विघ्न हुआ। दोनों में युद्ध हुआ और रावण पराजित हुआ। अपनी सेना सहित जमदग्नि मुनि के यहाँ आदर-सत्कार पाकर लालच में आकर कामधेनु छीन ली और बाधक जमदग्नि को मार डाला। ले जाते समय कामधेनु स्वर्ग चली गई। परशुराम ने अपनी अनुपस्थिति में हुए इस कांड को जानकर अपनी प्रतिज्ञानुसार सहस्र भुजाओं को काट कर सहस्रबाहु को मार डाला। इसने दस हजार वर्ष तक उग्र तप कर विष्णु के अंश दत्तात्रेय की आराधना कर चार वर प्राप्त किये थे, जिससे इसे एक हजार भुजाएँ प्राप्त हुई थीं। (विस्तार के लिए दे. पौ. को.-अर्जुन-2, सहस्रबाहु, हिं.श.सा.,) उ. (1)-"तापर जौ हूजियै सहसबाहु ता पर सहसगुन साहस जौ भीमहु तें करियै।।"-भू.ग्रं., शि.भू., 247/175। उ. (2)-"दच्छिन के नाह को कटक रोक्यो महावाहु ज्यों सहसबाहु ने प्रवाह रोक्यो रेवा को।"-भू.ग्रं., प्रकी., 515/231। उ.(3)-"बेन बान हरिनाक्ष हिरनकस्यप दुखदावन। सहसबाहु सिसुपाल कहैं तेरे मनभावन।"-वी.च., 2/6।

**सहसभुज**-दे. सहसबाहु। उ.-"इंद्र तजि पति कर्‌यौ अर्जुन सहसभुज पहिचानि कै।।"-रा.चं., 6/34।

**सहससीस**—दे. सहसबदन। हजार सिर वाले, शेषनाग।उ.-"एक सीस ही सहससीस मान्यौ धराधर दुहूँ दृग से सहसदृग मानियतु है।"-भू.ग्रं., शि. भू., 61/139।

**सहस्रनाम**—रचयिता-गिरिधरदास (दे.)। (इति. शुक्ल)।

**सहस्रबाहु**—दे.सहसबाहु। सहस्रार्जुन, कार्तवीर्य अर्जुन। उ.-"पौन बारिबाह पर संभु रतिनाह पर ज्यौं सहस्रबाहु पर राम द्विजराज है।"-भू.ग्रं., शि. भू., 50/137।

**सहस्रस्नुति**—सहस्रस्तुति नाम की एक नदी। उ.-"उभयसृष्टि अपराजिता आयुर्दी अनघा सु। निजधृति नदी सहस्रस्नुति, पंचनदी सु प्रकासु।।"-वि. गी., 4/11।

**सहाबुदी साह**—शाह शहाबुद्दीन। गजनी का शासक जिसने 1193 ई. में पृथ्वीराज को हराकर हिन्दुस्तान में सच्चे अर्थ में मुस्लिम साम्राज्य की नींव डाली। उ.-"को गनै कर्न जगन्मनि से नृप साथ सबै दल राजन ही को। जानै को खान किते सुलतान सु आयो सहाबुदी साह दिली को।"-क.प्रि., 12/28।

**सहि**—दे.सह। उ.-"तुव दृग सतरंज बाज सौं मेरौ कछु न बसात। बादशाह मन कौं करै छबि सहि दै कर मात।।"-रस., रतन., 281/82।

**सहेट**—नायक-नायिका के मिलने की जगह। नायक-नायिका के मिलने का पूर्व निश्चित स्थान। उ. (1)-"बिनसै ठौर सहेट कौ आगें होई न होइ। जाइ सकै न सहेट में अनुसयना है सोइ।"-ज.ग्रं., भा.भू., 15/8। उ. (2)-"भावती सहेट अंक भरि भेंटि संक मेटि, रंक थाती छाती धरि रहे आप आप कों।"-घ.क., 386/195। उ. (3)-"कहैं पदमाकर तहाँ न मनमोहन सों भेट भई सटकि सहेट तें अली गई।"-प.ग्रं., जग., 191/191। उ. (4)-"आपनी ठौर सहेट बदौ तहँ हौं ही भले नित भेट कै ऐहौं।"-भि.ग्रं., शृं.नि., 174/127।

**सहेट निकुंज**- दे. सहेट। नायक-नायिका का पूर्वनिश्चित मिलनस्थल निकुंज। उ.-"चली सहेट निकुंज को धरि सित भूषन चीर। जोन्ह बीच अंबुजमुखी भई कबु को छीर।।"-मति. सत., 467/407।

**सहोक्ति**—(अलंकार)-'सह', 'साथ', 'संग' आदि वाचक शब्दों के साथ प्रयुक्त होने वाला एक अर्थालंकार जिसमें अनेक कार्य एक साथ ही होते दिखाये जाते हैं। इसमें प्रायः क्रिया एक ही होती है। ल. (1)-हानि बृद्धि सुभ असुभ कछु कहियै गूढ प्रकास। होइ सहोक्ति स साथ ही बरनत 'केसवदास'।।-क.प्रि., 12/20। ल (2)-काज हेतु

कौ छोड़ि जहँ औरनि के सहभाव। बरनत तहाँ सहोक्ति हैं, कबिजन बुद्धि प्रभाव।। उ.-. ."संपत्ति के साथ कबि सौधनि बसन बन दारिद बसत साथ बैरी-बनितान के।।"-मति., ल.ल., 157-158/326। ल. (3)-बस्तुन को भासत जहाँ जन-रंजन सह-भाउ। ताहि कहत सह उक्ति हैं, भूषन जे कबिराउ।। उ.-"छूटत हुलास आमखास एक संग छूटे हरम सरम एक संग बिन ढंग ही । नैनन को नीर धीर छूटे सुख-रुचि त्यों ही एक रंग ही।"-भू. ग्रं., शि.भू., 136-137/154। ल. (4)-सो सहोक्ति सब साथ ही बरनै रस सरसाइ। उ.-"कीरति अरिकुल संग ही जलनिधि जाइ।।"-ज.ग्रं., भा. भू., 90/31। ल. (5)-सो सहोक्ति बहु सँग भनै जनरंजन के काज। उ.-"हरिहि निरखि इक सँग छुटै लोकलाज कुललाज।।"-प.ग्रं., पद्मा., 96/44। ल. (6)-कछु ह्वै होहि सहोक्ति में साथ हिं परे प्रसंग। उ.-"बढ़न लगी नवबाल उर सकुच कुचनि के सँग।"-भि.ग्रं., 2, का.नि., 34/21। ल. (7)-कछु कछु संग सहोक्ति कछु। उ.-" जोग बियोग खरो हम पै उहि कूर अक्रूर के साथहि आए। भूख औ' प्यास स्यों भोग बिलास लै दास वे आपने संग सिधाए।"-भि.ग्रं. 2, का.नि., 46-47/148-149। ल.(8)-एक संग बरनत जहाँ सो सहोक्ति उर आनि। उ.-"हरि दुरि के निरख्यौ हियैं जीवन कियौ बिहार। बढै दृगनि के संग ही नवतरुनी के बार।।"-सो.ग्रं. 1, र.पी.नि., 107-108/196।

**साँझ फूलबीनन संवाद**—रचयिता-नागरीदास (दे.)। (बृ.इति. 7, स.सर्वे.)।

**साँझी के कवित्त**—रचयिता-नागरीदास (दे.)। (बृ.इति. 7, स.सर्वे.)।

**सांत**—शांत। जिसमें वेग, क्षोभ या क्रिया न हो। ठहरा हुआ। उ.-"सिव भजन सांत सुजान है जिहि की समान न आन है।"-प.ग्रं., हि.ब.वि., 13/6।

**सांत रस**—दे. शांत रस। ल.-प्रगट होय निर्बेद जहँ ब्रहम ग्यान ते आइ। सुनि कवित्त तासौ कहैं सांत सु रस सुख पाइ।। उ.-"सुबरन बृंद अरु तात भ्रांत नंद जानि भूत के से छंद निज प्रीतिहि भजाइलै। पंच तत्व प्रगट ते कपट गुटी सी खुली ह्वै हैं और रंग बर संगिहि लगाइलै। नैननि अनिंद नटवर बेष ध्याइ लै रे बैननि सों सुंदर गुबिंद गुन गाइलै।।"-सो.ग्रं. 1, र.पी.नि., 20/142, 21/143।

**सांभवी**—शांभवी नाम की एक हठयोगगत मुद्रा। दोनों भौंहों के बीच में, दोनों भौंहों को ही स्थिर दृष्टि से देखते हुए मन को एकाग्र, एकरस करके वहीं आत्मा, राम को देखने को शांभवी मुद्रा कहते हैं। (घे.सं.)। उ.-"बियरीताख्या और सांभवी मानि लै। परि हाँ, ए मुद्रा- हैं आठ इन्हैं तूँ जानि लै।।"-ज.ग्रं., आ.बि., 72/122।

**साँग**—एक प्रकार की बरछी जो भाले के आकार की होती है और लंबाई में कम होती है।यह फेंक कर मारी जाती है। शक्ति। उ. (1)-"है न मुसक्किल एक रती नरसिंह के सीस पै साँग उबाह्विबो।।"-बो.ग्रं., वि.वा., 29/24। उ. (2)-"लहि लीली साँगैं आँगै तिनहिं गनौ।।"-प.ग्रं., प्र.बि., 91/286।

**साइत खाँ**—शाइस्ता खाँ। दे. सायस्त खाँ। उ.-"या पूना मति टिकौ खानबहादुर आय। ह्याँई साइतखान को दीन्हौं सिवा सजाय।"-भू.ग्रं., शि. भू., परि., 391/202।

**साकत**—शाक्त। शक्ति की उपासना करने वाला। वैदिक पूजन विधि से भिन्न विधि से उपासना करने वाला। ऐसा उपासक शक्ति की ईश्वर के रूप में उपासना करता है और दक्षिणाचार या वामाचार में से किसी एक पद्धति का अनुसरण करता है। वामाचार में पंचमकारों (मद्य, मांस, मत्स्य, मुद्रा और मैथुन) का प्रत्यक्ष प्रयोग निश्चित विधि-विधान के साथ विहित है। उ.-"भौंर ज्यों भँवत जोगी ज्यों जगत रैनि, साकत ज्यों स्याम नाम तेरोई जपत हैं।"-र.प्रि., 11/18।

**साकद्वीप**—शाकद्वीप। पुराणों के अनुसार सात द्वीपों में से एक द्वीप। मान्यता है कि इस द्वीप में शाक या सागौन का एक बड़ा वृक्ष है। यह चारों ओर क्षीर समुद्र से घिरा हुआ है। नयी दृष्टि से यह ईरान और तुर्किस्तान के बीच में पड़ने वाले प्रदेश का नाम है जिसमें होकर वंक्षु या आवसस

नदी बहती है। इस प्रदेश में आर्य और शक जातियाँ बसती थीं। (हिं.श.सा.) उ.-"सब जन साकद्वीप को प्रानायामनि साधि। बायुरूप जगदीस कों सेवत सहज समाधि।।"-वि.गी., 4/12।

**साकांक्ष**—दे. दोष, अर्थदोष। काव्य में आने वाला वह अर्थदोष जिसमें प्रयुक्त शब्दों मे वर्णित होकर अर्थ के कुछ अंश की आकांक्षा बनी रहती है। ल.-आकांक्षा कछु शब्द की, जहाँ परत है जानि। सो दूषन साकांक्ष है, सुमति अहैं उर आनि। उ.-"परम विरागी चित्त निज, पुनि देवन्ह को काम। जननी-रुचि पुनि पितु-बचन, क्यों तजिहैं बन राम।।" ति.-बन जाइबो क्यों तजिहैं राम यों चहिये, जाइबे शब्द की आकांक्षा है। -भि.ग्रं. 2, का.नि. 75, 76, 76अ/236।

**साक्षत् दर्शन**—नायक-नायिका के परस्पर दर्शन का एक भेद। मतिराम ने दर्शन के चार प्रकार बताये हैं- श्रवण, स्वप्न, चित्र और प्रत्यक्ष। ज्ञानेन्द्रियों से आलंबन रूप प्रिय का प्रत्यक्ष मिलना या देखना। उ. (1)-"नँद-नंदन के रूप पर रीझ रही रिझवारि। अधमूँदी अँखियन दई मूँदी प्रीति उघारि।।"-मति., र.रा., 283/266। दे. दर्शन-भेद।

**साखा**—शाखा। वेद की संहिताओं को पदपाठ और स्वर की दृष्टि से व्यवस्थित करने वाला किसी ऋषि के नाम पर उनके वंशजों अथवा शिष्यों द्वारा परम्परा के रूप में चलाया जाने वाला संप्रदाय। उ.-"पाखंडी की श्रद्धा कै मठेसबस एकादसी, लीनी कै स्वपचराज साखा सुद्ध साम की।।"-रा.चं., 12/20।

**साखोच्चार**—विवाह के समय वर-वधू की वंशावली तथा गोत्रादि का परिचय। उ.-"सब भाँति प्रतिष्ठित निष्ठमति तहँ बसिष्ठ पूजस कलस। सतानंद मिलि उच्चरत साखोच्चार सबै सरस।।"-रा.चं., 6/8।

**साछी**—साक्षी। परमात्मा जो जीवशरीर में तटस्थ द्रष्टा या पुरुष या अहं के रूप में विद्यमान रहता है। उ. (1)-"ऐसें ही दुखतें सबै सब मैं साछी होहिं। सुख दुख अरु यह देह पुनि लगै बटाऊ मोहिं।।"-ज.ग्रं., आ.बि., 172/131। उ. (2)-"स्रवन मनन के होत ही साछी भासत जाहि। निसचै करि तूँ जानि यह है बिस्राम सु ताहि।।"-ज.ग्रं., अ.सि., 63/148। उ. (3)-"साछी जाग्रत मैं सोई सपनै ही मैं सोइ। साकी होइ सुषुप्ति मैं प्रतिछ भलैं करि होइ।।"-ज.ग्रं., अ.सि., 64/149।

**साछीपनौ**—दे. साक्षी। साक्षीपन। उ.-"जानि पर्यौ जु सुषुप्ति तैं साछीपनौ निदान। यहै अकर्ता है सदा कहत जु सबै प्रमान।।"-ज.ग्रं., अ.सि., 65/148।

**साज**—वाद्य। संगत करने वाले वाद्य। उ.-"सुर गति ताल साज बजवावै। राग रागिनी भेद पढ़ावै।।" -बो.ग्रं., वि.वा., 67/42।

**सातुक भाव**—दे. सात्विक भाव। ल.-स्तंभ स्वेद सुरभंग अरु कंप बैवरन रूप। अश्रुपात रोमांच लय, सातुक भाव अनूप।।-सो.ग्रं. 1, र.पी.नि., 18/53। उ.-"प्रेमभंग भय सुनत जहँ उपजत सातुक भाव। कहत अधीरज को सुकबि, यह आक्षेप सुभाव।।"-क.प्रि., 10/9।

**सातौं द्वीप**—सप्तद्वीप। पुराणानुसार सात द्वीप ये हैं-जंबू, प्लक्ष, शाल्मली, कुश, क्रौंच, शाक और पुष्कर द्वीप। उ. (1)-"जाको जस-टंड सातौंद्वीप नौहू खंड महीमंडल की कहा ब्रह्मंड न समात है।" -भू.ग्रं., शि.भू., 200/166। उ. (2)-"दंड सातौ दीप नव खंडन अदंड पर नगर नगर पर छावनी समाज की।"-भू.ग्रं., प्रकी., 463/219।

**सात्वती**—(वृत्ति)- साहित्यशास्त्र के अनुसार चार नाटकीय वृत्तियों में से एक वृत्ति जिसका व्यवहार वीर, रौद्र, अद्भुत और शांत रसों में होता है। नायक द्वारा उपर्युक्त रसोचित गुणों के प्राकट्य के समय इस वृत्ति का प्रयोग होता है। ल. (1)-अदभुत बीर सिंगार रस समरस बरनि समान। सुनतहिं समुझत भाव जिहिं सो सात्वती सुजान।।—र.प्रि., 15/8। ल. (2)-बीर हास्य सृंगार मिलि सात्वतीहि निरधारि।।...अदभुत बीर सिंगारजुत सांत सात्वती जानि।। -भि.ग्रं. 1, र.सा., 561, 562/83। उ.-" 'केसोदास' लाख लाख भाँतिन के अभिलाष बारि दै री बावरी न बारि हियो होरी सी।

राधा हरि केरी प्रीति सबतें अधिक जानि रति रतिनाथ हू में देखौं रति थोरी सी। तिन महिं भेद न भवानि हू पै पार्यो जाइ भानत में भारती की भारती है भोरी सी। एकै गाते एकै मति एकै प्रान एकै मन देखिबै कौं देह द्वे हैं नैननि की जोरी सी।।"-र.प्रि., 15/9।

**सात्विक**—वह भाव जिसमें सत्व (दे.) गुण प्रबल हो। ज्ञान, शांति, शुद्धता आदि से सम्पन्न। उ.-"पूजियै द्विज आपने कर नारिसंजुत जानियै। देवदेवहि थापि कै पुनि बेदमंत्र बखानियै। हन्थ लै कुस गोच उच्चरि स्वर्नजुक्त प्रमानियै। दान दै कुछु और दीजहि दान सात्विक जानियै।।"-रा.चं., 21/3।

**सात्विक भाव** — सतोगुण से उत्पन्न होने वाले निसर्गजात अंगविकार। वह अनुभाव, जिसमें स्तंभ, स्वेद, रोमांच, स्वरभंग, कंप, वैवर्ण्य, अश्रु और प्रलाप - ये आठ प्रकार के अंग-विकार होते हैं। ल (1)-ते अनुभावै जानियो जे हैं सात्विक भाव। रसग्रंथनि अवलोकि कै बरनत सब कबिराव।। स्तंभ स्वेद रोमांच सुर भंग कंप बैबर्न। आँसू औरौ प्रलय कहि आठों ग्रंथनि बर्न। -मति., र.रा., 313-314/273। ल. (2)-सात्विक भाव सु हाव धृत आनँद अंगविकास। इनहीं तें रतिभाव को परगट होत बिलास।।...स्तंभ स्वेद रोमांच कहि बहुरि कहत सुरभंग। कंप बरनि बैबर्न्य पुनि आँसू प्रलयप्रसंग।। अंतरंग अनुभाव में आठहु सात्विक भाव। जृंभा नवम बखानहीं जे कबीन के राव।।-प.ग्रं., जग., 393, 396, 397/166-167। ल. (3)-स्तंभ कंप स्वरभंग कहि बिबरन आँसू स्वेद। बहुरि पुलक अरु लीनता आठौ सात्विक भेद।। -ज.ग्रं., भा. भू., 24/11। ल. (4)-सेद थंभ रोमांच कहि, पुनि सुरभंग गनाइ। बहुरि कंप वैवर्ण पुनि, आँसू लय समुझाइ।।-शृं.मं., चिंता., 474/139। दे. सातुक भाव।

**साधना**—किसी आध्यात्मिक या आधिभौतिक लक्ष्य या सिद्धि विशेष के लिए की गई व्यवस्थित और क्रमिक क्रिया। उ.-"साधना जो साधी हरि हिय में अन्हात हैं।" र.वि., फुटकर पद, घनाक्षरी, 1/68।

**साधारण धीरा धीरा**—अपने अपराधी पति के प्रति व्यवहार के आधार पर किये गये नायिका विभाजन में मध्या और प्रौढ़ा नायिका का एक भेद। मुग्धा धीरा धीरा का ल.-कोप व्यंग अव्यंग्य पुनि, जाके वचननि होइ। धीरा धीरा नायिका, बरनत कविजन सोइ।। -शृं.मं., 235/71।

**साधारण नायक**—केशवदास ने नायक के सामान्य गुणधर्म का स्वरूप निरूपण करते समय नायक को साधारण नायक कहा है और बाद में उसके भेदों का स्वरूप निरूपण किया है। ल.-अभिमानी त्यागी, तरुन, कोक-कलानि प्रवीन। भव्य छत्री सुंदर धनी सुचि-रुचि सदा कुलीन।। ये गुन 'केसव' जसु में सोई नायक जानि। अनुकूल दछ, सठ धृष्ट पुनि चौविधि ताहि बखानि।। -र. प्रि., 2/1-2। दे. नायक। चिंतामणि ने नायक के साधारण लक्षण निरूपण में नायक के इन्हीं गुणधर्मों की ओर संकेत किया है। शृं.मं., 445-446/132-133।

**साधारण नायिका**—केशवदास ने जैसे साधारण नायक का लक्षण निरूपण किया है, उसी तरह साधारण नायिका का नहीं किंतु चिंतामणि ने साधारण नायिका का लक्षण निरूपण किया है। ल. (1)-आलंबन शृंगार को, तिय नायिका बखानि। याको देत उदाहरन सुकवि सुनो मन मानि।। उ.-"बरनन करो किते कहौं, कै तोरी भौं पेषि। काम न किंकर होइ यह सुंदरि तो तनु देषि।।" ल. (2)-त्रिविध कहा सो नायिका, प्रथम स्वकीया नारि। पुनि परकीया तीसरी, सामान्या निरधारि।।-शृं.मं., चिंता., 18, 20-21/6-7। भिखारीदास ने साधारण नायिका को स्वकीया और परकीया नायिका से भिन्न बताया है। इस प्रकार उन्होंने साधारण, स्वकीया और परकीया तीन भेद बताये हैं। नायिका ल. (3)-पहिले आतमधर्म तें त्रिबिधि नायिका जानि। साधारन वनिता अपर सुकिया परकीयानि।। साधारण नायिका ल. (4)-जामें स्वकिया परकिया रीति न जानी जाइ। सो साधारन नायिका, बरनत सब कविराइ। जुवा सुंदरी गुनभरी तीनि नायिका लेख। सोभा कांति सुदीप्रिजुत नखसिख प्रभा

बिसेखि।। इसके उपरांत भिखारीदास ने इस साधारण नायिका की सोभा, कांति, दीप्ति, पग, जानु, नितंब, कटि, उदर, रोमावली, कुच, भुज, कर, पीठ, कंठ आदि को उदाहरणों से स्पष्ट किया है। -भि ग्रं. 1, शृ. नि., 27-29/94 ; वही, 30-61/94-103।

**साधारन**—केशवदास ने अलंकार के सामान्य या साधारण और विशिष्ट नाम के दो रूप बताये हैं। साधारण अलंकार को वे सामान्य अलंकार भी कहते हैं। सामान्यालंकार के चार प्रकार बताये गये है-वर्णालंकार, वर्ण्यालंकार, भू-राज-श्री और भूषण अलंकार। ल.-जदपि सुजाति सुलच्छनी, सुबरन सरस सुवृत्त। भूषन बिनु न बिराजहीं, कबिता बनिता मित्त।। कबिनि कहे कबितानि के, अलंकार द्वै रूप। एक कहैं साधारनैं, एक बिसिष्ठ सरूप।। सामान्यालंकार को चारि प्रकार प्रकास। बर्न बर्न्य भू-राज-श्री, भूषन 'केसवदास'।। -क.प्रि., 5/1-3।

**साधुचरण**—स्थितिकाल-सं. 1798। स्थान-उत्कल प्रांत (?)। गुरु-उत्कलप्रांतीय संत श्यामानंद जी। रचना-रसिक विलास। (बृ. इति. 7)।

**साधुसुलच्छन**—रचयिता-तुरसीदास (दे.)। (बृ.इति. 7)।

**साध्यवसाना लक्षणा**—यह प्रयोजनवती शुद्धा लक्षणा का चौथा भेद है। इसमें आरोप के विषय का शब्द द्वारा कथन नहीं किया जाता, केवल आरोप्यमाण के कथन से लक्ष्यार्थ व्यक्त होता है। ल.-जाकी समता कहन कों वहै मुख्य करि देइ। साध्यवसान सु लक्षना, विषय नाम नहिं लेइ।। उ.-"बैरिनि कहा बिछावती फिरि फिरि सेज कृसान। सुन्यो न मेरे प्रान-धन चहत आज कहुँ जान।।" तिलक-बैरिनि सखी कों कह्यो, कृसान फूल कों कह्यो, यातें साध्यवसान कहिये। -भि.ग्रं. 2, का. नि., 35, 36, 36अ/11।

**साध्या परकीया**—भिखारीदास ने परकीया के साध्या, असाध्या और दुःसाध्या तीन भेद नायक द्वारा नायिका को अनुकूल बनाने की दृष्टि से वर्णित किये हैं। साध्या के अन्तर्गत वृद्धवधू, रोगीवधू, बालबधू, ग्रामवधू, आदि की गणना की है। ल. -वृद्धबधू, रोगीबधू बालकबधू बखानि। ग्रामबधू आदिक सकल साध्या लक्षन जानि।।-भि.ग्रं. 1, र. सा., 68/12।

**सापहन्हवातिशयोक्ति** (अलंकार)—दे. अतिशयोक्ति, अपहन्हवातिशयोक्ति। ल. (1)-जहाँ अपन्हुति सहित सो बरनत अभिराम। सापन्हव अतिसय उकति तहाँ कहत मतिराम।। उ.-"झूठ इंदु अरविंद में कहत सुधा मधुवास। तो मुख मंजुल अधर में तिनको प्रकट प्रकास।।"-मति., ल.ल., 114-115/318। ल. (2)-यहै अपन्हवजुज जहाँ सापन्हवा सु मान। उ.-"सु अलि कमल तेरे तनहि सर में कहत अजान।।"-प.ग्रं., पद्मा., 64/40।

**सापन्हुति अतिशयोक्ति**—अतिशयोक्ति, अतिसयोक्ति, अपन्हवातिशयोक्ति अलंकार, सापन्हवातिशयोक्ति अलकार। ल.-जहँ दीजे गुन और को औरहि में ठहराइ। सापन्हुति अत्योक्ति तिहि, बरनत हैं कबिराइ।। उ.-"तेरेहीं नीके लख्यो मृगनैननि तोही कों सत्य सुधाकर मानैं। तोही सों होति निसा हरि कों हम तोही कलानिधि काम की जानैं। तेरे अनूपम आनन की पदवी उहि कों सब देत अपानैं। तूँ ही है बाम गोबिंद को रोचन चंदहि तौ मतिमंद बखानैं।। - भि.ग्रं. 2, का.नि., 26-27/110।

**साब्दी**—शाब्दी। उपमा अलंकार का एक भेद। दे. उपमा, श्रौती उपमा। सोमनाथ के अनुसार पूर्णोपमा में जहाँ सो, जिमि, जैसें-ऐसें-वाचक शब्दों का प्रयोग होता है, वहाँ शाब्दी उपमा होती है। ल.-उपमेय रु उपमान पुनि बाचक, धर्म अनूप। होंइ जहाँ चार्‌यों सु वह पूरन उपमा रूप।। एक दो य पुनि तीनि के लोपें लुप्ता जानि। शब्द बिचारैं साब्दी अरथ आरथी मानि।। सो, जिमि, जैसें, ऐसें-ए साब्दी और सम, समान, सदृश, ए आथौं उपमा कहिए।। -सो.ग्रं. 1, र.पी.नि., 3-4/182।

**साम**—स्याम। भारतवर्ष के पूर्व के एक देश का नाम। उ.-"भूषन भनत रूम बलख-बुखारे जैहैं जैहैं साम चीन तारि जलधि जहाज गै।"-भू.ग्रं., प्रकी., 437/213।

**साम**—राजनीति में किसी को अपने अनुकूल

बनाने के चार उपायों में से एक। अपने वैरी या विरोधी को मीठी बातें करके प्रसन्न करना और अपनी ओर मिला लेना। उ.-"तुम सदा साम दाम दंड भेद न्याव करौ चारो बेद हमहूँ सुनावत समाज हैं।"-प.ग्रं., प्रकी., 32/311।

**साम**—गर्विता के मानमोचन का एक उपाय जिसे नायक प्रयुक्त करता है। वह जो भी नायिका को अच्छा लगता है, वही करता है। ल. (1)-रुचै बाल कों त्यों करै, कहै कंत सो साम।-कु.ग्रं., हि. त., 302/66। दे. मानमोचन। ल. (2)- ज्यों क्योंहूँ मन मोहियै छूटि जाई जहँ मान। सोई साम उपाय कहि 'केसवदास' बखान।। -र.प्रि., 10/3।

**साम**—वे वेदमंत्र जो प्राचीन काल में यज्ञ आदि के समय गाए जाते थे। छंदोबद्ध स्तुतिपरक मंत्र या सूक्त। उ.-"भ्रकुटी बिराजति स्वेत मानहु मंत्र अद्भुत साम के।"-रा.चं., 20/46।

**सामान्या अलंकार**—1. केशवदास ने उपमा अलंकार के दो रूप बताये हैं, जिसमें एक सामान्य या साधारण है। दे. साधारन। 2. इस स्वतन्त्र अलंकार में दो या अधिक वस्तुओं की सदृश गुण के कारण एकरूपता का वर्णन होता है। ल. (1)-भिन्न रूपहू में जहाँ पैए कछु न बिसेष। तहाँ कहत सामान्य हैं पंडित लोग असेष।। -मति., ल.ल., 243/356। ल. (2)-सामान्य जु सादृस्य तें समुझि परै न बिसेष। उ.-"नाहिं फरक श्रुतिकमल अरु तियलोचन अनिमेष।।"-ज.ग्रं., भा.भू., 174/57। ल. (3)-सू सामान्य सादृस्य तें समुझि बिसेष परै न। उ.-"दुरी चित्रपुतरीन में तिय पिय ताहि लहै न।।"-प.ग्रं., पद्मा., 243/62। ल. (4)-जहाँ कहूँ सादृस्य तें कछु न अधिकई होइ। सकल सुकबि कौं सुखद अति कहि सामान्य जु सोइ।। उ.-"लखिए पिय निसि में नवल कौतिक सुख सरसातु । हिमकर अरु तिय बदन में अंतर लह्यो न जातु।।"-सो. ग्रं., 1 र.पी.नि., 283-284/217। भिखारीदास ने मीलित और सामान्य में भेद दर्शन के लिए दोनों का एक साथ निरूपण किया है और स्पष्ट किया है कि क्षीरनीर की तरह मिलना मीलित है तथा हीरा और स्फटिक की तरह मिलना सामान्य (दे. मीलित)। ल.-मिलित जानिये जहँ मिलै छीर-नीर के न्याय। है सामान्य मिलै जहाँ हीरा स्फटिक सुभाय।। सामान्य उ.-"केसरिया पट कनक तन, कनकाभरन सिंगार। गत केसरि केदार में जानी जात न दार।।"-भि.ग्रं. 2, का.नि., 38, 40/138, 139।

**सामान्य निबंधना**—पद्माकर ने निबंधना के पाँच भेदों का निरूपण किया है- सारूप्य, सामान्य, विशेष, कारण और कार्य निबंधना। सामान्य अप्रस्तुत से इस अलंकार में प्रस्तुत विशेष रूप से स्फुरित होता है। ल.-अप्रस्तुत सामान्य तें प्रस्तुत फुरै बिसेष। सो सामान्य निबंधना पदमाकर अवदेख।। उ.-"बड़े प्रबल सों बैर करि करत न सोचबिचार। ते सोवत बारूद पर पट में बाँधि अँगार।।"-पं.ग्रं., पद्मा., 114-115/46।

**सामान्य परिबृत्ति (दोष)**—सामान्य परिवृत्ति दोष। किसी अर्थ का सामान्यता रूप से वर्णन करने के बदले विशेषता रूप में वर्णन करना। ल.-जहाँ कहत सामान्य ही, थल बिसेष को देखि। सो सामान्य प्रबृत्ति है, दूषन दृढ़ अवदेखि।। उ.-"रैनि स्याम रँग पूरि ससि चूरि कमल करि दूरि।जहाँ तहाँ हौ पिय लखौं, ये भ्रमदायक भूरि।।" ति.-रैनि सामान्य है सितौ असितौ है इहाँ जोन्ह बिसेषि चाहिये।-भि.ग्रं. 2, का.नि., 73-74अ/235।

**सामान्य विशेषालंकार**—ल. (1)-कहिबे जहिं सामान्य है कहै तहाँ जु बिसेष। सो सामान्य बिसेष है बरनत सुकवि असेष।। उ.-"जीति लई बसुधा सिगरी घमसान घमंड कै बीरनहू की। भूषन भ्वैसिला छीनि लई जगती उमरान अमीरनहू की। मीरतनै सिवराज की धाकति छूटि गई धृति धीरनहू की। मीरन के उर पीर बढ़ी यौं जु भूलि गई सुधि पीरनहू की।।"-भू.ग्रं., शि.भू., 109-110/148-149। ल. (2)-बरनत जहँ सामान्य में कहै बिसेषै आनि। कै सामान्य बिसेष में बिनु पोषक दुखदानि।। उ.-"निरखि निकाई बाग की लोचन रहे लुभाइ। सोनजुही के कुसुम ने लीनौं सुमन चुराइ।।"-सो. ग्रं. 1, र.पी.नि., 39-40/167।

**सामान्या**—सामान्या नायिका वह है जो

गुणवती और रूपवती हो तथा धनदान में उदारता को देखकर ही पुरुष पर रीझती हो। उसी पुरुष से वह अधिक प्रेम करती है जो अधिक दाम या धन देता हो। चेष्टा में वह शरीर में भूषण, कीमती वस्त्र और उदार छवि के धारण करने वाले पुरुष के प्रति झुकती है। न तो वह स्वयं और न गुणों से ही झुकती है। धैर्य, मति और लज्जा में वह घटकर होती है। ल. (1)-लखि उदार रीझै सदा, गुन सरूप की धाम। करे प्रेम तासों अधिक, अधिक देत जो दाम।। अति उदार छवि के धरें, भूषन बसन सरीर। नहि निज वै गुन नवनि तन, घटि लज्जा मति धीर।।-कृ. ग्रं., हि.त., 175-176/42। कृपाराम ने सामान्या के भी मुग्धा, अज्ञात यौवना, ज्ञात यौवना, नवोढ़ा, मध्या, प्रौढ़ा के भेदों का वर्णन किया है और उनकी सुरत, सुरतांत, विपरीत, आदि का भी विस्तार किया है -कृ.ग्रं., हि.त., 179-194/43-46। उ.-"लखि लखि धनिक नयकवा, बनवत भेष। रहि गइ हेरि अरसिया, कजरा रेख।।"-र.वि., ब.ना.भे., 42/46। ल. (2)- सो सामान्या नाइका जाकें धन सों काम।-ज.ग्रं., भा.भू., 10/7। ल. (3)-प्रेम ज काहू सौं तनक, धन ही सों अति प्रीति । तन मन बचन निलज्जता, बारबधू की रीति।।-सो ग्रं.1, र.पी.नि., 29/80। ल. (4)-गनिका प्रेम कहू न यह, कहै मूढ़ सिर मौर। गुपित नेहु है एक थल, धन कारन सब ठौर।। अनब्याही फल को करै, जो अनेक संभोग। सो सामान्या बरनियैं, बरनत पंडित लोग।। सामान्याभेद-यह कही स्वतंत्रा नाम एक, पुनि जनन्यधीरा करि विवेक। नियमिता क्लृप्त अनुराग जानि, कल्पितानुरागा और मानि।। यह सामान्या की पाँच भाँति, जामै सोहित उल्लसित काँति। लक्षनोदाहरन कहत आनि, सिगरे सज्जन कबि लेऊ मानि।। उ.-"दाता सुन्दर सुघर अति, सोहत ललित बनाइ। चलो बड़े साहिबै सखि, लीजै आजु रिझाइ।।-शृं. मं., चिन्ता., 127-130/38-39।

**सामान्या वासकसज्जा**—दे. सामान्या। धर्म के आधार पर नायिका के तीसरे भेद सामान्या का वह उपभेद जिसमें वह नायिका उदार प्रिय से भोग के लिए सब प्रकार की तैयारी कर उसके आने का आसरा देखती है। उ. (1)-"कीन्हेंसि सबै सिंगरवा, चातुर बाल। ऐहैं प्रानपिअरवा, लै मनिमाल।।"-र.वि., ब.ना.भे., 74/50। उ. (2)-"सुंदरि सेज सँवारिकै साजै सकल सिंगार। दृगकमलन के द्वार पै बाँधे बंदनवार।।"-मति., र.रा., 177/271।

**सामान्या स्वाधीनपतिका**—दे. सामान्या। धर्म के आधार पर नायिका के तीसरे भेद सामान्या अथवा गणिका का वह उपभेद जिसमें वह उदार प्रिय को सर्वथा वश में कर रखती है। उ. (1)-"लै हीरन के हरवा, मानिकलाल। मोहि रहत पहिरावत, बस ह्वै लाल।।"-र.वि., ब.ना.भे., 79/50। उ. (2)-"छाँडि सबै सुधि सदन की रहत मदनबस लीन। मोहीं कों धन देत हैं पिय सुजान परबीन।।"-मति., र.रा., 188/246।

**साम्हर**—शाकम्भर या सम्भल या साम्भल। साँभर नामक प्रदेश या नगर। उ.-"देवगढ़ चाँदा गढ़ा मंडला उज्जैन रीवाँ साम्हर सिरोज अजमेर लौं निहारो जोइ।।"-बो.ग्रं., वि.वा., 18/23।

**सायक छंद**—मात्रामुक्तक छंद है। ल.-सगनागो सगनागो सगना। रगना दीहुँ नहीं दो सगना। लघु आद्यंत परे सत्रह लेखि। नाम है सायक या छंदहि देखि।। उ.-'दास' ये प्राननि के घायक हैं। बिसु हैं खंजर हैं सायक हैं।।"-भि.ग्रं. 1, छंदा., 29-30/219।

**सायस्त**—दे. सायस्त खाँ। शाइस्ता खाँ। उ.-"बंदि कियौं है सायसाहू खाँ जसवंत से भाऊ करन्न से दोखैं।।"-भू.ग्रं., शि.भू., 72/141।

**सायस्त खाँ**—शाइस्ता खाँ। औरंगजेब द्वारा दक्षिण के सूबेदार के रूप में नियुक्त। अनेक स्थानों पर विजय प्राप्त कर इसने पूना में डेरा डाला। 5 अप्रैल, 1963 को शिवाजी 200 योद्धा लेकर, भेष बदलकर इसके डेरे में पहुँचे। संतरी को मारकर महल में प्रवेश किया। शाइस्ता खाँ जब खिड़की से भागने लगा तो शिवाजी के प्रहार से इसके हाथ की अँगुलियाँ कट गईं। बाद के युद्ध में इसका पुत्र

फतेह मारा गया। उ. (1)-"सायस्त खाँ दुरजोधन सौ औ दुसासन सौ जसवंत निहार्‌यौ।।"-भू.ग्रं., शि.भू., 34/134। उ. (2)-"भूषन भनत लूट्‌यौ पूना में सायस्तखान गढ़नि में लूट्‌यौ त्यौं गढ़ोइन कौ जाल है।"-भू.ग्रं., शि.भू., 94/145। उ. (3)-"अफजल की अगत सायस्त खाँ अपत वहलोल की बिपात डरे उमराउ हैं।"-भू.ग्रं., शि. भू., 156/158।

**सारंग**—1. सारंगी। एक तार वाद्य। उ.-"कहूँ मीर भौरान की घोर भारी। कहूँ तान सारंग बीनादि न्यारी।।"-बो.ग्रं., वि.वा., 44/214।

2. सारंग राग। संपूर्ण जाति का एक राग जिसमें शुद्ध स्वर लगते हैं। इसे मेघ राग का सहचर कहा गया है। कुछ लोग इसे नट, मल्लार तथा देवगिरि के संयोग से बना हुआ संकर राग भी मानते हैं। (हिं.श.सा.) उ. (1)-"तार तुरी सहणाई वीणा (रस) सारंग राग अलापत आजै।।"-वृं.ग्रं., नै. ब., 6/27।

3. सारंग छंद। चारों चरणों में मात्रा क्रम है (SSI SSI SSI SSI)। ल.- चार तगण। उ.-"कस्तूरि ही लेप कै लेहि सर्वंग। प्यारी सजै आजु सारी निसा रंग।।"-भि.ग्रं.1, छंदा., 39, 43/240। दे. भुजंग प्रयात।

**सारंगिया छंद**— बारह मात्राओं का छंद है। क्रम है (IIIISS IIS)। उ.-"सुरनि रमावै हिय कों। कर गहि सारंगिय कों।।"-भि.ग्रं. 1, छंदा., 88/190।

**सारंगी छंद**—तीस मात्राओं का छंद है। ल.-तिथि ग सारगी (15 गुरु)। उ.-"नच्चैं बाला नच्चैं ग्वाला नच्चैं कान्हा के संगी। बज्जैं भेरी म्रिदंगी तंबूरा चंगी सारंगी।।"-भि.ग्रं. 1, छंदा., 225, 226/210।

**साराँग**—दे. सारंग - 1. सारंग राग। उ. (1)-"जथा राधिकाध्यान ते दुख दारिद्र परात। त्यों साराँग के सुर सुने घटा न देख्यो जात।।"-बो.ग्रं., वि.वा., 23/83। उ. (2)-"गौर साराँग सोहनी जान। माला सहितहि आठ निदान।।"-बो.ग्रं., वि.वा., 14/121। उ. (3)-"सिरीराग के संग कहि गौरी पटरानीय। करनाटी आसावरी साराँग धनासिरीय।।"-बो.ग्रं., वि.वा., 15/121। उ. (4)-"इहि प्रकार द्विज माधवा कर्‌यो मेघ सो बाद। पुनि उदास हो बीन गहि गायो साराँग नाद।।"-बो.ग्रं., वि.वा., 22/82।

**साराँगनाद**—दे. सारंग 2. बादलों को हटाने का राग विशेष। उ.-" तब तिय खिसयानी अतिहि रिसानी साराँगनाद कह्‌योई। सुर सुनकर ताको दिस दिस ताको खुलि घनस्याम गयोई।।"-बो.ग्रं., वि. वा., 32/109।

**साराँगपान**—सारङ्‌पाणि। शाङ्‌र्ग नामक धनुष को धारण करने वाले। विष्णु। लोकपितामह ब्रह्मा ने शाङ्‌र्ग नामक धनुष का निर्माण कर उसे भगवान विष्णु को अर्पित किया था। कौरव सभा में विश्वरूप धारण किये हुए भगवान श्रीकृष्ण की एक भुजा में यह धनुष सुशोभित था। श्रीकृष्ण विष्णु के अवतार थे। उ.-"साराँग तार्‌यौ कर धर्‌यौ साराँग मुष छबि जान। जग प्रताप साराँग सौं भज मन साराँगपान।।"-वृं.ग्रं., य.स., 710/261।

**साराँगपानि**—दे साराँगपान। विष्णु। उ.-"साराँगपानि के पायन सों तजिकै मन को कत होत गुमानी।"-प.ग्रं., प्र.प., 34/245।

**सार छंद** — त्रिकल अर्थात् तीन मात्राओं का छंद है। क्रम है गुरु लघु (SI)। उ.-"ऐनि। नैनि। चारु। सारु।"-भि.ग्रं. 1, छंदा., 11/182।

**सार (अलंकार)**— एक अर्थालंकार जिसमें वस्तुओं का उत्तरोत्तर उत्कर्ष या अपकर्ष दिखाया जाता है। इसे 'उदार' भी कहते हैं। ल. (1)-उत्तर उत्तर उतकरष सार कहत सज्ञान। उ.-"सैलनि को जग ऊँचे कहैं तिनमें कनकाचल कौं श्रुति गावै। तापर ऊँचो पुरंदर मंदिर जो छबि बृंदनि सों नभ छावै।।..."-मति., ल.ल., 264-265/343। ल. (2)-उत्तर उत्तर उतकरष सार कहत हैं सोय। -भू.ग्रं., शि.भू., 217/169। ल. (3)-एक एक तें सरस जब अलंकार जब सार।। उ.-"मधु सों मधुरी है सुधा कविता मधुर अपार।।"-ज.ग्रं., भा.भू., 138/45। ल. (4)-गुन ही सों कै दोष सों कै दुहुँ सों जिहि थान। एक एक तें अधिक भनि त्रिविध सार यों जान।-प.ग्रं., पद्‌मा.,

179/54। ल. (5)-अधिक एक ते एक जहँ सार आभरन सोइ।। उ.-"हीरनि हू तें बिभक्त अति, शरद जोन्ह कहि लेत। ताहूँ ते परताप सुनि तेरी कीरति सेत।।"-सो.ग्रं. 1, र.पी.नि., 206, 207/208।

**सारद**—दे. सारदा। शारदा। सरस्वती। उ.-(1)-"नारद की सारद की हाँसी समान न शरद की सूरसरी को न भीर पुंडरीक की।" -भू.ग्रं., शि. भू., 245/175। उ. (2)-''नारद तें सारद तें सारद तें पुनि सनकादिक तें चाह भरी सिध्धन तें संतन के रुख की।"-ठाकुर, 4/62। उ. (2)-"नारद बिसारदहू सारद सराहैं भले इंद्र जम बरुन कुबेर परिवार भो।"-प.ग्रं., गं.ल., 55/274।

**सारदा**-दे. सारद। शारदा। सरस्वती। कश्मीर की अधिष्ठात्री देवी। मंत्रशास्त्र के अनुसार दुर्वासा ऋषि के शाप से सरस्वती ने कश्मीर में शारदा के नाम से जन्म ग्रहण किया था। इसी से इन्हें 'कश्मीरपुरवासिनी' भी कहते हैं। (पौ.को.-सरस्वती)। उ. (1)-"ललित मंद कलहंस गति मधुर मंद मुसिक्याति। चली सारदा बिसद रुचि सरद चाँदनी राति।।"-मति., सत., 349/397। उ. (2)-"ज्यौं बुधि सों सुघराई रचे कोऊ, सारदा कों कविताई सिखावै।।"-घ.क., 45/54। उ. (3)-"मुनि मन माने सनमाने सारदादि बृंद नारदादि जाने जे बखने बेदबानी के।।"-प.ग्रं., गं.ल., 39/267।

**सारदूल**—सार्दूल। दोहा छंद का एक भेद। जिसमें 42 अक्षर होते हैं। इसमें 6 गुरु और 36 लघु होते हैं। ल. (1)-सार्दूल अक्षर 42। गुरु 6। लघु 36।-सो.ग्रं. 1, र.पी.नि., पृ. 24। ल. (2)-सार्दूल, लघु 36। -छं. मा., 2।

**सारन**—रावण के एक मंत्री का नाम जो रामचंद्र की सेना में उनका भेद लेने गया था। यह अर्चिष्मती का पिता था। (पौ.को.)। उ.-"सुक सारन रावन दूत पठायो। कपिराज सों एक संदेश सुनायो।"-रा.चं., 15/36।

**सारवती छंद**—चौदह मात्राओं के प्रस्तार का छंद है। क्रम है (S।।S ।।S ।।S)। ल.-तीनि भग्गन ग सारवती। उ.-"कुंजर-मोतिय-हारवती। पुंजप्रभा दधि सारवती।"-भि.ग्रं. 1, छंदा., 105, 110/192-193।

**सारसंगीत**—रचयिता - रत्नहरि (दे.)। (बृ. इति. 7)।

**सारसागर**—रचयिता-चंडीदान (दे.)। (बृ. इति. 7)।

**सारि**—चौपड़ की गोटी। उ. (1)-"है पाँसे के दाँब पर कहाँ जीति कहँ हारि। सारि उठै यों चौकसी छक पौ उठै न सारि।।"-वृं.ग्रं., नी.स., 561/102। उ. (2)-"पासा सारि खेली कित कौन मनुहारिन सों जित मन हारि मनि हारि हारि आए हौ।।"-प.ग्रं., जग., 169/116।

**सारूप्य-निबंधना**—दे. सामान्य निबंधना। ल.-प्रस्तुत अप्रस्तुत अप्रस्तुतहु को है जहँ धर्म समान। सो सारूप्य निबंधना पद्माकार ठिकठान।। उ.-"धन्य गनीजतु खगन महँ चातक धरे सुधीर। सक्र सिवाय सु और सों नहिं जाचत है नीर।।"-प. ग्रं., पद्मा., 110-111/46।

**सारोपा गौणी**—प्रयोजनवती गौणी लक्षणा का यह प्रथम भेद है। गुण के आरोप के कारण सारोपा गौणी कही जाती है। ल. उ.-सगुनारोप सु लक्षना, गुन लखि करि आरोप। जैसे सब कोऊ कहै बृषभै गवइँ गोप।।-भि.ग्रं. 2, का.नि., 38/11।

**सारोपा लक्षणा**—यह प्रयोजनवती शुद्धा लक्षणा का तीसरा भेद है। किसी प्रकार की समता पाकर एक की स्थापना दूसरे की स्थापना के लिए की जाती है, तब सारोपा लक्षणा होती है। ल.-और थापिये और कों, क्यों हूँ समता पाइ। सारोपित सो लक्षना, कहैं सकल कबिराइ।। उ.-"मोहन मो दृग पूतरी वे छबि सिगरी प्रान। सुधा चितौनि सुहावनी, मीचु बाँसूरीतान।।" ति.-मोहन कों पूतरी थाप्यो, छबि कों प्रान थप्यों, तातें सारोपा लक्षना भई।।-भि. ग्रं. 2, का.नि., 33-34अ/11।

**सार्दूल**—दोहा छंद का एक भेद। दे. दोहा छंद। सोमनाथ के अनुसार इसमें 42 अक्षर होते हैं, जिनमें 6 गुरु और 36 लघु होते हैं।-सो.ग्रं. 1, र.पी.नि., पृ. 24. छं. मा. में भी 36 लघु का निर्देश है। छं. मा., 2।

**सार्धललिता छंद**– प्रत्येक चरण में मात्राक्रम है (SSS ।।S ।S। ।।S SS। ।।S)। अट्ठारह वर्ण होते हैं तथा बारह और छह पर यति होती है। ल.–मो आनो सगनो जगंनु, सगनो, तक्कार सगनो। बिश्रामो गति बारहै बरन को, दै फेरि छ गनो। है अट्ठारहै बरन 'दास' लखिये, चौ पाय बेलिता। याको नाम धर्‌यो भुजगपति ही है सार्धललिता।। उ.–"सोहती सिगरे सू भाँति बिगरे, सिंगारबलिता। वक्त्राभोजप्रफुल्ल सार्धललिता बेनिबिगलिता।।"–भि.ग्रं. 1, छंदा., 88-89/261।

**सालग्राम**– दे. सलग्राम। श्यामवर्ण पत्थर की बटिया जिस पर चक्र का चिह्न रहता है। (जिसे उपवीत कहते हैं) और जो विष्णु के रूप में पूजी जाती है। उ.–"पूजा सालग्राम की करि षोडस उपचार; बंदन आठौ अंग तैं, करति हुती तिहि बार।।"–वि.गी., 8/50।

**सालिकराम सिला**–दे. सलग्राम, सालग्राम। शालिग्राम शिला। उ.–"सालिकराम सिला पुनि कहिये हिरनगर्भ अति नीकी।"–बो.ग्रं., वि.वा., 9/29।

**सालिगराम**–दे. सलग्राम, सालग्राम। शालिग्राम। उ.–"पूजिए सालिगराम ही कों नित सालिगराम में राम को नाम है।"–प.ग्रं., प्र.प., 31/244।

**सालिहोत्र**–रचयिता-रणधीर सिंह (दे.)। (स.सर्वे)।

**सालिहोत्र**–रचयिता-जसवंत सिंह द्वितीय (दे.)। (इति. शुक्ल)।

**साली छंद**–इस छंद के प्रत्येक के चरण में मात्राक्रम है (S। SSS। SS।SS)। चार और सात वर्ण पर यति होती है। अक्षर ग्यारह होते हैं। ल.–नंद कर्नो, नंद गो रगनो गो। नाम याको, छंद साली कहो हो। चारि सातै, 'दास' बिश्राम ठानौ। अखखरा ये, ग्यारह जोरि आनौ।। उ.–"सूर को सों जोर जानै जिये में। होइ जाके, सेल साली हिये में।।"–भि.ग्रं. 1, छंदा., 15-16/249।

**सालूर छंद**–बत्तीस मात्राओं का छंद है। मात्राक्रम है (SS। ।।। ।।। ।।। ।।। ।।। ।।। ।।। ।।। ।S)। ल.–सालूरक बिय गुरु छब्बिस लघु झलपर प्रगट बहुरि गुरु करियें। उ.–"सालू रँग सँग लसति सुतन रुचि छनरुचि सरि चमकति निसिमुख में।।"–भि.ग्रं. 1, छंदा., 232, 239/211, 213।

**साल्मलि द्वीप**–शाल्मली द्वीप जो क्रौंच द्वीप से दूना कहा गया है। इसमें श्यामल या सेमल के वृक्ष बहुत अधिकता से हैं और यह चारों ओर से ईख के रस के समुद्र से घिरा हुआ है। इसमें श्वेत, लोहित, जीमूत, हरित, वैद्‌युत, मानस और सुप्रज्ञ नामक सात वर्ष हैं, जिनमें कुमुद, उत्तम, बलाहक, द्रोण, कंक, महिष और कुकुद नामक पर्वत तथा योनी, तोया, वितृष्णा, चन्द्र शुक्ला, विलाचिनो और निवृत्ति नामक सात खंड हैं। उ. –"आठ लाख जोजन सबै, कुसद्वीप सुखदाय। सो तजि साल्मलि द्वीप में मेल्यो जग दुख दाय। चारि लाख जोजनै प्रमान द्वीप जानिये। मध्धु को समुद्र देखि देखि सुख्ख मानियै। सात खंड सातहीं तरंगिनी बहें जहीं। सोम-रूप ईस को असेष जंतु सेवहीं।।"–वि.गी., 4/21-22.

**सावन की तीज**–दे. सावन तीज। श्रावण (दे.) की तीज। कजली तीज। उ.–"सावन की तीज तजबीज कै बसन सूहे पहिरे बिमल जामैं सोरभ झकोरे हैं।"–ठाकुर, 122/32।

**सावन-तीज**–श्रावण मास के शुक्ल पक्ष की तृतीया जिसे मधुश्रवा तीज भी कहते हैं। उ.–"घन घुमड़े चहुँ ओरन, चमकत बीज। पिय प्यारी मिलि झूलत, सावन-तीज।।"–र.बि., बरवै, 11/56।

**सावयव रूपक** – साँग रूपक। रूपक अलंकार का एक भेद। इसे सकल रूपक भी कहा गया है। इसमें अंगी के विविध अंगों का रूपक होता है। ल.–"अंग अंग अनुरूपियतु जहँ रूपक को रूप। वहै सावयव मानिये रूपक नाम अनूप।।" उ.–"चख झख बार सिवार मुख सरसिज गमन मराल। छबि तरंग पानिप सलित बाल मानसर ताल।।"–प.ग्रं., पद्‌मा., 38-39/37।

**सावित्री**–सात नदियों में से एक नदी-विशेष। प्लक्ष द्वीप की एक नदी। उ.–"अरुना नृमना सतभरा ऋतंभरा अवदात। सावित्री अरु सुप्रभा,

सुरसा सरिता सात।"-वि.गी., 4/27।

**सासु**—बहू के पति की माँ। उ.-"धाय नहीं घर माहिं सुनौं पुनि सासु रिसाई है कैसें बुलैबो।"-भू.ग्रं., प्रकी., 560/242।

**सास्त्र**—ऋषियों और मुनियों आदि के द्वारा बनाये गये हिन्दुओं के वे प्राचीन ग्रंथ जिनमें लोगों के हितार्थ कर्तव्य-अकर्तव्य का विस्तृत विधान मिलता है। लोगों के हित और अनुशासन के लिए बनाये गये ग्रंथ। प्रायः ये वेदमूलक माने जाते हैं और इनकी संख्या 18 मानी गई है-चार वेद, शिक्षा, कल्प, व्याकरण, निरुक्त, ज्योतिष, छंद, मीमांसा, न्याय, धर्मशास्त्र, पुराण, आयुर्वेद, धनुर्वेद, गांधर्ववेद और अर्थशास्त्र। इन्हें अठारह विद्या भी कहते हैं। (हिं.श.सा.)। उ. (1)—"वचन कौ विषै नाँही सास्त्र अरु बेद नाँही और कहा कहौं उहाँ ग्यान हूँ नहीं न हाँ।।"-ज.ग्र., अ.प्र., 25/142। उ. (2)-"भले बुरे ए करम जब दोऊ होत समान। कहत सास्त्र मैं होई तब पुरुष देह निरमान।।"-ज. ग्रं., अ.सि., 8/143। उ. (3)-"बेद शास्त्र सुमिरिति सकल बहु बिधि वाकि बिचार। पूर्वपछिछ सिंध्धांतहू यहौ ब्रह्म निरधार।।"-वही, 86/150।

**साह औरंग**—दे. औरंगजेब। उ.-"लरे साह औरंग लरों तिहि भाँति लराई।"-वृं.ग्र., स.स.रू., 75/270।

**साहजहाँ**—मुगल सम्राट् जहाँगीर का पुत्र और औरंगजेब का पिता। इसका पूरा नाम शिहाबउद्दीन मोहम्मद शाहजहाँ था। इसका जन्म शाहजादा सलीम की दूसरी पत्नी रानी भानमती के गर्भ से 1592 में हुआ था। अकबर के जीवनकाल में इसका जन्म हुआ था। बादशाह होने के पहले इसका नाम अकबर द्वारा खुर्रम (आनन्ददायक) रखा गया था। इसकी बेगम आसफ खाँ की पुत्री अजुमन्द बानो (मुमताज महल) थी। जहाँगीर की मृत्यु के बाद नूरजहाँ ने अपने पुत्र शहरयार को तथा आसफ खाँ ने अपने दामाद को सिंहासन पर बिठाना चाहा था जिसमें आसफ खाँ सफल हुआ और बाद में शहरयार और उसके समर्थकों की नृशंसतापूर्वक हत्या करवा दी। नूरजहाँ को पेंशन प्रदान की। इसने अनेक विजयें प्राप्त कीं और 1628 ई. से 1666 ई. तक सफल शासन किया। अपने अंतिम समय में यह औरंगजेब द्वारा लगभग 8 वर्षों तक आगरे के किले में कैद रहा। उ.-"इन पातसाहन में हिंदुन की चाह हुती जहाँगीर साहजहाँ साख पूरैं तबकी।"-भू.ग्रं., प्रकी., 447/216।

**साहनपाल**—कवि केशवदास के आश्रयदाता वंश में एक पूर्वज राजा। उ.-"गढ़-कुँडार तिनकें भए राजा साहनपाल। सहजइंद्र तिनकें भए, कहि 'केसव' रिपुकाल।।"-क.प्रि., 1/10।

**साहनाई**—दे. सहणाई। उ.-"बजैं साहनाई घने ढोल जंगी। गजैं साह के चाह मानो मतंगी।।"-बो.ग्रं., वि.वा., 2/160।

**साहराज**—हजरत बंदे नवाज के वंश में उत्पन्न साहिराज। ये शृंगार मंजरी के मूल लेखक अकबर साहि के पिता थे। ये बड़े विद्वान और गुणी थे और सिद्ध पुरुष भी थे। ये गुरुराज भी कहे जाते थे, क्योंकि ये गोलकुंडा के कुतुबशाही बादशाह अब्दुल हसन के गुरु थे। उ.-"साहि सफीरुल्लाह सुत साहराज गुरराज।"-शृं.मं., चिंता., 3/1।

**साहसिक**—चिंतामणि ने परकीया निरूपण में प्रकाशलक्षिता के चार भेद बताये हैं-कुलटा, मुदिता, अनुशयाना, साहसिका। ल.-साहस करि जो जार सों, करै नारि संभोग। सो साहसिका होति यों, बरनत है कबि लोग।। उ.-"जाई कै संदेसो मेरौ मोहनै सुनाइ, कहा मेरो अब मनु कुलकानि तें डरतु है। कैसे धरौं धीर तेरे लागे तीर, मेरे बाढ़ी पेम पीर मोपैं रह्यौ क्यौं परतु है। तेरों वसु मोपै मेरे प्रान प्राननाथ मेरो, वसुन कछू है ताहि मदन हरतु है। मेरे ढिग आइ कै तू मोही को बोलई। तौहि सों पों ह्वे बनाई मोहि सबु बिसरतु है।"-शृं.मं., चिंता., 123-124/35।

**साहसुवा**—शाहशुजा। औरंगजेब का बड़ा भाई। उ.-"दारहि मारि मुराद कौं बाँधि कै सगर साहसुवा बिचलाए।"-भू.ग्रं., शि.भू., 197/166.

**साहि अकब्बर**—दे. अकबर। उ.-"साहि अकब्बर अंक उदै मिटि मेघ महीपति की रजधानी।।"-वि.गी., 1/17।

**साहिजहाँ**—दे. साहजहाँ। उ.-"मतिराम कहै दल दक्खिनी समेत साहिजहाँ सो हटायो बीर बारिधि उछाह को।।"-मति., ल.ल., 28/302।

**साहित्य दर्पण**—रचयिता-ग्वाल (दे.)। (सा. को.)।

**साहित्य भूषण**—रचयिता-ग्वाल (दे.)। (सा. को.)।

**साहित्यरस**—रचयिता-करन कवि (दे.)। विव.-काव्यशास्त्र विषयक ग्रंथ। (इति. शुक्ल)।

**साहित्यसार**—रचयिता-मतिराम (दे.)। (इति. शुक्ल)।

**साहित्यसुधानिधि**—रचयिता - जगतसिंह (दे.)। विव.-काव्यशास्त्र सम्बन्धी ग्रंथ (बृ.इति. 6)।

**साहित्यसुधासागर**—रचयिता-अयोध्या प्रसाद (दे.)। विव.-गणपति, महादेव, ब्रहमा, विष्णु आदि देवताओं पर नाना प्रकार की कविता (स.सर्वे)।

**साहित्यानंद**—रचयिता-ग्वाल (दे.)। (सा. को.)।

**सरहि**—शाहजी। शिवाजी के पिता। उ. (1)-"भूषन भनि ताकें भयौ भुअभूषन नृप साहि।।"-भू.ग्रं., शि.भू., 9/130। उ. (2)-"भूषन भनत बाललीला गढ़ कोट जीते साहिके शिवाजी करि चहूँचक्क चाह कौं।।"-वही, 13/130। उ. (3)-"साहि के सपूत सिव साहि दानी तेरौ कर सुरतरु सौ है सुरतरु तेरे कर सौ।।"-वही, 48/136।

**साहिजू**—दे. साहि। उ.-"जाहिर जिहान भयो साहिजू खुमान बीर साहन कौ सरन सियाहन कौं ताकिया।।"-भू.ग्रं., शि.भू., 10/130।

**साहितनै**-शाहजी के पुत्र शिवाजी। उ. (1)-"जा पर साहितनै सिवराज सुरेस की ऐसी सभा सुभ पावै।"-भू.ग्रं., शि.भू. 15/130।

**साहि निजाम**-निजामशाह नाम का गोलकुंडा का बादशाह। उ.-"सदा दान करवान में जाके आनन अंभ। साहि निजाम सखा भयौ दुग्ग देवगिरि खंभ।।"-भू.ग्रं., शि.भू., 7/129।

**साहिराज**—दे. साहराज। उ. (1)-"साहिराज प्रगटित भए सकल सिद्धि गन मूल।"-शृं.मं., चिंता., 2/1। उ. (2)-"साहिराज गुरराज के भये तनै पुनि तीनि। जिन्हैं दिये विधि जगत के उत्तम गुन गन बीनि।।"-शृं.मं., चिंता., 7/3।

**साहि सफीरुल्लाह**—दे. साहराज। शृंगार मंजरी के मूल रचयिता अकबर साहि के पिता साहि राज थे। साहिराज के पिता का नाम साहि सफीरुल्लाह था जो हजरत बंदे निवाज के वंश में उत्पन्न हुए थे। उ.-"साहि सफीरुल्लाह भुवन सबु सित जसु जाके।"-शृं.मं., चिंता., 2/1।

**साहू**—शाहूजी। शिवाजी के पौत्र। उ.-"ऐसे ब्याह करत बिकट साहू साहन सों हद्द हिंदुवान जैसे तुरक ततारा की।"-भू.ग्रं., प्रकी., 528/234।

**साहु**—शिवाजी का पौत्र। उ. (1)-"आन राव राजा एक मन में न लाऊँ अब साहू को सराहौं कै सराहौं छत्रसाल को।"-भू.ग्रं., प्रकी., 512/230। उ. (2)-"नाती को हाथी दियो जापै टुरकत ढाल। साहू के जसकलस पै धुज बाँधी छतसाल।"-भू.ग्रं., प्रकी., 517/231।

**सिंगार-सिंगार**—सजावट। सज्जा। आभूषित करना। शोभायुक्त करना। उ. (1)-"कहि 'केसव' श्रीवृषभानुकुमारि सिंगार सिंगारि सबै सरसै"-र. प्रि., 4/4। उ. (2)-"तन आपने भाए सिंगार सिंगारत है ये सिंगार सिंगारै बृथा हीं।।"-र.प्रि., 6/46। उ. (3)-"बेंदी भाल, तँबोल मुँह, सीस सिलसिले बार। दृग आँजे, राजै खरी एई सहज सिंगार।"-बि.र., 679/313। उ. (4)-"जावक दीयो पगनि में जुवती जाति सिंगार। पुरुष प्रानप्रिय जानियत मंडन करयो लिलार।।"-मति., सत., 511/411। उ. (5)-"जान मिलन अभिसारिका सजि सिंगार सब देह।।"-ज.ग्रं., भा.भू., 17/9। उ. (6)-"कै छबि छायौ सिंगार निहारि सुजान-तिया-तन-दीपति प्यारी।।"-घ.क., 280/159। उ. (7)-"चाहि चढ़ी पिय मिलन की चाहि करत सिंगार।"-वृं.ग्रं., अ.दो., 28/7। उ. (8)-"ताहि विलोकन कौं सखि संग गई सब अंग सिंगार सिंगारयौ।"-वृं.ग्रं., भा.पं., 39/22।

**सिंगारपुरी**—कोंकनदेश का नगर। उ.-"जा वलि-बीर सिंगारपुरी और जवारि को राम के नैर

को गाजी।"-भू. ग्रं., शि.भू., 188/164।

**सिंगार(रस)/सिँगार (रस)**—दे. शृंगार रस। केशवदास ने शृंगार रस को सर्वोच्च स्थान देकर उसके अन्तर्गत अन्य रसों का निरूपण किया है। ल. (1)-प्रथम सिंगार सुहास्य रस करुना-रुद्र सुबीर। भय बीभत्स बखानियै अद्‌भुत सात सुधीर।। नवहू रस के भाव बहु तिनके भिन्न बिचार। सबको 'केसवदास' हरि नायक शृंगार।। रति मति को अति चातुरी, रतिपति मंत्र बिचार। ताही सों सब कहत हैं कबि कोबिद सृंगार।। सुभ संजोग बियोग पुनि है सिंगार की जाति। पुनि प्रच्छन्न प्रकास करि, दोऊ द्वै द्वै भाँति।। -र.प्रि., 1/15-18। ल. (2)-सो सिंगार के भेद द्वै, कृपाराम सुभ कांति। इक आलंबन दूसरो उद्दीपन बहु भाँति। -कृ.ग्रं., हि.त., 8/5। ल. (3)-नवरस में जु सिंगार रस सिरैं कहत सब कोई। सु रस नाइकानाइकहि आलंबित ह्वै होई।।-प.ग्र., जग., 9/80। ल. (4)-जाको थाई भाव रति सो सिंगार रस होत। मिलि बिभाव अनुभाव पुनि संचारिन के गोत।।... परि पुरन थिर भाव रति सो सिंगार रस जानि। आलंबन उद्दीपनहु द्वै बिभाव उर आनि।। आलंबन सिंगार के तिय नायक निरधार। उद्दीपन सब सखि-सखा बनबागादि निहार।। भाव हाव मुसिक्यानि मृदु इमि औरहु जु बिनोद। है अनुभाव सिंगार के बरनत कवि लहि मोद।। उनमादादिक संचरत तिहिं संचारी भाव। कृस्न देवता स्याम रंग सो सिंगार रस राव।। सो सिंगार द्वै भाँति को दंपति मिलन संजोग। अटक जहाँ कुछ मिलन की सो सिंगार-बियोग।।"-प. ग्रं., जग., 612-618/207-208। ल. (5)-"मधुप, निसा, सिंगार रस, काली, कृत्या, कोल। अपजसु रीछ, कलंक, कलि, लोचन-तारे लोल।।-क.प्रि., 5/23। ल. (6)-"नव रस कौ पति सरस अति, रस सिंगार पहिचानि। इक संयोग वियोग अरु, सो द्वै बिधि उर आनि।।-सो.ग्रं. 1, र.पी.नि., 1/59। ल. (7)-उचित प्रीति रचना बचन, सो सिंगार रस जानि। सुनत प्रीतिमय चित द्रवै, तब पुरन करि मानि।।-भि.ग्रं 2, का. नि., 1/26। ल. (8)-जानौ नायक नाइका रस सिंगार-विभाव। चंद सुमन सखि दूतिका रागादिकौ बनाव।।-भि.ग्रं., 2, का.नि. 10/27। ल. (9)-जिनहीं तें रति भाव को चित में अनुभव होत। ते अनुभाव सिंगार के बरनत हैं कवि-गोत।।-प.ग्र., जग., 392/166।

**सिंगार सार**—रचयिता-नागरीदास (दे.)। (बृ.इति. 7, स.सर्वे)।

**सिंगार सिच्छा**—वृंद कवि ने इस ग्रंथ की रचना सं. 1742 में औरंगजेब के वजीर नवाब मोहम्मद खाँ के पुत्र मिर्जा कादरी की कन्या को पातिव्रत धर्म की शिक्षा देने के प्रयोजन से की थी। यह नायिका भेद विषयक ग्रंथ है। (सा.को.)। उ.-"रस सिंगार सिंगार की यह रचना अभिराम। करि सिंगार सिच्छा धर्‌यौ या पोथी को नाम।"-वृं. ग्रं., शृं.शि., 13/36।

**सिंगी**—सींग का बना हुआ फूँककर बजाया जाने वाला एक प्रकार का बाजा। महादेव और योगियों का प्रिय एवं प्रसिद्ध वाद्य। उ.-"मुख पै बैरागी अलक, कुच सिंगी विष बैन। मुदरा धारै अधर कै, मूँदि ध्यान सों नैन।।"-र.वि., 64/34।

**सिंधु**—सिंध देश। उ.-"तुरी सिंधु के अंग अंगौं फरक्कैं।"-प.ग्रं., प्र.बि., 40/280।

**सिंधु कवि आनन्द**—समय उदयपुर के राजा जगतसिंह के समकालीन। रचनाएँ—दिनमणि-वंशावली-गुणकथन। (बृ.इति. 7)।

**सिंधुतनया**—लक्ष्मी। यह समुद्र-मंथन से प्राप्त चौदह रत्नों में से एक हैं, जिन्हें विष्णु भगवान ने ग्रहण किया था। सिंधु से उत्पन्न होने के कारण उसकी पुत्री कही गई हैं। (पौ.को.)। उ.-"सिंधु के सपूत सुत सिंधुतनया के बंधु मंदिर अमंद सुभ सुंदर सुधाई के।"-प.ग्रं., जग., 543/194।

**सिंहगढ़**—तानाजी मालसरे ने 300 मावली सेना लेकर अँधेरी रात में सिंहगढ़ पर 4 फरवरी, 1660 ई. को आक्रमण किया। मावली सेना रस्सी के सहारे किले पर चढ़ गई। यद्यपि राजपूत सेना बड़ी बहादुरी से लड़ी तथापि मावली सेना ने 'हर हर महादेव' की गूँज लगाते हुए राजपूतों के हृदय में आतंक पैदा कर दिया। किले का राजपूत किलेदार उदैभान राठौर और तानाजी द्वंद्व युद्ध

करते-करते धराशायी हो गए। इसके बाद भी युद्ध चलता रहा। 1200 राजपूत इस युद्ध में काम आए। किले पर अपना आधिपत्य स्थापित कर मरहठों ने घुड़सवारों की झोपड़ियाँ जलाकर उसके प्रकाश से शिवाजी को विजय की सूचना दी। शिवाजी उस समय सिंहगढ़ से साढ़े चार कोस की दूरी पर राजगढ़ में थे। (भू.ग्रं., भू.)। उ.-"गौर गरबीले अरबीले राठवर गह्यौ लोहगढ़ सिंहगढ़ हिम्मत हरष तें।"-भू.ग्रं., शि.भू., 236/173।

**सिंहध्वजी**—मेघनाद (दे.) जिसकी ध्वजा पर सिंह का चिह्न अंकित था। उ.-"कोदंड मंडित महारथवंत जो है। सिंहध्वजी समर-पंडित-वृंद मोहै।।"-रा.चं., 17/32।

**सिंहल**—एक द्वीप जो भारतवर्ष के दक्षिण में है और जिसे लोग रामायण में उल्लिखित लंका का अनुमान करते हैं। पालिग्रंथों से यहाँ यक्षों के विशेष निवास का पता चलता है। रावण ने, ऐसा वर्णन मिलता है, लंका से अपने भाई यक्षों को निकालकर उस पर अधिकार कर लिया था। बहुत प्राचीनकाल से यह द्वीप सोना, रत्न, मसालों के लिए व्यापारिक दृष्टि से प्रसिद्ध है। यह 'सरनदीप' (स्वर्णद्वीप) के नाम से भी प्रसिद्ध है। (विस्तार के लिए दे. हिं. श.सा)। लंका। उ.-"भूषन भनत बाजे जीति के नगारे भारे सारे करनाटी भूप सिंहल को सरके।"-भू.ग्रं., प्रकी., 424/210।

**सिंहावलोकित छंद**—मात्रिक छंद है। ल.-चारि सगन के द्विज चरन, सिंहविलोकित एहु। चरन अत अरु आदि के मुक्तपदग्रस देहु।। उ.-"मुनिआश्रम-सोभ धर्‌यो तिअहीं। अहि कच संग बेसरि मोर जहीं। जहिं 'दास' अहित-मति सकल कटी। कटि सिंह बिलोकित सकल कटी।"-भि.ग्रं. 1, छंदा., 35, 36/227।

**सिंहासन बत्तीसी**—विक्रमादित्य (दे.) का प्रसिद्ध सिंहासन, जिसमें बत्तीस पुत्तलिकाएँ थीं और सक्रिय थीं। उ.-"सिंहासन बत्तीसी माहीं। पुतरिन कही भोज नृप पाहीं।।"-बो.ग्रं., वि.वा, 1/28।

**सिंहिका**—प्रजापति कश्यप और दक्ष की पुत्री दिति से उत्पन्न तीन संतानों में से पुत्री का नाम। हिरण्याक्ष और हिरण्यकशिपु इसके भाई थे। इसका विवाह दानश्रेष्ठ विप्रचित्ति से हुआ था, जिससे राहु आदि 101 पुत्र हुए थे। इस प्रकार सिंहिका राहु की माता के रूप में प्रसिद्ध है। लंका के समीप समुद्र में रहती हुई उड़ते हुए जीवों को आकर्षित कर खा जाती थी। लंका जाते समय इसे हनुमान ने मारा था। (पौ.को.)। उ.-"बीच गए सुरसा मिली और सिंहिका नारि। लीलि लियो हनुमंत तेहि कढ़े उदर कहँ फारि।।"-रा.चं., 13/39।

**सिकलीगर**—धारदार हथियारों पर बाढ़ रखने, माँजने और सान चढ़ाने वाला। उ.-"यौं छबि पावत हैं लषौ अंजन आंजे नैंन। सरस बाढ़ सैफिनि धरी ज्यौं सिकलीगर मैंन।।"-रस. रतन., 466/105।

**सिक्षा**—(नायक-नायिका भेद) दे. शिक्षा। नायिका की सखी के चार कार्यों में से एक। ल. (1)-सिक्षा विनय बिलास। उ.-"बहति लाज बूड़त सुमन भ्रमत नैन तिहि ठाँउ। नेहनदी की धार में तूँ न दीजिये पाँउ।।"-प.ग्रं., जग., 352/155, 356/156। ल. (2)-उपालंभ सिक्षा स्तुती बिनय जदृक्षा उक्ति। बिरह निवेदन जुत सुकवि बरनत है बहु जुक्ति।। उ.-"वाही घरी तें न ज्ञान रहै न रहै सखियान की सीख सिखाई। 'दास' न लाज को साज रहै न रहै सजनी गृह-काज की घाई। याँ दिखसाध निवारे रहौ तबहीं लौं भटू सब भाँति भलाई। देखत कान्है न चेत रहै री न चित रहै न रहै चतुराई।।"-भि.ग्र. 1, शृं.नि., 216/136, 227/138-139।

**सिक्षा**—दे. शिक्षाक्षेप। आक्षेप अलंकार का एक भेद। तसल्ली दे-देकर समझा-बुझाकर अपने प्रियतम को कार्यारम्भ से रोके, वही शिक्षाक्षेप है। ल.-सुख ही सुख जहँ राखिजै, सिख ही सिख सुखदानि। सिक्षाक्षेप कहौं बरनि छप्पय बारह बानि।।-क.प्रि. 10/23। केशवदास ने इस निरूपण प्रकरण में चैत्र से लेकर फाल्गुन तक मासों का वर्णन कर नायिका द्वारा नायक को घर न छोड़ने की शिक्षा दिलवाई है।

**शिक्षापत्री**—रचयिता-रामप्रसाद बिंदुकाचार्य

(दे.)। (बृ.इति. 7)।

**सिख**–दे. शिक्षा। सखी द्वारा नायिका को प्रिय के प्रति किये जाने वाले व्यवहार की शिक्षा। उ.-"किती न गोकुल कुलबधू, किहिं न काहि सिख दीन। कौं नैं तजी न कुलगली ह्वै मुरली-सुर लीन।।"-बि.र., 652/299।

**सिखावन**–सखी द्वारा दी गई शिक्षा (दे.)। उ.-"सखी सिखावन रावरे कहो कहा अब होइ। मोहन तन पानिप गई लाज दृगनि की धोइ।।"-मति., सत., 640/421।

**सिखावन राजनीति**–रचयिता-वसंतसिंह ऋतुराज (दे.)। (बृ.इति. 7)।

**सिखा-सूत्रन**–शिक्षा और यज्ञोपवीत। हिन्दुओं और विशेषकर द्विजातियों द्वारा धारण किये जाने वाले चिह्न। उ.-"माथन पै फेरि लागे चंदन चमक देन फेरि सिखासूत्रन की महिमा बढ़ै लगी।"-भू. ग्रं., प्रकी., 496/226।

**सितकंठ**–सितिकंठ। महादेव। शिव। उ.-"नाचत गौरि के हेत लियैं सितकंठ हिये अनुराग मई है।"- वृं.ग्रं., भा.पं., 1/12।

**सीत**–1. जनकपुत्री तथा राम की पत्नी सीता। उ.-"हेम हिरन पाछैं गये राम गँवाई सीत।।"-वृं.ग्रं., बी.स., 592/104। वृं.ग्रं., स्फुट, 12/312।

**सीतबसंत**–रचयिता-चंदन (दे.)। विव.-प्रबन्ध काव्य (कहानी)। (इति. शक्ल)।

**सितार**–एक प्रकार का प्रसित तारवाद्य, जिसमें सात तार होते हैं और जो लगे हुए तारों को उँगली से झनकारने से बजता है। (दे. हिं.श. सा.)। उ.-"बीना चार सितार द्वै द्वादस वजैं मृदंग। चार ताल षट ताल मिलि सजैं पाँच सुर संग।।"-बो.ग्रं., वि.वा., 7/98।

**सितारा महाराज**–सितारा या सतारा के महाराज शिवाजी। उ.-"साजि दल सहज सितारा महाराज चलै वाजत नगारा पढ़ैं धाराधर साथ से।"-भू.ग्रं., प्रकी., 531/235।

**सितारे**-दे. सतारा। पूना के दक्षिण में महाराष्ट्र का सतारा शहर। उ.-"दूल्हो सिवाजी भयौ दच्छिन दमामेवारो, दिल्ली दुलहिन भई सहर सितारे की।"-भू.ग्रं., प्रकी., 449/216।

**सितारेगढ़धर**–सितारा (सतारा) गढ़ के स्वामी-शिवाजी। उ.-"मारे सुनि सुभट पनारेवारे उद्‌भट तारे लागे फिरन सितारेगढ़धर के।"-भू.ग्रं., प्रकी., 424/210।

**सितारेगढ़धारी**–सितारा (सतारा) गढ़ के स्वामी-शिवाजी। उ.-"दिल्ली-पति भूलमति गाज न घोरघन बाजत नगारे ये सितारेगढ़धारी के।"-भू. ग्रं., प्रकी., 427/211।

**सिद्ध**–देवताओं का एक विशेष वर्ग। योगादि की सहायता से किसी सिद्धि (दे.) को प्राप्त पुरुष। उ. (1)-"जान परत ऐसें काम है करत हो कोऊ गंधरब देवाहै कै सिद्ध है कै सेवा हैं।"-भू.ग्रं., शि. भू., 74/142। उ. (2)-"पीरा पयगंबरा दिगंबरा दिखाई देत सिद्ध की सिधाई गई रही बात रब की।"-भू.ग्रं., प्रकी., 446/216।

**सिद्धराव छतीसी**–रचयिता-बाँकीदास (दे.)। (बृ.इति. 7)।

**सिद्धवंदना**–रचयिता-प्रेमदास (दे.)। (बृ. इति. 7)।

**सिद्धविषया (अलंकार)**–उत्प्रेक्षा अलंकार का एक भेद। मतिराम ने उत्प्रेक्षा के पारंपरिक रीति से वस्तु, हेतु और फल नामक तीन भेद किये हैं। सिद्ध विषया उपभेद हेतु और फल दोनों भेदों में निरूपित है। इनमें से उन्होंने सिद्ध विषया हेतूत्प्रेक्षा को उदाहरणों से स्पष्ट किया है। इसमें उत्प्रेक्षा का विषय सिद्ध संभव होता है। उ.-"प्रबल बिलंद बर बारनि के दंतनि सों बैरिन के बाँके बाँके दुरक बिदारे हैं। कहै मतिराम दीने दीरघ दुरदष्टंद मुदिर से मेदूर मुदित मतवारे हैं। तेग त्याग राजत जगतराव भावसिंह मेरे जान तेरे गज याही तैं पियारे हैं। दुज्जनि के दल कबि लोगनि के दारिदनि नीकैं करि गजन की फौजनि सों मारे हैं।।"-मति., ल.ल., 105/317। ल.-हेतु फलनि के हेतु द्वै, सिद्ध असिद्ध बखान। होनी सिद्ध, असिद्ध कों अनहोनी पहिचान।। उ.-"जौ कहौं काहू के रूप सों रीझे तौ और को रूप

रिझावनवारी। जौ कहौ काहू के प्रेम पगे हैं तौ और को प्रेम पगावनवारा। दासजू दूसरी बात न और दूती बड़ी बेर बितावनवारी। जानति हौं गई भूलि गुपालै गली इहि ओर की आवनवारी।।" ति.-गली को भूलिबो सिद्धविषया है, अचरजु नहीं है।-भि.ग्रं., 2, का, नि., 10-11अ/87-88। भिखारीदास ने सिद्धविषया फलोत्प्रेक्षा को भी उदाहरण से स्पष्ट किया है। उ.-"बाल अधिक छवि लागि निज नैननि अंजन देति। मैं जानौं मोहनन की, बाननि बिष भरि लेति।।" ति.-बाननि में बिष भरिबे में मारिबे को फल सिद्ध है। -भि. ग्रं. 2, का.नि. 14-14अ/88। मतिराम ने भी सिद्धविषया फलोत्प्रेक्षा को उदाहरण से स्पष्ट किया है।-मति., ल.ल., 107/317।

**सिद्धान्तचौंतिसा**—रचयिता - रसिक अली (दे.)। (बृ. इति. 7)।

**सिद्धान्त-तत्त्व-दीपिका**—रचयिता-बालकृष्ण 'बालअली' (दे.)। (बृ.इति. 7)।

**सिद्धान्तपदावली**—रचयिता-कृपानिवास (दे.)। (बृ.इति. 7)।

**सिद्धान्त प्रणाली शाखा**—रचयिता-गौरगणदास (दे.)। (बृ.इति. 7)।

**सिद्धान्तबोध**—रचयिता-अक्षर अनन्य (दे.)। (बृ.इति. 7)।

**सिद्धान्त बोध**—रचयिता-जसवंत सिंह (दे.)। (इति. शुक्ल)।

**सिद्धान्त मुक्तावली**—रचयिता-रसिक अली (दे.)। (बृ.इति. 7)।

**सिद्धान्तसार**—रचयिता-राजा जसवंत सिंह (दे.)। (इति. शुक्ल)।

**सिद्धि**—दे. गाहा छंद। प्राकृत के गाहा छद का एक भेद, जिसमें सोमनाथ के अनुसार।। गुरु होते हैं।-सो.ग्रं. 1, र.पी.नि., पृ. 27।

**सिद्धि**—तप या योग के पूरे होने की अलौकिक शक्ति या सम्पन्नता। विभूति। योग की निम्नलिखित आठ सिद्धियाँ प्रसिद्ध हैं—अणिमा, महिमा, गरिमा, लघिमा, प्राप्ति, प्राकाम्य, ईशित्व और वशित्व। अन्य स्रोतों से प्राप्त अष्टसिद्धियों के नामों में भिन्नता है। पुराण-अंजन, गुटका, पादुका, धातुभेद, वेताल, रसायन और योगिनी। सांख्य-तार, सुतार, तारतार, रम्यक, आधिभौतिक, आधिदैविक और आध्यात्मिक। उ. (1)-"मदरव मत्त मिलिंद गन गान मुदित गननाथ। सुमिरत कबि मतिराम के सिद्धि रिद्धि निधि हाथ।।"-मति., सत., 392/401। उ. (2)-"सिद्धि सुबेनी सुंदरी न्हात त्रिबेनी प्रात। मोह उदधि तैं मीन मन गहत कुबैनी ब्यात।।"-वृं. ग्रं., य.स., 508/245।

**सिद्धेश्वर महाराज**—समय-सं. 1750 से 1850 के बीच उपस्थित। गुरु-अमृतराय। रचनाएँ-स्फुट। (बृ.इति. 7)।

**सिपरिहा**—राजपूत विशेष। उ.-"नदवान नाहर पिपरिहा बलके बनाफर सिपरिहा।"-प. ग्रं., हि.ब.बि., 36/8।

**सिप्पे**—एक प्रकार की छोटी तोप। उ.-"इमि तोप तुपक जँजाल सिप्पे बान पैरत नहिं रुको।"-प. ग्रं., हि.ब.बि., 86/13।

**सिब**—दे. शिव। शिव, महादेव। उ. (1)-"क्षयी कलंकी कुटिल ससि तउ सिव तजत न नाहि।।"-वृं. ग्रं., नी.स., 115/67। उ. (2)-"जैसो जैसो अधिक गुन तैसी ठौर मिलाय। अहि उर बिष-गल अनल-चख सिब ससि-सीस बसाय।।"-वृं.ग्रं., नी. स., 481/95।

**सिबपद**—शिवपद। शिवस्थान। शिवलोक में स्थान। उ.-"जे सेबत सिबरात कौं सिब सिब जपत सुजान। सिब प्रताप तिन कौं सदा सिबपद लहै निदान।।"-वृं.ग्रं., य.स., 421/238।

**सिबपुर**—शिवपुर। कैलास। उ.-सेवत सिबपुर पाइये के सिबपुर मैं बास।"-वृ.ग्रं., य.स., 468/242।

**सिबपुरी**— शिवपुरी। काशी। उ.-"है श्रीकासी सिबपुरी है सिबपुरी प्रकास"-वृ.ग्रं., य.स., 468/242।

**सिबरात**—शिवरात्रि का पर्व। उ.-"जे सेबत सिबरात को सिब सिब जपत सुजान। सिब प्रताप तिन कों सदा सिबपद लहै निदान।।"-वृं.ग्रं., य. स., 421/238।

**सिब सरजा**—सरजा उपाधि धारण करने वाले शिवाजी। उ.(1)-"तिमिरबंश-हर अरुनकर आयौ सजनी मोर। 'सिब सरजा' चुप रहि सखी सरज सूर सिरमौर।।"-भू.ग्रं., शि.भू., 88/144। उ. (2)-"औरन कों जो जनम है सो बाको इक रोज। औरन को जो राज सो सिब सरजा की मोज।।"-भू. ग्रं., शि.भू., 129/152।

**सिबा**—महाराणा प्रताप के सिसौदिया वंश में आगे चलकर जन्मे शिवाजी। इस वंश के देवराज जी दक्षिण गये और महाराष्ट्र में बसे। इनके पिता का भोंसाजी नाम था। इस तरह भोंसले उपाधि बनी। इसी वंश में संभाजी, बावजी और शाहजी हुए जिनका विवाह देवगिरि के यादववंश के जागीरदार लखजी यादव की कन्या जीजाबाई से हुआ, जिनके गर्भ से शिवाजी का जन्म सं. 1685 में शिवनेरी गढ़ में हुआ। दादाजी कोणदेव के गुरुत्व में वीरोचित शिक्षा पाई। समर्थ गुरु रामदास ने आध्यात्मिकता, नैतिकता और हिन्दुत्व की रक्षा की चेतना प्रदान की। पिता बीजापुर राज्य के एक वीर सेनापति थे। शिवाजी की बीजापुर राज्य और मुगलों से हमेशा ठनती रही। दोनों को अनेक बार परास्त किया। इनका राज्याभिषेक 1674 ई. में रायगढ़ में हुआ। इनका पुत्र शम्भाजी था, जो शिवाजी की मृत्यु (सन 1681) होने पर गद्दी पर बैठा। दे. संभा। उ.-"सिबा समापत भयो पकट संभा को मार्‍यो।"-वृं.ग्रं., स. स.रू., 24/264।

**सिय**—दे. सीता। उ.-"लखि बिरूप सूरपनखैं सरुधिर चरबि चुचात। सियहिय में घिन की लता भई सू द्वै द्वै पात।।"-प.ग्रं., जग., 600/205।

**सिया**—दे. सीता। सीता जनक की पुत्री और राम की पत्नी। उ.-"जानियै राम गरीब नेवाज सिया धनि जाके पिया रघुनायक।"-बो.ग्रं., इ.ना., 84/14।

**सियापति**—दे. सीता। जनक की पुत्री सीता के पति राम। उ.-"भज मन राम सियापति रघुकुल-ईस।"-र.वि., बरवै., 91/63।

**सियाराम रस मंजरी**—रचयिता-रामचरणदास (दे.)। (बृ.इति. 7)।

**सियासखी** — (जयपुर के गौड़ ब्राह्मण गोपालदास)। समय-18वीं शती का पूर्वार्द्ध। निवास-जयपुर का चाँद पोलद्वार और चित्रकूट का मदगिरि। रचनाएँ-स्फुट पद। (बृ.इति. 7)।

**सिरगा**—घोड़े की एक जाति। उ.-"सिरगा झुकि झारत बैरि बिदारत निपट निकारत गति न्यारी।"-प.ग्रं., प्र.बि., 97/287।

**सिरजे खाँ**—शरजा खाँ। बीजापुर का अत्यन्त प्रसिद्ध सरदार जिसके साथ 1665 ई. में शिवाजी का युद्ध हुआ था। इस युद्ध में दिलेरखाँ और खवास खाँ ने इसका साथ दिया था (भू. ग्रं., भू.)। उ.-"इन सिरजे खाँ उत सरजा सिवाजी सूर दोउ उतसाहन लरैया खुरकन के।"-भू.ग्रं., प्रकी, 498/226।

**सिरदार**—सिरदार। किसी प्रदेश का शासक। उ. (1)-"जेते ऐंड़दार दरबार सिरदार सब ऊपर प्रताप दिल्लीपति को अभंग भो।"-मति., ल.ल., 26/302। उ. (2)-"सुजस ओज सों साहसुत सिवा सूर सिरदार। सरदचंद आतप कियो सुचि आतप इकबार।।"-मति., सत., 324/395।

**सिरनेत**—क्षत्रियों की एक शाखा जो श्रीनगर (गढ़वाल) की मानी जाती है। उ.-"सिरनेत बघेले बैस पुनि गहिरवार पड़िहार सत।।"-बो.ग्रं, वि. वा., 38/182।

**सिरनेत बिहंडनराय**—एक सिरनेत क्षत्रिय योद्धा का नाम। उ.-"इते बिरसिंह बली पर आय। जुर्‍यो सिरनेत विहंडनराय।।"-बो.ग्रं., वि.वा., 20/188।

**सिराजी**—मध्य एशिया के प्रसिद्ध नगर शीराज का घोड़ा। उ.-"सिराजी तहँ वे सु बाजी निहारे।"-प.ग्रं., प्र.बि., 34/280।

**सिरी राग**—श्री राग। भारतीय संगीत का एक राग जो एक मत से रागों में तीसरा और अन्य मत से पाँचवाँ है। यह सम्पूर्ण जाति का राग पृथ्वी की नाभि से उत्पन्न माना जाता है। इसके गायन का समय हेमंत ऋतु में तीसरा पहर या संध्या समय है। इसकी सोमेश्वर मत से भार्याएँ हैं-मालवी, त्रिवेणी, गौरी, केदारा, मधु-माधवी और पहाड़ी।

संगीत दामोदर के मत से इसकी भार्याओं के नाम भिन्न हैं-गांधारी, देवगांधारी, मालवश्री, साखी और रामकीरी। इसके आठ पुत्रों के नाम हैं-सिंधु, मालव, गौड, गुणसार, कुम्भ, गंभीर, विहाग और कल्याण। (हिं.श.सा.)। उ. (1)-"सिरीराग के संग कहि गौरी पटरानीय। करनाटी आसावरी सारँग धनासिरीय।।"-बो.ग्रं., वि.वा., 15/121। उ. (2)-"कुकुभ गौर गंभीर बिसेख। कुंभ सारदा सोरठ लेख। कहियतु ईमन पुनि केनीर। ये सुत सिरीराग के बीर।।"-बो. ग्रं., वि.वा., 16/121।

**सिरोही**—राजस्थान के सिरोही नामक स्थान की बनी तलवार, जो बहुत ही लचीली और बढ़िया होती है। उ.-"सुभ समर सिरोही जगमग जोही निकसत सोही नागिन सी।"-प.ग्रं., हि.ब.बि, 195/28।

**सिरौंज**—बुंदेलखंड में एक स्थान। उ.-"मालवा उजैन भनि भूषन भेलास ऐन सहर सिरौंज लौं परावने परत हैं।"-भू.ग्रं., प्रकी., 433/212।

**सिला**—गौतम ऋषि की पत्नी अहल्या (दे.) जो शापवश शिला हो गई थी और राम के चरणस्पर्श से पुनः नारी रूप हो गई। उ.-"फेरि अजामेल स्योरी सिला अंबरीष गज गनिका गरीबनी को पातक उतनि गौ।।"-ठाकुर, 1/61।

**सिलाह—जिरह-बकतर**। कवच। उ.-"लखि जंग, अंग सिलाह में न समात देखौ तिहि घरी।"-प. ग्रं. हि.ब.बि., 127/18।

**सिलाही**—कवचधारी। उ.-" अरिबर सिलाही बहु गिराये सक्ति की जु उठेल सों।"-प.ग्रं., हि. ब.बि., 142/20।

**सिव**—दे. सिवा। शिवाजी। उ. (1)-"सिव-सेवक सिव गढ़पति कियौ रायगढ़ वास।।"-भू.ग्रं., शि.भू., 14/130। उ. (2)-"सिव आयौ सिव आयौ" संकर की आमदनी सुनि कै परान ज्यौं लगत अरिगोत हैं। "सिव सरजा न यह सिव है महेश" तब जाके उपदेस जच्छ रच्छक से होत हैं।"-भू.ग्रं., शि. भू., 83/143।

**सिव**—1. शिव। लक्षद्वीप तथा जंबूद्वीप के एक वर्ष का नाम। उ.-"सांत रु क्षेम सुभद्र सिव, यवस बरनि परमान। अमृत अभय इहि नाम जुत, सातौं खंड प्रमान।।"-वि.गी., 4/26।

2. दे. शिव (देवता)। संहार के देवता महेश, महादेव। उ. (1)-"वेद पुरान विरंचि सिव, महिमा कहत बिचारि। ऐसे नंदकिसोर के, चरन कमल उरधारि।।"-कृ.ग्र., हि.तं., 1/3। उ. (2)-"सिव-सेवक सिव गढ़पती कियौ रामगढ़ वास।।"-भू.ग्रं., शि.भू., 14/130। उ. (3)-"क्यों न कहैं मुख पाँचहू सों सिव साँचई राम को नाम है ऐसो।"-प.ग्रं., प्र.प., 8/238। उ. (4)-"तीन पुर त्रिपुर के मारे सिव तीन बान तीन पातसाही हनी एक किरवान सों।"-भू.ग्रं., प्रकी., 456/218।

**सिव की भगति**—शिव या शंकर की भक्ति। उ.-"मन कबि भूषन को सिव की भगति जीत्यौ सिव की भगति जीती साधु जन-सेवा ने।"-भू.ग्रं., शि. भू., 218/169।

**सिव चरित्र**—शिवाजी का चरित्र। उ.-"सिव चरित्र लखि यौं भयौ कबि भूषन के चित्त। भाँति-भाँति के भूषननि सों भूपित करौं कबित्त।।"-भू. ग्रं., शि.भू., परि., 348/195।

**सिवधाम**—शिवमंदिर। शिव का निवासस्थान। उ.-"तिहि बेगि माधवानल्ल बीर। सिवधाम लखी तियईन भीर।।"-बो.ग्रं., वि.वि., 18/44।

**सिवपुत्र**—शिव के पुत्र षडानन या कार्तिकेय। दे. षटमुख। ईश्वर का पुत्र षडानन। -क.प्रि., 11-15/2।

**सिवपुत्र-मुख**—दे. षटमुख। कार्तिकेय के छह मुख। उ.-"कुलिस कोन षट, तर्क षट दर्सन, रस, रितु अंग। चक्रवर्ति, सिवपुत्र-मुख सुनि षटराग प्रसंग।।"-क.प्रि., 11/15।

**सिवपुत्री**—शिवपुत्री। उ.-सिवपुत्री परिचय दिसि बहै। सकल लोक दुख देखत दहै।"-वी.च., 1/10। एक नदी का नाम।

**सिवभूषण**—दे. शिवराजभूषण। भूषण द्वारा रचित 'शिवभूषण' नामक अलंकार ग्रंथ। उ.-"सुकविन सौं सुनि सुनि कछुक समुझि कबिन कौ पंथ। भूषन भूषनमय करत सिवभूषन सुभ ग्रंथ।।"-भू.ग्रं., शि.भू., 29/133।

**सिवभूषन**—दे. शिवराज भूषण। भूषण का 'शिवभूषण' नाम का ग्रंथ। उ.-"भूषन सिवभूषन कियौ पढ़ौ सकल सुज्ञान।"-भू.ग्रं., शि.भू., 346/194।

**सिवमठ**-शिवमठ। शिवस्थान। उ.-"दोहा लिखि सिवमठ में माधौ। निज अस्थाने आयो बाधौ।।"-बो.ग्रं., वि.वा., 49/144।

**सिवराज**—दे. शिवा। शिवाजी। उ. (1)-"सरजा समथ्थ सिवराज कहिं देहि विजय जय जगजननि।।"-भू.ग्रं., शि.भू., 2/128। उ. (2)-"जा पर साहितनै सिवराज सुरेश की ऐसी सभा सुभ पावै।।"-भू.ग्रं., शि.भू., 15/130।

**सिवराना**—दे. सिवा। शिवराज। शिवाजी। उ.-"साहिके सपूत सिवराना किरवाना गहि राख्यो है खुमाना बखाना हिंदुवाना को।"-भू.ग्रं., प्रकी., 465/220।

**सिवलोक**—दे. शिव। शिव का लोक। कैलास। उ. (1)-"कहैं पदमाकर सुब्रह्मलोक बिस्नुलोक नाम लैकै कोऊ सिवलोक कों सिधारो है।।"-प.ग्रं., गं.ल., 29/264। उ. (2)-"सुरधुनि रावरे उधारे जगजीवन की छिन छिन सेन सिवलोक कों झिलति है।"-प.ग्रं., गं.ल. 18/259।

**सिवसाह**—दे. शिवा। शिवाजी। उ. (1)-भूषन आइ तहाँ सिवसाह लियौ हरि औरँग साह को गारौ।।"-भू.ग्रं., शि.भू., 169/160। उ. (2)-"साहितनै सिवसाह की, सहज देव यह ऐन। अनरीझे दारिद दलहि, अनखीझे अरिसैन।।"-भू. ग्रं., शि.भू., 170/161।

**सिव साहब**—दे. सिबा। शिवाजी। उ.-"जंगजुरें अरिन कों अंधक अनंग कीबो दीबो सिवसाहब कौ सहज सुभाय है।"-भू.ग्रं., शि.भू., 146/156।

**सिव साहि**—दे. सिबा। शिवाजी। शाहजी के पुत्र शिवाजी। उ. (1)-"शाहितनै शिव साहि निसा में निसाँक लियौ गढ़-सिंघ सुहानौ।"-भू.ग्रं., शि.भू., 92/145। उ. (2)-"औरँग साह सो साहि को नंद लर्‌यौ सिवसाहि बजाकै ढक्का।।"-भू.ग्रं., शि. भू., 124/151।

**सिवा**—1. शिवा। शिवपत्नी। उ.-"बीर नरेंस धनेस तुम मोहिं जु बूझी गाथ। सोई श्रीसिव कों सिवा बूझी ही नृपनाथ।।"-वि.गी. 1/30

2. नदी विशेष। उ. (1)-"कृतमालाका लांगली, बसकरा रिषिका हि। माहेन्द्री तपती सिवा, पुन्या कों चित चाहि।।"-वि.गी., 6/19। उ. (2)-"सिवा पूछैं सिव सों समाजु आजु कहाँ चली काहू पै सिवा नरेश भृकुटी चढ़ाई है।"-भू.ग्रं., प्रकी., 413/207।

3. दे. सिवा। शिवाजी। उ. (1)-"सुजस कियो सों साहसुत सिवा सूर सिरदार। सरद चंद आतप कियो सुचि आतप इक बार।।"-मति., सत., 324/395। उ. (2)-"साहितनै सरजा सिवा की सभा जा मधि सुमेरवारी सुर की सभा कौं निदरति है।"-भू.ग्रं., शि.भू., 143/155। उ. (3)-"तु ही साँच द्विजराज है तेरी कला प्रमान। तो पर सिवा किरपा करी जान्यौ सकल जहान।।"-भू.ग्रं., शि.भू.,143/155।

4. शिव। महादेव। उ.-"तु ही साँच द्विजराज है तेरी कला प्रमान। तो पर सिवा किरपा करी जान्यौ सकल जहान।।"-भू.ग्रं., शि.भू., 143/155।

**सिवाजी, सिवाजू** — दे. सिबा। शिवाजी। शाहजी के पुत्र। उ.- (1)-"भूषन भनत बाललीला गढ़कोट जीते साहिके सिवाजी करि चहूँचक्क चाह कौं।।"-भू.ग्रं., शि.भू., 13/130। उ. (2)-"संभु नीलग्रीव भौंर पुंडरीक ही बसनि सरजा सिवाजी बोल भूषन सरस कौ।"-भू.ग्रं., शि.भू., 46/136। उ. (3)-"सिंह सिवाजू के बीरन सौं गे अमीर न वंचि गुनीजन धोखैं।।"-भू.ग्रं., शि.भू., 72/141।

**सिवि**—दे. शिवि। एक प्रशिद्ध धर्मात्मा राजा। उ.-"रामभूमि, हरिचंद राज, दीनो लीनो मुनि। कर्न तुचा, शिवि मांस दियो जगदेव सीस सुनि।"-वी. च., 2/18।

**सिसुपाल**—शिशुपाल। दमघोष और वसुदेव की बहन श्रुतदेवा या सुप्रभा से उत्पन्न चेदि देश का प्रसिद्ध बलवान राजा जो श्रीकृष्ण का मौसेरा भाई था। जन्म समय में इसके तीन नेत्रों, चार हाथों और गर्दभ की तरह रेंकने के कारण माता-पिता

ने इसे त्यागना चाहा किंतु आकाशवाणी ने रोककर इसकी बलवत्ता और प्रताप की भविष्यवाणी करते हुए पालन-पोषण का निर्देश दिया और यह भी बताया कि जिसकी गोद में जाने से इसकी तीसरी आँख और दो बाहें चली जाएँगी, उसी के हाथों इसकी मृत्यु होगी। श्रीकृष्ण की गोद में जाने पर यह घटना घटित हुई। श्रुतदेवा ने उनसे इसके सब अपराध क्षमा करने की प्रार्थना की। श्रीकृष्ण ने इसके सौ अपराध क्षमा करने का वचन दिया। युधिष्ठिर के राजसूय यज्ञ के समय भीष्म के प्रस्ताव पर श्रीकृष्ण को यज्ञार्घ्य दिये जाने की बात पर शिशुपाल के सौ कुवचनों को सुनकर और क्षमा कर देने के बाद श्रीकृष्ण ने 101वें वचन पर सुदर्शन चक्र से उसका वध कर दिया। यह पूर्वजन्म में पहले दैत्यराज हिरण्यकशिपु था। दूसरे जन्म में रावण और तीसरे जन्म में इसने शिशुपाल के रूप में जन्म लिया था। (पौ.को., हिं.श.सा.)। उ. (1)-"टूट्यौ सिसुपाल बासुदेवजू सों बैर करि टूट्यो है महिष दैत्य अधम बिचरतें।"-भू.ग्रं., प्रकी., 477/222। उ. (2)-"करिये सभा सुहावतो मुख तें बचन प्रकास। बिनु समुझे सिसुपाल को बचनन भयो बिनास।।"-वृं.ग्रं., नी.स., 628/107। उ. (3)-"अधिक गर्व मार्‌यो सिसुपाल। अति सूरो अर्जुन बेहाल।।"-वी.च., 2/2।

**सिसोदिया**—दे. सीसौदिया। उ.-"साहस अपार हिंदुआन कौ अधारधीर, सकल सिसोदिया सपूत कुल कौ दिया। जाहिर जिहान भयौ साहिजू खुमान वीर साहन कौं सरन सिपाहन कौं तकिया।।"-भू. ग्रं., शि.भू., 10/130।

**सीख**—दे. सिख। शिक्षा। उ.-"बान सखिनि की सीख तें मान न जानति ठानि। पिय बिन अगमन भौन में बैठी भौंहनि तानि।।"-मति., सत., 179/383।

**सीता**—दे. सिय, सिया। मिथिला के राजा सीरध्वज जनक की कन्या जो श्रीरामचंद्र की पत्नी हुई। राजा जनक ने संतान के लिए यज्ञ की विधि के अनुसार स्वयं हल द्वारा भूमि को जोता। जुती हुई भूमि की क्यारी से सीता का उद्‌भव हुआ। इसीलिए इनका नाम सीता पड़ा। बड़ी होने पर इनके योग्य वर के लिए जनक ने धनुर्यज्ञ का आयोजन किया और परीक्षा के लिए शिवधनुष को चढ़ाने की शर्त रखी। अयोध्या के राजा दशरथ के पुत्र श्रीराम ने इस धनुष को चढ़ाकर तोड़ दिया। सीता का उनके साथ विवाह हुआ। दशरथ की युवा पत्नी कैकेयी द्वारा उनसे पूर्वरक्षित दो वर माँगने से राम (दे.) ने जब बनवास लिया तब सीता भी उनके साथ गई। वन पंचवटी में रावण छलपूर्वक सीता का हरण कर लंका ले गया। हनुमान ने सीता को खोजा। रावण को युद्ध में मारने के बाद सीता अयोध्या लौटी किंतु झूठे कलंक और वनदर्शन की इच्छा के कारण लक्ष्मण ने राम के आदेश से इन्हें वाल्मीकि आश्रम के पास छोड़ दिया। वहाँ लव और कुश नाम के दो पुत्रों को सीता ने जन्म दिया। पुनः अयोध्या लौटकर या आश्रम के पास ही सीता ने पृथ्वी में प्रवेश कर लिया। आध्यात्मिक दृष्टि से सीता की श्रीराम की शक्ति के रूप में भी पूजा होती है। सीता के इस चरित्र से संबंधित कथाओं में भिन्नता भी मिलती है। (हिं.श.सा., पौ.को., हिं. घ.को.)। उ. (1)-"मेरे गुरु को धनुष यह सीता मेरी माइ। दुहू भाँति असमंजस, बान चले सिर नाइ।।"-रा.चं., 4/28 उ. (2)-"प्रेम लग्यो अंगार ह्वै सीता मन बिन ज्ञान। देत अँगूठी राम की मानिक भो हनुमान।।"-मति., सत., 451/406। उ. (3)-"सीता पृथ्वी की सुता सासु भई इहि हेत। तातै युक्त पतिपनौ समुझहु भाव सचेत।।"-वृं.ग्रं., भा.पं., 46/24। उ. (4)-"सीता सी सती कों तज्यों झूठोई कलंक सुनि साँचोई कलंको ताहि कैसे अपनाओ गे।।"-प.ग्रं., प्र.प., 16/240।

**सीताजी, सीताजू**—दे. सि, सिया, सीता। उ. (1)-"मदन निरूप निरूपम तौ निरूप भयो, चंद वहुरूप अनुरूप कै विचारियै। सीताजी के रूप पर देवता कुरूप को है, रूप ही के रूपक तौ वारि वारि डारियै।।"-क.प्रि., 6/42। उ. (2)-"लोक में अलोक आनि नीकेहूँ कों लागतु है, सीताजू को दूत गीत कैसें उर आनिये।"-र.प्रि., 2/8। उ. (3)-"साजे है धनुष नीके सीताजू के बालकन कीन्हें

जुद्ध भारी अस्वमेध जज्ञ ठाने में।।"-बो.ग्रं., वि. वा., 26/100।

**सीतानाथ**—दे. राम, सीता। सीता के पति रामचन्द्र। उ. (1)-"सोवत सीतानाथ के भृगु दीन्हीं ही लात। भृगुकुलपति की गति हरी, मनोसुमिरि वस्बात।।"-रा.चं., 7/52। उ. (2)-"सेनापति देवीकर सोभागन ती को भूप पन्ना मोती हीरा हेम सौदा हाम ही को जानि। हीअ पर देव पर बदे जस रटै नाउँ खगासन नगधर सीतानाथ कौलपानि।।"-भि. ग्रं., 1, छंदा., 5/166।

**सीतापति**—दे. सियापति। श्रीराम। उ. (1)-पयस्विनी मज्जन करि माधो। सीतापति ढिग आयो साधो।।"-बो.ग्रं., वि.वा., 29/89। उ. (2)-"सीतापति राम के सनेहबस बीती जु पै तौ तौ दिव्य देह जमजातना तें जीती है।"-प.ग्रं., जग., 599/205। उ. (3)-"सीतापति राम के सनेहबस बीती जौ तौ, तौ तौ दिव्य देह जमजातनातें जीती है।"-प.ग्रं., प्र.प., 27/243। उ. (4)-"सीतापति काहिन भजति भजन सी ताप। ताके भजन प्रताप तैं भजत ताप संताप।।"-वृं. ग्रं., य.स., 427/239।

**सीताराम**—सीता और उनके पति राम। इन दोनों नामों को मिलाकर जब उच्चारण किया जाता है तब आध्यात्मिक दृष्टि से उन दोनों की अभिन्नता और उनके क्रमशः शक्ति और शक्तिमान को एक साथ स्मरण करने का भाव रहता है। उ. (1)-"रैनदिन आठो जाम राम राम राम राम सीता राम सीता राम सीता राम कहिये।"-प.ग्रं., प्र.प., 6/238।

**सीताराम-गुणार्णव**—रचयिता-गोकुलनाथ (दे.) विव-रामकथा का वर्णन। (इति. शुक्ल)।

**सीताराम सिद्धान्त अनन्यतरंगिणी**—रचयिता-रसिक अली (दे.)। (बृ.इति. 7)।

**सीताशतनाम**—रचयिता-उमापति त्रिपाठी (दे.)। (बृ.इति. 7)।

**सीतास्वयंवर**—रचयिता-नवलसिंह (दे.)। (इति. शुक्ल)।

**सीति**—दे. सिय, सिया, सीता। जनक की पुत्री। राम की पत्नी। उ.-"रघुपति मार्‍यौ लंकपति जो हरि लै गयौ सीति।।"-वृं.ग्रं., अ.दो., 70/10।

**सीय**—सिय, सिया, सीता। उ. (1)-"राम न जाते हरिन संग, सीय न रावण साथ।"-र.वि., दो., 244/24। उ. (2)-"राम विजय लंका करी आवत बैठी विमान। पाज दिखावत सीय को करि करि होत बखान।।" वृं.ग्रं., अ.दो., 70/10। उ. (3)-"अब सीय लिये बिन हौं न टरौं। कहुँ जाहुँ न तौ लगि नेम धरौं।"-रा.चं., 4/29।

**सीयकंत**—दे. सीतानाथ, सीतापति, रामचन्द्र। उ.-"लखि अंतस में इक सीयकंत विन कोऊ काम न आया है।"-प.ग्रं., क.प्रि., 19/297।

**सीय-स्वयंबर**—दे. राम, सीता, सीताजी का स्वयंवर। उ.-"फूलनि की छबि अंबर की छबि, छत्रन की छबि तत्क्षन भासी। सोहति है अति सीय स्वयंबर आननचंद-प्रबेष-प्रभा सी।।"-क.प्रि., 8/45।

**सील**—शील। अच्छा चाल-चलन। उत्तम आचरण। सद्‌वृत्ति। उ.-"कुलजा सील न परिहरै कुलटा भूषित देखि।"-वृं.ग्रं., नी.स., 116/67।

**सीसफूल**—सोलह शृंगार में सातवाँ भूषण शृंगार है, जिसमें भूषणों में एक शीशफूल। यह सिर पर पहनने का एक गहना है, जो फूल के आकार का होता है। उ. (1)-"बेनी माँग सीसफूल खुटिला करनफूल, बिंदली तिलक नक-बेसरि सुचाव के।"-वृं.ग्रं., शृं.शि., 59/44।

**सीसोदिया, सीसोदियौ**—सिसोद नामक स्थान में बसने वाले क्षत्रियों की उपाधि। यह गहलौत राजपूतों की एक शाखा है, जिसकी प्रतिष्ठा क्षत्रिय कुलों में सबसे अधिक है और जिसकी प्राचीन राजधानी चित्तौड़ थी। (विस्तार के लिए दे. हिं.श. सा.)। उ. (1)-"दूसरे अमरसिंह राना सीसौदिया आज जासों अरिराज गजराज हिय हारे हैं।"-वी. च., 1/2। उ. (2)-"महाबीर ता बंस में भयौ एक अवनीस। लियौ बिरद सीसोदियौ, दियौ ईस को सीस।।"-भू.ग्रं., शि.भू., 5/129।

**सीह छतीसी**—रचयिता-बाँकीदास (दे.)। (बृ.इति. 7)।

**सुंदर कांड**—रचयिता-मनियार सिंह (दे.)।

(इति. शुक्ल)।

**सुंदर छंद**—विषम चरणों में 10 वर्ण होते हैं, और मात्राक्रम है (।।S ।।S ।S।S)। सम चरणों में 11 वर्ण होते हैं और मात्राक्रम है (।।S S।। S।S ।S)। ल.-सगना सगना जगंनु गो, सगना भागनु रग्गना लगो। बिषमें अखरा दसै धरो, समपद ग्यारह छंद सुदरो।। उ.-"रचना बिधना-अनंग की, सुषमा सुंदर स्यामअंग की।।"-भि.ग्रं. 1, छंदा., 12-13/268।

**सुंदरदास (छोटे)**—समय-सं. 1653-1746। स्थान-जयपुर के खण्डेलवाल वैश्य। निवास-जयपुर, काशी, फतेहपुर (शेखावटी), पंजाब, राजस्थान आदि की व्यापक यात्राएँ। मृत्यु-स्थान-साँगानेर। रचनाएँ-ज्ञानसमुद्र, सुन्दर बिलास, सर्वांगयोग प्रदीपिका, पंचेन्द्रिय-चरित्र, सुखसमाधि, अद्‌भुत उपदेश, स्वप्न प्रबोध, वेद-विचार, उक्त-अनूप, पंच प्रभाव, ज्ञान-झूलना आदि (सुंदर ग्रंथावली, दो भाग, सं. पुरोहित हरिनारायण शर्मा द्वारा संपादित)। (इति. शुक्ल, बृ.इति. 7, सा.को.)।

**सुंदर श्रृंगार**—रचयिता-गंगाराम (दे.)। (बृ. इति. 7)।

**सुंदरसार**—रचयिता-मुकुंददास (दे.)। (बृ. इति. 7)।

**सुंदरी छंद**--बारह वर्णो का तथा चार भगण (S।।) का एक छंद। ल. (1)-चारि भगन को सुंदरी छंद छबीलो होय।। उ.-"राज तजै धन धाम तजै सब। नारि तजै सुतसोचु तजै अब। आपुन यों जग झूठहि निंदह। सत्य न एक तजै हरिचंदह।।"-छं. मा., 1/33। भिखारीदास ने सुंदरी छंद का एक भेद वताया है। इसके प्रत्येक चरण में 32 मात्राएँ और 24 वर्ण होते हैं। मात्राक्रम है आठ सगण (।।S) और अंत में एक गुरु। ल. (2)-ससग विप्र दु ग सारवति छंद सुंदरी जान। पद पद मत्त बतीस गनि चौबिस बर्न प्रमान।। उ.-"...कटि जाति परी है खिन खिन खीनी या बिधि जोबन जोर ठयो। जवही तब नीबी कसतहि देखैं सुंदरि को दिन द्वैक भयो।।"-भि.ग्रं. 1, छंदा., 242-243/214। ल. (3)- सात भगन गुरु अंत इक सो सुंदरी बखान। उ.-"ओठनि अंजनि रेख रची झुकि पेच कपोलन को परसैं।।"-सो.ग्रं. 1, र.पी.नि., 33, 35/36-37। भिखारीदास ने संस्कृत के छंदों का लक्षण निरूपण करते समय एक भिन्न प्रकार के सुंदरी छंद के लक्षण का निरूपण किया है, जिसके प्रत्येक चरण में क्रमशः नगण (।।।), भगण (S।।), भगण (S।।) और रगण (S।S) होता है। ल.-नगन भागनु भागनु रग्गना। चरन चारिहु सुंदरि सोभना। दुत बिलंबित याहि कोउ कहै। बरन बारह 'दास' अचूक है।। उ.-"अनमनी सजनी सब संग की। सुधि न तोहि रही कछु अंग की। दुचित मोहनलाल मुकंद री। कुढँग मानहि भानहि सुंदरी।।"-भि.ग्रं. 1, छंदा., 17-18/249।

**सुंभ**—शुंभ। अग्निपुराण के अनुसार हिरण्यकशिपु के पुत्र प्रह्लाद का पौत्र और गवेष्ठी का पुत्र। इसके भाई का नाम निशुंभ था। वामन पुराण के अनुसार यह कश्यप की दनु नामक भार्या से उत्पन्न था। शुंभ दुर्गादेवी के द्वारा मारा गया था। (पो.को., हिं.श.सा.,)। उ. (1)-"उठे जगत दुख दैन कों तो कठोर कुच कुंभ। निसिचर कुंभ निकुंभ ज्यों दानव सुंभ निसुंभ।।"-मति., सत., 540/413। उ. (2)-"जय जय निसुंभ सुंभह दलनि भनि भूषन जय जय भननि।।"-भू.ग्रं., शि. भू., 2/128।

**सुकंठ**—श्रीराम के सखा तथा वानरराज बालि के अनुज सुग्रीव का एक नाम। दे. सुग्रीव। उ. (1)-येहू न सोच घनो पदमाकर साहिबी जौ पै सुकंठ ही पाई।"-प.ग्रं., जग., 587/202। उ. (2)-"सुखद सुकंठ सखा साहिब सरन्य सुचि सूधे सत्यसंध के प्रबंधन को गहिये।"-प.ग्रं., प्र.प., 51/248।

**सुक**—शुक। रावण द्वारा राम दल के पास भेजा गया एक दूत। उ. (1)-"सुक सारन रावन दूत पठायो। कपिराज सों एक संदेस सुनायो। अपने घर जैयहु रे तुम भाई। जमहूँ यहँ लंक लई नहि जाई।।"-रा.चं., 15/36।

**सुक**—दे. श्री सुकदेव। शुकदेव मुनि। उ.-"भगत बछल ओ भगति प्रिय नाम हरि सुक बलि पृथु से उधारे जस गायो है।।"-वृं.ग्रं., स्फुट.,

28/317।

**सुकदेव**—दे. श्री सुकदेव। शुकदेव। उ.-"उपजैगो या चौदहें मन के अंग बिराग। ब्यास पुत्र सुकदेव को सुनि चरित्र जग जाग।।"-वि.गी. 14/1।

**सुकाचार्ज**—शुक्राचार्य। दे. सुक्र। उ.-"कह्यो सुकाचार्ज सु हौं कहौं जू। सदा तुम्हारे हित संग्रहौंजू।।"-रा.चं., 17/20।

**सुकिया, सुकीया**—दे. स्वकिया, स्वकीया। इसे स्वीया भी कहते हैं। वह नायिका जो केवल अपने पति से ही रति और प्रेम संबंध रखती है। ल. (1)-पतिहित सद्‌स उछाह उर धरति सुकीया जानि।-कृ.ग्रं., हि.त., 27/9। ल. (2)-"हित सुकिया को प्रगट भनि।-वही, 40/12। ल. (3)-संपति बिपति जो मरत हूँ सदा एक अनुहारि। ताहि सुकीया जानियै, मन-क्रम-बचन बिचारि।। मुग्धा मध्या प्रौढ़ गति, तिनकी तीनि बिचारि। एक एक की जानियहु चारि चारि अनुहारि।।-र.प्रि., 3/15-16।

**सुकीया भेद**—स्वकीया भेद। दे. स्वकिया, स्वकीया। ल. (1)-सुकीया तीन प्रकार की जानत हैं बुधिवंत। मुगधा मध्या प्रौढ़ा पुनि तिनके भेद अनंत।।-वृं.ग्रं., शृं.शि., 33/40। वृंद कवि ने स्वकीया के भी नवोढ़ा और बिश्रब्ध नवोढ़ा दो भेद किये हैं। नवोढ़ा ल.-बालापन में ब्याहियैं वहै नवोढ़ा बाम। अति डरअति ही सकुचि तन नाहिं काम सौं काम।। विश्रब्ध नवोढ़ा ल.-सौंह बिनय तैं कछुक डर तजि पौढ़ैं पिय पास। सो बिस्रब्ध नवोढ़ा तिय चकित कछुक बिसवास।।-वही, 34-35/40। उ.-"प्यारो उपपति तें सु होतन अनुकूल तुम प्यारी परकीया तें सुकीया होन चाहतीं।"-प.ग्रं., जग., 363/158।

**सुकुमारता**—दे. हाव। स्त्रियों के संयोग शृंगार के अन्तर्गत दस प्रकार के हावों (दे.) का उल्लेख मिलता है। उनमें से सुकुमारता एक है। इसका शब्दार्थ है कोमलता जो नायिका के सौन्दर्य को बढ़ाने वाला है और नायक के प्रेम को उद्दीप्त करने वाला होता है। उ.-घाँघरो झीन सों सारी महीन सों पीन नितंबाने भार उठ्यो खचि। 'दास' सुवास सिंगार सिंगारति बोझनि ऊपर बोझ उठै मचि। स्वेद चलै मुख-चंदनि च्वै डग द्वैक धरे महि फूलनि सों सचि। जात है पंकजवारि बयारि सों वा सुकुमारि की लंक लला लचि।।"-भि.ग्रं.1, शृं.नि., 153/145।

**सुकेसी**—सुकेशी। अलकापुरी की एक अप्सरा का नाम, जिसने अष्टावक्र के स्वागत समारोह में कुबेरभवन में नृत्य किया था। (पौ.को.)। उ.-"सोहति सुकेसी मंजुघोषा रति उरबसी राजाराम मोहिबे को मूरति सोहाई है।"—क.प्रि., 11/35।

**सुक्खा सिंह**—जन्म-सं. 1825। देहांत-सं 1895। निवास-यात्राएँ तथा अंत में केशगढ़ में निवास। रचनाएँ-गुरु-विलास। विव.-गुरु गोविंद सिंह के जीवन, युद्धादि का सजीव प्रबंधात्मक वर्णन। (बृ.इति. 7)।

**सुक्तिमति**—शुक्तिमती। नदी विशेष का नाम। उ.-"चित्रोत्पला पिसाचिका, बृषभा बिंध्या जानि। तमसा सेनी मंजुला सुक्तिमती उर आनि।।"-वि.गी., 6/15।

**सुक्तिमा**—नदी विशेष का नाम। उ.-"उत्पलावती इच्छुका, भैमरथी सुभकारि। बैतरनी अरु सुक्तिमा, बैलासिनी निहारि।।"-वि.गी., 6/17।

**सुक्र**—शुक्र। नर जीवों के शरीर की वह धातु जिसमें स्त्री के अंड को गर्भित करने वाले घटक या अणु रहते हैं। उ.-"सुक्र द्वार ह्वै गरभ मैं नीर पाँचवैं सत्ति। अैसैं करि यह होत है स्थूल देह उत्पत्ति।।"-ज.ग्रं, आ.बि., 130/127।

**सुक्र**—शुक्र। शुक्राचार्य। एक प्रसिद्ध ऋषि जो पुराणों के अनुसार दैत्यों के गुरु और भृगु ऋषि के पुत्र थे। कहीं-कहीं इन्हें भृगु का पौत्र और कवि का पुत्र भी कहा गया है। ग्रह के रूप में ये तीनों लोकों का चक्कर लगाते हुए भय, अभय, वृष्टि, अनावृष्टि, उत्पन्न करते हैं। इनकी पत्नी का नाम सुषमा तथा पुत्री का नाम देवयानी था। इनके चार पुत्रों के नाम थे—त्वष्टा, वरुत्री, षण्ड तथा मर्क। इन्हें संजीवनी विद्या मालूम थी, जिसके प्रभाव से ये मृत दैत्यों को भी जीवित कर देते थे। देवगुरु

बृहस्पति के पुत्र कच ने यह विद्या इनसे सीखी किन्तु देवयानी के शाप के कारण यह निष्फल हो गई। असुरों की रक्षा का उपाय महादेव से पूछा। उनके आदेश से इन्होंने एक हजार वर्ष तक धूम्रपान कर तपस्या की। इस अवधि में देवताओं ने बहुत से असुरों का वध कर दिया। विष्णु ने इनकी माता को मार डाला। इस पर रुष्ट हो भृगु ने विष्णु को सात बार जन्मग्रहण का शाप दिया और शुक्राचार्य की माता को पुनः जीवित कर लिया। इंद्र ने शुक्राचार्य का तप भ्रष्ट करने के लिए अपनी पुत्री जयंती को भेजा किंतु इन्होंने अपनी तपस्या पूरी कर जयंती से विवाह किया। दैत्यराज बलि ने जब वामन रूपधारी विष्णु को यज्ञ के समय सारी पृथ्वी दान में देने का निश्चय किया, तब इन्होंने उन्हें रोकने के लिए जलपात्र की टोटी में प्रवेश कर जल को रोक दिया। टोटी को साफ करते समय इनकी एक आँख नष्ट हो गई। तब से ये एकाक्ष ही हैं। (पौ.को., हिं.श.सा.)। उ. (1)-"एक आतमा, चक्र रबि, एक सुक्र की दृष्टि। एकै दसन गनेस को, जानति सिगरी सृष्टि।।"-क.प्रि., 11/5। उ. (2)-"पूजि उठे जबहीं सिव को तबहीं बिधि सुक्र बृहस्पति आए।।"-रा.चं., 19/16।

**सुक्ला**—शुक्ला। नदी विशेष। उ.-"सुक्ला, अभया, आर्यका, अरु पवित्रवति नाम। तीर्थवती वृति रूपवति, अमृतौघा सुधधाम।।"-वि.गी., 4/17।

**सुख**—संयोग के सात सुख - 1. भोजनसुख, 2. पेय पदार्थों को पीने का सुख, 3. वस्त्राभूषणादि पहनने का सुख, 4. ज्ञान के बुद्धि-विलास का सुख, 5. गान का सुख, 6. शोभा का सुख, 7. प्रिय के अभिन्न संयोग का सुख। उ.-"एकहिं बेर न जानियै 'केसव' काहे तें छूटि गए सुख सातौं।।"-क. प्रि., 8/42।

**सुखकर**—यमकालंकार का एक भेद।-क.प्रि., 15/119।

**सुखदेव**—स्थितिकाल - सं. 1717। रचना-वाणिज्य नीति। (बृ.इति., 7)।

**सुखदेव मिश्र**—जन्म-सं. 1690 के लगभग। जन्मस्थान-कंपिला। आश्रयदाता-राजा राजसिंह, हिम्मतसिंह, भगवंत राव राय खीची। रचनाएँ-वृत्तविचार, छंदविचार, फाजिल अली प्रकाश, रसार्णव, शृंगारलता, अध्यात्मप्रकाश, दशरथ राय रसरत्नाकर, नखशिख। (इति. शुक्ल, स.सर्वे.)।

**सुखसागरतंरग**—रचयिता-देव (दे.)। (इति. शुक्ल)।

**सुखेन**—सुषेण। एक वानर जो सुग्रीव का चिकित्सक था। यह वरुण का पुत्र था। बालि का ससुर और सुग्रीव का वैद्य था। इसने राम-रावण युद्ध में राम की विशेष सहायता की थी। उ. (1)-"नील सुखेन हनू उनके नल और सबै कपिपुंज तिहारे।"-रा.चं., 16/15। उ. (2)-"परसा सुखेन कुंत केसरी गवय सूल बिभीषन गदा गज भिंदिपाल तारे हैं।"-रा.चं. 19/46।

**सुगीतिका छंद**—एक छंद जिसके प्रत्येक चरण में 15 और 10 के विराम से 25 मात्राएँ होती हैं। आदि में लघु और अंत में गुरु लघु का विधान है। यह मात्रामुक्तक छंद है। ल.-लघु दै आदि पचीस कल, सुगीतिका उर आनि। उ.-"खरौ रहै ढिग 'दास' तनु धरि बेद परम पुनीत। कहै कछ अहिराज तब ब्रजराज तुव जसु गीत।।"-भि.ग्रं. 1, छंदा., 35, 37/220।

**सुग्रीव**—वानरराज बालि (दे.) का छोटा भाई। यह सूर्य से उत्पन्न माना जाता है। किष्किंधा पर बालि शासन करता था। उसकी अनुपस्थिति में, यह समझकर कि वह राक्षस द्वारा मारा गया, सुग्रीव किष्किंधा पर शासन करने लगा। बालि ने लौटकर जब यह देखा तो अत्यंत क्रुद्ध हुआ और सुग्रीव को मार भगाया और उसकी पत्नी रूमा को भी छीन लिया। सुग्रीव ऋष्यमूक पर्वत पर मतंग ऋषि के पास रहने लगा। सीता का हरण होने पर उसे खोजते हुए श्रीराम जब ऋष्यमूक पर्वत के पास पहुँचे तो हनुमान ने इसकी मित्रता श्रीराम से कराई। श्रीराम ने बालि का वध किया और बालिकुमार (दे.) अंगद को किष्किंधा का युवराज बनाया। सुग्रीव ने सीता की खोज में और रावण से युद्ध में श्रीराम की बहुत सहायता की थी। (हिं. श.

सा., पौ.को.)। उ.-"सीता के पदपद्म के नूपुर-पट जनि जानु। मनहुँ कर्‌यो सुग्रीव-घर राजश्री-प्रस्थानु।।"-रा.चं., 12/25।

**सुचित्र**—चित्रालंकार (दे.)। उ.-"अलंकार परवृत्त कहौ उपमा जमक सुचित्र। भाषा इतने भूषणनि, भूषित कीजै मित्र।"-क.प्रि., 9/7। केशवदास ने कविप्रिया के सोलहवें प्रभाव में इसका विस्तृत लक्षण निरूपण किया है।

**सुचि सिंगार**—स्वकीया प्रौढ़ा के लक्षण निरूपण के बाद सोलह शृंगारों में यह सुचि शृंगार प्रथम है, जिसके लक्षण इस प्रकार हैं। ल.-"करत सकल सुचि देह की प्रथम यहै सिंगार। पति हित नीकैं रंग कौं करियैं बिधि अनुसार।। सुचित एकंत हैं कैं वासित सुबास लै कैं नासा मुख धारि नीकैं संका निखारियैं। जथाजोग जल सौं पवित्र करि हाथ पाय सुगंध दरब करि धोइकैं सुधारियैं।। कीजियैं करूरे रूरे क्षामि मुख आँखें छाँटि उज्जल अँगोछा औंछि सुंदर सँवारियैं।। अंतर बहिर ऐसें करियैं सरीर सुचि प्रथम यहै सिंगार सुख कौं सिंगारियै।।"-वृं. ग्रं., शृं.शि., 45-46/41-42।

**सुच्छम (अलंकार)**—सूक्ष्म अलंकार जिसमें चित्तवृत्ति को सूक्ष्म चेष्टा से लक्षित कराने का वर्णन होता है। ल.-सुच्छम पर आसय लखें सैनन में कछु भाई। उ.-"मैं देख्यो उहिं सीसमनि केसनि लियो छिपाइ।।"-ज.ग्रं., भा.भू., 179/59। दे.सूक्ष्म.

**सुछंद**—स्वच्छन्द। विभिन्न रूढ़ियों से स्वच्छन्द या मुक्त। उ.-"भाषा-प्रबीन, सुछंद सदा रहै, सो घन जी के कबित्त बखाने।"-ब्रजनाथ द्वारा घनानंद की प्रशस्ति। घ.क. 1/33।

**सुजस छतीसी**—रचयिता-बाँकीदास (दे.) (बृ.इति. 7)।

**सुजान**—सुजान सिंह। ये ओड़छा के राजा थे। जयसिंह के साथ में दक्षिण गये थे। पुरंदर के घेरे में इन्होंने अच्छी वीरता प्रदर्शित की थी। ये दिलेर खाँ के साथ चाँदा भी गए थे। उ.-"अमर सुजान मुहकम बहलोल खान खाँडे डाँडे छाँडे उमराउ दिल्लीसुर के।"-भू.ग्रं., शि.भू., 221/170।

**सुजान**—1. प्रेम और शृंगार की रीतियों के ज्ञानी। उ. (1)-"जान सुजान हौ प्राण के प्रान हौ बुद्धि निधान हौ वाहि वहै वर।।"-वृं.ग्रं, भा.पं., 26/19। उ. (2)-"यामें कौन सयान है मोहनलाल सुजान। आयु करत अपराध हौ आपुहि पुनि अभियान।।"-मति., सत., 295/393। उ. (3)-"अरी नींद आवै चहै जिहिं दृग बसत सुजान। देषी सुनी धरी कहूँ दौ असि एक मयाँन।।"-रस., रतन., 827/152। उ. (4)-"रस मधि रस सिंगार जानत रसिक सुजान। तिहि आलंबन नाइका करियै ताहि बखान।।"-वृं.ग्रं., शृं.शि., 14/36।

2. विज्ञ। पंडित। उ. (1)-"हरि कौ सुमिरन हरि घरी हरि हरि रटौ जुबान। हरि बिधि हरि कौ ह्वै रहौ रसनिधि संत सुजान।।"-रस., रतन., 20/45। उ. (2)-"पसु पंछीहू जानही अपनी अपनी पीर। तब सुजान जानौ तुमै जब जानौ पर पीर।।"-रस., रतन., 101/57।

**सुजान चरित्र**—रचयिता - सूदन (दे.)। विव.—महाराज सुजान के पराक्रम का वर्णन। (इति. शुक्ल)।

**सुजानविनोद**—रचयिता-देव (दे.)। (इति. शुक्ल)।

**सुजान विलास**—रचयिता-सुजान सिंह (दे.)। विव.-करौली के राजघराने की प्रशस्ति। (बृ. इति. 7)।

**सुजान सागर**—रचयिता-घनआनंद (दे.)। (इति. शुक्ल)।

**सुजान सिंह**—स्थितिकाल-सं. 1790। वंश-करौली का राजघराना। रचनाएँ-सुजान विलास। विव.-वीरकाव्य, करौली के राजघराने की प्रशस्ति। (बृ.इति. 7)।

**सुजानानंद**—रचयिता-नागरीदास (दे.)। रचनाकाल-सं 1810। (बृ.इति. 7, स.सर्वे.)।

**सुतल**—चौदह लोकों में अधःलोको में से एक। भागवत के अनुसार इस पाताल लोक के स्वामी विरोचन के पुत्र बलि (दे.) हैं। देवीभागवत के अनुसार विष्णु भगवान ने वामन रूप में दान लेने के बाद बलि को पाताल भेज कर संसार की सारी संपदा दी थी और स्वयं उसके द्वार पर पहरा देते

थे। एक बार रावण ने इस लोक में प्रवेश करने का प्रयास किया था, तो विष्णु भगवान ने अपने पैर के अँगूठे से उसे हजारों योजन दूर फेंक दिया था। (हिं.श.सा.)। उ.-"कहैं पदमाकर अतल मैं बितल मैं सुतल मैं रसातल मैं मंजु महातल मैं।"-प. ग्रं., गं.ल., 51/272।

**सुदक्षिना**—सूर्यवंश में राजा सगर के प्रपौत्र दिलीप की पत्नी का नाम जिसके गर्भ से रघु उत्पन्न हुए थे। (पौ.को.) उ.-"बिधि के समान हैं बिमानीकृत राजहंस बिबिध बिबधजुत मेरु सो अचल है। दीपति दिपति अति सातो दीप दीपियतु दूसरो दिलीप सो सुदक्षिना को बलु है।"-रा.चं., 2/10।

**सुदरसन, सुदरसन चक्र** — सुदर्शन चक्र। मत्स्य पुराण में लिखा गया है कि दिवाकर ने विष्णु से कहा कि यदि मेरे प्रति आपका अनुग्रह हो तो मेरा तेज जरा कम कर दीजिए। तब विश्वकर्मा द्वारा दिवाकर को चक्रभूमि पर चढ़ाकर विष्णु ने उनका तेज घटा दिया। पीछे वह तेज विष्णु के चक्र रूप में तथा शिव के त्रिशूल और इन्द्र के वज्र रूप में परिणत हुआ। वामन पुराण में लिखा है कि भगवान विष्णु ने देवों से कहा था कि जो अस्त्र है, उससे असुरों का वध नहीं किया जा सकता। अतएव अस्त्र के लिए तुम सभी अपना-अपना तेज दे दो। इस पर सभी देवताओं ने अपना-अपना तेज दे दिया। वे सब तेज एकत्र होने से विष्णु ने अपना तेज मोचन किया। महादेव ने इस तेज के द्वारा एक अनुपम अस्त्र बनाया जिसका नाम सुदर्शन रखा गया। पीछे महादेव ने उसके अवशिष्ट तेज द्वारा वज्र का निर्माण किया। शिव ने यह सुदर्शन चक्र दुष्टों के दमन के लिए विष्णु को प्रदान किया। (हिं.विश्व.)। उ. (1)-"धरत सुदरसन चक्र कर परम सुदरसन स्याम। हरत सुदरसन त्यौं हरत ताप तीन हरि नाम।।"-वृं.ग्रं. य.स., 79/212। उ. (2)- चहूँ वोर चितचोर चाक चक चक्रमन, सुंदर सुदरसन दरसन हीने हैं।"-क.प्रि., 15/16। उ. (3)-"तिनहूँ गोबिंद लै सुदरसन चक्र एकै कीन्हों बस भुवन चतुर्दस बनाइकै।"-भि.ग्रं. 1, शृं.नि., 35/96।

**सुदाम**—दे. सुदामा। उ.-"मिले सुदाम सु जोरि कर समाधान सनमान। पग पलोटि मगश्रम हर्‌यो यों प्रभु दयानिधान।।"-प.ग्रं., जग., 696/225।

**सुदामा**—श्रीकृष्ण के सहपाठी और दरिद्र मित्र। श्रीकृष्ण भगवान ने सुदामा के समान दरिद्र ब्राह्मण के साथ भी पाठशाला की मित्रता का निर्बाह किया था और उसे भूले नहीं थे। यह उनके उस सर्वोच्च पद ही के योग्य था। बाद में उन्होंने उसे ऐश्वर्यवान बना दिया था। उ. (1)-"जे गरीब पर हित करैं, ते रहीम बड़ लोग। कहा सुदामा बापुरो, कृष्ण मिताई जोग।।"-र.वि., दो., 66/7। उ. (2)-"और बाँभननि देत करत सुदामा सुधि मोहि देखि काहे सुधि भृगु की करत हौ।"-भू.ग्रं., शि. भू., 70/141। उ. (3)-"नर हर नरहर और की करत आस बेकाजी संत सुदामा रंक तैं राब किये महाराज।।"-वृं.ग्रं., य.स., 5/204। उ. (4)-"भोजन की सामा सत्यभामा की भुलाई भलें दुखी वा सुदामा के सु चाउर चबाए हैं।"-प.ग्रं., मिश्र, प्र.प., 47/247।

**सुदामाचरित**—रचयिता - गोपालचंद मिश्र (दे.)। (बृ.इति. 7)।

**सुदामाचरित**—रचयिता-उमादास (दे.)। (बृ. इति. 7)।

**सुदामाचरित**—रचयिता-आलम (दे.)। (स. सर्वे.)।

**सुदामाचरित**—रचयिता-माखन कवि (दे.)। (बृ.इति. 6)।

**सुदामाचरित्र**—रचयिता-छत्रनाथ (दे.)। (बृ. इति. 7)।

**सुद्ध अपह्नुति**—दे. अपह्नुति। शुद्धापह्नुति। अपह्नुति अलंकार का एक भेद जिसमें प्रकृत अर्थात् उपमेय को झूठ ठहराकर उसका निषेध करके उपमान की सत्यता स्थापित की जाती है। ल.-धर्म दुरे आरोप तें सुद्ध अपह्नुति जानि। उ.-"उर पर नाहिं उरोज ये कनकलता फल मानि।।"-ज.ग्रं., भा.भू., 61/22।

**सुधर्मबोधिनी**—रचयिता-लाड़लीदास (दे.)। (बृ.इति. 7)।

**सुधा**—अमृत। जीवन प्रदान करने वाला, अमर करने वाला। उ.(1)-"सुधा तें स्रवत बिष, फूल मैं जमत सूल, तम उगिलत चंद, भई नई रीति है।"-घ.क., 55/59। उ. (2)-"कंचन को रंग लै सवाद लै सुधा को वसुधा को सुख लूटिकै बनायो मुख तेरो है।"-ठाकुर, 12/65।

**सुधाकर**—स्थितिकाल सं 1820। आश्रयदाता-भरतपुर नरेश सूरजमल। रचनाएँ-वीर और शृंगार रस के स्फुट छंद। (बृ.इति. 7)।

**सुधा छंद**—भिखारीदास के अनुसार प्रत्येक चरण में मात्राक्रम है (।ऽऽ ऽऽऽ ।।। ।।। ऽऽ। ऽऽ। ऽऽ)। बीस वर्ण होते हैं और छह, सात तथा सात वर्ण पर यति होती है। ल.-यगानो मो आनो, नगन नगन गो गो यगाना यगानो। छः बिश्रामै ठानो, मुनि पुनि करिकै, सातई फेरि तानो। गनो पाये पाये, गुरु लघु मिलिकै, बर्न है 'दास' बीसै। सुधा याको नामै, मधुर समुझिकै, आप राख्यो अहीसै।। उ.-"कहैं याको पानी, गुनगन तनको, 'दास' जान्यो न जाको। स्रवै सीरो सोतो, सुरसरि महिआँ, स्वच्छ साँचो सुधा को।।"-भि.ग्रं. 1, छंदा., 102-103/264। केशवदास ने भिन्न लक्षण दिया है, जिसके अनुसार मदिरा छंद के आरंभ में एक लघु देने से सुधा छंद बनता है। मदिरा का लक्षण उन्होंने इस प्रकार दिया है।-यह 22 अक्षरों का छंद है, जिसमें सात भगण (ऽ।।) और अंत में एक गुरु का विधान है। सात भगन करि अंत गुरु बाइस अक्षर छंद। 'केशव' मदिरा छंद यह कुसुमस्वेद मकरंद।। सुधा छंद ल. (2)-मदिरा सिर लघु एक दै सुधा छंद मन आनि। उ.-"... उघारहि घूँघट अँचल डारि उतारिकै कंचुकि तोरि तनी। न पाइहि तौ फिरि जैहै भटू अरु पाइहि तौ सब वात बनी।।"-छं.मा., 1/66।

**सुधानिधि**—रचयिता - तोषनिधि (दे.)। विव.-रस भेद और भाव भेद के वर्णन का ग्रंथ। (इति. शुक्ल)।

**सुधाबुध छंद**-प्रत्येक चरण में मात्राक्रम है (।ऽ ऽऽऽऽ ।।। ।।ऽ ऽऽ। ।।ऽ)। अटठ्ारह वर्ण होते हैं तथा छः, छः, छः वर्ण पर यति होती है। ल.-लगो चारो हारा, नगन सगनो, तक्कार सगना। छ बिश्रामै ठानौ, छ पुनि गनिकै, तौ फेरि छ गनौ। दसै आठै बर्ना सुकबिजन कों, दातार सिधि को। सुधाबुंदो छंदे, भुजग बर्नो है, याहि बिधि को।। उ.-"किनारी मुक्ता सों, छबि बदन की या भाँति छलकै। सुधाबुंदै मानो, उफिनि ससिके, चौ फेर झलकै।।"-भि.ग्रं. 1, छंदा., 90-91/261-262।

**सुधामंदाकिनी स्तोत्र**—रचयिता-पं. उमापति त्रिपाठी (दे.)। (बृ.इति 7)।

**सुधासार**—रचयिता-छत्रसिंह (दे.)। विव-श्रीमद्भागवत के दशम स्क्न्ध का भाषानुवाद। (स.सर्वे.)।

**सुधासुर**—राहु। पुराणों के अनुसार नौ ग्रहों में से एक जो सिंहिका (दे.) के गर्भ से उत्पन्न विप्रचित्ति का पुत्र था। समुद्रमंथन के उपरांत निकले अमृत को इसने देवताओं की पंक्ति में छिप-बैठ कर पी लिया, जिसे सूर्य और चन्द्र ने देखकर विष्णु से कह दिया। अमृत पी लेने के कारण विष्णु के सुदर्शन चक्र से काटने पर भी राहु मस्तक के रूप में जीवित रहा और उसका धड़ केतु के नाम से प्रसिद्ध हुआ। दोनों दो ग्रह हो गए और दोनों अमर हो गये। (पौ.को.)। उ.-"जौं कहौं 'केसव' सोम सरोज सुधासुर भृंगनि देह दहे हैं। दाड़िम के फल श्रीफल बिद्रुम हाटक कोटिक कष्ट सहे हैं। कोक कपोंत करी अहि केहरि कोकिल कीर कुचील कहे हैं। अंग अनूपम वा तिय के उनकी उपमा कहँ वेई रहे हैं।।"-र.प्रि., 8/23।

**सुनकिरवा**—एक प्रकार का सुनहला परदार कीड़ा, जिसके पर पाँखी के परों के आकार के तथा बड़े चमकीले, हरे रंग के होते हैं, जिन्हें काट-काट कर स्त्रियाँ गोल अथवा लंबी बेंदियाँ बना लेती हैं। इनको लोग कारचोव के काम में भी सिलवाते हैं। उ.-"गारी गदकारी परैं हँसत कपोलनु गाड़। कैसी लसति गवाँरि यह सुनकिरवा की आड़।।"-बि.र., 708/328।

**सुनति**—सुन्नत। मुसलमानों की एक रस्म जिसमें लड़के की लिंगेन्द्रिय के अगले भाग का बढ़ा हुआ चमड़ा काट दिया जाता है। खतना। मुसलमानी। उ. (1)-"कासीहू की कला गई मथुरा

मसीत भई सिवाजी न होतो तो तो सुनति होति सबकी।"-भू.ग्रं., प्रकी., 446/216। उ. (2)-"दच्छिन के नाथ ऐही देखि धरे मूछों हाथ, सिवाजी न होती तो सुनति होति सबकी।।"-भू.ग्रं., प्रकी., 470/221।

**सुनीत प्रकाश**—रचयिता-गुरु गोविन्द सिंह (दे.)। (इति. शुक्ल)।

**सुपनखा**—दे. सुपनखा, सूरपनखैं। शूर्पणखा। एक प्रसिद्ध राक्षसी जो रावण की बहन थी और जिसके नख सूप के समान थे। इसने राम के वनवास के समय पंचवटी में सुंदर रूप धारण कर उनसे तथा बाद में लक्ष्मण से विवाह का प्रस्ताव किया था, जिसे राम ने विवाहित होने के कारण अस्वीकार कर दिया। इस पर इसने सीता पर आक्रमण कर दिया। फलतः राम के संकेत पर लक्ष्मण ने इसके नाक और कान काट लिए। खर (दे.) और दूषण (दे.) नाम के अपने भाइयों को इसने अपना दुःख सुनाया। दोनों राम द्वारा मारे गये। फिर रावण के सामने दुःख रोई। प्रतिशोध में रावण ने सीता का अपहरण कर लिया। अन्त में रावण मारा गया। (पौ.को., हिं.श.सा.,)। उ.-"मंथरा सों मोद मानत बिपिन पठयो ठेलि। सुपनखा की नाक काटी करन आई केलि।"-रा.चं., 27/13।

**सुपहछत्तीसी**—रचयिता-बाँकीदास (दे.)। (बृ. इति. 7)।

**सुपर्णप्रयात**—ग्यारह अक्षरों का छंद है, जिसमें मात्राक्रम में तीन तगण (SSI) और दो गुरु होते हैं (SSI SSI SSI SS)। ल.-तगन तीनि गुरु अंत द्वै करि कबित्त अवदात। ग्यारह अक्षर स्वच्छ पद देहु सुपर्णप्रयात ।। उ.-"एकै यहै सब्द संसार भाख्यो । त्रैलोक का मंडि ब्रह्मांड नाख्यो। मार्‌यो दसग्रीव संग्राम बीत्यो। श्रीराम श्रीराम श्रीराम जीत्यो।।"-छं.मा., 1/28।

**सुप्त**—भिखारीदास ने निद्रा नामक संचारी का लक्षण निरूपण नहीं किया। उसके स्थान पर सुप्ति का नाम लिया है। ल.-सुप्त सुभाव निभर ह्वै सोवै। उ.-"जात जगाए हैं न अलि आँगन आए भानु। रसमोए सोए दोऊ प्रेम-समोए प्रानु।।"-भि.ग्रं., र. सा., 498/72, 534/79।

**सुप्रभा**—नदी विशेष। सात सरस्वतियों में से एक। उ.-"अरुना नृमना सतभरा, ऋतंभरा अवदात। सावित्री अरु सुप्रभा, सुरसा सरिता सात।।"-वि.गी., 4/27।

**सुप्रिय छंद**—इस छंद के प्रत्येक चरण में मात्राक्रम है-चौदह लघु और एक गुरु। इस प्रकार इसमें 15 अक्षर होते हैं। ल.-चौदह लघु गुरु एक अरु सुप्रिय छंद प्रकास। अक्षर प्रतिपद पंचदस आनहु केसवदास।। उ.-"बन महँ बिबिध बिकट दुख सुनिजै। गिरि गहवर मग अतिमति गुनिजै।"-छं. मा., 1/51।

**सुबलश्याम**—नारायण भट्ट की छठी पीढ़ी के भक्त यदुपति के शिष्य वेणी कृष्ण। इनका उपनाम 'सुबलश्याम' था। समय-सं. 1740। रचनाकाल-सं 1775। स्थान-अयोध्या के निकट अमोढ़ा ग्राम। रचनाएँ-भागवत दशम स्कंध भाषा, चैतन्यचरितामृत का बँगला से ब्रज में रूपांतर। (बृ.इति. 7)।

**सुबाहु**—एक राक्षस का नाम जो ताड़का का पुत्र और मारीच का भाई था। यह विश्वामित्र के यज्ञ में विघ्न डाला करता था और राम द्वारा मारा गया था। उ.-"मारीच बिडार्‌यौ, जलधि उतार्‌यो मार्‌यो सबल सुबाहु।।"-रा.चं., 3/10।

**सुभान**—सुभान नाम की वेश्या जो बोधा कवि की प्रेयसी थी। उ. (1)-"एक सुभान के आनन दै कुरबान ज़हाँ लगि रूप जहाँ को।"-बो.ग्रं, इ.ना., 31/6। उ. (2)-"सुनि सुभान अव कथा सुहाई। कालिदास बहु रुचि सह गाई।।"-बो.ग्रं., वि.वा., 1/28।

**सुभाव**—दे. सुभावोक्ति, स्वभावोक्ति। स्वभावोक्ति अलंकार। जहाँ वर्ण्य व्यक्ति या वस्तु का सहज रूप व गुण वर्णन किया जाता है, वहाँ स्वभावोक्ति अलंकार होता है। ल.-जाको जैसो रूप गुन कहिजै तैसे साज। तासों जाति-सुभाव कहि बरनत हैं कबिराज।। उ.-"पीरी पीरी पाग की पिछौरी कटि केसोदास, पीरी पीरी पागें पग पीरियै पनहियाँ। बड़े-बड़े मोतिन की माल बड़े-बड़े नैन नान्ही-नान्ही भृकुटी कुटिल बघनहियाँ। बोलनि, हँसनि मृदु चलनि चितौनि चारु देखत ही बने पै

न कहत बनहियाँ। सरजू के तीर तीर खेलैं चारौ रघुबीर हाथ द्वै द्वै तीर राते रातियै धतुहियाँ।।"-क. प्रि., 9/8-9।

**सुभावोक्ति**—दे. सुभाव, स्वभावोक्ति। ल.-सुभावोक्ति वह जानिये बर्नन जाति सुभाइ। उ.-"हसि हसि उझकति फिरि हसति मुँह मोरति इतराइ।।"-ज.ग्रं., भा.भू., 188/62।

**सुमंत** — बोधा कवि लिखित विरह वारीश ग्रंथ में एक पात्र। उ.-"द्वापर जुग के अंत पुरी बनारस के बिषै। कायथ नाम सुमंत तासु सुता लीलावती।।"-बो.ग्रं., वि.वा., 22/37।

**सुमति प्रकाश**—रचयिता-स्वामी ब्रह्मानंद (दे.)। (बृ.इति. 7)।

**सुमित्रानन्द**—सुमित्रा के पुत्र, लक्ष्मण। उ.-"अति जदपि सुमित्रानंद भक्त। अति सेवक है अतिसूर सक्त। अरु जदपि अनुजे तीनौ समान। पै तदपि भरत भावत निदान।।"-रा.चं., 13/75।

**सुमित्रि**—सौमित्र। लक्ष्मण। राम के छोटे भाई। उ.-"पीछे दुरि सत्रुघ्न पै लखन धुवाए पाइ। चरन सुमित्रि पखारियो अंगदादि के आइ।।"-रा. चं., 21/56।

**सुमिरन**—1. स्मरण। स्मृति। तैंतीस संचारियों में से एक जिसमें बीती बात, व्यक्ति, दशा, क्रिया आदि का स्मरण होता है। ल.-सुमिरत रस संभोग को करि करि लेत उसास।-ज.ग्रं., भा.भू., 32/14। 2. सुमिरन-स्मरण अलंकार। दे. स्मरण, स्मरन।

**सुमिरन**—स्मरण। नौ प्रकार की भक्तियों में से एक। उ. (1)-"हरि कौ सुमिरन हरि घरी हरि हरि रटौ जुबान। हरि बिधि हरि कौ ह्वै रहौ रस-निधि संत सुजान।।"-रस.रतन., 20/45। उ. (2)-"नित अध्यासन अरथ कौं दिढ़ कीनौ चित माँहि। ताकौ सुमिरन नित करै भुलै छिनहू नांहि।।"-ज.ग्रं., आ.बि., 79/122।

**सुमिरन (अलंकार)**—साहित्य में एक प्रकार का अलंकार जिसमें कोई बात या पदार्थ देखकर किसी विशिष्ट पदार्थ या बात का स्मरण हो जाने का वर्णन होता है। ल.-सुमिरन भ्रम संदेह ये लक्षन नाम प्रकास।...उ.-"सुधि आवत वा बदन की देखें सुधानिवास।"-ज.ग्रं., भा.भू., 59/21।

**सुमिरिति**—हिन्दुओं के धर्मशास्त्र जिनकी रचना ऋषियों, मुनियों ने वेदों का स्मरण-चिंतन करके की थी। इनमें धर्म, दर्शन, आचार, व्यवहार, प्रायश्चित, शासन, नीति अदि विषयों का विवेचन है। (विस्तार के लिए दे. हिं.श.सा., हिं.ध.को.)। उ.-"वेद शास्त्र सुमिरिति सकल बहु बिधि वाकि बिचार। पूर्वपछिछ सिध्धांतहू यही ब्रह्म निरधार।।"-ज.ग्रं., अ.सि., 86/150।

**सुमुख**—गणेश। उ.-"बानीजू के बरन जुग सुबरन-कन-परिमान। सुकबि सुमुख कुरुखेत परि होत सुमेर समान।।"-क.प्रि., 1/2।

**सुमुखी**—बोधा रचित विरह वारीश काव्य में लीलावती की एक सखी का नाम। उ.-"सुमुखी कहै सखी सुनि मो ते घटी न होय। तेरे मन की चाह पर तन मन डारौं खोय।।"-बो.ग्रं., वि.वा., 12/51।

**सुमुखी छंद**—चौदह मात्राओं का छंद है। क्रम है (।।। ।ऽ। ।ऽ। ।ऽ)। ल.-सुमुखि दुजो भ भ हारवती। उ.-"तजि यहि औसर रूखा रूखी। चलि हरि पै रजनी सुमुखी।।"-भि.ग्रं., छंदा., 105, 111/192-193।

**सुमृति**—दे. सुमिरन। स्मृति। ल. (1)-सुमृति कहिय जासों चित दीजै। सो रँग रूप देखि सुधि कीजै।।-भि.ग्रं.1, र.सा., 492/71। ल. (2)-सुधि करिबौ सो सुमृति। -सो.ग्रं. 1, र.पी.नि., 31/54।

**सुमृति**—दे. सुमिरिति। उ. (1)-"बेद सुमृति सुमिरन सदा पुनि पुनि सुनब पुरान।"-प.ग्रं., जग., 702, 704/227। उ. (2)-"एरे जड़ जीव जानि राखु बेद भेद यहै सुमृति पुरान राखी यहै ठहराय है।"-प.ग्रं., प्र.प., 16/240।

**सुमेर**—दे. सुमेरु। उ. (1)-"रह्यो सुमेर ज्यौं सधीर बीर पाय रोपि कैं।।"-वृं.ग्रं., स.स.रू., 102/272। उ. (2)-"जनु सुमेर के अँग ते धँसी सुरसरीधार।।"-बो.ग्रं., वि.वा., 17/68। उ. (3)-"संपति सुमेर की कुबेर की जु पावै ताहि तुरत लुटवत विलंब उर धारै ना।"-प.ग्रं., जग., 700/226।

**सुमेरु**—मेरु पर्वत। एक पर्वत जो पुराणों के अनुसार इलावृत वर्ष में अवस्थित है, और सोने का बना हुआ है। स्वर्णगिरि। इसे पुराणों में पर्वतों का राजा कहा गया है। यह ऊँचाई में जंबूद्वीप के विस्तार के समान है। इसके चारों ओर मंदर, मेरुमंदर, सुपार्श्व और कुमुद नाम के चार आश्रित पर्वत हैं। इसके पास दुग्ध, मधु, इक्षुरस और शुद्ध जल के चार हृद हैं। नंदन, चैत्ररथ, वैभ्राजक और सर्वतोभद्र नामक चर उद्यान भी पास ही स्थित हैं, जिनमें सुरांगनाओं के साथ देवता विहार करते हैं। अरुणोदा और जंबू दो नदियाँ हैं। सुमेरु पर्वत के ऊपर मध्यभाग में ब्रह्मा की पुरी है, जिसका विस्तार हजारों कोस है। यह पुरी स्वर्णमयी है। इस पर्वत के तीनों प्रधान शृंग स्फटिक, वैदूर्य और रत्नमय हैं। (विस्तार के लिए दे. हिं.श.सा., पौ.को.)। उ. (1)-"सीस भयो हरहारु सुमेरु छता भयो आपु सुमेरु को बासी।।"-मति., ल.ल., 33/303। उ. (2)-"मुकुल माल मंडित लसै बाल उरोज उतंग। नखत पाँति सोभित मनो बिबि सुमेरु के शृंग।।"-मति., सत., 475/408। उ. (3)-"सोभा-सुमेरु की संधि-तटी किधौं सोभति मान-मवास को घाटी।"-घ.क., 242/143। उ. (4)-"चाहै सुमेरु कों राई करै रचि राई को चाहै सुमेरु बनावै।।"-प.ग्रं., प.प., 7/238।

**सुमेरु छंद**—मात्रामुक्तक छंद है। ल.-कल वोनईसै बीस को, छंद सुमेरु निबेरि। लहू मगन लहु मगन यो, कहूँ अंत लहु फेरि। उ.-"प्रभा जो कान्हजू कों ऊतरी है। सु मेरे नैन दू की पूतरी है।"-भि.ग्रं. 1, छंदा., 16,17/217।

**सुम्रत्यौ**—दे. सुमिरिति। स्मृति। उ.-"कहै यहै श्रुति सुम्रत्यौ, यहै सयाने लोग। तीन दबावत निसकहीं पातक, राजा, रोग।।"-बि.र., 429/198।

**सुयं प्रकास, सुयं प्रकासी**—जो अपने आप प्रकाशित हो, ज्योतिर्मय हो। वह जो आप ही आप बिना किसी दूसरे की सहायता के प्रकाशित हो। परमब्रह्म। परमात्मा। उ. (1)-"कोटिन घट मैं विदित ज्यौं रवि प्रतिबिम्बु दिखाइ। घट घट मैं त्यौंहि छऔ सुयं प्रकासी आइ।।"-रस., रतन., 48/49। उ. (2)-"आदि अंत अरु मध्य मैं जो है सुयं प्रकास। ताके चरनन की धरै रसनिधि मन में आस।।"-रस., रतन., 16/45।

**सुयोधन**—दुर्योधन। कुरुवंशीय राजा धृतराष्ट्र और गांधारी के लड़कों में से ज्येष्ठतम। यह अपने चचेरे भाई पांडवों से बहुत द्वेष करता था। इसने गदा संचालन की शिक्षा बलराम से पाई थी पर बल में यह भीम से कम था। अतः उससे यह विशेष द्वेष रखता था। इसने विष खिलाकर भीम को नदी में डलवा दिया था। इसने अनेक प्रकार से अपने मामा गांधार-नरेश शकुनि की सहायता से पांडवों को नष्ट करने का प्रयास किया। पांडवों से सहानुभूति रखनेवाले विदुर को भर्त्सना कर राज्य से निकाल दिया। लाक्षागृह में पांडवों को भस्म करने, द्यूतक्रीड़ा में छल से युधिष्ठिर का सर्वस्व जीत लेने, भरी सभा में युधिष्ठिर द्वारा हारी गई द्रौपदी को नग्न कर अपनी जंघा पर बैठाने का दुस्साहस करने, द्यूत में हारे हुए पांडवों को 12 वर्ष बनवास और एक वर्ष अज्ञातवास देने जैसे अनेक दुष्कर्म कर उनका सब कुछ अपहृत कर लिया। लौटने पर पांडवों ने श्रीकृष्ण को दूत बनाकर भेजा और केवल पाँच गाँव माँगे, किन्तु इसने सूई की नोक बराबर भूमि भी न देने की प्रतिज्ञा की। अंत में कुरुक्षेत्र में महाभारत का प्रसिद्ध युद्ध हुआ। सभी कौरव मारे गये। अंत में बचे दुर्योधन को भीम ने अपनी प्रतिज्ञा के अनुसार उसकी जाँघ तोड़कर मार डाला। (विस्तार के लिए दे. पौ.को., महा.अनु., हिं.श.सा.)। उ.-"कली ज्यों न केतकी के फूल रुचे, सीताजू ज्यों निसिचर-मुख तिन देखें ही जरति है। बदन उघारत ही मदन सुयोधन हीं द्रौपदी ज्यौं नाम मुख तेरो ही करति है।"-र.प्रि., 11/16।

**सुर**—स्वर। संगीत के स्वर। संगीत के सप्तस्वर। इन्हीं सप्तस्वरों में विविध विधान में संगीत में गायनादि की रचना होती है। उ. (1)-"तब तें रही हौं घूमि झूमि जकि बावरी ह्वै, सुर की तरंगनि मैं रंग बरसाय गौ।"-घ.क.,

368/189। उ. (2)-"ग्राम सुर बीन बाजैं पातर नौ नृत्य नाचैं भावहि दिखावैं चित चाव अंग अंग को।।"-वृं.ग्रं., शृं.शि., 83/50। उ. (3)-"सुर गति ताल साज बजवावै। राग रागिनी भेद पढ़ावै।।"-बो.ग्रं., वि.वा., 67/42। उ. (4)-"संभु के अधर माहिं काहे की सुरेख राजै गाई जाति रागिनी सु कौन सुर मंद्र मा।"-प.ग्रं., प्रकी., 80/324।

**सुर**—1. देवता या देवजाति। उ.-"सुर नर नाग नव कन्यनि के प्रानपति पतिदेवतानि हूँ के हियानि बिहारे हैं।"-र.प्रि., 6/38। उ. (2)-"सुंदर बपु अति स्यामल सोहै। देखत सुर नर को मन मोहै।"-रा.चं. 5/2।

**सुरकी**—सोलंकी। क्षत्रियों का एक प्राचीन राजवंश, जिसका अधिकार गुजरात पर बहुत दिनों तक था। ऐसी मान्यता है कि ये अयोध्या से दक्षिण की ओर गए और गुजरात, काठियावाड़, राजस्थान, बघेलखंड आदि में फैल गए। दक्षिण का प्रतापी सम्राट पुलकेशी सोलंकीवंशी ही था। रीवाँ का बघेल वंश इसी सोलंकी वंश की एक शाखा है। (विस्तार के लिए दे. हिं.श.सा.)। उ.-"छत्तीस गूजर गौड़ गोर सुरकी छप्पन घर।।"-बो.ग्रं., वि.वा., 38/182। दे. सुलंकी।

**सुरगुरु**—देवताओं के गुरु बृहस्पति। वायुपुराण के अनुसार एक प्रजापति तथा एक प्रसिद्ध देवता जो सुनीपा (श्रद्धा) के गर्भ से उत्पन्न अंगिरा के पुत्र थे। ये स्वारोचिष मन्वन्तर के एक प्रसिद्ध ब्रह्मर्षि और सप्तर्षियों में एक ऋषि के रूप में प्रतिष्ठित हैं। यह बुद्धि और वक्तृत्व के देवता हैं। इनकी पत्नी तारा का चंद्रमा ने बलात् हरण कर लिया था जिससे दोनों में झगड़ा हुआ, जिसकी शांति शिव और ब्रह्मा ने कराई। तारा पुनः बृहस्पति को मिल गई। दैत्यगुरु शुक्राचार्य शिव महादेव के निर्देश से जब 1000 वर्षों तक तपस्या करने लगे, तब इस अवधि में बृहस्पति ने शुक्राचार्य का रूप धारण कर असुरपुरोहित का कार्य किया किन्तु उनके लौटने पर, रहस्य ज्ञात होने पर बृहस्पति अपने स्थान पर चले गए। इनके पुत्र कच ने (दे. सुक्र) शुक्राचार्य से संजीवनी विद्या सीख ली जो उनकी पुत्री देवयानी के शाप से असफल हुई। इनकी बहन योगिसिद्धा प्रभास की पत्नी थी। ये भरद्वाज के भी पिता थे। (विस्तार के लिए दे. पौ.को.)। उ.-"उठि दौरे नृप सुनत ही जाई गहे तब पाई। लै आए भीतर भवन ज्यौं सुरगुरु सुरराई।।"-रा.चं., 2/8।

**सुरजन, सुरजन राव**—हाड़ा सुरजन राव बूँदी के चौहानवंशीय राजा थे और बड़े प्रतापी थे। इन्हीं के वंश में आगे चलकर मतिराम के आश्रयदाता भाऊ सिंह हुए थे। उ.-"ता नारी को प्रभु बड़ो हाड़ा सुरजनराव।"-मति., ल.ल., 22/301।

**सुरजनसुत**—सुरजन राव (दे.) के पुत्र राजा भोज। उ.-"सुरजनसुत रज लाज रखवारो एक भोज ही तैं साहको हुकुम पग-पग भो।"-मति., ल.ल., 26/302।

**सुरसा**—एक प्रसिद्ध नागमाता जो समुद्र में रहती थी। इसने समुद्र पार करते समय हनुमान को रोका था। देवताओं के आग्रह से इसने हनुमान की बुद्धि और बल की परीक्षा ली। इसने हनुमान को मुँह में प्रवेश करने का आदेश दिया, किन्तु हनुमान ने सीताशोध राम को देने के बाद पुनः लौट कर आने की याचना की, जिसे सुरसा ने अस्वीकार कर दिया। सुरसा ज्यों ज्यों अपना मुँह फैलाती गई, त्यों त्यों हनुमान अपना आकार भी बढ़ाते गये। अंत में हनुमान ने अत्यंत लघुरूप धारण कर सुरसा के मुँह में प्रवेश किया और बाहर निकल आये। इस चातुर्य पर सुरसा ने अत्यंत प्रसन्न होकर हनुमान को सफलता का आशीर्वाद दिया। (पौ. को., हिं.श.सा.)। उ.-"बीच गए सुरसा मिली और सिंहिका नारि। लीलि लियो हनुमंत तेहि कढ़े उदर कहँ फारि।।"-रा.चं., 13/39।

**सुरत**—रतिक्रीड़ा। कामकेलि। संभोग। मैथुन। उ. (1)-"सोभित मुख ऊपर धरे, सदा सुरत मैदान। छूटी लटै बँदूकची, भौंहें रूप कमान।"-र.वि.न. शो., 60/33। उ. (2)-"पर्‌यौ जोरु बिपरीत रति रूपी सुरत-रन-धीर। करति कुलाहलु किंकिनी,

गह्यौ मौनु मंजीर।।"-बि.र., 129/66। उ. (3)-"लसत सुरत श्रम सलिल कन ललित बाल नँदलाली फल मनो मुकता-फलनि कंचन बेलि तमाली।।"-मति.,सत., 478/408। उ. (4)-"कहौं कैसें घनआनँद बताऊँ दूरि, मन-सिंघासन बैठे सुरतमहीप हौ।" - घ.क., 471/219। उ. (5)-"चंदनचित्र सिंगार सब मिटे रमत रति चाव। गुरुजन जलतैं जानि हैं, ह्वै है सुरत दुराव।"-वृं. ग्रं., भा.पं., 12/15। उ. (6)-"भई मगन यों नागरी सु लखि सुरत आनंद।"-प.ग्रं., जग., 54/90। उ. (7)-"बितवति रजनि सलाम करि करि करि कोटि कलाम। सुनत सौगुनो सुरत तें सुख पावत सुखधाम।"-भि.ग्रं. 1, र.सा., 36/8।

**सुरत अंत**—सुरतांत। रति या संभोग का अंत। दे. सुरत। उ. (1)-"सुरत अंत सुख श्रमित ह्वै भोर भए निसि जागि। उर सोई लाली अज्यों जो उर सोई लागि।।"-मति., सत., 131/379। उ. (2)-"ऊँची स्वासनि सों प्रिया सुरत अंत मुसिक्याइ। पुनि पीतम के मैन की दीनी आगि जगाइ।।"-मति., सत., 502/410। उ. (3)-"सुरत अंत तिय बदन पर श्रमजल के कन सेत। तिलक लीक फैली तऊ सोभा दूनी देत।।"-ज.ग्रं., दोवा, 9/74।

**सुरत आदि**—सुरतादि। सुरत का आरंभ। दे. सुरत। उ.-"अंग करत परिरंभ में सुधासमुद्र बिनोद। सुरत अंत हूँ पाइयै सुरत आदि को मोद।।"-मति., सत., 646/421।

**सुरत गोपना**—सुरति गोपना। परकीया नायिका के अंतर्गत नायिका का वह भेद जिसमें वह परप्रिय या उपपति के साथ किये गये भोग के लक्षणों या चिह्नों को छिपाने का प्रयास करती है। इसके भूत, भविष्य, भूत-भविष्य और वर्तमान ये चार भेद बताये गये हैं। ल.-भूत सुरंत गोपन करै, अथवा भविष निहारि। तीजी मिश्रित जानिए, पंडित कहत विचारि। चौथे भेद वर्तमान सुरत गोपना के विषय में यह कहा गया है कि वर्तमान रति की गोपन की क्रिया भी भूत हो जाती है। वह तो दिखाई ही पड़ जाती है, छिपती नहीं है। इसलिए विद्वान लोग उस चौथे भेद का वर्णन नहीं करते।—कृ.ग्रं. हि.त., 165-170/40-41।

**सुरत बिपरीत**—विपरीत रति (दे.)। साहित्य के अनुसार संभोग का प्रकार जिसमें पुरुष नीचे और स्त्री उसके ऊपर रहती है। कामशास्त्र में इसका निरूपण पुरुषायित संबंध के नाम से किया गया है। इसके अनेक भेद हैं। (हिं.श.सा.)। उ.-"थकी सुरत विपरीत में लियो विजन कर बाली, लोचन रही छपाइकै लख्यो हँसत मुखलाली।।"-मति., सत., 495/409।

**सुरत रंग**—रतिक्रीड़ा का उत्साह या आनंद। उ.-"सुरत रँगीली यों विरचि सुरत रंग हरि नेह। सुर तरंगिनी तट लहैं सुर तरंग सुर गेह।।"-वृं. ग्रं., य.स., 91/213।

**सुर तरंगिणी**—1. सुरतरंगिणी। आकाशगंगा। उ.-"सुर रँगीली सौं विरचि सुरत रंग हरि नेह। सुर तरंगिनी तट लहै सुर तरंग सुर गेह।।"-वृं. ग्रं., य.स., 91/213।

2. सरयू नदी। उ.-"सेनापति बुधनज मंगल गुरुगन धर्मराज मन बुद्धि घनी। बहु सुभ मनसाकर करुनामय अरु सुरतरंगिनी सोभसनी।।"-रा.चं., 1/42।

**सुरत रस**—सुरत का आनंद। दे.सुरत। उ.-"बाल सुरत रस रीति में गही लाज अरु मैन। करनि बिरल अँगुरीनि करि मूँदति नायक नैन।"-मति., सत., 498/410।

**सुरतरु**—देवतरु। कल्पवृक्ष। समुद्रमंथन से निकले 14 रत्नों में से एक जो देवलोक का वृक्ष है। इसे इंद्र को प्रदान किया गया था। कल्पांत में भी इसका नाश नहीं होता। माना जाता है कि यह सभी इच्छाएँ पूरी करता है। उ; (1)-"पूरित मन की लालसा जगन जगति गुननाथ। सुरतरु पल्लव अरुन रुचि भोगनाथ के हाथ।।"-मति. सत., 612/419। उ. (2)-"साहि के सपूत सिव साहि दानी तेरौकर सुरतरु सौहे सुरतरु तेरे का सौ।।"-भू.ग्रं., शि.भू., 48/136। उ. (3)-"झीनैं पट मैं झुलमुली, झलकति ओप अपार। सुरतरु की मनु सिंधु मैं लसति सपल्लव डार।।"-बि. र., 16/13।

**सुर तरवर**—दे. सुरतरु। उ.-"नहीं उरबसी उर बसी, मदन मद न बस भक्त। सुर तरवर तरवर तजैं, नंद नंद आसक्त।।"-क.प्रि., 15/109।

**सुरतलच्छिता**—सुरतलक्षिता। परकीया नायिका की स्थिति के आधार पर किये गये 10 भेदों में से एक। वह परकीया नायिका जिसके परपुरुष के साथ किये गये संभोग के चिह्न या लक्षण देख या जान लिये गये हों। ल.-सुरत लच्छिता तुरत ही लखत छिपावै नारि।-कृ.ग्रं., हि. त., 34/10।

**सुरतांत**—दे. सुरत अंत। सुरत या रतिक्रीड़ा के बाद की शिथिल शारीरिक एवं मानसिक स्थिति। उ. (1)-"रँगी सुरत रंग, पिय-हियैं लगी जगी सब राति। पैंड़-पैंड़ पर, ठठुकि कै, ऐंड़ भरी ऐंड़ाति।।"-बि.र., 183/89। उ. (2)-"अपनौ पति कौ बिछुरनौ देषै तब तिय नैंन। वृंद कहै सुरतांत सब चाहत कैसों चैन।।"-वृं.ग्रं., नै.ब., 25/30।

**सुरति**—1. स्मृति। दे. सुमिरन। 33 संचारियों में से एक। उ.-"सोवत जागत सुपन-बस रस, रिस, चैन, कुचैन। सुरति स्याम घन की सुरति बिसरैं हूँ बिसरै न।।"-बि.र., 227/105।

2. सघन प्रेम। उ.-"लगी है लगनि प्यारे पगी है सुरति ध्यान मैं पूर। बदन चन्द लषि बिरह तम निस कौ करती दूर।।"-रस.,रतन., 535/115।

3. रतिक्रीड़ा। उ. (1)-"ज्यों तिय भूषन लाज है निलज सुरति की बेर।।"-वृं.ग्रं., नी.स., 651/109। उ. (2)-"अर्द्धरैन गुजरान जब जानी द्विज माधवा। लगि बाला के कान कह्यो सुरति कीजै मयन।।"-बो.ग्रं., वि.वा., 26/122।

**सुरति बिपरीति**—दे. सुरत बिपरीत। उ.-"बैठि रहै रोवै हँसे आतुर उतरि उताली प्रथम सुरति बिपरीति की रीति न जानति बाल।।"-मति., सत., 494/409।

**सुरतिविचित्रा**—मध्या नायिका का एक भेद। ल.-अति बिचित्रसुरता सु तौ जाकौ सुरत बिचित्र। बरनत कबि-कुल कौं कठिन, सुनत सुहावै मित्र।। उ.-'केसोदास' सबिलास मदहास जुत, अबिलोकनि अलापनि को आनँद अपार है। बिहरति सात पुनि अंत-रति सात, पुनि रति बिपरीतनि को बिबिध बिचार है। छूटि जात लाज तहाँ भूषन सुदेस केस, टूटि जात हारे सब मिटत सिंगार है। कूजि कूजि उठै रति कूजितनि सुनि खग, सोई तौ सुरत सखी और बिबहार है।।"-र.प्रि., 3/32।

**सुरतुरंग**—सुरराज इंद्र का घोड़ा। उच्चैःश्रवा जिसकी उत्पत्ति समुद्रमंथन से हुई थी। यह समुद्रमंथन से निकले 14 रत्नों में से एक है। इसका रंग सफेद, कान खड़े तथा लंबे हैं। इसके सात मुँह हैं। (पौ.को.)। उ.-"सागर में बहु काल जु रही। सीत बक्रता ससि तें लही। सुरतुरंग चरनन तें तात। सीखो चंचलता की बात।।"-रा.चं., 23/23।

**सुरथ**—एक चंद्रवंशी राजा जो स्वरोचिष मन्वन्तर में हुए थे और इन्होंने सर्वप्रथम दुर्गा की आराधना की थी और वर प्राप्त कर सावर्णि मनु के नाम से प्रसिद्ध हुए। दुर्गा सप्तशती में इनका विस्तृत वृत्तांत है। (हिं.श.सा., पौ. को.)। उ. (1)-"काज बिगारत और को इक निज काज सुधारि। कियो मंत्रि मिलि राज नृप सुरथहिं दियो निकारि।।"-वृं.ग्रं., नी.स., 609/106। उ. (2)-"एक राज के काज हतैं निज कारजकाजे। जैसे सुरथ निकारि सबै मंत्री सुख साजे।।"-रा. चं., 17/25।

**सुरधुनि**—गंगा। उ.-"सुरधुनि रावरे उधारे जगजीवन की छिनछिन सेन सिवलोक को झिलति है।"-प.ग्रं. गं.ल., 18/259।

**सुरनाहु**—सुरनाथ। देवताओं के स्वामी। इंद्र। उ.-"देवन गुन परख्यो, पुष्पनि बरख्यो, हरख्यो अति सुरनाहु।।"-रा.चं., 3/10।

**सुरपति**—इंद्र। देवताओं के प्रधान। उ. (1)-"प्रलय-करन बरषन लगे जुरि जलधर इकसाथ। सुरपति-गरक हर्‍यौ हरषि गिरिधर गिरि धरि हाथ।।"-बि.र., 541/251। उ. (2)-"अजब गोपसुत चरित लखि सुरपति भयो ससंक।"-प.ग्रं., जग., 724/232।

**सूरपतिपुर**—अमरावती, इंद्रपुरी। उ.-"बरुनपुरी धनपतिपुरी, सुरपतिपुर सुखदानि। सप्तलोक बैकुंठ सब, बस्यो अवध में आनि।"-रा.

चं., 33/6।

**सुरपुर**—अमरावती। इंद्रपुरी। देवताओं का राज्य। उ. (1)-"उदैभान राठवर गो धीरजु गढ़ धरि ऐंड। परगट फल ताको लह्यौ मरि गह्यौ सुरपुर पैंड।।"-भू.ग्रं., शि.भू., 262/178। उ. (2)-"बिन यारी कालै करौं सुरपुरहू को बास।"-बो.ग्रं., वि. वा., 49/155। उ. (3)-"पायो जिन तेरी धोरी धारा में धसत पात तिनको न होत सुरपुर तें निपात हैं।"-प.ग्रं., गं.ल., 9/255।

**सुरबृच्छ**—दे. सुरतरु। कल्पवृक्ष। कल्पद्रुम। उ.-"यौं सिवराज कौ राज-अडोल कियौं सिव जो ब जहा धुअ धू है। कामनादानि खुमान लखे न कछू सुरबृच्छ न देवगऊ है।।"-भू.ग्रं., शि.भू., 45/136।

**सुरभंग**—दे. स्वरभंग। 1. सात्विक भाव का विरोध, मुख से स्वाभाविक रीति से वचनों का न निकलना। प्रेम, आनंद, भय आदि में होने वाला स्वर का विपर्यास। ल. (1)-स्तंभ स्वेद रामांच सुरभंग कंप बैबन्य। आँसू प्रलय बखानियै आठो नाम अनन्य।।-र.प्रि., 6/10। उ.-"भूखहि तें कि पियास तें कै रति श्रम तें अंग। विहवल होत गिलानि सों कंपादिक सुरभंग।।"-प.ग्रं., जग., 479/181। उ. (2)-"अल्पबुद्धि सुरभंग जदपि बिप्र चटपटी उर। ये बिरहिन के अंग दृग न चलत बिभ्रम बचन।।"-बो.ग्रं., वि.वा., 16/93।

2. संगीत में विशिष्ट ताल-लय आदि से स्वर का विचलित या असंगत हो जाना। गले से निकलने वाले स्वर का असंगत हो जाना। उ.-"जल जारै अंग और राग करै सुरभंग, संपति बिपति पारै बड़ी बिपरीति है।"-घ.क., 55/59।

**सुरभिषज**—देवताओं के वैद्य। अश्विनीकुमार। उ.-"नल, नलकूबर, सुरभिषज, हरिसुत, मदन निहारि। दमयंती सीतादि तिय सुंदर रूप बिचारि।।"-क.प्रि., 6/41।

**सुरभी दानलीला**—रचयिता-मंचित (दे.)। विवा.-कृष्ण की बाललीला सम्बन्धी ग्रंथ। (इति. शुक्ल)।

**सुरराज**—इंद्र। उ. (1)-"सुरन मध्य सुरराज देह ते भग पाछौ नहिं छोड़े।।"-बो.ग्रं., वि.वा., 5/36। उ. (2)-"कबहूँ यौं सँयोग के भोग करैं जिनकी सुरराज को चाह सी है।"-ठाकुर, 188/48।

**सुरराव**—सुरपति। उ.-"नलकृत पुललखि सिंधु में भए चकित सुरराव।"-प.ग्रं., जग., 603/206।

**सुरलोक**—14 लोकों में से ऊपर के सात लोकों में एक जो देवताओं का लोक कहा जाता है। इसका सूर्यलोक से लेकर ध्रुवलोक तक विस्तार है। पुण्यात्मा लोगों की आत्माएँ मृत्यूपरान्त यहीं आती हैं। यहाँ दुःख, रोग, शोक, मृत्यु आदि का नाम नहीं है। पुण्यों का भोग पूरा हो जाने पर जीव को पुनः कर्मानुसार जन्म लेना पड़ता है। स्वर्ग की कल्पना नरक के बिलकुल विपरीत है। उ. (1)-"तामें प्रतिबिंबित मनौ संपतिजुत सुरलोक।"-मति.ल.ल., 19/301। उ. (2)-"सोइ संग सुख जागि दुख लहि समुझौ निरधार। छीन पुन्य सुरलोक तें लेत अवनि अवतार।।"-मति., सत., 361/398। उ. (3)-"कहैं पदमाकर तिहारे प्रान धारे तेऊ करि अघ भारे सुरलोक कों सिधारे हैं।"-प.ग्रं., गं. ल., 10/256। दे. लोक।

**सुरसरि**—1. गंगा। उ. (1)-"सरिता सरिस सुरसरि तै करैगो साहि हरितें अधिक अधिपति ताहि मानैगो।"-भू.ग्रं., प्रकी., 540/238। उ. (2)-"सुरसरि मैया एक पातकी पुकारयो तोहि ऐसो दिव्य दीन्हो तपतेज वाहि तैंने है।"-प.ग्रं., गं.ल., 41/268।

2. गोदावरी। उ.-"सुरसरि तें आगे चले मिलिहैं कपि सुग्रीव। दैहैं सीता की खबर बाढ़ैं सुख अति जीव।।"-रा.चं., 12/37।

**सुरसरित**—सुरतरंगिनी। गंगा। उ.-"सक्र, सुदर्शन, सुरसरित, वान बाजि समेत। नारद, पारद, अमल जल सारदादि सब सेत।।"-क.प्रि., 5/9।

**सुरसरिता**—दे. सुरसरित। 1. गंगा। उ. (1)-"सेत बसन की चाँदनी परत गुलाल सुरंग। मानो सुरसरिता मिलति सुरसुति तरल तरंग।।"-मति., सत., 448/406। उ. (2)-"सुर सरिता धारीं कहत सुर सरि ताके नाहि। सुर सरिता धारी अधर सुरस राधि हिय माँहि।।"-वृं.ग्रं., य.स., 336/232।

2. आकाशगंगा। उ.-"भूषन भनत सुरसरिता

कों हंस हेरैं बिधि हंस कों चकोर रजनीस कों।।"-भू.ग्रं., शि.भू., 278/181।

**सुरसरी**—1 आकाशगंगा। उ.-"नारद की सारद की हाँसी समान न साउ की सुरसरी को न भीर पुडरीक है।"-भू.ग्रं., शि.भू., 245/175। 2. गंगा। उ.-"जनु सुकेर के अंग ते धँसी सुरसरीधार।।"-बो.ग्रं., वि.बा., 17/68।

**सुरसा**—नदी विशेष। उ.-अरुना नृमना सतभरा, ऋतंभरा अवदात। सावित्री अरु सुप्रभा, सुरसा सरिता सात।।"-वि.गी., 4/27।

**सुरसा छंद**—प्रत्येक चरण में मात्राक्रम है (SSSS ISS ।।। ।।। SS। ।।S)। 19 वर्ण होते हैं और सात और पाँच वर्ण पर यति होती है। ल.-चार्‌यो द्वारा यगंना, नगन नगन गो नंद सगनो। सातै बिश्राम कैकै पुनि करि मुनि औ पंच पगनो। ठानीजै 'दास' आछो, दस नव बरनो एक चरनो। भाखै श्रीनागराजा, इहि बिधि सुरसा छंद तरनो।। उ.-"फालै जानै पयोधै, किहिन कि जिहिं कों, गाइ खुर सा। जानै बुध्या बड़ाई बिनय लघुनई, एक सुरसा।।"भि.ग्रं. 1, छंदा, 100-101/263।

**सुर सात**—दे. सुर। संगीत के अन्तर्गत सात स्वर-स, ऋ, ग, म, प, ध, नि। सप्त स्वर। उ.-"पग दू पर नूपर सुगम जनु अलापि सुर सात।"-प.ग्रं., जग., 236/131।

**सुरसुता**—दे. जमुना। सूर्य की पुत्री। यमुना। उ.-"बावन को पद लोकन मापि जयों बावन के बपु माहँ सिधायो। 'केसव' सूरसुताजल सिंधुहि पूरिकै सूरहि को पद पायो।।"-रा.चं., 12/67।

**सुरसुति**—सरस्वती। सरस्वती नदी। इस नदी की स्थिति विवादास्पद है, किन्तु इतना निश्चित है कि यह कभी भारत के पश्चिमोत्तर भाग में प्रवाहित रही होगी। यह भी मान्यता है कि वेदों के अनुसार अत्यन्त पवित्र तटवाली यह नदी समुद्र में गिरती थी। इसकी क्षीण धारा कुरुक्षेत्र के पास अब भी वर्तमान मानी जाती है। महाभारत के अनुसार उतथ्य ऋषि के शाप से इसका जल सूख गया है। (विस्तार के लिए दे. पौ.को., हिं.श.सा.)। उ.-"सेत बसन की चाँदनी परत गुलाल सुरंग। मानो सुरसरिता मिलति सुरसुति तरल तरंग।।"-मति., सत., 448/406।

**सुरिंद**—सुरेन्द्र। इंद्र। देवताओं के अधिपति। उ.-"सबही कुल मैं होत है एक एक सरदार। गज ऐरावत सुर सुरिंद तरुबर मैं मंदार।।"-वृं.ग्रं., नी.स., 661/110।

**सुरेनुका**—सप्त सरस्वतियों में परिगणित एक नदी। उ.-प्रगट प्रभाव सुरेनुका, हर्नपाप उज्जैनि। सूकरपूरनि पुष्करू, अरु प्रयाग मृगनैनि।।"-वि.गी., 6/11।

**सुरेस**—सुरेश। इंद्र। उ. (1)-"देबन हूँ सौं देब प्रभु कहा सुरेस नरेश। कीनौ मीत धनेस तउ पहरैं चर्म महेश।।"-वृं.ग्रं., नी.स., 224/75। उ. (2)-"देवन को देव सेव करत सुरेस सेस भजत महेस काहे करी बाकी होत है।"-ठाकुर, 9/64। उ. (3)-"कहैं पदमाकर त्यों देखि दसा मोहन की सेषहू महेसहू सुरेसहू सिहात हैं।"-प.ग्रं., जग., 596/204।

**सुरोचन**—एक वर्ष का नाम। उ.-"पारिभाद्र सौमनस अरु, अविज्ञात सुरबर्ष। रमनक आप्यायन सहितए देत सुरोचन हर्ष।।"-वि.गी., 4/23।

**सुरोत्तम मित्र**—कवि केशवदास के पूर्वजों में त्रिविक्रम मिश्र के पौत्र सुरोत्तम मिश्र जो 6 दर्शनों के पंडित थे। उ.-"भाव सर्म तिनकें भए तिनकें बुद्धि अपार। भए सुरोत्तम मिश्र तब षटदरसन-अवतार।।"-क.प्रि., 2/10।

**सुर्ग**—दे. सुरलोक। स्वर्ग। उ.-"सहु सुख मिलै जिन ध्यावन मैं नित पावत सुर्ग निवावर ही।"-वृ.ग्रं., बा.मा., 13/4।

**सुलंकी** — सोलंकी। दे. सुरकी। उ. (1)-"रंकीभूत दुवन करंकीभूत दिगंदती पंकीभूत समुद सुलंकी के पयान तें।"-भू.ग्रं., प्रकी., 532/235। उ. (2)-"कुल सुलंक चितकूटपति साहस-सील-समुद्र। कवि भूषन पदवी दई हृदैराम सुत रुद्र।।"-भू.ग्रं., शि.भू., 28/133। उ. (3)-"उद्धत सुलंकी साहसी जे करत रन में राह-सी।।"-प.ग्रं., हि.ब.बि., 31/7। उ. (4)-"सिर सब

सीसौदिया सुदेस। बानी बडगूजर बर बेस। श्रुति सिरफूल सुलंकी जानु। लोचन-रुचि चौहान बखान।।"-वी.च., 8/15।

**सुलच्छन**—सुंदर लक्ष्मण। श्रीराम के अनुज। उ.-"सीय संग सोभित सुलच्छन सहाय जाके भू पर भरत नाम भाई नीति चारु हैं।"-भू.ग्रं., शि.भू., 148/156।

**सुलताँन**—बादशाह। सम्राट। उ.-"चढ़ी मदन दरगाह मैं तेरे नाउ कमान। तषत मुबारक रूप कौ तुझै मीत सुलताँन।।"-रस., रतन., 190/69।

**सुलोचना चरित्र**—रचयिता-मंडन भट्ट (दे.)। (बृ.इति. 7)।

**सुवा**—बोधा कवि रचित विरह वारीश में नायक माधव विप्र का सहायक साथी तथा संदेशवाहक और विचक्षण शुक। उ.-"सुवा प्रबीन एक गुनमंडित। तिहि समान जग आन न पंडित।।"-बो.ग्रं., वि.वा., 7/81।

**सुवृत**—सुवृत्त वर्णन। वर्ण्यालंकार का एक भेद। ल.-बृत्त बेल भनि गुच्छ अरु, ककुद, साधु के अंग। कुभिकंभ, कुच, अंड मनि कंदुक कलस सुरंग।।-क.प्रि., 6/14।

**सुवृत्ती छंद**—चौदह मात्राओं का छंद है। क्रम है (।।। ।।। ।।S SS)। ल.-बिय दुज मगन सुवृति है। उ.-यह कत सुमुखि हनै जी कों। बरजै उरज सुवृत्ती कों।।"-भू.ग्रं. 1, छंदा., 104, 107/192, 193।

**सुषमा छंद**—सोलह मात्राओं का छंद है। मात्राक्रम है (SS। ।SS S।। S)। ल.-कर्नास दुहे सुषमा लसिता। उ.-"बीती सजनी बातैं सुख की। देखे सुषमाप्यारे मुख की।।"-भू.ग्रं. 1, छंदा., 129, 137/195, 196।

**सुषुप्ति**—जीव की चार दशाओं में से एक। उ-"साछी जाग्रत मैं सोई सपनै ही मैं सोई। साछी सोइ सुषुप्ति मैं प्रतिछ भलैं करि होइ।।"-ज.ग्रं., अ.सि., 64/148।

**सुसंगति**--अच्छी संगति। उ. (1)-"होत सुसंगति सहज सुख दुख कुसंग के थान। गंधी और लुहार की देखहु बैठि दुकान।।"-वृं.ग्रं., नी.स., 226/76। उ. (2)-"नीच सुसंगति हूँ मिलैं करत नीच सों प्यार। खर कौं गंग न्हवाइयै तऊ न छाँड़े छार।।"-वृं.ग्रं., नी.स., 239/77।

**सुसिद्धालंकार**—एक काव्यालंकार जिसमें साधन के किसी के द्वारा किये जाने और उसका फलभोग किसी अन्य के द्वारा किये जाने का वर्णन होता है। ल.-साधि साधि औरे मरें, औरे भौगैं सिद्धि। तासों कहत सुसिद्ध सब जिनके बुद्धि-समृद्धि।। उ.-"मूलन सों फलफूल सबै दल जैसी कछू रसरीति चली जू। भाजन भोजन भूषन भामिनि भौन भरी भव भाँति भली जू। डासन आसन बास सुबासन बाहन जान बिमान थली जू। 'केसव' जैसे महाजन लोग मरैं सचि भोगत भोग बली जू।।"-क.प्रि., 13/4-5।

**सुस्वर**—सुस्वर वर्णन। वर्ण्यालंकार का एक भेद। ल.-कलरव, केकी, कोकिला, सुक, सारो कलहंस। तंत्री, कंठनि आदि दै सुभसुर दुंदुभि, बंस।। उ.-"केकिन की केका सुनि काके न मथत मन, मनमथ-मनोरथ रथपथ सोहिये। कोकिला की काकलीनि कलित ललित बाग देखत ही अनुराग उर अवरोहिये।"-क.प्रि., 6/45।

**सुहरवार**—राजपूत विशेष। 'गज्जत सुहरवार हु सजे जुरि जंग जे न कहूँ भजे।।"-प.ग्रं., हि. ब.बि., 29/7।

**सुहाग**—सौभाग्य। अपने ऊपर प्रियतम के स्नेह होने का सौभाग्य। इसे प्रतीक रूप में पतिव्रता स्त्रियाँ, पति के जीवनकाल में, माथे के मध्य में सिंदूर से द्योतित करती हैं। इस प्रकार यह सधवा रहने की अवस्था है। उ. (1)-"पार्‌यौ सोरु सुहाग कौ इनु बिन हीं पिय-नेह। उन दौ हीं अँखियाँ ककै, कै अलसौंहीं देह।।-बि.र., 662/304। उ. (2)-"हरि रानिनि में राधिका जुवतिन बानी एक। बर सुहाग अनुराग कौ कीनो बिमल बिबेक।।"-मति., सत., 544/413। उ. (3)-"मन सुबरन घरिया हियौ लाल सुहाग मिलाई। दृग सुनार हित साँच दै कुन्दन कियौ तपाइ।।"-रस., रतन., 309/85। उ. (4)-"तेरो सुहाग बड़ो कहियै अपने कर पी गहनो पहिरावै।"-भू.ग्रं., प्रकी., 565/243। उ. (5)-"सुहाग

सों ओपति भाल दियै घनआनँद जान पिया अनुरागै।"-घ.क., 315/171। उ. (6)-"पुन्य नंद जू को अनुराग ब्रजबासिन को भाग जसुमति को सुहाग राधारानी को।।"-ठाकुर, 9/4।

**सुहागपुर**—स्थान विशेष। उ.-"बोधा कवि प्राग औ बनारस सुहागपुर खुरदा निहारि फिरि मुरक्यौ उदास होइ।।"-बो.ग्रं., वि.वा., 18/23।

**सुहाग-राग**—सौभाग्य को इंगित करने वाला लाल मंगल-बिंदु। उ.-"जान प्यारी, तौ तन अनंदघन-हित नित, अमित सुहाग-राग, फाग दरस्यौ करै।"-घ.क., 75/70।

**सुहागिल**—सुहागिन। वह स्त्री जिसका पति जीवित हो। सधवा स्त्री। सौभाग्यवती स्त्री। दे. सुहाग। उ.-"पौरि पौरि तन आपनौ अनत बिधायौ जाइ। अब मुरली नन्दलाल पै भई सुहागिल आई।।"-रस., रतन., 748/141।

**सूक्षम, सूक्ष्म, सूच्छम, सूछम**—सूक्ष्म। दे. सुच्छम। किसी भाव, चेष्टा या आकार से दूसरे के मन की बात समझ ली जाय, ऐसे वर्णन में सूक्ष्मालंकार माना जायगा। ल. (1)-कौनहु भाव प्रभाव तें, जानिय जिय की बात। इंगित तें आकार तें, कहि सुक्षम अवदात।। उ.-"सखि सोभित गोपसभा मुँह गोबिंद बैठे हुते दुति को धरिकै। जनु 'केसव' पूरन चंद लसै चित चारु चकोरन को हरिकै। तिनको उलटो करि आनि दियो केहु नीरज नीर न यो भरिकै। कहु काहे तें नेक निहारि मनोहर फेरि दियो कलिका करिकै।।"-क.प्रि., 11/45-46। ल. (2)-जानि पराये चित्त की ईहा जो आकूत। होय जहाँ सूछम तहाँ कहत सुकबि पुरहूत।।-मति., ग्रं., ल.ल., 354/357। ल. (3)-पर के मन की जानि गति अभिप्राय लियँ काज। करत ततच्छिन कहत हैं सूच्छम सो कबिराज।। उ.-"आनि मिल्यो अरि यौं गह्यो चखनि चकत्ता चाउ। साहितनै सरजा सिवा दियौ मुच्छ पर ताव।।"-भू.ग्रं., शि.भू., 291-292/183। ल. (4)-संज्ञा ही बातैं कियें, सूक्षम भूषन नाम। उ.-"निज निज उर छ्वै छ्वै करी, सौ है स्यामा स्याम।।"-भि.ग्रं. 2, का.नि., 37/22। ल. (5)-सूछम समुझि परासयाहिं ईहा साभिप्राय। उ.-"कर जोरत लखि हरिहि तिय लिय कज्जल दुग लाय।"-प.ग्रं., पद्मा., 249/63। ल. (6)-चतुर चतुर बातैं करैं, संज्ञा कछु ठहराइ। तेहि सूक्षम भूषन कहैं जे प्रबीन कबिराइ।। उ.-"आजु चंद्रभागा वहि चंद्रबदनी पै आली, नृतित करत आई मोर के परन कों। वह धौं समुझि कहा बेनी गहि रही तब, वाहू दरसायो री बँधूक के दरन कों। दास यहि परस्यो कहा धौं उरजात, वहि परस्यो कहा धौं दोऊ आपने करन कों। नागरी गुनागरी चलत भई ताही छन, गागरी लै रीती जमुनाजल भरन कों।।"-भि. ग्रं. 2, का.नि., 3-4/152। ल. (7)-सैननि में कछु भाव तें पर बिचार लखि लेइ । सुछम सो पहिचानिएँ रसिकन कों सुख देइ।। उ.-"सनमुख ह्वै मीडै करनि श्रीफल रसिक मुरारि। कसकि हँसि तिय बदन पै घूँघट असित सुधारि।।"-सो.ग्रं. 1, र.पी.नि., 293-294/218।

**सूछिम**—सूक्ष्म। सूक्ष्म शरीर। तीन प्रकार के शरीरों में से एक, सूक्ष्म शरीर। उ. (1)-"याकैं तीन सरीर हैं कारण सूछिम जानि। तीजें देह सथूल है बहिं बिधि तें तू मानि।।"-ज.ग्रं., आ.बि., 121/126। उ. (2)-"कारन सूछिम मानि देह ए दोइहै। याही तैं तू देखि जीव यह होइहै।।"-ज.ग्रं., आ.बि., 124/127।

**सूछिम देह**—सूक्ष्म देह। दे. सूछिम। उ. (1)-"प्रथम देह कारन कही ताहि अबिया मानि। दूजैं अंतहकरन कौं सूछिम देह पिछानि।।"-ज.ग्रं., आ.बि., 122/126। उ. (2)-"कारन सूछिम देह एक जीव लगे ही होत। पंचभूत कौ तनु यहै स्थूल करत उद्योत।।"-ज.ग्रं., आ.बि., 123/127। उ. (3)-"अंतहकरन चतुष्टई सोई सूछिमदेह। इहिं विधि करिए दोइ गनि तीजै थूल सु एह।।"-ज.ग्रं., अ.सि., 69/149।

**सूजा**—शुजा। शाहजहाँ का दूसरा पुत्र तथा औरंगजेब का बड़ा भाई, जिसका जन्म 1616 ई. में हुआ और बाद में बंगाल का सूबेदार बनाया गया। यह प्रतिभाशाली, साहसी और कूट बुद्धि निपुण होते हुए भी अत्यंत कामुक था। उत्तराधिकार युद्ध में, शाहजहाँ की घोर बीमारी के समय ही इसने विद्रोह कर

आगरे की ओर ससैन्य प्रस्थान किया और शाहजहाँ द्वारा सुलेमान शिकोह, मिर्जा राजा जयसिंह और दिलेर खाँ के सेनापतित्व में भेजी गई सेना से बनारस के पास बहादुरपुर गाँव में पराजित होकर बंगाल लौट गया। खजुवा के युद्ध में यह दुबारा औरंगजेब की सेना से पराजित होकर बंगाल की ओर भाग निकला। मीर जमुला तथा शाहजादा सुल्तान मोहम्मद के द्वारा पीछा किये जाने पर अराकान के जंगलों में भटकते हुए मृत्यु को प्राप्त हुआ। उ.-"सुजा बिचलाय कैद करिकै मुराद मारे ऐसे ही अनेक हने गोत्र निज चपके।"-भू.ग्रं., प्रकी., 542/238।

**सूत**—ऋषि वेदव्यास के एक शिष्य जो लोमहर्षण जी के पुत्र थे। ये बहुत बड़े विद्वान तथा अच्छे कथावाचक थे। पौराणिक कथाओं के अच्छे ज्ञाता थे, इसलिए ब्राह्मणों तथा ऋषियों में इनका अच्छा आदर होता था। नैमिषारण्य में इन्होंने 88,000 ऋषियों के बीच कथा कही। इन्हीं सूत ने बलराम या बलदेव के प्रति धृष्ट व्यवहार किया था। परिणामतः ये बलदेव के हाथों मारे गये थे। (पौ.को.)। उ.-"जो हाजिर अबसान पर सोई सस्त्र प्रमान। दाभहिं तैं बलदेव ज्यौं हरे सूत के प्रान।।"-वृं.ग्रं., नी.स., 297/81।

**सूदन**—स्थितिकाल—सं. 1810। स्थान-मथुरा। पिता - बसंतराम चौबे। आश्रयदाता - महाराज सुजानसिंह (भरतपुर)। रचनाएँ-सुजान चरित्र। (इति.शुक्ल, स.सर्वे.)।

**सूदराज**—शृंगार मंजरी के मूल लेखक के पूर्वजों में हजरत सैयद शाह राजू (साहिराज) के पुत्र सूदराज (नाथराज या शाहराज)। उ.-"प्रथम साहिके सूदराज कीरति जित चंदन।।"-शृं.मं, चिंता., 2/1।

**सूद्र**—शूद्र। शूद्र जाति का एक शंबूक व्यक्ति, जो तपस्या में निरत था। कथा मिलती है कि रामचंद्र के राज्यकाल में एक ब्राह्मण पुत्र की अकाल मृत्यु हो गई। पिता ब्राह्मण ने राजा से प्रार्थना की। नारद आदि ऋषियों ने बताया राज्य में शूद्र के द्वारा की गई तपस्या इसका कारण है। इस पर श्रीराम ने पता लगवा कर शंबूक का सिर कटवा डाला। ब्राह्मण पुत्र को राम ने पुनरुज्जीवित किया। (पौ. को)। उ.-"नीति निपुन राजानि कौं अजुगत नाहिं सुहाय। करत तपस्या सूद्र कौं ज्यौं मार्‌यौ रघुराय।।"-वृं.ग्रं., नी.स., 299/81।

**सूपनखा**—दे. सुपनखा, सूरपनखैं, शूर्पणखा। उ.-"कामबस सूपनखा नाम गनिका सी तरी क्रोध बस रावन तर्‌यो जो लंक लाछेई।"-प.ग्रं., प्र.प., 36/245।

**सूबेदार साहब**—सेना का एक अधिकारी। उ.-"कंपू बन बाग के कदंब कपतान खड़े सूबेदार साहब समीर सरसायो है।"-प.ग्रं., प्रकी., 63/320।

**सूर**—सूर्य। अदिति के गर्भ से उत्पन्न प्रजापति कश्यप के पुत्र जो आकाश के देवता माने गये हैं और जिनका रथ सात घोड़ों से युक्त है। इनका दूसरा नाम विवस्वान है। इनकी अनेक पत्नियों में से विश्वकर्मापुत्री संज्ञा के गर्भ से पुत्र 'यम' और पुत्री 'यमुना' की उत्पत्ति हुई। दूसरी पत्नी छाया के गर्भ से पुत्र 'शनि' और पुत्री 'तपती' की उत्पत्ति हुई। कपिराज 'सुग्रीव' (दे.) और कुंती के पुत्र 'कर्ण' (दे.) इनके औरस पुत्र हैं। पक्षिराज गरुण के बड़े भाई 'अरुण' इनके सारथि हैं। इनके रथ में केवल एक पहिया है। नौ ग्रहों में इनकी भी गणना है। अमृतपान के समय इन्होंने चन्द्रमा के साथ विष्णु को राहु (दे.) के छिपकर अमृत पीने की सूचना दी, जिस पर राहु का सिर धड़ से विष्णु ने अलग कर दिया। पौराणिक कथा के अनुसार सूर्यग्रहण में राहु द्वारा ही सूर्य ग्रस्त होता है। (पौ. को)। उ.-"बिपति बडई सहि सकैं इतर बिपति तैं दूर। तारे न्यारे रहत हैं गहैं राहु ससि सूर।।"-वृं. ग्रं., नी.स., 257/78।

**सूरकिशोर**—जन्म-सं. 1760 के आसपास। स्थान-जयपुर। रचनाएँ-मिथिला विलास। (बृ. इति. 7)।

**सूर छंद**—बारह मात्राओं का छंद है। क्रम है (SS। SSS।)। लक्षण-'त्यों तमो लहै सूर।' उ.-"रागी नहीं है मूर। ते तो बड़े हैं सूर।।"-भि. ग्रं. 1, छंदा., 90, 94/190-191।

**सूरज, सूरजदेव**—1. सूर्यदेवता। दे. सूर।

उ.-"भजहु चराचर-नायक, सूरज देव। दीन जनन सुखदायक, तारन एव।।"-र.वि., बरवै., 3/56। मंगलाचरण में सूर्य का स्मरण और स्तवन भारतीय परम्परा में स्वीकृत नहीं है, किन्तु रहीम ने स्तवन किया है।

2. सूर्यदेवता। जगण के देवता का नाम। उ.-"सूरज जानौ जगन को।।"-क.प्रि., 3/24।

**सूरज छतीसी**—रचयिता-बाँकीदास (दे.)। विव.-38 दोहों की रचना में वीरप्रशंसा, वीरमोंछ, अस्त्रशस्त्र, कवच, युद्ध, वीरगति, वीरपत्नी की गर्वोक्तियाँ आदि वर्णित हैं। (बृ.इति., 7)।

**सूरजप्रकाश**—रचयिता- संतोख सिंह (दे.)। विव.-कवि गुरु गोविंद सिंह के आनंदपुरीय दरबार के अनेक हुजूरी कवियों के मुक्त छंदों का संकलन। (बृ.इति., 7)।

**सूरजप्रकाश**—रचयिता-करणीदान (दे.)। विव.-यह चारण काव्य परम्परा का प्रतिनिधित्व करने वाला डिंगल भाषा का ग्रंथ है। (बृ.इति. 7)।

**सूरज-बंस**—सूर्यवंश। पुराणों के अनुसार इस वंश का आरंभ और विकास इस प्रकार प्रदर्शित किया जा सकता है। परमेश्वर→ब्रह्मा→मरीचि→ कश्यप→सूर्य→वैवस्वत मनु→इक्ष्वाकु (त्रेता युग में अयोध्या के राजा)। त्रेता और द्वापर के संधिकाल में अयोध्या में ही राजा दशरथ के यहाँ श्रीराम तथा उनके तीन भाइयों का जन्म। द्वापर के प्रारम्भ में श्रीराम-कुश-सुमित्र तक (एक हजार वर्ष तक राज्य), तदुपरांत इस वंश की विश्रांति हुई। (हिं. श.सा., पौ.को.)। कवि केशवदास के अनुसार उनका आश्रयदाता गहरवार वंश सूर्यवंशान्तर्गत है। उ.-"ब्रह्मादिक की बिनय तें हरन सकल भुवभार। सूरजवंश कर्‌यो प्रगट रामचंद्र अवतार।। तिनकें कुल कलिकाल रिपु कहिं 'केसव' रनधीर। गहरवार इहि ख्याति जुत प्रगट भयो नृप बीर।।"-क.प्रि., 1/6-7।

**सूरजमल्ल**—सूरजमल। जाट राजा बदनसिंह (दे.) के ज्येष्ठ पुत्र जो सन 1755 ई. में गद्दी पर बैठे और सन 1763 ई. तक राज्य किया। सूदन कवि ने सुजान-चरित्र में इनके वीरतापूर्वक किये गये सात युद्धों का वर्णन किया है। इन्होंने सन 1761 ई. में दिल्ली को लूटा। 1761 ई. में जब अहमदशाह अब्दाली का आक्रमण हुआ, तब ये दीघ में अपने किले में बैठे रहे। 1761 ई. में पानीपत के युद्ध में मुगलों का साथ नहीं दिया और युद्ध के बाद उसी वर्ष आगरे को लूटा और अपने राज्य में मिला लिया। इन्होंने हरियाने को भी लूटा और अपने पुत्र जवाहरसिंह को वहाँ का सूबेदार बना दिया। यमुना से चंबल तक इनका राज्य विस्तृत हो गया। ये कलाप्रेमी और साहित्य संरक्षक थे। इन्होंने गोवर्द्धन, मथुरा और बृंदावन में घाट, मंदिर और बाग बनवाये। (सो.ग्रं. 1, प्रस्तावना, पृ. 47)। उ.-"बखतबली हैं तनय सब तिनकै प्रगट अपार। राज काज करता बड़े सूरज मल्ल उदार।।"-सो. ग्रं., 1, र.पी.नि., 13/4।

**सूरत**—शिवाजी काल में महाराष्ट्र का एक नगर। 6 जनवरी, 1664 को 11 बजे दिन में शिवाजी प्रथम बार सूरत पहुँचे। इस नगर का किला ताप्ती नदी के दक्षिणी किनारे पर समुद्र से 6 कोस दूर था। यह उस समय का बड़ा व्यापारिक नगर था। शिवाजी ने चार दिन तक इस नगर को लूटा। इसके बाद 10 जनवरी को वहाँ से रवाना हो गए। 1670 में 3 अक्टूबर से 5 अक्टूबर तक दूसरी बार शिवाजी ने इस नगर को लूटा। उस समय यहाँ पर अँग्रेज, डच, फ्रेंच तथा आरमेनिया के व्यापारी भी थे। कासगर का निर्वासित बादशाह भी हाल ही में मक्का से लौटकर तातार सराय में टिका हुआ था। मरहठों ने बहुत से स्थानों में आग लगा दी थी। उ.-"सूरत जराय कियौ दाह पातसाह उर स्याही जाइ सब पातसाही-मुख झलकी।"-भू.ग्रं., शि.भू., 182/163।

**सूरतराम**—स्थान-ग्राम जहानपुर (तहसील वैर)। पिता-केवलराम ब्रह्मभट्ट। आश्रयदाता-महाराज ग्वालियर। रचनाएँ-स्फुट छंद। (बृ.इति., 7)।

**सूरति**—दे. सूरत। सूरत शहर। उ.-"रातिहुँ द्यौस दिलीस्वर के तुव सैन की सूरति सूरति घेरी।।"-भू.ग्रं., शि.भू., 312/186।

**सूरति मिश्र**— जन्मस्थान-आगरा। समय-सं. 1766 में स्थित। आश्रयदाता-जोधपुर के दीवान

अमरसिंह, बीकानेर नरेश जोरावर सिंह, दिल्ली के बादशाह मुहम्मद शाह। रचनाएँ-अलंकारमाला, रसरत्नमाला, रससरस, रसग्राहक चंद्रिका, नखशिख, काव्यसिद्धांत, रसरत्नाकर, बैताल-पचीसी, रासदानलीला, शृंगारसार, भक्तविनोद, प्रबोध चंद्रोदय नाटक, छंदसार, अमरचन्द्रिका, भक्तमाल आदि। (इति. शुक्ल., स.सर्वे., सा.को.)।

**सूरति सिंघ**—जहाँगीर के दरबार का एक राजा। उ.-"धाम मैं काम सँग्राम मैं काल सो सत्य-लता कौं कहि 'केसव' पावस सो उर आनौ। सोखि लई मरुदेस की पानिप आनन मैं न हथ्यारनि मानौ। देखत ही दुख-तालनि तूरति मूरति सूरति सिंघ की जानौ।।"-ज.ज.चं., 95।

**सूरपनखैं**—सूर्पणखा। दे. सुपनखा, सूपनखा। उ.-"लखि बिरूप सूरपनखैं सरुधिर चरबि चुचात। सियाहिय मैं घिन की लता भई सु द्वै द्वै पात।।"-प. ग्रं., जग., 600/205।

**सूर मंत्र**—सूर्य मंत्र। सुर्योपासना के समय उच्चरित मंत्र। उ.-"गंगाजू के जल मध्य कंठ के प्रमान पैठि जपि जपि सूर-मंत्र आनँद बढ़ावहीं।"-क. प्रि., 15/10।

**सूरसुता**—दे.सूर। सूर्य की पुत्री-यमुना, सूर्य की तनया। मार्कण्डेय पुराण में लिखा है कि यमुना सूर्य की कन्या और यम की भगिनी है। (मा. पु. 77/57)। संज्ञा विश्वकर्मा की कन्या थी। विश्वकर्मा ने सूर्य के साथ इसका विवाह कर दिया। संज्ञा भगवान सूर्य का असहनीय तेज सहन नहीं कर सकती थी। वह सूर्य की दृष्टि पड़ते ही आँखें मूँद लेती थी। उस दिन सूर्य ने गुस्से में आकर उसे शाप दिया-संज्ञे ! तुम मुझे देखते ही आँखें संयमित कर लेती अर्थात् मूँद लेती हो। इससे तुम प्रजा के संयमन के लिए यम को प्रसव करोगी। इस पर संज्ञा शाप से विह्वल होकर चपल दृष्टि से देखने लगी तो सूर्य ने कहा-"मुझे देखते ही तुम्हारी दृष्टि चपल हो गई। इसलिए तुम चंचल स्वभावा नदी को तनया के रूप में प्रसव करोगी।"अनंतर इस शाप से संज्ञा के गर्भ से यम और अति चंचला यमुना ने जन्म ग्रहण किया। उ.-"स्याम तिहारे बिरह दृग करत सकज्जल रोज। मनो बढ़ावत प्रेमसों सूरसुताहि सरोज।।"-मति., सत., 666/423। उ. (2)-"सूरसुता सुभ संगम तुंग तरंग तरंगित गंगसी सोहै।।"-क.प्रि., 7/13।

**सूरसेन**—शूरसेन। मथुरा और उसके आसपास के प्रदेश का प्राचीन नाम जहाँ राजा शूरसेन का राज्य था। शूरसेन कृष्ण के पितामह के पिता थे। उ.-"कुंडिन कुमार सोम सरमक सूरसेन बाहलीक साकल सकल निषधेस के। तैलिंग तिलक बिद्यानगर फिरंग सब साहिजू की सभा राजैं राजा देस देस के।।"-ज.ज.चं., 101।

**सूर्यमल्ल**—जन्म-सं. 1872। स्थान-बूँदी। पिता-चंडीदान। रचनाएँ-वंशभास्कर, बलवंतविलास, वीरसप्तशती, छंदोमयूख, (बृ.इति. 7)।

**सूहो**—राग विशेष। संपूर्ण जाति का एक संकर राग। एक मत से यह विभास और मालश्री के मेल से बना है। दूसरे मत से यह विभास और बागीश्वरी के मेल से बना है। इसमें गांधार, धैवत और निषाद तीनों कोमल लगते हैं। इसके गाने का समय 6 दंड से 10 दंड तक है। हनुमत के मत से यह दीपक राग का और अन्य मतों से हिंडोले या भैरव राग का पुत्र है। कुछ लोग इसे रागिनी मानते हैं और भैरव की पुत्रवधू कहते हैं। (हिं. श.सा.)। उ.-"पुनि ताके (मेघ) सुत आठ बखान। केदारो बिहागरो ठान। संकर नट स्यामा पुनि होय। जलधर सूहो कालिंग सोय।।"-बो.ग्रं., वि.वा., 18/121।

**सृंगार**—दे. सिंगार। शृंगार। वस्त्राभूषण आदि से शरीर सुशोभित और चित्ताकर्षक बनाना। सजावट। पारम्परिक रीति से यह सोलह प्रकार का माना जाता है, जैसे आभूषण शृंगार। उ.-"यातें कुछ बरने न कछु आभूषन सृंगार। ब्यभिचारिन की केलि में केवल कहत बिकार।।"-बो.ग्रं., वि.वा., 4/61।

**सृंगार**—दे. शृंगार (रस)। शृंगार रस। काव्य के नौ रसों में प्रथम, जो सबसे अधिक प्रसिद्ध है। उ. (1)-"सार सृंगार बिरह रस सुंदर प्रेम बढ्यो

ढिग लैन गली सी।।"-वृं.ग्रं., नै.ब., 49/34। उ. (2)-श्रीबृषभानु-कुमारिहेत सृंगार-रूप भय।"-क. प्रि., 1/2। उ. (3)-"नवहू रस के भाव बहु, तिनके भिन्न बिचार। सबको 'केसवदास' हरि नायक है शृंगार।।"-क.प्रि., 1/16। ल. (1)-रति मति को अति चातुरी, रतिपति मंत्र विचार। ताही सों सब कहत हैं, कवि कोबिद सृंगार।। सुभ संजोग बियोग पुनि सिंगार की जाति। पुनि प्रच्छन्न प्रकास करि, दोऊ द्वै द्वै भाँति।।-क.प्रि., 1/17-18। ल. (2)-बरनि नायिका नायकहि दरसलंबन-नीति। सोई रस सृंगार है ताको थाई प्रीति।।-भि.ग्रं. 1, र. सा..,13/4। ल. (3)-जिहि कहियत सृंगार रस ताको जुगल बिभाव। आलंबन इक दूसरो उद्दीपन कबिराव।। बरनत नायक-नायिका आलंबन के काज। उद्दीपन सखि दूतिका सूख समयो सुखसाज।।-भि.ग्रं. 1, शृं.नि., 6-7/90।

**सृंगारदेव**—शृंगारदेव। शृंगार के देवता, जो अवतार भी हैं—श्रीराम और श्रीकृष्ण। उ.-"करुनामय रघुनाथ कृस्न सृंगारदेव भनि।।"-बो. ग्रं., वि.वा., 44/155।

**सृष्टि**—उत्पन्न जगत्। संसार। दुनिया। चराचर जगत्। उ.-"करुना करि करि पोसत सदा सकल सृष्टि के प्रान। ऐसे ईस्वर कौ हिये रहौ रैंनदिन ध्यान।"-ज.ग्रं., भा.भू., 3/5।

**सेंगर**—क्षत्रियों की एक जाति या शाखा। उ. (1)-"सेंगर सपूती सों भरे जे सुद्ध जुद्धन में लरे।"-प.ग्रं., हि.ब.बि., 35/8। उ. (2)-"तहँ सुभट सेंगर कंसराज सपूत पूते पुकारिकै।"-प.ग्रं., हि.ब.बि., 153/22।

**सेख**—1. मुसलमानों के चार वर्गों में सबसे पहला वर्ग। उ.-"फौजें सेख सैयद औ मुगुल पठानन की मिलि अफसर काहू भीर न सम्हारे हैं।"-भू.ग्रं., प्रकी., 416/208।

2. कवि अबुल फजल। उ.-"आनंदे जनपद सुख पाय। नीलकंठ जनु मेघहि पाय। पठए चर नीके नरनाथ। आवत चले सेख के साथ।"-वी.च., 5/72।

**सेख फरीद**—एक पठान योद्धा। उ.-"खाँ नाजिम कछुवाहो राम। सेख फरीदहि भूल्यो काम।।"-वी.च., 6/16।

**सेज वर्णन**—शृंगार के अन्तर्गत रति-केलि का वर्णन और उसके लिए उपयोगी शय्या का वर्णन वृंद ने किया है-''चंदन को पाट सूतबाँन को पलिका ढारि परम नरम सेज ऊपर बिछाइयैं। कलाबूत रेसम के सेजबंध नीकैं सेज ऊपर बिछाइयैं। कलाबूत रेसम के सेजबंध नीकै कसि ऊपर उसीसा धरैं अति छबि छाइयैं। सेबती गुलाब कंज चंबेली के फूलन की बीनी बीनी पंखुरीनि ऊपर बनाइयैं। तहाँ मिलि दंपति करत बहु भाँति केलि वृंद कहैं या बिधि सरस सोभा पाइयैं।।"-वृं. ग्रं., शृं.शि., 81/49।

**सेज-सौंझ**—सेज सौंज। शय्या की सामग्री। रति शय्या के लिए अन्य उपयोगी सामग्रियों का भी वर्णन वृंद ने किया है। उ.-"एक और पीरे-पीरे पान के धरत बीरे एला दालचीनी लौंग कपूर समेत हैं। फूलन के हारे बीजनां सँवारि धरे एक ओर दर्पन निहारिबे के हेत हैं।। एक ओर सीतल सुगंध जल झारी धरी अंबर अगर धूप धूपित निकेत हैं। एक ओर पीकदानी अतर गुलाब दानी वृंद कहैं ऐसी सौंज कैसी सोभा देत हैं।।"-वृं. ग्रं. शृं.शि., 82/49।

**सेनक**—दोहा छंद का एक भेद जिसमें 29 अक्षर होते हैं। इन 29 अक्षरों में 19 गुरु और 10 लघु अक्षर होते हैं। -सो.ग्रं. 1, र.पी.नि., पृ. 23।

**सेनापति**—(कवित्त रत्नाकर के रचयिता कवि सेनापति से भिन्न)। गुरु गोविंद सिंह के आनंदपुरीय दरबार के कवि। स्थितिकाल-सं. 1758। रचनाएँ-गुरु शोभा, चाणक्यनीति का भाषानुवाद। विव.-गुरुशोभा वीरकाव्य है, जिसके चरितनायक गुरु गोविंद सिंह हैं। (बृ.इति. 7)।

**सेनापति**—जन्म-सं. 1646। स्थान-अनूपशहर (बुलंदशहर)। पिता-गंगाधर। पितामह-परशुराम। गुरु-हीरामणि। रचनाएँ-काव्यकल्पद्रुम, कवित्त-रत्नाकर। (बृ.इति. 7)।

**सेबरी**—दे. सबरी। शबरी नाम की रामभक्त।

उ.-"साधन के हेत पन पाल्यो प्रहलादहू को याद करौ जाइ सेबरी के बेर खाए हैं।"-प.ग्रं., प्र.प., 24/242।

**सेर अफगन**—एक ईरानी प्रवासी जिसका नाम अली कुली खाँ था तथा जिसे शाहजादा सलीम ने शेर का साहसपूर्वक शिकार करने की वीरता के कारण 'शेर अफगन' की उपाधि दी थी। सम्राट अकबर के आदेश से मिर्जा गयासबेग की अत्यन्त रूपवती पुत्री मेहरुन्निसा का विवाह इसके साथ किया गया था। शाहजादा मेहरुन्निसा पर पहले से ही मुग्ध था या नहीं; यह विवादास्पद है। शेर अफगन ने सलीम के विद्रोह के समय अकबर के प्रति वफादारी दिखाई। जहाँगीर (सलीम) ने बादशाह बनने पर इसे माफ कर दिया और बर्दवान का फौजदार बना दिया, जिसे इसने प्रसन्नतापूर्वक स्वीकार नहीं किया। बंगाल की अशांति और शेर अफगन की अवहेलना तथा असावधानी के कारण यह सूबेदार कुतुबुद्दीन द्वारा कैद किये जाने की स्थिति में संघर्ष में सैनिकों द्वारा मारा गया। बाद में मेहरुन्निसा अपनी माँ के साथ दरबार में आ गई और जहाँगीर ने अपने शासन के छठे वर्ष में इससे विवाह कर इसे नूरमहल और नूरजहाँ की पदवियाँ प्रदान कीं। उ.-"महमुद को मद मेटि सेर अफगनहिं जेर किय।"-भू.ग्रं., प्रकी., 513/230।

**सेर खाँ**—सेर खाँ लोदी। बीजापुरी कर्नाटक का दक्षिणी आधा भाग शेर खाँ लोदी के अधिकार में था। यह पठान था और पहले बीजापुरी वजीर बहलोल खाँ के अधीन रह चुका था। इसकी राजधानी बालीगंडपुरम (वर्तमान पांडुचेरी जिले का स्थान) था। छह हजार सेना लेकर शिवाजी ने डिरुवाड़ी के पास इस पर आक्रमण किया। वहाँ से भागकर इसने बावनीगिरि के किले में (तिरुवाड़ी से 11 कोस दक्षिण) शरण ली। मरहठी सेना ने इसे घेर लिया। 5 जुलाई, 1672 को इसने विवश होकर शिवाजी से संधि कर ली और 2000 हूण नगद दिए। उ.-दौरि करनाटक में तोरि गढ़कोटि लीं है मोरी सो पकरि लोदी सेर खाँ अचानको।।"-भू.ग्रं., प्रकी., 468/220।

**सेलैं**—भाले। उ.-"भादों की घटा सी उड़ि गरद गगन घिरे सेलैं समसेरैं फिरे दामिनी सी दमके।"-भू.ग्रं. प्रकी., 507,509/229।

**सेव**—सेविका। सूत या डोरी के रूप में बेसन से बना हुआ नमकीन या चीनी अथवा गुड़ में पगा मीठा पकवान। उ.-"तकते सब सेव सुमुकता को गुल सांकरिया चतुराई की।।"-बो.ग्रं., इ.ना., 34/6।

**सेवकराम बंदीजन**—जन्म-सं. 1872। पिता-धनीराम। आश्रयदाता-काशी के रईस बाबू हरिशंकर सिंह। स्थान-काशी। रचनाएँ-वाग्विलास, पीपाप्रकाश, बरवै नखशिख। (बृ.इति. 7)।

**सेवा की बाढ़**—रचयिता-कुलपति मिश्र (दे.)। (बृ.इति. 7)।

**सेवादास**—(निरंजनी सम्प्रदाय के संत)। जीवनकाल-सं. 1697 से 1798 तक। रचनाएँ-3651 साखियाँ (57 अंगों में विभाजित), 400 कुंडलियाँ (34 अंगों में विभाजित), चांद्राइण 134 छंद (12 अंग), 44 रेखते (9 अंग), 402 पद (21 रागों में), 24 छप्पय, मनहर, सवैये आदि स्फुट छंद, 10 स्फुट ग्रंथ (दोहे-चौपाइयों में)। (बृ.इति. 7)।

**सेवाविधि**—रचयिता-रामचरणदास (दे.)। (बृ. इति. 7)।

**सेष**—शेषनाग। पुराणानुसार सहस्र फनों के सर्पराज जो पाताल में हैं और जिनके फनों पर पृथ्वी ठहरी है। इनका दूसरा नाम अनंत है। क्षीरसागर में भगवान विष्णु इन्हीं पर शयन करते हैं। विष्णुपुराण के अनुसार शेष, वासुकि और तक्षक तीनों कद्रु के पुत्र माने गये हैं। पाताल के राजा के रूप में कहीं शेष का और कहीं वासुकि का उल्लेख मिलता है। लक्ष्मण और बलराम शेष के अवतार कहे गये हैं। कुछ पुराणों के अनुसार गर्ग ऋषि ने ज्योतिष विद्या शेष से ही सीखी थी। कहा जाता है कि समुद्रमंथन के समय शेष को ही रज्जु बनाया गया था। यह नीलाम्बर धारण करते हैं। इनके गले में श्वेत मणियों का कण्ठा रहता है। इनके एक हाथ में हल और दूसरे में मूसल रहता है। इनके फन

का नाम 'मणिद्वीप' तथा निवासस्थान 'मणिभिति' या 'मणिमंडप' बतलाया गया है (पौ.को., हिं.श. सा.)। उ. (1)-"टूटि गे पहार बिकरार भुव-मंडल के सेष के सहसफन कच्छप कचकिगे।।"-भू.ग्रं., प्रकी., 479/223। उ. (2)-"मानव देव अदेव पयोनिधि सेष समंदर की बिधि दोसैं।"-वृं.ग्रं., भा.पं., 7/14। उ. (3)-"कहै पद्माकर त्यों देखि दसा मोहन की सेषहू महेसहू सुरेसहू सिहात हैं।"-प.ग्रं., जग., 596/204। उ. (4)-"कूरम पै कोल कोलहू पै सेष कुंडली है कुडंली पै फबी फैल सुफन हजार की।"-प.ग्रं., गं.ल., 3/253।

**सेषनाग**—दे. सेष। उ. (1)-"चंदन में नाग मद भर्‌यौ इंद्र-नाग बिष धर्‌यौ सेषनाग कहै उपमा अवस कौ।।"-भू.ग्रं., शि.भू., 46/136। उ. (2)-"तेरे ही भुजानि पर भूतल कौ भार कहिबे कौं सेषनाग दिगनाग हिमाचल है।"-भू.ग्रं., शि.भू., 81/143।

**सेषफन**—दे. सेष। उ.-"उलटत पलटत गिरत झुकत उझकत सेषफन बेदपाठिन के हाथ से।"-भू.ग्रं., प्रकी., 531/235।

**सेस**—शेष। 1. बचा हुआ। बाकी। उ.-"रहिमन कबहुँ बड़ेन के, नाहिं गर्व को लेस। भार धरै संसार को, तऊ कहावत सेस।।"-र.वि., दो.छं., 179, पृ. 18। 2. दे. सेष। उ. (1)-"बड़े भार लैं निरबहै तजत न खेद बिचारि। सेस धरा धरि भू धरैं अब लौं देत न डारि।।"-वृं.ग्रं., नी.स., 302/81। उ. (2)-"याही को सराहैं सेस याहो को बखानें बेद याही की कहानी कंठ पूतना लपेटे की।" (गोपाल लाल वर्णन)-ठाकुर, 5/62। उ. (3)-"पटकत पुच्छ कच्छ-कच्छ पर सेस जब रुच्छ कर मुच्छ पर हाथ लाइयतु है।"-प.ग्रं., प्रकी. 9/305।

**सेसनमुष**—दे. सेष। सहस्रमुख। उ.-"हरि से सनमुष कहि सकौं गुन न असेसन भाषि। हरि सेसनमुष देषबो हरि से सनमुष राषि।।"-वृं.ग्रं., य.स., 64/211।

**सैद**—सैयद। मुहम्मद साहब के नाती हुसैन के वंश का व्यक्ति। उ.-"कुंभ चँदाउत सैद पठान कबंधनि ठावत भूधर हाले।"-भू.ग्रं., शि.भू., 267/179।

**सैनक**—दे. सेनक। दोहा छंद का एक भेद।

**सैफिनि**—तलवार। उ.-"यौं छबि पावत है लषौ अंजन आंजै नैंन। सरस बाढ़ सैफिनि धरी ज्यौं सिकलीगर मैंन।।"-रस., रतन., 466/105।

**सैयद**—दे. सैद। मुसलमानों के चार वर्गों या जातियों में दूसरी जाति। उ. (1)-"लाज धरौ सिवजू सों लरौ सब सैयद मीर पठान पठाइ कै।"-भू.ग्रं., शि.भू., 235/173। उ. (2)-"फौजें सेख सैयद औ मुगुल पठानन की मिलि अफसर काहू भीर न साहारे हैं।"-भू.ग्रं., प्रकी., 416/208।

**सैयद अहमद जुमेदी**—स्थितिकाल-सं. 1710 (1653 ई.)। रचनाएँ-माहपैकर। विव.-माह और पैकर की प्रेमकथा। (बृ.इति. 7)।

**सैयद मिराज**—स्थान-औरंगाबाद। समय-सन 1715 से सन 1765 तक। रचनाएँ-बूस्ताने ख्याल। (बृ.इति. 7)।

**सैयद मुहम्मद ईशरती**—स्थितिकाल 1683 ई. (सं. 1740)। रचनाएँ-दीपक-पतंग। (बृ.इति. 7)।

**सैयद मुहम्मद हुनर**—स्थितिकाल-सं. 1888 रचना-नेहदर्पण। विव-राजा कुँवर और कामलता की प्रेमकथा। (बृ.इति. 7)।

**सैहथी**—बरछी। उ.-"कर सैहथी द्वै खग्ग खासे कठिन कमर में लसे।"-प.ग्रं., हि.वं.बि., 119/17।

**सोति**—सौत। 'प्रात भयें लखि सोति सरूप कहैं कवि वृंद भयोचित चैना।"-वृं.ग्रं., भा.पं., 13/15।

**सोतिन**—सौतें। उ.-"एक अनूपम बात सुनि आवत है अति हास। तू गुनि भार मरी चलति सोतिन बढ़त उसास।।"-वृं.ग्रं., अ.दो., 11/6।

**सोभा-रस**—सौन्दर्य का रस। सौन्दर्य का आनंद। उ.-"सोभा-रस चाखैं अभिलाखैं हुती आँखें घनआनँद उछरि ओछी फूलीं-फलीं जायकों।"-घ.क., 386/195।

**सोमनाथ**—भारत के सुप्रसिद्ध 12 ज्योतिर्लिंगों में से एक जिसे महमूद गजनवी ने 1024 ई. में लूटा और मूर्ति को भंग किया था। काठियावाड़ का एक प्राचीन नगर जहाँ इसका मन्दिर है। (विस्तार के लिए दे. हिं.श.सा.)। उ.-"सोमनाथ त्रिपुरंत ह्वै, आलनाथ एकंग। हरिक्षेत्र नैमिष सदा, असंतीर्थ चित्रंग।।"-वि.गी., 6/10।

**सोमनाथ (कवि)**—जन्मस्थान - मथुरा। स्थितिकाल-सं. 1880। पिता-नीलकंठ। आश्रयदाता-भरतपुर के महाराज प्रतापसिंह। रचनाएँ-रसपीयूषनिधि, कृष्णलीलावती, रास पंचाध्यायी, शृंगार-विलास (पूर्वार्द्ध एवं उत्तरार्द्ध), माधवविनोद, महादेव जी को ब्याहुलौ या शशिनाथ विनोद, ध्रुवविनोद, सुजान विलास, दीर्घनगर वर्णन, नवाबोल्लास, संग्राम दर्पण, प्रेमपच्चीसी, रामचरित रत्नाकर, रामकलाधर, ब्रजेन्द्रविनोद। (इति.शुक्ल, सो.ग्रं., स.सर्वे., दे. सौमनाथ)।

**सोम बंस**—चन्द्रवंश (क्षत्रियों का वंश)। उ. (1)-"तहँ.भूप गोबिंद चंद जू। लहि सोमबंस अनंद जू।।"-बो.ग्रं., वि.वा., 19/15। उ. (2)-"सोमबस जदुकुलकलस त्रिभुवनपाल नरेस। फेरि दए कलिकाल पुर तेई तिनहि सुदेस।।"-क.प्रि., 2/4।

**सोमराजी छंद**—एक वर्ण वृत्त जिसके प्रत्येक चरण में 6 वर्ण होते हैं। यह यगण का वृत्त है। इसका दूसरा नाम शंखनारी है। ल.-जगन दोय मय बर्न षट सोमराजि सो छंद।। प्रत्येक चरण में मात्राक्रम है (।ऽ। ।ऽ।)। -छं.मा., 1/11।

**सोरठ**—ओड़व जाति का एक राग जो हिंडाल का पुत्र कहा गया है। इसमें गांधार और धैवत स्वर वर्जित है। यह पंचम, भैरवी, गुर्जरी, गांधार और कल्याण के संयोग से बना माना जाता है। इसके गाने का समय रात 16 दंड से 20 दंड तक है। कुछ लोग सोरठ को षाडव जाति की रागिनी मानते हैं। (हिं.श.सा.)। उ.-"कुकुभ गौर गंभीर बिसेख। कुंभ सारदा सोरठ लेख। कहियतु ईमँन पुनि केनीर। ये सुत सिरीराग के बीर।।"-बो.ग्रं., वि.वा., 16/121।

**सोरठा**—मात्रिक अर्द्ध सम छंद। इसके विषम पदों में ।।-।। और सम पदों में 13-13 मात्राएँ होती हैं। ल. (1)-"उलटो दोहा पढ़त हीं तहीं सोरठा होई। 'केसवदास' प्रकासहीं समुझत हैं सब कोई।। उ.-"जग जसवंत बिसाल राजा दशरथ की पुरी। चंद्र सहित सुभ काल, भालथली जनु ईस की।।"-छं.मा., 2/39। ल. (2)-दोहा उलटे सोरठा। उ.-"सोवन दीजै धाइ, भीजै नेकु बिभावरी। अबै गहौ जनि पाइ, सोर ठानि है मेखला।।"-भि.ग्रं. 1, छंदा., 2, 6/222, 223। ल. (3)-आदि कला ग्यारह बहुरि तेरह कला बनाइ। दुतिय चरन या बिधि रचौ तब सोरठा सुहाइ।। उ.-"जय जय श्री रघुबीर तुम पर तन मन बारियै। करियै दया गँभीर मेरे हियें बिहारियै।।"-सो.ग्रं. 1, र.पी.नि., 15-16/25।

**सोरह कला**—षोडश कला। सोलह कलाओं से युक्त। पूर्णतया अपने पूर्ण रूप में । उ.-"इत सृंगार माधौ को साज्यो। सोरह कला मदन तब राज्यो।।"-बो. ग्रं., वि.वा., 20/223।

**सोरह सिंगार**—दे. सिंगारनि। षोडश शृंगार। पूर्ण शृंगार। साहित्य में निम्नलिखित शृंगारों को 'षोडश शृंगार' में स्थान दिया गया है—1. मज्जन, 2. चीर, 3. हार, 4. तिलक, 5. अंजन, 6. कुंडल, 7. नासामुक्ता, 8. केशविन्यास, 9. चोली (कंचुक), 10. नूपुर, 11. अंगराग (सुगंध), 12 कंकण, 13. चरण राग, 14. करधनी, 15, तांबूल तथा 16 करदर्पण (आरसी नामक अँगूठी)। वल्लभदेव (15वीं शती) के इस विवरण से आगे के विवरणों में भिन्नता मिलती है। रूपगोस्वामी के उज्ज्वलनीलमणि में पुष्पमाला, केश में फूल खोंसना, चिबुक का कस्तूरी से चित्रण, शरीर पर पत्रावली, मकरीभंग आदि का चित्रण जैसे कुछ भिन्न शृंगारों का उल्लेख है। हिंदी के कवि जायसी ने मज्जन और स्नान को अलग अंग के रूप में मानकर सिंदूर, अधरों के रँगने, कपोल पर तिल और पायल नामक भिन्न शृंगारों की अन्तर्गणना की है। केशवदास आदि ने भी कुछ न कुछ भिन्नता अवश्य रखी है। (विस्तार के लिए दे. हिं.श.सा.)। ल.(1)-प्रथम सकल सुचि

समुझि बहुरि करियैं तन मंजन। बसन महाउर चरन चिकुर रचना मन रंजन।। अंगराग भूषन अनेक मुख वास राग पुनि। अंजन नैंन चितौंनि मधुर बोलन सुहसन धुनि।। चातुरी चलन पतिब्रतपन बृंद नियम कवि यह धरत। जद्यपि अपार सिंगार तऊ तय सिंगार सोरह करत।।-वृं. ग्रं., शृं.शि, 44/41। यह वर्णन वृंद कवि ने स्वकीया प्रौढ़ा के लक्षण-निरूपण-प्रकरण में किया है। ''ए सोरह सिंगार सजि पूरन प्रेम प्रकास। पिय के संग रति रँग के करत सु बिबिध बिलास।।"-वृं. ग्रं., शृं.शि., 79/48। वृंद कवि द्वारा वर्णित ये सोलह श्रृंगार स्वकीया लक्षण-निरूपण के तुरंत वाद ही वर्णित किये गये हैं। सोलह श्रृंगार में अंतिम पातिव्रत श्रृंगार है। इससे यह अनुमान सिद्ध होता है कि ये सोलह श्रृंगार स्वकीया के अन्तर्गत ही किये गये हैं और स्वकीया के लिए ही हैं। इससे सन्देह नहीं कि ये सोलह श्रृंगार परकीया के लिए भी उतने ही उपयोगी हैं, केवल एक, 16वें श्रृंगार को छोड़कर। इसी प्रकार वेश्या के लिए भी ये उपयोगी हैं, किन्तु वृंद ने परकीया और वेश्या के लिए इनका विधान नहीं किया है। वस्तुतः वृंद ने परकीया और वेश्या का वर्णन ही नहीं किया। श्रृंगार को जैसे वे स्वकीया तक ही सीमित रखना चाहते हैं और पूरा श्रृंगार शिक्षा ग्रंथ इसी सीमा को ध्यान में रखकर लिखा गया प्रतीत होता है। ल. (2)-प्रथम सकल सुचि, मज्जन, अमल बास, जावक, सुदेस केसपास को सुधारिबो। अंगराग, भूषन विविध, मुखबास राग, कज्जल कलित लोल लोचन निहारिबो। बोलनि हँसनि मृदु चातुरी चलनि चारु पल पल प्रति पतिब्रत प्रतिपारिबो। 'केसोदास' सबिलास करहु कुँवरि राधे, यहि विधि सोरहू सिंगारनि सिंगारिबो।।-क.प्रि.,4/17।

**सोरह सिँगार**—दे. सोरह सिंगार। उ.-"सोरह सिँगार कै नवेली की सहेलिहूँ कीन्हीं केलिमंदिर में कलपित केरै हैं।"-प.ग्रं., जग., 205/124।

**सोरहो सृँगार**—दे. सोरह सिंगार। उ.-"सोरहो सृँगार साजै सहित बिलासराजै कंदला अखाड़े बीच बारह बरस की।।"-बो.ग्रं., वि.वा., 39/103।

**सोषन**—शोषण। कामदेव के पाँच बाणों में से एक जो यह क्रिया करता है। उ.-"उच्चाटन सर लाय मोहन सोषन उनमदन। मनमथ अति हरषाय मारन सर पंचम लग्यो।।"-बो.ग्रं., वि. वा., 8/36।

**सोहनी**—सोहिनी नाम की एक रागिनी। उ.-"गौर सारँग सोहनी जान। माला सहितहि आठ निदान।।"-बो.ग्रं., वि.वा., 14/121।

**सोहाग**-दे.सुहाग। सौभाग्य। उ.-बोधा सोहाग औ सोभा सबै उड़ि जैबे के पंथ पै पाँउ न दीजै।"-बो.ग्रं., इ.ना., 113/19।

**सौंदर्यगर्विता**--नायिकाभेद में गर्विता (दे.) का एक भेद। अपने सौंदर्य के गर्व से भरी हुई नायिका । वह नायिका जिसे अपने सौंदर्य का अभिमान हो और जो नायक या अन्य लोगों से कुछ टेढ़ा या रूखा बोलती हो । चिंतामणि ने इसके भेदों में साधारण, स्वकीया, मध्या प्रगल्भा, परकीया और सामान्या का वर्णन उदाहरणों में किया है। ल.-बोलें सुन्दरता गरब, वक्र उकुति जो नारि। सो सुन्दरता गर्विता, सज्जन लेहु बिचार।। शृं.मं., चिंता., 281/83।

**सौंदर्य लहरी**—रचयिता-मनियार सिंह (दे.)। विव.-पार्वती या देवी की स्तुति। (इति. शुक्ल)।

**सौंहँ**—अपराध करने पर नायक का नायिका को विश्वास दिलाने या मनाने के लिए शपथ खाना। उ. (1)-"नख-रेखा सोहैं नई, अलसौं हैं सव गात। सौंहैं होत न नैन ए, तुम सौंहैं कत खात।।"-वि. र., 240/113। उ. (2)-"सौंहैं हूँ हर्‍यौ न तैं, केती हयाई सौंह। एहो क्यौं बैठी किए ऐंठी ग्वैठी भौंह।।"-बि.र., 509/235। उ. (3)-"सौंहनी करि पाइंनि पर्‍यो तेरे रिसैं उदोति। नाह नेह तामें लह्यो तू कत रूखी होति।।"-मति., सत., 77/375। उ. (4)-"हौं न कियो अपराध बलि बृथा तानि मति भौंह। तुव उर उरसिज हरि परसि करत रावरी सौंह।।"-प.ग्रं., जग., 298/145। उ. (5)-"जौ

कहिये यह बात तौ कहै कौन पतिआइ। लागौ सौहन करन मत मीत सौंहना आइ।।"-रस., रतन., 529/114। उ. (6)-"कंत कहा सौंहनि करो जानि पर्‌यो अब नेह। दैन कह्‌यो सो बिन दिये जान न पैयो गेह।"-मति., सत., 261/390।

**सौत**—दे. सौति। किसी स्त्री के पति या प्रेमी की दूसरी स्त्री या प्रेमिका या प्रेम-प्रतिद्वंद्विनी। सपत्नी। उ. (1)-"विद्या मिलै अभ्यास तैं सुजन सुभाव मिलै न। सौत विपुल काननि करै बिपुल न ह्वै हैं नैन।।"-वृं.ग्रं., नी.स., 201/74। उ. (2)-"अपने अटके सुनि एरी भटू निज सौत के मायके जैयत है।"-ठाकुर, 85/23। उ. (3)-"आएँ ते आवैगी आँखिनि आगे ही डोलिहै मानहु मोल लई है। सोवै न सोवन देइ न यों तव सोवन में उन साथ दई है। मेरियै भूलि कहा कहौं 'केसव' सौत कहूँ तें सहेली भई है। स्वास्थ ही हितु है सबके परदेस गएँ हरिनींदौ गई है।।"-र.प्रि., 11/14।

**सौति, सौतिन**—दे. सौत। उ. (1)-"बिथुर्‌यौ जावकु सौति-पग निरखि हँसी गहि गाँसु। सलज, हँसौं हीं लखि लियौ आधी हँसी उसाँसु।।"-बि.र., 507/234। उ. (2)-"जयों ज्यों छबि अधिकाति है नवल बाल मुख इंदु। त्यों त्यों मुरझत सौति कौ अमल बदन अरबिंदु।।"-मति., सत., 136/379। उ. (3)-"सौति की साल बिसाल महा तहाँ देह दवानल दाह दह्‌यौ है।"-भू.ग्रं., प्रकी., 567/243। उ. (4)-"बिद्या लच्छमी पुरुष पै होय नहीं इक ठौंय। नाहिन सुख द्वै सौति मैं पिय पै एकहि जाय।।"-वृं. ग्रं., नी.स., 687/112। उ. (5)-"पिय आगम परदेस तें सौति-सदन में जोइ। हर्ष गर्व अमरख अनख रस रिस गई समोइ।।"-भि.ग्रं., र.सा., 553/82। उ. (6)-"सौतिन ते पिय पाय इकौसें भरे भुज सोच सकोच निवारे।"-घ.क., 444/211।

**सौतिय**—दे. सौत। उ.-"झाँकति झझकति झुकति अति सखि सौतिय सतराति। रहति न हटकी लगत लगि मुख लखि लखि मुसकाति।।"-वृं.ग्रं., अ.दो., 34/7।

**सौधसिखर**—प्रासाद या अट्टालिका का सर्वोच्च भाग। उ. (1)-"बीना बेनुनिनाद मृग मोहि अचल करि चंद। सौधिसिखर ऊपर जहाँ दंपति करत अनंद।।"-मति., ल.ल., 11/300।

**सौनक**—दे. सौनिक। एक प्राचीन वैदिक आचार्य और ऋषि जो भृगुवंशी शुनक ऋषि के पुत्र थे। इन्होंने द्वादश वर्ष व्यापी एक बहुत बड़ा यज्ञ नैमिषारण्य में किया था। इसी यज्ञ में उग्रश्रवा ने महाभारत की कथा सुनाई थी। व्यास द्वारा कही गयी कथा को इन्होंमे सुना था। सूत (दे.) से इस कथा को सुनकर वे अत्यन्त अभिभूत हुए थे और कृष्ण के प्रति इनका हृदय भक्ति से आप्लावित हो उठा था। अट्ठासी हजार ऋषियों में सर्वाधिक प्रसिद्ध कहे जाते हैं। इनके नाम से ऋग्वेद प्रातिशाख्य तथा अन्य ग्रंथ प्रसिद्ध हैं। (हिं.श. सा., पौ.को.)। उ.-"दानिन में बलि से बिराजमान जिहिं पाँहि माँगिबे कों ह्वै गए त्रिबिक्रम तनक से। पूजत जगत प्रभु द्विजन की मंडली में देखियत 'कैसोदास' सौनक सनक से।"-वि.गी., 1/23।

**सौमनाथ**—दे. सौमनाथ (कवि)। सोमनाथ। रसपीयूषनिधि आदि ग्रंथों के रचयिता रीतिकालीन कवि। इनके पूर्वजों का परिचय इस प्रकार है-नरोत्तम मिश्र जयपुर के रामसिंह के मंत्री-गुरु थे। उनके दो पुत्र थे-देवकीनन्दन मिश्र और श्रीकांतमिश्र। दोनों अपने समय के पंडित और विद्वान थे। देवकीनन्दन मिश्र के चार पुत्र थे-नीलकंठ, मोहन, महामणी और राजाराम। ये सभी पंडित और विद्वान थे। नीलकंठ मिश्र के तीन पुत्र थे-आनंदनिधि, गंगाधर और सोमनाथ। सोमनाथ के पिता नीलकंठ मिश्र हिंदी के प्रसिद्ध पंडित और कवि थे। इनका वंश छिरौरा वंश कहलाता था। उ. (1)-"सकल सिद्धिधर बुद्धि बर गुनमंदिर सुभदाय। सौमनाथ कौं होहु अब सिंधुरबदन सहाय।।"-सो.ग्रं. 1, र.पी.नि., 6/2। उ. (2)-"गंगाधर तिनके अनुज गंगाधर परवान। सौमनाथ तिनको अनुज सबतैं निपट अजान।।"-वही, 8/8।

**सौमित्र**—दे. सुमित्रानंद। सुमित्रा का पुत्र, लक्ष्मण। उ.-"दौरि सौमित्र लै बान कोदंड ज्या खंड खंडी ध्वजा धीर छत्रावली।।"-रा.चं., 19/48।

**स्तंभ**—एक सात्विक भाव। इसमें अति प्रसन्नता, लज्जा, व्यथादि से अंगों की गति रुक जाती है। किसी कारण विशेष से सभी अंगों की गति का अवरोध। जड़ता। ल. (1)-स्तंभ स्वेद रोमांच सुरभंग कंप वैबन्य। आँसू प्रलय बखानियै आठो नाम अनन्य।।-र.प्रि., 6/10। ल. (2)-लज्जा हर्षादिकन तें अचल होत जहँ अंग। स्तंभ कहत हैं ताहि को जे प्रवीन रस-रंग। उ.-"देखत ही मतिराम रसाल गही मति प्यारी की प्रेमन गाढ़ी। चाहिबे की चितचाह भई हियतें कुलकानि न जाति हैं काढ़ी। संग सखीन को जानि दुरावति आनन आनँद की रुचि बाढ़ी। पाइँ परे मग मैन मरू कै भई मिस लाजन के फिर ठाढ़ी।।"-मति., र.रा., 315-316/273। ल. (3)-हरष लाज भय आदि तें जबै अंग थकि जात। स्तंभ कहत तासों सबैं रसग्रंथनि सरसात।। उ.-"पियहि परखि तिय थकि रही बूझ्यो सखिन निहारि। चलति क्यों न क्यों चलहु मग परै न पग रँगभार।।"-प.ग्रं., जग., 398, 400/167।

**स्तुति, स्तुती**—दे. सखी, सखीकर्म। सखी के लक्षण निरूपण में उसका एक लक्षण स्तुति भी उल्लिखित है। नायिका अथवा नायक की आवश्यकतानुसार प्रशंसा कर कार्य सिद्ध करना उसका एक लक्षण है। ल. (1)-स्तुति सु प्रशंसा होई।। उ.-"नैननि की मुसक्यानि क्यों पावै, जो खंजन जोरी लही चपलाई। सखी है लाल है लाल पै बिंब, क्यों पावै सुधामय ओठ मिठाई। तो मुख सो अकलंक कहा निसि, बासर चंद किते रुचि पाई। सोना सुगंध कितै तनु सो, सखि तेरी अनूप है रूप निकाई।।"-शृं.मं.,चिंता., 359/112, 374/116। भिखारीदास द्वारा बताये गये 12 सखीकर्मों में से एक । उ.-"राधे तो वदन सम होतो हिमकर तौ अमर प्रतिमासनि विगारते क्यों रहते? क्योंहूँ कर-पद-सरि पावते जौ इंदीबर सर में गड़े तौ दिन टारतें क्यों रहते ? 'दास' दुति दाँतन की देत्यो दई दारिमै तौ पचि पंचि उदर बिदारते क्यों रहते? ऐरी तेरे कुंच सरि होत करिकुंभ तौवे उन पर लै लै छार डारते क्यों रहते।।"-भि.ग्रं., शृं.नि., 228/139।

**स्त्री पर्व (महाभारत)**—रचयिता-दित्तेराय (दे.)। (बृ.इति. 7)।

**स्थाई भाव**— दे. थाई भाव, स्थायी भाव। साहित्य में तीन प्रकार के भावों में से एक, जिसकी रसप्रक्रिया में चित्त में सदा स्थिति बनी रहती है। स्थायी भाव चित्त में सदा संस्कार रूप से सुषुप्त अवस्था में वर्तमान रहते हैं। विभाव, संचारी के संयोग से ये ही जागृत होकर रसत्व को प्राप्त करते हैं। ये विरुद्ध अथवा अविरुद्ध भावों में नष्ट नहीं होते, बल्कि उन्हीं को अपने आपमें समा लेते हैं। इनकी संख्या रसानुसार आठ है-रति (शृंगार), हास (हास्य), शोक (करुण), क्रोध (रौद्र), उत्साह (वीर), भय (भयानक), जुगुप्सा (वीभत्स), विस्मय (अदभुत)। शांत को नौवाँ रस मान लेने पर उसके स्थायी भाव निर्वेद को लेकर इनकी संख्या नौ हो जाती है। ल. (1)-रति हाँसी अरु सोक पुनि क्रोध उठाह,रु मीति। निंदा बिस्मय आठ ये स्थाई भाव प्रतीति।।-ज.ग्रं., भा.भू., 36/15। ल. (2)-प्रीति हसी सोकौ रिसौ उत्साहौ भय मित्त। घिन बिस्मय थिर भाव ये आठ बसैं सुभ चित्त।।-भि.गं., 2, का. नि., 1/26।

**स्थायी भाव**—दे. थाई भाव, स्थाई भाव। ल. (1)-स्थायी भाव सिंगार को प्रीति कहावै मित्त। तिहि बिन होत न एकऊ रससृंगार कवित्त।। थाई भाव बिभाव अनुभाव संचारीभाव। पैये एक कवित्त में सो पूरन रसराव।।"-भि.ग्रं. 1, शृं.नि., 240-241/142। ल. (2)-नायक सब ही भाव कौ, टारें टरै न रूप। तासौं थाई भाव कहि, बरनत है कवि भूप।।-सो.ग्रं. 1, र.पि.नि., 33/55। ल. (3)-रति अरु हाँसी सोक पुनि, क्रोध उछाह अनूप। भय गिलानि बिस्मय बहुरिं गनि निरबेद सुरूप।।-सो. ग्रं. 1, र.पी.नि., 35/55।

**स्थूल**—तीन प्रकार के शरीरों में से एक। उ.-"कारन सूक्षिम देह ए जीव लगे ही होत। पंचभूत कौ तनु यहै स्थूल करत उद्योत।।-ज.ग्रं., आ.वि., 123/127।

**स्थूल देह**—दे. स्थूल। स्थूल शरीर। उ.-

"शुक्रद्वार ह्वै गरभ में नीर पाँचवें सति। असैं करि यह होत है स्थूल देह उत्पत्ति।।"-ज.ग्रं., आ.बि., 130/127।

**स्फुट कवित्त**— रचयिता-अजबेश महापात्र (दे.)। (बृ.इति. 7)।

**स्फुट कवित्त**—रचयिता-संगमलाल (दे.)। (बृ.इति. 7)।

**स्फुट पद्य**—रचयिता-प्रवीण कविराय (दे.)। (बृ.इति. 7)।

**स्फुट संग्रह**—रचयिता-बाँकीदास (दे.)। (बृ. इति. 7)।

**स्मरण, स्मरन**—स्मरण अलंकार। साहित्य में एक प्रकार का अलंकार जिसमें कोई बात या पदार्थ देखकर किसी विशिष्ट पदार्थ या बात का स्मरण हो आने का वर्णन होता है। ल. (1)-स्मरन भ्रांति संदेह तिहुँ लच्छन इनके नाम। उ.-"आवति खबरि सु भौंह की निरखि सरासन बाम।।"-प.ग्रं., पद्मा., 43/37। ल. (2)-सुमिरन भ्रम संदेह यह, लक्षन प्रगटै नाम।। उ.-"कछु लखि कछु सुनि सुधि करो सो सुमिरन सुख-कंद। सुधि आवत बृजचंद की निरखि सँपूरन चंद।।"-भि.ग्रं., का.नि., 32-33/92।

**स्मरण मंगल भाषा**—रचयिता-गुणमंजरी (दे.)। (बृ.इति. 7)।

**स्मृति**—दे. सुमिरन। एक व्यभिचारी या संचारी भाव। किसी पहले के देखे, सुने, समझे या विचार किये हुए व्यक्ति, पदार्थ आदि का उससे मिलते-जुलते या सम्बन्ध रखने वाले व्यक्ति, पदार्थ आदि के दर्शन, श्रवण, चिन्तन आदि करने से उत्पन्न ज्ञान को स्मृति कहते हैं। इसमें पुलक, रोमांच, शोक, हँसना, रोना आदि व्यापार होते हैं। रीतिकाल के अधिकांश लक्षणकारों ने संचारियों का केवल नामोल्लेख किया है। स्मरण नाम के एक अलंकार का लक्षण निरूपण आचार्यों ने किया है। (दे. स्मरण, स्मरन)। पद्माकर ने संचारी स्मृति का लक्षण अत्यन्त संक्षिप्त और सांकेतिक दिया। ल.-सुमिरन बीती बात को सुमृति भाव सुभ बोध।। उ. (1)-"कंचनखंभ कदंबतरे करि कोऊ गई तिय तीज तयारी। हौंहू गई पद्माकर त्यों चलि औचकाँ आइ गो कुंजबिहारी। हेरि हिंडोरे चढ़ाई लियो कियो कौतिक सो न कह्यो परै भारी। फूलंवारी पियारी निकुंज की झूलन है न वा झूलनवारी।।"-उ. (2)-"करी जु ही तुम वा दिन वाके सँग बतरान। वहै सुमिरि फिरि फिरि तिया राखति अपने प्रान।।"-प.ग्रं., जग., 518-520/189।

**स्मृति**—विरह की दस दशाओं में से एक जिसमें नायिका प्रेमपूर्वक नायक के बोलने, विलास करने. हँसने, प्रेम करने को स्मरण करती है। ल. (1)-बोलत बिलसत देखिए हँसत सुहित अँग ठौन। ताही सों स्मृति कहत हैं, सुकवि सदा तजि मौन।।-कृ.ग्रं., हि.त., 373/80। ल. (2)-लखी सुनी पिय बात को जो सुमरन मन होय। स्मृति तासों कवि कहत हैं रसग्रंथन बिलोय।। उ. (1)-"सोभा सो रतिसुंदरी नव सनेह सों बाम। तन बूड़त रँग पीत में मन बूड़त रँग स्याम।।"-मति., र.रा., 406, 408/292। उ. (2)-"ध्यान आनि ढिग प्रानपति रहति मुदित दिन राति। पलकु कँपति पुलकति पलकु, पलकु पसीजति जाति।।"-बि.र., 594/275। उ. (3)-"सोवत, जागत सुपन-बस, रस, रिस, चैन, कुचैन। सुरति स्यामघन की, सुरति बिसरैं हूँ बिसरै न।।"-बि.र., 227/107।

**स्मृति अलंकार** — दे. स्मरण, स्मरन (अलंकार)। ल. (1)-सम सोभा लखि आनकी सुधि आवत जहिं और। स्मृति भूषन तासौं कहत भूषन कबि सिर मौर।। उ.-"और बाँभननि देत करत सुदामा सुधि मोहि देखि काहे सुधि भृंग की करत हौ।"-भू.ग्रं., शि.भू., 69-70/141। ल. (2)-सुधि आवै उपमेय को लखि उपमान अनूप। स्मृति आभूषन कहत हैं ताहि कबिनि के भूप।। उ.-"जब तें अलि के संग हौं, गई कोकनद नैन। तब तें छिनु बिसरै नहीं, ललित लाल के नैन।।"-सो.ग्रं. 1, र. पी.नि., 39,40/188।

**स्याम**—1. श्याम। नागर श्रीकृष्ण। उ. (1)-"सावन आवन कहिगे, स्याम सुजान। अजहुँ न आये सजनी, तरफत प्रान।।"-र.वि.,बरवै, 13/57। उ. (2)-"सकुचि न रहियै, स्याम सुनि ए सतरौं है बैन। देत रचौहौं चित कहे, नेह नचौहौं

नैन।।"-बि.र., 72/40।

2. श्याम ब्रजवासी श्रीकृष्ण। उ. (1)-"स्याम सुरति करि राधिका तकति तरनिजा-तीरु। अँसुवन करति तरौंस कौं खिनकु खरौहौं नीरु।।''-बि. र., 292/138। उ. (2)-"प्रगट कुटिलता जो करी हम पर स्याम सरोस। मधुप जोग विष उगलियै कछु न तिहारौ दोस।।"-मति., सत., 414/403।

3. श्याम। भगवान श्रीकृष्ण। उ. (1)-"कब कौं टेरतु दीन रट, होत न स्याम सहाइ। तुमहूँ लागी जगत-गुरु, जगनाइकजग-बाइ।।"-बि.र., 71/40। उ. (2)-"मोहन-मूरति स्याम की अति अदभुत गति जोइ। बसतु सु चित-अन्तर तऊ प्रतिबिंबितु जग होइ।।"-बि.र., 161/80।

**स्यामदास**—स्थितिकाल-सं. 1844। स्थान-बक्सर गाँव। रचना-हित उपदेश। (बृ. इति. 7)।

**स्यामबंदनी**—राधा कुंड की मिट्टी जिसे कृष्ण-भक्त तिलक के रूप में मस्तक पर धारण करते हैं। उ.-"बेद को पुरान-पुंज हौं न मानिहौं सही। राधिका-कुमारिकाहि नित्य स्याम बंदही। तत्र कुंडमृत्तिका सु स्यामबंदनी कही।।"-वि.गी., 8/31।

**स्यामा**—श्यामा। बृषभानुजा। राधिका। उ.-"स्याम कों बुलाइ पिय पाइ कै सुनायो, मुख स्याम स्यामा सों कहायो बीस बेर के।।"-ठाकुर, 102/27।

**स्योरी**—शबरी। दे. सबरी। राम ने इसके जूठे बेर स्वाद के साथ खाए थे। उ. (1)-"फेरि अजामेल स्योरी सिला अबरीष गज गनिका गरीबनी को पातक उतनि गौ।"-ठाकुर, 1/61। उ. (2)-"स्यौरी हौं न सुद्र हौं न केवट कहूँ को त्यों न गौतमी तिया हौं जापै पग धरि आओगे।।"-प.ग्रं., प्र.प., 15/240।

**स्रग्धरा छंद**—प्रत्येक चरण में मात्राक्रम है (SSSS ISS IIII IIS SIS SIS S)। सात, सात और सात वर्णों पर यति देकर इक्कीस वर्ण होते हैं। ल.-चार्यो हारा यगंना दुजबर सगनो, रग्गना द्वै विराजै। दीजै ता अंत हारो, मुनि मुनि मुनि में तीनि विश्राम साजै। दीन्हैं बर्ना इकीसै, चरन चरन में, भ्रांति को बृंद भाजै। भाष्यो भोगीसजू को सकल छबि भर्यो स्रग्धरा छंद छाजै।। उ.-"माथे पीयूषधारी, सुभट सिरनिं को, स्रग्धरे हैं गरे में।।"-भि.ग्रं. 1, छंदा., 106-107/264-265।

**स्रग्विनी छंद**—प्रत्येक चरण में मात्राक्रम है (SIS SIS SIS SIS)। ल-रगन चारि को स्रग्विनी छंद छबीलो होइ। 'केसवदास' प्रकास बस बरनत कविजन लोइ।। उ.-"राम आगे चले, मध्य सीता चली। बंधु पीछे भए सोभ सोभा भली। देखि देहि सबै कोटिधा के भनो। जीव जीवेस के बीच माया मनो।।"-छं.मा., 1/43।

**स्रबन**—स्रवन, श्रवण। दशरथकालीन ब्राह्मण युवक जो अपने माता-पिता का परम भक्त था। रामायण के अनुसाार यह अंधक मुनि का पुत्र था और उनकी वृद्धावस्था में उन्हें काँवर में बिठाकर तीर्थयात्रा पर निकला था। एक वन में माता-पिता ने शरीर छोड़ दिया। (पौ.को., हिं.श.सा. में सरवन)। मात-पिता को प्यास लगने पर जब यह पास के सरोवर में जल लेने गया, उसी समय शिकार पर निकले दशरथ के वाण से यह मारा गया। दशरथ को जल पीते हाथी का भ्रम हो गया था। मरते समय श्रवण ने अपने माता-पिता के प्यास की बात बतायी। दशरथ जब वहाँ पहुँचे तो पुत्र की इस प्रकार मृत्यु सुनकर अंधक मुनि ने पुत्र-वियोग में प्राण छूटने का शाप दिया और श्रवण के माता-पिता ने शरीर छोड़ दिया। (पौ.को., हिं.श.सा. में सरवन)। उ. (1)-"स्रबन करी त्यौं कीजिये माता-पिता का सेब। काँधे काँवर लै फिर्यो पूज्यो जैसे देब।।"-वृं.ग्रं., नी.स., 677/111। उ. (2)-"स्रबन पिता दिय दशरथहिं साप भयो वर रूप।।"-वृं.ग्रं., नी.स., 73/64।

**स्रवन**—श्रवण। ज्ञान के ग्रहण और विकास की तीन प्रक्रियाओं (श्रवण, मनन, निदिध्यासन) में से एक जिसका साधन श्रवणेन्द्रिय या कान हैं। उ. (1)-"इन बातन सौं चित्त कौं उज्जल करै बनाइ। स्रवन मनन करिकै करै नित अध्यासन भाइ।।"-ज.ग्रं., आ.बि., 77/122। उ. (2)-"ब्रह्मविद्या कौ ततजबै समझै स्रवण सु होइ। यह ठहरावै जुगति

करि मनन कहावै सोइ।।"-ज.ग्रं., आ.बि., 78/122।

**स्रीनाथ**—श्रीनाथ। वल्लभ मत के अनुयायियों के उपास्य जो विष्णु के 'श्रीनाथ' नाम से प्रसिद्ध हैं। इनका सबसे प्रधान मंदिर उदयपुर में श्रीनाथ द्वारा में है। उ.-"करि प्रनाम स्रीनाथ कौं धरि उर अंतर ध्यॉंन। फरमायो ता ठोर पर रहे ठाढे राजाँन।।"-वृं.ग्रं., स.स.रू., 130/275।

**स्रुति**—दे. श्रुति। वेद। वह पवित्र ज्ञान जो सृष्टि के आदि में ब्रह्मा या कुछ महर्षियों द्वारा सुना गया तथा वेदों में सुरक्षित रखा गया। पहले वेदों की संख्या तीन थी। बाद में चतुर्थ अथर्ववेद की संहिता बनी। श्रुति के अन्तर्गत बाद में उपनिषदों का भी अन्तर्भाव हो गया। उ. (1)-"स्रुति भाषित रीति हियैं ठहराय कै न्याय के पंथ मैं पाय धरैं।"-वृ. ग्रं., भा.पं., 18/17। उ.(2)-"स्रुति सुखकारी कहत हैं स्रुति अनुसारी बैन। हरि अनुसारी राधिके स्रुति अनुसारी नैन।।"-वृं.ग्रं., य.स., 396/236।

**स्रुति रस**—उपनिषदादि के श्रवण का आनंद या श्रवण का आनंद। उ.-"रति रस स्रुतिरस राग रस पायन चाहत और। चाखत मधु अरबिंद को लै न ईख रस भौंर।।"-वृं.ग्रं., नी.स., 427/91।

**स्रेनी**—श्रेणी। नदी विशेष का नाम। उ.-"चित्रोत्पला पिसाचिका, बृषभा बिंध्या जानि। तमसा स्रेनी मंजुला, सुक्तिमती उर आनि।।"वि.गी., 6/15।

स्लेष-दे. श्लेष (अलंकार)। ल.-स्लेष अलंकृत अर्थ बहु एक शव्द में होत। उ.-"होइ न पूरन नेह बिन ऐसो बदन उदोत।।"-ज.ग्रं., भा.भा., 96/33।

**स्लेषोपमा**—दे. श्लेषोपमा।

**स्वकिया**—दे. स्वकीया। ल. (1)-स्वकिया ब्याही नाइका। - ज.ग्रं., भा.भू., 10/7। ल. (2)-स्वकिया परकीया बहुरि बारबधू ए तीन। इनके भेद अनेक हैं जानत हैं जिते प्रबीन।। ब्याहे पति सौं रति करै रहै एक रस नित। सोई स्वकीया तमुझियै चलै न कबहू चित्त।।-वृं.ग्रं., शृं.शि., 15-16/37।

**स्वकियापति**—दे. स्वकीया। स्वकीया नायिका का पति। ल.-स्वकियापति सों पति कहैं परनारी उपपत्ति। -ज.ग्रं., भा.भू., 8/6।

**स्वकीया**-दे. सुकिया, सुकीया, स्वकिया, स्वीया। साहित्य में नायिका के तीन प्रधान भेदों में से एक जो अपने ही पति (विवाहित) में स्थिर अनुराग रखने वाली हो। यह जयेष्ठा और कनिष्ठा भेद से दो प्रकार की कही गयी है। अवस्था के अनुसार मुग्धा, मध्या और प्रौढ़ा नामक तीन भेद स्वीकृत हैं। ल. (1)-परिनेता पर होतु है जाके मन अनुराग। सो स्वीया सज्जन समुझि उत्तम लच्छन भाग।। जीवन भरि निज पतिहि पर तिय अनुरागिनि होइ। पंडित सत कवि कहत यह प्रतिब्रता कहि सोइ।। सुभग स्वकीया नारि के तीनि भेद पहिचानि। मुगुधा मध्या प्रगलभा, सुजन लेउ मन आनि।।-शृं.मं., चिंता., 22-25/8-9। ल. (2)-संपति बिपति जो मरत हू, सदा एक अनुहारि। ताहि सुकीया जानियै, मन क्रम-बचन बिचारि।। मुग्धा मध्या प्रौढ़ गति, तिनकी तीनि बिचारि। एक एक की जानियहु, चारि चारि अनुहारि।।-र.प्रि., 3/15-16। ल. (3)-लाजवती निसिदिन पगी निज पति के अनुराग। कहत स्वकीया सीलमय ताको पति बड़भाग।।-मति., र.रा., 10/202। ल. (4)-निज पति ही के प्रेममय जाको मन बच काइ। कहत सुकीया ताहि को लज्जासील सुभाइ।। एक सुकीया की कही कबिन अवस्था तीन। मुग्धा इक मध्या बहुरि पुनि प्रौढ़ा परबीन।।-प.ग्रं., जग., 17,20/82-83। ल. (5)-कुलजाता कुलभामिनी सुकिया-लक्षन चारु। पतिव्रता उद्दारिजो माधुजालंकार।। श्री भामिनि के भौन जो भोगभामिनी और। तिनहूँ को सुकियान में गनैं सुकवि सिरमौर।।-भि.ग्रं. 1, शृं.नि., 62-63/103-104। ल. (6)-निज पति ही सौं प्रीति अति तन-मन बचन बनाइ। ता सौं स्वकीया नायका कहत सकल कविराइ।। -सो.ग्रं. 1, र.पी.नि., 22/63। उ. (1)-"रहत नयन के कोरवा, चितवनि छाय। चलत न पग पैजनियाँ मग अहटाय।।"-र.बि., व.ना. भे., 6/41। उ. (2)-"मनसा बाचा कर्मना करि कान्हर सौं प्रीति। पारबती सीता-सती रीति लई

तूँ जीति।। सील सुधाई सुघरई सुभ गुन सकुच सनेह। सुबरन-बरनि सुहाग सों सनी बनी तुअ देह।।"-भि.ग्रं. 1, र.सा., 22-23/5।

**स्वकीया अभिसारिका**—दे. अभिसारिका, स्वकीया। ल.-अति सलज्ज पग मग धरै चलत बधुन के संग। स्वकीया को अभिसार यह भूषन भूषित अंग।।-र.प्रि., 7/26।

**स्वकीया चेष्टा**—दे. स्वकीया। ल.-सहज सील गुन बिनय जुत अचल चित्त चल नैन। सेबत पति कौं हित सहित छमा लियैं मृदु बैन।।-वृं.ग्रं., शृं.शि., 17/37।

**स्वकीया भेद**—दे.-सुकीया भेद, स्वकीया। ल. (1)-त्रिबिध स्वकीया जानियो प्रथमहि मुग्धा नाम। मध्या पुनि प्रौढ़ा गनौं बरनत कवि मति राम।।-मति., र.रा., 13/203। ल. (2)-मुग्धा मध्या प्रौढ़ गति, तिनकी तीनि बिचारि। एक एक की जानियहु, चारि चारि अनुहारि।।-र.प्रि, 3/15।

**स्वकीया—लच्छन**-दे. स्वकीया।

**स्वतंत्रा**—शृंगार मंजरी (चिंतामणि) के अनुसार सामान्या नायिका का एक भेद। स्वच्छंद विहार करने वाली सामान्या नायिका। ल.-जो स्वच्छंद विहारिणी, कही स्वतंत्रा सोइ। कहन बड़े साहिब भले, समझि लेउ सब कोइ।। को रोकै अनुराग को, करतस को अनुरंजि। हो समस्य सब बात को, तियगन गरबनि गंजि।।-शृं.मं., चिंता., 131-132/39।

**स्वपन**—स्वप्न। काव्य में 33 संचारियों में से एक। वह घटना, दृश्य, कार्य आदि जो निद्रित अवस्था में मन के अनुभव में आवे। ल.-सुपन स्वप्न कों देखिबो। उ.-"काँपि रहै छिन सावत हूँ कछु भाषिबो सो अनुसारि रही है। त्यों पदमाकार रंच रुमंचनि स्वेद के बुंदनि धारि रही है। देषु दिखादिखी के सुख में तनकौ तनकी न सम्हारि रही है। जानति हौं सखि सापने में नँदलाल को नारि निहारि रही है।"-प.ग्रं., जग., 514-515/188।

**स्वप्न दर्शन**—दे. स्वप्न। रति की उत्पत्ति और विकास में दर्शन का महत्त्वपूर्ण स्थान है। केशवदास ने दर्शन के अनके भेदों का निरूपण किया है। स्वप्न दर्शन उनमें से एक है। ल.-'केसव दर्शन स्वप्न को, सदा दुरयोई होय। कबहूँ प्रगट न जानियै यह जानैं सब कोय।। उ. (1)-"आतुरे ह्वै उठि दौरी अली, जन आतुर ज्यों गहियै सु गही त्यों। हो मेरी रानी कहा भयो तो कहुँ बूझति 'केसव' बूझियै रीज्यों। डीठि लगी किधौं प्रेत लग्यो कि लग्यो उर प्रीतम जाहि डरी यों। आनन सीकर सी कहियै धक सोवत तें अकुलाइ उठी क्यों।।"-र.प्रि. 4/12-13। उ. (2)-"पीतम मिलेउ सपनवाँ, भइ सुखखानि आनि जगाएसि चेरिया, भइ दुखदानि।।"-र. बि., ब.ना.भेद., 110/54। उ. (3)-"पिय मिलाप को सुख सखी कह्यो न जात अनूप। सौतूक सो सपनो भयो सपनो सौतुक रूप।।"-मति., र.रा., 279/265।

**स्वप्न विलास**—रचयिता-लाड़लीदास (दे.)। (बृ.इति., 7)।

**स्वप्नानुतापिता**—स्वप्न (दे.) में प्रिय को देखकर, जागने के बाद पुनः आँख बंद करने पर प्रिय को न देखने से अनुताप का अनुभव करने वाली नायिका। यह उत्का या उत्कंठिता का एक भेद है। ल.-सपने में पिय लषि लखै, पिय अनलषैं जु षेद। होति स्वप्न अनुतापिता, यह उत्का को भेद।। उ.-"आँखें खुली सखि मूँदी मैं फेरि, न फेरि भयो मन को अभिलाष्यौ। के परिरभन गाढ़ो दुहूँ भुज मैं, गहि प्रीतम क्यों नहिं राष्यो।।"-शृं.मं., चिंता., 200-201/59।

**स्वभावोक्ति अलंकार**—काव्य का एक प्रकार का अर्थालंकार है, जिसमें किसी की जाति या अवस्था आदि के अनुसार यथावत् और प्राकृतिक स्वभाव का वर्णन किया जाता है। ल. (1)-साँचो त्यों ही बरनिये जैसो जाति-स्वभाव। ताहि स्वभावोक्ती कहत भूषन जे कबिराव।।-भू. ग्रं., शि.भू., 305/185। ल. (2)-स्वभावोक्ती बरनत जहाँ केवल जाति- स्वभाव। उ.-"फरकत फाँदत फिरत फिरि तुव तुरंग रघुराव।।"-प. ग्रं., पद्मा., 262/65। ल. (3)-जाको जैसो रूप गुण कहिये ताही साज। तासो जानि स्वभाव सब कहि बरनत कबिराज।।-क.प्रि., 9/8। केशवदास

ने उदाहरणों से जाति और स्वभावगत स्वभावोक्ति अलंकार को अलग-अलग स्पष्ट किया है। (दे. वही, 9/9, 10)। ल. (4)-सत्य सत्य बरनन जहाँ, सुभावोक्ति सो जानु। ता संगी पहिचानिये, बहुबिधि हेतु प्रमानु।। जाको जैसो रूप गुन बरनत ताही साज। तासों जाति-सुभाव सब कहि बरनत कबिराज।। जाति उ.-"लोचन लाल सुधाधर बाल हुतासन ज्वाल सुभाल भरे हैं। मुंड की माल गयंद की खाल हलाहल काल कराल गरे हैं। हाथ कपाल त्रिसूल जु हाल भुजानि में ब्याल बिसाल जरे हैं। दीनदयाल अधीन को पाल अधंग में बाल रसाल धरे हैं।।" स्वभाव उ.-"बिमल अँगोछि पोंटि भूषन सुधारि सिर, आँगुरिन फोरि त्रिन तोरि तोरि डारिती। उर नखछद रद-छदनि में रद छद, पेखि पेखि प्यारे कों झुकति झझकारती। भई अनखौहीं अवलोकति लली को फेरि, अंगन सँवारती दिठौना दे निहारती। गात की गौराई पर सहज भौराई पर, सारी सुंदराई पर राई लोन वारती।।''-भि.ग्रं. 2, का.नि., 3-6/158-159। ल. (5)-बरनत सहज सुभाव सो सुभावोक्ति है नाम। उ.-"केसरि रंग भीने बसन कटि [illegible] की फेंट। इहि बानिक नंदलाल सों आजु ह्वै गई भेंट।।"-सो.ग्रं. 1, र.पी.नि., 312-323/220।

**स्वभावोक्ती**—दे. स्वभावोक्ति।

**स्वयंदूतत्व**—वह नायक जो अपना दूतत्व स्वयं ही करे। नायिका पर अपना प्रेमभाव स्वयं प्रकट करने वाला नायक। केशवदास ने स्वयंदूत के अन्तर्गत ही स्वयंदूती का भी वर्णन किया है। उन्होंने इसके प्रच्छन्न और प्रकाश नामक दो भेद भी किये हैं। ल.-जौ क्यों हू न मिलैं कहूँ केसव दोऊ ईठ। तौ तब अपने आपही बुधिबल होत बसीठ।।-र.प्रि., 5/13।

**स्वयंदूति**—दे. स्वयंदूती। परकीया नायिका का स्थिति के आधार पर 10 भेदों में से एक। वह नायिका जो स्वयं ही दूती का भी कार्य करती है। परकीया नायिका के अन्तर्गत वह नायिका जो किसी दूती के निकट न रहने पर तथा किसी हितकारिणी सखी के न रहने पर प्रेम के लिए स्वयंदूती का कार्य करती है। ल.-निकट नहीं हैं दूतिका, और सखी हित कोइ। हित सों दूतपनो करै, स्वयं दूति सो सोइ।।-कृ.ग्रं., हि.त., 150/37।

**स्वयंदूती**—दे. स्वयंदूति। ल.-आपुहि अपनो दूतपन करै जु अपने काज। ताहि स्वयंदूती कहत ग्रंथन में कबिराज।। उ.-"मोहीं सो किन भेंटि लै जौ लौं मिली न बाम। सीतभीत तेरो हियो मेरो हियो हिमाम।।"-प.ग्रं., पद्मा., 377, 379/160-161।

**स्वयंबर**—स्वयंवर। प्राचीन भारत का एक प्रसिद्ध विधान जिसमें विवाह योग्य कन्या कुछ उपस्थित व्यक्तियों में से अपने लिए स्वयं वर चुनती थी। उ. (1)-"राधिका की जननी कों जनी कोऊ क्यों हूँ स्वयंबर बात जनावै।"-र.प्रि., 8/19। उ. (2)-"करि क्रतु रखवारी, गुरु सुखकारी गौतम की तिय सुद्ध करी । जिन हर-धनु खंड्यो, रघुकुल मंड्यो सीय स्वयंवर माँझि बरी।।"-रा.चं., 7/10।

**स्वयंलक्षित व्यंग्य**—विवक्षित वाच्यध्वनि के अन्तर्गत लक्ष्यक्रम व्यंग्य, जिसमें तीसरी प्रकार की शक्ति है शब्दार्थ शक्ति। इसी के अन्तर्गत भिखारीदास ने स्वयंलक्षित व्यंग्य का वर्णन किया है। ल.-वाही कहैं बने जु बिधि, वा समं दूजो नाहिं। ताहि स्वयंलक्षित कहैं, व्यंगि समुझि मन माहिं।। सब्द वाक्य पद व्यंजको एक देस रस बर्न। होत स्वयंलक्षित तहाँ समुझै सज्जन कर्न।।—इस प्रकरण में भिखारीदास ने स्वयंलक्षित शब्द, स्वयंलक्षित वाक्य, स्वयंलक्षित पदविभाग, स्वयंलक्षित रस को उदाहरणों से स्पष्ट किया है।-भि.ग्रं. 2, का.नि., 64-70अ/58-60।

**स्वरभंग**—दे. सुरभंग। सात्विक भावों में से एक। प्रेमोद्रेक, किसी के वाक्य, भावावेश, भय आदि के कारण स्वर या बोल या ध्वनि का अव्यवस्थित अथवा विकृत हो जाना। ल. (1)-क्रोध हर्ष मद भीति तैं बचन और बिधि होय। ताहि कहत स्वरभंग हैं कबिकोबिद सब कोय।। उ.-"कहा जनावति चातुरी कहा चढ़ावत भौंह। अधनिकरे अखरान सों सौंह कीजै सौंह।।''-मति., र.रा., 324,326/275। ल. (2)-हरष भीत मद क्रोध तें बचन भाँति ही और। होत जहाँ स्वरभंग सो बरनत कबि

सिरमौर।। उ.-"हौं जानत जो नाह तुम बोलत अधअखरान। सँगन जग कहुँ और के करि आए मदपान।।"-प.ग्रं., जग., 407, 409/168-169। उ.-"सुरति न ताल न तान की, उठ्यौ न सुरु ठहराइ। ए री, रागु बिगारि गौ बैरी बोल सुनाइ।।"-बि. र., 552/256।

**स्वरमिलित**—तुक निर्णय प्रकरण में मध्यम तुक का निरूपण करते हुए उसके एक भेद के रूप में भिखारीदास ने स्वरमिलित को उदाहरण से स्पष्ट किया है। उ.-"कछु हेरन के मिस हेरि उतै बलि आए कहा हौ महा बिष बै। दृग वाके झरोखनि लागि रहे सब देह दही बिरहागि में तै। कहि दास बरैती न एती भली समुझौ बृषभानुलली वह है। खरी झाँवरी होत चली तब तें जब तै तुम आए हौ झाँवरी दै।। ति.-बिष बै आगि में तैं, वह है, झाँवरी दै, यातें स्वरमिलित भए।।"-भि.ग्रं. 2, का.नि., 8, 8अ/214।

**स्वरूपविलास**—रचयिता-अजवेश महापात्र (दे.)। विव. - आश्रयदाता की प्रशस्ति। (बृ. इति., 7)।

**स्वरूपी छंद**—चौदह मात्राओं का छंद है। चारों चरणों में मात्राक्रम विषम है। उ.-"श्री मनमोहन की मूरति। है तुव स्नेह की सुरति। मैं निज मन यह अनुरूपी। तू मोहन प्रेम सरूपी।।"-भि. ग्रं. 1, छंदा., 118/194।

**स्वर्ग**—हिन्दुओं के सात ऊर्ध्व लोकों में से तीसरा लोक, जो ऊपर आकाश में सूर्य लोक से ध्रुव लोक तक माना जाता है। (विस्तार के लिए दे. हिं.श.सा.)। उ. (1)-"स्वर्ग मर्त्य पाताल पुनि द्वीप खंड परधानि। दुर्ग देस जेते सबै यहौ ब्रह्म करि जानि।।"-ज.ग्रं., अ.सि., 81/150। उ. (2)-"तारे माँगौ स्वर्ग के तौ में पाऊँ काहिं।।"-बो. ग्रं., वि.वा., 71/158। उ. (3)-"सब धन्य धन्य कहैं तबे जब स्वर्ग कों हरषत चलो।।"-प.ग्रं., हि.ब. बि., 152/22।

**स्वर्गपवर्ग**—स्वर्गापवर्ग। उ.-"जूझै जु सुद्ध त्रिसुद्ध तौ स्वर्गपवर्गहिं पावही।"-प.ग्रं., हि.ब.बि., 104/15।

**स्वर्गलोक**—दे. स्वर्ग। उ.-"भूमिलोक, भुवलोक स्वर्गलोक महर्लोक जनलोक तपलोक सत्यलोक थल में।"-प.ग्रं., गं.ल., 51/272।

**स्वर्बाजि**—देवराज इन्द्र का उच्चैःश्रवा नाम का घोड़ा, जो समुद्रमंथन से निकले 14 रत्नों में से एक था। इसका रंग सफेद, कान खड़े तथा लम्बे थे। इसके सात मुँह वर्णित हैं। (पौ.को.,)। उ.-"सबै बाजि स्वर्बाजि तें तेजपूरे। सबै दंति स्वर्दंति तें तेजपूरे। सबै दंति स्वर्दंति तें दर्परूरे।।"-रा.चं., 28/2।

**स्वर्लोक**—दे. स्वर्गलोक। उ.-"कीबे हुतो काज सबै सु कीन्हो। आए इहाँ मो कह सुख्ख दीन्हो। पा लागि बैकुठ-प्रभा-बिहारी। स्वर्लोक गो तक्षन बिष्णुधारी।।-रा.चं., 17/16।

**स्वागतपतिका**—जिस नायिका का पति जिस क्षण घर आता है, उसी क्षण उस नायिका को स्वागतपतिका कहते हैं। चेष्टा में वह नायिका कोमल वचन में उलाहना देती हुई अपना भाग्य जगा हुआ मानती है और प्रेमपूर्वक हास करती है। उ.-"जाको पति परदेसतें, आवै जा छिन धाम। कृपाराम स्वागतप्रिया, होति वहे अभिराम।। मृदुवच रचि दे उराहनो, जग्यो भाग्य सो मानि। करे हास हित मानिकै, स्वागतप्रिया बखानि।।"-कृ.ग्रं., हि.त., 395/84।

**स्वागता छंद**—सोलह मात्राओं का छंद है। मात्राक्रम है (ऽ।ऽ ।।। ऽ।। ऽऽ)। इस वर्णवृत्त के प्रत्येक चरण में रगण, नगण, भगण, ग ग होता है। ल.-रोन भाग गहि स्वागत को छ्वै। उ. -"नंदलाल मटक्यो कब ऐसे। स्वाँग तासु करती तुम जैसे।"-भि.ग्रं. 1, छंदा., 132, 149/196-198।

**स्वाति**—स्वाती नक्षत्र। कवि-प्रसिद्धि है कि चातक केवल इसी नक्षत्र में होने वाली वर्षा का जल ग्रहण करता है। जयोतिष के अनुसार यह पंद्रहवाँ नक्षत्र है और फलित ज्योतिष के अनुसार यह शुभ नक्षत्र है। उ. (1)-"चातिक चहुल चहुँ ओर चाहै स्वाति ही कों सूरे पन पूरे जिन्हें बिष सम अमी है।"-घ.क., 33/47। उ. (2)-"चंद चकोर की चाह करै, घनआनँद स्वाति पपीहा कों धावे।"-घ.क.,

44/54।

**स्वाति बूँद**—दे. स्वाति। स्वाति नक्षत्र की वर्षा की बूँद, जिसके विषय में काव्यरूढ़ि है कि चातक केवल उसे ही पीता है। उ.-"जदपि भई जलपूरित, छितव सुभास। स्वाति-बूंद बिन चातक, मरत पिआस।।"-र.वि., बरवै, 35/58।

**स्वाधिनपतिका, स्वाधीनपतिका**—दे. स्वाधीनप्रिया। जिस नायिका का पति मन, वचन और कर्म से नायिका के वश में रहता है और इस प्रकार जो नायिका पूर्ण आनंद में दिखायी पड़ती है, उसे स्वाधीनपतिका कहते हैं। चेष्टा में वह कामानंद, उत्साह, गर्व और प्रसन्नता से भरी रहती है। इच्छाओं के पूर्ण होने के कारण वह सुख का अनुभव करती है। श्रेष्ठ वन, उपवन तथा अपने भवन में वह निश्चिंततापूर्वक विहार करती है और प्रिय नायक उसकी सेवा में रहता है। ल. (2)-मन बच कृत करिकें सदा पीव जासु बस होइ। पूरन रसमय निरखिये, स्वाधिनपतिका सोइ।। मदन मोह उच्छाह गर्व रस सों भरी। इच्छा पूरन सुख लहै सुकृशोदरी।। वर बन बाग बिहार तथा निज महल में। स्वाधिनपतिका सोइ पीव निज टहल में।।-कृ. ग्रं., हि.त., 320-321/69-70। ल. (2)-सदा रूप गुन रीझि पिय जाके रहे अधीन। स्वधीनैपतिका तियै बरनत कवि परबीन।।-मति., र.रा., 178/241। ल. (3)-जाके पति आधीन कहि स्वाधिनपतिका ताहि।।-ज.ग्रं., भा.भू., 20/10। ल. (4)-जाके प्रीतम होय अधीन सो स्वाधिनपतिका परवीन।।-सो. ग्रं. 1, र.पी.नि., 2/84। ल. (5)-'केसव' जाके गुन-बँध्यो सदा रहै पति संग। स्वाधिनपतिका तासुकों, बरनत प्रेम-प्रसंग।।-र.प्रि., 7/4। केशव दास ने इसके भी प्रच्छन्न और प्रकाश नामक दो भेद किये हैं और उदाहरणों से स्पष्ट किया है। ल. (6)-समय अवस्था तें परे स्वाधिनपतिका मानि। -कृ.ग्रं., हि.त., 35/10। ल. (7)- जा तिय के अधीन ह्वै पीतम रहै हमेस। सु स्वाधिनपतिका कही कबिन नाइका बेस।।-प.ग्रं., जग., 215/127। ल. (8)-कामवती अनुरागिनी प्रौढ़ा भेद बिचारि। स्वाधिनपतिकाहु में गर्बितानि निरधारि।।-भि.ग्रं. 1, र.सा., 437/63। ल. (9)-स्वाधिनपतिका वहै जाके बस है पीउ।-भि.ग्रं., शृं.नि., 153/122। उ.-"रहौ गुही बेनी लखे गुहिबे के त्यौनार। लागे नीर चुचान जे नीठि सुकाए बार।।"-बि.र., 480/222।

**स्वाधीनप्रिया**—वह नायिका जिसका पति उसके वश में हो। पति को वशीभूत करने वाली नायिका। चिंतामणि ने इसके सात भेद बताये हैं-मुग्धा, मध्या, प्रगल्भा, परकीया, गणिका, दूतीवचिका और भाविशंकिता। ल.-सो स्वाधीन प्रिया कहीं, जाकें पति आधीन। वा पर प्रियतम प्रेम की, रचना ललित नवीन।। मुग्धा मध्या प्रगलभा, परकीया पुनि जानि। गणिका दूती वंचिका, भाविशंकिता मानि।। यह स्वाधीन प्रिया तिया, सात भाँति की होइ। समुझि बड़े साहिब कहत, समुझि लेउ सब कोइ।।-शृं.मं., चिंता., 150-152/44।

**स्वामी ब्रहमानंद**—जन्म-सं. 1829। स्थान-खाँड़ गाँव (डूँगरपुर)। रचनाएँ-सम्प्रदायप्रदीप, सुमति-प्रकाश, उपदेशचिंतामणि, ब्रजविलास। (बृ. इति. 7)।

**स्वीया**—दे. स्वकीया। 1. स्वकीया। वह नायिका जो अपने पति से ही रति और प्रेम सम्बन्ध रखती है। लोकलीक के अनुसार नारियों के स्वीया, परकीया और वारवधू नाम के तीन भेदों में से एक। यह नायिका विवाहित के साथ अनुराग करती हुई उसके साथ सदैव रहती है तथा श्रुति के समान जिसकी अचल बुद्धि होती है, उसे स्वीया कहते हैं। चेष्टा में वह पति को परमेश्वर मानती है, प्रेम के साथ पति की सेवा करती है, सहज शील और मृदुवचन से युक्त रहती हुई क्षमा की खान के समान व्यवहार करती है। ल.-ब्याहे सों अनुरागि कै, रहै सदा जो नारि। स्रुति आखर सी अचल मति, स्वीया वहै विचारि।। पति कौं परमेश्वर गनै, सेवैहित धरि बाम। सहज शील मृदु वचन जुत, लाज छमा की धाम।।-कृ.ग्रं. हि.त., 65-66/18।

**स्वीया अधमा**—स्वकीया नायिका का वह प्रकृति के आधार पर किया गया भेद जिसमें वह पति के द्वारा उचित से भी अधिक सेवा किये जाने

पर भी, प्रेमपूर्वक देखने पर भी, अपने दोष बनाए रखती है। इसे ही स्वीया अधमा कहते हैं। ल.-उचित सेव ते अधिक हूँ, प्यारो करै निहारि। तउ रोस ठाने रहै, अधमा वहै बिचारि।।-कृ.ग्रं., हि.त., 201/48।

**स्वीया अन्य संभोग दुःखिता**—दे. स्वीया, अन्य संभोग दुखिता। स्वकीया अपने नायक को संभोग के लक्षण स्वेदादि से युक्त देखकर जब दुःखित होती है तो उसे अन्य संभोग दुःखिता कहते हैं। ल.-जाके पी सों कोइ बाल, आवै रमि निरखै जो हाल। अन्य संभोगे तनमन दहै, व्यंग बचन बौले रिस दहै।। उ. (1)-"बिन पठये तूँ क्यों गई, मो पति ढूढ़न धीर। खेद भयो तो तन निरखि, श्रमजुत मेरी बीर।।"-कृ.ग्रं., हि.त., 226-267/59। उ. (2)-"जो अपने घर में सषी, रति सी पतनी होइ। तऊ पुरुष परतिय चहै कौन रीति यह कोइ।।"-शृं. मं., चिंता., 249/74।

**स्वीया उत्तमा**—स्वकीया नायिका का प्रकृति के आधार पर वह भेद, जिसके अनुसार वह पति के अपने प्रेम के विरुद्ध चलने पर भी उसे देख कर भी तनिक रोष नहीं करती है। इसीलिए उसे उत्तमा कहते हैं। ल.-अहित पंथ प्यारो चले, निरखि न रूसै नारि। वहै उत्तमा होति जग, पंडित कहें विचारि।।-कृ.ग्रं., हि.त., 195/47।

**स्वीया प्रगल्भा**—नायिका के अवस्था के आधार पर मुग्धा, मध्या और प्रौढ़ा तीन भेद किये गये हैं। प्रगल्भा प्रौढ़ा के लिए ही प्रयुक्त दूसरा शब्द है। स्वकीया या स्वीया के उपर्युक्त रीति से तीन भेद होते हैं। स्वीया प्रगल्भा का अर्थ है-चतुरा, साहसिका, हिम्मती, उत्साही आदि। ये गुण प्रौढ़ा में माने जाते हैं, विशेषकर रतिक्रिया में। रतिप्रीता आदि इसके भेद है। ल.-जो पति को अति प्रेम सों, लगी रिझावन नारि। ताहि स्वकीया प्रगलभा पंडित कहत विचारि।। यह जो प्रगलभा नायिका, सो द्वै भाँति विचारि। कहि रति प्रीति मती सुरत, आनंद पर बस नारि।।-शृं.मं.,चिंता., 45-46/15।

**स्वीया मध्यमा**—स्वकीया का प्रकृति के आधार पर भेद जिसमें वह पति के द्वारा किये गये हित-अनहित कार्यों को देखकर प्रेमपूर्वक रोष प्रकट करती है। ल.-"हित अनहित लखिनाह को, रसरिस प्रगटे नाम।-कृ.ग्रं., हि.त., 198/48।

**स्वेद**—एक सात्विक भाव। रति, भय, स्पर्श, अनुराग, आश्चर्य आदि से शरीर का पसीने से तर हो जाना। प्रिय नायक के आगमन, मिलन, स्पर्श आदि के कारण उत्पन्न सात्विक भाव। ल. (1)-हरष लाज भय कोप श्रम इत्यादिक तें होय। पानी परगट देह में स्वेद कहावत सोय।।-मति., र.रा., 318/273। ल. (2)-रोष लाज उर हर्ष श्रम इनहीं तें जो होत। अंग अंग जाहिर सलिल स्वेद कहत कबिगोत।। ल. (3)-अति रति अति गति ते जहाँ सु अति खेद सरसाइ। सो श्रम तहाँ सुभाव ये स्वेद उसास गनाइ।।-प.ग्र., जग., 401/167, 491/183। उ. (1)-"कै रतिरंग थकी थिर ह्वै परजंक पै प्यारी परी सुख पाइकै। त्यों पद्माकर स्वेद के बुंद रह मुकताहल से तन छाइ कै।।"-प. ग्रं., जग., 492/184। उ. (2)-"सहित सनेह सकोच सुख स्वेद कंप मुसकानि। प्रान पान करि आपनैं, पान धरे मो पानि।।"-बि.र., 265/125। उ. (3)-"झूलनि अलक, आधी खुलनि पलक, सुभ-स्वेदहि झलक, भरि ललक सिथिल हौनि।।"-घ.क., 225/136।

# ह

**हंस**—ब्रह्मा का वाहन । उ.-"एक ओर गरुड़ सुहंस एक ओर ठाढ़े एक ओर नादिया विमान एक ओर हैं।"-प.ग्रं., गं.ल., 49/271।

**हंस कवि**—स्थितिकाल-सं. 1740 वि.। आश्रयदाता-परताप सिंह खुमाड़। रचनाएँ-चंद्रकुवँर री बात। (बृ. इति. 7)।

**हंसकेतु**—जिसकी ध्वजा में हंस का चिहन हो। इस प्रकार की ध्वजा राम-रावण युद्ध में खर के पुत्र मकराक्ष की थी। मकराक्ष की ध्वजा। उ.-"जो हंसकेतु भुजदंड-निषंगधारी। संग्राम-सिंधु बहुधा अवगाहकारी। लीन्हीं छड़ाइ जिहिं

देव-अदेव-बामा। सोई खरात्मज बली मकराक्ष नामा।।"-रा.चं., 17/36।

**हंस छंद**—आठ मात्राओं का छंद है। क्रम है-भागनु कर्ना (S।।SS)। हंस बरन्ना।। उ.-"पोखर दोऊ। दीह कितोऊ। जानन न केहूँ। हंस लटेहूँ।।"-भि.ग्रं. 1, छदा., 49, 51/186।

**हंसगति छंद**—बीस मात्राओं का छंद है। मात्राक्रम अनियमित है। ल.-बीसै कल बिन नियम हंसगति सोहै। उ.-"चरन भएहूँ अरुन बाज नहिं भायउ। तासु हंसगति सीखत किन बौरायउ।।"-भि. ग्रं. 1, छदा., 172, 173/200-201।

**हंसमाला छंद**—ग्यारह मात्राओं का छंद है। क्रम में सगण (1 सगण + गा + 1 यगण) (।।SS ।SS) है। उ.-"इहि आरन्य माहीं। सर मनुष्य नाहीं। बिकसे कुंज आला। कुररै हंसमाला।।"-भि. ग्रं. 1, छंदा., 78/189।

**हंसराम**—स्थितिकाल-सं. 1752। आश्रयदाता-गुरु गोविन्द सिंह (दे.)। रचनाएँ-भरणकरण। विव.-महाभारत के अंश का ब्रजभाषा में अनुवाद। (बृ.इति. 7)।

**हंसवाहिनी**—सरस्वती। इनक वाहन हंस है। उ.-"अंग ललित सित रंग पट अंगराग अवतंस। हंसवाहिनी कीजियै बाहन मेरो हंस।।"-मति., सति., 393/401।

**हंस सुता**—सूर्य की कन्या। यमुना नदी। दे. यम, यमुना। उ.-"परम हंस जिनकौं भजैं भजैं हंस आरूढ़। हंसग मनि संग फिरत हैं हंस सुता तट रूढ़।।"-वृं.ग्रं., य.स., 119/215।

**हंसी (छंद)**—1. दे. गाहा। गाहा छंद का एक भेद। इसमें प्रत्येक चरण में 18 गुरु होते हैं। -सो. ग्रं. 1, र.पी.नि., पृ. 27। 2. पन्द्रह मात्राओं का छंद है। मात्राक्रम है (SSS S।। ।।।S)। उ.-"आई बझोपरि चिकनई। छूटै लागी तन लरिकई। लागी हासी मन मृदु हरै। बालाहंसी गति पगु धरै।।"-भि.ग्रं. छंदा. 1, 122/195।

3. बत्तीस मात्राओं का छंद है। मात्राक्रम है (SSS SSS SS । ।।। ।।। ।।। ।।S S)। ल-आठो गो नो ठानो दंडो गुरजुगसहित परम छबि हंसी। उ.-"कल-बंकी कों कैसे भावै जदपि मुकुल अति जगत प्रसंसी। संसारै नीको लागे पै अनकन कबहूँ चुगति नहिं हंसी।।"-भि.ग्रं. 1, छंदा., 232, 237/211, 212।

**हंस जवाहिर**—रचनाकाल-सं. 1740। रचयिता-कासिमशाह (दे.)। (बृ.इति., 7)।

**हंस मुक्तावली**—रचयिता-अनाथ कवि। रचनाकाल-अठारहवीं शती वि.। विव.-उपदेशपरक कथात्मक काव्य जिसमें मन रूपी राजा की प्रवृत्ति-निवृत्ति नाम की दो रानियों के पुत्रों का संघर्ष वर्णित है। (बृ.इति. 7)।

**हँसी**—विनोद। परिहास। भिखारीदास द्वारा बताये गये 12 सखीकर्मों में से एक। ल.-मंडन संदरसन हँसी सघट्टन सुभ कर्म। उ.-"मोहन आपनो राधिका को बिपरीति को चित्र बिचित्र बनाइकै। डीठि बचाइ सलोनी की आरसी में चपकाइ गयो बहराइकै। घूमि घरीक में आइ कह्यो कहा बैठी कपोलन चंदन लाइकै। दर्पन त्यों तिय चाह्यो नहीं सिर नाइ रही मुसकाइ लजाइकै।।"-भि.ग्रं., शृं.नि., 215, 221/136-137।

**हजारी**—एक हजार सिपाहियों के सरदार का पद। 'हजारी' पद पाने वाले, जैसे पंचहजारी, छहजारी आदि। उ.-"भूवन बखाने कैते दीन्हे बंदी खाने सेख सैयद हजारी गहे रैयत बजारी से।"-भू. ग्रं., प्रकी., 444/215।

**हठ (योग)**—योग की पद्धति विशेष जिसमें प्राणायाम को विशेष महत्त्व प्राप्त है तथा जिसमें इड़ा, पिंगला, सुषुम्ना आदि नाड़ियों के साधन के साथ विविध प्रकार के आसनों, बंधों, वेधों, मुद्राओं और नौली, धौती आदि षटकर्मों का प्रयोग होता है। इन सबका विनियोग हठयोग प्रदीपिका जैसे ग्रंथों में राजयोग के लिए बताया गया है। 'हठ' शब्द में 'ह' का अर्थ सूर्य और 'ठ' का अर्थ चन्द्र है। दोनों दो नाड़ियों के द्योतक हैं। इस शब्द के और भी अनेक अर्थ हठयोगशास्त्र में मिलते हैं। हठयोग। उ.-"करन कहत हौं जोग हठ तेरे हित कों जोइ। साधन करि अष्टांग कौ ज्यौं चित उज्जल होइ।।"-ज.ग्रं., आ. बि., 62/120।

**हठजोग**—दे. हठ (योग)। हठयोग। उ. (1)-"बंदन करि कै जीव तब पूछ्यौ धरि मन प्रीति। बिधि पूरब हठजोग की कहियै मौकौं रीति।।"-ज. ग्रं., आ.बि., 63/121। उ. (2)-"बिजौगी कुँ आस होवैं जोगी हठजोग रागैं रोगी कुं पीर मिटैं निद्रा टुक आवहै।"-वृं.ग्रं., नै.ब., 3/26।

**हठी जी**—राधावल्लभी अथवा निंबार्क मतानुयायी। स्थितिकाल-सं. 1847। जन्मस्थान-चरखारी। रचनाएँ-राधासुधाशतक। (बृ.इति. 6)।

**हतबृत्त**—सदोष छंद। भिखारीदास ने वाक्यदोष के अन्तर्गत इसका निरूपण किया है। ल.उ.-"ताहि कहत हतबृत्त जहँ, छंदोभंग सु बर्न। लाल कमल जीत्यो सुबृष भानुलली के चर्न।। यहौ कहत हतबृत्त जहँ, नहीं सुमिल पदरीति। दृगनि खंज जंघनि कदलि, रदनि मुक्त लिय जीति।। ति.-दृग दंत कहि लेतो तब जंघ कहतो।।-भि.ग्रं.2, का.नि., 32-33अ/226।

**हथलेय**—हथलेवा। विवाह में वर के हाथ में कन्या का हाथ लेने की रीति । पाणिग्रहण का संस्कार अथवा क्रिया। उ.-"स्वेद सलिलु, रोमांच-कुसु गहि दुलहि अरु नाथ। दियौ हियौ सँग हाथ कैं हथलेय हीं हाथ।।"-बि.र., 259/121

**हथलेवा**—दे. हथलेवा। उ.-"छाँड़ि हथलेवा पाछे पाछे दुलहिनि आवै आगैं आगैं दूलह परम सुख पाइयैं।"-वृं.ग्रं., शृं.शि., 31/39।

**हनुमंत**—दे. हनुमान। उ. (1)-"कनक कलस से चारु कुच गहे मरोरंत कंत। मतहुँ लंक को सीस गहि हिलरावत हनुमंत।।"-बो.ग्रं., वि.वा., 38/197। उ. (2)-"जारि डारौं लंकहि उपारि डारों उपवन फारि डारों रावन कों तौ मैं हनुमंत हौं।।"-प.ग्रं., जग., 683/223।

**हनुमत**—दे. हनुमान। उ (1)-"रघुबर ज्यों हनुमत जस गायो। त्यों क्षितीस बैतालहिं ध्यायो।।"-बो.ग्रं., वि.वा., 65/176। उ. (2)-"बाग लेत अति लेत फलंगनि जिमि हनुमत किय समुद उलंघनि।।"-प.ग्रं., हि.ब.बि., 55/9।

**हनुमत कुण्डलिया**—रचयिता-उमापति त्रिपाठी (दे.)। (बृ.इति. 7)।

**हनुमत छबीसी**—रचयिता-मनियार सिंह (दे.)। (इति. शुक्ल)।

**हनुमत पचीसी**—रचयिता-गणेश (दे.)। (इति. शुक्ल)।

**हनुमत पचीसी**—रचयिता-कृपानिवास (दे.)। (बृ.इति. 7)।

**हनुमत पचीसी**—रचयिता-भगवंतराय खीची (दे.)। विव. - हनुमान की प्रशंसा। (इति.शुक्ल)।

**हनुमान**—हनुमान। अंजना के गर्भ से उत्पन्न वायु या पवनदेव या मरुत के पुत्र। भूखे होने के कारण सूर्य को फल समझ उसे निगीर्ण करने का प्रयास किया। इंद्र के वज्रप्रहार से इनकी ठोड़ी टेढ़ी हो गई। इस प्रकार हनुमान नाम से प्रसिद्ध हुए। इस पर क्रुद्ध होकर पवनदेव ने अपनी गति रोक ली। हारकर देवताओं ने क्षमा माँगी और हनुमान को अजर-अमर होने का वरदान दिया। पंपा सरोवर के पास ये सुग्रीव के पास रहते थे। ये सुग्रीव के मंत्री भी थे। सीताहरण के पश्चात् इन्होंने राम की सुग्रीव से मित्रता कराई। सीता की खोज की, लक्ष्मण को मेघनाद की शक्ति लगने पर संजीवनी बूटी लाए, राम-रावण युद्ध में अनेक राक्षसों का संहार किया, राम के अयोध्या लौटने का समाचार भरत को दिया। रामभक्तों में ये सर्वश्रेष्ठ माने जाते हैं। इनकी गणना एकादश रुद्रों में होती है और ये शिव के अवतार भी माने जाते हैं। दोनों रूपों में से सर्बाधिक पूजा इनकी रामभक्त के रूप में होती है। (विस्तार के लिए दे. पौ. को., हिं.श.सा.)। उ. (1)-"प्रेम लग्यो अंगार ह्वै सीता मन बिन ज्ञानी देतअँगूठी राम की मानिक भो हनुमान।।"-मति., सत., 451/406। उ. (2)-"होय भले चाकरन तैं भलौ धनी कौं काम। ज्यौं अंगद हनुमान तैं सीता पाई राम।।"-वृं.ग्रं., नी.स., 366/86। उ. (3)-"ह्याँ हनुमान नजीकी रहैं कर जोरे भ्रुवैं परखैं खलघायक।"-बो.ग्रं., इ.ना., 84/14। उ. (3)-"फार्यौं बक्ष न अक्ष को जौ लगि मैं हनमान। तौ लौं पलक न लाइहौं कछुक अरुन अँखियान।।"-प.ग्रं., जग., 591/203।

**हनुमान नखशिख**—रचयिता-खुमान (दे.)।

(इति. शुक्ल)।

**हनुमान नाटक**—रचयिता-राम (दे.)। (इति. शुक्ल)।

**हनुमानपंचक**—रचयिता-खुमान (दे.)। (इति. शुक्ल)।

**हनुमान पचीसी**—रचयिता-छत्रसाल (दे.)। (बृ.इति. 7)।

**हनुमान-रावण-संवाद**—रचयिता-छत्रनाथ (दे.)। (बृ.इति. 7)।

**हनुमानाष्टक**—रचयिता-रामगुलाम द्विवेदी (दे.)। (बृ.इति. 7)।

**हनुवँत**—दे. हनुमान। उ. (1)-"थोरो किए बड़ेन की, बड़ी बड़ाई होय। ज्यों रहीम हनुमंत को, गिरधर कहत न कोय।।"-र.वि., दो., 97/10। उ. (2)-"तब कबिराजा रघुपति देखे। मनि नर-नारायन सम लेखे। द्विज बपुधारी हनुवँत आए। बहुबिधि दै आसिष मन भाए।।"-छं.मा., 1/38।

**हनूमान**—दे. हनुमान। उ. (1)-"हनूमान कौं लंकपति कह्यौ को नु काहा काम। कह्यौ तिहारौ पलक मैं हनूमान यह नाम।।"-वृ.ग्रं., य.स., 234/224। उ. (2)-''हनूमान बैताल ज्यों द्विज नृप लक्ष्मन राम।।''-बो.ग्रं., वि.वा., 55/175।

**हबस**—अफ्रीका का एक प्रदेश जो मिस्र के दक्षिण में पड़ता है। यहाँ के लोगों का रंग काला होता है। हबसियों का देश। उ. (1)-"करनाट हबस फिरंगहू बिलाइत बलक रूम दिल्ली अरि छाती बिदलति है।"-भू.ग्रं., शि.भू., 106/148। उ. (2)-"कुल करनाटक कोट भोटकुल हबस बिरंगी।"-भू.ग्रं., प्रकी., 483/224।

**हबसान**—दे. हबश। हबश देश के निवासी जो रंग में अति श्याम वर्ण के होते हैं। इनके बाल काले, कद नाटा, ओठ मोटे होते हैं। उ.-"बंध कीन्हें बलख सो बैर कीन्हों खुरासान कीन्ही हबसान पर पातसाही पल ही।"-भू.ग्रं., प्रकी., 467/220।

**हबसी**—दे. हबसान। उ. (1)-"भूषन भनत फराँसीस अँगले मारि हबसी फिरंगी मारे उलटि जहाज हैं।"-भू.ग्रं., प्रकी., 433/213।

**हमरोट छत्तीसी**—रचयिता-बाँकीदास (दे.)। (बृ.इति. 7)।

**हमीर**—हम्मीर राग। संपूर्ण जाति का एक संकर राग जो शंकराभरण और मारु के मेल से बना है। इसमें सब शुद्ध स्वर लगते हैं। इसके गायन का समय संध्या को एक से पाँच दंड है। धार्मिक अवसरों या हास्य रस के लिए यह राग अधिक उपयुक्त माना जाता है। उ.-"चंद बिंब मंगला कहि परमानंद हमीर। कहि हिंडोल की कामिनी स्यौं तैलंगी बीर।।"-बो.ग्रं., वि.वा., 11/120।

**हमीरदान रतनू**—रतनू शाखा के चारण। स्थान-घड़ोई ग्राम (जोधपुर राज्य के अन्तर्गत)। स्थितिकाल-सं. 1785 के आसपास। रचनाएँ-हमीर नाममाला (डिंगल कोश), लखपत पिंगल, पिंगल प्रकास, जदवंस वंसावलि, देसल जी री वचनिक, जोतिसजड़ाव, ब्रह्मांड पुराण, भागवतदर्पण, चाणक्यनीति, भरतरीसतक, महाभारत रौ अनुवाद, छोटे व बड़े इत्यादि ग्रंथों की संख्या 175 (बृ. इति. 7)।

**हमीर जायमाला**—रचयिता-हमीरदान रतनू (दे.) (बृ.इति. 7)।

**हम्मीर**—बोधा रचित विरह वारीश काव्य का एक वीर योद्धा। उ.-"इतै बीर हम्मीर उतै भावामल गूजर।।"बो.ग्रं., वि.वा., 23/188।

**हम्मीर रासो**—रचयिता-महेश कवि (दे.)। विव.-वीररस प्रधान ग्रंथ। (बृ.इति. 7)।

**हम्मीररासो**—रचयिता-जोधराज (दे.)। विव.-रणथम्भौर के महाराज हम्मीरदेव का चरित्र वर्णन। (इति. शुक्ल)।

**हम्मीर हठ**—रचयिता-ग्वाल कवि (दे.)। (इति. शुक्ल)।

**हम्मीर हठ**—रचयिता-चन्द्रशेखर (दे.)। विव.-वीरकाव्य। (इति. शुक्ल)।

**हयग्रीव**—विष्णु के 24 अवतारों में से एक अवतार। विशेष-मधु और कैटभ नाम के दो दैत्य जब वेद को उठा ले गये थे, तब वेद के उद्धार और उन राक्षसों के विनाश के लिए भगवान ने यह अवतार लिया था। उ.-"नाम भद्रशृव धर्मसुत, सो भद्रास्वक खंड। हयग्रीव जगदीस कों सेवत जीव

अखंड।।"-वि.गी., 4/34।

**हर**—महादेव जो पार्वती को अर्धांग में धारण करते हैं। उ. (1)-"नहिं हरि लौं हियरा धरौ, नहिं हर लौं अरधंग। एकत ही करि राखियै अंग अंग प्रति अंग।।"-वि.र., 494/228। उ. (2)-"गुन औगुन को तनकऊ प्रभु नहिं करत बिचार। केतक कुसुमन आदरत हर सिर धरत कपार।।"-मति., सत., 43/372। उ. (3)-"दुअन-सदन सबके बदन "सिव-सिव" आठों जाम। निज बचिबे कौं जपत जनु तुरकौ हर कौ नाम।।"-भू.ग्रं., शि.भू., 96/146। उ. (4)-"हालाहल हर संग्रह्यौ।"-वृं.ग्रं., य.स., 339/232। उ. (5)-"हर विरंचि नारद निगम जाको लहत न पार। ता हरि को गहि गोपिका गरीब गुहावत बार।।"-प.ग्रं., जग., 465/179।

**हरगन**—दे. हर। महादेव के गण। उ.-"भूषन भ्वैंसिला जय-जस के पहार लेत हरजू को हार हरगन कौं अहारु दै।"भू.ग्रं., शि.भू., 226/171।

**हर छंद**—छः मात्राओं का छंद है। क्रम है (।S।।।)। उ.-"जगज्जननि। दुखी जननि। कृपा करहि। बिथा हरहि।।"-भि.ग्रं. 1, छंदा., 40/185।

**हरजस गायन**—रचयिता-प्रताप कुँवरि बाई (दे.)। (बृ.इति. 7)।

**हरदी तेल**—हलदी तेल। यज्ञोपवीत, विवाहादि के पूर्व की एक रस्म। इन संस्कारों के पूर्व महिलाओं द्वारा वर अथवा कन्या को हल्दी और तेल लगाने की क्रिया। उ.-"तीयन हरदी तेल चढ़यो। नगरमध्य नाऊ फिरवायो।।"-बो.ग्रं., वि.वा., 32/224।

**हरदौल**—ओड़छा के राजा जुझारसिंह (सन् 1626-35 ई.) के छोटे भाई हरदत्तसिंह या हरदौल सिंह। इनके विषय में प्रसिद्ध है कि एक बार महाराज जुझारसिंह जब दिल्ली गये हुए थे तब इनके सुशासन से बेईमानी बंद हो गई। इससे असंतुष्ट लोगों ने महाराज जुझारसिंह के लौटने पर महारानी के साथ इनके अनुचित संबंध की झूठी बात महाराज तक पहुँचाई। महारज ने परीक्षा के लिए महारानी से हरदौलसिंह को अपने हाथ से विष देने का निर्देश दिया। इन्होंने महारानी के प्रति भक्ति और आदर भाव को शिरोधार्य कर उनके हाथ से विष युक्त मिठाई खायी और शरीर छोड़ दिया। बाद में ये राजकुल और प्रजा द्वारा देवता की तरह पूजित हुए (विस्तार के लिए दे. हिं.श.सा.)। उ.-"जेठ जुझारराइ रनधीर। पुनि हरदौल बुध्दि गंभीर।"-वी.च., 2/48।

**हरदौल चरित्र**—रचयिता-बिहारीलाल (दे.)। विव.-इसमें वीरसिंह देव के पुत्र कुँवर हरदौल की कथा वर्णित है। (बृ.इति. 7)।

**हरनाकुस**—हिरण्यकशिपु। कश्यप और दिति का पुत्र तथा विष्णु का परम विरोधी दैत्य जिसे ब्रह्मा से यह वर मिला था कि मनुष्य, देवता और किसी प्राणी से आकाश, पाताल, मर्त्य लोक में भूमि पर किसी अस्त्र-शस्त्र से उसका वध नहीं होगा। इसने अपने विष्णुभक्त पुत्र प्रह्लाद को भक्ति छोड़ने के लिए बहुत सताया, किन्तु उसने विष्णु भक्ति नहीं छोड़ी। खंभे में बाँध कर मार डालने के लिए धमकाया और अपने रक्षक विष्णु को बुलाने के लिए कहा। यह कहने पर विष्णु ने नृसिंह रूप में खंभे से निकलकर अपनी जाँघ पर हिरण्यकशिपु को रखकर अपने नखों से इसका पेट फाड़कर वध कर डाला। (दे. पौ.को, हिं.श.सा.)। उ. (1)-"दारुन दइत हरनाकुस बिदारिबे कौं भयौ नरसिंह रूप तेज विकार है।"-भू.ग्रं., शि.भू., परि., 395/202। उ. (2)-"हरनाकुस प्रहलाद कौं केती दीनी त्रास।।"-वृं.ग्रं., स.स.रू., 6/262।

**हरनारायण**—स्थितिकाल-सं. 1812। रचनाएँ-माधवानल कामकंदला, बैताल पचीसी। (इति. शुक्ल., बृ.इति. 7)।

**हरबल्ल**—बोधाकृत विरह वारीश ग्रंथ के प्रधान योद्धा का नाम। उ.-"रवि के उदय रन को सज्यो हरबल्ल मेढ़ामल्ल।।"-बो.ग्रं. वि.वा., 35/189।

**हर भजन**—भगवान शिव की भक्ति। उ.-"जिनके साधन हर भजन तिनके साध न कोइ।।"-वृं.ग्रं., य.स., 99/214।

**हरमुख छंद**—बारह मात्राओं का छंद है। क्रम है (S।S ।।। ।।S)। उ.-"देखि ग्वारि लहि सुख

कों। मैनगर्बहर मुख कों।।"-भि.ग्रं. 1, छंदा, 86/190।

**हरष**—हर्ष। शांत रस का संचारी भाव। ल.-धृति मति हरषादिक कहे सुभ संचारी भाव।।-प.ग्रं., जग., 726/232। ल. (2)-उर आनंद सु हर्ष है।।-सो.ग्रं. 1, र.पी.नि., 26/54।

**हरसिंघ देब**—हरिसिंह देव। कवि केशवदास के आश्रयदाता वीरसिंह देव का पौत्र हरिसिंह देव। उ.-"लोह चहूँ दिसि बरसत घनै। नेकहु हरसिंघ देव न गनै।।"-वी.च., 6/43।

**हरि**—1. विष्णु। उ. (1)-"हरि हर बिधि को सुमिरि कै काटत कलष कलेस। कबि पदमाकर रचत हैं गंगालहरी बेस।।"-प.ग्रं., गं.ल., 1/253। उ. (2)-"नीति अनीति बड़े सहैं रिस भरि देत न गारि। भृगु उर दीनी लात की हरि कीनी मनुहारि।"-वृं.ग्रं., नी.स., 667/110।

2. विष्णु के अवतार श्रीकृष्ण। उ. (1)-"तजि तीरथ हरि-राधिका-तन-दुति कर अनुरागु। जिहिं ब्रज-केलि-निकुंज-मग पग पग होतु प्रयागु।।"-बि. र., 201/96। उ. (2)-"पहचानै हरि कौन, मो से अनपहचान कों। त्यौं पुकार मधि-मौन, कृपा कान मधि नैन जयौं।"-घ.क., 22/43।

3. नागर श्रीकृष्ण। उ. (1)-"सतर भौंह, रूखे बचन, करत कठिनु मनु नीठि। कहा करौं ह्वै जाति हरि हेरि हँसौं हीं डीठि।।"-बि.र., 108/57। उ. (2)-"राधा हरि, हरि राधिका बनि आए संकेत। दंपति रति-बिपरीत-सुखु सहज सुरतहूँ लेत।।"-बि. र., 155/77।

4. विष्णु के अवतार श्रीराम। उ.-"बड़े जो चाहैं सो करें करन मर्तो उर धारि। हरि गिरि तारे जलधि पर करी सिलातें नारि।।"-वृं.ग्रं., नी.स., 444/92।

5. भगवान्। उ.-"तौ लगु या मन-भवन में हरि आवैं किहिं बाट। बिकट जटे जौ लगु निपट खुटैं न कपट-कपाट।।"-बि.र., 361/168।

**हरि**—हर्याचार्य 'हरिसहचरी' (दे.) का उपनाम।

**हरिआनंद**—स्थितिकाल - सं. 1849। रचनाएँ-देवीविलास। विव.-भाषा में वर्णित देवी कथा। (बृ.इति. 7)।

**हरि कवि**—हरिचरणदास त्रिपाठी। जन्म-सं. 1766। जन्मस्थान-सारन जिले का चैनपुर गाँव। स्थितिकाल-सं. 1834 तक। आश्रयदाता-1. कृष्णगढ़ (राजस्थान) के राजा बहादुरसिंह, 2. अब्दुल वाहिद के पुत्र नबी खाँ। रचनाएँ-1. बिहारी सतसई पर हरिप्रकाश टीका, 2. स्फुट छंद। (बृ.इति. 7)।

**हरि कवि**—हर्याचार्य 'हरिसहचरी' (दे.) का उपनाम।

**हरिकेश द्विज**—स्थान सेंहुडा ग्राम (दतिया जिला)। आश्रयदाता-महाराज छत्रसाल बुन्देला। रचनाएँ-जगतदिग्विजय। (बृ.इति. 7)।

**हरि गीत**—हरि या विष्णु का गुणगान करने वाले गीत या पद। उ.-"नबरंगी त रास रस गोपिन संग संगीत। गावन मैं संगीत के गीतन मैं हरिगीत।।"-वृं.ग्रं., य.स., 371/235।

**हरिगीत, हरिगीता छंद**—भिखारीदास ने मात्रामुक्तक छंद प्रकरण में इसका लक्षण निरूपण किया है। अनेक गीता नाम युक्त छंदों के उपप्रकरण में हरिगीत या हरिगीता का लक्षण निरूपण किया है। ल. (1)-द्वै द्वै आदि छबीस करि, गीता कहौं बिसेषि। गुरु दै अंत सुगीति के, सुभगीता अवरेखि।। करि गीता शुरु, अंत हरिगीता अट्ठाईस। इस प्रकार इसमें 28 मात्राएँ होनी चाहिए और अंत में गुरु होना चाहिए। उ.-"जब 'दास' के उर भक्तिसंजुत जोसतो हरिगीत है।"-भि.ग्रं. 1, छंदा., 35, 40/220-221। ल. (2)-प्रथम राखिए पंच कल पुनि षट कल सुनि मित्र। तीनि पंचकल अंत गुरु, सौ हरिगीत पावेत्र।। (5 मात्रा+6 मात्रा+15मात्रा+अंत में गुरु)। उ.-"सगबगी सोहति पीक लीक कपोल जुगल निभावती।।"-सो.ग्रं. 1, र.पी.नि., 30-31/27। ल. (3)-मध्य कला करि बीस रुचि देहु रगन इक अंत। द्वै लघु आदि बनाइ हरिगीतहिं गावत संत।। उ.-"कुस मुद्रिका समिधै श्रवा कुस के कमंडल कों लिये।।"-छं.मा., 2/45।

**हरिगुन**—भगवान् के गुण। उ. (1)-"मन बच काय करि भूलिहू न इच्छै कछु मानै जथालाभ सुख हरिगुन जानियै।।"-वि.गी., 14/56। उ. (2)-"क्षार

समद ही मैं पियत सीगी मीठी सीर। कलि मैं रहि हरि गुन गहै तैसें सजन सधीर।।"-वृं.ग्रं., अ.दो., 84/11। उ. (3)-" ठाकुर कहत ब्रजचंद चंदमुखी राधा वृंदावन बीथिन मैं हरि गुन गाव रे।।"-ठाकुर. 214/56।

**हरिचंद, हरिचंद्र**—सूर्यवंशी राजा हरिश्चंद्र। त्रेतायुग में इस वंश के 28वें राजा। ये त्रिशंकु के पुत्र थे और अपनी उदारता और सत्यवादिता के लिए प्रसिद्ध थे, जिसकी रक्षा के लिए उन्होंने अपनी स्त्री को बेचा, स्वयं दासता स्वीकार की और पुत्र रोहिताश्व के मरने पर शैत्या से कर के रूप में वस्त्र का आधा भाग फड़वा लिया था। उ. (1)-"एक भले सबकौं भलौं देखौ सवद बिबेक। जैसे सत हरिचंद्र के उधरे जीव अनेक।।"-वृं.ग्रं., नी.स., 74/64। उ. (2)-"सुभ-सत्य जनु हरिचंद्र है नित प्रजनि आनंद-कंद है।"-प.ग्रं., हि.ब.बि., 8/6। उ. (3)-"हरिचंद्र बिस्वामित्र कों दइ दुष्टता जिय जानिकै।"-रा.चं., 6/34। उ. (4)-"डोम घर पानी भर्‌यो राजा हरिचंद्र बली बली बलिराय की कहानी बेद में कही।।"-बो.ग्रं., वि.वा., 23/151।

**हरि छंद**—चौकल अर्थात् चार मात्राओं का छंद है। क्रम है (।।।।)। उ.-"जग महि सुख नहि। भ्रम तजि हरि-भजि।।"-भि.ग्रं. 1, छंदा., 18/183।

**हरिजन**—भगवान् का भक्त। उ.-"या कुंजन मन राषिहैं या कुंजन मन कोइ। हरिजन मन कुं राषिबो हरिजन मन हरि कोइ।।"-वृं.ग्रं., य.स., 94/213।

**हरि जसु**—हरि या विष्णु द्वारा किये महत्कार्यों की कीर्ति। उ.-"हरि जसु धारन हरि बिषय नाम सुधारन होइ।।"-वृं.ग्रं., य.स., 69/211।

**हरिणलुप्त छंद**—इसके सम चरणों में सुंदरी (दे.) छंद के समान बारह वर्ण होते हैं और विषम चरणों में एक वर्ण कम होता है। ल.-विषमे अखरा इक हीन है, समनि सुंदरि पायनि लीन है। भनि पन्नगराज प्रबीन है, हरिन-लुप्त सुछंद नवीन है।। उ.-"मग रोकनि की सजि बानि कों, हरि न लुप्त करो कुलकानि कों।"-भि.ग्रं. 1, छंदा., 8-9/268।

**हरिणी छंद**—प्रत्येक चरण में मात्राक्रम है-(।।। ।।ऽ ऽऽ ऽऽ। ऽ।। ऽ।ऽ)। (नगण+सगण+दो गुरु+तगण+भगण+रगण)। सत्रह वर्ण होते हैं तथा आठ और नौ वर्ण पर यति होती है। ल. (1)-नगन सगनो कर्नो, तक्कार भागनु रा धरो। बिरति बसु में नौ में, संभा कै करिबो करो।। बरन दस औ सातै, है पाय में चित दै सुनो। फनिमनि रजा भाख्यो, या छंद कों हरिनी गुनो।। उ.-"फिरत बन में वै तौ पाले परे पसु हीन के। त्रियदृगन से कैसे, नैना कहौ हरनीन के।।"-भि.ग्रं. 1, छंदा., 74-75/258। ल. (2)-तीनि जगन यक है धुजा हरिणी छंद सुभाव। (इस लक्षण के अनुसार मात्राक्रम है-।ऽ। ।ऽ। ।ऽ। ।ऽ-तीन जगण (।ऽ।) + धुजा (।ऽ)-11वर्ण। उ.-"लखो सब ठौर न बैन कहै। यहै हरिनी रस रीति गहै।"-भि.ग्रं. 1, छंदा., 124-125/195। ल. (3)-भगन तीनि रचि आदि पुनि अंत देहु गुरु एक। हरिणी छंद बखानिजै दसधा बर्न बिबेक।। (मात्राक्रम है- ऽ।। ऽ।। ऽ।। ऽ)। उ.-"श्री रघुनाथ चले वन कों। लै संग सीता लक्ष्मन कों।"-छं.मा., 1/23।

**हरि दरसन**—भगवान् विष्णु का दर्शन। उ.-"जो दरसन मैं देखियैं निज दरसन मैं होत। तौ षट् दरसन देखिबौ हरि दरसन मैं होत।।"-वृं. ग्रं., य.स., 100/214।

**हरिदेव**—जन्म-सं. 1830। पिता-रतिराम। रचनाएँ-छंदोपयोनिधि, नायिका - लक्षण। (बृ. इति. 6, स.सर्वे.,इति.शुक्ल)।

**हरिधाम**—विष्णु का स्थान। बैकुंठ। उ.-"नाम सुधामय जो जपत सो पावत हरि धाम।।"-वृं.ग्रं., य.स., 109/214।

**हरिनाक्ष** — दे. हिरनाक्ष । हिरण्याक्ष। हिरण्यकश्यप का भाई। उ.-"बेनु बान हरिनाक्ष हरिनकस्यप दुखदावन।"-वी.च., 2/6।

**हरिनाथ**—कवि केशवदास के पूर्वजों में सुरोत्तम मित्र के पुत्र। उ.-"जिनके पुत्र प्रसिद्ध जग कीन्हें हरि हरिनाथ।।"-क.प्रि., 2/12।

**हरिनाथ**—पिता-नरहरि। स्थितिकाल-सं. 1762 के पूर्व। शाहजहाँ-काल। आश्रयदाता-शाहजहाँ। रचनाएँ-स्फुट (विनोदकाव्य)। (बृ.इति. 7)।

**हरिनाथ महापात्र**—पिता-नरहरि महापात्र। स्थितिकाल-सं. 1762। जहाँगीर के राज्यकाल में विद्यमान। रचनाएँ-स्फुट। (बृ.इति. 7)।

**हरिनाभ**—स्थितिकाल-सं. 1762। स्थान-खण्डेलाग्राम (जयपुर)। पिता-नरहरि। आश्रयदाता-जयपुर नरेश केसरी सिंह। रचनाएँ-केसरी सिंह समर। (बृ.इति. 7)।

**हरिनाम**—भगवन्नाम। भगवान् के नाम जो उनके महत्कर्मों के भी द्योतक होते हैं और उनके गुणों का स्मरण कराते हैं। उ. (1)-"रूपदृगन अवननि सुजस रसना मै हरिनाम। रसनिधि मन मैं नित बसौ चरन कमल अभिराम।।"-रस., रतन., 38/48। उ. (2)-"जपत एक हरिनामतै पातककोटि बिलाय। एकहि कनिका आगि तैं घास ढेर जरि जाय।।"-वृं.ग्रं., नी.स., 697/112। उ. (3)-"प्रेम को पंथ कथा हरिनाम की बात अनूठी बनाइ सुनावै।।"-ठाकुर, 6/3। उ. (4)-"छोड़ हरिनाम नहीं पैहै बिसराम अरे निपट निकाम तन चाम ही को चोला है।"-प.ग्रं., प्र.प., 23/242।

**हरिपद छंद**—सत्ताईस मात्राओं का छंद है। मात्राक्रम अनियमित है। उ.-"बिथा और उपचार और तूँ कहै सु कौने ज्ञानु। अजौं न कछू नसान्यो मूरख कह्यो हमारो मानु। पायबिबस गौतम की तिय जथों मति ह्वै रही पषानु। तासु भगति जौ 'दास' चहै तौ हरिपद उर में आनु।।"-भि.ग्रं. 1, छंदा., 216/209।

**हरिपूजा**—भगवान् की षोडशोपचार से पूजा। उ.-"हरि पूजा हरि भजन मैं सोई ततवर होत। हरिवर जाही आइकै अरवर करै उदोत।।"-रस. रतन., 36/47।

**हरिप्रिया छंद**—मात्रामुक्तक छंद है। ल.-बीस इकीसौबाइसौ, कला हरिप्रिया छंद। तीनि छकल पर देहु गुरु, नंद कि द्वै गुरु बंद।। उ. (1)-"संभुप्रिया ब्रह्मप्रिया हरिप्रिया तुँ ही।" उ. (2)-"संभुप्रिया ब्रह्मप्रिया हरिप्रिया न और।" उ. (3)-"संभुप्रिया ब्रह्मप्रिया हरिप्रिया तु ही है।"-भि.ग्रं. 1, छंदा., 20, 21, 22, 23/217-218।

**हरिबर्ष**—हरिवर्ष । जंबूद्वीप के नौ खंडों में से एक खंड का नाम जिसकी स्थिति निषध और हेमकूट पर्वत के मध्य मानी गई है। यहाँ भगवान् नरहरि रूप में स्थित माने गए हैं। माना गया है कि यहाँ भक्त प्रह्लाद भगवान् नृसिंह की उपासना करते हैं। उ.-"हरि बर्ष खंड नृसिंह कों प्रहलाद सेवत साधु।"-वि.गी., 4/35।

**हरिबाहन, हरिवाहन**—हरिवाहन। विष्णु का वाहन, गरुड़। उ. (1)-"कबहूँ सूकर स्वान सर्प कबहूँ हरिबाहन।।"-ज.ज.चं., 23। उ. (2)-"को हरिवाहन जलधिसूत को को ज्ञानजहाज। तहाँ चतुर उत्तर दियो एक वचन द्विजराज।।"-मति., सत., 443/405।

**हरिभक्ति** — ईश्वर के प्रति अनुरक्ति। उ.- "परमारथ स्वारथ दुवौ साधन की आसक्ति। पढ़ौ ज्ञानगीताहि तौ जौ चाहौ हरिभक्ति।।"-वि. गी., 1/10।

**हरिभक्तिविलास** — रचयिता - चंद्रशेखर (दे.)। (बृ.इति. 7, इति.शुक्ल)।

**हरि भगति**—दे. हरिभक्ति। हरि की भक्ति। विष्णु की भक्ति। उ.-"जिन न आदरी हरि भगति तिन न आदरी मोष।।"-वृं.ग्रं., य.स., 335/232।

**हरिभजन**—भगवान् के गुणों का स्मरण-कीर्तन। उ.-"हरि पूजा हरि भजन मैं सोई ततवर होत। हरिवर जाही आइ कै हरबर करै उदोत।।"-रस., रतन., 36/47। उ. (2)-"नगन मिले सँग नगन तन नगन रहत है गात। नगन फिरत हरि भजन बिनु न गनत द्योस न रात।।"-वृं.ग्रं., य. स., 89/213।

**हरिमंदिर**—विष्णु का मंदिर। वैष्णव मंदिर। उ.-"ठाकुर हाथ न माल लई नहीं पायन सों हरिमंदिर धायो।"-ठाकुर., 3/2।

**हरिमाया**—विष्णु की माया या भगवान की माया। उ.-"एवमेव हरि हँसि कह्यौ पीछे भए अदृष्ट। ता दिन तें ताकों भई हरिमाया अति इष्ट।।"-वि.गी., 13/34।

**हरिमुख छंद**—प्रत्येक चरण में मात्राक्रम है (।।। ।ऽ। ।ऽ। ऽ।ऽ ऽ)। तेरह वर्ण होते हैं। छः और सात वर्ण पर यति होती है। ल.-दुजबर

नंद, जगनु नंद कर्नो। हरिमुख छंद, भुजंगराज बर्नो। दस अरु तीन, बरनु चारु सोहै। षट अरु सात बिराम चित्त मोहै।। उ.-"धनि धनि ते प्रमदा सदा कहावैं। हरिमुख हेरि जु फेरि चेतु ल्यावै।।"-भि. ग्रं. 1, छंदा., 34-35/251।

**हरिया**—हरि। भगवान् विष्णु। उ.-"काल पषेरुन तै सही यह तन षेत उबेरु। इहि बरिया अैसै समैं हरिया टेरु।।"-रस., रतन., 17/45।

**हरि रस**—भगवान् के भजन या भक्ति का आनंद। उ.-"हरिरस परिहरि विषयरस संग्रह करत अयान।"-वृं.ग्रं., नी.स., 68/63।

**हरिराम दास (निरंजनी संप्रदायानुयायी)**—समय-अठारहवीं शती का उत्तरार्द्ध। रचनाएँ-छंदरत्नावली, परमार्थ सतसई, हरिदास की परची, कुंडलियाँ। (बृ.इति. 7)।

**हरि लीला**—चौदह अक्षरों का एक वर्णवृत्त जिसमें प्रत्येक चरण में मात्राक्रम है (S SIS SIS ।।। SIS ।)। ल.-रगन रगन रचि नगन पुनि जगन अंत लघु आनि। चौदह अक्षर आदि गुरु हरि लीला उर आनि।। उ.-"हा राम हा राम हा जगतनाथ वीर। लंकाधिनाथेस जानि तुम जो सु बीर।।"-छं.मा., 1/47।

**हरिवेष**—एक राजकुमार ने झूठ-मूठ अपने को कृष्ण रूप बनाकर एक राजकुमारी से ब्याह किया था। परीक्षा होने पर कृष्ण ने केवल वेषधारी की लज्जा रखने के लिए उसको चतुर्भुज कर दिया था। 'भक्तमाल' में यह कथा प्रसिद्ध है। उ.-"बेषधारी हरिबेष देख्यो हो असेष जग तारको कों कौने सीख तारक पढ़ाई ही।।"-क.प्रि., 11/62।

**हरिसहचरी**—हर्याचार्य 'सहचरी' (दे.) का उपनाम।

**हरि-हर**—विष्णु और महादेव शंकर का एक संयुक्त अथवा एकत्र रूप। वामनपुराण में हरिहर मूर्ति का सुन्दर वर्णन मिलता है। दे. हरिक्षेत्र। हरिहर क्षेत्र में विष्णु ने शिव की मूर्ति स्थापित की थी। उसी मूर्ति को 'हरिहर' कहते हैं। उ. (1)-"प्रानप्रिया हिय मैं बसै, नखरेखा-ससि भाल। भलौ दिखायौ आइ यह हरिहर-रूप, रसाल।।"-बि. र., 297/140। उ. (2)-"बाढ़त सुन्दरता अधिक हरिहर अंग अनेक। कितै-कितै हेरै अरी डीठ बिचारीयेक।।"-रस., रतन., 513/112।

**हरिहर**—स्थितिकाल-सं. 1796। रचनाएँ-स्फुट (हिंदी, कन्नड़, और मराठी में) (बृ.इति. 7)।

**हरिहरभजन**—विष्णु और शिव का भजन। उ.-"हरिहरभजन तुम्हारे लायक। बंस अठारह के तुम नायक।।"-बो.ग्रं., वि.वा., 28/152।

**हरिहरसंवाद** — रचयिता - अक्षर अनन्य (दे.)। (बृ.इति. 7)।

**हरी**—दे. हरि 1, 2, 3। दुःखों का हरण करने वाले भगवान्। उ. (1)-"हरी-हरी करुना करी, सुनी जो सब ना टेर। जग डग भरी उतावरी, हरी करी की बेर।।"-र.वि., 277/27। उ. (2)-"आयौ हरी कवि भूषन भोर तौ दूषन दैन कौहै ढिग ठाई।"-भू.ग्रं., प्रकी., 571/244। उ. (3)-"अघ्घर को है अधार हरी नर बंधकबंधन माँझ रस्यो है।"-ठाकुर, 206/54।

**हरौल**—तुर्की भाषा का हरावल शब्द। सेना का वह छोटा भाग जो मुख्य सेना के आगे रहता है, जिसमें शत्रु एकाएक मुख्य सेना पर आक्रमण कर सके। -'जुरे दुहनु के दृग झमकि, रुके न झीनैं चीर। हुलकी फौज हरौल ज्यौं परै गोल पर भीर।।"-बि.र., 198/95।

**हर्ष**—(संचारी) एक व्यभिचारी भाव। इष्ट या इच्छित पदार्थ, व्यक्ति आदि की प्राप्ति से उत्पन्न चित्त के, उत्साह अथव सुख का नाम हर्ष है। इसमें आनन्दाश्रु, गद्गद होना, हँसना, रोमांच आदि व्यापार होते हैं। ल. (1)-रोष लज उर हर्ष श्रम इनहीं तें जो होत। अंग-अंग जाहिर सलिल स्वेद कहत कवि गोत।।-प.ग्रं., जग., 401/167। ल. (2)-जहाँ कौन हूँ बात तें डर उपजत आनंद। प्रकटै पुलक प्रसेद तहँ हरष कहत कबिबृंद।।-प.ग्रं., जग., 536/193। ल. (3)-हर्ष भाव पुलकादिक जानौ परमानंद प्रसन्न बखानौ।।-भि.ग्रं. 1, र.सा., 488/71।

**हलधर**—हल को धारण करने वाले। हल को अस्त्र के रूप में धारण करने वाले बलराम। दे. बलदाऊ, बलभद्र, बलराम, श्रीकृष्ण के बड़े भाई।

उ. (1)-"चिरजीवौ जोरी, जुरै क्यौं न सनेह गँभीर।को घटि; ए बृषभानुजा, वे हलधर के बीर।।"-बि.र., 677/311। उ. (2)-"हालाहल हर संग्रह्यौ हाला हलधर लीन। हालाहल धरनी धरत कहा कहा बिधि कीन।।"-वृं.ग्रं., य.स., 339/232। उ. (3)-"कर मूसर नाचत नगन लखि हलधर को स्वाँग। हँसि-हँसि गोपी फिरि हँसै मनहु पिये सी भाँग।।"-प.ग्रं., जग., 674/221।

**हलबी सीसा**—हलब देश का शीशा जो बढ़िया माना जाता है। उ.-"नैन सनेहिन कै मनौं हलबी सीसा आइ। गुपत प्रकट तिन मैं सदा मीत सुमुष दरसाइ।।"-रस., रतन., 311/85।

**हलबबी**—तलवार विशेष। उ.-"हेरी जु हलब्बीसुडनि गब्बी सीस हलब्बी सी चमकैं।।"-प. ग्रं., हि.ब.बि., 198/28।

**हलाहल**—वह प्रचंड विष जो समुद्रमंथन के समय निकला था। इसकी तीव्र ऊष्मा से देवता और असुर जब व्याकुल हो गए तो उनकी प्रार्थना पर शिव ने उस कालकूट विष को अपने कंठ में धारण कर लिया जिससे उनका कंठ नीला हो गया। इसी से शिव का नाम नीलकंठ पड़ गया। उ. (1)-"रूप ठगौरी डारि कै मौहन कै गौ चित्ति चोरि। अंजन मिस जनु नैंन ये पियत हलाहल घोरि।।"-रस., रतन., 248/77। उ. (2)-"धिक कान जो दूसरी बात सुनैं अब एकही रंग रहो मिलि डोरो। दूसरो नाम कजात कढ़ै रसना जो कहूँ तो हलाहल बोरो।।"-ठाकुर, 41/12। उ. (3)-"कहर को क्रोध किधौं कालिका को कोलाहल हलाहल हौद लहरात लबालब को।"-प.ग्रं., प्रकी., 8/305।

**हलुआ**—हलवा। एक प्रकार का मीठा भोज्य पदार्थ या मिठाई जो मैदा, सूजी या गेहूँ के आटे को घी में भूनकर शरबत या चासनी में पकाने से बनती है। कभी-कभी इसमें स्वाद के लिए खोआ और मेवा भी मिलाते हैं या केवल मेवा पीस-भूनकर ही उक्त प्रकार से बनाते हैं। उ.-"नेह मौन छबि-मधुरता मैदा रूप मिलाइ वैंचतु हलुवाई मदन हलूआ सरस बनाइ।।"-रस., रतन., 106/58।

**हल्लीसक**—हल्लीश। मंडल बाँधकर होने वाला एक प्रकार का नाच जिसमें एक पुरुष के निर्देश पर अनेक स्त्रियाँ नाचती हैं। उ.-"कहि हल्लीसक केलि यह, दंडनि-दंडनि मारि। षेलै दंड गहै करनि, मंडल रचि बर नारि।।"-शृं.मं., चिंता., 396/121।

**हवा हवेली**—चतुर्दिक से हवा आने की सुविधाओं वाली हवेली। हवादार महल। उ.-"हवा हवेली बीच सुबरन लखि सुबरन सहित। मचत सुगंधन कीच चित्र निहार विचित्र जित।।"-बो.ग्रं., वि.वा., 18/115।

**हस्तक**—नृत्य की एक मुद्रा। उ.-"हस्तक भेद दसौ दिसि दीसत ऊरधहूँ अध मीचु नचै जू।।"-वि. गी., 14/27।

**हस्तक भेद**—विविध प्रकार के हस्त संचालन की क्रियाएँ। उ.-"नाचैं रस बेष असेष तबैं। बर्षैं सुरसैं बहु भाँति सबैं। नौहूँ रस मिश्रित भाव रचैं। कौनो नहिं हस्ताक भेद बचैं।।"-रा.चं., 30/6।

**हस्तिनि, हस्तिनी**—शरीर और स्वभाव के वैशिष्ट्य के आधार पर किया गया स्त्री का एक भेद। नायिका का भी भेद इस प्रकार से किया गया है। कामशास्त्र के अनुसार यह सबसे निकृष्ट भेद है। इसका शरीर स्थूल, ओंठ और उँगलियाँ मोटी और आहार, कामवासना अन्य प्रकार की स्त्रियों से अधिक होती है। ल. (1)-थूल अँगुरी चरन मुख अधर भृकुटि कटि गोल। मदन-सदन रद कंधरा मंद चालि चित लोल।। स्वेद मदन-जल द्विरद-मद-गंधित भूरे केस। अति तीछन बहु लोभतन, भनि हस्तिनी इह भेस।।-र.प्रि., 3/11-12। ल. (2)-पदमिनि चित्रिनि संखिनी अरु हस्तिनी बखानि। विविध नाइकाभेद में चारि जाति तिय जानि।।-ज.ग्रं., भा.भू., 9/7। ल. (3)-नासा उन्नत भालकेस रूखे दीरघ तन। कोता गरदन नैन भूरि भोजन चाहत घन। सम कुच जंघ नितंब बाँह लंबोदर जानहु। गोर तन बहु लोम मान अति कठिन बखानहु । गति गयंद आतुर मदन कूर सुरति बिपरीत रति। बल बृद्धि बुद्धि दुरगंध तनु अति ही रंग करिनी करति।।-बो.ग्रं., वि.वा., 55/73। ल. (4)-धूल दंत भूरे चिहुर, चपल चित्त, गति मंद। हस्तिनी सुर गंभीर अरु तन दुरगंधि बिलंद।।-सो.

ग्रं. 1, र.पी.नि., 19/63। ल. (5)-कुटिल अलक दृग अरुण, अरुन अंबर पर रुचि अति। चरन दीह क्रस देह चित्र भावति विचित्र रति। कोपवती सब समै तपत भोजन मै रुचि नित। कुच वर्तुल अरु अल्प कटुक अरु तिक्त लगै हित। तन धरति लाल भूषन सदा, प्रथम नाम मै सरित रत। घन प्रेम ललक जाके हिये, सो हस्तिनि तिय कोक मत।-शृं.मं., चिंता., 488/143।

**हाइ**--दे. हाव। उ.-"होहिं संजोग सिंगार में दंपति के तन आइ। चेष्टा जे बहु भाँति की ते कहिये दस हाइ।।"-ज.ग्रं., भा.भू., 25/11।

**हाइभाइ**--दे. हाव। हावभाव। नाज-नखरा। स्त्रियों की वह भावप्रदर्शक चेष्टा जो पुरुषों को आकर्षित करती है। उ.-"जहाँ तहाँ सोर भारी भीर नर नारिन की सबही की छूटि गई लाज हाइ भाइ कै।।"-र.प्रि., 5/31।

**हाकलिका छंद**--चौदह मात्राओं का छंद है। प्रथम तीन चरणों में क्रम (।।। ।।। ।।। S।। S) है तथा चौथे चरण में (S।। S।। S।। S) क्रम है। इस वैषम्य के कारण भिखारीदास ने क्रम नहीं दिया। उ. (1)-"परतिय गुरतिय तूल गनै। परधन गरल समान भनै। हिय नित रघुबर नाम ररै। तासु कहा कलिकलि करै।।"-भि.ग्रं. 1, छंदा., 115/194। केशवदास ने पन्द्रह अक्षरों के एक वर्णवृत्त के रूप में निरूपित किया है। ल. (2)-करै सुकबि नृप जानि, मगन तीनि दै अंत गुरु हाकलिका परमानि प्रतिपद चौदह मत्त सब।। उ.-"आवत श्री ब्रजराज बने। केवल तेरेहि रूप सने। तूं तिनसो हँसि बात कहै। सौतिन को गन दुख्ख दहै।।"-छं.मा., 2/42।

**हाड़ा**--मध्य भारत के वीर क्षत्रियों की एक शाखा। उ. (1)-"ता नगरी को प्रभु बड़ो हाड़ा सुरजनराव।"-मति., ल.ल., 22/301। उ. (2)-"हाड़ा राठवर कछवाहे गौर और रहे अटल चिकत्ता की कमाऊ धरि डरि कै।"-भू.ग्रं., शि.भू., 120/150। उ. (3)-"हरषे सु हाड़ा हिंमती जिनकी जगत रन-किंमती।"-प.ग्रं., हि.ब.बि., 32/7।

**हाड़ा रामसिंह**--रामसिंह हाड़ा। उ.-"हाड़ा रामसिंह ओ बुँदेला दलपति ओर आजम के उमराव नाना बानि बान के।।-वृं.ग्रं., स.स.रू., 221/287।

**हार बंध**--लेखनी चित्रालंकार का एक भेद। एक चित्रकाव्य जिसमें पद्य हार के आकार में रखे जाते हैं। उ.-"हरि हरि हरि ररि दौरि दुरि फिरि फिरि करि करि आदि। मरि मरि जरि जरि हारि परि परिहरि आदि तरि तारि।।"-क.प्रि., 16/84।

**हारा**--भिखारीदास द्वारा छंदार्णव मे एक गुरु के लिए प्रयुक्त शब्द। उ.-"सातो हारा सुप्रीमो पुनि सुप्रीमो गुर है मंजीरा।"-भि.ग्रं., छंदा., 232/211।

**हारी छंद**--नौ मात्राओं का छंद है। क्रम है (।)। उ.-"तो मानु भारी। ठाने पियारी। सौते सुखारी।।"-भि.ग्रं. 1, छंदा., 60/187।

**हालाहल**--दे. हालाहल। उ.-"हालाहल हर संग्रह्यौ हाला हलधर लीन।।"-.वृं.ग्रं., य.स., 339/232।

**हाव**--स्वभावज अलंकार। सात्विक भाव। संयोग श्रृंगार में नायिका की प्रेमभाव जनित वे स्वाभाविक चेष्टाएँ जो नायक को आकर्षित करने वाली होती हैं। कहीं-कहीं इनकी संख्या दस और कहीं ग्यारह मानी गई है। ग्यारह हाव निम्नलिखित हैं-लीला, विलास, विच्छित्ति, विभ्रम, किलकिंचित्, मोट्टायित, विब्वोक, विहृत, कुट्टमित, ललित और हेला। कुछ लोगों ने इनकी संख्या इक्कीस तक बढ़ाई है। उपर्युक्त के अतिरिक्त नाम हैं-मद, तपन, मौग्ध्य, विक्षेप, कुतूहल, चकित, केलि, हसित, रति, उद्दीपन। अनेक रीतिकालीन आचार्यों ने हावों की संख्या दस मानी है। ल. (1)-होति संजोग सिंगार में जे चेष्टा अनूप। तिन हीं कौं सब भाव कहि, बरनत हैं कवि भूप।। हेला अरु लीला विहृत बिभ्रम ललित बिलास। मद मोट्टाइत कुट्टमित पुनि बिब्बोक प्रकास।। बोधक अरु बिच्छिति पुनि किलकिंचित पहिचानि। मुग्ध हाव अरु तपन पुनि रसिक सुकवि उर आनि।।-सो.ग्रं. 1, र.पी.नि., 1-3/124। ल. (2)-दंपति के संयोग में होत प्रगट जे भाव। ते संयोग सिंगार में बरनत सब कवि हाव।। लीला प्रथम बिलास पुनि त्यों बिच्छित्ति वखान। विभ्रम किलकिंचित बहुरि मोट्टाइत मन आन।। बहुरि

कुट्टमित कहत हैं पुनि बिब्बोक बखान। ललित बरनि अरु बिहित कहि सकल हाव दस जान।।-मतिराम, र.रा., 347/348/280। ल. (3)-सात्विक भाव सु हाव धृत आनंद अंगबिकास। इनहीं तें रति भाव को परगट होत बिलास।।-प. ग्रं., जग., 393/166। ल. (4)-अनुभावहि में जानिये लीलादिक जे हाव। ते संजोग सिंगार में बरनत सब कविराव।। प्रगट सुभाव तियान के निज सिंगार के काज। हाव जानिये ते सबै यों भ्राखत कविराज।। लीला प्रथम बिलास बिय पुनि बिच्छित्ति बखानि। बिभ्रम किलकिंचित ललित मोटाइत पुनि जानि।। बिब्बोकहु पुनि बिहृत गति बहुरि कुटटमित गाव। रसग्रंथन में ये दसहु हाव कहत कबिराव।।-प. ग्रं., जग., 425-428/172। ल. (5)-सम संयोग सिंगारहूँ तिय-कौतुक है हाव। जाते लखिये प्रीति को बिबिध भाँति अनुभाव।। क्रिया बचनु अरु चेष्टै जहँ बरनत कबि कोइ। ताहू को हावै कहैं अनुभव होइ न होइ।। चितवनि हसनि बिलास ललित सोभा प्रकासकार। विभ्रम संभ्रम काज बिहृित आड़े लज्जाउर।। किलकिंचित बहु भाव हिये अगनि मोट्टाइत। केलि-कलह कुट्टमित कपट-नादर बिवोक चित।। बिच्छित्ति बिनाकै थोरही भूषन-पट सोभा बढ़ति। पिय स्वाँग करै तिय-प्रेम-बस कहियत लीला हाव गति।।-भि.ग्रं. 1, र.सा., 291-293/43। भिखारीदास ने इनके अतिरिक्त भी हावभेदों का निरूपण किया है। ल. (6)-मूरखता कछु मुग्ध क्रियाचातुर्ज सु बोधक। तपन दुख्खमय वचन चकित हवै जात कछुक जक।। हसित हँसी आइबो कुतूहल कौतूक पैबो। बचन हाव उदीप्त केलि करि हास खिजैबो।। बौरई प्रेम विक्षेप कहि रूपगर्व लखि मद कहेउ। दस हाव बिदित पहिले गुनौ फेरि सुनौ दस हाव येउ।।-भि.ग्रं. 1, र.सा., 317/46। ल. (7)-अलंकार बनितान के पाइ संजोग सिंगार। होत हाव दस भाँति के ताको सुनौ प्रकार।। लीला, ललित बिलास किलकिचित विहित बिछित्त। मोट्टाइत कुट्टमिति बिब्बोक बिभ्रमौ मित्त।।-भि.ग्रं. 1, शृं. नि., 246-247/143। उ. (1)-"जानौ नहीं अबहीं चतुरापन हाव न भाव भयौ जुवती कौ।"-भू. ग्रं., प्रकी., 573/244। उ. (2)-"हाव भाव आनंद मय राग रंग रस चाव। अैसें दिन चितवन सदा जैहैं रसिक सुभाव।।"-वृं.ग्रं., अ.दो., 82/11। उ. (3)-"निष्फल स्रोता मूढ़ पै कबिता बचन-बिलास। हाव-भाव ज्यौं तीय के पति के अंधे पास।।"-वृं. ग्रं., नी.स., 48/62। ल. (8)-प्रेम राधिका कृष्ण को है तातें सिंगार। ताके भाव प्रभाव तें उपजत हाव विचार।। हेला लीला ललित मद बिभ्रम विहत बिलास। किलकिंचित बिच्छित्ति कहि अरु बिब्बोक-प्रकास।। मोट्टाइत सुनि कुट्टमित बोधकादि बहु हाव। अपने-अपने बुद्धिबल बरनत कवि कबिराव।।-र.प्रि., 6/15-17। दे. हाइ।

**हास, हास रस**—दे. हास्य रस। किसी व्यक्ति या वस्तु की साधारण से अनोखी आकृति, किसी की अनोखे ढंग की वेश-भूषा तथा बातचीत्त, विचित्र प्रकार की चेष्टाएँ, अनोखे अलंकार आदि असंगतिपूर्ण वस्तुओं या क्रियाओं को देखकर हृदय में जो विनोद का भाव उत्पन्न होता है, वही हास्य रस कहलाता है। स्थायी भाव हास विभाव, अनुभाव और संचारी से पुष्ट होकर 'हास्यरस' कहा जाता है। केशवदास ने हास के अनेक भेद बताये हैं। ल. (1)-मंद हास कलहास पुनि, कहि केसव अतिहास। कोबिद कबि बरनत अरु चौथो परिहास।।-र.प्रि., 14/2। उ. (1)-"लाल भाल जावक लगे उठे रसिक सिरताज। सौति लखी सुंदर दृगनि रोस हास अरु लाज।।"-मति., सत., 614/419। उ. (2)-"निज खिल वतिन में हास है भयरूप दुरजन-पास है।"-प.ग्रं., हि.ब.बि., 13/6। ल. (2)-बचन रूप की रचन मैं कछु उर लहै बिकास। तातें परमित जो हसनि वहै कहीजत हास।।-प.ग्रं., जग., 583/202। ल. (3)-हँसी भर्‌यो चित हँसि उठै, जो रचना सुनि दास। कबि पंडित ताकों कहैं यह पूरन रस हास।।-भि.ग्रं. 2, का.नि., 3/26। ल. (4)-कौतुलह के बचन तें कै उलटे अँगबास। लखि कै होत बिकार हिय, ताहि कहत कबि हास।।-सो. ग्रं. 1, र.पी.नि., 37/55।

**हास-विलास**—हास्य के साथ रति आदि की क्रियाएँ। उ.-"हास-बिलास प्रकास की केलि में खेलि

बिसेष न आहि ढिठाई।"भू.ग्रं., प्रकी., 577/245।

**हास्य**—हँसने योग्य, विनोद योग्य। उ.-"ङ ण ङ ण शब्द सु कहत है जाहि नासिका रोग। है अनुभव सु हास्य को कहत सयाने लोग।।"-वृं. ग्रं., अ.दो., 26/7।

**हास्य रस**—दे. हास, हास रस। काव्य के नौ रसों में से एक जिसका स्थायी भाव हास्य है। ल. (1)-थाई जाको हास है वहै हास्यरस जानि। तिहिं कुरूप कूदब कहब कछु बिभाव ते मानि।। मंद मध्य अति उच्च सुर हँसि बोई अनुभाव। हरष चपलता औरहू तहँ संचारी भाव।। स्वेत रंग रस हास्य को देव प्रमथपति जासु। ताको कहत उदाहरन सुनत जु आवत हासु।।-प.ग्रं., जग., 670-672/220। ल. (2)-ब्यंगि बचन भ्रम आदि दै बहु बिभाव है जासु। ख्याल स्वाँग अनुभव तरक हँसिबो थाई जासु।। अनुभव इन सब रसनि को सात्विक भावै मित्त। होइ जु वैही भाँति पुनि सोऊ समझौ चित्त।।-भि.ग्रं. 1, र.सा., 452-453/65। ल. (3)-नयन बचन कछु करत जब मन कोमोद उदोत। चतुर चित्त पहिचानिए, तहाँ हास्य रस होत।।-र प्रि., 14/1। ल. (4)-सुनि के सरस कवित्त होत ब्यंगि जब हास। तबही ताकों हास्य रस कहियतु है सबिलास।।-सो.ग्रं. 1, र.पी.नि., 1/138।

**हास्य सिंगार**—वृंद कवि द्वारा वर्णित सोलह शृंगारों में से एक। ल.-हास जुच्यार प्रकार को हसि हसि सुखद सुभाइ। इहि तेरह सिंगार तैं लीजैं लाल रिझाइ।। अधर कपोल बिकसैं दसन दुति ऐसैं मंदहास भास आनंद बिलासियैं। वृंद कहैं कछु-कछु कल-धुनि होत जहाँ ऐसे कलहास कियैं पीके चित बसियैं।। रीझि-रीझि दै दै करतारी अतिहास कीजै काहू सभै ए री परिहास कौं उल्हसियैं। रस बरसावन कौं रंग उपजावत कौं प्रीतम रिक्षावन कौं ऐसैं हास हसियैं।।-वृं.ग्रं., शृं.शि., 70-71/46-47।

**हिंडोरा के कवित्त**—रचयिता-नागरीदास (दे.)। (बृ.इति. 7, स.सर्वे.)।

**हिंदु, हिंदुन**—दे. हिंदू। उ. (1)-"हिन्दु बचाए इही अमरेस चंदावत लौंकोउ टूटै सु टूटै।।"-भू. ग्रं., शि.भू., 254/176। उ. (2)-"धन ध्रुव-धरम को मूल है अब हिंदु-लाज-दुकूल है।"-प.ग्रं., हि. ब.बि., 6/6। उ. (3)-"भयो भोज सुरजन तनै अनुज ओज की खानि। हिंदुन की राखी सरम निज मूछन में आनि।।"-मति., ल.ल., 25/302। उ. (4)-"भूषन भनत सब हिंदुन को भाग फिरै चढ़े तैं कुमति चक्कता किरान सानी मैं।"-भू.ग्रं., शि. भू., 128/152। उ. (5)-"हिंदुन के पति सों बिसात सतावत हिंदु गरीबनि पाइ के।"-भू.ग्रं., शि.भू., 235/173।

**हिंदुआन**—हिंदुत्व। उ. (1)-"साहस अपार हिंदुआन कौ अधार धीर, सकल सिसोदिया सपूत कुल कौ दिया। जाहिर जहान भयौ साहिजू खुमान वीर साहन को सरन सिपाहिन कौं तकिया।।"-भू. ग्रं., शि.भू., 10/130। उ. (2)-"तरकान मलिन कुमुदनी कर हिंदुआन नलिनी फूली है बिविध बिधान सौं।।"-भू.ग्रं., शि.भू., 64/140।

**हिंदुआने**—हिंदुत्व । उ.-"फूटे भाल भिच्छुक के जूझे भगवंतराय अरराय टूट्यौ कुलखंभ हिंदआने को।"-भू.ग्रं., प्रकी., 445/239।

**हिंदुन**—हिंदुओं की। उ.-"हिंदुन की चोटी रोटी राखिहै सिपाहिन की काँधे में जनेऊ राख्यो माला राखी गर में।"-भू.ग्रं., प्रकी., 420/209।

**हिंदुपति**—हिंदुओं के स्वामी या रक्षक। उ. (1) "पातसाह बावनौ दिल्ली के पातसाह दिल्ली पातसाह हिंदुपति पातसाह सेवाने।"-भू.ग्रं. शि.भू., 218/170। उ. (2)-"भूषन भनत क्यौं न जाहिर जहान होत प्यार पाइ तो से हिंदुपति नरनाह ते।"-भू.ग्रं., शि.भू., 273/180।

**हिंदुवान**—हिंदू समाज। उ.-"भूषन' जहान हिंदुवान के उबारिबे कौं तुरकान मारिबे कौं बीर बलकत है।"-भू.ग्रं. शि.भू., परि., 389/201।

**हिंदुवानपति**—हिंदू समाज के पति या स्वामी। उ.-"जानपति दानपति हाड़ा हिंदुवानपति दिल्लीपति दलपति बलाबंधपति है।"-मति., ल.ल., 36/304।

**हिंदुवानी**—हिंदुत्व। उ.-"राखी हिंदुवानी हिंदुवान को तिलक राख्यो अस्मृति पुरान राखे बेद बिधि सुनी मैं।"भू.ग्रं. प्रकी., 421/209।

**हिंदुवाने**—हिंदुत्व। उ.-"डाढ़ी के रखैयन की डाढ़ी सी रहत छाती बाढ़ी मरजाद जैसी हद्द हिंदुवाने की।"-भू.ग्रं., प्रकी., 504/228।

**हिंदू**—भारत में बसने वाली आर्य जाति के वंशज जो भारत में प्रवर्तित य पल्लवित आर्य धर्म, संस्कार और समाज व्यवस्था को मानते चले आ रहे हैं। वेद, स्मृति, पुराण आदि अथवा इनमें से किसी एक के अनुसार चलने वाले भारतवासी। हिंदू नाम प्राचीन पारसियों का दिया हुआ है और यही संसार में सर्वत्र प्रचलित हुआ। प्राचीन भारतीय आर्य अपनी धर्म व्यवस्था को वर्णाश्रम धर्म के नाम से पुकारते थे। यह व्यवस्था समाज व्यवस्था भी बन गई। द्रविड़, शक, हूण, यवन आदि अपने-अपने कर्मानुसार इस धर्म व्यवस्था के अंग बनते चले गये। भारत और पारस की सभ्यता में अभिन्नता थी, किन्तु पारस के निवासियों के मुसलमान धर्म ग्रहण करने के बाद धर्म व्यवस्था और तदनुकूल समाज व्यवस्था में अन्तर आ गया और फिर हिंदू शब्द का अर्थ भी उन लोगों ने बदल दिया। (विस्तार के लिए दे.-हिं.श.सा., हिं.ध. को.,)। उ. (1)-"हिंदू मैं क्या और है मुसलमान मैं और। साहिब सबका एक है व्याप रहा सब ठौर।।"-रस., रतन., 69/52। उ. (2)-"बब्बर अकब्बर हिमायूँ हद्द बाँधि गए हिंदू और तुरुक की कुरान बेद-ढबकी।"-भू.ग्रं., प्रकी., 447/216। उ. (3)-"नाम न कहिबे जोग मुहि क्यों करि कहूँ प्रकास। कहाँ हिंदू कहाँ तुरक जे तिनको हो बिसवास।।"-वृं.ग्रं., स.स.रू., 134/276। उ. (4)-"बेद कलाम पढ़त है दोऊ वा बिन तुरक न हिंदू होऊ।।"-बो.ग्रं., वि.वा., 35/39।

**हिंदूपति**—प्रतापगढ़ राज्य के राजा पृथ्वीपति सिंह (दे.) के सहोदर हिन्दूपति सिंह। ये आचार्य कवि भिखारीदास के आश्रयदाता थे। (दे. भिखारीदास)। उ. (1)-"कलकी ह्वै राखे रहैं हिंदूपति पति देत म्लेच्छ हति मोक्षगति 'दास' ताको दास है।"-भि.ग्रं., शृं.नि., 2/89। उ. (2)-"जगत बिदित उदयाद्रि सो, अरवर देस अनूप। रबि लौं पृथ्वीपति उदित, तहाँ सोमकुलभूप।। सोदर तिनके ज्ञाननिधि हिन्दूपति सुभनाम। जिनकी सेवा सों लह्यो दास सकल सुखधाम।।"-भि.ग्रं. 2, का.नि., 2-3/3।

**हिंदूपति** — पद्माकर रचित हिम्मतबहादुर बिरुदावली का एक योद्धा। यह पमार था और अर्जुनसिंह का भतीजा था। उ.-"तहँ हरषि हिंदूपति पमार सम्हार बर बरछी लिये।।"-प.ग्रं., हि.ब.बि., 164, 165/23।

**हिंदूपति-कुँवर**—अर्जुनसिंह 'नोने' पहले जैतपुर राज्य के एक जागीरदार का पुत्र था और पमारवंशी था। बहुत बड़ा वीर था। इसका भतीजा हिंदूपति था। इस हिंदूपति के पुत्र का नाम बहादुर सिंह था। इसलिए इसे हिंदूपति कुँवर कहा गया। उ.-"यहि समय हिंदूपति कुँवर को कुँवर कोप महा कियो।"-प.ग्रं., हि.ब.बि., 168/24।

**हिम्मतबहादुर**—अनूपगिरि। हिम्मतबहादुर इनकी उपाधि थी। इन्हें अवध के नवाब शुजाउद्दौला की ओर से कानपुर का सिंकदरा परगना और फतेहपुर का बिंदकी परगना जागीर के रूप में दे दिया गया था। इनकी वीरता और स्वामिभक्ति से प्रसन्न होकर पद्माकर कवि इनके आश्रित थे। उ.-"जय पदमाकर भारथ-समर पारथ-सख परसिद्ध धनि। नित नृप अनूपगिरि भूप कहँ विजय देहू जदुबंस-मनि।।"-प.ग्रं., हि.ब. बि., 2/5।

**हिंडोरा**—हिंडोल राग। इसे गांधार स्वर की संतान कहा जाता है। एक मत से इसे ओड़व जाति का माना गया है, जिसमें पंचम गांधार वर्जित है। बसंत ऋतु में मंगलवार को इसके गायन का विधान है। गायन का समय रात्रि में 21 दंड से लेकर 29 दंड तक है। ऐसी प्रसिद्धि है कि यदि इसका विशुद्ध गायन हो तो हिंडोला अपने आप आंदोलित होने लगता है। (विस्तार के लिए दे. हिं.श.सा.)। उ. (1)-"अरे नग्रवासी परे बैर मेरे। सु गावैं हिंडोरा सबै देत ढेरे।।"-बो.ग्रं., वि.वा., 32/202। उ. (2)-"पुनि हिंडोल गावत सुजन तीक्षन ताकी तान।।"-बो.ग्रं., वि.वा., 10/120। उ. (3)-"चंद बिंब मंगला कहि परमानंद हमीर। कहि हिंडोल की

कामिनी स्यों तैलंगी बीर।।"-बो.ग्रं. वि.बा., 11/120।

**हिंडोरन, हिंडोर**—नीचे-ऊपर या आगे-पीछे घूमने या चलने वाला अनेक या एक आसनों का मनबहलाव का साधन। सावन के महीने में इस पर झूलने का विशेष चलन है। उ. (1)-"मोरन को सोर घनघोर चहुँ ओरन हिंडोरन को बृंद छबि छावनो लगत है।"-प.ग्रं., प्रकी., 64/320। उ. (2)-"सावन सखी री मनभावन के संग बलि क्यों न चलि झूलत हिंडोरे नवरंग पर।।"-प.ग्रं., प्रकी., 65/321।

**हित**—प्रेम। उ. (1)-"हित पोष के तोष सु प्रान पले, बिललात महादुख दोष-भरे।"-घ.क., 13/38। उ. (2)-"झूठ की सचाई छाक्यौ त्यौं हित-कचाई पाक्यौ ताके गुनगन घन आनँद कहा गनौ।"-घ.क., 20/42।

**हित उपदेश**—रचयिता-स्यामदास (बृ. इति. 7)।

**हिततरंगिनी**—कृपाराम रचित नायक-नायिका भेद विषयक ग्रंथ। प्रेम की तरंगिणी रूप में इस ग्रंथ में पाँच तरंगें हैं। इस लक्षण ग्रंथ की रचना उन्होंने 1598 सं. में थी। उ. (1)-"अच्छर थोरे भेद वहु, पूरन रस को धाम। 'हिततरंगिनी' नाम को रच्यो ग्रंथ अभिराम।।"-कृ.ग्रं., 5/4। उ. (2)-"सिधि निधि शिव मुख चंद लखि, माघ शुद्ध तृतीयासु। हिततरंगिनीहौं रची कविहित परम प्रकासु।।"-कृ. ग्रं., हि.त., 400/85।

**हितरत्ति**—प्रेम पूर्वक रति। उ.-"बैसिक नायक की सदा गनिका सों हितरत्ति।"-ज.ग्रं., भा. भू., 8/6।

**हित-रीति**—प्रेम करने की रीति या पद्धति। उ. (1)-"घनआनँद जान, सुनौ चित्त दै हित-रीति दई तुम तौ तजिकै।"-घ.क., 105/83। उ. (2)-"बिपरीत अरी हित-रीति खरी समझी न परै समझें कछु हूँ।"-घ.क., 205/128।

**हितरूपलाल**—स्थितिकाल-सं. 1738 से 1801 तक। रचनाएँ-राधाअवतार, राधास्तोत्र, वनलीला, समय प्रबंध, निकुंज केलिलीला। (बृ.इति. 7)।

**हितशिक्षा द्वात्रिंशिका**—रचयिता-क्षमाकल्याण (दे.)। रचनाकाल-19वीं शती का मध्य। विव-इंद्रियसंयमादि विषयक ग्रंथ। (बृ.इति. 7)।

**हितोपदेश**—रचयिता-पद्माकर (दे.)। (बृ. इति. 7)।

**हितोपदेश ग्रंथ महाप्रबोधिनी**—रचयिता-देवीचंद। विव.-संस्कृत ग्रंथ 'हितोपदेश' का अनुवाद। (बृ.इति. 7)।

**हितोपदेश भाषा पृथ्वीमंगल**—रचयिता-द्वारकानाथ सरस्वती (भट्ट)। रचनाकाल-सं. 1828 (बृ.इति. 7)।

**हितोपदेश वचनिका**—रचयिता-अभयचंद। (बृ.इति. 7)।

**हितोपदेश सन्धि या भाषा हितोपदेश**—रचयिता-वृंद (दे.)। विव-संस्कृत हितोपदेश का पद्यानुवाद। (बृ.इति. 7, सा.को.,)।

**हितोपदेशाष्टक**—रचयिता-वृंद (दे.)। विव.-शांत रस प्रधान रचना। (बृ. इति. 7, सा.को.)।

**हिदायात हिंदी**—रचयिता-दाऊद जईफी (दे.)। (बृ.इति. 7)।

**हिमंत**—हेमन्त ऋतु। छह ऋतुओं में से पाँचवीं ऋतु जिसमें अगहन और पूस के महीने पड़ते हैं। जाड़े का मौसम। उ.-"भोग औ सँयोग हित सुरत हिमंत ही में एते और सुखद सुहाए बाकियतु है।।"-प.ग्रं., जग., 390/165।

**हिमायूँ**—हुमायुँ। फरगना के मुगल जहीरुद्दीन बाबर का बड़ा पुत्र नासिरउद्दीन मोहम्मद हुमायूँ का जन्म 1508 ई. में हुआ था और 1530 ई. में बाबर की मृत्यु के तीन दिन बाद मुगल साम्राज्य के सिंहासन पर बैठा। इसकी माँ का नाम माहम बेगम था। आरम्भ में ही इसे असंगठित प्रशासन, रिक्त राजकोष, भाइयों के असहयोग की कठिनाइयाँ झेलनी पड़ीं। अफगानों के विद्रोह का सामना करना पड़ा। 1539 और 40 में चौसा, कन्नौज और बिलराम के युद्धों में हुमायूँ अफगान शेरखाँ से हारा। इसमें चारित्रिक दुर्बलताएँ भी थीं। परिणामतः पराजित हुमायूँ आगरा से दिल्ली, सरहिंद, अमरकोट आदि घूमता रहा। इसी बीच इसने शेख

अली अकबर जामी की पुत्री हमीदा बानो से विवाह कर लिया जिससे इसी संकट काल में 1542 ई. में अकबर का जन्म हुआ। राजपूतों की सहायता और संरक्षण के अभाव तथा भाइयों के असहयोग से निराश हुमायूँ ईरान चला गया। छोटे ईरान के बादशाह के सहयोग को पाने के लिए इसने शिया मत स्वीकार किया और बदले में बहुत बड़ी सैन्य सहायता प्राप्त की, जिससे इसने कन्दहार, काबुल पर विजय प्राप्त कर, 1555 ई. में माछीबारा और सरहिंद में अफगानों को पराजित कर पुनः अपना राज्य प्राप्त कर लिया और दिल्ली में अपने को बादशाह घोषित कर दिया। 1556 ई. में पुस्तकालय की सीढ़ियों से उतरते समय अजान सुनकर बैठने के प्रयास में गिर पड़ा और अत्यधिक चोट लगने के कारण 1556 ई. में इसकी मृत्यु हो गई। उ.-"बब्बर अकबर हिमायूँ हद्द बाँधि गए हिंदू और तुरुक की कुरान बेद ढबकीं"-भू.ग्रं., प्रकी., 447/216।

**हिमायूँसाह**—दे. हिमायूँ। उ.-" बब्बर अकबर हिमायूँसाह सासन सों नेहते सुधारी हेम-हीरन तें सगरी।"-भू.ग्रं., प्रकी., 471/221।

**हिमालय**—भारतवर्ष की उत्तरी सीमा पर फैला हुआ एक बहुत बड़ा और ऊँचा पहाड़ जो संसार का सबसे बड़ा पहाड़ माना जाता है। इसकी सबसे ऊँची चोटी 29002 फुट ऊँची है, जो संसार की भी सबसे ऊँची चोटी है। उत्तर भारत की सबसे बड़ी नदियाँ इसी पर्वत से निकलती हैं। पुराणों में हिमालय का व्यक्ति रूप में वर्णन है, जिसकी पत्नी मेनका या मेना है और जिसकी पुत्री पार्वती है। गंगा को भी हिमालय की बड़ी पुत्री कहा गया है। पार्वती का विवाह शंकर महादेव से हुआ। भगवान् शंकर का निवासस्थान 'कैलाश' पर्वत पर है। महाभारत युद्ध के बाद अंत में पाण्डव इसी पर्वत पर महाप्रस्थान के लिए आए थे। इसी पर्वत पर युधिष्ठिर का इन्द्र के साथ साक्षात्कार हुआ और वे सशरीर स्वर्ग गये थे। (पौ.को., हिं.श.सा.)। उ. (1)-"तेरे ही भुजानि पर भूतल कौ भार कहिबे कौं सेषनाग दिगनाग हिमाचल है।"-भू.ग्रं., शि.भू., 81/143। उ. (2)-"बैठि हिमालय की तनया पिय सौं हिय सौं न कहौं हित हीनौ।"-वृं. ग्रं., भा.पं., 5/13।

**हिम्मतबहादुर**—यह अनूपगिरि की उपाधि थी। ये मूलतः सनाढ्य ब्राह्मण थे। राजेन्द्रगिरि गोसाईं ने इन्हें और इनके बड़े भाई को द्रव्य देकर क्रीत कर लिया था, क्योंकि पिता के स्वर्गवासी हो जाने से इनके परिवार में दरिद्रता आ गई थी। बड़े भाई उमरावगिरि थे। लखनऊ के नवाब शुजाउद्दौला इनकी वीरता से प्रसन्न थे। इन्होंने नवाब की स्वयं आहत होकर बक्सर की लड़ाई में प्राणरक्षा की थी। पुरस्कार में इन्हें कानपुर का सिकंदरा परगना और फतेहपुर का बिंदकी परगना जागीर के रूप में दे दिया था। इनका देहान्त 1861 सं. में हुआ। (प.ग्रं., मिश्र, भूमिका, पृ. 79-81)। उ.-"साजि चतुरंग चूम जंग जीतिबे के लिए हिम्मत बहादुर चढ़ो जो फर फैल पै।"-प. ग्रं., प्रकी., 25/310।

**हिम्मत बहादुर बिरदावली**—रचयिता-पद्माकर भट्ट (दे.)। विव.-वीररस प्रधान काव्य (इति. शुक्ल, बृ.इति. 7)।

**हिरदेस**—हृदयेश। हृदयशाह। बुंदेलखंड के गहिरवार वंश में छत्रसाल हुए, उनके पुत्र हृदयेश थे। उ.-"तासु बंस छत्ता समर्थ परनायत बुझियै। तासु सुवन हिरदेस कुल्ल आलम जस सुझियै।।"-बो. ग्रं., वि.वा., 24/24।

**हिरन**—नदी विशेष। उ.-"लूनी तापी अंगुली, अभया हिरन दसान। निषधावती सुबाहिनी, बिमला बेना जान।।"-वि.गी., 6/16।

**हिरनकसिपु**—हिरण्यकशिपु। दे. हरनाकुस। उ-"कोमल कमल कर कमलाकर कमल, कलित बलित गुन क्यों न उर आनियै। हिरनकसिपु दानकारी प्रहलाद हित, द्विजपद उरधारी बेदन बखानिये।।"-क.प्रि., 11/30।

**हिरनकस्यप**—दे. हरनाकुस, हिरनकसिपु। उ.-"वह गयो प्रभु कीन्हो हिरनकस्यप नाथ जू।"-रा.चं., 6/33।

**हिरनगर्भ**—वह ज्योतिर्मय अंड जिससे ब्रह्मा

और सारी सृष्टि की उत्पत्ति हुई। ब्रह्मा ने जल या समुद्र की सृष्टि करके उसमें अपना बीज डाला, जिससे एक अत्यंत देदीप्यमान ज्योतिर्मय या स्वर्णमय अंड की उत्पत्ति हुई थी। इसी से सृष्टिकर्ता ब्रह्मा की उत्पत्ति हुई जो ब्रह्म के सगुण रूप हुए। (विस्तार के लिए दे. हिं.श.सा., हिं.ध.को., पौ.को.)। उ.-"सालिकराम सिला पुनि कहिये हिरनगर्भ अति नीकी।।"बो.ग्रं., वि.वा., 9/39।

**हिरनयकस्यपु** — दे. हरनाकुस । उ.-"हिरनयकस्यपु हति भए नरहरि अन्तर्ध्यान। उपज्यो उर प्रहलाद कें सोक बिचार प्रमान।।"-वि. गी., 18/3।

**हिरनाक्ष**—हिरण्याक्ष। एक प्रसिद्ध दैत्य जो हिरण्यकशिपु (दे. हरनाकुस) का भाई था। यह कश्यप और दिति से उत्पन्न हुआ था। इसने पृथ्वी को लेकर पाताल में रख छोड़ा था। ब्रह्मा आदि देवताओं की प्रार्थना पर विष्णु ने वाराह अवतार धारण करके इसे मारा और पृथ्वी का उद्धार किया। पूर्वजन्म में यह विष्णु का विजय नामक द्वारपाल था, पर सनकादि के शाप से यह असुर हो गया था। वृषपर्वा की पुत्री उपदानवी से इस दैत्य का विवाह हुआ था। यह पुनर्जन्म में रावण का भाई कुंभकर्ण हुआ। (हिं.श.सा., पौ.को.)। उ.-"वह हरी हठि हिरनाक्ष दैयत देखि सुंदर देह सों। बरबीर जज्ञ बराह बरहीं लई छीनि सनेह सों।"-रा.चं., 6/32।

**हिरनाच्छ, हिरनाछ**—दे. हिरनाक्ष। उ. (1)-"पैठियो पताल बलि बज्रधर ईरषा तें टूट्यो हिरनाच्छ अभिमान चित धरतें।"-भू.ग्रं., प्रकी., 477/222। उ. (2)-" तुमहीं जगजज्ञ-बराइ भए जू। छिति छीनि लई हिरनाछ हए जू।।"रा.चं., 20/20। उ. (3)-"जो धरनी हिरनाछ हरी बर जमबराह छिनाइ लई जू।।"-क.प्रि., 6/71।

**हिरन्यय**—हिरण्मय। जंबूद्वीप के नौ खंडों या वर्षों में से एक जो श्वेत और शृंगवान पर्वतों के बीच कहा गया है। यहाँ विष्णु कूर्मावतार के रूप में विराजमान रहते हैं। उ.-"सुभता हिरन्मय खंड मंडित यत्र कूरम बेष। पितृनाथ सेवत अर्जमा मन काय वाक बिसेष।।"-वि.गी., 4/35।

**हीन-क्रम**—काव्य में एक दोष जो क्रमभंग होने पर माना जाता है। जिस क्रम से गुण गिनाये गये हों, उसी क्रम से गुणी के न गिनाये जाने पर यह दोष माना जाता है। केशवदास ने दुषणवर्णन में इसका उल्लेख किया है। अगन न कीजे हीनरस अरु 'केसव' जतिभंग। ब्यर्थ अपारथ हीनक्रम कबिकुल तजहु प्रसंग।।-क.प्रि., 3/14। ल.-क्रम ही गुननि बखानि कै गुनी गनै क्रमहीन। सो कहिये क्रमहीन कवि 'केसवदास' प्रबीन।। उ.-"जग की रचना कहि कौन करी। किहि पारन कौं जिय पैज धरी।। अति कोपि कै कौन सँघार करै। हरि जू, हर जू बिधि बुद्धि ररै।।"-क.प्रि., 3/45-46।

**हीन रस**--काव्य में एक दोष जो किसी रस का वर्णन करते समय उस रस के विरुद्ध प्रसंग लाने से होता है। यह वास्तव में रसविरोध है। परस्पर विरोधी रसों के प्रसंग का एक साथ आ जाना। ल.-बरनत 'केसवदास' रस, जहाँ बिरस ह्वै जाइ। ता कविता सों हीनरस कहत सकल कविराइ।। उ.-" दै दधि, दीनो उधार हो 'केसव', दान कहा अरु मोल लै खैहैं। दीने बिना तो गई जु गई, हौं गई न गई घर ही फिर जैहैं। गो हितु बैरु कियो, कब हो हित बैरु किये बरु नीके ह्वै रैहैं। बैरु कै गोरस बेचहुँगी, अहो बेच्यो न बेच्यो तौ ढारि न देहैं।।"-क.प्रि., 3/37-38।

**हीनोक्ति अभिन्न रूपक**--रूपक के अभिन्न और तद्रूप दो भेद माने गये हैं। इनमें से प्रत्येक के हीन, अधिक और सम नाम से तीन-तीन उपभेद किये गये हैं। रीतिकालीन आचार्यों ने इनके लक्षण नहीं दिये। केवल रूपक (दे.) का लक्षण दे दिया है। उ.-"महादानि जाचकन कौं भाऊ देत तुरंग। पच्छनि बिगिर बिहंग हैं, सुंदन बिगिर मतंग।।"-मति., ल.ल., 70/311।

**हीनोक्ति तद्रूप रूपक**—दे. हीनोक्ति अभिन्न रूपक। उ.-"विप्रनि के मंदिरन तजि करत ताप सब ठौर। भावसिंह भूपाल को तेज तरनि यह और।।''-मति., ल.ल., 73/311।

**हीर, हीरक (छंद)**—केशवदास के अनुसार

इसका लक्षण है- ल.-एक गुरुहि तर चारि लघु तीनि ठौर मति धीर। अंत रगन तेईस कल होइ एक पद हीर।। उ.-"देखत तनु रेखति जनु बान नयन-कोरहीं।"-छं.मा., 2/47। भिखारीदास ने स्पष्ट लक्षण दिया है, जिसके अनुसार तेईस मात्राओं के इस छंद में क्रमशः भगण, सगण, नगण, जगण, नगण और रगण का एक चरण में विधान है। मात्राक्रम है (ऽ।। ।।ऽ ।।। ।ऽ। ।।। ऽ।ऽ)। ल.-तीनि टगन यक रगन दै, हीरक जानो मित्त। उ.-"बिद्रुम अरु लालनि सम ओठनि अवरेखिए। हीरक अरु मोतिअ अस दंतनि लखि लेखिए।।"-भि. ग्रं. 1, छंदा., 198, 200/205-206।

**हीरकी छंद**—यह मात्रामुक्तक छंद है। इसके प्रत्येक चरण में सत्रह अथवा अठारह मात्राएँ होती है। गुरु-लघु या लघु-गुरु के अंतर से इसके अंत में दुकल या त्रिकल होता है। इसलिए भिखारीदास ने इसके दो उदाहरण दिये हैं। एक लक्षण में मात्राक्रम है (ऽ।। ऽऽऽ ।ऽऽ ।ऽ)। ल.-सत्रह अट्ठारह कलनि छंद हीरकी तंत। नंद धुजनि बिरमत चलै, दुकल त्रिकलहू अंत।। उ. (1)-"बेसरि की केसरिया चीर की। बारनि की ढारनि की हीर की।।"-भि.ग्रं. 1, छंदा., 5, 6/215। उ. (2)-"दंतन की चारु चमक देखि-देखि। बिज्जुच्छटा मंद प्रभा लेखि-लेखि।।"-वही, 7/215।

**हीर राँझा का ख्याल**—रचयिता-अज्ञात। रचनाकाल-सं. 1886। भाषा-ब्रज। (बृ.इति. 7)।

**हीरापुर**—बोधा कवि कृत विरह वारीश में वर्णित रेवा नदी के उत्तर में बसा एक ग्राम।-"रेवातट उत्तर दिसा हीरापुर सो नाम।।"-बो. ग्रं., वि.,वा., 63/42।

**हुक्मीचंद (खिड़िया)**—स्थान- भड़ेड़िया ग्राम (जयपुर)। आश्रयदाता-जयपुर नरेश महाराजा प्रताप सिंह। रचनाएँ-जयपुर के महाराजा प्रतापसिंह जी री भक्तमाल, स्फुट छंद और गीत। (बृ. इति. 7)।

**हुरिहाई**—होली खेलने वाली। उ.-"रूप अलबेली सुनवेली एरी तेरी आँखें, ताकि छाकि मारैं हुरिहाई न कहूँ छिकै।।"-घ.क., 252/147।

**हुरिहार**—होरी खेलने वाला। उ.-"दइ मारे जिभार कछू को कछू हुरिहार दुवार पै गावत है।"-ठाकुर, 99/26।

**हुरिहारन**—दे. हुरिहार। उ. (1)-"कोऊ कछु अब काहुवै मति लगाइयौ दोष। होन लग्यो ब्रजगालन में हुरिहारन को घोष।।"-प.ग्रं., जग., 94/99। उ. (2)-"हाय इन नैनन सें निकरि हमारी लाज कित धौं हेरानी हुरिहारन के बीच में।"-प.ग्र., प्रकी., 60/319।

**हुलास छंद**—मात्रिक छंद है। पादाकुलक (दे.) के योग से यह छंद बनता है। ल.-पायाकुलक त्रिभंगियौ, होत मुक्तपदग्रस्त। छंद कहत हुल्लास है, करि तुक आठ समस्त।। उ.-"ब्रजसोभ प्रकासहि नंद बिलासहि 'दास' हुलासहि कौन कहै।।"-भि.ग्रं. 1, छंदा., 44/229।

**हुलासी**—वीररस के ब्राह्मण सुकवि। स्थान-भरतपुर। रचनाकाल-सं. 1834 के आसपास। रचनाएँ-स्फुट। (बृ.इति. 7)।

**हुसेन पठान**—बोधा रचित विरह वारीश काव्य में वर्णित एक मुसलमान योद्धा। उ.-"महाबलवान हुसेन पठान। हन्यो सुर कीउर तीक्षन बान।।"-बो.ग्रं., वि.वा., छ. 8, 11/190।

**हुसेन अली**—उपनाम-सदानंद। स्थितिकाल-हिजरी 1138। निवासस्थान-हरिगाँव। विशेष-कन्नौज वासी केशवलाल कवि के काव्यगुरु। रचना-पुहुपावती। विव.-प्रेमगाथा। (बृ.इति. 7)।

**हून**—हूण। एक प्राचीन मंगोल जाति जो चीन की पूरबी सीमा पर लूट-मार किया करती थी, पर बाद में अत्यन्त प्रबल होकर यह जाति एशिया और योरप के देशों में आक्रमण करती हुई फैल गई। इस जाति ने गुप्त साम्राज्य पर भी आक्रमण किया जिसमें कुमारगुप्त मारे गये थे। महाराज स्कंदगुप्त बड़ी वीरता से इनका सामना करते हुए मृत्यु को प्राप्त हुए। इनमें से तोरमाण का पुत्र मिहिरगुल बड़ा अत्याचारी और निर्दय था। भारत के पश्चिमोत्तर भाग पर इस जाति का बहुत दिनों तक शासन रहा। बाद में इस जाति ने भारत में बौद्ध, शैव आदि धर्मों को स्वीकार किया और अन्ततः

भारतीय समाज में घुलमिल गई। राजपूतों की एक शाखा का नाम हूण भी मिलता है। (विस्तार के लिए दे. हिं.श.सा.)। उ.-"सौगतादिक भागि गे सब हून मागध अंग।"-वि.गी., 12/7।

**हूहू**—हुहु। एक गंधर्व का नाम जो ब्रह्मलोक में अतितान नामक देवसंगीता गाते हैं। (पौ.को.)। उ. -"गौ गौ गी गो गंग गज जीजै जीजी जोजि। रूरे रूरे रेरू ररि हाहा हूहू होहि।।"-क.प्रि., 16/40।

**हृदयभरण** – रचयिता - ब्रजजीवन (दे.)। विव.-अलंकार, षटऋतु, होली, दीवाली आदि का वर्णन। (बृ.इति. 7)।

**हृदैराम**—हृदयराम सोलंकी। ये चित्रकूट के अधीश्वर रुद्रशाह के पुत्र थे। भूषण के ही कवि-वंश-वर्णन के प्रमाण पर यह निश्चय होता है कि उनको 'कवि भूषण' की पदवी इन्होंने ही दी थी। उ.-'भूषण' सुलंक चितकूटपति साहस-सीत-समुद्र। कवि भूषन पदवी दई, हृदैराम सुत-रुद्र।।"-भू. ग्रं., शि.भू., 28/133।

**हेत, हेतु (अलंकार)**—एक हेतु नामक अर्थालंकार जिसमें हेतु (कारण) और हेतुमान का अभेद से कथम होता है। कारण ही कार्य कह दिया जाता है। ल. (1)-हेत अलंकृत दोइ जब कारन कारज संग। कारन कारज ये जबै बस्तु एक ही अंग।। उ-"उदित भयो ससि मानिनी मानमिटाविन मानि। मेरी बृद्धि समृद्धि यह मेरी कृपा बखानि।।"-ज. ग्रं., भा.भ., 195-196/65। ल. (2)-या कारन को है यही, कारज यह कहि देतु। कारन कारज एक ही कहें जानियतु हेतु ।। उ.-"...सुख की कहानी हमैं दुख की निसानी भई, झार भए अनिल अनल भए मेह को। कुल के धरम ये हैं घावरे परम ये हैं, साँवरे करम सब रावरे सनेह को।"-ति.-इहाँ लक्षना सक्ति तें सिगरे कवित्त में अतिसयोक्ति व्यंगि है, ये करम रावरे फे नेह को ऐती बात हेतालंकार है।-भि.ग्रं. 2, का.नि., 7-8अ/159। ल. (3)-हेत काज जहँ एक ही, हेतु समझिए सोइ। उ.-"साँची बात यही सुनौ दशरथ नृपति कुँवार। बीज बृक्ष नर अमर सब तेरी कला अपार।।"-सो. ग्रं., र.पी.नि., 325-326/222। पद्माकर ने हेतु के दो भेदों का निरूपण किया है। भेद 1, ल. उ. (4)-हेतु हेतुमत साथ हेतु कह्यो तिहि ठाम। "जगत जियावन कों नए ये उनए घनस्याम।।"-भेद 2, ल.उ. (5)-इकता कारज हेतु की हेतु कहत सु कबिंद। "परम पदारथ चारहू श्री राधा गोबिंद।"-प.ग्रं. पद्मा., 279-280/67। केशवदास ने अभाव हेतु और सभाव हेतु नामक दो भेदों का उल्लेख किया है, किन्तु उदाहरण अभाव-सभाव हेतु का भी दिया है। ल. (6)-हेतु होत है भाँति द्वै, बरनत सब कविराज। 'केसवदास' प्रकास सब, बरनि सभाव अभाव।।-क.प्रि., 9/15-18। केशवदास ने किसी भी भेद का लक्षण नहीं दिया है। ल. (7)-जहाँ हेतुमत साथ ही कीजै हेतु बखान। तहाँ हेतु भूषन कहत कबि मतिराम सुजान।-मति., ल. ल., 391/364। मतिराम ने प्रथम, द्वितीय और तृतीय नाम के तीन हेतुओं के लक्षण दिये हैं। प्रथम हेतु का लक्षण (391/364) के बाद, द्वितीय हेतु ल.-जहाँ हेतुमत हेतु को बरनत एक सरूप।तहाँ हेतु औरो कहत सब कवि पंडित भूप।। तृतीय हेतु ल.-जहँ समर्थिबो अर्थ को प्रगट समर्थन होय। तहाँ हेतु औरौ कहत कबि कोबिद सब कोय।। मति., ल.ल., 394, 396/365। ल. (8)-या निमित्त यह ई भयौ यौं जहँ बरनन होय। भूषन हेतु बखानहीं कबि कोबिद सब कोय।-भू. ग्रं., परि., 394/202।

**हेत**—प्रेम। उ.-"बिनती कर जोरि कै बात कहौं जौ सुनौ मन-कान दै हैत सों जू।"-घ.क., 7/232।

**हेत अपह्नुति, हेतु अपह्नति**—हेत्वपह्नुति। अपह्नुति (दे.) अलंकार का भेद। वह अपह्नुति अलंकार जिसमें प्रकृति के निषेध का कुछ कारण भी दिया जाय। उपमेय के निषेध का कारण दिखलाते हुए उपमान की स्थापना हो, वहाँ यह अलंकारं होता है। ल. (1)-जहाँ जुगुत सौं आन कौं कीजै आन छिपाय। हेत अपह्नति कहत है भूषन कबि-समुदाय।। उ.-"सिवाजी के कर किरवान है कहत सब भूषन कहत यह करिकै बिचार कौं। लीनौं अवतार करतार कै कहे तें काली

म्लेच्छनि हरन उधरन भुविभार कौ। मंडिकै घमंड अरि चंडमुंड चाबि करि पियत रकत पीबें लावति न धार कौ। निज भरतार-भृत्य भूतन की भूख मेटि भूषित करत भूतनाथ भरतार कौ।"-भू.ग्रं., शि. भू., 77-78/141-143। ल. (2)-बस्तु दुरावै जुक्ति सों हेत अपह्नुति होइ। उ.-"तीव्र चंद्र नहिं रैन रबि बड़वानल ही जोइ।।"-ज.ग्रं., भा.भू., 62/22। ल. (3)-औंरहि दीजै जुक्तिबल और हेतु ठहराइ। उ.-"अरी घुमरि घहराज घन, चपला चमक न जानु। काम कुपित कामिनिनि पर, धरत सानु किरवानु।।"-भि.ग्रं. 2, का.नि., 21/90, 26/90। ल. (4)-जहाँ दुरावै वस्तु को कछू जुक्ति उपजाइ। हेत अपन्हुति जानि सौ प्रगट कह्यौ समझाइ।। उ.-"नर में इतौ न बल, अमर छिति पै धरै न पाइ। गिरिधारन को ठीक यह सेस अवतर्यौ आइ।।"-इहाँ बस्तु श्रीकृष्ण सो ताहि जुक्ति सौं दुरायो।।-सो. ग्रं. 1, र.पी.नि., 46/189।

**हेतुत्प्रेक्षा, हेतूत्प्रेक्षा**—उत्प्रेक्षा (दे.) नामक अर्थालंकार का एक भेद जिसमें जिस वस्तु का जो हेतु नहीं है, उसको उस वस्तु का हेतु मानकर उत्प्रेक्षा करते हैं। भिखारीदास ने सिद्धविषया और असिद्धविषया नामक दो भेदों को उदाहरणों से स्पष्ट किया है। ल. (1)-हेतु फल निके हेतु द्वै सिद्ध असिद्ध बखान। होनी सिद्ध, असिद्ध को अनहोनी पहिचान।। सिद्धविषया उ.-"जौ कहौं काहू के रूप सों रीझे तौ और को रूप रिझावनहारी। जौ कहौं काहू के प्रेम पगे हैं तो और को प्रेम पगावनवारी। दासजू दूसरी बात न और इती बड़ी बेर बितावनवारी। जानति हौं गई भूलि गुपालै गली इहि वोर की आवनवारी।।"-ति.-गली को भूलिबो सिद्ध विषया है, अचरजु नहीं। असिद्धविषया उ.-"पूस दिनन में ह्वै रहे, अगिनि-कोन में भानु। में जानौ। जाड़वै बली, सोऊ डरै निदानु।।" ति.-सूरज को डरिबो असिद्ध हेतु है।-भि.ग्रं. 2, का.नि., 10-13अ/87-88। ल. (2)-हेतु समेत विचार जहँ तर्क करत कबिराज। हेतुत्प्रेक्षा सो समुझि पढ़त बढ़त सुखसाज।। उ.-" ... फूली साँझ निपट सुहाँवनी निहारत ही सोभा कबि सोमनाथ बरनि सुनाई है। बालम के आगम उमंगनि तें मानो भई रैंनि मुख मंजुल अमंद अरुनाई है।"-इहाँ रात्रिपति चंद ताको आगम हेतु ते अरुनाई भई, यह उदाहरण है।-सो.ग्रं. 1, र.पी.नि., 60-61/190।

**हेतूपमा, हेतोपमा**—उपमा (दे.) का एक भेद। उपमा का वह भेद जो तर्क से युक्त हो। ल.-होत कौन हू हेत तें अति उत्तम से हीन। ताही सोहेतोपमा, केसव कहत प्रबीन।। उ.-"अमल कमल-कुल कुलित ललित गति, बेल सों बलित मधु माधवी को पानियै। मृगमद मरदि कपूर धूरि चूरि पग, केसरि को 'केसव' बिलास पहिचानियै। झेलि कै चमेली करि चंपक सों केलि, सेइ सेवती समेत हेतु केतकी सों जानियै। हिलि मिलि मालती सों आवति समीर जब तबतेरे सुखमुख वास सो बखानियै।।"-क.प्रि., 14/7-8।

**हेमंत**—दे. हिमंत। उ.-"सखी सरस रस केलि में आपुनि यो सुधि जाति। कंत संग हेमंत की छिन सी राति सिराति।।"-मति., सत., 301/393।

**हेमराज**—स्थितिकाल-सं. 1725। स्थान-सांगानेर। रचनाएँ-उपदेश शतक। विव.-101 छंदों में दोहे और सोरठे जिनके विषय हैं-मन-मरकट, ब्रह्मचर्यमहत्त्व, अदान का कुपरिणाम, जन्म-विवाह-मरण में समानता आदि। (बृ.इति. 7)।

**हेम हिरन**—मारीच राक्षस ने राम को सीता से दूर ले जाने के लिए सोने के मृग का रूप धारण किया था। उ.-"हेम हिरन पाछैं गये राम गँवाइ सीत।।"-वृं.ग्रं., नी.स., 592/104।

**हेला**—स्त्रियों का शृंगार सूचक व्यक्त हाव जो एक प्रकार का सत्वज अलंकार है। इसे अनुभावों के अन्तर्गत माना गया है। हेला, संस्कृत आचार्यों के अनुसार नायिका के अट्ठाईस सात्विक अलंकारों में एक है। ल. (1)-दै जु ढिठाई नाह सँग प्रगटै बिबिध बिलास। कहत ग्यारहों हाव सो हेला नाम प्रकास।।-प.ग्रं., जग., 463/179। ल. (2)-प्रीति भाव प्रौढ़त्य में जहँ छूटति सब लाज। सम संजोग सिंगारहू उपजै हेला साज।।"-भि.ग्रं. 1, र.सा., 334/49। ल. (3)-हावन में जहँ होत है निपटै प्रेम-प्रकास। तासों हेला कहत हैं सकल सुकबिजन

'दास'।। -भि.ग्रं., शृं. नि., 278/150। ल. (4)-पूरन प्रेम प्रताप तें भूलत लाज-समाज। सो हेला जिहिं हरत हिय राधा श्री ब्रजराज।।-र. प्रि., 6/18। ल. (5)-जहाँ प्रेम सरसानि तें, भूलति लाज अनूप। बरनत कबि कोबिद सबै यों हेला कौ रूप।। -सो.ग्रं. 1, र.पी.नि., 4/124।

**हैहय**—एक क्षत्रिय वंश जो युद्ध से उत्पन्न कहा जाता है। पुराणों के अनुसार इसकी पाँच शाखाएँ हैं। हैहयों ने शकों के साथ मिलकर भारत के अनेक देशों को जीता था। इस वंश के प्रसिद्ध राजा कार्तवीर्य सहस्रार्जुन ने परशुराम के पिता जमदग्नि को मारकर उनकी गायों का हरण कर लिया था, जिससे क्रुद्ध हो परशुराम ने इसे मारा था। कहा जाता है कि इसके हजार भुजाएँ थीं। आगे चलकर इसी वंश के लोग इतिहास में कलचुरि नाम से प्रसिद्ध हुए। कार्तवीर्य के पिता का नाम कृतवीर्य था। इसका दूसरा नाम हैहय था। इसे बहुत बड़ा तांत्रिक माना जाता है। इसने 'कार्तवीर्यतंत्र' की रचना की थी। त्रिलोकविजयी रावण को भी इसने हराकर बंदी बना लिया था। (हिं.श.सा., पौ.को.)। उ. (1)-"हैहय मारे, नृपति सँघारे, यह जस लै किन जुग जुग जीजै।"-रा.चं. 7/22। उ. (2)-"हैहय कौन? वहै बिसर्‍यो जिन खेलत ही तुम्हें बाँधि लियो।"-रा.चं., 16/11।

**हैहय राज**—दे. हैहय। उ.-"रावण-करिहौ हम यौं ही बरैंगे ? बाण-हैहय-राज करी सो करैंगे।।"- रा.चं., 4/22।

**हैहयाधिराज**—दे. हैहय। उ. - "प्रचंड हैहयाधिराज दंडमान जानिये। अखंड कीर्तिलिय भूमि देयमान मानिये।"-रा.चं., 7/16।

**होगरराय**—बोधारचित विरह वारीश के एक सुरकी योद्धा का नाम। उ.-"इतै सुरकी लखि होगर राय। हजारन जानत जुद्ध उपाय।।"-बो.ग्रं., वि. वा., 6/190।

**होम**—देवताओं के उद्देश्य से अग्नि में घृत, जौ आदि डालना। उ. (1)-"पाइन तैं उपजैं क्रिया परदछिदना सु आहि। अरु जो भोजन करत हौं होम जानिज्यौं ताहि।।"-ज.ग्रं., आ.बि., 192/133। उ. (2)-"एक जन नीके जननी के हेत होम करै एक होम धूम ते पवित्र करै प्रान है।"-वृं.ग्रं., स्फुट, 53/324। उ. (3)-"दूजैं आहुति होम की मंत्रसकति कै भाइ। वाकौ धूँवा सूर के मंडल पहुँचै जाइ।।"-ज. ग्रं., आ.बि., 127/127।

**होरा**—होरहा। होला। आग की लपट में भूना हुआ अनाज का हरा पौधा। उ.-"तिहारे निहारे बिन प्राननि करति होरा, बिरह अँगारनि मगारि हिय होरी सी।।"-घ.क., 73/69।

**होरि**—दे. होरी, होली। होली का त्यौहार। फागुन के आसपास रंग, अबीर-गुलाल आदि खेलने का त्यौहार जिसका सम्बन्ध प्रह्लाद और हिरण्यकशिपु की बहन होलिका से है। उ.-"राधा नवेली सहेली समाज मैं होरि को साज सजैं अति सोहै।"-घ.क., 316/171।

**होरी के कवित्त**—रचयिता-नागरीदास (दे.)। (बृ.इति. 7, स.सर्वे.)।

**होरी की माँझ**—रचयिता-नागरीदास (दे.)। (बृ.इति. 7, स.सर्वे.)।

**होरिल राज**—कवि केशवदास के आश्रयदाता वंश में मधुकरशाह के पुत्र होरिलराव या होरलदेव। उ.-"तिनकें दूलहराम सुत लहुरे होरिलराउ। रिपुखंडनकुल मंडनौं पूरन पुहुमि प्रभाव।।"-क.प्रि., 1/27।

**होरी**—दे. होली। लकड़ी, पेड़, घास-फूस आदि का ढेर, जिसका दहन फाल्गुन की पूर्णिमा की रात में होता है। उ. (1)-"रहिमन वित्त अधर्म को, जरत न लागे करि होरी रची, भई बार।।"-र. वि., दो. 4। उ. (2)-"नेह अतर छबि रिगजा भरि गुलाल अनुराग। खेलत भरी उछाह सौं पिय संग होरी फाग।।"-रस., रतन, 928/165। उ. (3)-"आलम पुकार करै आलम पनाहजू पै होरीसी जराय सिवा सूरत फनाँ करी।"-भू.ग्रं., प्रकी., 472/221। उ. (4)-"तपति-बुझावनि अनेदघन जान बिन, होरी सी हमारे हियें लागियै रहति है।"-घ.क., 74/70। उ. (5)-"आज बरजोरी कौ न दोष होत होरी मैं।"-ठाकुर, 94/25।

**होलिका विनोद**—रचयिता-रसिक अली

(दे.)। (बृ.इति. 7)।

**होलिका**—भक्त प्रह्लाद की बुआ, जिसको वरदान था कि वह आग में जल नहीं सकती। हिरण्यकशिपु के आदेश से प्रहलाद को आग में लेकर बैठी कि मैं न जलूँगी, वह जल जाएगा। पर वात पलट गई। वह जल गई, प्रहलाद बच गया। उ. (1)-"गजराज चिकारि के प्रान तज्यो न जर्‌यो सँग होलिकादाहन तें।"-बो.ग्रं. इ.ना., 13/3। उ. (2)-"एकै फूँकि होलिका आवैं। भाँति-भाँति के स्वाँग बनावैं।।"-बो.ग्रं., वि.वा., 34/213।

**होलिका विसर्जन**—रचयिता—उमापति त्रिपाठी (दे.)। (बृ.इति. 7)।

●●●